Welt der Astrologie

Welt der Astrologie

JULIA & DEREK PARKER

Dorling Kindersley

Für Barbara Gainsford Brackley, in Liebe, und in Gedenken an Charles Harvey

DORLING KINDERSLEY
London, New York, Melbourne, München und Delhi

Neuausgabe
Lektorat Jennifer Jones
Bildredaktion Karen Sawyer
Programmleitung Mary-Clare Jerram
Art Director Tracy Killick
DTP-Design Louise Waller
Herstellung Ruth Charlton

Für Dorling Kindersley produziert von
Grant Laing Partnership
Cheflektorat Jane Laing
Redaktion Jane Simmonds
Bildbetreuung Christine Lacey

Erstausgabe
Projektbetreuung Josephine Buchanan
Fachliche Beratung Jane Struthers
Cheflektorat Carolyn King
Chefbildlektorat Nick Harris
Art Director Peter Luff

Für die deutsche Ausgabe:
Programmleitung Monika Schlitzer
Projektbetreuung Kerstin Uhl
Herstellungsleitung Dorothee Whittaker
Herstellung Petra Schneider, Anna Strommer

Bibliografische Information Der Deutschen Bibliothek
Die Deutsche Bibliothek verzeichnet diese Publikation in der Deutschen Nationalbibliografie; detaillierte bibliografische Daten sind im Internet über http://dnb.ddb.de abrufbar.

Titel der englischen Originalausgabe: Parkers' Astrology

Übersetzung Rolf Schanzenbach, Daniela Weise
Satz Beate Fellner, Julia Mayer-Schlagintweit

ISBN 978-3-8310-1009-7

Colour reproduction by Colourscan, Singapore
Printed and bound in China by Toppan

Besuchen Sie uns im Internet
www.dk.com

Hinweis
Die Informationen und Ratschläge in diesem Buch sind von den Autoren und vom Verlag sorgfältig erwogen und geprüft, dennoch kann eine Garantie nicht übernommen werden. Eine Haftung der Autoren bzw. des Verlags und seiner Beauftragten für Personen-, Sach- und Vermögensschäden ist ausgeschlossen.

INHALT

3 ASTROLOGIE IN AKTION 190

4 DIE WIRKUNG DER PLANETEN 270

VORWORT

Als wir in den 1970er-Jahren anfingen, uns mit Astrologie zu beschäftigen, war es allgemein üblich, nach dem »Sternzeichen« eines anderen zu fragen. Schon 1991, zum Zeitpunkt des ersten Erscheinens dieses Buches, wusste nahezu jeder, dass die Tierkreiszeichen – Widder, Stier, Zwillinge usw. – nur die Spitze eines Wissensgebiets sind, das so komplex ist wie das Wesen des Menschen. Sicherlich, bei einigen ist im Geburtshoroskop ein bestimmtes Tierkreiszeichen besonders betont, aber nur wenige bringen die charakteristischen Eigenschaften ihres Zeichens unverfälscht zum Ausdruck.

Erstaunlicherweise maß man den 12 Sonnenzeichen erst seit den 30er-Jahren des 20. Jahrhunderts mehr Bedeutung bei. Da nämlich griffen Journalisten sie auf, weil sie so alle Leserinnen und Leser ansprechen konnten: Je nach Geburtstag gehört man einem der 12 Zeichen an. Früher hielt man den Aszendenten für wichtiger – das Zeichen, das zum Zeitpunkt der Geburt am östlichen Horizont aufsteigt. Selbstverständlich erfahren Sie in diesem Buch, wie Sie Ihren Aszendenten herausbekommen, ebenso wie die Zeichen, in denen sich die anderen Planeten befanden, als Sie auf die Welt kamen. Das sind faszinierende Informationen, wenngleich damit fürs Erste nur an der Oberfläche gekratzt wird.

Noch mehr Inhalt

Alles, was in der Erstauflage stand, können Sie auch in dieser Ausgabe nachlesen. Wir haben dem weitere achtzig Seiten hinzugefügt, z. B. gehen wir viel ausführlicher auf die Harmonics ein, eine hochinteressante moderne Methode, um ein Geburtshoroskop näher zu beleuchten. Auch die Wirkung des Asteroiden bzw. Kometen Chiron konnten wir seinerzeit nur streifen. Immer mehr Astrologen beziehen ihn in ihre Arbeit mit ein, und auch Sie können das tun mithilfe dieses Buchs. Darüber hinaus haben wir nun Fixsternen, Finsternissen und Mondknoten in eigenen Kapiteln Raum gegeben. Von der Relokationsastrologie, die zu Beginn der 1990er-Jahre noch in den Kinderschuhen steckte, können wir Ihnen hier zumindest das Gerüst liefern; sie erklärt, wie Sie auf bestimmte Orte reagieren, oder hilft schlicht bei der Wahl eines passenden Reiseziels.

Viele Menschen sind durch die Erstausgabe dieses Buches und spätere Auflagen zur Astrologie gekommen. Immer wieder haben uns bekannte Astrologen auf internationalen Konferenzen berichtet, dass genau dieses Buch ihr Interesse erstmals auf die Astrologie lenkte. Die Astrologie ist ein sehr tiefes Becken voller traditionellem Wissen, und das vorliegende Buch kann für Sie ein Sprungbrett sein, um wirklich in die Materie einzutauchen. Sie können damit ein Niveau erreichen, das der Zwischenprüfung bei einer guten Astrologieausbildung für Profis vergleichbar ist.

So eine Prüfung ist freilich erst einer der ersten Schritte. Die Abschlussprüfungen der besten Astrologieschulen gewähren ein Diplom oder ein anderes Zeugnis, das hinsichtlich der Menge an erlerntem Wissen und des Schwierigkeitsgrades der Abschlussprüfung einem Universitätsdiplom ebenbürtig ist. Es gibt zahlreiche astrologische Techniken, und sie werden ständig weiterentwickelt und verbessert. Wenngleich die Wurzeln der Astrologie bis in Zeiten reichen, da man noch keine Schrift kannte, befassen Sie sich nicht mit einer toten Materie. Bei keiner anderen Disziplin sind Theorie und Tradition derart tief und weit verzweigt und stehen mit so vielen anderen Bereichen des Lebens und Lernens in Zusammenhang – wie Medizin, Politik, Kriegführung, Magie, Wettervorhersage, Psychologie und natürlich Prognose. Letztere umschreibt man heute besser als »Ausloten künftiger Möglichkeiten«.

Um ein richtiger Profi zu werden, muss man die lange Geschichte der Astrologie ebenso studieren wie deren Techniken. Auch ein Beratungstraining ist wichtig. Falls nur ein vages Interesse Sie zu diesem Buch hat greifen lassen – Vorsicht! Es könnte leicht ein begeistertes lebenslanges Lernen und Forschen daraus werden.

Was ist ein guter Astrologe?

Bedarf es besonderer Begabungen, um ein guter Astrologe zu werden? Eigentlich nicht. Sie brauchen sich nicht für Magie oder Okkultes zu interessieren. Das stünde einem ernsthaften Studium sogar entgegen. Auch ist eine bestimmte religiöse Ausrichtung weder hinderlich noch förderlich. Schade nur, dass die Einwände bestimmter Geistlicher gegen die Astrologie auf Unwissenheit basieren. Über die Jahrhunderte, die Gegenwart ausgenommen, haben die christlichen Kirchen unsere Kunst geachtet. Kathedralen in Europa sind voller astrologischer Bilder und Symbole, z. B. befindet sich am

Boden der Kathedrale von Canterbury, im heiligen Zentrum, ein riesiger Tierkreis.

Amateur und Profi
Fast unweigerlich wird das erste Horoskop, mit dem Sie sich befassen, Ihr eigenes sein! Bleiben Sie trotzdem skeptisch, auch wenn wir Menschen nur zu gern der Selbsttäuschung unterliegen. »Das Horoskop sagt, ich bin großzügig, freundlich, wissbegierig und ehrgeizig … Wie wahr!«, mögen Sie sagen. »Aber dann soll ich auch träge, sorglos und leicht beleidigt sein … Das stimmt auch! Mein Gott, die Astrologie funktioniert wirklich!«

Schön. Viele Charakterzüge erscheinen bei erster Betrachtung des Horoskops holzschnittartig. Die Kunst besteht darin, viel tiefer zu schauen – all das, was durch Zeichen, Planeten und ihre gegenseitigen Verbindungen ausgesagt wird, in Betracht zu ziehen und abzuwägen, inwieweit sie einander in der Wirkung bestärken oder beschneiden. So werden Sie ein erstaunlich profundes und facettenreiches Porträt von sich erhalten, das ebenso scharfsinnig wie überzeugend ist.

Sobald andere erfahren, dass Sie Astrologie lernen, werden sie Sie fragen, ob Sie ihnen ihr Horoskop »erstellen«. Das mag nützlich für Sie sein, denn fast am besten lernt man, indem man so viele Horoskope wie möglich berechnet, zeichnet und deutet. Doch Vorsicht! Sie könnten versucht sein, das Horoskop vom Computer berechnen zu lassen, die Zeichnung auszudrucken und dann zu interpretieren. Oder Sie verwenden gar ein Programm mit vorgegebenen Deutungen. Das macht vielleicht Spaß, aber besonders weit werden Sie so nicht kommen. Wenn Sie lernen, ein Horoskop korrekt selbst zu zeichnen, wie wir es Ihnen in diesem Buch zeigen, dann prägen Sie sich die Grundkenntnisse ein, die erforderlich sind, um ein Horoskop richtig zu interpretieren. Sie können auf noch so viele »fertige« Horoskope einen Blick werfen, das ersetzt nicht das, was Ihnen die harte Arbeit bringt, die Horoskope selber korrekt zu berechnen und zu zeichnen. Wenn Sie Berufsastrologe werden wollen, gibt es keine Abkürzung – Sie müssen so gründlich ausgebildet sein, wie es jeder andere Beruf erfordert, mit einer Bescheinigung, um es zu belegen.

Mit der Innenschau sollte man es auch nicht übertreiben: Verbringen Sie nicht zu viel Zeit mit der Deutung Ihres eigenen Horoskops, sondern leben Sie Ihr Leben. Die Astrologie ist eine vorzügliche Hilfe bei allen möglichen Dingen, aber wenn Sie Ihren Astrologen anrufen und fragen, ob Sie das Fenster öffnen sollen, dann ist sie eine Krücke, und das sollte sie nicht sein.

Wichtig ist auch: Die Astrologie ist eine Wissenschaft, aber keine exakte. Mit ihr lässt sich sehr wohl das Wetter oder ein künftiger Trend vorhersagen – stürmisches Wetter, eine anstrengende Woche, ein romantischer Abend oder der richtige Zeitpunkt für die Promotion oder für die Suche nach einem neuen Job, einer Wohnung oder einem Partner. Doch wann genau Sie promovieren, Arbeit, Haus oder Lebensgefährten finden, sagt das Horoskop nicht aus. Genauso wenig sind aus dem Geburtshoroskop ersichtliche Stärken und Schwächen in Stein gemeißelt: Im Horoskop steht auch, wie man Schwächen korrigieren kann. Wenn ein Teil eines Horoskops beispielsweise dafür spricht, dass der Betreffende über sehr schlechte Eigenschaften verfügt, zeigt ein anderer Teil höchstwahrscheinlich, wie er diesen begegnen kann. »Die Sterne machen geneigt, aber sie zwingen nicht», hat einmal jemand so schön gesagt.

»Ich glaube nicht daran!«
Die Astrologie gehört zu den Themen, die manche Leute auf die Palme bringen. Sie hegen ein instinktives, unbegründetes Misstrauen. Versuchen Sie nicht, sie vom Gegenteil zu überzeugen, sie sind vernünftigen Argumenten nicht zugänglich. Leider »wissen« sehr viele Wissenschaftler und Astronomen, dass die Astrologie Quatsch ist, und sie lassen sich durch nichts davon abbringen. Die Royal Astronomical Society in London verwehrt Astrologen gar den Zutritt zu ihrer Bibliothek, da einige Mitglieder die Astrologie als »Pseudo-Wissenschaft« betrachten. Das spricht nicht für Informationsfreiheit und die Aufgeschlossenheit der Wissenschaftler.

Lassen Sie sich von solchen Vorurteilen nicht beirren. Die Astrologie hat 5000 Jahre überlebt und wird auch angesichts solcher Ignoranz nicht verschwinden. Aber Sie sollten das, was Sie lernen, auch hinterfragen. Nehmen Sie beispielsweise nicht unkritisch hin, was wir oder andere Autoritäten über Chiron sagen. Seine Wirkung wird erst seit relativ kurzer Zeit untersucht. Prüfen Sie selbst. Es gibt hier keine unverrückbaren Aussagen.

Wir wünschen Ihnen alles Gute für Ihr Abenteuer Astrologie! Sie werden sich nie wieder langweilen.

ZUM UMGANG MIT DIESEM BUCH

Die Art und Weise, wie Sie dieses Buch benutzen sollten, hängt davon ab, wie viel Sie über die Materie wissen. Wenn Sie bislang nur die Sonnenzeichen-Astrologie der Zeitungen kennen, sollten Sie ganz am Anfang beginnen – mit dem Abschnitt »Der astronomische Hintergrund« (S. 14). Das Sonnensystem könnte etwas ganz Neues für Sie sein, auch wenn Sie schon das eine oder andere über die Sonnenzeichen wissen (S. 24).

Wenn Sie schon gewisse Kenntnisse über die Astronomie des Sonnensystems und die Astrologie haben, könnten Sie zur Berechnung des Horoskops vorblättern (S. 98). Indem Sie den Instruktionen unter Benutzung der Tabellen am Ende des Buches folgen, werden Sie schließlich Ihr erstes Horoskop berechnet haben.

Nun gilt es zu lernen, wie Sie ein Horoskop interpretieren – vielleicht, nachdem Sie ein paar Horoskope aufgezeichnet haben. Schlagen Sie das Kapitel zur Interpretation auf (S. 192), und gehen Sie dann weiter zum Abschnitt »Das Horoskop vorschieben« (S. 116). Wenn Sie dieses Kapitel gemeistert haben, fahren Sie mit »Progressionen interpretieren« fort (S. 203).

Dieser Vorschlag lässt die Reise durch das Buch einfach erscheinen – Sie werden aber merken: Je mehr Zeit Sie dafür aufbringen können, desto besser werden Sie den Stoff beherrschen. Sie werden auch immer wieder einmal bei den Basisfaktoren nachschlagen müssen wie z. B. dem Aszendenten und der Himmelsmitte

Die Sonnenzeichen verstehen
Über die Jahrhunderte hinweg haben sich bestimmte Verbindungen zu den Sonnenzeichen ergeben – Mythen, Farben, Tiere, auch persönliche Eigenschaften (siehe S. 30–77). Sie werden aber lernen, dass die subtileren Facetten der Persönlichkeit auf andere Bereiche des Horoskops zurückgehen.

Der astronomische Hintergrund
Es ist sehr wichtig, sich zu Beginn der Beschäftigung mit der faszinierenden und sehr komplexen Astrologie mit ihrem astronomischen Hintergrund vertraut zu machen (S. 14–23). Schließlich waren diese beiden Wissenschaften, denen die Beschäftigung mit dem Himmel gemeinsam ist, früher nicht voneinander getrennt.

Der Tierkreis und die Planeten
Die Tierkreiszeichen und ihre Beziehung zu den Planeten bilden das Herzstück der Interpretation. Studieren Sie die traditionellen Zeichen- und Herrschaftsbeziehungen (S. 28–29), und gehen Sie dann zum Teil »Die Wirkung der Planeten« (S. 270–423). Mit den Informationen dort erhalten Sie ein noch genaueres Bild.

(S. 82) oder den Häusern (S. 84) – es sei denn, dass Sie schon sehr viel über die »Bedeutung« des Horoskops wissen.

Andere Abschnitte dieses Buches zeigen Ihnen, wie Sie mit zusätzlichen Techniken (S. 129) oder mit der Synastrie, dem Vergleich zweier Horoskope (S. 214), Ihre Methodik erweitern und verfeinern können. Wir führen auch eine Reihe von Fallstudien an, bei denen Sie analysieren können, wie professionelle Astrologen die Interpretationstechnik einsetzen.

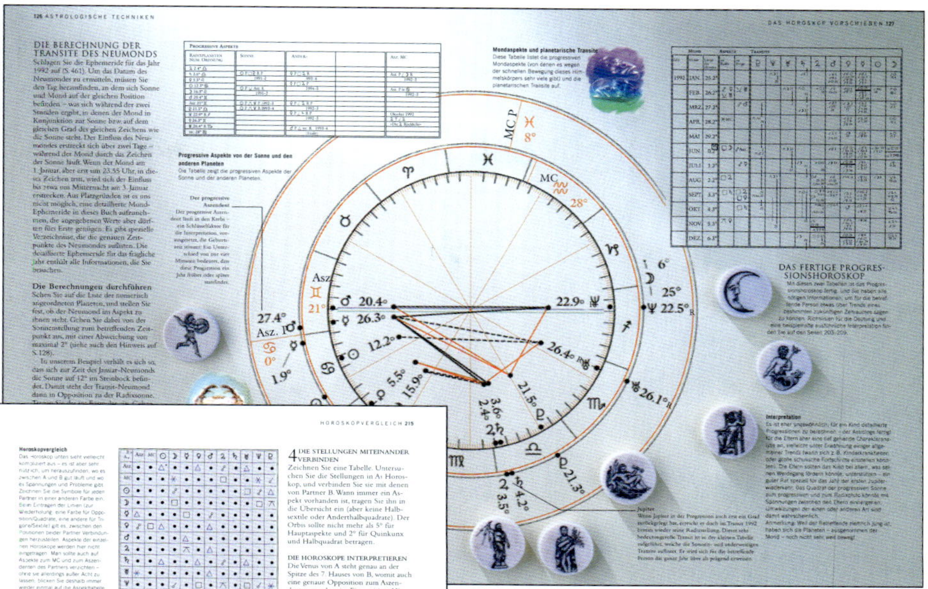

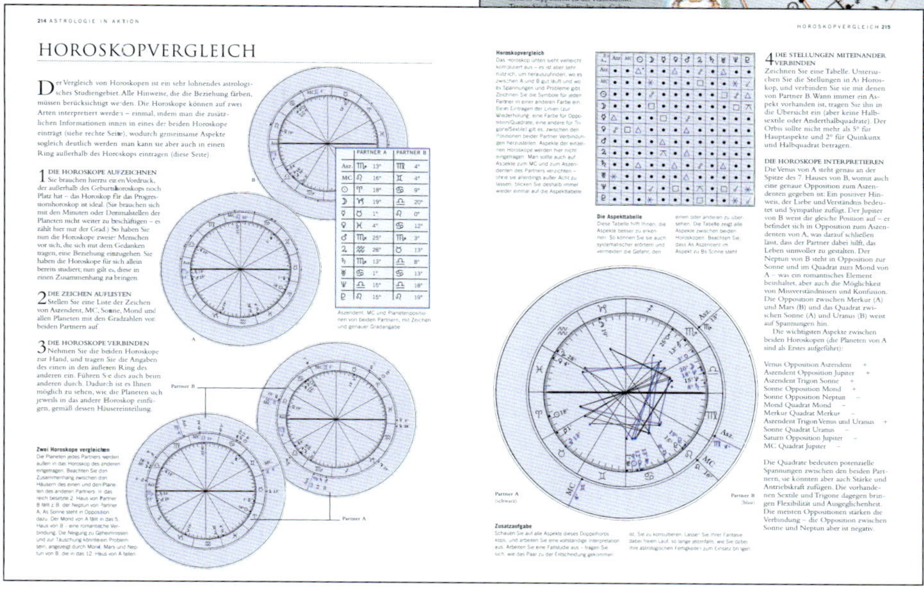

Das Geburtshoroskop

Studieren Sie die Seiten, die die Berechnung des Horoskops erläutern (S. 98–103), und folgen Sie dann den Ausführungen, wie man ein Horoskop zeichnet (S. 104–105). Danach können Sie sich mit den Progressionen beschäftigen (S. 116–128). Bei Ihrer Arbeit können Sie sich auf die Tabellen am Ende dieses Buches (S. 424–481) stützen; sie enthalten alle Angaben, die nötig sind, um genaue Berechnungen durchzuführen. Schließlich werden Sie imstande sein, Ihre eigenen Interpretationen zu erarbeiten (S. 192–209).

Erwarten Sie nicht, dass alles ganz schnell geht – zunächst einmal sind viele Stunden des Studiums nötig. Wir empfehlen, sich zunächst gründlich mit den Basisfaktoren der Planeten und Aspekte zu befassen (Teil 4 bzw. S. 270–423). Erst dann sollten Sie sich an die Interpretation wagen.

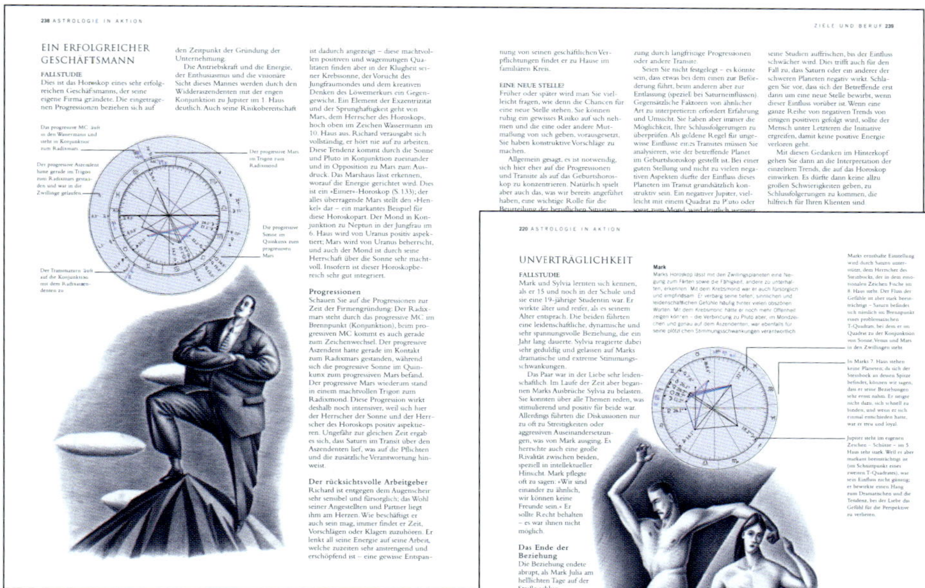

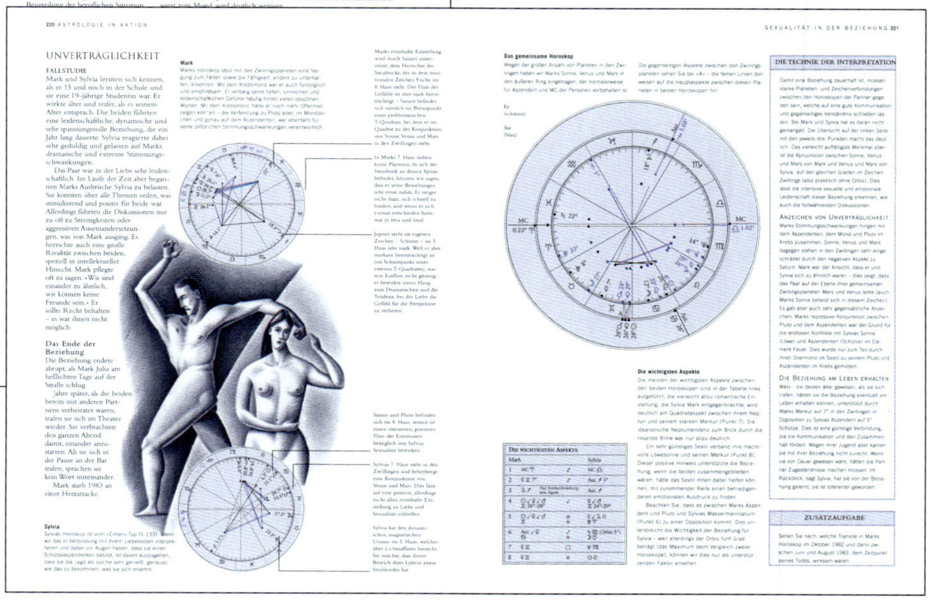

Astrologie in Aktion

Wenn Sie erst einmal mit der Berechnung und Interpretation vertraut geworden sind, können Sie an die eigentliche astrologische Arbeit gehen. Wir führen Fallstudien aus Julia Parkers Unterlagen an; diese bieten Ihnen Anhaltspunkte, wenn Sie sich dann selbst auf den Weg in das komplexe Gebiet der menschlichen Probleme machen.

1

GRUND

ASTRONOMIE
SONNENSYSTEM
TIERKREISZEICHEN
ZEICHENBEZIEHUNGEN
PLANETEN
ASZENDENT UND HIMMELSMITTE
HÄUSER
FINSTERNISSE UND KOMETEN
FIXSTERNE

LAGEN

DER ASTRONOMISCHE HINTERGRUND

Die Basis der Astrologie ist die Astronomie des Sonnensystems (mit den Sternen hat die moderne westliche Astrologie nichts zu tun – der einzige Stern, der für die Astrologie wichtig ist, ist die Sonne). An dieser Stelle möchten wir die astronomischen Fakten des Sonnensystems vorstellen, die zusammen mit der Berechnung des Horoskops das Grundgerüst der Astrologie bilden. Wenn Sie bei diesen Ausgangspunkten Fehler machen, wird das Geburtshoroskop falsch sein – und damit Ihre Interpretation.

Jeder Astrologe sollte sich über bestimmte astronomische Sachverhalte im Klaren sein. Aus diesem Grund geben wir eine so einfach formulierte Erklärung verschiedener Phänomene.

Astronomie und Astrologie gingen für Tausende von Jahren Hand in Hand. Die menschliche Beschäftigung mit dem Himmel begann lange vor der Erfindung der Schrift – insofern können wir über das frühe astronomische Wissen nur Vermutungen anstellen. Aber bereits vor 6000 Jahren haben chaldäische Priester Himmelskarten angefertigt. Lehmtafeln, die auf das Jahr 3800 v. Chr. zurückgehen, verzeichnen mit bemerkenswerter

Frühes Wissen
Ein Astronom/Astrologe des 13. Jahrhunderts untersucht den Himmel.

Genauigkeit die Bahnen von Sonne und Mond.

Astronomie und Astrologie resultierten fraglos aus der Verbindung von menschlicher Neugier und der Überzeugung, dass der Himmel die Erde beeinflusst. Es liegt nahe, dass der Mond, der größte Himmelskörper, von Anfang an große Aufmerksamkeit genossen hat. Unabhängig von Einflüssen wie den Gezeiten und dem Zyklus der Menstruation bemerkte der Mensch alsbald die Wirkung des Mondes auf die Sexualität.

Der größte Planet
Der helle »Stern« ist der Planet Jupiter, hier im Sternbild des Krebses.

Die Kopernikanische Revolution
Kopernikus war der Erste, der die Sonne in den Mittelpunkt des Universums rückte.

Dann bemerkte man, dass zwischen den Fixsternen – welche sich um die Erde zu drehen schienen, sich aber in Relation zueinander nicht bewegten – fünf schelmische Gestalten herumstreiften, und zwar auf befremdlichen Bahnen: Einige von ihnen zogen langsam über den Himmel, andere sausten zwischen ihren Gefährten umher, alle waren aber auf eine Bahn beschränkt, auf die Ekliptik, die im Winkel von 23° zum Erdäquator geneigt ist.

Allmählich (die Geschichte des Tierkreises ist ein faszinierendes Studiengebiet für sich) kamen die Astrologen dazu, den Ring der Ekliptik in zwölf Sektionen zu teilen, die jeweils den Namen der Sternkonstellation erhielten, die sich »dahinter« befand. In der Folge erkannte man, dass mit dem Lauf eines Planeten durch eine Sektion bestimmte Ereignisse verbunden waren: Kinder, die zu dieser Zeit geboren wurden, wiesen gemeinsame Eigenschaften auf, und bestimmte Geschehnisse waren damit wahrscheinlicher als andere.

Die frühen Astronomen

Für die nächsten 4500 oder mehr Jahre waren die Astrologen/Astronomen damit beschäftigt, das Wesen des Sonnensystems sowie den Zusammenhang zwischen Geschehnissen am Himmel und Ereignissen auf der Erde zu untersuchen. Die Hochzivilisationen der Ägypter und der Griechen entwickelten die Theorie und bauten sie aus, indem sie astronomisch, aber auch astrologisch weiterforschten. Der große Astronom Claudius Ptolemäus stellte nicht nur einen erstaunlichen Katalog von sage und schreibe 1022 Fixsternen zusammen, sondern hinterließ uns auch das früheste astrologische Werk, das überliefert ist, die Tetrabiblos, geschrieben zwischen 139 und 161 n. Chr.

Von der Frühzeit bis zum Beginn des 18. Jahrhunderts war es fast immer so, dass Astronomen sich gleichzeitig auch mit der Astrologie beschäftigten – wenngleich sie unterschiedlicher Ansicht über sie waren. Die großen Astronomen des 16. Jahrhunderts – Wissenschaftler wie z. B. Galileo, Kepler, Kopernikus und Tycho Brahe –, die das Wissen der Menschheit über das Sonnensystem so sehr bereichert haben, sahen die Astrologie allesamt als einen wichtigen Teil ihrer Disziplin. Der Bruch ergab sich, nachdem man erkannt hatte, dass die Sonne und nicht die Erde im Mittelpunkt des Sonnensystems steht.

Im Zeitalter der Aufklärung wurde

Das Studium des Sonnensystems
Eine stilisierte Szene des frühen 17. Jahrhunderts: Der Astronom bei der Arbeit

dann immer mehr bezweifelt, dass das menschliche Leben durch die Planeten beeinflusst wird.

Die Entdeckung der »modernen« Planeten Uranus und Neptun ab dem Ende des 18. Jahrhunderts schien der astrologischen Theorie einen weiteren schweren Stoß zu versetzen (gleichermaßen aber erschütterte z.B. Harveys Entdeckung des Blutkreislaufs die Medizin in tiefster Weise). 1930 und 1977 kamen zwei sehr kleine Planeten hinzu, Pluto und Chiron (Letzterer ein halber Komet). Als sich Anfang des 20. Jahrhunderts ein neues Interesse an der Astrologie zeigte, lag das eher an der modernen Psychologie denn an den Astronomen, die für gewöhnlich dem Ursprung ihrer eigenen Wissenschaft unversöhnlich gegenüberstehen. Die Kritik an der Astrologie durch zeitgenössische Astronomen ist fast immer von Unkenntnis getragen. Nur sehr wenige machen sich die Mühe, sie tatsächlich kennen zu lernen. Von wenigen rühmlichen Ausnahmen abgesehen, kritisieren Astronomen die Astrologie aus einer Reihe von absurden Gründen und Annahmen, so z.B., dass die Astrologen kein astronomisches Wissen hätten, wegen des Phänomens der Präzession (siehe S. 18) oder weil sie meinen, die planetarischen Einflüsse würden nach Ansicht der Astrologen auf Schwerkraft beruhen.

In den Himmel schauen
Ein aus Messing gefertigtes Refraktionsteleskop des 18. Jahrhunderts. Modelle dieser Art waren bei Amateurastronomen sehr gefragt.

STERNE UND PLANETEN

Die einfachste Erklärung, die der Mensch in früherer Zeit für das Sonnensystem hatte, war die Annahme, dass sich die Erde im Mittelpunkt einer sich drehenden Kugel befand, an deren innerer Oberfläche die Sterne festgemacht waren; die Planeten befanden sich zwischen dieser Hülle und dem irdischen Beobachter. Wir wissen, dass das Unsinn ist – nichtsdestoweniger aber eine nützliche Vorstellung für die Untersuchung der Bewegung der Planeten. Die Sterne, die sich aufgrund der Erdrotation um uns zu bewegen scheinen, stehen in Relation zueinander still. Deshalb können wir sie als Maßstab für die Bewegung der Planeten benutzen.

Die Sterne aufzeichnen
Diese astrologische Karte wurde 1660 angefertigt.

DIE DREI KREISE

Drei »große Kreise« brauchen die Astronomen, um die Position der Planeten zur Erde zu beschreiben: den Horizont, den Äquator und die Ekliptik. Wenn wir uns vorstellen, den Äquator auf den Himmel zu projizieren, erhalten wir den Himmelsäquator – welcher genau über dem irdischen Äquator liegt und den Himmel in zwei Hemisphären teilt, die nördliche und die südliche, in deren Mitte sich jeweils ein Himmelspol befindet; so wie der Nord- bzw. Südpol den Mittelpunkt der irdischen Hemisphären bezeichnet.

Zwei imaginäre Kreise – der Äquator und die Ekliptik – machen es uns möglich, die Position der Planeten im Verhältnis zur Erde zu bestimmen. Der Himmelsäquator ist nichts anderes als der auf die imaginäre Himmelskugel projizierte Erdäquator. Der Himmelsäquator steht also insofern genau »über« dem Erdäquator und teilt den Himmel in eine nördliche und eine südliche Hälfte, in deren Mitte sich die Pole befinden – wie bei der Erde auch.

Die Ekliptik

Die Ekliptik stellt einen weiteren imaginären Kreis dar, welcher von der Sonne bzw. ihrem scheinbaren Lauf um die Erde gebildet wird. Sie weist einen bestimmten Winkel zum Himmelsäquator auf, was zur Folge hat, dass sich die beiden Bahnen zweimal schneiden – einmal am Anfang des Widders (Frühjahrstagundnachtgleiche) und dann wieder am Anfang der Waage (Herbsttagundnachtgleiche). In nördlichen Breiten beginnt, wenn die Sonne in den Widder bzw. in die Waage tritt, offiziell der Frühling bzw. der Herbst; in südlichen Breiten steht das Erreichen des Widderpunktes für den Herbstanfang.

Die höchsten Punkte auf der Ekliptik – am weitesten vom Äquator entfernt – sind als Wendepunkte bekannt. Die Sonne erreicht die Sommersonnenwende, wenn sie in den Krebs tritt, die Wintersonnenwende mit Eintritt in den Steinbock. (Auch hier verhält es sich in südlichen Breiten umgekehrt.) Zu diesen Zeiten, der größten Entfernung zum Äquator, scheint die Sonne stillzustehen, bevor sie dann schließlich wieder ihre Bewegung in die entgegengesetzte Richtung aufnimmt.

Zum Zeitpunkt der Sommersonnenwende beschreibt sie eine Bahn, die als Wendekreis des Krebses bekannt ist, im Dezember den Wendekreis des Steinbocks. Diese Begriffe haben nichts mit den Tierkreiszeichen zu tun, sondern geben lediglich die maximale südliche bzw. nördliche Stellung der Sonne an.

DIE SONNE UND DAS SONNENSYSTEM

Die Sonne befindet sich im Zentrum des Sonnensystems, und die Erde bewegt sich vor dem Hintergrund des Tierkreises um sie herum. Beim Blick von der Erde aus aber scheint es uns, dass die Sonne sich von einem Zeichen zum nächsten bewegt; das Sonnenzeichen Ihrer Geburt ist das Zeichen, in dem die Sonne zu diesem Zeitpunkt zu stehen schien. Bei unserer Skizze wäre es so, dass beim Blick von der Erde aus sich die Sonne genau zwischen den Zeichen Steinbock und Wassermann befinden würde.

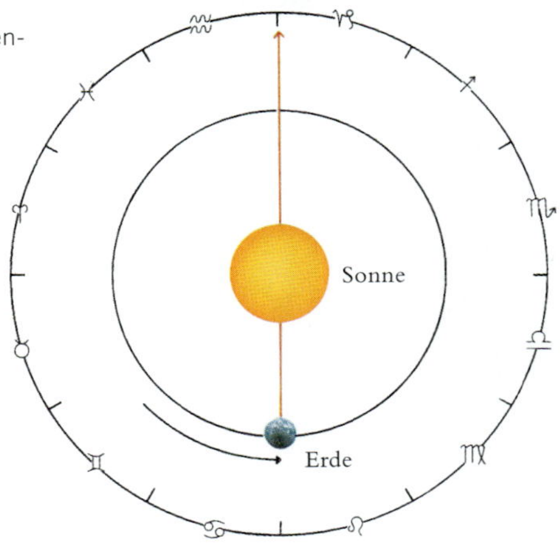

Man teilt die Ekliptik in zwölf gleich große Abschnitte von je 30°, welche mit den Tierkreisnamen bezeichnet werden. Wenn wir den Himmelsäquator in Sektoren von 15° einteilen, gehen daraus die Stunden hervor – es dauert jeweils eine Stunde, bis der nächste dieser Sektoren am Himmel kulminiert.

Die Bewegung der Sonne

Weil die Erde für ihre Umrundung der Sonne ein Jahr braucht, hat es den Anschein, dass sich die Sonne in zwölf Monaten einmal durch den Tierkreis in der Folge der zwölf Zeichen bewegt.

Der Meridian

Eine Linie auf der Erde von Pol zu Pol. Der Meridian Ihrer Geburt ist eine imaginäre Linie, die in Nord-Süd-Richtung durch Ihren Geburtsort läuft.

Deklination

Der in Grad gemessene nördliche oder südliche Abstand zwischen Himmelskörper und Himmelsäquator. Das Gegenstück zu den Breitengraden der Erde.

Das MC (Medium Coeli) oder die Himmelsmitte Das MC bzw. die Himmelsmitte ist der Punkt, wo sich die Ekliptik und der Meridian des Geburtsortes treffen.

Das IC (Imum Coeli)

Der Punkt, der dem MC genau entgegengesetzt ist. Beim Placidus- und einigen anderen Häusersystemen (siehe S. 84–85) fällt es mit der Spitze des 4. Hauses zusammen. Wenn wir das System der Äqualen Häuser benutzen, verhält es sich anders: MC und IC können dann in eine Reihe von Häusern fallen.

Nonagesimal

Der Punkt, der 90 Grad vom Aszendenten entfernt ist (Vorsicht: nicht mit dem MC gleichzusetzen!).

Der Aszendent

Der Aszendent (oder Asz.) ist der Grad eines Zeichens, der zu einem gegebenen Moment am Osthorizont aufsteigt.

Der Deszendent

Der Punkt, der dem Aszendenten gegenüberliegt. Befindet sich immer an der Spitze des 7. Hauses.

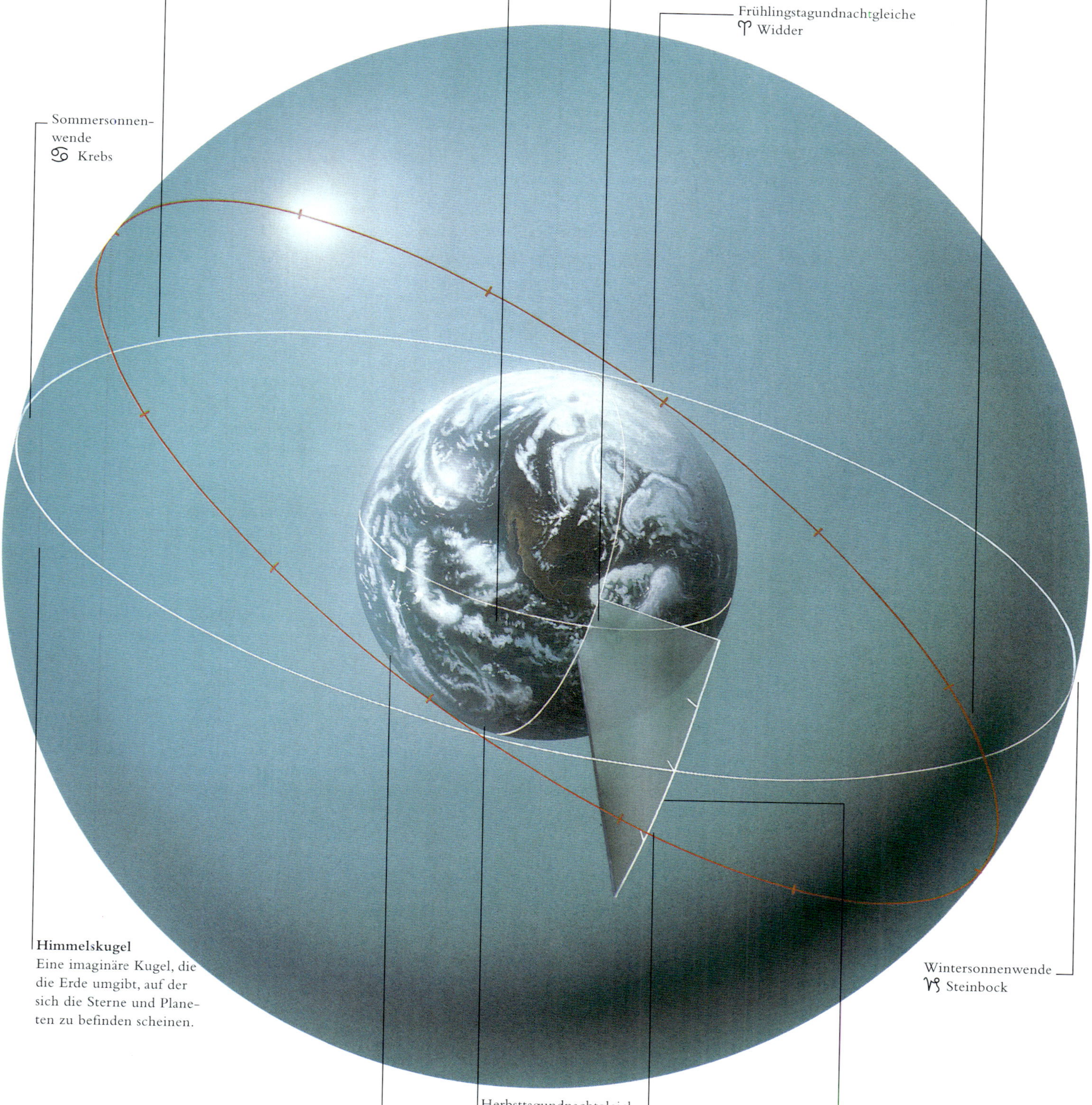

Die astrologische Sphäre
Die alten Philosophen sahen die Erde als Zentrum des Universums – man nahm an, dass um sie herum eine hohle Kugel war, deren Mittelpunkt sie bildete.

DER TIERKREIS

Der Tierkreis entstand als Zeitmaßeinheit. Niemand weiß, wann man ihn zur Klassifizierung von Persönlichkeiten oder zur Vorhersage einsetzte. Fest steht lediglich, dass die ersten Horoskopzeichnungen von 410 v. Chr. datieren und der Tierkreis von 500 v. Chr. Wahrscheinlich benutzte man den »modernen« Tierkreis schon lange vor Chr. Als Plato 365 v. Chr. über Astrologie schrieb, wurden die Zeichen immer noch von Göttern regiert und hingen mit Mythen aus Babylonien, Ägypten und Assyrien zusammen. Und auch die moderne astrologische Deutung nimmt vielfach Bezug auf Mythen, die ein Konzept für Verhalten und Motivation der Menschen darstellen.

Der Tierkreis im Altertum

Die Astrologen des Altertums glaubten, dass die Erde selbst einen Geburtstag hatte und dass bei ihrer Geburt »der Widder an der Himmelsmitte stand, und weil die Himmelsmitte oben steht, ging man davon aus, dass der Widder das erste aller Zeichen wäre – dasjenige, das aufmerkte, als das Licht kam« (Macrobius, 500 v. Chr.).

Die Mythen, die man mit den Tierkreiszeichen in Verbindung brachte, stammten aus einer Vielzahl von Quellen, der Widder z. B. aus ägyptischen, der Stier aus babylonischen, der Steinbock aus assyrischen. Diese Zeichnung ist eine typische grafische Darstellung des Tierkreises, wie sie in vielen Werken zu finden war. Sie enthält zwei Konstellationen, die von Ptolemäus in seinem Sternenkatalog aus dem Jahr 150 v. Chr. aufgelistet sind, die aber nicht zum Tierkreis gehören: Ophiuchus (Schlangenträger) und Cetus (Wal). Man ist heute der Ansicht, dass diese beiden keine besondere Bedeutung haben.

Das Sonnensystem ähnelt einer gewaltigen Scheibe, die durch den Raum kreist. Die Planeten kreisen auf der gleichen Ebene wie die Erde um die Sonne – Pluto als einzige Ausnahme weist eine Abweichung von 17° auf (die anderen Planeten weniger als 7°). Deshalb ziehen, von der Erde aus gesehen, alle Planeten auf derselben Bahn über den Himmel, auf der Ekliptik nämlich (siehe S. 16). Die Tierkreiszeichen säumen diesen Weg. Allerdings sollte man zu den allgemein bekannten zwölf Zeichen noch Ophiuchus (Schlangenträger) und Cetus (Wal) hinzufügen, welche astrologisch aber nicht weiter wichtig zu sein scheinen.

Die Rolle der Zeichen

Es kann nicht nachdrücklich genug betont werden, dass die Tierkreiszeichen nichts als eine Art Arbeitserleichterung für die Astrologen sind. Es handelt sich um eine bequeme Methode, die 30°-Segmente der Ekliptik, durch die Sonne, Mond und Planeten ziehen, zu benennen. Während die symbolischen Kreaturen des Tierkreises – Krebs, Schütze, die Zwillinge usw. – zweifellos eine Rolle bei der Entwicklung der Theorie gespielt haben, sind sie doch nicht weiter von Bedeutung.

Die Präzession der Frühlingstagundnachtgleichen

Es ist darauf hinzuweisen, dass aufgrund eines astronomischen Phänomens namens Präzession der Tagundnachtgleichen die 30°-Abschnitte heute nicht mehr mit den Sternbildern übereinstimmen: Der Punkt 0° Widder befindet sich heute im Sternbild der Fische. Dies beeinträchtigt die astrologische Theorie aber nicht, welche sich auf die Himmelssektoren und nicht auf die Sternbilder darin bezieht.

Schnell und langsam aufsteigende Zeichen

Weil die Erdachse nicht im rechten Winkel zur Ekliptik steht, brauchen bestimmte astrologische Segmente länger als andere, um über den Horizont zu steigen. In nördlichen Breiten sind Krebs, Löwe, Jungfrau, Skorpion, Schütze und Steinbock die so genannten Zeichen von langer Aszension. Wenig Zeit für den Aufstieg brauchen dagegen Widder, Stier, Zwillinge, Wassermann und Fische.

Die Tierkreiszeichen
Die Tierkreiszeichen, die die Erde umgeben, werden von bestimmten Gruppen von Fixsternen gebildet, in denen man über die Jahrhunderte hinweg bestimmte Muster gesehen hat. Diese stimmen mehr oder weniger gut mit den betreffenden Symbolen überein.

DAS SONNENSYSTEM

Fünf der Planeten – Merkur, Venus, Mars, Jupiter und Saturn – sind schon so lange bekannt, wie der Mensch auf den Himmel blickt. Sie erregten alsbald durch ihre Helligkeit und ihre Bewegung Aufmerksamkeit (das Wort »Planet« kommt vom griechischen Ausdruck für »Wanderer«). Vier Planeten – Uranus, Neptun, Pluto und als Letzter Chiron – wurden erst nach der Erfindung des Teleskops entdeckt. Für die Astrologen war es eine aufregende Erfahrung, damit die Interpretationen von Astrologen des Altertums zu ergänzen, die nichts von ihnen wussten.

Die Sonne

Die Sonne im Zentrum des Planetensystems, zu dem auch die Erde gehört, befindet sich 150 Millionen Kilometer von uns entfernt. Sie ist so groß, dass 109 Erdkugeln in ihr Platz finden würden.

Der Mond

Der Mond als einziger natürlicher Satellit der Erde wird als Planet behandelt – anders als die »richtigen« Planeten aber kreist er um die Erde (wofür er 27 Tage, 7 Stunden, 43 Minuten und 11 Sekunden braucht). Erde und Mond kreisen zusammen um die Sonne. Vom Sonnenlicht erhellt, scheint er zu wachsen oder kleiner zu werden – zuzunehmen und abzunehmen. Er ist »neu«, wenn er sich zwischen Erde und Sonne befindet und damit unsichtbar ist, 13,5 Tage später, im Sonnenlicht in ganzer Größe erstrahlend, ist er »voll«.

KLEINERE UND HYPOTHETISCHE HIMMELSKÖRPER

Es ist viel über den Einfluss der kleineren Himmelskörper des Sonnensystems spekuliert worden, bei den Asteroiden z. B., von denen es über 40 000 gibt. Die größten davon – Ceres, Vesta, Pallas und Eros – hat man untersucht; es gibt sogar Ephemeriden von ihnen.

HYPOTHETISCHE HIMMELSKÖRPER

Es wurde auch viel über Lilith spekuliert, die man als einen Satelliten der Erde ansah, mit einer Größe von einem Viertel des Mondes. Es ist eher unwahrscheinlich, dass dieser »Planet« existiert: Die Astrologen des 18. Jahrhunderts haben vielleicht auf einen Asteroiden geschaut. Astronomen wie Astrologen haben sich auch Gedanken zur Existenz eines Planeten, der Vulkan genannt wird, gemacht; er soll sich zwischen Sonne und Merkur befinden.

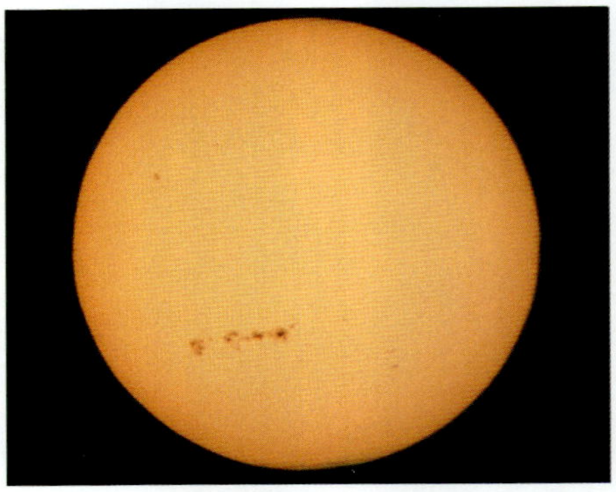

Die Sonne
Astrologen bezeichnen die Sonne als Planeten; sie ist der einzige Stern, der berücksichtigt wird.

Weil sich der Mond vor dem Hintergrund der Sterne in östlicher Richtung bewegt, geht er jede Nacht später auf – durchschnittlich etwa 50 Minuten, manchmal aber auch nur 15 oder wieder 60 Minuten. Der Vollmond geht immer bei Sonnenuntergang auf und bei Sonnenaufgang unter. Wenn der Mond genau vor der Sonne steht, erleben wir eine Sonnenfinsternis – ein dramatisches Ereignis, dem früher astrologisch eine sehr große Bedeutung zugeschrieben wurde. Dieses Phänomen wurde in letzter Zeit verstärkt erforscht (S.88-89).

Merkur

Merkur steht der Sonne am nächsten; astronomisch bezeichnet man ihn und die Venus als »innere Planeten«, deren Umlaufbahnen zwischen Sonne und Erde liegen. Mit seinem Durchmesser von nur 4880 Kilometer ist er der kleinste aller bekannten Planeten; sein Jahr – also die Zeit, die er für eine Sonnenumrundung benötigt – dauert 88 Tage. Damit ist er neben dem Mond der schnellste Himmelskörper, der für die Astrologen relevant ist. Seine Bewegung ist ziemlich ungleichmäßig, manchmal ist er 47 Millionen Kilometer von der Sonne entfernt, dann wieder 70 Millionen Kilometer. Von der Erde aus gesehen, steht er immer dicht bei der Sonne, niemals weiter als 28° entfernt.

Venus

Der andere »innere« Planet. Die Entfernung Venus–Sonne beträgt 108 Millionen Kilometer, sie braucht 225 Tage, um diese einmal zu umrunden. Ihr maximaler Abstand zur Sonne, von der Erde aus gesehen, liegt bei 48°. Damit kann sie, anders als Merkur, auch in der Nacht zu sehen sein.

Mars

Mars ist der erste Planet auf der sonnenabgewandten Seite der Erde, insofern der erste »äußere« Planet. Er weist eine relativ exzentrische Umlaufbahn auf, er kann der Sonne bis auf 208 Millionen Kilometer nahekommen, sich aber auch bis zu 228 Millionen Kilometer von ihr entfernen. Er kreist einmal in 687 Tagen um die Sonne.

Jupiter

Neben der Sonne der größte Himmelskörper des Sonnensystems (143 000 Kilometer im Durchmesser), 778 Millionen Kilometer von ihr entfernt. Für ihre Umkreisung braucht er 11,86 Jahre. Jupiter besitzt ein magnetisches Feld, das 20 000-mal stärker ist als das der Erde, und sendet Radiowellen aus. Er hat 15 Monde; Ganimed, Callisto, Io und Europa sind von der Erde schon mit einem kleinen Teleskop zu sehen. Sie wurden von Galileo 1610 mit dem ersten Teleskop entdeckt.

Saturn

Saturn ist der zweitgrößte Planet unseres Systems (120 000 Kilometer im Durchmesser); seine Umkreisung der Sonne, von der er 1,426 Millionen Kilometer entfernt ist, dauert 29,5 Jahre. Seine Ringe – von denen es drei große und hunderte, vielleicht tausende kleine gibt – wurden erstmals im Jahr 1955 untersucht. Sie bestehen aus Eis- und Felsbrocken, die um den Planeten kreisen. Saturn hat 19 Monde, vielleicht sogar mehr.

DIE NEUZEITLICHEN PLANETEN

Die fünf Planeten, die wir auf dieser Seite angeführt haben, waren bereits in

der Antike bekannt; die vier verbleibenden wurden in der Neuzeit entdeckt. Insofern nennt man sie die neuzeitlichen oder auch modernen Planeten.

Uranus

Uranus, von William Herschel durch Zufall 1781 entdeckt, ist 2870 Millionen Kilometer von der Sonne entfernt. Er braucht nicht weniger als 84 Jahre, um sie einmal zu umrunden. Er ist viermal größer als die Erde, besitzt ein Ringsystem und vier Satelliten.

Neptun

Neptun wurde 1846 entdeckt, nachdem die nähere Untersuchung der Uranusbahn auf den Einfluss eines unbekannten Planeten hindeutete. Etwas größer als Uranus, braucht er für die Umkreisung der Sonne 165 Jahre; er ist 4497 Millionen Kilometer von ihr entfernt. Er besitzt zwei Satelliten, Triton und Nereid. Triton, der Neptun in sechs Tagen einmal umkreist, ist einer der größten Monde des Sonnensystems.

Pluto

Mathematische Berechnungen überzeugten Percival Lowell von der Existenz dieses Planeten. Plutos Durchmesser beträgt 3200–4800 Kilometer, er wurde erstmals 1930 von Clyde Tombaugh gesichtet. Seine Umlaufbahn ist 17° gegen die Ekliptik geneigt, und er ist 5800 Millionen Kilometer von der Sonne entfernt, die er einmal in 248 Jahre umkreist. Mit seiner exzentrischen Bahn ist er ihr manchmal näher als Neptun – eine Kollision mit diesem ist aber sehr unwahrscheinlich. Sein Mond Charon wurde im Jahr 1978 entdeckt.

Chiron

Entdeckt im November 1977, hat Chiron eine Umlaufzeit von 50,7 Jahren und bewegt sich zwischen den Bahnen von Saturn und Uranus. Der Durchmesser beträgt zwischen 148 und 208 km, die Eigenrotation knapp 6 Stunden.

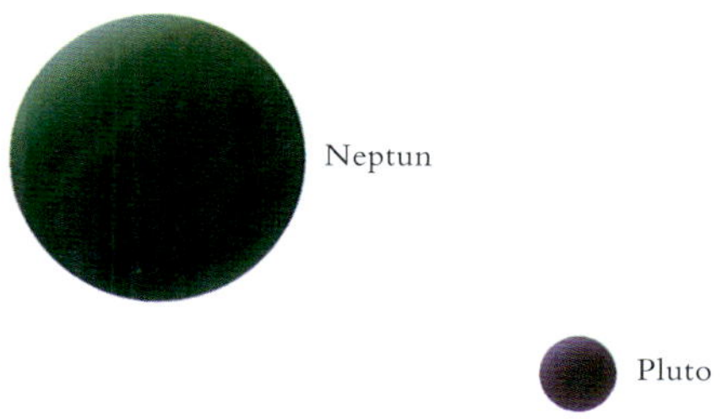

Himmlisches Wissen

Astrologen interessieren sich in überdurchschnittlichem Maße für die neuesten Erkenntnisse über die Objekte des Sonnensystems.

Die neuesten Aufnahmen des Weltraums haben unser Wissen über die sonnenfernen Planeten beträchtlich vergrößert. Man hat z. B. festgestellt, dass Uranus mindestens 15 Monde, 10 größere und über 100 kleinere Ringe aufweist. Eine große Überraschung war auch 1989 die Entdeckung von Voyager 2, dass der Neptunmond Triton deutlich kleiner und heller ist als angenommen – und dass er mit minus 200 °C eines der kältesten Objekte des Sonnensystems darstellt. Man entdeckte des Weiteren, dass Neptun rudimentäre Ringe besitzt.

Pluto – wohl der kleinste und sonnenfernste Planet unseres Systems – bleibt rätselhaft. 1987 aber gelang es, die Größe seines Mondes Charon mit 1150 Kilometer genau zu ermitteln. Man entdeckte auch, dass sich seine Atmosphäre mindestens 200 Kilometer über seine Oberfläche erstreckt.

Die moderne Sicht des Sonnensystems
Dies sind die Umlaufbahnen der heute bekannten Planeten (ohne Unregelmäßigkeiten). Die Planeten, die weiter von der Sonne entfernt sind als die Erde, nennt man »äußere«, diejenigen, die sich zwischen Erde und Sonne befinden, »innere« (siehe der kleinere Kreis rechts). Die Angaben bei den Planeten bezeichnen den durchschnittlichen Abstand zur Sonne.

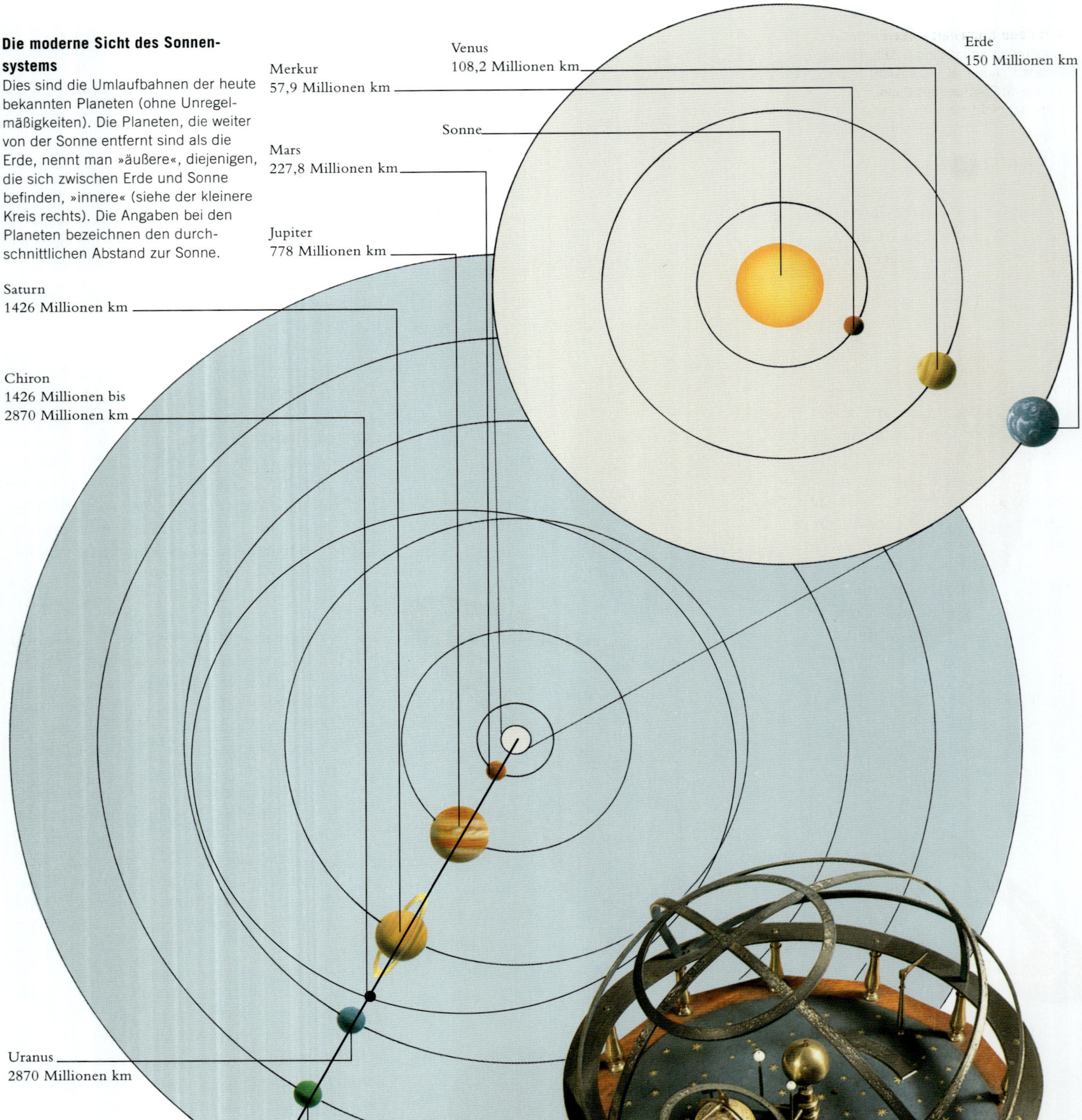

Die ursprüngliche Sicht des Sonnensystems
Diese mechanische Erfindung aus dem 18. Jahrhundert, ein Miniatur-Planetarium, sollte dem astrologischen Laien die Bahnen der Planeten deutlich machen. Die Messingkugel im Mittelpunkt stellt die Sonne dar, mit Merkur und der Venus als sie umkreisende kleine weiße Kugeln in ihrer Nähe. Die Erde dreht sich um die Sonne, wobei ihre Achse im Winkel von 23,5° zur Ekliptik geneigt ist. Der Mond wird von der kleinen Elfenbeinkugel symbolisiert, die um die Erde kreist.

Die neue Sichtweise der Planeten
Kopernikus schockte die Zeitgenossen im 17. Jahrhundert, indem er die Ansicht vertrat, dass die Sonne im Zentrum des Sonnensystems steht. Die Erde hat nicht mehr die zentrale Stellung inne.

DIE BEWEGUNG DER PLANETEN

Die Planeten laufen nicht auf perfekten Kreisbahnen um die Sonne. Die Exzentrizität der Bahnen ist für Astronomen wichtiger als für Astrologen – es gibt aber ein Phänomen, das auch uns betrifft: Von unserem irdischen Blickpunkt aus scheinen die Planeten manchmal langsamer zu werden, anzuhalten und sich dann für eine Weile rückwärts zu bewegen, bevor sie dann zur normalen Richtung zurückkehren. Der Planet, der sich in dieser Weise rückwärts zu bewegen scheint, wird »rückläufig« genannt. Unser optischer Eindruck ist, dass die Erde diesen überholt – wie beim Blick auf ein überholtes Auto der Eindruck entsteht, dass dieses immer weiter zurückfällt, obwohl es sich seinerseits ebenfalls weiterbewegt. Der Zeitpunkt, wann ein Planet rückläufig wird, ist in den astrologischen Tabellen mit einem »R« gekennzeichnet, die Wiederaufnahme der normalen Bewegung mit einem »D«.

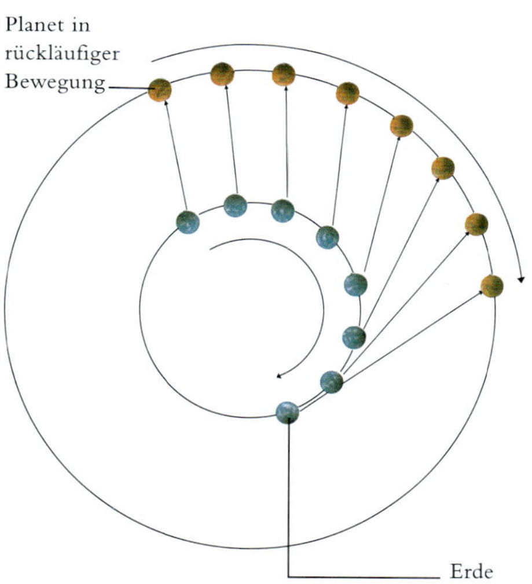

Konjunktionen

Eine Konjunktion ereignet sich, wenn zwei oder mehr Planeten von der Erde aus gesehen zusammenstehen. Merkur und Venus können sich in der unteren oder der oberen Konjunktion zueinander befinden – der unteren, wenn sie zwischen Erde und Sonne stehen, der oberen, wenn sie hinter der Sonne sind.

KONJUNKTIONEN

In der großen Skizze unten scheinen Venus und Neptun sowie Mars und Uranus, von der Erde aus gesehen, dicht beieinanderzustehen – sie befinden sich in Konjunktion zueinander. In den kleineren Skizzen rechts (von oben nach unten) befindet sich Mars, von der Erde aus gesehen, genau entgegengesetzt der Sonne – und damit in Opposition zu ihr; Mars und Neptun befinden sich in einer oberen Konjunktion zueinander als auch in Konjunktion zur Sonne; Venus, genau zwischen Erde und Sonne, ist Bestandteil einer unteren Konjunktion; und Merkur und Venus, auf der anderen Seite der Sonne (von der Erde aus gesehen), stehen in oberer Konjunktion zueinander. Eine Konjunktion zweier Planeten ist ein entscheidender Faktor des Horoskops, der einen großen Einfluss bei der Interpretation hat.

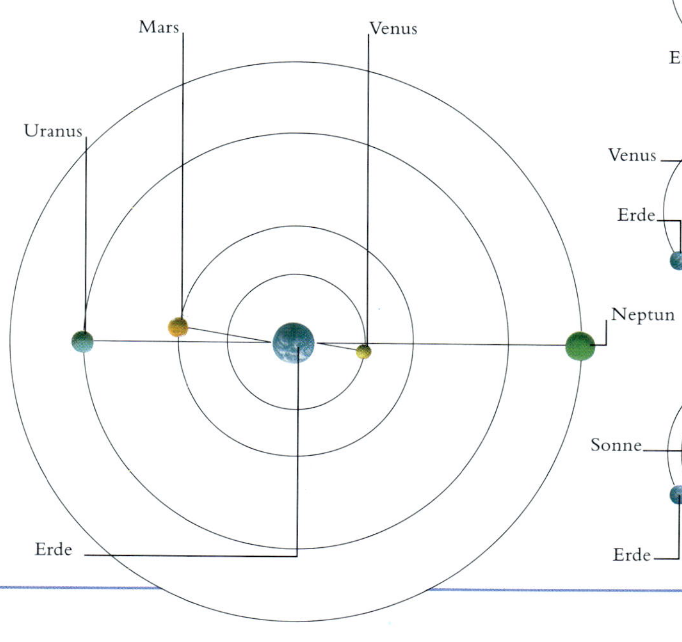

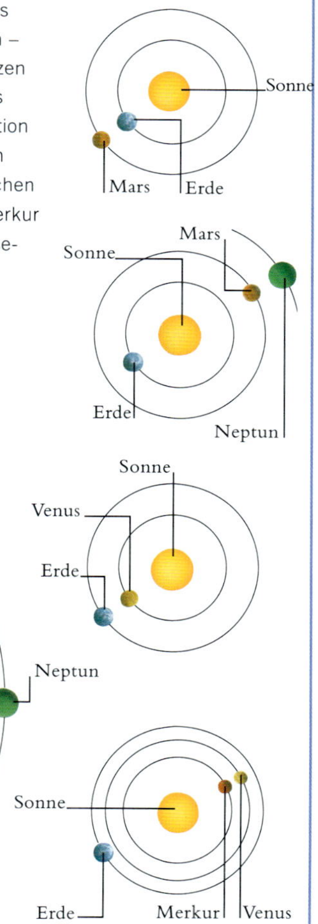

DIE TIERKREISZEICHEN

Es ist nicht möglich festzustellen, wie die zwölf Zeichen unseres heutigen Tierkreises mit den Eigenschaften in Verbindung gebracht wurden, die Astrologen ihnen jetzt zuschreiben. Die Zwillinge erhielten ihren Namen, weil in diesem Himmelsabschnitt zwei helle Sterne eng beieinanderstehen. In den Sternen des Löwen könnte man eine kauernde Bestie sehen und in denen der Jungfrau eine menschliche Gestalt. Die Zeichen haben ihre Namen und Mythen von früheren Zivilisationen – das Studium ihrer Geschichte ist faszinierend und sehr komplex. Im 4. und 3. Jahrhundert v. Chr. setzte man die verschiedenen menschlichen Körperteile in Beziehung zu den Tierkreiszeichen, beginnend beim Kopf (bei der Frühlingstagundnachtgleiche) mit dem Widder und endend mit den Fischen bei den Füßen. Diese Zuordnung geht möglicherweise auf die Griechen zurück, die den verschiedenen Zeichen auch Pflanzen zuordneten. Die ägyptischen Medizinmänner verbanden die einzelnen Zeichen auch mit Tieren und sogar Steinen. Für den Astrologen aber liegt die Wichtigkeit der Zeichen in den Eigenschaften begründet, die man über mehrere tausend Jahre von ihnen abgeleitet hat.

Astrologie und Astronomie
Dieser aus Messing gefertigte Quadrant aus dem 16. Jahrhundert wurde zur Breiten- und Höhenbestimmung verwendet. In ihn sind die Tierkreiszeichen eingraviert.

Tierkreiszeichen und Aktivitäten
Der Überlieferung nach weisen die Tierkreiszeichen in Verbindung mit der betreffenden Jahreszeit eine Beziehung zu bestimmten Aktivitäten auf. Die Illustrationen auf dieser und den folgenden Seiten stammen aus einem französischen Stundenbuch von 1423.

WIDDER

Der Eintritt der Sonne in den Widder am oder um den 21. März herum markiert das astrologische Neujahr. Typisch dafür ist, dass es Neuanfänge begünstigt. Das persönlichste aller Zeichen – sein psychologisches Signal »Ich will der Erste sein« ist ein Synonym für die überschießende Energie des Frühlingswachstums. Ein Widder bleibt nicht unbemerkt – sein Enthusiasmus und seine unkomplizierte Einstellung zum Leben sind bewundernswert.

Widder ist das erste Zeichen des Elementes Feuer und der kardinalen Qualität – all das steht für Kraft, für den Wunsch nach Fortschritten, aber auch dafür, sich selbst an die erste Stelle zu setzen. Die Feuerbetonung kann Enthusiasmus und Leidenschaftlichkeit bewirken; allerdings ist der Enthusiasmus auch schnell wieder vorbei. Geduld zu entwickeln ist von grundsätzlicher Bedeutung. Fast alle Widder haben einen selbstsüchtigen Zug. Beim Widderaszendenten tritt dies am negativsten hervor; bei der Widdersonne könnte die Venus mildernd wirken. Der Merkureinfluss kann die raueren Züge des Widders glätten.

STIER

Das zweite Tierkreiszeichen. Stabilität, Sicherheit und Geduld sind markante Eigenschaften. Risiken werden nur dann eingegangen, wenn es wirklich sein muss, und auch dann nur nach gründlicher Erwägung. Ein Zeichen, das feste Gewohnheiten im Leben fördert: Mehr als alles andere braucht der Stier Sicherheit – materielle und emotionale in der Beziehung. Der Stier ist das erste Zeichen des Elementes Erde und der fixen Qualität. Erdmenschen sind praktisch – im wahrsten Sinne des Wortes erdverbunden. Venus, der Planet der Liebe, herrscht über dieses Zeichen; ihr Einfluss sorgt dafür, dass Stier-Menschen sich durch eine Liebe zur Schönheit und zum Luxus auszeichnen und sinnliche Liebhaber sind.

Stiere neigen dazu, besitzergreifend zu sein – selbst der oder die Geliebte kann von ihnen als ein weiteres Besitztum gesehen werden. Beim Stieraszendenten ist diese Tendenz am machtvollsten – bei der Stiersonne dagegen dürfte der Einfluss der Venus diese Tendenz abmildern. Das fixe Moment des Zeichens leistet seinen Beitrag zu der außerordentlichen stiertypischen Beharrlichkeit (oder auch Dickköpfigkeit).

ZWILLINGE

Das dritte Tierkreiszeichen – das Zeichen der himmlischen Zwillinge. Es steht für eine gewisse Dualität. Zwillinge kann man daran erkennen, dass sie verschiedene Dinge zur gleichen Zeit tun; und es ist unsere Aufgabe, sie daran zu erinnern, es hier nicht zu übertreiben. Ihr Witz und das Bedürfnis nach Kommunikation beruhen auf dem Einfluss von Merkur als dem Herrscher.

Das erste Zeichen im Element Widder und das erste von veränderlicher Qualität. Beides prägt den Zwilling – die mentalen Attribute und die rasche Auffassungsgabe führen bei ihrer Freisetzung im Element Luft zu einer außerordentlichen Vielfalt von Ausdrucksmöglichkeiten. Die veränderliche Qualität ergänzt die Dualität des Zwillings, auch sie ermutigt einen freien und positiven Ausdruck. Fehler, die mit dem Zwillingsaszendenten einhergehen können, sind Unbeständigkeit und Oberflächlichkeit – bei der Zwillingssonne dagegen verleiht möglicherweise der Einfluss des herrschenden Planeten Merkur entweder einen stabilisierenden und praktischen oder einen intuitiven Einschlag.

KREBS

Das vierte Zeichen des Tierkreises wird vom Mond beherrscht. Wenn Sie an den Krebs denken, wird Ihnen diese Verbindung klar werden. Hat diese Person nicht ein ziemlich rundes und blasses Gesicht, so wie der Vollmond? Ist sie launenhaft und unbeständig, dabei aber freundlich und mitfühlend? Der Krebs ist das Zeichen der Mutterschaft – der Begründer von Heim und Familie im Tierkreis.

Der Krebs ist das erste Wasserzeichen und das zweite kardinale Zeichen. Emotionen stehen in Verbindung mit Fantasie und Intuition. Der Mensch muss aber etwas dazu tun, um sich dieser Gaben zu erfreuen; und er muss sie kontrollieren und kanalisieren. Mit der kardinalen Qualität dieses Zeichens ist ihm dies aber möglich, was ihn dann wieder in die Lage versetzt, Liebe und Gefühle zu zeigen. Beim Krebsaszendenten bekommt der Partner viel Unterstützung, allerdings könnte die Person selbst stark unter der Neigung zu Ängsten und Sorgen zu leiden haben; bei der Krebssonne dagegen könnte der Einfluss der Planeten Merkur und Venus helfen, die Emotionen unter Kontrolle zu bringen. Wenn der Krebs durch die Sonnen- oder Aszendentenstellung betont ist, gilt es, dem Mond im Horoskop besondere Aufmerksamkeit zu widmen.

LÖWE

Der Löwe ist das fünfte Zeichen des Tierkreises, von der Sonne beherrscht. Hier scheint dieser Stern, den Astrologen der Bequemlichkeit halber einen Planeten nennen, am hellsten – er befindet sich im eigenen Zeichen. Der Löwe kann herrschen und manchmal auch brüllen; wenn er sich verletzt oder gekränkt fühlt, zieht er sich allerdings zurück. Eine überaus starke, für gewöhnlich aber verborgen gehaltene Empfindsamkeit, gleichermaßen ein starker Schöpfungsdrang.

Die frühere Sicht des Himmels
Bei der Betrachtung der Sterne stellte der Mensch eine Ähnlichkeit zu verschiedenen Figuren oder Objekten fest, welche in Sternkarten wie dieser von 1650 deutlich zum Ausdruck kommt.

Der Löwe ist das zweite Zeichen im Element Feuer und das zweite der fixen Qualität. Ein feuriger Enthusiasmus und leidenschaftliche Emotionalität. Die Fixiertheit dieses Zeichens kann zu Sturheit führen, auf der positiven Seite zu großer Bestimmtheit. Weil die Sonne hier in ihrem eigenen Zeichen steht, treten die Löwemerkmale stark hervor, stärker als die anderen Sonnenzeichen. Falls Merkur oder die Venus ebenfalls im Löwen steht, müssen wir den Löwen anhalten, die anderen Eigenschaften zur Entwicklung zu bringen, weil es ansonsten zu einem Ungleichgewicht kommen könnte. Beim Löwen als aufsteigendem Zeichen können die Neigung zur Prahlsucht und die Dickköpfigkeit auf den Partner gerichtet werden.

JUNGFRAU

Die Jungfrau als sechstes Tierkreiszeichen ist das zweite, das von Merkur beherrscht wird. Hier sehen wir die praktischen Arbeiter sowie die kritischen Analytiker, die einen ausgezeichneten Intellekt, aber nur sehr wenig Selbstvertrauen besitzen.

Das zweite Zeichen des Elementes Erde sowie das zweite der veränderlichen Qualität. Die praktischen und beständigen Erdeigenschaften passen nicht besonders gut zur Veränderlichkeit dieses Zeichens. Der Einfluss Merkurs – das herrschende Zeichen – verleiht diesen Menschen einen wachen Verstand, aber auch die Neigung zu Ängsten und Sorgen. Ist die Jungfrau kreativ, besitzt sie ein exzellentes Potenzial. Bei der Jungfrausonne könnte auch ohne Weiteres der herrschende Planet (Merkur) in diesem Zeichen stehen, was eine extreme Jungfrau-Betonung bedeuten würde. Befindet sich aber Merkur entweder im Löwen oder in der Waage, sind damit einige kontrastierende Merkmale angezeigt, die für einen umfassenderen Blick auf das Leben und auch für größere Potenziale auf verschiedenen Gebieten sprechen. Mit der Jungfrau am Aszendenten stehen die Eigenschaften dieses Zeichens nicht so deutlich im Brennpunkt; der Merkureinfluss aber wird einen sehr wichtigen Bestandteil der psychischen Ausstattung des oder der Betreffenden darstellen.

WAAGE

Das siebte Tierkreiszeichen. Der Widder, das erste Zeichen, war sehr persönlich orientiert – die ihm gegenüberliegende Waage (also das polare Zeichen) ist von allen Zeichen am stärksten auf die Verbindung mit dem Partner ausgerichtet. Eine dauerhafte Beziehung ist hier von grundsätzlicher Bedeutung. Fairness, Diplomatie und Gerechtigkeitssinn sind weiterhin typisch. Häufig aber sorgen Verstimmungen und die Neigung zur Unentschlossenheit für Probleme.

Die Waage ist das zweite Zeichen des Elementes Luft und das dritte der kardinalen Qualität. Diese Einflüsse verbinden sich im Kontext dieses Zeichens gut miteinander; sie fügen Charme und Umgänglichkeit zu. Viele Waagemenschen besitzen einen aggressiven Zug. Die meisten verdienen den Ruf, träge zu sein, nicht. Der Einfluss der Venus ist stark; sie fügt, wenn sie nicht wie die Sonne in der Waage steht, der psychischen Prägung des Menschen ein wichtiges Element zu. Steht sie gleichfalls in der Waage, ist die Person deutlich waagehaft. Bei der Waage als aufsteigendem Zeichen könnten stärkere Merkmale in den Vordergrund treten.

SKORPION

Das achte Tierkreiszeichen und dasjenige mit dem höchsten Energieniveau. Seine Ressourcen an physischer wie emotionaler Energie sind unübertroffen. Bis zur Entdeckung von Pluto und dessen Aufnahme in den astrologischen Pantheon galt Mars – der Herrscher des Widders und ein wichtiger Faktor der physischen Energie – als Regent des Skorpions. Nun aber wurde Pluto diese Herr-

Der Körper
Diese Zeichnung aus dem 15. Jahrhundert zeigt die astrologische Zuordnung der Körperteile.

schaft zugesprochen, sein Einfluss energetisiert den emotionalen Gehalt dieses Zeichens.

Der Skorpion ist das zweite Zeichen des Elementes Wasser und das dritte Zeichen der fixen Qualität – die Emotionalität des Wassers ist hier gestillt und zugleich intensiviert. Seine Kraft muss positiv zum Ausdruck kommen und der persönlichen Erfüllung dienen. Der unerfüllte Skorpion kann rastlos und eifersüchtig werden. Beim Skorpion als aufsteigendem Zeichen können wir den polaren Einfluss des Zeichens Stier erkennen, welcher Warmherzigkeit und Charme, vor allem gegenüber dem Partner, bringt, gleichzeitig aber auch Besitzansprüche, welche bei der Skorpionsonne häufig nicht in Erscheinung treten, weil die in der Nähe stehenden Planeten Merkur und Venus diese Neigung abschwächen.

SCHÜTZE

Das neunte Zeichen – das Zeichen von Pferd und Mensch, eine Kombination von physischer Energie und einem machtvollen Verstand. Dies ist das zweite »dualistische« Zeichen des Tierkreises, mit einem Verstand und einem Körper, die als Einheit agieren dürften. Erholung und Entspannung bezieht sich immer auf beide. Jupiter, der herrschende Planet, stärkt sowohl den Geist als auch den Körper, in Verbindung mit einem Drang nach Herausforderungen. Der Schütze muss sich dessen bewusst sein.

Dies ist das dritte und letzte Feuerzeichen und das dritte Zeichen der veränderlichen Qualität. Das Feuer brennt stark und hell, mit einem lebhaften und überschießenden Enthusiasmus und ansteckender Emotionalität. Es verleiht dem Betreffenden die Fähigkeit, Situationen rasch zu erfassen. Der Schütze-Zentaur ist der Bogenschütze, der Raum braucht für seine vielfältigen Interessen und um atmen zu können. Schützen müssen erkennen, dass intellektuelle und körperliche Stagnation zu der Art von Rastlosigkeit führt, die ihr größter Feind ist. Während das polare Zeichen, die Zwillinge, intellektuell orientiert ist, liegt hier der Akzent auf dem höheren Geistigen.

STEINBOCK

Das zehnte Tierkreiszeichen. Von Saturn beherrscht, verleiht es Ehrgeiz, die Liebe zur Tradition und den Drang, nichts Verwerfliches und Unpassendes zu tun. Steinböcke haben aber durchaus die Fähigkeit, sich zu amüsieren, und besitzen einen wunderbaren trockenen Humor.

Das dritte und letzte Zeichen des Elementes Erde, das vierte und letzte Zeichen der kardinalen Qualität. Die praktische Seite der Erde steht hier in Verbindung mit einer außengerichteten, expressiven Note, was für gesunden Menschenverstand und die Fähigkeit spricht, sich freimütig zum Ausdruck zu bringen. Ein eher niedriges emotionales Niveau – häufig aber hilft die Venus mit ihrer Stellung (insbesondere im Skorpion oder in den Fischen), das recht kühle Herz des Steinbocks zu erwärmen und sein Vertrauen zu wecken. Das gilt weniger für den Steinbock als Aszendentenzeichen – aufgrund der Einwirkung des polaren Zeichens Krebs gibt es hier eine fürsorgliche Note mit der instinktiven Motivation, die Familie und Personen, die man liebt, zu schützen. Vielleicht aber ein Konflikt zwischen den Anforderungen der Arbeit und der Zeit, die man mit dem Partner und den Kindern verbringt.

WASSERMANN

Das elfte Zeichen des Tierkreises, das für den wahren Individualisten steht. Wassermänner haben für gewöhnlich etwas Faszinierendes, sie sind freundlich, dabei aber doch auf ihre Privatsphäre bedacht und umgeben sich mit einer Aura des Geheimnisvollen. Das kann unter Umständen in Beziehungen zu Problemen führen. Uranus als herrschender Planet fügt eine gewisse Exzentrizität und Unvorhersehbarkeit bei, mit der andere Schwierigkeiten haben.

Der Wassermann ist das letzte Zeichen des Elementes Luft und das vierte der fixen Qualität, was für einen wissbegierigen Verstand spricht, der an seinen einmal gefassten Meinungen stur festhält. Wie beim Steinbock auch ist das emotionale Niveau nicht besonders hoch (Letzterer teilte sich früher mit dem Steinbock Saturn als Herrscher). Der Venuseinfluss kann bei dem Ausdruck der Gefühle gegenüber dem Partner helfen, während Merkur vielleicht die Sturheit abmildert. Der Einfluss des polaren Zeichens Löwe kommt beim Wassermannaszendenten voll zur Geltung, er verbindet sich mit seiner Leidenschaft wunderbar mit der wassermannhaften Originalität, am besten durch künstlerische oder wissenschaftliche Arbeit.

FISCHE

Das zwölfte und letzte Tierkreiszeichen. Der Einsiedler, der über ein erstaunliches Potenzial verfügt – welches vielleicht nicht zur Blüte kommt, weil ein Mangel an Selbstvertrauen seine Entfaltung behindert. Neptun als herrschender Planet verleiht zwar Inspiration, Empfindsamkeit und einen Sinn für Visionen, kann aber auch dazu beitragen, dass die Dinge ihre Kontur verlieren. Auch Sie wissen wahrscheinlich um die Freundlichkeit der Fische, fühlen sich aber vielleicht von ihnen getäuscht.

Dies ist das dritte und letzte Zeichen des Elementes Wasser und das vierte und letzte Zeichen der veränderlichen Qualität. Die Emotionalität des Elementes Wassers wird durch die Veränderlichkeit gestärkt; es handelt sich hier um eine machtvolle Kraft, die wohl Kontrolle braucht, wenn sie auf eine belohnende Weise funktionieren soll. Fische-Menschen haben häufig einen starken spirituellen Glauben.

Die Fischesonne geht manchmal mit einem schwachen Charakter einher, allerdings könnte die Einwirkung von Merkur und Venus helfen, dieser Tendenz entgegenzuwirken. Fische als aufsteigendes Zeichen könnten eine sehr kritische Haltung zum Partner bedeuten.

ZEICHENBEZIEHUNGEN

Die zwölf Tierkreiszeichen werden in Gruppen zusammengefasst, sie weisen untereinander einen besonderen Zusammenhang auf und ergänzen sich. Die Eigenschaften, die sie teilen, sind von grundsätzlicher Art. Diese Zeichenbeziehungen haben eine lange Tradition: Die vier Elemente sind älter als die Philosophie, die Qualitäten (s. u.) waren ein klassisches griechisches Konzept. Die Natur der Gegensätze – ungerade/gerade, männlich/weiblich, positiv/negativ – wurde bereits von den Pythagoräern erkannt. Diese Theorie hat nicht nur die Astrologie stark beeinflusst.

TRADITIONELLE ZEICHENBEZIEHUNGEN

Die Elemente oder Triplizität

Die erste und aufschlussreichste Einteilung ist die der Elemente (manchmal auch Triplizitäten genannt). Es gibt Zeichen des Elementes Feuer, Erde, Luft und Wasser.

Grob gesagt zeichnen sich die Feuerzeichen der Überlieferung nach durch Enthusiasmus aus, die Erdzeichen durch einen Sinn für das Praktische, die Luftzeichen durch den Intellekt und das Bedürfnis nach Kommunikation und die Wasserzeichen durch ihre Emotionen. Menschen, bei denen Zeichen des gleichen Elementes betont sind, verstehen sich häufig sehr gut.

Die Qualitäten oder Quadruplizität

Die zweite Einteilung ist die gemäß der Qualität bzw. Quadruplizität: kardinal, fix und veränderlich.

Es lässt sich verallgemeinert sagen, dass die kardinalen Zeichen nach außen gerichtet, die fixen Zeichen starr in ihren Meinungen und die veränderlichen Zeichen flexibel und anpassungsfähig sind.

Positiv und negativ

Die dritte Einteilung ist jene in positive und negative oder auch männliche und weibliche Zeichen. Lassen Sie sich nicht verwirren: Wenn eine Frau die Sonne oder den Aszendenten in einem männlichen Zeichen hat, muss das nicht heißen, dass es ihr an Weiblichkeit fehlt. Bei der Interpretation sollten wir es mit der Bemerkung bewenden lassen, dass eine Betonung der femininen Zeichen eine Neigung zur Introversion anzeigt und betonte maskuline Zeichen auf Extraversion hindeuten.

Um alles noch komplizierter zu machen, stimmen die Merkmale der

Die Macht der Sonne
Ein Gemälde aus dem 15. Jh., das neben dem machtvollen Sonnengott auch das Feuerzeichen Löwe darstellt.

Zeichen nicht unbedingt mit den Symbolen überein: der Stier z. B., der wohl eine der maskulinsten Kreaturen des Tierkreises darstellt, ist das Symbol eines femininen Zeichens!

Polarität

Es gibt noch eine andere Verbindung zwischen den Zeichen, die bei der Interpretation in verschiedener Hinsicht sehr nützlich sein kann: die Polarität. Jedes Zeichen ist mit seinem gegenüberliegenden Partner im Tierkreis durch eine besondere Beziehung verbunden:

Widder/ Waage
Krebs/Steinbock
Stier/Skorpion
Löwe/Wassermann
Zwillinge/Schütze
Jungfrau/Fische

Das heißt nicht, dass die entgegengesetzten Zeichen des Tierkreises entgegengesetzte Eigenschaften haben. Die polaren Zeichen ergänzen sich, es gibt eine besondere Beziehung und ein besonderes Verständnis zwischen ihnen. Zwei Menschen mit einer Betonung des gleichen Zeichenpaares stimmen vielleicht nicht immer überein, können sich gegenseitig aber gut verstehen. Wir gehen auf dieses Thema im Abschnitt zu den Beziehungen näher ein (S. 210–233), wo es von sehr großer Wichtigkeit ist. Für den Augenblick reicht es, die Tierkreispaare vor Augen zu haben; der Widder ist z. B. das persönlichste aller Zeichen, während die Waage dasjenige darstellt, das am stärksten vom Drang nach Partnerschaft beherrscht ist. Vergleichen Sie die Zeichenpolarität mit der ähnlichen Beziehung zwischen den Häusern (S. 84), und halten Sie sich vor Augen, dass die Polarität der Zeichen ein lohnendes und interessantes Gebiet ist, welches der Interpretation der Zeichen eine zusätzliche Dimension zufügt.

PLANETENHERRSCHER

Eine andere Lektion bei der Astrologie ist die, dass jedes Zeichen seinen planetarischen Herrscher hat.

Das Horoskop auf Seite 96 weist die Symbole der Planeten und der Zeichen, die von ihm regiert werden, aus. Merkur und die Venus herrschen über zwei Zeichen, und vor der Entdeckung der modernen Planeten (Uranus, Neptun und Pluto in den Jahren 1781, 1846 und 1930) herrschte Mars über den Widder und den Skorpion, Jupiter über den Schützen und die Fische und Saturn über den Steinbock und den Wassermann. Sonne und Mond haben jeweils immer nur über ein Zeichen geherrscht. Mit der Aufnahme von Uranus, Neptun und Pluto in das astrologische Pantheon aber musste man neue Zuordnungen treffen. Vielleicht werden noch weitere Planeten entdeckt, und vielleicht ergibt sich damit, dass eines Tages auch Merkur und die Venus nur noch über ein Zeichen herrschen werden. Es wird sich zeigen! Über wen der 1977 entdeckte Chiron herrscht, wird noch diskutiert.

Mehr über die traditionellen und aktuellen Herrschaftsbeziehungen können Sie dem 4. Kapitel entnehmen (S. 270–423). Es ist ratsam, diese Einflüsse bei der Interpretation vor Augen zu haben.

Die Traditionellen Zeichenbeziehungen

Die dem Horoskop nachempfundene Darstellung zeigt die Zuordnung der Zeichen zu den Häusern des Horoskops, mitsamt der sie regierenden Planeten. Es sind auch die überlieferten Zeichenbeziehungen angegeben: Jedes Haus ist entweder »maskulin« oder »feminin« (am mittleren Ring abzulesen). Dort sind auch die Qualität und die Quadruplizität der Zeichen vermerkt; die Elemente dagegen sind im äußeren und inneren Ring vermerkt.

Schlüssel

+ Maskulin	Feuer	C Kardinal
- Feminin	Erde	F Fix
	Luft	M Veränderlich
	Wasser	

WIDDER ♈ 21. MÄRZ – 20. APRIL

Widder wollen aus der Masse hervorstechen, und sie haben den unbedingten Willen zum Erfolg. Sie sind grundsätzlich eher unkompliziert, direkt in ihrem Ansatz und jederzeit dazu in der Lage, die Probleme des Alltags unmittelbar anzugehen. Alles, was nicht der Erfüllung ihrer Ziele – der langfristigen wie der spontanen – dient, ist ihnen ziemlich gleichgültig, ob nun die Speisefolge des heutigen Abendessens oder die Details eines Vertrages. Ihre Fähigkeit, relevante Elemente für Entscheidungen zu erkennen, ist so überzeugend wie beneidenswert.

GRUNDZÜGE DES WESENS

Eine sehr intensive Bestimmtheit hilft dem Widder, auf Herausforderungen zu reagieren – allerdings kann die Tendenz, sich furchtlos auf alles einzulassen, zu Problemen führen. Bei den allzu schnellen Reaktionen könnte man das Gefühl bekommen, dass Widder wohl ihre besonderen Erfahrungen machen müssen (und einige werden es natürlich niemals lernen).

Leistungen sind wichtig; wenn er nicht gefordert ist, ob nun im Beruf oder stellvertretend bei einem Interessensgebiet, wird der Widder physisch oder psychisch krank und unausstehlich. Das liegt häufig an dem schlimmsten der Widder-Fehler, der Selbstsucht, die sich mehr oder weniger stark bei jedem Widder zeigt. Widder-Kinder müssen auf diesen Zug aufmerksam gemacht werden; wenn sie ihn erkannt haben, fällt es ihnen später im Leben leichter, gegenzusteuern.

WIDDER-EIGENSCHAFTEN

Abenteuerlustig und energisch
Bahnbrechend und mutig
Enthusiastisch und zuversichtlich
Dynamisch und aufgeweckt

Selbstsüchtig und hitzig
Impulsiv und ungeduldig
Verwegen und tollkühn

SCHLÜSSELWORTE
Selbstbewusst, drängend, freimütig, selbstbezogen

Beziehung

Widder sind extrem leidenschaftlich. Befriedigung brauchen sie nicht nur bei der Arbeit und beim Spiel, sondern auch beim Sex, vielleicht mehr als alle anderen. Die Partner müssen lebhaft und dazu imstande sein, positiv auf ihre knisternde Energie zu reagieren (Element Feuer); dabei sollten nicht nur junge Widder die anregende sexuelle Begegnung mit dem festen Partner suchen, sondern auch die älteren – ansonsten leidet der Widder selbst sowie der Partner auch.

Familie

Das Widderkind besitzt den typischen kindlichen Enthusiasmus aller Feuerzeichen. Dieser Schwung, der sich auf die verschiedensten Interessen beziehen kann, erlahmt allerdings auch wieder sehr schnell; und die Eltern sollten ein Auge darauf haben, dass der Sprössling nicht viel Geld für eine verrückte Sache ausgibt, weil er nur allzu schnell die Geduld mit dem teuren Stück verlieren könnte, bereit für die nächste Herausforderung.

Geduld ist keine Widder-Stärke, was schulisch zu unregelmäßigen Fortschritten führen dürfte. Man muss hier hoffen, dass sich der Lerneifer zum rechten Zeitpunkt einstellt, vor wichtigen Arbeiten und Prüfungen beispielsweise. Glücklicherweise aber wird der Widder nur einmal durchfallen – mitzuerleben, wie die Freunde davonziehen, ist ihm Ansporn genug, sich ans Lernen zu machen und aufzuholen. Eine einschränkende Disziplin ist nichts für den jungen Widder. Einsichtige Regeln erkennt er an, vorausgesetzt, sie werden ihm erläutert. Stumpfsinnige Vorschriften ohne logische Begründung lehnt er ab.

Widder sind außerordentlich lebhafte Eltern. Sie besitzen entzückend natürliche, fast kindliche Gemüter. Die Widder-Eltern haben auch keine Schwierigkeiten, sich auf die Gefühle ihrer Kinder einzustellen. Es macht ihnen Freude, sie zu den verschiedensten Aktivitäten anzuregen; jede Stunde mit ihnen ist ein richtiges Ereignis. Allerdings werden nicht alle Kinder den Enthusiasmus ihrer Widder-Eltern teilen, und der Widder-Vater sollte nicht sein Kind zum Fußballspielen auffordern, nur weil er selbst spielen möchte. Dem Kind ist es vielleicht lieber, zu Hause ein gutes Buch zu lesen oder – falls es doch etwas von der überreichlichen Widderenergie geerbt hat – vielleicht zum Ballett zu gehen. Eine solche Situation könnte nämlich wieder die widderhafte Selbstsucht zum Ausdruck bringen: nicht tun, was das Kind möchte, sondern der Widder.

Beruf

Wie schon das Widder-Schulkind stets seinen eigenen Kopf hat, braucht auch der erwachsene Widder im Beruf einen gewissen Freiraum. Mit einem langweiligen Routinejob könnte er sich höchstens dann arrangieren, wenn er in der Freizeit einen stimulierenden Ausgleich zur Verfügung hat.

Eine lärmerfüllte und geschäftige Umgebung ist eine Wohltat für ihn, ein staubiges, enges Büro dagegen nicht. Bei der Berufswahl entscheidet der Widder sich vielleicht für die Tätigkeit als Ingenieur oder Zahnarzt, für eine Arbeit, die mit Elektronik zusammenhängt, mit der Armee oder der Psychiatrie. Wichtiger als alles ist, dass er Gelegenheit hat, sich von der Masse abzuheben und sich auf die eine oder andere Art als Pionier zu erweisen. Widder sind ehrgeizig – die Befriedigung des Ehrgeizes ist hier genauso wichtig wie die Leistung an sich. Der Widder wird dann fragen: »Und was kommt jetzt?«

Widder sind zumeist geschäftstüchtig und unternehmungslustig; viele haben auch Freude daran, zwei Stellen zu bekleiden. Wenn Unternehmungsgeist sich mit Vorsicht ergänzt, können sie viel Geld verdienen. Manchmal tut hier

aber ein stabilisierender Einfluss not, damit das Geld ihnen nicht zwischen den Fingern zerrinnt.

Veränderungen, Freizeit und Ruhestand

Veränderungen werden für gewöhnlich in Widder-Manier vorgenommen, besonders dann, wenn man sich Fortschritte von ihnen erhofft. Mit ihrem lebhaften Geist akzeptieren diese Menschen Herausforderungen überaus bereitwillig. Viele von ihnen freuen sich auf die Mußezeit nach der Pensionierung – nach einer Woche oder zwei aber haben sie wieder ein altes Hobby entdeckt oder etwas Neues gefunden. Vielleicht sind sie nun schon etwas geduldiger geworden – vielleicht aber ergibt sich auch, dass sie statt eines neuen Hobbys plötzlich einen neuen Beruf haben!

Gesundheit, Ernährung und Sport

Widder brauchen für ihr Wohlbefinden außerordentlich viel Bewegung. Der Widder ist unter Umständen derart versessen auf sportliche Betätigung, dass Sie sogar irgendwann zur Mäßigung raten müssen, damit er sich nicht körperlich übernimmt.

Eine Verletzungsanfälligkeit des Kopfes – gerade in jungen Jahren könnte die Tendenz, mit dem Kopf anzustoßen, zu Verletzungen führen. Die Widder-Tendenz, sich Hals über Kopf in etwas zu stürzen, könnte Schnitte, Prellungen und auch Verbrennungen mit sich bringen. »Eile mit Weile« – das ist das Motto, welches sich der Widder zu eigen machen sollte. Er arbeitet sehr gern mit den verschiedensten Arten von Werkzeugen, und auch hier könnte Achtlosigkeit schwerwiegende Folgen haben. Der Widder mag scharfes Essen – welches aber nicht gut für ihn ist. Er hat einen gesunden Appetit und das Bedürfnis nach eher traditionellen Gerichten.

DER WIDDERASZENDENT

Psychologischer Antrieb

Widder wollen immer gewinnen, und ihre energische Antriebskraft führt sie zu Aktivitäten, auf nahezu unbewusste Weise. Außerordentlich viel Ehrgeiz und körperliche Energie für die Ziele, die vor ihnen liegen. Der Siegeswillen hilft ihnen dabei, Konkurrenten hinter sich zu lassen. Das Bedürfnis, Aufmerksamkeit zu erregen, könnte sich schon in der Familie bemerkbar machen. Wenn das Kind mit dem Widderaszendenten ältere Geschwister hat, die schon Erfolge vorweisen können, tritt vielleicht ein Zug der Skrupellosigkeit in Erscheinung; allerdings ist Konkurrenz grundsätzlich ein Ansporn. Ein Gegengewicht für Rücksichts- oder Skrupellosigkeit kann der natürliche Widder-Humor sein.

Sich an die gesellschaftliche Umgebung anzupassen fällt Menschen mit einem Widderaszendenten leicht. Wenn sie sich ein bisschen zurückhalten, sind sie sehr wohl in der Lage, sich selbst zu analysieren – die daraus resultierende Selbsterkenntnis kann ihre vielfältigen positiven, starken und extravertierten Eigenschaften zum Ausdruck bringen.

WIDDER-VERBINDUNGEN

Edelstein Diamant

Metall Eisen

Salze Kali.phos., Nat.phos.

Farbe Rot

Das Selbstbild kann hier unter Umständen aber auch etwas Konfuses haben. Beim Sonnenzeichen Widder führt das schnell zu Unfällen, beim Widderaszendenten geht es eher um die psychische Ebene, vielleicht um eine allzu einfache Sicht von Problemen. Wegen des Zusammenhangs mit dem Kopf könnten hier häufig Kopfschmerzen gegeben sein, vielleicht als Resultat von einem Problem mit den Nieren, von Überarbeitung oder übermäßiger Belastung der Augen.

Die Reaktion auf Partner ist interessant: ein großes Bedürfnis nach einer dauerhaften emotionalen Verbindung, welche Erfahrungen der Mensch im Einzelnen auch damit macht oder wie er das mit seinem Unabhängigkeitsstreben in Einklang bringt. Dieser Mensch braucht einen Partner, und er möchte diesen verstehen und ihm gerecht werden. Diejenigen, die mit ihm nur oberflächlich bekannt sind, werden diese Züge nicht wahrnehmen.

DIE PROGRESSION IN DEN STIER

Der widderhafte Unternehmungsgeist ist mit der Sonnenprogression in den Stier betont – allerdings ergibt sich nun eine solidere Einstellung zu den Finanzen und Besitztümern. Viele Widder kaufen sich zu dieser Zeit ihr erstes Haus oder ihre erste Wohnung, speziell dann, wenn sie am Anfang dieses Zeitraums geboren wurden (in diesem Fall findet die Progression gegen Mitte oder Ende 20 statt).

Das Widder-Image, das eher zum Nachlässigen tendiert, könnte sich nun ändern. Häufig entwickelt sich zu dieser Zeit eine Neigung zu teureren und eleganteren Kleidungsstücken. Bei dieser Progression sollte der Widder darauf achten, nicht zu besitzergreifend zu werden, besonders gegenüber dem Partner. Es dürfte ihm nicht schwerfallen, dagegen aktiv zu werden, man kann nämlich immer an seinen Sinn für Unabhängigkeit appellieren.

Das Zeichen Widder steigt in der nördlichen Hemisphäre sehr schnell auf, und selbst dann, wenn die Geburt auf die ersten Grade dieses Zeichens fiel, wird die Progression sich vergleichsweise früh ergeben (auf Geburten in der südlichen Hemisphäre trifft das nicht zu). Der Geborene bekommt mit der Progression vielleicht eine ernsthaftere und praktischere Einstellung zum Leben; der psychologische Effekt ist eine Stabilisierung der Persönlichkeit. Bei einer dauerhaften Beziehung werden die ursprünglich leidenschaftlichen Gefühle von intensiveren abgelöst. Man müsste allerdings darauf achten, dass Eifersuchtsausbrüche zu keinen negativen Auswirkungen führen.

Der für den Widderaszendenten typische sehr lebhafte Stoffwechsel wird nun ruhiger. Wenn der Betreffende nun schon in gesetzteren Jahren ist, sollte er von allzu anstrengenden Sportarten und Tätigkeiten Abstand nehmen. Kommt es plötzlich zu einer rätselhaften Gewichtszunahme, könnte ein Problem mit der Schilddrüse dafür verantwortlich sein.

DIE TRADITIONELLEN ZUORDNUNGEN ZUM WIDDER

Der Ursprung Der Widder wurde zum ersten Mal im Alten Ägypten erwähnt, manchmal mit dem Kopf einer Gans. Der Ursprung dieses Symbols liegt im Dunkeln

Herrschender Planet Mars

Positivität/Geschlecht Positiv, maskulin

Element Feuer

Qualität Kardinal

Körperregion Der Kopf

Blumen Geißblatt, Distel, Zaunrübe, Pfefferminze

Bäume Dornentragende Bäume, einige Nadelbäume

Kräuter und Gewürze Kapern, Senf, Cayennepfeffer

Nahrungsmittel Zwiebeln, Porree, Hopfen, kräftig schmeckende Nahrungsmittel

Tiere Schaf und Schafbock

Länder England, Frankreich, Dänemark, Deutschland

Städte Neapel, Capua, Verona, Florenz, Marseille, Krakau, Leicester und Birmingham

STIER ♉ 21. APRIL – 21. MAI

Die grundlegende Eigenschaft des Stiers ist Zuverlässigkeit – wobei ein stabiler und sicherer Hintergrund, in emotionaler wie materieller Hinsicht, von vordringlicher Bedeutung ist. Diese Menschen verfügen über einen gesunden Menschenverstand, sind aber dabei nicht unbedingt flexibel; sie sollten sich daher klarmachen, dass man manchmal wohlüberlegte Konzepte mit der Zeit ändern musste. Sie stellen gerne ihre Leistungen und ihre öffentliche Position zur Schau, indem sie ihre Besitztümer präsentieren.

GRUNDZÜGE DES WESENS

Die übermäßige Besitzorientierung, die auf vielerlei Gebieten zum Ausdruck kommen kann, ist der schlimmste Stier-Fehler. Leider kann hier selbst der Partner zu einem weiteren, sorgsam behüteten Besitztum werden – geliebt und bewundert zwar, aber dickköpfig als Eigentum gesehen.

Der Stier-Verstand funktioniert methodisch, sorgfältig und bestimmt. Das vielleicht herausragendste Merkmal ist, dass diese Menschen beharrlich an ihrer Karriere und ihrer Stellung im Leben arbeiten können. Schnelle Entscheidungen liegen ihnen nicht und sollten nach Möglichkeit auch vermieden werden. Sehr angenehm ist ihr natürlicher Charme, der auf die verschiedensten Weisen zum Ausdruck kommt. So haben Stiere für gewöhnlich weiche und melodische Stimmen und immer ein offenes Ohr und aufmunternden Zuspruch für Menschen, denen es gerade nicht gut geht.

STIER-EIGENSCHAFTEN

Geduldig und zuverlässig
Warmherzig und liebenswürdig
Hartnäckig und bestimmt
Gelassen und sicherheitsorientiert

Eifersüchtig und besitzergreifend, reizbar und inflexibel, maßlos und geizig

SCHLÜSSELWORTE

An Besitz und Stabilität orientiert

Unter normalen, stabilen Bedingungen ist der Stier aber liebenswert, freundlich und bestrebt, seine Zuneigung und reichlich vorhandene Großzügigkeit zum Ausdruck zu bringen, was sich abermals auf das Finanzielle wie auf die Emotionen beziehen kann. Er ist sehr sinnlich und stellt damit einen exzellenten und aufmerksamen Liebhaber dar. Die sinnlichen Freuden kommen damit nicht zu kurz – sexuell als auch anderweitig; diese Menschen schätzen auch Luxus sehr. Vielleicht werfen ihnen ihre Partner vor, langweilig zu sein – das könnte dann daran liegen, dass sie zu Sklaven einer selbst gewählten Routine geworden sind.

Beziehung

Der Stier wird von der Venus beherrscht, sodass eine funktionierende Beziehung von großer Wichtigkeit ist. Wie ihre »Waage-Cousins« auch sehnen sich Stiere in der Beziehung nach Frieden und Harmonie. Emotionale Sicherheit bedeutet ihnen viel, und jede Bedrohung stellt für sie eine ernsthafte Gefahr dar; der Stier verliert dann vielleicht die Kontrolle über seine Gefühle, und womöglich kommt es dann zu einer besessenen Eifersucht. Wenn es im Zuhause Spannungen gibt, könnte die für gewöhnlich gelassene und friedvolle Atmosphäre durch heftige Temperamentsausbrüche erschüttert werden.

Familie

Das zufriedene Kind, das lächelnd in seinem Bettchen liegt und sich aufs Essen freut, hat womöglich die Sonne im Zeichen Stier. Vielleicht dauert es seine Zeit, bis es laufen lernt – es ist vielleicht ein wenig zu träge, um sich alsbald zum Krabbeln zu bequemen, vom Laufen ganz zu schweigen. Aber trotz dieser Tatsache machen Stier-Babys Spaß. Man sollte sich keine Gedanken machen, wenn sie sich ein wenig langsam entwickeln; das, was dieses Kind lernt, lernt es gründlich und gut. Bei allem Charme kommt es aber auf Disziplin an; das Stier-Kind profitiert nämlich sehr von festen Strukturen und Routine. Stiere sind sehr konventionell ausgerichtet und auf Regeln fixiert.

Der Stier möchte es zu einem behaglichen und sicheren Heim gebracht haben, bevor er eine Familie gründet. Wahrscheinlich möchte er Kinder haben; ein Familienleben und familiäre Traditionen, in konservativer Orientierung, bedeuten ihm viel. Er wünscht, dass seine Kinder es gut haben – was aber ironischerweise zu Schwierigkeiten führen kann, weil er aus diesem Grund vielleicht so hart arbeitet, dass er seine Familie gar nicht richtig kennenlernt und sich nicht am Familienleben erfreuen kann.

Beruf

Stiere sind ehrgeizig, es bereitet ihnen Vergnügen, einen Plan für ihre Karriere zu erstellen und ihn dann erfolgreich zu verwirklichen. Es kann allerdings zu Problemen kommen, wenn die Planungen unwägbare Risiken beinhalten. Der Stier arbeitet am besten, wenn er es mit gleichförmigen Tätigkeiten zu tun hat, die ein regelmäßiges Einkommen abwerfen. Eine Tätigkeit auf einem Gebiet mit unregelmäßigem (wenn auch vielleicht zeitweise sehr hohem) Einkommen will deshalb sehr gut überlegt sein. Die materielle Sicherheit, die Geld bietet, bedeutet ihm viel – insofern akzeptiert er vielleicht auch Arbeit, die ihm nicht wirklich gefällt.

Das Interesse an Finanzen ist kein rein emotionales: Stiere haben eine sehr praktische Einstellung dazu und sind insofern gut für Berufe geeignet, die mit Geld zu tun haben: im Bank- oder Versicherungswesen oder an der Börse vielleicht. Wenngleich Risiken ihnen unangenehm sind, können sie doch mit ihren Arbeiten aus kleinen Anfängen Großes entstehen lassen. Es gilt nur, dass sie Gewinn und Verlust sorgfältig

gegeneinander abwägen. Sie besitzen einen ausgeprägten natürlichen Geschäftssinn. Viele Stiere fühlen sich glücklich bei der Arbeit in der Landwirtschaft oder im Gartenbau. Das Leben in der frischen Luft tut ihnen gut, und der Kontakt mit der Erde gibt ihnen eine besondere Befriedigung. Häufig ist auch ein musikalisches Talent gegeben; sehr viele Berufsmusiker – und besonders Sänger – sind Stiere.

Veränderungen, Freizeit und Ruhestand

Stieren fällt es schwer, sich mit Veränderungen zu arrangieren; sie brauchen Gleichmäßigkeit. Nichtsdestoweniger können sie außerordentlich gut planen, und wenn eine Veränderung ansteht, werden sie ihr Bestes tun, sich darauf vorzubereiten.

Ihre Freizeit genießen sie sehr. Mit ihrer großzügigen Art geben sie viel Geld dafür aus, ihre Freunde zu bewirten und zu unterhalten. Allerdings neigen sie zu einer gewissen Trägheit und verschwenden deshalb womöglich ihre Zeit. Der Pensionierung sehen diese Menschen zumeist mit Freude entgegen, besonders dann, wenn die Rente hoch genug ausfällt. Wenn sie viel freie Zeit haben, sollten sie sich eine Freizeitbeschäftigung suchen, die sie aktiv hält. Es gilt ganz allgemein, neue und anregende Beschäftigungen aufzunehmen, weil der Zustand der Lethargie eine Gefahr für diese Menschen bedeutet. Gartenarbeit und Golf wären hier Stichworte, für Frauen vielleicht auch Nähen und Sticken (Geduld ist ja eine besondere Eigenschaft des Stiers).

Gesundheit, Ernährung und Sport

Stiere lieben das Essen, weshalb sie schnell zunehmen können. Die Vertreter dieses Zeichens gelten zumeist als sehr gut aussehend – Übergewicht kann dies allerdings störend beeinflussen. Vernunft und Mäßigkeit beim Essen sind empfehlenswert, fallen aber nicht unbedingt leicht. Sitzende Tätigkeit, Geschäftsessen und die zunehmende Wertschätzung für gute Weine sind der schlanken Linie nicht förderlich. Eine gesunde sportliche Betätigung ist zumeist kein Problem. Junge Stiere haben viel Spaß an Mannschaftssportarten, und einige betreiben auch Gewichtheben. Es besteht die Neigung zu langsamen Bewegungen – Aerobic oder Tanzen kann helfen, dies abzustellen, desgleichen auch ausgedehnte Wanderungen, die auch ästhetisch befriedigend sind.

DER STIERASZENDENT

Psychologischer Antrieb

Beim Stier als aufsteigendem Zeichen ist die Neigung zum Besitz der grundlegende Impuls, stärker noch als bei der Stiersonne. Das wachsende Selbstbewusstsein spiegelt sich in den Besitztümern. Es hat den Anschein, dass sie sich psychisch nicht integriert fühlen, bis sie nicht selbst den Beweis für ihren Erfolg materiell vor Augen haben. Sie verlassen auch ungern ihr eigenes Reich. Die anderen Merkmale dieses Zeichens – Dickköpfigkeit und eine besitzergreifende Haltung – sind sehr stark ausgeprägt; diese Menschen sind der Ansicht, im Recht zu sein. Selbstkritik ist keine besondere Gabe des Stiers.

STIER-VERBINDUNGEN

Die Körperregion, die dem Stier zugeschrieben wird, ist der Hals; beim Stieraszendenten allerdings kann auch die Schilddrüse (von der Venus beherrscht) Probleme machen. Eine Gewichtszunahme könnte darauf zurückzuführen sein.

Die Beziehungen zum Partner sind intensiv und leidenschaftlich. Diese Menschen stellen hohe Anforderungen an ihre Partner, sie besitzen viel emotionale Energie, die durch die Beziehung »geerdet« werden muss. Sexuelle Erfüllung ist von vordringlicher Wichtigkeit, was dieser Personenkreis vor Augen haben sollte, wenn es um die Entscheidung für eine Beziehung geht. Auf der anderen Seite ist wichtig, dass nicht nur sexuelle Motive eine Rolle spielen – bei einem freundschaftlichen Verhältnis z. B. fällt es leichter, Probleme alsbald zur Sprache zu bringen.

DIE PROGRESSION IN DIE ZWILLINGE

Wenn die Stiersonne progressiv in die Zwillinge läuft, wird der Betreffende gesprächiger oder auch streitsüchtiger; er bringt seine Meinung freier zum Ausdruck und nimmt das Leben nicht mehr so ernst. Er gewinnt dann auch Spaß am Austausch von Ideen.

Die Denkprozesse könnten sich erheblich beschleunigen, und die mentale Einstellung insgesamt gewinnt mehr Flexibilität. Vielleicht entwickelt sich nun auch eine Neigung zum Flirt, die in Verbindung mit dem Charme des Stiers einfach entzückend sein könnte. Es macht jetzt mehr Spaß, nach draußen zu gehen und zu schauen, was los ist – statt sich wie zuvor auf die sinnlichen Freuden des Daseins zu beschränken. Vielleicht auch ein gesteigertes Interesse an Mode.

Der Stier steigt in der nördlichen Hemisphäre außerordentlich schnell auf, was es sehr wahrscheinlich macht, dass derjenige mit einem Stieraszendenten diese Progression bereits in recht jungen Jahren erlebt. Dies ist sehr günstig – weil damit ein freierer Ausdruck, mehr Objektivität und Positivität verbunden sind; die Sicherheitsorientierung tritt damit in den Hintergrund. Ein solcher Mensch wird flexibler und gewinnt die Fähigkeit, seine psychologischen Probleme in den Griff zu bekommen. Mit dem vermehrten Maß an Rationalität wirkt die Dickköpfigkeit auch nicht mehr so verletzend. Geht der oder die Betreffende noch zur Schule, sind womöglich große Fortschritte die Folge, gleichfalls ein Interesse am Studieren.

Wenn die betreffende Person in der südlichen Hemisphäre geboren wurde und bei der Progression des Stieraszendenten bereits im fortgeschrittenen Alter ist, könnte sich eine jugendlichere Einstellung bemerkbar machen. Wahrscheinlich identifiziert sie sich mit der jüngeren Generation. Das Bedürfnis nach intellektuellen Herausforderungen wirkt dann stimulierend auf die in sich ruhende Stier-Persönlichkeit.

DIE TRADITIONELLEN ZUORDNUNGEN ZUM STIER

Der Ursprung Der Ägypter Horus war der Bulle des Himmels, und ein weißer Bulle wurde zu Neujahr in Babylonien geopfert, zu Ehren Rammans, dem Gott von Donner und Blitz

Herrschender Planet Venus

Positivität/Geschlecht Negativ, feminin

Element Erde

Qualität Fix

Körperregion Hals und Nacken; die Schilddrüse

Blumen Rose, Mohn, Fingerhut, Gänseblümchen, Primel, Veilchen, Akelei

Bäume Esche, Zypresse, Weinrebe, Apfelbaum, Birnbaum, Feige

Kräuter und Gewürze Sauerampfer, Gewürznelke und Pfefferminze

Nahrungsmittel Weizen und andere Getreide, Beeren, Äpfel, Birnen, Weintrauben, Artischocken, Spargel, Bohnen, die meisten Gewürze

Tiere Rinder

Länder Irland, Schweiz, Iran, Zypern, die griechischen Inseln, Parma, Capri, Ischia

Städte Dublin, Luzern, Mantua, Leipzig, Palermo, St. Louis

ZWILLINGE ♊ 22. MAI – 21. JUNI

Beweglichkeit ist das Kennzeichen des Sonnenzeichens Zwillinge. Dies ist das erste duale Zeichen des Tierkreises – seine Vertreter finden es wichtig, stets mehrere Dinge zugleich zu tun. Weiterhin ist Kommunikation auf allen Ebenen für sie von entscheidender Bedeutung. Das Potenzial kann auf verschiedene Weise zum Ausdruck kommen, besonders gut durch Medien. Ihr Kommunikationsbedürfnis ist so stark, dass sie bei Radiosendern anrufen, um Kommentare zu beliebigen Themen loszuwerden, oder in der U-Bahn ein Gespräch mit dem Sitznachbarn beginnen.

ZWILLINGS-EIGENSCHAFTEN

Anpassungsfähig und beweglich
Gesprächig und witzig
Intellektuell und eloquent
Jugendlich und lebhaft

Nervös und angespannt, oberflächlich und unbeständig, gerissen und neugierig

SCHLÜSSELWORTE
Kommunikativ, flexibel, beweglich, rastlos

GRUNDZÜGE DES WESENS

Oberflächlichkeit ist der schlimmste Zwillings-Fehler, und er sollte unbedingt unter Kontrolle gebracht werden. Vielleicht ein Mensch, der über viele Themen etwas weiß, der es aber versäumt, sich auf einem Gebiet wirklich kundig zu machen. Die Fähigkeit, Wissen rasch zu assimilieren, kann sich unter bestimmten Umständen günstig auswirken (siehe unten); es kommt allerdings darauf an zu erkennen, dass man sich tief gehende Gedanken machen muss und seine Meinungen auch begründen kann.

Die Tendenz zur Unbeständigkeit ist ein weiteres Problem; das Bedürfnis des Zwillings nach Abwechslung und Veränderung führt diese Menschen nur allzu schnell in Versuchung, viele verschiedene Projekte zu beginnen, ohne je etwas zu Ende zu bringen. Auch dieser eher negativen Züge sollte man sich bewusst werden!

Zwillinge sind logische und rationale Leute mit einem für gewöhnlich äußerst wachen Verstand. Der Einfluss von Merkur, dem herrschenden Planeten, ist hier von besonderer Bedeutung (siehe S. 304–319).

Beziehung

Der Zwilling braucht eine außerordentlich lebhafte, auf dem Verstand basierende Beziehung zum Partner. Eine große Rolle für ihn spielen gemeinsame Interessen und eigenständige Ansichten des anderen, über die er dann auch gerne diskutiert. All dies stimuliert die Beziehung sehr.

Zwillinge misstrauen ihren Gefühlen häufig. Wenn Gefühle in ihnen aufwallen, bringen sie sogleich ihren rationalen, logischen Verstand ins Spiel und versuchen, den Grund für ihre Emotionen herauszufinden. Das kann, was den Ausdruck von Gefühlen betrifft, Probleme bringen, besonders aber in jungen Jahren.

Familie

Das Zwillingskind wird schon sehr früh mit dem Reden, Krabbeln und Laufen beginnen. Seine Eltern sollten dafür sorgen, dass es immer beschäftigt ist – Langeweile ist ihm ein Gräuel. Um der Tendenz zur Unbeständigkeit und Oberflächlichkeit entgegenzuwirken, sollte das Kind angehalten werden, alle Dinge, die es in Angriff nimmt, auch zu einem Ende zu führen, wenngleich man nicht strikt darauf bestehen sollte, dass es dabei nach einer starren Ordnung vorgeht – weil das dem Zwilling einfach nicht entspricht, der sein Bestes immer dann leistet, wenn er von einer Sache zur anderen springen kann, je nachdem, was ihn im Augenblick am meisten interessiert.

Zwillingskinder sind meist gut in der Schule, allerdings könnten sie zum »Bluffen« neigen. Verständige Lehrer merken das bald und schieben dem einen Riegel vor; weniger gewitzte Lehrer aber fallen auf die vermeintlich klugen Ausführungen herein. Bei Prüfungen schreibt der Schüler vielleicht Seite um Seite, unterlässt es aber, seine Meinung durch Fakten zu untermauern – Tatsachen haben etwas Langweiliges für ihn.

Es versteht sich von selbst, dass Zwillinge lebhafte Eltern sind, die den Alltag ihrer Kinder sehr abwechslungsreich gestalten. Sie müssen aufpassen, wenn die Kinder nicht so flexibel sind wie sie selbst. Es gilt zu erkennen, welche grundsätzlichen Bedürfnisse und Eigenschaften die Kinder haben. Der Zwilling hat einen machtvollen Zug zur Kritik in sich, der mehr Unheil anrichten kann, als er glaubt; vielleicht kritisiert er auch die Kinder zu sehr oder bringt sie gegen sich auf. Man sollte sich hier um Mäßigung bemühen, indem man Humor zeigt und Lob ausspricht.

BERUF

Die Anpassungsfähigkeit und die besonderen kommunikativen Gaben des Zwillings kommen auf dem beruflichen Sektor ideal zur Geltung. Viele Zwillinge bewähren sich auf dem Feld der Medien oder im Verkauf, in der Werbung oder im Reisebüro. Das Bedürfnis nach Veränderung und Abwechslung darf nicht ignoriert werden – Routineabläufe sind sehr abträglich für sie, auch eine Arbeit, bei der sie allein sind. Wenn der Zwilling aber eine einsame Position an der Spitze hat, wird er es nicht unterlassen, seine früheren Kollegen um Rat zu fragen – wenngleich er ihn beileibe nicht immer befolgen wird! Ein umfassender und freier Austausch von Ideen und die vorbehaltlose Auseinandersetzung über verschiedene Ansichten sind von grundlegender Wichtigkeit.

Was Geschäfte angeht, kann sich der Zwilling durch große Tüchtigkeit oder sogar Gerissenheit auszeichnen, womit er vielleicht viel Geld verdient. Allerdings besteht die Gefahr, dass eine überstürzt getroffene Entscheidung zum finanziel-

len Zusammenbruch führt. Dies ist kein übermäßig ehrgeiziges Zeichen – allerdings sonnt sich der Zwilling in seiner Fantasie oft schon im Erfolg, bevor er tatsächlich errungen wurde.

Veränderungen, Freizeit und Ruhestand

Fortwährende Veränderung ist der Lebensstil der Zwillinge; wie wir bereits erwähnt haben, macht ihnen Langeweile mehr Angst als alles andere. Es gilt für sie, sich immer wieder neue Interessen zu erschließen. Entspannen? Dafür haben sie nun weiß Gott keine Zeit – sie sind fortwährend beschäftigt, und wenn es nur Reden oder Schreiben ist. Der Gedanke an die Pensionierung schreckt sie nicht, weil sie so viele Interessen haben, denen sie sich dann widmen können (womöglich allen auf einmal).

Gesundheit, Ernährung und Sport

Diese Menschen sind nicht unbedingt stark, aber sehnig und haben etwas fortwährend Jugendliches. Meist gibt es keine besonderen gesundheitlichen Probleme; mögliche Schwierigkeiten haben eher psychische als physische Gründe – Zwillinge haben sehr viel nervliche Energie zu ihrer Verfügung. Für gewöhnlich machen ihnen Mannschaftssportarten viel Spaß. Die beste Lösung für sie wäre, in ein Fitnessstudio zu gehen, aber immer wieder einmal andere Sportarten zu betreiben, z. B. Squash, Tennis, Laufen oder Spazierengehen.

Die Zwillinge herrschen über die Lungen, und Menschen mit diesem Sonnenzeichen müssen aufpassen, wenn ihnen die Luft knapp wird oder wenn ihnen eine Erkältung auf die Brust schlägt. Wenn irgend möglich, sollten sie auf das Rauchen verzichten. Am besten für sie ist eine leichte und bekömmliche Ernährungsweise mit viel Salat, Obst, Fisch und hellem Fleisch.

DER ZWILLINGASZENDENT

Psychologischer Antrieb

Es mag bei diesem so beweglichen Zeichen überraschen, aber Menschen mit einem Zwillingsaszendenten haben das Bedürfnis, mit beiden Füßen fest auf dem Boden der Realität zu stehen. Sie sind vielleicht am Okkulten oder am Spirituellen interessiert, hinterfragen aber alle Erklärungen, bis sie von den Argumenten oder den Tatsachen selbst überzeugt sind. Sie stellen auch ihre eigenen Anschauungen infrage.

Im Rahmen einer Therapie kommt es vielleicht zu Blockaden, weil Zwillinge sich mit zunehmender Selbsterkenntnis über die vielfältigen Facetten der eigenen Persönlichkeit klar werden und alle auf einmal erforschen möchten – wobei sie letztendlich auf halbem Wege stecken bleiben.

In den Beziehungen treten einige interessante Charakteristiken zutage. Ihrem Partner gegenüber zeigen diese Personen einen warmen, leidenschaftlichen Enthusiasmus, der sehr anregend ist; wie bei der Zwillingssonne und ihrem Bedürfnis nach Freundschaft auch, konfrontieren diese Menschen ihre Partner ständig mit neuen Herausforderungen. Das Fundament der Verbindung sind gemeinsame Interessen; die Partner profitieren sehr voneinander – derjenige mit dem Zwillingsaszendenten bringt damit vielleicht mehr Projekte zu einem Abschluss, während der andere flexibler wird.

Wahrscheinlich tritt ein Zug der Unabhängigkeit deutlich zutage – eifersüchtig oder besitzergreifend sind diese Personen nicht. Eifersucht ist ihnen suspekt, weil sie sie nicht verstehen – für sie ist es ganz natürlich, sich für andere Männer und Frauen zu interessieren, so wie sie sich auch für den Partner oder die Partnerin interessieren. Das könnte sich auch in sexueller Form manifestieren. Eine besondere Verletzungsanfälligkeit besteht für die Hände, in späteren Jahren ist Arthritis eine Gefahr (darauf sollte man sich vom Arzt rechtzeitig untersuchen lassen). Die meisten Zwillinge (ob nun vom Sonnen- oder vom Aszendentenzeichen her) sind auf die eine oder andere Weise handwerklich tätig und halten damit ihre Finger geschmeidig.

Es kann sich hier leicht nervliche Spannung anstauen, welche sich vielleicht als Asthma manifestiert; beim Kind verwächst sich diese Tendenz möglicherweise. Schwieriger ist es bei älteren Personen – die Lösung könnte darin bestehen, nicht gegen das Asthma, sondern die Spannungen anzugehen.

ZWILLINGSMERKMALE

Edelstein Achat

Farbe Die meisten Farben, besonders Gelb

Metall Quecksilber

Salze Kaliumhydrochlorid, Quarz

DIE PROGRESSION IN DEN KREBS

Wenn die Sonne progressiv in den Krebs läuft, kann überraschenderweise ein sentimentaler Zug in Erscheinung treten. Wenn sich diese Progression während oder kurz nach der Pubertät ereignet, wird sie die zwillingshafte Logik und Rationalität mit Intuition und Instinkt anreichern. Der Mensch hat damit vielleicht plötzlich das Bedürfnis, ein Haus zu kaufen oder sich mit Do-it-yourself-Aktivitäten zu beschäftigen. Manchmal wirken sich die Flexibilität und das Bedürfnis nach Veränderung auch in Form von Stimmungsschwankungen aus, mit drastischen Resultaten.

Es könnte sich auch die Zwillings-Neigung zur Kritik intensivieren, mit einem negativeren und verletzenderen Zug. Die gewöhnlich auf zeitgenössische und moderne Trends gerichtete Haltung könnte jetzt ein Element des Nostalgischen erhalten – die Person jagt vielleicht auf Flohmärkten altmodischen Kleidungsstücken hinterher und kreiert ein romantisches Bild von sich.

Bei der Progression des Zwillingsaszendenten in den Krebs trifft das meiste von dem bereits Angeführten zu: Eine erhöhte Sensibilität für die Gedanken anderer, das zwillingshafte Übergehen anderer Argumente tritt damit zurück, und man nimmt sich mehr Zeit zum Nachdenken. Letzteres könnte allerdings auch zu Grübeleien oder zu irrationalen Ängsten führen (was für den zwillingsgeprägten Menschen eine ganz neue und verunsichernde Erfahrung ist). Die Tendenz zur Nostalgie könnte gleichfalls den normalerweise vorwärts gerichteten Optimismus beeinträchtigen. Am wichtigsten ist es, sich auch tatsächlich auf die neu gewonnene Intuition zu stützen.

DIE TRADITIONELLEN ZUORDNUNGEN ZU DEN ZWILLINGEN

Der Ursprung Castor und Pollux, besonders helle Sterne, bildeten möglicherweise den Ursprung der himmlischen Zwillinge (man nannte sie im Alten Ägypten dann auch »Die zwei Sterne«)

Herrschender Planet Merkur

Positivität/Geschlecht Positiv, maskulin

Element Luft

Qualität Veränderlich

Körperregion Schulter, Arme, Nerven

Blumen Maiglöckchen, Lavendel, Frauenhaar, Myrte, Farn

Bäume Nusstragende Bäume

Kräuter und Gewürze Anis, Majoran, Kümmel, Springkraut, Bitter-süß

Nahrungsmittel Nüsse, über der Erde wachsende Gemüse (ausgenommen Kohl), Möhren

Tiere Kleine Vögel, Papageien, Schmetterlinge und Affen

Länder Wales, Belgien, USA, Unteres Ägypten, Sardinien, Armenien

Städte London, Plymouth, Cardiff, San Francisco, Melbourne, Nürnberg, Brügge, Cordoba, Versailles

KREBS ♋ 22. JUNI – 22. JULI

Das Bedürfnis, sich selbst und die Familie vor Bedrohungen zu schützen, ist ein herausragendes Merkmal des Krebses. Fordern Sie einen Krebs heraus, und ein bemerkenswerter Selbstverteidigungsmechanismus tritt in Aktion – der Ausdruck wird finster und eine schnelle, schnippische Antwort lässt sich vernehmen. Dies ist ein ziemlich mysteriöses Tierkreiszeichen – wenn man aber mit einem Krebs vertraut geworden ist, erkennt man unter der vermeintlich uninteressanten Oberfläche Liebenswürdigkeit und Anteilnahme. Die Emotionen werden hier durch sehr viel Intuition ergänzt.

GRUNDZÜGE DES WESENS

Die Fantasie ist außerordentlich stark und lebhaft. Wenn die Emotionen und die Fantasie allerdings unkontrolliert zusammenwirken, womöglich die Neigung zu fortwährenden Ängsten, speziell bezüglich der Nahestehenden. Krebse stehen auf der Tierkreisliste, was Ängste und Sorgen betrifft, ganz weit oben; ihre Instinkte und Intuition aber – wenn sie ihnen denn trauen – sind zuverlässig und können dabei helfen, die Probleme zu mildern. Um die natürliche Intuition bestmöglich nutzen zu können, ist aber auch ein gewisses Maß an Logik unerlässlich.

Der Krebs-Verstand kommt immer dann ideal zur Geltung, wenn er auf instinktive Weise arbeiten kann. Bei Problemen hilft die natürliche Hartnäckigkeit und Tapferkeit diesen Menschen weiter. Der schlimmste Krebs-Fehler ist aber Launenhaftigkeit – in einem Moment ganz oben, im nächsten am Boden zerstört.

Beziehung

Krebse sind wundervolle fürsorgliche Partner; sie sind sehr emotional und haben sehr viel Liebe zu geben. Sie sollten aber wissen, dass sie ihre Liebhaber sehr kränken können, wenn sie ihrer eigenen innerlichen Spannung in kränkenden oder gar grausamen Bemerkungen Ausdruck verleihen. Wenn es allerdings der Partner ihnen in gleicher Weise heimzahlt, sind sie ihrerseits tief verletzt.

Gegenüber den Nahestehenden kommt ein entzückender sentimentaler Zug zum Ausdruck; Krebse versenden originelle alte Geburtstagskarten oder wählen fantasievolle Geschenke aus.

KREBS-EIGENSCHAFTEN

Gefühlvoll und liebenswürdig, intuitiv und fantasievoll, klug und vorsichtig, behütend und mitfühlend

Wechselhaft und launisch, überemotional und schnell gekränkt, klammernd und unfähig, loszulassen

SCHLÜSSELWORTE

Schutzbedürftig, sensibel, launenhaft

Allerdings sollten sie sich vor übermäßiger Sentimentalität dem Partner gegenüber in Acht nehmen. Es besteht auch die Tendenz, sich auf die Vergangenheit zu beziehen und es darüber zu versäumen, die Beziehung fortzuentwickeln. Krebse sind wunderbar sinnliche Liebhaber, aber sehr schnell irritiert. In der dauerhaften Beziehung sind sie alsbald an Kindern interessiert.

Familie

Die Sensibilität wird sich schon in frühen Jahren bemerkbar machen, selbst Krebs-Babys besitzen schon sehr viel Intuition. Veränderungen in der häuslichen Atmosphäre beeinflussen sofort ihre persönliche Verfassung – das Krebs-Baby lacht in einem Augenblick und weint im nächsten, extremer als jedes andere Kind. Wenn junge Krebse heranwachsen, zeichnen sie sich durch ein gutes Gedächtnis aus; manchmal wissen sie mehr über die Vergangenheit als über die Gegenwart. Beim Essen zeigen sie sich vielleicht sehr wählerisch. Der Verdauungstrakt ist anfällig – bei der Ernährung aber ständig den kindlichen Launen nachzugeben kann später zu Problemen führen.

Bei Missetaten ist die beste Reaktion zu sagen: »Damit hast du Mutter aber sehr wehgetan«, womit man an die innerliche Sensibilität des Krebs-Kindes appelliert. Es ist auch überaus wichtig, dass die Eltern ihr Kind zu Ordentlichkeit anhalten – dieses Zeichen ist nämlich berüchtigt für seine Neigung zum Sammeln und Horten. Selbst Abfall kann für Krebs-Menschen einen sentimentalen Wert haben.

Krebs-Kinder könnten der Schule mit großen Ängsten und Befürchtungen entgegensehen. Vom Schulalter an entwickeln sie ihre instinktiven Schutzmechanismen, durch welche sie es zu großem Mut und Hartnäckigkeit im Leben bringen können.

Ein instinktives und starkes Bedürfnis nach Kindern – Krebse lieben ihre Nachkommen und verhätscheln sie möglicherweise; sie machen sich sehr viele Gedanken und Sorgen um sie. Die Geborgenheit des Zuhauses und des Familienlebens ist immens wichtig für sie; sie leiden mehr als jeder andere, wenn die Kinder erwachsen sind und schließlich das Haus verlassen.

Beruf

Die krebstypische Hartnäckigkeit und Bestimmtheit ist vielleicht die größte Gabe dieser Menschen. Sie mögen zwar Abwechslung und Vielfältigkeit, brauchen im Beruf aber doch eine gewisse Kontinuität. Erfahrungen der Vergangenheit können ihnen zum Vorteil gereichen und auf die Gegenwart bezogen werden. Krebse sind meist sehr scharfsinnig und besitzen häufig auch besondere Geschäftstalente.

Die Pflegeberufe, z. B. Babypflege und Gynäkologie, interessieren sie, auch das Lehren, besonders von jungen Menschen. Es ist gut für diese Menschen, ihre lebhafte Fantasie zu entwickeln und tatsächlich zum Ausdruck zu bringen. Arbeit, die mit der Vergangenheit zu tun hat, erscheint ihnen attraktiv, in Verbindung mit Antiquitäten oder einem Museum vielleicht. Krebse sind auch geborene Köche.

Erfüllung ist ihnen wichtiger als Ehrgeiz, allerdings sind sie auch am Geld interessiert. Die Tendenz zum Horten könnte bedeuten, dass sie nicht allzu gerne teilen.

Veränderung, Freizeit und Ruhestand

Stimmungsschwankungen sind ein markantes Krebs-Merkmal – Änderungen des Lebensstils sind aber nicht unbedingt willkommen, weil damit für gewöhnlich Störungen verbunden sind. Wenn aber die Pensionierung ansteht, könnten sich diese Menschen allerdings sehr wohl mit dem Gedanken an einen Umzug befassen – wobei zu Vorsicht geraten werden muss: Vielleicht würde dies eine Trennung von der Familie bedeuten. Die Pensionierung ermöglicht hier einen neuen Lebensrhythmus, bei dem man den diversen Freizeitinteressen nachgehen kann. Vielleicht besitzt der oder die Betreffende auch eine bemerkenswerte Sammlung.

Arbeitslosigkeit ist ein Problem. Die krebshafte Bestimmtheit, sich um eine neue Stelle zu kümmern, sollte voll und ganz unterstützt werden. Durch solche Aktivitäten könnte man auch die Ängste in Schach halten.

Gesundheit, Ernährung und Sport

Um das sensible Krebssystem in Ordnung zu halten, bedarf es regelmäßiger körperlicher Aktivität. Schwimmen und Tanzen sind empfehlenswert.

Der Magen-Darm-Trakt wird unweigerlich von Zeit zu Zeit Probleme bereiten, speziell in Phasen besonderer Anspannung. Für gewöhnlich wirkt eine Ernährung mit viel Fisch und Milchprodukten förderlich für den Stoffwechsel. Das Zeichen Krebs hat nichts mit der Krankheit des gleichen Namens zu tun. Weil es aber über die Brüste herrscht, sollten Krebsfrauen doch regelmäßig zur Vorsorgeuntersuchung gehen. Krebsmänner sollten auch geringfügigere Beschwerden nicht ignorieren, wenn auch nur deshalb, um unbegründete Ängste zu vermeiden.

DER KREBSASZENDENT

Psychologischer Antrieb

Wenn das Zeichen Krebs aufsteigt, zieht der Mensch viel Befriedigung aus der Fürsorge für Nahestehende, manchmal in einem so starken Maße, dass die Außenwelt als Bedrohung gesehen wird. Die Einstellung ist dabei fürsorglich, nicht besitzergreifend. Der Krebs ist ein kardinales Zeichen, für welches das Schlüsselwort »außengerichtet« ist. Dies lässt auf einen Konflikt schließen, was aber nicht unbedingt zutreffend ist: Krebse geben sehr viel Energie und Kraft – für diejenigen in ihrer unmittelbaren Umgebung.

Wenn die Person mit einem Krebsaszendenten nicht im Kreise einer Familie lebt, richtet sie ihre machtvollen fürsorglichen Instinkte vielleicht auf ein Ideal oder ein Gebiet, welches sie brennend interessiert, was die Form einer wahren Berufung annehmen kann. Mit diesem Aszendenten ist man davon fasziniert, die eigene Persönlichkeit zu ergründen.

KREBS-VERBINDUNGEN

Besonders ehrgeizig ist man, was den Partner betrifft; vielleicht will man es auch durch ihn gesellschaftlich weiterbringen. Man muss erkennen, dass Kühle und Distanz sich außerordentlich schädlich auf die Beziehung auswirken können – dies muss kein entscheidendes Problem sein, sollte aber im Blick behalten werden.

Möglicherweise die Tendenz zu unangemessenen Ängsten, was die Gesundheit betrifft – vielleicht ein Teufelskreis: Sorgen führen zu Verdauungsproblemen, welche wieder zu neuen Ängsten führen. Krebse durchblättern vielleicht medizinische Lexika nach vermeintlichen Krankheitsbildern – das könnte geradezu ein Hobby von ihnen sein. Kontrolle tut hier not, damit ihr geistiges und physisches Wohlbefinden gewahrt bleibt. Ist der Krebs das aufsteigende Zeichen, nimmt der Betreffende schnell auf ihn einwirkende Einflüsse an. Planeten im 1. Haus, speziell in Konjunktion zum Aszendenten, prägen die Persönlichkeit sehr tief greifend.

DIE PROGRESSION IN DEN LÖWEN

Wenn die Krebssonne progressiv in den Löwen läuft, wird sich der Betreffende an den positiven, extravertierten Löwe-Eigenschaften erfreuen können. Es wird ihm damit leichter fallen, optimistisch und gelöst aufzutreten und die krebshaften Ängste und Sorgen in den Hintergrund zu drängen. Er wird auf diese Weise bereitwilliger Geld ausgeben, auch dann, wenn sich die finanzielle Ausgangssituation nicht geändert hat – es macht ihm dann einfach mehr Spaß, gelegentlich dem Luxus zu frönen. Ganz allgemein legt man damit auch mehr Wert auf die äußerliche Erscheinung. Das Selbstvertrauen (nicht gerade eine Krebs-Stärke) dürfte damit zunehmen. Man bringt seine Meinungen nun mit größerer Bestimmtheit zum Ausdruck.

Die neue Tendenz zur Herrschsucht und Dickköpfigkeit, speziell in der Familie, muss bekämpft werden. Die Sammelleidenschaft sollte nicht zur Obsession werden; überhaupt gilt es, sich finanziell nicht zu verausgaben.

Läuft der Krebsaszendent progressiv in den Löwen, wird der grundsätzliche Antrieb der Zuneigung durch einen kreativen bzw. schöpferischen Drang bereichert. Der Krebs ist das Zeichen der Mutterschaft, der Löwe das der Vaterschaft – damit könnte das erste Kind sehr wahrscheinlich sein. Auf einer anderen Ebene könnte eine neu entwickelte Kreativität in künstlerischer Form zum Ausdruck kommen. Der Löweeinfluss wirkt günstig auf das Organisationsvermögen, sodass der Mensch nun vielleicht sein Leben in den Griff bekommt. Wie bei der progressiven Sonne auch ergibt sich jetzt ein gesteigertes Selbstvertrauen; die starken gefühlvollen Züge des Krebses werden durch die feurige, leidenschaftliche Emotionalität des Löwen ergänzt. Die Person reagiert nun auch nicht mehr so schnell gekränkt und kränkt andere weniger schnell. Starrsinn bei den persönlichen Überzeugungen aber sollte möglichst vermieden werden.

DIE TRADITIONELLEN ZUORDNUNGEN ZUM KREBS

Der Ursprung Der Krebs bzw. die Krabbe ist möglicherweise babylonischen Ursprungs; im Alten Ägypten brachte man mit diesem Zeichen die zwei Schildkröten in Verbindung, die von Thoth, unter anderem Gott der Astronomie, regiert wurden

Herrschender Planet Der Mond

Positivität/Geschlecht Negativ, feminin

Element Wasser

Qualität Kardinal

Körperregion Brust, Brüste und Speiseröhre

Blumen Bärenklau, Winde, Geranie, Lilie, Seerose, weiße Rose und weiße Blumen ganz allgemein

Bäume Alle Bäume, besonders jene mit viel Saft

Kräuter und Gewürze Steinbrech, Verbene, Estragon

Nahrungsmittel Milch, Fisch, Früchte und Gemüse mit einem hohen Wassergehalt, Kohl, Rübchen

Tiere Alle Tiere mit einem Panzer

Länder Schottland, Holland, Nord- und Westafrika, Neuseeland, Paraguay, Algerien

Städte Manchester, Amsterdam, Tokio, New York, Istanbul, Stockholm, Mailand, Venedig, Genua, Cadiz, Magdeburg, Bern, Tunis, Algier

LÖWE ♌ 23. JULI – 22. AUGUST

Organisation ist fundamental für Löwen, die ihr Leben im Griff haben wollen. Bei etwas Ermutigung übernehmen sie es auch, das unorganisierte Leben ihrer Mitmenschen in Ordnung zu bringen. Das Risiko liegt darin, dass sie schnell dominant werden. Ihr schlimmster Fehler ist, dass sie glauben, alles besser zu wissen. Löwen können sehr dogmatisch sein, sie müssen Flexibilität und Respekt für die Meinungen anderer entwickeln. Die Löweeigenschaften der Warmherzigkeit und Großzügigkeit können dann voll zur Geltung kommen.

GRUNDZÜGE DES WESENS

In jedem Löwen gibt es einen machtvollen schöpferischen Drang, der zum Ausdruck kommen muss, ansonsten wird ein großes Potenzial verschwendet. Das soll nicht heißen, dass jeder Löwe ein Maler, Schauspieler oder Bildhauer ist – Kreativität kann auch in der Küche stattfinden, an der Nähmaschine, im Garten oder an der Werkbank. Der angeborene Löwe-Enthusiasmus kommt auch auf anderen Gebieten des Lebens zum Tragen; mit der Sonne, die über dieses Zeichen herrscht, ist eine mitreißende Vitalität verbunden. Der Löwe möchte sein Leben auskosten und wünscht, dass andere es ebenso machen. Er hat eine innerliche Sonne, die nicht nur sein eigenes Leben bestrahlt, sondern auch das Leben der anderen in einem helleren Licht erscheinen lässt. Löwe-Tage sollten voll und ausgefüllt sein – der Mangel an Erfüllung, in beruflicher oder persönlicher Hinsicht, kann ihre Persönlichkeit verdunkeln oder sie zerstören.

Beziehung

Die Beherrschung des Partners ist eine recht wahrscheinliche Möglichkeit. Sie kann gut gemeint sein – weil man das Beste an der anderen Person zum Vorschein bringen möchte. Nichtsdestoweniger sollte man es dem Löwen nicht durchgehen lassen, immer das Sagen zu haben. Löwen sind überraschend empfindlich und schnell gekränkt – oftmals aufgrund ihres emotionalen Idealismus. Damit können sie zwar außerordentlich unterstützend werden, man sieht sie aber nicht so, wie sie sind, was dann letztendlich zu Enttäuschungen führt. Kritik kann sie ebenfalls außerordentlich treffen. Die Sexualität bringt viel Lebensfreude und Vergnügen, allerdings mag der Löwe keine groben und heftigen Partner.

LÖWE-EIGENSCHAFTEN

Großzügig und warmherzig
Kreativ und enthusiastisch
Tolerant und expansiv
Vertrauensvoll und liebenswürdig

Wichtigtuerisch und herablassend, eigensinnig und störend, dogmatisch und intolerant

SCHLÜSSELWORTE
Kreativ, beeindruckend, machtvoll, launisch

Familie

Das sonnige Wesen und ein augenfälliger Enthusiasmus treten schon beim Löwe-Kind zutage, das entzückend anzuschauen sein kann. Natürliche organisatorische Fähigkeiten machen sich ebenfalls schnell bemerkbar, allerdings sollten die Eltern darauf achten, dass ihr Nachkomme keine Züge der Herrschsucht entwickelt.

Das Leben der jüngeren Geschwister in die Hand zu nehmen ist eine weitere denkbare Auswirkung. Die Selbstsicherheit ist aber nicht so stark, wie es scheinen mag; und es überrascht, wie schnell sich junge Löwen entmutigen lassen – z. B. dann, wenn ein wohlmeinender Erwachsener etwas an einer Arbeit auszusetzen hat. Wenn Sie ein Löwe-Kind kritisieren, sollten Sie dabei Zuneigung und Humor erkennen lassen – sonst werden Sie sein Selbstvertrauen ernsthaft erschüttern.

Das Kind sollte angehalten werden, die Meinung von anderen anzuhören, selbst dann, wenn es sie nicht teilt. Damit verringert sich nämlich die Gefahr, auf die eigenen Ansichten und Überzeugungen fixiert zu bleiben. Der Löwe-Zug der Dickköpfigkeit muss gleichermaßen bekämpft werden. Man darf sie nicht mit Bestimmtheit verwechseln, welche natürlich etwas Positives ist.

Der Löwe-Enthuasiasmus währt ein ganzes Leben lang. Wenn das Löwe-Kind sich für ein bestimmtes Gebiet oder Hobby interessiert, wird es auf die eine oder andere Art immer dabeibleiben. Das macht es lohnend, schon von klein auf an Interessen zu wecken.

Löwe-Eltern haben einen guten Blick für das Potenzial ihrer Kinder; sie müssen sich allerdings davor hüten, ihnen die eigenen Interessen aufzudrängen. Ihre Erwartungen sind stets hochgespannt, sie dürfen aber nicht mehr verlangen, als das Kind leisten kann.

Beruf

Emotional Anteil an der beruflichen Tätigkeit zu nehmen ist unverzichtbar für das Gefühl der Erfüllung. Man findet Löwen auf allen Gebieten; ihre besten Leistungen aber zeigen sie dort, wo sie ihr kreatives Potenzial und ihre organisatorischen Fähigkeiten zum Ausdruck bringen können. Das Theater wäre hier eine Möglichkeit, gleichermaßen der Handel mit Luxuswaren. Manche Löwen fühlen sich im Gerichtssaal in ihrem Element, andere vielleicht auf der Bühne. Die Position im Rampenlicht entspricht ihnen auf natürliche Art. Mit ihrem angeborenen Ehrgeiz interessieren sich Löwen für Geld hauptsächlich deshalb, weil es Luxus möglich macht. Sie lieben es, schöne Sachen und Qualitätskleidung zu kaufen, und sie haben viel Freude am Reisen – so weit jedenfalls, wie es in komfortabler Weise möglich ist. Wenn der Löwe die Position an der Spitze erreicht hat, wird er dort bleiben und es auch einzurichten wissen, dass man ihn bemerkt.

Mit ihren exzellenten Führungseigenschaften sind Löwen sehr gute

Chefs. Es gilt für sie aber, sich ihren natürlichen Enthusiasmus zu bewahren und dafür einzutreten, das Los anderer zu verbessern. Da sie alles Zweitklassige oder Niedere verabscheuen, werden sie ein waches Auge auf die Untergebenen haben und erwarten, dass sie alles geben. Das kann den Löwe-Chef zu einer schwierigen Person machen.

Veränderung, Freizeit und Ruhestand

Löwen nehmen niemals Hals über Kopf Veränderungen vor, weil sie sie nicht übermäßig lieben. Wenn sie allerdings gelernt haben, dass Phasen wichtiger Veränderungen das Ergebnis von bestandenen Herausforderungen sowie Ausdruck von Fortschritt sind, ist alles gut.

Entspannung und Muße ist dem Löwen fremd. Er ist der Amateur im wahrsten Sinne des Wortes – man kann bei ihm nicht von Hobbys sprechen, weil er seine Interessen auf einem hohen Niveau betreibt. Es gilt aber, nicht in Selbstgerechtigkeit zu verfallen.

Die Pensionierung eröffnet dem Löwen neue Möglichkeiten – er wird den diversen Interessen, die er bereits hat, dann endlich mehr Zeit widmen können. Vielleicht wird dabei eines seiner Hobbys zu einer neuen Einkommensquelle, möglicherweise auch deshalb, weil er sich nicht mit weniger Geld abfinden möchte.

Gesundheit, Ernährung und Sport

Gleichmaß in der Lebensführung ist wichtig. Ansonsten könnte die für gewöhnlich exzellente Vitalität immer wieder einmal dazu führen, dass sich der Löwe-Mensch bis zur Erschöpfung verausgabt.

Das Herz ist das Löwe-Organ, sodass der Löwe sorgsam darauf achten sollte, es durch eine bewusste Ernährung und sportliche Aktivität zu unterstützen. Auch der Rücken ist anfällig und sollte durch Sport gekräftigt werden. Tanz und Eislaufen sind hier günstig.

DER LÖWEASZENDENT

Psychologischer Antrieb

Die organisatorischen Talente sind deutlich gestärkt, wenn das Zeichen Löwe aufsteigt – leider aber auch die Wahrscheinlichkeit von Prahlsucht und Besserwisserei. Diese unangenehmen Züge sollte man unter Kontrolle bringen. Ein starker Drang nach Erfolg, der womöglich dazu führt, dass man die kreativeren Bereiche des Lebens vernachlässigt und nur auf einen hohen Lebensstandard für sich und die Familie aus ist. Das ist zwar nicht grundsätzlich zu verurteilen, man muss aber doch wissen, dass der Löwe für sein Wohlbefinden Kreativität zum Ausdruck bringen muss.

Der Löwe, der mit sich im Reinen ist, fühlt sich psychisch ausgewogen; und vorausgesetzt, dass Ehrgeiz und Bescheidenheit in einem guten Verhältnis zueinander stehen, wirkt sich die innerliche Stärke dieses dynamischen Zeichens sehr günstig aus. Das angeborene Bedürfnis nach psychischer Ganzheitlichkeit aber ist nicht in allen Fällen von der Bereitschaft begleitet, negativen Zügen wie z. B. Eitelkeit ins Gesicht zu schauen.

LÖWE-VERBINDUNGEN

Metall
Gold

Edelstein
Rubin

Farbe
Die Farben der Sonne bei Auf- und Untergang

Salze
Magnesiumphosphat, Natriumhydrochlorid

Ideal ist hier ein Partner, der sich als stark, unabhängig und ebenbürtig erweist; derjenige, der abweichende und anregende Ideen und Ziele hat, ist der beste Ansporn, damit der Löwe mental aktiv bleibt. Wenn der Partner auf die eine oder andere Weise etwas Herausragendes hat, sei es durch Leistungen oder andere Merkmale wie z. B. große Schönheit, umso besser. Der Löwe sonnt sich dann in dessen Glanz.

Eine psychische Anfälligkeit ist sehr verbreitet, was häufig konkrete Beschwerden zur Folge hat. Kritik durch andere könnte z. B. zu Rücken- oder Kopfschmerzen führen – weil man sich etwas zu sehr zu Herzen genommen hat.

DIE PROGRESSION IN DIE JUNGFRAU

Sich mit Einzelheiten oder Details auseinanderzusetzen fällt dem Löwen meist schwer. Wenn aber die Sonne vom Löwen in die Jungfrau läuft, sind diese Menschen besser dazu in der Lage, Situationen in allen Einzelheiten zu überblicken und differenzierter zu urteilen. Sie werden damit auch selbstkritischer und erkennen ihre Tendenz zur Dünkelhaftigkeit, besonders auch, was kreative Arbeit angeht.

Man darf nicht vergessen, dass Ängste und Sorgen die zweite Natur der Jungfrau sind – insofern ist es schade, dass die für gewöhnlich positive Löwe-Haltung nun verdüstert wird. Man sollte diesbezüglich aufpassen – und sich darauf konzentrieren, die neuen Jungfrau-Fähigkeiten der Analyse und des Blicks für Details nutzbringend anzuwenden. Der Enthusiasmus und Optimismus des Löwen verschwindet nicht, er wird nur durch eine gewisse Vorsicht und ein nüchterneres Element angereichert.

Diejenigen, deren kreative Züge in handwerklicher Form zum Ausdruck kamen oder die Spaß an der Arbeit mit ihren Händen haben, werden feststellen, dass ihre praktischen Fähigkeiten noch zunehmen. Das kann sich auf vielen Lebensgebieten bemerkbar machen – es kann die Löwe-Haltung weiter stabilisieren und mehr Vorsicht, speziell auch in Bezug auf finanzielle Angelegenheiten, bedeuten. Eine gute Sache, gerade auch dann, wenn der Löwe nun mehr verdient. Der gesunde Menschenverstand tritt deutlicher in Erscheinung, was z. B. für langfristige Projekte wie eine Hausfinanzierung oder Lebensversicherung günstig ist.

Läuft der Löweaszendent progressiv in die Jungfrau, dürfte wahrscheinlich der Löwe-Dogmatismus zurückgehen. Mehr Innenschau und Selbstkritik – was bei einer Löwebetonung eine gute Sache ist. Das Bedürfnis, anderen zu dienen und zu helfen, könnte gleichfalls in Erscheinung treten; in Verbindung mit den organisatorischen Fähigkeiten des Löwen könnte das sehr praktische und konkrete, nützliche und vielleicht sogar wohltätige Folgen haben. Das überhebliche Löwe-Selbstvertrauen nimmt nun vielleicht ab. Dem Löwen fällt es jetzt leichter, Fehler zu erkennen und auszuwerten; er erkennt, dass nicht jeder Gedanke von ihm spektakulär oder großartig ist.

DIE TRADITIONELLEN ZUORDNUNGEN ZUM LÖWEN

Der Ursprung Der Löwe wird mit dem gleichnamigen Sternbild in Zusammenhang gebracht; vielleicht verdankt er diesem auch seinen Namen. Er wurde möglicherweise 3000 v.Chr. in Ägypten erstmalig erwähnt

Herrschender Planet Sonne

Positivität/Geschlecht Positiv, maskulin

Element Feuer

Qualität Fix

Körperregion Herz, Rückgrat und Rücken

Blumen Sonnenblume, Ringelblume, Schöllkraut, Passionsblume

Bäume Palme, Lorbeer, Walnussbaum, Olive, Zitrusfruchtbäume

Kräuter und Gewürze Safran, Pfefferminze, Rosmarin, Gartenraute

Nahrungsmittel Fleisch, Reis, Honig, Früchte, speziell von Rankengewächsen, Gemüse mit einem hohen Eisengehalt

Tiere Große Tiere, besonders Katzen

Länder Italien, Rumänien, Sizilien, Tschechien, Süd-Irak, Libanon, Südfrankreich

Städte Rom, Prag, Bombay, Madrid, Philadelphia, Chicago, Los Angeles, Bath, Bristol, Portsmouth, Syracuse, Damaskus

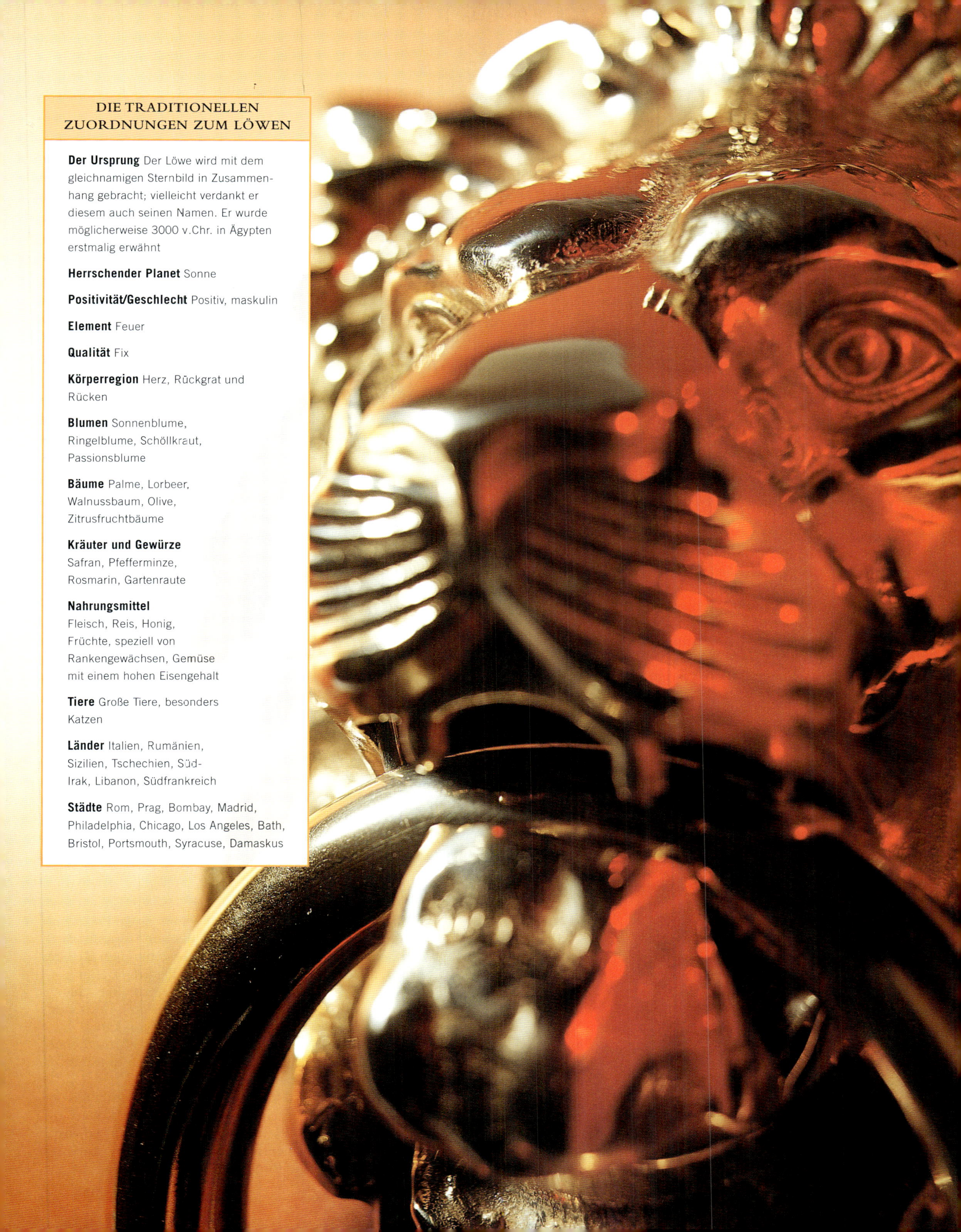

JUNGFRAU ♍ 24. AUGUST – 22. SEPTEMBER

Jungfrauen sind mit ihrer reichlichen nervösen Energie ständig in Bewegung. Es ist wichtig, dass diese Energie ein positives Ventil findet – ansonsten verschwendet sie der Mensch in rastloser Hektik. Jungfrauen müssen auch lernen, innerliche Ruhe zu entwickeln – tun sie das nicht, kann die Spannung in Verbindung mit den fast unvermeidlichen Jungfrau-Ängsten zu nervösen Beschwerden führen. Ängste sind hier die Wurzel der meisten persönlichen Probleme; sie sollten ihnen gemäß der analytischen und praktischen Fähigkeiten zu Leibe rücken.

GRUNDZÜGE DES WESENS

Die meisten Jungfrauen sind überaus praktisch veranlagt – diejenigen, für die das nicht gilt, haben große Schwierigkeiten, den Überblick zu behalten. Dies ist dann auch eines der Hauptprobleme dieses Zeichens: dass sich dessen Vertreter ihrer Fähigkeit zur kritischen Analyse in einem zu reichlichen Maße bedienen, sowohl bezüglich der eigenen als auch anderer Personen, was zu Problemen in Beziehungen führen kann. Gnadenlose, scharfe Kritik ist ihr schlimmster Fehler.

Worauf es hier ankommt, ist eine positive Synthese dieser Eigenschaften, was Menschen bedeuten würde, die hart arbeiten und praktisch veranlagt sind, die sich kein X für ein U vormachen lassen, die ihre und anderer Leute Probleme auf eine sensible Art behandeln und die ihr großes Potenzial tatsächlich entfalten.

Jungfrauen sind sehr gesprächig und lebhaft in Diskussionen; wie ihre merkurbeherrschten Cousins, die Zwillinge, lieben sie es, über ihre Ideen zu reden, die für gewöhnlich überhaupt nichts Extravagantes haben und klar und schmucklos dargestellt werden. Aber auch hier könnte ein Hang zum Detail oder zur Abschweifung bestehen.

Beziehung

Wenn die Jungfrau daran denkt, sich zu binden, würdigt sie sich selbst häufig herab: »Was sieht er/sie nur in mir? Ich bin doch überhaupt nicht gut genug für ihn/sie!« Das kann gerade auch beim jungen Menschen, der sich zum ersten Mal verliebt hat, eine äußerst rührend wirkende Bescheidenheit sein; häufig aber liegt das Problem weitaus tiefer.

JUNGFRAU-EIGENSCHAFTEN

Bescheiden und schüchtern
Skrupelhaft und vertrauenswürdig
Praktisch und fleißig
Intelligent und analytisch

Hektisch und zu Ängsten neigend, überkritisch und verletzend, perfektionistisch und konservativ

SCHLÜSSELWORTE
Kritisch, analytisch, nörgelnd

Die Jungfrau sollte sich bemühen, Selbstvertrauen zu entwickeln. Bei aller Freundlichkeit und Aufgeschlossenheit für die Belange des Partners hat sie es mit ihrer angeborenen Bescheidenheit schwer, physisch und emotional Liebe zum Ausdruck zu bringen. Sie muss lernen, sich zu entspannen, und wenn man ihr beigebracht hat, Sex mit Misstrauen zu betrachten, sollte sie versuchen, ihn als schönen Ausdruck von emotionaler Hingabe an den Partner zu sehen. Die andere problematische Tendenz, die es zu kontrollieren gilt, ist der Hang der Jungfrau zur Nörgelei.

Familie

Das Jungfrau-Kind ist ordentlich, sauber und arbeitet in der Schule willig mit. Seine Hefte haben keine schmutzigen Ränder, die Handschrift ist klar und leserlich. Diese Kinder erledigen die ihnen übertragenen Arbeiten mit Freude und gewissenhaft – sie werden vielleicht einmal als Streber bezeichnet, was sie aber nicht sind. Es kommt ihnen nur darauf an, beschäftigt zu sein. Mit ihrem schüchternen Wesen hat vielleicht sogar der Spielplatz etwas Bedrohliches für sie, weshalb sie es vorziehen könnten, abseits zu stehen. Eltern sollten alles tun, um ihnen bei der Entwicklung von Selbstvertrauen zu helfen, speziell zu Prüfungszeiten. Die Jungfrau-Tendenz zu Ängsten und Sorgen könnte ansonsten nämlich geradezu überwältigend wirken und auch zu rätselhaften Erkrankungen führen.

Jungfrauen arbeiten vom Morgengrauen bis zum Sonnenuntergang für die Familie, gemäß ihrer eigenen sehr hohen Ansprüche. Berufstätige Frauen nehmen sich die Zeit, auch im Haushalt aktiv zu sein – sie sollten aber darauf achten, nicht so lange sauber zu machen, dass keine Zeit mehr bleibt, ihr so schön gehaltenes Heim zu genießen. Wenn der Partner sie beschuldigt, es mit dem Putzen zu übertreiben, sollten sie einmal darüber nachdenken. Für beide Geschlechter gilt, besser keine Arbeit mit nach Hause zu bringen – ansonsten werden sie nie Zeit für ihre Familie finden.

Beruf

Um bestmöglich zu arbeiten, braucht die Jungfrau womöglich eine gewisse Anleitung. Es fällt ihr manchmal schwer zu erkennen, was getan werden muss. Und selbst wenn sie das weiß, kann es ihr große Angst machen, aktiv zu werden – weil sie sich unsicher über die Reaktionen der anderen ist oder weil sie einfach fürchtet, nicht gut genug für die Arbeit zu sein. Wenn sie aber feste Anweisungen hat, wird sie ihre Gaben bestmöglich einsetzen. Jungfrauen können gut als persönlicher Assistent arbeiten; und sie sind die geborenen Kritiker und Analytiker des Tierkreises. Beim Schreiben haben sie einen eher scharfen, beißenden Stil, was eine Begabung für Medienberufe anzeigen kann. Viele Jungfrauen sind exzellente Lehrer, andere bewähren sich auch in medizinischen Berufen.

Diese Menschen sind nicht übertrieben ehrgeizig; in Spitzenpositionen müssen sie, wenn sie nicht nur effektiv, sondern auch angesehen sein wollen, auf ihren Hang zur Nörgelei achten.

Mit ihrem Einkommen gehen sie vorsichtig um – sie sollten auch einmal genauso bereitwillig Geld ausgeben, wie sie es anlegen.

Veränderung, Freizeit und Ruhestand

Jungfrauen freuen sich im Allgemeinen auf die Pensionierung, weil sie dann ihre Hobbys vertiefen können. Mit großer Wahrscheinlichkeit zählt Gartenarbeit dazu – sie sind die geborenen Gärtner. Auf eine Verringerung des Einkommens reagieren sie gleichmütig mit einer Einschränkung der Ausgaben; sie gehen vorsichtig mit Geld um und sind nicht von ihm abhängig. Der Mangel an Selbstvertrauen kann dazu führen, dass sie ihre Schwierigkeiten mit Veränderungen bei der Arbeit haben. Die Aussicht auf eine Entlassung ist furchterregend; bei Arbeitslosigkeit sind sie unvergleichlich in ihrem Bemühen, eine neue Stelle zu finden. Und weil sie bereitwillig und hart arbeiten, dürften sie bei der Stellensuche auch erfolgreicher als die meisten anderen sein.

Gesundheit, Ernährung und Sport

Es ist für Jungfrauen ganz wichtig, so viel Zeit wie möglich an der frischen Luft und auf dem Land zu verbringen. Als Kinder der Natur leben sie auf, wenn sie einen langen Spaziergang oder Ausritt hinter sich haben. Dies ist auch das Zeichen, das mit ganzheitlicher oder vegetarischer Ernährung in Verbindung gebracht wird. Die Jungfrau-Ernährung muss viel Ballaststoffe enthalten; dieses Zeichen herrscht über die Gedärme, und Verstopfung könnte hier ein Problem sein.

Ärztlich verordnete Medikamente wirken bei Jungfrauen oft nicht so wie gewünscht; es gilt auch, auf Allergien zu achten. Ganzheitliche und homöopathische Behandlungsformen sind häufig günstiger. Ausgewogenheit ist die beste Antwort auf gesundheitliche Probleme sowie frische Luft und sportliche Betätigung – es wäre falsch, darauf wegen der Familie zu verzichten. Diese Personen würden auch sehr von Entspannungstechniken wie z. B. Yoga profitieren; bei der Neigung zu Ängsten und Sorgen ist Meditation ebenfalls günstig.

Als Resultat ihrer Ängste (möglicherweise bezüglich des Berufs oder der Familie) leiden Jungfrauen häufig unter schweren Kopfschmerzen oder sogar Migräne. Eine Umstellung der Ernährung könnte hier überraschend hilfreich sein.

DER JUNGFRAUASZENDENT

Psychologischer Antrieb

Sehr oft finden wir, wenn die Jungfrau aufsteigt, das andere Merkurzeichen, die Zwillinge, am MC. Dies eröffnet dem oder der Betreffenden ein einzigartiges psychologisches Potenzial: Der Drang, alle Situationen des Lebens detailliert zu untersuchen, steht in harmonischer Beziehung zum Bedürfnis nach Kommunikation. Diesen Menschen hilft ihr natürlicher Instinkt, sich mit Merkureigenschaften sowie mit den grundsätzlichen Prinzipien der Zwillinge zu identifizieren. Als Folge davon sind sie zumeist in psychologischer Hinsicht sehr gut integriert.

JUNGFRAU-VERBINDUNGEN

Die Jungfrau-Neigung zu Ängsten und Sorgen kann auch nach innen auf das Selbst gelenkt werden, was zu den bereits erwähnten Kopfschmerzen und der Migräne führen kann. Diese Menschen müssen meist härter für die Entwicklung von Selbstvertrauen arbeiten als diejenigen mit der Jungfrausonne (hierbei sind allerdings auch die anderen Horoskopfaktoren noch in Betracht zu ziehen). Konflikte, die mit der Selbstkritik zusammenhängen, müssen ausgefochten werden; eine Art, Selbstvertrauen zu entwickeln, ist, sich für seine Leistungen selbst zu loben. Der Erfolg hiervon hängt auch sehr von der Erziehung ab.

In der persönlichen Beziehung kommt bei aller Neigung zur Nörgelei auch viel Emotionalität zum Ausdruck. Innerliche Wärme und Mitgefühl glätten manche Ecken und Kanten der Aussagen. Mit Zuneigung und Liebenswürdigkeit können ganz allgemein Streitigkeiten und Probleme geschlichtet werden.

Ängste könnten dem Organismus dieser Personen zu schaffen machen, z. B. in Form von Verstopfung und ähnlichen Beschwerden. Eine Neigung zur Hypochondrie, bei der es darauf ankäme, gesundheitliche Probleme auf eine rationale Weise zu betrachten.

DIE PROGRESSION IN DIE WAAGE

Wenn die Jungfrau-Sonne progressiv in die Waage läuft, könnte der Mensch das Leben leichter nehmen, sich vielleicht etwas mehr Freizeit gönnen und bereitwilliger Geld für sein Vergnügen ausgeben. Es wird damit einfacher zu erkennen, dass sie ihre innerliche Spannung unter Kontrolle bringen müssen. Das hat einen guten Einfluss auf sie selbst und auch auf ihre Partner.

Dieser Wechsel könnte in die Zeit fallen, wenn der Betreffende lernt, besser mit seinen emotionalen Bedürfnissen zurechtzukommen. In diesem Falle würde es ihm leichter fallen, seine Liebe und Zuneigung zum Ausdruck zu bringen. Die natürliche Jungfrau-Bescheidenheit tritt zugunsten des Waage-Bedürfnisses nach Frieden und Harmonie damit zurück. Das Resultat davon dürfte eine ausgewogenere Sicht des Lebens sein. Das charakteristische saubere, geschäftige Jungfrau-Wesen dürfte etwas Sanftes und Romantisches bekommen. Die Venusstellung im Horoskop wird damit wichtiger und tritt markanter hervor.

Wenn der Jungfrauaszendent progressiv in die Waage läuft, verstärkt sich das Bedürfnis nach einem tiefen und erfüllenden Kontakt zu einem Partner. Lebt ein solcher Mensch allein, gilt es achtzugeben, dass er aus der Angst vor Einsamkeit keine unpassende Bindung erwägt und seinen Jungfrau-Zug der kritischen Analyse nicht unterdrückt. Allgemein aber ist man nun in der Lage, entspannter auf das Leben zu reagieren; die Persönlichkeit dürfte jetzt eine innerliche Ruhe ausstrahlen, was sehr günstig auf Ängste der Jungfrau wirkt.

DIE TRADITIONELLEN ZUORDNUNGEN ZUR JUNGFRAU

Der Ursprung Die Jungfrau geht möglicherweise auf Nidaba, die ägyptische Göttin des Korns, zurück (im Alten Ägypten begann die Ernte, wenn der Mond in diese Konstellation gelaufen war). Bei den Sumerern stand nicht das Element der Jungfrau im Vordergrund, sondern das der Großen Mutter, deren Tochter manchmal als Hüterin der Ernte aufgefasst wurde

Herrschender Planet Merkur

Positivität/Geschlecht Negativ, feminin

Element Erde

Qualität Veränderlich

Körperregion Das Nervensystem, der Magen und die Gedärme

Blumen Alle Blumen mit hellen und kleinen Blüten, besonders mit blauen oder gelben Farben; auch viele derjenigen, die ebenfalls zu den Zwillingen gezählt werden

Bäume Wegen Merkurs doppelter Herrschaft sind wie bei den Zwillingen auch hier die nusstragenden Bäume zu erwähnen (nicht nur essbare Früchte)

Kräuter und Gewürze Diejenigen, die auch schon bei den Zwillingen aufgeführt wurden, abermals wegen der doppelten Herrschaft von Merkur

Nahrungsmittel Gemüse, das in der Erde wächst oder das auch von den Zwillingen beherrscht wird

Tiere Alle Haustiere

Länder Griechenland, Westindien, Türkei, der US-Bundesstaat Virginia, Brasilien, Kreta, ehem. Jugoslawien, Mesopotamien, Niederschlesien

Städte Boston, Heidelberg, Paris, Athen, Lyon, Korinth, die meisten Bäder und Kurorte

WAAGE ♎ 23. SEPTEMBER - 23. OKTOBER

Die Waagschalen haben eine tiefe symbolische Bedeutung für dieses Zeichen – sie kennzeichnen dessen intensives Ringen um Ausgewogenheit und Harmonie. Waage-Menschen brauchen einen harmonischen Hintergrund, frei von unangenehmem Druck und Streitigkeiten. Manchmal bringen sie des lieben Friedens willen große Opfer, womit sie dann anderen vielleicht allzu bereitwillig nachgeben. Werden sie mit einem Problem konfrontiert, herrscht die Neigung abzuwarten, ob es sich von allein löst – anstatt aktiv zu werden und Partei zu ergreifen.

WAAGE-EIGENSCHAFTEN

Diplomatisch und weltoffen
Romantisch und charmant
Umgänglich und verträglich
Idealistisch und friedfertig

Unentschlossen und launisch, weitschweifig und beeinflussbar, kokett und maßlos

SCHLÜSSELWORTE
Harmoniebedürftig, mitfühlend, empfindlich

GRUNDZÜGE DES WESENS

Entscheidungen zu treffen oder eine Partei zu unterstützen bedeutet häufig, die Ansichten eines anderen Menschen abzulehnen – und die Waage-Person hat eine tiefe Abneigung dagegen, andere zu verletzen. Unentschiedenheit ist dann auch ihr schlimmster Fehler.

Waage-Menschen haben mehr Schwierigkeiten als jedes andere Zeichen, mit Einsamkeit zurechtzukommen. Glück bedeutet für sie, ihr Leben mit jemandem zu teilen; wenn sie allein leben sollten, lassen vielleicht die anderen Horoskopbereiche erkennen, wie sie sich damit arrangieren können.

Mit diesem Zeichen verbindet man häufig auch Trägheit und Entspannung, was aber nicht ganz zutreffend ist. Die Waage liebt zwar keine schweren oder schmutzigen Arbeiten, verfügt aber sehr wohl über körperliche Energie, speziell dann, wenn die Arbeit ein kreatives Moment beinhaltet. Der entspannte Eindruck bei Menschen, die mit der Sonne auf den ersten fünf oder sechs Graden dieses Zeichens geboren wurden, mag daher rühren, dass sie immer ein offenes Ohr für die Probleme ihrer Freunde haben und Mitgefühl zeigen.

Beziehung

Die wichtigste Sphäre im Waage-Leben – ob nun bei der Sonne oder beim Aszendenten - ist die enge Beziehung. Waage-Menschen fühlen sich psychisch nicht integriert, solange sie allein sind; und die für gewöhnlich ausgeprägte Unentschlossenheit kann sehr wohl verschwinden, wenn es um die Frage der Bindung geht. Menschen mit der Sonne in der Waage sind wahre Romantiker; wenn sie ihre Hochzeit planen, laufen sie möglicherweise für Monate mit glänzenden Augen herum, ohne vielleicht aber einen Gedanken daran zu verschwenden, wie es denn nach der Zeremonie mit dem Partner sein mag.

Wenn sie für gewöhnlich auch friedfertig sind, können Waagen doch einen Streit vom Zaun brechen, um auf diese Art die Zuneigung des Partners auf die Probe zu stellen. Sie sollten sich dieser Tendenz bewusst sein. Waage-Menschen sind häufig sehr großzügig, sollten aber erkennen, wann diese Eigenschaft in den Wunsch, sich Zuneigung zu erkaufen, umschlägt.

Familie

Das Waage-Kind ist liebenswürdig und leicht zufriedenzustellen. Eltern sollten bei ihm auf die Tendenz zur Trägheit oder zur Nachlässigkeit achten, welche sich später im Leben zu einem ernsthaften Problem auswachsen könnte. Man sollte das Kind zu Aktivitäten anhalten. Die Frage an die Mutter: »Was soll ich machen?« könnte nämlich typisch sein. Fallen Sie nicht darauf herein! Zeigen Sie verschiedene Möglichkeiten auf. Versuchen Sie, das Selbstvertrauen des Kindes zu fördern, damit es ein eigenständiges Denken entwickeln kann.

Positive Erlebnisse in der Schule sind für alle Kinder wichtig – gerade das Waage-Kind aber wird, wenn es sich ungerecht behandelt fühlt (»Das ist unfair« ist häufig zu hören), so stark leiden, dass es aufbegehrt. Es leidet länger unter einem solchen Vorfall, als man denken würde. Sein kreatives Potenzial sollte erkannt und unterstützt werden; häufig besteht hier eine besondere Begabung, die sich aber, wenn sie nicht gefördert wird, weniger gut als bei den anderen Zeichen entwickelt.

Waage-Eltern sind freundlich, liebenswürdig und sanft, dürfen sich aber nicht von ihrem aufgeweckten Kind, das an die Waage-Tendenz des Nachgebens zu appellieren weiß, von dem abbringen lassen, was sie für richtig halten. Nur zu leicht verdirbt man das Kind des lieben Friedens willen, besonders aber durch »Bestechungen«! Auch lässt man sich hier vielleicht zu bereitwillig auf teure Wünsche ein, hinsichtlich von Spielzeug oder Kleidung. Man gebe hier nicht zu schnell nach. Die Waage-Tendenz der Entscheidungsschwäche kann das Kind unter Umständen wütend machen – man sollte es nicht dem Partner überlassen, die Entscheidungen zu treffen.

Beruf

Die Waage braucht Luxus und Komfort und möchte deshalb viel Geld verdienen. Sie kann übermäßig großzügig sein, was womöglich der Ansporn zu großen beruflichen Leistungen ist. Der Arbeitsplatz als solcher bedeutet ihr kaum etwas, die Kollegen dagegen sehr viel - pedantische Mitarbeiter, Sklaventreiber und Arbeitgeber, die sie nicht in ihrem eigenen Tempo arbeiten lassen, sind ihnen ein Gräuel. Bei ihrem Bedürfnis nach Harmonie sind geistesverwandte Kollegen ein Segen für sie.

Diese Personen haben alle Möglichkeiten in Berufen, die Takt und Diplomatie erfordern. Handel mit Luxuswaren (Mode oder Kosmetik z.B.) ist reizvoll; die Eigenschaften ihres polaren Zeichens, des Widders, könnten sie dagegen zum Waffendienst bringen, vielleicht bis zu einem hohen Rang. Sie sind ehrgeizig, sollten es sich aber gut überlegen, bevor sie eine einsame Spitzenposition akzeptieren: Isolation ist nämlich nicht gut für sie.

Veränderung, Freizeit und Ruhestand

Ein Umzug kann für die Waage eine sehr unangenehme Sache sein, was heißt, dass sie Veränderungen dieser Art auf ein Minimum beschränken sollte. Die Aussicht auf den Ruhestand macht viel Freude – theoretisch ist nichts attraktiver als die Vorstellung, lange schlafen zu können und sich nicht mit den niederen Problemen des Arbeitsalltags auseinandersetzen zu müssen. Ohne ein tiefes Interesse aber könnte diese Zeit weniger befriedigend sein als gedacht; vielleicht altert die Person dann sehr rasch. Neue Hobbys können neue Facetten des Potenzials aufzeigen.

Gesundheit, Ernährung und Sport

Der Waage erscheint die Aussicht auf regelmäßige sportliche Betätigung nicht unbedingt reizvoll – nichts aber ist wichtiger für sie; Sport sollte ein fester Bestandteil ihres Lebens sein. Ein Fitnessstudio, in dem auch der Aspekt der Geselligkeit nicht zu kurz kommt, wäre ideal für sie. Die Aktivität als solche sollte eher regelmäßig als besonders kraftorientiert sein. Der Waage-Hang zu reicher, süßer Nahrung muss unter Kontrolle gehalten werden. Das Waage-Organ sind die Nieren, und Spannungen oder Sorgen könnten zu Kopfschmerzen führen.

DER WAAGEASZENDENT

Psychologischer Antrieb

Die Waage ist kein besonders starkes Zeichen; ein anderer kraftvoller Einfluss des Horoskops könnte ihre positiven Eigenschaften eliminieren, besonders beim Waageaszendenten. Wie dem auch sein mag – viele der typischen Waage-Elemente prägen hier die Persönlichkeit, ganz besonders der machtvolle Drang nach Beziehungen. Sehr oft steht die gesamte Persönlichkeit im Zeichen dieses Bedürfnisses, häufig mit der Auswirkung, dass sich der Mensch Hals über Kopf bindet. Unglücklicherweise enden solche Verbindungen vielfach aber mit großem Leid und einer Scheidung. Die berüchtigte Waage-Tendenz, in die Liebe selbst verliebt zu sein, kommt hier in Verbindung mit einer lebhaften Sexualität und einer großen Aufgeschlossenheit für die physischen Aspekte der Beziehung zum Ausdruck, mehr als bei der Waage-Sonne.

Es könnte die Tendenz herrschen, persönliche Probleme zu ignorieren. Selbstzufriedenheit ist diesen Menschen nicht fremd. Ihr natürlicher Charme kann das auf den ersten Blick verhüllen. Um ihre Schwächen zu erkennen, sollten Menschen mit einem Waageaszendenten um aufrichtige Selbstanalyse bemüht sein.

Ängste und Sorgen plagen den Menschen mit einem Waageaszendenten zumeist nicht – sie sind dann wahrscheinlich auch nicht der Grund, falls der Betreffende unter Kopfschmerzen zu leiden hat. Wenn solche häufiger auftreten, sollte man einen Arzt zurate ziehen; vielleicht sind die Nieren die Ursache dafür. Vielfach steht beim Waageaszendenten Neptun im 1. Haus. Damit könnte eine Schwächung der Persönlichkeit verbunden sein, weil diese Stellung den Menschen dazu bringen könnte, immer den Weg des geringsten Widerstandes zu suchen. Bei diesem Horoskopmerkmal treten die sanfteren, weicheren Charakterzüge deutlich hervor – was zunächst einmal eine gute Sache zu sein scheint, aber doch Probleme aufwirft. Diese Menschen müssen lernen, der Realität ins Gesicht zu sehen und bewusst auf negative Fluchtmechanismen zu verzichten. Falls Neptun in der Waage im 12. Haus steht, könnte der Mensch mit Drogen experimentieren.

WAAGE-VERBINDUNGEN

Farbe
Blautöne von Blass- bis zu Ultramarin, Rosa und Blassgrün

Edelstein
Saphir, Jade

Metall
Kupfer

Salze
Natriumphosphat, Kaliumphosphat

DIE PROGRESSION IN DEN SKORPION

Wenn die Waagesonne progressiv in den Skorpion läuft, machen sich Bestimmtheit und Zielgerichtetheit bemerkbar. Die Waage-Emotionen erfahren damit eine Intensivierung, und die eher diffuse Persönlichkeit gewinnt Ecken und Kanten. Der Skorpion ist das energetischste aller Zeichen, sodass sich nun das Energieniveau erhöht. Wenn man die Skorpion-Neigung zum guten Leben und zu all seinen Freuden in Betracht zieht, überrascht es nicht, dass die Waage-Liebe zum Komfort und zur Maßlosigkeit noch deutlicher hervortreten kann. Wirkt man dem nicht entgegen, kommt es vielleicht zu negativen gesundheitlichen Folgen.

Im Beruf könnte der Skorpioneinfluss mit seinem Geschäftssinn für die Waage-Person enorm günstig sein. Was den häuslichen Rahmen betrifft, nimmt das romantische Waage-Bild nun eine sexuellere Prägung an; man trägt jetzt vielleicht mehr schwarz, und die Frau zeigt womöglich mehr Dekolleté. Mit der größeren Wichtigkeit der Sexualität könnte nun auch die Neigung zur Eifersucht auf den Plan treten.

Wenn der Waageaszendent progressiv in den Skorpion läuft, gewinnt man mehr Abstand und ein Gefühl dafür, was wichtig ist. Mit dieser Bestimmtheit fällt es dem Menschen leichter, sich für oder gegen etwas auszusprechen. Die Stärke des Skorpions stellt einen positiven Beitrag dar, vorausgesetzt, Eifersucht und Misstrauen gewinnen nicht die Oberhand (was auch für die progressive Waagesonne gilt).

Der Aspekt der emotionalen Befriedigung im Beruf wird jetzt wichtiger; insofern fällt es dem Geborenen nun schwer, einen Job nur noch des Einkommens wegen zu verrichten. Und in der Beziehung reicht ihm das romantische Element nicht mehr aus – er muss sich herausgefordert fühlen und den Eindruck haben, dass die Verbindung einen Sinn hat.

DIE TRADITIONELLEN ZUORDNUNGEN ZUR WAAGE

Der Ursprung Das Symbol der Waagschalen könnte auf das Wiegen der Ernte zur Bestimmung der Steuerabgaben im Alten Ägypten zurückgehen, vielleicht auch auf die babylonische Vorstellung, dass nach dem Tode alle schlechten und guten Taten gegeneinander aufgewogen werden

Herrschender Planet Venus

Positivität/Geschlecht Positiv, maskulin

Element Luft

Qualität Kardinal

Körperregion Nieren

Blumen Große Rosen, Hortensien, blaue Blumen allgemein; diejenigen, die auch unter dem Stier aufgeführt wurden (wegen der doppelten Herrschaft der Venus)

Bäume Esche, Pappel und die Stier-Bäume

Kräuter und Gewürze Minze, Cayenne

Nahrungsmittel Weizen und andere Kornsorten; Beeren und Trauben, Birnen, Weintrauben, Artischocken, Spargel, Bohnen; die meisten Gewürze

Tiere Eidechsen, andere kleine Reptilien

Länder Österreich, Burma, Japan, Argentinien, Oberes Ägypten, Kanada, Tibet, Indochina, einige der südpazifischen Inseln

Städte Kopenhagen, Johannesburg, Wien, Lissabon, Frankfurt, Antwerpen, Freiburg, Leeds, Nottingham

SKORPION ♏ 24. OKTOBER – 22. NOVEMBER

Das hervorstechendste Merkmal des Skorpions sind seine Energiereserven. Häufig ist zu hören, dass er das »schlimmste« Sonnenzeichen ist. Natürlich stimmt das nicht. Die Energie dieses Zeichens ist aber so stark, dass sie überwältigen oder auch einschränken kann. Wenn sie aber auf eine positive und erfüllte Weise ausgedrückt wird, in physischer wie emotionaler Hinsicht, kann der Mensch Großes leisten. Ist der Fluss der Energie dagegen gehemmt oder unkontrolliert, kann das verheerende Folgen haben: die charakteristische Neigung zur Grübelei, Wut und Eifersucht.

GRUNDZÜGE DES WESENS

Eifersucht ist der schlimmste Fehler des Skorpions, nicht nur in Bezug auf den Partner: Skorpione können auch auf Kollegen eifersüchtig sein und auf Besitztümer von anderen. Dies kann allerdings auch als regelrechter Ansporn wirken: Wenn er die Fortschritte einer anderen Person sieht, strengt sich der Skorpion womöglich besonders an, es ihr gleichzutun.

Der skorpionische Körperbereich sind die Genitalien, was den sexuellen Ruf dieses Zeichens zum Teil erklären könnte. Der Mensch mit der Sonne im Skorpion braucht die sexuelle Erfüllung, leidet, wenn sie ausbleibt – das heißt aber mit Sicherheit nicht, dass jeder Skorpion sexbesessen ist! Viele von ihnen bringen die sexuelle Energie in Form von Sport zum Ausdruck, und die Frau ist vielleicht sehr aktiv, um sich als perfekte Hausfrau zu erweisen. Entscheidend ist, dass die Energie in eine positive Richtung gelenkt wird, dass sie nicht verschwendet wird oder stagniert.

Die meisten Skorpione sind zu einem tiefen, durchdringenden und analytischen Denken fähig, sie haben den starken Drang, zur Wurzel jedes Problems vorzustoßen. Sie sind auch bestrebt, das Leben auszukosten, indem sie jeden Tag mit Arbeit und anspruchsvollen Interessen füllen. Sie fordern sich selbst in extremer Form – müssen aber rechtzeitig lernen, Energie auf möglichst gleichmäßige Weise zum Ausdruck zu bringen.

Beziehung

Der Skorpion, der reine Energie ist, braucht einen Leiter. Wenn die Energie kein Ziel findet, werden sich Probleme ergeben. Für den Skorpion ist ein Partner wichtig, der Anteilnahme und Wärme zeigt. Der Skorpion, der sich von den Eigenschaften eines möglichen Partners angezogen fühlt, kann seine ganze Energie auf die Jagd richten – und auch dann nicht vom Objekt seiner Begierde ablassen, wenn er merkt, auf keine Gegenliebe zu stoßen. In den spannungsreichen Phasen der Beziehung könnte der Skorpion-Zug der Geheimniskrämerei und der Rachsucht zutage treten, bis hin zur Grausamkeit.

SKORPION-EIGENSCHAFTEN

Bestimmt und kraftvoll, emotional und intuitiv, machtvoll und leidenschaftlich, aufregend und anziehend

Eifersüchtig und nachtragend, aufbegehrend und zwanghaft, geheimniskrämerisch und halsstarrig

SCHLÜSSELWORTE
Intensiv, leidenschaftlich, eifersüchtig

Familie

Wenn irgendetwas mit dem Skorpion-Kind nicht stimmt, wird es sich extrem ruhig verhalten und vielleicht sogar sein liebstes Essen zurückweisen. Je früher der kleine Skorpion dazu ermutigt wird, über seine Schwierigkeiten zu reden, desto besser – die Neigung nämlich, die Probleme in sich »hineinzufressen«, führt in späteren Jahren zu (unnötigem) Leid. Alle Kinder brauchen herausfordernde Interessen, am meisten aber junge Skorpione, die dazu angeregt werden sollten, ein Hobby aufzunehmen, das sie wirklich interessiert und das dabei hilft, emotionale wie körperliche Energie abzubauen. Auf diese Weise lernen sie, ihre Ressourcen auf gleichmäßige Weise zu nutzen. Vielleicht haben sie ein besonderes Vergnügen an Mannschaftssportarten, am Wassersport oder am Schlittschuhlaufen und Tanz.

Skorpion-Eltern, die sich selbst verwirklicht haben, erwarten viel von ihren Kindern, vielleicht zu viel. Sie neigen insbesondere dazu, ihre Kinder aufzufordern, den gleichen Weg wie sie zu gehen und auf dem gleichen Gebiet nach Erfolg zu streben. In ihrem tiefen Interesse an den Kindern und deren Entwicklung gehen sie womöglich zu weit. Bei der intensiven Beziehung, die sie sich wünschen, sollten Humor und Spaß nicht zu kurz kommen. Von seinem bzw. ihrem Wesen her eher streng, muss sich der Skorpion-Vater bzw. die Skorpion-Mutter darüber im Klaren sein, dass manches Kind eine freizügigere Erziehung braucht. Das Kind könnte auch die Eigenschaft, dass die Eltern ihre Meinung ohne jede Diskussion durchzusetzen gewillt sind, unerträglich finden. Weniger erfolgreiche Skorpion-Eltern müssen sich davor hüten, ihre Kinder, die vielleicht besser dastehen als sie selbst, zu beneiden. Neid und Eifersucht – womöglich ihre größten Fehler – dürfen die Beziehung nicht trüben. Sie sollten sich vor Augen führen, dass der Erfolg der Kinder auch ihr Erfolg ist.

Beruf

Wichtiger als alles andere und entscheidender als bei jedem anderen Zeichen ist, dass der Skorpion emotional Anteil an seiner beruflichen Tätigkeit nimmt. Wie beim gegenüberliegenden Zeichen Stier auch spielt emotionale und finanzielle Sicherheit eine große Rolle. Diese Menschen sind willens, hart für Sicherheit sowie für die Verbesserung ihres Lebensstandards zu arbeiten. Manchmal wird hier die gesamte Energie auf das Geldverdienen gerichtet – diese skorpionischen Geschäftsmänner und -frauen haben etwas gefunden, auf das sie ihre Zielstrebigkeit richten kön-

nen. Andere haben womöglich mehr Probleme damit, einen Weg zu finden, wie sie ihre überreichliche Energie und ihr großes Potenzial zum Ausdruck bringen können. Ohne Arbeit mangelt es dem Skorpion an einem Ventil, jeden Tag seine Energie loszuwerden. Ansonsten könnten die Energien sich allzu negativ auswirken, vielleicht sogar in Form von Verbrechen. Das Ingenieurwesen ist eine günstige Tätigkeit für ihn, der Bergbau, die Marine, der Weinhandel; Skorpione sind des Weiteren geborene Forscher und Detektive.

Veränderung, Freizeit und Ruhestand

Der Skorpion widersetzt sich äußerlichen Veränderungen; seine natürliche Dickköpfigkeit kommt dabei überaus deutlich zum Ausdruck. Wie dem auch sein mag – es gibt Zeiten, da Veränderungen auch seiner Meinung nach absolut unerlässlich sind, und dann wird er alles tun, sie auch tatsächlich durchzuführen. Daraus könnten sich drastische und umfassende Wandlungen ergeben. Es kommt aber natürlich darauf an, dass diese Veränderungen aus den richtigen Gründen durchgeführt werden und man seine Erfahrungen und Früchte der harten Arbeit nicht Hals über Kopf verwirft.

Das Nichtstun ist die Sache des Skorpions nicht, es kann sogar schädlich für ihn sein. Diese Menschen werden sich auf den Ruhestand freuen, weil er ihnen Zeit für all die Dinge bringt, die sie schon immer hatten tun wollen – wenngleich die Zeit möglicherweise immer noch nicht ausreicht.

Gesundheit, Ernährung und Sport

Die Energie des Skorpions muss auf eine gleichmäßige und kontrollierte Weise zum Ausdruck kommen; in körperlicher Hinsicht ist dafür eine regelmäßige und kontrollierte Ernährung notwendig. Dies könnte Probleme machen, weil in Bezug auf Essen und Trinken die Tendenz zu Maßlosigkeit besteht, welche häufig zu Magenbeschwerden oder auch zu Verstopfung führt. Maß zu halten ist für den Skorpion schwer, aber notwendig, sowohl beim Essen als auch beim Sport. Beim Sport ist es am Anfang vielleicht ein gesundes Interesse an der Bewegung, das später aus dem Ruder läuft und zu einer Quelle von Stress und Anspannung wird. Die Kampfkünste interessieren sie, nicht nur wegen ihres physischen, sondern auch wegen ihres spirituellen Elementes. Auch Schwimmen ist sehr günstig für sie.

DER SKORPIONASZENDENT

Psychologischer Antrieb

Die machtvollen Persönlichkeitszüge des Skorpions prägen das ganze Horoskop, wenn dieses Zeichen am Aszendenten steht; die anderen Elemente treten damit meist in den Hintergrund. Die Charakteristiken dieses Zeichens können beim Aszendenten auf eine tiefere und bedeutungsvollere Art zum Ausdruck gebracht werden als bei der Sonne - was eine intensivierte Zielstrebigkeit, die Hinterfragung jeglicher Aktivität oder auch die obsessive Tendenz zur Geheimniskrämerei mit sich bringen kann.

SKORPION-VERBINDUNGEN

Wenn der Skorpion aufsteigt und der Löwe am MC steht, werden der skorpionhafte Antrieb und seine emotionalen Ressourcen durch die Organisations- und Führungseigenschaften des Löwen angereichert. Eine sehr eindrucksvolle Kombination – die zu einer herausragenden Machtposition führen kann. Dabei handelt es sich um ein bemerkenswertes Potenzial, das den Betreffenden aber womöglich autoritär und diktatorisch macht.

Mit dem Skorpionaszendenten hat der Mensch das Bedürfnis, sich selbst kennenzulernen. Sich vor anderen auszubreiten ist seine Sache nicht, man schaut in sich selbst und kann die eigenen Probleme klar und aufrichtig analysieren. Diese introspektive Neigung könnte den Eindruck erwecken, dass der Mensch sich selbst nicht unbedingt mag.

In der Beziehung zeigt die Person mit dem Skorpionaszendenten sich dem Partner gegenüber charmant und liebenswürdig, was nach außen hin nicht unbedingt deutlich wird. Sicherheit in emotionaler Hinsicht ist von ebenso großer Bedeutung wie in finanzieller; allerdings könnte es auch zu Eifersucht kommen. Unternimmt man nichts dagegen, ist womöglich eine klaustrophobische Atmosphäre die Folge, die schwer auf der Beziehung lastet. Wenn man unfähig oder nicht willens ist, die Probleme zu diskutieren, könnte es zu körperlichen Symptomen kommen, vielleicht auch zu einer blockierten Sexualität.

DIE PROGRESSION IN DEN SCHÜTZEN

Läuft die Skorpionsonne progressiv in den Schützen, wird die Bestimmtheit durch ein lebhaftes, extravertiertes und enthusiastisches Reagieren auf Herausforderungen ergänzt. Es fällt dem oder der Betreffenden dann leichter, sich zu öffnen. Der Schütze ist ebenfalls ein Zeichen, das das Leben zu genießen weiß – was es in puncto Ernährung für den Skorpion nicht einfacher macht. Eine Gewichtszunahme oder ein Problem mit der Verdauung ist dann hier auch nicht unwahrscheinlich.

Der Schütze könnte den Skorpion dazu bringen, mehr Risiken einzugehen, in physischer wie in finanzieller Hinsicht. Das Skorpion-Image, das für gewöhnlich sexuell orientiert ist und dunkle Farben einschließt, bekommt nun etwas Beiläufigeres; bei aller Konventionalität in der Erscheinung kleidet sich der Mensch nun vielleicht doch bequemer oder sportlicher.

Läuft der Skorpionaszendent progressiv in den Schützen, mindert sich die psychische Intensität des Ausdrucks; es macht sich stattdessen eine philosophischere Haltung bemerkbar. Befindet sich der Aszendent auf den ersten Graden des Skorpions, könnte sich diese Progression zu der Zeit ereignen, wenn sich die Person für eine Beziehung entscheidet. In diesem Fall dürften die Skorpion-Züge der Eifersucht in den Hintergrund treten.

DIE TRADITIONELLEN ZUORDNUNGEN ZUM SKORPION

Der Ursprung Es gibt im Gilgameschepos (2000 v. Chr.) einen Skorpion-Menschen; das Symbol erscheint auch in Mesopotamien und tausend Jahre später in Ägypten. Sein Ursprung ist unbekannt

Herrschender Planet Pluto (früher Mars)

Positivität/ Geschlecht Negativ, feminin

Element Wasser

Qualität Fix

Körperregion Die Sexualorgane

Blumen Rhododendron, Geranie und andere Blumen, die auch schon beim Widder angeführt wurden (weil beide Zeichen früher zum Mars zählten)

Bäume Weißdorn, buschige Bäume

Kräuter und Gewürze Diejenigen, die man auch mit dem Widder verbindet, außerdem Aloe, Katzenminze

Nahrungsmittel Nahrungsmittel mit starkem Eigengeschmack, wie beim Widder auch

Tiere Die meisten Insekten

Länder Marokko, Norwegen, Transvaal, Algerien, Syrien, Korea, Uruguay

Städte New Orleans, Washington D. C., Cincinatti, Milwaukee, St. John's (Neufundland), Fez, Valencia, Liverpool, Halifax, Hull

SCHÜTZE ♐ 23. NOVEMBER – 21. DEZEMBER

Herausforderungen sind für ein erfülltes Schütze-Leben sehr wichtig. Sobald er eine Sache zum Abschluss gebracht hat, widmet sich der Schütze der nächsten. Der Drang, sich neue Ziele zu setzen, kann so übermächtig werden, dass der Mensch nichts zu Ende führt. Der Enthusiasmus, Optimismus und die Lebensfreude des Schützen sind unübertroffen, sie müssen aber unter Kontrolle gehalten werden. Sein schlimmster Fehler – Unbeständigkeit – kann ein ernstes Problem sein, weil er nicht immer alles bis zur letzten Konsequenz durchdenkt.

GRUNDZÜGE DES WESENS

Eine natürliche Aufgeschlossenheit und der innerliche Enthusiasmus regen den Schützen dazu an, Risiken einzugehen – welche nichts weniger als tollkühn sein können, besonders in jungen Jahren. Die Entwicklung ihres angeborenen intellektuellen Potenzials kann diese Menschen aber vor dem Eingehen unnötiger Risiken schützen. Es käme für sie auch auf die Entwicklung einer philosophischeren Einstellung zum Leben an. Wenn ihr natürlicher Überschwang nicht kontrolliert wird, können sie zur Wildheit neigen. Ihre Lebensfreude und ihr Sinn für Humor sind amüsant, gehen manchmal aber ein wenig zu weit – sie sollten sich darüber im Klaren sein, dass derjenige, auf den ihr Spott gemünzt ist, wahrscheinlich nicht besonders fröhlich darauf reagieren wird. Der Schütze ist ein weiteres der dualistischen Zeichen des Tierkreises; er besitzt Flexibilität. Konzentriert ein Projekt nach dem anderen zum Abschluss zu bringen aber verschafft mehr Befriedigung sowie auch eine gewisse Abwechslung.

Dieses Zeichen bringt eine umfassende Vision sowie die Fähigkeit, auch komplexe Situationen rasch zu erfassen. Diese Menschen sind aber nicht besonders für die Arbeit an Details begabt, weil diese sie eher langweilen. Ohne das Studium des Kleingedruckten aber können sich böse Überraschungen für sie ergeben.

SCHÜTZE-EIGENSCHAFTEN

Optimistisch und freiheitsliebend
Jovial und gut gelaunt
Aufrichtig und geradeheraus
Intellektuell und philosophisch

Blindlings optimistisch und gedankenlos
Verantwortungslos und oberflächlich
Taktlos und unbeständig

SCHLÜSSELWORT
Philosophisch, freiheitsliebend, neugierig, spontan

Beziehung

Kein Schütze kann mit klaustrophobischen Verhältnissen zurechtkommen (er braucht z. B. ein Zimmer mit Aussicht), besonders nicht in persönlichen Beziehungen. Mit einem besitzergreifenden, argwöhnischen oder eifersüchtigen Partner wird es nicht lange gut gehen; ihr auf Unabhängigkeit ausgerichteter Geist widersetzt sich jeglicher Einschränkung der persönlichen Freiheit.

Der Sexualität stehen diese Personen ebenfalls mit schützehaftem Enthusiasmus gegenüber, gerade in jungen Jahren. Mit wachsender Erfahrung werden ihnen auch andere Eigenschaften wichtiger, Intelligenz z. B. sowie überhaupt die eher freundschaftlichen Bande.

Familie

Enthusiasmus ist bei jedem Kind etwas Schönes – das Schütze-Kind könnte aber derart enthusiastisch sein, dass sein Enthusiasmus kontrolliert werden muss. Auch seine Wildheit muss eventuell gezügelt werden. Die Eltern sollten so früh wie möglich zu erkennen versuchen, wo seine wahren Interessen liegen. Es besteht hier ein außerordentlich großes Potenzial, welches aber einer festen Hand bedarf (was man das Kind aber nicht spüren lassen sollte). Wenn es etwas Besonderes vollbracht hat – ob nun in der Schule, auf dem Sportplatz oder bei anderen außerschulischen Aktivitäten –, wirkt das nur noch zusätzlich anspornend. Schütze-Kinder haben ihre Probleme mit schulischer Disziplin, sind aber Argumenten zugänglich und leisten insofern begründeten Anordnungen Folge. Ihre sprachlichen Begabungen sollten von klein auf gefördert werden.

Als Eltern leisten Schützen Bemerkenswertes: Sie reagieren auf eine lebhafte Weise auf ihre Kinder, sie ermuntern sie in ihren Interessen und helfen ihnen dabei, gute Bücher zu finden. Allerdings ist es wichtig, dass die Schütze-Mutter dem Kind nicht ihre eigenen Interessen zum Opfer bringt, sondern sich auch Zeit für sich selbst nimmt. Idealerweise sollte sie sich schon bald nach der Entbindung neuen Zielen und Projekten widmen.

Beruf

Auch hier sind Herausforderungen von entscheidender Bedeutung; langweilige oder routinehafte Arbeiten sollten nach Möglichkeit vermieden werden. Auch das Arbeitsumfeld ist wichtig – ein schmales, verstaubtes Büro oder überfüllte Supermärkte sind unerträglich. Das Einkommen als solches ist nicht von vordringlicher Wichtigkeit – und wenn er Geld braucht, weiß der Schütze, wie er es beschaffen kann. Sein hartverdientes Geld gibt er wahrscheinlich vorwiegend für Studien, Bücher und Reisen aus, weniger für materielle Besitztümer. Kennzeichnend für ihn ist eine ausgeprägte Abenteuerlust (nicht immer in physischer Hinsicht); Arbeit, die ihn einmal aus seiner normalen Umgebung entführt, stimuliert ihn sehr. Wenn er sich, um nach oben zu kommen, auf krumme Sachen einlässt, kann ihm das sehr schaden, zumeist auch deshalb, weil er sich nicht über alle Details im Klaren ist.

Der Schütze ruht sich nicht auf seinen Lorbeeren aus und ist nicht übermäßig ehrgeizig, was Erfolg im weltlichen Sinne oder seinen Status betrifft. Sich mit intellektuellen Anforderungen auseinanderzusetzen oder zu sehen, dass die früher getroffenen Entscheidungen

Früchte tragen, wirkt dagegen sehr befriedigend auf ihn – es freut ihn auch zu sehen, dass andere von seiner Arbeit oder seinem Einfluss profitieren. Das Verlagswesen, das Gesetz oder auch die Kirche könnten hier von besonderem Interesse sein, vielleicht auch das Lehren an der Universität. Es besteht eine besondere Beziehung zum Sport.

Veränderung, Freizeit und Ruhestand

Veränderungen bzw. das Bedürfnis danach wecken den Enthusiasmus des Schützen. Diese Menschen kommen gut mit wechselhaften Umständen zurecht. Ihr Bedürfnis nach Veränderung ist so stark, dass sie sie um ihrer selbst willen herbeiführen, manchmal aus einer augenblicklichen Langeweile heraus. Der Partner sollte sie zu Bedachtsamkeit anhalten, bevor sie Schritte unternehmen, die sich als weniger günstig erweisen als vermutet – das andere ist eben nicht immer das Bessere. Die Pensionierung eröffnet aufregende Perspektiven, und der Schütze wird diese Extrazeit wahrscheinlich gut zu nutzen wissen, vielleicht für Reisen.

Gesundheit, Ernährung und Sport

Eine Liebe zu herzhafter Nahrung und starken Getränken könnte Magenprobleme bedeuten. Wenngleich der Schütze den Sport liebt, könnte er doch an Gewicht zulegen – die meisten Schütze-Frauen werden dann auch früher oder später merken, dass ihre Hüften runder geworden sind. Die Tollkühnheit der meisten Schützen kann beim Sport eine überdurchschnittliche Unfallneigung bedeuten, z. B. gezerrte oder verhärtete Muskeln, besonders im Oberschenkel. Man sollte das, gerade in fortgeschrittenen Jahren, vor Augen haben.

Jede Form von sportlicher Aktivität macht zumeist Spaß – interessiert sich ein Schütze nicht für Sport, gilt es, sich auf andere Weise die notwendige Bewegung zu verschaffen. Wahrscheinlich ist er vorwiegend intellektuell ausgerichtet und braucht geistige Entspannung. Andererseits sollten diejenigen, die körperlich anstrengende Arbeit verrichten, sich zum Ausgleich intellektuellere Beschäftigungen suchen.

DER SCHÜTZEASZENDENT

Psychologischer Antrieb

Das Bedürfnis nach Herausforderungen, das schon für die Schützesonne so wichtig war, spielt beim Schützeaszendenten womöglich eine weitaus größere Rolle. Diese Menschen haben all das, was man braucht, um ihr Potenzial vollständig auszuschöpfen; vorausgesetzt, sie finden eine gewisse Unterstützung, werden sie sich mit ständig zunehmendem Selbstvertrauen weiterentwickeln. Ihre hohen Erwartungen in Verbindung mit der positiven, optimistischen Haltung lassen sie vielleicht Großes leisten.

Mit einem ausgeprägten Wissen um die höheren Bereiche des Lebens zeichnen sie sich durch einen tiefgründigen Charakter aus, was auch der Grund dafür ist, dass sie meist um ihre eigenen Schwächen wissen. Auf diese Weise ist dann eine persönliche Harmonie möglich, die bei ihrer Unbeständigkeit nicht unbedingt zu erwarten ist. Diese Menschen sind sich selbst gegenüber objektiv und an Selbsterkenntnis interessiert; es macht ihnen nichts aus, den Weg ins Innere zu gehen. Allerdings müssen sie sich Zeit zum Nachdenken nehmen; sie straucheln manchmal wegen der Annahme, dass sie alle Antworten wissen. In ihrer entwickeltsten Form aber sind diese Menschen die Tierkreis-Philosophen.

Was Beziehungen betrifft, kommt es vor allem auf freundschaftliche Bande und geistige Gemeinsamkeiten an. Viel sexuelle Energie – ein Partner aber, der nur ihren sexuellen Bedürfnissen gerecht wird, langweilt sie schnell. Intellektuelle Herausforderung ist gleichfalls außerordentlich wichtig; ein beschränkendes Zusammenleben hat hier verheerende Folgen. Der Mensch könnte sich auf übermäßiges Essen oder Trinken verlegen oder Probleme mit der Leber bekommen.

Wenn das Leben nicht stimulierend wirkt, trübt sich die für gewöhnlich optimistische und enthusiastische Haltung, und eine völlig untypische Depression setzt ein. Ein Wandel des Lebensstils, vielleicht ein Umzug wären dann das Beste.

DIE PROGRESSION IN DEN STEINBOCK

Menschen mit der Sonne im Schützen sind vergleichsweise unkonventionell und zumeist nicht besonders ehrgeizig – wenn aber die Sonne progressiv in den Steinbock läuft, nähern sie sich den Traditionen und Konventionen an und entwickeln vielleicht auch Ehrgeiz. Sie gewinnen dann einen Blick für Statussymbole. Der junge Schütze könnte zu dieser Zeit seiner Beziehung einen formaleren Rahmen zu geben versuchen; das »ausgeflippte« Schütze-Image, möglicherweise ein Überbleibsel aus Studententagen, tritt nun vielleicht in den Hintergrund. Bei denjenigen, die am Anfang der Schütze-Phase geboren sind (vielleicht am 23. oder 24. November), könnte diese Progression mit der Saturnwiederkehr (siehe S. 378) zusammenfallen, was heißen würde, dass es dann unweigerlich zu einer Phase wichtiger Veränderungen und Entwicklungen kommt.

Bewegt sich der Schützeaszendent progressiv in den Steinbock, werden die wilderen Persönlichkeitszüge gezügelt und der Mensch denkt weitaus intensiver über seine Handlungen und ihre Auswirkungen nach. Damit tritt auch der blinde Optimismus zurück oder verbindet sich zumindest mit Vorsicht. Die innerliche Rastlosigkeit weicht nun der Geduld. Falls der oder die Geborene viel Sport getrieben hat, besteht jetzt die Gefahr, dass sich körperliche Beschwerden wie Arthritis oder Gelenkversteifungen zeigen. Mehr als auf alles andere kommt es darauf an, in Bewegung zu bleiben. Der Schütze-Ehrgeiz, der sich zumeist persönlich auswirkt, kommt durch die Progression in den Steinbock intensiver zur Geltung, er könnte sich insofern effektiver auswirken, als dass der Mensch nun seine Ziele direkter ansteuert.

SCHÜTZE-VERBINDUNGEN

Edelstein Topas

Salze Quarz, Kaliumhydrochl.

Metall Zinn

Farbe Dunkelblau, Lila

DIE TRADITIONELLEN ZUORDNUNGEN ZUM SCHÜTZEN

Der Ursprung Unbekannt; in früheren Zeiten verwechselte man Schütze und Skorpion miteinander – man fand Zentaurenfiguren mit Skorpionschwänzen

Herrschender Planet Jupiter

Positivität/Geschlecht Positiv, maskulin

Element Feuer

Qualität Veränderlich

Körperregion Hüften, Oberschenkel und die Leber

Blumen Nelken, Löwenzahn

Bäume Linde, Birke, Maulbeerbaum, Eiche, Esche, Kastanie, Distel

Kräuter und Gewürze Salbei, Anis, Balsam, Springkraut, Preiselbeere, Borretsch, Zimt, Ampfer, Leimkraut

Nahrungsmittel Zwiebel- bzw. knollenförmiges Gemüse, Grapefruit, Rosinen, Korinthen, Staudensellerie, Lauch

Tiere Pferde; Tiere, die gejagt werden

Länder Spanien, Australien, Ungarn, Südafrika, Arabien, Ex-Jugoslawien

Städte Toledo, Stuttgart, Budapest, Köln, Sheffield, Avignon, Toronto, Neapel

STEINBOCK ♑ 22. DEZEMBER – 20. JANUAR

Das Zeichen der Kontraste. Steinböcke haben ein großes Potenzial für Erfolge in sich – wenngleich sich manche weigern, das anzuerkennen und sich stattdessen eine pessimistischere Haltung zulegen, wodurch das Potenzial vielleicht unentfaltet bleibt. Es gibt Steinbock-Menschen, die ehrgeizig und hoffnungsvoll sind und die mit ihrer Energie und Willenskraft alle Ziele verwirklichen; auf der anderen Seite gibt es die Vertreter dieses Zeichens, die es zwar ebenfalls gut machen wollen, die aber zu viele Hemmungen und zu wenig Selbstvertrauen besitzen oder die träge sind.

GRUNDZÜGE DES WESENS

Beide Arten von Steinböcken sind konventionell, manchmal in einem geradezu sklavischen Ausmaß. Es ist ihnen wichtig, dass sie mit ihren Taten keinen Anstoß erregen. Beide Typen verfügen über einen wunderbar schrulligen Humor, der in einem lebhaften Kontrast zu ihrer gelegentlich eher mürrischen Art steht. Beide sind methodisch und klug. Manchmal mangelt es den erfolgreichen an Selbstvertrauen, während die weniger zuversichtlichen und erfolgreichen Vertreter sich von ihrer Negativität befreien und es schaffen, das Leben auf eine bemerkenswert gelöste Weise zu genießen (was vielleicht mit einem Merkur im Schützen zusammenhängen könnte).

Eines der liebenswertesten Merkmale ist der bereits angeführte abgründige Humor, der auch bei den ernsthaftesten und förmlichsten Steinböcken unvermittelt hervortreten kann. Geduld und Einsicht sind ihre Stärken – wenngleich die weniger selbstsicheren Steinböcke das nicht wahrhaben wollen, sondern erst davon überzeugt und zur Entwicklung von langfristigen Zielen angehalten werden müssen. Der erwartungsvolle und sich seiner selbst sichere Steinbock dagegen ist sehr diszipliniert. Bei einem Mangel an Selbstvertrauen aber führt diese Disziplin möglicherweise zu nichts. Es kann schwierig sein, am Sonnenzeichen Steinbock nette und liebenswürdige Züge auszumachen – glücklicherweise ist dies aber nur eine Seite des Charakters.

STEINBOCK-EIGENSCHAFTEN

Praktisch und klug
Ehrgeizig und diszipliniert
Geduldig und umsichtig
Humorvoll und zurückhaltend

Pessimistisch und fatalistisch, geizig und mürrisch, übermäßig konventionell und steif

SCHLÜSSELWORTE
Intelligent, strebsam, bedächtig, griesgrämig

Beziehung

Steinböcke halten nichts davon, nach der Ehe erst einmal in eine enge Mansardenwohnung ziehen zu müssen, weshalb sie die Bindung zumeist so lange hinausschieben, bis sie sich etabliert haben, gegebenenfalls erst in vorgerückten Jahren. Vielleicht entscheiden sie sich für einen Partner, der eine Vater- bzw. Mutterfigur für sie darstellt. Möglicherweise heiraten sie auch aus finanziellen oder gesellschaftlichen Erwägungen heraus. Das emotionale Niveau ist eher niedrig, und es fällt ihnen schwer, ihre wahren Gefühle zu zeigen. Sie müssen das erkennen sowie, dass ihre Partner das Gefühl haben müssen, geliebt zu werden, ganz besonders dann, wenn der Steinbock sehr mit seiner Karriere beschäftigt ist.

Familie

Steinbock-Kinder sind sehr loyal und haben das Bedürfnis, stolz auf ihre Eltern zu sein – diese wiederum müssen sich darüber im Klaren sein, dass ihre Kinder sehr konventionell veranlagt sind und einen sicheren, strukturierten und disziplinierten Hintergrund brauchen. Gleichfalls nötig ist eine wohlmeinende Unterstützung. Und die beste Anerkennung ist mehr Verantwortung und eine Taschengelderhöhung. Selbstvertrauen und Lebensfreude müssen hier fortwährend gefördert werden, wenn die Kinder nicht allzu ernsthaft und altklug aufwachsen sollen. Man sollte sich auch keine Gedanken machen, wenn das Kind in der Klasse nicht an der Spitze steht, zumindest so lange nicht, wie es gleichmäßige Fortschritte erzielt. Ihr Ehrgeiz aber sollte ständig gefördert werden.

Der Steinbock als Vater oder als Mutter ist sehr auf erfolgreiche Kinder aus, muss aber darauf achten, Liebe und Zuneigung offen zum Ausdruck zu bringen, nicht nur in Form von kostspieligen Geschenken, sondern auch durch gemeinsam verbrachte Zeit. Ehrgeizige Steinböcke können sich derart intensiv mit ihrer Karriere und dem Geldverdienen beschäftigen – alles zum Wohle der Familie –, dass sie ihr Zuhause gar nicht genießen. Im Extremfall entdecken sie dann vielleicht irgendwann einmal, dass sie ihr Heim mit erwachsenen Menschen teilen, die ihnen mehr oder weniger fremd sind, besonders dann, wenn sie die Kinder aufs Internat geschickt haben. Dass moralische Disziplin wichtig ist, versteht sich von selbst; Steinbock-Eltern könnten allerdings allzu streng sein, gerade während der Teenagerjahre, wenn der Nachwuchs zur Auflehnung gegen die Eltern neigt.

Beruf

Vielen anderen Tierkreiszeichen fällt es schwer, mit Verantwortung umzugehen, weil sie oftmals Einsamkeit bedeutet – nicht so dem selbstbewussten Steinbock, dem es häufig sehr recht ist, ein eigenes Büro zu haben und damit die Kollegen auf Distanz zu halten.

Auch er aber muss gelegentlich Erkundigungen und Rat einholen, was ihn vielleicht insgeheim schuldbewusst macht, weil er der Ansicht ist, alles wissen zu müssen. Auch das ist wieder eine Frage des Selbstbewusstseins. Nicht alle Steinböcke neigen zu der autoritären Einstellung; in ihrem Leben gibt es aber doch den einen oder anderen Bereich,

auf dem eine solche Haltung deutlich zum Ausdruck kommt. Der Steinbock erklimmt die Leiter zum Erfolg auf eine gleichmäßige Weise; der Versuch, mehrere Stufen auf einmal zu nehmen, endet zumeist in einem Desaster. Auf der anderen Seite ist es für ihn durchaus möglich, oben anzukommen, und er sollte sich dann auch sehr hochgesteckte Ziele setzen.

Die Einstellung zu Geld ist eine sehr vorsichtige – was in der Tat Geiz bedeuten könnte. Schon am Anfang des Berufslebens dürften sich diese Menschen von Sparplänen angezogen fühlen; und wenn sie genug Geld haben, geben sie es vielleicht für Menschen aus, die sie beruflich fördern können. Man findet Steinböcke in allen Berufen – eine spezielle Begabung aber haben sie für die Verwaltung, das Bank- und Finanzwesen, den Immobiliensektor sowie für den Beruf des Zahnarztes oder des Chiropraktikers. Der erfolgreiche Geschäftsmann, der es aus eigener Kraft geschafft hat, ist ebenfalls häufig ein Steinbock.

Veränderung, Freizeit und Ruhestand

Die Steinbock-Begabung für langfristige Planungen könnte bedeuten, dass man erkennt, wenn Phasen der Veränderung bevorstehen. Es ist typisch, dass alle Veränderungen hier zu positiven materiellen Entwicklungen führen, was dann wiederum zum persönlichen Selbstvertrauen und einer positiven Haltung beiträgt. Umsichtiges Sparen und Investieren gewährleistet zumeist einen hohen Lebensstandard nach der Pensionierung. Diese Menschen dürften zumeist kein Problem damit haben, ihre wohlverdiente freie Zeit mit den Aktivitäten auszufüllen, die sie schon immer gereizt haben. Als Erdzeichen macht der Steinbock seine Vertreter für die Gartenarbeit geneigt oder zumindest für eine Tätigkeit an der frischen Luft. Gleichermaßen ist dies ein sehr musikalisches oder auch literarisches Zeichen.

Gesundheit, Ernährung und Sport

Die meisten Steinböcke achten sehr auf ihre Ernährung, weil sie wissen, dass Maßlosigkeit negative Folgen hat. Sie sollten aber speziell die Kalziumzufuhr im Blick haben! Der beste Rat, den man ihnen geben kann, ist, immer in Bewegung zu bleiben – die langen Stunden am Schreibtisch können nämlich schnell zu versteiften Gelenken oder zu Arthritis führen. Besonders achtgeben sollte man auf die Knie (der Körperteil, der dem Steinbock untersteht)! Weiterhin gehören zu diesem Zeichen die Zähne und die Haut. Wie ihre Partner auf der anderen Seite des Tierkreises, die Krebse auch, müssen sie vorsichtig beim Sonnenbaden sein.

DER STEINBOCK-ASZENDENT

Psychologischer Antrieb

Das Hauptproblem könnte hier ein schwankendes Selbstvertrauen sein – in einem Augenblick denken diese Leute vielleicht, die Welt regieren zu

STEINBOCK-VERBINDUNGEN

können, im nächsten schaffen sie es vielleicht nicht, einen Zettel für den Milchmann zu schreiben. Dies könnte auch bedeuten, dass sie auf verschiedenen Gebieten sehr zuversichtlich und auf anderen sehr nervös sind. Vielleicht haben sie überhaupt keine Probleme mit den Anforderungen am Arbeitsplatz, halten sich aber für unfähig, eine enge Beziehung zu führen. Dies geht häufig auf das Problem zurück, sich selbst mit Abstand zu sehen, was zur Folge hat, dass sie ihre besonderen Fähigkeiten nicht erkennen.

Es mag vielleicht überraschen – wenn diese Menschen sich erst einmal für eine dauerhafte Beziehung entschieden haben, erweisen sie sich als fürsorgliche und sehr rücksichtsvolle Partner, die ein Gespür für die Bedürfnisse des anderen haben und ihre Gefühle frei zum Ausdruck bringen können. Dies wird aber in erster Linie nur dem Partner bewusst werden. Die Neigung zu Ängsten und Sorgen könnte sich mit der Anteilnahme am Geschick des Partners noch verstärken.

Probleme äußern sich vielleicht in körperlicher Weise in Form von Verdauungsbeschwerden oder im Extremfall auch als Magengeschwür oder Hautkrankheit. Sie geben sich womöglich allzuschnell negativen Launen hin, auch bei Rückschlägen geringfügigerer Art, weshalb Pessimismus für sie ein Problem sein kann. Körperliche Aktivität kann hier als Gegengift wirken; und Musik macht sie vielleicht ruhiger und gelassener. Mehr als auf alles andere sollten diese Menschen auf ihre angeborene Fähigkeit der Rationalität bauen. Sie sollten nicht nur auf das Materielle, sondern auch auf das Spirituelle setzen.

DIE PROGRESSION IN DEN WASSERMANN

Wenn die Sonne progressiv in den Wassermann läuft, ergänzt sich der Steinbock-Drang, es allein zu schaffen, mit dem Wassermann-Bedürfnis nach Unabhängigkeit. Weil aber der Steinbock das konventionellste und der Wassermann das unkonventionellste Zeichen ist, könnte sich die Haltung radikal ändern. Wenn die Sonne in den Wassermann kommt, da sich der junge Steinbock mit seiner Persönlichkeit zu arrangieren versucht, ist das sehr günstig, weil es eine größere Freiheit des Ausdrucks ermöglicht.

Es besteht hier häufig ein besonderes mathematisches oder auch wissenschaftliches Potenzial. Der Wassermanneinfluss modifiziert das konventionelle Steinbock-Image insofern, als dass man Geschmack an modischen oder außergewöhnlichen Kleidungsstücken findet, was ein willkommenes Element der Originalität bedeuten kann. Des Weiteren könnte sich die Tendenz zu einem unvorhersehbaren und manchmal sehr dickköpfigen Verhalten manifestieren.

Wenn der Steinbockaszendent in den Wassermann tritt, macht sich eine unkonventionellere Haltung bemerkbar. Der Mensch wird damit extravertierter, objektiver und optimistischer. Die Notwendigkeit, in Bewegung zu bleiben, gewinnt vielleicht noch mehr Gewicht, weil der Wassermann mit dem Kreislauf zusammenhängt.

DIE TRADITIONELLEN ZUORDNUNGEN ZUM STEINBOCK

Der Ursprung Der babylonische Gott Ea trug einen Umhang, der einer Fischhaut ähnelte, einschließlich Kopf und Schwanz. Er wurde unter anderem die »Antilope des Meeres« genannt – gibt es eine bessere Beschreibung für eine Ziege mit einem Fischschwanz? Er kam aus den Meeren, um die umherziehenden Menschen Weisheit zu lehren

Herrschender Planet Saturn

Positivität/Geschlecht Negativ, feminin

Element Erde

Qualität Kardinal

Körperregion Die Knie, Haut, Knochen und Zähne

Blumen Efeu, Amaranth, Stiefmütterchen

Bäume Pinie, Ulme, Eibe, Weide, Espe, Pappel

Kräuter und Gewürze Hanf, Schwarzwurz, Flockenblume, Schierling und Bilsenkraut

Nahrungsmittel Fleisch, Kartoffeln, Gerste, Rübe, Spinat, Malz, Mispel, Zwiebel, Quitte, stärkehaltige Speisen

Tiere Ziegen und alle Huftiere

Länder Indien, Mexiko, Afghanistan, Mazedonien, Thrakien, Albanien, Sachsen, Bulgarien, Litauen, die Küste des ehem. Jugoslawiens, Orkney- und Shetland-Inseln

Städte Oxford, Neu Delhi, Mexico City, Gent, Port Said, Brüssel, Constanta, Mecklenburg; zum Steinbock werden auch die administrativen Zentren der Hauptstädte gerechnet

WASSERMANN ♒ 21. JANUAR – 18. FEBRUAR

Das Wassermann-Bedürfnis nach Unabhängigkeit darf niemals unterschätzt werden – es ist von grundlegender Wichtigkeit, dass der Wassermann den ihm gemäßen Lebensstil entwickelt. Sie stehen zwar im Rufe einer großen Freundlichkeit, zeichnen sich doch aber durch eine gewisse Distanz sowie die Abneigung aus, ihr Leben in der Öffentlichkeit zu führen. Ihre natürliche Aufgeschlossenheit kommt mit viel Hilfsbereitschaft zum Ausdruck – wer in Not ist, kann auf ihren Beistand rechnen. Dabei gehen sie an die Probleme mit Logik, Objektivität und ohne gefühlsmäßige Verstrickung heran.

WASSERMANN-EIGENSCHAFTEN

Freundlich und humanitär
Aufrichtig und loyal
Originell und erfinderisch
Selbstständig und intellektuell

Unverträglich und auf Widerspruch aus
Andersartig und unberechenbar
Unsensibel und abgehoben

SCHLÜSSELWORTE
Unabhängig, fortschrittlich, distanziert

GRUNDZÜGE DES WESENS

Wassermänner besitzen einen originellen und idealistischen Zug; je konstruktiver sie ihn zum Ausdruck bringen, desto erfüllter wird ihr Leben sein. Allerdings müssen sie darauf achten, dass es zu keinerlei Exzessen kommt; ihre Mitmenschen könnten ansonsten peinlich berührt oder außerordentlich gekränkt reagieren.

Der Wassermann ist ein Luftzeichen, und seine Vertreter haben Luft dann auch sehr nötig, im konkreten wie im übertragenen Sinn. Sie müssen erkennen, dass sie mitunter äußerst dickköpfig sind, was sie nach Möglichkeit zu kontrollieren versuchen sollten. In jungen Jahren könnten sie sich als Führer ihrer Generation erweisen – vielleicht aber bleiben sie auch in späteren Jahren ihren frühen Idealen verhaftet, womit sie sich dann möglicherweise als sehr konservativ erweisen.

Eine positive und optimistische Haltung, selbst angesichts von Schwierigkeiten. Wassermänner verlieren kaum je einmal die Hoffnung; ihre natürliche Humanität lässt sie erkennen, dass es viele andere gibt, die schlechter dran sind als sie selbst. Der Hauptfehler ist für gewöhnlich Sprunghaftigkeit; mit ihrem Drang nach Unabhängigkeit aber können sie sich auch als unnahbar erweisen, was emotional problematisch sein kann. Die Partner und Freunde könnten manchmal den – gerechtfertigten – Eindruck gewinnen, dass ihr Tun vom betonten Wunsch, anders zu sein als andere, motiviert ist.

Beziehung

Von allen Zeichen fällt es bei der Wassermannsonne am schwersten, eine emotionale Beziehung einzugehen bzw. aufrechtzuerhalten. Der machtvolle Drang nach Unabhängigkeit macht es diesen Menschen schwer, andere an ihrem Leben teilhaben zu lassen – sie wissen insgeheim, dass sie damit ihren Lebensstil ändern müssen und Freiraum einbüßen. Es ergibt sich für sie des Öfteren ein Single-Dasein. Trotzdem gibt es im Wassermann auch einen romantischen Zug; ist er einmal eine Beziehung eingegangen, erweist er sich dann auch – ähnlich dem Steinbock – als sehr loyal. Die Venusstellung lässt hier Näheres erkennen; sie kann die Haltung des Menschen mit der Wassermannsonne stark modifizieren.

Familie

Die Originalität und das Bedürfnis nach Andersartigkeit zeigen sich schon bei Kindern dieses Zeichens, die im Großen und Ganzen positiv und fröhlich und kaum je von dem abzubringen sein dürften, was sie sich einmal in den Kopf gesetzt haben. Eltern sollten auf Widerspenstigkeit gefasst sein – das beste Mittel, die gewünschte Reaktion zu erhalten, ist, das Gegenteil davon vorzuschlagen. Unkonventionalität ist außerordentlich wichtig für diese Kinder. Auf jeden Fall sind sie rational veranlagt und zugänglich für Argumente. Dies könnte sich in späteren Jahren als Aktivposten erweisen.

Wassermann-Kinder sind von ihrem Wesen her überaus aufgeschlossen, leider aber manchmal auch etwas naiv, weshalb sie womöglich allzuleicht auf Fremde hereinfallen. Von klein auf ist hier zu einem gesunden Misstrauen zu raten! Günstig für junge Wassermänner ist die Arbeit für wohltätige Organisationen. Kreative und wissenschaftliche Neigungen sollten ebenfalls unterstützt werden. Diese Kinder haben vielfach einen ausgesprochenen Sinn für das Dramatische, neigen allerdings auch zum Übertreiben.

Wassermann-Eltern haben eine sehr eigenständige Einstellung zum Thema Erziehung. Es gilt für sie zu erkennen, dass das Kind womöglich konventioneller als sie ist – es wäre falsch, es in eine Form zu zwingen, nur weil sie das für richtig halten. Dem Kind könnte Sicherheit und Disziplin das Wichtigste sein. Wassermann-Eltern sollten sich immer die Frage stellen, ob sie mit der Zeit gegangen sind. Unwillkürlich werden sie dies erst einmal bejahen; bei längerem Nachdenken aber wird sich zeigen, ob das wirklich stimmt. Es ist eben nicht so, dass sie automatisch ihre Kinder verstehen; vielmehr kommt es darauf an, dass sie ihnen wirklich zuhören. Trotz mancher Probleme sind diese Menschen zumeist lebhafte Väter oder Mütter und dazu fähig und willens, das Potenzial ihrer Kinder so gut wie möglich zu fördern.

Beruf

Der Wassermann braucht den Freiraum, seine Arbeiten auf die ihm entsprechende Art zu verrichten, unbeschränkt durch feste Routine oder einengende Ratschläge. Er möchte seinen Erfindungsgeist bei der Arbeit zum Ausdruck bringen, ob nun in wissenschaftlicher oder kreativer Hinsicht (oder beidem). In der einen oder anderen Weise wer-

den sich diese Menschen sehr innovativ zeigen. Sie besitzen eine Begabung für den kommunikativen Bereich, für den technischen Aspekt des Rundfunks und auch für alles, was mit dem Fliegen zusammenhängt. Trotz ihres deutlich ausgeprägten Ehrgeizes ist ihnen eine Arbeit wichtig, bei der auch menschliche Belange nicht zu kurz kommen. Sozial- oder Verwaltungsarbeit für eine große wohltätige Organisation wäre auch etwas für sie. Geld bedeutet ihnen nicht allzu viel.

Veränderung, Freizeit und Ruhestand

Wassermänner stört es maßlos, wenn sie auf wichtige Entscheidungen warten müssen – oder wenn sie fühlen, dass eine wichtige Veränderung ansteht, ohne dass sie genau wissen, wann. Mit plötzlichen Entscheidungen – von anderen oder sich selbst – haben sie dagegen kaum Probleme. Sie können aus einer momentanen Verärgerung heraus die spontane Entscheidung treffen, einen guten Job hinzuwerfen. Wassermänner sollten es nicht dazu kommen lassen, dass sie schon zehn Jahre vor der Pensionierung anfangen, Trübsal zu blasen - stattdessen sollten sie darangehen, neue Interessen zu entwickeln, die sie dann vertiefen können, wenn es so weit ist. Wenn der Arbeitsalltag trübe, konventionell oder wenig anregend war, kann sich der Mensch darauf freuen, endlich einmal seine Originalität, kreative oder wissenschaftliche Neigungen zum Ausdruck zu bringen. Möglicherweise müssen sich diese Personen auch Gedanken zu notwendigen Anpassungen machen, vielleicht wäre ein Teilzeitjob zur Aufbesserung ihrer Rente sinnvoll.

Gesundheit, Ernährung und Sport

Der Kreislauf könnte zu Sorgen Anlass geben. Wassermänner fühlen sich häufig bei Kälte sehr wohl; wie die Steinböcke auch genießen sie dieses Wetter, sollten aber warme, leichte und windabweisende Kleidung tragen, welche aber nicht ihre Bewegungsfreiheit einschränkt. Beim Sport ist ein kreatives Element wichtiger als dumpfe Monotonie. Wie die anderen Luftzeichen auch profitieren Wassermänner am meisten von einer leichten und nahrhaften Kost. Dieses Zeichen herrscht über die Knöchel, welche vielleicht Probleme machen – Übungen zu ihrer Stärkung und Schuhwerk, das sie unterstützt, sind eine gute Sache, speziell auch beim Skifahren oder anderen Wintersportarten.

DER WASSERMANN-ASZENDENT

Psychologischer Antrieb

Wie bei der Wassermannsonne auch besteht ein sehr großes Bedürfnis nach Unabhängigkeit; und der Mensch könnte einen recht distanzierten Eindruck machen. Es fällt schwer, der mysteriös wirkenden Person mit einem Wassermannaszendenten wirklich nahezukommen. Für den Betreffenden selbst gilt es, sich des Unterschiedes zwischen Unabhängigkeit und Isolation bewusst

WASSERMANN-VERBINDUNGEN

zu sein. Psychische Integration ist dann möglich, wenn man erkennt, dass freundliche Aufgeschlossenheit und Mitgefühl auch zum Ausdruck gebracht werden müssen. Diese Menschen streben zwar nach Selbsterkenntnis, sind aber außerordentlich eigensinnig und versuchen vielleicht zu ignorieren, dass sie sich ändern sollten. Mit Sturheit und Eitelkeit tun sie sich selbst aber absolut keinen Gefallen.

Das Problem, die Selbstständigkeit für eine dauerhafte Beziehung aufzugeben, ist fortwährend aktuell. Der ideale Partner ist vielleicht der, der sich zurückhält und sich darauf beschränkt, eine unterstützende Rolle zu spielen. Diese Menschen möchten stolz auf ihre Partner sein, und wahrscheinlich schreiben sie ihnen außergewöhnliche Qualitäten zu. Für gewöhnlich sehr viel Großzügigkeit, allerdings könnte die Neigung zur Sturheit das Zusammenleben erschweren. Insofern ist es von grundsätzlicher Bedeutung, dass diese Menschen Kompromissbereitschaft entwickeln. Man frage sich: Will man einen Partner oder eine Beziehung?

Wassermänner, die sich zu sehr auf ihr Inneres konzentrieren, werden vielleicht zu Hypochondern. Der Hang zur Andersartigkeit könnte sie auch in die andere Richtung treiben, womit sie vielleicht alle gesundheitlichen Beschwerden ignorieren. Und gleichfalls möglich ist, dass sie neue Heilmethoden mit großem Interesse verfolgen. Weil der Wassermann über den Kreislauf herrscht und das gegenüberliegende Zeichen Löwe über das Herz, sollten Wassermänner dieses Organ mit regelmäßiger sportlicher Aktivität fit halten. Psychologisch motivierte Probleme könnten allerdings zu Rückenschmerzen führen.

DIE PROGRESSION IN DIE FISCHE

Wenn die Sonne progressiv in die Fische läuft, fühlt sich der Wassermann verwirrt, weil seine Gefühle nun in Fluss und nach außen hin deutlicher zum Ausdruck kommen. Er muss dann auch lernen, seiner Intuition zu trauen. Zwischen dem warmherzigen, emotionalen Ansatz der Fische und der viel kühleren, abgehobenen, logischen Haltung des Wassermanns besteht ein großer Unterschied. Allerdings sind diese sich irgendwann ergebenden Veränderungen nicht sehr stark. Das modische und etwas exzentrische Wassermann-Bild allerdings könnte mit ihnen aber doch etwas gemildert werden. Womöglich machen sich dann auch die häufig unterdrückten romantischeren Züge bemerkbar, besonders bei der Kleidung.

In der nördlichen Hemisphäre steigen Wassermann und Fische ziemlich schnell auf – selbst bei einem Wassermannaszendenten auf den ersten Graden dieses Zeichens kann diese Progression deshalb ziemlich früh eintreten. Die Eltern sollten hier auf subtile Veränderungen der Persönlichkeit gefasst sein und versuchen, auf deren konstruktiven Ausdruck hinzuwirken. Die wassermannhafte Offenheit und Freimütigkeit könnte jetzt von einer geheimniskrämerischen Tendenz abgelöst werden.

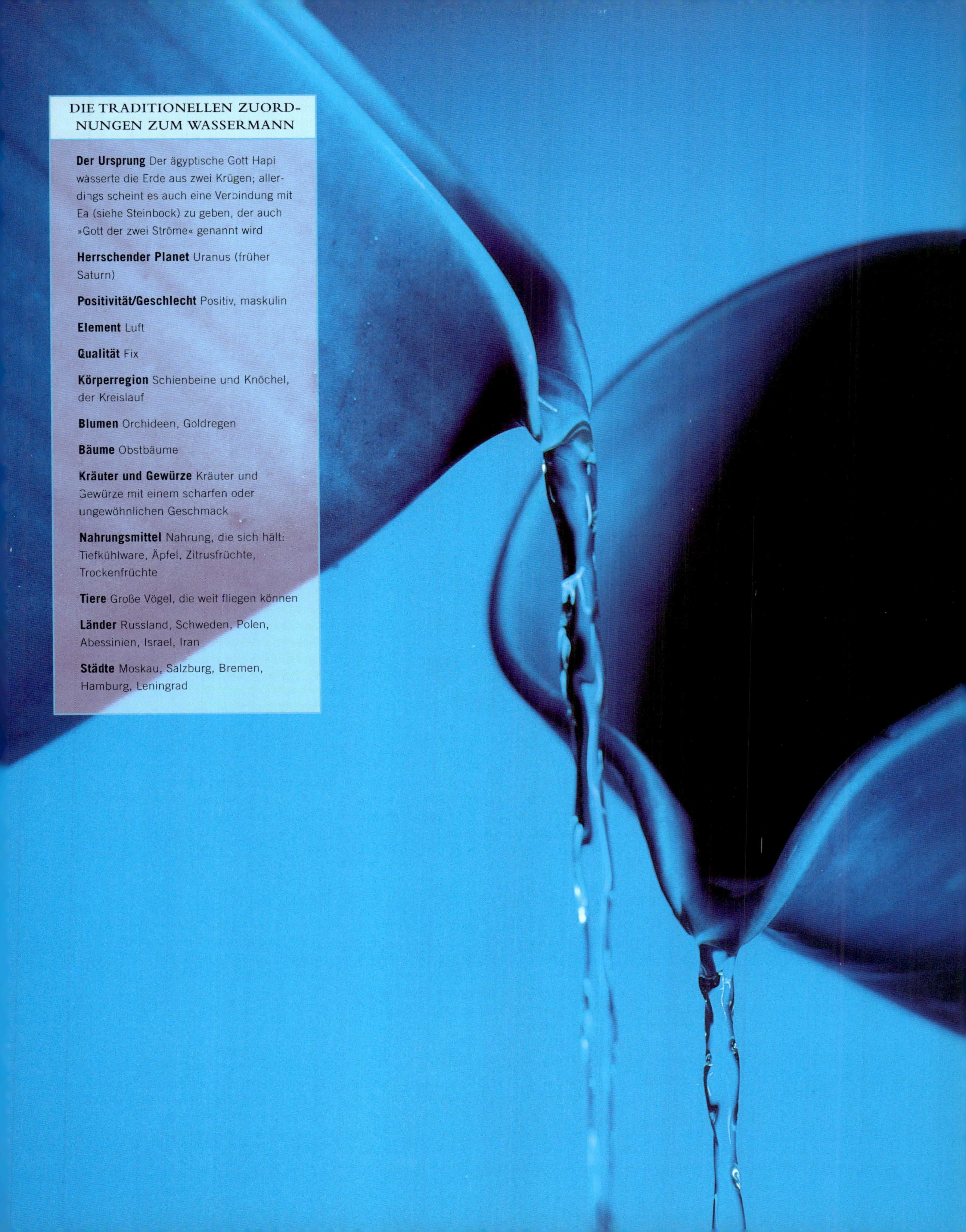

DIE TRADITIONELLEN ZUORDNUNGEN ZUM WASSERMANN

Der Ursprung Der ägyptische Gott Hapi wässerte die Erde aus zwei Krügen; allerdings scheint es auch eine Verbindung mit Ea (siehe Steinbock) zu geben, der auch »Gott der zwei Ströme« genannt wird

Herrschender Planet Uranus (früher Saturn)

Positivität/Geschlecht Positiv, maskulin

Element Luft

Qualität Fix

Körperregion Schienbeine und Knöchel, der Kreislauf

Blumen Orchideen, Goldregen

Bäume Obstbäume

Kräuter und Gewürze Kräuter und Gewürze mit einem scharfen oder ungewöhnlichen Geschmack

Nahrungsmittel Nahrung, die sich hält: Tiefkühlware, Äpfel, Zitrusfrüchte, Trockenfrüchte

Tiere Große Vögel, die weit fliegen können

Länder Russland, Schweden, Polen, Abessinien, Israel, Iran

Städte Moskau, Salzburg, Bremen, Hamburg, Leningrad

FISCHE ♓ 19. FEBRUAR – 20. MÄRZ

Das Symbol dieses Zeichens – zwei Fische, die in entgegengesetzte Richtungen schwimmen – lässt die fundamentale Spannung im Fische-Charakter ahnen: ein Widerspruch in sich. Freundlichkeit verbindet sich mit einer intuitiven Auffassungsgabe, was den Fisch zum besten aller Freunde macht. Fische sind aufgeschlossen, wohltätig und opferbereit; ihre Bereitschaft aber, anderen beizustehen, ist gleichzeitig ihr Fallstrick: Sie führen sie als Entschuldigung dafür an, dass sie es versäumen, ihr großes Potenzial zu entfalten und ihre eigenen Ziele zu verfolgen.

GRUNDZÜGE DES WESENS

Es fällt dem Fische-Menschen häufig schwer, der Realität ins Auge zu sehen. Die Überzeugung »So wie es kommt, so ist es recht« kann sie sehr in die Irre führen und sie im schlimmsten Fall träge und lethargisch machen. Stets den Weg des geringsten Widerstandes zu gehen und sich selbst etwas vorzumachen, weil man die harte Realität nicht ertragen kann, sind die größten Schwächen dieses Zeichens.

Die farbige Fische-Fantasie in Verbindung mit einem kreativen und positiven Ausdruck ist ein bemerkenswerter Aktivposten; Fische-Menschen müssen allerdings darauf achtgeben, dass ihre Vorstellungen nicht negativ wirken, indem z. B. aus kleinen Problemen im Geist sofort große werden. Dies würde bedeuten, dass die negativen Fische-Züge die Oberhand gewinnen. Wenn der Fisch seine Fantasie kreativ ausdrückt und ein Ventil dafür findet (vielleicht durch die Kunst oder ein Handwerk), kann er Dinge zustande bringen, die ihn selbst am meisten überraschen. Der Überlieferung nach könnte es sich hier um einen Poeten handeln – was aber im weitestmöglichen Sinn zu verstehen ist; es bezieht sich auf den kreativen Einsatz der Fantasie auf allen Lebensbereichen.

Die Weigerung, die Realität anzuerkennen, kann auch bedeuten, dass der Mensch beim besten Willen die Dinge nicht so sieht, wie sie sind. Diese Art von Selbsttäuschung kann sehr gefährlich sein und den Fisch zum Lügen bringen – aus dem Grund, Nahestehende nicht verletzen zu wollen. Er macht damit aber alles nur noch schlimmer! Menschen mit der Fische-sonne müssen sich geistig gemäß ihrer eigenen Art entwickeln, womit sie vielleicht Ausflüchte bei Entscheidungen vermeiden können. Die Stellung von Merkur im Horoskop ist hierbei gründlich zu analysieren.

FISCHE-EIGENSCHAFTEN

Fantasievoll und empfindlich
Mitfühlend und freundlich
Selbstlos und idealistisch
Intuitiv und sensibel

Ausweichend und weltfremd
Geheimniskrämerisch und vage
Willensschwach und leicht zu leiten

SCHLÜSSELWORTE

Nebulös, beeindruckbar, für Täuschungen anfällig

Beziehung

Der Fische-Mensch bringt seine Emotionen in der Beziehung zum Ausdruck, und es könnte sein, dass der Partner mit Zuneigung nur so überschüttet wird; vorausgesetzt, er hat seine Emotionen im Griff, kann er der Partnerschaft etwas ganz Besonderes verleihen – aber überraschend triviale Geschehnisse können bei ihm zu Szenen führen. Die Fische-Person ist romantisch und sentimental; wenn sie sich verliebt hat, neigt sie zum Blick durch die rosarote Brille; nur infolge von bitteren Erfahrungen lernt sie, den Partner so zu sehen, wie er ist, mit all seinen Fehlern. Wenn diese Menschen die Fähigkeit entwickeln, die Realität zu erkennen, können sie Beziehungen auf ein solideres Fundament stellen. Nicht übermäßig leidenschaftlich veranlagt, ist ihre Sichtweise der Sexualität eher romantisch und sanft.

Familie

Es ist außerordentlich wichtig, dass die Eltern des Fische-Kindes auf Ehrlichkeit und Zielstrebigkeit hinwirken. Das ist vielleicht nicht ganz einfach – die Fische-Tendenz, die Wahrheit mit der reichen Fantasie »auszuschmücken«, kann aber beträchtlichen Schaden anrichten. Die Interessengebiete, die die Vorstellungskraft positiv anregen, sollten schon von klein auf gefördert werden. Auch das kann schwierig sein – der Fisch kennt immer jemanden, der »besser« ist oder mehr weiß. Es hat keinen Sinn, ihm diesbezüglich zu widersprechen – weisen Sie stattdessen darauf hin, dass manche Kinder sich klüger anstellen als andere. Das Selbstvertrauen muss immer unterstützt werden! Man muss auch ihr Konzentrationsvermögen fördern, wenn Verträumtheit nicht zum Problem werden soll. Ermutigen Sie auch die möglicherweise zutage tretende wissenschaftliche Neigung; die Wissenschaft kann ein sehr günstiges Feld für Fische sein, vorausgesetzt, dass neben Fantasie und Inspiration andere Horoskopfaktoren auf einen Blick für Details schließen lassen.

Fische-Eltern unterstützen ihre Kinder sehr, sind aber vielleicht zu nachlässig. Elterliche Unbestimmtheit kann das Kind manchmal mehr verwirren als große Strenge.

Beruf

Im Idealfall kann die Fische-Person bei ihrer Tätigkeit Fürsorglichkeit zum Ausdruck bringen, eine ihrer Hauptugenden. Insofern besteht eine ganz besondere Begabung für Pflegeberufe. Das Organisieren liegt ihr dagegen nicht besonders; sie zieht es vor, selbstlos im Hintergrund zu wirken, wobei sie oft exzellente und erfolgreiche Arbeit leistet. Sie scheut das Rampenlicht, weil sie die eigene Persönlichkeit verbergen möchte.

Weil Fische-Menschen ein so starkes Bewusstsein für das Leid anderer haben, stellen sie ausgezeichnete Ratgeber dar.

Möglicherweise sehen sie ihre Berufung auch auf dem religiösen Sektor. Glanz zieht sie allerdings auch an – sie lieben das Entwerfen und Herstellen von schöner Kleidung. Die Fische sind eines der dualen Zeichen des Tierkreises, und manchmal hat die Fische-Person zwei Tätigkeiten zugleich oder auch eine Freizeitbeschäftigung, die sehr erfolgreich und belohnend sein kann. Sie braucht Abwechslung und Veränderung.

Menschen mit der Sonne in den Fischen sind nicht besonders ehrgeizig; sie können finanziell aber durchaus erfolgreich sein. Allerdings sollten sie sich bei den Finanzen um professionellen Beistand bemühen, weil ihnen leicht der Überblick verloren geht und weil sie sich vielleicht zu Ausgaben hinreißen lassen, die sie sich eigentlich nicht leisten können.

Veränderung, Freizeit und Ruhestand

Wenn sich Veränderungen abzeichnen, gerät der Fisch leicht in einen Zustand der Verwirrung und der Angst. Seine Fantasie ist immer aktiv, und der Mangel an Organisationstalent kann dazu führen, dass er nicht weiß, wie er mit der neuen Situation konkret oder auch emotional umgehen soll. Fische-Personen, die bei der Pensionierung bereits ein Steckenpferd haben, genießen die neu gewonnene Zeit sehr. Fehlt aber ein solches Interesse, fühlen sie sich vielleicht nur desorientiert; bei einem erzwungenen Ruhestand altern sie womöglich rasch. Es gilt für sie, ein Hobby zu finden, mit dem sie ihre Mußestunden ausfüllen können; die Arbeit in der Gemeinde oder für wohltätige Zwecke wäre z. B. ein gutes Gegengift.

Gesundheit, Ernährung und Sport

Fische nehmen die Schwingungen der Umgebung in sich auf; ein unfreundliches Wort, Lärm, Katastrophen oder sogar schlechtes Wetter können sie körperlich beeinflussen. Mit dieser Empfindlichkeit ergeben sich schnell Beeinträchtigungen der Fische-Physis, womöglich in Verbindung mit Kopf- oder auch Magenschmerzen.

Diese Empfindlichkeit für atmosphärische Einflüsse kann den Menschen auch dazu bringen, zu viel zu essen oder zu trinken oder – wahrscheinlicher noch – zu viel zu rauchen. Es ist ein charakteristisches Fische-Merkmal, den Weg des geringsten Widerstandes zu suchen – was sich auch auf Medikamente beziehen könnte: bei jedem störenden Einfluss z. B. nach der Aspirinschachtel zu greifen. Viele Fische betrachten Medikamente allerdings mit Misstrauen und sind eher an alternativen Heilmethoden interessiert.

Manchmal können sie durch praktische Hilfe das Leid, das sie durch ihr Mitgefühl wahrnehmen, abmildern; dies ist dann auch eine Möglichkeit, Probleme zu lösen. Es geht für diese Menschen darum, rational zu sein und sich nicht über Schwierigkeiten aufzuregen, für die es keine Lösung gibt.

FISCHE-VERBINDUNGEN

Der religiös veranlagte Fische-Mensch kann durch das Gebet Aufmunterung und Erbauung finden; auch einige Formen der körperlichen Aktivität wie z. B. Yoga können ihm Einsichten und spirituelle Befriedigung verschaffen. Sanfte, gleichförmige Bewegungen sind günstig für ihn. Passendes Schuhwerk (die Fische herrschen über die Füße) zu finden kann ein Problem sein.

DER FISCHEASZENDENT

Psychologischer Antrieb

Menschen mit dem Fischeaszendenten können so sehr in ihrer Umgebung aufgehen, dass man sie gar nicht mehr als eigenständige Personen wahrnimmt. Man nimmt sie sozusagen als gegeben hin und schenkt ihnen keine besondere Aufmerksamkeit. Ohne ihre Hilfe aber würde sich eine große Kluft auftun, weil die Arbeit, die sie verrichten, meist sehr wertvoll ist. Diese Personen sollten sich selbst nicht unterschätzen, sondern erkennen, wo ihr Wert liegt und was sie der Allgemeinheit geben können. Fische sollten sehr vorsichtig sein, wenn es darum geht, eine Führungsrolle zu übernehmen – am besten geeignet sind sie nämlich für die Arbeit hinter den Kulissen.

Es ist eine gute Frage, ob der Mensch mit der Fischesonne wirklich daran interessiert ist, sich selbst kennenzulernen – beim Fischeaszendenten gilt das noch stärker. Häufig hat es den Anschein, als ob sie sich eine »Persona« für sich ausdenken. Das muss nicht zwangsläufig in eine Katastrophe münden; durch wahre Selbsterkenntnis aber könnten sie Selbstvertrauen und Kraft gewinnen, wovon sie mehr als jedes andere Tierkreiszeichen profitieren würden. Sie müssen weiterhin auf die Tendenz achten, zu sehr an ihren Partnern herumzunörgeln; manchmal sind sie nämlich in dieser Beziehung sehr destruktiv. Es herrscht auch eine Neigung zu eingebildeten Krankheiten.

DIE PROGRESSION IN DEN WIDDER

Wenn die Fischesonne progressiv in den Widder läuft, erhöht sich das Ausmaß der körperlichen Kraft; es fällt dem Menschen leichter, Selbstbewusstsein zu entwickeln und Herausforderungen anzunehmen. Der Fisch kann damit auch seine Arbeit mit mehr Zuversicht präsentieren, womit er vielleicht auf ein sehr positives Echo stößt. Er vermittelt nun möglicherweise einen anderen Eindruck. Das Tempo des Lebens könnte sich beschleunigen, unter Umständen mit einer Tendenz zu Unfällen. Wichtiger noch ist, dass sich ein Zug von Widder-Selbstsucht zeigen kann – was dem fürsorglichen, sensiblen Fisch gar nicht recht ist. Die Entwicklung des Fische-Potenzials, welches häufig unterschätzt wird, kann eines der positivsten Resultate dieser Progression sein.

Wenn der Fischeaszendent progressiv in den Widder läuft (was für gewöhnlich in recht jungen Jahren geschieht), wird der Mensch in seiner Entwicklung große Fortschritte machen und vielleicht psychologische Probleme lösen können. Auch mehr Ehrgeiz, ein gesteigerter Drang nach Sexualität.

DIE TRADITIONELLEN ZUORDNUNGEN ZU DEN FISCHEN

Der Ursprung Bei der ersten Erwähnung im babylonischen Tierkreis wurden die Fische die »Konstellation der Schwänze« genannt; die beiden Fische wurden in Verbindung mit den Gottheiten Anunitum und Simmah gesehen, die die Flüsse Tigris- bzw. Euphrat symbolisieren

Herrschender Planet Neptun (vormals Jupiter)

Positivität/Geschlecht Negativ, feminin

Element Wasser

Qualität Veränderlich

Körperregion Füße

Blumen Seerose, Blumen, die in Fische-Farben blühen

Bäume Weide, Feige, Bäume, die am Wasser wachsen

Kräuter und Gewürze Saccharin, Zichorie, Linde, Moos

Nahrungsmittel Gurken, Kürbisse, Salat, Melone

Tiere Säugetiere, die Wasser lieben; Fische

Länder Portugal, Skandinavien, kleine Mittelmeerinseln, die Wüste Gobi, die Sahara

Städte Jerusalem, Warschau, Sevilla, Alexandria, Santiago de Compostela

DIE PLANETEN UND SIE

Die Verbindungen, die die Astrologen zwischen Planeten und menschlichen Eigenschaften vornehmen – Venus und Liebe, Mars und Energie usw. –, sind über 2000 Jahre alt. Dies betrifft hauptsächlich die westliche Kultur, wenngleich es manchmal auch universelle Ähnlichkeiten gibt. In der alten Chinesischen Astrologie wird beispielsweise Mars mit dem Feuer und Saturn mit der Erde in Zusammenhang gebracht. Die Astrologen beschäftigten sich früher nur mit den fünf Planeten, die man mit unbewaffnetem Auge sehen kann. Die Idee der Astrologie ist unermesslich alt – aber erst mit den intelligenten Überlegungen der Griechen ab dem Ende des 5. Jahrhunderts v. Chr. kam es zu einer rationalen und wissenschaftlichen Astrologie. Durch die Entdeckung der drei »modernen« Planeten Uranus, Neptun und Pluto (siehe S. 21) wurden neue Einflüsse deutlich. Jüngst wurde Chiron entdeckt, halb Asteroid, halb Komet (zur Deutung siehe S. 80–81).

DIE SONNE

SCHLÜSSELWORTE: Selbstausdruck, Vitalität

So gut wie jede uns bekannte Zivilisation hat ihren eigenen Sonnengott. Der bekannteste Sonnengott der westlichen Kultur war vielleicht Apollo, der Sohn des Zeus. Die Ursprünge dieser Gottesfigur liegen in Asien, sie gelangte über Griechenland nach Europa. Apollo spiegelt nicht nur die Helligkeit und Reinheit der Sonne wider, sondern ist auch der perfekte Mensch, der in Gemälden und in Statuen in nackter und unschuldiger Jugend dargestellt wird.

In der Astrologie hängt die Sonne - die eigentlich eher ein Stern denn ein Planet ist - mit dem Zeichen Löwe zusammen, sie steht für Großherzigkeit, Zuneigung, Edelmut, Kreativität und einfach für Freude. Allerdings kann bei ihr Selbstachtung auch zu Dünkelhaftigkeit werden.

DER MOND

SCHLÜSSELWORTE: Reaktionen, Instinkt, Intuition, Veränderungen, Emotionen

Die Mythen, die mit dem Mond (der über das Zeichen Krebs herrscht) in Verbindung gebracht werden, lassen auf eine feminine und schöne Figur schließen, oftmals aber auch auf eine grausame Verführerin. Als Circe hat sie Odysseus betört, als Hekate überschüttete sie ihre Günstlinge mit Reichtümern, als Selene ritt sie mit ihrer Kutsche über den nächtlichen Himmel.

Der Mond hängt mit den Emotionen sowie mit dem Verdauungssystem zusammen, weiterhin mit dem Gebären von Kindern (Letzteres auch in Mythen). Vielleicht noch wichtiger ist seine Verbindung zum natürlichen, instinktiven Verhalten. Der Mond kann den Menschen geduldig, fantasievoll und mitfühlend machen, aber auch unbeständig, engstirnig und unzuverlässig.

MERKUR

SCHLÜSSELWORTE: Verstand, Kommunikation – in mentaler wie physischer Hinsicht

Merkur ist der direkte Nachkomme Hermes, des Botschafters des Zeus bzw. des Gottes der Reisenden. Merkur ersann die Leier und war ein exzellenter Sportler. Er wird für gewöhnlich so abgebildet, als rüste er sich gerade für eine sportliche Betätigung, nur mit Sandalen mit Flügeln und mit seinem Helm bekleidet. Seine Charakteristiken sind auch für die Zwillinge typisch, das Zeichen, über das er herrscht: Er ist intellektuell und beweglich, verfügt über einen raschen und wachen Verstand und diskutiert und redet gerne. Er regt den Intellekt an, er kann aber den Menschen streitsüchtig machen und zu viel Kritik und Spannungen führen, alles typisch für die Jungfrau, mit der Merkur ebenfalls verbunden ist.

VENUS

SCHLÜSSELWORTE: Harmonie, Einklang, Liebe

Venus, die legendäre Schönheit, erbte die Eigenschaften der Aphrodite und wurde damit zur Gottheit der Liebe – bezüglich der Sexualität, der Familie und der Ideale. In den Kellern ihrer Tempel befanden sich Gemächer, in denen sich ihre Anhänger der Liebe hingeben konnten. In der Astrologie symbolisiert dieser Planet, der mit dem Stier und der Waage in Verbindung steht, alle Arten von Beziehungen, die feminine Seite der Persönlichkeit sowie Kunst und Mode. Die Venus fördert Freundlichkeit, Aufgeschlossenheit, Takt und gute Umgangsformen – bei Spannungen aber kann sie zu Unentschlossenheit, Abhängigkeit von anderen und zu einer übermäßig romantischen Haltung führen.

MARS

SCHLÜSSELWORTE: Physische Energie, Initiative

Dieser Planet steht mit dem griechischen Gott Ares in Verbindung, der Pech in der Liebe hatte. Man kennt ihn aber eher als Gott des Krieges, dem die römischen Soldaten, bevor sie in die Schlacht zogen, Opfer brachten. Von kräftiger Gestalt, wird Mars in voller Rüstung gezeigt, auch dann, wenn er zu einem Liebesabenteuer schreitet.

Astrologisch besteht ein Zusammenhang zum Widder: Mars symbolisiert die männliche Seite des Menschen, er steht für das Muskelsystem, für Aggression und für die Sexualität. Er kann den Menschen zielstrebig und energisch machen, aber auch zu einem überstürzten Handeln führen.

JUPITER

SCHLÜSSELWORTE: Expansion – intellektuell wie physisch

Jupiter schützte die Stadt Rom. Er segnete die Krieger, wenn sie in die Schlacht zogen, und grüßte sie, wenn sie wieder zurückkehrten. Er hatte die Macht, zu strafen wie zu belohnen, und er ließ oft seine Blitze niederfahren.

Astrologisch mit dem Schützen verbunden (einstmals auch mit den Fischen), hängt Jupiter mit dem Lernen, der Philosophie und den Sprachen zusammen. Sein Einfluss begünstigt Optimismus, Loyalität und Gerechtigkeit, kann den Menschen im Gegenzug aber auch allzu zuversichtlich, extravagant, maßlos und eingebildet machen.

SATURN

SCHLÜSSELWORTE: Stabilität, Beschränkung, Kontrolle

Saturn war wie Mars zunächst ein Gott der Landwirtschaft. In Rom herrschte er über die Saturnalien, ein hohes und fröhliches öffentliches Fest. Die Christen übernahmen es, benannten es allerdings in »Weihnachten« um. Astrologisch herrschte Saturn früher über den Steinbock und den Wassermann, jetzt nur noch über den Ersteren. In früheren Zeiten markierte Saturn die Grenze des bekannten Sonnensystems – weshalb er auch für Begrenzung steht, weiterhin für Hartnäckigkeit und Ausdauer. Er kann den Menschen praktisch und vorsichtig, aber auch selbstsüchtig, engstirnig und vielleicht sogar grausam machen.

URANUS

SCHLÜSSELWORTE: Veränderungen, Brüche, Erschütterungen

Uranus wurde aus der Erde geboren und vermählte sich dann mit ihr. Aus dieser inzestuösen Beziehung gingen alle Lebewesen hervor. Saturn führte die Rebellion gegen ihn an und kastrierte ihn. Aus Uranus' abgetrennten Genitalien ging Aphrodite (später Venus genannt) hervor. Dieser wenig erbauliche Mythos gab einem Planeten seinen Namen, der mit dem Wassermann und mit sexuellen Exzessen und nervlichen Zusammenbrüchen verbunden wird. Auch Science-Fiction und die Raumfahrt hängen mit ihm zusammen. Im Idealfall bedeutet er Originalität, Beweglichkeit und Unabhängigkeit, schlimmstenfalls Exzentrizität.

NEPTUN

SCHLÜSSELWORTE: Nebel, Unwirklichkeit

Neptun erbte seine Herrschaft über die Meere vom griechischen Meeresgott Poseidon, er herrscht auch über alle Seen und Flüsse. Wasserpferde zogen seine Kutsche. Neptun wurde, als er um die wunderschöne Demeter freite und diese zur Stute geworden war, seinerseits zu einem Hengst. Der Planet, der seinen Namen trägt, steht in Verbindung mit dem Zeichen Fische (das wasserhafteste von allen Wasserzeichen) und mit der Kunst, speziell der Poesie und dem Tanz. Er kann Idealismus, Fantasie und Sensibilität fördern, gleichermaßen aber auch Gedankenlosigkeit, Unentschlossenheit und Betrügereien.

PLUTO

SCHLÜSSELWORTE: Eliminierung, abrupte Veränderungen

Pluto, ein weiterer Gott der Landwirtschaft, herrschte über die Unterwelt; niemals hörte man, dass einem Wesen die Flucht aus seinem Reich des Todes gelungen wäre. Häufig trug er einen Helm, der ihn unsichtbar machte und mitverantwortlich für seine Macht war. Der Planet, der seinen Namen trägt, herrscht über das Zeichen Skorpion, was vielleicht der Grund dafür ist, dass man ihm auch die Regentschaft über die Genitalien und die menschliche Fortpflanzung zuschreibt. Gleichermaßen hängt er mit dem Unbewussten (den verdrängten Emotionen) zusammen. Er ermutigt den Menschen, Hindernisse zu bewältigen, macht ihn aber auch verschlagen, überkritisch, geheimniskrämerisch oder grausam.

CHIRON

Die wenigen Gelegenheiten, bei denen ein neuer Planet astrologisch anerkannt wird – wie erst kürzlich im Falle von Chiron –, sind ausgesprochen aufregend. Es gibt viele verschiedene Ansichten darüber, was die astrologische Wirkung dieses Planeten anbelangt. Auf den folgenden zwei Seiten lesen Sie, was wir und andere Forscher herausgefunden haben. Wir hoffen, dass sich Ihnen dadurch eine Grundlage für Ihre eigenen Erkenntnisse bietet. Nähere Informationen zu Chirons Wirkung finden Sie auch auf den Seiten 414–420.

ASTRONOMISCHE DEFINITION

Chiron ist halb Asteroid, halb Komet. In der Astronomie wird er als Komet 95P/Chiron Kleinplanet 2060 geführt. Er wurde am 1. November 1977 von Charles Kowal am Mount-Palomar-Observatorium in Kalifornien entdeckt. Die Umlaufzeit beträgt 50,7 Jahre, die Eigenrotation knapp 6 Stunden. Chiron hat einen Durchmesser zwischen 148 und 208 km.

Charles Kowal entschied, den Planeten nach dem mythologischen Chiron zu benennen, weil auch dieser zwei Seiten hatte: Er war ein Kentaur – halb Mensch, halb Pferd.

ASTROLOGISCHE DEFINITION

SCHLÜSSELWORTE: Verwegenheit, Tapferkeit, Genesung

Wenn ein neuer Planet entdeckt wird, bedarf es jahrzehntelanger ausführlicher Forschungen, um das entsprechende Wissen zur astrologischen Deutung zu erwerben und einzusetzen. Die eine Hälfte der Astrologen konzentriert sich auf die Ereignisse in der Welt und das allgemeine Verhalten der Menschen zum Zeitpunkt der Entdeckung des Planeten. Die andere Hälfte dagegen untersucht mythologische Aspekte. Schließlich gelangen beide Gruppen zu Übereinstimmungen. Was Chiron anbelangt, so ist der Vorgang gegenwärtig noch im Werden.

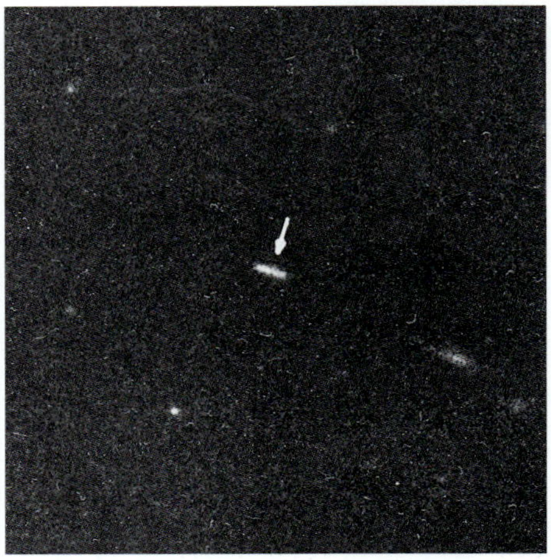

Chiron am Himmel

Chiron, halb Koment, halb Asteroid, hat eine stark elliptische Umlaufbahn, die die Bahnen anderer Planeten kreuzt.

Der hoch angesehene britische Astrologe Dennis Elwell stellte fest, dass die Menschen zum Zeitpunkt der Entdeckung Chirons Ende der 70er-Jahre des 20. Jahrhunderts außerordentlich großen Wert auf persönliche Weiterentwicklung legten.

Der mythologische Chiron

Die zwei unterschiedlichen Seiten von Chiron kommen in der griechischen Mythologie wunderschön zum Ausdruck. Er war ein hoch angesehener Lehrmeister in verschiedenen Disziplinen: Musik, Medizin, Jagd und Weissagung. Chiron brachte den Helden bei, verwegen und tapfer zu sein, nach dem Motto: »Wer wagt, gewinnt«. Doch er hatte auch massive Probleme: Der Mythos berichtet von einer Schlacht zwischen den Kentauren und ihren Nachbarn, dem griechischen Stamm der Lapithen. Die Kentauren wurden aus Thessalien auf den Peloponnes vertrieben, und Chiron war der einzige Überlebende. Im Kampf wurde er von einem vergifteten Pfeil des Herakles getroffen. Er erlitt schreckliche Schmerzen und wollte lieber sterben, als die Qualen noch länger zu erdulden. Doch das war nicht möglich, weil er unsterblich war. Schließlich nahm ihn Zeus in den Himmel auf, in das Sternbild Centaurus.

Für diejenigen Astrologen, die sich an der Mythologie orientieren, ist Chiron der Prototyp des »verwundeten Heilers« – nicht einfach im rein physischen Sinne, sondern auch in Bezug auf Zeichen- und Hausplatzierung. Dabei handelt es sich um eine außerordentlich sinnvolle Herangehensweise, denn durch Chiron lernen wir gewissermaßen unsere eigenen Wunden zu heilen, unabhängig davon, ob es sich um psychologische Verletzungen aufgrund unsensibler Eltern oder Autoritätsfiguren oder um Emotionen handelt, die uns davon abhalten, aktiv zu werden und im Leben voranzukommen.

Chiron und die anderen Planeten

Wenn man das Verhältnis Chirons zu den anderen Planeten genauer betrachtet, ergibt sich noch eine weitere Vielzahl interessanter Fakten. Chirons Umlaufbahn ist stark elliptisch und kreuzt die Bahnen anderer Planeten, nämlich diejenigen von Saturn und Uranus, woraus sich eine starke Verbindung zu diesen beiden Planeten ergibt. Deren Einfluss auf Chiron ist vergleichbar dem Einfluss Jupiters auf den nördlichen Mondknoten und Saturns auf den südlichen.

Was Chiron bewirkt

Chiron versetzt uns in die glückliche Lage, tapfer, stark, wagemutig und außerordentlich durchsetzungsfähig zu sein, denn er vermittelt uns das Wissen, wie wir mit unseren Wunden zurechtkommen bzw. sie heilen können. Dabei können wir uns auf die Lehren anderer beziehen oder eigene astrologische Studien betreiben und Erfahrungen machen.

Die Zeichenherrschaft Chirons wurde in den letzten Jahren ausführlich diskutiert. Die meisten Astrologen befürworten die Jungfrau wegen ihres Bezugs zum Thema Heilung, so auch wir. Der Astrologe und Chiron-Spezialist Zane B. Stein bevorzugt dagegen die Waage. Unserer Meinung nach wird sich wohl die Jungfrau durchsetzen, wenngleich auch der Wassermann in Betracht kommt – durch die astronomische Beziehung Chirons zu Saturn und Uranus. Saturn (der Planet der Einschränkung) galt bis zur Entdeckung von Uranus (der für das Bedürfnis nach Freiheit steht) als Herrscher des Wassermanns, jetzt ist es Uranus.

Eigene Erfahrungen sammeln!
Sobald Sie Transite berechnen können, denken Sie an acht bis zehn wichtige Ereignisse oder Veränderungen in Ihrem Leben. Wie haben Sie sich da gefühlt? Glücklich? Traurig? Aufgeregt? Ängstlich? In Ordnung? Usw. Sehen Sie in der Chiron-Ephemeride (S. 481) nach. War Chiron da aktiv? Machen Sie das auch mit anderen Horoskopen. So gelangen Sie zu eigenen Daten und können eigene Schlüsse über den Einfluss dieses Newcomers ziehen.

Chiron, der Lehrer
Das Wandgemälde zeigt, wie Chiron dem jungen Achill beibringt, die Lyra zu spielen. Der griechischen Mythologie zufolge machte ihm der weise Kentaur Mut und lehrte ihn zu jagen, zu reiten und sich selbst und andere zu heilen.

CHIRONS UMLAUF UM DIE SONNE

Die Darstellung links zeigt Chirons exzentrische Reise durch die 12 Tierkreiszeichen. Die Zeiten in jedem Zeichen variieren beträchtlich: So bleibt er z. B. 8 Jahre im Widder, 7 in den Fischen und 6 im Stier, in der Waage nur noch 15–18 Monate. Insgesamt sind es ca. 50 Jahre einmal um die Sonne herum durch alle Zeichen. Chirons Umlaufbahn um die Sonne – sie reicht von der Uranus-Bahn bis innerhalb der Saturn-Bahn – in Beziehung zu den Bahnen der anderen Planeten sehen Sie rechts.

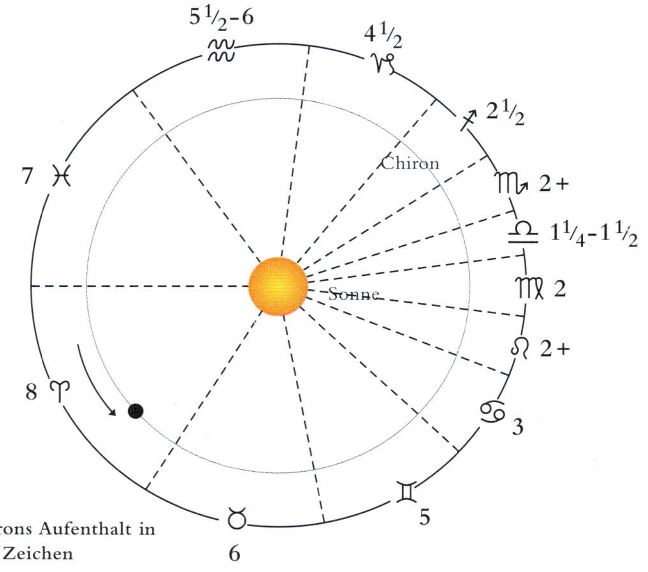

Chirons Aufenthalt in den Zeichen

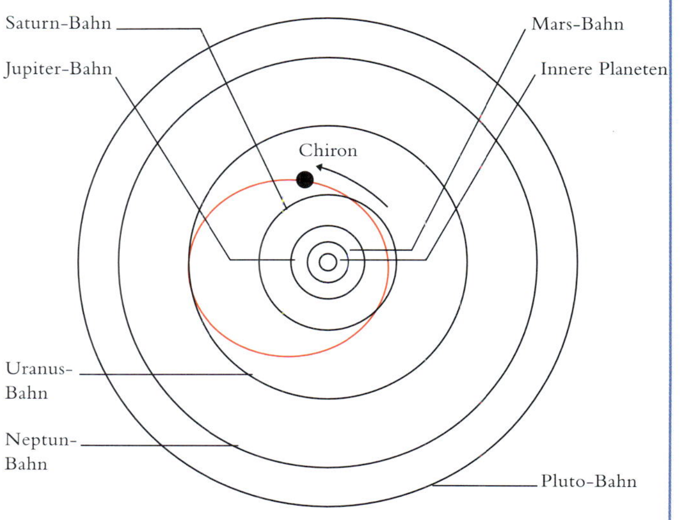

Chirons Umlaufbahn um die Sonne

DER ASZENDENT UND DIE HIMMELSMITTE

Wenn es auch heute Computerprogramme gibt, die fertige Horoskopausdrucke ermöglichen, ziehen es doch fast alle professionellen Astrologen vor, das Horoskop selbst zu erstellen oder zumindest zu zeichnen. Auf diese Weise entfaltet sich das Bild der zu beratenden Person besser – in gewisser Weise ist es eine Porträtskizze, aus der allmählich, wenn die Striche aufs Papier geworfen werden, charakteristische Merkmale hervortreten. Die Interpretation beginnt mit den ersten Linien, die man einzeichnet: mit dem Aszendenten und der Himmelsmitte. Diese sind entscheidende Punkte, die die Interpretation des ganzen Horoskops beeinflussen.

DER ASZENDENT

Der Aszendent – der Tierkreisgrad, der zum Zeitpunkt der Geburt am östlichen Horizont aufsteigt – ist der Ausgangspunkt der astrologischen Horoskopinterpretation. Er zeigt die Basis der Persönlichkeit und die individuelle Anpassung an die Umgebung. Seine Wirkung ist mit der Morgendämmerung verglichen worden – im zunehmenden Licht wird allmählich die komplexe menschliche Landschaft erkennbar. So wie der Geburtstag (oder die »solare Wiederkehr«, wie Astrologen zu sagen pflegen) das individuelle Neujahr symbolisiert, steht der Aszendent für den Start an dem damaligen Tag. Auf ihn sowie auf den bzw. die Planeten, die zu dieser Zeit aufgingen, müssen wir unsere Interpretation aufbauen.

Das Wesen unserer Freunde enthüllen

Der Aszendent zeigt, wie wir wirklich sind. Wenn Sie an Ihren ersten Horoskopen arbeiten (welche am besten von Personen stammen, die Sie gut kennen), könnte es eine gute Idee sein, mit jemandem über die vom Aszendenten her zu erwartenden Persönlichkeitsmerkmale zu sprechen, der die betreffende Person nur flüchtig kennt. Vielleicht widerspricht Ihnen dieser und hat ein ganz anderes Bild von Ihrem gemeinsamen Bekannten – die Züge, die vom Aszendenten angezeigt sind, machen sich erst bemerkbar, wenn man die Person gut kennt. Ein paar Experimente in dieser Hinsicht lassen den Unterschied zwischen Sonnen- und Aszendentenzeichen schnell klar werden.

Wenn Sie das Horoskop von jemandem erstellen, der eher eine flüchtige Bekanntschaft denn ein enger Freund ist, werden Sie sehen, dass die äußerliche Haltung und das Persönlichkeitsbild fast immer eindeutig durch das Sonnenzeichen zum Ausdruck kommen. Das hängt damit zusammen, dass in unserer Zeit fast jeder weiß, wie das Wesen des Stiers oder der Zwillinge beschaffen ist.

Deutliche Charakterzüge

Einige Astrologen sind der Auffassung, dass es die Aszendentenmerkmale sind, die ins Auge fallen. Die Frau mit der Sonne im Löwen und dem Schützeaszendenten aber wird, um ein Beispiel zu nennen, wahrscheinlich eher in ihrem schicksten Wintermantel in den Supermarkt gehen (das Löwe-Bild), als zu einem formellen Anlass in sehr legerer Kleidung zu erscheinen (Schütze-Motive und Persönlichkeitszüge). Handelte es sich dagegen um eine Schützesonne und einen Löweaszendenten, würde die Person einen eher legeren Eindruck machen; die Freunde aber wüssten, dass sie trotz ihres Sinns für Humor dickköpfig und autoritär sein kann (Löweaszendent).

Veränderungen durch Progressionen

Wenn das Aszendentenzeichen sich durch die Progression verändert, wird der oder die Betreffende einige Persönlichkeitszüge des neues Zeichens aufnehmen, welche dann die des ursprünglichen Aszendenten subtil ergänzen. Derjenige z. B., der mit einem Zwillingsaszendenten geboren ist, könnte fürsorglicher, intuitiver und emotionaler werden, wenn der progressive Aszendent in den Krebs kommt. Wenn man ihn hierzu fragen würde, bekäme man vielleicht zur Antwort, dass er jetzt über manches anders denkt und nun möglicherweise auch zum ersten Mal seinen Instinkten traut. Die Skepsis und Abneigung des Zwillings, was emotionale Reaktionen betrifft, schwindet damit, während Intuition und Einsichten zunehmen. Die Zwillings-Neugier wird jetzt mit einem »wissenden« Element bereichert, das der Betreffende kaum erklären kann.

Die Wichtigkeit des Aszendenten

Die erste Regel ist, das Aszendentenzeichen bei der Interpretation immer gebührend zu würdigen. Wenn sich von anderer Stelle des Horoskops aus ähnliche oder auch ergänzende Züge ergeben, handelt es sich um ein wirklich bedeutungsvolles Merkmal. Ohne den Aszendenten – wenn die Geburtszeit nicht bekannt ist – ist die Astrologie beschränkt; ein fundamentales Glied ihrer Struktur fehlt dann.

DIE HIMMELSMITTE (MC)

Die Himmelsmitte oder auch das Medium Coeli (MC) markiert den Tierkreisgrad, der zum Zeitpunkt und am Ort der Geburt auf der Ekliptik am höchsten steht.

Um die Himmelsmitte wirklich zu verstehen, muss man etwas über die Art, wie die Astrologen den Raum aufteilen, wissen. Es gibt hier mehrere Systeme (siehe S. 82). Welches System man auch benutzt – das MC zeigt an, womit sich der Betreffende im Leben identifiziert. Die Merkmale des Zeichens am MC bedeuten ihm viel; er nimmt sie wahr, schätzt sie und bemüht sich, sie auch selbst zum Ausdruck zu bringen, bewusst oder unbewusst. Dabei sind sie nicht

notwendigerweise Bestandteil seines Wesens: Ein Waage-MC z. B. prägt den Menschen nicht auf Waageart, sondern führt dazu, dass sich die Person mit Eigenschaften identifiziert, die für die Waage wichtig sind.

Progressionen oder Transite

Außerordentlich häufig ist das MC durch Transite oder Progressionen aktiviert, wenn sich als Folge von äußeren Einflüssen Veränderungen ergeben. Wenn wir die Entscheidung treffen, eine neue Stelle zu suchen und uns zu bewerben, handelt es sich um eine psychologische Motivation, die vom Aszendenten ausgeht.

DAS IMUM COELI (IC)

Das Imum Coeli oder IC markiert den Himmelspunkt, der zum Zeitpunkt unserer Geburt am tiefsten stand (anders ausgedrückt: Von der Stelle aus gesehen, die unserem Geburtsort auf der Erdkugel genau gegenüberliegt, ist es der Himmelspunkt, der zur betreffenden Zeit an der Ekliptik am höchsten stand). Es symbolisiert unsere Wurzeln und hängt eng mit den Themen zusammen, über die das 4. Haus regiert.

DER DESZENDENT

Der Tierkreisgrad, der am westlichen Horizont im Augenblick der Geburt untergeht. Immer die Spitze des 7. Hauses, des Hauses der Partnerschaften. Der Deszendent und das IC werden von manchen Astrologen nicht eingetragen.

WECHSEL IM HOROSKOP

Wenn wir und das Geburtshoroskop älter werden, wechseln Aszendent und MC irgendwann das Zeichen. Vorausgesetzt, die Geburtszeit stimmt (eine Differenz von vier Minuten macht für das Progressionshoroskop einen Unterschied von zwölf Monaten aus), werden sich die Jahre, in denen Aszendent und MC die Zeichen wechseln, als Schlüsselphasen des Lebens erweisen.

Änderungen der Persönlichkeit

Persönliche Weiterentwicklung und eine Veränderung der emotionalen Haltung sind zu erwarten, wenn der Aszendent in das nächste Zeichen wechselt. Beim MC ist hier mit äußerlichen Umschwüngen, vielleicht in Verbindung mit der Karriere, zu rechnen.

DIE HÄUSER

Es gibt viele Häusersysteme – willkürliche Arten, den die Erde umgebenden Raum aufzuteilen. Die verbreitetste wurde von Placidus im Jahr 1688 entwickelt, es basiert auf der Zeit, die die Tierkreisgrade für den Aufstieg vom Aszendenten zum MC brauchen. Dieses System wird aber nutzlos, wenn es um Geburten in hohen nördlichen Breiten geht – man kann mit ihm dort keinen Aszendenten ermitteln. Andere Systeme stammen von Regiomontanus, Campanus und Koch; das älteste und einfachste System aber ist das der Äqualen Häuser, das wir auch in diesem Buch benutzen.

Jedes Haus steht für einen bestimmten Bereich des menschlichen Lebens. Indem wir die Häuser untersuchen, können wir ermitteln, wie uns der Lauf der Planeten im Alltag beeinflussen wird. Grob gesagt:

◆ Die Planeten symbolisieren unsere Antriebskräfte.
◆ Die Zeichen stellen dar, wie und wofür wir diese Antriebskräfte einsetzen.
◆ Die Häuser zeigen, in welchen Lebensbereichen diese Antriebskräfte und Aktivitäten zum Ausdruck kommen.

Personalisierte Planeten

Bei den Häusern geht es noch um eine andere Bedeutung. Wenn ein Planet eine personalisierte Bedeutung hat (siehe S. 96), ist damit ein zusätzlicher psychologischer Effekt gegeben.

Der Mensch mit einer Jungfrausonne und einem Waagemerkur im 5. Haus zeichnet sich vielleicht durch eine große Schönheitsliebe aus (Waage), durch die Fähigkeit, seine Hände kreativ einzusetzen (Merkur in der Waage), und durch schöpferisches Potenzial. Weil außerdem Merkur über die Jungfrau herrscht, ist der psychische Drang, die Kreativität tatsächlich zum Ausdruck zu bringen, sehr stark.

Diese Art von »Personalisierung« ist nicht unüblich. Der angehende Astrologe darf nicht den Fehler machen, das Sonnenzeichen, den Planeten und die Häuser für sich allein als Hinweise auf Antriebskräfte und Lebensbereiche zu nehmen

Einige Häuser sind von besonderer Wichtigkeit, einige Planeten, die sich darin befinden, stärker als andere. Große Aufmerksamkeit ist dem 1., 4., 6., 7., 10. und 12. Haus zu widmen und demjenigen, das das MC beherbergt. In der Praxis aber muss sich der Astrologe natürlich mit dem Haus auseinander setzen, das mit einem bestimmten Problem zusammenhängt.

Für gewöhnlich sind diverse Häuser des Horoskops leer, ohne Planeten. Die Lebensbereiche, für die sie stehen, haben aber trotzdem ihre Bedeutung; es gilt hier, die Zeichen an den Spitzen der Häuser mitsamt den Planeten, die darüber herrschen, zu untersuchen. Auf diese Weise können wir erkennen, wie die betreffende Person auf die Dinge reagiert, die mit diesem Haus einhergehen.

Wofür die Häuser stehen

Eine überlieferte Regel zu den Häusern besagt, dass die ersten sechs eine eher persönliche Bedeutung tragen, während die anderen mehr mit äußerlichen Angelegenheiten und den Mitmenschen zu tun haben. So ist z. B. das 1. Haus das persönlichste von allen, während das 7. – sein polares Gegenstück, im Horoskop genau entgegengesetzt – die Einstellung zum Partner symbolisiert. Das 2. Haus steht für Besitztümer, während das 8. mit investierten und geerbten Mitteln zusammenhängt. Das 4. Haus steht in Verbindung mit dem Zuhause, das 10. mit Angelegenheiten, die sich außerhalb des Zuhauses auswirken, z. B. mit dem Beruf und den Ambitionen.

1 DAS 1. HAUS

Das Haus von Mars und Widder

SCHLÜSSELWORTE:
Psychische Motivation, Wohlbefinden

Das wichtigste Haus, weil es das aufsteigende Zeichen bzw. den Aszendenten umfasst. Durch dieses Haus macht sich die Persönlichkeit bemerkbar. Näheres zu Gesundheit und Wohlbefinden, Einstellung und Temperament ist an ihm abzulesen, auch körperliche Merkmale. Ein Planet im 1. Haus und besonders in einem Abstand von nicht mehr als zehn Grad zum Aszendenten hat einen machtvollen Einfluss auf die Persönlichkeit; er prägt den Aszendenten wie alle Eigenschaften, die mit dem 1. Haus einhergehen, auf markante Weise. Ein solcher Planet färbt auch die Erscheinungsweise und die Verhaltensmuster – die Persona in ihrer Gesamtheit.

Wenn Planeten im Transit oder in der Progression ins 1. Haus kommen, geht damit eine machtvolle Betonung aller persönlichen Angelegenheiten einher, besonders in gesundheitlicher, körperlicher und psychischer Hinsicht. Der Mond kann in der Progression von einem neuen Unterzyklus künden.

Der Saturntransit zeigt vielleicht den Beginn einer Phase an, in der die Vitalität eher gering ist. Geschehnisse, die den Menschen auf der persönlichen Ebene berühren, stehen nun im Brennpunkt. Der Geborene muss angehalten werden, aus den Transiten durch dieses Haus Nutzen zu ziehen.

2 DAS 2. HAUS

Das Haus der Venus und des Stiers

SCHLÜSSELWORTE:
Besitztümer, Gefühle

Die Einstellung zu Sicherheit, Besitztümern und Partnern hängt mit dem 2. Haus zusammen (das Thema Liebe aber ist die Domäne des 5. Hauses). Wenn Sie das 2. Haus studieren, finden Sie vielleicht Hinweise dazu, wie der oder die Betreffende mit dem Partner auskommt. Besteht die Tendenz, den Partner oder das Kind als eine Art Besitz zu sehen? Schauen Sie zur Beantwortung dieser Frage auf das Zeichen an der Spitze des 2. Hauses und gegebenenfalls auf den oder die Planeten darin. Vergegenwärtigen Sie sich, dass Liebe und Geld eng zusammenhängen (siehe Venus, S. 211). Gleichermaßen besteht ein enger Zusammenhang zwischen der emotionalen und der finanziellen Sicherheit.

Es gilt zu erkennen, dass die emotionalen Bedürfnisse nicht den finanziellen oder materiellen untergeordnet werden dürfen –

machen Sie sich und ggfs. Ihrem Gegenüber klar, dass die einen die anderen komplettieren; nur zu oft ist es nämlich so, dass das eine Bedürfnis so lange unbefriedigt bleibt, bis das andere erfüllt ist. Dies ist besonders im Hinblick auf die planetarischen Progressionen und Transite von einigem Interesse.

Sollte Ihr Gegenüber zu viel Gewicht zugelegt haben, spiegelt das vielleicht einen emotionalen Mangel wider. Zeigt sich der Mensch dagegen allzu großzügig, könnte das als Versuch interpretiert werden, sich Liebe, Freundschaft und Zuneigung zu kaufen.

3 DAS 3. HAUS

Das Haus Merkurs und der Zwillinge

SCHLÜSSELWORTE: Brüder, Schwestern, Transport, Umgebung, die frühe Bildung

Dieses Haus hängt mit den engen Verwandten (aber nicht den Eltern oder den Kindern) zusammen, mit Brüdern und Schwestern, Onkeln, Tanten und Cousins und Cousinen. Es spiegelt auch die Einstellung zur Schule wider und symbolisiert die kommunikativen Fähigkeiten und kurze Reisen. Wenn der Betreffende sich ein neues Auto kaufen möchte, sollten Sie auf das 3. Haus seines Horoskops schauen. Auch die geistige Einstellung fällt unter dieses Haus. Es lohnt auch die Mühe, dieses Haus vom Blickpunkt der persönlichen Umgebung aus zu betrachten – ob wir in der Stadt oder auf dem Land leben und wie wir mit Lärm, Menschenmengen oder der Isolierung zurechtkommen, hängt alles mit ihm zusammen. Die Sprache – das wichtigste Kommunikationsmittel überhaupt – ist ebenfalls Gegenstand des 3. Hauses. Wenn Planeten im Transit oder in der Progression in dieses Haus kommen, ergibt sich oftmals ein Meinungswechsel mit neuen Ansichten. Hat man bislang, als junger Mensch, in der Schule nur schlechte Erfahrungen gemacht, könnte sich das nun ändern, auch deshalb, weil man jetzt eine andere Einstellung zeigt. Ist man in der einen oder anderen Weise in eine Sackgasse geraten, könnte man nun durch einen positiven Einfluss des 3. Hauses in eine bessere Position kommen, in der Fortschritte und eine mentale Neuorientierung möglich sind. Probleme mit den Verwandten könnten ebenfalls auf dieses Haus zurückzuführen sein, gleichfalls die Verbindung zu jungen Menschen (die Freunde Ihrer Kinder sind ebenfalls zum 3. Haus zu zählen).

4 DAS 4. HAUS

Das Haus des Mondes und des Krebses

SCHLÜSSELWORTE: Das Zuhause, das häusliche Leben, Eltern (besonders die Mutter)

Hier gelangen wir zum wichtigen Bereich des häuslichen und familiären Hintergrundes und zu der Rolle der Eltern (welche zum Teil auch vom 10. Haus angezeigt ist). Am 4. Haus ist abzulesen, wie Menschen ihre Eltern sehen. Man muss bei Aussagen zu diesem Thema sehr vorsichtig sein – ohne die Horoskope der Eltern kann man natürlich nicht zu ihrem astrologischen Hintergrund Stellung nehmen. Wenn wir im Auftrag von Eltern das Horoskop eines Kindes untersuchen (in welchem Fall Sie immer die Geburtsdaten der Eltern notieren sollten), könnte Ihnen das Studium des 4. Hauses Aufschlüsse geben, wie dieses Mutter und Vater sieht. Aber auch hier gilt: Um das familiäre Bild in seiner Gesamtheit zu erfassen, müssen Sie die Horoskope der verschiedenen Generationen studieren.

Häuser und Land sind ebenfalls Themen des 4. Hauses. Ergibt sich ein Transit oder eine Progression zu diesem Haus, dürfte das häusliche Leben in den Vordergrund rücken. Sie sollten sich ggfs. bei Ihrem Gegenüber erkundigen, ob sich Veränderungen abzeichnen, ob sie unausweichlich erscheinen oder ersehnt werden.

Eine starke Betonung des 4. Hauses im Geburts- oder im Progressionshoroskop könnte auch heißen, dass sich der Betreffende intensiv mit der Vergangenheit beschäftigt. Dann müsste man ihn dazu anhalten, mehr in die Zukunft zu schauen.

5 DAS 5. HAUS

Das Haus der Sonne und des Löwen

SCHLÜSSELWORTE: Kreativität, Vergnügen, Kinder, Liebesaffären, Risiken, der Vater

Das Haus der Kreativität. Kreativität hängt nicht nur mit Kunst zusammen, sie kann sich auch bei solchen praktischen Fertigkeiten wie dem Kochen oder dem Autowaschen zeigen. Unterschätzen Sie also das kreative Potenzial nicht, besonders dann, wenn das Horoskop ansonsten vielleicht eher auf mathematische oder wissenschaftliche Begabungen schließen lässt: Auch diese beiden Gebiete können mit einer lebhaften Kreativität gewürzt sein. Einer der vielleicht wichtigsten Aspekte der Kreativität hängt mit der Elternschaft zusammen – die Beziehung der Eltern zu ihren Kindern, mehr noch als die Beziehung der Kinder zu ihren Eltern, welche vom 4. Haus regiert wird. Hinweise zur Fortpflanzungsfähigkeit sind ebenfalls am 5. Haus abzulesen. Dieses lebhafte, positive Haus steht auch in Verbindung mit Vergnügungen, Spekulationen und der Art, wie wir instinktiv Zuneigung ausdrücken.

Es ist auch die Domäne der Liebe. Kommt es zu einer neuen Liebschaft, dürfte das 5. Haus betont sein (für die Frage nach den tieferen Gefühlen oder der Dauerhaftigkeit müssen wir allerdings auf das 7. Haus blicken). Die Gefahr bei diesem Haus liegt in einem übermäßigen Optimismus oder einer närrischen Tollkühnheit. Solche Tendenzen können sowohl vom Progressions- als auch vom Geburtshoroskop angezeigt sein. Zögern Sie nicht, Ihr Gegenüber zu warnen, wenn Sie eine Neigung zur Spekulation wahrnehmen, ob nun durch Transite oder Progressionen oder auch durch das Geburtshoroskop. Eine potenzielle Risikoneigung ist leicht vom Zeichen an der Spitze dieses Hauses oder von Planeten in ihm (z. B. Mars oder Jupiter) herzuleiten.

6 DAS 6. HAUS

Das Haus Merkurs und der Jungfrau

SCHLÜSSELWORTE: Gesundheit, Ernährung, Sport, Hobbys, Routinetätigkeiten

Dieses Haus steht in Verbindung mit der Gesundheit, der Ernährung und Sport; insofern hat es einen enormen Einfluss auf unser Wohlbefinden. Im Gegensatz zum 1. Haus wirkt es sich aber weniger physisch aus; an ihm ist abzulesen, wie wir unseren Körper behandeln. Es hängt auch mit unserer täglichen Beschäftigung zusammen, mit dem, was wir jeden Tag zu tun haben, ob im Beruf, bei der Hausarbeit oder beim Erziehen der Kinder. Es lässt erkennen, ob wir hier diszipliniert und systematisch vorgehen oder ob wir vielleicht ein Sklave der Routine oder ein Opfer von Desorganisation sind.

Der astrologischen Überlieferung nach herrscht dieses Haus auch über Untergebene. Heutzutage sagt man, dass weiterhin diejenigen, die uns helfen, darunter fallen: der Klempner, der Elektriker, der Maler. Transite und Progressionen rücken all diese Themen in den Blickpunkt. Sich in guter Form zu halten ist wichtig; das 6. Haus lässt auch erkennen, wann es besonders ratsam sein könnte, mit einer neuen körperlichen Aktivität zu beginnen oder die Ernährung umzustellen.

7 DAS 7. HAUS

Das Haus der Venus und der Waage

SCHLÜSSELWORTE: Partnerschaft, Beziehungen

Es stehen hier nicht nur die emotionalen Beziehungen im Blickpunkt, sondern auch die Einstellung zu Kollegen und Freunden ganz allgemein. Planeten im 7. Haus beeinflussen diese stark, besonders bei einem Abstand von nicht mehr als zehn Grad zur Spitze des Hauses – mit anderen Worten: bei der Opposition zum Aszendenten (siehe S. 54). Es ist wichtig, auf den Zusammenhang zwischen 5. Haus (Liebesaffären) und 7. Haus (Partnerschaft) hinzuweisen. Das 7. Haus ist das der Verpflichtungen; es symbolisiert die Bedürfnisse bei den Beziehungen und lässt erkennen, was man am nötigsten vom Partner braucht. An ihm ist abzulesen, was für einen Partner man sucht und wie es – wegen der Verbindung mit der Waage – in der Beziehung um Harmonie, Ausgewogenheit und Fairness bestellt ist, welche Bedürfnisse der Mensch hier hat oder wie unabhängig oder selbstbezogen er ist.

Es ist dieses Haus, das nähere Auskünfte über die Zusammenarbeit mit einem angehenden Partner oder einem persönlichen Assistenten geben kann, allerdings nur in Bezug auf das persönliche Verständnis und Miteinander. Verbindungen sind eines der Hauptmerkmale dieses Hauses, was auch deutlich wird, wenn Sie das Kapitel über Beziehungen lesen (S. 210–229). Seien Sie wachsam, wenn sich eine Progression oder ein Transit zum 7. Haus ergibt – damit stehen fraglos die Beziehungen auf die eine oder andere Weise im Blickpunkt. Wenn Ihr Gegenüber keine feste Beziehung hat, grundsätzlich aber mit seinem Los als Alleinstehender zufrieden ist, könnte es sich jetzt zeigen, dass eine Art Ersatzpartner, ein Tier oder ein Hobby sehr viel Aufmerksamkeit genießt.

8 DAS 8. HAUS

Das Haus Plutos und des Skorpions

SCHLÜSSELWORTE: Sexualität, Erbschaften, Investitionen

Das 2. Haus stellt das Geld dar, das man durch individuelle Anstrengungen verdient; das 8. Haus hängt mit Erbschaften, Versicherungen und Stiftungen zusammen. Es ist aber auch das Haus der Selbstfindung mit Hinweisen auf die persönliche Einstellung zum Sterben und dem Leben nach dem Tode. »Tod« kann als Veränderung interpretiert werden, auch die Wiedergeburt fällt unter dieses Haus: der Neubeginn, zu dem es kommt, wenn der Betreffende seine Komplexe nach einer Psychotherapie oder nach einer intensiven Phase der Selbstanalyse abgelegt hat.

Sexuelle Instinkte und Bedürfnisse sind ebenfalls mit diesem Haus verbunden, der Tradition nach auch Kriminalität, Forschen und Aufspüren. In Verbindung mit ihm muss Pluto sowie das 8. Zeichen des Tierkreises, der Skorpion, untersucht werden – vergessen Sie aber nicht, dass das Plutozeichen einen »Generationseinfluss« darstellt. Von der eher praktischen Seite aus sollte man auf dieses Haus schauen, wenn man

Die traditionelle Astrologie
Ein astrologisches Rad, das die Planeten, Zeichen und Häuser zeigt, die sich um die Erde drehen. Es handelt sich um das Titelblatt einer astrologischen Schrift von Georg von Purbach aus dem Jahr 1515.

eine Investition tätigen oder eine Versicherung abschließen will. Was die Sexualität betrifft, geht es nicht um die vergnüglichen Aspekte des geschlechtlichen Zusammenseins, sondern um die tiefsten sexuellen Bedürfnisse. Man kann erkennen, ob diese Befriedigung finden werden. Transite und Progressionen zu Planeten im 8. Haus richten sich auf Themen, die eine große Bedeutung für den betreffenden Menschen haben. Als Ergebnis davon ergibt sich vielleicht, dass man seine Haltung zu einem Problem ändert. Bei günstigen Transiten wäre zu einer therapeutischen Behandlung oder zur Konsultation eines Fachmanns zu raten.

9 DAS 9. HAUS

Das Haus Jupiters und des Schützen

SCHLÜSSELWORTE: Höhere Bildung, weite Reisen, Ideale, Träume, Herausforderungen

Das 9. Haus symbolisiert die höhere Bildung und die Fähigkeit, zu kommunizieren und den Geist auszuweiten, es weist auf unsere Ideale und unsere Lebensphilosophie sowie auf unsere Meinung zu spirituellen Fragen hin. Weite Reisen sind ebenfalls ein Thema des 9. Hauses, außerdem das Gesetz, das Verlagswesen, die Literatur, Kommunikation über weite Entfernungen hinweg und die Medien, die mit fremden Ländern zu tun haben. Inspiration, sprachliche Fähigkeiten und Träume stehen hier im Blickpunkt, auch der Moralkodex und das Bewusstsein. Man sollte dieses Haus gründlich untersuchen, um Aufschlüsse zu einer (Aus-)Bildung zu gewinnen, nachdem die Schule abgeschlossen ist.

Das 9. Haus kann Hinweise geben, wenn es für eine junge Person um die Frage nach einer weiten Reise geht (allerdings muss auch gefragt werden, ob es sich vielleicht um eine Flucht aufgrund von psychischen Problemen handelt). Wenn die Einflüsse des 9. Hauses im Geburtshoroskop positiv sind, lässt das auf einen Menschen schließen, der fernab der Heimat leben möchte, der im Tourismusbereich oder im Handel arbeitet oder als Lehrer tätig ist, häufig an der Universität. Fairness und die Fähigkeit zum Studieren sind ebenfalls mehr oder weniger diesem Haus zuzuordnen.

10 DAS 10. HAUS

Das Haus Saturns und des Steinbocks

SCHLÜSSELWORTE: Ziele und Bestrebungen

Anmerkung: Bei vielen Häusersystemen entspricht die Spitze des 10. Hauses dem MC. Beim Äqualen Häusersystem (das wir in diesem Buch benutzen) verhält es sich aber anders.

Das Haus der Hoffnungen und der weltlichen Fortschritte. Es steht auch für Autorität – wie wir gegenüber Vorgesetzten eingestellt sind und wie wir selbst Autorität zum Ausdruck bringen. Hier liegt der Akzent auch auf dem gesellschaftlichen Status, auf der Familie, der Tradition, dem Pflichtgefühl und all dem, was außerhalb des Zuhauses stattfindet. Wie der Betreffende mit seiner Verantwortung und Macht umgeht, ist an ihm abzulesen. Wenn ein persönlicher Planet im 10. Haus steht, hat der Mensch zumeist das Bedürfnis, emotional Anteil an seiner beruflichen Tätigkeit zu nehmen.

Die moderne Astrologie ist alles andere als fatalistisch; allerdings steht dieses Haus tatsächlich oft im Brennpunkt, wenn das »Schicksal« – was immer der Betreffende darunter versteht – sich bemerkbar macht. Manchmal ist dann die vermeintlich schwere neue Bürde ein Ausdruck gesteigerten Ansehens. Bei beruflichen Veränderungen ist ebenfalls auf das 10. Haus zu schauen.

11 DAS 11. HAUS

Das Haus von Uranus und Wassermann

SCHLÜSSELWORTE: Soziales Leben, Ziele, gesellschaftliches Bewusstsein, Freunde

Hier handelt es sich um das Haus der Freunde und des gesellschaftlichen Lebens. Die Ziele im Leben, die nichts mit dem Beruf zu tun haben, gehören zum 11. Haus. Die Untersuchung dieses Hauses erhellt, wie viel Energie die Person für gute Zwecke einzusetzen gewillt ist, ob sie vom Wunsch, Gutes zu tun, getrieben wird oder von selbstbezogenen Motiven. Blicken Sie auf dieses Haus, wenn es darum geht, ob der Mensch in einem Komitee mitarbeiten kann oder eine wichtige Position übernehmen soll. Transite oder Progressionen zu Planeten in diesem Haus können mit derartigen Themen zu tun haben. Das 11. Haus ist nicht besonders machtvoll, es fügt aber den persönlichen Beziehungen zu anderen eine besondere Note zu. Wenn der Wassermann oder Uranus eine personalisierte Bedeutung trägt, dürfen wir es nicht unterschätzen!

12 DAS 12. HAUS

Das Haus Neptuns und der Fische

SCHLÜSSELWORTE: Abgeschiedenheit, Eskapismus, Glauben, Institutionen

Das Haus der Isolation und Fluchttendenzen. Der Überlieferung nach hängt es mit Krankenhäusern und Gefängnissen zusammen, es steht aber auch noch für andere Themen. Oft gibt es Hinweise auf das Unbewusste und auf die Wurzeln von psychischen Problemen.

Während das 8. Haus die Mittel darstellt, mit denen wir mit diesen Schwierigkeiten zurechtkommen können, lässt das 12. Haus deren grundsätzliches Wesen erkennen, besonders, wenn ein Planet in ihm dicht am Aszendenten steht. Dann sind die Belange des betreffenden Planeten unterdrückt und müssen wieder zugänglich gemacht werden.

Transite durch das 12. Haus oder Progressionen zu Planeten im 12. Haus können einen einschränkenden Effekt haben; im Idealfall aber ermutigen sie dazu, sich Gedanken zu wichtigen Themen zu machen. Manchmal künden sie von einer konstruktiven Arbeit hinter den Kulissen oder von Aktivitäten für wohltätige Zwecke. Opferbereitschaft wird ebenfalls zu diesem Haus gezählt.

Es hat oft positive Folgen, wegen einer Stärkung des Charakters und der Erkenntnis, dass psychische Probleme lösbar sind.

FINSTERNISSE UND KOMETEN

Für die Menschen früherer Zeiten waren Finsternisse und Kometen als unvorhergesehene Phänomene außerhalb der Reihe böse Vorzeichen und kündeten von Tod und Unglück, Krieg und Pest. Auch heute, da wir die Hintergründe für ihr Entstehen kennen, sind sie nicht minder beeindruckend und geheimnisvoll. Astrologen forschen intensiv darüber und halten zahlreiche Interpretationen bereit. Zur Deutung von Finsternissen siehe S. 422–423.

FINSTERNISSE (EKLIPSEN)

Zu einer Sonnenfinsternis kommt es immer dann, wenn sich der Mond zwischen Erde und Sonne schiebt. Eine Mondfinsternis dagegen tritt immer dann auf, wenn sich die Erde zwischen Sonne und Mond befindet (siehe Abbildung unten). Jeweils zwei Wochen vor oder nach einer Sonnenfinsternis lässt sich mindestens eine Mondfinsternis beobachten.

Totale Sonnenfinsternis
Hier befindet sich der Mond exakt vor der Sonne und nimmt ihr von der Erde aus gesehen außerordentlich viel Licht.

Astronomische Definition

Finsternisse gehören jeweils bestimmten »Familien« an, den so genannten Saroszyklen. Diese wurden bereits im 6. Jahrhundert v. Chr. von den Babyloniern entdeckt. Am Anfang eines Zyklus steht eine partielle Finsternis (teilweise Bedeckung), bis es nach Jahren zu einer totalen Finsternis kommt; dann nimmt der Grad der Bedeckung nach und nach wieder ab, und ein neuer Zyklus beginnt. Ein kompletter Saroszyklus dauert außerordentlich lange. Beispielsweise wird der Zyklus Nr. 16, der im Jahr 1617 begann, bis 2951 dauern. Ein weiteres Beispiel ist die Sonnenfinsternis vom 11. Juli 1991, die sich am 22. Juli 2009 wiederholen wird. Augenblicklich sind 42 Saroszyklen aktiv. Eine Hälfte der Saroszyklen bewegt sich vom Süd- zum Nordpol, die andere vom Nord- zum Südpol. Jedes Jahr gibt es zwei Finsternis-Jahreszeiten: eine, wenn sich die Sonne am nördlichen Mondknoten befindet, und die andere, wenn sie sich am südlichen befindet (zu den Mondknoten siehe S. 300–303).

Astrologische Definition

Eine Mondfinsternis gibt es nur bei Vollmond. Dann sind die üblichen Vollmondspannungen wie vermehrte Verkehrsunfälle und übermäßiger Stress wird noch verstärkt. Allgemein gesagt, macht die menschliche Spezies in Vollmondphasen eine schwierige Zeit durch. Hier steht Ihnen ein außerordentlich faszinierendes Forschungsgebiet offen. Vergleichen Sie Ihre Reaktionen und die Ihrer Familie bei Vollmond und bei einer Mondfinsternis. Was geht bei Letzterer in der Welt vor sich? Vielleicht können Sie ja auch eine Mondfinsternis beobachten. Diese dauert ungefähr 100 Minuten.

Eine Sonnenfinsternis ist ein unvergessliches Erlebnis. Für bis zu sieben Minuten wird der Tag zur Nacht. Vögel fliegen zu ihrem Nest. Die Straßenlaternen gehen an. Die Luft ist kühl. Die ganze Atmosphäre ist geheimnisvoll und still. Zur Beobachtung einer Sonnenfinsternis – auch wenn es sich nur um eine partielle handelt bzw. der Himmel bewölkt ist – benötigen Sie eine spezielle Brille, um Ihre Augen zu schützen.

Die althergebrachte Vorstellung, dass es sich bei einer Finsternis um ein schlechtes Vorzeichen handelt, hat sich bis in unsere Tage gehalten. Und tatsächlich geschehen um den Zeitpunkt einer Eklipse häufiger als sonst dramatische oder gar verheerende Ereignisse. Eine plausible astrologische Theorie diesbezüglich besagt, dass die Dinge gemäß den Aspekten geschehen, die andere Planeten zur Finsternis bilden, und gemäß dem Wesen dieser Planeten.

Nicht lange nach der Sonnenfinsternis vom 19. Mai 1985 kam es zu mehreren Flugzeugabstürzen. Interessant zu sehen: Uranus, der Planet plötzlicher Ereignisse, den man auch mit der Luftfahrt in Verbindung bringt, befand sich zu diesem Zeitpunkt im Schützen in Opposition zu Mars in den Zwillingen, beides Reise-Zeichen. Auch dies ist ein überaus weites, lohnenswertes Forschungsgebiet.

Bernadette Brady, die renommierte australische Astrologin, hat Finsternisse

SONNEN- UND MONDFINSTERNISSE

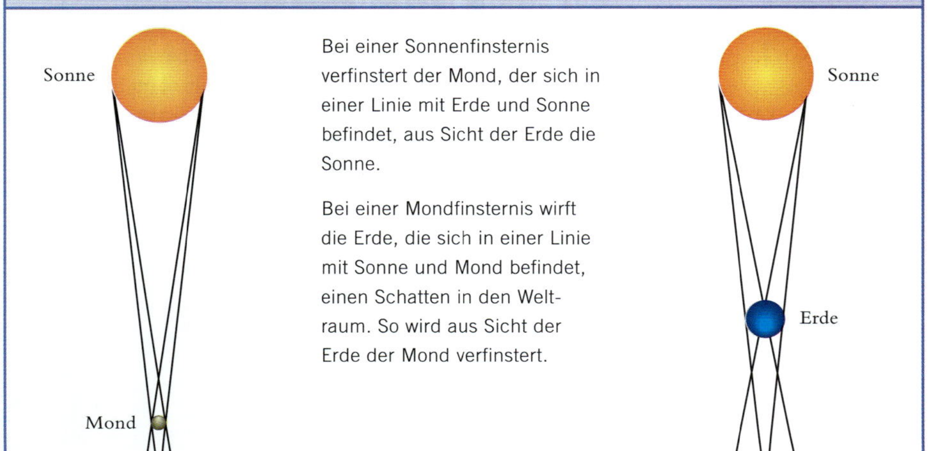

Bei einer Sonnenfinsternis verfinstert der Mond, der sich in einer Linie mit Erde und Sonne befindet, aus Sicht der Erde die Sonne.

Bei einer Mondfinsternis wirft die Erde, die sich in einer Linie mit Sonne und Mond befindet, einen Schatten in den Weltraum. So wird aus Sicht der Erde der Mond verfinstert.

und Saroszyklen auf das Intensivste untersucht. Sie gelangte zu dem Ergebnis, dass jeder Saroszyklus eigene Qualitäten besitzt. Man muss demnach das Wesen eines Zyklus untersuchen, wenn man eine zu diesem gehörige Finsternis deuten will. Es gibt offensichtlich »gute« und »schlechte«Zyklen. Ganz ähnlich sieht das im Übrigen auch die amerikanische Astrologin Rose Lineman, die aufgrund des Tierkreisgrades, auf dem ein bestimmter Zyklus begann, dessen grundlegenden »Charakter« erfasste.

Wir haben uns dagegen entschieden, in dieses Buch Ephemeride der Eklipsen mit aufzunehmen. Diese können Sie in diversen Jahres- oder Mondkalendern finden.

KOMETEN

Astronomische Definition

Mit einem Kopf wie eine Kugel und einem beeindruckenden Schweif ist ein Komet eine vorübergehende Erscheinung. Einzig der Kern eines Kometen ist von Dauer. Hier entstehen die Gase und der Staub, die bei der Annäherung des Kometen an die Sonne freigesetzt werden und den Schweif bilden. Ein Schweif kann eine Länge von 100000 bis 1 Milliarde Kilometern erreichen, wohingegen der Kern kaum mehr als 10 Kilometer Durchmesser hat.

Mitte der 80er-Jahre des vergangenen Jahrhunderts – man hatte bereits vergleichsweise viele Informationen über Kometen gesammelt – zeigten Nahaufnahmen des Halley-Kometen seine Zusammensetzung aus einem riesigen Eis-Konglomerat. Einfach gesagt: Der Kern ist ein schmutziger Schneeball. Die Kernoberfläche zeigte eine den Vulkanen auf der Erde vergleichbare Aktivität, mit Strahlen in Richtung Sonne, bestehend aus ungefähr 80 Prozent Wasserdampf und Kohlenmonoxid mit geringen Mengen Methan und Ammoniak. Es existieren zwei Arten von Schweifen: gasförmige Schweife, die in den meisten Fällen gerade sind, sowie Schweife aus Staub, die in vielen Fällen gebogen sind, weil die Staubteilchen langsamer aus dem Kern hinausbefördert werden. Bei vielen Kometen findet man beide Arten von Schweifen. Diese weisen immer von der Sonne weg, weil die winzigen Partikel, die aus dem Kern ausgestoßen werden, von den Sonnenwinden erfasst werden.

Ein Komet am Himmel
Der helle Kopf und der gerade, gasförmige Schweif sind deutlich erkennbar.

Im Jahr 1682 konnte der englische Astronom Edmund Halley einen Kometen beobachten und war glücklicherweise in der Lage, dessen Bahn zu berechnen. Diese war identisch mit der eines Kometen, der 1531 und dann wieder im Jahr 1607 aufgetaucht war. Halley nahm an, dass es sich um ein und denselben Kometen handelte, und sagte dessen Wiederkehr korrekt für 1759 voraus. Der Halley-Komet erschien erneut in den Jahren 1835, 1910 und zuletzt 1986; doch in letzterem war sein Erscheinen aufgrund der atmosphärischen Gegebenheiten weit weniger spektakulär.

Die berühmtesten Darstellungen von Kometen in der Geschichte des Abendlandes beziehen sich auf den Halley-Kometen: Er findet sich auf dem so genannten Bayeux-Wandteppich, nachdem er 1066 erschienen war, zu der Zeit, als Wilhelm der Eroberer in der Schlacht von Hastings König Harold besiegte und selbst König wurde – ein wichtiger Wendepunkt in der Geschichte Englands.

Im Jahr 1997 wurde die öffentliche Aufmerksamkeit erneut auf einen Kometen gelenkt: auf den im Jahr 1995 von den zwei Amateur-Astronomen Alan Hale und Thomas Bopp unabhängig voneinander in den USA entdeckten Hale-Bopp mit seinem ebenso unvergesslichen wie dramatischen Auftritt. Dieser Komet erschien erstmals im Jahr 2000 v.Chr. – und wird erst 4387 wieder zu sehen sein...

Astrologische Definition

Das Erscheinen eines Kometen am Himmel löste für gewöhnlich Angst aus, weil man ihn als Künder erschütternder Ereignisse sah. Stimmt das aus astrologischer Sicht tatsächlich? Das Auftauchen des Halley-Kometen 1066 fiel wie erwähnt mit der Schlacht von Hastings zusammen. Sagte sein Erscheinen 1910 den Ersten Weltkrieg voraus? Mag sein, auch wenn diese weltweite Katastrophe erst vier Jahre später begann. Und all die anderen Male? Gab es dramatische Ereignisse? Stellen Sie doch einfach eigene Untersuchungen an. Wir für unseren Teil sind allerdings eher skeptisch.

Trotzdem: Denken Sie zurück an den Hale-Bopp 1997. Der Tod von Prinzessin Diana bei einem Autounfall in Paris erschütterte die Welt. Zufall? Vielleicht, vielleicht auch nicht ...

Der Bayeux-Wandteppich
Das Erscheinen des Halley-Kometen 1066 wurde mit der Niederlage des englischen Königs in Verbindung gebracht und auf dem Bayeux-Wandteppich verewigt.

FIXSTERNE

Die Fixsterne – im Unterschied zu den Planeten – gehören wahrscheinlich zu den ältesten Themen der Astrologie. Schon seit frühesten Zeiten haben die Menschen den Einfluss der Fixsterne gedeutet.

Der große Astronom und Astrologe Ptolemäus (ca. 100–173 n. Chr.) verfasste einen Katalog, in dem er beeindruckend viele Fixsterne mitsamt ihrem Einfluss auf das Leben der Menschen auflistete. Sein Werk stellt den Höhepunkt des in den vorangehenden Jahrhunderten erworbenen Wissens dar und ist glücklicherweise bis in die Gegenwart erhalten geblieben. Sein astrologisches Buch *Tetrabiblos* ist auch in deutscher Übersetzung erhältlich. Sein astronomisches Buch *Almagest* wurde von späteren Astrologen für die Arbeit mit Fixsternen verwendet.

Interessanterweise haben sich bei der modernen Erforschung der Fixsterne in erster Linie Astrologen der südlichen Halbkugel hervorgetan. Weil der Sternenhimmel in diesen Breitengraden derart dramatisch und schön ist, war wohl die Frage nach ihrer Bedeutung in den letzten 70 Jahren eine Quelle der Inspiration für Forscher.

1923 veröffentlichte Vivian Robson eine überaus wichtige Arbeit zum Thema Fixsterne. Die Altmeisterin der australischen Astrologie und Kosmobiologie, Doris Greaves, erweiterte sie später. Es folgte Gillian Helfgott, die ihrerseits Bernadette Brady inspirierte. Deren umfangreiche Studien fanden in dem Buch *Brady's Book of Fixed Stars* ihren Niederschlag.

Fixsterne im Kontext

An dieser Stelle sollte der Astrologie-Lernende sein Konzept überdenken. Für die Vielzahl der Astrologen ist die Disziplin eine rein symbolische. Demnach sind unsere Seelen so stark von den Tierkreismythen durchdrungen, dass wir eins mit diesen symbolischen Bildern sind. Andererseits gibt es Astrologen, die, wissend, dass wir Teil eines vergleichsweise winzigen Sonnensystems sind, meinen, dass der astrologische Effekt irgendwie physisch sein muss – dass uns ein der Schwerkraft vergleichbarer Zug (jedoch nicht die Schwerkraft) an unser winziges Sonnensystem bindet.

Die Position der Fixsterne
Hier ist die natürliche Position der Fixsterne in den Sternbildern zu sehen. Der Innenkreis zeigt die Position jedes Sterns im Tierkreis.

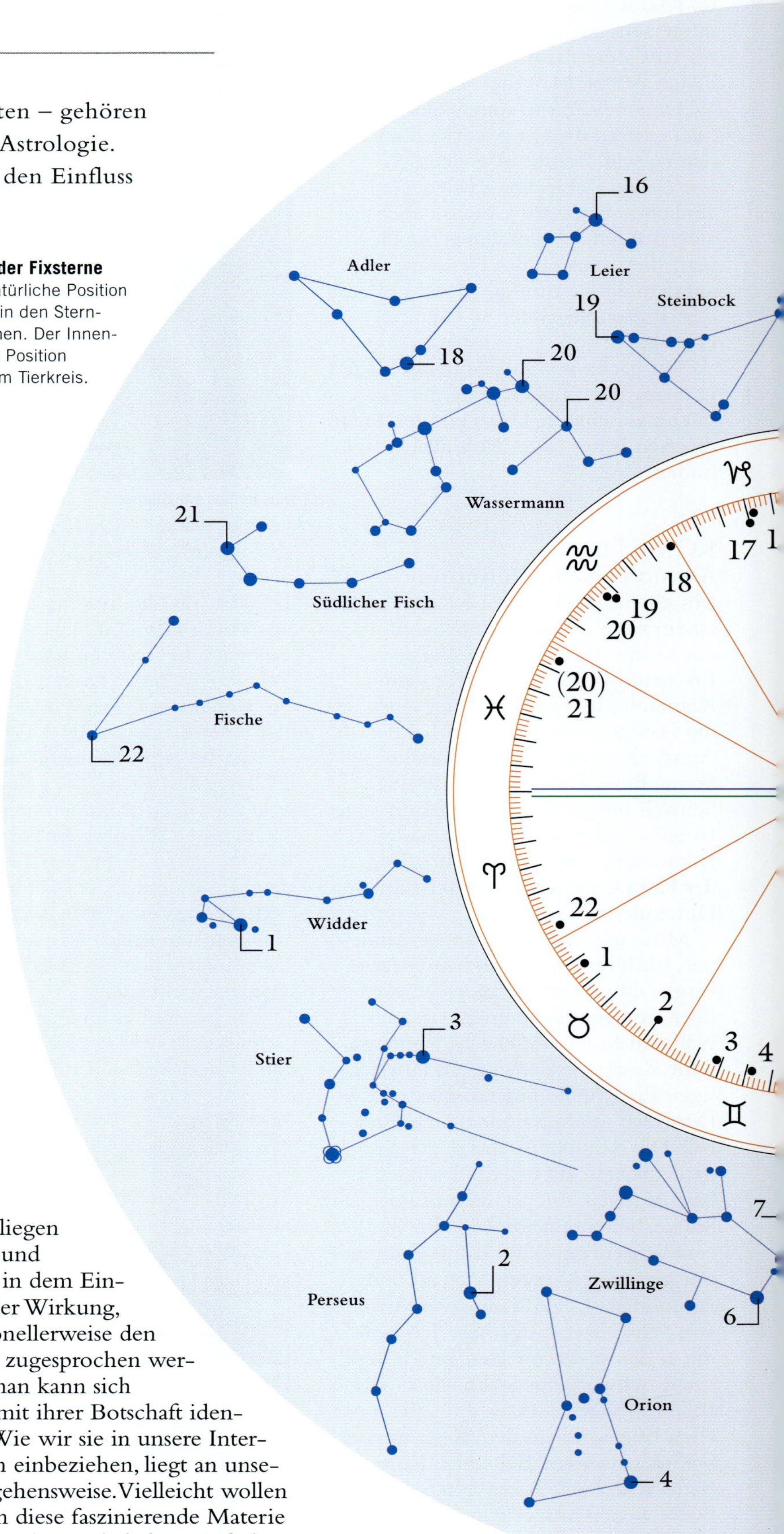

Sicherlich liegen Schönheit und Scharfsinn in dem Einfluss und der Wirkung, die traditionellerweise den Fixsternen zugesprochen werden, und man kann sich unschwer mit ihrer Botschaft identifizieren. Wie wir sie in unsere Interpretationen einbeziehen, liegt an unserer Herangehensweise. Vielleicht wollen Sie tiefer in diese faszinierende Materie einsteigen. Oder Sie behalten einfach deren Einfluss im Hinterkopf, wenn Sie ein Horoskop interpretieren. Oder Sie

Nördliche und südliche Hemisphäre
Je nach nächtlicher Stunde und Jahreszeit verändert sich der Himmel. Grundlegend kann man die nördliche von der südlichen Hemisphäre unterscheiden.

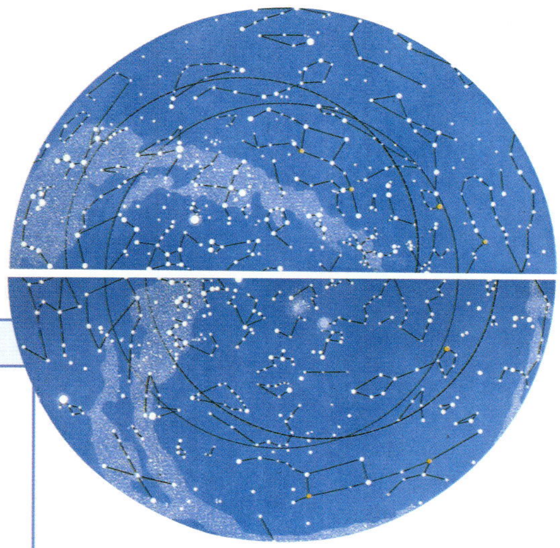

SCHLÜSSEL

1	Hamel	12	Spica
2	Algol	13	Zuben Elgenubi
3	Aldebaran	14	Zuben Eschamali
4	Rigel	15	Antares
5	Sirius	16	Wega
6	Kastor	17	Rukbat
7	Pollux	18	Altair
8	Acubens	19	Deneb Algedi
9	Regulus	20	Sadalsuud & Sadalmelek
10	Zosma	21	Formalhaut
11	Denebola	22	Alrischa

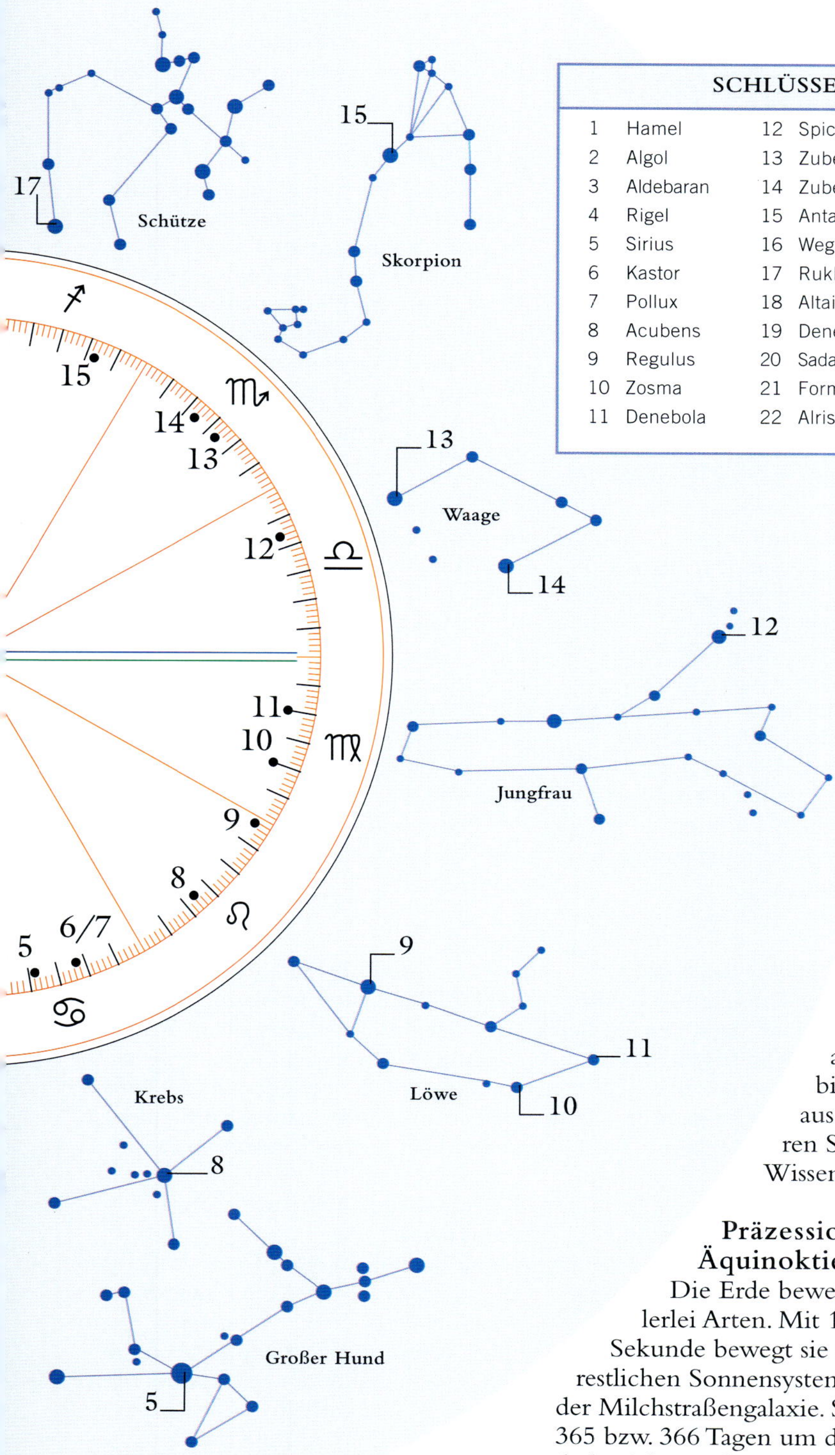

können gar nichts damit anfangen. Probieren Sie es aus. Aber ignorieren Sie dieses alte Wissen nicht.

Präzession der Äquinoktien

Die Erde bewegt sich auf vielerlei Arten. Mit 16 km pro Sekunde bewegt sie sich mit dem restlichen Sonnensystem innerhalb der Milchstraßengalaxie. Sie kreist in 365 bzw. 366 Tagen um die Sonne und dreht sich um die eigene Achse in 23 Stunden, 56 Minuten und 0,4 Sekunden. Die vierte Bewegung entsteht aufgrund der in Bezug zu ihrer Größe relativ hohen Geschwindigkeit, mit der sie sich um die eigene Achse dreht, was zu einer Art Kreiseln führt. Dies bewirkt die so genannte Präzession der Äquinoktien. Der Pol der Erde bewegt sich im Verlauf von fast 26 000 Jahren (= das Große Jahr) einmal rückwärts durch den ganzen Tierkreis.

Wenn Sie also in einem Sternbild einen bestimmten Stern ausmachen und das Ganze in die Sprache der Astrologie übersetzen, dann befindet sich der Stern, astrologisch gesehen, nicht in dem Sternbild, in dem er am Himmel zu sehen ist, sondern in dem nachfolgenden Tierkreiszeichen. So gehört beispielsweise der Stern Hamal im Sternbild Widder astrologisch gesehen zum Stier. Als die Astrologie entstand, waren Tierkreiszeichen und Sternbilder noch identisch. Aufgrund der Präzession ist das jetzt nicht mehr der Fall. In der westlichen Astrologie benutzen wir den so genannten tropischen Tierkreis und beziehen uns mit ihm auf Bereiche, die nach den Sternbildern benannt sind, nicht jedoch auf die Sternbilder selbst.

Jetzt zeigt der Nordpol fast genau auf den Polarstern, doch in der Zukunft wird dies ein anderer Stern sein. Skeptiker werfen immer wieder ein, dass sich ein Planet nicht »wirklich« dort befinde, wo es Astrologen behaupten, sondern in einem anderen Sternbild. Sie nehmen nicht zur Kenntnis, dass wir nicht mit Sternbildern arbeiten, sondern mit Tierkreiszeichen, die nach diesen benannt sind. Daher haben wir im Folgenden sowohl die Platzierung eines Sterns in seinem Sternbild wie auch die jeweilige Position im tropischen Tierkreis aufgeführt.

FIXSTERNE INS GEBURTSHOROSKOP EINTRAGEN

Tragen Sie die hier genannten Fixsterne in Ihr Geburtshoroskop ein – sie befinden sich auch bei anderen innerhalb eines längeren Zeitraums geborenen Menschen an derselben Stelle im Tierkreis (tatsächlich bewegen sich die Fixsterne ungefähr ein Grad alle 70 Jahre durch den Tierkreis weiter). Aus diesem Grund müssen wir unterscheiden. Wir können die Kontakte der Fixsterne zu Uranus, Neptun, Pluto oder Chiron unberücksichtigt lassen. Wir konzentrieren uns ausschließlich auf die den Alten bekannten sieben Planeten. In der Übersicht auf S. 93 ist die Deklination jedes Sterns aufgelistet. Das ist der Winkelabstand in Grad und Minuten nördlich oder südlich des Himmelsäquators. Wenn der Stern denselben Breitengrad wie der Geburtsort aufweist, zog der Stern zu jenem Zeitpunkt genau über diesen Ort.

Den Auf- und Untergang der Fixsterne berechnen

Um herauszufinden, ob ein Stern vom Geburtsort aus gesehen auf- oder untergeht, müssen Sie die Breite des Ortes von 90° abziehen, z.B. bei London mit 51° 31' N (nördliche Breite) = 52° gerundet: 90°–52° = 38°.

Sterne mit der Deklination 38° S (südlich) können in London nicht gesehen werden. Sterne nördlich der Deklination 38° N kann man nicht untergehen sehen. Sterne zwischen den Deklinationen 38° N und 38° S kann man in London auf- und untergehen sehen. Das ist eine Daumenregel, aber eine recht genaue, abhängig natürlich von der Höhe der Beobachterposition über dem Meeresspiegel und vom Wetter. (Wir danken Bernadette Brady für die Berechnung.)

Aufgehende, untergehende oder kulminierende Fixsterne sind außerordentlich wichtig im zu interpretierenden Horoskop, ebenso die Frage der Orben. Einige Astrologen schlagen ein Grad vor. Nach Bernadette Brady sollten wir nur ein halbes Grad zulassen, also etwa 30 Bogenminuten. Dieser Meinung schließen wir uns an. Wenn Sie einen Planeten oder einen Eckpunkt (Aszendent, Deszendent, Medium Coeli oder Imum Coeli) innerhalb eines Orbis von 30 Minuten von einem der genannten Kulminationsgrade haben, so handelt es sich um einen bedeutenden Einfluss. Jeder Fixstern in engem Aspekt (Konjunktion, Opposition, Quadrat oder Trigon) zu einem Geburtsplaneten sollte beachtet werden, wobei die Konjunktion am stärksten ist. Wenn ein progressiver Planet oder Eckpunkt einen Aspekt mit einem Fixstern bildet, wird er sicherlich zu spüren sein.

DEUTUNG EINIGER AUSGEWÄHLTER FIXSTERNE

Hamel

Ein früher als »Übeltäter« angesehener Stern am Widderkopf. Positive Attribute sind Unabhängigkeit und das Bedürfnis, machtvoll zu handeln, ganz im Sinne der Charakteristika des Widder.

Algol

Antiken Autoren zufolge der »übelste« Stern am Firmament. Forscher haben in jüngerer Zeit herausgefunden, dass der Stern den Wunsch nach Rache entfacht und daher beherrscht werden muss. Geburtsplaneten verleiht er eine sehr starke sexuelle Energie – positiv genutzt ist das ganz wunderbar. Der negative Ausdruck verursacht dagegen Grausamkeit und Wut.

Aldebaran

Dieser Stern gleicht in vieler Hinsicht Mars. Er steht für Erfolg, doch um Ziele zu erreichen, könnte der oder die Betreffende die eigene moralische Integrität überschreiten, wofür er/sie teuer zu bezahlen hat. Man muss aufrichtig und unkompliziert sein.

Rigel

Das Potenzial für schnellen Erfolg ist gegeben, doch das Erreichte zu bewahren ist schwierig. Der Stern verleiht den Wunsch und die Fähigkeit zu lehren. Probleme gibt es womöglich, wenn man anderer Meinung ist als Menschen, die unkonventioneller denken.

Sirius

Er ist einer der hellsten Sterne überhaupt. Unter seinem überaus positiven Einfluss kann man alle Erwartungen übertreffen. Vorsicht nur vor physischem oder mentalem Burn-out.

Castor und Pollux

Die Zwillingsbrüder des Zwillinge-Zeichens verstärken die Prinzipien des Planeten Merkur, der diesem Zeichen zugeordnet wird. Kastor unterstützt die kreative Energie, Pollux hingegen steht für den Schmerz, der mit Kreativität einhergeht. Die beiden Sterne finden sich häufig in den Horoskopen von Schriftstellern.

Acubens

Kein sehr heller Stern. Er unterstützt Geburtshelfer ebenso wie Sterbebegleiter oder Bestattungsunternehmer und verfügt über dieselben umhegenden Eigenschaften wie sein Sternbild, der Krebs.

Regulus

Die Alten sprachen diesem Stern die Qualitäten von Mars und Jupiter zu. Je nach Verbindungen zu anderen Horoskopfaktoren verleiht er Ehrgeiz und Erfolg. Er feuert auch zu Rache an, und wenn dies geschieht, kann man in Ungnade fallen, weil er einer der »Königssterne« ist.

Zosma

Man muss sich davor schützen, zum Opfer gemacht oder ausgenützt zu werden. Im besten Fall verleiht Zosma großes Mitgefühl, und der oder die Betreffende kann sehr viel für diejenigen tun, die leiden oder Unrecht erfahren haben.

Denebola

Er bewirkt, dass man die Welt mit anderen Augen als üblich betrachtet und sich jenseits der konventionellen Meinung befindet. Gegen Starrsinn und Unaufgeschlossenheit sollte man etwas tun.

Spica

Das Potenzial für reine Brillanz ist hier gegeben. Spica ist die Weizengarbe im Arm der Fruchtbarkeitsgöttin. Wer Spica im Horoskop prominent platziert hat, lernt mit Leichtigkeit. Es ist einfach eine natürliche Begabung vorhanden, je nach individuellen Konstellationen.

Zuben Elgenubi und Zuben Eschamali

Diese beiden repräsentieren das soziale Element im Leben. Menschen, die sie im Horoskop haben, freuen sich, wenn sie es mit Gruppen zu tun haben, ob aus gesellschaftlichen oder politischen Gründen. Das Verhältnis wird ganz aufrichtig sein. Die Betreffenden geben gerne Zeit und Energie, und häufig ist der Einfluss dieser beiden Sterne in Übereinstimmung mit den guten Eigenschaften der Waage.

POSITIONEN DER FIXSTERNE

Fixstern	Sternbild	Lage im Tierkreis	Deklination	Kulmination	Auf- und Untergang
Hamel	Widder	6° 58' Stier	23° 26' N	12° Stier	Breite 66° N und 66° S
Algol	Perseus	25° 28' Stier	40° 46' N	18° Stier	Breite 49° N und 49° S
Aldebaran	Stier	9° 5' Zwillinge	16° 29' N	10° Zwillinge	Breite 75° N und 75° S
Rigel	Orion	16° 8' Zwillinge	8° 12' S	18° Zwillinge	Breite 82° N und 82° S
Sirius	Großer Hund	13° 24' Krebs	16° 29' N	14° Krebs	Breite 73° N und 73° S
Kastor	Zwillinge	19° 33' Krebs	31° 53' N	21° Krebs	Breite 58° N und 58° S
Pollux	Zwillinge	19° 33' Krebs	28° 2' N	23° Krebs	Breite 72° N und 72° S
Acubens	Krebs	12° 57' Löwe	11° 31' N	12° Löwe	Breite 81° N und 81° S
Regulus	Löwe	29° 8' Löwe	11° 59' N	28° Löwe	Breite 79° N und 79° S
Zosma	Löwe	10° 37' Jungfrau	20° 33' N	20° Jungfrau	Breite 69° N und 69° S
Denebola	Löwe	20° 55' Jungfrau	14° 36' N	0° Waage	Breite 75° N und 75° S
Spica	Jungfrau	23° 9' Waage	11° 8' N	25° Waage	Breite 79° N und 79° S
Zuben Elgenubi	Waage	14° 23' Skorpion	16° 9' S	15° Skorpion	Breite 74° N und 74° S
Zuben Eschamali	Waage	18° 40' Skorpion	9° 21' S	21° Skorpion	Breite 81° N und 81° S
Antares	Skorpion	9° 4' Schütze	26° 25' S	9° Schütze	Breite 73° N und 73° S
Wega	Leier	14° 37 Steinbock	20° 33' N	16° Steinbock	Breite 51° N und 51° S
Rukbat	Schütze	15° 56' Steinbock	40° 37' S	24° Steinbock	Breite 49° N und 49° S
Altair	Adler	1° 4' Wassermann	8° 51' S	26° Steinbock	Breite 81° N und 81° S
Deneb Algedi	Steinbock	22° 50' Wassermann	16° 21 S	25° Wassermann	Breite 73° N und 73° S
Sadalsuud	Wassermann	22° 42' Wassermann	5° 48' S	26° Wassermann	Breite 84° N und 84° S
Sadalmelek	Wassermann	3° 4' Fische	0° 34' N	5° Fische	Breite 89° N und 89° S
Formalhaut	Südlicher Fisch	3° 9' Fische	29° 38' S	13° Fische	Breite 87° N und 87° S
Alrischa	Fische	28° 4' Widder	2° 31' N	3° Stier	Breite 87° N und 87° S

Antares
Ein außerordentlich machtvoller Stern, der zu extremer Aktion und Entschlossenheit führt. Als »Königsstern« verleiht er dem Planeten, den er berührt, Erfolg. Es besteht aber auch die Neigung zu Dramatisierung. Sein Einfluss entspricht den Eigenschaften des Skorpion.

Wega
Dieser hell leuchtende Stern steht für Kreativität und Fertigkeiten, die einigermaßen mysteriös sind. Charisma und rhetorische Begabung, die mit ihm einhergehen, wurden allerdings auch negativ genutzt, nämlich im Falle von Diktatoren.

Rukbat
Standfestigkeit und Durchhaltevermögen sind hier die vorrangigen Themen, was besonders in einem Horoskop mit einer starken Betonung des Elements Erde auffallen wird. Vorsicht nur vor Sturheit.

Altair
Dieser Stern bringt Mut und Tapferkeit und fordert zum Handeln auf. Es besteht allerdings das nicht unerhebliche Risiko, übers Ziel hinauszuschießen oder aggressiv zu werden.

Deneb Algedi
Kein besonders machtvoller Stern, wenngleich er einen gewissen Gerechtigkeitssinn sowie die Fähigkeit, Bedürftigen zu helfen, verleiht – dazu muss man allerdings selbst die Zügel in die Hand nehmen, anstatt sich in Demut zu üben.

Sadalsuud und Sadalmelek
Diese Zwillingssterne gelten als wahre Glücksbringer. Sie sind nicht besonders einflussreich, aber sie lenken den Fluss in eine positive Richtung, wo immer sie etwas im Horoskop berühren. Sadalmelik ist etwas stärker, weil er am hellsten in seinem Sternbild leuchtet.

Formalhaut
Einer der großen Sterne. Wenn er im Horoskop prominent gestellt ist, wird er einen relativ starken Einfluss auf das Leben des Betreffenden haben. Hier besteht der Wunsch, Ideale zu verfolgen, doch dies bedarf der Ehrlichkeit, um schlichte Selbstverherrlichung auszuschließen.

Alrischa
Dieser so sanfte Stern befähigt dazu, verschiedene Auffassungen zu betrachten und sie subtil unter einen Hut zu bringen, was das gegenseitige Verständnis fördert.

2

ASTROLO TECH

ASTROLOGISCHE KURZSCHRIFT
EIN HOROSKOP ERSTELLEN
DAS HOROSKOP VORSCHIEBEN
HALBSUMMEN
HARMONICS
STUNDENASTROLOGIE
RELOKATIONSASTROLOGIE

GISCHE
NIKEN

ASTROLOGISCHE KURZSCHRIFT

Im Rahmen der Horoskopdeutung sind die traditionellen Herrscherbeziehungen zwischen Planeten und Tierkreiszeichen von grundlegender Bedeutung. Die entsprechenden Zuordnungen stammen noch aus der Antike. Seit Ende des 18. Jahrhunderts waren Astrologen gezwungen, die neu entdeckten Planeten in das bestehende System zu integrieren und ihnen auf verschiedenen Grundlagen – darunter bedeutende Ereignisse der Weltgeschichte, die zum Zeitpunkt ihrer Entdeckung stattfanden – Zeichen zuzuweisen.

PLANETARISCHE ÜBERLIEFERUNGEN

Das Horoskop auf der rechten Seite bringt ein Beispiel dafür, wann Planeten eine besonders starke Bedeutung haben. Dies basiert auf den Zeichen, über die sie herrschen, und anderen Überlieferungen.

Persönliche Planeten

Die persönlichen Planeten sind Sonne, Mond, der Planet, der über das Aszendentenzeichen herrscht, sowie die beiden Planeten, die über die Zeichen herrschen, die im Horoskop von Sonne und Mond besetzt sind.

Traditionelle Beziehungen

Jeder Planet herrscht über ein oder zwei Tierkreiszeichen. Diese Beziehungen wurden vor langer Zeit erkannt. Jeder Planet ist auch in einem Zeichen erhöht – in diesem kommt er besonders gut zur Geltung, weil er mit dessen Eigenschaften übereinstimmt.

Jeder Planet hat auch ein Zeichen, in dem er im Exil steht. Dabei handelt es sich um das Zeichen, das dem seiner Herrschaft direkt gegenüberliegt. Der Tradition nach kommt der Planet von diesem Zeichen aus besonders schlecht zur Geltung.

Und schließlich weist auch jeder Planet ein Zeichen seines Falls auf. Hierbei handelt es sich um das Tierkreiszeichen, das dem der Erhöhung gegenüberliegt (also um dessen polares Zeichen). Auch hier war man der Meinung, dass der Planet in seiner Wirkung beeinträchtigt ist. Erhöhung, Exil und Fall sind Faktoren, die man bei der Interpretation des Horoskops vor Augen haben sollte.

Die modernen Planeten

Seit der Entdeckung der drei modernen Planeten Uranus (1781, siehe S. 21), Neptun (1846) und Pluto (1930) hat es viele Diskussionen darüber gegenüber, über welche Zeichen sie herrschen, wo sie erhöht sowie im Fall oder Exil stehen.

Was die planetarischen Herrscher – und in diesem Zusammenhang auch das Exil – betrifft, ist man sich seit geraumer Zeit, mit Ausnahme von Pluto (siehe rechte Seite), einig. Am Horoskop ist abzulesen:

DIE SYMBOLE UND WOFÜR SIE STEHEN

ZEICHEN	SYMBOL	SYMBOL, WOFÜR ES STEHT	PLANET	SYMBOL	HERRSCHER	
Widder	♈	Der Kopf des Widders	Sonne	☉	♌	Löwe
Stier	♉	Der Kopf des Stiers	Mond	☽	♋	Krebs
Zwillinge	♊	Die Zwillinge	Merkur	☿	♊ ♍	Zwillinge, Jungfrau
Krebs	♋	Brüste	Venus	♀	♉ ♎	Stier, Waage
Löwe	♌	Der Schwanz des Löwen	Mars	♂	♈	Widder
Jungfrau	♍	Weibliche Genitalien	Jupiter	♃	♐	Schütze
Waage	♎	Waagschalen	Saturn	♄	♑	Steinbock
Skorpion	♏	Männliche Genitalien	Uranus	♅	♒	Wassermann
Schütze	♐	Der Pfeil des Zentauren	Neptun	♆	♓	Fische
Steinbock	♑	Der Kopf der Ziege und der Schwanz des Fisches	Pluto	♇ ⯓*	♏	Skorpion
Wassermann	♒	Wasser Luftwellen – der Äther	Chiron	⚷	Evtl. Jungfrau	
Fische	♓	Zwei Fische	* Manchmal wird auch dieses Symbol verwendet			

1. Uranus herrscht über den Wassermann, womit er im Löwen im Exil steht.
2. Neptun herrscht über die Fische – das Zeichen seines Exils ist Jungfrau.
3. Pluto herrscht über den Skorpion. Im Exil befindet er sich damit im Stier.

Schwieriger ist es da schon mit der Erhöhung. Dem Gefühl der meisten Astrologen nach ist Uranus im Skorpion erhöht (damit im Stier im Fall) und Neptun im Löwen (im Wassermann im Fall).

Pluto und Chiron

Die Jungfrau ist für Pluto ein starkes Zeichen. Als Pluto sich in den 1960er-Jahren in diesem Zeichen befand, stand er deutlich im Vordergrund. Der plutonische Spürsinn ergänzt die Qualitäten der Jungfrau, die auf das Analysieren und Erforschen gerichtet sind. Insofern sind wir der Meinung, dass Pluto in der Jungfrau erhöht ist. Im Fall würde Pluto damit in den Fischen stehen. Chiron wurde noch nicht endgültig zugeordnet.

REZEPTION

Von einer Rezeption spricht man dann, wenn Planet A in einem Zeichen steht, das von Planet B beherrscht wird, und Planet B in dem von A beherrschten Zeichen. Z. B.: Der Mond steht im Skorpion und Pluto im Krebs; oder – wie hier – Merkur befindet sich im Schützen und Jupiter in den Zwillingen (oder in der Jungfrau). Die beteiligten Planeten befinden sich in Harmonie zueinander; falls sie sich auch noch aspektieren, ist die Stärke des Aspektes dadurch weiter erhöht. Handelt es sich um einen negativen Aspekt wie Quadrat oder Opposition, werden etwaige Spannungen durch die Rezeption gemindert; die Planeten wirken dann förderlich auf die psychische Integration.

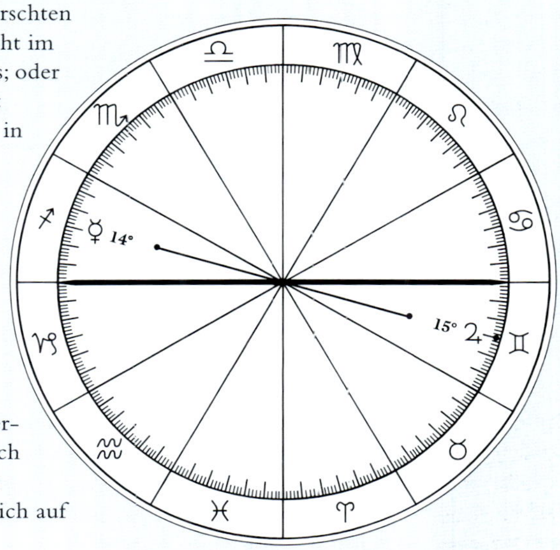

DIE STÄRKE DER PLANETEN

PLANET	PLANET PERSONALISIERT	DOPPELT MACHTVOLL	BESONDERS STARK	HERRSCHER	ERHÖHUNG	EXIL	FALL
☉	Immer personalisiert	Bei Asz. aus dem 1. oder 12. Haus Wenn ☉ und Asz. im gleichen Zeichen noch stärker, wenn ☉ oder Asz. im ♌	☉ im ♌ (sehr stark) ☉ im 5. Haus	♌	♈	♒	♎
☽	Immer personalisiert	☌ Asz. im ♋ oder ☽ Asz. aus dem 1. oder 12. Haus ☉ ☌ ☽ im ♋	☉ im ♋ ☽ im ♋ ☽ im 4. Haus	♋	♉	♑	♏
☿	☉, ☽ Asz. = ♊ oder ♍	Asz. in den ♊ oder ♍ Asz. und ☿ ☌ Asz. aus dem 1. oder 12. Haus	☿ in ♊ oder ♍ ☿ im 3. oder 6. Haus	♊ ♍	♍	♐	♓
♀	☉, ☽ Asz. = ♉ oder ♎	Asz. im ♉ oder ♎ Asz. und ♀ ☌ Asz. aus dem 1. oder 12. Haus	♀ in ♉ oder ♎ ♀ im 2. oder 7. Haus	♉ ♎	♓	♈	♍
♂	☉, ☽ Asz. = ♈	Asz. im ♈ und ♂ ☌ Asz. aus dem 1. Haus (besonders stark) oder dem 12. Haus	♂ im ♈ (sehr stark) ♂ im 1. Haus	♈ *♏	♑	♎	♋
♃	☉, ☽ Asz. = ♐	Asz. im ♐ und ♃ ☌ Asz. aus dem 1. oder 12. Haus (besonders stark)	♃ im ♐ ♃ im 9. Haus ♃ im ♓ (etwas)	♐ ** ♓	♋	♊	♑
♄	☉, ☽ Asz. = ♑	Asz. im ♑ und ♄ ☌ Asz. aus dem 1. oder 12. Haus	♄ in ♑ ♄ im 10. Haus ♄ ☌ MC, ♄ in ♒ (etwas)	♑ *** ♒	♎	♋	♈
♅	☉, ☽ Asz. = ♒	Asz. im ♒ und ♅ ☌ Asz. aus dem 1. oder 12. Haus (Jahrgänge von 1912–1919)	♅ im ♒ ♅ im 11. Haus	♒	♏	♌	♉
♆	☉, ☽ Asz. = ♓	Kein lebender Mensch weist ♆ in den ♓ auf	♆ in ♓ (nach 2012) ♆ im 12. Haus	♓	♌	♍	♒
♇	☉, ☽ Asz. = ♏	Asz. im ♏ und ♇ ☌ Asz. aus dem 1. oder 12. Haus	♇ im ♏ (Jahrgänge von 1984–1995), ♇ im 8. Haus	♏	♍	♉	♓

* Vor der Entdeckung Plutos herrschte Mars auch über den Skorpion
** Bevor man Neptun entdeckte, regierte Jupiter auch die Fische
*** Vor der Entdeckung Uranus herrschte Saturn über den Wassermann

DIE BERECHNUNG DES HOROSKOPS

Bei der Erstellung eines Horoskops müssen die Positionen von Sonne, Mond und Planeten für den Moment der Geburt berechnet werden. Früher bediente man sich hierzu Tabellen – jetzt ist das durch Taschenrechner einfacher geworden (wenngleich nicht alle Rechner Grad- und Minutenwerte ausweisen). Die Ephemeride in diesem Buch (siehe S. 426–471) gibt die Werte für die Planetenpositionen in Grad und Dezimalstellen an. Wir erläutern, wie man diese Positionen recht genau ermitteln kann.

1 DAS HOROSKOP VORBEREITEN

Als Erstes müssen Sie das Horoskop von Seite 408 abpausen oder fotokopieren.

2 DIE BERECHNUNG VON ASZENDENT UND MC

Je nachdem, ob die Geburt östlich oder westlich von Greenwich stattgefunden hat, gibt es gewisse Unterschiede.

Westlich von Greenwich

Für unser Musterhoroskop haben wir uns eine Person namens Stephen ausgedacht, die in Washington D. C. am 4. Juli 1981 um 4.19 Uhr

KORREKTURWERT FÜR LÄNGE

Grad									Minuten		
°	h	m	°	h	m	°	h	m	m	m	s
1	0	4	61	4	4	121	8	4	1	0	4
2	0	8	62	4	8	122	8	8	2	0	8
3	0	12	63	4	12	123	8	12	3	0	12
4	0	16	64	4	16	124	8	16	4	0	16
5	0	20	65	4	20	125	8	20	5	0	20
6	0	24	66	4	24	126	8	24	6	0	24
7	0	28	67	4	28	127	8	28	7	0	28
8	0	32	68	4	32	128	8	32	8	0	32
9	0	36	69	4	36	129	8	36	9	0	36
10	0	40	70	4	40	130	8	40	10	0	40
11	0	44	71	4	44	131	8	44	11	0	44
12	0	48	72	4	48	132	8	48	12	0	48
13	0	52	73	4	52	133	8	52	13	0	52
14	0	56	74	4	56	134	8	56	14	0	56
15	1	0	75	5	0	135	9	0	15	1	0
16	1	4	76	5	4	136	9	4	16	1	4
17	1	8	77	5	8	137	9	8	17	1	8
18	1	12	78	5	12	138	9	12	18	1	12
19	1	16	79	5	16	139	9	16	19	1	16
20	1	20	80	5	20	140	9	20	20	1	20
21	1	24	81	5	24	141	9	24	21	1	24
22	1	28	82	5	28	142	9	28	22	1	28
23	1	32	83	5	32	143	9	32	23	1	32
24	1	36	84	5	36	144	9	36	24	1	36
25	1	40	85	5	40	145	9	40	25	1	40
26	1	44	86	5	44	146	9	44	26	1	44
27	1	48	87	5	48	147	9	48	27	1	48
28	1	52	88	5	52	148	9	52	28	1	52
29	1	56	89	5	56	149	9	56	29	1	56
30	2	0	90	6	0	150	10	0	30	2	0
31	2	4	91	6	4	151	10	4	31	2	4
32	2	8	92	6	8	152	10	8	32	2	8
33	2	12	93	6	12	153	10	12	33	2	12
34	2	16	94	6	16	154	10	16	34	2	16
35	2	20	95	6	20	155	10	20	35	2	20
36	2	24	96	6	24	156	10	24	36	2	24
37	2	28	97	6	28	157	10	28	37	2	28
38	2	32	98	6	32	158	10	32	38	2	32
39	2	36	99	6	36	159	10	36	39	2	36
40	2	40	100	6	40	160	10	40	40	2	40
41	2	44	101	6	44	161	10	44	41	2	44
42	2	48	102	6	48	162	10	48	42	2	48
43	2	52	103	6	52	163	10	52	43	2	52
44	2	56	104	6	56	164	10	56	44	2	56
45	3	0	105	7	0	165	11	0	45	3	0
46	3	4	106	7	4	166	11	4	46	3	4
47	3	8	107	7	8	167	11	8	47	3	8
48	3	12	108	7	12	168	11	12	48	3	12
49	3	16	109	7	16	169	11	16	49	3	16
50	3	20	110	7	20	170	11	20	50	3	20
51	3	24	111	7	24	171	11	24	51	3	24
52	3	28	112	7	28	172	11	28	52	3	28
53	3	32	113	7	32	173	11	32	53	3	32
54	3	36	114	7	36	174	11	36	54	3	36
55	3	40	115	7	40	175	11	40	55	3	40
56	3	44	116	7	44	176	11	44	56	3	44
57	3	48	117	7	48	177	11	48	57	3	48
58	3	52	118	7	52	178	11	52	58	3	52
59	3	56	119	7	56	179	11	56	59	3	56
60	4	0	120	8	0	180	12	0	60	4	0

SÜDLICHE BREITEN

Mit einer kleinen Umformung ist es möglich, die Tabellen für nördliche Breiten auch für die Ermittlung von Aszendent und MC bei Geburten in südlichen Breiten anzuwenden. Wenn wir von der gleichen Geburtszeit, aber von dem Geburtsort Perth in Australien ausgehen (31° 57'S, 115° 52'O), müssen wir rechnen: 3,08 + 7,40 + 0,03 = 10,51. 10,51 ist die wahre Sternzeit der Geburt, auf Perth bezogen. Berechnung für Geburten südlich des Äquators: Das MC befindet sich in jedem Fall auf 11° in der Jungfrau. Zur Ermittlung des Aszendenten in südlichen Breiten aber müssen Sie 12 Stunden zur wahren lokalen Sternzeit zufügen. Das Aszendentenzeichen ist das, das dem angegebenen gegenüberliegt. Statt 10.51 gehen wir von 22.51 aus. Wir erhalten einen Aszendenten von 29° Zwillinge – der wahre Aszendent liegt auf 29° im Schützen.

Ortszeit geboren ist. Tragen Sie Ort, Datum und Zeit der Geburt auf dem Horoskopblatt ein.

1. Ermitteln Sie in einem Atlas den Breiten- und Längengrad der Geburt. Für Washington handelt es sich um 38° 52' Nord und 77° 01' West. Tragen Sie diese Werte auf den Horoskopvordruck ein.

2. Wandeln Sie die Ortszeit in Greenwich Mean Time (GMT) um. Vielleicht galt zur Geburt auch Sommerzeit. Bei unserem Beispiel galt tatsächlich Sommerzeit - die Uhren waren also eine Stunde vorgestellt. was heißt, dass die wahre Ortszeit 3.19 Uhr betrug. Dies muss jetzt in GMT umgewandelt werden. Schlagen Sie das Verzeichnis der Zeitzonen auf Seite 487 auf. Sie sehen dort, dass Greenwich Washington fünf Stunden voraus ist – Sie müssen also zur örtlichen Standardzeit 5 Stunden addieren, womit wir die Greenwich-Zeit der Geburt erhalten: 8.19 Uhr. Tragen Sie diese auf dem Vordruck ein.

Bei der Umwandlung von Ortszeit zu Greenwich-Zeit kann es passieren, dass sich das Datum ändert. Wenn das Datum jetzt das des Vortages oder das des folgenden Tages geworden ist, müssen Sie das ebenfalls auf dem Horoskopblatt notieren. Von jetzt an gehen wir bei der Berechnung von Greenwich-Zeit (und -Datum) aus.

3. Aszendent und MC findet man, indem man die GMT-Geburtszeit in Sternzeit umrechnet.

Schlagen Sie die Tabelle auf den Seiten 472–475 auf, dort finden Sie die Sternzeit für das fragliche Darum. Allerdings müssen für jedes Jahr Korrekturen vorgenommen werden – die für das betreffende Jahr angegebenen Minutenwerte in den kleinen Tabellen müssen zur Sternzeit addiert werden. In unserem Fall ist die Sternzeit 18.45,50. Der Korrekturwert beträgt 1,51 - insofern ergibt sieh 18.47,41. Tragen Sie das in den Vordruck ein.

4. Dies ist jetzt die Sternzeit um Mitternacht (Beginn des Tages) in Greenwich. Nun müssen wir Sternzeit und Geburtszeit addieren (immer noch auf Greenwich bezogen): 18.47,41 + 8.19 = 27.06,41. Dieser Wert kann auf 27.07 gerundet werden (nicht vergessen: Die Stunde hat 60 Minuten!).

5. Die Sternzeit ist gewissermaßen eine Uhr, die jeden Tag 4 Minuten weitergeht. Es handelt sich hier darum, dass das Zeitintervall anteilmäßig berücksichtigt wird. Bei Zwischenergebnissen unter drei Stunden brauchen wir keine Anpassung durchzuführen, ansonsten gilt:
3-9 Stunden: + 1 Minute
9-15 Stunden: + 2 Minuten
15-21 Stunden: + 3 Minuten
21-24 Stunden: + 4 Minuten
Die präzise Regel besagt, dass man für jede Stunde 10 Sekunden addieren muss und je sechs Minuten 1 Sekunde. Die obige Verfahrensweise ist aber hinreichend genau. In unserem Beispielfall zählen wir eine Minute zu, wodurch sich als korrigierte Sternzeit 27 Stunden, 08 Minuten ergeben (siehe Anmerkung auf S.100).

6. Der Wert, den wir jetzt vorliegen haben, ist die wahre Sternzeit der Geburt – auf Greenwich bezogen. Weil die Geburt aber nicht in Greenwich erfolgte, müssen wir jetzt die Sternzeit auf den Geburtsort beziehen, in unserem Fall auf Washington D. C.

Die Tabelle auf dieser Seite dient der Umformung von Grad- und Minutenwerten der geografischen Länge der Geburt in Zeit – in Stunden und Minuten, die der wahren Sternzeit, auf Greenwich bezogen, zugerechnet oder abgezogen werden müssen. Für Orte westlich von Greenwich muss *subtrahiert* werden und für Orte östlich davon *addiert* werden. Technisch gesehen geht es hier um die Berücksichtigung der Entfernung zwischen Greenwich und Geburtsort.

Was unser Beispiel betrifft, ist für den Längengrad der Wert 5 Stunden und 08 Minuten vermerkt, für den Minutenwert 4 Sekunden, die wir vernachlässigen. Tragen Sie den in Zeit umgeformten Entfernungswert in das Horoskop ein.

Wir rechnen: 27.08 – 5.08 – 0,00 = 22.000. Dies ist die wahre lokale Sternzeit der Geburt für Washington D. C. Tragen Sie sie auf dem Formular ein.

Für nördliche Breiten ist die Berechnung damit abgeschlossen. Ereignete sich die Geburt südlich des Äquators, studieren Sie bitte noch den Kasten links.

Anmerkung: Wenn der Wert für die wahre lokale Sternzeit größer als 24 ist, ziehen Sie vom Ergebnis 24 ab. Wenn der Korrekturwert für den Längengrad größer als die Sternzeit ist und abgezogen werden muss (wodurch sich ein Minuswert ergeben würde), müssen Sie 24 Stunden addieren.

7. MC und Aszendent findet man heraus, indem man die Häusertabelle konsultiert (siehe S. 476–479). Das MC geht aus der Zeile hervor, die am dichtesten am ermittelten Ergebnis liegt. Suchen Sie dann die Spalte mit der passenden Breite heraus. Dort, wo sie auf die Zeile mit der betreffenden Sternzeit trifft, können Sie den Aszendenten ablesen.

Anmerkung: Bei der Ermittlung von MC und Aszendent runden wir auf volle Gradzahl; 2,3° wird zu 2°, 3,5° zu 4°. In unserem Beispiel liegt das MC auf 27,8° (rund 28°) Wassermann, der Aszendent ist 21° Zwillinge.

Östlich von Greenwich

Findet die Geburt östlich von Greenwich statt, z. B. in Moskau (55° 45'N, 37° 35'Ö), zum gleichen Datum, müssen wir nur eines anders machen: Die geografische Länge muss *addiert* werden.

Die wahre lokale Sternzeit errechnet sich also wie folgt: 3.08 (d. i. 27.08 – 24) + 2.28 + 0.02 = 5.38.

Wenn wir jetzt die Häusertabelle für die nördlichen Breiten (siehe S. 476–479) aufschlagen, sehen wir, dass das MC auf 25° Zwillinge fällt und der Aszendent auf 26° Jungfrau.

3 DIE BERECHNUNG DER PLANETENPOSITIONEN

Unsere Ephemeride (siehe S. 426–471) verzeichnet die Stellung von Sonne, Mond und allen Planeten für 0 Uhr (Mitternacht) GMT, in Gradzahlen und Dezimalstellen ausgedrückt (also nicht in Grad, Minuten und Sekunden).

Die notwendigen Berechnungen werden dadurch sehr viel einfacher; sie sind für Sonne, Mond und Planeten identisch. Orientieren Sie sich an der GMT-Zeit.

1. Ermitteln Sie, wie viel Zeit des Tages zum Zeitpunkt der Geburt vergangen ist. Die Berechnung hierfür auf einem normalen Taschenrechner ist:

Teilen Sie die Minuten durch 60, addieren Sie die Anzahl der Stunden und teilen Sie das Resultat durch 60. Wenn möglich, speichern Sie das Ergebnis.

Bei unserem Beispiel müssen Sie eingeben: 19 : 60 + 8 = : 24. Das Ergebnis ist 0,346527. Speichern Sie es ab! Diese Konstante beziffert, wie viel Zeit vom Tag zum Zeitpunkt der Geburt verstrichen ist.

Wir brauchen sie für die Berechnung der Planetenstellung, ansonsten ist sie nicht von Belang. Die folgenden Schritte sind bei allen Planeten gleich.

2. Ziehen Sie von der Planetenposition des Datums nach der Geburt (GMT-Zeit; diese nennen wir *Morgen*) die Position des betreffenden Datums ab (*Heute*). Multiplizieren Sie das Ergebnis mit der Konstanten, und addieren Sie es zu der *Heute*-Position.

Im Beispiel für den 4. Juli 1981 ist die Rechnung für die Sonne folgende:

12,9 – 11,9 x Konstante (bzw. 0,346527) + 11,9 = 12,24,
d. h.: 12,2° Krebs.

Für den Mond:

24,8 – 11,2 x Konstante
(bzw. 0,346527) + 11,2 = 15,91,
d. h.: 15,9° Löwe.

3. Führen Sie dies für alle Planeten durch. Ist ein Planet rückläufig (wenn er sich also rückwärts durch den Tierkreis zu bewegen scheint; S. 23), kann man das obige Schema auch verwenden, allerdings muss man diesen Planeten mit einem »R« kennzeichnen.

4. Manchmal (beim Mond recht häufig) kommt es von einem Tag auf den anderen zu einem Zeichenwechsel. Das macht eine kleine Veränderung notwendig. Wäre z. B. jemand zur gleichen Zeit, aber am 10. Juli 1981 geboren, hätten wir für den Mond die beiden Werte 27,5° Waage und 9,4° Skorpion. Die Grade würden dann so gezählt, als wären die Zeichen nicht voneinander getrennt.

In unserem Fall würde man für Mitternacht des folgenden Tages nicht 9,4° Skorpion ansetzen, sondern 39,4°. Davon lässt sich 27,5° leicht abziehen. Die Eingabe auf dem Rechner:

39,4 – 27,5 x Konstante (bzw. 0,3466527) + 27,5 = 31,62.

Jedes Zeichen hat aber nur 30 Grad – ziehen Sie also 30 ab, womit sich die Position des Mondes auf 1,6° Skorpion ergibt. Wenn Sie die Positionen der Planeten und des Aszendenten berechnet haben, überprüfen Sie noch einmal, ob sie stimmen.

DIE BERECHNUNG DES ASZENDENTEN

Um herauszufinden, ob der Aszendent richtig berechnet wurde, sollten Sie die folgenden Punkte beachten.

Anmerkung Wenn es darum geht, die Berechnung des Aszendenten zu überprüfen, müssen Sie sich auf die lokale Geburtszeit beziehen, nicht auf die auf GMT umgerechnete. Vergessen Sie auch nicht die Frage, ob vielleicht Sommerzeit galt.

Wenn die Geburt gegen Mittag erfolgte, muss die Sonne oben im Horoskop stehen.

Bei einer Geburt in der Abenddämmerung muss die Sonne dicht über oder unter der Linie Aszendent/Deszendent stehen bzw. in Opposition zum Aszendenten.

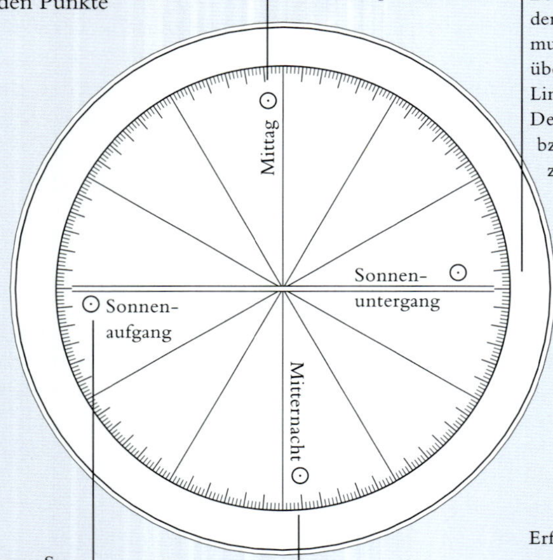

Bei einer Geburt gegen Sonnenaufgang muss die Sonne in der Nähe des Aszendenten stehen (beide befinden sich dann oft im gleichen Zeichen).

Erfolgt die Geburt um Mitternacht, steht die Sonne tief unten im Horoskop, am IC oder in Opposition zum MC.

TRADITIONELLE FAKTOREN

Wenn sich auch die Astrologie über die Jahrhunderte hinweg weiterentwickelt hat, muss man doch als Student wie als professioneller Astrologe auch die Tradition achten. Traditionelle Faktoren können sich als sehr wichtig erweisen, sie können – vereinfacht ausgedrückt – den Königsweg zur Interpretation des Horoskops darstellen, weshalb sie gründlich untersucht werden sollten. Hier ergründen wir sie für das Horoskop, das wir beispielhaft berechnet haben (S. 103).

Aufsteigende Planeten
Sowohl Merkur als auch Mars sind aufsteigende Planeten, weil sich beide in Konjunktion zum Aszendenten befinden bzw. nicht weiter als 8° von ihm entfernt sind.
Aszendent = 21°; Mars = 20° im 12. Haus; Merkur = 26° im 1. Haus. Man kann einen Planeten bis zu einem Abstand von 15° beiderseits des Aszendenten als aufsteigend bezeichnen, allerdings sind die Auswirkungen dann nicht so stark wie bei der Konjunktion.

Herrschender Planet
Merkur ist der herrschende Planet, weil der Aszendent in die Zwillinge fällt und Merkur über dieses Zeichen herrscht.

Haus des Herrschers
Das Haus des herrschenden Planeten ist das 1., weil Merkur sich zum Zeitpunkt der Geburt im 1. Haus befand.

Herrschender Planet	☿		
Haus des Herrschers	3		
Aufsteigender Planet	☿ ♂		
Positiv	8	Negativ	2
Planeten in Eckhäusern	☿ ♂ ♆		
Rezeption	☉/☽		
Elemente		Qualität	
Feuer	3	Kardinal	4
Erde	0	Fix	3 MC
Luft	5 Asz./MC	Veränderlich	4 Asz.
Wasser	2		

Positive Zeichen
Acht Planeten befinden sich in positiven Zeichen: Merkur und Mars in den Zwillingen, der Mond und die Venus im Löwen, Jupiter, Saturn und Pluto in der Waage, Neptun im Schützen.

Negative Zeichen
Zwei Planeten befinden sich in negativen Zeichen: die Sonne im Krebs und Uranus im Skorpion.

Planeten in Eckhäusern
Neben der Tatsache, dass Merkur und Mars »aufsteigende« Planeten sind, befinden sie sich auch noch in Eckhäusern bzw. in Konjunktion zu einem Eckpunkt des Horoskops (nicht weiter als 8° davon entfernt). Auch Neptun steht in einem Eckhaus, im 7. Haus, 2° vom Deszendenten entfernt (bzw. in Opposition zum Aszendenten).

Rezeption
Die Sonne steht im Mondzeichen, der Mond im Sonnenzeichen – das nennt man Rezeption: Die Sonne herrscht über den Löwen, der Mond über den Krebs.

Elemente (Triplizität)
Drei Planeten stehen in *Feuerzeichen*: Mond und Venus im Löwen, Neptun im Schützen.

Es steht kein Planet in einem *Erdzeichen*.

Fünf Planeten befinden sich in *Luftzeichen*, außerdem noch Aszendent und MC: Merkur, Mars und der Aszendent fallen in die Zwillinge; Jupiter, Saturn und Pluto in die Waage und das MC in den Wassermann.

Zwei Planeten stehen in *Wasserzeichen*: die Sonne im Krebs, Uranus im Skorpion.

Qualität (Quadruplizität)
Vier Planeten stehen in *kardinalen Zeichen*: Die Sonne im Krebs; Jupiter, Saturn und Pluto in der Waage.

Drei Planeten befinden sich in *fixen Zeichen*: Mond und Venus im Löwen, Uranus im Skorpion. Außerdem fällt das MC in den Wassermann.

Drei Planeten fallen in *veränderliche Zeichen*: Merkur und Mars (und der Aszendent) in die Zwillinge, Neptun in den Schützen.

5. Tragen Sie nun gemäß dem Schema der traditionellen Planetenzuordnungen (siehe S. 97) die einzelnen Planeten, Aszendent und MC in den Vordruck ein (S. 101).

4 DIE BERECHNUNG DER ASPEKTE

Planeten befinden sich im Aspekt zueinander, wenn sie einen bestimmten Winkelabstand aufweisen (siehe S. 112–113).

1. Schlagen Sie Seite 110 auf, auf der die verschiedenen Aspekte mit ihren Orben dargestellt sind. Gehen Sie dabei immer von der kürzesten Entfernung zwischen den Planeten aus. Beträgt der Aspekt 188°, müssen Sie andersherum rechnen. Die Opposition stellt die größtmögliche Entfernung zwischen zwei Planeten dar, bei ihr können wir den Orbis bis zu 8° ansetzen. Der Orbis ist je nach Aspekt größer oder kleiner anzusetzen – das Trigon ist z. B. exakt mit 120°, es ist aber auch noch wirksam, wenn einer der Planeten auf 10° im Widder und der andere auf 2° oder 18° im Löwen steht.

2. Auch hier beziehen wir uns auf das Washingtoner Beispielhoroskop von Stephen. Untersuchen Sie also zunächst die Sonne in Relation zu den anderen Planeten, zum Aszendenten und zum MC.

Die Sonne befindet sich auf 12° im Krebs. Als Erstes vergleichen wir ihre Stellung mit der des Mondes, welcher auf 16° im Löwen steht. Zwischen ihnen liegen also 34°. Jedes Tierkreiszeichen umfasst 30°; 30° – 12° = 18° Krebs + 16° Löwe = 34°.

Diese Entfernung ist zu groß, als dass wir von einem Halbsextil sprechen könnten (welches bei 30° exakt ist, bei einem Orbis von 2°). Damit setzen wir in der Aspekttabelle in das Kästchen, welches zu Sonne und Mond gehört, einen Punkt. Unsere erste Rechnung hat also keinen Aspekt ergeben.

3. Als Nächstes vergleichen wir die Sonnenstellung mit der von Merkur. Die Sonne steht auf 12° im Krebs, Merkur auf 26° in den Zwillingen. Es liegen 16° zwischen ihnen: 30° – 26° = 4° Zwillinge + 12° Krebs = 16°. Auch hier ist kein Aspekt gegeben.

4. Nun untersuchen wir Sonne und Venus (auf 5° Löwe). 30° – 12° = 18° Krebs + 5° Löwe = 23°. Auch hier: kein Aspekt.

5. Die Sonne weist keinen Aspekt auf; bis wir zu Uranus kommen (auf 26° Skorpion). Sonne und Uranus sind durch drei Zeichen getrennt: Löwe, Jungfrau und Waage; drei Zeichen = 90° plus die letzten 18° des Krebses und die ersten 26° des Skorpions = 134°. Sonne und Uranus müssen 135° voneinander entfernt sein, damit man von einem Anderthalbquadrat sprechen kann.

6. Der zweite Sonnenaspekt zielt auf das MC, und auch hier handelt es sich um ein Anderthalbquadrat. Dieses Mal werden die Grade von den Zwillingen aus durch Stier, Widder, Fische und das Ende vom Wassermann zurückgezählt, was zusammen 134° ergibt. Tragen Sie dies in die Tabelle ein!

7. Wir brauchen den Mond nicht hinsichtlich der Sonne zu untersuchen – das ist mit der Analyse der Sonne in Bezug auf den Mond bereits geschehen. Es gilt also zunächst, auf Mond und Merkur zu schauen. Der Mond steht auf 16° im Löwen, Merkur auf 26° in den Zwillingen. Also: 4° Zwillinge + 30° Krebs (das Zeichen, das beide trennt) + 16° Löwe = 50°. 45° sind ein Halbquadrat, mit einem Orbis von nur 2° – dieser Abstand ist also zu weit.

8. Mond und Venus sind 10° voneinander getrennt – zu weit für eine Konjunktion (maximaler Abstand: 8°).

9. Mars befindet sich auf 20° in den Zwillingen; also: 10° Zwillinge und 30° Krebs (das Zeichen, das beide trennt) + 16° Löwe = 56°. Beim Sextil kann man einen Orbis von 6° ansetzen. Tragen Sie das Sextilsymbol in die Tabelle ein.

10. Mond und Jupiter sind 47° voneinander entfernt; es besteht also ein Halbquadrat zwischen ihnen.

11. Mond und Saturn sind 48° voneinander entfernt. Weil der Mond auf 16,3° Löwe steht, beträgt die tatsächliche Entfernung zwischen beiden lediglich 47°, weshalb man noch von einem Halbquadrat ausgehen kann.

12. Zwischen Mond und Uranus gibt es keinen Aspekt; mit den mehr als 127° zwischen Mond und Neptun kann man von einem weiten Trigon sprechen.

13. Berechnen Sie die Aspekte zwischen allen Planeten, auch die zum Aszendenten und MC.

DIE ASPEKTTABELLE

Mit wachsender Erfahrung fällt es leichter, die wichtigsten Aspekte des Horoskops sogleich zu erkennen. Aber auch der erfahrene Astrologe zieht es vor, die Planetenverbindungen auf eine übersichtliche Art darzustellen, wie in dieser Tabelle. Wenn alle Aspekte darin eingetragen sind, kann man sie auf einen Blick erfassen. Unter anderem machen solche Übersichten die Arbeit an Synastrie-Horoskopen einfacher (siehe S. 214–217).

PLANET		ASPEKTE									
		☉	☽	☿	♀	♂	♃	♄	♅	♆	♇
SONNE	☉		•	•	•	•	•	•	⚼	•	•
MOND	☽			•	☌	⚹	∠	∠	•	△	⚹
MERKUR	☿				•	☌	□	□	⚻	☍	△
VENUS	♀					•	⚹	⚹	•	•	•
MARS	♂						•	•	•	☍	△
JUPITER	♃							☌	⚹	•	•
SATURN	♄								•	•	•
URANUS	♅									•	•
NEPTUN	♆										⚹
PLUTO	♇										
ASZ.	Asc	•	⚹	☌	•	☌	•	•	•	☍	△
MC	MC	⚼	•	△	•	△	•	•	□	•	△

DIE ABGESCHLOSSENE BERECHNUNG

Das Horoskop auf dieser Seite beinhaltet alle Berechnungen, die wir auf den letzten Seiten durchgeführt haben.

Die Zeichen
Achten Sie darauf, dass die Zeichen richtig herum eingetragen sind.

Mars und Merkur
In diesem Horoskop war Mars gerade aufgegangen, d.h., er war soeben über den Aszendenten gelaufen. Merkur folgt ihm nach.

Aszendentengrad
Der Aszendentengrad bildet immer die Spitze des 1. Hauses.

Die Sonne
Der Sonnenaufgang ereignete sich etwa 1 Stunde und 20 Minuten nach der Geburt. Die Sonne steht mit allen Planeten unter dem Horizont, ausgenommen Mars und Neptun, der gerade am Westhimmel unterging.

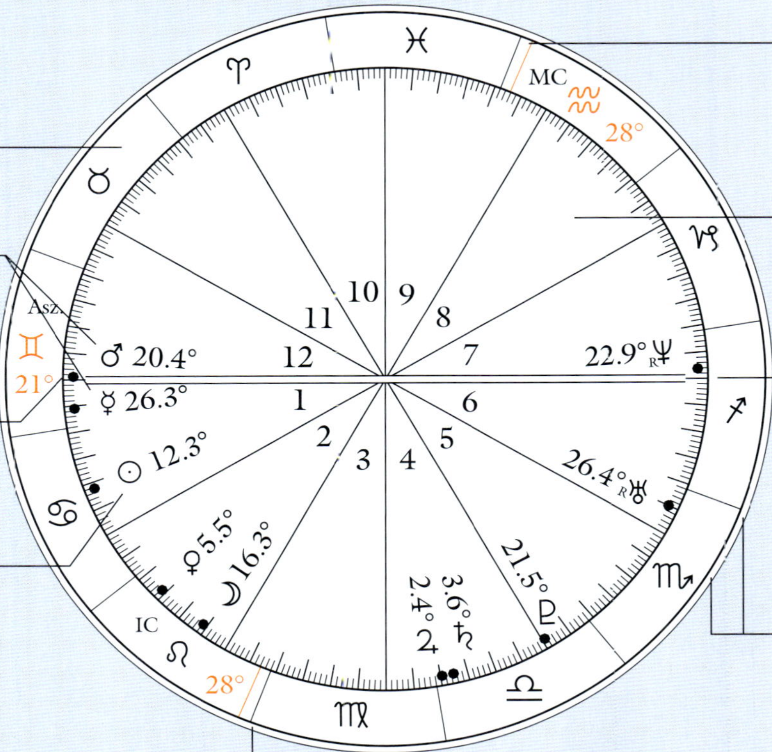

Das MC
Wenn Sie hier einen kleinen Strich eintragen, wissen Sie immer, wo das MC ist.

Die Häuser
Dies sind die Häuser des Horoskops, nummeriert von 1–12.

Der Horizont
Die doppelte Linie markiert den Horizont. Es ist nützlich (und dekorativ zugleich), ihn im Horoskop blau (Himmel – oben) und grün (Erde – unten) einzuzeichnen, weil er ihr Zusammentreffen symbolisiert.

Die Häuserspitzen
Dies sind die Häuser- und Zeichenspitzen – die Punkte, wo das alte vorbei ist und das neue anfängt.

Das IC
Viele Astrologen tragen das IC, welches dem MC gegenüberliegt, im Geburtshoroskop ein. Weil man diesen Punkt nicht sehen kann, ist er auch nicht allzu wichtig. Man sollte diese sensible Region des Horoskops aber trotzdem nicht vernachlässigen.

ZUSATZAUFGABE

Berechnen Sie doch zu Übungszwecken das vollständige Horoskop für Moskau und Perth. Die Planeten befinden sich in denselben Zeichen und auf denselben Graden, sie fallen aber in andere Häuser. Fahren Sie dann fort, die Aspekte zu Aszendent und MC zu berechnen, die hier ebenfalls anders ausfallen.

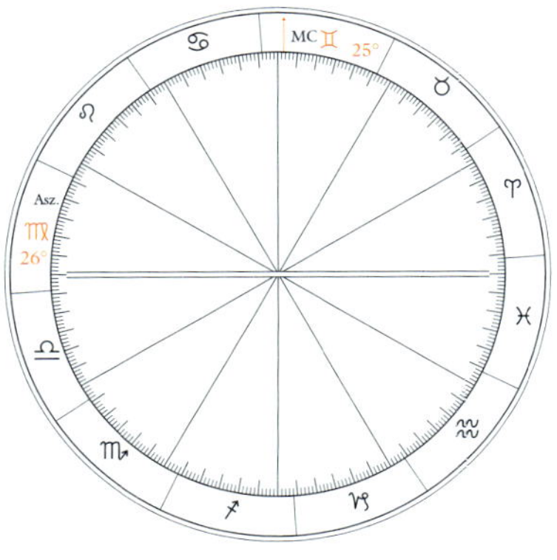

Moskau

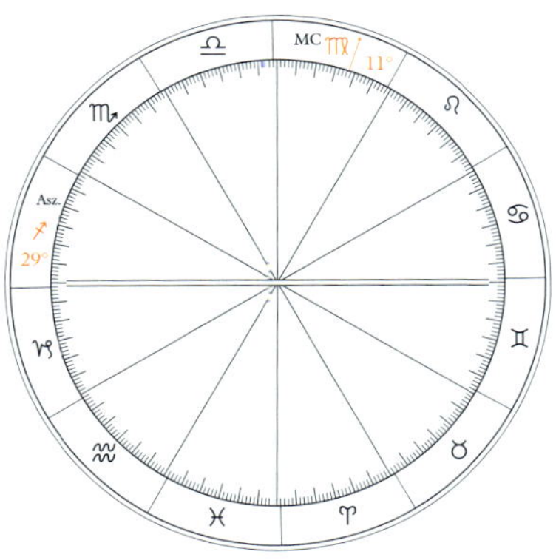

Perth

Name

Referenz-Nr.

Horoskop berechnet am

Buchhaltung
Notieren Sie im vorgesehenen Feld den Namen des Betreffenden, setzen Sie eine Nummer ein, und schreiben Sie das Berechnungsdatum auf.

EIN HOROSKOP ERSTELLEN

Die Erstellung eines Horoskops hat nichts Mysteriöses oder Rätselhaftes. Man braucht nur etwas Geduld und Wissen – es handelt sich um mathematische Berechnungen, Beobachtung und um Synthese. Lassen Sie sich von der Mathematik nicht abschrecken. Die Berechnungen sind nicht wirklich schwierig, allenfalls etwas verzwickt – heutzutage aber, mit Taschenrechnern und Computerprogrammen, ist es viel einfacher geworden. Viele Astrologen lassen den Computer rechnen und zeichnen dann das Horoskop selbst auf.

1 **DAS HOROSKOP VORBEREITEN** Zunächst einmal sollten Sie den Horoskopvordruck auf S. 482 fotokopieren. Legen Sie die Berechnungen für das fragliche Geburtshoroskop bereit!

2 **DIE HÄUSER EINTRAGEN** Tragen Sie, von der Horizontlinie (links) ausgehend, die Häuser von 1 bis 12 ein, und zwar gegen den Uhrzeigersinn.

Der Horoskopvordruck
Wenn Sie sich das beigefügte Horoskop (S. 408) nicht fotokopieren können oder wollen, können Sie mithilfe eines Zirkels selbst eins zeichnen. Geben Sie acht bei der Einteilung der Häuser!

Die Häuser
Wenn Ihnen die Häusereinteilung in Fleisch und Blut übergegangen ist, brauchen Sie die Häuser nicht mehr im Einzelnen zu beziffern. Am Anfang aber sollten Sie dies tun – es beschleunigt den Lernprozess.

Hier ist der Aszendent auf 21° in den Zwillingen.

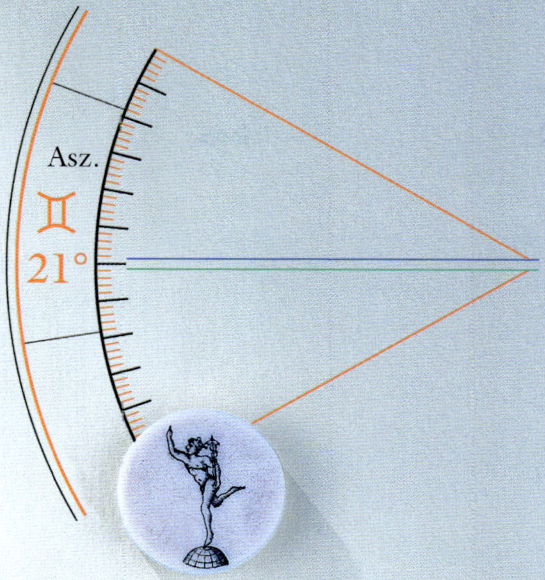

3 DEN ASZENDENTEN EINTRAGEN

Die doppelte Linie quer durch das Horoskop steht für den Horizont. Fassen Sie diese als 0° auf, und zählen Sie von dieser Linie aus – diesmal im Uhrzeigersinn – die Gradzahl des Aszendenten ab. Diese wird dann am äußeren Rand eingetragen.

Interpretation

Die Populärastrologie legt großen Nachdruck auf die Sonnenzeichen, das Aszendentenzeichen aber war schon seit jeher genauso wichtig. Das Erstere illustriert das Bild und die äußerliche Erscheinung des Menschen, das Letztere seine psychische Motivation (zur vollständigen Interpretation siehe S. 82).

Der Aszendent

Der Aszendent markiert die Spitze des 1. Hauses, welches Häusersystem man auch verwendet. Die anderen Häuser schließen sich an, gegen den Uhrzeigersinn.

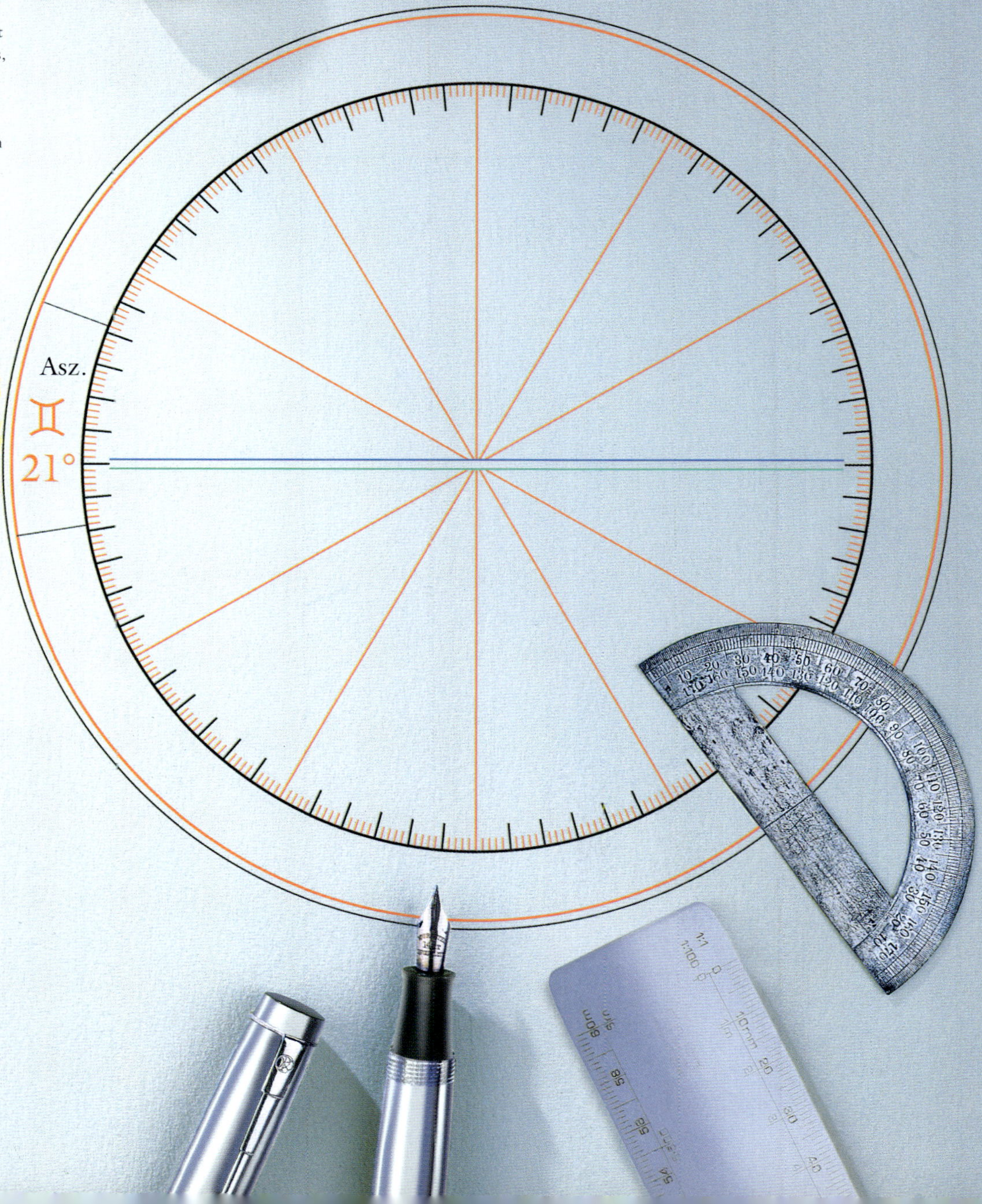

Sonne ☉
Mond ☽
Merkur ☿
Venus ♀
Mars ♂
Jupiter ♃
Saturn ♄
Uranus ♅
Neptun ♆
Pluto ♇
Chiron ⚷
Widder ♈
Stier ♉
Zwillinge ♊
Krebs ♋
Löwe ♌
Jungfrau ♍
Waage ♎
Skorpion ♏
Schütze ♐
Steinbock ♑
Wassermann ♒
Fische ♓

4 DIE EINTRAGUNG DER TIERKREISABSCHNITTE

Von der Markierung 0° des Aszendentenzeichens ausgehend, tragen Sie nun einen 30°-Abschnitt ein, und zwar gegen den Uhrzeigersinn – damit erhalten Sie die Spitze des zweiten Zeichens. Fahren Sie auf diese Weise fort, bis alle Zeichen im Horoskop eingetragen sind.

5 DIE SYMBOLE EINTRAGEN

Gegen den Uhrzeigersinn vom Aszendenten aus im äußeren Kreis sind dann die Zeichensymbole (die auch auf der vorigen Seite am rechten Rand abgebildet wurden) einzutragen. Drehen Sie das Blatt nicht, um die Symbole einzutragen – schreiben Sie sie vertikal auf, damit sie gut lesbar sind.

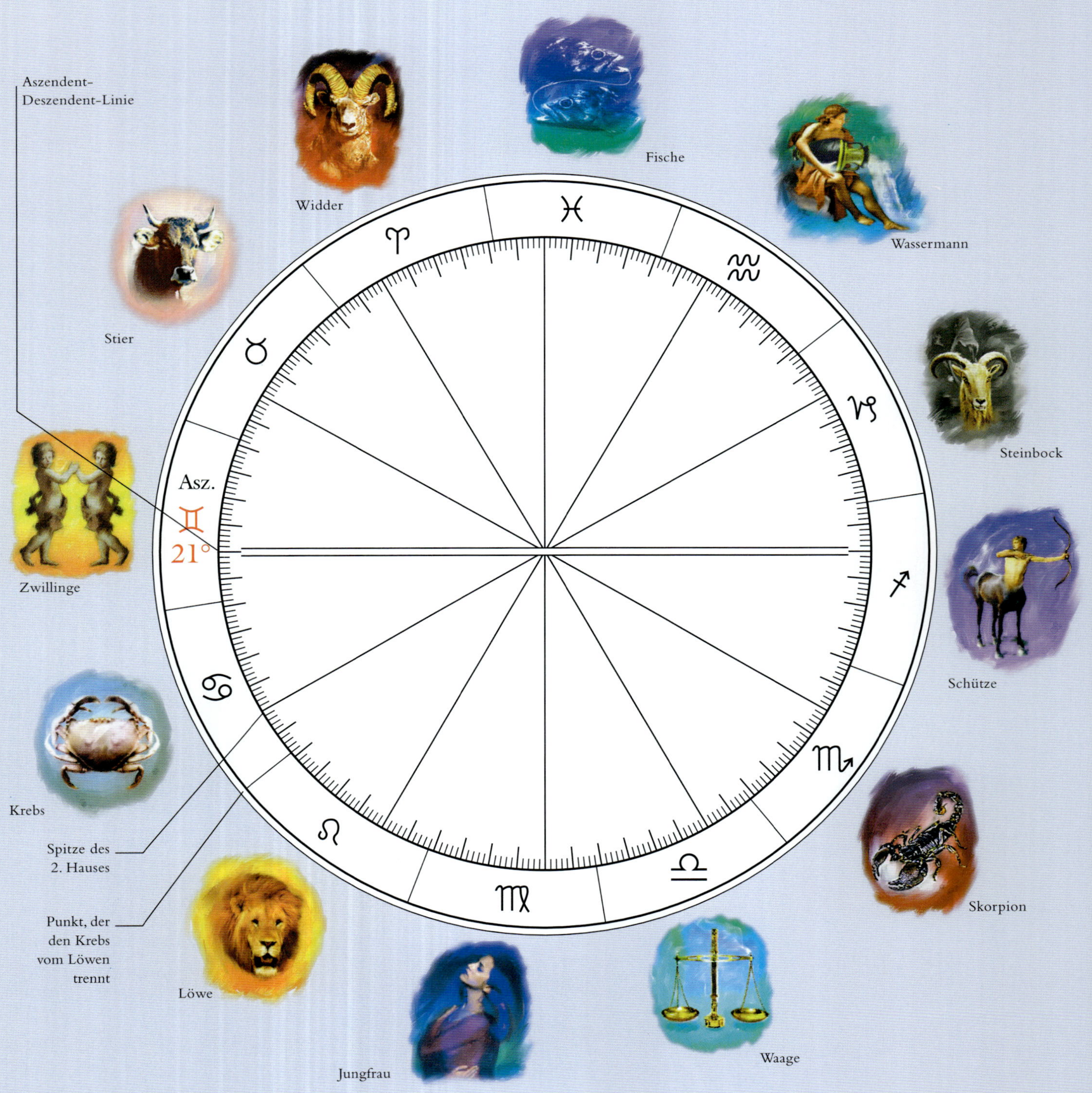

6 DAS MC EINTRAGEN

Als Nächstes markieren Sie das MC – den Punkt der Ekliptik, der zum Zeitpunkt der Geburt am Himmel am höchsten stand (siehe S. 82). Zur besseren Unterscheidung ist es ratsam, Aszendent und MC in einer anderen Farbe einzutragen.

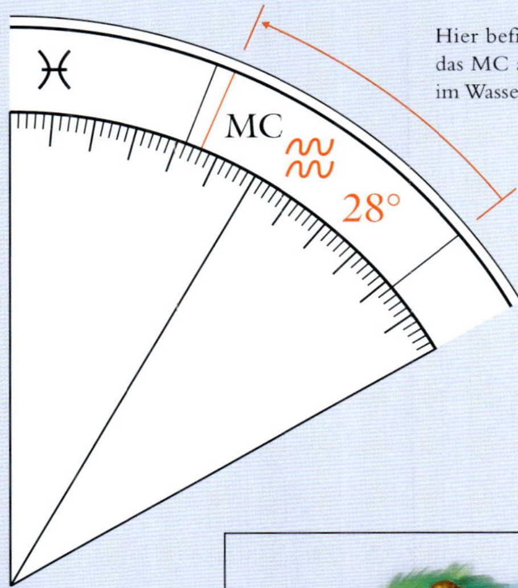

Hier befindet sich das MC auf 28° im Wassermann.

Interpretation

Der Mensch identifiziert sich mit den Eigenschaften des Zeichens an seinem MC. Ein Planet am MC oder in der Nähe davon muss deshalb bei der Interpretation gebührend gewürdigt werden. Der Punkt gegenüber vom MC ist das Imum Coeli oder auch IC; einige Astrologen bringen ihn mit unserer Einstellung zur Erde, zum Umweltschutz oder zu »grünen« Themen in Verbindung.

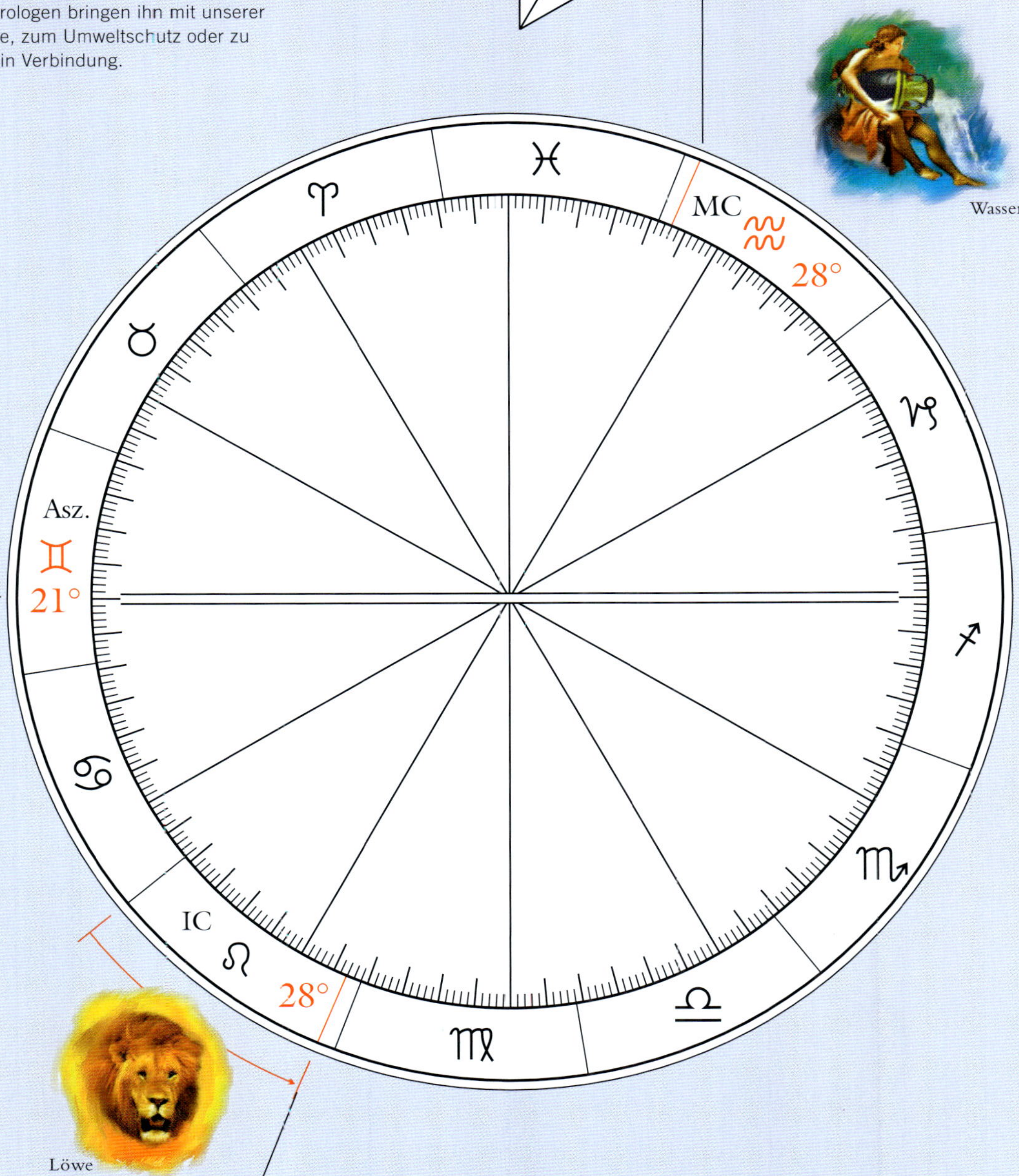

Das MC

Wassermann

Der Aszendent

Löwe

Das IC

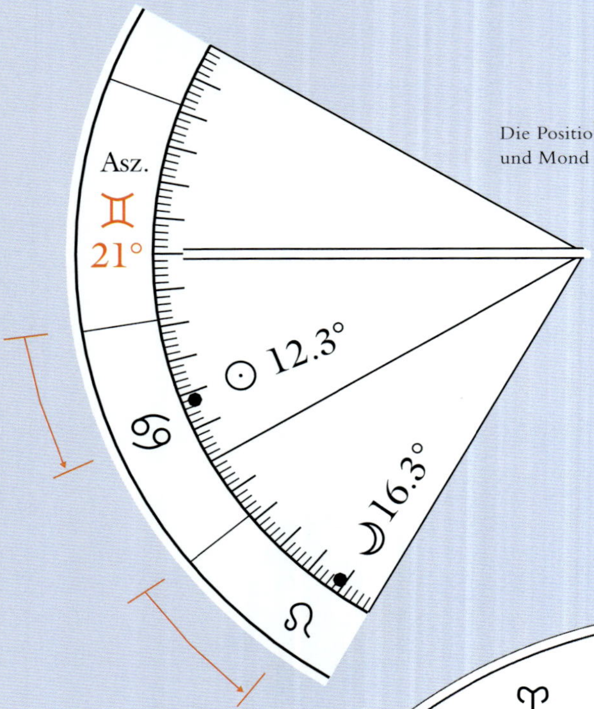

Die Position von Sonne und Mond

7 SONNE UND MOND EINTRAGEN Jetzt wird die Sonne in ihr Zeichen und Haus eingetragen (hier auf 12,3° Krebs im 1. Haus). Am zweitwichtigsten ist der Mond (in unserem Fall auf 16,3° Löwe im 2. Haus).

Interpretation

Vergegenwärtigen Sie sich, dass die Sonne für die äußere Erscheinung des Menschen und sein Auftreten steht, für das Gesicht, das er der Welt zeigt. Der Mond dagegen repräsentiert die Reaktionen auf die verschiedenen Situationen des Lebens. Er hängt auch mit den Merkmalen zusammen, die wir von unseren Eltern geerbt haben.

Die Sonne

Der Mond

8 DIE RESTLICHEN PLANETEN
Jetzt werden die übrigen Planeten in das Horoskop eingezeichnet, wie unten gezeigt (Sie sollten dabei immer neben das Symbol des Planeten seine genaue Position eintragen). Gewöhnen Sie sich dabei an, gemäß der Reihenfolge von der Sonne aus vorzugehen, d. h.: Merkur, Venus, Mars, Jupiter, Saturn, Uranus, Neptun und Pluto.

Interpretation
Zunächst gilt es, sich mit Sonne, Mond und herrschendem Planeten auseinanderzusetzen, dann sollte die Interpretation der Planeten gemäß ihrer Reihenfolge geschehen.

AUFGABE

Am 4. Juli 1981 befand sich Chiron auf 21,5° im Stier. Tragen Sie ihn in Stephens Horoskop ein, und finden Sie heraus, welche Aspekte Chiron zu anderen Planeten bildet.

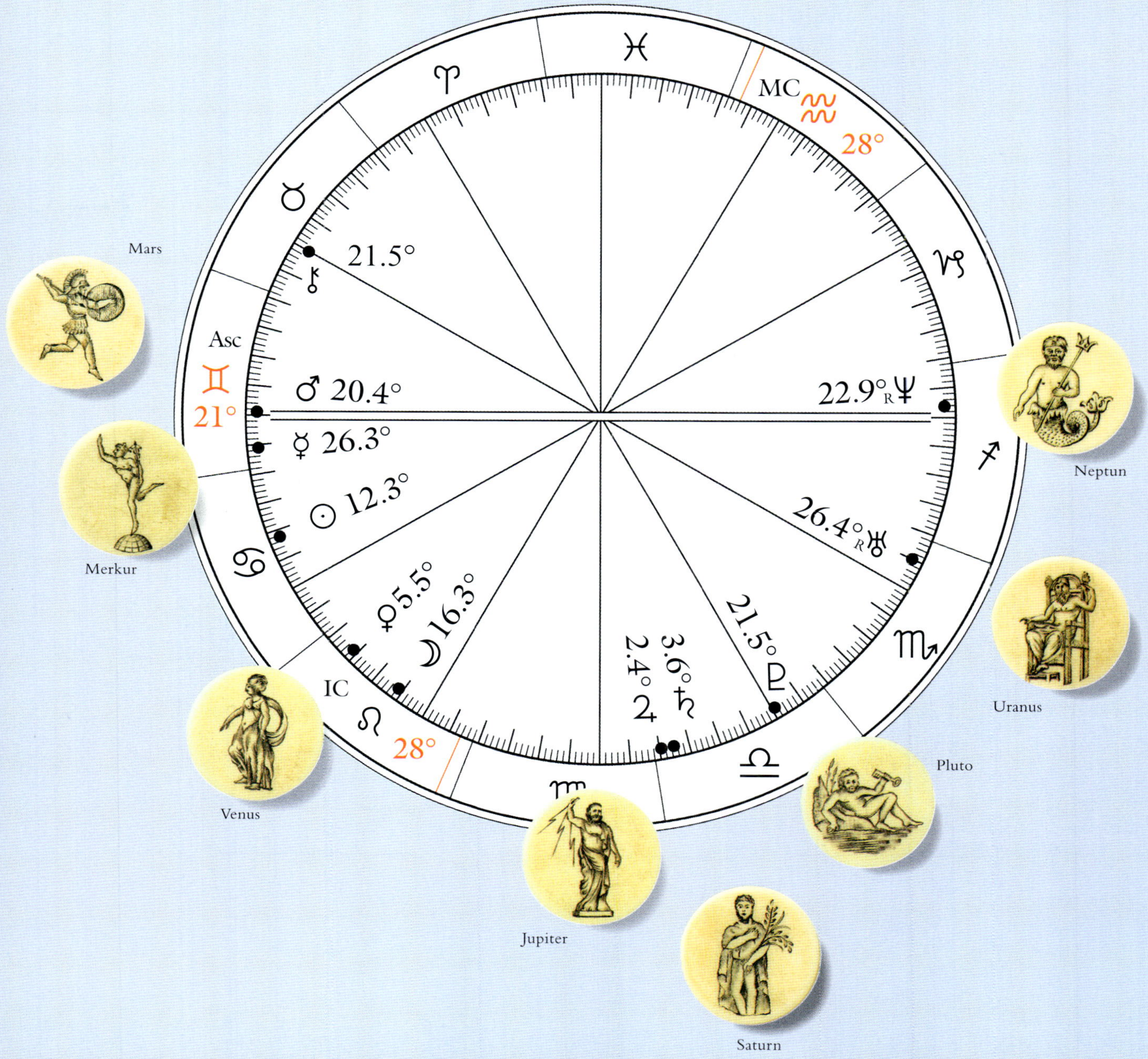

DIE ASPEKTE VERSTEHEN

Es gibt noch eine andere Gruppe von astrologischen Symbolen. Aspekte sind Linien, die zwischen einander aspektierenden Planeten eingezeichnet werden; es ist sinnvoll, diese zusätzlich noch in Symbolform in einer Tabelle aufzulisten oder am Rand der Interpretation. Astrologen teilen die Aspekte in drei Kategorien ein: positiv, negativ und schwach.

Die verschiedenen Aspektarten

Die Konjunktion ist der machtvollste Aspekt. Die negativen Aspekte – Quadrat und Opposition – sind sehr stark; sie werden zwar als hinderlich aufgefasst, geben uns aber doch Charakterstärke und Willen. Das *Halbquadrat* und das Quinkunx bewirken Spannungen und Belastungen, sind dabei aber nicht so stark wie Quadrat oder Opposition und sollten insofern nicht überinterpretiert werden. Es ist schwer zu sagen, wie sich das Quinkunx auswirken wird – gehen Sie sehr vorsichtig an seine Interpretation heran.

Die positiven Aspekte, besonders das *Trigon* und das *Sextil*, machen das Leben einfacher. Das schwächere *Anderthalbquadrat* und *Halbsextil* kann – wie das Halbquadrat oder das Quinkunx – gemäß der Natur der betreffenden Planeten für ein gewisses Maß an Spannung oder Negativität sorgen. Es handelt sich bei ihnen um hintergründige Einflüsse.

Die Orben

Von Aspekten spricht man nur dann, wenn die Orben »stimmen« – d. h., wenn bei einem Planetenpaar keine zu große Abweichung vom genauen Aspektwert besteht. Die Übersicht gibt die maximale Gradzahl an, bei der ein Aspekt noch gültig ist.

POSITIVE UND NEGATIVE ASPEKTE

Aspekt	Symbol	Wirkung	Entfernung	Orbis
Konjunktion	☌	Positiv oder Negativ	0°	8°, bis zu 10° bei ☉ und ☽
Trigon	△	Positiv	120°	8°
Sextil	⚹	Positiv	60°	6°
Opposition	☍	Negativ	180°	8°, bei ☉, ☽ oder herrschenden Planeten bis 10°
Quadrat	□	Negativ	90°	8°
Halbquadrat	∠	Negativ	45°	2°
Quinkunx	⚻	Negativ	150°	2°, bei ☉, ☽ oder persönlichem Planeten bis 3°
Anderthalbquadrat	⚼	Schwach negativ	135°	2°
Halbsextil	⚺	Schwach negativ	30°	2°

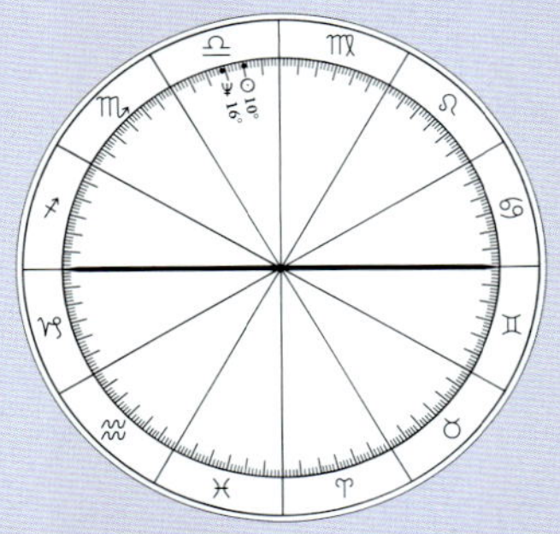

Konjunktion

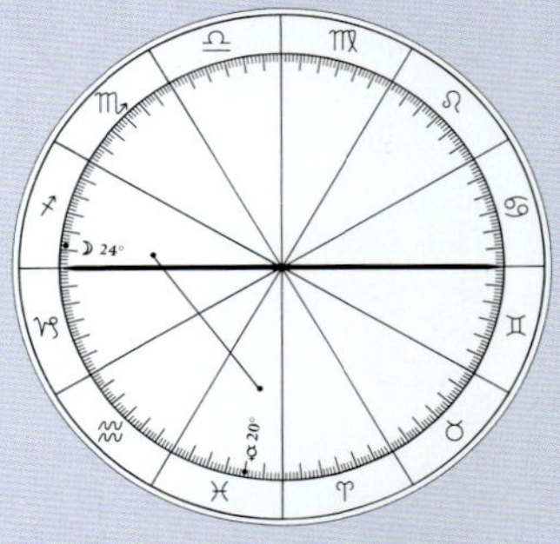

Quadrat

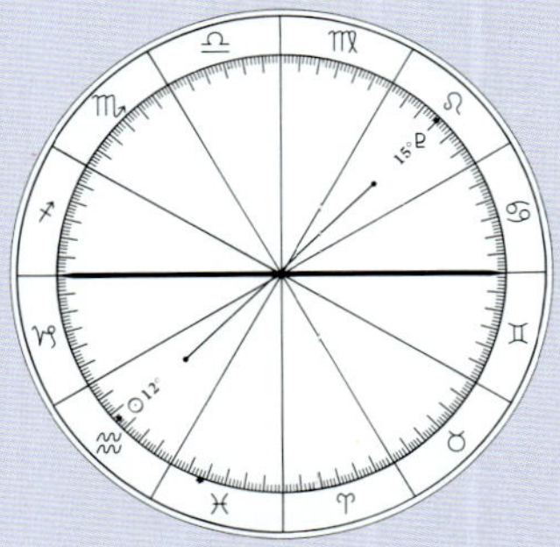

Opposition

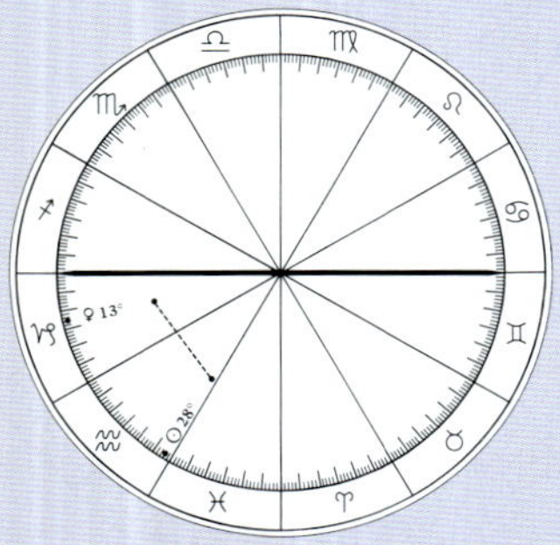

Halbquadrat

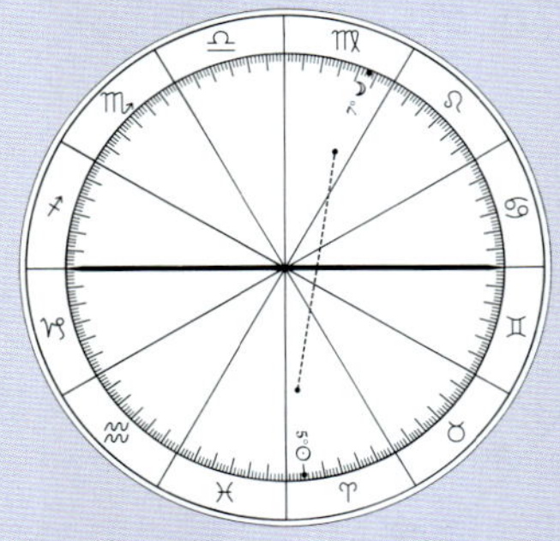

Quinkunx

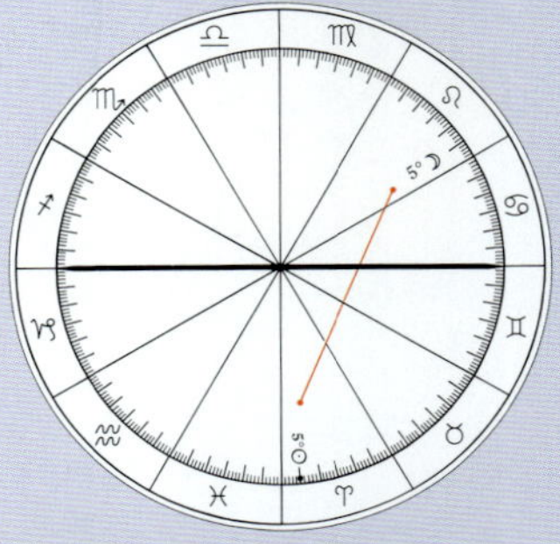

Trigon

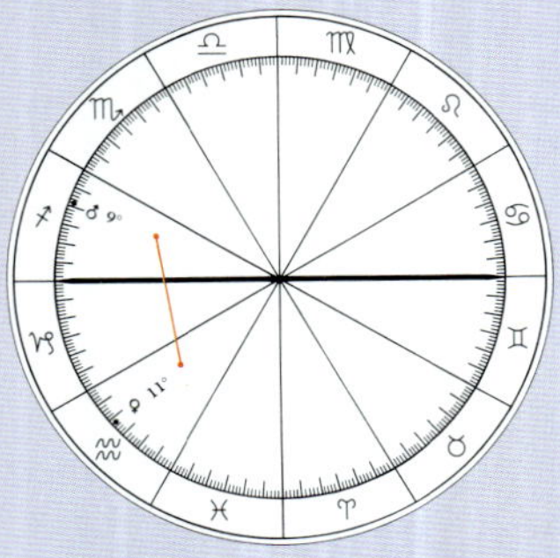

Sextil

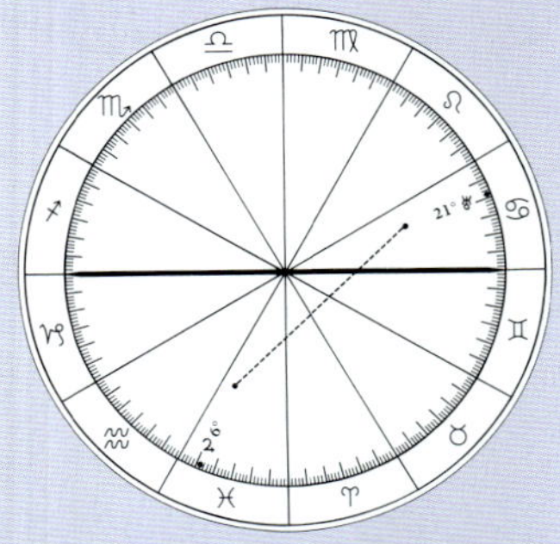

Anderthalbquadrat

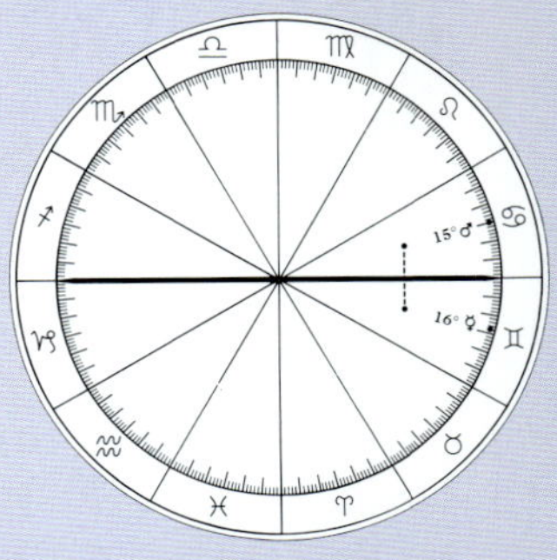

Halbsextil

9 DIE ASPEKTE EINZEICHNEN

Nehmen Sie ihren Zirkel zur Hand, und stechen Sie ihn in die Mitte des Horoskops ein. Machen Sie jeweils auf der Hälfte zwischen Mitte und Planet einen Punkt – das erleichtert Ihnen das Eintragen der Aspekte zwischen den Planeten. Oppositionen und Quadrate werden mit einer durchgezogenen schwarzen Linie gekennzeichnet, Trigone und Sextile mit einer roten, Halbsextile, Halbquadrate, Anderthalbquadrate und Quinkunxe mit einer gestrichelten schwarzen Linie. Sie können auch andere Farben wählen.

Aspekttabelle

Man sollte die Aspekte ins Horoskop einzeichnen, sie aber auch in tabellarischer Form darstellen. Aspekte zwischen Planeten und Aszendent bzw. MC werden gewöhnlich nicht im Horoskop eingetragen.

Planet		Aspekte									
		☉	☽	☿	♀	♂	♃	♄	♅	♆	♇
Sonne	☉		•	•	•	•	•	•	⚼	•	•
Mond	☽			•	•	⚹	∠	∠	•	△	⚹
Merkur	☿				•	☌	□	□	⚻	☍	△
Venus	♀					•	⚹	⚹	•	•	•
Mars	♂						•	•	•	☍	△
Jupiter	♃							☌	⚹	•	•
Saturn	♄								•	•	•
Uranus	♅									•	•
Neptun	♆										⚹
Pluto	♇										
Asz.	Asz.	•	⚹	☌	•	☌	•	•	•	☍	△
MC	MC	⚼	•	△	•	△	•	•	□	•	△

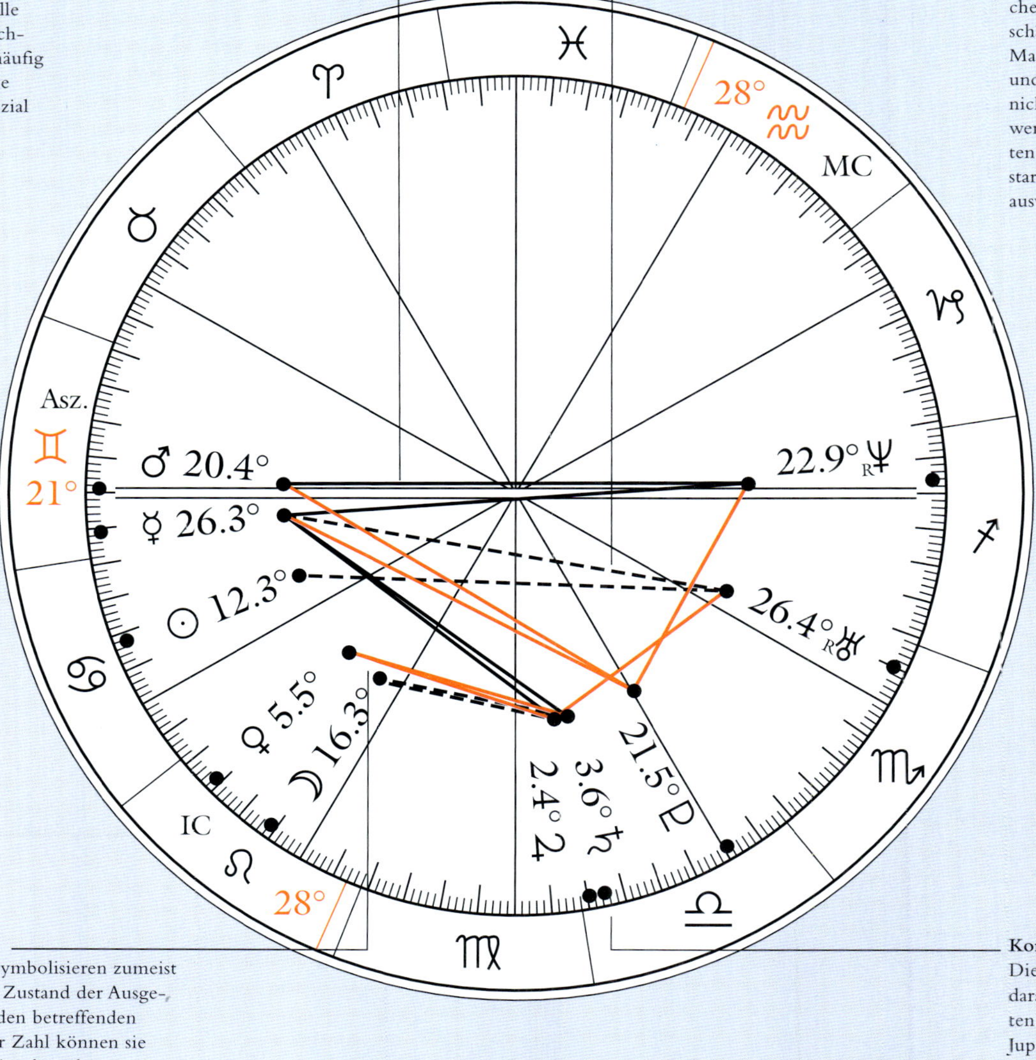

Oppositionen und Quadrate
Oppositionen und Quadrate stellen machtvolle Aspekte dar, die manchmal negativ wirken, häufig aber auch viel Energie und ein großes Potenzial bedeuten.

Nebenaspekte
Beim Halbsextil und Anderthalbquadrat handelt es sich um schwächere Einflüsse. Unterschätzen Sie aber die Macht des Halbquadrats und des Quinkunxes nicht – sie können sich, wenn persönliche Planeten beteiligt sind, fast so stark auswirken wie das Quadrat.

Trigone und Sextile
Trigone und Sextile symbolisieren zumeist Harmonie und einen Zustand der Ausgewogenheit zwischen den betreffenden Planeten; in zu großer Zahl können sie aber die Persönlichkeit schwächen.

Konjunktion
Die Konjunktion beruht darauf, dass zwei Planeten – hier Saturn und Jupiter- eng beieinander stehen.

ASPEKTMUSTER

Es gibt Horoskope, in denen die Planeten im Aspekt zueinander bestimmte Muster bilden. Damit ist ein sehr machtvoller Einfluss auf die individuelle Persönlichkeit verbunden. Die verbreitetsten Aspektmuster sind das T-Quadrat, das Große Trigon und das Große Kreuz. Nicht ganz so bedeutsam, aber nicht weniger eindrucksvoll ist der »Pfeil« oder auch »Wegweiser«.

Für die beiden ersten Muster sind drei, für die letzten vier Planeten nötig – es ergibt sich aber oft, dass weitere Planeten Bestandteil des Aspektmusters sind. Dadurch wird der Einfluss noch stärker. Je mehr Planeten an der Konstellation beteiligt sind, desto machtvoller ist ihre Auswirkung.

UNASPEKTIERTE PLANETEN

Nicht so häufig, wie man meinen sollte. Überprüfen Sie Ihre Berechnung, wenn Sie glauben, auf einen unaspektierten Planeten gestoßen zu sein – vielleicht steht er doch zu einem Eckpunkt im Aspekt. Weist er zweifelsfrei keinen Aspekt auf, haben wir es mit einem Schlüsselfaktor zu tun. Zumeist ist sich der Mensch dieses Einflusses deutlich bewusst, hat aber Schwierigkeiten damit, die betreffenden Eigenschaften psychisch zu integrieren. Wenn Sie der Meinung sind, dass Ihr Gegenüber sehr darunter zu leiden hat, sollten Sie eine professionelle Beratung empfehlen.

DAS T-QUADRAT

Besteht aus zwei Planeten in Opposition zueinander, die jeweils zu einem anderen, dritten Planeten im Quadrat stehen. Ein spannungsreiches, dynamisches Muster, das aber viel Energie liefern kann, trotz der Tatsache, dass die einzelnen Aspekte allesamt negativ sind (schlagen Sie Seite 268 auf – dort werden Sie erfahren, dass die besten Menschen die schlimmsten Horoskope haben!). Das T-Quadrat kann aber auch viele Hemmnisse bedeuten. Vieles hängt hier von den beteiligten Planeten ab; hat einer von ihnen eine personalisierte Bedeutung, verstärkt sich die Wirkung des T-Quadrats beträchtlich. Wenn das Horoskop allgemein auf Energie und Stärke schließen lässt, können Sie davon ausgehen, dass der Betreffende gegen Hindernisse kämpfen wird.

DAS GROSSE TRIGON

Hier stehen mindestens drei Planeten im Abstand von 120° zueinander, womit sie auf eine positive und problemlose Art verbunden sind. Dies kann sich aber weniger günstig auswirken, speziell dann, wenn mehr als drei Planeten an der Konstellation beteiligt sind. Vielleicht ein Mensch, der sehr charmant ist. Dieses Aspektmuster könnte aber auch eine gewisse Schwäche anzeigen. Der Neigung zu einer nachlässigen Einstellung muss entgegengetreten werden. Wenn sehr viele Trigone vorhanden sind (vielleicht sogar das seltene »Davidstern-Muster«), könnte die Person dazu tendieren, andere auszunutzen, oder glauben, dass sie sich alles erlauben kann (was häufig der Fall ist). Das Große Trigon wirkt am besten, wenn es mit einem T-Quadrat oder einigen Quadraten und Oppositionen zusammenfällt, weil das förderlich für die Ausgewogenheit sein kann.

DAS GROSSE KREUZ

Ein vergleichsweise seltener Faktor, der aber außerordentlich machtvoll und schlichtweg überwältigend wirken kann. Er besteht aus vier Planeten im Abstand von jeweils ca. 90°, wodurch es im Horoskop zu zwei Oppositionen und zu einem Kreuz kommt. Von den vier Planeten gehen weiterhin Quadrataspekte aus. Auch in diesem Fall können weitere Planeten zum Muster dazukommen, sei es durch Quadrate oder durch Oppositionen.

Das Große Kreuz steht zumeist in ein und derselben Qualität. Ein Muster, das auf großen Erfolg oder aber auf eine gebrochene Persönlichkeit schließen lassen kann – Menschen mit dem Großen Kreuz zeichnen sich entweder durch sehr viel Mut, Energie und Kraft aus und überwinden selbst die größten Hinder-

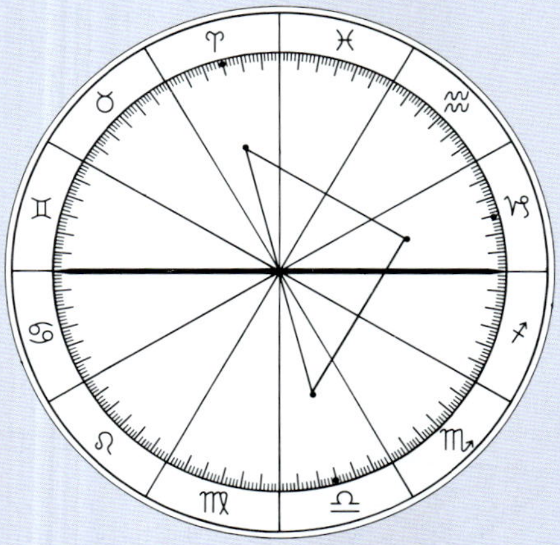

T-Quadrat

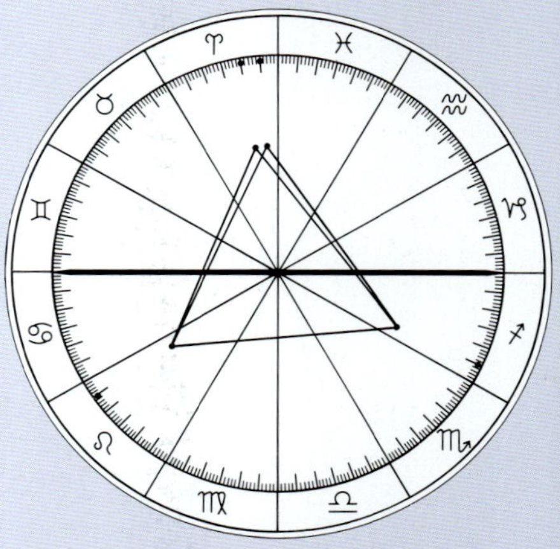

Doppeltes Großes Trigon

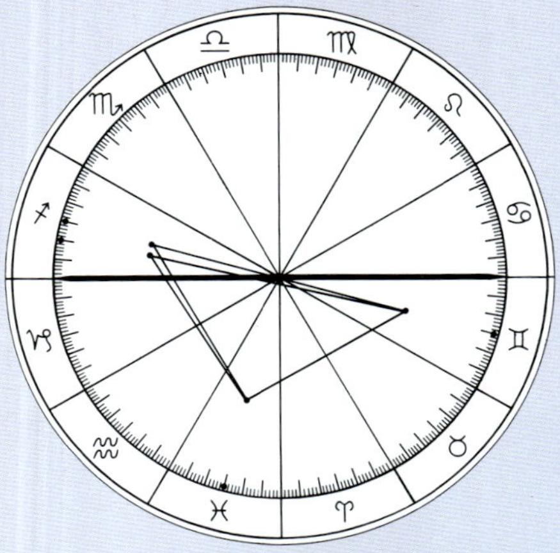

Doppeltes T-Quadrat

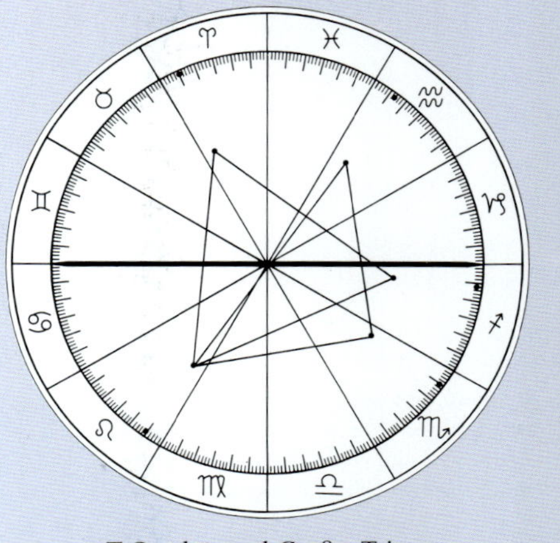

T-Quadrat und Großes Trigon

nisse; oder sie können mit den machtvollen Auswirkungen nicht umgehen und gehen zugrunde. Die betreffende Qualität hat dabei einen großen Einfluss.

Das kardinale Große Kreuz

Ein kardinales Großes Kreuz wirkt hemmend, da der Mensch versucht, Energie freizusetzen und nach außen zum Ausdruck zu bringen, wobei sich aber Hindernisse ergeben. Wenn er den Mangel an Selbstvertrauen überwinden kann, wird er sich durch sehr viel Stärke auszeichnen und vielleicht auch Großes leisten.

Das fixe Große Kreuz

Menschen, die sich mit ihrer Dickköpfigkeit selbst ihr ärgster Feind sind. Vielleicht wurden sie als Kind häufig von den Eltern schwer kritisiert, sodass es ihnen jetzt an Selbstvertrauen fehlt und sie Angst haben, aktiv zu werden. Auch sie können aber, wenn sie sich fassen und Flexibilität und vielleicht auch eine offenere Einstellung entwickeln, Großes leisten.

Das veränderliche Große Kreuz

Das veränderliche Große Kreuz führt oft zu Konfusion; der Mensch ist damit um Flexibilität und ein anregendes, unkompliziertes und erfülltes Leben bemüht, was ihm aber verwehrt bleibt. Vielleicht liegt das an einem starken Pflichtgefühl, welches auch als Rechtfertigung für den Mangel an Selbstvertrauen herhalten könnte. Nichtsdestoweniger besteht das Potenzial, gegen diese Barrieren anzukämpfen. Durch das Überwinden von Hindernissen sind große Erfolge möglich.

Wenn die Gründe für die Hindernisse bei allen drei Arten von Großem Kreuz erkannt worden sind, entwickelt der Betreffende häufig sehr viel Bestimmtheit.

In manchen Fällen ist es so, dass T-Quadrat und Großes Kreuz mehr als eine Qualität umfassen – die Auswirkungen der Konstellation werden etwas schwächer. Ähnliches gilt für das Große Trigon, bei dem normalerweise alle Planeten in einem Element stehen.

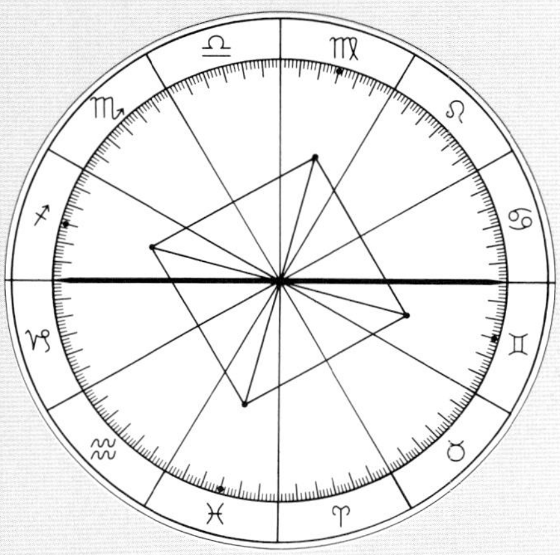

Großes Kreuz

DER PFEIL

Ein spannungsreiches Muster: Ein Planet, der in Opposition zu einem anderen steht, wird durch zwei weitere Planeten im Quinkunx aspektiert, wodurch eine pfeilförmige Figur entsteht. Diese zwei Planeten können jeweils auch im Halbsextil zum »Basis«-Planeten stehen. Eine Konfiguration mit einer symbolischen Aussagekraft: Sie zeigt die Richtung an, die man einschlagen soll, indem man sich auf die Angelegenheiten des Hauses konzentriert, in das die »Spitze« des Musters fällt. Vertrauen Sie dieser Theorie nicht zu sehr – allerdings ist es in der Tat so, dass der Planet an der Spitze der Konstellation ein Horoskopgebiet anzeigt, das unter Spannung steht. Die eher negativen Seiten der Aspekte werden in der Persönlichkeit deutlich wahrnehmbar sein.

KETTENREAKTIONEN

Bei der Arbeit mit Progressionen und Transiten werden Sie später feststellen, dass dann, wenn einer der Planeten aus einem Aspektmuster aktiviert wird, eine Kettenreaktion einsetzt. Wenn innerhalb des Aspektmusters nur sehr kleine Orben gegeben sind, wird sich diese Phase als sehr wichtig erweisen, erfüllt mit vielen Geschehnissen, schwierigen oder förderlichen – gemäß der beteiligten Planeten. Bei größeren Orben machen sich die Auswirkungen der Transite bzw. Progressionen über einen längeren Zeitraum hinweg bemerkbar, was gleichzeitig heißt, dass sie weniger intensiv sind.

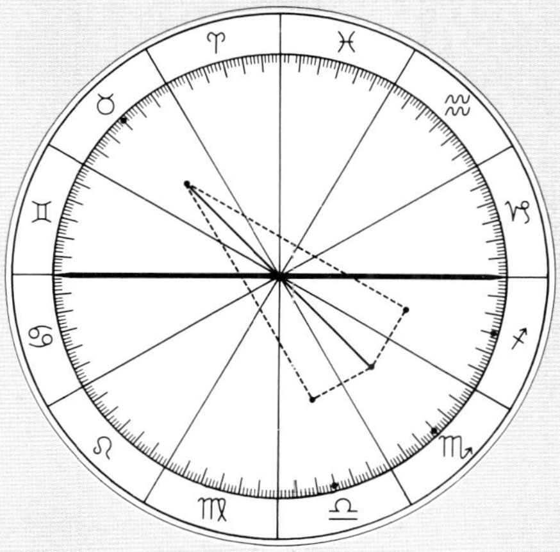

Pfeil

DAS STELLIUM

Eine Gruppe von Planeten – mindestens drei –, die in einem Zeichen oder Haus zusammenstehen; von Zeit zu Zeit ergeben sich nämlich im Sonnensystem derartige »Stauungen«. Damit liegt ein großer Nachdruck auf dem betreffenden Zeichen oder Haus, mit einem gewissen Maß an Spannung. In vielen Fällen ist das Sonnenzeichen einbezogen; es ist nichts Außergewöhnliches, Sonne, Merkur und Venus im gleichen Zeichen zu haben (der Betreffende ist nicht nur bezüglich der Sonne durch dieses Zeichen geprägt, sondern denkt und liebt auch noch auf diese Weise). Wenn hier aber z. B. auch noch der Mond beteiligt ist, würden auch die instinktiven Reaktionen durch dieses Zeichen geprägt sein. Andere Planeten machen sich ebenfalls ihrer Art gemäß bemerkbar; Mars z. B. steht für die physische Energie usw.

Diese machtvollen Stellien bedeuten ein Ungleichgewicht, nicht nur im Sonnensystem (leider sind sie oft der Grund für Erdbeben), sondern auch im Menschen selbst: Die positiven wie negativen Eigenschaften des betreffenden Zeichens sind in der Persönlichkeit allzu dominant. Richten Sie Ihr Augenmerk auf die anderen Planeten und Zeichen – mit ihnen kann Ihr Gegenüber womöglich die notwendige Ausgewogenheit im Leben erreichen.

DAS FERTIGE HOROSKOP

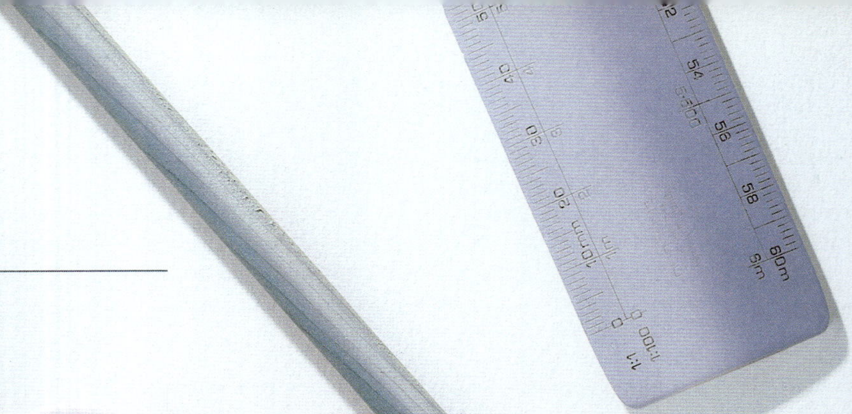

Wir haben nun alle Planeten in das Horoskop eingetragen, was uns viele Aufschlüsse geben kann. Die Sonne zeigt, wie der Mensch sich zum Ausdruck bringt; der Mond lässt die Reaktionen auf die Geschehnisse des Lebens erkennen. Merkur steht für unsere mentalen Fähigkeiten. Venus zeigt unsere Bedürfnisse in Beziehungen, Mars herrscht über die körperliche Energie, Jupiter über unsere Vision, den Geist und die philosophische und spirituelle Einstellung. Saturn beeinflusst unser Verantwortungsgefühl und unser gesellschaftliches Vorankommen, Uranus den Drang nach Macht und die Fähigkeit, mit plötzlichen Veränderungen umzugehen. Neptun wirkt sich auf den persönlichen. Idealismus aus und hat womöglich auch Fluchttendenzen zur Folge, während Pluto die Reaktion auf tiefverwurzelte psychische Probleme darstellt.

Mars und Merkur in den Zwillingen
Merkur ist der Herrscher dieses Horoskops. Sein Einfluss ist von entscheidender Bedeutung – nicht nur, weil er sich in den Zwillingen im eigenen Zeichen befindet, sondern auch, weil er im 1. Haus in Konjunktion zum Aszendenten steht. Der Zwillingsmars ist ebenfalls machtvoll – eine starke, wenn auch spannungsreiche Energiequelle, die im 12. Haus und in Opposition zu Neptun den Menschen geheimniskrämerisch und fantasievoll macht.

Sonne im Krebs
Die Krebssonne bedeutet einen starken psychischen Einfluss, auch wegen ihrer Stellung im 1. Haus. Erhöht die Krebsneigung zu gesundheitlichen Problemen.

Venus und Mond im Löwen
Der Löwemond verleiht organisatorische Fähigkeiten und die Gabe, sich als Autorität darzustellen. Das emotionale Niveau ist damit positiv gestärkt. Die Löwevenus fügt Wärme und Großzügigkeit zu, im 2. Haus bedeutet sie die Neigung zu Luxus und sinnlichen Freuden. Viel Zuneigung zum Partner wird auch ausgedrückt.

Interpretation

Bei diesem Menschen dürfte die psychologische Integration keine großen Probleme machen. Was die Zeichen betrifft, stehen die Planeten in einer ziemlich harmonischen Verbindung zueinander; zwischen Krebssonne und Löwemond z. B. kommt es zu einer Rezeption (siehe S. 97), was immer eine gute Sache ist. Merkur, der das Horoskop beherrscht, macht den Menschen lebhaft, gesprächig, flexibel und sehr zwillingshaft. Der allzu farbige Mars in Opposition zu Neptun ist allerdings ein schwächender Faktor, und die Merkuropposition zu Neptun könnte den Menschen dazu neigen lassen, immer den Weg des geringsten Widerstandes zu suchen und andere vielleicht zu hintergehen.

ZUSATZAUFGABE

Wenn Sie wissen, was es mit der Planetenverknüpfung (siehe S. 202) auf sich hat, führen Sie eine solche hier durch.

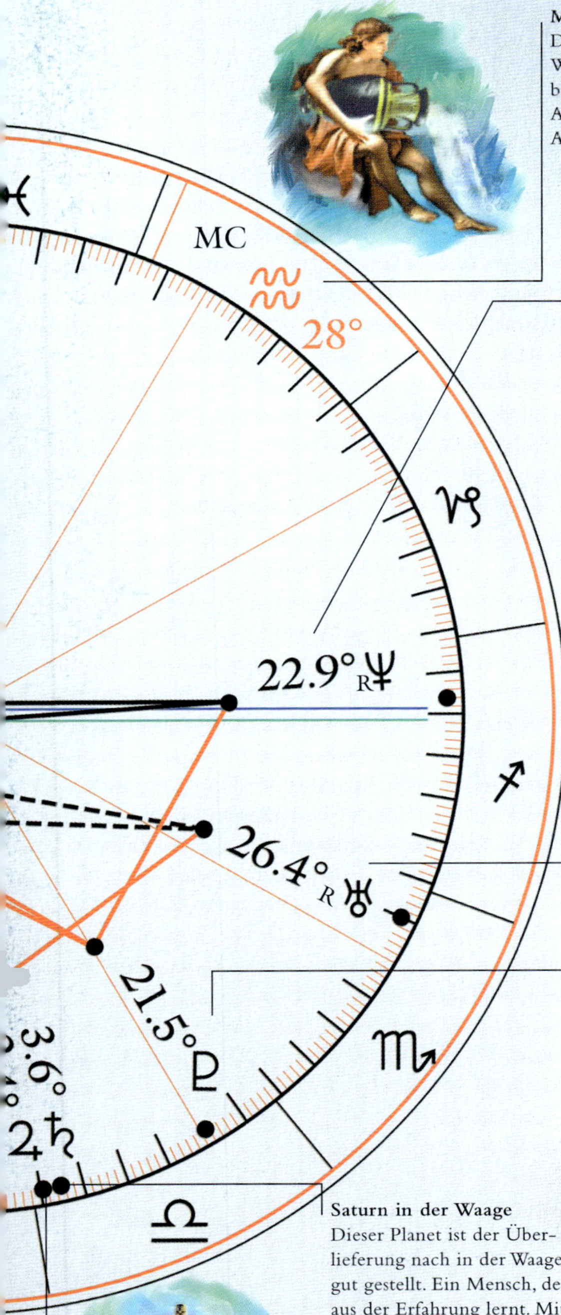

MC im Wassermann
Der Geborene identifiziert sich mit Wassermanneigenschaften und ist bestrebt, die positivsten davon zum Ausdruck zu bringen: humanitäre Anteilnahme und Unabhängigkeit.

Neptun im Schützen
Der wohltuende Generationseinfluss von Neptun im Schützen verleiht einen angenehmen Sinn für Humor. Durch seine Stellung im 7. Haus und die starke Opposition zu Mars (sehr dicht am Aszendenten) könnte der Betreffende in der Beziehung allzu idealistisch und unpraktisch veranlagt sein.

Uranus im Skorpion
Dieser Planet im 6. Haus bewirkt Spannung. Weil außerdem ein Anderthalbquadrat zur Sonne und ein Quinkunx zum herrschenden Planeten Merkur, der von überragender Wichtigkeit ist, besteht, könnte es zu Problemen kommen. Allerdings dürften auch ein großes intellektuelles Potenzial, sehr viel Originalität und eine rasche Auffassungsgabe vorhanden sein, weiterhin vielleicht eine gewisse Exzentrizität und Impulsivität.

Pluto in der Waage
Dieser Planet befindet sich nur 0,5° von der Spitze des 5. Hauses entfernt (also »auf« der Spitze) und könnte sich damit als Triebfeder erweisen, besonders auch wegen der starken Trigone zu Merkur und Mars, welche förderlich auf den Ausdruck des kreativen Potenzials wirken. Könnte den Menschen dazu bringen, körperliche oder finanzielle Risiken einzugehen.

Saturn in der Waage
Dieser Planet ist der Überlieferung nach in der Waage gut gestellt. Ein Mensch, der aus der Erfahrung lernt. Mitgefühl und ein Sinn für Gerechtigkeit sind integrale Bestandteile der Persönlichkeit.

Jupiter in der Waage
Die negativen Auswirkungen von Saturn im 4. Haus können auf die eine oder andere Weise durch Jupiter im gleichen Haus gemildert werden.

DAS HOROSKOP VORSCHIEBEN

Um Aussagen über den Verlauf des Lebens eines Menschen zu treffen, »schieben« Astrologen das Horoskop »vor«. Es gibt dafür mehrere Methoden; die wohl bekannteste ist die »Ein-Tag-für-ein-Jahr«-Progression (auch Sekundärdirektion genannt). Sie basiert auf der Annahme, dass die Position der Planeten 24 Stunden nach der Geburt Aussagen über das zweite Lebensjahr des Kindes zulassen. Die Planetenstellungen fünf Tage nach der Geburt lassen auf den Zeitraum zwischen fünf und sechs Jahren schließen, die Positionen 27 Tage nach der Geburt auf den Zeitraum zwischen 27 und 28 usw. Zur Ermittlung der notwendigen Daten müssen Sie zunächst einmal das Geburtshoroskop erstellen (siehe S. 98–103).

Es ist extrem wichtig zu erkennen, dass die Astrologie keine zukünftigen Ereignisse vorhersagt und dies auch nicht kann. Was wir können, ist, Trends aufzuzeigen, die im Leben eines Menschen wirksam sind; und wir können ihm helfen, wenn es darum geht, wichtige Veränderungen vorzunehmen, wenn es z. B. um den Beruf, den Erwerb eines Hauses, die Intensivierung einer emotionalen Beziehung oder vielleicht auch um die Gründung einer eigenen Firma geht. Wir können aber niemals sagen, dass Sie am 27. Mai einen wunderbaren Mann treffen, in den Sie sich sofort verlieben und den Sie dann am 27. Juli heiraten. So funktioniert die Astrologie nicht – unter anderem würde ein solcher Fatalismus auch bedeuten, dass wir keinen freien Willen hätten. Wir könnten aber die Vermutung äußern, dass zu einer bestimmten Zeit dieser oder jener Lebensbereich im Mittelpunkt stehen wird.

Entwicklungen einschätzen

Was die Beurteilung von möglichen Entwicklungen betrifft, kann der Astrologe aufzeigen, wann bestimmte planetarische Energien für oder gegen den Betreffenden arbeiten, sodass sich dieser dann davor schützen oder aber die Kräfte vollständig ausnutzen kann. Es gibt Zeiten, in denen man Veränderungen und Wechsel vornehmen kann, ohne dass es zu größeren Problemen kommt – während man in anderen Phasen gegen den Strom schwimmt.

Der ganze Bereich der Progressionen (wie wir unsere prognostischen Techniken nennen) ist von enormer praktischer Bedeutung, sowohl in psychischer als auch in konkreter Hinsicht. In ersterem Fall kann der Astrologe viel dafür tun, dass der Betreffende sein Potenzial entwickelt, in letzterem kann er durch den Vergleich von Geburts- und Progressionshoroskop Zeiten nennen, wann allgemeine Fortschritte möglich sind.

Trends entdecken

Es gibt zwei Methoden, wie wir zukünftige Entwicklungen im Leben eines Menschen erkennen können: Einmal geht es um den Lauf der Planeten in dem Zeitraum, zu dem wir Stellung nehmen wollen (vgl. die Seiten 124–126); die andere Methode ist eine rein symbolische. Über die Jahrhunderte hinweg haben die Astrologen sich Gedanken dazu gemacht, wie man zukünftige Trends erkennen kann. Wir beschreiben hier eine Technik, die zwar irrational zu sein scheint, aber doch sehr erhellend ist. Sie ist die bei westlichen Astrologen gebräuchlichste Methode und unter der Bezeichnung »Sekundärprogression« oder »-direktion« bekannt (oder auch »Ein-Tag-für-ein-Jahr«-Methode).

Ein Tag für ein Jahr

Vereinfacht gesagt symbolisiert die Bewegung der Planeten an einem Tag ein Jahr im Leben des betreffenden Menschen. Wenn Sie wissen wollen, wie die Planeten für Sie wirken, wenn Sie 37 Jahre alt sind, müssen Sie 37 Tage von Ihrem Geburtstag aus weiterzählen und für den daraus hervorgehenden Tag in die Ephemeride schauen. Wenn Ihre Geburt am 1. Januar 1965 stattfand, würden die Planetenstellungen des 6. Februars zeigen, wie das Jahr 2002 astrologisch für Sie aussah. Die Planetenaspekte dieses Tages würden Sie dann beeinflusst haben wie auch die Aspekte der Planetenstellungen dieses Tages zu den Planetenstellungen in Ihrem Horoskop. Das planetarische Muster, das sich solcherart enthüllt, wirkt für etwa ein Jahr, wobei es häufig so ist, dass sich die Einflüsse bereits im Vorjahr allmählich bemerkbar machen, zum Zeitpunkt des exakten Datums dann am stärksten sind und sich im folgenden Jahr allmählich abschwächen.

Das progressive Geburtshoroskop

Das Horoskop auf der gegenüberliegenden Seite lässt erkennen, wie es geht: Außerhalb des normalen Geburtshoroskops ist ein zweiter Ring eingezeichnet, in den die Positionen von Planeten, Aszendent und MC eingetragen werden, allerdings an anderer Stelle: dort nämlich, wo sie sich 37 Tage nach der Geburt des betreffenden Menschen befanden. Es muss noch einmal daran erinnert werden, dass man Aszendent und MC nur dann eintragen kann, wenn man sich der Geburtszeit ganz sicher ist; unter dieser Voraussetzung sind sie von extremer Wichtigkeit. Beim Vorschieben des Horoskops bedeuten vier Minuten Abweichung bei der Geburtszeit, dass sich der Zeitraum, den man interpretiert, um nicht weniger als zwölf Monate verschiebt!

Weil der Mond sich schneller als jeder andere »Planet« bewegt, wirken sich seine Aspekte nur über einen Zeitraum von drei Monaten aus. Sein Einfluss aber ist, wie die machtvollen Transite, auch sehr stark (siehe S.120-121).

Transite und die Zukunft

Transite sind bei der Interpretation von zukünftigen Entwicklungen extrem bedeutungsvoll. Hierzu schaut man für den fraglichen Zeitraum in die Ephemeride, manche Computerprogramme liefern diese Informationen auch. Nachdem der Astrologe diese Angaben notiert hat, ermittelt er, ob die Planeten Aspekte zur eigenen Position oder zu der der anderen Planeten im Geburtshoroskop bilden – dies sind dann die Transite. Sie können sehr machtvolle Einflüsse darstellen. Wenn zwei oder

DAS VORGESCHOBENE HOROSKOP

Wir werden älter, und unser Horoskop altert mit uns. Es gibt verschiedene Methoden, das Horoskop »vorzuschieben« – es stellt dann nicht nur den Moment unserer Geburt dar, sondern auch Perioden in der Zukunft.

Zeichnen Sie zunächst innen in den Vordruck das Geburtshoroskop ein.

Tragen Sie das progressive MC und den progressiven Aszendenten ein (siehe S. 120).

Es gibt eine zusätzliche Berechnung für den progressiven Mond (siehe S. 121). Schreiben Sie immer auf, wie weit sich der Mond bewegt – in diesem Fall von 25° Schütze bis 6° Steinbock.

Tragen Sie die Stellung der progressiven Planeten hier ein.

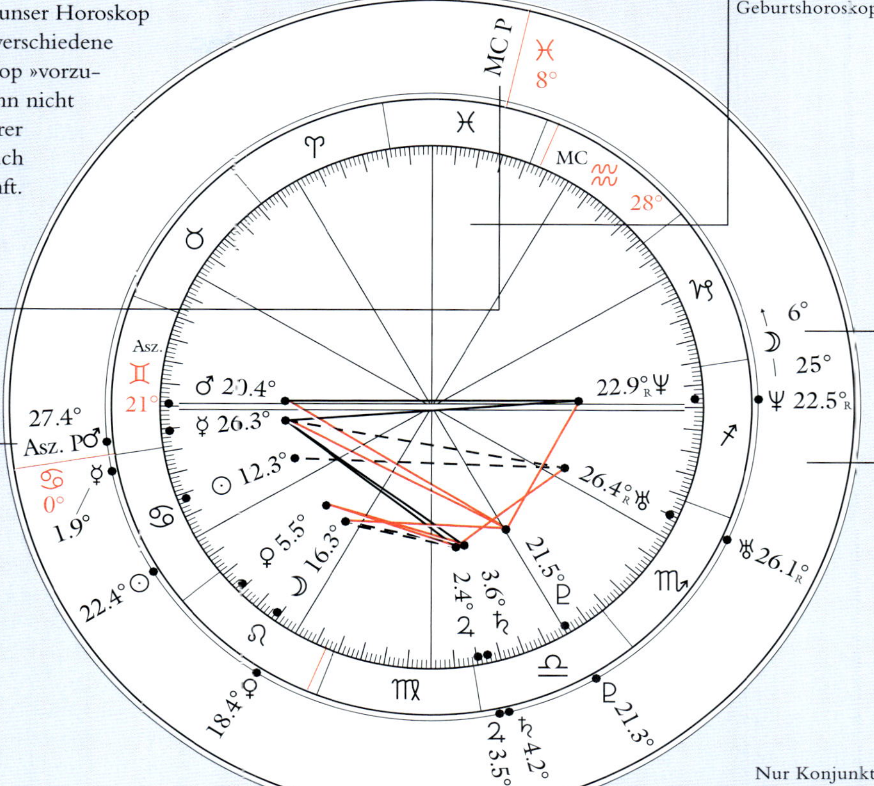

Der Zeitraum, auf den sich die Progressionen beziehen

Tragen Sie das progressive Mondzeichen hier ein (siehe S. 120–121).

Nur Konjunktionen und Oppositionen

Tragen Sie das Symbol für das Neumondzeichen hier ein (siehe S. 126).

Name

Referenz-Nr.

Jahr 1992

Mitternachtspositionen am 15.07.81

Entsprechend dem 28.2.92

1. Berechnung

Wir gehen davon aus, dass es sich um die erste Berechnung handelt.

Notieren Sie den Wechsel des Mondzeichens.

Mond			Aspekte		Transite									
Jahr	Monat	Länge des Mondes	zu Radix	zu Progr.	♇	♆	♅	♄	♃	♂	♀	☿	☉	☽
1992	JAN.	25.2°				⚻☽ 1 20		☍♀ 2		☌♆ 1 ☍☿ 5 ☍☉ 26	☍♂ 17 ☍Asz. 18 ☍♆ 20 ☍☿ 22	☍♂ 3 ☍Asz. 4 ☍♆ 5 ☍☿ 7		☍☉ ♑ 4
	FEB.	26.2°	☍☿ ⚺♅	⚺♅			⚻☽ 10	⚻☉ 23	⚹☉ 2 10	☍♀ 25–26	☍☉ 4 ☍♀ 23	☍☉ 18 ☍♀ 2 ☍☽ 8 ☌MC 15	☌MC 18	⚻☉ ♒ 3
	MRZ.	27.2°		☍♂			2	2 ☍☽ 22		☍☽ 9 ☌MC 26	☍☽ 2 ☌MC 13	☍♃ 5 ☍♄ 6 ☍♄ 30 ☍♄ 31		△☉ ♓ 4
	APR.	28.2°	⚹MC		⚻Asz. 24			1			☍♃ 8 ☍♄ 9 ☍♇ 25	☍♃ 19 ☍♄ 20		□☉ ♈ 3
	MAI	29.2°								☍♃ 9 ☍♄ 10	☍♅ 23	☍♇ 6 ☍♅ 25		⚹☉ ♉ 2
	JUN.	♑ 0.2°	□☽	☍Asz.	2 ⚻♂ 3		⚻☽ 16			☍♇ 3	☌♂ 12 ☌Asz. 12 ☍♅ 14 ☌☿ 17	☌♂ 5 ☌Asz. 5 ☌☿ 8 ☌☉ 16	☌Asz. 12 ☌☿ 17	⚺☉ 1♊ ⚺♀ 29♋
	JULI	1.2°		☍☿			27	☍☽ 27	⚹☉15 20	☍♅ 22	☌☉ 30 ☌♀ 18 ☌☽ 26	☌♀ 1 ☌☽ 13 ☌☽ 27		☌♀ ♌ 29
	AUG.	2.2°	□♃			⚻☽ 1		9	□♂ 25–29 □Asz. 30	☌♂ 27–28 ☌Asz. 29	☍MC 6	☌♀ 13 ☌☽ 26	☌☽ 8	⚺♀ ♍ 28
	SEPT.	3.3°	□♄	□♃ □♀	24 ⚻Asz. 25			⚻☉ 8	□♆ 3 9–11 □☿ 22–26	☍♆ 1–2 ☌☿ 6-7	☌♃ 3 ☌♄ 3 ☌♇ 18	☍MC 2 ☌♃ 20 ☌♄ 21		☌♃♄ ⚹♀ 26 ♎
	OKT.	4.3°		□♄	23				⚻MC 2 5 ☌♃ 21–24	☌☉ 5–7	☌♅ 17	☍♇ 1–2 ☌♅ 27		⚺♃♄ ♏ 25
	NOV.	5.3°	⚻♀			21		22	☌♄ 25–30 ⚹♀ 5–9		☍♂ 6 ☍Asz. 6 ☌♆ 8 ☍☿ 11	☌♅ 24		⚹♃♄ ♐ 24
	DEZ.	6.3°						☍☽ 29	□☉ 17 25		☍☉ 24 ☍♀ 13 ☍☽ 22	☌♅ 9 ☍♂ 27 ☍Asz. 28 ☌♆ 29		□♃♄ ♑ 24

Transite und Lunarprogressionen

Diese Tabelle listet die Transite auf. Die Spalten links geben die symbolischen Aspekte vom progressiven Mond an – sowohl zu den Planeten im Geburtshoroskop als auch in der Progression. Auf den folgenden Seiten stehen die unterlegten Abschnitte der Tabellen für Details, auf die wir zu einem späteren Zeitpunkt eingehen werden.

Das modifizierte Berechnungsdatum (siehe S. 118–120)

Berücksichtigen Sie auch die Nebenaspekte.

Nützlich bei der Berechnung von Transiten und Lunarprogressionen

Progressive Aspekte

Radixplaneten num. Ordnung	Sonne	Andere		Asz. MC
♃ 2.4° ♎				
♄ 3.6° ♎	☉ P □ ♇ R P	♀ P □ ♃ R		Asz. P ∠ ☽ R
♀ 5.5° ♌	1991–2	1993–4		1992–3
☉ 12.3° ♋		☿ P □ ♃ P		
☽ 16.3° ♌	☉ P ⚺ Asz. R	1994–5		Asz. P in ♋
♂ 20.4° ♊	1991–2			1992–3
Asz. 21° ♊				
♇ 21.5° ♎	☉ P ⚻ ♆ P 1992–3	♀ P ∠ ♃ R P		
♆ 22.9° R ♐	☉ P ⚻ ♆ R 1993–4	1992–3		
☿ 26.3° ♊		♀ P ∠ ♄ R P		Oktober 1992
♅ 26.4° R ♏		1992–3		♃ T ☌ ♃
MC 28° ♒				»Die ♃ Rückkehr«
		♂ P △ MC R 1993–4		
		(Exakt)		

Progressive Aspekte von der Sonne und den anderen Planeten

Die kleinere Tabelle links listet die progressiven Aspekte von Sonne und den anderen Planeten auf (siehe S. 123–124).

DAS MODIFIZIERTE BERECHNUNGSDATUM

GEBURTSDATUM

	1	2	3	4	5	6	7	8	9	10	11	12
1	1	32	60	91	121	152	182	213	244	274	305	335
2	2	33	61	92	122	153	183	214	245	275	306	336
3	3	34	62	93	123	154	184	215	246	276	307	337
4	4	35	63	94	124	155	185	216	247	277	308	338
5	5	36	64	95	125	156	186	217	248	278	309	339
6	6	37	65	96	126	157	187	218	249	279	310	340
7	7	38	66	97	127	158	188	219	250	280	311	341
8	8	39	67	98	128	159	189	220	251	281	312	342
9	9	40	68	99	129	160	190	221	252	282	313	343
10	10	41	69	100	130	161	191	222	253	283	314	344
11	11	42	70	101	131	162	192	223	254	284	315	345
12	12	43	71	102	132	163	193	224	255	285	316	346
13	13	44	72	103	133	164	194	225	256	286	317	347
14	14	45	73	104	134	165	195	226	257	287	318	348
15	15	46	74	105	135	166	196	227	258	288	319	349
16	16	47	75	106	136	167	197	228	259	289	320	350
17	17	48	76	107	137	168	198	229	260	290	321	351
18	18	49	77	108	138	169	199	230	261	291	322	352
19	19	50	78	109	139	170	200	231	262	292	323	353
20	20	51	79	110	140	171	201	232	263	293	324	354
21	21	52	80	111	141	172	202	233	264	294	325	355
22	22	53	81	112	142	173	203	234	265	295	326	356
23	23	54	82	113	143	174	204	235	266	296	327	357
24	24	55	83	114	144	175	205	236	267	297	328	358
25	25	56	84	115	145	176	206	237	268	298	329	359
26	26	57	85	116	146	177	207	238	269	299	330	360
27	27	58	86	117	146	178	208	239	270	300	331	361
28	28	58	87	118	147	179	209	240	271	301	332	362
29	29		88	119	149	180	210	241	272	302	333	363
30	30		89	120	150	181	211	242	273	303	334	364
31	31		90		151		212	243		304		365

GEBURTSZEIT

Stunden	Tage	Minuten	Tage	Minuten	Tage
1	15.5	1	0.2	24	6.1
2	30.4	2	0.5	25	6.3
3	45.6	3	0.7	26	6.6
4	60.8	4	1.0	27	6.8
5	76.0	5	1.3	28	7.1
6	91.2	6	1.5	29	7.3
7	106.5	7	1.8	30	7.6
8	121.6	8	2.0	35	8.9
9	136.8	9	2.3	40	10.1
10	152.1	10	2.5	45	11.4
11	167.3	11	2.8	50	13.7
12	182.5	12	3.0	55	13.9
13	197.7	13	3.3		
14	212.9	14	3.5		
15	228.1	15	3.8		
16	243.3	16	4.0		
17	258.5	17	4.3		
18	273.7	18	4.6		
19	288.9	19	4.8		
20	304.2	20	5.1		
21	319.4	21	5.3		
22	334.6	22	5.6		
23	349.8	23	5.8		

Anmerkung: Wenn Sie eine Ephemeride mit Greenwich Mean Time benutzen, müssen Sie bei der Berechnung stets von dieser Zeit ausgehen. Ziehen Sie einen Tag ab, wenn es sich um ein Schaltjahr handelt (d.h., wenn es im betreffenden Zeitraum einen 29. Februar gibt).

mehr Planeten auf diese Weise symbolisch miteinander verbunden sind, werden Ereignisse, die mit diesen Planeten in Verbindung stehen, in den Brennpunkt rücken.

1 VORBEREITUNGEN FÜR DAS PROGRESSIVE HOROSKOP

Wir wollen Stephens Horoskop, das für den 4. Juli 1981 für Washington D. C. berechnet worden ist (siehe S. 98–103), so vorschieben, dass wir die Periode 1992/93 im Detail überschauen können, dann aber auch noch einen umfassenderen Zeitraum in den Blick nehmen können. Als Erstes müssen Sie die beiden Progressionshoroskop-Vordrucke von S. 484–485 abzeichnen oder kopieren. Dann gilt es, das modifizierte Berechnungsdatum zu ermitteln.

2 DAS MODIFIZIERTE BERECHNUNGSDATUM

Wenn wir ein Horoskop gemäß der Methode »ein-Tag-für-ein-Jahr« vorschieben, können wir mit einem Kniff vermeiden, die Planetenpositionen für jedes Jahr neu berechnen zu müssen.

Das Progressionsdatum ist leicht zu ermitteln, indem wir die betreffende Anzahl der Tage vom Geburtstag an abzählen. Um exakt zu sein: Wir brauchen die genaue Position der Planeten für die Zeit der Geburt, allerdings für dieses neue Datum. Wie ein Tag mit einem Jahr gleichzusetzen ist, entspricht ein bestimmter Teil eines Tages einem Teil des Jahres. Die Planetenstellungen in den Ephemeriden sind für Mitternacht verzeichnet; ihre Proportion in Bezug auf das progressive Datum entspricht dem Anteil zu dem Jahr in seiner Gesamtheit.

Die Berechnung

Um das modifizierte Berechnungsdatum zu berechnen, müssen Sie das Geburtsdatum und die Geburtszeit (GMT) ermitteln. Suchen Sie den entsprechenden Tag des Jahres heraus, so erhalten Sie die »Tages-Nummer« des Geburtstages. Ermitteln Sie nun, wie viel Stunden seit Mitternacht vergangen waren – und entnehmen Sie der unteren Tabelle dafür einen »Tag-Wert«. Machen Sie das Gleiche mit den Minuten. Addieren Sie beide Werte, und ziehen Sie das Ergebnis von der zuvor ermittelten »Tages-Nummer« ab. Sehr häufig werden Sie hier 365 addieren müssen, um ein passendes Ergebnis zu erhalten. Mit der Zahl können Sie der

Stunden zurücklegte: 27,2° – 15,1° = 12,1°. Dieser Wert entspricht der Mondprogression während eines zwölfmonatigen Zeitraums; teilen Sie ihn also durch 12, um zu erkennen, wie weit er progressiv in einem Monat läuft: 12,1 : 12 = 1°.

Der Mond bewegt sich also 1° pro Monat. Im Februar steht er damit auf 26,6° Schütze, im Januar auf 26,2° Schütze. Tragen Sie diese Werte in die Tabelle ein. Weil die genaue Bewegung 12,1° in zwölf Monaten war, müssen wir auch den Rest von 0,1° unterbringen. Am besten tun wir das beim September 1991, in der Mitte zwischen den beiden modifizierten Geburtsdaten.

Anmerkung: Nur selten ergeben sich bei dieser Rechnung ganze Zahlen. Dezimalstellen bei den Zahlen müssen so gleichmäßig wie möglich über den Progressionszeitraum verteilt werden. Sie sollten auf zwei Stellen genau rechnen und das Ergebnis dann runden (z. B.: 2,77 = 2,8; 2,72 = 2,7).

Die verbleibenden Monate

Nun müssen wir die progressiven Mondpositionen für die restlichen neun Monate des Betrachtungszeitraums errechnen. Schauen Sie auf den 15. und den 16. Juli 1981: Am 15. steht der Mond auf 27,2° Schütze, am 16. Juli auf 9,3° Steinbock.

30° – 27,2 = 2,8°

Der Mond legt im Schützen noch 2,8° zurück, bevor er in den Steinbock tritt, in dem er bis 0 Uhr am 16. Juli 9,3° zurücklegt. Diese Stellung wird er in unserer Progression im März 1993 erreichen. Die Bewegung für die 24 Stunden zwischen 0 Uhr am 15. Juli und 0 Uhr am 16. Juli ist 2,8° (die Schützegrade) plus 9,3° (die Distanz im Steinbock). Addiert ergibt das 12,1°.

2,8° + 9,3° = 12,1°

Teilen Sie dies durch 12 – so ermitteln Sie die Bewegung für jeden Progressionsmonat. Wie zuvor handelt es sich um 1° pro Monat, mit einem Rest von 0,1°, den wir dem September zuschlagen.

April = 28,2° Schütze
Mai = 29,2° Schütze
Juni = 0,2° Steinbock
Juli = 1,2° Steinbock
August = 2,2° Steinbock
September = 3,3° Steinbock
Oktober = 4,3° Steinbock
November = 5,3° Steinbock
Dezember = 6,3° Steinbock

DIE STELLUNG DES PROGRESSIVEN MONDES

Nachdem wir die Position des progressiven Mondes ermittelt haben, tragen wir sie am äußeren Rand des Horoskops ein – in unserem Fall also die Eckwerte 25° Schütze und 6° Steinbock.

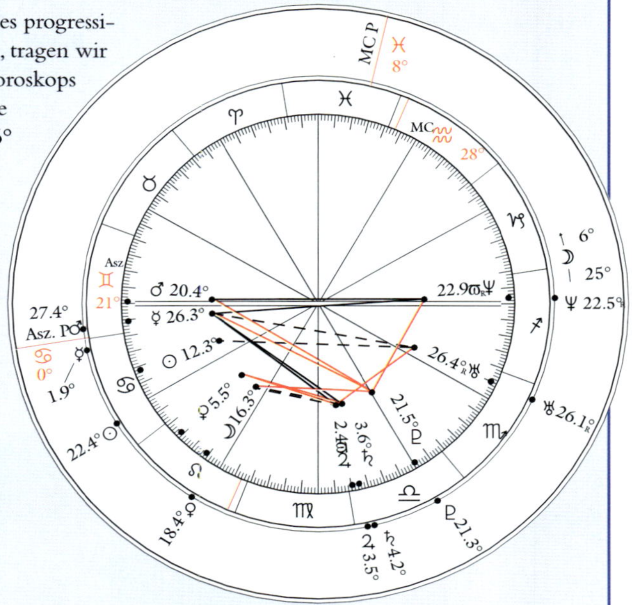

Jahr	Monat (Mond)	Länge des (Mond)	zu Radix (Aspekte)	zu Progr. (Aspekte)	♇ (Transite)	♆	♅	♄	♃	♂	♀	☿	☉	☽
1992	JAN.	25.2°				⚻☽1 ↓ 20		↑ ☍♀2		☌♆1 ☍☿5 ☍☉26	☍♂17 ☍Asc18 ☍♆20 ☍☿22	☍♂3 ☍Asz.4 ☍♆5 ☍☿7		☍☉ ♑4
	FEB.	26.2°	☍☿ ⚺♅	⚺♅			⚻☽10 ↓	⚻☉ 23 ↓	✶☉2 10	☍♀ 25–26	☍☉4 ☍♀23	☍☉18 ☍♀2 ☍☽8 ☌MC 15	☌MC 18	⚻☉ ♒3
	MRZ.	27.2°		☍♂	↓		2	2 ☍☽22 ↓		☍☽9 ☌MC 26	☍☽2 ☌MC 13	☍♃5 ☍♄6 ☍♄30 ☍♄31		△☉ ♓4
	APR.	28.2°	✶MC		⚻Asc 24			1			☍♃8 ☍♄9 ☍♇25	☍♃19 ☍♄20		□☉ ♈3
	MAI	29.2°								☍♃9 ☍♄10	☍♅ 23	☍♇6 ☍♅25		✶☉ ♉2
	JUNI	♑ 0.2°	□☽	☍Asz.	2 ⚻♂3		⚻☽16 ↓			☍♇3	☌♂12 ☌Asc12 ☍♅14 ☌☿17	☌♂5 ☌Asz.5 ☌☿8 ☌☉16	☌Asz. 12 ☌☿17	⚺☉ 1♊ ⚺♀ 29♋
	JULI	1.2°		☍☿			27	☍☽ 27 ↓	✶☉15 20	☍♅22	☌☉30 ☌♀18 ☌☽26	☌♀1 ☌☽13 ☌☽27		☌♀ ♌29
	AUG.	2.2°	□♃			⚻☽1 ↓		9	□♂ 25–29 □Asz.30	☌♂ 27–28 ☌Asz.29	☍MC 6	☌♀13 ☌☽26	☌☽8	⚺♀ ♍28
	SEPT.	3.3°	□♄	□♃ □♀	24 ⚻Asz.25			⚻☉8 ↓	□♆3 9–11 □☿ 22–26	☍♆1–2 ☌☿6–7	☌♃3 ☌♄3 ☌♇18	☍MC 2 ☌♃20 ☌♄21		☌♃♄ ✶♀26 ♎
	OKT.	4.3°		□♄	23				⚻MC2 5 ☌♃21–24	☌☉5–7	☌♅ 17	☍♇1–2 ☌♅27		⚺♃♄ ♏25
	NOV.	5.3°	⚻♀			21		22	☌♄ 25–30 ✶♀5–9		☍♂6 ☍Asz. 6 ☌♆8 ☍☿11	☌♅24		✶♃♄ ♐24
	DEZ.	6.3°						☍☽ 29	□☉17 ↓ 25		☍☉24 ☍♀13 ☍☽22	☌♅9 ☍♂27 ☍Asz. 28 ☌♆29		□♃♄ ♑24

Progressive Aspekte

Radixplaneten Num. Ordnung	Sonne	Andere		Asz. MC
♃ 2.4° ♎				
♄ 3.6° ♎	☉ P □ ♇ R P	♀ P □ ♃ R		Asz. P ∠ ☽ R
♀ 5.5° ♌	1991–2	1993–4		1992–3
☉ 12.3° ♋		☿ P □ ♃ P		
☽ 16.3° ♌	☉ P ⚺ Asz. R	1994–5		Asz. P in ♋
♂ 20.4° ♊	1991–2			1992–3
Asz. 21° ♊	☉ P ⚻ ♆ P 1992–3	♀ P ∠ ♃ R P		
♇ 21.5° ♎	☉ P ⚻ ♆ R 1993–4	1992–3		
♆ 22.9° R ♐		♀ P ∠ ♄ R P		Oktober 1992
☿ 26.3° ♊		1992–3		♃ T ☌ ♃
				»Die ♃ Rückkehr«
♅ 26.4° R ♏		♂ P △ MC R 1993–4		
MC 28° ♒		(Exakt)		

DIE MONDASPEKTE

Die Mondaspekte sind hier in den Spalten »zu Radix« und »zu Progr.« aufgeführt. Die Spalte ganz rechts gibt wieder, wann es im betreffenden Zeitraum zu Aspekten zwischen dem Neumond und Planeten des Horoskops kommt.

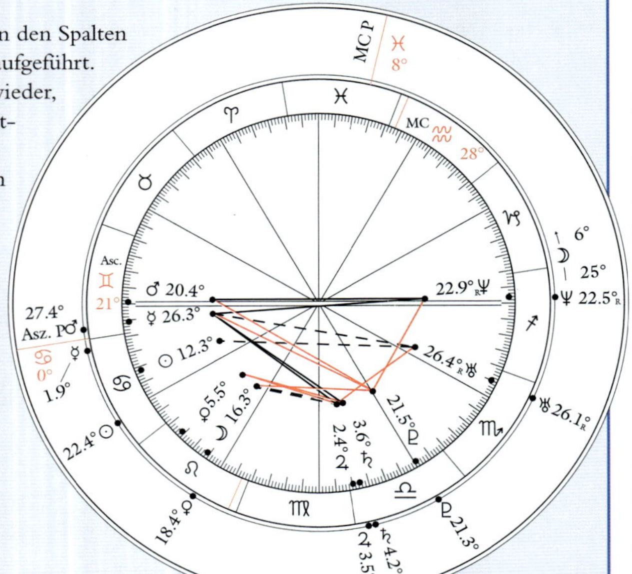

Mond			Aspekte		Transite									
Jahr	Monat	Länge des Mondes	zu Radix	zu Progr.	♇	♆	♅	♄	♃	♂	♀	☿	☉	☽
1992	JAN.	25.2°				⚻☽ 1 20		☍♀ 2		☌♆ 1 ☍☿ 5 ☍☉ 26	☍♂ 17 ☍ Asz.18 ☍♆ 20 ☍☿ 22	☍♂ 3 ☍ Asz.4 ☍♆ 5 ☍☿ 7		☍☉ ♑ 4
	FEB.	26.2°	☍ ☿ ⚺ ♅	⚺ ♅			⚻☽ 10	⚻☉ 23	⚹☉ 2 10	☍♀ 25–26	☍☉ 4 ☍♀ 23	☍☉ 18 ☍♀ 2 ☍☽ 8 ☌ MC 15	☌ MC 18	⚻☉ ♒ 3
	MRZ.	27.2°		☍ ♂			2	2 ☍☽ 22		☍☽ 9 ☌ MC 26	☍☽ 2 ☌ MC 13	☍♃ 5 ☍♄ 6 ☍♄ 30 ☍♄ 31		△☉ ♓ 4
	APR.	28.2°	⚹MC		⚻ Asz. 24			1			☍♃ 8 ☍♄ 9 ☍♇ 25	☍♃ 19 ☍♄ 20		□☉ ♈ 3
	MAI	29.2°								☍♃ 9 ☍♄ 10	☍♅ 23	☍♇ 6 ☍♅ 25		⚹☉ ♉ 2
	JUN.	♑ 0.2°	⚼ ☽	☍Asz.	2 ⚻♂ 3		⚻☽ 16			☍♇ 3	☌♂ 12 ☌ Asz.12 ☍♅ 14 ☌☿ 17	☌♂ 5 ☌ Asz.5 ☌☿ 8 ☌☉ 16	☌ Asz. 12 ☌☿ 17	⚺☉ 1♊ ⚺♀ 29♋
	JULI	1.2°		☍ ☿			27	☍☽ 27	⚹☉15 20	☍♅ 22	☌☉ 30 ☌♀ 18 ☌☽ 26	☌♀ 1 ☌☽ 13 ☌☽ 27		☌♀ ♌ 29
	AUG.	2.2°	□ ♃			⚻☽ 1		9	□♂ 25–29 □Asz.30	☌♂ 27–28 ☌Asz.29	☍ MC 6	☌♀ 13 ☌☽ 26	☌☽ 8	⚺♀ ♍ 28
	SEPT.	3.3°	□ ♄	□ ♃ ⚼ ♀	24 ⚻Asz.25			⚻☉ 8	□♆ 3 9–11 □☿ 22–26	☍♆ 1–2 ☌☿ 6-7	☌♃ 3 ☌♄ 3 ☌♇ 18	☍ MC 2 ☌♃ 20 ☌♄ 21		☌♃♄ ⚹♀ 26 ♎
	OKT.	4.3°		□ ♄	23				⚻MC2 5 ☌♃21–24	☌☉ 5–7	☌♅ 17	☍♇ 1–2 ☌♅ 27		⚺♃♄ ♏ 25
	NOV.	5.3°	⚻ ♀			21		22	☌♄ 25–30 ⚹♀ 5–9		☍♂ 6 ☍ Asz. 6 ☌♆ 8 ☍☿ 11	☌♅ 24		⚹♃♄ ♐ 24
	DEZ.	6.3°						☍☽ 29	□☉ 17 25		☍☉ 24 ☍♀ 13 ☍☽ 22	☌♅ 9 ☍♂ 27 ☍ Asz. 28 ☌♆ 29		□♃♄ ♑ 24

Progressive Aspekte

Radixplaneten Num. Ordnung	Sonne	Andere		Asz. MC
♃ 2.4° ♎				
♄ 3.6° ♎	☉ P □ ♇ R P	♀ P □ ♃ R		Asz. P ∠ ☽ R
♀ 5.5° ♌	1991–2	1993–4		1992–3
☉ 12.3° ♋		☿ P □ ♃ P		
☽ 16.3° ♌	☉ P ⚺ Asc R	1994–5		Asz. P in ♋
♂ 20.4° ♊	1991–2			1992–3
Asz. 21° ♊				
♇ 21.5° ♎	☉ P ⚻ ♆ P 1992–3	♀ P ∠ ♃ R P		
♆ 22.9° R ♐	☉ P ⚻ ♆ R 1993–4	1992–3		
☿ 26.3° ♊		♀ P ∠ ♄ R P		Oktober 1992
♅ 26.4° R ♏		1992–3		♃ T ☌ ♃
MC 28° ♒				»Die ♃ Rückkehr«
		♂ P △ MC R 1993–4		
		(Exakt)		

Jetzt kehren wir zum ersten Horoskop (oben) zurück und tragen darauf die Stellung des progressiven Mondes ein.

5 DIE MONDASPEKTE BERECHNEN

Um die Berechnung der Mondaspekte und später der Transite zu erleichtern, tragen wir nun auf dem zweiten Horoskopvordruck die Positionen der Radixplaneten, des Aszendenten und des MCs gemäß ihrer numerischen Reihenfolge ein (unten links). Der erste Planet ist hier Jupiter, auf 2,4° Waage, als Nächstes kommt Saturn auf 3,6° im gleichen Zeichen.

Es könnte sich als sinnvoll erweisen, die Reihenfolge zunächst auf einem Schmierzettel zu notieren und sie dann noch einmal zu überprüfen.

Die Berechnungen

Wir können jetzt darangehen, die Aspekte des progressiven Mondes zu den progressiven und den Radixstellungen der Planeten, des Aszendenten und des MCs zu berechnen. Wir beziehen uns dabei einerseits auf die Spalte »Planeten in numerischer Ordnung«, andererseits auf die progressiven Positionen, vgl. Außenrand des Horoskops.

Mondaspekte im Jahreslauf

Im Januar gibt es keinen exakten Progressionsaspekt vom Mond aus. Im Februar dagegen steht der progressive Mond auf 26° Schütze, womit sich eine Opposition zum Radixmerkur und ein Halbsextil zum Radixuranus ergibt. Weil sich der progressive Uranus noch nicht von der Position 26° Skorpion wegbewegt hat, bildet der progressive Mond gleichzeitig auch ein Halbsextil zum progressiven Uranus. Im März steht der progressive Mond in Opposition zum progressiven Mars.

Zum nächsten Aspekt kommt es dann im April: Sextil zum Radix-MC. Im Juni ergibt sich eine Opposition zum progressiven Aszendenten (der zu dieser Zeit von den Zwillingen in den Krebs wechselte). Beachten Sie auch, dass in diesem Monat der progressive Mond in den Steinbock kommt. Im Juli steht er in Opposition zum progressiven Merkur. Fahren Sie auf diese Weise fort, bis Sie alle Mondprogressionen ermittelt haben.

Im September steht der progressive Mond im Anderthalbquadrat zur progressiven Venus. Diesen Aspekt (135°)

wie auch das Halbquadrat (45°) übersieht man leicht. Wenn Sie einen Aspekt gefunden haben, tragen Sie ihn in die große Tabelle ein. Nun müssen wir die Aspekte der anderen progressiven Planeten errechnen, des progressiven Aszendenten und des progressiven MCs, und zwar untereinander wie auch zum Geburtshoroskop. Diese markieren im Hintergrund wirkende Einflüsse.

6 DIE SONNENASPEKTE BERECHNEN

Jeder Aspekt der progressiven Sonne ist wichtig. Zwischen März 1992 und März 1993 stand sie auf 22° Krebs. Kein anderer Planet, ob nun im Radix- oder im Progressionshoroskop, findet sich auf diesem Grad. Allerdings warf die progressive Sonne 1991/92 von 21° Krebs aus ein Quadrat zum progressiven und zum Radixpluto. Dies ist in der Spalte für Sonnenaspekte aufgeführt.

Progressive und Radix-Aspekte

Hier zwei wichtige astrologische Abkürzungen. Beim Quadrat zwischen Pluto und Sonne steht hinter letzterer ein »P«, hinter Pluto ein »P« und ein »R«. Diese Buchstaben bedeuten »Radix« bzw. »Progression«. »Radix« ist ein anderes Wort für »Geburts...« – Sie müssen aber achtgeben, dass Sie dieses »R« nicht mit der Abkürzung für den Begriff »rückläufig« verwechseln. Beachten Sie auch, dass die progressive Sonne 1992/93 im Aspekt zum progressiven Neptun stand und 1993/94 im Aspekt zum Radixneptun.

7 DIE ANDEREN ASPEKTE BERECHNEN

Da wir die Mondaspekte bereits ermittelt haben, beschäftigen wir uns mit dem progressiven Merkur. 1992/93 stand Merkur auf 1° Krebs. 1993/94 auf 2°, von wo aus sich ein Quadrat zum Radix-(Geburts-)Jupiter ergab. Die Venus bildete nur Halbquadrate, zu Jupiter und Saturn, während der progressive Mars 1993/94 im exakten Trigon zum Radix-MC stand (dieser Aspekt war, mit gerade noch ausreichendem Orbis, auch schon im Geburtshoroskop gegeben). Schließlich tragen wir das Halbquadrat vom progressiven Aszendenten zum Radixmond ein. Der progressive Aszendent läuft in den Krebs.

Längere Perioden untersuchen

Damit sind unsere Berechnungen für die »Ein-Tag-für-ein-Jahr«-Progression abgeschlossen. Es ist nicht schwer, auch

PROGRESSIVE ASPEKTE VON DER SONNE UND DEN ANDEREN PLANETEN

Die progressiven Aspekte von Sonne und den anderen Planeten sind in der zweiten, kleineren Tabelle (unten) aufgeführt. Wir haben jetzt alle Faktoren besprochen, ausgenommen die wichtigen Transite (siehe S. 124).

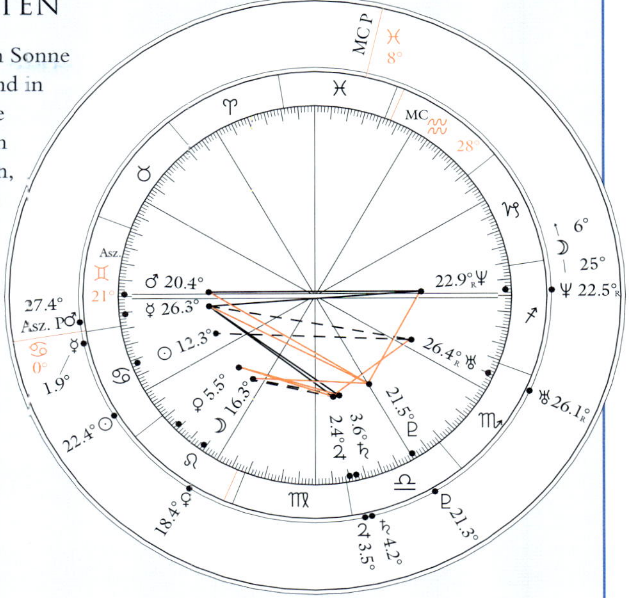

MOND | **ASPEKTE** | **TRANSITE**

Jahr	Monat	Länge des Mondes	zu Radix	zu Progr.	♇	♆	♅	♄	♃	♂	♀	☿	☉	☽
1992	JAN.	25.2°				⚻☽ 1 ↓ 20		↑ ☍♀ 2		☌♆ 1, ☍☿ 5, ☍☉ 26	☍♂ 17, ☍Asz. 18, ☍♆ 20, ☍☿ 22	☍♂ 3, ☍Asz. 4, ☍♆ 5, ☍☿ 7		☍☉ ♑ 4
	FEB.	26.2°	☍ ☿ ⚺ ♅	⚺ ♅			⚻☽ 10 ↓	⚻☉ 23 ↓	⚹☉ 2 10	☍♀ 25–26	☍☉ 4, ☍♀ 23	☍☉ 18 / ☍♀ 2, ☍☽ 8, ☌MC 15	☌MC 18	⚻☉ ♒ 3
	MRZ.	27.2°		☍ ♂	↓		2	2, ☍☽ 22 ↓		☍☽ 9, ☌MC 26	☍☽ 2, ☌MC 13	☍♃ 5, ☍♄ 6, ☍♄ 30, ☍♄ 31		△☉ ♓ 4
	APR.	28.2°	⚹MC		⚻Asz. 24 ↓			1			☍♃ 8, ☍♄ 9, ☍♇ 25	☍♃ 19, ☍♄ 20		□☉ ♈ 3
	MAI	29.2°								☍♃ 9, ☍♄ 10	☍♅ 23	☍♇ 6, ☍♅ 25		⚹☉ ♉ 2
	JUN.	♑ 0.2°	□ ☽	☍Asz.	2, ⚻♂ 3 ↓		⚻☽ 16 ↓			☍♇ 3	☌♂ 12, ☌Asz. 12, ☍♅ 14, ☌☿ 17	☌♂ 5, ☌Asz. 5, ☌☿ 8, ☌☉ 16	☌Asz. 12, ☌☿ 17	⚺☉ 1♊ / ⚺♀ 29♋
	JULI	1.2°		☍ ☿			27	☍☽ 27 ↓	⚹☉15 20	☍♅ 22	☌☉ 30 / ☌♀ 18, ☌☽ 26	☌♀ 1, ☌☽ 13, ☌☽ 27		☌♀ ♌ 29
	AUG.	2.2°	□ ♃			⚻☽ 1 ↓		9	□♂ 25–29, □Asz. 30 ↓	☌♂ 27–28, ☌Asz. 29	☍MC 6	☌♀ 13, ☌☽ 26	☌☽ 8	⚺♀ ♍ 28
	SEPT.	3.3°	□ ♄	□ ♃ □ ♀	24, ⚻Asz. 25 ↓			⚻☉ 8 ↓	□♆ 3 9–11, □☿ 22–26	☍♆ 1–2, ☌☿ 6-7	☌♃ 3, ☌♄ 3, ☌♇ 18	☍MC 2, ☌♃ 20, ☌♄ 21		☌♃♄, ⚹♀ 26 ♎
	OKT.	4.3°		□ ♄	23				⚻MC2 5, ☌♃21–24	☌☉ 5–7	☌♅ 17	☍♇ 1–2, ☌♅ 27		⚺♃♄ ♏ 25
	NOV.	5.3°	⚻ ♀			21		22	☌♄ 25–30 / ⚹♀ 5–9		☍♂ 6, ☍Asz. 6, ☌♆ 8, ☍☿ 11	☌♅ 24		⚹♃♄ ♐ 24
	DEZ.	6.3°						☍☽ 29 ↓	□☉ 17 ↓ 25		☍☉ 24 / ☍♀ 13, ☍☽ 22	☌♅ 9, ☍♂ 27, ☍Asz. 28, ☌♆ 29		□♃♄ ♑ 24

PROGRESSIVE ASPEKTE

RADIXPLANETEN NUM. ORDNUNG	SONNE	ANDERE		ASZ. MC
♃ 2.4° ♎				
♄ 3.6° ♎	☉ P □ ♇ R P	♀ P □ ♃ R		Asz. P ∠ ☽ R
♀ 5.5° ♌	1991–2	1993–4		1992–3
		☿ P □ ♃ P		
☉ 12.3° ♋	☉ P ⚺ Asz. R	1994–5		Asz. P in ♋
☽ 16.3° ♌	1991–2			1992–3
♂ 20.4° ♊				
Asz. 21° ♊	☉ P ⚻ ♆ P 1992–3	♀ P ∠ ♃ R P		
♇ 21.5° ♎	☉ P ⚻ ♆ R 1993–4	1992–3		
♆ 22.9° R ♐		♀ P ∠ ♄ R P		Oktober 1992
		1992–3		♃ T ☌ ♃
☿ 26.3° ♊				»Die ♃ Rückkehr«
♅ 26.4° R ♏		♂ P △ MC R 1993–4		
MC 28° ♒		(Exakt)		

einen längeren Zeitraum zu untersuchen. Die Vorgehensweise ist genau die gleiche. Weil sich aber unser Leben und die Lebensumstände so abrupt ändern können, neigt man doch sehr dazu, allzu ängstlich oder auch optimistisch auf Entwicklungen zu schauen, die noch in weiter Ferne liegen. Sinnvoller ist es, sich auf die unmittelbar bevorstehenden Jahre zu konzentrieren.

8 DIE BERECHNUNG DER TRANSITE

Bei ihrem Lauf durch das Sonnensystem kommt es von den Planeten aus immer wieder zu Aspekten zu den Positionen, die sie im Augenblick der Geburt innehatten.

Der Einfluss der Transite

Diese Beziehungen erweisen sich häufig als sehr machtvolle Faktoren, welche manchmal progressive Einflüsse noch unterstreichen. Was noch wichtiger ist: Sie produzieren eine Vielfalt von Energien, die man nutzen sollte. Die meisten – nicht alle – Astrologen beziehen sich lediglich auf die Transite zu Planeten und Aszendent und MC des Geburtshoroskops, nicht zu den progressiven Stellungen. Mit wachsender Erfahrung werden Sie vielleicht den Wunsch verspüren, selbst zu erkunden, wie effektiv die Letzteren sein können. Mehr zu den Transiten auf S. 116.

Die Berechnung

Die Transite zu ermitteln ist leichter, als es nach einem ersten Blick auf die betreffenden Spalten in der größeren Tabelle scheinen mag.

Merkur, Venus und Mars bewegen sich sehr viel schneller über den Himmel als ihre Gefährten – wenn es darum geht, die Positionen der Transitplaneten (die Planeten, wie sie gerade am Himmel stehen) mit denen der Radixplaneten zu verbinden, lassen wir bei ihnen deshalb Quadrate, Trigone, Sextile und Quinkunxe unberücksichtigt und beschränken uns auf Konjunktionen und Oppositionen. Bei den anderen Planeten dagegen beziehen wir alle Aspekte bis auf die schwachen Halbsextile, Anderthalbquadrate und Halbquadrate ein (siehe S. 283).

Um herauszufinden, zu welchen Transiten es im Jahr 1992 kam, müssen Sie die Ephemeride auf Seite 461 aufschlagen. Überprüfen Sie auch hier: Sind Sie auf der richtigen Seite, beim richtigen Monat und Jahr?

PLUTOTRANSITE BERECHNEN

Schauen Sie zuerst auf Pluto. Sie sehen, dass er sich am 1. Januar 1992 auf 22° im Skorpion befand. Wenn wir bei den Planeten gemäß ihrer numerischen Folge nachschauen, erkennen wir, dass im Geburtshoroskop kein Planet auf diesem Grad steht. Am 27. April bewegte sich Pluto auf 21° Skorpion zurück. Die Liste zeigt, dass der Radix-Aszendent auf 21° Zwillinge fällt und dass Pluto im Geburtshoroskop auf 21 ° Waage steht. Von Pluto geht also im Transit ein Quinkunx zum Aszendenten und ein Halbsextil zur eigenen Radixstellung aus (welches wir allerdings ignorieren – siehe oben). Bei dem Kästchen, das zum April und zu Pluto gehört, tragen wir das Symbol für das Quinkunx mitsamt einer 27 ein (für den Tag, an dem der Transit erstmals exakt war). Sehen Sie wieder in die Ephemeride, und stellen Sie fest, wie lange Pluto auf 21° Skorpion stand (bis zum 2. Juni). Schreiben Sie also eine 2 in das Kästchen für Pluto und den Juni. Weil es sich hier um einen längerfristigen Einfluss handelt, ist es günstig, eine Linie zwischen den zwei Datumsangaben zu ziehen.

Die Transite im Jahreslauf

Am 3. Juni lief Pluto sogar auf 20° Skorpion zurück. Im Geburtshoroskop steht Mars auf 20° Zwillinge, was ein weiteres Quinkunx bedeutet. Notieren Sie den Transit in der Übersicht. Sehen Sie in der Ephemeride nach, wie lange Pluto auf diesem Grad verblieb – bis zum 24. September. Beachten Sie dabei auch, dass Pluto, der im Januar rückläufig wurde, am 30. Juli wieder seine direktläufige Bewegung aufnahm, immer noch auf 20° Skorpion.

Am 25. September erreichte er 21° Skorpion, wodurch es wieder zum Quinkunx mit dem Aszendenten kam. Tragen Sie das in die Tabelle ein! Der Transit war wirksam bis zum 23. Oktober. Von da lief Pluto bis zum Jahresende 1992 von 22° bis 24° Skorpion – im Geburtshoroskop befindet sich Neptun auf 22° im Schützen. Bei diesem Transit handelt es sich um ein Halbsextil, das nicht stark genug wirkt, um in Betracht gezogen zu werden.

Den Rest des Jahres 1992 vollzog Pluto keine weiteren Transite.

NEPTUNTRANSITE BERECHNEN

Wir widmen uns jetzt Neptun, der am 1. Januar auf 16° Steinbock stand – auf diesem Grad befinden sich im Geburtshoroskop keine Planeten. Im Jahreslauf 1992 besetzte Neptun die Steinbock-Grade 16 bis 18. Es kam zu keinen Transiten zu Planeten, Aszendent oder MC des Geburtshoroskops.

URANUSTRANSITE BERECHNEN

Uranus stand am 10. Februar auf 16° Steinbock, womit ein Quinkunx zum Mond gegeben war, der sich auf 16° im Löwen befindet. Weil Uranus im April rückläufig wurde, kam es zwischen dem 16. Juni und dem 8. Juli noch einmal zum gleichen Transit. Weitere Aspekte gingen 1992 im Transit nicht von Uranus aus.

SATURNTRANSITE BERECHNEN

Am 2. Januar stand Saturn auf 5° Wassermann (womit schon eine Opposition zur Venus gegeben war), am 3. Januar kam er auf 6° zu stehen. Tragen Sie den Transit ein, machen Sie aber kenntlich, dass der Einfluss schon vor Neujahr am stärksten gewesen war, indem Sie einen kleinen Pfeil zeichnen, der nach oben weist. Ermitteln Sie mit der Ephemeride die übrigen Saturntransite für das Jahr, wie in der Tabelle angegeben. Beachten Sie dabei, dass die Opposition zum Mond in das Jahr 1993 hineinwirkte (was Sie durch einen kleinen, nach unten weisenden Pfeil deutlich machen sollten).

JUPITERTRANSITE BERECHNEN

Von Jupiter ging im Transit bereits zwischen dem 2. und dem 10. Februar ein Sextil zur Sonne aus, bis Mitte Juli war aber ansonsten nicht viel los. Dann wiederholte sich dieser Transit, bis Ende November folgte eine Reihe anderer. Arbeiten Sie diese zur Übung heraus! Es gibt zwei Dinge, die wir bei den Oktobertransiten beachten müssen: 1. Bei vielen Aspekten reicht der zur Verfügung stehende Platz nicht aus. Ziehen Sie in einem solchen Fall im nachfolgenden Kästchen eine doppelte Linie, um anzuzeigen, wo der Oktober endet. 2. In diesem Monat kommt es zur Jupiterwiederkehr (siehe S. 362-363). Dieser wichtige Transit sollte auch in die Tabelle eingetragen werden.

DIE TRANSITE VON MARS, VENUS UND MERKUR BERECHNEN

Die sich rasch bewegenden Planeten Mars, Venus und Merkur weisen deutlich mehr Transite auf. Wir gehen bei ihnen auf eine andere Weise vor – wie Sie sich erinnern, berücksichtigen wir bei ihnen lediglich Konjunktionen und Oppositionen.

Schauen Sie in der Ephemeride auf den Januar – am 1. stand Mars auf 23° Schütze, womit an diesem Tag eine Konjunktion zu Neptun endete. Sehen Sie aufs Geburtshoroskop – ausgehend von der Marsstellung auf 23° Schütze bzw. der Konjunktion zu Neptun. Richten Sie nun den Blick auf das gegenüberliegende Zeichen, die Zwillinge. Dort befindet sich Merkur, und zwar auf 26°. Dieser wurde als Nächster vom Marstransit berührt. Sehen Sie in die Ephemeride: Mars kam am 5. Januar auf 26°, womit die Opposition exakt wurde. Beim Blick auf das Horoskop erweist sich, dass sich die nächste Marsopposition auf die Sonne (12° Krebs) bezog. Auch hier schauen wir in die Ephemeride und ermitteln, wann Mars 12° Steinbock (das dem Krebs gegenüberliegende Zeichen) erreichte: am 26. Januar.

Danach gilt es zu ermitteln, wann Mars – nun im Wassermann – in Opposition zum Mond und zur Venus im Löwen stand sowie in Konjunktion zum Wassermann-MC (siehe numerische Ordnung). Weil es keine Radixplaneten in den Fischen und der Jungfrau gibt, blieb Mars dann solange untätig, bis er 2° Widder erreichte, wo er in Opposition zu Jupiter stand. Auf 3° Widder ergab sich die Opposition zu Saturn. Diese beiden Transite ereigneten sich am 9. bzw. 10. Mai.

Die verbleibenden Transite

Ermitteln Sie auf die gleiche Weise die restlichen Marstransite, dann die von Venus und Merkur. Untersuchen Sie gründlich das Zeichen, in dem sie sich befinden, und stellen Sie eine Verbindung zum gleichen und polaren Zeichen her.

Der Zeitpunkt der Transite

Manchmal kann es schwierig sein zu entscheiden, wann ein Transit von Mars, Venus oder Merkur exakt ist. Am 17. Januar 1992 z. B. stand die Venus auf 19,9° Schütze, am Folgetag auf 21°. Im Geburtshoroskop findet sich Mars auf 20° Zwillinge. In einem solchen Fall tragen Sie den Aspekt für das frühere Datum ein – im Allgemeinen wirken sich die weniger starken Transite eher früher als später aus.

Beachten Sie auch die wiederholte Abfolge der Merkurtransite zu Jupiter und Saturn im März/April, zu Venus und Mond im August/September und zu Uranus im Dezember. Dazu kam es, weil Merkur von direktläufiger zu rückläufiger Bewegung wechselte und dann wieder direktläufig wurde (siehe S. 23). Dies ist auch der Grund dafür, dass sich die Transite von Pluto zum Aszendenten und von Uranus zum Mond wiederholen. Dieses Phänomen ist recht häufig!

DIE VOLLSTÄNDIGEN TABELLEN

Wir haben nun eine vollständige Übersicht über die progressiven Planeten und die Transite, die von ihnen in einem bestimmten Jahr für eine bestimmte Person ausgehen. Dies ist Ihr wichtigstes Werkzeug für die Interpretation von zukünftigen Trends. Eine Interpretation der Progressionen und Transite finden Sie auf den Seiten 203–209.

	Mond		Aspekte		Transite									
Jahr	Monat	Länge des Mondes	zu Radix	zu Progr.	♇	♆	♅	♄	♃	♂	♀	☿	☉	☽
1992	JAN.	25.2°				⚻ ☽ 1 ↓ 20		↑ ☍ ♀ 2		☌ ♆ 1 ☍ ☿ 5 ☍ ☉ 26	☍ ♂ 17 ☍ Asz. 18 ☍ ♆ 20 ☍ ☿ 22	☍ ♂ 3 ☍ Asz. 4 ☍ ♆ 5 ☍ ☿ 7		☍ ☉ ♑ 4
	FEB.	26.2°	☍ ☿ ⚺ ♅	⚺ ♅			⚻ ☽ 10 ↓	⚻ ☉ 23 ↓	⚹ ☉ 2 10	☍ ♀ 25–26	☍ ☉ 4 ☍ ♀ 23	☍ ☉ 18 ☍ ♀ 2 ☍ ☽ 8 ☌ MC 15	☌ MC 18	⚻ ☉ ♒ 3
	MRZ.	27.2°		☍ ♂	↓		2	2 ☍ ☽ 22 ↓		☍ ☽ 9 ☌ MC 26	☍ ☽ 2 ☌ MC 13	☍ ♃ 5 ☍ ♄ 6 ☍ ♄ 30 ☍ ♄ 31		△ ☉ ♓ 4
	APR.	28.2°	⚹ MC		⚻ Asz. 24			1			☍ ♃ 8 ☍ ♄ 9 ☍ ♇ 25	☍ ♃ 19 ☍ ♄ 20		□ ☉ ♈ 3
	MAI	29.2°								☍ ♃ 9 ☍ ♄ 10	☍ ♅ 23	☍ ♇ 6 ☍ ♅ 25		⚹ ☉ ♉ 2
	JUN.	♑ 0.2°	□ ☽	☍ Asz.	2 ⚻ ♂ 3		⚻ ☽ 16 ↓			☍ ♇ 3	☌ ♂ 12 ☌ Asz. 12 ☍ ♅ 14 ☌ ☿ 17	☌ ♂ 5 ☌ Asz. 5 ☌ ☿ 8 ☌ ☉ 16	☌ Asz. 12 ☌ ☿ 17	⚺ ☉ 1♊ ⚺ ♀ 29♋
	JULI	1.2°		☍ ☿			27	☍ ☽ 27 ↓	⚹ ☉ 15 20	☍ ♅ 22	☌ ☉ 30 ☌ ♀ 18 ☌ ☽ 26	☌ ♀ 1 ☌ ☽ 13 ☌ ☽ 27		☌ ♀ ♌ 29
	AUG.	2.2°	□ ♃			⚻ ☽ 1 ↓		9	□ ♂ 25–29 □ Asz. 30	☌ ♂ 27–28 ☌ Asz. 29	☍ MC 6	☌ ♀ 13 ☌ ☽ 26	☌ ☽ 8	⚺ ♀ ♍ 28
	SEPT.	3.3°	□ ♄	□ ♃ □ ♀	24 ⚻ Asz. 25			⚻ ☉ 8 ↓	□ ♆ 3 9–11 □ ☿ 22–26	☍ ♆ 1–2 ☌ ☿ 6-7	☌ ♃ 3 ☌ ♄ 3 ☌ ♇ 18	☍ MC 2 ☌ ♃ 20 ☌ ♄ 21		☌ ♃ ♄ ⚹ ♀ 26 ♎
	OKT.	4.3°		□ ♄	↓ 23				⚻ MC 2 5 ☌ ♃ 21–24	☌ ☉ 5–7	☌ ♅ 17	☍ ♇ 1–2 ☌ ♅ 27		⚺ ♃ ♄ ♏ 25
	NOV.	5.3°	⚻ ♀			21		22	☌ ♄ 25–30 ⚹ ♀ 5–9		☍ ♂ 6 ☍ Asz. 6 ☌ ♆ 8 ☍ ☿ 11	☌ ♅ 24		⚹ ♃ ♄ ♐ 24
	DEZ.	6.3°						☍ ☽ 29 ↓	□ ☉ 17 ↓ 25		☍ ☉ 24 ☍ ♀ 13 ☍ ☽ 22	☌ ♅ 9 ☍ ♂ 27 ☍ Asz. 28 ☌ ♆ 29		□ ♃ ♄ ♑ 24

Progressive Aspekte

Radixplaneten Num. Ordnung	Sonne	Andere		Asz. MC
♃ 2.4° ♎				
♄ 3.6° ♎	☉ P □ ♇ R P	♀ P □ ♃ R		Asz. P ∠ ☽ R
♀ 5.5° ♌	1991–2	1993–4		1992–3
☉ 12.3° ♋		☿ P □ ♃ P		
☽ 16.3° ♌	☉ P ⚺ Asz. R	1994–5		Asz. P in ♋
♂ 20.4° ♊	1991–2			1992–3
Asz. 21° ♊				
♇ 21.5° ♎	☉ P ⚻ ♆ P 1992–3	♀ P ∠ ♃ R P		
♆ 22.9° R ♐	☉ P ⚻ ♆ R 1993–4	1992–3		
☿ 26.3° ♊		♀ P ∠ ♄ R P		Oktober 1992
♅ 26.4° R ♏		1992–3		♃ T ☌ ♃
MC 28° ♒				»Die ♃ Rückkehr«
		♂ P △ MC R 1993–4		
		(Exakt)		

SONNENTRANSITE BERECHNEN

Es sind jetzt noch ein paar Sonnentransite zu berechnen. Weil der Löwe im Horoskop nicht besonders betont ist (siehe Hinweis auf S. 128), berücksichtigen wir nur Konjunktionen zum Aszendenten, zum MC, dem herrschenden Planeten und dem Mond. Hat der Löwe eine betonte Stellung, sollten auch Oppositionen berechnet werden.

DIE BERECHNUNG DER TRANSITE DES NEUMONDS

Schlagen Sie die Ephemeride für das Jahr 1992 auf (S. 461). Um das Datum des Neumondes zu ermitteln, müssen Sie den Tag herausfinden, an dem sich Sonne und Mond auf der gleichen Position befinden – was sich während der zwei Stunden ergibt, in denen der Mond in Konjunktion zur Sonne bzw. auf dem gleichen Grad des gleichen Zeichens wie die Sonne steht. Der Einfluss des Neumondes erstreckt sich über zwei Tage – während der Mond durch das Zeichen der Sonne läuft. Wenn der Mond am 1. Januar, aber erst um 23.55 Uhr, in dieses Zeichen tritt, wird sich der Einfluss bis etwa um Mitternacht am 3. Januar erstrecken. Aus Platzgründen ist es uns nicht möglich, eine detaillierte Mond-Ephemeride in dieses Buch aufzunehmen, die angegebenen Werte aber dürften fürs Erste genügen. Es gibt spezielle Verzeichnisse, die die genauen Zeitpunkte des Neumondes auflisten. Die detaillierte Ephemeride für das fragliche Jahr enthält alle Informationen, die Sie brauchen.

Die Berechnungen durchführen

Sehen Sie auf die Liste der numerisch angeordneten Planeten, und stellen Sie fest, ob der Neumond im Aspekt zu ihnen steht. Gehen Sie dabei von der Sonnenstellung zum betreffenden Zeitpunkt aus, mit einer Abweichung von maximal 2° (siehe auch den Hinweis auf S. 128).

In unserem Beispiel verhält es sich so, dass sich zur Zeit des Januar-Neumonds die Sonne auf 12° im Steinbock befindet. Damit steht der Transit-Neumond dann in Opposition zu der Radixsonne. Tragen Sie das ins Formular ein. Gehen Sie auf diese Weise für das ganze Jahr vor.

PROGRESSIVE ASPEKTE

RADIXPLANETEN NUM. ORDNUNG	SONNE	ANDERE		ASZ. MC
♃ 2.4° ♎				
♄ 3.6° ♎	☉ P □ ♇ R P	♀ P □ ♃ R		Asz. P ∠ ☽ R
♀ 5.5° ♌	1991–2	1993–4		1992–3
☉ 12.3° ♋		☿ P □ ♃ P		
☽ 16.3° ♌	☉ P ⊻ Asz. R	1994–5		Asz. P in ♋
♂ 20.4° ♊	1991–2			1992–3
Asz. 21° ♊				
♇ 21.5° ♎	☉ P ⊼ ♆ P 1992–3	♀ P ∠ ♃ R P		
♆ 22.9° R ♐	☉ P ⊼ ♆ R 1993–4	1992–3		
☿ 26.3° ♊		♀ P ∠ ♄ R P		Oktober 1992
♅ 26.4° R ♏		1992–3		♃ T ☌ ♃
MC 28° ♒				»Die ♃ Rückkehr«
		♂ P △ MC R 1993–4		
		(Exakt)		

Progressive Aspekte von der Sonne und den anderen Planeten
Die Tabelle zeigt die progressiven Aspekte der Sonne und der anderen Planeten.

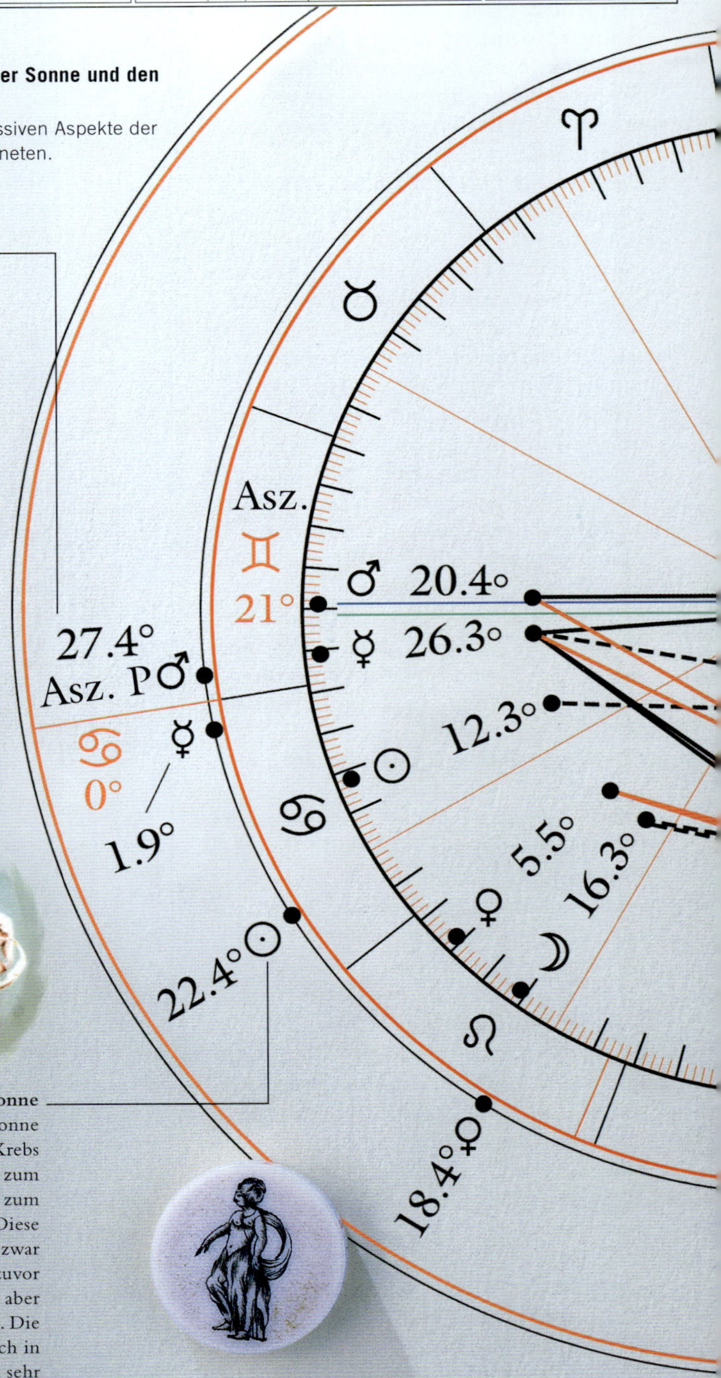

Der progressive Aszendent
Der progressive Aszendent läuft in den Krebs – ein Schlüsselfaktor für die Interpretation, vorausgesetzt, die Geburtszeit stimmt: Ein Unterschied von nur vier Minuten bedeutet, dass diese Progression ein Jahr früher oder später stattfindet.

Die Sonne
Die progressive Sonne auf 22° im Krebs steht im Quadrat zum progressiven und zum Radixpluto. Diese Aspekte waren zwar schon im Jahr zuvor exakt, wirken aber immer noch. Die Sonne steht auch in einem nicht sehr exakten Halbsextil zum Radixaszendenten (ebenfalls exakt im Jahr 1991).

Mondaspekte und planetarische Transite
Diese Tabelle listet die progressiven Mondaspekte (von denen es wegen der schnellen Bewegung dieses Himmelskörpers sehr viele gibt) und die planetarischen Transite auf.

Mond			Aspekte		Transite									
Jahr	Monat	Länge des Mondes	zu Radix	zu Progr.	♇	♆	♅	♄	♃	♂	♀	☿	☉	☽
1992	JAN.	25.2°				⚻☽ 1 ↓ 20		↑ ☍♀ 2		☌♆ 1 ☍☿ 5 ☍☉ 26	☍♂ 17 ☍ Asz.18 ☍♆ 20 ☍☿ 22	☍♂ 3 ☍ Asz.4 ☍♆ 5 ☍☿ 7		☍☉ ♑ 4
	FEB.	26.2°	☍ ☿ ⚺ ♅	⚺ ♅			⚻☽ 10 ↓	⚻☉ 23 ↓	⚹☉ 2 10	☍♀ 25–26	☍☉ 4 ☍♀ 23	☍☉ 18 ☍♀ 2 ☍☽ 8 ☌ MC 15	☌ MC 18	⚻☉ ♒ 3
	MRZ.	27.2°		☍ ♂	↓		2	2 ☍☽ 22 ↓		☍☽ 9 ☌ MC 26	☍☽ 2 ☌ MC 13	☍♃ 5 ☍♄ 6 ☍♄ 30 ☍♄ 31		△☉ ♓ 4
	APR.	28.2°	⚹MC		⚻ Asz. 24 ↓			1			☍♃ 8 ☍♄ 9 ☍♇ 25	☍♃ 19 ☍♄ 20		□☉ ♈ 3
	MAI	29.2°			↓					☍♃ 9 ☍♄ 10	☍♅ 23	☍♇ 6 ☍♅ 25		⚹☉ ♉ 2
	JUN.	♑ 0.2°	□ ☽	☍Asz.	2 ⚻♂ 3 ↓		⚻☽ 16 ↓			☍♇ 3	☌♂ 12 ☌ Asz.12 ☍♅ 14 ☌☿ 17	☌♂ 5 ☌ Asz.5 ☌☿ 8 ☌☉ 16	☌ Asz. 12 ☌☿ 17	⚺☉ 1♊ ⚺♀ 29♋
	JULI	1.2°		☍ ☿	↓		27	☍☽ 27 ↓	⚹☉15 20	☍♅ 22	☌☉ 30 ☌♀ 18 ☌☽ 26	☌♀ 1 ☌☽ 13 ☌☽ 27		☌♀ ♌ 29
	AUG.	2.2°	□ ♃		↓	⚻☽ 1 ↓		9	□♂ 25–29 □Asz.30 ↓	☌♂ 27–28 ☌Asz.29	☍ MC 6	☌♀ 13 ☌☽ 26	☌☽ 8	⚺♀ ♍ 28
	SEPT.	3.3°	□ ♄	□ ♃ □ ♀	24 ⚻Asz.25 ↓	↓		⚻☉ 8 ↓	□ ♆ 3 9–11 □☿ 22–26	☍♆ 1–2 ☌☿ 6-7	☌♃ 3 ☌♄ 3 ☌♇ 18	☍ MC 2 ☌♃ 20 ☌♄ 21		☌♃♄ ⚹♀ 26 ♎
	OKT.	4.3°		□ ♄	23	↓		↓	⚻MC2 5 ☌♃21–24	☌☉ 5–7	☌♅ 17	☍♇ 1–2 ☌♅ 27		⚺♃♄ ♏ 25
	NOV.	5.3°	⚻ ♀			21		22	☌♄ 25–30 ⚹♀ 5–9		☍♂ 6 ☍ Asz. 6 ☌♆ 8 ☍☿ 11	☌♅ 24		⚹♃♄ ♐ 24
	DEZ.	6.3°						☍☽ 29 ↓	□ ☉ 17 ↓ 25		☍☉ 24 ☍♀ 13 ☍☽ 22	☌♅ 9 ☍♂ 27 ☍ Asz. 28 ☌♆ 29		□♃♄ ♑ 24

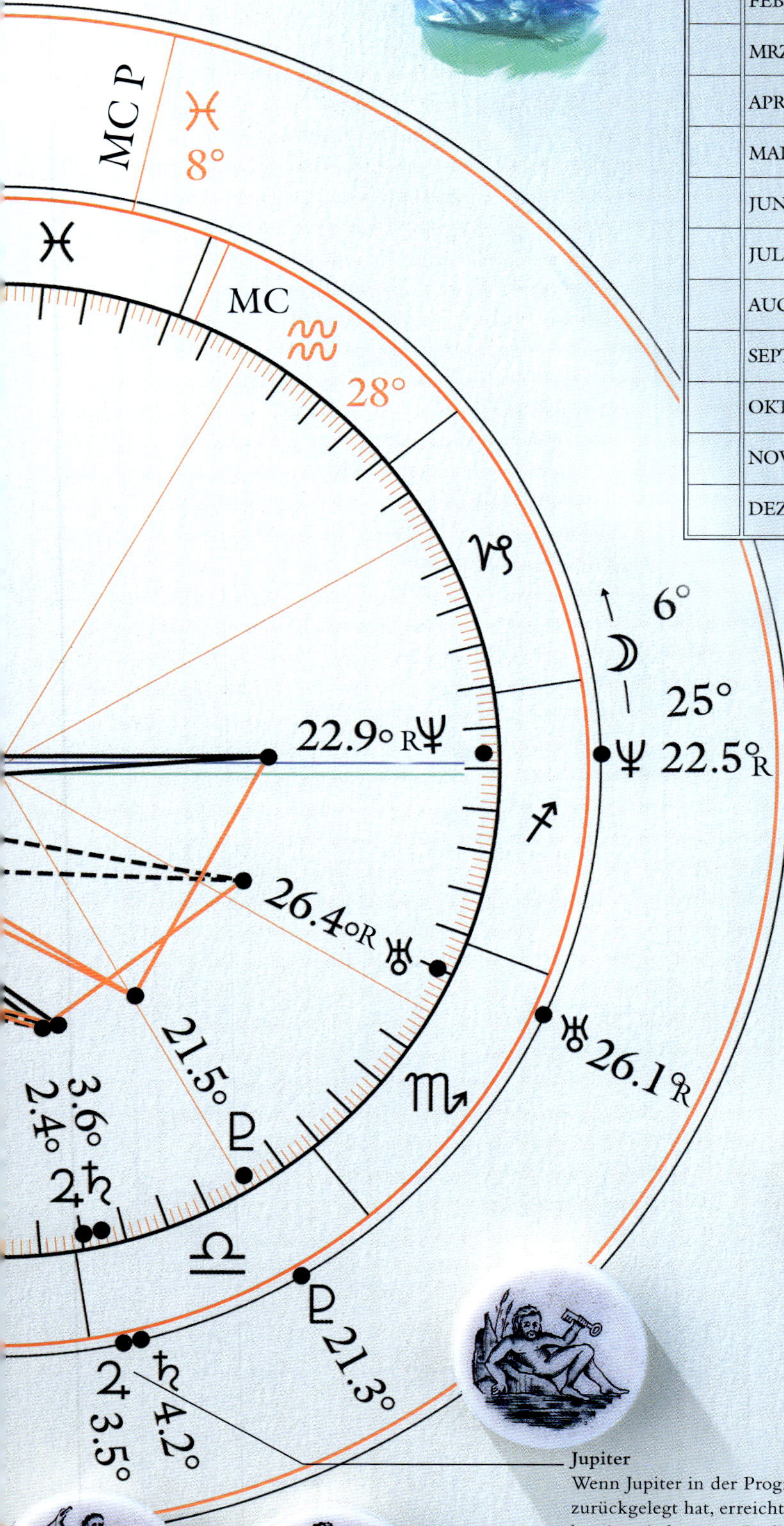

DAS FERTIGE PROGRESSIONSHOROSKOP

Mit diesen zwei Tabellen ist das Progressionshoroskop fertig, und Sie haben alle nötigen Informationen, um für die betreffende Person etwas über Trends eines bestimmten zukünftigen Zeitraumes sagen zu können. Richtlinien für die Deutung und eine beispielhafte ausführliche Interpretation finden Sie auf den Seiten 203–209.

Interpretation
Es ist eher ungewöhnlich, für ein Kind detaillierte Progressionen zu berechnen – der Astrologe fertigt für die Eltern eher eine tief gehende Charakteranalyse an, vielleicht unter Erwähnung einiger allgemeiner Trends (wann sich z.B. Kinderkrankheiten oder große schulische Fortschritte einstellen könnten). Die Eltern sollten das Kind bei allem, was seinen Werdegang fördern könnte, unterstützen – ein guter Rat speziell für das Jahr der ersten Jupiterwiederkehr. Das Quadrat der progressiven Sonne zum progressiven und zum Radixpluto könnte mit Spannungen zwischen den Eltern einhergehen. Umwälzungen der einen oder anderen Art sind damit wahrscheinlich.
Anmerkung: Weil der Betreffende ziemlich jung ist, haben sich die Planeten – ausgenommen der Mond – noch nicht sehr weit bewegt.

Jupiter
Wenn Jupiter in der Progression auch erst ein Grad zurückgelegt hat, erreicht er doch im Transit 1992 bereits wieder seine Radixstellung. Dieser sehr bedeutungsvolle Transit ist in der kleinen Tabelle aufgeführt, welche die Sonnen- und anderweitigen Transite auflistet. Er wird sich für die betreffende Person das ganze Jahr über als prägend erweisen.

PROGRESSIONEN UND TRANSITE

Transite				Progressionen
Planet	Dauer des astronomischen Einflusses	Astrologische Zeitbestimmung	Dauer des astrologischen Einflusses	Wirkungsdauer von progressiven Planeten im Aspekt zu Planeten, Aszendent oder MC im Geburts- oder Progressionshoroskop
♇	Bleibt durchschnittlich einen Monat auf 1°, bis vier Monate, wenn der Planet stationär oder rückläufig ist, von der direkten zur rückläufigen Bewegung oder umgekehrt wechselt	Einfach	Entspricht für gewöhnlich der astronomischen Stellung	♇ Bildet keine progressiven Aspekte
♆	Bleibt durchschnittlich einen Monat auf 1°, bis vier Monate, wenn der Planet stationär oder rückläufig ist, von der direkten zur rückläufigen Bewegung oder umgekehrt wechselt	Sehr schwierig	Der Einfluss nimmt allmählich zu, zumeist zwei bis drei Wochen, bevor die relevante Gradzahl erreicht ist. Lässt dann im gleichen Zeitraum allmählich nach.	♆ Bildet keine progressiven Aspekte
♅	Bleibt durchschnittlich zweieinhalb Wochen auf 1°, bis zehneinhalb Wochen, wenn der Planet stationär oder rückläufig ist, von der direkten zur rückläufigen Bewegung oder umgekehrt wechselt	Relativ einfach	Fällt zumeist mit der astronomischen Stellung zusammen	♅ Bildet keine progressiven Aspekte
♄	Bleibt durchschnittlich neun Tage auf 1°, bis zwei Monate, wenn der Planet stationär oder rückläufig ist, von der direkten zur rückläufigen Bewegung oder umgekehrt wechselt	Schwierig	Der Einfluss baut sich allmählich auf, zumeist etwa zwei bis drei Wochen, bevor der Transit exakt ist. Danach dauert es etwa drei Wochen, bis seine Wirkung nachlässt.	Es ist unwahrscheinlich, dass es im Leben vom progressiven Saturn aus zu Aspekten kommt.
♃	Bleibt durchschnittlich vier bis fünf Tage auf 1°, bis sieben Wochen, wenn der Planet stationär oder rückläufig ist, von der direkten zur rückläufigen Bewegung oder umgekehrt wechselt	Relativ einfach	Bei direktläufiger Bewegung etwa zehn Tage. Vor und nach dem Transit eine Woche länger, nach oder vor Rückläufigkeit etc.	Nicht sehr häufig. Wenn sie vorkommen, bilden sie etwa eine Dekade lang einen hintergründigen Einfluss, der auch etwaige Jupitertransite unterstützen kann.
♂	Bleibt durchschnittlich zwei Tage auf 1°, bis zwei Wochen, wenn der Planet stationär oder rückläufig ist, von der direkten zur rückläufigen Bewegung oder umgekehrt wechselt	Einfach	Der Einfluss wirkt meist so lange, wie der Transit exakt ist. Es ist aber ratsam, vorher und nachher noch zwei Tage zuzuschlagen, bei Rückläufigkeit etc. drei bis vier.	Bilden einen Hintergrundeinfluss, der sich über vier Jahre erstrecken kann (bei einer personalisierten Bedeutung von Mars noch länger).
♀	Bleibt durchschnittlich ein bis zwei Tage auf 1°, bis zwei Wochen, wenn der Planet stationär oder rückläufig ist, von der direkten zur rückläufigen Bewegung oder umgekehrt wechselt	Einfach	Ein Einfluss, der einen Zeitraum von fünf Tagen färbt. Schlagen Sie jeweils zwei Tage zu, wenn der Planet rückläufig etc. wird.	Ein solcher Einfluss wirkt über etwa drei Jahre, noch länger, wenn die Venus eine personalisierte Bedeutung im Horoskop hat.
☿ *	Bleibt durchschnittlich einen Tag oder weniger auf 1°, bis acht Tage, wenn der Planet stationär oder rückläufig ist, von der direkten zur rückläufigen Bewegung oder umgekehrt wechselt	Einfach	Ein Einfluss, der einen Zeitraum von drei Tagen färbt. Schlagen Sie jeweils einen Tag zu, wenn der Planet rückläufig etc. wird.	Ein solcher Einfluss wirkt über etwa zwei Jahre, noch länger, wenn Merkur eine personalisierte Bedeutung im Horoskop hat.
☉ **	Bleibt einen Tag auf 1 °. Die Sonne ist niemals rückläufig.	Einfach	Einen Tag – länger, wenn Sonne, Aszendent oder Mond im Löwen stehen. Diese Einflüsse ergeben sich jedes Jahr zum gleichen Datum (oder fast zum gleichen).	Für gewöhnlich wichtige Einflüsse, die sich allmählich im Jahr vor der Exaktheit aufbauen und sich im Folgejahr dann abschwächen.
☽	Die Transite vom Neumond wirken für etwa drei Tage. Es kann sein, dass sich über eine Phase von einigen Monaten hinweg mehrfach die gleichen Themen ergeben.			Zeitlich einfach zu bestimmen. Die normale lunare Progression wirkt über etwa drei Monate; oft aber bildet der progressive Mond im Transit einen Aspekt zu einem Radixplaneten, worauf sich einige Monate später dann der gleiche Aspekt zu der progressiven Stellung des gleichen Planeten wiederholt. Das betreffende Thema steht dann abermals im Blickpunkt.

Diese Übersicht vermittelt eine Vorstellung zur Dauer von Transiten und Progressionen, sowohl aus astronomischer als auch aus astrologischer Sicht. Beachten Sie aber, dass es sich lediglich um allgemeine Anhaltspunkte handelt. Die planetarischen Einflüsse wirken sehr individuell; wenn Sie sich länger mit einem Horoskop beschäftigen, werden Sie merken, welche Stärken und Schwächen jeweils mit ihnen verbunden sind.

* Ermitteln Sie nur Konjunktionen und Oppositionen.

** Ermitteln Sie Konjunktionen nur zu Mond, Aszendent, MC und dem herrschenden Planeten. Steht die Sonne, der Mond oder der Aszendent im Löwen, sollten sie dagegen alle Planeten berücksichtigen und auch die Oppositionen berechnen.

WEITERFÜHRENDE TECHNIKEN

Es gibt eine Reihe erprobter fortgeschrittener Techniken in der Astrologie, um mehr über Persönlichkeit und Charakter eines Menschen in Erfahrung zu bringen. Andere Methoden dienen der Beantwortung konkreter Fragen, wieder andere untersuchen, wie sich ein Geburtshoroskop an einem anderen als dem Geburtsort auswirkt. Wenn Sie tiefer in die Deutung einsteigen, könnten Sie mit solchen Methoden zu neuen Erkenntnissen gelangen. Im Folgenden stellen wir vier unterschiedliche Techniken vor: Halbsummen, Harmonics, Stundenastrologie und Relokationsastrologie bzw. Astro★Carto★Graphy.

Halbsummen

Die Theorie der Halbsummen, international als Kosmobiologie bekannt, kam erstmals im 16. Jahrhundert auf und wurde im 20. Jahrhundert von dem herausragenden deutschen Astrologen Reinhold Ebertin ausgearbeitet, der 1940 das Buch zu dieser Theorie fertig stellte. Seine Arbeit erlangte zunehmend Popularität, wurde jedoch erst um 1970 übersetzt, sodass sie auch in England, den USA und Australien ernsthaft Fuß fassen konnte. Die Theorie besagt, dass der Halbsummenpunkt zwischen zwei Planeten (oder Aszendent, Himmelsmitte oder Nordknoten) aktiviert wird, wenn sich ein Planet dort befindet. Dies sollte in die Horoskopdeutung mit einbezogen werden. Die Spannweite der Kosmobiologie ist enorm, weshalb wir ihr viel Raum geben (siehe S. 130–158). Wer findet, dass dieses Gebiet besonders faszinierend, aufschluss- und hilfreich ist, kann auf der Grundlage dessen aufbauen, was wir hier nur als – wenngleich sehr detaillierte – Einführung bieten können.

Alte Traditionen
Aus einem lateinischen Psa menbuch des 13. Jahrhunderts (Bibliothèque de l'Arsenal, Paris): drei Astrologen mit einem Astrolabium.

Harmonics

Was unsere Darlegung der Harmonics betrifft (siehe S. 159–165), so schulden wir dem scharfsichtigen Werk des verstorbenen englischen Astrologen John Addey tiefen Dank, dessen Einblick und Forschungen diese erstaunliche Theorie hervorbrachten. Zusammen mit einigen gleich gesinnten Astrologen – darunter der inzwischen verstorbene Charles Harvey – sammelte er Mengen an Wissen an, das in Teilen auf die indische Astrologie und Numerologie zurückgeht. Weil sie das Material gewissenhaft sichteten und die Ergebnisse wissenschaftlich und mathematisch überprüften, haben wir heute eine solide Basis für dieses System.

John Addey warnte seine Studenten stets, dass ein Harmonic nie mit einem Geburtshoroskop gleichzusetzen sei. Es ist vielmehr ein Klang, ähnlich wie die Obertöne bei manchen Musikinstrumenten. Bei der klassischen Gitarre beispielsweise erzeugt der Musiker gleichzeitig mit dem Grundton ein geisterhaftes Geräusch. Es wird durch den Ton hervorgebracht, doch es ist nicht der Ton. So müssen wir auch die Harmonics verstehen. Die Kenntnis der Bedeutung der Zahlen, auf denen die Harmonics basieren – in unserem Fall das vierte, fünfte, siebte und neunte Harmonic –, bringt Logik in die Theorie. Harmonics unterstützen und bringen häufig Charakteristiken und Reaktionen zum Vorschein, die im Geburtshoroskop vielleicht nur eine marginale Rolle spielen. In gewisser Weise hat das Geburtshoroskop die Rolle der Eltern und das Harmonic diejenige eines Sprösslings.

Stundenastrologie

Zu Zeiten Königin Elisabeths I. dienten Stundenhoroskope (siehe S. 166–177) der Beantwortung wichtiger Fragen. Charakteranalysen waren ausschließlich dem Adel vorbehalten, nicht zuletzt weil einfachere Leute selten ihre Geburtszeit kannten, manchmal noch nicht einmal den genauen Tag. Die Fragen unterscheiden sich nicht sehr von denen, die wir heute stellen: Werde ich nächstes Jahr heiraten? Wo ist meine goldene Halskette? Komme ich in absehbarer Zeit zu Geld? Stundenhoroskope gaben darauf Antwort.

Eine Zeit lang geriet dieses System in Vergessenheit, weil man sich mehr für Geburtshoroskope interessierte, doch es erlebt heutzutage eine Wiedergeburt und genießt inzwischen erneut etwas von dem Ansehen, das ihm gebührt, dank Anwendern wie Olivia Barclay in England, die nach traditionellen Vorgaben arbeitet, oder Anthony Louis in den USA, der eine ganz andere Herangehensweise hat.

Relokationsastrologie

Bei der Relokationsastrologie bzw. Astro★Carto★(siehe S. 178–189) erstellt man ein Horoskop auf einen anderen als den Geburtsort und deutet es so, als wäre der Betreffende dort geboren. Dies besagt, ob er dort glücklicher oder erfolgreicher wäre. Der Pionier dieser Theorie und Schöpfer des geschützten Markennamens war Jim Lewis. Er entwickelte als Erster Computersoftware (für Astro Numerical Services in den USA) für die Erstellung von Astro★-Carto★-Graphy-Karten. Seither hat Martin Davis die Methode weiterentwickelt, darüber geschrieben und Vorträge gehalten und dafür internationale Anerkennung erhalten.

HALBSUMMEN

Dieses schon lange bestehende faszinierende Gebiet der Astrologie wurde erst von dem herausragenden deutschen Astrologen Reinhold Ebertin in den 30er-Jahren des 20. Jahrhunderts zur Blüte gebracht. Es wird Ebertin-Methode oder Kosmobiologie genannt. Die Theorie besagt, dass derjenige Grad im Tierkreis, der sich auf der Hälfte des Weges zwischen einem Planeten und einem anderen oder Aszendent, Himmelsmitte oder nördlichem Mondknoten befindet, aktiviert wird, wenn ein weiterer Planet diesen sensitiven Punkt besetzt. Dieses sollte in die Interpretation des Geburtshoroskops einbezogen werden. Die Aktivierung kann darüber hinaus auch durch Progressionen oder Planeten im Transit geschehen.

Halbsummen berechnen

Hier befindet sich Venus auf 5° Löwe und Mars genau 60° entfernt in den Zwillingen. Der Halbsummenpunkt (H) auf 5° Krebs ist leicht auffindbar.

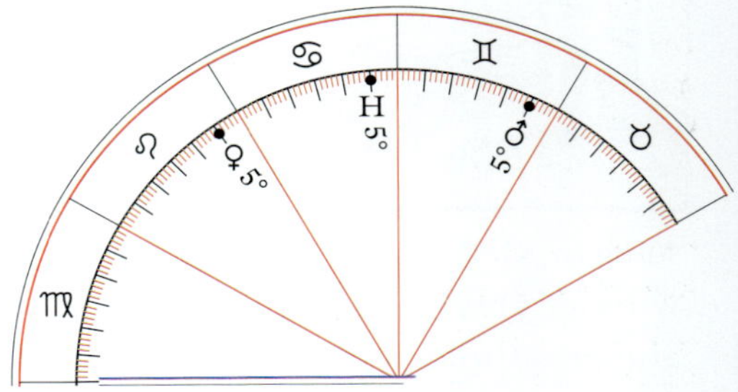

Halbsummen zu berechnen ist nicht besonders schwer. Wenn sich z.B. Venus auf 5° Löwe und Mars auf 5° Zwillinge befindet, dann ist die Halbsumme 5° Krebs.

Die Bandbreite der Halbsummen

Das ist allerdings gerade mal die Spitze des Eisbergs. Jeder Faktor (also Planet, Eckpunkt – Aszendent, Deszendent, Medium Coeli, Imum Coeli – oder nördlicher Mondknoten) hat nicht nur einen, sondern acht Tierkreisgrade, die ein anderes Planetenpaar aktivieren oder umgekehrt aktiviert werden. Man spricht in diesem Zusammenhang von direkten oder indirekten Halbsummen. Die direkte Halbsumme befindet sich auf dem Grad auf halber Strecke eines Planeten (die ganze Strecke sind die 360 Grad des Kreises) oder zwischen zwei Faktoren (Planeten, Eckpunkten oder Nordknoten) sowie jeweils genau gegenüber dieser Stelle. Indirekte Halbsummen befinden sich 45 bzw. 90 Grad vom Tierkreisgrad, auf dem sich ein Planet, Eckpunkt oder der Mondknoten befindet, oder von einer direkten Halbsumme entfernt.

Weshalb gibt es jeweils acht Punkte? Hierzu wurde sehr viel geforscht, und es hat sich gezeigt, dass all diese Punkte einen machtvollen Einfluss haben. Es wird gewissermaßen eine Kettenreaktion in Gang gesetzt.

Bei der Interpretation von Aspekten geht es um die Kombination der Energien zweier Planeten, doch wenn die Halbsummen durch einen dritten Planeten aktiviert werden, kommen sehr machtvolle Kräfte ins Spiel. Hier müssen wir uns vor Augen halten, dass wir mit den Halbsummen auf der kürzeren Distanz zwischen zwei Planeten arbeiten.

Orben

Die Orben für Halbsummen sind wesentlich enger als diejenigen der üblichen Aspekte. Im Falle unseres obigen Beispiels befinden sich Venus und Mars jeweils auf 5° Löwe bzw. Zwillinge. Kommt ein dritter Planet im Transit oder in der Progression auf die Halbsumme 5° Krebs, so aktiviert er sämtliche direkten und indirekten Halbsummenpunkte. Der Einfluss dauert so lange, wie sich der dritte Planet auf diesem Grad oder einem anderen Grad der Sequenz befindet: Beim Mond sind das ein paar Stunden, bei der Sonne ein Tag, bei Neptun oder

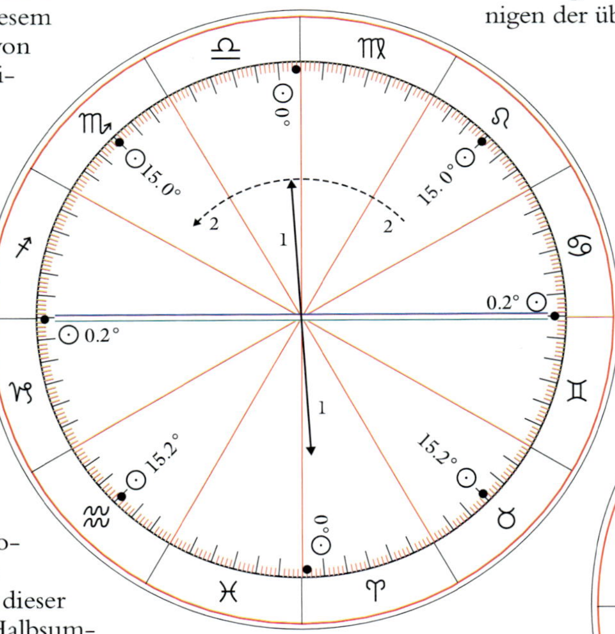

Direkte und indirekte Halbsummen eines Planeten

Die Sonne befindet sich in diesem Geburtshoroskop auf 0° in der Waage. Dieser Grad und derselbe Grad gegenüber im Widder sind beides direkte Halbsummenpunkte (1). Im nächsten Schritt können die indirekten Halbsummen berechnet werden (2).

Direkte und indirekte Halbsummen zweier Planeten

Der Mond ist auf 6° Krebs, Jupiter auf 11° Widder. Die direkten Halbsummen liegen auf 23° Stier bzw. Skorpion, die indirekten bei jeweils 8° Widder, Krebs, Waage und Steinbock sowie 23° Löwe und Wassermann.

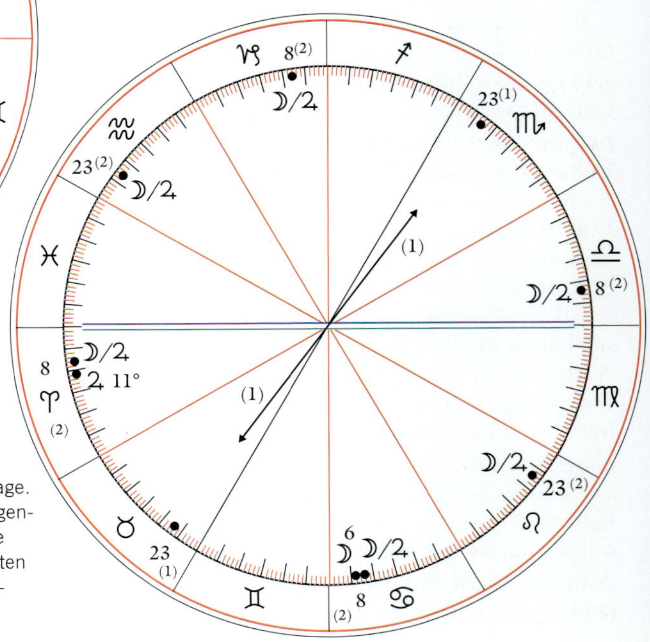

Pluto viele Wochen. Dasselbe gilt für Progressionen: Beim progressiven Mond sind es drei Monate, bei der progressiven Sonne ein Jahr usw. Es gibt also in diesen Fällen keinerlei Orbis. Bei Halbsummen im Geburtshoroskop lassen wir hingegen schon Orben zu. Hierüber gibt es unterschiedliche Ansichten. Nach unserer Meinung sollten es 2 Grad sein, im Falle von Sonne, Mond, persönlichen Planeten sowie dem Herrscher des Aszendenten 3 Grad.

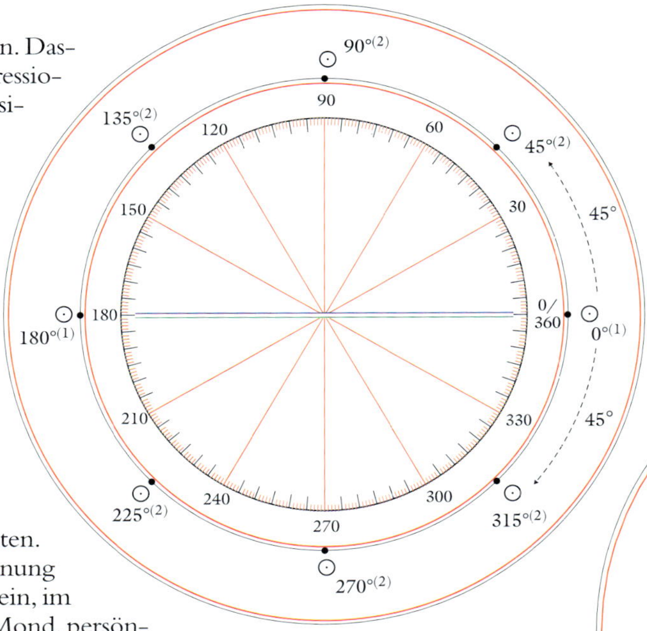

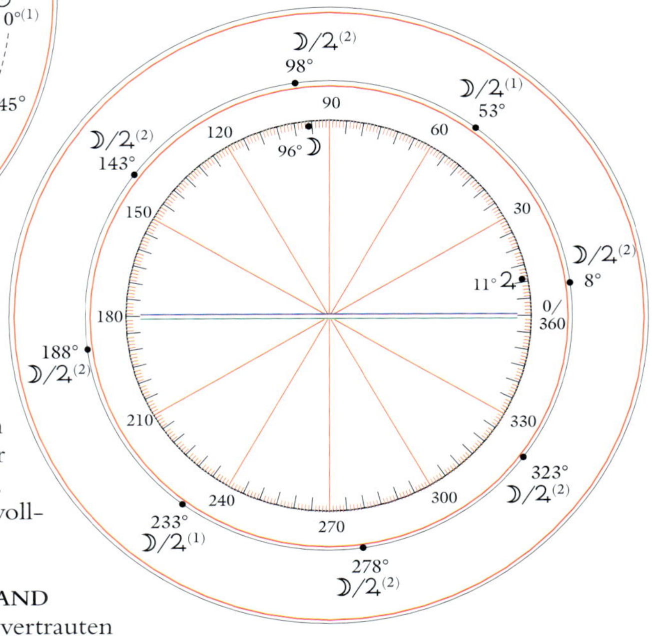

Direkte und indirekte Halbsummenpunkte in ekliptikaler Länge

Die beiden Horoskope auf der gegenüberliegenden Seite unten sind hier zu ekliptikaler Länge umgewandelt. Es beginnt bei der „Drei-Uhr"-Position und führt dann um den Kreis entgegen dem Uhrzeigersinn.

HALBSUMMEN BERECHNEN

Wenn Sie über einen Computer verfügen und Ihre astrologischen Kenntnisse erweitern wollen, können wir Ihnen nur empfehlen, sich Software zuzulegen, die Ihnen innerhalb von Sekunden eine komplette Aufstellung der Halbsummenpunkte eines Horoskops liefert. Wenn Sie für Ihre Horoskopberechnungen mit astrologischer Software arbeiten, werden Sie feststellen, dass Ihr Programm Ihnen die Positionen von Planeten und anderen Faktoren in Grad, Minuten und Sekunden angibt. In diesem Buch arbeiten wir jedoch mit den Graden und Dezimalstellen hinter dem Komma. Angaben in Grad, Minuten und Sekunden sind zwar geringfügig genauer, doch es gibt nahezu keinen ernsthaften Unterschied zwischen den beiden Methoden und keinerlei Grund zur Verwirrung.

Wenn Sie keinen Zugang zu einem Computer bzw. zu der entsprechenden Software haben, stellen Sie sich auf eine gehörige Portion Arbeit ein! Alle Halbsummenpunkte zu berechnen und aufzuzeichnen ist ziemlich aufwendig. Wenn Sie mit einem Taschenrechner ausgerüstet sind und nichts dagegen haben, sich durch viele kleine Berechnungen zu kämpfen, okay – wir werden es Ihnen so leicht wie möglich machen. Sie können das Ganze abkürzen (siehe S.134), indem Sie nur diejenigen Halbsummenpunkte berechnen, die als die wichtigsten und einflussreichsten gelten. Natürlich werden Sie auf diese Weise vorgehen, wenn Sie mit Progressionen und Transiten arbeiten. Aber behalten Sie in Erinnerung, dass das Bild so nicht ganz vollständig ist.

BERECHNUNGEN VON HAND

Bis jetzt haben Sie mit den vertrauten Positionen im Tierkreis gearbeitet, doch in diesem System benützt man normalerweise die ekliptikale Länge der Planeten. Mithilfe der Tabelle »Länge auf dem Tierkreis« auf dieser Seite können Sie die Planetenpositionen in ekliptikale Länge umrechnen. Das ist kein schwieriges Unterfangen. Am Beispiel oben sehen Sie, wie die 360 Grad ausgelegt sind. Man beginnt traditionellerweise bei der »Drei-Uhr«-Position des Horoskopkreises.

LÄNGE AUF DEM TIERKREIS

Rechts sehen Sie die absolute ekliptikale Länge für 0° jedes Zeichens

♈	0°	Widder	=	0°
♉	0°	Stier	=	30°
♊	0°	Zwillinge	=	60°
♋	0°	Krebs	=	90°
♌	0°	Löwe	=	120°
♍	0°	Jungfrau	=	150°
♎	0°	Waage	=	180°
♏	0°	Skorpion	=	210°
♐	0°	Schütze	=	240°
♑	0°	Steinbock	=	270°
♒	0°	Wassermann	=	300°
♓	0°	Fische	=	330°

1 UMWANDLUNG IN EKLIPTIKALE LÄNGE

Rechnen Sie zunächst alle Geburtsplaneten, Eckpunkte bzw. Achsen und Mondknoten in ekliptikale Länge um. Bei unserem Horoskopbeispiel (siehe S. 98–115) haben wir mit Grad und Dezimalstellen gearbeitet. Die Sonne steht auf 12,3° Krebs. Gemäß der Tabelle beginnt Krebs bei 90°. Wenn Sie die 12,3° dazuzählen, erhalten Sie 102,3°.

2 DIE HALBSUMMEN DER EINZELNEN PLANETEN BERECHNEN

Als Nächstes berechnen wir die Halbsummen der Planeten und Achsen. Nehmen Sie z. B. für die Sonne die 102,3° im Krebs und zählen Sie sechsmal 45° dazu:

BERECHNUNGEN DER EKLIPTIKALEN LÄNGE FÜR DAS BEISPIELHOROSKOP

Planet		Zeichenposition			Ekliptikale Länge
☉	Sonne	12,3°	♋	Krebs	102,3°
☽	Mond	16,3°	♌	Löwe	136,3°
☿	Merkur	26,3°	♊	Zwillinge	86,3°
♀	Venus	5,5°	♌	Löwe	125,5°
♂	Mars	20,4°	♊	Zwillinge	80,4°
♃	Jupiter	2,4°	♎	Waage	182,4°
♄	Saturn	3,6°	♎	Waage	183,6°
♅	Uranus	26,4°	♏	Skorpion	236,4°
♆	Neptun	22,9°	♐	Schütze	262,9°
♇	Pluto	21,5°	♎	Waage	201,5°
Asz.	Aszendent	21°	♊	Zwillinge	81,0°
MC	Himmelsmitte	28°	♒	Wassermann	328,0°
☊	Nördl. Mondknoten	2,4°	♌	Löwe	122,4°

102,3° + 45 = 147° + 45° = 192° + 45° = 237° + 45° = 282° + 45° = 327° + 45° = 372°
Hier müssen Sie 360 abziehen, weil die Summe die 360 Grad eines Kreises übersteigt: 372° – 360° = 12° + 45° = 57°.

Diejenigen Tierkreisgrade, wo die Sonne mit anderen Planeten oder mit Achsen eine Verbindung eingehen könnte, sind auf der Abbildung unten links zu sehen. Sie müssen nicht für jeden Planeten eine solche Darstellung anfertigen, doch eine übersichtliche Aufstellung ist schon erforderlich.

Gehen Sie in gleicher Weise mit den übrigen Planeten, mit Aszendent, Himmelsmitte und nördlichem Mondknoten vor. Bei Aszendent und Himmelsmitte müssen Sie bewerten, wie genau die Geburtszeit des Horoskopeigners ist. Halbsummen sind sensitive Punkte, und bei ungenauer Geburtszeit kann es hier leicht zu Fehldeutungen kommen.

3 HALBSUMMEN VON PLANETENPAAREN BERECHNEN

Berechnen Sie nun die Sequenzen direkter und indirekter Halbsummenpunkte für die Planetenpaare. Um die direkten und indirekten Halbsummenpunkte von Sonne und Mond in Erfahrung zu bringen, schauen Sie in der Übersicht die ekliptikale Länge der beiden einzelnen Planeten nach. In unserem Beispiel für die Sonne: 102,3°. Der Mond steht auf 16,3° Löwe, und das ist in ekliptikaler Länge: Löwe beginnt bei 120°, also 120° + 16,3° = 136,3°.

Zählen Sie diese zusammen: 102,3° + 136,3° = 238,6°, sprich 238°. Geteilt durch 2:

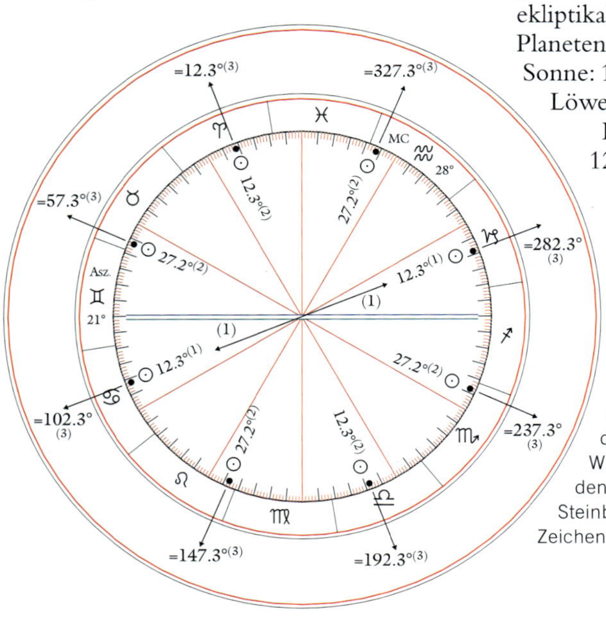

Direkte und indirekte Längenpositionen der Sonne

Diese Darstellung zeigt die Position der Sonne in ekliptikaler Länge, ihre Halbsummenpunkte und wo sich diese in den Zeichen befinden. Achten Sie auf die Wiederholung der Gradzahlen: 12,3° bei den kardinalen Zeichen Krebs, Waage, Steinbock und Widder und 27,2° bei den fixen Zeichen Löwe, Skorpion, Wassermann und Stier.

238 : 2 = 119°.

Das entspricht der direkten Halbsumme zwischen Sonne und Mond in ekliptikaler Länge. Hinsichtlich Zeichen befindet sich die direkte Halbsumme auf Krebs/Steinbock 29°.

Der nächste Schritt ist mit der Berechnung der Halbsummen der einzelnen Planeten identisch, wobei man 45° zur direkten Halbsumme hinzufügt, und zwar wie folgt:

119° + 45° = 164° + 45° = 209° + 45° = 254° + 45° = 299° + 45 ° = 344° + 45 ° = 389° – 360° = 29° + 45 ° = 74°.

Die indirekten Halbsummenpunkte von Sonne und Mond fallen also in unserem Beispiel auf die in dieser Rechnung genannten Punkte ekliptikaler Länge. Übersetzt in die Tierkreiszeichenpositionen ist das:

164° =	Jungfrau	14°
209° =	Waage	29°
254° =	Schütze	14°
299° =	Steinbock	29°
344° =	Fische	14°
389° – 360° = 29° =	Widder	29°
74 ° =	Zwillinge	14°

Sie werden auf einen Blick sehen, dass diese Sequenzen demselben Muster unterliegen wie für die Sonne (siehe Abbildung oben rechts).
Wie stets sind auch hier zwei Qualitäten betont, nämlich kardinal und veränderlich.

4 DIE BERECHNUNGEN FERTIG STELLEN

Diesen Vorgang wiederholen Sie nun für sämtliche Planetenpaare, Aszendent, Himmelsmitte und nördlichen Mondknoten. Das Muster ist das gleiche wie bei den Aspekten, die längste Gruppe gehört zur Sonne. Wenn Sie also die Sonne/Mond-Halbsummen berechnet haben, folgen Sonne/Merkur, Sonne/Venus und entsprechend weiter mit Mars, Jupiter, Saturn, Uranus, Neptun, Pluto, Aszendent, Himmelsmitte und Nordknoten.

Als Nächstes kommen die Halbsummenpunkte des Mondes dran mit Merkur, Venus, Mars, Jupiter, Saturn, Uranus, Neptun, Pluto, Aszendent, Himmelsmitte und Nordknoten. Wie bei den Aspekten müssen Sie jetzt nicht mehr die Halbsummen des Mondes mit der Sonne berechnen, denn das haben Sie ja schon bei der Sonne getan. Die Liste wird also kürzer, je weiter Sie kommen. Fahren Sie fort mit den Halbsummen von Merkur, Venus, Mars, Jupiter, Saturn, Uranus, Neptun,

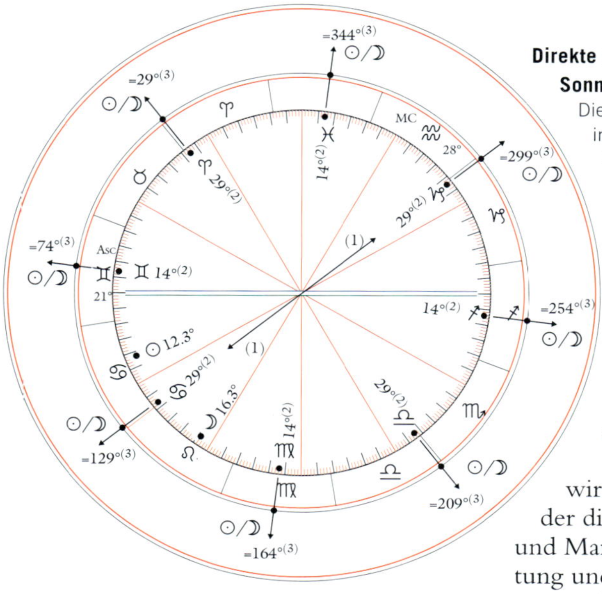

Direkte und indirekte Halbsummen von Sonne/Mond
Dieses Horoskop zeigt die direkten und indirekten Halbsummenpositionen von Sonne und Mond sowohl in ekliptikaler Länge wie nach Zeichenplatzierung.

Pluto, Aszendent, Himmelsmitte und Nordknoten zu den jeweiligen Planeten. Am Ende dieses langen Vorgangs haben Sie die Positionen der Halbsummen der einzelnen Planeten sowie von Planetenpaaren – herzlichen Glückwunsch!

Ein Bild erstellen

Wenn Sie systematisch die Halbsummen jedes einzelnen Planeten mit denjenigen der Planetenpaare vergleichen, bekommen Sie ein vollständiges Bild der Halbsummen, die in Ihrem Geburtshoroskop wirksam sind. Nehmen Sie dazu jeden Planeten, beginnend mit der Sonne, und sehen Sie sich aufmerksam seine Struktur an, dann diejenige der Planetenpaare, und erstellen Sie eine übersichtliche Liste. Während Sie langsam vorankommen, werden Sie sehen, dass einige Halbsummenpunkte besonders »bevölkert« sind. Diese haben eine stärkere Wirkung, und von diesen aus können Sie »Halbsummenbäume« entwerfen.

Wenn wir z.B. von den Berechnungen unseres obigen Beispiels ausgehen, dann sehen wir, dass die direkte Venus/Mars-Halbsumme auf 103° ekliptikaler Länge fällt. Das befindet sich durchaus im Orbis der direkten Halbsumme der Sonne auf 102° und sollte folgendermaßen geschrieben werden:
Sonne = Venus/Mars.

Alternativ können Sie auch die Symbole nehmen. Der schnellere Planet – also hier die Venus – kommt stets an erster Stelle.

HALBSUMMENBÄUME

Wer über die entsprechende Computersoftware verfügt, wird schnell feststellen, dass es innerhalb dieses Systems sogenannte Halbsummenbäume gibt. Das sind Anordnungen verschiedener Halbsummenkombinationen um einen Planeten oder eine Achse herum. Natürlich kann man sie von Hand erstellen, doch das ist sehr aufwendig.

In unserem Beispiel konnten wir sehen, dass sich die Sonne auf der direkten Halbsumme von Venus und Mars befindet. Bei näherer Betrachtung und einer weiteren kleinen Berechnung erkennen wir, dass einer der indirekten Halbsummenpunkte der Sonne auf 192° (12° Waage) auf die direkte Halbsumme eines Planetenpaares fällt: Saturn und Pluto. Diese Gruppe von miteinander in Verbindung stehenden Halbsummenpunkten kann folgendermaßen als Halbsummenbaum dargestellt werden:

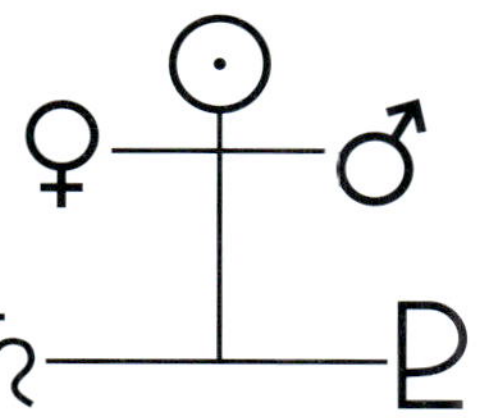

Es gibt verschiedene Darstellungsweisen von Halbsummenstrukturen. Wir empfehlen Ihnen, damit zu experimentieren, um herauszufinden, welche Ihnen am ehesten liegt. Wir finden die »kardinal-fix-veränderlich»-Art am sinnvollsten. Sie passt hervorragend zum 90-Grad-Kreis (siehe S. 134).

Mit der Zeit werden Sie finden, dass dies ein weites, faszinierendes Gebiet ist. Wie aber wendet man all diese zusätzlichen Informationen an? Auf den Seiten 135–158 finden Sie detaillierte Informationen für alle Kombinationen. Sie sollten aber darüber hinaus auch Ihre eigenen Beobachtungen schriftlich festhalten. Bedenken Sie, dass alles, was Sie herausfinden, die Informationen, die Sie bereits haben, ergänzt und unterstützt.

Halbsummenbäume interpretieren

Halbsummenbäume sehen zwar sehr kompliziert aus, aber ihre Bedeutung zu entdecken ist keineswegs schwierig, obwohl gelegentlich widersprüchliche Komponenten auftreten. Sie kennen das ja bereits von der Arbeit mit den verschiedenen Faktoren des Geburtshoroskops, und hier wie dort ist es erforderlich, Gewichtungen vorzunehmen, wie sie von den stärksten Planeten und Aspekten im Horoskop vorgegeben werden.

Je mehr Sie die Kernbedeutung der Planeten kennenlernen, desto leichter werden Ihnen diese Arten der Interpretation fallen. Halbsummen können zu einer tiefer gehenden Deutung sowohl des Geburtshoroskops wie auch aktueller Trends verhelfen. Doch seien Sie nicht zu fatalistisch, dass jeder Trend auf ein bestimmtes Ereignis hinweist. Gute Astrologen sind niemals dogmatisch! Sehen wir uns einige Beispiele an:

BEISPIEL 1

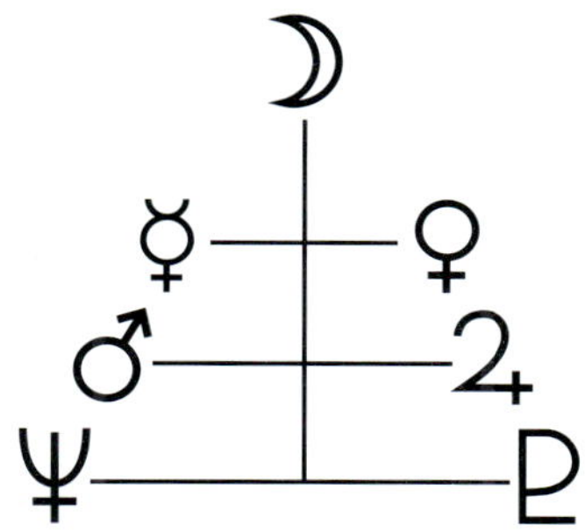

Hier befindet sich der Mond oben, darunter die Paare Merkur und Venus, Mars und Jupiter sowie Neptun und Pluto.

Charakteristika im Geburtshoroskop finden

Der Mond dominiert und steht in Kontakt mit den anderen Planeten; er färbt auf diese ab. Der Mond steht für Gefühle, Intuition sowie für Reaktionen. Wir können also sagen, dass hier ein liebevoller, warmherziger Mensch, der zugleich über Intuition und Kontaktfähigkeit verfügt, schöne Dinge und die Künste mag (Merkur/Venus), tapfer ist und die Initiative ergreifen kann (Mars/Jupiter). Er ist einfühlsam, fantasievoll und hat machtvolle Emotionen, jedoch nicht viel Durchhaltevermögen. Es besteht ein Konflikt zwischen dem mutigen Herangehen an etwas einerseits und dem Mangel an Ausdauer andererseits, was man bei der abschließenden Interpretation abwägen muss. Es scheint, als sei der Betreffende sehr couragiert und durchsetzungsfreudig, zerbreche jedoch unter Stress. Da der Mond so bedeutend platziert ist, handelt es sich höchstwahrscheinlich um emotionalen Stress oder Besorgnis. (Sehen Sie auch unter den Charakteristika der Mondzeichen nach.

BEISPIEL 2

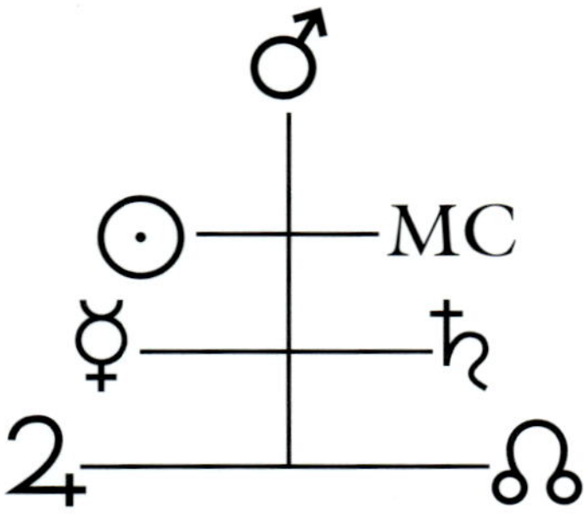

Mars ist der »Kopf« , darunter die Paare Sonne und Himmelsmitte, Merkur und Saturn sowie Jupiter und Nordknoten.

Aktuelle Trends untersuchen

Diese Person erlebt eine Zeit, in der Durchsetzungsvermögen gefragt ist, um weiterzukommen (Mars). Ihr Denken ist ernsthaft und konstruktiv, aber vielleicht nicht gerade optimistisch in Hinblick auf Karriereaussichten (Merkur/Saturn). Wahrscheinlich tritt eine unerwartete Gelegenheit ein (Sonne/Himmelsmitte), und es besteht die Möglichkeit, einen neuen Job angeboten zu bekommen. (Weil die Himmelsmitte beteiligt ist, wird das Angebot als Ergebnis ihrer Reputation eintreffen, nicht aufgrund einer Bewerbung.) Der Kontakt zwischen Jupiter/Nordknoten und Mars zeigt, dass die Person umgänglicher wird und zunehmend Teamgeist einbringt. Alles in allem kann man die Berufsaussichten dieser Person als exzellent bezeichnen.

GESAMTINTERPRETATION

Bei der Deutung der Halbsummen müssen Sie die Aspekte der Planeten im Auge behalten und wissen, inwiefern diese eher unterstützend oder einschränkend wirken. In der Kosmobiologie ist der Einfluss des dritten Planeten vorrangig; die Wirkungen der aktivierten Planeten müssen mit einbezogen werden. Manchmal sind die Kombinationen vielfältig (siehe »Halbsummenbäume«, S. 133). Während in diesem Buch alle Aspektdeutungen für Geburtshoroskop, Progressionen und Transite einzeln aufgeführt sind, konzentrieren sich folgende Seiten auf die kombinierten Einflüsse. Es lohnt sich, noch einmal die Einführungen zu den Planeten in den Kapiteln über Zeichen- und Hauspositionen sowie Aspekte zu lesen.

Auf welche Halbsummen soll man achten?

Bestimmte Halbsummen sind wichtiger als andere. Wenn Sie sich nicht dem langwierigen Prozess unterziehen wollen, alle einzelnen direkten und indirekten Halbsummen zu berechnen, wählen Sie die wichtigsten aus. Diejenige zwischen Sonne und Mond ist wohl die bedeutendste überhaupt, besonders wenn einer der beiden vom Geburtsherrscher und/oder vom Herrscher des Sonnen- oder Mondzeichens aktiviert wird. Auch die Planeten, die im Kontakt mit den Halbsummen von Sonne und Mond stehen, sind wichtig. Egal, ob es sich um direkte oder indirekte Halbsummen handelt, diese Kontaktstellen verdienen es, ernsthaft untersucht zu werden, und werden Ihre abschließende zusammenfassende Interpretation unterstützen. Auch die Halbsumme von Aszendent und Himmelsmitte ist extrem wichtig, doch dazu benötigen Sie eine sehr genaue Geburtszeit. Bedenken Sie stets, dass all dies sowohl für das Geburtshoroskop wie für Progressionen und Transite gilt. Manchmal bilden zwei Planeten Halbsummenkontakte zu ihrer eigenen Geburtsposition. Dann treten ihre ursprünglichen Bedeutungen im Leben des Betreffenden in den Vordergrund.

Hinweis: Auf den Seiten 135–158 finden Sie die Deutungen für jedes Planetenpaar mit jedem Planeten sowie Aszendent, Himmelsmitte und Nordknoten als Halbsummen. An erster Stelle stehen die Interpretationen für die Einflüsse, wenn sich die Halbsumme im Geburtshoroskop befindet, dann folgen die Deutungen für die Wirkungen von Progressionen und Transiten. In den Kapiteln über die Wirkung der Planeten haben wir die Mondknoten nicht berücksichtigt. Sie können sich auf S. 300–303 darüber informieren. Im Folgenden befassen wir uns mit dem Einfluss der Halbsummen. Zum Zeitpunkt des Schreibens dieses Buches haben Computerprogramme nicht die Halbsummenwirkungen von Chiron berechnet. Auf S.414–420 können Sie sich entsprechend informieren.

DER 90-GRAD-KREIS

Ein wichtiges Werkzeug der Kosmobiologen ist der 90-Grad-Kreis (siehe unten). Nun hat jeder Kreis 360 Grad, aber dieser hier hat drei 90-Grad-Segmente, wobei jedes 30 Grad umfasst. Jedes Segment steht für eine der Qualitäten (siehe S. 193). Da jedes Zeichen 30 Grad hat, teilen sich hier die Planeten jeder Qualität ein Segment. In dem Beispiel steht die Sonne auf 3° Stier, der Mond auf 4° Löwe und Saturn auf 10° Wassermann. Die drei Planeten finden sich im unteren Segment, das den fixen Zeichen gewidmet ist. Die kardinalen Zeichen finden sich oben links, die veränderlichen oben rechts. Mithilfe dieses Kreises kann man auf einen Blick sehen, welche Planeten ein Quadrat oder eine Opposition zueinander bilden, denn sie stehen in einem Segment nahe beieinander. Sonne und Mond stehen z. B im Quadrat zueinander, Saturn bildet eine Opposition zum Mond. In der herkömmlichen Zeichnung befände er sich auf der anderen Seite des Kreises. Saturn bildet ein Anderthalbquadrat zu Merkur und Venus auf 24° bzw. 25° Zwillinge. Saturn fällt auf eine Merkur/Venus-Halbsumme. Bei der Arbeit mit Halbsummen ist der 90-Grad-Kreis zusätzlich hilfreich. Planeten, die einander in diesem Kreis gegenüberliegen, bilden Halbquadrate oder Anderthalbquadrate und sollten daher hinsichtlich Halbsummenstrukturen untersucht werden. Sie können von dem 90-Grad-Kreis auf S. 486 Kopien herstellen und diese ausfüllen, wenn Sie damit arbeiten wollen.

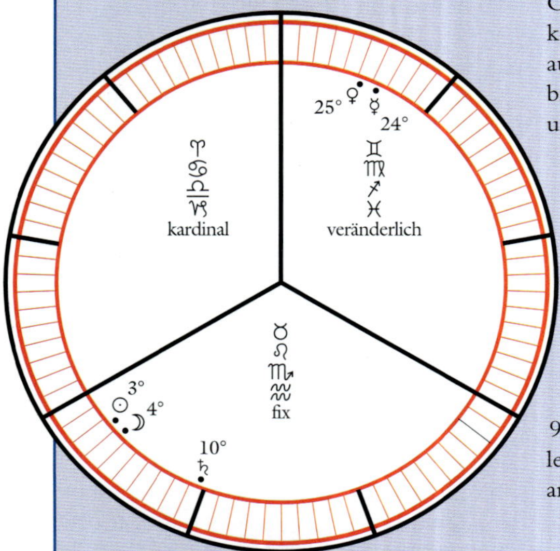

HALBSUMMENINTERPRETATIONEN FÜR DAS GEBURTSHOROSKOP, PROGRESSIONEN UND TRANSITE

HALBSUMMEN IN VERBINDUNG MIT DER SONNE

☉/☽ SONNE/MOND

Halbsumme	Halbsummenwirkungen im Geburtshoroskop	Wirkungen von Progressionen und Transiten
☿	Der Verstand arbeitet intuitiv, zugleich bewusst und praktisch. Die frühe Erziehung steht im Brennpunkt. Spricht schnell und nervös.	Drang zu lernen. Freundschaftsbande. Körperliches Wohlbefinden wird vom Geist beeinflusst.
♀	Ein Bedürfnis nach Harmonie äußerlich und innerlich. Muss Ausgleich zwischen Emotionen und deren Ausdruck herstellen. Künstlerisches Verständnis.	Anfang oder Ende von Beziehungen. Hauskauf. Extravaganz.
♂	Erhöhte physische und emotionale Energie. Beträchtliche Impulsivität. Befriedigendes Sexleben. Will gewinnen.	Wunsch nach Kindern. Verstärkte Entschlossenheit.
♃	Glück. Positive, optimistische Aussichten. Vorsicht vor blindem Optimismus und Übertreibung.	Eine genussvolle Periode. Finanzielle Verbesserung. Übellaunigkeit. Gewichtszunahme.
♄	Eine ernsthafte Perspektive aufs Leben. Hemmung und Depression, dafür vorsichtig und von gesundem Menschenverstand. Einzelgänger.	Verlangsamung des Fortschritts. Niedrige Vitalität.
♅	Ein unabhängiger Geist. Lehnt Einschränkung und Disziplin ab. Dickköpfigkeit.	Rechnen Sie mit dem Unerwarteten. Plötzlicher Ausdruck von Talenten. Bruch mit Bestehendem.
♆	Ein Träumer. Hellsichtige Fähigkeiten. Unpraktisch, romantisch. Kreatives Potenzial. Trügerisch.	Erhöhung intuitiver Kräfte. Unnötige Sorgen. Spirituelle Entwicklung.
♇	Neigung zu Zwanghaftigkeit. Verschlossen. Die starken Gefühle benötigen einen positiven Kanal.	Drang zu Neubeginn. Körperlichen und seelischen Müll entsorgen.
Asz.	Die Charakteristiken des Zeichens finden einen positiven Ausdruck.	Bedürfnis nach persönlicher Entwicklung. Wandel des Lebensstils.
MC	Man erreicht Ziele gemäß den Zeichencharakteristiken von Sonne und Mond.	Neue Berufsentwicklungen. Bedürfnis nach Wechsel in der Arbeit.
☊	Fähigkeit, gut mit anderen Menschen zurechtzukommen.	Treffen und gute Beziehungen mit Fremden.

☉/☿ SONNE/MERKUR

Halbsumme	Halbsummenwirkungen im Geburtshoroskop	Wirkungen von Progressionen und Transiten
☽	Instinktive Reaktion und praktischer Ausdruck. Mental beweglich.	Verstärkte Intuition und Einfühlung. Konflikt zwischen Kopf und Herz.
♀	Rationale, bisweilen selbstkritische Haltung gegenüber Liebe und Sex.	Aus Freundschaft kann Liebe werden. Jugendliche Haltung.
♂	Willensstärke und Entschlossenheit. Neigung zu Streit und Klatsch.	Unpassende Äußerungen können verletzen. Prägnante Kommentare.
♃	Fröhlich, optimistisch. Sinn für Komik. Ein guter Lehrer.	Bedürfnis nach Herausforderungen – physisch und geistig.
♄	Ernsthafte, konventionelle Einstellung zum Leben. Pessimismus. Tendenz zur Depression. Praktisch.	Bedürfnis nach langfristigen Planungen und Veränderungen.
♅	Originalität. Erfindungsreichtum. Eventuell Sturheit. Schnelles Denken, Schlagfertigkeit.	Plötzliche geniale Einfälle. Unerwartete Entwicklungen.
♆	Bezug zu Esoterik und Astrologie. Gutes Vorstellungsvermögen, das aber kontrolliert werden muss.	Erblühen kreativer oder hellsichtiger Fähigkeiten. Kontrolle von Täuschungsmanövern ist erforderlich.
♇	Bedürfnis weiterzukommen und Pausen in Lebensführung und im Beruf einzulegen.	Man unternimmt etwas im Bereich Lebensgestaltung und Beruf.
Asz.	Ruhelosigkeit. Guter Verstand, kann aber Dinge nicht zu Ende führen. Ständiger Meinungswechsel.	Bedürfnis nach Wandel und geistiger Anregung. Ein Schauer von brillanten Gedanken.
MC	Überdurchschnittlich häufiger Wechsel von Beruf und Bestreben. Wechselt die Meinung oft und vertritt diese dogmatisch.	Der Drang weiterzukommen.
☊	Lebhafter Mensch. Ist gern mit Kollegen und Freunden zum Gedankenaustausch zusammen.	Lohnende Treffen. Präsentationen von Projekten kommen gut an.

☉/♀ SONNE/VENUS

Halbsumme	Halbsummenwirkungen im Geburtshoroskop	Wirkungen von Progressionen und Transiten
☽	Sehr romantische Qualitäten. Bringt Gefühle voll zum Ausdruck. Neigung, besitzergreifend zu sein. Freude an Luxus und reichhaltigem Essen.	Sich ver- oder entlieben. Ärger. Extravaganz. »Kauft« Zuneigung und Liebe.
☿	Neigung zu Liebe auf Distanz. Braucht intellektuellen Austausch in Beziehungen.	Punkt, an dem aus Freundschaft Liebe wird. Liebesbriefe per E-Mail und auf ähnlichen Wegen.
♂	Befriedigender und erfüllender Ausdruck von Liebe und Sex.	Bedürfnis nach Liebe und Sex. Beste Chancen, beides zu finden!
♃	Großzügig. Glaube, dass Geben seliger ist denn Nehmen. Entspannte Haltung gegenüber dem Partner. Natürlicher Charme. Glückspilz.	Eine glückliche Zeit, in der man weiterkommt.
♄	Schwierigkeit, Liebe auszudrücken, aber treu. Manchmal Komplexe in sexueller Hinsicht.	Entscheidungen zu langfristigen Beziehungen treffen. Verstärkte Verbindlichkeit oder Liebesaus.
♅	Tendenz zu Liebe auf den ersten Blick. Benötigt glamourösen Lebensstil. Starke Attraktivität.	Plötzliche Entwicklungen oder Veränderungen in Beziehungen. Spontane sexuelle Begegnungen.
♆	Gefahr, falsche Liebespartner zu wählen. Verwirrung hinsichtlich Beziehungen. Sorgen, eine Liebesbeziehung zu finden.	Heldenverehrung. Liebesleben in der Fantasie. Unrealistische Bindungen.
♇	Zwanghafter Liebesausdruck. Ein fordernder Sexualpartner. Bedürfnis, in der Beziehung zu dominieren.	Explosiver Zustand oder abruptes Ende einer Liebes- bzw. Sexbeziehung.
Asz.	Will viel von sich selbst in eine Liebesbeziehung einbringen. Zärtlicher, liebevoller Partner.	Gelegenheit, eine bestehende Beziehung zu vertiefen.
MC	Gelassen in Karrierefragen. Beruf als Kosmetikerin, mit Luxusgütern oder im künstlerischen Bereich passt gut. Diplomatische Fähigkeiten.	Eine »Mal-abwarten«-Zeit. Geringes Bedürfnis, sich nach Arbeit umzusehen.
☊	Hat Freude daran, Freunde und gleich Gesinnte zusammenzubringen.	Erfolgreiches Fest oder Treffen.

☉/♂ SONNE/MARS

Halbsumme	Halbsummenwirkungen im Geburtshoroskop	Wirkungen von Progressionen und Transiten
☽	Viel emotionale und körperliche Energie, die man positiv in Arbeit, Hobbys oder Sex einfließen lassen kann. Spontanität.	Waghalsigkeit muss man vermeiden. Muskelzerrung. Willensstärke, um Rivalen und Schwierigkeiten zu überwinden.

Halbsumme	Halbsummenwirkungen im Geburtshoroskop	Wirkungen von Progressionen und Transiten
☿	Fähigkeit, richtig zu entscheiden. Streitlust.	Braucht Aktion. Beeindruckendes Kommunikationsvermögen.
♀	Kann Liebe und Sex in einer Beziehung zufriedenstellend miteinander vereinbaren.	Wunsch, eine Familie zu gründen bzw. die Familie zu vergrößern. Tut etwas für die Beziehung.
♃	Erfolg im Leben und die Fähigkeit, im Beruf voranzukommen. Optimismus. Gutes Timing bei wichtigen Schritten.	Es bieten sich Gelegenheiten, und der Betreffende ist in einer guten Position, diese wahrzunehmen.
♄	Ein Stop-and-go-Einfluss. Muss den Energiefluss ausgleichen.	Sorgen, berufliche Rückschläge. Gelassenheit tut Not.
♅	Spontanität. Eigensinn. Hartnäckigkeit. Nervenanspannung.	Gefahr, dass Überarbeitung zu Erschöpfung führt. Plötzliche Kurswechsel.
♆	Bedürfnis nach einem farbenprächtigen Lebensstil. Täuschung. Ausweichmanöver.	Perioden von Passivität und Faulheit. Wenig Willenskraft.
♇	Übermaß an männlicher Energie muss in befriedigendem Sex und in Arbeit zum Ausdruck gebracht werden.	Man schreitet voran oder ist vollkommen frustriert und blockiert.
Asz.	Ein lebhafter, leidenschaftlicher Mensch. Selbstbezogenheit.	Entschlossenheit bei der Verfolgung eines bestimmten Ziels.
MC	Harter Arbeiter. Pioniergeist. Strengt sich gerne an.	Wunsch nach Beförderung. Rastlose Suche nach neuem Job.
☊	Arbeitet ohne Ende zum Wohl der Gemeinschaft.	Führungsqualitäten beim Organisieren eines Events.

☉/♃ SONNE/JUPITER

Halbsumme	Halbsummenwirkungen im Geburtshoroskop	Wirkungen von Progressionen und Transiten
☽	Ein glücklicher Mensch mit ansteckender Wärme. Entgegenkommender Partner.	Fortschritt ist wahrscheinlich. Finanzieller und intellektueller Erfolg.
☿	»Ewiger Student«. Endlose Suche nach Erkenntnis. Klarer Denker.	Erfolgreiche (Examens-)Ergebnisse. Angenehme Ferien bzw. Reise.
♀	Ein großherziger Mensch mit viel Charme.	Eine glückliche, florierende Periode.
♂	Keine verpassten Chancen. Willenskraft findet positive Kanäle.	Die richtige Zeit, um Gelegenheiten beim Schopf zu packen.
♄	Wiederholt haarscharf am Erfolg vorbei; die Gründe sind vielfältig. Der Pessimismus ist stärker als der Optimismus.	Eine Phase der Arbeitslosigkeit. Fortschritt verlangsamt sich. Geringe Vitalität.
♅	Zuversichtlicher Blick aufs Leben. Glaube an sich.	Drang zu spielen oder zu spekulieren. Zu große Erwartungen.
♆	Hellsichtigkeit. Neigung, auf Wolke sieben zu schweben. Sehr sensibel. Eventuell kriminelle Aktivität.	Welcher Weg ist der richtige? Die Dinge sind nicht, was sie vorgeben.
♇	Talent, zu Geld zu kommen und es sinnvoll auszugeben. Keine halben Sachen.	Erfolgreiche Geschäftstransaktionen. Eine Glückssträhne.
Asz.	Glückliche und gelassene Lebenseinstellung. Erfolg, ohne skrupellos zu sein.	Die richtige Zeit, um zu expandieren. Gefahr der Gewichtszunahme.
MC	Glücklicher, erfüllter Mensch. Beruflicher Erfolg. Eventuell schauspielerische Fähigkeit.	Unerwartetes Jobangebot. Beförderung. Mehr Geld.
☊	Wunsch, andere zufriedenzustellen. Entgegenkommen von anderen.	Eine erfolgreiche Periode, sofern man mit anderen zusammenarbeitet; für alle Beteiligten ergiebig.

☉/♄ SONNE/SATURN

Halbsumme	Halbsummenwirkungen im Geburtshoroskop	Wirkungen von Progressionen und Transiten
☽	Verhindert den Ausdruck von Gefühlen. Fördert den gesunden Menschenverstand.	Trennung. Einsamkeit. Geringe Vitalität.
☿	Fähigkeit, konstruktiv zu denken und zu planen. Neigung zu Depression. Aufmerksamkeit fürs Detail.	Ernsthafte Überlegungen bei einer Entscheidungsfindung. Erzwungener Wandel.
♀	Tut sich schwer mit einer Liebeserklärung. Ein zurückhaltender Liebender.	Wendepunkt in einer Beziehung. Unwohlsein im Zusammenhang mit einer Beziehung.
♂	Unausgewogenheit zwischen Phasen der Überaktivität und solchen der Lethargie.	Notwendigkeit, etwas für den Organismus zu tun. Extra-Vitamine und Bewegung können helfen.
♃	Optimismus und Pessimismus wechseln einander ab. Stop-and-go-Herangehensweise an Leben und Beruf.	Beide Seiten des gegenwärtigen Problems müssen berücksichtigt werden.
♅	Sturheit und Dogmatismus sind wahrscheinlich. Wissenschaftliche oder musische Fähigkeiten.	Eine anstrengende Zeit. Unerwartete Entwicklungen mit langfristigen Folgen.
♆	Vitalität und Durchsetzungsvermögen werden unterminiert. Hellsichtigkeit findet einen konstruktiven Ausdruck.	Ungewöhnliche, merkwürdige Ereignisse. Passen Sie auf Ihre persönlichen Besitztümer auf.
♇	Ein sehr hemmender Einfluss. Anfällig für Rheumaschmerzen und steife Gelenke.	Bis der Einfluss vorüber ist, ist wenig zu tun, aber bleiben Sie in Bewegung und trainieren Sie regelmäßig.
Asz.	Schüchternheit. Mangel an Zuversicht. Probleme mit dem Vater. Langsame, nachhaltige Entwicklung.	Lassen Sie es ruhig angehen. Studien schreiten voran. Drängen Sie nicht anderen Ihre Ideen auf.
MC	Einzelgänger. Keine Zeit für leere Worte. Lädt sich schwere Verantwortung auf.	Chance auf Beförderung zu einem einsamen Topjob. Zusätzliche Verantwortung.
☊	Tendenz zu Freundschaften mit wesentlich älteren Menschen.	Freunde oder Verwandte kommen mit Forderungen und saugen an der Energie.

☉/♅ SONNE/URANUS

Halbsumme	Halbsummenwirkungen im Geburtshoroskop	Wirkungen von Progressionen und Transiten
☽	Viel Spannung und emotionale Energie bedarf der bewussten Kontrolle. Lebendiges und oft sprunghaftes Sexualleben.	Überreaktion auf Situationen verursacht ungerechtfertigten Stress.
☿	Brillanter, einfallsreicher Mensch, der manchmal stur ist.	Geistesblitze und großartige Ideen sind es wert, geprüft zu werden.
♀	Verliebt und entliebt sich wieder. Lebhafter Sexualpartner.	Plötzliche Anziehung durch das andere Geschlecht.
♂	Neigt aufgrund von Achtlosigkeit zu Unfällen. Hektik.	Tendenz, vorzeitig aktiv zu werden. Vorsicht beim Fahren oder Hantieren mit Werkzeugen!
♃	Erfinderisch. Will etwas umgestalten. Fähigkeit, andere zu beeinflussen.	Eine glückliche Zeit voller Überraschungen.
♄	Freiheitskämpfer. Entledigt sich plötzlich unliebsamer Einschränkung.	Verstärkte Entschlossenheit.
♆	Unsicherheit und Zögerlichkeit bei Entscheidungen.	Allgemeine Unsicherheit. Änderungen im Plan besonders bei Auslandsreisen.
♇	Politische Ambitionen. Will Macht über andere ausüben.	Notwendigkeit grundlegenden Wandels; das kann frustrierend sein.

Halb-summe	Halbsummenwirkungen im Geburtshoroskop	Wirkungen von Progressionen und Transiten
Asz.	Unvorhersagbare Neigungen. Sturheit. Ungewöhnliche Sicht aufs Leben.	Neue Freundschaften und Bekanntschaften. Richtungswechsel.
MC	Gefahr, unrealistische Pläne zu schmieden. Erfindungsreichtum und wissenschaftliche Begabung.	Unerwartete Ereignisse.
☊	Ein freundlicher Mensch, der gerne neue Bekanntschaften macht.	Kontakt mit leidenschaftlichen Menschen.

☉/♆ SONNE/NEPTUN

Halb-summe	Halbsummenwirkungen im Geburtshoroskop	Wirkungen von Progressionen und Transiten
☽	Sehr romantischer, weltabgewandter Mensch. Gefahr der Selbsttäuschung. Stark beeinflusst von äußeren Bedingungen.	Verzweifeltes Bedürfnis nach Liebe. Überhöhte Erwartungen können zu Enttäuschungen führen.
☿	Neigung zu verworrenem Denken. Viele Ideen, die zu nichts führen. Braucht einen starken Partner.	Schwebt möglicherweise auf Wolke sieben. Das Vorstellungsvermögen macht Überstunden.
♀	Künstlerische Begabung sollte gefördert werden. Braucht Liebe, aber hier herrscht etwas Verwirrung.	Eine gesegnete Zeit. Man muss aber auf dem Boden bleiben. Erhöhte Ausstrahlung.
♂	Keine starke Konstitution. Allergien sind wahrscheinlich. Hellsichtigkeit sollte sorgsam beobachtet und geübt werden. Farbenreicher Lebensstil.	Verminderter Sexualtrieb. Müßiggang.
♃	Optimistisch, auch wenn es schiefläuft. Religiosität oder schlicht Glaube an die menschliche Natur.	Eine »Was-sein-wird-wird-sein«-Haltung. Faible für Esoterik.
♄	Neigung zu Hypochondrie. Stabilisierender Einfluss für kreative Menschen.	Durchblutungsstörungen. Eine Zeit hinderlicher emotionaler Probleme.
♅	Astrologisch begabt. Leicht erregbar und/oder emotional. Originelle und inspirierte Ideen. Feinfühligkeit.	Rückzugstendenzen. Brillante Einfälle. Rationale Sichtweise muss beibehalten werden.
♇	Schwierigkeit, mit psychologischen Problemen zurechtzukommen.	Wunsch, auserwählt zu werden.
Asz.	Empfindsamer Mensch, der lernen muss, auch mit unangenehmen Situationen umzugehen.	Täuschungsmanöver verursacht beträchtliche Schwierigkeit. Verstärkte Religiosität.
MC	Berufswechsel muss sorgfältig erwogen werden, sonst kommt man ins Schlingern.	Wandel, der den Betreffenden inspiriert und ihm Hoffnung verleiht.
☊	Fühlt sich zu Künstlern, Kreativen und New-Age-Anhängern hingezogen.	Hilft den Kranken, Genesenden und Unterdrückten.

☉/♇ SONNE/PLUTO

Halb-summe	Halbsummenwirkungen im Geburtshoroskop	Wirkungen von Progressionen und Transiten
☽	Neigung, Gefühle zu unterdrücken. Mächtige emotionale Energie, die in positive Kanäle gelenkt werden muss. Starke Intuition.	Erhöhte Willensstärke. Doch der Entschluss, etwas Positives zu tun, kann ins Wanken geraten.
☿	Äußerst geheimniskrämerischer Denker. Kann gut in der Öffentlichkeit sprechen.	Akute Nervenbelastung. Eine angespannte Zeit. Unfähigkeit, vorwärtszukommen.
♀	Leidenschaftliches Wesen. Verliebt sich und bleibt dabei, auch wenn die Liebe nicht erwidert wird.	Eine emotional unerfreuliche Zeit. Mögliche Zurückweisung.
♂	Gefahr von Gefühlsausbrüchen. Muss lernen, die Emotionen unter Kontrolle zu bringen.	Sportliche Höchstleistung, aber Gefahr der Verletzung. Wut. Ernsthafter Streit. Mögliche Gewalttätigkeit.
♃	Fähigkeit, Ziele zu erreichen. Ein erfolgreicher Mensch. Muss Geld verdienen. Spielerinstinkt.	Eine Gewinnsträhne. Großartige Leistungen. Finanzieller Zuwachs.
♄	Verfolgt erbarmungslos seine Ziele. Anfällig für rheumatische Schmerzen. Ernsthafter, düsterer Ausblick aufs Leben.	Eine Situation, in der man gegen Wände anrennt. Fortschritt ist unmöglich.
♅	Dieser Mensch ist innerhalb seiner Generation ein Vorreiter. Widerstreitende Kräfte im Inneren treiben ihn an.	Man nimmt ein lang gehegtes Ziel in Angriff, nicht unbedingt mit Erfolg.
♆	Etwas wirre Sicht auf das Leben.	Es kommt zu seltsamen, ungewöhnlich abgehobenen Ereignissen.
Asz.	Erbarmungslos gegen sich selbst und andere. Kann psychologische Probleme nur schwer zum Ausdruck bringen. Ein harter Arbeiter.	Eine Zeit der Selbstanalyse oder des Beginns einer Therapie.
MC	Ein Machtkomplex kann andere verletzen. Eine Koryphäe.	Tendenz, das eigene Gewicht in die Waagschale zu werfen. Dogmatisch und herrisch.
☊	Tut sich mit Ideen und Vorschlägen anderer schwer.	Kontakt mit Menschen, die nicht vertrauenswürdig sind.

☉/Asc SONNE/ASZENDENT

Halb-summe	Halbsummenwirkungen im Geburtshoroskop	Wirkungen von Progressionen und Transiten
☽	Eine »runde« Persönlichkeit. Die drei beteiligten Tierkreiszeichen kommen auf positive Weise zum Ausdruck.	Eine Zeit der persönlichen Entwicklung. Harmonie zwischen körperlichen und emotionalen Belangen.
☿	Ein vernünftiger, gut arbeitender Geist. Positive, optimistische Sichtweise.	Geistig fordernde Arbeit macht hervorragende Fortschritte. Möglicher Kontakt mit den Medien oder mit jüngeren Menschen.
♀	Ein zärtlicher, liebevoller Mensch. Neigt zu Extravaganz. Ist auf sein leibliches Wohl bedacht.	Eventuell kommt es zu einer neuen Liebesaffäre. Bedürfnis, warmherzige Gefühle zum Ausdruck zu bringen. Eine glückliche Zeit.
♂	Hohes Maß an physischer Energie. Fähigkeit, in materieller Hinsicht voranzukommen und die eigene Identität zu festigen. Pioniergeist.	Eine äußerst rührige Phase. Vermeiden Sie übertriebene Hast, und gehen Sie keine Risiken ein. Seien Sie taktvoll.
♃	Ein jovialer Mensch. Versteht es, Unglückliche aufzuheitern. Genießt das Leben.	Eine angenehme Zeit. Gute Chancen, wenn man sich anstrengt. Eventuell Gewichtszunahme.
♄	Ernsthafte Sichtweise. Eine Kämpfernatur. Erfolgreich. Schüchternheit. Oft ein Nörgler.	Langsamer Fortschritt. Gedämpfte Vitalität. Empfindlich für Schmerz.
♅	Sturheit. Unvorhersagbarkeit. Erbarmungslosigkeit. Politischer Agitator.	Unerwartete Geschehnisse, die andere überraschen oder schockieren.
♆	Ein Mystiker. Verliert leicht die Bodenhaftung. Täuschungsmanöver.	Man weiß nicht so recht, was geschehen wird. Man muss bei jeder Aktion geradlinig vorgehen.
♇	Eine dynamische und kraftvolle, aber schwierige Person.	Plötzliches Ereignis. Vielleicht eine schicksalhafte Wende.

Halbsumme	Halbsummenwirkungen im Geburtshoroskop	Wirkungen von Progressionen und Transiten
MC	Ein in sich stimmiger Mensch, der die positiven Eigenschaften von Sonne und Aszendent nutzt, um Ziele zu erreichen.	Zufriedenheit und Fortschritt in Beruf und Bestrebungen.
☊	Ein warmherziger Freund, der andere ermutigt und großzügig im Umgang mit Zeit, Geld und Energie ist.	Eine Zeit, in der man anderen hilft und sie ermutigt.

☉/MC SONNE/MC

☽	Möglichkeit zu Ruhm zu gelangen oder für viele Menschen Verantwortung zu tragen. Guter Instinkt hinsichtlich Zielen im Leben.	Öffentliche Anerkennung.
☿	Beruf im Zusammenhang mit Kommunikation, Medien, Verkauf.	Wechsel im Beruf oder in der Lebensausrichtung.
♀	Künstlerisches Verständnis. Distanz zu weltlichem Fortschritt.	Unterstützung von oder Liebesbeziehung mit einem Kollegen.
♂	Ein hart arbeitender Mensch voller Energie, mit viel Schwung und Enthusiasmus.	Sehr arbeitsreiche Zeit. Gefahr von Unfällen aufgrund von Unachtsamkeit.
♃	Ein Optimist. Erfolg und Fortschritt im Beruf. Hat mit Verlagen, Recht oder der Kirche zu tun.	Beträchtliche Errungenschaften und Fortschritt im Beruf. Ein Preis.
♄	Ein Leistungsmensch oder aber Versager. Ernst gegenüber Zielsetzungen.	Zurücksetzung oder mehr Verantwortung.
♅	Gnadenloses Verfolgen von Zielen. Hat oft brillante Ideen.	Schock im Hinblick auf den Beruf.
♆	Vielseitiger Beruf mit Neigung zu den Künsten und zur Astrologie.	Verwirrung und falsche Hoffnungen hinsichtlich Zielsetzungen.
♇	Gelangt zu Objektivität durch erbarmungsloses Verhalten. Hat etwas übrig für Macht.	Die Bedingungen in der Arbeit sind plötzlich explosiv. Vielleicht kommt etwas über Sie heraus.
Asz.	Persönlichkeit und Bestrebungen befinden sich hier nicht im Konflikt miteinander.	Was immer Sie wollen – nur zu! Es ist in Ordnung für Sie. Glückliche Familienbande.
☊	Kommt mit Kollegen und Vorgesetzten sehr gut klar.	Mehr Kooperation in der Arbeit. Neue Mitarbeiter finden.

☉/☊ SONNE/MONDKNOTEN

☽	Die Fähigkeit, Mitgefühl und Verständnis für andere aufzubringen.	Andere fordern mehr Zeit und Energie als üblich.
☿	Vermag sich in andere einzufühlen und sie zu ermutigen, lauter zu sprechen.	Einen öffentlichen Vortrag vorbereiten oder halten. Diskussion.
♀	Kann diejenigen, die mit Kunst, Mode oder Kosmetik zu tun haben, ermutigen und unterstützen.	Ratschläge einer Kosmetikerin annehmen. Sich einer Behandlung unterziehen.
♂	Kann andere dazu anspornen, sich im Sport oder im Training mehr zu bemühen.	Eine energievolle Periode im Hinblick auf die Zusammenarbeit mit anderen.
♃	Eine glückliche, fröhliche Person, die die ganze Menschheit liebt.	Man gibt gerne Zeit und Energie, um andere zu einer bestimmten Sache zu ermutigen.
♄	Die Tendenz, andere Menschen herunterzumachen und überkorrekt zu sein.	Eine Zeit, in der man andere kontrollieren muss. Disziplin ist erforderlich.

Halbsumme	Halbsummenwirkungen im Geburtshoroskop	Wirkungen von Progressionen und Transiten
♅	Braucht zwar das Gefühl, Macht über andere auszuüben, aber es gibt einen freien Austausch von Ideen und Gedanken.	Plötzliche Ereignisse aufgrund der Taten anderer.
♆	Ist freundlich und hilfsbereit, aber nicht unbedingt verlässlich. Kommt gerne zu spät.	Man muss aufpassen, dass man Kollegen oder Freunde nicht verwirrt. Entschlossenheit und umsichtige Erklärungen sind erforderlich.
♇	Tendenz, andere mit unerwarteten Anfragen zu überfallen.	Man streicht womöglich ein Vorhaben und enttäuscht damit Kollegen und Vorgesetzte.
Asz.	Schließt leicht angenehme Kontakte mit anderen Menschen.	Man kann andere überzeugen und für sich einnehmen.
MC	Gute Beziehungen zu Kollegen und Arbeitgebern.	Den Hilfsbedürftigen ein guter Freund sein. Einen Seelengefährten finden.

HALBSUMMEN IN VERBINDUNG MIT DEM MOND

☽/☿ MOND/MERKUR

☉	Verstand, Instinkt und Emotionen arbeiten gut zusammen. Ein hervorragender Kommunikator.	Kontakt mit den Medien bzw. der Öffentlichkeit, man hält einen Vortrag oder macht eine Präsentation.
♀	Kann seine Liebesgefühle einem Partner mitteilen und stößt bei ihm auf Verständnis für seine Ansichten und Meinungen.	Freundschaft wird zu Liebe. Ein Liebesbrief oder ein Geschenk.
♂	Entschlossenheit. Weiß instinktiv, wann man handeln kann, muss aber die Impulsivität im Zaum halten.	Der richtige Zeitpunkt für entschlossenes Handeln. Leidenschaftliche Sexualität.
♃	Gutes Urteilsvermögen. Bedürfnis, etwas zu studieren. Hat eventuell einen Sinn für fremde Sprachen.	Eine glückliche Zeit, in der man weiterkommt. Man sollte Herausforderungen annehmen.
♄	Ernsthafter Blick aufs Leben. Der Verstand arbeitet langsam, aber methodisch.	Langfristige Probleme müssen ernsthaft untersucht werden.
♅	Ein erfindungsreicher, origineller Geist mit brillanten Ideen.	Eine Zeit, um mit originellen Ideen zu experimentieren.
♆	Hellsichtige Fähigkeit. Ausgezeichnetes Vorstellungsvermögen, das einen positiven Ausdruck durch Kreativität findet.	Vorsicht vor Täuschungsmanövern.
♇	Gerät leicht in einen explosiven Streit.	Überstürztes Handeln muss vermieden werden. Schicksalhafte Veränderungen.
Asz.	Lebhafter, sehr gesprächiger Mensch, der gern mal seine Meinung ändert.	Ein interessanter Austausch von Ideen. Übereinstimmung. Verloren geglaubte Freunde.
MC	Nimmt um der Karriere willen manchen Berufswechsel in Kauf.	Hektik in der Arbeit. Mit mehreren Alternativen konfrontiert sein.
☊	Fähigkeit, andere dazu zu bringen, ihre Meinung kundzutun.	Angenehme Zusammenkunft mit gleich gesinnten Freunden und neuen Bekanntschaften.

☽/♀ MOND/VENUS

☉	Der Wunsch nach dauerhaften Beziehungen. Wertschätzung der Kunst. Das leibliche Wohl ist sehr wichtig.	Machtvolle romantische Gefühle. Der Punkt, an dem man sich verliebt. Eine glückliche Zeit, an die man sich gerne erinnert.

Halb-summe	Halbsummenwirkungen im Geburtshoroskop	Wirkungen von Progressionen und Transiten
☿	Die Fähigkeit, Gefühle auszudrücken. Ein beständiger Liebhaber, der es nicht an Aufmerksamkeiten fehlen lässt.	Jetzt kann man seine Gefühle ausdrücken. Ein kreatives Projekt.
♂	Ein leidenschaftlicher Mensch und rücksichtsvoller Partner.	Wunsch nach Liebe. Eine Zeit für Familiengründung oder -zuwachs.
♃	Warmer, zärtlicher Mensch. Großherzig – manchmal fast zu viel des Guten.	Eine glückliche Zeit, die einen voranbringt. Aber nicht auf den Lorbeeren ausruhen!
♄	Das Bedürfnis nach materiellem Fortschritt kann Beziehungen in die Quere kommen.	Ende oder Veränderungen in einer Beziehung.
♅	Glamourös. Anziehungskraft, aber distanziert in der Liebe.	Plötzliche Anziehung, die von Dauer ist – oder auch nicht.
♆	Von Kopf bis Fuß romantisch. Trägt eine rosarote Brille, wenn er verliebt ist.	Man verliebt sich, muss aber den Angebeteten realistisch einschätzen.
♇	Beständig, fast zwanghaft in der Liebe. Braucht sexuelle Erfüllung. Kann Geld machen.	Machtvolle sexuelle Bedürfnisse.
Asz.	Eine charmante Persönlichkeit. Freundlich und großzügig anderen gegenüber.	Großzügigkeit und liebevolle Stimmung. Eine kostspielige, aber angenehme Zeit.
MC	Braucht unbedingt eine feste Beziehung und eine stabile Familie.	Eine Hochzeit. Kinderwunsch. Glück.
☊	Fähigkeit, andere aufzumuntern und auf sie einzugehen. Sehnsucht nach Liebe.	Ein glückliches Familienfest bzw. -treffen.

☽/♂ MOND/MARS

Halb-summe	Halbsummenwirkungen im Geburtshoroskop	Wirkungen von Progressionen und Transiten
☉	Starke physische und emotionale Energie, die positiv umgesetzt werden muss.	Zusätzliche Anforderungen. Eine erfolgreiche Zeit, wenn man die Hektik unter Kontrolle hat.
☿	Anfällig für mentalen und emotionalen Stress. Meistert man dies, kann man gut Entschlüsse fassen und Gefühle ausdrücken.	In mentaler und intellektueller Hinsicht kommt es zu Erfordernissen. Man sollte dem Instinkt folgen.
♀	Verliebt sich schnell. Ein glückliches Verhältnis zwischen Geist und Gefühlen. Ein Mensch, für den Sex sehr wichtig ist.	Ein plötzlicher Schwung.
♃	Eine unkomplizierte Person. Löst Probleme leicht und prompt. Optimismus. Mit den Emotionen im Einklang.	Der Instinkt sagt, wann der Zeitpunkt gekommen ist, die Initiative zu ergreifen.
♄	Ein Mangel an Vertrauen. Schüchtern. Manchmal boshaft.	Unentschieden, ruhelos. Wechsel zwischen Lethargie und Hektik.
♅	Hier fehlt es an Geduld. Vorschnelle, manchmal aggressive Antworten.	Eine voreilige Reaktion kann zu Fehlern führen.
♆	Kann aus Schwierigkeiten leicht herauskommen. Realitätsflucht. Täuschung.	Gefahr einer Lebensmittelvergiftung (besonders Fisch). Empfindliche Reaktion auf alle Arten von Drogen.
♇	Eifersucht. Kann sich nicht von psychologischen Problemen befreien. Gewalttätiges Temperament.	Gefahr der Überreaktion.
Asz.	Begeisterung und Leidenschaft. Starke physische und emotionale Energie. Sportlich.	Bedürfnis nach Aktion und Training. Gewinnen bzw. der Erste sein.
MC	Eine ehrgeizige Person. Arbeitet hart und beständig.	Der Wunsch, beruflich weiterzukommen oder neue Ziele anzugehen. Familiengründung bzw. -zuwachs.
☊	Guter Teamarbeiter, der es versteht, Freunde und Kollegen zu mehr Anstrengung zu bewegen.	Man kommt mit einem neuen Team in Kontakt.

☽/♃ MOND/JUPITER

Halb-summe	Halbsummenwirkungen im Geburtshoroskop	Wirkungen von Progressionen und Transiten
☉	Eine glückliche, zufriedene Person. Optimistisch. Schätzt ein schönes Leben mit gutem Essen und Wein.	Eine glückliche Zeit. Will andere erfreuen und beglücken.
☿	Hervorragender Verstand mit der Fähigkeit, etwas zu lernen und weitreichend zu planen.	Beginn eines Kurses oder ausgedehnte Reise.
♀	Ein großer Charmeur. Zärtlich, lieb, großherzig. Manchmal übertreibt er.	Gewinnsträhne. Verschwenderischer Lebensstil. Ein glückliches Liebesleben.
♂	Ein durchsetzungsfähiger Mensch, kein scheues Reh. Positive Sichtweise. Hilfsbereit.	Jetzt gilt es, den Stier bei den Hörnern zu packen!
♄	Innerer Konflikt. Trifft Entscheidungen nur zögerlich. Will Vernunft mit einer positiven Weltsicht in Übereinstimmung bringen.	Eine Stop-and-go-Phase. Es ist wichtig, zu unterscheiden, wann es vorwärtsgeht und wann nicht.
♅	Fortschritt geschieht in Schüben. Unerwartete Ereignisse entfachen die Leidenschaft. Ein lebhafter, etwas unberechenbarer Charakter.	Das Leben wird wider Erwarten ereignisreich. Einfach genießen!
♆	Neigung, Situationen zu dramatisieren oder aufzugeben. Irrationale Sorgen oder blinder Optimismus.	Man muss skeptisch und ganz praktisch sein, was nicht einfach ist.
♇	Eine sehr materialistische Sicht aufs Leben. Überwältigender Wunsch, an Geld zu kommen. Eifersucht.	Man macht Investitionen, sollte aber achtsam bei der Wahl sein.
Asz.	Dieser Mensch mag Spaß, neigt aber zur Übertreibung. Sinn für Dramatik.	Eine Zeit, um das Leben ganz einfach in vollen Zügen zu genießen.
MC	Rücksichtsvoller, freundlicher Mensch und guter Kollege. Verständnisvoller Vorgesetzter.	Gelegenheiten wollen wahrgenommen werden. Eine zufriedenstellende Periode.
☊	Das soziale Leben ist sehr wichtig. Ein guter Gesellschafter und Vorsitzender.	Andere schätzen Ihr Organisationstalent. Womöglich eine Hochzeit oder ein anderes glückliches Ereignis.

☽/♄ MOND/SATURN

Halb-summe	Halbsummenwirkungen im Geburtshoroskop	Wirkungen von Progressionen und Transiten
☉	Gesunder Menschenverstand und praktische Fähigkeiten. Neigt zu Hypochondrie. Launenhaftigkeit.	Mangel an Vitalität. Man sollte kein gesundheitliches Risiko eingehen. Möglicherweise Erkältung.
☿	Kann konstruktiv planen. Entscheidungen geht eine gründliche Prüfung voraus.	Erzwungener Wandel, der zunächst negativ erscheint, sich dann aber als segensreich entpuppt.
♀	Liebesbekundungen sind nur spärlich. Fühlt sich von einem älteren Partner angezogen.	Ernsthafte Probleme innerhalb der Beziehung. Man braucht Zeit, um die Differenzen zu klären.
♂	Frustration. Mangel an Selbstvertrauen. Unbeständiger Energiefluss.	Eine schwierige Phase. Ein Fortschritt scheint kaum möglich. Geduld!
♃	Kann ohne zu murren Verantwortung übernehmen. Eine gute Mischung von Optimismus und Vorsicht.	Eine Zeit des stetigen, langfristigen Fortschritts.

Halb-summe	Halbsummenwirkungen im Geburtshoroskop	Wirkungen von Progressionen und Transiten
♅	Anerkennung von Hemmungen sowie der starke Wunsch, für die Zukunft zu planen und zu leben. Wissenschaftliches Potenzial.	Einfallsreichtum und praktische Fähigkeiten können gemeinsam nutzbringend ausgedrückt werden.
♆	Minderwertigkeitskomplex. Aber man kann Eingebungen und Vernunft gut miteinander vereinbaren.	Ein nagendes Problem. Vitamine bringen die Vitalität in Schwung.
♇	Kommt nur schwer voran. Möglicherweise rheumatische Erkrankung aufgrund von Frustration.	Eine frustrierende Periode. Da muss man durch.
Asz.	Körperliche oder emotionale Rückschläge in der Entwicklung. Kämpft gegen Schwierigkeiten an.	Geringe Widerstandskräfte gegen Krankheiten. Gedämpfte Vitalität.
MC	Pflichtbewusstsein und Routinegebundenheit kann zum Zwang werden. Starker Ehrgeiz.	Eine herausfordernde Phase. Verlust oder Rückschläge im Beruf. Jobwechsel.
☊	Ist gerne mit älteren Menschen zusammen oder hilft ihnen. Wenige, dafür bedeutende Freundschaften.	Kontakt mit einsamen oder unglücklichen Menschen.

☽/♅ MOND/URANUS

Halb-summe	Halbsummenwirkungen im Geburtshoroskop	Wirkungen von Progressionen und Transiten
☉	Ausgeprägte Emotionalität, leicht erregbar. Unvorhersagbarkeit. Originalität. Sturheit.	Unerwartete Ereignisse. Schrulliges Verhalten.
☿	Brillanter und origineller Denker. Überdenkt Ideen mit Bedacht. Hat einen Sinn für Astrologie oder Astronomie.	Gesinnungswandel. Man widmet sich neuen Konzepten, Ideen und Projekten.
♀	Sex-Appeal. Glamour.	Die richtige Zeit für eine Imageveränderung. Vermehrte Aufmerksamkeit durch das andere Geschlecht.
♂	Ein ehrgeiziger Mensch. Möglicherweise skrupellos. Sprunghaftes Verhalten.	Man gerät in aufregende, eventuell gefährliche Situationen. Verwegenheit.
♃	Ausgeprägte Visionen. Ehrgeiz. Menschenfreund. Kann etwas erreichen. Geht Probleme unorthodox an.	Spannende, unerwartete Entwicklungen. Gelegenheit zu einer weiten Reise. Intellektuelles Wachstum.
♄	Ein irgendwie unnahbarer Mensch, der in seiner Welt lebt. Sehr unabhängig.	Bedürfnis nach Rückzug, um Ziele oder den Lebensstil zu überdenken.
♆	Brillanter und inspirierter Denker, wenngleich die Ideen oft unpraktisch sind. Freundlich.	Fehlgeleitete Phase. Man steckt Energie in unproduktive Projekte.
♇	Manchmal in religiöser oder politischer Hinsicht fanatisch. Leicht gestresst oder angespannt.	Bedürfnis, mit der Vergangenheit zu brechen. Gefahr, das Kind mit dem Bade auszuschütten.
Asz.	Nervliche Anspannung. Unvorhersagbarer Stimmungswandel. Sich selbst der schlimmste Feind sein.	Zusätzlicher Stress ist wahrscheinlich. Echtes Bemühen zeitigt gute Erfolge.
MC	Hinweis auf Ruhm, der jedoch nicht unbedingt von Dauer ist. Kann sich anstrengenden Arbeitsbedingungen nur schwer beugen.	Plötzlich aufwallender Ruhm. Überraschende berufliche Entwicklungen. Ein neuer Job.
☊	Leicht nervös im Umgang mit anderen. Vorliebe für schillernde, originelle Menschen.	Nervosität und Stress beim Auftreten in der Öffentlichkeit.

☽/♆ MOND/NEPTUN

Halb-summe	Halbsummenwirkungen im Geburtshoroskop	Wirkungen von Progressionen und Transiten
☉	Feingefühl und Freundlichkeit. Gefahr, andere zu täuschen und zu belügen. Hellsichtigkeit.	Ist von Esoterik fasziniert. (Es empfehlen sich gute Lehrer.)
☿	Inspiration, Ideen und Intuition gehen mit dem Verstand eine Verbindung ein. Sinn für Poesie.	Eine Phase, in der man neuen Interessen nachgeht.
♀	Ein romantischer Mensch, der seine Liebe womöglich etwas zu früh offenbart. Ausweichmanöver.	Verliebt? Bitte nicht vergessen, dass die Welt nicht nur aus rosa Wölkchen besteht.
♂	Überempfindliche Reaktion auf Stress. Anfällig für Allergien.	Der Verstand tritt in den Hintergrund. Verwirrung.
♃	Eine viel geliebte Persönlichkeit. Gutes Vorstellungsvermögen und Verständnis von Menschen. Mitgefühl und Freundlichkeit.	Weitreichende Pläne für Reisen, auch solche im Geist, haben langfristig hervorragende Konsequenzen.
♄	Erlebt möglicherweise Enttäuschungen im Leben. Versteht es nicht, das Beste aus etwas zu machen.	Gefühl der Hoffnungslosigkeit, Pessimismus und Hemmung. Nichts läuft, wie es soll.
♅	Hat brillante Ideen und Konzepte. Muss Disziplin und Durchhaltevermögen entwickeln.	Plötzliche tolle Ideen sollten nur nach sorgfältiger Prüfung umgesetzt werden.
♇	Ruhelosigkeit. Häufiger Ortswechsel.	Aufruhr. Wandel. Psychologische Probleme müssen gelöst werden.
Asz.	Wirrkopf. Hinterlistig. Ist aber inspiriert und fühlt sich vielleicht sogar religiös berufen oder widmet sich mit Hingabe einer Sache.	Man fühlt sich inspiriert für kreatives Schaffen. Dafür sind Disziplin und harte Arbeit erforderlich.
MC	Tanzt gern oder läuft gern Schlittschuh bzw. mag Bewegung. Vorstellungsgabe. Kann sich erfolgreich künstlerisch ausdrücken.	Jetzt können Sie sich einem neuen Hobby widmen.
☊	Ein recht schüchterner Mensch, dessen Arbeitsergebnisse für sich sprechen.	Man zeigt seine Arbeit in einer Ausstellung. Lob von der Öffentlichkeit.

☽/♇ MOND/PLUTO

Halb-summe	Halbsummenwirkungen im Geburtshoroskop	Wirkungen von Progressionen und Transiten
☉	Ist leicht verärgert. Machtvolle emotionale Reaktionen. Plötzlicher Stimmungswechsel.	Frustrationen der jüngeren Vergangenheit ziehen eine Zeit des Wandels nach sich.
☿	Schmiedet gerne finstere Pläne. Detektivisches Können. Ein guter Forscher.	Neigung zur Hinterhältigkeit.
♀	Starke Emotionen, die leicht entflammen, wenn man verliebt ist. Muss unbedingt zu Geld kommen.	Leidenschaftliche Gefühle. Liebe auf den ersten Blick.
♂	Anfällig für heftige Stimmungswechsel. Große, leidenschaftliche Gefühle. Besessen in der Liebe.	Ernsthafte Ausbrüche führen zu Auseinandersetzungen und verärgern den Partner.
♃	Stark motivierte Person, die viel erreichen kann.	Eine glückliche Phase. Finanzieller Gewinn. Liebesbeziehungen verbessern sich.
♄	Der Fluss und Ausdruck von Gefühlen ist sehr schwierig. Eindruck, die Welt sei gegen einen.	Eine schwierige Zeit. Benutzen Sie Ihre Ellbogen so wenig wie möglich.
♅	Dieser Mensch sucht Anerkennung und braucht einen Posten, von dem aus er Macht ausüben kann.	Plötzlicher Drang, seine Meinung kundzutun und Macht auszuüben. Vorsicht vor Skrupellosigkeit. Jetzt sollte man seine Ziele nicht zu hoch stecken.

Halbsumme	Halbsummenwirkungen im Geburtshoroskop	Wirkungen von Progressionen und Transiten
♆	Der Erfolg beim Erreichen von Vorhaben will sich nicht einstellen.	Nicht zu ehrgeizig sein. Sich keine zu hohen Ziele stecken.
Asz.	Starke Reaktion auf Situationen, die die Gefühle aufwühlen.	Möglichst ruhig bleiben. Halten Sie die Probleme im Blick.
MC	Beruf und Ziele verursachen beträchtlichen Stress und Spannung.	Eine anstrengende Phase. Man kann Fortschritte machen, muss aber Erschöpfung vermeiden.
☊	Dieser Mensch ist nicht einfach in der Zusammenarbeit. Zugeständnisse an die Launen sind erforderlich.	Man kommt mit schwierigen Leuten in Kontakt.

☽/Asz. MOND/ASZENDENT

Halbsumme	Halbsummenwirkungen im Geburtshoroskop	Wirkungen von Progressionen und Transiten
☉	Die Eigenschaften von Sonnen- und Mondzeichen sowie des Aszendenten sind aufeinander abgestimmt.	Eine Phase, in der man sich »ganz« fühlt. Man handelt und entscheidet genau richtig.
☿	Ein lebhafter, vielseitiger Geist. Verändert gerne mal das Umfeld und den Lebensstil.	Das Gefühl, dass die Zeit für bestimmte Veränderungen gekommen ist.
♀	Findet sich leicht in die Bedürfnisse und Stimmungen des Partners ein.	Eine angenehme und lohnende Phase mit dem, den man liebt.
♂	Möglicherweise ein stürmisches Liebesleben, jedenfalls kein eintöniges.	Gefühle in Beziehungen spielen jetzt eine bedeutende Rolle. Toller Sex.
♃	Sorgt sich um andere Menschen. Ein Philanthrop und Idealist.	Bemühungen werden belohnt.
♄	Braucht Zeit für sich. Neigt zu Depression und Pessimismus. Anfällig für Erkältungen und Grippe.	Der Fortschritt verlangsamt sich. Möglicherweise unerklärliche Müdigkeit und verminderte Vitalität.
♅	Sturheit verursacht Probleme. Ein unabhängiger Geist. Rastlosigkeit und Perioden von Stress und Anspannung.	Aufregende Entwicklungen sorgen für Spannung.
♆	Ein leichtgläubiger Mensch. Tendiert zu Gefühlsduselei und Sorgen. Erzählt auch mal Unwahres.	Lassen Sie es nicht zu, dass Täuschungen Ihr Leben verkomplizieren.
♇	Tut sich aufgrund tief sitzender psychologischer Probleme schwer, befriedigende Beziehungen herzustellen.	Eine Zeit, in der der Fortschritt vereitelt wird, als stünde man vor einer Wand.
MC	Instinkt, Intuition und Gefühle stimmen mit den Zielen und Bestrebungen dieses Menschen überein.	Bei Entscheidungen hinsichtlich Beruf und Lebensstil folgt man der Intuition.
☊	Versteht es, persönliche Beziehungen gut zu gestalten. Ist einfühlsam mit geliebten Menschen und nahen Gefährten.	Veränderungen zu Hause. Bedürfnis nach einem liebevollen Partner.

MOND/MC

Halbsumme	Halbsummenwirkungen im Geburtshoroskop	Wirkungen von Progressionen und Transiten
☉	Eine positive Sichtweise. Man weiß instinktiv, wann berufliche Veränderungen angesagt sind.	Eine Zeit des Wandels. Man ist unausgeglichen, aber am Ende wird alles gut.
☿	Kann sich gut »verkaufen«. Eine vielseitige berufliche Laufbahn. Ruhelosigkeit und zu viel Selbstkritik.	Bewerbung um einen neuen Job. Einen Lebenslauf erstellen.
♀	Versteht es, Freunde zu gewinnen. Launenhaftigkeit und Gelassenheit können den beruflichen Ambitionen entgegenstehen.	Man verpasst gute Gelegenheiten, weil man nichts tut.
♂	Hart arbeitender, tatkräftiger Mensch. Mutig und durchsetzungsfähig.	Veränderungen aufgrund von aufwallenden Gefühlen erweisen sich als nützlich.
♃	Lernt aus Erfahrung und gibt sein Wissen an andere weiter. Ist weise und als Vorgesetzter oder Teamführer geschätzt.	Eine glückliche Phase. Man wird befördert oder findet einen neuen Job.
♄	Neigt dazu, die eigenen Fähigkeiten zu unterschätzen. Unzufrieden mit den Arbeitsbedingungen. Pessimistisch. Kann Verantwortung tragen.	Einsamkeit aufgrund einer Beförderung und damit einhergehender gestiegener Verantwortung.
♅	Ist voller Ideen, kann aber nicht gut im Team arbeiten. Die Neigung zu explodieren kann Probleme im Beruf schaffen.	Verbesserungsvorschläge sind inspiriert und brillant, doch man sollte taktvoll vorgehen.
♆	Kommt mit dem Konkurrenzkampf nur schlecht zurecht. Macht sich zu viele Gedanken über die Arbeit.	Selbstzweifel kommt auf und verdunkelt womöglich wichtige Themen.
♇	Ein Machtkomplex, den man bewusst kontrollieren muss, besonders in beruflichen Dingen.	Aufruhr aufgrund von Übernahmen. Freisetzung. Erzwungene Veränderungen.
Asz.	Positive Reaktion auf Einflüsse von außen und die gegebenen Bedingungen.	Man denkt ernsthaft über den Lebensstil und Bestrebungen nach. Richtungswechsel.
☊	Eine gegenüber den Bedürfnissen und Stimmungen anderer feinfühlige, hilfsbereite Person.	Eine Zeit, in der man Kollegen, die es brauchen, unterstützt.

☽/☊ MOND/MONDKNOTEN

Halbsumme	Halbsummenwirkungen im Geburtshoroskop	Wirkungen von Progressionen und Transiten
☉	Weiß mit anderen zurechtzukommen und sie bei gemeinsamen Unternehmungen zu ermutigen.	Eine Wohltätigkeitsveranstaltung organisieren. Eine befriedigende Liebesbeziehung.
☿	Ein Kommunikationstalent. Die Leute reagieren auf die Vorschläge dieses Menschen.	Veröffentlichung durch das Internet oder andere Medien.
♀	Das Bedürfnis, sich mit anderen zum Wohle der Gemeinschaft zusammenzutun. Ein verständnisvoller Freund.	Der Beginn einer Liebesaffäre oder eines kreativen Gruppenprojekts.
♂	Versteht es, gleich Gesinnte zum Handeln anzuregen. Kapitän in einer Sportmannschaft.	Körperliche Energie und Emotionen ziehen die Aufmerksamkeit anderer auf sich.
♃	Ein großherziger Mensch und Philanthrop. Inspiriert und gut in der Zusammenarbeit.	Man kommt gut voran – Zeit, Energie und Geld stehen in Hülle zur Verfügung.
♄	Tut sich schwer, mit jemandem unter einem Dach zu wohnen.	Eine Zeit lang müssen Sie wohl alleine bleiben.
♅	Ein ruheloser Mensch. Hat exzentrische, normalerweise nicht stimmende Ansichten über andere Menschen.	Lebhafte, plötzliche Liebesaffäre, die für unerwartete Ereignisse sorgt.
♆	Ist sehr leicht durch die Worte oder Taten anderer verletzt. Nicht einfach im Umgang.	Man kann Enttäuschungen beikommen, indem man sich mit seinen Lieblingsinteressen befasst.

Halbsumme	Halbsummenwirkungen im Geburtshoroskop	Wirkungen von Progressionen und Transiten
♇	Störender Einfluss auf die Familie oder den Freundeskreis. Ein Aufwiegler.	Bedürfnis, einmal etwas Zeit fern der Lieben zu verbringen.
Asz.	Starke Gefühle, die sowohl in der Liebe wie im Streit zum Ausdruck kommen.	Eine Phase, um zu überdenken, wie es mit Beziehungen weitergeht und ob man Veränderungen bzw. Verbesserungen vornehmen sollte.
MC	Bedürfnis und Fähigkeit, Seelengefährten zu erkennen.	Gleich Gesinnte werden zu Freunden.

HALBSUMMEN IN VERBINDUNG MIT MERKUR

☿/♀ MERKUR/VENUS

☉	Ein freundlicher Mensch. Ist kreativ und künstlerisch veranlagt. Sinn für Schönheit.	Kreativität kommt heraus. Künstlerisches Schaffen bringt Zufriedenheit und Anerkennung.
☽	Kann Kreatives umsetzen – als Sänger, Tänzer, Schauspieler.	Wertschätzung von Kunst und Schönheit.
♂	Ein schöpferischer Mensch. Arbeitet gern mit Metall oder Lehm. Kann seine Gefühle gut ausdrücken.	Man stellt fest: Ich habe mich verliebt!
♃	Liebt den Luxus und das gute Leben. Womöglich extravagant. Kann Schmuck herstellen oder Gedichte schreiben.	Der Wunsch, die Bedeutung der Kunst zu erforschen.
♄	Hat wenig Selbstvertrauen. Bildhauern könnte diesem Menschen liegen.	Anstatt eine kreative Beschäftigung aufzugeben, sollte man sie nur vorübergehend ruhen lassen.
♅	Der Einfallsreichtum sollte in positive Kanäle gelenkt werden.	Kreativität kommt plötzlich zum Ausdruck. Eine Liebeserklärung.
♆	Talent für Fotografieren oder Filmen. Selbstausdruck durch Tanz.	Man beginnt mit dem Fotografieren oder Filmen. Die Fantasie ist angeregt.
♇	Machtvoller schöpferischer Drang. Fasziniert von Makabrem, Schaurigem oder Unheimlichem in der Kunst.	Man begibt sich in unbekanntes Terrain. Heraus kommt eine kreative Tätigkeit.
Asz.	Eine charmante Persönlichkeit. Muss alles im Überblick haben.	Verschönerung im Haus und im Umfeld. Künstlerischer Ausdruck durch Handwerk, Weben, Nähen.
MC	Verkaufstalent in Sachen PR, Schönheit und Luxusgüter.	Erfolg in künstlerischen Bestrebungen – besonders durch Malen, Schreiben oder Medienarbeit.
☊	Eignet sich sehr gut als Agent oder Mediator. Ist verständnisvoll in der Kommunikation.	Man wird gerufen, um Missverständnisse klären zu helfen. Eine Gruppe gleich Gesinnter formiert sich.

☿/♂ MERKUR/MARS

☉	Ein schneller Verstand. Entschlossenheit. Erfolg im Leben. Verwegen.	Erfordernis, sich schnell zu entscheiden oder durchzusetzen.
☽	Sehr schnelle Reaktionen. Spontanität. Bei den Gefühlen schwingt guter Sachverstand mit.	Drang, einen plötzlichen, ungeplanten Richtungs- oder Meinungswechsel vorzunehmen.
♀	Verliebt sich gern auf den ersten Blick und offenbart seine Gefühle.	Überwältigende Liebe. Man ist ergriffen von Kunst oder Musik.
♃	Natürliche Fähigkeit zu lehren. Jovial. Exzellenter Kommunikator.	Man will studieren. Bedürfnis nach geistiger Herausforderung.
♄	Kann sich hervorragend konzentrieren. Neigt zu Pessimismus. Unentschlossenheit.	Man ist einer Trennung vom geliebten Menschen oder von Kollegen ausgesetzt.
♅	Ein schneller Denker. Brillanter Geist. Oft stur.	Überraschungen oder Aufregungen. Vorsicht beim Autofahren oder bei riskanten Sportarten.
♆	Weltfremd. Lässt sich leicht auf Okkultes ein. Ist talentiert, was aber gefördert und in die richtigen Bahnen gelenkt werden muss.	Inspiration. Möglicherweise Täuschung oder Hinterlist.
♇	Fanatismus. Ein schwieriger Mensch, der gerne eine Botschaft verkündet. Streitlustig. Rechthaberisch.	Plötzliche Meinungsverschiedenheiten mit anderen. Man muss flexibel sein.
Asz.	Durch die Eigenschaften des Aszendentenzeichens verschaffen sich der Verstand und die Energie Ausdruck.	Unvermittelter Gesinnungswechsel. Der Wunsch fortzufahren.
MC	Ist häufig unzufrieden mit der beruflichen Entwicklung und wird öfters das Lebensziel ändern.	Eine ärgerliche Situation in der Arbeit, aber entschlossenes Handeln reinigt die Luft.
☊	Eine leidenschaftliche, energiegeladene Person mit ansteckender Leidenschaft.	Man will unbedingt andere dazu bringen, etwas zu unternehmen – vielleicht gegen Ungerechtigkeit.

☿/♃ MERKUR/JUPITER

☉	Ein großer Redner oder Lehrer. Optimismus. Erfolg.	Bedürfnis, den Geist durch Studien und Herausforderungen zu weiten.
☽	Charmanter, gesprächiger Mensch. Kann den Gedanken anderer schnell folgen. Neigung zu übertreiben oder zu dramatisieren.	Fühlt sich inspiriert, Gedichte oder romantische Erzählungen zu schreiben.
♀	Eine glückliche Person, die leicht zufriedenzustellen ist.	Der Moment, in dem man sich glücklich verliebt.
♂	Ein erregbarer Mensch, der sich immer gern begeistern lässt.	Bedürfnis nach einer Herausforderung – geistig oder körperlich.
♄	Ändert gerne mal Meinungen und Entscheidungen.	Unentschlossenheit, was genau der richtige Weg ist.
♅	Ein brillanter Geist, Typ: verrückter Professor. Einfallsreichtum. Hält an Meinungen fest.	Plötzliche klare Ideen. Das Bedürfnis, etwas über ein Thema oder ein Problem herauszufinden.
♆	Sehr starke Fantasie, die in eine positive Richtung gelenkt werden muss, um brillant zu arbeiten – andernfalls kommt es zu Verwirrung und unbegründeten Sorgen.	Wenn Sie sich neuen Interessen widmen wollen – wunderbar! Aber verlieren Sie sich nicht.
♇	Möglichkeit eines Machtkomplexes und fanatischer Ansichten – oft politisch orientiert und motiviert.	Unzufriedenheit mit der gegenwärtigen Situation. Man muss einfach etwas ändern.
Asz.	Der Intellekt steht in Verbindung mit den Eigenschaften des Aszendentenzeichens, was Optimismus und Enthusiasmus verleiht.	Verstärkter, Erfolg versprechender Wunsch nach intellektuellem Wachstum und nach Reisen.
MC	Begabung, an der Universität zu lehren, im Rechts- oder Verlagswesen, den Medien oder der Reisebranche. Eine lebhafte Karriere.	Ein herausfordernder, aufregender Berufswechsel.
☊	Ein sehr munterer, gesprächiger Mensch, der gute Gesellschaft genießt und braucht.	Geistige oder tatsächliche Reise mit Freunden oder Bekannten. Eine Vorlesung oder ein Verkaufsgespräch.

☿/♄ MERKUR/SATURN

Halbsumme	Halbsummenwirkungen im Geburtshoroskop	Wirkungen von Progressionen und Transiten
☉	Lernt langsam, aber genau. Befasst sich stets reiflich mit langfristigen Veränderungen oder Plänen.	Ein Richtungswechsel – eine Tür schließt sich und eine andere geht auf.
☽	Ein Pessimist mit Neigung zur Depression.	Wechsel des Umfeldes oder der Wohnung.
♀	Fühlt sich dem Partner leicht unterlegen. Kann nur mühsam seinen Teil der Verantwortung in der Beziehung übernehmen.	Möglicherweise eine Trennung von dem geliebten Menschen.
♂	Tut sich schwer mit dauerhaften Beziehungen. Innerlich unzufrieden. Manchmal streitlustig und ruhelos.	Veränderungen aufgrund von ärgerlichen Streitereien.
♃	Ein konstruktiver Denker. Philosophische Sichtweise.	Erfordernis, sich auf ein bestimmtes Projekt zu konzentrieren.
♅	Ein brillanter Geist, der es versteht, Originalität mit gesundem Menschenverstand zu vereinbaren.	Eine angespannte, aber produktive Phase. Es bedarf aber auch der Entspannung.
♆	Neigt zu Depression. Misstraut fantasievollen Ideen oder aber die Fantasie macht Überstunden.	Möglicherweise schwierige, auslaugende Umstände.
♇	Unfähigkeit, im Leben weiterzukommen. Dauerhafte Frustration.	Eine Phase, in der man nicht so recht weiterkommt. Abwarten, bis sie vorüber ist.
Asz.	Dies verleiht dem Aszendentenzeichen eine nüchterne, ernsthafte Qualität. Mangel an Zuversicht. Zieht sich gern zurück.	Man sollte sich eine Zeit lang von allem zurückziehen.
MC	Ein Beruf, in dem es um langfristige Planungen geht, wie Stadtplanung oder Staatsdienst.	Die Kräfte bewirken einen Richtungswechsel.
☊	Hat gerne Umgang mit älteren Menschen und ist damit auch erfolgreich.	Man kann ältere Menschen aufheitern.

☿/♅ MERKUR/URANUS

Halbsumme	Halbsummenwirkungen im Geburtshoroskop	Wirkungen von Progressionen und Transiten
☉	Originalität. Man muss sofort zur Aktion übergehen. Sturheit.	Eine geniale Idee, die man sorgfältig näher betrachten sollte.
☽	Plötzlicher Stimmungs- oder Meinungswechsel. Reagiert überraschend auf Situationen.	Plötzlicher Entschluss als Reaktion auf eine veränderte Situation. Aufregung.
♀	Ein gesprächiger Mensch, der gern anderen hilft.	Unvermittelte Wertschätzung einer Kunstform. Erwerb eines hypermodernen Outfits.
♂	Die Fähigkeit, tapfer zu handeln, wenn es erforderlich ist. Entschluss zu gewinnen.	Adrenalinstoß in Kombination mit Furchtlosigkeit und Agilität.
♃	Brillante, originelle Ideen fließen leicht und natürlich.	Die Lösung eines schwierigen Problems scheint unerwartet auf: »Ich hab's!«
♄	Sinn für Wissenschaft, Mathematik oder Musik. Kann konstruktiv und unorthodox denken.	Man merkt, dass ein Problem nicht auf die Schnelle zu lösen ist.
♆	Fühlt sich von Okkultem und Paranormalem angezogen. Talent zu Astrologie, Tarot, Handlesen.	Unverhoffter Kontakt mit New-Age-Themen sowie der Wunsch, mehr darüber zu lernen.
♇	Kann Computer programmieren. Mag Macht. Ein sehr harter Arbeiter.	Pläne verändern sich. Originelle Ideen und Einfälle sind blockiert.
Asz.	Ein schneller, brillanter Geist. Oft stur, wobei er sehr flexibel wirkt. Ein amüsanter Zeitgenosse.	Man überrascht andere mit einem neuen Image oder einer anderen Meinung.
MC	Erfindungsgabe. Technischer Beruf im Bereich Medien, Film oder Weltraumerforschung.	Erfordernis, neue Interessen und Hobbys auszuloten.
☊	Sympathie und fantastische Harmonie mit der jüngeren Generation.	Unerwarteter Kontakt mit einer Gruppe junger Menschen.

☿/♆ MERKUR/NEPTUN

Halbsumme	Halbsummenwirkungen im Geburtshoroskop	Wirkungen von Progressionen und Transiten
☉	Sensibilität. Die Fähigkeit, Eindrücke aufzunehmen – als Mime, Schauspieler oder Tänzer.	Fantasievolle Kreativität kommt zum Vorschein. Hinterlist.
☽	Großes Vorstellungsvermögen. Doppelspiel. Kommt leicht aus schwierigen Situationen heraus.	Man neigt dazu, die Welt durch eine rosarote Brille zu sehen.
♀	Ein hoffnungsloser, etwas wirrer Romantiker. Verliebt sich und entliebt sich immer wieder.	Die Fantasie ist entzündet – man muss Wege finden, sie kreativ auszudrücken.
♂	Ein farbenprächtiger Lebensstil. Die Vorstellungen bedürfen praktischer Umsetzung.	Eine gute Zeit, um Ideen und Pläne in die Tat umzusetzen.
♃	Der Fantasie sind keine Grenzen gesetzt. Ein Idealist. Talentierter Gedichteschreiber. Religiöse Berufung.	Der Wunsch, spirituelle und philosophische Horizonte zu erweitern.
♄	Inspiration und Imagination werden in positive Kanäle gelenkt. Pessimismus.	Keine leichte Phase. Hinsichtlich Vorhaben gibt es Verwirrung und Frustration. Trennung.
♅	Ist leicht nervös und angespannt, aber brillant und voller Einfallsreichtum und Inspiration.	Geistige Aktivität zeitigt bemerkenswerte Ergebnisse, verursacht aber auch Stress.
♇	Es werden hohe Anforderungen an die Nerven gestellt. Sollte Fluchttendenzen vermeiden.	Ein unvorhergesehener Verlauf der Dinge. Man muss mit Vorsicht vorgehen.
Asz.	Wird öfter mal von anderen ausgenützt. Das Zeichen des Aszendenten wird geschwächt. Aber es besteht kein Mangel an Ideen.	Es besteht die Gefahr, getäuscht oder ausgenutzt zu werden. Kauf einer Kamera.
MC	Ein Beruf, in dem Sympathie und Verständnis für andere Vorrang haben. Kann gut zuhören.	Wird von denjenigen, die Hilfe brauchen, gefordert.
☊	Begeistert sich für Gruppierungen mit esoterischen Interessen.	Man schließt sich Gruppen mit esoterischen Interessen an.

☿/♇ MERKUR/PLUTO

Halbsumme	Halbsummenwirkungen im Geburtshoroskop	Wirkungen von Progressionen und Transiten
☉	Ein Computer-As. Starke Überzeugungskräfte. Wunsch nach Ruhm.	Beim Erreichen von Zielen kommt man einen Schritt weiter.
☽	Wunsch und Macht, Menschen zu beeinflussen, vielleicht sogar die Massen. Stimmungsschwankungen.	Ruhelosigkeit. Bedürfnis nach einer Veränderung.
♀	Eifersucht. Will unbedingt zu Geld kommen.	Eine Phase undurchsichtiger Machenschaften.
♂	Scharfsinnig und oft kritisch gegenüber den Meinungen anderer. Kann taktlos und verletzend sein.	Erst denken, dann reden. Neigung zu Aggressivität.

Halbsumme	Halbsummenwirkungen im Geburtshoroskop	Wirkungen von Progressionen und Transiten
♃	Ein erfolgreicher Mensch, der unter Umständen auch unehrlich vorgeht.	Man kann zu Geld kommen, sollte jedoch Vorsicht walten lassen.
♄	Eine grüblerische, ernsthafte Person. Ist leicht verärgert oder irritiert. Neigt dazu, sich zu überarbeiten.	Nicht stöhnen, sondern die Segnungen zählen.
♅	Anfällig für Nervenanspannung, was womöglich die Gesundheit belastet.	Jetzt sollte man sich Probleme vom Leib halten.
♆	Sensible Nerven. Mangel an Selbstvertrauen, aber gesprächig. Kann trügerisch und verstohlen sein.	Man muss Pläne und Ziele überdenken. Sie könnten negativ sein.
Asz.	Denkt sehr viel über psychologische Probleme nach, ohne unbedingt zu konkreten Schlüssen zu gelangen.	Ein drastischer Gesinnungswandel und eine lebensverändernde Entscheidung.
MC	Begabung für Detektiv- oder Forschungsarbeit. Eventuell investigativer Journalismus.	Beobachtungen stellen sich als wertlos heraus.
☊	Braucht Macht über andere Menschen. Fasziniert von Kriminellen.	Kontakt mit der Polizei ist denkbar. Zeuge eines Verbrechens.

☿/Asc MERKUR/ASZENDENT

Halbsumme	Halbsummenwirkungen im Geburtshoroskop	Wirkungen von Progressionen und Transiten
☉	Ein lebhafter, optimistischer Mensch, der gern mal schwätzt. Hat teilweise widersprüchliche Ansichten.	Plötzliche Änderung des Plans. Eine unerwartete Reise oder ein Ausflug.
☽	Entscheidungen und Meinungen werden durch Intuition und Instinkt beeinflusst.	Hören Sie, was andere zu sagen haben, aber folgen Sie Ihrer Intuition und Ihren Instinkten.
♀	Verleiht dem Betreffenden Leichtigkeit und Charme. Er möchte gern mit gleich Gesinnten zusammen sein.	Eine schöne Erfahrung. Neue Freundschaftsbande oder eine Liebesaffäre.
♂	Spricht selbstsicher, ist entschlossen und ehrgeizig. Ein hohes Maß an Energie. Ruhelosigkeit.	Man kann sich hervorragend „verkaufen“ und seine Vorzüge herausstreichen.
♃	Macht keine langen Umstände. Forsch, aber aufrichtig. Ein lebhafter, optimistischer Geist.	Der Zeitpunkt, die Initiative zu ergreifen, könnte nicht günstiger sein.
♄	Eine überaus ernsthafte Haltung gegenüber dem Leben. Vorsicht und gesunder Verstand wirken stabilisierend auf den Aszendenten.	Erzwungener Wandel. Oft trennen sich jetzt die Wege.
♅	Ist angespannt und hat ein aufbrausendes Temperament, was besonders Partner stressen kann.	Eine tolle Idee ist es wert, überdacht zu werden.
♆	Überhöhte Erwartungen können zu überdurchschnittlicher Enttäuschung führen. Mangelnde Perspektive.	Vorsicht: Menschen und Gegebenheiten sind nicht das, was sie vorgeben zu sein.
♇	Der Wunsch, das direkte Umfeld zu kontrollieren. Kann harte, verletzende Bemerkungen machen.	Neigung, sich wichtigzumachen. Denken Sie nach, ehe Sie sprechen, schimpfen oder bestrafen.
MC	Braucht einen lebendigen, nicht zu vorhersagbaren Beruf, z. B. in den Medien.	Vorübergehender Ruhm im Fernsehen. Die Ansichten werden von anderen zur Kenntnis genommen.
☊	Freundschaft und Harmonie mit gleich Gesinnten ist wesentlich.	Eine lebhafte und erfolgreiche Diskussion.

☿/MC MERKUR/MC

Halbsumme	Halbsummenwirkungen im Geburtshoroskop	Wirkungen von Progressionen und Transiten
☉	Die Fähigkeit, jeden Arbeitstag zu genießen und die Kollegen glücklich zu machen.	Eine besonders erfrischende, anregende Phase in der Arbeit.
☽	Ist verständnisvoll in der Zusammenarbeit mit anderen, aber manchmal übellaunig, wenn die Dinge schlecht laufen. Ein Sozialberuf passt.	Änderungen am Arbeitsplatz – Probleme mit Kollegen.
♀	Beste Harmonie mit Kollegen. Freundschaftsbande und Liebe auch nach der Arbeit.	Eine Liebesbeziehung mit einem Kollegen.
♂	Teilt stets mit, was er denkt, was manchmal taktlos sein kann, vor allem im Umgang mit Kollegen. Ein harter Arbeiter.	Eine anstrengende, aber besonders lohnende Zeit im Job. Ambitionen sind jetzt in greifbarer Nähe.
♃	Erweitert seinen Horizont, um Ziele zu erreichen.	Ein neuer Job ist in Aussicht. Nehmen Sie Herausforderungen an.
♄	Wird öfter von einem Elternteil niedergemacht, was Ambitionen vereitelt.	Eine schwierige Periode wegen eines verständnislosen Vorgesetzten.
♅	Braucht Abwechslung, um sich nicht zu langweilen. Erreicht Ziele womöglich aufgrund der Belastung nicht.	Unerwartete Entwicklungen verursachen Sorgen.
♆	Ein vielseitiger, faszinierender Beruf. Kaum ist ein Ziel erreicht, befasst man sich mit dem nächsten.	Aufgrund von vielfältigen Möglichkeiten herrscht Verwirrung.
♇	Extreme, oft fanatische Bestrebungen. Man muss lernen, Grenzen zu akzeptieren.	Plötzliche, gänzlich unerwartete Entwicklungen, die die Zukunft beeinflussen.
Asz.	Hat gewissermaßen ein zweiseitiges Wesen. Macht gern mehrere Dinge gleichzeitig. Oft zwei Berufe parallel.	Weiß nicht, für welche Handlungsweise er sich entscheiden soll.
☊	Ein hervorragender Gesprächspartner. Stellt viele Fragen.	Verstärktes Bedürfnis, mit anderen zu sprechen.

☿/☊ MERKUR/MONDKNOTEN

Halbsumme	Halbsummenwirkungen im Geburtshoroskop	Wirkungen von Progressionen und Transiten
☉	Kann gut und natürlich mit den verschiedensten Menschen kommunizieren.	Gelegenheit, neue, andere Menschen zu treffen.
☽	Hat Sympathie und Verständnis für die Natur des Menschen und seine Probleme.	Begegnung mit kleinen Kindern oder Babys.
♀	Der Wunsch, schöne und berühmte Menschen zu treffen. Heldenverehrung.	Man beeindruckt plötzlich andere, weil man modisch ist – und freundlich.
♂	Genießt es, unter sportlichen Menschen zu sein, bei denen es um Wettstreit und Sieg geht.	Freunde bewegen einen dazu, einem Team beizutreten.
♃	Bedürfnis nach gesellschaftlichem Austausch.	Man baut eine Geschäftspartnerschaft auf und trifft Vereinbarungen.
♄	Braucht Anleitung durch ältere und erfahrene Menschen, zu denen er gern aufschaut.	Es kommt zu einer bedeutsamen Unterhaltung mit einem älteren Menschen.
♅	Fühlt sich von ungewöhnlichen, schrägen Typen angezogen (was Mütter gar nicht gern haben).	Fähigkeit, jemanden zu beeinflussen und ihn zu ermutigen, etwas Ungewöhnliches zu tun.
♆	Mag es, sich auszuruhen, zu entspannen und zu träumen.	Man lässt jemanden fallen und stiftet Verwirrung.
♇	Tendenz, Freunde und Bekannte zu wählen, die fanatische, extreme Meinungen vertreten.	Neue Bekanntschaften sind mit Vorsicht zu genießen – sie sind vielleicht nicht das, was sie vorgeben zu sein.

HALB-SUMME	HALBSUMMENWIRKUNGEN IM GEBURTSHOROSKOP	WIRKUNGEN VON PROGRESSIONEN UND TRANSITEN
Asz.	Fähigkeit, ein gesundes, lohnendes gesellschaftliches Leben zu führen und Freunde zu erfreuen.	Man entwickelt neue, interessante Freundschaften.
MC	Jemand, der andere anspornt, besonders Kollegen, sich mehr anzustrengen.	An den Betreffenden ergeht der Aufruf, einem Team oder einem bestimmten Projekt vorzustehen.

HALBSUMMEN IN VERBINDUNG MIT VENUS

♀/♂ VENUS/MARS

☉	Leidenschaftliche sexuelle Bedürfnisse werden energisch zum Ausdruck gebracht; die Erfüllung ist sehr wichtig.	Beginn oder Entwicklung einer Liebesbeziehung. Das Sexleben verbessert sich ganz auffallend.
☽	Der Betreffende empfindet viel Liebe für den Partner und hat starke emotionale und sexuelle Bedürfnisse.	Die Liebe regt sich. Verstärktes Bedürfnis nach sexueller Erfüllung.
☿	Braucht für das Sexleben vielfältige Anregungen und Raum für Experimente. Flirtet gern. Liebe und Freundschaft müssen eins sein.	Bei einer anfänglichen Freundschaft kommen Liebe und Sex ins Spiel.
♃	Bringt Liebe und Sex machtvoll zum Ausdruck. Sieht sich gerne um.	Eine neue, angenehme Beziehung, die lustig und teuer ist.
♄	Die Freude am Sex ist etwas gehemmt. Loyal und treu in der Liebe.	Eine neue Verbindung, die langfristig sein könnte, aber Probleme müssen überwunden werden.
♅	Ein glamouröser Mensch mit dynamischem Sex-Appeal. Eventuell kühl und distanziert.	Liebe auf den ersten Blick, doch die Beziehung ist nicht unbedingt von Dauer.
♆	Sehr romantisch. Neigt dazu, den Kontakt mit der Realität zu verlieren. Sex mit viel Gefühl.	Übergroße Idealisierung eines bzw. einer neuen Geliebten.
♇	Zwanghafter Ausdruck von Sexualität bis hin zu Masochismus.	Sich wie wild verlieben, eventuell in jemanden, der unerreichbar ist.
Asz.	Eine liebevolle, zärtliche Natur. Das Aszendentenzeichen wird um diese Eigenschaften erweitert.	Eine neue, möglicherweise dauerhafte Beziehung.
MC	Man kann sich mit den Zielen des Partners identifizieren. Tendenz, sich in einen Kollegen zu verlieben. Seelengefährten.	Oft Heirat. Man begehrt einen Arbeitskollegen.
☊	Eine sehr attraktive Persönlichkeit, die die Menschen liebt – und umgekehrt von ihnen geliebt wird.	Vermehrte Beliebtheit.

♀/♃ VENUS/JUPITER

☉	Ein zärtlicher, warmer und liebevoller Mensch, der großzügig ist im Umgang mit Zeit und Geld. Körperlich stark und kräftig.	Eine glückliche, sexuell und emotional zufriedenstellende Phase.
☽	Natürlicher Charme. Freundlichkeit und Sympathie kommen frei zum Ausdruck. Weiß instinktiv, wann jemand Unterstützung braucht.	Eine Zeit, da man Dankbarkeit für erwiesene Hilfe erntet.
☿	Hat einen Sinn für Kunsthandwerk. Eine bezaubernde Person, die gern in Gesellschaft lebhafter, gesprächiger Menschen ist.	Gelegenheiten, mit kreativen Fertigkeiten hervorzutreten und damit Geld zu verdienen. Hilfreiche Leute und Freunde treffen.

| HALB-SUMME | HALBSUMMENWIRKUNGEN IM GEBURTSHOROSKOP | WIRKUNGEN VON PROGRESSIONEN UND TRANSITEN |

♂	Erfolgreich und unternehmungslustig, mag Herausforderungen, die Geld bringen.	Der richtige Zeitpunkt, um Herausforderungen anzunehmen. Verpassen Sie keine Chancen!
♄	Ist begrenzt in seinem Liebesausdruck. Die Hemmung kann möglicherweise gelöst werden.	Sich in jemanden verlieben, der aus einer anderen Gesellschaftsschicht kommt oder schlicht älter ist.
♅	Es gefällt diesem Menschen, dass er sehr beliebt ist.	Plötzlicher Ruhm, der über die Länge dieses Einflusses anhält.
♆	Neigt dazu, sich hoffnungslos zu verlieben und ohne weitere Überlegungen vorzugehen.	Eine gesegnete Zeit, nur die Gegebenheiten – oder der Partner – sind nicht, was sie zu sein scheinen.
♇	Ein liebevoller Partner, der jedoch finanziellem Gewinn durch Beziehungen nicht abgeneigt ist.	Man fühlt sich zu einem glamourösen, möglicherweise wohlhabenden Geliebten hingezogen.
Asz.	Wurde mit einem Silberlöffel im Mund geboren. Verfügt über sehr viel Charme. Muss vorsichtig sein, dass er andere nicht ausnützt.	Eine Zeit, in der der Betreffende erreicht, was er sich wünscht.
MC	Die Fähigkeit, Ziele ohne allzu große Schwierigkeiten zu erreichen, indem man ganz einfach seinen Charme und sein gutes Naturell ausdrückt.	Ein neuer Job oder eine Beförderung winkt. Man überrundet Rivalen. Unverhoffter finanzieller Gewinn ist möglich.
☊	Kann andere Menschen glücklich machen und lässt ihnen Liebe und ein gutes Gefühl zukommen.	Man schätzt einfache, freundliche, hilfreiche Taten und ist erfolgreich mit Wohltätigkeit oder Sponsoring zugange.

♀/♄ VENUS/SATURN

☉	Enttäuschungen in der Liebe. Tut sich schwer, den richtigen Partner zu finden.	Eine schwierige Zeit bzw. das Ende einer Beziehung.
☽	Depression infolge der Unfähigkeit, Liebe vollständig auszudrücken.	Eine deprimierende Zeit. Wahrscheinlich machen beide Seiten Fehler.
☿	Mangelnde Fähigkeit, mit dem Partner zu kommunizieren.	Die Verständigung klappt nicht. Man muss konstruktiv diskutieren.
♂	Ist oft warm und zärtlich gegenüber dem Partner, dann wieder kalt, distanziert und sarkastisch.	Keine einfache Zeit in der Beziehung. Eifersucht.
♃	Bevorzugt das Single-Dasein.	Bedürfnis, mit bestehenden Bedingungen zu brechen.
♅	Neigt dazu, sich schnell zu verlieben. Ist nicht einfach im Zusammenleben.	Man hat das Gefühl, das Schicksal greift in das Liebesleben ein.
♆	Kann große Liebe für jemanden empfinden, doch die Umstände verhindern bzw. verzögern das Glück.	Eine schöne Liebesgeschichte mit einem traurigen Unterton.
♇	Leidenschaftliche Person, die sich aber schwertut, mit den richtigen Partnern Beziehungen einzugehen.	Eine Affäre voller Probleme und Eifersucht.
Asz.	Wünscht sich eine feste Beziehung und ist treu, aber oft scheu und sexuell gehemmt.	Über die Struktur einer Beziehung wird ernsthaft diskutiert. Man nimmt Veränderungen vor oder trennt sich.
MC	Neigt zu Bindungen bzw. Heirat mit Menschen, die mehr Geld oder einen höheren gesellschaftlichen Status haben.	Eine dritte Person bereitet Schwierigkeiten oder Unglück.
☊	Kein guter Gesellschafter. Scheint distanziert oder boshaft, ist aber eigentlich schüchtern.	Ein wirkliches Bedürfnis nach Frieden und Ruhe. Einfach einmal von allem weg sein.

♀/♅ VENUS/URANUS

Halbsumme	Halbsummenwirkungen im Geburtshoroskop	Wirkungen von Progressionen und Transiten
☉	Eine ebenso glamouröse wie attraktive Persönlichkeit.	Man verliebt sich womöglich ganz plötzlich.
☽	Der Gott bzw. die Göttin auf dem Bildschirm. So anziehend diese Person ist, sie hält sich ihre Geliebten doch auf Abstand.	Man verliebt sich in jemanden, der nicht erreichbar ist.
☿	Ein intellektuell anregender Mensch mit sehr viel Sex-Appeal.	Braucht Partner, die ständig etwas Neues bereithalten und für Aufregungen sorgen.
♂	Diese erregbare Person hat ein schier unersättliches Bedürfnis nach Sex. Nicht einfach im Zusammenleben.	Ein Zustand, in dem man sich auf überwältigende Weise von jemandem angezogen fühlt.
♃	Ein gutes Urteilsvermögen bei der Partnerwahl, angenehm im Umgang, aber manchmal zu gelassen.	Eine neue, lebendige, lustige Beziehung.
♄	Beherrscht im Ausdruck von Liebe und Sexualität. Fühlt sich oftmals zu älteren Partnern hingezogen.	Man weist jemanden zurück oder wird seinerseits zurückgewiesen.
♆	Empfindsamkeit. Wunsch nach Romantik, doch manchmal ist der Sexualtrieb etwas zu gering.	Eine einseitige Liebesaffäre verursacht Unbehagen.
♇	Ein überwältigender, eifersüchtiger Partner, dominant und selbstbezogen.	Eine schwierige Zeit. Die Partner müssen ihre Seele finden und sich ernsthaft miteinander unterhalten.
Asz.	Will unbedingt Liebe zum Ausdruck bringen. Ein aufregender und sehr attraktiver Partner, der jedoch untreu sein könnte.	Das plötzliche Bedürfnis nach mehr Raum und Freiheit.
MC	Muss sich überhaupt nicht anstrengen, um Geliebte anzuziehen.	Eine ganz unerwartete Liebesaffäre. Jemand macht einen verlockenden Vorschlag.
☊	Ein sehr freundlicher Mensch, der in anderen das Beste zum Vorschein bringt.	Man ist in einer Situation, in der man anderen hilft und sich sehr über das freut, was man erreicht.

♀/♆ VENUS/NEPTUN

Halbsumme	Halbsummenwirkungen im Geburtshoroskop	Wirkungen von Progressionen und Transiten
☉	Eine durch und durch romantische Natur. Künstlerische Fähigkeit.	Man verliert eventuell den Kontakt zur Realität.
☽	Sehr gefühlvoll, muss viel Liebe und Zuneigung geben und bekommen. Falschheit.	Tendenz, übersensibel auf die Vorgehensweise des Partners zu reagieren.
☿	Instinktives Verstehen der Natur des Menschen. Künstlerische Begabung, eventuell für Gedichte.	Eine Enttäuschung in der Liebe verursacht Stress. Man muss sich für eine Weile absondern.
♂	Neigt zu Übertreibungen. Braucht ein aufregendes Sexleben. Fluchttendenzen.	Man schlägt Vorsicht in den Wind.
♃	Ein Genießer, der sehr auf sein leibliches Wohl achtet und gutes Essen mit einem edlen Tropfen schätzt.	Jetzt ist das Leben vielleicht atemberaubend unwirklich und luxuriös.
♄	Lässt sich leicht deprimieren oder hat eine düstere Sicht der Dinge.	Man stellt fest, dass man älter wird. Möglicherweise Impotenz.
♅	Das Bedürfnis nach einer festen Beziehung steht dem Wunsch nach Freiheit im Wege.	Eine anstrengende Phase, in der Emotionen und logisches Denken aufeinanderprallen.
♇	Tut sich schwer mit dauerhaften Beziehungen. Braucht womöglich Hilfe, um seine Probleme zu lösen.	Eine anstrengende Periode. In der Beziehung scheint nichts weiterzugehen.
Asz.	Venus und Neptun fügen ihr kreatives Potenzial den Eigenschaften des Aszendentenzeichens hinzu.	Der Betreffende schwebt auf Wolke sieben. Man kann es genießen, sollte aber nicht den Kontakt zur Realität verlieren.
MC	Man hält seine Fähigkeiten für größer, als sie tatsächlich sind, und träumt von dem, was man alles haben könnte.	Große Erwartungen führen zu einer Enttäuschung.
☊	Ist mit Aussteigern befreundet und hat viel Verständnis für deren Probleme.	Man kommt in Kontakt mit ausgeflippten Typen oder inspirierten, künstlerischen Menschen.

♀/♇ VENUS/PLUTO

Halbsumme	Halbsummenwirkungen im Geburtshoroskop	Wirkungen von Progressionen und Transiten
☉	Gefühle und Sexualität sind überaus machtvoll. Will dominieren.	Eine zwingende Leidenschaft, die nicht unbedingt von Dauer ist.
☽	Geladene Emotionen liegen dem Ausdruck von Liebe oder Eifersucht zugrunde.	Bedürfnis, heftige Gefühle unter Kontrolle zu halten.
☿	Die Fähigkeit, leidenschaftliche Gefühle schnell mitzuteilen.	Denken Sie nach, ehe Sie jemandem eine Liebeserklärung machen.
♂	Ein sehr leidenschaftlicher Mensch, der auch selbstsüchtig und grundlos eifersüchtig sein kann.	Tendenz, auf die Vorgehensweise des Partners überzureagieren. Hören Sie seine Gründe an.
♃	Eine glückliche, sorglose Person, die nicht allzu verlässlich ist. Sie ist möglicherweise unbeständig in Beziehungen.	Eine leichtfüßige Liebesaffäre ohne Verbindlichkeit.
♄	Ein schwieriger Partner, der unvorhersagbaren Stimmungen unterliegt. Geld geht über Liebe.	Eine Phase der Distanz gegenüber dem Partner. Drastische Aktionen sind jetzt zu vermeiden.
♅	Jemand, der sich dauernd verliebt, sich aber schwertut, eine Verbindung aufrechtzuerhalten.	Eine ebenso ungewöhnliche wie schwierige Liebesbeziehung.
♆	Neigt dazu, Schuldgefühle bezüglich Liebe und Sex zu nähren.	Unsicherheit und Verwirrung in einer neuen Beziehung.
Asz.	Ein Reichtum an Gefühlen sucht Ausdruck in der Liebe und beim Sex und färbt die Eigenschaften des Aszendentenzeichens.	Sehr überraschende, emotional geladene Liebesaffäre.
MC	Liebt den materiellen Fortschritt. Der Ehrgeiz verhindert oft, dass man dem Partner gegenüber die Liebe zum Ausdruck bringt.	Gelegenheit, mehr Geld zu verdienen – und es vielleicht für den Schatz auszugeben.
☊	Bedürfnis, im Geschäftsleben mit »hohen Tieren« zusammen zu sein. Bestreben, einmal selbst so zu werden.	Man kommt in Kontakt mit wichtigen, wohlhabenden Menschen.

♀/Asc VENUS/ASZENDENT

Halbsumme	Halbsummenwirkungen im Geburtshoroskop	Wirkungen von Progressionen und Transiten
☉	Dieser Einfluss verleiht sehr viel Charme und Schönheit, und zwar lebenslang. Oft kreative Fähigkeiten. Musik.	Ein Imagewandel. Kosmetikbehandlung.
☽	Ein viel geliebter Mensch mit viel elterlichem Instinkt.	Eine befriedigende Liebesaffäre mit dem Potenzial zu einer langfristigen Bindung.

Halbsumme	Halbsummenwirkungen im Geburtshoroskop	Wirkungen von Progressionen und Transiten
☿	Eine angenehme, gesellige Person, die bei engen Freunden und Familie gern für Unterhaltung sorgt.	Man plant eine Party. Man verschickt einen Liebes- oder Dankesbrief.
♂	Sex spielt eine wichtige Rolle. Sorgt für vollständige Befriedigung bei sich und dem Partner.	Eine wunderbare, leidenschaftliche Liebesaffäre.
♃	Schätzt Schönheit und schöne Dinge über die Maßen. Sehr charmant und spendabel.	Eine glückliche, unvergessliche Zeit, in der sich Liebe und Extravaganz mit Freude mischen.
♄	Die Erfüllung der Liebe verzögert sich. Ist vielleicht gehemmt, aber ein beständiger, treuer Partner.	Das Ende einer Beziehung bzw. bestimmter Aspekte davon.
♅	Sehr glamourös und attraktiv. Sein Wunsch nach einer festen Beziehung beißt sich mit dem Bedürfnis nach Unabhängigkeit.	Eine aufregende Beziehung – aber nicht für immer.
♆	Ein sehr romantischer Mensch, der den Partner idealisiert, weshalb die Beziehung scheitern kann.	Eine romantische Verbindung voller Probleme.
♇	Ein machtvolles Bedürfnis nach positivem Gefühlsausdruck durch Liebe und Sex, doch psychische Probleme hemmen den Fluss.	Eine schwierige Zeit innerhalb der Beziehung. Komplexe.
MC	Die Ziele im Leben stimmen mit der Persönlichkeit überein.	Eine erfolgreiche Periode. Liebe, möglicherweise Heirat. Man erreicht viele Ziele.
☊	Identifiziert und umgibt sich gern mit schönen Menschen.	Man trifft Berühmtheiten.

♀/MC VENUS/MC

Halbsumme	Halbsummenwirkungen im Geburtshoroskop	Wirkungen von Progressionen und Transiten
☉	Fühlt sich zu Kunst und Handel mit Luxusgütern hingezogen. Ist aber oft etwas zu müßig.	Durch Zögern entgehen einem gute Gelegenheiten.
☽	Ist freundlich, warmherzig und besorgt um andere. Die Launenhaftigkeit könnte Probleme mit den Kollegen verursachen. Manchmal Hinweis auf Ruhm.	Ein Glück verheißender Einfluss. Gute Chance, einen neuen Job zu bekommen.
☿	Ein Verkaufstalent und hervorragender Kommunikator.	Unerwartetes Jobangebot.
♂	Einer, der zupackt. Teamfähig. Übertriebener Enthusiasmus kann zu Fehlern führen. Sucht manchmal Streit, zu Hause und in der Arbeit.	Begeistert sich für ein neues Arbeitsprojekt. Ein gutes, aber anstrengendes Angebot.
♃	Ein liebenswerter Mensch mit manch glücklicher Wendung im Leben.	Unerwarteter Gewinn.
♄	Ein Arbeitstier. Gilt oft als schwierig oder unkooperativ. Ist loyal.	Beförderung in eine höhere, aber womöglich einsame Position.
♅	Schätzt einen unvorhersehbaren, unabhängigen Arbeitsalltag. Ein überaus freundlicher Kollege, der sein Privatleben schützt.	Plötzliche Unterbrechung, Arbeitslosigkeit oder unerwartete Entwicklungen.
♆	Jemand mit vielen Veränderungen im Berufsleben. Ein einfühlsamer Kollege, doch womöglich fehlt es an Disziplin und dem Einhalten von Regeln.	Verwirrung, möglicherweise Täuschung in der Arbeit oder eine lustlose Einstellung gegenüber sehr realen Problemen.
♇	Eine Arbeit im Bank- oder Geldwesen wäre passend. Der Betreffende ist ein fanatischer Partner.	Neigung, zu viel zu investieren. Man sollte professionellen Rat in Anspruch nehmen.
Asz.	Eine Arbeitsbeziehung mit dem Schatz ist sehr geeignet, dann können gemeinsame Ziele und Ambitionen erreicht werden.	Gelegenheit, eine neue geschäftliche Partnerschaft aufzubauen.
☊	Ein freundlicher, besorgter Kollege, der Arbeit und Vergnügen vermischt. Gut für die Abteilung persönliche Beziehungen.	Man bringt die Kollegen zusammen für eine Freizeitaktivität oder einen Betriebsausflug.

♀/☊ VENUS/MONDKNOTEN

Halbsumme	Halbsummenwirkungen im Geburtshoroskop	Wirkungen von Progressionen und Transiten
☉	Der Betreffende tut alles Mögliche, um andere zu unterstützen und zu ermutigen.	Eine neue Freundschaft – oft spielt dabei die Liebe eine Rolle.
☽	Eine instinktive Reaktion hinsichtlich der Bedürfnisse anderer Leute.	Handeln Sie in einer Liebesbeziehung nach Ihrer Intuition.
☿	Man vermag andere dazu zu bringen, entspannt über ihre Beziehungsprobleme zu sprechen.	Man möchte dem Schatz einen Brief schreiben, telefonieren oder per E-Mail kommunizieren.
♂	Starke, leidenschaftliche Gefühle, die man dem Schatz gegenüber warm zum Ausdruck bringt.	Man fühlt sich körperlich von jemand Neuem angezogen. Möglicherweise gibt es Streit.
♃	Ein glücklicher Mensch und guter Freund, der andere anspornt.	Eine glückliche, befriedigende Liebesaffäre.
♄	Schüchtern und gehemmt. Nimmt die Liebe ernst. Möglicherweise ältere Partner.	Eine schwierige Zeit für Liebende – eine langfristige Entscheidung muss getroffen werden.
♅	Ein dynamischer, unvorhersagbarer Liebender.	Ein plötzlicher Wurf, nicht unbedingt von Dauer.
♆	Verträumte, zu stark von der Fantasie geprägte Haltung zu Geliebten.	Eine »blauäugige« Liebesaffäre, die eventuell enttäuschend ist.
♇	Bedürfnis nach einer lange anhaltenden Beziehung. Fanatischer Ausdruck von Liebe.	Man fühlt sich wie unter Zwang von einer anderen Person angezogen.
Asz.	Bringt Zuneigung auf wunderbare Weise zum Ausdruck. Das Zeichen, in dem die Venus steht, wird erweitert oder modifiziert.	Man stellt fest, dass man verliebt ist.
MC	Ist liebevoll und freundlich gegenüber Freunden und Kollegen.	Man merkt, dass jemand anderes in einen verliebt ist.

HALBSUMMEN IN VERBINDUNG MIT MARS

♂/♃ MARS/JUPITER

Halbsumme	Halbsummenwirkungen im Geburtshoroskop	Wirkungen von Progressionen und Transiten
☉	Ein starker, gesunder Mensch mit Durchsetzungsvermögen, der Gelegenheiten beim Schopf packt.	Eine Zeit des Fortschritts. Legen Sie los! Seien Sie mutig!
☽	Entschlossenheit. Versteht es, Instinkte und Intuition gut zu nutzen.	Man kommt voran, neigt aber zu übertriebener Theatralik.
☿	Kann gut Vorträge halten, kommunizieren und organisieren.	Man soll ein Event organisieren. Die Ergebnisse sind beeindruckend.
♀	Charmanter, unternehmungslustiger Mensch. Verfügt über viel Überzeugungskraft.	Ein Ziel wird erreicht durch Unternehmungsgeist und Charme.
♄	Frustration aufgrund von Unentschlossenheit.	Ärger darüber, dass Pläne und Projekte unterbrochen werden.
♅	Unabhängigkeit ist lebensnotwendig. Hasst beengende Bedingungen.	Plötzliche, leuchtende Ideen. Man braucht mehr Freiheit.

Halbsumme	Halbsummenwirkungen im Geburtshoroskop	Wirkungen von Progressionen und Transiten
♆	Muss Minderwertigkeitsgefühle überwinden.	Man hat irgendwie von allem die Nase voll und sehnt sich nach einem farbenprächtigeren Leben.
♇	Eine unternehmungslustige Person, die es unbedingt richtig machen und das Leben besser gestalten will.	Chance, durch riskante Investitionen zusätzliches Geld zu verdienen.
Asz.	Ein durchsetzungsfähiger Mensch, der keine langen Umstände macht.	Eine hervorragende Gelegenheit, um weiter und höher zu kommen.
MC	Eine erfolgreiche Person mit zahlreichen positiven Eigenschaften.	Möglicherweise bekommt man den Job fürs Leben angeboten.
☊	Kommt hervorragend mit den verschiedensten Leuten zurecht.	Man bringt Teamgeist in eine Sport- oder andere Gruppe ein.

♂/♄ MARS/SATURN

Halbsumme	Halbsummenwirkungen im Geburtshoroskop	Wirkungen von Progressionen und Transiten
☉	Man muss Anstrengungen unternehmen, um den Energiefluss zu kontrollieren.	Man überarbeitet sich und braucht dann lange Erholungspausen.
☽	Der Körper will, doch der Geist ist schwach. Es ist schwierig, beide zusammenzubekommen.	Eine Phase voller Frustration und Schwierigkeiten.
☿	Keiner scheint Anteil an dem zu nehmen, was der Betreffende tut oder sagt. Man fühlt sich eingeschüchtert.	Man tut sich schwer, sich mitzuteilen.
♀	Man setzt den Schatz einem Wechselbad der Gefühle aus.	Geringe Vitalität bzw. Sexualtrieb.
♃	Zielstrebigkeit. Hat Sinn für das Zweckmäßige.	Die Gesundheit verbessert sich, bzw. man treibt Sport, muss aber dauernd hart arbeiten.
♅	Mag und braucht Macht. Oft auch etwas grausam, um Ziele zu erreichen.	Man befindet sich in einer Situation, in der Entschlusskraft gefordert ist. Erfolg bei denen, die am Hebel sitzen.
♆	Geringe Vitalität. Möglicherweise Allergien.	Man ist teilnahmslos, vielleicht aufgrund von emotionalem Stress. Lebensmittelvergiftung (Fisch?).
♇	Ein Sklaventreiber. Schwerfällig. Liebt etwas zu sehr die Macht über andere.	Man muss vorsichtig vorgehen. Mit dem Missbrauch einer Vertrauensposition macht man sich unbeliebt.
Asz.	Fortschritt im Leben kommt stoßweise infolge der Unfähigkeit, den Energiefluss zu kontrollieren.	Eine Stop-and-go-Phase. Aufgrund von frustrierenden Bedingungen wird keine Anstrengung unternommen.
MC	Ein schwieriger Kollege oder Chef. Verbissenheit, die fehl am Platz sein könnte.	Eine schwierige Zeit, nachdem man ein Ziel erreicht hat.
☊	Spielt sich gern als Herr über andere auf. Autokrat.	Im Umgang mit schwachen oder behinderten Menschen entwickelt man mehr Sympathie.

♂/♅ MARS/URANUS

Halbsumme	Halbsummenwirkungen im Geburtshoroskop	Wirkungen von Progressionen und Transiten
☉	Man reagiert sehr schnell auf die verschiedensten Situationen im Leben. Sex ist sehr wichtig.	Braucht einen Adrenalinstoß, um eine mutige, möglicherweise impulsive Aktion zu vollbringen.
☽	Hoher emotionaler Level, der sich jederzeit entladen kann.	Man muss das Bedürfnis nach unmittelbarer Handlung anerkennen.
☿	Von sehr schnellem Verstand; macht spontan scharfe, geistreiche Bemerkungen.	Erfindungsreichtum, Originalität, brillante Ideen. Kontakt mit den Medien.
♀	Ein leidenschaftlicher Liebender, sehr leicht erregbar.	Eine sehr aufregende, unvergessliche, jedoch unbeständige Affäre.
♃	Eine enthusiastische, energiegeladene Person, die alle Herausforderungen annimmt.	Man erhält eine beängstigende, aber aufregende Gelegenheit.
♄	Frustration verhindert die volle Entwicklung des Potenzials.	Etwas versetzt einen in äußerste Wut.
♆	Neigt zu Hinterlistigkeit. Hat ein übergroßes Vorstellungsvermögen.	Neigung, ein Risiko auf sich zu nehmen. Vorsicht beim Autofahren!
♇	Ein politischer Aktivist, der den Frieden stört.	Man wird von Beweisen eingeholt. Ärger.
Asz.	Verleiht dem Aszendentenzeichen Dynamik und Energie.	Ein Verlangen nach Handlung.
MC	Will Macht über andere ausüben, speziell über Kollegen. Ein schwieriger Vorgesetzter.	Man befindet sich in einer neuen, machtvollen Situation.
☊	Ein interessanter und lebhafter, aber unberechenbarer Freund.	Man muss aufpassen, andere jetzt nicht zu verärgern.

♂/♆ MARS/NEPTUN

Halbsumme	Halbsummenwirkungen im Geburtshoroskop	Wirkungen von Progressionen und Transiten
☉	Man ist jetzt unter Umständen dauernd unzufrieden und schöpft nicht sein volles Potenzial aus.	Eine müßige, unerfüllte Periode. Vergeudete Bemühungen.
☽	Minderwertigkeitskomplex. Launenhaftigkeit. Ruhelosigkeit.	Hoffnungen und Träume führen zu nichts. Antriebslosigkeit.
☿	Vergesslichkeit. Man kann einfach nicht pünktlich sein.	Eine Phase der Verwirrung und des Durcheinanders.
♀	Erwartet vielleicht zu viel vom Schatz. Manchmal Probleme, schwanger zu werden.	Gefahr einer Ansteckung durch Geschlechtsverkehr.
♃	Eine sehr spirituelle Person mit einem machtvollen, lebhaften Vorstellungsvermögen.	Vorsicht mit Investitionen und zweifelhaften Geschäften.
♄	Mangel an Selbstvertrauen und Antrieb.	Ist hin und her gerissen zwischen Vorsicht und untauglichem Handeln.
♅	Hat keine Kontrolle darüber, wofür er seine Energie einsetzt.	Plötzliche, sehr verwirrende Veränderungen.
♇	Hat womöglich zu leiden. Wurde eventuell als Kind belästigt.	Man muss aufpassen, in angespannten oder schwierigen Situationen nicht überzureagieren.
Asz.	Hat eine Vorliebe für die farbigen Seiten des Lebens. Fühlt sich vielleicht von Drogen angezogen.	Aufgrund anstrengender Bedingungen eventuell wieder zu Drogen oder Alkohol greifen.
MC	Mag einen exotischen Lebensstil und ebensolche Mode.	Man fühlt sich plötzlich zu Exotischem hingezogen und trägt sexy Kleidung.
☊	Bevorzugt eine Lebensart ohne strenge Vorgaben.	Wunsch, zusammen mit Freunden auszusteigen.

♂/♇ MARS/PLUTO

Halbsumme	Halbsummenwirkungen im Geburtshoroskop	Wirkungen von Progressionen und Transiten
☉	Ein unglaublich hart arbeitender Mensch, der über große Reserven an physischer Energie verfügt.	Tendenz, bis zum Umfallen zu arbeiten, ohne diesen Zustand wahrzunehmen.

Halbsumme	Halbsummenwirkungen im Geburtshoroskop	Wirkungen von Progressionen und Transiten
☽	Impulsivität und Entschlossenheit. Hat enorm viel emotionale Energie und Willensstärke.	Bedürfnis, auf beeindruckende Weise und unmittelbar zu handeln.
☿	Streitlust. Das Argumentieren ist manchmal fehl am Platz. Neigt zu Nervenanspannung.	Eine Phase, in der man verärgert ist.
♀	Ist leidenschaftlich in der Liebe und legt viel Hartnäckigkeit an den Tag.	Leidenschaften, die fehl am Platz sind.
♃	Kann gut organisieren, hat aber Chefallüren. Der enorme Energieeinsatz führt zu Erfolgen.	Man bewältigt mit Erfolg eine einschüchternde Herausforderung.
♄	Wutausbrüche, für gewöhnlich wegen der Imkompetenz anderer. Frustration bis zum Siedepunkt.	Eine Zeit, in der manches schlimmer wird und Stress verursacht.
♅	Tendenz zu Grausamkeit, manchmal Gewalttätigkeit.	Ein Desaster, entweder für den Betreffenden oder ganz allgemein.
♆	Ein raffinierter Mensch mit unrealistischen Plänen, der aber ganz anders denkt.	Man muss detailliert und sorgsam bei der Planung des nächsten Schrittes vorgehen.
Asz.	Diese Kombination verleiht den Eigenschaften des Aszendentenzeichens eine machtvolle Energie.	Eine Periode, in der die gesamte physische und emotionale Energie gefordert ist.
MC	Die Karriere ist bei diesem Menschen vorrangig, wobei sich die Energie auf den materiellen Fortschritt konzentriert. Bringt sich emotional in die Arbeit ein.	Eine beruflich sehr anstrengende Phase.
☊	Man fühlt sich von Armee- oder Polizei-Mitarbeitern oder von Bankern angezogen. Versteht es, andere anzuspornen.	Eine Zeit, in der man die Energie dafür einsetzt, weniger durchsetzungsfähige Menschen zum Handeln zu bringen – mit Erfolg.

♂/Asc MARS/ASZENDENT

Halbsumme	Halbsummenwirkungen im Geburtshoroskop	Wirkungen von Progressionen und Transiten
☉	Ein tapferer Mensch, der sich mit einem Nein nicht zufriedengibt. Neigt zu riskanten Unternehmungen.	Vorsicht beim Autofahren, Hantieren mit scharfen Gegenständen und beim Umgang mit heißem Essen!
☽	Ungeduld. Oft Hektik ohne wirklichen Grund. Sorglosigkeit.	Die Gefühle färben die Entscheidungen und Handlungen.
☿	Ist leicht erzürnt. Es kommt zu Streitereien. Ein schneller Geist.	Plötzliche Streitereien mit Nachbarn oder Verwandten.
♀	Ein leidenschaftlicher Liebender. Warmherzig und voller Zuneigung.	Ein Ehekrach, dafür ist die Versöhnung umso schöner.
♃	Organisiert mit Begeisterung und zieht die Dinge durch.	In einer hervorragenden Position sein, um die Initiative zu ergreifen.
♄	Tut sich aufgrund eines Mangels an Selbstbewusstsein schwer, sein gesamtes Potenzial zu entwickeln.	Das Gefühl: »Nichts kann mir etwas anhaben.«
♅	Eine zänkische Natur. Schockt gern andere Leute. Unberechenbar.	Eine plötzliche Entscheidung führt zu Ärger und Veränderung.
♆	Ein niedriges Energielevel. Macht nicht viel Aufhebens vom praktischen Nutzen. Fluchttendenzen.	Anfälligkeit oder Allergie im Hinblick auf Drogen.
♇	Wird öfter mal vor der Zeit aktiv. Gedankenlose, aggressive Verhaltensmuster.	Man wird zornig und zeigt in einer Situation eine Überreaktion.
MC	Ein harter Arbeiter, der die Kollegen zum Handeln anspornt.	In der Arbeit sehr gefragt sein; muss Überstunden machen.
☊	Ein guter, energischer Freund, der es versteht, andere zu ermutigen.	Man macht sich die Probleme anderer Menschen zu eigen.

♂/MC MARS/MC

Halbsumme	Halbsummenwirkungen im Geburtshoroskop	Wirkungen von Progressionen und Transiten
☉	Der starke Wille und die Entschlossenheit, in der Welt voranzukommen.	Eine sehr anstrengende Phase, möglicherweise aufgrund der Abwesenheit von Kollegen.
☽	Impulsivität führt zu Stressperioden und Überlastung.	Muss mehr Arbeiten delegieren, um Spannung zu vermeiden.
☿	Fähigkeit, mit einem veränderten Berufsumfeld zurechtzukommen und sich so wohl zu fühlen.	Eine unerwartete Veränderung im Beruf.
♀	Ein sehr entgegenkommender Kollege kann einem einen Vorteil verschaffen.	Überstunden führen zu Müdigkeit. Eine Liebesbeziehung mit einem Arbeitskollegen.
♃	Kann gut organisieren und ist ein gerechter, ermutigender Chef.	Beruflicher Fortschritt. Die Bemühungen führen zu mehr Einkommen.
♄	Neigt dazu, aufgrund von mangelndem Selbstvertrauen in einem unbefriedigenden Job festzustecken.	Eine schwierige Zeit in der Arbeit. Die Stop-and-go-Strategie führt zu Stress.
♅	Kämpft für die Rechte der Arbeiter. Ein Gewerkschafter.	Eventuell ist unter diesen Bedingungen ein Befreiungsschlag vonnöten.
♆	Kann nicht unabhängig sein. Braucht viel Unterstützung von Kollegen. Ist unfähig, die Initiative zu ergreifen.	Unsicherheit im Hinblick auf berufliche Aussichten und Ziele.
♇	Ist wild entschlossen, erfolgreich zu sein, und wird dazu Berge versetzen.	Das Opfer einer Übernahme werden. Drastische Veränderungen in der Arbeit.
Asz.	Es ist ausgesprochen wichtig, dass dieser Mensch seine machtvolle Energie in eine lohnende Karriere steckt. Andernfalls haben Unruhe und Unzufriedenheit eine negative psychologische Wirkung.	Man ist gänzlich in ein gerade laufendes Projekt involviert.
☊	Versteht es bestens, Teammitglieder zu motivieren, zum Wohl der Firma zusammenzuarbeiten.	Man spornt das Personal (oder ein Sportteam) zur Aktivität an.

♂/☊ MARS/MONDKNOTEN

Halbsumme	Halbsummenwirkungen im Geburtshoroskop	Wirkungen von Progressionen und Transiten
☉	Ein guter Freund voller Energie. Kann andere Menschen zusammenbringen, um sich gemeinsam zu vergnügen.	Man plant, eine Gruppe oder einen Club zu gründen.
☽	Eine intuitive und emotionale Einstellung gegenüber anderen Menschen. Reagiert instinktiv auf deren Bedürfnisse.	In dieser Zeit kümmert man sich um jemanden, der krank oder rekonvaleszent ist. Anstrengend, aber lohnend.
☿	Neigung, sich die Gutgläubigkeit von Freunden zunutze zu machen.	Man muss aufpassen, nicht etwas Unpassendes zu sagen oder Differenzen herzustellen, die schwierig zu kitten sind.
♀	Jemand, der sich viel zu häufig und zu leicht verliebt.	Man ist glücklich aufgrund einer sexy Liebesaffäre.
♃	Ein durch und durch feiner Kerl.	Man organisiert eine Feier, die viel Spaß macht.
♄	Ein Mensch, dem es an Energie, Optimismus und Begeisterungsfähigkeit fehlt, egal, worum es geht.	Eine Zeit, in der der Betreffende keine Lust auf Vergnügen hat.

Halbsumme	Halbsummenwirkungen im Geburtshoroskop	Wirkungen von Progressionen und Transiten
♅	Ein aufregender Freund, der für unerwartetes Vergnügen sorgt.	Man organisiert eine Überraschungsparty oder einen Ausflug.
♆	Tut sich schwer, Freunde zu gewinnen. Lebt in seiner eigenen Welt. Ist ungesellig.	Unentschlossenheit hinsichtlich einer Einladung.
♇	Ein Anführer, der aus anderen Menschen das Beste herausholt.	Der Betreffende wird ein mächtiges Mitglied eines Teams und übernimmt für ein Projekt die Verantwortung.
Asz.	Kommt gut mit anderen zurecht und gewinnt leicht neue Freunde.	Bringt Zeit und Energie zum Wohle der Familie bzw. Gemeinschaft auf.
MC	Ein natürliches Talent, gleich gesinnte Geschäftsleute zusammenzubringen..	Ein lohnendes Geschäftstreffen – man ist in einer guten Position. In dieser Zeit kommen wertvolle Kontakte zustande.

HALBSUMMEN IN VERBINDUNG MIT JUPITER

♃/♄ JUPITER/SATURN

Halbsumme	Halbsummenwirkungen im Geburtshoroskop	Wirkungen von Progressionen und Transiten
☉	Ein wankelmütiger Mensch mit dem Potenzial zu einer ausgeglichenen Weltsicht, sofern Stimmungsschwankungen kontrolliert werden.	Eine Phase der Unbeständigkeit, die unter Umständen langfristig zu Fortschritt führt.
☽	Kann sich auf seine Intuition verlassen, doch Pessimismus überlagert die Gefühle.	Entscheidungsschwäche. Der Betreffende sieht den Wald vor lauter Bäumen nicht.
☿	Unbeständige Gedanken. Häufiger Gesinnungswandel.	Man weiß nicht, was man tun soll und wohin es geht. Ruhig bleiben.
♀	Innere Unzufriedenheit mit dem Partner. Tut sich schwer, eine feste Beziehung aufrechtzuerhalten.	Veränderungen innerhalb persönlicher Beziehungen, doch mit der Zeit wird alles gut.
♂	Die Unfähigkeit, an einer Sache dranzubleiben, bereitet Unbehagen.	Eine schwierige Phase aufgrund von nachlassender Energie.
♅	Machtvolle, spannungsgeladene Emotionen, die fehlgeleitet sein können. Launenhaftigkeit.	Eine anstrengende, stressige Phase.
♆	Eine pessimistische Sichtweise. Weiß nicht, welchen Weg er nehmen soll.	Eine verwirrende Zeit. Probleme lassen sich nur schwer beheben.
♇	Ein mutiger Mensch, der keine Angst vor harter Arbeit hat; kommt jedoch kaum voran.	Eine Zeit, die an den Kräften zehrt. Fortschritt geht nur mühsam vonstatten.
Asz.	Durch diesen Einfluss kann man Umsicht und einen gesunden Verstand mit Optimismus kombinieren. Das verstärkt die Eigenschaften des Aszendentenzeichens. Andernfalls kommt es zu Unruhe und Unentschiedenheit.	Die Dinge ändern sich gerade.
MC	Hat einen Hang zu einer abgeschiedenen Arbeit. Kein leichter Teamkollege.	Man muss jetzt Abstand vom Arbeitsdruck bekommen und die Dinge durchdenken.
☊	Ein einfühlsamer Mensch, der anderen sinnvolle Ratschläge gibt. Ein treuer Freund.	Andere Leute erheben Forderungen gegenüber dem Betreffenden.

♃/♅ JUPITER/URANUS

Halbsumme	Halbsummenwirkungen im Geburtshoroskop	Wirkungen von Progressionen und Transiten
☉	Eine lebendige, intellektuelle Person mit originellen Ideen. Braucht sportliche Aktivitäten.	Eine aufregende Zeit. Unerwartete, nette Entwicklungen.
☽	Verfügt über die Fähigkeit, stets das Gute im Leben zu erkennen.	Sehr viel Optimismus, der für gewöhnlich auch angebracht ist.
☿	Intellektuelles Potenzial. Ein einfallsreicher Geist voller brillanter Ideen.	Der Verstand arbeitet ausgezeichnet – Herausforderungen muss man annehmen.
♀	Ein glücklicher, sorgloser Mensch, der Spaß in Beziehungen sucht und selber gibt.	Man ist in Liebesdingen glücklich und positiv gestimmt. Eine neue, beschwingte Liebesaffäre.
♂	Ist entschlossen und begegnet furchtlos Rivalen. Seinen Handlungen unterliegt stets eine gewisse Dringlichkeit.	Handlungsbedarf sowie die Fähigkeit, unbehelligt von Unentschlossenheit oder Verwirrung vorwärtszugehen.
♄	Der dynamische, aufregende Einfluss der beiden Planeten wird kontrolliert und manchmal unterdrückt.	Hohe Erwartungen, die der Überprüfung oder einer praktischeren Herangehensweise bedürfen.
♆	Eine Vision, die, einmal in Angriff genommen, für Verwirrung sorgen könnte.	Der Betreffende wähnt sich nur zu leicht in Utopia.
♇	Ein machtvolles Bedürfnis nach Wissen. Dieser Mensch möchte sich bessern. Fanatische Ansichten.	Neigt dazu, keine andere als die eigene Meinung gelten zu lassen.
Asz.	Das intellektuelle Vermögen und die Originalität dieses Einflusses bereichern die Eigenschaften des Aszendentenzeichens. Übertriebener Optimismus.	Eine aufregende, sehr glückliche Phase. Herausforderungen muss man annehmen.
MC	Braucht und bekommt eine gute Karriere mit Entwicklungsmöglichkeit.	Fortschritt. Man kommt in der Arbeit weiter. Mehr Gehalt.
☊	Kommt mit anderen besonders gut klar. Regt diese an, etwas anzupacken.	Andere fordern den Betreffenden jetzt heraus. Er ist erfolgreich in seinen Unternehmungen.

♃/♆ JUPITER/NEPTUN

Halbsumme	Halbsummenwirkungen im Geburtshoroskop	Wirkungen von Progressionen und Transiten
☉	Neigt dazu, unpraktisch zu sein. Kann nicht gut mit Geld umgehen. Hinterlistig.	Pech aufgrund der untauglichen Vorgehensweise bei Problemen.
☽	Ein Tagträumer. Gefühle, die fehl am Platz sind, und überschwängliche Emotionen.	Der Betreffende tut sich schwer, sich am Riemen zu reißen.
☿	Ein aktives Vorstellungsvermögen bedarf eines kreativen Ausdrucks durch Kunst oder Schreiben.	Man ist inspiriert, weiß aber nicht so recht, wie man es umsetzen soll.
♀	Sinnliche, erotische Sexualität. Lebhafte Fantasie. Liebt Lyrik und New-Age-Themen.	Man hat jetzt die Neigung, bei etwas nicht mehr mitzumachen.
♂	Unzuverlässigkeit. Nützt andere Leute aus. Fühlt sich von der Drogenszene angezogen.	Eine verzwickte Zeit. Der Betreffende könnte sich ganz untypisch verhalten.
♄	Schwankt in seiner Weltsicht zwischen Optimismus und Pessimismus. Es fällt schwer, die Balance dazwischen zu finden.	Enttäuschung, weil Träume sich nicht in die Tat umsetzen lassen.
♅	Dieser Mensch ist sich des Bedürfnisses bewusst, logisches Denken mit einer lebhaften Fantasie in Einklang zu bringen.	Eine Phase, in der man Eingebungen und Ideen neu bewerten muss.
♇	Unsicherheit, ob Freundlichkeit und Gelassenheit der Notwendigkeit entgegenstehen, eine härtere, materialistischere Haltung einzunehmen.	Man wird in zwei entgegengesetzte Richtungen gezerrt und sollte es jetzt vermeiden, sich auf eine festzulegen.

Halbsumme	Halbsummenwirkungen im Geburtshoroskop	Wirkungen von Progressionen und Transiten
Asz.	Die beiden Planeten verleihen den Eigenschaften des Aszendentenzeichens etwas Weiches, Freundliches, fast Weltabgewandtes.	Ein starkes Bedürfnis nach Frieden und Ruhe, um über das Leben nachdenken zu können.
MC	Es mangelt an einer klaren beruflichen Ausrichtung. Das Bedürfnis, den weniger vom Glück Begünstigten zu helfen. Die Hoffnung stirbt zuletzt.	Im Job eine recht verwirrende Periode.
☊	Ein freundlicher, aber unzuverlässiger Mensch.	Man gibt anderen einen schlechten Rat oder falsche Hoffnungen.

♃/♇ JUPITER/PLUTO

Halbsumme	Halbsummenwirkungen im Geburtshoroskop	Wirkungen von Progressionen und Transiten
☉	Der Betreffende übt Macht über andere Menschen aus, allerdings auf freundliche Art.	Man muss die Herrschsucht unter Kontrolle bekommen.
☽	Verfügt über einen guten Instinkt, wann Investitionen gemacht werden können. Starke Gefühlskräfte.	Jetzt zieht man wahrscheinlich eine finanzielle Angelegenheit bzw. ein Geschäft schnell durch.
☿	Kann wie ein Wasserfall reden – beeindruckend und Ehrfurcht gebietend.	Politische Ambitionen kommen jetzt an die Oberfläche.
♀	Verdient viel Geld. Großzügigkeit. Möglicherweise kreativ.	Eine teure, aber angenehme Phase mit dem geliebten Menschen.
♂	Spornt andere zu großen Leistungen an und inspiriert sie. Organisationstalent.	Eine unvergessliche und aufregende, wenngleich anstrengende Zeit, in der viel geschieht.
♄	Das Gefühl, alle seien gegen einen. Unfähigkeit, im Leben richtig voranzukommen.	Eine sehr langsame Periode. Es bringt nichts zu versuchen, die Dinge voranzutreiben.
♅	Weiß jede Situation zu seinem Vorteil zu nutzen. Ist tatkräftig. Braucht Macht über andere.	Jetzt kann man vorankommen und sich durchsetzen, sollte aber nicht stur oder dogmatisch sein.
♆	Neigt zu Gerissenheit und ist nicht unbedingt vertrauenswürdig. Verkompliziert die Dinge unnötigerweise.	Sie sollten nun alle Bereiche Ihres Lebens so geradlinig und unkompliziert halten wie möglich. Seien Sie nicht hinterhältig.
Asz.	Verleiht dem Aszendentenzeichen Entschlossenheit. Möglicherweise ein Hang zur Macht. Großer Intellekt.	Eine sehr ereignisreiche Phase, aber der Fortschritt ist trotzdem nicht leicht.
MC	Ehrgeiz und starke Ambitionen. Muss sich weiterentwickeln und von Vorgesetzten beachtet werden.	Jetzt kann man zeigen, zu was man fähig ist. Strengen Sie sich an! Es wird sich lohnen.
☊	Ein politisch engagierter Mensch. Wünscht sich Macht und Popularität und wird sie auch bekommen.	Erfolg, sogar Ruhm. Eine unvergessliche Zeit, in der die anderen alles aufnehmen, was der Betreffende sagt.

♃/Asc JUPITER/ASZENDENT

Halbsumme	Halbsummenwirkungen im Geburtshoroskop	Wirkungen von Progressionen und Transiten
☉	Ein warmherziger, leidenschaftlicher Mensch, stets optimistisch und mit einer positiven Sicht der Dinge.	Die Gelegenheit »seine Flügel auszubreiten«.
☽	Eine freundliche Person, die das Familienleben liebt. Sie hat machtvolle Emotionen und neigt dazu, Situationen gelegentlich zu dramatisieren.	Weiß seinen Instinkt positiv zu nutzen.
☿	Ein hervorragender Geist – der ewige Student.	Das Verlangen nach einem fordernden Studium.
♀	Ein zärtlicher und liebender Mensch. Verfügt über beträchtlichen Charme. Gibt großzügig Geld aus.	Eine kostspielige, aber durch und durch angenehme Zeit.
♂	Versteht es, jede Gelegenheit beim Schopf zu packen. Ist erfolgreich und energiegeladen.	Eine Phase, in der man seine Pläne vorantreibt.
♄	Weil der Betreffende gehemmt ist, kann er nur schwer sein gesamtes Potenzial zur Blüte bringen.	Jetzt verhindert ein Mangel an Selbstvertrauen den Fortschritt.
♅	Originalität kombiniert mit Leidenschaft. Ein brillanter Intellekt.	Plötzliche Eingebungen und neue Ideen sollten ausgearbeitet werden.
♆	Lebt in den Wolken. Es mangelt an einer praktischen Perspektive, es sei denn, das Aszendentenzeichen sagt etwas anderes.	Eine Zeit, in der der Betreffende den Kontakt zur Realität verliert. Vorsicht vor Fluchttendenzen!
♇	Dieser Mensch scheint immer zu wissen, was gerade das Beste und was richtig ist.	Es bedarf der Vorsicht, dass man die Macht über andere Menschen unter Kontrolle hält.
MC	Eine psychologisch »runde« Person. Sie schafft den Ausgleich zwischen Privatleben und beruflichen Zielen. Darüber hinaus legt sie eine optimistische Sichtweise an den Tag.	Eine Phase, in der der Betreffende wohl kaum etwas falsch machen kann.
☊	Eine starke Persönlichkeit. Ist immer gern in Kontakt mit anderen Menschen, die im Gegenzug die Gesellschaft dieses Menschen mögen.	Die Beliebtheit wächst, weil man anderen Menschen etwas Gutes tut.

♃/MC JUPITER/MC

Halbsumme	Halbsummenwirkungen im Geburtshoroskop	Wirkungen von Progressionen und Transiten
☉	Eine glückliche, sorglose Person. Oftmals Schauspieltalent.	Eine Zeit, in der Ziele und Ambitionen Realität werden.
☽	Hinweis auf Erfolg. Oft Ruhm. Fürsorglichkeit.	Aufmunternde, unerwartete Neuigkeiten.
☿	Eine erfolgreiche Berufslaufbahn im Kommunikationsbereich.	Man veröffentlicht einen Artikel oder ein Buch.
♀	Eine lohnende Karriere im Bereich Kunst, Mode oder Schönheit. Fähigkeit, zu Geld zu gelangen.	Verbesserung der finanziellen Situation.
♂	Dieser Mensch ist erfolgreich und arbeitet hart. Geht vielleicht zum Militär.	Eine sehr anstrengende, aber erfolgreiche Zeit in der Arbeit.
♄	Ein ernsthafter, zäher Arbeiter, der jedoch auch Rückschläge erlebt.	Keine einfache Phase. Man wird vielleicht auf einen einsamen Posten befördert. Mehr Verantwortung.
♅	Geht auf originelle Weise und mit Experimentierfreude an die Arbeit heran. Brillant und talentiert.	Unerwartete Gelegenheiten.
♆	Träumt gerne vom Erfolg ohne Mühen und verfügt über innere Gelassenheit.	Es ergeben sich Chancen, die jedoch nicht umgesetzt werden können.
♇	Ein erfolgreicher Mensch, der seine Ziele unter Umständen erbarmungslos verfolgt.	Es ist notwendig, um das zu kämpfen, was man sich wünscht.
Asz.	Kann hervorragend mit den Kollegen harmonieren. Gutes Teammitglied.	Möglichkeit, innerhalb der Firma einen neuen Job zu bekommen.
☊	Ein großartiger, hilfsbereiter Kollege, dessen Vorschläge es immer wert sind, ernsthaft geprüft zu werden.	Man möchte die Führung übernehmen und Kollegen beeinflussen.

♃/☊ JUPITER/MONDKNOTEN

Halbsumme	Halbsummenwirkungen im Geburtshoroskop	Wirkungen von Progressionen und Transiten
☉	Ein wirklich guter Freund, der es versteht, diejenigen aufzumuntern, denen es schlecht geht.	Jemand wendet sich um Hilfe und Unterstützung an einen.
☽	Dieser Mensch weiß instinktiv, was er sagen bzw. tun muss, um anderen zu helfen. Steckt andere mit seinem Glück an.	Man nimmt sich extra Zeit für Freunde, die der Hilfe bedürfen.
☿	Verfügt über die Fähigkeit, Brücken zwischen unterschiedlichen Kulturen und Generationen zu schlagen. Ein hervorragender Vermittler.	Der Betreffende organisiert eine Gruppe von gleich Gesinnten.
♀	Diese Person ist sehr beliebt, neigt jedoch dazu, sich zu schnell zu verlieben.	Neue Freundschaftsbande, die womöglich in eine Liebesbeziehung münden.
♂	Ein energischer Teamleiter, der es versteht, aus anderen das Beste herauszuholen.	Erfolgreiche sportliche Aktivitäten.
♄	Hat nur einige wenige, dafür echte Freunde. Verbringt auch gerne Zeit alleine.	Man fühlt sich gehemmt oder unsicher im Umgang mit Fremden.
♅	Ein lebhafter, etwas unberechenbarer Gefährte. Mag es, andere zu überraschen.	Man organisiert ein Überraschungstreffen für Verliebte.
♆	Ein charmanter Begleiter, der jedoch nicht immer zuverlässig, manchmal vielleicht sogar labil ist.	Der Betreffende verspürt das Bedürfnis, nach einer fröhlichen Nacht wieder nüchtern zu werden. Freunde geraten durch einen auf Abwege.
♇	Unterhält gern andere, um sich seiner Beliebtheit zu versichern.	Neue Freundschaftsbande wollen geknüpft werden.
Asz.	Ist gewillt, aus reiner Freundschaft anderen viel von sich zu geben, ohne Hintergedanken.	Andere Menschen stellen Forderungen an einen, und man gewährt im Gegenzug so viel Unterstützung wie möglich.
MC	Ist in der Arbeit beliebt. Ein guter Vorgesetzter mit viel Sinn für Humor in allen erdenklichen Situationen.	Kollegen und Freunde bedürfen jetzt der Motivierung.

HALBSUMMEN IN VERBINDUNG MIT SATURN

♄/♅ SATURN/URANUS

Halbsumme	Halbsummenwirkungen im Geburtshoroskop	Wirkungen von Progressionen und Transiten
☉	Enormes physisches und mentales Durchhaltevermögen.	Hat Erfolg, aber auch viele Belastungen, Sorgen und Frustration.
☽	Man leidet aufgrund von emotionalen Spannungen. Das könnte die Gesundheit angreifen.	Keine leichte Zeit, voller Stress und Anspannungen.
☿	Ein brillanter und sehr praktisch begabter Verstand. Verfügt über viel Nervenkraft.	Eine Testphase. Die Fähigkeit, sich durch anstrengende Bedingungen zu kämpfen.
♀	Tut sich schwer damit, langfristige emotionale Beziehungen aufrechtzuerhalten.	Möglicherweise geht eine Ehe bzw. feste Beziehung auseinander.
♂	Ein formidabler Charakter. Hat unglaublichen Mut und verfügt über viel Energie.	Man gerät in Wut und bleibt in seinen Reaktionen stur.
♃	Anpassungsfähigkeit. Kann gut mit emotionalem und körperlichem Stress umgehen.	Eine schwierige Situation, in der der Humor des Betreffenden mit Negativität konfrontiert ist.
♆	Neigt zu Hinterhältigkeit. Kann bemerkenswerte, originelle Produkte hervorbringen, wenn er schöpferisch tätig ist.	Eine Phase, in der die Energien aufgrund schwieriger Bedingungen ausgelaugt werden. Trennung von geliebten Menschen.
♇	Tendenz, tief verwurzelte Probleme durch Zorn und Gewalttätigkeit auszudrücken. Frustration.	Jetzt findet wenig oder überhaupt kein Fortschritt statt. Warten Sie, bis der Einfluss vorbei ist.
Asz.	Muss lernen, mit schwierigen Situationen umzugehen. Anfällig für Arthritis.	Originelle und neue Ideen werden nur schwer angenommen. Man sollte sein Training nicht vernachlässigen, aber mit Bedacht vorgehen.
MC	Ein Workaholic. Der Betreffende wird alles tun, um weiterzukommen.	Eine stressige Zeit, die jedoch langfristig zum Vorteil gereicht.
☊	Ist oberflächlich freundlich, nimmt jedoch nicht an Gruppenaktivitäten teil und schließt auch nicht leicht Freundschaften.	Das vorübergehende Bedürfnis, allein zu sein, möglicherweise um einmal über Probleme nachzudenken.

♄/♆ SATURN/NEPTUN

Halbsumme	Halbsummenwirkungen im Geburtshoroskop	Wirkungen von Progressionen und Transiten
☉	Krankheit aufgrund widerstreitender psychologischer und emotionaler Probleme.	Eine Phase, in der es schwierig ist, Krankheitsursachen genau zu bestimmen.
☽	Ein überaus gefühlvoller Mensch mit einer pessimistischen Weltsicht und Anfällen von Deprimiertheit.	Jetzt tauchen Probleme auf, und der Betreffende kann sich nicht recht für eine Vorgehensweise entscheiden.
☿	Hemmungen blockieren das positive Denken. Führt das Scheitern einer Beziehung auf Mängel in der Erziehung zurück.	Man blamiert sich in dieser Zeit womöglich. Es herrscht Verwirrung.
♀	Ein unglückliches und verwirrendes Liebesleben, das voller Hindernisse sein kann.	Liebe, die fehl am Platz ist. Man bekommt den Laufpass.
♂	Eine leichtgläubige Person, die aus schwierigen Situationen gerne den leichten Weg nimmt.	Jetzt herrscht ein niedriges Energielevel. Vielleicht ist man deprimiert.
♃	Ist sehr leicht verärgert und reagiert sehr emotional.	Es fehlt jetzt eine klare Vision. Probleme mit der Leber.
♅	Ruhelos. Ist unfähig, wirklich zufrieden zu sein. Ein schwieriger, verschrobener Zeitgenosse.	Jetzt reagiert man in untypischer, unergründlicher Weise.
♇	Dieser Einfluss verleiht dem Betreffenden eine depressive Komponente.	Eine stürmische Zeit, in der man nicht weiterkommt.
Asz.	Probleme im Umfeld verhindern den Fortschritt und die volle Entfaltung des Aszendenten-Potenzials.	Eine verwirrende Periode. Eine schöpferische Tätigkeit bringt Erleichterung.
MC	Ein schwieriger Charakter. Sieht sich in der Arbeit und mit Kollegen vor Probleme gestellt.	Vorgesetzte zeigen kein Verständnis, und das führt bei dem Betreffenden zu Strapazen.
☊	Fühlt sich im Kontakt mit anderen Menschen unsicher.	Aus persönlichen Gründen vernachlässigt man Freunde und Familie.

♄/♇ SATURN/PLUTO

Halbsumme	Halbsummenwirkungen im Geburtshoroskop	Wirkungen von Progressionen und Transiten
☉	Um körperliche oder andere Probleme zu überwinden, kämpft man sich millimeterweise vor.	Eine ausgesprochen schwierige und unproduktive Zeit.
☽	Es liegt eine beträchtliche emotionale Hemmung vor. Möglicherweise Gefühlskälte.	Emotionale Spannungen aufgrund von äußerst problematischen Bedingungen.

Halb-summe	Halbsummenwirkungen im Geburtshoroskop	Wirkungen von Progressionen und Transiten
☿	Detektiv-Qualitäten. Gibt keine Ruhe, bis auch das letzte Detail geklärt ist.	Tief gehende Forschungen erbringen gute Resultate. Man sollte jedoch Zwanghaftigkeit vermeiden.
♀	Neigt dazu, sich fast zwanghaft zu verlieben, hält aber Liebeserklärungen aufgrund von Komplexen zurück.	Eine Beziehung mit vielen Unannehmlichkeiten geht zu Ende.
♂	Frustration, Zorn und Unerbittlichkeit kommen anfallsweise zum Ausdruck. Auf diese Weise macht man sich unbeliebt.	Das Bedürfnis, für klare Luft zu sorgen und einen drastischen Schritt zu tun. Vorsicht ist geboten.
♃	Tendenz, Opfer zu bringen oder anderen Menschen nachzugeben, und zwar aufgrund von Hemmungen, weniger von Altruismus.	Man trifft ernsthafte Entscheidungen in bester Absicht, macht sich dadurch jedoch unglücklich.
♅	Ein zwanghafter Persönlichkeitszug, der auch Ursache für einen Machtkomplex ist. Ein tapferer Mensch mit Entschlusskraft.	Man muss unmittelbar und sehr entschlossen handeln.
♆	Es besteht die Neigung, andere zu hintergehen.	Es besteht die Gefahr, dass man getäuscht wird und unerwünschte Verhaltensweisen annimmt.
Asz.	Ein sehr schwieriger Einfluss, der erdrückende physische oder psychologische Probleme und Komplexe verursachen kann.	Der richtige Zeitpunkt für eine Therapie oder eine ernsthafte Selbstanalyse.
MC	Ausgeprägtes Durchhaltevermögen und Hartnäckigkeit auf dem Weg zum Erfolg. Schwieriger Kollege.	Jeder scheint gegen den Betreffenden zu sein. Er sollte sich seine Motivationen genauer anschauen.
☊	Die Fähigkeit, sich mit dem Leiden der Menschheit zu identifizieren, und der Versuch, zu dessen Linderung beizutragen.	Man möchte etwas unternehmen, um anderen zu helfen.

♄/Asc SATURN/ASZENDENT

Halb-summe	Halbsummenwirkungen im Geburtshoroskop	Wirkungen von Progressionen und Transiten
☉	Dieser Einfluss hat etwas Einschränkendes und kann unter Umständen sogar körperliche Probleme verursachen.	Der richtige Zeitpunkt, um langfristige Pläne zu schmieden. Der Fortschritt geht jedoch nur langsam vonstatten.
☽	Ein Mangel an Selbstvertrauen, der auf elterliche Einflüsse zurückzuführen ist. Launenhaftigkeit.	Deprimiertheit und Sorgen aufgrund familiärer Probleme.
☿	Die Meinung der Eltern wird dem Betreffenden aufgezwungen, der sich damit schwertut, eine eigene Meinung zu finden.	Mentaler Stress und Niedergeschlagenheit. Ein Wandel – nicht unbedingt zum Guten – findet statt.
♀	Verliebt sich sehr leicht, ist aber auch unfähig, seine Gefühle angemessen auszudrücken; oder der bzw. die Angebetete ist anderweitig gebunden.	Eine Affäre geht zu Ende, oder sie unterliegt Veränderungen.
♂	Vermag gegen Depression und Negativität anzukämpfen und Probleme zu überwinden.	Um Schwierigkeiten erfolgreich zu überstehen, muss man das Selbst eine Weile unterdrücken.
♃	Vergräbt den Kopf gern im Sand und ignoriert so Probleme.	Blinder Optimismus. Nachdenken ist in der derzeitigen Lage erforderlich.
♅	Weiß nicht, wann er falsch liegt, und beharrt blind auf dem eingeschlagenen Weg.	Ein ernsthafter Krach – der Betreffende liegt vermutlich falsch.
♆	Deprimierende Lebensbedingungen wirken langfristig auf den Betreffenden.	Es fehlt am Wunsch bzw. Willen, das Beste aus einer schwierigen Situation zu machen.

Halb-summe	Halbsummenwirkungen im Geburtshoroskop	Wirkungen von Progressionen und Transiten
♇	Ein hemmender Einfluss, der möglicherweise zu physischen Leiden führt.	Nun sollte man sich besonders um sich selbst kümmern, ohne große Fortschritte zu erwarten.
MC	Der Betreffende nimmt berufliche Ziele sehr ernst und ist sehr ehrgeizig, oder er krümmt sich unter der Last des Lebens.	Der Beruf steht jetzt wohl im Vordergrund, und der Partner und die Kinder könnten darunter leiden.
☊	Ein schwieriger Familienhintergrund führt dazu, dass man eine Mutter- oder Vaterfigur sucht. Guter Kontakt zu älteren Menschen.	Man hilft Menschen, die einer älteren Generation angehören.

♄/MC SATURN/MC

Halb-summe	Halbsummenwirkungen im Geburtshoroskop	Wirkungen von Progressionen und Transiten
☉	Erfolg erlangt der Betreffende nur, wenn er hart und beständig arbeitet und Rückschläge überwindet.	Vielfach vermehrte Verantwortlichkeiten. Beförderung in eine (einsame) Topposition oder aber ernsthafter Rückschlag. Krankheit.
☽	Man ist niedergeschlagen aufgrund von Schwierigkeiten oder familiären Problemen.	Man muss sich um einen älteren Menschen oder einen Kranken Angehörigen kümmern.
☿	Es besteht das Bedürfnis nach Wandel – der jedoch nicht immer zum Vorteil geschieht.	Verstärkter Wandel in der Arbeit. Man findet gute Argumente für Veränderungen.
♀	Der Betreffende lässt sich durch Beleidigungen und Sticheleien leicht frustrieren.	Schwierigkeiten mit Kollegen oder im Liebesleben. Schönheitsbehandlungen, die schiefgehen.
♂	Ein Mangel an Initiativkraft sowie die Unfähigkeit, Verantwortung zu übernehmen. Arbeitet nur gelegentlich hart.	Meckern bringt einen jetzt keinen Schritt weiter.
♃	Versteht es, komplexe Angelegenheiten in der Arbeit einfach zu gestalten. Packt Probleme direkt an.	Es besteht das Bedürfnis, konstruktiv zu planen und zu handeln.
♅	Ein Unruhestifter. Gewerkschafter, der über beträchtlichen Einfluss verfügt.	Die Notwendigkeit, etwas zu unternehmen, um Unrecht wieder zu bereinigen.
♆	Versteht es nicht, die Karriere Schritt für Schritt zu planen. Schöpft sein Potenzial nicht immer bis zur Gänze aus.	Eine Phase der Ungewissheit und Verwirrung. Probleme in der Arbeit.
♇	Große Mühen und Opfer im persönlichen Leben führen letztlich zum Erfolg.	Man bemüht sich um Erfolg, der sich nur langsam einstellt.
Asz.	Eine vorsichtige, schwerfällige Person, die schließlich doch erfolgreich ist.	Es empfiehlt sich jetzt nicht, die Dinge voranzutreiben. Geduld ist obligatorisch.
☊	Ein schwieriger Mensch, der in der Arbeit oft unkooperativ ist.	Man ist von Kollegen oder einem düsteren Vorgesetzten frustriert.

♄/☊ SATURN/MONDKNOTEN

Halb-summe	Halbsummenwirkungen im Geburtshoroskop	Wirkungen von Progressionen und Transiten
☉	Ein einigermaßen ungeselliger Mensch, der gern allein ist.	Der Wunsch nach Frieden und Ruhe fern von Freunden und der Familie.
☽	Man neigt dazu, in Gegenwart anderer gehemmt zu sein.	Tut sich schwer, eine emotionale Beziehung herzustellen.
☿	Ein einfühlsamer, konstruktiver Denker, der sich schwertut, anderen seine Ideen zu vermitteln.	Man fasst den Entschluss, eine Beziehung zu beenden oder zu verändern.
♀	Man ist im Ausdruck von Liebe gehemmt und unfähig, mit einem Partner sexuell oder romantisch zu entspannen.	Der Betreffende ist aufgrund einer unerwiderten Liebe unglücklich.

Halbsumme	Halbsummenwirkungen im Geburtshoroskop	Wirkungen von Progressionen und Transiten
♂	Man ist anfällig für Depressionen und will gleichzeitig davon loskommen, was zu einem dauernden Kampf führt.	Man ist aufgrund der gelassenen Einstellung anderer frustriert.
♃	Ist für andere eine erfreuliche Begleitung und erfährt selbst Zufriedenheit und Glück, wenn er anderen Zeit und Energie widmet.	Nachfragen um Beistand werden mit Freude angenommen.
♅	Muss sich frei ausdrücken und andere zu waghalsigen Taten ermutigen können.	Infolge der Bestimmtheit des Betreffenden findet ein plötzlicher »Ereignisschauer« statt.
♆	Man fühlt sich dauernd von anderen fallengelassen oder ignoriert und ist voller Selbstmitleid.	Gefühle der Isolation und des Zurückgewiesenwerdens nehmen überhand.
♇	Es ist schwierig, diesen Menschen näher kennenzulernen.	Die Probleme anderer machen einem das Leben schwer.
Asz.	Ein sehr schüchterner Mensch, der sich gern in sein sicheres Schneckenhaus zurückzieht.	Man leidet unter den Schwierigkeiten anderer Menschen.
MC	Man muss die Dinge ohne Unterstützung durch Freunde und Familie in Angriff nehmen.	Probleme mit Kollegen

HALBSUMMEN IN VERBINDUNG MIT URANUS

♅/♆ URANUS/NEPTUN

☉	Dieser Mensch reagiert körperlich auf äußere Einflüsse. Originalität und Inspiration.	Fühlt sich von religiösen Gruppierungen angezogen und lässt sich leicht von ihnen beeinflussen.
☽	Ist aufgrund der im Übermaß vorhandenen Fantasie instabil. Muss positive Kanäle für die Fantasie finden.	Eine Zeit, in der man besonders beeindruckbar ist.
☿	Hat Neigung und ein natürliches Talent für metaphysische und okkulte Studien.	Man schmiedet Pläne, die nicht durchführbar sind.
♀	Ein hoffnungsloser Romantiker, der jedoch davor zurückschreckt, sich tiefer zu binden.	Eine schillernde, gleichwohl verwirrende Liebesaffäre.
♂	Geringe Vitalität. Verschwendet Energie mit Aufregungen aller Art.	Harte Arbeit, ohne dass viel dabei herauskommt.
♃	Ein wahrhaft inspirierter, spiritueller Mensch mit Neigung zu exzentrischem, verschrobenem Verhalten. Ist sehr freundlich und großzügig.	Der Betreffende widmet wohltätigen Zwecken Zeit, Energie und Geld.
♄	Hinterhältigkeit. Womöglich kreative Fähigkeiten. Mangel an Stabilität.	Eine anstrengende und schwierige Zeit, die zudem für Verwirrung sorgt.
♇	Der Betreffende ist extrem leichtgläubig und wird immer wieder von anderen hereingelegt.	Es bedarf der Vorsicht, wenn man neue Projekte ins Auge fasst oder Pläne schmiedet.
Asz.	Verfügt über ungewöhnliche, geradezu gespenstische Fähigkeiten, was das Aszendentenzeichen beeinflusst.	Ungewöhnliche Vorkommnisse.
MC	Hat wilde, ganz undurchführbare Bestrebungen. Ein »Möchtegern«, der es freilich in der Regel nicht allzu weit bringt.	Nervliche Belastung, die möglicherweise zu einem Zusammenbruch führt. Eingebungen müssen unter Kontrolle gehalten werden.
☊	Versteht es, das Publikum zu packen. Andere Menschen sehen zu dem Betreffenden auf – weshalb, ist nur schwer zu erklären.	Eine Phase, in der man denjenigen, die leiden oder unglücklich sind, Stärke vermittelt.

Halbsumme | Halbsummenwirkungen im Geburtshoroskop | Wirkungen von Progressionen und Transiten

♅/♇ URANUS/PLUTO

☉	Sehr wahrscheinlich eine Führungspersönlichkeit (siehe Uranus Konjunktion Pluto auf S. 385).	Man befindet sich in einer ungewöhnlich starken Position.
☽	Ein sehr empfänglicher Mensch mit machtvollen, unmittelbaren Reaktionen.	Eine plötzliche, übertrieben eindringliche Reaktion.
☿	Ein tiefgründiger Denker. Die Fähigkeit, die Massen durch seine Redekunst zu beeinflussen.	Möglicherweise engagiert man sich politisch für gute Zwecke oder gegen Ungerechtigkeit.
♀	Ein kreativer Mensch und innovativer Künstler. Ist sehr darauf aus, Geld zu verdienen.	Aufregung wegen einer Investition, oder aber es besteht Aussicht auf eine Liebe. In beiden Fällen sollte man mit Bedacht vorgehen.
♂	Fanatische politische Tendenzen. Neigt zu Gewalttätigkeit, wenn die Emotionen erregt sind.	Man ist in eine Demonstration verwickelt, die umschlägt.
♃	Braucht es, von vielen gemocht zu werden. Die Handlungen ziehen die Aufmerksamkeit auf sich.	Der Betreffende nimmt eine Herausforderung aus heiterem Himmel an.
♄	Ein schweigsamer Zeitgenosse, der ganz plötzlich verbal aus sich herausgeht.	Man bekommt Kenntnis von Störfaktoren und muss die richtige Entscheidung treffen, was zu tun ist.
♆	Ein verwirrter, angespannter Mensch mit viel Vorstellungsvermögen. Braucht Unterstützung und Führung.	Das Leiden löst etwas aus. Eine Zeit der Unsicherheit und Müdigkeit.
Asz.	Dieser Einfluss verleiht den Eigenschaften des Aszendentenzeichens einen gewissen Fanatismus.	Plötzliche Ereignisse erfordern drastisches Handeln.
MC	Ein ruheloser Mensch. Braucht ständig Abwechslung und Weiterentwicklung.	Eine unerwartete Entwicklung im Beruf – entweder steht Erfolg an, oder man ist frustriert.
☊	Versteht es, gleich Gesinnte zusammenzubringen, um sich zu beschweren, eine Veränderung zu bewirken oder einfach zu stören.	Man hat etwas mit Menschen zu tun, die den Friedensprozess stören.

♅/Asc URANUS/ASZENDENT

☉	Ein auffallender Mensch, der viel Unabhängigkeit braucht. Es besteht die Neigung zu Ruhelosigkeit und Starrsinn.	Der Wunsch nach Veränderung ist groß: »So wie bisher kann ich nicht weitermachen.«
☽	Der Betreffende mag unter ungewöhnlichen Umständen geboren worden sein. Vielleicht wurde er oder sie adoptiert. Verlässt sich sehr auf die Mutter oder muss Verantwortung für sie übernehmen.	Emotionaler Stress.
☿	Ein brillanter, erfinderischer, aber unbeweglicher Geist. Originalität. Sehr scharfsinnig.	Man äußert sich – oft kritisch – über die Bemühungen anderer Menschen. Plötzliche lichte Ideen ziehen unmittelbar Handlung nach sich.
♀	Glamour eines Filmstars. Freundlichkeit, Charme – aber ein Eisberg!	Es besteht der Wunsch, sich ein glamouröseres Image zuzulegen – und er ist von Erfolg gekrönt.
♂	Ein unbeständiger Mensch mit impulsiven Verhaltensmustern und einem hohen körperlichen Energieniveau.	Man hat das Bedürfnis, ganz plötzlich etwas zu tun, womöglich ist man dabei aggressiv.

Halb-summe	Halbsummenwirkungen im Geburtshoroskop	Wirkungen von Progressionen und Transiten
♃	Kann sich für die Bemühungen und Wohltaten anderer richtig begeistern. Ein lebhafter, etwas unberechenbarer, aber liebenswerter Mensch.	Der Betreffende nimmt eine Herausforderung an. Es besteht der Wunsch zu reisen.
♄	Die persönliche Entwicklung wird durch das Gefühl, unterdrückt zu werden, behindert.	Jetzt ist das Bedürfnis nach einer Veränderung vorhanden, doch man sollte vorerst noch nichts unternehmen.
♆	Es besteht die Gefahr, dass die Gefühle nicht richtig zum Ausdruck kommen. Verwirrung.	Man ist unentschlossen und steht unter Stress.
♇	Jemand, der gern für Unruhe in der Politik sorgt. Hält unnachgiebig an seinen Ansichten fest.	Wenn Sie an einer Demonstration teilnehmen, sollten Sie Ruhe bewahren.
MC	Eine originelle, einfallsreiche Persönlichkeit, die diese Eigenschaften auch im Beruf zum Ausdruck bringt.	Sie können von Veränderungen in der Arbeit oder im Privatleben ausgehen.
☊	Freundliche, wenngleich etwas exzentrische Eigenschaften im Umgang mit anderen Menschen.	Man kommt mit einer ganz neuen Gruppe von Menschen in Kontakt.

♅/Asc URANUS/MC

☉	Eine hoch motivierte Person, die alles gibt, um Ziele, die sie ins Auge gefasst hat, zu erreichen.	Eine anstrengende Periode. Man arbeitet unter beträchtlichem Druck.
☽	Der Betreffende verfügt über einen ausgeprägten Instinkt, um im Leben weiterzukommen. Ruhm.	Im Rahmen eines bestimmten Projekts handelt der Betreffende im Auftrag einer Gruppe.
☿	Ein brillanter Redner und ein origineller, aber dogmatischer, rechthaberischer Denker.	Plötzliche Veränderungen im Beruf. Man kommt in Kontakt mit den Medien.
♀	Eine glamouröse, freundliche Person, die es aufgrund ihrer Talente zu etwas bringt.	Der Betreffende stellt fest, dass sich jemand anders zu ihm hingezogen fühlt.
♂	Der Betreffende setzt seine Ziele ebenso energisch wie unbarmherzig durch. Wenn er etwas will, dann will er es.	Eine anstrengende Zeit, die sich jedoch als lohnend herausstellt, wenngleich sie zu mentaler und physischer Erschöpfung führt.
♃	Es bestehen Optimismus und Leidenschaft in Hinblick auf die Karriere.	Ein faszinierendes Projekt oder ein neuer Job.
♄	Man muss berufliche Rückschläge in Kauf nehmen und im Lauf der Zeit lernen, mit Kollegen im Team zusammenzuarbeiten.	Dies ist eine schwierige Periode. Es ist wahrscheinlich, dass man mit Kollegen oder Vorgesetzten uneins ist.
♆	Die Fähigkeit, ungewöhnliche Talente zu einem guten Zweck einzusetzen.	Eine verwirrende Phase, doch die Interessen sind vielfältig. Ungewöhnliche Vorkommnisse.
♇	Die Einstellung zur Arbeit ist fanatisch. Machtkomplex.	Vorsicht! Irrige Ansichten werden fanatisch zum Ausdruck gebracht.
Asz.	Die ganze Persönlichkeit ist auf Erfolg ausgerichtet. Eventuell wissenschaftliche Brillanz.	Die Originalität und das starke Bedürfnis nach Unabhängigkeit finden Aufmerksamkeit.
☊	Dieser Mensch kann andere dazu bewegen, aktiv zu werden.	Man leitet ein Team für ein bestimmtes Projekt. Der Betreffende steht im Rampenlicht, womöglich durchs Fernsehen.

♅/☊ URANUS/MONDKNOTEN

Halb-summe	Halbsummenwirkungen im Geburtshoroskop	Wirkungen von Progressionen und Transiten
☉	Man muss fehlerhaftes Verhalten kontrollieren. Ein dynamischer, lebhafter Freund.	Aufgrund der gegenwärtigen Umstände muss der Betreffende eine Führungsrolle übernehmen.
☽	Machtvolle Emotionen können diesen Menschen veranlassen, gegen Ungerechtigkeit vorzugehen.	Man muss jetzt etwas unternehmen – was immer dieses Etwas ist.
☿	Die Fähigkeit, von eben auf jetzt das Kommando zu übernehmen – der Verstand arbeitet sehr schnell.	Eine hervorragende Reaktion auf jegliche intellektuelle Herausforderung.
♀	Versteht es, anderen dabei zu helfen, sich zu entspannen. Die gelassene Einstellung ist ebenso bezaubernd wie ansteckend.	Liebe auf den ersten Blick!
♂	Ist für andere Menschen, mit denen er in Kontakt kommt, sehr anstrengend.	Die körperliche und die Nervenkraft wachsen überdurchschnittlich an. Man sollte die Unruhe kontrollieren.
♃	Eine ungewöhnliche, großzügige Person. Ein herausragender Lehrer. Hilft mit seiner spirituellen oder philosophischen Haltung anderen.	Jemand anders bietet Ermutigung und Unterstützung an.
♄	Neigt dazu, in Begleitung anderer schüchtern und nervös zu sein. Kein guter Gesellschafter.	Ein vermehrtes Bedürfnis, allein zu sein – möglicherweise um über die Dinge nachzudenken
♆	Jemand mit guten Absichten, der jedoch das Befinden der anderen kaum in sein Denken mit einbezieht.	Begegnungen, Ausflüge oder Partys stiften Verwirrung.
♇	Neigt dazu, anderen seine Meinung aufzuzwingen, und macht sich damit unbeliebt.	Man verspürt das Bedürfnis, andere auszubremsen.
Asz.	Dieser Mensch hat sehr viele Freunde und Bekanntschaften, die ihn jedoch ihrerseits nie richtig kennenlernen.	Die eigene Unabhängigkeit bekommt oberste Priorität.
MC	Manchmal ein sehr hilfreicher Mitarbeiter, zu anderen Zeiten wieder distanziert und schwierig.	Jetzt strebt man einen Neubeginn auf eigene Faust an.

HALBSUMMEN IN VERBINDUNG MIT NEPTUN

♆/♇ NEPTUN/PLUTO

☉	Fähigkeit zur Hellsichtigkeit, doch man muss die Neigung, sich in Drogen oder Alkohol zu flüchten, unter Kontrolle halten.	Gesundheit und Wohlbefinden werden durch Verwirrung und Stress beeinträchtigt.
☽	Das Durchhaltevermögen ist geschwächt, die Emotionalität erhöht. Ausgeprägtes Vorstellungsvermögen.	Die Unterstützung durch andere Menschen ist während dieser anstrengenden Zeit erforderlich.
☿	Breit gefächertes, jedoch chaotisches und nicht praktisch ausgerichtetes Denken. Ändert leicht die Gesinnung.	Der Betreffende kann in dieser Phase keinen Entschluss fassen. Verschieben Sie jetzt möglichst wichtige Entscheidungen – so können Sie Fehler vermeiden.
♀	Es kommt zu enormen Komplikationen im Liebesleben. Starke sexuelle Fantasien.	Eine ebenso verrückte wie wunderbare Romanze.
♂	Kurze Anfälle von Aktivität, und schon hat man wieder die Nase voll.	Es mag nun schwierig sein, sich für eine Richtung zu entscheiden – vielleicht stimmt gar keine.
♃	Sorgt für Unterbrechungen, einfach um Frieden zu haben. Ein freundlicher, verständnisvoller Mensch, der anderen gerne unter die Arme greift..	Nun muss eine Auseinandersetzung gelöst werden.

Halbsumme	Halbsummenwirkungen im Geburtshoroskop	Wirkungen von Progressionen und Transiten
♄	Pessimismus. Der Betreffende findet es vielleicht schwierig, in Verbindung mit den Ereignissen »draußen« in der Welt zu bleiben.	Es mangelt an Vitalität. Man muss sich noch mehr ausruhen, möglicherweise nach einer anstrengenden Zeit.
♅	Ein Sinn füs Ungewöhnliche. Expeditionen zu ausgefallenen Orten oder merkwürdige Studiengebiete.	Sie sollten Vorhaben mehrfach überdenken, ehe Sie sie in die Tat umsetzen.
Asz.	Dieser Einfluss hemmt die Durchsetzungsfähigkeit des Aszendentenzeichens und schwächt die Motivation.	Emotionalen Aufregungen können Sie durch Selbstanalyse begegnen.
MC	Unfähigkeit, dem beruflichen Fortschritt standzuhalten. Braucht ständig Veränderung.	Machen Sie sich auf Änderungen in der Arbeit gefasst, und halten Sie Ausschau nach einem neuen Job.
☊	Beeindruckt andere durch hellsichtige Fähigkeiten, die jedoch kontrolliert werden müssen.	Man hat eine plötzliche Eingebung in Bezug auf andere Menschen. Vorausahnungen.

♆/Asc NEPTUN/ASZENDENT

Halbsumme	Halbsummenwirkungen im Geburtshoroskop	Wirkungen von Progressionen und Transiten
☉	In den meisten Fällen werden die positiven Eigenschaften des Aszendentenzeichens durch diesen Einfluss geschwächt, doch es besteht eine natürliche Freundlichkeit.	Eine verwirrende Zeit – das Leben ist jetzt einigermaßen kompliziert.
☽	Die Emotionalität ist in diesem Fall erhöht, ebenso die Vorstellungskraft. Unaufrichtigkeit.	Man muss sich vornehmen, vernünftig zu bleiben. Die Fantasie darf jetzt keine Überstunden machen.
☿	Der Betreffende redet schnell. Kann andere aus schwierigen Situationen herausbringen.	Jetzt sind Ausweichmanöver angesagt, keine direkte Auseinandersetzung mit den Fakten.
♀	Ein hoffnungsloser Romantiker. Tut sich schwer damit, beide Füße auf dem Boden zu behalten. Kein Geschäftssinn. Kreativität.	Der Betreffende gerät in Verzückung über jemand anderen.
♂	Bedürfnis nach einem farbenprächtigen, eskapistischen Lebensstil. Wenig Energie.	Aufgrund einer schwierigen Situation greift man nun allzu leicht zu Drogen oder Alkohol.
♃	Eine enorm freundliche, wenngleich unorganisierte Person, die die Dinge nur schwer auf die Reihe bringt.	Eine glückliche, aber verwirrende Zeit, doch die Bedingungen sind nicht das, was sie vorgeben zu sein.
♄	Neigt dazu, unter Stress nachzugeben aus Mangel an Selbstvertrauen.	Man muss mit Verzögerungen rechnen. Richten Sie Ihre Aufmerksamkeit auf andere Projekte.
♅	Hat brillante, fantasievolle Pläne, die Energie rauben, doch zu nichts führen.	Verlangsamen Sie das Tempo und schauen Sie genauer hin.
♇	Dieser Einfluss schränkt die vorwärtsstrebenden Eigenschaften des Aszendentenzeichens ein.	Eine frustrierende und verwirrende Periode.
MC	Die altruistischen Ziele haben nichts mit der Realität zu tun. Im Beruf und im Privatleben gibt es eine Menge Veränderungen.	Ehrgeiz und persönliche Verpflichtungen geraten in Konflikt miteinander.
☊	Ein charmanter, aber anstrengender Freund, der möglicherweise unzuverlässig ist.	Der Betreffende ist auf Freundschaft und Unterstützung angewiesen – Tränen strömen.

♆/MC NEPTUN/MC

Halbsumme	Halbsummenwirkungen im Geburtshoroskop	Wirkungen von Progressionen und Transiten
☉	Dieser Einfluss unterstützt den positiven Ausdruck esoterischer Interessen. Man hat auf diesem Gebiet Erfolg.	Man will sich gerne verkleiden. Ein Maskenball oder eine Theatervorstellung.
☽	Das ausgeprägte Vorstellungsvermögen kann beruflich umgesetzt werden – durch die Kunst, durch Tanz, Schreiben usw.	Inspirierte Ideen bringen Fortschritt im Arbeitsleben.
☿	Ein Geschichtenerzähler. Verkaufsgeschick.	Man meint anderen Sand in die Augen streuen zu müssen.
♀	Dieser Mensch ist restlos in seinen Beruf verliebt.	Der Betreffende fühlt sich von einem Kollegen angezogen.
♂	Der Betreffende kann sich nur schwer konzentrieren. Er neigt zu Tagträumen, besonders wenn er sich langweilt. Interesse an Okkultem und an Metaphysik.	Es besteht der Wunsch nach einem abwechslungsreicheren, ungewöhnlichen Job.
♃	Hier handelt es sich fast um einen Propheten. Versteht es, Studenten zu inspirieren.	Man möchte gern etwas studieren, weiß jedoch nicht so recht, wie man es anpacken soll.
♄	Mangel an Zuversicht und Gefühle der Unsicherheit im Job.	Eine verwirrende Phase im Job, möglicherweise Arbeitslosigkeit.
♅	Anfängliche Ideen sind ebenso inspiriert wie originell, doch es besteht die Unfähigkeit, der Tücke des Details Herr zu werden.	Jetzt steckt man eine Menge Energie in die Umsetzung einer neuen Idee – es wird sich lohnen.
♇	Es besteht das Bedürfnis nach Macht. Als Vorgesetzter ist dieser Mensch jedoch nicht geeignet.	Eine vorübergehende Unterbrechung der Routine.
Asz.	Man muss überdurchschnittlich viel Zeit in die Wahl des Berufs stecken, da die Persönlichkeit, die Fantasie und der Wunsch nach Erfüllung nur schwer zufriedenzustellen sind.	Ein Höhenflug. Man verliert den Kontakt zur Realität. Erweitertes Vorstellungsvermögen.
☊	Neigt dazu, andere in die Irre zu führen.	Seine Sympathiebekundungen entkräften diesen Menschen.

♆/☊ NEPTUN/MONDKNOTEN

Halbsumme	Halbsummenwirkungen im Geburtshoroskop	Wirkungen von Progressionen und Transiten
☉	Man wünscht sich, Freundschaft mit gleich Gesinnten zu schließen.	Man sollte sich nicht zu sehr auf andere verlassen.
☽	Es besteht die natürliche Fähigkeit, intuitiv zu erkennen, wie andere Menschen reagieren werden.	Achten Sie darauf, ob Sie anderen Menschen gegenüber Gefühle des Argwohns entwickeln.
☿	Arrangiert gern für andere geheime Überraschungen.	Eine vertrackte Lage erfordert ein Ausweichmanöver.
♀	Neigt dazu, den geliebten Menschen zu idealisieren.	In einer Liebesbeziehung ist Vorsicht angesagt – kennt man den anderen wirklich?
♂	Hier besteht die Tendenz, sich mitreißen zu lassen, was wiederum Freunden und Kollegen Schwierigkeiten bereitet.	Es drängt sich die Erkenntnis auf, dass ein Kollege nicht so ehrlich ist, wie man es sich wünscht.
♃	Ein freundlicher, liebevoller Mensch, der allerdings etwas weltfremd ist.	Man erkennt, dass man anderen Hilfe und Inspiration geben muss.
♄	Tut sich schwer in der Zusammenarbeit mit anderen.	Möglicherweise wird man von einem verlässlichen Freund fallen gelassen.
♅	Eine etwas stachelige Persönlichkeit, die leicht verärgert ist.	Eine Unfreundlichkeit bekommt eine überdimensionale Bedeutung.
♇	Dieser Mensch kann Freundschaften nur schwer aufrechterhalten.	Man muss eine bestehende Freundschaft aufgeben.
Asz.	Eine freundliche Person, guten Willens, eventuell unzuverlässig.	Auf Hilfegesuche reagiert man ängstlich.
MC	Muss wirtschaftliche Unabhängigkeit entwickeln.	Ein Flehen um Hilfe.

Halbsummen in Verbindung mit Pluto

♇/Asc Pluto/Aszendent

Halb-summe	Halbsummenwirkungen im Geburtshoroskop	Wirkungen von Progressionen und Transiten
☉	Dieser Einfluss verleiht den Eigenschaften des Aszendentenzeichens etwas Zwanghaftes und Verbissenes.	Man sollte Vorsicht walten lassen, dass man nicht Zeit und Mühen in Projekte steckt, die sich nicht lohnen.
☽	Die Emotionalität ist erhöht, weshalb der Betreffende zu Ausbrüchen neigt. Diese müssen unter Kontrolle gehalten werden.	Diese Zeit bringt beträchtlichen Stress mit sich.
☿	Man will unbedingt andere verbal beeinflussen.	Ein hitziges Streitgespräch.
♀	Ist leidenschaftlich in der Liebe und akzeptiert keine Zurückweisung. Will unbedingt zu Geld kommen.	Jetzt steht eine Neubewertung der Haltung an, die man gegenüber dem Partner einnimmt.
♂	Nimmt gerne Risiken auf sich. Hat ein unbeständiges Temperament.	Fehlgeleitete Energie. Ein Krach, der manchmal zu Gewalttätigkeit führt.
♃	Eine starke Persönlichkeit. Eine Spielernatur.	Nun will man gern wetten oder riskanten Spekulationen frönen.
♄	Der Betreffende ist anfällig für Arthritis. Diese Halbsummenkonstellation kann auch ein Hinweis auf psychische Probleme sein.	Plötzlich auftretende Schmerzen sollten nicht ignoriert werden. Die Neigung, sich angesichts von Problemen in Schweigen zu hüllen.
♅	Die negativen Eigenschaften des Aszendentenzeichens treten verstärkt hervor, was den Umgang mit diesem Menschen etwas erschwert.	Diese Zeitspanne ist frustrierend und bringt Sie nicht weiter. Warten Sie, bis sie vorüber ist.
♆	Hat ungewöhnliche Interessen und fühlt sich von okkulten Disziplinen angezogen.	Eine überaus verwirrende Periode – die Bedingungen sind nicht das, was sie zu sein scheinen.
MC	Dieser Mensch ist erbarmungslos, wenn es darum geht, eigene Ziele zu verfolgen.	Die Mächte, die am Werk sind, beeinflussen den Fortschritt dieses Menschen stark.
☊	Identifiziert sich mit sozial Schwachen und sucht deren Gesellschaft.	Man freundet sich mit dem Gedanken an auszusteigen, doch Vorsicht!

♇/MC Pluto/MC

Halb-summe	Halbsummenwirkungen im Geburtshoroskop	Wirkungen von Progressionen und Transiten
☉	Der Betreffende wird entweder überaus erfolgreich, oder er krümmt sich unter der Last beruflicher Probleme und Rückschläge.	Eine Phase, in der Vorgesetzte die Fähigkeiten des Betreffenden infrage stellen.
☽	Hier ist das Bedürfnis vorhanden, viele Menschen zu betreuen. Ein instinktiver Geschäftssinn ist vorhanden.	Halten Sie Ausschau nach Veränderungen in der Arbeit – Ihre Intuition wird Ihnen sagen, wann Sie aktiv werden sollen.
☿	Scharfsinn sowie die Fähigkeit, die richtigen Schlüsse zu ziehen, wirken sich positiv auf die Karriere aus. Ein Forscher oder eine Detektiv.	Jetzt sollten Sie nichts unversucht lassen.
♀	Hat einen Riecher für Geld. Ein Finanzgenie.	Es ergeben sich Gelegenheiten für seriöse Investitionen. Eine intensive, leidenschaftliche Liebesaffäre.
♂	Der Betreffende braucht eine Stellung, in der er über Macht verfügt. Militär. Tapferkeit.	Eine unruhige Phase in der Arbeit. Vielleicht drängen sich jetzt Veränderungen auf.
♃	Ein finanziell erfolgreicher Mensch, der nicht bereit ist, seinen Ruf oder sein Geld aufs Spiel zu setzen.	Man hat die Gelegenheit zu spekulieren, eine Glückssträhne – aber seien Sie wachsam!
♄	Entweder man ist total frustriert und unfähig, beruflich weiterzukommen, oder man ist leitender Angestellter, der vom Rest der Belegschaft getrennt ist.	Eventuell wird der Betreffende befördert und mit mehr Verantwortung ausgestattet, was ihm vielleicht gar nicht recht ist.
♅	Nimmt oft Veränderungen allein um der Veränderung willen vor, ohne wirklich weiterzukommen.	Nun hat man unerwünschte Entscheidungen von Vorgesetzten zu akzeptieren.
♆	Es mangelt an Zielsetzung im Beruf. Man fühlt sich zu Mystischem hingezogen, was zum eigenen Wohl gereicht – oder auch nicht.	Eine verwirrende und sehr anstrengende Phase, in der man fast auf der Stelle tritt.
Asz.	Die Begeisterung des Betreffenden für eine bestimmte Berufslaufbahn könnte durch die Umstände vereitelt werden oder weil die Laufbahn nicht passt, doch manchmal zahlt sich der Kampf um den Erfolg auch aus.	Außergewöhnliche berufliche Entwicklungen ergeben sich jetzt.
☊	Es besteht der Wunsch, andere zu dominieren. Eventuell Machtversessenheit.	Der Betreffende muss in dieser Situation Verantwortung übernehmen.

♇/☊ Pluto/Mondknoten

Halb-summe	Halbsummenwirkungen im Geburtshoroskop	Wirkungen von Progressionen und Transiten
☉	Ein vergnügter, wenngleich überaus herrschsüchtiger Zeitgenosse.	Jetzt muss man anderen sagen, wo es langgeht, ob man will oder nicht.
☽	Dieser Mensch weint nur, wenn er sich ganz allein gelassen fühlt.	Eine Zeit der emotionalen Belastung aufgrund der Trauer anderer Leute.
☿	Neigt dazu, mit seinen Kenntnissen und seinem Intellekt vor anderen, die weniger wissen, anzugeben.	Man trifft einen intellektuellen Rivalen und wird von ihm zu einem Streitgespräch herausgefordert.
♀	Ist in Liebesdingen offen und beharrlich. Mag Geschäftspartnerschaften.	Eine neue leidenschaftliche Liebesaffäre. Eine unerwartete Gelegenheit, mit jemand anderem Geld zu verdienen.
♂	Diese Person tendiert dazu, andere zu tyrannisieren. Versucht andere mit Gewalt zu beeinflussen.	Eine schwierige, explosive Situation. Streitereien sind nicht so leicht zu lösen.
♃	Ein ebenso aktiver wie unberechenbarer Mensch, der stets im Zentrum der Aufmerksamkeit stehen möchte.	Nun kann der Betreffende die Vorschläge anderer aufgreifen und so weiterkommen.
♄	Aus Faulheit – indem er möglicherweise eine Krankheit vortäuscht – gewährt der Betreffende anderen kaum Hilfe oder Beistand, dabei ist er womöglich bösartig.	Auf eine schwierige Anfrage reagiert der Betreffende mit den Worten: »Warum sollte ich das tun?«
♅	Jemand, der für Unruhe sorgt.	Vorsicht, dass Sie jetzt nicht durch Spontanhandlungen Freunde und Familie verärgern.
♆	Der Betreffende lässt sich nur allzu leicht von anderen hereinlegen.	Es könnte sein, dass andere Ihre Aktionen nicht im Zusammenhang sehen und daher verwirrt und unglücklich sind.
Asz.	Die Fähigkeit, mit anderen umzugehen, wie es durch das Aszendentenzeichen angezeigt ist, wird durch diesen Einfluss gehemmt.	Solange dieser Trend anhält, lässt er den Betreffenden in den Augen der anderen schwierig erscheinen.
MC	Ein schwieriger Kollege.	Nun befindet man sich in einer Machtposition.

HALBSUMMEN IN VERBINDUNG MIT DEM ASZENDENT

Asc/MC ASZENDENT/MC

Halbsumme	Halbsummenwirkungen im Geburtshoroskop	Wirkungen von Progressionen und Transiten
☉	Ganz wunderbar! Dieser Mensch ist psychologisch gut integriert und weiß, welche Richtung er im Leben einschlagen will.	Eine ebenso lohnende wie erfolgreiche Phase.
☽	Nutzt Instinkt und Intuition, wenn es um Entscheidungen bezüglich Beruf und Lebensstil geht.	In dieser Zeit sind familiäre Verpflichtungen oder die Kinder von Belang für berufliche Veränderungen bzw. Weiterentwicklung.
☿	Ein lebhafter Mensch mit viel Verstand, der in Harmonie mit seinen Zielen ist.	Jetzt muss sich etwas ändern, beruflich oder im Hinblick auf den Lebensstil.
♀	Eine sehr charmante, zärtliche Person, vielleicht etwas zu wenig ehrgeizig, aber mit viel Sinn für Mode und Schönheit.	Wer zögert, könnte nun Gelegenheiten verpassen. Finanzielle Verbesserung.
♂	Ein Pioniergeist, der stets Action braucht, ob in der Arbeit oder in der sonstigen Lebensführung.	Impulsivität könnte jetzt dem Fortschritt im Weg stehen. Unfallgefahr.
♃	Dies ist eine bedeutende, großzügige Persönlichkeit, die das Vergnügen liebt und alle Aspekte des Lebens philosophisch betrachtet, vor allem Beruf und Finanzen.	Seien Sie wachsam, dass Sie Chancen nicht vorüberziehen lassen.
♄	Jemand mit einer sehr ernsthaften Sicht aufs Leben ohne jegliche Risikofreude. Macht nur langsam, aber stetig Fortschritte.	Ein scheinbarer Rückschlag könnte sich auf lange Sicht als vorteilhaft erweisen. Mehr Verantwortung.
♅	Dieser Einfluss verleiht der Persönlichkeit und der Einstellung gegenüber dem Beruf Dynamik, aber auch Unberechenbarkeit und Starrsinn.	Ein Kurswechsel ist aufgrund veränderter Umstände erforderlich.
♆	Eine liebenswerte, empfindsame Person, doch wenn von Zielen oder dem Beruf die Rede ist, kommt immer ein »Ja, aber ...«.	Der Betreffende ist angesichts von Entscheidungen verwirrt.
♇	Wenn sich der Betreffende nicht mit Leib und Seele dem Beruf verschreibt, machen sich Unzufriedenheit und Rastlosigkeit breit und stören den Fortschritt und das Privatleben.	Nun muss eine wichtige Entscheidung getroffen werden, die Veränderungen in der Arbeit und im Familienleben nach sich zieht.
☊	Verbringt Zeit damit, Freunden und der Familie zu helfen, womit er oft sowohl seiner Karriere wie dem Privatleben schadet.	In dieser Phase muss man den eigenen Wünschen und Bedürfnissen Priorität einräumen.

Asc/☊ ASZENDENT/MONDKNOTEN

Halbsumme	Halbsummenwirkungen im Geburtshoroskop	Wirkungen von Progressionen und Transiten
☉	Ein freundlicher, liebenswerter Mensch, dem es gefällt, andere glücklich zu machen.	Man veranstaltet eine Party oder ein Treffen, das allen Beteiligten Freude macht.
☽	Jemand, der sich sehr um andere kümmert, dabei aber auch starke Klammertendenzen aufweist.	Eine Familienanlass.
☿	Tut etwas für die eigenen grauen Zellen, indem er den Geist anderer Menschen anregt.	Der Betreffende organisiert eine Diskussionsrunde. Ein erfolgreiches Treffen.
♀	Heißt alles und jeden mit offenen Armen willkommen. Ein Vermittler.	Man bringt Fremde zusammen, die Freunde oder Geliebte werden.
♂	Dieser Mensch regt andere zum Handeln an, sei dies Sport oder andere Aktivitäten, die physisch herausfordern.	Nun bestehen das Bedürfnis und die Gelegenheit, eine Führungsrolle zu übernehmen.
♃	Der Betreffende inspiriert andere auf fantastische Weise. Ein idealer Geistlicher oder Professor.	Andere wenden sich an einen, weil sie Ermutigung oder Anweisungen brauchen.
♄	Hat gegenüber anderen eine ernsthafte Einstellung. Der Freundeskreis ist klein, aber ausgewählt.	Jetzt ist man anderer überdrüssig bzw. von ihnen gelangweilt und wünschte, sie wären weit weg!
♅	Bevorzugt lebhafte, ungewöhnliche Freunde.	Eine Einladung zu einer glamourösen Veranstaltung.
♆	Dieser Mensch braucht Ermutigung durch andere, sofern diese etwas mit seiner lebhaften Fantasie anzufangen wissen.	Der Betreffende kommt in Kontakt mit einer Gruppe spiritueller Menschen.
♇	Hier besteht das Bedürfnis, andere mit einem großen Haus, einem teuren Auto usw. zu beeindrucken.	Ein Treffen mit Personen, die zu bestimmten Investitionen anregen.
MC	Mag und braucht es, Kollegen zu Freunden zu machen, und verwischt dadurch die Grenzen zwischen Beruf und Privatleben.	Eine nützliche und angenehme Versammlung mit Kollegen oder Vorgesetzten.

HALBSUMMEN IN VERBINDUNG MIT DEM MC

MC/☊ MC/MONDKNOTEN

Halbsumme	Halbsummenwirkungen im Geburtshoroskop	Wirkungen von Progressionen und Transiten
☉	Dieser Mensch kommt gut mit anderen zurecht und tut sich leicht, Freundschaften zu schließen.	Nun beschäftigt man mehr Mitarbeiter oder fordert weitere Hilfe in der Arbeit an.
☽	Der Betreffende kann gut mit Kindern umgehen.	Jetzt findet man das richtige Aupairmädchen bzw. eine Haushaltshilfe.
☿	Ein begabter Lehrer, insbesondere im Umgang mit jungen Menschen.	Die Fähigkeit, genau den Job zu finden, der intellektuell befriedigt und zugleich Spaß macht.
♀	Diese Person ist verständnisvoll, gut in der Personalarbeit.	Jetzt passt es mit den Kollegen – vielleicht nach einem Personalwechsel.
♂	Hat etwas von einem Störenfried und wird sich nicht mit dem Job, den er hat, zufriedengeben.	Man muss nun den Fehler eines Mitarbeiters wieder gutmachen.
♃	Ein Friedenstifter. Kann ärgerliche Bedingungen bessern.	Mit friedlichen Mitteln gegen eine Ungerechtigkeit vorgehen.
♄	Kann es zu einer hohen Stellung bringen, muss dafür jedoch persönliche Opfer bringen. Oder jemand, der andere für ihre Unzulänglichkeiten beschuldigt.	Eine schwierige Phase, in der es den Anschein hat, dass die anderen gegen einen arbeiten.
♅	Ein Kollege, der Unruhe bringt, jedoch gute Absichten hat.	Spontanhandlungen bewirken eine Veränderung zum Besseren.
♆	Neigt dazu, zu fantasieren und zu übertreiben, wenn er von seinen beruflichen Erfolgen spricht.	Man stellt einen Lebenslauf zusammen, der nicht ganz der Wahrheit entspricht.
♇	Prahlt mit dem, was er erreicht hat, obwohl das nicht ohne die Unterstützung der Kollegen möglich gewesen wäre.	Der Betreffende stellt ein Team zu einem bestimmten Zweck zusammen.
Asz.	Ein freundliches Gemüt, jemand, der sehr angenehm im Umgang ist.	Jetzt erkennt man, dass man Hilfe braucht, und unternimmt etwas, noch ehe es angefordert wird.

HARMONICS

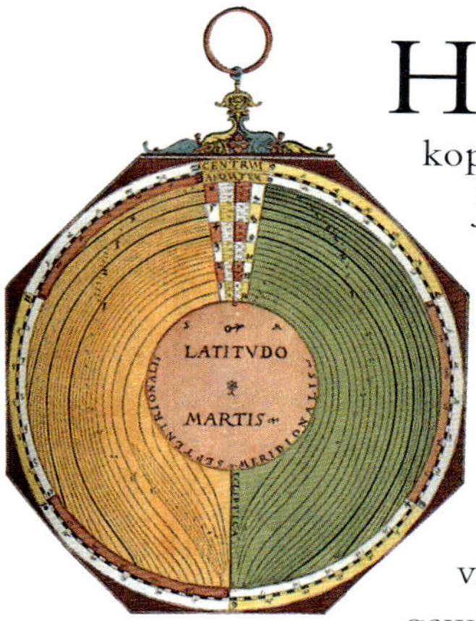

Harmonics sind eine neue Methode zur Feinanalyse des Horoskops. Dazu teilen wir das Horoskop in gleich große Segmente und widmen uns jedem einzelnen Segment detaillierter. Das 4. Harmonic etwa teilt den Kreis in vier Viertel, das 5. Harmonic in fünf Fünftel usw. Bislang haben sich Astrologen weitgehend auf das 4., das 5., das 7. und das 9. Harmonic konzentriert. Bei der Deutung von Harmonics hat man sich am Osten orientiert (dem Ursprung vieler astrologischer Theorien) und bis zu einem gewissen Grad auch an der Numerologie. Wer Letztere als bloßen Aberglauben abtut, sollte sich dennoch nicht den Harmonics verschließen. Das hieße die tiefe psychologische Bedeutung der Zahlen ignorieren, wie wir sie schon in alten religiösen Texten beschrieben finden.

Die Theorie der Harmonics gehört zu den ganz wenigen modernen astrologischen Konzepten, die sich Ansehen verschafft haben. Entwickelt bzw. ausgearbeitet von dem britischen Astrologen John Addey (1920–1982), erweitert diese Methode die Bandbreite der Aspekte, die üblicherweise in der Astrologie benutzt werden. Die traditionellen Aspekte basieren, wie so vieles in der Astrologie, auf der Zuordnung zu Zahlen: Das Trigon hat die Qualität der Zahl Drei (ein Planet ist ein Drittel des Horoskopkreises von einem anderen entfernt, mit dem er ein Trigon bildet); die Opposition hat die Qualität der Zwei; das Sextil die Qualität der Sechs usw.

Die Bedeutung des Orbis

Näheres zur Berechnung von Harmonics sowie Beispiele dazu finden Sie auf S. 160. Die Orben, die in Harmonics zugelassen sind, weichen von den üblichen Aspekt-Orben ab. Folgende Orben haben sich bei der Entwicklung der Theorie herausgebildet.

Zugelassene Orben in Harmonic-Horoskopen

Konjunktion	=	12°
Opposition	=	6°
Trigon	=	4°
Quadrat	=	3°
Sextil	=	2°
Halbquadrat	=	1°
Halbsextil	=	1°
Quinkunx	=	1°

Genaue Aspekte sowie unaspektierte Planeten

Bei der Deutung von Harmonics muss man auf genaue Aspekte zwischen Planeten ebenso achten wie auf unaspektierte Planeten. Genaue Aspekte im Geburtshoroskop werden unterstrichen und wiederholen sich im Harmonic. Daher sollte man sie anfangs im Geburtshoroskop hinsichtlich Zeichen- und Hausposition deuten und sie dann im Harmonic betrachten, wo sie zusätzliche Informationen bereithalten. Sie können sie sich als die untersten »Ziegelsteine« vorstellen, auf denen Sie Ihre Interpretation errichten.

Diejenigen Planeten, die keine oder nur eine schwache Beziehung zum Geburtshoroskop haben, können ebenfalls aussagekräftig sein, wenngleich sie sich auf weit weniger machtvolle Charakterzüge beziehen, weshalb man ihnen nicht allzu viel Gewicht beimessen sollte. Tatsächlich beschreiben sie Möglichkeiten.

Unaspektierte Planeten (die übrigens nur sehr selten vorkommen) sind ein sehr wichtiger Faktor, und die Art, in der sie in der Persönlichkeit des Horoskopeigners zum Ausdruck kommen, ist häufig in Harmonic-Horoskopen zu erkennen, wo sie subtile Beziehungen (Aspekte) zu anderen Planeten oder zu Eckpunkten bilden. Erinnern Sie sich: Je genauer ein Aspekt ist, desto stärker wirkt er. Halten Sie auch nach Planetengruppen Ausschau – drei oder mehr Planeten, die durch Aspekte miteinander verbunden sind –, und deuten Sie diese gemeinsam.

Schlüsselplaneten und die Sonne

Diejenigen, die die Theorie der Harmonics entwickelt haben, legen besonderes Gewicht auf die Schlüsselplaneten. Ein Schlüsselplanet ist einer, auf den sich viele andere fokussieren. Sie können ihn sich als Herrscher des Horoskops vorstellen. Sein Einfluss wird bald offensichtlich werden, und er wird wahrscheinlich viele Lücken in der Gesamtinterpretation füllen.

Man kann nicht nachdrücklich genug darauf hinweisen, dass die wichtigsten Aspekte im Harmonic diejenigen der Sonne sind. Der angesehene Harmonic-Astrologe David Hamblin war immer wieder beeindruckt von der Wichtigkeit dieser Aspekte. Wir können ihm hierin nur folgen. Weiter vertritt er die Meinung, man solle, wenn man keine Zeit hat, ein ganzes Harmonic zu interpretieren, nur die Aspekte der Sonne betrachten, um so auf leichte Art zu einer weiteren Dimension der Deutung zu gelangen und wesentliche Fakten zur Persönlichkeit des Betreffenden zum Vorschein zu bringen.

Aspekte zum Aszendenten und zum MC

Auf diese Aspekte ist nur Verlass, wenn die Geburtszeit des Betreffenden sehr genau ist. Der Einfluss derjenigen Planeten, die enge Aspekte mit den Achsen bilden, wird sehr erhellend sein und sich wahrscheinlich von einem Harmonic zum anderen verändern.

Die Schlüsselworte zu den Harmonics (S. 161–165) sind für die Deutung sehr wichtig, und wenn Sie über sie in Beziehung zu den Planetenaspekten nachdenken, werden Sie kaum schiefliegen. Natürlich können Sie diese Extra-Dimension Ihrer Gesamtdeutung hinzufügen.

Zwischen der Methode der Halbsummen (S. 130–158) und den Harmonics gibt es eine außerordentlich enge Beziehung. Beide dienen einem sehr ähnlichen Zweck. Es ist interessant, dass Halbsummen tatsächlich dem 8. Harmonic entsprechen!

Einen Anfang machen

Einige Astrologen, die mit Harmonics arbeiten, berechnen jährlich Harmonic-Horoskope, um gegenwärtige Trends einzuschätzen. Das wäre doch ein amüsantes und aufschlussreiches Experiment – warum versuchen Sie es nicht bei sich oder Ihren Freunden?

BERECHNUNG

Wir zeigen Ihnen im Folgenden eine einfache Formel, um von Hand die Planetenpositionen für jedes der vier Haupt-Harmonics zu berechnen. Sollten Sie einen Computer besitzen, so sind Sie gut beraten, sich die entsprechende Software zuzulegen. Bitte denken Sie daran, dass Programme ihre Berechnungsergebnisse in Graden und Minuten angeben. In diesem Buch arbeiten wir jedoch mit Graden und Dezimalstellen. Das Endergebnis ist praktisch das Gleiche.

BERECHNUNGSBEISPIELE

Eine Planetenposition im 4. Harmonic finden

Nehmen wir an, dass die Planetenposition im Geburtshoroskop auf 5,3° Schütze ist (die 3 ist eine Dezimale).

1 DIE TIERKREISPOSITION IN ABSOLUTE EKLIPTIKALE LÄNGE UMRECHNEN
Sehen Sie dazu in der Tabelle unten nach. Das Zeichen Schütze beginnt bei 240°, der Planet ist auf 5,3° Schütze, also ist die absolute ekliptikale Länge 245,3°.

2 DIE GEWONNENE ZAHL MIT DER ZAHL DES GEWÜNSCHTEN HARMONICS MULTIPLIZIEREN
Multiplizieren Sie 245 mit 4 (da Sie mit dem 4. Harmonic arbeiten):
245° x 4 = 980°
0,3° x 4 = 1,2°
Beides zusammen ergibt 981,2°.

3 DIE HARMONIC-POSITION IN ABSOLUTER LÄNGE HERAUSFINDEN
981,2° übersteigt die 360° eines Kreises bei Weitem, daher muss man auf eine Zahl kleiner als 360 kommen, will man die Harmonic-Position herausfinden. Ziehen Sie dazu 360 so oft wie nötig ab, um unter 360 zu kommen – in unserem Fall also zweimal. Das Ergebnis ist 261,2°.

4 DIE ABSOLUTE LÄNGE IN DIE TIERKREISPOSITION UMRECHNEN
Ziehen Sie 240° ab – die nächstliegende niedrigere Zahl in der Tabelle:
261,2° – 240° = 21,2°
Die Position eines Planeten auf 5,3° Schütze ist daher im 4. Harmonic 21,2° Schütze.

LÄNGENPOSITIONEN

Die folgende Tabelle zeigt für jeweils 0° eines Zeichens die absolute ekliptikale Länge.

♈	0°	Widder	=	0°
♉	0°	Stier	=	30°
♊	0°	Zwillinge	=	60°
♋	0°	Krebs	=	90°
♌	0°	Löwe	=	120°
♍	0°	Jungfrau	=	150°
♎	0°	Waage	=	180°
♏	0°	Skorpion	=	210°
♐	0°	Schütze	=	240°
♑	0°	Steinbock	=	270°
♒	0°	Wassermann	=	300°
♓	0°	Fische	=	330°

Eine Planetenposition im 5. Harmonic finden

Wir gehen von einer Planetenposition in einem Horoskop auf 11,3° Löwe aus.

1 DIE TIERKREISPOSITION IN ABSOLUTE EKLIPTIKALE LÄNGE UMRECHNEN
Sehen Sie wieder in der Tabelle nach. Fügen Sie die absolute Länge von 0° Löwe zu 11,3° hinzu:
120° + 11,3° = 131,3°

2 DIE GEWONNENE ZAHL MIT DER ZAHL DES GEWÜNSCHTEN HARMONICS MULTIPLIZIEREN
131° x 5 = 655°
0,3° x 5 = 1,5°
Beides zusammen ergibt 656,5°.

3 DIE HARMONIC-POSITION IN ABSOLUTER LÄNGE HERAUSFINDEN
656,5° ist weit mehr als die 360° eines Kreises, also ziehen wir 360° ab, um eine Zahl unter 360° zu bekommen: 296,5°.

4 DIE ABSOLUTE LÄNGE IN DIE TIERKREISPOSITION UMRECHNEN
Die absolute Länge ist 296,5°. Gemäß unserer Tabelle beginnt Steinbock bei 270°, daher fällt die absolute Länge in dieses Zeichen.
296,5° – 270° = 26,5°
Die Position eines Planeten auf 11,3° Löwe ist im 5. Harmonic 26,5° Steinbock.

Eine Planetenposition im 7. Harmonic finden

Der Beispiel-Planet befindet sich im Geburtshoroskop auf 27,2° Zwillinge.

1 DIE TIERKREISPOSITION IN ABSOLUTE EKLIPTIKALE LÄNGE UMRECHNEN
Zwillinge beginnt bei 60°. Der Planet ist auf 27,2°. Das ergibt zusammen 87,2°.

2 DIE GEWONNENE ZAHL MIT DER ZAHL DES GEWÜNSCHTEN HARMONICS MULTIPLIZIEREN
87° x 7 = 609°
0.2° x 7 = 1. 4°
609° + 1.4° = 610.4°

3 DIE HARMONIC-POSITION IN ABSOLUTER LÄNGE HERAUSFINDEN
Ziehen Sie 360° ab (weil wir eine Zahl größer als 360° haben), ergibt 250,4°.

4 DIE ABSOLUTE LÄNGE IN DIE TIERKREISPOSITION UMRECHNEN
Schütze beginnt bei 240°, also ist die Position des Planeten auf 27,2° Zwillinge im 7. Harmonic 10,4° Schütze.

Eine Planetenposition im 9. Harmonic finden

Nehmen wir eine Planetenposition im Geburtshoroskop auf 12,6° Jungfrau an.

1 DIE TIERKREISPOSITION IN ABSOLUTE EKLIPTIKALE LÄNGE UMRECHNEN
Jungfrau beginnt bei 150° (siehe Tabelle). Plus 12,6° ergibt 162,6°.

2 DIE GEWONNENE ZAHL MIT DER ZAHL DES GEWÜNSCHTEN HARMONICS MULTIPLIZIEREN
162° x 9 = 1458°
0,6° x 9 = 5,4°
1458° + 5,4° = 1463,4°

3 DIE HARMONIC-POSITION IN ABSOLUTER LÄNGE HERAUSFINDEN
Um unter 360° zu gelangen, sind viermal 360 abzuziehen. Ergibt 23,4°.

4 DIE ABSOLUTE LÄNGE IN DIE TIERKREISPOSITION UMRECHNEN
Die Lage eines Planeten auf 12,6° Jungfrau im 9. Harmonic ist 23,4° Widder.

DIE VIER WICHTIGSTEN HARMONICS

Das 4. Harmonic

SCHLÜSSELWORTE: Anstrengung, Mühe, Bewusstsein

Das 4. Harmonic steht in Verbindung mit der Opposition, dem Quadrat und dem Halbquadrat, die alle als herausfordernde Aspekte betrachtet werden. Das 4. Harmonic scheint etwas mit Mangel im Leben eines Menschen zu tun zu haben – eine unerfüllte Befähigung oder das Versagen, verschiedene Persönlichkeitsanteile miteinander auszusöhnen –, generell besteht eine Sehnsucht nach Ganzheit in einem Lebensbereich, in dem gegenwärtig ein Konflikt besteht oder Leere herrscht.

Nicht integrierte Elemente können durch eine Konjunktion oder eine Opposition zum Ausdruck kommen. Ein Quadrat bzw. ein Halbquadrat kann eine Hemmung anzeigen – oder eine von außen wirkende kontraproduktive Kraft. Je mehr Konjunktionen, Oppositionen, Quadrate und Halbquadrate im 4. Harmonic, desto mehr muss man sich mühen, Hindernisse zu überwinden.

Die Untersuchung des 4. Harmonics erleichtert uns Astrologen die Arbeit, weil dieses Horoskop eine Reihe von Aspekten aufweist, die weit machtvoller sind als diejenigen im Geburtshoroskop. Bekanntermaßen sind harte Aspekte leichter zu deuten als schwache. Aber Vorsicht: Lassen Sie sich aufgrund der Verstärkung von schwachen Aspekten im Harmonic nicht zu extremen Deutungen – im Positiven wie im Negativen – hinreißen!

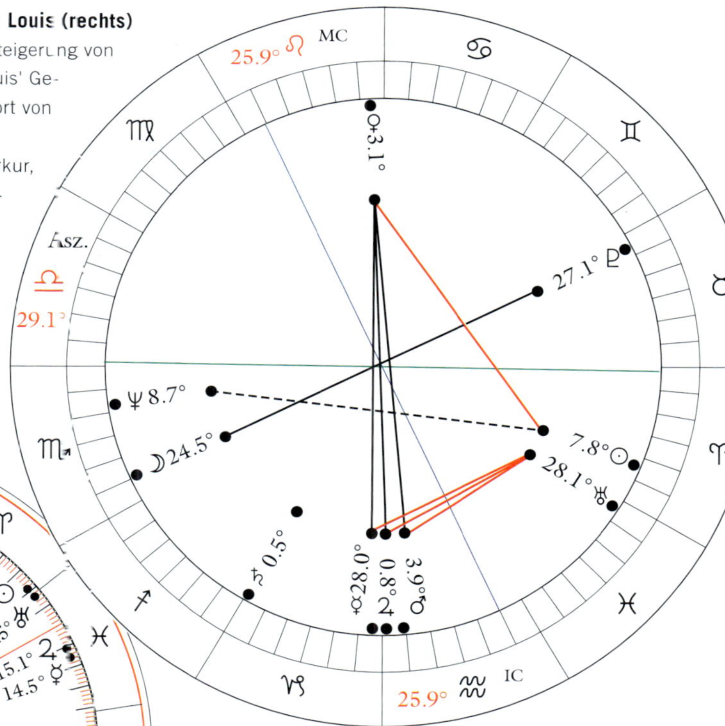

Das 4. Harmonic von Louis (rechts)
Hier sehen wir eine Steigerung von Platzierungen aus Louis' Geburtshoroskop: Die dort von der Venus gebildeten Nebenaspekte zu Merkur, Mars und Jupiter werden hier zu dynamischen Oppositionen.

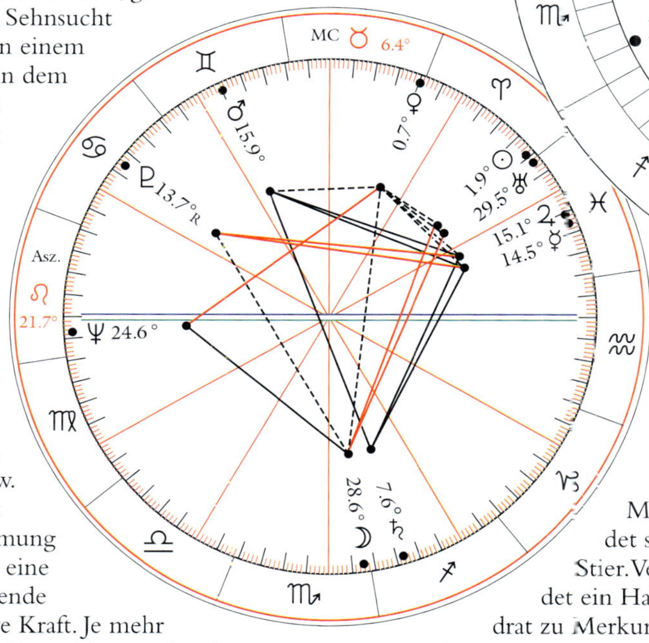

Das Geburtshoroskop von Louis
Venus im Stier in Konjunktion zum MC ist stark gestellt – trotz des machtvollen Mars, der Herrscher über das Sonnenzeichen und im traditionellen System auch Herrscher des Mondzeichens ist.

»LOUIS«

FALLSTUDIE

Louis hat im Geburtshoroskop Neptun am Löweaszendenten stehen, die Sonne ist im Widder, der Mond im Skorpion, das MC befindet sich im Stier. Venus bildet ein Halbquadrat zu Merkur, Mars und Jupiter. Im 4. Harmonic werden diese – gleichwohl schwierigen – Nebenaspekte zu Oppositionen. Das ist ein Beispiel für schwache Aspekte, die im 4. Harmonic stärker werden.

Louis ist kreativ, künstlerisch begabt und ein fähiger Geschäftsmann. Neptun nahe am Aszendenten verleiht diesem Feingefühl; mit einem Skorpionmond und einer feurigen Widdersonne hat Louis machtvolle Emotionen, denen der Mars in den Zwillingen entgegensteht, eine vernunftorientierte Platzierung für den Herrscher der Sonne. Venus im Stier herrscht über die Himmelsmitte und hatte einen beträchtlichen Einfluss auf sein Berufsleben: Lange Zeit war er ein erfolgreicher Innendekorateur, später arbeitete er in einer Geschäftspartnerschaft.

Das 4. Harmonic ist stark und seine Schlüsselworte – Anstrengung, Mühe, Bewusstsein – sind überaus aufschlussreich. Die enge Merkur/Jupiter-Konjunktion im Geburtshoroskop findet hier ihren Widerhall, Mars gesellt sich hinzu, und Venus dominiert als Schlüsselplanet. Merkur und Jupiter stehen für Schreiben, Kommunikation sowie literarische Betätigungen. In den letzten Jahren hat Louis einige Romane für Jugendliche veröffentlicht. Mit anderen Worten: Was er als Mangel erlebt, motiviert ihn zur Arbeit.

Im Geburtshoroskop besteht ein schwaches Anderthalbquadrat zwischen Mond und Pluto, und der Mond befindet sich in Plutos Zeichen, dem Skorpion. Im 4. Harmonic besteht eine machtvolle Mond/Pluto-Opposition, was zeigt, dass Louis sich Mühe gibt, einen freieren Gefühlsausdruck zuzulassen.

Denken wir noch mal an die Bedeutung von Aspekten der Sonne. Im Geburtshoroskop bildet sie eine Konjunktion mit Uranus, die sich im 4. Harmonic wiederholt, in dem es auch ein Sonne-Venus-Trigon gibt, eine sehr starke integrierende Verbindung, die die Möglichkeit zeigt, dass Louis zugesichert werden muss, dass er von anderen Menschen geschätzt wird und dass er vielleicht große

Anstrengungen unternommen hat, um sich mit seinen Fehlern abzufinden.

Das Merkur/Venus-Halbquadrat wird zu einer Opposition. Merkur steht für Gedanken und den Verstand generell, Venus für Liebe, Zuneigung und Gefühle. Die Opposition der beiden (die übrigens in einem Geburtshoroskop nicht vorkommen kann, ebenso wenig wie ein Sonne/Venus-Trigon) zeigt, dass Louis bemüht ist, mit anderen Leuten warm und liebevoll zu kommunizieren. Interessanterweise ist die markante Platzierung Neptuns im Geburtshoroskop im 4. Harmonic nicht so stark betont. Dort befindet er sich zwar auch im 1. Haus und wir haben einen sanften Waageaszendenten, aber er steht etwas isoliert da.

In der Beratung mit Louis kam dieses Thema zur Sprache (natürlich nicht in astrologischem Fachchinesisch). Die Frage war, ob er den Einfluss des Neptun im Geburtshoroskop weniger als zu sich gehörig empfand als etwa die Charakteristika seiner Widdersonne, des Skorpionmonds und des Löweaszendenten. Die Antwort war ein klares »Ja!«. Mit Merkur im Quadrat zum Aszendenten im 4. Harmonic geht es um das Bemühen, kommunikativer zu werden und gegenüber Menschen, die weniger verstandesgeprägt sind, Nachsicht walten zu lassen.

Das 5. Harmonic

SCHLÜSSELWORTE: Kreativität, Struktur, Ordnung, zwanghaftes Verhalten

Das 5. Harmonic ist in seiner Wirkung etwas geheimnisvoll. Es bezieht sich auf eine numerologische Bedeutung, die in der westlichen Astrologie unbekannt ist. Daher taten sich die Astrologen schwer damit, eine Deutung zu finden. Nun ist die Fünf auch uns nicht fremd. Wir haben fünf Finger an der Hand und fünf Zehen am Fuß, und David Hamblin zufolge besteht eine Verbindung dieser Zahl mit dem Herstellen, Arrangieren und Aufbauen, während John Addey die Ansicht vertritt, dass die Fünf für das Zusammenfügen von Form und Inhalt steht. Es gibt hier also einen Drang, etwas hervorzubringen, was immer die Form ist, die das Geschaffene annimmt, sei es, dass man etwas kocht, ein Schaufenster dekoriert oder ein Musikstück komponiert. Addey war der Ansicht, dass das 5. Harmonic die künstlerische Seite eines Menschen offenlegen kann. Dieses Horoskop ist sicherlich nützlich, wenn man neue Interessensgebiete für jemanden in Erfahrung bringen möchte, der einer Horizonterweiterung bedarf, weshalb es besonders interessant in der Beratung von Menschen ist, die arbeitslos oder in Rente gegangen sind oder aus irgendwelchen anderen Gründen Zeit haben, aber keine Idee, womit sie sie füllen sollen.

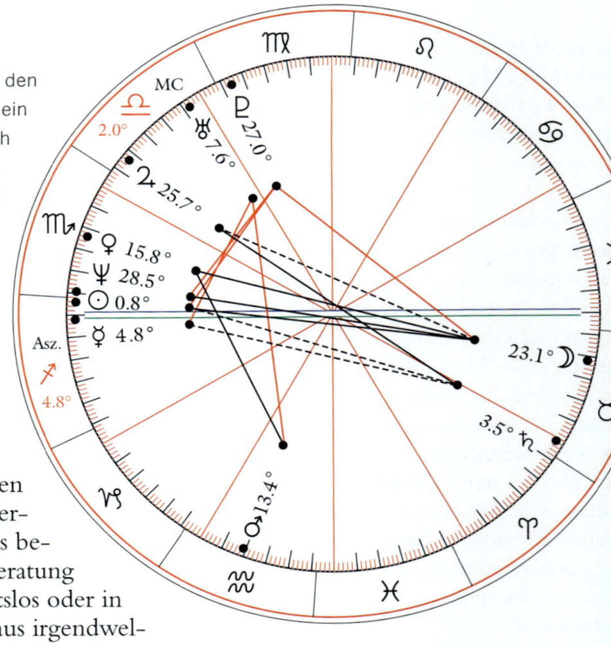

Janes Geburtshoroskop

Wohl jeder Astrologe wird hier auf den ersten Blick feststellen, dass dies ein charmanter, extrovertierter Mensch voller Energie ist, der sich seinen Zielen im Leben widmet und über ein unübertroffenes Kommunikationstalent verfügt.

»JANE«

FALLSTUDIE

Jane hat eine Schützesonne in der Nähe des Aszendenten, der Mond steht im Stier, die Himmelsmitte ist in der Waage. Sie ist eine sehr energiegeladene junge Frau und eine begabte Aerobic-Lehrerin. Sie arbeitet in verschiedenen Gesundheitsinstitutionen sowie als persönliche Trainerin. Mit ihrem Partner Bob, der ebenfalls in ihrer Branche tätig ist, führt sie eine glückliche, befriedigende Beziehung. Sie ist warmherzig, und ihr Schütze-typischer Enthusiasmus für die Arbeit und das Leben allgemein macht sie bei Freunden, bei der Familie und bei Schülern überaus beliebt. Mit dem Stiermond im 6. Haus ist sie zu sehr harter, disziplinierter Arbeit fähig. Dank Merkur in Konjunktion zum Aszendenten im 1. Haus ist sie hervorragend in der Kommunikation, wenngleich dies nur ein Teil einer Dreifachkonjunktion ist, an der auch die Sonne und Neptun teilhaben, was eine viel ruhigere, zurückhaltende und fast zurückgezogene Seite von Jane zeigt. Als Ausgleich für die in reichem Maß vorhandene Energie in der Arbeit hat sie ein grundlegendes Bedürfnis nach Auszeiten in ihrem eng gedrängten Terminplan, um sich physisch, geistig und emotional zu regenerieren. Das kann Jane in Konflikte bringen, weil sie sich nur zu oft gezwungen sieht weiterzuarbeiten, wenn sie eigentlich entspannen müsste.

Jane hat ein tiefes Bedürfnis, ihre Interessensgebiete und ihren Horizont zu

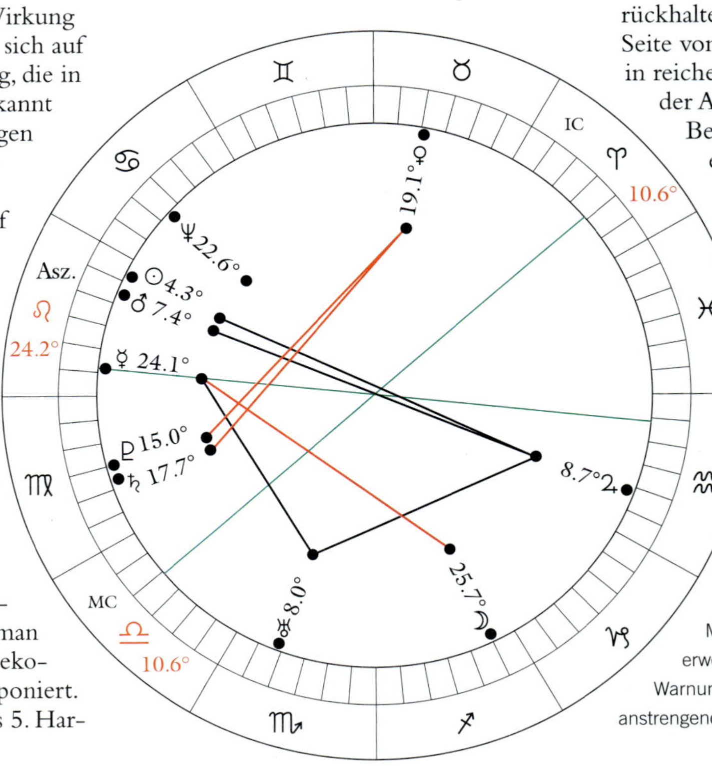

Janes 5. Harmonic

Die Eigenschaften von Janes Schützesonne werden hier durch die Sonne/Mars-Konjunktion in Opposition zu Jupiter erweitert. Die Saturn/Pluto-Konjunktion ist als Warnung zu verstehen, in ihrem körperlich sehr anstrengenden Beruf nicht zu besessen zu sein.

Ein gesunder Weg

Das 5. Harmonic von Jane zeigt, dass ihr Beruf ideal zu ihren körperlichen Fähigkeiten passt. Darauf aufbauend könnte sie sich dem Schauspiel oder der Choreografie zuwenden. Alternativ wären auch andere kreative Ausrichtungen denkbar: eine handwerkliche Tätigkeit oder ein Studium.

erweitern. Sie ist zwar erfolgreich in ihrem Beruf, läuft jedoch Gefahr, auszubrennen. Der Arbeitsdruck, der als Freiberuflerin auf ihr lastet, ist extrem hoch und nimmt sowohl den Körper wie das psychische Wohlbefinden stark in Anspruch.

Um herauszufinden, welche neuen Richtungen und welche Horizonte für sie in Zukunft infrage kommen, werfen wir einen Blick auf das 5. Harmonic. Die stärkste Konfiguration darin ist die Sonne/Mars-Konjunktion in Opposition zu Jupiter. Daraus können wir ersehen, dass Jane imstande ist, Herausforderungen anzunehmen und, sofern sie motiviert ist, die Initiative zu ergreifen. Bezogen auf ihr Geburtshoroskop können wir feststellen, dass sie das Richtige getan hat und auch noch tut. Körperliche Energie, Sport, Training und Bewegung sind hier allesamt betont. Doch die schwerwiegende Saturn/Pluto-Konjunktion im 5. Harmonic weist auf das Risiko hin, dass sie hinsichtlich ihrer körperlichen Aktivitäten zu zwanghaftem Verhalten neigt. Sie hat einen starken Willen, der sie antreibt weiterzumachen, und erst vor Kurzem hat sie angefangen, ernsthaft auf das Bedürfnis ihres Körpers zu hören, auch gelegentlich zu entspannen. Dies hat zu tun mit dem gegenteiligen Einfluss der machtvoll platzierten Venus in ihrem eigenen Zeichen Stier (in dem sich Janes Geburtsmond befindet) und im Trigon zur Saturn/Pluto-Konjunktion.

Doch der Zeitpunkt wird unweigerlich kommen, zu dem sie sagt: »Ich bin dort gewesen, habe jenes gemacht - aber was nun?« Kann sich also die genannte Konfiguration auch auf andere Weise manifestieren? Mit der Stiervenus könnte der Handel mit Luxusgütern oder etwas in der Wellnessbranche lohnend sein (Massagetechniken, Reflexzonenarbeit usw. sind alles Tätigkeiten, die mit der Hand ausgeführt werden) – das alles sind kreative Beschäftigungen. Die Sonne/Mars-Konjunktion in Opposition zu Jupiter verweist auf die alternative Möglichkeit eines Studiums mit Abschluss, z. B. englische Literatur. Selbstverständlich wird sie weiter ihr Bewegungstalent nutzen und ausbauen, was für Choreografie spricht.

Die Sonnenaspekte im Harmonic-Horoskop sind ja von zentraler Bedeutung, weshalb die Opposition zwischen Sonne und Jupiter auch heißen kann, dass Jane schauspielerische Fähigkeiten hat. Wir dürfen auch den an einer wirklich sensitiven Stelle platzierten Merkur nicht übersehen, direkt am Aszendenten, was die schon in ihrem Geburtshoroskop zum Ausdruck kommenden hervorragenden kommunikativen Fähigkeiten von Jane unterstreicht. Das könnte sie zu einer Tätigkeit in den Medien anregen, z. B. beim Rundfunk. Eine andere Möglichkeit wäre ein Kurs im Bereich Medien. Merkur ist auch der Planet des Handels.

Das 7. Harmonic

SCHLÜSSELWORTE: Inspiration, Emotion, Vorstellungsvermögen, Kreativität

Der große britische Astrologe Charles Harvey fasste die Bedeutung des 7. Harmonics in wenigen Worten zusammen. Er sagte, dass es diejenigen Aspekte im Leben repräsentiere, die »uns anregen«! David Hamblin entdeckte, dass das 7. Harmonic durch die Verbindung zur Zahl sieben ein Horoskop der »wilden, fruchtbaren und unberechenbaren Vorstellungskraft« des Menschen sei. Das 7. Harmonic hat viel mit der persönlichen Inspiration eines Menschen zu tun und damit, ob er oder sie diese zu nutzen weiß. Denken wir an die Tonleiter in der Musik: Die siebte Note führt uns zur achten – wo die nächste Oktave beginnt. Es ist die führende Note, und in einem weiteren Sinn scheint sie mit der Sphärenmusik in Verbindung zu stehen. Nach der Vorstellung der Alten vom Universum gab es sieben Planeten (Saturn war der am weitesten entfernte). Diese Planeten waren und sind eine wichtige Quelle der Inspiration. Entsprechend sagt uns das 7. Harmonic, wo wir inspiriert sind, über das Bisherige hinauszugehen, uns in unsere Emotionen zu vertiefen und sie zu erweitern, um schließlich all das, was wir entdecken, zu analysieren und dann zu lernen, wie wir diese Inspiration durch unser Handeln positiv ausdrücken können.

»COLIN«

FALLSTUDIE

Colin hat einen Skorpionaszendenten, die Sonne im Steinbock, den Mond im Löwen und das MC in der Jungfrau.

Colins Geburtshoroskop

Colins Bestimmung sowie seine kreativen und praktischen Eigenschaften kommen durch die Steinbocksonne, den Löwemond und den machtvollen Skorpionaszendenten klar zum Ausdruck. Hier ist jemand, der stets hoch erfolgsmotiviert ist und zudem über Starqualitäten verfügt.

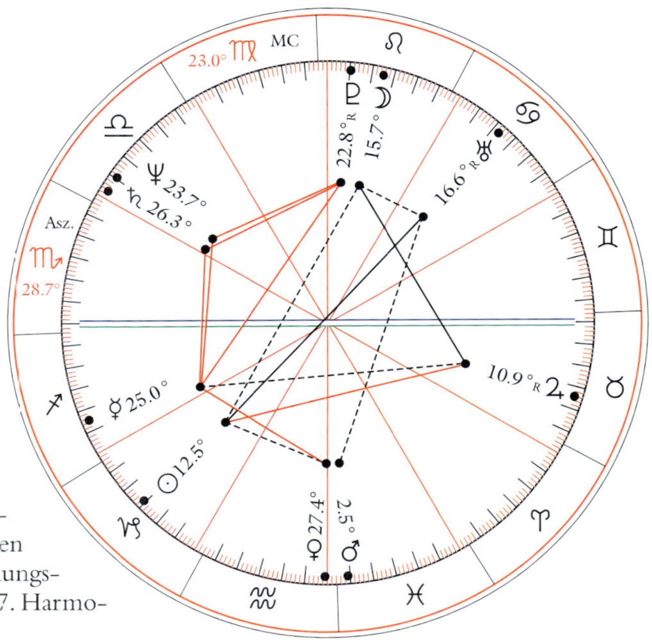

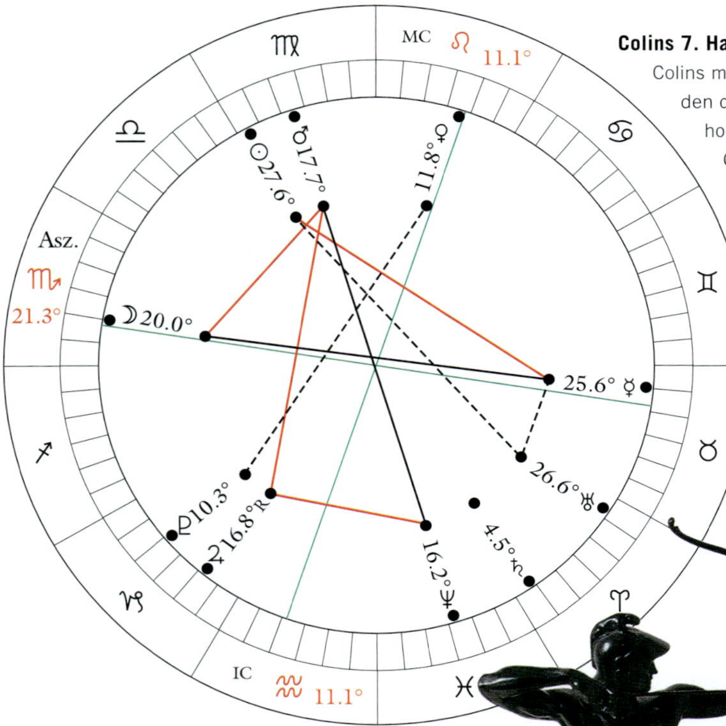

Colins 7. Harmonic

Colins machtvolle Emotionen werden durch den Mond hervorgehoben, der, nachdem er eine Opposition zu Merkur bildet, auch zu seinem Talent beiträgt, lyrische Texte zu verfassen. Originalität und Unabhängigkeit, im Geburtshoroskop an der Sonne/Uranus-Opposition zu erkennen, kommen auch im 7. Harmonic zum Ausdruck, wo sie ein Quinkunx zueinander bilden.

Colin ist ein extrem vielseitiger und talentierter Mann mit einer Ausbildung beim Theater und Berufserfahrung als Tänzer, Schauspieler, Songwriter und Sänger. Darüber hinaus spielt er Klavier und Gitarre und stellt mit Genauigkeit und Geschick ausgezeichnete Modelle aus Holz und Metall her. Spiritualität und Okkultes interessieren ihn sehr, und er erinnert sich lebhaft an seine Träume, was er zu seinem Vorteil zu nutzen weiß. Hierbei kommen der Skorpionaszendent sowie die Saturn/Neptun-Konjunktion voll zum Ausdruck, während der Schützemerkur die richtige Einstellung zu diesen weniger greifbaren Bereichen verleiht.

Colin ist ein Individualist, was man gleich an der starken Sonne/Uranus-Opposition sowie an der dynamischen Wassermannvenus sehen kann. Seine Karriere im Showbusiness verdankt viel dieser Platzierung sowie dem Löwemond. Die Steinbocksonne erzählt eine andere Geschichte, nämlich dass er überaus praktisch veranlagt ist, ehrgeizig und mit gesundem Menschenverstand ausgestattet. Von Kunst in jeglicher Form ist er fasziniert und erweitert beständig sein Wissen über Kunst, Antiquitäten, Film und Theater. Sex mit Frauen spielt in seinem Leben eine wichtige Rolle, was ihm nach eigenem Bekunden schon in seiner Teenagerzeit »manches Problem eingebracht« hat!

Einflüsse

Colins kreative Stärke wird deutlich. Er ist jemand, der in vielerlei Hinsicht Leidenschaften an den Tag legt und sich dadurch hervortut, dass er diese zum Ausdruck bringt.

Sehen wir uns das 7. Harmonic an. Es ist ebenso aussagekräftig wie erhellend und besagt, dass Colin seine Inspiration in die Tat umsetzen kann und dass seine machtvollen Emotionen nicht fehl am Platz sind bzw. nicht in negativer Weise zum Vorschein kommen. Der Mond in Opposition zu Merkur im 7. Harmonic zeigt, dass er leicht gerührt ist (Mond) und über ausgeprägte verbale Fähigkeiten verfügt – er kann gut in Worte fassen, was ihn inspiriert, für gewöhnlich durch seine klugen lyrischen Texte (Merkur). Er ist überaus idealistisch, und das Quinkunx zwischen Sonne und Uranus spiegelt die Opposition der beiden im Geburtshoroskop wider.

Das Venus/Pluto-Quinkunx hat mit der Zeit zu tun, die Colin damit verbringt, sich ernsthafte Gedanken über den Tod und das Leben danach zu machen. Pluto repräsentiert hier den düsteren und tieferen Bereich seiner esoterischen Neigungen, doch kann er dem auch eine gewisse Schönheit und sogar Hoffnung (Venus) abgewinnen. Manche seiner Liedtexte haben eine humanitäre Botschaft, und während, allgemeiner gesagt, der Mars und Neptun im Verein zu einem farbenfrohen Lebensstil animieren (Colin weiß einen solchen sicherlich zu genießen), scheint die empfindsame, sorgende Seite Neptuns hervorzutreten, wenn es ums 7. Harmonic geht. Wenn diese Eigenschaften Neptuns im Brennpunkt stehen, kann dieser Planet tatsächlich die Quelle für eine enorme Inspiration sein.

Colin gesteht auch, dass ihn seine lebhaften sexuellen Begegnungen inspirieren. Gelegentlich reagiert er überdramatisch und impulsiv – das verdankt er seinem nicht untheatralischen Löwemond sowie dem Mars-Jupiter-Trigon und dem Mond/Mars-Sextil im 7. Harmonic. Man kann also sagen, dass Inspiration, Emotion und das ausgeprägte Vorstellungsvermögen gemeinsam Colin zu einem überaus vielseitigen Menschen machen, dessen Fantastereien unmittelbar in schöpferische Akte münden.

Der Skorpionaszendent im 7. Harmonic ergänzt den Skorpionaszendenten des Geburtshoroskops, wobei der Mond in genauer Konjunktion zum Harmonicaszendenten sehr genau darauf verweist, wie emotional Colin reagiert.

Das 9. Harmonic

SCHLÜSSELWORTE: Freude, Glück, Frieden

Seit John Addey die Harmonic-Theorie ausgearbeitet hat und andere Experten vertiefende Studien durchgeführt haben, gibt es einen Konsens über die Bedeutung des 9. Harmonics. Es offenbart klar die Fähigkeit des Betreffenden zu schierer Lebensfreude. Dies wird in dem Maße möglich, in dem man Schritt für Schritt psychische Ganzheit erlangt. Hier kann der Mensch in Beziehungen und den alltäglichen Begegnungen mit anderen Zufriedenheit erfahren. Wir müssen akzeptieren, dass es für viele Menschen ein Kampf ist, auf dieser Entwicklungsebene anzukommen, wohingegen andere offensichtlich viel einfacher zu innerer Gelassenheit finden. Über das Studium des 9. Harmonics können wir etwas darüber in Erfahrung bringen, wie wir unseren Klienten den Weg zu diesem Ziel aufzeigen können. Aufgrund der Einstimmigkeit von Astrologen, die mit Harmonics arbeiten, sind die Schlüsselworte von besonderer Bedeutung.

»STEPHEN«

FALLSTUDIE

Um das 9. Harmonic zu untersuchen, greifen wir wieder das fiktive Horoskop von unserer Beispielberechnung auf (siehe S. 103). Dieser Mensch – nennen wir ihn Stephen – existiert gar nicht (es sei denn, es gibt jemanden, der genau zu dem genannten Zeitpunkt und an dem genannten Ort geboren wurde ...), doch das tut dem, was das 9. Harmonic offenlegt, keinen Abbruch. Stephen hat ein starkes und interessantes 9. Harmonic. Gemäß den Regeln zeigen die machtvollen Konjunktionen auf der Aszendent/Deszendent-Achse die Art von Glück und Freude, die er im Kontakt mit anderen Menschen finden kann. Er ist geradeheraus und zieht keine Schau ab – er ist jederzeit er selbst, egal mit wem er es zu tun hat (Sonne in Opposition zum Aszendenten und in Konjunktion zu Jupiter). Obwohl wir in Harmonic-Horoskopen die Häuser unberücksichtigt lassen, ist doch die Position der Sonne an dieser Stelle für das Thema »andere Menschen« von Belang.

Wir haben aber den starken Widderaszendenten mit Pluto, der auf Beständigkeit in den Bemühungen und im Engagement hindeutet - und auf die Freude und die innere Befriedigung, die das mit sich bringt (im 9. Harmonic sind alle Planeten »guter Dinge«)! Stephen genießt es zu wissen, dass er der Gemeinschaft zu dienen vermag (Sonne Konjunktion Neptun). Er versteht es, Freiheitsliebe mit aufrichtigem Einfühlungsvermögen und mit Menschlichkeit zu kombinieren (Jupiter in Konjunktion zu Neptun). Saturn/Neptun-Kontakte können schwierig sein, aber das 9. Harmonic bringt das Beste in beiden Planeten zum Vorschein und zeigt, dass Stephen, indem er seine Grenzen akzeptiert, Freude daran hat zu tun, was er tun muss (Saturn), und entzückt ist, wenn andere von seiner Hilfe profitieren (Neptun). Es macht ihn auch glücklich, dass er imstande ist, mit einer ganzen Menge harter Arbeit zurechtzukommen. Darüber hinaus kann er bis an seine Grenzen gehen (Mars/Pluto-Konjunktion). Der Orbis dieser Konjunktion ist größer als zugelassen, doch da die jeweiligen Einflüsse der beiden Planeten einander ähneln, und nachdem auch das Zeichen Widder involviert ist, kann man vernünftigerweise von einer Konjunktion sprechen. Stephen verfügt über eine kindliche Begeisterungsfähigkeit und kann über die Schönheit der Welt staunen (Mond/Uranus-Opposition).

Alles in allem ist dies ein sehr positives Horoskop, es gibt nur wenig Hinweise auf Kämpfe, aber bedenken Sie bitte, dass wir hier keine tiefer gehende Analyse des Geburtshoroskops vorgenommen haben. Es könnte für Sie eine Herausforderung sein, genau das zu tun!

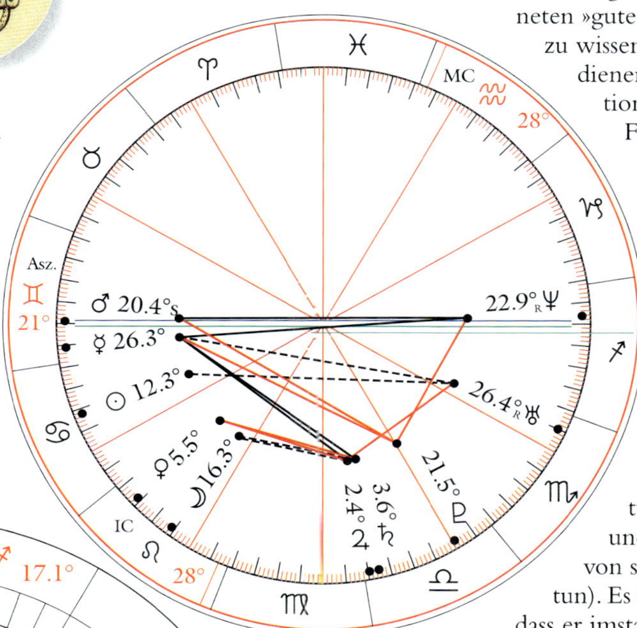

Stephens Geburtshoroskop

Hier umklammern Merkur und Mars den Aszendenten, was diesem lebhafte, gesprächige und kontaktfreudige Eigenschaften verleiht. Dagegen steht die Stellung der Sonne im emotionalen, empfindsamen Zeichen Krebs.

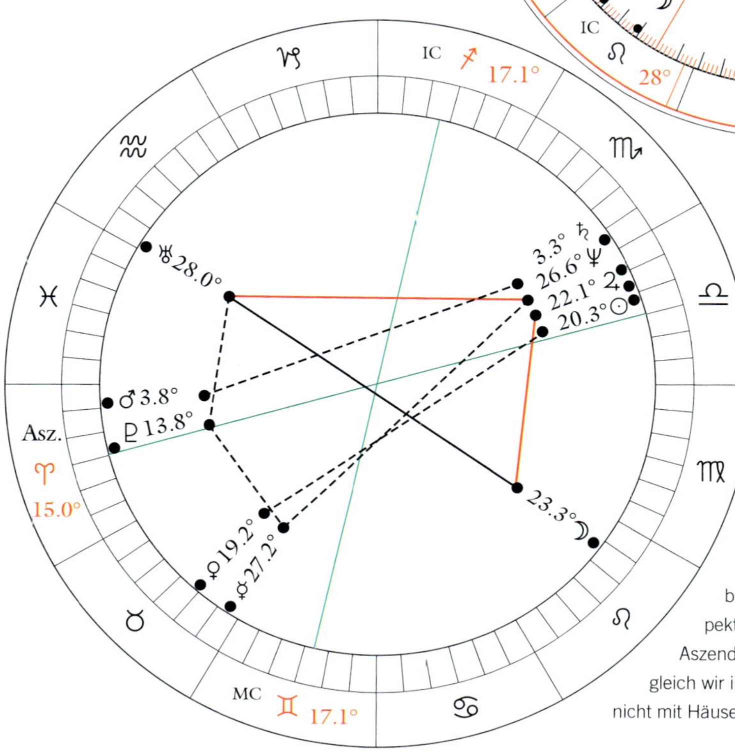

Stephens 9. Harmonic (links)

Freude, Glück und Frieden, die Schlüsselworte des 9. Harmonics, werden in diesem Horoskop durch die Sonne und Jupiter aufgegriffen und definitiv anderen Leuten gegenüber zum Ausdruck gebracht, weil sich dieser Aspekt direkt gegenüber dem Aszendenten befindet (wenngleich wir in Harmonic-Horoskopen nicht mit Häuser-Positionen arbeiten).

STUNDENASTROLOGIE

Die Stundenastrologie unterscheidet sich stark von der Astrologie, die sich der Deutung von Geburtshoroskopen widmet. Sie versucht, bestimmte Fragen zu beantworten. Anstatt mit den Geburtsdaten von Einzelpersonen zu arbeiten, wird hier ein Horoskop für den Ort und die Zeit angefertigt, zu der eine Frage gestellt wird. Der Astrologe findet eine Antwort, indem er sehr viele überaus präzise Regeln anwendet. Die Stundenastrologie umfasst ein riesiges Gebiet, und die Beschäftigung mit ihr ist ebenso lohnend wie praktisch. Dabei muss ein Astrologe völlig neue Regeln befolgen.

Die »Bibel« der Stundenastrologie
William Lillys Buch *Christian Astrology* aus dem Jahr 1647 widmet sich dem, was wir heute Stundenastrologie nennen. Er schrieb darin alle Kenntnisse nieder, die er zu diesem Thema erworben hatte.

Die Stundenastrologie besteht, seit es die Astrologie gibt, doch den Gipfel der Perfektion und Beliebtheit erreichte sie 1647 in England, als ihr berühmtester Vertreter, William Lilly (1602–1681), das Buch *Christian Astrology* veröffentlichte. Darin fasste er die Ergebnisse seiner Vorgänger zusammen und fügte seine eigenen ausführlichen Forschungen sowie seine Erfahrungen hinzu. Das Resultat war ein Werk von ungefähr 400 Seiten.

Für die nächsten 200 Jahre erfreute sich das System großer Beliebtheit; es war weit bedeutender als die Geburtsastrologie. Der Hauptgrund lag darin, dass nur bei Adligen die genaue Geburtszeit bekannt war – die meisten Menschen kannten ihre Geburtszeit nicht. Selbst das Geburtsdatum war häufig ungewiss: In den Kirchen wurden eher Taufdaten als Geburtsdaten registriert, so z. B. im Falle von Shakespeare. Doch mit der Entwicklung und dem wachsenden Interesse an der Geburtsastrologie im 19. Jahrhundert geriet die Stundenastrologie zunehmend in Vergessenheit.

Erst in den 80er-Jahren des 20. Jahrhunderts flammte erneut Interesse auf. Dies ist vor allem der englischen Astrologin Olivia Barclay zu verdanken, die inzwischen eine florierende Schule für Stundenastrologie leitet und dort, wie andere Spezialisten auf der ganzen Welt, Studenten ausbildet; sie können dort ein Fortgeschrittenen-Diplom erwerben.

Das Wesen der Stundenastrologie

In der Stundenastrologie geht es um Fakten. Es gibt keinen Platz für psychologische Probleme noch für moralische Urteile. Vielmehr wollen die Betreffenden eine Entscheidungshilfe haben, ob sie einen neuen Job annehmen, umziehen, Urlaub machen sollen, wo sie am besten nach einem verlorenen Haustier oder nach einem Gegenstand suchen sollen usw. Derartige Fragen sind hervorragende Ausgangspunkte für Stundenastrologen.

Erinnern wir uns, dass sich die Natur des Menschen nicht verändert. Betrachten wir die Probleme von William Lillys Klienten (in *Christian Astrology* sind viele aufgeführt) oder die Arbeit eines Vorgängers zu Elisabethanischer Zeit, Dr. Simon Forman, oder vieler anderer, dann stoßen wir auf Fragen wie: »Wird man meinen Mann dafür aufhängen, dass er zwei Schafe gestohlen hat?« – wohl kaum eine Problematik, mit der ein Astrologe heute rechnen würde. Aber »Wird mich mein Mann/meine Frau verlassen?« oder »Wird man meinen Sohn verhaften, weil er mit Drogen handelt?« haben einen ganz ähnlichen Beiklang.

Trotz der manchmal schwierigen Regeln ist die Stundenastrologie eine viel einfachere Form der Astrologie als die Geburtsastrologie, denn hier nimmt man einen bestimmten Augenblick und deutet ihn unabhängig von Geburtshoroskopen, Progressionen und Transiten. Zwar sind die Regeln überaus komplex, doch hat man sie erst einmal verinnerlicht, sind die Direktheit und Schlichtheit ebenso anziehend wie bedeutsam, und die Ergebnisse sind sehr hilfreich.

HINTERGRUNDWISSEN

Die große Zahl von Regeln, die in der Stundenastrologie zur Anwendung kommen, macht es unmöglich, sie alle an dieser Stelle aufzuführen, weshalb wir hier eine Auswahl der wichtigsten und interessantesten vorstellen. Damit erfahren Sie das Wesentliche und bekommen ein Gefühl für das Thema. Wenn Sie erst einmal mit Leidenschaft dabei sind – so wie für andere Gebiete der Astrologie –, dann werden Sie sich intensiver damit beschäftigen und mehr über die Regeln erfahren wollen, auf denen die Interpretation basiert. In der Bibliografie (S. 490) finden Sie weiterführende Literatur.

Wir können Ihnen nicht nachdrücklich genug ans Herz legen, die Texte über die Bedeutungen der Sonnenzeichen nachzulesen (siehe S. 30–77). Sehen Sie sich ergänzend auch die Texte zu den Planeten (S. 78–81) sowie zu den zwölf Häusern an (S. 84–87). So können Sie Ihre Erinnerung auffrischen und haben einen guten Start für Ihre Arbeit mit der Stundenastrologie. Auf den Seiten 170–173 finden Sie zusätzliche Bedeutungen der Planeten, Zeichen und Häuser direkt aus der Stundenastrologie, die zwar hervorragend mit den allgemeineren Bedeutungen im Einklang sind, Ihnen aber doch auch tiefere Einblicke in die Stundenastrologie verleihen.

GOLDENE REGELN

Zeitpunkt und Ort der Frage

Nehmen Sie den Zeitpunkt, zu dem Ihnen eine Frage durch den Kopf schießt. Werfen Sie einen Blick auf Ihre Uhr und notieren Sie sich die Zeit – möglichst sekundengenau –, das Datum und den Ort, sofern Sie nicht sofort Zugang zu den Tabellen und zur Ephemeride bzw. zu Ihrem Computer haben, um eine Zeichnung anzufertigen. So sollten Sie verfahren, wenn Sie selbst eine Frage haben. Wenn jemand anderes Ihnen eine Frage stellt, z. B. auch per Telefon, sollten Sie den Ort wählen, an dem sich die Person befindet, die die Frage stellt. Sofern Sie die Frage per E-Mail erreicht, erscheint der Zeitpunkt, zu dem sie gesendet wurde, auf dem Bildschirm bzw. auf dem Ausdruck. Wenn Sie den Absender nicht kennen, müssen Sie Ihn kontaktieren, um den Ort in Erfahrung zu bringen.

Aszendent und Mond

Der Fragesteller wird vom Aszendenten sowie von dessen Herrscherplanet und vom Mond symbolisiert. Man spricht von den Signifikatoren des Fragestellers. Sie beschreiben den Fragesteller ganz allgemein, der Mond zeigt, wie er zu diesem Zeitpunkt denkt oder fühlt. Der Fragegegenstand wird von dem Planeten symbolisiert, der das Zeichen an der Häuserspitze desjenigen Hauses regiert, das in Beziehung zur Frage steht. Dies ist der Signifikator des Fragegegenstands.

Nur eine Chance

Man kann eine Frage nicht zweimal stellen. Ist sie erst einmal ausgesprochen und das entsprechende Horoskop angefertigt, dann war's das – und bitte nicht flunkern! Es ist auch wichtig, dass Sie mit der Antwort auf die Frage so genau wie möglich sind. Je einfacher die Frage, desto direkter die Antwort.

Ungültiges Horoskop

Eine weitere goldene Regel ist die, dass das Horoskop ungültig ist, wenn der Aszendent auf den letzten drei Graden eines Zeichens steht (also 27°, 28° und 29°) oder auf den ersten drei Graden (also 0°, 1° und 2°). Es gibt aber eine Ausnahme: Wenn der Fragesteller Ende zwanzig ist – genauer zwischen 27 und 30 Jahren –, dann können Sie weitermachen und mit Ihrer Deutung beginnen. Aber auch ein solches Fragehoroskop ist nichtig, wenn sich der Mond in den letzten drei Graden eines Zeichens befindet. In diesem Fall ist es, als würde das Horoskop sagen: »Das geht dich nichts an. Dies ist eine Frage, die man nicht stellen sollte.«

Häuser

Bei der Deutung der Häuser gilt es die Regel zu beherzigen, dass ein Planet innerhalb von fünf Grad vor einer Häuserspitze im nächsten Haus gedeutet wird, auch wenn er rechnerisch noch in einem anderen Haus steht. Die Richtung geht jeweils ins nächsthöhere Haus. So wird beispielsweise ein Planet am Ende des 3. Hauses im 4. Haus gedeutet, sofern der Abstand zur Häuserspitze fünf Grad nicht überschreitet.

Klassische Planeten

In der Stundenastrologie werden allgemein nur die klassischen Planeten berücksichtigt, ihre Zeichen- und Hauspositionen, ihre Herrschaft sowie gegenseitige Rezeptionen. So ist z. B. bei einem Skorpionaszendenten der Herrscherplanet Mars, nicht Pluto. Wassermann wird von Saturn regiert, nicht von Uranus, und das Fischezeichen von Jupiter, nicht von Neptun.

Die modernen Planeten repräsentieren vieles in Fragehoroskopen, einschließlich Gemeinnützigkeit, gelten jedoch als einzelne Einflüsse oder Anliegen.

Ein sehr wichtiger Faktor ist das Häusersystem. In der Stundenastrologie wird am häufigsten dasjenige von Regiomontanus (1436–1476) benutzt (vielleicht weil Lilly damit arbeitete). Wir nehmen in unserem Buch jedoch das älteste Häusersystem, das der Äqualen Häuser, wenngleich wir in den Beispielen auf den Seiten 173–177 mit beiden Systemen arbeiten. Häusertabellen nach Regiomontanus sind nicht schwierig auszumachen. Wenn Sie in eine gute astrologische Software investieren, dann ist dieses System ebenso wie andere stets mit dabei.

Sie müssen das Häusersystem nehmen, das Sie als stimmig empfinden. Wenn Sie mit den Äqualen Häusern gut zurechtkommen, dann bleiben Sie dabei. Je tiefer Sie in die Stundenastrologie einsteigen, desto größer sollte auch Ihre Experimentierfreude sein.

EINE AUSWAHL ALLGEMEINER RICHTLINIEN

Hinweis: Auf den folgenden Seiten benutzen wir Grade und Minuten, sofern es um das Regiomontanus-Häusersystem geht, das in der Stundenastrologie häufig benutzt wird.

Wenn Sie ein Horoskop für die Zeit und den Ort einer Frage erstellen und es deuten, sollten Sie folgende Richtlinien beachten:

1 PLATZIERUNG DER PLANETEN
Je näher ein Planet an einem Eckpunkt steht, desto stärker ist der Einfluss.

2 FIXSTERNE
Lesen Sie das Kapitel über die Fixsterne (S. 90–93). Wenn einer in enger Konjunktion mit dem Aszendenten des Fragehoroskops steht, wird sein Einfluss zu spüren sein (maximaler Orbis 0,5°).

3 WIE PLANETEN DEN ASZENDENTEN BEEINFLUSSEN
Planeten nahe am Aszendenten können zeigen, wie sich der Fragesteller verhält oder wie er sich fühlt. Wenn es sich hierbei um Merkur handelt, dann ist der Fragesteller in einer vernünftigen, wahrscheinlich skeptischen Verfassung, ist es Venus, so wird er in romantischer Stimmung sein. Saturn deutet auf einen ernsthaften oder deprimierten Gemütszustand hin, Jupiter verstärkt den Optimismus. Selbstverständlich wird das Verhalten von der Einstellung und Stimmung des Betreffenden beeinflusst.

4 RÜCKLÄUFIGE PLANETEN
Diese haben in der Stundenastrologie eine ganz andere Bedeutung. Sie stehen für eine »Rückkehr«. Geht es also um einen verlorenen Gegenstand und der Planet, der diesen repräsentiert, ist rückläufig, wird der Gegenstand wieder auftauchen. Dies könnte auch ein positiver Faktor bei Beziehungsangelegenheiten sein - bei der Frage, ob ein geliebter Mensch wohl »zurückkehrt«. Manchmal können rückläufige Planeten jedoch negative Faktoren sein. Ein rückläufiger Saturn wird wohl eine Verzögerung oder Frustration andeuten; kein guter Zeitpunkt also, um sich etwa auf Haussuche zu machen. Aber sehen Sie in der Ephemeride nach, wann der Planet wieder direktläufig wird. Das ist dann der richtige Zeitpunkt, um mit dem Vorhaben weiterzumachen.

5 DER MOND
Der Mond steht für Handeln und symbolisiert, was vergangen ist und was noch kommen wird. Näheres dazu erfahren Sie im Zusammenhang mit den Beispielhoroskopen auf S. 173–177. Doch

wenn der Mond im Leerlauf ist (»void of course« – d. h., wenn er in dem Zeichen, in dem er sich zum Zeitpunkt der Fragestellung befindet, keine weiteren Aspekte mehr bilden wird), kann in der betreffenden Angelegenheit nichts weiter unternommen werden. Es ist mit anderen Worten eine Situation des Stillstands.

6 HIMMELSRICHTUNGEN

Die Abbildung im Kasten unten zeigt die Häuser in Beziehung zu den Himmelsrichtungen. Diese sind von Bedeutung, wenn es bei der Frage um verschollene Menschen oder verlorene Gegenstände geht. Haben Sie erst einmal deren Signifikatorenplaneten ausgemacht, gibt die Himmelsrichtung, die in das Haus dieses Planeten fällt, die Richtung des Aufenthaltsortes an.

7 ORBIS

In der Stundenastrologie arbeitet man mit anderen Orben als sonst. Die modernen Planeten sind ausgeschlossen, dafür kommen Halbierungen ins Spiel. D. h., dass der Orbis halbiert wird, wobei die Hälfte der erlaubten Gradzahlen vor den Planeten fällt, die andere Hälfte dahinter. Die Sonne z. B. hat einen großen Orbis. Wenn sie sich auf 15° eines bestimmten Zeichens befindet, so wird sie innerhalb von 7,5°–8° jeweils zu beiden Seiten der Sonne Aspekte zu anderen Planeten bilden. Befindet sich also ein Planet auf 0° desselben Zeichens wie die Sonne, wäre er 15° von dieser entfernt und also nicht innerhalb des zugelassenen Orbis. Die vollständige Liste sieht so aus:

Sonne	15°–16°	= 7,5°–8° pro Seite
Mond	12°	= 6° pro Seite
Merkur	7°	= 3,5° pro Seite
Venus	8°	= 4° pro Seite
Mars	7°	= 3,5° pro Seite
Jupiter	9°–12°	= 4,5°–6° pro Seite
Saturn	9°–10°	= 4,5°–5° pro Seite

8 DAS 7. HAUS

Wenn der Astrologe nicht der Fragesteller ist, also die Frage für einen Klienten stellt, wird er vom 7. Haus repräsentiert. Das ist deshalb wichtig, weil beispielsweise Saturn im 7. Haus anzeigt, dass der Astrologe in diesem Fall nicht in der Lage ist, das Horoskop zu deuten bzw. dem Fragesteller zu helfen. Sein Urteilsvermögen ist weniger ausgeprägt als üblich.

9 HAUPT- UND NEBENASPEKTE

Größere Entscheidungen, die man aus einem Fragehoroskop ableitet, sollten auf der Bewertung von Planeten, Zeichen und Häusern sowie von Hauptaspekten basieren. Halbquadrate und Halbsextile sind weniger wichtig, nur dem Quinkunx sollte man größere Aufmerksamkeit widmen, da er ein Anzeiger von Stress ist, selbst wenn daran zwei »leichtere« Planeten beteiligt sind.

10 GLÜCKSPUNKT

Es gibt die so genannten Arabischen Punkte. Derjenige, der in der Stundenastrologie am meisten verwendet wird, ist der Glückspunkt oder *pars fortuna* (der übrigens auch oft bei der Deutung von Geburtshoroskopen berücksichtigt wird). Dies ist ein Punkt im Tierkreis, der im selben Verhältnis zum Aszendenten steht wie die Sonne zum Mond. Wenn z. B. die Sonne 60° weiter vorne im Tierkreis steht als der Mond, wird der Glückspunkt 60° vom Aszendenten (in Tierkreisrichtung) entfernt sein. Im Skorpion, im Steinbock und im Wassermann gilt der Glückspunkt als weniger wirksam, da dies die Zeichen der in der klassischen Astrologie als »Übeltäter« angesehenen Planeten Mars und Saturn sind. Am stärksten ist der Glückspunkt im 1. und im 10. Haus gestellt oder in Konjunktion mit den Fixsternen Regulus oder Spica (siehe S. 90–93).

Beispiel

Um dies zu illustrieren, sehen Sie sich bitte das Horoskop auf der rechten Seite an. Wir arbeiten mit absoluter ekliptikaler Länge, daher befindet sich der Aszendent auf 65° (5° Zwillinge, siehe die Übersicht auf S. 160). Der Mond steht auf 20° Löwe, was 140° entspricht.

65° + 140° = 205°

HIMMELSRICHTUNGEN

Die Abbildung zeigt die Zeichen, wie sie im Horoskop angeordnet sind, wenn weder Ort noch Zeit berücksichtigt werden. Zudem sind hier die Himmelsrichtungen angegeben. Auch Planeten zeigen Himmelsrichtungen an; sie weichen von den durch die Häuser angezeigten Richtungen ab, aber es ist astronomisch wie astrologisch sinnvoll, den Kompass mit dem Horoskop in Beziehung zu setzen.

Die je drei Tierkreiszeichensymbole im zweitäußersten Band zeigen die Dekanatsherrscher eines jeden Zeichens. So werden die ersten zehn Grad eines Zeichens jeweils diesem Zeichen zugeordnet, das zweite Dekanat (von 10 bis 20 Grad) dem nächsten Zeichen desselben Elements, das dritte Dekanat (von 20 bis 30 Grad) dem übernächsten bzw. vorangehenden Zeichen desselben Elements.

Die Buchstaben im Innenkreis beziehen sich auf die Häuser – E steht für Eckhaus, N für Nachfolgendes Haus und F für Fallendes Haus. Eckhäuser sind am machtvollsten, die nachfolgenden Häuser stellen die Mittel der Eckhäuser zur Verfügung und unterstützen diese. Die fallenden Häuser sind am weitesten von den Eckhäusern entfernt und wohl die schwächsten. Doch man muss vor allem die Zeichen und die Planetenplatzierungen berücksichtigen.

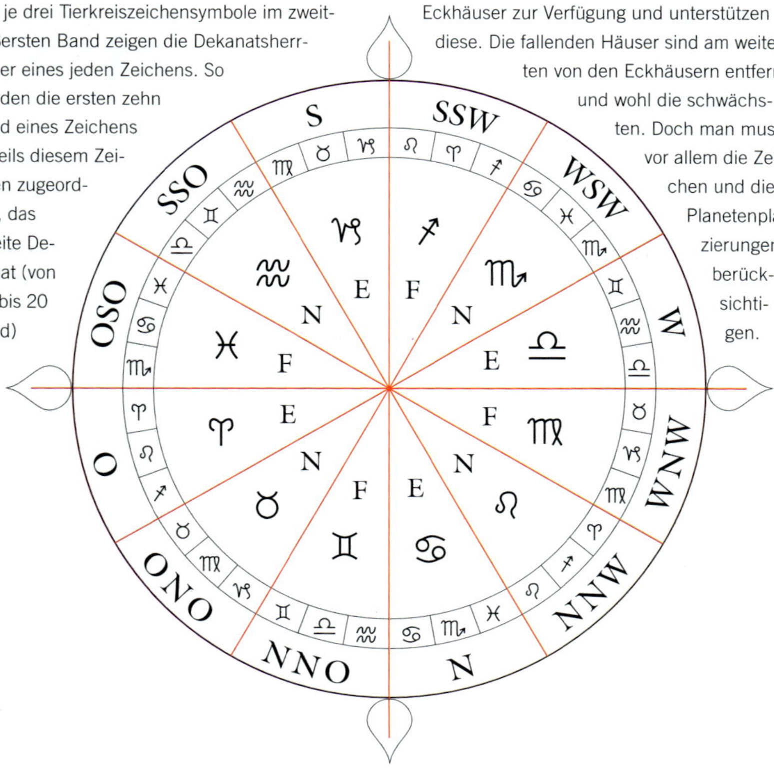

Zieht man die Position der Sonne ab, die auf 10° im Widder steht (= 10° in absoluter Länge), so erhält man 195°. Waage beginnt bei 180°, also befindet sich der Glückspunkt auf 15° Waage.

11 VIA COMBUSTA
Der Bereich im Tierkreis zwischen 15° Waage und 15° Skorpion heißt *via combusta*. Befindet sich der Mond auf dieser Strecke, kann das Horoskop nicht interpretiert werden. Die einzige Aussage, die man treffen kann, ist, dass man hinsichtlich des Problems bzw. in dieser Situation nichts machen kann. *Via combusta* heißt »verbrannter Weg«, und er kann ähnlich negative Indikationen haben wie Mars, Saturn und Uranus. Planeten hier (nicht der Mond) können auf Krankheiten wie Fieber, auf einen Brand aufgrund eines Unfalls mit Feuer oder auf einen elektrischen Schlag hinweisen.

12 SATURN
Ein rückläufiger Saturn im 1. Haus ist kein gutes Vorzeichen. Das fragliche Thema kommt laut William Lilly selten oder nie zu einem guten Ausgang.

DEUTUNGSHINWEISE

1 DER EINFLUSS VON SONNE, MOND UND MERKUR
Sonne und Mond mit ihrer jeweiligen Zeichen- und Hausposition haben einen starken Bezug zur gestellten Frage. Auf der nächsten Stufe sind die Häuser mit Löwe und Krebs an der Spitze zu betrachten. Merkur, der Neugierige, hat bei Fragen sicherlich etwas zu sagen, und er wird indirekt antworten, indem er neue Fragen in der Angelegenheit empfiehlt. Was auch immer Merkur Ihrer Meinung nach fragt, es wird Ihnen bestimmt bei der Interpretation helfen.

2 DIE BEDEUTUNG DES 1. HAUSES
Das 1. Haus hat etwas mit dem unmittelbaren Umfeld der Frage zu tun. Darüber hinaus repräsentiert es den Frager. Daher unterstützen die beiden Planeten Venus und Jupiter (in der klassischen Astrologie als kleiner und großer Wohltäter bekannt) eine positive Antwort, wenn sie im 1. Haus stehen. Aber Sie sollten derlei Hinweise gegenüber der Bedeutung des Mondes nicht überbewerten. Im Gegenteil, sollte noch einer der beiden Übeltäter, Mars oder Saturn, im 1. Haus stehen, so spricht das für die starke Wahrscheinlichkeit einer negativen Antwort.

3 SICH VON DEN PLANETEN FÜHREN LASSEN
Sie können Ihre Kenntnisse über die Planeten auch in der Stundenastrologie anwenden. So bedeutet Uranus in der Geburtsastrologie Stress, plötzliche Veränderung und Sturheit. Während alle Techniken der Geburtsastrologie in der Stundenastrologie beiseitegelegt werden, ist doch das, wofür die Planeten stehen, hier und dort dasselbe. Mars hat z. B. mit Eile, Energie und womöglich Wut zu tun, während Neptun Unsicherheit und Täuschung bedeutet.

Die Planeten sind, wie Sie wissen, Ihre Bausteine. Für welchen Zweig der Astrologie Sie sich auch interessieren – je mehr Sie über die Planeten und ihre Bedeutungen lernen, desto besser ist Ihre Technik.

4 ASPEKTE
Hier sollten wir uns an den guten Rat des modernen Stundenastrologen und Autors Anthony Louis halten. Er meint, dass die Aspekte das Kernstück eines Fragehoroskops sind, während die Planeten die involvierten Menschen repräsentieren. Er nennt die Planeten die Spieler bzw. Akteure, während die Häuserspitzen die Lebensbereiche darstellen. Die Aspekte sagen etwas darüber aus, wie die Akteure aufeinander reagieren. Wenn die Signifikatoren keine Aspekte zueinander bilden, dann kann keine Aktion stattfinden. Die Aspekte zwischen den Planetenherrschern zeigen das Ergebnis der Frage an. Hinsichtlich der Aspektart wird Ihnen wieder Ihr allgemeines astrologisches Wissen zugute kommen. Trigone und Sextile verweisen auf ein gutes Resultat, ohne Stress. Eine enge Konjunktion zeigt ein gutes Zusammenwirken zwischen dem Fragesteller und dem Gegenstand der Frage an, besonders wenn die beiden Planeten erst zusammenkommen. Gehen sie hingegen auseinander, ist die Konjunktion weniger kraftvoll. Oppositionen meinen genau das: Opposition. Quadrate stehen für Schwierigkeiten, Frustration und eine Hemmung des Fragestellers in der betreffenden Angelegenheit. Seien Sie vor einem Quinkunx gewarnt (das gilt für alle Arten von Astrologie). Oft wird es unterschätzt. Es erinnert an zwei Menschen beim Armdrücken, genau an dem Punkt, an dem einer nachgeben muss. Das Quinkunx ist besonders bedeutsam in der Stundenastrologie. Mit anderen Worten: Etwas stimmt nicht – es ist »aus den Fugen geraten«, wie Louis treffend feststellt. Die anderen Nebenaspekte verweisen auf Ereignisse am Rande; sie sind dann hilfreich, wenn sie die Hauptaussagen des Horoskops vervollständigen. Nochmals: Behalten Sie Ihre Grundkenntnisse über die Bedeutungen der Aspekte im Kopf.

⊕ Glückspunkt

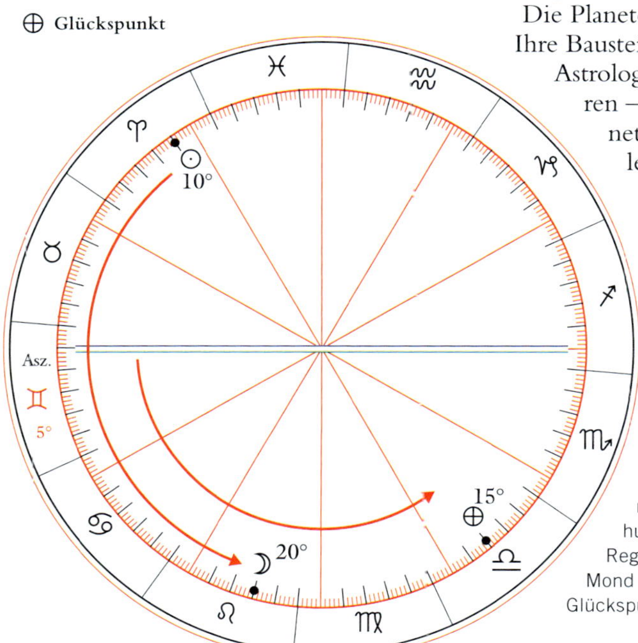

Der Glückspunkt
Die Abbildung zeigt die Platzierung des Glückspunktes in Beziehung zu Sonne und Mond. Die Regel lautet: Wie sich die Sonne zum Mond verhält, so verhält sich der Glückspunkt zum Aszendenten.

VERLORENE GEGENSTÄNDE

Wenn ein Gegenstand nicht mehr auffindbar ist, sind dieselben Regeln wie für andere Fragen anzuwenden. Wichtig ist dabei die »Kompass«-Abbildung auf der linken Seite, um zu sehen, in welcher Richtung der Gegenstand – oder das Haustier – ausgemacht werden kann. Nehmen Sie dann auf unsere Deutungen der Planeten und Zeichen auf den Seiten 170–173 Bezug, wo Sie Hinweise finden, ob das, was Sie suchen, eher im Badezimmer, in einem Abflussrohr, in einer Tasche oder wo auch immer zu finden ist. Die Richtung sowie diese Hinweise sind die Hauptfaktoren, die Sie zu dem verlorenen Objekt führen.

ZUSÄTZLICHE BEDEUTUNGEN DER PLANETEN

Im Folgenden finden Sie weitere für die Stundenastrologie relevante Stichworte und Informationen über die Planeten. Lesen Sie auch noch einmal über die Charakteristika der zu den jeweiligen Planeten gehörenden Sonnenzeichen nach, also beim Mond über den Krebs usw.

☉ SONNE

Wenn sie gut steht, dann ist die Sonne ein echter Wohltäter. Bildet ein anderer Planet außer Mars zu ihr eine Konjunktion mit weniger als 8° Abstand, dann ist dieser Planet geschwächt. Er gilt als »verbrannt«. Die Sonne steht für das Herz, Männer, Friedensrichter, Kavaliere, Königshäuser, für diejenigen, die ein Versprechen einhalten, und für diejenigen, die sich klar ausdrücken, ohne allzu viele Worte. Sie repräsentiert außerdem Gold und Rubine, Paläste, Theater sowie Fünf-Sterne-Hotels. Ist die Sonne verletzt, so kann sie auf einen Snob oder einen Wichtigtuer hinweisen.

☽ MOND

Er ist im Fragehoroskop der stärkste Planet. Er steht für Frauen, Menschen, die etwas mit dem Meer zu tun haben, Geburt und Mutterschaft. Getränke, Wasser und Flüssigkeiten werden ihm zugeordnet, ebenso sämtliche Kreaturen, die im Wasser leben. Der Mond beschreibt, was der Fragesteller denkt, sowie seine emotionale Verfassung. In gesundheitlicher Hinsicht hat er mit Frauenleiden, Blasenproblemen, anhaltendem Husten und rheumatischen Beschwerden zu tun. Silber, Steine, Perlen und Kristalle aller Art gehören in sein Reich. Orte in Verbindung mit dem Mond sind alle Flüsse sowie feuchte Gebiete, außerdem steht er für Schiffe und Kindergärten.

☿ MERKUR

Dieser Planet ist oft von anderen Planeten beeinflusst, die einen engen Aspekt zu ihm bilden. Er kann sowohl für ein männliches wie für ein weibliches Wesen stehen. Merkur herrscht über alle Arten von Kommunikation und die entsprechenden Mittel, über kurze Entfernungen, Autos und Transportmittel. Er symbolisiert kluge, gesprächige, aufgeweckte Menschen, die auch vor Betrug nicht zurückschrecken, außerdem Schriftsteller, Journalisten, Drucker, Büromitarbeiter, in den Medien Tätige und Verkäufer. Erkrankungen der Lunge, Verletzungen von Schultern, Händen und Armen werden ihm zugeordnet. Seine Orte sind Einkaufsstraßen, Märkte, Kaufhäuser und Handelsmessen, außerdem die oberen Stockwerke von Gebäuden. Sein Metall ist das Quecksilber, sein Edelstein der Achat.

♀ VENUS

Ihr Einfluss ist ebenso vorteilhaft wie hilfreich. Die Venus herrscht über Liebesbeziehungen, Geld, Geldfluss, Kreditkarten, gutes Essen, gute Taten und Freizeitaktivitäten. Ist sie schlecht gestellt, so kann sie jemanden symbolisieren, der faul, schöntuerisch oder selbstsüchtig ist. Unter dem Einfluss der Venus stehende Menschen sind Kosmetikerinnen, in der Modebranche Tätige, Dekorateure und Friseure. Sexuell übertragbare Krankheiten, Magenverstimmungen, Hernien, Völlerei und Katerstimmungen unterstehen der Venus. Zu ihren Orten zählen schöne Gärten, Springbrunnen, Garderoben, Kunstgalerien, Designerboutiquen, Modemessen, Schönheitssalons und Fitnessclubs. Das Metall ist Kupfer, die Steine Saphir, Smaragd, Koralle, Lapis und Jade.

♂ MARS

Das ist der Planet des Handelns und des Mutes, aber ebenso von Streiten, Zorn und Grausamkeit. Er steht für Leute mit diesen Eigenschaften, die aber auch furchtlos sind, zuversichtlich und sehr durchsetzungsfähig. Sie bekommen, was sie wollen, manchmal sind sie dabei rücksichtslos. Traditionell herrscht Mars über Männer, besonders Soldaten, Sportler, diejenigen, die mit Metall arbeiten (vor allem Eisen oder Stahl), Metzger, Barbiere, Chirurgen, Psychiater und Psychotherapeuten. Marskrankheiten sind Fieber, Kopfweh und Migräne, Schnittwunden, Verbrennungen und Schläge gegen den Kopf. Seine Plätze sind heiß und trocken, Schlachtfelder, Sportanlagen, Operationssäle, Minenfelder und Schwerindustrie. Sein Metall ist Eisen und sein Stein der Diamant.

♃ JUPITER

Dieser Planet repräsentiert alles, was gerecht und ehrlich, gutmütig und »jovial« ist. Jupitergeprägte Menschen sind integer, von (manchmal blindem) Optimismus, dankbar und mit einer philosophischen Sicht auf die Dinge ausgestattet, können aber auch selbstgefällig und genusssüchtig sein. Wir finden hier Rechtsanwälte, Herausgeber, Geistliche, Universitätsdozenten, Spieler und Menschen, die mit Pferden arbeiten, Männer mit einem Bart. Körperliche Probleme in Verbindung mit diesem Planeten sind Gewichtszunahme aufgrund von Völlerei – vor allem an den Hüften, Oberschenkeln und am Bauch – sowie Leberbeschwerden. Jupiter-Orte sind Kirchen, Kathedralen, Tempel, Gerichtshöfe und Universitäten. Das Metall ist Zinn, der Stein Topas.

♄ SATURN

Dieser Planet zeigt eine pessimistische Weltsicht an, fördert Strenge, Neid und Schüchternheit. Er hat einen verzögernden Einfluss und setzt Handlungen und dem Fortschritt Grenzen. Ist er gut aspektiert, wird er eine praktische Herangehensweise, den gesunden Menschenverstand und Vorsicht unterstützen. Saturn herrscht über Haut, Zähne und Knochen sowie über Krankheiten in diesen Bereichen; er hat etwas mit Depression, Apathie und Gehörproblemen zu tun. Saturn-Orte sind Wüsten, Berge, Felsen und Kliffe, Friedhöfe, Täler und Höhlen. Saturngeprägte Menschen arbeiten für sich oder an einsamen Orten, oder sie sind auf einer Farm, im Gartenbau und als Zahnärzte tätig. Saturns Metall ist Blei, seine Steine der Granat und alle schwarzen oder grauen Steine; manch klassischer Astrologe ordnet ihm auch Diamanten zu.

DIE MODERNEN PLANETEN

Wenn Sie ein echter, nach den klassischen Regeln arbeitender Stundenastrologe werden wollen, müssen Sie sehr vorsichtig im Umgang mit den modernen Planeten sein und, wie erwähnt, deren Zeichenherrschaft, Rezeptionen usw. unberücksichtigt lassen. Uranus herrscht nicht über den Wassermann, Neptun nicht über die Fische, Pluto nicht über den Skorpion. Dennoch sind es diese mittlerweile wohl etablierten Bestandteile des Sonnensystems wert, näher betrachtet zu werden, auch wenn man die Zeichenherrschaft außer Acht lässt. Chiron wird bis dato im Stundenhoroskop nicht berücksichtigt, auch wenn er sich in der Geburtsastrologie wachsender Beliebtheit erfreut.

♅ URANUS

Erdbeben, Flugzeuge und Flugzeugabstürze, Fernsehen und Radio, politische Unruhen, Störungen sowie plötzliche erzwungene Veränderungen werden alle mit Uranus in Verbindung gebracht. Menschen unter seinem Einfluss können sehr exzentrisch, stur und unberechenbar sein, zugleich brillant und überaus glamourös. In Horoskopen von Paaren, die sich gerade trennen, ist dieser Planet betont. Wir finden hier Flugzeugpiloten, Astronauten, Wissenschaftler, Techniker, Film- und Popstars, New-Age-Anhänger sowie viele Astrologen. Der Stein des Uranus ist der Aquamarin, sein Metall Platin.

♆ NEPTUN

Dieser Planet steht für Fotografie, Drogen aller Art, Dichtung und Tanz, außerdem für Betrug, Täuschung (vor allem Selbsttäuschung), Lügen, aber auch für leichte Wege aus schwierigen Situationen. Er verleiht eine rosarote Brille. Menschen, die von ihm geprägt sind, sind Tänzer, Poeten, Schuhdesigner, diejenigen, die im Hintergrund arbeiten, Missionare und Chemi-

AUFGABE

Denken Sie einmal über Chiron nach. Wer könnten von ihm beeinflusste Menschen sein, was sein Ort, sein Stein und sein Metall? Diskutieren Sie Ihre Ideen im Internet mit gleich Gesinnten.

ker. Neptun-Orte sind Häfen, Boote und Schiffe, Tanzstudios und Swimmingpools. Sein Stein ist der Mondstein, sein Metall Iridium.

♇ PLUTO

Dieser Planet führt, wie ein englischer Astrologe einmal gesagt hat, zur Verstopfung. Pluto hat mit Situationen zu tun, aus denen es keinen Weg zu geben scheint, bis man drastisch handelt. Unter seinem Einfluss beginnen Menschen eine tief gehende Analyse ihrer psychologischen Probleme und trennen sich von Menschen und Dingen, die in ihrem Leben nicht mehr erwünscht sind. Sie machen einen völlig neuen Anfang. Oft geht es um große Geldsummen, Erbschaften oder Börsengewinne, ebenso das Aufdecken von Verbrechen, wie auch allgemein Probleme ans Tageslicht kommen. Pluto ist der Planet der Extreme. Er steht für große Geschäfte, Bergbau (zusammen mit Mars) und Weinhandel. Sein Metall ist Stahl, sein Stein Gagat.

ZUSÄTZLICHE BEZÜGE ZU DEN TIERKREISZEICHEN

Die Beschreibung der Tierkreiszeichen auf den Seiten 30–77 umfasst nahezu alles, was Sie darüber wissen müssen. Für die Stundenastrologie sind insbesondere die Bezüge zu Städten, Pflanzen, Tieren usw. nützlich. Im Folgenden finden Sie noch weitere Orte sowie Erhöhungen der Planeten; Letztere verleihen den Planeten zusätzliche Stärke und Bedeutung. Die Nennung der Orte hilft Ihnen, wenn Sie es mit verlorenen Gegenständen zu tun haben. Die Zeichenherrschaft der Planeten finden Sie auf S. 96, berufliche Zuordnungen zu den Zeichen auf S. 240–245, die traditionellen Einteilungen können Sie auf S. 28–29 nachlesen.

♈ WIDDER

Die Sonne ist in diesem Zeichen erhöht, insbesondere auf 19 Grad.

Orte: Sandiger oder hügeliger Boden. Von den meisten unbeachtete Orte. Fabriken, wo Werkzeuge und Instrumente wichtig sind. Eisen verarbeitende sowie Glas herstellende Betriebe, heiße Plätze. Dächer, Zimmerdecken, historische und zeitgenössische Schlachtfelder. Ingenieursarbeit.

♉ STIER

Der Mond ist in diesem Zeichen erhöht, insbesondere auf 3 Grad.

Orte: Keller, Räume mit niedrigen Dächern, Weideland, Bauernhöfe, Blumen- und Gemüsegärten, Schrebergärten, Rasen, Golfplätze, Banken, Sicherheitsräume, Abstellräume, Warenhäuser, Bäckereien und Schokoladenfabriken (Stiere lieben Schokolade und Kuchen!).

♊ ZWILLINGE

Der nördliche Mondknoten ist in diesem Zeichen erhöht, insbesondere auf 3 Grad.

Orte: Studierzimmer, Büros, Bibliotheken, Buchhandlungen, Schulen und Gymnasien, Kisten, Schubladen und Schachteln, in denen Dinge aufbewahrt werden, alle Fahrzeuge (einschließlich Flugzeuge), Garagen, Papiere, Bücher, Aktenordner. Hügelige Gebiete, hoch gelegene Plätze, Bahnhöfe, Abfertigungshallen, Bushaltestellen. Jeder Bereich, der etwas mit Kommunikation zu tun hat.

♋ KREBS

Jupiter ist in diesem Zeichen erhöht, insbesondere auf 15 Grad (einige Autoren sehen hier auch Neptun, doch wir meinen, dass der Löwe am besten dazu passt).

Orte: Ozeane, Meere, Flüsse, Seen, Teiche, Sümpfe. Küchen, Badezimmer, Wäschereien, Hotels, Kreuzschiffe und Boote, Wasch- und Geschirrspülmaschinen. Kindergärten nahe bei Gewässern, in feuchten Gebieten oder in alten Gebäuden.

♌ LÖWE

Neptun ist in diesem Zeichen erhöht, insbesondere auf 27 Grad – einem Astrologengrad.

Orte: Parks, vor allem Safari-Parks, Dschungel, königliche Plätze und staatliche Gebäude, Theater, große Kinos, staatliche Kunstmuseen, tropische Strände. Felsige oder hoch gelegene Plätze, Aussichtspunkte, Fünf-Sterne-Restaurants und -Hotels, teure Boutiquen und Juwelierläden. Sonnige Plätzchen überall.

♍ JUNGFRAU

Merkur ist in diesem Zeichen erhöht, insbesondere auf 15 Grad.

Orte: Innerhalb kleiner Koffer oder Geldbeutel. Vorratskammern für Getreide und Gemüse. Sägemühlen und Wollspinnereien, Töpferwerkstätten und Brennöfen, Büros und Schreibtische, Arzneimittelschränke, alle Arbeitszimmer. Das Innere von Staubsaugern und Wertstofftonnen, Vorratskammern, Sprechzimmer, Karteikästen.

♎ WAAGE

Saturn ist in diesem Zeichen erhöht, insbesondere auf 21 Grad.

Orte: Dachböden, Hügelabhänge, steiniger oder sandiger Boden, Schlafzimmer, Schönheitssalons, Porzellantassen, Handtaschen, Buchregale. An irgendeiner Stelle im Haus, oben auf einem Möbelstück, vor allem auf der Garderobe, ganz oben in einem Zimmer oder unsicher am Rand eines Regalbretts balancierend.

♏ SKORPION

Uranus ist in diesem Zeichen erhöht, ohne besondere Gradzahl.

Orte: Für immer verloren. Gestohlen. Am oder im Wasser, das eventuell schmutzig oder stehend ist. In Mülltonnen, in feuchten Ecken oder Behältern, in einem Minenschacht, bei leeren Weinflaschen oder -fässern, in einer örtlichen Kneipe, auf der (Geld-)Bank oder vermischt mit dem Bargeld anderer Leute. Wo Kakerlaken oder andere unangenehme Insekten lauern, versehentlich beerdigt, in Abflussrohren oder WCs.

♐ SCHÜTZE

Der südliche Mondknoten ist in diesem Zeichen erhöht, insbesondere auf 3 Grad.

Orte: Berge, weite Räume wie Grasebenen, Rennbahnen, Ställe oder Sportplätze, Kirchen, Kathedralen, Gymnasien oder Universitäten, Buchhandlungen, Redaktionen, Feuerstellen, hoch oben in einem Raum, Balkone, Busch und Outback von Australien, die Rocky Mountains, im Garten nebenan, über dem Zaun.

♑ STEINBOCK

Mars ist in diesem Zeichen erhöht, insbesondere auf 28 Grad.

Orte: In Regierungsbüros, Parteizentralen, dunklen, niedrigen Plätzen und Ecken. Auf dem Boden, unter Teppichen, in Geschäftsräumen. Bei Dornbüschen, in Scheunen, dort, wo nichts gut zu wachsen scheint, an den Seiten alter, ungemütlicher Sessel oder Sofas, in einem Lederbehälter oder -koffer, auf einem Schrottplatz, im Kühlschrank oder Gefrierfach.

♒ WASSERMANN

Kein Planet ist in diesem Zeichen erhöht.

Orte: Reine Gebirgsquellen, unebener Boden, Plätze, an denen Wintersport betrieben wird, in Flugzeugen, nahe bei offenen oder zugigen Fenstern, auf dem Balkon, in einem sehr modernen Gebäude, einem wissenschaftlichen Labor, in Observatorien, in heißen Quellen, Whirlpools, im Waschbecken. Via Computer oder eine andere moderne Technologie (betrachten Sie Ihr letztes Video – Sie könnten es sehen). An einer Ausgrabungsstätte, die erst kürzlich freigelegt wurde.

♓ FISCHE

Venus ist in den Fischen erhöht, insbesondere auf 27 Grad.

Orte: Am oder im Swimmingpool, am Meer, Fluss, Strand, in einer Kirche, Kathedrale oder Kapelle. In einer Krankenstation, nahe bei oder in Gebäuden, wo Flüssigkeiten aufbewahrt oder verkauft werden. Am Gaskocher. Im Zusammenhang mit Medizin oder Kräuterheilmitteln. In feuchten oder nassen Plätzen, Kellern, in oder bei Ihrer Lieblingsgedichtsammlung, in der Dunkelkammer. In einem Fischgeschäft, -markt oder -restaurant.

ZUSÄTZLICHE BEZÜGE ZU DEN HÄUSERN

Genau wie bei den Tierkreiszeichen sollten Sie auch die Texte zu den Häusern (S. 84–87) noch einmal lesen. Im Folgenden finden Sie dann zusätzliches Material besonders im Hinblick auf die Stundenastrologie.

1 DAS 1. HAUS

Zeichen und Planeten in diesem Haus zeigen den Fragesteller sowie dessen Persönlichkeitstyp; dieser wird anhand der Zeichencharakteristika oder eines aufgehenden Planeten erkennbar. Neue Projekte, ganz allgemein Anfänge sowie Unfälle sind hier ebenfalls abzulesen. Auch im Hinblick auf eine verschollene Person ist dieses Haus von Bedeutung. Man muss sich in Erinnerung rufen, dass Planeten im 1. Haus gerade dabei sind, über dem östlichen Horizont aufzusteigen. Glücksbringer sind hier Venus oder Jupiter, Saturn oder Neptun hingegen können für Verzögerung oder Verwirrung sorgen. Richten Sie sich bei diesen Planeten nach den allgemeinen Interpretationen.

2 DAS 2. HAUS

Hier finden Sie Hinweise auf verlorene oder gestohlene Gegenstände, Geld und Einkommen sowie das Potenzial für den Erwerb von Wohlstand und Eigentum. Die Tradition will es, dass man hier Einsicht in die Hoffnungen und Wünsche des Betreffenden nehmen kann. Einige Stundenastrologen sind der Meinung, dass das zweite eines von mehreren Häusern ist, die etwas über die künftige Entwicklung in einer Sache aussagen. Fragen wie: »Werde ich zu mehr Geld kommen?« hängen nicht nur von dem ab, was in diesem Haus angezeigt ist, sondern auch von dem vorangehenden – dem 1. Haus –, da dieses den Fragesteller und seine Geisteshaltung beschreibt. Bedenken Sie auch den bedeutenden Einfluss des Mondes.

3 DAS 3. HAUS

Dies ist ein Merkur-Haus, und es hat mit Kommunikation sowie allen Transportmöglichkeiten zu tun, Straßen und kurzen Reisen, Computern, Faxgeräten, Telefon, E-Mail usw. Auch junge Menschen (aber nicht die eigenen Kinder), Cousins und Cousinen sowie nahe Verwandte gehören zu diesem Haus, ebenso Gerüchte und Klatsch sowie Ausbildung, Schulen und Lehrer. William Lilly macht darauf aufmerksam, dass Saturn, Mars oder der südliche Mondknoten Probleme mit den Geschwistern oder mit Nachbarn bedeuten. Probleme mit Einkäufen (2. Haus) über den Versandhandel können über das 3. Haus erklärt werden, ebenso Fragen wie: »Soll ich mir ein neues Auto kaufen?«

4 DAS 4. HAUS

Grundstück, Immobilien, Häuser und Wohnungen, unbeweglicher Besitz einschließlich Gebäudefundamenten, Gärten und ererbter Besitz unterstehen diesem Haus. Ihm werden auch der Vater, das Heim, die Familie und Ahnen sowie häusliche Themen zugeordnet. Verlorenes und wiedergefundenes Geld bzw. wertvolle Gegenstände gehören in der Stundenastrologie zum 4. Haus, ebenso Bergwerke, Brunnen, Wasservorräte, Bodenschätze, ökologische Belange und außerdem Alter, Lebensende und Friedhöfe. Interessanterweise kann man hier den letztendlichen Ausgang von Angelegenheiten ablesen, die im 1. Haus ihren Anfang genommen haben.

5 DAS 5. HAUS

Dies ist das Haus des Vergnügens, der Romantik und der (körperlichen) Liebe, der Verabredungen, Freunde bzw. Freundinnen, des Beginns einer neuen Beziehung und des ersten Treffens. Es geht um Risiken, Spielen, Gewinnen und Verlieren, alle Arten von Spekulation sowie die Gesetzmäßigkeiten glücklicher Zufälle. Man findet darüber hinaus Hinweise auf Schwangerschaft, eigene Kinder, kreative Tätigkeiten sowie Selbstausdruck im Sport und in anderen Freizeitbeschäftigungen. Werfen Sie einen Blick auf dieses Haus, wenn es um Dinner-Partys, Empfänge, Unterhaltungsveranstaltungen oder sonstige freudige Zusammenkünfte geht. Es kann auch eine Theaterproduktion gemeint sein. Indirekt hat dieses Haus mit dem Stellvertreter des Fragestellers oder den beweglichen Gütern des Vaters zu tun. Es besteht eine Verbindung zwischen 5. und 9. Haus.

6 DAS 6. HAUS

Es ist das Haus der Routinearbeit, von Gesundheit und Krankheit, und es hat eine Beziehung zu Haustieren und allen kleinen Tieren (der Tradition zufolge »bis zur Größe einer Ziege«!). Helfer aller Art, Sekretäre, Tanten und Onkel väterlicherseits, (Unter-) -Mieter und Mitbewohner. Ernährung und Körperpflege, alternative Heilweisen, Therapeuten, Gesundheits- und Fitnesszentren, Heilen und Heiler gehören alle zum 6. Haus, außerdem die Polizei, die Streitkräfte, Feuerwehrleute, Rettungsdienste, Händler, Handwerker, Schreiner, Bauarbeiter, Klempner. Probleme mit Haushaltsgeräten sind hier zu orten. Anthony Louis ist der Ansicht, dass das Klima mit dem 6. Haus zu tun hat, das Wetter hingegen mit dem 4. Haus.

7 DAS 7. HAUS

Dies ist das Haus der Partnerschaften und Beziehungen, von Geliebten, Ehegatten, Freunden und Freundinnen, und zwar - im Gegensatz zum 5. Haus – in festen Verhältnissen. Es geht hier auch um Enkel, Rivalen, Gegner, Diebe, Ratgeber – um jeden, der direkt mit dem Fragenden in Verbindung steht. Es ist auch das Haus des Astrologen, sofern er nicht selbst der Fragesteller ist. Heirat, Scheidung und Trennung, rechtmäßige Verträge und Umgang mit der Öffentlichkeit sind hier ebenfalls zu finden. Geht es um einen Umzug, so ist der Ort, an den der Fragesteller hinzieht, im 7. Haus zu suchen (arbeiten Sie aber auch mit der Astro★Carto★Graphy, siehe S. 178–189). In Zeiten des Krieges ist der Feind hier zu finden. Planeten im 7. Haus in Opposition zum Aszendenten können sich nachteilig auf die Gesundheit des Betreffenden auswirken.

8 DAS 8. HAUS

Der Tradition zufolge ist dies das Haus des Todes und der Erbschaften. Auch Sex ist hier machtvoll vertreten. Zeichen und Planeten sagen auch etwas aus über chirurgische Eingriffe und ihren Ausgang. Das Geld und der Besitz anderer Leute ebenso wie Steuern, Schulden, Hypotheken und Versicherungen sind Angelegenheiten des 8. Hauses. Wenngleich es in der Stundenastrologie nicht um psychologische Probleme geht, so kann sie doch vorschlagen, ob oder ob nicht der richtige Zeitpunkt für eine Therapie bzw. die Behandlung lange bestehender psychologischer Probleme gegeben ist. Auch Detektiv- und Forschungsarbeiten gehören zum 8. Haus. »Wiedergeburt« nach einer Zeit der Transformation aufgrund von Selbstanalyse oder erzwungenem Wandel sowie das Okkulte finden sich ebenfalls hier.

9 DAS 9. HAUS

Dieses lebhafte Haus herrscht über weite Reisen, intellektuelle Herausforderungen und Fortbildung. Fragen wie: »Soll ich eine Weltreise machen?« oder »Soll ich an die Universität gehen?« haben mit diesem Haus zu tun. Es geht hier außerdem um Religion, Geistliche, Philosophie, das Gesetz, um legales Vorgehen sowie religiöse und zivile Zeremonien einschließlich Hochzeiten. Verlagswesen, Rundfunk und Fernsehen, Medien, Werbung, Expertenkommissionen, intellektuelle Bestrebungen und Erdkunde sind alles Belange des 9. Hauses, ebenso Verbindungen zum Ausland, und zwar geschäftlicher wie privater Natur. Dozenten und Professoren, Schriftsteller, Bischöfe und Verleger, Piloten und Flugbegleiter, Bergführer und Reiseleiter werden dem 9. Haus zugeordnet, außerdem hoch gelegene Orte, Flugzeuge, Kometen und alles Außerirdische.

(10) DAS 10. HAUS

Dieses Haus betrifft Regierungen, Geschäfte und Berufslaufbahnen, die Berufung, Ziele und Status. Autoritätsfiguren, die Mutter, den Chef, Präsidenten, Königshäuser und Richter finden wir hier. Geht es um die Karriere, Ambitionen, Jobwechsel, Beschäftigungsverhältnisse und Entlassungen, so finden Sie Informationen in diesem Haus. »Stellung in der Welt und Ansehen« sind die Schlüsselworte. Der Fragesteller kommt gut voran, wenn die Sonne oder Jupiter in diesem Haus stehen. Nach William Lilly versagt Saturn in diesem Haus Ehre. Modern ausgedrückt muss der Betreffende höchstwahrscheinlich zusätzliche Verantwortung auf sich nehmen und vielleicht mit einem einsamen Posten zurechtkommen.

(11) DAS 11. HAUS

Dies ist das Haus der Bekanntschaften, Freunde, Vereine und Gruppen von gleich Gesinnten. Allgemeiner repräsentiert es das gesellschaftliche Leben sowie Beziehungen mit Menschen im weitesten Sinn, ebenso Hilfsgüter bei humanitären bzw. Wohltätigkeitsaktivitäten. Klienten und die Haltung des Fragestellers ihnen gegenüber kann man im 11. Haus ablesen. Man findet hier Hinweise auf Wünsche und Hoffnungen, und so einfache Fragen wie: »Bekomme ich, was ich will?« wird man mit der Betrachtung dieses Hauses beantworten können.

(12) DAS 12. HAUS

Es ist das Haus des Rückzugs und religiöser Retreats, ebenso des Eingesperrtseins, sei es im Krankenhaus oder im Gefängnis. Es repräsentiert Tanten und Onkel mütterlicherseits, außerdem Inspirationen und Kreatives wie Tanz, Schlittschuhlaufen, Gedichte, Fotografie und Filme. Enttäuschungen, Geheimnisse, verborgene Ängste und Blockierungen des Fragestellers findet man hier, darüber hinaus heimliche Aktivitäten und Liebschaften sowie »Abtauchen« – im Positiven durch die genannten kreativen Aktivitäten und im Negativen durch Alkohol- und Drogensucht. Auch Aufmerksamkeit aufgrund eines Selbstmordversuchs ist eine Angelegenheit des 12. Hauses.

EINE ASTROLOGIE-GRUPPE

FALLSTUDIE

Ein Freund leitete über viele Jahre eine Astrologiegruppe. Diese hatte in letzter Zeit große Schwierigkeiten, darunter Konflikte zwischen den einzelnen Personen sowie finanzielle Probleme. Er diskutierte mit den Studenten und kam zu dem Schluss, dass die Probleme etwas mit den Belastungen im Gründungshoroskop der Gruppe vor Jahren zu tun hatten.

Er reiste gerade in Richtung Norden in England, nahe der Stadt Stevenage, als er beschloss, ein Stundenhoroskop zu konsultieren. Sofort kam ihm die Frage: »Sollten wir die Gruppe reformieren?« in den Kopf, und er notierte die Zeit. Nachdem er von seiner Reise zurückgekehrt war, besprach er sich mit seinen Studenten. Sie entschieden, das Horoskop zu deuten, um zu sehen, ob sie die Gruppe auflösen sollten. Das Ergebnis sah so aus:

Datum: 22. September 2000
Zeit: 14.47 GMT
Ort: Stevenage, Hertfordshire, England

Erste Bestandsaufnahme

1. Der Astrologe hat die Frage gestellt, also wird er vom Mond, dem Aszendenten und dem Planeten, der über den Aszendenten herrscht, repräsentiert. In diesem Fall ist der Mond im Krebs im 7. Haus, der Aszendent ist im Steinbock; sein Herrscherplanet Saturn, der rechnerisch im 4. Haus ist, wird aber, da er sich innerhalb von 5° vor der Spitze des 5. Hauses befindet, in diesem gedeutet.

2. Gegenstand der Frage ist die Astrologiegruppe. Sie wird vom 11. Haus repräsentiert, mit Schütze an der Spitze und Pluto darin. Herrscher des Fragegegenstandes ist Jupiter, der Herrscher von Schütze.

3. Die Sonne ist in der Jungfrau im 8. Haus, das Löwe an der Spitze hat.

4. Der Aszendent befindet sich nicht auf den ersten bzw. auf den letzten drei Grad eines Zeichens, der Mond ist nicht im Leerlauf und nicht auf der *via combusta* – das Horoskop kann gedeutet werden.

5. Das 1. Haus wird - in dieser Reihenfolge – bewohnt vom südlichen Mondknoten, von Neptun und von Uranus.

6. Der Glückspunkt ist wohlplatziert, und Venus ist in applikativer Konjunktion dazu, beide befinden sich im Venuszeichen Waage, ebenso Merkur.

Brennpunkt — Grade

0	1	2	3	4	5	6	7	8	9	10	11	12	13	14	15	16	17	18	19	20	21	22	23	24	25	26	27	28	29
♄			♂						Asc	♇	♃				MC		♅			☽	☊	☿					♀		☉
0°			3°						9°	10°	11°				15°		17°			20°	21°	22°					27°		29°
53'			32'						28'	27'	9'				45'		21'R			20'	00'	12'					12'		53'
♊			♍						♑	♐	♊				♏		♒			♋	♋	♎					♎		♍
			♆																										⊕
			3°																										29°
			56'R																										55'
			♒																										♎

Positionen der Planeten
In diesem Diagramm sind die Positionen der Planeten in Graden und Minuten zu sehen. Es lohnt sich, die Planeten in dieser Form darzustellen, denn so kann man auf einen Blick sehen, welches die stärkeren und welches die schwächeren Aspekte sind. Der Mond ist der Brennpunkt von Fragehoroskopen und sollte daher Ihr Hauptführer sein. Links vom Brennpunkt sind die schwächeren Aspekte, weil sie separativ sind; diejenigen rechts davon sind die stärkeren, weil sie applikativ sind, d.h. erst noch zustande kommen. Da sich der Mond auf 20° Krebs befindet, bewegt er sich von dem Trigon zur Himmelsmitte auf 15° Skorpion weg und schließt in exakter Konjunktion zum nördlichen Mondknoten auf 21° Krebs auf. Danach wird das Quadrat zu Merkur auf 22° Waage exakt. Wenn wir andere Planeten betrachten, sehen wir, dass Jupiter auf 11° Zwillinge gerade die Opposition zu Pluto auf 10° Schütze hinter sich gelassen hat. Mit dieser Methode kann man beurteilen, welche Ereignisse und Einflüsse vorbei sind oder gerade nachlassen. In diesem Fall löst sich die aufreibende Jupiter/Pluto-Opposition gerade auf, die mit den Konflikten zwischen den Personen und mit den finanziellen Problemen zu tun hat. Das facettenreiche Quinkunx zwischen Mars und Neptun könnte, da es erst noch exakt wird, für Verwirrung sorgen – etwas, was der Astrologe im Kopf hatte und was erst aus dem Weg geräumt werden musste, ehe er und seine Freunde einen passenderen Zeitpunkt für einen Neuanfang der Gruppe ins Auge fassen konnten.

7. Die nächsten Aspekte, die von wichtigen Planeten gemacht werden, sind: Der Mond im Krebs nähert sich dem nördlichen Mondknoten und ist fast exakt, während sich die Sonne am Ende der Jungfrau einem Trigon mit Saturn annähert, der am Anfang der Zwillinge steht. Dies sind die Hauptmerkmale des Horoskops.

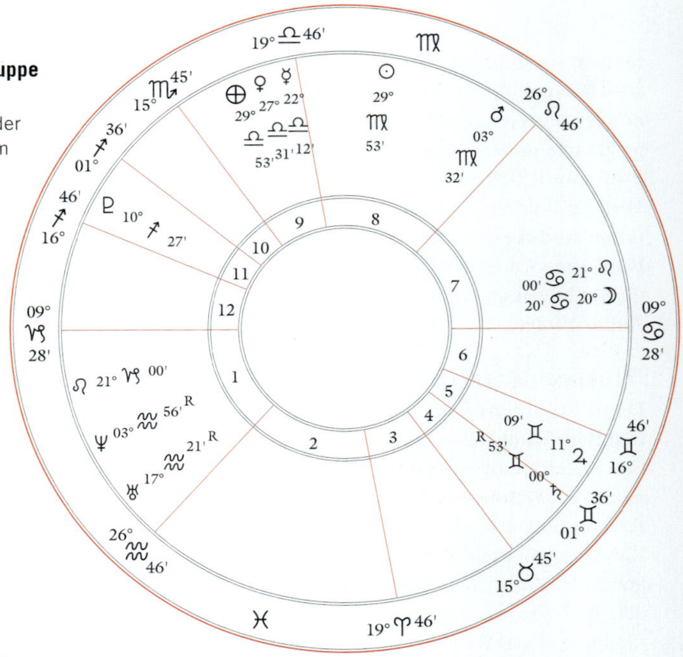

Horoskop für die Astrologiegruppe (Regiomontanus)
Hier wurde das Horoskop von der Software mit dem Häusersystem nach Regiomontanus erstellt. Die Planeten wurden dabei in Grad und Minuten errechnet. Mit diesem Horoskop haben wir bei unserer Interpretation gearbeitet. Beim Regiomontanus-System sind die Häuser unterschiedlich groß und entsprechend die Gradzahlen der Häuserspitzen verschieden. Man kann sich aber leicht daran gewöhnen.

Interpretation

Aus der Platzierung der Planeten ist ersichtlich, dass der Astrologe (zugleich der Fragesteller) im 7. Haus zu finden ist, was auch der Fall wäre, wenn er nicht selbst der Fragesteller wäre. Das Horoskop trägt einige sehr deutliche Merkmale, z. B. dass das 11. Haus der Gruppen und Vereine vom lernbegierigen Schützen besetzt ist und damit von Jupiter in den intellektuellen Zwillingen und im 5. Haus der Freizeitaktivitäten beherrscht wird. Doch Pluto befindet sich im 11. Haus; während seine moderne Bedeutung unberücksichtigt bleibt, hat er doch mit Geld zu tun und für Kameradschaft oder Harmonie nicht unbedingt Verständnis. Das Thema Geld ist auch durch die Jungfrausonne im 8. Haus stark betont, die sich einem kraftvollen Trigon mit Saturn nähert, dem Herrscher dieses Horoskops. Auch Mars befindet sich im 8. Haus. Sie alle stehen für die finanziellen Probleme der Gruppe.

Was spricht nun dafür, zum Reformieren der Gruppe Ja zu sagen, und was spricht dagegen?

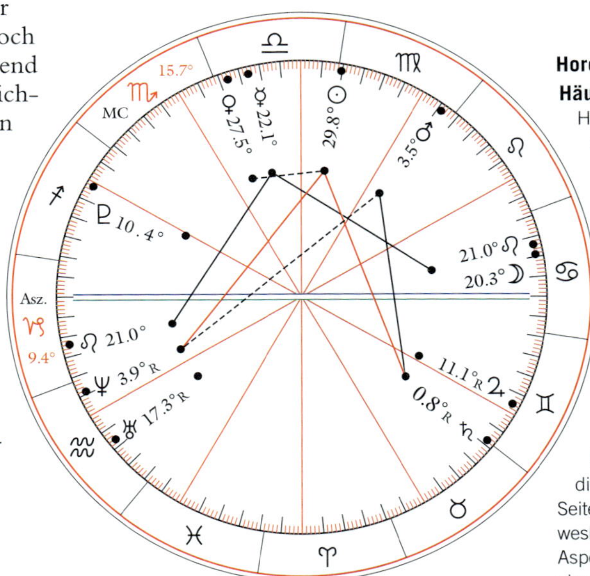

Horoskop für die Astrologiegruppe (Äquale Häuser)
Hier ist das Horoskop für dieselbe Zeit und denselben Ort erstellt, jedoch mit Äqualen Häusern. Einige Planeten befinden sich nun in anderen Häusern, womit sich die Interpretation verändern würde. Beim Regiomontanus-System ist Saturn nahe der Spitze des 5. Hauses und wird entsprechend der 5-Grad-Regel (siehe S. 168) im 5. Haus gedeutet. Hier fällt er ganz ins 5. Haus. Die Sonne steht jetzt im 9. Haus – eine bessere Platzierung für dieses spezielle Problem, weil sie hier das Intellektuelle und das Studium betont. Pluto steht im 12. Haus in weniger aggressiver Stimmung als im 11. Haus. Wäre dies ein Geburtshoroskop, so hätten wir hier mehr Aspekte, doch wir müssen die Regel befolgen, der zufolge der Orbis auf beiden Seiten eines Planeten aufgeteilt wird (siehe S. 168), weshalb wir z.B. zwischen Mond und Venus keinen Aspekt haben – in einem Geburtshoroskop wäre es ein gültiges Quadrat. Vergessen Sie diese Regel nicht!

Für ein Ja spricht …

Der ausgezeichnet stehende Mond, der sich dem nördlichen Mondknoten annähert, bedeutet wirklich ein Zusammenkommen. Offensichtlich will sich die Gruppe reformieren.

Die wohlplatzierte Venus in applikativer Konjunktion zum Glückspunkt und in der Nähe von Merkur im 9. Haus, das für Fortbildung steht, sind ebenfalls positive Hinweise.

Die Sonne, die gerade dabei ist, ein Trigon mit Saturn zu bilden, ist im Hinblick auf das Ergebnis der Frage ebenfalls positiv zu bewerten, da Saturn Herrscher des Horoskops ist und den Astrologen symbolisiert, der die Gruppe leitet. Er ist ein älterer, sensibler Mann mit viel Erfahrung, der zum Zeitpunkt der Fragestellung extrem um die Gruppe besorgt war. Er wollte sowohl für die Gruppe wie für jeden Einzelnen unbedingt das Bestmögliche tun, alle lagen ihm am Herzen. In der Tat kann man seine Gefühle zu der Zeit sehr gut in dem Horoskop erkennen: Der Krebs steht für Sich-Sorgen-Machen und Sich-kümmern, das 7. Haus für die Belange der anderen, und die Präsenz Saturns fordert, dass man das Richtige tut.

Pluto im 11. Haus, oft ein Hinweis auf den Tod, zeigt das Ende der alten Gruppe. Jupiter im 5. Haus ist ebenfalls herausragend.

Für ein Nein spricht …

Argumente gegen eine Reform der Gruppe sind der südliche Mondknoten sowie Neptun und Uranus im 1. Haus. Zu gegebener Zeit werden diese Planeten aufgehen und die kommenden Ereignisse beeinflussen. William Lilly mochte den südlichen Mondknoten überhaupt nicht, denn er stehe für »Schaden und Hindernis in Bezug auf Angelegenheiten des Hauses«. Interpretieren wir Neptun gefolgt von Uranus negativ, so können wir sagen, dass eine Zeit der Verwirrung und des Durcheinanders bevorsteht (Neptun), gefolgt von plötzlichem Abbruch und Unruhe (Uranus).

Schlussfolgerung

Sehen wir uns die Probleme im 1. Haus einmal aus einer anderen Blickwarte an, dann können wir erkennen, dass die

Astrologie hier zu finden ist. Uranus ist der Planet unserer Disziplin, und Neptun schwingt einvernehmlich mit (auch wenn er manchmal unter den verschiedenen Schulen und Methoden Verwirrung stiftet). Nur – wie stark ist der negative Einfluss des südlichen Mondknotens? Nachdem sich der Mond in so enger Konjunktion mit dem nördlichen Mondknoten befindet, steht er zugleich in Opposition zum südlichen. Stünde der Mond im 1. Haus in Opposition zum nördlichen Mondknoten, so wäre die Schwierigkeit viel größer. Wenn wir also das gegen die vielen positiven und überaus interessanten Hinweise abwägen, können wir gut und gerne Ja sagen: Die Gruppe sollte vorübergehend stillgelegt werden und sich dann neu bilden.

EINE SHOW

FALLSTUDIE

Begeisterte Theatergänger, die wir sind, vernahmen wir mit Interesse, dass ein weiteres Musical von Andrew Lloyd Webber in einem Theater des Londoner West End eröffnet werden sollte. Julia wollte unbedingt wissen, ob *The Beautiful Game* ebenso erfolgreich werden würde wie seine früheren Werke, und stellte daher die Frage: »Wird Andrew Lloyd Webbers neue Show erfolgreich sein?«

Datum: 16. September 2000
Zeit: 22.25 GMT
Ort: London, England

Erste Bestandsaufnahme

1. Das Horoskop kann gedeutet werden.

2. Die Show ist der Fragegegenstand, Julia die Fragestellerin.

3. Mars befindet sich am Rand des 3. Hauses und zählt zum 4. Haus.

4. Das 5. Haus repräsentiert die Show selbst, denn es ist das Haus von Theater und Unterhaltung. Das Zeichen an der Spitze ist Waage, Venus ist deren Herrscherin und befindet sich ebenfalls in der Waage, allerdings auf der *via combusta*.

5. Die Fragestellerin wird vom Mond im Stier symbolisiert, der von der Venus regiert wird.

6. Der Aszendent ist im Krebs, der nördliche Mondknoten befindet sich im 1. Haus.

7. Die Sonne steht in der Jungfrau im 4. Haus.

8. Der Fixstern Regulus auf 29,8° Löwe bildet eine Konjunktion mit Mars in exakter Opposition zur Himmelsmitte.

9. Der Mond ist im Trigon zu Mars – ein separativer Aspekt. Die Sonne nähert sich dem exakten Trigon zu Saturn an.

10. Jupiter und Saturn befinden sich beide im 12. Haus, Jupiter (da rückläufig) nähert sich der genauen Opposition zu Pluto im 6. Haus an.

11. Das Haus mit dem Mondzeichen Krebs an der Spitze ist das 1. Haus (der Aszendent). Das Haus mit dem Sonnenzeichen Löwe an der Spitze ist das 3. Haus.

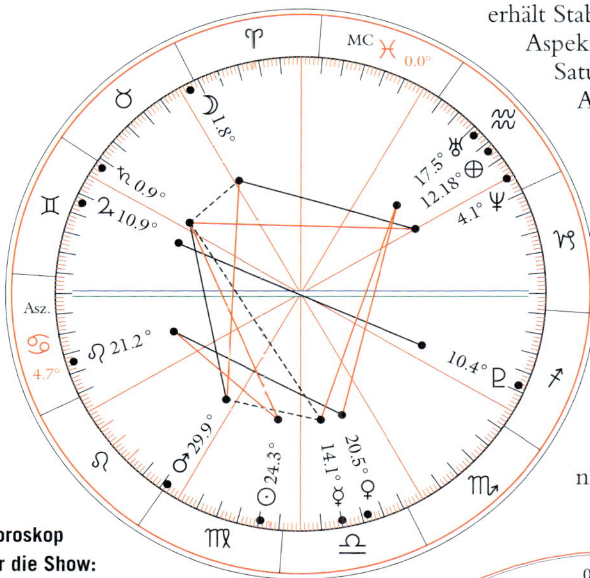

Horoskop für die Show: Äquale Häuser (oben)
Mars ist hier im 2. Haus, Neptun befindet sich genauso wie im Horoskop nach Regiomontanus im 8. Haus. Das gilt auch für den Mond im 10. Haus. Venus – auf der via combusta – sowie Merkur stehen im 4. Haus, was weniger gut ist. Saturn geht im Regiomontanus-Horoskop ins 11. Haus zurück; diese Position hat er auch bei den Äqualen Häusern inne. Bei der Schlussinterpretation weichen die beiden Horoskope etwas voneinander ab.

Horoskop für die Show: Regiomontanus (rechts)
Bei dem Horoskop mit Regiomontanus-Häusern ist Krebs an der Spitze des 2. Hauses, und Mars befindet sich im 4. Haus. Wir haben dieses für die Interpretation gewählt.

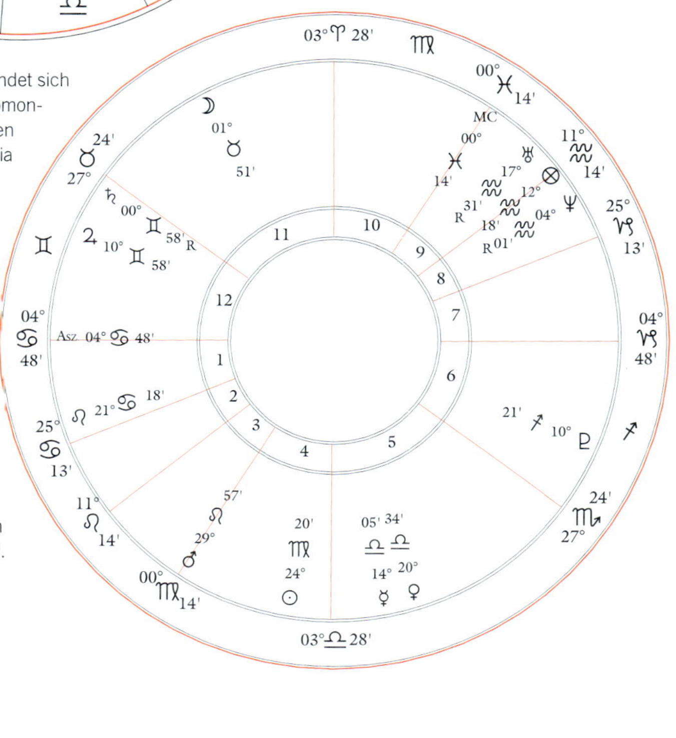

12. Sowohl Jupiter als auch Saturn sind rückläufig. So viel zu den wichtigsten Merkmalen des Horoskops.

Interpretation

Der Mond im 11. Haus in Stier als Aszendentenherrscher zeigt, dass die Fragestellerin ein echtes Interesse am Gegenstand der Frage hat. Sie hofft, dass die Show erfolgreich ist und dem talentierten Urheber und seinen Darstellern (noch mehr) Geld bringt. In vielerlei Hinsicht ist die ebenso angenehme wie machtvolle Platzierung von Venus und, in geringerem Maß, von Merkur im Haus des Theaters, dem 5. Haus, hervorragend, doch unglücklicherweise befindet sich Venus auf der *via combusta* – kein gutes Vorzeichen für diesen Planeten, der doch in dem Horoskop so stark gestellt ist. Die Jungfrausonne im 4. Haus ist ermutigend und erhält Stabilität durch ihren ersten Aspekt, ein robustes Trigon zu Saturn. Da sich jedoch der Aspekt erst bildet, könnte dies für die Show auch etwas Schweres, Negatives bedeuten. Der erste Aspekt des Mondes führt zu Mars und zeigt die Energie und Kraft, die während der Proben und während der Show zum Ausdruck kommt. Löwe steht an der Spitze des 3. Hauses und zeigt gute Kommunikation an. Das Zeichen Krebs ist nicht nur am Aszendenten, sondern beherbergt auch den nördlichen Mondknoten und ist zudem an der Spitze des 2. Hauses, wo es eine kluge Haltung zu Geldangelegenheiten anzeigt. Mars in Opposition zur Himmelsmitte ist anstrengend und gibt schlicht Widerstand von außen an. Darüber hinaus könnte Regulus, ein Königsstern mit den Eigenschaften von Mars und Jupiter, ein kräftigender Faktor sein, da er Ehrgeiz und Erfolg fördert. Doch in Opposition zur Himmelsmitte dürfen wir seinen negativen Einfluss nicht übersehen, denn er ermutigt zur Rache, und gibt man dem nach, so könnte man »in Ungnade fallen« – was bei Königssternen immer möglich ist. Die unglückliche Platzierung von Jupiter und Saturn im 12. Haus, wobei Jupiter in Opposition zu Pluto im 6. Haus steht, ist keine Hilfe für Neptun im 8. Haus, was nicht gerade auf finanziellen Erfolg verweist, wenngleich dies dem Krebs im 2. Haus widerspricht.

Showtime
Dem Horoskop zufolge wird die neue Show beim Publikum wohl gut ankommen, bei den Kritikern weniger.

Für Erfolg spricht ...

Die Kraft der Venus in Waage zusammen mit Merkur im 5. Haus – Theater – ist hervorragend, und auch Regulus in Konjunktion mit Mars zeigt Erfolg an. Löwe an der Spitze des 3. Hauses sorgt für gute Kommunikation. Auch das energiegeladene Trigon vom Mond zu Mars ist ein guter Faktor, da eine solche Produktion viel physische und emotionale Energie erfordert. Was die Finanzen betrifft, so sind der nördliche Mondknoten und Krebs an der Spitze des 2. Hauses die machtvolleren Indikatoren, ungeachtet des negativen Neptun im 8. Haus.

Gegen den Erfolg spricht ...

Die Platzierung der Venus ist exzellent, wenn wir davon absehen, dass sie sich auf der *via combusta* befindet. Das beinhaltet die Gefahr von Verletzungen, Krankheiten oder Feuer bzw. elektrischen Defekten. Das stark besetzte 12. Haus ist kaum ein Hinweis auf einen Erfolg, und die Tatsache, dass Jupiter in Opposition zu Pluto im 6. Haus steht, dem Haus der Gesundheit und Routinearbeit, zeigt, dass es Probleme geben könnte mit Tätigkeiten hinter der Bühne (12. Haus) und Arbeitern (6. Haus). Dies stimmt mit den negativen Seiten der Venusplatzierung überein.

Schlussfolgerung

Der lebhafte Merkur, der starke Mond im Trigon zu Mars sowie Krebs an der Spitze des 2. Hauses sind sicherlich gut, ebenso die Betonung des 5. Hauses. Aber vieles weist darauf hin, dass die Show wohl kaum ein Riesenerfolg wird. Sowohl Jupiter wie Saturn sind rückläufig, und eine Chance für die Show wird sich dann ergeben, wenn diese beiden am selben Tag direktläufig werden, am 25. Januar 2001. Dies wird für die Show ein Wendepunkt werden – sie wird entweder neu belebt, was am wahrscheinlichsten ist, oder abgebrochen werden oder auch zu einem anderen Theater umsiedeln. Was den Anklang beim Publikum betrifft, so sollte Merkur hilfreich sein, ebenso Löwe an der Spitze des 3. Hauses, was die Kommunikation und Publicity fördert. Doch das 6. Haus ist das Haus der Kritiker, die also von Pluto repräsentiert werden – es hat den Anschein, dass sie die Show nicht mögen.

Hinweis: Dies alles wurde vor der Premiere des Musicals verfasst.

»SAMANTHA«

FALLSTUDIE

Kürzlich wandte sich Samantha mit der Frage an Julia, ob sie sich für ihre neue Tätigkeit würde erwärmen können. Sie brauchte dringend Rat, weshalb man sich entschied, ein Fragehoroskop zu erstellen. Sie stellte die Frage: »Werde ich bei meiner neuen Tätigkeit als Reiseveranstalterin Erfolg und Spaß haben?«

ÜBUNG

Fertigen Sie für die Fallbeispiele »Show« und »Samantha« eine Tabelle wie auf S. 173 an.

Datum: 25. Oktober 2000
Zeit: 11.30 GMT
Ort: London, England

Erste Bestandsaufnahme

1. Das Horoskop kann gedeutet werden, der Mond ist nicht im Leerlauf, doch Sonne und Merkur befinden sich auf der *via combusta*.

2. Samantha ist die Fragestellerin und wird vom Schützeaszendenten, dessen Herrscher Jupiter und dem Mond in der Waage repräsentiert.

3. Der Fragegegenstand wird von dem Planeten symbolisiert, der über das Haus herrscht, welches in Beziehung zur Frage steht. Da es um Reise geht, ist es das 9. Haus. An dessen Spitze ist das Zeichen Jungfrau, in dem sich auch Mars befindet, der seinerseits von Merkur im Skorpion regiert wird. Die Sonne befindet sich ebenfalls im Skorpion.

4. Fixsterne sind nicht direkt involviert, lediglich Aldebaran auf 9,5° Zwillinge ist in der Nähe von Jupiter, jedoch mit einem Orbis, der größer als ein Grad und damit zu weit ist.

5. Es befinden sich keine Planeten am Aszendenten. Merkur, Jupiter, Saturn und Uranus sind rückläufig.

6. Wir müssen viele Aspekte außer Acht lassen (die in dem Horoskop mit den Äqualen Häusern leicht erkennbar sind), da sie den zulässigen Orbis (siehe S. 168) überschreiten. Nichtsdestotrotz sind einige bedeutsam, nämlich Sonne im Quadrat zu Neptun, ihrem ersten Aspekt, der erst exakt wird. Der erste Aspekt des Mondes ist das Sextil zu Venus, wobei dieses separativ ist. Der Mond bildet auch Trigone zu Jupiter und Neptun. Jupiter steht in Opposition zu Pluto, Saturn im Trigon zu Neptun.

7. Die Spitze des 7. Hauses steht in den Zwillingen und repräsentiert Julia, zusammen mit dem eingeschlossenen Krebs in diesem Haus und dem nördlichen Mondknoten im Krebs. Sie ist bei der Deutung des Horoskops gut gestellt.

8. Sonne und Merkur befinden sich im 10. Haus.

Interpretation

Das Horoskop ist ebenso interessant wie aufschlussreich. Der Mond zeigt klar, wie sich Samantha zu der Zeit gefühlt hat: unentschlossen. Mit dem Schützeaszendenten und dessen Herrscher Jupiter in Zwillinge im 6. Haus – den Repräsentanten von Samantha – sprach vieles dafür, dass sie die neue Vereinbarung akzeptieren würde.

Dass sie hart wird arbeiten müssen, kann man an dem machtvoll platzierten Mars an der Spitze des wichtigen 9. Hauses in der Jungfrau sehen. Gelegentlich wird die Arbeit für sie eine Belastung darstellen, und sie muss erkennen, dass sie sich Zeit für echte Entspannung nehmen muss, egal wie ausgefüllt ihr Terminkalender ist. Die Gesundheit spielt hier in der Tat eine wichtige Rolle, da Jupiter, der sie repräsentiert, – wenngleich wohlplatziert im 6. Haus (was gut ist für die tägliche Routine-Arbeit, die sie zu tun hat) – rückläufig ist. Die enge Opposition zu Pluto ist anstrengend.

Positive Hinweise

Sonne und Merkur im 10. Haus könnten für den Beruf nicht besser gestellt sein, nur befinden sie sich auf der *via combusta* (siehe unten). Doch der Mond ist zu Samanthas Gunsten, da er zeigt, dass sie gut mit ihren Klienten zurechtkommt und diplomatisch ist, wenn sie Probleme haben. Das Reisen sagt ihr zu – und sie wird sicherlich die Herausforderung der Tätigkeit genießen.

Negative Hinweise

Mit Sonne und Merkur auf der *via combusta* liegt auch hier der Akzent auf ihrer Gesundheit. Ihre Vitalität (Sonne) könnte eingeschränkt sein, und Stress könnte aufkommen (Merkur). Diese Möglichkeiten werden noch dadurch betont, dass sich der rückläufige Saturn im 5. Haus befindet, dem Haus der Sonne. Es könnte mehr Arbeit hinter den Kulissen erforderlich sein als erwartet (Venus und Pluto im 12. Haus). Was die Finanzen betrifft, so sieht es mit Neptun und Uranus im 2. Haus weniger gut aus, weshalb jegliche Komplikationen bei Verträgen, Kosten usw. sehr schnell geklärt werden müssen.

Schlussfolgerung

Die gute Mischung von Hinweisen lässt keine eindeutige Antwort auf die Frage zu. Doch mit dem, was Samantha durch die Horoskopdeutung erfahren hat, ist sie besser ausgestattet im Umgang mit Höhen und Tiefen ihres Jobs. Sie wird sich großer Beliebtheit bei den Klienten erfreuen, wird aus der neuen Arbeit viel Befriedigung ziehen und bestimmt die Gelegenheit zu ausgedehnten Reisen überaus zu schätzen wissen. Doch sie wird auf der Hut sein müssen in Bereichen, in denen sie anfällig ist. Das gilt besonders im Hinblick auf den möglichen Stress, mit dem sie es zu tun haben könnte, und auf die möglichen Gesundheitsprobleme. Auch der Möglichkeit von Geldproblemen muss sie sich bewusst sein.

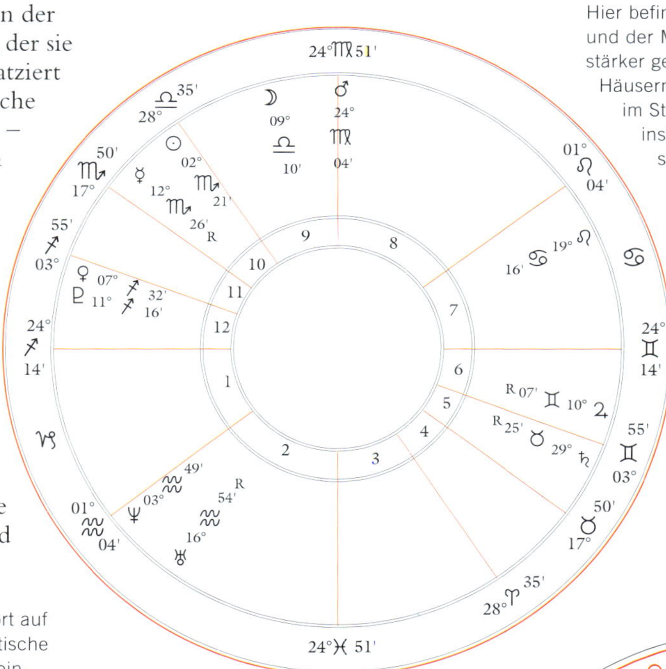

Samantha: Regiomontanus-Horoskop (links)
Hier befinden sich Sonne und Merkur im 10. Haus und der Mond im 9. Die Sonne im 10. Haus ist stärker gestellt als im Horoskop mit den Äqualen Häusern, aber da der Mond der wichtigste Planet im Stundenhoroskop ist, gebührt ihm Vorrang, insbesondere nachdem das 9. Haus bei dieser Frage so wichtig ist. Bei Regiomontanus kommen »eingeschlossene« Zeichen vor, ebenso wie bei den meisten anderen Häusersystemen (außer bei den Äqualen Häusern). Die Energien eines eingeschlossenen Zeichens wirken innerhalb des Hauses konzentrierter.

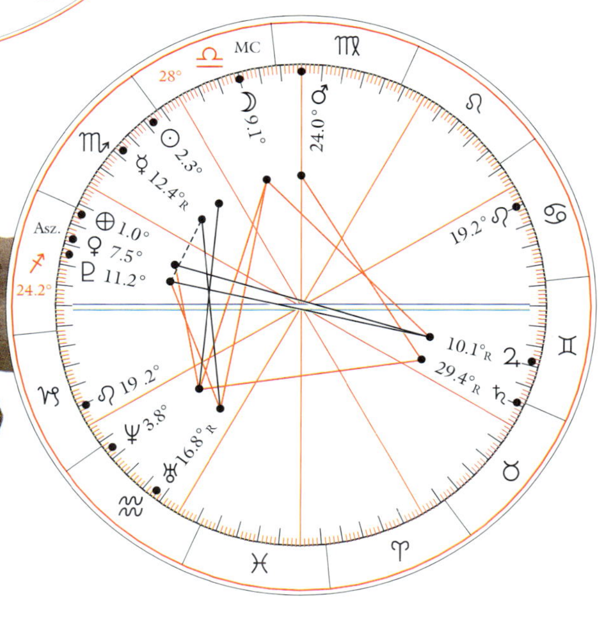

Samantha: Äquale Häuser (unten)
In diesem Horoskop stehen Sonne und Merkur im 11. Haus und der Mond im 10. Saturn im 6. Haus verleiht der Gesundheitsproblematik zusätzlichen Stress.

Unterwegs
Das Horoskop gibt keine eindeutige Antwort auf Samanthas Frage, gibt ihr aber eine realistische Vorstellung davon, wie die Arbeit wahrscheinlich sein wird, und befähigt sie dazu, das Beste daraus zu machen.

RELOKATIONSASTROLOGIE

Bei diesem Gebiet der Astrologie geht es darum, das Geburtshoroskop und/oder das progressive Horoskop für einen anderen als den Geburtsort zu erstellen. Diese relozierten Horoskope sagen vieles über die Reaktionen des Betreffenden auf den neuen Ort. Wie die meisten astrologischen Methoden gibt es die Relokationsastrologie schon sehr lange, doch sie hat beträchtlich an Popularität gewonnen, seitdem es astrologische Computerprogramme gibt. Dieser Zweig der Astrologie ist auch unter dem Namen Astro★Carto★Graphy (A★C★G) bekannt. Dies ist ein eingetragenes Warenzeichen des inzwischen verstorbenen Jim Lewis, der die Weltkarten sowie die dazugehörige Software entwickelt hat.

Bei der Relokationsastrologie gibt es zwei unterschiedliche Herangehensweisen: eine traditionelle, bei der man die Horoskope in der üblichen Weise erstellt, sowie eine modernere, bei der mithilfe eines Computerprogramms A★C★G- sowie Local-Space-Karten angefertigt werden. Bei Letzteren liegt der Akzent eher auf dem Räumlichen als auf dem Zeitlichen – wir erfahren so, was voraussichtlich an dem neuen Ort geschehen wird, egal ob er weit entfernt ist von unserer vertrauten Umgebung oder nicht.

Es ist wichtig, dass Sie genau zwischen Horoskopen in der Ihnen nun bestens bekannten Darstellungsweise einerseits und (Land-)Karten andererseits unterscheiden, die bislang im Zusammenhang mit Astrologie neu für Sie sind. In diesem Kapitel beziehen wir uns auf beide.

DIE TRADITIONELLE VORGEHENSWEISE

Diese ist ganz einfach: Das Geburtshoroskop wird erneut für einen anderen als den Geburtsort berechnet (siehe rechts). Man verwendet Geburtsdatum und -zeit, doch wenn die Sternzeit der Geburt für Greenwich ermittelt ist, muss man das Horoskop auf den neuen Ort umrechnen. Allein dieses Ergebnis ist sehr aussagekräftig, denn wenngleich die Planetenpositionen und die Aspekte identisch mit denjenigen im Geburtshoroskop sind, so sind doch in dem Relokationshoroskop Achsen und Häuser vollkommen anders. Sie zeigen, wie der Betreffende reagiert und wie er sich behauptet, wenn er an diesem Ort lebt und arbeitet.

Eine weitere Entwicklung dieser Theorie ist die Arbeit mit dem progressiven Geburtshoroskop, und zwar berechnet für den neuen Ort, um die Reaktionen dieses Menschen hinsichtlich des neuen Ortes offenzulegen und Einsicht zu gewinnen, welche Entwicklung er in allen Lebensbereichen gemacht hat. Diese Methode ist nicht nur für langfristige Ortswechsel geeignet, sondern auch ein gutes Mittel, um die bestmöglichen Urlaubsorte für Sie herauszufinden.

Ein Relokationshoroskop deuten

Wenn Sie die Berechnung selbst vornehmen, dann schauen Sie als Erstes nach, ob irgendein Planet auf eine der Achsen in dem neuen Horoskop fällt. Als Orbis können Sie 5° bis 6° gelten lassen. Ein Planet ist am Aszendenten oder an der Himmelsmitte am stärksten, und auch diejenigen am Deszendenten oder an der Himmelstiefe (IC) stellen wichtige Anhaltspunkte dar. Sie können in Ihre Betrachtung die Einflüsse aller Planeten mit ihren neuen Hauspositionen einbeziehen – auch dadurch werden Sie vieles erfahren. Vergessen Sie bei all dem aber nicht Ihr Geburtshoroskop, das Ihr wahrer Wegweiser ist – Ihre grundlegenden Reaktionen und Motivationen finden Sie hier.

Das Relokationshoroskop dient als Inspiration und zeigt, wie der Einfluss

EIN GEBURTSHOROSKOP FÜR EINEN NEUEN ORT BERECHNEN

Bringen Sie Längen- und Breitengrad des neuen Ortes in Erfahrung und gehen Sie in der bekannten Weise bei der Berechnung vor, bis zu dem Punkt, an dem Sie die Greenwichzeit (GMT) der Geburt errechnet haben (siehe S. 98–99). Von hier aus machen Sie die Sternzeit der Geburt für das relozierte Horoskop ausfindig. Mit den neuen Längen- und Breitengraden gehen Sie wie gehabt vor. Wahrscheinlich gelingt Ihnen das jetzt relativ leicht - aber werden Sie nicht nachlässig! Wenn Sie schließlich bei der Sternzeit der Geburt an dem neuen Ort angelangt sind, können Sie wie gewohnt den Häusertabellen die neuen Achsen entnehmen.

Sollte sich der neue Ort südlich des Äquators befinden, dann vergessen Sie nicht die hierzu erforderliche kleine Extra-Rechnung (siehe S. 99). Liegt der Ort jedoch auf der nördlichen Halbkugel, dann können Sie sich natürlich auf die Positionen in den Tabellen verlassen.

Ein progressives Horoskop relozieren

Wollen Sie die progressiven Häuser für einen neuen Ort ausfindig machen, dann müssen Sie zunächst das Relokationshoroskop wie gerade ausgeführt berechnen und es gewissermaßen als »Ehren«-Geburtshoroskop für den neuen Ort behandeln. Nun arbeiten Sie für die Berechnung der Progressionen nur noch mit diesem Horoskop weiter.

Sie gehen im Grunde genauso vor, wie Sie es bereits gelernt haben (siehe das Beispielhoroskop der fiktiven Person, die wir Stephen genannt haben, auf S. 98–103 sowie das progressive Horoskop auf S. 116–127), verwenden nun aber das »Ehren«-Geburtshoroskop mit dem neuen Breitengrad. Wir runden die Positionsangaben in Stephens Horoskop auf ganze Gradzahlen auf oder ab: Das Geburts-MC ist auf 28° Wassermann, der Aszendent auf 21° Zwillinge. Im vorgerückten Horoskop ist das MC auf 8° Fische und der Aszendent auf 0° Krebs (diese Zahlen erhält man, wenn man MC und Aszendent um 10,2° vorschiebt, entsprechend der vorgeschobenen Sonne). Wenn Sie nun das Horoskop neu für Moskau erstellen (55° 45'N, 37° 35'O), dann ergeben sich folgende relozierte Achsen: MC 25,0° Zwillinge und Aszendent 26,4° Jungfrau. Diese Achsen werden dann vorgeschoben, will man die progressiven Häuser ermitteln, welche sind: MC 5,2° Krebs und Aszendent 3,8° Waage. Diese Zahlen ergeben sich, wenn man 10,2° (die Strecke der vorgeschobenen Sonne) zu den relozierten (Geburts-)Achsen dazuzählt.

der neuen Umgebung auf die Stimmungen und Einstellung des Betreffenden einwirken. Ist es z.B. anzuraten, in ein Land zu gehen, dessen politische Situation den Horoskopeigner wütend macht? Vielleicht hat er das Gefühl, dass es möglich wäre, einen Wandel einzuleiten – oder aber er könnte dort verhaftet werden. Die Hinweise abzuwägen ist sehr wichtig.

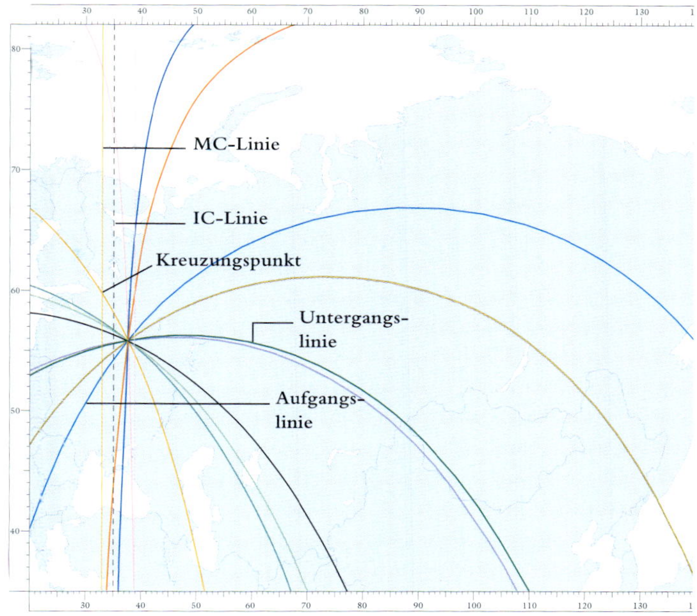

Die Schlüsselindikatoren
Um A*C*G- und Local-Space-Karten zu interpretieren, müssen Sie imstande sein, die MC- und IC-Linien zu identifizieren; so können Sie ersehen, wo die Planeten auf- und wo sie untergehen. Sie müssen auch wissen, wie Sie die sehr bedeutsamen Kreuzungspunkte entdecken.

DIE MODERNE VORGEHENSWEISE

Wenn wir ein herkömmliches Geburtshoroskop betrachten, dann ist es, als stünden wir im Zentrum und sähen in den Himmel. Wenn wir mit A★C★G-Karten arbeiten, finden wir uns oberhalb der Planeten wieder und sehen auf sie hinab.

Die Sonne wirkt immer gerade in irgendeiner Weise irgendwo auf der Welt ein. Stellen Sie sich vor, Sie befinden sich genau auf dem Greenwich-Meridian am Äquator. Es ist Mittag. Die Sonne steht genau über Ihnen. 90 Grad westlich geht sie gerade auf, und weitere 90 Grad entfernt – 180 Grad von Ihnen entfernt, genau auf der anderen Seite der Erdkugel – ist es Mitternacht; die Sonne erreicht dort ihren tiefsten Stand. 90 Grad östlich Ihres Standortes geht die Sonne gerade unter. Wie man sieht, macht die Sonne immer irgendwo einen Morgen, während die andere Hälfte der Welt noch schläft. Dasselbe gilt für die Planeten. Wenn einer an irgendeinem Ort in der Welt gerade kulminiert, dann erreicht er auf der anderen Seite der Erde, 180 Grad entfernt, gerade seinen tiefsten Stand.

Wäre die Erde ein langer Schlauch und keine Kugel, dann wäre dies für alle Breiten gültig, doch wenn wir uns nördlich oder südlich des Äquators befinden, ändert sich das Bild. Die vier exakten 90-Grad-Segmente werden verzerrt.

Relokationskarten herstellen

Mit der entsprechenden Software können Sie Relokationskarten ausdrucken, wie Sie sie auf den folgenden Seiten sehen. Sie müssen dazu das Datum, die Zeit und den fraglichen Ort eingeben, und die Software übernimmt die Berechnungen und erstellt eine Landkarte. Diese erscheint kompliziert, ist aber nicht schwer zu deuten.

Ein Software-Programm wie das von uns benützte (WinStar) fertigt sowohl A★C★G-Karten wie auch Local-Space-Karten problemlos an. Local-Space-Karten zeigen Richtungen von einem Ort aus an, während A★C★G-Karten bezogen auf die Orte sind. Die meisten Astrologen, die mit der Relokationsastrologie arbeiten, bevorzugen eine der beiden Methoden. Wir finden die A★C★G-Karten interessanter, werden aber auch die Local-Space-Karten analysieren.

Wie A★C★G-Karten funktionieren

Sowohl die Astro★Carto★Graphy- als auch die Local-Space-Karten gehen von abgeflachten Weltkarten aus. Auf der A★C★G-Karte sind mindestens 40 Linien zu finden. Die durchgehend gedruckten, gerade verlaufenden vertikalen Linien zeigen, wo jeder Planet kulminiert (an der Himmelsmitte). Wo ein Planet auf der anderen Seite der Welt, 180 Grad entfernt von seiner MC-Linie, gerade an der Himmelstiefe die untere Kulmination erreicht (das IC), ist die Linie gestrichelt.

Die weit geschwungenen Linien verweisen auf den Auf- und Untergang eines jeden Planeten. Die Aufgangslinie eines Planeten bzw. des Mondknotens beginnt an dem Punkt, wo er die gestrichelte Linie seiner unteren Kulmination kreuzt und in Richtung der durchgehenden Kulminationslinie zieht. Dort, wo er diese Linie kreuzt, wird die Linie zur Untergangslinie, bis sie wieder die Linie der unteren Kulmination erreicht.

Auf jeder Karte ist links der Westen und rechts der Osten, aber die Linien der oberen und diejenigen der unteren Kulmination können sowohl westlich wie östlich sein, da diese Karte genauso wie alle abgeflachten Weltkarten beide Seiten des Globus zeigt. Doch anhand der Kulminationslinien (sowohl der oberen wie der unteren Kulmination) können Sie ganz einfach herausfinden, ob ein Planet auf dem Weg zum (oberen) Kulminationspunkt (der Himmelsmitte im Horoskop) oder zum Punkt der unteren Kulmination (der Himmelstiefe – IC – im Horoskop) war. Die vier Linien eines jeden Planeten sind immer in derselben Farbe gedruckt.

Die hier verwendeten Begriffe stehen zu denjenigen in der üblichen Horoskopabbildung in folgender Beziehung: (Obere) Kulmination heißt »am MC«, untere Kulmination »am IC«; Aufgang bzw. aufgehend heißt am Aszendenten (AC), Untergang bzw. untergehend am Deszendenten (DC). Im weiteren Sinn befindet sich ein aufgehender Planet im Horoskop im Bereich zwischen IC und MC (auf der Seite des Aszendenten), ein untergehender zwischen MC und IC (auf der Seite des Deszendenten).

Die Linien interpretieren

Um eine A★C★G-Karte zu deuten, müssen Sie die Aufgangs- und Untergangs- sowie die MC- und IC-Linien der Planeten mit Bezug auf den Ort, für den Sie sich interessieren, untersuchen. Auf S. 181–182 finden Sie Interpretationen für die vier Linien jedes Planeten. Chiron-Linien sind noch nicht in jeder Software enthalten, aber das wird sich in Zukunft sicherlich ändern. Die

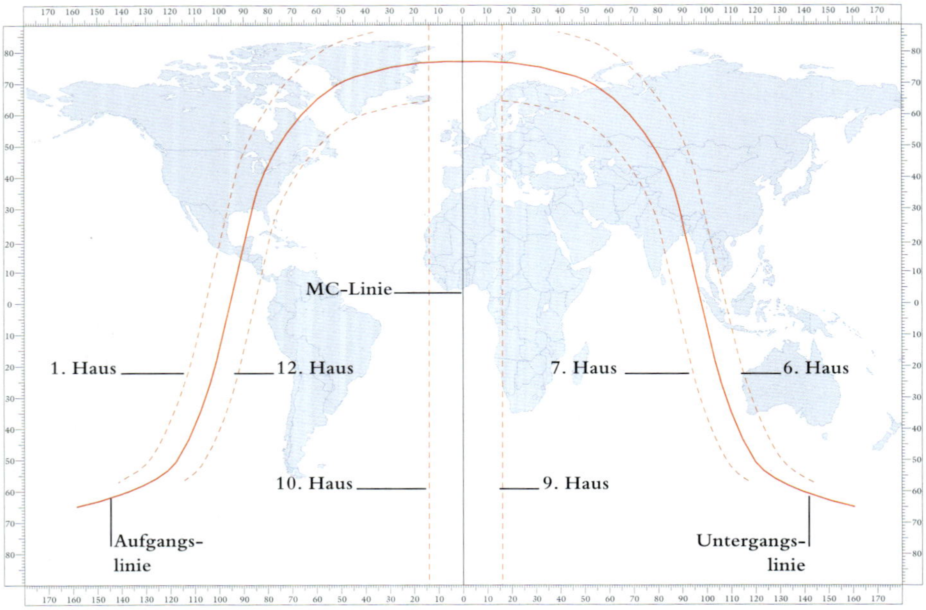

Der Einfluss der Häuser

Je nachdem, ob man sich östlich oder westlich einer Linie befindet, wird man die Wirkung der Planeten in unterschiedlichen Häusern erfahren. Wenn Sie direkt auf oder westlich einer MC-Linie leben, werden Sie das 10. Haus spüren, östlich dieser Linie macht sich hingegen das 9. Haus bemerkbar. Direkt auf oder westlich von einer AC-Linie ist es das 1. Haus, östlich davon das 12. Haus. Das 6. Haus gerät in den Brennpunkt, wenn Sie östlich einer DC-Linie leben, dagegen ist das 7. Haus wichtiger, wenn Sie direkt auf oder westlich dieser Linie leben.

Mondknotenlinie erscheint naturgemäß immer paarweise, weshalb die Betonung der Linien stärker ist als im Falle der einzelnen Planeten.

Diese vier Linien – Aufgang, Untergang, MC und IC – stehen in starker Beziehung mit den jeweiligen Häusern des Geburtshoroskops, d.h. dem 1., 7., 10. und 4. Haus. Wenn Sie direkt auf oder westlich von einer dieser Linien leben, werden Sie die Wirkung des dazugehörigen Hauses erleben. Viele erfahrene Astrologen haben herausgefunden, dass andere Häuser einen Einfluss ausüben, wenn Sie östlich einer Linie leben. So wird z.B. jemand, der östlich einer MC-Linie lebt, einen Zug in Richtung Angelegenheiten des 9. Hauses erleben, und jemand, der östlich einer AC-Linie lebt, wird den Einfluss des 12. Hauses spüren; schließlich wird jemand, der östlich einer DC-Linie lebt, das 6. Haus deutlich merken.

Die Bedeutung der Kreuzungen

Eine Kreuzung besteht, wenn eine vertikale durchgezogene MC-Linie oder eine gestrichelte IC-Linie von der kurvigen Aufgangs- oder Untergangslinie eines Planeten gekreuzt wird. Eine Kreuzung ist nicht nur genau an der Stelle wirksam, an der sich die beiden Linien treffen, sondern an allen Orten, die sich auf demselben Breitengrad befinden, wobei ein kleiner Orbis von einem Breitengrad zugelassen ist. An diesen Stellen machen sich die Einflüsse der Planeten vereint bemerkbar und sagen deutlich aus, wie der Betreffende aller Wahrscheinlichkeit nach dort reagieren wird.

Wenn sich z.B. an einem Ort die Linie des kulminierenden Mondes mit derjenigen des aufgehenden Saturns im Bereich des Aszendenten kreuzt, dann wird man hier vermutlich in einem neuen Beruf oder Job sehr viel Verantwortung übernehmen, aber an diesem Ort emotional belastet sein und sich möglicherweise einsam fühlen. Steht der Mond am IC im 4. Haus, rücken das Zuhause und familiäre Probleme in den Vordergrund. Mit Saturn am Deszendenten oder im 7. Haus könnte es dort Probleme mit dem Partner geben.

Wie Local-Space-Karten funktionieren

Dieses System, auch bekannt unter dem Namen Horizontsystem, basiert auf den Himmelskoordinaten Azimut und Höhe, wie sie auch Seefahrer benutzten. Azimut ist das Äquivalent zu unserer ekliptikalen Länge. Es wird in 360 Grad um die Horizontkante gemessen, beginnt östlich bei 0 Grad und bewegt sich gegen den Uhrzeigersinn. Das ist dieselbe Richtung, in der wir uns in der traditionellen Horoskopabbildung durch die Tierkreiszeichen und Häuser bewegen.

Die Höhe misst in Grad den Ort oberhalb oder unterhalb des Horizonts. Sie ist analog zur ekliptikalen Breite. Die Höhe wird vom Horizont zu den Polen dieses Systems gemessen, die Zenit (der Punkt direkt oberhalb) und Nadir (der Punkt direkt unterhalb – tatsächlich befindet er sich auf der anderen Seite des Globus –) genannt werden.

Der Local-Space-Spezialist Martin Davis beschreibt den Zweck dieses Systems so: Es solle eine Vorstellung vermitteln, was an einem bestimmten Ort »für uns ist«, und das ist an der aktuellen Kompassrichtung zu sehen, in der ein Planet liegt. Wenn wir uns Local-Space-Karten betrachten, können wir die aktuellen Richtungen der Planeten dazu benutzen, um Spuren auszulegen, denen wir an dem neuen Ort folgen können. All das kann natürlich gemacht werden, bevor man einen Umzug vornimmt.

Sehen Sie sich z.B. die Richtung der Sonne an. In diesem Teil einer neuen Stadt bzw. in dieser Richtung sollten Sie nach einer Wohnung schauen. Geht es um spirituelle Belange, könnte Sie eine Jupiter- oder Neptun-Richtung zu Ihrem »Guru« leiten. Wenn Neptun in Ihrem Geburtshoroskop schwierig gestellt ist, könnten Sie gut beraten sein, diese spezielle Linie zu vermeiden, entlang derer Sie Opfer von Alkohol oder Drogen werden oder schlicht einsam sein könnten.

Das System hat etwas mit Feng Shui gemein. Wenn Sie eine Local-Space-Karte mit Ihrer Wohnung bzw. Ihrem Haus in Beziehung setzen, ist der ideale Platz für die Küche in der Mondrichtung – bedenkt man die nährende Seite des Mondes, gilt das auch für das Esszimmer. Das Wohnzimmer wäre in der Venus-Richtung positioniert, da es hier um Annehmlichkeiten und Entspannung geht. Was die Arbeit betrifft, könnten Sie ein Büro nach der Merkurlinie ausrichten und einen Trainingsraum nach der Marslinie usw.

Experimentieren Sie mit Ihren Linien zu Hause oder in Ihrem direkten Umfeld – das ist sehr aufschlussreich.

Progressive A*C*G*-Karten

Ehe Sie im Zusammenhang mit A*C*G- und Local-Space-Karten mit den progressiven Stellungen arbeiten, sollten Sie wissen, wie Transite und Progressionen wirken. Wenn Sie bei der Deutung von Progressionen nicht vollkommen sicher sind, empfehlen wir, dass Sie sich beim Relokationshoroskop weiterhin auf das Geburtshoroskop beziehen.

DEUTUNGEN DER LINIEN

PLANET	AC-LINIE	DC-LINIE	MC-LINIE	IC-LINIE
☉	Ein guter Ort, um zu leben oder zu arbeiten. Die positiven Persönlichkeitsmerkmale gelangen zur Blüte, und das führt zu Glück und Fortschritt. Verborgene kreative Talente kommen zum Vorschein. Eine gute Gesundheit und vermehrte Vitalität werden durch die herrschende Atmosphäre gefördert.	Hier sind gute Beziehungen mit der einheimischen Bevölkerung betont, ebenso vermehrte Beliebtheit, doch man muss sich mit dem Knüpfen von Kontakten und dem Entwickeln von Freundschaft Mühe geben, besonders wenn man eher schüchtern ist oder es an Selbstvertrauen mangelt.	Gute Gelegenheiten sind an einem solchen Ort wahrscheinlich. Er eignet sich bestens für die berufliche Entwicklung und die Verwirklichung von Talenten. Die Zuversicht in der Arbeit wird hier wachsen. Man wird ganz sicher gedeihen, weil man mehr Begeisterung an den Tag legt.	Hier wird man sich bald niederlassen und zu Hause fühlen, und man wird große Anstrengungen unternehmen, um den Rest der Familie nachzuholen. In kurzer Zeit wird der Betreffende innerlich für die neue Umgebung glühen.
☽	Die Reaktion auf diesen Ort wird stark emotional gefärbt sein. Der Betreffende hat entweder das Gefühl, dass das genau sein Platz ist, oder das genaue Gegenteil ist der Fall. (Ein vorläufiger Besuch des Ortes wäre ratsam, ehe man sich endgültig auf ihn festlegt.) Hat man sich dort einmal niedergelassen, ist die Wahrscheinlichkeit groß, dass man nie wieder wegwill.	An diesem Ort muss man aufpassen, dass Emotionen und die Neigung, sich Sorgen zu machen, nicht überhand nehmen, besonders wenn es um den Partner, enge neue und alte Freunde und die Familie geht. Äußere Einflüsse rufen eine machtvolle psychologische und emotionale Reaktion hervor.	Es gibt deutliche Hinweise, dass der Betreffende hier sehr bekannt wird oder – in echter Mond-im-zehnten-Haus-Manier – für eine große Gruppe von Menschen die Verantwortung hat. Eine fürsorgliche Person wird auf die Herausforderung gut reagieren, da an diesem Ort väterliche oder mütterliche Instinkte stark zum Vorschein kommen.	Hier ist das Zuhause, und es ist ein guter Platz, wenn man aus familiären Gründen hierherzieht. Auch für einen Urlaub, bei dem man sich selbst verpflegt, eignet sich ein solcher Ort bestens. Berufliche Bestrebungen sind weniger begünstigt, weil Heim und Familie zusätzlich Zeit in Anspruch nehmen.
☿	Hier wird man leidenschaftlich gern unter die Leute gehen und so viele neue Kontakte und Freundschaftsbande wie möglich knüpfen. Mit der Merkur-typischen Ruhelosigkeit muss man rechnen, die es erschweren könnte, sich einzuleben. Der Geist ist voll eingestimmt, und man vermisst nichts. Die Macht der Kommunikation und das Bedürfnis, in der Gegend herumzureisen, nehmen viel Zeit in Anspruch.	Hier trifft man auf gleich gesinnte Menschen, die anregend sind und ihrerseits von dem Betreffenden angeregt sind. Man könnte überraschend in Flirtlaune und überaus gesprächig sein. Diskussionen, intellektuelle Auseinandersetzungen und einfache Unterhaltungen werden sich bis spät in die Nacht hinziehen. Ein extrovertierter Mensch hat an einem solchen Ort viel Spaß.	Dies ist der perfekte Platz für jeden, der seine Kommunikationsfähigkeit entwickeln oder zum Ausdruck bringen möchte. Daher ist eine Arbeit in den Medien, im Transport- oder Reisewesen besonders günstig, ebenso ein lehrender Beruf.	Ein hervorragender Ort für einen Autor, der an einem bestimmten Projekt arbeitet. Mit Recherchen und Studien kommt man hier gut weiter. Es mag zwar die Neigung bestehen, die Wohnungen zu wechseln, doch der Betreffende wird glücklich sein, und es wird ihm nicht an guten Freundschaften und intellektuellen Begegnungen mangeln. Im eigenen Geschäft von zu Hause aus zu arbeiten ist hier auch besonders gut.
☿	An einem solchen Ort wird man auf neue Weise erblühen und damit sehr anziehend für einen neuen Partner werden. Man wird das Leben genießen und möglicherweise entspannter sein, als man erwartet hat. Es ist Zeit für ein befriedigendes und anregendes Gesellschaftsleben, das zu bestimmten Zeiten beruflichen Interessen in die Quere kommen könnte.	Hier hat es den Anschein, dass Liebe alles ist. Singles könnten an einem solchen Ort ihre bessere Hälfte finden. Wenn man sich dorthin begibt, um ein Geschäft in Zusammenarbeit mit einem Partner zu gründen, sind die Aussichten hervorragend. Auch für romantische Ferien oder Flitterwochen ist der Ort exzellent. Es besteht allerdings die Gefahr, dass man aufgrund der Liebesbeziehung an Durchsetzungsvermögen einbüßt.	Ein fantastischer Ort, wenn man ein Mode- oder Kosmetikgeschäft gründen bzw. damit expandieren will. Aus den eigenen Bemühungen wird man große Zufriedenheit und Freude ziehen, aber es besteht (wie es so oft der Fall mit Venus am MC im Geburtshoroskop ist) die Tendenz, dass man faul und angesichts von Routine lasch wird, was dem Fortschritt hinderlich ist. Jemand, der weiß, was er will, wird Erfolg haben, doch wer leicht chaotisch ist, könnte sich schwerer tun.	Hier wird es viele Gelegenheiten geben, sich ein wirklich schönes und behagliches Zuhause zu schaffen. Das Leben wird an einem solchen Ort wahrscheinlich teurer sein, und der Betreffende wird bei der Ankunft verschwenderisch gestimmt sein. Die zusätzlichen Kosten wird man nicht bedauern, aber eine gewisse Zurückhaltung ist doch erforderlich.
♂	An einem solchen Ort muss man sich auf alle Fälle vorsehen, nicht impulsiv zu handeln. Die Initiative zu ergreifen ist ebenso gut wie notwendig, aber man sollte es vermeiden, andere Leute zu etwas zu zwingen, was man selbst will, insbesondere wenn sich der Ort in einem Land befindet, in dem die Bewohner eine gelassenere Einstellung zum Leben haben. Man muss Herausforderungen annehmen, aber mit genügend Feingefühl.	Man könnte an diesem Ort dazu neigen, zu viel von anderen zu fordern, und das führt möglicherweise zu ernsthafteren Spaltungen als im vertrauten Umfeld. Vielleicht sollte man an einen solchen Ort nach Beendigung einer Beziehung kommen, denn hier kann man die Energien positiv nutzen, um sich eine neue Zukunft mit neuen Menschen aufzubauen.	Der Beruf des Betreffenden sollte sich hier mit zunehmender Geschwindigkeit vorwärts bewegen. Mutiges Handeln, besonders wenn man in einer Machtposition ist, wird Wunder wirken, doch man darf, wie stets bei Mars, Rücksichtslosigkeit gegenüber Untergebenen nicht zulassen. Gleichwohl verdienen hier der wahre Pioniergeist und die Abenteuerlust des Mars Wertschätzung.	Kein Ort, der es einem gerade leicht macht, ein Gleichgewicht zwischen Arbeitsverpflichtungen und der Familie bzw. dem Partner herzustellen. Vorsicht ist vonnöten, dass man in seinem Schwung nicht das, was der Partner sagt oder braucht, ignoriert. Man muss versuchen, gemeinsame Interessen zu finden. Für entspannten Familienurlaub eignet sich ein solcher Ort nicht – Streit wird an der Tagesordnung sein.
♃	Den mit ihnen verbundenen großen Erwartungen werden diese Orte für gewöhnlich gerecht, aber man muss auch aufpassen, dass ein Umzug dorthin nicht von übertriebenem Optimismus getragen ist. Man wird an Statur gewinnen und intellektuell und geistig wachsen. An diesem Ort kann man Weisheit und Erfahrung, die man bereits erworben hat, mit anderen teilen, vorausgesetzt, dass man jegliche Tendenz zur Übertreibung unter Kontrolle hält.	Ein toller Ort für jemanden, der dabei ist, eine Arbeits- oder Geschäftspartnerschaft aufzubauen. Einstellungen und sinnvolle Entscheidungen wirken hier zu seinen bzw. ihren Gunsten und werden von anderen geschätzt. Man muss sich nur in Acht nehmen, dass man die Neigung, kleinere Schwierigkeiten zu dramatisieren, im Zaum hält.	Ein sehr guter Ort für berufliche sowie Geschäftsgelegenheiten. Jupiter-typische Berufe sind besonders lohnend, doch im Grunde können alle Unternehmen hier mit Gedeihen und Expansion rechnen. An diesem Ort steht einem die Welt offen.	Dies ist ein sehr guter Ort für den Ruhestand. Ausgehend von der Behaglichkeit des Zuhauses kann der Betreffende sich auf das konzentrieren, was er schon immer gerne machen wollte, wofür er jedoch keine Zeit hatte. Wichtige literarische oder philosophische Veröffentlichungen gedeihen hier ebenfalls prächtig.

Planet	AC-Linie	DC-Linie	MC-Linie	IC-Linie
♄	Wenn man lange, hart und sehr diszipliniert arbeitet – vielleicht für sehr wenig Geld und unter schwierigen Bedingungen –, dann könnte sich die Erfahrung langfristig lohnen und beträchtliches Prestige bringen. Man muss Herausforderungen fraglos annehmen.	Persönliche und Geschäftsbeziehungen des Betreffenden sind in dieser Gegend wahrscheinlich anstrengend und bringen Rückschläge und Probleme mit sich. Wenn man über diese hinwegkommt, kann man Stabilität und steten, wenngleich langsamen Erfolg erreichen.	Hier muss man vermutlich viel Verantwortung tragen. Das wird wohl am Ende dazu führen, dass man einen hochkarätigen, aber einsamen Posten hat. Der Beruf beherrscht das Leben mehr als gewöhnlich, und man wird Geduld und eine einfühlsame Einstellung gegenüber Untergebenen und den Bedürfnissen des Partners entwickeln müssen.	Der Akzent liegt hier auf dem Zuhause und der Familie. Wenn man sich an diesen Ort aufgrund von Familienproblemen begeben hat, muss man sich diesen stellen. Es bedarf eines Verantwortungsgefühls. Doch man wird persönliche Opfer, die man gebracht hat, nicht bedauern, sondern den wohlverdienten Frieden und das Glück genießen.
♅	Wer sich an einen solchen Ort begibt, wird sich anders fühlen, anders aussehen und anders handeln als üblich. Wahrscheinlich wird man neue Lebenszuversicht fassen. Allerdings könnten extreme Reaktionen auf den neuen Ort eine Quelle von Problemen werden. Ist dies der Fall, sollte man sich an den Satz erinnern: »Bist du in Rom, handle wie ein Römer!«, und jeglichen Versuch vermeiden, den Status quo herauszufordern.	An diesem Ort möchte man Beziehungen mit Menschen eingehen, die man für anders, dynamisch und aufregend hält. Vielleicht sind sie es tatsächlich. Man sollte der Versuchung widerstehen, vorschnell zu handeln, denn dann könnte man eine unangenehme Überraschung erleben.	Berufliche Gelegenheiten sind hervorragend und sehr aufregend, man sollte aber, ehe man sich für einen längerfristigen Aufenthalt entscheidet, eine Probezeit dort verbringen. Denn sobald man da ist, könnten plötzliche unerwartete Veränderungen aus heiterem Himmel den beruflichen Fortschritt stören. Der Betreffende ist gut beraten, nicht sämtliche Brücken abzubrechen, ehe er genau weiß, dass die Ortsveränderung richtig ist.	Hauptanziehungspunkt dieser Gegend ist wahrscheinlich, dass sie einen neuen, anderen Lebensstil eröffnet, sodass man einen neuen Anfang machen kann. Obwohl es viel Gutes gibt, könnten doch längerfristig Schwierigkeiten auftauchen. Vielleicht entspricht der Ort nicht dem, was man sich erwartet hat. Deshalb ist ein vorheriger Besuch unbedingt anzuraten.
♆	Vermutlich wird der Betreffende von diesem Ort beim ersten Kennenlernen schwärmen; er wird ihn schön finden und sich vorstellen, wie leicht und entspannt das Leben hier ist. Nichts scheint dem Glück und der geistigen Erfüllung im Wege zu stehen. Doch es ist wesentlich, dass man im Kontakt mit der Realität bleibt, denn durch den neptunischen Einfluss wird man den Ort höchstwahrscheinlich verherrlichen. Enttäuschungen und vielleicht Verwirrung werden an der Tagesordnung sein.	Hier findet man gleich gesinnte Freunde und Geliebte. Sofern man einen anderen Lebensstil in einer spirituellen Gemeinschaft anstrebt, wird man dort sein Glück finden. Urlaubslieben sind an einem solchen Ort ebenfalls wahrscheinlich. Spontanhochzeiten sind jedoch nicht zu empfehlen, denn diese Ehen werden kaum von Dauer sein.	Es ist ratsam für jeden, der an einem solchen Ort beruflich tätig werden will, sicherzustellen, dass man genau weiß, was wann erwartet wird. Es ist erforderlich, die praktischen Details auszuarbeiten. Man muss wissen, wann man bezahlt wird und wie viel man verdient. Allzu viele Fragen wird man nicht stellen können, und unterschriebene Verträge sind unverzichtbar, wenn man möchte, dass alles redlich zugeht. Junge Menschen am Theater bzw. in der Unterhaltungsbranche sollten hierin besonders vorsichtig sein.	Das ist genau die richtige Art von Unterschlupf für jemanden, der einfach mal abtauchen will – sei dies für länger oder für kürzer. Ein solcher Ort ist gut für Ferienwohnungs-Time-Sharing geeignet, nur sollten Vertragsdetails zuerst genau festgelegt werden. Man sollte auch bedenken, dass sich eine Wohnung bzw. ein Haus möglichst in einem ruhigen, friedlichen Gebiet befindet.
♇	An einen solchen Ort zu ziehen wird dem Betreffenden zusätzliche innere Stärke verleihen, aber auch das Bedürfnis, Selbstanalyse zu betreiben. Bei den Einheimischen könnte er Ehrfurcht hervorrufen, weil sie seine Stärke spüren, was wiederum ihn überraschen könnte. Von Bergwerken, Vulkanen oder Schwerindustrie sollte man sich fernhalten.	Wenn man hier eine neue Geschäftsverbindung eingeht, wird man es wahrscheinlich mit schwierigen Partnern zu tun haben. Sich ihnen zu widersetzen ist die einzige Antwort. Die Emotionen sind hier stärker und das Sexleben besser. Doch alles in allem hat man hier kaum Frieden, und wenn doch, dann wird man das Gefühl haben, dass es nur die Ruhe vor dem (nächsten) Sturm ist.	An solchen Orten florieren Berufe in der Finanzwelt sowie Machtkämpfe. Es könnte gut sein, dass der Betreffende aufgefordert wird, eine Führungsrolle zu übernehmen. Wie bei Mars auch muss man Rücksichtslosigkeit auf alle Fälle vermeiden. Ein solcher Ort ist bestens geeignet für Wein- und Ölgeschäfte sowie für die verschiedensten Arten von Bergbau und Schwerindustrie.	Der Betreffende könnte hier gut das Gefühl haben, dass es an diesem Ort nicht mit rechten Dingen zugeht. Eine innere Dunkelheit könnte entstehen und zu einer ungewöhnlichen Übellaunigkeit führen. Eine Art Prüfung der seelischen Absicht wird sich wahrscheinlich ereignen, durch die man erst durchmuss, ehe man sich wiedergeboren fühlen kann oder zumindest bereit, sich dem Leben von einem neuen, positiveren Standpunkt aus zu stellen.
⚷	Es könnte beträchtliche Probleme geben, wenn man an einen solchen Ort zieht, mit unvorhergesehenen Entwicklungen, die vielleicht zu drastischen persönlichen Veränderungen führen. Sasha Fenton, eine Astro*Carto*Graphy-Spezialistin, sagt, sie möchte definitiv nicht an einem Ort auf dieser Linie leben.	Hier wird man fast sicher ernsthafte partnerschaftliche Probleme haben. Ehe man an diesem Ort eine Geschäftspartnerschaft eingeht, sollte man den anderen sehr gut kennen. Es wird zu emotionalem Stress kommen, und mangelnder Sinn für Humor könnte sich schädlich auswirken.	Entsprechend den Mythen um Chiron könnte es gut sein, dass an diesem Ort Lehr- und Heilberufe gedeihen. Doch ohne gewisse Umbrüche und unerwartete Entwicklungen, von denen einige aufregend sind, andere weniger, wird dies nicht geschehen.	Man sollte es sich sehr gut überlegen, ob man sich hier niederlässt, denn man könnte hier Gesundheitsprobleme haben oder die Umwelt könnte ausgesprochen gesundheitsschädlich sein. Allergien und Anfälligkeit für lokale Bazillen sind wahrscheinlich. Um die Widerstandsfähigkeit zu stärken, sollte man unbedingt Impfungen auffrischen, ehe man hierherkommt.
☊	Wenn der nördliche Mondknoten an diesem Ort aufgeht, wird sich der Betreffende spirituell und emotional entwickeln.	Ein guter Ort, um bedeutungsvolle Beziehungen zu entwickeln. Man wird instinktiv spüren, was man braucht, um die emotionalen und körperlichen Bande zu festigen.	Man kommt beruflich gut voran und erreicht nach und nach seine Ziele. Dem Instinkt und der Intuition zu folgen ist für den Erfolg notwendig.	An einer Stelle mit dem nördlichen Mondknoten am IC zu leben ist eine angenehme Erfahrung. Man hat das Gefühl, dass man hier am richtigen Ort ist.
☋	Wenn der südliche Mondknoten aufgeht, dann besteht eine Neigung, in der Vergangenheit zu verharren. Manchmal hat man das starke, nicht unbedingt unangenehme Gefühl, schon einmal an dem Ort gelebt zu haben.	Hier ist man geneigt, den Partner als so vertraut zu betrachten, dass man sich seiner vollkommen sicher ist. Mehr Gemeinsamkeiten sollten entwickelt werden, damit die Beziehung langfristig gedeiht.	Möglicherweise muss man sich an einem solchen Ort an die Arbeit machen und sich dem unterordnen, was emotional anstrengend ist. Man muss die Dinge nehmen, wie sie sind.	Hier fühlt sich das Leben weniger leicht an. Eine irrationale Wahrnehmung hinsichtlich dessen, was als Nächstes geschehen wird, könnte den Betreffenden beschleichen, selbst wenn die Situation vollkommen geregelt zu sein scheint. Kein Ort für einen Pessimisten.

FALLSTUDIEN

Im Folgenden zeigen wir anhand von Stephen und Julia, wie es ihnen an verschiedenen Orten ergeht. Die relozierten Geburtshoroskope mit den unterschiedlichen Orten sind jeweils abgebildet, ebenso die Astro★Carto★Graphy-(A★C★G-)Karte; Sie finden auch Local-Space-Karten sowie ein progressives Horoskop und eine progressive Karte. Die Horoskope und Karten werden analysiert, um zu zeigen, wie man bei der Deutung in Bezug auf einen Ort vorgeht.

So wie unser Geburtshoroskop vorrückt und „älter wird“, während wir älter werden, gibt es einen ähnlichen Vorgang des Vorrückens bei unseren A★C★G-Karten. Diese Progressionen sind sehr aufschlussreich, da sich die MC-, IC-, AC- und DC-Linien weiter bewegen und unterschiedliche Orte betonen, an denen man mehr oder weniger glücklich wäre, wo die Karriere wahrscheinlich erfolgreich verliefe, wo Sie die Liebe Ihres Lebens treffen könnten oder schlicht wo Sie vermutlich richtig schöne Ferien verbringen werden.

Wenn Sie die Beispiele studiert haben, können Sie Ihre eigenen Relokationshoroskope, A★C★G- und Local-Space-Karten erstellen, um herauszufinden, welcher Ort in der Welt zu einer bestimmten Zeit am besten zu Ihnen passt.

STEPHEN

Washington D. C: Interpretation des Geburtshoroskops

Wie erginge es Stephen, wenn er in seiner Geburtsstadt Washington D. C. leben würde? Seine Impulsivität, die deutlich an der Merkur/Mars-Konjunktion zu erkennen ist, welche den Aszendenten umklammert, stünde im Vordergrund, ebenso eine übertrieben romantische Einstellung zu Partnern (Neptun im 7. Haus). Stephen würde sich dauernd ver- und wieder entlieben, und seine Beziehungen sowie seine Reaktionen auf Partner würden höchstwahrscheinlich kompliziert sein. Was diesen Bereich betrifft, täte er wohl gut daran, wenn er an einem Ort leben würde, wo Neptun nicht im Haus der Beziehungen steht. Zu Hause könnte es Reibungen geben, da sich die Jupiter/Saturn-Konjunktion im Quadrat zu Merkur befindet – es gäbe zahlreiche Streitereien und Meinungsverschiedenheiten. Stünden diese Planeten in anderen Häusern, würde dieser Stress nachlassen. Das muss nicht heißen, dass Stephen weniger streitlustig und wortgewaltig wäre, denn das ist schließlich sein Geburtshoroskop, aber wenn die Planeten in anderen Häusern stehen, würde diese Neigung weniger sein häusliches Leben beeinträchtigen.

Stephen würde in Washington D. C. eine Menge Geld ausgeben und womöglich nicht gerade weise Investitionen vornehmen, wenngleich aus anderen Gründen, als wenn er in London lebte (siehe S. 184). Die Sonne im 1. Haus würde seine Krebs-Eigenschaften stark betonen und könnte ziemlich in Konflikt mit seinem Zwillingeaszendenten sowie Merkur und Mars geraten.

Washington D. C: Interpretation der A★C★G-Karte

Auf der A★C★G-Karte sind Jupiter und Saturn mitten im Atlantik an der unteren Kulmination. Vergleichen Sie ihre Positionen mit ihren Hausplatzierungen im Geburtshoroskop. Dort befindet sich das IC auf 28° Löwe, und die Planeten haben diesen Punkt längst noch nicht

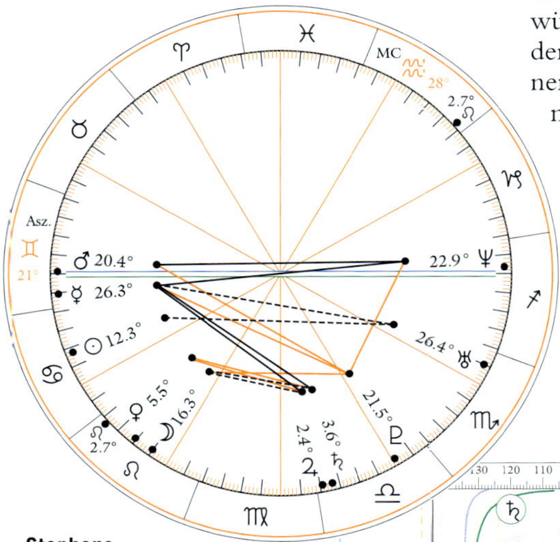

Stephens Geburtshoroskop
Mit dem fiktiven Geburtshoroskop von Stephen sind Sie ja bereits vertraut (siehe S. 114–115). Es ist hier noch einmal abgebildet, damit wir es in Bezug auf den Ort analysieren und mit der A*C*G-Karte vergleichen können.

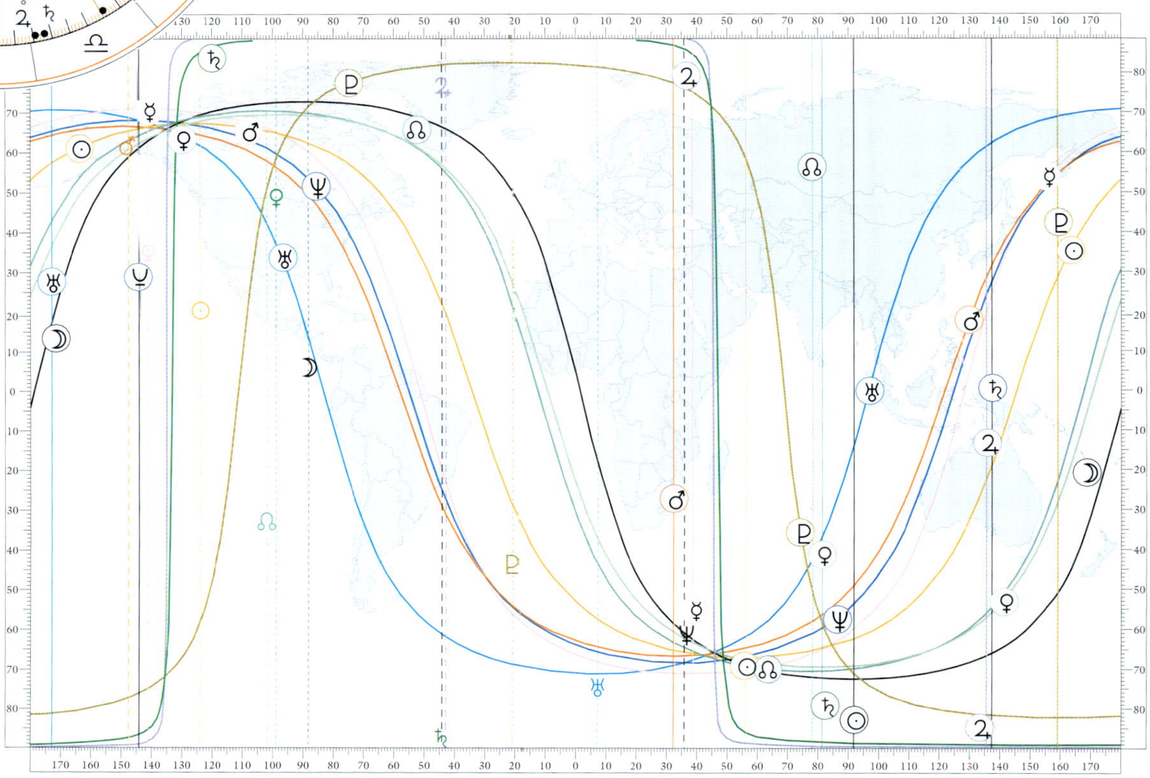

Stephens A*C*G-Karte
Dies ist die A*C*G-Karte für die ganze Welt.

erreicht, was man auf der A★C★G-Karte deutlich erkennen kann. Sehen Sie dort entlang des Ostens von Afrika die MC-Linien von Merkur und Mars sowie die IC-Linie von Neptun genau zwischen den beiden. Betrachten Sie nun im Pazifik die IC-Linien von Merkur und Mars und die MC-Linie von Neptun. Ganz grob in der Mitte zwischen beiden befindet sich Washington D. C. Hier bewegen sich Merkur und Mars gerade über den Horizont, und Neptun ist am Deszendenten. Diese Platzierungen auf der Karte und im Horoskop entsprechen einander perfekt.

Es ist wichtig zu bedenken, dass sich die A★C★G-Karten auf den Geburtsmoment beziehen, weshalb wir sie immer zu Rate ziehen können, wenn wir neu bewerten, welche Planeten zu diesem Zeitpunkt an unterschiedlichen Orten die obere Kulmination und welche die untere Kulmination erreicht haben. Wenn Sie z.B. noch mal auf Stephens A★C★G-Karte schauen (S. 183), können Sie sehen, dass Jupiter und Saturn im Atlantik und weiter unten in Südamerika am IC stehen, während sie auf dem Längengrad, der mitten durch Australien führt, kulminieren. Diese Planeten hätten einen komplett anderen Einfluss auf Stephen, wäre er an einem der beiden einander gegenüberliegenden Orte geboren worden. Ebenso würden sie ihn in gewissem Ausmaß beeinflussen, wenn er dorthin ziehen würde.

London: Interpretation von Stephens Relokationshoroskop und Local-Space-Karte

Werfen wir noch einmal einen Blick auf Stephens A★C★G-Karte (S. 183): Die IC-Linie von Neptun (gestrichelt) befindet sich 35 Grad östlich von London (Greenwich): Hier ist er bereits untergegangen. Sehen wir uns seine Position im Relokationshoroskop an, wo er sich im 4. Haus befindet und den IC-Punkt von London noch nicht erreicht hat. Auf der A★C★G-Karte sind nahe bei Neptun Merkur und Mars an der Himmelsmitte (kulminierend), im Relokationshoroskop stehen sie im 10. Haus, wobei sie die Himmelsmitte noch nicht erreicht haben. Man kann dieses Phänomen bei sämtlichen Planeten untersuchen. Es verdankt sich natürlich der Drehung der Erde um die eigene Achse und den Zeitunterschieden zwischen verschiedenen Orten.

Wenn Sie das Relokationshoroskop betrachten, werden Sie feststellen, dass es keine Planeten direkt an den Achsen gibt; nach London zu gehen wäre also nicht besonders aufregend für Stephen. Doch wenn wir die neuen Häuserpositionen ansehen, können wir erkennen, dass er leicht Freunde gewinnen würde (Sonne im 11. Haus). Sein neuer Zwölft-Haus-Mond zeigt, dass er sich gut für eine Arbeit hinter den Kulissen eignen würde, vielleicht als Kameramann, Fotograf oder Computerprogrammierer. Begabungen als

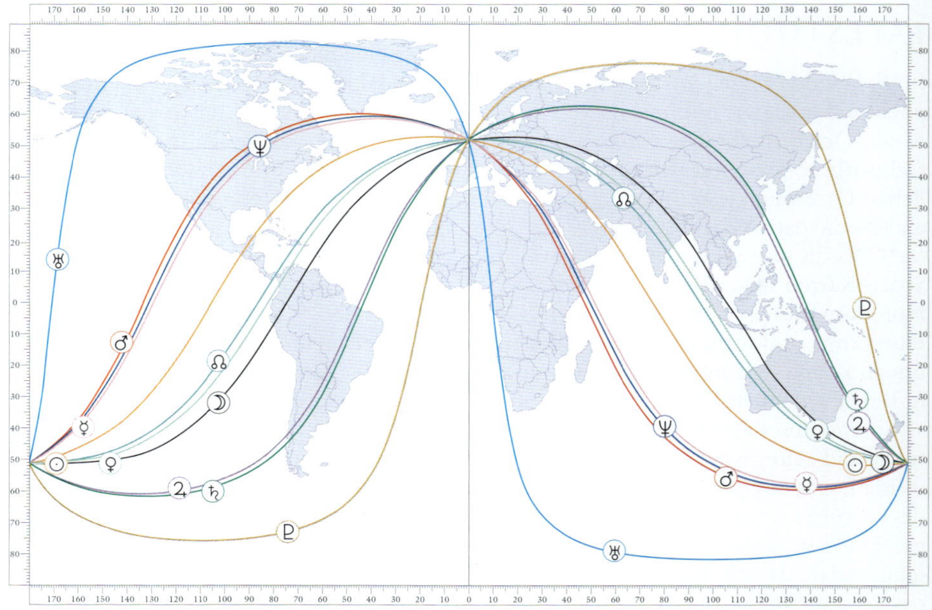

Stephens Local-Space-Karte für London
Hier gehen alle Planetenlinien von London aus, dem Greenwich-Meridian 0 Grad Länge. Die Linien treffen sich wieder südöstlich von Neuseeland an der internationalen Datumsgrenze 180 Grad entfernt. An diesem Punkt kehren sich MC und IC um, weil die Breite 51 Grad Süd beträgt, während sich London auf 51 Grad Nord befindet.

Künstler, Designer oder Autor könnten hier ebenfalls zur Blüte gelangen. Die wohlplatzierten Planeten Merkur und Mars im 10. Haus demonstrieren, dass er in der Arbeit weiterkommen würde, jedoch von Zeit zu Zeit von Emotionen übermannt würde und sich vielleicht wünschte, er wäre wieder zu Hause (Neptun im 4. Haus). In London könnte er zwar zu Geld kommen, aber er würde auch eine Menge davon wieder ausgeben und hätte eventuell finanzielle Probleme (Jupiter, Saturn und Pluto im 2. Haus). Alles in allem wäre ein Umzug nach London nur zum Teil ein Segen für ihn.

Sehen wir uns Stephens Local-Space-Linien für London an (oben), so sind die Richtungen, die die Planeten nehmen, überaus aufschlussreich. Z. B. verläuft Stephens Sonnenlinie (orange) direkt durch Bristol über Südwales nach Irland. Folgerichtig würde er an diesen Orten gedeihen und glücklich sein. Etwas weiter südwestlich sehen wir die Linien von Venus (grün) und dem Mond (schwarz), die im Süden Englands durch Norddevon und Cornwall führt. Hier würde er sich sehr heimisch und zufrieden fühlen und könnte sogar die Liebe seines Lebens treffen.

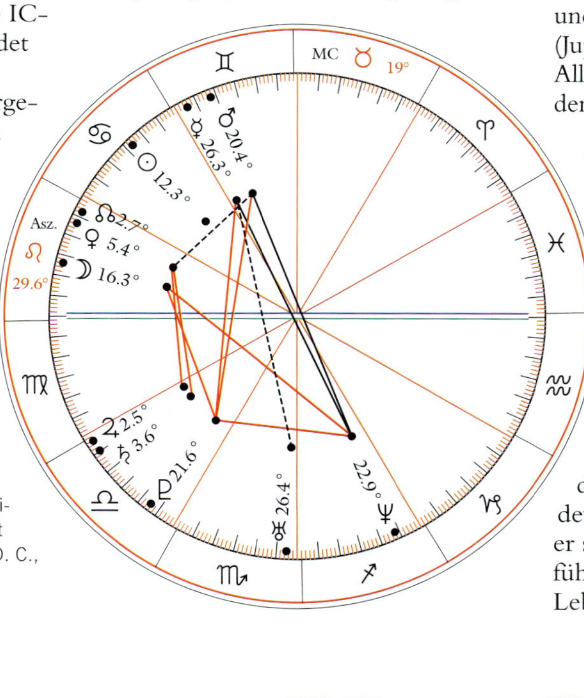

Stephens Relokationshoroskop für London
Der Aszendent befindet sich am Ende des Zeichens Löwe, die Himmelsmitte im Stier. Die Zeichenpositionen der Planeten sind identisch mit denjenigen seines Horoskops für Washington D. C., nur die Achsen und Häuser sind anders.

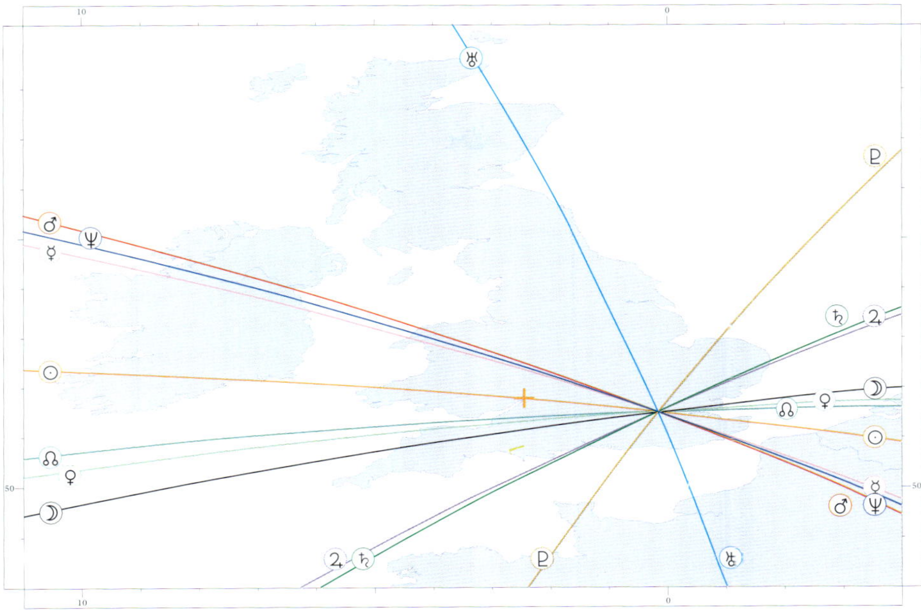

Stephens Local-Space-Linien, ausgehend von London
Dies ist ein Ausschnitt der Local-Space-Karte für London (siehe S. 184). Er zeigt deutlich die Richtung der einzelnen Planeten. Diese Linien sind in der Astronomie als Großkreise bekannt und zeigen, wie die Planeten strahlenförmig von London aus gesehen ausgehen und in Richtung ihrer Zenitposition auf der Erde sowie durch sie hindurchgehen.

Moskau: Interpretation von Stephens Relokationshoroskop und Local-Space-Karte

Es hat den Anschein, dass es Stephen außerordentlich gut gehen würde in Moskau. In dem Relokationshoroskop für Moskau steht sein mächtiger Aszendentenherrscher Merkur exakt am MC. Das zeigt, zusammen mit Mars im 9. Haus, dass er in Moskau sein intellektuelles Potenzial voll ausdrücken könnte, und zwar auf schwungvolle, leidenschaftliche, begeisterte Weise. Das könnte seine Karriere in beträchtlichem Tempo voranbringen.

Mond und Venus stehen jetzt im 11. Haus, wo sie Freundschaftsbande und möglicherweise eine Romanze verheißen. Außerdem wäre er überaus beliebt. Die machtvolle Jupiter/Saturn-Konjunktion ist in diesem Relokationshoroskop an einer viel sensitiveren Stelle platziert. Eine schöne traditionelle Deutung dieser durchschlagenden Konstellation ist, dass sie dem Betreffenden eine Mischung aus Optimismus und Pessimismus verleiht. Im Falle von Stephen ergäbe dies einen stabilisierenden Einfluss zwischen seinen ausgeprägten intellektuellen Fähigkeiten und seiner ebenso ausgeprägten Gefühlswelt, wie sie an seiner Krebssonne und Mond und Venus im feurigen Löwen zu erkennen ist. Die Konjunktion würde auch dem verstärkten Gezerre zwischen Merkur/Mars in Opposition zu Neptun mehr Stabilität verleihen, da sich dieser Planet hier an einer empfindsameren Stelle befindet.

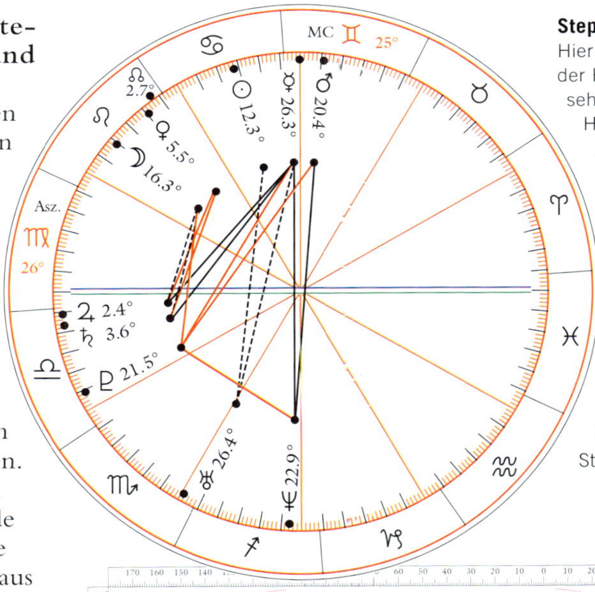

Stephens Relokationshoroskop für Moskau
Hier können wir die dramatischen Veränderungen der Hauspositionen für den Wohnort Moskau sehen. Beachten Sie, dass Merkur direkt an der Himmelsmitte steht und Mars nicht weit weg. Jupiter und Saturn befinden sich nun im 1. Haus.

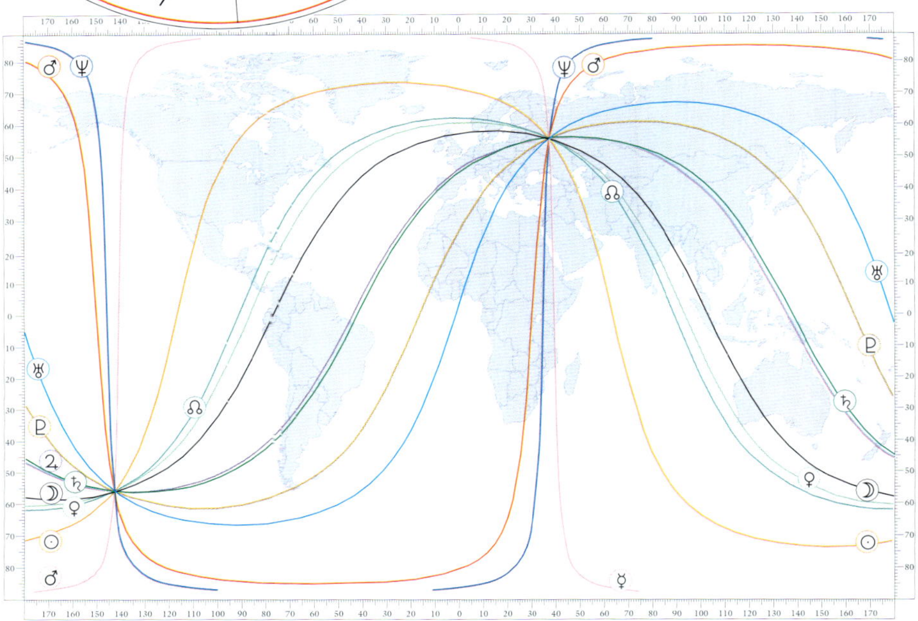

Stephens Local-Space-Karte für Moskau
Die Local-Space-Linien für Moskau, wie sie über die ganze Welt laufen. Die Linien vermischen sich stark mit den MC-Linien von Merkur und Mars und der IC-Linie von Neptun, die sich gegenüber der A*C*G-Karte von Stephen (S. 183) nicht geändert haben.

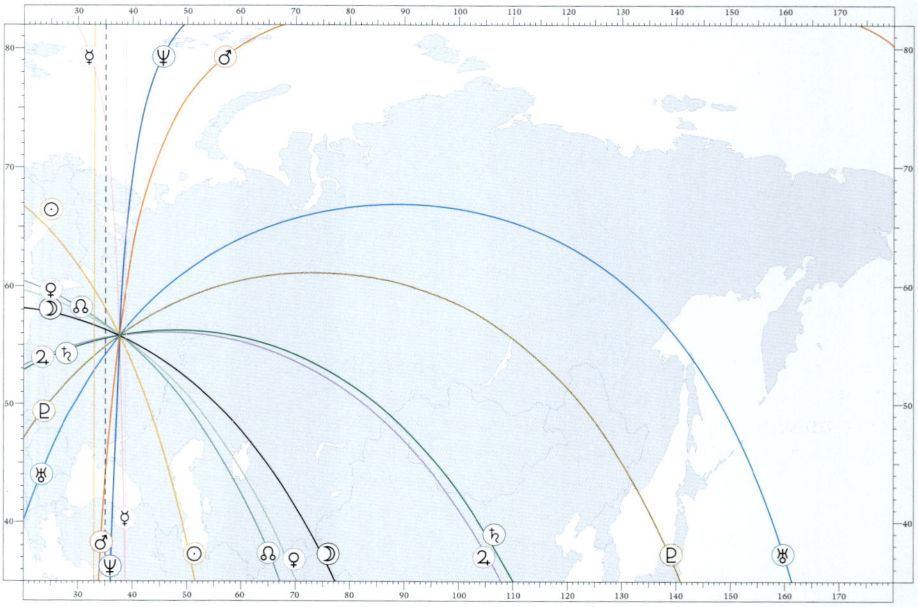

Stephens Local-Space-Linien, ausgehend von Moskau

In diesem Ausschnitt der Local-Space-Karte von Moskau ist zu erkennen, dass es, während die meisten Planetenlinien nicht als Kreuzungspunkte betrachtet werden können, in der Gegend einige gibt. Der interessanteste Kreuzungspunkt ist dort, wo die Linie des kulminierenden Mars die Sonnenlinie im Nordwesten von Moskau auf 59 Grad nördlicher Breite kreuzt.

Würde Stephen nach Moskau ziehen, würden diese »neuen« Gegebenheiten verschiedene Veränderungen in ihm veranlassen, und er würde psychisch und materiell aufblühen. Doch Pluto in der Waage im 1. Haus, wenngleich er hier weniger finanziell gestimmt ist als in den anderen Horoskopen, könnte von Zeit zu Zeit immer noch einige finanzielle Probleme verursachen – besonders mit der extravaganten Venus im Löwen.

Auf dem Breitengrad des Sonne/Mars-Kreuzungspunktes (oben rechts) würde Stephen extrem hart arbeiten und viel Energie brauchen – und zwar nicht nur in Russland, denn die Kreuzungspunkte wirken überall auf der Welt auf demselben Breitengrad. Sowohl im Relokationshoroskop wie auch auf der A*C*G-Karte können wir sehen, dass der Mond in Richtung Himmelsmitte aufsteigt, weshalb sich Stephen, sollte er nach Moskau gehen, am besten etwas südöstlich der Stadt niederlässt.

JULIA

Plymouth: Interpretation von Julias Geburts- und progressivem Horoskop mit der A*C*G-Karte und der progressiven Karte

Hier sind Julias Geburts- und das progressive Horoskop (S. 187 oben) zu sehen, in der herkömmlichen Weise gezeichnet, wobei Achsen und Planeten im Außenkreis nach der Methode der Sekundärprogressionen berechnet wurden. Ebenfalls abgebildet sind Julias A*C*G-Karte, ausgehend von Plymouth, England (unten), sowie die progressive Karte (S. 187 unten). Es ist interessant zu sehen, wie sich Achsen und Planeten weiterbewegt haben.

Plymouth liegt 4 Grad westlich von Greenwich. Beachten Sie, wie zum Zeitpunkt ihrer Geburt Merkur, Jupiter und Neptun über dem Atlantik kulminieren (am MC stehen). Diese Planeten haben die Himmelsmitte in Plymouth bereits

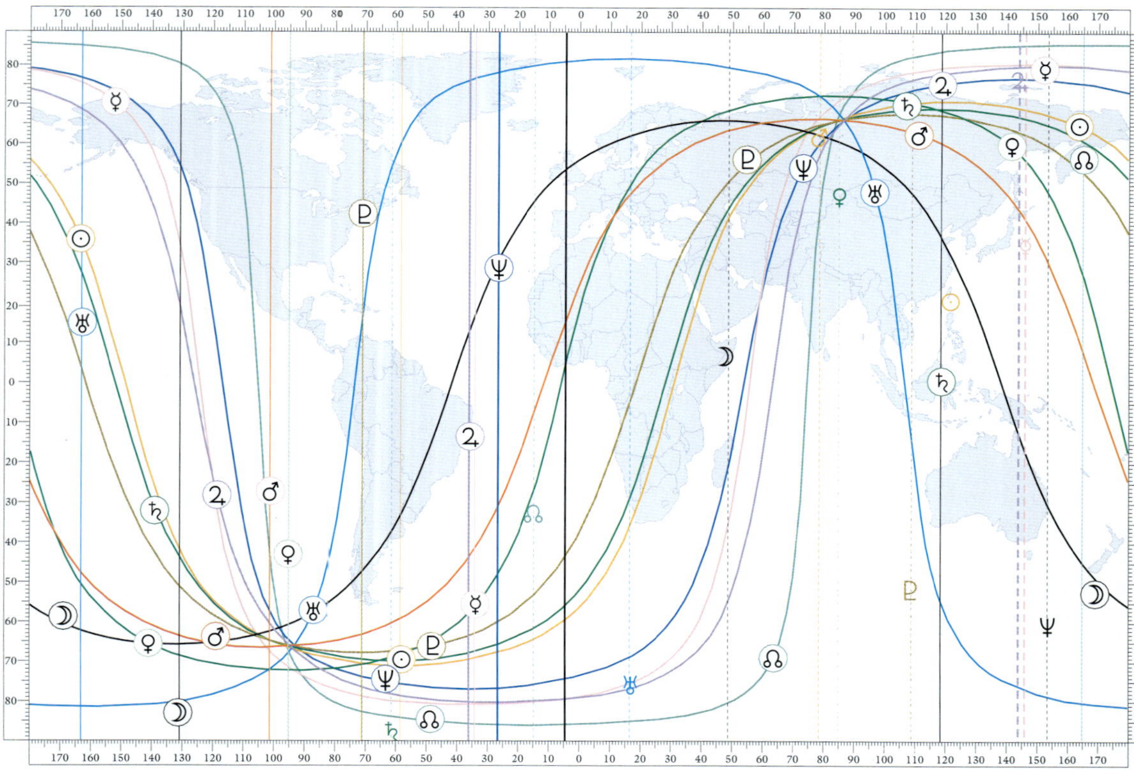

Julias A*C*G-Karte, ausgehend von Plymouth

Der Längengrad von Julias Geburtsstadt Plymouth in England ist durch eine dicke schwarze Linie (4 Grad westlich von Greenwich) hervorgehoben. Neptun, Jupiter und Merkur befinden sich im Atlantik am MC, der Mond steht im Osten Europas am IC (gestrichelte schwarze Linie).

passiert, und ihre Positionen sind, wenngleich sie immer noch hoch am Himmel stehen, ungefähr 30 Grad und annähernd zwei Stunden von der Himmelsmitte des Horoskops entfernt (wo sich das MC auf 1° Waage befindet). Merkur und Jupiter stehen im 9. Haus, Neptun im 10.

Vergleichen Sie diese Geburtspositionen mit denjenigen auf der Progressionskarte. Hier kulminieren Jupiter und Neptun über den USA und Merkur, zusammen mit der Sonne, weiter östlich über dem Atlantik. Im Geburtshoroskop steht der Mond im 6. Haus und ist gerade untergegangen (im Osten Europas hat er bereits das IC erreicht). In der Progression hat er gerade das MC überschritten – seine Linie ist etwas westlich von Irland. Auf dem Progressionshoroskop im äußeren Kreis steht der Mond tatsächlich sehr nahe an der progressiven Himmelsmitte.

Julia hat sich ihrer Geburtsstadt immer sehr verbunden gefühlt. Daher sind die progressiven Positionen besonders interessant, denn im vergangenen Jahr hat sich ihr Verhältnis zu Plymouth geändert. Zusammen mit ihren Brüdern hat sie das Haus ihrer Eltern geerbt; nun tragen sie gemeinsam die Verantwortung für den Grundbesitz. Diese an Kraft zunehmende Entwicklung hat etwas mit dem Mond zu tun, der im Progressionshoroskop dabei ist zu kulminieren. Mars und Pluto sind nun weniger dominant als früher und befinden sich jetzt im 6. Haus. Über Jahre hin hatte es Schwierigkeiten mit den älter werdenden Eltern gegeben. In der Progressionskarte befinden sich Saturn am Kulminationspunkt und Pluto am Punkt der unteren Kulmination auf 48° bzw. 42° östlicher Länge und verlaufen durch Ostafrika. Dort hatte Julia vor nicht allzu langer Zeit ernsthafte Probleme bezüglich eines Abfluges von Nairobi am Ende eines nicht sehr zufriedenstellenden Aufenthaltes in Sansibar. In vieler Hinsicht sind solche Vorkommnisse typisch für diese nicht gerade hilfreichen Planeten. Im Kontrast dazu verläuft die Linie der progressiven Venus durch Irland – ein Land, das Julia liebt und in dem sie stets gut aufgenommen wird. Die Linien von Sonne und Merkur gehen durch Western Australia, einen anderen Teil der Welt, den Julia liebt und in dem sie sich seit den 80er-Jahren überaus lebendig fühlt und viele gute Freunde gewonnen hat. Sie fährt dort so oft wie möglich hin.

All das wird ganz hervorragend von Julias A*C*G-Karte bestätigt, auf der Saturn in diesem Gebiet am MC steht, während die IC-Linien von Jupiter und Merkur durch Neusüdwales verlaufen, eine andere von Julia überaus geschätzte Gegend.

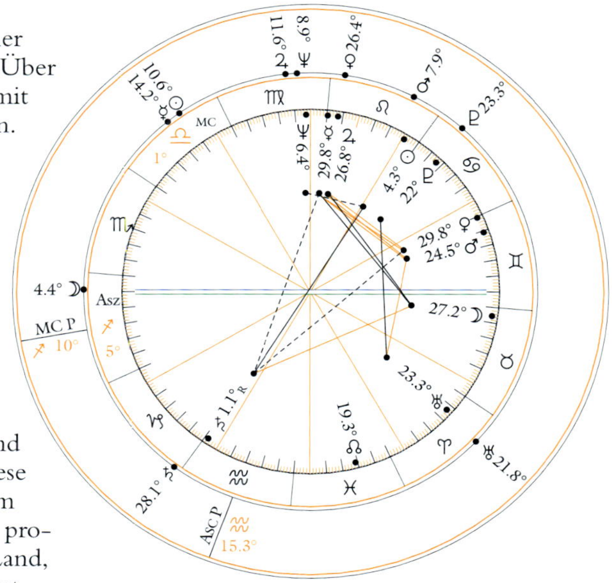

Julias Geburts- und progressives Horoskop

Julias Geburts- und progressives Horoskop für ihre Geburtsstadt Plymouth, England. Die progressiven Positionen, die im Außenkreis zu sehen sind, beziehen sich, wie Sie wissen, auf das Geburtshoroskop, weshalb der progressive Aszendent im Wassermann nicht auf der »9-Uhr-Position« steht, sondern dort, wo sich das Wassermann-Zeichen im Geburtshoroskop befindet.

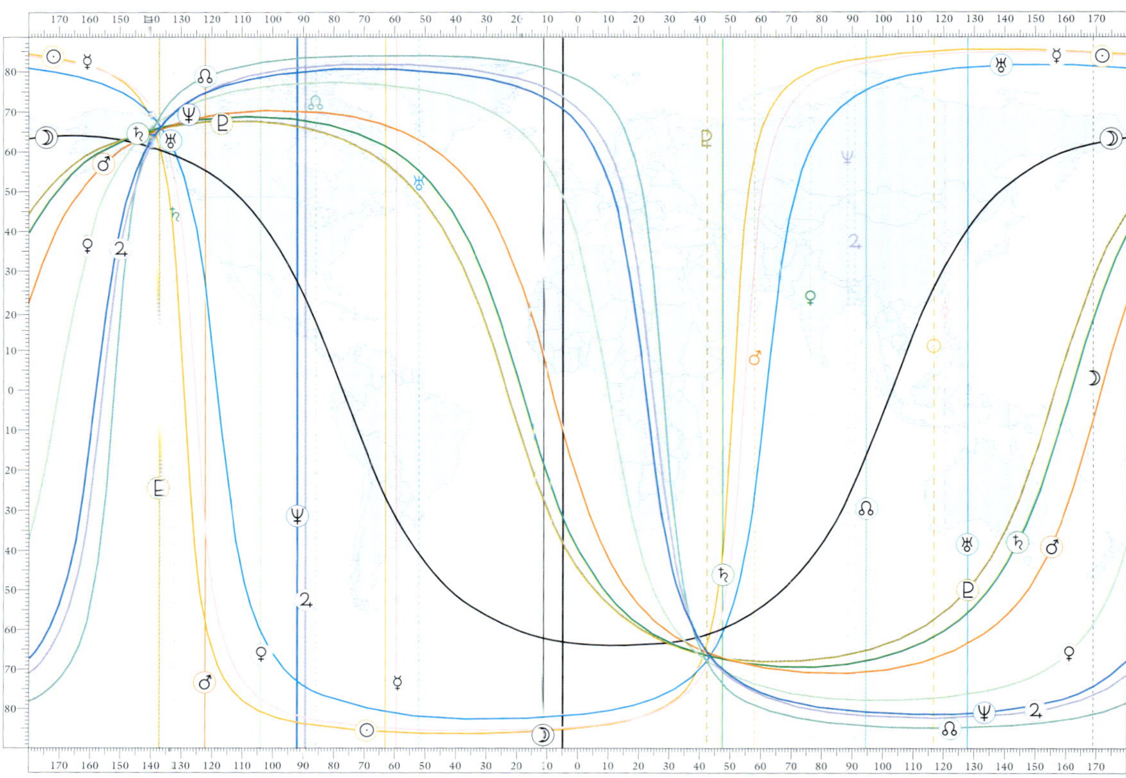

Julias progressive A*C*G-Karte

Auf der progressiven A*C*G-Karte befinden sich Jupiter, Neptun, Merkur und die Sonne im Bereich der USA alle am MC, die Linie vom Mond am MC ist ganz leicht westlich von Irland.

Sydney: Interpretation von Julias Relokationshoroskop und A*C*G-Karte

Drei wichtige Planeten an einem Eckpunkt oder nahe daran in diesem Relokationshoroskop zeigen, dass Julia, zöge sie nach Sydney, glücklich würde. Den grundlegenden Haus- und Liniendeutungen zufolge würde sie sich dort sehr heimisch fühlen und vielleicht nicht mehr wegwollen. Mit Merkur, Jupiter und Neptun am IC wäre Sydney ein hervorragender Platz für sie, um ihre Schreibprojekte fortzusetzen. Der Einfluss Neptuns legt nahe, dass dieser Ort einen willkommenen Unterschlupf böte.

Es würde ihr leicht fallen, neue Freundschaftsbande zu knüpfen und bestehende zu vertiefen, da Uranus im 11. Haus steht, in seinem Haus. Diese Platzierung eignet sich auch gut für ihr überaus großes Interesse an der Astrologie. Allgemein würde sie beruflich gut weiterkommen, da sich der nördliche Mondknoten relativ nahe bei der Himmelsmitte befindet. Das Bedürfnis, zu Hause hart zu arbeiten (südlicher Mondknoten im 4. Haus), ist ebenfalls klar zu erkennen. Saturn im 9. Haus fügt Ernsthaftigkeit hinzu und könnte für Heimweh stehen, Pluto im 2. Haus könnte in finanzieller Hinsicht positiv sein.

Die Linienkreuzung von Venus und Mars wäre zusätzlich überaus hilfreich und würde viele der wirklich positiven Anzeichen dieses Ortes noch verstärken.

Sydney: Interpretation von Julias Local-Space-Karte

Bei dieser Local-Space-Karte (rechts unten) sieht man deutlich, wie die Linien von Sydney aus ausstrahlen; das andere „Strahlungszentrum" befindet sich gegenüber auf der nördlichen Halbkugel im Atlantik. Die Linien zeigen die Richtungen der Planeten von beiden Orten aus gesehen an. Wenn wir dies in Beziehung zum Relokationshoroskop setzen (rechts oben), befinden sich hier Jupiter und Merkur gerade hinter dem IC, Neptun etwas davor, und, wie man

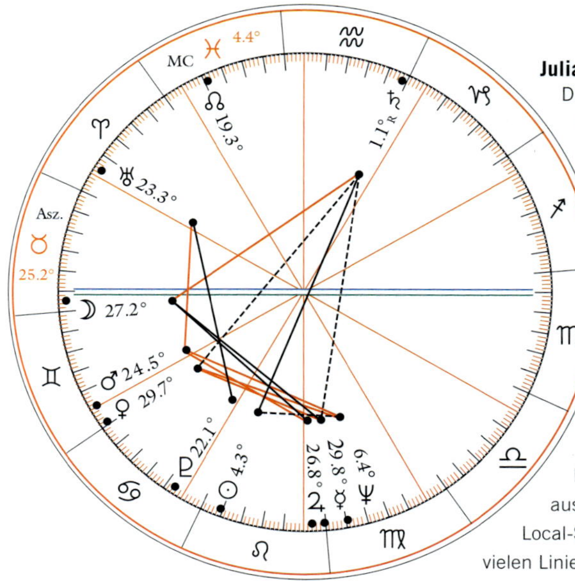

Julias Relokationshoroskop für Sydney
Dies ist Julias Geburtshoroskop, in der bewährten Art gezeichnet, nur reloziert für Sydney. Merkur, Jupiter und Neptun befinden sich alle in der Nähe des IC und legen damit nahe, dass Sydney für Julia ein exzellenter Ort ist, um ihren schriftstellerischen Ambitionen nachzugehen.

Julias A*C*G-Karte und die Local-Space-Karte für Sydney
Diese Karte sieht besonders kompliziert aus, weil sie die A*C*G-Karte und Julias Local-Space-Karte in einem enthält. Daher die vielen Linien.

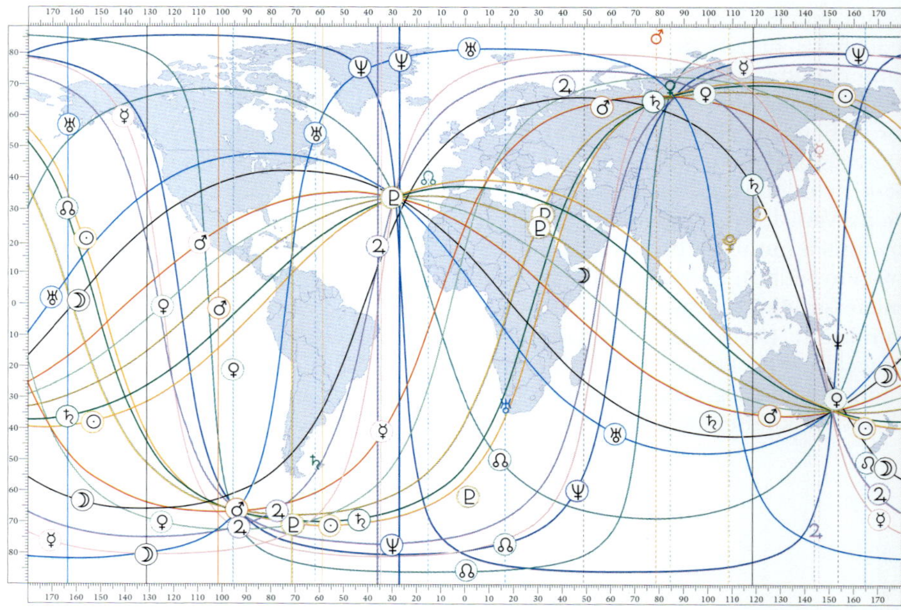

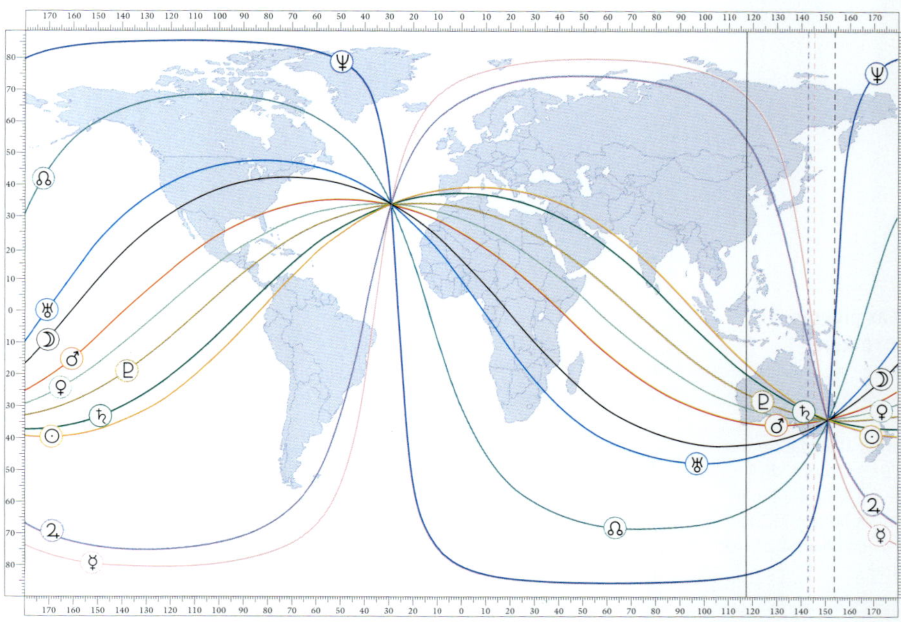

Julias Local-Space-Karte für Sydney
In der Nachbarschaft von Sydney bietet Venus das genaueste Beispiel, die sich genau auf dem Breitengrad der Stadt befindet und sich dort mit Neptuns IC-Linie kreuzt. Auch Mars im Süden der Stadt ist ebenfalls innerhalb des Orbis der gestrichelten IC-Linien von Merkur und Jupiter. Auch wenn verschiedene andere Planeten die Merkur/Jupiter-IC-Linie kreuzen, so sind sie doch nicht nahe genug, um Kreuzungspunkte zu sein.

sehen kann, sind die gestrichelten Linien von Merkur und Jupiter etwas westlich von Sydney, diejenige von Neptun leicht östlich davon. Saturn (im Relokationshoroskop im 9. Haus) kulminiert in Western Australia; in Sydney kulminierte er etwa vier Stunden früher. Vergleichen Sie die Hauspositionen im Relokationshoroskop mit denen im Geburtshoroskop.

New York: Interpretation von Julias Relokationshoroskop und Local-Space-Karte

Wie würde es Julia ergehen, wenn sie in New York leben und arbeiten würde? Die Löwesonne oben am Himmel mit Pluto in der Nähe der Himmelsmitte zeigt, dass sie in dieser Stadt in einer starken Position wäre. Wahrscheinlich würde sie dort viel Geld verdienen, doch die Opposition spricht dafür, dass sie leicht in einen Konflikt zwischen Karriere und häuslichem Leben geriete. Sie ginge unter Umständen eine Verbindung mit einem Akademiker, Verleger oder Juristen ein (Venus und Mars im 9. Haus), und gelegentlich könnten ihre Beziehungen traumatisch sein (Uranus steht im 7. Haus im Quadrat zu Pluto – dieser Aspekt befindet sich hier an einer empfindlichen Stelle). Die Betonung auf Freundschaften ist hervorragend (Merkur, Jupiter und Neptun im 11. Haus). Julia würde mit der Arbeit gut vorankommen (nördlicher Mondknoten im 6. Haus). Bedenkt man, dass New York eine Krebs-Stadt ist und dass dieses Zeichen an der Himmelsmitte von Julias Relokationshoroskop steht, kann man davon ausgehen, dass sich das Leben dort gut für sie entwickeln würde. Doch interessanterweise empfindet Julia in der Stadt Platzangst, wenngleich sie es genießt, dort zu sein, und auch gute berufliche Fortschritte macht. (Das hat etwas mit ihrem Geburtshoroskop zu tun, in dem sie einen Schützeaszendenten hat. Mit Platzangst kommt man nicht leicht zurecht, wenn man dieses Zeichen stark platziert hat.)

Bei den von New York City ausgehenden Linien in der Local-Space-Karte (unten) führt die Mondlinie direkt durch San Diego, einen von Julias Lieblingsorten. Die Uranuslinie liegt nördlich von Los Angeles, wo ihre Arbeit von den Medien immer sehr interessiert aufgenommen wird, und sie genießt es, am Rand von Hollywood zu sein. Venus verläuft in Richtung Atlanta – eine Stadt, in der Julia populär ist und sich mit Freunden trifft.

Julias Local-Space-Karte für New York City

In New York hat die Sonne noch nicht die Himmelsmitte erreicht; man kann die Kulminationslinie der Sonne auf der Karte östlich von New York sehen. Die gestrichelte Saturnlinie repräsentiert die untere Kulmination dieses Planeten.

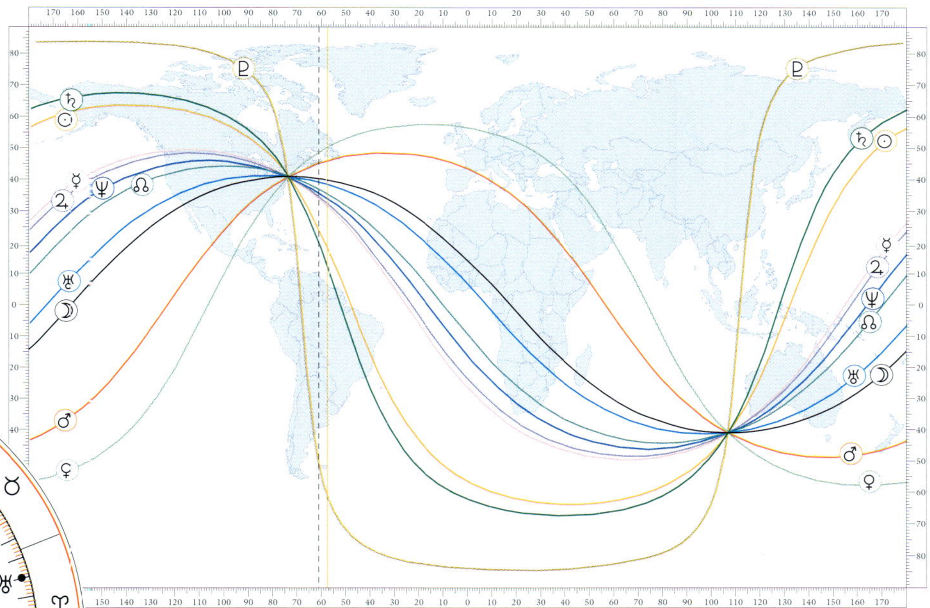

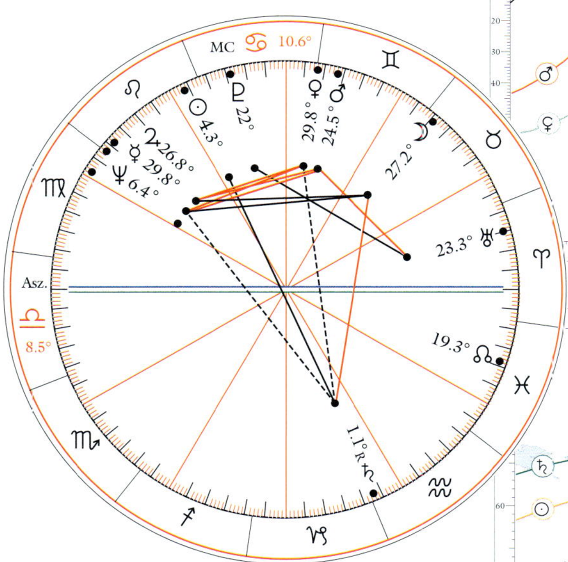

Julias Relokations-horoskop für New York City

Hier befindet sich die Sonne im 10. Haus, aber nicht in Konjunktion mit dem MC. Die Opposition zu Saturn kann man gut erkennen.

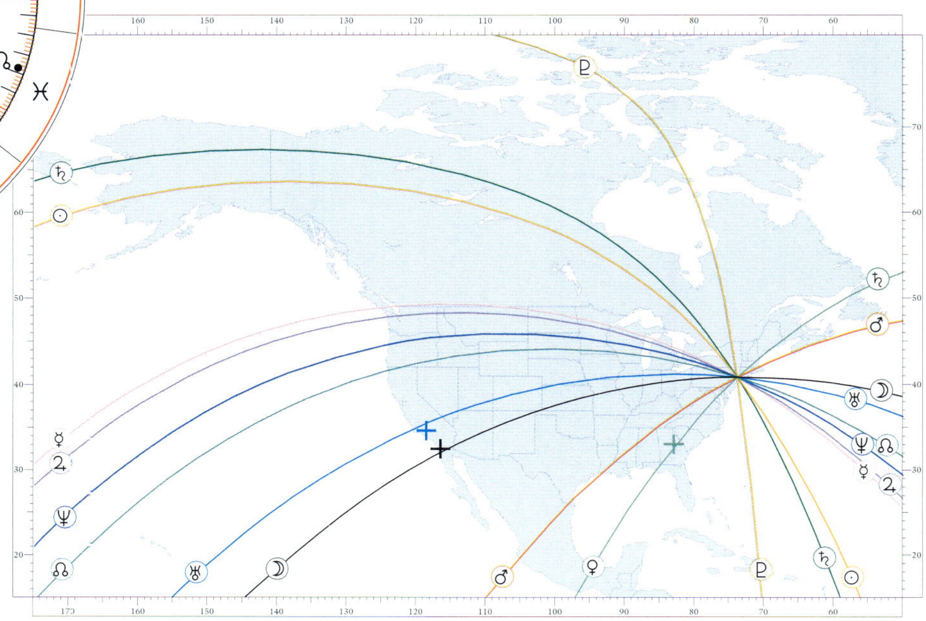

Julias Local-Space-Linien, ausgehend von New York City

Die Mondlinie führt direkt durch einen von Julias Lieblingsorten: San Diego. Die Uranus-Linie befindet sich nördlich von Los Angeles, wo ihre astrologische Arbeit auf großes Interesse der Medien stößt.

3

ASTRO

GEBURTSHOROSKOP INTERPRETIEREN
PROGRESSIONEN INTERPRETIEREN
BEZIEHUNGEN
DIE FAMILIE
ZIELE UND BERUF
VERÄNDERUNGEN
FREIZEIT
GESUNDHEIT
DIE PSYCHISCHE MOTIVATION

LOGIE IN AKTION

GEBURTSHOROSKOP INTERPRETIEREN

Nachdem wir gelernt haben, das Geburts- und das Progressionshoroskop zu berechnen (S. 98-103 und 116-127), ist es an der Zeit, zu dem faszinierenden Bereich der Interpretation weiterzugehen.

Zunächst einmal ist es notwendig, das Geburtshoroskop in den Griff zu bekommen. Zweifelsohne haben Sie bereits auf bestimmte Faktoren Ihres Horoskops geschaut, auf den Aszendenten, den Mond, vielleicht auch auf einige Häuserstellungen und Aspekte. Um das Horoskop zu interpretieren, müssen wir aber einen systematischeren Ansatz entwickeln.

Die meisten Astrologen beginnen mit der Interpretation, indem sie sich mit ihrem eigenen Horoskop auseinandersetzen, dann mit denen ihrer Partner, Kinder und Freunde. Es ist aber sehr schwer, gegenüber sich selbst und Partnern und Kindern objektiv und unparteiisch zu sein. Wie wir bereits einmal anklingen ließen, werden Sie am meisten von diesem Buch profitieren können und astrologisch sehr viel weiterkommen, wenn Sie mit einem Freund zusammenarbeiten. Wenn Sie das bereits tun und die Berechnungen gemeinsam durchgeführt haben, haben Sie womöglich auch schon Probleme aufklären können, die allein nicht zu lösen gewesen wären. Sie sollten sich mit dem Horoskop des Freundes beschäftigen und dieser sich mit dem Ihren, bevor Sie zu den Geburtsbildern von Partnern und Kindern übergehen.

Dies hat noch einen weiteren positiven Aspekt: Sie werden von Anfang an das Gefühl dafür haben, worauf es bei der Arbeit ankommt, auch in Bezug auf die anderen. So können Sie dann auch vermeiden, allzu innengerichtet zu sein, was für den Lernenden wie auch für manch fortgeschrittenen Astrologen eine Gefahr darstellt.

Überraschende Charakteristiken

Wenn Sie sich systematisch mit den astrologischen Faktoren befassen, könnte eine Eigenschaft mehrfach angezeigt sein, ohne dass Sie diese an Ihrem Gegenüber wahrnehmen. Wenn Sie die Person auf diese Eigenschaft ansprechen, räumt sie aber möglicherweise deren Vorhandensein ein (vielleicht widerwillig) – ignorieren Sie sie also nicht!

Interpretationen werden errichtet; wie der Architekt auch müssen Sie

Wie bei einem Bauwerk auch braucht es seine Zeit, bis die Interpretation steht.

bestimmte Regeln beachten. Zunächst einmal gibt es Pläne (der Horoskopvordruck), dann Mauern und Geschosse (die Zeichen von Sonne, Mond und Aszendent). Es gibt Fenster, durch die Licht hereinkommt, und Stützpfeiler (hilfreiche Planeten). Es gibt dunkle Räume (schwierige Planeten). Das Wichtigste: Es bestehen Spannungen, was durch die schwierigen Aspekte zum Ausdruck kommen wird, und da ist Unterstützung, symbolisiert von den konstruktiven Aspekten. Wir dürfen auch das Fundament nicht vergessen, die Verankerung, durch vielerlei Faktoren dargestellt.

Ihre ersten Interpretationen werden kleine Bauwerke sein, Hütten sozusagen. Es braucht seine Zeit, bis Sie eine Kathedrale oder einen Palast fertig bekommen.

MIT DER INTERPRETATION BEGINNEN

1 SCHLÜSSELBEGRIFFE

Die Interpretation vollzieht sich in mehreren Schritten. Ein bequemer und hilfreicher Anfang ist es, ein System von Basisbegriffen zu lernen, mit denen Sie den Einfluss aller Planeten in den Zeichen und Häusern kurz charakterisieren können. Die Schlüsselbegriffe zu den Häusern finden Sie auf S. 84–87, zu den Sonnenzeichen auf S. 30–77 und zu den Planeten auf S. 78–81. Auf diese sollten Sie sich im Folgenden immer beziehen.

Wie man die Schlüsselbegriffe benutzt

Notieren Sie:

a. das Aszendentenzeichen (immer in Zusammenhang mit dem 1. Haus),
b. das Zeichen und Haus der Sonne,
c. das Zeichen und Haus des Mondes,
d. das Zeichen und Haus des herrschenden Planeten;
e. nehmen Sie auf die weiteren Planeten – Merkur, Venus, Mars, Jupiter, Saturn, Uranus, Neptun und Pluto – Bezug, auf die gleiche Weise (einer davon ist allerdings vielleicht der herrschende Planet).
f. Verfahren Sie entsprechend mit Chiron.

Eine Schlüsselwort-Interpretation erstellen

Befassen Sie sich nun mit den Schlüsselworten für jeden Planeten, jedes Haus und jedes Zeichen, und bilden Sie damit einfache Sätze, z. B. mit der Sonne im Krebs im 7. Haus: »Sie bringen sich selbst zum Ausdruck (Sonne) auf eine schutzbedürftige und mitfühlende Art (Krebs) und richten sich dabei hauptsächlich auf ihre Partner (7. Haus).« Für Merkur im Skorpion im 5. Haus: »Ihr Kommunikationsbedürfnis (Merkur) ist intensiv und leidenschaftlich (Skorpion); es kann zum Ausdruck kommen durch kreative Arbeit, durch die Beschäftigung mit oder durch das Interesse an Kindern (5. Haus).«

Wenn Sie eine Schlüsselwort-Interpretation für das Zeichen am MC schreiben, sollten Sie sich daran erinnern, dass dieses die Lebensbereiche symbolisiert, mit denen sich der Mensch am meisten identifiziert. Zu jemandem mit einem Waage-MC könnten Sie sagen: »Sie möchten sich mit allem identifizieren, was Harmonie ausstrahlt.« Solche Bemerkungen sind recht allgemein – nichtsdestoweniger sind sie vergnüglich und auch enthüllend.

2 DIE ELEMENTE

Der nächste Schritt ist aufzuschreiben, wie viele Planeten sich in Feuer-, Erd-, Luft- und Wasserzeichen befinden (siehe S. 29). Auch die Stellung von Aszendent und MC ist zu berücksichtigen. Dies bringt neue Schlüsselsätze. Wenn ein Element vorherrscht, fügt dies der Persönlichkeit eine zusätzliche Dimension zu.

Schlüsselworte für die Elemente sind:
- *Feuer* – Enthusiasmus
- *Erde* – Stabilität und Konkretheit
- *Luft* – Intellektualität
- *Wasser* – Empfindlichkeit und Intuition

In vielen Geburtshoroskopen sind die Planeten gleichmäßig über die Elemente verteilt, andere Male erweist sich eines als führend – abermals die Basis einer weiteren Dimension der Interpretation. Vielleicht weisen verschiedene Faktoren darauf hin, dass der Betreffende eine sehr enthusiastische Person ist – eine Reihe von Planeten in Feuerzeichen wird dies markant unterstreichen. Möglicherweise entdecken Sie aber auch, dass der Mensch sehr vernünftig und erdverbunden ist – durch viele Planeten in Erdzeichen.

3 DIE QUALITÄTEN

Ein ähnlicher Interpretationsansatz wie eben.

Schlüsselworte für die Qualitäten sind:
- *Kardinal* – außengerichtet
- *Fix* – unflexibel
- *Veränderlich* – anpassungsfähig

Unserem Gefühl nach ist diese Einteilung der Qualitäten weniger erhellend als die bei den Elementen. Versuchen Sie, diese Eigenschaften bei der Interpretation nicht zu sehr zu betonen.

4 POSITIVE UND NEGATIVE ZEICHEN

Das nächste Stadium der Interpretation ist, herauszuarbeiten, welche Planeten (plus Aszendent und MC) sich in positiven und negativen Zeichen befinden. Dies lässt darauf schließen, ob Ihr Gegenüber eher zur Extraversion (positive Zeichen) oder zur Introversion (negative Zeichen) neigt. Stützen Sie Ihre Aussagen aber nicht allein auf dieses Merkmal: Die in die Tiefe gehende Interpretation ist sehr viel erhellender.

5 DIE STÄRKE DER PLANETEN

Nun ist es an der Zeit, bei der Interpretation die Stärke der einzelnen Planeten zu ermitteln (siehe S. 97). Markieren Sie die Planeten, die im Horoskop am hellsten scheinen – diese tragen eine personalisierte Bedeutung.

6 WAS NOCH ZU BEACHTEN IST

Das Geburtshoroskop enthüllt verschiedene Aspekte des betreffenden Menschen in Bezug auf
- die *Motivation,*
- das *Potential,*
- das *Energie-Niveau* – (physisch, emotional und nervlich) und
- die *Response* – in jeglicher Hinsicht.

EINIGE GOLDENE REGELN

- Arbeiten Sie nicht zeitgleich an mehreren Horoskopen. Da die Astrologie ein faszinierender Gegenstand ist, kann es im anfänglichen Enthusiasmus schnell dazu kommen. Es ist aber besser, jedes Horoskop so intensiv wie nur möglich zu ergründen, statt von einem zum anderen zu springen. Holen Sie aus dem Horoskop alles heraus, bevor Sie sich dem nächsten widmen!

- Überprüfen Sie ihre Berechnungen wieder und wieder, und bitten Sie dann Ihren Freund, sie sich anzusehen. Überprüfen Sie seine Rechnungen. Vielleicht haben Sie schon nachgerechnet – eine weitere Kontrolle aber kann nicht schaden. Wenn das Horoskop falsch ist, ist die Interpretation zwangsläufig ebenfalls falsch. Schauen Sie auf die Sonne im Horoskop: Steht sie da, wo sie gemäß der Geburtszeit stehen muss (siehe S. 98–99)? Wenn nicht, gehen Sie zurück auf Feld 1, und rechnen Sie neu!

- Schreiben Sie die Interpretation nieder. Viele scheuen davor zurück. Haben Sie aber keine Angst, auch wenn Sie meinen, kein Talent zum Schreiben zu besitzen. Wenn Sie Fortschritte machen wollen, ist es unerlässlich, Ihre Schlussfolgerungen zu Papier zu bringen. Sie können sie so gegeneinander abwägen und ihre Rangfolge zueinander festlegen. Rasch hingeworfene Bemerkungen reichen aber nicht aus. Die ersten Versuche werden nicht besonders umfangreich ausfallen; mit zunehmender Interpretations-Erfahrung können Sie aus den Faktoren aber mehr und mehr erschließen. Bald schon werden Sie beispielsweise merken, dass Sie einen Aspekt auf mehrere Bereiche beziehen können. Später sind Sie vielleicht so weit, dass Sie zu jedem Horoskop einen ganzen Roman schreiben können. Aber auch dieses Stadium wird vorbeigehen. Mit wachsender Erfahrung sind Sie schließlich imstande, knapp und zutreffend zu formulieren.

- Viele Astrologen schreiben für ihre Klienten keine Berichte, sondern machen Kassettenaufnahmen oder beschränken sich überhaupt auf das Beratungsgespräch. Berichte zu schreiben kostet Zeit, und viele Astrologen scheuen vor diesem Aufwand zurück. Dies ist aber die einzige Weise, wie man Astrologie lernen kann – eine vergnügliche wie gleichermaßen herausfordernde. Sie sollten sich zum Ziel setzen, zumindest 20 Horoskopanalysen zu erstellen – so gründlich wie möglich –, bevor Sie sich als ernsthaften Studenten der Astrologie sehen.

- Zeigen Sie das, was Sie geschrieben haben, Ihrem Freund. Diskutieren Sie dann mit ihm, wie Sie zu Ihren Aussagen gekommen sind. Auf diese Weise können Sie prüfen, wie genau Ihre Arbeit ist, ob Sie manches zu stark oder zu wenig betont haben oder – was zu hoffen ist – ob Sie mit Ihren Annahmen richtig liegen.

- Wahrscheinlich können Sie es kaum erwarten, die Horoskope mit den betreffenden Menschen zu besprechen bzw. Beratungen abzuhalten. Dies ist natürlich ein wichtiges und sinnvolles Ziel, allerdings sollten Sie es langsam angehen lassen. Wir werden früh genug Herangehensweisen an Probleme aufzeigen – zunächst einmal ist es das Beste, sich auf Leute zu beschränken, die keine besonderen Probleme und Sorgen haben, sondern nur daran interessiert sind, etwas über ihre grundsätzlichen Eigenschaften zu erfahren. Selbst das ist keine einfache Sache! Sie sollten sich auf eine solche Sitzung genauso intensiv vorbereiten, als ob Sie es mit einem schwerwiegenden Problem zu tun hätten. Und glauben Sie nicht, dass das Plaudern über ein Horoskop die schriftliche Arbeit ersetzt. Beweisen Sie in diesem Punkt Ausdauer!

Wenn Sie Ihre Anmerkungen zu einem Horoskop niederschreiben, werden Sie wahrscheinlich schon sehr bald merken, welche Bereiche durch Planeten und Aspekte betont sind. Am Anfang der Interpretation fällt es meist am leichtesten, die Merkmale der Zeichen von Aszendent, Sonne und Mond zusammenzufassen. Wir bestehen aber nicht nur aus diesen drei, sondern aus zwölf Zeichen. Nichtsdestoweniger beginnen wir mit diesen.

Der Aszendent

Der Aszendent repräsentiert unser wahres Selbst – wie es der Familie und guten Freunden bekannt ist.

Die Sonne

Die Sonne repräsentiert das Gesicht, das wir der Welt zeigen, unser Image sozusagen. Wir bringen uns auf die Weise des Sonnenzeichens zum Ausdruck.

Der Mond

Der Mond repräsentiert unsere Instinkte und Emotionen sowie die Art und Weise, wie wir auf Dinge und Situationen reagieren.

Vielleicht treffen Sie auf Astrologen, die der Ansicht sind, dass der Aszendent unsere äußerliche Haltung widerspiegelt und die Sonne das, was wir unseren Vertrauten gegenüber deutlich werden lassen. Wir sind da vollkommen anderer Meinung! Vielleicht war dies in der Vergangenheit so – seit den 20er-Jahren des 19. Jahrhunderts aber, als die Sonnenastrologie populär wurde, haben die meisten Menschen zumindest ein Basiswissen über ihr Sonnenzeichen und tendieren, bewusst oder unbewusst, dazu, sich daran auszurichten.

Sonnenzeichenmerkmale erkennen

Sie können diese Theorie selbst überprüfen – sprechen Sie mit Ihrem Freund über einen gemeinsamen Bekannten, dessen Horoskop aber nur Sie kennen. Erwähnen Sie einige Merkmale des Aszendenten- und einige des Sonnenzeichens. Solange Ihr Freund diesen Bekannten nicht sehr gut kennt, werden Sie die Feststellung machen, dass er nur die Sonnenmerkmale wahrgenommen hat.

Die Häuser

Ein Planet im 1. Haus ist ein starker Faktor – vergegenwärtigen Sie sich, dass es sich hier bei einem Abstand von nicht mehr als 10° zum Aszendenten auch um eine machtvolle Konjunktion mit diesem handelt. Einen solchen Planeten müssen wir mit besonderer Aufmerksamkeit studieren.

Lassen Sie sich nicht von unbesetzten Häusern des Horoskops irritieren! Dies heißt nicht, dass die betreffenden Lebensbereiche unwichtig oder uninteressant für den Geborenen sind. Sehen Sie auf das Zeichen an der Spitze dieses Hauses (sozusagen an dessen Anfang) und auf den Planeten, der darüber herrscht. Davon ausgehend können Sie die Einstellung Ihres Gegenübers zu den fraglichen Themen erschließen.

Widersprüchliche Aussagen

Wenn Sie nacheinander die verschiedenen Elemente des Horoskops durcharbeiten und damit beginnen, Ihre Analyse zu erstellen, könnten Sie auf widersprüchliche Faktoren stoßen. Dann gilt es abzuwägen, welche davon stärker sind, z. B. auch dadurch, ob hier ein Planet mit einer personalisierten Bedeutung beteiligt ist (in einem solchen Fall handelt es sich wahrscheinlich um den dominierenden Faktor). Wenn beide widersprüchlichen Züge durch personalisierte Faktoren unterstützt werden, gilt es, sich zu vergegenwärtigen, dass niemand nur das ist, was er zu sein scheint. Wir alle haben sehr viel Verschiedenes in uns, und wir reagieren

DIE DEKANATE

Diese Theorie teilt die 30° eines jeden Zeichens in drei Abschnitte à 10° und hängt mit den Elementen zusammen. Jedes Dekanat wird von einem Zeichen des gleichen Elements regiert, sodass die Dekanate der Feuerzeichen alle miteinander zusammenhängen, wie auch die der Erd-, Luft- und Wasserzeichen. Das erste Dekanat wird durch das eigene Zeichen beherrscht, das zweite durch das nächste Zeichen dieses Elementes und das dritte Dekanat durch dessen drittes Zeichen. Wenngleich Sie diese Theorie kennen sollten, ist sie doch nicht von allzu großer Bedeutung, vielleicht einmal abgesehen von der Stellung von Sonne und Aszendent. Wer die Sonne in den ersten 10° eines Zeichens hat, scheint die Sonnenmerkmale markanter widerzuspiegeln als derjenige, der zu einer späteren Phase geboren ist. Mit dem Aszendenten verhält es sich ähnlich. Wir sind nicht der Auffassung, dass die beiden folgenden Dekanate durch das jeweilige Zeichen des betreffenden Elementes stark beeinflusst werden.

ZUSATZAUFGABE

Überprüfen Sie, ob die Personen, die Sie kennen, diese Theorie bestätigen. Hat z. B. derjenige, der mit einer Stiersonne im 1. Dekanat geboren ist, viel vom Stier an sich, vielleicht lockige Haare, die ihm in die Stirn fallen? Und bei einem Aszendenten im 1. Dekanat: Ist eine starke Motivation gemäß der Merkmale dieses Zeichens zu spüren?

DIE SIEBEN HOROSKOPARTEN

Es gibt eine Einteilung des Horoskops in sieben Typen, die sich daran orientiert, wie die Planeten über die Zeichen und Häuser und damit über den Horoskopkreis verteilt sind. Das bekannteste Klassifikationssystem stammt von dem amerikanischen Astrologen Marc Edmund Jones. Wir beschreiben es hier näher, weil es nicht unwichtig ist – auch wenn die grundsätzliche Interpretation, für sich betrachtet, nicht immer zutrifft. Wenn aber wichtige Faktoren in die gleiche Richtung weisen, stechen die betreffenden Merkmale deutlich hervor.

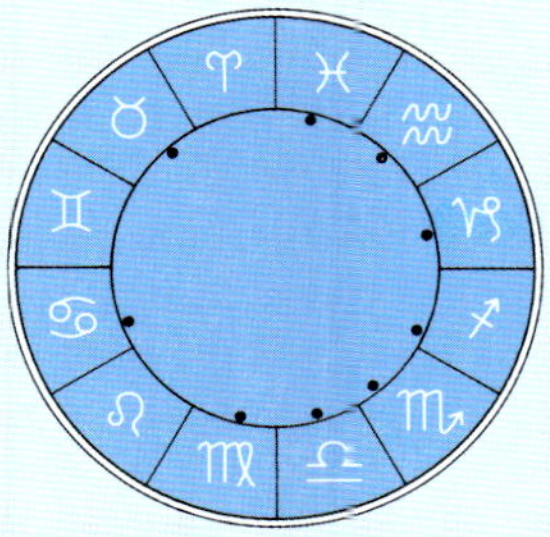

Gleichmäßige Verteilung
Die Planeten sind gleichmäßig über die Zeichen verteilt. Jemand, der verschiedene Interessen hat, vielleicht aber zur Oberflächlichkeit und Unbeständigkeit neigt. Eine Verbindung zu den Zwillingen und eventuell auch zum Schützen.

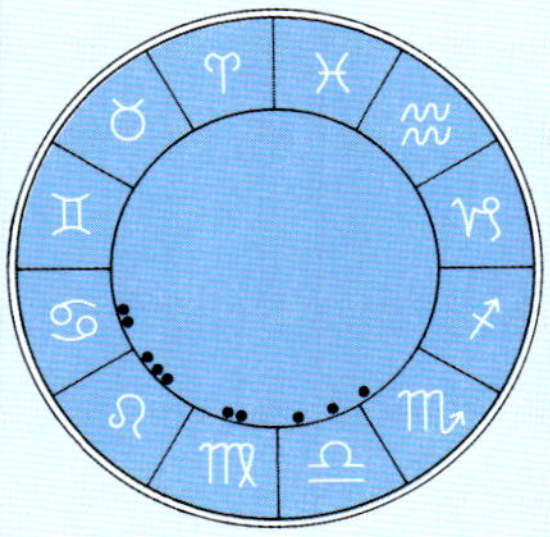

Das Bündel
Alle Planeten befinden sich sehr dicht beieinander. Jemand, der sich als Spezialist erweisen kann – der die Vielfalt in den Grenzen eines Gebietes entdeckt. Im engen Zusammenhang mit dem Krebs, vielleicht auch dem Steinbock.

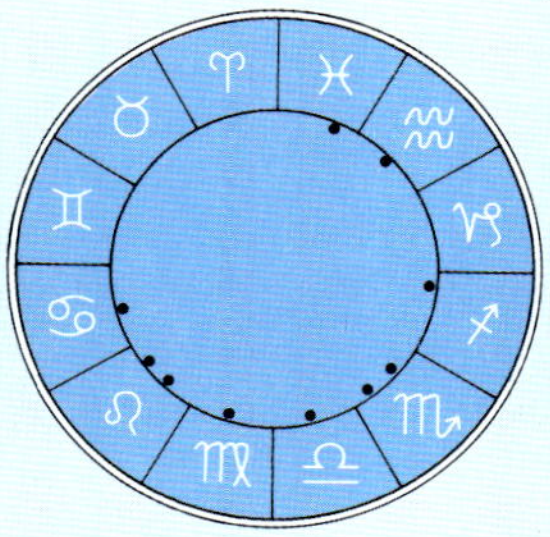

Die Lokomotive
Jones sieht hier eine Verbindung mit dem Antrieb einer Lokomotive – ein Mensch, der sehr viel Energie zur Verfügung hat, wann immer er sie braucht. Mit dem Widder, manchmal auch dem Löwen in Zusammenhang gebracht.

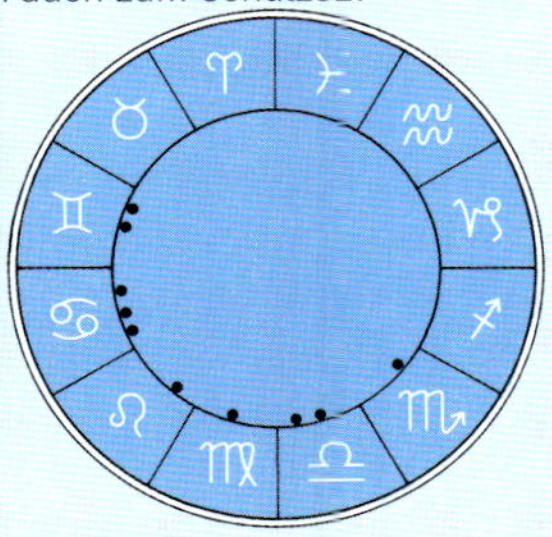

Die Schüssel
»Schüssel-Personen« sind selbstständig und machen ihre eigenen Erfahrungen. Die Häuser, die die Planeten beherbergen, sind von besonderer Bedeutung. Hängt mit der Jungfrau und dem Skorpion zusammen.

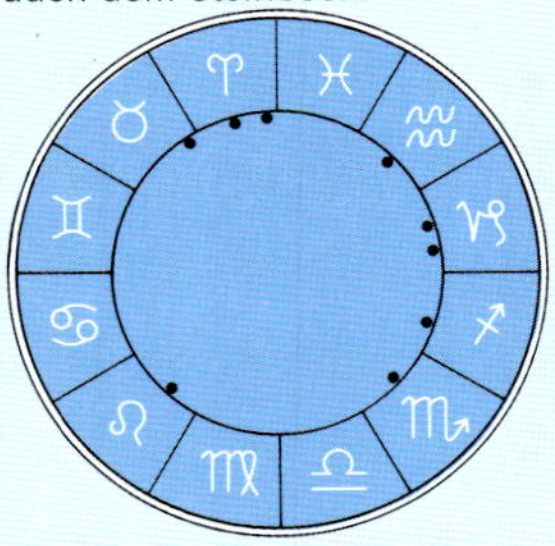

Der Eimer
Neun Planeten in der einen Hälfte des Horoskops, der andere gegenüberliegende Planet ist der »Henkel«. Meist ist die Aktivität wichtiger als das Endergebnis. Wird mit dem Schützen verbunden.

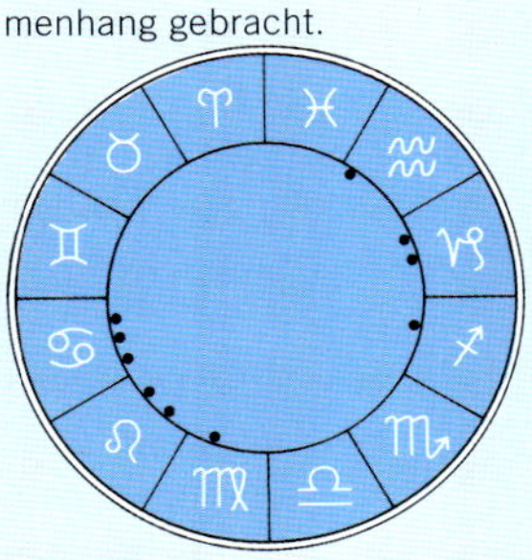

Die Wippe
Die Planeten stehen sich in zwei Gruppen im Horoskop gegenüber. Ein Mensch, der abwägt, ehe er eine Entscheidung trifft. Hängt mit der Waage, oft auch den Fischen zusammen.

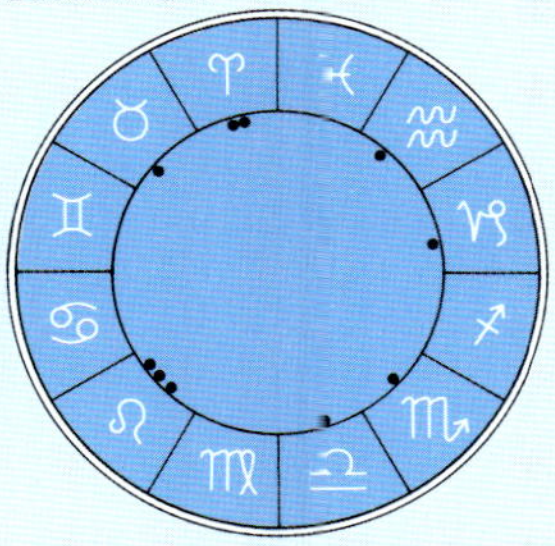

Streuung mit Häufungen
Die Planeten sind in ungleichmäßigen Gruppierungen über das Horoskop verstreut. Individualisten, denen Routine unangenehm ist. Wird mit Wassermann und Fischen verbunden.

auf verschiedene Menschen und Situationen auf verschiedene Art. Bei der Arbeit sind wir vielleicht so, zu Hause im Kreis der geliebten Familie wieder ganz anders.

Sie brauchen keinerlei Angst vor diesen Widersprüchen zu haben! Seien Sie mutig! Vielleicht beschuldigt man Sie, vage und zweideutig zu sein – schließlich aber sind Menschen außerordentlich komplex.

DER AUFBAU DER ANALYSE

Wir können nun mit der Analyse beginnen. Als Erstes sollten Sie einen Horoskopindex erstellen (siehe S. 196), weil das bei der Niederschrift der Interpretation sehr unterstützend wirkt.

Widmen Sie sich in der Folge den einzelnen Faktoren des Horoskops, um deutlich zu erkennen, welche individuellen Auswirkungen damit verbunden sein könnten.

Dabei sollten Sie diese Reihenfolge beherzigen:

1. Die Art des Horoskops (Eimer, Lokomotive etc.)

2. Das vorherrschende Element (vielleicht gibt es auch zwei)

3. Die vorherrschende Qualität (vielleicht gibt es auch zwei)

4. Planeten in positiven und negativen Zeichen, einschließlich Aszendent (für gewöhnlich ist eine Betonung vorhanden)

5. Die Eigenschaften des Aszendentenzeichens

6. Wenn ein Planet aus dem 1. oder dem 12. Haus in Konjunktion zum Aszendenten steht, ist es ratsam, diesen mit seinem Haus und seinen Aspekten zu untersuchen. Dessen Stellung wird die Persönlichkeit und die mit dem Aszendenten verbundenen Züge fraglos beeinflussen oder auch diese übertönen.

7. Das Zeichen, das Haus und die Aspekte der Sonne

8. Das Zeichen, das Haus und die Aspekte des Mondes

9. Der herrschende Planet, sein Zeichen, Haus und seine Aspekte. Falls Sonne oder Mond zu diesem im Aspekt stehen, haben Sie vielleicht bereits etwas dazu aufgeschrieben; derartige Aspekte sind immer außerordentlich bedeutungsvoll.

10. Der Einfluss des Zeichens am MC und dessen Haus. (Beim Placidus- oder Koch-Häusersystem befindet sich das MC immer an der Spitze des 10. Hauses – im Gegensatz zum Äqualen System mit den gleich großen Häusern.) Notieren Sie darüber hinaus auch, wenn ein Planet in Konjunktion zum MC steht.

11. Merkur mit seinem Zeichen, Haus und seinen Aspekten

12. Die Venus mit ihrem Zeichen, Haus und ihren Aspekten

13. Mars mit seinem Zeichen, Haus und seinen Aspekten

14. Jupiter mit seinem Zeichen, Haus und seinen Aspekten

15. Saturn mit seinem Zeichen, Haus und seinen Aspekten

16. Uranus mit seinem Zeichen, Haus und seinen Aspekten

17. Neptun mit seinem Zeichen, Haus und seinen Aspekten

18. Pluto mit seinem Zeichen, Haus und seinen Aspekten (hierbei kann es sich nur um Aspekte zum Aszendenten und zum MC handeln – alle anderen müssten bereits notiert sein)

19. Der Einfluss von Chiron (siehe S. 414-420)

Fragen Sie sich nun noch einmal, mit was für einer Horoskopart Sie es zu tun haben. Dies war Punkt 1 und steht deshalb auf Ihrem ersten Blatt ganz oben (wenn Sie bis Chiron gekommen sind, werden Sie einen ganzen Stapel vor sich haben). Nehmen Sie sich nun den Horoskopindex vor. Weil die Horoskopart etwas über die psychische Motivation aussagt, machen wir nun zwei Eintragungen in die Spalte »Psyche, Charakter«: In die rechte Unterspalte tragen wir eine 1 ein (vergessen Sie nicht, auch Ihre Aufzeichnungen durchzunummerieren), in die linke die Seite, auf der sich diese Anmerkung befindet.

Als Zweites geht es um den Einfluss der Elemente. Vorausgesetzt, Sie haben keinen Roman über die Horoskopart geschrieben und besitzen keine sehr große Handschrift, wird sich Punkt 2 immer noch auf der ersten Seite Ihrer Aufzeichnungen befinden. Auch hier könnte die Auswirkung unter die Spalte »Psyche, Charakter« zu subsumieren sein. Machen Sie das Gleiche mit den Qualitäten und der Einteilung in positive und negative Zeichen.

Die Basis-Interpretation

Bald schon werden Sie selbst grundsätzliche Entscheidungen zur Interpretation treffen. Befassen Sie sich jetzt mit der Analyse des Aszendenten, arbeiten Sie sich dann durch die oben angeführte Liste durch. Sie müssen nicht alles aufschreiben, was Sie entdecken – machen Sie sich aber Aufzeichnungen, die detailliert genug sind. Der Aufbau dieses Buches hilft Ihnen, umsichtig und systematisch vorzugehen. Wir raten Ihnen, sich zunächst mit den Planeten, ihren Zeichen und Häusern und – am wichtigsten – den Aspekten zu beschäftigen. (Lassen Sie, wenn Sie sich mit einem Geburtshoroskop befassen, die progressiven Planeten und Aspekte zunächst außer Acht.)

Wenn Sie mit der Arbeit fertig sind, haben Sie alles beisammen, um mit der Interpretation zu beginnen. Haben Sie keine Scheu, Anmerkungen niederzuschreiben, die Ihnen durch den Kopf gehen: »Könnte sein«, »hätte ich nicht gedacht«, »sehr wichtig!«, »das kann nicht stimmen!« usw. Manches könnte unter mehr als eine Spalte fallen; ist dem so, tragen Sie es unter beide (oder ggfs. alle) Überschriften ein, wodurch Sie die notwendigen Informationen verdoppeln oder gar verdreifachen.

Die Informationen zusammenfügen

Nun gilt es, alle diese einzelnen Faktoren zusammenzubringen. Beziehen Sie sich auf die Schlüsselwortliste, und verfassen Sie von ihr ausgehend Sätze – welche vielleicht gestelzt klingen – über jeden einzelnen Planeten, über jedes Zeichen und Haus. Diese Sätze stellen das Gerüst Ihrer Interpretation dar. Machen Sie sich keine Gedanken darüber, ob sich Ihre Worte gespreizt oder künstlich anhören – Sie werden Ihnen auf jeden Fall helfen, den grundsätzlichen Charakter und die Antriebskräfte Ihres Gegenübers zu erkennen.

Eine systematische Herangehensweise

Kümmern Sie sich als Erstes um alle Fundstellen in der Spalte »Psyche, Charakter«. Befassen Sie sich dann mit »Verstand, Intellekt, Emotionen«, dann mit der nächsten usw., bis Sie alle Eintragungen abgearbeitet haben. Sie verfügen dann über ein ziemlich genaues Bild dieses Menschen, das Sie noch einmal im Einzelnen durchgehen sollten, bevor Sie sich schließlich mit ihm treffen.

Machen Sie sich keine Gedanken, wenn Sie am Anfang nicht viel zu Papier bringen; mit wachsender Erfahrung werden Sie dem Horoskop mehr entnehmen können. Wie dem auch sei – je sorgfältiger wir beim Formulieren unserer Notizen und beim Sichten der vielen Informationen sind, desto detaillierter wird unser Bericht ausfallen, unabhängig davon, ob wir viel Erfahrung besitzen oder nicht.

EIN HOROSKOPINDEX ERSTELLEN

Machen Sie sich ein Formular wie das folgende:

Tragen Sie die Nummer der Seite Ihrer Aufzeichnung hier ein.

Tragen Sie hier ein, um welchen Punkt es geht.

Psyche Charakter		Verstand, Intellekt Emotionen		Beziehung, Sexualität		Beruf, Ziele		Gesundheit		Freizeit, Reisen		Familie	

Vielleicht schweben Ihnen andere Überschriften für die Spalten vor – allerdings haben wir die Erfahrung gemacht, daß die obigen präzise, zuverlässig und leicht zu handhaben sind. Wenn Sie Ihre Eintragungen machen, stellen Sie womöglich fest, dass bestimmte Spalten durch Planeten, Häuser und Aspekte besonders betont werden. Dies ist sowohl interessant als auch hilfreich, weil Sie so die verschiedenen Planeten und Apekte mit den diversen Lebens- und Persönlichkeitsbereichen in Übereinstimmung bringen können.

VOLLSTÄNDIGE ANMERKUNGEN ZU EINEM HOROSKOP

FALLSTUDIE
Es handelt sich hier um Anmerkungen zum Horoskop eines Klienten namens Kenneth (Horoskop und Aspekttabelle auf S. 198, Horoskopindex auf S. 199).

Horoskopart: Lokomotive, mit der Venus als »Zugplaneten« an der Spitze des 8. Hauses.

1. Beruf/Ziele: hat Antriebskraft, die aber vielleicht sprunghaft eingesetzt wird. Speziell Wassermann-Interessen. Venus finanziell günstig gestellt – kann mit Charme für Fortschritte aktiv werden.
Elemente: Luft 4, Erde 3. **Qualitäten:** veränderlich 5, fix 4.

2. V./I./E.: gute intellektuelle Fähigkeiten, anpassungsfähig, vielleicht auch feste Meinungen und Sturheit. Konflikt!
Positive/negative Zeichen: 6 positive.

3. Psy./Char.: extravertiert, unterstützt durch Widdersonne, Zwillingsmond.

⑪ VOLLES 11. HAUS
4. Beziehungen: gut gemischt. Braucht einen großen Freundeskreis. Mit der Wassermannvenus als »Zugplanet« plus Uranus in Verbindung mit Mond im kommunikativen, starken 11. Haus gute Kontaktfähigkeit.

♋ ASZENDENT KREBS
5. Psy./Char.: starke Selbstschutzmechanismen. Mutig, bestimmt. Könnte zum Sammeln neigen. Ist bestrebt, die eigene Persönlichkeit und Motivation zu erkunden. Nach außen orientiert und (wegen der Widdersonne) positiv.

6. V./I./E.: empfindlich, leicht verletzt, ängstlich, vielleicht ausweichend. Reiche Fantasie. Instinktiv – der Zwillingsmond aber fügt Logik zu. Stimmungsschwankungen. Emotional (unterstützt durch Widdersonne, gemildert durch Zwillingsmond).

7. Beziehungen: fürsorglich, liebevoll; Launenhaftigkeit kann negativ wirken. Verteidigt die, die er liebt. Möglicherweise aber auch Kühle gegenüber dem Partner, der vielleicht älter oder sozial höherstehend ist (Steinbock an der Spitze des 7. Hauses). Ein romantischer Zug. Vielleicht schnell beleidigt.

8. Gesundheit: Ein beständiges Training von rhythmischer Art ist empfehlenswert: Schwimmen, Tanzen. Sorgen können zu Magenproblemen führen. Braucht eine Ernährung, die reich an Fisch- und Milchprodukten ist. Vielleicht eine empfindliche Haut

10. Freizeit, Reisen: Man könnte vorschlagen, ungewöhnliche Kunstgegenstände zu sammeln. Kann sich durch Reisen seiner Sorgen entledigen; Wasser wirkt erholsam: Segelsport? Viehleicht auch ein guter Koch.

♈ SONNE IM WIDDER IM 9. HAUS
Schlüsselwort-Satz: »Sie bringen sich selbstbewusst und direkt zum Ausdruck, wenn Sie sich mit einer Herausforderung konfrontiert sehen.«
Da die Sonne sich auf den ersten 10° des Zeichens befindet, sind diese Charakteristiken sehr stark.

11. Psy./Char.: geradeheraus, unkompliziert? Überhastete Reaktionen (unterstützt durch Krebs und den Zwillingsmond). Selbstsüchtig?

12. Beziehungen: Starke Sexualität und Leidenschaft. Genießt das Liebesleben.

13. Gesundheit: braucht körperliche Aktivität. Unfallneigung aufgrund von Unachtsamkeit. Kopfschmerzen.

14. Beruf/Ziele: ehrgeizig, will gewinnen, braucht Ausdrucksfreiheit und fühlt sich von Herausforderungen angespornt. Guter Geschäftssinn, unterstützt durch den Aszendenten und den Zwillingsmond.

15. V./I./E.: rasches Denken, entscheidungsfreudig, emotional (Feuerzeichen).

16. Familie: würde einen lebhaften, enthusiastischen Vater abgeben.

17. Freizeit/Reisen: kann sich mit Veränderungen arrangieren. Sollte zur Entwicklung von neuen Interessen ermutigt werden, wenn der Rückzug aus der Arbeitswelt bevorsteht.

☉ SONNE IM 9. HAUS
18. Psy./Char.: eine idealistische und philosophische Ausrichtung. Könnte weit von der Heimat entfernt leben.
Betonung von Kommunikation über weite Entfernungen und von den Medien; erinnert sich seiner Träume und ist inspiriert.

☉ SONNE IM HALBQUADRAT ZUR VENUS
Ein machtvoller Aspekt, weil die Venus sehr stark gestellt ist.

19. Beziehungen: Störungen im Beziehungsleben. Kenneth hat keine feste Partnerin. Schwierigkeiten auf diesem Gebiet.

☉ SONNE IM SEXTIL ZU URANUS
20. Psy./Char.: Originalität und Unabhängigkeit, gute Auffassungsgabe, Führungseigenschaften (eine Ergänzung zum Widder).

21. Beziehungen: sexuelle Anziehungskraft, Charme, Beliebtheit.

☉ SONNE IN OPPOSITION ZU NEPTUN
22. Psy./Char.: Tendenz zu Täuschungen sowie dazu, immer den Weg des geringsten Widerstandes zu suchen. Negativer Eskapismus; könnte bei Stress zu Drogen/Alkohol greifen.

☉ SONNE IM TRIGON ZU PLUTO
Ein machtvoller Aspekt, da Pluto im 1. Haus steht.

23. Psy./Char.: Fähigkeit der Selbstanalyse; Forschungstalent.

24. Beruf/Ziele: nimmt in Verbindung mit der psychologischen Weiterentwicklung im Leben vorteilhafte Veränderungen vor.

☽ MOND (HOROSKOPHERRSCHER) IN DEN ZWILLINGEN IM 11. HAUS
Schlüsselwort-Satz: »Was den Umgang mit anderen Menschen und ihre Zielvorstellungen betrifft, reagieren Sie instinktiv auf eine kommunikative Weise.«

25. V./I./E.: rasche verbale Reaktion auf alle Situationen; wortreich, flexibel, kann diskutieren und rationalisieren. Konflikt zwischen den Emotionen und der Logik; könnte den Emotionen misstrauen, sich aber freimütig äußern. Plaudertasche!

26. Psy./Char.: ungeduldig, muss womöglich Stabilität und Ruhe entwickeln.

27. Gesundheit: Eine Anstauung von Stress und Spannung könnte zu Verdauungsproblemen führen; anfällige Lungen; muss vorm Rauchen gewarnt werden (Kenneth raucht stark). Neigung zu Sorgen.

☽ MOND IM 11. HAUS
28. Beziehungen: tendiert dazu, sich zu abhängig von Freunden und Bekannten zu machen. Muss Unabhängigkeit entwickeln (die Widdersonne und die Wassermannvenus können dabei helfen). Eine verschlossene Persönlichkeit, der man kaum nahe kommen kann? (Der Aszendent im Krebs könnte mildernd wirken.) Möchte geliebt werden.

☽ MOND QUADRAT MERKUR

Ein wichtiger Aspekt, da sich der Mond im Merkurzeichen befindet.

29. V./I./E.: scharfe Antworten, große intellektuelle Fähigkeiten. Neigung zum Tratsch.

30. Gesundheit: Magenprobleme?

☽ MOND IM TRIGON ZUR VENUS

31. Beziehungen: Charme, Wärme und Zuneigung.

32. Psy./Char.: liebt es, gut zu leben.

33. V./I./E.: bedeutet Intuition, Optimismus und ein gutes Wahrnehmungsvermögen.

☽ MOND IN KONJUNKTION ZU MARS

Ein Schlüsselaspekt, weil er den Herrscher des Horoskops, den Mond, mit dem Herrscher der Sonne, Mars, verbindet.

34. V./I./E.: ein erhöhtes emotionales Niveau. Emotional und körperlich zu Risiken bereit, vielleicht sogar tollkühn.

☽ MOND IN KONJUNKTION ZU JUPITER

35. Beziehungen: Freundlichkeit, Großzügigkeit. Andere zu ermutigen verschafft Befriedigung. Gutes menschliches Beurteilungsvermögen.

☽ MOND IM QUADRAT ZUM MC

36. Beruf/Ziele: Schwierigkeiten, im Beruf wahre Befriedigung zu finden (Kenneth wusste zwar, was er wollte, hatte aber Probleme, das umzusetzen).

☽ DER EINFLUSS DES FISCHE-MCS

Es besteht eine Identifikation mit den höchsten Fische-Zielen als auch die Tendenz zur Gutgläubigkeit und Naivität. Dies kann zu Unklarheit bei wichtigen Angelegenheiten führen, trotz der widderhaften Direktheit und der Krebs-Schläue. Kenneth könnte ein Träumer sein.

Anmerkung In diesem Horoskop befindet sich kein Planet in Konjunktion zum MC (wenngleich es von Merkur aus fast dazu kommt – der Orbis ist um weniger als 1° überschritten, hätte die Geburt nur einige Minuten später stattgefunden, könnte man von einer Konjunktion sprechen). Der Zwillingseinfluss legt nahe, dass Merkur trotzdem ziemlich stark ist; er bedeutet das Bedürfnis, an der beruflichen Tätigkeit psychologisch Anteil zu nehmen (Merkur herrscht über den Mond, Mars und Jupiter). Was das Berufsleben von Kenneth betrifft, werden die kommunikativen Faktoren durch die Merkurstellung dicht am MC sehr harmonisch unterstützt.

KENNETH' GEBURTSHOROSKOP MIT SEINEN ASPEKTEN

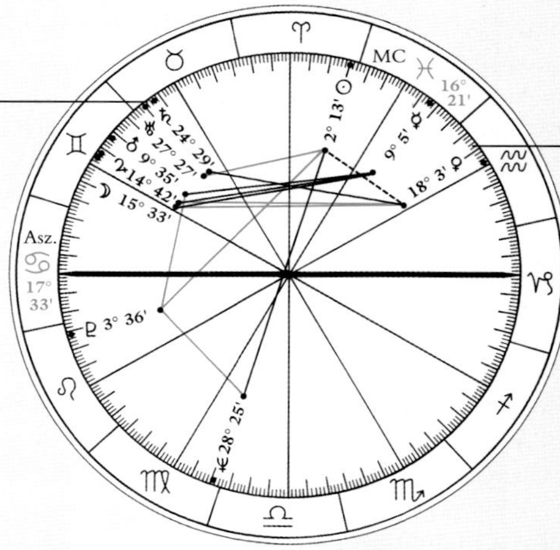

Planet		☉	☽	☿	♀	♂	♃	♄	♅	♆	♇
Sonne	☉	\	•	•	∠	•	•	•	⚹	☍	△
Mond	☽		\	□	△	☌	☌	•	•	•	•
Merkur	☿			\	•	□	□	•	•	•	•
Venus	♀				\	•	△	□	•	•	•
Mars	♂					\	☌	•	•	•	⚹
Jupiter	♃						\	•	•	•	•
Saturn	♄							\	☌	△	•
Uranus	♅								\	△	•
Neptun	♆									\	⚹
Pluto	♇										\
Asz.	Asz.	•	•	•	⊼	•	•	•	•	•	•
MC	MC	•	□	•	⊻	•	□	•	•	•	•

(Spaltenüberschrift: Aspekte)

Feuer-Planeten: 2
Erd-Planeten: 3
Luft-Planeten: 4
Wasser-Planeten: 1, Asz. + MC

Kardinale Planeten: 1 + Asz.
Fixe Planeten: 4
Veränderliche Planeten: 5 + MC

Positive Planeten: 6
Negative Planeten: 4

☿ MERKUR IN DEN FISCHEN BEI DER SONNE IM WIDDER

Schlüsselwort-Satz: »Alles, was mit Geldverdienen zu tun hat, beeindruckt Sie stark; hüten Sie sich vor Täuschungen!«

37. Psy./Char.: Das Widder-Selbstbewusstsein kommt auf abgemilderte Art zum Ausdruck. Vergesslichkeit kann zu Problemen führen. Könnte zum Weg des geringsten Widerstandes neigen. Womöglich Täuschungen.

38. V./I./E.: Ängste, Sorgen, ein erhöhtes emotionales Niveau, viel Intuition. Weniger anfällig für Wut. Freundlichkeit.

☿ MERKUR IM 8. HAUS

39. V./I./E.: Tendenz, über ernste Themen nachzugrübeln. Vielleicht Talente, die in die Richtung des Übernatürlichen weisen (unterstützt durch den Krebsaszendenten und die Sonne in Opposition zu Neptun). Eine reiche Fantasie und viel Intuition. Vielleicht eine intensive Ausrichtung auf die Sexualität.

40. Beruf/Ziele: die Fähigkeit, gute Investitionen zu tätigen – weil aber die Fische in einem Merkurzeichen stehen, womöglich auch die Neigung zu Geschwätzigkeit.

☿ MERKUR IM QUADRAT ZU MARS

41. V./I./E.: denkt rasch, scharfe Zunge. Neigung zur Verleumdung, vielleicht auch zu überhasteten Entscheidungen.

☿ MERKUR IM QUADRAT ZU JUPITER

42. V./I./E.: guter Verstand, aber eine gewisse Geistesabwesenheit. Vorsicht beim Unterzeichnen von Dokumenten!

43. Gesundheit: Verdauungsprobleme?

♀ VENUS IM WASSERMANN

Schlüsselwort-Satz: »Sie brauchen eine

sexuell anregende Beziehung, gleichermaßen aber Unabhängigkeit.«

44. Beziehungen: Filmstar-Glanz sowie Unabhängigkeit im Liebesleben. In der Beziehung ein Sinn für das Romantische, für Idealismus und Zuverlässigkeit. Freundlich und hilfsbereit.

♀ VENUS IM 8. HAUS

45. Beziehungen: stärkt Leidenschaft und Gefühle; muss auf Neigung zur Eifersucht achten (das Venuszeichen wirkt mildernd). Das Liebesleben dürfte reich und erfüllend sein – mit Venusquadrat zu Saturn könnten aber hinderliche Einflüsse bestehen.

46. Beruf/Ziele: gute Stellung für Finanzen und Erbschaften (vielleicht vom Partner).

♀ VENUS IM TRIGON ZU JUPITER

47. Psy./Char.: verleiht Beliebtheit; eine vergnügliche und amüsante Art zu reden.

♀ VENUS IM QUADRAT ZU SATURN

48. Beziehungen: ein beschränkender Faktor, was das Liebesleben betrifft. Mit der Widdersonne aber können die Probleme überwunden werden.

♀ VENUS IM QUINKUNX ZUM ASZENDENTEN

Kein besonders machtvoller Einfluss; die angeführten negativen Auswirkungen werden kaum in Erscheinung treten.

49. Beziehungen: Kenneth dürfte in emotionalen Beziehungen eine gewisse Unsicherheit spüren – insofern könnte diese Aspekt die Auswirkung des Venus/Saturn-Quadrates unterstreichen.

50. Gesundheit: Achtung vor dem Essen als Trost und vor Maßlosigkeit

♀ VENUS IM HALBSEXTIL ZUM MC

Kennneth' Geburtszeit ist zweifellos genau, sodass wir diesen Nebenaspekt auch tatsächlich berücksichtigen können.

51. Beruf/Ziele: ergänzt die angesprochene Identifizierung mit dem Showbusiness.

♂ MARS IN DEN ZWILLINGEN

Schlüsselwort-Satz: : »Sie bringen ihre körperliche Energie und Ihre Anregungen zur Verwirklichung von Zielen auf eine flexible Weise zum Ausdruck.«

52. Gesundheit: Diese Stellung könnte das körperliche Energieniveau beeinträchtigen, welches bei der Widdersonne für gewöhnlich hoch ist. Möglicherweise die Verschwendung von Energie, mit Schwächung des Wohlbefindens. Könnte Sport ermüdend finden. Arme und Hände sind anfällig für kleinere Verletzungen.

53. V./I./E.: sehr viel intellektuelle Energie, eine rasche Auffassungsgabe und ein wacher Verstand. Übellaunigkeit?

54. Beruf/Ziele: Das Bedürfnis nach Veränderungen kann das Gefühl hervorrufen, keine Erfüllung zu finden.

55. Beziehungen: der Drang, mit Sex zu experimentieren und auch in späteren Jahre sexuell noch aktiv zu sein.

♂ MARS IM 11. HAUS

56. Beziehungen: der erste unter seinesgleichen, der aber vielleicht auch diverse Auseinandersetzungen führt. Möchte auf praktische Weise helfen. Kann sich in emotionalen Beziehungen sehr kühl zeigen.

♂ MARS IN KONJUNKTION ZU JUPITER

57. Beruf/Ziele: Unternehmungsgeist, Enthusiasmus und die Fähigkeit, die Initiative zu ergreifen. Erinnern Sie sich auch hier der Bereitschaft zu Risiken sowie des Wagemuts (Widdersonne).

58. Psy./Char.: liebt das Leben und lässt es sich gerne gut gehen. Sagt, was er denkt.

♂ MARS IM SEXTIL ZU PLUTO

59. Gesundheit: sehr viel körperliche Energie. Muss mit physischer Aktivität den Überschuss konstruktiv abbauen.

60. V./I./E.: sehr viel emotionale Energie.

61. Psy./Char.: motiviert, im Laufe seines Lebens vorteilhafte Veränderungen vorzunehmen. Arbeitet hart.

♃ JUPITER IN DEN ZWILLINGEN

Schlüsselwort-Satz: »Beweglichkeit bei der Verfolgung von Zielen und beim Umgang mit anderen Menschen. Achtung vor Rastlosigkeit!«

62. V./I./E.: intellektuelle Rastlosigkeit, Meinungsschwankungen – tolerant, modern in seinen Ansichten.

♃ JUPITER IM 11. HAUS

63. Beziehungen: ein geselliger Typ mit einem großen Kreis von Freunden und Bekannten. In Verbindung mit der Wassermann-Venus sind Freundschaften vielleicht wichtiger als emotionale Beziehungen.

♃ JUPITER IN DER HIMMELSMITTE

64. Psy./Char.: identifiziert sich möglicherweise mit allem Großen und Strahlendem.

65. Beruf/Ziele: weist auf Erfolge und die Verwirklichung von Zielen hin.

EINEN HOROSKOPINDEX ERSTELLEN

Psyche, Charakter		Verstand, Intellekt, Emotionen		Beziehungen, Sexualität		Beruf, Ziele		Gesundheit		Freizeit, Reisen		Familie	
197	3	197	2	197	4	197	1	197	8	197	10	197	9
197	5	197	6	197	7	197	14	197	13	197	17	197	16
197	11	197	15	197	12	197	24	197	27	200	68	200	78
197	18	197	25	197	19	198	36	198	30	200	73		
197	20	198	29	197	21	198	40	198	43				
197	22	198	33	197	28	199	46	199	50				
197	23	198	34	198	31	199	51	199	52				
197	26	198	38	198	35	199	54	199	59				
198	32	198	39	199	44	199	57						
198	37	198	41	199	45	199	65						
199	47	198	42	199	48	200	81						
199	58	199	53	199	49								
199	61	199	60	199	55								
199	64	199	62	199	56								
200	66	200	76	199	63								
200	69	200	77	200	67								
200	70	200	79	200	74								
200	71	200	80										
200	72												
200	75												
200	82												

Die Interpretation strukturieren

Dieses Formblatt hilft Ihnen, die verschiedenen Elemente des Horoskops in Verbindung miteinander zu bringen. Es ist von grundsätzlicher Bedeutung, systematisch vorzugehen: Sie können sich mit jedem Gebiet intensiv auseinandersetzen, indem Sie die Anmerkungen, die unter die betreffende Spalte eingetragen wurden, nacheinander analysieren.

♄ SATURN IM STIER
Schlüsselwort-Satz: »Sie müssen bestimmte Grenzen akzeptieren, wenn Sie Stabilität erleben wollen.«

66. Psy./Char.: bewirkt Vorsicht und Geduld. Fördert den gesellschaftlichen Aufstieg. Die Neigung zum Luxus und zur Bequemlichkeit könnte mit eher kargen Tendenzen kollidieren. Disziplin.

♄ SATURN IM 11. HAUS
67. Beziehungen: nur wenige Freunde, welche oft älter sind.

68. Freizeit: Die Interessen haben etwas Ernsthaftes und Dauerhaftes.

69. Psy./Char.: konventionell. Starkes soziales Gerechtigkeitsempfinden.

♄ SATURN IN KONJUNKTION ZU URANUS
70. Psy./Char.: Eine machtvolle Antriebskraft beeinflusst das psychologische Bedürfnis, Ziele zu verwirklichen.

♄ SATURN IM TRIGON ZU NEPTUN

71. Psy./Char.: die Fähigkeit, Ideen so zu formulieren, dass sie konstruktiv zum Ausdruck gebracht werden können. Saturn wirkt mäßigend, wenn die Hoffnungen und Ideale allzu hoch gesteckt sind. Vielleicht auch eine Vorliebe zum Fotografieren und Filmen.

♅ URANUS IM STIER
Schlüsselwort-Satz: »Sie müssen auf plötzliche Veränderungen gefasst sein, welche auch dauerhafte freundschaftliche Bande zerstören können. Hüten Sie sich vor der Tendenz, besitzergreifend zu sein.«

72. Psy./Char.: eigensinnig. Konflikt zwischen dem Konventionellen und dem Unkonventionellen.

73. Freizeit: mag ungewöhnliche Gegenstände (vgl. »Krebs-Sammlung«).

♅ URANUS IM 11. HAUS
74. Beziehungen: freundlich, aber auf Distanz bedacht. Das Bedürfnis nach reichem sozialen Leben könnte im Widerspruch mit den beruflichen Kontakten stehen.

75. Psy./Char.: verabscheut Selbstgefälligkeit.

♅ URANUS IM TRIGON ZU NEPTUN
Dieser Aspekt war zwar lange wirksam – er ist aber für Kenneth aufgrund seines reich besetzten 11. Hauses sowie der Tatsache, dass die Fische als Herrscher des MCs von Neptun regiert werden, von besonderer Bedeutung.

76. V./I./E.: eine gute Mischung von Originalität, Fantasie, Intuition und Logik.

♆ NEPTUN IN DER JUNGFRAU
Schlüsselwort-Satz: »Sie könnten, wenn Sie Ihre Einstellung zur Umgebung oder ihr Verhältnis zu Brüdern und Schwestern analysieren, den Kontakt zur Realität verlieren.« (Eigentlich ein Generations-Einfluss, wegen der Herrschaft von Neptun über das MC in diesem Fall aber eine persönliche Bedeutung.)

77. V./I./E.: regt die Fantasie an, was vielleicht durch eine literarische Aktivität zum Ausdruck kommt. Vielleicht Unzufriedenheit und Rastlosigkeit.

♆ NEPTUN IM 3. HAUS
78. Familie: Die frühen Jahre könnten mit Störungen verbunden gewesen sein. Idealisiert vielleicht Geschwister oder ist eifersüchtig auf sie. Konzentrationsprobleme?

79. V./I./E.: eine reiche Fantasie.

♆ NEPTUN IM SEXTIL ZU PLUTO
Dieser häufige Aspekt hat hier eine große Bedeutung, weil Neptun über das MC herrscht und Pluto im 1. Haus steht.

80. V./I./E.: Emotionen und Intuition werden durch diese Verbindung gestärkt.

♇ PLUTO IM LÖWEN
Schlüsselwort-Satz: »Sie können auf beeindruckende Weise mit störenden Einflüssen umgehen, was sich auf Ihre psychische Entwicklung auswirkt.« (Pluto ist im 1. Haus sehr stark gestellt.)

81. Beruf/Ziele: Führungseigenschaften ergänzen die starken Widder-Charakteristiken.

♇ PLUTO IM I. HAUS
82. Psy./Char.: der Drang, alles tief greifend zu erforschen, einschließlich der eigenen Persönlichkeit. Forschungstalent.

83. V./I./E.: sehr viel emotionale Energie. (Vgl. Sonne/Pluto Trigon, das diese Stellung passend ergänzt.)

DIE INTERPRETATION EINES HOROSKOPS
Die folgende Analyse wurde aus den obigen Anmerkungen abgeleitet; sie wird hier in der Form präsentiert, wie sie auch dem Betreffenden gegenüber vorgebracht wurde. Julia verfasste sie für Kenneth zu der Zeit, als sie noch studierte. Wir führen sie hier an, um zu demonstrieren, welchen Standard man schon nach einigen Monaten erreichen kann.

Weil wir nicht davon ausgehen, dass alle Leser mit den astrologischen Symbolen vertraut sind, verzichten wir so weit wie möglich auf diese – zum Lernen aber sind sie am Rand des Textes abgedruckt, neben den Aussagen, die sich auf sie beziehen. Es ist uns wegen des zur Verfügung stehenden Platzes nicht möglich, den ganzen Bericht wiederzugeben.

Kenneth, geboren mit einem Krebsaszendenten, einer Widdersonne und einem Fische-MC.

1. Lokomotive	Ihre Persönlichkeit besitzt viel Antriebskraft, mit der Sie an Problemen arbeiten können, mit großen Leistungen. Ihre Ziele sind womöglich etwas ungewöhnlich. Wahrscheinlich lassen Sie sich eher von äußerlichen Einflüssen denn von Aspekten Ihrer eigenen Persönlich-
5. Asz. ♋	keit leiten. Sie sind hartnäckig und tun alles, um das zu bekommen, was
14. ☉ ♈	Sie vom Leben wollen. Sie besitzen
58. ♂ ☌ ♃	viel Bestimmtheit. Es ist Ihnen auch wichtig, dass das Leben Spaß macht.
6. Asz. ♋ ☉ ♈	Während Sie den Eindruck vermitteln, selbstbewusst und stark zu sein, sind Sie doch empfindsam und verletzlich. Sie verfügen gleicherma-
25. ☽ ♂ ♊	ßen über viel körperliche als auch nervliche Energie sowie über einen
29. ☽ □ ☿	wachen Verstand. Es ist möglich, dass Sie zu Rastlosigkeit und zu nerv-
62. ♃ ♊	licher Anspannung neigen.

Klug mit Energie umgehen

	Trotz all Ihrer Antriebskraft müssen
52. ♂ ♊	Sie darauf achten, Ihre Energie nicht zu verzetteln – Ihre Vorliebe für Veränderungen könnte dazu führen, dass Sie immer wieder Dingen hinterherjagen, die nicht das sind, wofür Sie sie ursprünglich hielten.
35. ☽ ☌ ♃	Sie besitzen ein exzellentes Beurteilungsvermögen und können Men-
31. ☽ △ ♀	schen schnell einschätzen. Des Weiteren sind Sie charmant. Sie verfügen
21. ☉ ⚹ ♅	über Originalität und gewisse magnetische Anziehungskraft, die Ihnen sowohl im Beruf als auch im persönlichen Leben von Nutzen sein kann.

2. Veränderlich 5; fix 4

Extreme vermeiden

Sie sind zwar flexibel, könnten aber grundsätzlich in Ihren Annahmen zu einer gewissen Sturheit neigen. Dabei besitzen Sie viel Spontaneität und äußern Ihre Meinung direkt. Viel- 34. ☽ ♊ leicht neigen Sie bei Ihren Handlun- 11. ☉ ♈ gen zur Sprunghaftigkeit und zu Extremen – z. T. auch deshalb, weil Sie schnell Ergebnisse sehen wollen. Versuchen Sie, der Tendenz zur Sorglosigkeit entgegenzuwirken!

stark ♊ Sie sind gesprächig und begeisterungsfähig und könnten den Eindruck erwecken, viel über die verschiedensten Themen zu wissen. Allerdings ist Ihr Wissen womöglich 64. ♃ □ MC oberflächlich, und Sie neigen zu Übertreibungen.

Kritikfähigkeit

7. Asz. ♋ Sie sind einerseits sehr freundlich und großzügig und vielleicht auch senti- 11. ☉ ♈ mental, andererseits aber ungeduldig 3/Erde und aufbrausend. Ein Sinn fürs ♄ ♅ ♉ Praktische und die Fähigkeit zur Kritik helfen Ihnen bei der Arbeit. Abwechslung 6./7. ☉ ♈ und Veränderungen sind Ihnen sehr wichtig – Sie brauchen dann auch 25. ☽ ♊ einen Beruf, der nicht von Monotonie oder Routine geprägt ist. Sie können ♇ ♌ in 1 mit Veränderungen im Leben umgehen – welche zu manchen Zeiten außerordentlich drastisch sind. In solchen Phasen der Ungewissheit können ♆ ⚹ ♇ Sie mehr als einmal unter viel Konfusion zu leiden haben.

46. ♀ in 8 In Ihrem Horoskop weist manches auf sehr große finanzielle Erfolge hin. Sie sind, was das Verhältnis zum Geld betrifft, sehr aufmerksam; mit Ihrem 57. ♂ ☌ ♃ Unternehmungsgeist werden Sie hart für Ihren materiellen Erfolg arbeiten.

12. ☉ ♈ Sie sind sehr emotional und besit- 38. ☿ ♓ zen ein weites Spektrum an extrem 34. ☽ ☌ ♂ machtvollen Gefühlen; Sie sind dazu imstande, die höchsten Höhen und 60. ♂ ⚹ ♇ die tiefste Verzweiflung zu erleben. Womöglich öffnen Sie sich allzu bereitwil- MC ♓ lig äußerlichen Einflüssen, ohne sich dessen bewusst zu sein.

Liebesbeziehungen

Sie vermitteln womöglich den Ein- 44. ♀ ♒ druck von Unbeschwertheit und (☽ ♊) zögern doch, wenn es um den Ausdruck von Zuneigung geht. Es ist Ihnen dann auch sehr wichtig, ein gewisses Maß an Unabhängigkeit zu 12. ☉ ♈ wahren. In Wirklichkeit aber sind Sie 7. Asz. ♋ emotional und auf Schutz und Zärtlichkeit aus, mit einem gewissen romantischen Zug, der noch zur bereits angesprochenen Sentimenta- 48. ♀ □ ♄ lität hinzukommt. Des Weiteren sind Sie leidenschaftlich und sinnlich; Ihre 19. ☉ ∠ ☿ Begierde ist schnell entfacht. Vielleicht haben Sie in der Vergangenheit unter Schüchternheit oder anderen 49. ♀ ⚻ Asz. Problemen gelitten, die den Ausdruck Ihrer Gefühle beeinträchtigten. Bezüglich des Liebeslebens ergaben sich eventuell Frustrationen, was 7. Asz. ♋ in der Folge zu negativen Stimmungen geführt haben könnte, die von Partnern schwer zu verstehen sind. Vielleicht sagten die Partner aber auch etwas, das Sie aufgebracht hat.

Die Wichtigkeit von Freundschaften

Volles 11. Haus In Ihrem Horoskop ist der Bereich der Freundschaften stark betont; es 63. ♃ in 11 ist sehr wichtig, dass sie sich ständig mit anderen austauschen. Sie sind 47. ♀ △ ♃ beliebt und in der Lage, schnell Kontakte zu knüpfen. Sie sind sensibel 31. (☽ △ ♀) für die Belange Ihrer Freunde, die meist älter als Sie sein dürften. Es gibt auch Anzeichen dafür, dass die 67. ♄ in11 Freunde etwas Ungewöhnliches haben, sehr intelligent und einfluss- (♅ in 11) reich sind – und Ihnen auch sehr helfen können. Bei einer so starken Betonung von Freundschaften müs- 28. ☽ in 11 sen Sie darauf achten, nicht zu sehr auf andere zu setzen. Sie könnten 56. ♂ in 11 sich auch durch Unbeständigkeit auszeichnen. Also: Keine voreiligen Entscheidungen, bewahren Sie Geduld, Takt und Willen, um Ihre Freundschaften am Leben zu halten!

Familiäre Beziehungen

9. Asz. ♋ Die Beziehung zwischen Ihnen und Ihrer Familie scheint sehr glücklich zu sein. Sie stehen möglicherweise Ihrer Mutter sehr nahe (ich frage mich allerdings, ob sie sich mit dem (♀ □ ♄) einen oder anderen Rückschlag in ♄ ♉ ihrem Leben auseinandersetzen musste). Und zeigte sich Ihr Vater überängstlich, als Sie heranwuchsen? Zu Ihren etwaigen Brüdern und 78. ♆ in 3 Schwestern könnte ein sehr enges Verhältnis bestehen.

Kreativität und Gesundheit

79. ♆ in 3 Sie besitzen sehr viel Fantasie, und es könnte sich als sinnvoll erweisen, Ihre (Asz. ♋) Kreativität auf das Schreiben zu rich- (☽ ♂ ♊) ten, vielleicht in Form von Fantasy- 39. ☿ in 8 Erzählungen. Wahrscheinlich macht es Ihnen Spaß, etwas zu sammeln – was 10. Asz. ♋ sich als profitabel herausstellen könnte. Weil Ihre Sonne im Zeichen Widder steht, neigen Sie zu Kopfschmerzen, 13. ☉ ♈ die womöglich mit Nierenproblemen zusammenhängen. Achten Sie auf Ihre 8. Asz. ♋ Verdauung! In Verbindung mit der 30. ☽ □ ☿ Unfallneigung könnten auch Ihre Arme und Hände Schaden nehmen. ☉ in 9 Günstig sind für Sie Auslandsaufenthalte. Verbindungen mit Ausländern könnten gleichermaßen wohltätig für Sie sein. Der Aufenthalt am Wasser hat eine erholsame Wirkung für Sie.

Kommentar

Zur Zeit, als diese Analyse geschrieben wurde, besuchte Kenneth gerade die Schauspielschule, hatte aber den Gedanken, Schauspieler zu werden, schon fallen gelassen. Zusammen mit zwei Partnern arbeitete er als Produktionsassistent für TV-Dokumentarfilme. Diese deutlich älteren Partner prägten seine Entwicklung stark.

Später starben beide Partner. Kenneth verließ Großbritannien und zog nach Los Angeles, in der Hoffnung, dort in der TV- und Filmindustrie Fuß zu fassen. Nach vielen Jahren hatte er Erfolg; er arbeitet nun bei der Produktion von Fernsehfilmen mit. Die Sonne im 9. Haus weist auf diesen Erfolg fernab der Heimat hin.

Meine Anmerkungen zu seinem schriftstellerischen Potenzial stellten sich als zutreffend heraus – Kenneth hat auch erfolgreiche Filmskripts geschrieben. Was seine tägliche Arbeit betraf, muss er viel reisen – der starke zwillingshafte kommunikative Einfluss kommt damit voll zur Geltung. Kenneth hat keine feste Beziehung, ist aber mehr als eine der typischen Randerscheinungen der Hollywood-Szene.

Es ist meist unmöglich, bei der abschließenden Konsultation jede Bemerkung anzubringen – eine Auswahl zu treffen ist das Kernstück der Kunst der Interpretation. Wenn gewisse Züge unabhängig voneinander in verschiedenen Horoskopbereichen anklingen, sind dies sozusagen Stützpfeiler. Bei Kenneth z. B. ist dies der Hang zur Rastlosigkeit.

Dieser Report zielt sehr auf das Grundsätzliche und vereinfacht manchmal zu sehr. Nichtsdestoweniger stellt er ein Beispiel dafür dar, wie man einen tragfähigen Anfang in der Kunst der Interpretation machen kann. Kenneth hat uns dazu ermächtigt, ihn hier wiederzugeben.

ZUSATZAUFGABE

Schreiben Sie mithilfe der Anmerkungen und des Horoskopindexes einen eigenen Bericht. Arbeiten Sie sich durch jedes Gebiet, und suchen Sie Themen, die Julia als Studentin vielleicht nicht erkannt hat. Berücksichtigen Sie Chiron.

DIE FÄHRTE DURCH DEN TIERKREIS

Hier haben wir es mit einer weiteren Interpretationshilfe zu tun, welche auf einer alten Theorie basiert, die die Stärken und Schwächen der Planeten betrifft. Es geht darum, welche Planeten am hellsten »scheinen« und wie es um die psychologische Integration des Betreffenden bestellt ist.

Wir benutzen Kenneth' Horoskop, weil wir damit bereits vertraut sind. Wenn Sie bereits selbst an verschiedenen Horoskopen arbeiten, sollten Sie nach dem Aufschreiben der Anmerkungen und vor dem Interpretationsprozess diese Betrachtung durchführen.

Um ein Diagramm wie das folgende zu erstellen, fangen wir beim Aszendenten bzw dem herrschenden Planeten an. Danach hängt es vom einzelnen Horoskop ab, wie es weitergeht. Je mehr Sackgassen sich ergeben, desto problematischer kann es um die Integration der Person stehen.

Herrschender Planet
Von den Zwillingen aus gehen wir zu dem Planeten, der über diese herrscht – also Merkur im 8. Haus. Durch Zeichen- und Hausposition hängt dieser mit dem Jungfrau-Neptun als auch mit dem herrschenden Planeten Mond sowie mit Mars und Jupiter zusammen.

Die erste Spur

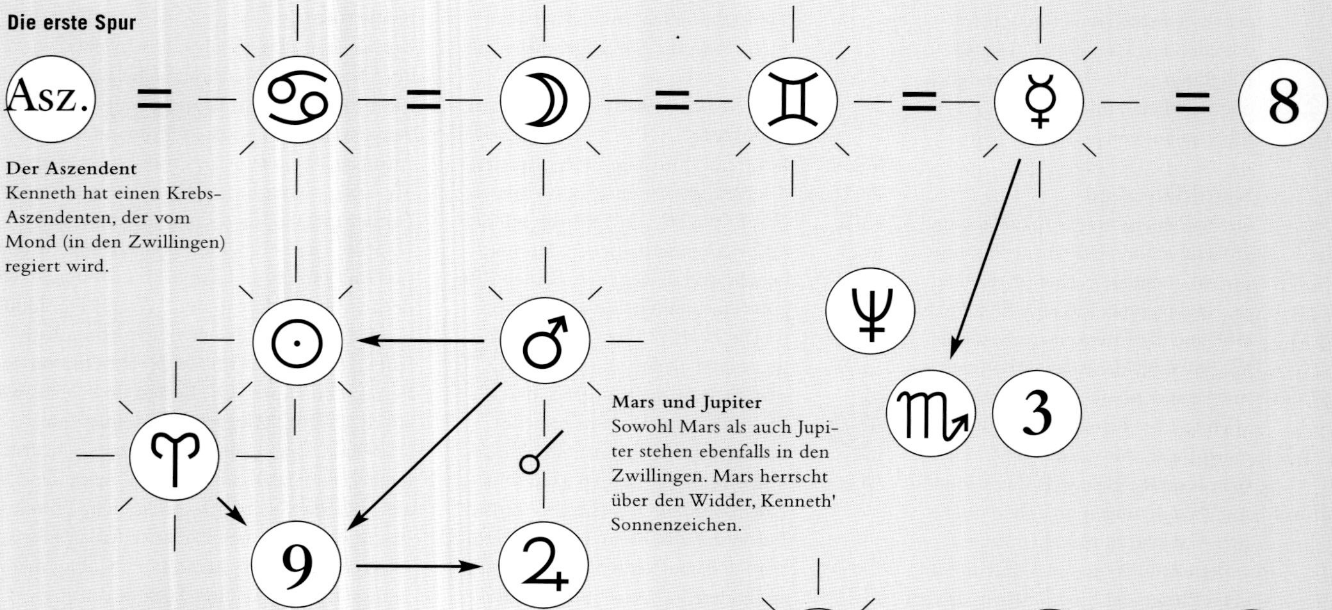

Der Aszendent
Kenneth hat einen Krebs-Aszendenten, der vom Mond (in den Zwillingen) regiert wird.

Mars und Jupiter
Sowohl Mars als auch Jupiter stehen ebenfalls in den Zwillingen. Mars herrscht über den Widder, Kenneth' Sonnenzeichen.

Die Sonne
Die Sonne befindet sich im 9. Haus (dem Jupiter- bzw. Schützehaus). Das heißt, dass die Fährte uns geradewegs zu der starken Konjunktion von Mars, Jupiter und Mond in den Zwillingen führt.

Die zweite Spur
Eine andere Fährte hat ihren Ausgangspunkt im reich besetzten 11. Haus, auffälliges Merkmal dieses Horoskops.

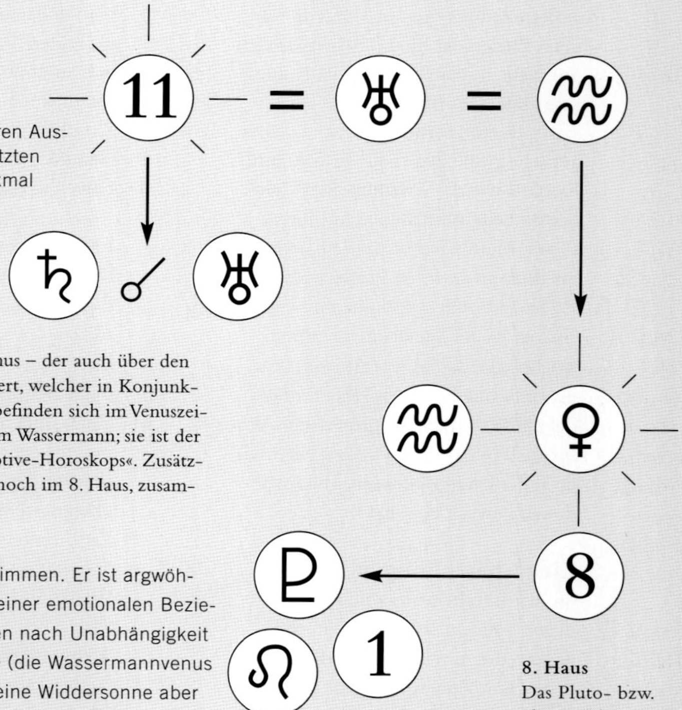

II. Haus
Das 11. Haus wird von Uranus – der auch über den Wassermann herrscht – regiert, welcher in Konjunktion zu Saturn steht. Beide befinden sich im Venuszeichen Stier. Die Venus steht im Wassermann; sie ist der »Zugplanet« dieses »Lokomotive-Horoskops«. Zusätzlich befindet sich die Venus noch im 8. Haus, zusammen mit Merkur.

8. Haus
Das Pluto- bzw. Skorpionhaus. Von ihm aus müssen wir also auf die Plutostellung blicken: im Löwen im 1. Haus.

Kommentar

Kenneth stellt eine gut integrierte Persönlichkeit dar – nur zwei Fährten führen durch das ganze Horoskop, und diese beiden hängen aufgrund der Stärke von Merkur (von überragender Bedeutung) und der Venus eng zusammen. Beachten Sie die harmonische Verbindung der Widdersonne mit Mars und Jupiter. Saturn hat nur wenig zu bieten; er steht zwar in einer machtvollen Konjunktion zu Uranus – die einzige auf ihn weisende Referenz aber ist, dass sich sein Zeichen (der Steinbock) an der Spitze des 7. Hauses befindet, was zu Integrationsproblemen führen könnte. Saturn symbolisiert unser Schicksal, und Kenneth hat, obwohl er gerne hart arbeitet, stets das Gefühl, gegen den Strom zu schwimmen. Er ist argwöhnisch, was das Eingehen einer emotionalen Beziehung betrifft – sein Streben nach Unabhängigkeit hat saturnische Untertöne (die Wassermannvenus wirkt sich ähnlich aus). Seine Widdersonne aber macht ihn warmherzig und positiv, und mit seinem Krebsaszendenten ist er fürsorglich und anteilnehmend. Die Sonne im 9. Haus (eine positive Integration mir Jupiter) veranschaulicht seine Liebe zu Los Angeles.

PROGRESSIONEN INTERPRETIEREN

Es handelt sich hierbei um einen faszinierenden Bereich der Astrologie, der auch den Anfänger für gewöhnlich sehr reizt. Es kommt hier aber nicht nur auf die Entwicklung einer angemessenen Technik an, sondern auch auf die richtige Einstellung! Nur zu leicht neigt man zu Behauptungen, dass dieses oder jenes geschehen wird – womit der Astrologe dann entweder zu einem Propheten des Untergangs oder aber zu einem blinden Optimisten würde.

Gehen Sie hier mit Offenheit vor! Für jeden wirken sich die Planeten auf eine andere Art aus, und es braucht Zeit, bis wir ihre individuellen Launen kennengelernt haben.

Seien Sie kein Fatalist – mit Fatalismus macht man keine gute Astrologie, und es ist schlichtweg unmöglich, Geschehnisse zu prophezeien.

Es gibt hier zwei Arten von Einflüssen: die Transite und die Progressionen, die auf der symbolischen Beziehung »Ein-Tag-für-ein-Jahr« basieren. Es gibt noch weitere Progressionen, diese aber ist die gebräuchlichste.

Beziehen Sie sich, wenn Sie Ihre Interpretation erstellen, immer wieder auf die Ausführungen zu den progressiven Aspekten und den Transiten!

Es ist ratsam, sich ausführliche Notizen zu machen, auch Bemerkungen zum Lebensstil Ihres Gegenübers, seinen Pflichten und augenblicklichen Problemen.

DIE HINTERGRUND-PROGRESSIONEN

Es gibt zwei Arten davon: Aspekte zwischen progressiven Planeten und dem Geburtshoroskop einschließlich Aszendent und MC und Aspekte innerhalb des Progressionshoroskops. Manche Astrologen sind der Ansicht, dass die progressiven Aspekte der Planeten untereinander zu konkreten Geschehnissen führen, während die Progressionen zum Geburtshoroskop sich auf die instinktive und psychische Ebene auswirken. Die Planeten aber wirken auf jeden von uns anders. Nichtsdestoweniger gibt es aber doch einige allgemeine Regeln:

◆ Aspekte von der progressiven Sonne aus sind am wichtigsten, ganz besonders zum Herrscher des Horoskops (innerhalb des Geburts- oder des Progressionshoroskops).

◆ Aspekte zum herrschenden Planeten sind gleichfalls sehr bedeutsam.

◆ Aspekte zwischen zwei Planeten oder zwischen einem Planeten und Aszendent oder MC, die auch schon im Geburtshoroskop im Aspekt zueinander stehen, sind ebenfalls sehr stark.

Die Planeten wirken verschieden auf uns, man benötigt Geduld, um ihre »Launen« zu entdecken.

Manchmal kommt es von einem progressiven Planeten aus zu einem Aspekt zu einem Planeten oder Eckpunkt, der an einem T-Quadrat, einem Großen Trigon oder einem Großen Kreuz beteiligt ist. Dadurch wird dieses Muster energetisiert. Falls die Orben sehr eng sind, könnte der oder die Betreffende dann eine Phase erleben, in der langfristige Probleme gelöst werden oder sich wichtige Veränderungen ereignen. Die Progression könnte sich aber über eine lange Zeit hinziehen, während der die Planeten des Musters einer nach dem anderen aktiviert werden – was heißen würde, dass der Einfluss von subtilerer Wirkung ist und die Entwicklungen oder Veränderungen sich nur sehr allmählich ergeben. (Transite zu einem T-Quadrat oder anderen Aspektmustern haben den gleichen Effekt, allerdings dauern sie nur so lange, wie der Transitaspekt genau ist.)

Ereignisreiche und gemächliche Perioden

Es ist wichtig, die Auflistung der Planeten gemäß ihrer numerischen Ordnung vor Augen zu haben. Wenn mehrere Planeten den gleichen Grad in verschiedenen Zeichen besetzen, kommt es von einem progressiven oder transitierenden Planeten aus zu einer ganzen Reihe von Einflüssen. Menschen, bei denen die Planeten auf eine solche Weise angeordnet sind, erleben abwechselnd sehr ereignisreiche und dann wieder sehr ruhige Zeiten. Dieses Muster wird sowohl beim Blick auf längere Zeiträume als auch auf kurze Phasen deutlich. Eine Sonnenprogression zu verschiedenen Planeten zur gleichen Zeit könnte eine Phase von vielleicht drei Jahren anzeigen, in der alles auf einmal zu passieren scheint; ein Transit von Jupiter zu einer Reihe von Planeten steht vielleicht für einen extrem ereignisreichen Zeitabschnitt. Eine Lunarprogression könnte drei Monate mit sehr vielen Geschehnissen anzeigen. In einem solchen Fall stehen auch die Planeten im Geburtshoroskop im Aspekt zueinander, wodurch das betreffende Thema noch unterstrichen wird – mit den Progressionen und den Transiten kommt es dann zu einer Kettenreaktion.

Lunarprogressionen

Der progressive Mond scheint eine Brücke zwischen der »Ein-Tag-für-ein-Jahr«-Methode und den Transiten zu bilden. Er wirkt zumeist für etwa drei Monate – und wenn er im Aspekt zu einem oder mehreren Planeten steht, könnte diese im Hintergrund wirkende Progression mit ihren Belangen und Auswirkungen dadurch unterstützt werden. Die Lunarprogressionen helfen wegen ihrer Dauer – die kürzer ist als die der anderen angesprochenen Einflüsse – dabei, eine Verbindung zwischen diesen beiden Gruppen herzustellen.

Einige Menschen fühlen den Einfluss der Lunarprogressionen deutlicher als andere. Wenn der Krebs aufsteigt oder der Mond im Krebs oder im Stier oder vielleicht auch im 4. Haus steht, ist der ohnehin machtvolle Mond im Horoskop noch stärker. Der Mond beeinflusst auf subtile Art unsere instinktive Ebene und Gefühle – von denen sich einige Menschen, die vielleicht nicht intuitiv oder sensibel sind, distanzieren. Das kann auch der Fall sein, wenn der Mond im Horoskop negativ aspektiert ist.

DIE TRANSITE

Am Anfang sollten Sie die Transite von Mars, Venus, Merkur, Sonne und dem Neumond außer Acht lassen. Blicken Sie in der Tabelle nur auf die Langsamläufer. Es könnte sein, dass sich während einiger Monate sehr viel Aktivität ergibt und andere Male sehr wenig. Stellen Sie sich die Tabelle als eine Art Schaubild vor, welches Sie in Beziehung zum Leben Ihres Klienten sehen. Wenn die Planeten aktiv sind, wird das Leben sehr ereignisreich verlaufen – entweder, weil Ihr Gegenüber von den Ereignissen förmlich überrollt wird (vielleicht infolge eines Transits zum MC, evtl. von Jupiter, in Form einer Konjunktion – siehe Seite 362), oder aber, weil er psychische Fortschritte macht und womöglich seine Einstellung zu wichtigen Themen verändert usw. Es wird Zeiten geben, wenn die Transite im Hintergrund wirkende Progressionen und Lunarprogressionen unterstützen.

ANDERE PROGRESSIONS-METHODEN

Es gibt noch zwei andere Arten von Progressionen, eine symbolische und eine physische. Die »Ein-Grad«-Methode besteht darin, alle Horoskopfaktoren für jedes Jahr um ein Grad vorzurücken und die Beziehungen zu analysieren, die sich zwischen den progressiven und den Radixpositionen ergeben. Dies ist ein interessantes (und effektives) System, mit dem Sie später einmal experimentieren sollten. Die andere Methode ist das Horoskop, das man für jedes Jahr für die solare Wiederkehr berechnen kann – für den Augenblick, zu dem die Sonne wieder genau auf der Stelle steht, die sie im Horoskop innehat. Die Stellung der Horoskopfaktoren wird dann in Beziehung zum Leben des betreffenden Menschen gesetzt.

Sich wiederholende Themen

Aufgrund der Rückläufigkeit kommt es oft dazu, dass sich ein Transit dreimal ergibt. Wenn ein Transit zum ersten Mal exakt ist, bekommen Sie vielleicht einen Eindruck davon, wie er wirkt. Es zeigt sich, worum es geht – um welches Projekt oder Problem. Das Projekt oder Problem wird sich auch beim zweiten Kontakt bemerkbar machen – und beim dritten dann möglicherweise zum Abschluss gebracht bzw. gelöst werden. Häufig ist der dritte Kontakt der machtvollste.

Die Transite der schnell laufenden Planeten

Diese liefern uns Anhaltspunkte für alltägliche Sachverhalte – ihr Einfluss ist nur dann markant erhöht, wenn es sich um einen personalisierten Planeten oder den Herrscher des Horoskops handelt. Lesen Sie die Interpretation zu diesen Transiten, um ein Gefühl für sie zu bekommen. Merkur und Venus machen unser Leben farbiger, sie prägen unsere Kommunikation und unsere sozialen Kontakte usw. Mars ist wichtig; er kann uns zu überstürzten Handlungen bringen und eine Unfallneigung bedeuten. Erst diese nebensächlicheren Transite machen die Transitübersicht vollständig – so interessant sie auch sein mögen, allzu wichtig sind sie nicht.

Die Sonnentransite sind von Jahr zu Jahr konstant. Diese Einflüsse sind für gewöhnlich günstig; man kann sie für das nutzen, was einem am Herzen liegt (siehe die Ausführungen zur Interpretation; S. 192–202). Das Gleiche gilt für die Aspekte vom Neumond, die über eine längere Zeit wirksam sind und die vielleicht eine allgemeine Tendenz anzeigen, wenn es um Hintergrundtrends geht und andere Transite mehrere Monate auf das Horoskop einwirken.

Progression und Transite interpretieren

Es ist nur zu leicht, einen Transit oder eine Progression unter- oder überzubewerten. Sprechen Sie es aus, wenn Sie sich unsicher sind – weisen Sie darauf hin, dass Sie den Einfluss vielleicht in einer falschen Perspektive sehen. Dramatisieren Sie die möglichen Auswirkungen nicht! Die planetarischen Energien stehen uns zur Verfügung, und selbst negative können effektiv genutzt werden. Entscheidend bei der Interpretation ist Erfahrung.

EINE VOLLSTÄNDIGE INTERPRETATION

Laura Campbell: Geboren am 20. Oktober 1946 um 4.37 Uhr, Port Chester, New York, USA

Laura ist mit einem Engländer (Roger) verheiratet und lebt in der Nähe von Oxford in Großbritannien; sie hat eine Tochter (Bronwen), die 1981 geboren wurde. Laura hatte Kunst studiert und gab Kunstunterricht an einer Mädchenschule. 1989 spielte sie mit dem Gedanken, das Unterrichten aufzugeben. Sie überlegte, Workshops abzuhalten und ein Buch über Siebdruckverfahren zu schreiben. Die Progressionen umfassen die zwölfmonatige Phase, die im Mai 1989 anfing, zunächst sehr detailliert, später auf eine allgemeinere Weise.

Lauras Horoskop

Achten Sie auf die Stellung von Neptun; direkt am Aszendenten steht er für eine Verletzlichkeit. Laura ist auch eine doppelte Waage; Sonne und Aszendent befinden sich in diesem Zeichen. Günstige kontrastierende und stabilisierende Faktoren sind der Jungfraumond sowie die machtvolle und sehr enge Konjunktion zwischen Merkur und Mars im Skorpion. Auch Jupiter befindet sich in diesem Zeichen, die Venus im Schützen fügt ein positives, glühendes feuriges Element bei und bildet einen hübschen Kontrast zu den Waage- und Jungfrau-Elementen. Die Venus ist sehr machtvoll.

Hervorstechende Merkmale

Lauras Unabhängigkeit und Originalität ist durch das Sonnentrigon zu Uranus im 9. Haus angezeigt. Es ist gleichermaßen ein hemmendes Moment gegeben – der sehr mächtige Saturn in Konjunktion zu Pluto im Löwen steht im Quadrat zur lebhaften Merkur/Mars-Konjunktion. Die Wirkung dieses Kontaktes ist aber zweiseitig – Laura ist in der Lage, ihren emotionalen Mars im Skorpion zu bändigen, sie weiß um dessen Kraft. Im Großen und Ganzen ist die Konjunktion gut integriert, auch deshalb, weil Merkur über den Jungfraumond herrscht.

Die Aspekttabelle

Die Progressionen werden beherrscht durch die stabilisierend wirkenden Sonnentrigone zu Saturn, sowohl progressiv als auch im Geburtshoroskop. Ersteres war zwar nicht mehr exakt, aber noch wirksam. Im Kontrast dazu stand die Sonne zwischen 1989 und 1992 auch im Aspekt zu Neptun – progressiv wie natal. Die Auswirkung davon wird sich über einen viel längeren Zeitraum erstrecken. Die Konjunktion zwischen Neptun und Aszendent im Geburtshoroskop (siehe S. 332) könnte aus der Waage eine Schwächung der Persönlichkeit zur Folge haben. Mit der starken Verbindung zwischen Sonne und Saturn und der Tatsache, dass von der progressiven Sonne aus ein (positiver) Sextilaspekt zu Neptun gegeben ist, wird Laura sich psychisch fortentwickeln und die Neptuneinflüsse ausnutzen. Das schwächere Quinkunx zwischen dem progressiven Merkur und dem Radixuranus fügt Ideen und Erfindungsgeist zu. Wenn dies auch ein negativer Aspekt ist, hat er doch nicht allzu starke Auswirkungen; Uranus ist im Geburtshoroskop gut aspektiert; und Merkur ist für Laura ein sehr machtvoller Planet. Von Zeit zu Zeit werden sich Spannungen ergeben, besonders dann, wenn diese Progression noch durch Transite angefeuert wird.

Ideen für die Zukunft

Die sich über einen langen Zeitraum erstreckende Progression von Venus zur Merkur/Mars-Konjunktion passt gut zu dem, was Laura tun möchte. Das nicht sehr starke Halbsextil vom progressiven Aszendenten aus unterstützt den Sonnenaspekt zu Neptun, während das progressive MC im Aspekt zu Uranus die progressiven Einflüsse durch Merkur und Uranus noch verstärkt, was sich förderlich auf die Ziele von Laura auswirkt. Der progressive Mars, der auf den progressiven Uranus einwirkt (exakt im Jahr 1991), ist zwar extrem dynamisch und machtvoll, aber auch heikel.

Die Tatsache, dass Lauras progressiver Mond durch das 6. Haus läuft, stellt eine gute Integrationsmöglichkeit dar, weil ihr Radixmond in der Jungfrau steht und das 6. Haus das Jungfrau-Haus ist.

Die progressive Venus steht hier in einer Konjunktion zum Radixmerkur (und -mars), die über lange Zeit wirksam ist.

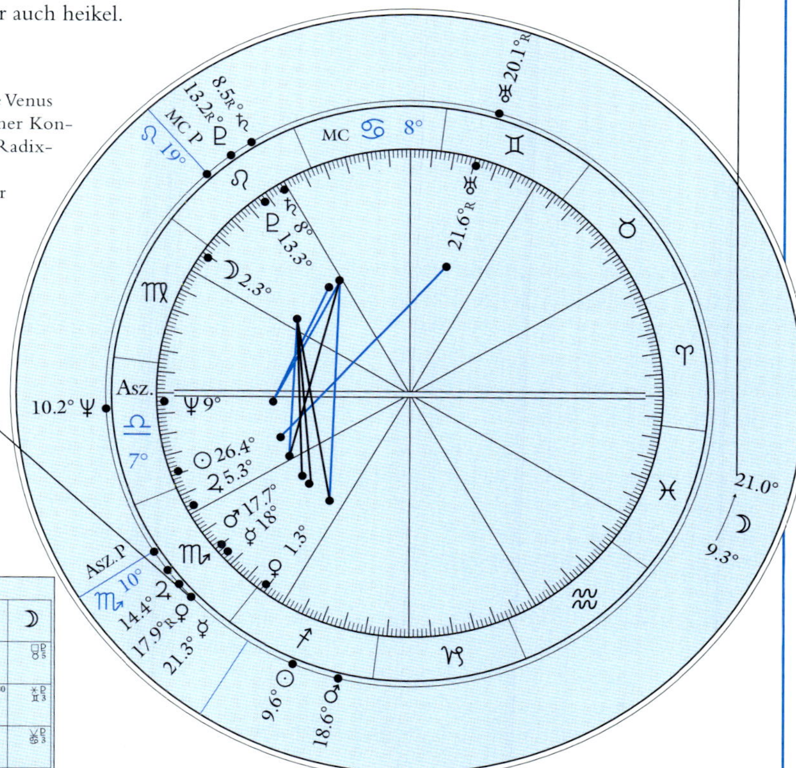

Mond: Jahr	Monat	Länge des Mondes	Aspekte: zu Radix	zu Progr.	Transite: ♇	♆	♅	♄	♃	♂	♀	☿	☉	☽
1989	MAI	♓ 9.3°	⚻♆	□☉	□♇		⚹♃ 8	⚻♇ 27	△♆ 3 ⚹♇ 18 20	☌MC 13	☍☿ 1 ☍♂ ☍♀ 12 ☌♅ 29	☍♀ 1 ☍♀ 26		□♇ ♉ 5
	JUN.	10.4°		⚻♆ △Asz.	4				⚻☿ 3–8 ⚻☌ ☌♆ 21–24	☌♄ 30	☌MC 12	☍♀ 15	☌MC 30	⚹♇ ♊ 3
	JULI	11.4°					△☽ 4 31	□♆ 12 25 ☍MC ⚻♄ 26	△☉ 13–16	☌♇ 8	☌♄ 6 ☌♇ 10 ☌☽ 26	☌♅ 1 ☌MC 10 ☌♄ 24 ☌♇ 28		⚺♇ ♋ 3
	AUG.	12.5°				□♆ 14		□♆ 12 13	⚻ 9.5–10 ⚹☽ 11–15 △♃ 27	☌☽ 7–8	☌Asz. 24 ☌♆ 26	☌☽ 6	☌☽ 26	☌♄♌ 1 ⚺Asz. ♍ 29
	SEPT.	13.5°	⚻♇	⚻♇	□♇ 9				□Asz. 9–15 ☌MC 16–24 □♆ 25		☌☉ 9 ☌♃ 17 ☌☿ 28	☌Asz. 3 ☌♆ 7 ☌♆ 17 ☌Asz. 20		☌Asz. ♎ 29
	OKT.	14.6°			9	28	△☽ 20	10 ☍MC ⚻♄ 11 27	5	☌Asz. 1 ☌♆ 4 ☌☉ 30	☌♀ 16 ☍♅ 28	☌Asz. 17 ☌♆ 18 ☌☉ 28	☌Asz. 1	⚺Asz. ♏ 29
	NOV.	15.7°					13	□♆ 28 10	□♆ 22	☌♃ 12 ☌☿ 30 ☌♂ 30	☍MC 14	☌☿ 10 ☌♂ ☌♀ 19	☌♀ 24	⚹Asz. ♐ 28
	DEZ.	16.7°			☌☿ ☌♂ 29		⚹♃ 20	⚻♇ 10 16	2 ☌MC 3 10 □Asz. 11 18	☌☿ 20		☍♅ 2 ☍MC 13		□Asz. ♑ 28
1990	JAN.	17.8°	△☿ △♂	△♀		⚻♇ 28	□ Asz. 4 23	⚹☿ 13 ⚹♂ 1 21	△♃ 27 2 ⚹☽ 19	☍♅ 18				△Asz. □♃ ♒ 26
	FEB.	18.9°		□♂ ⚻MC		28	10 ☍MC 11 ⚻♄	⚻♅ 18 27	28 ⚻♀ 29 15	☍MC 10		☍♄ 18 ☍♇ 21		⚻Asz. △♃ ♓ 25
	MRZ.	20°		□♅			□♆ 7 8		⚻♀ 8–24 ⚹☽ 25	☍♄ 23 ☍♇ 30	☍♄ 15 ☍♇ 20	☍☽ 5 ☍Asz. 23 ☍♆ 24		☍Asz. ⚻♃ ♈ 26
	APR.	21°	□♅	△☿	15	15			3 △♃ 19 26	☍☽ 24	☍☽ 9	☍☉ 2 ☍♃ 8 ☍☿♂ 20–27		☍♃ ♉ 25

Name Laura Campbell

Mitternachtspositionen am 2.12.46 — Lauras Progressionsdatum

Referenz-Nr. 378

Entsprechend dem 27.5.89

— Lauras modifiziertes Berechnungsdatum

Jahr 1989–90

Hieran wird deutlich, dass Julia das zweite Mal im Detail an Lauras Horoskop arbeitet.

Berechnung 2

Weil Merkur und Mars in einer so engen Konjunktion stehen, kann man die Progressionen und Transite für sie zusammen berechnen.

Progressive Aspekte

Radixplaneten Num. Ordnung		Sonne	Andere		Asz. MC
♀ 1.3	♐				
☽ 2.3	♍	☉ P △ ♄ R und P	☿ P ⚻ ♅ R	♂ P ☍ ♅ P	Asz. P ⚺ ♆ P
♃ 5.3	♏	1988–89	1989–90	1991	1989–90
Asc 7.01	♎				
♄ 8	♌	☉ P ⚹ ♆ R			MC P ⚹ ♅ P
MC 8	♋	1989–90	♀ P ☌ ☿ R		1990–1
♆ 9	♎		1989–2001		
♇ 13.3	♌	☉ P ⚹ ♆ P			
♂ 17.7	♏	1991–2			
☿ 18	♏		♀ P ⚺ ♂ P		
♅ 21.6	♊		1989–90		
☉ 26.4	♎				

Lauras Geburtszeit ist genau. Das Halbsextil stellt zwar eine sehr schwache Progression dar – weil der Radixaszendent aber in Konjunktion mit dem Aszendenten steht, ist sein Einfluss doch erhöht.

Ein besonders langwieriger Einfluss von der progressiven Venus aus, die auf 17° Skorpion von der rückläufigen zur direkt-läufigen Bewegung wechselt. Dies wird Laura über mehrere Jahre hinweg beeinflussen.

INTERPRETATION

Dies ist eine Interpretation der Progressionen Lauras, wie sie aus den bereits angeführten Aspekten hervorgehen. Die astrologischen Sachverhalte, auf die Julia ihre Kommentare gründet, sind kursiv gesetzt.

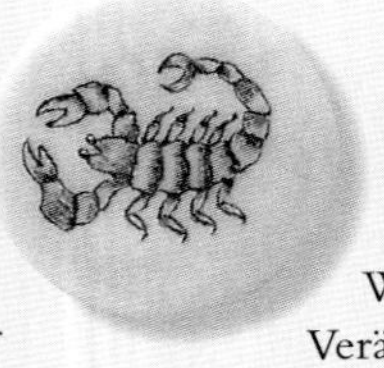

LAURA CAMPBELL, PROGRESSIVER ASZENDENT IM SKORPION, PROGRESSIVE SONNE IM SCHÜTZEN, PROGRESSIVES MC IM LÖWEN.

Sie haben eine sehr interessante Phase in Ihrem Leben erreicht, eine Zeit, in der Sie mehr Selbstvertrauen erworben und es – vielleicht unbewusst – geschafft haben, bestimmte Züge Ihrer Persönlichkeit für statt gegen sich arbeiten zu lassen. Was sich in der Vergangenheit möglicherweise als Angst und die Neigung, immer das Schlimmste zu befürchten, bemerkbar machte, hat sich nun geändert; Sie sind nun dazu imstande, Ihre reiche Inspiration und kreative Vorstellungskraft positiv zum Einsatz zu bringen. Natürlich sind Sie auch schon früher mit Ihrer Persönlichkeit zurechtgekommen – es gibt aber im Leben Phasen, in denen wir Entwicklungsschritte machen. Dies ist jetzt bei Ihnen der Fall.

Die progressive Sonne steht im Schützen – man vergegenwärtige sich, dass der Schütze es hasst, sich eingeengt zu fühlen!

Es ist interessant, dass Sie gerade jetzt den Wunsch nach einer Richtungsänderung verspüren - die langfristigen Progressionen nämlich sind sehr stark und positiv. Sie lassen an sich nicht unbedingt auf Veränderungen schließen.

Die letzte Aussage spricht für sich – es ist wirklich interessant, dass Laura zwar das Bedürfnis nach Veränderungen verspürt, ohne dass es aber einen schwerwiegenden Einfluss gibt, der äußerlich auf solche schließen lässt, wie z. B. die Progression von Sonne, Aszendent oder MC in ein neues Zeichen. Lauras Ideen beziehen sich allesamt auf den Bereich ihrer bisherigen Interessen. In ihrer Gesamtheit aber lassen die Planeten doch auf Wandlungen in der einen oder anderen Hinsicht schließen, z. B. der Kontakt von Sonne/Saturn oder auch die Beziehung zwischen Merkur und Uranus und die Annäherung des progressiven MCs an den Radixuranus.

Wie dem auch sei – die Art von Veränderungen, die Sie vor Augen haben, dürfte sich sehr günstig auswirken. Sie sind in einer guten Position, um aus Ihren Progressionen Nutzen zu ziehen. Eine ausreichend große Zahl von Einflüssen lässt erkennen, dass Sie trotz allem vorsichtig bleiben und bei den Veränderungen Umsicht beweisen. Es ist unwahrscheinlich, dass Sie nun einen großen Fehler begehen.

Ich beziehe mich abermals auf die Stärke des Kontaktes zwischen Sonne und Saturn.

Ihre Ideen für die Zukunft, wie Sie sie mir dargelegt haben, sind sehr interessant; die Idee, sich intensiv mit dem Siebdruckverfahren zu befassen, ist sehr gut, sowohl was das Finanzielle als auch das Abhalten von Wochenend-Workshops betrifft. Alle Arten von kreativer Arbeit sind für Sie nun günstig. Außerdem gibt es einen Einfluss, der nun zu wirken beginnt und der Sie für mehr als eine Dekade prägen wird – er lässt erkennen, dass ein Projekt, wie Sie es planen, Sie tatsächlich über diesen Zeitraum hinweg in Anspruch nehmen könnte. Es wirkt so, als ob Sie Ihre Anteilnahme und Ihren Enthusiasmus auf ein derartiges Projekt richten werden.

Es handelt sich hierbei um die Konjunktion der Venus (dem zweifachen Herrscher) zur Merkur/Mars-Konjunktion – ein wunderbarer Einfluss. Merkur und Venus verleihen häufig das Geschick für künstlerische Arbeiten; weil auch noch Mars beteiligt ist, hat Laura die Energie und den Willen (Mars steht im Skorpion), etwas daraus zu machen. Die Auswirkungen erstrecken sich über einen sehr langen Zeitraum, weil die Venus nun stationär wird.

Vielleicht ergeben sich später bei dem Projekt Spannungen, die zu einem Problem werden. Halten Sie deshalb frühzeitig nach der-

artigen Anzeichen Ausschau – Sie könnten nämlich mehr unter Spannungen zu leiden haben, als sie merken. Vielleicht laden Sie sich auch allzu viel auf und können nicht mehr abschalten.

Dies ist die Interpretation der Mars-Opposition zu Uranus (exakt 1991), die auf mögliche Probleme für Laura hindeutete – aber auch auf gewisse Chancen. Mit dieser Progression ist unweigerlich Stress verbunden, umso mehr, wenn auch andere Transite in die gleiche Richtung weisen.

Ihre Idee, ein Buch über Siebdrucktechnik zu schreiben, ist exzellent. Wenn wir uns nun mit den Trends befassen, die in den nächsten zwölf Monaten auf Sie einwirken, sehen wir Zeitabschnitte, in denen Sie den Wunsch haben könnten, Ihr Projekt einem Verleger zu präsentieren. Ich werde diese im Monatsüberblick herausstellen. In der Zwischenzeit sollten Sie sich viele Notizen aufschreiben und vielleicht auch Fotos von Ihren Arbeiten machen.

Es gibt keine Hinweise darauf, dass es in der nächsten Zeit zu besonderen gesundheitlichen Problemen kommt. Auch ist es unwahrscheinlich – von Ihrem Horoskop aus gesehen –, dass Roger oder Bronwen unter besonderen Schwierigkeiten leiden werden, die Sie dann beeinflussen. Kurzfristigere Einflüsse hierzu sind in der Übersicht vermerkt.

Ursprünglich wollte ich die Sonnenprogression zu Neptun vom Blickwinkel der Gesundheit aus interpretieren – weil die Sonne unsere Vitalität repräsentiert und Neptun im 1. Haus steht. Diese Progression könnte in der einen oder anderen Weise gesundheitliche Probleme anzeigen. Ich kenne aber Lauras Horoskop recht gut; weil die Neptunkonjunktion zum Aszendenten den Menschen psychisch beeinflusst (besonders in der Waage), entschloss ich mich für diese Interpretation.

Wenn Sie die Lehrerstelle aufgeben, erhebt sich natürlich die Frage nach dem Geld. Natürlich bedeutet dies ein vermindertes Einkommen, zumindest am Anfang. Die Trends in ihrer Gesamtheit aber arbeiten für Sie, was heißt, dass Sie wahrscheinlich umsichtig planen, mit viel gesundem Menschenverstand vorgehen und notfalls auch mit philosophischem Gleichmut reagieren.

Sie zeigen nun wahrscheinlich viel Bestimmtheit und Entscheidungsfreude. Ihre Projekte dürften florieren.

Wir fahren nun mit der Interpretation der Transite sowie der Lunarprogressionen fort, wobei wir den hintergründigen Einfluss der eben beschriebenen Progressionen nicht aus den Augen verlieren.

Was ich bisher beschrieben habe, ist eine Interpretation der eher langfristigen Trends für Sie. Jetzt folgt eine Analyse der Planeten, wie sie zum betreffenden Zeitraum gerade am Himmel stehen, mitsamt der Verbindungen zum Geburtshoroskop.

Insgesamt sind die Transitplaneten, soweit wir sie kennen, gerade sehr aktiv. Ich vermute, dass Sie später, wenn Sie auf den bevorstehenden Zwölf-Monats-Zeitraum zurückblicken, eine oder zwei Schlüsselphasen ausmachen werden.

Die wichtigste Zeit dürfte sich um den Januar 1990 herum ergeben; ich nehme an, Sie werden bereits ein paar Wochen vorher merken, wie die Dinge sich entwickeln. Auch der September 1989 könnte sich als sehr ereignisreich erweisen, gleichfalls der April 1990. Wir wollen nun im Einzelnen auf diese Monate blicken.

Achten Sie darauf, dass im Januar der progressive Mond im Trigon zur Merkur/ Mars-Konjunktion und zur progressiven Venus steht. Das ruft uns noch einmal die sehr interessante langfristige Progression ins Gedächtnis. Die Auswirkung dieses Einflusses dürfte sich als dynamisch, lebhaft und anregend erweisen. Ich habe den September erwähnt, weil es dieser Monat ist, in dem der progressive Mond im Kontakt zu Pluto steht; und Pluto selbst steht zur eigenen Stellung im Quadrat – ein negativer Trend. Der Monat April dagegen dürfte sehr günstig sein – der progressive Mond steht im Aspekt (wenngleich im spannungsreichen Quadrat) zum Radixuranus sowie in einem harmonischen Trigon zum progressiven Merkur (abermals eine Ergänzung der Progressionen).

DIE MONATSÜBERSICHTEN

MAI 1989

Es könnte sein, dass Sie sich für ein paar Wochen Ihrer Position nicht besonders sicher sind. Wenn Sie sich jetzt immer noch nicht dazu durchgerungen haben, Ihre Lehrerstelle aufzugeben, sollten Sie nun möglichst keine definitiven Entscheidungen treffen – falls sich das als unumgänglich erweist, bitten Sie Roger um Rat. Möglicherweise macht sich nun ein untergeordnetes Problem bemerkbar – in der zweiten Juniwoche ist es vielleicht wieder verschwunden, ohne dass es aber gelöst wäre. Es kommt dann nur zu einer vorübergehenden Verschnaufpause. Bei der Arbeit dürfte sich um den 13. herum eine Intensivierung des Tempos ergeben. Die ersten Maitage sind eine gute

Zeit, sich zu entspannen oder einen Familienausflug zu unternehmen.

Die Ungewissheit hat ihre Wurzeln in der negativen Progression vom Mond zu Neptun und Sonne. Das potenzielle Problem, auf das ich angespielt habe, hängt mit dem Transit von Pluto zur eigenen Position zusammen, wenngleich sich dieser auch auf der psychologischen Ebene auswirken könnte. Die geschäftige Phase Mitte des Monats geht auf den Marstransit zum MC zurück. Den Familienausflug legte ich wegen der Transite von Venus und Merkur nahe.

JUNI 1989

Die Anzeichen lassen darauf schließen, dass Sie sich jetzt positiver fühlen werden. Wenn Sie Entscheidungen zu Ihrer Zukunft treffen wollen, können Sie nun intensiv darüber nachdenken. Die wahrscheinlich angenehmste Phase dieses Monats geht auf Einflüsse zurück, die etwa zwischen dem 12. und dem 15. wirksam sind – ein Zeitraum., in dem Sie sich des Lebens erfreuen und die Waagemerkmale der Liebenswürdigkeit und Zuneigung zum Ausdruck bringen können. Während der letzten Junitage sollten Sie keine Angst haben, Fragen zu Ihrer beruflichen Zukunft zu beantworten. Der letzte Junitag ist in jedem Jahr ein guter Tag für Sie (evtl. mit einer geringfügigen Abweichung) – einer von vier Tagen, die Sie sich merken sollten; Sie können sie für etwas nutzen, das Ihnen am Herzen liegt, mit bemerkenswerten Ergebnissen.

Die Junitransite sind positiver, sodass Laura nun eine stärkere Position hat. Die angenehme Periode hängt mit Venustransiten zusammen. Der Sonnentransit zum MC wird ebenfalls interpretiert.

JULI 1989

Zwei Themen berühren Sie jetzt – eines davon unterstreicht sehr schön Ihr Bedürfnis nach Veränderung. Es handelt sich dabei um eine Phase, in der Sie theoretisch große Fortschritte machen können. Vielleicht aber gibt es das eine oder andere Problem, das geklärt werden muss, weshalb es nicht so vorangeht, wie Sie sich das wünschen. Möglicherweise auch ein Element von Konfusion, Entmutigung durch irgendjemand oder ein sehr lästiger Aufschub. Geduld zahlt sich aus – gleichfalls auch der Versuch, bei potenziellen Problemen aufrichtig und ernsthaft vorzugehen. Diese doch etwas negativen Trends wirken vor allem während der zweiten Hälfte des Monats. Denken Sie aber daran: Auch die positiven Anzeichen sind sehr stark, und vielleicht habe ich die negativen überbetont. Insgesamt hat es den Anschein, als wäre dies ein Monat, in dem für Sie sehr viel los ist: Die verschiedensten Vorfälle, die nichts miteinander zu tun haben, fordern jetzt Ihre Aufmerksamkeit. Vielleicht macht Ihnen das aber auch viel Spaß und wirkt stimulierend!

Die zwei angeführten Hauptthemen sind die negativen Saturntransite, im Gegensatz zum lebhaften Uranustrigon zum Mond und dem sehr günstigen Jupitertrigon zur Sonne. Die Schnellläufer dürften das Tempo von Lauras Leben noch beschleunigen und als gute Ablenkung fungieren, speziell dann, wenn sich bei wichtigen Themen Komplikationen ergeben.

AUGUST 1989

Es steht zu vermuten, dass einige Ihrer Pläne und Aktivitäten nun sehr große Fortschritte machen. Möglicherweise eine sehr belohnende Zeit, besonders, was die Entwicklung der Ideen und Projekte betrifft – wenngleich einige der Anzeichen, die dem Vormonat ähnlich sind, auf Umwege und Komplikationen hindeuten. Könnten sie vielleicht auch auf eine ganz andere Sphäre des Lebens weisen? Sie werden nun wissen, worauf sich die Trends beziehen.

Ich kann nur noch einmal die Warnung wiederholen, die ich auch für den vorigen Monat aussprach: Diese Themen werden Sie eine Weile beschäftigt halten, sie dürften aber Ende Oktober aus dem Blickfeld verschwinden. Lassen Sie sich nicht unterkriegen, und bleiben Sie zuversichtlich! Wenn z. B. etwas an Ihrem Haus repariert werden muss oder wenn Sie bei einem wichtigen Haushaltsgegenstand, der defekt geworden ist, keinen Kontakt zum Hersteller bekommen, müssen Sie versuchen, Abstand zu gewinnen und ruhig zu bleiben – schließlich wird sich eine Lösung ergeben. Ende der ersten Woche ist wahrscheinlich am meisten los; die schönste Zeit mit Roger und Bronwen dagegen dürfte die letzte Augustwoche sein. Wenn Sie Ihren Urlaub in die Sommerferien legen müssen, sollten Sie die zweite Monatshälfte in Erwägung ziehen. Von Ihrem Horoskop aus sind Reisen dann begünstigt (hierzu sollte man natürlich aber auch auf Rogers Horoskop schauen!).

Die widersprüchlichen Trends von Neptun zur eigenen Stellung und von Saturn zur Neptunstellung sind schwer zu interpretieren. Es könnte sein, dass Laura nun unbewusst hart an ihrem prägenden Neptuneinfluss arbeitet – vielleicht setzt sie alles in Bewegung, um sich nun ein für alle Male über ihn

klar zu werden. Auf der anderen Seite können Einflüsse wie dieser zu häuslicher Konfusion führen, z. B. zu defekten Waschmaschinen, Problemen mit der Kanalisation, dem Gefriergerät usw. (solche Auswirkungen unter Neptuneinflüssen sind mir bekannt). Die positiven Anzeichen lassen auf große Fortschritte bezüglich der Ideen schließen. Ein Familienurlaub zu dieser Zeit könnte günstig sein, aufgrund des Jupitereinflusses und der anregenden Einflüsse der Schnellläufer.

SEPTEMBER 1989

Weil auch jetzt noch sowohl verwirrende als auch förderliche Anzeichen erkennbar sind, ist es günstig, sich auf die letzteren zu konzentrieren. Nach Möglichkeit sollten Sie sich jetzt sehr intensiv mit den Ideen zu Ihrem Buch und den Workshops beschäftigen. Pläne, die Sie nun machen, könnten sich später auszahlen. Vielleicht merken Sie, dass es bezüglich der Karriere zu interessanten Entwicklungen kommt – ein Trend, der sich auch Ende des Jahres noch einmal ergibt; möglicherweise erhalten Sie ein sehr reizvolles Angebot. Wir sagen nicht die Zukunft voraus – insofern sollten Sie meine Ausführungen lediglich als eine Möglichkeit betrachten. Trotz der auch konfusen negativen Umstände dieses Monats bin ich der Ansicht, dass es eine sehr interessante Zeit für Sie sein wird. Viele der planetarischen Energien wirken nun günstig für Sie, was die negativen Einflüsse aufwiegt.

Der progressive Mond im Aspekt zu Pluto, Pluto im Quadrat zur Plutostellung und das weiter wirksame Neptunquadrat zur Neptunstellung lassen gemischte Erwartungen entstehen. Die starken Jupitertransite aber – besonders die Konjunktion zum MC – sind sehr günstig. Die schnellen Planeten sind sehr aktiv, diese untergeordneten Einflüsse machen den Monat sehr lebhaft.

OKTOBER 1989

Für Sie ist nun sehr viel planetarische Energie verfügbar. Sie fühlen sich wahrscheinlich energiegeladen – während der ersten Oktobertage allerdings könnte die Tendenz zur Überstürztheit vielleicht zu einem Unfall führen. Sie sollten bewusst einen Gang zurückschalten und beim Fahren, beim Arbeiten mit scharfen Werkzeugen oder beim Kochen sehr vorsichtig sein.

Nach einem gewissen Maß an Frustration und dem Gefühl, dass Ihre Projekte nicht wie gewünscht vorankommen, sollten zum Monatsende hin wieder Fortschritte möglich sein. Allerdings ist auch dann wieder – wie zu Monatsbeginn – mit der Tendenz zu überhasteten Aktivitäten eine Unfallneigung verbunden. Versuchen Sie diese in den Griff zu bekommen. Es wiederholt sich auch ein Einfluss, der bereits schon im Juli wirksam war – möglicherweise erfährt damit eine Planung aus damaliger Zeit ihren krönenden Abschluss. Eine Reihe von schwächeren Einflüssen um die Mitte des Monats eröffnet die Gelegenheit, das Leben in gesellschaftlicher Hinsicht zu genießen. Wenn Sie sich etwas Neues kaufen wollen (in Verbindung mit einem neuen »Outfit« vielleicht), könnte dies eine günstige Zeit sein, um Boutiquen aufzusuchen. Auch die Venus wirkt ein – insofern wäre dies eine Gelegenheit für eine kosmetische Behandlung oder eine neue Frisur. Grundsätzlich ist der 1. Oktober in jedem Jahr ein ganz besonderer Tag für Sie, eine Art zweiter Geburtstag. An diesem Tag können Sie etwas ganz Besonderes machen oder ein neues Projekt einläuten.

Es gibt einige intensive Transite von Saturn sowie den abermaligen Kontakt von Uranus zum Mond – die wichtigsten Einflüsse dieses Monats. Mars ist sehr aktiv, besonders am 1. bei der Konjunktion zum Aszendenten. Die fröhlichen Energien von Merkur und Venus, Mitte des Monats, fügen Leichtigkeit bei und bedeuten für Laura die Gelegenheit, meine Vorschläge zu Mode und Schönheit aufzunehmen.

Ich gehe in meinen Berichten nicht auf technische Einzelheiten ein – jeder aber weiß, dass die Venus für Schönheit spricht. Sie ist für Laura sehr wichtig, und insofern kann man hier einmal eine kontrastierende heitere Bemerkung einflechten, gerade auch, weil so schwerwiegende Einflüsse einwirken. Der Bezug zum 1. Oktober hängt mit dem Sonnentransit zu Lauras Aszendent zusammen.

NOVEMBER 1989

Während dieser Monat seinen Lauf nimmt, zeichnet sich das Leben wieder durch mehr Ernsthaftigkeit aus. Von der Mitte des Monats an dürften Sie sich dann auch in einer starken Position befinden, von der aus Sie die Initiative ergreifen können. Wenn es etwas gibt, das Ihnen auf der Seele liegt, können Sie das jetzt ansprechen – allerdings nur dann, wenn Sie sich Ihrer Sache wirklich sicher sind; die Tendenz nämlich, vorschnell zu handeln, könnte ansonsten gegen Sie wirken. Ignorieren Sie keine Details, besonders dann nicht, wenn Sie gerade einen Vertrag zu unterschreiben haben. Während der letzten Novembertage ergeben sich vielleicht die Anzeichen für neue – finanzielle? – Entwicklungen, die später deutlicher ins Blickfeld rücken werden.

Astronomisch gesehen finden einige der Transite in diesem Monat ihren Abschluss. Die Mars-Aktivität zu Jupiter könnte sehr günstig sein. Die neuen Entwicklungen leite ich von dem Marskontakt zur Merkur/ Mars-Konjunktion ab – ich halte diesen für wichtig, weil auch noch von Pluto aus ein lange währender Kontakt zu dieser Konjunktion gegeben sein wird. Die Finanzen erwähne ich deshalb, weil die Konjunktion in Lauras 2. Haus steht und Pluto mit diesem Thema verbunden ist.

DEZEMBER 1989

Für Sie gibt es diesen Monat einige sehr günstige Auswirkungen. Vielleicht machen Sie nun sehr große Fortschritte, und vielleicht haben die Entwicklungen sehr positive finanzielle Beiklänge. Allerdings denke ich nicht, dass schon vor Weihnachten viel geschehen wird – zu dieser Zeit aber dürfte das Leben sehr ereignisreich verlaufen. Die Einflüsse sollten sich positiv für Sie auswirken, speziell dann, wenn sich ein neues berufliches Projekt abzeichnet (ohne Zweifel mit finanziellen Auswirkungen). Dieser Trend gilt vom 29. Dezember bis Mitte April 1990. Sie können sich auf ein vergnügliches und interessantes Weihnachten und Neujahr freuen!

Laura erlebt einen weiteren Transit von Jupiter zu ihrem MC und Aszendenten. Genauso wichtig ist, dass Pluto auf ihre Merkur/Mars-Konjunktion im Skorpion zu stehen kommt. Diese Konjunktion wird von Plato beherrscht – und nun befindet sich dieser stationär auf ihr. Dies ist ein sehr wichtiger Trend, der im nächsten Monat sehr positive Unterstützung durch günstige Saturntransite und exzellente Lunar- und Venusprogressionen erfahren wird. Dies wird fraglos eine Schlüsselperiode für Laura darstellen, mit sehr vielen Ereignissen. Das schöne Trigon vom Transitjupiter zur eigenen Position (Ende Dezember) stellt einen weiteren positiven Trend dar. Ich habe einige konkrete Daten angeführt – ich konnte das tun, weil Pluto für gewöhnlich genau zu datieren ist (siehe S. 343). Nichtsdestoweniger ist unter ihm das Leben nicht unbedingt leicht; man sollte bei der Interpretation dann auch nicht zu optimistisch sein! Lesen Sie nun weiter!

JANUAR 1990

Diesen Monat nehmen die Trends an Stärke zu, und es hat den Anschein, als ob dies eine sehr wichtige Phase für Sie ist, in der vieles passiert. Sie könnten nun große Fortschritte machen, und im Rückblick werden Sie auch erkennen, warum. Seien Sie aber vorsichtig – vielleicht denken Sie, alles läuft gut, während Sie doch auf dem Holzweg sind oder sich Probleme ergeben. Diese könnten zunächst sehr irritierend wirken, sich aber (wieder im Rückblick) womöglich als positiv erweisen.

Es kann nicht überraschen, wenn Sie sich in dieser Phase manchmal sehr angespannt fühlen. Vielleicht schlafen Sie nun auch schlechter als sonst.

Zu dieser Zeit müssen Sie Ihre unmittelbaren Reaktionen unter Kontrolle halten. Hören Sie auf Ihre Intuition, seien Sie aber vorsichtig, was Ihre Emotionen betrifft, speziell in Situationen der Ungeduld. Auf diese Art nämlich können Sie sehr viel positive emotionale Energie in konstruktive Bahnen lenken, sodass sie für und nicht gegen Sie arbeitet. Wenn Sie sehr viel zu tun haben sollten, müssen Sie sicherstellen, dass auch noch Zeit für Bronwen und ihre Interessen bleibt – wenn nämlich die Entwicklungen bei Ihrer beruflichen Tätigkeit all Ihre Energie und Zeit verschlingen, wird sie sich alleingelassen fühlen. Das wäre bei jedem neuen Projekt, welches ein Bindeglied zwischen Ihnen und Roger darstellt, der Fall.

Die Vorsicht hängt mit den Saturntransiten zusammen. Diese Trends sind positiv – wenn sich auch meine Hinweise auf Verzögerungen im Rückblick als berechtigt erwiesen. Es ist auch wichtig, daran zu erinnern, dass Pluto in einem gewissen Ausmaß unberechenbar ist, auch wenn er positiv wirkt. Beim Plutoeinfluss auf die Merkur/Mars-Konjunktion wird durch die Interpretation der Transite für sich deutlich, dass für Laura starke Auswirkungen zu erwarten sind. Auch hier könnte alles gut gehen – weil aber so viele Faktoren hineinspielen (die emotionale Ebene in Verbindung mit Mars und das 2. Haus und der Skorpion), kann es nicht schaden zu raten, vorsichtig zu sein und die Situation im Griff zu behalten.

FEBRUAR 1990

Ähnliche Themen; noch immer sind Fortschritte möglich (auch die Warnung vor zu viel Impulsivität gilt noch). Bewahren Sie kühles Blut, und seien Sie geduldig – was Ihnen allerdings schwerfallen dürfte, trotz der Tatsache, dass Sie eine doppelte Waage sind. Tun Sie Ihr Bestes!

Es gibt nur sehr wenig Veränderungen bei den Einflüssen, die jetzt auf Laura wirken. Die Lunarprogression ist noch immer wirksam; sie wird durch das Quadrat vom progressiven Mars noch angespornt (was die Tendenz zur Unbeherrschtheit noch unterstreicht). Die neuen Transite folgen dem bekannten Thema: Fortschritte mitsamt der Neigung zur Ungeduld und ein Element der Frustration.

MÄRZ 1990

Neben die bereits existierenden Einflüsse tritt nun ein neuer Trend, welcher Umsicht und Überlegung fördert. Vielleicht haben Sie das Gefühl, unter größerem Druck zu stehen, als es in Wahrheit der Fall ist. Möglicherweise leiden Sie nun unter einer gewissen Verwirrung; jemand anderes könnte die Situation dagegen so sehen, wie sie ist – und Ihnen vielleicht dabei helfen, wieder einen klaren Blick zu gewinnen. Vermutlich aber werden sich die Geschehnisse in ihrer Gesamtheit sehr positiv (vielleicht auch sehr spannend) auswirken.

Überlegen Sie sich aber Ihre Schritte gut! Die letzte Märzwoche könnte die größten Fortschritte bringen.

Der progressive Mond steht im Quadrat zum progressiven Uranus – Umsicht ist damit nötiger denn je. Das Quadrat vom Transituranus aus ist vom 8. an wirksam. Es ist nicht einfach – Laura könnte jetzt für ein paar Wochen heikle Erfahrungen machen. Wahrscheinlich aber wird sie sie gut überstehen und schaffen, was sie sich vorgenommen hat. Jupiter ist über ihr MC gelaufen, und die konstruktive Energie der im Hintergrund wirksamen Sonnenprogression zu Saturn dürfte sie stabilisiert haben.

APRIL 1990

Wahrscheinlich befinden Sie sich Mitte April in einer günstigen Position. Probleme bezüglich Ihrer Projekte oder der beruflichen Entwicklung dürften jetzt aus dem Weg geräumt sein, und vermutlich sind Sie mit dem, was Sie geschafft haben, zufrieden. Es gibt anregende Einflüsse, die für Sie von nun an für zwei oder drei Monate wirksam sind, welche auch wieder zu positiven Ergebnissen führen können. Vielleicht geht es jetzt richtig los ...

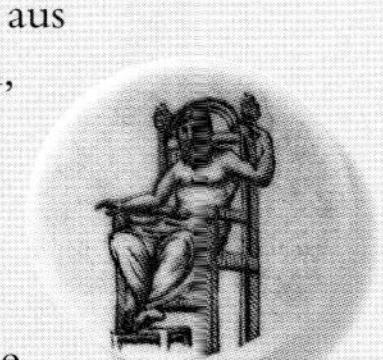

Die Hinweise für den April sind gut. Der langwierige Plutotransit mit seinem Einfluss wird von Tag zu Tag schwächer. Eine sehr günstige Mondprogression zum progressiven Merkur (Merkur herrscht über den Radixmond) sowie das sehr schöne Trigon vom Transitjupiter zur eigenen Stellung (das zum dritten Mal in Erscheinung tritt) lassen auf einen neuen Höhepunkt schließen.

Die Neumonde

In der großen Tabelle (siehe S. 205) bezieht sich die letzte Spalte auf den Neumond; dort finden sich die schwächeren Einflüsse, die vom Neumond aus zum Geburtshoroskop ausgehen. Die Zahl in den Kästchen gibt jeweils das Datum des Neumondes an. Während des zwölfmonatigen Zeitraums, den ich hier untersuche, fügt sich der Neumond-Einfluss gut in die anderen kurzfristigen Trends ein, die oben angeführt worden sind. Wenn Sie den Wunsch haben, zu diesen Daten neue Projekte zu initiieren, sollten Sie das tun. Von August bis Ende des Jahres wirkt der Neumond hauptsächlich auf der persönlichen Ebene; er hilft Ihnen, die Instinkte und Reaktionen mit Ihrer Persönlichkeit in Verbindung zu bringen. Während der ersten Monate des Jahres 1990 hängt der Einfluss des Neumondes eher mit Ihren allgemeinen Fortschritten zusammen – insofern könnte es günstig sein, wenn Sie zu diesen Zeitpunkten Aktivitäten unternehmen, die sich auf Ihre Ideen und Projekte beziehen.

Da ich die Neumonde nicht bei der Interpretation der einzelnen Monate einbezogen hatte, werde ich sie an dieser Stelle abhandeln. Ich habe nicht jeden einzelnen Transit interpretiert – das würde den Bericht unzumutbar lang machen. Man muss versuchen, eine Auswahl zu treffen und einen Zusammenhang herzustellen, so schwierig das auch sein mag. Es ist auch sehr schwer zu entscheiden, welche Richtung man bei der Interpretation einschlagen sollte, weil jeder Einfluss auf die verschiedensten Arten gesehen werden kann. Analysieren Sie das Leben Ihres Gegenübers sorgfältig, und fragen Sie sich, auf welchen Bereich sich Ihre Ausführungen beziehen sollte.

Anmerkung: Es ist extrem wichtig, dass Ihr Gegenüber selbst lernt zu ergründen, wie sich die Einflüsse für ihn auswirken. Wenn nämlich ein Transit erneut in Erscheinung tritt, kann man von den früheren Geschehnissen her Rückschlüsse ziehen. Regen Sie Ihren Klienten an, sich Aufzeichnungen zu machen, wie sich die Planeten für ihn auswirken. Er sollte auch überprüfen, ob Sie mit Ihrer zeitlichen Bestimmung der Transite richtig liegen oder nicht (besonders dann, wenn er sich der Geburtszeit nicht sicher ist). Dies kann dann wiederum Ihnen helfen, die Einflüsse besser zu erfassen, und vielleicht können Sie so auch den Aszendenten genau ermitteln! Der Marseinfluss ist hier extrem nützlich – wenn jemand sich zwei Tage nach dem kritischen Datum geschnitten hat, kann dies darauf schließen lassen, dass der Aszendent 1 Grad hinter dem bis dahin angenommenen Ort liegt!

BEZIEHUNGEN

Dieser wichtige Zweig der Astrologie ist unter dem Namen »Synastrie« bekannt. Grundsätzlich geht es dabei um den Vergleich der Horoskope zweier Menschen, um deren Verträglichkeit auf allen Gebieten ihrer Persönlichkeit und Lebensart festzustellen. Die Schlussfolgerungen können hilfreich sein, wenn es in der Beziehung zu Schwierigkeiten kommt oder wenn sich zwei Menschen mit dem Gedanken tragen, eine Bindung einzugehen. So können sie ihre Partner auf eine objektivere Art sehen.

Synastrie ist nicht nur für emotionale Beziehungen nützlich. Es ist nichts Ungewöhnliches, dass der Astrologe auch zwei oder mehr Leute berät, die eine geschäftliche Beziehung eingehen wollen oder bereits eingegangen sind. Es kann sich auch als sinnvoll erweisen, dass zwei Freunde sich einen Synastrie-Bericht erstellen lassen. Synastrie ist auch weit verbreitet, wenn es um die heikle Beziehung zwischen Eltern und Kind geht (vgl. S. 230–233).

Nach Bestätigung suchen

Die erste Frage, die Sie sich stellen sollten, wenn jemand um einen Synastrie-Bericht bittet, ist, warum er diesen braucht (eigentlich ein exzellenter Ausgangspunkt für jede Art von Astrologie). Sehr oft ist es so, dass einer der Partner auf diese Weise entscheiden möchte, ob er die Beziehung vertiefen soll oder nicht. Bei der Arbeit am Horoskop sollte man diese Frage im Hinterkopf haben – überlegen Sie sich, wie direkt und entscheidungsfreudig Ihr Gegenüber ist, auch wenn er sich nicht gerade an einem Wendepunkt im Leben befindet. Fragen Sie sich, ob das Horoskop vielleicht einen Mangel an Beurteilungsvermögen erkennen lässt. Ist die Person womöglich gehemmt oder schüchtern bei der Liebe oder dem Sex, mangelt es ihr an Selbstvertrauen, wenn es um die Frage der Bindung geht? Oder vielleicht noch wichtiger: Versucht man, den Astrologen als Stütze zu sehen, als Mutter- oder Vaterersatz, der sagt, was man tun sollte?

Unparteilichkeit und Moral

Wie die Beziehung auch beschaffen sein mag – Sie dürfen nicht die Entscheidungen für die Partner treffen. Unparteilichkeit ist oberstes Gebot! Manchmal stellt sich die Frage der Moral, gerade auch bei Dreiecksbeziehungen. Die betreffende Frau z. B. gibt dem Astrologen die Geburtsdaten von sich, dem Mann und der Geliebten. (Über viele Generationen hinweg wurden Astrologen mit der Frage konfrontiert: »Kommt er zurück zu mir?«) Der Astrologe trägt in einem solchen Fall eine besondere Verantwortung – wahrscheinlich weiß der Ehemann nichts von der Konsultation. Diskretion und Taktgefühl sind von vordringlicher Bedeutung!

Die Venus steht für Liebe und Zuneigung, auch für die emotionale Einstellung zu unseren Besitztümern.

Wie dem auch sei – häufig wünscht der Auftraggeber, dass nur er zu hören bekommt, was Sie zu sagen haben. Versuchen Sie darauf hinzuwirken, dass beide Partner den Report bekommen, z. B., indem Sie ihn beiden zusenden oder indem beide Sie gemeinsam aufsuchen. Auf diese Weise ist eine bessere Kommunikation zwischen den Partnern möglich, an der es vielleicht gefehlt hat, was eventuell auch das Hauptübel der Probleme gewesen war. Indem man beide Partner einbezieht, könnte man auch ein umfassenderes Bewusstsein der Persönlichkeitszüge erzeugen, was zu einem besseren Austausch in der Beziehung führen kann. Wenn Sie es dagegen nur mit einer Person zu tun haben, können Sie nur dieser direkt helfen.

Grenzen erkennen

Leider sind nur zu oft die Geburtsdaten unvollständig. Machen Sie in einem solchen Fall klar, dass Sie das MC und den Aszendenten, welche von so großer Wichtigkeit sind, nicht in die Interpretation einbeziehen können – und dass vielleicht sogar das Mondzeichen fraglich ist, wenn es am betreffenden Tag zu dessen Zeichenwechsel kam.

SYNASTRIE UND POPULÄR-ASTROLOGIE

In der Öffentlichkeit besteht eine festgefahrene Auffassung, welche Zeichen gut zueinander passen und welche nicht. Diese Vereinfachung entbehrt aber jeder Grundlage. Diese Theorie basiert auf den Elementen, und sie bietet viel Stoff für Zeitschriften. Viele Menschen aber nehmen das, was dort geschrieben steht, zu ernst. Wir haben junge Menschen sagen hören: »Ich kann nicht mit ihm gehen – er ist ein Widder, und ich bin Stier!« Das ist einfach Unsinn.

Es liegt ein Körnchen Wahrheit in der Theorie, dass Menschen mit der Sonne im gleichen Element gute Freunde sein können. Aber erst, wenn beide Horoskope vollständig berechnet und interpretiert worden sind, kann man ernsthafte Schlussfolgerungen über die Beziehung treffen! Und selbst dann würde kein Astrologe zu sagen wagen, dass man mit dieser oder jener Person keine Beziehung eingehen darf.

Damit die Beziehung funktioniert, sollte der Horoskop-Vergleich auf Folgendes schließen lassen:

- ◆ Verbindung
- ◆ Gute Kommunikation

DIE PLANETEN

Es gibt bestimmte Bereiche des Horoskops, die erkennen lassen, wie der Mensch in Beziehungen reagiert. Wenn man auf diese in den Horoskopen der (angehenden) Partner geschaut hat, kann man Schlussfolgerungen treffen, wie beide aufeinander reagieren. Konzentrieren Sie sich dabei auf die gemeinsamen Lebensbereiche – bei einer geschäftlichen Partnerschaft z. B. braucht man nicht zu erörtern, wie man Kindern gegenüber eingestellt ist (interessanterweise könnte allerdings das Geschäft hier die Rolle eines Kindes spielen!).

Als Erstes müssen Sie vor Augen haben, dass die Planeten in diesem Bereich der Astrologie grundsätzlich die gleiche Bedeutung haben wie sonst auch. Beziehen Sie sich also auf die Seiten 272–423, um sich für das Studium dieses Fachgebietes wie für die Astrologie überhaupt zu wappnen. Zur Rekapitulierung sowie zur Einstellung auf die Prinzipien der Synastrie könnten sich die folgenden Anmerkungen als hilfreich erweisen:

☉ ASZENDENT UND SONNENZEICHEN

Sie repräsentieren unsere Persönlichkeit. Von ihnen ausgehend ist auf das Temperament und besonders auch auf das Vorhandensein von Toleranz zu schließen, wichtig für Beziehungen jeglicher Art.

☽ DER MOND

Er repräsentiert unsere Instinkte, Reaktionen und Antworten auf alle Situationen. Bei der Synastrie zeigt er, wie der oder die Betreffende auf den bzw. die Partnerin reagiert. Dies kann helfen zu erkennen, ob die Partner in der Beziehung gleichmäßig oder aber sehr launenhaft reagieren.

☿ MERKUR

Merkur repräsentiert unseren Verstand, Intellekt und die kommunikativen Eigenschaften. In der Synastrie ist er wichtig für die Fähigkeit, dem Partner Gedanken, Ideen und Gefühle vermitteln zu können.

♀ VENUS

Venus repräsentiert Liebe und Zuneigung – sowie Besitztümer. Hier besteht ein enger Zusammenhang, gerade auch in der Synastrie. Erklärt ein Partner, dass er den anderen nicht mehr liebt, versucht jener häufig, so viele materielle Besitztümer wie nur möglich für sich zu reklamieren. Viele Auseinandersetzungen in der Beziehung haben finanzielle Gründe. Und manche Menschen sehen den Partner schlichtweg als eine Art Besitz.

♂ MARS

Er repräsentiert unsere körperliche Energie; in geschäftlichen Beziehungen steht er für das Vermögen, aktiv zu werden, in emotionalen Verbindungen für den sexuellen Drang. Wer den mächtigeren Mars im Horoskop hat, könnte in der emotionalen Verbindung sexuell dominieren. Näheres zu Erfüllung und Sexualität allgemein ist an der Beziehung zwischen den beiden Marspositionen abzulesen; im Idealfall sollte auch die Venus beteiligt sein.

♃ JUPITER

Jupiter repräsentiert in der Astrologie allgemein das Element der Expansion; hier geht es darum, wie jeder der Partner darum bemüht ist, das Leben für den anderen umfassender und herausfordernder zu machen. Jupiter lässt auch erkennen, wie sich infolge der Auseinandersetzung mit den Interessen des anderen ein anspornender gemeinsamer Enthusiasmus und intellektuelles Wachstum ergeben.

♄ SATURN

Er repräsentiert Begrenzung, Kontrolle und Stabilität. Der Saturneinfluss von Horoskop zu Horoskop ist sehr enthüllend, besonders bei Aspekten zu Sonne, Aszendent oder persönlichen Planeten des Partners. Manchmal könnte auch der Saturn in dem einen Horoskop als »Schicksal« wirken – vielleicht eine etwas archaische, aber nicht ganz bedeutungslose Vorstellung.

♅ URANUS

Seine Verbindung zu Störungen und Veränderungen macht sich häufig bemerkbar, wenn eine dynamische Liebesbeziehung zu Ende geht. Er bringt magnetische Anziehungskraft, seinem Einfluss aber ist nicht zu trauen, es sei denn, er hat eine personalisierte Bedeutung. Aber selbst dann sollte man vorsichtig sein – Uranus ist eine potenzielle Quelle von Spannungen.

♆ NEPTUN

Dieser romantische und mystische Planet lässt uns im siebten Himmel schweben. Er kann viel Glück bringen, aber auch Missverständnisse und Täuschungen, die die Beziehung vielleicht scheitern lassen.

♇ PLUTO

Pluto hilft uns, psychische Probleme zu lösen. Wenn er beim Vergleich der Horoskope herausragt, wirkt er bei den Betreffenden auf die Fähigkeit ein, Probleme zu analysieren und die Beziehung auf ein neues Fundament zu stellen. Im Idealfall wirkt er wie eine Sonde – allerdings gibt es Fälle, wo seine Aktivität jeglichen Fortschritt blockiert, vielleicht bei der Kommunikation oder bei der Weiterentwicklung der Beziehung.

Anmerkung: Uranus, Neptun und Pluto bleiben für sehr lange Zeit in den Zeichen, womit wahrscheinlich kein Unterschied zwischen den Partnern gegeben ist. Solange keiner von ihnen eine personalisierte Bedeutung trägt, sollte ihr Einfluss nicht überschätzt werden.

- Sympathie
- Mitgefühl
- Toleranz
- Kompromissbereitschaft

All dies kann vom Geburtshoroskop hergeleitet werden. Es erhebt sich auch die Frage nach widersprüchlichen Merkmalen – und es wäre zu wünschen, dass Schwächen beim einen Partner auf Stärken beim anderen treffen. Grundsätzlich ist es keine schlechte Sache, wenn ein Partner introvertiert und der andere extrovertiert veranlagt ist. In bestimmten Fällen wird das gut funktionieren; z. B. kann vielleicht der introvertierte Partner sein Potenzial in der Sicherheit eines solchen Arrangements ideal zum Ausdruck bringen. So einfach aber liegt es nicht immer – der Extravertierte nämlich könnte auch die Beziehung beherrschen und die introvertierte Person dazu bringen, sich hinter einen psychischen Panzer zu verkriechen. Die extravertierte Person fordert vielleicht auch den schüchternen und unsicheren Partner dazu auf, ins Rampenlicht zu treten, was beträchtlichen Schaden verursachen kann. Bei erfolgreichen Geschäftsbeziehungen machen sich dagegen häufig markante Gegensätze bemerkbar – der eine Partner arbeitet lieber hinter den Kulissen und kümmert sich um die Buchführung, während der andere unterwegs ist und Kontakte knüpft.

DIE HÄUSER

Das 7. Haus

Der wichtigste Horoskopbereich, wenn es um die Frage geht, wie der Betreffende anderen gegenüber eingestellt ist. Das Zeichen an der Spitze des 7. Hauses und jeder Planet darin ist ein bedeutungsvolles Indiz. Machen Sie sich keine Gedanken, wenn das Haus leer ist – das Zeichen an sich lässt bereits genug erkennen. Es handelt sich dabei natürlich um das Zeichen, das dem Aszendenten entgegengesetzt ist. Hier geht es um die Bedürfnisse und um das, was man vom Partner braucht. Es ist fast schon unheimlich, wie sehr Menschen bei ihren Reaktionen auf den Partner von diesem Zeichen geprägt sind – allerdings gibt man diese Reaktionen auch wirklich nur dem Partner zu erkennen.

Die Person mit dem Fischeaszendenten z. B. weist natürlich Persönlichkeitsmerkmale der Fische auf; im Kontext der intimen Verbindung aber macht sich eine extreme Jungfraureaktion bemerkbar. Die Sensibilität und Zärtlichkeit der Fische werden ergänzt durch einen Hang zur Schärfe und Kritik, was aber nur die direkten Partner zu spüren bekommen.

Überprüfen Sie die Hinweise in Ihrem eigenen Horoskop und diejenigen bei Ihrem Partner! Es handelt sich hier um eine der vielleicht reizvollsten astrologischen Theorien. Stellen Sie sie Ihren Klienten vor; sie werden bestimmt aufmerksam zuhören.

Das 5. Haus

Das Haus der Liebesaffären und der Risiken. Jede Liebesaffäre schließt in einem gewissen Maß Risiken ein, und zwar emotionale. Reagiert die Person schnell gekränkt? Wollen beide das Gleiche, oder hat einer der Partner größere Erwartungen an die Beziehung als der andere? Wird die Beziehung von Dauer sein oder nur ein flüchtiger Seitensprung? (Astrologisch ausgedrückt: Wird sich die Beziehung vom 5. Haus zum 7. fortentwickeln?)

Alle diese Fragen beziehen sich auf das 5. Haus. Es handelt sich dabei auch um das Haus der Schöpfung, was sich auf unsere Einstellung zu Kindern beziehen kann (im Gegensatz zur Einstellung zur Elternrolle, die mehr mit dem 4. Haus zu tun hat).

Das 2. und das 8. Haus

Die Häuser des Geldes und der Besitztümer, die allerdings auch Auswirkungen auf den Ausdruck der Sexualität und den Fluss der Emotionen haben. Wegen der finanziellen Implikationen sind sie – wie das MC auch – von großer Bedeutung bei geschäftlichen Beziehungen.

Das 4. Haus

Das Haus der Familie, des Zuhauses und der Häuslichkeit. Es lässt erkennen, welche Einstellung wir zu Familie und Elternschaft haben.

Bestimmte Horoskopbereiche lassen erkennen, wie man in Beziehungen reagiert.

ANDERE FAKTOREN

Die Polarität

Sie werden die Feststellung machen, dass in vielen Horoskopen, die Sie vergleichen, polare – bzw. entgegengesetzte – Zeichen betont sind. Partner C hat womöglich eine größere Anzahl von Planeten im Stier, während bei D sich der Aszendent im Skorpion befindet. Häufig gibt es dann Aspekte dazwischen – grundsätzlich aber reicht die Polarität der Zeichen als solche bereits aus, auch ohne Aspekt. Polaritäten sollte man nicht ignorieren; sie geben der Beziehung meist Stärke und sorgen für Dauerhaftigkeit. Allerdings ist darauf hinzuweisen, dass die Verbindung bei einem Aspekt noch machtvoller ist. Man sollte hier aber nur Aszendent, MC, Sonne, Mond und herrschende Planeten einbeziehen.

Die Elemente und Qualitäten

Die Stärke der Elemente (oder Triplizitäten) und Qualitäten (oder Quadruplizitäten) kann ebenfalls beim Horoskopvergleich untersucht werden. Ein weiterer Faktor, mit dem man ermitteln kann, wie gut die Partner zueinander passen.

Das MC

Das MC ist wichtig, weil es unsere Identifizierung mit Zielen und Hoffnungen und unsere Einstellung dazu widerspiegelt. Planeten des einen Horoskops im Aspekt zum MC des anderen sind exzellente Indizien. Besonders wichtig bei Geschäftsbeziehungen (siehe S.228-229).

SYNASTRIE UND PROGRESSIONEN

Sehr häufig beginnt eine Beziehung dann, wenn Transite oder Progressionen ein solches Bedürfnis oder eine solche Möglichkeit anzeigen. Z. B.:

- Sonne, Aszendent oder herrschender Planet progressiv im Aspekt zur progressiven oder Radixvenus.

- Die progressive Venus im Aspekt zum Radixmond. (Der progressive Mond im Aspekt zur progressiven oder Radixvenus dauert nur ein paar Wochen; ein solcher Einfluss könnte den Menschen zur »Liebe geneigt« machen – solange der Mond aber nicht Herrscher des Horoskops ist oder im Krebs steht, wird das allein nicht ausreichen.)

- Ein Transit von Uranus oder Neptun zur Radixvenus (bei einem Quadrat oder einer Opposition allerdings könnte es auch Schwierigkeiten geben).

Es kommt darauf an, die progressiven Positionen des einen Horoskops mit den progressiven und Radixpositionen des anderen zu vergleichen.

Außerordentlich häufig befindet sich am Beginn einer Beziehung der progressive Aszendent oder Mars oder die progressive Sonne oder Venus des einen Partners im Aspekt zum Aszendenten (und damit auch zum Deszendenten), zu Sonne, Venus, Mars, Uranus oder

Neptun des anderen. Gleichermaßen ist ein Aspekt denkbar, der auf große Anziehungskraft weist, wodurch es zum Beginn einer Freundschaft oder einer Geschäftsbeziehung kommt. Derartige Anzeichen sind günstig – damit die Beziehung aber von Dauer ist, muss es auch eine Verbindung zwischen den beiden Geburtshoroskopen an sich geben; erst diese lassen auf eine dauerhafte Verbindung schließen.

Worauf man achten sollte

Wenn es nur wenige Aspekte zwischen den Horoskopen und einige gemeinsame Hauspositionen gibt, muss das nicht heißen, dass die Beziehung zum Scheitern verurteilt ist.

In dem Rahmen, der von den Aspekten und den Hauspositionen angezeigt ist, kann sie sehr gut funktionieren! Näheres hierzu bei der Synastrie-Interpretation der Planeten auf den Seiten 216–217.

Die stärkste Verbindung ist eine genaue Opposition zwischen der Sonne des einen und dem Aszendenten des anderen Partners. In wirklich guten Beziehungen sehen wir häufig, dass dies gradgenau zutrifft. Wenn also z. B. der eine Partner den Aszendenten auf 22° Waage hat und die Sonne des anderen auf 22° Widder fällt, ist das sehr günstig. Gleiches gilt für die Opposition zwischen Sonne und Sonne in den Horoskopen beider Partner.

Bei einer gemeinsamen Betonung eines Zeichens (z. B. durch ein gemeinsames Aszendenten-, Sonnen- oder Mondzeichen) besteht eine Gemeinsamkeit der Partner bezüglich der Aszendenten-, Sonnen- oder Mondebene ihrer Persönlichkeit. Hier taucht die Gefahr auf, dass man allmählich eine Abneigung gegen vermeintliche Fehler des Partners entwickelt, welche man bewusst oder unbewusst in sich selbst erkennt. Bei Problemen könnte man dann geneigt sein zu sagen: »Wir sind uns eben zu ähnlich!«

DIE BEURTEILUNG VON BEZIEHUNGEN

Die Übersicht auf dieser Seite enthält Vorschläge für verschiedenartige Fragen, die Sie stellen können, um die Beziehung zwischen zwei Partnern besser einschätzen zu können. Wenn Sie die Fragen im Vorhinein durchgehen, sind Sie vorbereitet, wenn das Paar zur Beratung kommt oder Sie einen Bericht verfassen.

SYNASTRIE-FRAGEN UND -ANTWORTEN

Einige grundlegende Fragen – ist einer der Partner:

Eifersüchtig?
Skorpion; Pluto stark.

Freiheitsliebend?
Wassermann, Schütze, Widder; Uranus oder Jupiter stark.

Extravagant?
Löwe; Venus oder Jupiter stark.

Hinterlistig?
Steinbock, Krebs; Venus oder Mond stark.

Leicht verstimmt?
Waage, Krebs.

Sehr emotional?
Betonung der Feuer- oder Wasserzeichen.

Sehr an Sex interessiert und leidenschaftlich?
Widder, Skorpion; Mars stark.

Sehr kühl und distanziert?
Sonne, Mond oder Venus im Steinbock oder Wassermann.

Zwanghaft diszipliniert?
Jungfrau, Steinbock, Skorpion.

Geschwätzig, zum Klatsch neigend?
Zwillinge, Jungfrau; machtvoller Merkur.

Sehr an Kindern interessiert?
Krebs, Stier, Steinbock; machtvoller Mond.

Wenn die Antwort auf eine dieser Frage »ja« ist, müssen Sie sich Gedanken machen, wie der Partner hierzu eingestellt ist. Die folgenden Punkte sind dabei wichtig – die Antworten lassen nähere Aufschlüsse zu:

Harmonieren die beiden Persönlichkeiten miteinander?
Vergleichen Sie die Zeichen von Sonne, Aszendent, Mond und herrschendem Planeten beider Partner.

Kommt Sympathie und Verständnis zum Ausdruck?
Vergleichen Sie die Zeichen von Mond und Venus beider Partner.

Haben beide eine ähnliche Einstellung zu Geld (häufig ein Grund von Streit)?
Vergleichen Sie das 2. und das 8. Haus, auch das Haus von Pluto und die Stellung des MCs.

Besteht eine sexuelle Übereinstimmung?
Vergleichen Sie Venus, Mars und Uranus in beiden Horoskopen.

Haben die beiden darüber geredet, ob sie sich Kinder wünschen (und wenn ja, wie viele)?
Vergleichen Sie Sonne, Mond und das 4. und das 5. Haus beider Horoskope.

Wie steht es mit der Arbeit/Karriere?
Vergleichen Sie MC, das 6. Haus und die Horoskope in ihrer Gesamtheit.

Wie sieht es mit gemeinsamen Interessen aus; können sich die beiden mit der Einstellung des anderen arrangieren?
Sehen Sie hierzu auf das 5. Haus und die Elemente in beiden Horoskopen.

ZUSATZAUFGABE:

Diese Liste ist naturgemäß begrenzt – es wäre vielleicht nützlich, wenn Sie selbst Fragen finden, die Ihrer persönlichen Herangehensweise entsprechen. Dabei sollten Sie aber immer vor Augen haben, um was für eine Art von Beziehung es geht. Wir betrachten hier vorwiegend emotionale Verbindungen, man kann aber auch Freundschaften, Geschäftsbeziehungen und anderes mehr untersuchen.

HOROSKOPVERGLEICH

Der Vergleich von Horoskopen ist ein sehr lohnendes astrologisches Studiengebiet. Alle Hinweise, die die Beziehung färben, müssen berücksichtigt werden. Die Horoskope können auf zwei Arten interpretiert werden – einmal, indem man die zusätzlichen Informationen innen in eines der beiden Horoskope einträgt (siehe rechte Seite), wodurch gemeinsame Aspekte sogleich deutlich werden; man kann sie aber auch in einen Ring außerhalb des Horoskops eintragen (diese Seite).

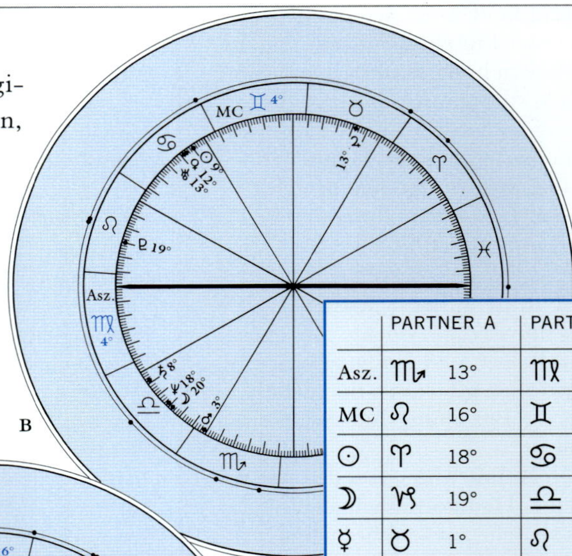

B

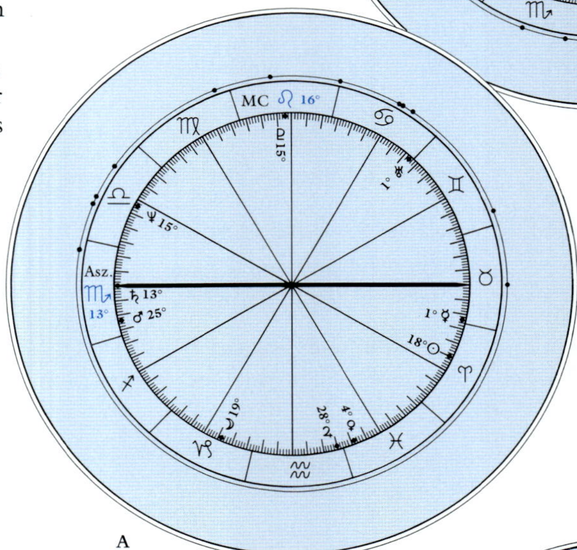

A

	PARTNER A		PARTNER B	
Asz.	♏	13°	♍	4°
MC	♌	16°	♊	4°
☉	♈	18°	♋	9°
☽	♑	19°	♎	20°
☿	♉	1°	♌	0°
♀	♓	4°	♋	12°
♂	♏	25°	♏	3°
♃	♒	28°	♉	13°
♄	♏	13°	♎	8°
♅	♋	1°	♋	13°
♆	♎	15°	♎	18°
♇	♌	15°	♌	19°

Aszendent, MC und Planetenpositionen von beiden Partnern, mit Zeichen und genauer Gradangabe

1 DIE HOROSKOPE AUFZEICHNEN

Sie brauchen hierzu einen Vordruck, der außerhalb des Geburtshoroskops noch Platz hat – das Horoskop für das Progressionshoroskop ist ideal. (Sie brauchen sich mit den Minuten oder Dezimalstellen der Planeten nicht weiter zu beschäftigen – es zählt hier nur der Grad.) So haben Sie nun die Horoskope zweier Menschen vor sich, die sich mit dem Gedanken tragen, eine Beziehung einzugehen. Sie haben die Horoskope für sich allein bereits studiert; nun gilt es, diese in einen Zusammenhang zu bringen.

2 DIE ZEICHEN AUFLISTEN

Stellen Sie eine Liste der Zeichen von Aszendent, MC, Sonne, Mond und allen Planeten mit den Gradzahlen von beiden Partnern auf.

3 DIE HOROSKOPE VERBINDEN

Nehmen Sie die beiden Horoskope zur Hand, und tragen Sie die Angaben des einen in den äußeren Ring des anderen ein. Führen Sie dies auch beim anderen durch. Dadurch ist es Ihnen möglich zu sehen, wie die Planeten sich jeweils in das andere Horoskop einfügen, gemäß dessen Häusereinteilung.

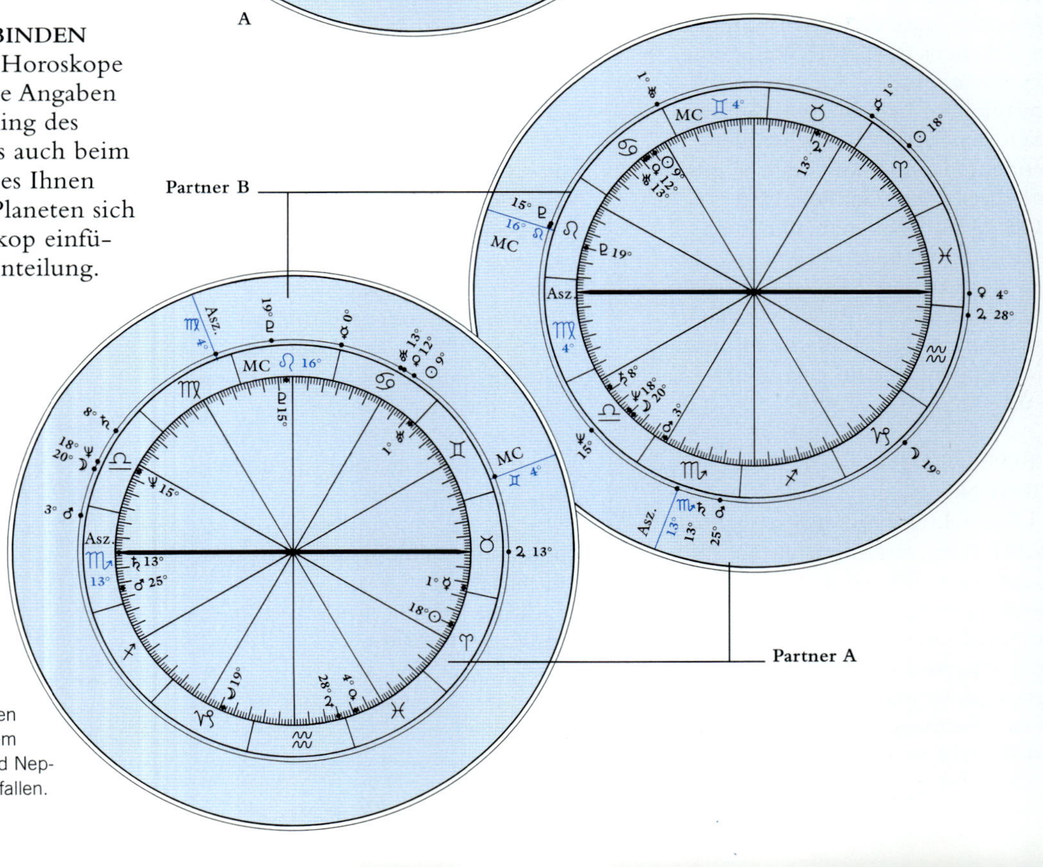

Zwei Horoskope vergleichen
Die Planeten jedes Partners werden außen in das Horoskop des anderen eingetragen. Beachten Sie den Zusammenhang zwischen den Häusern des einen und den Planeten des anderen Partners: In das reich besetzte 2. Haus von Partner B fällt z. B. der Neptun von Partner A; As Sonne steht in Opposition dazu. Der Mond von A fällt in das 5. Haus von B – eine romantische Verbindung. Die Neigung zu Geheimnissen und zur Täuschung könnte ein Problem sein, angezeigt durch Mond, Mars und Neptun von B, die in das 12. Haus von A fallen.

Horoskopvergleich
Das Horoskop unten sieht vielleicht kompliziert aus – es ist aber sehr nützlich, um herauszufinden, wo es zwischen A und B gut läuft und wo es Spannungen und Probleme gibt. Zeichnen Sie die Symbole für jeden Partner in einer anderen Farbe ein. Beim Eintragen der Linien (zur Wiederholung: eine Farbe für Opposition/Quadrate, eine andere für Trigone/Sextile) gilt es, zwischen den Positionen beider Partner Verbindungen herzustellen. Aspekte der einzelnen Horoskope werden hier nicht eingetragen. Man sollte auch auf Aspekte zum MC und zum Aszendenten des Partners verzichten – ohne sie allerdings außer Acht zu lassen; blicken Sie deshalb immer wieder einmal auf die Aspekttabelle.

B> A∨	Asz.	MC	☉	☽	☿	♀	♂	♃	♄	♅	♆	♇
Asz.	•	•	△*	•	•	△	•	☍	•	△	•	•
MC	•	•	•	✶	•	•	•	□	•	•	✶	☌
☉	•	•	•	☍	•	•	•	•	•	□	☍	△
☽	•	•	•	□	•	•	•	•	•	•	□	⚻
☿	△	•	•	•	□	•	☍	•	•	•	•	•
♀	☍	□	△	•	•	•	△	•	•	•	•	•
♂	•	•	•	•	△	•	•	•	•	•	•	•
♃	•	•	•	•	⚻	•	△	•	•	•	•	•
♄	•	•	△	•	•	△	•	☍	•	△	•	•
♅	✶	•	•	•	•	•	△	•	•	•	•	•
♆	•	•	•	☌	•	□	•	⚻	•	□	☌	✶
♇	•	•	•	✶	•	•	•	□	•	•	✶	☌

Die Aspekttabelle
Diese Tabelle hilft Ihnen, die Aspekte besser zu erkennen. So können Sie sie auch systematischer erörtern und vermeiden die Gefahr, den einen oder anderen zu übersehen. Die Tabelle zeigt alle Aspekte zwischen beiden Horoskopen. Beachten Sie, dass As Aszendent im Aspekt zu Bs Sonne steht.

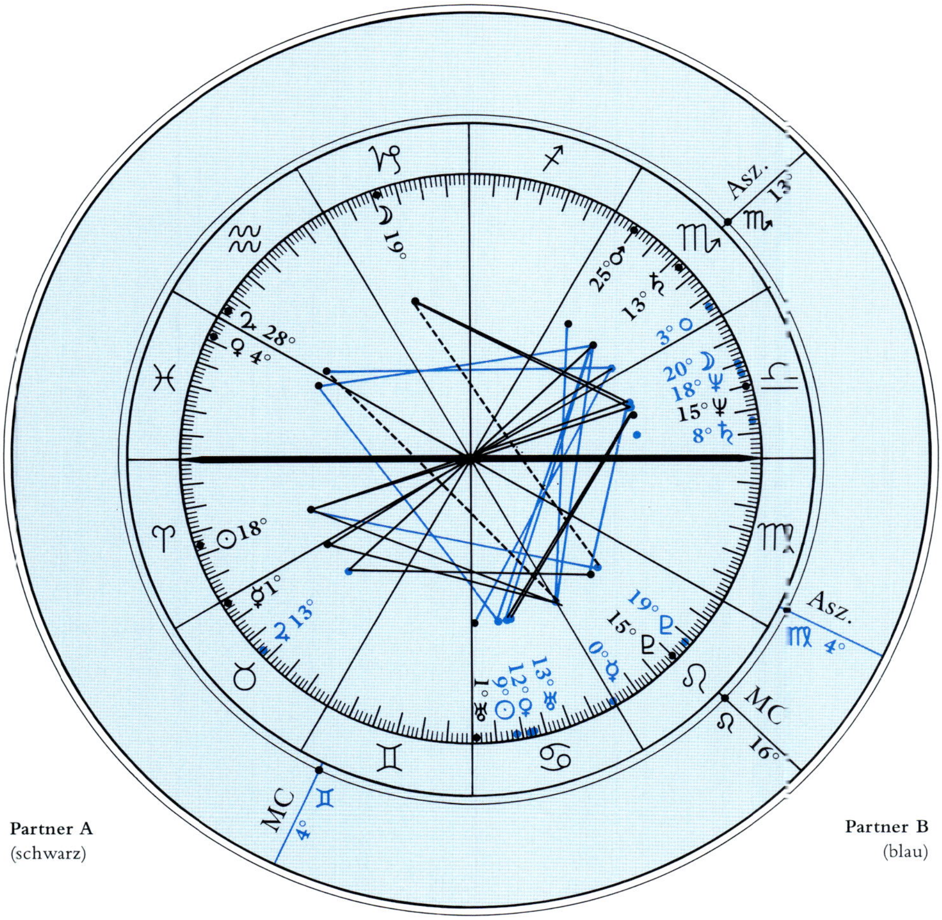

Partner A (schwarz)

Partner B (blau)

Zusatzaufgabe
Schauen Sie auf alle Aspekte dieses Doppelhoroskops, und arbeiten Sie eine vollständige Interpretation aus. Arbeiten Sie eine Fallstudie aus – fragen Sie sich, wie das Paar zu der Entscheidung gekommen ist, Sie zu konsultieren. Lassen Sie Ihrer Fantasie dabei freien Lauf, so lange jedenfalls, wie Sie dabei Ihre astrologischen Fertigkeiten zum Einsatz bringen.

4 DIE STELLUNGEN MITEINANDER VERBINDEN

Zeichnen Sie eine Tabelle. Untersuchen Sie die Stellungen in As Horoskop, und verbinden Sie sie mit denen von Partner B. Wann immer ein Aspekt vorhanden ist, tragen Sie ihn in die Übersicht ein (aber keine Halbsextile oder Anderthalbquadrate). Der Orbis sollte nicht mehr als 5° für Hauptaspekte und 2° für Quinkunx und Halbquadrat betragen.

DIE HOROSKOPE INTERPRETIEREN

Die Venus von A steht genau an der Spitze des 7. Hauses von B, womit auch eine genaue Opposition zum Aszendenten gegeben ist: Ein positiver Hinweis, der Liebe und Verständnis bedeutet und Sympathie zufügt. Der Jupiter von B weist die gleiche Position auf – er befindet sich in Opposition zum Aszendenten von A, was darauf schließen lässt, dass der Partner dabei hilft, das Leben sinnvoller zu gestalten. Der Neptun von B steht in Opposition zur Sonne und im Quadrat zum Mond von A – was ein romantisches Element beinhaltet, aber auch die Möglichkeit von Missverständnissen und Konfusion. Die Opposition zwischen Merkur (A) und Mars (B) und das Quadrat zwischen Sonne (A) und Uranus (B) weist auf Spannungen hin.

Die wichtigsten Aspekte zwischen beiden Horoskopen (die Planeten von A sind als Erstes aufgeführt):

Venus Opposition Aszendent +
Aszendent Opposition Jupiter +
Aszendent Trigon Sonne +
Sonne Opposition Mond +
Sonne Opposition Neptun –
Mond Quadrat Mond –
Merkur Quadrat Merkur –
Aszendent Trigon Venus und Uranus +
Sonne Quadrat Uranus –
Saturn Opposition Jupiter –
MC Quadrat Jupiter –

Die Quadrate bedeuten potenzielle Spannungen zwischen den beiden Partnern, sie könnten aber auch Stärke und Antriebskraft zufügen. Die vorhandenen Sextile und Trigone dagegen bringen Flexibilität und Ausgeglichenheit. Die meisten Oppositionen stärken die Verbindung – die Opposition zwischen Sonne und Neptun aber ist negativ.

EINE ZUSÄTZLICHE TECHNIK

Es gibt noch eine andere Technik für den Horoskopvergleich. Tragen Sie in einen Horoskopvordruck in den inneren Kreis die progressiven Positionen von den Planeten, dem Aszendent und dem MC des einen Partners ein, außen diejenigen des anderen. Ziehen Sie nun außerhalb des zweiten einen weiteren Kreis, in den Sie die Positionen der langsam laufenden Transit-Planeten (von Jupiter bis Pluto) eintragen, mitsamt der Entfernung, die sie im Betrachtungszeitraum zurücklegen.

Wenn es auch ungewöhnlich ist, an Transiten zu progressiven Planeten zu arbeiten, können Sie auf diese Weise doch gewisse Auswirkungen für das Paar erkennen. Normalerweise werden die Transite in Verbindung mit dem Geburtshoroskop studiert – hier wird hauptsächlich deutlich, welche Zeichen die progressiven Planeten gerade durchlaufen. Der Mond legt während eines Jahres eine sehr große Entfernung zurück, weshalb sich sein Einfluss beständig ändert.

Ein kombiniertes Progressionshoroskop

Dieses Horoskop gibt Ihnen einen klaren Blick auf das Paar. Es geht hier um aktuelle Einflüsse, nicht um die Persönlichkeiten, wie sie von den Geburtshoroskopen angezeigt sind. Bei der Arbeit an progressiven Aspekten können Sie, wenn es Ihnen hilfreich erscheint, ein kombiniertes Progressionshoroskop wie auf Seite 153 aufzeichnen. Bei Aspekten zwischen den Partnern aber ist ein Orbis von höchstens 1° zulässig. Bei 5° nämlich ist der Einfluss nicht wirksam – er gehört bereits entweder der Vergangenheit an oder liegt noch in ferner Zukunft. Lassen Sie auch Aspekte zwischen Jupiter, Saturn, Uranus, Neptun und Pluto unberücksichtigt; es gibt sie fraglos, sie sind aber ohne größere Aussagekraft.

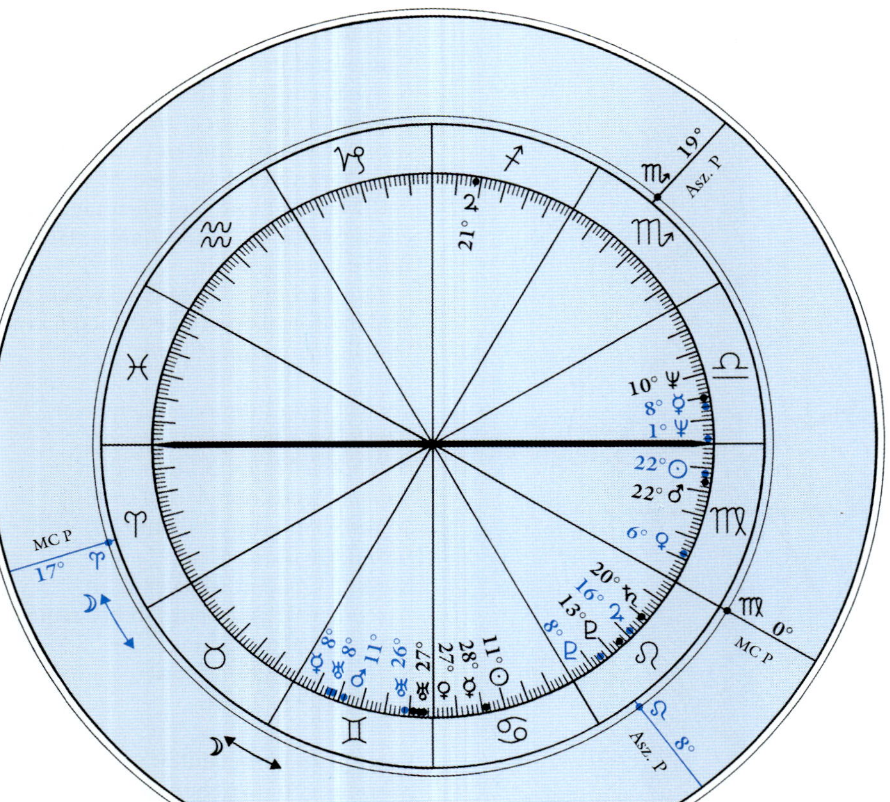

Wayne (blau)

Cathy (schwarz)

DIE INTERPRETATION VON ASPEKTEN

Es folgt eine kurze Übersicht aller Verbindungen, die zwischen den Horoskopen zweier Menschen möglich sind. Viele der Interpretationen schließen positive und negative Aussagen ein – für gewöhnlich beziehen sich die positiven auf Trigone und Sextile und die negativen auf Quadrate. Oppositionen dagegen sorgen sehr oft für eine Intensivierung der Verbindung. Wenn nur eine Interpretation angegeben ist, können Sie davon ausgehen, dass es keine kontrastierenden Auswirkungen gibt – es sei denn, Sie sind durch Ihr Studium der beiden Horoskope zu der Auffassung gelangt, dass die betreffenden Planeten eine Quelle von Spannungen oder Problemen (bzw. das Gegenteil) sein könnten.

Asz.	ASZENDENT
Asz.	Mitgefühl und Verständnis oder Kollision der Persönlichkeiten (sehen Sie auf die Elemente)
MC	Identifikation mit den Zielen und Vorstellungen des anderen
☉	Verbindung – man sehe aber auf die betreffenden Zeichen und Elemente
☽	Sympathie oder mangelnde Übereinstimmung
☿	Gute Kommunikation
♀	Liebe und Freundschaft, Harmonie
♂	Starke physische Anziehung; Streitsucht
♃	Sinn für Humor, Unterstützung
♄	Beschränkend; das Wesen verkrampfend – oder aber konstruktiv hilfreich. Schulter zum Anlehnen
♅	Dynamisch, aber spannungsreich
♆	Möglichkeit von Konfusion und Missverständnissen. Aber auch romantisch.
♇	Leidenschaftliche Verbindung

MC HIMMELSMITTE

MC	Arbeit für die Ziele des Partners oder aber Rivalität
☉	Mit Unterstützung durch den Partner kann man seine Ziele erreichen
☽	Sympathie und Verständnis (Mond) bedeuten eine Förderung der Ziele des Partners (MC)
☿	Intellektuelle Interessen und Austausch über die Ziele
♀	Gemeinsame Träume und Ziele
♂	Gemeinsame harte Arbeit – vielleicht aber Streit über die Ziele
♃	Ermutigung (Jupiter) bedeutet eine Herausforderung für den Partner (MC)
♄	Die kalte Dusche – oder aber ein stabilisierender Einfluss auf die Ziele des Partners
♅	Eine distanzierte Haltung zu den Zielen des Partners – oder aber brillante Ideen für ihn
♆	Inspiration – oder Konfusionen oder Behinderungen
♇	Die Dinge werden mit Macht vorangetrieben – oder: Blockaden verhindern Fortschritte

☉ SONNE

☉	Machtvolle Verbindung, man achte aber auf die Zeichen und Elemente!
☽	Die Kombination von Selbstausdruck (Sonne) mit dem Instinkt und der Intuition
☿	Sehr günstig, was die Kommunikation betrifft
♀	Liebe oder Rivalität – für gewöhnlich das Erstere
♂	Sexuelle Anziehung, starke Emotionen – häufig ein Konflikt dazwischen
♃	Jupiter ermutigt die Sonne, intellektuelle Herausforderungen anzunehmen
♄	Fügt Dauerhaftigkeit zu, kann aber auch Gehemmtheit bedeuten
♅	Fügt eine anregende Dimension zu, möglicherweise aber auch Spannungen
♆	Ein Sinn für das Romantische und Sentimentale – vielleicht aber auch Täuschungen
♇	Eine suchende, machtvolle und leidenschaftliche Beziehung

☽ MOND

☽	Beide Partner nehmen die Launen des anderen intuitiv auf – oder reagieren gegensätzlich
☿	Erhöht das Mitgefühl und die Sympathie. Die Tendenz, sich überdurchschnittlich um den anderen Sorgen zu machen
♀	Für gewöhnlich ein positiver Ausdruck der Gefühle – vielleicht tut man des Guten hier aber auch zu viel
♂	Steigert das emotionale Niveau der Beziehung
♃	Gut für gemeinsame Expansion. Vielleicht aber auch die Überschätzung von Problemen
♄	Häufig eine konstruktive Verbindung; aber auch ein deprimierender Einfluss, der die Vitalität herabsetzt
♅	Sehr viel Anregung zwischen den Partnern, vielleicht aber auch Spannungen
♆	Romantisch, oft aber auch unrealistisch
♇	Eine Intensivierung des emotionalen Ausdrucks – oder Hemmungen

☿ MERKUR

☿	Intellektuelle Rivalität. Sehr kommunikativ, vielleicht auch geschwätzig
♀	Exzellent für das freundschaftliche Element in jeder Art von Beziehung
♂	Streitlustig; manchmal Spannungen. Für gewöhnlich viel Spaß und sehr viel Aktivität
♃	Intellektuelle Herausforderungen wirken ansteckend
♄	Könnte stabilisierend auf die Beziehung wirken. Merkur aber wird sich von Saturn frustriert fühlen
♅	Eine lebhafte, intellektuelle Beziehung mit Spannungen
♆	Inspirierend. Allerdings sind Missverständnisse möglich
♇	Bewirken zumeist Frustration

♀ VENUS

♀	Eine harmonische und romantische Liebe – manchmal allerdings schnell Verstimmungen
♂	Sehr starke sexuelle Anziehung
♃	Beiderseits Freude am Leben und an der Gesellschaft des Partners
♄	Emotional beschränkend – manchmal Enttäuschungen innerhalb der Beziehung
♅	Eine dynamische, magnetische Anziehung
♆	Romantik pur – man hüte sich aber vor dem Blick durch die »rosarote Brille«
♇	Sehr angespannte Emotionen; gut für geschäftliche Beziehungen

♂ MARS

♂	Sehr starke sexuelle Spannung und viel Energie; streitlustig
♃	Lebhaft, unternehmungslustig; vielleicht aber auch Tollkühnheit
♄	Saturn könnte für Mars eine Quelle von Frustrationen bedeuten
♅	Fügt eine anregende Spannung zu
♆	Romantisch, lebhaft, zu Fluchttendenzen neigend; oft auch Enttäuschungen
♇	Schwierig und frustrierend

♃ JUPITER

♃	Vergnüglich und angenehm, intellektuell stimulierend
♄	Eine gute Mischung aus gesundem Menschenverstand und Optimismus
♅	Uranus fügt aufregende Ideen zu, wenn Jupiter die Herausforderungen akzeptiert
♆	Inspirierend
♇	Exzellent für finanzielle bzw. geschäftliche Verbindungen

♄ SATURN

♄	Ein ernsthafter und womöglich schicksalhafter Aspekt für die Beziehung
♅	Kämpfe um Vorherrschaft in der Beziehung
♆	Saturn könnte frustrierend auf Neptuns Ideen wirken – oder sie konstruktiv auszudrücken helfen
♇	Frustrierend und beschränkend

♅ URANUS

♅	Fügt eine dynamische Anziehungskraft zu; potenzielle Quelle von Spannung
♆	Möglicherweise Spannungen als Folge von Missverständnissen
♇	Spannungen aufgrund von Störungen der Kommunikation

♆ NEPTUN

♆	Zu ignorieren – wenn Neptun keine personalisierte Bedeutung hat. Dann Romantik, Idealismus, möglicherweise Täuschungen.
♇	(Für gewöhnlich das Sextil:) Viel Romantik und sexuelle Anziehungskraft

♇ PLUTO

♇	Zu ignorieren – wenn Pluto keine personalisierte Bedeutung hat. Dann ein sehr leidenschaftliches Element.

SEXUALITÄT IN DER BEZIEHUNG

Weil so viele Faktoren in die menschliche Beziehung hineinspielen, wäre es vermessen, nur aufs Sonnenzeichen zu schauen, um zu erkennen, ob die Partner zueinander passen oder nicht. Man muss jedes Horoskop zunächst für sich studieren, dann beide zusammen; man muss die Positionen der Planeten und ihre Aspekte ergründen, bevor man schließlich etwas zu den Stärken, dem Potenzial und den Problemen einer Beziehung sagen kann.

Es ist schon sehr viel Arbeit zu den astrologischen Faktoren der Sexualität geleistet worden, allerdings hauptsächlich von einzelnen Astrologen. Nur wenige Annahmen sind bislang empirisch untersucht worden. Das Bestreben, planetarische Positionen oder bestimmte Aspekte des Horoskops mit bestimmten sexuellen Faktoren in Verbindung zu bringen, hat noch etwas Tastendes, wenngleich es einige allgemeine Regeln gibt, die außer Frage zu stehen scheinen. Diese wollen wir hier erläutern.

Vorsichtig vorgehen

Auch dann, wenn einer dieser Hinweise im Horoskop eines Klienten enthalten ist, müssen Sie gründlich vorgehen und ihn von allen Seiten beleuchten. Vielleicht liegen die Dinge hier gar nicht so klar, wie zunächst gedacht. Und wenn Sie zwei Horoskope miteinander vergleichen, sollten Sie doppelt vorsichtig sein. Es gilt zu bedenken, dass es sich hier um den außerordentlichen sensiblen emotionalen Bereich handelt, bei dem Ihre Kommentare möglicherweise den Klienten überfordern, besonders dann, wenn er sich gerade viele Sorgen macht oder sehr angespannt ist.

Die Rolle des Astrologen

Wie sonst auch gilt es, sich klarzumachen, dass Sie als Astrologe denjenigen, der Ihren Rat sucht, unterstützen und beraten sollen. Jeder Fehler, den Sie begehen, kann verheerende Folgen haben, nicht nur für Ihren Klienten, sondern auch für dessen Partner.

DIE PLANETEN

◆ Sexuelle Anziehungskraft beruht auf Aspekten zwischen dem Mars des einen und der Venus des anderen Partners. Konjunktionen sind die machtvollsten Verbindungen; Trigone und Sextile stehen für einen angenehmen und erfüllten Ausdruck; Quadrate liefern häufig eine anregende, lebhafte Spannung; und Oppositionen deuten auf eine machtvolle Verbindung hin.

◆ Es gibt eine dynamische, magnetische Anziehungskraft, wenn die Venus den Uranus des Partners aspektiert. Die Übersicht rechts verdeutlicht im Einzelnen, wie die Aspekte wirken. Beim Quadrat oder der Opposition tut der Uranus-Partner womöglich alles, um dieser magnetischen Anziehung zu widerstehen.

◆ Mit dem Mars des einen Horoskops im Aspekt zu Neptun des anderen kann ebenfalls sexuelle Anziehung verbunden sein. Allerdings könnte sich hier der Neptun-Partner durch eine überstiegene romantische Haltung auszeichnen, der Mars-Partner durch allzu große sexuelle Forderungen. Das gilt besonders auch dann, wenn Letzterer außerordentlich um Unabhängigkeit bemüht ist.

◆ Besteht zwischen Mars und Uranus in beiden Horoskopen eine Verbindung, ist nahezu unweigerlich ein gewisses Maß an Spannungen zwischen dem Paar die Folge. Es kann eine vergnügliche Sache sein, wenn es gelingt, dies auf sexuelle Art auszudrücken – allerdings ist es notwendig, dass die anderen Bereiche der Horoskope auf Gemeinsamkeiten schließen lassen, andernfalls wären die Partner wie »Hund und Katze«.

Venus Konjunktion Mars
Eine positive, leidenschaftliche und dynamische Anziehung

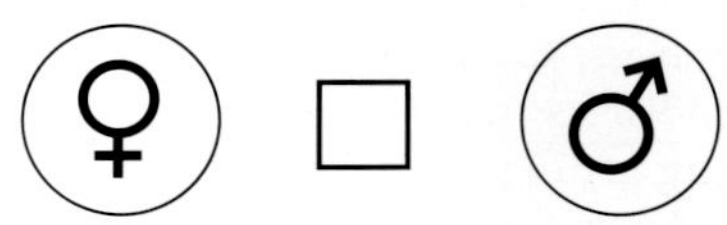

Venus Quadrat Mars
Harmonisch, lebhaft und erfüllend

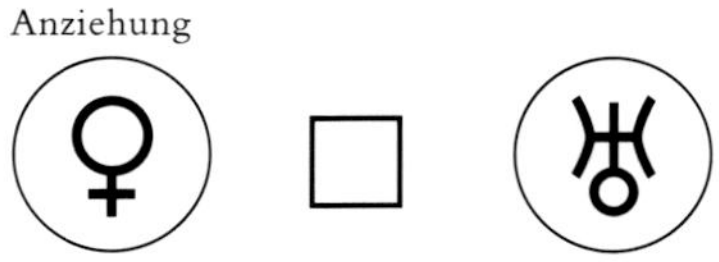

Venus Quadrat Uranus
Möglicherweise Spannungen, aber viel Lebhaftigkeit

Venus Konjunktion Uranus
Eine starke Verbindung mit emotionalen Differenzen

Venus Trigon/Sextil Mars
Bei veränderlichen Zeichen evtl. Unbeständigkeit

Venus Opposition Mars
Eine lebhafte Beziehung voller Spontaneität

Venus Trigon Uranus
Eine dynamische, zu manchen Zeiten vielleicht aber auch sprunghafte Anziehung

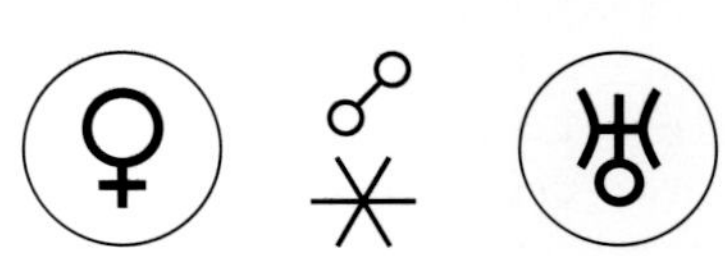

Venus Opposition/Sextil Uranus
Impulsivität könnte manchmal zu Problemen führen

DIE HÄUSER
Das 5., das 7. und das 8. Haus haben deutliche sexuelle Beiklänge; wenn man sich mit der Stärke der sexuellen Anziehung zwischen zwei Personen beschäftigt, muss man diese Häuser näher untersuchen.

◆ Das 5. Haus bedeutet eine lebhafte und nicht allzu ernste Einstellung zur Liebe und zum Sex.

◆ Das 7. Haus bezieht sich auf die Freuden der Beziehung in jeder Hinsicht. Falls Mars darin steht: ein aufgeschlossener und überaus treuer Bettgenosse, der vielleicht aber zum Streit neigt.

◆ Das 8. Haus bedeutet eine intensive und glühende Einstellung zur Sexualität; ein Indiz für Eifersucht.

Wenn Venus und Mars in keinem dieser Häuser stehen, sind die anderen Planeten darin zu interpretieren. Bei leeren Häusern müssen Sie auf die Zeichen an deren Spitze blicken sowie auf den Planeten, der darüber herrscht.

POSITIVE ASPEKTE
◆ Wenn der herrschende Planet des einen Horoskops im positiven Aspekt zur Venus oder zum Mars des anderen steht, bedeutet das eine sexuelle Betonung der Partnerschaft; dies könnte die Beziehung erfüllend und dauerhaft machen. Ähnliche Auswirkungen, wenn die Sonne und/oder der Mond des einen die Venus oder Mars des anderen aspektieren.

◆ Der Aszendent des einen Partners im Aspekt zur Venus des anderen bedeutet, dass die Beziehung dauerhaft sexuell erfüllend ist.

NEGATIVE ASPEKTE
◆ Saturn im Horoskop des einen Partners im Quadrat oder in Opposition zu Venus oder Mars des anderen.

◆ Ebenfalls negativ ist, wenn im Horoskop des einen Partners Saturn in Konjunktion oder in Opposition zum Aszendenten des anderen steht oder im Aspekt zu dessen Sonne, Mond oder Uranus, falls diese bzw. dieser sich im 5., 7. oder 8. Haus befindet.

IST DIE BEZIEHUNG VON DAUER?

Es könnte sein, dass ein frisch verliebtes Paar für einen Horoskopvergleich zu Ihnen kommt. Sie berechnen die Horoskope und stellen fest, dass es nur wenig Anzeichen dafür gibt, dass die Partner zueinander passen, auch in sexueller Hinsicht (siehe S. 210–217). In einem solchen Fall müssen Sie mit den Progressionshoroskopen weitermachen – dort könnte sich ein ganz anderes Bild ergeben.

Der erste Schritt ist die Berechnung der progressiven Position von Planeten, Aszendent und MC in beiden Horoskopen.

◆ Gibt es Progressionen zwischen Venus und Mars? Steht beispielsweise die progressive Venus im Aspekt zur Radix- oder Progressionsstellung von Mars oder der progressive Mars im Aspekt zur Geburtsstellung der Venus? Besteht eine Verbindung zwischen der progressiven Venus und Neptun? Wenn einer dieser Sachverhalte zutrifft, ist einer der Partner bereit für die Liebe – und bewusst oder unbewusst auf der Suche. Sind keine derartigen Anzeichen gegeben, können Sie davon ausgehen, dass keiner der beiden es besonders eilig hat, sich zu binden.

◆ Vergleichen Sie nun die progressiven Stellungen von Sonne, Venus, Mars und dem herrschenden Planeten mit den Positionen des Partners, im Radix- und im Progressionshoroskop. Gehen Sie dann andersherum vor. Gibt es zwischen der progressiven Stellung des einen und der progressiven oder der Radixstellung des anderen Verbindungen? Steht z. B. sein progressiver Mars im Aspekt zu ihrer Venus, ob nun im Progressions- oder im Radixhoroskop? Hat ihr progressiver Mars seinen Aszendenten (progressiv oder im Geburtshoroskop) erreicht, oder seine Sonne oder Mond?

◆ Gibt es eine Verbindung zwischen Venus und Mars des einen und Uranus und Neptun des anderen Partners?

Wenn eine dieser Verbindungen in Erscheinung tritt, stehen die Chancen gut, dass das Paar sich einer angenehmen Beziehung erfreuen kann. Wenn die beiden sich allerdings fragen, ob sie ihre Beziehung vertiefen sollten und der Vergleich beider Horoskope nur wenig Anzeichen für Dauerhaftigkeit erkennen lässt, sollten Sie zum Abwarten raten. Die Beziehung könnte nämlich, auch wenn sie noch so intensiv zu sein scheint, zu Ende gehen, wenn die Progressionen an Wirkung verlieren.

Der progressive Mond

Die Beziehung könnte – bei aller Lebhaftigkeit – von recht kurzer Dauer sein, wenn der progressive Mond in einem Horoskop in einem starken Aspekt zur Venus, zu Mars oder Uranus im anderen steht. Der progressive Mond im Aspekt zum Neptun des Partners könnte für eine schwärmerische Verehrung stehen (bei der derjenige mit dem Mond im siebten Himmel schwebt).

Machtvolle Transite

Manchmal kann eine dynamische sexuelle Beziehung durch machtvolle Transite hervorgerufen werden. Wenn z. B. der Mann den Mars auf 15° im Löwen hat und die Frau ihre Venus auf oder bei 15° im Widder, ist ein schönes gemeinsames Trigon vorhanden. Kommt nun Uranus im Transit auf 15° Widder oder Löwe oder Schütze zu stehen, resultiert daraus vielleicht eine Affäre. Das alles natürlich unter der Voraussetzung, dass das Paar sich bereits kennt oder dass die Planeten gnädig sind und für Umstände oder das Glück sorgen, dass es sich kennenlernt.

Anzeichen für Dauerhaftigkeit

Wenn Sie nach Anzeichen für Dauerhaftigkeit suchen, müssen Sie alle planetarischen Beziehungen zwischen beiden Horoskopen sowie jegliche Aspekte, die die verschiedenen Lebenssphären betreffen, analysieren. Beschränken Sie sich nicht auf den Bereich der Sexualität!

UNVERTRÄGLICHKEIT

FALLSTUDIE

Mark und Sylvia lernten sich kennen, als er 15 und noch in der Schule und sie eine 19-jährige Studentin war. Er wirkte älter und reifer, als es seinem Alter entsprach. Die beiden führten eine leidenschaftliche, dynamische und sehr spannungsvolle Beziehung, die ein Jahr lang dauerte. Sylvia reagierte dabei sehr geduldig und gelassen auf Marks dramatische und extreme Stimmungsschwankungen.

Das Paar war in der Liebe sehr leidenschaftlich. Im Laufe der Zeit aber begannen Marks Ausbrüche Sylvia zu belasten. Sie konnten über alle Themen reden, was stimulierend und positiv für beide war. Allerdings führten die Diskussionen nur zu oft zu Streitigkeiten oder aggressiven Auseinandersetzungen, was von Mark ausging. Es herrschte auch eine große Rivalität zwischen beiden, speziell in intellektueller Hinsicht. Mark pflegte oft zu sagen: »Wir sind einander zu ähnlich, wir können keine Freunde sein.« Er sollte Recht behalten – es war ihnen nicht möglich.

Das Ende der Beziehung

Die Beziehung endete abrupt, als Mark Julia am helllichten Tage auf der Straße schlug.

Jahre später, als die beiden bereits mit anderen Partnern verheiratet waren, trafen sie sich im Theater wieder. Sie verbrachten den ganzen Abend damit, einander anzustarren. Als sie sich in der Pause an der Bar trafen, sprachen sie kein Wort miteinander.

Mark starb 1983 an einer Herzattacke.

Mark

Marks Horoskop lässt mit den Zwillingsplaneten eine Neigung zum Flirten sowie die Fähigkeit, andere zu unterhalten, erkennen. Mit dem Krebsmond war er auch fürsorglich und empfindsam. Er verbarg seine tiefen, sinnlichen und leidenschaftlichen Gefühle häufig hinter vielen obszönen Worten. Mit dem Krebsmond hätte er noch mehr Offenheit zeigen können – die Verbindung zu Pluto aber, im Mondzeichen und genau auf dem Aszendenten, war ebenfalls für seine plötzlichen Stimmungsschwankungen verantwortlich.

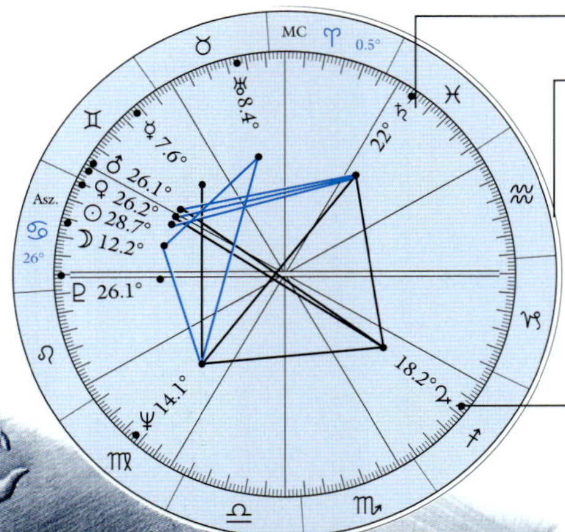

Marks ernsthafte Einstellung wird durch Saturn unterstützt, dem Herrscher des Steinbocks, der in dem emotionalen Zeichen Fische im 8. Haus steht. Der Fluss der Gefühle ist aber stark beeinträchtigt – Saturn befindet sich nämlich im Brennpunkt eines problematischen T-Quadrats, bei dem er im Quadrat zu der Konjunktion von Sonne, Venus und Mars in den Zwillingen steht.

In Marks 7. Haus stehen keine Planeten; da sich der Steinbock an dessen Spitze befindet, können wir sagen, dass er seine Beziehungen sehr ernst nahm. Er neigte nicht dazu, sich schnell zu binden; und wenn er sich einmal entschieden hatte, war er treu und loyal.

Jupiter steht im eigenen Zeichen – Schütze – im 5. Haus sehr stark. Weil er aber markant beeinträchtigt ist (im Schnittpunkt eines zweiten T-Quadrates), war sein Einfluss nicht günstig; er bewirkte einen Hang zum Dramatischen und die Tendenz, bei der Liebe das Gefühl für die Perspektive zu verlieren.

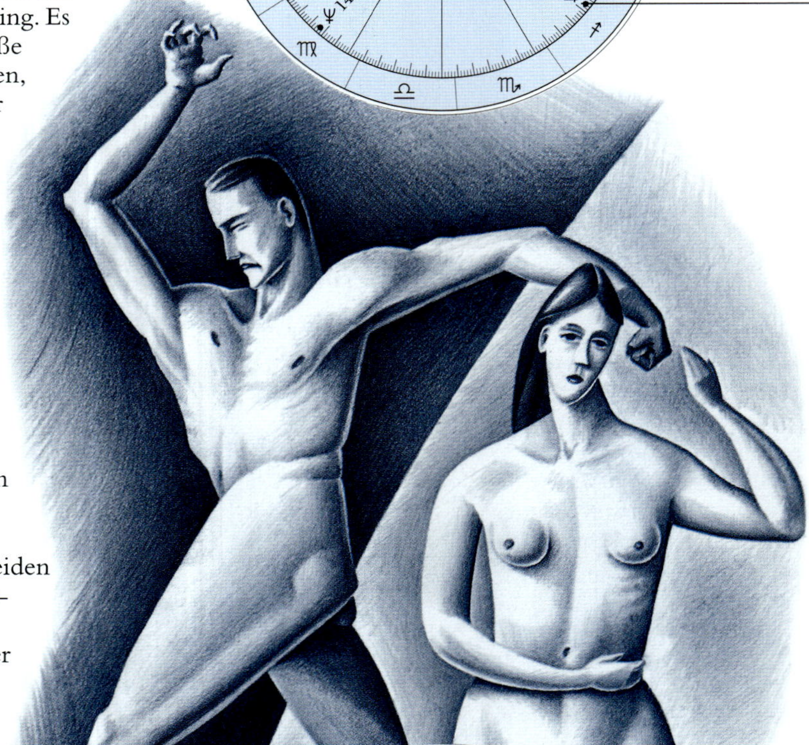

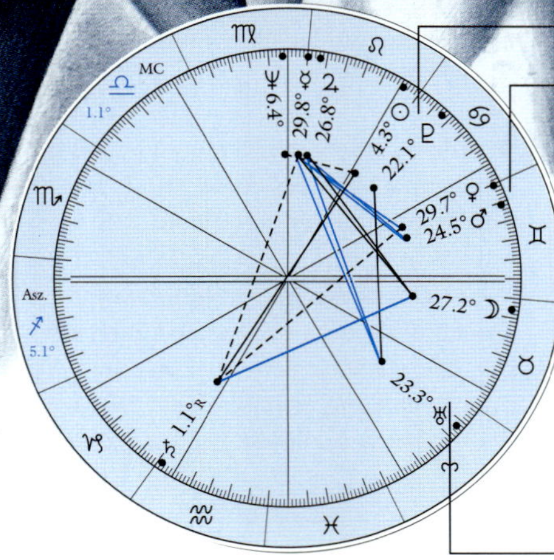

Sonne und Pluto befinden sich im 8. Haus, womit sie einen intensiven, positiven Fluss der Emotionen bezüglich von Sylvias Sexualität bewirken.

Sylvias 7. Haus steht in den Zwillingen und beherbergt eine Konjunktion von Venus und Mars. Dies lässt auf eine positive, allerdings nicht allzu ernsthafte Einstellung zu Liebe und Sexualität schließen.

Sylvia hat den dynamischen, magnetischen Uranus im 5. Haus, welches über Liebesaffären herrscht. Sie möchte, dass dieser Bereich ihres Lebens etwas Strahlendes hat.

Sylvia

Sylvias Horoskop ist vom »Eimer«-Typ (S. 133). Wenn wir das in Verbindung mit ihrem Liebesleben interpretieren und dabei vor Augen haben, dass sie einen Schützeaszendenten besitzt, ist davon auszugehen, dass sie die Jagd als solche sehr genießt, genauso wie das zu bekommen, was sie sich ersehnt.

Das gemeinsame Horoskop

Wegen der großen Anzahl von Planeten in den Zwillingen haben wir Marks Sonne, Venus und Mars in den äußeren Ring eingetragen, der normalerweise für Aszendent und MC der Personen vorbehalten ist. Die gegenseitigen Aspekte zwischen den Zwillingsplaneten sehen Sie bei »A« – die feinen Linien dort weisen auf die Hauptaspekte zwischen diesen Planeten in beiden Horoskopen hin.

Er
(schwarz)

Sie
(blau)

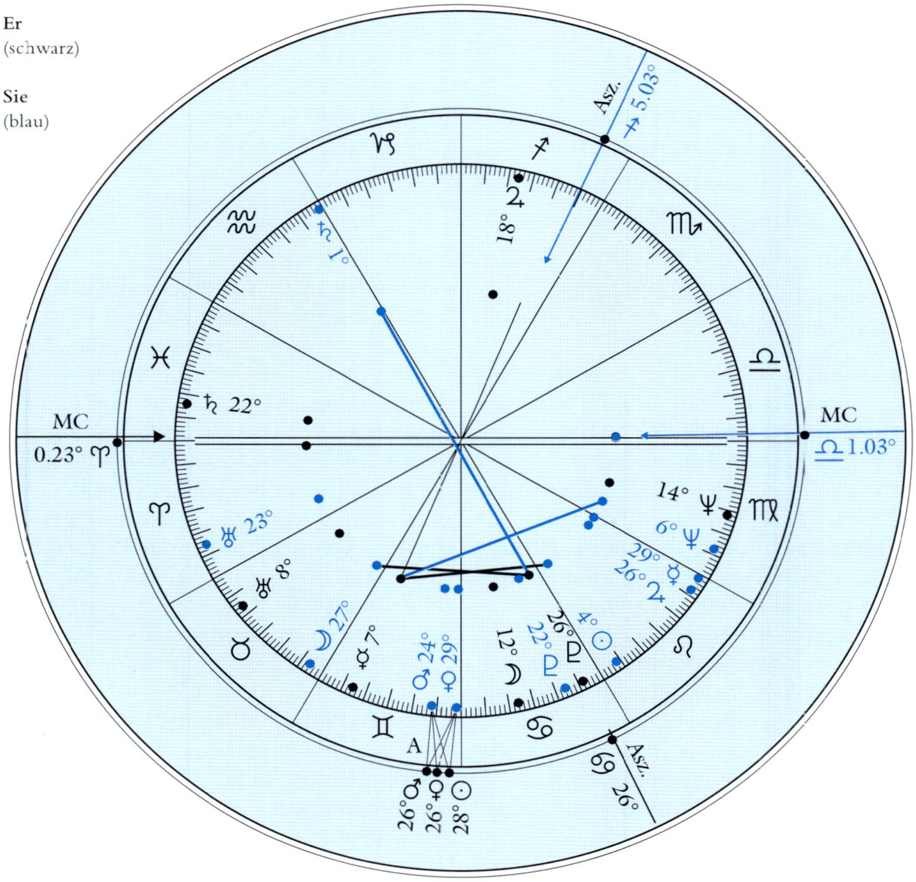

DIE WICHTIGSTEN ASPEKTE			
Mark			Sylvia
1	MC ♈	☍	MC ♎
2	☿ ♊ 7°	☍	Asz. ♐ 5°
3	♃ ♐	Nur Zeichenbeziehung, kein Aspekt	Asz. ♐
4	☉ ☌ ♀ ☌ ♂ ♊ 26°–28°	☌	♀ ☌ ♂ ♊ 24°–29°
5	☉ ☌ ♀ ☌ ♂ ♊	⚹ ⚹	☿ ☌ ♃ ♌ ♅ ♈
6	Asz. ☌ ♇ ♋	☍ ⚹	♄ ♒ (Orbis 5°) ☽ ♉
7	☿ ♊	□	♆ ♍
8	☿ ♊	⚹	☉ ♌

Die wichtigsten Aspekte

Die meisten der wichtigsten Aspekte zwischen den beiden Horoskopen sind in der Tabelle links aufgeführt; die vielleicht allzu romantische Einstellung, die Sylvia Mark entgegenbrachte, wird deutlich am Quadrataspekt zwischen ihrem Neptun und seinem starken Merkur (Punkt 7). Die idealistische Neptuntendenz zum Blick durch die rosarote Brille war nur allzu deutlich.

Ein sehr günstiges Sextil verband ihre machtvolle Löwesonne und seinen Merkur (Punkt 8). Dieser positive Hinweis unterstützte die Beziehung; wenn die beiden zusammengeblieben wären, hätte das Sextil ihnen dabei helfen können, mit zunehmender Reife einen befriedigenderen emotionalen Ausdruck zu finden.

Beachten Sie, dass es zwischen Marks Aszendent und Pluto und Sylvias Wassermannsaturn (Punkt 6) zu einer Opposition kommt. Dies unterstreicht die Wichtigkeit der Beziehung für Sylvia – weil allerdings der Orbis fünf Grad beträgt (das Maximum beim Vergleich zweier Horoskope), können wir dies nur als unterstützenden Faktor ansehen.

DIE TECHNIK DER INTERPRETATION

Damit eine Beziehung dauerhaft ist, müssen starke Planeten- und Zeichenverbindungen zwischen den Horoskopen der Partner gegeben sein, welche auf eine gute Kommunikation und gegenseitiges Verständnis schließen lassen. Bei Mark und Sylvia hat es daran nicht gemangelt. Die Übersicht auf der linken Seite mit den jeweils drei Punkten macht das deutlich. Das vielleicht auffälligste Merkmal aber ist die Konjunktion zwischen Sonne, Venus und Mars von Mark und Venus und Mars von Sylvia, auf den gleichen Graden im Zeichen Zwillinge (also praktisch ohne Orbis). Dies lässt die intensive sexuelle und emotionale Leidenschaft dieser Beziehung erkennen, wie auch die fortwährenden Diskussionen.

ANZEICHEN VON UNVERTRÄGLICHKEIT

Marks Stimmungsschwankungen hingen mit dem Aszendenten, dem Mond und Pluto im Krebs zusammen; Sonne, Venus und Mars dagegen stehen in den Zwillingen sehr eingeschränkt durch den negativen Aspekt zu Saturn. Mark war der Ansicht, dass er und Sylvia sich zu ähnlich waren – dies zeigt, dass das Paar auf der Ebene ihrer gemeinsamen Zwillingsplaneten Mars und Venus lebte (auch Marks Sonne befand sich in diesem Zeichen). Es gab aber auch sehr gegensätzliche Anzeichen. Marks repressive Konjunktion zwischen Pluto und dem Aszendenten war der Grund für die endlosen Konflikte mit Sylvias Sonne (Löwe) und Aszendenten (Schütze) im Element Feuer. Dies wurde nur zum Teil durch ihren Stiermond im Sextil zu seinem Pluto und Aszendenten im Krebs gemildert.

DIE BEZIEHUNG AM LEBEN ERHALTEN

Wären die beiden älter gewesen, als sie sich trafen, hätten sie die Beziehung eventuell am Leben erhalten können, unterstützt durch Marks Merkur auf 7° in den Zwillingen in Opposition zu Sylvias Aszendent auf 5° Schütze. Dies ist eine günstige Verbindung, die die Kommunikation und den Zusammenhalt fördert. Wegen ihrer Jugend aber kamen sie mit ihrer Beziehung nicht zurecht. Wenn sie von Dauer gewesen wäre, hätten die Partner Zugeständnisse machen müssen. Im Rückblick, sagt Sylvia, hat sie von der Beziehung gelernt; sie ist toleranter geworden.

ZUSATZAUFGABE

Sehen Sie nach, welche Transite in Marks Horoskop im Oktober 1982 und dann zwischen Juni und August 1983, dem Zeitpunkt seines Todes, wirksam waren.

DAS SCHEITERN VON BEZIEHUNGEN

Bevor man die astrologische Situation betrachtet, sollte man immer die praktischen Gründe der Beziehungsprobleme vor Augen haben. Auf diese Weise ist es nämlich möglich zu erkennen, ob die schwierige Phase, die beide Partner gerade durchlaufen, das Ende der Verbindung ankündigt oder lediglich eine Zeit der Prüfung darstellt. Das Geburtshoroskop gibt Ihnen in diesem Fall alle Informationen, die Sie brauchen. Raten Sie dem Paar unter Umständen zum Beistand eines Fachmanns, wenn Ihnen das sinnvoll erscheint.

Wir wollen einmal annehmen, dass jemand – oder ein Paar – zu Ihnen kommt und sagt, dass es in der Beziehung Schwierigkeiten gibt. Die Gründe dafür sind meist:

◆ Einer der Partner hat eine Affäre.

◆ Die Partnerschaft ist überlebt – es gibt keine positive Kommunikation mehr zwischen den Partnern.

◆ Die Partner »gehen einander auf die Nerven«.

◆ Einer der Partner beschäftigt sich so sehr mit der Arbeit oder den Kindern, dass keine Energie mehr für den anderen bleibt.

Die astrologische Beurteilung

Der erste Schritt ist, das Horoskop mitsamt den Progressionen und Transiten zu berechnen. Diese Einflüsse könnten bereits die Ursache für die Probleme sein.

Die Einschätzung der Probleme

Ein oder auch beide Partner könnten zu dieser Zeit die Saturnwiederkehr erleben (siehe S. 247) – wahrscheinlich die erste. Dann könnte eine Pattsituation die Beziehung kennzeichnen. Vielleicht ist die Trennung wirklich das Beste – es ist aber an Ihnen aufzuzeigen, dass man nun auch andere Gefühle für den Partner entwickeln könnte. Beurteilen Sie beide Geburtshoroskope in ihrer Gesamtheit, um Hinweise geben zu können, auf welche Art man die Beziehung neu gestalten könnte – wenn die Partner das wollen.

Veränderungen in der Beziehung

Bei einem Partner (oder beiden) könnte die Sonne oder der Aszendent (manchmal auch das MC) in der Progression das Zeichen wechseln. Dies steht für wichtige Veränderungen und häufig auch für psychische Weiterentwicklung.

Gehen Sie an die Interpretation heran wie bereits beschrieben. Gibt es eine Dreiecksbeziehung, könnte der vormalige Partner die Beziehung beenden und mit der anderen Person eine neue eingehen, vorausgesetzt, es bestehen astrologische Gemeinsamkeiten zwischen ihnen. Es ist in einer solchen Situation sehr schwierig, die Geburtsdaten des angehenden Partners zu bekommen (wenn nicht der Partner, der die Beziehung aufkündigen möchte, um die Beratung nachsucht). Es ist auch sehr wichtig, sich über die Stärke der emotionalen Beziehung der einstmaligen Partner klar zu werden.

Gründe für Spannungen

Einer (oder beide) Partner könnten, wenn sie um die Vierzig sind, die Uranus-Opposition (siehe S. 247) erleben, welche ein sehr aufrüttelnder Einfluss ist. Man verhält sich nun vielleicht ganz untypisch, möglicherweise in Verbindung mit einer Liebesaffäre. Diese schwierige und spannungsreiche Phase geht vorbei. Sie als Astrologe könnten aber Hinweise geben, wie man diesen machtvollen Einfluss für sich wirken lassen kann, nicht gegen sich. Es könnte an der Zeit sein, dass der Partner, der nicht unter dem Einfluss dieser Uranus-Energie steht, sich auf die eine oder andere Weise zu verjüngen versucht.

Es kann auch Spannungen und Probleme in der Beziehung geben, wenn ein oder beide Partner unter heiklen Transiten von Uranus, Neptun oder Pluto zu Aszendent, Sonne, Mond oder Venus, manchmal auch zu Mars, Saturn, Uranus oder Neptun zu leiden haben. Wenn dieser Einfluss nachlässt, gelangt die Beziehung möglicherweise wieder in ruhigere Fahrwasser. Ob die Beziehung fortdauert, hängt nicht nur von den Progressionen und Transiten des Partners ab, sondern auch davon, wie stark die Verbindung grundsätzlich ist oder ob man möglicherweise nur nach einem Anlass sucht, sie endlich aufzukündigen.

Streit ums Geld

Geldprobleme sind häufig ein Grund für Streitigkeiten; sie haben starke emotionale Obertöne, weil die Venus – der Planet der Liebe – auch für Geld und Besitztümer steht. Wenn einer der Partner extravagant und der andere geizig ist, gibt es dafür astrologische Belege (sehen Sie hier auf die Liste auf S. 151 mit potenziellen astrologischen Spannungsquellen). Wenn z. B. einer der Partner erlebt, dass die progressive Venus über seinen Jupiter läuft, könnte er zum exzessiven Geldausgeben neigen, was unter Kontrolle gebracht werden muss.

Die überlebte Beziehung

Die überlebte Beziehung beruht für gewöhnlich auf einem Mangel an Übereinstimmung der Horoskope. Wenn es einen sehr machtvollen Faktor zwischen beiden gibt, ist es dieser, der die beiden ursprünglich zusammengebracht hat. Progressionen zwischen beider Venus und Mars z. B. zeigen sexuelle Anziehungskraft, die auf das Horoskop zurückgehen könnte.

Sich auf die Nerven gehen

Die Partner werden dazu neigen, sich gegenseitig zu kritisieren, wenn beide eine ähnliche Zeichenbetonung aufweisen und genau um die gemeinsamen Fehler und störenden Gewohnheiten wissen.

Die Ausrichtung auf Kinder

Der mütterliche oder väterliche Instinkt ist an sich deutlich am Horoskop abzulesen. Es könnte aber sein, dass er übertrieben zum Ausdruck kommt, vielleicht z. B. dann, wenn der progressive Mond durch den Krebs läuft. Die Mutter könnte sich dann nur noch für das Kind interessieren. Eine akute Unlust mit Depressionen könnte von problematischen Saturntransiten zu Sonne, Mond oder Aszendent angezeigt sein. Versuchen Sie, Mitgefühl zu zeigen; vielleicht kann auch ärztlicher Rat oder anderweitiger professioneller Beistand helfen.

SCHEIDUNG

FALLSTUDIE

Dieses Horoskop zeigt die progressiven Planetenpositionen von Wayne und Cathy zur Zeit ihrer Trennung. Einer der Gründe für Cathys Wunsch nach einer Scheidung war, dass sie sich nicht mehr mit ihrem Lebensstil arrangieren konnte, der sie bei allem Wohlstand und Komfort langweilte. Sie verließ Wayne wegen eines Mannes mit viel weniger Geld, der ihr aber sehr viel aufregender erschien. Ihr progressives MC lief zu dieser Zeit in ein anderes Zeichen. Gleichermaßen wichtig war, dass ihr progressiver Mars in Konjunktion zu Waynes progressiver Sonne stand – daran entzündete sich alles. Interessanterweise steht dieser Kontakt häufig nur für eine erhöhte sexuelle Aktivität - bei Cathy aber für Wut und zunehmende Aggressionen gegenüber dem Partner. Das Gefühl, eingesperrt zu sein, kommt auch durch ihre progressiven Planeten Merkur und Venus dicht an Waynes progressivem Saturn und durch ihren progressiven Uranus zum Ausdruck.

Störung und Veränderung

Wenn wir auf die progressiven Positionen bei Wayne schauen, fällt sofort ins Auge, dass trotz verschiedener progressiver Sextile und Trigone dieser Zeit erkennbar wird, dass beträchtliche Störungen auf sein Leben einwirkten. Der progressive Aszendent steht nicht nur in Konjunktion zum progressiven Pluto (auf 8° im Löwen), auch der progressive Uranus (8° Zwillinge) und der progressive Merkur (8° Waage) sind in dieses Muster einbezogen. All diese Anzeichen lassen das Ausmaß der Störungen und Veränderungen ahnen. Wie auf Seite 216 angeführt, sind die Transitplaneten sozusagen lediglich eine Gedächtnisstütze – man kann sie hinzunehmen, wenn man die progressiven Planetenpositionen eines Paares analysiert. Beachten Sie allerdings, dass man für gewöhnlich die Transite nur auf das Geburtshoroskop bezieht!

Wayne und Cathy

Dies ist Waynes Horoskop. Die Positionen von Cathys Planeten, Aszendent und MC sind im mittleren Ring dargestellt.

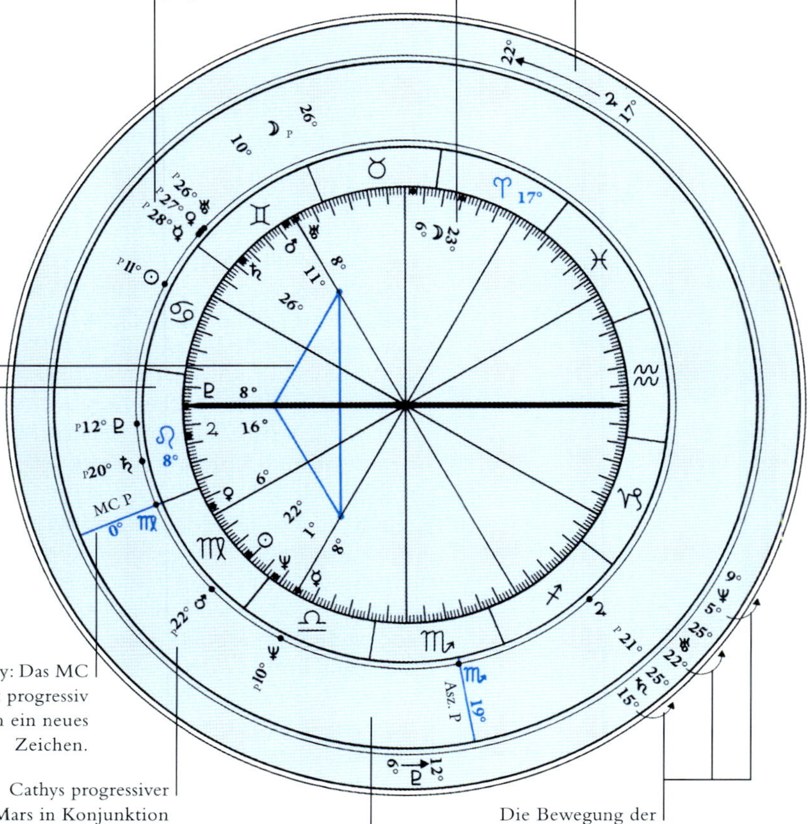

Der progressive Mond läuft von 23° Widder bis 6° Stier.

Wayne: machtvolle »Progressionen zu Progressionen«, auch in Verbindung mit seinem progressiven Aszendenten

Die Planeten im Transit für 1987

Cathys Merkur und Venus stehen progressiv auf Waynes progressivem Saturn.

Cathy: Das MC läuft progressiv in ein neues Zeichen.

Cathys progressiver Mars in Konjunktion mit Waynes progressiver Sonne war Auslöser.

Cathy

Die Bewegung der Planeten in diesem Jahr (Rückläufigkeit ist nicht erwähnt)

DER ALLEINSTEHENDE

Es gibt viele Menschen, die ohne feste Beziehung leben – manchmal wegen tief verwurzelter psychischer Gründe. Manche Menschen betreuen über viele Jahre hinweg ältere Verwandte und stellen schließlich fest, dass sie emotional den Anschluss verpasst haben. Häufig liegen die Gründe aber tiefer. Es wird Ihnen vielleicht nicht gelingen, den Menschen zur Offenlegung seiner Gefühle zu bringen, es könnte aber doch hilfreich sein, dies vorzuschlagen.

Viele Menschen, die allein leben, sind sehr auf ihre Unabhängigkeit aus. Es gibt drei Zeichen, die wir mit Unabhängigkeit in Verbindung bringen – wobei es aber nicht nur um die Sonne in diesen Zeichen geht; auch der Aszendent oder der Mond darin bedeutet eine solche Neigung, gleichermaßen ein Stellium oder eine Häufung von Planeten. Dem Widder und dem Schützen sind Unabhängigkeit sehr wichtig – Menschen mit einer Betonung dieser Zeichen sind aber auch warmherzig und brauchen die wohlwollende Unterstützung und den Austausch mit Partnern; im Großen und Ganzen kommen sie mit Beziehungen gut zurecht. Am meisten auf Unabhängigkeit aus ist der Wassermann; die Person mit einer Wassermannbetonung zeichnet sich durch einen individualistischen Lebensstil aus, den sie nur sehr ungern aufgibt. Gleichzeitig aber sind viele dieser Menschen extrem romantisch und suchen geradezu verzweifelt nach einem Partner. Man könnte hier fast sagen, dass sie eine Partnerschaft brauchen, allerdings ohne einen Partner. All dies soll nicht heißen, dass ein erfüllendes Liebes- und Sexualleben unmöglich wäre, vorausgesetzt, dass die Individualität und der persönliche Lebensstil aufrechterhalten werden können.

MARIE

FALLSTUDIE

Dieses Horoskop zeigt einen extrem machtvollen Wassermanneinfluss. Wir sehen hier ein Stellium im 5. Haus. Marie (eine sehr attraktive Frau) erfreut sich eines erfüllten Liebeslebens, ohne einen festen Partner zu haben. Ihr starkes Bedürfnis nach Unabhängigkeit wird auch durch Uranus im 7. Haus symbolisiert, in enger Opposition zu ihrem Waageaszendenten. Marie bringt ihren Aszendenten in vielerlei Hinsicht gut zum Ausdruck – allerdings kommt es zwischen dem Waagebedürfnis nach einer Bindung und den Wassermanneigenschaften zu einem Konflikt. Marie sagt häufig, dass sie gerne verheiratet wäre, dass aber das ständige Zusammenleben mit einem Partner ein Albtraum für sie sein könnte. In wahrem wassermannhaftem Geist ist sie aufgeschlossen, hilfsbereit, ein guter Freund und gleichzeitig auf Distanz bedacht.

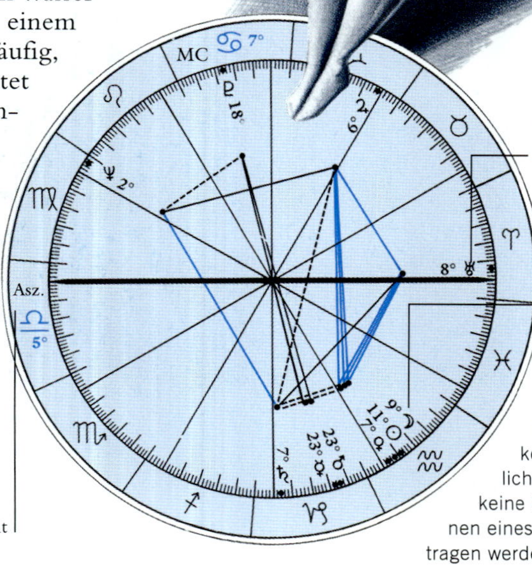

Marie
Maries Horoskop, ohne äußerlichen Ring (weil keine Planetenpositionen eines Partners eingetragen werden müssen)

Der Wassermann-Einfluss

Zwei kontrastierende Faktoren kommen hier ins Spiel. Einmal geht es darum, dass der Wassermann zwar ein Luftzeichen ist, aber doch eine fixe Qualität aufweist, was Eigensinn hervorrufen kann. Der andere ist, dass der Wassermann bei aller Freundlichkeit und Hilfsbereitschaft doch sehr auf Distanz aus ist. Er gestattet anderen nicht den Zutritt zu seinem Inneren. Als Resultat davon ergibt sich, dass es diese Gruppe häufig am schwersten hat, persönliche Beziehungen einzugehen.

Wenn sich jemand mit einem solchen Problem an Sie wendet, könnte er eine auffällige Wassermannbetonung im Horoskop haben, vielleicht auch einen markanten Uranus, womöglich aspektiert durch Venus und Saturn.

Unaspektierte Planeten

Ein weiteres Problem dieser Art könnte auf dem Einfluss eines unaspektierten Planeten beruhen, vielleicht der Venus, evtl. gar im 7. Haus. Gleichermaßen kann der unaspektierte Uranus auf ein starkes Bedürfnis nach Unabhängigkeit hinweisen, Saturn (besonders im 12. Haus) auf den Wunsch nach Einsamkeit. Diese unaspektierten Planeten lassen erkennen, dass der Mensch sich in Bezug auf Beziehungen durch den Mangel an psychischer Integration auszeichnet. Steht die Venus ohne Aspekt im 7. Haus, ist der Mensch zwar – vielleicht in geradezu verzweifelter Intensität – auf eine Beziehung aus, erweist sich aber als außerstande, eine Partnerschaft einzugehen oder am Leben zu erhalten. Das Problem könnte auch noch mit anderen Horoskopbereichen zusammenhängen. Achten Sie aber darauf, nicht den Faden zu verlieren und Ihre Grenzen nicht zu überschreiten, selbst dann, wenn Sie schon viel Erfahrung gesammelt haben.

HEIRAT UND WIEDERVERHEIRATUNG

Die Stärken und Schwächen der Beziehung werden aus den Horoskopen der beiden Partner deutlich. Machen Sie aus möglichen Problemen kein Drama, und beziehen Sie nicht Position für oder gegen eine Heirat. Begnügen Sie sich (einmal mehr) damit, aufzuzeigen, wo Probleme liegen können. Wenn Sie nach dem Ende der Beziehung das Horoskop eines möglichen neuen Partners untersuchen, sollten Sie sich die Frage stellen, ob die Probleme sich mit ihm vielleicht wiederholen werden.

TOBY, LINDA UND MILLY

FALLSTUDIE

Toby war mit Linda verheiratet. Die Ehe ging in die Brüche. Später traf Toby Milly und heiratete sie. Die beiden sind sehr glücklich; sie haben zwei Kinder und sind beruflich erfolgreich.

Die Horoskope von Toby und Linda

Es gibt machtvolle Verbindungen zwischen den Horoskopen von Toby und Linda – die meisten davon lassen auf keine harmonische Beziehung schließen

Sein Uranus auf ihrem Aszendenten bedeutet zwar eine dynamische Anziehung, gleichermaßen aber viel Spannung. Auch die Opposition zwischen seinem Mond und ihrem MC und Merkur weist auf Spannungen hin, gleichzeitig auf unterschiedliche Richtungen im Leben. Ihr Saturn steht im Quadrat zu seiner Sonne und Venus, ihr Uranus aspektiert seinen Uranus, ebenfalls im Quadrat; dagegen fällt ihre Venus in sein 7. Haus, was günstig ist. Häufig lassen Aspekte zwischen Saturn und Venus auf Dauerhaftigkeit und Treue schließen – weil es sich hier aber um Quadrate handelt, ist dieser Einfluss eher deprimierend.

Freundschaft ist angezeigt durch seinen Merkur und ihre Venus und beider Merkur in Konjunktion zueinander in den Fischen (sie können trotz allem gut miteinander reden!). Die starke Konjunktion zwischen seinem Aszendenten und ihrem Neptun machte sich bemerkbar, als aus einer idealistischen und romantischen Beziehung Missverständnisse und Desillusionierung wurden.

Tobys MC und Pluto befinden sich gemeinsam mit Lindas Mond, Jupiter und Pluto im Löwen. All dies sind machtvolle und spannungsreiche Merkmale – es hat aber den Anschein, dass der Plutoeinfluss, intensiviert durch Mond und Jupiter, eine blockierende Wirkung hat, unterstützt noch durch Tobys Sonne in Opposition zu Lindas Mond. Diese Opposition wirkt negativ (die Polarität hat diesmal also keine anregenden Auswirkungen).

Toby und Milly

Wenn wir Tobys und Millys Horoskop vergleichen, ergibt sich ein anderes Bild. Als Erstes sehen wir die Konjunktion zwischen seinem Mond und ihrer Sonne; sein Merkur (der Herrscher des Mondes) steht

T> L v	Asz.	MC	☉	☽	☿	♀	♂	♃	♄	♅	♆	♇
Asz.	●	●	●	⚹	△	●	●	●	●	●	●	●
MC	●	●	●	☍	☌	●	●	□	●	△	●	●
☉	⚻	●	●	●	●	●	□	●	●	●	●	●
☽	●	●	●	●	●	●	●	●	●	●	⚹	☌
☿	●	●	●	☍	☌	●	●	□	●	△	●	●
♀	●	□	●	●	⚹	●	●	●	●	⚹	●	●
♂	●	⚻	●	●	⚹	●	●	⚻	●	●	●	●
♃	●	●	●	●	●	●	●	●	●	●	⚹	☌
♄	●	●	□	●	●	□	☌	●	●	●	●	●
♅	□	●	⚻	⚹	●	●	●	●	●	●	●	●
♆	☌	●	△	●	●	●	●	●	●	●	□	⚹
♇	●	●	☍	●	●	●	●	●	●	●	⚹	(☌)

Die Beziehung
Aspekte zwischen Toby und Linda

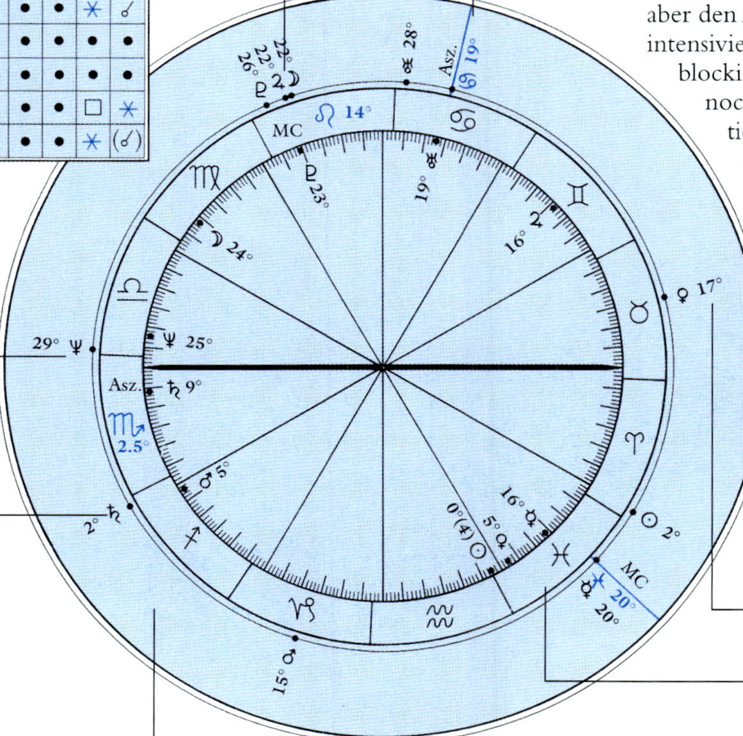

Tobys Horoskop,
mit Lindas Planeten, Aszendent und MC im äußeren Ring

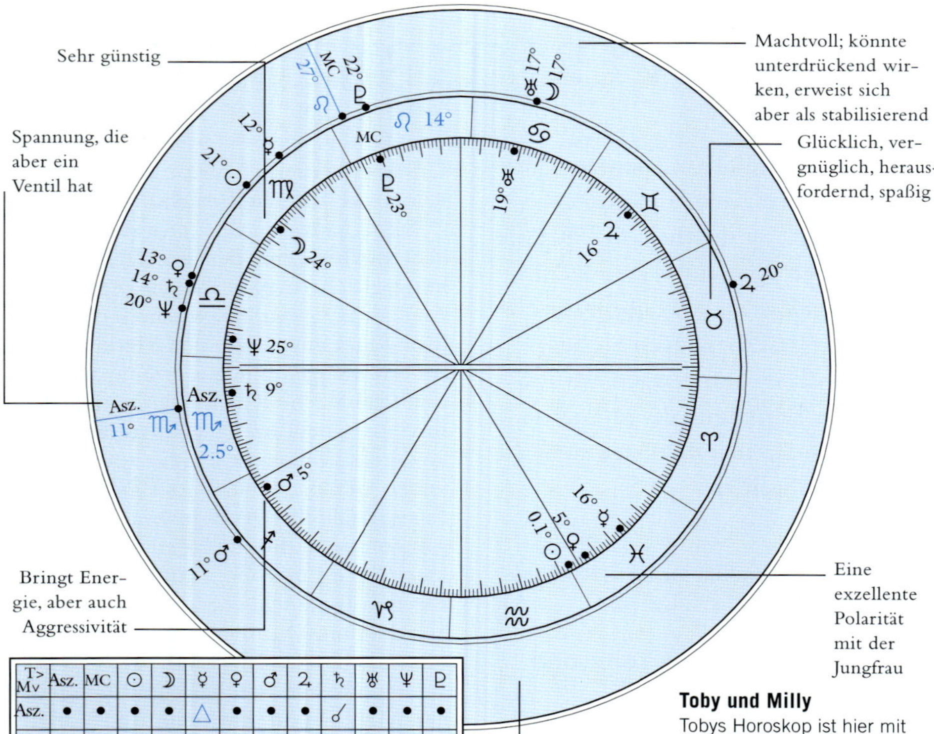

Toby und Milly
Tobys Horoskop ist hier mit den Positionen von Millys Planeten, Aszendent und MC (äußerer Ring) angegeben.

T> Mv	Asz.	MC	☉	☽	☿	♀	♂	♃	♄	♅	♆	♇
Asz.	•	•	•	•	△	•	•	•	☌	•	•	•
MC	⚹	•	☍	☍	•	•	•	•	•	•	⚹	☌
☉	•	•	•	☌	☍	•	•	□	•	⚹	•	•
☽	•	•	•	•	△	•	•	•	•	☌	•	•
☿	•	•	•	•	☍	•	•	□	⚹	•	•	•
♀	•	⚹	•	•	•	•	•	△	•	•	•	•
♂	•	△	•	•	□	•	☌	☍	•	•	•	•
♃	•	□	•	△	⚹	•	•	•	•	⚹	•	□
♄	•	⚹	•	•	⚻	•	•	△	•	□	•	•
♅	•	•	•	•	△	•	•	•	•	☌	•	•
♆	•	•	•	•	•	•	•	△	•	□	☌	⚹
♇	•	☌	•	•	•	•	•	•	•	•	☌	☌

Die Beziehung
Aspekte zwischen Toby und Milly

dazu in Opposition. Eine Opposition gibt es auch zwischen seiner Sonne und ihrem MC, zwischen beider Merkur. Diese Merkmale weisen auf Mitgefühl hin und darauf, dass die Partner gut miteinander reden können.

Emotionale Verträglichkeit

Es herrscht hier eine starke Jungfrau/Fische-Polarität. Sehr interessant ist auch, dass drei Faktoren – Aszendent, MC und Mars – in den gleichen Zeichen stehen.

Das emotionale Niveau dieser Beziehung ist hoch (kontrolliert durch den rationalen Jungfraueinfluss); beide Partner sind sich bewusst, dass Auseinandersetzungen zu Problemen führen können, in Verbindung damit, dass sowohl ihr als auch sein Mars in sein 2. Haus fallen. Die Opposition zwischen seinem Jupiter und ihrem Mars, die für Unternehmungslust spricht, ist ein weiterer kontrollierender Faktor, wie auch das angenehme Trigon zwischen ihrem Jupiter und seinem Mond.

Es gibt zwischen beider Mars und Venus keine Aspekte – sexuell förderlich ist, dass der Aszendent von beiden in den Skorpion fällt und sich der Mars von beiden in einem Haus befindet.

Milly hat eine heikle Mond/Uranus-Konjunktion, die auf Tobys Uranus fällt (weil beide fast gleich alt sind). Die daraus entstehende emotionale Spannung wird durch Gesprächsbereitschaft gelöst.

Erwartungen für die Zukunft

Vor der Bindung konsultierte Toby Julia, weil er Angst hatte, einen weiteren Fehler zu begehen. Julia war wegen des schwerwiegenden Einflusses seines Saturns besorgt, der sich nicht nur in Konjunktion zu Tobys, sondern auch zu Millys Aszendent befindet. Dieser Planet aber scheint für beide als Stabilisator zu wirken, auch deshalb, weil sein Jupiter in einem kontrastierenden Trigon zu ihrem Saturn steht. Zudem wirken schwächere Trigone und Sextile unterstützend.

ZUSATZAUFGABE

Zeichnen Sie die kombinierten Horoskope von Toby und Linda bzw. Toby und Milly. Verfahren Sie dabei mit den Aspekten so, wie auf Seite 215 beschrieben.

AUSZÜGE AUS JULIAS BERICHT FÜR TOBY UND MILLY

Sehr schön – etwas, auf das unzählige Generationen von Astrologen hingewiesen haben – ist, dass Millys Sonne in dem Zeichen steht, das auch Tobys Mond beherbergt, in der Jungfrau. Dies bedeutet Mitgefühl und Verständnis füreinander. Ihr teilt einige Charaktermerkmale – zweifellos werdet ihr, wenn ihr darüber nachdenkt, sagen: »Auf die eine oder andere Art sind wir einander ähnlich!« Das ist eine schöne Sache – allerdings hat es hiermit noch nicht sein Bewenden.

Eine starke Beziehung

Günstig scheint mir auch, dass ihr eventuell die gleichen Hoffnungen und Ziele habt und gleich erkennen könnt, was der andere will. Ihr respektiert die Ziele, die eurem Partner am Herzen liegen, und identifiziert euch damit. Das ist viel wichtiger, als viele Menschen denken; es ist ein sehr starkes Fundament für die Beziehung. Auch dann, wenn ihr nicht an der gleichen Sache arbeitet, könnt ihr mit diesem integrativen Element trotzdem den anderen unterstützen. Es gibt keine schwerwiegenden Meinungsunterschiede, was ihr vom Leben erwartet oder was ihr mit eurer Arbeit erreichen wollt.

Weil zwei einander gegenüberliegende Zeichen, Jungfrau und Fische, sehr stark betont sind, bin ich sicher, dass zwischen euch eine gute Verbindung besteht. Wenn ihr vielleicht auch nicht immer einer Meinung seid, verfügt ihr doch über so viel Sympathie füreinander, dass ihr in Diskussionen sagen könnt: »Ich stimme deinem Standpunkt zwar nicht zu, weiß aber, worauf du hinauswillst!« An einem solchen Punkt kommt es zwischen euch nicht zum Patt. Ihr könnt euch von diesem Punkt aus weiterentwickeln, indem ihr z. B. andere Aspekte der Situation in den Vordergrund rückt, wodurch eine Lösung möglich wird. Dies entspricht eurer Verhaltensweise in Diskussionen – auf diese Art könnt ihr auch die heikelsten Situationen überstehen. Es handelt sich dabei um einen sehr schönen Hinweis darauf, dass ihr gut miteinander reden könnt. Dies ist ein wichtiger Faktor für Beziehungen, emotionale wie anderweitige. Es bestehen zwischen euch sehr freundschaftliche Gefühle, die ebenfalls von grundlegender Bedeutung sind, ungeachtet der sexuellen Anziehung.

Intuition und Kritik

Ihr wisst intuitiv, was der andere braucht oder wenn irgendetwas nicht in Ordnung ist. Für gewöhnlich entwickelt sich dieses Wissen im Laufe des Zusammenlebens – ihr besitzt es von Anfang an. Ihr solltet euch aber darüber im Klaren sein, dass ihr beide eine scharfe Zunge besitzt! Bei Milly handelt es sich dabei um einen natürlichen Teil ihrer Persönlichkeit – sie nimmt kein Blatt vor den Mund, was auch keine schlechte Sache ist. Bei Toby ist es anders; bei ihm macht sich diese Eigenschaft eher bei seiner allgemeinen Herangehensweise an Situationen bemerkbar. Ihr wisst um diese Eigenschaften, und natürlich sind sie in euren Augen positiv; weil ihr, jeder für sich, so viele Möglichkeiten habt, sie unter Kontrolle zu halten, sollte es hier keine Probleme geben. Wenn ihr aber einmal etwas am anderen auszusetzen habt, müsst ihr achtgeben, dass die Neigung zum Kritisieren nicht mit euch durchgeht. Verliert euch in Diskussionen und Auseinandersetzungen nicht in Details.

Das Bedürfnis nach Abwechslung

Es gibt einen Hinweis, der darauf schließen lässt, dass ihr beide zur Rastlosigkeit neigen könntet – und dass ihr dies dem anderen anlastet. Achtet darauf, hieran könnten sich Streitigkeiten entzünden, vielleicht wegen des Geldes. Ich glaube nicht, dass dies zu ernsthaften Problemen führt, weil doch sehr viele andere positive Faktoren für eure Beziehung sprechen. Allerdings solltet ihr euch über diese Möglichkeit im Klaren sein.

DAS COMPOSIT-HOROSKOP

Wenn Sie sich erst einmal mit der Synastrie-Methode vertraut gemacht haben, interessieren Sie sich vielleicht auch für eine weitere Technik, die Ihnen auf diesem Gebiet der Astrologie weitere Aufschlüsse verschaffen kann. Wir möchten Ihnen hier zeigen, wie man Composit-Horoskope berechnet und interpretiert.

Kurz gesagt handelt es sich dabei um die Berechnung von Mittelpunkten. Die Positionen von Planeten, Aszendent, MC und etwaiger anderer Horoskopfaktoren beider Partner werden addiert und dann durch zwei geteilt, wodurch man deren Composit-Stellung im Horoskop erhält. Ein Beispiel: Tobys Sonne befindet sich auf 0° in den Fischen, die von Milly auf 21° Jungfrau. Die Composit-Position der Sonne ist damit 11° Schütze.

Diese Berechnung führt man für jedes Planetenpaar usw. durch. Es hat sich erwiesen, dass die Zeichen hier keine besondere Bedeutung haben, im Gegensatz zu den Häusern und den Aspekten. Diese lassen häufig sehr genau erkennen, wie das Paar seine Beziehung erlebt.

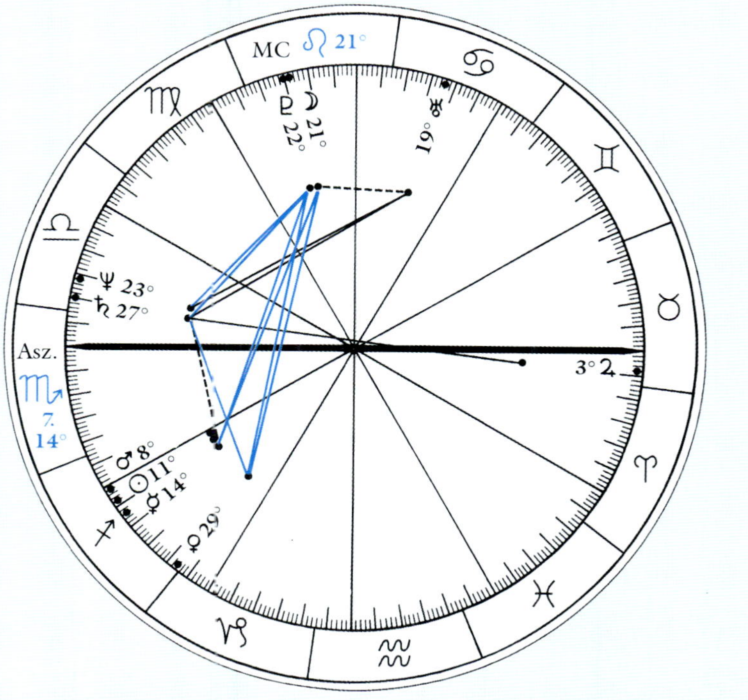

GESCHÄFTSBEZIEHUNGEN

Der Ansatz, den man bei der Analyse von Geschäftsbeziehungen verfolgt, ähnelt dem des Horoskopvergleichs. Es existieren spezielle Faktoren, die im Horoskop eines oder beider Geschäftspartner Stärke bedeuten und insofern besonders günstig sind. Die Horoskope brauchen sich nicht besonders ähnlich zu sein – wenn einer der Partner extravertiert ist, kann es sich im Gegenteil als äußerst günstig erweisen, dass der andere introvertiert ist. Der Erste hat dann vielleicht die Aufgabe, sich um die allgemeinen Seiten des Geschäfts zu kümmern, während der Zweite sich mit der eigentlichen Geschäftsidee befasst.

Achten Sie, wenn Sie die Horoskope von Geschäftspartnern untersuchen, auf die folgenden Merkmale:

◆ Beide Partner haben in Bezug auf ihr Projekt die gleichen Ziele und Vorstellungen. Insofern ist es sehr günstig, wenn das MC oder der Herrscher des MCs des einen Partners in Opposition (oder im polaren Zeichen) oder im Trigon zum Aszendenten, MC oder zu wichtigen Planeten des anderen steht – z. B.: MC von Partner A im Skorpion (mit dem Herrscher Pluto); Partner Bs Sonne, Mond oder Aszendent steht im Stier. In diesem Fall wäre auch eine Beziehung zwischen As Venus (Herrscher des Stiers) und B. MC sehr günstig.

◆ Anzeichen für eine gute Beziehung sind – wie in allen Bereichen der Synastrie – besonders positiv. Mit anderen Worten: Starke Aspekte zwischen beider Sonne, Aszendent, Mond oder herrschenden Planeten/Zeichen. Auch hier gilt es, dem 7. Haus jeweils besondere Aufmerksamkeit zu schenken, zugleich auch dem 6., welches die individuelle Einstellung zu Routine zeigt.

◆ Eine starke Verbindung zwischen den 2./8. Häusern, aus finanziellen Gründen. Dies weist auf Gemeinsamkeiten im Geschäftsbereich hin.

◆ Wenn der eine Partner extravertiert geprägt ist (vielleicht durch eine Betonung von Feuer und Luft), könnte es sich als günstig erweisen, wenn der andere Partner, der vielleicht als stiller Teilhaber oder als treibende Kraft hinter den Kulissen wirkt, einen starken und gut aspektierten Saturn hat, welcher auf gesunden Menschenverstand und eine praktische Haltung schließen lässt. Eine Vorherrschaft des Elementes Erde ist ebenfalls wünschenswert.

◆ Es könnte sich als notwendig erweisen, dass einer der Partner einen Blick für Details besitzt – wenn z.B. die Tätigkeit Fabrik- oder Produktionsarbeit beinhaltet oder wenn oft Verträge unterzeichnet werden müssen. Eine Betonung der Jungfrau oder des Skorpions z. B. ist hierfür ein Aktivposten. Wenn es um Herausforderungen und das Eingehen von (wohlkalkulierten) Risiken geht, sind Mars oder Jupiter oder Schütze günstig. Gute kommunikative Fähigkeiten und Verkaufstalent bestehen für gewöhnlich bei einer Zwillings- oder Merkurbetonung.

◆ Sie sollten allgemein auch auf kontrastierende Persönlichkeitszüge schauen, welche einander ergänzen können.

Die richtige Tätigkeit

Wenn man Geschäftspartner berät, muss man in Rechnung stellen, um welche Art von Geschäft es geht. Schauen Sie auf den Planeten, der über die betreffende Tätigkeit herrscht – die Venus z. B. über das, was mit Schönheit oder mit dem Handel mit Luxuswaren zu tun hat, vielleicht auch mit dem Verkaufen von Blumen; ein gut aspektierter Mond wäre günstig, wenn die beiden Partner ein Restaurant oder Hotel eröffnen wollen; ein positiver, gut aspektierter Merkur wirkt unterstützend für eine Immobilienagentur oder für eine Unternehmung, die mit Kommunikation zu tun hat.

FREUNDE UND GESCHÄFTSPARTNER

FALLSTUDIE

Tony und Peter hatten mehr als 20 Jahre lang zusammen gearbeitet; befreundet waren sie noch viel länger. Das Horoskop auf der gegenüberliegenden Seite macht ihre Freundschaft erklärlich. Die materialistische Seite ihrer Partnerschaft ist durch die machtvolle Polarität zwischen dem 2. und 8. Haus angezeigt, welche den klugen Krebs und den zielstrebigen Steinbock umfasst.

Der individuelle Anteil

Beide Partner spornten sich gegenseitig an; allerdings war Tony doch dominierend. Sein Saturn auf Peters Aszendent bringt das zum Ausdruck. Aber Peters Widdersonne und feuriger Löweaszendent sind ebenfalls kraftvoll. Peter reagierte mit seinem sensiblen und hintergründigen Krebsmond auf Tonys Ideen und Vorschläge, womit er der Beziehung Ausgewogenheit und Energie verschaffte.

Es gibt noch andere interessante polare Einflüsse: Tonys Mars steht in Opposition zu Peters Merkur. Immer wieder flogen die Fetzen, aber Tonys Sinn für Humor und seine Stier/Skorpion-Liebe zum Leben bildeten ein exzellentes Gegengewicht.

Die Wirkung der Polaritäten

Tonys Jupiter steht vom Zeichen her in Opposition zu Peters Mars, Tonys Uranus in Opposition zu Peters Aszendent, Tonys MC in Opposition zu Peters Merkur und Uranus. Tony und Peter hatten viele originelle Ideen, die sich förderlich auf ihre Tätigkeit auswirkten, sie verbanden die Arbeit und das Vergnügen und waren häufig 20 Stunden am Tag aktiv. Sie reisten auch sehr viel, zum Teil in Länder, zu denen andere keinen Zutritt hatten. Es machte ihnen Spaß, gegen die Bürokratie zu kämpfen, und es gelang ihnen, die Aufmerksamkeit von hochstehenden Persönlichkeiten zu gewinnen, z. B. von Regierungschefs.

Mars im Schützen im 5. Haus in Peters Horoskop bedeutet einen risikofreudigen und waghalsigen Zug. Weil Mars hier über die Sonne und das MC herrscht, musste diese Neigung unter Kontrolle gebracht werden – was durch

Tony geschah. Nach Tonys Tod ging Peter immer mehr Risiken ein, mit verheerenden Folgen. Die charakterliche Schwäche von Peter wird von Neptun am Aszendenten angezeigt. Auch ist Merkur in den Fischen nicht besonders gut gestellt.

B> A∨	Asz.	MC	☉	☽	☿	♀	♂	♃	♄	♅	♆	♇
Asz.	●	●	□	●	□	●	●	●	☌	●	☌	●
MC	●	●	●	●	●	●	●	⚹	●	●	●	●
☉	⚻	●	●	●	●	●	●	⚹	●	●	●	●
☽	●	⚹	⚹	☍	●	●	⚹	●	●	●	●	☌
☿	●	●	●	●	●	☌	●	●	●	●	●	●
♀	●	●	●	●	●	●	●	●	●	⚹	●	●
♂	●	●	●	●	●	□	□	●	●	●	●	●
♃	●	●	●	●	●	●	●	△	●	●	●	●
♄	●	●	●	□	⚻	●	●	●	⚹	●	⚹	□
♅	△	●	●	●	●	●	☍	□	⚻	●	●	●
♆	□	●	□	●	●	●	●	⚹	☌	●	●	●
♇	●	⚹	⚹	☍	⚹	●	●	●	●	●	●	☌

Aspekttabelle

Alle Aspekte zwischen den Horoskopen von Tony und Peter. Die dynamische Zeichenpolarität wird hieraus zwar nicht erkennbar – auffällig aber sind die machtvollen Quadrate, die Mondoppositionen sowie die energische, anregende und spannungsreiche Opposition zwischen Tonys Mars und Peters Uranus.

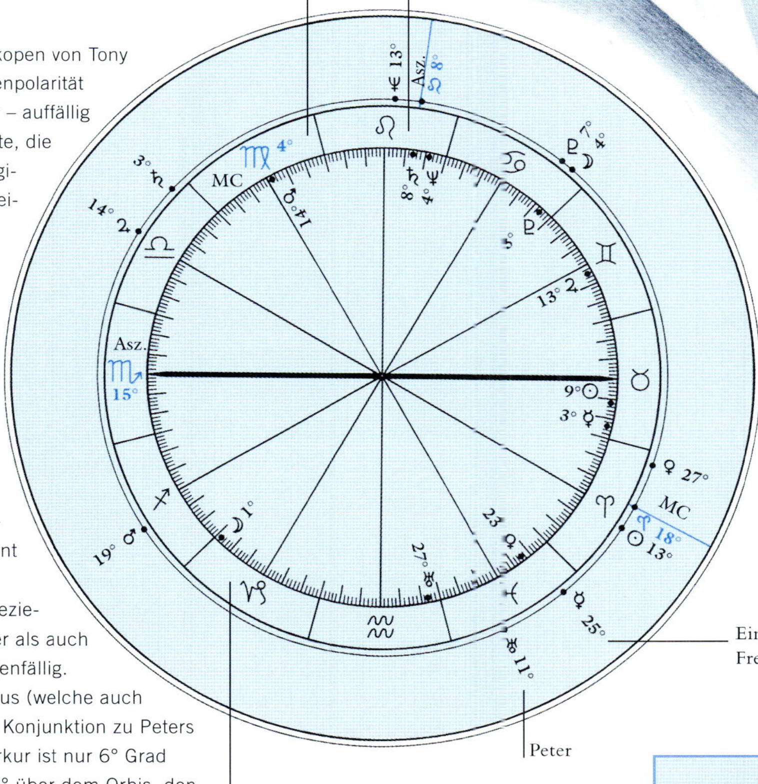

Eine intensive Beziehung

In der Mitte sehen wir die Positionen von Tonys Planeten, Aszendent und MC (diejenigen von Peter im äußeren Ring). Die Stärke ihrer Beziehung, sowohl in freundschaftlicher als auch in geschäftlicher Hinsicht, ist augenfällig. Freundschaft ist durch Tonys Venus (welche auch noch über die Sonne herrscht) in Konjunktion zu Peters Merkur angezeigt. Und Tonys Merkur ist nur 6° Grad von Peters Venus entfernt – nur 1° über dem Orbis, den wir beim Horoskopvergleich ansetzen. Diese Stellungen schließen das 5. und das 6. Haus mit ein, was auf eine kreative Freundschaft mit gemeinsamen Risiken (5. Haus) und auf viel harte Arbeit (6. Haus) hindeuten kann. Die materialistische Seite der Beziehung kommt nicht nur durch die machtvolle Polarität zwischen dem 2. und 8. Haus zum Ausdruck, sondern auch durch die Monde in Opposition zueinander sowie durch Pluto, der hier markante finanzielle Auswirkungen hat.

ZUSATZAUFGABE

Untersuchen Sie die anderen Aspekte zwischen Tony und Peter. Vielleicht sind Sie der Ansicht, dass manche keine Auswirkungen haben – interpretieren Sie zumindest aber diejenigen, die Ihnen wichtig zu sein scheinen, und schreiben Sie einen Bericht. Verfallen Sie aber nicht in astrologischen Jargon!

DIE FAMILIE

Die Interpretation von Kinderhoroskopen ist sehr lohnend, und vielleicht sind Sie schon sehr bald mit dieser Tätigkeit beschäftigt. Möglicherweise versuchen Sie auch mit missionarischem Eifer darauf hinzuwirken, dass angehende Eltern die Geburtszeit ihres erwarteten Nachwuchses genau aufzeichnen! Dies ist in der Tat wünschenswert, auch dann, wenn sich die Eltern nicht für Astrologie interessieren – wer weiß, vielleicht möchte das Kind, wenn es größer geworden ist, von sich aus einen Astrologen aufsuchen. Steht die Geburtszeit nicht fest, sind dessen Möglichkeiten dann sehr beschränkt.

Glücklicherweise wird in sehr vielen Ländern die Geburtszeit amtlich notiert – aber leider nicht in England, Wales oder Nordirland. Schottland macht es besser, wie viele europäische Länder und die USA auch. Trotzdem muss man darauf hinweisen, dass diese Geburtszeiten zumeist auf eine Viertelstunde gerundet sind – wenn wir uns mit den aktuellen Einflüssen und der Einwirkung von Trends beschäftigen, ist aber größte Genauigkeit vonnöten. Weil heutzutage die meisten Väter der Geburt beiwohnen, sollten Sie sie dazu anregen, die Geburtszeit genau zu registrieren. Maßgeblich ist der erste Schrei des Babys.

Der astrologische Stammbaum

So wie es einen genetischen Stammbaum gibt, der sich über Generationen hinweg nachvollziehen lässt, gibt es auch einen astrologischen. Dieser erschöpft sich nicht in einer oberflächlichen Betrachtung des Sonnenzeichens (wenngleich in vielen Familien tatsächlich Geburtstage zu bestimmten Zeiten gehäuft auftreten) – wir reden hier über die Analyse von vollständigen Horoskopen über einige Generationen hinweg. Insbesondere ist das Studium der Beziehung zwischen Enkeln und Großeltern sehr lohnend. Oftmals weist ein Enkelkind eine besondere Ähnlichkeit zu einem Großelternteil auf, welche sich in bemerkenswerten astrologischen Parallelen niederschlägt.

Wenn Sie hier tätig werden, können Sie – speziell dann, wenn die Geburtszeiten der früheren Generationen bekannt sind – interessante Entdeckungen machen. Wenn z. B. ein Kind eine sehr enge Beziehung zu seiner Großmutter hat, entdecken Sie vielleicht, dass sein Aszendent im gleichen Zeichen wie ihre Sonne steht.

Gemeinsamkeiten zwischen Verwandten drücken sich auch astrologisch aus.

Manchmal ergibt sich, dass Aszendent und Sonne auf den gleichen Grad fallen! Auf den Seiten 232–233 sind die Horoskope von drei Generationen einer Familie abgedruckt. Es handelt sich um Schotten, bei denen die Geburt amtlicherseits notiert wird. Durch eine Familienbibel konnten auch die Geburtszeiten der Großeltern ermittelt werden.

Frühgeburten

Wie fügen sich Frühgeburten in den astrologischen Stammbaum ein? Mediziner haben in den letzten Jahren entdeckt, dass das Baby der Mutter signalisiert, wann es reif für die Geburt ist – bei allen unbeeinflussten Frühgeburten bleibt damit das familiäre Erbe gewahrt. Etwas anders verhält es sich beim Kaiserschnitt und bei der eingeleiteten Geburt.

Als Erstes müssen Sie den Eltern bzw. der angehenden Mutter, bei der vielleicht ein Kaiserschnitt vorgenommen wird, versichern, dass astrologisch gesehen alles in Ordnung ist. Allerdings könnte es sich doch ergeben, dass die eine oder andere machtvolle astrologische Verbindung zu Familienmitgliedern dadurch zerstört ist. Was das Kind als eigenständiges Individuum betrifft, macht das nichts; es könnte nur so sein, dass es dann nicht so gut in das familiäre Muster passt, als wenn es zu »seiner« Zeit geboren worden wäre.

Die zerstörte Harmonie

Diese Beeinträchtigung des astrologischen Familienerbes ist in bestimmten Ländern sehr viel wahrscheinlicher als in anderen – gerade auch dann, wenn der Arzt Wert auf feste Arbeitszeiten legt und während seiner Pausen nicht gestört werden möchte. Bei einer Geburt, die eine Stunde früher als natürlich stattfindet, macht sich das Problem deutlich bemerkbar – damit erhält das Kind wahrscheinlich einen Aszendenten, der ein Zeichen vor dem liegt, den es normalerweise erhalten hätte. In der Konsequenz kann sich damit auch ergeben, dass die familiäre Harmonie gestört ist. Das heißt natürlich nicht, dass das Kind damit weniger nett oder klug als seine Geschwister ist – nur die Chance seiner familiären Integration ist beeinträchtigt. Versuchen Sie die werdenden Eltern anzuhalten, keiner vorzeitigen Geburt zuzustimmen, natürlich unter der Voraussetzung, dass nicht die Gesundheit der Mutter oder des Babys gefährdet ist.

Das adoptierte Kind

In vielen Ländern ist es noch viel schwieriger, die Geburtszeit eines adoptierten Kindes zu ermitteln. In solchen Fällen können Sie nicht allzu viel tun – nur mit viel Erfahrung ist es möglich, Rückschlüsse auf die Geburtszeit zu ziehen. Dies bleibt aber Spekulation.

Vorschläge, keine Feststellungen

Besonders unmittelbar nach der Geburt neigen Eltern sehr stark dazu, mit glänzenden Augen zuzuhören, wenn etwas über besondere Gaben ihres Kindes erzählt wird. Achten Sie darauf, hier nur andeutende Bemerkungen statt definitiver Feststellungen zu machen.

DIE INTERPRETATION FÜR EIN KIND

Es gibt bestimmte Regeln, die Sie beachten sollten, wenn Sie im Auftrag der Eltern ein Kinderhoroskop interpretieren:

1 SYSTEMATISCH VORGEHEN

Strukturieren Sie Ihre Interpretation, indem Sie sich Notizen machen und der »Fährte durch den Tierkreis« folgen (siehe S.202).

2 DER BERICHT

Sie schreiben den Bericht im Auftrag der Eltern, nicht des Babys. Einen Bericht niederzuschreiben ist sehr viel besser, als nur über das Kind zu reden. Dies ist wichtig, weil die Eltern ihn später, wenn das Kind größer wird, lesen möchten, nicht nur dann, wenn es gerade geboren ist.

3 DIE DATEN DER ELTERN ERFRAGEN

Wenn Sie das Horoskop eines Kindes untersuchen, sollten Sie auch die Daten der Eltern erfragen und deren Horoskope berechnen. Führen Sie sich vor Augen, dass das Horoskop des Kindes die Transite der Planeten für die Mutter erkennen lässt. Vielleicht entdecken Sie z. B., dass Mond und Mars im Horoskop des Kindes stark gestellt sind und im Aspekt zu Planeten im Horoskop der Mutter stehen.

4 DEN REST DER FAMILIE BERÜCKSICHTIGEN

Es ist nicht nötig, viel Zeit auf die Interpretation der Horoskope der Eltern zu verwenden, sie sollten aber bereitliegen – weil Sie dann gleich erkennen können, wo das Kind nach seinem Vater und wo nach der Mutter schlägt, wo es am meisten von der Mutter profitieren kann und wo der Vater einen größeren Einfluss hat. Eventuell ist es nötig, die Horoskope der Geschwister zu berechnen, weil man ggf. damit erkennen kann, wie das Baby mit diesen zurechtkommt – und diese mit ihm. Hier geht es um Anzeichen von Eifersucht, entweder im Horoskop des Neugeborenen oder in dem eines Bruders oder einer Schwester.

Es gibt sehr viele Anhaltspunkte für die Untersuchung des astrologischen Familienerbes – untersuchen Sie, inwieweit auch die Geschwister gleiche Stellungen oder Aspekte aufweisen. Es könnte hier eine familiäre Häufung vorhanden sein.

5 FÜR DAS KIND SPRECHEN

Auf diesem astrologischen Gebiet kommt es darauf an, sich auf die Seite des Kindes zu stellen. Versuchen Sie, die Familie von seinem Standpunkt aus zu sehen. Vielleicht wollen die Eltern das Kind auf eine liberale und freizügige Weise erziehen. Das Horoskop des Kindes aber könnte enthüllen, dass es einen konventionell geprägt ist und sehr viel emotionale Sicherheit braucht, dass es genau wissen möchte, was es darf und was nicht und was es tun soll. Derartige Sachverhalte müssen Sie den Eltern deutlich machen, was vielleicht nicht einfach ist. Auch das Gegenteil könnte zutreffen: Konventionelle Eltern mit einem freiheitsliebenden Kind; oder ein fröhliches und zuneigungsbedürftiges Kind, das von seinen strengen Eltern aufs Internat geschickt wird. Schauen Sie nach, ob derartige Probleme angezeigt sind, und überlegen Sie sich Vorschläge, die das Kind glücklicher und damit erfüllter und vielleicht auch erfolgreicher machen könnten.

6 TALENTE ERKENNEN

Es wird Horoskope geben, aus denen Sie sogleich auf ein bestimmtes Talent schließen werden, vielleicht z. B. musikalischer Art (dafür müsste es allerdings auf verschiedenen Gebieten eindeutige Anzeichen geben). Erzählen Sie dann aber den stolzen Eltern nicht, dass ein neuer Mozart das Licht der Welt erblickt hat – regen Sie nur an, dass man dem Kind die Möglichkeit gibt, ein Instrument zu erlernen. Ein wahres Talent könnte sich auf diese Art tatsächlich konkretisieren. Allerdings sollte man hier ermutigend wirken, damit sich das Potenzial auch wirklich entfaltet.

7 VORSCHLÄGE FÜR HOBBY UND FREIZEIT

Es ist wichtig, dass die Eltern den Kindern für deren freie Stunden so viele außerschulische Interessensgebiete wie nur möglich aufzeigen. Untersuchen Sie Zeichen und Aspekte des Mondes bei beiden Eltern, um zu erkennen, wie diese auf Ihre Vorschläge reagieren werden, besonders dann, wenn einige davon weithergeholt scheinen! Es ist noch einmal daran zu erinnern, dass ein Interesse später einmal zu einer beruflichen Beschäftigung führen kann. Natürlich kommt es hinsichtlich des Berufs auch auf das Potenzial an. Lassen Sie es bei eher allgemeinen Aussagen bewenden, z. B., wie es um die Bedürfnisse des Kindes vom psychologischen Blickpunkt aus bestellt ist: Wird bei der Arbeit emotionale Anteilnahme wichtig sein oder nur das Geld? Stellen Sie Vermutungen dazu an, ob es humanitär gesinnt ist und das Wohl der anderen im Auge hat oder ob es eine vorwiegend wissenschaftliche oder künstlerische Orientierung besitzt.

8 ANMERKUNGEN ZUR GESUNDHEIT

Nähere Aufschlüsse zur Gesundheit sind ebenfalls hilfreich. Haben Sie keine Angst, noch einmal zu den Grundlagen zurückzugehen. Bei einem Löweaszendenten oder einer Löwesonne z. B. sollten Sie zu einer Art von sportlicher Aktivität raten, die das Rückgrat stärkt und Herz und Kreislauf kräftigt. Das Kind mit dem Aszendenten oder der Sonne im Stier könnte mehr als andere auf Süßigkeiten aus sein, womit es vielleicht zu Übergewicht neigt. Das krebsgeprägte Kind tendiert vielleicht sehr zu Ängsten und weint viel. Es wird sehr empfänglich für die Atmosphäre der Umgebung sein, was auch zu Problemen führen könnte.

9 ZUKÜNFTIGE TRENDS ANSPRECHEN

Es ist nicht üblich, sich bei der Interpretation des Horoskops eines Babys detailliert auf Progressionen zu beziehen. Sie sollten aber kurz auf die wichtigsten kommenden Einflüsse eingehen. Vielleicht steht ein schwerer Transit bevor, der womöglich zur Folge hat, dass das Kind über ein Jahr hinweg alle lästigen Kinderkrankheiten durchmachen muss. Die Förderung durch Jupiter könnte anzeigen, dass große schulische Fortschritte möglich sind. Problematische Aspekte von Uranus könnten von einer heiklen Zeit künden usw.

Es gibt eine Zeit, für die die detaillierte Betrachtung dieser Trends wichtig ist: wenn die Beziehung zwischen den Eltern krankt und sie an eine Trennung denken. Sie können, sowohl vom Horoskop des Kindes aus als auch von den Transiten und Progressionen dazu, erkennen, wie es darauf reagieren wird.

10 HERAUSFORDERUNGEN ANNEHMEN

Alle Kinder erleben mit zwölf die erste Jupiterwiederkehr. Regen Sie die Eltern an, dass die Kinder zu dieser Zeit an Wettbewerben teilnehmen, dass sie sich Tests unterziehen oder bei außerschulischen Projekten mitmachen – vielleicht gewinnen sie hier einen Preis. Günstig ist auch, zu Reisen zu raten, ins Ausland oder an Plätze, die den Geist anregen. Die Kinder werden zu dieser Zeit auf Herausforderungen oder die unterschiedlichsten intellektuellen Stimulationen aufgeschlossen reagieren.

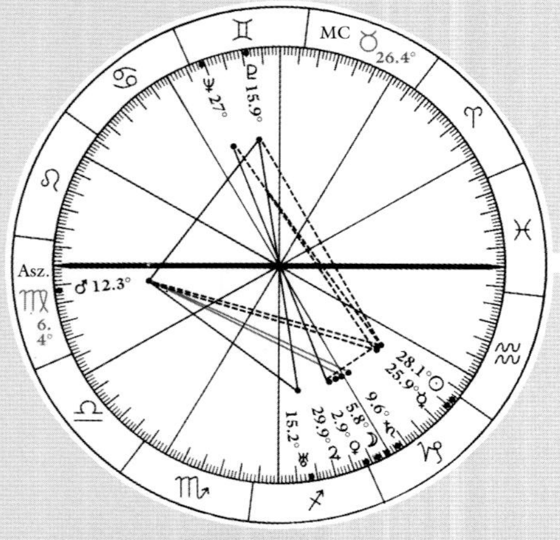

Finlay, sein Vater

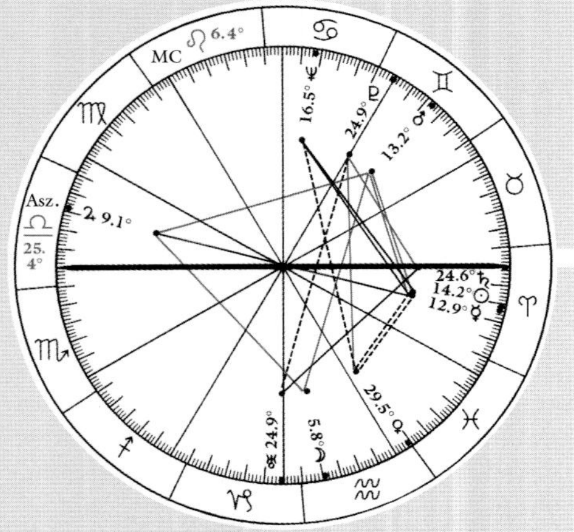

Isobel, seine Mutter

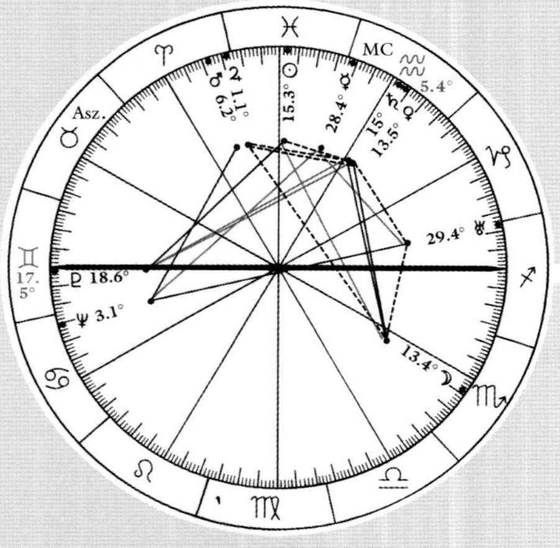

Edward, ihr Vater

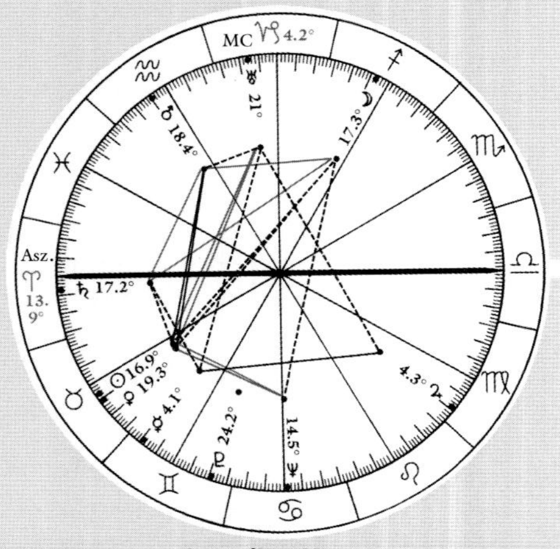

Jane, ihre Mutter

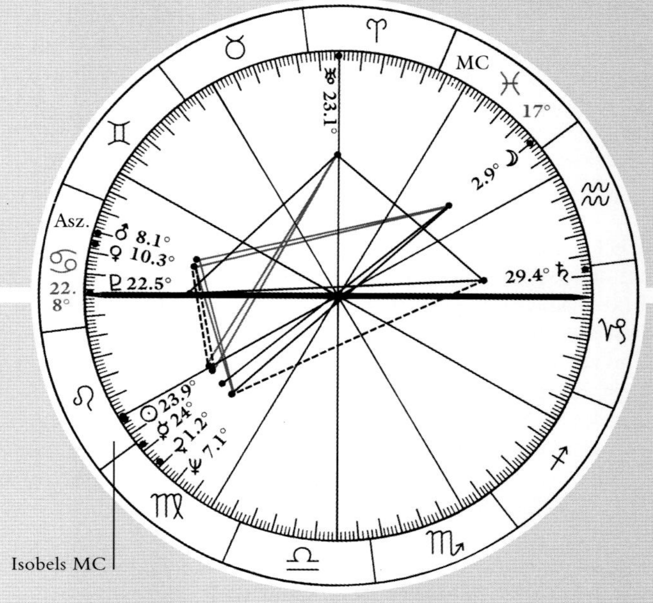

Der Vater

Einen Stammbaum untersuchen

Es ergibt sich kaum einmal, dass der Astrologe den Stammbaum einer Familie über ein paar Generationen hinweg verfolgen kann. Nur sehr selten nämlich stehen die Geburtsdaten der verschiedenen Familienmitglieder zweifelsfrei fest. Die Mitglieder der Familie, deren Horoskop hier abgedruckt sind, stammen aus Schottland, wo - glücklicherweise - die Geburtszeiten auf den Urkunden vermerkt werden müssen.

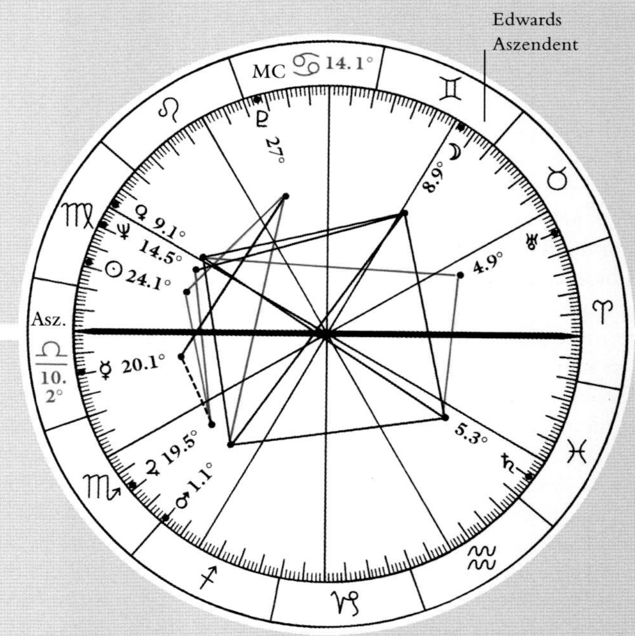

Die Mutter

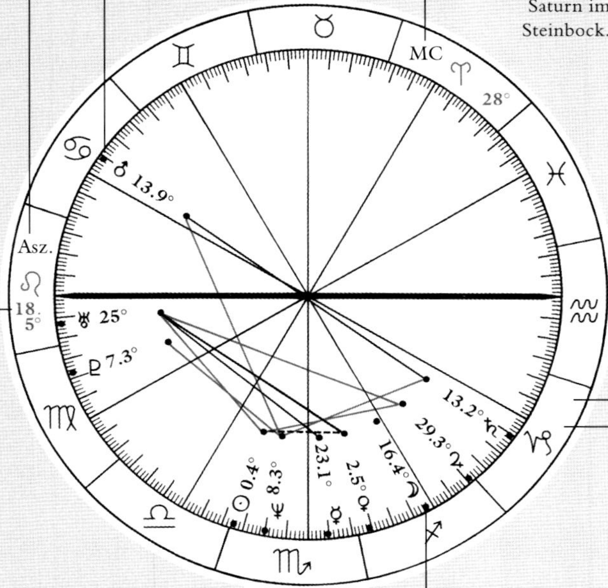

Anne, das älteste Kind

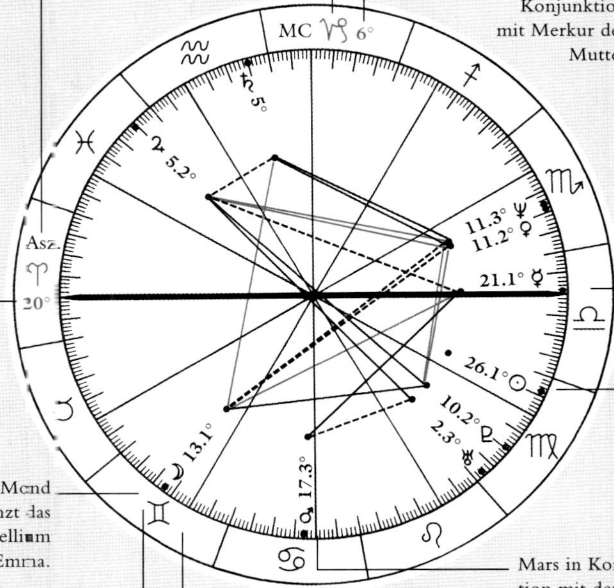

Alisder, das zweite Kind

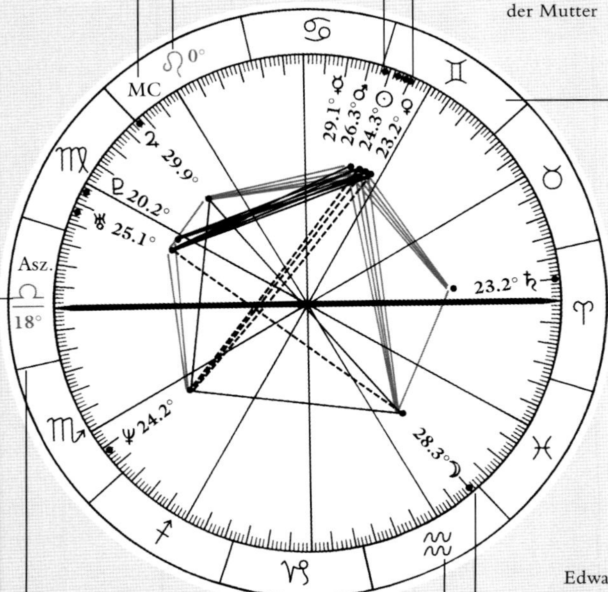

Emma, das dritte Kind

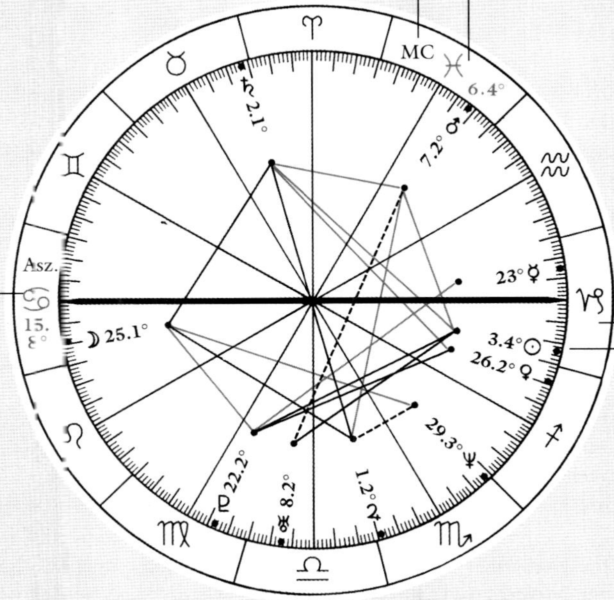

Hamish, das vierte Kind

ZIELE UND BERUF

Wenn wir uns mit dem Thema Karriere beschäftigen, ähnelt unsere Arbeit in gewisser Weise der von professionellen Beratern – allerdings können wir weitergehen, was die Beurteilung der individuellen Persönlichkeit, Motivation und Reaktionen betrifft. Halten Sie sich aber vor Augen, dass man jede Art von Mensch mit jeder Art von Horoskop in jeder Art von Beruf finden kann.

Dieser Bereich der Astrologie erfordert – wie jeder andere auch – viel Umsicht; es kommt hier auf die Fähigkeit an, das Horoskop aus einem weiteren Blickwinkel sehen zu können (wir hoffen, Sie auf die richtige Fährte zu führen). Gelegentlich nehmen wir Verallgemeinerungen vor (von denen es natürlich immer Ausnahmen gibt). Wenn Sie aber Ihrerseits Augenmaß beweisen, werden Sie nicht den Fehler vieler populärer astrologischer Autoren begehen, die da schreiben: »Wenn Sie ein Fisch sind, müssen Sie Nonne oder Mönch werden!«

WICHTIGE PUNKTE

Studieren Sie das Horoskop eingehend, bevor Sie Schlussfolgerungen zum passenden Arbeitsbereich von sich geben. Beachten Sie folgende Richtlinien:

1 DAS ZEICHEN AM ASZENDENTEN

Betrachten Sie den Aszendenten, um herauszufinden, was die Person motiviert. Ist sie selbstbewusst, optimistisch, zu harter Arbeit bereit?

2 DAS MC

Das MC lässt die Ziele erkennen. Der Mensch identifiziert sich mit Berufen, die mit diesem Zeichen in Verbindung stehen.

3 DAS SONNENZEICHEN

Das Sonnenzeichen lässt Näheres dazu erkennen, wie sich der Mensch im Rahmen seiner Arbeit ausdrückt.

4 DER MOND

Der Mond zeigt die Reaktionen auf Mitarbeiter und herausfordernde Situationen sowie unsere Fähigkeit, auf eigenen Füßen zu stehen. Anders gesagt lässt er erkennen, wie man auf die verschiedenen Kunden reagiert, auf die Umgebung am Arbeitsplatz usw. Das Mondzeichen und vielleicht auch das -haus geben Aufschluss darüber, ob der Mensch sich am besten im hektischen Treiben oder in einer Atmosphäre der Stille zum Ausdruck bringen kann.

5 DAS 1. UND DAS 12. HAUS

Vergleichen Sie die beiden Häuser miteinander, mitsamt der Planeten darin. Ein persönlicher Planet im 12. Haus könnte bedeuten, dass der Mensch eine Tätigkeit hinter den Kulissen erfüllender und sicherer findet als eine Arbeit unter den Augen der Öffentlichkeit oder mit Fremden. Bei einem persönlichen Planeten im 1. Haus könnte sich der Betreffende als extravertiert erweisen und sich ohne Kontakte schnell gelangweilt oder einsam fühlen.

6 DAS 6. HAUS

Das 6. Haus kann anzeigen, wie der Mensch mit Routine und Disziplin zurechtkommt.

7 DAS 7. HAUS

Sehen Sie auf das 7. Haus, wenn der Betreffende eng mit jemandem zusammenarbeiten oder eine bestimmte Ausbildung machen muss oder eine Stelle als persönlicher Assistent anstrebt. Hier wird deutlich, ob sich die Person mit dem Chef arrangieren kann – und der Chef mit ihr!

8 GESUNDHEITLICHE ERWÄGUNGEN

Was die Gesundheit betrifft, ist auf Aszendent, Sonne, Mond, herrschenden Planeten und 1. und 6. Haus zu achten. Wenn sich hinsichtlich der physischen Energie besondere Anforderungen ergeben, müssen Sie die Stärke von Sonne und Mars untersuchen. Besteht eine Disposition zur Nervosität oder zu Spannungen?

Vielleicht gibt es den einen oder anderen starken Planeten hoch oben im Horoskop, Saturn, Uranus oder die Sonne oder Mars. Diese haben fraglos einen starken Einfluss auf die Karriere, Sie müssen ihr Haus und Zeichen gründlich studieren. Einige von ihnen zeigen das intensive Bedürfnis nach einer Machtposition an, andere lassen darauf schließen, dass psychische Anteilnahme und Erfüllung das Wichtigste ist.

9 DIE ASPEKTE

Beim Studium der verschiedenen Bereiche des Horoskops dürfen Sie nicht die Aspekte ignorieren – sie können für besondere Gaben stehen. In einem solchen Fall könnte das, was von ihnen angelegt ist, von außerordentlich großer Bedeutung sein, speziell dann, wenn das Thema auch noch durch andere Horoskopfaktoren Unterstützung findet.

10 DIE BEDEUTUNG DES GELDES

Geld ist für uns alle von großer Wichtigkeit, es kann, was den Beruf betrifft, von alles entscheidender Bedeutung sein. Ist Ihr Gegenüber nur deshalb an einem Job interessiert, um Geld zu verdienen? In diesem Fall müssen Sie darauf hinzuwirken versuchen, dass die Person in der Freizeit Interessen verfolgt, die sie wirklich ansprechen – damit das Leben nicht zu einer langweiligen, von der Arbeit bestimmten Routine wird. In diesen Fällen tritt womöglich der Wunsch nach einem fortwährend wachsenden Bankkonto auf oder aber der Drang, etwas ganz anderes zu tun, womöglich in Verbindung mit einer kostspieligen Ausbildung, die sich aber später bezahlt machen könnte. Alternativ dazu verdient der Mensch vielleicht nur deshalb Geld, um sich über Wasser zu halten und seine Studien oder ein teures Hobby zu finanzieren. Hat der Mensch Ziele, die physisch fordernd sind, sollten Sie zu einer beruflichen Tätigkeit raten, die körperlich nicht besonders anspruchsvoll ist. Empfehlen Sie andererseits einen intellektuell nicht allzu fordernden Job, wenn der oder die Betreffende die freien Stunden damit füllt, sich intensiv mit einem Studiengebiet auseinanderzusetzen.

11 DAS ALTER

Das Alter ist ein wichtiger Faktor, wenn man nach einer Unterbrechung wieder beruflich tätig werden möchte, z.B. nach einem Kinderjahr oder wenn die Kinder herangewachsen sind.

WICHTIGE EIGENSCHAFTEN

Nachdem wir uns mit den Punkten auf der linken Seite auseinandergesetzt haben, wollen wir jetzt ergründen, wo der Betreffende sein Potenzial am erfolgversprechendsten entfalten kann. Es gibt hier natürlich auch Querverbindungen. Viele kreative Menschen brauchen z. B. für ihre Arbeit eine wissenschaftliche Herangehensweise – Wissenschaftler dagegen müssen sich durch kreatives Flair auszeichnen, um ihre Projekte voranzubringen.

1 KREATIVE FÄHIGKEITEN

Können von den verschiedensten Faktoren angezeigt sein und sich in verschiedenster Form manifestieren. Auch als Koch, als Friseur oder als Balletttänzer braucht man Kreativität. Grundsätzlich kommt es hier auf eine gut gestellte Sonne an – ihr Zeichen lässt auf die angeborene Art von Kreativität schließen. Die Sonne im Löwen z. B. bedeutet eine Begabung für das Malen oder für farbenfrohe Designs, beim Aspekt zu Jupiter auch für das Theater. Eine Krebsbetonung weist auf das Kochen. Die Erdzeichen bedeuten eine Neigung zu handwerklicher oder restaurierender Arbeit mit natürlichen Materialien. Widder lässt auf alle Arten von Arbeit mit Metall schließen. Schreiben und Literatur stehen in Verbindung mit den Zwillingen oder dem Schützen, der Jungfrau und manchmal auch dem Wassermann, außerdem mit Aspekten zwischen Merkur und Jupiter. Eine machtvolle Venus legt Talente für die Musik, fürs Schneidern und fürs Stricken nahe, allerdings manchmal mehr im dekorativen Sinn. Musikalische Talente werden oft dem Steinbock oder dem Stier zugeschrieben oder dem stark gestellten Saturn. Neptun kann das kreative Potenzial inspirieren und manchmal die Fähigkeit zum Schreiben von Gedichten und eine Begabung für den Tanz, für schöne Bewegungen und für den Eiskunstlauf verleihen. Ganz allgemein ist hier aber auch das 5. Haus wichtig.

2 WISSENSCHAFTLICHE FÄHIGKEITEN

Saturn und Uranus sind die Planeten der Wissenschaft; Saturn bringt auch mathematische Begabungen. Untersuchen Sie, ob der Mensch eine rasche Auffassungsgabe besitzt (Merkur und Mars). Diejenigen mit einem starken Pluto (vielleicht in Verbindung mit einem Löwe- oder Jungfrauaszendenten) könnten besondere Talente für den Umgang mit moderner Technologie haben. Die Zeichen Steinbock und Wassermann könnten dabei ebenfalls betont sein. Wassermann/Uranus und Zwillinge/Merkur können ein Interesse für den Weltraum und die Telekommunikation bedeuten, Saturn eine Neigung zu eher traditionellen Wissenschaften.

3 PRAKTISCHE FÄHIGKEITEN

Zumeist spielen hier die Erdzeichen die herrschende Rolle, speziell wenn es um das Baugewerbe, die Architektur und die Landwirtschaft geht. Für Ingenieure ist ein starker Mars günstig; Skorpion, Pluto und Mars könnten eine Eignung für Arbeit unter Tage oder für das Klempnerhandwerk anzeigen. Was Schiffe, Schuhe und das Fischen betrifft, schaue man auf Neptun und das Zeichen Fische. Ein gut aspektierter Saturn bringt praktische Fähigkeiten und Geduld.

4 DIENSTLEISTUNG

Das Talent zum Unterrichten von Kindern geht oft mit einer Krebs- oder Jungfraubetonung einher. Studenten zu unterrichten ist dagegen von Schützen oder Jupiter angezeigt. Was die Medizin betrifft, ist auf die Jungfrau und den Skorpion zu achten, zusätzlich auf Mars (Chirurgie oder Psychiatrie), auf den Krebs (Kinderheilkunde), den Steinbock (Orthopädie und Zähne), die Jungfrau für alternative Heilmethoden und Ernährung. Jungfrau/Fische und Krebs sind günstig für die Krankenpflege, die Zwillinge und ein starker Merkur helfen beim Verkaufen. Stier und Waage sind nützlich bei allem, was mit Mode und Schönheit zu tun hat. Widder und Waage bringen manchmal militärische Charaktere hervor; diejenigen mit einem starken Krebs, Mond oder Wasserzeichen können sich in der Marine oder auf Linienschiffen auszeichnen. Flugpersonal weist häufig eine gemischte Betonung von Luft- und Wasserzeichen auf. Das Gesetz ist die Domäne von Jupiter – wenngleich Jupiter und Neptun auch auf eine Arbeit in Verbindung mit der Religion hinweisen können. Polizei- und Detektivarbeit zieht Widder, Skorpione, manchmal Jungfrauen und mars- und plutobetonte Menschen an. Im Medienbereich finden sich viele Zwillings- und Jungfrau-Menschen.

5 WIRTSCHAFT

Der ehrgeizige Geschäftsmann ist von einem starken Drang nach Erfolg motiviert – er könnte einen markanten Saturn im Horoskop haben. Geschäftstüchtigkeit ist meist durch einen gut aspektierten Mond angezeigt, häufig im Krebs oder im Stier. Das 2. und das 8. Haus dürften betont sein, gleichfalls Pluto (vielleicht im Zeichen Skorpion oder Jungfrau). Risikofreude kann auf Jupiter oder Mars im Schützen oder im 5. Haus zurückgehen. Die meisten Menschen, die viel Geld verdienen, werden vom Bedürfnis nach Sicherheit angetrieben. Damit bestünde wieder ein Zusammenhang zum Stier, manchmal zum Krebs.

6 MITGEFÜHL

Personen in pflegenden Berufen sind häufig krebs- oder fischebetont, mit der Sonne oder einem persönlichen Planeten im 12. Haus. Sie haben ein starkes Interesse an Menschen. Untersuchen Sie aber, ob dieser Mensch nicht vielleicht durch einen Machtkomplex angetrieben wird! Es kommt darauf an, dass er freundlich, rücksichtsvoll und empfänglich ist – im Gegensatz zu Merkmalen wie einem stark gestellten Pluto, Saturn oder Uranus oder dem Hinweis auf löwehaften Eigensinn. Am günstigsten für humanitäre Betätigungen aber ist der Uranus/Wassermann-Einfluss. Diese Menschen können auf eine sehr praktische Weise helfen.

7 KÖRPERLICHE EIGENSCHAFTEN

Es ist wichtig, sich durch den Sonnen- und Marseinfluss über die körperliche Stärke des oder der Betreffenden klar zu werden. Neigt man zu einem Beruf als Sportler oder zu einer Tätigkeit, die sehr anstrengend ist, muss man sich fragen, ob das Nervensystem dem gewachsen ist.

8 ORGANISATORISCHE ARBEIT

Organisatorische Fähigkeiten sind zumeist mit einer Betonung des Löwen oder des Steinbocks verbunden. Der Löwemond hoch oben im Horoskop (im 10. Haus) bedeutet die Fähigkeit, mit großen Gruppen umgehen zu können. Skorpione können meist ebenfalls gut organisieren, während die Jungfrau mit ihrem Ruf, kleinlich zu sein (was unserer Meinung nach nicht zutrifft) genau wissen möchte, was zu tun ist, bevor sie aktiv wird. Es mangelt ihr oft an Selbstvertrauen, um die Initiative zu ergreifen. Wie der Skorpion auch kann sie sich in besessener Form mit Details befassen. Ein Mittelsmann muss selbstbewusst sein und gut organisieren können; hier ist auf das Zeichen Widder zu achten. Positive Aspekte zwischen Sonne und Mond oder Saturn lassen Disziplin und Ordnung erkennen. Umgekehrt weisen der Krebs und die Fische häufig auf Chaos hin.

FRAGEN, DIE SIE SICH STELLEN KÖNNEN

Sie haben jetzt eine allgemeine Vorstellung, welche Anzeichen im Horoskop für welche Berufe sprechen könnten. Jetzt ist es an der Zeit, sich die Frage zu stellen, mit welchen Charaktermerkmalen Karriereziele zu verwirklichen sind.

Kommunikativ veranlagt?
Ein gut aspektierter Merkur; starkes Zwillings- oder Jungfrau-Zeichen.

Verständnisvoll?
Mond und Venus gut aspektiert und gut gestellt; Waage betont.

Geduldig?
Stier, häufig Steinbock; Saturnaspekte zur Sonne oder zum Mond.

Gut im Organisieren?
Löwe oder Steinbock betont.

Originell und einfallsreich?
Wassermann; Sonne, Mond, Merkur oder Venus im positiven Aspekt zu Uranus.

Diszipliniert?
Stier, Steinbock; die Sonne oder Mond im Aspekt zu Saturn.

Taktvoll und diplomatisch?
Waage; Mond im Aspekt zur Venus.

Ehrgeizig?
Ein starker und gut gestellter Mars oder Saturn im 10. Haus.

Selbstbewusst?
Widder; ein starker Mars im Aspekt zu Jupiter; ein gut aspektierter Saturn oder Mond in einem Feuerzeichen oder im Steinbock.

Fürsorglich?
Krebs; ein starker Mond im 1., 4. oder 12. Haus oder in den Fischen.

Enthusiastisch?
Die Feuerzeichen; stark gestellter Mars und Jupiter.

Pfiffig?
Krebs oder Skorpion.

Aufgeschlossen?
Gut aspektierter Merkur oder Jupiter, zumeist in Luftzeichen.

Dabei kann sich die Betonung eines Zeichens darauf beziehen, dass der Betreffende den Aszendent, die Sonne, den Mond und eine Reihe von Planeten in dem jeweiligen Zeichen hat. Ist Ihr Gegenüber:

Bestimmt und schnell denkend?
Aspekte zwischen Mond, Merkur und Mars; eine Betonung von Widder, Zwillinge oder Schütze.

Physisch stark?
Sonne und Mars.

Gut bei Details?
Jungfrau oder Skorpion.

Ehrlich?
Sonne oder Mond gut aspektiert. Speziell Löwe und Steinbock. Häufig auch der Widder, den die Komplikationen einfach »nerven«.

Intuitiv?
Wasserzeichen. Der Mond im positiven Aspekt zu einer Wassersonne oder zu Neptun. Sehr oft Waage.

Von rascher Auffassungsgabe?
Schütze; ein positiv aspektierter Jupiter.

ZUSATZAUFGABE

Die Fragen und Antworten beziehen sich auf positive Charakterzüge, die für Erfolg notwendig sind. Erweitern Sie die Liste – Sie können daraus ein ansehnliches Verzeichnis machen. Oder aber Sie arbeiten ausgehend von den aufgeführten astrologischen Indikatoren negative Züge aus: Die erste Frage bezog sich auf die kommunikativen Fähigkeiten – wer also zeichnet sich durch eine eher mäßige kommunikative Begabung aus? Unserer Ansicht nach die Person mit einem Quadrat zwischen Merkur und Saturn oder Pluto oder Merkur im 12. Haus (vielleicht aber könnte die Person gut am Telefon reden!). Die dritte Frage bezog sich auf Geduld – eine ungeduldige Person könnte der Widder- oder der Zwillingstyp sein, der alles will, und zwar sofort.

DIE NÄCHSTE PHASE

Sie dürften jetzt zu Schlussfolgerungen hinsichtlich der praktischen Fähigkeiten Ihres Gegenübers gekommen sein und Rede und Antwort stehen können. Wir haben einige Fragen angeführt, auf die Sie die Antworten wahrscheinlich wissen – es könnte sich aber als sinnvoll für Ihr Gegenüber erweisen, wenn Sie im Einzelnen darauf eingehen. Achten Sie auch darauf, was der Mensch von sich aus über sein Horoskop verrät.

Sie sind sich jetzt also über die Charakterzüge Ihres Gegenübers im Klaren (indem Sie so vorgegangen sind, wie wir es auf den Seiten 192–202 bei der Interpretation vorgeschlagen haben). Sie wissen jetzt, was die Person motiviert und wie sie dieser Antriebskraft im Beruf Ausdruck verleihen könnte. Aber trotzdem sollten Sie noch eine Probe machen.

Motivation

Sie könnten den Eindruck gewinnen, dass die Person nur deshalb einen Beruf sucht, weil sie Geld braucht. In diesem Fall sollten Sie fragen, was sie sich von ihrer Arbeit erhofft. Wird Ihre Annahme bestätigt, könnten Sie sie vielleicht zu einer Tätigkeit in Verbindung mit Geld anregen, im Banken- oder Versicherungsgewerbe z. B., was psychisch für sie erfüllend sein kann. Wenn Sie die Person für ehrgeizig halten, können Sie einen bewährten Trick anwenden: Fragen Sie, wie sie sich fünf Jahre später sieht. Vielleicht hat sie verschiedene Vorstellungen dazu – was exzellent wäre, weil Sie dann den richtigen Weg aufzeigen könnten, denjenigen, der am meisten Befriedigung verschafft.

Der Wink mit dem Zaunpfahl

Seien Sie nicht dogmatisch. Geben Sie zur Anregung nur allgemeine Hinweise; anders überfordern Sie Ihr Gegenüber. Auf diese Weise meint die Person vielleicht auch, dass sie selbst auf diese Ideen gekommen ist – was in gewisser Weise ja zutrifft. Wenn sie aus einem bestimmten Grund hartnäckig auf dem Holzweg bleibt, müssen Sie vielleicht etwas deutlicher werden. Sie werden ggf. ja schon vom Horoskop her wissen, dass sie zur Selbsttäuschung neigt – wie das junge übergewichtige Mädchen, das nicht vom Berufswunsch Balletttänzerin abzubringen ist.

Bleiben Sie sachlich, und stehen Sie zu dem, was Sie sagen! Bei der Interpretation könnte es sehr viel leichter als gedacht sein, die Reihe der möglichen

Berufe aufzuzählen. In Details gehen sollten Sie aber nur dann, wenn Ihr Gegenüber absolut keine Ahnung hat, welcher Beruf infrage kommt.

Befriedigung durch den Beruf

Für gewöhnlich gilt: Je höher das Niveau der psychischen Integration, desto stärker das Bedürfnis nach einer befriedigenden Tätigkeit. Derjenige, der psychisch stark ist, wird sich viel eher durch lange Arbeitstage gestört fühlen, die seine Psyche nicht stimulieren und seelisch unbefriedigend sind. Wenn die Umstände nichts anderes zulassen, wird sich der Mensch wahrscheinlich in seinen wenigen freien Stunden einem anspruchsvollen Interesse oder einer erfüllenderen Tätigkeit widmen. Ist das nicht der Fall, sollten Sie dies nahelegen. Suchen Sie ggf. im Horoskop nach Potenzial. Vielleicht besteht eine Begabung für Sprachen oder Interesse an der Geschichte oder der Musik.

Erinnern Sie sich daran: Die Aufgabe des Astrologen ist es, das Leben für seinen Klienten lebenswerter und erfüllender zu machen.

Die einsame Position an der Spitze

Eines der schwierigsten Probleme überhaupt. Überaus oft hat der ehrgeizige Mensch, der erfolgreich ist, die Chance, an die Spitze aufzusteigen. Und häufig sagt man dann Ja, wegen des gesteigerten Prestiges, des Respektes seitens der Kollegen und wegen des Geldes. Der Mensch ist dann aber meist von seinen Kollegen abgeschnitten und verrichtet häufig nicht mehr die Arbeit, für die er ausgebildet wurde – weshalb man die Entscheidung gründlich überlegen sollte! Der neue Job beinhaltet zumeist auch mehr Verwaltungsarbeit, besonders bei den Lehrberufen oder dann, wenn eine Schwester die Stationsleitung übernimmt.

In diesem Fall müssen Sie von einem anderen Blickpunkt aus auf das Horoskop schauen. Es geht darum, ob der oder die Betreffende mit der Isolation, die eine solche Stellung mit sich bringt, umgehen kann. Einige lieben sie, andere werden sich plötzlich unsicher oder gehen bei mangelndem Kontakt zu den Mitarbeitern vielleicht sogar zugrunde. Wenn man seine Arbeit mit Hingabe verrichtet, ist man zu diesem Opfer bereit; wenn nicht, fährt man möglicherweise besser, wenn man auf die Beförderung verzichtet. Wegen familiärer Gründe könnte allerdings das zusätzliche Geld sehr schwer wiegen.

Die Dinge durchsprechen

Es handelt sich hier um komplizierte Fragen. Wenn man sie durchspricht, kann man dem Betreffenden helfen, die Dinge klarer zu sehen und Entscheidungen zu treffen – was wiederum für Sie sehr befriedigend sein dürfte. Aber auch hier gilt: Entscheiden Sie nicht für Ihr Gegenüber!

Der fürchterliche Chef

Manchmal wird man Sie aufsuchen, weil der oder die Betreffende es mit einem schlimmen Chef zu tun hat, sexuell belästigt wird oder zu viel Arbeit oder zu wenig Verantwortung zugeteilt bekommt. Es ist sehr unwahrscheinlich, dass Sie auch das Horoskop des Vorgesetzten untersuchen können – allenfalls wird Ihr Klient den Geburtstag des Chefs in Erfahrung bringen können. Sie müssen dann einen Horoskopvergleich durchführen, wie auf Seite 214–217 beschrieben, wobei Sie sich auf das Horoskop des Klienten konzentrieren und ihm helfen, Stärke und Selbstvertrauen zu entwickeln. Mit astrologischen Erkenntnissen über den Chef, ggf. auch ohne Aszendent und MC, kann man nähere Rückschlüsse auf sein Wesen ziehen. Vielleicht kommt es aber hauptsächlich darauf an, Standfestigkeit zu demonstrieren und für seine Rechte einzutreten. Möglicherweise ist auch die Kommunikation zwischen beiden Parteien gestört. Treten Sie positiv und fest auf – allzu viel Mitgefühl und Freundlichkeit könnte zur Folge haben, dass der Betreffende nicht energisch genug für seine Belange aktiv wird. Wenn Sie bereits eine solche Erfahrung gemacht haben, sollten Sie sie immer vor Augen haben (ohne aber davon auszugehen, dass es bei Ihrem Gegenüber genauso sein wird).

DIE KOMBINATION VON ASZENDENT UND MC

Diese Übersicht führt alle möglichen Kombinationen von Aszendent und MC auf. Achten Sie auf die Unterschiede zwischen den nördlichen und den südlichen Breiten, welche dadurch verursacht werden, dass die Zeichen von kurzer Aszension in nördlichen Breiten zu Zeichen von langer Aszension in südlichen Breiten werden und umgekehrt. Der Widder z. B., der für seinen Aufstieg am östlichen Horizont in mittleren nördlichen Breiten nur etwa eine Stunde braucht, benötigt in entsprechender südlicher Breite etwa zweieinhalbmal länger. Das ist die Ursache für den Unterschied der möglichen Kombinationen von Aszendent und MC für die beiden Hemisphären.

Asz.	MC Nördliche Breiten	MC Südliche Breiten
♈	♑	♑♒
♉	♑♒	♑♒♓
♊	♒♓	♈♉♒♓
♋	♈♉♒♓	♈♉♓
♌	♈♉♓	♉♓
♍	♉♓	♓
♎	♋♌	♋
♏	♋♌♍	♋♌
♐	♎♍♎♏	♌♍
♑	♌♏♐	♌♍♎♏
♒	♏♐	♎♍♐
♓	♐	♐

Persönlichkeitsunterschiede zwischen den Hemisphären

Wenn Sie mit Horoskopen von Menschen arbeiten, die nördlich des Äquators geboren sind, werden Sie die Feststellung machen, dass es nur wenige Widder- oder Stieraszendenten und recht viele Waage- oder Skorpionaszendenten gibt. Bei Horoskopen der südlichen Hemisphäre ist es genau anders: Bei vielen Menschen steigen Widder und Stier auf, bei wenigen Waage oder Skorpion. Wir sind der Ansicht, dass dieser Unterschied auch für eine unterschiedliche Persönlichkeitsstruktur steht.

EIN ERFOLGREICHER GESCHÄFTSMANN

FALLSTUDIE

Dies ist das Horoskop eines sehr erfolgreichen Geschäftsmanns, der seine eigene Firma gründete. Die eingetragenen Progressionen beziehen sich auf den Zeitpunkt der Gründung der Unternehmung.

Die Antriebskraft und die Energie, der Enthusiasmus und die visionäre Sicht dieses Mannes werden durch den Widderaszendenten mit der engen Konjunktion zu Jupiter im 1. Haus deutlich. Auch seine Risikobereitschaft ist dadurch angezeigt – diese machtvollen positiven und wagemutigen Qualitäten finden aber in der Klugheit seiner Krebssonne, der Vorsicht des Jungfraumondes und dem kreativen Denken des Löwemerkurs ein Gegengewicht. Ein Element der Exzentrizität und der Sprunghaftigkeit geht von Mars, dem Herrscher des Horoskops, hoch oben im Zeichen Wassermann im 10. Haus aus. Richard verausgabt sich vollständig, er hört nie auf zu arbeiten. Diese Tendenz kommt durch die Sonne und Pluto in Konjunktion zueinander und in Opposition zu Mars zum Ausdruck. Das Marshaus lässt erkennen, worauf die Energie gerichtet wird. Dies ist ein »Eimer«-Horoskop (S. 133); der alles überragende Mars stellt den »Henkel« dar – ein markantes Beispiel für diese Horoskopart. Der Mond in Konjunktion zu Neptun in der Jungfrau im 6. Haus wird von Uranus positiv aspektiert; Mars wird von Uranus beherrscht, und auch der Mond ist durch seine Herrschaft über die Sonne sehr machtvoll. Insofern ist dieser Horoskopbereich sehr gut integriert.

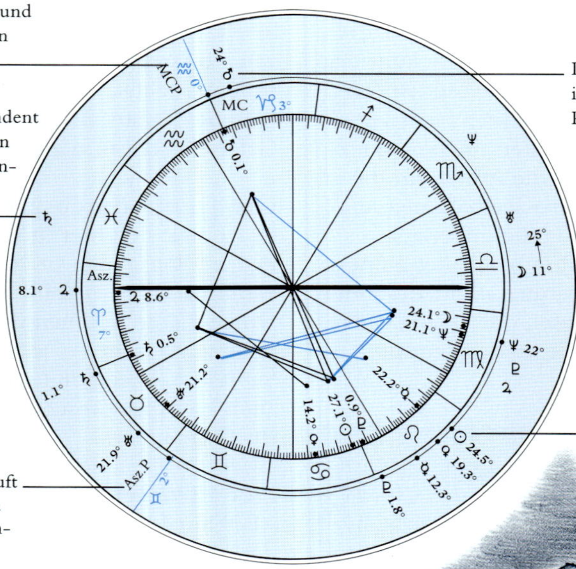

Das progressive MC läuft in den Wassermann und steht in Konjunktion zum Radixmars.

Der progressive Aszendent hatte gerade im Trigon zum Radixmars gestanden und war in die Zwillinge gelaufen.

Der Transitsaturn läuft auf die Konjunktion mit dem Radixaszendenten zu.

Der progressive Mars im Trigon zum Radixmond

Die progressive Sonne im Quinkunx zum progressiven Mars

Progressionen

Schauen Sie auf die Progressionen zur Zeit der Firmengründung: Der Radixmars steht durch das progressive MC im Brennpunkt (Konjunktion), beim progressiven MC kommt es auch gerade zum Zeichenwechsel. Der progressive Aszendent hatte gerade im Kontakt zum Radixmars gestanden, während sich die progressive Sonne im Quinkunx zum progressiven Mars befand. Der progressive Mars wiederum stand in einem machtvollen Trigon zum Radixmond. Diese Progression wirkt deshalb noch intensiver, weil sich hier der Herrscher der Sonne und der Herrscher des Horoskops positiv aspektieren. Ungefähr zur gleichen Zeit ergab es sich, dass Saturn im Transit über den Aszendenten lief, was auf die Pflichten und die zusätzliche Verantwortung hinweist.

Der rücksichtsvolle Arbeitgeber

Richard ist entgegen dem Augenschein sehr sensibel und fürsorglich; das Wohl seiner Angestellten und Partner liegt ihm am Herzen. Wie beschäftigt er auch sein mag, immer findet er Zeit, Vorschlägen oder Klagen zuzuhören. Er lenkt all seine Energie auf seine Arbeit, welche zuzeiten sehr anstrengend und erschöpfend ist – eine gewisse Entspannung von seinen geschäftlichen Verpflichtungen findet er zu Hause im familiären Kreis.

EINE NEUE STELLE?
Früher oder später wird man Sie vielleicht fragen, wie denn die Chancen für eine neue Stelle stehen. Sie können ruhig ein gewisses Risiko auf sich nehmen und die eine oder andere Mutmaßung von sich geben, vorausgesetzt, Sie haben konstruktive Vorschläge zu machen.

Allgemein gesagt, es ist notwendig, sich hier eher auf die Progressionen und Transite als auf das Geburtshoroskop zu konzentrieren. Natürlich spielt aber auch das, was wir bereits angeführt haben, eine wichtige Rolle für die Beurteilung der beruflichen Situation. Sehr viel hängt davon an, wie selbstbewusst, unternehmungslustig und diszipliniert der Mensch ist, wie sehr er den Job wirklich begehrt usw.

Wie es zu einer Stellenofferte kommen kann

Von Ihrem allgemeinen Studium der Häuser und der früheren Ausführungen in diesem Kapitel aus werden Sie mittlerweile bestimmt wissen, dass bei einem überraschenden Stellenangebot wahrscheinlich das MC progressiv oder durch Transite im Blickpunkt steht. Bei einer neuen Stelle als Resultat einer Bewerbung dürften der Aszendent oder die persönlichen Planeten durch Progressionen, durch positive Transite oder kurzfristigere Lunarprogressionen betont sein.

Die Interpretation der Einflüsse

Es muss nicht zwangsläufig auf die angenehmen Jupitertransite hinauslaufen – es kann noch andere Einflüsse geben, wenn sich derartige Entwicklungen abspielen. Seien Sie sich auch bewusst, dass eine neue Stelle häufig auch mehr Verantwortung und mehr Anspannung bringt – was möglicherweise mit einem Saturntransit zum MC einhergeht, welcher gleichfalls auf gesteigertes Prestige hinweisen kann. Bei einem Uranustransit zum MC könnten sich spannende und aufregende berufliche Entwicklungen ergeben. Wenn einer der schnellen Planeten über das Horoskop herrscht – Merkur, Venus oder Mars –, könnten selbst weniger gravierende Transite von diesem zum MC signifikante Wirkungen haben, vorausgesetzt, es gibt Unterstützung durch langfristige Progressionen oder andere Transite.

Seien Sie nicht festgelegt – es könnte sein, dass etwas bei dem einen zur Beförderung führt, beim anderen aber zur Entlassung (speziell bei Saturneinflüssen). Gegensätzliche Faktoren von ähnlicher Art zu interpretieren erfordert Erfahrung und Umsicht. Sie haben aber immer die Möglichkeit, Ihre Schlussfolgerungen zu überprüfen. Als goldene Regel für ungewisse Einflüsse eines Transites müssen Sie analysieren, wie der betreffende Planet im Geburtshoroskop gestellt ist. Bei einer guten Stellung und nicht zu vielen negativen Aspekten dürfte der Einfluss dieses Planeten im Transit grundsätzlich konstruktiv sein. Ein negativer Jupiter, vielleicht mit einem Quadrat zu Pluto oder sogar zum Mond, wird deutlich weniger hilfreich sein als ein gut gestellter Saturn, der im Geburtshoroskop positiv durch Sonne/Mond aspektiert wird.

Die Wiederkehr der Planeten

Es könnte sein, dass Ihr Gegenüber kurz vor der Jupiter- oder Saturnwiederkehr steht oder bald die Uranusopposition zur Geburtsstellung erlebt. In diesem Fall gilt das Gleiche. Ganz allgemein ist es so, dass wir am Ende des Jahres mit einer Jupiterwiederkehr mehr Geld in der Tasche haben als zuvor – oder dass wir auf die eine oder andere Art weitergekommen sind, unabhängig davon, wie Jupiter im Geburtshoroskop gestellt ist. Die Saturnwiederkehr bietet die Möglichkeit zur Veränderung und häufig auch zur psychischen Weiterentwicklung. Die Uranusopposition könnte den Menschen dazu bringen, die Dinge mit Macht vorantreiben zu wollen – was nicht immer weise ist. Siehe auch Chironwiederkehr, S. 420.

Andere Transite und Progressionen

Halten Sie auch nach starken Transiten oder Progressionen zwischen Mars und Jupiter Ausschau; diese machen uns nicht nur selbstbewusst, sondern bringen uns auch in eine gute Position, um die Initiative zu ergreifen.

Wenn der progressive Mond im negativen Aspekt zum progressiven oder zum Radixsaturn steht, könnte es ratsam sein, sich zurückzuhalten. Diese Aspekte führen häufig dazu, dass man sich deprimiert fühlt und vielleicht jede Hoffnung fahren lässt. Wenn möglich, sollte man in aller Ruhe nachdenken, vielleicht auch einen neuen Lebenslauf schreiben oder seine Studien auffrischen, bis der Einfluss schwächer wird. Dies trifft auch für den Fall zu, dass Saturn oder ein anderer der schweren Planeten negativ wirkt. Schlagen Sie vor, dass sich der Betreffende erst dann um eine neue Stelle bewirbt, wenn dieser Einfluss vorüber ist. Wenn eine ganze Reihe von negativen Trends von einigen positiven gefolgt wird, sollte der Mensch unter Letzteren die Initiative ergreifen, damit keine positive Energie verloren geht.

Mit diesen Gedanken im Hinterkopf gehen Sie dann an die Interpretation der einzelnen Trends, die auf das Horoskop einwirken. Es dürfte dann keine allzu großen Schwierigkeiten geben, zu Schlussfolgerungen zu kommen, die hilfreich für Ihren Klienten sind.

BERUFLICHE LAUFBAHN

Die Übersicht auf den folgenden Seiten enthält Berufsvorschläge, die Sie ihrem Klienten machen können. Diese sind als Ausgangspunkte zu verstehen, die zu einer Diskussion anregen können. Es wirkt vielleicht verwirrend, dass wir eine ganze Reihe von Vorschlägen machen – wir haben uns aber bemüht, eine so breite Spanne wie nur möglich abzudecken, um damit den verschiedenen Menschen in Hinblick auf ihre soziale Lage, auf ihre Bildung und ihr Alter gerecht zu werden.

Diese Vorschläge orientieren sich an den Zeichen von Sonne und Aszendent, zusätzlich ist aber auch noch das MC von Belang. Wie Sie aus der Übersicht auf Seite 237 ersehen können, sind für die Aszendenten jeweils nur bestimmte MC-Zeichen möglich – weil der Raum hier begrenzt ist, konnten wir nicht für jedes davon Vorschläge machen. Wir haben sie aber bei unseren Empfehlungen berücksichtigt. Julia hat ihren Klienten viele dieser Vorschläge unterbreitet; häufig haben sie sich als außerordentlich wertvoll erwiesen.

OFFENHEIT BEI DER HERANGEHENSWEISE

Sie sollten sich aber nicht allein auf die Liste beziehen. Überprüfen Sie sie sorgfältig – wenn Sie Ihre Zweifel daran begründen können, heißt das, dass Sie Fortschritte machen. Sie müssen hier auch die anderen Bereiche des Horoskops in Betracht ziehen sowie den Einfluss der Planeten, die mit dem Beruf zusammenhängen (siehe S. 78–81). Achten Sie auch besonders auf den Mondeinfluss, welcher für die Arbeitsumstände und -umgebung sehr wichtig ist.

BERUFSVORSCHLÄGE: SONNE IM WIDDER ♈

Asz.	Eigenschaften	Bedürfnisse	Mögliche Berufsfelder
♈	Mutig, energisch, enthusiastisch, physisch stark	Spannung, Herausforderungen, Aktivitäten	Feuerwehrmann, Selbstständigkeit, Fluglinien, die Armee
♉	Kontrollierte Energie, praktisch	Sicherheit in Verbindung mit Unabhängigkeit	Elektronik, Wissenschaft, Musiker, Mathematiker, Finanzen
♊	Beweglich, rastlos, neugierig, nervöse Energie	Abwechslung, Bewegung, intellektuelle Herausforderung	Automechaniker, die Medien, Telekommunikation, der Verkauf
♋	Gut geeignet für den Umgang mit jungen Menschen, beschützende emotionale Energie	Andere verteidigen und heilen	Wildhüter, die Marine, Jugendarbeiter, Schwimm- oder Sportlehrer, das Hotelgewerbe
♌	Direkt, gut im Organisieren, enthusiastisch, physische Energie, kreativ	Situationen kontrollieren, etwas darstellen	Die Armee, professioneller Sport, ein Job im Rampenlicht, Maler, Tänzer, Designer
♍	Nervöse Energie, zur Kritik neigend, kommunikativ	Meinungen zum Ausdruck bringen, Sicherheit	Literaturagent, Meldefahrer, Forscher, Getreidebauer, Kritiker, Wirtschaftsprüfer, Psychologe
♎	Lebhaft, liebevoll, Sinn für Luxus und Schönheit	Mit anderen Menschen zusammenarbeiten	Die Modeindustrie, Friseur, Handel mit Luxuswaren, Kosmetiker, Steward – auf dem Schiff oder im Flugzeug
♏	Eine hochexplosive emotionale/physische Energie	Dass man dieser Person große Aufgaben stellt	Ingenieur, Psychoanalytiker, Bergbau, die Marine, Wirtschaftsprüfer, Polizei
♐	Positive Einstellung, Enthusiasmus, unabhängig, rastlos	Herausforderungen, die körperliche und emotionale Energie verbrennen	Sportlehrer, Entdecker, Expeditionsleiter, die Reiseindustrie, Vorträge halten, das Verlagswesen
♑	Ehrgeizig, unabhängig	Herausforderungen, Kontrolle ausüben, Verantwortung	Selbstständigkeit, Börse, Wissenschaft, Handel mit Luxuswaren
♒	Unabhängig, originell, dynamisch, einfallsreich	Auf die eigene Weise arbeiten	Elektroingenieur, Glaser, Mode, wissenschaftliche Arbeit, Programmierer
♓	Freundlich, emotional, mitfühlend und stark	Zum Wohle der anderen hinter den Kulissen arbeiten	Wohlfahrtsarbeit, Pflegeberufe, Sozialarbeit, imaginatives Schreiben

BERUFSVORSCHLÄGE: SONNE IM STIER ♉

Asz.	Eigenschaften	Bedürfnisse	Mögliche Berufsfelder
♈	Kraftvoll, emotionale und physische Energie, selbstbewusst, eigensinnig	Sicherheit, Aktivität	Anspruchsvolle Sportarten (Mannschaftssport), Bankwesen, Selbstständigkeit
♉	Liebt den Luxus, guter Gesellschafter exzellenter Geschäftssinn	Geld verdienen, finanzielle/emotionale Sicherheit	Gartenarbeit, Singen, Versicherung, Finanzberater
♊	Kommunikativ, flexibel	Abwechslung innerhalb einer gegebenen Routine	Masseur, Marktleiter, Wirt, die Börse
♋	Fürsorglich, emotional stark, pfiffig	Dass andere als Resultat der eigenen Anstrengung zufrieden sind	Lebensmittelhandel, Lieferant, Milchbauer, Versicherungsagent, Amme
♌	Qualitätsbewusst, großzügig, großspurig, guter Gesellschafter	Spaß, emotional Anteil am Beruf nehmen	Kosmetikerin, Künstler oder Kunstlehrer, Handel mit Juwelen, eigenes Geschäft
♍	Praktisch, methodisch, analytisch	Sicherheit, ständiges Wachstum, eine absehbare, aber nicht langweilige Routine	Buchhalter, Maurer, Bauunternehmer, biologisch dynamischer Bauer, Töpfer, das Brauereiwesen
♎	Verständnisvoll, Sinn für Schönheit; vielleicht ein Genussmensch	Mit anderen Menschen zusammenarbeiten; für ihr Wohlbefinden sorgen	Maler und Dekorateur, Florist, Handel mit Luxuswaren oder Modeartikeln, Kosmetik
♏	Kann hart arbeiten, sehr viel emotionale Energie, Bestimmtheit	Einen Sinn in der beruflichen Tätigkeit sehen; wissen, was los ist	Das Bankwesen, der Weinhandel, Bergbau, Detektivarbeit
♐	Zuverlässig, ein offener Geist, enthusiastisch	Herausforderungen; vielleicht der Wunsch, viel im Freien zu sein	Bauer, Universitätsdozent, Arbeit mit Tieren, das Verlagswesen
♑	Praktisch, vorsichtig, zuverlässig, ehrgeizig	Einen Sinn und eine Richtung sehen	Leitender Angestellter, Beamter, Holzfäller, Waldarbeiter, Maurer, Bauer, Musiker, eigenes Geschäft
♒	Kreativ, vielleicht dickköpfig, erfinderisch	Freie Hand haben	Glasbläser, Wissenschaftler, Musiker, Physiotherapeut, Röntgendiagnostik
♓	Fantasievoll, kreativ	Ermutigung, Sicherheit	Fußreflexzonenmassage, Wohlfahrtsarbeit, Handel mit Schuhen, Fachjournalist, Autor oder Verleger für Mode oder Sport

BERUFSVORSCHLÄGE: SONNE IN DEN ZWILLINGEN ♊

Asz.	Eigenschaften	Bedürfnisse	Mögliche Berufsfelder
♈	Physische und nervliche Energie, arbeitet bereitwillig, schnell gelangweilt	Abwechslung, Aktivität, Selbstbestätigung	Öffentlichkeitsreferent, Verkaufsassistent, Reporter, Werbung
♉	Flexibel, aber eigensinnig	Bewegung und Abwechslung	Einzelhändler, Lkw-Fahrer, Autohändler, Handel mit Kosmetika
♊	Sehr kommunikativ und beweglich, rastlos	In Kontakt mit anderen sein	Diskjockey, Journalist, Taxifahrer, Handelsreisender, Telefonist, in der Werbung
♋	Fürsorglich, lebhaft, jugendlich, sensibel, pfiffig	Anderen helfen, Abwechslung	Gemeindeschwester, Buchantiquariat, Jugendarbeit, Apotheker, imaginatives Schreiben
♌	Sehr extravertiert, beweglich, kreativ, eigensinnig, gut im Organisieren	Etwas darstellen; psychologisch am Beruf Anteil nehmen	Unterhaltung, Kunstlehrer, Handel mit Edelsteinen oder Luxuswaren, kreativer Journalismus, kreatives Schreiben
♍	Analytisch, beweglich, kommunikativ	Erforschen und kommunizieren; Ideen austauschen	Gemüsehändler, Marktforscher, Lektor, Vertreter, Grafologe, Verkaufsassistent, Literaturkritiker
♎	Ein »luftiger« Intellekt, gute kommunikative Fähigkeiten, häufig fürsorglich	Kontakt mit anderen	Maniküre, Möbelverkäufer, Telefonist, Arbeit an der Rezeption, das Hotelgewerbe
♏	Neugierig, für gewöhnlich sehr klug, vielleicht »gerissen«	Probleme lösen	Die Arbeit an Motoren, Detektivarbeit, Forschung, Psychologie, Computerprogrammierer
♐	Enthusiastisch, optimistische Einstellung, umfassende Vision	Mit anderen kommunizieren	Zeitungshändler, bei der Post oder im Reisegewerbe, Anzeigenbereich, Verlagswesen, Lehrer, Jurist
♑	Eine rationale, praktische Haltung; Logik	Mentale Herausforderungen	Wissenschaftliche Arbeit oder Analyse, Arzt, Chiropraktiker, Lokalpolitik
♒	Schnell, originell, ein Individualist, gute kommunikative Eigenschaften	Abwechslung, mentale Anregung, Bewegung	Drahtlose Kommunikation, Fluglinien, Astronomie, Raumforschung, Radio- oder TV-Reporter, Verkauf
♓	Beweglich, intuitiv, fantasievoll	Freiheit des Ausdrucks, aber ein Gefühl für die persönliche Richtung erkennen	Schallplattenindustrie, Unterhaltungselektronik, Stoff- oder Modedesign, Illustrator, Lehrer

BERUFSVORSCHLÄGE: SONNE IM KREBS ♋

Asz.	Eigenschaften	Bedürfnisse	Mögliche Berufsfelder
♈	Große emotionale und physische Ressourcen, Bestimmtheit	Durch die Konfrontation mit Herausforderungen aktiv werden	Das eigene Geschäft, die Marine, Hebamme, Arzt
♉	Pfiffig, sehr geschäftstüchtig, schützen	Geld verdienen, um der Familie Sicherheit zu verschaffen	Restaurantbesitzer, Bootsbauer, eigenes Geschäft, Bankgewerbe, Börse, Schönheit
♊	Veränderlich, schlagfertig, polemisch, emotional, logisch	Abwechslung, den Verstand beweglich halten, die Fantasie kreativ einsetzen	Kindergärtnerin, Kindermädchen, Kinderbuchautor, Handel mit Kinderkleidung/Spielzeug oder Antiquitäten
♋	Sensibel, fürsorglich, emotional, zu Ängsten neigend	Für etwas sorgen – für Menschen oder Gegenstände	Chef, Koch, Silberschmied, Kindergärtnerin, Sozialpfleger für Kranke, Museumswärter, Restaurator
♌	Kreativ, mitfühlend, fürsorglich, eigensinnig	Kontrolle ausüben – manchmal auch hinter den Kulissen	Das Hotelgewerbe, Oberkellner, Hafenmeister, Kameramann, Maskenbildner, Kunstlehrer
♍	Fürsorglich, zu Ängsten neigend, ein kritischer und scharfer Verstand	Praktisch helfen und Resultate sehen	Meeresbiologe, Allgemeinmediziner, Historiker, Lehrer, Steward, Restaurateur, Ernährungswissenschaftler
♎	Mitfühlend, freundlich; manchmal schwach, manchmal stark	Gleichmut; muss Selbstbewusstsein entwickeln	Friseur, Krankenpflege, die Armee, Ingenieurwesen, Lieferant, in der Kinderpflege
♏	Sehr viel emotionale Energie und innerliche Stärke	Eine anspruchsvolle Beschäftigung, das Potenzial vollständig entfalten	Familienplanung, Ahnenforscher, Gynäkologe, Schiffsbauer, Bewährungshelfer
♐	Ist sowohl vorsichtig als auch enthusiastisch, viel emotionale Antriebskraft	Aufregung, Abwechslung, Fürsorglichkeit zum Ausdruck bringen	Hundezüchter, Tierpfleger, Reiseführer, Übersetzer, Lehrer oder Dozent für Geschichte
♑	Ehrgeizig, klug, wechselhaft	Prestige erwerben	Geflügelfarmer, Umweltschützer, Hausfinanzierung, Schiffskonstrukteur, eigenes Geschäft, Immobilienhändler
♒	Veränderlich, originell, manchmal exzentrisch	Beharrlichkeit im Vorgehen entwickeln	Architekt, Hydrograf, Physiotherapeut, Meteorologe, Verwalter
♓	Sehr sensibel und emotional, intuitiv, fantasievoll	Sich über seine Karriere klar werden; natürliche Standfestigkeit entwickeln	Im Gesundheitsamt oder auf oder an der See, Volkswirtschaftsdozent, Designer, Historiker

BERUFSVORSCHLÄGE: SONNE IM LÖWEN ♌

Asz.	Eigenschaften	Bedürfnisse	Mögliche Berufsfelder
♈	Ehrgeizig, selbstbewusst, ein »Draufgänger«, ungeduldig	Die überschüssige Energie durch die tägliche Arbeit verbrennen	Eigenes Geschäft, Berufssportler, jegliche kreative Arbeit
♉	Machtvolle Persönlichkeit, manchmal Dogmatismus, ein guter Gesellschafter	Einen hohen Lebensstandard erringen und viel Geld verdienen	Handel mit Luxuswaren, Immobiliengewerbe, Banken, Architektur, Einkäufer im Warenhaus
♊	Intellektuell, kreativ positive Haltung	Eine fröhliche, entspannte Arbeitsatmosphäre	Modedesign, Juwelier, Journalist, Handelsberater
♋	Organisatorische Fähigkeiten und fürsorgliche Instinkte	Einen hohen Standard bezüglich von Waren/Diensten für andere erreichen	Hotelmanager, Restaurantbesitzer. Handel mit Mode oder Antiquitäten, Historiker
♌	Kreativ, protzig, enthusiastisch und optimistisch	Ein Platz im Rampenlicht, der Boss sein	Theatermanagement, Zwischenhändler, Modell, an der Rezeption arbeiten, eigenes Geschäft
♍	Selbstkritisch, kreativ, möglicherweise streng	Erkennen, was getan werden muss, und erkennen, dass alles getan ist	Theateragent, Schuldirektor, Handel mit Kunstgegenständen, Kunstlehrer, Schneider
♎	Zärtlich, großzügig, großtuerisch, emotional	An der Arbeit Anteil nehmen, eine angenehme Umgebung, Glanz	Werbung, Kosmetik, Heiratsvermittlung (durch Computer), Kostümverleih
♏	Überschießende Energie, ein gutes Gefühl für die Richtung	Hart arbeiten und jede Minute genießen	Medizinische Berufe/Chirurg, Weinhandel, die Armee, Bankwesen, Kriminalitätsbekämpfung
♐	Kreativ, enthusiastisch, optimistisch, positiv	Bei der Arbeit Kreativität zum Ausdruck bringen	Tanz- oder Kunstlehrer, Export, Literaturarbeit, Übersetzungen, Verlagswesen
♑	Ehrgeizig, positiv, manchmal diktatorisch	Von der Umgebung anerkannt werden und Respekt gewinnen	(Lokal-)Politik, eigenes Geschäft, Bauer, Architekt
♒	Originalität, kreativ, wissenschaftlich	Geistig offen sein und Originalität, Kreativität oder Einfallsreichtum beweisen	Erfinder, Wissenschaftler, Forscher, Designer, Fluglinien, Astronom, Astrologe, Juwelier
♓	Empfänglich, emotional, kreativ, positive Einstellung	Bewusst eine praktische und kontrollierte Inspiration zeigen	Tänzer, Schauspiellehrer, Eisläufer, Handel mit Kosmetika oder Blumen, Arbeit mit Tieren

BERUFSVORSCHLÄGE: SONNE IN DER JUNGFRAU ♍

Asz.	Eigenschaften	Bedürfnisse	Mögliche Berufsfelder
♈	Aktiv, nervös, angespannte Energie, aufmerksam	Lernen, beharrlich und gleichmütig zu arbeiten	Fitnesstrainer, Handel mit Naturkostwaren, Telekommunikation
♉	Praktisch, hart arbeitend, geradlinig	Selbstvertrauen durch bereitwilliges Akzeptieren von Verantwortung	Gärtnern, persönlicher Assistent, Bankwesen, Buchhaltung
♊	Rasches Denken, gesprächig, gute kommunikative Fähigkeiten	In einer lebhaften Atmosphäre arbeiten; immer auf dem Laufenden sein	Angestellter, Tischler, Journalismus, Einzelhändler, Spediteur
♋	Neigung zu Ängsten, kann hart arbeiten, fürsorglich	Sich sicher sein, dass die eigene Arbeit für andere von Nutzen ist	Schiffsagent, Akupunkteur, Ernährungswissenschaftler, Lehrer, Chauffeur
♌	Ein guter – vielleicht aber hektischer – Organisator. Evtl. allzu kritisch	Einen hohen Standard bei der Arbeit erreichen	Politesse, Möbel entwerfen oder herstellen, Kunst- oder Werklehrer
♍	Ein hohes Maß an nervlicher/intellektueller Energie	Innere Ruhe entwickeln und die Energie konstruktiv einsetzen	Werbetexter, Homöopath, Mikrobiologe, die Medien, Gartenarbeit, Literaturkritiker
♎	Hart arbeitend, manchmal zur Verträumtheit neigend	Braucht eine harmonische, saubere Umgebung mit netten Leuten	Modellagentur, Landschaftsgärtner, Arzthelferin, Fachverkäuferin, Schneider
♏	Gründlich, energisch, hart arbeitend, bohrend	Die Wahrheit suchen	Personalsachbearbeiter, Psychologe, Polizei- oder Detektivarbeit, Forscher
♐	Für gewöhnlich viel intellektuelle und nervliche Energie, Kritik	Permanente Herausforderungen; sich psychisch gefordert fühlen	Verleger, Buchhändler, Wirtschaftsmagazine, Buchverkäufer, Reiseagent, Jurist
♑	Sehr praktisch, vorsichtig, analytisch, nicht allzu abenteuerlustig	Um ständige Fortschritte in der Karriere bemüht sein	Volkswirt, Beamter, Immobilienhändler, Bauer, Versicherungswesen
♒	Sehr viel Spannung, praktisch, originell, vielleicht rastlos	Beständigkeit im Vorgehen entwickeln, vielleicht auch Selbstvertrauen	Wissenschaftlicher Forscher, kreativer Designer, Krankenpflege, Physiotherapeut
♓	Freundlich, rücksichtsvoll, bereitwillig, kritisch	Selbstvertrauen und praktische Fähigkeiten entwickeln	Film-Cutter, Pediküre, Gärtnerei, Pflegeberufe

BERUFSVORSCHLÄGE: SONNE IN DER WAAGE ♎

Asz.	Eigenschaften	Bedürfnisse	Mögliche Berufsfelder
♈	Manchmal selbstbewusst, manchmal eher träge	Möchte geliebt werden; Energie gleichmäßig zum Einsatz bringen	Modewaren, eigenes Geschäft (mit einem Partner), Hotelarbeit, Friseur
♉	Ein Sinn für Schönheit und die süßen Dinge des Lebens	Anderen gefallen und in einer angenehmen Umgebung arbeiten	Konditor, Wohnungen einrichten, Luxuswaren, Florist, in der Schönheitspflege
♊	Immer auf dem Laufenden, beweglich, kann gut reden	Ständig im Kontakt mit anderen sein; sozialer Austausch	Empfangsdame oder Portier, Handel mit Porzellan, Fachverkäufer, Fluglinien, Fernsehen
♋	Sehr viel Mitgefühl und Verständnis, freundlich, schützend	Innere Stärke entwickeln	Lieferant, Handel mit Antiquitäten, Sozialarbeit, Ernährungsberater
♌	Liebe zum guten Leben, möglicherweise extravagant	Psychologische und emotionale Anteilnahme an der Karriere	Inneneinrichtung, Porzellanwaren, Bankwesen, Einzelhändler
♍	Praktisch, analytisch, manchmal weitschweifig	Eine Routine und ein fester Rahmen, in dem man arbeitet	Personalmanagement, persönlicher Assistent
♎	Romantisch, ist nicht gern allein, diplomatisch, charmant	Selbstvertrauen entwickeln, den Stoffwechsel anregen	Entwerfen oder Herstellen von Kleidung, diplomatisches Korps, Kosmetik, Arbeit mit einem Partner
♏	Sehr viel emotionale und körperliche Energie, leidenschaftlich, reizbar	Eine anregende Arbeit mit einem gleichmäßigen Tempo; die Energie verbrennen	Die Armee, das Bankwesen, Versicherungen, Ingenieurwesen, Weinhandel
♐	Verständnisvoll, intellektuell, amüsant, oftmals sehr clever	Herausforderungen, ständig den Horizont ausweiten	Universitätsdozent, Übersetzer, Berufssportler, das Gesetz, das Verlagswesen, Handel mit Luxuswaren
♑	Diplomatisch. Für eine Waagesonne sehr kühl!	Status. Das Vorankommen im Leben	Chiropraktiker, Kommunalverwaltung, Landschaftsarchitektur, Bergbau
♒	Attraktiv, freundlich, hilfsbereit, aufgeschlossen, logisch	Verbindungen herstellen; braucht psychisch wie physisch »frische Luft«	Modell, Kosmetik, Zeitschriftenjournalismus, Fluglinien, wissenschaftliche Forschung, Chemie
♓	Sehr freundlich, manchmal schwach, häufig weitschweifig	Skeptizismus und die Fähigkeit zur Kritik entwickeln	Handel mit Unterwäsche, Partnerschaftsvermittlung, medizinische oder kosmetische Behandlung, Sprachlehrer

BERUFSVORSCHLÄGE: SONNE IM SKORPION ♏

Asz.	Eigenschaften	Bedürfnisse	Mögliche Berufsfelder
♈	Sehr viel emotionale und physische Energie und große innerliche Stärke	Spannung, Herausforderung, harte und anspruchsvolle Arbeit	Die Armee oder Marine, fordernde Sportarten (auch im Team), Ausbilder, die Polizei, Stuntman/-girl
♉	Leidenschaftlich, häufig dickköpfig, emotional, sinnlich, vorsichtig	Sicherheit, viel Geld verdienen	Der Weinhandel/Weinkenner, Finanzbeamter, Ölindustrie, Ingenieurwesen, Bankwesen, Fleischer
♊	Wissbegierig, logisch und emotional, beweglich	Zur Wurzel der Probleme vordringen	Detektiv, Enthüllungsjournalismus, Chirurg, wissenschaftlicher Analysator, im Verkauf
♋	Sehr viel emotionale Energie, schützend, tapfer, intuitiv	Die Energie konstruktiv auf eine lohnende Betätigung richten	Meeresfischerei, Tauchen, Wohlfahrtsarbeit, Hebamme, Gynäkologe
♌	Extrem energisch, ein guter Gesellschafter, dickköpfig, gut im Organisieren	Das Leben bis zum letzten Tropfen auskosten, beschäftigt sein, der Boss sein	Das »Big Business«, Finanzberater, eigenes Geschäft, Projektleiter, Psychologe
♍	Aufdeckend, analytisch, energisch, geradlinig, emotional	An Details arbeiten, bei allen Projekten	Computer programmieren, Schlosser, Standesbeamter, eigenes Geschäft, Forscher, Wissenschaftler
♎	Ein exzellentes Potenzial (allerdings ist Stagnation denkbar), überzeugend	Andere von den eigenen Ansichten überzeugen	Schönheit, Schönheitschirurgie, Lehrer, Restaurateur, Handel mit Motoren, Werbung
♏	Energisch, obsessiv, leidenschaftlich, emotional	Eine offenere Einstellung und umfassendere Vision entwickeln	Detektiv, Polizist, Forscher, die Marine, eigenes Geschäft, Bankwesen, medizinische Berufe
♐	Viel emotionale und physische Energie, enthusiastisch, draufgängerisch	Ein Ziel verwirklichen und sich sogleich das nächste setzen	Die Eisenbahn, Literaturwissenschaft, die Armee/die Marine, Profisport, Anthropologie, Strafgesetze
♑	Praktische, harte Arbeit	Sicherheit und allmähliche materielle Fortschritte	Klempner, Bergbau, Pathologie, Geologie
♒	Originell, dickköpfig, streng, manchmal angespannt und unbeständig	Emotionale/psychische Anteilnahme am Beruf; Flexibilität entwickeln	Arbeit in der Wissenschaft oder im Umweltschutz, medizinische Berufe, karitative Arbeit
♓	Sympathie, Verständnis, Intuition	Die Energie auf ein positives und konstruktives Ziel richten	Zollbeamter, Gefängniswärter, Bestattungswesen, (Öl-)Förderung, die Marine, Psychotherapie

BERUFSVORSCHLÄGE: SONNE IM SCHÜTZEN ♐

Asz.	Eigenschaften	Bedürfnisse	Mögliche Berufsfelder
♈	Unabhängig, energisch, enthusiastisch, rastlos	Herausforderungen; blinder Optimismus muss kontrolliert werden	Feuerwehrmann, Sprachlehrer, Übersetzer, Tänzer, Profisportler, Arbeit im Exportbereich
♉	Praktisch, energisch, leidenschaftlich	Anspruchsvolle Ziele verwirklichen	Handel mit Gebäuden (Spekulationen), Architekt, Aktienhandel
♊	Exzellentes intellektuelles Potenzial, beweglich, ein schneller Stoffwechsel	Beständigkeit im Denken und Handeln entwickeln	Rechtsanwalt, Auslandskorrespondent, Marktmanager, Reiseindustrie
♋	Mutig und defensiv, emotional, unabhängig, konventionell	Fürsorglichkeit und das intellektuelle Potenzial entwickeln	Tierwärter, Hotelgewerbe, Beschäftigungstherapeut, Industriedesigner, Übersetzer
♌	Kreativ enthusiastisch, eine offene Einstellung	Ohne Beschränkungen arbeiten und leben; sich darstellen	Die schönen Künste, das Lehren, eigenes Geschäft (Luxuswaren), Unterhaltungsindustrie, Übersetzer
♍	Zur Kritik fähig, ein guter Gesellschafter, praktisch, wissbegierig	Intellektuelle Herausforderungen, Unabhängigkeit, Bewegung	Universitätsdozent, Naturwissenschaftler, Umweltschützer, Lkw-Fahrer, Journalist, Drucker
♎	Charmant, guter Gesellschafter, vielleicht zur Trägheit neigend	Bei seiner Richtung bleiben und Enthusiasmus erzeugen	Grafisches Gewerbe, Modedesign, Papierwaren, Buchläden, Tapeten
♏	Stark, energisch, kontrollierter Optimismus, Sinn für Richtung	Braucht Herausforderungen; muss machtvolle Persönlichkeit zum Ausdruck bringen	Anwalt, Meeresbiologe, Handelsmarine, Eisenbahnwesen, Mechaniker
♐	Sehr positive Einstellung, rastlos, übermäßig optimistisch, Talent zum Studieren	Vorsicht und eine philosophische Haltung entwickeln	Reitlehrer, Berufssportler, Sprachlehrer, das Gesetz, Export, Geograph, Reiseindustrie
♑	Mal optimistisch, mal pessimistisch, mal konventionell, mal unkonventionell	Das Bedürfnis, Herausforderungen mit Zielen in Einklang zu bringen	Stadtplanung, Architekt, Bauer, Hunde- oder Pferdezüchter, Bibliothekar, Lehrer
♒	Sehr unabhängig, freiheitsliebend, originell, clever, einfallsreich	Exzentrizität unter Kontrolle bringen; evtl. Disziplin entwickeln	Wissenschaftliche Forschung, kreatives Entwerfen, Raumfahrtindustrie, Journalismus
♓	Häufig sehr philosophisch, freundlich, leicht zu beeinflussen	Eine vorsichtigere Einstellung entwickeln	Tiermedizinischer Assistent, Kameramann, die Kirche, karitative Arbeit, Beschäftigungstherapie

BERUFSVORSCHLÄGE: SONNE IM STEINBOCK ♑

Asz.	Eigenschaften	Bedürfnisse	Mögliche Berufsfelder
♈	Bestimmtheit, Direktheit, ein Gefühl für die Richtung, manchmal aggressiv	Psychische Erfüllung, Ziele tatsächlich erreichen	Die Streitkräfte, eigenes Geschäft, Politik, Gewerkschaften
♉	Eine praktische Haltung, harte Arbeit, ehrgeizig; manchmal langweilig	Beständiger Aufstieg, Anerkennung	Immobilienhändler, Lokalpolitik, Bauer, Töpfer, Musiker, Architekt
♊	Gesprächig, beweglich, praktisch, konventionell, logisch	Seine Meinung geltend machen und Respekt erwerben	Arbeit im Archiv; Auktionär, Aktienhändler, Beamter
♋	Traditionell, wechselhafte Launen, fürsorglich, kämpft gegen seine Emotionen an	Optimismus und eine positive Einstellung entwickeln	Handel mit Antiquitäten, Koch, Entwurf und Bau von Schiffen, Fischhändler, Physiotherapeut
♌	Ehrgeizig, konventionell, harter Arbeiter, enthusiastisch, dünkelhaft	Menschlichkeit und die warmherzige Seite der Persönlichkeit entwickeln	Stadtplanung, Bildhauer, Musikindustrie, Kosmetik, eigenes Geschäft
♍	Sehr praktisch, zu Sorgen neigend, vorsichtig, kann hart arbeiten	Selbstvertrauen und innerliche Ruhe entwickeln	Zahnarzt, Gartenarbeit, Buchhaltung, Kunsthandwerker, Wirtschaftsjournalist, Steinmetz
♎	Praktisch, ehrgeizig, sowohl hart arbeitend als auch entspannt, manchmal jähzornig	Gleichmäßigkeit bei der Qualität und dem Einsatz der Energie entwickeln	Innenarchitekt, Konzertmanager, Facheinkäufer, Gesundheitsamt
♏	Sehr stark – kann sich mit schwierigen Umständen arrangieren, tiefgründig	Hindernisse überwinden und die Arbeit und das Leben genießen	Die Marine oder Fallschirmjäger, Ingenieur, Bergbau, medizinische Berufe, eigenes Geschäft
♐	Philosophische Haltung, ehrgeizig, unternehmungslustig	Herausforderungen; mehr am materiellen Komfort interessiert	Zoologe, Geograf, Notar, Lehrer, das Gesetz, Buchantiquariat, Organisation von Reisen
♑	Einzelgänger; ehrgeizig, konventionell, nicht emotional	Warmherzigkeit und Mitgefühl, vielleicht auch Selbstvertrauen entwickeln	Archäologe, Bergsteiger, Aktienhändler, Mathematiker, eigenes Geschäft, Immobilienagent
♒	Sehr unabhängig, auf eine kühle Art freundlich, auf Distanz bedacht	Unabhängigkeit und gleichermaßen Warmherzigkeit entwickeln	Geologe, wissenschaftlicher Forscher, Orthopäde, Medizin, Astronomie
♓	Emotional und praktisch, mitfühlend, fürsorglich, manchmal schüchtern	Selbstvertrauen entwickeln und an seine Fähigkeiten glauben	Sozialarbeit, kreative handwerkliche Arbeit, Homöopathie, Florist

BERUFSVORSCHLÄGE: SONNE IM WASSERMANN ♒

Asz.	Eigenschaften	Bedürfnisse	Mögliche Berufsfelder
♈	Unabhängig, originell, abenteuerlustig, lebhaft, optimistisch	Die Tendenz zur Exzentrizität im Zaum halten	Elektriker, Elektroingenieur, wissenschaftliche Forschung
♉	Eine faszinierende persönliche Erscheinung, freundlicher Charme, eigensinnig	Flexibilität entwickeln und die Emotionen nicht unterdrücken	Die Musikindustrie, Modell, Einzelhandel, Mode, Kosmetik, Florist, Wohltätigkeitsarbeit
♊	Kommunikativ, an Auseinandersetzungen interessiert, exzentrisch	Berechenbarer und beständiger werden	Optiker, die Fluglinien, Astronomie, Telekommunikation, Diskjockey
♋	Manchmal emotional, manchmal kühl, fürsorglich und schützend	Die Launenhaftigkeit unter Kontrolle bringen	Meteorologe, Röntgentechnik, Wohltätigkeitsarbeit vor Ort, Altenbetreuung, Umweltschutz
♌	Romantisch, aber nicht immer liebenswürdig, eigensinnig	Etwas darstellen wollen, ohne andere zu dicht an sich heranzulassen	Lichttechniker beim Fernsehen/Theater, Dekorateur, Juwelier, Schauspieler, eigenes Geschäft
♍	Nervöse Energie, Unabhängigkeit soll Unsicherheit kaschieren	Ein gleichmäßiges Tempo im Leben und mehr Selbstvertrauen entwickeln	Konservator, Yogalehrer, Biologe, Mathematiker, wissenschaftlicher Forscher, Schneider
♎	Wahrscheinlich gut aussehend, aber eitel; charmant, romantisch	Balance zwischen dem Bedürfnis nach Unabhängigkeit und Beziehungen entwickeln	Innenarchitektur, Mode, die Fluglinien, das Filmgeschäft, Arbeit für Wohltätigkeitsfonds
♏	Einfallsreich, clever, angespannt, selbstkritisch	Mit den intensiven Emotionen zurechtkommen	Fernsehtechniker, Luftwaffe, medizinische Berufe, Psychologe, Forscher, Ahnenforschung
♐	Kommunikativ, optimistisch, sehr visionär	Gefühle der anderen bei eigener Unabhängigkeit nicht ignorieren	Dozent für Literatur oder Sprachen, Export, Tierchirurg, Verlagswesen, das Gesetz, Internet
♑	Kühl, logisch, nicht emotional, ehrgeizig, freundlich	Trotz der beruflichen Anspannung keine Distanz zu den Nahestehenden aufkommen lassen	Anthropologe, Archäologe, Wissenschaftler, Mathematiker, Erfinder, Geschäftsmann/-frau
♒	Extrem logisch, unabhängig, sehr auf Distanz bedacht	Sich vor Augen führen, dass niemand eine Insel ist	Handel mit Glaswaren, Fernsehen, Fluglinien, Führungspersönlichkeit bei humanitärer Arbeit
♓	Demütig, kreative Fähigkeiten, vielleicht das Gefühl einer Berufung	Den Mut haben, zu seiner Überzeugung zu stehen	Kunst oder Kunsthandwerk, Fotografie, Filmherstellung, Wohltätigkeitsarbeit, Priester oder Pastor

BERUFSVORSCHLÄGE: SONNE IN DEN FISCHEN ♓

Asz.	Eigenschaften	Bedürfnisse	Mögliche Berufsfelder
♈	Jähzornig, fürsorglich, manchmal verträumt, erstaunlich stark	Physische Energie und die Gefühle positiv zum Ausdruck bringen	Arbeit mit geistig behinderten oder »schwierigen« Kindern, Fotografie, Computer
♉	Intuitiv, praktisch, kreativ, luxusliebend	Sicherheit, muss sich im Beruf zum Ausdruck bringen können	Eigenes Geschäft, Restaurateur, Krankenpflege, die Modeindustrie, Musiker, Bauer
♊	Vielseitig, neugierig, manchmal zu Täuschungen neigend, clever	Abwechslung, emotionale Anteilnahme, intellektuelle Herausforderung	Zauberer, die Medien, Detektiv, Forscher, wissenschaftlicher Analysator, Schriftsteller
♋	Sensibel, fürsorglich, launenhaft, veränderlich	Anderen beistehen und helfen, für sich selbst zu sorgen	Altenpflege, Koch, Kreuzfahrtschiffe, Marine, Baustoffhändler
♌	Sehr kreativ, empfindsam, intuitiv, manchmal protzig	Im Beruf ein Ventil für die Kreativität finden	Fotograf, Projektleiter, Kosmetik, Tänzer, das Theater, Kunstlehrer, in der Filmindustrie
♍	Praktisch, intuitiv, sensibel, pedantisch, kritisch	Die starken analytischen Eigenschaften mit der starken Intuition kombinieren	Filmverleger, Ernährungswissenschaftler/Diätiker, Naturkostwarenhändler, Journalist, Werbung
♎	Eine schwache Konstitution (verleiht Mond oder Saturn Stärke?)	Ermunterung, um eine Richtung zu erkennen und Bestimmtheit zu entwickeln	Juwelier, Möbelherstellung und -verkauf, Modell, Konditor
♏	Sehr emotional und intuitiv, geheimniskrämerisch	Die emotionale Energie positiv einsetzen und hart arbeiten	Küster, Totengräber, Weinhandel, Bergbau, Automechaniker, die Marine, Beamter, Psychotherapeut
♐	Vielseitig, emotional, tolerant, Sinn für Humor, zur Selbsttäuschung neigend	Es dem »Feuer« des Aszendenten erlauben zu scheinen; einen positiven Ausdruck finden	Hundetrainer, das Lehren, Exportwesen, Reiseveranstalter, Geograf, Entertainer
♑	Praktisch, empfindlich, ehrgeizig, nicht immer mit sich zufrieden	Mit der wachsenden Verantwortung nicht die freundliche Aufmerksamkeit verlieren	Immobilienhandel, Gartenarchitekt, Klempner, Wohlfahrtsarbeit, Geologe
♒	Sehr originell, leicht gekränkt, manchmal irrational, einfallsreich, fantasievoll	Den Mut haben, zu seinen Überzeugungen zu stehen	Jegliche kreative oder wissenschaftliche Arbeit
♓	Kreativ, empfindsam, verständnisvoll, mitfühlend	Disziplin und einen Sinn für Ordnung entwickeln	Priester, Fotograf, Designer, Pflegeberufe, Schuhverkäufer, Schauspieler

VERÄNDERUNGEN

Es gibt Zeiten, zu denen wir durch astrologische Einflüsse dazu gebracht werden, unser Leben zu überdenken – was wir in der Vergangenheit getan haben, was wir gerade machen und was wir für die Zukunft anstreben. Als ein Resultat davon nehmen wir häufig umfassende Veränderungen vor. Bestimmte Einflüsse ergeben sich für alle im gleichen Alter, andere dagegen sind sehr individuell und hängen mit unseren persönlichen Progressionen zusammen, z. B. mit dem progressiven Zeichenwechsel von Aszendent, MC oder Sonne.

Sie werden schon bald merken, dass die altehrwürdige Regel »Der Mensch ist der Ausdruck seines Horoskops« niemals eindeutiger zutrifft als zu solchen Zeiten. Sätze wie »Ich kann so nicht weitermachen« oder »Ich weiß nicht, ich fühle mich unruhig und rastlos« sind sehr verbreitet. Entscheidend ist, ob die Person selbst weiß, was sie will, oder ob sie zögernd oder verwirrt reagiert. Bei der Beratung – und speziell bei der zeitlichen Eingrenzung der Einflüsse – müssen die bevorstehenden Transite und Progressionen sorgfältig untersucht werden, besonders die vom Mond aus.

Veränderungen anregen

Wenn die Anzeichen dafürsprechen, könnten Sie Ihrem Klienten zu Veränderungen raten – oder empfehlen, abzuwarten, wenn z. B. Saturn schlecht gestellt ist. Bei einer negativen Einwirkung von Neptun sollte man gleichfalls warten, der Betreffende fühlt sich dann unsicher und verwirrt. Bei Lunarprogressionen zum Mars oder Pluto, bei progressiven Einflüssen von Mars oder Pluto oder bei starken störenden Transiten von Pluto oder Uranus ist man impulsiv und neigt zu überstürzten Entscheidungen. Eine diesbezügliche Warnung ist angebracht.

Die Wiederkehr

Allgemein geltende Phasen der Überprüfung, die zu Veränderungen führen, sind:

1. Die erste Saturnwiederkehr im Alter von gut 29 Jahren.

2. Die Uranus-Opposition zur Geburtsstellung, die sich mit gut 40 ereignet.

3. Die Chironwiederkehr mit etwa 50.

4. Die zweite Saturnwiederkehr mit knapp 60.

Wenn wir nur lange genug leben, erleben wir auch:

5. Die Uranuswiederkehr mit ungefähr 84.

6. Die dritte Saturnwiederkehr, wenn wir auf die 90 zugehen.

Der progressive Mond

Weitere Aufschlüsse bietet der progressive Mond. Diese Auswirkungen sind umso stärker, wenn der Mond der herrschende Planet ist, in seinem eigenen Zeichen (Krebs) oder Haus (4.) steht oder in dem Zeichen seiner Erhöhung (Stier). Für den einen oder anderen Menschen dürften diese Progressionen zu neuen Gedanken über das Selbst und die Einstellung zu verschiedenen Aspekten des Lebens führen – allerdings könnte der Einfluss eher schwach sein. Es ist aber denkbar, dass sie intensiv auf das Innenleben wirken, auf die Gefühle, die Ahnungen und die Reaktionen des oder der Betreffenden.

In der Progression läuft der Mond in etwa 28 Jahren einmal um das Horoskop – seine Wiederkehr zur Geburtsstellung ergibt sich, wenn wir 28 oder 29 sind (im Transit läuft der Mond natürlich schon in einem Monat durch das Horoskop!). Seine Wiederkehr ergibt sich zum zweiten Mal, wenn wir etwa 56 sind, ein drittes Mal mit etwa 83.

Die erste progressive Wiederkehr ereignet sich kurz vor der ersten Saturnwiederkehr. Diese beiden Einflüsse ergänzen einander, die Lunarprogression führt zu der emotionalen Irritation, die dann häufig konkrete Planungen in Zusammenhang mit dem Saturneinfluss zur Folge hat. Zu einem zweiten Kontakt kommt es einige Jahre vor der zweiten Saturnwiederkehr; häufig führt dieser Einfluss dazu, dass Menschen Mitte 50 sich Gedanken zum Leben nach der Pensionierung machen – obwohl noch Zeit bis dahin ist. Und bei sehr betagten Menschen haben wir vor der dritten Wiederkehr die Tendenz bemerkt, ihr Haus zu bestellen.

Um mehr über diese grundlegenden Einflüsse in Erfahrung zu bringen (wobei die sehr hilfreiche Jupiterwiederkehr nicht zu vergessen ist!), lesen Sie die entsprechenden Seiten in dem Kapitel »Die Wirkung der Planeten« (S. 270–423) nach und zur Chironwiederkehr S. 420.

Individuelle Hinweise auf Veränderungen

Der stärkste Hinweis auf Veränderungen ist der Zeichenwechsel der progressiven Sonne. Wenn Ihr Gegenüber erwägt, Veränderungen vorzunehmen, und Sie entdecken, dass ein solcher Wechsel bevorsteht, ist das ein gutes Omen: Wurde der Mensch unter den ersten Graden eines Sonnenzeichens geboren, heiratet er vielleicht oder geht eine dauerhafte Beziehung ein, wenn die Sonne progressiv das Zeichen wechselt – allerdings sind auch andere Auswirkungen damit möglich. Ganz allgemein kommt es damit aber zu einer Veränderung im Lebensstil und im persönlichen Wesen. Manchmal wechselt man auch den Beruf – alle Arten von Veränderung sind denkbar.

Beim Zeichenwechsel vom Aszendenten sagt die Person vielleicht, dass sie nun über verschiedene wichtige Themen anders denkt oder dass sie sich psychisch weiterentwickelt hat. Manche Menschen verändern sich dann auch physisch – kein Wechsel ihres »Images« (wie beim Sonnenzeichen), sondern neue körperliche Merkmale.

Die Berechnung des Wechsels des Aszendenten

Zu bestimmen, wann der Aszendent das Zeichen wechselt, ist schwierig – wenn die Geburtszeit um vier Minuten abweicht, ergibt das schon einen Unterschied von einem Jahr. Dies trifft auch auf den Wechsel des MCs zu, welches

DIE WIEDERKEHR

Während seines Lebens erlebt der Mensch Phasen, in denen die Planeten – mit Ausnahme von Neptun und Pluto – einmal durch den Tierkreis gelaufen sind und zur Ausgangsstellung im Horoskop zurückkehren. Bei der Sonne und dem Mond, Merkur und der Venus geschieht das sehr oft, bei den anderen Planeten seltener. Aus der folgenden Übersicht können Sie entnehmen, dass Sie erst im Alter von 84 Jahren die Wiederkehr von Uranus erleben werden.

Erste progressive Mondwiederkehr 28-29

Erste Saturnwiederkehr mit gut 29

Uranusopposition mit gut 40

Chironwiederkehr ca. 50

Zweite progressive Mondwiederkehr mit ca. 56

Zweite Saturnwiederkehr mit ca. 60

Dritte progressive Mondwiederkehr mit ca. 83

Uranuswiederkehr mit ca. 84

Dritte Saturnwiederkehr mit ca. 90

Einflüsse auf die Karriere, die Ziele und das Gefühl für die Richtung hat. Wenn die Geburtszeit korrekt ist, sind davon sehr starke Auswirkungen abzuleiten.

Sich auf die Pensionierung vorbereiten

Zur Zeit der zweiten Saturnwiederkehr scheiden die meisten Menschen aus dem Arbeitsleben aus oder machen sich Gedanken zur Pensionierung. Wenn Ihr Gegenüber auf die 60 zugehen sollte, lesen Sie den betreffenden Absatz nach. Vielleicht steht dann auch ein Umzug zur Diskussion.

Die Freizeit planen

Wichtig ist, darüber zu sprechen, was der Mensch mit seiner freien Zeit anfangen möchte. Vielleicht hat er hierzu selbst Ideen – in unserer Übersicht zu Freizeitaktivitäten (Seite 250–255) werden Sie weitere Vorschläge finden. Es handelt sich dabei um Anhaltspunkte, die zu sehr befriedigenden Resultaten führen können. Sie sollten den Menschen dazu anregen, sein intellektuelles und kreatives Potenzial tatsächlich zum Ausdruck zu bringen, gleichermaßen aber auch zu körperlichen Aktivitäten, damit sein Körper jung und attraktiv bleibt. Fragen Sie sich, wie viel Geduld der oder die Betreffende aufbringen wird und wie es um die Gesundheit bestellt ist.

DEN TOD VORHERSAGEN

Unserer Meinung nach sollte kein Astrologe versuchen, den Tod vorherzusagen. Wir glauben nicht, dass man konkrete Ereignisse voraussagen kann – der Astrologe, der Ihnen sagt, dass dieses oder jenes geschehen wird, hat eventuell hellseherische oder andere übersinnliche Fähigkeiten. Der Tod kann durch verschiedene Einflüsse hervorgerufen werden.

MÖGLICHE EINFLÜSSE

Der Tod tritt womöglich unter einem harmonischen Transit von Jupiter zur Venus oder zu Neptun ein – was eine angenehme Erfahrung anzeigen könnte. Er könnte sich unter einem uranischen Einfluss ergeben – fraglos ein Schock, vielleicht auch eine Überraschung. Bei Saturn könnte der Einfluss einen konstruktiven Fortschritt anzeigen, gleichermaßen aber auch Verzögerungen oder Frustration. Manchmal wirkt auch Mars ein – unter anderen Umständen bedeutet dieser Planet nur, dass der Mensch zu Schnittwunden oder Verbrennungen neigt oder zu impulsiven Handlungen.

FREIZEIT

Man hat heutzutage sehr viel mehr Freizeit als in der Vergangenheit, auch deshalb, weil man früher in Rente geht und länger lebt. Viele Menschen erleben auch Phasen, in denen sie keine Arbeit haben. Inaktivität – ob nun körperliche oder geistige – ist sehr schlecht für uns, nicht nur psychisch, sondern auch physisch. Ein Klient in einer solchen Situation braucht besondere Ratschläge – herauszufinden, welche Freizeitaktivitäten für ihn am erfüllendsten sind, ist genauso wertvoll und belohnend wie die Ermittlung eines passenden Berufs.

Die Art und Weise, eine passende Freizeitbeschäftigung zu finden, ähnelt der Ermittlung des passenden Berufs. Bestimmte Faktoren müssen dabei besonders in Betracht gezogen werden:

◆ Das Alter des Menschen.

◆ Seine körperliche Verfassung.

◆ Ob der Mensch eine Tätigkeit braucht, weil er arbeitslos ist, oder ob er nach einem Gegengift für einen langweiligen Routinejob sucht. Umgekehrt könnte ein Gegengewicht für eine sehr fordernde berufliche Tätigkeit nötig sein.

◆ Wie geduldig ist der Mensch? Ist er auf schnelle Ergebnisse aus? Kann er sich beharrlich mit etwas beschäftigen und über lange Zeit daran arbeiten?

◆ Wie teuer ist das betreffende Hobby?

Überlegungen zur Freizeit

Wenn Sie auf die Übersicht auf den Seiten 250–255 schauen, werden Sie die Einteilung in drei Bereiche bemerken. Wie die Tabelle zu den Berufen auch soll sie nur Anhaltspunkte bzw. Diskussionsstoff liefern. Wir wollten auch Vorschläge für jedes Alter machen – insofern finden Sie auch vielleicht für den 70-Jährigen den Vorschlag »Gewichtheben« oder »Discotanz«. Es könnte in diesem Fall aber so sein, dass sich Ihr Gegenüber durch eine robuste Verfassung auszeichnet und sehr von einer ähnlichen, wenn auch vielleicht nicht ganz so wilden Aktivität profitieren könnte. Umgekehrt beraten Sie vielleicht einen Jugendlichen und lesen: »Bridge« – wahrscheinlich nicht allzu passend. Vielleicht aber ist dieser Mensch doch sehr

Die Freizeit auf eine befriedigende Weise zu verbringen ist genauso wichtig wie ein erfüllender Beruf.

gesellig und findet Gefallen am Billardspiel. Das Spektrum dieser Aktivitäten ist weit, Sie können es aber noch weiter ausdehnen. Wenn der Betreffende z. B. einen Zwillingsaszendenten und eine Waagesonne aufweist, können Sie das Ganze umdrehen und beim Waageaszendenten und bei der Zwillingssonne nachsehen. Damit bekommen Sie noch mehr Vorschläge an die Hand, die sich als befruchtend erweisen, auch wenn es zu Wiederholungen kommt.

Die verschiedenen Kategorien

In einigen Fällen haben wir Sportarten unter »Geistig/Allgemein« gefasst, wenn sie nicht besonders viel körperliche Energie erfordern. Andere wiederum – Eislaufen z. B. – tauchen unter »Kreativität« auf. Nur die weniger inspirierenden und wirklich anstrengenden erscheinen unter »Körperlich«.

Vom Mond stimuliert

Haben Sie bei Ihren Vorschlägen auch das Mondzeichen im Auge! Bei jemandem mit einem Widdermond können Sie von spontanen Reaktionen ausgehen, von zustimmender oder ablehnender Art. Dem Menschen mit einem Krebsmond dagegen sollten Sie sagen: »Ich habe das Gefühl, dass Ihnen ... gefallen könnte.«

Andere Erwägungen

Die Frage des Alters und der physischen Verfassung sind für körperliche Aktivitäten natürlich sehr wichtig. Wir gehen davon aus, dass Sie Ihrem Gegenüber empfehlen, sich erst einmal ärztlich untersuchen zu lassen, bevor er die teure Aufnahmegebühr für einen Fitnessclub bezahlt. In anderen Fällen sollten Sie – mit Takt – versuchen zu ermitteln, wie es um das Augenlicht des Betreffenden oder um die Beweglichkeit seiner Hände bestellt ist. Bei Rheuma oder Arthritis könnte Korbflechten möglicherweise einen therapeutischen Nutzen haben, für denjenigen mit zittrigen Fingern dagegen dürfte es von vornherein sinnlos sein.

Bei Ihren Schlussfolgerungen sollten Sie sich auf zwei Planeten stützen – den Herrscher des Horoskops (der Planet, der über das Aszendentenzeichen herrscht) und den Herrscher der Sonne (der Planet, der über das Sonnenzeichen herrscht). Handelt es sich um den gleichen Planeten – wenn z. B. die Person ein doppelter Löwe ist oder eine Jungfrausonne und einen Zwillingsaszendenten hat –, wird sich der Einfluss dieses Planeten als besonders machtvoll erweisen.

Es wird die Zeit kommen, da Sie einem angehenden Rentner, der nach einem neuen Interessensgebiet sucht, Vorschläge unterbreiten und sehen werden, wie sich sein Gesicht aufhellt: »Das habe ich schon immer machen wollen!« Das ist einfach gewaltig – und das ist es, worum es bei der Astrologie geht.

Die Anziehungskraft der Astrologie

Vielleicht haben Sie gemerkt, dass wir die Astrologie nicht in unserem Schema

DIE PLANETEN UND FREIZEITAKTIVITÄTEN

☉ DIE SONNE
repräsentiert Kreativität, die Liebe zu Farben, einen Sinn für das Theater.

☽ DER MOND
repräsentiert Vorstellungskraft und Intuition; er kann allerdings auch schwächend auf das Beharrungsvermögen wirken, weil Menschen unter seinem Einfluss für ihre verschiedenen Stimmungen verschiedene Aktivitäten brauchen.

☿ DER MERKUR
repräsentiert mentale Prozesse. Er macht den Menschen oft ungeduldig und rastlos und lässt ihn nach Freunden suchen, die lebhaft, intellektuell, sympathisch und anregend sind.

♀ DIE VENUS
repräsentiert die Liebe zur Schönheit und verleiht Geduld, führt häufig aber auch zu Trägheit und zum Zaudern, vielleicht sogar zu Maßlosigkeit. Mit ihr ist der Mensch gesellig und entspannt.

♂ MARS
verleiht Ungeduld und den Wunsch nach schnellen Resultaten. Er hat häufig »verrückte« Ideen bzw. einen aufflammenden Enthusiasmus zur Folge, der sich nur zu oft sehr schnell erschöpft. Mit ihm liegt der Akzent auf der physischen Energie, die positiv ausgedrückt werden muss. Mars macht seine Vertreter tapfer und wagemutig.

♃ JUPITER
repräsentiert den Intellekt und Interessen, die den Geist weiten. Sein Einfluss könnte - wie die Venus auch - auf Zügellosigkeit schließen lassen, gleichermaßen auf eine sportliche Neigung und Risikofreude. Wie die Sonne auch verleiht er ein Talent zum Dramatischen.

♄ SATURN
repräsentiert Geduld und Bestimmtheit. Mit ihm ist ein langsamer, aber beständiger Fortschritt möglich und wünschenswert, ansonsten könnten ein Mangel an Selbstvertrauen und die Herabwürdigung der eigenen Leistungen die Weiterentwicklung behindern. Manchmal die Neigung zu Tätigkeiten in der Isolation; umgekehrt dagegen vielleicht auch Personen, die Verantwortung für andere tragen.

♅ URANUS
repräsentiert Originalität und Erfindungsgeist; seine Vertreter sagen meist, dass sie etwas anderes als andere machen wollen.

♆ NEPTUN
repräsentiert die Neigung zu Interessen, die in der Abgeschiedenheit verfolgt werden, er fördert die Fantasie. Weil er aber nicht immer günstig auf die Ausdauer und das Selbstvertrauen wirkt, ist Unterstützung nötig, wenn das Potenzial voll zur Geltung kommen soll. Neptun verstärkt die Intuition und verleiht manchmal einen 6. Sinn.

♇ PLUTO
repräsentiert das Bedürfnis zu forschen. Eine Facette dieses Einflusses hängt mit einem verstärkten Interesse an den dunkleren, mysteriösen Elementen des Lebens zusammen.

FREIZEIT UND DIE HÄUSER

Betrachten Sie das Horoskop auf Seite 29, um zu sehen, welcher Planet zu welchem Haus gehört. Dies lässt Rückschlüsse auf den Bereich des Lebens zu, wo die Talente, die von dem betreffenden Planeten symbolisiert werden, sinnvoll für die Freizeit genutzt werden können.

Das 5. Haus steht vor allem für Kreativität. Das muss nicht heißen, dass Ihr Klient ein Maler oder eine Schauspielerin werden wird; beim Mond im 5. Haus kocht er vielleicht auf eine fantasievolle Weise, mit der Venus darin hat die Frau eventuell Freude an modischer oder reizvoller Kleidung.

Das 6. Haus ist das der Gesundheit, der Disziplin und der alltäglichen Routine; man kann es aber auch in Verbindung mit den Hobbys sehen. Jeder Planet in ihm ist günstig für umsichtige und konstruktive Arbeit. Mars oder Jupiter darin begünstigen sportlichen Enthusiasmus, Merkur kann eine Neigung zu Sprachen, Kreuzworträtseln, zum Schreiben von kritischen Artikeln oder auch einfach zum Puzzeln bedeuten.

Wenn es keine Planeten im 5. oder im 6. Haus gibt, müssen Sie die stärksten Planeten und Zeichen des Horoskops ermitteln und sehen, was sie nahelegen.

aufgeführt haben, aus einem besonderen Grund. Sie sind nun zu einem Studenten dieses Fachs geworden, und nachdem Menschen aus Ihrem Wissen und Ihren Erfahrungen Profit gezogen haben, fängt der eine oder andere davon selbst wahrscheinlich damit an, Astrologie zu studieren. Wie bei allen Berufen und Aktivitäten interessieren sich die verschiedensten Arten von Menschen dafür. Vor einigen Jahrzehnten hat der brillante britische Astrologe und Forscher Charles E. O. Carter, der Tausende von Horoskopen analysierte, die besonderen Merkmale erfolgreicher Astrologen untersucht. Er entdeckte nicht nur, dass bestimmte Zeichen im Vordergrund standen, sondern sehr häufig auch bestimmte Grade durch einen Eckpunkt des Horoskops oder einen persönlichen Planeten betont waren, nämlich 10° Jungfrau/ Fische und 27° Löwe/Wassermann.

ZUSATZAUFGABE

Schauen Sie auf Sylvias Horoskop (S. 220). Welche Interessen wären befriedigend und erfüllend für sie?

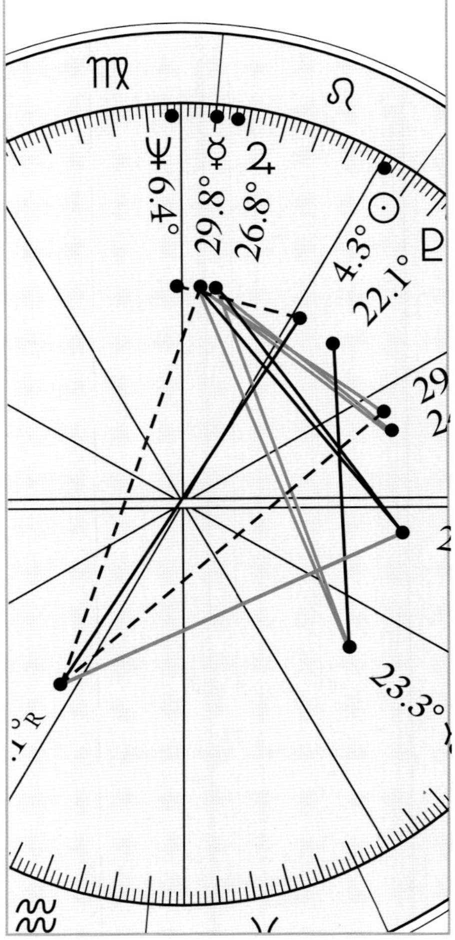

FREIZEITVORSCHLÄGE: SONNE IM WIDDER ♈

Asz.	Körperlich	Geistig/Allgemein	Kreativität
♈	Karate, Sprint, Fitness	Stock-Car- und Motorradrennen, Abenteuerliteratur	Arbeit mit Metall, Do it yourself
♉	Fußball, Football, Boxen, Gewichtheben	Fahrtraining für Fortgeschrittene, Essengehen	Arbeit mit Leder, Bildhauerei, Malen, Dekorieren
♊	Tennis, Leichtathletik, Fallschirmspringen	Diskussionen, Jugendclubs, Funken	Stoffe bedrucken, kreatives Schreiben
♋	Paddeln, Rundball, Baseball	Mit dem Wohnwagen verreisen, Bootsbau, Computer, Fanclubs	Maschinensticken, chinesisch kochen, Malen und Dekorieren
♌	Gesellschaftstanz, Fechten, Mannschaftssportarten, Aerobic	Cheerleader, Zoologie, Gremienarbeit	Collagen, Musik (Blasinstrumente), Juwelen
♍	Rallyefahren, Yoga	Hobby-Kriminalistik, das Rote Kreuz, CB-Funk	Holzarbeit, Weben, Stricken mit der Maschine
♎	Windsurfen, Segeln, Judo	Modelleisenbahnen, Mode	Linolschnitte und -drucke, Schneidern, Arbeit mit Metall
♏	Turmspringen, Ringen, Kampfsportarten	Motorradsport, Flirten, Computer	Modellbau, Steinglas
♐	Bogenschießen, Reiten	Wettbewerbe, Sprachen, Zelten, Autofahren	Chinesische Malerei, moderner Tanz
♑	Jogging, Bergsteigen, Abseilen	Lokalpolitik, Oldtimer, Geologie	Musik (Holzblasinstrumente), Bildhauerei, Arbeit mit Zinn
♒	Skifahren, Eishockey, Skateboard	Erfinden, Astronomie, Ökologie	Autos reparieren, Laientheater
♓	Wasserski, Rollschuhlaufen	Benachteiligten helfen	Videos machen, Stepptanz, Blumen pressen

FREIZEITVORSCHLÄGE: SONNE IM STIER ♉

Asz.	Körperlich	Geistig/Allgemein	Kreativität
♈	Boxen, Mannschaftssportarten	Industriearchäologie, selbst Bier herstellen	Schnitzen, Autos wieder instand setzen
♉	Regelmäßiges Training im Fitnessstudio, Krafttraining	Brettspiele, Börse, Weinproben	Keramik, Sticken, dekorative Kuchen
♊	Basketball, Kricket, Wandern	Mode, Rosenzüchten, lesen	Stricken (von Hand), Spitzen knüpfen, Skizzen machen, kreatives Schreiben
♋	Schwimmen, Skifahren	Jagen, Fischen	Torten backen, Nähen, Do it Yourself
♌	Bodybuilding, Aerobic	Unterhaltung, das Leben genießen	Landschaftsmalerei, Bildhauen, Kochen (bürgerlich bzw. klassisch), Juwelen, Schauspielerei
♍	Gartenarbeit, Tanz, Orientierungslauf	Selbst Bier/Wein herstellen, Botanik	Weben, vollwertig Kochen, Patchwork, Schnitzen
♎	Kegeln, Judo, Karate	Musik, Kunst, Unterhaltung, Brigde, Entspannung	Sticken von Hand, Kleider entwerfen
♏	Gewichtheben, Tauchen	Weinproben, Erotika, Kino	Teppiche weben, kreatives Tanzen, Fotografie
♐	Querfeldeinlauf, Golf	Zelten (unter luxuriösen Bedingungen!), CB-Funk	Buchbinden, Gitarre, Country-and-Western-Musik
♑	Felsenklettern, Mannschaftssport, Wandern	Lesen, Biografien, Münzen sammeln, Gartenbau	Arbeit mit Ton, Chorsingen, Möbelrestauration
♒	Eishockey, Yoga	Drachenfliegen, Chemie, Antiquitäten	Uhren, Singen, Klavier/Keyboards
♓	Höhlenforschung, Rudern, Boot fahren	Tarot, Fischen, Feng Shui	Malen auf Stoff, Puppen, Kostüme entwerfen

FREIZEITVORSCHLÄGE: SONNE IN DEN ZWILLINGEN ♊

Asz.	Körperlich	Geistig/Allgemein	Kreativität
♈	Rallyesport, Besuch von Fitnessstudios	Jugendclubs, Wettbewerbe	Applikationen, Metallplattendruck (Messing), Stricken mit der Maschine, Perkussionsinstrumente
♉	Rugby/American Football	Schatzjagden, Liebe zur Musik	Modellieren mit Ton, Modellbausätze
♊	Leichtathletik (Sprint, Weitsprung), Squash	Literaturkreise, CB-Funk, Mode	Kreatives Schreiben, Stricken mit der Maschine, Videos
♋	Bootsrennen, Wasserski	Funken, Graphologie, Babysitten	Kindererzählungen, Puppen herstellen, chinesisch kochen
♌	Aerobics, Rollschuhlaufen	Schach, Unterhaltung, etwas organisieren	Kalligraphie, moderner Tanz, Entwerfen von Stoffmustern, Laientheater
♍	Wandern, Radfahren	Vogelkunde, Diskussionen, Computer programmieren	Tonwaren, Töpferei, Stricken, Patchwork, Do-it-yourself
♎	Tennis, Karate, Aerobic	Quiz, Diskussionsgruppen, Mode	Menschen malen, Inneneinrichtung, Liebesromane
♏	Tauchen mit Pressluftgerät, Krocket	Dame/Schach, Bürgerwehr, Ausgehen	Polster beziehen
♐	Reiten, Joggen	Briefmarken sammeln, Sprachen, Reise, Philosophie	Landschaftsmalerei, Fotografie, Videos
♑	Bergsteigen, Ausflüge mit dem Pferd, Marathonlauf	Sammeln von Geldern für wohltätige Zwecke, Arbeit in Gremien, Brettspiele	Arbeiten mit Zinn, Papier marmorieren, CDs und DVDs sammeln
♒	Gymnastik, Tischtennis	CB-Funk, Erfinden	Glasgravuren, mit Perlen arbeiten, moderne Musik
♓	Segeln, Staffelschwimmen, Windsurfen	Bücher sammeln, Handlesen	Wandteppiche und Tapeten, Schauspielerei, Ballett, Poesie

FREIZEITVORSCHLÄGE: SONNE IM KREBS ♋

Asz.	Körperlich	Geistig/Allgemein	Kreativität
♈	Lange Wanderungen, Laufen	Zinnsoldaten sammeln, Lokalpolitik	Das Auto pflegen, Spielzeug basteln
♉	Im Fitnessstudio trainieren, Golf	Münzen sammeln, in Lokalen essen	Mode, Süßwaren, Häkeln, Arbeit mit Holz
♊	Paddeln, Fischen, Laufen	Sammeln von Postkarten oder Kuriosa, Geografie	Körbe flechten, Modellbau
♋	Rudern, Schwimmen	Altes sammeln - Spielzeuge, Silber, Dinge, die mit Wasser zu tun haben	Kochen, Arbeiten mit Silber, Kinder, historische Erzählungen
♌	Gesellschaftstänze (vielleicht historische)	Prachtvolle Häuser besichtigen, Theater	Malen mit Wasserfarben, Fotografie
♍	Yoga, Radfahren	Besondere Gemüsesorten züchten, mit dem Wohnwagen verreisen, Computerspiele	Patchwork, Schnitzen, Papier marmorieren, vollwertig kochen
♎	Wasserski, Staffelschwimmen	Altes Porzellan sammeln, Bridge, Freunde unterhalten	Dekorative Kuchen backen, Schneidern, Inneneinrichtung
♏	Tauchen mit Pressluftgerät, Autofahren, Autorennen, Bootsrennen	Historische Schlachten nachstellen, Tarot	Saiteninstrumente, Steinglas
♐	Aerobics, Bogenschießen, Federball	Sprachen, Katzen züchten	Kreatives Schreiben für Kinder, Häkeln
♑	Segeln, Felsenklettern	Industriearchäologie, Sammeln von alten Gegenständen, Geschichte	Singen, Buchbinden
♒	Windsurfing, Skilanglauf	Astronomie, sich am Strand aufhalten	Altes wieder instand setzen (z. B. Kleidung), Science-Fiction
♓	Gymnastik, Schwimmen	Psychologische Forschungen, Zauberei	Stoffe bedrucken, Fotografie

FREIZEITVORSCHLÄGE: SONNE IM LÖWEN ♌

Asz.	Körperlich	Geistig/Allgemein	Kreativität
♈	Squaredance, Mannschaftssportarten	Modelleisenbahnen, Modellautos	Arbeit mit Metall, Musik (Blasinstrumente oder Schlagzeug), Malen
♉	Bodybuilding, Golf	Unterhaltung, Einkaufen, Geld verdienen/ausgeben	Sticken, Chorsingen, Gartenarbeit, Torten backen
♊	Squash, Fechten, Tennis	Diskutieren, Internetbekanntschaften, Mode	Modellbau, kreatives Schreiben
♋	Schwimmen, Rudern	Geschichte, Biografien	Malen mit Wasserfarben, Rollschuhlaufen, Restaurieren von Antiquitäten
♌	Training im Fitnessstudio, Reiten	Schach, Theater, Kunstausstellungen besuchen, teure Autos	Edelsteine, Schauspielerei, Ölmalerei
♍	Volkstümliche Tänze, Radfahren, Volleyball	Botanik, Wettbewerbe, Biografie	Häkeln, Schnitzen, Töpfern, Gartenarbeit
♎	Krocket, Segelflug, Golf	Vogelkunde, Mineralogie, Unterhaltung	Klavier/Keyboards, Schneidern
♏	Segeln, Mannschaftssportarten	Weinproben, Computer programmieren	Autos wieder instand setzen, exotisch kochen, moderner Tanz
♐	Bogenschießen, Leichtathletik, Aerobic	Sprachen, Mythologie, Geographie, Glücksspiele	Ölmalen, Ballett, Gitarre
♑	Skilanglauf, Laufen, Stabhochsprung	Arbeit in Gremien, Liebe zur Musik, Literatur	Modellieren mit Ton, Buchbinden
♒	Badminton, Krocket, Tennis	Ballonfahren, Orchideen züchten, Astronomie	Inneneinrichtung, sehr alte oder moderne Musik
♓	Aerobic, Gymnastik	Kino, die Geschichte des Theaters oder der Mode	Amateurtheater, modernes Ballett, Poesie, Fotografie

FREIZEITVORSCHLÄGE: SONNE IN DER JUNGFRAU ♍

Asz.	Körperlich	Geistig/Allgemein	Kreativität
♈	Basketball, Radfahren	Autorennen, Tonbandaufzeichnungen, Funken	Stoffe bedrucken, Glockenkunde
♉	Fußball, Karate	Das Landleben, Ökologie, Gartenarbeit	Weben, Spinnen, Töpfern
♊	Leichtathletik, Kricket, Baseball	Kaufen und verkaufen, das Zeitgeschehen, Funken	Verfassen von Kurzgeschichten, Autopflege
♋	Rollschuhlaufen, Segeln. Schwimmen	Historische Erzählungen, das Rote Kreuz, Wohlfahrtsarbeit	Spielzeuge herstellen, Kochen, kreatives Schreiben
♌	Diskotanz, Aerobic, Fitnessstudio	Biografien, Zimmerpflanzen, Katzen züchten	Fotografie, kreativer Tanz, Miniaturen malen
♍	Volkstümliche Tänze, Radfahren, Jogging	Kreuzworträtsel, Gartenarbeit	Häkeln, Stricken, Arbeit mit Holz, vegetarische Ernährung, fernöstlich kochen
♎	Tennis, Golf, Skilanglauf	Fanclubs, Vogelkunde, Puzzles	Schneidern, Blumen pressen, Inneneinrichtung
♏	Boxen, Stock-Car-Rennen, Orientierungslauf	Bienenzucht, Darts, Wein herstellen	Kriminalgeschichten, Modellbau
♐	Fechten, Wandern	Schach, Sprachen, Philosophie	Florentinisches Sticken, Landschaften malen/zeichnen
♑	Langlauf, Höhlenforschung	Zelten, Ahnenkunde, Lesen	Schneidern, Arbeit mit Zinn, Bildhauen
♒	Eishockey, Laufen	Lesen – z. B. Science-Fiction, Geologie, Computerspiele	Kerzen herstellen, chinesisch kochen, auf japanische Art Blumen arrangieren
♓	Rudern, Yoga, Schwimmen	Fischen, psychologische Forschungen	Mimik, Eislaufen, Buchbinden

FREIZEITVORSCHLÄGE: SONNE IN DER WAAGE ♎

Asz.	Körperlich	Geistig/Allgemein	Kreativität
♈	Hockey, Ringen	Industriearchäologie	Hutmacherei, Steinglas
♉	Rollschuhlaufen, Gewichtheben	Unterhaltung, Bridge, Liebe zur Musik	Blumen arrangieren, Konditoreiwaren, Modellbau
♊	Tennis, Aerobic	Graphologie, Drachenfliegen, Fanclubs	Schreiben von Liebesromanen, Mode, Zeichnen
♋	Segeln, Segelflug	Lesen von Liebesromanen, Geschichte, Antiquitäten	Arbeit mit Silber, Antiquitäten restaurieren, Häkeln
♌	Gymnastik, Reiten	Theater- oder Konzertbesuche, Geselligkeit, Schach, Kleidung	Chinesische Malerei, Saiteninstrumente
♍	Basketball, Laufen	Zimmerpflanzen, Kosmetik aus natürlichen Substanzen selbst herstellen	Schneidern, Zeichnen, Linoldrucke
♎	Drachenfliegen, Badminton	Quiz, Geselligkeit, Lesen von Zeitschriften	Blumen arrangieren auf japanische Art, Stricken von Hand, Arbeit mit Holz
♏	Tauchen, Judo, Bootsrennen, Fechten	Schmetterlingskunde, Kriminalliteratur, Unterhaltung	Fotografie, Gravuren, Kochen
♐	Segelflug, Squash, Springreiten	Literatur, Geographie	Ein Tagebuch oder Kurzgeschichten schreiben, Malen mit Öl
♑	Bergsteigen, Ausflüge mit dem Pferd	Politik, Familiensagas, Liebe zur Musik	Buchbinden, Arbeit mit Metall, Steingravuren
♒	Fallschirmspringen, Wasserski, Salsa tanzen	Ägyptologie, Chemie, Metaphysik	Künstliche Blumen, Science-Fiction, Spitzen knüpfen, Stricken mit der Maschine
♓	Gesellschaftstanz, Staffelschwimmen	Töpferei, Zierfische, übersinnliche Phänomene	Patchwork, Puppen. Gitarre

FREIZEITVORSCHLÄGE: SONNE IM SKORPION ♏

Asz.	Körperlich	Geistig/Allgemein	Kreativität
♈	Paddeln, Mannschaftssportarten, Karate	Kriegsspiele, Tontaubenschießen	Perkussionsinstrumente, Musik aufnehmen (Pop, Klassik)
♉	Gewichtheben, Rudern	Münzen sammeln, Brettspiele, Erotika	Singen, Schneidern, Konditoreiwaren, Gravuren
♊	Eisschnelllauf, Judo	Kriminalerzählungen, Dame/Schach	Uhren, Steinglas, Modellbau
♋	Bootsrennen, Tauchen	Schatzjagden, das Rote Kreuz, Kriminal- oder Liebesgeschichten	Das Zuhause verschönern, Anpflanzungen im Gewächshaus, exotische Pflanzen
♌	Im Fitnessstudio trainieren, Fußball, Ringen	Unterhaltung, Konzert- oder Theaterbesuche, Liebe zum Wein, Wein selbst herstellen	Kreativer Tanz, Malen mit Wasser- oder Acrylfarben
♍	Yoga, Radfahren, Bogenschießen, Skifahren	Zaubern, Puzzles, jegliche Art von Forschung oder Detektivarbeit	Chutneys machen, Kriminalliteratur, Schreinern
♎	Schwimmen, Gymnastik	Cocktails mixen, Flirten, Liebesromane	Außergewöhnliche Kleidung herstellen, Musik (Klavier/Keyboards und Saiteninstrumente)
♏	Kampfsportarten, Tauchen, Tango	Amateurdetektiv, Kaufen und Verkaufen, Aktien und Wertpapiere	Schnitzen, Inneneinrichtung, Teppiche
♐	Polo, Fechten, Reiten, Wandern	Backgammon, Sprachen, Wettbewerbe	Moderner Tanz, Poesie, Singen in Gruppen oder im Chor
♑	Bergsteigen, Wandern, Skilaufen	Mineralogie, Ahnenkunde, Antiquitäten	Töpferei, Steine schleifen, Musik (Holzblasinstrumente)
♒	Felsenklettern, Fallschirmspringen	Kosmologie, Astronomie, Computer	Spitzen knüpfen, Eislaufen, elektronische Musik
♓	Yoga, Schwimmen, indischer Tanz, Bauchtanz	Psychologische Forschungen, Tonbandaufzeichnungen, das Meer	Fotografie, Veredelung, Mimik, Schauspielerei

FREIZEITVORSCHLÄGE: SONNE IM SCHÜTZEN ♐

Asz.	Körperlich	Geistig/Allgemein	Kreativität
♈	Bogenschießen, Reitsport	Abenteuerliteratur, Pferde- oder Hunderennen, Reisen	Landschaftsgemälde, Tiere fotografieren (speziell frei lebende)
♉	Gartenarbeit	Darts, selbst brauen oder Wein herstellen	Sticken, Videofilme drehen
♊	Leichtathletik, Ballonfliegen	CB-Funk, Internetbekanntschaften, aus der Hand lesen	Kreatives Schreiben, Kalligraphie, Glasgravuren
♋	Fliegen, Ausflüge mit dem Pferd, Paddeln	Schach, Schatzjagden, Partys organisieren, Geschichte	Do-it-yourself, Spielzeuge selbst herstellen, kreatives Kochen, Kindergeschichten
♌	Spanischer Tanz, Reiten	Cheerleader, Briefmarken sammeln, Flirten	Amateurtheater, Ölmalen, Fotografie
♍	Laufen, Weitspringen, Orientierungslauf	Tauben züchten, Kreuzworträtsel, Computer programmieren	Folk/Country-and-Western-Musik, vollwertig kochen
♎	Tischtennis, Skilaufen	Brettspiele, Austausch, Unterhaltung	Ölmalen, Wandteppiche/Tapeten
♏	Langstreckenlauf oder -schwimmen	Kriegsspiele, schnelle Autos, Literaturwissenschaft	Teppiche weben, Kriminalerzählungen, Arbeit mit Metall
♐	Tennis, Reiten, Kricket, Baseball	Reiseführer, Sprachen, einen Jugendclub leiten, reisen	Gitarre (spanische bzw. klassische)
♑	Spazierengehen, Klettern, Orientierungslauf	Schatzjagden, Antiquitäten, seltene Bücher	Buchbinden, Musik (vielleicht Holzblasinstrumente)
♒	Badminton, Bogenschießen	Funken, karitative Arbeit vor Ort	Eislaufen, chinesisch kochen
♓	Wettkampfschwimmen	Hunde züchten, Ägyptologie	Ballett, moderne oder klassische Poesie, Schauspielerei

FREIZEITVORSCHLÄGE: SONNE IM STEINBOCK ♑

Asz.	Körperlich	Geistig/Allgemein	Kreativität
♈	Laufen (vielleicht Marathonlauf)	Militärgeschichte, -literatur	Glockenkunde, Metallplattendruck (Messing), Arbeit mit Silber oder Metallen
♉	Bergsteigen, Mannschaftssportarten	Kosmetika aus natürlichen Zutaten herstellen	Musik (komponieren und aufführen), Töpferei
♊	Leichtathletik (insbesondere Sprint und Hochsprung)	Ahnenkunde, Diskussionsrunden, Lesezirkel	Mit Rohr oder Bambus arbeiten, Kalligraphie, Puppen herstellen
♋	Segeln, Rudern, Karate	Babysitting, in Antiquitäten investieren, Unterhaltung	Kochen (bürgerlich bzw. klassisch), Puppen und Spielzeug herstellen oder restaurieren
♌	Rollschuhlaufen, Hockey, Gesellschaftstänze	Schach, gemeinsame Konzert- und Theaterbesuche organisieren	Juwelen, Zeichnen, Bildhauerei
♍	Yoga, Country- oder Squaredance	Archäologie, der Schutz der Ressourcen der Erde	Schnitzen, Töpferei, Bezüge nähen
♎	Skilaufen, Drachenfliegen, Aerobics	Unterhaltung, Liebe zur Musik, Bridge	Spitzen knüpfen, Stricken mit der Maschine, Zeichnen mit Schablonen, Inneneinrichtung
♏	Kampfsportarten, Fechten, Golf	Anthropologie, Fischen, Brettspiele, Wein	Modellbau, Gravuren, Fotografie
♐	Diskus- oder Speerwurf, Laufen, Basketball	Bücher sammeln, Biografien, Sprachen	Videos machen, Collagen, Landschaftsgärtnerei
♑	Kegeln, Felsenklettern, Wandern	Familiensagas, Lokalpolitik, Ökologie	Steine bearbeiten, Körbe flechten, chinesisch kochen
♒	Leichtathletik, Drachenfliegen	Science fiction, Vogelkunde, Chemie	Sehr alte oder sehr moderne Musik, Steinglas
♓	Diskotanz oder sehr alte Tänze, Wandern	Vergleichende Religionswissenschaft, übersinnliche Phänomene, Zierfische, Wohlfahrtsarbeit	Steine schleifen, Ton modellieren, Blumen trocknen

FREIZEITVORSCHLÄGE: SONNE IM WASSERMANN ♒

Asz.	Körperlich	Geistig/Allgemein	Kreativität
♈	Fallschirmspringen, Kampfsportarten	Erfinden, Behinderten helfen, Tontaubenschießen	Uhren, Juwelen, Malen mit Acrylfarben
♉	Rallyefahren, Rudern, Wandern	Orchideen züchten, Bridge, die Geschichte der Architektur	Schnitzen, Häkeln, Inneneinrichtung
♊	Tennis, Ballonfahren, Radfahren	Schach, Jugendclubs, Brettspiele, ausgehen	Science-Fiction, Saiteninstrumente, Drucken
♋	Paddeln, Schwimmen	Kuriositäten sammeln, mit der Wünschelrute Wasser suchen, das Rote Kreuz	Modellschiffe, Spielzeuge herstellen, Singen, Malen, Schmücken, Porzellan restaurieren
♌	Training im Fitnessstudio	Arbeit in Gremien, Liebe zur Musik, die Oper	Rollschuhlaufen, Entwerfen und Herstellen von Kleidern, Schauspielerei
♍	Basketball, Felsenklettern	Katzen züchten, Drachenfliegen, Wohlfahrtsarbeit	Florentinisches Nähen, Miniaturen malen, Modellbausätze
♎	Badminton, Krocket	Astronomie, Mode, Funken	Perlensticken, Klavier/Keyboards, sehr alte oder sehr moderne Musik
♏	Eisschnelllauf oder Eishockey, Tauchen mit Pressluftgerät	Lokalpolitik, Computer, Zaubern	Sticken, Kochen (bürgerlich bzw. klassisch), Steinglas, Fotografie
♐	Squash, Tischtennis	Erforschen, Vogelkunde, Billard, Internet	Etwas aus Papier formen, Landschaftsmalerei, Kalligraphie, Oldtimer restaurieren
♑	Langstreckenlauf, Skilanglauf	Geologie, für wohltätige Zwecke sammeln, Unterhaltung	Steine schleifen, Glockenkunde, Glasgravuren
♒	Leichtathletik, Segeln, Skifahren, Yoga	Archäologie, Wissenschaft, Ziervögel, Astronomie	Moderner Tanz, Blumen auf japanische Art arrangieren, Häkeln
♓	Gymnastik, Segeln	Übersinnliche Phänomene, Geschichte des Kosmos	Lampenschirme herstellen, Gitarre, Videos, Mimik

FREIZEITVORSCHLÄGE: SONNE IN DEN FISCHEN ♓

Asz.	Körperlich	Geistig/Allgemein	Kreativität
♈	Eishockey, Fechten, Squash	Für das Wohl von Kindern oder Tieren arbeiten	Arbeit mit Holz, Patchwork, Stricken von Hand, Schnitzen
♉	Fußball, Gewichtheben, Basketball	Unterhaltung, in Konzerte gehen, Ökologie	Konditoreiwaren, Singen, Töpferei
♊	Turmspringen, Skilaufen, Bogenschießen	Aus der Hand lesen, Fußreflexzonenmassage, Sprachen	Drucken, kreatives Schreiben, Entwerfen von Stoffmustern
♋	Rudern, Aerobic, Tauchen	Angeln, Erinnernswertes sammeln, psychologische Forschungen	Töpferei, Blumen pressen, Fotografie
♌	Segeln, Reiten	An exotische Orte reisen, Traumdeutung, Astronomie	Das Zuhause verschönern, Juwelen, mit edlen Stoffen oder Materialien arbeiten
♍	Wandern, Paddeln	Bienenzucht, Gartenarbeit, Biografien lesen	Ganzheitliches oder vegetarisches Kochen, Weben, Poesie
♎	Golf, Kricket, Tischtennis	Sich erholen, Geselligkeit, Familiensagas lesen, Einkaufen	Herstellen von künstlichen Blumen, Inneneinrichtung, chinesisch kochen
♏	Alle Arten von Wassersport	Erotika, das Meer, Tarot	Videos machen, Wein selbst herstellen, Figuren malen bzw. zeichnen
♐	Volkstümliche Tänze, Basketball	Sprachen, Briefmarken sammeln, Religionen vergleichen	Eis- oder Rollschuhlaufen, Papier marmorieren, Linolschnitte und -drucke, Do-it-yourself
♑	Golf, Wandern, Leichtathletik	Seefahrt (Literatur und Geschichte), Philosophie	Modellieren mit Ton, Musik (zumeist Singen), Häkeln, Weben
♒	Windsurfing, Drachenfliegen, Radfahren	Gläser sammeln, Kosmologie, Erfinden	Laientheater, Entwerfen und Herstellen von Kleidern, ungewöhnliche Gegenstände herstellen
♓	Yoga, Gymnastik, Bootfahren	Kino, Aromatherapie, Zierfische und -katzen	Poesie, Schauspielerei, Herstellen von Puppen oder Spielzeugen, Zeichnen von Kartoons

GESUNDHEIT

Seit Tausenden von Jahren weiß man um die Verbindung zwischen den Planeten und Zeichen und den verschiedenen Körperteilen. Das Studium der Geschichte der Astrologie lässt viele interessante, jahrhundertealte Erkenntnisse deutlich werden – die vielleicht schon auf Ptolemäus oder Manilius zurückgehen, aber heute noch ihre Geltung haben, trotz aller medizinischen und astrologischen Fortschritte. Diese Aussagen zeigen, dass die neuen medizinischen Erkenntnisse durchaus zur traditionellen Astrologie passen.

Die vielleicht bekannteste Beziehung besteht zwischen Zeichen und Körperteilen (siehe S. 258). Es gibt aber auch eine Verbindung zwischen den Drüsen und den Planeten – allerdings ist diese Theorie noch nicht sehr alt. Beide Theorien haben ihren Wert, sie bilden den Hintergrund für das faszinierende Gebiet der medizinischen Astrologie.

Der ganzheitliche gesundheitliche Ansatz ist dem Astrologen sehr sympathisch; wenn Sie ein erfülltes Leben führen und positive Energie – körperlich, intellektuell und emotional – zum Ausdruck bringen, ist die Wahrscheinlichkeit gering, dass Sie krank werden. Das ist vielleicht eine recht grobe Vereinfachung – auf jeden Fall aber handelt es sich um einen guten astrologischen Ansatz. Es ist aber auch sehr wichtig, dass Sie die psychischen Implikationen bedenken, bevor Sie sich mit potenziellen Krankheiten und Verletzungsneigungen usw. befassen.

Der Mensch mit einem Gewichtsproblem z. B. könnte unter emotionalen Stress leiden – vielleicht mangelt es ihm an Zuneigung, sodass ihm das Essen ein Trost ist. Hüten Sie sich aber vor übereilten Schlussfolgerungen - es könnte sich genauso gut um ein Problem handeln, das mit der Schilddrüse zu tun hat.

EIN BLICK AUF DIE EINZELNEN HOROSKOPBEREICHE

Wenn es um die Gesundheit und Anfälligkeit für Krankheiten geht, ist Folgendes zu berücksichtigen:

1. Der Aszendent und das 1. Haus mit allen Planeten.

2. Der Einfluss von Sonne und Mond und dem herrschenden Planeten (Letzteres dann, wenn Sonne oder Mond im Aspekt zu ihm stehen).

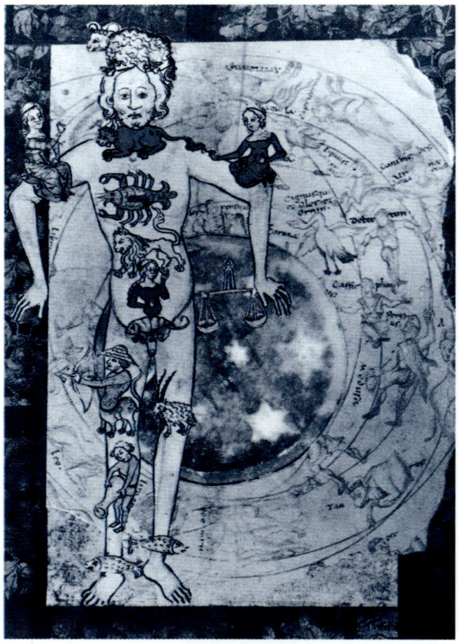

Verbindungen zwischen dem Körper und den Zeichen und Planeten sind bereits seit Jahrhunderten bekannt.

3. Das 6. Haus mitsamt seinen Planeten.

4. In manchen Fällen kann ein Aspekt wie z. B. ein Quadrat zwischen Sonne und Mars oder Saturn gesundheitliche Auswirkungen haben. Diese Stellungen sollten in Verbindung mit den anderen Indizien interpretiert werden.

Bei der Charakteranalyse müssen Sie sich daran erinnern, dass die Eigenschaften des Aszendenten- und des Sonnenzeichens grundlegend für die Persönlichkeit sind, sich aber auf verschiedenen psychischen Ebenen manifestieren können. Bei der Analyse der Gesundheit müssen beide berücksichtigt werden, wobei dem Aszendenten größere Aufmerksamkeit gewidmet werden sollte. Die Anfälligkeiten, wie sie mit dem Sonnenzeichen einhergehen, ergeben sich eher als Resultat unserer persönlichen Aktivitäten, während diejenigen des Aszendenten mehr mit der genetischen Struktur zusammenzuhängen scheinen. Was den Mond betrifft, handelt es sich um die Reaktion auf Situationen – der Mensch mit einem Jungfraumond wird z. B. entdecken, dass er in Stresssituationen oder bei einem Schock zu Magenbeschwerden neigt.

Planeten im 1. Haus

Je näher ein Planet am Aszendenten steht, desto stärker ist sein Einfluss. Als Erstes müssen Sie untersuchen, welchen Einfluss die Planeten direkt am Aszendenten haben. Als allgemeine Anhaltspunkte sollten Sie die kurzen Anmerkungen auf der gegenüberliegenden Seite studieren. Je weiter »unten« im Haus der Planet steht, desto schwächer ist sein Einfluss.

Die Übersicht der Zeichen mitsamt ihrer Beziehung zur Einstellung zur Gesundheit und den allgemeinen Bedürfnissen (siehe S. 260) stellt einen weiteren Anhaltspunkt dar. Beide Male geht es darum, auf eine konstruktive Weise zu denken und den Einfluss des herrschenden Planeten usw. zu erkennen.

Das 6. Haus

Unsere Einstellung zur Routine, die Art und Weise, wie wir unsere wachen Stunden verbringen und das, was wir brauchen, um unsere Bedürfnisse zu befriedigen usw. haben einen machtvollen Einfluss auf unser körperliches Wohlbefinden. Der Körper ist nichts anderes als eine komplizierte Maschine. Wenn man für ihn sorgt und vernünftig mit ihm umgeht, wird er lange Zeit funktionieren. Wenn er durch allzu viel Druck in Mitleidenschaft gezogen ist oder – schlimmer noch – wenn er »rostet«, gerät Sand ins Getriebe. Sie können hier Näheres erkennen, wenn Sie die Übersicht auf Seite 261 studieren, bei der der Aszendent in Verbindung mit dem Zeichen an der Spitze des 6. Hauses gesetzt wird. Diese Liste ist immer gültig, wenn Sie das System der Äqualen Häuser

PLANETEN IM 1. HAUS

☉ SONNE

Positiv Eine erhöhte Vitalität und eine positive Einstellung zur Gesundheit. Für gewöhnlich stehen hier Sonne und Aszendent im gleichen Zeichen, wodurch der Mensch zur »doppelten Waage« oder was auch immer wird. Ein besonderer gesundheitlicher Akzent gemäß des betreffenden Zeichens; eine solche Stellung ist besonders gründlich zu analysieren. Untersuchen Sie die Aspekte der Sonne und die des herrschenden Planeten, dessen Einfluss natürlich ebenfalls besonders wichtig ist.

Negativ Negative Züge treten dann in Erscheinung, wenn Spannungsaspekte zu anderen Planeten bestehen und die machtvolle Vitalität und die positive Einstellung der Sonne beeinträchtigt ist. Als Resultat kann es eventuell auch zu Exzessen kommen.

☽ MOND

Positiv Der positive Fluss der Emotionen verhilft dem Menschen zu einem erfüllenden Leben. Diese Stellung verleiht aber eine empfindliche Haut, welcher Farbe sie auch sein mag. Ängste und Ahnungen können die Gesundheit beeinflussen. Bei Frauen sollten regelmäßig die Brüste untersucht werden.

Negativ Wie vorstehend, allerdings mit einer erhöhten Neigung zu Ängsten. Sehr häufig eine verringerte Vitalität oder Verdauungsprobleme, wieder als Ergebnis der Neigung zu Sorgen.

☿ MERKUR

Positiv Ein reger Stoffwechsel und viel mentale und nervliche Energie, die gemäß der Charakteristiken des Aszendenten zum Ausdruck kommen. Rastlosigkeit könnte zum Problem werden.

Negativ Nervliche Spannung, speziell dann, wenn Merkur negative Aspekte von Uranus, dem Mond oder von Jupiter empfängt. Bei einem Quadrat oder einer Opposition zu Saturn könnte eine gesteigerte Rastlosigkeit sowie Neigung zu Depressionen die Gesundheit beeinträchtigen.

♀ VENUS

Positiv Ein eher träger Stoffwechsel, bei der Stellung in einem Luft- oder Feuerzeichen allerdings vielleicht auch ein gleichmäßiger Fluss der Energie.

Negativ Da diese Platzierung zu Maßlosigkeit neigen lässt, ist Übergewicht recht wahrscheinlich.

♂ MARS

Positiv Regt den Stoffwechsel an und bedeutet viel körperliche Energie, die einen positiven Ausdruck erfordert. Wahrscheinlich eine Neigung zu Unfällen.

Negativ Wie vorstehend, die negativen Auswirkungen sind aber noch stärker. Bei einem Kontakt zu Saturn kommt die Energie womöglich auf eine unangemessene Art zum Ausdruck, vielleicht mit einer Tendenz zu Erkältungen und Fieber. Ein negativer Kontakt zu Uranus könnte bedeuten, dass Spannungen sowohl zu physischen als auch psychischen Problemen führen.

♃ JUPITER

Positiv Der Mensch kostet das Leben voll aus; Komplikationen dürften damit zusammenhängen, dass er sich allzu viel Essen oder Wein gönnt. Auch bei positiven Aspekten ist ohne Weiteres eine Gewichtszunahme möglich.

Negativ Die Tendenz, des Guten zu viel zu tun – exzessiv zu essen oder zu trinken, nicht als Resultat des Bedürfnisses, der Realität zu entfliehen, sondern einfach wegen des Vergnügens, was letztendlich zu einem Leberschaden führen könnte. Die Hüften und Oberschenkel sind anfällig, wie beim Schütze-Aszendenten auch. An diesen Stellen Neigung zur Gewichtszunahme.

♄ SATURN

Man kann nur wenig Positives zum Einfluss auf die Gesundheit sagen, wenn sich Saturn in diesem Haus befindet. Fast immer hat er eine verminderte Vitalität zur Folge, wenngleich er in einigen wenigen Fällen auch als eine Verankerung der Persönlichkeit wirken kann. Den meisten Menschen aber verleiht er eine ziemlich negative Einstellung, die nicht förderlich für das Wohlbefinden ist. Häufig Schmerzen und Krankheiten; manchmal, wenn Saturn von Merkur oder Uranus verletzt wird, auch die Tendenz zu Behinderungen. Womöglich stürzt dieser Mensch oft und hat in einem überdurchschnittlichen Maße unter Prellungen oder Brüchen zu leiden. Wenn Sonne, Mond oder herrschender Planet im negativen Aspekt zu Saturn stehen, womöglich sehr schwerwiegende gesundheitliche Beeinträchtigungen gemäß des betreffenden Zeichens.

♅ URANUS

Wie bei Saturn auch hat diese Stellung nicht sehr viel Positives. Sie bedeutet ein erhöhtes Maß an nervlicher Energie und regt meist den Stoffwechsel an, bringt aber viel Spannung. Unfälle sind eine weitere Möglichkeit, vielleicht mit Stürzen und Prellungen.

♆ NEPTUN

Über diese Stellung wird ausführlich in dem psychologischen Kapitel (S. 266–267) berichtet, auch in dem Abschnitt zur Interpretation der Neptunaspekte (S. 398–399). Die Auswirkungen scheinen eher von psychischer als von physischer Art zu sein, vorausgesetzt, der Betreffende verfällt nicht in Alkohol- oder Drogensucht, um seinen psychischen Problemen zu entfliehen. Der psychologische Aspekt ist jedenfalls wichtiger als der physische. Vielleicht auch eine Anfälligkeit gegen ärztlich verordnete Drogen. Falls Neptun sich unter dem Einfluss eines Skorpion-Aszendenten befindet, dürfte der Stoffwechsel eher träge sein, was zu einer Gewichtszunahme führen könnte.

♇ PLUTO

Auch hier gibt es nicht allzu viele positive Effekte, abgesehen davon, dass Pluto bei positiven Aspekten die Eliminierung von unerwünschten Substanzen begünstigt. Bei negativen Aspekten kann aber der verkrampfende, beschränkende Effekt gerade das Gegenteil bewirken. Wie bei Neptun auch ist der psychische Einfluss dieser Stellung sehr machtvoll.

⚷ CHIRON

Zu Chirons Einfluss auf die Gesundheit siehe S. 417.

DIE PLANETEN UND DIE DRÜSEN

Es besteht eine intensive Beziehung der Planeten zu den Drüsen. Befindet sich ein Planet im 1. Haus – besonders in Konjunktion zum Aszendenten –, könnte die Drüse, über die er herrscht, zu Problemen Anlass geben. Dieser Einflussbereich ist vielleicht der wichtigste von allen. Die Drüse, die dem herrschenden Planeten zugeordnet wird, könnte eine herausragende Rolle spielen.

DER TIERKREIS UND DER KÖRPER

Astrologen haben schon vor langer Zeit erkannt, dass bestimmte Zeichen über bestimmte Körperteile herrschen. Dies wird deutlich an den unzähligen »Tierkreismenschen«, bei denen die Zeichensymbole den Körperteilen, über die sie regieren, zugeordnet sind. In dieser Übersicht finden sich die gebräuchlichsten Assoziationen wieder, wie sie schon von Ptolemäus vor 2000 Jahren in seinem Werk »Tetrabiblos« angeführt sind. Wir ergänzen sie noch durch die Zuordnung der Drüsen. Diese Kategorisierung entspricht der zeitgenössischen Astrologie – wir möchten Sie aber dazu auffordern, sich hier wie bei den anderen Bereichen dieser Wissenschaft auch Ihre eigene Meinung zu bilden.

Widder
Der Widder herrscht über den Kopf, insbesondere über das Großhirn. Eine starke Widderbetonung könnte die Neigung zu Neuralgien oder schweren Kopfschmerzen anzeigen. Mars als Herrscher des Widders wird der Überlieferung nach mit dem linken Ohr, den Nieren, den Venen und Adern und den Genitalien in Beziehung gesetzt. Er herrscht auch über die Geschlechtsdrüsen.

Zwillinge
Die Zwillinge herrschen über die Lungen, die Lungenbläschen, die Schultern, Arme, Hände und Finger. Regent der Zwillinge ist Merkur, womit auch die mentalen Prozesse betont sind, die sich für gewöhnlich durch Schnelligkeit und Brillanz auszeichnen. Ptolemäus setzte diesen Planeten in Beziehung zur Zunge, zur Galle und zu dem Gesäß. Die modernen Astrologen glauben, dass er über die Nerven herrscht.

Stier
Mit dem Stier assoziiert man das Kleinhirn wie auch den Hals, die Ohren, den Unterkiefer und die Kehle. Stiere stehen im Ruf zu viel zu essen. Das Zeichen Stier beeinflusst die Nebenschilddrüse, welche den Kalziumspiegel im Körper steuert.

Löwe
Der Löwe herrscht über das Herz, das Rückgrat und den Rücken. Sein Regent ist die Sonne, welche nach Ptolemäus über das Gehirn, das Herz, die Sehnen und die rechte Körperseite herrscht. Heutzutage bringt man sie in Zusammenhang mit der Thymusdrüse und den endokrinen Drüsen (wichtig in der Pubertät) und dem körperlichen Immunsystem.

Krebs
Der Krebs herrscht über die Brüste, den Magen und die Speiseröhre. Der Mond, der über den Krebs herrscht, wird der Tradition nach mit dem Magen, der Gebärmutter und dem Geschmackssinn in Verbindung gebracht, gleichzeitig mit der linken Seite des Körpers. Die moderne Astrologie ordnet ihm das gesamte Verdauungssystem zu.

Waage
Die Waage herrscht über die Nieren und die Lenden. Probleme mit dem Urin können auch mit ihr zusammenhängen. Weil die Venus über dieses Zeichen herrscht, sollten Sie auch beim Stier nachlesen.

Jungfrau
Die Jungfrau steht in Verbindung mit dem Darmtrakt, dem Solarplexus sowie dem Nervensystem. Dieses Zeichen wird von Merkur beherrscht (siehe auch Zwillinge).

Schütze
Der Überlieferung nach steht der Schütze in Verbindung mit den Hüften und Oberschenkeln, gleichermaßen mit den Blutgefäßen. Sein Herrscher ist Jupiter, der auch über die Leber, die Arterien und das Sperma herrscht; es besteht ein Zusammenhang zur Hirnanhangdrüse, die die Hormonproduktion und das Körperwachstum reguliert.

Skorpion
Der Überlieferung nach hängen die Sexualorgane mit dem Skorpion zusammen (woher dessen übermäßig strapazierter Ruf als sexuellstes Zeichen herrührt). Die Blase, Prostata und der Mastdarm werden ebenfalls von diesem Zeichen regiert. Traditionell herrschte Mars darüber – sehen Sie also auch auf das Zeichen Widder. Der moderne Herrscher ist Pluto; Pluto und Mars herrschen zusammen über die Geschlechtsdrüsen.

Steinbock
Der Steinbock herrscht über die Knie, Knochen und Zähne; sein Regent ist Saturn, welcher die Regentschaft über die Milz, die Blase, den Schleim und die Knochen hat. Weiterhin bringt man ihn in Verbindung mit der Hirnanhangdrüse, welche die Geschlechtsdrüsen steuert und die Knochen- und Muskelstruktur beeinflusst.

Fische
Die Fische haben die Regentschaft über die Füße sowie auch über Krankenhäuser und die Medizin allgemein. Traditionell herrschte Jupiter darüber – sehen Sie diesbezüglich auch beim Schützen nach. Der neuzeitliche Herrscher ist Neptun, welcher den Thalamus beeinflusst, eine Struktur im Hirn, die Auswirkungen auf die Übertragung von Sinnesreizen hat.

Wassermann
Der Wassermann regiert den Kreislauf; sein traditioneller Herrscher ist Saturn – siehe also Steinbock. Heute wird Uranus die Herrschaft darüber zugeschrieben, den Astrologen mit der Zirbeldrüse in Zusammenhang bringen, dem mysteriösen »dritten Auge«.

benutzen. Bei Placidus oder Koch müssen Sie vorsichtig sein – hier können sich andere Kombinationen ergeben.

EINIGE HÄUFIGE PROBLEME UND IHRE BEURTEILUNG

Die vielleicht wichtigste Frage ist, inwiefern der Verstand, die Haltung und der persönliche Lebensstil die Gesundheit beeinflussen. Wenn der Betreffende sich viele Sorgen macht und alleine lebt, ist die Wahrscheinlichkeit groß, dass er Kleinigkeiten überinterpretiert. Die geistige Einstellung führt dann tatsächlich zur Krankheit.

Dies ist am wahrscheinlichsten bei der krebsgeprägten Person – die vielleicht von der Familie getrennt lebt. Es sind aber nicht nur ältere Damen für diese Tendenz anfällig; der junge Mann oder die junge Frau, die gerade von zu Hause ausgezogen ist, könnte auf eine rätselhafte Weise erkranken. Recht wahrscheinlich ist das bei einer markanten Krebsbetonung oder auch, wenn der Mond in Konjunktion zum Aszendenten steht oder durch einen persönlichen Planeten oder Saturn negativ aspektiert wird. In letzterem Fall dürfte die ganze Einstellung etwas Düsteres bekommen. Ähnliches ist auch beim Waagetyp denkbar – diese beiden Zeichen sowie die alleinlebenden Menschen, die von der Jungfrau oder dem Wassermann geprägt sind, leiden auf diese Art und Weise.

Die Einstellung zum Leben verändern

Bevor man die Krankheit – ob nun eine reale oder eingebildete – näher zu bestimmen versucht, sollte man sich fragen, was die Wurzel des Problems sein könnte. Vielleicht muss der oder die Betreffende sich öffnen, vielleicht muss er oder sie den Geist weiten. Einen überzeugten Einzelgänger werden Sie nicht dazu bringen, sich zu binden – ermutigen Sie ihn aber dazu, sein Potenzial zu entwickeln.

Die junge Person, die nach dem Auszug aus dem Zuhause physisch erkrankt ist, fühlt sich vielleicht sehr unsicher und braucht Unterstützung. Sehen Sie hier auf Mars und Jupiter (um zu erkennen, wie sie aktiv werden kann) und auf Uranus (ist ein ausgeprägter Hang zur Unabhängigkeit vorhanden?). Bei einer Betonung der Feuerzeichen könnten die Schwierigkeiten bald überwunden sein, bei Wasserzeichen sind sie dagegen wahrscheinlich recht vertrackt, bei Erde geht es vielleicht darum, dass der oder die Betreffende ein Gefühl der Sicherheit braucht. Bei Luft kommt es auf Logik an. In jedem Fall sollten Sie auch auf die Lunarprogressionen und auf die Transite schauen, um herauszufinden, was die Probleme und die negative Einstellung verursacht hat und wie es um deren zeitliche Dauer bestellt sein dürfte. Vielleicht müssen Sie hier sehr vorsichtig vorgehen – manchmal könnte wiederum ein Schock sehr heilsam wirken und dazu beitragen, dass der junge Mensch seinen Mutterkomplex überwindet.

Die Gesundheit vernachlässigen

Neben der Tendenz zur Hypochondrie oder der übermäßigen Neigung zu Ängsten gibt es ein anderes Extrem: die Augen zu verschließen. Der Mensch könnte auch zu einem blinden Optimismus neigen: »Alles ist in Ordnung.« (Achten Sie auf negative Aspekte zwischen Sonne und Jupiter, einen stark gestellten Jupiter, z. B. in Konjunktion zum Aszendenten.)

Es gibt auch den Zauderer, der es unter allen Umständen vermeidet, sich einem Test zu unterziehen (der Waage- oder Fischetyp). Vielleicht ist Ihr Klient auch mars- oder widder- oder schützegeprägt; weil er den Sport und das Training so liebt, könnte er sehr dickköpfig sein, was diesbezügliche Symptome betrifft – und womöglich allzu lange mit dem Gang zum Arzt warten.

Sie wissen, wie Sie diese Personen zu nehmen haben – indem Sie ihre Horoskope studieren. Untersuchen Sie die Position des Mondes, er lässt erkennen, wie sie auf Sie reagieren. In schwierigen Fällen sollten Sie Ihr eigenes Horoskop in Beziehung zu dem Ihres Gegenübers setzen – so können Sie sehen, ob eine gute Verbindung besteht.

ASTROLOGIE UND DIÄT

Manche Menschen werden Sie fragen, wann ein guter Zeitpunkt ist, mit einer Diät anzufangen. Wie immer gilt es, das Horoskop daraufhin von verschiedenen Blickpunkten aus zu untersuchen.

◆ Wie diszipliniert ist die Person? Ist sie willensstark genug, eine Diät durchzuhalten? Jemand mit einem gut aspektierten Saturn dürfte hier wenig Probleme haben; der Mensch, dessen Horoskop auf wenig Disziplin schließen lässt – z. B. mit einer sehr starken Venus und der Liebe zum Süßen oder einem machtvollen Jupiter und der Vorliebe für reichhaltige Mahlzeiten –, braucht mehr Unterstützung. Er wird auch länger Diät halten müssen als die sehr aktive Persönlichkeit.

◆ Ist der Stoffwechsel träge oder schnell? Der Mensch mit einem regen Stoffwechsel dürfte nicht allzu viel Gewicht angesetzt haben, sein Körper spricht wahrscheinlich auch gut auf die Reduzierung der Kalorien an. Mit seinen schnellen Bewegungen (vielleicht hat er etwas vom »Zappelphilipp« an sich) wird er die überschüssigen Pfunde wieder schnell loswerden und sich in Zukunft durch eine logische und rationale Einstellung zum Essen auszeichnen. Bei einem trägen Stoffwechsel dagegen dauert es sehr viel länger, bis man Gewicht verliert. Menschen, in deren Horoskop die Erdzeichen dominieren, sind zugänglich für Appelle an ihre Bestimmtheit und Zielstrebigkeit. Wenn die Liebe zum süßen Leben durch Jupiter sehr stark ist, müssen Sie auffordern, vernünftig zu sein.

◆ Wann ist die Zeit günstig, mit einer Diät anzufangen? Vielleicht ist es einfacher zu erläutern, wann dies nicht der Fall ist! Eine Abfolge von Jupitertransiten z. B., besonders zu Sonne, Aszendent oder Mond, lässt uns zur Gewichtszunahme neigen. Transite von Jupiter zur Venus oder eine Reihe von flüchtigen Venustransiten zu Jupiter, Sonne, Mond oder Aszendent sind ebenfalls nicht sehr günstig. Logischerweise sind Weihnachten und andere Festtage auch nicht besonders geeignet, überhaupt der Winter für diejenigen, die in nördlicheren Breiten leben – wenn es kalt ist, braucht der Mensch nun einmal reichhaltigeres Essen.

Positive Anzeichen

Im Idealfall gibt es Transite, die konstruktive Hilfe erkennen lassen. Positive Transite von Saturn zum herrschenden Planeten sind günstig; Transite zwischen Saturn und Merkur bedeuten eine empfänglichere geistige Verfassung, was ebenfalls hilfreich ist. Überraschenderweise sind dagegen positive Lunarprogressionen zu Saturn nicht günstig.

Um welche Jahreszeit es sich auch handeln mag, Sie können mit einer 90-prozentigen Wahrscheinlichkeit davon ausgehen, dass der Mensch bei einem

SONNENZEICHEN UND GESUNDHEIT

	Haltung	Stoffwechsel	Anfällig für	Erfordernisse
♈	Hat keine Zeit, sich um seine Gesundheit Sorgen zu machen	Meist sehr schnell	Kopfschmerzen, Unfälle aufgrund von Sorglosigkeit - Schnitte, Stürze, ausgeschlagene Zähne	Der Sorglosigkeit entgegentreten; psychische »Überhitzung« vermeiden, das Essen nicht zu scharf würzen!
♉	Macht sich vielleicht Sorgen, wartet aber womöglich sehr lange bis er ärztlichen Rat sucht	Träge	Gewichtszunahme, Halsentzündungen	Maßloses Essen und Trinken vermeiden; die Tendenz zum Süßen bezähmen; nicht aus Kummer essen
♊	Rationalisiert potenzielle Probleme	Rege	Nervliche Spannung, Rastlosigkeit, Arm-, Schulter- und Handverletzungen, Bronchitis	Der Rastlosigkeit durch eine Kombination von physischen und intellektuellen Aktivitäten begegnen
♋	Könnte sich schon bei kleineren Beschwerden sehr viele Sorgen machen	Zumeist langsam	Wegen der Neigung zu Sorgen Magenprobleme und wegen der empfindlichen Haut Sonnenbrand	Eine rationalere Einstellung entwickeln, um konstruktiver auf das Leben zu reagieren; sich regelmäßig untersuchen lassen
♌	Bei Krankheiten wütend auf sich selbst	Beständig bis rege	Rückenschmerzen und Probleme mit der Wirbelsäule	Regelmäßiger Sport, um Probleme mit dem Herz zu vermeiden und den Rücken beweglich zu halten; sich warm anziehen
♍	Könnte bei den kleinsten Beschwerden zum Arzt (oder zum Homöopathen) laufen	Rege	Ängste und nervöse Spannung führen häufig zu Migräne; Darmbeschwerden, Ekzeme	Gelassenheit entwickeln, indem man sich eine Entspannungstechnik aneignet
♎	Könnte lange warten, bevor er sich eine Diagnose stellen lässt	Zumeist niedrig	Übergewicht; physisch oder psychisch bedingte Kopfschmerzen	Ausgewogenheit durch regelmäßiges Essen und sportliche Aktivität
♏	Neigt dazu, selbst zu diagnostizieren, was falsch läuft	Beim sehnigen Typ: rege; beim schwerer gebauten: langsam und immer langsamer werdend	Psychische und physische Stagnation vermeiden und die machtvolle Energie tatsächlich einsetzen	Auf allen Gebieten des Lebens Exzesse vermeiden, besonders aber beim Essen und bei der Sexualität
♐	Ignoriert die Symptome, so lange es geht	Zumeist hoch	Rastlosigkeit, die zu Problemen führen kann; Gewichtszunahme an Hüften und Oberschenkeln	Sicherstellen, dass die physische und intellektuelle Energie auch tatsächlich verbrannt wird
♑	Könnte zu Ängsten neigen	Beständig bis rege	Arthritis und Zahnprobleme, Verletzungen der Knie	In Bewegung bleiben, um steife Gelenke zu vermeiden; eine positive Einstellung zum Leben gewinnen
♒	Hört sich den Rat des Arztes vielleicht an, befolgt ihn aber nicht	Zumeist rege	Arthritis, schwache Knöchel, schwacher Kreislauf	Braucht vielleicht wärmere Kleidung als er/sie denkt; muss die exzentrische Einstellung zu Krankheiten überdenken
♓	Tendiert zu Ängsten und bildet sich Krankheiten ein	Zumeist niedrig	Probleme mit den Füßen; Übergewicht; manchmal allergische Reaktionen auf Medikamente	Sich der Tendenz zu negativen Fluchtmechanismen bewusst sein

progressiven Mondaspekt zum Radix- oder zum progressiven Saturn einen Schnupfen oder eine Grippe bekommt (siehe auch S. 262-263). Das Letzte, was man dann tun sollte, ist, weniger zu essen. Wenn allerdings Ihr Klient zu der Sorte Mensch gehört, die bei einer Erkältung nichts essen können, wird er natürlich Gewicht verlieren.

Im Allgemeinen sind positive Saturntransite günstig für den Beginn einer Diät. Ansonsten können Sie Zeiten heraussuchen, zu denen im Progressionshoroskop nicht viel los ist. Das heißt, dass das Leben dann wahrscheinlich keine angenehmen Überraschungen bereithält.

Vorsicht beim Thema Diät!

Es ist sehr wichtig, dass man sich vor einer intensiven Diät ärztlich untersuchen lässt. Wenn ärztlicherseits nichts dagegen spricht, dürfte es sinnvoll sein, sich um ein anderes Essverhalten zu bemühen.

Fragen Sie sich immer, ob der Grund für das Gewichtsproblem mit einem unerfüllten emotionalen Leben zusammenhängt. Falls ja: Geben Sie Unterstützung - diese ist möglicherweise genau das, worauf es ankommt, nicht das Kalorienzählen. Wenn der Mensch lernt, gelassener und gelöster zu werden und emotionale und sexuelle Erfüllung findet, wird er vielleicht von sich allein aus weniger essen.

Spricht aber alles für eine Diät, sollte man sehr darauf achten, die notwendigen Vitamine zu sich zu nehmen. Wir raten ansonsten nicht zur kritiklosen Einnahme von Vitaminpräparaten – bei einer Diät aber können sie tatsächlich nützlich sein.

Das dicke Kind

Der Grund dafür, dass ein Kind zu viel isst, kann ein Mangel an Liebe oder das Gefühl der Unsicherheit sein. Ein solches Kind stiehlt möglicherweise auch, vielleicht deshalb, weil die Eltern an ihm herumnörgeln oder weil es auf die jüngere Schwester oder den jüngeren Bruder eifersüchtig ist. Auf der anderen Seite könnte ein gedankenloser Elternteil, der es auf maßlose Weise verwöhnt, dafür verantwortlich sein.

SÜCHTE ERKENNEN

Wenn Sie die anderen Kapitel dieses Buches gelesen haben, werden Sie wissen, dass bestimmte Planeten, Zeichen und manchmal auch Aspekte in bestimmten Bereichen des Horoskops zu negativen Fluchttendenzen wie Alkohol, Nikotin oder Drogen führen können. Es sind aber so viele junge Menschen von Drogen abhängig, dass man bei ihnen alle Tierkreiszeichen und Konstellationen finden kann. Grundsätzlich aber gibt es einige Anzeichen im Horoskop, die auf Sucht schließen lassen, was vorbeugend von großem Nutzen sein kann.

Drogenprobleme

In den Horoskopen von Süchtigen ist sehr häufig ein verletzter Neptun zu finden, oft in Konjunktion zum Aszendenten (zumeist aus dem 1. Haus, manchmal aus dem 12.). Beim Skorpion- oder Waageaszendenten ist die Situation sehr schwierig. Einfacher ist es, wenn sich Neptun im Schützen befindet, weil hier eine Affinität zwischen Zeichen und Planet besteht. Ältere Menschen mit dem Neptun in der Jungfrau könnten ebenfalls Probleme haben, allerdings war die Einnahme von Drogen in ihrer Jugendzeit weniger verbreitet. Die Generation, die zwischen 1984 und 1998 geboren ist, hat diesen Planeten im Steinbock; die Drogenszene hat für sie leider einigen Reiz.

Ein markanter Pluto kann hier eine zusätzliche Faszination bewirken. Derjenige, bei dem er stark gestellt ist, probiert Drogen vielleicht einfach deshalb aus, um zu wissen, »wie das ist«.

ASZENDENT UND GESUNDHEIT

Asz	Das Zeichen an der Spitze des 6. Hauses	Mögliche Interpretation
♈	Jungfrau	Arbeitet den Tag über hart, mit der Möglichkeit, dass sich Spannungen aufbauen. Könnte sich allzu viel aufladen
♉	Waage	Neigung zum süßen Leben. Opulente Geschäftsessen könnten schädliche Folgen haben. Vielleicht ist mehr körperliche Betätigung nötig
♊	Skorpion	Hat das Bestreben, den Arbeitsalltag so intensiv wie möglich zu gestalten - arbeitet vielleicht an Verbesserungen der Arbeitsabläufe
♋	Schütze	Wegen Unstrukturiertheit, Ängsten oder Hektik bezüglich der Aufgaben könnte es zur Verschwendung von emotionaler und physischer Energie kommen
♌	Steinbock	Für gewöhnlich diszipliniert und strukturiert; manchmal aber Stress und Erschöpfung wegen zu harter Ansprüche an sich selbst
♍	Wassermann	Würde von einer regelmäßigen Arbeitszeit und einer vorhersehbaren Routine profitieren; neigt aber zu Spannungen und Schuldgefühlen
♎	Fische	Ängste bezüglich der Reaktion der Mitmenschen könnten zu Stress und negativen körperlichen Symptomen führen
♏	Widder	Der Aszendent Skorpion verleiht hier sehr viele emotionale und körperliche Ressourcen - und der Widder will, dass es Fortschritte gibt im Leben. Wahrscheinlich keine besonderen Probleme
♐	Stier	Genießt die Arbeit und das Vergnügen; muss wegen der Tendenz zu Übergewicht sowie zur Unbeständigkeit ein Auge auf die Ernährung haben, speziell dann, wenn die physische Energie nicht angemessen zum Ausdruck kommt
♑	Zwillinge	Nervliche Anspannung und konzentrierte, harte Arbeit können zu steifen Gelenken und Schmerzen führen. Massage wirkt hilfreich
♒	Krebs	Muss lernen, ein gleichmäßiges Tempo zu entwickeln und Sprunghaftigkeit zu vermeiden. Ängste könnten zu Steifheit in den Gelenken führen
♓	Löwe	Häufig der Wunsch nach einem luxuriösen Lebensstil. Der Mangel an Disziplin und Anstrengung aber könnte Unzufriedenheit zur Folge haben.

Der Umgang mit Drogenabhängigkeit

Damit jemand von einer schweren Sucht freikommt, ist wahrscheinlich eine spezielle Beratung nötig – etwas, das Ihre Fähigkeiten überschreiten dürfte und was Sie gar nicht erst versuchen sollten. Sie können aber auf andere Weise helfen. Sehen Sie im Horoskop nach, ob etwas auf Veränderungen schließen lässt – Sonne oder Aszendent progressiv im nächsten Zeichen z.B. oder die Saturnwiederkehr im Alter von 29 oder 30 Jahren. Intensive Saturntransite - besonders zu Sonne oder Mond – sensibilisieren den Menschen ebenfalls; sie können auch die innere Moral stärken, mit der Sucht zu brechen. Untersuchen Sie immer, welche Stärken der betreffende Mensch hat, und ermutigen Sie ihn, sich darauf zu beziehen. Es ist dagegen zwecklos zu sagen: »Halt – das hat keinen Sinn!« Wenn Sie die Stärken betonen und – am wichtigsten von allem – aufzeigen, wo das Potenzial liegt und wie es entwickelt werden kann, vermag der Betreffende seine Einstellung zu verändern, dann kann er Bestimmtheit entwickeln und vielleicht zu einem befriedigenderen Lebensstil finden. Diejenigen, die scheitern, haben oftmals darunter gelitten, dass es niemanden gab, der an sie geglaubt hat – dies ist häufig der Grund für den Drogenkonsum.

Rauchen

Sie können auf die gleiche Weise vorgehen und nach den gleichen Trends suchen, wenn Ihr Klient ein starker Raucher ist – der Unterschied könnte aber der sein, dass er von sich aus dazu entschlossen ist, mit dem Rauchen aufzuhören. Das sollte er auch sein - ein Mangel an Bestimmtheit führt nämlich unweigerlich zu Rückschlägen. All die vorstehend angeführten Progressionen und Transite sind hilfreich; Sie können sich aber auch auf die Hinweise beziehen, die wir für den Beginn einer Diät aufgezählt haben (siehe S. 259-260. Es gibt hier Parallelen – Willensstärke und Bestimmtheit sind von grundlegender Wichtigkeit, wie auch das Vermeiden von Situationen, in denen die Versuchung zum Rauchen allzu groß wird.

ALLERGIEN UND ANFÄLLIGKEITEN

Es leiden heute viel mehr Menschen als früher unter Allergien, wenngleich die Vertreter der medizinischen Berufe uns eifrig das Gegenteil versichern. Manche Allergien werden durch Lebensmittelzusätze verursacht; allerdings ist es jetzt viel leichter geworden, Nahrung ohne diese zu finden. Stress ist ein weiterer Faktor. Wenn Sie am Horoskop eines Allergikers arbeiten, werden Sie vielleicht entdecken, dass ein Zusammenhang zu Transiten besteht, die Stress anzeigen. Man kann Stress natürlich nicht vollständig vermeiden; und für gewöhnlich muss hier auch das Progressionshoroskop berücksichtigt werden. Es kann hilfreich sein, wenn Sie eine Entspannungstechnik oder vielleicht auch Yoga empfehlen, wodurch der Mensch innerlich ruhiger wird, was sich womöglich auch günstig auf die Allergie auswirkt.

Manche Menschen reagieren gut auf homöopathische Behandlung; wenn Ihr Gegenüber jungfraugeprägt ist und zu typischen Beschwerden neigt, könnten homöopathische Medikamente sehr hilfreich sein. Auf der praktischen Ebene sollten Sie den Klienten dazu anhalten, sorgfältig zu registrieren, was er isst und trinkt, und die kritischen Nahrungsmittel allmählich wegzulassen.

Krebs und Krebs

Es ist extrem wichtig, dass Sie und Ihre Klienten wissen, dass es keine Verbindung zwischen dem Zeichen Krebs und der Krankheit Krebs gibt. Die Person mit einer markanten Krebsbetonung läuft kein größeres Risiko als andere, an Krebs zu erkranken. In den 1970er-Jahren gab es amerikanische Astrologen, die dafür plädierten, das Zeichen Krebs in »Kind des Mondes« umzubenennen. Das ist natürlich nicht akzeptierbar; statt einen Namen zu ändern, den es seit 2000 Jahren gibt, sollte man besser die Öffentlichkeit aufklären.

Es ist unmöglich, vom Horoskop her zu sagen, ob ein Mensch an Krebs erkranken wird oder nicht. Die uns bekannten Menschen, die an Krebs erkrankt sind, zeichnen sich aber durch gewisse Ähnlichkeiten aus. Sie haben – aus einer Vielzahl von Gründen – ihre wahren Wünsche (z. B. emotionaler oder sexueller Natur) unterdrückt und häufig an einem unbefriedigenden Job festgehalten. Dies ist auch die Ansicht mancher medizinischer Forscher – wenngleich sich nicht alle Krebsformen über einen Kamm scheren lassen (z. B. diejenigen, die sich bereits in der frühen Kindheit ausbilden).

Herzattacken und -infarkte

Es ist auch unmöglich, die Neigung zu Herzattacken oder -infarkten vom Horoskop herzuleiten. Natürlich ist der starke Raucher (siehe Andrew, S. 269) gefährdeter – man muss aber kein Astrologe sein, um das zu erkennen. Wenn Sie ein Horoskop vor sich haben, das auf einen trägen Stoffwechsel schließen lässt und vielleicht auch auf Fluchttendenzen, und wenn Sie wissen, dass der Betreffende keinen Sport treibt, ist aber davon auszugehen, dass er eher Probleme bekommen wird als derjenige, der sich beim Trinken mäßigt, der nicht raucht und dessen Stoffwechsel aktiv ist.

Alles, was sie tun können, ist, zur Mäßigung beim Rauchen, beim Trinken oder was auch immer zu raten und zu empfehlen, sich körperlich zu betätigen (siehe S.250-255).

Der Löwe regiert über das Herz, und gerade Menschen mit einer Löwebetonung sollten regelmäßig Sport treiben – weil das Herz ein Muskel ist, der Bewegung braucht, um in Gang zu kommen. Ein lethargischer Löwe ist für gewöhnlich ein unerfüllter Mensch. Wie beim Krebs und der gleichnamigen Krankheit auch aber gibt es keinen statistischen Zusammenhang zwischen dem Löweaszendenten oder der Löwesonne und Herzerkrankungen.

Erkältungen und Grippe

Die verbreitetsten und lästigsten der Befindlichkeitsstörungen. Wir haben

GÜNSTIGE UND UNGÜNSTIGE ZEITEN FÜR OPERATIONEN

Viel astrologische Forschungsarbeit ist der Frage gewidmet worden, welche Zeiten günstig für Operationen sind und welche nicht. Man ist hier immer noch aktiv – einige der bisherigen Schlussfolgerungen scheinen einleuchtend, andere sind nicht überzeugend.

Vor einer Reihe von Jahren machte eine Gruppe von amerikanischen Chirurgen die Entdeckung, dass es bei allen Patienten, die sie an einem Tag operiert hatten, Probleme mit Blutungen gab. Später merkten sie, dass gerade Vollmond gewesen war. Diese interessante Enthüllung ist eine unter vielen, die astrologische Schlussfolgerungen und Erkenntnisse stützt.

Was Operationen betrifft, hier einige Vorschläge, die sich als hilfreich erweisen könnten. Nach Möglichkeit keine Operation:

◆ Bis fünf Tage vor oder nach Vollmond.

◆ Wenn der Transitmond im Quadrat, in Opposition oder im Quinkunx zur Radixposition von Sonne, Mond, Aszendent, Mars oder Saturn steht. In diesem Buch berücksichtigen wir die Position des Transitmondes nur dann, wenn sie mit dem Neumond zusammenfällt (siehe S. 292f). Weil Mars mit Blutungen und dem Akt des Schneidens zusammenhängt, kann sein Einfluss – mag er auch schwach sein – zu Problemen führen. Gleichermaßen könnte Saturn Verzögerungen beim Heilungsprozess oder Komplikationen bei der Operation bedeuten.

◆ Zu Zeiten, wenn Merkur oder Mars rückläufig ist. Es kommt dann nämlich häufig zu Missverständnissen und Störungen in der Kommunikation – und Mars ist, wie oben erwähnt, der Planet der Chirurgie. Es ist günstig, wenn er zur Zeit des Eingriffs »in guter Laune« ist.

Es kann sehr sinnvoll sein, diese Regeln zu beachten – häufig sind Operationen ja auch geplant. Wenn es sich zeigen sollte, dass die Zeit für den Eingriff ungünstig ist, sollten Sie zunächst auf das Progressionshoroskop und die allgemeinen Transite schauen, um weitere Aufschlüsse über die betreffende Zeit zu gewinnen. Es gibt heute viele Ärzte, denen das Wohlbefinden ihrer Patienten wichtig genug ist, um auf diesbezügliche Wünsche einzugehen. Man sollte sich deshalb nicht scheuen, seine Gründe darzulegen, weshalb man zu einer bestimmten Zeit nicht ins Krankenhaus gehen möchte.

Gute Zeiten für Operationen:

◆ Bis zu fünf Tagen vor oder nach Neumond; Blutungen sind dann am besten unter Kontrolle zu bringen.

◆ Der Transitmond im Sextil oder im Trigon zur Radixposition von Venus, Mars oder Jupiter; diese eher nebensächlichen Transite tragen sehr zum Wohlbefinden des Menschen bei.

Eine Reihe von Astrologen ist auch der Meinung, dass man sich nicht operieren lassen sollte, wenn der Mond in einem veränderlichen Zeichen steht – seine Stellung in fixen Zeichen dagegen wäre günstig. Vielleicht berücksichtigen Sie das – wenn Sie allerdings jedem astrologischen Rat gerecht werden wollen, werden nur noch sehr wenige Termine übrig bleiben! Ganz allgemein sind wir der Meinung, dass man besonders auf das individuelle Horoskop schauen muss, um zu einem Urteil zu gelangen. Berücksichtigen Sie auch die anderen Hinweise (besonders wichtig sind hier die Anmerkungen zum Neu- und Vollmond).

Wenn Sie Blutspender sind, merken Sie vielleicht, dass es angenehmer ist, vor dem Vollmond zu spenden; das Blut fließt dann besser und schneller.

TRANSITE UND GESUNDHEIT

Die Planeten haben – wie dargelegt – die vielfältigsten Auswirkungen auf die Gesundheit und das Wohlbefinden:

☉ SONNE
Bei Transitoppositionen oder -konjunktionen zu persönlichen Planeten hat die Sonne positivere Gefühle zur Folge. Läuft sie durch das 1. Haus, ist die Vitalität deutlich gestärkt.

☽ MOND
Wird für gewöhnlich bei den Konjunktionen nicht berücksichtigt. Wenn allerdings vom Neumond aus negative Aspekte zum Aszendenten oder den persönlichen Planeten ausgehen, könnten wir kurzzeitig das Gefühl haben, die Kontrolle zu verlieren. Bei Frauen Menstruationsprobleme.

☿ MERKUR
Diese Transite haben meist kaum gesundheitliche Auswirkungen, sie führen allenfalls zu einer gewissen nervlichen Anspannung, falls Merkur im Kontakt zu einem schwer verletzten persönlichen Planeten steht. Aber auch dann wirken sie nur ein bis zwei Tage.

♀ VENUS
Diese Transite machen unser Leben angenehm und vergnüglich. Manchmal haben wir unter ihnen vielleicht Magenprobleme – weil wir zu viel gegessen haben. Zu solchen Zeiten könnten wir an Gewicht zulegen. Aber auch dieser Einfluss währt nicht lange.

♂ MARS
Transite vom Mars zum Aszendenten, zur Sonne oder zum Mond führen zu Überstürztheit und häufig zu einer Unfallneigung; wir schneiden uns vielleicht oder verbrennen uns. Beim Marstransit zum MC geraten wir womöglich unverschuldet in einen Autounfall. Warnen Sie Ihr Gegenüber vor diesen Möglichkeiten, und raten Sie, für etwa eine Woche besondere Vorsicht walten zu lassen. Mars steigert das Energieniveau, und wir fühlen uns nun meist stark. Ob es sich aber nun um eine Konjunktion oder eine Opposition handelt: Achtung, Gefahr!

♃ JUPITER
Ähnlich wie die Venus, allerdings dauert der Einfluss länger. Bei einem negativen Kontakt zu einem persönlichen Planeten neigen wir vielleicht zur Maßlosigkeit. Jupiters Schlüsselwort – Expansion – kann fraglos beim Kontakt zur Sonne oder zum Aszendenten auch eine Gewichtszunahme bedeuten. Für gewöhnlich aber in anderen Lebensbereichen positivere Auswirkungen.

♄ SATURN
Beeinträchtigt die Vitalität. Depressionen, eine Erkältung oder Grippe, Schmerzen und manchmal auch Stürze sind möglich, wenn Saturn im Transit den Aszendenten, die Sonne, den Mond oder den herrschenden Planeten negativ oder durch die Konjunktion aspektiert.

♅ URANUS
Man muss nun darauf achten, dass der Kreislauf funktioniert und dass man keine besonderen Risiken auf sich nimmt (besonders bei gefährlichen Sportarten). Manchmal kommt es unter dem Einfluss , von Uranus zu einem Schock. Wie bei Saturn auch ist das am wahrscheinlichsten bei negativen Aspekten oder der Konjunktion zur Sonne, zum Mond, zum Aszendenten oder herrschenden Planeten.

♆ NEPTUN
Wir könnten nach dem Weg des geringsten Widerstandes suchen, wenn Neptun aktiv ist. Achten sollte man nun darauf, nicht zu viel zu rauchen und nicht in negative Fluchttendenzen zu verfallen. Manchmal Vergiftungen durch verseuchtes Wasser oder verdorbene Lebensmittel, speziell beim Neptunkontakt zu Mars. Was die anderen Einflüsse betrifft, gelten dieselben Regeln wie bei Saturn und Uranus.

♇ PLUTO
Dieser Planet kann Blockaden zur Folge haben. Wenn uns ein psychisches Problem beschäftigt, ist es mit Pluto in positiver Wirkung oder in Konjunktion möglich, es von allen Seiten zu beleuchten. Pluto unterdrückt oder treibt an; er wirkt am machtvollsten in der Konjunktion oder im negativen Transit zur Sonne, zum Mond oder zum Aszendenten. Wenn der Transitpluto Mars aspektiert, könnte es zu einer Entzündung oder anderen Beschwerden mit den Sexualorganen kommen.

⚷ CHIRON
Positive Transite Chirons zu den persönlichen Planeten ermutigen dazu, etwas für das eigene Wohlbefinden zu tun, denn dieser Planet ist geradezu auf den Selbstheilungsprozess zugeschnitten. Ein negativer Chiron-Einfluss sorgt für Spannung und Stress.

bereits angemerkt, dass sie mit fast absoluter Sicherheit zur Zeit einer Lunarprogression zum progressiven oder zum Radixsaturn auftreten werden. Warnen Sie Ihr Gegenüber davor, und raten Sie ab, in Kontakt mit Menschenmengen oder mit erkrankten Personen zu kommen. Vorbeugend sollte der oder die Betreffende zusätzlich Vitamine zu sich nehmen, besonders Vitamin C. Auch im Hochsommer oder in heißen Gegenden kann man sich erkälten – man sollte also immer ein warmes Kleidungsstück parat haben.

EINE MAGERSÜCHTIGE

FALLSTUDIE

Lisa ist ein 17-jähriges Mädchen, das seit einigen Jahren an Magersucht litt. Ihre Eltern ließen sich scheiden, als sie sieben Jahre alt war. Was Lisa nicht wusste, war, dass ihr Vater nur zwei Monate nach der Scheidung erneut heiratete. Seine zweite Frau hatte bereits ein Kind. Als Lisa Jahre später von dieser Heirat und ihrer Halbschwester erfuhr, schlug ihre herzliche Zuneigung zum Vater, die sie sich trotz der Scheidung bewahrt hatte, in einen bitteren Hass und Eifersucht gegen die zweite Frau und ihre Halbschwester um. Dies war der Grund für ihren gesundheitlichen Zustand, der lange Aufenthalte in Krankenhäusern zur Folge hatte.

Die Analyse des Horoskops

Lisas Horoskop (siehe nächste Seite) zeigt ein gutes Potenzial, besonders für kreative Arbeit oder auch für eine Tätigkeit in Verbindung mit dem Bereich der Mode/Schönheit (Sonne in Konjunktion zur Venus im Löwen, Aszendent Waage, Uranus am Aszendenten).

An Fantasie fehlt es ihr nicht (Mond in Konjunktion zu Neptun), was auch kreativ zum Ausdruck kommen könnte. Die Venus – als Herrscher des Horoskops – kommt durch die Konjunktion mit der Löwesonne gut zur Geltung; der machtvollste Planet des Horoskops ist aber Saturn: Aspekte zu sieben Planeten und ein Trigon zum Aszendenten. Die Oppositionen zwischen Saturn und Mond, Neptun und Jupiter blockieren Lisa emotional. Wenn wir diese Planeten von den Zeichen und Häusern her interpretieren, ist von einer freiheitsorientierten Reaktion auf die Geschehnisse auszugehen (Mond im Schützen), von einer Liebe zum guten Leben (Jupiter im Skorpion) und von einem Bedürfnis nach Sicherheit (drei Planeten im 2. Haus).

Interessanterweise wirkt Saturn hier auf die beschränkendste Weise, indem er sagt: »Du darfst nicht!« Die Situation wird durch Merkur noch verschlimmert, der im eigenen Zeichen steht und in spannungsreichen Quadraten zu Saturn auf der einen und Mond und Neptun auf der anderen Seite.

Die Opposition zwischen Mond und Saturn zeugt von Phasen der Depression, während ein verletzter Merkur auf Neugier und einen Sinn für Kunst schließen lassen kann (bei Personen, die zu Süchten neigen, recht häufig). Uranus in Konjunktion zum Aszendenten und Mars im Wassermann legen einen Charakter nahe, der schwierig und sehr exzentrisch ist.

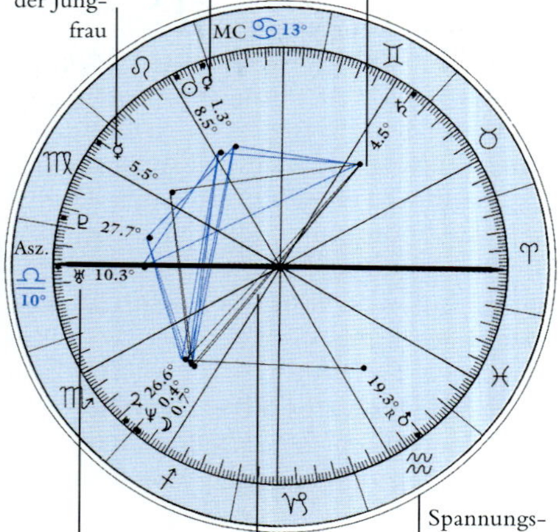

Vom Studium des Horoskops aus ist klar, dass die Wurzel von Lisas Magersucht in dem machtvollen Saturneinfluss zu suchen ist. Der Überlieferung nach steht Saturn für den Vater, und dies ist der eindeutige Beleg dafür, dass die Handlungen ihres Vaters Lisa vollständig aus dem Gleichgewicht gebracht haben. Dieser planetarische Einfluss findet zusätzliche Unterstützung durch Merkur in der Jungfrau – ein Zeichen, das auch mit Ernährung zu tun hat – sowie durch den Hang zur Andersartigkeit von Uranus, und sie wird zusätzlich verstärkt durch die spröde und zugleich angespannte Charakteristik von Mars im Wassermann. Die Eigenschaften des Aszendenten, erheblich von Uranus beeinflusst, verliehen Lisa das Bedürfnis, anders zu sein als andere – was sich nun nicht allzu günstig für sie auswirkt. Ihr jetziger Zustand ist ein regelrechter Hilferuf.

WORAUF MAN ACHTEN SOLLTE

1. Ein machtvoller Saturn, der negative Aspekte von Sonne, Mond oder Aszendent erhält.

2. Anzeichen für eine unangemessene Einstellung zur Ernährung und zu Diäten: Aspekte zu Mond, Venus oder Jupiter; auch ein persönlicher Planet im Stier, in der Jungfrau oder in der Waage, der durch Saturn verletzt ist.

3. Stier, Jungfrau oder Waage durch Sonne, Mond oder Aszendent im Brennpunkt.

4. Ein starkes 2. oder 6. Haus (mit einem persönlichen oder dem herrschenden Planeten) dazu.

5. Der Mond oder die Venus verletzt, speziell bei der Stellung im 6. Haus.

6. Eine Betonung des Krebses – das Zeichen der Nahrung – durch Sonne, Mond oder Aszendent. (In Lisas Fall steht der Krebs am MC, wodurch sie sich mit seinen Eigenschaften identifiziert. Der Mond, der darüber herrscht, ist Bestandteil eines einschränkenden Aspektmusters.)

7. Ein schwerwiegend beeinträchtigter Pluto in den Häusern, die mit der Gesundheit zusammenhängen, dem 1., dem 6. oder demjenigen, das für die psychische Gesundheit steht: das 12. Um noch einmal auf Lisa einzugehen: Bei ihr befindet sich Pluto im 12. Haus, was auf tiefverwurzelte psychische Probleme schließen lässt. Er weist diverse machtvolle Aspekte auf, was hilfreich ist, da es sich um Sextile zu den verletzten Planeten Mond, Jupiter und Neptun sowie um ein Trigon zu Saturn handelt, womit gewährleistet ist, dass die plutonischen Energien positiv zur Geltung kommen.

EIN SEHR DICKER MANN

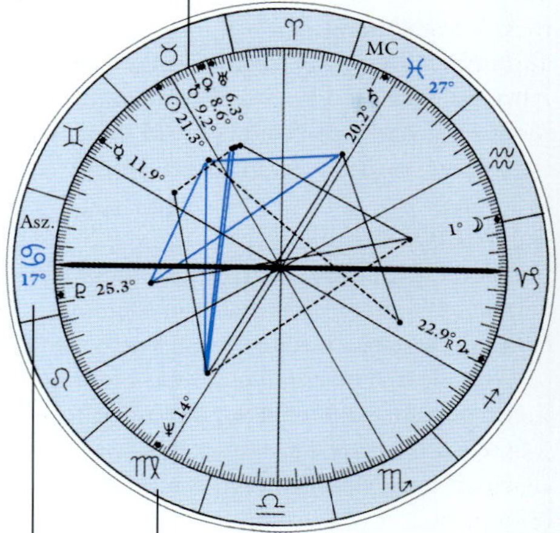

FALLSTUDIE

Dieser Mann, der 171 Kilogramm wog, bekam zu hören, dass er nur noch zwei Monate zu leben hätte, wenn er nicht abnehmen würde. Er tat es nicht, weil zwei Freunde trotz Diät starben.

Das machtvolle Stellium im Stier ist typisch für ein Gewichtsproblem, der Krebsaszendent ist dabei nicht eben hilfreich. Der stark beeinträchtigte Neptun im 2. (Stier-)Haus, der im Trigon zu dreien der vier Stierplaneten steht, lässt ahnen, wie ungünstig sich diese Aspekte auswirken können. Der Mond im Wassermann als Herrscher des Horoskops verleiht eine eigensinnige und ignorante Haltung, noch verstärkt durch die extrem machtvolle Opposition zu Pluto im 1. Haus.

Wie groß der Einfluss der Erfahrungen der Freunde war, wird durch die Stellung Merkurs im eigenen Zeichen Zwillinge im 11. Haus extrem deutlich. Jupiter im 6. Haus hat auch mit der Gesundheit zu tun, auch er ist im eigenen Zeichen stark gestellt. Dieser Mann hätte grundsätzlich seinen Saturn konstruktiv nutzen können, um zu einer vernünftigeren Einstellung zu kommen; die Opposition zwischen Saturn und Neptun aber wirkte schwächend, weil Ersterer in den Fischen stand, dem Zeichen am MC, welches von Neptun beherrscht wird.

EIN DROGEN-ABHÄNGIGER

FALLSTUDIE

Dies ist das Horoskop von Boy George von der Gruppe Culture Club. Bis Anfang 1985 hatte er sich von Drogen vollkommen ferngehalten. Dann fragte er sich auf einmal, ob er nicht einen ganzen Erfahrungsbereich verpasste. Jemand überredete ihn dazu, Ecstasy zu probieren. Nach dieser ersten Erfahrung fühlte er sich freier und in engem Kontakt mit sich selbst. Die Drogen bemächtigten sich seiner, und bald entdeckte er, dass er dringend Kokain brauchte. Auch Cannabis und Heroin wurden ein Teil seines Lebens, aber er dachte, er würde niemals süchtig werden. Der Drogenkonsum kam seiner Karriere in die Quere, und mehr als einmal wurde er wegen Drogenbesitzes festgenommen.

Doch geschockt vom Tod eines Freundes aufgrund einer Überdosis, beschloss er damit aufzuhören. Es war ein entsetzlicher Prozess. Er wurde schwer krank und hatte die furchtbarsten Entzugssymptome, doch schließlich konnte er mit Unterstützung seiner Eltern die schlimme Sucht überwinden, die, wie er sich eingestand, dabei war, ihn umzubringen.

Die Sucht ergriff von ihm Besitz, als sich Pluto im Transit 8° Skorpion annäherte und eine Konjunktion zu seinem Geburtsneptun bildete, der Teil eines T-Quadrates mit Venus und Jupiter ist; der transitierende Pluto aspektierte diesen über einen längeren Zeitraum hin ebenfalls mehrfach im Quadrat. Diese Konfiguration, die zunächst einfach zu sein scheint, kann unter schwierigen Transiten zu extrem eskapistischem Verhalten führen. Doch ihr steht auf wunderbare Weise die Mars/Uranus-Konjunktion in Opposition zum Wassermannaszendenten entgegen. Boy Georges empfindsames Wesen erkennt man an seinem Krebsmond, der sich in bester Gesellschaft von Merkur, ebenfalls im Krebs, befindet und die Zwillingesonne ergänzt. Saturn ist im eigenen Zeichen stark gestellt, allerdings unaspektiert. Im 12. Haus steht er für Rückzug. Boy Georges Kämpfergeist und Stärke (Mars/Uranus-Konjunktion) halfen ihm durch diese verheerende Phase seines Lebens.

EIN POSITIVES LEBEN

FALLSTUDIE

Bez ist eine der am härtesten arbeitenden Personen, die wir kennen. Ihre Einstellung ist geradlinig und positiv. Sie verdiente sich jahrelang ihr Geld als Tänzerin; danach wurde sie Aerobic-Lehrerin in einem Fitnessstudio. Ihr Horoskop ist sehr aufschlussreich, mit einer fantastischen Kombination von Widder- und Skorpionenergie. Sehen Sie sich das 6. Haus an – so voll wie nur möglich (man kann es kaum zeichnen)! Sie ist sehr unabhängig, was mit der Widderbetonung, dem Wassermannjupiter und dem Schützemond zusammenhängt. Die Mischung aus Trigonen und Quadraten ist exzellent – Bez ist sehr praktisch eingestellt und hat keine Schwierigkeiten damit, das schwächende Quadrat zwischen Mond und Saturn zu verkraften. Saturn ist im Löwen im 10. Haus sehr stark gestellt; er lässt erkennen, dass sie der Verantwortung, die jüngeren Mitarbeiter anzuleiten und Trainingspläne für eine Vielzahl von teilweise schon recht alten Menschen zu erstellen und umzusetzen, sehr wohl gerecht wird.

ZUSATZAUFGABE

Ermitteln Sie für Bez die Fährte durch den Tierkreis. Sie ist eine integrierte Persönlichkeit. Mars, der traditionelle Herrscher des Skorpions, bildet mit Pluto, dem modernen Herrscher, ein schönes Trigon.

DIE PSYCHISCHE MOTIVATION

Alle von uns haben auf die eine oder andere Weise im Laufe des Lebens mit psychischen Problemen zu tun. Dabei gewinnen wir an Selbsterkenntnis und lernen, unsere Komplexe und Beschränkungen in der richtigen Perspektive zu sehen. Einige Menschen finden die Probleme so schwierig, dass sie Psychologen um Hilfe bitten. Andere leiden einfach weiter, unfähig zu verstehen, warum sie fortwährend deprimiert sind oder ein unerfülltes Leben führen.

Sie wissen mittlerweile, dass Stress und Anspannung deutlich am Geburtshoroskop abzulesen sind – es gibt allerdings bestimmte Bereiche, die uns zeigen, wie wir diesen begegnen und die meisten der Blockaden auflösen können. Je mehr Sie lernen, desto deutlicher werden Sie die Wege erkennen, die durch das, was ein Dschungel aus vermeintlich komplizierten und manchmal widersprüchlichen Aussagen ist, hindurchführen.

Nichtsdestoweniger ist die Beurteilung der psychischen Probleme, die wir durch die technische Untersuchung des Horoskops ermittelt haben, ein extrem schwieriges Unterfangen. Wenn wir nicht vorsichtig sind, begeben wir uns hier auf sehr dünnes Eis – und fallen dann womöglich in extrem kaltes und tiefes Wasser. Wir müssen wissen, wonach wir suchen, und wir sollten aufpassen, dass wir keine Scheuklappen tragen – und dass wir notfalls rechtzeitig haltmachen und unser Gegenüber an einen ausgebildeten Psychologen verweisen müssen. Sie sollten einschlägige Adressen zur Hand haben – die meisten Psychotherapeuten sind der Astrologie gegenüber sehr aufgeschlossen, und es gibt sogar einige Astrologen, die ihrerseits ausgebildete Psychotherapeuten sind.

Die Rolle des Astrologen

Machen Sie sich noch einmal klar: Auch wenn Sie noch so viele Bücher über die Materie gelesen haben, sind Sie nicht in der Lage, die Probleme Ihres Klienten tief gehend zu erforschen, solange Sie über keine psychotherapeutische Ausbildung verfügen. Sie können ein offenes Ohr für ihn haben, und Sie können ihm durch den Einsatz

Das Geburtshoroskop lässt psychische Probleme erkennen, vielleicht auch das Gegenmittel dafür.

von astrologischen Techniken eine Richtung aufzeigen – weiter gehen dürfen Sie nicht. Wenn Ihr Klient allzu fordernd ist und Fragen stellt, die Sie nicht beantworten können, müssen Sie ihn bremsen!

Alles, was Sie tun müssen, ist zu sagen, dass Sie Astrologe sind und dass Sie Ihr Möglichstes getan haben – wenn der Klient das Gefühl hat, weiterführende Hilfe zu brauchen, muss er zu einem professionellen Psychotherapeuten gehen.

Die Gefahr, die eigenen Fähigkeiten zu überschätzen, hat noch einen anderen Aspekt: Vielleicht lässt Ihr eigenes Horoskop erkennen, dass Sie zum Dramatisieren neigen oder vielleicht mit vielen Planeten in Wasserzeichen sehr intuitiv und fantasievoll veranlagt sind und sich schnell Sorgen machen. Sie müssen die betreffenden Charakterzüge unter Kontrolle haben, Sie dürfen sich nicht von ihnen mitreißen lassen. Logik und eine praktische Einstellung sind entscheidend!

Allgemeine Richtlinien und Anhaltspunkte

Wenn auch häufig aus der Korrespondenz oder der Unterhaltung mit einem neuen Klienten deutlich werden wird, dass bestimmte psychische Probleme existieren, müssen Sie doch selbst lernen zu erkennen, welche Anzeichen auf Blockaden schließen lassen und einem erfüllenden Ausdruck von Antriebskräften, Emotionen oder vom Verstand im Wege stehen.

Die am meisten verbreiteten Probleme – Mangel an Selbstvertrauen, Schüchternheit, Voreiligkeit, Ängste – sind deutlich am Horoskop abzulesen. Sie werden sie erkennen, wenn Sie sich zu den einzelnen Zeichen, Häusern und Aspekten Aufzeichnungen machen. In den meisten Fällen zeigt das Horoskop auch gleich, welches Gegenmittel es gibt.

Ängste überwinden

Ein sehr krebs- oder jungfraubetonter Mensch neigt für gewöhnlich zu Ängsten; es hat keinen Sinn, ihm zu sagen, dass er diese ablegen soll. Mit seiner besonderen Prägung aber ist der Krebstyp in der Lage, Hilfe bei seiner Intuition zu suchen, speziell dann, wenn er Angst vor einer Entscheidung hat. Die Jungfrau, die unter Ängsten leidet, muss lernen, diesen mit einer logischen Herangehensweise an alle Aspekte des Problems zu begegnen.

Emotional und sexuell hemmende Faktoren

Bei einer Waage- und Jungfraubetonung – z. B. einer Waagesonne und einer Jungfrauvenus oder einer Jungfrausonne und Merkur und/oder Venus in der Waage – wäre die Persönlichkeit von widersprüchlichen Zügen beherrscht. Die Person mit der Waagesonne und der Jungfrauvenus kann bescheiden und schüchtern sein und kritisch in Bezug auf den Partner – sich dabei aber nach Liebe und einer dauerhaften und festen Beziehung sehnen. Der bescheidene und vielleicht nicht allzu selbstbewusste Mensch mit der Jungfrausonne ist womöglich sehr romantisch (Venus in der Waage), hat aber wahrscheinlich Schwierigkeiten damit, sich einmal gehen zu lassen. Jede dieser Konstellationen kann für viel Stress sorgen, nicht nur, was die Verbindungen an sich und das Geben und Empfangen von Liebe und Zuneigung betrifft, sondern möglicherweise auch in Bezug auf die Sexualität - was von der Marsstellung abgemildert wird oder auch nicht. Wenn Sie es mit einer Person zu tun haben, die unter einem solchen Dilemma leidet, müssen Sie auf die Zeichen von Aszendent und Mond schauen.

Negative psychologische Einflüsse

Von Zeit zu Zeit stehen die »schweren«, äußeren oder auch langsamen Planeten in Konjunktion bzw. im Aspekt zueinander, was für eine lange Zeit Bestand hat. Es handelt sich dabei häufig um eine Art Generationsaspekt, sie entfalten zumeist keine besondere Wirkung – wirken sie aber auf den Aszendenten ein oder stehen in Konjunktion zu Sonne oder Mond, können psychische Probleme die Folge sein. Schon Quadrate oder Oppositionen sorgen für gewisse Schwierigkeiten – am machtvollsten und potenziell störendsten aber sind die Konjunktionen. Eine Opposition zwischen Saturn und Uranus bekommt sehr viel Gewicht, wenn sie auf die Aszendent/Deszendent-Achse fällt oder vielleicht auch auf eine Opposition zwischen Sonne und Mond, wodurch dann auf der einen Seite die Sonne in Konjunktion zu Uranus stehen könnte und auf der anderen der Mond in Konjunktion zu Saturn. Eine solche Konstellation wäre eine potenzielle Quelle von Spannung; sie würde den Menschen zu Depressionen, Rastlosigkeit und Anspannung neigen lassen. Sehr problematisch wird es immer dann werden, wenn Saturn oder Uranus im Transit im Quadrat zu einer der vier Radixstellungen stehen.

Konjunktionen zwischen den schweren Planeten

Einer der schwierigsten Kontakte ist die Konjunktion zwischen Saturn und Pluto (siehe S. 376). Ende der 1940er-Jahre (im Löwen) und Anfang der 1980er (in der Waage) sorgte sie für diverse psychische Probleme, die sich dem Anschein nach beeinträchtigend auswirkten (was sich bei der letzteren Gruppe besonders klar geäußert hat). In einigen Fällen haben die Betreffenden, als Saturn über den Löweaszendenten lief, als Resultat der psychischen Belastung physische Symptome entwickelt. Bei anderen dagegen, bei denen Saturn keine besondere Bedeutung hat, ist die Wirkung längst nicht so machtvoll; aber auch hier kann es, wenn sich eine Aktivierung durch einen Transit ergibt, zu Schwierigkeiten auf dem betreffenden Gebiet kommen.

Konjunktionen zwischen den anderen äußeren Planeten sorgen gleichfalls für Probleme, näher bestimmt durch ihre Natur. Uranus weist auf Spannungen hin, Neptun auf negative Fluchttendenzen.

Andere negative Aspekte

Anzeichen für psychische Probleme sind für gewöhnlich negative Aspekte zur Sonne, zum Mond oder Aszendenten und manchmal auch zum herrschenden Planeten. Bei der Konjunktion mit dem Aszendenten müssen Sie berücksichtigen, ob sich der Einfluss vom 12. oder 1. Haus aus ergibt – beim 12. kann es schwieriger sein, die Probleme zu lösen; beim 1. ist die Wahrscheinlichkeit größer, dass der negative Einfluss physische Auswirkungen hat. Ein Saturn mit vielen heiklen Aspekten und in Konjunktion zum Aszendenten im 1. Haus könnte z. B. eine körperliche Beeinträchtigung oder Depressionen anzeigen. Neptun ist eine Ausnahme: Er wirkt bei der Konjunktion mit dem Aszendenten aus dem 1. Haus am aufreibendsten; vom 12. Haus aus – seinem Haus und dem der Fische – kommt er viel besser zur Geltung.

Die Uranus/Pluto-Konjunktion

Manchmal werden Sie es mit dem Horoskop von jemand zu tun haben, der in den 1960er-Jahren mit der Konjunktion von Uranus und Pluto in der Jungfrau geboren ist. Die obigen Anmerkungen treffen auf ihn auch voll und ganz zu. Wenn zudem noch die Sonne in der Jungfrau stehen sollte, ist die Möglichkeit eines Machtkomplexes gegeben. Ist dies der Fall, sollten Sie den Menschen dazu ermutigen, positivere Züge zur Entwicklung zu bringen. (Zur vollständigen Interpretation der Uranusaspekte siehe S. 385–394.)

Stauungen im Sonnensystem

Von Zeit zu Zeit häufen sich die Planeten in der einen oder anderen Region des Tierkreises, wodurch es gewissermaßen zu Stauungen komm, z. B.:

◆ Zu der bereits angeführten Saturn/Pluto-Verbindung im Löwen standen am 15. August 1947 nicht nur Merkur und Venus, sondern auch noch Sonne und Mond in Konjunktion. Weil alle diese Planeten ihren Einfluss durch dieses Zeichen entfalten, hat eine derartige Zeichenbetonung – als Stellium bekannt (siehe S. 113) – ein starkes Ungleichgewicht im Charakter zur Folge.

◆ Am 7. Januar 1989 standen nicht nur Sonne und Mond im Steinbock, sondern auch Saturn, Uranus und Neptun – ein Stellium von fünf Planeten also.

Zu einer noch markanteren Betonung würde es kommen, wenn der Mensch zur Zeit des Sonnenaufgangs geboren wäre (wodurch Aszendenten- und Sonnenzeichen das Gleiche wären). Alle Eigenschaften des jeweiligen Zeichens, positive wie negative, sowie diejenigen,

ZUSATZAUFGABE

Wir wollen einmal annehmen, dass zwei Menschen mit dem Geburtstag an den beiden angeführten Daten gegen Sonnenaufgang geboren sind. Ohne das Horoskop vollständig zu berechnen, platzieren wir die fünf bzw. sechs Planeten in den Steinbock bzw. Löwen und interpretieren sie im Einzelnen. Richten Sie Ihr Augenmerk auch auf die Häufung von Konjunktionen (1947: zwischen 8° und 22° Löwe; 1989: zwischen 2° und 10° Steinbock).

In beiden Fällen wollen wir zunächst davon ausgehen, dass das Stellium in das 1. Haus fällt, dann in das 12. (wozu wir den Aszendenten dann an das Ende des Löwen bzw. des Steinbocks setzen). Setzen Sie als Nächstes die Planeten so ein, dass sie oben im Horoskop stehen und das MC in ihre Mitte fällt. Diese Übung wird Ihnen zeigen, welche Probleme mit einer solchen Stellung für die Person verbunden sein können. Natürlich sind dies hypothetische Fälle; in der Realität müssen wir auch die anderen Planeten einbeziehen. Nichtsdestoweniger ist der starke Zug in eine Richtung in vielen Horoskopen vorhanden. Der betreffende Mensch braucht vielleicht Hilfe.

die sich auf die verschiedenen Ebenen der Persönlichkeit gemäß der betreffenden Planeten und des Aszendenten beziehen, wären dann durch dieses Zeichen geprägt.

PERSÖNLICHKEITSMERKMALE

Unstrukturierte Menschen

Mangel an Organisationsvermögen ist häufig das Resultat von Unstrukturiertheit – was deutlich werden kann, wenn Sie der »Fährte durchs Horoskop« (S. 202) nachgehen. Wenn es verschiedene Fährten gibt, die nicht zusammenkommen, könnte Ihr Gegenüber zu Konfusion und Unstrukturiertheit neigen und Probleme haben, Entscheidungen zu treffen. Vielleicht ist es auch so, dass es zwei widersprüchliche Gruppen von Merkmalen gibt, die keine Verbindung zueinander haben, sodass der oder die Betreffende sich durch ein schwankendes Wesen auszeichnet.

Eine positive Herangehensweise wäre die, Ihrem Klienten zu sagen, dass er einmal die Persönlichkeitsmerkmale der einen Art und ein anderes Mal die der anderen zum Ausdruck bringen kann. Wir alle sind letztlich mehr als nur eine einzige Person, und wir können die gegensätzlichen Bereiche auf eine sehr konstruktive und positive Weise zum Ausdruck bringen. Dieses Problem könnte beispielsweise die Berufswahl und auch die Einstellung zu Kindern beeinflussen.

Trägheit und Zauderei

Vielleicht haben Sie es auch einmal mit einem Menschen zu tun, der sagt, dass ihm alles egal ist oder dass er es einfach nicht schafft, morgens früh aufzustehen, was auf eine gewisse Trägheit schließen lässt. Dies kann speziell bei einer Betonung der Waage, Fische oder gelegentlich auch des Stiers der Fall sein (wenngleich Stiertypen für gewöhnlich disziplinierte Arbeiter sind), auch bei einer starken Venus. Ein solches Horoskop enthält vielleicht gleichermaßen ein markantes Widder-, Löwe- oder Steinbockzeichen oder einen gut gestellten Mars usw.

Was ruft eine derartige Trägheit hervor? In einem potenziell energievollen Horoskop müssen Sie nach anderen Erklärungen suchen. Häufig kommen Schüchternheit, Hemmungen oder ein Mangel an Selbstvertrauen zum Tragen; der Betreffende ist vielleicht, auch wegen des Mangels an Selbstbewusstsein, lieber passiv, bevor er einen Fehler macht – Letzteres ist besonders dem Steinbock- oder Löweaszendenten eine sehr unangenehme Vorstellung! Sie werden hierzu bei der Interpretation der Aspekte viele Querverweise finden; ein solches Verhalten ist z. B. typisch für Saturn in Konjunktion zum Aszendenten oder im negativen Aspekt zu Sonne, Mond, herrschendem Planeten oder Aszendenten. Ein negativer Aspekt zwischen Mars und Saturn kann den Energiefluss hemmen und insofern Ausgewogenheit verhindern.

Die Plaudertasche

Manchmal wird, speziell bei jungen Menschen, Schüchternheit durch übermäßige Gesprächigkeit vertuscht, besonders bei einer Zwillings- oder Jungfraubetonung. Auch negative Aspekte zwischen Merkur und Mars oder Uranus können solche Tendenzen hervorrufen. Wenn Sie einen schüchternen oder nervösen jungen Menschen vor sich haben, sollten Sie zu Entspannungstechniken oder zu einem tiefen Atmen anraten; es kommt hier auf die Entwicklung von innerlicher Ruhe an. Das braucht zwar seine Zeit; wenn aber die überströmende negative Energie unter Kontrolle gebracht und positiv kanalisiert wird, ist das ein konstruktiver Faktor.

Überdurchschnittliche sexuelle Bedürfnisse

Sind häufig durch einen starken Mars – als herrschender Planet, als Herrscher von Sonne oder Mond oder im Widder – angezeigt. Aspekte jeglicher Art zwischen Mars und Venus wirken sexuell ebenfalls stimulierend. Es ist hier auch auf die betreffenden Zeichen und Häuser zu schauen – einer oder beide Planeten im 1./7., 2./8. oder 5. Haus wirken gleichfalls anregend. Befindet sich Saturn in einem T-Quadrat zwischen Mars und Venus, könnte es sexuell zu frustrierenden Erfahrungen kommen. Enttäuschungen und zu einem gewissen Maße auch Hemmungen sind vielfach mit negativen Aspekten zwischen Mond/Venus oder Venus/Saturn verbunden. Manchmal ziehen diejenigen mit einem positiven Aspekt zwischen Venus und Saturn ältere Partner vor, vielleicht, weil sie eine Vater- oder Mutterfigur nötig haben.

Mit einem Aspekt zwischen Mars und Pluto zu Uranus ist gelegentlich ein gewisser sadistischer Zug verbunden – die sexuelle Bedeutung von Mars verbindet sich mit dem Bedürfnis, Macht über andere zu haben. Menschen mit der Konjunktion oder einem positiven Aspekt zwischen Mars und Neptun dürften ein sehr fantasievolles und zumeist erfülltes Sexualleben haben; die beiden Planeten in einem negativen Aspekt zueinander, vielleicht noch unter Einwirkung von Pluto, dagegen könnten zu leidvollen sexuellen Erfahrungen führen.

Homosexualität

Sehr viel Energie ist dafür aufgewendet worden, astrologische Anzeichen für homosexuelle Tendenzen zu entdecken – wobei man zu sehr unterschiedlichen Schlussfolgerungen gekommen ist. Verallgemeinerungen sind gefährlich – gewisse planetarische Konstellationen können aber auf eine Neigung zur Homosexualität hindeuten.

Diese Eigenschaften können sich auf die verschiedenste Weise manifestieren. Im Horoskop einer Frau steht vielleicht ein weiblicher Faktor wie der Mond in Konjunktion zur Venus in einem machtvollen maskulinen Zeichen, beim Mann befindet sich vielleicht eine sehr maskuline Konstellation in femininen Zeichen.

Eine sexuelle Neigung zum eigenen Geschlecht wird beim Mann manchmal an negativen Aspekten (besonders dem Quadrat) zwischen Sonne und Uranus festgemacht (bei der Frau zwischen Uranus und Mond). Weil es sich hier aber um einen außerordentlichen komplexen Bereich handelt, sind diese Schlussfolgerungen in keiner Weise verbindlich.

»Die schlimmsten Leute haben die besten Horoskope«

Jeder erfahrene Astrologe wird dem zustimmen! Diejenigen, die die richtigen Planeten am richtigen Ort und die schönsten, angenehmsten und strahlendsten Aspekte haben, sind oft die schlimmsten Nervensägen! Diese Leute versuchen vielleicht nicht nur, Profit von Ihrer astrologischen Erfahrung zu ziehen, sondern auch von Ihrer Zeit, Energie und – wenn Sie nicht Acht geben – auch von Ihrem Geld. Das Dumme an ihnen ist, dass sie auf der einen Seite wirklich etwas Großartiges haben und manchmal auch sehr großzügig sind. Wenn sie Sie mit ihrem unwiderstehlichen Charme erst einmal herumgekriegt haben, wird es möglicherweise kritisch!

Seien Sie also auf der Hut, wenn Sie es mit einem Menschen zu tun haben, dessen Horoskop vor Trigonen, Großer Trigonen, Sextilen und wundervollen Konjunktionen zwischen den freundlichsten und hilfreichsten Planeten nur so wimmelt. Allerdings gelten die angeführten Symptome nur für den Fall, dass kein stabilisierender Einfluss durch ein T-Quadrat oder einen anderen Ausgleich für die allzu positiven Faktoren vorhanden ist. Gibt es einen solchen, wird sich der Mensch nicht darauf verlegen, andere auszunutzen oder Freikarten zu ergattern – die zusätzliche Stabilität des Horoskops wird ihm neben seinem überwältigenden Charme Festigkeit verleihen.

EIN UNBEZÄHMBARER GEIST

FALLSTUDIE

Dieser Mann war ein außerordentlich beliebter und allseits geachteter Ballettlehrer, der inspirierend auf seine Schüler wirkte und selbst die schwierigsten Facetten der Kunst einfach erscheinen lassen konnte. Seine Kritik war immer konstruktiv.

Andrew war ein wirklicher Künstler. Er hatte die Kunst- und auch die Ballettschule besucht. Schon früh, 1940, meldete er sich zur Armee; man schickte ihn in den Fernen Osten, wo er für vier Jahre in japanische Kriegsgefangenschaft geriet. Sich über sein eigenes Leid erhebend, tat er sehr viel dafür, das Los seiner Mitgefangenen zu erleichtern: Aus den Taschen ihrer zerschlissenen Hosen nähte er neue Kleidungsstücke, wofür er sich aus einer gestohlenen Fahrradspeiche eine Nadel angefertigt hatte. Er hielt auch seine Mitgefangenen dazu an, sich körperlich und geistig fit zu halten, trotz aller Not und der Arbeitslast, die ihnen das Lagerregime auferlegte. Bei seiner Entlassung wog er weniger als 38 kg.

Nachdem er seine Frau wieder gefunden hatte, eröffnete er bald darauf eine eigene Ballettschule. Ende der 1970er-Jahre erlitt er einen Schlaganfall; mit großer Willenskraft brachte er es dahin, dass er seinen Unterricht aus dem Rollstuhl erteilen konnte. Er starb im Jahr 1979.

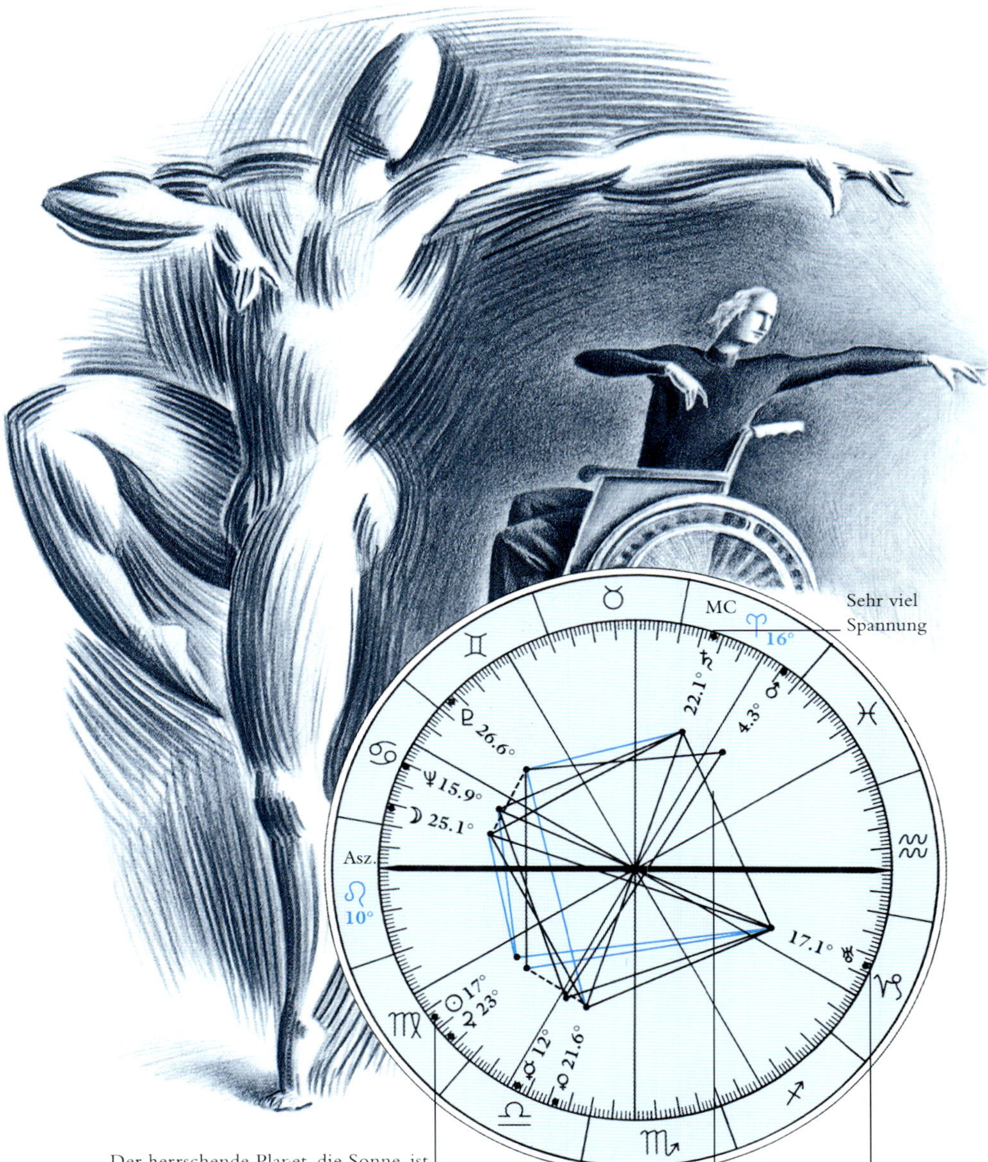

Der herrschende Planet, die Sonne, ist der einzige Planet, der keine Spannungsaspekte aufweist und nicht an einem Großen Kreuz beteiligt ist

Großes Kreuz mit sehr vielen kardinalen Planeten

Sehr viel Spannung

Die Analyse des Horoskops

Die extreme Spannung, die aus diesem Horoskop spricht, hätte Andrew durchaus zerstören können. Beachten Sie, dass alle Planeten mit Ausnahme der Sonne Bestandteil eines Großen Kreuzes sind. Die Betonung der kardinalen Zeichen lässt erkennen, dass Andrew diese Spannung zu überwinden gewillt war. Achten Sie darüber hinaus auf die inspirierende Konjunktion zwischen Mond und Neptun im 12. Haus. Andrew war in seiner Jugend selbst aufgetreten; seine besonderen Fähigkeiten lagen allerdings auf dem Gebiet des Lehrens. Er brachte machtvolle extravertierte Tendenzen zum Ausdruck und erwies sich als starke und sehr positive Persönlichkeit. Allerdings rauchte er sehr viel, was zu dem fatalen Schlaganfall beigetragen hat.

Der einzige, aber machtvolle Ausweg, den das Große Kreuz offen lässt, ist der herrschende Planet, die Jungfrausonne. Die positiven Trigone der Sonne in Konjunktion zu Jupiter zu dem markant aspektierten Uranus wirkten ebenfalls für Andrew. Uranus steht im 6. Haus (Arbeit), was ein Anzeichen dafür ist, dass Andrew diese Energie in der Hingabe an seine Tätigkeit zum Ausdruck brachte.

4

DIE WIR

DER

SONNE
MOND
MERKUR
VENUS
MARS
JUPITER
SATURN
URANUS
NEPTUN
PLUTO
CHIRON
FINSTERNISSE

KUNG PLANETEN

DIE SONNE IN DEN HÄUSERN

Weil die Sonne – sowohl im Geburtshoroskop als auch in der Progression – so wichtig ist, haben wir den Einfluss der Zeichen bereits detailliert dargestellt (S. 30–77). Sie wissen nun, welche Auswirkungen sich für Sie persönlich als auch für diejenigen, die Ihnen nahe stehen, ergeben. Die nächste Bedeutungsebene der Sonne im Horoskop ist die Hausstellung. Die Sonne steht für unsere Vitalität und für den Selbstausdruck. Ihr Haus verdeutlicht, in welche Lebensbereiche der Mensch diese Energien lenkt.

DIE SONNE IM 1. HAUS (1)

Von besonderer Bedeutung. Wenn der Betreffende während der Morgendämmerung geboren wurde, ist es sehr wahrscheinlich, dass Sonnen- und Aszendentenzeichen dasselbe sind. Solche Leute kennen wir als »doppelten Krebs« oder »doppelte Waage« usw. Die Charakteristiken und Motivationen von Sonnen- und Aszendentenzeichen sind die gleichen, das ganze Horoskop wird vom Einfluss der Sonne beherrscht. Gleichermaßen verstärkt sich die Wirkung des Planeten, der über dieses Zeichen herrscht.

Ein Resultat dieser Stellung könnte Selbstbezogenheit sein. Der Betreffende sollte sich auch vor der Tendenz zur Selbstsucht hüten!

Gesundheit und Wohlbefinden

Bei der Gesundheit ist nicht nur auf das Sonnenzeichen zu achten, sondern auch auf die Aspekte zur Sonne. Beispielsweise könnte die Neigung zu nervösen Spannungen bestehen (Quadrataspekt zu Uranus) oder eine außergewöhnliche körperliche Energie (Trigon zu Mars), Verdauungsprobleme oder Probleme mit der Leber (Quadrat oder Opposition zum Mond oder zu Jupiter) usw.

Mit der Stellung der Sonne im 1. Haus ist eine löwehafte Prägung verbunden (Queen Victoria, ein doppelter Zwilling, ist dafür ein ausgezeichnetes Beispiel). Die Haltung hat ein »königliches« Element. Menschen mit einem solchen Horoskopmerkmal sollten dem Rücken und dem Herz besondere Aufmerksamkeit schenken. Weil es hier um das Widderhaus geht, ist für den Betreffenden auch der Drang kennzeichnend, der Erste zu sein und über andere zu triumphieren.

DIE SONNE IM 2. HAUS (2)

Besitz ist diesem Menschen sehr wichtig, der das, was er hat, bei jeder Gelegenheit stolz präsentiert. Er oder sie ist nicht damit zufrieden, wenn das Bankkonto oder das Wertpapierdepot kontinuierlich anwächst, sondern will das auch allgemein bekannt machen.

Großzügigkeit ist ein verbreitetes Merkmal (wenn nicht andere Faktoren dagegen sprechen, z. B. ein »vorsichtiges« Sonnenzeichen). In einigen Fällen könnte sich der Erwerbsdrang sogar auf das persönliche Leben erstrecken – wenn selbst der eigene Partner zu einer Art Besitz wird. Mit der Sonne im 2. Haus ist eine Stier-Tendenz verbunden: »Seht her – das gehört mir!« Damit kann es zu Problemen kommen, weil der Mensch über die Bedürfnisse des Partners hinweggeht.

Das süße Leben

Vergnügungen sind wichtig, z. B. ein reichhaltiges und teures Essen in exklusiver Umgebung. All dies wird durch positive Aspekte zwischen Sonne und Jupiter noch verstärkt. Opposition und Quadrat könnten dazu führen, dass dem Betreffenden jedes Maß für das, was mit dem 2. Haus zusammenhängt, verloren geht.

Die Venus steht nicht weit von der Sonne entfernt, und sie herrscht über dieses Haus. Wenn ein Aspekt zwischen Sonne und Venus vorhanden ist, verstärkt sich der Einfluss des Sonnenhauses noch, insbesondere in Hinblick auf die Venus Wirkung.

Der Betreffende ist, um seine materialistischen Bedürfnisse zu befriedigen, zu harter Arbeit bereit. Seine solare Vitalität wird durch die materiellen Resultate der Arbeit angefacht. Er genießt es, sich im Glanze seiner Errungenschaften zu präsentieren.

DIE SONNE IM 3. HAUS (3)

Der Intellekt ist mit dieser Stellung bestmöglich entwickelt. Ob der Betreffende nun im Mittelpunkt steht oder ein eher ruhiger Typ ist, auf jeden Fall ist er bestrebt, den Verstand einzusetzen.

Ist die Person der Meinung, dass ihre schulische Bildung zu wünschen ließ, wird sie alles daransetzen, den Mangel zu kompensieren. In der Folge könnte sie es vielleicht sogar (möglicherweise in fortgeschrittenem Alter) zu hohen akademischen Ehren bringen. Versuchen Sie hier, Ehrgeiz zu wecken und eine solche Entwicklung zu fördern. Dann kann diese Sonnenstellung positiv zum Ausdruck kommen und in der Folge Stolz und Erfüllung bringen.

Der Drang nach Kommunikation ist außerordentlich machtvoll (der Inhalt der Kommunikation hängt vom Sonnenzeichen ab). Man könnte sagen, dass eine Person mit einer Waagesonne im 3. Haus gerne über Beziehungsthemen redet, während jemand anderes, der sich eher mit seiner Karriere identifiziert, damit vielleicht gut geeignet für Öffentlichkeitsarbeit oder für das Verkaufen ist.

Der Merkureinfluss

Dies ist das Zwillings- bzw. Merkurhaus. Merkur könnte sich zusammen mit der Sonne im 3. Haus befinden, was seine Bedeutung für die Interpretation noch verstärken würde. Auf jeden Fall aber steht Merkur dicht bei der Sonne, was heißt, dass wir seine Platzierung bei der Sonne im 3. Haus berücksichtigen müssen.

DIE SONNE IM 4. HAUS (4)

Vitalität und Selbstausdruck der Sonne finden hier ein kreatives Ventil in einem schönen Zuhause und einem harmonischen Familienleben. Elternschaft ist das Kernthema – bevor wir aber Aussagen dazu treffen, wie die Vater- oder Mutterrolle ausgeübt wird, müssen wir das Sonnenzeichen sehr gründlich studieren. Eine überschwängliche Feuersonne steht für einen überschwänglichen Vater oder eine enthusiastische Mutter; ein sensibles Zeichen wie Krebs oder Fische bedeutet eine introvertiertere und intuitivere Veranlagung. Eine Saturnopposition wird im schlimmsten Fall den Enthusiasmus dämpfen und zu dem Gefühl führen, dass Kinder eine Last sind. Vielleicht wird ihnen damit auch zu viel Disziplin abverlangt.

Der Einfluss des Mondes

Das Krebs- bzw. Mondhaus, was heißt, dass die Stellung des Mondes im Horoskop sorgfältig zu analysieren ist, umso mehr, wenn er im Aspekt zur Sonne steht.

Die frühkindlichen Einflüsse sind natürlich immer von großer Wichtigkeit; mit der Sonne im 4. Haus aber ist ein tiefgründiges Wissen um den Hintergrund und die Haltung der Eltern von grundlegender Bedeutung für eine zukünftige Erfüllung. Kreative Energie kann hier in Form von Dekorieren, Stricken oder Nähen zum Ausdruck kommen.

Bedürfnis nach emotionaler Sicherheit

Eine vertraute Umgebung stillt das Bedürfnis nach Sicherheit in diesem Menschen, der sich vielleicht nicht gern weit von seinem Zuhause entfernt. Es gilt, den Einfluss des Sonnenzeichens gebührend in Betracht zu ziehen. Geht es z. B. um ein extravertiertes und abenteuerlustiges Zeichen, sind Kompromisse nötig, was den Ausdruck der anderen Persönlichkeitsbereiche betrifft.

DIE SONNE IM 5. HAUS (5)

Die Sonne scheint im 5. Haus sehr hell, weil dies das Sonnen- bzw. Löwehaus ist.

Die Würdigung von Leistungen

Der Ehrgeiz dürfte stark ausgeprägt sein, was wahrscheinlich auch nach außen hin deutlich wird (wenn nicht die Sonne durch negative Aspekte beeinträchtigt ist). Man muss nicht ins Rampenlicht streben – im Allgemeinen aber besteht der Wunsch, erkennen zu lassen, dass man kreativ ist.

Dies ist das Haus der Kinder. Wenn der Betreffende Kinder hat, dürfte er dazu neigen, sie in den Mittelpunkt zu rücken (was diesen womöglich unangenehm ist). Es ist vor der Tendenz zu warnen, die Kinder in die Richtung zu drängen, die der Vater oder die Mutter selbst gerne eingeschlagen hätten, was eine Stellvertreterposition bedeuten würde.

Der emotionale Ausdruck

Das Liebes- und Sexualleben ist hier sehr wichtig (Näheres dazu lässt das Sonnenzeichen erkennen). Das Bedürfnis nach Erfüllung und einem positiven, befriedigenden Selbstausdruck hat eine überdurchschnittliche Bedeutung.

Zu emotionalen wie körperlichen Risiken bereit – ob dabei mit Kalkül und Überlegung vorgegangen wird, hängt voll und ganz vom Zeichen und den Aspekten der Sonne ab. Vielleicht liebt die Person auch die Gefahr und betreibt deshalb gefährliche Sportarten, bei denen sie Kopf und Kragen riskiert. Prinz Charles mit seiner Skorpionsonne im 5. Haus war in seinen jungen Jahren dafür ein treffendes Beispiel (er hat zudem noch einen Löweaszendenten). Im Extremfall kann die Risikobereitschaft exzessive Züge annehmen, besonders bei einer Widder- oder Schützesonne oder einem negativen Aspekt zwischen Jupiter und Sonne. Kreativität und der Drang zur Selbstdarstellung; sie sollten auf eine positive und praktische Weise weiterentwickelt werden.

DIE SONNE IM 6. HAUS (6)

Die vitalisierende Kraft der Sonne wirkt sich hier auf die Gesundheit und das Wohlbefinden aus. Die persönlichen Krankheiten und Anfälligkeiten werden vom Sonnenzeichen akzentuiert – vielleicht kommt es auch zu einer übermäßigen Konzentration auf die Gesundheit oder zur exzessiven Beschäftigung mit Krankheiten oder der Ernährung. Bei positiven Aspekten zur Sonne (besonders vom Mond oder Mars aus) wahrscheinlich aber viel körperliche Widerstandskraft!

Die Auswirkungen auf die Gesundheit und das körperliche Wohlbefinden sind von noch größerer Bedeutung, wenn die Sonne in Opposition zum Aszendenten steht (wenn sie nicht weiter als 10 Grad von der Spitze des 7. Hauses entfernt ist).

Mit dieser Stellung sind auch Pflichtgefühl und eine Neigung zur Routine verbunden. Fragen Sie sich, ob der Betreffende sich der Routine unterwirft und sich in ausgefahrenen Gleisen bewegt oder ob er (bei der Stellung der Sonne in einem Feuer- oder Luftzeichen) gegen derartige Beschränkungen aufbegehrt.

Der Einfluss von Merkur

Das Jungfrau- bzw. Merkurhaus – insofern ist der Einfluss von Merkur und seinem Zeichen außerordentlich wichtig. Merkur steht im Horoskop nie besonders weit von der Sonne entfernt. Wenn er dieses Haus mit der Sonne teilt, strebt der jeweilige Mensch höchstwahrscheinlich nach Erfüllung, indem er seine intellektuellen und kommunikativen Fähigkeiten entwickelt. Arbeit, die mit Kommunikation oder Kritik zu tun hat, mit Kreativität oder dem Schreiben, könnte viel Befriedigung bringen. Für andere tätig zu sein oder möglicherweise als persönlicher Assistent zu arbeiten, könnte ebenfalls lohnend sein.

DIE SONNE IM 7. HAUS (7)

Ein starkes Bedürfnis nach Beziehungen. Möglicherweise gibt sich der Betreffende dann auch voll und ganz dem Partner hin. Es muss aber davor gewarnt werden, die Identität vollständig vom Partner abhängig zu machen – und zwar durch die Entwicklung von Selbstvertrauen. Dem Partner wird hier viel gegeben, physisch wie emotional, weil die Vitalität der Sonne im Partnerschaftsbereich zum Ausdruck kommt.

Der Einfluss der Venus

Das Venus- bzw. Waagehaus - also ist hier die Stellung der Venus sehr wichtig. Wenn sie ebenfalls im 7. Haus steht, ist es sehr wahrscheinlich, dass es zu Unausgewogenheit kommt, vielleicht in einem so starken Ausmaß, dass der Mangel an Selbstständigkeit zu einem echten Problem wird. Schwierigkeiten sind auch dann zu erwarten, wenn von anderen Horoskopfaktoren das Bedürfnis nach Isolation oder vielleicht Enttäuschungen in der Liebe angezeigt werden (bei Quadraten zwischen der Venus und dem Mond oder Saturn).

Es kommt für den betreffenden Menschen darauf an, zwischen seinem extremen Bedürfnis nach Beziehungen und der Erkenntnis des persönlichen Selbst und der eigenen Bedürfnisse einen Ausgleich zu schaffen.

Die Bedeutung der Beziehung

Viel Stolz auf den Partner, und der Mensch kann damit durchaus zur »Macht hinter den Kulissen« werden. Wichtig ist auch, eine realistische

Einstellung zu den Nahestehenden zu gewinnen – ansonsten könnten die hochgespannten Erwartungen schnell einen äußerst unerfreulichen Dämpfer erhalten.

Die Ausrichtung auf den Partner darf nicht derart intensiv sein, dass aus einer Trennung längerwährende psychische Probleme erwachsen könnten. Die Anerkennung des eigenen Wertes und die Entwicklung von Selbstvertrauen sind von geradezu fundamentaler Wichtigkeit.

Die Neigung zu emotionaler Abhängigkeit wird noch verstärkt, wenn sich die Sonne in Opposition zum Aszendenten befindet (also nicht mehr als maximal 10 Grad von der Spitze des 7. Hauses entfernt). Dieses würde die Polarität zwischen den Zeichen des Aszendenten und des 7. Hauses noch unterstreichen.

DIE SONNE IM 8. HAUS

8

Eine tiefe und zielgerichtete Kraft und große emotionale Intensität. Die intuitiven Eigenschaften müssen hier in kontrollierter Form (gemäß dem Sonnenzeichen) zur Geltung kommen. Fast immer ein Bedürfnis nach tiefer Selbsterkenntnis, das durch die Neigung zur Introspektion befriedigt wird.

Der Drang nach Befriedigung

Die sexuelle Befriedigung stellt ein machtvolles Ventil für den Selbstausdruck dar, mit der kreativen Kraft der Sonne ist diese von alles überragender Bedeutung. Der Betreffende wird jeden Aspekt seiner Sexualität genauestens unter die Lupe nehmen, wenn ihm diese Befriedigung verwehrt bleibt. In Extremfällen besteht die Gefahr der Besessenheit. Die mit der Sonne verbundenen Antriebskräfte könnten sich aber auch auf Geld richten, auf dessen Vermehrung und die Macht, die es bringt. Oftmals machen Menschen mit dieser Stellung Karriere auf finanziellem Gebiet. In einem schwachen Horoskop oder dann, wenn die positive Natur der Sonne durch negative Aspekte beeinträchtigt wird (durch ein Neptunquadrat z. B.), vielleicht die Hoffnung auf eine Erbschaft.

Veränderungen verstehen

Transformation ist eine der traditionellen Assoziationen, was bei dem Bedürfnis nach Selbsterkenntnis deutlich zutage tritt, durch die das Individuum wachsen und sich entwickeln und sich verändern kann. Die Einstellung zum Tod sollte positiv sein; mit ihm kommt es schließlich zur ultimativen und unwiderruflichen Transformation.

Dies ist das Pluto- bzw. Skorpionhaus - insofern muss der Einfluss dieses Planeten sorgfältig studiert werden. Allerdings stellt Pluto lediglich einen Generationseinfluss dar (wenn er nicht durch bestimmte Faktoren eine personalisierte Bedeutung erhält)!

DIE SONNE IM 9. HAUS

9

Intellektuelles Wachstum, die Erweiterung des Horizontes und mental oder physisch herausfordernde Reisen sind allesamt Ausdruck der solaren Energie im 9. Haus. Es war früher einmal als »Haus der Träume« bekannt - eine interessante Beschreibung, weil diejenigen, die von ihm geprägt sind, dazu neigen, vom Wege abzukommen.

Wenn Träume zu einer konkreten Wirklichkeit werden sollen, muss der Mensch eine praktikable Vorgehensweise finden und seinen Geist in die nötige Richtung lenken. Dann kann er das persönliche Potenzial entwickeln und das Beste aus der Stellung der Sonne machen.

Wissen und Zielvorstellungen

Wissen im breitesten Sinn steht mit dem 9. Haus in Verbindung, spezielle Fachkenntnisse dagegen werden mit dem 3. Haus in Zusammenhang gebracht. Es muss nun nicht so sein, dass dieser Mensch sein Examen erst mit 60 ablegen wird – nichtsdestoweniger aber wird die Expansion des Geistes immer im Vordergrund stehen. Weiterhin ist wichtig, eine individuelle Lebensanschauung zu entwickeln, mit abgewogenen religiösen Überzeugungen und Schlussfolgerungen.

Es gibt nur sehr wenig Beschränkungen für diejenigen mit dieser Platzierung. Er oder sie sollte aber niemals derart intensiv arbeiten, dass keine Zeit mehr für die einfachen Freuden des Lebens bleibt.

Dies ist das Schütze- bzw. Jupiterhaus, weshalb ein Sextil oder ein Trigon zwischen Sonne und Jupiter eine günstige Basis für die positive Integration seiner Belange darstellt. Bei einer Opposition oder einem Quadrat dagegen ist es schwerer, die Aktivitäten der Sonne unter Kontrolle zu halten und ein Gefühl für die Perspektive zu bewahren. Es wäre günstig, wenn andere Horoskopmerkmale einen Sinn für das Machbare verraten.

DIE SONNE IM 10. HAUS

10

Ein außerordentlich machtvoller Drang, Eindruck auf die Welt zu machen. Insofern ist es sehr wichtig, dass der Beruf, die Ziele oder Visionen (es muss hier nicht immer um die Karriere im engsten Sinne des Wortes gehen) der Person etwas bedeuten. Die Vitalität der Sonne wird hier zur treibenden Kraft, die Fortschritte möglich macht.

Die persönlichen Ziele erreichen

Wenn die Handlungen zu persönlicher Erfüllung und Befriedigung führen sollen, sind verschiedene Fragen zu beantworten: Gehen die Anstrengungen in die richtige Richtung, oder sind die Ziele unerreichbar (Neptun in Konjunktion oder in Opposition zur Sonne)? Ist für den Betreffenden Macht entscheidend (Uranus und/oder Pluto in Konjunktion zur Sonne)? Resultiert das Machtbedürfnis aus Eigensucht, oder kommt hier auch Rücksichtnahme zum Tragen (Mars in personalisierter Bedeutung oder ein gut gestellter Mond)? All diese Faktoren sind zu berücksichtigen, weil diese Platzierung einen kraftvollen Brennpunkt im Horoskop darstellt.

Wenn die autoritären Tendenzen unter Kontrolle gehalten werden, kann der Betreffende viel leisten. Scheint die Sonne aus einem Feuerzeichen, wird er sich durch einen ansteckenden Enthusiasmus auszeichnen. Bei der Sonne in einem Erdzeichen herrscht ein Sinn fürs Praktische vor, bei Luft ein lebhaftes intellektuelles Vorstellungsvermögen und bei Wasser viel Intuition. Diese Eigenschaften werden im Arbeitsleben zum Ausdruck kommen, sowohl bei der Arbeit selbst als auch bei den Kontakten zu Mitarbeitern. Dies hilft, die persönlichen Ziele zu erreichen. Es handelt sich um das Steinbock- bzw. Saturnhaus: Untersuchen Sie also den Einfluss und die Stellung von Saturn!

DIE SONNE IM 11. HAUS

11

Hier geht es um das gesellige Wesen, das innerhalb seiner Gruppe Eindruck machen möchte. Er oder sie wird die solare Energie auf die Entwicklung von befriedigenden Gruppenaktivitäten richten, häufig in Verbindung mit einem humanitären Element.

Spenden für wohltätige Zwecke zu sammeln wäre z. B. eine lohnende Beschäftigung. Wir sollten hier die kreative Macht der Sonne nicht außer Acht lassen, die sich als eine bemerkenswerte Quelle von Inspiration für andere bemerkbar machen kann. Es können hier sehr positive Gruppenaktivitäten die Folge sein. Allerdings sollte das Individuum nicht den Versuch unternehmen, alles unter seine Kontrolle bringen zu wollen. Ganz im Gegenteil gilt es, sich den anderen – und insbesondere den alten und erfahrenen – Mitstreitern zu beugen, auch dann, wenn man glaubt, alles besser machen zu können.

Neben dem Bedürfnis nach einem erfüllten und befriedigenden sozialen Leben muss auch für Nähe im Kontakt zu anderen Raum sein. Hier kann es zu einem Konflikt kommen – allerdings dürfte man in der Lage sein, die Situation mit einem gewissen Abstand zu betrachten. Das Leben sollte in verschiedene Bereiche eingeteilt werden: gute, enge Beziehungen mit dem Ausdruck von Liebe, gleichermaßen aber Kontakte, die den Bedürfnissen und dem Ausdruck der Sonne im 11. Haus gerecht werden.

Der Einfluss von Uranus

Das Wassermann- bzw. Uranushaus - Näheres zum angesprochenen Konflikt lässt die Untersuchung von Uranus erkennen. Was emotional befriedigende Beziehungen betrifft, ist sowohl auf die Venus als auch auf das 7. Haus zu achten.

DIE SONNE IM 12. HAUS

12

Das Horoskop erhält eine ganz besondere Note, wenn die Sonne im 12. Haus steht. Hier sehen wir einen Menschen, der Ruhe und Frieden braucht, Raum und Zeit für sich selbst.

Wenn das Sonnenzeichen damit übereinstimmt, dürften die Neigung zur Innenschau sowie ein Mangel an Selbstvertrauen zu verzeichnen sein. Aber auch in dem zurückgezogenstes aller Häuser geht von der Sonne kreative Kraft aus.

Bedürfnis nach Sicherheit

Neigung zur Arbeit hinter den Kulissen. Der Betreffende wird sich hinter seinen schöpferischen Kreationen verstecken und es möglicherweise selbstbewussteren Personen überlassen, dafür zu werben. Diejenigen, die ihm nahe stehen, sollten nicht versuchen, ihn zu einem extravertierten Lebensstil zu bringen – man muss akzeptieren, dass die vertraute Umgebung der einzige Ort ist, an dem er sich sicher fühlt. Hier kann er sich am besten zum Ausdruck bringen.

Selbsterkenntnis und Verständnis

Selbsterkenntnis und die Beschäftigung mit den tiefverwurzelten Bedürfnissen sind überaus wichtig – es könnte anderen sehr schwerfallen, dies zu verstehen, im Gegensatz zu der betreffenden Person selbst.

Verständnisvolle Partner, die von eher extravertierterem Wesen sind, werden möglicherweise die Trennung als das beste Mittel ansehen, damit der andere sein vermeintlich unstrukturiertes und pflichtbeladenes Leben weiterführen kann. Seine Arbeit sollte für ihn sprechen.

Die Fähigkeit, sich über die Gefühle gegenüber demjenigen klar zu werden, dem seine Liebe gilt, und dieser Liebe Ausdruck zu verleihen, stellt den positiven Ausdruck des jeweiligen Sonnenzeichens dar.

Dies ist das Fische- bzw. Neptunhaus. Insofern wird, wenn Neptun eine personalisierte Bedeutung im Horoskop hat, seine Rolle noch wichtiger. Vernachlässigen Sie sein Zeichen, sein Haus und seine Aspekte nicht – sie geben viele Informationen über die 12.-Haus-Sonne!

DIE PROGRESSIVE SONNE IN DEN HÄUSERN

So, wie sich die Sonne progressiv durch die Zeichen bewegt, läuft sie progressiv auch durch die Häuser. Wenn es sich ergibt, dass sie in ein neues Haus kommt (dafür muss die Geburtszeit genau feststehen!), wird sich der betreffende Mensch an einem Wendepunkt seines Lebens sehen, zu dem sich die Themen des neuen Hauses deutlich abzeichnen. Bei dem Zeichenwechsel der Sonne können wir die Verschmelzung der Charakteristiken beider Zeichen beobachten.

Sich ändernde Bedürfnisse

Wenn die Sonne in der Progression in ein neues Haus kommt, sind auffällige Veränderungen die Folge; die Themen, die mit dem ursprünglichen Haus (bei älteren Menschen auch mit einer früheren Progression) einhergingen, treten damit alsbald in den Hintergrund – allerdings werden sie nicht ganz und gar verschwinden. Derjenige z. B., dessen Sonne aus dem 10. Haus progressiv ins 11. wandert, entdeckt vielleicht, dass ihm jetzt ein erfülltes soziales Leben wichtiger als weltlicher Erfolg ist. Die Person mit der Sonne im 4. Haus könnte bei der Progression ins 5. Haus den Wunsch nach mehr Freude fühlen und sich verstärkt dem Bereich der Kreativität, des Sports oder der Liebe widmen.

Mit jedem Monat, wenn die Sonne in ein neues Tierkreiszeichen zu laufen scheint, kommt sie auch in ein anderes Haus des Horoskops. Auf diesen Sachverhalt beziehen sich Zeitungsastrologen, wenn sie ihre Kolumnen schreiben – sie beziehen sich dabei auf das, was unter dem Begriff Sonnenhoroskop bekannt ist. Dabei wird das Sonnenzeichen an den Aszendenten gesetzt und die Sonnenstellung für jedes Zeichen interpretiert.

Für das Geburtshoroskop ist das nicht weiter von Belang – wir sollten aber wissen, dass wir immer viel an der Sonne ablesen können! Deshalb sollten wir auch das, was mit dem Haus verbunden ist, durch das die Sonne gerade läuft, ernst nehmen. So können wir z. B. dann, wenn sich die Sonne im 2. Haus befindet, versuchen, unser Einkommen zu verbessern, bei ihrem Lauf durch das 6. mit einer Diät beginnen usw.

DIE ASPEKTE DER SONNE

Die Aspekte der Sonne zu anderen Planeten und zu den Eckpunkten des Horoskops sind für die Interpretation von extremer Bedeutung, diese weisen darauf hin, wie der Einfluss der Planeten gemäß ihrer Zeichen und Häuser zum Ausdruck kommt. Es wird immer wieder Zeiten geben, in denen ein Aspekt die Eigenschaften der Sonne vervollständigt oder aber ihnen widerspricht. Deshalb ist es notwendig, die Bedeutung der Aspekte genau zu erkennen. Wenn es sich um einen exakten Hauptaspekt handelt, ist der Einfluss sehr machtvoll und muss bei der Interpretation unbedingt berücksichtigt werden! Ist der Aspekt nicht genau (mit einem Orbis von sieben oder acht Grad), spielt er dagegen eine weniger wichtige Rolle. Aspekte zwischen der Sonne und dem herrschenden Planeten sollten auf keinen Fall vernachlässigt werden, auch wenn sie an sich nicht sehr bedeutungsvoll scheinen. Sie sind von sehr persönlicher Wirkung und spielen eine wichtige Rolle.

SONNENASPEKTE ZUM MOND ☽

☌ Konjunktion

Ist immer dann gegeben, wenn ein Mensch zur Zeit des Neumondes geboren wird. Von entscheidender Bedeutung für das Horoskop. Für gewöhnlich stehen dabei Sonne und Mond im gleichen Zeichen und Haus, wodurch die Eigenschaften des Sonnenzeichens auch die instinktive und intuitive Ebene prägen. Man reagiert auf alle Situationen auf die Art, die vom Sonnenzeichen angezeigt ist.

Der Einfluss des Mondzeichens und -hauses sollte sorgfältig mit den Charakteristiken der Sonnenstellung in Verbindung gebracht werden. Es gibt hier Ähnlichkeiten – was das Mondzeichen betrifft, geht es um die Ebene der Persönlichkeit, während das Mondhaus sich aber eher auf eine physische Weise manifestiert.

Wenn Merkur oder die Venus in das gleiche Zeichen wie diese machtvolle Konjunktion fallen, könnte der Mensch zur Unausgewogenheit neigen, weil die Eigenschaften des Sonnenzeichens, auch wenn sie auf verschiedenen Ebenen zum Ausdruck kommen, dominieren.

Wenn die Konjunktion in zwei Zeichen oder Häuser fällt, spürt der Betreffende den gleichen innerlichen Konflikt oder die gleiche Rastlosigkeit oder Unzufriedenheit, die häufig mit einem negativen Aspekt dieser Planeten verbunden ist.

+ Positive Aspekte

Ein integrierender Faktor im Horoskop, der dem Menschen hilft, seine Persönlichkeit besser zu verstehen.

Beim Trigon (und wenn sich beide Planeten im gleichen Element befinden) wird der Ausdruck des natürlichen Enthusiasmus (Feuer), der konkret-praktischen Erwägungen (Erde), der intellektuellen Fähigkeiten (Luft) oder der Gefühle positiv sein. Die Kombination von Instinkt und Reaktionen (Mond) wird den individuellen Charakter (Sonne) vervollständigen.

Auch das Sextil ist hilfreich, es hat einen ähnlichen – aber weniger kraftvollen – Effekt. Es verstärkt die extravertierten (wenn die Planeten in positiven Zeichen stehen) oder die introvertierten Züge (negative Zeichen). Zumeist ist auch die Gesundheit stabil.

− Negative Aspekte

Ein solcher Mensch könnte verstärkt zu innerlicher Unzufriedenheit und Unbeständigkeit neigen. Launen und die Unfähigkeit, Befriedigung zu empfinden, könnten Probleme bedeuten, z. B. hinsichtlich der emotionalen Beziehungen.

Die Opposition (Geburt zur Zeit des Vollmondes) unterstreicht ebenfalls die Polarität der betreffenden Zeichen.

Das Quadrat hebt die Quadruplizität hervor – sie hat zur Folge, dass die Person sehr extravertiert ist (wenn die kardinalen Zeichen betroffen sind), sehr eigensinnig (fixe Zeichen) oder sehr unbeständig (veränderliche Zeichen). Die Neigung sich Sorgen zu machen oder die Tendenz zu emotionaler Rastlosigkeit könnten die Ursache für kleinere, aber dauerhafte gesundheitliche Probleme sein.

Bei einem Nebenaspekt sind diese Merkmale weniger auffällig. Ihnen sollte bei der Interpretation nicht zu viel Gewicht zugemessen werden.

PROGRESSIVE ASPEKTE ZWISCHEN SONNE UND MOND ☽

Wenn die progressive Sonne im Aspekt zum Radixmond steht, kommt es zu einer Phase allmählicher Veränderungen, die, langfristig gesehen, weitreichende Folgen hat, oftmals in Verbindung mit der instinktiven Einsicht, dass man nun Entscheidungen treffen muss. Manchmal zwingt eine Beförderung zum Umzug – oder aber es besteht das drängende Bedürfnis nach irgendeiner Art von Veränderung.

Wenn Sonne und Mond im Geburtshoroskop durch einen Aspekt verbunden sind, können Sie an der Art der Progression ablesen, ob die Veränderungen schwer- oder leicht fallen werden. Ein Hauptaspekt dazu färbt das Leben sehr deutlich (wenngleich nicht immer auf augenfällige Art), für etwa drei Jahre. Wenn der Progressionsaspekt durch machtvolle Transite unterstützt wird, passiert sehr viel.

SONNENASPEKTE ZU MERKUR ☿

Zwischen diesen Planeten kann es nur zur Konjunktion oder zu einem nicht sehr exakten Halbsextil kommen. Diese Aspekte interpretiert man am besten in Verbindung mit dem Merkur- und dem Sonnenzeichen.

Wenn beide im gleichen Zeichen stehen, denkt der Mensch in der Weise seines Sonnenzeichens. Befindet sich Merkur im vorherigen oder im folgenden Zeichen, funktioniert der Verstand gemäß dessen Art.

Bei Sonne und Merkur in einer engen Konjunktion zueinander – nicht weiter als fünf Grad entfernt – entwickelt sich die Person eher langsam.

Wenn nicht durch andere Einflüsse beeinträchtigt, verleiht dieser Aspekt zumeist Optimismus, Schwung und den Wunsch nach gesellschaftlichem Fortkommen.

PROGRESSIVE ASPEKTE ZWISCHEN SONNE UND MERKUR

Bei diesen Verbindungen im Progressions- oder im Geburtshoroskop kommt es im Leben zu Veränderungen, die überfällig sind. Jetzt muss man Entscheidungen treffen, und man sollte versuchen, die Dinge mit Abstand zu betrachten und sich über die langfristigen Effekte der Handlungen klar zu werden. Fragen Sie sich, ob der Betreffende entscheidungsfreudig und von schneller Auffassungsgabe ist oder nicht. Eventuell der Drang zu großen intellektuellen Herausforderungen oder Anreize, oder auch die Inspiration, etwas zu schreiben. Während es im Geburtshoroskop nur zur Konjunktion und zum Halbsextil kommen kann, sind bei der Progression von Sonne und Merkur auch andere Aspekte möglich.

Wenn der Aspekt negativ ist, könnten nervliche Spannungen auftreten – insgesamt aber wird auch dieser anregend auf den Verstand wirken. Alle möglichen Merkurthemen – vom Auto bis hin zu den Medien – können nun von besonderer Bedeutung sein.

SONNENASPEKTE ZUR VENUS

Lediglich die Konjunktion, das Halbsextil und das Halbquadrat sind zwischen diesen Planeten möglich – weil sie niemals weiter als 48 Grad voneinander entfernt sind.

Konjunktion und Halbsextil

Wenn beide Planeten im gleichen Zeichen stehen, kommen Liebe und Zuneigung zum Ausdruck. Die Einstellung zu Geld und Besitz wird vom Sonnenzeichen angezeigt und durch die Konjunktion unterstrichen.

Bei der Konjunktion handelt es sich um jemanden, der liebevoll ist, der Freude an der süßen Seite des Lebens hat und vielleicht sehr undiszipliniert ist (woraus u.a. Probleme mit dem Gewicht resultieren könnten). Eine freundliche und großzügige Wesensart – die Kombination der machtvollen solaren Vitalität mit der venusischen Sympathie und dem Wunsch, sich mit anderen zu verbinden, beschert dem Geborenen positive Eigenschaften und Glück, oft auch Charme und Umgänglichkeit.

Wenn die Konjunktion durch eine Opposition oder ein Quadrat zum Mond oder zum Saturn beeinträchtigt ist, werden sich im emotionalen Leben unweigerlich Enttäuschungen ergeben.

Das Halbsextil ist nicht besonders stark – wie die Konjunktion auch bedeutet es so gut wie immer, dass sich der Mensch an schönen Dingen, wie z.B. der Kunst, erfreuen kann. Spielt hier auch Merkur hinein, ist vielleicht ein Geschick für kreative handwerkliche Arbeit vorhanden.

Halbquadrat

Das Halbquadrat ist ein wichtiges Merkmal. Es erhöht die Wahrscheinlichkeit, dass es in der Ehe oder der langfristigen Beziehung zur Trennung kommt.

PROGRESSIVE ASPEKTE ZWISCHEN SONNE UND VENUS

Positive Aspekte

Können von einer Phase voller Glück für einen Menschen künden. Traditionsgemäß die Anzeichen für eine Heirat oder das Eingehen einer dauerhaften Beziehung. Dies kann eine sehr reiche und vergnügliche Zeit sein, speziell dann, wenn die Progression noch durch Transite Unterstützung findet.

Negative Aspekte

Wenn zwischen Sonne und Venus ein Halbsextil vorhanden ist oder wenn sie in der Progression im Halbquadrat zueinander stehen, könnten emotionale Belastungen die Folge sein. Werden die Probleme auf den Tisch gebracht und ist die Kommunikation zwischen den Partnern gut, wird sich für alles eine Lösung finden. Ein Jahr aber kann es dauern, bis diese Phase vorbei ist. Statt zu emotionalen könnte es auch zu finanziellen Schwierigkeiten kommen.

SONNENASPEKTE ZU MARS

Konjunktion

Der Betreffende wird durch ein wahres Kraftwerk von Energie angetrieben - Mars trägt zu unserer körperlichen Energie bei, und die Sonne unterstützt unsere Vitalität. Es ist deshalb notwendig, dass positive Kanäle für diese Ressourcen vorhanden sind, herausfordernde Sportarten z.B. oder eine körperlich anstrengende Arbeit.

Die emotionalen Energien sind bei diesem Aspekt zumeist gestärkt, besonders dann, wenn sich die Planeten in einem Wasserzeichen befinden. Dann kann sich die Konjunktion als Hingabe für etwas auswirken.

Vielleicht tritt Selbstsucht in Erscheinung, der widderhafte Pioniergeist oder der Drang zu gewinnen (Mars herrscht über den Widder, und die Sonne ist in diesem Zeichen erhöht; siehe S. 97).

Kopfschmerzen und eine Unfallneigung sind möglich, aufgrund der Tendenz, überstürzt zu handeln. Nichtsdestoweniger eventuell eine große körperliche Stärke oder eine ausgesprochen athletische Figur.

Wagemut und Tapferkeit sind weitere typische Merkmale – manchmal sehen wir hier den großspurig auftretenden Helden vor uns. Das Sexualleben ist lebhaft, um es einmal vorsichtig auszudrücken. Man überarbeite sich nicht und hüte sich vor tollkühnen bzw. närrischen Risiken!

Positive Aspekte

Viele der Charakteristiken der Konjunktion sind auch beim Trigon und beim Sextil zu verzeichnen – allerdings können die extremeren Auswirkungen hier besser unter Kontrolle gebracht werden, weil es sich um weniger machtvolle Aspekte handelt. Eine exzellente Quelle von Energie, bei verringertem Risiko, sich zu verausgaben oder allzu wagemutig vorzugehen.

Der Fluss der Energie, emotional wie physisch, ist gut kanalisiert. Der betreffende Mensch ist mutig, aber nicht in maßloser Weise.

Negative Aspekte

Anspannung und Belastungen infolge von Überarbeitung können zum Problem werden. Solange nicht andere Faktoren dagegen sprechen, dürfte die Neigung zu Jähzorn oder Wut bestehen. Wenn der Mensch die schädlichen Auswirkungen dieser Ausbrüche erkennt, hat er eine Energiequelle zur Verfügung, die so machtvoll ist wie die Konjunktion und sehr hilfreich sein kann.

Nichtsdestoweniger braucht der Geborene Beistand, um mit sich ins

Reine zu kommen oder um die schädlichen Folgen seines Zorns wiedergutzumachen. Die Wurzel seiner Probleme könnte sexuelle Frustration sein oder ein Partner, der sich unkooperativ zeigt.

PROGRESSIVE ASPEKTE ZWISCHEN SONNE UND MARS ♂

Konjunktion

Wahrscheinlich eine extrem harte Zeit mit viel Arbeit, mit vielen Herausforderungen und vielen Spannungen. Das Endresultat davon können aber große persönliche Leistungen sein.

Diese Konjunktion wirkt etwa drei Jahre lang. Das mittlere Jahr ist das wichtigste, der Einfluss ist dann am stärksten. Eine aufregende Zeit – die Energien sind so intensiv wie sonst nie, wovon der positive Mensch sehr profitieren kann. Von Zeit zu Zeit Phasen von Anspannung und Stress (vielleicht zusätzlich auch durch Transite, Lunarprogressionen usw.).

Positive Aspekte

Ähnliche Auswirkungen wie bei der Konjunktion, allerdings ist der Einfluss weniger stark. Bei Stress und Spannungen erweist sich der Betreffende als beständiger, was den Ausdruck von Energie betrifft – er setzt die Energie ein, wann und wo es nötig ist. Das Bedürfnis, neue und herausfordernde Projekte zu beginnen und Großes zu leisten. Die Stimmung ist optimistisch, bezüglich der Konkurrenten vielleicht auch etwas aggressiv.

Negative Aspekte

Viel Druck. Mit dem Bedürfnis nach Anerkennung oder der Tendenz, sich Sorgen zu machen, könnte man sich zu viel aufladen und sich vollkommen verausgaben.

Nebensächlichkeiten und kleinen Ärgernissen wird nun vielleicht allzu viel Aufmerksamkeit gewidmet. Man muss lernen, Energie nicht zu verschwenden (was nicht immer einfach ist) und sich in den verschiedenen Lebensbereichen zu mäßigen.

SONNENASPEKTE ZU JUPITER ♃

Konjunktion

Der Tradition nach einer der glücklichsten Aspekte. Wir benutzen das Wort Glück wegen seines Wahrsagecharakters nicht – trotz allem aber scheint der Mensch mit einem solchen Aspekt ein angenehmeres Schicksal als andere zu haben.

Optimismus und ein Sinn für Humor. Der Überlieferung nach findet diese Person, wenn sie Geld braucht, neue Mittel, ob sie nun begütert ist oder nicht. Dies ist die »Expansion« – das Kennwort für Jupiter. Meist eine Vorliebe für gutes Essen und Wein, insofern die Tendenz zur Gewichtszunahme. Manchmal Probleme mit der Leber.

Gute intellektuelle Fähigkeiten und ein großes Potenzial für Weiterentwicklung, häufig auch eine angenehme philosophische Haltung. Ehrgeizig, allerdings nicht um jeden Preis.

Machen Sie sich Gedanken zum Jupiterzeichen – welches meistens das gleiche wie das Sonnenzeichen ist und fügen Sie diese Erkenntnisse der Interpretation bei.

Positive Aspekte

Ähneln der Konjunktion, allerdings weniger aktive Bereitschaft, den persönlichen Horizont zu weiten und das intellektuelle Potenzial zu entwickeln. Vielleicht aber viel Freude an Schach oder an Literatur.

Wenn die Venus stark steht, herrscht die Tendenz vor, das Leben etwas auf die leichte Schulter zu nehmen, in Verbindung mit einer positiven und optimistischen Einstellung. Möglicherweise ein großes Interesse an Gesetzen oder am Verlagswesen. Wenn von anderer Stelle des Horoskops eine Neigung zum Lehren angezeigt ist, findet das hierdurch zusätzliche Unterstützung. Kein Mensch, der besonders konkurrenzorientiert ist.

Negative Aspekte

Das Gefühl für die Perspektive geht leicht verloren, was deutlich erkannt werden muss. Die Tendenz zur Übertreibung und dazu, bei umfassenden Projekten die Details aus dem Blick zu verlieren, woraus ernsthafte Probleme erwachsen könnten.

Der Mangel an Bescheidenheit ist einer der schwerwiegendsten Fehler. Manchmal können auch eine Leidenschaft zum Spiel und der unüberlegte Einsatz von Geld (oder Emotionen) zu Schwierigkeiten führen. Wenn sich an anderer Stelle des Horoskops die Neigung zum negativen Eskapismus mithilfe von Drogen oder Alkohol zeigt, wird das durch diese Aspekte noch zusätzlich verstärkt.

Stehen mehrere Planeten im Element Erde und ist Beharrlichkeit angezeigt, werden die negativen Auswirkungen nicht so stark sein und die Jupitermerkmale wie Großzügigkeit und ein Sinn für Humor in Erscheinung treten.

PROGRESSIVE ASPEKTE ZWISCHEN SONNE UND JUPITER ♃

Konjunktion

Zeigt zumeist eine wichtige Phase im Leben an. Wenn die Sonne mit anderen persönlichen Faktoren in Verbindung steht, wenn sich der Schütze am MC befindet oder wenn im Geburtshoroskop ein Sonne-Jupiter-Aspekt zu verzeichnen ist, könnten dem Menschen hohe Ehren zuteil werden – eine Auszeichnung vielleicht oder ein Stipendium, vielleicht auch in jungen Jahren der Gewinn eines Wettbewerbs.

Untersuchen Sie, wie stark während dieser Phase (die drei Jahre lang dauert) Jupitereinflüsse wirken. Wenn sich eine Jupiterwiederkehr ereignen sollte oder dieser Planet anderweitig prominent in Erscheinung tritt, wird das Leben die eine oder andere Belohnung bringen – und man sollte bereit dazu sein, sich im Erfolg zu sonnen!

Positive Aspekte

Deuten für gewöhnlich auf eine Zeit mit vielen Fortschritten und viel Glück hin. Möglicherweise für weniger extravertierte Typen eine schwierige Zeit – Jupiter hilft aber auch ihnen, sich bereitwilliger als sonst ins Rampenlicht zu begeben.

Negative Aspekte

Jeder Schritt muss sorgfältig erwogen werden – das Leben ist jetzt nicht einfach. Insbesondere dann von großer Wichtigkeit, wenn Verträge oder Papiere bei Gericht unterzeichnet werden müssen. Sorgfältig das Kleingedruckte lesen - leider aber neigt man jetzt dazu, jegliche Vorsicht außer Acht zu lassen.

Finanzieller Rat sollte gesucht und befolgt werden. Vorsicht auch beim Essen und Trinken! Es kommt jetzt auf Umsicht und Bescheidenheit an, weil man nur zu schnell schwerwiegende Fehler begehen könnte, insbesondere dann, wenn zur gleichen Zeit Neptuntransite auftreten.

SONNENASPEKTE ZU SATURN

Konjunktion

In der Astrologie gilt seit Tausenden von Jahren, dass Sonne und Saturn Feinde sind – sie liefert Vitalität, er neigt zu deren Beschränkung. Insofern wird bei dieser Konjunktion die Aktivität der Sonne durch die machtvolle Einwirkung von Saturn gelenkt und beschränkt.

Dieser Einfluss kann sich als Bremse oder aber als Stabilisator erweisen; so wird z. B. eine Sonne im Feuerzeichen durch ihn im Zaum gehalten, was extremere Auswirkungen verhindern kann. Wenn es aber zu Sonne und/oder Saturn noch ein Quadrat gibt – insbesondere vom Mond aus –, werden die Charakteristiken des Sonnenzeichens »vernebelt«. Bei der Konjunktion im Steinbock treten die Einflüsse dieses Zeichens verstärkt in Erscheinung, weil es von Saturn beherrscht wird.

Mit dieser Stellung sind Schüchternheit und ein Mangel an Selbstvertrauen zu erwarten, vor allem in jungen Jahren. Früher oder später kann der oder die Betreffende sich aber wahrscheinlich damit arrangieren und stattdessen Ehrgeiz und Zielstrebigkeit entwickeln.

Die Konjunktion ist ein machtvoller Schlüsselfaktor, speziell dann, wenn andere Transite und Progressionen sie betonen. Möglicherweise Rheumaprobleme, was ein beständiges Trainieren der Gelenke nahe legt.

Positive Aspekte

Ein gesunder Menschenverstand und eine praktische Herangehensweise. Vielleicht viele Ängste und Pessimismus, speziell angesichts von Herausforderungen. Allerdings dürften diese Aspekte keine ernsthafte Behinderung darstellen! Nur dann, wenn von anderer Stelle des Horoskops Schüchternheit und ein Mangel an Selbstvertrauen angezeigt sind, könnten Trigon oder Sextil Probleme machen. Zumeist verleihen sie ein Gefühl der Bestimmtheit und der Richtung und ermutigen, hochgesteckte Ziele zu erreichen.

Vorsicht und Bedachtsamkeit sind augenfällige Merkmale. Risiken werden nur nach gründlicher Abwägung eingegangen.

Negative Aspekte

Hier liegen Sonne und Saturn einander in den Haaren. Diese machtvollen Aspekte haben häufig ein sehr einschränkendes Moment. Auch haben die Nebenaspekte hier größere Wirkung als sonst. Manchmal ist die Gesundheit beeinträchtigt, mit vielen Schmerzen und der Tendenz, sich leicht zu erkälten.

Ein Mangel an Selbstvertrauen ist das wahre Problem. Wenn der Betreffende unter einem teilnahmslosen oder überkritischen Elternteil gelitten hat, fällt es schwer, diese Erfahrungen zu verarbeiten.

Im schlimmsten Fall besteht ein ausgesprochenes Minderwertigkeitsgefühl; Selbstvertrauen zu entwickeln ist damit sehr schwierig (insbesondere dann, wenn der Orbis des Aspektes weniger als 4 Grad beträgt).

Der Einfluss ist aber nicht grundsätzlich negativ, und die Opposition ist weniger beschränkend als das Quadrat. Und selbst das Quadrat kann in dem Horoskop, das ansonsten viel positiven Enthusiasmus widerspiegelt (mit einer Betonung von Feuer und Luft, von Jupiter und Venus vielleicht und mit vielen Trigonen), ein willkommener mäßigender und stabilisierender Einfluss sein.

PROGRESSIVE ASPEKTE ZWISCHEN SONNE UND SATURN

Konjunktion

Eine extrem wichtige und möglicherweise auch kritische Phase, die wahrscheinlich drei Jahre lang dauert, unabhängig davon, ob Sonne und Mars im Geburtshoroskop miteinander verbunden sind oder nicht.

Jetzt machen sich neue Pflichten bemerkbar, vielleicht auch mehr Prestige. Das Individuum kann damit umgehen – wenn man nun mit seinem Ehrgeiz dem Leben gegenüber auch ziemlich ernsthaft eingestellt ist. Vielleicht bringt man aber dem ultimativen Ziel zu viele Opfer. Das Familienleben sollte man nicht vernachlässigen, und Entspannung ist wichtig. Große Veränderungen sind jetzt möglich, vielleicht mit neuen Rahmenbedingungen.

Positive Aspekte

Wirken ähnlich wie die Konjunktion; allerdings sind die Geschehnisse und die Resultate von nicht so einschneidender Bedeutung, sowohl was den Augenblick als auch die langfristigen Folgen betrifft. Dass der Fortschritt neue Pflichten mit sich bringt und dass Pläne für die Zukunft gemacht werden, ist sehr wahrscheinlich.

Negative Aspekte

Eine problematische Phase, in der man nur langsam Fortschritte machen kann. Fehler, die der Mensch jetzt macht, wird er kein zweites Mal begehen. Ein »Du-darfst-nicht«-Einfluss; in Verbindung mit den schwierigen Lektionen aber wird er zu mehr Weisheit und psychologischer Integration führen.

Jetzt sollte man die Dinge nicht mit Macht voranzutreiben versuchen – insbesondere dann nicht, wenn beschränkende Transite wirksam sind. Wenn allerdings die Transite positiv sind und für Beständigkeit sprechen, können mit Umsicht doch gewisse Fortschritte erzielt werden.

SONNENASPEKTE ZU URANUS

Konjunktion

Ein extrem machtvoller Aspekt, der oftmals zur Rebellion und zu einem exzentrischen und unvorhersehbaren Verhalten führt. Es können aber auch wissenschaftliche oder kreative Fähigkeiten vorhanden sein. Bei Beharrlichkeit im Vorgehen sind hier große Leistungen möglich.

Das Bedürfnis nach einer machtvollen Position könnte sich in manchen Fällen als ein nahezu zwanghafter Antrieb herausstellen, besonders dann, wenn die Konjunktion noch von Mars oder Pluto aspektiert wird oder wenn Sonne und Uranus im 10. Haus stehen. Der Geborene muss sich bewusst selbst kontrollieren – sehen Sie auf Saturn, der hier helfen könnte!

Positive Aspekte

Originalität und vielfach auch ein persönlicher Magnetismus bereichern den Sonneneinfluss zusätzlich. Wenn die Venus gut gestellt ist, womöglich eine beträchtliche sexuelle Anziehungskraft und viel Charme. Die Sonne in einem extravertierten Zeichen würde die Führungseigenschaften und die Popularität verstärken.

Die emotionale und nervliche Energie ist betont und kommt auf eine positive Weise zum Ausdruck.

Negative Aspekte

Der Drang nach Andersartigkeit, Eigensinn und andere negative Züge, besonders beim Quadrat. Phasen großer

Spannung und Launenhaftigkeit, in denen der Geborene »schwierig« ist, unter Umständen auch Prahlerei. Allerdings könnten andere Einflüsse dies abmildern.

Wenn andere Planeten positives Potenzial beisteuern, können die Aktivitäten von Sonne und Uranus zum Guten wirken. Mit der humanistischen Seite von Uranus kann ein hoch entwickeltes soziales Bewusstsein einhergehen.

Möglicherweise von Zeit zu Zeit besondere Auswirkungen auf die Sexualität, speziell bei Männern. Männer spüren allgemein die Einflüsse der Sonne-Uranus-Kontakte deutlicher als Frauen. Vom Quadrat wird manchmal behauptet, dass es Homosexualität anzeigt.

PROGRESSIVE ASPEKTE ZWISCHEN SONNE UND URANUS ♅

☌ Konjunktion

Eine außerordentlich ereignisreiche Zeit, in der wichtige Veränderungen vor sich gehen. Die Neigung, dickköpfig und drastisch zu handeln. Bestimmtheit ist zumeist eine positive Eigenschaft – nun aber muss man sich fragen, ob man nicht zu stur ist und die Konsequenzen außer Acht lässt.

Charakteristisch ist jetzt das Bedürfnis, sich neu zu orientieren und sich vielleicht für einen ganz anderen Lebensstil zu entscheiden – »Weg mit dem Alten, her mit allem, was neu ist!«. Vorsicht ist aber angebracht.

+ Positive Aspekte

Ähneln der Konjunktion, die positiven Energien von Sonne und Uranus aber mildern die Gefahr von drastischen Überreaktionen. Neue Entwicklungen und vielleicht wichtige und aufregende Veränderungen. Diese Aspekte sind sehr anregend. Die Vorstellungen, Ansichten und die Haltung überhaupt könnten sich nun positiv verändern.

− Negative Aspekte

Wahrscheinlich eine Phase von Spannungen und Schwierigkeiten, speziell dann, wenn es auch starke Transite gibt. Man muss sich klar sein, dass nervliche Belastungen und Anspannung zu abrupten, unvorhersehbaren Reaktionen führen können, vielleicht auch zu Eigenwilligkeit und Verschrobenheit gegenüber denen, die man liebt.

Drastische Veränderungen wollen reiflich überlegt sein, auch in Bezug auf ein berufliches oder familiäres Problem. Negative Reaktionen erfahren nun nämlich eine Verstärkung, woraus sich langfristig unangenehme Konsequenzen ergeben könnten.

SONNENASPEKTE ZU NEPTUN ♆

☌ Konjunktion

Sehr viel Empfindsamkeit. Die Eigenschaften des Sonnenzeichens kommen auf abgemilderte Weise zum Ausdruck, wenn Neptun sich im gleichen Zeichen befindet. Sehr viel Intuition.

Ohne negative Einwirkung von anderen Planeten (speziell von Mars und Mond) eine kreative, vielleicht auch künstlerische Fantasie; das Sonnenzeichen lässt Näheres dazu erkennen. Häufig auch ein Interesse an der bzw. eine Neigung zur Astrologie, unter Umständen auch zum Okkulten, welcher der Mensch aber mit Vorsicht begegnen muss.

Vielleicht auch eine Tendenz zur Weltfremdheit – schauen Sie auf das Horoskop in seiner Gesamtheit, um zu erkennen, ob der Betreffende praktisch veranlagt ist. Bei der Opposition oder dem Quadrat zum Mond vielleicht negative Fluchttendenzen. Ärztlich verordnete Drogen könnten Allergien oder gegenteilige Effekte hervorrufen.

+ Positive Aspekte

Eine gut entwickelte Vorstellungskraft und Inspiration, aber auch die Neigung zur Nachlässigkeit und Träumerei. Gut, wenn die Resultate zum positiven Umgang mit dem kreativen Potenzial führen – oft aber nur wenig Bereitschaft, eifrig zu arbeiten. Exzellente Visionen und Intuition, für gewöhnlich auch viele tiefe Einsichten.

− Negative Aspekte

Die Tendenz, andere - und auch sich selbst – zu hintergehen. Man könnte glauben, auf diese Weise aus Problemen herauszukommen – was aber einen schwächenden Einfluss auf den Charakter hat. Kinder mit diesen Aspekten müssen besonders bestimmt zur Ehrlichkeit angehalten werden. Unaufrichtigkeit in finanziellen Dingen ist möglich, für gewöhnlich mit verheerenden Folgen.

In diesen Fällen besteht die starke Wahrscheinlichkeit, mit Alkohol, Nikotin oder anderen Drogen vor den Problemen fliehen zu wollen, ganz besonders bei der Stellung von Neptun in der Waage oder im Skorpion. Deutlich stärker als bei den positiven Aspekten ist auch die Gefahr, dass ärztlich verordnete Medikamente negativ wirken. Mäßigung und die Kontrolle der extremen Fluchttendenzen und der oben angeführten Fehler sind unverzichtbar.

PROGRESSIVE ASPEKTE ZWISCHEN SONNE UND NEPTUN ♆

☌ Konjunktion

Ein sehr subtiler Einfluss, dessen Auswirkung von einem praktischen, materialistisch gesinnten und ehrgeizigen Menschen kaum gespürt werden mag. In der empfindsamen, intuitiven und kreativen Persönlichkeit dagegen spornt sie die Vorstellungskraft und Inspiration an. Es könnte nun ein ernsthaftes (und niemals endendes!) Studium der Astrologie aufgenommen werden, oder man widmet sich spirituellen oder kreativen Interessen.

+ Positive Aspekte

Ähneln der Konjunktion, sind allerdings nicht so machtvoll. Können dabei helfen, den unfassbaren Einfluss von Neptun kreativ zu nutzen. Auch hier sind die Auswirkungen von dem praktisch ausgerichteten Menschen nur schwer wahrzunehmen. Nun erhalten die weniger konkreten Bereiche des Lebens einen größeren Nachdruck, was auch für den ernsthaftesten Geschäftsmann gilt!

− Negative Aspekte

Diese eskapistischen und psychisch schwächenden Einflüsse sind schwierig. Eine zwei oder drei Jahre währende Periode, in der es der gesunde Menschenverstand schwer hat! Das Quadrat und die Opposition sind besonders problematisch, die Nebenaspekte sorgen für kleine Störungen.

Zu dieser Zeit besteht die Tendenz, sich in ein Wolkenkuckucksheim zurückzuziehen und dumme Sachen zu machen - vielleicht auch, weil man Betörung mit Liebe verwechselt. Untypische Verhaltensmuster können nun zu Verwirrung und Chaos führen. Die Situation wird sich dann noch komplizieren, wenn Neptun im Transit persönliche Planeten oder den Aszendenten aspektiert.

SONNENASPEKTE ZU PLUTO

☌ Konjunktion
Pluto lief 1900 in die Zwillinge und kam 1995 in den Schützen – was heißt, dass sich für alle in diesem Jahrhundert geborenen Menschen die Konjunktion nur in den Zeichen von den Zwillingen bis zum Schützen ereignen kann.

Man muss die Tiefen seiner Persönlichkeit erforschen und die Antriebskräfte hinter seinen Aktivitäten erkennen. Diese Züge zeigen sich am deutlichsten, wenn sich die Konjunktion im Krebs oder im Skorpion befindet. All denen, die von vornherein über eine natürliche Intuition verfügen, verleiht sie zusätzliche Einsichten.

Der Tendenz zur erbarmungslosen Innenschau und einem obsessiven Verhalten aber muss entgegengetreten werden. Mit der Konjunktion im Löwen könnte man wünschen, Macht über andere zu besitzen; in der Jungfrau (vielleicht auch mit Beteiligung von Uranus) hat der Mensch gute Voraussetzungen, andere zu führen, neigt unter Umständen aber zu (politischen) Extremen.

+ Positive Aspekte
Für gewöhnlich die Fähigkeit, sich selbst zu analysieren. Bedeutungsvolle und vorteilhafte Veränderungen, die psychische Befriedigung und Fortschritte bringen. Das Bedürfnis, alle Aspekte, die den Menschen faszinieren, zu ergründen, und häufig auch ein Talent zur Forschung. Wenn von anderer Seite des Horoskops medizinische Fähigkeiten angezeigt sind, handelt es sich um exzellente Aspekte für eine Beschäftigung mit der Psychiatrie oder der Psychotherapie.

– Negative Aspekte
Probleme, sich zu öffnen und etwaige Komplexe mit Freunden und denjenigen, die man liebt, zu besprechen. Wenn Sie ein Kind mit einem solchen Aspekt haben, müssen Sie so früh wie möglich versuchen, dieser Tendenz entgegenzuwirken. Möglicherweise psychische Hemmungen, vielleicht auch in körperlicher Hinsicht die Neigung zur Verstopfung (worüber sich der Betreffende wahrscheinlich auch zu viele Gedanken macht, was noch zur Verschlimmerung des Problems beitragen würde).

Unter Umständen auch Züge der Besessenheit, die durch mildernde Horoskopfaktoren unter Kontrolle gebracht werden müssen. Ein Zwillingseinfluss, die Venus in einem ihrer Zeichen oder im Trigon zum Mond.

PROGRESSIVE ASPEKTE ZWISCHEN SONNE UND PLUTO

☌ Konjunktion
Das Leben zeigt sich nun wahrscheinlich von seiner schwierigen Seite. Entweder ist der Mensch aufgrund von Umständen, die außerhalb seiner Kontrolle liegen, unfähig zur Weiterentwicklung; oder aber er spürt den machtvollen Drang zu umfassenden Veränderungen, weil er nicht so weitermachen kann wie bisher. Es besteht dabei die Gefahr, das Kind mit dem Bade auszuschütten, was heißen könnte, dass viel Arbeit nutzlos vergeudet wird. Ob es dazu kommt, hängt von den Transiten ab: stabilisierende Transite von Saturn helfen, Spannung bringende von Uranus nicht. Jupiter könnte wohltätig einwirken und eine erweiterte Vision bringen. Wahrscheinlich kommt es nun zu einer Zeit voller Ereignisse und Aufregungen.

+ Positive Aspekte
Womöglich eine Phase voller Aufruhr und Veränderungen, wie bei der Konjunktion auch, was aber diesmal vom Geborenen selbst ausgeht. Auch hier wird es zu Rückschlägen kommen und zum Gefühl der Frustration; insgesamt aber könnte es sich erweisen, dass neue Besen in der Tat gut kehren.

Die Person sollte sich davor hüten, alles auf eine Karte zu setzen; es gilt stattdessen, Umsicht zu beweisen und bereitwillig auf die Meinung von anderen zu hören. Tut man dies, könnte sich die Periode im Nachhinein als sehr wertvoll herausstellen, weil sie zu mehr Verständnis und zu psychologischem Wachstum führen.

– Negative Aspekte
Fortschritte stellen sich jetzt kaum oder nur sehr unregelmäßig ein, und es kommt immer wieder zum Stillstand. Es ist das Beste, unter diesen Umständen nichts erzwingen zu wollen, sondern die Ruhe zu bewahren. Der Mensch weiß von seiner Intuition her genau, wann sich der Sturm gelegt hat. Es ist wichtig, Probleme aufrichtig zur Sprache zu bringen – was aber jetzt sehr schwerfallen könnte.

SONNENASPEKTE ZUM ASZENDENTEN

☌ Konjunktion
Setzt eine Geburt gegen Sonnenaufgang voraus, bis zu einer halben Stunde davor oder danach, die Sonne darf nicht weiter als acht Grad vom Aszendenten entfernt sein – womit der Mensch wahrscheinlich auch zu einem »doppelten Zwilling« oder was auch immer wird. Es kommt hier sehr darauf an, dass die Geburtszeit genau ist.

Wenn die Sonne ins 1. Haus fällt, haben wir es mit einem psychisch gut entwickelten Individuum zu tun. Die Stärke seines Aszendenten- und Sonnenzeichens dürfte beträchtlich sein (ob sie nun die gleichen sind oder nicht). Die Sonne verleiht eine königliche Ausstrahlung, ihre Vitalität erfüllt die ganze Persönlichkeit mit einer positiven, sonnigen Qualität, die viel Glück bringen dürfte. Wenn Aspekte sie beeinträchtigen (wie z. B. ein Quadrat oder eine Opposition von Saturn), kommt weniger Selbstvertrauen zum Ausdruck. Ein Spannungsaspekt von Jupiter kann Unmäßigkeit bedeuten.

Auch wenn sich die Sonne im 12. Haus befindet, könnte der oder die Betreffende einen doppelten Einfluss von einem Zeichen erhalten – dann allerdings sehnt man sich nach Abgeschiedenheit oder einer Arbeit, die hinter den Kulissen stattfindet.

+ Positive Aspekte
Auch diese Aspekte hängen außerordentlich eng mit der Hausstellung zusammen – das Haus, in dem die Sonne steht, ist ein Schlüsselfaktor des Horoskops. Mit dem beherrschenden Aspekt zwischen Sonne und Aszendent besteht eine vereinigende und stärkende Bindung. Die machtvollste Verbindung ist die mit der Sonne im 5. Haus (ihrem natürlichen Domizil), was ein Trigon bedeuten würde. Alles, was mit dem 5. Haus zusammenhängt, kommt damit zum Ausdruck.

– Negative Aspekte
Auch hier sorgfältig die Hausstellung untersuchen! Eine Opposition aus dem 6. Haus zum Aszendenten könnte gesundheitlich problematische Auswirkungen haben. Wenn die Sonne aber vom herrschenden Planeten, vom Mond oder Mars harmonisch aspektiert wird, könnte sich diese Stellung als eine große Stärkung erweisen. Bei der Opposition

aus dem 7. Haus liegt der Akzent auf den Beziehungen (siehe S. 273–274).

Quadrate aus dem 4. Haus zum Aszendenten können häusliche Störungen anzeigen, vielleicht auch überdurchschnittliche Probleme mit den Eltern. Viel hängt in diesem Zusammenhang davon ab, ob die Sonne durch Mond und Saturn Unterstützung findet. Wahrscheinlich eine eher häusliche Einstellung und Stolz auf das Zuhause. Das Quadrat vom 10. Haus aus bewirkt eine starke Antriebskraft, viel Ehrgeiz und konkrete Fortschritte um den Preis harter Arbeit.

PROGRESSIVE ASPEKTE ZWISCHEN SONNE UND ASZENDENT (ASC)

Rufen Sie sich ins Gedächtnis, dass die Geburtszeit genau feststehen muss, wenn die Zuordnung dieser Phasen stimmen soll.

Konjunktion
Die Verbindung der Eigenschaften der Sonne und der psychologischen Faktoren, wie sie vom Aszendent dargestellt werden, ist sehr nützlich. Man sieht sich nun in der Lage, innerliche Konflikte endlich zu lösen.

Positive Aspekte
Ähnlich wie die Konjunktion. Die positive Ausrichtung auf die Angelegenheiten, die von der progressiven Sonne angezeigt sind, ist allerdings fast noch stärker.

Negative Aspekte
Psychologische Entwicklung und Ganzheitlichkeit, wofür aber im Inneren Kämpfe ausgefochten werden müssen. Die Belange des Hauses der progressiven Sonne rücken auf deutliche Weise in den Blickpunkt.

SONNENASPEKTE ZUM MC (MC)

Konjunktion
(Der Mensch muss um die Mittagszeit geboren sein.) Die gesamte solare Antriebskraft und Energie ist auf ehrgeizige Ziele gerichtet, mit hochgesteckten Erwartungen. Der Mensch hat großes Selbstvertrauen. Es gilt aber, sich vor Überschätzungen und vor Prahlsucht zu hüten (siehe auch Sonne im 10. Haus, S. 274–275).

Positive Aspekte
Identifizierung mit den Qualitäten des Zeichens am MC. Die Ziele werden auf eine positive, überaus bestimmte, aber auf keinen Fall skrupellose Weise angegangen.

Negative Aspekte
Möglicherweise Kämpfe, um die Ziele zu erreichen und der Identifikation mit dem Zeichen am MC und seinen Eigenschaften positiven Ausdruck zu verleihen.

PROGRESSIVE ASPEKTE ZWISCHEN SONNE UND MC (MC)

Konjunktion
Eine Zeit von herausragender Wichtigkeit. Der Mensch wird entweder beruflich Ansehen gewinnen oder ein außerordentlich wichtiges Ziel realisieren. Es kann nun aber auch zu neuen Pflichten kommen.

Man sollte sich der Früchte seiner Arbeit erfreuen und besonders bei neuen Pflichten darauf achten, dass keine Distanzierung zu den Nahestehenden und den angenehmen Seiten des Lebens aufkommt. Es könnte nun vieles passieren, was sich der direkten Kontrolle entzieht, alles in Verbindung mit dem Ruf, den man sich über die Jahre hinweg erworben hat. Auch eine Beförderung ist möglich oder eine gewisse Popularität.

Positive Aspekte
Für die Zielvorstellungen und für konkrete Fortschritte sind diese Aspekte eine große Hilfe. Wie bei der Konjunktion auch könnte das Leben nun die verschiedensten Überraschungen bringen, welche zur Weiterentwicklung führen und im Gedächtnis bleiben werden.

Negative Aspekte
Das mögliche Ergebnis ist erhöhtes Ansehen und mehr Verantwortung. Der Weg dahin aber könnte schwierig sein, voller Hindernisse und Umwege. Schauen Sie auf die Transite, die zur Zeit dieser Progression auftreten. Wenn Saturn dominiert, wird er die Fortschritte verlangsamen, Jupiter dagegen bewirkt zusätzlichen Schwung. Wenn die Umstände viel Stress oder Druck mit sich bringen, muss der Geborene auf die Gesundheit achten.

DIE PROGRESSION DER SONNE ZUR SONNENSTELLUNG (☉)

Zuzeiten kommt es zwischen der Position der progressiven Sonne und der Sonne im Geburtshoroskop zu Aspekten. Die wichtigsten davon fallen mehr oder weniger mit der Saturnwiederkehr (S. 377-378) zusammen – sie sollten dann auch zusammen mit diesem Saturntransit interpretiert werden.

Halbsextil
Zu diesem Nebenaspekt kommt es ungefähr im Alter von 30 Jahren. Nicht besonders intensiv, stärkt aber die Charakteristiken der Geburtssonne und hilft bei der Integration mit den Eigenschaften des progressiven Sonnenzeichens. Wenn die Saturnwiederkehr ihre stärkste Wirkung entfaltet, verleiht dieser Progressionsaspekt dem Individuum eine zusätzliche Unterstützung, um mit den Geschehnissen zurechtzukommen.

Sextil
Ähnlich wie das Halbsextil, ereignet sich etwa zur Zeit der zweiten Saturnwiederkehr. Es ist stärker als das Halbsextil und kann diejenigen unterstützen, die Veränderungen in ihrem Leben vornehmen.

Quadrat
Heutzutage werden viele Menschen 90 Jahre alt - die Zeit, wenn die Sonne im Quadrat zur eigenen Position steht, was mit der dritten Saturnwiederkehr zusammenfällt. Mit dem Quadrat könnte, wenn der Mensch von seinem Wesen her lebhaft und enthusiastisch ist, die Tendenz zur Übertreibung bestehen, Saturn allerdings wirkt stabilisierend.

Halbquadrat
Ereignet sich im Alter von etwa 45 Jahren. Dann hat sich gerade auch die Uranusopposition zur Geburtsstellung abgespielt (siehe S. 391-392), bei der es sich um einen anstrengenden Aspekt handelt, nach dem man wieder zu Kräften kommen muss. Es herrscht ein Vitalitätsungleichgewicht, vor allem wenn die Symptome der Wechseljahre ihre Wirkung zeigen.

DIE TRANSITE DER SONNE (☉)

Viele Astrologen machen sich nicht die Mühe, Sonnentransite in die Interpretation einzubeziehen – wir aber finden sie, nützlich und spannend. Es gibt für uns noch andere Gründe, der wichtigste davon ist, dass sie mehr oder weniger konstant sind.

So erreicht die Sonne bei ihrem Lauf über den Himmel bei jedem Menschen die Position der Venus z. B. jedes Jahr am gleichen Tag (oder am Vor- oder Folgetag, eine Abweichung aufgrund der Schaltjahre). Diese schwächeren Sonneneinflüsse können gut zur Beschäftigung mit der Astrologie anregen – sie sind leicht zu studieren.

Die Wirkung dieser Transite erstreckt sich lediglich über ein paar Tage, sie sind im Licht des Planeten zu betrachten, auf den sich der Transit bezieht. Weil es sich aber um keine starken Einflüsse handelt, schlagen wir vor, dass Sie lediglich die Konjunktion und Opposition zum Aszendenten, MC, zum Mond und zum herrschenden Planeten ermitteln. Am machtvollsten ist die Konjunktion.

Es gibt eine Ausnahme dieser Regel: Weil die Sonne in dem Horoskop mit einer starken Löwebetonung so wichtig ist, sollten Sie alle Konjunktions- und Oppositionstransite von der Sonne ausrechnen, wenn der Mensch eines der folgenden Merkmale aufweist: Sonne, Aszendent, Mond oder der herrschende Planet im Löwen.

Hier handelt es sich um einen Bereich der Astrologie, in dem Sie selbst Experimente machen können. Sie werden merken, dass wir keine Sonnentransite zur Radixsonne aufgelistet haben. Diese Konjunktion findet jeweils am Geburtstag statt; astrologisch ist sie als solare Wiederkehr bekannt (siehe S.123). Die Opposition ereignet sich sechs Monate später; sie sollte ebenfalls bei der Interpretation berücksichtigt werden.

Selbst die Oppositionen rufen hier für gewöhnlich kaum Spannungen hervor, ausgenommen, die Sonne ist im Horoskop durch eine Reihe von Quadraten und Oppositionen schwer verletzt. Man sollte wissen, wann sich die Sonnentransite ereignen, und an den betreffenden Tagen sein Augenmerk auf die betreffenden Angelegenheiten richten.

INTERPRETATION DER SONNENTRANSITE ☉

Sonnentransite zum Mond
Familiäre und häusliche Belange und persönliche Probleme stehen im Mittelpunkt. Man verbringt seine Zeit auf sinnvolle Weise, wenn man sich mit der Verbesserung der häuslichen Situation beschäftigt.

Sonnentransite zu Merkur
Man sollte die Medien nutzen, sich beschweren, vorsprechen, Verhandlungen führen, vielleicht ein Auto oder Fahrrad kaufen oder verkaufen, kurze Reisen machen oder Telefonate erledigen.

Sonnentransite zur Venus
Eine gute Zeit für Friseurbesuche, kosmetische Behandlungen, den Kauf von Kleidung, für Unterhaltung, Entspannung und die Freuden des Lebens.

Sonnentransite zu Mars
Schwere körperliche Arbeit oder sportliche Aktivitäten bringen Vergnügen. Neigung zu (kleineren) Unfällen und Kopfschmerzen.

Sonnentransite zu Jupiter
Der Akzent sollte darauf liegen, Spaß zu haben. Vielleicht der Beginn (oder die Planung) einer Ferienreise in ein weit entferntes Land? Eine gute Zeit, Verträge zu unterzeichnen, zu studieren oder Artikel zu schreiben. Vorsicht vor Unmäßigkeit!

Sonnentransite zu Saturn
Eine gute Zeit für weitreichende Pläne und Entscheidungen. Es muss aber mit Verzögerungen gerechnet werden!

Sonnentransite zu Uranus
Man könnte sich von originellen und außergewöhnlichen Ideen angezogen fühlen und anders als sonst handeln. Achtung aber vor exzentrischen Aktivitäten!

Sonnentransite zu Neptun
Kino- oder Konzertbesuche sind nun ein besonderes Vergnügen. Es macht auch Spaß, mit einer Kamera herumzustreifen, Gedichte zu lesen oder sich einfach der romantischen oder nostalgischen Laune hinzugeben. Achtung, was Alkohol und Nikotin betrifft!

Sonnentransite zu Pluto
Eine gute Zeit, um »reinen Tisch« zu machen, z. B. einmal die Schränke vom Staub zu befreien, psychologische Probleme auszuräumen oder sich intensiv mit etwas zu beschäftigen.

Sonnentransite zum Aszendenten
Ein Tag, den man als eine Art zweiten Geburtstag auffassen sollte – an dem man etwas ganz Besonderes machen oder ein neues Projekt beginnen kann. Eine Phase, die man nutzen muss!

Sonnentransite zum MC
Eine große Überraschung könnte sich abzeichnen. Angelegenheiten, die mit dem Beruf oder den Eltern zusammenhängen, könnten im Mittelpunkt stehen.

DER MOND IN DEN ZEICHEN

Wenn es um die Interpretation des Mondes geht, müssen wir uns vor Augen halten, dass der Mensch auf alle Situationen instinktiv und intuitiv gemäß des Mondzeichens reagiert. Der Mond steht für die Eigenschaften, die wir von unseren Eltern und von früheren Generationen geerbt haben. Wir sind uns dieser vielleicht bewusst; finden wir sie aber beschränkend und unerquicklich, können sie uns große Probleme machen. Wie dem auch sei – ein Bewusstsein dieser fundamentalen Reaktionen ist sehr hilfreich; es kann sehr zu unserem psychischen Wachstum und unserer Ganzwerdung beitragen. Der fließende Ausdruck der Mondeigenschaften wird durch positive Aspekte zwischen Mond und Sonne und/oder dem herrschenden Planeten unterstützt, auch durch ein Trigon zwischen Mond und dem Planeten, der über das Mondzeichen herrscht (das Sextil wirkt hier etwas weniger stark). Negative Aspekte sind für gewöhnlich hinderlich. Konjunktionen verleihen dem Mond eine größere Wirkung.

DER MOND IM WIDDER ♈

Extrem schnelle Reaktionen. Der Geborene reagiert emotional (manchmal in allzu drastischer Form) auf solche Geschehnisse, die Gefühle der Leidenschaft hervorrufen. In dieser Stellung liegt viel Positives; und es handelt sich bestimmt nicht um einen Menschen, der Wurzeln schlagen wird. Er oder sie hat ein starkes instinktives Bedürfnis nach Aktivität, welches gelegentlich zu überstürzten Handlungen führt.

Ein allzu ungestümes Temperament könnte Probleme machen, wenn der Mond negative Aspekte von Mars oder von Uranus empfängt. In diesem Fall ist das emotionale Niveau sehr hoch; es muss in konstruktive Bahnen gelenkt werden.

Impulsive Neigungen

Der Geborene könnte zu Unfällen neigen, weil er in gefährlichen Situationen oder ganz allgemein dann, wenn rasches und mutiges Handeln gefragt ist, ohne Rücksicht auf Verluste Kopf und Kragen riskiert. Deshalb ist es für ihn ratsam, Rettungs- oder Erste-Hilfe-Techniken zu erlernen. Ein Fahrtraining für Fortgeschrittene wäre ebenfalls eine gute Sache – weil diejenigen mit dieser Stellung zum schnellen Fahren neigen. Angesichts von Gefahr reagieren sie zwar exzellent, fahren aber auch oft sehr aggressiv.

Wenn die Neigung zur Impulsivität unter Kontrolle gebracht werden kann, handelt es sich um eine Person, die auf eine sehr positive Weise bestimmt ist und die meisten Situationen schnell erfassen kann, die nach Unabhängigkeit strebt und die andere zur Selbstständigkeit ermutigen kann.

Emotionale Reaktionen

Günstig für Partnerschaften in sexueller Hinsicht; wie in den anderen Bereichen des Lebens fühlen sich diese Menschen aber schnell gelangweilt. Dies erklärt ihr Bedürfnis nach Experimenten und nach Abenteuern. Sie sollten Geduld entwickeln, vor allem, wenn sie es mit Leuten zu tun haben, die langsamer sind als sie.

Selbstsucht – der ärgste Widder-Fehler – zeigt sich dann, wenn sich der Betreffende bei persönlichen Dingen herausgefordert fühlt: Instinktiv setzt er sich selbst nämlich an die erste Stelle.

DER MOND IM STIER ♉

Der Tradition nach ist der Mondeinfluss in diesem Zeichen besonders machtvoll – er steht hier erhöht (siehe auch S. 96-97).

Ein solider Lebenshintergrund ist für Menschen mit dieser Stellung wichtig, sowohl in materieller als auch in emotionaler Hinsicht. Wenn dieser in Gefahr ist, reagieren sie schnell und sind zur Verteidigung bereit. Selbst dann, wenn sie nicht von vornherein auf ein gut gefülltes Bankkonto aus sind oder auf Unterstützung durch den Partner setzen, wissen sie intuitiv, wie sie sich in schwierigen Situationen zu verhalten haben. Sie tun alles, um sich ihre heile Welt zu bewahren.

Die Liebe zur Konvention

Die konservative und an Konventionen ausgerichtete Einstellung des Stiers könnte im Widerspruch zu anderen Bereichen des Horoskops stehen. Vielleicht zeigt die Person, die sich zuvor als freiheitsliebend und unabhängig erwiesen hat, nun ein ganz anderes Gesicht oder verhält sich egozentrisch.

Wenn auch von anderer Stelle im Horoskop ein Sinn für Konventionen angezeigt wird (z. B. durch die Sonne oder den Aszendenten im Steinbock), verschmelzen die Eigenschaften dieser Stellung harmonisch mit dem Stiermond. In diesem Fall sind die instinktiven Reaktionen kein Grund für Konflikte.

Dem augenfälligen Besitzstreben – der schlimmste Stier-Fehler – muss entgegengetreten werden, was allerdings schwer fällt. Eine besondere Gabe dieses Individuums ist ein markanter Sinn für das Praktische sowie eine vom gesunden Menschenverstand geprägte Herangehensweise an das Leben.

Die diesem Zeichen zugeschriebene Dickköpfigkeit tritt deutlich zutage - aber auch hier handelt es sich vielleicht nur um eine situationsbedingte Reaktion, während auf anderen Ebenen Flexibilität zum Ausdruck kommt. Bei einer Betonung der fixen Zeichen könnten Boshaftigkeit oder die Neigung, sich in ausgefahrenen Gleisen zu bewegen, ein fortwährendes Problem darstellen.

Die Liebe zum süßen Leben

Die Stier-Liebe zum guten Essen und süßen Leben und das Bedürfnis, sich mit schönen Dingen zu umgeben, könnte, deutlich in Erscheinung treten. Der Mond hängt mit der Gesundheit zusammen – vielleicht muss sich der Geborene klarmachen, dass er, besonders unter Stress, zu viel Süßigkeiten verzehrt, was eine Gewichtszunahme zur Folge haben könnte. Auch der Hals, Stress oder Infektionen könnten Probleme machen.

DER MOND IN DEN ZWILLINGEN ♊

Ein schnelles verbales Reagieren auf Situationen ist charakteristisch für Menschen mit dem Mond in den Zwillingen. Er oder sie könnte, besonders in jungen Jahren, dazu neigen, sich in einem unverständlichen Wortschwall zum Ausdruck zu bringen.

Die Beweglichkeit der Zwillinge kommt gut zum Ausdruck, insbesondere dann, wenn der Betreffende es mit mehreren Aufgaben zugleich zu tun hat. Er entscheidet nicht, was als Erstes zu tun ist, sondern nimmt alles zugleich in Angriff.

Die Quelle emotionaler Konflikte

Unsere emotionalen Reaktionen werden vom Mond geprägt, sodass es zwischen dem Instinkt und den intuitiven Emotionen zu Konflikten kommen kann. Der Geborene muss erkennen, dass Intuition und objektiver Rationalismus miteinander verschmolzen sind.

Die Zwillingstendenz, den Emotionen mit Misstrauen zu begegnen, ist auch hier augenfällig, gerade bei Herausforderungen.

Das Bedürfnis nach Aktivität

Der natürliche Instinkt, zu Worten Zuflucht zu nehmen, ist sehr stark. Der oder die Betreffende könnte z. B. zum Telefon greifen, um sich an einer Diskussion im örtlichen Radiosender zu einem Thema von persönlichem Interesse zu beteiligen. In der Tat handelt es sich hier um eine der Planetenstellungen, die auf eine »Plaudertasche« hinweisen können.

Eine gewisse Ungeduld und Rastlosigkeit dürften ebenfalls vorhanden sein. Auch wenn sich die Person dessen bewusst und bereit zum Gegensteuern ist, sollte sie sich klarmachen, dass hieraus ständig eine nervöse Spannung erwächst. Dies kann zu Problemen führen, speziell dann, wenn andere Horoskopbereiche für eine langsamere, gleichmütigere Wesensart sprechen.

Gesundheit und Wohlergehen

Theoretisch kann man hier das Beste aus zwei Welten bekommen – der Zwillingsmond bewirkt eine natürliche Schnelligkeit der Reaktion, und andere, solidere Faktoren tragen Stabilität und Geduld bei. Positive Aspekte zwischen Mond und den anderen persönlichen Planeten wirken hilfreich.

Manchmal führen die nervlichen Belastungen zu Phasen großer Anspannung, woraus möglicherweise Verdauungsprobleme und anderes mehr resultieren. Die Zwillinge hängen mit der Lunge zusammen – vielleicht kommt es auch zu asthmatischen Beschwerden, ebenfalls als Folge von Spannungen oder Sorgen.

DER MOND IM KREBS ♋

Der Mond stellt den drittwichtigsten Faktor des Horoskops dar. Weil er über den Krebs herrscht, ist sein Einfluss bei dieser Stellung deutlich erhöht.

Die wohl bekannten natürlichen Schutzmechanismen, die ein herausragendes Merkmal der Krebssonne sind, treten auch gleichermaßen – vielleicht noch stärker – in Erscheinung. Verteidigungsbereitschaft ist die vordergründige Reaktion, nicht nur bei Herausforderungen, sondern ganz allgemein.

Instinkt und Konkretheit

Die emotionale und die intuitive Ebene sind so intensiv wie bei keinem anderen – und der Mensch mit dieser Stellung sollte lernen, ihnen zu vertrauen. Seine Instinkte werden ihn nicht im Stich lassen. Damit diese wunderbaren Gaben aber auch kontrolliert zum Ausdruck gebracht werden können und nicht auf eine negative Weise dominieren, muss das Horoskop allerdings auf eine erdverbundene Einstellung hinweisen.

Sonne oder Merkur in einem Erdzeichen oder vielleicht auch ein Trigon zwischen Saturn und Mond wären von großer Hilfe. Solch ein stabilisierender Einfluss ist wichtig, weil neben der machtvollen Intuition auch eine reiche Vorstellungskraft vorhanden ist, die bei negativer Auslösung zu Ängsten führen kann.

Der Ausdruck von Ängsten

Bei Sorgen tendiert der Geborene zu der Ansicht, dass das Schlimmste passieren wird. Er muss nicht notwendigerweise ein Pessimist sein – die Ängste um diejenigen, die er liebt, können aber zu sehr starken Reaktionen führen, die außer Kontrolle geraten. Kommt z. B. das Kind einmal nicht pünktlich aus der Schule, malt sich der Mensch sogleich aus, dass es in einen schweren Unfall verwickelt war.

Nichtsdestoweniger sind beide Geschlechter sehr gute und liebevolle Eltern.

Vom körperlichen Blickpunkt aus könnte das Verdauungssystem unter der Neigung zu Sorgen zu leiden haben. Häufig haben diejenigen mit dieser Stellung auch Hautprobleme, welcher Hautfarbe sie auch sein mögen: Der kaukasische Typ wird in der Sonne schnell rot werden, während andere Menschen vielleicht zur übermäßigen Narbenbildung neigen. Vorsicht vor Sonnenstrahlung und Achtung bei Schnittwunden, Insektenstichen usw.!

Verbundenheit mit der Familie

Die Vergangenheit und Nostalgie sind ein wichtiges Thema. Die Umstände der Kindheit könnten die Sicht des Lebens vollständig prägen. Sich mit der Haltung und der Einstellung, die die Eltern vermittelten, auseinanderzusetzen, könnte hier länger dauern als sonst.

Die familiären Instinkte sind sehr machtvoll, und diese Menschen haben häufig (wie auch diejenigen mit der Krebssonne) von ihrem Innersten und ihren Instinkten her Probleme, wenn die Kinder herangewachsen sind und das Haus verlassen wollen. Zu solchen Zeiten kommt es darauf an, auf die zukunftsgerichteteren Bereiche des Horoskops zu schauen, damit es zu einer emotionalen und physischen Neuorientierung kommt.

Die Krebs-Tendenz des Hortens ist bei dieser Stellung ebenfalls ein starker Instinkt. Die Person sträubt sich womöglich vehement, sich von etwas zu trennen – vielleicht deshalb, weil das Aufbewahren von Gegenständen zum so wichtigen Gefühl der Sicherheit beiträgt.

Launen und Ausdruck

Möglicherweise schnelle Stimmungsschwankungen, die selbst von der engsten Umgebung nur schwer nachzuvollziehen sind. Frauen mit dieser Stellung könnten in überdurchschnittlichem Maße unter vormenstruellen Beschwerden zu leiden haben; sie sollten sich bemühen, ihr Leben nicht davon beherrschen zu lassen.

Das Gesicht ist für gewöhnlich rund – mit der sprichwörtlichen Form des vollen Mondes und seinem Glanz. Steht der Mond im Krebs, kann er, unabhängig von dem Haus, den Gesichtsausdruck des Betreffenden prägen: Vielleicht findet sich zwischen dessen Augenbrauen eine kleine, sichelförmige Verbindungslinie.

DER MOND IM LÖWEN ♌

Die instinktive Reaktion dieser Menschen ist, die Führung zu übernehmen. Mit ihrem aktiven Optimismus und dem Bedürfnis, die Gefühle auf eine positive Weise auszudrücken, erscheinen sie schnell als rechthaberisch, eigenwillig und dogmatisch.

Im Idealfall aber können sie andere inspirieren, zum Maximum anspornen – die Anführer, die ihre Rolle genießen.

Die Zurschaustellung von Zuversicht

Der Glaube, alles genauso gut oder besser als andere zu können, ist eine zwiespältige Gabe. Diese Menschen werden ohne Frage viele Ventile für ihr Potenzial (angezeigt durch das Sonnenzeichen) finden und viele ihrer Ziele (vom MC dargestellt) realisieren; sie können aber dazu neigen, des Guten zu viel zu tun und über andere hinwegzugehen.

Wenn andere Faktoren des Horoskops auf einen Mangel an Selbstvertrauen schließen lassen, kommt es zu einem Konflikt, der schließlich zur Prahlsucht oder dem Simulieren von Zuversicht und Selbstvertrauen führen kann, was peinlich auf die Vertrauten wirkt.

Bei einem Kind ist den Eltern zu raten, die natürliche Neigung zum Überschwang zu stabilisieren, welche zwar nett sein kann, aber schnell auch protzig wirkt.

Fähigkeiten und Kreativität

Bestrebt, einen guten Eindruck zu machen, besonders in jungen Jahren. Oft schwierig zu verarbeitende Erfahrungen. Bestimmtheit und Direktheit.

Diese Menschen können in Notfällen auf sich aufmerksam machen, weil die Fähigkeit zu führen und zu organisieren, die der Löwesonne zugeschrieben wird, auch in ihnen präsent ist.

Die emotionalen Kräfte sind stark und die Intuition und Imagination machtvoll. Dies kann kreativ in künstlerischer Form gemäß dem Sonnenzeichen zum Ausdruck gebracht werden. Der Neigung zur Prahlerei, die in jedem Alter auftreten kann, muss mithilfe weniger extravertierter Horoskopfaktoren begegnet werden.

Dies ist eine Stellung, die einen mäßigenden Einfluss verlangt – im Horoskop selbst wie von Nahestehenden. Man findet sie häufig in Horoskopen von Tatmenschen, oft in Verbindung mit der Stellung am MC oder im 10. Haus.

DER MOND IN DER JUNGFRAU ♍

Hier werden einige Ähnlichkeiten mit dem Mond in den Zwillingen deutlich, insofern, als dass der Mensch sehr gesprächig ist, wenn er sich nervös fühlt oder sich herausgefordert sieht. Typischer als alles andere ist dann auch eine nervöse Energie. Wenn diese positiv zum Ausdruck gebracht werden kann, bedeutet das einen Sinn fürs Praktische sowie eine gute Position, mit Konkurrenz zurechtzukommen, aufgrund der manchmal extrem raschen Reaktionen.

Sorgen und mangelndes Selbstvertrauen könnten aus den tiefsten Instinkten entspringen und vielleicht zu rätselhaften Magen- oder Verdauungsproblemen mit unklarer Ursache führen. Dafür verantwortlich ist womöglich das unbewusste Grübeln über etwas, das auch körperliche Folgen hat, bevor man dann schließlich erkennt, was nicht stimmt. Kinder mit dieser Stellung sind oft krank. Sie leiden unter realer und ernsthafter »Schulitis«, wenn es hier Probleme gibt (z. B. einen unsympathischen Lehrer).

Ein solcher Mensch ist grundsätzlich rational veranlagt; seine extrem praktische Herangehensweise und die Instinkte passen aber nicht immer gut zusammen. Er verfügt über schnelle Reaktionen – was eine gute Sache ist, wie auch die charakteristische Zuverlässigkeit, der gesunde Menschenverstand und die Hilfsbereitschaft.

Mit Worten umgehen können

Mit dieser Stellung ist oftmals eine literarische Begabung verbunden, die nicht ignoriert werden sollte – hier könnte die Kreativität, die vom Horoskop angezeigt ist, ihren Ausdruck finden. Weiterhin besteht möglicherweise eine Neigung zur Kritik und, besonders bei einem Quadrat zu Merkur, zum Tratsch. Positiver ist, dass der Betreffende sich wegen der markanten Reflexe (die zumeist verbal und in praktischen Handlungen zum Ausdruck kommen) gut in Diskussionen behaupten kann: Mit seinen Argumenten steht er fest auf dem Boden der Realität.

DER MOND IN DER WAAGE ♎

Diese Stellung steht im Ruf, Takt und natürliche Diplomatie zu verleihen; der Friedensstifter des Tierkreises. Instinktive Reaktion auf die Probleme und Sichtweisen von anderen mit der Fähigkeit, sich darauf einzustimmen. Das ist positiv – wenn aber nicht starke Zeichen wie Steinbock oder Löwe betont sind oder anderweitig erkennbar ist, dass der Betreffende zur Rationalisierung fähig ist und das Selbst vom Ausdruck der Gefühle trennen kann, könnte diese Platzierung zu Unentschiedenheit oder manchmal sogar zu charakterlichen Schwächen führen. Ihre Stärken liegen in der uneingeschränkten Sympathie und im natürlichen Verständnis, in ihrer Freundlichkeit und der Bereitschaft, auf Probleme der Mitmenschen einzugehen.

Die Fähigkeit, die Initiative zu ergreifen

Stellen Sie sich die Frage, ob Ihrem Gegenüber in einer Krise mit einem praktischen, aktiven Rat wirklich geholfen wäre – wobei Sie sich daran erinnern sollten, dass seine natürliche Reaktion ist, die Ruhe zu bewahren. Er wird sich wohl kaum in eine Prügelei mischen und auch nicht auf panische Weise reagieren.

Vergessen Sie auch nicht die Polarität bzw., dass sich gegenüber der Waage der Widder befindet, was einen leicht aggressiven Zug bedeuten könnte. Diese Person könnte z. B., wenn sie sich gelangweilt fühlt, einen Streit vom Zaun brechen, bei dem die Waage Worte »Das ist nicht fair« nicht fehlen dürften. Die Nahestehenden sollen immer wieder versichern, dass alles in Ordnung ist und keine ernsten Probleme bestehen. Die Waage-Identifikation mit Ausgewogenheit und Harmonie kommt gleichfalls zum Tragen, auch das Bedürfnis, alles ins Lot zu bringen. Beistand zu leisten, wenn es Probleme mit dem Partner, Freunden oder Kollegen gegeben hat, ist eine spontane und direkte Reaktion.

Das Beste in anderen zum Vorschein zu bringen ist eine der positivsten Auswirkungen dieser Platzierung. Dies kann sich besonders beim ersten Kontakt zeigen. Fremde fühlen sich bei diesen Menschen wohl, was vor allem daran liegt, dass sie selbst entspannt sind (allerdings ist zu untersuchen, ob andere Horoskopbereiche dem widersprechen).

Ein unmittelbarer und sehr anziehender Charme sowie eine eher langsame und gedehnte Sprechweise sind hier charakteristisch – Merkmale, die auch für die Sonne in der Waage oder einem Merkurzeichen gelten.

DER MOND IM SKORPION ♏

Die emotionalen Energiereserven, die schon bei der Sonne oder beim Aszendenten in diesem Zeichen stark sind, treten hier noch deutlicher hervor. Das wird bei Herausforderungen sofort klar. Die Reaktionen auf die verschiedensten Arten von Situation sind außerordentlich intensiv. Weil die Gefühle derart »unter Strom« stehen, kann es bei Provokationen leicht zu Überreaktionen kommen; jede Reaktion, ob positiv oder negativ, wird sehr lebhaft sein. Die potenziellen Ausbrüche überraschen die Umgebung vielleicht auch deshalb, weil andere Bereiche der Persönlichkeit auf einen ganz anderen Menschen schließen lassen.

Nicht nur die emotionale, auch die physische Energie wird durch diese Stellung angefacht, was Bestimmtheit und den Drang, etwas zu erreichen, bedeutet. Der Geborene könnte auch andere (besonders Nahestehende) dazu bringen, ehrgeiziger zu sein. Faulheit beim Kind beispielsweise ist dem Elternteil mit einem Skorpionmond ein Gräuel. Es könnte auch die Tendenz zu brüsken Reaktionen bestehen, vielleicht insofern, als dass man in der Diskussion über die Behandlung Krimineller eine extreme Position vertritt. Hierbei würde sich die unmittelbare Reaktion des Mondes mit dem unbarmherzigen Zug des Skorpions verbinden.

Eifersucht unter Kontrolle bringen

Es ist sehr wichtig, dass sich der Geborene klarmacht, in wie vielen Situationen des Lebens seine instinktive Reaktion der Eifersucht eine Rolle spielt. So, wie der Mensch mit dem Stiermond besitzergreifend reagiert und dies später vielleicht bereut, könnte derjenige mit dem Skorpionmond selbst am meisten unter seiner Eifersucht leiden – ohne aber etwas dagegen tun zu können. Auch hier geht es um den machtvollen Einfluss des Mondes, der zu unmittelbaren Reaktionen führt. Es ist nicht einfach, diesen negativen Zug unter Kontrolle zu bringen. Die Gefühle kommen hier dann auch in der Tat von Herzen.

Das Wissen um die eigene Eifersucht ist von großer Wichtigkeit; es macht es dem Betreffenden einfacher, mit ihr umzugehen. Auch der Partner könnte davon profitieren, indem er die Reaktionen besser einzuschätzen weiß. Wenn Sie als Astrologe dies einem Paar aufzeigen, haben Sie ein gutes Werk getan. Werden diese extrem machtvollen Quellen von emotionaler Energie und Intuition in positive Richtungen gelenkt, ist eine große innerliche Stärke und Widerstandskraft die Folge.

DER MOND IM SCHÜTZEN ♐

Menschen mit dieser Stellung reagieren auf eine sehr positive, optimistische und enthusiastische Weise – das unverfälschte Vergnügen und das Bedürfnis nach Herausforderungen stellen die Quintessenz des Schützen dar. Es ist so, dass dieser sich nicht allzu viele Gedanken um das Für und Wider einer Situation macht. In der Tat eignet er sich dann auch nicht gut dafür, sich mit Details oder untergeordneten Problemen zu beschäftigen. Wenn die anderen ihn auf solche hinweisen, versucht er diese nach Möglichkeit zu ignorieren.

Das Streben nach Weiterentwicklung

Der Drang nach Fortschritten ist sehr stark, sowohl intellektuell als auch physisch (Ungeduld beim Warten im Verkehrsgedränge ist z. B. typisch). Diese Menschen genießen es, wenn ihr Verstand gefordert ist. Sie könnten allerdings den Eindruck vermitteln, mehr zu wissen und zu verstehen, als es tatsächlich der Fall ist.

Hochgesteckte Hoffnungen und viel Optimismus, vorausgesetzt, dass nicht die dunkleren Züge der Persönlichkeit die Kontrolle gewinnen (abzulesen am Rest des Horoskops). Es kommt darauf an, Ausgewogenheit zu entwickeln, um nicht in einen blinden Optimismus, der dem gesunden Menschenverstand Hohn spricht, zu verfallen. Nichtsdestoweniger ist für gewöhnlich eine rasche Auffassungsgabe und viel Enthusiasmus vorhanden – das genaue Gegenteil des »geborenen Bedenkenträgers«!

Anteilnahme und Beständigkeit

Die Tendenz zur Improvisation ist ein häufiger Fehler bei dieser Stellung. »Das interessiert mich nicht« ist ein für den Schützemond charakteristischer Ausspruch, begleitet von einem Achselzucken, während der Betreffende schon wieder an etwas anderes denkt.

Die schützehafte Rastlosigkeit wird nahezu unausweichlich in Erscheinung treten – welche bekämpft oder zumindest erkannt werden muss. Ein wunderbares Potenzial, besonders in intellektueller Hinsicht; und das Individuum ist gefordert, Beständigkeit zu entwickeln, indem es sich auch auf andere Bereiche der Persönlichkeit bezieht. Es gilt, die Reaktionen zu mäßigen, auch wenn diese positiv sind, auf dass die Schützeweisheit und Lebensphilosophie zum Vorschein kommen können.

Probleme mit dem Magen-Darm-Trakt oder mit der Leber könnten die Gesundheit beeinträchtigen. Mit dieser Stellung ist eine Vorliebe für Essen verbunden, das allzu reichhaltig ist.

DER MOND IM STEINBOCK ♑

Eine sehr kühle und ruhige Reaktionsweise. Die emotionalen Reaktionen sind eher gedämpft, zumindest aber unter Kontrolle. Das könnte die Tendenz zur Isolation oder zur Abgehobenheit bedeuten und die Mitmenschen denken lassen, dass der Betreffende sich – von den gewöhnlichen Sterblichen? – distanzieren möchte. Der wunderbare besondere Humor des Steinbockmondes wird aber immer wieder zum Ausdruck kommen und beitragen, diesen unglücklichen Eindruck abzumildern.

Der Drang, die Ziele und Wünsche zu realisieren, ist stark. Wenn dies von praktischen und intellektuellen Gaben unterstützt wird (abzulesen an den anderen Horoskopfaktoren), können die Vorstellungen konkretisiert werden.

Reaktionen und Antworten

Auch hier macht sich die Steinbock-Neigung zum Klagen bemerkbar, desgleichen mondhafte Stimmungsschwankungen und manchmal auch negative Reaktionen. Das könnte an einem Mangel an Selbstvertrauen liegen (z. B. bei dem Mond im Quadrat oder in Opposition zu Saturn). In diesem Falle sollten die Nahestehenden versuchen, den Geborenen zu inspirieren und zu einem positiven Denken bezüglich der – fraglos hochgesteckten – Ziele und Wünsche anzuhalten. Wenn nichts gegen die negative Einstellung hilft, wird der Mensch sich nach einem sicheren Leben ohne jedes Abenteuer sehnen.

Man möchte andere beeindrucken und besitzt einen ausgeprägten Stolz, was es dem Betreffenden manchmal unmöglich macht, Hilfe anzunehmen. Diese erscheint ihm vielleicht nur als Barmherzigkeit und das Akzeptieren derselben als ein Zeichen von Schwäche.

Wenn der Mond auf eine konstruktive Weise zur Geltung kommt (speziell in Verbindung mit Trigonen zu dem lebhaften Mars, Saturn, dem Aszendenten, der Sonne oder dem Herrscher des Horoskops), wirkt diese Stellung extrem günstig. Dann werden Stärke und eine Orientierung auf das Praktische deutlich, in Verbindung mit einem gesunden Menschenverstand, mit Zielstrebigkeit und der Fähigkeit, die angenehmen Seiten des Lebens zu genießen, zum größtmöglichen Nutzen des Betreffenden.

DER MOND IM WASSERMANN ♒

Menschen mit dieser Stellung verfügen über eine magnetische Anziehungskraft mitsamt der Botschaft, dass sie auf eine gewisse Distanz Wert legen. Dies ist ihre unmittelbare Reaktion – erst wenn wir hinter die markante spröde und manchmal auch frostige Fassade schauen, können wir das Sonnen- und vielleicht auch das Aszendenten-Zeichen wahrnehmen. Es ist so, als ob sich der Betreffende in die Defensive gedrängt fühlt und den Wunsch hat, eine rätselhafte und geheimnisvolle Aura aufrechtzuerhalten.

Der Fluss der Emotionen ist sehr stark kontrolliert. Allerdings ist Hilfsbereitschaft durchaus ein deutliches Merkmal dieser Stellung, wie auch bei der Sonne im Wassermann. Die Hilfsbereitschaft ist praktisch orientiert; der Betreffende wird alsbald eine Lösung für die Person, die in Schwierigkeiten steckt, erkennen.

Impulsives Handeln

Das unvorhersehbare Moment des Wassermanns wird sich dann bemerkbar machen, wenn der Geborene sich mit einem Lebensbereich konfrontiert sieht, der zu Kontroversen Anlass gibt. Seine Reaktion stößt die anderen möglicherweise vor den Kopf. Ähnlich könnte er ganz anders handeln als gedacht, vielleicht gemäß der Eingebung des Augenblicks und im vollkommenen Gegensatz zu den anderen Bereichen seiner Persönlichkeit. Im Rückblick hat er vielleicht Probleme, sein Handeln vor sich selbst zu rechtfertigen.

Alles Glänzende und Strahlende fasziniert ihn. Interessanterweise gibt es hier auch einen romantischen Zug, allerdings auch Distanz. Die Art und Weise, wie Emotionen zum Ausdruck kommen – insbesondere in Bezug auf Liebe –, muss von der Venus- und der Marsstellung hergeleitet werden.

Mögliche Konflikte

Originalität und vielfach auch geniale Eingebungen – welche zu Aktivitäten führen und zur Realisierung gebracht werden sollten. Wenn von den Positionen und Aspekten der anderen Planeten Starrsinn angezeigt ist, könnte es zu ernsten Problemen kommen, weil das im Widerspruch zu der Qualität des Überraschenden steht. In Verbindung mit der Stellung von Uranus im Horoskop ist vielleicht auch eine starke nervliche Anspannung zu verzeichnen.

Die humanitäre Seite des Wassermanns gekoppelt mit einer freundlichen Einstellung wird ein deutliches Merkmal des Betreffenden sein und viel Positives in ihm bewirken.

DER MOND IN DEN FISCHEN ♓

Diese Stellung des Mondes kündet vom Zusammentreffen zweier Kräfte, die heikel sind. Der emotionale Gehalt der Fische ist sehr machtvoll; wenn der Mond in diesem Zeichen steht, sind die Reaktionen auf alle Situationen vom Gefühl bestimmt. Hier geht es nicht um die Emotionen, die mit dem feurigen Widder in Verbindung stehen, um ein Beispiel zu nennen; es handelt sich um eine recht problematische Kraft, die in verschiedene Richtungen wirken kann.

Die emotionalen Reaktionen

Emotional leicht zu beeinflussen, ob nun zum Weinen oder zum Lachen. Könnte von einem Musikstück, das Erinnerungen weckt, oder einer melodramatischen Wendung in einem Fernsehfilm überdurchschnittlich gerührt sein. Die Reaktion zielt darauf, Sympathie zu beweisen und etwas Nettes zu tun – vielleicht, indem man einen Teil seines schwerverdienten Geldes denen zukommen lässt, die in Not sind. Das kann bis hin zur Selbstverleugnung gehen.

Wenn von anderer Stelle im Horoskop Kreativität angezeigt ist, wird der Fischemond zusätzliche Empfindsamkeit und Vorstellungskraft bringen. Der Mond in diesem Zeichen könnte aber auch den Charakter schwächen, indem er zum Weg des geringsten Widerstandes führt, besonders in kritischen Situationen. Die Folge davon könnten Lügen und Täuschungsmanöver sein, nicht nur gegenüber anderen, sondern auch sich selbst.

Hat der Betreffende andere belogen, behauptet er vielleicht, dass eine Lüge weniger verletzend als die Wahrheit ist. Das Täuschen der Mitmenschen kann auf eine überraschend spontane Weise geschehen. Eltern, die ein Kind mit dieser Stellung haben, müssen freundlich und verständnisvoll sein, nichtsdestoweniger aber bestimmt, indem sie vermitteln, dass Aufrichtigkeit unverzichtbar ist.

Negative Tendenzen

Wie bei der Fischesonne oder dem Fische-Aszendenten auch wirken Medikamente möglicherweise anders als gewünscht. Unter Stress sollte der oder die Betreffende stark genug sein, auf den zusätzlichen Drink oder die Extra-Zigarette zu verzichten. Sich negativen Fluchttendenzen hinzugeben könnte zu einer Gewohnheit werden, die nur schwer wieder abzustellen ist.

Der positive Beitrag

Die positiven, fürsorglichen und aufopferungsvollen Merkmale dieser Stellung werden sich sehr günstig auswirken, wenn der Betreffende seiner Berufung nachzukommen bereit ist. Sehr gut für einen Pflegeberuf.

DER MOND IN DEN HÄUSERN

Die Themen und Lebensbereiche, die vom Mondhaus regiert werden, sind von besonderer Bedeutung – und ein Schlüsselfaktor des Horoskops. Je mehr Aspekte der Mond aufweist, desto wichtiger ist seine Rolle. Auch bei der Sonne oder dem Aszendenten im Krebs und in bestimmtem Maß im Stier trifft dies zu.

DER MOND IM 1. HAUS

(1)

Je näher der Mond am Aszendenten steht, desto stärker sein Einfluss. Bei weniger als acht Grad (wenn die Geburtszeit ohne Frage stimmt!) handelt es sich um eine Konjunktion, die von sehr großer Bedeutung ist.

Emotionale Anteilnahme

Die Stellung des Mondes in diesem Haus ist ein Schlüsselfaktor, der dem Menschen das Bedürfnis gibt, für andere zu sorgen. Es besteht auch der Drang, sich selbst wie die Nahestehenden zu beschützen. Nur dann, wenn man sich der eigenen Position sicher ist, wird man sich vollständig öffnen.

Die fundamentale psychische Motivation des Aszendenten mitsamt der persönlichen Merkmale wird durch diese Stellung gefärbt; und es kann nicht schaden, die charakteristischen Eigenschaften des Krebs-Aszendenten nachzulesen (S. 44). Seien Sie sich aber dessen bewusst, dass der Mond in erster Linie die individuellen Reaktionen anzeigt. Diese sind hier betont; und Intuition und Gefühle stellen einen Faktor dar, mit dem gerechnet werden muss.

Wenn sich am Aszendenten ein weniger gefühlvolles Zeichen befindet, wird der Fluss der Emotionen etwas gehemmt sein. Wird der Mond harmonisch durch Sextile und Trigone aspektiert, ist der Ausdruck der Gefühle positiv kanalisiert. Bei Quadraten und Oppositionen dagegen könnte emotionale Schüchternheit ein Problem sein.

Äußerliche und innerliche Gesundheit

Eine schwankende Vitalität und eine empfindliche Haut (Sonnencreme benutzen!). Auf die Ernährung ist zu achten, weil das Verdauungssystem – und bei Frauen auch die Fortpflanzungsorgane – sehr anfällig sein könnte. Versuchen Sie, mit Ihrem Gegenüber die Beziehung zur Mutter zu erörtern. Vielleicht handelte es sich um eine schwierige Geburt, um die Zurückweisung im Kindesalter oder um ein anderes Problem in der Mutter-Kind-Beziehung. Julia Parker sind viele Fälle bekannt, in denen die Betreffenden adoptiert worden waren.

DER MOND IM 2. HAUS

(2)

Ein starkes Bedürfnis nach Sicherheit, sowohl in emotionaler als auch finanzieller Hinsicht. Die Mondeigenschaften, am Zeichen abzulesen, sind geprägt durch den Wunsch nach einem stabilen Hintergrund.

Ein machtvoller Instinkt, zu sparen und Besitztümer anzuhäufen, welche zum Gefühl von Sicherheit beitragen (dieser Drang kann geradezu zwanghafte Züge annehmen). Die finanzielle Situation könnte von Höhen und Tiefen gekennzeichnet sein – wenn das Sparbuch einmal leer ist, neigt der Betreffende vielleicht zu Ängsten und malt sich das Schlimmste aus. Für diesen Fall sollten Sie im Horoskop nach praktischen Zügen suchen. Permanente Sorgen um Geld könnten ein ernsthaftes Problem sein, selbst dann, wenn der Mensch gut situiert ist. Jede Schwankung an der Börse könnte sein Wohlbefinden beeinträchtigen, und womöglich misst er der materiellen Seite des Lebens eine allzu große Bedeutung bei.

Der Umgang mit Geld

Ist der Geborene eher spirituell oder kreativ veranlagt, könnte ihm das Geld – wenn das Mondzeichen diese Tendenz unterstützt – durch die Finger rinnen, indem er seinen bedürftigen Freunden gibt oder spendet. Das hätte eine emotionale Verausgabung und eine Unausgewogenheit zur Folge, weil dies dem grundsätzlich auf das Erwerben ausgerichteten lunaren Instinkt widerspricht.

Womöglich ein ausgeprägter Instinkt für Geschäfte. Wenn andere Zeichenstellungen das unterstützen, sollte der Betreffende bei der Investition von Geld seiner Intuition vertrauen. Ein Trigon zu Saturn könnte sehr hilfreich sein, Quadrate von Jupiter und Neptun dagegen nicht!

DER MOND IM 3. HAUS

(3)

Das Bedürfnis nach Kommunikation ist von überragender Bedeutung; es kommt gemäß dem Mondzeichen zum Ausdruck. Der Betreffende sollte sich umschauen und den Kontakt zu anderen suchen, sowohl in Form von Gesprächen als auch durch die Medien. Die Ideen sind mit Intuition angereichert, auch die Art und Weise, wie sie zum Ausdruck kommen. Eventuell auch häufige Wechsel in der schulischen Ausbildung (nicht unbedingt auf der Universität).

Ein kommunikativer Mensch

Stark entwickelter Wissensdurst, der allerdings manchmal in Oberflächlichkeit mündet – wenn z.B. zu viel Wert auf das gelegt wird, was in der Zeitung steht oder was im Fernsehen gesagt wurde. Das erworbene Wissen ist womöglich nicht von Dauer, weil der Betreffende eventuell ständig den Wunsch hat, sich mit einem neuen Thema zu beschäftigen. Das Bedürfnis nach Wissen – im Gegensatz zu dem Wunsch nach wahrem Verständnis – kommt möglicherweise bei dieser Stellung am deutlichsten zum Tragen. Jemand, der sein Wissen an andere weitergeben möchte, auch an Kinder. Der Umgang mit Kindern beeinflusst diesen Menschen positiv, und vielleicht ist er es, der den Kindern spannende Gute-Nacht-Geschichten erzählt (besonders dann, wenn das Mondzeichen auf Fantasie schließen lässt).

Eine Stellung, die besonders auf Gerissenheit und Cleverness weisen kann, was sich speziell in Diskussionen bemerkbar machen könnte. Der Geborene vermag seine Gefühle gut in Worte zu kleiden.

Eine günstige Position für den Mond, was die Fähigkeit, emotionale Probleme zu besprechen, betrifft (das könnte nur durch ein enges Quadrat oder eine Opposition von Saturn oder Pluto oder durch die Stellung des Mondes im Skorpion beeinträchtigt werden, was zu einer emotionalen Blockade führen würde).

DER MOND IM 4. HAUS

4

Der Mond kommt in diesem Haus gut und kraftvoll zur Wirkung. In Abhängigkeit zu seinem Zeichen kann der starke Drang bestehen, ein Heim und eine Familie zu gründen. Sicherheit im häuslichen Leben ist hier sehr wichtig; fehlt es an ihr, werden sich auch in anderen Lebensbereichen Probleme zeigen. Alles, was man hat, verteidigt man mit Händen und Füßen. Wie bei der Sonne oder dem Mond im Krebs auch könnten sich Schwierigkeiten ergeben, wenn die Kinder herangewachsen sind und das Haus verlassen möchten – dies wird als Angriff auf die persönliche Sicherheit aufgefasst.

Das, was für die Person ein sicheres Zuhause darstellt, darf für ihre Angehörigen kein klaustrophobischer Käfig sein. Schauen Sie auf die anderen Planeten des Horoskops, um herauszufinden, wie dieser Neigung entgegengetreten werden kann.

Die Tendenz zur Innenschau

Die fürsorglichen, schützenden Qualitäten dieser Stellung können sich auch nach innen richten; eine übermäßige Orientierung auf das Selbst aber führt zu Introversion und der Angst vor dem Unbekannten. Ein schüchterner und gehemmter Mensch könnte sich dann wie eine Muschel verschließen. Die Innenschau kann womöglich auch zu eingebildeten Krankheiten führen oder dazu, dass kleinere Probleme als unüberwindliche Hürden gesehen werden. Bei einer Mondopposition zum MC ist zugleich eine Konjunktion zum IC gegeben (siehe S. 299-300), was die positiven Eigenschaften noch verstärken könnte. Ist der Mond gut aspektiert, kommen der mütterliche Instinkt und die Liebe zum häuslichen Leben ebenfalls markant zum Ausdruck.

Es besteht eine besondere Ausrichtung auf die Mutter (das Mondzeichen lässt erkennen, wie der Geborene seine Mutter sieht – im Gegensatz dazu, was sie wirklich ist oder war). Man macht es sich zu leicht, wenn man sagt, dass sie ein machtvoller Einfluss im Leben des Betreffenden ist – das trifft schließlich auf die meisten Menschen zu. Es geht hier um eine zusätzliche Dimension bezüglich des mütterlichen Einflusses.

DER MOND IM 5. HAUS

5

Wenn es sich hier nicht um ein Horoskop handelt, das viel Kreativität verrät, könnte sich der kreative Drang des Mondes auf die Zeugung von Kindern richten und viel Freude an der Elternschaft mit sich bringen. Instinktiv das Richtige für das Kind zu tun ist in diesem Fall ein häufiges Merkmal.

Dies ist das Haus der körperlichen Liebe. Mit dieser Stellung haben wir es mit einem aufmerksamen sexuellen Partner zu tun, dem die kreative Seite der Liebe sehr wichtig ist, im Gegensatz zu denjenigen, die im sexuellen Genuss um seiner selbst willen schwelgen.

Es besteht die Tendenz zur Prahlerei sowie manchmal zu einer übermäßigen Extraversion. Mit den raschen Stimmungsänderungen des Mondes aber werden auch die innengerichteten Bereiche ihren Anspruch geltend machen und den Menschen von seinen vorherigen Aktionen abziehen. Wie weit das reicht, ist am Zeichen des Mondes abzulesen. Mit dem Schützemond z. B. wird der Mensch extrovertierter, während der Fischemond Introversion nahe legt.

Risikofaktoren

Ähnliche Reaktionen gibt es beim Umgang mit Risiken, sowohl finanzieller als auch emotionaler. Der Geborene hat womöglich das Gefühl, dass es um mehr als den Einsatz geht – geht die Sache schief, könnte das eingegangene Risiko sein Bedürfnis nach Sicherheit beeinträchtigen, was sowohl in persönlicher als auch in psychischer Hinsicht schädlich sein könnte. Ob er damit klarkommt oder nicht, ist am Zeichen von Sonne und Aszendent abzulesen, die erkennen lassen, wie weit es um seinen gesunden Menschenverstand und seine Logik bestellt ist.

DER MOND IM 6. HAUS

6

Von großem Einfluss auf die Gesundheit und das Wohlbefinden. Der gesundheitliche Einfluss ist speziell dann markant, wenn es sich um eine Konjunktion zum Deszendenten (siehe S. 299) handelt - wenn der Mond also nicht weiter als 8 Grad vor der Spitze des 7. Hauses steht. Dies entspricht einer Opposition zum Aszendenten.

Eine persönliche Routine entwickeln

Der Geborene muss feste Gewohnheiten entwickeln und negative Eigenschaften wie das Rauchen, Trinken oder das Einnehmen von Drogen vermeiden, weil dies einen überdurchschnittlich schädlichen Einfluss auf ihn hat. Ob ihm das leicht fällt, ist am Zeichen des Mondes und seinen Aspekten abzulesen. Quadrate zwischen Mond und Neptun und zum Teil auch von Jupiter oder der Venus machen das nicht einfacher; während ein Trigon von der Sonne oder von Saturn hilfreich ist. Ein Marseinfluss bewirkt vermehrte Stärke. Spannung und Stress können die Folge von schwierigen Aspekten zu Uranus oder vielleicht auch Merkur sein (Merkur hängt eng mit diesem Haus zusammen). Beständigkeit hinsichtlich der Arbeit sollte ebenfalls ein Ziel sein, sodass sich die emotionalen Kräfte des Mondes und die Reaktionen auf eine solide Weise entwickeln können.

Das 6. Haus beeinflusst die Ernährung. Auch hier ist Regelmäßigkeit wünschenswert – es könnte die Tendenz zu »Fressgelagen« oder aber zu Appetitlosigkeit bestehen, speziell dann, wenn dies eine Antwort auf schwierige Situationen darstellt.

Der Mond kommt im 6. Haus gut zur Geltung, vorausgesetzt, man bringt eine gewisse Kontrolle auf. In einem Erdzeichen macht die Routine überhaupt keine Probleme.

DER MOND IM 7. HAUS

7

Diese Stellung erhöht die Fähigkeit, gut und verständnisvoll auf die Bedürfnisse des Partners zu reagieren. Vielleicht geht man damit aber auch vollständig in diesem auf. Das ständige Zusammensein mit dem Partner vom Bedürfnis nach emotionaler Sicherheit her könnte einen Mangel an Unabhängigkeit bedeuten.

Mit der lunaren Tendenz zu Stimmungsschwankungen ändert sich die Art und Weise, wie die Gefühle in der Partnerschaft ausgedrückt werden, fortwährend. Emotionale Szenen können dem Zweck dienen, die Aufmerksamkeit des Partners zu erregen oder Zuwendung zu bekommen. Der Geborene muss sich aber klar werden, dass derartige Ausbrüche Schäden verursachen können. Man darf auch nicht den Wünschen des Partners allzu bereitwillig nachkommen, weil das eine Schwächung der eigenen Position bedeutet. Das Mondzeichen lässt hier nähere Aufschlüsse zu – diese Gefahr ist beim Waagezeichen am größten (wenngleich es dann, wenn sich der Widder am Aszendenten befindet, auch um den Ausgleich mit der widderhaften Tendenz zur Selbstbezogenheit geht).

Ausgewogenheit in der Partnerschaft

Die fürsorglichen Eigenschaften des Mondes kommen markant zum Ausdruck, wieder gemäß der Zeichenstellung. Der Schutzinstinkt bezieht sich auch auf den Partner. Stellen Sie sich die Frage, ob Ihr Gegenüber beständig und treu ist oder ob seine Einstellung und Gefühle zum Partner veränderlich und schwankend sind. Fühlt sich die Frau in der Beziehung zufrieden und glücklich oder unterlegen und minderwertig?

DER MOND IM 8. HAUS (8)

Hier befindet sich der instinktive Mond in einem Haus, in dem die Intuition, die Emotionen und die tief verwurzelten Gefühle betont sind. Womöglich verfügt der Geborene über einen »sechsten Sinn«, besonders dann, wenn auch andere Horoskopbereiche das nahelegen (z.B. mit einem starken, positiven Neptun oder einer dominierenden Skorpion- oder Pluto-Note).

Die Basis-Instinkte richten sich auf einen erfüllten und intensiven sexuellen Ausdruck, zu dem es aber nur bei einer intensiven Beziehung zu einem Partner kommen kann, der ähnliche Bedürfnisse hat. Beträchtliche emotionale Ressourcen – wie diese ausgedrückt und befriedigt werden können, ist am Zeichen und den Aspekten des Mondes abzulesen. Der geliebten Person und den Partnern vollständig vertrauen zu lernen ist sehr wichtig. Eifersucht und Misstrauen – beides wahrscheinliche Gefühle – haben einen krebsgleichen Effekt auf die Eigenschaft, Liebe zu zeigen. Ihnen muss unbedingt entgegengetreten werden, soll die Beziehung stabil und von Dauer sein. Auch verhindern sie die sexuelle Befriedigung und Entspannung, die hier so wichtig sind.

Wenn die Mond-Aktivität beeinträchtigt ist, könnte es zu psychischen Problemen kommen, die für lange Zeit wirksam sind. Dann kann eine Therapie angezeigt sein.

Finanzielle Sicherheit

Geld in Verbindung mit Erbschaften und Investitionen ist hier das Thema. Eine Lebensversicherung mit Zuwachsdynamik dürfte das Sicherheitsempfinden stärken.

DER MOND IM 9. HAUS (9)

Womöglich das ständige instinktive Bedürfnis, den Intellekt durch Studien zu erweitern, während die Konzentration vielleicht Schwankungen unterworfen ist und die langfristigen Ziele deshalb nicht erreicht werden können. Ein starkes Mondzeichen und gute Aspekte zu Merkur und Jupiter können hier helfen - entscheidend aber ist, ob der Betreffende bestimmt aufzutreten vermag.

Zu viele Emotionen bei den Handlungen können die Sicht vernebeln und zu Fantastereien führen. »Wenn ich den Abschluss hätte« oder »Wenn ich doch bloß das machen könnte« und andere Träumereien mehr sind dann zu vernehmen, wenn sich der Betreffende einer kritischen Situation gegenübersieht. Hat man aber die Realität und seine Emotionen im Griff, sind durchaus positive Resultate zu erwarten.

Das Reisen übt eine große Anziehungskraft aus, es regt den Geist und die Fantasie an und lässt den Menschen hoffen, dass die Vorstellungen Realität werden mögen. Der Intellekt ist philosophisch geprägt, allerdings beruhen moralische Urteile häufig auf instinktiven Eingebungen.

DER MOND IM 10. HAUS (10)

Oftmals ein Anzeichen, dass man es auf seinem Feld zu Berühmtheit bringt oder dass man große Gruppen leiten kann (manchmal steht auch beides in Beziehung zueinander). Wenn es Ihnen Freude bereitet, die Horoskope berühmter Menschen zu untersuchen, stellt der Mond ein faszinierendes Studiengebiet dar: Bei vielen von diesen steht er hoch oben im Horoskop.

Für gewöhnlich genießt dieser Mensch bei denen, über die er Macht hat, Respekt und Sympathie, von manchen wird er womöglich sogar geliebt oder als Idol gesehen. Die Intuition und die Emotionen richten sich darauf, für andere zu sorgen, welche ihrerseits sehr intensiv darauf reagieren. Bei der Interpretation dieser Stellung enthüllt das Mondzeichen, wie diesem Bedürfnis Rechnung getragen wird: beim Löwen auf eine dogmatische Weise, beim Steinbock mit kühler Autorität usw.

»Ich liebe die ganze Welt« ist hier das Motto, und der Instinkt, das Beste für sie zu bewirken, könnte ein Kanal für die Mond-Aktivität sein – Grausamkeit auszumerzen und die mütterlichen Instinkte zu hegen und zu pflegen.

Persönlicher Fortschritt

Das Bedürfnis nach Veränderung und Abwechslung dürfte sich deutlich in der Karriere abzeichnen. Auch dann, wenn der Betreffende es zu Ruhm bringt, wird er sich wahrscheinlich durch sehr verschiedenartige Leistungen ausgezeichnet haben. Die anderen Horoskopbereiche müssen zeigen, ob er die Energie konstruktiv ausdrücken kann und genug Ehrgeiz besitzt, um das Beste aus dieser Stellung zu machen. Die instinktive Fähigkeit, den richtigen Zeitpunkt zu wählen, ist eine weitere Gabe.

DER MOND IM 11. HAUS (11)

Hier richten sich die Instinkte des Mondes auf Gruppen. Es hat den Anschein, als ob der Geborene ständig als Teil einer Gruppe gesehen werden möchte, was diese ihm nun konkret auch bedeuten mag. Das könnte seinen Grund darin haben, dass er sich als Kind nicht von seinesgleichen akzeptiert fühlte – was zu langwierigen Problemen und späteren Kompensationen führen könnte. Es ist wichtig, sich darüber klar zu werden, warum er sich mit der Gruppe identifizieren möchte, weil ihm ansonsten das Gefühl für die eigene Identität verloren gehen kann.

Den Freunden und Bekannten – und das, wofür sie stehen – kann so sehr vertraut werden, dass es dem Geborenen schwerfällt, für sich allein Entscheidungen zu treffen und selbstständig zu handeln.

Schwierigkeiten mit Nähe

Kann der Betreffende ohne Weiteres seine tiefen Gefühle zum Ausdruck bringen? Wie bei dem Wassermanneinfluss auch (dies ist das Wassermannhaus) kann er so sehr auf seine persönliche Sphäre bedacht sein, dass er niemanden an sich heranlässt, trotz seines instinktiven Bedürfnisses, dazuzugehören und von anderen akzeptiert zu werden.

Eine andere Auswirkung ist, so intensiv um Zuneigung zu betteln, dass die Adressaten sich abgestoßen fühlen. Bei einer unglücklichen Kindheit könnte es auch schwierig sein, Liebe angemessen zu erwidern.

DER MOND IM 12. HAUS

Wie extrovertiert und außengerichtet der Mensch ansonsten auch sein mag, er muss sich darüber klar werden, dass er sich von seinem Inneren her nach Rückzug sehnt und den Wunsch hat, Zeit für sich allein zu verbringen.

Dieser instinktive Wunsch nach Rückzug ist sowohl in psychischer als auch spiritueller Hinsicht heilsam. Der oder die Geborene sollte das Bedürfnis nach Frieden und Ruhe nicht unterdrücken, sondern auf bestmögliche Weise für sich zu nutzen suchen.

Kennzeichnend sind eine natürliche Aufgeschlossenheit, emotionale Empfänglichkeit sowie – in Abhängigkeit vom Mondzeichen – machtvolle Instinkte und eine starke Intuition, womit man auch andere unterstützen kann. Die Bereitschaft, Opfer zu bringen, ist vorhanden.

Das geheime Selbst

Möglicherweise eine Neigung zur Täuschung. Auch vor negativem Eskapismus muss gewarnt werden. Der Geborene könnte abgründige Tiefen in sich haben oder ein instinktives Geheimnis, das ihm als Schutz vor der äußeren Welt dient. Manchmal mag er es schwierig finden, Probleme mit den Menschen zu diskutieren, die er liebt – schauen Sie hier im Horoskop nach, wie es um die kommunikativen Fähigkeiten bestellt ist. Das Mondzeichen kann hilfreich sein (u. a. Zwillinge) oder hinderlich (Skorpion).

Wenn Mond- und Aszendentenzeichen identisch sind, dürfte die Mondebene gut in der Persönlichkeit integriert sein. Seiner Neigung zur Geheimniskrämerei wird sich dieser Mensch bewusst sein und sie konstruktiv zur Geltung bringen.

DER PROGRESSIVE MOND IN DEN HÄUSERN

Wenn Sie das System der Äqualen Häuser benutzen (siehe S. 84), braucht der progressive Mond ungefähr zweieinhalb Jahre, um ein Horoskophaus zu durchlaufen. Benutzen Sie ein anderes Häusersystem, inklusive das von Placidus, kann die Dauer variieren.

Der Einfluss des progressiven Mondes ist subtil, er wird nicht während der ganzen Zeit, um die es geht, im Vordergrund stehen. Trotzdem ist es sinnvoll, ihn zu berücksichtigen, besonders dann, wenn gleichartige Transite oder Lunar-Progressionen auf die Planeten im Geburtshoroskop oder in der Progression einwirken.

Wenn der progressive Mond in ein neues Haus kommt, sollten Sie Ihr Gegenüber darauf aufmerksam machen, weil ihm das die Möglichkeit gibt, sich zumindest zu einem gewissen Ausmaß auf die Themen dieses Bereiches zu konzentrieren. Wenn der Mond beispielsweise das 9. Haus durchquert, könnte ein anspruchsvolles Studium oder das Erlernen einer Sprache den Betreffenden sehr befriedigen. In Verbindung mit harmonischen Transiten könnten auch ausgedehnte Reisen sehr günstig sein. Läuft der Mond durch das 4. Haus, sollte man sich um das Zuhause kümmern oder - wenn andere Faktoren dies begünstigen - umziehen oder ein Haus kaufen. Am wichtigsten ist der Wechsel des Mondes vom 12. ins 1. Haus mit der Konjunktion zum Aszendenten (siehe S. 299). Damit beginnt ein neuer Lebenszyklus.

NEUMOND UND VOLLMOND

Jeder Mensch, ob nun an der Astrologie interessiert oder nicht, weiß um die vielfältigen Einflüsse, die der zunehmende oder abnehmende Mond auf das menschliche, tierische und pflanzliche Leben in der Natur hat. Fragen Sie beispielsweise einmal die Sprechstundenhilfe Ihres Arztes oder jemanden, der viel mit Menschen zu tun hat, ob zum Vollmond das Telefon besonders oft klingelt - die Antwort ist bestimmt: »Ja«. Es trifft ebenfalls zu, dass viele von uns zu diesen Zeiten mit neuer Energie neue Aufgaben in Angriff nehmen.

Der Einfluss des Vollmondes

Die Phase unmittelbar vor dem Vollmond ist heikel – sie bedeutet vielfach Frustrationen und nur zu oft auch Gewalt. Im besten Fall werden wir im Verkehr häufiger als sonst beschimpft; in anderen Teilen der Welt, die von Unbeständigkeit gekennzeichnet sind, kann es zu spektakulären Ausbrüchen von Gewalt kommen. Wir haben beispielsweise festgestellt, dass sich die schlimmsten Tragödien in Nordirland zu diesen Spannungszeiten ereigneten.

Es handelt sich hier um ein Gebiet der Astrologie, das Sie für sich studieren sollten. Ihre Entdeckungen werden nicht nur Ihr persönliches Wissen erweitern, sondern vielleicht auch der Astrologie in ihrer Gesamtheit nutzen.

MOND-FINSTERNISSE

Es ist nicht schwer, herauszufinden, wann es zu Finsternissen kommt. Sie sind in den Ephemeriden und oft auch in Kalendern und Almanachen aufgelistet. Auf den S. 422–423 befassen wir uns detailliert mit Finsternissen. Hier sind einige allgemeine Anmerkungen. Finsternisse sind dramatische Geschehnisse, und es verwundert nicht, dass sich in der Vergangenheit eine Vielzahl von (meist unbegründeten) abergläubischen Vorstellungen um sie rankten. Viele Astrologen meinen, dass eine Finsternis in der Nähe eines Planeten oder eines Eckpunktes des Horoskops (nicht weiter als 3 Grad entfernt) außerordentlich bedeutungsvoll ist. Die Finsternis könnte den betreffenden Lebensbereich aktivieren und gemäß der Stellung des Planeten zu positiven oder negativen Ergebnissen führen (meist ist Letzteres der Fall).

Die Frage, wann sich solche Entwicklungen ergeben werden, ist schwierig. Einige Astrologen sagen, die Auswirkungen ziehen sich über viele Monate hin – was nicht zu widerlegen ist; allerdings neigen wir in diesem Fall dazu, andere, machtvollere Trends für die Geschehnisse verantwortlich zu machen und die Finsternis nur als zusätzliches Moment aufzufassen.

Wenn sich die Finsternis mit nicht mehr als 2 Grad Abstand zu einem Planeten ereignet, sollten Sie Ihr Augenmerk auf die Lebensbereiche richten, die mit diesem zusammenhängen, und im Hinterkopf behalten, was oben gesagt wurde. Bei einer Finsternis auf dem Aszendenten, der Sonne, dem Mond oder dem Herrscher des Horoskops könnten das persönliche Leben und vielleicht sogar die Gesundheit stark belastet sein.

Beim Kontakt zum MC bezieht sich der Stress dagegen auf die Karriere oder darauf, dass Veränderungen getätigt werden müssen. Wir empfehlen, sich der Tradition zu beugen und keine wichtigen Ereignisse wie eine Heirat, eine Geschäftseröffnung usw. auf die Zeit einer Finsternis zu legen. Eine andere Theorie besagt, dass Sonnenfinsternisse für Männer wichtiger sind und Mondfinsternisse wichtiger für Frauen.

Politische Auswirkungen

Besonders wichtig sind die Finsternisse bei der Mundanastrologie – dem astrologischen Studium von Ländern und deren Regierungen und Politikern. Es handelt sich dabei um ein eigenes faszinierendes und extrem komplexes Gebiet, welches außerhalb des Spektrums dieses Buches liegt.

Anmerkung: Zu einer Sonnenfinsternis kommt es zur Zeit des Neumondes, zur Mondfinsternis zur Zeit des Vollmondes.

DIE MONDKNOTEN

Hier geben wir eine kurze Einführung zum Einfluss der Mondknoten. Tiefer gehende Informationen und Deutungen finden Sie auf S. 301–303.

Die Mondbahn ist um 5 Grad zur Ekliptik geneigt. Die Schnittpunkte zu dieser nennen wir die Mondknoten. Die Linie, die sie verbindet, ist die Mondknotenachse, die sich westlich entlang der Ekliptik bewegt und 18,5 Jahre braucht, um sie einmal in rückläufiger Bewegung zu durchlaufen (also rückwärts durch die Zeichen). Wenn sich der Mond nördlich bewegt und die Erdbahn schneidet, sprechen wir vom aufsteigenden oder nördlichen Mondknoten (oder Drachenkopf), während bei der Südrichtung der Schnittpunkt absteigender oder südlicher Mondknoten genannt wird (Drachenschwanz).

Im Folgenden finden Sie eine Übersicht über die Deutungen dieser interessanten Faktoren des Geburtshoroskops, sodass Sie deren Einfluss schon in Ihre Gesamtinterpretation mit einbeziehen können.

Die Interpretation der Mondknoten

Dies ist ein kontroverses Gebiet, allerdings gibt es hauptsächlich zwei Theorien.

Die Erste besagt, dass der Südknoten anzeigt, wo wir unsere Erfahrungen und persönlichen Eigenschaften am besten zum Ausdruck bringen können, während der Nordknoten die Qualitäten symbolisiert, die wir anstreben sollten.

Mit dem Südknoten im 3. Haus z. B. dürfte eine gute Bildung und die Fähigkeit verbunden sein, das Wissen auch vermitteln zu können, während der Nordknoten im 9. Haus hier nahelegt, sich um neue Erkenntnisse zu bemühen und damit ein höheres Leistungsniveau in diesem Lebensbereich anzustreben.

Man ist allgemein der Ansicht, dass die Mondknoten unsere Einstellung zu anderen beeinflussen. Bei ihrer Untersuchung sollte man sich auf Aspekte zum Aszendenten, zum MC und zu den Planeten beschränken.

Wir können hier von drei Kategorien ausgehen: machtvoll, positiv und negativ:

- ◆ **Machtvoll:** eine Konjunktion zu einem Knoten (und damit eine Opposition zum anderen);
- ◆ **Positiv:** ein Trigon zu einem Knoten (und damit ein Sextil zum anderen);
- ◆ **Negativ:** ein Quadrat zu beiden Knoten.

Behalten Sie dies vor Augen, wenn Sie die Planeten in Verbindung mit den Mondknoten interpretieren. Machtvolle Aspekte bedeuten eine besondere Betonung und Stärke. Die positiven Aspekte sind günstig für Beziehungen (gemäß dem Wesen des Planeten), während die negativen für Probleme in den Verbindungen sorgen.

Hier eine kurze Interpretation zu den Mondknoten im Aspekt mit den Planeten:

- ◆ **Sonne:** Physische oder geistige Verbindungen mit anderen.
- ◆ **Mond:** Instinktive Reaktionen und Verbindungen mit anderen.
- ◆ **Merkur:** Das Teilen von Ideen und mentale Beziehungen zu anderen.
- ◆ **Venus:** Anpassungsfähigkeit in Beziehungen.
- ◆ **Mars:** Sexuelle Anziehungskraft prägt die Einstellung zu den Mitmenschen.
- ◆ **Jupiter:** Allgemeine Anpassungsfähigkeit und Umgänglichkeit.
- ◆ **Saturn:** Isolation und Mangel an Anpassungsfähigkeit.
- ◆ **Uranus:** Eine interessante oder exzentrische Einstellung zu Beziehungen.
- ◆ **Neptun:** Anderen gegenüber hilfsbereit, allerdings nicht immer zuverlässig.
- ◆ **Pluto:** Macht über andere haben wollen – oder sich frustriert fühlen.
- ◆ **Aszendent:** Ein unterstützendes oder störendes Familienmitglied (befindet sich die Mondknotenachse dicht am Aszendenten/Deszendenten, ist der Mensch oftmals besonders groß oder klein!).
- ◆ **MC:** Identifikation und Bedürfnis, sich mit Menschen zu verbinden, die die Eigenschaften des Zeichens am MC ausdrücken – oder Wut auf sie.

NEUMOND UND DAS PROGRESSIONSHOROSKOP

Bei den Progressionen wird der Neumond auf eine besondere Weise behandelt (siehe S. 126). Es kommt hier häufig zu einer Reihe von Kontakten zu den Planeten des Geburtshoroskops – es könnte sein, dass der Neumond zunächst im Quadrat zu Mars steht, im nächsten Monat im Trigon, einen Monat später im Quinkunx und schließlich in Opposition. Dies sind kleinere Einflüsse, die in Verbindung mit dem oder den betreffenden Planeten aber ein bestimmtes Thema oder Projekt ankündigen, das sich über die betreffende Zeit hin erstrecken kann. Diese Nebentrends sollten nicht ignoriert werden, sie fügen den anderen Progressionen eine weitere Dimension zu.

DIE ASPEKTE DES MONDES

Mondaspekte sind von nicht zu unterschätzender Wichtigkeit – der Mond färbt jeden Planeten, zu dem er in Kontakt steht, auf eine persönliche Art. Bei der Analyse gilt es, die verschiedenen Persönlichkeitsbereiche im Blick zu haben: eine Intensivierung der persönlichen Reaktionen (Mars), vorsichtigere Reaktionen (Saturn) oder vielleicht auch ein unmittelbarer Enthusiasmus (Jupiter). Bei Mondaspekten zur Sonne, zum Aszendenten, zum MC oder zum herrschenden Planeten können wir den Orbis etwas höher ansetzen – bis 2 Grad bei Haupt- und 1 Grad bei Nebenaspekten. Die Konjunktion mit Sonne, Aszendent oder MC gilt bis zu 10 Grad. Aber auch Mondhaus und -zeichen müssen berücksichtigt werden.

MONDASPEKTE ZUR SONNE

Aspekte zwischen Mond und Sonne wurden schon im Abschnitt Sonnenaspekte zum Mond (S. 276) besprochen, sodass Sie sich ggf. bereits mit den Auswirkungen beschäftigt haben. Wenn Sie mit den Progressionen zu arbeiten beginnen, werden Sie feststellen, dass der Mond sehr rasch durch das Horoskop läuft, wodurch es immer wieder zu Aspekten zur progressiven wie zur Geburtssonne kommt. Aus diesem Grund müssen wir diese Beziehung auf eine besondere Art betrachten: Sie hat keine sehr langfristige Bedeutung und ist auch nicht so dynamisch wie die progressive Sonne im Aspekt zum Radixmond.

PROGRESSIVE MONDASPEKTE ZUR PROGRESSIVEN ODER ZUR RADIXSONNE

Konjunktion
Könnte von einer Schlüsselphase von drei oder vier Monaten künden. Eine gute Zeit, um Veränderungen durchzuführen, vorausgesetzt, Rastlosigkeit und eine untypische Unbeständigkeit werden unter Kontrolle gebracht.

Positive Aspekte
Könnten dem Geborenen dabei helfen, langwierige psychische Probleme in den Griff zu bekommen. Bei einem negativen Aspekt zwischen Sonne und Mond im Geburtshoroskop aber treten vielleicht besondere Spannungen auf. Diese Aspekte bringen dem Geborenen bei derartigen Schwierigkeiten Unterstützung. Die Emotionen und die Intuition sind gestärkt, und ein Gefühl von innerlicher Zufriedenheit macht sich bemerkbar, selbst dann, wenn andere Faktoren auf eine heikle Zeit schließen lassen. Wenn das Leben mehr oder weniger frei von Schwierigkeiten ist, kann es zu allgemeinen Fortschritten kommen. Probleme müssen jetzt angepackt werden!

Negative Aspekte
Möglicherweise ein Gefühl von innerlicher Unzufriedenheit und Rastlosigkeit. Keine gute Phase, Entscheidungen zu treffen, wegen der jetzt sehr unbeständigen Emotionen. Wenn allerdings im Geburtshoroskop zwischen Mond und Sonne ein Sextil oder ein Trigon vorhanden ist, dürfte der Einfluss keine großen Probleme machen. Nichtsdestoweniger sollte man jetzt keine Veränderungen mit langfristigen Folgen vornehmen, speziell nicht in häuslicher Hinsicht.

Anmerkung: Alle Aspekte zwischen progressivem Mond und der Sonne führen zu einer verminderten Vitalität, was nahelegt, häufiger auszuruhen oder ein Stärkungsmittel einzunehmen.

MONDASPEKTE ZU MERKUR

Konjunktion
Ein sehr starker, geistig anregender Einfluss (wenn die Konjunktion nicht mit einem hemmenden Quadrat oder einer Opposition von Saturn zusammentrifft) mit viel Intuition, Logik und gut entwickelten Instinkten. Der Mond wird mit den Denkprozessen von Merkur angereichert, was ein exzellentes Potenzial bedeutet, das beispielsweise in Form von literarischer Arbeit zum Ausdruck kommen kann – fantasievoll oder praktisch, gemäß der Natur der Zeichen von Mond und Merkur. Bei zwei verschiedenen Zeichen befruchten diese sich sehr gut gegenseitig.

Befindet sich die Konjunktion im gleichen Zeichen wie die Sonne, treten womöglich dessen Eigenschaften allzu deutlich in Erscheinung – weil dies dann nicht nur die Sonne, sondern auch die instinktive Ebene des Mondes und auch die mentale Ebene des Merkurs prägt.

Positive Aspekte
Die Schlauheit des Mondes und die Gerissenheit von Merkur werden durch diese Aspekte kontrolliert, was mit einer guten Konzentrationsfähigkeit einhergeht.

Zumeist viel gesunder Menschenverstand und eine praktische Einstellung. Die Entscheidungen werden hier sowohl von der Logik als auch von der Intuition her getroffen.

Negative Aspekte
Ein ungestümes Reagieren auf Herausforderungen jeder Art. Möglicherweise eine Neigung zum »Tratschen« – allerdings sind auch die intellektuellen Kräfte durch diesen Einfluss gestärkt. Die Kritik ist hier direkt, manchmal schneidend oder ätzend. Verdauungsprobleme oder nervöse Beschwerden könnten der Person von Zeit zu Zeit zu schaffen machen, besonders dann, wenn Merkur stark gestellt ist.

PROGRESSIVE ASPEKTE ZWISCHEN MOND UND MERKUR

Konjunktion
Eine Zeit intensiver geistiger Aktivität, die sich gut zur Prüfungsvorbereitung eignet, weil das Gedächtnis gut funktioniert und der instinktive Wunsch besteht, Fakten und Ideen schwarz auf weiß festzuhalten.

In diesen Perioden kommt es häufig zu Veränderungen – vielleicht zu der Versetzung in eine andere Abteilung oder zu einer Neugestaltung der Wohnung.

Positive Aspekte
Ähnliche Auswirkungen wie bei der Konjunktion. Alle Projekte, die zu dieser Zeit beginnen oder bereits begonnen wurden, sollten nun mit Macht vorangetrieben werden. Nun kann man auch darangehen, seine Meinung allgemein bekannt zu machen und Fürsprecher zu suchen. Man bringe nun das zur Sprache, was einem persönlich oder der Allgemeinheit besonders am Herzen liegt!

Negative Aspekte
Kein ernsthafter störender Einfluss. Es gilt allerdings, sich takt- und rücksichtsvoll zu gebärden, insbesondere im Zuhause.

Nervliche Anspannung könnte nun ein Problem sein – wenn sich der Betreffende erschöpft fühlt, sollte er sich zur Entspannung eine Auszeit nehmen oder sich einer erholsamen Beschäftigung hingeben.

Anmerkung: Alle Progressionen zwischen Mond und Merkur sind eine gute Zeit, ein neues Auto, Fahrrad oder ein wie auch immer geartetes Transportmittel zu kaufen.

MONDASPEKTE ZUR VENUS ♀

☌ Konjunktion
Ein schöner Einfluss, der den Menschen beliebt, liebenswert, ruhig und heiter macht. Guter Geschmack und ein Sinn für luxuriöse Gegenstände und das schöne Leben. Auch eine gesteigerte Wahrnehmung für die Bedürfnisse des Partners.

Die Konjunktion ist in Verbindung mit ihrem Zeichen zu sehen, weil dieses ja den Fluss der Emotionen und die Zuneigung bestimmt. Für gewöhnlich auch eine Liebe zur Kunst.

Positive Aspekte
Ein natürlicher Charme und Empfindsamkeit. Sind im Horoskop sehr viele Trigone vorhanden, könnte der Geborene dazu neigen, das Leben allzu leicht zu nehmen und – im Extremfall – andere Menschen auszunutzen. Sich dieser Schwäche bewusst zu sein wäre wünschenswert.

In einem ausgewogenen Horoskop treten dagegen die positiven Eigenschaften, wie sie für die Konjunktion angeführt wurden, in Erscheinung, auch Optimismus und ein gutes Wahrnehmungsvermögen. Diese Aspekte stehen auch für Intuition, speziell beim Mond in einem Wasserzeichen.

Negative Aspekte
Könnten für überaus viele Enttäuschungen in den persönlichen Beziehungen stehen. Der Betreffende hat viel Liebe und Zuneigung zu geben – die Art und Weise aber, wie er das zu tun versucht:, kann problematisch sein. Vielleicht stürzt er sich Hals über Kopf in Beziehungen; vielleicht werden kleinere Probleme so lange unter den Tisch gekehrt, bis sie sich schließlich zu großen auswachsen.

Untersuchen Sie die Stellung von Mond und Venus zum Zeitpunkt der Geburt: In der Jungfrau oder im Steinbock oder bei einer Einwirkung von Saturn könnte Schüchternheit oder ein Mangel an Selbstvertrauen gegenüber dem anderen Geschlecht zu verzeichnen sein. Die Lektionen der Liebe sind hier schwierig zu lernen. Der Tendenz, eine lustlose Einstellung zu zeigen, muss aber entgegengetreten werden.

PROGRESSIVE ASPEKTE ZWISCHEN MOND UND VENUS ♀

☌ Konjunktion
Eine glückliche Zeit für den Menschen, der eine feste Beziehung hat. Günstig für die Verbesserung des Verhältnisses zum Partner.

Wenn auch andere Hinweise nahelegen, dass jetzt die Liebe im Vordergrund steht, könnte diese Progression von einer neuen Beziehung künden. Für die Frage, ob die Beziehung von Dauer sein wird, sind aber langfristigere Progressionen entscheidend. Die allgemeine Einstellung ist aufgeschlossen und freundlich.

Positive Aspekte
Verstärken andere positive Trends, wobei speziell Transite von Jupiter günstig sind. Eine Zeit, in der der Mensch sich über sich selbst freuen kann. Günstig für unterhaltsame Unternehmungen zu Hause.

Negative Aspekte
Vorsicht beim Umgang mit Geschäftspartnern und Bekannten! Bei finanziellen Investitionen sollte möglichst der Rat eines unabhängigen Experten gesucht werden. Wenn Transite auf Frustrationen hinweisen, könnte die Liebe oder das Geld zu Problemen führen. Man sollte besser keine finanziellen oder emotionalen Risiken eingehen – Zurückweisung oder materielle Verluste sind sehr wahrscheinlich.

MONDASPEKTE ZU MARS ♂

☌ Konjunktion
Ein machtvoller und belebender Einfluss, der die Emotionen und die Antworten auf die verschiedensten Situationen intensiviert und zu einer direkten Herangehensweise ermutigt.

Wahrscheinlich neigt man nun mehr als sonst dazu, Risiken einzugehen, sowohl emotionale als auch körperliche. Die Konjunktion kann zu Rastlosigkeit oder zur Rebellion führen, wenn sie durch Uranus aspektiert wird.

Positive Aspekte
Die emotionalen und körperlichen Energien gehen Hand in Hand. Weil dies anregend wirkt, handelt es sich um einen günstigen Einfluss für Menschen, die für gewöhnlich eher träge oder unordentlich veranlagt sind.

Hilfsbereitschaft und eine zumeist robuste körperliche Gesundheit sind weitere Merkmale dieser Aspekte.

Negative Aspekte
Jähzorn und Impulsivität könnten die Reaktionen prägen. Vielleicht nervliche und emotionale Spannungen. Die Impulsivität könnte zu falschen Beurteilungen führen. Die Tendenz, vorschnell und überhastet zu handeln, muss erkannt und bekämpft werden.

PROGRESSIVE ASPEKTE ZWISCHEN MOND UND MARS ♂

☌ Konjunktion
Ein Zeitraum, der sich über drei Monate erstreckt und für eine Beschleunigung des Lebensganges steht. Der oder die Betroffene hat viel emotionale und physische Energie zur Verfügung, um sich mit dem Leben auseinanderzusetzen, wovon sowohl Geist als auch Körper profitieren. Negative Transite von Saturn oder Pluto (wirken frustrierend) oder von Uranus (erzeugen Spannung) könnten allerdings die Energien von Mond und Mars beeinträchtigen.

⊞ Positive Aspekte
Ähnliche Effekte wie bei der Konjunktion: wahrscheinlich auch hier eine unruhige Zeit mit viel emotionaler und physischer Energie, was große Taten möglich macht.

Der Geborene wird sich als zielstrebig erweisen und instinktiv wissen, wann und wie er zu handeln hat. Das ist speziell für denjenigen gut, der Entscheidungen ansonsten eher ausweicht.

⊟ Negative Aspekte
Impulsivität und vorschnelles Agieren können zu Problemen führen. Es ist notwendig, sich jetzt selbst zu zügeln, weil man nun Fehler machen könnte, insbesondere bei wichtigen Entscheidungen.

Ermuntern Sie den Betreffenden möglichst dazu, abzuwarten und Entscheidungen hinauszuschieben – eine bewusste, gelassene und nachdenkliche Einstellung ist jetzt das Beste. Allerdings wird dieser Vorschlag nicht auf große Begeisterung stoßen. Es könnte jetzt auch häufiger zu Kopfschmerzen und Schlaflosigkeit kommen – was sich aber nach dieser Progression wieder gibt.

MONDASPEKTE ZU JUPITER

Konjunktion
Bewirkt Aufgeschlossenheit und Freundlichkeit und prägt die Haltung zu anderen Menschen.

Für gewöhnlich eine großzügige Person, die bereitwillig Energie, Zeit und Geld gibt.

Sollte seine Erfahrungen anderen weitergeben, die davon profitieren können.

Daraus könnte auch eine große innere Befriedigung resultieren - zu wissen, dass man etwas zu geben hat und andere anspornen kann, ist eine bereichernde Erfahrung.

Manchmal eine gewisse Prahlsucht (besonders bei der Stellung im Löwen oder im Steinbock).

⊞ Positive Aspekte
Die allgemeine Freundlichkeit und Sympathie bei der Konjunktion dürften sich auch bei diesen Aspekten zeigen, besonders beim Trigon.

Die Vorstellungskraft ist erhöht, wenn Mond und Jupiter miteinander verbunden sind. Des Weiteren ein Potenzial für ein philosophisches Denken, das manchmal in neue Richtungen führt. Ein instinktives Mitgefühl oder Sich-Identifizieren mit Menschen aus anderen Ländern oder Kulturen. Fernab der Heimat zu leben ist in diesem Fall womöglich – z. B. spirituell oder psychologisch - eine extrem bereichernde Erfahrung.

⊟ Negative Aspekte
Heikel und ungünstig für das Beurteilungsvermögen. Lassen den Geborenen in dramatischer oder übersteigerter Form reagieren, auch dann, wenn beide Planeten in praktischen und beständigen Erdzeichen stehen. Sich dieser Züge bewusst zu sein, ist nötig, um sie dann mit einer positiven und praktischen Einstellung zu überwinden.

Ein Mondtrigon zu Saturn wäre eine große Hilfe, auch eine positive Verbindung zwischen Sonne und Saturn. Wenn der Mensch eine Vorliebe für reichhaltiges und schweres Essen hat, gibt es vielleicht von Zeit zu Zeit Probleme mit der Leber oder dem Magen.

PROGRESSIVE ASPEKTE ZWISCHEN MOND UND JUPITER

Konjunktion
Während dieser Zeit könnten sich erhellende intellektuelle Erkenntnisse ergeben, möglicherweise mit großen Fortschritten. Der Geist ist nun offen für neue und bedeutungsvolle Konzepte.

Dieser Einfluss ist grundsätzlich günstig, auch für das Antreten einer großen Reise. Eine exzellente Auffassungsgabe geht nun Hand in Hand mit einer umfassenden Vision und einer positiven und optimistischen Haltung.

Wenn diese Konjunktion von positiven und unterstützenden Transiten begleitet wird, könnte es sich um eine Phase handeln, die mehrere Monate dauert und sehr viel Weiterentwicklung bringt.

⊞ Positive Aspekte
Ein ähnlicher Einfluss wie die Konjunktion, insbesondere die Urteilskraft ist dabei gestärkt. Eine günstige Zeit, um Verträge unterschriftsreif zu machen oder Reisen anzutreten.

Vielleicht neigt man jetzt zu übertriebener Großzügigkeit oder dem Drang, viel Geld auszugeben, möglicherweise auch aus altruistischen Gründen.

⊟ Negative Aspekte
Jetzt könnte man Fehler machen. Das sollte man ständig vor Augen haben, umso mehr, wenn es um wichtige Entscheidungen geht oder um die Unterzeichnung von Verträgen.

Weiterhin könnte die (untypische) Eigenschaft auftauchen, unangemessen und ohne Augenmaß und Ausgewogenheit zu reagieren. Die Emotionen bewusst zu stabilisieren und angemessen zu handeln ist nun oberstes Gebot. Es könnte eine gute Idee sein, Natron oder Ähnliches zur Hand zu haben – der Hang zur Unmäßigkeit könnte zu körperlichen Beschwerden führen.

MONDASPEKTE ZU SATURN

Konjunktion
Eine sehr ernste oder gar düstere Haltung zum Leben. Dieser Mensch arbeitet hart und hat eine praktische und konkrete Einstellung; der Fluss der Emotionen aber ist beeinträchtigt. Manchmal ein geradezu besessenes Streben nach Perfektion, besonders bei der Konjunktion in der Jungfrau, im Skorpion oder im Steinbock.

Häufig Hemmungen, allerdings auch viel Loyalität und Zuverlässigkeit. Die Konjunktion kann sich in dem Horoskop, das von Feuer und Luft beherrscht wird, als ein Anker erweisen; sie muss aber gründlich untersucht werden, weil ihre kontrastierenden Eigenschaften Konflikte anzeigen können.

⊞ Positive Aspekte
Hier sehen wir einen gesunden Menschenverstand, Bestimmtheit und eine zurückhaltende Einstellung. Geist und Haltung sind konventionell. Dieser Einfluss hilft gegen Impulsivität von anderer Seite des Horoskops.

Die Fähigkeit, auf eine disziplinierte und praktische Weise sehr hart zu arbeiten. Erfolg dadurch, dass man sich stets als zuverlässig und vertrauenswürdig erweist. Kontrollierte instinktive Reaktionen.

⊟ Negative Aspekte
Von Zeit zu Zeit übermäßig negative Einstellung. Es ist wichtig, hier die anderen Horoskopbereiche daraufhin zu studieren, inwiefern sie dieser pessimistischen Tendenz entgegenwirken.

Manchmal Gehemmtheit und ein Mangel an Selbstvertrauen. Diese Aspekte können die Konstitution schwächen, insbesondere machen sie für Erkältung und Grippe anfällig. Vielleicht handelt es sich auch um eine unbeliebte, mürrische oder bedauernswerte Persönlichkeit.

PROGRESSIVE ASPEKTE ZWISCHEN MOND UND SATURN ♄

☌ Konjunktion
Eventuell beschäftigt sich der Mensch jetzt mit Plänen, die viel Zeit benötigen. Andererseits macht man nun kaum Fehler. Die Planungen könnten zu wichtigen Veränderungen führen, auch zu zusätzlicher Verantwortung und mehr Ansehen. Der Gesundheit sollte jetzt besondere Aufmerksamkeit gewidmet werden.

+ Positive Aspekte
Ähnliche Effekte wie bei der Konjunktion: langsame, aber stetige Fortschritte. Der Geborene sollte dazu ermutigt werden, über die langfristige Zukunft nachzudenken, bezüglich von familiären und beruflichen Pflichten und Wünschen.

– Negative Aspekte
Zeigen eine Phase von etwa drei Monaten Dauer an, in der der Mensch ungewöhnlich mutlos oder depressiv reagieren könnte. Diese Zeit geht vorbei - solange sie aber andauert, wird man den Betreffenden kaum aufheitern können.

Falls bei der Arbeit Schwierigkeiten zu verzeichnen sind, könnte man diese Zeit nutzen, ruhig im Hintergrund zu wirken, um die Dinge wieder ins Lot zu bringen. Man sollte sehen, dass alles seine Ordnung hat, dass man die aktuellen Entwicklungen auf seinem Feld kennt usw. Dies ist nicht die Zeit, nach vorn zu drängen und die Dinge mit Macht voranzutreiben – eine solche Vorgehensweise bedeutet nur Zeitverschwendung.

Anmerkung: Wenn der progressive Saturn den Mond aspektiert (im Geburtshoroskop oder in der Progression), ist die Vitalität gering. Man neigt damit auch zu Fieber und Grippe, ob im Winter oder im Sommer. Deshalb sollte man Menschenmengen meiden und die Ernährung besonders vitaminreich gestalten!

MONDASPEKTE ZU URANUS ♅

☌ Konjunktion
Diese machtvolle planetarische Beziehung liefert viel emotionale Spannung: Ob sich das nun positiv oder negativ auswirkt, hängt von den anderen Einflüssen ab.

Persönliche Anziehungskraft und Dynamik, Originalität, Brillanz und intuitive Eingebungen. Die uranische Verschrobenheit prägt die Reaktionsweise auf Situationen und den Ausdruck der Gefühle, sie bewirkt das Bedürfnis, anders und unkonventionell zu sein.

Wenn ein Quadrat zu Sonne, Mars, Saturn oder zum Aszendenten besteht, werden Spannungen und nervöse Symptome für Probleme sorgen, die nicht leicht zu lösen sind.

+ Positive Aspekte
Wahre Kraftwerke von emotionaler Spannung – der Mensch sollte diese Energie positiv einsetzen, vielleicht auf wissenschaftlichem oder kreativem Feld. Eltern könnten ihr Kind mit einem solchen Aspekt vielleicht am einfachsten dazu bringen, das zu tun, was sie wollen, wenn sie ihm das Gegenteil davon ans Herz legen.

– Negative Aspekte
In vielerlei Hinsicht ist das Quadrat problematischer als die Opposition – in beiden Fällen aber kommt es zu starken emotionalen Spannungen. So, wie die negativen Sonnenaspekte für Männer schwieriger zu sein scheinen als für Frauen, scheint der Mond einen größeren negativen Effekt auf die Letzteren zu haben und z. B. für Migräne und Spannungszustände verantwortlich zu sein. Für beide Geschlechter aber besteht die Tendenz zur Eigenwilligkeit; wenn diese in konstruktive Bahnen gelenkt werden kann, sind die Auswirkungen aber nicht sehr negativ.

Aktiv zu sein ist gut bei diesen Aspekten. Sport zu treiben oder intellektuell fordernde Tätigkeiten sind deshalb außerordentlich wichtig. Sehr oft sind hier – wie bei der Konjunktion auch – Originalität und besondere Talente vorhanden.

PROGRESSIVE ASPEKTE ZWISCHEN MOND UND URANUS ♅

☌ Konjunktion
Wahrscheinlich eine Zeit mit vielen Ereignissen – aber wohl auch eine Phase, in der die Anforderungen viel Spannung bedeuten können. Jetzt werden sich neue Entwicklungen ergeben.

+ Positive Aspekte
Nun könnte etwas ganz Besonderes passieren. Charakteristisch ist, dass man jetzt etwas Neues bzw. anderes machen möchte. Es könnte sich aber lediglich um eine Übergangsphase handeln – raten Sie also zu ein paar Wochen Aufschub, wenn Ihr Gegenüber gerade sein Konto plündern will. Wenn die Progression schwächer wird und sich die Lage stabilisiert hat, könnte der Geborene sein Geld für Workshops oder für Werkzeuge, für ein Instrument oder was auch immer ausgeben.

– Negative Aspekte
Eine Phase, in der man möglicherweise unter Spannung zu leiden hat. Das Beste ist, das Leben leicht zu nehmen - was allerdings nicht einfach ist. Die Emotionen und das instinktive Reagieren auf die Geschehnisse fallen drastisch aus; Kontrolle ist nötig, weil der Betreffende seine Handlungen auf lange Sicht bereuen könnte.

Ein umsichtiges Denken und eine praktische Herangehensweise sind wichtig; Dickköpfigkeit (womöglich sogar Niedertracht) oder der übermäßige Drang zur Andersartigkeit sind langfristig schädlich.

MONDASPEKTE ZU NEPTUN ♆

☌ Konjunktion
Diese Planeten sensibilisieren die Reaktionen und befruchten die Fantasie. Idealismus, viel Mitgefühl und Freundlichkeit, manchmal in so auffälliger Form, dass andere das auszunutzen versuchen.

Häufig sind hier die spirituellen oder religiösen Seiten des Lebens besonders wichtig, auch das Bedürfnis, sich von der Welt zurückzuziehen. Mit dem Wunsch, niemandem wehzutun, könnte die negative neptunische Seite dazu führen, dass der Mensch andere belügt oder täuscht. Dies ist eine Tendenz, die in jedem Alter kontrolliert werden muss, besonders stark aber bei Kindern. Wenn die Fantasie auf eine kreative Weise ausgedrückt wird, handelt es sich um ein wunderbares Potenzial, auf jeden Fall um sehr viel Idealismus.

+ Positive Aspekte
Beide Planeten kommen bei diesen Aspekten gut zur Geltung, sie fügen Fantasie und emotionale Stärke zu. Allerdings gilt es, diese Qualitäten in die richtigen Bahnen zu lenken, um Konfusion

und Unbestimmtheit zu verhindern. Manchmal bestehen hier besondere Gaben – wenn der Betreffende seine Berufung in dieser Richtung sieht, sollte er sich um den Beistand einer erfahrenen Person bemühen. Diese Aspekte finden sich oft in Horoskopen von Astrologen.

▬ Negative Aspekte
Womöglich die Neigung, den vermeintlich leichtesten Weg aus Schwierigkeiten zu suchen. Viel Verworrenheit und eine unpraktische Einstellung zum Leben stehen ernsthaften Fortschritten im Weg.

Vielleicht auch verschiedene Talente und Fantasie. Die anderen Horoskopbereiche müssen zeigen, ob diese Qualitäten genutzt werden können. Ein starker Saturn sowie Hinweise auf praktische Fähigkeiten sind eine Hilfe, der schwächenden Sehnsucht dieser Aspekte zu begegnen.

PROGRESSIVE ASPEKTE ZWISCHEN MOND UND NEPTUN ♆

☌ Konjunktion
Eine Tendenz zur Verträumtheit und zur Zurückgezogenheit. Wenn sich dies nach einer Phase harter Arbeit ergibt, würde es sich um eine günstige Zeit für einen entspannenden Urlaub handeln, z. B. an einem See, am Fluss oder am Meer.

Die Stimmung könnte jetzt sehr romantisch sein. Man muss aber der Neigung widerstehen, sich in ein Wolkenkuckucksheim zurückzuziehen. Der Akzent liegt darauf, sich für eine Zeit lang vom Alltag abzuwenden und den Geist wiederaufzuladen. Diesbezüglich sind auch vergnügliche Erlebnisse möglich.

✚ Positive Aspekte
Ähneln der Konjunktion. Der Geborene könnte nun inspirierende und fantasievolle Gedanken haben. Es wäre allerdings anzuraten, sie mehrfach zu überdenken, weil er nun allzu inspiriert ist, um die Konsequenzen sofort zu erfassen. Diese werden ansonsten später, unter praktischeren Einflüssen, deutlich.

Man muss sich davor hüten, sich zum Narren zu machen, indem man davon ausgeht, dass alles wunderbar ist. Nicht den Kontakt zur Realität verlieren!

▬ Negative Aspekte
Der Betreffende muss sehr darauf achten, sich keiner Selbsttäuschung oder keinem Fluchtmechanismus hinzugeben (in Form von Alkohol, Nikotin oder Drogen), speziell dann, wenn das Leben sich jetzt als besonders anstrengend oder kompliziert erweist.

Die Emotionen könnten nun besonders negativ sein. Man sollte deshalb keine wichtigen Entscheidungen voreilig treffen, sondern versuchen, ruhig zu bleiben und den Alltag und die Pläne so einfach wie möglich zu organisieren.

Anmerkung: Es muss darauf hingewiesen werden, dass viele Menschen keine Auswirkungen der Progressionen vom Mond zum Neptun fühlen, besonders dann, wenn sie vorwiegend materiell orientiert sind.

Fantasievolle, empfindsame und kreative Menschen dagegen nehmen diese subtilen Einflüsse sehr wohl wahr. Sie sind gefordert, diese bewusst zu kontrollieren, weil Mond und Neptun bei ihrem inspirierenden Potenzial zu Kränkungen führen und den Charakter schwächen können.

MONDASPEKTE ZU PLUTO ♇

☌ Konjunktion
Ein beträchtlich gesteigertes emotionales Niveau mit gelegentlichen Ausbrüchen und einem sehr kraftvollen und leidenschaftlichen Ausdruck. Solange die Konjunktion nicht negativ von Saturn oder Uranus aspektiert wird oder ein Quadrat zur Sonne und ein Plutoquadrat zum Aszendenten bestehen, werden die Ausbrüche eher einen notwendigen Akt der Läuterung und Befreiung darstellen. Man kann seine Gefühle dann auf eine gelöstere Weise zum Ausdruck bringen.

Wenn die Konjunktion durch andere Planeten beeinträchtigt wird, kann es dem Menschen schwerfallen, seine wahren Gefühle zu zeigen. Dies ist besonders bei Kinderhoroskopen zu beachten. Kinder mit dieser Stellung sollten zu einem kontrollierten Fluss der Emotionen angeregt werden, nicht zu emotionalen Explosionen.

✚ Positive Aspekte
Die emotionalen Kräfte sind gestärkt, und vielleicht ergeben sich des Öfteren hier Szenen - welche durchaus ihre Berechtigung haben können. Allerdings gilt es doch, sich der möglichen Tendenz zu Überreaktionen auf beiläufige Bemerkungen oder Handlungen sowie der Neigung zur Eifersucht bewusst zu sein.

Kennzeichnend ist auch die Abneigung gegen jede Unordnung in der unmittelbaren Umgebung. Der Geborene hat möglicherweise seine Freude an ausgedehnten Aufräumaktionen. Dieser potenzielle Reinlichkeitswahn dürfte psychische Wurzeln haben. Vielleicht geht es für den Menschen darum, etwas aus seinem Organismus auszumerzen, oder um den physischen Ausdruck einer emotionalen Einstellung.

▬ Negative Aspekte
Der Ausdruck der Emotionen könnte gehemmt sein, woraus womöglich dauerhafte Frustration erwächst.

Erst dann, wenn auch andere Faktoren Schüchternheit oder Gehemmtheit sowie mangelndes Selbstvertrauen erkennen lassen, handelt es sich um ein ernstes Problem. Nichtsdestoweniger aber hat jeder Mensch mit dem Quadrat oder der Opposition zwischen diesen Planeten Probleme mit dem Ausdruck der Gefühle. Diese Aspekte sind schwierig zu interpretieren; sie stellen für die betroffenen Menschen eine ständige Quelle von Problemen dar.

PROGRESSIVE ASPEKTE ZWISCHEN MOND UND PLUTO ♇

☌ Konjunktion
Steht womöglich für eine Periode der Unbeständigkeit, in der man den Wunsch verspürt, drastische Veränderungen vorzunehmen.

Man muss den Menschen davor warnen, jetzt alle Brücken hinter sich abzureißen – es könnte sich nämlich um Überreaktionen auf die Geschehnisse handeln und darum, dass man das, was man über eine lange Zeit hinweg zustande gebracht hat, nun einfach wegwirft.

✚ Positive Aspekte
Möglicherweise die Zeit eines Großreinemachens! Schränke und Regale auszuwischen oder ein ausgedehnter Frühjahrsputz sind praktische Auswirkungen dieser Progressionen.

Wie bei allen Plutokontakten könnten die Aktivitäten tiefere psychische Ursachen haben.

Die positiven Aspekte erlauben es für gewöhnlich, reinen Tisch zu machen und neu anzufangen.

Negative Aspekte
Die Emotionen könnten nun von großem Stress geprägt sein. Der Betreffende bemüht sich womöglich, eine Facette von sich zu ergründen, hat aber wahrscheinlich keinen Erfolg damit. Vielleicht führt er die äußeren Umstände als Entschuldigung dafür an – in Wahrheit aber geht es um die Psyche, die von Ahnungen oder Ängsten beherrscht ist.

Sind keine negativen Aspekte im Geburtshoroskop vorhanden, wird die Situation sich wahrscheinlich entspannen, wenn die Progression nicht mehr exakt ist. Solange die Progression wirkt, sollte der Mensch sich zu entspannen versuchen und darauf verzichten, die Dinge mit Macht vorantreiben zu wollen, ob nun in innerlicher oder in äußerlicher Hinsicht.

MONDASPEKTE ZUM ASZENDENTEN

ASC

Konjunktion
Ein extrem wichtiger Aspekt - vorausgesetzt, dass die Geburtszeit korrekt ist. Das Mondhaus muss engstens in die Interpretation einbezogen werden (bei dieser Konjunktion kann der Mond im 12. oder im 1. Haus stehen). Meist befinden sich hier Aszendent und Mond im gleichen Zeichen, mit der Folge, dass der Betreffende doppelt beeinflusst wird. Intuition und Instinkte entsprechen damit seinen allgemeinen psychischen Reaktionen. Launenhaftigkeit und Veränderlichkeit treten hier deutlich hervor, und die betreffende Person könnte sehr durch die herrschende Stimmung und die Reaktionen ihrer Umgebung beeinflusst werden.

Bei der Konjunktion mit dem Aszendenten aus dem 12. Haus heraus besteht vielleicht eine Tendenz der Geheimniskrämerei und der Einsiedelei, auf jeden Fall aber eine mondhafte Empfänglichkeit. Befindet sich der Mond im 1. Haus, wird die Haut auf intensive Sonnenstrahlung negativ reagieren und vielleicht auch das Verdauungssystem zu Klagen Anlass geben. Für gewöhnlich sind mit dieser Stellung ein rundes und blasses Gesicht verbunden sowie eine Stirn, die tatsächlich den Glanz des Vollmondes widerzuspiegeln scheint. Auch dürfte eine Verbindung zwischen den Augenbrauen vorhanden sein (ein Zug, der ebenfalls für Menschen mit der Sonne im Krebs typisch ist).

Positive Aspekte
Eine wunderbare integrierende Verbindung: Der Geborene wird kaum Probleme mit seiner Persönlichkeit haben. Die Ebene der Instinkte, der Intuition und der lunaren Emotionen harmonisieren mit der Persönlichkeit des Aszendenten.

Diese Aspekte sprechen meist für Anpassungsfähigkeit, einen gesunden Menschenverstand und Umgänglichkeit.

Negative Aspekte
Könnten innerliche Rastlosigkeit und Unzufriedenheit anzeigen und manchmal auch eine ungeduldige und brüske Einstellung zu anderen. Diese Tendenzen können vieles von dem, was an der betreffenden Person positiv und angenehm ist, verdecken und insofern auf den ersten Blick abschreckend wirken. Die innerliche Unzufriedenheit hat manches mit der Opposition von Sonne und Mond gemeinsam.

Beim Mond im 7. Haus in Opposition zum Aszendenten kann es zu Problemen und Unbeständigkeit in der Beziehung kommen.

Beim Mond im 6. Haus dagegen muss sich der Mensch womöglich immer wieder mit seiner anfälligen Gesundheit beschäftigen.

PROGRESSIVE MONDASPEKTE ZWISCHEN MOND UND ASZENDENT

ASC

Konjunktion
Die Auswirkungen dieses Aspektes variieren in ihrer Stärke. Mit der Mondkonjunktion zum Aszendenten des Geburtshoroskops fühlt der Mensch instinktiv das Bedürfnis nach Veränderungen oder einem Neubeginn. Das ist positiv, und vorausgesetzt, dass der Mondeinfluss nicht zu Überreaktionen auf die Geschehnisse führt und keine verschrobenen Vorstellungen bestehen, könnte dieser Neustart extrem günstig sein und für einen neuen Lebensabschnitt sprechen. Der Mond wechselt hier vom versonnenen und passiven 12. Haus ins selbstbewusste 1. Haus. Ähnlich ist es bei der Mondkonjunktion zum progressiven Aszendenten - zu dieser Zeit aber dürfte es kaum zusätzlich zum Hauswechsel kommen.

Positive Aspekte
Eine Phase, in der die Eigenschaften von Mond und Aszendent zusammenwirken und der Mensch instinktiv die besten Entscheidungen für sich und seine Lieben trifft. Es fällt ihm nicht schwer, aktiv zu werden, und für gewöhnlich stellen sich auch bald positive Resultate ein.

Negative Aspekte
Könnten einen Zeitabschnitt ankündigen, in dem sich die Person in zwei Richtungen gezogen fühlt und nicht weiß, was sie tun soll. Als Ergebnis davon können Unzufriedenheit und Rastlosigkeit auftreten. Jetzt besser keine Veränderungen vornehmen! Das physische Wohlbefinden und die psychischen Reaktionen könnten nun im Widerspruch zueinander stehen, was vielleicht zu überstürzten oder untypischen Handlungen führt.

In der Tat ist die Neigung zu Überreaktionen jetzt sehr wahrscheinlich, umso mehr, wenn auch Mars stark gestellt ist, im Transit negativ aspektiert wird oder in der Progression in Verbindung zum Mond steht. Wenn eine dieser Möglichkeiten zutrifft, sollten Sie Ihr Gegenüber dazu anhalten, abzuschalten und alle wichtigen Entscheidungen um ein paar Wochen hinauszuschieben.

ASPEKTE ZWISCHEN MOND UND MC

MC

Konjunktion
Das Haus des Mondes ist bei diesem Aspekt sehr wichtig! Gemäß der Tradition handelt es sich hier um jemanden, der entweder berühmt ist oder der für eine Reihe von Menschen Verantwortung trägt. Die Konjunktion bedeutet ein starkes Ego, vorausgesetzt, sie ist an keine negativen Aspekte beteiligt (falls doch, müssen gemäß des oder der betreffenden Planeten Abstriche gemacht werden). Wahrscheinlich eine anziehende Erscheinung, die andere in ihren Bann schlägt.

Ein beträchtliches Potenzial, zu dessen Entfaltung und konkretem Ausdruck der Astrologe unbedingt ermutigen sollte.

Allerdings besteht die Neigung zur Unbeständigkeit, die sich schädlich auf den Erfolg und die Popularität auswirken könnte.

Positive Aspekte
Eine verstärkte Identifikation mit den Zügen, die dem Zeichen am MC zuzuschreiben sind. Der instinktive Drang, diese Eigenschaften auch auszudrücken.

Negative Aspekte
Dem Geborenen könnte es schwerfallen, beruflich Befriedigung zu erleben oder zu erkennen, was er vom Leben erwartet.

Komplikationen und vielleicht auch Blockaden bezüglich der Ziele und Hoffnungen. Die Identifikation mit den Eigenschaften des Zeichens am MC ist zwar vorhanden, sie kann aber nicht ohne Weiteres konkret zum Ausdruck gebracht werden, sondern hat vielmehr etwas von: »Ich wünschte, ich wäre so wie …« – wahrscheinlich aber unternimmt die Person nichts, es dem Idol gleichzutun.

Man sollte die betreffende Person dazu ermutigen, gegen diese negativen Faktoren anzugehen. Dabei können andere Bereiche des Horoskops, die frei von problematischen Blockaden sind, helfen.

PROGRESSIVE ASPEKTE ZWISCHEN MOND UND MC

MC

Konjunktion
Ein sehr interessanter Aspekt, der Aufmerksamkeit verlangt. Mit ihm könnte man in der einen oder anderen Hinsicht im Rampenlicht stehen, vielleicht, indem man im Fernsehen interviewt wird. Es kann sich dabei auch um eine berufliche Veränderung handeln, sodass man nun für mehr Menschen Verantwortung trägt.

Das Ego dürfte sich nun bestärkt fühlen, was möglicherweise eine Tendenz ist, die nicht bewusst erkannt wird. Es könnte sich überhaupt erst im Nachhinein herausstellen, wie wichtig die Veränderungen dieser Zeit waren.

Positive Aspekte
Eine Zeit, zu der man sich mit sich im Reinen fühlt. Unter diesen vereinigten Einflüssen kann man sich psychisch weiterentwickeln, möglicherweise auch als Resultat von beruflicher Zufriedenheit. Die emotionale Sicherheit und Beständigkeit ist die Frucht der Ereignisse und Aktivitäten der Vergangenheit, was man jetzt zu würdigen weiß.

Negative Aspekte
Unter Umständen Probleme am Arbeitsplatz. Vorsicht ist ratsam, speziell für diejenigen, die eine Machtposition bekleiden: Die persönliche Unsicherheit könnte zu einem schikanösen Verhalten der Untergebenen führen.

Wenn sich in beruflicher Hinsicht nichts tut, dürfte man sich allgemein unzufrieden fühlen. Allerdings ist dies keine günstige Zeit, um Veränderungen durchzuführen.

Manchmal aber machen äußerliche Zwänge diese notwendig – ist dies der Fall, gilt es, kühlen Kopf zu bewahren und die Entscheidungen so umsichtig wie nur möglich zu treffen.

DIE PROGRESSION DES MONDES ZUR MONDSTELLUNG

☽

Konjunktion
Der wichtigste dieser Aspekte, der sich etwa im Alter von 28 und 56 Jahren und abermals mit 83 ereignet. Die erste dieser Konjunktionen spielt sich kurz vor der alles beherrschenden ersten Saturnwiederkehr (S. 378) ab. Das Bedürfnis nach Veränderung und psychischer Neuorientierung ist ein wichtiger Faktor, und die Emotionen, die Instinkte und die Intuition, wie sie von der Mondstellung angezeigt sind, stehen nun im Blickpunkt.

Andere Aspekte
Betonen auf positive oder auf negative Weise die Eigenschaften, die mit dem Mond im Geburtshoroskop verbunden sind. Überdies bringen sie noch einen Einfluss gemäß des Zeichens und des Hauses, durch die der Mond gerade läuft. Alles, wofür der Mond steht, ist jetzt betont.

Diese Progressionen treten an die Seite der akuten Transite und lassen erkennen, wie der Mensch auf die Geschehnisse dieser Zeit reagiert.

MOND-TRANSITE

☽

Diese wiederholen sich alle 28 Tage. Man muss von den Planeteneinflüssen schon sehr besessen sein, um ihnen regelmäßig seine Aufmerksamkeit zu widmen. Allerdings ist die Mondstellung sehr wichtig, wenn man das Horoskop für einen bestimmten Augenblick oder eine bestimmte Angelegenheit errechnet.

DIE MONDKNOTEN

Wenngleich alle Astrologen bei der Interpretation von Geburtshoroskopen den Mondknoten Aufmerksamkeit schenken, weicht doch das Maß an Bedeutung, die sie diesen sensitiven Punkten beimessen, erheblich voneinander ab. Wenn Sie bei der Untersuchung der Mondknoten unseren Vorschlägen folgen, werden Sie eine vernünftige Deutungsbasis haben. Stellen Sie dann sicher, dass Sie vollkommen verstanden haben, wie die Mondknoten hinsichtlich der Umlaufbahn des Mondes um die Erde zustande kommen. So befinden Sie sich, wenn Sie ein Horoskop deuten, in einer guten Position, um für sich zu beurteilen, wie stark der Einfluss der Mondknoten ist.

ASTRONOMISCHE DEFINITION

Die Umlaufbahn des Mondes ist gegenüber der Ekliptik um 5 Grad geneigt; der nördliche und der südliche Mondknoten befinden sich an den einander gegenüberliegenden Punkten, an denen die Mondbahn die Ebene der Ekliptik schneidet. Die beiden Mondknoten bilden eine Achse. Diese bewegt sich westwärts rückläufig durch den Tierkreis in einem Zyklus, der 18,5 Jahre dauert. Dort, wo der Mond bei seinem Umlauf in Richtung Norden die Ebene der Ekliptik überquert, ist der nördliche oder aufsteigende Mondknoten, wo er die Ebene südwärts überquert, ist der südliche oder absteigende Mondknoten. Diese beiden Punkte sind auch unter den Namen Drachenkopf (Nordknoten) und Drachenschwanz (Südknoten) bekannt. Der Mond ist ungefähr zwei Wochen lang am Aufsteigen und zwei am Absteigen.

ASTROLOGISCHE DEFINITION

Bedenken Sie, dass die Mondknoten stets in Opposition zueinander stehen. Der Südknoten ist also immer genau gegenüber vom Nordknoten. Befindet sich der Nordknoten auf 22 Grad Krebs, muss der Südknoten auf 22 Grad Steinbock sein.

Es gibt mehrere Deutungen für diese beiden sensitiven Punkte. Eine bevorzugte besagt, dass die Mondknoten sehr klar zeigen, wie wir zu anderen Menschen in Beziehung treten. Anhand der in diesem Kapitel gegebenen Interpretationen der Mondknoten werden Sie eine gute Vorstellung davon erhalten, wie Sie bei der Deutung vorgehen können.

Anderen Astrologen zufolge hat der Nordknoten Jupiter-Qualität, der Südknoten Saturn-Qualität. Das macht durchaus Sinn, denn es spiegelt die gegensätzlichen Bedeutungen von nördlichem und südlichem Mondknoten. Wenn der Nordknoten mit Jupiter in Verbindung gebracht wird, heißt das, dass wir dort, wo der Nordknoten steht, unser Potenzial nutzen können – das auch anderswo im Geburtshoroskop zu erkennen ist –, indem wir Herausforderungen annehmen und unseren Horizont erweitern. Die Position des Südknotens spiegelt den schwierigeren Einfluss von Saturn und zeigt uns unsere Begrenzungen, das Ausmaß, in dem wir von unserem Hintergrund geprägt sind und wo wir uns anpassen mussten. Es ist wichtig, dass wir lernen, zwischen beiden Extremen – Expansion und Beschränkung – die Balance zu halten.

Zur Erinnerung: Nachdem diese beiden Punkte einander im Tierkreis genau gegenüberliegen, ist ein Aspekt zu einem von ihnen immer auch ein Aspekt zum anderen. Die Konjunktion eines Planeten zu einem Mondknoten ist eine Opposition zum anderen, ein Quadrat gilt für beide, ein Trigon zu einem ist ein Sextil zum anderen. Ein Halbquadrat zu einem ist ein Anderthalbquadrat zum anderen, ein Halbsextil zu einem ist ein Quinkunx zum anderen.

DIE UMLAUFBAHN DES MONDES

Da sich die Erde gegen den Uhrzeigersinn um die Sonne dreht, bewegt sich der Mond in derselben Richtung mit ihr. Der Mond überquert bei seinem Umlauf die Ebene der Ekliptik zweimal: einmal, wenn er sich in Richtung Norden von der Sonne weg bewegt, und einmal, wenn er sich in Richtung Süden zur Sonne hin bewegt. An diesen Punkten befinden sich der nördliche und der südliche Mondknoten. Wenngleich sie wie Aszendent und Deszendent astrologisch gedeutet werden können, sind sie keine materiellen Elemente des Sonnensystems.

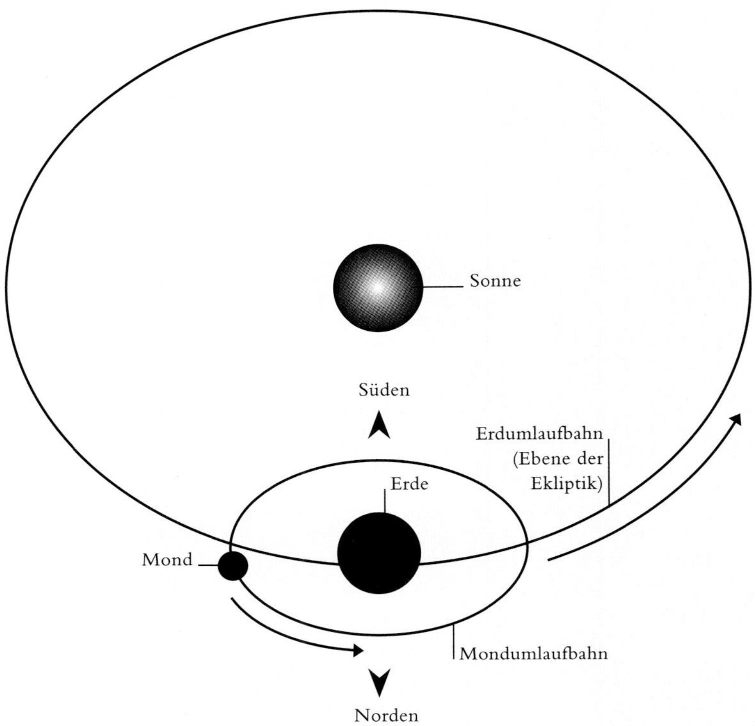

DER SÜDLICHE MONDKNOTEN ☋ IN ZEICHEN UND HÄUSERN

ZEICHEN	HAUS	SCHLÜSSEL-AUSSAGE	AUSFÜHRLICHE INTERPRETATION
♈	① Das Selbst	Ständige Aktivität, »ich zuerst«, Egoismus	»Ich-zuerst« besagt diese Platzierung, doch andere Bereiche des Horoskops könnten Eigenschaften aufweisen, die dieser machtvollen Neigung entgegenstehen. Die Wirkung wird beträchtlich gemindert, wenn das Sonnenzeichen des Betreffenden von mehr Verständnis gegenüber anderen Menschen geprägt ist.
♉	② Besitztümer	Ständige Aktivität, »ich zuerst«, Egoismus	Die innere Unzufriedenheit kann tief sitzen und bedarf der Gegensteuerung. Sollte der Betreffende bei Vollmond geboren worden sein (Sonne Opposition Mond), würde dieser Zug noch betont und zusätzliche Unruhe verursachen. Man kämpft beständig um den materiellen Fortschritt und braucht erhöhte emotionale Sicherheit.
♊	③ Kommunikation	Ständige Ungeduld und Ruhelosigkeit	Die Ungeduld und Ruhelosigkeit sind für andere Leute ärgerlich und stellen für den Betreffenden eine Quelle der Spannung dar. Er muss lernen, diesen Charakterzug zu kontrollieren. Yoga kann von großer Hilfe sein. Man achte darauf, die Sachlage zu kennen, ehe man sich äußert.
♋	④ Zuhause, Familie	Ständiger Pessimismus, braucht ein friedvolles Leben	Die Neigung, sich Sorgen zu machen, ist ausgeprägt. Eine sorgfältige Untersuchung der wichtigsten Themen des Geburtshoroskops hilft dabei, sich für den besten Weg zu entscheiden, um dieser schwierigen Charaktereigenschaft entgegenzutreten. Allerdings sitzt dies tief.
♌	⑤ Kreativität, Liebe, Kinder	Ständige Suche nach Vergnügen, Liebe, Risiken, Spielen	Wenn ein weiteres Feuerzeichen oder die Waage zu dieser Platzierung hinzukommt, wird das das Bedürfnis nach Vergnügen noch verstärken. Man stellt Geld und Zeit in Fülle zur Verfügung, damit andere Spaß haben, doch das könnte einem entgleiten, besonders bei riskanten Unternehmungen.
♍	⑥ Scharfsinn Routine, Gesundheit	Ständige Suche nach einem gesünderen Lebensstil, Hypochondrie	Das ist jemand, dem es nach eigenem Bekunden niemals gut geht. Am besten fragt man ihn gar nicht nach seinem Wohlbefinden. Allzu leicht kann das Streben nach Gesundheit zwanghaft werden, und je mehr es von dem Betreffenden Besitz ergreift, desto größer der Stress, was wiederum zu Beschwerden wie Verstopfung oder Magenverstimmung führen kann.
♎	⑦ Partnerschaft, Beisammensein	Ständige Suche nach Liebe bzw. dem perfekten Partner	Ein perfekter Partner ist eine machtvolle Motivation. Der Betreffende ist romantisch veranlagt, doch seine mehr als idealistische Einstellung kann ihm das Herz brechen. Sofern es in seinem Horoskop eine Wassermannbetonung gibt, wird ihm dies manchen Konflikt einbringen, aber mit der Zeit werden andere Zeichen der Tendenz entgegenwirken.
♏	⑧ Intensität, Leidenschaft	Ständige Suche nach der Wahrheit, zwanghafte Selbstanalyse	Der Betreffende ist dauernd auf der Suche. Zwanghaftigkeit tritt auf. Er eignet sich gut als Forscher oder Detektiv. Wenn es Probleme in der Kindheit gab, ist es praktisch unmöglich, dass er das, was geschehen ist, annimmt und nach vorne schaut.
♐	⑨ Herausforderung, höhere Bildung	Ständiges Studieren, oft mit geringem Fortschritt	Hier finden wir den ewigen Studenten, der nur langsam vorankommt, zum Teil, weil er dazu neigt, zu viele Fragen zu stellen, und sich schwer damit tut, die Antworten zu verarbeiten und seine eigenen Schlüsse daraus zu ziehen. Eine Ermutigung, in der Wahl der Themen wählerischer und weniger wankelmütig zu sein, könnte helfen.
♑	⑩ Ehrgeiz, Beruf, Leistung	Ständiges Bedürfnis nach Lob für erbrachte Leistungen	Der Betreffende braucht selbst für kleine Leistungen Unterstützung von der Familie und von Freunden, andernfalls verhindert ein Mangel an Selbstvertrauen den Fortschritt. Wenn er nicht lernt, unabhängiger von anderen zu werden, läuft er Gefahr, zu einem Langweiler zu verkommen, insbesondere wenn die Waage in seinem Horoskop stark vertreten ist.
♒	⑪ Individualität, Herausforderung	Ständiges Bedürfnis nach Freundschaft, aber Unabhängigkeit	Hier ist das Bedürfnis nach einem großen Freundeskreis überaus wichtig. Man muss lernen, zwischen Bekanntschaften und echten Freunden bzw. Geliebten zu unterscheiden, sonst wird sich Unzufriedenheit einstellen, wenn Menschen, die man für Freunde hält, nicht den Erwartungen entsprechen.
♓	⑫ Opfer, Flucht	Ständiges Bedürfnis nach Alleinsein und Zeit zum Meditieren	Der Betreffende wird aufblühen, wenn er Zeit für sich verbringen kann. Das belebt ihn und ist für ihn die einzige Art, dem Stress und den Anforderungen des Alltags zu entkommen. Phasen des Alleinseins führen häufig zu kreativer Arbeit – man sollte ihn stets dazu ermutigen.

DER EINFLUSS DER MONDKNOTEN

In den beiden Kästen links und rechts finden Sie Übersichten zur Bedeutung der Mondknoten in Zeichen und Häusern. Sie werden sofort bemerken, dass sich die einzelnen Interpretationen nach den üblichen positiven und negativen Eigenschaften der Tierkreiszeichen richten.

Wenn Sie den Einfluss der Mondknoten in die Gesamtdeutung eines Horoskops mit einbeziehen, müssen Sie entscheiden, welcher Mondknoten der wichtigere ist. Eine Regel besagt, dass ein Planet in Konjunktion zu einem Mondknoten diesen betont und zugleich Druck erzeugt, weil er zum gegenüberliegenden eine Opposition bildet. Im Falle eines Quadrates zu beiden Mondknoten sollten Sie aufgrund des Planeteneinflusses bewerten, welche Mondknoteninterpretation eher zutrifft.

WIE MAN DIE UNGEFÄHREN MONDKNOTENPOSITIONEN BERECHNET

Im folgenden Beispiel erfahren Sie, wie man die Positionen von Nord- und Südknoten bis auf zwei Grad genau in Erfahrung bringt. Die Berechnung beruht auf der Mondknoten-Ephemeride auf S. 304, die eine Liste von Daten umfasst, an denen der Nord- und der Südknoten von einem Zeichen ins nächste gewandert sind. Denken Sie daran, dass wir mit Graden und Dezimalen arbeiten.

BEISPIEL

Die Mondknotenposition für jemanden herausfinden, der am 21. März 1943 geboren wurde

1 DIE MOND-KNOTEN-EPHEMERIDE BENUTZEN

Suchen Sie in der Ephemeride auf S. 304 in der linken Spalte das Datum, das dem gesuchten am nächsten liegt, und zwar das davor liegende.

Sie werden feststellen, dass 1943 nicht aufgeführt ist, dafür der 15. November 1942; rechts davon steht: Löwe. Der nördliche Mondknoten trat am 15. November 1942 ins Zeichen Löwe ein. Zum selben Zeitpunkt bewegte sich der südliche Mondknoten ins Zeichen Wassermann. Werfen Sie nun einen Blick auf den Zeicheneintritt im Jahr 1944, so sehen Sie, dass sich der nördliche Mondknoten bis zum 3. Juni dieses Jahres durch den Löwen bewegte – dem Tag, an dem er in den Krebs eintrat. An diesem Datum betrat der südliche Mondknoten den Steinbock.

2 BERECHNEN, WIE LANGE SICH DIE MONDKNOTEN IN EINEM ZEICHEN AUFGEHALTEN HABEN
Zählen Sie, wie viele Monate zwischen dem Eintritt der Mondknoten in das Zeichen und dem Geburtsdatum liegen. In unserem Beispiel ist der nördliche Mondknoten zum Zeitpunkt des Geburtstages bereits fünf Monate im Löwen – er trat in dieses Zeichen am 15. November 1942 ein, der Geburtstag war am 21. März 1943. Genauso lange befand sich der südliche Mondknoten im Wassermann.

Hinweis: Wenn der nördliche und der südliche Mondknoten nach dem 25. eines Monats in ein neues Zeichen eintreten, zählen Sie diesen Monat nicht mit. Die paar Tage sind für unsere Grobrechnung nicht von Bedeutung. Auch wenn das Geburtsdatum in den ersten fünf Tagen eines Monats liegt, lassen Sie diesen Monat außer Acht.

3 DIE GRADZAHL BERECHNEN
Multiplizieren Sie die Anzahl der Monate mit 1,6° (dies entspricht der von den Mondknoten im Monat durchschnittlich zurückgelegten Strecke), hier also 5 x 1,6° = 8°.

4 DIE RÜCKLÄUFIGE BEWEGUNG DER MONDKNOTEN BEACHTEN
Ziehen Sie 8° von 30° ab (wegen der rückläufigen Bewegung der Mondknoten). Der nördliche Mondknoten betrat das Zeichen Löwe am Ende des Zeichens: 30° – 8° = 22°.

5 DIE POSITIONEN FESTHALTEN
Am 21. März 1943 befand sich der nördliche Mondknoten auf 22° Löwe, der südliche Mondknoten auf 22° Wassermann. Dieses Ergebnis ist etwa ein Grad von der tatsächlichen mittleren Mondknotenposition entfernt.

WIE MAN DIE GENAUEN GRADZAHLEN DER MONDKNOTENPOSITIONEN ERHÄLT
Wenn Sie mit Computersoftware arbeiten, werden Sie exakte Gradzahlen für die Stellung der Mondknoten erhalten. Wenn Sie in einer gedruckten Ephemeride nachschlagen, werden Sie zwei verschiedene Spalten für die Mondknotenpositionen finden: den »mittleren« und den »wahren« Mondknoten. Der wahre gibt die Position ganz genau wieder; an ihm kann man ersehen, dass sich die Mondknoten gelegentlich auch vorwärts bewegen.

DER NÖRDLICHE MONDKNOTEN ☊ IN ZEICHEN UND HÄUSERN

ZEICHEN	HAUS	SCHLÜSSEL-AUSSAGE	AUSFÜHRLICHE INTERPRETATION
♈	1 Das Selbst	Muss danach streben, autarker zu werden	Es besteht die Neigung, sich zu sehr auf andere Leute zu verlassen, besonders, wenn Waage im Horoskop betont ist. Der Betreffende muss ermutigt werden, für sich selbst zu denken und zu handeln. Oft sind Menschen mit dieser Stellung überdurchschnittlich groß oder klein.
♉	2 Besitztümer	Muss danach streben, seine Talente und Fähigkeiten besser zu nutzen	Dem Betreffenden mangelt es an Vertrauen in seine Fähigkeiten, und er wird eine lässige Haltung oder vorgetäuschte Trägheit annehmen. Besitzergreifendes Verhalten gegenüber Partnern und Kindern wird zutage treten, besonders wenn es bereits durch andere Bereiche des Horoskops angezeigt ist.
♊	3 Kommunikation	Muss lernen, dem, was gesagt oder vorgeschlagen wird, zuzuhören	Hastigkeit beim Reden und Handeln kann eine Quelle von Problemen darstellen. Die Betreffenden müssen sich damit abfinden und lernen zu denken, ehe sie sprechen. Sie müssen auch mehr die Meinungen und Aussagen anderer Menschen zur Kenntnis nehmen. Wer Zwillinge oder Schütze im Horoskop betont hat, ist hier besonders anfällig.
♋	4 Zuhause, Familie	Muss danach streben,ein guter Vater bzw. eine gute Mutter zu sein	Der Instinkt, ein Heim zu schaffen und Vater bzw. Mutter zu werden, ist sehr stark. Das könnte zu Konflikten führen, wenn andere Bereiche des Horoskops nicht dazu passen. Probleme und/oder Schuldgefühle tauchen höchstwahrscheinlich auf, wenn der Betreffende hoch motiviert ist, eine Karriere zu verfolgen oder Geschäftsinteressen voranzubringen.
♌	5 Kreativität, Liebe, Kinder	Muss danach streben, eine lang dauernde Liebesbeziehung zu entwickeln	Die Neigung zu Wankelmut ist wahrscheinlich. Der Betreffende muss Stabilität und Dauerhaftigkeit in Beziehungen entwickeln und anerkennen, dass es Schwierigkeiten gibt, wenn er die Tendenz, sich zu verlieben, nicht im Zaum hält. Platzierungen des 7. Hauses können hier hilfreich oder aber hinderlich sein.
♍	6 Scharfsinn, Routine, Gesundheit	Muss lernen, gut mit anderen zusammenzuarbeiten und Nörgelei und Kritik im Zaum zu halten	Es hat den Anschein, als seien die negativen Eigenschaften des Jungfrauzeichens hier betont. Man muss alles tun, um Kritik gegenüber anderen Menschen zu kontrollieren, vor allem gegenüber Kollegen, da diese Eigenschaften Probleme in der Arbeit verursachen können. Schauen Sie, ob mehr Weitblick an anderer Stelle im Horoskop vorhanden ist.
♎	7 Partnerschaft, Beisammensein	Muss lernen, partnerschaftlich zu leben und zu arbeiten	Man muss Opfer bringen, will man eine dauerhafte Partnerschaft. Der Betreffende muss die Wünsche des oder der Geliebten respektieren und nicht mit dem ersten Anzeichen von Schwierigkeiten »aufgeben«. Wenn an anderer Stelle im Horoskop Treue angezeigt ist, wird am Ende alles gut.
♏	8 Intensität, Leidenschaft	Muss danach streben, offener zu werden und die Eifersucht zu zügeln	Hier treten sicherlich die negativen Eigenschaften des Skorpionzeichens zutage, und es ist wichtig, dass der Betreffende mit dieser Platzierung akzeptiert, dass Eifersucht und Geheimniskrämerei von Zeit zu Zeit vorkommen. So manch einer wird diese negativen Elemente hassen und sich in einer guten Position befinden, um ihnen entgegenzutreten.
♐	9 Herausforderung, höhere Bildung	Muss danach streben, Herausforderungen anzunehmen	Gegen die aufgrund eines Mangels an Selbstvertrauen bestehende Neigung, vor Herausforderungen zurückzuschrecken, muss man etwas tun. Der Betreffende wird »ganz«, wenn er diese meistert. Es ist auch wichtig, dass er Vertrauen in andere entwickelt. Ein guter Geist, der mehr Anregung benötigt.
♑	10 Ehrgeiz, Beruf, Leistung	Muss danach streben, seine Ziele auch zu erreichen	Der Betreffende ist sehr ehrgeizig. Der Erfolg wird sich definitiv einstellen, selbst wenn Schwierigkeiten und Rückschläge anderswo im Horoskop angezeigt sind. Orientierungssinn und die Akzeptanz der Gesamtpersönlichkeit sind erforderlich, ehe die Ziele erreicht werden.
♒	11 Individualität, Unabhängigkeit	Muss lernen, Freundschaftsbande zu knüpfen und zu bewahren	Die Neigung, Freunde zu vernachlässigen, könnte sich auf den Betreffenden negativ auswirken. In der Persönlichkeit ist eine machtvolle Unabhängigkeitsader vorhanden, die dazu ermuntert, »es allein zu machen«. Wenn man Hilfe braucht, sind womöglich keine Freunde da, die sie gewähren könnten. Neue Freunde erscheinen besonders anziehend.
♓	12 Opfer, Flucht	Muss danach streben, den weniger Begünstigten zu helfen und für sie Opfer zu bringen.	Es besteht ebenso das Bedürfnis wie die Fähigkeit, anderen zu helfen. Der Betreffende hat den ausgeprägten Wunsch, wohltätig zu wirken, und eignet sich gut für einen Pflegeberuf. Wird dieses Bedürfnis nicht in vernünftige Kanäle geleitet, so wird er eine Menge Zeit damit verbringen, »etwas Gutes zu tun« – zum Schaden des beruflichen Vorankommens und manchmal auch des persönlichen Glücks.

VEREINFACHTE EPHEMERIDE DES NÖRDLICHEN UND DES SÜDLICHEN MONDKNOTENS

Datum	Nordknoten	Südknoten
10. August 1919	♏ Skorpion	♉ Stier
26. Februar 1921	♎ Waage	♈ Widder
16. September 1922	♍ Jungfrau	♓ Fische
4. April 1924	♌ Löwe	♒ Wassermann
23. Oktober 1925	♋ Krebs	♑ Steinbock
12. Mai 1927	♊ Zwillinge	♐ Schütze
29. November 1928	♉ Stier	♏ Skorpion
18. Juni 1930	♈ Widder	♎ Waage
6. Januar 1932	♓ Fische	♍ Jungfrau
25. Juli 1933	♒ Wassermann	♌ Löwe
12. Februar 1935	♑ Steinbock	♋ Krebs
1. September 1936	♐ Schütze	♊ Zwillinge
21. März 1938	♏ Skorpion	♉ Stier
9. Oktober 1939	♎ Waage	♈ Widder
27. April 1941	♍ Jungfrau	♓ Fische
15. November 1942	♌ Löwe	♒ Wassermann
3. Juni 1944	♋ Krebs	♑ Steinbock
22. Dezember 1945	♊ Zwillinge	♐ Schütze
11. Juli 1947	♉ Stier	♏ Skorpion
28. Januar 1949	♈ Widder	♎ Waage
17. August 1950	♓ Fische	♍ Jungfrau
6. März 1952	♒ Wassermann	♌ Löwe
23. September 1953	♑ Steinbock	♋ Krebs
13. April 1955	♐ Schütze	♊ Zwillinge
30. Oktober 1956	♏ Skorpion	♉ Stier
20. Mai 1958	♎ Waage	♈ Widder
7. Dezember 1959	♍ Jungfrau	♓ Fische
26. Juni 1961	♌ Löwe	♒ Wassermann
13. Januar 1963	♋ Krebs	♑ Steinbock
2. August 1964	♊ Zwillinge	♐ Schütze

Datum	Nordknoten	Südknoten
19. Februar 1966	♉ Stier	♏ Skorpion
9. September 1967	♈ Widder	♎ Waage
29. März 1969	♓ Fische	♍ Jungfrau
16. Oktober 1970	♒ Wassermann	♌ Löwe
5. Mai 1972	♑ Steinbock	♋ Krebs
22. November 1973	♐ Schütze	♊ Zwillinge
12. Juni 1975	♏ Skorpion	♉ Stier
29. Dezember 1976	♎ Waage	♈ Widder
19. Juli 1978	♍ Jungfrau	♓ Fische
5. Februar 1980	♌ Löwe	♒ Wassermann
25. August 1981	♋ Krebs	♑ Steinbock
14. März 1983	♊ Zwillinge	♐ Schütze
1. Oktober 1984	♉ Stier	♏ Skorpion
20. April 1986	♈ Widder	♎ Waage
8. November 1987	♓ Fische	♍ Jungfrau
28. Mai 1989	♒ Wassermann	♌ Löwe
15. Dezember 1990	♑ Steinbock	♋ Krebs
4. Juli 1992	♐ Schütze	♊ Zwillinge
21. Januar 1994	♏ Skorpion	♉ Stier
11. August 1995	♎ Waage	♈ Widder
27. Februar 1997	♍ Jungfrau	♓ Fische
17. September 1998	♌ Löwe	♒ Wassermann
5. April 2000	♋ Krebs	♑ Steinbock
24. Oktober 2001	♊ Zwillinge	♐ Schütze
13. Mai 2003	♉ Stier	♏ Skorpion
30. November 2004	♈ Widder	♎ Waage
19. Juni 2006	♓ Fische	♍ Jungfrau
7. Januar 2008	♒ Wassermann	♌ Löwe
27. Juli 2009	♑ Steinbock	♋ Krebs
13. Februar 2011	♐ Schütze	♊ Zwillinge

MERKUR IN DEN ZEICHEN

Merkurs Einflussbereich ist der Verstand. An Merkurs Stellung ist abzulesen, wie und wie schnell unser Verstand funktioniert, ob wir auf eine logische und praktische Weise oder intuitiv denken und wie wir zu Entscheidungen kommen und mit anderen Menschen kommunizieren. Merkurs Umlaufbahn liegt zwischen der der Erde und der Sonne (weshalb er auch als »innerer Planet« bezeichnet wird) – von der Erde aus gesehen steht er immer dicht bei der Sonne, niemals weiter als 28 Grad entfernt –, was bedeutet, dass er sich entweder im Sonnenzeichen, im vorhergehenden oder im folgenden Zeichen befindet. Bei der Interpretation ist er dann auch immer in Beziehung zur Sonne zu setzen.

MERKUR IM WIDDER ♈

Verleiht Bestimmtheit, ein schnelles Denken und die Fähigkeit, Probleme direkt anzugehen. Merkur im negativen Aspekt zu Mars könnte für ein impulsives Denken und übereilte Entschlüsse stehen; für gewöhnlich aber ist die natürliche Bestimmtheit ein günstiger Faktor – das Individuum trifft die richtigen Entscheidungen und handelt auf eine positive und selbstbewusste Weise. Eine Liebe zum Diskutieren und zu stimulierenden und provozierenden Bemerkungen.

Weitschweifig oder verschroben ist dieser Mensch nicht – er kommt sogleich zum Punkt und zeichnet sich durch eine positive und optimistische Haltung aus. Ein Mensch, der zupacken kann - allerdings könnte er doch Hilfe brauchen, wenn es um Einzelheiten von Plänen geht: Details langweilen ihn, er ist mehr auf den großen Wurf aus. Es könnte ihm auch Probleme machen, sich über längere Zeit hinweg zu konzentrieren, sodass ein Studium womöglich auf eine sprunghafte Weise absolviert wird.

Sonne in den Fischen und Merkur im Widder

Bewirkt Bestimmtheit, eine positivere Einstellung und auch etwas mehr Selbstbewusstsein. Die Vorstellungskraft ist erhöht, mit dem Resultat, dass das kreative Potenzial positiv zum Ausdruck gebracht wird - während es in anderen Fällen aufgrund mangelnden Selbstbewusstseins im Verborgenen bleibt. Das hohe emotionale Niveau der Fische kommt hier tatsächlich zur Geltung. Wenn allerdings Merkur durch Mond oder Uranus negativ aspektiert wird, könnte es sehr große Spannungen geben und positive und sich anregende Stimmungen mit Phasen der Ungewissheit abwechseln. Die Willenskraft der Fische-Person aber ist gestärkt.

Sonne im Widder und Merkur im Widder

Das Widderbedürfnis, aktiv zu sein und an erster Stelle zu stehen, wird durch extrem schnelle Denkvorgänge angereichert. Ganz allgemein eine Tendenz zur Eile, Geduld existiert hier so gut wie nicht - wenn nicht der Mond oder der Aszendent etwas anderes nahelegen. Die direkte Herangehensweise, Bestimmtheit, Positivität und ein unkompliziertes Denken passen perfekt zu den Widdereigenschaften. Der Betreffende wird der Welt seinen Stempel aufdrücken, wenn er diese in gemäßigter Form ausdrücken kann (sehen Sie nach, ob von Saturn Hilfe zu erwarten ist). Impulsive, übereilte Aktionen mit unnötigen Risiken und Selbstsucht aus Gedankenlosigkeit aber müssen vermieden werden.

Sonne im Stier und Merkur im Widder

Hierdurch bekommt der stabile Stiertyp etwas Lebhaftes und Rasches, er verliert etwas von seinem vorsichtigen Verhalten und tritt selbstbewusster auf. Zugleich aber wird er ungeduldiger und vielleicht sogar wütend, wenn andere seine Ideen oder Vorschläge nicht zu würdigen wissen. Er packt seine Probleme und Projekte realistisch und enthusiastisch zugleich. an. Bedürfnis nach umsichtiger Planung.

MERKUR IM STIER ♉

Das Denken ist beständig, allerdings lernt der Geborene vielleicht nur sehr langsam. Die Eltern sollten nicht denken, dass ihr Kind auf den Lernstoff nicht anspricht – es wird das, was es einmal gelernt hat, niemals vergessen, was ein günstiges Fundament für die Zukunft darstellt. Dickköpfigkeit dürfte mehr oder weniger ein Problem sein; mehr Flexibilität ist wünschenswert, vielleicht aber ist der Mensch sogar noch stolz auf seinen Starrsinn: »Ich habe erkannt, dass es so ist und nicht anders!« Wir finden hier dann auch Leute, die feste Meinungen haben und es genießen, andere damit vor den Kopf zu stoßen. Aber auch Vorsicht und ein Sinn fürs Praktische kommen hier zum Ausdruck, manchmal gekoppelt mit einer konservativen und konventionellen Haltung. Ein gut entwickeltes Planungsvermögen und ein methodisches und diszipliniertes Herangehen an Arbeit und Probleme. Vielleicht obsessive Tendenzen oder der Hang zur Routine, weil man sich davon Sicherheit verspricht. Für gewöhnlich auch Charme.

Sonne im Widder und Merkur im Stier

Wirkt als ein exzellenter Stabilisator für den ungestümen Widder. Langsam und konstruktiv denken zu können ist eine Gabe, die die Gefahr von impulsiven oder riskanten Entscheidungen stark verringert. Ein markanter Sinn fürs Praktische. Der Betreffende hat keine Schwierigkeiten, sich auf Prüfungen oder Projekte vorzubereiten. Unter Umständen neben der widderhaften Selbstbezogenheit auch Dickköpfigkeit, mit der Tendenz, diesbezügliche Vorwürfe vehement zurückzuweisen.

Sonne im Stier und Merkur im Stier

Der erdverbundene Typ, der meint, was er sagt - also ein vertrauenswürdiger Mensch. Rasch zu reagieren und die Initiative zu ergreifen, konkret wie auch geistig, ist aber etwas, das er erst lernen muss. Die stierhafte Eigensinnigkeit und Abneigung vor Veränderungen treten deutlich hervor. Jede Äußerung wird vorsichtig und sorgfältig geprüft, und wir haben es hier mit einer starken und ruhigen Persönlichkeit zu tun, die nur dann redet, wenn es sich zu reden lohnt. Beim Erfassen von Situationen und dem Erwerben von Wissen eher langsam. Bemerkungen werden auf eine bestimmte und charmante Weise zum Ausdruck gebracht. Der Geborene braucht Zeit, um sich an neue Ideen zu gewöhnen.

Sonne in den Zwillingen und Merkur im Stier

Weil Merkur über die Zwillinge herrscht, hat diese Stellung einen beträchtlichen Einfluss auf die Eigenschaften, die mit der Sonne verbunden sind, sowie auf die mentale Einstellung und die Denkprozesse. Damit wird das lebhafte, rasche und flexible Wesen stabilisiert und vermag auf eine umsichtigere und konstruktivere Weise zu denken - und manchmal sogar ein wenig Geduld zu zeigen. Ein Sinn fürs Praktische ist damit ebenfalls verbunden sowie die Fähigkeit, Fakten zu verarbeiten, ohne dass darunter die Lebhaftigkeit oder das Kommunikationsbedürfnis leiden würde. Die zwillingshafte Unbeständigkeit ist hier weniger problematisch.

MERKUR IN DEN ZWILLINGEN ♊

Hier befindet sich Merkur in einem der Zeichen, über die er herrscht, was dessen Einfluss verstärkt. Ein markantes Bedürfnis, sich über Ideen und Meinungen auszutauschen. Ein Mensch, der mit anderen kommunizieren und gehört werden möchte, ob er nun beim Warten ein paar Worte an den Nachbarn richtet oder an einer öffentlichen Debatte teilnimmt. Rasches Denken und Vielseitigkeit: Vielleicht telefoniert diese Person und schreibt sich im gleichen Moment Notizen zu einer ganz anderen Angelegenheit auf! Entscheidungen werden schnell getroffen, allerdings nicht immer ausgeführt, weil der Betreffende häufig seine Meinung ändert, was er aber abstreiten wird. Die Fakten als solche sind ihm eher gleichgültig – in einer Prüfung z. B. könnte er in aller Ausführlichkeit eine Meinung referieren, ohne sich im Geringsten darum zu bemühen, diese durch konkrete Fakten zu untermauern. Häufig ein Geschick fürs Verkaufen. Ungeduld gegenüber denjenigen, die eine langsamere Auffassungsgabe haben, mitsamt der Neigung, zu Tricks Zuflucht zu nehmen, um sich aus unbequemen Situationen herauszumogeln. Flexibilität ist etwas Positives – es gilt aber, sich vor Oberflächlichkeit im Denken und Handeln zu hüten.

Sonne im Stier und Merkur in den Zwillingen

Der langsame und beharrliche Stiertyp zeichnet sich in diesem Fall durch ein rasches Denken und viel weniger Starrsinn als die anderen Merkurzeichen aus. Auch für ihn hat Routine nichts Abschreckendes – er ist allerdings weniger gefährdet, in einen Routinetrott zu geraten, weil der starke Merkureinfluss Flexibilität bedeutet, ohne dass dabei die Zielgerichtetheit und Bestimmtheit des Stiers Schaden nehmen. In diesem Fall ist eine weniger konventionelle Einstellung zum Leben zu erwarten.

Sonne in den Zwillingen und Merkur in den Zwillingen

Ein Mensch mit vielen Zwillings-Eigenschaften, besonders wegen des Bedürfnisses nach Kommunikation und raschem Denken, der geistigen Beweglichkeit und der Fähigkeit, sich verbal aus heiklen Situationen zu retten. Vor den Zwillingsfehlern Oberflächlichkeit und Unbeständigkeit muss gewarnt werden! Unsicherheit und Ungewissheit, wenn Emotionen ins Spiel kommen, weil der oder die Betreffende den Gefühlen womöglich misstraut; es gilt, diese Reaktionen zum eigenen Besten zu überprüfen. Wenn die raschen Denkmuster unter Kontrolle gebracht werden können, mehr als genug Brillanz. Verbreitet ist auch eine ausgeprägte Neugier.

Sonne im Krebs und Merkur in den Zwillingen

Die krebshaften Stimmungsschwankungen werden durch die merkurischen Meinungsänderungen noch verschlimmert - allerdings wirkt diese Stellung der Krebstendenz zu Überemotionalität entgegen und verleiht die Fähigkeit, nach vorn zu schauen und Pläne zu machen. Der hohe emotionale Gehalt, der in Krebspersonen immer gegeben ist, wird mit einem Element von Skepsis erfüllt, wodurch der starke Drang nach Romantik und die manchmal allzu reiche Vorstellungswelt nicht aus dem Ruder laufen dürften. Das exzellente Krebsgedächtnis sollte nicht unterschätzt werden! Und Merkur in den Zwillingen bestärkt die Entschlussfreudigkeit und wirkt der übermäßigen Neigung des Krebses zu Ängsten und Sorgen entgegen.

MERKUR IM KREBS ♋

Ein exzellentes Gedächtnis und eine reiche Vorstellungswelt, allerdings zu oft auch die Neigung, sich auf die Vergangenheit zu beziehen, was dem vorwärts gerichteten Denken und dem Planen entgegenwirken kann, weil die ungewisse Zukunft Angst macht. Es ist wichtig zu erkennen, dass die Fantasie allzeit aktiv ist, und oft eben in negativer Weise – wenn die Dinge dann falsch laufen (oder auch nur falsch zu laufen scheinen), macht der Betreffende womöglich aus einer Mücke einen Elefanten. Wenn an anderer Stelle des Horoskops Kreativität aufscheint, könnte man die Fantasie dorthin lenken, vielleicht in Form des Schreibens oder Erzählens von Geschichten. Die Liebe zur Vergangenheit könnte sich als Interesse an der Geschichte bzw. darin äußern, dass der Betreffende gerne historische und/oder romantische Erzählungen oder Familienromane liest – oder sogar schreibt. Zumeist Beharrlichkeit, insbesondere beim Studium. Der Betreffende könnte auch immer wieder seine Meinung ändern, speziell dann, wenn seine emotionalen Reaktionen mit der Logik und den situativen Gegebenheiten kollidieren. Das Sonnen- bzw. das Mondzeichen zeigen an, welche Reaktion vorherrscht.

Sonne in den Zwillingen und Merkur im Krebs

Sehr viel Intuition und ein machtvoller Instinkt ergänzen die Zwillingseigenschaften. Die Fantasie könnte durch Schreiben oder durch ein Kunsthandwerk zum Ausdruck kommen. Diese Stellung bedeutet zusätzliche Sensibilität - speziell für die Reaktionen der Mitmenschen -, was die Person letztlich eher mitfühlend als kritisch macht. Sie kann selbst dem rationalsten Zwilling Ängste und Sorgen bescheren; nichtsdestoweniger dürfte Logik das beherrschende Merkmal sein.

Sonne im Krebs und Merkur im Krebs

Die Krebsfantasie wird zusätzlich gestärkt und braucht unbedingt einen positiven oder künstlerischen Ausdruck. Möglicherweise ungerechtfertigte Ängste, weiterhin sehr viel Intuition, eine große Liebe zur Vergangenheit und auch Launenhaftigkeit. Die Denkprozesse basieren auf Ahnungen und auf Instinkten.

Sonne im Löwen und Merkur im Krebs

Hier kommen Intuition und Gefühl verstärkt zum Ausdruck, mit viel Fantasie, was sehr positive Folgen hat. Der Löweoptimismus hilft dabei, die Krebstendenz zu Ängsten zu überwinden; und Merkur fügt noch Freundlichkeit, Anteilnahme und Mitgefühl zu, was den Menschen weniger dogmatisch und eigensinnig macht. Geistige Flexibilität, Umsicht und Pfiffigkeit sind ein guter Ausgleich zum Löwefeuer. Das dramatische Element des Löwen wird durch die empfindsamere und emotionalere Seite des Krebsmerkurs angereichert, was eine gesteigerte Freude an prunkvollen Theater- oder Musikaufführungen bedeuten kann und es dem Menschen leichter macht, Zuneigung und Liebe zu zeigen.

MERKUR IM LÖWEN ♌

Der Löwemerkur bedeutet exzellente Planungs- und Organisationsfähigkeiten. Die verschiedensten Aufgaben werden hier auf eine praktische und eher konventionelle Weise angegangen. Bei aller Kreativität im Denken besteht aber eine Tendenz zum Eigensinn, oft schon in jungen Jahren. Der Betreffende tritt bestimmt auf und besitzt viel geistige Energie und gute Nerven, zumeist auch eine gute Konzentrationsfähigkeit, speziell im Studium. Die Worte sind vielleicht theatralisch oder haben etwas Übersteigertes. Viel Enthusiasmus - und wenn nicht von anderer Seite des Horoskops eine pessimistische Haltung angezeigt ist (von negativen Aspekten zwischen Mond und Saturn z. B.), ein sehr optimistischer Mensch. Gute kommunikative Fähigkeiten, manchmal auch eine gewisse Arroganz (dies sollte man der Person sagen, weil sie sich dessen in keinster Weise bewusst ist). Es handelt sich um eine Stellung, die neben Organisationstalent auch Hilfsbereitschaft erkennen lässt, unter Umständen auch Dogmatismus und Rechthaberei.

Sonne im Krebs und Merkur im Löwen

Eine positive Einstellung und gute organisatorische Fähigkeiten. Kaum irrationale Ängste, manchmal allerdings eine überraschende Tendenz zur Rechthaberei. Viel Beharrungsvermögen mit der Fähigkeit, langfristige Pläne zu machen und zu realisieren. Die Denkprozesse sind weniger stark von der Intuition geprägt, die Ideen werden konstruktiv formuliert und tatsächlich verwirklicht, wenn die Zeit reif dafür ist. Die Krebs Tendenz, in die Vergangenheit zu schauen, ist hier unter Kontrolle – keine nostalgische Sehnsucht nach der »guten alten Zeit«; trotzdem aber ein gewisses sentimentales Element. Mit seinem Enthusiasmus kann sich der Mensch vor der Neigung zu Ängsten schützen.

Sonne im Löwen und Merkur im Löwen

Der feurige Enthusiasmus und der Optimismus des Löwen werden hier durch ein positives Denken und Organisationstalent angereichert. Es gilt aber, sich der Tendenz zur Rechthaberei und einer dogmatischen Einstellung bewusst zu sein. Ausgeprägte Führungseigenschaften sowie das Talent, sich mit dem auseinanderzusetzen, was gerade getan werden muss. Bei der Darstellung von Ideen, Meinungen und Geschehnissen nicht selten eine gewisse Dramatik mit farbigen Schilderungen und manchmal auch Übertreibungen. Beim potenziell problematischen Eigensinn kommt es darauf an, Flexibilität zu entwickeln.

Sonne in der Jungfrau und Merkur im Löwen

Ein Gegengewicht zur starken Jungfrautendenz zu Ängsten und Sorgen. Weil Merkur über dieses Zeichen herrscht, ein machtvoller Einfluss, der häufig auch gegen den jungfrautypischen Mangel an Selbstbewusstsein hilft und eine positivere Haltung bewirkt. Weiterhin tritt die Ausrichtung auf Details in den Hintergrund, ersetzt diese durch einen besseren Blick für Situationen in ihrer Gesamtheit. Nörgelei - ein verbreiteter Jungfrau-Fehler - kann mit Starrsinn gekoppelt sein. Allerdings auch die Fähigkeit, kreativ zu denken und schöpferisch zu arbeiten, vielleicht in Form eines Kunsthandwerks oder von Literatur.

MERKUR IN DER JUNGFRAU ♍

Das zweite Zeichen, über das Merkur herrscht, weshalb sein Einfluss also erhöht ist. Alle Aspekte der Situation können kritisch beleuchtet und analysiert werden, was für einen gesunden Menschenverstand und eine praktische Herangehensweise spricht - aber noch nicht ausreicht, um den Betreffenden vor Ängsten und Sorgen zu bewahren. Für sich selbst die Verantwortung zu übernehmen lernen ist wichtig, weil hier häufig nur wenig organisatorische Talente vorhanden sind. Die Neigung, sich nur dann sicher zu fühlen, wenn man genau weiß, was man tun muss und welche Erwartungen bestehen. Die Beschäftigung mit Details könnte zur Folge haben, dass die Situation in ihrer Gesamtheit nicht erkannt wird - was geändert werden sollte (hierbei könnte Jupiter hilfreich sein). Ein praktisches und konstruktives Denken, das zu anspruchsvollen intellektuellen Aufgaben befähigt. Typisch ist ein hohes Maß an nervöser Energie, welche freigesetzt werden muss, wenn es nicht zu Magen- oder Darmproblemen oder zu Migräne kommen soll.

Sonne im Löwen und Merkur in der Jungfrau

Merkur fungiert hier für viele der enthusiastischen, optimistischen und exzessiven Löwequalitäten als Bremse. Sein Einfluss fügt ein Moment der Erdverbundenheit zu und bewahrt vor Überreaktionen; er bringt den Löwen dazu, nachzudenken, bevor er mit seinen Aufschneidereien großtut oder sich schrille Kleider kauft. Dies ist eine exzellente Mischung zwischen der Fähigkeit, Situationen in ihren Details zu bedenken, und dem umfassenderen Ansatz des Löwen. Die nervöse Energie Merkurs ergänzt sich gut mit der feurigen emotionalen und physischen Kraft des Löwen. Wenn andere Planeten dem nicht widersprechen, sind große Leistungen möglich, auch deshalb, weil das kreative Flair (Löwe) gut zur vorsichtigeren und kritischeren Einstellung der Jungfrau passt.

Sonne in der Jungfrau und Merkur in der Jungfrau

Der Betreffende dürfte einen Jungfraueindruck machen, mit vielen der Eigenschaften, die diesem Zeichen zugeschrieben werden, sollte sich aber davor hüten, überkritisch oder als der geborene Bedenkenträger hervorzutreten. Unter

Umständen auch Schüchternheit und ein Mangel an Selbstvertrauen. Ein exzellenter Verstand, der zu detailorientierter und analytischer Arbeit und Forschungen aller Art fähig ist. Nervöse Hast kann allerdings zu überraschenden Flüchtigkeitsfehlern führen.

Sonne in der Waage und Merkur in der Jungfrau

Eine Abmilderung der waagehaften Zauderei und Unbestimmtheit. Ein Mensch, der sich mit seinen Problemen auf eine kritische Weise auseinandersetzen kann, was auf einem aktiven und beweglichen Verstand beruht. Ein Sinn für das Praktische, welcher die Entwicklung des Potenzials der Waage (das von beträchtlichem Ausmaß ist) begünstigt – deren Trägheit ist hier kaum ein Problem. Wahrscheinlich eine ausgeprägte Liebe zum sozialen Austausch, vielleicht auch zum Klatsch. Ein gute Kombination, vorausgesetzt, die Venus steht nicht auch in der Jungfrau.

MERKUR IN DER WAAGE

♎

Eine gewisse Verlangsamung der Denkprozesse. Bei aller Sympathie zu anderen und dem Drang nach Kontakten zu Freunden und Nahestehenden wahrscheinlich eine Neigung zur Unbestimmtheit und zur Zauderei. Für gewöhnlich kein besonders gutes Konzentrationsvermögen (positive Aspekte zwischen Sonne, Mond und Saturn können das ändern), manchmal auch Nachlässigkeit bei wichtigen Angelegenheiten. Womöglich eine gedehnte Sprechweise mit langen Pausen. Das Waagebedürfnis nach Harmonie ist ebenfalls vorhanden, der Geborene neigt dazu, Diskussionen über kontroverse Themen zu vermeiden. Trotz allem viel Charme und eine gefällige Wortwahl, manchmal aber auch eine fatalistische und träge Einstellung. Das Studium fällt bei dieser Stellung nicht leicht.

Sonne in der Jungfrau und Merkur in der Waage

Voreiligkeit, die Tendenz zur Antreiberei und zum Teil auch die nervöse Spannung sind bei dieser Platzierung gemildert. Eine ruhige Einstellung zum Leben und seinen Problemen, mit nicht so vielen jungfrautypischen Ängsten. Allerdings wird auch hier manchmal die Jungfraueigenschaft der Kritik zutage treten, vielleicht in Form von ungerechtfertigten Nörgeleien an Nahestehenden. Man sollte dann an das durchaus vorhandene Gerechtigkeitsgefühl appellieren.

Sonne in der Waage und Merkur in der Waage

Macht die Waage noch unbestimmter und manchmal auch geistig träge, was aber nicht mit fehlender Intelligenz zu verwechseln ist. Bei einem Mangel an Selbstvertrauen könnte die Trägheit auch eine bewusst gewählte Maske sein. Man sollte jeden Aspekt der Situation abwägen, bevor man schließlich eine Entscheidung trifft. Aufmunternde und anerkennende Unterstützung der Eltern, die ein Kind mit dieser Stellung haben, sind wichtig für die Entwicklung dessen intellektuellen Potenzials; Kritik dagegen wirkt oft schädlich. Entscheidungsschwäche kann ein Problem sein.

Sonne im Skorpion und Merkur in der Waage

Glättet einige der scharfen Züge, die mit der Sonne im Skorpion verbunden sind, und verleiht Anteilnahme und Mitgefühl. Mehr Flexibilität im Denken und weniger Eigensinn. Steht für Popularität und Charme und ein gutes Kommunikationsvermögen. Die Neigung, über persönliche Probleme zu brüten, ist hier weniger auffällig, auch deshalb, weil man ohne Weiteres die Freunde zurate zieht. Der Verstand funktioniert gut und entspannt.

MERKUR IM SKORPION

♏

Skorpionische Intensität und Intuition plus merkurischer Logik und rationaler Herangehensweise. Zielstrebigkeit und das Talent, unbeirrbar einer Spur zu folgen; der oder die Betreffende wird das Unterste zuoberst kehren, um die Wahrheit einer Situation in allen Verästelungen zu erkennen. Jemand mit dem Geist eines Forschers, der sich vielleicht auf dem Gebiet der Psychotherapie, der Psychiatrie oder als Detektiv hervortut. Für gewöhnlich eine günstig Stellung - in manchen Fällen aber kann es zu Tendenzen der Besessenheit kommen, speziell, wenn Merkur negativ von Pluto aspektiert wird. Merkur ist im Skorpion nicht besonders kommunikativ, weil seine außengerichteten Züge nicht gut zu diesem passen. Mit dieser Stellung ist man mehr auf sein Inneres gerichtet, man führt vielleicht eine umfassende Selbstanalyse durch oder setzt sich mit großen psychischen Problemen auseinander. Wie dem auch sei: Es fällt schwer, sich zu öffnen. Dies wäre aber wünschenswert, besonders in Stresszeiten. Ein großes intellektuelles Potenzial und viel Fantasie, in manchen Fällen ein ausgeprägtes Interesse am Okkulten, an Verbrechen und am Geheimen.

Sonne in der Waage und Merkur im Skorpion

Bewirkt zusätzliche Bestimmtheit und Zielgerichtetheit; die waagetypische Entscheidungsschwäche tritt damit in den Hintergrund. Vielleicht erweckt der Betreffende den Eindruck, nicht zu wissen, was er will – in seinem Inneren weiß er aber intuitiv, wie er vorzugehen hat, auch wenn er zögert, tatsächlich aktiv zu werden. Der natürliche Charme der Waage zeigt womöglich aber auch die Tendenz, im Verborgenen Komplotte zu schmieden. Wenn die Bestimmtheit positiv dafür eingesetzt wird, ein gewisses Ziel zu erreichen und auf eine bestimmte Art zu leben, handelt es sich um eine günstige Kombination.

Sonne im Skorpion und Merkur im Skorpion

Die merkurischen Denkprozesse werden hier so machtvoll und intuitiv wie nur möglich sein, mit sehr viel Bestimmtheit und Zielstrebigkeit. Zumeist auch große intellektuelle Fähigkeiten, allerdings vielleicht auch Züge der Besessenheit, was mit der Ausrichtung auf ein Ziel oder einem anspruchsvollen Hobby zusammenhängt. Geheimnisse haben eine faszinierende Wirkung, sie werden manchmal ohne jede Rücksichtnahme untersucht. Es ist wichtig, dass ein Ziel besteht, welches den Einsatz wert ist.

Sonne im Schützen und Merkur im Skorpion

Mindert die Schützeschwächen der Übereiltheit und der Unwilligkeit, sich mit Details zu befassen, und erfüllt auch den natürlichen Enthusiasmus mit etwas Vorsicht. Merkur in dieser Stellung führt zumeist zu mehr Tiefe, speziell bei Menschen, die nur auf den ersten Eindruck achten. Der Schütze ist ein feuriges und emotionales Zeichen, und der Merkur im Skorpion kontrolliert den Intellekt. Ein Mensch, mit dem gerechnet werden muss. Verleiht auch einen Sinn für Humor.

MERKUR IM SCHÜTZEN

Der Tradition nach kommt Merkur hier schlecht zur Geltung. Wenn die Rastlosigkeit, Oberflächlichkeit und der übermäßige Optimismus kontrolliert werden können, ist hier vieles möglich. Ein solcher Mensch wird immer damit beschäftigt sein, etwas zu studieren, weil er intellektuelle Stimulation braucht. Er muss Beständigkeit entwickeln und die Interessen vertiefen, weil das Befriedigung schafft. Eine umfassende Vision und eine rasche Auffassungsgabe; manchmal allerdings auch eine strahlende Erscheinung, was sich dann als Bluff herausstellt. Alles ist in Ordnung, wenn eine philosophische Einstellung entwickelt wird. Möglicherweise ein Talent für Sprachen und ein ausgeprägtes Interesse an Reisen. Wenn das Reisen in physischer Hinsicht unmöglich ist, liest der Betreffende zur Kompensation vielleicht viel darüber.

Sonne im Skorpion und Merkur im Schützen
Hier wird die schwere Intensität des Skorpions von der lebhaften Note Merkurs aufgehellt, was dazu ermuntert, sich selbst nicht so wichtig zu nehmen und sich nicht zwanghaft mit psychologischen oder persönlichen Problemen zu befassen. Eine gewisse Offenheit, die sehr erfrischend ist. Toleranz und Optimismus, aber in kontrollierter Form. Das emotionale und intuitive Moment des Skorpions kommt hier positiv und auf eine vernünftige Weise zur Geltung, auch die Gefühle werden frei zum Ausdruck gebracht. Geistig expansive Hobbys oder Interessen sind wichtig.

Sonne im Schützen und Merkur im Schützen
Möglicherweise eine allzu lebhafte Kombination, die Stabilität braucht, wenn der Enthusiasmus und die Vision des Schützen nicht mit dem Menschen durchgehen sollen. Jemand, der sich nicht gerne mit Details auseinandersetzt. Auch der Optimismus kann hier über das Ziel hinausschießen – eine mitreißende Begeisterung, die sich nach einem energischen Start dann nur zu bald erschöpft. Bei aller Tendenz zur Übertreibung hat diese Stellung doch viel zu bieten, vorausgesetzt, der Mensch erkennt deren Schwächen und kämpft gegen die – speziell mentale – Rastlosigkeit an.

Sonne im Steinbock und Merkur im Schützen
Damit werden die ziemlich ernsten Steinbockzüge durch Optimismus und eine positivere Einstellung ergänzt sowie auch der Steinbocksinn für Humor gestärkt. Das Element des »nassen Fisches« (wie vom Fischschwanz der Steinbock-Ziege angezeigt) macht sich damit wahrscheinlich nicht bemerkbar. Lebhaft, zukunftsorientiert, entspannt und umgänglich, dazu fähig, mit Rückschlägen auf eine philosophische Weise umzugehen - keine Besessenheit oder fanatische Haltung also.

MERKUR IM STEINBOCK

Ein relativ langsam arbeitender Verstand, der aber auf eine konstruktive und praktische Weise funktioniert und ein rationales und kaltblütiges Herangehen an die verschiedensten Situationen ermöglicht. Vielleicht auch ein Talent für die Mathematik; aber auch hier eher ein langsames Tempo beim Lernen mit keinen raschen, sondern sehr gleichförmigen Fortschritten. Das, was er sagt, meint dieser Mensch auch, mit unnützem Klatsch vergeudet er nicht seine Zeit – der starke, schweigsame Typ. Unter Umständen Pessimismus, speziell bei einem negativen Aspekt zwischen Mond und Saturn, allerdings auch viel Ehrgeiz und große Leistungen. Die Herangehensweise ist sachbezogen, langfristige Planungen bereiten kaum Probleme. Bestimmtheit und Entschlossenheit - mit der potenziellen Gefahr von Depressionen und mangelndem Selbstvertrauen. Auf jeden Fall aber werden die Schritte gut bedacht und mit großer Vorsicht vollzogen. Qualität und Tradition spielen eine große Rolle. Eine Person, die ihr Licht womöglich unter den Scheffel stellt.

Sonne im Schützen und Merkur im Steinbock
Der übermäßige Enthusiasmus und blinde Optimismus des Schützen sind hier gebändigt. Ein gesunder Menschenverstand und ein praktischer, vorsichtiger Zug sowie die Fähigkeit, sich mit Details zu beschäftigen. Der ausgeprägte Schützesinn für Humor wird durch den exquisiten Steinbockwitz ergänzt, was den Menschen in manchen Situationen sehr spaßig machen kann.

Sonne im Steinbock und Merkur im Steinbock
Viel Ehrgeiz und häufig eine positive Haltung. Der Betreffende liebt es, sich mit Rivalen zu messen, und er verfügt über ein natürliches Planungstalent. Der Verstand arbeitet auf eine kalkulierte und vorsichtige Art, mit einem Sinn für das Praktische und einer mathematischen und wissenschaftlichen, manchmal auch musikalischen Begabung. Ein gleichmäßiges und eher langsames Tempo - was aber einmal gelernt wurde, wird nicht wieder vergessen.

Sonne im Wassermann und Merkur im Steinbock
Die wassermannhafte Originalität und das Bedürfnis nach Andersartigkeit werden durch das Vermögen zum praktischen Denken gemäßigt, was auch den Eigensinn weniger problematisch macht. Der Steinbock bedeutet allerdings eine konventionelle Note, was zum Hin- und Herschwanken zwischen zwei Extremen führen würde. Die Wassermanntendenz zur Unabhängigkeit muss unter Kontrolle gehalten werden. Interesse an der Wissenschaft. Fantasie bei allen intellektuellen Aktivitäten.

MERKUR IM WASSERMANN

Ein schneller Verstand und viel Originalität, besonders bei Meinungen und Ideen, und eine intellektuelle Einstellung, speziell im Kontakt zu anderen. Vielleicht auch Eigensinn sowie der ausgeprägte Hang zur Andersartigkeit, bei Anspannung oder bei Stress sogar auch Boshaftigkeit. Nervliche Belastung kann zu Problemen führen, die schwer zu lösen sind (besonders bei negativen Aspekten zu Mars oder Uranus). Beharrlichkeit ist wichtig. Ein zumeist freundlicher und hilfsbereiter Mensch, der Probleme rasch erfasst. Er könnte sich von ungewöhnlichen Hobbys oder Studiengebieten fasziniert fühlen oder von dem, was weit zurückliegt oder in ferner Zukunft. Das humanitäre Wassermannelement ist ebenfalls vorhanden – der oder die Betreffende tut gut daran, zu spenden oder Ungerechtigkeiten ans Licht zu bringen. Eventuell auch kreative Begabungen.

Sonne im Steinbock und Merkur im Wassermann
In dieser Kombination von originellem Denken und Konventionalität

könnte das brennende Bedürfnis, sich in seinen Ideen als Individualist zu präsentieren, mit der Liebe zur Tradition und dem Hang des Steinbocks zu dem, was allgemein akzeptiert ist, kollidieren. Es ist zu hoffen, dass der Betreffende mit diesem Konflikt umzugehen lernt und sich mit seiner Persönlichkeit arrangiert. Der ehrgeizige Steinbock hat seinen eigenen Ansatz, um Ziele zu erreichen – allerdings könnte es hier zu sprunghaften Resultaten kommen, auch bezüglich eines Studiums. Diese Stellung verleiht etwas Lebhaftes. Sehr objektiv und dazu fähig, die persönlichen Probleme mit Abstand zu betrachten.

Sonne im Wassermann und Merkur im Wassermann

Außerordentlich viel Originalität, allerdings auch Starrsinn und der Drang zur Andersartigkeit. In Extremfällen fällt es dem Geborenen schwer zu akzeptieren, dass mit ihm deshalb schwer auszukommen ist. Diese Menschen bilden zumeist die Vorhut ihrer Generation – wenn sie aber älter werden, haben sie ihre Probleme damit, ihre Meinung zu ändern, womit sie dann wiederum hinter der Zeit zurückbleiben. Für gewöhnlich viel Objektivität, persönliche Distanz, Freundlichkeit und Hilfsbereitschaft, dabei aber überraschende und unvorhersehbare Aussagen und Meinungen. Der betreffende Mensch muss geistige Flexibilität entwickeln.

Sonne in den Fischen und Merkur im Wassermann

Die Fischeemotionen treffen hier mit der Fähigkeit, logisch zu denken, zusammen. Ein Mensch, der womöglich keinen Zugang zu seinen Gefühlen hat – und insofern auch nicht von ihnen überwältigt werden kann. Die natürliche Intuition wird dann auch durch ein rationales Denken kontrolliert. Das Fischemitgefühl und das humanitäre Element von Merkur im Wassermann passen gut zusammen – der Betreffende hilft, weil er sieht, dass Hilfe nötig ist und weil er sich emotional angesprochen fühlt. Eine reiche Fantasie, die auf eine originelle und kreative Weise eingesetzt werden kann. Es kommt hier vor allem auf die Entwicklung von Selbstvertrauen an, wobei Merkur eine große Hilfe ist, weil er die Fische zum positiven Denken anhält.

MERKUR IN DEN FISCHEN ♓

Der Verstand arbeitet auf eine unorganisierte und intuitive Weise; Entscheidungen und Meinungen werden auf unbewusste Art gefällt bzw. gebildet. Aufgeschlossenheit und Mitgefühl für andere – oft aber auch Vergesslichkeit oder sogar Nachlässigkeit, was zu Problemen führen kann. Es fällt schwer, einen Sinn für das Praktische und Konstruktive zu entwickeln. Allerdings sollte das Praktische auch nicht überbewertet werden – auf seine Intuition kann der Betreffende sich im Allgemeinen verlassen. Es kommt sehr darauf an, mit der lebhaften Fantasie nicht immer gleich vom Schlimmsten auszugehen. Die Neigung zum Weg des geringsten Widerstandes könnte mit der Tendenz zur Täuschung kombiniert sein. Wenn ein solcher Mensch die Unwahrheit sagt, dann zumeist deshalb, um andere nicht zu verletzen – allerdings ist es zur Lüge nicht mehr weit. Wenig Unterstützung für das Selbstvertrauen; vielleicht ein sehr schüchternes Verhalten oder eine Haltung, die den eigenen Zielen schadet.

Sonne im Wassermann und Merkur in den Fischen

Die eher spröden Wassermannzüge werden geglättet, und das Element des Humanitären kommt mit Wärme und Mitgefühl zur Geltung. Die kreative und sehr originelle Fantasie muss zum Ausdruck kommen, vielleicht in einem ungewöhnlichen Hobby oder einem ungewöhnlichen Beruf. Mehr geistige Flexibilität und für gewöhnlich auch ein erhöhtes emotionales Niveau (was allerdings die Fähigkeit, Gefühle mit Abstand sehen zu können, beeinträchtigt). Der Drang des Wassermanns zur Andersartigkeit und zum Unkonventionellen kommt weniger deutlich zum Ausdruck, weil mit dem Fischemerkur eine Empfänglichkeit für die Gefühle anderer einhergeht.

Sonne in den Fischen und Merkur in den Fischen

Womöglich ein unkonzentrierter Mensch, der sich mit konfusen Umständen auseinandersetzen muss. Typisch dürften aber auch Mitgefühl und Freundlichkeit sein sowie eine wunderbare Intuition, die kanalisiert und in konstruktive Bahnen gelenkt werden muss. Bei Stress könnte man dazu neigen, anderen oder sich selbst etwas vorzumachen oder in negative Fluchtmechanismen zu verfallen. Eltern müssen ihre Kinder mit dieser Stellung sanft, aber bestimmt auf die Wahrheit verpflichten.

Sonne im Widder und Merkur in den Fischen

Hier kommt das Widder-Selbstbewusstsein gemildert zum Ausdruck; Selbstsucht und der Wille, sich durchzusetzen, dürften kein allzu großes Problem sein (achten Sie auch auf das Venuszeichen!). Vergesslichkeit, speziell bei Details, kann dem energischen und aktiven Widder zu schaffen machen, besonders bei unangemessener Hektik. Viel Intuition, was gerade bei der Beurteilung von Aktionen und Reaktionen der Konkurrenten eine große Hilfe ist. Das emotionale Niveau ist erhöht, allerdings neigt der Betreffende nicht dazu, sich von seinem Ärger hinreißen zu lassen.

DER PROGRESSIVE MERKUR IN DEN ZEICHEN ☿

Merkur läuft in der Progression in einem Menschenalter durch drei oder vier Zeichen. Eine solche Progression bedeutet eine geistige Stimulierung. Dabei ändern sich nicht nur der Verstand und die Meinungen - auch die Denkprozesse selbst gewinnen eine neue Dimension. Der Einfluss des Merkurzeichens der Geburt ist noch vorhanden, es tritt aber eine andere Färbung dazu. Merkur wird auch häufig rückläufig - wenn man das Progressionsschema »Ein-Tag-für-ein-Jahr« benutzt, kann es sich ergeben, dass Merkur für ein paar Jahre auf der Geburtsposition zu stehen kommt. Damit kann sich der oben beschriebene Prozess umkehren: »Seht ihr – ich hatte doch recht gehabt!«

MERKUR IN DEN HÄUSERN

Die Themen und Einflussbereiche, die vom Merkurhaus angezeigt werden, genießen bei dem betreffenden Menschen große Aufmerksamkeit. Ob er oder sie nun konstruktiv oder intuitiv denkt, übermäßig optimistisch oder pessimistisch ist, hängt natürlich vom Merkurzeichen und auch von den Merkuraspekten ab. Versuchen Sie bei der Interpretation des Merkurhauses auch zu erkennen, ob der Betreffende zu einem umsichtigen Denken neigt oder dazu, sich von seinen Ideen mitreißen zu lassen.

MERKUR IM 1. HAUS

1

Ein sehr machtvoller Einfluss, der dem Aszendenten eine zusätzliche Dimension zufügt und dem Betreffenden eine strahlende Persönlichkeit verleiht.

Sehr starkes Bedürfnis nach Kommunikation. Gesprächigkeit, Flexibilität und Schlagfertigkeit sowie eine Neigung zu weitausholenden Gesten und einer nervösen Hektik sind die beherrschenden Merkmale.

Die Merkuraspekte müssen mit großer Sorgfalt untersucht werden, weil sie die Einstellung zum Leben prägen, also z. B. dafür sorgen, ob man ein Optimist oder ein Pessimist ist. Auch das Merkurzeichen spielt hier eine Rolle.

Viel Beweglichkeit – allerdings gilt es, die merkurische Oberflächlichkeit und Unbeständigkeit im Griff zu behalten. Wahrscheinlich eine rasche Auffassungsgabe mit witzigen, schnellen oder auch scharfen Antworten. Wenn negative Aspekte zu Mond, Mars oder Uranus bestehen, könnte nervliche Anspannung zu Migräne oder Magenbeschwerden führen, die Tendenz zu unbegründeten Sorgen womöglich auch zu eingebildeten Beschwerden. Je näher Merkur am Aszendenten steht, desto mehr prägt er diesen und das ganze Horoskop. Bei 8 Grad Abstand und weniger lesen Sie bitte den Abschnitt zur Konjunktion mit dem Aszendenten (S. 318).

MERKUR IM 2. HAUS

2

Eine rasche Auffassungsgabe und ein Geschick für den Umgang mit Geld. Vielleicht beschäftigt sich dieser Mensch eingehend mit Investitionsmöglichkeiten oder einem Plan von der Art: »Wie ich schnell reich werde!« Näheres hierzu zeigen die Zeichenstellung und die Aspekte Merkurs an.

Positive Einflüsse von Saturn wirken stabilisierend, negative von Neptun können zu Konfusion und zu Komplikationen, zu Täuschungen und sogar zum Betrug führen (eine taktvolle Warnung hierzu ist durchaus angebracht!).

Ein Talent, zu handeln und »Schnäppchen« zu machen. Finanzielle Transaktionen – vom Tauschhandel bis hin zum »Großen Geld« – können hier einen großen Reiz ausüben. Häufig zwei oder mehr Einkommensquellen. Vielfach auch eine Liebe zu modernen oder kitschigen Gegenständen.

Das sinnliche Element

Dies ist das Venus- bzw. Stierhaus, und weil Merkur über die Hände herrscht, spielt die Struktur der Gewebe häufig eine besondere Rolle: Womöglich ein Mensch, der es liebt, Seide, Samt oder eine schöne Haut anzufassen.

MERKUR IM 3. HAUS

3

Merkur steht hier stark im eigenen Haus. Eine große Neugier, das Bedürfnis nach Kommunikation und Flexibilität. Jemand, der viel Zeit am Telefon verbringt und viele E-Mails schreibt.

Die Arten der Kommunikation

Die Worte kommen hier schnell und reichlich, und manchmal wird der Betreffende mehr Interesse an der Form seiner Äußerungen als an ihrem Inhalt haben. Wenn Merkur in einem Luft- oder Feuerzeichen steht, könnte eine gewisse provozierende Note beim Argumentieren vorhanden sein. Und wie bei Mercutio in Romeo und Julia handelt es sich möglicherweise um jemanden, der in einer Minute mehr spricht, als er in einem Monat hört.

Zumeist geistige Beweglichkeit, eine rasche Auffassungsgabe sowie ein reger Verstand und Geist. Ein starkes Bedürfnis, über das, was in der Familie, in der unmittelbaren Umgebung und in der Welt überhaupt vor sich geht, informiert zu sein - ein Mensch, der Zeitungen geradezu verschlingt. Bei allem Streben nach Wissen könnte aber doch viel Oberflächlichkeit vorhanden sein - versuchen Sie deshalb, auf eine Vertiefung des Intellektes, auf verstärkte geistige Anstrengungen und auf ernsthaftere Bestrebungen hinzuwirken.

Die Fertigkeiten richten sich besonders auf die kommunikative Seite, was zu einer Karriere im Medienbereich, zur Arbeit am Telefon, am Computer oder im Druckereibereich führen könnte.

MERKUR IM 4. HAUS

4

Das Zuhause und die Familie sind hier von überdurchschnittlicher Wichtigkeit, wobei die geistige Einstellung dazu vom Merkurzeichen abhängt. Macht sich der Betreffende womöglich allzu viele Sorgen um seine Familie, kann er sich in ihrer Gegenwart entspannen, oder fühlt er sich von ihr erstickt?

Vielleicht ist hier der ständige Wunsch kennzeichnend, umzuziehen oder das Zuhause umzugestalten. Dies könnte das Resultat eines innerlichen Konfliktes sein, der das Gefühl von Sicherheit im Zuhause beeinträchtigt. Am wahrscheinlichsten ist das bei einem negativen Aspekt zwischen Sonne und Mond, der auf innerliche Unzufriedenheit schließen lässt.

Es handelt sich hier um das Krebs- bzw. Mondhaus, was es manchmal ratsam machen kann, nach der Mutter des Betreffenden zu fragen, deren Einfluss womöglich geistig sehr stimulierend war. Die Beschäftigung mit der Familiengeschichte könnte sich als ein überaus lohnendes Unterfangen herausstellen.

MERKUR IM 5. HAUS

5

Womöglich ein sehr risikobereiter Intellekt, der viel aufs Spiel setzt. Machen Sie sich klar, dass der Verstand gemäß des Merkurzeichens intuitiv, logisch, praktisch oder wie auch immer geprägt ist. Das 5. Haus hat einen großen Einfluss auf das, was mit Liebe zu tun hat – es handelt sich hier darum, dass der Mensch seine Gefühle auf solche Weise zum Ausdruck bringt, die die gewünschten Reaktionen hervorruft. Was in derartigen Situationen gesagt wird, muss nicht auf die Goldwaage gelegt werden - wichtig ist, ob es den gewünschten Effekt hat oder nicht. Ein Mensch, der an Liebesaffären auf eine planvolle Weise herangeht. Die Veränderlichkeit von Merkur wird aber auch in dieser Sphäre des Lebens einen gewissen Zwiespalt bedeuten.

Mentale und physische Geschicklichkeit

Glücksspiele könnten hier anziehend wirken, desgleichen Freizeitaktivitäten, die den Intellekt fordern, wie z. B. Schach (falls Merkur in einem Zeichen steht, das Geduld erkennen lässt). Unterstützt die Kreativität, was sich als eine literarische oder handwerkliche Begabung auswirken könnte. Geschicklichkeit ist ein wichtiges Merkmal.

MERKUR IM 6. HAUS (6)

Ein sehr starker Einfluss, weil Merkur hier in seinem eigenen Haus, dem der Jungfrau, steht.

Die Ernährung dürfte hier von besonderem Interesse sein; vielleicht ernährt sich die Person vegetarisch oder achtet auf vollwertiges Essen. Allerdings ist auch eine exzessive Beschäftigung mit diesem Thema möglich, was vielleicht zu ständig wechselnden Diäten führt. Kinder mit dieser Stellung könnten beim Essen sehr wählerisch sein.

Die Tendenz zu Sorgen und Ängsten – ggf. abzulesen am Merkurzeichen oder an anderen Horoskopfaktoren – ist noch verstärkt, was vielleicht Magen- oder Verdauungsprobleme zur Folge hat. Die übermäßige Beschäftigung damit könnte alles noch schlimmer machen (wie auch bei Merkur im 1. Haus). Ermutigen Sie hier zu einer praktischen Vorgehensweise, vielleicht auch zu einer philosophischen Einstellung. Oftmals reagieren diese Personen gut auf homöopathische Behandlung oder auf ganzheitliche Heilmethoden.

Dienstfertigkeit

Routine und Dienstbarkeit sind diesen Menschen häufig nichts Unangenehmes; ein strukturiertes und wohlorganisiertes Dasein ist ihnen durchaus angenehm. Das soll aber nicht heißen, dass sie sich selbst im Griff haben - sie wissen nur, was man von ihnen erwartet und wie man die Erwartungen befriedigt. Insofern ist dies eine günstige Stellung für denjenigen, der als persönlicher Assistent arbeitet.

Gut entwickelte kommunikative Fähigkeiten, allerdings manchmal auch scharfe Antworten, die gemäß dem Merkurzeichen zum Ausdruck kommen. Jemand, der alle Aspekte einer Aufgabe oder eines Projektes analysieren kann, womit er entscheidend zum Resultat beiträgt.

MERKUR IM 7. HAUS (7)

Gute Freundschaften sind von großer Bedeutung. Bei den exzellenten kommunikativen Eigenschaften ist es notwendig, dass auch der Partner sich ausdrücken kann.

Es kann aber zu Problemen durch Weitschweifigkeit und die Neigung, das Denken von anderen zu beeinflussen, kommen (sehen Sie hier auf das Merkurzeichen, um zu erkennen, ob der Betreffende diese Tendenz kontrollieren kann). Mit Merkur in der Waage oder in den Fischen könnte Leichtgläubigkeit verbunden sein. Allerdings könnte in diesem Fall der Aszendent - womöglich Widder oder Jungfrau - genügend Stärke bringen, um diesen Fehler auszugleichen.

Gute Geschäftsbeziehungen

Eine günstige Stellung für geschäftliche Beziehungen; sie verleiht Lebhaftigkeit, Verkaufstalent und die Fähigkeit, Partner oder Kunden zu überzeugen. Womöglich auch das Talent, Partner zusammenzuführen; jemand, der eine Sache auf die Beine bringt, oder ein geborener Unterhändler. Wenn an anderer Stelle Hinweise auf eine Tätigkeit in Verbindung mit Gesetzen erkennbar sind (durch Jupiter, eine Schützesonne oder ein kraftvolles MC), handelt es sich vielleicht um einen begabten Rechtsanwalt. Bei einer Betonung von Erdzeichen ist eine Tätigkeit als Immobilienhändler denkbar.

MERKUR IM 8. HAUS (8)

Womöglich die Tendenz, über ernsthafte Themen, wie z. B. das Leben nach dem Tod, zu grübeln, vielleicht auch besondere psychische Talente. Bevor Sie zur Förderung dieser Eigenschaften raten, müssen der Neptun- und Mondeinfluss im Horoskop untersucht werden. Im negativen Aspekt zueinander oder zur Sonne sollte man dieses Potenzial vielleicht besser auf sich beruhen lassen – diese Emotionen könnten einen schwächeren Menschen ohne Weiteres aus der Bahn werfen. In diesem Fall sollten die Fantasie und Sensibilität auf andere Felder gelenkt werden. Wenn keine nachteiligen Folgen zu befürchten sind, die Erdzeichen betont sind und der Beistand eines Experten gesucht wird, kann der Mensch sich aber der Erforschung dieser Themen widmen.

Eine starke Phantasie

Ein überdurchschnittliches Interesse an der Sexualität ist zu erwarten – und vielleicht auch eine sehr aktive und mächtige Fantasie. Im Idealfall kündet diese Stellung von einem tiefgründigen forschenden Geist, der Geheimnisse enthüllen kann (gemäß der Art des Merkurzeichens). Möglicherweise ist auch eine Begabung für Investitionen und wirtschaftliche Zusammenhänge vorhanden. Befindet sich Merkur in einem Wasserzeichen, kann die Intuition auf vorteilhafte Weise zum Einsatz kommen, im Element Feuer gibt es einen natürlichen Enthusiasmus (mit der Tendenz zu unüberlegten Investitionen), in Luft eine rationale Herangehensweise und in Erde eine praktische.

MERKUR IM 9. HAUS (9)

Weil es sich um das Haus der höheren geistigen Kräfte handelt, ist Merkur hier gut gestellt; er steht damit in Verbindung zu den Themen, die zum 9. Haus gehören.

Der Verstand braucht fortwährend Herausforderungen; der Mensch muss allerdings seine Konzentration schulen und Beharrungsvermögen entwickeln, weil er von sich aus zu Unbeständigkeit und dem Wunsch neigen dürfte, immer wieder etwas Neues auszuprobieren.

Jemand, der sich mit großen Projekten beschäftigen kann – ob er auch fähig ist, Details zu beachten, hängt von dem Merkurzeichen ab.

Einst wurde dieses Haus »Haus der Träume« genannt – mit Merkur darin ist die Tendenz zu Tagträumen möglich. Eine häufige Fantasievorstellung könnte die sein, »alles hinter sich zu lassen und abzuhauen«, in möglichst weit entlegene und exotisch klingende Länder. Es besteht eine Leidenschaft fürs Reisen, ob diese nun konkrete Auswirkungen hat oder nicht. Vielleicht entscheidet sich der Betreffende auch nur deshalb für eine Stelle oder einen Beruf, weil er dabei immer wieder neue Orte und Länder sehen kann.

Der Erwerb von Wissen

Drang nach intellektueller Expansion. Wir könnten es hier mit einer Person zu tun haben, die in einer Bibliothek, einem Buchladen oder einer Universität arbeitet und diese Tätigkeit sehr genießt, weil sie dadurch in Kontakt mit einem Bereich kommt, der sie sehr interessiert und den sie bewundert.

Ein großer Wissensdurst – wie auch bei der Schützesonne oder dem Schützeaszendenten. Möglicherweise ein »Bummelstudent«, vielleicht auch eine Veranlagung für Sprachen.

MERKUR IM 10. HAUS (10)

Es ist sehr wahrscheinlich, dass es zu vielen Richtungsänderungen in der Karriere kommt. Kann man nicht von einer Karriere sprechen, ist zumindest davon auszugehen, dass sich bezüglich der Lebensziele und -träume Veränderungen ergeben. Alles, was damit zusammenhängt, wird gründlich bedacht – Pläne können hier zur Hauptbeschäftigung werden.

Verantwortung für sich selbst und andere

Wenn das Merkurzeichen zu dieser Häuserstellung passt, kann der Mensch Verantwortung tragen – ein Bewusstsein dafür ist aber in jedem Fall vorhanden. Neben dem Merkurzeichen spielen auch die Aspekte eine große Rolle.

Falls die Karriere im Vordergrund steht, kommt es darauf an, dass die tägliche Arbeit so viel Abwechslung wie nur möglich bietet. Eine gute Mischung aus intellektueller Stimulation, Verantwortungsgefühl und Beweglichkeit ist ideal, weil damit die Gefahr der Langeweile ausgeschaltet ist, die ansonsten zu Unbeständigkeit führen kann.

Das 10. Haus steht in Verbindung mit dem Vater – es ist lohnend, dies einmal zur Sprache zu bringen. Auf der einen Ebene könnte der Geborene so denken und planen wie sein Vater; auf der tieferen psychologischen Ebene aber steht der Vater für die innere Stimme, die Autorität hat und dem Geborenen sagt, was er tun und lassen soll.

MERKUR IM 11. HAUS (11)

Ein großes Bedürfnis nach einem großen Freundes- und Bekanntenkreis und der Drang, Ideen zum Ausdruck zu bringen, zu diskutieren und an Versammlungen teilzunehmen. Solange Merkur nicht durch eine Opposition oder ein Quadrat von Saturn beeinträchtigt wird, hat der Geborene keine Probleme damit, eine Diskussion in Gang zu bringen. Ein geborenes Gremienmitglied.

Ein Drang nach Geselligkeit

Tiefe Freundschaften sind diesem Menschen nicht das Wichtigste, im Gegensatz zu sozialem Austausch. Zeit, die er damit zubringen kann, genießt er bis zur letzten Sekunde. Wenn es eine Stellung gibt, die für den Wunsch spricht, nach draußen zu gehen und seine Meinung kundzutun, dann diese. Ein beträchtliches Maß an Zeit könnte humanitären Belangen gewidmet werden. Versuchen Sie ggf., Ihrem Gegenüber eine solche Beschäftigung nahezubringen – er könnte aus einer karitativen Tätigkeit viel Befriedigung schöpfen.

Wie bei fast allen Planeten im 11. Haus hat »die Gruppe« hier ein besonderes Gewicht. Weil Merkur aber immer in der Nähe der Sonne steht, könnte er sich im 12. Haus befinden und damit eine widersprüchliche Bedeutung haben. In diesem Fall muss man den Geborenen dazu ermutigen, das Beste aus dem Widerspruch zwischen seinem Wunsch nach friedvollen und ruhigen Tätigkeiten in der Abgeschiedenheit (12. Haus) und dem Drang nach Gesellschaft und sozialen Aktivitäten (11. Haus) zu machen. Bei der Sonne im 10. Haus wird es kaum zu Problemen kommen.

MERKUR IM 12. HAUS (12)

Könnte für einen Konflikt zwischen den logischen Elementen von Merkur und der Intuition und den Gefühlen des 12. Hauses stehen, speziell dann, wenn sich Merkur in einem Wasserzeichen befindet. Es wäre gut, wenn der Betreffende seine Intuition unter rationalen Gesichtspunkten sehen und die Gefühle kanalisieren und darstellen könnte. Ein anderer Zwiespalt ist womöglich der, dass sich der Mensch sowohl nach Abgeschiedenheit als auch nach Kommunikation und sozialem Austausch sehnt. Vielleicht telefoniert er stundenlang.

Eine Liebe zur Literatur (besonders zur Lyrik) und auch Kritikfähigkeit sind typisch. Einige dieser Personen arbeiten im Medienbereich, u. a. im Rundfunk. Bei einer Begabung für Technik interessiert sich der Betreffende womöglich auch besonders für den Sendevorgang als solchen. In anderen Fällen könnte die Arbeit für sich sprechen, z. B. bei einem Fotografen, der seine Aufnahmen in der Dunkelkammer selbst entwickelt. Bei einer religiösen Überzeugung glaubt man an die Kraft des Gebets sowie daran, dass positive Gedanken immer den gewünschten Erfolg haben.

DER PROGRESSIVE MERKUR IN DEN HÄUSERN ☿

Wie die Sonne auch läuft Merkur während der durchschnittlichen Lebensspanne etwa durch drei Häuser des Horoskops. Wenn Merkur in das Haus tritt, in dem die Sonne hei der Geburt stand, erhält dieses ein besonderes Gewicht - die betreffende Person wird sich viele Gedanken zu den Themen machen, die damit zusammenhängen. In jedem Fall geht es bei der Progression von Merkur in ein »neues« Haus um den intellektuellen und den kommunikativen Faktor. Suchen Sie nach Schlüsselphasen, in denen entweder der progressive Merkur im Aspekt zur Geburtssonne steht oder die progressive Sonne im Aspekt zum Geburts- oder zum Progressionsmerkur. Zu kürzeren Schlüsselphasen kommt es, wenn der progressive Mond im Aspekt zu Merkur steht, auch hier wieder bezüglich der Geburts- oder der Progressionsstellung.

MERKURASPEKTE

Planeten im Aspekt zu Merkur werden »intellektualisiert«. Negative Aspekte bringen dabei möglicherweise Spannung und Stress (besonders im Falle von Uranus). Grundsätzlich aber ist es möglich, jeden Merkureinfluss positiv zu nutzen, weil damit das Potenzial für einen lebhaften geistigen Ausdruck erhöht ist.

Merkuraspekte zur Sonne siehe Sonnenaspekte zu Merkur, S. 276-277.

Merkuraspekte zum Mond siehe Mondaspekte zu Merkur, S. 294-295.

Bei den progressiven Merkuraspekten zum Mond können Sie sich auf die Interpretation der Mondprogression zu Merkur stützen. Zusätzlich sollten Sie sich aber bewusst sein, dass der progressive Merkur im Aspekt zum Mond einen Hintergrundeinfluss anzeigt, der etwa ein Jahr lang wirksam ist, im Gegensatz zu dem progressiven Mond im Aspekt zu Merkur, der nur etwa drei Monate lang wirkt.

MERKURASPEKTE ZUR VENUS ♀

Anmerkung: Weil diese Planeten nicht weiter als 76 Grad voneinander entfernt sein können, sind hier nur die Konjunktion, das Halbsextil, das Halbquadrat und das Sextil möglich. In der Progression dagegen sind noch andere Merkuraspekte zur Venus denkbar.

Konjunktion
Bei dieser Stellung wird dem Partner Liebe, Verständnis und Mitgefühl und den Freunden und Kollegen Sympathie entgegengebracht. Kommunikative Talente (abhängig davon, wie gut sich das Merkur- und das Venuszeichen verbinden).

Auch wenn die Konjunktion in zwei Zeichen fällt, kommt zumeist Harmonie zum Ausdruck, die Gedanken von Merkur und die Gefühle der Venus wirken hier gut zusammen.

Halbsextil
Harmonie zwischen Gedanken und Gefühlen. Allerdings ist das Halbsextil ziemlich schwach. Wenn nicht Merkur und/oder die Venus eine personalisierte Bedeutung haben, sollte diesem Aspekt nicht zu viel Gewicht beigemessen werden.

Halbquadrat
Manchmal scharfe, beißende Kritik vom Partner. Befinden sich die Planeten aber in verträglichen Zeichen, dürfte viel Anteilnahme und der Wunsch nach Nähe zu Freunden und Geliebten gegeben sein.

Sextil
Freundlichkeit und ein offener Ausdruck von Zuneigung. Bei einem kreativen Potenzial ist dieser Aspekt eine wunderbare Hilfe – er bewirkt so gut wie immer ein beträchtliches schöpferisches Talent und Handfertigkeit. Eine Vorliebe für weiche Stoffe. Wenn sich Mars oder die Venus in einem Erdzeichen befindet, sollte man diese Menschen zum kreativen Umgang mit natürlichen Materialien wie Wolle, Leinen, Seide, Stein oder Holz anhalten.

PROGRESSIVE ASPEKTE ZWISCHEN MERKUR UND VENUS ♀

Verstärkter Ausdruck von Gefühlen und ein Sinn für Kameradschaft im Rahmen der Beziehung. Vielleicht handelt es sich hier auch um eine sehr aktive Person mit den verschiedensten Begabungen auf künstlerischem oder handwerklichem Gebiet. Diese Aktivität bekommt ein besonderes Gewicht – eine spezielle Art von Liebe. Manchmal besteht der intensive Wunsch, ein Instrument zu spielen. Auch literarisches Talent (speziell romantischer Art) ist denkbar.

Auch bei dem Quadrat zwischen progressivem Merkur und Geburtsvenus wird nur wenig Spannung auftreten. Besonders günstig wäre dies, wenn die Venus im Geburtshoroskop problematisch aspektiert ist, z. B. in Hinblick auf Enttäuschungen in der Liebe (Venus im Quadrat oder in Opposition zum Mond oder Saturn) oder auf nebulöse und unrealistische Vorstellungen (Venus im Quadrat oder in Opposition zu Neptun). In jedem Fall aber werden die guten Einflüsse der beiden Planeten für einen angenehmen Hintergrund während des betreffenden Zeitraumes – ein Jahr etwa – sorgen. Die positivsten Aspekte sind hier die Konjunktion, das Sextil und das Trigon (Letzteres erst beim älteren Menschen möglich).

MERKURASPEKTE ZU MARS ♂

Konjunktion
In welchem Zeichen sie auch steht, die Konjunktion beschleunigt und energetisiert den Verstand, sie bewirkt ein schnelles Denken und Entscheidungsfreude. Der oder die Betreffende weiß, wie man mit Rivalen umzugehen hat. Ein markantes Selbstbewusstsein und Wettkampfgeist in Beruf, Studium und Sport. Zu harter geistiger Arbeit fähig. In manchen Fällen eine besondere Liebe zur Ironie und ein Sinn für Humor. Wenn auch an anderer Stelle Aggressivität zu erkennen ist, könnte die Neigung zu intensiven Auseinandersetzungen bestehen, zumeist aber nur in Form von lebhaften Diskussionen und provozierenden Aussagen.

Positive Aspekte
Mehr oder weniger ähnlich der Konjunktion – auch hier ein lebhafter, rascher und selbstgewisser Verstand. Starke Nerven, was es der betreffenden Person ermöglicht, sich bei Problemen zu bewähren, die bei anderen zu Stress und Spannung führen würden. Vielleicht wirken derartige Situationen auf die Person sogar anregend.

Negative Aspekte
Die mentale Energie ist erhöht, auf die eben beschriebene Art und Weise – hier aber mit größerem Risiko, sich bis zur totalen Erschöpfung zu verausgaben. Das ist am wahrscheinlichsten, wenn entweder Merkur oder Mars auch im negativen Aspekt zu Uranus steht.

Das größte Risiko ist freilich, dass der Mensch zu vorschnellen Entschlüssen und Handlungen neigt – indem er sich möglicherweise von einem Detail eines Problems leiten lässt, ohne die Situation in ihrer Gesamtheit zu bedenken. Der Geborene könnte auf eine tollkühne Weise handeln – schauen Sie nach, ob das Horoskop auch gesunden Menschenverstand und eine gewisse mentale Beständigkeit erkennen lässt. Die Sonne oder der Aszendent in einem Erdzeichen wären eine Hilfe, desgleichen ein gut aspektierter Saturn.

PROGRESSIVE ASPEKTE ZWISCHEN MERKUR UND MARS ♂

Konjunktion

Zusätzliche intellektuelle Aufgaben für etwa ein Jahr, was sich als Mitarbeit in einem bestimmten Projekt äußern könnte. Eine aufregende Herausforderung, die die Nerven stimuliert und Enthusiasmus weckt.

Vor überstürzten Entscheidungen muss gewarnt werden. Behält der Mensch diese Neigung unter Kontrolle, sind außerordentlich befriedigende Resultate möglich. Jupitertransite wirken unterstützend auf diese Progression.

Positive Aspekte

Ähneln der Konjunktion, aber ohne deren atemberaubendes Tempo oder deren machtvolle Konzentration. Fraglos eine Beschleunigung des Rhythmus des Lebens, was zusätzliche intellektuelle und mentale Arbeit bringen kann.

Enthusiasmus und äußerst viel Energie, die auf alle Arten von Zielen und Arbeit gerichtet werden, was lohnende Folgen hat. Diese Progression könnte sich als wohltätig für einen Sportler erweisen: Sie sorgt für eine passende geistige Einstellung und für ein perfektes Verhältnis von nervlicher und physischer Energie.

Negative Aspekte

Für etwa ein Jahr eine erhöhte Anfälligkeit für nervliche Spannung – am größten ist dieses Risiko, wenn es gleichzeitig Uranustransite zum Geburtsmerkur oder -mars gibt. Wahrscheinlich auch viel Ungeduld; wenn der Mensch seine Planungen nicht verwirklichen kann – vielleicht in Verbindung mit Saturn- oder Plutoeinflüssen –, könnte er als Folge einer Überreaktion vorschnelle und übereilte Entscheidungen treffen, die ihm auf lange Sicht schaden.

Vielleicht aufgrund der großen Spannung auch die Neigung zu Sarkasmus oder Bitterkeit. Solch extreme Reaktionen dürften aber nur dann auftreten, wenn zusätzlicher Stress durch andere Planeten angezeigt ist.

MERKURASPEKTE ZU JUPITER ♃

Konjunktion

Ein exzellentes intellektuelles Potenzial, das bei anderweitig angezeigter Kreativität in literarischer Form zum Ausdruck gebracht werden könnte. Im Horoskop, das wissenschaftliche oder mathematische Neigungen erkennen lässt, wirkt dieser Aspekt als Schlüsselfaktor: Der Verstand arbeitet gut, und das Lernen macht keine Schwierigkeiten.

Die Zeichenstellung ist sorgfältig zu untersuchen, weil sie erkennen lässt, wie sich die mentale Energie entwickelt und wie die intellektuelle Einstellung beschaffen ist.

Positive Aspekte

Könnte für ein hohes Niveau an intellektuellem Potenzial und für eine positive und optimistische Haltung stehen. Möglicherweise ein »Lebenskünstler« – ein Mensch, der seine Lebensphilosophie hat, aber dazu neigt, es sich manchmal zu einfach zu machen. Je mehr geistige Anforderungen hier gegeben sind, desto besser. Diese Aspekte wirken günstig, wenn der Betreffende sich den Herausforderungen auch tatsächlich stellt.

Negative Aspekte

Machen kaum Probleme und zeigen wie die Konjunktion und die positiven. Aspekte ein gutes intellektuelles Potenzial an. Vielleicht aber ein Zug der Geistesabwesenheit.

Eine gesunde Skepsis sowie die Tendenz zur Übertreibung und Sorglosigkeit dürften sich ebenfalls bemerkbar machen und manchmal zu Komplikationen führen. Unter Umständen könnte das Nervensystem leiden, besonders, wenn Merkur oder Jupiter negativ von Uranus aspektiert wird oder wenn Merkur in der Jungfrau steht. Wenn auch andere Faktoren darauf hinweisen, Probleme mit der Leber.

Beim Unterzeichnen von Verträgen ist das Kleingedruckte besonders aufmerksam zu lesen – der oder die Betreffende neigt nämlich dazu, über solche Stellen hinwegzugehen.

PROGRESSIVE ASPEKTE ZWISCHEN MERKUR UND JUPITER ♃

Konjunktion

Kann eine aufregende Zeit ankündigen, besonders dann, wenn der Mensch schon immer den Drang gehabt hat, etwas zu schreiben oder weite Reisen zu machen. Auch sehr hilfreich für das Studium oder das Ablegen von Prüfungen.

Schauen Sie auf die Transite von Jupiter für das Jahr, in dem diese Progression wirkt! Es dürfte eine Vielzahl von Schlüsselphasen geben, in denen große Erfolge möglich sind (vorausgesetzt, Merkur oder Jupiter sind im Geburtshoroskop nicht stark beeinträchtigt).

Positive Aspekte

All die zuvor erwähnten Angelegenheiten werden florieren, der Verstand funktioniert gut und reagiert bereitwillig auf die verschiedensten intellektuellen Herausforderungen. Vielleicht beschäftigt man sich nun mit dem Studium einer Sprache oder mit dem Vergleich verschiedener Religionen (Jupiter steht ja in Verbindung mit dem Glauben). Es geht darum, dass das Leben sich nun ausweitet und man Optimismus zeigt.

Negative Aspekte

Wahrscheinlich eine gewisse geistige Anspannung. Allerdings ist nun auch viel Erfolg möglich, vorausgesetzt, man ist nicht blindlings optimistisch. Verträge müssen sorgfältig studiert werden. Entscheidungen fordern viel Zeit.

MERKURASPEKTE ZU SATURN ♄

Konjunktion

Ein mächtiger Aspekt, der Ernsthaftigkeit und ein praktisches Denken anzeigt. Diese Person ist in der Lage, langfristige Pläne zu machen und durchzuführen; allerdings neigt sie zu einer pessimistischen Haltung. Ein gutes Konzentrations- und Wahrnehmungsvermögen, vielleicht auch eine Tendenz zur Absonderung. Der Verstand arbeitet genau und praktisch.

Eltern, die ein Kind mit dieser Stellung haben, sollten keine allzu schnellen schulischen Fortschritte erwarten – seine Entwicklung wird sich aber auf eine außerordentlich beständige Weise vollziehen, besonders, wenn die Konjunktion in das gleiche Zeichen wie die Sonne fällt. Die Konjunktion in einem Feuer- oder Luftzeichen stabilisiert die feurige Energie bzw. den luftigen, lebhaften Intellekt; in einem Wasserzeichen dämpft sie die Emotionen, im Element Erde bewirkt sie Hartnäckigkeit und Sturheit.

+ Positive Aspekte
Können in einem Horoskop durch lebhaften, positiven Enthusiasmus als ein Anker wirken. Jemand, der auf eine umsichtige und konzentrierte Weise denkt und methodisch vorgeht. Was dieser Mensch sagt, meint er auch; aus dieser Planetenverbindung resultieren Zuverlässigkeit und Vertrauenswürdigkeit (sehen Sie nach, ob diese Tendenz noch durch weitere Fundstellen zu belegen ist).

− Negative Aspekte
In manchen Fällen können diese Aspekte für obsessive Tendenzen sprechen oder für eine pedantische Neigung. Ein Mensch, der streng mit sich selbst ist – und oft auch mit anderen. Vielleicht zeigt er sich auch schnell schockiert, weil er nur über eine begrenzte Vorstellung verfügt.

Möglicherweise Pessimismus und Depressionen (insbesondere bei einem negativen Aspekt zwischen Mond und Saturn). Suchen Sie nach Faktoren, mit denen dieser Tendenz effektiv begegnet werden kann.

Misstrauen und Gerissenheit sind weitere Züge, die infrage kommen, manchmal auch eine ausgesprochene Scheu und ein Mangel an Selbstvertrauen, speziell bei Zusammenkünften von vielen Menschen.

PROGRESSIVE ASPEKTE ZWISCHEN MERKUR UND SATURN ♄

☌ Konjunktion
Dieses wichtige Merkmal sollte positiv benutzt werden – es ist jetzt die Zeit, langfristige Pläne zu machen. Der Astrologe sollte aufzeigen, dass man aber nicht erwarten kann, dass die Pläne über Nacht zu Resultaten führen; hier ist unweigerlich mit Verzögerungen und Frustrationen zu rechnen.

Der Verstand arbeitet nun auf eine konstruktive und praktische Weise. Man ist jetzt gut in der Lage, zusätzliche Pflichten zu übernehmen. Positive Saturntransite unterstützen das.

+ Positive Aspekte
Ähnlich dem eben Beschriebenen, allerdings nicht ganz so starke Auswirkungen (Ausnahme: Merkur und Saturn sind personalisiert). Eine praktische Einstellung zu und ein Blick für Leistungen und Errungenschaften. Wenn sich die Fortschritte nun auch langsamer einstellen, werden sie doch stabiler sein.

− Negative Aspekte
Womöglich eine Phase, in der es kaum zu Fortschritten kommt, mit sehr vielen Hindernissen und Frustrationen. Wenn sich diese Progression zu der Zeit der Saturn-Wiederkehr abspielt (siehe S. 377–378), dürfte der Betreffende mit seinen Entscheidungen und geplanten Veränderungen richtig liegen. Es kommt nur darauf an, Geduld zu beweisen.

Ermitteln Sie die positiven Transite, z. B. von Jupiter zu Merkur, zur Sonne oder zum Aszendenten, um der Tendenz zur Depression, zu negativen Gedanken und den Gefühlen der Ausweglosigkeit zu begegnen, die sich während dieser heiklen Phase einstellen könnten.

MERKURASPEKTE ZU URANUS ♅

☌ Konjunktion
Eine dynamische Konfiguration, die Originalität verleiht und dem Verstand eine brillante Note gibt. Weiterhin Unabhängigkeit und vielleicht auch Eigenwilligkeit – zumindest unterstützen sie diese Charakteristiken, wenn von anderer Stelle des Horoskops angezeigt.

Das Bedürfnis nach Selbstständigkeit könnte hier eine sehr große Rolle spielen; vielleicht haben wir es mit einer eigenbrötlerischen Person zu tun, die ihren Weg ohne jede Rücksichtnahme auf andere gehen möchte. Eine wunderbare positive Originalität ist mit diesem Aspekt verbunden.

+ Positive Aspekte
Eine Begabung – und Lust – an ungewöhnlichen Interessen ist hier wahrscheinlich. Oftmals originelle und brillante Ideen sowie die Fähigkeit, Dinge auf eine dramatische Weise darzustellen (besonders bei einem starken Löwe- oder Jupitereinfluss). Die innovative Vorstellungskraft kann gut bei schöpferischen Arbeiten eingesetzt werden. Jemand, der nach Unabhängigkeit strebt, was umso mehr gilt, wenn Merkur oder Uranus eine personalisierte Bedeutung hat oder wenn Merkur im gleichen Zeichen wie die Sonne steht.

− Negative Aspekte
Könnten ebenfalls einen brillanten und originellen Verstand anzeigen. Allerdings ist hier die Möglichkeit von nervlicher Spannung gegeben, gerade dann, wenn Mars im negativen Aspekt zu einem der beiden Planeten steht. Vielleicht insofern Taktlosigkeit, als dass der Geborene andere mit seinen Worten schockiert. Manchmal glaubt der Geborene auch, dass er besonders begabt ist oder eine besondere Botschaft für die Menschheit hat, vorwiegend dann, wenn Neptun negativ von der Sonne oder dem Mond aspektiert wird oder im Quadrat zum Aszendenten steht.

Anmerkung: Aspekte zwischen Merkur und Uranus finden sich häufig in den Horoskopen von Astrologen.

PROGRESSIVE ASPEKTE ZWISCHEN MERKUR UND URANUS ♅

☌ Konjunktion
Eine erhöhte mentale Aktivität mit brillanten Ideen. Man sollte den Betreffenden dazu ermuntern, diese Ideen umzusetzen, allerdings ohne unangemessene Hast und Überstürztheit. Ein Aspekt, der auch zur Beschäftigung mit einem ungewöhnlichen Thema führen kann.

Wenn Jupiter einen starken Transiteinfluss entfaltet, ist die Chance groß, dass das Projekt oder die Projekte von Erfolg gekrönt sein werden. Man achte aber auch auf Saturn: Positiv fördert er das Konzentrationsvermögen, negativ könnte er zu Verzögerungen führen.

+ Positive Aspekte
Ähneln dem eben Angeführten, sind aber weniger dynamisch und zwanghaft. Die anderen Progressionsaspekte werden die Entwicklung von originellen Ideen entweder fördern oder behindern.

− Negative Aspekte
Möglicherweise Phasen von nervöser Anspannung, besonders dann, wenn noch andere Progressionsaspekte dahingehend wirken oder wenn Transite für Frustrationen und Verzögerungen sprechen. Es gilt zu erkennen, ob der Geborene sich selbst sein ärgster Feind ist. Sturheit könnte nun unter Umständen zu Boshaftigkeit werden, was natürlich noch mehr Spannung verursachen würde. Der oder die Geborene muss die Energie konstruktiv zum Ausdruck bringen.

MERKURASPEKTE ZU NEPTUN

Konjunktion

Hier treffen die mentalen Merkmale von Merkur mit der Fantasie und Inspiration von Neptun zusammen. Wenn die Konjunktion frei von negativen Saturn-Aspekten ist, wird sie ein interessantes Element zufügen. Sie steht allerdings nicht für praktische Fähigkeiten – der Betreffende könnte sich damit in eine private Traumwelt bzw. in Tagträume verlieren. Am wahrscheinlichsten ist das, wenn die Konjunktion in die Zeichen Waage oder Skorpion fällt; womöglich mit romantischen oder sexuellen Vorstellungen.

Die Konjunktion ist ein Aktivposten, wenn sie im Löwen, in der Jungfrau oder im Schützen steht. Der Intellekt und die Vorstellungskraft kommen damit auf eine positive und vielleicht auch kreative Weise zum Ausdruck (ermutigen Sie die Entwicklung dieses Potenzials!). Wenn auch anderweitig Sensibilität und Intuition angezeigt sind, verstärkt die Konjunktion diese Züge noch; manchmal sind damit auch besondere psychische Gaben verbunden. Für gewöhnlich ist dieser Aspekt ein wohltätiger Einfluss, der allerdings kontrolliert werden muss.

Positive Aspekte

Ähnliche Auswirkungen wie bei der Konjunktion. Ein freundliches, sanftes und sensibles Wesen. Jemand, der intuitiv weiß, was der andere denkt – und der vielleicht sogar auf kreative Weise »vorausdenken« kann.

Das Okkulte könnte hier besonders faszinierend sein, wie bei der Konjunktion auch. Viel hängt hier von den anderen Neptunaspekten ab. Wie immer gilt es, den Menschen bei den angesprochenen Themen zur Vorsicht anzuhalten.

Negative Aspekte

Können ein Element der Gerissenheit oder des Ränkeschmiedens bewirken, vielleicht sogar des Lügens oder Betrügens. Wenn einer der Planeten eine personalisierte Bedeutung hat, könnte auch die Tendenz bestehen, sich selbst zu täuschen und die Realität und die Fakten nicht so zu sehen, wie sie wirklich sind. Ob das zum Problem wird, hängt davon ab, ob das Horoskop insgesamt auf einen Sinn für das Praktische schließen lässt.

Hilfreich wäre die Sonne, der Mond oder der Aszendent in einem Erdzeichen oder ein positiver Saturnaspekt zu Sonne oder Mond. Herrscht Neptun aber über die Sonne oder über den Aszendenten, werden sich diese Tendenzen als Stolperstein erweisen. Bei Kindern mit diesen Aspekten sollten die Eltern sehr auf Aufrichtigkeit hinwirken.

PROGRESSIVE ASPEKTE ZWISCHEN MERKUR UND NEPTUN

Konjunktion

Wenn andere Progressionsaspekte positiv wirken und Unterstützung von einem Jupitertransit ausgeht, könnte dies ein sehr interessantes Jahr werden. Jetzt kann der Geborene seine Fantasie kreativ einsetzen, was zur Folge haben könnte, dass er sich später dieser Phase mit Wehmut erinnert (besonders dann, wenn auch Venus in der Progression zur Geltung kommt).

Positive Aspekte

Ähnlich dem, was eben angeführt wurde. Fantasie und der Verstand wirken nun gut zusammen. Interessante und ungewöhnliche Resultate!

Negative Aspekte

Möglicherweise die Tendenz zur Selbsttäuschung – wenn der Mensch nicht dazu bereit ist, der Realität ins Auge zu sehen. Der Betreffende könnte sich von einem Kult oder einer Sekte angezogen fühlen, sollte sich den Beitritt aber sehr gut überlegen. Allerdings fällt es nun schwer, diese Themen mit Abstand zu sehen, weshalb man den Rat einer konstruktiven und festen Persönlichkeit einholen sollte.

MERKURASPEKTE ZU PLUTO

Konjunktion

Verleiht die Fähigkeit zu einem tiefen und intuitiven Denken. Ein Mensch, der sich mithilfe einer Selbstanalyse von psychischen Problemen und Hemmungen befreien kann – vorausgesetzt, es gibt kein Merkur- oder Plutoquadrat zu Mond, Saturn oder einem Planeten mit personalisierter Bedeutung. Sind positive Aspekte vorhanden, besitzt der Mensch aber womöglich die Gabe, auch seinen Freunden zu helfen. Hier sehen wir den Detektiv, dem es Spaß macht, Geheimnisse aufzudecken.

Positive Aspekte

Ein Mensch, dem nichts entgeht – wenn sein Interesse erst einmal geweckt ist, unternimmt er oder sie alles, um den Gegenstand des Interesses bis ins letzte Detail zu ergründen. Wenn Merkur oder Pluto von personalisierter Bedeutung ist, wirkt der Drang, das Selbst zu erkunden, genauso machtvoll wie bei der Konjunktion. Allerdings kann es hier schneller zu Resultaten kommen.

Negative Aspekte

Möglicherweise Schwierigkeiten bei der Diskussion von persönlichen Problemen oder Geheimniskrämerei. Besonders bei einer Vorherrschaft der fixen Zeichen zwanghafte oder eigensinnige Tendenzen. Wenn von anderer Seite nervöse Spannungen angezeigt sind, können diese Aspekte schädlich auf die Gesundheit wirken und Verstopfung, Magenprobleme oder gar Geschwüre hervorrufen, speziell dann, wenn der Geborene zu Sorgen und Ängsten neigt, ohne sich anderen anzuvertrauen. Ermuntern Sie Ihr Gegenüber, sich zu öffnen und über die Probleme zu reden.

Anmerkung: Aspekte zwischen Merkur und Pluto verleihen häufig eine Begabung für Computertechnologie.

PROGRESSIVE ASPEKTE ZWISCHEN MERKUR UND PLUTO

Konjunktion

Während dieser Progression könnte es immer wieder zu frustrierenden Erfahrungen kommen. Es ist nun an der Zeit, tiefverwurzelte psychische Probleme zu lösen. Eine Therapie könnte dabei helfen und das Resultat haben, dass man mit neuem Selbstbewusstsein einen neuen Anfang machen kann. Wenn Merkur oder Pluto von personalisierter. Bedeutung ist, handelt es sich sehr wahrscheinlich um eine sehr wichtige Periode für den Geborenen. Starke und positive Aspekte zur Sonne, zum Mond oder zum Aszendenten sind nun eine große Hilfe.

Positive Aspekte

Manchmal ergeben sich nun umfassende Veränderungen, die das Individuum zwingen, sein Leben neu zu gestalten. Vielleicht ergibt sich auch ein radikaler Meinungsumschwung. Wie bei der Konjunktion auch können jetzt psychische Probleme gelöst werden.

▬ Negative Aspekte
Jetzt sind kaum Fortschritte möglich – man könnte nun gegen die sprichwörtliche Wand laufen. Machen Sie sich dabei klar, dass Merkur vielleicht zunächst die Geburtsposition von Pluto aspektiert und beim Weiterlaufen dann zu dessen progressiver Stellung kommt, was die Dauer dieser Periode auf bis zu zwei Jahre verlängern kann. Bei allen frustrierenden Widerständen gilt es, nichts erzwingen zu wollen. Eine derartige Blockade ist auch nur dann wahrscheinlich, wenn die Progression mit negativen Transiten zusammenfällt. Haben diese ihre Wirkung verloren, geht es wieder voran für den Geborenen.

MERKURASPEKTE ZUM ASZENDENTEN (ASC)

☌ Konjunktion
Lebhaftigkeit, Brillanz und Intelligenz. Für gewöhnlich ein rasches Denken und Flexibilität, oft aber auch Rastlosigkeit. Der Geborene dürfte gesprächig sein und ein machtvolles Bedürfnis verspüren, seine Ideen und Meinungen zum Ausdruck zu bringen. Das Nervensystem ist wahrscheinlich empfänglich und arbeitet gut und unproblematisch, vorausgesetzt, Merkur wird nicht von anderen Planeten negativ aspektiert.

Finden wir Merkur im 12. Haus, handelt es sich vielleicht um einen Menschen, der zur Heimlichtuerei neigt. Die Fantasie und die Intuition könnten mit dieser Stellung erhöht sein. Je näher Merkur am Aszendenten steht, desto stärker sind die Auswirkungen.

✚ Positive Aspekte
Fast das Gleiche wie bei der Konjunktion, allerdings hat hier das Merkurhaus einen stärkeren Einfluss auf die Persönlichkeit. Wenn Merkur nicht im gleichen Zeichen wie die Sonne steht, wird sein Einfluss nicht sehr machtvoll sein. Diese Aspekte helfen bei der Integration von Verstand und Persönlichkeit.

▬ Negative Aspekte
Eine Person, die bei nervöser Anspannung viele Worte macht. Ein angespannter und vielleicht hektischer Verstand. Es könnte die Neigung zur Hypochondrie bestehen, speziell dann, wenn auch von anderen Faktoren des Horoskops die Neigung zu Ängsten angezeigt ist.

PROGRESSIVE ASPEKTE ZWISCHEN MERKUR UND ASZENDENT (ASC)

☌ Konjunktion
Eine Phase des Umbruchs, in der man seine Meinungen und Ideen überprüfen möchte, vielleicht sogar die ganze Art zu leben. Ziehen Sie die Merkuraspekte des Horoskops in Betracht, um zu erkennen, wie der Betreffende mit dieser interessanten, aber sehr wechselhaften Phase zurechtkommt. Lassen Sie den Einfluss Merkurs auf die Nerven nicht außer Acht. Ein sehr wichtiger Zeitabschnitt, falls Merkur eine personalisierte Bedeutung hat.

✚ Positive Aspekte
Die Auswirkungen ähneln denen der Konjunktion. Diese Progressionen bedeuten ein stimulierendes, keinesfalls aber beherrschendes Thema, das etwa ein Jahr lang in Erscheinung tritt. Neue Interessen könnten sich ergeben; geistige Herausforderungen nimmt man nun gern an. Eine Progression, die ein lebhaftes Element bringt; ermuntern Sie Ihr Gegenüber dazu, das Beste aus dem anregenden Einfluss zu machen!

▬ Negative Aspekte
Ängste oder Spannungen sind jetzt möglich, wobei manchmal aus einer Mücke ein Elefant gemacht wird. Der Einfluss ist nur dann stark, wenn Merkur eine personalisierte Bedeutung hat; in jedem Fall aber können die zu treffenden Entscheidungen für Stress sorgen. Vor Überstürztheit muss gewarnt werden!

Stress könnte jetzt auch Magenprobleme oder einen Hautausschlag zur Folge haben, am wahrscheinlichsten dann, wenn die Progression von machtvollen Uranustransiten (vielleicht die Opposition zur Uranusstellung, S. 391-392) begleitet wird.

MERKURASPEKTE ZUM MC (MC)

☌ Konjunktion
Der Geborene braucht und genießt in seiner Karriere und bei seinen Zielen häufige Veränderungen. Womöglich Arbeit in Verbindung mit Kommunikation oder den Medien. Das Unterrichten und das Reisen (speziell alles, was mit dem Fliegen zusammenhängt) könnten eine besondere Faszination ausüben. Das Bedürfnis nach Abwechslung aber sollte nicht dazu führen, immer wieder den Beruf oder die Stellung zu wechseln. Die Wichtigkeit dieser Stellung ist erhöht, wenn Merkur im gleichen Zeichen wie die Sonne steht oder eine personalisierte Bedeutung trägt.

✚ Positive Aspekte
Haben in vielerlei Hinsicht ähnliche Auswirkungen wie die Konjunktion, sind aber weniger mächtig. Eine Betonung der positiven Merkurbereiche und der persönlichen Fähigkeit, sich nicht vom Bedürfnis nach Abwechslung in der Karriere und den Zielen überwältigen zu lassen.

▬ Negative Aspekte
Eine überdurchschnittliche nervliche Anspannung und viele Sorgen und Ängste könnten jetzt den Geborenen plagen, in Verbindung mit Problemen am Arbeitsplatz oder weitreichenden Entscheidungen. Blicken Sie auf die anderen Horoskopbereiche, um zu sehen, wie gut der Mensch mit diesen Schwierigkeiten zurechtkommt. Wenn Merkur keine personalisierte Bedeutung hat, keine schwerwiegenden Auswirkungen.

PROGRESSIVE ASPEKTE ZWISCHEN MERKUR UND MC (MC)

☌ Konjunktion
Vorausgesetzt, die Geburtszeit stimmt, dürfte es jetzt im Leben zu interessanten und anregenden Veränderungen kommen, die in Verbindung mit dem persönlichen Ansehen und den Erfahrungen stehen. Womöglich die Gelegenheit, die Stelle zu wechseln (manchmal innerhalb des Betriebes), sich für eine Zeit vom Arbeitsleben zurückzuziehen, eine (neue) Ausbildung zu beginnen, seine Ideen durch Medien kundzutun.

Wenn es des Weiteren noch Transite oder Progressionen von Jupiter oder Uranus zur Sonne oder zu den persönlichen Planeten gibt, dürfte das Leben nun sehr ereignisreich verlaufen. Der Geborene sollte dazu ermutigt werden, jede sich bietende Chance beim Schopf zu packen – ohne aber überstürzt oder vorschnell zu handeln.

✚ Positive Aspekte
Ähneln der Konjunktion, haben allerdings nicht ganz so dynamische Auswirkungen. Die Gelegenheit für positive Veränderungen, die aber nicht so allumfassend wie bei der Konjunktion sind.

Diese Progressionen sind auf positive Unterstützung durch Transite angewiesen; sie bekommen durch diese ihre Färbung und womöglich auch viel von ihrer Wirkung.

Negative Aspekte
Könnten in der Karriere für Stress und Spannung sorgen, was die Verwirklichung von Zielen betrifft. Vielleicht sieht sich der Geborene jetzt gezwungen, Veränderungen vorzunehmen, obwohl er das gar nicht möchte – wenn z. B. die Übernahme durch eine andere Firma dazu führt, dass er in eine Abteilung versetzt wird, die ihm nicht gefällt. Wie bei den positiven Progressionen auch bedeuten negative Transite zusätzliche Spannung und positive Hilfe.

DIE PROGRESSIONEN MERKURS ZUR MERKURSTELLUNG ☿

Diese ereignen sich immer wieder einmal. Alle Aspekte bis hin zum Quadrat sind hier möglich – und wenn Sie es mit einer sehr alten Person zu tun haben, kommt es vielleicht sogar zum Trigon! Mit dieser starken Betonung gilt es, sich des Einflusses von Merkur sicher zu sein.

Das Haus des progressiven Merkurs hat ebenfalls eine herausragende Rolle. Bei positiven bzw. bei negativen Aspekten wird erkennbar, ob hier Unterstützung oder Hindernisse zu erwarten sind.

Die Progressionen bedeuten eine intellektuelle Stimulierung hinsichtlich von Themen, denen der Geborene für gewöhnlich weniger Beachtung schenkt. Falls Merkur in der Progression die Geburtsstellung negativ aspektiert und Merkur im Geburtshoroskop an negativen Aspekten beteiligt ist, könnte die Neigung zu Sorgen dominierend werden.

MERKUR-TRANSITE ☿

Viele Astrologen machen sich nicht die Mühe, diese kleineren Einflüsse zu berechnen oder zu interpretieren. Wir sind aber sehr wohl der Meinung, dass sie der Mühe wert sind – sie färben das Leben über einen Zeitraum von zwei oder drei Tagen, und weil es hier häufig zu einer ganzen Reihe von Transiten kommt, ist diese Arbeit durchaus erhellend.

Man braucht hier nur die Konjunktionen und die Oppositionen zu berechnen. Merkur ist ein »harmloser« Planet – die einzelnen Aspektarten unterscheiden sich damit nicht sehr voneinander. Wenn allerdings im Geburtshoroskop negative Merkurzüge erkennbar sind oder wenn Merkur im Transit in Opposition zur eigenen Stellung oder zur Sonne, zum Mond, zum Herrscher des Horoskops, zum Aszendenten oder zum MC steht, kann es doch zu markanten Auswirkungen kommen. Die Stärke dieser Transite erhöht sich, wenn Merkur zugleich in der Progression eine herausragende Rolle hat oder von den langsameren Planeten im Transit aktiviert wird.

Es ist günstig, bei diesen Transiten Telefonate zu erledigen, E-Mails zu schreiben, Versammlungen zu arrangieren und berufsbedingte Gespräche zu führen. Sie bedeuten einen hilfreichen kommunikativen Hintergrundeinfluss, besonders dann, wenn auch andere, stärkere Transite oder progressive Mondaspekte wirksam sind.

Merkurtransite zur Sonne
Man sollte nun endlich liegen gebliebene Briefe beantworten, Ideen übermitteln und das Leben genießen.

Merkurtransite zum Mond
Intuition sollte nun das praktische Denken ergänzen. Man könnte jetzt kleine Veränderungen im häuslichen Umfeld vornehmen und auch zu Diskussionen anregen. Eine günstige Zeit, um Probleme mit Verwandten auszuräumen.

Merkurtransite zu Merkur
All das, was mit dem Geburtsmerkur zusammenhängt, sollte nun auf bestmögliche Art zum Einsatz gebracht werden.

Merkurtransite zur Venus
Eine günstige Zeit für vergnügliche Treffen. In Geschäften nach Schnäppchen Ausschau zu halten, Dinge zu verkaufen oder seinen Lieblingsladen aufzusuchen könnte ebenfalls Spaß machen.

Merkurtransite zu Mars
Jetzt sollte man bestimmt auftreten, seine Meinung kundtun. Man besitzt nun eine gewisse Stärke – allerdings gilt es, einen kühlen Kopf zu bewahren.

Merkurtransite zu Jupiter
Begünstigen alle Arten von intellektueller Arbeit und Studien. Sie eignen sich auch dafür, große Reisen zu planen oder anzutreten.

Merkurtransite zu Saturn
Jetzt sollten Pläne gemacht und Entscheidungen mit langfristigen Folgen getroffen werden. Vielleicht Verzögerungen oder Störungen in Verbindung mit Briefen oder dem Telefon.

Merkurtransite zu Uranus
Originelle Gedanken. Man sollte nicht impulsiv handeln, sondern sich Zeit zum Nachdenken nehmen. Womöglich ein Gedankenblitz. Wahrscheinlich Spannung und nervöse Aufregung.

Merkurtransite zu Neptun
Unter Umständen ein Gefühl der Inspiration. Eine gute Zeit, um nach draußen zu gehen und zu fotografieren. Vergesslichkeit kann zum Stolperstein werden.

Merkurtransite zu Pluto
Könnte für das Gefühl stehen, vor Wut zu platzen – und vielleicht ist es das Beste, die Wut tatsächlich herauszulassen. Eine gute Zeit, um Abfall auszusortieren, speziell alte Papiere.

Merkurtransite zum Aszendenten
Nun kann man gut nachdenken, wer man ist und was man will. Alle Probleme sollten jetzt mit den betreffenden Personen durchgesprochen werden.

Merkurtransite zum MC
Neue Entwicklungen treten in Erscheinung, Pläne müssen geändert werden.

VENUS IN DEN ZEICHEN

Die Umlaufbahn der Venus liegt, wie die von Merkur, zwischen Sonne und Erde. Die Venus ist astronomisch als zweiter innerer Planet bekannt; ihr Abstand zur Sonne kann, von der Erde aus gesehen, niemals größer als 48 Grad sein. Sie befindet sich insofern im Sonnenzeichen oder in einem der beiden Zeichen davor oder danach – beim Sonnenzeichen Zwillinge also im Widder, im Stier, in den Zwillingen, im Krebs oder im Löwen.

Die Venus beeinflusst unsere Verbindung zu anderen, auf privatem wie beruflichem Sektor. Unsere Einstellung zu Geld und Besitztümern fällt ebenfalls unter ihre Herrschaft. Lesen Sie zunächst das, was zur Venus im betreffenden Zeichen angeführt ist, und gehen Sie dann zum Abschnitt mit dem jeweiligen Sonnenzeichen weiter.

VENUS IM WIDDER ♈

Ein leidenschaftlicher Mensch, der sich schnell verliebt und seine Zuneigung offen zeigt. Sexuelle Erfüllung ist hier von überdurchschnittlicher Bedeutung; mit einem unkooperativen Partner hält man es nicht lange aus. Wenn auch von Zeit zu Zeit die Widdereigenschaft der Selbstsucht Probleme bedeuten kann, wird sich die betreffende Person doch zumeist großzügig zeigen und ihren Beitrag zur Stimulierung der Partnerschaft leisten. Dieser Mensch ist auch ein enthusiastischer und lebhafter Freund und ein anregender Kollege. Die Einstellung zu Geld ist wagemutig; übermäßige Risiken aber können zu Verlusten führen.

Sonne im Wassermann und Venus im Widder

Fügt der kühlen Losgelöstheit der Sonne Wärme und Leidenschaft zu. Machtvolle emotionale Beziehungen – allerdings könnte es zu Konflikten kommen, wenn der Geborene gefordert ist, sich bei der Vertiefung der Verbindung weiter zu öffnen. Es könnte sein, dass er derartige Entscheidungen hinauszuschieben versucht. Unabhängigkeit ist ihm wichtig, weil dies der Lebensstil des Wassermanns ist; gesellschaftliche Kontakte und Gleichgesinnte bedeuten ihm viel. Zum Geld besteht womöglich eine etwas sprunghafte Einstellung.

Sonne in den Fischen und Venus im Widder

Die sensiblen Wasser-Emotionen der Fische in Kombination mit der feurigen Leidenschaft des Widders machen diesen Menschen zu einem glühenden, dabei aber fürsorglichen und aufmerksamen Liebhaber. Der Geborene könnte immer wieder selbst von der Intensität seiner Gefühle überrascht sein; und Ängste und ein Mangel an Selbstvertrauen (Fische) könnten im Konflikt zum Wunsch nach dem Kontakt mit der geliebten Person (Widder) stehen. Geldausgeben ist hier wichtig, sodass das Sparen womöglich recht schwerfällt.

Sonne im Widder und Venus im Widder

Ein leidenschaftlicher Partner, der auch innerhalb der festen Beziehung seine Unabhängigkeit braucht. Trotz des Hangs zur gelegentlichen Selbstsüchtigkeit wird der Geborene sich gegenüber der geliebten Person großzügig zeigen, vom Wunsch beseelt, dass auch sie die Beziehung genießen möge. In Freundschaften könnte es zur Rivalität kommen.

Sonne im Stier und Venus im Widder

Machtvolle Leidenschaften. Ein Mensch der ein sehr sinnlicher Liebhaber ist – das intensive emotionale Niveau allerdings könnte es mit sich bringen, dass die Wellen hoch schlagen: Zu solchen Zeiten verursachen die Besitzansprüche (Stier) und die Selbstsucht (Widder) womöglich ernste Probleme. Zu anderen Zeiten wieder kommt es zu wunderbaren romantischen Erlebnissen. Überemotionalität in den Freundschaften ist ein weiteres heikles Thema. In finanziellen Angelegenheiten große Cleverness.

Sonne in den Zwillingen und Venus im Widder

Das zwillingshafte Misstrauen gegen Emotionen kann bei dieser leidenschaftlichen Stellung Probleme machen. Wahrscheinlich aber eine gute Verbindung, freundschaftliche Gefühle und sexuelle Erfüllung – wenn erst einmal die Tendenz, alles rational sehen zu wollen, überwunden ist. Ein lebhafter Freund mit vielfältigen Interessen.

VENUS IM STIER ♉

Die Venus herrscht über dieses Zeichen – ihr Einfluss ist hier also verstärkt. Ein liebevoller, warmherziger und zärtlicher Mensch, der einen sinnlichen, romantischen und eher passiven Partner abgibt. Die Stier-Besitzansprüche könnten es aber mit sich bringen, dass der Partner als kostbares Eigentum gesehen wird.

Materielle Dinge sind von extremer Bedeutung, weil sie Sicherheit und Stabilität versprechen. Eine Person, die hart für Luxus und Komfort arbeiten kann, ansonsten aber die Neigung hat, sich zurückzulehnen und es sich bequem zu machen. Oft eine Liebe zur Musik, in Verbindung mit einem Sinn für Schönheit, Kunst und das Angenehme, speziell in Hinblick auf das Essen.

Sonne in den Fischen und Venus im Stier

Verleiht Stabilität; ein hervorragendes Gegengewicht für die Verträumtheit der Fische. Beständige Emotionen, die vom gesunden Menschenverstand und von einem Sinn für das Praktische gezügelt werden. Kennzeichnend ist eine praktische Herangehensweise an die Liebe und auch an finanzielle Angelegenheiten. Diese Stellung bereichert das kreative Flair der Fische.

Ein zuverlässigerer Freund als die meisten anderen Fische-Persönlichkeiten; in der Beziehung aber könnte er sich ziemlich besitzergreifend zeigen.

Sonne im Widder und Venus im Stier

Sehr viel Zuneigung und eine brodelnde Leidenschaft. Für den Betreffenden ist das Thema Liebe heikel; er muss erkennen, dass Selbstsucht und Besitzansprüche sehr große Schäden anrichten können. Enthusiasmus und Vorsicht müssen kombiniert werden, sowohl in emotionaler als auch in materieller Hinsicht. Ein exzellenter Freund und angenehmer Begleiter mit einer ansteckenden Lebenslust. Finanzieller Unternehmungsgeist gepaart mit Umsicht.

Sonne im Stier und Venus im Stier

Die Stier-Charakteristiken sind hier sehr augenfällig; sie können sogar den Aszendenten überschatten. Die Einstellung zur Liebe, zum Geld und zum Geldverdienen ist bereits oben angeführt worden (siehe Venus im Stier). Außerdem gelten hier die Charakteristiken des Sonnenzeichens Stier, welche die angeführten Eigenschaften noch unterstreichen. Womöglich ein träger Stoffwechsel mit typischen Stier-Krankheiten. Das Gewicht ist strikt zu kontrollieren.

Sonne in den Zwillingen und Venus im Stier

Eine Intensivierung des emotionalen Niveaus der Zwillinge, aber auch eine Stellung, die problematisch sein kann, weil der Geborene lernen muss, seine Gefühle zum Ausdruck zu bringen. Ein Mensch, der versucht, keine Besitzansprüche geltend zu machen. Ein lebhafter, gesprächiger Freund. Der Geschmack am Luxus könnte teuer werden.

Sonne im Krebs und Venus im Stier

Ein wunderbares Potenzial für einen fürsorglichen, sensiblen und extrem sinnlichen Liebhaber. Allerdings könnte die Krebs-Tendenz des Versorgens und Schützens in Kombination mit den Besitzansprüchen des Stiers für klaustrophobische Zustände in der Beziehung sorgen und das Familienleben negativ beeinflussen. Ein Freund, der zutraulich, aber leicht verletzt ist. Ein guter Sinn für das Geschäftliche – Scharfsinn verbindet sich mit Geschmack.

VENUS IN DEN ZWILLINGEN ♊

Lebhaftigkeit und eine Liebe zum Vergnügen. Ein Mensch, der gut mit seinen Partnern kommunizieren kann. Der Intellekt und das Bedürfnis nach Freundschaft müssen auch in emotionalen Beziehungen zufriedengestellt werden. Neigung zum Flirten – vielleicht ist ein Partner diesem Menschen nicht genug. Wenn ihm die Beziehung Spaß machen soll, ist es wichtig, dass gemeinsame Interessen vorhanden sind und dass der Partner stimulierend wirkt, sowohl in intellektueller als auch in sexueller Hinsicht. Das emotionale Niveau ist eher niedrig; es hängt von dem Sonnenzeichen ab (siehe unten). Viele der Eigenschaften, die dem Partner gegenüber zum Ausdruck kommen, werden auch in den Freundschaften deutlich. Mit seinem positiven Enthusiasmus spornt der Geborene andere an, es ihm gleichzutun. Das Geldverdienen macht hier zumeist keine Probleme. Handelstalent.

Sonne im Widder und Venus in den Zwillingen

Die glühende Leidenschaft des Widders wird durch eine leichtherzige Zuneigung und einen anziehenden Ausdruck der Emotionen gemildert. Untreue und der Wunsch, aus allen Töpfen zu naschen, sind verbreitet, was den festen Partner verletzen könnte. Die widderhafte Selbstbezogenheit und das rasche Reagieren werden in heiklen Situationen bei Herausforderungen sogleich deutlich. Kluge und starke Partner sind hier wichtig. Intellektuelle Konkurrenz in Freundschaften kann belebend wirken. Der finanzielle Unternehmungsgeist des Widders ist gestärkt.

Sonne im Stier und Venus in den Zwillingen

Die Liebe, Leidenschaft, Intensität und natürliche Anmut des Stiers kommen verstärkt zur Geltung. Da die Venus über dieses Zeichen herrscht, hat die Persönlichkeit hier etwas Leichtes, die besitzergreifenden Eigenschaften treten in den Hintergrund, desgleichen die stierhafte Gemächlichkeit, sowohl in intellektueller als auch in körperlicher Hinsicht. Ein Freund, der intelligente Gespräche mag und eine Vorliebe für ein angenehmes Leben hat. Das Bedürfnis nach Besitztümern als materielle Sicherheit ist hier nicht so dominierend. Die rasche Auffassungsgabe kann sich vorteilhaft im Beruf auswirken.

Sonne in den Zwillingen und Venus in den Zwillingen

Ein machtvoller Einfluss – es gilt aber, die Gefühle nicht allzu sehr zu rationalisieren. Sie müssen untersuchen, was die anderen Horoskopfaktoren über die emotionale Ebene erkennen lassen, speziell bezüglich der Zeichen und Aspekte vom Aszendenten und vom Mond. Ein Mensch, der leicht zu Geld kommt.

Sonne im Krebs und Venus in den Zwillingen

Verleiht den Krebs-Emotionen, die nahe am Wasser gebaut sind, einen rationalen Zug und führt dazu, dass die Tendenz, sich um die Nahestehenden zu sorgen, nicht überhandnimmt. Es kommt hier bei der Partnerwahl nicht nur auf Liebe an, sondern auch darauf, dass ein freundschaftliches und intellektuelles Band besteht. Mütter mit dieser Stellung brauchen Kontakte, die über die Familie hinausgehen. Geschick für geschäftliche Unternehmungen.

Sonne im Löwen und Venus in den Zwillingen

Enthusiasmus und das Bedürfnis nach Liebe und Zuneigung. Freundschaft und eine fortschrittliche Beziehung sind hier von großer Bedeutung. Eine gute Mischung von abgestimmten Emotionen und der Fähigkeit, rational an Probleme heranzugehen. Der Partner sollte das Leben genießen. Der Tendenz zum Eigensinn muss entgegengetreten werden. Extravaganz und finanzielle Cleverness.

VENUS IM KREBS ♋

Freundlichkeit, Mitgefühl, der Ausdruck von Liebe und Zuneigung sowie ein großes Maß an Emotionen. Ein machtvoller Schutzinstinkt kann innerhalb der Beziehung unter Umständen erstickend wirken. Häufig auch die Tendenz, die Vergangenheit in einem rosigen Licht zu sehen, was korrigiert werden muss, falls der Geborene auch vor positiven Veränderungen zurückschreckt. Mit freundlichen Worten andere abkanzeln und Launenhaftigkeit können ebenfalls Schwächen sein. Sehr großes Bedürfnis nach einer verlässlichen Beziehung. Freundschaftliche Bande haben über eine lange Zeit hinweg Bestand. Liebe und Zuneigung ranken sich um das Zuhause. Möglicherweise Fertigkeiten, die mit dem Zuhause zu tun haben. Ein beständiges Anwachsen des Kapitals.

Sonne im Stier und Venus im Krebs

Erhöhte Leidenschaft und Sinnlichkeit. Besitzansprüche aber könnten die Beziehung überschatten. Ein extrem hohes emotionales Niveau, vielleicht von Zeit zu Zeit auch heftige Auseinandersetzungen. Sehen Sie nach, ob andere Faktoren Rationalität nahelegen (Merkur?). Finanzielles Geschick und ein exzellenter Sinn für das Geschäftliche.

Sonne in den Zwillingen und Venus im Krebs

Eine Verstärkung der Zwillings-Emotionen, welche auf eine wunderbare Weise zum Ausdruck gebracht werden können, mit Freundlichkeit und Anteilnahme (vorausgesetzt, man neigt nicht zur übermäßigen Rationalisierung seiner Gefühle). In sexueller Hinsicht sind Lebhaftigkeit und anregende Erfahrungen wünschenswert.

Sonne im Krebs und Venus im Krebs

Ein machtvoller Ausdruck von Liebe und große emotionale Kraft, allerdings auch die übermäßige Neigung, sich um den Partner und die Familie Sorgen zu machen. Die krebshafte Neigung, sich um andere zu kümmern, kann auch in den Freundschaften überhandnehmen. Guter Geschäftssinn.

Sonne im Löwen und Venus im Krebs

Ein sehr hohes emotionales Niveau. Eine Person, die einen Partner braucht, der zu ihr aufschaut und sie bewundert – ansonsten vielleicht die Neigung, mit löwehafter Dickfelligkeit die Beziehung zu dominieren, was sehr verletzend sein kann. In diesem Fall ist die Löwe-Empfindsamkeit erhöht, der Betreffende leidet stärker, als man es für möglich hält. Er schätzt Qualität, Komfort und Luxus und gibt auch viel Geld dafür aus. Das Sexualleben dürfte bereichernd und fantasievoll sein. Ein anteilnehmender Partner, der über exzellente Organisationsfähigkeiten verfügt.

Sonne in der Jungfrau und Venus im Krebs

Wenn auch beträchtliche emotionale Ressourcen bestehen, dürften doch viel Schüchternheit und Reserviertheit die Gefühle kennzeichnen. Eine reiche Fantasie. Vielleicht die Neigung zur Launenhaftigkeit oder dazu, den Partner in übermäßiger Form zu kritisieren. Arbeiten für den Haushalt oder die Wohnung könnten als Ausreden herangezogen werden, um Nähe und Intimität zu verhindern. Wahrscheinlich ein ausgeprägter Sinn für das Geschäftliche.

VENUS IM LÖWEN ♌

Die feurigen und leidenschaftlichen Emotionen des Löwen werden dem Partner gegenüber außerordentlich deutlich zum Ausdruck gebracht. Ein Mensch, der stolz auf den Partner sein möchte und diesen sehr dabei unterstützt, sein Potenzial zu entwickeln. Hier haben wir es mit einem großherzigen, wohlwollenden Geist zu tun, der alle Aspekte des Lebens genießen möchte. Das Sexualleben ist meist außerordentlich reich und erfüllend. Loyalität und Vertrauenswürdigkeit sind weitere typische Kennzeichen. Der Wunsch, sich zusammen mit dem Partner an Luxus und Qualität zu erfreuen; Kunstsinn und sogar kreatives Potenzial dürften weitere hervorstechende Merkmale sein. Was es unter Umständen zu kontrollieren gilt, ist die Neigung zu Herrschsucht, Prunk und zur Angeberei. Wunsch, viel Geld zu verdienen.

Sonne in den Zwillingen und Venus im Löwen

Verstärkung der Emotionen und der Wunsch nach einer erfüllenden und befriedigenden Beziehung. Manchmal die Neigung zum Angeben – gegenüber oder mit dem Partner. Großzügigkeit mit einem Gespür für besondere Gelegenheiten. Sehnt sich nach sexueller und gesellschaftlicher Abwechslung – ein Partner, der den Spaß liebt, nicht die Treue. Die Löwe-Loyalität allerdings wird dabei helfen, die Zwillings-Flatterhaftigkeit im Griff zu behalten.

Sonne im Krebs und Venus im Löwen

Diese Stellung fügt dem Gefühl und dem Ausdruck des Krebses ein markant extravertiertes Moment zu. Konstanz und Loyalität sind wichtig – allerdings auch die Kombination von Launenhaftigkeit und Gekränktsein (Krebs) und Herrschsucht und Dickköpfigkeit (Löwe). Der Geborene muss lernen, sich zurückzunehmen, wenn er diese Seite des Lebens genießen will.

Sonne im Löwen und Venus im Löwen

Wenn die sehr starke Tendenz zum dramatischen Ausdruck von Emotionen kontrolliert wird und damit dramatische Szenen verhindert werden, sehen wir hier jemanden, der seinen Partner bewundert und unterstützt. Treten Takt und Diplomatie an die Stelle von Rechthaberei, werden die Partnerschaften sehr bereichernd sein. Meist kein Mangel an sexuellem Enthusiasmus. Das Geld wird dafür ausgegeben, die Qualität des persönlichen Lebens zu erhöhen.

Sonne in der Jungfrau und Venus im Löwen

Eine Stärkung des eher unterentwickelten Selbstbewusstseins der ziemlich schüchternen Jungfrau. Der Geborene neigt dazu, bei Stress viele Worte zu machen, was er aber vermeiden sollte. Die natürliche und kluge Bescheidenheit der Jungfrau könnte mit dem pompösen Auftreten der Löwevenus in Konflikt geraten, sowohl was die Sexualität als auch die Einstellung überhaupt betrifft. Ein anregender Freund.

Sonne in der Waage und Venus im Löwen

Die Venus herrscht über die Waage, sodass hier Löwe-Merkmale sowie ein starker Waage-Einfluss zur Geltung kommen. Für gewöhnlich viel Großzügigkeit. Bei mangelnder Liebe könnte der Geborene versucht sein, sich mit teuren Geschenken Zuneigung zu kaufen. Im Idealfall handelt es sich um einen romantischen Menschen, der seinem Partner viel geben möchte, sexuell und anderweitig. Mitgefühl und Rücksichtnahme. Trotz eines Hangs zur Extravaganz zumeist ein kluger Umgang mit Geld.

VENUS IN DER JUNGFRAU ♍

Die jungfrautypische Kritik richtet sich hier oft auf den Partner – es gilt dann auch, sich der Tendenz, am anderen herumzunörgeln, bewusst zu sein. Daneben aber eine angenehme, natürliche, anspruchslose Bescheidenheit, die sehr charmant ist, in welchem Alter der Geborene auch sein mag. Sexuelle Beschränkungen und Spannungen müssen überwunden werden, damit der

Betreffende alle Aspekte der emotionalen Beziehungen genießen kann. Wie leicht oder schwer das fällt, hängt von den Zeichen von Sonne, Mond und Aszendent und in einem gewissen Maß auch von Mars ab. Bereit, den Freunden und Partnern zu helfen, wenn sie Hilfe brauchen. Ihre finanzielle Situation sieht diese Person oftmals pessimistisch (ob das nun gerechtfertigt ist oder nicht), woraus Geiz hervorgehen könnte.

Sonne im Krebs und Venus in der Jungfrau

Die krebshafte Tendenz, sich Sorgen zu machen, ist hier auf den Partner gerichtet. Der Geborene könnte es schwierig finden, Gefühle frei zum Ausdruck zu bringen. Die krebshaften Stimmungsschwankungen und die Kritik der Jungfrauvenus sollten bewusst erkannt werden. Es gilt, sich in der Beziehung zu entspannen und sich an ihr zu erfreuen, umso mehr, als der Krebs in dieser Hinsicht sehr viel zu geben hat. Ein sanfter, manchmal allerdings auch zur Kritik neigender Freund. Vorbehalte beim finanziellen Teilen.

Sonne im Löwen und Venus in der Jungfrau

Die Emotionen und der Überschwang des Löwen werden gemäßigt, und manchmal kann eine Haltung der Distanz sexuelle Hemmungen kaschieren. Der Starrsinn des Löwen und die Neigung der Jungfrau zur Kritik können Probleme verursachen, es gilt deshalb, sich diese Eigenschaften bewusst klarzumachen. Für gewöhnlich gute kommunikative Fähigkeiten in Beziehungen. Gemeinsame Interessen und Arbeitsprojekte können sehr stimulierend sein. Ein lebhafter und sehr angenehmer Freund, des Weiteren ein Geschick für Investitionen – allerdings steht die Bescheidenheit der Jungfrau im Widerspruch zur Extravaganz des Löwen.

Sonne in der Jungfrau und Venus in der Jungfrau

Wenig Selbstvertrauen, insbesondere in Hinsicht auf die Sexualität. Die Bescheidenheit der Jungfrau könnte aber auf den angehenden Liebhaber sehr charmant wirken – allerdings gilt es für den Geborenen, alle Beschränkungen niederzureißen, die der Beziehung im Wege stehen. Die Zeicheninterpretation (siehe oben) trifft besonders markant zu. Vorsicht beim Geldausgeben!

Sonne in der Waage und Venus in der Jungfrau

Keine einfache Kombination, weil die Waage Liebe und Harmonie braucht, während die Jungfrau, was Liebe betrifft, eher schüchtern reagiert. Weil die Venus über die Waage herrscht, bedeutet dies ein machtvolles Jungfrau-Element. Ein gesprächiger, allerdings auch zur Unentschlossenheit neigender Freund.

Sonne im Skorpion und Venus in der Jungfrau

Diese machtvolle, allerdings auch heikle Kombination kann zu einer übermäßigen Beschäftigung mit der Sexualität führen. Umgekehrt auch »klinische« Einstellung zum Sex. Viel hängt davon ab, welche Aspekte die Skorpion-Sonne aufweist und in welchen Zeichen Mond, Aszendent und Mars stehen.

VENUS IN DER WAAGE

Die Waage ist das zweite Zeichen, das von der Venus beherrscht wird – ihr Einfluss ist damit bei dieser Stellung erhöht. Die Einstellung zur Liebe ist romantisch und idealistisch. Der oder die Geborene könnte sich in die Liebe selbst verlieben. Ein Mensch, der ein so starkes Bedürfnis nach einer Liebesbeziehung hat, dass er für sich allein sein Potenzial gar nicht ausschöpfen kann. Ein freundliches, mitfühlendes und verständnisvolles Wesen, das anderen bereitwillig Zeit und Trost schenkt. Zumeist Takt und Diplomatie wie auch eine Liebe zur Schönheit und zur Behaglichkeit (manchmal auch zum Luxus). Reichhaltiges Essen in einer schönen Umgebung kann einen sehr großen Reiz haben. In negativer Hinsicht vielleicht ein Genussmensch (wenn auch von anderer Horoskopseite aus Trägheit zu erwarten ist), der Hang zur Unentschlossenheit oder Unwilligkeit. Gibt das Geld auf eine freimütige Weise aus.

Sonne im Löwen und Venus in der Waage

Eine Stellung, die den Menschen offenherzig und freimütig macht. Die löwehafte Großzügigkeit kommt damit verstärkt zum Ausdruck, und es besteht die Tendenz, den Geborenen auf ein Podest zu stellen, was zu Enttäuschungen führen kann, falls der Partner dem geforderten Standard nicht entspricht. Die Freuden des schönen Lebens sind hier wichtig. Kreative Fähigkeiten könnten in Form von Design oder Musik zum Ausdruck gebracht werden.

Sonne in der Jungfrau und Venus in der Waage

Diese Stellung kann für die schüchterne, mit wenig Selbstvertrauen ausgestattete Jungfrau eine Hilfe sein – sie ist damit in der Lage, Liebesbeziehungen und anderes mehr genießen zu können. Häufig eine Begabung für kreative Tätigkeiten wie Schnitzen oder Schneidern – ein Potenzial, das zur Entwicklung gebracht werden sollte. Hier haben wir es mit dem hilfsbereiten, sympathischen Freund zu tun, der es genießt, für andere da zu sein.

Sonne in der Waage und Venus in der Waage

Der Einfluss der Venus ist bei dieser Stellung sehr stark; sie führt zu all den Eigenschaften und negativen Zügen, die weiter oben erwähnt wurden. Alle Waage-Qualitäten gelten bei dieser Position in einem verstärkten Maße, besonders dann, wenn Sonne und Venus in Konjunktion zueinander stehen (siehe S.277).

Sonne im Skorpion und Venus in der Waage

Fügt der intensiven Leidenschaft des Skorpions eine bunte und romantische Seite sowie Sympathie und Verständnis, was den Partner und die Freunde betrifft, zu. Ein warmherziger Ausdruck von Gefühlen. Verstärkte Neigung zum Komfort und Luxus. Ein guter Freund, der allerdings zum Misstrauen neigt. Talent für finanzielle Transaktionen.

Sonne im Schützen und Venus in der Waage

Gibt dem enthusiastischen, überschäumenden Schützen etwas Romantisches, der die Liebe dadurch wie eine Jagd genießen könnte (was ansonsten nicht für die Schütze-Sonne zutrifft). Die Macht der Venus hilft hier, die Schütze-Unbeständigkeit in den Griff zu bekommen und eine philosophische Haltung zu entwickeln. Finanzielle Sicherheit ist sehr wichtig, wichtiger als für die meisten anderen Schützen.

VENUS IM SKORPION

Das Bedürfnis nach einer erfüllenden und harmonischen Liebesbeziehung wird durch die Leidenschaft des Skorpions verstärkt; sexuelles Verlangen und der Wunsch nach Romantik. Die Eifersucht des Skorpions macht sich immer wieder bemerkbar, und es könnte sein, dass es dem Geborenen sehr schwerfällt, zu verzeihen oder gegen sein Gefühl der Wut anzukämpfen. Auch wenn die Venus der einzige Skorpion-Planet sein sollte, ist es unbedingt notwendig, dass ein positives Ventil besteht – und zwar nicht nur Sex und gegenseitige Zuneigung, sondern auch ästhetische Interessen. Wenn auch Neptun im Skorpion steht, könnte man allzu romantisch veranlagt sein oder bei Stress zu schädlichen Eskapaden neigen. Im Idealfall sehen wir hier die Venus in ihrer attraktivsten Erscheinung. In den Freundschaften eine gewisse Rivalität, um von den gelegentlichen Eifersuchtsszenen einmal ganz zu schweigen. Finanziell eine sehr günstige Stellung. Sicherheit ist wichtig, und meistens besteht ein Sinn für Geschäfte.

Sonne in der Jungfrau und Venus im Skorpion

Zwischen der Bescheidenheit der Jungfrau und den sexuellen Begierden der Skorpion-Venus kann es zu Konflikten kommen. Eine Person, die vielleicht ungeheuer anziehend wirkt, das aber gar nicht möchte! Wenn man Selbstvertrauen und eine entspanntere Einstellung zur Sexualität entwickeln kann, ist der Einfluss der Venus für die möglicherweise etwas gehemmte Jungfrau günstig. Ein hingebungsvoller Freund, der von Zeit zu Zeit zum Kritisieren neigt und gut mit Geld umgehen kann.

Sonne in der Waage und Skorpion

Die Waage kann sehr von dieser Stellung profitieren – sie verleiht einen Sinn für romantische Geheimnisse und macht aus der Person vielleicht eine femme fatale. Die verstärkte Sexualität dieser Kombination lässt die normalerweise sehr romantische Waage-Einstellung zur Liebe in den Hintergrund treten; sie bringt Intensität und Zielstrebigkeit, was sonst fehlen könnte. Ein Freund, der alle Aspekte des Lebens genießen möchte.

Sonne im Skorpion und Venus im Skorpion

Die Leidenschaft der Venus könnte hier eine romantische Note bekommen, die die sexuelle Wirkung des betreffenden Menschen noch intensiviert. Weiterhin die Verstärkung der skorpionischen Eifersucht, mitsamt der Neigung, eventuell jeden Schritt des Partners kontrollieren zu wollen. Das Geldverdienen macht kaum Schwierigkeiten.

Sonne im Schützen und Venus im Skorpion

Eine Verstärkung der lebhaften, feurigen Leidenschaft des Schützen. Hier ergibt sich ein gewisser Widerspruch zwischen dem Bedürfnis nach Unabhängigkeit und der skorpionischen emotionalen Intensität. Der Geborene könnte von Zeit zu Zeit Eifersuchtsanfälle haben, die ihm selbst unangenehm sind – und alles tun, um diese eigenartigen Gefühle zu rationalisieren. Ein Bewusstsein dieses Konfliktes ist der erste Schritt, ihn zu lösen. Die Schütze-Freude am Leben ist verstärkt.

Sonne im Steinbock und Venus im Skorpion

Ein Mensch, der die Liebe ernst nimmt oder der sich nicht eingestehen will, dass tief in ihm machtvolle und intensive Emotionen vorhanden sind. Wenn er eine Bindung eingegangen ist, verhält er sich loyal – allerdings könnte es zu einem Konflikt zwischen den Emotionen und der eher praktischen Einstellung zum Leben kommen, was vielleicht das Motiv dafür ist, dass er lieber allein bleibt. Bevor der Geborene seinen Freunden vertraut, wird er sie auf die eine oder andere Weise auf die Probe stellen. Ein beständiges finanzielles Wachstum.

VENUS IM SCHÜTZEN ♐

Bei allem Enthusiasmus und den lebhaften, warmherzigen Emotionen, die dem Partner gegenüber zum Ausdruck gebracht werden, könnte der Betreffende doch eine Abneigung vor einer allzu engen Bindung haben. Die Dualität, die diesem Zeichen innewohnt, macht sich deutlich bemerkbar – womöglich ist der Mensch unfähig, sich mit einer Beziehung zufriedenzugeben. Ohne Frage kann er die Liebe genießen und dazu beitragen, dass der Partner das Leben lebenswert und aufregend findet, sexuell und anderweitig. Er möchte dann aber auch, dass der Partner wunschgemäß reagiert. Möglicherweise entwickelt sich hier ein philosophisches und idealistisches Element, das auf den Partner ausstrahlt und dafür sorgt, dass beide um einen bedeutungsvolleren Ausdruck bemüht sind. Wie dem auch sei – der intellektuelle und freundschaftliche Kontakt und die Bereitschaft, sich der Sexualität hinzugeben, sind hier von grundlegender Wichtigkeit. Ein lebhafter Freund, mit dem das Leben Spaß macht. Die Einstellung zum Geld: Wie gewonnen, so zerronnen!

Sonne in der Waage und Venus im Schützen

Ein Mensch, dem Liebe nicht wichtig zu sein scheint – er braucht sie aber genauso wie jeder andere auch. Eine Stellung, die dabei hilft, die Gefühle zu rationalisieren. Für den Geborenen sind die intellektuelle Beziehung zum Partner sowie das freundschaftliche Element wichtig, aber auch das Moment des Romantischen spielt eine große Rolle. Günstig für Freundschaften.

Sonne im Skorpion und Venus im Schützen

Dieser Einfluss glättet die ziemlich intensive Haltung des Skorpions zu Liebe und Sex, sie fügt den Wunsch nach einer intellektuellen Verbindung hinzu. Man erwartet viel vom Partner, hat aber auch viel zu geben. Hier könnten die skorpionische Eifersucht und die schützehafte Unabhängigkeit kollidieren – wofür eine Lösung gefunden werden muss. Ein Freund, dem gemeinsame Interessen das Wichtigste sind und der Freude am Investieren hat.

Sonne im Schützen und Venus im Schützen

Die Schützen sind die Jäger des Tierkreises. Wenn also die Venus im Zeichen Schütze an die Seite der Sonne tritt, rückt die Jagd in Verbindung mit den Emotionen in den Blickpunkt. Die Tendenz zur Unbeständigkeit muss bekämpft werden. Wenn sich auch Neptun in diesem Zeichen befindet, vielleicht eine romantische Verehrung. Evtl. ein Mensch, dem das Geld durch die Finger rinnt.

Sonne im Steinbock und Venus im Schützen

Wenngleich die Loyalität und die Vertrauenswürdigkeit des Steinbocks hier weniger deutlich in Erscheinung treten, handelt es sich doch um eine günstige Stellung für diejenigen, die sich ansonsten durch die ernsten Steinbock-Eigenschaften auszeichnen. Ermuntert zu Warmherzigkeit und dazu, das Leben zu genießen. Beim Liebesleben spielen gesellschaftliche Erwägungen keine Rolle. Von den Freunden wird erwartet, dass sie die anspruchsvollen Interessen teilen. Das Geldverdienen ist hier weniger wichtig.

Sonne im Wassermann und Venus im Schützen

Dieses Sonnenzeichen passt gut zur Unabhängigkeit der Schütze-Venus, das Feuer dieses Zeichens erwärmt die dynamische, aber distanzierte Anziehungskraft des Wassermanns. Allerdings dürfte die Liebe zur Individualität es auch dem romantischsten Wassermann schwer machen, sich langfristig zu binden. Experimente in sexueller Hinsicht sind üblich. Viele Freunde, die häufig ähnliche intellektuelle Interessen haben. Unregelmäßiger Umgang mit Geld.

VENUS IM STEINBOCK ♑

Die weltlichen Ziele, die mit dem Steinbock einhergehen, passen nicht gut zum Venus-Bedürfnis nach Verschmelzung und Liebe. Mit der Steinbock-Venus ist man in der Beziehung loyal und zuverlässig. Wegen der unterschiedlichen Charakteristiken von Zeichen und Planet könnte es zu Hindernissen beim Ausdruck der Emotionen kommen. Es besteht damit keinerlei Bedürfnis, dem Partner viel Zuneigung zu zeigen – dieser muss aber wissen, dass er wirklich geliebt wird. Hinsichtlich der gesellschaftlichen Stellung könnte die Neigung bestehen, sich für einen Partner als eine Art Statussymbol zu entscheiden. Konstante Liebe sollte das Ziel sein, bei der die Steinbock-Zielstrebigkeit darauf gerichtet wird, die Beziehung gemeinsam zu entwickeln, in materieller wie emotionaler Hinsicht. Hier sehen wir den vertrauenswürdigen Freund. Sein Geld gibt er auf eine überlegte und vorsichtige Weise aus.

Sonne im Skorpion und Venus im Steinbock

Eine Verbindung von Intensität und Leidenschaft (Skorpion) und Berechnung (Steinbock). Die Menschen, die bekommen, was sie wollen – die sich allerdings auch nicht durch allzu viel Rücksichtnahme auf die Emotionen ihrer Partner oder durch viel Mitgefühl auszeichnen. Sehr anspruchsvolle Freunde, die auch andere zu mehr Ehrgeiz anspornen. Der Tendenz zur Skrupellosigkeit muss entgegengetreten werden. Sehr gute geschäftliche Begabungen, viel Geld zu verdienen.

Sonne im Schützen und Venus im Steinbock

Beruhigt die Leidenschaft des Schützen; führt dazu, dass dieser die Liebe ernst nimmt. Ein nachdenklicher und ziemlich konstanter Mensch (umso mehr, wenn auch andere Planeten im Steinbock stehen). Allerdings ein Konflikt zwischen dem Schütze-Bedürfnis nach Freiheit innerhalb der Beziehung und dem Steinbock-Wunsch, nichts Falsches zu machen. Ein Freund, der Herausforderungen genießt. Finanzielles Wachstum durch ein cleveres Verhalten mit kalkulierten Risiken.

Sonne im Steinbock und Venus im Steinbock

Vertrauenswürdigkeit und Loyalität verbinden sich mit einem reservierten Gefühlsausdruck. Die Eigenschaften der Venus, wie sie vorstehend beschrieben wurden, treffen deutlich zu. Man sollte nicht so sehr nach materiellem Fortschritt streben, da man dabei Partner und Kinder vernachlässigt.

Sonne im Wassermann und Venus im Steinbock

Der sehr auf Unabhängigkeit ausgerichtete Lebensstil des Wassermanns könnte bedeuten, dass der Mensch vor emotionalen Bindungen zurückschreckt. Die romantischen Tendenzen könnten bei dieser Stellung unterdrückt werden. Der Eindruck, den der Geborene vermittelt, ist distanziert und kühl, zugleich aber besteht eine faszinierende Anziehung. Hier sehen wir den guten, zuverlässigen Freund, den man nur schwer wirklich kennenlernt. Womöglich Probleme mit Geld, was eine überlegte Einstellung ratsam machen würde.

Sonne in den Fischen und Venus im Steinbock

Die Kombination von Erde (Steinbock) und Wasser (Fische) ist sehr günstig, weil die Venus hier den Strom der Fische-Emotionen stabilisieren hilft. Bei einer praktischen Einstellung zur Liebe dürften keine größeren Probleme zu verzeichnen sein. Es gilt, die Kühle der Steinbock-Venus hier als einen positiven Faktor zu sehen, der in Hinsicht auf diesen Lebensbereich eine Richtung verleiht und der Vorsicht und Logik bringt. Ein sanftmütiger Freund, der viel Einfühlungsvermögen beweist, wenn er um Hilfe gebeten wird.

VENUS IM WASSERMANN ♒

Diese Stellung bedeutet einen zusätzlichen Magnetismus, eine Art Showstar-Glanz. Die Person genießt die Bewunderung, die sie hervorruft. Vielleicht aber ein Konflikt zwischen dem Bedürfnis nach einer Beziehung und den Anstrengungen, die dafür erforderlich sind – insofern wünscht man sich vielleicht eine Beziehung, aber keinen Partner. Umgekehrt ist aber auch ein ausgeprägter Sinn für das Romantische zu verzeichnen. Derjenige, der sich hier auch auf andere Horoskopfaktoren stützen kann – insbesondere auf die Zeichen von Sonne, Mond und Aszendent – und sich mit der Komplexität dieser Stellung arrangiert hat, vermag auf eine treue und idealistische Weise zugleich zu lieben, allerdings bringt er seine Gefühle ziemlich kühl zum Ausdruck. Bei den Emotionen müssen auch die anderen planetarischen Einflüsse in Betracht gezogen werden. Wenn zwischen Venus und Mars ein Aspekt besteht, könnte das eine Intensivierung in sexueller Hinsicht bedeuten.

Sonne im Schützen und Venus im Wassermann

Steigert die Schütze-Liebe zur Unabhängigkeit beträchtlich, kühlt aber gleichzeitig dessen feurige Leidenschaft ab. Wenn der Geborene sich aber erst einmal emotional gebunden hat, alles in allem viel Treue. Die Schütze-Liebe zur Jagd und ihren Herausforderungen tritt hier in maskierter Form zutage. Diese Stellung kann dem eher anspruchslos auftretenden Schützen etwas Glänzendes geben. Ein warmherziger und angenehmer Freund, der viel positive Ermutigung geben kann. Finanzielle Risiken geht er immer wieder einmal ein.

Sonne im Steinbock und Venus im Wassermann

Diese Stellung kann den ehrgeizigen Steinbock arrogant erscheinen lassen, worunter vielleicht die Freundschaften leiden. Womöglich entschuldigt er damit auch, dass er sich nicht dauerhaft binden mag und seine Emotionen für sich behält. Der Mondeinfluss könnte hier hilfreich sein. Ein vertrauenswürdiger, hilfsbereiter, allerdings auch unberechenbarer Freund. Finanziell könnte er sich zwischen Vorsicht und Übermut hin- und hergerissen fühlen.

Sonne im Wassermann und Venus im Wassermann

Julia Parker nennt dies die »Schneekönigin-Kombination«. Ein Mensch, der eine magnetische Anziehungskraft hat, den man aber kaum richtig kennenlernt. Unabhängigkeit, gleichermaßen aber auch Liebe und Zuneigung. All das, was zur Wassermann-Venus geschrieben wurde (siehe S.325), trifft hier zu.

Sonne in den Fischen und Venus im Wassermann

Die Fische-Emotionen stehen hier unter Kontrolle; eine Person, die in der Lage ist, das Selbst von den Gefühlen zu trennen, ohne dabei auf ihre Intuition verzichten zu müssen. Eine originelle, manchmal allerdings auch allzu pompöse Erscheinung. Viel Freundlichkeit und Wohltätigkeit und eine große Opferbereitschaft. Ein wunderbarer, manchmal aber auch vergesslicher Freund, der sich bei seinen Finanzen um Beistand bemühen sollte.

Sonne im Widder und Venus im Wassermann

Hier wird die feurige Leidenschaft des Widders durch eine kühle Haltung der Venus gedämpft, ergänzt durch das Widder-Bedürfnis nach Unabhängigkeit. Der Wunsch nach einer dauerhaften Beziehung könnte mit dem Drang nach absoluter Freiheit kollidieren. Ein sehr lebhafter Freund. Überstürztheit in finanzieller Hinsicht könnte zu Problemen führen.

VENUS IN DEN FISCHEN

Ein sehr hohes emotionales Niveau; ein Mensch, der in fast allen Lebensbereichen von Emotionen beherrscht werden kann und der womöglich oft ausgenutzt wird. Er muss durch schwierige Erfahrungen lernen, auch weil er dazu neigt, die gleichen Fehler immer wieder zu machen (besonders solche, die mit den Gefühlen zu tun haben). Merkur im Steinbock oder im Wassermann könnte eine Hilfe sein. Ein machtvoller, ernsthafter, gelegentlich aber auch sentimentaler Drang, Liebe und Zuneigung zum Ausdruck zu bringen. Man hüte sich vor Illusionen und Selbsttäuschung! Ein Kind mit dieser Stellung muss von seinen Eltern mit Bestimmtheit zur Wahrheit angehalten werden. Den Weg des geringsten Widerstandes zu suchen ist hier verbreitet, speziell in Beziehungen. Das Selbstvertrauen muss gestärkt werden. Mildtätigkeit könnte zu einem Problem werden. Ein zärtlicher und fürsorglicher Freund.

Sonne im Steinbock und Venus in den Fischen

Erwärmt das Herz des Steinbocks und macht die Einstellung zu Partnern sanfter. Das gesellschaftliche Fortkommen steht damit nicht so sehr im Vordergrund. Der Betreffende widmet sich auch entspannenden Beziehungen und Kindern, statt sich nur um materielle Angelegenheiten zu kümmern. Die Steinbock-Eigenschaften halten die ausufernden Emotionen der Fische im Zaum. Ein konkret veranlagter und mitfühlender Freund. Bei Investitionen sollte man auch intuitiv entscheiden.

Sonne im Wassermann und Venus in den Fischen

Unterstützt die freundlichen, humanitären und wohltätigen Eigenschaften des Wassermanns und führt zu mehr Wärme und Anteilnahme und zu weniger Distanz. Ein Mensch, der mit anderen mitfühlt – wenngleich die Fische-Emotionen hier mit dem Wassermann-Drang nach Unabhängigkeit verschmelzen. Ein verständnisvoller und mitfühlender Freund, der vielleicht nicht mit Geld umgehen kann und sich deshalb um Hilfe bemühen sollte.

Sonne in den Fischen und Venus in den Fischen

In vielerlei Hinsicht eine sehr schöne Stellung – allerdings muss sich der Geborene klar sein, dass die Emotionen allzu leicht mit ihm durchgehen. Er ist vielleicht auch allzu freundlich und mitfühlend – der geborene Fußabtreter womöglich. Möglicherweise ist er zu großen Opfern bereit, die ihm selbst schaden. All das, was zur Venus in den Fischen angeführt wurde, trifft hier markant zu. Exzessive Großzügigkeit kann zu finanziellen Problemen führen.

Sonne im Widder und Venus in den Fischen

Hier sind Feuer- und Wasser-Emotionen miteinander kombiniert. Das Widder-Feuer verleiht ein natürliches Selbstbewusstsein, sodass hier innerliche Stärke durch Wärme, Freundlichkeit und Leidenschaft ergänzt wird. Diese Stellung mildert die Selbstsucht des Widders und fügt Verständnis und Mitgefühl zu. Viel sexuelle Energie. Sowohl der Partner als auch die Freunde können mit positiver Unterstützung rechnen. Vielleicht etwas unrealistische Ideen, wie man zu Geld kommen könnte, dabei ein sehr unternehmungslustiger Geist.

Venus im Stier und Venus in den Fischen

Eine schöne Kombination, die zu einem sanften, nichtsdestoweniger tiefen und bedeutungsvollen Ausdruck der Gefühle führt. Die Stier-Tendenz, Besitzansprüche geltend zu machen, tritt hier zurück – allerdings ist emotionale Sicherheit sehr wichtig. Die Venus-Emotionen sind kontrolliert. Ein Mensch, der ein fürsorglicher, leidenschaftlicher und sinnlicher Liebhaber ist und vielleicht zu viel Geld für den Komfort ausgibt.

VENUS IN DEN HÄUSERN

Der Venuseinfluss ist im 2. und im 7. Haus – bzw. im Stier- und im Waage-Haus – erhöht. Betrachten Sie das Venushaus in Verbindung mit der Sonne, weil beide Planeten stets ziemlich dicht beieinander stehen. Auf dem Lebensgebiet, das durch die Venusstellung angezeigt ist, möchte man sich mit anderen verbinden.

VENUS IM 1. HAUS (1)

Außerordentlich viel Charme und das drängende Bedürfnis nach einer Verbindung – mit anderen Worten: zu lieben und geliebt zu werden. Graziöse Bewegungen und gesellschaftliches Geschick, aufgrund von Aufgeschlossenheit und einem angeborenen Mitgefühl. Manchmal auch der Hang zur Trägheit oder dazu, sich dem süßen Leben hingeben zu wollen. Für ein anregendes und unterhaltsames Gespräch nimmt sich der Betreffende immer Zeit. Bedürfnis nach Harmonie und tiefgründiger Verbindung, speziell in der Zweierbeziehung. Möglicherweise kommt es erst dann zu psychologischer Ganzheit, wenn der Mensch eine dauerhafte Beziehung eingegangen ist (besonders bei der Waage).

Womöglich ein langsamer Stoffwechsel, ein eher träger, aber rhythmischer Schritt und eine Abneigung, was Sport betrifft. Da die Venus über die Schilddrüse herrscht, ist Gefahr von Übergewicht gegeben.

In vielerlei Hinsicht zeigt sich dieser Mensch sehr umgänglich, allerdings neigt er vielleicht zu Rachegelüsten. Eltern mit einem solchen Kind müssen darauf achten, dieses nicht zu verwöhnen. Je dichter die Venus am Aszendenten steht, desto größer ist ihr Einfluss.

VENUS IM 2. HAUS (2)

Der Venuseinfluss in diesem Stier- bzw. Venus-Haus gestärkt. Besitztümer zu erwerben, die ein ästhetisches Vergnügen und materielle Sicherheit verschaffen, ist sehr wichtig. Eine große Liebe zur Schönheit. Der Geborene möchte Liebe und Aufmerksamkeit von anderen bekommen. Die stiertypischen Besitzansprüche mit der Neigung, die geliebte Person als persönliches Eigentum aufzufassen, sollten bekämpft werden. Häufig Großzügigkeit, vielleicht aber auch zu dem Zweck, Aufmerksamkeit und Anerkennung zu erhalten. Am markantesten ist dies im exhibitionistischen Löwen, am unauffälligsten in der bescheidenen Jungfrau. Weiterhin besteht das Bedürfnis, die finanzielle Situation zu verbessern. Ein guter Sinn für das Geschäftliche.

VENUS IM 3. HAUS (3)

Die Fähigkeit, auf eine mitfühlende Weise zu kommunizieren. Ein natürliches gegenseitiges Verständnis mit den Vertrauten. Intellektuelle Herausforderungen machen Spaß, und der oder die Geborene setzt sich erfolgreich mit schwierigen Themen auf eine beharrliche und umsichtige Weise auseinander.

Das gesellschaftliche Element ist hier von großer Bedeutung. Unterhaltung in einer geistig anregenden, entspannten Umgebung wird sehr genossen.

VENUS IM 4. HAUS (4)

Sehr stolz auf das Zuhause. Ein Mensch, der sein Zuhause schön und komfortabel machen möchte, zu einem friedlichen Hafen seines Lebens. Auch eine gesteigerte Liebe zu den engsten Angehörigen. Allerdings könnte es hier zu Problemen kommen, wenn die herangewachsenen Kinder das Zuhause verlassen möchten. Womöglich die Neigung, die Kinder zu verziehen, z. B., indem sie mit Zuneigung und teuren Geschenken nur so überschüttet werden.

Eine überdurchschnittliche Identifikation mit der Mutter, vielleicht mit Zügen der Anbetung. Das innere Kind sehnt sich womöglich danach, so zu sein wie diese.

VENUS IM 5. HAUS (5)

Eine Liebe zur Kunst. Wenn das Horoskop noch andere Hinweise auf kreative Talente enthält, könnte der Mensch womöglich auf dem Gebiet der Musik, der Mode oder der Malerei hervortreten.

Ein farbiges Liebesleben, das dem Menschen sehr wichtig ist; er verehrt seinen Partner auf eine romantische Weise und stellt ihn vielleicht auf ein Podest – was dann in der Folge zu großen Enttäuschungen führen kann, wenn die Dinge anders laufen als erhofft.

Eine ausgeprägte Liebe zum Luxus und zu einer modischen Erscheinung ist sehr wahrscheinlich. Ob dies nun in extravaganter Form der Fall ist, hängt vom Zeichen der Venus ab. Bei der Stellung im Schützen z. B. dürfte die Kleidung sehr modern und elegant sein, dabei aber bequem. Die Faszination für finanzielle Wagnisse könnte katastrophale Folgen haben – jegliche Spielleidenschaft muss kontrolliert werden.

VENUS IM 6. HAUS (6)

Der Wunsch nach sportlicher Betätigung ist wahrscheinlich nicht besonders groß – mit der potentiellen Neigung zu reichhaltigem Essen und alkoholischen Getränken wäre ein Ausgleich aber ratsam. Gefahr des Übergewichts, was mit der Schilddrüse bzw. dem trägen Stoffwechsel zusammenhängen könnte. Ein Mensch, der entweder gut mit der Routine seiner Arbeit zurechtkommt oder kein Interesse dafür aufbringt und insofern zur Trägheit neigt. Das Beste ist es, feste Gewohnheiten zu entwickeln, dies kann sogar anregend auf den Stoffwechsel wirken.

Unter Umständen eine ausgesprochene Abneigung gegen Arbeit in schmutziger oder unangenehmer Atmosphäre – die man womöglich dann tolerieren kann, wenn das Endergebnis ästhetisch befriedigend ist. Töpferei oder Gartenarbeit wären hierfür Beispiele. Gute Manieren sind wichtig, und der Betreffende kann anderen ein Vorbild sein.

VENUS IM 7. HAUS (7)

Hier ist der Venuseinfluss gestärkt (es handelt sich um das Venus- bzw. Waage-Haus). Der Wunsch, das Leben mit einem Partner zu teilen, ist extrem stark ausgeprägt, was schnell zu emotionalen Verpflichtungen führt. Die Art und Weise der Verbindungen ist am Venuszeichen abzulesen, welches sich hauptsächlich auf die engen persönlichen Verbindungen bezieht.

Der Einfluss des Partners darf nicht bis zur Persönlichkeit des Geborenen reichen – es könnte nämlich dazu kommen, dass durch Liebe, Zuneigung und Bewunderung die Identität mit der des Partners verschwimmt. Wie dies im Einzelnen vor sich geht, hängt vom Zeichen der Venus ab. Man sollte hier nach einer ausgewogenen Partnerschaft streben, mit Elementen der Freundschaft und der Verständigung sowie der Bereitschaft zu gemeinsamer Arbeit an der Beziehung in Hinsicht auf Liebe, Harmonie und ein erfüllendes Sexualleben.

Wenn die Venus durch Mond, Saturn oder Uranus beeinträchtigt wird, ist viel Arbeit für die Beziehung nötig.

VENUS IM 8. HAUS (8)

Erhöht die Intensität der Leidenschaft und der persönlichen Emotionen. Möglicherweise störende Eifersucht. Das Sexualleben ist für gewöhnlich reich und erfüllend, sofern nicht Saturn oder Pluto negativ einwirken, was zu psychischen Problemen führen könnte, die nur durch intensive Auseinandersetzungen mit dem Partner oder ggf. auch durch den Rat eines Beziehungstherapeuten gelöst werden können.

Bei der Stellung der Venus in einem Wasserzeichen kommt sehr viel Intuition zum Ausdruck. Viel Mitgefühl und Einsicht. Der Betreffende könnte sich mit den Problemen anderer identifizieren und dazu in der Lage sein, die Ursache dafür zu finden – oder auch die der eigenen. Der Tradition nach begünstigt diese Stellung Erbschaften.

VENUS IM 9. HAUS (9)

Eine Liebe zum Reisen und das Bedürfnis, unterwegs zu sein, vielleicht auch die Neigung, von exotischen Ländern zu träumen. Möglicherweise romantische Episoden in der Ferne. Der Tradition nach könnte der Mensch eine Person aus der Fremde heiraten oder in der Fremde leben, was auch oft der Fall ist.

Eine kluge und dabei entspannte, angenehme philosophische Einstellung zum Leben. Jemand, der sein Leben auf eine idealistische Art führen möchte, in einer Welt voller Schönheit und Frieden. Hat er oder sie positive Vorstellungen (sehen Sie dazu auf den Aszendenten und auf Mars), wird es auch tatsächlich zu diesbezüglichen Aktivitäten kommen, z. B. zu einem Einsatz im Dienste des Friedens. Die Studienjahre sind angenehm und anregend, allerdings nicht infolge von harter Arbeit. Denkbar wäre hier auch eine Liebesbeziehung mit einer Lehrkraft.

VENUS IM 10. HAUS (10)

Sehr günstig für die Entwicklung von positiven Kontakten zu Arbeitskollegen. Als Vorgesetzter in der Wirtschaft oder in der Verwaltung kein Mensch, der einsame Entscheidungen fällt. Das Ausmaß der auf ihm lastenden Verantwortung kann ihm schwer zu schaffen machen – was man sich vor Augen halten sollte, wenn eine Beförderung angeboten wird. Ein Mensch, der gut delegieren kann.

Für gewöhnlich viel Stolz auf die berufliche Beschäftigung und das persönliche Ansehen. Eine fast emotional zu nennende Beziehung zur Tätigkeit ist Voraussetzung für das Gefühl der Erfüllung. Finanzieller Gewinn ist diesem Menschen sehr wichtig. Diese Stellung ist in manchen Fällen nicht günstig für Selbstständige, weil sie zu Trägheit und zu Undiszipliniertheit führen kann. Bei dieser Stellung könnte man seine idealistischen Erwartungen auch auf den Partner und dessen Ziele richten.

VENUS IM 11. HAUS (11)

Genießt das gesellschaftliche Leben, welches dann auch von großer Wichtigkeit ist. Ein Mensch, der viele Freunde und Bekannte hat. Die Arbeit in Vereinen und Ausschüssen macht ihm Spaß, gleichermaßen auch Aktivitäten für Gruppen und Verbände, die die gleichen Interessen wie er selbst haben. Jemand, der es sehr genießt, für seine Anstrengungen vor anderen gelobt zu werden.

Ein allgemeines Bedürfnis zu gefallen und ein Talent, andere zu unterhalten oder gesellige Zusammenkünfte zu organisieren. Letztere könnten auch dem Zweck dienen, Geld zur Linderung von Not zu sammeln.

VENUS IM 12. HAUS (12)

Ein Mensch, der aus seinen Liebesbeziehungen womöglich ein Geheimnis macht oder der vielleicht auch aufgrund von Hemmungen und Schüchternheit nicht dazu in der Lage ist, seine Gefühle zum Ausdruck zu bringen, was zu einer stillen Verehrung und Anbetung aus der Ferne führen könnte. Ist Letzteres der Fall, dürfte ebenfalls eine Neigung zu Fantasievorstellungen zutage treten. So etwas ist für die meisten Menschen eine gute Sache – hier aber besteht die Gefahr, dass man die Kontrolle verliert. Isolation könnte die Folge sein oder auch der Hang, bei Stress zu viel zu essen oder zu trinken.

Das religiöse Gefühl könnte erhöht sein, mit einer besonderen Liebe zur Gottheit und dem Gefühl einer Berufung, das das Bedürfnis nach Sexualität und nach emotionalen Beziehungen ersetzt. Ästhetische Interessen, die in aller Stille praktiziert werden, haben eine günstige Auswirkung, besonders, wenn sie konkrete Resultate bringen.

DIE PROGRESSIVE VENUS IN DEN ZEICHEN (♀)

Im Durchschnitt läuft die Venus im Leben eines Menschen durch drei Häuser. Wenn sie in ein neues Haus kommt, sind die Auswirkungen sehr subtil – viele Menschen werden sich dessen gar nicht bewusst. Man sollte bestrebt sein, das, was mit dem betreffenden Haus verbunden ist, zu genießen. Kommt z. B. die Venus in der Progression in das 10. Haus, dürfte die Karriere erfüllender und glücklicherer verlaufen als zuvor.

VENUSASPEKTE

Die Venus ist ein wohltätiger Planet, sodass ihre Auswirkungen nur dann wirklich negativ sind, wenn es zu maßlosen Übertreibungen kommt. Es ist zu Vorsicht anzuraten, weil die Venus auch zu viel Charme verleihen kann – oder auch Trägheit oder die Neigung, andere auszunutzen. Insgesamt aber unterstützen die Venusaspekte den Ausdruck von Liebe sowie die Fähigkeit, mit Geld und Besitztümern umzugehen.

Venusaspekte zur Sonne siehe Sonnenaspekte zu Venus, S. 277.

Venusaspekte zum Mond siehe Mondaspekte zu Venus, S. 295.

Venusaspekte zu Merkur siehe Merkuraspekte zu Venus, S. 314.

VENUSASPEKTE ZU MARS

Konjunktion

Außerordentlich viel sexuelle Anziehungskraft und Spaß an sexuellen Verbindungen. Der Tradition nach macht Mars den Ausdruck der Venus rauer, während die Venus den Marseinfluss glättet – was oft auch stimmt. Diese beiden gegensätzlichen Planeten kommen in der Konjunktion gut zur Wirkung – sie bewirkt Überschwang und Enthusiasmus, Zuneigung, Lust an der Sexualität und gleichzeitig die Bereitschaft, auf die Wünsche des Partners einzugehen.

Achten Sie hier auf den Einfluss des Zeichens, weil dieses weitgehend darüber bestimmt, wie die Einstellung zur Sexualität und Liebe beschaffen ist. Falls es sich dabei um das Sonnenzeichen handeln sollte, treten dessen Charakteristiken umso stärker in Erscheinung.

Positive Aspekte

Ähneln der Konjunktion und lassen ggf. das betreffende Element markant hervortreten. Man sollte sich insofern die Frage stellen, ob der Betreffende zu Liebe und Sexualität eine intellektuelle und eher distanzierte Einstellung hat (Luft), ob ihm Sicherheit und vielleicht auch Konventionen sehr wichtig sind (Erde), ob er leidenschaftlich ist (Feuer) oder sehr mitfühlend

Negative Aspekte

Bewirken ebenfalls eine betonte Haltung zur Liebe.und Sexualität und führen häufig zu intensiven Bedürfnissen – allerdings in Verbindung mit einer gewissen Spannung, die es schwer macht, Liebe und Sexualität wirklich zu genießen. Hieran muss der Mensch bewusst arbeiten. In bestimmten Fällen könnte es zur Unterdrückung von emotionalen Problemen gekommen sein, speziell bei negativen Aspekten von Saturn, Uranus oder Pluto zum Mond. Möglicherweise hat der Geborene ohne eigene Schuld unter Zurückweisung zu leiden und ist gezwungen, sich eine dicke Haut zuzulegen.

Es ist hier einfacher für den Menschen, wenn Mars der stärkere Planet ist. Falls die Venus dominiert, eine sehr große Empfänglichkeit für Aussagen und Reaktionen der Mitmenschen.

PROGRESSIVE ASPEKTE ZWISCHEN VENUS UND MARS

Konjunktion

Nahezu unvermeidlich eine besondere Betonung des Liebeslebens. Das könnte eine vergnügliche flüchtige Affäre sein, gleichermaßen aber auch etwas Dauerhaftes. Wenn dieser Aspekt zu Zeiten auftaucht, in denen auch vom Progressionshoroskop her wichtige Veränderungen zu erwarten sind, könnte es sich um eine feste Beziehung handeln. Ohne Unterstützung aber (z. B. Sonne oder Aszendent progressiv in einem neuen Zeichen oder auch die Saturnwiederkehr) dürfte es sich nur um eine Affäre handeln. Wie dem auch sei – wahrscheinlich eine sehr vergnügliche Phase.

Positive Aspekte

Ähnliche Effekte wie bei der Konjunktion, mit der Möglichkeit, dass alles nach Plan verläuft, besonders dann, wenn keine störenden Transite einwirken oder andere Anzeichen von Frustration oder Umwegen bestehen. Vergewissern Sie sich, ob die zu dieser Zeit entstandene Beziehung von Dauer sein könnte oder nicht (siehe oben)!

Negative Aspekte

Künden von einer heiklen Phase, zumindest, was das Liebesleben betrifft. Warnen Sie Ihr Gegenüber, dass es nun zu problematischen Spannungen kommen könnte, vielleicht in Form von lautstarken Auseinandersetzungen.

Stabilisierende positive Transite von Saturn zum Mond oder progressive Aspekte vom Mond zu Saturn könnten sich jetzt als Wohltat erweisen; sie kühlen die Emotionen ab und wirken der ansonsten zu erwartenden Tendenz zu vorschnellen Handlungen entgegen.

VENUSASPEKTE ZU JUPITER

Konjunktion

Verleiht Charme und Großzügigkeit, macht den Menschen warmherzig und liebevoll – und beliebt. Womöglich ein Genussmensch; bei vielen Trigonen und Sextilen im Horoskop könnte es auch dazu kommen, dass der Betreffende allzu charmant ist und damit andere Menschen auszunutzen versteht.

Möglicherweise eine sehr philosophische und idealistische Einstellung, umso mehr, wenn die Konjunktion in ein Zeichen fällt, das für Kreativität spricht. Vielleicht eine Neigung zur Literatur. Auch ein guter Aspekt für geschäftliche Verbindungen mit dem anderen Geschlecht.

Positive Aspekte

Ein sehr populärer und anziehender Mensch, der vielleicht auch gut und unterhaltsam reden kann. Günstig für diejenigen, die in der Öffentlichkeit aktiv sind. Eine erhöhte Wahrscheinlichkeit, sehr alt zu werden. Wenige oder keine finanziellen Probleme.

Negative Aspekte

Weil sowohl Venus als auch Jupiter als wohltätige Planeten gelten, resultiert aus ihren negativen Verbindungen kaum Stress. Allerdings könnte von Zeit zu Zeit die Tendenz zur Rastlosigkeit und Unzufriedenheit störend auf das Wohlbefinden wirken. Tollkühnheit –

manchmal in Verbindung mit Investitionen – ist möglich, unmäßiges Essen oder Trinken beschert Probleme mit der Leber oder Übergewicht.

PROGRESSIVE ASPEKTE ZWISCHEN VENUS UND JUPITER ♃

Konjunktion
Sollte für Wohlstand und Glück stehen. Bei unerwarteten Geldzuflüssen sollte der Mensch aber nicht in Extravaganz und übermäßige Großzügigkeit verfallen.

Diese Progressionen wirken am stärksten, wenn sie mit Jupitertransiten zur Sonne, zum Mond, zum Aszendenten oder MC oder mit einer Jupiterwiederkehr zusammenfallen. Aber selbst dann kann eine gewisse Vorsicht nicht schaden, umso mehr, wenn es sich um ein extravertiertes Horoskop handelt. Wahrscheinlich aber eine Phase des Fortschritts, besonders dann, wenn Venus oder Jupiter im Horoskop eine personalisierte Bedeutung haben.

Positive Aspekte
Weniger Neigung zur Rastlosigkeit oder Extravaganz als bei der Konjunktion, weil der Einfluss nicht ganz so stark ist (ausgenommen, Jupiter oder die Venus haben eine personalisierte Bedeutung). Unterstützende Energien durch Jupitertransite betonen dies.

Negative Aspekte
Man muss darauf achten, dass man nicht in schwachen Augenblicken einen Haufen Geld aufs Spiel setzt oder verleiht, weil das katastrophale Folgen haben könnte. Es könnte die Tendenz zur Unbeständigkeit und vielleicht auch ein mangelhaftes Beurteilungsvermögen bestehen, wenn es um Entscheidungen in Sachen Liebe oder Geld geht. Stabilisierende Transiteinflüsse von Saturn, z. B. das Trigon zur Sonne oder zum Mond, wären hier hilfreich.

Achten Sie auch auf negative Lunarprogressionen zu Jupiter für die betreffende Phase – sie könnten die oben angeführte Schwäche verstärken. Man sollte auch auf die Ernährung achten; Probleme mit der Leber wären denkbar.

VENUSASPEKTE ZU SATURN ♄

Konjunktion
Ein Schlüsselfaktor bezüglich der persönlichen Beziehungen. Ein Mensch, der kühl oder auch gehemmt wirkt und keine Zuneigung erkennen lässt. Es fällt ihm schwer, sich entspannt und entgegenkommend zu präsentieren. Auch sind überdurchschnittlich viele Enttäuschungen im Liebesleben möglich.

Um gegen diese frustrierenden Züge anzugehen, muss man sich, bevor man sich emotional bindet, seiner selbst sicher sein. Emotionale Sicherheit ist hier das Schlüsselwort. Vielleicht fühlt sich der betreffende Mensch zu älteren Partnern hingezogen. Möglicherweise verhindert auch ein starkes Pflichtgefühl das Eingehen einer Beziehung - wenn z. B. der Betreffende seine Liebe, Zeit und Energie der Pflege eines Elternteils widmet. Der wahre Grund dafür aber könnte eine tiefverwurzelte Hemmung sein.

Positive Aspekte
Weniger schwierig als die Konjunktion, bewirken aber häufig finanzielle Enttäuschungen: Was der Mensch sich so sehr wünscht (Venus), kann er nicht bekommen (Saturn). Diese Energie ist positiv geprägt, wenn die Venus in einem Zeichen steht, das Luxus liebt, wie z. B. Stier, Löwe oder Waage. Wenn die emotionale Sicherheit gewährleistet ist, wird sich der Geborene als treu erweisen. Aber selbst in diesem Fall geht etwas Beschränkendes von diesen Aspekten aus.

Negative Aspekte
Haben einen ähnlich beschränkenden Effekt wie die Konjunktion, vielleicht sogar noch einen intensiveren. Mit Antriebskraft aber kann der Mensch die Probleme überwinden. Steht Sonne oder Mond in einem positiven Aspekt zu Pluto oder Pluto in harmonischer Verbindung zum Aszendenten, könnte man die Hemmungen gut durch eine Therapie abbauen.

PROGRESSIVE ASPEKTE ZWISCHEN VENUS UND SATURN ♄

Konjunktion
Alle Aspekte zwischen diesen beiden Planeten haben einen ziemlich depressiven Effekt auf die emotionalen Beziehungen. Eine schwierige Phase, die aber doch wertvolle Erfahrungen bringt. Die langfristigen Auswirkungen werden möglicherweise durch gleichzeitig stattfindende positive Jupitertransite zur Venus beeinflusst, zu personalisierten Planeten oder zum Aszendenten. Es handelt sich auch dann um eine Schlüsselphase, wenn Saturn im Transit die Radixvenus aspektiert. Der Mensch sollte sich jetzt um Gelassenheit bemühen und seinen gesunden Menschenverstand beweisen.

Sehr oft zeigt diese Progression an, dass sich ein Paar zeitweilig trennen muss, aus beruflichen oder familiären Gründen. Das Endergebnis davon könnte aber mehr Geld oder Prestige sein.

Positive Aspekte
Könnten zu einer ernsthafteren Einstellung zu Beziehungen führen oder vom Beginn einer langfristigen Verbindung künden, Letzteres besonders dann, wenn gleichzeitig in der Progression die Sonne oder der Aszendent in ein anderes Zeichen tritt oder wenn sich eine Saturnwiederkehr ereignet.

Bei den Plänen - die sich vielleicht auf den Kauf oder die Finanzierung eines Hauses beziehen - könnten sich Verzögerungen ergeben. Dies ist nicht gerade die lustigste aller Progressionen.

Negative Aspekte
Wenn auch durch Transite und Lunarprogressionen angezeigt ist, dass Saturn, Uranus oder Pluto eine herausragende Rolle spielt, dürfte eine frustrierende Phase bevorstehen. Nichtsdestoweniger kann es nun zu wichtigen Veränderungen kommen.

Vergewissern Sie sich, wie praktisch und bestimmt ihr Gegenüber auftritt - auf diese Eigenschaften kommt es jetzt an. Neigt er zu Ängsten und Sorgen (mit Krebs oder der Jungfrau als Sonnen-, Mond- oder Aszendentenzeichen), sollte er zur Stabilisierung seine positiven Züge (gemäß der Zeicheninterpretationen) einsetzen. Wenn es markante positive Transite – z. B. von Jupiter – und stimulierende Mondprogressionen zu Mars und den persönlichen Planeten gibt, sind diese Kontakte gar nicht so problematisch.

VENUSASPEKTE ZU URANUS ♅

Konjunktion
Für gewöhnlich ein hohes Maß an leicht entzündlicher emotionaler Spannung, die einen positiven Ausdruck sucht, vielleicht in Form von kreativen oder ungewöhnlichen Interessen. Wahrscheinlich eine große persönliche Anziehungskraft und eine erotische Erscheinung, aber

eine Scheu, sich emotional wirklich zu binden. Möglicherweise ein ausgeprägter Eigenwille, vielleicht auch eine Neigung zur Andersartigkeit. Wenn das Horoskop Tollkühnheit erkennen lässt (Mars!), verstärkt dieser Aspekt das noch. Wird die Konjunktion durch Transite aktiviert, überraschende Geschehnisse.

+ Positive Aspekte
In ihrer Wirkung ähnlich wie die Konjunktion, aber nicht ganz so kraftvoll. Verleihen Originalität und manchmal auch Kreativität (die womöglich in sehr moderner Form oder durch Literatur, Musik oder Entwürfe zum Ausdruck gebracht wird). Es kann hier zur Exzentrizität kommen, ein Zug der Andersartigkeit und betonten Eigenwilligkeit ist nichts Ungewöhnliches. Die Emotionen werden durch diese Aspekte abgekühlt; ein Mensch, der sich von seinen Partnern auf subtile Weise distanziert.

− Negative Aspekte
Weisen für gewöhnlich auf viel Spannung in der Einstellung zu Beziehungen hin. Entspannung ist für diesen Menschen ein Fremdwort, was zur Folge hat, dass es anstrengend mit ihm ist. Die Eigenwilligkeit kann so weit reichen, dass er in dem einen Augenblick etwas sagt und im nächsten genau das Gegenteil davon tut.

Kinder mit dieser Stellung machen vielleicht das, was ihre Eltern wollen, wenn sie ihnen das Gegenteil ans Herz legen. Entspannungstechniken, wie z. B. Yoga, können von Nutzen sein.

PROGRESSIVE ASPEKTE ZWISCHEN VENUS UND URANUS ♅

☌ Konjunktion
Eine dynamische Kraft, die das Liebesleben in den Blickpunkt rücken und Liebe auf den ersten Blick bedeuten könnte. Bei der Interpretation sollten Sie deshalb auch auf Anzeichen für langfristige Veränderungen und auf stabilisierende Transite schauen!

Mit der Heirat oder dem Eingehen einer dauerhaften Beziehung sollte man jetzt so lange warten, bis die Progression vorbei ist. Falls die oben angesprochene langfristige Tendenz nicht gegeben ist, dürfte es sich um eine nette, aufregende – und flüchtige Affäre handeln (Ausnahme: Venus oder Uranus mit einer personalisierten Bedeutung).

+ Positive Aspekte
Ähnliche Auswirkungen wie gerade beschrieben, aber mit noch mehr Möglichkeiten für vergnügliche und erinnernswerte Erlebnisse. Spannung im positiven Sinn. Allerdings stehen auch hier die Chancen für eine dauerhafte Beziehung eher schlecht, falls nicht die angesprochene Unterstützung erkennbar ist oder Venus und/oder Uranus eine personalisierte Bedeutung tragen.

− Negative Aspekte
Womöglich eine schwierige Phase; eine Zeit, in der der oder die Geborene die ausgefahrenen Gleise verlassen und Spaß haben möchte - was manchmal von verheerenden Auswirkungen begleitet wird. Vorsicht ist nötig: Die sehr machtvolle, angespannte Stimmung dieser Zeit könnte zu drastischen Handlungen führen, die später vielleicht bitter bereut werden.

Ermutigen Sie Ihr Gegenüber dazu, die Ruhe zu bewahren (was nicht leicht fallen wird). Abrupte oder exzentrische Aktivitäten führen unweigerlich zu Spannungen. Sehen Sie nach, ob Transite diese Progression verstärken oder abmildern!

VENUSASPEKTE ZU NEPTUN ♆

☌ Konjunktion
Eine sehr romantische und idealistische Einstellung zur Liebe, gleichermaßen aber auch mehr Empfindsamkeit als sonst, was heißt, dass es zu überdurchschnittlich viel Herzenskummer kommen kann (am stärksten mit der Konjunktion im Zeichen Waage). Man sollte sich bemühen, dies mithilfe von anderen planetarischen Einflüssen in den Griff zu bekommen. Ein Sinn für Schönheit, Kunst und das Ästhetische ganz allgemein. Viele Astrologen weisen auch auf eine besondere Tierliebe hin (am stärksten bei der Stellung im Schützen).

Die Konstitution könnte geschwächt sein, vielleicht auch deshalb, weil die Willenskraft unter diesem Kontakt leidet. Möglicherweise ein Mensch, der nicht Nein sagen kann, wenn es um gutes Essen oder um Alkohol geht.

+ Positive Aspekte
Viel Sympathie und Freundlichkeit. Ein mildernder Einfluss auf die Persönlichkeit, besonders dann, wenn das Horoskop auf eine erdverbundene, praktische und materialistische Einstellung schließen lässt. Der Betreffende wird das allerdings nicht zugeben, weil ihm diese Eigenschaften selbst suspekt sein könnten.

Wenn vom Horoskop auch künstlerische Talente angezeigt sind, verstärken diese Aspekte die Begabung - die vielleicht musikalischer Art ist - noch. Neigung zu Tagträumen.

− Negative Aspekte
Lässt das Horoskop auf Unbeständigkeit und Rastlosigkeit schließen, verstärken solche Aspekte dies noch, indem sie den Charakter mit innerlicher Unzufriedenheit erfüllen. Es ist wichtig, hier die Stellung von Sonne und Mond einzubeziehen: Bei negativen Aspekten könnten die angeführten Züge zu einem ernsthaften Problem werden, weil man vielleicht eine Stellung nach der anderen aufkündigt oder fortwährend umzieht, niemals zufrieden ist und immer auf die Zukunft setzt.

Noch mehr Sensibilität, als schon bei der Konjunktion angelegt war. Eine idealistische Haltung zur Liebe, allerdings können die Emotionen den Geborenen überwältigen und in die Irre führen, am wahrscheinlichsten dann, wenn Neptun im Skorpion steht.

PROGRESSIVE ASPEKTE ZWISCHEN VENUS UND NEPTUN ♆

☌ Konjunktion
Wenn es keine schwerwiegenden negativen Aspekte gibt, wahrscheinlich eine glückliche und romantische Zeit. Man muss sich aber davor hüten, sich vom Sinn für das Romantische und von den Gefühlen überwältigen zu lassen - mit dieser Konjunktion fühlt man sehr intensiv und ist empfänglich für Emotionen.

+ Positive Aspekte
Ähnliche Auswirkungen wie bei der Konjunktion, vielleicht sogar noch vergnüglichere und romantischere (schauen Sie auch hier wieder auf die Transite!). Wenn Anzeichen für Veränderungen gegeben sind – z. B. ein progressiver Zeichenwechsel von Sonne oder Aszendent oder die Saturnwiederkehr –, könnte das Leben gemäß der Worte eines Astrologen »glückbringend sein wie Hochzeitsglocken«.

Trifft kein solches Anzeichen zu und erlebt der Geborene aufgrund von stärkeren Einflüssen keine Zeit voller Fortschritte, darf man nicht den Mut verlieren.

▬ Negative Aspekte
Man muss nun damit aufhören, hinsichtlich der emotionalen Beziehungen und der Liebe durch die rosarote Brille zu schauen. Die Dinge könnten nun anders liegen, als es den Anschein hat. Auch wenn sich der Mensch glücklich fühlt, sollte er vorsichtig bleiben; es kann nämlich schnell zu Enttäuschungen kommen. Finanziell sind ebenfalls chaotische Umstände möglich. Zurückhaltung und Umsicht in Bezug auf Liebe und Geld sind das, worauf es jetzt ankommt. Den Weg des geringsten Widerstandes zu gehen, funktioniert nun nicht.

VENUS ASPEKTE ZU PLUTO ♇

☌ Konjunktion
Ein Mensch, der dazu neigt, sich mit aller Leidenschaft und Intensität zu verlieben. Dagegen ist nichts einzuwenden, vorausgesetzt, die machtvollen Emotionen werden auf eine positive Weise ausgedrückt und die Gefühle der Liebe erwidert.

Das Bedürfnis nach sexueller Erfüllung ist groß. Bei einem aufgeschlossenen Partner dürfte es auf eine erfüllende Weise befriedigt werden, bei einer Einwirkung von Saturn oder einer Beteiligung von Uranus aber (womit diese drei Planeten dann womöglich zusammen in der Jungfrau stehen) könnten Probleme zu verzeichnen sein. Der Geborene erkennt dann vielleicht, dass er eine Therapie braucht, um seine psychischen Blockaden zu überwinden.

Venus und Pluto haben einen Einfluss auf die Finanzen. Insofern kann diese machtvolle Konjunktion ein Geschick für Investitionen verleihen.

+ Positive Aspekte
Ein hohes emotionales Niveau, das auf eine erfüllende Weise zum Ausdruck gebracht werden muss. Daneben eine beträchtliche Anziehungskraft und häufig auch eine verführerische erotische Ausstrahlung, speziell bei der Skorpion-Venus (wir fragen uns, wie sich die jungen Leute mit dem Skorpionpluto präsentieren).

▬ Negative Aspekte
Diese sind schwierig und manchmal sehr hinderlich für den positiven Fluss der Emotionen. Intensität und Leidenschaft - womöglich aber auch große Probleme, über die persönlichen Komplexe mit einem Freund zu reden.

Es könnte sein, dass andere planetarische Einflüsse diese Aspekte übertönen; analysieren Sie das Horoskop gründlich. Wenn auch andere Hinweise auf Beschränkungen, Schüchternheit oder Ängste bestehen, hat der Mensch womöglich Mitgefühl und Rat nötig.

PROGRESSIVE ASPEKTE ZWISCHEN VENUS UND PLUTO ♇

☌ Konjunktion
Eine heikle Phase – vielleicht verliebt sich der Betreffende, ohne dass seine Gefühle erwidert werden. Alles, was er hier tun könnte, wäre, Gleichmut zu beweisen und seinen Geist abzulenken, indem er sich sinnvollen Interessen anderer Art widmet. Zwischendurch kann es zu entspannteren Phasen kommen, in denen Fortschritte möglich sind, allerdings wahrscheinlich nicht hinsichtlich des Objektes der Begierde. Wie immer heilt auch hier die Zeit alle Wunden.

+ Positive Aspekte
Bedeuten tiefe Gefühle der Liebe. Dem Partner gegenüber werden die intensiven Emotionen auch tatsächlich zum Ausdruck gebracht. Sexuelle Befriedigung bereitet nun ein besonderes Vergnügen.

Pluto ist aber niemals ganz zu trauen – untersuchen Sie, zu welchem Planeten er am Himmel gerade im Aspekt steht. Plutotransite zu den Planeten des Geburtshoroskops haben unter dieser Progression einen entscheidenden Einfluss. Wenn diese Transite Blockaden anzeigen, könnten selbst mit diesen positiven Progressionen Schwierigkeiten und Frustrationen verbunden sein. Vielleicht geht es dabei um Finanzen, um eine Erbschaft oder einen günstigen geschäftlichen Abschluss. Grundsätzlich eine gute Zeit, sich zu versichern.

▬ Negative Aspekte
Zumindest eine Sphäre des Lebens könnte jetzt von Stillstand gekennzeichnet sein. Unter Umständen beträchtliche emotionale Probleme, welche sich aber nur dann manifestieren, wenn es auch Transite von Saturn, Uranus oder Pluto zu den persönlichen Planeten gibt. Vielleicht steckt der oder die Betreffende nun finanziell in der Klemme und braucht dringend Geld, vielleicht hat er bzw. sie einen Anspruch darauf; kann ihn aber nicht durchsetzen.

In Hinblick auf Verträge und Geld ist nun zu äußerster Vorsicht zu raten. Vor finanziellen Verpflichtungen sollte man sich mit einer erfahrenen Person besprechen.

VENUSASPEKTE ZUM ASZENDENTEN ASC

☌ Konjunktion
Befindet sich die Venus im 1. Haus, stellt ihr Einfluss eine wichtige persönliche Dimension dar, die den Aszendenten mit seinen Eigenschaften tiefgreifend prägt. Ein warmherziger und liebenswürdiger Mensch, für den der Ausdruck von Zuneigung, Friedfertigkeit und Harmonie wichtig ist. Zur psychologischen Ganzheitlichkeit kommt es aber erst mit einem Partner, der emotionale und in gewisser Weise auch materielle Sicherheit verspricht.

Ein Sinn für alles, was schön ist. Wenn auch der Aszendent darauf hinweist, künstlerische Talente. Manchmal ein eher träger Stoffwechsel und ein phlegmatisches Temperament.

Wenn die Venus durch negative Aspekte zu Mars, Saturn, Uranus oder Pluto verletzt ist, könnten gesundheitliche Probleme die Folge sein, vielleicht in Form von Kopfschmerzen oder als Resultat einer Unterfunktion der Nieren. Bei einer negativen Beziehung zu Neptun gilt es, Unmäßigkeit beim Essen und/oder Trinken zu vermeiden, weil sonst Übergewicht oder vielleicht Blasenprobleme auftreten könnten.

Steht die Venus im 12. Haus, neigt der Mensch unter Umständen zu Fluchttendenzen und zum Rückzug. Lesen Sie noch einmal nach, was es damit auf sich hat (S. 328) - dieser Einfluss ist hier verstärkt. Bei der Stellung im 1. Haus nehmen Sie sich den betreffenden Abschnitt auf S. 327 vor.

+ Positive Aspekte
Bedeuten noch mehr warmherzige Zuneigung und das Bedürfnis, Liebe zu geben und zu bekommen. Ein mitfühlender und verständnisvoller Mensch, der alles mag, was schön und luxuriös ist, und der sich ein erfülltes und reiches gesellschaftliches Leben wünscht.

▬ Negative Aspekte
Können in manchen Fällen dazu führen, dass man kein Maß hat und zur Extravaganz neigt. Die negativen Venus-Eigenschaften der Unentschlossenheit und

Reizbarkeit könnten ebenfalls ins Auge stechen. Wenn es hier mit der Venus im 7. Haus um die Opposition geht, könnte der Betreffende allzu viel vom Partner erwarten oder ihn mit Liebe und Großmut geradezu ersticken – und das trotz der Tatsache, dass die Venus im eigenen Haus grundsätzlich gut gestellt ist. Das wäre dann so, als ob man sich Zuneigung erkaufen möchte, um sich der Beziehung sicher zu sein.

Bei der Venus im 6. Haus gilt es, auf gesundheitliche Probleme zu achten, die auf dem Mangel an Sport oder auf zu reichhaltiger Ernährung bzw. Übergewicht beruhen könnten. Essen in Stresssituationen könnte ein Beleg für emotionale Unsicherheit sein.

PROGRESSIVE ASPEKTE ZWISCHEN VENUS UND ASZENDENT (ASC)

☌ Konjunktion
Eine Zeit, in der das emotionale Leben reich und belohnend sein dürfte. Überaus oft Hinweis auf eine Heirat oder eine dauerhafte Beziehung. Wenn das nicht zutrifft, könnte sich die intensive Neigung für ein anspruchsvolles Hobby oder Studium oder eine sonstige Berufung bemerkbar machen. Eine schöne und erfüllende Zeit, in emotionaler, spiritueller und oft auch finanzieller Hinsicht.

+ Positive Aspekte
Die Auswirkungen ähneln in vielem der eben beschriebenen Konjunktion; allerdings sind diese Progressionen weniger machtvoll und brauchen deshalb Unterstützung. Unter Umständen Anzeichen für glückliche Erfahrungen und Erlebnisse, die den Menschen weiterbringen.

− Negative Aspekte
Die Tendenz zu Überreaktionen in emotionaler Hinsicht oder ein unpassender Ausdruck von Zuneigung. Weil der Mensch jetzt so empfindlich ist, machen ihm Kränkungen viel mehr zu schaffen als sonst. Harte Worte, besonders von Nahestehenden, verletzten ihn nun sehr. Daneben vielleicht finanzielle Schwierigkeiten, häufig infolge von übermäßigen Ausgaben.

Man sollte nun sehr auf die Ernährung achten und sich vor Trägheit oder Unmäßigkeit hüten. Die anderen Progressionen (auch die vom Mond) und Transite können diese negativen Möglichkeiten unterstützen.

VENUSASPEKTE ZUM MC (MC)

☌ Konjunktion
Ein Aspekt, der vermuten lässt, dass es sich um einen umgänglichen und rücksichtsvollen Kollegen handelt, der sich auch nach Beförderungen nicht von seinen Mitarbeitern distanziert, sondern immer ein offenes Ohr für sie hat. Jemand, der besser im Team als für sich allein arbeiten kann.

Ist der Betreffende selbst nicht beruflich tätig, könnte es sein, dass er sich mit den Vorstellungen und Zielen des Partners oder der nahestehenden Menschen identifiziert. Diese Venusstellung ist nicht günstig für Selbstständige, weil man damit möglicherweise Probleme mit der Routine oder Disziplin hat. Es kann damit schwerfallen, sich aufzuraffen, tatsächlich mit der Arbeit zu beginnen. Das Zeichen am MC hat hier womöglich einen hilfreichen Einfluss – lösen kann es die Probleme nicht.

Berücksichtigen Sie die Venus auch in Bezug auf die Wahl des Berufes. Alles, was mit Luxus, Schönheit oder kreativer Arbeit zu tun hat, könnte hier einen besonderen Reiz haben. Schmutzige oder unangenehme Arbeitsumstände dagegen schrecken ab. Eine Identifikation mit Venuseigenschaften.

+ Positive Aspekte
Ähnliche Auswirkungen wie die eben angeführten. Allerdings sind diese Aspekte einfacher für diejenigen, die selbstständig arbeiten.

Ein Mensch, der sich einen angenehmen Arbeitsplatz wünscht und eine Arbeit verrichten möchte, die ihm Spaß macht und befriedigend ist. Bei einer eher routinehaften oder langweiligen Tätigkeit könnte ein gutes Verhältnis zu den Kollegen einiges wettmachen, wie auch ein erfüllendes gesellschaftliches Leben, welches womöglich von der Firma ausgeht. Meist auch ein gutes Verhältnis zu den Eltern.

− Negative Aspekte
Der Mensch muss womöglich unter Umständen arbeiten, die ihm nicht entsprechen, oder hat eine unbefriedigende Stelle. Vielleicht ein Indiz auf Überreaktionen bezüglich der Arbeitsumstände und der Haltung der Kollegen. Man könnte hier das Gefühl für die Perspektive verlieren, mit der Konsequenz, dass Unzufriedenheit und Ärger das Arbeitsleben beherrschen.

PROGRESSIVE ASPEKTE ZWISCHEN VENUS UND MC (MC)

☌ Konjunktion
Eine erfüllende Zeit des Lebens, in der Hoffnungen und Wünsche des Betreffenden zur Wirklichkeit werden, nicht nur bezüglich der Karriere, sondern auch bei der Liebe. Ein neuer und erfüllender Ausdruck, und aller Wahrscheinlichkeit nach erwidert derjenige, dem die Liebe gilt, die Emotionen.

Eine Phase voller Glück und Erfüllung, mit vielen Fortschritten, insbesondere dann, wenn Transite und die Lunarprogressionen das unterstützen. Im Rückblick könnte sich diese Zeit als eine Schlüsselphase erweisen, auf die der Mensch mit Wehmut zurückblickt.

+ Positive Aspekte
Ähnliche Einflüsse wie die Konjunktion, allerdings nicht ganz so machtvoll. Nichtsdestoweniger dürften sich diese positiven Energien günstig auswirken und auf Fortschritt und Glück im Liebesleben und anderen Bereichen schließen lassen. Ideale können nun zu einer Realität gemacht werden. Die Beziehungen stellen jetzt eine bereichernde und erinnernswerte Erfahrung dar.

− Negative Aspekte
Es könnte nun unter Umständen dazu kommen, dass man von einem Kollegen oder vom Partner im Stich gelassen wird. Die Reaktionen der Mitmenschen dürften jetzt weniger freundlich als sonst sein, vielleicht als Reaktion auf fragwürdige Handlungen des oder der Betreffenden.

Womöglich also eine problematische Phase, allerdings kann man jetzt Fehler und Schwachstellen erkennen und sich neu orientieren.

VENUS-TRANSITE ♀

Weil Venustransite von sehr flüchtiger Wirkung sind, machen sich viele Astrologen nicht die Mühe, sie zu berechnen oder zu interpretieren. Wir sind aber der Ansicht, dass es von Nutzen sein kann, sie zu untersuchen. Ihr Einfluss, der sich über zwei bis vier Tage erstreckt, steht zumeist für vergnügliche und angenehme Vorfälle und Geschehnisse, die die schöneren Seiten des Daseins in den Vordergrund treten lassen. Weil die Venus ein so umgänglicher und vergnüglicher Planet ist, stellen ihre nicht sehr schwerwiegenden Einflüsse im Transit kaum je eine ernsthafte Beeinträchtigung dar. Wenn nötig, weisen wir aber auch auf negative Dimensionen hin.

Ermitteln Sie hier nur die Konjunktionen und Oppositionen zu Planeten, Aszendent und MC. Sie werden die Feststellung machen, dass es von Zeit zu Zeit zu Häufungen kommt, was für gewöhnlich eine Phase anzeigt, in der das Leben mehr Spaß macht als sonst, auch wenn die Venus im Geburtshoroskop nicht stark gestellt ist - was zu bedauern wäre.

Wenn vom Horoskop negative Züge angezeigt sind, dürften diese speziell dann in Erscheinung treten, wenn die Transitvenus in Opposition zur Sonne, zum Mond, dem Herrscher des Horoskops, zum Aszendenten, zum MC oder der Radixvenus steht. Man sollte den Betreffenden auf solche Zeiten aufmerksam machen!

So nebensächlich diese Einflüsse auch sein mögen – führen Sie sich vor Augen, dass es sich um eine Energie handelt, die nutzbringend eingesetzt werden kann. Wie die meisten anderen Planeten auch, hat es die Venus gerne, wenn es einen kleinen Anstoß in die gewünschte Richtung gibt.

Venustransite zur Sonne
Eine Zeit, in der man sich zeigen sollte. Nun sollte man seine besten Kleider anziehen, ausgehen und sich vergnügen – man sieht jetzt fantastisch aus! Vielleicht gibt man zu viel Geld aus, allerdings auf eine Weise, die Spaß macht.

Venustransite zum Mond
Sentimentale und romantische Gefühle und positive Reaktionen auf Vorschläge des Partners. Man sollte sich jetzt entspannen, die Gefühle und Emotionen frei zum Ausdruck bringen und sich nicht von Ängsten beherrschen lassen. Für die Person, die man liebt, ein Festmahl zu organisieren, könnte ein besonderer Genuss sein.

Venustransite zu Merkur
Es macht jetzt Spaß, sich mit Freunden zu treffen, die man eine Zeit lang nicht gesehen hat. Man könnte jetzt auch ein gutes Geschäft tätigen. Vielleicht gibt man viel Geld für Ferngespräche aus - dies könnte man sozusagen in maßloser Form betreiben, trotzdem aber seinen Spaß dabei haben.

Venustransite zu Mars
Stehen für ein witziges, romantisches oder erotisches Zwischenspiel. Es gilt aber, sich vor der Tendenz zu Besitzansprüchen und Auseinandersetzungen zu hüten - vielleicht hat man auch das Gefühl, dass man eine Gefahr darstellt und womöglich das Boot zum Kentern bringen könnte.

Venustransite zu Jupiter
Bei dieser oder jener Gelegenheit könnte der Geborene zu einem reichhaltigen Essen eingeladen werden oder selbst jemanden einladen. Das macht zwar viel Spaß, kann aber zu Problemen mit der Leber führen oder zu einem »Kater«. Ein Vorrat an entsprechenden Medikamenten sollte vorhanden sein! Nicht der geeignete Zeitpunkt, mit einer Diät anzufangen!

Venustransite zu Saturn
Die Venus ist hier in einer ernsten Stimmung. Günstig für langfristige Planungen mit dem Partner. Mitunter für ein paar Tage eine düstere Stimmung, man sollte sich aber nicht von der depressiven Stimmung überwältigen lassen. Wenn nicht eine Reihe von anderen negativen Transiten wirksam ist, handelt es sich um einen Einfluss, der rasch vorbeigeht. Eine ältere Person könnte sich als sehr fordernd oder ermüdend herausstellen. Eine gute Zeit für das Fasten oder für eine Diät.

Venustransite zu Uranus
Eine besonders anziehende und dynamische Wirkung auf das andere Geschlecht und vielleicht sehr viel Spaß. Man muss aber vorsichtig sein, weil emotionale Spannung zu unerwarteten – allerdings nur zeitweiligen – Problemen führen kann.

Venustransite zu Neptun
Außerordentlich romantische Einflüsse. Es kommt darauf an, sich von den Gefühlen nicht überwältigen zu lassen, sondern in Kontakt mit der Realität zu bleiben. Filme, die »auf die Tränendrüse drücken«, Ballett und Poesie können nun ein besonderes Vergnügen bereiten.

Venustransite zu Pluto
Eine Phase, in der man sich möglicherweise frustriert fühlt, weil irgendetwas verhindert, dass es zu Fortschritten kommt. Man kann jetzt diesbezügliche Probleme offen legen und einen Neustart machen. Der Einfluss für sich allein ist nicht stark genug, um langfristige Folgen zu haben - kleinere häusliche Schwierigkeiten z. B. aber können damit gelöst werden. Vielleicht unliebsame Überraschungen in Verbindung mit Steuern oder Versicherungen.

Venustransite zum Aszendenten
Eine Zeit, in der man etwas für sich selbst tun kann, den Lieblingsladen aufsuchen z. B., neue Kleidung kaufen (vielleicht findet man gerade eine große Auswahl vor), sich einer Schönheitsbehandlung unterziehen oder ein neues Bild aufhängen. Es könnte schwerfallen, während dieser Tage die Diät durchzuhalten.

Venustransite zum MC
Machen Sie den Vorschlag, dass Ihr Gegenüber sich einmal freinimmt und sich dem Nichtstun hingibt. Vielleicht ergibt sich eine Überraschung: Man erhält in letzter Minute eine Einladung zum Ausgehen oder trifft unerwartet einen Freund, den man lange nicht gesehen hat. Falls die Venus der herrschende Planet ist, könnten sich diese Transite auch als günstig für den Beruf erweisen.

Venustransite zur Radixvenus
Alles, was die Venus im Horoskop nahelegt, steht jetzt in angenehmer Form im Blickpunkt. Sehen Sie also auf das Horoskop, um hier mehr Informationen zu erhalten. Ermuntern Sie Ihr Gegenüber, sich auf die Angelegenheiten zu konzentrieren, die mit dem Haus der Venus zusammenhängen.

MARS IN DEN ZEICHEN

Weil die Mars-Umlaufbahn weiter von der Sonne entfernt ist als die der Erde, ist Mars – anders als Merkur und Venus – vollkommen unabhängig von der Sonnenstellung. Dieser planetarische Einfluss hat mit der physischen Energie zu tun, mit Selbstsicherheit, Konkurrenzdenken und dem sexuellen Trieb. Mars lässt auch erkennen, ob wir leicht in Wut geraten – er herrscht über den Adrenalinfluss.

MARS IM WIDDER

Der Widder ist das Zeichen, über das Mars regiert. Ein Schlüsselfaktor des Horoskops, dessen Bedeutung gleich hinter dem herrschenden Planeten anzusiedeln ist. Diese Stellung verleiht viel physische Energie, die positiv zum Ausdruck kommen muss. Wenn es kein Ventil wie z. B. Sport oder andere fordernde Aktivitäten gibt, stagniert der Körper, und der Mensch fühlt sich rastlos und unzufrieden. Der Drang zu gewinnen ist stark, und an Antriebskraft mangelt es der Person nicht. Wenn Mars im Aspekt zu Saturn oder in einer negativen Verbindung zu Uranus oder Pluto steht, ist der Energiefluss allerdings behindert.

Selbstbewusste Aktivität

Daneben bedeutet Mars in seinem eigenen Zeichen einen sehr reinen Einfluss. Er spornt den Menschen an, er macht ihn zu jemanden, der losgeht und sich nimmt, was er will, und der diejenigen, die er liebt, dazu anhält, es genauso zu machen – ansonsten nimmt er die Dinge selbst in die Hand. Es besteht allerdings die Tendenz, die Gefühle der Mitmenschen außer Acht zu lassen und andere dazu zu zwingen, das zu tun, was man selbst für richtig hält, speziell dann, wenn es dem Partner an Selbstbewusstsein fehlt.

Wenn vom Horoskop auch Takt, Diplomatie und Sensibilität angezeigt sind, hilft das gegen den hitzigen Übereifer dieser Stellung – wenn nicht, kann es zu Problemen und zu unangenehmen Situationen kommen. Insofern sollte man bewusst gegen Taktlosigkeit und Gedankenlosigkeit angehen.

Ein machtvoller und direkter sexueller Drang mit viel emotionaler Leidenschaft. Lange über etwas zu brüten oder sich über psychische Komplexe zu verbreiten, ist hier nicht typisch. Es kann auch eine verstärkte Neigung bestehen, die Elternrolle auszuüben. Zumeist ein unkompliziertes Wesen, das in der Lage ist, vermeintlich umfangreiche Probleme auf einige wenige Komponenten zu reduzieren.

Wenn die Marsenergie im Widder fließend zum Ausdruck kommt und der Mensch seinen diversen Interessen nachgehen kann, ist alles gut – der oben angesprochene Faktor der Stagnation könnte ansonsten zu gesundheitlichen Problemen führen. Für gewöhnlich weiß der Betreffende das aber zu vermeiden. Kopfschmerzen dürften sich bemerkbar machen, gleichermaßen Ausbrüche von marsischem Zorn: Ein plötzlicher Verlust der Kontrolle und ein heftiger Sturm, der sich genauso schnell legt, wie er entstanden ist. Rachegelüste sind nicht typisch.

MARS IM STIER

Sehr viel Leidenschaft und ein großes Bedürfnis nach Sexualität, das mit stierhafter Wärme zum Ausdruck gebracht wird. Ein Liebhaber, der sinnlich und zärtlich ist und sich gelegentlich besitzergreifend zeigt. Ist Mars unverletzt, viel Energie, die auf eine beständige Art eingesetzt wird.

Wenn sich der Betreffende wütend fühlt, merkt man ihm das nur zu gut an. Es kostet viel Provokation, bis es so weit kommt, weil die stierhafte Geduld den Marseinfluss besänftigt. Weil Mars aber zu Aktivitäten führt, lässt der Mensch mit dem Stier-Mars niemand im Unklaren über seine hitzigen Gefühle und darüber, dass Adrenalin durch seine Adern strömt.

Auch wenn die Wutausbrüche vielleicht berechtigt sein mögen, können sie doch großen Schaden anrichten. Die betreffende Person bringt ihre Gefühle auf eine viel leidenschaftlichere Weise zum Ausdruck, als sie glaubt.

Im Idealfall Bestimmtheit, Festigkeit und das Vermögen, intensiv und hartnäckig zu arbeiten, sowohl für den Beruf als auch für Hobbys. Manchmal aber auch viel Eigensinn. Im Horoskop mit einer Vorherrschaft von Erde tritt die abenteuerliche Seite von Mars weniger deutlich in Erscheinung – hier gilt es, darauf zu achten, ob der Mensch sich womöglich in ein festes Schema verrennt, wegen der übertriebenen Ausrichtung auf Routine und dem Stier-Bedürfnis nach finanzieller Sicherheit, sogar bei einem so lebhaften Planeten wie Mars. Viel Energie wird darauf verwendet, Geld zu verdienen und auszugeben.

Stärke und Fitness

Eine wunderbare Stellung für denjenigen, der einen Mannschaftssport, eine Kampfsportart wie Ringen oder Boxen oder auch das Gewichtheben betreibt. Der Stier wird von Mars beherrscht – damit handelt es sich also auch um eine günstige Stellung für einen Tänzer, für den Disziplin und Routine sehr wichtig sind und der mehr oder weniger auch mit dem Gewichtheben zu tun hat, wenn er seine Partnerin in die Luft heben muss. Neigung zu fieberhaften Erkrankungen und Halsentzündungen.

MARS IN DEN ZWILLINGEN

Eine Stellung, die den Verstand stimuliert. Viele Astrologen sind der Meinung, dass Mars in diesem Zeichen nicht gut zur Geltung kommt, weil hier keine physische Stimulation von ihm ausgeht. Wir stimmen dem nicht zu, vorausgesetzt, der Mensch kann von seinen intellektuellen Motiven her körperlich aktiv werden. Es ist wichtig, dass der Betreffende sowohl seinen Geist als auch seinen Körper trainiert (was für jedermann gilt) – allerdings besteht in diesem Fall keine besondere Neigung dafür, solange keine besondere intellektuelle Herausforderung mit der Aktivität einhergeht. Ein Mensch, der die verschiedensten Sportarten ausprobieren und langweilig finden könnte. Man muss sich für eine Aktivität entscheiden, die sowohl geistig als auch körperlich anspruchsvoll ist, und dann dabei bleiben! Ansonsten kann es zu Rastlosigkeit mit schlechter Laune und Irritationen kommen, die nicht nur gegen andere gerichtet wird, sondern auch gegen das Selbst. Auch die Verschwendung von Energie aufgrund von zu vielen Richtungsänderungen ist möglich. All das führt notwendigerweise zu Unzufriedenheit. Achten Sie darauf, ob stabilisierende Horoskopfaktoren auf Disziplin und Beharrlichkeit schließen lassen. Ein solcher Einfluss könnte zu praktischen Resultaten führen und ein kontrollierteres Handeln ermöglichen.

Aktive Anteilnahme

Zumeist viel Beweglichkeit – um das Beste aus dieser Stellung zu machen, muss man wissen, dass der Betreffende nicht sehr positiv zur Entspannung eingestellt ist (er kann sie sogar als langweilig empfinden), und stattdessen zu verschiedenartigen Beschäftigungen raten. Wenn der Mensch am Arbeitsplatz körperlich gefordert ist, sollte er den Abend intellektuellen Herausforderungen widmen und umgekehrt. Allerdings darf es natürlich nicht zu allzu vielen Wechseln kommen.

Eine besondere Verletzungsanfälligkeit der Arme und Hände – man sollte deshalb bei der Gartenarbeit oder beim Heimwerken Schutzhandschuhe tragen und sehr vorsichtig bei Werkzeugen und heißem Wasser sein, umso mehr, wenn der Transitmars persönliche Planeten oder den Aszendenten aspektiert.

Sexuell ein lebhafter und experimentierfreudiger Partner, bis ins hohe Alter. Die Einstellung zur Sexualität ist leichtherzig: Sie macht Spaß und Freude. Diese Stellung nimmt dem betreffenden Lebensbereich einiges von der brodelnden Leidenschaft - nichtsdestoweniger steht sie für einen energischen und oftmals auch sportlichen Liebhaber, der seinerseits dazu beiträgt, dass der Partner energisch, jugendlich und fit bleibt.

MARS IM KREBS ♋

Die Marsenergie kommt auf eine emotionale und leidenschaftliche Weise zum Ausdruck. Bei negativen Aspekten – speziell vom Mond, von der Sonne oder von Uranus aus – ein physischer Stress. Sehr viel Hartnäckigkeit; jede Herausforderung, ob sie sich nun auf die physische oder die emotionale Energie bezieht, wird bis zum Ende durchgefochten.

Das Liebesleben hat einen machtvollen Einfluss; ein sinnlicher und fürsorglicher Partner, der instinktiv weiß, was der andere braucht. Allerdings könnte die Atmosphäre manchmal etwas Beengendes haben, wenn zu viel physische und emotionale Energie auf die Beziehung gerichtet wird, womöglich bis hin zum Punkt der totalen Verausgabung. Nicht besonders viel Geduld, sondern stattdessen manchmal in Augenblicken des Zorns grobe und kränkende Äußerungen. Diese Wut ist nicht so leicht zu beschwichtigen wie in anderen Zeichen: Der Krebs hat ein gutes Gedächtnis, und es fällt ihm schwer, seine Emotionen von Rachegelüsten zu befreien, auch dann, wenn ihm dieser Zug selbst unsympathisch ist.

Eine starke Ausrichtung auf die Familie: Kinder und der Erwerb eines Hauses genießen eine sehr hohe Priorität. Bei einer schwangeren Frau mit Mars im Krebs lassen die Marsaspekte erkennen, wie die Schwangerschaft und die Geburt verlaufen werden. Wenn Spannungsaspekte zu Mars bestehen, ist unbedingt zur Teilnahme an Kursen für Entspannungstechniken zu raten. Manchmal beschleunigt diese Stellung die Geburt.

Gesundheit und Wohlbefinden

Die geeignetste Form von Betätigung ist Wassersport, bei dem sich sowohl der Körper als auch die Emotionen erholen können (das Wasser hat ja viel mit Gefühlen zu tun). Man muss auch die Probleme offen zur Sprache bringen, speziell dann, wenn man sich aufregt oder sich über jemanden ärgert. Eine Neigung zu Ängsten und dazu, in allem ein Problem zu sehen, was zu einem physischen oder emotionalen Teufelskreis werden kann, der das Wohlbefinden sehr beeinträchtigt.

MARS IM LÖWEN ♌

Enthusiasmus, Energie und Selbstbewusstsein des feurigen Mars finden im Löwen eine gute Ergänzung. Gute Organisations- und Führungsqualitäten. Man hüte sich aber vor der Tendenz, weniger extravertierte Personen zu sehr zu bedrängen.

Starke Emotionen und eine große Lebenslust. Es bereitet dem Menschen ein besonderes Vergnügen, wenn er auch andere dazu bringen kann, Freude am Leben zu haben und fröhlich zu sein. Ein erfülltes und farbiges Sexualleben – wenn Mars aber negativ von Saturn aspektiert wird, kommt die Energie auf eine ungleichmäßige Weise zum Ausdruck. Ein Sinn für das Dramatische, was zwar Vergnügen bereiten kann, aber unter Kontrolle gehalten werden muss, wie auch die Tendenz zum Angeben und zum Übertreiben, die unter Umständen allzu sehr hervorsticht. Jemand, der alles Kleinkarierte und Niedrige verabscheut. Ein lebhaftes Wesen (wie bei Mars im Widder auch); der Löwe-Hang zur Größe aber bedeutet, dass der Mensch schnell vergeben und vergessen kann.

Häufig eine ausgesprochene Liebe zur Kunst und Kreativität. Mit einem Gefühl für Farben ist oft auch ein Talent für das Malen oder Entwerfen verbunden, mit der Neigung zu »schrillen« und leuchtenden Farbtönen. Wenn das Sonnenzeichen die Marsstellung ergänzt (indem diese z. B. ebenfalls in einem Feuerzeichen steht), entscheidet sich der Betreffende auch bei der Wahl seiner Kleider für diese Farben sowie für einen bequemen Schnitt.

Das Bedürfnis nach Sport

Wenn die Tendenz zum übermäßigen Enthusiasmus bewusst unter Kontrolle gehalten wird, stellt dieser Einfluss einen wunderbaren Ansporn dar. Er verleiht zumeist eine robuste Gesundheit, wobei allerdings auf das Rückgrat zu achten ist, welches bei Spannungen Probleme machen könnte, insbesondere dann, wenn er über Stunden hinweg am Schreibtisch festgehalten wird. Ein spezieller Stuhl könnte für ihn eine wohltätige und vielleicht auch notwendige Investition sein. Da der Löwe über das Herz herrscht, sollten Sie den Betreffenden zu regelmäßigen körperlichen Übungen anhalten, wie alt er auch ist. Es muss nicht so sein, dass er zu Herzattacken neigt - man sollte sich nur vor Augen halten, dass das Herz ein mächtiger Muskel oder auch eine Maschine ist und dass Maschinen nun einmal länger halten, wenn sie gut geölt und sorgfältig gepflegt werden. Tanz und Fitness sehr geeignet.

MARS IN DER JUNGFRAU ♍

Ein Mensch, der hart und bereitwillig arbeitet. Als Gegengewicht wären vielleicht positive Aspekte zur Sonne, zum Mond, zu Merkur oder zur Venus wünschenswert - ansonsten könnte das Übermaß an nervöser Energie den Menschen kantig, verspannt und rastlos machen. Häufig der Drang, immer aktiv zu sein; wenn dieser in einer kontrollierten und praktischen Weise zum Ausdruck gebracht wird, z. B. durch ein regelmäßiges Schema oder einen festen Arbeitsplan, ist alles gut. Falls Mars aber negative Aspekte (speziell Quadrate) von der Sonne, von Merkur oder von Uranus erhält, könnte die Fähigkeit, sich zu entspannen, beeinträchtigt sein. Nervöse Magenbeschwerden, vielleicht auch Migräne oder Hautausschlag als Folge der Spannung oder falschen Ernährung.

Aufmerksamkeit für Details

Positiv gesehen ein Mensch, der zu harter Arbeit bereit ist. Und auch wenn Mars nicht gerade Geduld verleiht, ist der Betreffende doch dazu in der Lage, bei der Arbeit den Details viel Aufmerksamkeit zu widmen und beharrlich an seinen Zielen zu arbeiten.

Die Leidenschaft von Mars ist hier reduziert. Möglicherweise nimmt man hier starken Anteil an wichtigen Themen wie dem Umweltschutz (und setzt dafür viel Geld und Zeit ein), hat aber kein besonderes Interesse an der Sexualität (Mars und die Jungfrau sind keine guten Bettgenossen). Das Unterscheidungsvermögen der Jungfrau und die sexuellen Bedürfnisse des Mars widersprechen einander womöglich; schauen Sie hier auf die Venus und ihr Zeichen, die besonders dann helfen kann, wenn sie Mars positiv aspektiert. Auch der Mondeinfluss könnte eine Unterstützung sein – der Jungfrau-Mars bedeutet ein eher unterentwickeltes emotionales Niveau.

Manchmal durchaus ein gewisser Ehrgeiz, allerdings könnte der Mangel an Selbstvertrauen dafür sorgen, dass dieser unbefriedigt bleibt. Vielleicht auch die Neigung zu Sorgen und Ängsten, wenn man einmal eine besondere Verantwortung zu tragen hat. Emotionale Spannung kann durch Entspannung gelöst werden – für gewöhnlich hat Yoga hier einen günstigen Einfluss. Ein einfallsreiches Individuum, das womöglich Pläne für Maschinen erstellt, das allerdings dazu neigt, den Details zu viel Aufmerksamkeit zu schenken, und die übergeordneten Merkmale aus dem Blick verliert. Der Jupiter-Einfluss oder eine Schütze-Betonung könnte hier hilfreich sein.

Wenn Sie eine sportliche Tätigkeit empfehlen möchten, denken Sie an Radfahren, Wandern oder Laufen.

MARS IN DER WAAGE ♎

Der Wunsch nach Liebe, Harmonie und angenehmen Beziehungen wird bei dieser Beziehung durch ein erhöhtes sexuelles Bedürfnis gewürzt. Dennoch ist Mars in der Waage nicht allzu günstig gestellt: Bei aller Energie und allem Enthusiasmus könnte er der Umgebung den Eindruck vermitteln, dass er sich nicht anstrengt und alles nimmt, wie es kommt: »Das ist mir doch egal.« Das ist der wahre Grund für viele seiner Probleme, auch wenn er anderes behauptet.

Venus und Mars werden häufig als Einheit gesehen, sodass man durchaus vermuten könnte, dass Mars in diesem Zeichen gut zur Geltung kommt. Der Überlieferung nach aber ist die Mars-Energie in der Waage geschwächt und die Willenskraft und Bereitschaft zur körperlichen Anstrengung herabgesetzt. Trotzdem aber stimuliert Mars die Sexualität der Waage. Befinden sich noch andere Planeten in diesem Zeichen (viele Menschen haben z. B. Neptun darin), wird das grundsätzlich romantische und idealistische Waage-Empfinden gestärkt, es kommt dann auch physisch zum Tragen.

Die Waage-Tendenz, sich in die Liebe zu verlieben, sollte nicht übergangen werden. Mit Mars in diesem Zeichen ist auch die Neigung zur Liebe auf den ersten Blick verbunden, was in der Konsequenz zu großem Kummer und problematischen Lektionen führen kann. Zur Kontrolle der Emotionen wären stabilisierende Einflüsse des Horoskops wünschenswert, z. B. ein Trigon zwischen Mond und Saturn.

Sich mit anderen verbinden

Für gewöhnlich ein gutes Wahrnehmungsvermögen und oft auch sehr viel Intuition – was heißt, dass man den Betreffenden dazu ermutigen sollte, diese Eigenschaften zu entwickeln, besonders dann, wenn er sich über eine neue Beziehung Gedanken macht. Man muss sich aber auch klarmachen, dass der Mensch mit dieser Stellung die Auseinandersetzung sucht. Es ist nicht falsch, wenn man zu erkennen gibt, dass man sich ärgert oder langweilt; allerdings kann die Tendenz bestehen, des Guten zu viel zu tun.

Ein Mensch, der womöglich oft unter Kopfschmerzen leidet, welche ihre Ursache vielleicht in Problemen mit den Nieren haben. Wir haben den leisen Verdacht, dass Kopfschmerzen aber vielleicht auch vorgetäuscht werden, wenn der Betreffende in einer schlechten Laune ist, sich müde fühlt oder keine Lust zum Sex hat. Allgemein könnte eine Abneigung vor Sport bestehen – der gesellige Aspekt ist aber vielleicht doch reizvoll, wenn man z. B. nach dem Training im Fitnesszentrum sich noch zusammensetzt. Man könnte auch zu Tennis, Badminton oder Squash raten; all diese Sportarten stärken den Fluss der Mars-Energie und regen den Stoffwechsel an.

MARS IM SKORPION ♏

Ein Brennpunkt im Horoskop. Vor der Entdeckung von Pluto galt Mars als Herrscher des Skorpions, was auch noch in alten Werken geschrieben steht – heutzutage ist die Astrologie anderer Meinung. Nichtsdestoweniger handelt es sich um einen machtvollen Einfluss, der gebührend gewürdigt werden sollte.

Die drängenden Gefühle des Skorpions werden durch die Leidenschaft des Mars noch intensiviert. Die sexuellen Energien müssen unbedingt auf eine befriedigende Weise zum Ausdruck kommen. Halten Sie das bitte nicht für einen Allgemeinplatz – auch wenn wir alle sexuelle Erfüllung brauchen, ist sie für den Menschen mit einem Skorpion-Mars doch wichtiger als für jeden anderen. Fehlt sie, kommt es zu brodelnden Gefühlen der Unzufriedenheit und der Wut, die schwer zu überwinden sind, solange man nicht die Probleme bewusst erkennt. Es könnte hier dann auch der Hang zur Besessenheit zutage treten.

Die Tendenz zum Exzess

In dieser Stellung liegt ein wunderbares Potenzial. Wenn die Emotionen, die mit den verschiedenen Lebensbereichen verbunden sind, frei fließen können, sehen wir womöglich einen brillanten Ingenieur, Minenarbeiter oder auch Weinkenner vor uns - viele dieser Menschen weisen ein solches Horoskopmerkmal auf. Negativerweise kann Eifersucht ein Problem darstellen, im Extremfall auch Rachsucht. Es dürfte eine Neigung zu gutem Essen bestehen und vielleicht auch dazu, »auf den Putz zu hauen«.

Ein kompromissloser Mensch, der z. B., wenn er sich für zu dick hält, radikal fastet – der dann aber den Erfolg seiner Anstrengungen zu feiern weiß. Bei einer ausufernden Liebe zum Essen und Trinken muss vermutet werden, dass es sich um die Kompensation des Mangels an emotionaler Erfüllung handelt. Versuchen Sie, die Probleme wirklich zu erörtern - es könnte das »Talent« vorhanden sein, Schwierigkeiten geheim zu halten oder beiläufig abzutun. Es ist wichtig, dass diese Menschen an ihrer Karriere emotional Anteil nehmen und dass sie dabei gutes Geld verdienen; ihre machtvolle und hochintensive Marse-Energie muss nämlich auch hier Ausdruck finden.

Ein reichliches Maß an körperlicher Kraft. Mit der Bestimmtheit (oftmals geradezu Dickköpfigkeit), die diese Stellung beinhaltet, hat der Mensch womöglich eine Neigung zu Kampfsportarten oder trainiert hart. Wassersport macht ihm ebenfalls Spaß. Weil der Skorpion auch über die Geschlechtsorgane herrscht, dürfen diesbezügliche Beschwerden nicht ignoriert werden. Mütter von Babys mit dieser Stellung sollten sehr darauf achten, dass es nicht zum Hautausschlag durch die Windel kommt.

MARS IM SCHÜTZEN ♐

Eine Stellung, die Lebhaftigkeit und Spannung verspricht. Weil sie die körperliche Energie vergrößert, braucht der Betreffende eine anspruchsvolle Tätigkeit. Wenn auch noch andere Planeten oder der Aszendent im Schützen stehen, meistens eine Tendenz zur Rastlosigkeit.

Auch viel intellektuelle Energie dürfte zu verzeichnen sein, und wahrscheinlich genießt es die betreffende Person sehr, wenn ihr Körper oder ihr Verstand auf die Probe gestellt wird. Eine umfassende Vision und eine Vielzahl von überraschenden Ideen, mit einem schlagenden Enthusiasmus. Vorausgesetzt, dass von anderer Horoskopseite aus Durchhaltevermögen und Bestimmtheit angezeigt sind, wird man es schließlich auch zu befriedigenden Ergebnissen bringen. Es kommt aber sehr darauf an, Rastlosigkeit zu unterdrücken und sich voll und ganz auf das augenblickliche Projekt zu beschränken – gerade das aber, was nicht aktuell ist, könnte am reizvollsten wirken. Risikofreude und manchmal auch ein großes Vergnügen am Spiel, besonders in Form von sportlichen Ereignissen.

Auf Herausforderungen reagieren

Wenn auch anderweitig die Neigung zum Unkonventionellen erkennbar ist, geht hier vom Schütze-Mars noch eine unterstützende Wirkung aus. Mars liebt es, an erster Stelle zu stehen und zu gewinnen. Alles, was neu und anders ist, zieht ihn an. Es dürfte sich also um einen Menschen handeln, der als Erster eine bestimmte Meinung ausdrücken möchte und der es genießt, konventionellere Gemüter vor den Kopf zu stoßen. Flexibilität ist zumeist eine Gabe, allerdings muss sie auch unter Kontrolle gehalten werden, weil die Beschäftigung mit allzu vielen Projekten zu Unbeständigkeit führen würde. Man darf nicht immer wieder eine Sache nach der anderen anfangen, ohne je etwas zu Ende zu bringen.

Die Liebe zum Abenteuer, zur Spannung und in gewissem Maß auch zur Gefahr kann eine Unfallneigung zur Folge haben. Aufzupassen ist für diesen Menschen aber gleichbedeutend mit Langeweile – versuchen Sie aber Ihr Bestes, ihn zum Tragen von Schutzkleidung zu bewegen, wenn er sich auf solche riskante Sportarten wie Motocross-Rennen oder Reiten einlässt. Ratsam wären hier auch Kurse zu besonderen Fahrtechniken. Personen mit dieser Stellung müssen eine Balance zwischen physischer Aktivität und intellektueller Herausforderung finden – dann kann die feurige Energie des Schütze-Mars ein wunderbar strahlendes und beständiges Licht verbreiten. Es gilt, sich hier im Klaren zu sein, worauf der Schützepfeil gerichtet wird. Ansonsten treibt der Mensch durchs Leben und feuert sein Geschoss einmal hierhin, einmal dahin.

MARS IM STEINBOCK ♑

Der Überlieferung nach ist Mars im Steinbock erhöht (siehe S. 97). Weil der Steinbock-Einfluss in vielfacher Hinsicht langsam und stabilisierend, praktisch und erdverbunden ist, während Mars für Tempo, Feuer und außengerichteten Enthusiasmus spricht, finden wir das nicht ganz einsichtig. Doch wie dem auch sei - wir wollen die Alten nicht ignorieren, die bestimmt wussten, wovon sie sprachen.

Ziele und Leistungen

Diese Stellung lässt zumeist auf viel Ehrgeiz schließen, der bei der Realisierung von Zielen hilft. Eine weitere positive Auswirkung ist das gestärkte Durchhaltevermögen; Menschen mit dieser Stellung können sich z. B. in körperlich anspruchsvollen Situationen wie bei Expeditionen bewähren. Wenn der Beruf körperlich anspruchsvoll oder gefährlich ist, wird die betreffende Person keine närrischen Risiken eingehen, wie es so oft bei anderen Mars-Stellungen der Fall ist. Beim Sport begünstigt diese Planetenposition Ausdaueraktivitäten, wie Marathonlaufen, Langstreckenschwimmen, Bergsteigen und Felsenklettern.

Die Mars-Neigung, der Erste sein zu wollen, kann auch im Beruf zum Ausdruck kommen, besonders dann, wenn überhaupt auf viel Ehrgeiz zu schließen ist (untersuchen Sie hierzu vor allem das Haus und Zeichen von Saturn!). Die Wahrscheinlichkeit ist groß, dass das Individuum stark auf Erfolg ausgerichtet ist und seine Mars-Energie zu diesem Zweck einsetzt, speziell dann, wenn sie mit den Zeichen von Aszendent und MC übereinstimmt. Oftmals auch Lust an der Macht. Vielleicht jemand, der aus eigener Kraft ein Unternehmen gegründet hat oder der es trotz schlechter Startchancen mit guten Leistungen und Stipendien zu akademischen Ehren brachte. Damit ein solches Potenzial aber tatsächlich voll zum Ausdruck kommt, ist Unterstützung von anderen Horoskopfaktoren nötig – falls nicht Mars oder Saturn für sich allein von überragender Bedeutung sind.

Bei einem großen Ehrgeiz besteht die Gefahr, dass man die Partner und die Personen, die man liebt, seinen Zielen opfert. Dessen muss man sich im Klaren sein, auch, dass es nur zu schnell dazu kommt, sich für etwas oder jemanden bis zur vollständigen Erschöpfung zu verausgaben (speziell bei negativen Aspekten von Uranus, welche gleichzeitig auch das Bedürfnis nach Macht vergrößern). Neben dieser Tendenz könnten auch Gelenksentzündungen auftreten, insbesondere nach körperlicher Anspannung.

Extreme Temperaturunterschiede können einen überdurchschnittlich negativen Einfluss auf den Körper haben. Bei Langstreckenflügen ist es wichtig, dass man sich Zeit zur Akklimatisierung nimmt, weil es ansonsten zu Fieber oder Erkältungen kommen kann. Auch sollte man Malaria und anderen tropischen Krankheiten vorzubeugen versuchen. Ein Mensch, der die Sexualität ernst nimmt.

MARS IM WASSERMANN

Der Drang nach Unabhängigkeit und Freiheit, der mit Mars oft verbunden ist, sticht bei der Stellung im Wassermann deutlich hervor. Viele der Wassermann-Eigenschaften werden dadurch auf eine günstige Weise komplettiert. Ein markanter unkonventioneller Zug – unserer Meinung nach gibt es hier mehr verrückte Ideen als bei jeder anderen Stellung. Das kann auf die Freunde und Partner sehr amüsant und unterhaltsam wirken, manchmal allerdings auch peinlich.

Häufig viel Eigensinn, die Mars-Energie kommt auf eine ziemlich ungleichmäßige Art zur Geltung, mit Schüben von Aktivität, die von Phasen gefolgt werden, in der der Mensch zwar den Anforderungen des Alltags gerecht werden möchte, aber einfach nicht in der Lage dazu ist. Das könnte an übermäßiger Spannung oder auch an reiner Exzentrizität als einer betonten Form der Andersartigkeit liegen.

Individuelle Lösungen suchen

Es ist von grundlegender Bedeutung, die Mars-Aspekte eingehend zu studieren: Wenn Mars durch Mond, Saturn oder Uranus beeinträchtigt wird, sind übermäßige nervliche Belastung und Anspannung sehr wahrscheinlich. Weil diese Stellung sehr individualistisch ist, fällt es schwer, hier Lösungsvorschläge zu machen. Schauen Sie auf die anderen Horoskopbereiche, welche vielleicht die Beschäftigung mit einer fordernden und anspruchsvollen Sportart nahelegen oder andererseits eine innengerichtete Tätigkeit, wie z. B. Yoga. Der Pioniergeist von Mars kommt hier in Verbindung mit der humanitären Seite des Wassermanns zur Geltung; als Resultat davon könnte man sich dafür einsetzen, Not zu lindern, vielleicht indem man direkt dort hilft, wo sich eine Flut oder eine Hungersnot ereignet hat.

Von diesem Zeichen geht kein besonderer emotionaler Einfluss aus. Der oder die Geborene dürfte viel Spaß an der Sexualität haben und experimentierfreudig auf diesem Gebiet sein, es aber aufgrund des Bedürfnisses nach Freiheit nicht eilig haben, sich fest zu binden. Beachten Sie auch hier, welche anderen Einflüsse wirksam sind: Solange Mars oder Uranus keine personalisierte Bedeutung tragen, stellen Sonnen-, Mond- und Aszendentenzeichen neben dem Einfluss der Venus die dominierenden Faktoren dar.

Energie und Einfallsreichtum

Mars im Zeichen Wassermann kündet oftmals von beträchtlichem Einfallsreichtum, was sich womöglich in wissenschaftlicher Form, in Erfindungen oder einfach als Interesse an schrulligen oder ungewöhnlichen Individuen äußert. Training und sportliche Aktivitäten können den beständigen und regelmäßigen Ausdruck von Energie begünstigen. Sie regen auch den Kreislauf an.

MARS IN DEN FISCHEN

Eine beträchtliche Intensivierung der Emotionen, bis hin zum Sturm! Die Gefühle müssen kanalisiert werden, um positiv zum Ausdruck zu kommen, ansonsten kommt es bezüglich der psychischen Probleme zur Stagnation.

Hier haben wir es mit einem gefühlvollen und leidenschaftlichen Liebhaber zu tun, der der Liebe große Opfer bringt – der aber vielleicht auch die Liebe opfert, um mit großer Begeisterung einem Ruf zu folgen und anderen zu helfen, die in Not sind. Zumeist ein intensiver sexueller Drang, der mit viel Fantasie zum Ausdruck gebracht werden sollte. Diese Stellung ruft nach planetarischen Einflüssen, die für praktische Fähigkeiten und Disziplin sprechen – ansonsten könnten langwierige komplizierte Situationen die Folge sein.

Ist Mars durch Neptun verletzt, möglicherweise Entscheidungsschwäche und die Tendenz, die Realität zu verkennen. Gerade in stressigen Zeiten muss sehr darauf geachtet werden, sich nicht auf Beruhigungsmittel, ärztlich verordnete Medikamente, Drogen, Alkohol oder Nikotin zu verlassen. Vielleicht zeigt sich dann auch eine Allergie auf Schalentiere.

Kreativer Ausdruck

Eine lebhafte Fantasie, die kreativ zum Ausdruck gebracht werden sollte, weil sie ein großes Potenzial beinhaltet. Wenn auch der Rest des Horoskops ähnliche Qualitäten erkennen lässt, sollten Sie das ansprechen - es sind hier überraschende Ergebnisse möglich. Allerdings ist diese Stellung für das Selbstbewusstsein und Selbstvertrauen nicht besonders günstig.

Die physische Energie von Mars ist nicht allzu machtvoll, und intensive harte Anstrengung ist womöglich eher ungesund. Ein kreativer oder auch lyrischer Ausdruck von Energie ist ratsam, der Betreffende kann sehr davon profitieren. Schlittschuhlaufen, Tanzen, Staffelschwimmen oder die eine oder andere Form von fernöstlicher Kampfsportart könnten eine lohnende Betätigung sein. Negativ vielleicht Weitschweifigkeit, Geheimniskrämerei oder die Neigung, sich selbst zu täuschen.

DER PROGRESSIVE MARS IN DEN ZEICHEN

Wenn Mars in der Progression das Zeichen wechselt, stellt das einen subtilen Hintergrundeinfluss bezüglich der Art und Weise dar, wie der Mensch seine Energie zum Ausdruck bringt. Vielleicht konzentriert er sich nun auf die Bereiche, die mit dem neuen Zeichen zusammenhängen. Wenn Mars z. B. in den Stier läuft, könnte plötzlich der dauerhafte Drang in Erscheinung treten, mehr Geld zu verdienen, weil die finanzielle und emotionale Sicherheit wichtiger geworden ist; außerdem wird sich die Mars-Energie auf eine tiefere und leidenschaftlichere Art manifestieren und sich der Betreffende vielleicht plötzlich auch sehr für Gesang oder für gutes Essen interessieren. Man sollte aber die Aktivitäten, die man zuvor über lange Jahre hin regelmäßig betrieben hat, nicht verwerfen. Vor dieser Progression stand Mars schließlich im aktiven und selbstbezogenen Zeichen Widder!

MARS IN DEN HÄUSERN

Mars energetisiert - diese Auswirkung macht sich bei den Angelegenheiten des Hauses, das er im Horoskop besetzt, deutlich bemerkbar. Der Mensch bringt hier sehr viel Energie zum Ausdruck, auf eine Art, die näher durch das Zeichen bestimmt wird. Es kommt darauf an, ob sich die Energien positiv oder in aggressiver Form manifestieren. Weiterhin gilt es, die Marsaspekte gebührend zu berücksichtigen (siehe S. 343-348)!

MARS IM 1. HAUS

(1)

Weil das 1. bzw. auch das Widder-Haus das wichtigste des ganzen Horoskops ist und Mars über den Widder herrscht, dominiert Mars bei dieser Stellung das ganze Horoskop, speziell dann, wenn er nicht weiter als 10 Grad vom Aszendenten entfernt ist. Die physische Energie wird dann die Eigenschaften des Zeichens am Aszendenten verstärken. Ein Mensch, der außerordentlich viel Willenskraft besitzt und vom Bedürfnis geleitet wird zu gewinnen.

Eine Person, die fortwährend den Eindruck von Ungeduld vermitteln könnte und denen gegenüber, die nicht so schnell sind wie sie selbst, kurz angebunden ist; mit Narren mag sie sich nicht beschäftigen. Herausforderungen und Wettkämpfe genießt sie sehr. Wegen der Neigung aber, sich selbst und die eigenen Ziele an die erste Stelle zu setzen, kann es bei der Selbstbezogenheit des Widders zu Problemen kommen, was der Betroffene selbst allerdings vielleicht nicht erkennt. Ein Bewusstsein dafür zu entwickeln ist aber nötig, wenn die Beziehungen – sowohl die engen emotionalen als auch die eher unpersönlichen – erfüllend sein sollen.

Energie und Vitalität

Für gewöhnlich sehr viel physische Energie, und es ist für den Betreffenden gleichermaßen Bedürfnis wie Genuss, im Alltag ständig aktiv zu sein. Mut und Risikobereitschaft, näher bestimmt durch das Zeichen am Aszendenten. Diese Eigenschaften haben überhaupt einen großen Einfluss auf die Motivation. Auf eine pionierhafte Weise Ziele zu realisieren ist die Essenz dieser Stellung.

Zu der überreichlichen Energie gesellt sich zumeist eine sehr vitale Einstellung. Es besteht zwar aufgrund von Unachtsamkeit und Überstürztheit die Neigung zu Unfällen, gleichermaßen aber ein gutes Regenerationsvermögen. Ein Mensch, der mitreißen und vieles erreichen kann.

MARS IM 2. HAUS

(2)

Hier richtet sich die Mars-Aktivität auf den Erwerb von Besitz und Wohlstand. Eine Person, die viel ausgibt und sich ihres hart verdienten Geldes auch erfreuen sowie andere daran teilhaben lassen möchte. Ob es nun durch kluge Investitionen, harte Arbeit oder cleveres Verhandeln zu Wohlstand kommt, hängt vom Marszeichen ab.

Die Emotionen sind ebenfalls verstärkt; viel Leidenschaft und Sinnlichkeit dem Partner gegenüber, der nicht lange Partner sein wird, wenn er nicht auf die gewünschte Art reagiert. Eine Stellung, die auch Bestimmtheit verrät, was in Verbindung mit den großen physischen Ressourcen eine ausgeprägte Widerstandskraft bedeutet.

Schauen Sie auf das Marszeichen: Bei Stier, Krebs oder Skorpion handelt es sich vielleicht um eine Person, die zwar selten, dafür umso heftiger explodiert - es dürfte der Zielscheibe des Objektes schwerfallen, einen solchen Ausbruch zu vergeben und zu vergessen. Der oder die Geborene sollte sich davor hüten, Besitzansprüche zu stellen, die bei bestimmten Marszeichen recht wahrscheinlich sind.

MARS IM 3. HAUS

(3)

Sehr oft schon ein ausgeprägter schulischer Ehrgeiz. Ein Mensch, der seine Schulzeit genossen hat, vorausgesetzt, der Lehrstoff wurde auf eine anregende Weise vermittelt. Eltern mit einem solchen Kind müssen darauf achten, ob die Tendenz besteht, dass es seinen schwächeren Mitschülern mit Aggressivität begegnet. Ein sehr konkurrenzorientiertes Kind, besonders im Sport - wenn es Talent hat, sollte es an Wettbewerben teilnehmen, was sehr förderlich für seine Entwicklung sein könnte. Ein Interesse an Weiterbildung kann typisch sein oder auch, dass der Mensch intellektuelle Herausforderungen genießt.

Vielleicht auch eine streitsüchtige Note mit hitzig verlaufenden Diskussionen, die aber viel Vergnügen bereiten können. Wenn der Geborene von einer Sache hundertprozentig überzeugt ist, wird er alles tun, um andere von seiner Meinung zu überzeugen und um Enthusiasmus zu wecken.

Wissbegierde ist ebenfalls ein verbreiteter Zug. Der Mensch wird von einer drängenden Neugier gelenkt, er will sofort Antworten auf seine Fragen, zum Warten fehlt ihm die Geduld. Es besteht auch die instinktive Veranlagung, sich in einer kriegerischen Manier schützend vor Brüder und Schwestern zu stellen. Ein Fahrtraining für Fortgeschrittene könnte eine gute Sache sein, weil der Betreffende vielleicht zum Rasen neigt, unabhängig vom Marszeichen.

MARS IM 4. HAUS

(4)

Viel von der Mars-Energie wird darauf gerichtet, die häuslichen Umstände zu verbessern und zu verschönern, mit bemerkenswerten Ergebnissen. Jemand mit dieser Stellung könnte von Zeit zu Zeit sein Zuhause langweilig finden und aus diesem Grund immer wieder umziehen.

Der Einfluss der Familie

Zumeist eine enthusiastische Haltung zum Familienleben und zur Vater- oder Mutterrolle. Auf der tieferen psychologischen Ebene lässt diese Stellung Näheres zum Verhältnis zur Mutter erkennen. Das Bild und der Einfluss der Mutter könnten davon geprägt sein, dass diese genau gewusst hat, was sie von ihren Kindern verlangte und dass sie sie irgendwie auf eine männliche Weise erzogen hat. Sie könnte sehr ausgelassen, enthusiastisch und energisch gewesen sein. Vielleicht musste sie auch aufgrund der Umstände den Vater ersetzen, vielleicht, weil dieser die Familie verlassen hatte oder zu schwach oder gestorben war. Man sollte nicht zu intensiv auf diesem Thema herumreiten.

MARS IM 5. HAUS

5

Wahrscheinlich ein extrem aktives und reiches Liebesleben mit einem besonderen Akzent auf dem sexuellen Vergnügen. Ein selbstbewusster Liebhaber, der in sexueller Hinsicht die Führung übernehmen möchte und der viel Aufmerksamkeit vom Partner braucht. Seine Leidenschaft zeigt er auf eine sehr positive Weise, und kennzeichnend für ihn sind Spaß und Vergnügen! Kinder bereiten Freude, entweder die eigenen oder die von anderen. Auch Gruppen wie bei den Pfadfindern oder im Sportverein sind hier anzusprechen.

Ein loderndes Temperament

Vielleicht eine große Risikobereitschaft oder auch eine Spielernatur. Das Zeichen, in dem sich Mars befindet, lässt erkennen, wieweit diese Tendenzen unter Kontrolle gebracht werden können. Möglicherweise ein Konflikt zwischen dem Bedürfnis nach der entsprechenden Form von Spannung (Mars) und dem Drang, diese unter Kontrolle zu behalten (das betreffende Zeichen).

Wenn auch andere Horoskopbereiche Kreativität nahelegen, ein zusätzliches künstlerisches Flair – allerdings keine Geduld bei der Umsetzung. Jedes Interesse wird hier mit Enthusiasmus und viel Energie verfolgt, ob nun in kreativer oder anderweitiger Hinsicht. Eine gute Stellung für sportliche Aktivitäten, weil sie den Wettkampf begünstigt.

MARS IM 6. HAUS

6

Wenn es im Horoskop sonst wenige oder keine Anzeichen für nervöse Anspannung gibt und Mars keine negativen Aspekte zu Mond, Merkur oder Uranus aufweist, stärkt diese Stellung das Nervensystem. Sie verleiht eine scharfe und beißende Kritik.

Was die physische Ebene betrifft, kommt es womöglich zu Hautproblemen mit einem Ausschlag oder allergischen Symptomen, die bei Stress oder Spannung auftreten. Bei positiven Aspekten zur Sonne, zum Mond oder zum herrschenden Planeten unterstützt diese Stellung die Heilkräfte sowie - wie bereits angesprochen - das Nervensystem ganz allgemein.

Wir haben es hier vielleicht mit einem »Arbeitstier« zu tun, mit jemandem, der bei einer Abneigung gegen stumpfe Routinetätigkeit mit einer energischen Disziplin die Aufgaben des Alltags auf militärisch präzise Weise erledigt.

Die selbstbewusste Seite von Mars tritt hier weniger auffällig in Erscheinung. Man setzt seine Energie dafür ein, auf eine dienende Weise zu helfen. Manchmal auch die Neigung, an anderen herumzunörgeln.

MARS IM 7. HAUS

7

Viel positive Energie für die Verbindungen; ein Mensch, der seine Willenskraft dafür einsetzt, die Beziehungen am Laufen zu halten. Manchmal die Neigung, den Partner in den Vordergrund zu drängen, zu deren Schaden - was unter Kontrolle gebracht werden muss, gemäß der Art und Weise des Marszeichens. Wie dem auch sei – es kommt hier auf die Erkenntnis an, dass in der Beziehung ein Sinn für die Richtung gegeben sein muss.

Wird die rauere, aggressivere Seite dieses Marseinflusses unter Kontrolle gebracht, erweist sich diese Stellung als sehr hilfreich, auch für Beziehungen am Arbeitsplatz.

Die Verbindung zwischen Mars und der sexuellen Aktivität ist so stark, dass es den Anschein haben könnte, dass das Sexualleben die Beziehung dominiert. Nichtsdestoweniger ist aber noch Raum für andere Faktoren - die dann auch von grundlegender Bedeutung sind, weil sie die Beziehung lebendig halten. Der Ausdruck von Energie wird sicherstellen, dass es zu positiven sexuellen Erfahrungen kommt.

MARS IM 8. HAUS

8

Mars weist in diesem Haus eine sehr machtvolle Stellung auf, weil er vor der Entdeckung und Eingliederung Plutos in die astrologische Welt als Herrscher des Zeichens Skorpion galt. Ein extrem starkes sexuelles Bedürfnis. Befriedigung auf diesem Lebensbereich ist eine notwendige Vorbedingung, damit es auf anderen Gebieten zur Erfüllung kommen kann. Das Forschen ist hier von großem Reiz - was sich auch auf die eigene Person beziehen kann (speziell dann, wenn Mars Aspekte von den persönlichen Planeten oder Pluto empfängt). Dies wirkt sich meistens gut aus, allerdings könnte die Tendenz zur Besessenheit gegeben sein. Dann würde man mit der Selbsterforschung niemals ein Ende finden.

Manchmal beeinflusst diese Stellung die Berufswahl. Es könnte eine Neigung zur Chirurgie oder zur Psychiatrie bestehen, vielleicht auch zur Polizei- oder Detektivarbeit. Wirtschaftliche und finanzielle Themen interessieren den Menschen, und möglicherweise besitzt er ein Geschick für das Investieren. Achten Sie auf das Marszeichen, um zu erkennen, ob die Person hier sorgfältig und kontrolliert oder aber tollkühn vorgeht und wie groß ihre Erfolge sind.

Eine machtvolle Intuition

Die Intuition ist mit dieser Stellung erhöht. Sie bedeutet ein gutes Gespür, um Partner zu finden und finanzielle Chancen wahrzunehmen. Es kann ein überdurchschnittliches Interesse für das Thema Tod bestehen. Manchmal (speziell dann, wenn Neptun im Skorpion steht), weist sie auf übersinnliche Fähigkeiten hin, allerdings kommt es dann noch auf andere Horoskopfaktoren an.

MARS IM 9. HAUS

9

Unter der Voraussetzung, dass der Geborene ein gutes intellektuelles Potenzial besitzt (am Einfluss von Merkur und Jupiter abzulesen), bedeutet diese Stellung, dass er sich engagiert und bereitwillig mit geistigen Herausforderungen auseinandersetzt. Bei einem guten Konzentrationsvermögen (z. B. bei positiven Saturnaspekten zu Sonne oder Mond) dürfte es dem Menschen ein Vergnügen sein, sich zu bilden und eine besondere Qualifikation zu erwerben.

Abenteuerlust könnte den Menschen dazu treiben, bis ans Ende der Welt zu reisen, womöglich auch ohne viel Geld, nur um des Reisens willen, oder auch als Teilnehmer einer Expedition.

Ganz allgemein widmet man sich mit dieser Stellung gern den verschiedensten Herausforderungen und hat alle Chancen, das, was man anstrebt, auch tatsächlich zu erreichen.

Viel Mut - die Art und Weise, wie dieser sich zeigt, ist am Marszeichen abzulesen (bei den Fischen kommt Mitgefühl und Anteilnahme zum Ausdruck, beim Wassermann eine exzentrische Qualität usw.).

Das ständige Bedürfnis nach Fortschritt könnte zu Rastlosigkeit führen, speziell dann, wenn sich Pläne nicht wie gewünscht umsetzen lassen. Man sollte den Menschen diesbezüglich warnen. Die Frage ist: Hat er Geduld oder nicht? Bei der Neigung zu nervösen Stresssymptomen könnte eine Entspannungstechnik hilfreich sein, die eine ruhigere und vielleicht auch philosophischere Einstellung zum Leben bewirkt.

MARS IM 10. HAUS (10)

Ein Mensch, mit dem man im Beruf rechnen muss. Sehr viel Kraft, um hart zu arbeiten und Ziele zu erreichen, damit auch eine erhöhte Wahrscheinlichkeit für Erfolg. Jemand, der emotional Anteil nehmen muss an dem, was er beruflich tut. Fortschritte sind ihm sehr wichtig. Er sollte sich manchmal aber mäßigen und Geduld zeigen; überhastete Entscheidungen und ein Mangel an Toleranz gegenüber langsameren Kollegen könnten nämlich zu Problemen führen.

Die Neigung zu diskutieren und zu streiten könnte ebenfalls charakteristisch sein, besonders bei einem negativen Marsaspekt zu Uranus oder einem persönlichen Planeten. Ganz allgemein kann es zu Spannungen auf den verschiedensten Lebensgebieten kommen. Im besten Fall aber fügt Mars sehr viel Enthusiasmus für weltlichen Erfolg, sehr viel Ehrgeiz und hochgesteckte Ziele zu, insbesondere bei der Konjunktion zum MC.

Die Zeichen der Rebellion

Das 10. Haus steht in Beziehung zum Vater. Der Geborene könnte seinen Vater als sehr starke und fordernde Person gesehen haben. Daraus resultiert womöglich viel innerliche Wut, die in Form eines rebellischen Verhaltens gegenüber der Gesellschaft zum Ausdruck kommt, insbesondere während der Teenagerjahre.

Trifft dies zu, sollten Sie mit Ihrem Gegenüber auf eine ruhige Weise darüber sprechen. So verlockend dieser Vorschlag sein mag - denken Sie aber daran, dass Sie ein Astrologe sind, kein Psychotherapeut; es könnte sinnvoll sein, dass Sie professionelle Hilfe vermitteln, falls der Betreffende in der einen oder anderen Hinsicht zu Aggressivität neigt. Wie immer können andere Horoskopfaktoren die Tendenz mildern oder aber verstärken.

Achten Sie hier auch auf Anzeichen für Spannungen oder auf mögliche Blockierungen (z. B. negative Aspekte zu Pluto), die es verhindern, dass Probleme zur Sprache kommen.

MARS IM 11. HAUS (11)

Der Pioniergeist von Mars macht sich hier im gesellschaftlichen Leben bemerkbar: Jemand, der seine Gruppe anführt, der andere zu Aktivitäten anspornt und mit Enthusiasmus und Energie erfüllt und damit zur Entwicklung und Förderung von gemeinschaftlichen Interessen beiträgt.Die Freundschaften sind hier von überdurchschnittlichem Interesse, allerdings handelt es sich dabei um einen Lebensbereich, in dem es wegen der aggressiven und streitsüchtigen Seite von Mars immer wieder zu Störungen kommen kann. Das gilt besonders dann, wenn andere die Motive oder Überlegungen infrage stellen.

Sensibilität mit unterschiedlicher Auswirkung

Die humanitäre Seite des 11. bzw. des Wassermann-Hauses kommt hier zum Tragen, und es ist anzunehmen, dass der Betreffende, wenn er mit Leid konfrontiert wird, sofort zu helfen versucht.

Die Mars-Emotionen, die bei den Interessen und Hobbys so glühend zum Ausdruck kommen, berühren die menschlichen Beziehungen selbst deutlich weniger. Das ist so, weil das 11. Haus ein Element der persönlichen Distanz zufügt, was einen warmherzigen Ausdruck der Gefühle verhindert.

MARS IM 12. HAUS (12)

Ein Mensch, der seine Geheimnisse hat und dem es sehr schwerfällt, über seine Probleme zu reden, auch dann, wenn er selbst in dieser Hinsicht anderen helfen kann. Eine farbige Fantasie und viel emotionale Energie, auch in einem Horoskop, das in dieser Beziehung eher unterentwickelt ist.

Eine fürsorgliche Rolle

Die Identifikation mit dem menschlichen Leid ist eines der positivsten Merkmale dieser Stellung, mitsamt der Tendenz, sich die Last anderer zur eigenen zu machen. Mit dem ausgeprägten Interesse an der Beratung kann diese Unterstützung zu einem psychologischen Faktor werden.

Wenn das Horoskop ansonsten Mitgefühl erkennen lässt, handelt es sich um eine ausgezeichnete Stellung für soziale Berufe, besonders in Form von Sozialarbeit oder auch im Rahmen des Justizvollzugs.

Damit Mars allerdings gut zur Geltung kommt, sollte er nicht im negativen Aspekt zum Mond oder zu Neptun stehen, weil dies darauf hinweisen könnte, dass der Mensch den Kopf in den Sand steckt oder vor den Problemen davonläuft. Dies gilt besonders auch für die Konjunktion mit dem Aszendenten.

DER PROGRESSIVE MARS IN DEN HÄUSERN (♂)

Wenn der progressive Mars im Laufe des Lebens von einem Haus zum anderen wechselt, ergeben sich neue Interessen und ein anderer Ausdruck von Energie, gemäß der Belange des neuen Hauses. Läuft Mars z. B. progressiv in das 6. Haus und leidet der oder die Betreffende unter Über- oder Untergewicht, wäre eine vernünftige Diät oder eine Änderung der Essgewohnheiten langfristig von großem Nutzen. Derjenige, bei dem der progressive Mars ins 3. Haus läuft, wird sich kommunikativer zeigen und häufiger als zuvor das Wort ergreifen, um seine Meinung auf eine dynamischere und kraftvollere Weise kundzutun.

MARSASPEKTE

Jeder Planet, der im Aspekt zu Mars steht, wird in physischer, emotionaler oder intellektueller Weise angeregt und gestärkt. Die positiven und negativen Auswirkungen unterscheiden sich aber sehr voneinander. Das gilt natürlich für alle Planeten – es kommt hier aber darauf an, ob Mars für eine positive Energie steht, die zu Aktivität und zu Leistungen führt, oder ob er Spannung und Druck zur Folge hat. Dann gilt es herauszufinden, auf welche Weise der Mensch die Energie kontrollieren kann, auf dass es zu positiven Ergebnissen kommt.

Marsaspekte zur Sonne siehe Sonnenaspekte zu Mars, S. 277-278.

Marsaspekte zum Mond siehe Mondaspekte zu Mars, S. 295-296.

Marsaspekte zu Merkur siehe Merkuraspekte zu Mars, S. 314-315.

Marsaspekte zur Venus siehe Venusaspekte zu Mars, S. 329.

MARSASPEKTE ZU JUPITER

Konjunktion

Ein Aspekt, den man am besten mit »aufstehen und loslegen« beschreiben kann. Ein Mensch, der die Initiative ergreift und bestimmt und zielstrebig handelt. Für gewöhnlich ein großer Unternehmungsgeist, der jede sich bietende Gelegenheit beim Schopfe packt. Ein Enthusiasmus für Ziele, die für andere zu hoch sind - und das Vermögen, sich voll und ganz auf diese zu konzentrieren. Häufig auch große finanzielle Talente und eine wagemutige Einstellung zu Investitionen. Ein stabilisierender und vorsichtigerer Einfluss von anderen Faktoren könnte hier eine gute Sache sein.

Mit dieser Konjunktion sagt man, was man denkt, allerdings nicht auf taktlose oder allzu freimütige Weise, wenngleich die Tendenz, die persönliche Ansicht mit Überzeugung zu vertreten, schon einmal zu Problemen führen kann, speziell mit Kollegen.

Zumeist eine ausgeprägte Lebenslust. Wenn die Konjunktion in das Zeichen Widder oder Schütze fällt, womöglich eine ausgeprägte Risikobereitschaft oder eine geradezu närrische Tollkühnheit. Sehr viel physische und intellektuelle Energie. Mit dem dynamischen Einfluss sind große Leistungen möglich.

Positive Aspekte

Außerordentlich günstige Einflüsse, die Optimismus, Enthusiasmus und viele der bei der Konjunktion erwähnten Merkmale bewirken, allerdings auf weniger drängende Weise. Die Tendenz, Gefühle und Meinungen auf eine arrogante Art darzustellen, kann hier – im Gegensatz zur Konjunktion – kontrolliert werden. Ein lebhafter Verstand und ein aktiver Körper, umso mehr, wenn einer der Planeten eine personalisierte Bedeutung trägt. Auf jeden Fall handelt es sich um ein ausgezeichnetes Potenzial, das für sportliche oder intellektuelle Belange eingesetzt werden kann.

Negative Aspekte

Wenn andere Faktoren des Horoskops Rastlosigkeit erkennen lassen, verstärken diese Aspekte das noch - und wenn nichts anderes dafür spricht, können sie sie hervorrufen. Viel intellektuelle und physische Energie, allerdings mit dem Hang, des Guten zu viel zu tun. Ermutigen Sie Ihr Gegenüber, hart und diszipliniert zu arbeiten, weil ansonsten die Energie und der Einsatzwillen auf eine sehr unregelmäßige Art zum Ausdruck kommen.

Menschen mit dieser Stellung haben Schwierigkeiten, das Maß zu finden, was schädlich auf die Gesundheit wirken kann, besonders dann, wenn einer der Planeten eine personalisierte Bedeutung trägt. Wenn es hier durch einen machtvollen positiven Einfluss zwischen Sonne und Saturn Hilfe gibt, hat man aber die Möglichkeit, die Energie kontrolliert und nutzbringend anzuwenden. Möglicherweise eine problematische Leidenschaft zum Spiel.

PROGRESSIVE ASPEKTE ZWISCHEN MARS UND JUPITER

Konjunktion

Eine gute Ausgangsbasis, um die Initiative zu ergreifen und seinen Weg zu gehen, in welche Richtung auch immer.

Dies führt zu Erfolg. Studieren Sie gründlich, welche Transite auf Schlüsselphasen hinweisen. Zu diesen Zeiten sollte der Betreffende auf eine kühne und bestimmte Weise aktiv werden. Dieser Einfluss, der sich über etwa drei Jahre erstreckt, kündet von einer wichtigen und aufregenden Zeit.

Positive Aspekte

Können zu beträchtlichem Erfolg führen. Viel Unternehmungsgeist. Wenn Transite unterstützend wirken, sollte man auf jeden Fall tatsächlich aktiv werden. Falls sich diese Progression zur Zeit einer Jupiterwiederkehr oder dem anderweitigen Hinweis auf eine wichtige Veränderung ereignet, könnte dies eine Periode mit außerordentlichen Fortschritten und vielen Erfolgen sein. Man kann nun vieles, was einem wichtig ist, realisieren.

Negative Aspekte

Die Tendenz, übereilt aktiv zu werden und allzu optimistisch zu sein. Mäßigung auf allen Gebieten des Lebens ist jetzt ratsam, Unbeständigkeit und Ungeduld müssen bekämpft werden. Vielleicht geht der oder die Geborene jetzt große Risiken ein, möglicherweise bei verheißungsvollen Geldanlagen. Man sollte es sich sehr gut überlegen, jetzt größere Geldsummen auszugeben.

MARSASPEKTE ZU SATURN

Konjunktion

Eine sehr machtvolle Stellung, die einen großen Einfluss auf die persönliche Energie hat und vielleicht auf eine eher ungleichmäßige Weise zum Ausdruck kommt. Manchmal könnte sich der Geborene zielstrebig bis zur Erschöpfung verausgaben, während zu anderen Zeiten der Energiefluss eher mäßig ist, mit der Folge von Passivität und einem Gefühl der Frustration. In den meisten Fällen gibt es tiefverwurzelte psychische Ursachen dafür. Die Haltung kann zeitweise negativ und düster sein, während man andere Male mit den großen Ressourcen außerordentlich aktiv ist.

+ Positive Aspekte

Sehr viel Ausdauer und Bestimmtheit. Ein Mensch, der sich mit schwierigen Umständen arrangieren kann, hinsichtlich der Arbeit oder z. B. auch einer Expedition. Kennzeichnend ist der Wille zum Erfolg. Aber auch hier sollte man sich um einen gleichmäßigen Ausdruck der physischen Energie bemühen.

− Negative Aspekte

Eine ernste und strenge Einstellung. Ein Mensch, der manchmal schwungvoll und positiv, dann wieder negativ und depressiv ist. Einige Autoren nennen diese Aspekte auch »unbeständig«, was unserer Meinung nach zutreffend ist. Wie bei der Konjunktion auch kommt es hier auf den bewussten Ausdruck der Energie an: Die Neigung, verbissen bis zur völligen Erschöpfung zu arbeiten, um sich dann aufgrund eines plötzlichen Mangels an Selbstvertrauen in einer lethargischen Form zu entspannen, könnte auf Dauer der Konstitution ernsthaft schaden.

Eine regelmäßige sportliche Betätigung wäre hier eine große Hilfe. Dazu wird es aber nur dann kommen, wenn der Betreffende seiner inneren Stimme nicht folgt, die da sagt: »Das schaffe ich sowieso nicht!«

PROGRESSIVE ASPEKTE ZWISCHEN MARS UND SATURN ♄

☌ Konjunktion

Für etwa drei Jahre kommt es nun auf Bestimmtheit und Geduld an - weil der Betreffende nun frustrierende Erfahrungen macht, vor allem dann, wenn Saturn auch noch im Transit wirksam ist. Fortschritte ergeben sich nur sporadisch. Man muss versuchen, konstruktiv zu arbeiten und über das Bescheid zu wissen, was zu tun ist.

Falls es zu einer Beförderung gekommen ist, muss der Geborene lernen, den Untergebenen mit Geduld und Gleichmut zu begegnen. Ein gleichmäßiges Tempo ist wichtig; unter Druck zu arbeiten könnte schädigend auf die Gesundheit wirken.

+ Positive Aspekte

Wahrscheinlich sehr viel Bestimmtheit und Durchhaltevermögen. Helfen dem Geborenen bei seinem drängenden Verlangen, es auf seinem Gebiet zu Fortschritten zu bringen. Geduld und harte Arbeit werden sich auszahlen; wie immer mit Saturn sind aber keine schnellen Resultate zu erwarten.

− Negative Aspekte

Zu diesen Zeiten ist viel Frustration möglich, es gilt, nichts übers Knie brechen zu wollen. Eine solche Tendenz verstärkt sich, wenn es gleichzeitig Transite von Saturn, Pluto oder Uranus zu persönlichen Planeten, zum Aszendenten oder zum MC gibt. Man sollte dann tätig werden, wenn derartige Transite nicht exakt sind - aber selbst dann ist nur zu vorsichtigen und wohlerwogenen Schritten zu raten. Regelmäßiger Sport, zusätzliches Calcium und zusätzliche Vitamine, speziell bei kaltem Wetter oder der Gefahr von Erkältungen, sind zu empfehlen!

MARSASPEKTE ZU URANUS ♅

☌ Konjunktion

Dieser sehr machtvolle Aspekt unterstreicht den persönlichen Willen und die Zielgerichtetheit. Wahrscheinlich ein sehr hartnäckiger Mensch, der viele seiner Vorstellungen realisieren kann. Ein freimütiges Wesen. Bei der Konjunktion in einem fixen Zeichen kann es zu Intoleranz und Starrsinn kommen, auch zu Ungeduld und einer Unfallgefahr.

Es ist wichtig, dass der Betreffende sich vor Fanatismus hütet - eine solch extremistische Position ist nicht auszuschließen. Untersuchen Sie auch, ob Ihr Gegenüber vielleicht die Macht liebt; falls ja, machen Sie ihm klar, dass man besser auf die daraus resultierenden Privilegien verzichten sollte! Eine solche Tendenz wäre am ehesten bei der Stellung im 10. Haus zu erwarten oder bei der Konjunktion zum MC. Stressreiche Situationen könnten zu einer nervösen Spannung führen.

+ Positive Aspekte

Bewirken eine motivierte nervliche Energie, die der Geborene zu seinem Vorteil einsetzen kann, um seinen Zielen näherzukommen. Für gewöhnlich sehr viel Originalität mit einer Neigung für die Wissenschaft oder die Technik. In einem Notfall reagieren diese Menschen schnell; von ihrem machtvollen Energiepotenzial kann in solchen Momenten viel Unterstützung und Stärke ausgehen.

Unabhängigkeit sowie ein reichliches Maß an nervöser Energie. Wenn der oder die Betreffende ein interessantes und unabhängiges Leben führt, wird diese Energie sehr positiv freigesetzt.

− Negative Aspekte

Können sehr viel nervöse Spannung zur Folge haben, besonders dann, wenn schon von anderen Horoskopfaktoren eine derartige Neigung angezeigt ist. Manchmal tritt Migräne auf. Eigenwilligkeit, Exzentrizität und Streitsucht sind wahrscheinlich: Ein Mensch, der unter allen Umständen seinen eigenen Weg gehen will. Bei einem Kind mit dieser Stellung sollten die Eltern vielleicht das Gegenteil von dem, was sie wollen, vorschlagen, um zum erwünschten Ergebnis zu kommen. Ein Bewusstsein für die Gefühle der anderen und für Kränkungen sollte entwickelt werden.

Ein intensives Bedürfnis zu gewinnen und häufig auch tatsächlich große Erfolge – unterschätzen Sie aber nicht die damit verbundene Anspannung, die in Extremfällen zum Zusammenbruch führen kann. Manchmal sind sich diese Menschen selbst ihr ärgster Feind. Sehen Sie nach, welche anderen Faktoren die Härte dieser Aspekte mildern können!

PROGRESSIVE ASPEKTE ZWISCHEN MARS UND URANUS ♅

☌ Konjunktion

Eine Phase, die sowohl von Anspannung als auch von Erfolg kündet und in der man Großes leisten muss. Rückblickend aber könnte der Erfolg alle Anstrengungen rechtfertigen. Diese Progression wirkt über einen Zeitraum von etwa drei Jahren. Wenn Uranus auch noch im Transit wirksam ist, dürfte es sich um eine sehr ereignisreiche Zeit handeln.

Man sollte dann aktiv werden, wenn auch Jupiter im Transit aktiv ist – zum Nachdenken, Plänemachen und geduldigen Vorgehen dagegen eignen sich Zeiten, wenn Saturn im Transit auf das Horoskop einwirkt. Häufig wichtige und unerwartete Veränderungen. Es gilt aber, nicht überstürzt zu handeln!

Positive Aspekte
Das Leben wird nun manchmal außerordentlich aufregend und ereignisreich sein, und man fühlt sich jetzt stark, selbstbewusst und positiv. Es besteht der große Drang zu gewinnen, und eine originelle Herangehensweise zahlt sich nun aus. Man darf aber nicht halsstarrig werden, sondern muss auf die Worte und Ratschläge von anderen hören. Ruhig und vernünftig sein, obwohl das Leben mittlerweile so aufregend ist, darauf kommt es besonders an. Insbesondere dann, wenn Jupiter im Transit die eigene Geburtsstellung oder das MC aspektiert, werden sich Chancen ergeben.

Negative Aspekte
Eine schwierige Zeit – wie schwierig, hängt von der Stärke der Transite ab. Mit einem negativen Transiteinfluss von Uranus, Saturn oder Pluto könnte das Leben jetzt große Anforderungen stellen und die nervliche und körperliche Energie belasten; die Tendenz zu Ängsten kann sich ebenfalls manifestieren. Vielleicht reagiert die Person nun sehr dickköpfig oder eigensinnig. So etwas zahlt sich nicht aus, und es könnte auch ganz untypisch für diesen Menschen sein, der die Verantwortung dafür zu übernehmen hat.

MARSASPEKTE ZU NEPTUN

♆

Konjunktion
Dieser interessante Aspekt stärkt die Vorstellungskraft; ein Mensch, der eine reiche, farbige und faszinierende Fantasie hat. Die Konjunktion intensiviert ebenfalls die Emotionen und bedeutet Sensibilität beim Ausdruck von sexuellen Wünschen. Allerdings nehmen mit ihr die physischen Energien eher ab – die betreffende Person dürfte sich auf vielen Lebensgebieten durch ein gemächlicheres Tempo auszeichnen. Wenn das Liebesleben unbefriedigend ist oder kein Ventil für den kreativen Ausdruck der Fantasie besteht, kann es zu Frustration kommen, ohne dass die Person den Grund dafür weiß.

Kinder mit der Konjunktion oder einem negativen Aspekt sollten von ihren Eltern besonders auf die Gefahren von Drogen, Alkohol und Rauchen hingewiesen werden. Denn es fällt außerordentlich schwer, sich davon wieder freizumachen.

Positive Aspekte
Wenn andere Merkmale des Horoskops auf Kreativität oder Originalität schließen lassen, stärken diese Aspekte die Fantasie und das individuelle Talent. Das Resultat davon könnte ein wunderbares Farbgefühl oder auch die Fähigkeit zu originellen Entwürfen sein, ob nun in kreativer oder technischer Hinsicht.

Starke Emotionen und Gefühle, die auf eine positive Weise gezeigt werden sollten. Dominierend sind auf diesem Persönlichkeitsbereich allerdings andere Einflüsse, nämlich die von Mond und Venus. Eine Verbindung, die das Liebesleben begünstigt und die Sexualität mit Intensität und Sensibilität erfüllt; es gilt aber, mit beiden Füßen fest auf der Erde zu stehen, speziell dann, wenn man sich neu verliebt.

Negative Aspekte
Könnten die Tendenz anzeigen, in alte Fluchtmuster zu verfallen, besonders bei Stress. Ein Mensch, der sich möglicherweise nach Rückzug sehnt, der es ablehnt, sich mit den Geschehnissen auseinanderzusetzen – suchen Sie nach Hinweisen, wie er dagegen angehen kann. Es besteht die Neigung zu Unzufriedenheit oder auch Launenhaftigkeit, speziell bei der Stellung in einem Wasserzeichen.

PROGRESSIVE ASPEKTE ZWISCHEN MARS UND NEPTUN

♆

Konjunktion
Diese subtile, aber anregende Progression bestärkt die Vorstellungskraft, was sich in einer kreativen und fantasievollen Arbeit äußern könnte. Ansonsten vielleicht eine Zeit, in der ein bestimmter Traum oder eine Fantasie Wahrheit wird, eine lang ersehnte Reise zu einem Ort womöglich, der von jeher eine besondere Faszination ausgeübt hat. Sehr viel Inspiration, die vorteilhaft eingesetzt werden kann und gut bei kreativen Aktivitäten zur Geltung kommt.

Leidet Ihr Gegenüber aufgrund von anderen Progressionen oder Transiten unter Stress, sollten Sie ihn vor Beruhigungsmitteln, Drogen oder Alkohol warnen - all das schadet ihm nun mehr als sonst.

Positive Aspekte
Ähnliche Effekte wie bei der Konjunktion, allerdings ist die Chance noch größer, dass man den Einfluss auf eine praktische Weise nutzen kann, was vielleicht zu konkreten Resultaten führt. Auch der Hang, sich in einer Traumwelt zu verlieren, oder eine verminderte Konzentrationsfähigkeit.

Negative Aspekte
Sind heikel und könnten zu Gefühlen der Unzufriedenheit mit dem persönlichen Schicksal führen oder zu dem Eindruck, dass man nicht stark genug ist. Das Selbstvertrauen ist schneller als sonst zu erschüttern, und harte Worte von anderen kränken nun sehr. Bei Stress besteht ein sehr großes Risiko zu negativem Eskapismus, und bei der Zubereitung von Nahrung, speziell bei Schalentieren, sollte man größere Aufmerksamkeit walten lassen als sonst – man ist nun nämlich für Lebensmittelvergiftungen anfällig.

Dieser Einfluss ist nicht während der ganzen drei Jahre der Progression zu spüren, er macht sich aber dann bemerkbar, wenn Neptuntransite zu den persönlichen Planeten, zum Aszendenten oder zum MC auftreten oder bei Lunarprogressionen ähnlicher Art. Der Geborene sollte sich vor den angesprochenen Fluchttendenzen hüten, auch vor einer vielleicht untypischen Geheimniskrämerei.

MARSASPEKTE ZU PLUTO

♇

Konjunktion
Eine sehr machtvolle Energie. Bei positiven Aspekten von Sonne oder Mond erweist sie sich als starker Antriebsfaktor und als Bestimmtheit, wenngleich sie für gewöhnlich von Dickköpfigkeit begleitet wird. Wenn Quadrate oder Oppositionen auf sie einwirken, könnte es zu einer Aufstauung von Energie kommen, die der Mensch nicht positiv freizusetzen weiß. Diese Energie ist so stark, dass Sie dann, wenn Ihr Gegenüber zu Rastlosigkeit oder zu Verspannungen neigt, Judo oder Karate zu ihrer kontrollierten Freisetzung empfehlen sollten. Der psychische Effekt davon, kombiniert mit dem physischen, wird sich als sehr günstig erweisen.

Womöglich Tendenzen der Besessenheit und im Zorn eine geradezu furchteinflößende Erscheinung. Das gilt umso mehr, wenn die Konjunktion in den Skorpion fällt oder in die Jungfrau, mit Beteiligung von Uranus. Hier muss man gegensteuern, etwa indem man sich körperlich und auch emotional einer Sportart widmet, denn sonst könnte das Besessensein von der Schattenseite des Lebens schädliche Auswirkungen haben. Dieser Aspekt verstärkt die Emotionen, und möglicherweise ruft er einen Zug der Grausamkeit hervor.

Positive Aspekte

Außerordentlich viel physische und psychische Energie, was bewusst erkannt werden muss. Mehr noch – sie muss durch eine anspruchsvolle Sportart oder ein hartes Training positiv zum Ausdruck gebracht werden. Eine Kampfsportart zu betreiben könnte für diese Gruppe von Menschen wie für die mit der Konjunktion (siehe oben) günstig sein.

Es kommt immer wieder zu umfassenden Veränderungen, oftmals wegen der leidenschaftlichen Veranlagung. Eine Stellung, die vermehrten Ehrgeiz und häufig auch die Fähigkeit zu harter Arbeit bedeutet – die vielleicht für einen »Workaholic« spricht.

Negative Aspekte

Wie bei der Konjunktion und den positiven Aspekten sehr viel emotionale und physische Energie, allerdings auch die Neigung, sich bis zur Erschöpfung zu verausgaben und mit Besessenheit an den persönlichen Zielen zu arbeiten.

Verzweifelte Versuche, um Hindernisse zu überwinden - nur zu oft scheinen diese aber immer größer zu werden. Häufig eine Phase ohne befriedigende Resultate.

PROGRESSIVE ASPEKTE ZWISCHEN MARS UND PLUTO

Konjunktion

Kündet von einer Zeit mit sehr viel emotionaler und physischer Energie. Wenn sie mit schwierigen Transiten zusammenfällt, vielleicht eine Phase von Frustrationen und Blockaden ohne jeden Fortschritt. Zum Schluss aber kann es hier zu einem Neustart kommen, manchmal als Resultat einer Therapie oder einer günstigen finanziellen Entwicklung. Wenn es positive Transite und Unterstützung durch Lunarprogressionen gibt, sollte man Pläne umzusetzen versuchen.

Eine womöglich harte Zeit, in der man aber einiges zustande bringen kann. Sie wird das Leben für etwa drei Jahre prägen, allerdings in unterschiedlicher Intensität

Positive Aspekte

Stehen für eine Zeit, in der Geborene auf die eine oder andere Art reinen Tisch macht. Überkommenes ausmustern, im Zuhause überfällige Veränderungen vornehmen oder umziehen oder auch sich trennen und neu binden sind nur einige der Möglichkeiten.

Manchmal könnte auch bei diesen positiven Aspekten jeglicher Fortschritt blockiert sein, besonders, wenn Pluto im Transit einwirkt. Für gewöhnlich aber sehr befriedigende Ergebnisse, der Mensch fühlt sich damit wie aufgeladen und bereit für die nächste Phase des Lebens. Legen Sie nicht zu viel in diese Progression hinein - sie braucht einen Rückhalt, um wirklich stark zu wirken. Wenn Mars oder Pluto eine personalisierte Stellung haben, ist das der Fall.

Negative Aspekte

Ein Zeitabschnitt mit viel Frustration, insbesondere bei Veränderungen. Nun sollte man die Dinge nicht mit Macht vorantreiben, erst recht nicht bei negativen Transiten von Saturn zu den persönlichen Planeten oder zu Pluto. Raten Sie dagegen bei Unterstützung durch Jupiter oder auch bei Marstransiten (welche nur für ein paar Tage wirksam sind - siehe S. 347-348), aktiv zu werden.

MARSASPEKTE ZUM ASZENDENTEN

Konjunktion

Befindet sich Mars im 1. Haus, lesen Sie bitte zur Information noch einmal den betreffenden Abschnitt auf S.340. Je dichter sich Mars am Aszendenten befindet, desto stärker ist sein Einfluss. Führen Sie sich allerdings vor Augen, dass die Geburtszeit exakt sein muss! Bei Mars im 12. Haus beschäftigen Sie sich bitte noch einmal mit dem Absatz auf Seite 342; was dort aufgeführt ist, hat auch hier seine Gültigkeit. Sehr viel physische Energie (Mars im 1. Haus) oder sehr viel emotionale Energie (Mars im 12. Haus).

Die Neigung zur Selbstbezogenheit und Selbstsucht ist bei Mars im 1. Haus stärker als im 12. Haus. Im letzteren Fall ist der Mensch zu Opfern bereit und hilft anderen auf eine selbstlose Weise, könnte sich aber als eine Art Geheimniskrämer hervortun. Unabhängig von der Häuserstellung könnte es aufgrund von Unbesonnenheit häufig zu Unfällen kommen.

Positive Aspekte

Verstärken die körperliche Energie, sodass der Mensch vielleicht sportlich außerordentlich aktiv sein sollte, um diese positiv freizusetzen (wenn er im Beruf körperlich gefordert ist, gilt das nicht). Das Bedürfnis nach viel Aktivität sowie ein Hang zur Individualität. Möchte unbedingt immer bei den Siegern sein.

Negative Aspekte

Es könnte die Neigung bestehen, sich zu überarbeiten, was die Vitalität schwächen würde (speziell bei Mars im 6. Haus). Eine lebendige und sexuell erfüllende Beziehung ist unbedingt erforderlich, wenn sich Mars im 7. Haus befindet. Allerdings sollten Sie Ihr Gegenüber vor der Tendenz zur Streitsucht warnen (welche auch beim Quadrat gegeben ist).

Wie bei der Konjunktion auch sollten Sie bei Ihrer Interpretation von dem Zeichen und dem Haus von Mars ausgehen. Aspekte zu ihm verstärken seine Bedeutung noch.

PROGRESSIVE MONDASPEKTE ZWISCHEN MARS UND ASZENDENT

Konjunktion

Der Geborene setzt sich während der drei Jahre dieser Progression herausfordernde und hochgesteckte Ziele, die er unter allen Umständen auch verwirklichen möchte. Tragen Sie Ihren Teil dazu bei, dass diese Energie positiv und gleichmäßig zum Ausdruck kommt, was auch vor Überarbeitung schützt.

Die jetzige Tendenz, sich selbst an die erste Stelle zu setzen und wenig Aufmerksamkeit für die Belange der Partner zu haben, ist nicht grundsätzlich zu verurteilen – Energie und Zielstrebigkeit führen jetzt zu viel Bestimmtheit. Allerdings gilt es doch, sich vor Selbstsucht zu hüten.

Positive Aspekte

Eine ungeheure Unterstützung für alle Projekte, an denen man beteiligt ist, und für jede Herausforderung, mit der man sich auseinanderzusetzen hat. Günstig auch für das Erreichen der persönlichen Ziele. Die Gesundheit und Vitalität dürften nun sehr robust sein. Außerordentlich positiv, falls es zu besonderen körperlichen Anforderungen kommt.

Negative Aspekte
Eine Neigung, zu hart zu arbeiten, was zu Erschöpfung führen kann. Von Zeit zu Zeit Tendenzen des Jähzorns und der Überstürztheit, speziell dann, wenn die Dinge nicht nach Plan laufen. Geduld ist das, worauf es jetzt ankommt. Vielleicht zeigt der Mensch nun ein sehr untypisches Verhalten.

Wenn diese Progression von der Uranusopposition zur eigenen Stellung begleitet wird (siehe S. 391-392), könnte sich vielleicht eine Liebesaffäre ergeben, die außer Kontrolle gerät. Man könnte nun unbedingt ausprobieren wollen, ob man sexuell noch attraktiv ist.

MARSASPEKTE ZUM MC

Konjunktion
Ein sehr großer Drang nach Erfolg. Auch Ehrgeiz und der Wunsch nach Unabhängigkeit machen sich nun deutlich bemerkbar. Wichtiger als alles andere ist, dass der Mensch an seiner Karriere bzw. an dem, was er tut, emotional Anteil nehmen kann. Das, was jeden Tag zu tun ist, wird mit viel Energie erledigt. Lesen Sie noch einmal die Abschnitte zu Mars in den betreffenden Häusern (S. 340-342), um Einsicht in diese wichtige Stellung zu bekommen.

Positive Aspekte
Wirken sich ähnlich wie die Konjunktion aus - Mars unterstützt die Aktivitäten des betreffenden Menschen. Ein ansteckender Optimismus bei der Arbeit. Häufig eine Persönlichkeit, die andere mitreißen kann.

Negative Aspekte
Jemand, der hart arbeiten kann, bis zur Verausgabung, der aber auch zu Streitigkeiten mit den Kollegen neigt. Es gilt deshalb, Geduld zu entwickeln, speziell mit denen, die langsamer sind als er. Ob das leicht fällt oder nicht, ist an den anderen Horoskopbereichen abzulesen.

PROGRESSIVE ASPEKTE ZWISCHEN MARS UND MC

Konjunktion
Könnte für eine Phase von großer Aktivität stehen wie auch für die Realisierung von Zielen. Wie leicht oder schwer diese Zeit ist, hängt von zwei Faktoren ab: von der Stellung und den Aspekten von Mars im Geburtshoroskop und davon, ob die aktuellen Transite förderlich oder hinderlich sind. Nichtsdestoweniger ist die Chance groß, dass der Geborene jetzt schafft, was er sich vorgenommen hat.

Positive Aspekte
Ein deutlich stärkender Einfluss für jegliches anspruchsvolle Projekt, an dem man nun arbeitet. Man kann jetzt für das aktiv werden, was einem wirklich Spaß macht. Bestärken das Selbstvertrauen und bringen Bestimmtheit und den Willen zum Erfolg.

Negative Aspekte
Häufig Anspannung und Überarbeitung; sehr viel Anstrengung ist nötig, um das zu bekommen, was man will. Es sollte keine größeren Probleme geben, wenn man sich bemüht, das Temperament unter Kontrolle zu halten, was aber nicht einfach ist. Sehen Sie nach, ob andere Horoskopfaktoren gegen die Neigung zu vorschnellen Handlungen, zu unnötigen Risiken und Impulsivität helfen können.

DIE PROGRESSION VON MARS ZUR MARSSTELLUNG

Alles, wofür Mars im Geburtshoroskop steht, ist nun betont. Auch das progressive Marszeichen und -haus sind jetzt stark energetisiert.

Diese Progressionen stellen überaus interessante Faktoren dar, die Selbstsicherheit und den Drang, die Projekte voranzutreiben, bewirken. Es sind höchstens Aspekte bis zum Quadrat zu erwarten - das Halbsextil bedeutet dabei keinen sehr machtvollen Faktor, das Halbquadrat bringt eine gewisse Spannung und das Sextil wirkt deutlich energetisierend. Das Quadrat, das sich bei einer sehr alten Person ereignen kann, steht womöglich für Spannung; wenn aber Mars im Geburtshoroskop gut gestellt ist, hat es vielleicht auch einen eher anregenden und ermutigenden Einfluss.

MARS-TRANSITE

Wie die Transite von Merkur und Venus auch nur von kurzer Dauer – aber vielleicht von großer Wirkung. Sie verstärken unsere Energie und unser Bedürfnis nach Aktivität, machen uns selbstbewusst oder ungeduldig, streitsüchtig oder bestimmt. Wir sollten uns bemühen, diese planetarischen Energien zu benutzen – und zu kontrollieren. Ganz allgemein haben sie einen positiven Einfluss, es sind aber auch negative Auswirkungen denkbar – wir führen Interpretationen für beide Fälle an (die negativen treffen auf die Oppositionen zu). Die Wirkung dieser Transite fühlt man für etwa drei oder vier Tage.

MARSTRANSITE ZUR SONNE

Positive Transite
Eine Stärkung der Vitalität und Energie, sodass man sich jetzt anspruchsvolle Ziele setzen sollte. Ein bestimmtes und selbstbewusstes Auftreten.

Negative Transite
Die Tendenz, sich zu überarbeiten, sowie das Temperament allgemein sollten nun unter Kontrolle gebracht werden. Eine Zeit, in der man sich mäßigen muss. Vorsicht bei der Arbeit, beim Kochen und beim Autofahren!

MARSTRANSITE ZUM MOND

Positive Transite
Eine emotionale Zeit. Vielleicht Gefühle der Leidenschaft für jemanden oder etwas, die man mit Feuer zum Ausdruck bringen sollte.

Negative Transite
Achtung vor Überreaktionen! Eine Zeit, in der man sich um Geduld bemühen sollte, besonders im Umgang mit Kindern!

MARSTRANSITE ZU MERKUR

Positive Transite
Jetzt sollte man aussprechen, was einen bewegt; nun kann man auf wichtige Punkte hinweisen und mit Aufmerksamkeit rechnen.

Aktivitäten im Freien könnten lohnend sein, z. B. ein langer belebender Spaziergang oder eine stimulierende Fahrradtour.

− Negative Transite
Bei den Worten könnte mehr Aggressivität mitklingen, als man merkt. Kritik könnte überbewertet werden.

MARSTRANSITE ZUR VENUS ♀

+ Positive Transite
Ein positives und vergnügliches Liebesleben und eine günstige Zeit für ein Treffen mit der geliebten Person unter besonderen Umständen.

− Negative Transite
Man sollte darauf achten, sexuell nicht zu fordernd zu sein oder dumme und unnötige Streitigkeiten vom Zaun zu brechen. Der Vorwurf der Selbstsucht könnte jetzt seine Berechtigung haben!

MARSTRANSITE ZU JUPITER ♃

+ Positive Transite
Eine gute Zeit, um die Initiative zu ergreifen. Wenngleich es hier auch auf die langfristigeren Transite ankommt, sind doch nun ein paar Tage mit großen Fortschritten möglich.

− Negative Transite
Vorsicht vor überstürzten Aktivitäten und der Tendenz, in den aktuellen Projekten wichtige Details zu übersehen!

MARSTRANSITE ZU SATURN ♄

+ Positive Transite
Man sollte bestrebt sein, der Neigung zur Verausgabung und Erschöpfung durch die Arbeit entgegenzuwirken. Heftige Temperaturschwankungen können sich schädlich auswirken.

− Negative Transite
Ein paar schwierige Tage, in denen man darauf verzichten sollte, die Dinge mit Macht vorantreiben zu wollen.

MARSTRANSITE ZU URANUS ♅

+ Positive Transite
Ein starkes Bedürfnis nach Aktivität - und vier Tage später wahrscheinlich ein Zustand der Erschöpfung.

− Negative Transite
Sehr viel nervöse Spannung, vielleicht verbunden mit Kopfschmerzen. Keine wichtigen Entscheidungen treffen!

MARSTRANSITE ZU NEPTUN ♆

+ Positive Transite
Eine romantische und vielleicht nostalgische Laune. Das Leben erscheint nun in bunteren Farben. Allerdings sind auch Konfusion und Enttäuschungen möglich!

− Negative Transite
Enttäuschungen – für gewöhnlich nebensächlicherer, aber trotzdem lästiger Natur – sind jetzt ziemlich wahrscheinlich. Vielleicht kommt eine Verabredung wegen eines Missverständnisses nicht zustande.

MARSTRANSITE ZU PLUTO ♇

+ Positive Transite
Wenn grundlegende Wahrheiten verkündet werden müssen, eine Diskussion überfällig ist, kann man nun aktiv werden!

− Negative Transite
Das Leben könnte jetzt einer Patt-Stellung gleichen; für zwei oder drei Tage aber sollte man auf den Versuch verzichten, die Dinge mit Macht voranzutreiben. Aggressionen können positiv eingesetzt werden, wenn man sich mit ihrer Hilfe von persönlichem »Müll« befreit.

MARSTRANSITE ZUM ASZENDENTEN ASC

+ Positive Transite
Gefühle von viel Energie und Optimismus. Eine Zeit, um die Initiative zu ergreifen – nicht aber, um sich fortwährend an die erste Stelle zu setzen.

− Negative Transite
Der Neigung, immer wieder einen Streit anzufangen, sollte widerstanden werden. Vorsicht auch beim Sport!

Anmerkung: Bei allen Marstransiten zum Aszendenten ist die Unfallneigung erhöht. Besonders achtsam sollte man deshalb beim Autofahren, beim Kochen und beim Umgang mit scharfen Werkzeugen sein!

MARSTRANSIT ZUM MC MC

+ Positive Transite
Ein paar Tage mit viel Arbeit, aber auch erfreulichen Resultaten.

− Negative Transite
Vielleicht Verausgabung durch die Arbeit. Anderen immer wieder neue Vorschläge machen zu müssen könnte ebenfalls sehr anstrengend sein, die Mitarbeiter schenken dem Betreffenden jetzt möglicherweise kein Gehör. Vorsicht vor Temperamentsausbrüchen – die emotionale Energie steht jetzt unter Spannung. Vielleicht auch ein Unfall durch die Aktivität einer anderen Person.

MARSTRANSITE ZUM RADIXMARS ♂

+ Positive Transite
Das Zeichen und das Haus von Mars sind nun sehr positiv betont. Die Tendenz zu extremen Gefühlen aber muss kontrolliert werden.

− Negative Transite
Ein paar mühsame und hektische Tage, speziell dann, wenn man mit Hochdruck an etwas arbeiten muss.

JUPITER IN DEN ZEICHEN

Der größte Planet des Sonnensystems, Jupiter, braucht etwa zwölf Jahre, um einmal um die Sonne und durch die zwölf Tierkreiszeichen zu laufen. Er wird mit physischer und intellektueller Ausweitung in Zusammenhang gebracht und mit Wissenserwerb; er hilft dabei, eine philosophische Einstellung zum Leben zu gewinnen und fremde Länder und Menschen zu verstehen. Menschen mit einer Jupiter-Betonung zeichnen sich durch Optimismus und Toleranz aus; sie bringen ihre mentale Energie auf eine positive Weise zum Ausdruck. Die negative Seite Jupiters ist blinder Optimismus, Übertreibung, Extravaganz, Spielleidenschaft, Verschwendung und eine theatralische Neigung.

JUPITER IM WIDDER

Der positive, feurige Enthusiasmus des Widders passt gut zu Jupiters lebhaftem und optimistischem Einfluss. Ein Mensch, der selbstbewusst, enthusiastisch und tolerant ist und die Freiheit liebt, sich aber vor Selbstsucht und Rücksichtslosigkeit hüten muss. Er könnte sich auch durch eine verwegene Einstellung auszeichnen, besonders bei negativen Jupiteraspekten zu Sonne, Mond oder Mars. Sie sollten in diesem Fall nach Hinweisen suchen, die auf Stabilität und gesunden Menschenverstand schließen lassen.

Der Pioniergeist des Widders macht sich hier deutlich bemerkbar, vielleicht in Form von großer Abenteuerlust und dem Drang, an abgelegene oder gefährliche Orte zu reisen oder auch durch die Entwicklung von irgendetwas, das Wagemut erfordert. Manchmal fördert Jupiter auch den Wettkampfgeist und eine sportliche Einstellung. Dies ist in jungen Jahren recht günstig – allerdings sollten auch das intellektuelle Potenzial sowie eine Art philosophische Haltung entwickelt werden. Sehr extravertierte Kinder mit dieser Stellung brauchen eine feste Hand – sie neigen manchmal dazu, andere zu drangsalieren. Die Risikobereitschaft muss ebenfalls unter Kontrolle gebracht werden.

Selbstgewisse Aktivität

Bestimmtheit, die manchmal zu übereilten Aktionen führt. Großzügigkeit bis zur Extravaganz und das Vermögen, Enthusiasmus in anderen zu wecken. Diese Stellung ermutigt in verschiedener Weise dazu, sich so zu geben, wie man ist. Der Geborene ist extrovertiert und hat kein Problem damit, auch einmal die Ellenbogen einzusetzen und auf sich aufmerksam zu machen. Das ist in mancherlei Hinsicht günstig – man muss aber erkennen, dass man hier auch des Guten zu viel tun kann. Eine taktvolle Warnung zur rechten Zeit könnte insofern zu einer wünschenswerten Ausgewogenheit beitragen. Jegliche Jungfraubetonung des Horoskops wirkt hier als machtvolles Gegengewicht. Ein Fahrkurs für Fortgeschrittene könnte eine gute Sache sein - der oder die Betreffende fährt vielleicht allzu waghalsig.

JUPITER IM STIER

Jupiter zeigt hier seine jovialste Wirkung und bedeutet sehr viel Großzügigkeit. Für gewöhnlich eine ausgeprägte Liebe zum Leben, zum guten Essen und vielleicht auch zum Wein – insofern gilt es zu erkennen, dass das Jupiterprinzip der Expansion auch einfach zu Übergewicht führen kann! Wenn Jupiter durch Sonne, Mond, Venus oder Neptun verletzt wird, könnte die Liebe zum Essen in Maßlosigkeit und Gier umschlagen. Falls das zutrifft, machen Sie Ihrem Gegenüber klar, dass übermäßiges Essen vielleicht auf einen Mangel an wahrer Liebe schließen lässt – dass er keine Liebe gibt oder keine erhält. Und vielleicht hat die Jovialität in diesem Fall etwas Clowneskes, um damit Unzufriedenheit und die Neigung zur Innenschau zu kaschieren. Weist der Betreffende Übergewicht auf, sollten Sie ihn auf das Risiko von Leberschäden aufmerksam machen, besonders, wenn er sehr viel Alkohol zu sich nimmt.

Materieller Erfolg

Ein verstärkter Drang, Geld zu verdienen, welcher dann oft auch großen Erfolg bringt, weil der Betreffende mit Geschick und einem Gefühl für den richtigen Zeitpunkt zu investieren versteht. Ein gut gefülltes Bankkonto ist ihm wichtig – diejenigen, die sich an Essen und Trinken erfreuen, schätzen oft auch die anderen Seiten des Lebens. Dabei sind diese Leute großzügig und ohne Weiteres dazu bereit zu teilen; sie sehen es gern, wenn auch andere ihren Spaß haben. Jupiter im Stier bringt Vertrauenswürdigkeit und gesunden Menschenverstand, angesichts von intellektuellen Herausforderungen wie auch von konkreten Aufgaben.

Es dürfte hier keine Probleme machen, die philosophischeren Attribute Jupiters zur Entwicklung zu bringen. Gleichfalls ein Sinn für Humor und Aufrichtigkeit.

JUPITER IN DEN ZWILLINGEN

Der Überlieferung nach steht Jupiter hier nicht allzu günstig - was zu einem gewissen Maß auch richtig ist, weil dieses Zeichen intellektuelle Unbeständigkeit anzeigen kann. Häufige Meinungsänderungen und eine allzu große Flexibilität könnten Erfolge verhindern, speziell im Studium. Es könnte auch zur Vergeudung oder Zersplitterung der geistigen Energie kommen. Man sollte nach Beharrlichkeit im Vorgehen streben, mittels Unterstützung anderer Horoskopfaktoren. Ein stabilisierender Einfluss wie ein positiver Aspekt von Sonne, Mond oder Merkur zu Saturn wäre hier eine Hilfe.

Ein toleranter, informierter und oft sehr cleverer Mensch, der sich aber klarmachen muss, dass man auf dem einen oder anderen Gebiet über tiefergehende Kenntnisse verfügen sollte. Vielleicht findet er das Lernen zu beschwerlich – sein Erfolg aber könnte davon abhängen. Wenn es auch zu 99 Prozent gut ausgehen mag – das fehlende Prozent kann ihm zum Verhängnis werden, trotz seiner glänzenden Redegabe oder seiner phantastischen Fähigkeit zum Analysieren. Sehr schlau, aber leider ohne gutes Urteilsvermögen. Eine gute Stellung für Lehrer, die mit Schülern ab zwölf Jahren zu tun haben.

JUPITER IM KREBS ♋

Von der Tradition her gilt Jupiter in diesem Zeichen als gut gestellt, sein Einfluss ist dadurch gestärkt. Ein hohes emotionales Niveau und sehr viel Intuition, weiterhin eine wunderbare natürliche Aufgeschlossenheit, Mitgefühl und Sensibilität für andere. Die fürsorglichen, wohltätigen und schützenden Instinkte, die dem Krebs eigen sind, kommen deutlich zum Ausdruck, oft mit einem toleranten, humanitären oder auch sehr persönlichen Einschlag; jemand, der sich Gedanken macht, der Rücksicht nimmt und vielleicht auch Geld gibt, um Leid zu lindern. Die Veränderlichkeit des Krebses macht sich als Wankelmut bezüglich der Meinungen bemerkbar; womöglich stets neue religiöse Überzeugungen.

Die Fantasie profitiert von dieser Stellung; sie kommt vielleicht durch Literatur oder Schreiben zum Ausdruck, wenn eine künstlerische Begabung vorhanden ist, oder durch wissenschaftliche Aktivitäten bzw. Forschungen. Diese erfordern insofern ebenfalls Fantasie und Intuition, als dass man sich schon vorher über das potenzielle Resultat eines Versuchs Gedanken macht.

Lernen und Leistungen

Das Familienleben und das Zuhause gewinnen durch diese Stellung; der Vater oder die Mutter kann damit die Kinder objektiver sehen. Möglicherweise ein Zuhause mit sehr vielen Büchern (die nicht unbedingt perfekt eingeordnet sein müssen!). Die Kinder sollten ermutigt werden, ihren Verstand auf eine fantasievolle Weise zu entwickeln.

Eine Art natürliche Klugheit ist für den Krebs typisch, welche positiv auf die Fähigkeit, Geschäfte zu machen, wirkt. Wenn der Geborene ein kleines Geschäft gründen möchte, könnten Sie ihm Antiquitäten ans Herz legen – er wird es anregend finden, Wissen über eine bestimmte Zeit zu erwerben sowie zusätzliches Geld zu verdienen. Jemand, der gutes Essen schätzt und sich als exzellenter Koch erweisen könnte.

JUPITER IM LÖWEN ♌

Optimismus, Großzügigkeit und Enthusiasmus. Oftmals ein sehr intelligenter und ehrgeiziger Mensch. Allerdings könnte der Löwejupiter – besonders, wenn auch der Rest des Horoskops darauf schließen lässt – auf eine ausgeprägte Neigung zur Dramatik und zum Angeben hindeuten. Das Bedürfnis nach einer Position im Rampenlicht, gleichermaßen aber das Talent, andere zur Entfaltung ihres Potenzials anzuhalten.

Ein Mensch, der alles aus jedem Tag herausholen will – Aufschub ist für ihn eine Sünde. Der Geborene sollte erkennen, dass er manchmal zu extrovertiert und überschwänglich ist, speziell unter Stress. Wenn er seine Neigung zum Prahlen in den Griff bekommt und seinen natürlichen Enthusiasmus und die Lebenslust einsetzt, um andere anzuspornen, ist dies eine wunderbare Sache. Manchmal braucht er einen Dämpfer, weil er zur Wichtigtuerei neigt. Qualität ist wichtig, mit einem Hang zu guter Kleidung und echtem Schmuck. Für gewöhnlich eine Liebe zur Tradition und viel Loyalität zu den Nahestehenden und – allgemeiner gesagt - zum Heimatland.

Ein kreatives Ventil finden

Selbstzufriedenheit und ein aufgeblähtes Ego sind möglich, speziell bei negativen Jupiteraspekten zur Sonne. Mit negativen Aspekten zum Mond könnte ein Hang zum Übersteigerten und zur Theatralik verbunden sein. Im Idealfall gute Organisations- und Führungseigenschaften.

Die dramatische Begabung könnte zum Schauspiel führen, eine Liebe zum Theater sowie zur Malerei ist dann auch typisch. Wenn von anderer Stelle aus Kreativität angezeigt ist, hilft der Löwe-Jupiter fraglos bei deren Entfaltung, und zwar mit viel Enthusiasmus. Eine ausgezeichnete Stellung für diejenigen, die mit Kindern oder jüngeren Leuten zu tun haben. Es bereitet hier großes Vergnügen, sich mit intellektuell anspruchsvollen Projekten zu beschäftigen – welche Spaß und Herausforderung zugleich bringen.

JUPITER IN DER JUNGFRAU ♍

Gewissermaßen ein begrifflicher Widerspruch: Während Jupiter Ausdehnung bedeutet, steht die Jungfrau mit Details und mit Kritik in Verbindung. Resultat davon können Konflikte oder Ängste sein, wenn sich der Betreffende mit einer Situation oder einem Projekt konfrontiert sieht, das einen umfassenden Ansatz erfordert. Man wird das Bedürfnis haben, es in Angriff zu nehmen, ohne aber das nötige Selbstvertrauen und die nötige Entschlossenheit zu besitzen. Eine sachbezogene Einstellung – dies ist dann auch die Haltung, mit der sich der Mensch in solchen Situationen bewähren kann. Sie müssen ihn dazu anhalten, sich die Leistungen und Erfolge, die er in der Vergangenheit erzielt hat, zu vergegenwärtigen; so kann er Selbstvertrauen sowie eine breitere Perspektive gewinnen.

Genauigkeit und ein Sinn für das Praktische

Diese Stellung wird oft von einem beträchtlichen literarischen Talent begleitet. Vielleicht ein gewissenhafter und engagierter Autor, der sich mit seiner Intelligenz die notwendigen Techniken aneignen kann, um das zu Papier zu bringen, was ihn bewegt. Evtl. auch technische oder wissenschaftliche Talente oder die Fähigkeit, mit Maschinen und Apparaten umgehen zu können. Eine gesunde Skepsis und die Fähigkeit zur Kritik sind weitere Aktivposten.

Wenn Jupiter durch den Mond oder Neptun verletzt wird, vielleicht Geistesabwesenheit. Der Mensch dürfte das sehr lästig finden – es macht ja auch keinen Spaß und. kostet Zeit, immer wieder Schlüssel oder wichtige Papiere oder Bücher zu suchen. Manchmal ergeben sich auch Verdauungsprobleme oder Verstopfungen, speziell bei einer Vorliebe für reichhaltiges Essen.

JUPITER IN DER WAAGE ♎

Ein freundliches, mitfühlendes und charmantes Wesen, gastfreundlich und zu milden Gaben bereit. Natürliche Aufgeschlossenheit und viel warmherzige Zuneigung, dabei auch eine ziemlich entspannte Einstellung: »Was sein wird, wird sein.«

Eine große Liebe zum Luxus, speziell bei negativen Aspekten zur Venus. In diesem Fall sind die angeführten positiven Eigenschaften zwar auch vorhanden, werden allerdings durch Trägheit und die Ausrichtung auf den Genuss in den Hintergrund gedrängt; wenn Mars nicht stark ist, dann besteht wenig Antriebskraft.

Das Geldverdienen spielt hier eine große Rolle. Geld wird für Vergnügungen und für die Unterhaltung der Freunde in einer gastfreundlichen und extravaganten Art ausgegeben. Ein wacher Verstand – allerdings nicht unbedingt die Neigung, ihn anzustrengen, intellektuelle Herausforderungen sind nicht allzu lockend. Ein Mensch, der sich lieber mit einer romantischen oder spannenden Familiensaga zurückzieht als selbst eine zu schreiben, auch wenn er die Inspiration dazu fühlt.

Das Bedürfnis nach Selbstverwirklichung

Kennzeichnend für die Waage ist eine Abneigung vor dem Alleinsein; insofern fühlen sich diese Menschen erfüllt, wenn sie zusammen mit anderen leben und arbeiten. Viel Liebe und Zuneigung, Ermutigung und Enthusiasmus, was auch sehr positiv und günstig für berufliche Beziehungen ist. Auf der anderen Seite dürfte diese Stellung für sehr wenig Selbstständigkeit sprechen. Jupiter im negativen Aspekt zu Sonne, Mond oder herrschendem Planeten ist auch ein Indiz für Maßlosigkeit und Selbsttäuschung.

Es ist wichtig für diese Menschen, ihr Potenzial zu entwickeln und mehr physische Energie zu zeigen. Schauen Sie auf das Marszeichen, um zu entscheiden, welche sportliche Betätigung angemessen sein könnte. Schach oder ein anderes intellektuell forderndes Spiel könnte sehr viel Spaß machen. Ein weiteres Jupiterzeichen, das eine Vorliebe für gutes Essen hat. Raten Sie deshalb zu Mäßigung – ansonsten könnte die Leber Probleme bereiten.

JUPITER IM SKORPION ♏

Die machtvolle emotionale Energie des Skorpions erfüllt den Jupiter-Einfluss mit Bestimmtheit und Willensstärke. Ein großer Drang nach Fortschritten und eine intensive emotionale Anteilnahme an den Interessen – beruflichen wie anderweitigen – ist Grundbedingung für Zufriedenheit. In einem Horoskop, das für Unternehmungsgeist spricht und für die Bereitschaft, das Potenzial tatsächlich zu entwickeln, steht dieser Einfluss für viel Beharrungsvermögen.

Diese Menschen möchten das Leben in vollen Zügen leben. Der Skorpion lässt keine Halbheiten gelten, und Jupiter ist bei großem Selbstbewusstsein kompromisslos – das lässt deutlich erkennen, wie mächtig diese Kombination ist. Allerdings gilt es, sich nicht bei der Verfolgung seiner Ziele bzw. einfach durch die Lebensart zu ruinieren; raten Sie hier zur Mäßigung. Es ist zu hoffen, dass ein beschränkender Faktor im Horoskop vorhanden ist. Der Geborene wird besonders dann zur Übertreibung neigen, wenn Sonne oder Mond im Quadrat oder in Opposition zu Jupiter steht, was ein Anzeichen für mentale Spannung ist. Der Betreffende könnte von Natur aus zu Misstrauen neigen; er darf nicht zulassen, dass das zur Besessenheit wird.

Bei einer Neigung zum Schreiben könnte das Verfassen von Detektivgeschichten eine lohnende Sache sein; auf jeden Fall wird auch die Lektüre dieses Genres Spaß machen. Auch hier spielt das Moment des Forschens eine wichtige Rolle. Eine ausgezeichnete Stellung für einen Rechtsanwalt oder für jemanden, der mit Finanzen zu tun hat. Typisch ist auch Großzügigkeit; gewarnt werden muss vor einem Hang zur Eitelkeit, vor Dünkelhaftigkeit und vor Aggressivität im Reden und Schreiben.

JUPITER IM SCHÜTZEN ♐

Jupiter herrscht über den Schützen, sodass diese Stellung ein machtvolles Horoskopelement darstellt. Wir empfehlen, in diesem Fall noch einmal den Abschnitt zur Sonne in diesem Zeichen zu lesen (siehe S. 62-65). Ein exzellentes intellektuelles Potenzial, wenngleich sich dieses vielleicht erst spät bemerkbar macht. Kennzeichnend ist zunächst einmal eine sorglose Einstellung, die den Menschen auch Risiken eingehen lässt, besonders in Verbindung mit Sport. Viel Optimismus und Enthusiasmus – beides sind sehr positive Züge, vorausgesetzt, alles bleibt im Maß und der Mensch vertraut nicht zu sehr auf sein Glück. Letzteres aber ist bei negativen Jupiter-Aspekten zu Sonne, Merkur oder Mars sehr wohl zu erwarten. Ein Einfluss, der ein stabilisierendes Element von Saturn oder einen persönlichen Planeten im Element Erde braucht.

Fortwährendes Lernen

Je älter diese Menschen werden - intellektuell wie auch körperlich -, desto weiser und philosophischer zeigen sie sich. Es ist von grundlegender Wichtigkeit, dass sie sich mit einem Studiengebiet befassen, weil sie etwas vom ewigen Studenten haben, vielleicht auch ein wunderbares Gerechtigkeitsgefühl, eine Sprachbegabung und eine Neigung zum Reisen.

Anmerkung: 1983 stand Jupiter zusammen mit Uranus und Neptun im Schützen. Dieses Stellium (siehe S. 113) bedeutet einen faszinierenden Brennpunkt im Horoskop derjenigen, die zu dieser Zeit geboren wurden. Man sollte dies nicht aus dem Blick verlieren – das Stellium macht aus diesen Menschen originelle und intuitiv veranlagte Persönlichkeiten mit einem großen Potenzial, das gemäß den Zeichen von Sonne, Mond und Aszendent zum Ausdruck kommen wird. Schauen Sie auch nach, wofür Uranus und Neptun im Schützen stehen (S. 381 und 394).

JUPITER IM STEINBOCK ♑

Eine Mischung von positiven, außengerichteten Qualitäten (Jupiter) und machtvollen negativen und introvertierten (Steinbock). Der Mensch ist ehrgeizig und bestimmt, jemand, den nichts schrecken kann und der hart, ausdauernd und konzentriert arbeitet. Eltern, die ein Kind mit dieser Stellung haben, dürfen von ihm nicht erwarten, dass es sich sofort an die Spitze der Klasse setzt - kennzeichnend ist hier vielmehr ein gleichmäßiger und kontinuierlicher Fortschritt. Das, was das Kind einmal gelernt hat, vergisst es nicht. Dies ist ein Muster, das sich durch das ganze Leben zieht.

Eine sehr abgewogene Haltung: Kein Zurückschrecken vor Herausforderungen, aber auch kein blinder Optimismus. Viel gesunder Menschenverstand und auch eine gewisse Vorsicht. Der Erfolg, der sich schließlich einstellen wird, ist verdient. Es könnte Zeiten geben, zu denen die ernsthaften Steinbock-Seiten im Vordergrund stehen, was eine düstere und pessimistische Haltung bedeuten könnte; die Großzügigkeit und Überschwänglichkeit Jupiters macht sich in diesem Zeichen nicht so markant bemerkbar wie sonst. Der närrische Jupiter-Humor aber verbindet sich gut mit der Schrulligkeit des Steinbocks, was auf die Umgebung sehr erheiternd wirken kann und sich gerade dann bemerkbar machen dürfte, wenn man es am wenigsten erwartet. Man sollte hier auf einiges gefasst sein!

Zumeist ein freundliches und rücksichtsvolles Wesen, manchmal aber auch viel Eigensinn und Rechthaberei. Zuzeiten sind sich diese Menschen selbst ihre ärgsten Feinde! Diese extremeren Auswirkungen treten aber meist nur bei einem Jupiter-Quadrat zu Sonne oder Mond in Erscheinung. Achten Sie auch auf den Einfluss von Saturn; wenn dieser mehrere negative Aspekte aufweist oder eine personalisierte Bedeutung trägt, wird der Steinbock-Einfluss Jupiter beherrschen, was eine Betonung der ernsthafteren Züge zur Folge hätte.

JUPITER IM WASSERMANN ♒

Eine reiche Fantasie und sehr viel Originalität, weiterhin ein Interesse an humanitären Themen, was auf eine positive und hilfreiche Weise zum Ausdruck kommt. Typisch ist auch ein ausgeprägtes Gerechtigkeitsempfinden. Der Geborene hat den Wunsch, dass seine Handlungen zur Gerechtigkeit beitragen und als gerecht angesehen werden.

Ein soziales Wesen

Ein unparteiischer und zugleich toleranter Mensch, der auf eine unsentimentale Art mitfühlend ist. Viele diese positiven Qualitäten können durch eine Neigung zu humanitären Aktivitäten zur Geltung kommen bzw. durch Arbeit für Bedürftige. Die Unabhängigkeit von Jupiter macht sich hier deutlich bemerkbar. Der Wassermann bedeutet für gewöhnlich Kühle und Distanz – mit Jupiter in diesem Zeichen ist das aber anders: Seine Großzügigkeit und Warmherzigkeit lassen das Eis schmelzen. Das soziale Leben spielt hier eine extrem wichtige Rolle, und fraglos hat der Betreffende einen großen Freundes- und Bekanntenkreis, in dem er immer wieder dafür wirbt, gemeinsam gegen das Leid von Unterprivilegierten anzugehen.

Vielleicht auch besondere wissenschaftliche oder technische Fähigkeiten oder sehr viel Originalität und Fantasie, die auf ungewöhnliche Weise zum Ausdruck gebracht werden. Möglicherweise ein musikalisches oder literarisches Talent – allerdings sollten Sie nur dann zu diesbezüglichen Aktivitäten raten, wenn andere Horoskopfaktoren unterstützend wirken oder Jupiter sehr betont ist. Selbst dann aber sollten Sie zurückhaltend in Ihren Bemerkungen sein!

In manchen Fällen könnte der Sinn für Humor das Abartige streifen. Ist Jupiter verletzt, zeichnet sich der Mensch womöglich durch Taktlosigkeit, eine Art dickköpfige Gleichgültigkeit oder durch Sprunghaftigkeit aus. Die Intuition wird durch diese Stellung gestärkt.

JUPITER IN DEN FISCHEN ♓

Vor der Entdeckung Neptuns und seiner Aufnahme in den astrologischen Pantheon war Jupiter Herrscher der Fische. Daraus ergibt sich, dass sein Einfluss in diesem Zeichen erhöht ist und es sich um eine sehr günstige Stellung handelt.

Die philosophischen, spirituellen und besinnlichen Elemente von Zeichen und Planeten kommen gut zusammen zur Geltung; sie machen den Betreffenden zu einem freundlichen, sympathischen und fürsorglichen Wesen. Eine Person, die mit anderen mitfühlt und aufgeschlossen ist, die wirklich zuhören kann und viel Sympathie für ihre Mitmenschen hat. Diese Stellung ist häufig in Horoskopen von Menschen zu finden, die in sozialen oder medizinischen Berufen arbeiten. Sie verleiht auch eine große Liebe zu Tieren (sowie eine gute Beziehung zu ihnen) und kann zu einer Betätigung als Tierarzt, Tierpfleger usw. führen.

Pflichtbewusstsein und Pflichtgefühl

Die emotionale Ebene ist hier betont und die Fantasie und Vorstellungskraft gestärkt – manchmal so sehr, dass in Verbindung mit anderen Horoskopfaktoren Ängste das Leben prägen könnten. Vielleicht aber auch eine religiöse Einstellung in schönster Auswirkung: Ein Mensch, der das lebt, was er predigt. Identifikation mit Leid. Die einen werden hier mit konkreter Hilfe tätig (wie bei Jupiter im Wassermann auch), die anderen bringen ihre fürsorglichen Eigenschaften indirekt durch Kontemplation, Meditation oder das Gebet zum Ausdruck. Es könnte auch ein besondere Gabe zum Heilen vorhanden sein.

Mit einem negativen Jupiteraspekt zu Sonne oder Mond kann der Mensch zu Maßlosigkeit oder Unzuverlässigkeit neigen oder dazu, andere und auch sich selbst zu täuschen. Manchmal kommt es zu Opfern – man opfert vielleicht den Beruf, seinen persönlichen Erfolg oder sein Glück, um sich um einen kranken oder pflegebedürftigen Verwandten zu kümmern oder um etwas, das man für wirklich wichtig hält.

DER PROGRESSIVE JUPITER IN DEN ZEICHEN ♃

Es kommt nur selten vor, dass Jupiter in der Progression das Zeichen wechselt, höchstens dann, wenn er auf den ersten oder letzten Graden ist. Befindet er sich am Anfang eines Zeichens, könnte es infolge von Rückläufigkeit dazu kommen, dass er zurück in das vorangehende Zeichen läuft. Bei der Stellung am Ende eines Zeichens könnte es sich ergeben, dass er progressiv ins nächste kommt und dann rückläufig wieder in das ursprüngliche zurückkehrt.

Diese Veränderungen – wenn es denn zu ihnen kommt – nehmen einen längeren Zeitraum in Anspruch und bedeuten einen eher subtilen Einfluss. Machen Sie sich klar, dass von dem neuen Zeichen eine gewisse Hintergrundfärbung ausgeht, ohne dass die Geburtsstellung ihre Bedeutung verlieren würde. Wenn Jupiter in der Progression in ein Feuerzeichen läuft, geht der Mensch vielleicht mehr aus sich heraus und wird optimistischer – praktischer und materialistischer, wenn Jupiter in ein Erdzeichen kommt. Mit einen Luftzeichen könnte intellektuelle Stimulation wichtiger werden. Bei einem Wasserzeichen rückt die Intuition in den Vordergrund und macht sich eine philosophischere und nachdenklichere Haltung bemerkbar.

JUPITER IN DEN HÄUSERN

Jupiters Schlüsselwort ist Expansion. Verbinden Sie also sein Potenzial mit den Lebensbereichen, die durch das Jupiter-Haus angezeigt sind. Wenn er nicht schwerwiegend beeinträchtigt ist, kommt der Mensch auf dem betreffenden Gebiet zumeist gut zurecht. Denken Sie aber bei Ihrer Interpretation auch daran, dass Jupiter zur Übertreibung und zu übermäßigem Optimismus neigt!

JUPITER IM 1. HAUS

1

Je näher Jupiter am Aszendenten steht, desto stärker ist sein Einfluss. Bei weniger als 10 Grad lesen Sie bitte auch den Abschnitt »Jupiter in Konjunktion zum Aszendenten« (S. 357-358).

Eine extrem machtvolle Stellung - die Eigenschaften und Motive, die mit dem Aszendenten verbunden sind, werden hier durch Jupiter geprägt, der für eine sehr positive und enthusiastische Einstellung zum Leben sorgt. Ein warmherziger und optimistischer Mensch, der das Leben bis zum Letzten auskosten möchte. Häufig eine umfassende Vision; und sogar bei einem eher skrupelhaften Zeichen wie der Jungfrau kann es hier zu sehr viel Offenheit und einer selbstbewussten Herangehensweise kommen.

Positive Eigenschaften

Eine offene und aufrichtige Person, die anderen auf einer Basis der Gleichrangigkeit entgegentritt - vorausgesetzt, es scheint nicht an anderer Stelle die Neigung zu Hinterlist und Täuschungsmanövern auf. Wenn Jupiter durch die Sonne, den Mond oder Mars verletzt ist, die Tendenz zu Übertreibungen, zur Prahlerei, zu Risiken oder zum Spiel. Meistens aber werden die positiven Eigenschaften vorherrschen, einschließlich der Fähigkeit, andere aufzumuntern – deshalb, weil der Enthusiasmus hier ansteckend ist.

Mit zunehmendem Alter und wachsender Lebenserfahrung zeigt sich eine philosophischere Einstellung. Der Betreffende sollte sein exzellentes intellektuelles Potenzial tatsächlich zur Entwicklung bringen, speziell dann, wenn die temporeichere und risikofreudige Seite Jupiters die Persönlichkeit beherrscht.

Mit der Vorliebe für gutes Essen und Trinken könnte das Gewicht und vielleicht auch die Leber Probleme machen, möglicherweise hat man auch sehr unter den Nachwirkungen von Ausschweifungen zu leiden. Raten Sie hier zur Mäßigung, und weisen Sie auf die Anfälligkeit der Leber hin.

JUPITER IM 2. HAUS

2

Hier dominiert die materialistische Seite Jupiters. Der große Drang, Geld zu verdienen, führt oft zu Erfolgen, mit einer Risikobereitschaft, die häufiger belohnt als bestraft wird. Wenn Jupiter allerdings verletzt ist (besonders durch einen negativen Aspekt zur Venus), könnte der Betreffende zu weit gehen und sein Geld in einem Anflug von blindem Optimismus aufs Spiel setzen. Komfort und Luxus schätzt und braucht er, und er dürfte viel Geld dafür ausgeben, um seine Freunde zufriedenzustellen und sein Zuhause behaglich und luxuriös zu gestalten.

Dies ist das Stier- bzw. Venus-Haus, sodass Sie nicht den Faktor Beziehungen außer Acht lassen sollten! Ein großzügiger Partner, der seine Zuneigung auf überschwängliche Weise zeigt, indem er schöne und teure Geschenke macht, selbst dann, wenn er sich das eigentlich nicht leisten kann. Es könnte die Tendenz bestehen, sich Liebe und Zuneigung kaufen zu wollen, insbesondere bei einer Jupiterstellung in einem extravertierten Zeichen wie dem Löwen oder der Waage.

JUPITER IM 3. HAUS

3

Dies ist das Zwillings-Haus, das eine starke Beziehung zum Verstand aufweist. Jupiter ist auch der Planet der Intelligenz - bei dieser Stellung ist das Bedürfnis vorhanden, seinen Geist tatsächlich zu gebrauchen. Intellektuelle Herausforderungen werden mit großem Enthusiasmus angenommen. Exzellente kommunikative Fähigkeiten und ein machtvoller Drang, die persönlichen Ansichten darzulegen - oder auch aufzudrängen. Der Geborene tut gut daran, wenn er dies wirklich zum Ausdruck bringt, wenn z. B. sein Gerechtigkeitssinn auch tatsächlich zu Aktivitäten führt. Ein positiver Aspekt von Mars oder Uranus zu Jupiter ist hier hilfreich. Eine gute Stellung für Kinder, denen damit die Schule vielleicht viel Spaß macht.

Der Drang nach Bewegung

Steht der Mond oder Merkur im negativen Aspekt zu Jupiter, nahezu zwangsläufig Rastlosigkeit (wenngleich einige Jupiterzeichen hier mildernd wirken können). Vielleicht auch die Unfähigkeit, sich zufrieden zu fühlen, was aber auch noch von anderen Horoskopfaktoren angezeigt sein müsste.

Der Wunsch, zu lernen und das Wissen zu vervollkommnen, dürfte über die Schulzeit hinaus gegeben sein. Ganz allgemein besteht ein großer Drang nach physischer wie mentaler Beweglichkeit. Raten Sie zu einem vorsichtigen Verhalten, wenn der oder die Betreffende lernt, Fahrrad, Motorrad oder Auto zu fahren oder zu reiten.

JUPITER IM 4. HAUS

4

Häufig der Hinweis auf eine glückliche Kindheit mit einer positiven Beziehung zu den Eltern, die wahrscheinlich das Kind sehr stark förderten und anregten. Als Resultat davon könnte der betreffende Mensch dann selbst später, wenn er eine Familie gegründet hat, für eine wunderbare häusliche Atmosphäre sorgen.

Ein rücksichtsvolles und philosophischgeprägtes Verhältnis zu Kindern. Der Familienverbund wird hier zumeist auch für viel Spaß sorgen. Diese Stellung könnte auf eine weise und jung gebliebene Großvaterfigur schließen lassen mit einem etwas chaotischen Haus mit vielen Büchern und schönen Gegenständen, die Kindern gefallen und sie gleichzeitig fördern. Manchmal auch eine sentimentale Einstellung zur Familie. Geld spielt hier eine weniger wichtige Rolle - bei der Erwägung, Geld zu investieren, kommt man vielleicht zu dem Schluss, dass der Kauf eines Hauses oder Baumaßnahmen zu dessen Erweiterung usw. die beste Anlage ist, sowohl in emotionaler als auch in finanzieller Hinsicht. Ein eigenes Zuhause bedeutet hier zusätzliche Sicherheit.

JUPITER IM 5. HAUS

5

In gewisser Weise eine Gabe mit zwei Seiten, die im Idealfall sehr viel Optimismus und Enthusiasmus verleiht und die Kreativität verstärkt, falls diese von anderen Horoskopfaktoren angezeigt ist. Insbesondere für das Schauspiel oder das Malen könnte ein Talent vorhanden sein. Auf der anderen Seite kann Jupiter hier mit dem Menschen durchgehen; es ist ein stabilisierender Einfluss nötig, damit der Mensch das Beste aus dieser Stellung machen kann. Enthusiasmus und Optimismus können zu einem Selbstzweck werden und dazu führen, dass man viele Risiken eingeht. Das ist nichts Schlimmes - vorausgesetzt, es sind kalkulierte Risiken. Ein gut aspektierter Saturn wäre z. B. eine große Hilfe. Bei negativen Jupiteraspekten zu Sonne, Mond oder Mars aber herrscht vielleicht geradezu närrische Tollkühnheit.

Eine Liebe zum Spiel (die in vielen Fällen, die Julia Parker kennt, zur Besessenheit wurde), welche unter Kontrolle gehalten werden muss. Ein Mensch, der das Liebesleben in vollen Zügen genießt, der ein wunderbarer Begleiter und seinen Freunden und Familienangehörigen eine Quelle der Inspiration und Ermutigung ist. Eine ausgeprägte Neigung zur Selbstdarstellung und eine dramatische Begabung.

Positive Wirkung der Beziehungen

Ein machtvoller Einfluss für das Liebesleben, das genossen wird. Über die Jahre hin könnte der Geborene mehr Liebespartner als die meisten anderen Menschen haben. Er zeigt sich ihnen gegenüber großzügig, sowohl materiell als auch emotional. Auch die Elternrolle bereitet hier viel Spaß, die Beziehung zu Kindern ist positiv und belohnend. Allerdings auch eine Neigung zur Übertreibung.

JUPITER IM 6. HAUS

6

Hier könnte das Jupiterschlagwort Ausdehnung physische Folgen haben, vielleicht z. B. eine Gewichtszunahme (bzw. das Problem, Gewicht zu verlieren), nicht nur deshalb, weil der Betreffende gutes Essen zu sehr schätzt, sondern weil vielleicht auch der Stoffwechsel eher träge ist. Halten Sie zu Mäßigung an! Arbeit, Essen oder Trägheit im Übermaß könnten zu ernsthaften Problemen mit dem Körper und/oder der Leber führen. Wenn ein Bewusstsein dafür besteht, was man seinem Körper zumutet und die Angewohnheiten wie schlechtes Essen, Trinken oder Rauchen (am schlimmsten von allem) allmählich abstellt, vermeidet man langfristig Schäden. Ideal wäre eine disziplinierte Lebensweise – ein gleichförmiger Rhythmus würde dem oder der Betreffenden auch Sicherheit geben.

Anderen zu helfen ist ein natürliches Anliegen. Ein Mensch, der sofort Beistand leistet, wenn er darum gebeten wird. Bei seinem Einsatz für andere zeigt er sich sehr großzügig, was seine Zeit und häufig auch das Geld betrifft. Hinzu kommt ein natürlicher, fröhlicher Optimismus.

JUPITER IM 7. HAUS

7

Menschen mit dieser Stellung lassen sich oft schon sehr früh auf Beziehungen ein. Hinsichtlich der emotionalen Verbindungen zeichnen sie sich durch viel Enthusiasmus und große Hoffnungen aus. Unglücklicherweise sind die Erwartungen an den Partner oft aber zu hoch - und wenn sie sich nicht erfüllen, gibt der Betreffende schnell auf, manchmal zu schnell. Vielleicht herrscht hier auch eine etwas oberflächliche Einstellung, was seinen Grund in der Jupiter-Tendenz haben könnte, sich mit dem, was man hat, nie zufriedenzugeben.

Geistige Verträglichkeit

Fordern Sie Ihr Gegenüber dazu auf, Ernsthaftigkeit beim Denken zu beweisen und Selbstanalyse zu betreiben. Das Wichtigste ist, sich darüber klar zu werden, was der Partner braucht - mit dieser Stellung ist nämlich ein sehr großes Potenzial verbunden, wenn man die positive, enthusiastische Seite von Jupiter tatsächlich zum Ausdruck bringt.

Intellektueller Kontakt ist wichtig, die Partner sollten ein gleiches Intelligenz- und Bildungsniveau haben. Falls der Geborene seinem Partner hier voraus ist, dürfte sich die Kluft immer weiter vergrößern. Bei Gleichheit aber oder bei einem Vorsprung des Partners hat der Geborene einen Ansporn. Wahrscheinlich erweist sich dieser Mensch in geschäftlicher Hinsicht als selbstsicherer Partner, dem es nicht an Ideen für Expansion fehlen dürfte. Es gilt aber auch hier, den natürlichen Enthusiasmus unter Kontrolle zu bringen. Jemand, der an der Spitze stehen kann, vorausgesetzt, man hat jemanden zur Seite, der die Details im Blick behält. So wäre man frei dafür, grenzenlose Visionen zum Ausdruck zu bringen.

JUPITER IM 8. HAUS

8

Ein Hinweis auf finanzielle Gewinne durch Investitionen. Wenn Jupiter gut aspektiert ist, dürfte der Betreffende für Geschäfte begabt sein. Dieser planetarische Einfluss muss aber kontrolliert werden, und ob das leicht- oder schwerfällt, ist am Jupiterzeichen abzulesen. Handelt es sich um ein Erdzeichen, dürfte der Geborene Geld auf eine umsichtige Weise investieren. Bei den anderen Elementen ist das unwahrscheinlicher.

Die Sexualität spielt eine große Rolle. Es ist wichtig, dass der Partner sich auf die Experimentierfreude des Betreffenden einlässt - welcher allerdings womöglich zu große Forderungen stellt. Es kommt darauf an, die Bedürfnisse des Partners zu erkennen und Rücksicht darauf zu nehmen. Manchmal erwartet man hier einfach zu viel vom Partner – und wendet sich dann vielleicht an eine andere Person, die die Bedürfnisse vermeintlich besser befriedigen kann. Eine Freiheitsliebe, die auf eine natürliche und offene Weise zum Ausdruck kommt; der Schaden aber, den sie auf eine dauerhafte Beziehung haben kann, ist beträchtlich. Insofern sollte der oder die Betreffende sich vielleicht selbst einschränken.

Der Überlieferung nach galt Jupiter in diesem Haus als günstig für Erbschaften – dies ist allerdings eine Verallgemeinerung. In Verbindung mit der philosophischen Seite Jupiters macht sich der Mensch viele Gedanken über das Leben nach dem Tod.

JUPITER IM 9. HAUS

9

Der Einfluss von Jupiter ist hier sehr stark, weil es sich um das Schütze- bzw. Jupiter-Haus handelt. Ein beträchtliches intellektuelles Potenzial, das auf die Art und Weise entwickelt werden sollte, die dem Jupiterzeichen entspricht. Eine sehr positive Einstellung zum Leben mit einer umfassenden Perspektive. Sehr viel Vorstellungskraft und eine große Liebe zum Reisen, sowohl in physischer als auch in intellektueller Form.

Zu lernen und Wissen zu erwerben sind hier Voraussetzung für das Gefühl von Erfüllung. Wenn Sie eine junge Mutter mit dieser Stellung beraten, sollten Sie ihr nahelegen, sich täglich für ein paar Stunden oder zumindest einmal pro Woche einen Babysitter zu nehmen.

Vielfältige Erfahrungen

Sehr viel Flexibilität – mit der aber auch Rastlosigkeit einhergehen kann, was umso wahrscheinlicher ist, wenn Jupiter im Element Feuer oder Luft steht oder negativ von Merkur, Mars oder vielleicht auch Uranus aspektiert wird. Kinder mit dieser Stellung sollten von ihren Eltern darauf hingewiesen werden, dass eine gute Ausbildung oder ein Studium eine gute Sache ist. Wenn der Sprössling alt genug ist, können weite Reisen sehr zu seiner Persönlichkeitsbildung beitragen. Vielfach eine Begabung für Sprachen, und vielleicht lässt der oder die Betreffende sich auch im Ausland nieder.

JUPITER IM 10. HAUS (10)

Steht Jupiter nicht weiter als 8 Grad vom MC entfernt, lesen Sie auch den Abschnitt »Jupiter in Konjunktion zu MC« (S. 358). Wo immer sich Jupiter im 10. Haus auch befindet, so gut wie immer ist damit eine Neigung zum Dramatischen verbunden und das Talent, sich auf seinem Feld bemerkbar zu machen. Eine Machtposition wird der Betreffende mit Fairness, Verständnis und Freundlichkeit bekleiden, wenngleich er von Zeit zu Zeit zur Angeberei neigen könnte. Ein Mensch, der Chancen ergreift, wenn sie sich ihm präsentieren – und der dafür aktiv wird, dass sich Chancen ergeben. Er wartet jedenfalls nicht ab, bis er Wurzeln schlägt.

Die Stärke liegt hier in der Fähigkeit, eine umfassende Vision innerhalb der Gegebenheiten zu entwickeln und die langfristigen Folgen in philosophischer und praktischer Hinsicht einschätzen zu können. Sehr große Ziele – mit ihrem Erreichen stellt sich eine Art weltliche Weisheit ein. Auf die Lektionen, die der Geborene dabei lernt, kann er immer zurückgreifen.

Erfolgreiche Schauspieler und Schauspielerinnen weisen häufig diese Platzierung auf. Aber auch diejenigen, die sich nicht auf der Bühne oder vor der Kamera produzieren, besitzen damit meistens einen ausgeprägten Sinn für Selbstdarstellung. Es ist weiter eine Begabung für die Jurisprudenz, für das Verlagswesen oder für alles denkbar, wo der Mensch die Gelegenheit hat, im Mittelpunkt zu stehen.

JUPITER IM 11. HAUS (11)

Eine Person, die gesellig ist und einen großen Kreis von Freunden und Bekannten um sich schart und viel für diesen Kreis oder für Gruppenbelange tut. Vielleicht ist sie auch in Gremien aktiv oder bekleidet ein wichtiges öffentliches Amt.

Zusammenarbeit mit anderen

Eine natürliche Begabung, Energie und Enthusiasmus hervorzurufen. Die Interessensgebiete dürften sich infolge der harten Arbeit und vielfältigen Aktivitäten gut entwickeln. Es fällt dem Geborenen leicht, Mitstreiter für seine Sache zu finden.

Die humanitäre Seite des Wassermann- bzw. 11. Hauses tritt deutlich in Erscheinung – vielleicht sammelt der Betreffende Spenden oder prangert Missstände an, vielleicht hilft er, die Folgen von Hungersnöten zu lindern oder arbeitet für den Tierschutz. Ist er kreativ, spielt er vielleicht in einem Theater mit.

Ein exzellenter Freund, der andere ermutigt, ihr Potenzial zu entfalten und der immer Vorschläge machen kann. Jemand, der stimulierend auf die Beziehung wirkt, selbst dann, wenn er und sein Partner weit voneinander entfernt sind. Eine spannende Frage könnte sein, ob der Betreffende mehr an Liebesaffären oder an dauerhaften Freundschaften interessiert ist.

JUPITER IM 12. HAUS (12)

Weil Jupiter vor der Entdeckung von Neptun über die Fische herrschte, haben wir es hier mit einer sehr wichtigen Stellung zu tun. Befindet er sich nicht weiter als 10 Grad vom Aszendenten, studieren Sie auch den Abschnitt »Jupiter in Konjunktion zum Aszendenten« (S. 357-358).

Es könnte hier das Gefühl einer Berufung bestehen, vielleicht in religiöser Hinsicht oder ganz allgemein auf einem Feld, auf dem der Betreffende sein Potenzial mit großer Hingabe entfaltet. Vielleicht arbeitet er auch am liebsten in Ruhe und Frieden für sich allein.

Ein kreativer Beitrag

Die Einstellung zum Leben ist philosophisch und intellektuell zugleich. Es hängt vom Betreffenden selbst ab, ob er sich dabei auf seine eigene kleine Welt beschränkt oder nicht – er verfügt damit jedenfalls über ein großes Potenzial, das er auf eine umsichtige und praktische Weise zum Ausdruck bringen kann. Um den Zwang zu vermeiden, sich darstellen zu müssen, wäre eine Arbeit mit einem konkreten Endprodukt günstig, das der Öffentlichkeit präsentiert wird – so könnte es sich um einen einsamen Schreiber, Töpfer oder Erfinder handeln, dessen Arbeit für sich spricht, nicht die Person, die ihre Persönlichkeit projiziert. Vielleicht trägt sie in der Öffentlichkeit auch eine Maske und zeigt sich nur einigen wenigen Menschen so, wie sie ist.

Esoterische Themen und Religion im umfassendsten Sinn könnten hier von Wichtigkeit sein. Eine gute Stellung für medizinische oder soziale Berufe oder für eine institutionelle Tätigkeit.

DER PROGRESSIVE JUPITER IN DEN ZEICHEN (♃)

Weil sich Jupiter recht langsam bewegt, ergibt es sich nur selten, dass er in der Progression das Haus wechselt. Eine solche Veränderung ist nur dann denkbar, wenn sich der Radixjupiter in der Nähe einer Hausspitze befindet. Es kann sich dann ergeben, dass er bei Rückläufigkeit wieder im vorherigen Haus zu stehen kommt. War er bei der Geburt rückläufig, kann sich womöglich nach Aufnahme der direktläufigen Bewegung der Eintritt ins folgende Haus ergeben. Der Einfluss in einem neuen Haus sorgt für neue Gelegenheiten, gemäß dessen Natur.

JUPITERASPEKTE

Ein gut aspektierter Jupiter – mit Trigonen zu Sonne, Mond, Mars oder Saturn – kann die individuelle Persönlichkeit sehr bereichern. Die Auswirkungen seiner negativen Aspekte werden oftmals falsch eingeschätzt. Jupiteraspekte haben über einige Tage hinweg Bestand, sie müssen deshalb in Hinsicht auf Haus und Zeichen interpretiert werden. Wenn die äußeren Planeten keine personalisierte Bedeutung tragen, ist der Einfluss auf Jupiter damit von allgemeinerer Art als bei Sonne bis Mars.

Jupiteraspekte zur Sonne siehe Sonnenaspekte zu Jupiter, S. 278.

Jupiteraspekte zum Mond siehe Mondaspekte zu Jupiter, S. 296.

Jupiteraspekte zu Merkur siehe Merkuraspekte zu Jupiter, S. 315.

Jupiteraspekte zur Venus siehe Venusaspekte zu Jupiter, S. 329-330.

Jupiteraspekte zu Mars siehe Marsaspekte zu Jupiter, S. 343.

Anmerkung: Was den progressiven Jupiter betrifft, kommt es nur sehr selten zum Aspekt mit einem Planeten, der im Geburtshoroskop nicht von Jupiter aspektiert wird. Häufiger ergibt sich, dass in der Progression ein Aspekt exakt wird, d. h., dass beide Planeten dann minutengenau auf dem gleichen Grad stehen (siehe auch S. 110). In einem solchen Fall sollten Sie über den Einfluss der betreffenden Planeten genau Bescheid wissen!

Wenn Jupiter im Aspekt zu der Progressions- oder Radixstellung von Saturn, Uranus, Neptun oder Pluto steht, schlagen Sie bitte den Abschnitt zu dem betreffenden Transit auf. Wenngleich dieser Einfluss an sich nicht sehr machtvoll ist, wirkt er doch über die gesamte Dauer, während der Jupiter auf diesem Grad steht – was eine Unterstützung von wichtigen Transiten anzeigen könnte. Gründen Sie Ihre Interpretation auf die passende Aspektart, d. h. auf Konjunktion, negative oder positive Aspekte.

Beim progressiven Jupiter im Aspekt zur Radixstellung von Sonne, Mond, Merkur, Venus oder Mars lesen Sie bitte die Interpretation zur Progression des betreffenden Planeten nach (ebenfalls Konjunktion, negative oder positive Aspekte).

Bei der Jupiterprogression zum Aszendenten oder zum MC, ob im Geburts- oder im Progressionshoroskop, können Sie sich auf die unten angeführte Interpretation der Jupitertransite beziehen. Diese Progressionen sind sehr machtvoll und für einige Jahre wirksam. Ihr Effekt ähnelt den Jupitertransiten sehr.

JUPITERASPEKTE ZU SATURN

Konjunktion

Hier werden die zwei Riesen des Sonnensystems zu einer Kraft. Im Idealfall sorgt das für Optimismus und gesunden Menschenverstand, einen ausgewogenen Blick auf das Leben und die Fähigkeit, sich enthusiastisch oder abwartend zu zeigen, je nach Bedarf. Allerdings ist der Einfluss der beiden Planeten nicht immer gleichrangig – und oftmals erweist sich Saturn als der stärkere. Wir sehen dann einen Menschen, der optimistisch und hoffnungsvoll ist, aber immer wieder einmal in düstere Launen verfällt. In jedem Fall aber ein Gefühl für die Richtung und eine ernsthafte und praktische Einstellung zu dem, was getan werden muss, meist auch viel Beharrlichkeit.

Beurteilen Sie, welcher der beiden Planeten im Horoskop stärker gestellt ist. Ein personalisierter Planet ist immer der stärkere. Ansonsten können Sie auf die Zeichen und Häuser schauen – wenn auch diese keine Antwort erkennen lassen, zeichnet sich der betreffende Mensch vielleicht manchmal durch jupiterhaften Optimismus aus und dann wieder durch saturnischen Pessimismus.

Positive Aspekte

Bedeuten einen stabilisierenden Einfluss, bei dem der gesunde Menschenverstand und die praktischen Eigenschaften von Saturn gut mit dem außengerichteten Optimismus und Überschwang von Jupiter zur Geltung kommen. Eine umfassende Vision und Vorsicht zugleich. Die innere Stimme gibt hier gute Ratschläge und bestärkt das Selbstvertrauen. Fähig dazu, konstruktiv für die Zukunft zu planen und die Pläne auch tatsächlich umzusetzen. Ein gutes Beurteilungsvermögen.

Negative Aspekte

Häufig ein Element von Unzufriedenheit bzw. das Gefühl, dass man nichts oder zu wenig geschafft hat. Rastlosigkeit und die Neigung, die Umstände oder Rahmenbedingungen für den Mangel an Erfolg und Erfüllung verantwortlich zu machen. Oft sind aber die innerliche Unzufriedenheit und der Mangel an Willen oder Selbstvertrauen Ursachen für die Probleme. Man muss herausfinden, was die innere Stimme sagt – vielleicht zeigt sich, dass es der oder die Betreffende als Kind sehr schwer hatte, was genau das Gegenteil von positiven Aspekten zwischen Saturn und Jupiter wäre. Die innere Stimme spiegelt vielleicht nur eine negative Autorität wider, die dem Geborenen bescheinigt, nichts wert zu sein, was natürlich kein Selbstvertrauen entstehen lässt.

Die anderen Horoskopbereiche zeigen, wie die Person diesem Einfluss begegnen kann und welches Potenzial vorhanden ist. Was kann sie dabei unterstützen, Selbstvertrauen und den Wunsch nach Fortschritten zu entwickeln? Betonen Sie die positiven Eigenschaften der Zeichen von Sonne, Mond und Aszendent sowie den Einfluss der persönlichen Planeten. Ein gut aspektierter Mars ist ebenfalls eine Hilfe.

JUPITERASPEKTE ZU URANUS

Konjunktion

Ein machtvoller Brennpunkt im Horoskop. Eine Person, die in ihrer Haltung sehr positiv ist, die einen herausragenden und originellen Verstand besitzt und sehr auf die Zukunft ausgerichtet ist. Kennzeichnend für sie sind allgemeines Wohlwollen und humanitäre Erwägungen. 1983 hat sich diese Konjunktion im Zeichen Schütze ereignet - ein günstiger, lebhafter Ort dafür. Sie verleiht den jungen Menschen nicht nur die angeführten Qualitäten, sondern auch noch einen entzückenden, warmherzigen Sinn für Humor und ein angenehmes und unkonventionelles Wesen. Charaktere, die sich im Laufe des Lebens immer mehr zu Persönlichkeiten entwickeln werden.

Die Konjunktion dürfte nur dann eine Quelle von Spannungen und Rastlosigkeit sein, wenn sie negativ aspektiert ist. Selbst dann aber ist eine positive und dynamische Umformung durch Arbeit und andere Interessen möglich.

⊞ Positive Aspekte

Ein sehr origineller Mensch mit vielen der Eigenschaften, die unter der Konjunktion angeführt wurden. Für gewöhnlich auch ein lebhafter Humor und eine freundliche hilfsbereite Einstellung. Ein allgemein beliebter Mensch, besonders dann, wenn das Horoskop eine extrovertierte Veranlagung erkennen lässt.

Sehr viel Bestimmtheit, aber auch ein gewisses Maß an Exzentrizität, die keinen Schaden anrichtet, wenn sie im Rahmen bleibt. Diese Aspekte helfen dabei, das persönliche Potenzial zu entfalten und Aufmerksamkeit zu erregen.

⊟ Negative Aspekte

Für gewöhnlich sehr viel Rastlosigkeit und Exzentrizität, besonders dann, wenn einer der Planeten personalisiert ist. Manchmal intensive Gefühle der Unzufriedenheit sowie ein unsteter Enthusiasmus. Der Mensch gibt dann vielleicht viel Geld für etwas aus, um sich im nächsten Moment mit etwas ganz anderem zu beschäftigen.

Der Drang nach Unabhängigkeit kann in extremer Form auftreten – z. B. insofern, als dass der Mensch Hilfe zurückweist, obwohl er sie dringend braucht. Möglicherweise eine sehr unangenehme und unschöne Dickköpfigkeit. Eitelkeit und der Hang zum Angeben wären ebenfalls denkbar. Legen Sie nicht zu viel in diese Aspekte hinein.

JUPITERASPEKTE ZU NEPTUN ♆

☌ Konjunktion

Weil Jupiter der traditionelle und Neptun der moderne Herrscher der Fische ist, besteht zwischen ihnen eine gewisse Affinität. Sie verleihen hier Idealismus und Bescheidenheit, einen subtilen Instinkt sowie Mitgefühl und Sympathie. Weiterhin kann hier eine gewisse Spiritualität in Erscheinung treten, die nichts mit den herkömmlichen Religionen zu tun hat, sondern sich eher auf einen universelleren Glauben bezieht. Optimismus, daneben eine reiche Fantasie und Verträumtheit, was sich dann am kreativsten auswirkt, wenn praktische Qualitäten des Horoskops dies unterstützen – ansonsten handelt es sich womöglich nur um Marotten. Ein Ansporn könnten hier persönliche Planeten im Element Erde oder ein gut aspektierter Mars und/oder Saturn sein. Wenn die Konjunktion Teil eines Horoskops ist, das ansonsten auf eine materialistische und ehrgeizige Einstellung schließen lässt, kann ihr subtiler Einfluss in den Hintergrund gedrängt werden.

⊞ Positive Aspekte

In der Auswirkung ähnlich wie die Konjunktion. Können ebenfalls durch andere bzw. stärkere Einflüsse verdrängt werden, wenn der oder die Betreffende nicht eine markante Fische- oder Schütze-Betonung aufweist oder sehr empfindsam ist. Nichtsdestoweniger verleihen diese subtilen und sanften Züge selbst dem stärksten Horoskop Sensibilität und Feingefühl: Man möchte seinen Beitrag dafür leisten, die Welt lebenswert zu machen.

⊟ Negative Aspekte

Wie bei den obigen Aspekten Freundlichkeit, Mitgefühl und :Empfindsamkeit – vielleicht aber auch Vergesslichkeit, Verträumtheit und die Neigung, sich in der persönlichen kleinen Welt bei jeder Gelegenheit zu verlieren.

Die emotionale Ebene hat eine verstärkte Bedeutung, es besteht eine farbige Fantasie – was sich aber nicht immer nur positiv auswirkt, weil auch eine Tendenz zur Unaufrichtigkeit oder Selbsttäuschung vorhanden sein könnte.

JUPITERASPEKTE ZU PLUTO ♇

☌ Konjunktion

Ein alles verzehrender Drang nach Macht, umso mehr, wenn die Konjunktion in das 10. Haus fällt oder am MC steht. Materieller Fortschritt ist hier sehr wichtig; ein Mensch, der seine Ziele fast mit Besessenheit verfolgt – oder auch mit Fanatismus. Diese machtvollen Eigenschaften können ein wunderbares Potenzial darstellen, vorausgesetzt, sie werden kontrolliert.

Wenn nicht, geht der Mensch beim Verfolgen seiner Ziele über Leichen. Führungsqualitäten und möglicherweise eine geradezu magnetische Anziehungskraft. Ein Mensch, der organisieren kann. Hat er aber nicht die richtige Einstellung, entscheidet er über andere hinweg.

⊞ Positive Aspekte

Verleihen viel innerliche Stärke und Bestimmtheit beim Verfolgen von Zielen. Eine Person, die organisieren und andere anführen kann und die Pläne intelligent in die Realität umsetzt.

⊟ Negative Aspekte

Möglicherweise ein Mensch mit fanatischen Zielen. Wenn auch andere Horoskopfaktoren auf dynamische Züge schließen lassen, ist er stark genug, um andere auf einen falschen Weg zu führen. Am wahrscheinlichsten ist das für die Konjunktion zwischen Uranus und Pluto (Geburtsjahrgänge 1963-69) in dem Fall, dass Jupiter diese beiden Planeten negativ aspektiert. Achten Sie auf derartige Tendenzen und raten Sie ggf., positivere und empfindsamere Eigenschaften zu entwickeln, gemäß der Zeichen von Sonne, Mond oder Aszendent.

JUPITERASPEKTE ZUM ASZENDENTEN (Asc)

☌ Konjunktion

Bei Jupiter im 1. Haus handelt es sich um einen enthusiastischen, positiven und toleranten Menschen mit viel Optimismus, einer umfassenden Vision und einem exzellenten Intellekt. Jemand, der gut mit anderen auskommt, allgemein beliebt ist und das Leben und seine Freuden liebt. Eine philosophische Einstellung und viel Gerechtigkeitsgefühl. Manchmal die Tendenz zur Übertreibung und zum Risiko, sowohl emotional als auch physisch. Vielleicht auch eine Person, die schnell Gewicht zulegt, speziell an den Oberschenkeln und Hüften. Gewisse Probleme mit der Leber könnten ebenfalls in Erscheinung treten. Fortwährende körperliche Betätigung ist sehr wichtig und macht zumeist auch Spaß.

Steht Jupiter im 12. Haus, macht sich der Einfluss äußerlich weniger bemerkbar – dann kommt die spirituellere, nachdenklichere Seite von Jupiter zur Geltung. Vielleicht das Gefühl einer Berufung oder große Opfer.

In beiden Fällen stellt die Jupiterplatzierung einen machtvollen Faktor dar. Machen Sie sich aber klar: Bei Jupiter genau auf dem Aszendenten würde schon eine Abweichung der Geburtszeit von nur vier Minuten bedeuten können, dass er in ein anderes Haus zu stehen kommt. Mit wachsender Erfahrung werden Sie sogleich sehen, ob Ihr Gegenüber Jupiter im 1. oder im 12. Haus hat.

+ Positive Aspekte

Ähnlich der Konjunktion, wenn diese ins 1. Haus fällt, allerdings nicht ganz so mächtig. Die Eigenschaften dieser Aspekte werden den Aszendenten stärken oder ihm entgegenwirken. Wahrscheinlich eine gute Gesundheit.

− Negative Aspekte

Die Tendenz, zu übertreiben und sich in den Vordergrund zu drängen, könnte auf andere befremdlich wirken und dadurch die Position des Betreffenden schwächen, sowohl in persönlicher als auch in materieller Hinsicht. Vielleicht eine »Nervensäge« – die Wahrscheinlichkeit für diese extreme Auswirkung ist aber nicht groß.

JUPITERASPEKTE ZUM MC

MC

☌ Konjunktion

Da Jupiter in diesem Fall der am höchsten stehende Planet im Horoskop sein wird, ist dieser Einfluss außerordentlich groß. Ein Mensch, der sehr viel Erfolg haben und sehr angesehen sein dürfte und wahrscheinlich zufrieden mit sich ist. Jeder jupiterhafte Beruf oder Ruf ist hier denkbar und potenziell belohnend; und es ist nur allzu wahrscheinlich, dass diese Person keine Zeit verschwendet, sondern sofort aktiv wird. Die Einstellung dem Leben gegenüber ist positiv.

Es könnte sein, dass den Details nicht besonders viel Aufmerksamkeit gewidmet wird (was in Verbindung mit dem Jupiter- bzw. MC-Zeichen oder auch mit anderen Horoskopfaktoren stehen könnte). Ein Mensch, der Führungsqualitäten, dabei aber auch ein ausgeprägtes Gerechtigkeitsempfinden besitzt und anderen stets ein Vorbild ist. Lesen Sie noch einmal nach, was es mit dem betreffenden Jupiter-Haus auf sich hat - dies wird eine zusätzliche Dimension enthüllen, die für die Interpretation wichtig ist. Sehr viel Selbstvertrauen und ein zumeist starkes, aber nicht aufgeblähtes Ego.

+ Positive Aspekte

Die positiven Jupiterzüge wie Optimismus, Erfolg und die Fähigkeit, wohlkalkulierte Risiken einzugehen, prägen die individuellen Ziele und Hoffnungen. Für gewöhnlich eine Person, die ihre Ziele erfolgreich verwirklicht, die viel Selbstvertrauen hat und die stolz ist auf ihre Leistungen.

− Negative Aspekte

Die Tendenz zum Übertreiben und Angeben, speziell in Hinblick auf Errungenschaften. Wahrscheinlich eine Identifikation mit allem, was groß und pompös ist – vielleicht auch eine Anbetung der Oberschicht und all dessen, was mit ihr verbunden ist. Weil Jupiter ein wohltätiger Planet ist, sind auch hier große Erfolge im Beruf und beim Erreichen der Ziele möglich. Man ist vielleicht aber nicht so beliebt, wie man gerne wäre.

JUPITER-TRANSITE

♃

Die Transite von Sonne, Merkur, Venus und Mars sind nur von sehr kurzer Dauer. Sie haben zwar manchmal verblüffende Wirkungen auf unser alltägliches Leben, führen aber nicht zu wichtigen Veränderungen, Entwicklungen, Chancen usw. Jupiter ist der erste Planet, der hier eine Rolle spielt. Die Kontakte zwischen Transitjupiter und Geburtshoroskop sind sehr wichtig und können in vielfältiger Form positiv benutzt werden. Für die Berechnung und den Einfluss der langsameren Planeten sollten Sie noch einmal den Abschnitt »Das Horoskop vorschieben« (S. 116-128) sowie die allgemeinen Hinweise für die Interpretation (S. 192-202) lesen.

Bisher haben wir bei den Transiten nur die Konjunktionen und Oppositionen berechnet. Bei Jupiter und den anderen Langsamläufern (Saturn, Uranus, Neptun, Pluto und Chiron) dagegen sollten alle (Haupt-)Aspekte ermittelt werden!

Im Allgemeinen ist der Einfluss Jupiters positiv und nützlich; bei seinem Transit ergeben sich oft besondere Gelegenheiten oder vergnügliche Erfahrungen. Manchmal reisen wir zu diesen Zeiten oder widmen uns mit großem Gewinn einem Studium. Vielleicht legen wir auch Gewicht zu oder verlieren jedes Maß. Die Transite werden wie die Aspekte eingeteilt, in Konjunktionen, positive und negative Aspekte. Auch hier möchten wir dazu anregen, alle Kategorien zu studieren, um zunächst einmal eine allgemeine Idee über den Einfluss zu gewinnen.

Ist Jupiter im Geburtshoroskop negativ aspektiert, wird sich der Transit nicht sehr günstig auswirken, nicht einmal beim Trigon. Es kommt in jedem Fall darauf an, das Beste aus der Energie Jupiters zu machen. Von allen Planeten bietet er uns am meisten Ermutigung und Hilfe – wenn wir ihm nur einen kleinen Stoß in die Richtung geben, in die wir ihn haben wollen.

Besonders wichtig sind die Transite Jupiters zur eigenen Stellung. Wie bei den schnelleren Planeten auch finden Sie diese Interpretation am Schluss des Kapitels, daneben noch eine ausführliche Erklärung und Erläuterung zur Jupiterwiederkehr, einem der spannendsten und aufregendsten Transite überhaupt (siehe S. 362-363).

JUPITERTRANSITE ZUR SONNE

☉

☌ Konjunktion

Ereignet sich alle zwölf Jahre und steht für eine Zeit voller Chancen und Belohnungen. Es ist aber wichtig, dass man konzentrierte Anstrengungen unternimmt, dass man ins Rampenlicht tritt und sich darstellt, um sein Potenzial bei möglichen Förderern bekannt zu machen.

Bei Arbeitslosigkeit ist dies eine günstige Zeit, sich auf Stellen zu bewerben. Auch Reisen und Studieren sind jetzt belohnende Aktivitäten, und oft besteht das Gefühl, nun einfach nichts falsch machen zu können. Alles, was mit dem Sonnenzeichen einhergeht, ist jetzt betont; daneben ein Gefühl von Optimismus und Enthusiasmus. Ein Einfluss, den man einfach nutzen muss!

+ Positive Transite

Haben einen ähnlichen Einfluss wie die Konjunktion. Das Sextil – an sich nicht sehr stark – und das Trigon sind günstig für allgemeinene Fortschritte, für Studium und Reisen. Zu diesen Zeiten kann man gut Urlaub machen! Chancen müssen gesucht und genutzt werden!

− Negative Transite

Jeglicher Tendenz zur Übertreibung und zur übermäßigen Dramatisierung muss entgegengetreten werden. Emotionale oder finanzielle Risiken. Eine allzu optimistische Haltung und blinder Optimismus können verheerende Folgen haben – also Vorsicht!

Manchmal trifft nun auch der beste Ratschlag auf taube Ohren. Vielleicht Probleme mit der Leber aufgrund von zu üppiger Nahrung – man sollte Medikamente im Haus haben, die derartige Beschwerden lindern können. Wenn auch im Geburtshoroskop Sonne und Mond im negativen Aspekt zueinander stehen, sollte man abwarten, bevor man wichtige Entscheidungen trifft. Man könnte jetzt nämlich Fehler machen, weil man den Details nicht genügend Aufmerksamkeit schenkt oder allzu optimistisch ist.

JUPITERTRANSIT ZUM MOND ☽

☌ Konjunktion

Eine Intensivierung der Emotionen und der Intuition. Ein exzellenter Einfluss, wenn der Radixmond günstig aspektiert ist – bei vielen Quadraten oder Opposition dagegen könnte das Urteilsvermögen zu wünschen lassen. In den meisten Fällen aber wird der Mensch sensibel reagieren und die richtigen Entscheidungen treffen. Die Situationen werden dann auch instinktiv richtig eingeschätzt.

Das Leben könnte nun in einem philosophischeren Licht erscheinen. Eine großzügige Laune und möglicherweise der Wunsch, das gesellschaftliche Leben zu intensivieren. Sie sollten auf jeden Fall zur Aktivität raten.

+ Positive Transite

Nun kann es zu beträchtlichem persönlichem Erfolg kommen. Raten Sie dem Menschen, seine Intuition und seine Instinkte zu beachten. Diese Einflüsse ähneln der der Konjunktion - vielleicht eine sehr belohnende Zeit, speziell hinsichtlich der Familie und des Zuhauses. Exzellente Transite, um mit der Familie in Urlaub zu fahren oder um Projekte mit Eltern oder Kindern durchzuführen. Arbeiten am Heim machen jetzt vielleicht besonders viel Spaß. Wenn der Mensch Freude an kreativen Tätigkeiten hat, könnte jetzt die Fantasie in Verbindung mit dem Intellekt zu sehr positiven Resultaten führen. Zumeist ein gutes Urteilsvermögen - wenn Entscheidungen getroffen werden müssen, ist dies die richtige Zeit dafür.

− Negative Transite

Können mehr Probleme aufwerfen, als man denkt. Leider merkt der Mensch nicht unbedingt, dass etwas schiefläuft oder dass er gerade einen Fehler macht. Die Tendenz zu Überreaktionen und zur Dramatik. Wenn er sich aufregt, macht er womöglich aus einer Mücke einen Elefanten, was zu großen Schäden führen kann. Alles wieder ins Lot zu rücken, kann sehr schwer sein.

Vorsicht beim Umgang mit Geld, beim Kauf auf Raten und bei allem, was mit dem Gesetz zu tun hat! Auch bei der Ernährung muss man Augenmaß beweisen – Essen oder Trinken im Übermaß verkraftet der Körper jetzt schlechter als sonst. Insgesamt gilt es, jetzt eine bewusste Einstellung zu zeigen und den Sinn für die Perspektive zu wahren.

JUPITERTRANSITE ZUM MERKUR ☿

☌ Konjunktion

Ein exzellenter Einfluss. Die Zeit ist nun günstig für Reisen – ob nun zum Vergnügen oder wegen des Berufs –, für ein Studium oder für den Erwerb des Führerscheins. Hier kommen die beiden Planeten des Intellektes zusammen zur Wirkung – insofern kann sich der Betreffende jetzt gut mit Projekten beschäftigen, die Geschick oder »Köpfchen« erfordern. Allerdings verbessern diese Planeten nicht unbedingt das Konzentrationsvermögen – am besten wirkt der Transit daher mit Unterstützung von Saturn.

Die Zeit ist nun reif dafür, sich einem neuen Gebiet zu widmen, das intellektuell anspruchsvoll ist oder das Potenzial ausschöpft. Die Haltung ist optimistisch und wagemutig. Bei einem besonderen Sinn für Geschäfte könnte man nun sehr günstige Abschlüsse tätigen und große Fortschritte machen. Sonne und Merkur stehen im Geburtshoroskop immer dicht zusammen – insofern wird die Jupiterkonjunktion zur Sonne gerade stattgefunden haben oder kurz bevorstehen, im Zeitraum von bis zu zwölf Monaten. Diese beiden Einflüsse könnten ein positives Thema anzeigen, das für etwa ein Jahr Bestand hat. Es könnte interessant sein herauszufinden, wie es Ihrem Gegenüber zwölf Jahre zuvor ergangen ist, als Jupiter letztmals in dieser Position stand. Unter Umständen ein sehr günstiger Einfluss für ein Schulkind, das sich vielleicht deutlich verbessert.

+ Positive Transite

Eine ideale Zeit, um einen aufregenden Urlaub in der Fremde zu machen oder um sich einem neuen Studiengebiet, z. B. einer Sprache, zu widmen. Der Verstand ist jetzt für intellektuelle Herausforderungen bereit. Ein starkes Bedürfnis, die persönlichen Ideen zu verbreiten, vielleicht auch im Rahmen des Internets oder durch das Schreiben von Artikeln. Auch diese Zeit eignet sich dafür, den Führerschein zu machen oder ein Fahrtraining für Fortgeschrittene zu absolvieren bzw. die eigenen Computerkenntnisse zu verbessern.

Es gibt kaum einen besseren Einfluss für Prüfungen – vorausgesetzt, es besteht von Natur aus oder durch stabilisierende Transite ein gutes Konzentrationsvermögen. Unbeständigkeit muss unter allen Umständen vermieden werden!

− Negative Transite

Eine ganz untypische Zerstreutheit könnte auftreten, und die Unfähigkeit, das Leben ernst zu nehmen, bereitet jetzt vielleicht Probleme. Der Geborene könnte versucht sein, die Schwierigkeiten zu ignorieren oder sein Versprechen zu brechen. Häufig auch ein Mangel an Vorsicht und gesundem Menschenverstand, was in Verbindung mit einem übermäßigen Optimismus zu Fehlern führen kann.

Wichtige Entscheidungen – z. B. eine Hypothek aufzunehmen oder etwas auf Raten zu kaufen – sollten zu dieser Zeit tunlichst nicht getroffen werden. Finanzielle Probleme könnten die Folge davon sein.

Ein Student kurz vor der Prüfung könnte unter einem solchen Transit der Meinung sein, dass er es nicht nötig hat, den Lehrstoff zu wiederholen. Das könnte aber ins Auge gehen – raten Sie ihm, das Leben etwas ernster zu nehmen!

JUPITERTRANSITE ZUR VENUS ♀

☌ Konjunktion

Ein wunderbarer Einfluss, der uns großzügig, aufgeschlossen, verständnisvoll, zärtlich und glücklich macht – und uns oft auch zufrieden sein lässt, wenn andere sich auf unsere Kosten amüsieren. Sehr viel Beliebtheit und die Neigung, das Leben in vollen Zügen zu genießen. Wie bei allen Kontakten zwischen diesen Planeten aber besteht die Neigung, Gewicht zuzulegen, weil man nun fast zwangsläufig viel und gut isst – ein weiterer Einfluss, der verdauungsfördernde Medikamente erforderlich machen könnte. Man kann jetzt auch versuchen, sich eine weitere Einkommensquelle zu erschließen, entweder durch die Gründung eines Unternehmens oder durch Investitionen (wenngleich hier zur Vorsicht geraten werden muss).

Wenn dieser Transit durch starke Progressionen unterstützt wird, womöglich eine denkwürdige Zeit. Manchmal – beileibe nicht immer – kommt es, wenn sich Venus und Jupiter verbinden, zu einer Verlobung. Die Emotionen und der Verstand wirken nun gut zusammen.

⊞ Positive Transite

Fast identisch mit der Konjunktion – vielleicht aber eine noch positivere Wirkung, weil die Wahrscheinlichkeit geringer ist, dass Venus oder Jupiter aus dem Ruder laufen und zu Exzessen führen. Dies sind positive Einflüsse, die dazu benutzt werden können, Interessen zu fördern und zukünftige Entwicklungen einzuleiten.

Erwerbungen – speziell Käufe, die Investitionen darstellen – werden für lange Zeit Freude machen (sowie viel Geld bringen, wenn sie später verkauft werden). Man könnte nun mehr als sonst zu Luxus und Komfort neigen, was sich vielleicht auch nicht mehr ändert, wenn der Transit vorbei ist. Nachdem man das beste Hotel kennengelernt hat, gibt man sich nicht mehr mit einer billigen Absteige zufrieden. Das Gleiche könnte auch für die Kleidung gelten.

⊟ Negative Transite

Vielleicht jetzt problematische Extravaganz oder Trägheit, nach dem Motto: »Das kümmert mich nicht!« Wenn sich in den persönlichen Beziehungen Schwierigkeiten ergeben, könnte man die Flinte rasch ins Korn werfen oder eine Entscheidung treffen, die man später bereut.

Die Emotionen und der Intellekt stehen jetzt unter Spannung, und der gesunde Menschenverstand lässt einen nun im Stich. Vielleicht isst der oder die Betreffende nun zu viel oder zu wenig – beides wäre das Ergebnis von zu wenig Liebe. Alles wird sich wahrscheinlich normalisieren, wenn der Transit vorüber ist. Es besteht nun die Neigung zu übersteigerten Gefühlen und exzessiven Handlungen, dabei käme es darauf an, nüchtern und stur auf Kurs zu bleiben.

Bei finanziellen Problemen sollte fachkundiger Rat eingeholt werden, was das Risiko von falschen Entscheidungen verringern würde. Nun macht man nämlich sehr schnell einen Fehler.

JUPITERTRANSITE ZU MARS ♂

☌ Konjunktion

Ein wunderbarer positiver Transit, bei dem man voller Selbstbewusstsein die Initiative ergreifen kann. Man befindet sich jetzt in einer starken Position, und wenn man diese Energie umsetzen kann, wird es zu exzellenten Resultaten kommen. Mutige und kühne Handlungen sind möglich, auch deshalb, weil man nun bestimmt und entscheidungsfreudig auftritt. Die Willenskraft ist gestärkt, und der Mensch hat das Bedürfnis, jederzeit aktiv zu sein.

Unter diesem Einfluss sollten wir bestrebt sein, uns Chancen zu eröffnen – im Gegensatz zu der Bereitschaft, Chancen wahrzunehmen, wenn sie uns begegnen. Ängste kennen wir nun nicht – alles, was wir unter diesem stimulierenden Einfluss tun, wird sich auszahlen und zu Fortschritten führen. Eine wunderbare Energie für alle, bei denen Konkurrenzdenken wichtig ist, für Sportler z. B., generell für Personen, die körperlich oder geistig aktiv sind.

⊞ Positive Transite

Fast identisch mit der Konjunktion, allerdings kommt die Energie und Antriebskraft mit mehr Rücksicht auf die Mitmenschen zur Geltung. Auch hier sind Erfolge wahrscheinlich, besonders beim Trigon. Das Sextil ist sehr nützlich und kann andere positive Trends fördern; es ist aber schwächer als die Konjunktion oder das Trigon. Auch hier sehr viel Entschiedenheit sowie die Fähigkeit, mit Widersachern auf eine vernünftige und angemessene Weise umzugehen.

Sowohl die intellektuelle als auch die körperliche Energie wird durch diesen Transit gefördert, gleichermaßen das Bedürfnis zu gewinnen. Vielleicht ein neuer, anregender Sport oder ein neu gewecktes Interesse an körperlicher Aktivität, was Verkrustungen löst, geistige wie physische.

⊟ Negative Transite

Könnten zu rebellischen Handlungen führen und zu viel Eigensinn. Das Verhalten kann tollkühne Züge annehmen, wogegen man sich wehren sollte – wie auch gegen die Neigung zu finanziellen Risiken, z. B., seinen letzten Groschen beim Pferderennen zu verwetten. Eine starke Tendenz zu Übertreibungen und zu Überstürztheit, sowohl in physischer als auch in geistiger Form. Warnen Sie Ihr Gegenüber vor all diesen Möglichkeiten! Weil der Betreffende jetzt wahrscheinlich untypischerweise sehr selbst-bezogen ist, könnte auch Gedankenlosigkeit, besonders gegenüber Nahestehenden, zu einem schwerwiegenden Problem werden.

Eine positive Seite haben diese ziemlich extremen Transite doch – sie können dabei helfen, ungeklärte Verstimmungen und Streitigkeiten auszuräumen; sie bringen dem Betreffenden und seinen Partnern einen planetarischen Frieden.

JUPITERTRANSITE ZU SATURN ♄

☌ Konjunktion

Eine gewisse Unzufriedenheit kann das Ergebnis sein, wenn Jupiter in Kontakt mit Saturn kommt. Weil aber der Einfluss Jupiters positiv ist und es sich hier um den mächtigsten aller Kontakte handelt, dürfte man vom Willen beseelt sein, das, was falsch ist, zu ändern. Wenn die Person erst einmal erkannt hat, warum sie unzufrieden ist, wird sie sich den Herausforderungen stellen, vielleicht, indem sie aktiver wird oder mehr Geld verdient. Möglicherweise erkennt man, dass man geistig stehen geblieben ist – und dass man etwas dagegen tun kann, indem man ein Studium aufnimmt oder sich einem mental stimulierenden Interessensgebiet widmet. Vielleicht ist der Mensch auch sehr unzufrieden mit seiner Art zu leben, mit seinen Beziehungen oder seiner Umgebung; Ermutigung Ihrerseits könnte auf ihn motivierend wirken. Es muss nicht so sein, dass er alle Vorschläge buchstabengenau befolgt – beim Nachdenken über Ihre Worte aber könnte er doch neue Erkenntnisse gewinnen.

Wenn der Betreffende sehr erdverbunden und praktisch veranlagt ist, muss er vielleicht mit schockierenden Aussagen aufgerüttelt werden, etwa in der Art: »Sie werden sich noch mit den gleichen Problemen herumschlagen, wenn Sie alt und grau sind, wenn Sie nicht bald etwas dagegen tun!« So kann man Jupiter positiv in Bewegung bringen.

Positive Transite

Fördern den gesunden Menschenverstand und eine praktische Herangehensweise an das Leben. Bestimmtheit und die Erkenntnis, dass Beharrlichkeit sich auszahlt.

Während dieser Zeit könnte man weitreichende Entscheidungen über die Zukunft treffen, selbst dann, wenn man noch nicht an die Realisierung der Pläne herangehen kann. Dieser Einfluss könnte z. B. die Geschehnisse ergänzen, die sich zur Zeit der Saturnwiederkehr ergeben haben, er könnte ein Gegengewicht für die Entwicklungen und Chancen der Jupiterwiederkehr darstellen oder mit anderen stimulierenden oder dynamischen Progressionen oder Transiten zusammenwirken. Eine gute Zeit, um gründlich über wichtige Angelegenheiten nachzudenken.

Negative Transite

Nun könnte es zu viel Frustration kommen, besonders dann, wenn man denkt, dass es vorangeht. Diese Transite funktionieren wie eine Bremse, was zunächst einmal sehr lästig sein könnte, sich im Nachhinein aber vielleicht als Segen herausstellt. Der Mensch könnte zu dieser Zeit, die von einem ständigen Stop-and-Go gekennzeichnet ist, unzufrieden, rastlos und jähzornig reagieren – er sollte aber versuchen, die Ruhe zu bewahren, hat aber weniger Geduld als sonst. Geduld aber ist nötig, wenn man sich mit den Problemen und Rückschlägen auseinandersetzen will. Möglich ist hier auch, dass Jupiter vorherrschend ist und zu übermäßigem Optimismus führt.

JUPITERTRANSITE ZU URANUS ♅

☌ Konjunktion

Ein aufregender Einfluss, der häufig unerwartete Entwicklungen mit sich bringt, die neue Horizonte öffnen. Ein verstärkter Drang nach Unabhängigkeit, was für sich schon zu Handlungen oder Entscheidungen motiviert – weil wir es aber mit der Konjunktion zu tun haben, können wir nicht sagen, inwiefern es zu selbstsüchtigen, unverantwortlichen oder unvorhersehbaren Aktivitäten kommt. Um hierzu Erkenntnisse zu gewinnen, müssen Sie im Geburtshoroskop nachschauen, welche Aspekte diese beiden Planeten empfangen. Weisen sie Quadrate oder Oppositionen zu den persönlichen Planeten auf oder aspektieren sie sich gegenseitig negativ? Damit könnte es jetzt zu beträchtlichen Spannungen kommen. Bei einem positiven Aspekt dagegen sind schöne Auswirkungen zu erwarten.

Positive Transite

Auch diese dürften unerwartete und aufregende Geschehnisse mit sich bringen, mit der Folge, dass sich neue Elemente im Leben bemerkbar machen. Welcher Lebensbereich davon betroffen ist, könnte an der Hausposition von Uranus abzulesen sein. Deuten Sie hier aber nur Möglichkeiten an – Sie können schließlich nicht wissen, was genau geschehen wird. Manchmal das intensive Interesse, den Geist auszuweiten, was zu einer reiferen und weiseren Einstellung zum Leben führen kann oder zu einer besonderen Art von Wissen. Vielleicht befasst sich die Person nun auch mit einem abgelegenen oder sehr ungewöhnlichen Fachgebiet.

Negative Transite

Womöglich eine Phase, in der zumindest von einem Lebensbereich oder Projekt große Spannung ausgeht und der Mensch am liebsten einen Schlussstrich ziehen würde. Allerdings gilt es, nichts zu überstürzen. Vorschnelle Handlungen oder auch blinde Dickköpfigkeit bedeuten nämlich eine eingeschränkte Perspektive. Wenn die Spannung zum Problem wird und die Nerven (Uranus) angegriffen sind, wäre eine Beschäftigung sinnvoll, die entspannend und beruhigend wirkt und den Geist (Jupiter) wieder auflädt.

JUPITERTRANSITE ZU NEPTUN ♆

☌ Konjunktion

Ein wunderbarer subtiler Einfluss, der speziell für sensible, intuitive und kreative Menschen günstig ist. Bei eher materialistisch ausgerichteten Personen dagegen sind mit ihm kaum Auswirkungen verbunden.

Eine Betonung der ätherischeren Elemente des Lebens und der Empfindsamkeit, was sich besonders in spiritueller, mystischer und idealistischer Hinsicht auswirken könnte. Auch die Emotionen stehen damit im Vordergrund, vielleicht in Verbindung mit dem Wunsch nach Zurückgezogenheit und Kontemplation. Der Mensch sehnt sich möglicherweise danach, allem einmal den Rücken zu kehren und eventuell ein Wochenende für sich allein am Wasser zu verbringen oder in einer erholsamen Landschaft. Bei einer religiösen Neigung ist dies ein idealer Einfluss, um sich zur Besinnung oder zum Beten zurückzuziehen.

Positive Transite

Ähnliche Auswirkungen wie bei der Konjunktion. Wenn zugleich andere, weltlichere und markantere Transite zu verzeichnen sind, könnte das Sextil allerdings gewissermaßen im Nebel verloren gehen. Möglicherweise Gefühle der Inspiration, was eine wunderbare, kreative Arbeit zur Folge haben könnte. Es ist immer ratsam, zu dieser Zeit das, was gefällt und die Aufmerksamkeit erregt, aufzuzeichnen oder zu fotografieren.

Der Einfluss begünstigt auch eine verträumte, vielleicht übermäßig sentimentale Stimmung; warnen Sie davor, dass der Mensch nicht ewig im siebten Himmel schweben wird.

Negative Transite

Man muss sich jetzt vorsehen – allzu leicht lässt man sich von den Meinungen und Handlungen anderer negativ beeinflussen. Häufig macht man infolge von Sorglosigkeit und Unbekümmertheit Fehler, manchmal sagt man auch das Falsche oder wird falsch interpretiert. Missverständnisse und Konfusion sind jetzt recht wahrscheinlich. Es kommt nun darauf an, den Kontakt zur Realität zu behalten. Man ist nicht besonders konzentriert bei der Sache. Keine gute Zeit, um wichtige Entscheidungen zu treffen. Auch Ratschlägen ist jetzt mit Vorsicht zu begegnen.

JUPITERTRANSITE ZU PLUTO ♇

☌ Konjunktion

Der Mensch strebt jetzt vorwärts, er verficht eine aktivere Linie und möchte eine Machtposition bekleiden. Das Selbstvertrauen wächst, und oft ergibt sich eine materialistischere Einstellung mit einem gesteigerten Interesse an Investitionen, Versicherungen und finanziellen Aspekten ganz allgemein. Der Drang nach Macht ist verstärkt. Alles bleibt aber im Rahmen, vorausgesetzt, man reagiert nicht fanatisch.

Der Drang nach Macht dürfte sich dann am stärksten bemerkbar machen, wenn Pluto im Löwen oder in Konjunktion zu Uranus in der Jungfrau steht, was in den 1960ern der Fall war.

Der Jupitereinfluss ist grundsätzlich positiv und günstig, ganz allgemein ist es mit diesem Transit möglich, Fortschritte zu machen und Ziele zu verwirklichen. Vielleicht lässt irgendetwas den Betreffenden auch sehr stolz sein – er sollte aber nicht allzu viel Aufhebens davon machen.

+ Positive Transite
Auch hier materielle Fortschritte und ein wachsendes Bankkonto. Man könnte nun ein besonderes Gespür für Investitionen haben; vorausgesetzt, der gesunde Menschenverstand herrscht über den Optimismus, werden sich sehr positive Ergebnisse zeigen. Auch hier ist eine Beförderung oder eine Position mit mehr Macht möglich. Man hört dem Geborenen nun aufmerksam zu.

– Negative Transite
Es gilt nun, sich vor der Tendenz zu fanatischen Meinungen oder Handlungen zu hüten! Was das Geld betrifft, könnte man allzu große Investitionen oder anderweitige Ausgaben tätigen. Viele Menschen haben unter diesen Transiten große Summe eingesetzt – und verloren; man sollte sich deshalb jetzt unter allen Umständen vom Spiel mit Geldeinsatz fernhalten. Jegliche finanzielle Entscheidung sollte aufgeschoben werden, bis der Transit nicht mehr wirkt, zumindest aber drei Wochen.

JUPITERTRANSITE ZUM ASZENDENTEN (Asc)

☌ Konjunktion
Der Transit Jupiters durch das 12. Haus endet und der durch das 1. beginnt – insofern nicht mehr die Neigung zur Kontemplation, Reflexion und zum Überdenken der Dinge, sondern dazu, einen Platz im Rampenlicht anzustreben und sich Gelegenheiten zu eröffnen. Man dürfte sich jetzt gestärkt und verjüngt fühlen, aktiver im Selbstausdruck denn je, für jede Herausforderung bereit. Eine sehr günstige Zeit, sich nach einer besseren Stelle umzusehen. Ein vergnüglicher Zeitraum, in dem man allerdings zunehmen könnte und vielleicht auch Probleme mit der Leber bekommt.

+ Positive Transite
Haben ähnliche Auswirkungen wie die Konjunktion. Schauen Sie hier auf das Haus, das Jupiter durchläuft – die entsprechenden Themen könnten jetzt zur Blüte gelangen. Bei einem Trigon z. B. und Jupiter in oder an der Spitze des 5. Hauses könnte sich vielleicht eine Liebesaffäre ergeben. Kreative Interessen stehen jetzt im Vordergrund.

– Negative Transite
Eine starke Tendenz, die Probleme in einer falschen Perspektive zu sehen und in überzogener Form zu reagieren. Der Betreffende könnte sich unerträglich selbstbezogen und angeberisch zeigen, ohne dass seine Leistungen dies rechtfertigen würden – ist der Transit dann vorbei, merkt er, wie töricht er gehandelt hat. Besondere Vorsicht bei allem, was man sagt oder niederschreibt. Jegliche Neigung zur Übertreibung muss unter Kontrolle gehalten werden.

JUPITERTRANSITE ZUM MC (MC)

☌ Konjunktion
Wieder ein Akzent auf Chancen und Möglichkeiten, anders aber als bei der eben beschriebenen Jupiterkonjunktion mit dem Aszendenten: Beim Transitjupiter in Konjunktion zum Aszendenten könnte der Betreffende eine neue Stelle, für die er sich beworben hat, erhalten; beim MC dagegen wird ihm vielleicht wie aus heiterem Himmel eine neue Stelle angeboten, weil man von seinen Fähigkeiten hörte. Gelegenheiten und neue Entwicklungen fördern den individuellen Fortschritt. Manchmal die Möglichkeit zum Reisen (womöglich auf Kosten von anderen).

Ganz allgemein gilt, dass nun alles, was mit Jupiter verbunden ist, floriert und dass sich viele unerwartete Chancen ergeben, vielleicht schöne Überraschungen oder auch ein Gewinn.

+ Positive Transite
Ähneln der Konjunktion, allerdings sind die neuen Entwicklungen nicht ganz so bedeutungsvoll, ausgenommen, Jupiter ist stark gestellt, oder es ist ein Schütze-MC gegeben. In jedem Fall aber dürfte es sich um eine belohnende Zeit handeln.

– Negative Transite
Die Hoffnungen könnten sich jetzt als vollkommen unberechtigt herausstellen, was eine vorsichtige Haltung ratsam sein lässt. Man lässt sich jetzt sehr leicht beeinflussen, und manche Mitmenschen könnten nun darauf aus sein, den Betreffenden günstig zu stimmen, indem sie seinem Ego schmeicheln. Vorsicht bei Verträgen – man lese das Kleingedruckte sehr sorgfältig! Es kommt leicht dazu, dass man sich von einem übertriebenen Optimismus fortreißen lässt.

JUPITERTRANSITE ZUM RADIXJUPITER (♃)

Im Allgemeinen handelt es sich, wenn Jupiter im Transit im positiven Aspekt zur Geburtsstellung steht, um eine Zeit, in der es zu großen Fortschritten und einer positiven Haltung kommt. Bei einem negativen Aspekt könnte der Mensch einen übermäßigen Optimismus an den Tag legen, Probleme in einer falschen Perspektive sehen oder unnötige Risiken eingehen, materielle wie emotionale. Eine solche Phase wäre auch problematisch für die Unterzeichnung von Verträgen, weil der Betreffende jetzt keinen Blick für Details hat oder sich in seinem Enthusiasmus zu großen Geldausgaben hinreißen lassen könnte.

Bei der Untersuchung dieser Transite müssen Sie analysieren, in welchem Zeichen und Haus Jupiter im Horoskop steht und an welchen Aspekten er beteiligt ist – die diesbezüglichen Auswirkungen stehen jetzt im Vordergrund. Selbst bei einem positiven Transit kann einiges von der günstigen Wirkung verloren gehen, wenn der Radixjupiter mit mehr negativen als positiven Zügen verbunden ist. Bei einem negativen Transit und einem positiven Radixjupiter werden nicht allzu viele Probleme auftauchen - allerdings könnte der Geborene doch hin und wieder zu allzu viel Optimismus neigen oder dazu, sich zu viel aufzuladen. Um sich über die möglichen Auswirkungen klar zu werden, sollte man alle Transite berechnen, die sich in der Zeit nach dem Jupiterkontakt ereignen.

DIE JUPITER-WIEDERKEHR (♃)

Diese ist nichts anderes als die Transitkonjunktion von Jupiter zur eigenen Stellung. Weil Jupiter für den Lauf durch die Tierkreiszeichen zwölf Jahre braucht, ereignet sie sich im Alter von 12, 24, 36, 48, 60, 72, 84 und 96 Jahren usw., mit geringen Abweichungen. Auf diese Phasen können wir uns freuen; wir sollten bestrebt sein, die Gelegenheiten, die sich dann ergeben, auch tatsächlich zu nutzen.

Nach einem Jahr mit einer Jupiterwiederkehr dürften wir uns in einer stärkeren finanziellen Position wiederfinden und die eine oder andere Stufe auf der Karriereleiter genommen haben. Es ist wichtig, die sich bietenden Chancen nicht ungenutzt verstreichen zu lassen – es gilt, die Gelegenheiten zuversichtlich beim Schopf zu packen. Je größer die Herausforderung ist, desto besser. Manchmal müssen wir auch in diesem Jahr sehr hart arbeiten, meistens werden wir das aber gern tun, weil wir uns auf lange Sicht viel davon versprechen.

Die Erfahrungen der Vergangenheit

Der astrologische Rückblick ist besonders bei der Jupiterwiederkehr interessant. Steht sie bevor, sollten Sie den Betreffenden fragen, was er zwölf Jahre zuvor gemacht hat. Welcher Lebensbereich stand damals im Mittelpunkt? Haben sich besondere Fortschritte ergeben? Hat die Person eine Prüfung abgelegt oder ist sie vielleicht mehr gereist als sonst? Wenn es auch unwahrscheinlich ist, dass sich alles genau wiederholt, kann man doch erwarten, dass der gleiche Lebensbereich im Vordergrund steht und ähnliche Bedingungen herrschen. Allerdings müssen wir eine gewisse Umsicht walten lassen, wenn wir uns mit dem Jupitereinfluss der Vergangenheit beschäftigen – vielleicht hat der Betreffende damals eine schreckliche Zeit erlebt, in der alles schiefging. Ist dem so, sollten Sie sich intensiver mit dieser Phase auseinandersetzen – möglicherweise gab es andere, stärkere Faktoren, die den Einfluss Jupiters überdeckten. Trifft dies zu, sollten Sie zu bedenken geben, dass es ohne Jupiter vielleicht noch schlimmer gekommen wäre! Wie positiv der Einfluss wirkt, lässt sich an der Stellung Jupiters im Geburtshoroskop ablesen; zumeist handelt es sich um eine starke Energie, die (theoretisch und meist auch praktisch) wunderbare Entwicklungen möglich macht. Manchmal ist es nötig, dass Jupiter einen Anstoß in die gewünschte Richtung bekommt, besonders auch während einer Jupiterwiederkehr. Eine Zeit, in der wir mit großem Selbstbewusstsein aktiv werden können.

Die frühen Jahre

Eltern von Kindern, die ihre erste Jupiterwiederkehr erleben, sollten diese wärmstens dazu anhalten, Gebrauch von dieser starken planetarischen Energie zu machen. Wettbewerbe, Prüfungen und Ausscheidungen wären hierbei anzusprechen, speziell bei Gebieten, auf denen man sich individuell beweisen kann, z. B. beim Sport oder bei der Musik, oder auch die intensive Auseinandersetzung mit einem interessanten Thema. Fortschritte zu dieser Zeit könnten dann später vielleicht zu einer vertiefenden Beschäftigung mit dem betreffenden Gebiet führen.

Die späteren Lebensabschnitte

In den späteren Jahren deutet die Wiederkehr Jupiters ebenfalls Phasen des Fortschritts an, gemäß dem, was eben angeführt wurde. Das Leben wird damit meist immer ein wenig angenehmer und leichter, was am zusätzlichen Geld liegen könnte. Wir können aber nicht genug darauf hinweisen, dass man die Jupiter-Energien auf eine weise Art einsetzen und nicht vergeuden darf! Die Jupiterwiederkehr, die sich im Alter von etwa 60 Jahren ergibt, fällt oft mit der wichtigen zweiten Saturnwiederkehr zusammen (siehe S. 378). Gleichermaßen kann die Wiederkehr Jupiters mit etwa 84 Jahren mit der sehr bedeutungsvollen Uranuswiederkehr zusammenfallen (S. 392). Wir alle reagieren auf die Wiederkehr anders, und wir machen schließlich auch nicht alle im gleichen Alter die gleichen Fortschritte. Bei der Interpretation dieses Einflusses müssen wir die Zeichen von Aszendent, Sonne, Mond und MC sowie vom herrschenden Planeten einbeziehen.

Das Ausmaß des Einflusses

Wie lange ist der Einfluss wirksam? Astronomisch gesehen kann Jupiter, wenn er sich schnell bewegt, in vier Tagen einen Tierkreisgrad durchlaufen. Allerdings könnte es, nachdem er sich über die Geburtsstellung hinwegbewegt hat, zur Rückläufigkeit kommen – und damit dann später wieder zur Direktläufigkeit, wodurch sich drei Kontakte zur Geburtsstellung ergeben können. Das kann sich bis zu neun Monate hinziehen! Es scheint aber gleichgültig zu sein, wie oft sich dieser Kontakt ergibt – die astrologische Wiederkehr wirkt für ein Jahr. Die wunderbaren Geschehnisse werden nicht sofort eintreten, wenn Jupiter die Geburtsstellung erreicht hat – es könnte sich aber um eine Schlüsselphase eines Zeitraums handeln, der mit dem Einfluss in seiner Gesamtheit in Verbindung steht, womit sich dann auch auf einem besonderen Lebensbereich viele Fortschritte ergeben können.

Die Jupiterwiederkehr wird sich dann besonders machtvoll auswirken, wenn eines oder mehrere der folgenden Horoskopmerkmale gegeben ist bzw. sind:

- Schützeaszendent,
- Schützesonne,
- Schütze-MC,
- Schützemond,
- Schützejupiter,
- Jupiter in Konjunktion zum Aszendenten (aus dem 1. oder 12. Haus),
- Jupiter in Konjunktion zum MC,
- Jupiter in Konjunktion zur Sonne,
- Jupiter im Krebs (der Überlieferung nach eine günstige Stellung),
- Jupiter in den Fischen (bevor man Neptun als Herrscher der Fische einsetzte, regierte Jupiter über dieses Zeichen),
- Jupiter im 1., 9. oder 12. Haus.

SATURN IN DEN ZEICHEN

Saturn steht für Autorität – er ist unsere innerliche Vaterfigur. Sein Mechanismus sagt uns oft: »Das darfst du nicht«, und er legt uns definitive Beschränkungen auf. Zu bestimmten Zeiten müssen wir die Entscheidung treffen, ob wir die Situation so, wie sie ist, akzeptieren, oder ob wir gegen diese innerliche Autorität angehen sollten, weil sie das Resultat von Demütigungen in unserer Kindheit darstellt. Bei diesem Prozess entwickeln wir entweder Selbstvertrauen, oder aber es kommt zu Rückschlägen, weil wir unsensibel für die innerliche Stimme sind oder weil wir mit der Beziehung zu unseren Eltern oder den äußerlichen Umständen nicht zurechtkommen. Sehr oft ist das »du musst« von Saturn genau das, was wir tun sollten, auch wenn es uns schwerfällt.

SATURN IM WIDDER

Die positive, energische Kraft dies Widders hat gar nichts mit der Vorsicht und Beschränkung von Saturn gemeinsam – diese beiden sind dann auch keine guten Gefährten. Der Betreffende wird sich manchmal sehr stark, mutig und selbstbewusst zeigen und dann wieder gehemmt oder sogar schwächlich. Mit Ausgewogenheit könnte man Extreme in Bezug auf Aktivität und Inaktivität vermeiden und die energische Kraft des Widders mit gesundem Menschenverstand und Umsicht zur Geltung bringen. Hat man sich mit diesem saturnischen Einfluss arrangiert, erweist man sich als ausdauernd und bestimmt und verzagt auch in schwierigen Lebenslagen nicht. Die physische und die emotionale Energie müssen gleichmäßig zum Ausdruck kommen, ansonsten sind in Zeiten von übermäßiger Anspannung große Probleme möglich.

Bei Inaktivität könnte es zu Stagnation und einer fortwährend zunehmenden Frustration und Rastlosigkeit kommen. Der potenziellen Tendenz zu Depressionen sollte mit einem Wechsel der Aktivität entgegengewirkt werden, mit Sport z. B. Die autoritäre innerliche Stimme kann Konfusion und Rastlosigkeit zur Folge haben, den Menschen aber auch in Aktivitäten stürzen, wenn er besser abwarten sollte.

SATURN IM STIER

Die Geduld des Stiers und die saturnische Fähigkeit, vorsichtig und umsichtig zu planen, ergänzen sich hervorragend. Ein Mensch mit langem Atem, der unermüdlich für das tätig sein kann, was ihm wirklich wichtig ist. Vielleicht Konflikte zwischen der luxusliebenden Seite des Stiers und der Vorsicht von Saturn, welche nur zu oft in Kargheit oder Geiz mündet.

Den richtigen Ansatz finden

Wie kann der Betreffende aus dieser Stellung Nutzen ziehen? Fraglos ist er ehrgeizig und hat das Bedürfnis, viel Geld zu verdienen. Saturn kann den Menschen ehrgeizig machen, was vielleicht zu ständigen Fortschritten im Leben und zu einer gehobenen gesellschaftlichen Stellung führt, in Verbindung mit dem einen oder anderen Zug von Luxus. Die negative innere Stimme von Saturn aber wird Letzteres als Extravaganz verurteilen und immer wieder fragen: »Brauchst du das wirklich?« Der Mensch muss hier seine eigene Antwort finden, er muss aber auch lernen, die Stier-Seite dieser Stellung zu genießen. Wenn das Horoskop insgesamt eher auf Extraversion schließen lässt, wird ihm das nicht schwerfallen; eine schüchterne und gehemmtere Persönlichkeit dagegen fühlt sich möglicherweise schuldig und braucht Hilfe durch stärkere Qualitäten. Man muss sich aber nicht entschuldigen, wenn man sich einmal dem Vergnügen hingibt; dies ist vielleicht die Lektion, die man mit dieser Stellung zu lernen hat. Vorsicht, Geduld und Hartnäckigkeit, manchmal der übersteigerte Hang zu Routine und Disziplin. Eltern mit dieser Stellung könnten dazu neigen, allzu streng mit ihren Kindern zu sein, obwohl sie deren Bestes wollen. Die Art und Weise, wie die Emotionen zum Ausdruck kommen, könnte ebenfalls gehemmt sein, wenngleich die Person für gewöhnlich sehr freundlich sein dürfte. Jemand, der das Funktionale dem Schönen vorzieht.

SATURN IN DEN ZWILLINGEN

Intellektuelle Gaben und eine gewisse Stabilität, häufig auch eine wissenschaftliche Neigung. Eine wunderbare Unterstützung, falls auch andere Horoskopmerkmale in diese Richtung weisen. Vom kreativen Standpunkt aus dagegen ist sie nicht besonders hilfreich, höchstens im Falle einer musikalischen Begabung.

Der Verstand ist beständig und der Betreffende unparteiisch und zugleich tiefgründig. Er oder sie wird ökonomisch mit den Worten umgehen und imstande sein, viel in wenigen Sätzen zum Ausdruck zu bringen – das genaue Gegenteil vom normalen Zwillingseinfluss. Kinder mit dieser Stellung könnten zu einem langsamen Sprechen neigen und als schweigsam gelten. Die Eltern sollten sich hier keine Sorgen machen – die Kinder dürften über eine gute Wahrnehmung verfügen und merken, was vorgeht.

Die Arten der Kommunikation

Wenn Saturn durch persönliche Planeten negativ aspektiert wird oder eine personalisierte Bedeutung hat, könnten in einigen wenigen Fällen sprachliche Hemmungen zu verzeichnen sein. Wenn man diesem Menschen den Vorwurf macht, nicht gesprächig zu sein, sollte er sich Gedanken zu dieser Kritik machen – sie könnte zutreffen. Vielleicht zeigt er sich aber auch sarkastisch oder gar zynisch. Dessen muss er sich bewusst werden und gegenzusteuern versuchen, vielleicht durch seinen interessanten und ungewöhnlichen Sinn für Humor. Falls Ihr Gegenüber eine höhere Stellung bekleidet, sollten Sie ihn taktvoll vor der Möglichkeit warnen, dass man womöglich seine Anweisungen und Memos missversteht, weil sie allzu knapp formuliert sind. Er hat vielleicht Hintergedanken.

Positives Denken und eine optimistische Haltung müssen entwickelt werden, wenn sie nicht bereits von anderen Horoskopfaktoren angezeigt sind (schauen Sie auf den Einfluss von Merkur und Jupiter). Die innere Stimme der Autorität kann hier viel Kritik bedeuten; bei geringem Selbstvertrauen dauert es recht lange, bis der Mensch aktiv werden kann.

SATURN IM KREBS ♋

Das Bedürfnis nach emotionaler Sicherheit ist sehr stark und der Betreffende meistens sehr an einem stabilen familiären Hintergrund interessiert. Wenn der Vater sehr streng gewesen war oder das Kind gedemütigt wurde, könnte das viel Leid und die Unfähigkeit geschaffen haben, ebenso viel wie andere Kinder zu leisten.

Wenn der Hang zu Sorgen erkennbar ist, verstärkt ihn diese Stellung noch. Die Haltung ist hier vielfach pessimistisch, möglicherweise erfüllt mit Misstrauen und Selbstmitleid (sehr wahrscheinlich dann, wenn der Mond negativ von Saturn aspektiert wird). Positiver gesehen, ist dieser Mensch pfiffig und kann gut mit Geld umgehen. Zielstrebigkeit und Hartnäckigkeit sind charakteristisch, aber auch die Neigung, sich in seinen Panzer zu verkriechen. Diesem Zug könnte aber der Mars- oder der Jupitereinfluss entgegenwirken, besonders bei einer Stellung in einem Feuerzeichen und/oder günstigen Aspekten.

Ein freierer Ausdruck der Emotionen tut hier not; Hemmungen und Schüchternheit gegenüber den Nahestehenden können zu tiefen emotionalen Problemen führen. Die innerliche Stimme der Autorität könnte das Selbstvertrauen auf subtile Weise untergraben und ihn passiv werden lassen: »Was passiert wohl, wenn du das tust? Das würdest du doch bestimmt nicht wollen, nicht wahr?« Das alles könnte die Folge davon sein, dass es in der Kindheit zu emotionalen Erpressungen kam; solange die Person das nicht verarbeitet hat, besteht die Gefahr, dass sie ihre Kinder genauso behandelt.

SATURN IM LÖWEN ♌

Willensstärke, Bestimmtheit, exzellente organisatorische Fähigkeiten und Loyalität. Ein Mensch, der das Leben ernst nimmt. Die warmherzigen Löwe-Eigenschaften treten in den Hintergrund (wenn nicht eine sehr starke Löwe-Betonung gegeben ist). Die schlimmsten Fehler sind Herrschsucht und die Unfähigkeit, Beschränkungen zu akzeptieren; Stolz könnte die Ursache für manchen schweren Fall sein. Manche der Beschränkungen könnten von der Person selbst verursacht sein, vielleicht aufgrund ihres brennenden Ehrgeizes. Wenn sie sich erst einmal für eine bestimmte Vorgehensweise entschlossen hat, ist sie nicht mehr davon abzubringen. Nichtsdestoweniger eine einzigartige Fähigkeit, Situationen unter Kontrolle zu behalten und andere anzuleiten (und auf Disziplin zu sehen), speziell in Krisenfällen.

Positiver und negativer Ausdruck

Bei positivem Ausdruck sind hier wunderbare Resultate möglich; allerdings könnte Loyalität falsch verstanden werden und der Betreffende den Sinn für die Perspektive verlieren. Die negative Seite dieser Stellung kommt: vielleicht dann zum Ausdruck, wenn in der Kindheit eine militärisch anmutende Disziplin herrschte, die es dem Betreffenden nun schwer macht, ein unvoreingenommenes Verhältnis zur Routine zu entwickeln. Steifheit und allgemeiner Geiz könnten ebenfalls typisch sein.

Die innerliche Stimme der Autorität könnte etwas von einer strengen Aufseherin, einem schulmeisterlichen Lehrer oder von einem Hauptfeldwebel haben, die den Betreffenden zwingt, den äußerlichen Erwartungen zu entsprechen, auch dann, wenn er eigentlich verständnisvoller auf seine eigenen Bedürfnisse und Gefühle reagieren sollte. Wenn die negativen Züge im Vordergrund stehen, sollten Sie fragen, ob die Erziehung streng und konventionell war oder ob man vielleicht in einem strengen Internat aufwuchs!

Da der Löwe über das Rückgrat herrscht und Saturn über die Knochen, sollten Sie diesbezüglich zu besonderer Vorsicht raten. Gutes Sitzen am Schreibtisch und ein angepasstes Training für den Rücken usw. wären sehr wünschenswert.

SATURN IN DER JUNGFRAU ♍

Eine Neigung zur Routine und eine praktische Herangehensweise, desgleichen viel Pflichtgefühl. Jemand, den harte und methodische Arbeit nicht, schrecken kann. Wie bei den meisten Jungfrau-Betonungen eine besondere Aufmerksamkeit für Details. Die betreffende Person wird nicht zu überstürzten Handlungen neigen, sondern zu Umsicht und Bescheidenheit.

Für gewöhnlich wenig Selbstvertrauen und in jungen Jahren Schüchternheit. Auch in einem ansonsten positiven und überschwänglichen Horoskop kann diese Stellung von Zeit zu Zeit zu Gehemmtheit führen – sie kann aber auch wie ein Anker wirken.

Die praktische Vorsicht, die sie liefert, kann positiv zum Ausdruck kommen.

Ein Bedürfnis nach konstruktiver Kritik

Wenn der Betreffende eine Machtposition hat, müssen Sie ihn vielleicht davor warnen, allzu streng und fordernd zu Untergebenen zu sein. Seine eigene Disziplin und sein machtvoller Drang zur Kritik und zur Perfektion führen zu sehr hohen Standards, die er auch von anderen erwartet.

Wenn er nicht auch freundlich und sensibel ist und über Humor verfügt, wird er damit distanziert, kühl und vielleicht auch zynisch oder sarkastisch wirken. All dies lässt schon Näheres zu der innerlichen Stimme der Autorität erkennen, die das Selbst bei jeder sich bietenden Gelegenheit infrage stellen und das Selbstvertrauen erschüttern könnte. Falls dem so wäre, sollten Sie Ihr Gegenüber fragen, ob seine Eltern ihn früher sehr kritisch beurteilt haben. Wichtig ist auch, sich der Tendenz zur Besessenheit bewusst zu werden, besonders in Zeiten von Anspannung.

SATURN IN DER WAAGE ♎

Saturn ist traditionsgemäß in der Waage gut gestellt, insofern eine gewisse subtile Harmonie. Es besteht ein natürliches Gerechtigkeitsempfinden, überdurchschnittlich viel Sympathie und sehr viel Verständnis für andere. Freundlichkeit und gesunder Menschenverstand sind ebenfalls charakteristisch. Ein Mensch, der Ratschläge mit Takt und Diplomatie vorbringen kann. Eine für gewöhnlich unparteiische, flexible und integre Person. Das Bedürfnis nach Fairplay, das bei jeder Waagebetonung ins Auge springt, ist auch hier charakteristisch.

Negative Tendenzen

Wenn Saturn negative Aspekte erhält – besonders von den persönlichen Planeten – oder im Quadrat oder in Opposition zum Aszendenten steht, könnte gegenüber den Kollegen und Partnern eine gewisse Intoleranz zum Ausdruck kommen, speziell im 7. oder 10. Haus. Im 4. Haus könnte er eine Neigung zur Unzufriedenheit mit dem Zuhause oder der häuslichen Situation anzeigen, vielleicht auch den Drang, häufig umzuziehen. Das Saturn-Haus ist hier sehr wichtig.

Der Mensch könnte vielleicht auf eine dauerhafte emotionale Beziehung verzichten, aus sexueller Schüchternheit, wegen der Unfähigkeit zum Ausdruck von Gefühlen oder aus anderen Gründen, obwohl er sich eine solche Beziehung eigentlich sehnlichst wünscht.

Saturns innerliche autoritäre Stimme wird bei diesem Zeichen häufig zu Schuldgefühlen führen: »Wenn du das machst, tust du mir sehr weh; und das, wo ich so viel für dich getan habe! Du denkst nur an dich! Wenn du diese schreckliche Tat begehst, werde ich dir niemals verzeihen!« Erkundigen Sie sich, ob der Betreffende Eltern hatte, die auf eine solche Weise argumentierten und die niemals mit dem zufrieden waren, was ihr Kind tat.

SATURN IM SKORPION ♏

Führt zu einer dunklen, brütenden Intensität, die sich auch in dem Horoskop, das ansonsten von extravertierten und optimistischen Qualitäten beherrscht wird, bemerkbar macht. Sehr zielgerichtet und bestimmt; die emotionale Energie kommt bei der Verwirklichung der Ziele deutlich zum Tragen.

Ein ausgeprägter Geschäftssinn ist vielleicht das machtvollste Merkmal dieser Saturnstellung. Diese Menschen machen sich gut in großen Unternehmungen oder auf dem internationalen Geldmarkt. Eine gewisse Schwere hat in einem ungewöhnlichen und erfrischenden Humor ein gutes Gegengewicht. Und trotz der üblichen saturnischen Kargheit kommt hier die Skorpion-Neigung zum Leben und Lebenlassen bzw. eine Liebe zu gutem Essen und Trinken deutlich zur Geltung, speziell dann, wenn auch andere Horoskopfaktoren dies unterstützen (insbesondere Jupiter und Venus).

In negativer Hinsicht sind ohne Weiteres obsessive Tendenzen möglich – Bestimmtheit wird dann zu Skrupellosigkeit oder Niedertracht. Leider kommt es manchmal sogar zu Grausamkeit – wenn sich der Betreffende ein Ziel gesetzt hat, geht er dafür vielleicht über die sprichwörtlichen Leichen. Man muss hier zu Mitgefühl und Rücksichtnahme auffordern. Ein Mensch, der hart arbeiten kann und für den die emotionale Beteiligung an der Arbeit das Entscheidende ist, auch dann, wenn er grundsätzlich vom Bedürfnis, Geld zu verdienen, motiviert wird.

Gegen die Eifersucht ankämpfen

Das Sexualleben kann sehr komplex sein. Manchmal stehen hier der Befriedigung Hemmungen im Wege, die den Betreffenden sehr frustrieren können. Die innere Stimme könnte ihn mit Eifersucht und Neid erfüllen – wenn er sich nicht mit Händen und Füßen dagegen wehrt, wird diese einen sehr negativen Einfluss auf seine Persönlichkeit und vielleicht auch auf sein körperliches Wohlbefinden haben.

SATURN IM SCHÜTZEN ♐

Saturn und Jupiter sind vom Wesen her polare Planeten – Jupiter steht für Expansion, Saturn für Beschränkung. Als Resultat könnte es scheinen, dass Saturn im Schützen nicht gut gestellt ist. Diese Stellung kann sich aber sehr positiv auswirken.

Saturn wirkt gut auf die Konzentration; er fördert auch den Wunsch zu studieren, sodass hier das intellektuelle Potenzial voll zur Geltung kommen kann. Die Haltung ist philosophisch geprägt – ein Kind mit dieser Stellung trägt vielleicht einen alten Kopf auf jungen Schultern.

Herausforderungen begegnen

Aufrichtigkeit und freimütige Worte, auch die Fähigkeit, Meinungen zu vertreten, die nicht dem Zeitgeist entsprechen. Die Herausforderungen können aber zu Konflikten führen – auf der einen Seite sehnt sich der Mensch danach und lässt sich furchtlos auf sie ein, auf der anderen neigt er zur Vorsicht und einer gewissen Angst – insofern kann es sich ergeben, dass der natürliche Enthusiasmus des Schützen nicht zum Ausdruck kommt. Um zu bestimmen, ob der Schütze oder Saturn die Oberhand behält, müssen Sie auf die Aspekte des Letzteren schauen. Wenn diese positiv sind und das Horoskop viel feurige und luftige Energie enthält, stehen die Chancen gut, dass der oder die Betreffende durchaus aktiv sein kann. Lässt es dagegen auf Schüchternheit und Empfindsamkeit schließen, dominiert der vorsichtigere Saturneinfluss. Aber auch hier wird sich die autoritäre innerliche Stimme vernehmen lassen und dem Betreffenden sagen, dass er mutiger sein sollte.

SATURN IM STEINBOCK ♑

Saturn herrscht über den Steinbock, insofern ist dies die stärkste Stellung für diesen Planeten (mit Ausnahme einer besonderen personalisierten Bedeutung; siehe hierzu S. 97). So gut wie immer Vorsicht, Bestimmtheit, Ehrgeiz und praktische Fähigkeiten. Manchmal bringt der Betreffende allzu große Opfer, um seine Ziele zu erreichen – der hart arbeitende Vater, der die meiste Zeit im Büro ist und selbst dann noch Arbeit mit nach Hause bringt, sodass er sich nicht entspannen kann und keine Zeit für seine Kinder hat. Dabei will er, dass sie es besser haben als er. Nichtsdestoweniger sollten Sie hier zu mehr Ausgewogenheit anraten. Mit einer materialistischen Haltung wird dem Menschen viel entgehen.

Seine Kinder behandelt dieser Mensch wahrscheinlich sehr streng und treibt es dabei vielleicht zu weit. Kinder mit dieser Stellung, geboren zwischen November 1988 und Februar 1991, sind oft frühreif oder sehr ernsthaft veranlagt, dazu imstande, hart und ausdauernd zu arbeiten. Es war aber von entscheidender Wichtigkeit, dass sich ihr Selbstvertrauen allmählich entwickelte; von Natur aus sind sie damit nicht reichlich gesegnet. Es kann eine Tendenz zur Düsterkeit bestehen, die sich mit dem besonderen saturnischen Humor abwechselt.

Wenn Saturn negativ aspektiert wird, könnte die Haltung grimmig und pessimistisch sein, keinesfalls aber schwächlich. »Gute Miene zum bösen Spiel machen« ist ein typisches Motto, während der Betreffende die Zähne zusammenbeißt. Manchmal ein Drang nach Macht, unter Umständen mit politischen Ambitionen, und der Wunsch nach gesellschaftlichem Aufstieg – ein Mensch, der sein Geld vielleicht zu dem Zweck ausgibt, anderen zu imponieren, nicht zu seinem eigenen Vergnügen. Auch hier kann es bei negativen Saturnaspekten zu Geiz kommen – für gewöhnlich aber dominieren die positiven Eigenschaften.

Der Geborene muss ständig in Bewegung bleiben – es gilt also, sich regelmäßig körperlich zu betätigen. Saturn herrscht über die Haut und die Knochenstruktur, und steife Gelenke sind hier eine Gefahr. Die Haut könnte besonders stark anfällig auf starke Sonnenstrahlung reagieren. Kinder mit dieser Stellung sollten Leichtathletik oder Wintersport treiben!

Die innere autoritäre Stimme kann hier so zornig wie die Gottes sein, der saturnische Einfluss zeigt sich von seiner diktatorischsten Art. Der Geborene hatte vielleicht sehr strenge und konventionelle Eltern, die nichts weniger als ein jederzeit richtiges und angemessenes Verhalten erwarteten. Wie gut oder schlecht er sich damit arrangieren konnte, ist am Rest des Horoskops abzulesen. Dauerhafte Kritik dürfte jedenfalls zu einem beträchtlichen Mangel an Selbstvertrauen geführt haben.

SATURN IM WASSERMANN ♒

Eine sehr interessante, positive Stellung. Saturn steht in diesem Zeichen sehr stark – vor der Aufnahme Uranus in den astrologischen Pantheon herrschte er darüber! Sehr viel Bestimmtheit, was sich darin äußert, dass der Mensch seine Ziele erreicht. Ein sehr origineller Verstand, der aber dazu neigt, seine Ansichten allzu dogmatisch zu vertreten, besonders in jungen Jahren.

Der wahre Konflikt ist der, entweder dem Konventionellen verhaftet zu bleiben oder aber sich ganz und gar am Gegenteil zu orientieren. Hier muss der Mensch seine eigene Lösung finden – was häufig nicht leichtfällt, weil er sich von seinem Bewusstsein her von Sicherheit angezogen fühlt und sich gleichermaßen nach Abenteuern, Originalität und Unabhängigkeit sehnt. Dies ist ein Dilemma, das auf Unterstützung durch die Zeichen von Sonne, Mond und Aszendent und durch die persönlichen Planeten angewiesen ist.

Nähe und Unabhängigkeit

Die humanitäre Orientierung des Wassermanns ist hier deutlich zu erkennen. Unterstützt ein wissenschaftliches Potenzial. Wenn Saturn negativ aspektiert wird, auch ein Zug von Hartnäckigkeit und eventuell Gerissenheit. Bei aller Freundlichkeit könnte die Neigung bestehen, sich von anderen Menschen zu distanzieren – die wassermanntypische Tendenz, Distanz zu wahren, ist nicht zu verkennen. Unabhängigkeit ist sehr wichtig, selbst um den Preis von gelegentlicher Einsamkeit.

Die innerliche autoritäre Stimme neigt hier zu dem Ausspruch: »Tu, was du willst – es kümmert mich nicht! Sieh zu, was dir Spaß macht!« Wahrscheinlich aber kann der Betreffende dies nicht beherzigen, was vielleicht schwerwiegende psychische Konflikte hervorruft. Fragen Sie nach, ob die Eltern sehr unkonventionell waren und ein kaltes oder unvorhersehbares Verhalten zeigten.

SATURN IN DEN FISCHEN ♓

Züge der Selbstaufopferung, desgleichen Bescheidenheit, Mitgefühl und viel Intuition. All dies sollte mit Vorsicht zum Ausdruck gebracht und unter Kontrolle gehalten werden, auf keinen Fall ist es zu ignorieren! Oftmals auch sehr wenig Selbstvertrauen, und vielleicht ist sich der Betreffende selbst sein ärgster Feind und stellt sich fortwährend infrage.

Im Idealfall trägt diese Stellung dazu bei, dass der Mensch kein Aufhebens von sich macht. Leider aber ist ihr Einfluss für gewöhnlich zu stark, mit der Folge, dass es zu Schüchternheit und Hemmungen kommt. Manchmal eine sehr depressive Haltung – bei Stress lässt die Person dann sogleich jede Hoffnung fahren. Der Rest des Horoskops könnte ein Gegenmittel für diese negativen Züge sein – insofern sollten diese nicht überinterpretiert werden, sondern in Verbindung mit den anderen Horoskopfaktoren gesehen werden.

Es ist wichtig, dass sich der Betreffende klarmacht, wie mächtig seine Fantasie ist – welche er unbedingt kreativ einsetzen sollte. Es ist fraglos eine gewisse Unterstützung nötig, damit sie konkret Form bekommt. Vielleicht besteht ein besonderes handwerkliches Geschick oder die Fähigkeit zu schreiben. Falls dem nicht so ist und falls der Geborene nicht weiß, wie er sein exzellentes Potenzial entfalten kann, könnte vielleicht der Partner helfen, eine passende Beschäftigung zu finden.

Häufige Stimmungsschwankungen sind wahrscheinlich, auch die Neigung zu Ängsten oder Hypochondrie (besonders dann, wenn das noch von anderen Horoskopbereichen angezeigt wird oder Saturn negative Aspekte vom Mond empfängt).

Die innerliche autoritäre Stimme ist hier vielleicht die der bösen Schwestern von Aschenputtel. Wenn das bei Ihrem Gegenüber einen Groschen fallen lässt, sollten Sie nicht vergessen zu erwähnen, dass Aschenputtel schließlich doch ihren Prinzen bekommen hat.

DER PROGRESSIVE SATURN IN DEN HÄUSERN ♄

Es kommt sehr selten vor, dass Saturn in der Progression das Zeichen wechselt. Ergibt sich das tatsächlich einmal, stellen sich damit im Laufe der Zeit sehr subtile Auswirkungen ein, trotz der Tatsache, dass dieser Wechsel astronomisch auf einen bestimmten Tag datiert werden kann, welcher gemäß der Sekundärprogression für ein bestimmtes Jahr steht. Der Betreffende könnte damit einige neue Charakterzüge entwickeln, die dem neuen Saturnzeichen entsprechen.

Speziell bei Nahestehenden sollten Sie hierauf achten und die Entwicklung zur Sprache bringen! Beschäftigen Sie sich aber sehr gründlich mit der Interpretation von Saturn, sowohl im Geburtshoroskop als auch in der Progression!

☉ ☽ ☿ ♀ ♂ ♃ ♄ ♅ ♆ ♇ ⚷ ♈ ♉ ♊ ♋ ♌ ♍ ♎ ♏ ♐ ♑ ♒ ♓

SATURN IN DEN HÄUSERN

Das Saturn-Haus ist ein wichtiger Brennpunkt des Horoskops – die Lebenssphäre, die damit verbunden ist, muss der Mensch ernst nehmen, sie kann sogar eine Last für ihn darstellen. Es ist aber keinesfalls so, dass hier jeder Erfolg unmöglich ist oder dass fortwährend mit Schwierigkeiten gerechnet werden muss. Fortschritte allerdings setzen besondere Anstrengungen voraus. Das, was sie geleistet hat, befriedigt die betreffende Person in ihrer persönlichen Entwicklung sehr; sie hat dann ihre Lektion gelernt. Saturn ist ohne Frage der Lehrmeister. Man muss sich klarmachen, dass die Aspekte zu ihm ein Indiz dafür sind, wie leicht oder schwer es fällt, Saturn für sich wirken zu lassen. Trägt Saturn eine personalisierte Bedeutung, sind seine Eigenschaften ein Schlüssel zur Persönlichkeit.

SATURN IM 1. HAUS (1)

Hier hängt viel davon ab, wie dicht Saturn am Aszendenten steht – je näher, desto machtvoller ist er. Bei weniger als 10 Grad lesen Sie bitte auch bei der Konjunktion mit dem Aszendenten nach (S. 373).

Der übergeordnete Effekt ist eine Hemmung der Persönlichkeit, was oftmals zu Schüchternheit und einem Mangel an Selbstvertrauen führt. Nichtsdestoweniger eine natürliche Vorsicht und viel gesunder Menschenverstand. Die Art und Weise, wie Saturn den Aszendenten beeinflusst, hängt eng mit seinem Zeichen zusammen. Manchmal könnte sich der Betreffende außerstande sehen, es mit den Problemen des Alltags aufzunehmen und Verantwortungsbewusstsein zu beweisen; die Haltung könnte dann etwas sehr Pessimistisches bekommen. Auch dieses Gefühl könnte seine Wurzel im Mangel an Selbstbewusstsein haben.

Die Ursache der Hemmungen

Pflichtgefühl und der Wunsch, den Erwartungen zu entsprechen, weiterhin eine konventionelle und konservative Haltung. Die hemmenden Faktoren könnten ihre Ursache in einer strengen Kindheit haben. Wenn die Geburtszeit fraglos genau ist, könnte es eine gute Idee sein zu fragen, was geschah, als der progressive Aszendent in Konjunktion zu Saturn stand – vielleicht kam es zu einem traumatischen Erlebnis: dem Tod des Vaters, einem Umbruch im familiären Leben mit sehr negativen Folgen für das Individuum, vielleicht auch zu einem Unfall mit schlimmen Folgen, z. B. einem Knochenbruch bzw. einem längeren Krankenhausaufenthalt.

Der gesundheitliche Effekt von Saturn im 1. Haus könnte in einer verminderten Vitalität bestehen. Es gilt aber, sich der Tendenz zur Hypochondrie bewusst zu sein sowie dessen, dass hier Pessimismus und Depression die ärgsten Feinde sind.

SATURN IM 2. HAUS (2)

Mit dieser Stellung ist davon auszugehen, dass der Geborene für jeden Euro, den er verdient, hart arbeiten muss. Es ist nicht unmöglich, dass er es zu Wohlstand bringt – plötzliche Gewinne, Geldgeschenke und andere Wohltaten mehr sind aber sehr unwahrscheinlich.

Um es zu Wohlstand zu bringen, sollte der Mensch sein Geld auf die sicherste und solideste Weise anlegen. Das Gefühl, etwas erreicht zu haben z. B., wenn man endlich die Hypothek abgetragen hat –, wird sich sehr förderlich auf das Selbstbewusstsein auswirken. Das ist besonders deshalb der Fall, weil man weiß, dass man hart gearbeitet hat.

Die emotionalen Obertöne dieses Hauses sollten nicht vergessen werden: Mit Saturn darin könnte der Fluss der Gefühle beeinträchtigt sein. Falls dem nicht so ist, handelt es sich vielleicht darum, dass es seine Zeit braucht, bis man seine sinnlichen Begierden befriedigen kann. Die Befriedigung wird dann aber von langer Dauer sein!

SATURN IM 3. HAUS (3)

Möglicherweise viel Störungen bezüglich der Schule oder ein Mensch, der die Schule hasste. Diese Schwierigkeiten aber können überwunden werden. Es ist hier denkbar, dass der Geborene besondere Qualitäten zur Entwicklung bringt, die ihm schließlich eine verantwortungsvolle und herausragende Stellung eintragen.

In diesem Fall hat Saturn dann positiv gewirkt – allerdings auch zu einer gewissen distanzierten und isolierten Position beigetragen.

Ein Ansporn zum Praktischen

Es könnte die Tendenz bestehen, Misserfolge und Fehlschläge auf eine mangelhafte schulische und berufliche Ausbildung zu schieben. Untersuchen Sie in diesem Fall, ob die persönlichen Planeten gut zur Geltung kommen und ob diese Behauptungen des Betreffenden einen wahren Kern haben können. Es könnte sich dabei nämlich um eine Ausrede handeln, was Sie ggf. deutlich ansprechen sollten!

Dieses Haus hängt mit dem Verstand zusammen, was es möglich macht, dass der Geborene praktisch und nachdenklich veranlagt ist und die Fähigkeit besitzt, langfristig zu planen. Es könnte ihm auch ein Bedürfnis sein, Bildungslücken zu schließen.

SATURN IM 4. HAUS (4)

Das familiäre Leben und die häusliche Atmosphäre waren während der Kindheit womöglich sehr ernst und finster. Vielleicht waren die Eltern sehr streng, distanziert und kalt und stellten Disziplin über alles.

Möglicherweise gab es auch für das Kind keine Vaterfigur, weil der Vater zu schwach oder vielleicht überhaupt nicht anwesend war. Das muss nicht zwangsläufig auf die allein erziehende Mutter hinauslaufen, könnte aber doch mit dem einen oder anderen Problem zusammenhängen.

Es ist wichtig, dass sich der Geborene darüber klar wird, was mit diesem Sachverhalt alles verbunden sein könnte.

Vielleicht ist er nicht bezüglich des eigenen Selbstausdrucks gehemmt, sondern imitiert sogar die beschränkenden Elternrollen.

Es handelt sich hier um das Krebs- bzw. Mond-Haus, das für Intuition steht. Mit Saturn kommt diese auf eine kontrollierte Weise und im Allgemeinen auch positive Weise zum Ausdruck. Es gilt aber, dass man sich dieses Potenzials bewusst wird und lernt, ihm zu vertrauen.

SATURN IM 5. HAUS (5)

Das Löwe- bzw. Sonnen-Haus, das mit dem Vater zu tun hat. Mit Saturn darin dürfte der Vater sehr dominierend und herrschsüchtig gewesen sein und den Betreffenden eingeschränkt haben. Andersherum dürfte der Betreffende sich als Vater oder Mutter sehr ehrgeizig zeigen, was die Kinder betrifft, und viel Geld und Zeit für sie aufwenden. Es könnte die Neigung bestehen, sie zu etwas zu drängen, das ihnen nicht liegt, einfach deshalb, weil der Vater oder die Mutter sie als Teil von sich auffasst.

Wie dem auch sei – mit dieser Stellung ist häufig ein kreatives Talent verbunden, welches allerdings erst allmählich zur Entfaltung kommt und mit Unsicherheit verbunden sein könnte. Der Drang aber, etwas zu erschaffen, ist stark. Wenn die Saturnstellung nichts anderes nahelegt, könnten Sie dem Betreffenden vorschlagen, mit natürlichen Materialien zu arbeiten.

Das Gefühl der Verpflichtung

Die Einstellung zur Liebe ist sehr, sehr ernst. Dieser Mensch braucht Liebe und Zärtlichkeit – der Wunsch aber, nichts falsch zu machen, könnte ihn hemmen. Vielleicht probiert der Geborene erst einige Partner aus, ehe er sich für eine dauerhafte Bindung entscheidet. Es könnte sich hier auch der Einfluss des Vaters bemerkbar machen, besonders als Einstellung und Gefühl zum männlichen Geschlecht.

SATURN IM 6. HAUS (6)

Bei aller Fähigkeit zu harter und umsichtiger Arbeit besteht doch die Tendenz, sich von der Routine beherrschen zu lassen und mit seinem Schicksal unzufrieden zu sein, vielleicht auch wegen einer unbefriedigenden Tätigkeit.

Oftmals eine Abneigung gegen Veränderungen – weil Risiken Angst machen: »Besser den Spatz in der Hand als die Taube auf dem Dach« könnte hier das Motto sein. Eine solche Haltung spiegelt natürlich einen Mangel an Selbstvertrauen und eine überkritische Einstellung gegenüber dem, was man erreicht hat, wider.

Ermutigen Sie Ihr Gegenüber zu mehr Selbstvertrauen, und schlagen Sie vor, dass es sich für seine Leistungen von Zeit zu Zeit selbst einmal anerkennend auf die Schulter klopft. Sehr viel Hartnäckigkeit auf dem Lebensgebiet, das näher vom Saturnzeichen bestimmt ist, was zwangsläufig zu Resultaten führt.

Sorge um die Gesundheit

Dies ist das Haus der Gesundheit, was heißen könnte, dass eine Anfälligkeit für die Krankheiten besteht, die vom betreffenden Saturnzeichen angezeigt sind. Ganz allgemein könnten rheumatische Beschwerden auftreten sowie eine Empfindlichkeit für feuchtes Wetter. Auf die Zähne ist sehr zu achten, vielleicht sollte der Betreffende zusätzliches Calcium aufnehmen, auch um seine Knochen zu stärken (Calcium ist auch gut für Frauen, die ihre Wechseljahre hinter sich haben – und speziell für diejenigen mit Saturn im 6. Haus). Befindet sich Saturn dichter als 8 Grad am Deszendenten und insofern in Opposition zum Aszendenten, steht die Gesundheit im Mittelpunkt.

SATURN IM 7. HAUS (7)

Im Idealfall eine ernsthafte Einstellung zu dauerhaften Beziehungen. Ein Mensch, der sich nicht Hals über Kopf bindet, der sich aber, wenn er sich verliebt hat, als verantwortungsbewusster und treuer Partner erweist.

Steht Saturn in Opposition zum Aszendenten, dauert es oft sehr lange, bis es zu Bindungen kommt – wenn überhaupt. Dies hat seine Ursache in tiefverwurzelten psychologischen Motiven. Der Geborene ist vielleicht unzufrieden über sein Alleinsein, zieht es aber immer noch der Verantwortung, die eine Partnerschaft mit bringt, vor. Vielleicht ist hier der Partner auch deutlich älter – weil der Betreffende eine Vater- bzw. Mutterfigur sucht. Oftmals eine Heirat aus finanziellen oder Prestigegründen, ohne Liebe und wahre Zuneigung. In diesem Fall spielen dann nur der soziale Status und das ständig wachsende Bankvermögen eine Rolle.

Im schlimmsten Fall kann diese Stellung für bedrückende Verhältnisse und wenig Verständnis in der Beziehung sprechen. Dazu dürfte es aber höchstens dann kommen, wenn Saturn in Opposition zum Aszendenten und im negativen Aspekt zu Planeten wie Sonne, Mond oder Venus steht.

SATURN IM 8. HAUS (8)

Zielstrebigkeit und ein gutes Konzentrationsvermögen. Zumeist eine ernsthafte Einstellung mit der gelegentlichen Neigung zu Depression oder Besessenheit. Eine exzellente Stellung für jemanden, der finanziell Verantwortung für andere trägt, der im Versicherungs- oder Bankwesen arbeitet oder vielleicht auch als Ingenieur im Bergbau.

Saturn in diesem Haus muss nicht heißen, dass ein erfülltes Sexualleben unmöglich ist – vielleicht aber gibt es sexuelle Hemmungen, die mit Schuldgefühlen zusammenhängen. Vielleicht faszinieren ihn generell die dunkleren und abgründigeren Seiten des Lebens, möglicherweise in Form eines Interesses an Verbrechen. Fast immer ein starkes Interesse am Leben nach dem Tod.

Schwierigkeiten in der Beziehung

Der Geborene könnte zu Misstrauen und Argwohn neigen, gegenüber allem und jedem, besonders aber gegenüber dem Lebenspartner. Es ist darauf zu achten, dass diese Tendenz die Beziehung nicht zerstört, speziell in Verbindung mit der Sexualität oder dem Geld. Mit der Zeit dürfte der Geborene aus seinen Fehlern lernen, was den Umgang mit ihm erleichtert.

Dies ist das Skorpion- bzw. Pluto-Haus, welches mit dem Element Wasser verbunden ist – insofern viel Intuition, die der oder die Betreffende nutzen sollte.

SATURN IM 9. HAUS (9)

Für gewöhnlich ein gutes Konzentrationsvermögen sowie die Fähigkeit, über wichtige Angelegenheiten auf eine ernsthafte und tiefgründige Weise nachzudenken. Kein besonders erfinderischer oder abenteuerlustiger Geist, wenn nicht andere Züge des Horoskops dafür sprechen (in Verbindung mit Jupiter z. B.), auch eher konventionelle Ansichten und vielleicht sogar eine gewisse Fantasielosigkeit. Es besteht allerdings der Wunsch, den Verstand zu schulen. Wenn dieser Mensch mit einem Kursus begonnen hat, wird er ihn auch zu Ende bringen, selbst dann, wenn ihn das viel mehr Mühe kostet als erwartet.

Herausforderungen begegnet man mit äußerster Vorsicht. Die Aussicht, reisen zu müssen, könnte immense Ängste wecken. Ein Stichwort hier wäre Flugangst – wenn wir dies psychologisch interpretieren, handelt es sich um die Furcht, den Boden unter den Füßen zu verlieren, intellektuell wie emotional. Dies bezieht sich auch auf Aktivitäten zur Verwirklichung von Zielen und Vorstellungen. Insofern kann Saturn ganz allgemein zu Hemmungen und Ängsten führen.

Wenn Saturn von einem persönlichen Planeten negativ aspektiert wird, dürften Schüchternheit und ein Mangel an Selbstvertrauen zu verzeichnen sein. Das resultierende Minderwertigkeitsgefühl kommt besonders dann zum Tragen, wenn der Geborene es mit vermeintlich klügeren Menschen zu tun hat.

SATURN IM 10. HAUS (10)

Hier steht Saturn in seinem eigenen Haus, wodurch sein Einfluss gestärkt ist. Der Mensch dürfte sehr viel Verantwortung zu tragen haben, damit aber wahrscheinlich gut zurechtkommen. Sehr viel Ehrgeiz und hochgesteckte Ziele.

Manchmal könnte der Betreffende eine Schranke zwischen sich und den Nahestehenden errichten – wenn seine Ziele absolute Priorität haben. Wenn dem so ist, sollten Sie ihn davor warnen, zu viel vom Leben zu opfern – im Extremfall verzichtet er damit nämlich auf Liebe und familiäres Glück! Eine charakterliche Kälte könnte ihren Ursprung in Einflüssen in der Kindheit haben, der oder die Betreffende könnte in sehr strenger Form dazu angehalten worden sein, das Richtige zu tun. Untersuchen Sie die Stellung Saturns sehr genau: Steht er weniger als 8 Grad vom MC entfernt, handelt es sich um eine Konjunktion dazu, was diesen Einfluss vielleicht zum beherrschenden Faktor des Horoskops macht.

SATURN IM 11. HAUS (11)

Saturn ist wegen seiner besonderen Beziehung zum Wassermann (S. 367) in diesem Haus gut gestellt. Allerdings könnte der Geborene nur einige wenige gute Freunde oder eine Vorliebe für ältere bzw. reifere oder intelligentere Partner haben.

Das soziale Leben verdient besondere Aufmerksamkeit. Der Betreffende genießt seine freien Stunden, ohne dass er dazu neigt, sie mit unnützen Aktivitäten zu vergeuden. Hat er aber einmal ein Interessensgebiet entdeckt, wird er diesem treu bleiben. Sehr oft bittet man diese Menschen, in Komitees mitzuarbeiten oder einen Vorsitz zu übernehmen. Sie tun dies vielleicht mit einem gewissen Widerwillen – allerdings üben sie lieber selbst die führende Position aus, als darunter leiden zu müssen, dass ein anderer die Dinge verschleppt und dem Fortschritt im Wege steht.

Einen Standpunkt beziehen

Ein machtvoller humanitärer Einschlag. Saturn bedeutet eine konservative Einstellung, und mit dieser Position ist viel Gerechtigkeitsgefühl verbunden – insofern tritt der Geborene mit seiner Energie dafür ein, Missstände zu bekämpfen. Menschen mit dieser Stellung sind von ihrem Wesen her die geborenen Unterstützer von amnesty international. Militanz aber ist ihre Sache nicht.

SATURN IM 12. HAUS (12)

Diese Stellung sorgt dafür, dass sich der Geborene in der einen oder anderen Form bedeckt hält – im Extremfall, dass er den Kontakt zur Welt verliert. Manche dieser Menschen fühlen sich nur in ihrer eigenen kleinen begrenzten Welt sicher. In einem solchen Fall haben wir es vielleicht mit jemandem zu tun, der vielleicht den Tag über exzellente Arbeit leistet, es aber kaum erwarten kann, abends in die Sicherheit seines Zuhauses zurückzukehren. Es wäre keine gute Idee, ihm dieses Verhaltensmuster verleiden zu wollen – das würde ihn nur noch mehr in die Isolierung treiben. Ein stilles und beschauliches Hobby wie das Lesen, kreatives Werken oder auch das Hören von Musik ist günstig.

Man muss hier versuchen, das Maß zu halten – eine allzu intensive Beschäftigung mit sich selbst könnte nämlich zur Hypochondrie und zu anderen Phobien führen. Aber auch in diesen Fällen ist es gut, wenn man die Wärme und die Sicherheit seines Zuhauses genießen kann, weil das psychisch wie physisch aufbaut. Steht Saturn in Konjunktion zum Aszendenten, dürfte der oder die Geborene schüchtern und introvertiert sein und über wenig Selbstbewusstsein verfügen, wie bei Saturn im 1. Haus auch. Hier aber ist die Neigung zur Isolierung noch stärker!

Der Drang nach Selbstausdruck

Eine kreative Aktivität wie expressiver Tanz oder andere ausdrucksvolle Bewegungen wären eine exzellente Therapie. Auf lange Sicht sind Disziplinen, wie Yoga, und andere kontemplativen Aktivitäten nicht sehr günstig, weil sie womöglich dazu führen, dass sich der Mensch noch intensiver in sich selbst versenkt.

Man könnte sich auch zu einer Tätigkeit mit Menschen berufen fühlen, die in Institutionen eingeschlossen sind.

DER PROGRESSIVE SATURN IN DEN ZEICHEN (♄)

Weil Saturn sich so langsam fortbewegt, kommt es nur sehr selten dazu, dass er in der Progression das Haus wechselt. Wie beim Zeichen auch lässt sich der Zeitpunkt, zu dem das geschieht, astronomisch genau fixieren – astrologisch aber erstreckt sich diese Auswirkung über ein Jahr hin. Wenn es progressiv zu einem Häuserwechsel kommt, ist damit ein sehr subtiler Einfluss verbunden, in den man nicht zu viel hineinlegen sollte! Ganz allmählich werden die Angelegenheiten und Themen wichtiger, die mit dem neuen Haus einhergehen.

SATURNASPEKTE

Hier geht es um Aspekte zu den Planeten, die sich im Sonnensystem hinter Saturn befinden – zu Uranus, Neptun und Pluto also, die alle erst in der Neuzeit entdeckt wurden. Bis zur Entdeckung Uranus im Jahr 1781 stellte Saturn die Grenze des bekannten Universums dar, was ein Grund dafür sein könnte, dass eines seiner Schlüsselworte Begrenzung ist. Diese Aspekte wirken lange, was heißt, dass sie in den Horoskopen aller Menschen vorhanden sind, die zu dieser Zeit geboren wurden. Sie können die Persönlichkeit beschränken, aber auch bestärken.

Saturnaspekte zur Sonne
siehe Sonnenaspekte zu Saturn, S. 279.

Saturnaspekte zum Mond siehe Mondaspekte zu Saturn, S. 296–297.

Saturnaspekte zu Merkur siehe Merkuraspekte zu Saturn, S. 315–316.

Saturnaspekte zur Venus siehe Venusaspekte zu Saturn, S. 330.

Saturnaspekte zu Mars siehe Marsaspekte zu Saturn, S. 343–344.

Saturnaspekte zu Jupiter siehe Jupiteraspekte zu Saturn, S. 356.

Wenn sich Saturn im Aspekt zur progressiven Position von Jupiter, Uranus, Neptun oder Pluto befindet, lesen Sie bitte bei der betreffenden Transitbeschreibung nach – wobei Sie sich der Tatsache bewusst sein müssen, dass der Einfluss zwar weniger machtvoll ist, aber über die ganze Zeit hin wirkt. Dies kann wichtige Transite dieses Zeitraums sehr unterstützen. Beziehen Sie Ihre Interpretation auf die passende Kategorie.

Bei einem Aspekt zwischen progressivem Saturn und Radixsonne, -mond, -merkur, -venus oder -mars schlagen Sie bitte bei diesen Planeten nach, unter dem Abschnitt Progression. Studieren Sie auch hier sorgfältig den zutreffenden Absatz. Wenn Saturn in der Progression den Aszendenten oder das MC des Geburts- oder des Progressionshoroskops aspektiert, lesen Sie die Interpretation zu den diesbezüglichen Saturntransiten in diesem Kapitel (S. 377). Diese Progressionen haben eine außerordentlich machtvolle Bedeutung und wirken über einige Jahre hinweg. Ihre Wirkung ähnelt denen der Saturntransite.

SATURNASPEKTE ZU URANUS ♅

☌ Konjunktion

(Siehe auch Saturn in Konjunktion zu Neptun). Zu dieser machtvollen Konjunktion kam es in den 1940er-Jahren im Zeichen Stier, jetzt findet sie sich in den Horoskopen einiger Kinder, die zwischen Dezember 1986 und Dezember 1989 geboren wurden. Am Anfang dieser Phase ergab sie sich im Zeichen Schützen, später im Steinbock, und manchmal war es so, dass sich Saturn im Steinbock befand und Uranus im Schützen.

Wir haben es hier mit einer machtvollen Quelle von Energie zu tun, die ein Massenphänomen einer ganzen Epoche sein kann. Steht die Konjunktion in Verbindung mit Sonne, Mond, Aszendent oder MC, sehen Sie vielleicht einen Menschen vor sich, der später einmal zum Führer seiner Generation werden könnte und der dazu imstande ist, in die Zukunft zu schauen.

Die Konjunktion im Schützen bewirkt Offenherzigkeit und ein Potenzial für harte und ernsthafte, dabei aber auch sehr originelle Arbeit. Ergibt sich die Konjunktion aus beiden Zeichen heraus, dürfte der Einfluss von Saturn dominieren, weil Saturn über den Steinbock herrscht. Die Haltung ist dann wahrscheinlich noch ernsthafter, weniger auf Abenteuer und Herausforderungen ausgerichtet. Befinden sich beide Planeten im Stier oder Steinbock, dürfte man sich den Vorstellungen und Idealen seiner Generation verbunden fühlen und eher konventionell orientiert sein, aber vielleicht die Ansichten der älteren Generation ablehnen.

Der starke Antrieb der Konjunktion macht sich bei einigen Menschen als Drang nach Macht bemerkbar, besonders dann, wenn ein persönlicher Planet im Skorpion steht. Kinder mit dieser Konjunktion und dem Skorpion-Pluto (siehe S. 405) müssen genau wissen, wo sie stehen; was sie mehr als alles andere brauchen, ist Freiheit des Ausdrucks und das Wissen, wie sie sich zum Ausdruck bringen können. Eine feste, aber auf Logik gegründete Disziplin kann ihnen sehr helfen. Der ständige Wechsel von nervöser Anspannung und von Depressivität könnte problematisch sein. Nichtsdestoweniger: ein ungeheures Potenzial.

➕ Positive Aspekte

Eine Mischung aus einem konventionellen Verhalten und Weltbild mit einer Sympathie für das Unkonventionelle. Ein ernster und vorsichtiger Verstand, der aber dazu in der Lage ist, originelle Ideen und Konzepte zu verfolgen. Viel Willensstärke und Bestimmtheit, häufig auch Geduld. Wenn aber Saturn und Uranus keine personalisierte Bedeutung haben, sollten Sie diese Züge nur als Unterstützung von ähnlichen Faktoren sehen.

➖ Negative Aspekte

Der Pessimismus von Saturn im Widerspruch zur Spannung von Uranus kann zu Problemen führen. Sie müssen vielleicht vor Eigensinn warnen, manchmal vielleicht sogar vor Niedertracht. Für Menschen in Machtpositionen womöglich ungünstig, weil sie zu einem kalten und arroganten Verhalten führen können. Ermuntern Sie in Zeiten besonderer Spannung zu Geduld! Sind Saturn und/oder Uranus stark gestellt, könnte es sehr förderlich sein, sich mit einer Entspannungstechnik vertraut zu machen.

SATURNASPEKTE ZU NEPTUN ♆

☌ Konjunktion

(Siehe auch Saturn in Konjunktion zu Uranus). Diese Konjunktion ereignet sich etwa alle 36 Jahre, z. B. 1917 im Löwen, in den 1950er-Jahren in der Waage und mehr oder weniger genau zwischen März 1988 und November 1990. In letzterer Periode aber durchlief Uranus die letzten Grade des Schützen und den Anfang des Steinbocks, womit er zwischen Saturn und Neptun zu stehen kam, was es unmöglich macht, diese Konjunktion isoliert zu betrachten – Uranus spielt dabei unverkennbar eine wichtige Rolle.

Vielleicht haben Sie dramatische Berichte über diese Stellung gehört oder gelesen. Sie ist fraglos machtvoll. All das, was wir bereits zur Konjunktion zwischen Saturn und Uranus angeführt haben, hat seine Gültigkeit – Neptun zwischen diesen beiden Planeten fügt eine verwirrende und verträumte Note zu, die junge Menschen beeinträchtigen könnte. Vielleicht kommt es dazu, dass sie eine unklare Haltung vermitteln und ein schlechtes Urteilsvermögen erkennen lassen, was ihre Ziele im Leben betrifft.

In Horoskopen, in denen diese doppelte Konjunktion positiv von persönlichen Planeten aspektiert wird, wird sich der Neptun-Einfluss ohne Frage gut auswirken; er glättet und macht die eher rauen und strengen Eigenschaften von Saturn und Uranus idealistischer. Diese drei Planeten werden unserer Meinung nach diese Generation dabei unterstützen, den Planeten Erde zu retten, zum Teil wegen der Stellung in Erdzeichen, zum Teil wegen des humanitären Einflusses von Uranus (d. h. der positive Uranus) und der Sensibilität und des Idealismus von Neptun. Die beiden allein sind vielleicht nicht stark genug für die Reformen, die notwendig sind für das Fortbestehen unseres Planeten – mit Saturns vorsichtiger, praktischer und umsichtiger Einwirkung aber wird die Inspiration von Neptun kanalisiert und die Originalität von Uranus in kontrollierte Bahnen gelenkt. Diese Aspekte beeinflussen eine ganze Generation. Schauen Sie doch einmal nach, ob das Horoskop Ihres Kindes darauf schließen lässt, dass es unter den Anführern seiner Generation sein wird!

+ Positive Aspekte

Für gewöhnlich die Fähigkeit, Inspiration und Ideale in konstruktive Bahnen zu lenken. Freundlichkeit und Mitgefühl – man hilft demjenigen, der in Not ist, auf eine praktische Weise. Saturn hält den verträumten Neptun dazu an, sich auf konkrete Dinge zu besinnen. Wenn das Horoskop kreative Neigungen erkennen lässt, wird dieser Aspekt enorm hilfreich sein. Vielleicht besteht eine besondere Begabung für das Fotografieren, das Töpfern, oder – etwas ganz anderes – für die Wissenschaft, was in einer Tätigkeit in der Chemie oder bei der Entwicklung von Arzneimitteln Ausdruck finden könnte.

– Negative Aspekte

Wenn Saturn oder Neptun eine personalisierte Bedeutung hat, wirken diese Aspekte sehr schwächend auf die Persönlichkeit – meist weisen sie auf jemanden hin, der auf eine konfuse und unpraktische Weise denkt. Ein hohes emotionales Niveau, Saturn aber behindert dessen Fluss. Unglücklicherweise kann jegliches kreatives Potenzial, das von anderen Faktoren angezeigt ist, hierdurch zunichtegemacht werden. Der Geborene hat selbst eine sehr geringe Meinung von seinen Talenten. Mangelnde Zuversicht und die fortwährende Tendenz, das Selbst zu untergraben. Wenn allerdings keine anderen Faktoren in diese Richtung weisen, sollten Sie diese Aspekte nicht überinterpretieren. Bescheidenheit oder Schüchternheit werden durch sie noch verstärkt. Seien Sie hier sehr vorsichtig bei der Interpretation!

SATURNASPEKTE ZU PLUTO

Konjunktion

Diese ergab sich über einen langen Zeitraum hinweg in den 1940er-Jahren, als beide Planeten im Löwen zusammenstanden, und dann wieder Anfang der 1980er-Jahre in der Waage.

Im Löwen: Eine extrem machtvolle Energiequelle, deren Auswirkung eher beschränkend und negativ als positiv ist. Wenn die beiden Planeten in Konjunktion zu Sonne, Mond oder Aszendent oder in einem negativen Aspekt zu diesen stehen, kann es zu sehr schädlichen psychischen Effekten kommen. Vielleicht tiefverwurzelte psychische Probleme, die schwer zu lösen sind, evtl. nur durch eine Therapie. Sehr häufig auch körperliche Auswirkungen, z. B. rheumatische Schmerzen, die die Folge von psychologischen Hemmungen sind. Ohne personalisierte Bedeutung aber hat die Konjunktion keine derart extremen Auswirkungen. Nichtsdestoweniger ist sie Bestandteil der Horoskope von vielen Menschen der gleichen Jahrgänge, die immer wieder dann frustrierende Erfahrungen machen, wenn Transite darauf einwirken. Gehen Sie sehr vorsichtig zu Werke, wenn Sie diesen mächtigen Einfluss interpretieren! Wenn Ihr Gegenüber tatsächlich unter Hemmungen zu leiden hat oder Sie der Meinung sind, dass psychische Komplexe bestehen, müssen Sie sich ins Gedächtnis rufen, dass Sie Astrologe sind und kein Therapeut – empfehlen Sie eine Therapie, wenn Sie sich vorstellen können, dass diese helfen könnte.

In der Waage: In diesem Zeichen wirkt sich die Konjunktion weniger drängend aus – die positive Seite von Saturn fügt Vorsicht und Bestimmtheit zu, während der Plutoeinfluss eine gewisse Intensität und Antriebskraft bewirkt. Eine entspanntere Haltung zu psychologischen Problemen oder Komplexen. Die Energien beider Planeten müssen positiv ausgedrückt werden, ob sich dies nun auf die Freizeit oder den Beruf bezieht. In jedem Fall ein machtvolles Potenzial.

+ Positive Aspekte

Verleihen zusätzliche Bestimmtheit und viel Antriebskraft, desgleichen Halsstarrigkeit. Dieser Aspekt wirkt aber erst dann sehr stark, wenn einer der Planeten eine personalisierte Bedeutung hat. Wenn man seine psychischen Probleme oder Phobien erst einmal erkannt hat, wird man sie auch überwinden können, speziell dann, wenn Transite einen der Planeten aktivieren.

– Negative Aspekte

Könnten für obsessive Verhaltensmuster oder psychische Probleme verantwortlich sein, die schwer zu lösen sind. Vielleicht besteht die ausgeprägte Strategie, die Augen zu verschließen: »Ich habe kein Problem damit.« Es ist aber die Angst vor den Komplexen, die zu dieser Einstellung führt. Sich den Problemen zu stellen ist langfristig die bessere Strategie. Der Betreffende wird dann zugeben müssen, dass er sich besser fühlt – als ob ihm »ein Stein vom Herzen gefallen ist«. Wie bei der Konjunktion zwischen Saturn und Pluto auch sollten Sie aber nicht zu viel in diesen Aspekt hineinlegen. Auch hier sind extreme Auswirkungen nur dann zu erwarten, wenn andere Horoskopfaktoren oder Saturn und/oder Pluto in personalisierter Stellung erkennen lassen, dass der Mensch dazu neigt, seine Probleme zu unterdrücken.

SATURNASPEKTE ZUM ASZENDENTEN

ASC

☌ Konjunktion
Saturn im 1. Haus bewirkt vermindertes Selbstvertrauen und Schüchternheit, besonders in jungen Jahren. Nichtsdestoweniger ist der Geborene praktisch veranlagt und verfügt über viel gesunden Menschenverstand. Allmählich wird sein Selbstvertrauen zunehmen, was schließlich das Eintreten für hochgesteckte Ziele und Vorstellungen möglich macht.

Ist Saturn von Sonne oder Mond negativ aspektiert, vielleicht eine gehemmte Haltung. In diesem Fall wäre es für die betreffende Person ein fortwährender Kampf, genug Selbstvertrauen zu entwickeln, um ihr Potenzial zu realisieren. Besonders bei Mondaspekten zu Saturn kann es zu Depressionen, zu einem verfinsterten Ausdruck und einer düsteren Intensität kommen, was aber durch den wohlbekannten schrulligen Saturn-Humor aufgelockert wird.

Auch die Vitalität ist häufig geschwächt. Es ist ratsam, sich körperlich zu betätigen, um einer Steifheit der Gelenke vorzubeugen.

Wenn sich Saturn im 12. Haus befindet, die Neigung zur Isolation, welche bei kontemplativen Interessen positiv zur Geltung kommen kann. Vielleicht bringt der Mensch auch große Opfer, z. B., indem er einem Ruf folgt oder sich der Betreuung der Mutter oder des Vaters verschreibt. Zuhause, in der vertrauten Umgebung, fühlt man sich am sichersten, sowohl emotional als auch physisch. Vergegenwärtigen Sie sich noch einmal, was zur Häuserstellung von Saturn angeführt wurde – es ist hier besonders wichtig (siehe S. 368–370).

+ Positive Aspekte
Meist ein Sinn für das Praktische und viel Umsicht. Eine gute Verankerung für denjenigen, dessen Horoskop von Luft oder Feuer beherrscht ist oder der bei einer Überbetonung der Emotionen einen stabilisierenden Einfluss braucht.

− Negative Aspekte
Können die eher extrovertierten Bereiche der Persönlichkeit behindern. Womöglich eine verminderte Vitalität und zu manchen Zeiten eine ziemlich pessimistische oder düstere Einstellung. Ein solcher Horoskopfaktor scheint hinter die machtvolleren Eigenschaften von Sonne und Aszendent zurückzutreten, nichtsdestoweniger aber ist er vorhanden. Möglicherweise unterdrückte Wut.

SATURNASPEKTE ZUM MC

MC

☌ Konjunktion
Saturn im 10. Haus in Konjunktion zum MC ist außerordentlich wichtig. Ein solcher Mensch trägt viel Verantwortung, und wahrscheinlich kommt er gut damit zurecht. Er könnte durch Entwicklungen, über die er keine Kontrolle hatte, zu einer herausragenden Stellung kommen, die allerdings auf seiner Erfahrung und seinem Ruf basiert. Auch an Erbschaften oder familiäre Traditionen ist hier zu denken.

Die Tendenz, eine gewisse Distanz zu wahren, und oftmals hat der Mensch so hochgesteckte Ziele und Vorstellungen, dass er sich die Freuden des Lebens weitgehend versagt: das Vergnügen, mit Partner und Kindern zusammen zu sein und anderes mehr. All das, was über die Hausstellung von Saturn angeführt wurde, trifft hier in markanter Weise zu.

Saturn befindet sich bei dieser Stellung in seiner eigenen »Operationsbasis«. Man wird diesen Planeten deutlich wahrnehmen, er spielt im Leben des Betreffenden eine wichtige Rolle. Steht er im 9. Haus, ist sein Einfluss etwas schwächer.

+ Positive Aspekte
Der Geborene identifiziert sich mit allen positiven Saturn-Eigenschaften. Er hat den Drang, sich als praktischer und vernünftiger Mensch und als disziplinierter und umsichtiger Arbeiter zu erweisen.

Es mangelt ihm nicht an Vorsicht – und auch nicht an Ehrgeiz. Dieser Einfluss hilft dem Menschen, an die Spitze zu kommen, welchen Weg man auch einschlägt.

− Negative Aspekte
Jemand, der mehr Rückschläge und Frustrationen als andere erleben muss, wenn es um die Verwirklichung der Ziele geht.

Wie dem auch sei – er sollte aus diesen Erfahrungen Lehren ziehen! Er muss erkennen, dass er seine Ziele nur allmählich verwirklichen kann und dass Beharrlichkeit dabei wichtig ist. Das kann schwer zu akzeptieren sein, z. B. dann, wenn die Person ein Widdertyp ist oder ein ungeduldiger Zwilling. Vielleicht mangelt es hier im Beruf an Selbstvertrauen: »Ich kann diese Aufgabe nicht übernehmen – Meier ist viel besser als ich!« Eine Stellung, die womöglich für Vorsicht im Übermaß spricht sowie für die Unfähigkeit, Herausforderungen anzunehmen und die Initiative zu ergreifen. Schauen Sie nach, ob Mars oder Jupiter Hilfe bieten können!

SATURN-TRANSITE

♄

Die Transite von Saturn sind, wie die von Jupiter, wichtige Einflussfaktoren. Wenn Saturn sich in normaler Geschwindigkeit durch den Tierkreis bewegt, durchläuft er einen Tierkreisgrad in etwa zehn Tagen. Sehr oft aber ergibt es sich, von der Erde aus gesehen, dass er langsamer wird oder sogar rückwärts läuft und bis zu zwei Monaten auf dem gleichen Tierkreisgrad steht oder eine Stelle dreimal transitiert.

Alle Planeten können rückläufig werden (ausgenommen Sonne und Mond), die Auswirkungen sind aber bei Saturn bis Pluto augenfälliger, weil der Zeitraum sehr viel länger ist.

Die astronomische Bestimmung eines Transites fällt nicht schwer – bei Saturn aber kann die Auswirkung eines Transits sehr viel länger dauern als die Zeit, die er auf dem Tierkreisgrad der Radixstellung verbringt. Häufig fühlt man den Einfluss über einige Monate hinweg, manchmal auch für ein Jahr, besonders dann, wenn es eine Reihe von Transiten gibt. Wenn Sie damit anfangen, sich mit den Saturntransiten zu befassen, sollten Sie noch einmal die Einführung zu diesem Planeten lesen (siehe S. 79): Saturn ist nicht nur düster, er macht uns auch praktisch und empfänglich. Ja, häufig bringt er Frustrationen – durch ihn aber können wir die Lektionen lernen, die das Leben für uns bereithält.

SATURNTRANSITE ZUR SONNE

☉

☌ Konjunktion
Könnte sich als eine Schlüsselperiode bzw. als eine Phase der Prüfung erweisen. Man neigt jetzt wahrscheinlich zu der Ansicht, dass alles nur schleppend vorangeht – was oberflächlich gesehen auch zutreffen wird, rückblickend aber kann sich außerordentlich viel Positives ergeben.

Ohne Frage wird der Betroffene manchmal das Gefühl haben, dass eine zentnerschwere Last auf ihm liegt, was vielleicht aber mit einer Verpflichtung zusammenhängt, die der Mühe wert ist. Häufig nun mehr Verantwortung, z. B. in Verbindung mit einer Beförderung, einem Hauskauf oder einer Heirat.

Man sollte auf Rückschläge gefasst sein – allerdings ergibt es sich auch oft, dass der Mensch einen großen Schritt zur Verwirklichung seiner Ziele macht. Man muss auf seine Kräfte achten.

+ Positive Transite

Sehr günstige Einflüsse, um weitreichende Pläne zu machen oder Entscheidungen zu treffen. Jetzt ist ein kontinuierlicher und konstruktiver Fortschritt möglich – allerdings könnte das Leben nun eher gemächlich verlaufen, was heißt, dass man nicht von schnellen Reaktionen ausgehen sollte, speziell nicht von Autoritätsstellen. Wie bei der Konjunktion auch möglicherweise ein gesteigertes Prestige und zusätzliche Verantwortung, vielleicht eine Beförderung. Man kann jetzt hart arbeiten.

− Negative Transite

Womöglich der Grund für viele Frustrationen, sodass es gilt, Geduld aufzubringen. Es ist sehr wichtig, jetzt auf die Vitalität zu achten – man könnte sich jetzt schnell müde fühlen, unter unerfindlichen Schmerzen leiden oder ständig erkältet sein, besonders dann, wenn gleichzeitig ein progressiver Mondaspekt zu Saturn gegeben ist.

Eine pessimistische Haltung zu dieser Zeit könnte ihre Berechtigung haben. Nichtsdestoweniger zahlt sich philosophischer Gleichmut und das Abwägen von Risiken aus. Sehen Sie nach, welches Haus Saturn im Transit gerade durchläuft – es lässt erkennen, welcher Lebensbereich nun unter Druck stehen könnte.

SATURNTRANSITE ZUM MOND ☽

☌ Konjunktion

Es könnte jetzt zu ganz untypischen Stimmungsschwankungen kommen, mit düsteren und teilweise negativen Launen. Auch zu solchen Zeiten aber funktioniert die Intuition – der Mensch kann intuitiv vernünftige und sinnvolle Entscheidungen treffen. Eine sehr ernste Einstellung. Für gewöhnlich nicht günstig, um die Initiative zu ergreifen – der saturnische Einfluss kann aber gut für Planungen genutzt werden.

Aktiv werden sollte man erst, wenn der Transit vorbei ist, frühestens drei Wochen danach.

+ Positive Transite

Unter diesem Einfluss ist beständiger und konstruktiver Fortschritt möglich, beim Erwerb oder Ausbau eines Hauses und anderem mehr. Wieder einmal liegt der Akzent eher auf dem Planen als auf dem Aktivwerden.

Bei den Handlungen aber gilt es, sich nicht zu schnell entmutigen zu lassen. Manchmal nun Hilfe durch die Eltern oder durch ältere Menschen. Eine Zeit, in der die Jüngeren von dem Rat ihrer Eltern sehr profitieren können – und diesen vielleicht sogar beherzigen!

− Negative Transite

Für ein paar Wochen eine eher pessimistische Haltung und das Gefühl, »die Nase voll zu haben«. Der Geborene sollte die Ruhe bewahren, keine Entscheidungen treffen und wichtige Aktivitäten aufschieben – Fortschritte kann er jetzt kaum erzielen. Von seiner geistigen Verfassung her ist er auch gar nicht zu einem selbstbewussten Handeln in der Lage.

Anmerkung: Bei jedem Saturntransit zum Mond sollte man ein Auge für die Gesundheit haben, weil man nun zu Erkältungen, Fieber und Grippe neigt. Es könnte günstig sein, zu solchen Zeiten zusätzlich Vitamin C zu sich zu nehmen oder die Vitamine, die sich bewährt haben. Dies gilt sowohl für warme als auch für kalte Gegenden.

SATURNTRANSITE ZU MERKUR ☿

☌ Konjunktion

Sehr gut für ein Studium oder für schwierige und anspruchsvolle geistige Arbeit, weil sich der Betreffende nun sehr gut konzentrieren kann. Die Haltung ist ernsthaft und vorsichtig; der Mensch hat den Wunsch, die richtigen Entscheidungen zu treffen. Was Verträge oder Käufe auf Ratenzahlungen betrifft, hat man das Kleingedruckte jetzt im Blick. Vernunft auf jeder Ebene. Selbstbewusste und sehr aktive Menschen könnten jetzt vielleicht einmal auf Hindernisse stoßen – Geduld schadet aber auch ihnen nicht. Man kann nun auch viel lernen!

+ Positive Transite

Ähnliche Auswirkungen wie bei der Konjunktion, allerdings vielleicht noch markantere Fortschritte. Wenn man jetzt von Vorgesetzten oder Höhergestellten um Rat gefragt wird, wird die Meinung Gewicht haben, was in der Folge zu einer Beförderung führen könnte. Allerdings handelt es sich um einen Einfluss, der in erster Linie ein ruhiges Arbeiten zu Hause begünstigt, er ist nach innen gerichtet und reflexiv. Wenn der Transit vorbei ist, wird der Geborene Stolz und Zufriedenheit in Bezug auf das spüren, was er jetzt alles geleistet hat.

− Negative Transite

Eine Tendenz zu Gefühlen der Depression und des Unglücks, manchmal ohne erkennbaren Grund. Man sollte versuchen, sich zu entspannen und Abstand zu gewinnen, in Form von beschaulichen Aktivitäten wie dem Lesen oder dem Hören der Lieblingsmusik oder anderem mehr, was den Geist läutert (von der Flasche sollte man sich fernhalten!). Die Freunde könnten unter diesem Einfluss zu einer Last werden – man muss aufpassen, nicht das sprichwörtliche letzte Hemd für sie herzugeben. Womöglich jetzt auch Verdauungsprobleme.

SATURNTRANSITE ZUR VENUS ♀

☌ Konjunktion

Ernsthaftigkeit in Hinblick auf die Beziehungen. Meist wirken sich diese Transite auf die emotionalen Verbindungen aus, manchmal aber auch auf die Beziehungen mit Kollegen oder Geschäftsfreunden. Haben sich hier Probleme ergeben, könnte man sie nun zur Sprache bringen und ein für alle Mal ausräumen.

Manchmal steht dieser Transit für das Ende einer Beziehung oder für eine wichtige Veränderung. Man sollte aber keine Angst haben - dieser Einfluss wirkt auch beruhigend und konsolidierend, besonders wenn die Vergangenheit stürmisch war. Ein ernsthaftes Denken. Entscheidungen, die man nun trifft, erweisen sich langfristig meist als günstig.

+ Positive Transite

Wie bei der Konjunktion auch ist man nun an konstruktiven Lösungen für

Probleme interessiert, die mit den verschiedensten Arten von Beziehungen zu tun haben. Vielleicht steht man jetzt in engem Kontakt zu einem älteren Freund, der sich als sehr hilfsbereit erweist und von dem man sehr viel lernen kann, wenn man in Schwierigkeiten steckt. Die Haltung ist ernsthaft und konstruktiv. Eine gute Zeit, um Investitionen oder Versicherungspolicen zu überprüfen.

⊟ Negative Transite
Stehen häufig für eine schwierige Zeit in allen Beziehungen. Manchmal ist die Atmosphäre jetzt sehr verdüstert und der Kontakt zum Partner belastet. Wenn der Betreffende das Gefühl hat, nicht so weitermachen zu können wie bisher, sollte er vor endgültigen Entscheidungen noch einige Wochen bzw. so lange warten, bis der Transit vorbei ist.

Wenn Saturn rückläufig wird und man diesen Transit dreimal erlebt, könnte sich der ganze Zeitraum als emotional düster erweisen. Möglicherweise ist auch eine ganz untypische distanzierte oder kalte Haltung die Quelle der Probleme. Ein Mangel an sexuellem Interesse ist ebenfalls typisch für diese Zeit, desgleichen finanzielle Schwierigkeiten, was diesbezüglich Vorsicht nötig macht. Der Überlieferung nach stehen diese Transite für materielle Verluste – achten Sie also darauf, ob alle Schlösser in Ordnung sind und Ihr Zuhause gut gesichert ist!

SATURNTRANSITE ZU MARS ♂

☌ Konjunktion
Kündet von einer heiklen Phase, in der abwechselnd ein Übermaß an Energie und Trägheit zu verzeichnen ist, ein optimistisches Selbstbewusstsein und dann wieder ein Zustand der Lethargie.

Es fällt schwer, jetzt eine ausgewogene Haltung zu zeigen; alles, was der Betreffende nun tun kann, ist, beharrlich zu arbeiten und Pläne nicht allzu enthusiastisch zu sehen. Er muss ruhig bleiben und aufmerksam zuhören, was andere vorschlagen; er muss es sich reiflich überlegen, bevor er sich für etwas verpflichtet – auf diese Weise ist Ausgewogenheit möglich.

Schafft der Mensch das nicht, dürfte er sich frustriert und »genervt« fühlen, was dann zu weiteren Spannungen führt. Theoretisch sollte dieser Einfluss Bestimmtheit bewirken – in der Praxis ist das aber nicht immer der Fall.

⊞ Positive Transite
Eine ausgewogene Haltung bezüglich des Energieniveaus. Wenn man an einem beständigen Fortschritt interessiert ist, kann man jetzt Erfolge erzielen. Bei einem stark gestellten Mars wird man durch Saturn beruhigt; ist Saturn der stärkere Planet, dürfte sich eine Intensivierung der Energie ergeben. Eine günstige Zeit, um mit Schwierigkeiten fertig zu werden.

⊟ Negative Transite
Ein konstanter Wechsel von Wut und Frustration könnte das Ergebnis des Konfliktes zwischen Mars und Saturn sein. Wahrscheinlich hat es der Betreffende fortwährend mit Schwierigkeiten zu tun und möchte vielleicht manchmal am liebsten vor Wut aufheulen.

Alles, was man hier anraten kann, ist, Dampf abzulassen und zu versuchen, ruhig und vernünftig zu bleiben. Man schreibe jetzt besser ernsthafte und angemessene Beschwerdebriefe, statt eine direkte Begegnung mit einem verbalen oder richtigen Schlagabtausch zu suchen.

Achtung vor physischer Anspannung! Zu solchen Zeiten ergibt sich vielleicht, dass man sportlich gesehen dem Alter Tribut zollen muss.

SATURNTRANSITE ZU JUPITER ♃

☌ Konjunktion
Der natürliche Optimismus und Enthusiasmus von Jupiter wird durch diesen Kontakt gedämpft – damit könnte sich aber auch ergeben, dass der Mensch vernünftige Entscheidungen trifft und z. B. im Studium exzellente Fortschritte macht, insbesondere, was die Tradition betrifft. Ein Aspekt, der nicht für originelles Denken oder für brillante Ideen spricht, sondern für eine Person, die sich Wort für Wort an das Vorgegebene hält.

Phasen von Optimismus und Pessimismus werden sich abwechseln, und manchmal wird der Betreffende unter einer gewissen innerlichen Rastlosigkeit leiden. Wie immer bei Saturnkontakten zu Mars kommt es auf Ausgewogenheit an! Im Idealfall werden sich Chancen ergeben, eine Beförderung und zusätzliche Verantwortung, besonders dann, wenn beide Planeten gut gestellt sind. Ein Trigon oder Sextil zwischen ihnen wird wahre Wunder bewirken, was diesen Transit betrifft!

⊞ Positive Transite
Haben eine ähnliche Auswirkung wie die Konjunktion, sorgen aber für mehr Ausgewogenheit und eine beständigere Stimmung. Die Charakterzüge, die auf Vorsicht oder auch Abenteuerlust weisen, werden gleichermaßen unterstützt, was es dem Betreffenden ermöglicht, viele Vorteile aus dieser machtvollen planetarischen Verbindung zu ziehen.

Zu dieser Zeit kann man praktische und förderliche Entscheidungen treffen. Wie bei der Konjunktion auch wahrscheinlich eine ereignisreiche Zeit, die Anerkennung bringt. Keine Phase, in der man die Hände in den Schoß legen sollte!

⊟ Negative Transite
Nahezu zwangsläufig Rastlosigkeit und Unbeständigkeit. Ein starkes Bedürfnis nach Fortschritten und abenteuerlichen Herausforderungen, allerdings auch das Gefühl, dass irgendetwas – vielleicht eine eingegangene Verpflichtung – diesem im Wege steht. Wenn der Mensch geduldig ist und warten kann, bis der Transit seine Wirkung verliert, werden sich die Schwierigkeiten mehr oder weniger von selbst geben.

In der Zwischenzeit sollte man sich den Gebieten widmen, die nicht mit saturnischen Frustrationen verbunden sind. Je mehr emotionale und physische Energie man auf die Probleme richtet, die sich unter diesen Transiten ergeben, desto schlimmer scheinen sie zu werden!

SATURNTRANSITE ZU URANUS ♅

☌ Konjunktion
Wahrscheinlich eine sehr wichtige Phase. Weil diese beiden Planeten sehr intensiv wirken, könnte das Leben jetzt von vielen Ereignissen und Spannungen geprägt sein, mit einer Vielzahl von Neuentwicklungen und/oder wichtigen Veränderungen. Zu Fortschritten kommt es jetzt auf eine sehr unregelmäßige Art.

Möglicherweise ein psychologisches Dilemma: Auf der einen Seite orientiert man sich an Konventionen, Pflichtbewusstsein und Loyalität, besonders gegenüber der Familie (Saturn). Andererseits verspürt man den starken Drang nach Unabhängigkeit und verhält sich auf eine unkonventionelle oder auch unvorhersehbare Weise (Uranus).

Ist einer dieser Planeten durch eine personalisierte Bedeutung stärker, ist er es, der den Menschen prägt. Wie dem auch sein mag – vielleicht sucht die betreffende Person auch nach einem Kompromiss, bei dem Saturn nicht zu kurz kommen dürfte. Unerwartete Geschehnisse müssen nach Möglichkeit genutzt werden. Der Saturn-Einfluss bewirkt eine Bestärkung der Entscheidungskraft, aber auch eine gewisse Zurückhaltung. Eine Folge dieses machtvollen Transits könnte auch zusätzliche Macht und Verantwortung sein. Diese beiden Planeten sind in verschiedener Hinsicht miteinander verbunden – Saturn z. B. ist der traditionelle Herrscher des Wassermanns, der nun von Uranus beherrscht wird.

+ Positive Transite

Ähneln in der Auswirkung der Konjunktion, sind aber nicht ganz so stark. Nichtsdestoweniger können sich nun auch neue und oftmals überraschende Entwicklungen einstellen. Es kommt aber nicht zu so vielen Spannungen, und es steht nicht so viel auf dem Spiel. Auch hier wird der Planet, der eine personalisierte Bedeutung hat, die Richtung angeben – ein Sinn für das Praktische, Konventionelle und Vorsicht (Saturn) oder eine Neigung zum Unvorhersehbaren, Aufregenden und Unkonventionellen (Uranus).

− Negative Transite

Jetzt könnte das Leben sehr ereignisreich verlaufen, woraus viel Spannung resultieren kann. Wenn das Horoskop erkennen lässt, dass die betreffende Person zu Sorgen neigt (wenn z. B. Krebs oder Jungfrau betont ist), müssen Sie sie ermutigen, den Ängsten auf eine angemessene Art zu begegnen. Jetzt muss man überstürzte Entscheidungen vermeiden, zu denen man in schwierigen Situationen neigt, und die vorsichtige saturnische Seite des Transits unterstützen. Im Zweifelsfall muss man abwarten, bis der Transit vorbei ist (was mindestens zwei oder drei Wochen dauert). Auch wenn dem Betreffenden das unmöglich zu sein scheint – auf lange Sicht ist es die beste Verhaltensweise; sie kann sich auch günstig auf die berufliche Laufbahn auswirken.

Anmerkung: Bei allen Saturntransiten zu Uranus hat der Erstere eine dominante Rolle, auch dann, wenn Uranus im Geburtshoroskop eine personalisierte Bedeutung trägt. In einigen wenigen Fällen aber sind die beiden Planeten von gleicher Stärke.

SATURNTRANSITE ZU NEPTUN ♆

☌ Konjunktion

Für denjenigen, der empfindsam, idealistisch und vielleicht auch kreativ ist, erweist sich dieser Einfluss als günstig. Er hilft dabei, Ideen zu konsolidieren und die Gefühle zu stabilisieren, vielleicht in der Art von: »Ich habe nicht gewusst, was das bedeuten soll, jetzt aber weiß ich, was ich davon zu halten habe.« Vielleicht religiöse oder esoterische Interessen. Kreatives Potenzial kann hier konstruktiv entfaltet werden.

Ein guter Einfluss auch für Personen, die an abstrakten Themen oder auch am Okkulten interessiert sind. Praktisch veranlagte Menschen haben normalerweise keine Zeit für derartige »Hirngespinste« – Saturn könnte sie aber nun dazu bringen, ihre Meinung zu revidieren. Jede ungewöhnliche Idee und alles, was mit Inspiration zu tun hat, ist nun sorgfältig zu prüfen – vielleicht ist eine Realisierung auf eine praktische Weise möglich.

+ Positive Transite

Haben eine ähnliche Wirkung wie die Konjunktion, wenngleich es sich bei ihnen um einen subtileren Einfluss handelt – nüchtern veranlagte Menschen spüren das Sextil vielleicht gar nicht. Wer aber sehr empfindsam ist, könnte merken, dass bei einem anderen, der diesen Transit erlebt, etwas geschieht, auch wenn dieser selbst das nicht erkennt.

Vielleicht ergibt sich hier plötzlich ein untypisches Interesse an Lyrik oder einem anderen neptunischen Interessensgebiet. Achten Sie bei Ihren praktischen und erdverbundenen Freunden auf derartige Veränderungen, und unterstützen Sie empfindsamere und kreativere Menschen beim Ausdruck ihrer Ideen!

− Negative Transite

Sind lästig. Manchmal kommt der Betreffende zu Fall und erlebt viel Konfusion oder muss große Umwege in Kauf nehmen. Sehr unterschiedliche Auswirkungen. Vielleicht muss man nun den Preis zahlen für ein Fehlverhalten, ob dieses nun in einem Betrug, einer Lüge oder dem Versuch bestanden hat, sich aus einer schwierigen Situation herauszumogeln. Man kann seine Lehren aus diesen Transiten ziehen, allerdings sind es keine leichten! Es kommt häufig zu Enttäuschungen und Trennungen.

SATURNTRANSITE ZU PLUTO ♇

☌ Konjunktion

Ein schwieriger Transit, der uns auf die Probe stellt! Unter ihm kommt es wahrscheinlich zu keinen Fortschritten – es ist, als ob man gegen eine Mauer läuft! Dies muss sich nicht auf alle Lebensbereiche beziehen, es ist eine gute Idee, sich auf die Sphären zu konzentrieren, in denen Fortschritt und Erfüllung möglich sind. Man sollte seine physischen und emotionalen Energien dort zum Einsatz bringen, statt sie auf dem Gebiet, das vom Transit betroffen ist, zu verschwenden.

Während dieser Zeit und einige Wochen davor und danach sollte man besonders auf die Gesundheit achten! Saturn könnte einen hemmenden Schmerz oder vielleicht auch eine ganz untypische Verstopfung mit sich bringen.

Psychologisch gesehen könnte die Haltung jetzt negativ sein, mit wiederkehrenden Gefühlen der Frustration. Alles aber wird sich in ein paar Wochen, wenn der Einfluss vorüber ist, wieder klären. Wenn der Transit sich infolge von Rückläufigkeit wiederholt, bieten die Zwischenphasen eine Verschnaufpause.

+ Positive Transite

Wenn man auch während dieser Zeit zu der einen oder anderen Schlussfolgerung kommt und vielleicht das eine oder andere Problem löst, sind diese Transite doch prinzipiell von heikler Natur. Sind sie vorüber, könnte man merken, dass man Fortschritte erzielt hat, entweder bei der Neuorientierung auf einem Lebensgebiet oder bezüglich einer wichtigen Entscheidung. Trotzdem sind diese Transite nicht sehr vergnüglich.

− Negative Transite

Haben eine ähnliche Wirkung wie die Konjunktion, mit einer noch stärkeren Blockierung von Fortschritten. Halten Sie sich an die obige Interpretation und empfehlen Sie zusätzlich, sich eine philosophische Haltung zu Eigen zu machen und sich mit erholsamen Interessen und Hobbys zu beschäftigen. Es würde sich als Zeitverschwendung erweisen, die Dinge jetzt mit Macht vorantreiben zu wollen!

SATURNTRANSITE ZUM ASZENDENTEN

☌ Konjunktion
Ein extrem wichtiger Einfluss. Zweieinhalb Jahre lang ist Saturn nun durch das 12. Haus gelaufen (siehe dazu die Interpretation von Saturn im 12. Haus, S. 370), was zu einer Neuorientierung in spiritueller Hinsicht oder zu neuen Werten geführt haben könnte. Mit dem Eintritt Saturns ins 1. Haus könnte sich jetzt ein Richtungswechsel ergeben, vielleicht in Form einer ernsteren Einstellung zum Leben oder einer langfristigen Verbindung – häufig das positivste Resultat dieses heiklen Transits.

Seien Sie sich der Tatsache im Klaren, dass nun auch die Gesundheit Probleme machen könnte. Näheres hierzu lässt das Aszendentenzeichen erkennen.

Vielfach erweist sich dieser Transit als ein Wendepunkt im Leben, vielleicht in Zusammenhang mit den Beziehungen. Man hat jetzt Lektionen zu lernen. Diese hängen aber mehr mit dem Einfluss zu anderen Planeten als zu Saturn zusammen.

+ Positive Transite
Das Haus, durch das Saturn läuft, bestimmt, welche Einflüsse nun auf die Person wirken. Vielleicht bekommt er oder sie jetzt ein Kind, oder aus einer Liebesaffäre wird etwas Ernstes (jeweils bei Saturn im 5. Haus); vielleicht tätigt der Mensch eine solide Investition (Saturn im 2. Haus) usw. Sie werden feststellen, dass hier meist ein langsamer, aber beständiger Fortschritt auftritt.

– Negative Transite
Wie bei den positiven Transiten auch ist hier das Haus, das Saturn durchläuft, das eigentlich Entscheidende. Achten Sie bei Saturn in Opposition zum Aszendenten darauf, ob die Beziehung oder Ehe infrage gestellt oder tiefgreifend verändert wird oder ob es vielleicht zu einer Trennung kommt, die sich als günstig für beide erweist. Möglicherweise ergibt sich auch eine Verbindung am Arbeitsplatz.

Ein Transitquadrat könnte Probleme bei der Arbeit (wenn Saturn im 10. Haus steht) oder Schwierigkeiten zu Hause (im 4. Haus) anzeigen. Dies ist keine einfache Zeit – in der abschließenden Analyse aber wird sich Saturn als der anspruchsvolle Lehrmeister erweisen, der die persönliche Entwicklung fördert und persönliche Stabilität bringt.

SATURNTRANSITE ZUM MC

☌ Konjunktion
Siehe auch Saturn im 10. Haus (S. 370). Ein extrem machtvoller Einfluss, der die Karriere bzw. das berufliche Leben tiefgreifend prägt und vielleicht eine Beförderung oder einen überraschenden Wechsel des Arbeitsplatzes bringt. Hat der Betreffende keine beruflichen Ambitionen, wird er sich um andere Ziele kümmern, wobei er es sich nicht leicht macht. Dies könnte sich als Wendepunkt im Leben erweisen. Jetzt kommt es womöglich zu Ereignissen, über die die Person keine direkte Kontrolle hat, sondern die eine Widerspiegelung ihres Ansehens und Rufs sind. Unter Umständen die Beförderung in eine einsame Position an der Spitze.

+ Positive Transite
Ereignisse, die sich auf das Haus beziehen, das Saturn gerade durchläuft; aber auch hier gilt, dass nicht die eigenen Aktivitäten Anlass dafür sind. Ebenfalls wahrscheinlich gleichmäßige Fortschritte. Eine praktische Einstellung, speziell in Bezug auf Entscheidungen, die Nahestehende bzw. die Person selbst betreffen.

– Negative Transite
Können für Frustration und für Verzögerungen stehen, unter Umständen auch für den Verlust der Arbeit infolge eines Stellenabbaus. Keine einfachen Einflüsse – jetzt kommt es auf Geduld und Vorsicht an. Die besten Resultate ergeben sich, wenn man die Dinge nicht mit Macht voranzutreiben versucht.

Andere Transite könnten helfen, die Wogen zu glätten, insbesondere Jupiter wirkt hier günstig. Vielleicht ist es auch so, dass der oder die Betreffende jetzt extrem hart arbeitet, um einer sehr anspruchsvollen, gleichzeitig aber auch prestigeträchtigen Aufgabe gerecht zu werden.

SATURNTRANSITE ZUM RADIXSATURN

Es ergibt sich immer wieder, dass Saturn im Transit die Radixstellung positiv oder negativ aspektiert. Bei einem positiven Aspekt sind ständige Fortschritte und zusätzliche Verantwortung zu erwarten, ein gesteigertes Prestige und häufig auch neue Pflichten. Im Rückblick sagt man dann vielleicht: »Ich bin glücklich, dass ich diese Entscheidung getroffen habe. Alles ist gut gelaufen – es war aber keine einfache Zeit.« Die Entscheidung könnte deshalb so schwierig gewesen sein, weil der Betreffende zweifelte, ob er ihr gewachsen sein würde. Nachdem er sich aber durchgerungen hatte, sorgte Saturn dafür, dass sich alles gut entwickelte.

Bei einem negativen Transit ergeben sich Frustrationen und Aufschübe, man wirft damit die Flinte schnell ins Korn. Manchmal hat der Mensch auch unter Verlusten der einen oder anderen Art zu leiden – die persönlichen Besitztümer sollten nun aufmerksam geschützt werden. Beziehungen könnten sich verändern oder enden.

Saturn im Transit zur Radixstellung beeinflusst das betreffende Zeichen und Haus. Die Art seiner Aspekte lässt Näheres dazu erkennen, welche Resultate mit diesem machtvollem Einfluss verbunden sein werden.

DIE SATURNWIEDERKEHR

Vom Grundsatz her handelt es sich hierbei um die Konjunktion des Transitsaturns zum Radixsaturn. Sie stellt eines der faszinierendsten und markantesten Muster von planetarischem Einfluss dar. Sie ist – wie die Jupiterwiederkehr (S. 362-363), die Uranusopposition (S. 391-392) und die Chironwiederkehr (S. 420) auch – ein Thema, mit dem Sie Freunde verblüffen können, die bis dato nichts als das eigene Sonnenzeichen kennen. Glauben Sie uns – es funktioniert!

Man weiß allgemein, dass sich der Mensch, wenn er sich der 30 und später dann der 60 nähert, über seine Stellung im Leben nachdenkt und sich fragt, ob er etwas anders machen sollte. Mit 30 fühlen wir uns vielleicht plötzlich schwermütig und denken, dass wir alt sind – wenn wir auch sehen, dass wir ein gewisses Maß an Erfahrungen gesammelt haben. Und mit 60 macht sich der Mensch Gedanken über das schnell näherrückende Ende der beruflichen Tätigkeit und darüber, dass er dann Zeit hat für das, was ihm wirklich am Herzen liegt. Die Kinder sind dann groß, und man kann sich voll und ganz seinem Vergnügen widmen.

Auch Personen ohne jedes astrologische Wissen akzeptieren diese wohl bekannten Sachverhalte. Astrologen sehen diese Wendepunkte in Zusammenhang mit dem Saturneinfluss. Saturn braucht 29,5 Jahre, um einmal durch alle Tierkreiszeichen zu laufen – insofern steht er, wenn der Mensch knapp 30 oder 60 ist, in Konjunktion zur Radixstellung. Wenn wir nur lange genug leben, kommt es mit knapp 90 auch noch zu einer dritten Wiederkehr!

Die erste Saturnwiederkehr

Wer sich dieser wichtigen Phase nähert, könnte unter Gefühlen der Angst leiden und deprimiert sein, dass es jetzt auf das nächste Lebensjahrzehnt zugeht! Das ist aber unnötig! Häufig das Bedürfnis nach tief greifenden Veränderungen. Man sagt nun vielleicht: »So kann das nicht weitergehen mit mir!« Ist dem so, fragen Sie, was der Betreffende stattdessen tun möchte. Meistens bestehen genaue Vorstellungen, denen man Folge leisten sollte!

Manchmal der Drang, eine Jugendfreundschaft zu beenden, vielleicht sogar die Ehe, die man eingegangen war, ohne reif dafür gewesen zu sein. Auf der anderen Seite fragt man vielleicht den Lebenspartner, ob er sich eine Heirat vorstellen könnte. Andere kaufen ein Haus oder gründen eine Familie. Saturn ermutigt dazu, zusätzliche Verantwortung zu übernehmen; gleichzeitig bedeutet er, dass man in Verbindung damit zusätzliches Ansehen gewinnt.

Die langfristigen Ziele stehen nun fest, und kennzeichnend sind jetzt eine größere Stabilität und mehr Sicherheit. Wer sich mit seiner beruflichen Situation unzufrieden fühlt, ist noch jung genug, drastische Veränderungen vorzunehmen (allerdings gibt es hier heute die eine oder andere Ausnahme). Zumeist aber sind drastische Veränderungen möglich und werden auch oft durchgeführt – was begrüßenswert ist.

Wenn Saturn mit voller Kraft arbeitet, ist allerdings die Vitalität geringer als sonst, was mit zusätzlichen körperlichen und emotionalen Anforderungen zusammenhängen könnte. Wie bei den meisten ernsten Saturn-Einflüssen gilt es, alle Möglichkeiten zu bedenken. Auf diese Art wird man zur richtigen Entscheidung kommen – wir machen unter der Saturnwiederkehr dann auch nur selten schwerwiegende Fehler! Sie wirkt zumeist über ein Jahr, auch dann, wenn Saturn nur einmal über seine Geburtsstellung läuft und dafür nur eine Woche braucht.

Die zweite Saturnwiederkehr

Wenn diese näher rückt, trifft der Mensch Entscheidungen über die Zeit nach dem Rückzug aus dem Berufsleben. Er entwickelt neue Interessen, welche möglicherweise zu einer neuen beruflichen Tätigkeit führen, vielleicht auf einem Gebiet, das zuvor ein Hobby oder eine Freizeitaktivität war.

Bevor Sie hier aber Ratschläge erteilen, sollten Sie sich über Ihr Gegenüber klar geworden sein. Wenn der Betreffende sagt, dass er nichts anderes möchte, als die Beine hochzulegen und alle fünfe gerade sein zu lassen, müssen Sie anhand des Horoskops entscheiden, ob das wirklich auf ihn zutrifft – ob er nicht vielleicht nach einer oder zwei Wochen Nichtstun unausstehlich geworden sein wird. Als Ruhestandsgeschenk sollte er sich etwas wünschen, das ihn tatsächlich interessiert, vielleicht eine teure Kamera, eine hochwertige Nähmaschine oder ein Teleskop. Sich damit näher zu befassen, könnte ihm eine neue Richtung aufzeigen.

Eine andere mögliche Frage ist nun die, ob sich das Paar – so der Betreffende mit jemandem zusammenlebt – ein kleineres Haus zulegen oder vielleicht an einen Ort umziehen sollte, wo es glückliche Ferien verbracht hat oder wo das Klima günstiger ist. Hier sollten Sie aber extrem vorsichtig sein! Wenn einer der beiden ein Stier- oder Krebstyp ist, wird er über die Jahre hin viele Besitztümer angesammelt haben. Wohin damit? Und soll man nicht, wenn es Kinder oder Enkel gibt, Räumlichkeiten für sie bereithalten?

Vielleicht noch wichtiger ist die Frage des Umzugs in eine andere Stadt. Sie müssen sich darüber klar werden, ob das Paar viel mit sich selbst anfangen kann, ob es kommunikativ veranlagt ist und schnell neue Freunde gewinnen kann oder ob es weniger anpassungsfähig ist und bald die alten Bekannten und die vertraute Umgebung vermissen wird. Ein wunderbarer Strand an der Küste kann im Nebel öde und im Winter sehr kalt sein, und in manchen Gebieten begegnen die Einheimischen den Zugezogenen mit großen Vorbehalten! Wenn das Paar sich allerdings anpassen kann, findet es vielleicht Möglichkeiten, die es über diesen Sachverhalt hinwegtrösten können.

Häufig fällt diese Wiederkehr mit einer Jupiterwiederkehr zusammen. Das ist sehr günstig, es lässt den Betreffenden optimistisch und wohlwollend reagieren. Die Pläne für die Zukunft werden unter diesem planetarischen Zusammenspiel gedeihen. Sie sollten dazu anhalten, das Beste daraus zu machen!

Die dritte Saturnwiederkehr

Um diejenigen, die diese Wiederkehr erleben (von Jahr zu Jahr werden es mehr), angemessen zu unterstützen, sind noch weitere Forschungen nötig. Es handelt sich um einen Schritt über die Uranuswiederkehr hinaus (S. 392), er vervollständigt diese und schließt sie ab.

Ermutigen Sie diesen 90 Jahre alten Menschen dazu, von der Vergangenheit zu reden. Es ist für eigene Studien nützlich zu erfahren, wann sich welche wichtigen Ereignisse ergeben haben, speziell in Hinblick auf das Progressionshoroskop. Sie werden die Feststellung machen, dass die planetarischen Einflüsse mit realen und aufregenden Geschehnissen einhergehen!

URANUS IN DEN ZEICHEN

Uranus bringt bei seinem Lauf durch den Tierkreis ungefähr sieben Jahre in jedem Zeichen zu – er steht damit im Horoskop aller Menschen, die in diesem Zeitraum geboren sind, im gleichen Zeichen. Jeder Planet hat seine besondere Bedeutung; ein Zeicheneinfluss aber, der für so viele Menschen identisch ist, hat keine persönlichen Auswirkungen zur Folge, ausgenommen, Uranus hat eine personalisierte Bedeutung im Horoskop. Wir sprechen hier stattdessen von einem Generationsmerkmal.

URANUS IM WIDDER

Eine machtvolle und positive Stellung, bei der die Energie und das Selbstbewusstsein des Widders die geradlinige, nervöse Energie von Uranus vervollständigen. Vorausgesetzt, er weist keine negativen Aspekte auf, wird Uranus viel Originalität und den Willen beisteuern. Eine Tendenz zur Sprunghaftigkeit und nicht besonders viel Geduld. Sehen Sie hier nach, ob andere Horoskopfaktoren für Vorsicht und Beharrlichkeit sprechen!

Ein Horoskop mit kreativem Potenzial wird durch diese Stellung in seiner Originalität gestärkt und erhält eine lebhaftere Färbung. Der Pioniergeist des Widders ergänzt auch den Drang nach dem Neuen, dem Außergewöhnlichen und dem Andersartigen. Selbstvertrauen und Führungsqualitäten. Allerdings gilt es, sich vor närrischer Tollkühnheit zu hüten – der Betreffende könnte sich zu waghalsigen Aktivitäten verleiten lassen (oftmals allerdings aus guten Absichten heraus, z. B. mit dem Ziel, Mittel für wohltätige Zwecke zu beschaffen). Bei dieser Stellung kommt es darauf an, Umsicht zu entwickeln. Mit negativen Uranusaspekten ist ganz allgemein viel nervöse und emotionale Spannung verbunden.

URANUS IM STIER

Hier macht sich der Eigensinn des uranischen Einflusses deutlich bemerkbar. Bezüglich der Meinungen nur wenig oder keine Flexibilität – und wenn die fixen Zeichen betont sind, sehen wir vielleicht einen Menschen vor uns, der stolz sagt: »Wenn ich mir eine Meinung gebildet habe, kann mich nichts mehr umstimmen.« Trifft das zu, sollte man ihn anhalten, mehr Beweglichkeit zu entwickeln. Wenn allerdings das Horoskop auf Unentschlossenheit hindeutet – mit einer Betonung von Waage oder den Fischen –, wirkt diese Platzierung günstig, weil sie eine Kombination von Stabilität und Originalität darstellt.

Gegensätzliche Tendenzen

Wahrscheinlich Eigensinn – schädlich wirkt dieser aber erst dann, wenn er auch von anderen Horoskopbereichen oder durch eine starke Uranusstellung angezeigt ist. Es könnte zu einem Widerspruch zwischen einem konventionellen Handeln (Stier) und einem unkonventionellen oder risikofreudigen Wesen (Uranus) kommen. Wenn der Mensch hier eine Balance finden kann, zeichnet er sich womöglich durch Originalität und einen Sinn für das Praktische zugleich aus. Jemand, der vielleicht ungewöhnliche Gegenstände sammelt oder eine etwas exzentrische Haltung zum Geld hat.

URANUS IN DEN ZWILLINGEN

Eine exzellente, sehr dynamische und lebhafte Stellung, die Originalität, ein rasches Denken und oftmals auch brillante Ideen verleiht, welche allerdings sorgfältig durchdacht werden und dann auch tatsächlich realisiert werden müssen. Ein außerordentliches Potenzial. Eine intellektuelle Ausrichtung mit einem starken Merkur und Jupiter findet durch diese Stellung Unterstützung: schnelle und »gepfefferte« Reaktionen und eine wache Haltung, speziell in Diskussionen und Auseinandersetzungen. Gut für denjenigen, der beruflich mit den Medien oder mit Literatur zu tun hat oder an der Universität tätig ist. Die technischen Aspekte der Kommunikation sind hier von besonderem Interesse, Die rastlose, nervöse Seite der Zwillinge und die Spannung von Uranus können zu Problemen führen. Sehen Sie nach, ob diese Züge auch von anderer Seite des Horoskops angezeigt sind, z. B. durch Uranusquadrate oder -oppositionen zu Sonne, Mond oder Merkur oder zum Aszendenten. Falls ja, kann dieser Aspekt in Verbindung mit der Zeichenstellung eine Quelle von Spannungen sein, auch deshalb, weil man sich schnell Sorgen macht, wenn man merkt, dass man sich nicht von seinen negativen Gedanken freimachen kann. Eine Entspannungstechnik wie Yoga könnte sehr hilfreich sein. Spielt hier auch Mars hinein, leidet der Mensch vielleicht unter Migräne oder unter lästigen Kopfschmerzen.

URANUS IM KREBS

Die wechselhaften Launen des Krebses in Verbindung damit, dass man bei Uranus nichts voraussagen kann, könnten von Zeit zu Zeit zu Schwierigkeiten führen. Natürlich dominieren die Planeten, die im Horoskop stärker gestellt sind, über dieses Generationsmerkmal – der Uranuseinfluss aber könnte dann deutlich werden, wenn er im Transit von anderen Planeten aspektiert wird. Zu diesen Zeiten ist der Mensch vielleicht selbst über seine eigenartigen und völlig ungewöhnlichen Verhaltensmuster überrascht. Wenn Krebs im Horoskop betont oder Uranus stark gestellt ist, werden diese Anzeichen sehr markant hervortreten; der Geborene muss sie unter Kontrolle bringen, wenn er sich selbst keinen Kummer bereiten will – die Kollegen und diejenigen, die ihm nahe stehen, wissen oft nicht, woran sie mit ihm sind. Im besten Fall aber stärkt diese Stellung die Vorstellungskraft und fügt ihr einen wunderbaren originellen Zug bei. Für das kreative Horoskop ist sie ein Segen, für die meisten zumindest nützlich.

Uranus ist ein kalter, unemotionaler Planet, der Logik und ein wohlkalkuliertes und isoliertes Handeln begünstigt; der Krebs dagegen ist von der Intuition und den Emotionen beherrscht. Wenn Uranus keine personalisierte Bedeutung hat und Sonne, Mond oder Aszendent nicht im Krebs steht, wird es hier zu keinem Dilemma kommen. Nur bei einem stark gestellten Uranus sind manchmal Spannungen zu erwarten. Es kommt darauf an, die beiden Bereiche als Vervollständigung des anderen aufzufassen. Weil es sich aber um gegensätzliche Faktoren handelt, fällt das schwer, woraus vielleicht ein langwieriger Konflikt hervorgeht.

URANUS IM LÖWEN

Ein vermehrtes Maß an Energie und viel Antriebskraft, manchmal allerdings auch autoritäre Tendenzen und ein Gefallen an der Macht. Wenn das Letztere positiv zum Ausdruck kommt, ist der Betreffende vielleicht eine Führungskraft. Vergessen Sie aber nicht, dass Löwe ein fixes Zeichen ist und dass Uranus die Neigung zum Eigensinn erhöht. Der Löwe ist ein warmherziges Feuerzeichen, während Uranus zwar freundlich ist, aber dazu neigt, Distanz zu halten. Konflikte werden sich nur dann ergeben, wenn Uranus eine personalisierte Bedeutung trägt oder negativ von der Sonne aspektiert wird.

Eine Stärkung des Selbstvertrauens. Eine lebhafte Stellung, wenn Uranus im Aspekt zu Mond oder Venus steht. Auch ein Sinn für das Dramatische, besonders deutlich dann, wenn sich Uranus im 5. Haus befindet. Bei einer Stellung hoch am Himmel, im 10. Haus, würde es zu einem Drang nach Macht und dem Wunsch kommen, die Massen zu beeinflussen.

Der Löwe ist ein schöpferisches Zeichen – vielleicht kann hier ein kreatives Potenzial durch ein Hobby zum Ausdruck kommen., was sich wiederum positiv auf die persönliche Entwicklung auswirken könnte und z. B. einer ansonsten eher schüchternen oder ängstlichen Person dabei hilft, sich zu entfalten und Selbstvertrauen zu entwickeln. Die andere Seite der Medaille ist, dass sich der Betreffende vielleicht darum kümmern muss, seine autoritären, machthungrigen und angeberischen Seiten unter Kontrolle zu bekommen.

URANUS IN DER JUNGFRAU

Ein mögliche Quelle von Spannung, besonders dann, wenn die Person zu Nervosität oder Ängsten neigt oder wenn andere Horoskopbereiche auf Probleme schließen lassen. Diese Energien kommen grundsätzlich gut zur Geltung, weil sie den Verstand analytisch machen und gleichzeitig eine gewisse Originalität im Herangehen an Probleme oder Projekte bewirken. Die Jungfrau ist ein Erdzeichen, was eine konventionelle Einstellung nahelegt: Man bevorzugt das Erprobte und Bekannte. Uranus aber ist von gegenteiliger Wirkung: Er ermuntert zu originellen Gedanken und Handlungen und zu einem oftmals sehr ungewöhnlichen Verhalten.

Der Einfluss von Pluto

Wer heutzutage Uranus in der Jungfrau hat, weist auch Pluto in diesem Zeichen auf, vielleicht sogar die außerordentlich machtvolle Konjunktion zwischen diesen beiden (siehe S. 385-386). Prüfen Sie dies nach – dies könnte sehr erhellend sein, wobei wahrscheinlich schwer abzugrenzen ist, welche Auswirkungen nun auf Pluto zurückgehen. Die Jungfrau ist normalerweise alles andere als machthungrig – mit Uranus und Pluto darin aber bekommt diese Generation doch etwas Dynamisches und Machtvolles. Sie hat, was man braucht, uni Veränderungen herbeizuführen, die die Welt erschüttern können. Auf der persönlichen Ebene könnte sich die betreffende Person als ein Suchender bzw. als jemand erweisen, der Dinge infrage stellt, der sich niemals zufriedengibt und der jeden Aspekt einer Situation peinlich genau untersuchen kann. Beim positiven Ausdruck und mit Unterstützung von anderer Seite des Horoskops zeichnet man sich womöglich durch eine ausgeprägte Begabung zum Forschen oder Aufspüren von Zusammenhängen aus, häufig auf medizinischem Gebiet.

URANUS IN DER WAAGE

Uranus bekommt in diesem Zeichen etwas Brillantes und bewirkt vielfach große Anziehungskraft und einen romantischen Zug – sein Streben nach Unabhängigkeit in Verbindung mit dem leidenschaftlichen Waage-Drang nach Beziehungen aber könnte vielleicht doch zu Schwierigkeiten führen. In den meisten Fällen wird bei der Haltung dem Partner gegenüber der Wunsch nach Selbstständigkeit und vielleicht auch ein gewisses Maß an Kühle erkennbar sein, besonders dann, wenn Uranus oder die Venus eine personalisierte Bedeutung trägt oder wenn sie im Aspekt zueinander stehen. Befindet sich die Sonne, der Mond oder der Aszendent im Wassermann, womöglich ein Mensch, der eine enge Partnerschaft möchte, aber keinen Partner. Es gilt, sich mit dieser Einstellung auseinanderzusetzen, um dem Partner nicht allzu viel zuzumuten.

Ein guter, fürsorglicher und hilfsbereiter Freund, der seine Zeit und Energie selbstlos zur Verfügung stellt, wenn man ihn darum bittet. Falls er sich durch die oben erwähnte negative Einstellung zu intimen Beziehungen auszeichnet, muss er sich darum bemühen, Mitgefühl und Freundlichkeit zu entwickeln. Aber auch in diesem Fall kann der Waage-Uranus dazu beitragen, die Emotionen zu stabilisieren und zu rationalisieren.

URANUS IM SKORPION

In dieser Stellung wiegt Uranus womöglich am schwersten und ist am komplexesten – im Skorpion steht er dann auch erhöht. Die dynamische Kraft von Uranus mit der emotionalen Intensität des Skorpions verleiht dem Betreffenden sehr viel Macht. Eine mutige und verwegene Person, die allerdings dazu neigt, ihre Gefühle zu verbergen oder gar abzulehnen. Als Folge davon erscheint sie womöglich ruhig, während es auf den tieferen Ebenen ihrer Persönlichkeit brodelt. Sie muss lernen, dass es positiv ist, die emotionale Spannung und Energie fortwährend auf positive und zielgerichtete Weise freizusetzen – die Resultate davon können große innerliche Befriedigung zur Folge haben.

Potenzial für Macht

Ein Drang nach Macht könnte vorhanden sein. Menschen mit dieser Stellung sind zwischen den Jahren 1975 und 1981 geboren, und sie setzen ihr Potenzial auf vielfältige Weise in verschiedenen Berufen und Stellungen ein. Wenn die Älteren sie nicht auf umsichtige und vernünftige Weise leiten, werden sie ihr machtvolles Potenzial und ihre Energie verschwenden. Der Einfluss ist dann am größten, wenn sich auch die Sonne, der Mond oder der Aszendent im Skorpion befindet oder wenn dieses Zeichen und Uranus am MC stehen. Diese Menschen brauchen das Gefühl, Macht zu haben – häufig deshalb, um der Welt zu helfen oder um zu erreichen, dass man auf die gleiche Weise denkt wie sie.

URANUS IM SCHÜTZEN

Hier erweist sich Uranus als eine lebhafte, dynamische Kraft, die den Verstand originell und offen macht. Das Schütze-Bedürfnis nach Herausforderungen wird ergänzt durch das Interesse für alles, was neu und ungewöhnlich ist. Uranus lief von 1981 bis 1988 durch den Schützen, und Jupiter, der Herrscher dieses Zeichens, transitierte es im Jahr 1983 – die Verbindung dieser beiden Planeten ist ein schöner Einfluss, der Sinn für Humor und wachen Geist bringt.

Eine verheißungsvolle Zukunft

Der Einfluss dieser Stellung führt für sich allein schon zu einer intellektuellen und abenteuerlustigen Haltung. Die Menschen zeichnen sich durch humanitäre Erwägungen aus und dadurch, dass sie zum Erblühen der Erde beitragen. Ihnen ist ein Bewusstsein für die ökologischen Probleme angeboren, sie verfolgen aber einen ganz anderen Ansatz als die vorhergehende Uranus-Generation. Diese Menschen sollten sich die Schönheit unserer Welt noch deutlicher vor Augen führen, umso mehr, wenn eine Schütze-Betonung oder ein personalisierter Uranus vorliegt.

URANUS IM STEINBOCK

Eine rationale und kühle Haltung und die Fähigkeit, Probleme in der angemessenen Perspektive zu sehen. Der Steinbock ist das Zeichen, das am stärksten für ein am Konventionellen ausgerichtetes Verhalten spricht – dafür, dass man tut, was richtig und schicklich ist. Uranus ist das genaue Gegenteil davon: Er ermuntert zu Schocktherapien, zu unvorhersehbaren Aktionen und zur Andersartigkeit. Hier sind Konflikte vorprogrammiert. Es steht zu hoffen, dass man sich, wenn die Situation es erfordert, der verschiedenen Möglichkeiten bewusst ist und auf die angemessene Weise aktiv wird – ohne dass andere peinlich berührt sein müssen oder man sich selbst verleugnet. Vielleicht hat der Betreffende auch schon eigene Erfahrung in dieser Art gemacht. Weil auch dieser Einfluss für eine ganze Generation gilt, sollte man diese Züge nicht überinterpretieren.

Eine gewisse Schroffheit, allerdings wird die humanitäre Seite von Uranus auf eine sehr praktische und erdverbundene Weise zum Ausdruck kommen. Diese Generation wird damit fortfahren, die Umweltsituation zu verbessern und an aktuellen Problemen zu arbeiten. Studieren Sie, welcher Einfluss im Horoskop des Kindes mit Uranus verbunden ist – vielleicht wird es sich als eine Führungspersönlichkeit erweisen. Sie sollten sich auch mit den Abschnitten zu Saturn und Neptun im Steinbock (S. 366-367 und 394) und mit der Saturn/Uranus-Konjunktion (S. 371) beschäftigen.

URANUS IM WASSERMANN

Uranus steht hier in dem Zeichen, das er regiert, was den betreffenden Menschen auf Wassermannart prägt. Er ist freundlich und aufgeschlossen und zeichnet sich durch humanitäre Interessen, aber auch durch einen Drang nach Unabhängigkeit und Distanz aus. Beim Heranwachsen muss man Selbstständigkeit fördern. Die uranische Unvorhersehbarkeit und Neigung zum Eigensinn werden sich deutlich bemerkbar machen, sodass man aus dem Horoskop in seiner Gesamtheit Rückschlüsse ziehen muss, wie der Mensch derartigen Problemen aus dem Wege gehen kann.

Sehr viel Erfindungsgeist und Originalität und ein bestimmtes Flair auf dem Gebiet, das für den Selbstausdruck am erfüllendsten wirkt. Möglicherweise in den späteren Lebensjahren eine strahlende Erscheinung, allerdings muss mit Kreislauf- oder Gelenkproblemen oder auch Arthritis gerechnet werden. Regelmäßige körperliche Betätigung ist ratsam!

Für gewöhnlich viel Freundlichkeit und die wassermann- bzw. uranustypischen humanitären Züge. Vielleicht eine Person, die gerne Geld für wohltätige Zwecke sammelt oder auf andere Weise hilft. Weil sich Uranus hier im eigenen Zeichen befindet, ist sein Einfluss besonders stark.

URANUS IN DEN FISCHEN

Es ist kein größerer Unterschied als der zwischen den Prinzipien von Uranus und den Eigenschaften der Fische denkbar! Jemand, der sich durch viel Idealismus auszeichnet und der manchmal dazu in der Lage ist, Probleme mit Abstand zu sehen, womöglich mit einem visionären. Anflug, auf jeden Fall aber mit Wärme und Mitgefühl. In dieser Beziehung gibt es doch einen Zusammenhang zwischen Planet und Zeichen: Die Fische opfern vieles für das Wohl der anderen, und Uranus steht für das humanitäre Element.

Kreatives Potenzial

Originalität, Vorstellungsvermögen und Inspiration – wunderbare Gaben für einen kreativen oder schöpferischen Menschen. Jede Fische-Betonung aber kann für die Neigung zu Fluchttendenzen sprechen, speziell dann, wenn der Mensch zu Naivität oder zu Gefallsucht neigt. Das gilt auch bei dieser Stellung, die eigentlich für Logik spricht. Ein instinktives Bedürfnis, Trends zu folgen – im Zweifelsfall also wie die anderen auch zu Drogen zu greifen. Wenn das zutrifft, wird Uranus zu emotionalen Problemen führen. Dies ist allerdings nur selten zu erwarten, höchstens bei Menschen, die in Verbindung mit anderen Horoskopfaktoren zur Selbsttäuschung oder zu einer übergroßen Empfindsamkeit neigen.

DER PROGRESSIVE URANUS IN DEN ZEICHEN

Dazu wird es höchstens dann kommen, wenn die Geburt zu einem Zeitpunkt erfolgte, als Uranus kurz vor einem Zeichenwechsel stand – was sich nur alle sieben Jahre ereignet. Wenn Sie sich hierzu eine Meinung bilden wollen, sollten Sie sich zunächst mit der Bedeutung des Uranuszeichens der Geburt und dann der des Progressionszeichens auseinandersetzen. Trägt Uranus eine personalisierte Bedeutung, kommt es hier vielleicht tatsächlich zu auffälligen Auswirkungen.

URANUS IN DEN HÄUSERN

Die Angelegenheiten, die mit dem Haus von Uranus einhergehen, können plötzliche Veränderungen mit sich bringen. Vielleicht versucht der Betreffende hier mit Macht, etwas zu erzwingen. Weil dies eine potenzielle Quelle von Stress sein könnte, muss man Wege finden, die Spannung in eine positive Energie umzuformen.

URANUS IM 1. HAUS

1

Uranus färbt hier auf eine machtvolle Weise die Züge des Aszendentenzeichens. Ein Mensch, der seine Unabhängigkeit mit Händen und Füßen verteidigt, der originell ist und der brillante Züge hat, die vom Potenzial des Aszendentenzeichens angezeigt sind. Ein starkes Element der Andersartigkeit und Unvorhersagbarkeit kann aber ebenfalls typisch sein, wie bei negativen Aspekten besondere emotionale Spannungen.

Die goldene Regel ist hier, sich intensiv mit dem Uranuszeichen zu beschäftigen, weil dieses einen sehr markanten und ausdrucksstarken Teil der Persönlichkeit bildet – vorausgesetzt, Uranus- und Aszendentenzeichen stimmen miteinander überein. Ist dies nicht der Fall, gilt es, die Eigenschaften von den beiden mit Umsicht zu kombinieren, sodass beide einander ergänzen könnten. Steht Uranus nicht weiter als 10 Grad vom Aszendenten entfernt, ist eine Konjunktion gegeben.

Anmerkung: Mit einem solchen Planeten im 1. Haus können Sie viel über den progressiven Aszendenten lernen – fragen Sie nach, ob der Betreffende vielleicht einen Unfall hatte, als der progressive Aszendent auf Uranus zu stehen kam oder ob er durch eine drastische Veränderung im Leben seiner Eltern, vielleicht eine Scheidung, beeinflusst wurde. Das Alter, in dem sich das ergeben hat, entspricht ungefähr der Gradzahl zwischen der Stellung von Uranus und Aszendent.

URANUS IM 2. HAUS

2

Die Einstellung zu Geld dürfte ein wenig schrullig sein. Die betreffende Person tätigt womöglich vermeintlich clevere Investitionen, die sich dann aber als nicht besonders klug herausstellen – wenn es zu finanziellen Problemen kommt, hat sie sich das wahrscheinlich selbst zuzuschreiben! Wenn das Horoskop insgesamt auf eine materielle Orientierung schließen lässt (bei der Betonung von Erdzeichen z. B., wobei auch das MC eine Rolle spielen kann), könnte die Brillanz von Uranus gut zur Geltung kommen, vielleicht mit beträchtlichen unerwarteten Gewinnen. In den meisten Fällen aber gilt es, rechtzeitig zu erkennen, dass man zu finanziell dubiosen Entscheidungen neigt.

Uranus wird negativ wirken, wenn er negativ aspektiert ist, besonders von Sonne, Mond oder Venus. Die Gefühle könnten auf eine kühle Weise zum Ausdruck kommen, wenngleich die Anziehungskraft hoch ist. Ein überraschendes Besitzstreben könnte im Widerspruch zum uranischen Wunsch nach Unabhängigkeit stehen. Die Partner haben vielleicht ihre liebe Not damit.

URANUS IM 3. HAUS

3

Gibt dem Verstand etwas Brillantes und viel Originalität. In der Schule dürfte es zu eher sprunghaften Fortschritten gekommen sein, wahrscheinlich mit gewissen Problemen, was Disziplin betrifft. Eltern, die ein Kind mit dieser Stellung haben, sollten sich im Klaren sein: Zu viel schulische Zwänge wirken erstickend auf diesen Geist, der sehr lebhaft und tolerant ist und Anregungen braucht.

Ist Uranus positiv aspektiert, kommen seine kühle Logik und rationale Haltung deutlich zum Tragen – der Mensch fordert damit vernünftige Antworten auf seine Fragen. Dieser Zug tritt schon in jungen Jahren deutlich zutage und währt das ganze Leben lang! Befindet sich Uranus in einem fixen Zeichen und ist er negativ aspektiert, treten die Dickköpfigkeit und die Neigung zur Andersartigkeit, die so typisch für diesen Einfluss sind, markant hervor, vielleicht als ausgeprägte Lust am Widerspruch.

URANUS IM 4. HAUS

4

»Wir müssen Rücksicht auf sie nehmen – sie ist eben anders als andere Kinder!« Solche Äußerungen über ein Mädchen mit dieser Stellung sind typisch. Die Betreffende kann sich durch viel Brillanz und Klugheit auszeichnen, gleichermaßen aber auch durch den betonten Wunsch, anders zu sein als andere. Ist Uranus negativ aspektiert (insbesondere durch den Mond), auch viel Launenhaftigkeit und Sprunghaftigkeit.

Die Wichtigkeit des Zuhauses

Es könnte einen innerlichen Konflikt geben zwischen dem Bedürfnis nach einem stabilen, behaglichen häuslichen Leben und dem Drang, auf eine freie und ungebundene Weise zu leben, ohne familiäre Verantwortung. Wenn es hier zu Problemen kommt, sollten Sie auf die wichtigsten Zeichen des Horoskops schauen. Ist der Schütze oder Widder betont, braucht man viel Freiheit. Bei Krebs, den Fischen oder einem anderen introvertierten Zeichen dagegen sollte der oder die Betreffende das häusliche Leben in den Vordergrund stellen.

Man kann sich hier auch Fragen zum familiären Hintergrund stellen: Wirkte dieser störend? Gab es drastische Veränderungen? War die Mutter auf die eine oder andere Weise eigenartig? Erwies sie sich als keine fürsorgliche Mutterfigur, sondern eher als eine ungewöhnliche Erscheinung? Man muss auch achtgeben, dass man Kindern gegenüber nicht in das gleiche Muster verfällt!

URANUS IM 5. HAUS

5

Eine günstige Stellung für Uranus, weil die Lebensbereiche, die mit diesem Haus zusammenhängen, am meisten vom Uranus-Einfluss profitieren können (ausgenommen, er wird von einem persönlichen Planeten, besonders der Sonne, negativ aspektiert). Bei demjenigen, der über kreatives Potenzial verfügt und dies auch zum Ausdruck bringt, begünstigt er Originalität und Brillanz, mit Resultaten, die außerordentlich farbig in jeder Beziehung sind. Eine positive und aufgeschlossene Haltung zur Liebe – jemand, der emotional zu allem bereit ist, umso mehr, wenn die Feuerzeichen betont sind. Ist Uranus negativ aspektiert, können unkalkulierte Risiken immer wieder Gefahr bringen.

Der uranische Einfluss legt des Weiteren nahe, dass die Kinder des Betreffenden klug und auf die eine oder andere Art außergewöhnlich sind und ein exzellentes Potenzial besitzen. Mit ihnen umzugehen fällt aber möglicherweise nicht ganz leicht – sie haben die verschiedensten Interessen, weshalb sie ihre Eltern vielleicht viel Zeit, Energie und Geld kosten. Die Anstrengungen und Ausgaben könnten sich aber mit der Zeit sehr wohl bezahlt machen.

URANUS IM 6. HAUS (6)

Bei der Stellung im 6. Haus hat die Brillanz von Uranus einen anregenden Effekt auf den Intellekt und begünstigt Erneuerungen und Erfindungen.

Die Gesundheit ist nicht besonders robust, es ist wahrscheinlich, dass der Mensch häufig schon durch kleine Infektionen niedergestreckt wird oder sich irgendwie »nicht fühlt«. Der wahre Grund dafür könnten Stress und Spannung sein, aber auch die Neigung zu Ängsten und die Unfähigkeit, abzuschalten. Man sollte sehr auf die Ernährung achten: Vielleicht isst der Betreffende sehr unregelmäßig und/oder achtet nicht auf das, was er zu sich nimmt. Ist Uranus negativ aspektiert, besonders durch eine Opposition zum Aszendenten oder zu Merkur, werden sich diese störenden Einflüsse ohne Frage bemerkbar machen, vielleicht in Form von Magenbeschwerden.

Ein Arbeitsmuster entwickeln

Eine sehr komplexe Einstellung zur Routine. Die Jungfrau bzw. das 6. Haus mag und braucht eine beständige Routine und Sicherheit bei der Arbeit, der Uranus-Einfluss wirkt hier aber störend, was häufig dazu führt, dass der Betreffende eine Abneigung gegen Routinetätigkeiten entwickelt. Versuchen Sie, auf den gleichmäßigen Einsatz der physischen und nervlichen Energie hinzuwirken sowie auf die Entwicklung von allumfassenden Mustern zum Leben überhaupt. Zur Vermeidung von Spannungen sollte Ihr Gegenüber sich vielleicht mit verschiedenen Aktivitäten beschäftigen, mit unterschiedlichen Aufgaben für jeden Tag der Woche. Ein solcher konstruktiver Plan verhilft zu innerlicher Erfüllung sowie dazu, das zu erledigen, was getan werden muss.

URANUS IM 7. HAUS (7)

Hier muss man besonders gründlich analysieren und untersuchen. Uranus im 7. Haus hat einen sehr starken Einfluss auf die Einstellung zu Partnerschaften. Ein verständnisvoller Partner ist hier von besonderer Wichtigkeit.

Unabhängigkeit oder Verpflichtung

Wahrscheinlich spürt der Betreffende eine gewisse Abneigung, sich dauerhaft zu binden – das Uranuszeichen gibt Aufschluss darüber, ob es sich hier um eine Quelle von Konflikten handelt oder einfach um ein vages Bedürfnis nach Unabhängigkeit. Die Polarität zwischen Aszendent und dem Zeichen an der Spitze des 7. Hauses kommt hier zum Tragen; Sie sollten vielleicht noch einmal das Kapitel über Beziehungen (S. 210–229) aufschlagen, um sich über diese heikle Stellung klar zu werden.

Befindet sich Uranus in einem sehr emotionalen Zeichen, könnte der Geborene gemischte Gefühle zu verschiedenen Aspekten der Partnerschaft haben, woraus Fehler bei der Partnerwahl resultieren können: Man bindet sich häufiger als andere, erlebt dann aber auch häufiger das Scheitern von Beziehungen. Entscheidend ist hier, ob der Kopf über das Herz herrscht oder umgekehrt.

Dieser Uranus-Einfluss könnte auch einen gewissen romantischen Zug und eine geradezu magnetische Anziehungskraft bedeuten. Wenn durch die Betonung bestimmter Zeichen ein starkes Bedürfnis nach einer festen Beziehung besteht, könnte man zu spät erkennen, dass man auch Unabhängigkeit und Freiheit braucht. Man muss sich über diese Probleme selbst klar werden; Sie können nur dabei helfen, indem Sie aufzeigen, welche Eigenschaften womöglich im Vordergrund stehen, gemäß des Einflusses der Zeichen von Aszendent, Sonne und Mond, des Weiteren der Venus und der anderen persönlichen Planeten.

URANUS IM 8. HAUS (8)

Was Finanzen bzw. Investitionen betrifft, vielleicht eine sehr sorglose Einstellung. Wenn der Betreffende Geld hat, gibt er es aus – hat er keins, ist das auch egal. Ist der Mensch durch diese nachlässige uranische Haltung charakterisiert, könnte es sein, dass er noch einige Lektionen zu lernen hat, um es schließlich zu einer vernünftigeren Einstellung zu bringen (allerdings gibt es auch das eine oder andere, was für eine derartige unmaterialistische Haltung sprechen kann). Die klassische Interpretation für Uranus im 8. Haus wäre die, dass der Mensch erbt und sein Erbe für wohltätige Zwecke spendet.

Eine sehr komplexe Stellung – sie bezieht sich auf das Finanzielle, geht aber auch noch tiefer und hat mit unserer sexuellen Prägung zu tun und damit, wie der Betreffende psychisch sexuelle Befriedigung finden kann. Ein Mensch, der manchmal sehr auf den Partner fixiert ist, während häufiger einmal auch die kühle, nichtemotionale Seite von Uranus im Vordergrund steht.

Es könnte sein, dass diese Person ihre Probleme, die auf die eine oder andere Weise mit der Sexualität zusammenhängen, geradezu besessen analysiert – und sie vielleicht niemals lösen wird (vielleicht auch gar nicht lösen will). Wenn Sie meinen, dass das zutrifft, könnte eine psychotherapeutische Beratung angezeigt sein – sie könnte helfen, die Probleme bzw. Komplexe in die richtige Perspektive zu rücken. Das könnte besonders dann sinnvoll sein, wenn sich Uranus in der Jungfrau befindet und in Konjunktion zu Pluto steht oder andere Horoskopfaktoren in eine ähnliche Richtung weisen.

URANUS IM 9. HAUS (9)

Eine lebhafte und kaum problematische Stellung. Im Idealfall ein wunderbarer origineller und intelligenter Zug, was z. B. an der Universität Aufsehen erregen könnte. Evtl. auch die Neigung zur Wissenschaft oder ein einzigartiges literarisches Talent. Herausforderungen widmet sich dieser Mensch mit dem größten Enthusiasmus, sein Geist kennt keine Beschränkung. Eine markante Verstärkung des intellektuellen Potenzials; das Bedürfnis nach ständiger Anregung und neuen und immer wieder andersartigen

Erfahrungen. Die Fähigkeit, Probleme dadurch zu lösen, dass man Probleme von beiden Seiten sieht.

Den Geist erweitern

Bewegung im geistigen wie im körperlichen Sinn sind hier von besonderer Wichtigkeit, und der Überlieferung nach unerwartete Geschehnisse speziell im Ausland. Vielleicht auch eine unerklärliche, dynamische Anziehung zu einer Person aus einem fernen Land mit einer ganz anderen Kultur.

Uranus im 9. Haus kann für aufregende und ungewöhnliche Erfahrungen auf Reisen sprechen. Wenn Ihr Gegenüber plant, unter negativen Transiten zu Uranus zu verreisen, könnte es günstig sein, die Reise aufzuschieben, bis die störenden Einflüsse vorüber sind. Das Aufregende muss nicht unbedingt immer etwas Vergnügliches sein!

Untersuchen Sie den Einfluss von Jupiter und vom Jupiterzeichen Schütze. Befindet sich Uranus in diesem Zeichen, wird der Mensch jugendlich sein und sich als heller Kopf erweisen. Er sollte dazu angehalten werden, sich weiterzubilden, auf dem Gebiet, das ihm am attraktivsten erscheint.

URANUS IM 10. HAUS

10

Weil Uranus hier zur Zeit der Geburt hoch am Himmel stand, ist sein Einfluss sehr stark, umso mehr, wenn er sich in Konjunktion zum MC befindet (siehe S. 386).

Die Berufswahl

Die Wahl des Berufes hängt hier mit Uranus zusammen – der Geborene könnte sich vom Fliegen, von der Raumfahrt, der Astronomie, der Wissenschaft ganz allgemein oder vielleicht auch von humanitären und pflegerischen Berufen angezogen fühlen. Alternativ dazu interessiert er sich vielleicht für eine Tätigkeit, die etwas Aufregendes oder Strahlendes hat.

Plötzliche berufliche Veränderungen und Richtungswechsel sind möglich. Zeichnet sich eine solche Veränderung ab, z. B. eine Entlassung wegen eines Arbeitsplatzabbaus, könnte die Tendenz zu Überreaktionen gegeben sein; der Mensch nutzt dann vielleicht nicht die vielfältigen Erfahrungen, die er gesammelt hat, sondern fängt auf einem anderen Feld ganz von vorne an.

Reaktionen dieser Art sind das Ergebnis des ausgeprägten uranischen Wunsches, anders als andere zu sein. Trifft dies auf Ihr Gegenüber zu, sollten Sie dazu raten, die Dinge gründlich zu durchdenken und vernünftige und praktische Entschlüsse zu fassen.

Womöglich auch eine Tätigkeit in der Politik oder der Gewerkschaftsbewegung. Drang nach Macht.

URANUS IM 11. HAUS

11

Uranus fühlt sich in diesem Haus sehr wohl, weil es mit dem Wassermann in Verbindung steht. Sein Einfluss ist deshalb stark.

Ein Mensch, der womöglich sehr freundlich ist, der aber zur gleichen Zeit darauf achtet, andere nicht zu nahe an sich herankommen zu lassen. Eine gewisse Universalität in der Haltung sowie der starke Drang nach einem vielfältigen gesellschaftlichen Leben – welches womöglich sogar wichtiger als die berufliche Tätigkeit wird.

Der gesellschaftliche Einfluss

Das Uranuszeichen lässt erkennen, wie den Energien des 11. Hauses am besten Ausdruck verliehen werden kann. Bei einem Löwe-Uranus z. B. könnte sich die Person als der geborene Präsident oder Vorsitzende eines Klubs oder einer gesellschaftlichen Gruppierung erweisen; auf der anderen Seite vielleicht eine Person, die die »Drecksarbeit« erledigt – der Sekretär z. B., der sich um die Geschicke des Klubs kümmert, der keine ruhige Minute hat und der niemals die ihm gebührende Anerkennung erhält.

Das unvorhersehbare Element von Uranus wird sich immer wieder einmal bemerkbar machen, was zu plötzlichen Veränderungen in Bezug auf Freundschaften und Gruppierungen führen kann, alles als Resultat eines abrupten Sinneswandels. Manchmal könnte sich der Betreffende selbst als Störfaktor erweisen, vielleicht deshalb, um die Gruppe aus ihrer Selbstzufriedenheit zu wecken.

URANUS IM 12. HAUS

12

Eine sehr interessante Uranusstellung. Wenn auch Uranus und das 12. Haus sehr unterschiedlich sind, kommen sie doch in vielerlei Hinsicht gut miteinander zur Geltung.

Uranus ist aufgeschlossen und humanitär gesinnt; das 12. Haus wiederum symbolisiert unser Bedürfnis, Opfer zu bringen. Hier verbindet sich also der Fluss der Gefühle mitsamt dem instinktiven Drang zu helfen mit der logischen und nichtemotionalen Herangehensweise des kühlen, distanzierten Uranus. Vielleicht verzichtet der Betreffende damit auf eine enge Beziehung und widmet sich einer fürsorglichen Tätigkeit, unter Umständen der Betreuung eines älteren Verwandten.

Grund für die Aktivitäten könnte ein drängendes innerliches Bedürfnis sein – die wundervollen Resultate, die sie bringen, wiegen für die Person womöglich jedes Opfer auf. Vielleicht war hier auch die Kindheit von hohen Anforderungen des Vaters oder der Mutter geprägt. Die Motive, um die es hier geht, können sehr komplex sein, und wir müssen darauf achten, nicht mehr von den astrologischen Techniken abzuleiten, als sie hergeben können, speziell bei psychologischen Problemen und Komplexen. Man greife hier den Psychotherapeuten und Psychiatern nicht vor; raten Sie ihrem Gegenüber, sich an einen Fachmann zu wenden, wenn Ihnen das sinnvoll erscheint!

DER PROGRESSIVE URANUS IN DEN HÄUSERN

Es ist sehr unwahrscheinlich, dass Uranus in der Progression das Haus wechselt. Falls sich dies doch ergibt, lesen Sie bitte die Abschnitte zu Uranus in den beiden betreffenden Häusern. Messen Sie dem aber nicht besonders viel Bedeutung bei, ausgenommen, Uranus hat eine personalisierte Bedeutung oder ist Herrscher des Horoskops. In diesem Fall könnten die Themen des Progressionshauses in den Mittelpunkt rücken; dann würde der Geborene diesen Lebensbereich in einem neuen Licht zu sehen beginnen.

URANUSASPEKTE

Die Aspekte zwischen Uranus und Neptun bzw. Pluto haben über lange Zeit Bestand, nicht nur deshalb, weil sich Uranus so langsam bewegt, sondern auch, weil Neptun und Pluto noch weiter von der Sonne entfernt sind. Insofern erscheinen diese Aspekte in den Horoskopen aller Menschen, die im gleichen Zeitraum geboren sind. Sie sind zwar als eine Art Generationseinfluss aufzufassen, sollten aber trotzdem berücksichtigt werden!

Untersuchen Sie hier die beiden Planeten, und stellen Sie fest, ob einer von ihnen durch Zeichen oder Haus stärker ist. In vielen Fällen könnten die Eigenschaften, die mit einer solchen Verbindung einhergehen, auch durch andere Horoskopfaktoren angezeigt sein. Trifft dies nicht zu, müssen wir den Aspekt als eine allgemeine Einstellung zu den allgemeinen Themen der Zeit sehen. Wenn keiner der beiden Planeten eine personalisierte Bedeutung trägt, dürfen wir nicht den Fehler machen, den Aspekt für sich allein zu betrachten – er muss im Rahmen des gesamten Horoskops interpretiert werden.

Uranusaspekte zur Sonne
siehe Sonnenaspekte zu Uranus, S. 279-280.

Uranusaspekte zum Mond
siehe Mondaspekte zu Uranus, S. 297.

Uranusaspekte zu Merkur
siehe Merkuraspekte zu Uranus, S. 316.

Uranusaspekte zur Venus
siehe Venusaspekte zu Uranus, S. 330-331.

Uranusaspekte zu Mars
siehe Marsaspekte zu Uranus, S. 344-345.

Uranusaspekte zu Jupiter
siehe Jupiteraspekte zu Uranus, S.356-357.

Uranusaspekte zu Saturn
siehe Saturnaspekte zu Uranus, S. 371-372.

Für den eher unwahrscheinlichen Fall, dass Uranus in der Progression einen Planeten aspektiert, sei auf die obige Aufstellung verwiesen – lesen Sie unter dem entsprechenden Planeten nach. Bei einem Aspekt zum Radixjupiter oder -saturn oder – noch unwahrscheinlicher – zum progressiven Neptun oder Pluto ziehen Sie bitte die Ausführungen zu den Uranustransiten zu Rate (S. 386–392). Ein progressiver Aspekt würde über Jahrzehnte hinweg exakt sein – insofern ist er bei der Interpretation nicht besonders bedeutungsvoll.

URANUSASPEKTE ZU NEPTUN

Konjunktion

Dazu kommt es etwa alle 171 Jahre. Im Jahr 1989 standen die Planeten eng beieinander, innerhalb des für die Konjunktion zugelassenen Orbis, dann wurde die Konjunktion im April 1992 und mehrfach 1993 exakt. 1998 verließen die beiden Planeten dann den Orbis. Für diejenigen, die zwischen Januar 1989 und Februar 1990 geboren wurden, ergibt sich noch ein zusätzlicher Einfluss durch Saturn (siehe Saturnaspekte zu Uranus und Neptun, S. 371–372). Es handelt sich hierbei um sehr machtvolle Einflüsse für diese Generation. Die uranische Originalität, Selbstständigkeit und humanitäre Ausrichtung mischen sich mit den eher spirituellen Qualitäten von Neptun, und das im Steinbock – wir können uns denken, dass sich diese Menschen sehr mit der Umweltsituation beschäftigen werden, und zwar auf eine andere Art als die Generation der 1960er, die ihrerseits zum größten Teil eine Uranus/Pluto-Konjunktion in der Jungfrau aufwies (siehe rechts).

Positive Aspekte

Zumeist eine harmonische Mischung von Originalität und Fantasie. Eine exzellente Stellung für kreative Menschen und für wissenschaftliche Forscher – sie unterstützt die Intuition und das logische Denken gleichermaßen. Geben Sie diesem Sachverhalt aber nur dann viel Raum bei der Interpretation, wenn auch andere Einflüsse für eine solche Wirkung sprechen.

Negative Aspekte

Wenn von anderer Stelle des Horoskops Spannungen angezeigt sind und der Geborene zu Vergesslichkeit oder zu Zerstreutheit neigt, werden diese Tendenzen durch solche Aspekte verstärkt. Im Extremfall – wenn z. B. einer der Planeten eine personalisierte Bedeutung hat – kann das so weit gehen, dass die betreffende Person sagt: »Ich mache mir so viele Sorgen und bin so aufgeregt, dass ich nicht ein noch aus weiß. Ich kann schon gar nicht mehr schlafen!« Eine Entspannungstechnik könnte dann eine gute Sache sein, vielleicht Yoga, vorausgesetzt, man ist nicht allzu introvertiert.

URANUSASPEKTE ZU PLUTO

Konjunktion

Dieser extrem machtvolle Generationseinfluss ergibt sich nur alle 115 Jahre, das letzte Mal zwischen 1963 und 1969 in der Jungfrau. Eine vibrierende Quelle von planetarischer Energie – wer mit dieser Konjunktion auch noch ein betontes Jungfrauzeichen oder ein Jungfrau-MC hat, dürfte sich als ein Führer seiner Generation erweisen, fähig zu Veränderungen und drastischen Aktivitäten. Durch ihre Arbeit dürfte diese Generation viele Ungerechtigkeiten abstellen. Weil dieser Einfluss aber so kräftig ist und beide Planeten mit Macht zu tun haben, gibt es auch eine destruktive und negative Seite, die mit der Verschlimmerung des Drogen- und Gewaltproblems zu tun hat.

Wenn die Konjunktion eine personalisierte Bedeutung hat und negativ aspektiert wird, muss der Geborene womöglich gegen tiefverwurzelte psychologische Probleme oder auch eine Sucht ankämpfen. Vielleicht können Sie ihm Beistand leisten – bei heiklen Fällen aber sollten Sie zu einer Behandlung durch einen Spezialisten raten.

Es handelt sich hier aber um einen Generationseinfluss, der in den meisten Fällen nicht besonders stark ist. Allerdings könnte die Person doch auf dem damit in Verbindung stehenden Lebensbereich die eine oder andere frustrierende Erfahrungen machen.

⊞ Positive Aspekte

Eine starke Neigung zu drastischen Veränderungen, umso mehr dann, wenn entweder der Radixuranus oder Pluto im Transit von Saturn, Uranus oder Pluto aktiviert wird. Wenn diese Transite negativ sind, Veränderungen aufgrund von innerlichen Zwängen; die Umsetzung von Plänen aber könnte schwierig sein. Manchmal besteht hier auch ein Machtkomplex. Überinterpretieren Sie diese Aspekte nicht, es sei denn, einer der beiden Planeten ist sehr stark gestellt.

⊟ Negative Aspekte

Eine potenzielle Quelle von Konflikten und Spannungen, für gewöhnlich aber nur dann, wenn einer der Planeten im Transit – besonders durch Saturn – aktiviert wird. Der Betreffende könnte sich als Störenfried erweisen und Veränderungen um ihrer selbst willen unternehmen – und das später womöglich bitter bereuen.

URANUSASPEKTE ZUM ASZENDENTEN (Asc)

☌ Konjunktion

Hier bilden Zeichen und Haus von Uranus einen wichtigen Bestandteil der Interpretation. Ein Mensch, dem Unabhängigkeit viel bedeutet, der sehr originell ist und anziehend. Ist Uranus allerdings negativ aspektiert – besonders durch Sonne, Mond oder den herrschenden Planeten –, könnten Exzentrizität, Unverträglichkeit oder ein ausgeprägter Wunsch, anders zu sein, in Erscheinung treten, vielleicht auch viel nervliche Spannung. All das muss aber keine Probleme machen, wenn der Mensch die Energie durch ein tiefgründiges Interesse oder eine anspruchsvolle berufliche oder körperliche Aktivität abreagieren kann.

Befindet sich Uranus im 12. Haus, ist sein Einfluss von subtilerer Art – der Betreffende bringt dann vielleicht große Opfer und scheut das Rampenlicht, möglicherweise, indem er einer humanitären Berufung folgt.

Eine ganz andere Auswirkung sehen wir bei demjenigen, der mit Uranus im 12. Haus als Filmtechniker arbeitet bzw. mit der technischen Seite des Fernsehens oder des Theaters zu tun hat. Eine günstige Stellung auch für Abenteuerfotografen oder für Computergrafiker – sie verstärkt den kreativen Erfindungsgeist. Vielleicht auch eine Neigung zum Mystischen und zu Kulten. Leider sind damit häufig Gefahren verbunden.

⊞ Positive Aspekte

In diesem Fall kommt Uranus gut zur Wirkung, er gibt der Persönlichkeit etwas Brillantes und Originelles und stärkt die Kreativität und Erfindungsgabe. Er kann weiterhin eine dynamische Anziehungskraft verleihen, wie die Konjunktion auch. Steht Uranus im 5. Haus, vielleicht ein sehr abwechslungsreiches und aufregendes Liebesleben mit einem Hang zur Unabhängigkeit, auch bei festen Beziehungen. Die Angelegenheiten des Uranus-Hauses dürften sich gut entwickeln, häufig in Verbindung mit unerwarteten Geschehnissen.

⊟ Negative Aspekte

Zumeist eine Quelle von Spannung, die dazu führen kann, dass sich der oder die Betreffende mit Macht von anderen unterscheiden will und sich auf eine unvorhersehbare Weise verhält. Das Quadrat ist noch negativer und störender als die Opposition – bei Letzterer muss man allerdings untersuchen, ob Uranus womöglich schädlich auf die Gesundheit wirkt (6. Haus) oder ob er die Einstellung zu den Beziehungen beeinflusst (7. Haus). Quadrate vom 4. oder 10. Haus aus können zu Problemen im Beruf oder im Zuhause führen. Ein reizbarer Mensch, der die Probleme, die sich auf dem betreffenden Lebensgebiet ergeben, nicht in der richtigen Perspektive sieht.

URANUSASPEKTE ZUM MC (MC)

☌ Konjunktion

Möglicherweise drastische berufliche Veränderungen. Vom psychologischen Blickpunkt aus vielleicht eine Identifikation mit der Macht, sodass man sich wünscht, eine Machtposition zu bekleiden, vielleicht, indem man für die Sache der Arbeiter kämpft und in der Gewerkschaftsbewegung aktiv wird.

Eine Neigung zur Auflehnung sowie der Drang, bei der Arbeit unabhängig zu sein. Der Mensch leistet dann sein Bestes, wenn er sich nicht mit kleinlichen Vorgesetzten herumschlagen muss. Seine Arbeitsergebnisse sind für gewöhnlich brillant und sehr originell. Uranische Arbeitsgebiete üben hier den größten Reiz aus.

⊞ Positive Aspekte

Wirken ähnlich wie die Konjunktion. Viel berufliche Originalität. Die natürliche Dynamik dieses Menschen wird am Arbeitsplatz nicht unbemerkt bleiben – er muss aber darauf achten, dass er sich durch seine Neigung zu plötzlichen Veränderungen nicht langfristig selbst schadet. Jemand, der immer wieder gerne Neuland betritt und der seine Konkurrenten mit originellen Aktivitäten überrascht.

⊟ Negative Aspekte

Hier könnte der Betreffende in überdurchschnittlicher Form unter Spannungen im Arbeitsleben zu leiden haben, was schließlich dazu führen könnte, dass man sich bei jedem Problem sehr viele Sorgen macht. Unglücklicherweise kann der Betreffende auch nicht die Ruhe bewahren, wenn Kollegen oder missgünstige Chefs ihm zusetzen. Es ist nicht Unfähigkeit, die ihn zu seinen Reaktionen treibt – es fällt ihm nur schwer, das richtige Maß zu finden. Mit unvorhersehbaren oder verstockten Reaktionen macht man aber alles nur schlimmer.

Anmerkung: Das Wichtigste bei einem Aspekt zwischen Uranus und dem MC ist das Prinzip der Unabhängigkeit – es handelt sich hier sehr häufig um Menschen, die ihren eigenen Weg gehen wollen. Häufig arbeiten sie als Selbstständige; wenn andere Faktoren des Horoskops für Geschäftstüchtigkeit sprechen, gründen sie vielleicht ihren eigenen Betrieb. Möglicherweise gehen die geschäftlichen Neigungen Hand in Hand mit unternehmerischen Fähigkeiten.

URANUS-TRANSITE (♅)

Die Auswirkung der Uranustransite besteht darin, das Leben mit unerwarteten Geschehnissen anzureichern. Das Motto könnte hier sein: »Auf das Unvorhersehbare gefasst sein!« Im Idealfall bringt dieser Planet positive Spannung und Aufregung und treibt uns Selbstzufriedenheit aus; schlimmstenfalls bedeutet er Stress und schockierende Vorfälle.

Der Weg scheint zu diesen Zeiten klar umrissen, wir sehen mit neuer Hoffnung und der Erwartung in die Zukunft, dass die vorgenommenen Veränderungen das bislang ungenutzte Potenzial entfalten und uns mit ganz anderen Umständen konfrontieren werden. Nicht jeder Einfluss von Uranus hat eine derartig drastische Wirkung; von Zeit zu Zeit aber ergeben sich tatsächlich dramatische Auswirkungen, besonders unter der Opposition zum Radixuranus (siehe S. 391-392).

Wenn Uranus, wie wir ihn von der Erde aus sehen, sein schnellstes Tempo eingeschlagen hat, dauert sein Transit etwa zweieinhalb Wochen; oftmals aber wird er dem Anschein nach langsamer und später dann sogar rückläufig, um schließlich abermals die Richtung zu wechseln (siehe S. 23). Es ergibt sich daher oft, dass ein Planetenort im Horoskop in vielleicht sechs Monaten dreimal berührt wird. Uranus steht nicht die ganze Zeit genau auf diesem Planeten, es gibt aber drei Zeitpunkte, zu denen er ihn exakt aspektiert.

In diesen Zwischenphasen genießt der Mensch eine kurze Verschnaufpause; er kann sich dann eine Zeit lang von den Problemen oder Entwicklungen, die Uranus mit sich gebracht hat, erholen. Es ist aber unwahrscheinlich, dass diese Probleme gelöst werden können, bevor der letzte der drei Kontakte vorbei ist.

Letzteres ist für gewöhnlich die Schlüsselphase dieses Transits, zu der sich Lösungen abzuzeichnen beginnen und Veränderungen oder Schritte unternommen werden. Wenn sich Uranus aber vorwiegend negativ ausgewirkt hat, könnte man sich jetzt befreit fühlen und entdecken, dass man sein altes Leben und seine alten Gewohnheiten wieder aufnehmen kann.

Die genaue zeitliche Bestimmung der Transite ist astrologisch sehr schwierig (astronomisch gibt es hier keine Probleme, wenn man einmal gelernt hat, mit der Ephemeride umzugehen). Der astrologische Einfluss erstreckt sich allgemein über eine deutlich längere Zeit, als astronomisch angezeigt ist. Uranus bildet hier, mit Mars und Pluto, eine Ausnahme – es scheint bei ihm eine Art Schalter mit den Einstellungen »An« und »Aus« zu geben. Was aber wirklich geschehen wird, ist nicht vorherzusagen: Rechnen Sie mit dem Unerwarteten!

Bei den Interpretationen zu diesen Einflüssen haben wir einige Richtlinien gegeben, was möglicherweise geschieht. Sie werden selbst Worte wie »wahrscheinlich«, »womöglich« und »vielleicht« immer häufiger verwenden, wenn Sie erkannt haben, welche Einflüsse mit progressiven Aspekten und Transiten verbunden sind. Gehen Sie vorbehaltlos an diese heran, speziell bei Uranus! Erinnern Sie sich darin, dass er der Planet der Überraschungen ist, welche oft angenehm, manchmal aber auch lästig sein können.

Anmerkung: Unter dem Einfluss eines Uranustransits könnte man ganz anders als sonst und sehr sprunghaft sein, auf eine unvorhersehbare, betont unkonventionelle oder auch sehr eigensinnige Weise. Extreme Tendenzen sind hauptsächlich bei machtvollen negativen Transiten zu Sonne, Mond oder persönlichen Planeten zu erwarten.

Wenn Sie der Ansicht sind, dass der Betreffende zu Überreaktionen neigt, sollten Sie ihn dazu anhalten, wichtige Entscheidungen so lange aufzuschieben, bis der Einfluss vorüber ist. Ist das nicht möglich, weil der Kontakt zu lange dauert, müssen Sie das Geburtshoroskop auf Faktoren hin untersuchen, die für Stabilität und Umsicht sprechen. Raten Sie dazu, sich auf diese zu beziehen, um vorschnelle oder übertriebene Reaktionen zu verhindern!

URANUSTRANSITE ZUR SONNE ☉

☌ Konjunktion

Sehr machtvolle Einflüsse, unter denen man den Wunsch haben könnte, wichtige Veränderungen bezüglich des persönlichen oder beruflichen Lebens vorzunehmen. Man befindet sich jetzt an einem Scheideweg im Leben. Die Veränderungen, die man jetzt vornimmt, sollten zum Besseren führen – es muss aber vor überstürzten und vorschnellen Handlungen gewarnt werden! Man könnte sich jetzt in den bestehenden Umständen sehr unwohl fühlen (was sehr häufig der Fall ist) – und in der Tat könnte die Zeit nun reif für wichtige Veränderungen sein, speziell dann, wenn das Progressionshoroskop dies unterstützt, z. B. durch einen Zeichenwechsel von Sonne oder Aszendent (was sich auf das persönliche Leben bezieht) oder vom MC (Beruf) oder wenn der progressive Mond über den Aszendenten oder das MC des Geburtshoroskops läuft. Eine solche Unterstützung ist günstig – ohne sie dürften die Veränderungen zwar wichtig, aber nicht ganz so umfassend sein. Wie dem auch sein mag – neue und unerwartete Begebenheiten. Weil dieser Transit aber doch ein sehr persönlicher Faktor ist, wäre es denkbar, dass der Betreffende selbst für die Veränderungen verantwortlich ist.

+ Positive Transite

Von ähnlicher Wirkung wie die Konjunktion, aber deutlich schwächer. Ebenfalls ein sehr günstiger Einfluss, der dem Geborenen einen Neustart oder eine willkommene Pause ermöglicht. Anregende und konstruktive Energien, die zu neuen Interessen führen können und vielleicht auch dazu, dass man sich anders darstellt als zuvor. Mit ihnen wird das Leben ein bisschen aufregender und spannender. Man sollte jetzt auf jede nur erdenkliche Weise, die Erfolg und Vergnügen verspricht, experimentieren!

− Negative Transite

Schwierige Phasen, in denen es sehr wahrscheinlich zur Aufstauung von Spannung und nervlicher Belastung kommt. Der Geborene könnte jetzt unter übermäßigem Druck zu leiden haben und vielleicht nicht die Zeit oder Muße finden, sich zu entspannen. Der Wunsch nach Fortschritten treibt ihn möglicherweise dazu, bis zur Verausgabung zu arbeiten. Stress und Spannungen sind auch im persönlichen sowie im Beziehungsleben möglich.

Vielleicht auch ein ungewöhnliches und betont andersartiges Verhalten. Dem Geborenen könnte das, was jetzt geschieht, viel Spaß machen; seine Handlungen erweisen sich aber womöglich als Störfaktoren. Empfehlen Sie Ihrem Gegenüber, wichtige Entscheidungen aufzuschieben, und studieren Sie ggf. noch einmal die allgemeinen Anmerkungen zu den Uranustransiten (links).

URANUSTRANSITE ZUM MOND ☽

☌ Konjunktion

In diesem Fall beeinflusst Uranus die Instinkte und die Intuition, sodass der oder die Betreffende nun vielleicht sagt: »Ich fühle, dass die Zeit reif ist für eine

Veränderung!« Für gewöhnlich hat das auch seine Richtigkeit – der Mensch sollte seinen Gefühlen durch sorgfältige Planungen und wohlkalkulierte Handlungen Folge leisten. Hüten muss er sich aber vor plötzlichen Meinungsänderungen, die kein praktisches Motiv haben – warnen Sie also vor derartigen Impulsen. Viel hängt hier vom Radixmond mit seinem Zeichen und seinen Verbindungen ab. Wenn er mehr oder weniger frei ist von negativen Aspekten zu Saturn, Neptun, Pluto und Uranus selbst, sollte es keine größeren Probleme geben; sind solche Verbindungen vorhanden, werden die Eigenschaften, wie sie unter dem jeweiligen Einfluss angeführt sind, mit zusätzlicher Stärke hervortreten. In diesem Fall muss mit Umsicht vorgegangen werden! Wer z. B. mit einem Mondquadrat zu Neptun im Horoskop diesen Transit erlebt, könnte in einem Moment besonderer Anspannung versucht sein, andere zu hintergehen oder sich auf heikle Weise aus einer schwierigen Situation zu befreien.

+ Positive Transite

Das Bedürfnis, etwas Neues und anderes zu machen – vielleicht das Zuhause zu verändern oder umzuziehen. Auch in diesem Fall wird der Betreffende instinktiv fühlen, was anders gemacht werden muss. Er sollte seiner Intuition Folge leisten – trotzdem aber muss man vor Handlungen gründlich nachdenken, weil man auch unter diesen positiven Transiten Fehler machen kann! So könnte der Mensch aus der Laune nach Veränderungen in seinem Zuhause heraus eine teure Tapete kaufen, um dann später festzustellen, dass sie an der Wand schrecklich aussieht. Im Allgemeinen aber dürfte alles gut laufen.

− Negative Transite

Könnten für heikle und angespannte Umstände sprechen. Der Betreffende befindet sich nun zumeist bei der Arbeit oder im Leben überhaupt unter Druck, was zu einer für ihn untypischen Launenhaftigkeit sowie zu unvorhersehbaren Aktionen führen kann. »Ich weiß nicht, was er sich dabei gedacht hat!« ist der Satz, den man nun von Nahestehenden oft hören wird. Der Geborene könnte sich sehr gereizt, arrogant oder unsicher präsentieren, sich jegliche Einmischung verbieten und vielleicht auch seine Pflichten und Aufgaben vernachlässigen. Man muss ihn dazu anhalten, die Ruhe zu bewahren und übereilte Handlungen zu unterlassen. In manchen Fällen aber auch sehr originelle und brillante Resultate.

URANUSTRANSITE ZUM MERKUR ☿

☌ Konjunktion

Brillanten und originellen Eingebungen sollte man jetzt Folge leisten – es wird sich zeigen, dass sie es wert sind. Allerdings fällt es nicht leicht, unter diesem Transit den Details von Plänen gerecht zu werden. Nichtsdestoweniger ist der Verstand jetzt durch die Brillanz von Uranus aktiviert, was interessante, lebhafte und außergewöhnliche Resultate haben kann, z. B. in literarischer oder konkret-schöpferischer Hinsicht (Merkur herrscht auch über die Hände). Für diejenigen, die auf wirtschaftlichem Gebiet tätig sind, könnte das eine neue Idee bedeuten, wie man zu Geld kommen kann (Merkur hat auch eine Beziehung zum Handel). Man könnte seine Meinungen nun drastisch ändern – und falls Merkur bei der Geburt in einem fixen Zeichen stand, erweist sich der Geborene jetzt möglicherweise als geradezu starrsinnig.

+ Positive Transite

In der Auswirkung ganz ähnlich wie die Konjunktion, allerdings mit weniger Impulsivität, sodass es weniger Sorgfalt beim Umgang mit den Details bedarf – der Schritt zur Praxis fällt hier leichter. Die Verbindung des kommunikativen Einflusses von Merkur mit dem humanitären und sozialen Gewissen von Uranus bedeutet, dass dies eine gute Zeit ist, um mithilfe der Medien Unrecht anzuprangern oder um Personen in Machtstellungen zu kontaktieren.

− Negative Transite

Sorgen im Allgemeinen für sehr viel nervöse Spannung; oftmals hat der Betreffende zu dieser Zeit das Gefühl, dass ihn die Reaktion der anderen oder eine bestimmte Situation »ganz krank« macht. Wenn man nun zu lange an einem mental anspruchsvollen Projekt arbeitet, kann das zu Problemen führen. Jetzt könnte sich auch ein exzentrisches Verhalten zeigen.

Anmerkung: Uranus steht in enger Verbindung zur Astrologie. Wenn man sie zu studieren beginnt, ist er oft gerade aktiv, häufig in Verbindung mit Merkur. Das bezieht sich auf Transite wie auf Progressionen.

URANUSTRANSITE ZUR VENUS ♀

☌ Konjunktion

Der oder die Betreffende wirkt jetzt nicht nur besonders anziehend auf das andere Geschlecht, sondern neigt auch zur »Liebe auf den ersten Blick«. Die Erfahrungen, die man nun macht, könnten recht vergnüglich sein – es ist dies aber nicht die Zeit, um die Entscheidung für eine langfristige und ernsthafte Bindung oder z. B. auch für den Kauf eines Hauses zu treffen.

Über die Liebe hinaus handelt es sich hier um den idealen Einfluss, sich in seiner Kleidung für einen neuen Stil zu entscheiden und Geld für Kleidungsstücke auszugeben, die anders und vielleicht auch gewagter sind als die anderen; insofern könnte man jetzt ein anderes Bild von sich vermitteln. Eine neue Frisur oder eine neue Haarfarbe könnte ebenfalls positiv auf das Ego wirken. Trotz allem aber handelt es sich um einen Uranus-Einfluss, unter dem man zu drastischen (Über-)Reaktionen neigt und sein Verhalten kontrollieren muss, speziell bezüglich des Liebeslebens. Vielleicht ergeben sich auch unerwartete finanzielle Entwicklungen. Raten Sie zu vorsichtigen und wohlüberlegten Investitionen.

+ Positive Transite

Wirken ähnlich wie die Konjunktion, speziell, was die Möglichkeit betrifft, sich nun auf eine andere Art darzustellen. Wenn die Venus eine personalisierte Bedeutung hat und die betreffende Person damit psychologisch und physisch stark beeinflusst, könnte eine kosmetische Behandlung, eine Diät oder vielleicht auch ein Aufenthalt auf einer Schönheitsfarm eine gute Sache sein. Eine vergnügliche Zeit in der Liebe – ohne dass man jetzt daran denken sollte, sich ernsthaft zu binden.

Transite, die sich direkt anschließen, könnten Näheres dazu erkennen lassen, wie sich eine solche Liebesbeziehung weiterentwickelt. Achten Sie darauf, ob das Progressionshoroskop Hinweise auf weitreichende Veränderungen erkennen lässt. Auch finanziell können sich diese Transite günstig auswirken.

Negative Transite

Sorgen zumeist für ein gewisses Maß an emotionaler Spannung und Aufregung. Manchmal liegt das daran, dass sich der Betreffende jetzt anders als sonst verhält, dass er nun vielleicht zum Hirten neigt oder einen Seitensprung begeht oder dass er sich über das Verhalten des Partners aufregt. Möglicherweise liegt das am fehlenden Willen zur sexuellen Kooperation – der Grund dafür könnte Müdigkeit, Erschöpfung durch Kinder, ein frustrierender Lebensstil oder ganz allgemein das Gefühl sein, die Nase voll zu haben. Eine gute Kommunikation zwischen den Partnern ist jetzt das Entscheidende – vielleicht sollten Sie beide Horoskope studieren (siehe auch die Ausführungen zu Beziehungen, S. 210–229). Die Venus-Beziehung zum Geld bedeutet, dass dies finanziell keine besonders günstige Zeit ist.

URANUSTRANSITE ZU MARS ♂

Konjunktion

Alle Eigenschaften, die mit dem Radixmars zusammenhängen, sind deutlich unterstrichen. Jetzt sehr viel Tapferkeit und Wagemut. Ein ungehemmter Fluss der physischen und nervlichen Energie, angereichert mit Adrenalin, wenn nötig.

Unter dieser Verbindung kann man viel erreichen – zu oft aber kommt es zu einem impulsiven und sprunghaften Verhalten mit unüberlegten und überstürzten Entscheidungen. Als Auswirkung der eigenen Aktivität dürfte das Leben jetzt sehr ereignisreich sein. Vielleicht haben die Nahestehenden und die Kollegen auch irgendwann die Nase voll von dem hektischen Bedürfnis nach Aktivität, das der Betreffende nun an den Tag legt.

Man muss darauf achten, nun nicht in blinden Optimismus zu verfallen – man neigt nämlich dazu, die Fallstricke zu übersehen, speziell bei übereilten Handlungen. Sich Hals über Kopf in unbekannte Fahrwasser zu stürzen ist typisch für diesen Transit. Das ist etwas sehr Schönes – vorausgesetzt, man kann schwimmen und ist auch stark genug, notfalls gegen die Strömung anzukämpfen!

Das Resultat dieser intensiven nervlichen wie physischen Energie könnten auch wiederholt auftretende Spannungskopfschmerzen sein. Es fällt dem Menschen nun schwer, abzuschalten – und vielleicht will er das auch gar nicht.

Man kann jetzt exzellente Arbeit leisten, vorausgesetzt, man beweist entsprechende Vorsicht und gesunden Menschenverstand und hält die Neigung zur Überstürztheit oder einem übertriebenen Enthusiasmus im Zaum. Sagen Sie immer wieder: »Seien Sie vorsichtig!« – vielleicht hört der oder die Betreffende ja auf Sie.

Positive Transite

Eine exzellente Quelle von Energie für eine herausfordernde oder schwierige Arbeit. Die Fähigkeit, Situationen rasch zu erfassen und, wenn nötig, direkt und in drastischer Form zu reagieren. Manchmal auch sehr viel Mut, in körperlicher oder auch mentaler Hinsicht. Eine kühne Haltung bei der Arbeit kann damit ebenfalls verbunden sein. Diese Transite haben vieles mit der Konjunktion gemeinsam, wirken aber nicht ganz so heftig.

Brillante sportliche Leistungen sind ebenfalls möglich. Wenn sich der Betreffende sportlich betätigt, sollten Sie ihn anspornen – vielleicht aber merken Sie, dass das gar nicht nötig ist.

Negative Transite

Der Geborene könnte jetzt eine sehr stress- und spannungsreiche Phase erleben und wegen seiner aktuellen Situation ärgerlich oder wütend sein. Es ist gut, zu solchen Zeiten seinem Ärger einmal Ausdruck zu verleihen; hier können aber die Impulsivität, die betonte Andersartigkeit und die Unvorhersehbarkeit von Uranus in Erscheinung treten, was langfristig womöglich Schäden verursachen könnte.

Nervöse Spannungen können physische Auswirkungen haben, insbesondere schwere Kopfschmerzen; die Mars-Tendenz zur Unbekümmertheit fügt dem noch eine Unfallneigung zu. Raten Sie beim Autofahren, bei der Arbeit mit Maschinen und beim Kochen zu besonderer Vorsicht!

URANUSTRANSITE ZU JUPITER ♃

Konjunktion

Eine wahrscheinlich sehr aufregende und ereignisreiche Zeit mit vielen Fortschritten und vergnüglichen Erfahrungen. Jetzt ist es erlaubt, sich ein wenig zu produzieren – es gilt, andere nun wissen zu lassen, wie klug und originell man wirklich ist.

Eine günstige Zeit, um gegen Zweifel und all das vorzugehen, was in der persönlichen Haltung negativ ist. Der Transit bringt positive Ergebnisse, wirkt fördernd auf das Selbstbewusstsein und lässt den Menschen erkennen, was er in der Vergangenheit alles geschafft hat – und jetzt gerade schafft.

Vielleicht auch ein ganz besonderer Erfolg – der Gewinn eines Preises z. B. als Belohnung für besondere Originalität oder Anstrengung. Ein sehr günstiger Einfluss für alles, was von Jupiter geprägt ist, besonders aber für Studien und für das Verfassen von Schriften, die neue Erkenntnisse vermitteln.

Positive Transite

Wirken ganz ähnlich wie die Konjunktion. Das Leben ist jetzt sehr ereignisreich, es macht Spaß, es kommt zu Fortschritten und der Geborene hat die Möglichkeit, seine Interessensgebiete auszuweiten. Man sollte sich jetzt neuen Projekten und Herausforderungen stellen.

Negative Transite

Es ist nur zu leicht, unter diesen negativen Einflüssen allzu enthusiastisch zu werden oder überstürzt zu entscheiden oder zu handeln. Das Resultat des blinden Optimismus oder der übergroßen Zuversicht in ein Projekt oder eine andere Person kann sein, dass man einen schweren Fehler begeht. Stress und Anspannung, die so typisch für negative Uranustransite sind, machen sich deutlich bemerkbar.

Unter diesen Transiten neigt man leider nur allzu sehr dazu, jegliche Vorsicht fahren zu lassen. Die Tendenz zu einem unvorhersehbaren Verhalten hat einen negativen Einfluss auf das Urteilsvermögen und den Sinn für das Praktische.

URANUSTRANSITE ZU SATURN ♄

Konjunktion

Man erwägt nun oftmals drastische und weitreichende Veränderungen. Saturn wirkt stabilisierend auf den Prozess der Entscheidungsfindung – womit der Betreffende die Möglichkeit hat, mit praktischem Menschenverstand und Umsicht gegen jede Tendenz zu vorschnellen oder übersteigerten Handlungen vorzugehen. Das ist kein einfacher Einfluss!

Manchmal kommt es jetzt zu einem Konflikt: das tun, was nötig ist, oder das, was man möchte? Wenn es sich nicht von selbst versteht, was zu tun ist, sollte man entscheiden, ob Saturn oder Uranus der stärkere Planet im Horoskop ist – das Beste wird sein, dem stärkeren zu folgen. Weil aber Uranus hier beteiligt ist, ist die Wahrscheinlichkeit groß, dass es zu viel Stress kommt. Dies könnte die Zeit sein, in der der Betreffende meint, den Vorgesetzten endlich einmal die Meinung sagen zu können. Für gewöhnlich haben die Beschwerden zu dieser Zeit ihre Berechtigung, und die Situation könnte nun sich sehr entspannen. Schauen Sie auf das Haus von Saturn, um zu erkennen, welcher Lebensbereich nun womöglich für die meisten Probleme sorgt.

+ Positive Transite
Ermuntern dazu, aktiv zu werden und Entscheidungen zu treffen, und zwar auf eine Weise, die Umsicht und gesunden Menschenverstand verrät. Man ist jetzt für Veränderungen aufgeschlossen. Logik und ein Sinn für das Praktische gehen nun Hand in Hand. Konstruktive Fortschritte – vielleicht nicht sofort, aber spätestens dann, wenn Vorgesetzte und Höherstehende auf die Leistungen des Betreffenden aufmerksam werden. Vielleicht eine Beförderung, vielleicht erweisen sich Verluste im Nachhinein als günstig, weil sie eine vorteilhafte Entwicklung zur Folge haben und zu einem gesteigerten Prestige führen.

− Negative Transite
Sehr viel Frustration – der Betreffende hat jetzt wahrscheinlich das Gefühl, dass sich alles gegen ihn verschworen hat und ihm kein Raum zum Atmen bleibt. Vielleicht der Konflikt zwischen dem Wunsch nach einem umfassenderen Selbstausdruck und dem Zwang, an einem nicht mehr angemessenen Lebensstil festzuhalten, z. B. ein junger Mensch, der sein Zuhause verlassen möchte, sich das aber aufgrund der hohen Mieten und Hauspreise nicht leisten kann – und insofern mit seinen strengen Eltern unter klaustrophobischen Umständen weiterleben und auf seine Unabhängigkeit verzichten muss.

Geduld und die Beurteilung des Problems aus einem anderen Blickwinkel sind eine große Hilfe. Es könnte aber so sein, dass sich während der ganzen Zeit, die dieser frustrierende Transit dauert, keine Fortschritte abzeichnen. Um herauszufinden, wann der Betreffende nach diesem Transit wieder mit Fortschritten rechnen kann, können Sie den Jupiter-Einfluss untersuchen. Positive Jupitertransite zu Mars sind sehr günstig – zu diesen Zeiten sind wir dazu imstande, die Initiative zu ergreifen.

URANUSTRANSITE ZU NEPTUN ♆

☌ Konjunktion
Zwischen Anfang der 1990er-Jahre und 2000 befindet sich Neptun am Ende des Steinbocks und dem Anfang des Wassermanns. Weil Uranus schon Ende der 1980er-Jahre in den Steinbock gelaufen war und im Jahr 2012 seinen Transit durch die Fische vollendet haben wird, gibt es keinen Erwachsenen, der diesen Transit erleben kann (höchstens diejenigen, die 84 und älter sind). Junge Menschen, die nach 1988 geboren wurden, haben diese Konjunktion in ihren Horoskopen.

+ Positive Transite
Womöglich eine erhöhte Sensibilität und ein Bewusstsein für Leid, manchmal aber auch eine Faszination für die glänzenden und strahlenden Aspekte des Lebens. Man könnte jetzt von einer Verschnaufpause oder auch von einer romantischen Eskapade profitieren.

− Negative Transite
Hier könnte die Person Spannung und Stress erleben, die mit ihrem spirituellen oder religiösen Glauben zusammenhängen. Vielleicht verändern sich auch die Gefühle in einer drastischen Art. Achten Sie aber auf Tendenzen zu negativen Fluchtmechanismen – der Mensch könnte sich von Kulten angezogen fühlen, weil sie für ihn nun ein gewisses Etwas haben. Mit welchen seiner konstruktiven Qualitäten kann er gegen diesen Hang zum Negativen vorgehen (die Astrologie verdeutlicht ja immer Stärken, mit denen wir unseren Schwächen zuleibe rücken können)? Es gilt jetzt, sich der Realität zu stellen und Vertrauen in sich selbst zu entwickeln, nicht in Sie, die Astrologie oder irgendein anderes Gebiet.

URANUSTRANSITE ZU PLUTO ♇

☌ Konjunktion
Zwischen den Jahren 1880 und 2000 hat sich Pluto von den Zwillingen bis zum Schützen bewegt. Am Ende der 1980er-Jahre ist Uranus in den Steinbock gekommen, gegen 2012 wird er die Fische verlassen. Es gibt also keinen lebenden Menschen, der Pluto im Steinbock, im Wassermann oder in den Fischen hat (und auch nicht in einem der anderen Zeichen, die Uranus in der nächsten Zeit durchquert).

+ Positive Transite
Eine starke Tendenz, sich von belastenden Umständen freizumachen und neu anzufangen. Die Veränderungen wirken sich günstig aus, auch deshalb, weil der Geborene sich enthusiastisch mit neuen Situationen auseinandersetzt. Manchmal führt die Beschäftigung mit einem psychologischen Problem zu einer Änderung im Verhalten und in den Einstellungen.

− Negative Transite
Frustrationen und ausbleibende Fortschritte können zu Spannungen führen, speziell bei Uranus oder Pluto mit einer personalisierten Bedeutung. Möglicherweise sorgt auch ein bestimmtes Lebensgebiet oder Projekt für viel Stress; vielleicht werden Rechnungen nicht bezahlt oder Waren kommen nicht an. Es könnte auch so sein, dass ein Freund oder Familienmitglied jetzt extrem schwierig ist. Wenn Uranus nun rückläufig wird (siehe S. 23) und es dreimal zu diesem Einfluss kommt, ergeben sich immer dann kleine Verschnaufpausen, wenn der Transitaspekt gerade nicht exakt ist. Raten Sie dem oder der Geborenen, sich auf die Lebensbereiche zu konzentrieren, die problemlos funktionieren – es ist sonst eine Zeit- und Energieverschwendung.

URANUSTRANSITE ZUM ASZENDENTEN ASC

☌ Konjunktion
Dieser machtvolle Transit hat aufregende und dynamische Auswirkungen, er bedeutet Spannung, zugleich aber die Gelegenheit zu Veränderungen und neuen Handlungsweisen. Man muss aufpassen, dass Impulsivität – möglicherweise als Reaktion auf die Handlungen anderer – nicht zu vorschnellen Entscheidungen führt, die sich auf lange Sicht als schädlich erweisen könnten. Der Drang nach Veränderungen tritt jetzt deutlich zutage. Ermutigen Sie dazu, das, was bis jetzt ein nicht

genutztes Potenzial darstellt, positiv zum Ausdruck zu bringen, besonders bei Interessen, die die persönliche Originalität und die machtvolle Dynamik erkennen lassen. Es handelt sich um einen stressreichen, aber auch anregenden Einfluss, der den Betreffenden fordert und ihm einiges abverlangt.

+ Positive Transite
Das Bedürfnis, etwas Neues zu tun und Veränderungen vorzunehmen – allerdings ist der Drang dazu nicht ganz so zwanghaft wie bei der Konjunktion. Eine sehr gute Zeit, mit einem Studium oder mit neuen kreativen Hobbys zu beginnen, vielleicht auch mit einem wissenschaftlichen Einschlag. Möglicherweise zeigt sich jetzt ein Interesse an der Frühgeschichte oder an der fernen Zukunft, besonders beim Trigon vom 5. Haus aus. Ein neue und aufregende, wahrscheinlich aber eher kurzlebige Liebesaffäre ist gleichermaßen möglich. In jedem Fall treten die Themen und Angelegenheiten des Hauses, in dem Uranus steht, plötzlich markant hervor.

− Negative Transite
Bei der Opposition könnte der Geborene sein Beziehungsleben überdenken und hier Veränderungen vornehmen. Ein günstiger Einfluss, Beziehungsfragen zu klären – insofern ist auch ein Neubeginn möglich. Warnen Sie aber vor übereilten Entscheidungen, speziell, was die Erwägung einer Trennung betrifft. Vielleicht wäre es das Beste, zusammenzubleiben – solange der Transit aber wirksam ist, wird sich der Betreffende aufgrund des uranischen Widerspruchsgeistes kaum mit einem solchen Vorschlag anfreunden können. In den meisten Fällen dürfte es zu Stress und Spannung auf dem Lebensgebiet kommen, das vom Uranustransit betroffen ist. Nichtsdestoweniger die Zeit, hier ein neues Fundament zu legen.

URANUSTRANSITE ZUM MC (MC)

☌ Konjunktion
Der machtvollste aller Uranustransite jetzt gilt es mehr denn je, auf das Unvorhersehbare gefasst zu sein. Die Entwicklung könnte jetzt wunderbar, aber auch stressig sein – was die aktuelle Situation betrifft, bedeutet sie auf die eine oder andere Weise fast immer einen Schock. Vielleicht wird der Person eine äußerst interessante Stelle angeboten, vielleicht verliert sie plötzlich ihren Job.

Das MC steht für Geschehnisse, über die wir keine direkte Kontrolle haben, die sich aber als Folge unseres Rufes und unserer Erfahrung ergeben; wir haben das getan, was notwendig war, um es zu unserer augenblicklichen Stellung zu bringen. Mit Uranus am MC sind es nun die anderen, von denen die Aktivität ausgeht.

Sagen Sie dem Betreffenden, dass neue und unvermutete Geschehnisse eintreten können. Blicken Sie noch einmal auf das Zeichen, das Haus und die Aspekte des Radixuranus. Wenn das Zeichen Wassermann stark gestellt ist, könnte sich der Transit als noch machtvoller erweisen. Eine sehr ereignisreiche Periode (vorsichtig ausgedrückt!) – auf die man sich freuen sollte, ohne allzu viele Ängste und Sorgen. Selbst dann, wenn Ihr Gegenüber schwierige Erfahrungen machen sollte, dürften sich Vorfälle ergeben, die sich positiv auswirken!

+ Positive Transite
Haben in vielem die gleiche Wirkung wie die Konjunktion; ebenfalls ein ereignisreicher Zeitabschnitt, der allerdings nicht ganz so wichtig ist. Das Leben dürfte nun aufregend und lebhaft sein, erfüllt von neuen Entwicklungen, beruflicher oder anderweitiger Art.

− Negative Transite
Ein gewisses Maß an Stress und Spannung ist jetzt sehr wahrscheinlich, besonders im Beruf Auf die allgemeine Bemerkung »Was gibt's Neues?« könnte der Betreffende mit Fug und Recht antworten: »Eine ganze Menge!« Es könnte sein, dass die Schwierigkeiten und Spannungen schließlich, wenn der Transit vorüber ist, positive Folgen haben werden – der Geborene könnte dann neue Wege gehen und durch die Erfahrungen stärker geworden sein. Vielleicht zieht ein bestimmtes Projekt unter diesem Transit alle Aufmerksamkeit auf sich. Raten Sie dazu, regelmäßig zu entspannen – »allem den Rücken zu kehren«, so oft wie möglich. Dieser Transit fordert den Menschen nämlich hart.

URANUSTRANSITE ZUM RADIXURANUS (♅)

Diese Einflüsse sind von extremer Wichtigkeit, sie machen sich im Leben deutlich bemerkbar. Uranus braucht für seinen Lauf um die Sonne und durch die zwölf Tierkreiszeichen etwa 84 Jahre. Wenn wir also 84 Jahre alt werden, haben wir das Glück, die Uranuswiederkehr zu erleben. Mit Anfang 20 haben wir das erste Viertel dieser planetarischen Reise hinter uns gebracht – das Quadrat von Uranus zur eigenen Stellung. Mit Anfang 40 dann ergibt sich die Opposition zum Radixuranus.

Das Uranusquadrat
Es handelt sich hier um das Transitquadrat von Uranus zum Radixuranus. Anfang 20 erlebt der Mensch oft eine harte Zeit, in der sich sehr viel abspielt, besonders dann, wenn man eine Ausbildung hinter sich gebracht oder etwas gelernt hat und nun auf Anerkennung aus ist. Diejenigen, die zu diesem Zeitpunkt schon einige Jahre arbeiten, stellen fest, dass sie schon einige Erfahrungen gemacht haben und dass die Zeit jetzt reif dafür sein könnte, sich zu verbessern.

Die Spannung – welche so charakteristisch ist für den Uranuseinfluss – könnte sich sehr stark bemerkbar machen, wenn wir uns fragen, welche Fortschritte jetzt möglich sind. In dieser Phase sind wir auch damit beschäftigt, uns über unser Verhältnis zur Sexualität und zu Beziehungen klar zu werden. Liebeskummer schmerzt jetzt vielleicht mehr als zuvor, vielleicht aber erweisen wir uns in der Liebe auch als reifer als während unserer Teenagerjahre (was aber keinen Verlust an Dynamik bedeuten muss).

Dieser Einfluss ist nicht der machtvollste Uranustransit zur Radixstellung – Sie sollten ihn aber auf keinen Fall unbeachtet lassen, wenn Sie an dem Horoskop von jemandem arbeiten, der ihn gerade erlebt oder erlebt hat.

Interessanterweise erlangt der Mensch traditionsgemäß mit 21 Jahren seine Unabhängigkeit – das »Eigener-Schlüssel-Syndrom«; er wird darin volljährig. Dies passt gut zu Uranus, welcher schon in dem Jahr vor diesem wichtigen Ereignis seine Wirkung deutlich spüren lässt.

Die Uranusopposition
Der machtvollste aller Uranustransite zur eigenen Stellung. Viele Menschen sehen ihrem 40. Geburtstag mit Ängsten entgegen. Man fühlt sich jetzt alt – nicht nur wegen des neuen Lebensjahrzehnts, sondern auch, weil wir erkennen, dass viele Jüngere mehr Erfolg haben als wir; die Konkurrenz wird

jetzt härter. Und wir fühlen uns nicht nur alt – wir beginnen nun auch zu glauben, dass wir alt aussehen. Viele Menschen sehen jetzt, dass ihre Kinder erwachsen und unabhängig sind – und glauben damit vielleicht, dass das Leben für sie nun vorbei ist. Gleichermaßen künden sich die Wechseljahre an. Möglicherweise ist es dieser Zeitraum, in dem wir Astrologen die meiste Hilfe bieten können.

Uranus hängt mit Veränderungen und Neuanfängen zusammen – und es hat viel Wahres, wenn man sagt, dass das Leben mit 40 erst richtig anfängt. Sie sollten Ihr Gegenüber anhalten, die Dinge auf diese Art zu sehen und sich vielleicht ein neues Hobby oder neue Interessen zu suchen. Der Mensch macht sich jetzt auch Gedanken, wie er wirkt. Vielleicht war ihm zuvor seine Erscheinung ziemlich gleichgültig – speziell Frauen könnten jetzt auf sich schauen und merken, dass sie unvorteilhaft wirken. Eine neue Frisur und Experimente mit einem neuen, moderneren Stil – mit Kleidern, die zuvor niemals infrage gekommen wären – könnten eine vitalisierende und belebende Wirkung haben. Dies ist auch eine günstige Zeit, sich Gedanken zum Sexualleben zu machen und sich zu fragen, ob man mit der Beziehung zufrieden ist – es könnte hier nämlich zu einem Zustand der Stagnation gekommen sein. Eine andere Ernährung oder eine neue, sportliche Betätigung ist gleichfalls eine gute Idee. Wenn man die Energie von Uranus tatsächlich nutzt, kann das Leben in vielem reicher werden.

Es handelt sich hier um eine sehr heikle Phase, in der es dem oder der Betreffenden sehr schwerfällt, sich mit der Spannung und Negativität von Uranus zu arrangieren. Viele reagieren jetzt in übersteigerter Form auf ihn, z. B., indem sie krampfhaft zu beweisen versuchen, dass sie nicht alt sind. Die Männer bleiben vielleicht bei ihrem harten Training, obwohl sie sich schon längst etwas anderes hätten suchen sollen. Vielleicht treibt sie auch Übergewicht dazu, dass sie jetzt mit Sport anfangen.

Vielfach ergibt sich nun ein vermeintlich unbedeutender Seitensprung, speziell mit einer Person, die deutlich jünger als der oder die Betreffende ist – wobei in erster Linie der Drang entscheidend ist, die persönliche sexuelle Anziehungskraft unter Beweis zu stellen. Allzu oft aber verliert man hier die Kontrolle, und vielleicht fügt man der Ehefrau oder dem Ehemann damit einen sehr großen Schmerz zu. Es kommt also darauf an, diesen sehr dynamischen Einfluss kontrolliert einzusetzen. Im Idealfall ergeben sich dynamische und anspornende Auswirkungen, schlimmstenfalls Beeinträchtigungen und diverse Spannungen und Ungelegenheiten, nicht nur für den Betreffenden selbst, sondern auch für die, die ihm nahe stehen.

Anmerkung: Achten Sie auch auf das Uranussextil und -trigon zum Radixuranus. Unter diesen Transiten hat der Mensch häufig das enthusiastische Bedürfnis, neue Interessen zu verfolgen und die planetarische Energie positiv einzusetzen. Das erste Sextil ergibt sich in den Teenagerjahren, es kann dazu dienen, den Jugendlichen aus seiner Lethargie aufzurütteln.

Die Uranuswiederkehr

Einer der amüsantesten und anspornendsten aller Transite, der sich im Alter von etwa 84 Jahren abspielt. Es ist faszinierend zu sehen, was viele ältere Personen unter seinem dynamischen Einfluss erlebt haben. Wenn Sie jemanden in diesem Alter kennen, könnte es vergnüglich sein zu beobachten, zu was er sich plötzlich vielleicht hinreißen lässt und welche neuen Interessen er auf einmal entwickelt.

Zwischen 1982 und 1988 etwa ist Uranus durch den Schützen gelaufen. Diejenigen, die die Wiederkehr zu diesem Zeitpunkt erlebten, haben ihn also im Schützen. Das bedeutet grundsätzlich einen vitalisierenden Einfluss auf die Persönlichkeit, und oft sind damit sehr interessante Auswirkungen verbunden. George Burns feierte seinen 84. Geburtstag, indem er seine erste Country-and-Western-Platte aufnahm. Viele andere Menschen erlebten ebenfalls in diesem Alter eine Vitalisierung ihrer Kreativität: Verdi schrieb die Oper »Falstaff«, sein musikalisch vielleicht anspruchsvollstes Stück; Picasso hatte sich seinen Mut in der Malerei bewahrt; was die Welt des Tanzes betrifft, waren Martha Graham, Marie Rambert und Ninette de Valois mit Mitte und sogar Ende 80 noch aktiv, wie auch die wunderbare Schauspielerin Lilian Gish, die nicht nur mit dem Filmen weitermachte, sondern auch ausgedehnte Lektürereisen unternahm. Dies sind nur einige wenige Namen, Sie selbst werden diese Liste ergänzen können.

Wenn Sie einen älteren Verwandten oder eine Verwandte haben, ist das Mindeste, was Sie an diesem Geburtstag für ihn oder für sie tun können, ein anregendes Geschenk – vielleicht eine Spezialzeitschrift (vorausgesetzt, das Augenlicht ist noch intakt). Zeigen Sie ihm irgendetwas Besonderes – eine ältere Dame flog mit 84 zum ersten Mal in einem Heißluftballon, eine andere machte mit Jacques Cousteau einen Ausflug in die Unterwasserwelt, wo sie das Wrack des Schiffes betrachtete, dessen Untergang sie als Jugendliche überlebt hatte. Wenn hier nichts wirklich Dynamisches möglich ist, sollten Sie zumindest mit einem Rekorder auftauchen und den Betreffenden von früher erzählen lassen – als Ihre Oma noch ein junges Ding war und Ihr Opa Knickerbockerhosen trug und beide sich vielleicht in düsteren Spelunken herumtrieben. Sie und Ihr Gegenüber werden sehr viel Spaß dabei haben.

NEPTUN IN DEN ZEICHEN

Neptun, der zweite »moderne« Planet, braucht 168 Jahre, um seine Reise um die Sonne zu vollenden und den Lauf durch die zwölf Zeichen des Tierkreises – in jedem steht er für durchschnittlich 14 Jahre. Neptun wirkt auf zwei Ebenen: Im Transit beeinflusst er das alltägliche Leben; weiterhin wirkt er als Generationseinfluss bezüglich all der Menschen, die unter dem gleichen Neptunzeichen geboren sind.

Wir führen Interpretationen für Neptun nur für sieben Zeichen an – diejenigen, die für die lebenden Menschen relevant sind. Ende 1998 verließ Neptun den Steinbock (in welchen er Mitte der 1980er-Jahre gekommen war) und trat in den Wassermann, wo er für 14 Jahre bleiben wird. Es gibt wohl keinen Menschen mit Neptun in den Zwillingen, und auch niemand, der Neptun in den Fischen, im Widder oder im Stier hat.

NEPTUN IM KREBS
(1901/02 – 1915)

Allgemeine Ebene
Bei diesem allgemeinen Einfluss stand das Zuhause im Mittelpunkt. Der Tod vieler Männer während des Ersten Weltkrieges bedeutete Chaos und Unglück – dieser Kummer wird durch die Betonung des Krebses, des am meisten auf die Familie bezogenen Zeichens des Tierkreises, sehr deutlich.

Als die Menschen mit dem Krebsneptun später ihrerseits erwachsen und für eine Familie verantwortlich waren, mussten sie sich mit den schrecklichen Tragödien des Zweiten Weltkrieges auseinandersetzen.

Zwischen 1905 und 1911 stand Uranus im Steinbock in Opposition zu Neptun. Dieser Generationsaspekt – der in den Horoskopen aller Menschen auftaucht, die zu dieser Zeit geboren wurden – trug seinen Anteil zu den allgemeinen Spannungen und Härten dieser Zeit bei.

Persönliche Ebene
Wenn Neptun im Horoskop eine personalisierte Bedeutung hat, verstärkt er die persönliche Empfindsamkeit, die Emotionen und die Intuition. Bei negativen Aspekten vielleicht die Neigung, sich aus unangenehmen Situationen herauszumogeln, oder auch eine zu reiche Fantasie. Hier handelt es sich um eine Stellung, die die Neigung zu Sorgen verstärkt, die aber auch kreative Arbeit mit einer erhöhten Sensibilität bereichert und verfeinert.

NEPTUN IM LÖWEN
(1915 – 1928/29)

Allgemeine Ebene
Während Neptun durch den Löwen lief, entwickelte sich das Kino zu großer Bedeutung. Zu dieser Zeit wurden großartige Stummfilme gedreht – und weil es sich hier um eine sehr schwere Zeit handelte (die Periode schließt den Ersten Weltkrieg mit seinen Nachwirkungen und die finanzielle Depression der 1920er-Jahre ein), genossen die Menschen die Flucht aus dem harten Alltag in diese wundervolle Fantasiewelt.

Persönliche Ebene
Diese Stellung von Neptun steht für Glanz und einen Sinn für das Dramatische; sie ist außerordentlich günstig für kreative Arbeit. Der emotionale Fluss ist positiv und von einem lebhaften Enthusiasmus erfüllt.

Weil Neptun sich hier in einem Feuerzeichen befindet sowie unserer Meinung nach im Zustand der Erhöhung (wobei allerdings nicht alle Astrologen mit uns übereinstimmen), ist dieser Einfluss wesentlich stärker als in anderen Fällen.

Wenn der Planet eine personalisierte Bedeutung trägt und positiv aspektiert ist, wirkt er besonders segensreich für den betreffenden Menschen, mit einem hohen Maß an Fantasie und viel kreativem Potenzial. Häufig ein ausgeprägtes Interesse an der Kunst, vielleicht auch eine überdurchschnittliche Begabung fürs Fotografieren.

NEPTUN IN DER JUNGFRAU
(1928/29 – 1942/43)

Allgemeine Ebene
Die erste Generation unserer Zeit, die es zuließ, dass Glaubensvorstellungen ernstlich infrage gestellt wurden. Neptun, der Herrscher der Fische – ein Zeichen, das eng mit dem Christentum verbunden ist –, stand gerade in der Jungfrau, also in Opposition zu diesem Zeichen. Die Jungfrau, beherrscht von Merkur, ist analytisch und kritisch. Interessant ist auch, dass genau zu der Zeit, als Neptun zum ersten Mal in die Jungfrau kam, der Tonfilm erfunden wurde (Merkur ist auch der Planet, der über die Kommunikation herrscht). Ganz allgemein nahmen die Kommunikationsmöglichkeiten zu, wozu auch das Radio seinen Beitrag leistete.

PERSÖNLICHE EBENE
Wenn Neptun personalisiert ist oder die Jungfrau eine starke Betonung aufweist, wird die Vorstellungskraft angeregt. Es sind dann auch günstige Auswirkungen möglich, z. B. in Form von literarischer Aktivität. Weil die Jungfrau ein Erdzeichen ist, vielleicht auch die Neigung zur Gartenarbeit.

Im schlimmsten Fall führt der Jungfrau-Neptun zu vermindertem Selbstvertrauen – die (Selbst-)Kritik kann dem Menschen jeden Stolz auf das, was er geleistet hat, nehmen, wodurch dann eine innerliche Erfüllung unmöglich würde. Rastlosigkeit ist eine weitere Möglichkeit, besonders dann, wenn auch andere Horoskopfaktoren dafür sprechen.

NEPTUN IN DER WAAGE
(1942/43 – 1956/57)

Allgemeine Ebene
Als diese Kinder geboren wurden, befanden sich große Teile der zivilisierten Welt im Krieg, und man sehnte sich nach Frieden (was auch in den Schlagern dieser Zeit zum Ausdruck kommt). Als die Kinder dann heranwuchsen, bildeten sie die »Flower-Power-Generation« der späten 1960er und frühen 1970er. »All you need ist love« spricht Bände über die herrschende Einstellung dieser Zeit. Viele Menschen wandten sich gegen die

Gesellschaft und experimentierten mit Drogen und freien Lebensstilen – sehr schönen, sehr harmonischen und friedlichen, allerdings auch sehr unrealistischen und unpraktischen. Man muss kein beschlagener Astrologe sein, um sich auszumalen, wie sich die Kombination der friedensliebenden Waage und illusorischen Tendenzen und der Neigung zur Selbsttäuschung von Neptun auswirkt.

Persönliche Ebene
Eine sehr kritische Stellung. Menschen mit einem Waageaszendenten sind am anfälligsten für Neptun. Wenn Sie an einem Horoskop mit diesem Merkmal arbeiten, gilt es zunächst zu untersuchen, ob sich Neptun im 1. oder im 12. Haus befindet. Schlagen Sie dann den Abschnitt über Neptun in den Häusern auf (S. 395–397). Bei einer Konjunktion zum Aszendenten sollten Sie ebenfalls die Ausführungen (S. 398) heranziehen.

Wenn die Waage im Horoskop nicht betont ist und Neptun keine personalisierte Bedeutung trägt, wird er sich nicht besonders stark auswirken, allenfalls in einer gewissen Freundlichkeit und Aufgeschlossenheit. In dem Horoskop, das für eine gewisse Trägheit und mangelndes Selbstvertrauen spricht, unterstützt Neptun diese Tendenzen noch; er macht aus der Person dann womöglich einen Menschen, der nur seinem Genuss frönt.

NEPTUN IM SKORPION (1956/57 – 1970/71) ♏

Allgemeine Ebene
Es besteht ein großer Unterschied zwischen den jungen Menschen mit Neptun im Skorpion und denen mit dem Waageneptun! Dies sind die Hard-Rock-Typen, die sehr viel rauer sind – oder es zumindest sein wollen. Häufig ein gewisses aggressives und aufsehenerregendes Image. Sie müssen auch härter für das, was sie vom Leben wollen, kämpfen.

Es kann dann auch nicht überraschen, dass gerade bei Arbeitslosigkeit der Griff zu Drogen – ein negativer neptunischer Fluchtmechanismus – häufig ist. Die Drogenszene hat hier nichts von der friedvollen, liebenswürdigen, netten Art, wie man sie mit der Flower-Power-Generation verband; hier gibt es mehr Intensität, mehr Schrecken, auch mehr Gift – Begriffe, die in ihrer Essenz sehr skorpionisch sind.

Andererseits sind da diejenigen, die Spaß am Geld haben und ein glänzendes Leben führen wollen – die Yuppie-Generation, eine weitere Manifestation von Neptun im Skorpion. Der Skorpion ist auch das Zeichen des Big Business; lesen Sie dazu den Abschnitt zu Pluto in diesem Zeichen (S. 405).

Persönliche Ebene
Bei einem personalisierten Neptun ist eine sehr starke emotionale Intensität gegeben. Ist der Planet gut aspektiert, können die Emotionen positiv zum Ausdruck kommen und wirken fördernd auf die Talente und Ziele. Legen Sie aber keinen zu großen Nachdruck auf diese Züge, wenn nicht noch andere Faktoren in die gleiche Richtung weisen oder wenn der Skorpion betont ist.

NEPTUN IM SCHÜTZEN (1970/71 – 1984/85) ♐

Allgemeine Ebene
Nun, zu Beginn des 21. Jahrhunderts können wir den allgemeinen Einfluss von Neptun detailliert erfassen. Diese Generation hat unserer Meinung nach einige sehr positive Eigenschaften.

Wegen der machtvollen Verbindung zwischen Neptun und Jupiter (als dem jetzigen und dem früheren Herrscher über die Fische) hat Neptun bei seinem Lauf durch das Jupiterzeichen Schütze markante Auswirkungen. Wir können dieser Generation viel Idealismus und viel Positives bescheinigen. Neptun wirkt hier sehr günstig, es besteht Gewissheit, was falsch und was richtig ist.

Diese Menschen müssen die Stärke aufbringen, es mit den Anforderungen des 21. Jahrhunderts aufzunehmen. Sie haben dabei etwas Freundliches, Mitfühlendes, Idealistisches und Hoffnungsvolles an sich, was für Optimismus und Enthusiasmus spricht. Bei den Menschen, die uns bekannt sind, haben wir auch den feinen Schütze-Humor wahrnehmen können. Achten Sie darauf; ob Sie diese Eigenschaften auch an Ihrem Gegenüber bemerken!

Persönliche Ebene
Wenn das Zeichen Schütze stark betont ist, vielleicht ein Anführer seiner Generation. Mit dieser Stellung könnte auch die wachsende Verbreitung der vegetarischen Idee zusammenhängen – diese ist für uns der Ausdruck einer allgemeinen Liebe zum Tier (wiederum ein typisches Schützemerkmal), als Mitgefühl mit ihm.

NEPTUN IM STEINBOCK (1984/85 – 1998) ♑

Allgemeine Ebene
Hier befindet sich Neptun in einem Erdzeichen, mit der Folge, dass jetzt die Erde im Mittelpunkt steht, in Verbindung mit dem Leid, das ihr durch die Nutzung und Ausbeutung der Rohstoffe zugefügt wurde. Wir hoffen, dass es gelingt, den Planeten zu retten – und wir müssen unsere Hoffnungen darauf richten, dass die Kinder der 1970er- und frühen 1980er-Jahre die über viele Generationen gedankenlos begangenen Fehler korrigieren können.

Persönliche Ebene
Über die persönlichen Auswirkungen dieser Stellung lässt sich sagen, dass dann, wenn der Steinbock im Horoskop markant gestellt ist, die strengen und ernsten Eigenschaften dieses Zeichens gemildert und im Gegensatz dazu die Emotionen gestärkt werden. Es ist oft eine Begabung für den kreativen Umgang mit natürlichen Materialien vorhanden. Es handelt sich um Menschen, die mit Bestimmtheit, aber auch mit Umsicht vorgehen, und die negativen Neptun-Aspekte unter Kontrolle haben.

NEPTUN IM WASSERMANN (1998 – 2010) ♒

Die sanften Qualitäten von Neptun dürften sich mit den humanitären Elementen des Wassermanns gut verbinden – allerdings ist die aufgeschlossene und auf Unabhängigkeit ausgerichtete Wassermann-Tendenz von ganz anderer Art als die sensiblen und intuitiven Züge von Neptun. Mit einem starken Neptun dürfte man das Beste aus diesen beiden unterschiedlichen Einflüssen machen.

DER PROGRESSIVE NEPTUN IN DEN ZEICHEN ♆

Ein Zeichenwechsel ist hier sehr selten. Ganz allgemein sind keine besonderen Schwierigkeiten zu erwarten.

NEPTUN IN DEN HÄUSERN

Die Einstellung zu den Lebensgebieten, die mit dem Neptun-Haus einhergehen, kann ziemlich verschwommen und vage sein; er hat fast immer etwas Unbestimmtes. Nur zu oft stellen die Vorfälle auf diesem Gebiet eine Quelle von Konfusion dar; man neigt zum Weg des geringsten Widerstandes, auch dann, wenn das Horoskop auf Stärke schließen lässt und gesunden Menschenverstand verrät. Neptun kann aber auch zu einer spirituellen, idealistischen oder kreativen Ebene führen. Mars und Jupiter lassen mehr zur persönlichen Initiative und Energie erkennen.

NEPTUN IM 1. HAUS (1)

Wenn sich Neptun nicht mehr als zehn Grad vom Aszendenten befindet, hat er einen sehr starken Einfluss auf die Persönlichkeit (siehe Neptun in Konjunktion zum Aszendenten, S. 398).

In den meisten Fällen wirkt er schwächend auf die Eigenschaften, die mit dem Aszendenten verbunden sind; dem Menschen fällt es unter seinem Einfluss schwer, sein Leben klar zu organisieren.

Man sucht nach Ausflüchten, warum man sein Potenzial nicht zur Entwicklung bringt. Die Neptun-Tendenz, immer den Weg des geringsten Widerstandes zu suchen, ist oft deutlich wahrzunehmen, vielleicht auch, weil Neptun das Selbstvertrauen untergräbt. Wie dem auch sei – Verträumtheit, die Neigung zu Fluchttendenzen und die idealistische Prägung sind machtvolle Bestandteile der individuellen Persönlichkeit, wenn Neptun sich im 1. Haus befindet.

Der Einfluss des Zeichens

Das Zeichen, in dem sich Neptun befindet, gibt weitere Aufschlüsse zu diesem komplexen Faktor. In der Jungfrau z. B. (siehe S. 393) neigt Neptun dazu, deren kritische Seite zu glätten. Er wirkt auch günstig bei vielen Menschen, die ihn im Löwen haben (S. 393). Aber auch diese Personen haben oft mit Fluchttendenzen zu kämpfen – ein Fall hiervon war Marilyn Monroe (Löwe-Neptun im 1. Haus). Sie hat die ultimative Flucht angetreten – die des Selbstmordes.

Das Leben kann sich für denjenigen, der Neptun in der Waage am Aszendenten hat, als sehr schwierig erweisen, was auch mit einer Einwirkung von Pluto zusammenhängen könnte (bei diesem Personenkreis in der Nähe des Löwe-MC's).

Es gibt hier ein Element der Leidenschaft, das unter Umständen zu eher harmlosen Eskapaden führt. Dies wäre eine allgemeine negative Auswirkung des Waage-Neptuns. Neptun im Skorpion und im 1. Haus stellt ein gewisses Potenzial dar, das leider nicht ganz einfach zu entfalten ist.

Neptun im 1. Haus prägt den oder die Betreffende auf tief greifende Art; je näher er sich dabei am Aszendenten befindet, desto machtvoller ist seine Energie.

NEPTUN IM 2. HAUS (2)

Oft keine besonders vernünftige Einstellung zum Geld. Für gewöhnlich viel Großzügigkeit, vielleicht auch in einem exzessiven Ausmaß, sodass es in der Folge zu chaotischen Umständen und zu diversen Schwierigkeiten kommen kann. Jemand, der anderen mit Geld und Zeit hilft, wo er nur kann – mit der Gefahr, des Guten zu viel zu tun. Vielleicht auch eine ausgeprägte Gutgläubigkeit in finanzieller Hinsicht, was heißt, dass man für Betrug oder für unkluge Investitionen anfällig ist.

Aus diesem Grund ist es sehr empfehlenswert, sich vor finanziellen Entscheidungen von Fachleuten beraten zu lassen.

Es könnte diesem Menschen eine große Freude sein, in künstlerische Objekte zu investieren – damit würde er den Genuss an der Kunst und eine gewisse Sicherheit verbinden können. So käme man vielleicht sogar zu einer Sammlung, deren Wert ständig zunimmt.

Der Ausdruck von Liebe

Neptun im 2. Haus wirkt sehr schön auf den Ausdruck von Liebe und Gefühlen. Vorausgesetzt, der Mensch kann hier die Kontrolle bewahren, wird er niemals unter einem Mangel an Fantasie leiden. Manchmal auch eine charmante Sentimentalität, besonders bei Neptun in der Waage.

NEPTUN IM 3. HAUS (3)

Eltern eines Kindes mit einem solchen Horoskopmerkmal sollten es sich gut überlegen, weitere Kinder zu bekommen – der Einfluss von Neptun könnte die Einstellung des bzw. der älteren Kinder gegenüber dem oder den Jüngeren mit Konfusion erfüllen. Möglicherweise hier auch überdurchschnittlich viel Eifersucht, einfach deshalb, weil sich das Kind von der Situation überfordert fühlt. Die anderen Horoskopfaktoren werden erkennen lassen, wie man diese Probleme lösen kann. Wir möchten noch einmal klarstellen, dass es sich hier lediglich um eine Möglichkeit handelt!

Eine starke Fantasie

Häufig keine systematische Bildung in den ersten Schuljahren – eine Person, die vielleicht in der Klasse ihren Tagträumen nachhing und nicht konzentriert lernen konnte. Als Konsequenz daraus ergab sich vielleicht, dass sie stets unbefriedigende Noten bekommen hat.

Dieses Haus hängt mit dem Verstand zusammen – also besteht zumindest die Chance, dass diese Stellung die Fantasie stärkt, besonders dann, wenn das Horoskop in seiner Gesamtheit auf viel Vorstellungsvermögen schließen lässt. Einige Astrologen sind der Meinung, dass Neptun im 3. Haus eine schöne Stimme und die Fähigkeit bedeutet, mit seiner Stimme Gefühle zu übermitteln.

NEPTUN IM 4. HAUS (4)

Neptun im 4. Haus könnte in engem Zusammenhang mit den ersten Lebensjahren der betreffenden Person stehen. Vielleicht waren sie sehr anregend für die Fantasie. Es könnte auch die Tendenz bestanden haben, die Mutter als eine Art märchenhafte Göttin zu sehen.

Man kann nur hoffen, dass es seitdem zu keinen verheerenden desillusionierenden Erfahrungen gekommen ist. Wie dem auch sei – die häuslichen Umstände könnten hier unstrukturiert oder sogar chaotisch gewesen sein. Vielleicht gab es keine regelmäßigen Mahlzeiten, vielleicht keine Unterstützung durch die Eltern, sodass der Betreffende nach seinem Auszug aus dem Zuhause erst einmal selbst Maßstäbe entwickeln musste.

Eine heikle Stellung für Neptun – hüten Sie sich aber davor, sie zu überinterpretieren. Die Hinweise, die sie über den persönlichen Hintergrund liefert, können allerdings sehr hilfreich für die Lösung von langwierigen Problemen sein.

NEPTUN IM 5. HAUS

5

Eine Stellung, die für Fantasie und Kreativität gemäß der Art des Neptunzeichens spricht. Vielleicht stellt sie aber schon für sich ein Element von Kreativität dar.

Was die Liebe betrifft, könnte der Betreffende dazu neigen, sein Herz allzu schnell zu verlieren und die angebetete Person durch die rosarote Brille zu sehen, vielleicht in einer so ausgeprägten Weise, dass die unrealistischen Erwartungen schließlich zu einem Desaster und zu dem sprichwörtlich gebrochenen Herz führen.

Das Liebesleben ist sehr farbig, bereichert durch überdurchschnittlich viel Fantasie. Das Herz herrscht eindeutig über den Verstand – fordern Sie Ihr Gegenüber dazu auf; so viel Vorsicht (Saturn) wie möglich walten zu lassen, um die Tendenz zur Gutgläubigkeit gegenüber dem anderen Geschlecht unter Kontrolle zu halten. Sowohl Männer als auch Frauen könnten durch ihre romantischen Ideale zu leiden haben.

Mit Neptun im 5. Haus könnte man auch zu närrischen Risiken tendieren. Warnen Sie vor der Spielleidenschaft.

NEPTUN IM 6. HAUS

6

Was die Gesundheit betrifft, könnten mit dieser Stellung bestimmte Nahrungsmittelallergien verbunden sein.

Die Fantasie ist ständig aktiv – was unter Umständen zu eingebildeten Krankheiten führen könnte. Man muss allerdings zugeben, dass diese Menschen häufig schlecht auf medizinische Therapien ansprechen – ihnen ist womöglich mit Homöopathie oder mit einer Heilmethode besser gedient, die auch die Psyche stimuliert. Fordern Sie Ihr Gegenüber dazu auf, sein eigener Heiler zu werden – wobei in erster Linie die positive Einstellung das Entscheidende ist.

Einen Sinn für das Praktische entwickeln

Mit dieser Stellung könnte es sehr schwerfallen, bei der Arbeit eine beständige Routine zu entwickeln. Man wird die anstehenden Aufgaben zwar erledigen, aber auf eine sehr individuelle Art und Weise, was womöglich zu Problemen mit den Kollegen führt. Unter Termindruck zu arbeiten, könnte der Person ein Gräuel sein.

Schauen Sie auf andere, praktischere Bereiche des Horoskops, um zu ermitteln, ob man diesen Tendenzen Widerstand entgegensetzen kann. Wenn Neptun eine personalisierte Bedeutung hat, gelingt das vielleicht nicht.

NEPTUN IM 7. HAUS

7

Dem Geborenen fällt es womöglich sehr schwer, sich auf eine feste Beziehung einzulassen. Hohe und allzu oft auch unrealistische Erwartungen an den Partner. Insofern fällt die Entscheidung für eine emotionale Beziehung schwer – dem Betreffenden könnte es widerstreben, sich dauerhaft zu binden. Auf der anderen Seite ist es möglich, dass man mit dieser Neptunstellung Hals über Kopf eine Beziehung eingeht. Seien Sie sich dieser Tendenz bewusst, besonders dann, wenn Ihr Gegenüber gerade mit einem Beziehungsproblem zu kämpfen hat.

Eine große Liebe zur Romantik um der Romantik willen. Wenn hier alles gut läuft, bringt der oder die Betreffende in der Beziehung tatsächlich viel Fantasie und Romantik zum Ausdruck. Allerdings kommt es auch hier darauf an, die konkreten Dinge des Lebens im Blick zu behalten – vielleicht ist es so, dass man es dem Partner überlässt, Rechnungen zu bezahlen und die praktischen Seiten des Zusammenseins zu regeln. Dieser sollte aber darauf hinzuwirken versuchen, dass auch der Betreffende seinen Beitrag leistet – ansonsten könnte der Mangel an Ausgewogenheit und Harmonie zu Störungen in der Beziehung führen.

NEPTUN IM 8. HAUS

8

Eine überdurchschnittliche machtvolle Stellung für diejenigen, die Neptun im Skorpion haben – sie verleiht zusätzliche Tiefe und Intensität in der Sexualität und sehr viel Leidenschaft. Diese Sphäre des Lebens wird sich als sehr reich erweisen, vorausgesetzt, man ist fähig, sie auf eine positive und harmonische Weise zum Ausdruck zu bringen.

Wenn der Betreffende sich unsicher darüber ist, welche Form des sexuellen Ausdrucks am besten zu ihm passt, könnte eine Therapie sinnvoll sein – was vielleicht auch gegen etwaige Gefühle der Schuld oder bei der Auseinandersetzung mit negativen oder hemmenden Emotionen helfen kann. Wenn Neptun in einem anderen Zeichen als dem Skorpion steht, ist das aber wahrscheinlich nicht nötig.

Eine sehr verführerische Erscheinung – man könnte Personen des anderen (oder auch des eigenen) Geschlechts auf geradezu magnetische Weise anziehen. Sexualität ist womöglich überdurchschnittlich wichtig.

Vorsichtig mit Geld umgehen

Wenn sich Neptun im zweiten Geldhaus befindet (das gegenüberliegende 2. Haus hat ebenfalls mit Geld zu tun), wahrscheinlich viel Großzügigkeit, vielleicht aber auch allzu viel Gutgläubigkeit dem Partner gegenüber. Man muss sich hier vorsehen – wenn das Horoskop ansonsten nicht auf besondere geschäftliche oder finanzielle Begabungen und eine vorsichtige Haltung schließen lässt, sollte man sich im Zweifelsfall um professionellen Beistand bemühen. Ist man aber kompetent, fügt Neptun im 8. Haus dem noch ein besonderes Vorstellungsvermögen zu.

NEPTUN IM 9. HAUS

9

Beträchtliche intellektuelle Auswirkungen; Neptun verleiht hier Inspiration und ein idealistisches Element, was mit einer schönen philosophischen Einstellung zum Leben einhergeht.

Die natürliche Beziehung zwischen Jupiter und Neptun (die beiden sind der traditionelle und der moderne Herrscher der Fische) führt zu positiven Ergebnissen und wirkt sehr machtvoll, wenn sich letzterer Planet in dem Haus befindet, das

Jupiter bzw. dem Schützen zugeordnet wird. Eine Stellung, die auf Weisheit schließen lässt. Der oder die Betreffende könnte sich durch eine religiöse oder wissende Haltung auszeichnen oder einem Ruf folgen, was sich vielleicht auch als Interesse an der Mystik oder anderen esoterischen Gebieten manifestiert.

Geistige Kapazität

Ein Geist, der womöglich keine Beschränkungen kennt – um seine Qualitäten aber tatsächlich zum Ausdruck zu bringen, kommt es womöglich darauf an, eine praktische und logische Einstellung zu entwickeln und eine gewisse Skepsis zu beweisen. Die astrologische Tradition besagt, dass Menschen mit dieser Stellung sich mit ungewöhnlichen Erlebnissen herumschlagen müssen, wenn sie ins Ausland reisen.

Eine intensive Auseinandersetzung mit Träumen ist bei dieser Stellung gleichfalls recht wahrscheinlich – sprechen Sie Ihr Gegenüber darauf an. Dies dürfte besonders bei außerordentlich viel Fantasie oder Kreativität der Fall sein, weniger dann, wenn das Horoskop sonst vorwiegend materielle Interessen erkennen lässt.

NEPTUN IM 10. HAUS (10)

In den meisten der uns bekannten Fälle führt diese Stellung von Neptun, hoch am Himmel und insofern von überdurchschnittlicher Wichtigkeit, zu einem farbigen Berufsleben und zu wiederholten Richtungsänderungen im Leben. Analysiert man solche Veränderungen im Rückblick, könnte es den Anschein haben, dass sie von innerlichen Gefühlen des Betreffenden ausgegangen sind – oder dass schicksalshafte Wendungen zu den Handlungen geführt haben.

Ziele und Resultate

Steht Neptun in Konjunktion zum MC (siehe S. 399), muss natürlich das Neptunzeichen sehr eingehend analysiert werden – es zeigt nicht nur die Träume und Ziele des betreffenden Menschen, sondern auch, was ihn inspiriert und was er gern zu einer Realität machen würde.

Ein Romantiker, dessen Fantasie manchmal mit ihm durchgeht. Der Heranwachsende, der gerade einen Lehrvertrag unterzeichnet hat, sieht sich im Geiste womöglich schon als Geschäftsführer. Lässt das Horoskop im Großen und Ganzen aber auf einen Sinn für das Praktische und auf Ehrgeiz schließen, wird man es schließlich zu der angestrebten Position bringen.

Im schlimmsten Fall weiß diese Person nicht, in welche Richtung sie gehen soll. Wenn dem so ist, sollten Sie sorgfältig das Potenzial analysieren, das mit den Zeichen von Sonne, Mond und Aszendent verbunden ist.

NEPTUN IM 11. HAUS (11)

Der Betreffende könnte sich eines anregenden gesellschaftlichen Lebens erfreuen und viele Freunde und Bekannte haben, von diesen aber auf die eine oder andere Art ausgenutzt werden. In dieser Beziehung womöglich sehr viel Gutgläubigkeit.

Womöglich verbringt die Person viel Zeit damit, für wohltätige Zwecke Geld zu sammeln – sie weist dann auch für solche altruistischen Tätigkeiten eine besondere Neigung auf. Einen anderen Teil ihrer Freizeit verbringt sie vielleicht damit, Dichterlesungen zu besuchen oder sich mit Fotografie zu beschäftigen.

Verantwortungsbewusstsein zeigen

Es besteht eine gewisse Abneigung, Verantwortung zu übernehmen – zur gleichen Zeit aber könnte der Betreffende allzu nachgiebig sein, wenn solche Forderungen an ihn herangetragen werden. Hat er ein Amt übernommen, stellt es vielleicht bald eine ständige Quelle von Sorgen und Ängsten dar. Insofern gilt es, hier Bestimmtheit und einen Sinn für das, was für ihn möglich ist, zu beweisen – ansonsten kann es bei dem, was eigentlich ein Vergnügen sein sollte, zu Konfusion kommen.

NEPTUN IM 12. HAUS (12)

Hier ist Neptun zu Hause – weil dies das Fische-Haus ist und die Fische von Neptun regiert werden. In der Tat wirkt Neptun von diesem Horoskopbereich aus sehr günstig, wenngleich er hier für eine gewisse Geheimniskrämerei und die Tendenz zur Isolierung sprechen kann.

Seine Intimsphäre bewahren

Es könnte sich als notwendig für diese Person erweisen, sich von Zeit zu Zeit den Anforderungen des Lebens zu entziehen und Abgeschiedenheit zu suchen. Zumindest sollte sie einen eigenen Raum haben, in den sie sich zurückziehen kann, wenn sie sich nach Ruhe und Frieden sehnt. Allerdings bedeutet »Ruhe und Frieden« für jeden etwas anderes – für den einen ein Wochenende im Kloster, für den anderen die Abgeschiedenheit unter dem Kopfhörer mit lauter Musik!

Kreative Arbeit in der Einsamkeit ist durch diese Stellung ebenfalls begünstigt. Ein Mensch, der womöglich das Rampenlicht scheut und es seinen Kreationen überlässt, für ihn zu sprechen. Unter Umständen herausragende kreative Talente.

Neptun in Haus 12 ist auch gut für Menschen, die sich einem pflegenden Beruf verschreiben oder die in einer Institution arbeiten möchten. Für gewöhnlich ist man damit einfühlsam, verständnisvoll und kann sich mit Leidenden identifizieren.

Weist Neptun im Horoskop negative Aspekte auf, kommen Fluchttendenzen in der Persönlichkeit zum Ausdruck – die Neigung zu Täuschungen ist damit nur zu wahrscheinlich. Dies richtet sich meist auf das Selbst, manchmal allerdings auch auf andere Personen. Befindet sich Neptun nicht mehr als zehn Grad vom Aszendenten entfernt, sollten Sie auch den Abschnitt zu Neptun in Konjunktion zum Aszendenten studieren (siehe S. 398).

DER PROGRESSIVE NEPTUN IN DEN ZEICHEN (♆)

Da Neptun sich sehr langsam durch den Tierkreis bewegt, ein sehr unwahrscheinlicher Fall. Sollte sich dies in einem Horoskop, an dem Sie arbeiten, ereignen, wird der Einfluss möglicherweise zu subtil sein, um überhaupt bemerkt zu werden! Sie sollten aber um ihn wissen und sich ggf. fragen, welche Auswirkungen damit verbunden sein können.

NEPTUNASPEKTE

Abgesehen von den Neptunaspekten zu Pluto, Aszendent und MC, liegt hier die Betonung auf den inneren Planeten – auf dem Planeten, zu dem der Neptunaspekt besteht. In den meisten Fällen müssen Sie hier in den vorigen Abschnitten nachschlagen. Aspekte zum Aszendenten und zum MC können eine sehr subtile, aber auch überwältigende Wirkung haben.

Neptunaspekte zur Sonne
siehe Sonnenaspekte zu Neptun, S. 280-281.

Neptunaspekte zum Mond
siehe Mondaspekte zu Neptun, S. 297-298.

Neptunaspekte zu Merkur
siehe Merkuraspekte zu Neptun, S. 317.

Neptunaspekte zur Venus
siehe Venusaspekte zu Neptun, S. 331-332.

Neptunaspekte zu Mars
siehe Marsaspekte zu Neptun, S. 345.

Neptunaspekte zu Jupiter
siehe Jupiteraspekte zu Neptun, S. 357.

Neptunaspekte zu Saturn
siehe Saturnaspekte zu Neptun, S. 371-372.

Neptunaspekte zu Uranus
siehe Uranusaspekte zu Neptun, S. 385.

Aufgrund seiner langsamen Bewegung kommt es im Progressionshoroskop zu keinen Neptunaspekten.

NEPTUNASPEKTE ZU PLUTO

Während der 80er und 90er-Jahre des vergangenen Jahrhunderts befanden sich Pluto und Neptun beide in den Zwillingen, von Zeit zu Zeit in Konjunktion zueinander. Auf ihrer langen und langsamen Reise um die Sonne hat Neptun jetzt Pluto überholt und sich einen Vorsprung von zwei Zeichen verschafft. Dieser Abstand gilt mehr oder weniger seit dem Eintritt Neptuns in die Jungfrau im Jahr 1928. Mit diesem Katz-und-Maus-Spiel machen die bei den Planeten noch lange weiter – bis ins 21. Jahrhundert hinein, wobei Neptun im Wassermann steht und Pluto im Schützen.

Sextil

Der einzige Aspekt, der derzeit zwischen Neptun und Pluto möglich ist. Er ist sehr häufig und in den Horoskopen von vielen Menschen vorhanden – insofern auch nicht besonders wichtig, ausgenommen, einer der Planeten weist eine starke Stellung auf, bei welcher der positive Einfluss Neptuns die Intuition kräftigt und das emotionale Niveau erhöht. Wenn sich einer der Planeten im 11. Haus und in Konjunktion zum Aszendenten befindet, deutlich erhöhte Ressourcen – die Person könnte damit die betreffenden Eigenschaften in überreichlichem Maß besitzen, sodass es auf deren bewusste Kontrolle und positiven Ausdruck ankommen würde. Allerdings ist das Sextil der schwächere positive Aspekt – legen Sie nicht zu viel in ihn hinein, wie stark die Planeten auch gestellt sein mögen.

NEPTUNASPEKTE ZUM ASZENDENTEN

Konjunktion

Vom 1. Haus aus: Schwächt die Eigenschaften des aufsteigenden Zeichens – macht den Geborenen geneigter für dessen sanfte, aber auch negativeren Seiten. Wirkt schädlich auf die Bestimmtheit; dabei aber eine freundliche und oft auch sympathische Person. Die Fähigkeit, eine psychologische Motivation gemäß des Aszendentenzeichens zum Ausdruck zu bringen, ist beeinträchtigt. Im Skorpion z. B. sind alle emotionalen Kräfte des Zeichens vorhanden – allerdings wird dessen Energie, die eine solch wunderbare Antriebskraft sein kann, damit geschwächt, was heißt, dass man sein Potenzial nicht vollständig zum Ausdruck bringen kann und unerfüllt bleiben muss. Negative Fluchttendenzen könnten ein großes Problem sein.

Vom 12. Haus aus: Weil es sich hier um das »Heim« von Neptun handelt, wirkt der Planet günstiger – der Betreffende könnte sehr von seinem Einfluss profitieren. Mitgefühl, Aufgeschlossenheit sowie eine große Bereitschaft, Opfer zu bringen. Äußerlich gesehen vielleicht altruistische Motive – vom psychologischen Blickpunkt aus sind aber vielleicht Ängste vor der »großen weiten Welt« oder auch mangelndes Selbstvertrauen ausschlaggebend. Im Idealfall stimuliert Neptun zu großen Leistungen fernab der Öffentlichkeit – der Mensch zieht es vor, sein Werk für sich sprechen zu lassen. Die Neigung zur Flucht ist zumeist unter Kontrolle, das Bedürfnis nach Ruhe und Frieden ist aber ein markantes Merkmal. Die Neptunaspekte zu Sonne, Mond oder den persönlichen Planeten müssen sorgfähig analysiert werden. Lesen Sie noch einmal den Abschnitt zu Neptun im 1. bzw. im 12. Haus (S. 395 und 397), und vergleichen Sie die subtilen, nichtsdestoweniger aber deutlichen Unterschiede.

Positive Aspekte

Sind nicht allzu machtvoll, glätten aber die Eigenschaften des aufsteigenden Zeichens. Verleihen Fantasie und Intuition sowie die Tendenz, sich mit dem Rätselhaften zu befassen. All dies macht den Betreffenden zu einer verführerischen Gestalt, besonders wenn sich Neptun im Skorpion befindet. Die kreative Vorstellungskraft ist gestärkt.

Negative Aspekte

Hier führt der subtile Einfluss von Neptun unter Umständen zu Selbsttäuschung und Lügen. Es passiert diesen Menschen nur zu leicht, dass sie den Kontakt zur Realität verlieren. Eine Opposition zum Aszendenten aus dem 6. oder dem 7. Haus gibt Neptun zusätzliches Gewicht. Schlagen Sie für Ihre Interpretation noch einmal den betreffenden Absatz auf (S. 396). Gehen Sie auf die gleiche Weise vor, wenn es sich um ein Quadrat aus dem 4. oder dem 10. Haus handelt. Messen Sie einem schwächeren Aspekt keine zu große Bedeutung bei; aber selbst ein Nebenaspekt könnte eine Neigung zu Täuschungen oder einen chaotischen Persönlichkeitszug anzeigen.

NEPTUNASPEKTE ZUM MC

MC

Konjunktion

Wie der Beschreibung von Neptun im 10. Haus (siehe S. 397) auch zu entnehmen war, könnte es hier zu Richtungsänderungen im Beruf kommen, auch dann, wenn sich die Konjunktion aus einem anderen Haus ergibt.

Möglicherweise eine Identifikation mit neptunischen Konzepten und Erfolge bei deren Umsetzung, vorausgesetzt, der Rest des Horoskops lässt auf Stabilität schließen und darauf, dass der Neptun-Einfluss positiv eingesetzt werden kann.

+ Positive Aspekte

Diese Einflüsse sind nicht besonders stark, sie helfen dem Betreffenden aber bei einem Beruf in Verbindung mit neptunischen Themen, z. B. bei der Fotografie, den Pflegeberufen, dem Tanz oder jeglicher Arbeit, bei der Inspiration und Fantasie zur Geltung kommen.

– Negative Aspekte

Könnten die Neigung zu Ausflüchten und Ausreden in Verbindung mit dem Beruf oder im Kontakt zu Autoritätspersonen anzeigen. Uriah Heep in Charles Dickens »David Copperfield« dürfte einen solchen Aspekt gehabt haben (neben einem Quadrat zu Saturn). Womöglich ein Zug der Arglist – jemand, der andere gerne im Dunkeln tappen lässt, um es einmal milde auszudrücken.

NEPTUNTRANSITE

♆

Die am schwersten zu beschreibenden Transite überhaupt – manche Menschen spüren sie sehr deutlich, andere wiederum gar nicht. Das ist aber noch nicht alles: Unter einem machtvollen Neptuntransit könnte die gleiche Person auf verschiedene Arten reagieren. Einmal vielleicht ein Mensch, auf den das, was wir angeführt haben, überhaupt nicht zutrifft; auf der anderen Seite jemand, der sich immer wieder Ess- oder Trinkgelagen hingibt und jede Disziplin vermissen lässt. Wieder andere haben jetzt sogar Visionen! Seien Sie vorsichtig – raten Sie ggf. zur Hilfe von Therapeuten, und lassen Sie sich nicht allzu sehr auf Ihr Gegenüber ein! Ein typischer Satz ist: »Ich weiß nicht, was mit mir los ist – ich kann nicht mehr arbeiten! Meine Konzentration ist weg!«

In den Träumen kann es zu einer ähnlichen Entwicklung kommen. Manche Menschen sagen, dass sie niemals träumen, was aber natürlich nicht stimmt – sie vergessen einfach ihre Träume. Diejenigen mit wenigen Erinnerungen sind meist sehr materialistisch gesinnt, sie beschäftigen sich in erster Linie mit Geld und ihrem Platz in der Gesellschaft. Diejenigen, die sich gut an ihre Träume erinnern, sind dagegen eher sensibler, intuitiver, emotionaler und meist auf die eine oder andere Weise kreativ. Wie dem auch sei – zunächst einmal sind die Auswirkungen von Neptun die gleichen, auch wenn der Materialist schwört, dass Neptun bei ihm keine Wirkung hat, und der Intuitive sagt, dass er jede seiner Nuancen spürt.

Wir müssen diese Reaktionen aber in einer breiteren Perspektive sehen und uns dazu erst einmal genauer mit denjenigen beschäftigen, die meinen, dass Neptun bei ihnen keine Wirkung hat. Der Materialist macht aber als Ergebnis des Neptun-Einflusses vielleicht ein schmutziges Geschäft oder lässt sich zu einer Liebesaffäre hinreißen. Psychologisch gesehen kann es auch zu einem subtilen Wandel der Gefühle kommen, möglicherweise ein gewachsenes Bewusstsein für die feineren Elemente des Lebens. Der mit allen Wassern gewaschene reiche Geschäftsmann weint vielleicht nun zum ersten Mal – wegen eines Filmes, weil er einen schmerzhaften Gichtanfall erlebt oder eine unangenehme Lebensmittelvergiftung erleidet. Der sensiblere Mensch dagegen könnte zu Notlügen Zuflucht nehmen, um den Partner nicht zu verletzen - was in der Folge vielleicht zu großer Verwirrung und Konfusion führt. Im Idealfall kann mit dem positiven Einfluss schließlich ein sehr eindrucksvolles und kreatives Resultat verbunden sein. Vielleicht beginnt der Mensch darunter auch mit dem Studium eines esoterischen Gebietes, z. B. der Astrologie (oftmals ist neben Uranus auch Neptun besonders betont, wenn wir uns mit ihr zu befassen beginnen).

Die zeitliche Eingrenzung von Neptuntransiten ist schwierig. Astrologisch gesehen handelt es sich um einen Einfluss von schwankender Intensität. Bei der Interpretation müssen wir dies unterstreichen, um unser Gegenüber nicht in Verwirrung zu stürzen (er könnte durch den Einfluss von Neptun schon verwirrt genug sein). Beschränken Sie sich, was diesen Trend betrifft, auf wenige und eindeutige Aussagen! Erläutern Sie, nachdem Sie den Transit astronomisch zeitlich eingegrenzt haben, dass sein Einfluss astrologisch nicht eindeutig zu fixieren ist. Er kann früher beginnen und länger dauern als gedacht!

NEPTUNTRANSITE ZUR SONNE

☉

Konjunktion

Es hängt hier viel davon ab, welche Neptunaspekte im Horoskop gegeben sind. Auf jeden Fall aber ist es sinnvoll, jetzt vor der Gefahr zu warnen, den Kontakt mit der Realität zu verlieren. Nun kommt es häufig zu schönen und wunderbaren Erlebnissen – es besteht aber (und es handelt sich um ein sehr gewichtiges »aber«) die Neigung, sich im siebenten Himmel zu wähnen. Manchmal tut man jetzt Dinge, die man sonst nicht machen würde, im Glauben, dass alles gut gehen wird. Wir wollen damit nicht sagen, dass Misserfolge vorprogrammiert sind – sie sind aber sehr wohl möglich, speziell dann, wenn der Betreffende den Boden der Realität verlässt.

Man kann jetzt sehr kreativ arbeiten und seiner Vorstellungskraft dabei Ausdruck verleihen. Wichtiger als alles andere sind ein stabiles Gefühlsleben, Vorsicht und gesunder Menschenverstand, was aber nicht leichtfällt.

Anmerkung: Dieser Transit ist bis ins Jahr 2026 nur für die Sonnenzeichen Wassermann und Fische möglich.

+ Positive Transite

Grundsätzlich ähneln diese Transite der Konjunktion, sie sind aber nicht ganz so machtvoll. Viele Menschen werden der Ansicht sein, dass mit ihnen keine spürbaren Auswirkungen verbunden sind. Ganz allgemein harmonischere Neptun-Einflüsse, mit positiven Resultaten und ohne die Tendenz, sich emotional von den Geschehnissen überwältigen zu lassen oder dem Leben ratlos gegenüberzustehen.

– Negative Transite

Hiermit dürften die negativen Auswirkungen der Konjunktion in Erscheinung treten. Oftmals aber noch mehr

Verwirrung – man muss aufpassen, dass man in Verbindung mit den Fluchttendenzen nicht zu Drogen greift. Das gilt für medizinisch verordnete Präparate, wie z. B. Beruhigungsmittel, aber auch für die Drogen, die noch gefährlicher sind. Es versteht sich von selbst, dass man auch beim Alkohol Maß halten muss. Die Neigung zur Selbsttäuschung ist ebenfalls verstärkt. Wie immer hängt es von der individuellen Persönlichkeit ab, wie der Transit erlebt wird.

NEPTUNTRANSITE ZUM MOND ☽

☌ Konjunktion

Die Tendenz, direkt auf Neptun-Einflüsse anzusprechen. Man ist nun leicht zu beeindrucken, z. B. durch Leid, und hat den Wunsch, darauf auf die angemessene Art und Weise zu reagieren. Der Betreffende könnte jetzt zu Inkonsequenz neigen; er kann aber auch viel Inspiration erfahren, und vielleicht kommt es wegen seiner unmittelbaren Reaktionen auch zu dramatischen Entwicklungen und Veränderungen. Manche Menschen sehen unter diesem Transit auch das Licht – wenn vielleicht auch nur das am Ende des Tunnels.

+ Positive Transite

Jetzt stehen die Gefühle im Blickpunkt, der Mensch reagiert emotional stärker als sonst. Eine romantische Stimmung. Theoretisch sollte alles gut gehen, besonders auch dann, wenn es einen positiven Einfluss der progressiven Venus gibt. Bei schwerwiegenden negativen Transiten zu Uranus oder Saturn aber werden Mond und Neptun nicht unbeeinflusst bleiben. In diesem Fall sollten Sie Ihr Gegenüber auf die Neigung zu emotionalen Überreaktionen und vielleicht auch zu Naivität hinweisen, besonders in Liebesdingen. Alternativ dazu wäre denkbar, dass er oder sie auf Probleme unangemessen reagiert.

− Negative Transite

Schwierig zu interpretieren, weil man nicht voraussagen kann, wie sie sich auswirken. Grundsätzlich ist mit ihnen ein gewisser emotionaler Stress oder auch die Neigung zur Selbsttäuschung vorhanden, vielleicht kommt es auch zu Überreaktionen auf die Aktivitäten einer anderen Person. Man könnte von skrupellosen Menschen ausgenutzt werden und in ernsthafte Schwierigkeiten kommen. Wenn die Tendenz zu Täuschungen im Horoskop angelegt ist, könnte es dagegen der Geborene sein, der andere – Freunde oder Geschäftspartner – hintergeht. Warnen Sie davor, sich auf unseriöse Aktivitäten einzulassen, und raten Sie, sich auf eine umsichtige und vernünftige Weise zu ernähren. Eine Lebensmittelvergiftung ist jetzt nämlich nicht unwahrscheinlich.

NEPTUNTRANSITE ZU MERKUR ☿

☌ Konjunktion

Dürfte sich günstig auswirken. Man hat jetzt vielleicht inspirierte und zündende Ideen oder findet auf einem Gebiet, das zuvor unbeachtet geblieben war, Inspiration. Allerdings verstärkt Neptun oft auch die kritische Seite von Merkur – vorausgesetzt aber, dass der Mensch um Klarheit und Positivität gegenüber anderen bemüht ist, dürfte alles gut gehen. Wenn die eskapistische Seite von Neptun zum Tragen kommt, wünscht sich der Betreffende nichts sehnlicher, als alles einmal hinter sich zu lassen – raten Sie in einem solchen Fall zu einem Wochenendausflug an einen nicht allzu weit entfernten schönen und friedvollen Ort. Dieser Transit ist günstig für Menschen, die ihre Ideen anderen vermitteln wollen – vor der Unterredung aber sollte man sich Notizen zu den einzelnen Punkten machen, weil man sonst vielleicht abschweift oder das Wichtigste vergisst.

+ Positive Transite

Konstruktive Einflüsse, die besonders günstig für diejenigen sind, die sich dem Studium eines esoterischen Gebietes verschrieben haben oder die sich für Poesie interessieren – hier befindet sich der Planet der Dichtung in Harmonie zum Planeten der Kommunikation.
Hilfreich auch dafür, diese Gebiete mit mehr Objektivität zu sehen.

− Negative Transite

Sehr subtile Einflüsse, die uns geistesabwesend machen können, weil sie das Konzentrationsvermögen beeinträchtigen. Fordern Sie Ihr Gegenüber dazu auf, sorgfältig zu planen, was zu tun ist. Der Terminkalender sollte stets zur Hand sein, auch die Schlüssel – und zwar die richtigen! Vergesslichkeit führt jetzt zu Problemen, wie auch die Neigung, sich von vermeintlich brillanten Ideen mitreißen zu lassen, die sich in der Realität aber als gänzlich unpraktisch erweisen. Rauben Sie der betreffenden Person aber nicht jeden Mut – fordern Sie sie nur dazu auf, wichtige Entscheidungen und Handlungen mindestens drei Wochen aufzuschieben.

Professioneller Beistand ist besonders dann ratsam, wenn Merkur oder Neptun eine personalisierte Bedeutung hat oder in der einen oder anderen Weise im Horoskop betont ist. Aber auch in diesem Fall könnte der Betreffende geneigt sein, das zu glauben, was er glauben will.

NEPTUNTRANSITE ZUM VENUS ♀

☌ Konjunktion

Neptun wirkt hier günstig und verstärkt viel von dem, was positiv an der Venus ist. Wenn man bestimmen will, wie und wo sich der Transit auswirken wird, muss man untersuchen, wie die Venus im Horoskop zum Ausdruck kommt. Vielleicht eine sehr glückliche Zeit mit vielen romantischen und/oder idealistischen Eindrücken; möglicherweise ein Erlebnis, das man nicht wieder vergisst – die aufregendste Nacht des Lebens vielleicht. Dieser Einfluss wirkt prägend auf den Zeitraum von einigen Wochen, der sich wahrscheinlich als recht vergnüglich erweisen dürfte. Eine wunderbare Unterstützung, falls es nun zu einer Heirat kommen sollte. Allerdings muss diese Vertiefung der Beziehung noch von anderen, stärkeren Faktoren angezeigt sein – lesen Sie hierzu auch das Kapitel zu den Beziehungen (Seite 210–229).

+ Positive Transite

Ähneln der Konjunktion, sind aber einfacher als diese. Der Geborene könnte jetzt dazu neigen, sich romantischen Erfahrungen und den Freuden des süßen Lebens hinzugeben. Am besten wäre es, diesen Transit mit dem oder der Geliebten an einem warmen Tropenstrand zu verbringen! Das Vergnügen sollte jetzt an erster Stelle kommen – schlagen Sie also vor, dass die betreffende Person mit ihrem Partner etwas Besonderes unternimmt; dies kann zu einer vergnüglichen Erfahrung führen, an die sich beide gerne erinnern.

Gerade nach einer Zeit der Anspannung innerhalb der Beziehung können diese Transite sehr günstig sein. Oftmals verliebt man sich auch, wenn Neptun und die Venus im positiven Kontakt zueinander stehen.

Negative Transite

Ohne Frage heikel! Der Betreffende sieht emotionale Probleme wahrscheinlich nicht im richtigen Licht und reagiert unvernünftig. Auch die eskapistische Neigung könnte nun zum Tragen kommen – raten Sie von drastischen Reaktionen ab. Manchmal ist es gut, sich für eine Zeit vom Partner (bzw. von dem, was Probleme macht) zu trennen.

Sehen Sie nach, ob es andere Hinweise für dauerhafte Veränderungen gibt, und fordern Sie den Menschen dazu auf, sich seines gesunden Menschenverstandes und der Logik zu bedienen – was allerdings schwerfällt, weil sich die Emotionen womöglich in Aufruhr befinden. Lesen Sie hier noch einmal nach, was wir einführend zu den Neptuntransiten geschrieben haben (siehe S. 399), und machen Sie sich noch einmal bewusst, dass einige Menschen stärker auf diese Transite reagieren als andere. Ihr Gegenüber neigt jetzt unter Umständen auch zur Falschheit. Die Wahrscheinlichkeit, dass man sich jetzt vor der eigenen, verschlossenen Tür wiederfindet, ist recht groß – man tendiert weiterhin zu Vergesslichkeit (generell ein Problem, wenn Neptun aktiv ist) bzw. dazu, dumme Fehler zu begehen.

NEPTUNTRANSITE ZU MARS ♂

Konjunktion

Die Emotionen sind nun auf eine farbige und leidenschaftliche Weise betont. Jetzt liegt der Akzent auf dem Romantischen, jetzt kann auch das kreative Potenzial zu Aktivitäten führen. Es ist auch denkbar, dass sich nun ein Interesse an einer Sportart, die mit dem Wasser zusammenhängt, manifestiert. Alles, was auf- und anregend ist, übt nun einen besonderen Reiz aus. Der Einfluss könnte sich als der Funke erweisen, der ein Feuerwerk in Gang setzt und zu glanzvollen Resultaten führt.

Positive Transite

Ähneln in ihrer Wirkung der Konjunktion. Ermuntern Sie Ihr Gegenüber, unter diesen positiven Transiten mit der Arbeit an einem neptunischen Thema zu beginnen, das ihn schon immer interessiert hat. Viel Potenzial, wenn man unter diesen Transiten aktiv wird.

Negative Transite

Diese sind problematisch – oft hat man es dabei mit Enttäuschungen zu tun. Wir wollen nicht so weit gehen zu behaupten, dass der Betreffende zwangsläufig eine Enttäuschung erleben muss – zu diesen Zeiten kommt es sehr darauf an, keine zu hohen Erwartungen zu hegen.

Wie alle Neptuntransite ziehen auch diese sich über einige Wochen hin. Wenn es durch Rückläufigkeit dreimal dazu kommt, könnte sich der ganze Zeitabschnitt in der einen oder anderen Weise als Enttäuschung herausstellen. Ziehen Sie auch die anderen Trends in Betracht – vielleicht gibt es Einflüsse, die mildernd wirken. Positive Jupitertransite, günstige Lunarprogressionen sowie stabilisierende Saturntransite zu Sonne oder Mond wären eine Hilfe.

NEPTUNTRANSITE ZU JUPITER ♃

Konjunktion

Ein sehr subtiler, häufig aber auch belohnender Transit, unter dem man die eine oder andere religiöse oder philosophische Erkenntnis gewinnen kann. Manche Menschen machen sich nun auf den Weg, vielleicht beginnen sie eine Reise, die sich als ausgedehnter als zunächst geplant erweist. Das wäre auch sehr schön, weil die Eindrücke der fremden Länder dann umso tiefer und dauerhafter wirken.

Eine Energie, die für ein Studium sprechen könnte, vorausgesetzt, der Betreffende kann sich konzentrieren. Womöglich aber fühlt er sich von dem Studiengegenstand geradezu überwältigt und verliert den Boden unter den Füßen. In diesem Fall ist es sehr schwer, den Lehrstoff wirklich zu assimilieren; es könnte ihm an jeder Struktur und Form mangeln.

Auch dieser Einfluss kann mit dem Schlüsselwort von Jupiter beschrieben werden, das da lautet: Expansion. Das kann auch eine Gewichtszunahme bedeuten, besonders dann, wenn man eine luxuriöse Kreuzfahrt oder eine teure Urlaubsreise unternimmt. So vergnüglich und interessant diese Zeit auch sein kann – weisen Sie die Person behutsam darauf hin, dass sie früher oder später wieder auf den Boden der Realität zurückkehren muss.

Positive Transite

Die Auswirkungen sind nahezu identisch mit der Konjunktion. Jupiter und Neptun kommen aufgrund ihres Zusammenhangs mit den Fischen gut miteinander aus (früher galt Jupiter als deren Herrscher) bzw. unterstützen einander. Viel Inspiration und Vorstellungskraft.

Alle Jupiter-Angelegenheiten können jetzt zur Blüte kommen. Intellektuelle Schlussfolgerungen können sich ergeben, vielleicht auch eine große geistige Weiterentwicklung. Diese Transite helfen auch dem Menschen, der sich einem neuen Gebiet oder Studium verschreibt – der vielleicht nur deshalb eine Sprache erlernen möchte, weil ihr Klang ihn fasziniert.

Negative Transite

Der Betreffende könnte sich zu dieser Zeit jeglicher Beschränkung widersetzen. Als Student z. B. könnte er den Vorlesungen fernbleiben und der Meinung sein, selbst am besten zu wissen, wie er sich den Lehrstoff aneignen kann. Die Resultate dürften aber wenig überzeugend sein, und vielleicht verpasst er mit diesem Verhalten manche Gelegenheit.

Das Urteilsvermögen ist geschwächt, sodass man nun keine wichtigen Entscheidungen treffen sollte. Vielleicht wirken die Transite auch negativ auf die Leber, was an zu reichen Mahlzeiten oder an übermäßigem Alkoholgenuss liegen könnte – als Versuch, den aktuellen Problemen zu entfliehen.

NEPTUNTRANSITE ZU SATURN ♄

Konjunktion

Ein Transit, der sich im Idealfall als sehr wichtige Lebensphase erweist – jetzt können Realismus und Idealismus zusammenkommen. Ehrgeiz, der Wille zum Erfolg und Bestimmtheit verbinden sich positiv mit idealistischen Zügen, was vernünftige und umsichtige Entscheidungen und ein verantwortungsbewusstes Denken möglich macht. Dieser Prozess ist vielleicht schwierig, weil das, was man für richtig und für seine Pflicht hält, sehr wohl von den Idealen abweichen kann. Hier könnte auch ein Zusammenhang zu persönlichen Schwächen bestehen, z. B. Selbstsucht oder Geiz oder die Neigung, andere als eine Art persönlichen Besitz zu sehen. Diese müssen unbedingt bekämpft werden.

Aber auch ein Idealismus von höchstem Niveau ist nun denkbar. Vielleicht erforscht der Geborene intensiv sein Inneres, was ihn milder, mitfühlender und verständnisvoller macht und zur Erkenntnis führt, dass materieller und weltlicher Ehrgeiz unwichtig ist. Dies war beim Lauf von Neptun durch den Steinbock von großem Interesse – diese Konjunktion war nämlich aus dem Grund besonders stark, weil sich Saturn dabei im eigenen Zeichen befand.

Positive Transite
Helfen dabei, die Emotionen und die Intuition zu stabilisieren. Oftmals auch eine positiv genutzte Inspiration, mit Ideen und Schlussfolgerungen, die tatsächlich realisierbar sind. Exzellente Einflüsse für diejenigen, die die Inspiration spüren, etwas Neues zu erschaffen. Ermutigen Sie Ihr Gegenüber, diese praktischen, dabei aber doch inspirierten Einflüsse tatsächlich zu nutzen!

Negative Transite
Sind schwierig. Oftmals fühlt sich der Mensch darunter von seinen Emotionen und seinem Pflichtgefühl in zwei Richtungen gezogen. Das kann zu viel Verwirrung und innerlicher Ratlosigkeit führen sowie dazu, dass man gar nicht erst aktiv wird, sondern sich mit einer faulen Ausrede begnügt. Insofern könnte es sich um eine Phase der Unbestimmtheit handeln – und in der Tat sollte man jetzt besser keine wichtige Entscheidung treffen. In einem Moment fühlt sich der oder die Betreffende stark und mächtig, im nächsten schwach und verwirrt.

Die allgemeine Einstellung könnte nun etwas Düsteres haben: »Ich weiß nicht, was los ist – ich fühle mich ein bisschen verwirrt.« Sie können den Betreffenden unterstützen, vielleicht, indem er sich bei Ihnen einmal ausweinen kann. Es ist auch nicht erforderlich, jetzt tatsächlich aktiv zu werden, höchstens dann, wenn eine Reihe von positiven Transiten oder Progressionen eindeutig erkennen lässt, dass idealistische Aktivitäten nun möglich sind. Der Planet, der im Horoskop stärker steht, hat bei dem Transit den größten Einfluss.

NEPTUNTRANSITE ZU URANUS

Konjunktion
Bis weit in das 21. Jahrhundert hinein läuft Neptun durch den Wassermann, was bedeutet, dass jetzt nur ältere Menschen – die Uranus in diesen Zeichen haben – diese Konjunktion erleben können.

Ein interessanter und vielleicht auch reicher Zeitabschnitt, mit inspirierten und originellen Gedanken. Man wird Fortschritte erzielen können, wenn man dazu imstande ist, den Ideen konkret Ausdruck zu geben. Auch neue Einstellungen, z. B. zu spirituellen Themen, sind jetzt denkbar. Der Transit wirkt am besten, wenn es gleichzeitig zu positiven Saturneinflüssen kommt. Falls dem nicht so ist, bedeutet er vielleicht nur, dass der Betreffende jetzt unpraktisch handelt. Wenn einer der beiden Planeten im Horoskop negativ aspektiert ist, ist zu dieser Zeit mit Spannungen zu rechnen.

Positive Transite
Sind weniger machtvoll als die Konjunktion, stehen aber gleichfalls für eine belohnende Zeit. Möglicherweise sehr originelle Arbeiten oder Ideen. Leisten Sie Ihren Beitrag dazu, dass der Betreffende neue Interessen entwickelt.

Negative Transite
Wahrscheinlich eine verwirrende und mit Spannungen erfüllte Phase. Wenn Neptun oder Uranus eine personalisierte Bedeutung hat, könnten die Probleme alles dominieren; trifft das nicht zu, muss sich der Betreffende vermutlich nur mit einem lästigen und kraftraubenden Problem auseinandersetzen. Man ist in diesem Fall dazu in der Lage, erst einmal mit wichtigeren Dingen weiterzumachen. Auch bei den negativen Transiten aber sind sehr viele überraschende und originelle Ideen möglich – es kann allerdings daran mangeln, sie zu realisieren.

NEPTUNTRANSITE ZU PLUTO

Konjunktion
Neptun braucht 14 Jahre, um durch ein Zeichen zu laufen. Er bleibt bis 2011 im Wassermann, während Pluto sich bis 2009 im Zeichen Schütze befindet. Da Pluto für den Lauf durch ein Zeichen zwischen 13 und 32 Jahren braucht, wird es in den nächsten hundert Jahren nicht zu diesem Transit kommen.

Positive Transite
Können einen positiven und anregenden Einfluss auf die Sexualität haben, indem sie die Emotionen und die sexuelle Erfüllung in einen Zusammenhang bringen. Wenn es hier in der Vergangenheit Probleme gegeben hat, könnte man nun eine Lösung finden, besonders wenn einer der beiden Planeten eine personalisierte Bedeutung hat.

Negative Transite
Verwirrung und ein blockierter Ausdruck der Emotionen in Verbindung mit der Sexualität könnten in Stresszeiten zu Problemen führen. Vielleicht sind es körperliche Beschwerden, die der sexuellen Erfüllung im Wege stehen, speziell wenn sich Pluto im Krebs oder in der Waage befindet. Pluto steht für die großen wirtschaftlichen Zusammenhänge – es ist nicht ratsam, unter einem solchen Transit wichtige Investitionen vorzunehmen. Die denkbaren Komplikationen sind im besten Fall Verwirrung und im schlimmsten Betrug.

NEPTUNTRANSITE ZUM ASZENDENTEN

Konjunktion
Ein untergründiger, aber sehr wirkungsvoller Transit. Wie bereits in der Einführung zu den Neptuntransiten erwähnt (siehe S. 399), fühlen Menschen den Einfluss dieses Planeten auf sehr unterschiedliche Weise. Dessen muss man sich bewusst sein, wenn man an die Interpretation dieses Transits geht, der im Übrigen bis weit ins 21. Jahrhundert hinein nur bei Menschen mit einem Steinbock, Wassermann- oder Fische-Aszendenten möglich ist.

Bevor es zu dieser Konjunktion kommt, läuft Neptun durch das 12. Haus. War dieser Transit von nennenswerten Auswirkungen begleitet? Um dies herauszufinden, sollten Sie den Abschnitt zu Neptun im 12. Haus (siehe S. 397) gründlich studieren, natürlich in dem Bewusstsein, dass sich dieser Transit mit seinen Auswirkungen über mehr als zehn Jahre hingezogen hat. Wenn Neptun dann den Aszendenten berührt, könnte der Betreffende zu einem undisziplinierten und verträumten Verhalten neigen. Bei einem negativen Aspekt im Horoskop treten nun vielleicht auch die Tendenz zur Arglist und ein untypisches Verhalten zutage. Das kreative Potenzial des Betreffenden könnte aber auch einen neuen, inspirierten und einfach wunderbaren Ausdruck finden. Dieser Transit ist schwierig zu interpretieren, weil es so viele Möglichkeiten gibt.

Positive Transite
Hier treten für gewöhnlich die besten Seiten des neptunischen Einflusses zutage. Höchstens neigt man zu einer gewissen Vergesslichkeit und Verwirrung

– es wird aber keinesfalls an Inspiration oder an einem positiven Ventil fehlen.

Negative Transite

Sehr heikel. Bei der Opposition ergeben sich vielleicht schädliche Wirkungen auf die Beziehung. Wenn man sich überlegt, eine Beziehung einzugehen, sieht man möglicherweise den Partner oder die Partnerin nicht so, wie er oder sie wirklich ist; man lässt sich vom Glanz des ersten Augenblicks und seinen Wunschvorstellungen leiten. Raten Sie dazu, die Heirat oder den Bezug einer gemeinsamen Wohnung hinauszuschieben, besonders dann, wenn es jetzt keine starken unterstützenden Progressionen für diesen Lebensbereich gibt. Die Wirkungsweise der Quadrate ist ähnlich, sie beziehen sich entweder auf die Arbeit (Neptun im bzw. in der Nähe des 10. Hauses) oder auf das Zuhause und das Familienleben (Neptun in oder am 4. Haus). Verwirrung, mangelnder Realitätssinn, andere täuschen oder selbst getäuscht werden (Opposition) – das alles ist jetzt sehr wahrscheinlich.

NEPTUNTRANSITE ZUM MC

MC

☌ Konjunktion

Nun könnten sich sehr ungewöhnliche Erfahrungen ergeben. Manchmal interessante berufliche Entwicklungen oder Veränderungen, die in der Folge zu einem freieren Ausdruck von Intuition, Inspiration und Fantasie führen. Jemand, der sich bisher nur mit dem harten Konkurrenzkampf im Beruf beschäftigt hat, ändert jetzt vielleicht sein Leben und macht angenehmere und erfüllendere Erfahrungen. Unter Umständen können auch einige der weniger angenehmen Eigenschaften dieses Planeten hervortreten – z. B., dass Kollegen gegen den Betreffenden zu intrigieren beginnen. Eine unfaire oder hinterlistige Aktion könnte eine anstehende Beförderung verhindern. Man selbst darf sich jetzt auf keinen Fall auf dubiose Machenschaften oder auf arglistige Aktivitäten einlassen.

Positive Transite

Subtile Veränderungen der einen oder anderen Art, die sich entweder auf den Beruf oder auf den Lebensstil beziehen und wahrscheinlich zu angenehmeren und befriedigenderen Umständen führen.

Negative Transite

Die Auswirkungen ähneln den negativen Umständen, wie sie unter der Konjunktion angeführt wurden – der Geborene könnte aber noch verwirrter auf die Geschehnisse reagieren und sich noch unglücklicher fühlen. Das Haus, durch das Neptun läuft, könnte anzeigen, um welchen Lebensbereich es hier geht.

Beim Quadrat aus dem 7. Haus wäre ein typisches Ergebnis, dass dem Betreffenden ein interessantes und günstiges Angebot gemacht wird, welches aber einen Umzug erfordern würde, dem der Partner nicht zustimmt. Bei der Opposition aus dem 4. Haus könnte die negative Haltung eines Elternteils oder eine emotionale Erpressung dafür verantwortlich sein, dass man die Chance ungenutzt lässt. In beiden Fällen sollte der Betreffende den Kampf aufnehmen – ohne allerdings sogleich mit Erfolgen zu rechnen. Diese ergeben sich erst dann, wenn der Transit vorbei ist.

NEPTUNTRANSITE ZUM RADIXNEPTUN

♆

Es gibt keine Neptunwiederkehr – einfach aus dem Grund, dass wir nicht 168 Jahre alt werden. Der Neptuneinfluss bei den Transiten zur eigenen Stellung ist sehr subtil (besonders bei den Quadraten und den Trigonen); die Auswirkungen sind längst nicht so markant wie bei der Saturnwiederkehr oder bei der Uranusopposition zum Radixuranus.

Das Sextil des Neptunzyklus erlebt man mit etwa 28 Jahren – es kann Ideen und Eingebungen bedeuten, die dann etwas später unter der Saturnwiederkehr zu konkreten Veränderungen führen. Das Quadrat ergibt sich etwa zur Zeit der spannungsreichen Uranusopposition zum Radixuranus, es könnte dieser Zeit noch mehr Konfusion bescheren.

Das Trigon wirkt, wenn wir etwa 56 Jahre alt sind, es hat möglicherweise eine philosophischere Haltung zur Folge und lässt uns die Saat für angenehme Ideen legen, die uns dann etwas später, wenn wir uns aus dem Berufsleben zurückziehen, reiche Früchte bringen können. Es macht nichts, wenn wir in dieser Phase etwas schrullig wirken – schließlich arbeiten die meisten Menschen auch zu dieser Zeit noch hart, um aktiv, die Vorstellungen zu einer Realität zu machen.

Eltern fragen sich vielleicht, was mit ihrem Kind los ist, wenn es 14 geworden ist – das Alter, in dem ein schwaches Halbsextil wirkt. Der Teenager könnte zu dieser Zeit schwärmerisch und verträumt sein, er erlebt vielleicht seine erste Liebe und kann sich beim besten Willen nicht auf die Schule konzentrieren. Vielleicht fühlt er auch eine leidenschaftliche Anteilnahme am Geschick eines Popstars oder eines berühmten Sportlers.

All dies sind natürlich Verallgemeinerungen. Sie können aber dabei helfen, mehr darüber in Erfahrung zu bringen, wie die außerordentlich subtilen Neptuntransite zur Neptunstellung das Leben der betreffenden Menschen beeinflussen.

PLUTO IN DEN ZEICHEN

Pluto, der sich am langsamsten bewegende Planet, braucht 246 Jahre für einen vollständigen Lauf um die Sonne und durch alle zwölf Tierkreiszeichen. Seine Umlaufbahn ist außergewöhnlich – manche Zeichen durchläuft er in nur 13 Jahren, für andere braucht er dagegen bis zu 32 Jahren. Auch hier handelt es sich um einen Generationsaspekt. Unserer Ansicht nach ist er weniger machtvoll als Neptun, nichtsdestoweniger kann er markante Auswirkungen haben.

Es gibt keinen lebenden Menschen mit Pluto im Widder oder im Stier – auf der anderen Seite kamen ab 1995 Kinder mit dem Schütze-Pluto zur Welt. Zu diesem Zeitpunkt nahm der Planet seine Reise durch dieses Zeichen auf – wie sich das auswirken wird, kann nur vermutet werden. Mit der Zeit werden wir mehr dazu erfahren.

PLUTO IN DEN ZWILLINGEN (1882/83 – 1912/13)

Allgemeine Ebene

Zu dieser Zeit ergaben sich wichtige Entwicklungen und Veränderungen – viele alte Vorstellungen und Konzepte wurden nun zu den Akten gelegt. Vieles von dem, was niemals zuvor infrage gestellt wurde, sah man jetzt mit kritischen Augen. Die Entwicklung des Automobils und der Kommunikationstechnologien ließ die Welt nun kleiner werden.

Persönliche Ebene

Es gibt noch einige sehr alte Personen mit dieser Plutostellung. Sie steht für Erfindungsgeist und ein allgemeines Interesse, besonders auch an jungen Menschen. Bei guten intellektuellen Fähigkeiten kann diese Stellung auf Weisheit schließen lassen; diese Menschen können sich im Leben auf ihre reichen Erfahrungen verlassen, auch dann, wenn sie sich mit Jüngeren auseinandersetzen. In jedem Fall zwillingshafter Skeptizismus.

PLUTO IM KREBS (1912/13 – 1937/38)

Allgemeine Ebene

Als Pluto zum ersten Mal in den Krebs lief, stand der Erste Weltkrieg unmittelbar bevor. Damit ergaben sich große Turbulenzen für das Familienleben. Viele Kinder dieser Zeit hatten keinen Vater, entweder zeitweise oder auf Dauer. Dieses Thema wirkte sich natürlich auch noch auf die Kinder aus, die in den 30er-Jahren geboren wurden; viele von ihnen hatten sehr unter den Kriegsfolgen zu leiden.

Persönliche Ebene

Wenn Pluto eine personalisierte Bedeutung hat oder der Krebs stark betont ist, ein machtvoller und wahrscheinlich unterstützender Effekt auf die Intuition und die Emotionen. Wenn Pluto durch Sonne, Mond, den herrschenden Planeten oder den Aszendenten negativ aspektiert wird, könnten psychische Blockaden zu verzeichnen sein. Gibt es keine solchen Aspekte, ist von sehr intensiven Gefühlen sowie auch von Geschäftstüchtigkeit auszugehen. Auch die charakteristische Zähigkeit des Krebses wird dadurch gestärkt.

In dem Fall, dass Horoskopfaktoren auf Ängste schließen lassen, kann man an Pluto ablesen, ob der Betreffende damit zurechtkommt oder nicht – ob man vielleicht zur Unterdrückung von Problemen neigt, was in Verbindung mit Pluto heißen würde, dass man sich in seiner Haltung versteift.

PLUTO IM LÖWEN (1937/38 – 1957)

Allgemeine Ebene

Wieder einmal kam es mit dem Eintritt von Pluto in ein neues Zeichen zu einem Weltkrieg. Macht und Unterdrückung in schlimmster Form traten nun in Erscheinung – woraus aber auch etwas Gutes hervorging: Die Vereinten Nationen wurden gegründet. Eine andere allgemeine Auswirkung ist in der Entwicklung der Technik zu sehen – viele Menschen, die in diesem Bereich arbeiten, weisen einen stark gestellten Löwe-Pluto auf, besonders Computerspezialisten.

Persönliche Ebene

Die Führungsqualitäten, die dem Löwen eigen sind, werden durch diese Stellung verstärkt. Wenn Sonne, Mond oder Aszendent im Löwen stehen, könnte ein Machtkomplex vorhanden sein. Untersuchen Sie sorgfältig die Hausstellung von Pluto, besonders dann, wenn er hoch oben im Horoskop steht – vielleicht haben wir es mit einem Menschen zu tun, der im Kleinen oder sogar im Großen damit beschäftigt ist, ein Imperium zu errichten. Auf welche Weise geht die betreffende Person dabei vor? Ist sie machtbesessen – oder hat sie bei ihrer Arbeit auch das Wohl der Mitmenschen im Auge? Manchmal könnte sich bei einer markanten Löwestellung der positive, feurige Enthusiasmus dieses Zeichens verdüstern – die »innere, psychologische Sonne«, die ein besonderes Merkmal dieser Stellung ist, scheint dann nicht so stark wie sonst. Eine Stellung, die auf Geschäftssinn schließen lässt.

PLUTO IN DER JUNGFRAU (1957 – 1971)

Allgemeine Ebene

Es ist so gut wie unmöglich, diesen Einfluss isoliert von Uranus zu analysieren – von Ende 1961 bis Ende 1968 nämlich befanden sich beide Planeten in der Jungfrau, in dem es dann auch zu ihrer machtvollen Konjunktion kam. Es gab viele Studentenunruhen zu dieser Zeit, die Werte und Einstellungen der Älteren wurden scharf kritisiert – das umwälzende Element von Pluto und der uranische Wunsch nach Veränderungen traten deutlich zutage. Diese Generation verfügt über eine besondere Macht – die Welt in Stücke zu reißen oder vieles von dem auszumerzen, was auf Ungerechtigkeit und Selbstsucht beruht. Wenn wir daran denken, dass sich die Jungfrau in zwanghafter Form mit analytischen Betrachtungen beschäftigen kann, ist es eine interessante Randnotiz, dass in den 60er-Jahren die ersten Taschenrechner auf den Markt kamen.

Persönliche Ebene

Überlegen Sie, ob der Pluto-Einfluss vielleicht obsessive Neigungen zur Folgen haben könnte. Wir müssen hier ggf. die Wirkung der Uranus/Pluto-Konjunktion untersuchen, auch in Bezug auf das Haus. Befinden sich beide Planeten nämlich in Konjunktion zueinander oder im gleichen Zeichen, hat dies fraglos eine besondere Bedeutung. Sind sie negativ aspektiert, ist der Mensch meist nicht in der Lage, freimütig über Probleme zu sprechen, was doch eine Erleichterung bringen könnte, und neigt zu Ängsten. Schauen Sie auf die anderen Horoskopbereiche, um zu sehen, wie hier Abhilfe geschaffen werden kann. Der Drang, die Probleme in der richtigen Perspektive zu sehen und zu einer Lösung zu bringen, tritt besonders dann zutage, wenn wichtige Transite auf Pluto einwirken oder wenn der Transitpluto die Sonne, den Mond oder den Aszendenten aspektiert (siehe S. 409–413). In einigen Fällen könnte bei einem personalisierten Pluto oder bei Plutoaspekten zu Sonne, Mond oder herrschendem Planeten eine Tendenz zu Verstopfungen bestehen (die Jungfrau herrscht über den Darmtrakt). Neigt Ihr Gegenüber zu beißender und allzu harter Kritik, könnte ebenfalls der Jungfrau-Pluto dafür verantwortlich sein.

PLUTO IN DER WAAGE (1971 – 1983/84)

Allgemeine Ebene

In den 1970er-Jahren herrschte ein Geist der sexuellen Freizügigkeit. Die Pille hatte die Angst vor ungewollter Schwangerschaft besiegt und Frauen die Möglichkeit gebracht, sich bewusst für ein Kind zu entscheiden. Interessanterweise ist auch die Generation mit dem Waage-Neptun – die Flower-Power-Generation – ihren eigenen Weg gegangen. Drogen und das »Aussteigen«, Rockfestivals und Fluchttendenzen vieler Art genossen ein hohes Ansehen. Das Verbrennen der Einberufungsbescheide war ein Ausdruck der Auseinandersetzung mit dem Thema Krieg und Frieden, auch die Suche nach einer Balance (Waage) zwischen den Extremen Liebe und Harmonie auf der einen und den Schrecken von Vietnam auf der anderen Seite.

Persönliche Ebene

In gewisser Weise hat Pluto auf die Waage anregend gewirkt, allerdings auch die Waage-Tendenz, bei der Suche nach Ausgewogenheit zu weit zu gehen, auf die Spitze getrieben. Insbesondere auch viele Auseinandersetzungen in den Partnerschaften zum Thema Liebe, speziell dann, wenn die Waage oder Pluto stark gestellt ist. Bei einer Waagesonne oder einem Waagemond dürfte ein aktives und reiches Sexualleben zu erwarten sein, die Waage-Neigung zum Romantischen tritt damit in den Hintergrund. Bei negativen Plutoaspekten, speziell zur Sonne und/oder zum Mond, könnte es sexuelle Probleme geben. Vielleicht kommt Ihr Gegenüber damit zurecht.

PLUTO IM SKORPION (1983/84 – 1995)

Allgemeine Ebene

Die Generation mit dem Skorpion-Neptun (geboren zwischen 1956 und 1970/71) machte nun allmählich auf sich aufmerksam. Warum ist die Farbe Schwarz plötzlich so modern geworden? Wie kam es zu der Punkmusik der frühen 1980er-Jahre? Plutos Eintritt in den Skorpion hat diejenigen mit einem Skorpion-Neptun stark beeinflusst. Dieser Transit war sehr intensiv – die mit Abstand skorpionischste aller Auswirkungen aber ist die auf sexuellem Wege übertragene Krankheit AIDS. Pluto hat viel mit unserer Sexualität zu tun; und er ist im Skorpion zu Hause, was ihn hier sehr stark machte. Wenngleich es immer noch keine Heilung für oder Impfung gegen AIDS gibt, wurden während der letzten zehn Jahre Medikamente zur Bekämpfung der HIV-Symptome entwickelt. Der Einfluss von Saturn, Uranus und Neptun bei ihrem Lauf durch den Steinbock hatte also durchaus praktische Auswirkungen.

Die zumindest graduelle Verbesserung der wirtschaftlichen Lage der Industrienationen ist ebenfalls dieser Stellung zu verdanken. Und man kann darauf hoffen, dass Neptuns 14-jährige Reise durch den Wassermann zu einer intensiveren Beschäftigung mit den Problemen der Dritten Welt führen wird.

Persönliche Ebene

Führt zu verstärkter Intensität und großer Zielstrebigkeit. Bei negativen Aspekten zu Sonne, Mond oder herrschendem Planeten aber psychologische Probleme, welche einer Lösung bedürfen, wenn der Betreffende sein Potenzial voll entfalten und seine starken Emotionen und seine Intuition benutzen möchte. Wenn auch Sonne, Mond oder Aszendent im Skorpion stehen, ist damit sehr viel emotionale und physische Kraft verbunden – es kommt dann umso mehr auf deren positiven Ausdruck an. Eltern eines Kindes mit dem Skorpion-Pluto müssen das wissen – sie sollten es zu Wettkampfsport oder anderen anspruchsvollen körperlichen Aktivitäten anhalten, weil sie es ansonsten mit einem schwierigen, rastlosen und unzufriedenen Kind zu tun haben könnten. Befindet sich Pluto in Konjunktion zum MC und/oder im 10. Haus (siehe S. 409 bzw. 408), interessiert sich der oder die Betreffende sehr für das Thema Macht und identifiziert sich womöglich mit allem, was stark und mächtig ist.

PLUTO IM SCHÜTZEN (1995 – 2008)

Wir können nur Spekulationen zu den persönlichen und allgemeinen Auswirkungen dieser Platzierung anstellen. Grundsätzlich handelt es sich um einen Gegensatz zwischen Zeichen und Planet: Der Schütze ist offen, freiheitsliebend, unabhängig und beileibe nicht geheimniskrämerisch – Pluto dagegen hält die Dinge unter Verschluss und neigt stark zu Eifersucht. Wenn die Eifersucht zu Szenen führt, kommt aber immerhin schon das eine oder andere ans Licht. Ob dies die Art und Weise ist, wie Pluto im Schützen wirkt? Wir hoffen es, natürlich unter der Voraussetzung, dass die Reaktionen auf die Geschehnisse und Entwicklungen nicht wieder neue Probleme hervorrufen. Es fällt schwer, sich vorzustellen, dass ein Schütze-Einfluss zu revolutionären Tendenzen führen könnte – die bevorstehenden Veränderungen könnten stattdessen ein Element der Weisheit, wie sie mit dem Schützen bzw. Jupiter in Verbindung gebracht werden, haben. Wir hoffen bei den Kindern mit dieser Plutostellung sehr darauf.

DER PROGRESSIVE PLUTO IN DEN ZEICHEN

Es ist ganz außergewöhnlich, beim progressiven Pluto auf einen Zeichenwechsel zu stoßen. Der Einfluss des neuen Zeichens würde sich auch nur dann bemerkbar machen, wenn Pluto oder Skorpion eine besondere Bedeutung hätte.

PLUTO IN DEN HÄUSERN

Das Haus, in dem Pluto steht, könnte sich als eine Quelle von Schwierigkeiten entpuppen. Wenn der Planet im Transit oder in der Progression aktiviert wird, kommt es bestenfalls auf unregelmäßige Weise zu Fortschritten, schlimmstenfalls ist damit jeder Fortschritt unmöglich. Vielleicht reagiert man auch in sehr drastischer Form – der Pluto-Einfluss wirkt dann möglicherweise reinigend. Bei negativen Aspekten könnte es in Bezug auf die Angelegenheiten des Pluto-Hauses zu obsessiven Tendenzen kommen.

PLUTO IM 1. HAUS

1

Je dichter sich Pluto am Aszendenten befindet, desto machtvoller ist sein Einfluss. Bei weniger als zehn Grad Abstand handelt es sich um eine Konjunktion, die sorgfältig analysiert werden muss.

In welchem Zeichen Pluto auch stehen mag – im Aszendentenzeichen wird sein Einfluss die Persönlichkeit auf die eine oder andere Weise verdunkeln und eine tiefe Intensität und emotionale Spannung bewirken. Ein solcher Mensch hat den Drang, alles, was ihn fasziniert, eingehend zu erforschen. Das kann eine wissenschaftliche Begabung zur Folge haben.

Psychologisch sind vielleicht Züge der Besessenheit, manchmal auch – vor allem dann, wenn sich Pluto und Aszendent im Löwen befinden – der Drang, andere zu beherrschen. Ein hohes emotionales Niveau, selbst in der emotional eher gehemmten Jungfrau. Mit Pluto in der Waage sind innerliche Stärke und ein gewisser Elan verbunden.Die emotionale Energie ist außerordentlich leidenschaftlich und wirkt sich häufig auf das Sexuelle aus – sie kann allerdings auch positiv auf das Erreichen von ehrgeizigen und befriedigenden Zielen gelenkt werden.

Ist Pluto im Horoskop negativ aspektiert, sind diese Energien blockiert. In diesem Fall muss mit tief verwurzelten psychischen Problemen gerechnet werden, vielleicht auch mit körperlichen Beschwerden.

Die Energie lenken

Mit dieser Stellung ist wegen der intensiven emotionalen Spannung ein sehr großes Potenzial verbunden. Man kann nicht genug betonen, wie wichtig hier ein positives Ventil ist.

Vielleicht wurde die betreffende Person geboren, als Pluto und Saturn zusammen im Löwen standen – in diesem Fall müssen Sie sich gründlich mit dem Einfluss der Konjunktion auseinandersetzen (S. 372). Bei Kindern mit Pluto im 1. Haus müssen die Eltern darauf achten, sie Disziplin zu lehren; es gilt, sie auf Gebiete hinzulenken, wo sie diese markanten Züge gut zum Ausdruck bringen können. Anspruchsvolle Mannschaftsspiele oder Wassersport sind sehr günstig. Sehen Sie nach, ob es Anzeichen für Grausamkeit gibt!

PLUTO IM 2. HAUS

2

Eine Stellung, die in den meisten Fällen auf einen guten Geschäftssinn schließen lässt. Wenn das Horoskop insgesamt in diese Richtung weist, womöglich ein »Unternehmer« – jemand, der aus dem Nichts heraus ein Imperium erschafft oder der einfach viel Geld »macht«. Manchmal aber gerät diese Neigung außer Kontrolle – der Betreffende denkt dann vielleicht nur noch an Geld.

Für gewöhnlich auch ein gutes Konzentrationsvermögen – insofern eine günstige Stellung für Personen, die ansonsten zur Geistesabwesenheit neigen.

Eine besitzergreifende Haltung

Meist viel Bestimmtheit und der Wille zum Erfolg, besonders dann, wenn auch andere Horoskopfaktoren darauf schließen lassen.

Dieser Mensch zieht viel psychologische Befriedigung daraus, Besitz zu erwerben. Dies gilt besonders, wenn das Zeichen Krebs betont ist oder wenn der Mond im Stier steht.

Unglücklicherweise sieht er vielleicht aber auch die Person, die er liebt, als eine Art Besitz. Leidenschaftliche und sehr intensive Emotionen – der sexuelle Ausdruck ist häufig von überdurchschnittlicher Wichtigkeit. Wahrscheinlich ein sehr sinnliches Wesen.

PLUTO IM 3. HAUS

3

Der Drang nach Kommunikation (3. Haus) und die Tendenz zu Geheimnissen und Ruhe (Pluto) sind rein begrifflich Widersprüche. Hier aber kommen sie zusammen zur Geltung.

Eine große Neugier und ein forschender Verstand sind zu erwarten, wenn sich Pluto im 3. Haus befindet. Diesem Menschen entgeht kaum etwas, trotz der Tendenz, sich unbeteiligt zu geben, besonders dann, wenn er sich gelangweilt fühlt. Er vermittelt oft den Eindruck, nichts von dem mitzubekommen, was um ihn herum vorgeht – in Wirklichkeit aber entgeht nichts seiner Aufmerksamkeit!

Bedürfnis nach Information

Wenn die Zwillinge stark gestellt sind oder Pluto sich in der Jungfrau befindet, könnte diese Stellung sehr günstig für denjenigen sein, der sich zu detektivischer Arbeit oder einer informativen journalistischen Tätigkeit hingezogen fühlt. Eltern, die ein Kind mit einem Skorpion-Pluto haben, müssen ihre Antworten sorgfältig überlegen – mit oberflächlichen oder abspeisenden Worten gibt es sich nämlich nicht zufrieden!

PLUTO IM 4. HAUS

4

Während der Kindheit und Jugend vielleicht ein überdurchschnittliches Maß an Frustrationen. Vielleicht hatte man dem Menschen nicht erlaubt, seinen eigenen Interessen nachzugehen, vielleicht sah er sich großen Hindernissen gegenüber, vielleicht war es ihm wegen der Einstellung der Eltern oder aber wegen mangelnder Mittel nicht möglich, eine höhere Schule zu besuchen. Er könnte sehr unter der Macht der Eltern zu leiden gehabt haben.

Diese Stellung fördert die Intuition, sodass man es wahrscheinlich früher oder später schafft, mit den Problemen zurechtzukommen. Hartnäckigkeit und Zielstrebigkeit helfen dabei; mit ihnen kann man diesen Pluto-Einfluss auf bestmögliche Art nutzen – auch wenn hier zunächst harte Lektionen zu lernen sind!

Langfristige Probleme

Eine heikle Stellung für Pluto – von der Sie viel lernen können, wenn Sie Ihr Gegenüber dazu bringen, seine Gefühle auszubreiten, besonders, was die Kindheit betrifft. Hat der Mensch, vielleicht aufgrund von Verfehlungen eines Elternteils, in einem Heim leben müssen?

Wenn die Kindheit schwierig war und der Betreffende noch immer unter ihr leidet, sollten Sie therapeutische Hilfe empfehlen. Sie könnten aber auch die Entdeckung machen, dass immer dann, wenn es um Pluto geht, der Mensch sehr wohl in der Lage ist, sich selbst zu helfen (besonders bei der Jungfrau).

PLUTO IM 5. HAUS (5)

Wenn von anderen Horoskopfaktoren aus auf Kreativität geschlossen werden kann, wird der Betreffende große Anstrengungen unternehmen, sein Potenzial zu entfalten. Auch wenn die Umstände gegen ihn sprechen sollten, wird er mit seiner Willensstärke und seiner machtvollen emotionalen Energie schließlich den Sieg davontragen. Als Resultat davon kann sich innerliche psychische Erfüllung ergeben, auch dann, wenn die Ergebnisse, technisch gesehen, nicht unbedingt überzeugend sind. Das Gebiet, auf das sich der oder die Betreffende konzentriert, hängt mit dem Einfluss der stärksten Zeichen und der persönlichen Planeten zusammen.

Auch das Liebesleben wird von dieser Stellung beeinflusst. Es könnte sich als sehr intensiv und reich erweisen; allerdings erwartet man vielleicht zu viel von anderen und bleibt deshalb unbefriedigt und sucht ewig nach dem Perfekten. Möglicherweise sehr viele Liebesaffären – aus den bereits angeführten Gründen aber fällt es sehr schwer, eine rationale Einstellung zu den emotionalen Beziehungen zu gewinnen.

Ferner könnte eine impulsive Risikobereitschaft kennzeichnend sein. Das kann sich auf das Emotionale beziehen, gleichermaßen aber auch auf das Körperliche oder auf finanzielle Bereiche.

PLUTO IM 6. HAUS (6)

Der Mensch mit dieser Stellung könnte sich als großer Anhänger von Routine und Disziplin erweisen, besonders beim Jungfrau-Pluto.

Es besteht die Tendenz, große Anforderungen an sich selbst zu stellen – weshalb man an den Aufgaben, die man zu erfüllen hat, vielleicht geradezu besessen arbeitet. Wenn man dies unter Kontrolle bringen kann, wirkt Pluto im 6. Haus sehr günstig, z. B. auf das Konzentrationsvermögen. Das Resultat davon ist womöglich, dass der Geborene mit viel Energie zielstrebig und konzentriert arbeitet, was sehr positive Ergebnisse zeitigen wird.

Schwierigkeiten mit der Gesundheit

Unter Umständen negative gesundheitliche Auswirkungen. Bei negativen Plutoaspekten sind Probleme mit der Verdauung möglich (Pluto kann sprichwörtlich eine verstopfende Wirkung haben) sowie das Gefühl, emotional keine Erfüllung zu finden – was die Ursache für übermäßiges Essen bzw. Übergewicht sein kann.

Eltern solcher Kinder sollten sich dieser Tendenzen bewusst sein, besonders wenn diese Teenageralter erreichen. Jedes Extrem ist schlecht – das gilt für alle, besonders aber für diejenigen mit Pluto im 6. Haus des Horoskops.

PLUTO IM 7. HAUS (7)

Bei diesem Haus geht es um die Polarität zum Aszendenten – sehr viel hängt hier vom Plutozeichen ab, das deshalb gründlich analysiert werden muss. Lesen Sie deshalb ggf. noch einmal den betreffenden Abschnitt nach (S. 404-405).

Es könnte sein, dass diese Person den Wunsch hat, in der emotionalen Beziehung zu dominieren. Was das Berufsleben betrifft, womöglich besondere geschäftliche oder finanzielle Begabungen. Die Auswirkungen sind hier durchaus günstig, was sich für den emotionalen Bereich nicht unbedingt sagen lässt.

Emotionale Extreme

Auf der persönlichen Ebene kommen die Emotionen zum größten Teil durch Beziehungen zum Ausdruck. Es sind hier sehr glückliche Momente möglich, dann aber auch wieder schwere Stürme. Der Geborene muss versuchen, mit Umsicht in Beziehungen Ausgewogenheit zu erreichen; er darf sie nicht dominieren. Im Extremfall ist nämlich denkbar, dass er sich – vielleicht unbewusst – eigens einen schwächeren Partner sucht.

Wenn das Horoskop in seiner Gesamtheit auch auf Mitgefühl und Sympathie und Verständnis für andere schließen lässt, hat der Betreffende genug emotionale Kraft für sich und für den Partner – in diesem Fall wird alles mehr oder weniger gut laufen, mit zwischenzeitlichen Höhen und Tiefen und gewissen Unstimmigkeiten.

PLUTO IM 8. HAUS (8)

Hier ist Pluto zu Hause – es handelt sich um das Skorpion- bzw. Pluto-Haus. Mit dieser Stellung ist die Intuition erhöht; der Geborene kann sie gut mit Logik verbinden. Häufig eine besondere Aufgeschlossenheit für das Rätselhafte und in manchen Fällen übersinnliche Talente.

Wenn Ihr Gegenüber glaubt, solche Fähigkeiten zu besitzen, kommt es sehr auf Umsicht und auf Verantwortungsbewusstsein an – wenn man hier keine Erfahrung hat, kann vieles schiefgehen.

Geschäfte machen zu können ist eine andere potenzielle Auswirkung dieser Stellung, besonders bei einem Krebs-, einem Jungfrau- oder – bei Jüngeren – einem Skorpion-Pluto. Wenn Pluto sich im Skorpion und in diesem Haus befindet, ist das ein wichtiges Horoskopmerkmal, das gebührend gewürdigt werden muss!

Ein sehr hohes emotionales Niveau, allerdings könnten der Fluss der Gefühle und der sexuelle Ausdruck doch in der einen oder anderen Weise nicht so sein, wie vom Betreffenden gewünscht. Insofern gibt es bei dieser Stellung vielleicht bestimmte sexuelle Probleme, die unter Umständen eine therapeutische Hilfe nötig machen könnten.

PLUTO IM 9. HAUS (9)

Eine Stellung, die für den leidenschaftlichen Drang zu studieren und zu großen geistigen Herausforderungen sprechen könnte – welche womöglich zu groß für den Betreffenden sind und in der Folge dann vielleicht zu einer großen Anspannung führen. Sie sollten Ihr Gegenüber vor dieser Tendenz warnen. Es könnte auch sein, dass man sich durch den Drang nach Perfektion bei allem, was mit intellektuellen Anforderungen zusammenhängt, auszeichnet. Vielleicht sieht das so aus, dass man seine Briefe und Artikel wieder und wieder umschreibt und doch niemals zufrieden mit den Ergebnis der Arbeit ist.

Ein solcher Drang nach Perfektion könnte schließlich zu großer Unzufriedenheit und zu viel Frustration führen und dazu, dass man eine (weitere) Ausbildung oder ein Aufbaustudium anstrebt. Vielleicht ist man auch mit dem, was im Rahmen der Ausbildung geboten ist, sehr unzufrieden und bricht sie ab. Wenn eine solche Entscheidung im Raum steht, sollten Sie alles tun, um den Betreffenden bei der Stange zu halten – ansonsten könnte die Pluto-Tendenz, das Kind mit dem Bade auszuschütten, unangenehme Folgen haben. Reinen Tisch zu machen ist nicht grundsätzlich schlecht – man muss sich aber vor Extremen hüten!

PLUTO IM 10. HAUS (10)

Pluto hat in diesem Haus ein besonderes Gewicht, besonders bei der Konjunktion zum MC. Der Betreffende nimmt emotional großen Anteil an seinem Beruf; wenn er nicht beruflich tätig ist, braucht er ein Ziel oder eine Aufgabe, wofür er mit Leidenschaft arbeiten kann.

Diese Stellung lässt leider oft auf einen Machtkomplex schließen, besonders beim Löwe-Pluto. Befindet sich Pluto in der Jungfrau, könnte er auch in Konjunktion zu Uranus stehen – trifft das zu, sollten Sie diesen Aspekt mit großer Aufmerksamkeit studieren (siehe S. 385-386). Ein starker, manchmal geradezu gnadenloser Drang nach Erfolg (z. B. dann, wenn Pluto von persönlichen Planeten negativ aspektiert wird). Vielleicht arbeitet der Mensch daran, ein geschäftliches Imperium zu errichten, vielleicht ist es auch nur so, dass er sehr viele emotionalen Reserven hat.

Das Bedürfnis nach konstruktiver Aktivität

Man sollte darauf hinzuwirken versuchen, dass diese Energie positiv genutzt wird – der Betreffende besitzt nämlich ein großes Potenzial, auf das er sich stützen kann und das zum Ausdruck kommen will– ansonsten (wie das bei Pluto- bzw. Skorpion-Einflüssen so oft der Fall ist) schlägt es um. Dann wird das Leben kompliziert und heikel, für den Betreffenden selbst wie auch für diejenigen, die ihm nahestehen.

PLUTO IM 11. HAUS (11)

Pluto ist in diesem Haus nicht sehr stark gestellt, er lässt den Betreffenden dazu neigen, sich allzu viele Gedanken zu der Haltung und Einstellung der Freunde und Bekannten zu machen, was geradezu zu einer Besessenheit werden kann. Wenn ihm etwas nicht passt, reagiert er womöglich selbst bei Kleinigkeiten in übertriebener Form, was dann wiederum Unmut und Streitigkeiten hervorrufen kann.

Äußerliche Einflüsse

Dem Geborenen sind die Meinungen anderer sehr wichtig: »Was wird man denken, wenn ich das mache?«, fragt er sich oft. Vielleicht hat er in späteren Jahren auch Angst, dass seine Kinder andere mit ihrem Verhalten vor den Kopf stoßen. Manchmal sind hier auch die Ziele einer Gruppe, der die Person angehört, von alles überragender Bedeutung, zum Schaden des Partners oder der Familie.

Wenn diese Züge in Form von humanitären Aktivitäten zum Ausdruck gebracht werden, kann der Mensch viel Gutes tun. Es ist an ihm selbst, die richtige Perspektive zu finden und zu entscheiden, was sein Leben und sein Verhalten beherrschen soll und was nicht.

PLUTO IM 12. HAUS (12)

Ein sehr starker Einfluss auf das Unbewusste. Es besteht damit die Neigung zur Geheimniskrämerei und zur Isolierung. Dem Geborenen fällt es möglicherweise sehr schwer, offen über seine Probleme zu reden, welche ihren Grund in der Unfähigkeit haben könnten, die für dieses Horoskopmerkmal typischen Eigenschaften direkt und positiv auszudrücken. Ein Mensch mit einer Aura des Geheimnisvollen – wenn er klug ist, kann er diese auch zu seinem Vorteil einsetzen.

Nichtsdestoweniger ist diese Stellung schwierig – besonders dann, wenn Pluto negativ von der Sonne oder vom Mond aspektiert wird oder in Konjunktion zum Aszendenten steht (siehe S. 409). Zu forschen und in die Tiefe zu gehen ist diesem Menschen ein angeborener Wesenszug – diese detektivischen Merkmale sind mit denen bei Pluto im 8. Haus zu vergleichen. Leider aber besteht die machtvolle Tendenz, sie gegen die eigene Person zu richten. Man beleuchtet dann vielleicht ein Problem wieder und wieder, womit es schließlich im Geist zu einer Art Labyrinth oder Teufelskreis wird, aus dem kein Ausweg möglich scheint. Es muss auch vor der Tendenz gewarnt werden, in Zeiten besonderer Spannung zu Drogen zu greifen. Beruhigungsmittel könnten ebenfalls heikel sein!

DER PROGRESSIVE PLUTO IN DEN HÄUSERN ♇

Aufgrund von Plutos langsamer Bewegung eine sehr unwahrscheinliche Progression. Wenn Pluto in der Progression aber tatsächlich in ein neues Haus tritt, könnte dieses im Leben des Betreffenden wichtiger werden. Es gilt in diesem Fall, sich nicht von den Geschehnissen überwältigen zu lassen, sondern einen logischen und rationalen Standpunkt zu bewahren.

PLUTOASPEKTE

Weil Pluto zu der Zeit, da wir dies schreiben (siehe S. 21), der von der Sonne am weitesten entfernte Planet ist, haben wir es hier nur mit den Aspekten zum Aszendenten und zum MC zu tun. Hier hat er aber in der Tat sehr starke Auswirkungen. Seien Sie auf der Hut – eine Änderung von nur wenigen Minuten bei der Geburtszeit kann den Einfluss dieses Planeten sehr viel stärker oder schwächer machen.

Plutoaspekte zur Sonne
siehe Sonnenaspekte zu Pluto, S. 281.

Plutoaspekte zum Mond
siehe Mondaspekte zu Pluto, S. 298-299.

Plutoaspekte zu Merkur
siehe Merkuraspekte zu Pluto, S. 317-318.

Plutoaspekte zur Venus
siehe Venusaspekte zu Pluto, S. 332.

Plutoaspekte zu Mars
siehe Marsaspekte zu Pluto, S. 345-346.

Plutoaspekte zu Jupiter
siehe Jupiteraspekte zu Pluto, S. 357.

Plutoaspekte zu Saturn
siehe Saturnaspekte zu Pluto, S. 372.

Plutoaspekte zu Uranus
siehe Uranusaspekte zu Pluto, S. 385-386.

Plutoaspekte zu Neptun
siehe Neptunaspekte zu Pluto, S. 398.

PLUTOASPEKTE ZUM ASZENDENTEN

Konjunktion

Vom 1. Haus aus: Lesen Sie noch einmal den Abschnitt zu Pluto im 1. Haus (S. 406). Pluto könnte hier die Erscheinungsweise markant prägen, mit einem intensiven Ausdruck und einer finsteren Miene. Sehr viel emotionale Kraft, welche einen positiven Ausdruck erfordert. Ein Mensch, der sich seinen Projekten stets mit Leib und Seele verschreiben möchte.

Vom 12. Haus aus: Auch in diesem Fall könnte Pluto der Erscheinung etwas Finsteres geben. Der Geborene könnte sich durch die Neigung zur Geheimniskrämerei sowie durch eine schwelende Intensität auszeichnen – dann, wenn seine Energie stagniert, was am wahrscheinlichsten ist, wenn Pluto von Sonne, Mond oder herrschendem Planeten negativ aspektiert wird. Eine forschende oder isolierte Tätigkeit könnte sehr befriedigend sein.

Anmerkung: In jedem Fall sollten Sie Ihr Gegenüber dazu anhalten, seine Energie bei einer körperlich anspruchsvollen Tätigkeit abzureagieren.

Positive Aspekte

Helfen dem Betreffenden, sich mit umfassenden Veränderungen zu arrangieren. Vielleicht eine übermäßige Begeisterung für das, was die Person »reinen Tisch machen« nennen könnte, in Verbindung mit einem tief verwurzelten psychologischen Drang nach einem Neuanfang. Auch hier muss man sich vor der Tendenz hüten, das Kind mit dem Bade auszuschütten. Der Betreffende kann sich aber gut mit Problemen auseinandersetzen.

Negative Aspekte

Die Hausstellung von Pluto könnte deutlich machen, wo man sich frustriert fühlt und wo Fortschritte ausbleiben, wahrscheinlich besonders dann, wenn Transite auf Pluto einwirken oder andere schwerwiegende Einflüsse zu verzeichnen sind. Bei einer Opposition aus dem 6. Haus heraus könnten Darmbeschwerden oder Probleme mit den Fortpflanzungsorganen vorhanden sein, bei Pluto im 7. Haus dagegen besondere Schwierigkeiten mit dem Partner usw. Der Drang nach drastischen Veränderungen könnte außer Kontrolle geraten. Werden diese Aspekte durch Transite aktiviert, wird es kaum zu Fortschritten kommen.

PLUTOASPEKTE ZUM MC

Konjunktion

Möglicherweise ein Machtkomplex. Wahrscheinlich identifiziert sich der oder die Betreffende eher mit den starken Eigenschaften des MC-Zeichens. Er oder sie hat das Potenzial für einen plutonischen Beruf, der hier auch besonders anziehend wirken dürfte. Von grundlegender Wichtigkeit ist, dass man an der beruflichen Tätigkeit oder an den Lebenszielen emotional Anteil nimmt. Unter Umständen drastische Veränderungen im Beruf – womöglich auch der Wechsel zu einer ganz anderen Tätigkeit, bei der man mit seinen Erfahrungen nichts anfangen kann.

Positive Aspekte

Wie die positiven Aspekte zum Aszendenten (siehe links) auch eine Hilfe bei Veränderungen. Beim Aspekt zum Aszendenten aber kam der Drang nach Veränderungen aus dem Inneren, hier dagegen sind es eher die äußeren Umstände, die zu Veränderungen führen.

Negative Aspekte

Die Umstände können hier von Zeit zu Zeit zu Schwierigkeiten und zu umwälzenden Geschehnissen führen. Wie gut der Betreffende damit zurechtkommt, hängt vom Horoskop in seiner Gesamtheit ab. Eine praktische und zielstrebige Person wird kaum Probleme haben, im Gegensatz zu einem weniger energischen oder zuversichtlichen Menschen.

PLUTO-TRANSITE

Pluto mit seiner exzentrischen Umlaufbahn berührt die Planeten des Horoskops oft dreimal. Bei normaler Bewegung braucht er einen Monat, um ein Grad vorwärts zu laufen – er kann aber auch bis zu 14 Wochen auf demselben Grad verharren. Man kann die zeitliche Wirkung seiner Transite wie bei allen Planeten astronomisch gut bestimmen – und astrologisch auch, im Gegensatz zu Saturn und Neptun z. B.: Mit wachsender Annäherung werden sie stärker, und mit zunehmender Entfernung lassen sie nach. Man könnte hier fast von einem

»An« und »Aus« sprechen – das Leben erweist sich mit einem Mal als sehr ereignisreich, oder aber alles gerät ins Stocken. In den meisten Fällen wirkt sich der negative Transit Plutos nur auf einen Lebensbereich oder eine Angelegenheit aus, sodass Sie Ihrem Gegenüber raten könnten, sich zu dieser Zeit um andere Gebiete und Themen zu kümmern – gegen Pluto zu arbeiten erweist sich meist als vollkommen sinnlos. Oft aber führt er dazu, dass wir in Bezug auf ein bestimmtes Lebensgebiet reinen Tisch machen. Pluto bedeutet viel emotionale Energie.

Wenn es eine Folge von Plutotransiten gibt (und besonders dreimal den gleichen Aspekt zum gleichen Planeten), erlebt der Mensch zwischen den exakten Kontakten eine willkommene Verschnaufpause. Beim ersten Kontakt merkt man, um welches Problem es geht, beim zweiten tritt es verstärkt in Erscheinung, und beim dritten erreicht es seinen Höhepunkt. Erst dann, wenn der Transit nicht mehr exakt ist, sind Schlussfolgerungen möglich – und es kann sich damit ergeben, dass man dreimal Schlussfolgerungen zu treffen hat. Während der Pausen kommt es womöglich zu neuen Entwicklungen – oder aber unser Interesse an dem Thema verflüchtigt sich. Wenn der Einfluss sehr stark ist bzw. das Problem unser Leben beherrscht, können wir uns wie in der Schwebe fühlen. In solchen Zeiten sollte man den Betreffenden unbedingt dazu ermutigen, sich auf andere Dinge zu konzentrieren.

Anmerkung: 1995 ist Pluto in den Schützen eingetreten. Daher wird bis 2009 eine Konjunktion nur stattfinden, wenn ein Geburtsplanet, der Aszendent oder das MC in diesem Zeichen steht.

PLUTOTRANSITE ZUR SONNE ☉

☌ Konjunktion

Ein Transit, der auf eine Schlüsselphase von Veränderungen schließen lässt und auf die Arbeit an psychologischen Problemen, die jetzt gelöst werden können. Wenn der Betreffende sich mit hemmenden Umständen auseinandersetzen muss, die sein Leben beeinträchtigen und einem erfüllten Dasein im Wege stehen, könnte eine Psychotherapie sehr hilfreich sein. Oft kommt es jetzt dazu, dass man »reinen Tisch« macht – der Mensch kann dann auf eine erfüllendere Weise vorwärtsschreiten. Unter diesem Transit sind neue Entwicklungen möglich.

+ Positive Transite

Ähneln der Konjunktion, aber kaum Blockaden – der Weg ist hier für gewöhnlich frei. Menschen, die zu Ängsten neigen (mit einer Betonung der Zeichen Krebs, Jungfrau oder Fische), könnten sich jetzt verwirrt fühlen oder sich viele Sorgen machen; wenn aber der emotionale Fluss unbeeinträchtigt ist und man danach strebt, sich psychisch weiterzuentwickeln, werden gute Resultate zu verzeichnen sein. Möglicherweise finanzielle Auswirkungen, speziell bei Widdern und Löwen.

– Negative Transite

Vielleicht die frustrierendste und hemmendste Einwirkung von Pluto überhaupt. Pläne können nicht durchgeführt werden, wodurch es zu Stagnation und Stillstand kommt und Fortschritte ausbleiben. Auf die eine oder andere Art dürfte das persönliche Leben beeinträchtigt sein, manchmal erweist sich der Mensch jetzt als unfähig, seine wahren Gefühle zum Ausdruck zu bringen. Psychische Probleme machen sich zu dieser Zeit deutlich bemerkbar.

PLUTOTRANSITE ZUM MOND ☽

☌ Konjunktion

Mit dem Transitpluto in Konjunktion zum Schützemond ist die emotionale Energie verstärkt. Der Mensch fühlt sich jetzt getrieben, umfassende Veränderungen vorzunehmen und auf dem einen oder anderen Gebiet neu anzufangen. Dies ist eine gute Sache – es gilt aber, sich von Wutausbrüchen und Überreaktionen auf triviale Vorfälle in Acht zu nehmen. Es könnte nun sehr schwerfallen, kühles Blut zu bewahren.

+ Positive Transite

Das gleiche Bedürfnis nach Neuanfängen und Veränderungen wie bei der Konjunktion, abermals durch Gefühle motiviert. Die Intuition ist gestärkt, sodass der Betreffende so gut wie keine Fehler machen dürfte – allerdings sollte er sich vor übertriebenen Reaktionen auf Situationen hüten, die sich als Resultat seiner Handlungen ergeben. Die aktuellen Veränderungen haben ein anregendes Element. Diese Transite können dazu genutzt werden, Ordnung zu schaffen, physisch wie psychisch.

– Negative Transite

Womöglich viel emotionaler Stress, manchmal in Verbindung mit langwierigen psychischen Problemen, die vielleicht auf die Kindheit zurückgehen und sich negativ auf die Sexualität auswirken. Unter Umständen sehr viel Eifersucht. Wenn der Ärger gerechtfertigt sein sollte, ist es nicht verkehrt, ihn zum Ausdruck kommen zu lassen – wahrscheinlicher ist allerdings, dass er sich innerlich aufstaut, was psychisch schädlich ist. Die Geburtsaspekte des Mondes lassen erkennen, wie schwer es dem Menschen fällt, seine wahren Gefühle zu zeigen.

PLUTOTRANSITE ZU MERKUR ☿

☌ Konjunktion

Nun werden die Denkprozesse durch die detektivische Spürarbeit von Pluto geprägt. Finden Sie heraus, ob Ihr Gegenüber diesen Trend positiv nutzt – durch die Beteiligung an einem Forschungsprojekt z. B., bei dem es auf tiefgründiges Denken ankommt. Ansonsten könnte das Kommunikationsvermögen beeinträchtigt sein, was vielleicht zu Störungen in der Beziehung führt.

Pluto in Konjunktion zum Schütze-Merkur könnte zur Folge haben, dass der Betreffende zur Überraschung seiner Umgebung plötzlich sehr geheimnisvoll tut oder nun an etwas arbeitet, worüber er nicht sprechen darf

+ Positive Transite

Der Geborene könnte jetzt bestrebt sein, Probleme zur Sprache zu bringen – vielleicht in allzu drastischer Form. Der Drang, sich frei zu äußern, steht nun im Vordergrund – was grundsätzlich in Ordnung ist, um welchen Lebensbereich oder welche Ansichten es dabei auch gehen mag. Als Resultat dieser Offenheit könnte die Umgebung merken, dass der Betreffende seine Meinung geändert hat.

– Negative Transite

Die Umstände könnten jetzt frustrierende Probleme mit sich bringen, die der Betreffende nicht lösen kann. Der Außenstehende meint, dass die Lösung nicht schwerfallen dürfte – die betreffende Person aber wird aus verschiedenen Gründen unfähig dazu sein. Vielleicht ist ein Mangel an Selbstvertrauen dafür verantwortlich, oder die Konsequenzen, die sich aus den Handlungen ergeben könnten, sind allzu heikel – wobei dahingestellt sein muss, ob man sie nun realistisch einschätzt oder nicht. Appellieren Sie in solchen Fällen an die Logik! Es könnte sich herausstellen, dass die Probleme weniger dramatisch sind als zunächst gedacht.

PLUTOTRANSITE ZUR VENUS ♀

☌ Konjunktion
Eine untypische Tendenz zur Eifersucht kann auftreten – legen Sie also dem Gegenüber nahe, keine Überreaktionen auf das Verhalten des Partners zu zeigen und dessen Handlungen nicht allzu argwöhnisch zu beäugen. Die emotionale Intensität, die mit dieser Stellung verbunden ist, muss positiv zum Ausdruck kommen; im Idealfall bedeutet dieser Transit ein intensiviertes Liebesleben. Manchmal eine unerwiderte Liebe.

Die plutonische Intensität macht wenig Probleme, wenn man sich mit neuen Freuden beschäftigt. Möglicherweise finanzielle Schwierigkeiten. Wenn die Venus gut aspektiert ist, sollten sich Investitionen als profitabel erweisen – bei der Schütze-Venus aber muss man sich vom Spiel fernhalten.

+ Positive Transite
Die Emotionen sind jetzt stark und im Fluss, vorausgesetzt, man hat seine Gefühle und die Tendenz, den Partner zu dominieren oder sexuell zu große Ansprüche zu stellen, unter Kontrolle. Der Betreffende könnte sich von der Welle von Emotionen, die der jetzige oder angehende Partner in ihm hervorruft, schlichtweg überwältigt fühlen. Auf lange Sicht hin dürften die Auswirkungen aber positiv sein.

− Negative Transite
Sind schwierig und können zur Unterdrückung von Gefühlen führen – oder aber dazu, dass der Mensch meint, seine Beziehung stagniert, ohne etwas daran ändern zu können. Vielleicht übersteigerte emotionale Reaktionen, möglicherweise eine Beeinträchtigung durch tief verwurzelte psychische Probleme.

Wichtige Entscheidungen sollten erst nach diesem Transit getroffen werden.

Wenn klar ist, dass er noch einmal wirksam wird, und die Entscheidung nicht aufgeschoben werden kann, sollte man in den Verschnaufpausen aktiv werden oder Schlussfolgerungen ziehen. Eifersucht könnte zu Problemen führen.

PLUTOTRANSITE ZU MARS ♂

☌ Konjunktion
Wenn Pluto im Transit auf Mars steht, fühlt der Mensch den starken und leidenschaftlichen Drang nach Aktivität, was in der Folge zu umfassenden Veränderungen führen kann. Diese wirken sich zumeist günstig aus, man muss sich aber vor der Mars-Tendenz zum vorschnellen Handeln hüten! Da der Schütze involviert ist, denkt der Mensch vielleicht doch recht intensiv nach, bevor er aktiv wird; womöglich sondiert er erst einmal gründlich das Terrain und macht detaillierte Pläne. Trotzdem sollten Sie eine Warnung aussprechen! Der Rest des Horoskops wird erkennen lassen, ob der oder die Betreffende grundsätzlich impulsiv, nachdenklich oder logisch ist (schauen Sie auf die Zeichen von Sonne, Mond und Aszendent). Sehr viel emotionale Intensität.

+ Positive Transite
Eine sehr große Bestimmtheit und der Wille zum Erfolg. Viel emotionale und körperliche Energie, was heißt, dass sich der Betreffende von etwas gefordert fühlen muss, ansonsten Stagnation. Mit diesen Einflüssen sind große Leistungen möglich, allerdings muss vor Überstürztheit gewarnt werden.

− Negative Transite
Vielleicht ein ausgeprägter Drang nach Fortschritten und Veränderungen – wahrscheinlich kommt man jetzt nicht voran, sondern macht alles mit seinen Aktivitäten nur noch schlimmer. Plutos Leidenschaft und die Energie von Mars könnten die Oberhand über die Persönlichkeit gewinnen und zu übertriebenen Reaktionen führen. Der Betreffende muss angehalten werden, die Ruhe zu bewahren.

PLUTOTRANSITE ZU JUPITER ♃

☌ Konjunktion
Der Verstand ist jetzt tiefgründig und detailorientiert zugleich und behält dabei doch die umfassende Vision vor Augen. Jetzt könnte es zu einem intellektuellen Suchprozess kommen, der vielleicht zu einer markanten Meinungsänderung führt. Womöglich wagt man nun auch viel und geht große Risiken ein, was sich beim Schütze-Jupiter auf sportliche oder intellektuelle Bereiche oder auch auf die Entwicklung einer Lebensphilosophie beziehen kann. Die Jupiter-Neigung zum Spiel könnte nun gleichfalls in den Vordergrund treten, vielleicht mit allzu großen emotionalen – oder problematischer noch: finanziellen – Einsätzen. Wenn Ihr Gegenüber gewitzt und geschäftstüchtig ist, könnte er jetzt eine Glückssträhne haben. Bei negativen Jupiteraspekten dagegen – speziell zu Sonne oder Mond – könnte ihm sein blinder Optimismus sehr zu schaffen machen. Eine »Nach-mir-die-Sintflut«-Haltung könnte ebenfalls Probleme verursachen.

+ Positive Transite
Dürften zu Veränderungen und allgemeinem Fortschritt führen. Viele der positiven Auswirkungen der Konjunktion. Allerdings wird das Ergebnis davon weniger markant und das Leben nicht ganz so ereignisreich sein. Der Tendenz zu übertriebenen Aktionen muss entgegengetreten werden. Häufig finanzielle Gewinne. Ein Meinungswechsel ist denkbar.

− Negative Transite
Der oder die Betreffende könnte sich in Verbindung mit einem unbefriedigenden Lebensstil oder mangelnder intellektueller Ausdrucksfreiheit physisch oder emotional gefangen fühlen. Aus dem Umgang mit weniger intelligenten oder anders orientierten Partnern könnte Langeweile resultieren. Die Unfähigkeit, sich durch ein entschiedenes Handeln von den Beschränkungen freizumachen, kann sehr störend sein. Raten Sie zu gründlichem Nachdenken und vielleicht auch zum Aufschub von wichtigen Entscheidungen, bis der Transit vorbei ist und sich die Gefühle wieder stabilisiert haben.

PLUTOTRANSITE ZU SATURN ♄

☌ Konjunktion
Könnte eine Phase voller Grübelei und düsterer Stimmung bedeuten. Man neigt nun wahrscheinlich verstärkt zur

Innenschau, mit Phasen der Depression und vielleicht sehr wenig Selbstvertrauen. Auch wenn man sich zu diesen Zeiten nicht besonders überschwänglich fühlt, kann man doch langfristige Pläne machen (tätig werden sollte man jetzt allerdings nicht, weil frustrierende Verzögerungen zu befürchten sind). Sinnvoll ist es nun, abstrakt zu planen und später dann aktiv zu werden! Beim Schützesaturn muss die Tendenz zur Rastlosigkeit unter Kontrolle gebracht werden. Die Vitalität könnte jetzt geschwächt sein, vielleicht bestehen auch physische Beeinträchtigungen.

+ Positive Transite

Bringen womöglich langfristige Veränderungen, sind aber schwierig zu meistern, weil beide Planeten beschränkend und heikel sind. Man verfügt jetzt aber wahrscheinlich über eine Extraportion gesunden Menschenverstand. Auf lange Sicht hin wird alles gut werden.

− Negative Transite

Das Beste ist es, zu diesen Zeiten nichts zu machen. Raten Sie Ihrem Gegenüber davon ab, jetzt die Initiative zu ergreifen oder den Kampf aufzunehmen! Vorgesetzten oder Autoritätspersonen die Meinung zu sagen ist eine gute Sache – man sollte aber warten, bis dieser Transit vorbei ist, bevor man einen wichtigen Schritt unternimmt. Hier kommen die plutonischen Blockaden in Verbindung mit der saturnischen Frustration und Begrenzung zur Wirkung – was weder vergnüglich noch besonders hilfreich ist. Man sollte die Bewegung suchen und Sport treiben, weil nun arthritische Beschwerden auftreten können.

PLUTOTRANSITE ZU URANUS ♅

☌ Konjunktion

Uranus befand sich von 1975 bis 1981 im Skorpion und von 1981 bis 1988 im Schützen. Diese Transite sind also beide beendet. Der Planet befand sich bereits bis 1904 im Schützen - lange bevor Pluto 1930 entdeckt wurde. Erst 2009 wird Pluto den Steinbock erreichen; dann wird es zu einer Konjunktion mit jenen kommen, die Uranus in diesem Zeichen haben. Wenn Sie mehr über die Pluto-Uranus-Verbindung erfahren möchten, lesen Sie auf S. 404-405 über die extreme Jungfrau-Konjunktion von 1963 bis 1968 nach.

+ Positive Transite

Der Drang nach Freiheit und einem Neuanfang, zumindest auf einem Lebensgebiet. Der Wechsel der Stelle, neue Freizeitaktivitäten oder die Beteiligung an einem anspruchsvollen Projekt könnten langfristig sehr positive Folgen haben. Allerdings gilt es, sich vor übermäßigem Enthusiasmus und Exzentrizität zu hüten! Manchmal bringt ein solcher Einfluss den Menschen in eine Machtposition – worauf man sich aber tunlichst nichts einbilden sollte.

− Negative Transite

Womöglich viel Frustration und viele Probleme; wie lästig und aufreibend diese Zeit ist, hängt auch von den anderen Transiten und Lunarprogressionen ab. Sind die anderen Einflüsse angenehm, macht wahrscheinlich nur eine Angelegenheit Schwierigkeiten. Bei heiklen Saturn- oder Uranustransiten zu Sonne, Mond, Aszendent oder herrschendem Zeichen wird man dagegen nicht auf Rosen gebettet sein. Ruhe, Ausdauer und kontrollierte Gefühle sind jetzt entscheidend. Man hüte sich vor jedweder Selbstzufriedenheit! Es gilt nun, seine innerliche Stärke unter Beweis zu stellen, aber nicht so harten Widerstand zu leisten, dass nervliche Erschöpfung, Migräne oder andere schädlichen Auswirkungen die Folge sind. Eine Entspannungstechnik könnte jetzt eine gute Sache sein! Wenn der Transit vorüber ist, wird alles wieder in Schwung kommen.

PLUTOTRANSITE ZU NEPTUN ♆

☌ Konjunktion

Von 1900 an hat sich Neptun von den Zwillingen bis hin zum Steinbock bewegt, wo er bis 1998 blieb. Pluto stand bis 1995 im Skorpion und trat dann in den Schützen ein – damit ist die Konjunktion seit 1995 nur in diesem Zeichen möglich. Häufig ergibt sich eine Art Erwachen, wenn Pluto in Kontakt zu Neptun tritt, weil sein suchendes und intensives Moment die spirituelle und verträumte Inspiration von Neptun aufrüttelt. Menschen, die sensibel, kreativ und sich ihrer Umgebung bewusst sind, könnten nun eine sehr interessante inspirierende Entwicklung durchmachen, die sie psychisch weiterbringt und vielleicht zur Erleuchtung führt. Als Ergebnis davon kann sich jetzt das Potenzial für kreative oder fantasievolle Arbeit vollständig entfalten. In schwächeren Menschen könnte sich vielleicht die Tendenz zu einem negativen Eskapismus zeigen – eine Verweigerungshaltung, z. B. Drogenkonsum (Letzteres galt aber vielleicht mehr für diejenigen mit dem Skorpionneptun). Man muss nun unbedingt nach Weiterentwicklung streben, auch dann, wenn es zu Gefühlen der Spannung oder der Konfusion kommt. In manchen Fällen ahnt die betreffende Person, dass sie übernatürliche Gaben besitzt.

+ Positive Transite

Das Trigon kann sich jetzt nur für ältere Menschen mit Neptun im Löwen ergeben. Die Auswirkungen davon ähneln der Konjunktion; es könnten damit einige verwirrende Störungen verbunden sein. Der Einfluss könnte auch die Wirkung haben, dass der Mensch seine Überzeugungen und Glaubensvorstellungen überprüft. Das Sextil kann sich jetzt für Menschen mit dem Waage- oder Wassermann-Neptun ergeben. Was zukünftige Entwicklungen betrifft, sollten wir untersuchen, wie sich die jungen Menschen entwickeln werden: Für die Menschen, die nach 1984/85 geboren sind, muss noch Forschungsarbeit geleistet werden; es gilt, die untergründigen Motive zu erkennen, die sie antreiben. Sie werden vielleicht von altruistischen Gründen motiviert, brauchen nichtsdestoweniger aber feste Anleitung. Vielleicht haben sie Konzentrationsprobleme oder verlieren sich in ihren Fantasien, weil sie sich als Kinder intensiv mit furchterregenden Kreaturen beschäftigt haben – ob nun mit solchen, die wirklich einmal existierten, oder mit Science-Fiction-Geschöpfen.

− Negative Transite

Das Quadrat wirkt jetzt auf Personen, die Neptun in der Jungfrau haben. Damit könnte eine Sphäre des Lebens nun in Unordnung geraten, was dem oder der Betreffenden womöglich eine schwierige und sehr verwirrende Zeit beschert. Vielleicht das drängende Bedürfnis, Veränderungen vorzunehmen – aber welche? Dies zu entscheiden, könnte das Problem sein. Schwierig zu interpretieren; es besteht auch die Möglichkeit, dass andere Einflüsse den Transit noch betonen.

Manchmal ergeben sich nun zusätzliche Lasten und Frustrationen. Man könnte viel Energie und Zeit dafür aufwenden müssen, anderen beizustehen.

Dieser Transit könnte problematisch auf die Gesundheit wirken, er macht den Menschen anfällig für Lebensmittelvergiftungen. Man bemühe sich also, sich einfach und gut zu ernähren.

PLUTOTRANSITE ZUM ASZENDENTEN

Asc

Anmerkung: In Verbindung mit der Tatsache, dass Pluto sich sehr langsam bewegt, stellen Sie vielleicht fest, dass die Zeiten der Plutotransite zu Aszendent oder MC nicht stimmen. Das liegt nicht an Ihrer mangelnden Erfahrung, sondern daran, dass die Geburtszeit falsch ist – ein Unterschied von vier Minuten bedeutet bei Aszendent und MC schon eine Abweichung von einem Grad. Dadurch verschiebt sich die Wirkung der Plutotransite um geraume Zeit – um Wochen, wenn nicht Monate.

☌ Konjunktion

Ein heikler Transit für diejenigen mit dem Schützeaszendenten. Der Betreffende könnte nun wichtige Veränderungen vornehmen, speziell was den Lebensstil betrifft. Unter Umständen eine große psychische Weiterentwicklung, die viel Negativität ausmerzt und einen läuternden Effekt hat, sodass ein erfüllenderes und reicheres Leben möglich wird. Wahrscheinlich eine Phase, in der die eigenen Handlungen auf großen Widerhall stoßen. Sehen Sie nach, wie Pluto im Horoskop gestellt ist, um mehr zu der Stärke dieses Transits sagen zu können. Bei einer personalisierten Bedeutung von Pluto ist er natürlich besonders machtvoll.

+ Positive Transite

Auf die eine oder andere Weise sorgt der oder die Betreffende jetzt für ein Großreinemachen und einen Neuanfang. Dies könnte ganz einfach die Umgestaltung der Wohnung bedeuten, aber auch neue Interessen oder eine Änderung in finanzieller Hinsicht.

− Negative Transite

Sorgen oft für viel Stress und behindern Fortschritte. Der Betreffende könnte den Eindruck gewinnen, dass ihm jetzt jeder Weg versperrt ist. Man braucht nun Geduld; wenn der Transit vorüber ist, wird man wieder aktiv werden können, vielleicht schneller als gedacht.

PLUTOTRANSITE ZUM MC

MC

☌ Konjunktion

Jetzt sind Umwälzungen im Beruf oder bei den persönlichen Zielen sehr wahrscheinlich. Manchmal kommt es nun zu einer einmaligen und wirklich einzigartigen Chance – die man einfach nicht ungenutzt lassen kann, die aber viele innerlichen Schmerzen mit sich bringt. Es kann auch sein, dass infolge einer Firmenübernahme oder anderer Einwirkungen der Betreffende seine Arbeit verliert, was es vielleicht ratsam erscheinen lassen könnte, sich auf dem Arbeitsmarkt umzutun. Das Leben ist nun sehr ereignisreich, mit der einen oder anderen Erschütterung. Vielleicht sind die Auswirkungen z. B. finanziell sehr positiv, fordern aber einen hohen Preis, eine zeitweilige Trennung vom Partner oder Ähnliches.

+ Positive Transite

Nun könnten sich neue Entwicklungen ergeben, die zu Veränderungen führen und dazu, dass man einen Neuanfang macht – in Verbindung mit äußerlichen Umständen. Die Resultate davon dürften ganz allgemein positiv sein, allerdings auch Spannungen mit sich bringen und eine gewisse Anstrengung erfordern.

− Negative Transite

Können als Resultat von Umwälzungen auf beruflichem Gebiet für ein beträchtliches Maß an Spannung stehen. Vielleicht aber muss der oder die Betreffende selbst nichts ändern, speziell dann nicht, wenn auch vom Progressionshoroskop oder von anderen Transiten keine derartigen Auswirkungen abzuleiten sind. Man muss abwarten, bis die Wogen wieder glätten.

PLUTOTRANSITE ZUM RADIXPLUTO

♇

Man erlebt zwar keine Plutowiederkehr (weil man dazu 246 Jahre alt werden müsste) – es gibt aber Zeiten, in denen Pluto am Himmel im Aspekt zu der Geburtsstellung steht.

✱ Sextil

Dieser Transitaspekt ergibt sich, wenn sich Pluto von der Geburtsstellung zwei Zeichen entfernt hat. Wegen Plutos exzentrischer Umlaufbahn kann man nicht genau sagen, wann das der Fall ist. Diejenigen mit Pluto in der Jungfrau haben diesen Transit bereits erlebt. Man muss ihn sich als eine Unterstützung anderer Trends der gleichen Zeit vorstellen – wenn diese auf Veränderungen und Neuentwicklungen schließen lassen, wird Pluto sie unterstützen. Wenn keine Veränderungen zu erwarten sind, wird Pluto sich eher in psychologischer Weise auswirken – der Betreffende analysiert sich dann möglicherweise selbst und gewinnt Klarheit über seine Ziele und langfristigen Pläne. Menschen mit dem Krebs-Pluto haben nun das Trigon hinter sich gebracht. Die obige Interpretation gilt auch für sie, vielleicht kam es bei ihnen aber zu noch belohnenderen Resultaten.

□ Quadrat

Während Pluto im Schützen ist, wird er einen Transit zu jenen vollziehen, die Pluto in der Jungfrau haben. Nach 2009, wenn er den Steinbock erreicht, trifft er auf jene, die ihn in der Waage haben. Häufig ist mit ihm die Weiterentwicklung blockiert. Man kann sich jetzt sehr wohl Gedanken machen und sich auf eine innerliche Suche begeben – der Weg wird sich dann, wie bei den positiven Transiten auch, klar abzeichnen, wenn dieser Einfluss nicht mehr wirksam ist. Vielleicht führen die äußerlichen Zwänge zu Veränderungen – meist aber ist es so, dass der Betreffende selbst für diese Umstände verantwortlich ist und sie als Entschuldigung heranzieht, selbst keine Initiative zu zeigen: »Ich kann ja nichts machen, weil ... !« Nach diesem Plutoeinfluss ergeben sich oft neue Einsichten.

CHIRON IN DEN ZEICHEN

Wegen seiner exzentrischen Umlaufbahn (nicht unähnlich derjenigen von Pluto) hält sich Chiron in manchen Zeichen bis zu acht Jahre auf, während er durch andere in 18 Monaten fegt. Sie werden feststellen, dass Chiron eigene, neue Dimensionen und Feinheiten in die Zeichen einbringt, auch wenn sein Einfluss viel mit den Charakteristiken des jeweiligen Zeichens, in dem er sich befindet, zu tun hat.

CHIRON IM WIDDER

Die Neigung des Widders zu handeln, ehe die Zeit reif ist, wird hier betont, ebenso eine große Begeisterung fürs Leben und alles, was es zu bieten hat. Doch es bedarf der Vorsicht, denn solche Begeisterung kann kurzlebig sein. Langeweile macht sich breit und der Chiron-im-Widder-Mensch wird nach neuen Projekten und Interessen Ausschau halten, um den durch Chiron verliehenen zusätzlichen Energieschub zu verbrennen. Der Betreffende packt alles an, was getan werden muss – die Fähigkeit, Arbeit zu delegieren, ist ihm quasi nicht gegeben. Die Suche nach der eigenen Identität kann auch von beträchtlicher Ruhelosigkeit geprägt sein.

Diese Platzierung hat auch eine machtvolle heldenhafte Seite, die man wunderschön durch sportliche Erfolge in die Tat umsetzen kann, da große Schätze an mentaler und physischer Energie vorhanden sind. Mit der natürlichen Waghalsigkeit bei dieser Platzierung ist die Aussicht zu gewinnen ein besonderer Ansporn. Doch manchmal verdecken Tapferkeit und Verwegenheit eine beträchtliche Unsicherheit. Der Betreffende muss sich fragen, weshalb. Hier muss Chirons heilende Hand ins Spiel kommen. Der beschränkende Einfluss der Unsicherheit muss ausgeschaltet werden, will man Ganzheit erlangen. Der Durchbruch zu Uranus' Freiheit des Ausdrucks kommt nur, wenn man Saturns Lektionen von Kontrolle und Vorsicht gelernt hat.

CHIRON IM STIER

Diese Menschen werden sich des Erfolgs in finanzieller Hinsicht, den sie meinen haben zu müssen, nie ganz sicher sein, weshalb sie leicht in die Stierfalle tappen und extrem besitzergreifend werden und sich übertrieben am Materiellen orientieren. Sie müssen die Lektion lernen, diese Neigung unter Kontrolle zu halten, mehr vom Selbst zu geben und finanzielle Opfer zu bringen, um denjenigen zu helfen, die weniger vom Glück begünstigt sind.

Forscher haben viele Menschen mit Chiron in diesem Zeichen studiert und dabei entdeckt, dass diese dem Körper überdurchschnittliche Bedeutung beimessen. Der Betreffende muss auf das hören, was ihm der Körper mitteilt, und die Ernährung zu einem wichtigen Bestandteil seines Wohlbefindens machen. Er muss lernen, was ihn körperlich »verwundet«, und die Aufnahme dessen, was ungesund ist, einschränken – vielleicht hat er das Falsche oder zu viel gegessen. Unter diesen Menschen finden wir sexuelle Anziehungskraft, deren sich die Betreffenden voll bewusst sind. Die Dinge so beizubehalten, ist jedes Opfer wert! Es besteht auch das Bedürfnis, Originalität zu entwickeln, doch für gewöhnlich »gewinnt« Saturn, da der Stier-Einfluss nicht mit Experimentierfreude einhergeht (die sehr uranisch ist) und stattdessen erprobte Bereiche bevorzugt, besonders bei kreativer und künstlerischer Betätigung.

CHIRON IN DEN ZWILLINGEN

Diese Platzierung trägt zu beträchtlichem geistigen Vermögen und einem brillanten Verstand bei, was den Betreffenden dauernd dazu anregt, Fragen zu stellen. Doch sich dem entgegenzustellen, leistet der Negativität Vorschub und hemmt positive Gedankenmuster. Das kann die Fähigkeit, frei zu kommunizieren, untergraben. Die Wurzeln lassen sich oft zu Eltern oder Erziehern zurückverfolgen, die sich weigerten, Antworten zu geben, wenn sie von den Chiron-in-den-Zwillingen-Kindern mit Fragen bombardiert wurden, die sie als schwierig oder peinlich empfanden. Langfristig trägt dies zur Verwirrung bei und verursacht vielleicht sexuelle Probleme oder verhindert den freien Ausdruck von Emotionen. Hier muss man sich als Erwachsener zum Ziel setzen, mit den Gefühlen enger in Kontakt zu kommen und Antworten auf die Fragen zu entdecken, die in jungen Jahren unbeantwortet blieben.

Ganz im Unterschied dazu hat Melanie Reinhart, eine der anerkanntesten Chiron-Spezialistinnen, entdeckt, dass eine gewisse Eigenheit in der Art besteht, wie man anderen Menschen Ideen darlegt, und dass man überrascht ist, wenn der oder die andere nicht versteht!

Zweifellos ist eine dynamische und mächtige geistige Energie vorhanden sowie ein natürliches Bedürfnis, einen Meinungswandel hinsichtlich Themen wie der Rettung des Planeten und der Grausamkeit der Menschen untereinander herbeizuführen; nicht zuletzt besteht der Wunsch zu bewirken, dass die Menschen menschlicher werden und mit mehr Bewusstsein über Themen, die die ganze Welt betreffen, ausgestattet sind.

CHIRON IM KREBS

»Dazuzugehören« ist von zentraler Bedeutung, und der Betreffende fühlt sich am sichersten, wenn er sich innerhalb der Grenzen eines wohlstrukturierten Umfeldes befindet. Die Einheit der Familie ist wesentlich, doch ein solider Beruf sorgt auch für die so sehr benötigte Stabilität. Teil einer großen Organisation oder vielleicht einer Kirche oder einer Schule zu sein und einen Beitrag dazu zu leisten, ist ebenfalls sehr vielversprechend. Hier haben wir es mit jemandem zu tun, der in der Arbeit sehr hilfsbereit ist, aber dessen privates Leben den Kollegen gänzlich unbekannt ist und der nach der Arbeit lieber nach Hause geht, statt sich mit Kollegen zusammenzutun. Plötzliche Veränderungen oder Trennungen sind eine Katastrophe. Was vertraut ist, verleiht Sicherheit. Was neu und fremd ist, nimmt sie weg.

Der Betreffende hat ausgesprochen viel Verständnis für das Leiden anderer Menschen und wird manchmal vielleicht mehr Hilfe gewähren, als benötigt wird, denn er verspürt eine gewisse Abneigung gegenüber der Unabhängigkeit anderer Leute. Aber man muss seine Lektionen lernen, denn obwohl diese Platzierung viele herausragende und lohnende Eigenschaften hervorbringt, tritt der Krebspanzer zutage (der so offensichtlich bei denjenigen mit Sonne, Mond oder dem Aszendenten in diesem Zeichen ist) und erschwert es, offen emotionalen Zuspruch entgegenzunehmen. Auch hier besteht die Krebs-typische Neigung, sich an die Vergangenheit zu klammern (Saturn), weshalb man sich ganz bewusst darum bemühen muss, in die Zukunft zu schauen (Uranus).

CHIRON IM LÖWEN ♌

Chiron-Experten haben den Eindruck, dass es mit denjenigen, die diesen Planeten im Löwen haben, eine besondere Bewandtnis hat. Wie diejenigen mit der Sonne im Löwen werden sie bestimmt eine Menge Aufmerksamkeit auf sich ziehen, doch nur zu oft – aufgrund der negativen (Saturn-)Einflüsse dieses Planeten – wird man sie Dinge sagen hören wie: »Ich musste das Tanzen aufgrund von Rückenproblemen aufgeben« oder »Meine Eltern hatten nicht genügend Geld, um mir die Schauspielausbildung zu bezahlen«. Mit anderen Worten: Nur allzu oft sind die größten Wünsche blockiert. Der Betreffende sollte sich zum Ziel setzen, nicht bei solchen Rückschlägen zu verweilen, sondern nach anderen, vergleichbaren Interessen Ausschau zu halten, die es ihm ermöglichen, sein Talent positiv auszudrücken. Hierbei ist es wichtig, sich klarzumachen, dass man, um wirkliche Befriedigung aus einer kreativen Tätigkeit zu ziehen, diese aus schierer Freude und Glück heraus ausführen sollte, die sie dem Selbst und anderen Menschen bringt (auch wenn der konkrete kreative Prozess langwierig ist) und nicht so sehr aus Gründen der Selbstverherrlichung und des Wunsches, andere zu beeindrucken. Darüber hinaus werden sich viele darum bemühen, ihre Kreativität auszudrücken, selbst wenn sie kein Talent haben. Man sollte einen Richtungswechsel im Leben sorgsam in Erwägung ziehen.

Es wurde auch beobachtet, dass Frauen mit Chiron im Löwen häufig von Männern im Stich gelassen werden. Offensichtlich fühlen sie sich vom falschen Typ angezogen und müssen aus vergangenen Beziehungen, die zu Bruch gegangen sind, lernen.

CHIRON IN DER JUNGFRAU ♍

Für die meisten Chiron-Spezialisten ist dies das Zeichen, über das der Planet herrscht. Er verbringt allerdings nur etwa 20 Monate alle 50 Jahre darin, weshalb vergleichsweise wenig Menschen Chiron in der Jungfrau haben. Forschungen haben ergeben, dass wir es hier mit Workaholics zu tun haben, die von Routine und Perfektion getrieben sind; sie müssen diesen Zwang unter Kontrolle halten und ihn vom Standpunkt der Gesundheit und des Wohlbefindens aus sehen, sodass sie wichtige Aufgaben ohne Stress und Anspannung durchführen können – sie müssen lernen, mit dem Druck umzugehen, eventuell durch Yoga oder eine andere Entspannungsmethode. Sie sollten sich die Einstellung aneignen, dass das, was sie tun, von Nutzen für die Gemeinschaft ist und dass sie zu innerer Ruhe und Zufriedenheit finden, wenn sie Stress und Anspannung loslassen.

Wie bei jedem mit einer Jungfrau-Betonung sind auch hier die geistigen Fähigkeiten beträchtlich, Scharfsinn und Schlagfertigkeit sind vorhanden, doch der Betreffende ist nur zu oft sarkastisch oder überkritisch. In dem Maße, in dem er lernt, einen Gang zurückzuschalten und zu denken, ehe er spricht, wird er diese negativen Züge beherrschen. Manche Menschen verfügen über die natürliche Gabe zu heilen, was ihnen wegen der enormen Hilfe und Linderung, die sie den Kranken zukommen lassen können, viel Befriedigung einbringt, sofern sie diese Fähigkeiten mit erfahrenen Lehrern entwickeln.

CHIRON IN DER WAAGE ♎

(Nach Zane B. Stein, dem angesehensten Chironforscher, herrscht Chiron über die Waage.) Die vielleicht wichtigsten Lektionen, die man von dieser Platzierung lernen kann, sind die, dass es besser ist zu geben als zu nehmen und dass man wirklich mitteilt, wenn die Dinge richtig und gerecht sind. Es ist lebenswichtig, dass sich der Betreffende darüber im Klaren ist, was es braucht, damit eine Beziehung dauerhaft funktioniert. Verbitterung ist verbreitet. Die Vergangenheit muss losgelassen und als Erfahrung verbucht werden – anstatt sich mit einem verzweifelten »Hätte ich nur ...« an sie zu klammern. Nur manchmal scheint man aufgrund einer Hemmung oder der Angst davor, das Gleichgewicht zu stören, allzu diplomatisch und taktvoll zu sein und verhindert dabei eine klare Sprache und eine ehrliche Auseinandersetzung über Probleme in der Partnerschaft. Oder man provoziert umgekehrt den anderen, nur weil es so schön ist, sich nachher wieder zu versöhnen.

Die saturnische Seite dieses Einflusses bringt das Bedürfnis mit sich, das, was ist, zu kontrollieren, sowie Egoismus gegenüber dem Partner. Wenn Übereinstimmung zustande kommt und ein Gefühl für Freiheit innerhalb der Partnerschaft erreicht ist, dann hat sich der Betreffende in Richtung Uranus entwickelt und wird im Stande sein, die Balance und Harmonie beizubehalten, die der Tradition zufolge so wichtig für die psychische Ganzheit der Waagepersönlichkeit sind.

CHIRON IM SKORPION ♏

Es gibt anscheinend keine Grauzonen bei denjenigen, die Chiron im Skorpion haben, sondern nur Schwarz oder Weiß. Die Launenhaftigkeit ist extrem, womit Zweifel und Unzulänglichkeiten zugedeckt werden, oder es besteht die Neigung, ultratapfer und undurchschaubar zu sein. Melanie Reinhart hat entdeckt, dass früh im Leben möglicherweise eine lebensbedrohende Krankheit auftritt und dass allem, selbst dem unbedeutendsten Ereignis, ungebührlich viel Bedeutung beigemessen wird. Im kompliziertesten Fall haben Menschen mit Chiron im Skorpion Suizidabsichten, die, wenn man sie analysiert, den tiefen Wunsch enthüllen, wiedergeboren zu werden.

Das Konkurrenzdenken ist ausgeprägt, was bedeutet – sofern es positiv und nicht im beruflichen Umfeld gnadenlos zum Ausdruck gebracht wird –, dass der Betreffende extrem erfolgreich sein wird. Vielleicht die wichtigste Chiron-in-Skorpion-Lektion ist, dass der fast primitive Zwang, ein Anführer zu sein, durch eine ausgeglichenere Haltung, die die Bedürfnisse und

Gefühle anderer anerkennt, aufgeweicht werden muss und kann. Der Betreffende sollte auch Extremhandlungen unterlassen und in bestimmten Situationen nicht überreagieren. Die sexuellen Merkmale des Skorpions kommen hier zum Ausdruck und es mangelt für gewöhnlich nicht an Sexappeal und Charisma, die wiederum nicht der Selbstsucht dienen dürfen.

CHIRON IM SCHÜTZEN

Ein Aphorismus, der vielfach zitiert wurde, um die Motivation des Schützen zu beschreiben, lautet: »Das Gras auf der anderen Seite ist immer grüner.« Chiron in diesem Zeichen hat eine besondere Bedeutsamkeit, weil die Neigung besteht, beständig auf der Suche zu sein und sich weiterzuentwickeln, ob man das, wonach man sucht, nun findet oder nicht! Ist Letzteres der Fall, so sind Frustration und Enttäuschung groß. Es bestehen hier verschiedene Bedürfnisse. Das Wichtigste ist, im Leben die richtige Orientierung zu finden – was unter Umständen überhaupt nicht leicht ist, weil die Fähigkeit, vernünftige Beurteilungen zu treffen, ebenfalls entwickelt werden muss. Zu bestimmten Zeiten im Leben wird der Drang zu handeln übermächtig, und als Ergebnis wird der Betreffende noch einen Pfeil abschießen und sich wieder in eine neue Richtung aufmachen – häufig zum Schaden dessen, was bereits erreicht wurde. Manchmal ist eine solche impulsive und gut gemeinte Aktion überaus lohnend, und man lernt eine ganze Menge aus der Erfahrung. Ein anderes Mal könnte die Reaktion rückwirkend so aussehen: »Warum habe ich das nur getan? Es war sehr dumm!« Haben diese Menschen erst einmal verstanden, dass sie viel zu bieten haben, werden sie sich mit anderen hervorragend verstehen, sie werden ihre Lektionen gelernt haben und Ausgeglichenheit, innere Harmonie und psychische Ganzheit erreichen.

CHIRON IM STEINBOCK

Es besteht bei Menschen mit Chiron in diesem Zeichen die natürliche Fähigkeit, anderen ein Gefühl von großer Zuversicht zu vermitteln, und sie werden sich den Ruf erwerben, überaus verlässlich zu sein. Wie beim Stier, einem anderen Erdzeichen, besteht die Neigung, materiellem Erfolg zu viel Gewicht beizumessen, für gewöhnlich in dem irrigen Glauben, dass andere Menschen sie deshalb bewundern und zu ihnen aufschauen. Sie müssen aufpassen, dass sie nicht Verantwortung für Dinge übernehmen, die tatsächlich außerhalb ihrer Kontrolle liegen. Dies ist besonders wahrscheinlich mit Chiron in Konjunktion zur Himmelsmitte.

Hier ist der Saturn/Uranus-Konflikt sehr klar, denn häufig gab es früh im Leben Probleme mit dem Vater – vielleicht war dieser überaus streng oder auch einfach nicht präsent –, mit denen sich der Betreffende abfinden muss. Die väterlichen Beschränkungen führen zu einer Hemmung, die überkompensiert wird. Bis dieses Problem gelöst ist, ist der freie, positive Ausdruck all der herausragenden Qualitäten wie Verlässlichkeit, Ehrgeiz und Geduld (die man in der Zwischenzeit sicherlich benötigt) nicht möglich. Die Astrologin Barbara Hand Clow sagt, dass diese Menschen nie aufhören werden, an das zu glauben, was sie wollen, aber dass sie lernen müssen zuzuhören. Die erfolglose Chiron-im-Steinbock-Persönlichkeit braucht viel Hilfe, um zu verstehen, dass ihr tatsächlich viel Zeit zur Verfügung steht, um zu Erfolg und Erfüllung zu gelangen.

CHIRON IM WASSERMANN

Chiron in diesem Zeichen hilft dem Betreffenden im Umgang mit Krankheit. Er hat die Einstellung: »Okay, ich war krank, aber das war's. Jetzt geht es mir besser« – selbst wenn das gar nicht stimmt! Interessanterweise konnte gezeigt werden, dass ein solcher Mensch, wenn er krank wird und deshalb das Tempo drosselt, viel Zeit und Gedanken der Selbstanalyse widmet. Eine Erkrankung und die damit verbundenen Beschränkungen (Saturn) bringen ihn dazu, Fehler zu akzeptieren, und ermöglichen ihm, etwas dagegen zu unternehmen. Es bestehen außerdem Schwierigkeiten, sich auf andere einzustellen, die eine unterschiedliche Sicht aufs Leben haben oder nicht mit dem Intellekt derer mit Chiron im Wassermann zusammenpassen.

Wassermännische Eigenart ist im Bereich von Beziehungen in Form von Bindungsängsten zu finden, denn man müsste ja die persönliche Freiheit opfern. Was also im Grunde ein uranisches Konzept ist, wird zu einer saturnischen Last. Von jemand anderem eingeschränkt zu werden, ist diesem Menschen ein Gräuel. Ein Ausgleich ist erforderlich, und dieser wird kommen, wenn man feststellt, dass man wirklich den richtigen Partner gefunden hat. Allerdings wird es Zeiten geben, zu denen man sich aufgrund von Verpflichtungen gegenüber dem Partner unfähig fühlt, einen ersehnten Richtungswechsel vorzunehmen. Man muss jedoch lernen, dass man auch ohne Partner erblühen kann. Solche Menschen sind Einzelgänger – freundlich, natürlich, doch werden wir sie je richtig kennen?

CHIRON IN DEN FISCHEN

Hier finden wir die ewigen Studenten. Für gewöhnlich sind sie sehr intelligent und kenntnisreich und haben ausgeprägte spirituelle Neigungen, die durchaus mit materiellen Bestrebungen im Konflikt sein können. Es besteht eindeutig ein Kampf um eine innere Ordnung, wenn die Gedanken und Ideen wirr sind, und die emotionalen Reaktionen auf Situationen tragen noch weiter zur Verwirrung bei. Praktische Gesichtspunkte des Lebens werden häufig hintangestellt, und – es mag total abwegig erscheinen – den Bedürftigen zu helfen, kann jemanden mit Chiron in den Fischen ruinieren. Das liegt daran, dass der Wunsch zu helfen so stark ist, dass alle anderen Verpflichtungen, selbst enge Familienbande, unter den unangemessenen Anforderungen an Zeit und Energie – sowohl emotionaler wie physischer – zu leiden haben. Diese Möglichkeiten muss man gegenüber dem Betreffenden hervorheben, weil hier die aufopfernde Seite der Fische derart stark ist, dass alles andere in den Hintergrund rückt.
Doch es gibt ein tolles kreatives Potenzial. Design, Fotografie oder Tanz könnten lohnend sein. Der Drang, anderen zu helfen – oder deren Wunden zu heilen –, kann am besten zum Ausdruck gebracht werden, indem man sich in der Beratung oder in alternativen Heilweisen ausbildet oder aber eine spirituelle Disziplin erlernt und praktiziert. Ein Orientierungssinn ist unbedingt erforderlich, und wenn sie ihn erlangen, werden die Betreffenden feststellen, dass ihre eigenen Wunden ebenfalls geheilt sind.

CHIRON IN DEN HÄUSERN

Chiron wird den Themen des Hauses, in dem er sich befindet, eine zusätzliche Betonung verleihen. Zwar dominiert das Chironzeichen, doch die Angelegenheiten des Hauses werden in den Vordergrund gerückt – am besten auf lebhafte, womöglich aufregende Weise. Doch wenn Chiron aufgrund schwieriger Geburtsaspekte, heftiger Transite oder Progressionen verletzt ist, könnten Stress und Spannung im Zusammenhang mit dem betroffenen Haus anzutreffen sein. Der Einfluss Chirons ist wahrscheinlich am größten im 1. und im 6. Haus aufgrund seiner Beziehung zu Gesundheit und Heilung. Nach unserer Meinung sind auch das 10. und das 11. Haus starke Orte für Chiron, und zwar wegen seiner Verbindung zu Saturn (Steinbock und 10. Haus) und Uranus (Wassermann und 11. Haus).

CHIRON IM 1. HAUS

1

Es besteht die Neigung zu prahlen und sich durchzusetzen, oftmals verfrüht. Die Emotionalität ist stark und wird sofort leidenschaftlich zum Ausdruck gebracht, doch das kann innere Ängste und Unzulänglichkeitsgefühle verdecken. Eventuelle Einschränkungen in der frühen Kindheit haben einen überdurchschnittlich unterdrückenden Effekt: Wenn Emotionen blockiert wurden und diese durchbrechen, kann eine sintflutartige Kraft freigesetzt werden. Charisma und Führungsstärke sind vorhanden, was häufig zum Einsatz kommt, indem der Betreffende viel Zeit und Nerven darauf verwendet, andere zu beeinflussen. Dieses enorme Potenzial zu kontrollieren und ihm durch einen geliebten Job oder ein Hobby eine positive Richtung zu geben, ist ganz wesentlich.

CHIRON IM 2. HAUS

2

Diese Stellung verleiht Selbstvertrauen, vorausgesetzt der Betreffende ist materiell erfolgreich und abgesichert. Die Neigung, vorschnell Urteile zu fällen, verursacht anderen Unbehagen, und man sollte etwas gegen diese Neigung unternehmen. Jemand mit Chiron im 2. Haus ist sich seiner selbst sehr sicher, ist stur, was so weit geht, dass er davon überzeugt zu sein scheint, recht zu haben, und dabei keine Auseinandersetzung bzw. andere Meinungen zulässt. Er muss Bescheidenheit und eine unbefangene Einstellung entwickeln und sich darüber klar werden, dass es im Leben nicht nur um Materielles geht. Saturn muss die Gier im Zaum halten und einer uranischen humanitären Gesinnung den Weg freimachen. Wärme und Liebe sind da, aber sie können verloren gehen. Sie müssen »gefunden« werden.

CHIRON IM 3. HAUS

3

Hier besteht die Neigung, gegenüber den eigenen Ideen skeptisch und ängstlich zu sein, was deren Verwirklichung behindert. Der Betreffende wird fragen: »Warum kann ich das nicht tun?«, und keine Antwort darauf finden. Zu einer Entwicklung wird es erst kommen, wenn diese Fragen beantwortet werden können. Womöglich haben die Eltern jeden Einfall oder Vorschlag des Kindes mit Worten niedergemacht, woraufhin dieses das Vertrauen verloren hat. Aus den eigenen Fehlern zu lernen, scheint für diesen Menschen schwierig zu sein, weil er nicht zugibt, dass er falsch liegt. Stattdessen wird er seine Irrtümer rechtfertigen. Besessen von irrelevanten Dingen, muss man ihn dazu auffordern, sich nicht im Detail zu verlieren. Auch sollte er es vermeiden, mit Hilfe verbaler Kunstfertigkeit Freundschaften oder die Aufmerksamkeit zu gewinnen.

CHIRON IM 4. HAUS

4

Die Astrologin Barbara Hand Clow fand heraus, dass Menschen mit dieser Stellung intensiv und grüblerisch sind und häufig auch nervös veranlagt. So jemand mag Angst davor haben, sein Ding zu machen, weil er denkt, es sei Zeit- und Energieverschwendung, während der wahre Grund ein Mangel an Selbstvertrauen ist. Er widmet anderen Leuten eine Menge Zeit und ist ein großer Menschenfreund. Er scheint aus eigener Erfahrung zu wissen, was Leiden bedeutet, weshalb er in einer guten Position ist, anderen zu helfen. Für ihn ist es schwierig, mit seinen inneren Konflikten zurechtzukommen. Ein Astrologe kann leicht den Kampf zwischen den saturnischen Beschränkungen und dem freien Ausdruck von Uranus erkennen und damit viel Hilfestellung bieten.

CHIRON IM 5. HAUS

5

Eine spontane, fast kindliche Art ist häufig unterdrückt aufgrund elterlicher Sätze wie: »Sei nicht dumm, das kannst du nicht tun«, obwohl der Mensch mit Chiron im 5. Haus genau weiß, dass er es kann. Eine solche Indoktrinierung ist niederschmetternd: Sie wird Hemmungen zur Folge haben oder aber genau das Gegenteil: Wichtigtuerei. Nichtsdestotrotz besteht ein kindliches Staunen und ein Reichtum an schöpferischer Kraft, der geradezu nach positivem Ausdruck schreit.

Hat der Betreffende erst einmal Bewusstsein über seine Hemmungen erlangt oder hört damit auf, mit scheußlichen Kreationen anzugeben (die bei anderen eine ziemliche Verlegenheit hervorrufen), dann ist alles mehr als gut. Manchmal wird er in eine unerwünschte Richtung gedrängt, beispielsweise von der Mutter zum Ballettunterricht.

CHIRON IM 6. HAUS

6

Die analytischen Fähigkeiten der Jungfrau kommen hier dadurch zum Ausdruck, dass der Betreffende Hemmungen sowie den Grund für deren Entstehen bewertet. Es besteht die Gefahr, dabei zwanghaft zu werden, weshalb es extrem schwierig wird, zu dem Punkt zu gelangen, an dem man erkennt, was schiefgelaufen ist, und sich weiterentwickelt. Das Thema Gesundheit (für viele Astrologen untersteht dieses Haus Chirons Herrschaft) wird betont, und es ist überaus wichtig zu verstehen, was im Körper vor sich geht und wie man entsprechend dem Zeichen, in dem sich Chiron befindet, mit Krankheiten oder negativen Bedingungen umgeht. Körper und Geist müssen eins sein. Schließlich wird man hierin etwas erreichen, doch der Betreffende braucht die Unterstützung eines Astrologen, um auf dem Weg von Saturn zu Uranus das Beste von Chiron zu erhalten.

CHIRON IM 7. HAUS

(7)

Jemand mit dieser Platzierung ist geneigt, im Partner aufzugehen und seine Individualität zu verlieren. Die chironische Energie hält den Betreffenden an, sich vorschnell zu binden. Es kommt zu vielen unbefriedigenden, herzzerbrechenden Beziehungen und Trennungen. Die Lektionen sind offensichtlich: Man soll aus vergangenen Erfahrungen lernen. Das scheint einfach zu sein, aber es ist überaus schwierig, besonders wenn man den Partner schlicht als Erweiterung von sich selbst sieht. Dies ist eine extreme Form von Egoismus, denn damit zielt man darauf ab, den Partner daran zu hindern, nach eigenen Maßgaben zu leben. Melanie Reinhart sagt, dass diese Menschen »lahme Enten« anziehen, denen es an Eigenständigkeit mangelt und über die der Partner leichter Macht ausüben kann.

CHIRON IM 8. HAUS

(8)

Diese starke Stellung führt dazu, dass der Betreffende von Sex, materiellem Fortschritt und Macht besessen ist. Hier finden wir den Typ, der ganze Sachen macht und sich seine Wünsche erfüllt. Viele dieser Menschen sind extrem verschlossen. Manchmal werden sie unter diesem Einfluss unterwürfig und demütig, aber zugleich überaus selbstsüchtig.

Oftmals sind hellsichtige Fähigkeiten vorhanden. Wenn man sich darin sorgsam übt, kann dies ein wundervoller Vorzug werden. Kann er seine Wünsche bändigen und die chironische Energie unter Kontrolle bringen, so haben wir hier jemanden mit einer Kraft, mit der man rechnen kann – in der bestmöglichen Weise.

CHIRON IM 9. HAUS

(9)

Hier bei der Suche nach Wissen und Spiritualität kann die Energie Chirons zu intensiv werden, und es schieben sich nervöse Spannungen und Stress zwischen die Aufnahme des Erlernten und dessen Weitergabe an andere durch Lehren oder Unterstützen. Extreme Ansichten müssen verändert werden, um zu dem erforderlichen Gleichgewicht zu kommen, will man dem besten Einfluss des Zentaurenlehrers gerecht werden. Man wird im Geiste wie in der Wirklichkeit gewaltige Reisen antreten, weil das wagemutige Element Chirons verstärkt ist. Oft bestehen religiöse Konflikte, besonders zwischen Eltern und Kind. Ebenso wahrscheinlich ist die Tendenz, gegenüber der Religion ehrfürchtig zu sein oder aber sich ihrer gänzlich zu entledigen.

CHIRON IM 10. HAUS

(10)

Diese faszinierende Stellung von Chiron wird noch verstärkt, wenn der Planet in Konjunktion mit der Himmelsmitte steht. Hier wird Chiron den Betreffenden ständig dazu anregen, in die Zukunft zu schauen und außergewöhnlich zu sein, ihn (mit Saturn im Schlepptau) aber auch dauernd daran erinnern, den Status quo nicht umzuwerfen und stets das zu tun, was richtig und angemessen ist. Von der Neigung, weniger erfolgreiche Leute um sich zu scharen, in der Hoffnung, ihr »Los« zu verbessern, muss man diese Menschen abzuhalten versuchen, weil Enttäuschungen und das Gefühl, fallen gelassen zu werden, zu Groll und Verbitterung führen können. Sie haben etwas übrig für Macht und Führungsqualitäten. Diese müssen kontrolliert werden und einen positiven Ausdruck in praktischen, aber auch fantasievollen humanitären Projekten finden.

CHIRON IM 11. HAUS

(11)

Physischer, emotionaler und mentaler Raum sind alle wesentlich, damit dieser Mensch seine originellen Gedanken, Ideen und Theorien zum Ausdruck bringen kann. Diese Gedanken brauchen eine vernünftige Struktur und man darf es nicht zulassen, dass sie formlos oder abgehoben werden. Da die Betonung durch Uranus hier sehr ausgeprägt ist, ist es um der Stabilität willen wichtig, nicht den Saturn-Einfluss außer Acht zu lassen. Der Betreffende muss lernen, mit Kritik und Kontroversen umzugehen; andernfalls geht viel von dem verloren, was sowohl diesem Menschen wie auch der Gemeinschaft nützt. Viele derer, die Chiron im 11. Haus haben, sind fähige Führungspersönlichkeiten, denn ihr Glauben und ihr Idealismus wirken oft magnetisch auf die Massen. Diese Platzierung verleiht Charme und Freundlichkeit.

CHIRON IM 12. HAUS

(12)

Dies ist eine schwierige Platzierung für Chiron, denn der Betreffende wird Phasen von Frustration und Gefühlen der Unterlegenheit durchmachen, die nur schwer nachzuvollziehen sind. Es ist unbedingt erforderlich, dass er Fluchttendenzen, die sich bei verwirrten Gefühlen einstellen, unter Kontrolle hält und ihnen gegensteuert; andernfalls werden sie zu einem ernsthaften Problem. Aber Chiron erweitert hier das Vorstellungsvermögen, und man sollte alles daransetzen, es kreativ zu nutzen bzw. sorgsame Studien okkulter Disziplinen oder von Tarot, I Ging und Handlesen zu betreiben. Davon wird ein Mensch mit Chiron im 12. Haus nur profitieren, sofern er von erfahrenen Lehrern unterrichtet wird, anstatt planlos vorzugehen.

CHIRONASPEKTE

Von Chiron aspektierte Planeten werden energetisiert und dazu angeregt, dynamischer zu wirken. Wie bei den einzelnen Interpretationen zu sehen sein wird, hilft Chiron entweder oder er behindert, er drängt zum Handeln oder er treibt dazu an, sich zurückzuhalten. Chiron verleiht einem Planeten, der andernfalls kaum auffallen würde, einen gewissen Funken.

CHIRONASPEKTE ZUR SONNE UND ZUM ASZENDENTEN

Konjunktion
Es besteht eine machtvolle Zielsetzung im Leben. Der Betreffende hat ein Gefühl für das Schicksalhafte und ist erpicht darauf, dem zu folgen. Die Kreativität sollte gefördert werden. Man muss die Neigung, an psychischen Problemen festzuhalten, erkennen und gegensteuern. Wenn Chiron die Konjunktion zum Aszendenten vom 12. Haus aus bildet, werden dieselben Energien vorhanden sein, nur ist der Betreffende weit weniger extrovertiert.

Positive Aspekte
Diese sind der Konjunktion nicht unähnlich, aber der Betreffende kommt leichter mit psychischen Probleme zurecht.

Negative Aspekte
Es gibt Schwierigkeiten, das Potenzial des Sonnenzeichens oder die Eigenschaften und Motivation des Aszendenten anzuerkennen und voll zu entwickeln.

CHIRONASPEKTE ZUM MOND

Konjunktion
Sie erhöht die Sensibilität – besonders wenn das Mondzeichen diese Tendenz bereits aufweist. Der Betreffende ist anfällig für starke Gefühlsausbrüche. Hier kann ein verständnisvoller Partner helfen.

Positive Aspekte
Die Gefühle finden einen positiven Ausdruck durch humanitären Einsatz oder fantasievolle Kreativität, wie sie in anderen Bereichen des Horoskops oder vom Chironzeichen angezeigt wird.

Negative Aspekte
Den Fluss der Gefühle unter Kontrolle zu halten, ist in jungen Jahren schwierig, vielleicht weil man unglücklich ist. Daraufhin wird man taktvoll, hilfreich und freundlich.

CHIRONASPEKTE ZU MERKUR

Konjunktion
Der Verstand arbeitet schneller und es besteht erhöhte Nervenenergie. Der Betreffende kann hervorragend lernen und Situationen sehr schnell erfassen, nur mangelt es womöglich an Beständigkeit der Gedanken und der Meinung.

Positive Aspekte
Brillanz und geistige Beweglichkeit sind vorhanden, genauso Redegewandheit und womöglich Doppelzüngigkeit.

Negative Aspekte
Man kann sehr viel erreichen, doch die konservative Weltsicht (Saturn) steht im Konflikt mit dem Bedürfnis nach fortschrittlichen Ideen.

CHIRONASPEKTE ZUR VENUS

Konjunktion
Der Betreffende idealisiert den geliebten Menschen übermäßig. Das Sexleben bedarf eines dramatischen Rahmens.

Positive Aspekte
Es besteht die Neigung, zu viel von sich für den Partner zu opfern. Andere Vorlieben können die Gestalt von Hobbys, kreativen oder sportlichen Betätigungen annehmen.

Negative Aspekte
Die Gefühle sind ausgeprägt, sodass der Betreffende überemotional und dramatisch reagiert.

CHIRONASPEKTE ZU MARS

Konjunktion
Mut, Durchsetzungvermögen und der Instinkt des Kriegers sind betont. Der Betreffende ist warmherzig und fürsorglich, handelt jedoch gelegentlich vorschnell, was zu Unfällen führen kann.

Positive Aspekte
Ein herausragender Einfluss. Nach Barbara Hand Clow gibt es glückliche Wendungen im Leben.

Negative Aspekte
Mut ist vorhanden, und zwar mit Mitgefühl für die Schwachen, die von der Stärke des Betreffenden profitieren.

CHIRONASPEKTE ZU JUPITER

Konjunktion
Dieser Mensch will unbedingt seinen eigenen Weg gehen. Er wird durch andere Kulturen Zufriedenheit und spirituelle Erfüllung finden.

Positive Aspekte
Man entwickelt beständig ein sportliches oder literarisches Talent.

Negative Aspekte
Der Betreffende strebt nach sozialer Gerechtigkeit. Wille und Intellekt sind hervorragend und werden wahrscheinlich zu guten Zwecken eingesetzt.

CHIRONASPEKTE ZU SATURN

Konjunktion
(Dies ist ein sehr seltener Aspekt. Diejenigen, die im Jahr 1966 geboren wurden, haben ihn im Geburtshoroskop, genauso wie die Uranus/Pluto-Konjunktion in der Jungfrau.) Die Saturn/Chiron-Konjunktion hat einen stabilisierenden Einfluss und hilft dabei, das Beste aus dem Uranus/Pluto-Kontakt herauszuholen (siehe S. 390).

Positive Aspekte
Diese erhöhen das Charisma. Der Betreffende will immer seinen eigenen

Weg gehen, vor allem, wenn ein Großes Trigon beteiligt ist.

⊟ Negative Aspekte
Diese verleihen einen Kämpfergeist für humanitäre und andere gute Zwecke.

CHIRONASPEKTE ZU URANUS

☌ Konjunktion
Kein heute Lebender hat diesen Aspekt.

⊞ Positive Aspekte
Diese machen den Betreffenden spannungs- und energiegeladen, manchmal stur. Bei einem Trigon kann es Probleme geben, die richtige Nische im Leben zu finden.

⊟ Negative Aspekte
Es bestehen Intensität und eine Zielsetzung, aber auch Anspannung und Stress.

CHIRONASPEKTE ZU NEPTUN

☌ Konjunktion
Hier finden wir Idealismus und das Bedürfnis nach spiritueller Entwicklung, doch es herrscht Verwirrung, bis der Betreffende sich für den richtigen Weg entscheidet.

⊞ Positive Aspekte
Wertschätzung von Schönheit und allem Mystischen ist vorhanden, ebenso die Neigung abzudriften, was die Entwicklung der Talente stört.

⊟ Negative Aspekte
Der Betreffende muss Fluchttendenzen durch Drogen und Alkohol etwas entgegensetzen, indem er spirituellen oder kreativen Interessen nachgeht.

CHIRONASPEKTE ZU PLUTO

☌ Konjunktion
Hier werden das betreffende Haus und Zeichen enorm mit Energie aufgeladen. Diese dynamische Kraft braucht eine gute Ausrichtung. Stress und Anspannung lassen sich kaum vermeiden.

⊞ Positive Aspekte
Es ist wesentlich, sich einen weiten Blickwinkel zu erhalten, weil man zu extremen Handlungen und Ansichten neigt.

⊟ Negative Aspekte
Der Betreffende bekommt etwas Skorpionisches und damit Verschlossenheit und die Tendenz, heimlich Pläne zu schmieden.

CHIRONASPEKTE ZUM MC

☌ Konjunktion
Dies steht für eine dramatische Laufbahn. Es gibt Höhen und Tiefen in der beruflichen Entwicklung.

⊞ Positive Aspekte
Hier ist die Fähigkeit vorhanden, mit jeglichem Schicksal zurechtzukommen, sowie viel Sinn für Dramatik.

⊟ Negative Aspekte
Man erlebt Rückschläge, aber der Kampfgeist bleibt ungebrochen.

CHIRONASPEKTE ZU DEN MONDKNOTEN

Diese unterstützen den Betreffenden, einen ausgeglichenen Weg von Saturn zu Uranus zu finden. Wenn Chiron in Konjunktion zum Südknoten steht, ist der saturnische Einfluss stärker, befindet er sich am Nordknoten, ist es der uranische Einfluss. Sextile und Trigone sind auch sehr hilfreich, während ein Quadrat zu beiden den Weg der Mondknoten betont und deren Wirkung verstärkt.

CHIRONASPEKTE

Die machtvollsten Chirontransite sind natürlich die Konjunktionen. Zu diesen Zeiten gerät all das in den Brennpunkt, was mit dem Planeten zu tun hat, den Chiron berührt. Man geht also bei der Deutung am besten so vor, dass man Zeichen und Haus dieses Planeten und dann seine Aspekte betrachtet. Ist schon im Geburtshoroskop ein Aspekt zwischen ihm und Chiron vorhanden, verstärkt dies den Einfluss des Transits beträchtlich – wir können also eine ereignisreiche Zeit erwarten. Die Wirkungen der positiven Transite ist ebenfalls dramatisch, nur mit weniger Belastungen. Eine Opposition oder ein Quadrat sind mindestens so anstrengend wie eine Konjunktion. Welcher Art der von Chiron verursachte Stress ist, wird durch den kontaktierten Planet bestimmt. Dabei sollten wir nicht die kühne, durchsetzungsfähige Seite von Chiron vergessen, und dass wir durch ihn weiter reifen hin zu unserer individuellen Ganzheit und zur uranischen Befreiung von dem, was uns zurückhält. Trotz allem könnte uns Chiron durchaus drängen, den Stier mutig bei den Hörnern zu packen, furchtlos aufzubrechen und uns so den Problemen zu stellen.

Was Progressionen betrifft, so ist es wie bei allen Planeten jenseits von Jupiter unwahrscheinlich, dass sich in der Progression neue Aspekte ergeben. Möglicherweise wird ein Geburtsaspekt in der Progression exakt. Zu solchen Zeiten rückt der chironische Einfluss innerhalb dieses Geburtsaspekts in den Vordergrund. Bei der Gesamtdeutung des progressiven Horoskops sollte man auch dies mit einbeziehen.

Die Chironwiederkehr

Da Chiron 50 Jahre für einen Umlauf benötigt, erleben wir die Chironwiederkehr im Alter von etwa 50 Jahren. In vielen europäischen Ländern erachtet man schon lange den 50. Geburtstag als Meilenstein, seit Neuestem auch in anderen Ländern. Dies könnte etwas mit dem wachsenden Interesse an Chiron zu tun haben.

Die Wiederkehr findet ein paar Jahre nach der Uranus/Uranus-Opposition und ein Jahrzehnt vor der zweiten Saturnwiederkehr statt (siehe S. 392 und 378). In zunehmendem Maße können wir die Chironwiederkehr als aufregende und befriedigende Zeit sehen – eine Zeit, in der wir den Lohn für vergangene Mühen erhalten. Man hat das Gefühl, etwas erreicht zu haben, und häufig trifft vieles von dem, was man sich wünscht, tatsächlich ein! Man genießt mehr Freiheit (sehr uranisch). Die Kinder gehen ihrer eigenen Wege. Vielleicht erlebt man den Urlaub seines Lebens. Oder wir werden für langjährige Dienste geehrt bzw. belohnen uns selbst. Manch einer ist nun am Höhepunkt seiner Berufslaufbahn angelangt, während andere, die in der Bank- oder der Computerbranche viel Geld verdient haben, aussteigen oder sich vorzeitig pensionieren lassen. Hier kommen schwierige Aufgaben und Wagemut zusammen. Wenn wir all das bei der Chironwiederkehr bedenken, werden wir aus diesem Planeten sicher nicht nur das Beste herausholen, sondern auch feststellen, dass »er« uns von den Hemmungen Saturns zur Freiheit und Aufregung des Uranus geführt hat.

DIE WIRKUNG DER FINSTERNISSE

Je besser Sie die Eigenschaften der Tierkreiszeichen kennen, desto leichter können Sie eine Finsternis (Eklipse) interpretieren. Auch der Grad des Tierkreiszeichens, auf dem die Finsternis stattfindet, ist wichtig, insbesondere wenn er eine Konjunktion bildet. Hier kommen die Kräfte von Sonne und Mond ins Spiel. Im Finsternishoroskop sind zugleich Aspekte der Sonne/Mond-Konjunktion bzw. -Opposition zu anderen Planeten und zu Eckpunkten vorhanden. Wenn Sie diese interpretieren, erhalten Sie ein vollständiges Bild der Tendenzen, die am Werke sind. Der Orbis bei Aspekten zum Geburtshoroskop sollte klein sein. Drei Grad sind genug für einen Hauptaspekt, doch man kann bis zu 5 Grad zulassen, wenn die Sonne, der Mond oder der Aszendentenherrscher des Geburtshoroskops beteiligt ist. Bei Trigonen sollten es höchstens 3 Grad sein, 2 Grad bei Sextilen und Quinkunxen sowie 1 Grad bei anderen Nebenaspekten.

Wie lange eine Eklipse wirkt, ist strittig. Es gibt Astrologen, die bestimmte Ereignisse auf eine Finsternis zurückführen, die schon Jahre zuvor stattgefunden hat. Wir halten das für unwahrscheinlich. Es ist zwar schwierig, eine genaue Zeitspanne zu bestimmen, aber wir meinen, dass die Wirkungen einer Eklipse, die ein transitierender Faktor ist, am stärksten ungefähr einen Monat lang sind und man sie für weitere sechs Monate spüren kann. Wenn eine Sonnen- oder Mondfinsternis in der Progression stattfindet, wird sie den Menschen für genauso lange beeinflussen wie jede Sonnenprogression, vielleicht etwas durchdringender. Eine Mondfinsternis wird die Bereiche der Persönlichkeit betonen, die weiter unten aufgeführt sind, und ihre Wirkung wird wahrscheinlich drei Monate dauern und nach und nach verblassen.

Sonnenfinsternis

Weil bei einer Sonnenfinsternis das Licht verdeckt wird, gibt es die Meinung, dass dieses Phänomen das Ende irgendeiner Art ankündigt. Das kann der Fall sein, aber bedenken Sie, dass ein Ende für gewöhnlich einen Neuanfang mit sich bringt, und so sehen wir mit dem zurückkehrenden Licht auch symbolisch das Tageslicht wieder. Zu gegebener Zeit sind wir bereit für einen Neustart und treten in eine neue Phase in unserem Leben ein. Dies gilt insbesondere, wenn die Finsternis in der Nähe unseres Aszendenten oder unserer Sonne stattfindet.

Geht es um die Wirkungen einer Sonnenfinsternis auf Ereignisse in der Welt, sollten wir uns anschauen, wofür das Zeichen steht, in dem die Eklipse stattfindet. Beim Löwen geht es z.B. um Kreativität und künstlerischen Ausdruck, beim Stier um finanzielle Angelegenheiten, beim Krebs um Mütter und Kinder usw. Suchen Sie dann die Länder und Städte, die der Tradition zufolge von dem fraglichen Zeichen beherrscht werden. Trauen Sie sich ruhig, eine Prognose zu machen! Bei der Deutung von Finsternissen für Einzelpersonen sollten Sie hingegen von Ereignisprognosen die Finger lassen.

Mondfinsternisse

Astrologen stürzen sich oft auf – häufig überbewertete – Mondfinsternisse. Wenn man diese in Bezug zum Geburts- oder progressiven Horoskop setzt, muss man dieselben Regeln anwenden wie für Sonnenfinsternisse, nur sind hier die Wirkungen des Mondes betont, wodurch emotionale Reaktionen auf bestimmte Situationen beträchtlich erhöht sind. Gefühle gelangen an die Oberfläche, ebenso neigt man dazu, sich Sorgen zu machen, und ist unentschlossen; generell wird es eine Phase innerer Konflikte geben. Man sollte auch darauf achten, dass man auf andere Menschen und ihre Handlungen nicht überzogen reagiert. Es empfiehlt sich darüber hinaus, auf die eigene Intuition zu hören, denn nur wenn diese sich für Entscheidungen und Veränderungen ausspricht, wird man auch bereit sein, weiterzugehen oder eine neue Richtung im Leben einzuschlagen. In solchen Zeiten wird man einem Klienten auch Hilfestellung geben müssen, indem man sich mehr als sonst auf seine Stabilität und auf seine praktischen Fähigkeiten konzentriert, die der Emotionalität und Empfindsamkeit entgegenstehen. Auch Besorgnis kann nun zu einem Problem werden.

DIE TRANSITE DER SONNEN- UND MONDFINSTERNISSE DURCH DIE HÄUSER

FINSTERNISSE IM 1. HAUS (1)

Sonnenfinsternis

Hier liegt der Akzent auf dem Bedürfnis des Betreffenden nach persönlicher Entwicklung, und das Durchsetzungsvermögen sowie die Fähigkeiten im Umgang mit anderen Menschen nehmen zu.

Mondfinsternis

Die Emotionen laufen heiß und es bedarf großer Vorsicht, dass impulsives Handeln keine langfristigen Verletzungen oder Schäden in Beziehungen nach sich zieht.

FINSTERNISSE IM 2. HAUS (2)

Sonnenfinsternis

Der Betreffende sollte sich auf seine Finanzen konzentrieren. Bei finanziellen Rückschlägen sollte man Maßnahmen ergreifen, um eine spätere Wiederholung zu vermeiden.

Mondfinsternis

Es besteht die Neigung, übermäßig besitzergreifend in der Beziehung zu sein. Wenn man sich beherrscht, stößt eine Liebesbekundung auf Anklang.

FINSTERNISSE IM 3. HAUS (3)

Sonnenfinsternis

Es besteht der Wunsch, sich weiterzubilden, indem man einen Kurs belegt. Neue Erfahrungen geraten ins Blickfeld und sollten ernsthaft erwogen werden. Bestärken Sie Ihren Klienten darin, lange und intensiv nachzudenken, ehe er sich für eine bestimmte Vorgehensweise entscheidet.

Mondfinsternis

Eine untypische Ruhelosigkeit und ein Zustand, in dem man nicht weiß, was man als Nächstes tun soll, stören den Fortschritt. Man sollte eine Auszeit nehmen, um zu entspannen.

FINSTERNISSE IM 4. HAUS

4

Sonnenfinsternis
Eine wichtige Platzierung. Es besteht der Wunsch oder, aufgrund der Umstände, das Bedürfnis, im Familienleben oder im häuslichen Leben etwas zu ändern. Ein Anfang oder ein Ende scheint wahrscheinlich.

Mondfinsternis
Reparaturarbeiten im Haushalt könnten anstehen. Man braucht mehr physischen oder emotionalen Raum. Eventuell zieht ein Kind aus.

FINSTERNISSE IM 5. HAUS

5

Sonnenfinsternis
Kreativität führt zu großer Zufriedenheit. Übergehen Sie nicht den Wunsch nach einem aufregenderen Liebes- bzw. Sexleben, aber lassen Sie sich auch nicht zu schnell auf eine tiefere Beziehung ein. Spielen sie nicht um Geld und seien Sie vorsichtig, wenn Sie sportliche Rekorde brechen wollen.

Mondfinsternis
Die Neigung, Situationen allzu sehr zu dramatisieren, wird beträchtliche Probleme verursachen. Bleiben Sie ruhig und rational.

FINSTERNISSE IM 6. HAUS.

6

Sonnenfinsternis
Nehmen Sie diese Eklipse zum Anlass, Essgewohnheiten zu verändern! Trainieren Sie mehr und ziehen Sie eine Kosmetikbehandlung in Erwägung.

Mondfinsternis
Nun halst man sich womöglich viel zu viel Arbeit auf und verursacht damit Stress, Anspannung und unangemessene Sorgen, die unter Umständen körperliche Symptome nach sich ziehen können.

FINSTERNISSE IM 7. HAUS

7

Sonnenfinsternis
Hier sind die Partnerschaften betroffen. Vielleicht geht etwas zu Ende und ein Neuanfang kündigt sich an. Sofern es Schwierigkeiten gegeben hat, ist es an der Zeit, sie wegzufegen und einen Neustart zu machen.

Mondfinsternis
Die Neigung, überzureagieren, verursacht emotionale Spannungen. Seien Sie auf der Hut vor Verbitterung. Gehen Sie entschlossen vor.

FINSTERNISSE IM 8. HAUS

8

Sonnenfinsternis
Diese bringt alles, was dem Betreffenden zu schaffen macht, ans Tageslicht. Ein Interesse oder eine Liebe zu jemandem wird »sterben«.

Mondfinsternis
Eifersucht oder der Zwang, etwas herauszufinden, ist wahrscheinlich. Jetzt ist es an der Zeit, negative Gefühle ad acta zu legen.

FINSTERNISSE IM 9. HAUS

9

Sonnenfinsternis
Hier ist das Bedürfnis vorhanden, den geistigen Horizont zu erweitern. Vielleicht nimmt der Betreffende auch eine Herausforderung an und entflieht beengenden Bedingungen.

Mondfinsternis
Nun ist man ernsthaft religiös oder spirituell bewegt und inspiriert und wird sich vielleicht tiefer darauf einlassen.

FINSTERNISSE IM 10. HAUS

10

Sonnenfinsternis
Man konzentriert sich auf seine Ziele, weil man sich weiterentwickeln will – nicht ohne Probleme, aber die Mühen werden sich lohnen.

Mondfinsternis
Der Betreffende hat das Gefühl, wenn er nicht handelt, geht alles schief. Man muss wissen, dass Veränderungen allein um der Veränderung willen nicht gut sind.

FINSTERNISSE IM 11. HAUS

11

Sonnenfinsternis
Man hat das Bedürfnis, den Freundeskreis zu erweitern. Doch die betreffenden Leute könnten auch zu einer Last werden.

Mondfinsternis
Hier dringt das Leiden der Menschheit ins Bewusstsein; man möchte etwas dagegen tun. Solche Erfahrungen tragen viel zur psychischen Ganzheit bei.

FINSTERNISSE IM 12. HAUS

12

Sonnenfinsternis
Nun will man sich gerne von den Dingen, für die man sich üblicherweise interessiert, zurückziehen und den eigenen Betrachtungen hingeben. Dies ist eine Lernerfahrung, aber zu gegebener Zeit muss man auch wieder umkehren.

Mondfinsternis
Das Gefühl, dass eine Phase im Leben vorbei ist, bringt Veränderungen der Einstellung und andere Reaktionen auf Ereignisse mit sich.

DIE TRANSITE DER FINSTERNISSE ZU GEBURTSPLANETEN UND -ACHSEN

Sie können sich hierbei an die üblichen Aspektrichtlinien halten.

FINSTERNISASPEKTE ZUR SONNE

☉

Sonnenfinsternis
Sie fördert alles zutage, wofür die Sonne oder der Aszendent stehen. Für gewöhnlich gibt es jetzt die Gelegenheit, in bestimmter Weise voranzukommen. Das Selbstvertrauen wächst. Die Konjunktion bedeutet einen Meilenstein oder Wendepunkt im Leben.

Mondfinsternis
Diese Eklipse ermöglicht einen leichteren Ausdruck der Emotionen und die Fantasie ist angeregt. Für deren kreativen Ausdruck sollte man alles tun. Die Konjunktion und positive Aspekte sind am nützlichsten, die negativen Aspekte bringen viel emotionalen Stress mit sich.

FINSTERNISASPEKTE ZUM MOND

☽

Sonnenfinsternis
Die Eigenschaften des Geburtsmonds erfahren eine Erweiterung. Man reflektiert eine Weile und wird dann etwas Positives unternehmen.

Mondfinsternis
Liebesbekundungen kommen gut an, aber Klammertendenzen könnten Probleme in der Familie nach sich ziehen. Die Intuition ist verstärkt.

FINSTERNISASPEKTE ZU MERKUR ☿

Sonnenfinsternis
Man nimmt jetzt gerne geistige Anregungen auf und trifft langfristige Entscheidungen. Im negativen Sinne kann man vergesslich werden.

Mondfinsternis
Logik und Skepsis mischen sich ins Gefühlsleben, was Verwirrung stiftet. Entweder der Mond oder Merkur »gewinnt« – je nach dem Zeichen von Merkur.

FINSTERNISASPEKTE ZUR VENUS ♀

Sonnenfinsternis
Die Einstellung gegenüber einem Partner (im Privat- oder Geschäftsleben) rückt in den Blickwinkel. Veränderungen in der Beziehung sind sehr wahrscheinlich. Bei einer Konjunktion kommt es vielleicht zu einer neuen Beziehung.

Mondfinsternis
Die Intuition und die Gefühle sind verstärkt und können beim Quadrat oder der Opposition sehr spannungsgeladen sein. Entscheidungen in Beziehungsangelegenheiten sollten nicht übereilt werden. Die Neigung, verliebt in die Liebe zu sein, muss unter Kontrolle gehalten werden.

FINSTERNISASPEKTE ZU MARS ♂

Sonnenfinsternis
Ein Ansturm von psychologisch motivierter physischer und emotionaler Energie ergreift den Betreffenden, der vielleicht versucht ist, mutig und extrem zu handeln. Doch wenn man den Fluss unter Kontrolle hält und positiv ausdrückt, kann viel Gutes daraus erwachsen. Es besteht Unfallgefahr. Fehler, die Verletzungen nach sich ziehen, könnten langfristige Wirkungen haben.

Mondfinsternis
Der Betreffende handelt, wenn er emotional berührt ist. Plötzliche Entscheidungen könnten sich als schädlich erweisen.

FINSTERNISASPEKTE ZU JUPITER ♃

Sonnenfinsternis
Ein umwerfender Aspekt. Ein Studium oder ein neues Interesse, dem man nachgeht, ermöglicht eine neue Ebene der intellektuellen Entwicklung. Vielleicht gibt es unverhofften finanziellen Gewinn.

Mondfinsternis
Der Einfluss auf andere steigert die Beliebtheit, und die Früchte der eigenen Erfahrung, die man an andere weitergibt, werden gut aufgenommen.

FINSTERNISASPEKTE ZU SATURN ♆

Sonnenfinsternis
Es besteht die Möglichkeit einer Veränderung, die mehr Verantwortung mit sich bringt oder, wenn Saturn schwierig aspektiert ist, eine zusätzliche Last. Frustration oder Mangel an Selbstvertrauen können sich einstellen. Der Betreffende ist anfällig für Schmerzen.

Mondfinsternis
Eine etwas deprimierende Zeit. Nun sollte man konstruktiv und praktisch denken und sich auf langsamen Fortschritt einstellen.

FINSTERNISASPEKTE ZU URANUS ♅

Sonnenfinsternis
Unerwartete Ereignisse treiben den Betreffenden an. Man muss sich schnell entscheiden. Eine aufregende, aber stressige Zeit mit langfristigen Auswirkungen.

Mondfinsternis
Der emotionale Stress und die Spannung sind beträchtlich. Entscheidungen sind erforderlich und man sollte sich auf die Intuition stützen – für gewöhnlich mit guten Ergebnissen, sofern man nicht vorzeitig handelt.

FINSTERNISASPEKTE ZU NEPTUN ♆

Sonnenfinsternis
Sofern Neptun im Geburtshoroskop nicht schwierig gestellt ist, kann diese Finsternis eine tolle Wirkung haben. Schöpferkraft, Fantasie und Inspiration werden erblühen und man ist erfüllt.

Mondfinsternis
Vermehrte Liebesgefühle und das Bedürfnis, persönliche Opfer zu erbringen, erfassen den Betreffenden. Freunde müssen ihn dazu ermuntern, Logik beizubehalten. Wenn man sich dessen, was geschieht, voll bewusst ist, wird man in spiritueller oder kreativer Hinsicht fortschreiten.

FINSTERNISASPEKTE ZU PLUTO ♇

Sonnenfinsternis
In dieser Zeit nehmen viele Menschen die Lösung psychischer Probleme in Angriff. Auch hier werden die Finanzen zum Thema. Je nach Aspekt werden es Gewinne oder Verluste sein. Die Konjunktion kann für eine weise Investition stehen.

Mondfinsternis
Ein Gefühlsausbruch oder Streit reinigt die Atmosphäre, vielleicht etwas drastischer als beabsichtigt. Plutos Einfluss auf Anfänge und Beendigungen kann ungeachtet des Aspekts zum Tragen kommen.

FINSTERNISASPEKTE ZU CHIRON ⚷

Sonnenfinsternis
Jeder, der eine solche Eklipse erlebt hat, weiß am Ende sicher darüber Bescheid! All das, was mit Chiron zu tun hat, gerät nun in den Brennpunkt. Die Lern- und Heilungserfahrungen von Chiron werden vorrangig sein, und am Ende wird sich der Betreffende weiterentwickelt haben.

Mondfinsternis
Man wird mehr darüber reflektieren, wie man von saturnischen Beschränkungen zu uranischer Freiheit des Ausdrucks gelangt. In beiden Fällen wird man Lektionen lernen.

FINSTERNISASPEKTE ZUM MC (MC)

Sonnenfinsternis
Herausforderungen, Veränderungen, Beförderung oder Herabsetzung – all das kann passieren. Man muss in die Zukunft schauen und darf nicht verbittert werden.

Mondfinsternis
Unter diesem Einfluss kommt es zu Veränderungen, doch die Art, wie man auf die Situation, auf Vorgesetzte und Kollegen reagiert, wird das Ergebnis bestimmen.

5

ASTROLO

EPHEMERIDE
STERNZEIT
KURZEPHEMERIDE
CHIRON-EPHEMERIDE
FORMULARE FÜR GEBURTS-
HOROSKOP
- PROGRESSIONSHOROSKOP
- HALBSUMMEN
- HARMONICS
ZEITZONEN

GISCHE
TABELLEN

I

	1	2	3	4	5	6	7	8	9	10	11	12	13	14	15	16	17	18	19	20	21	22	23	24	25	26	27	28	29	30	31
☉	♑ 10.1	11.1	12.1	13.1	14.1	15.2	16.2	17.2	18.2	19.2	20.2	21.3	22.3	23.3	24.3	25.3	26.4	27.4	28.4	29.4	♒ 0.4	1.4	2.5	3.5	4.5	5.5	6.5	7.5	8.6	9.6	10.6
☽	♎ 7.7	20.8	♏ 3.4	15.8	28	♐ 10	22	♑ 3.9	15.7	27.6	♒ 9.5	21.4	♓ 3.4	15.5	27.8	♈ 10.3	23.1	♉ 6.3	19.8	♊ 3.9	18.5	♋ 3.4	18.6	♌ 4	19.3	♍ 4.3	18.9	♎ 3	16.6	29.8	♏ 12.5
☿	♑ 0.8	2.4	3.9	5.5	7.1	8.7	10.2	11.8	13.4	15	16.6	18.3	19.9	21.5	23.2	24.8	26.5	28.2	29.8	♒ 1.5	3.2	4.9	6.6	8.4	10.1	11.8	13.6	15.3	17.1	18.8	20.6
♀	♒ 23.2	24.4	25.5	26.7	27.9	29	♓ 0.2	1.3	2.5	3.6	4.8	5.9	7.1	8.2	9.4	10.5	11.6	12.7	13.9	15	16.1	17.2	18.3	19.4	20.5	21.6	22.7	23.8	24.9	26	27.1
♂	♒ 26.6	27.4	28.2	29	29.8	♓ 0.5	1.3	2.1	2.9	3.6	4.4	5.2	6	6.7	7.5	8.3	9.1	9.8	10.6	11.4	12.2	12.9	13.7	14.5	15.2	16	16.8	17.6	18.3	19.1	19.9

♃: 1 ♍ 18.9 · 6 18.9R · 11 18.8 · 16 18.7 · 21 18.4 · 26 18.1 · 31 17.8
♄: 1 ♍ 24.8 · 6 24.8R · 11 24.8 · 16 24.7 · 21 24.5 · 26 24.4 · 31 24.2
♅: 1 ♓ 2.8 · 11 3.2 · 21 3.7 · 31 4.2
♆: 1 ♌ 13.2R · 11 13 · 21 12.7 · 31 12.4
♇: 1 ♋ 7.8R · 11 7.6 · 21 7.4 · 31 7.2

II

	1	2	3	4	5	6	7	8	9	10	11	12	13	14	15	16	17	18	19	20	21	22	23	24	25	26	27	28	29	30	31
☉	♒ 11.6	12.6	13.6	14.7	15.7	16.7	17.7	18.7	19.7	20.7	21.7	22.8	23.8	24.8	25.8	26.8	27.8	28.8	29.8	♓ 0.8	1.8	2.8	3.8	4.9	5.9	6.9	7.9	8.9			
☽	♏ 24.9	♐ 7	19	♑ 0.9	12.7	24.6	♒ 6.5	18.4	♓ 0.5	12.6	24.9	♈ 7.3	20	♉ 2.8	16	29.5	♊ 13.3	27.6	♋ 12.2	27.1	♌ 12.2	27.3	♍ 12.2	26.8	♎ 11	24.7	♏ 8	20.8			
☿	♒ 22.3	24.1	25.8	27.6	29.3	♓ 1	2.6	4.3	5.9	7.4	8.9	10.2	11.6	12.8	13.9	14.9	15.7	16.5	17	17.4	17.7	17.8R	17.7	17.4	17	16.4	15.8	14.9			
♀	♓ 28.1	29.2	♈ 0.2	1.3	2.3	3.4	4.4	5.4	6.5	7.5	8.5	9.5	10.5	11.5	12.4	13.4	14.4	15.3	16.3	17.2	18.1	19	19.9	20.8	21.7	22.6	23.4	24.2			
♂	♓ 20.6	21.4	22.2	22.9	23.7	24.5	25.2	26	26.8	27.5	28.3	29.1	29.8	♈ 0.6	1.4	2.1	2.9	3.6	4.4	5.2	5.9	6.7	7.4	8.2	8.9	9.7	10.4	11.2			

♃: 1 ♍ 17.7R · 6 17.2 · 11 16.7 · 16 16.1 · 21 15.5 · 26 14.9
♄: 1 ♍ 24.1R · 6 23.9 · 11 23.6 · 16 23.3 · 21 22.9 · 26 22.5
♅: 1 ♓ 4.3 · 11 4.8 · 21 5.4
♆: 1 ♌ 12.4R · 11 12.1 · 21 11.8
♇: 1 ♋ 7.2R · 11 7.1 · 21 6.9

III

	1	2	3	4	5	6	7	8	9	10	11	12	13	14	15	16	17	18	19	20	21	22	23	24	25	26	27	28	29	30	31
☉	♓ 9.9	10.9	11.9	12.9	13.9	14.9	15.9	16.9	17.9	18.9	19.9	20.9	21.9	22.9	23.9	24.9	25.9	26.9	27.9	28.9	29.8	♈ 0.8	1.8	2.8	3.8	4.8	5.8	6.8	7.8	8.8	9.7
☽	♐ 3.3	15.5	27.5	♑ 9.4	21.2	♒ 3.1	15	27.1	♓ 9.3	21.7	♈ 4.2	16.9	29.9	♉ 13	26.3	♊ 9.9	23.8	♋ 7.9	22.2	♌ 6.8	21.4	♍ 6	20.5	♎ 4.8	18.9	♏ 2.5	15.8	28.6	♐ 11.2	23.5	♑ 5.5
☿	♓ 14.1R	13.1	12.1	11	10	9	8	7.1	6.3	5.6	5	4.5	4.1	3.8	3.6	3.5	3.5D	3.6	3.8	4.1	4.5	4.9	5.5	6.1	6.7	7.5	8.3	9.1	10	11	12
♀	♈ 25.1	25.9	26.7	27.5	28.2	29	29.7	♉ 0.4	1.1	1.8	2.5	3.1	3.7	4.3	4.9	5.5	6	6.5	7	7.4	7.8	8.2	8.6	8.9	9.2	9.5	9.7	9.9	10	10.2	10.2
♂	♈ 12	12.7	13.5	14.2	15	15.7	16.5	17.2	17.9	18.7	19.4	20.2	20.9	21.7	22.4	23.2	23.9	24.6	25.4	26.1	26.9	27.6	28.3	29.1	29.8	♉ 0.5	1.3	2	2.7	3.5	4.2

♃: 1 ♍ 14.5R · 6 13.9 · 11 13.2 · 16 12.6 · 21 12 · 26 11.4 · 31 10.8
♄: 1 ♍ 22.3R · 6 21.9 · 11 21.5 · 16 21.1 · 21 20.8 · 26 20.4 · 31 20
♅: 1 ♓ 5.9 · 11 6.4 · 21 7 · 31 7.5
♆: 1 ♌ 11.6R · 11 11.4 · 21 11.2 · 31 11.1
♇: 1 ♋ 6.9R · 11 6.8 · 21 6.8 · 31 6.8D

IV

	1	2	3	4	5	6	7	8	9	10	11	12	13	14	15	16	17	18	19	20	21	22	23	24	25	26	27	28	29	30	31
☉	♈ 10.7	11.7	12.7	13.7	14.7	15.7	16.6	17.6	18.6	19.6	20.6	21.5	22.5	23.5	24.5	25.5	26.4	27.4	28.4	29.4	♉ 0.3	1.3	2.3	3.3	4.2	5.2	6.2	7.2	8.1	9.1	
☽	♑ 17.5	29.3	♒ 11.2	23.2	♓ 5.3	17.7	♈ 0.3	13.1	26.1	♉ 9.5	23	♊ 6.7	20.7	♋ 4.7	18.9	♌ 3.1	17.3	♍ 1.6	15.7	29.8	♎ 13.6	27.3	♏ 10.6	23.7	♐ 6.5	19	♑ 1.3	13.4	25.3	♒ 7.2	
☿	♓ 13	14.1	15.2	16.4	17.6	18.8	20.1	21.4	22.7	24.1	25.5	26.9	28.4	29.9	♈ 1.4	2.9	4.5	6.1	7.7	9.4	11.1	12.8	14.5	16.3	18.1	19.9	21.7	23.6	25.5	27.5	
♀	♉ 10.3	10.3R	10.2	10.1	10	9.9	9.7	9.4	9.1	8.8	8.4	8	7.6	7.1	6.6	6.1	5.5	4.9	4.4	3.7	3.1	2.5	1.9	1.2	0.6	♈ 30	29.4	28.8	28.2	27.7	
♂	♉ 4.9	5.7	6.4	7.1	7.8	8.6	9.3	10	10.7	11.5	12.2	12.9	13.6	14.3	15.1	15.8	16.5	17.2	17.9	18.6	19.3	20.1	20.8	21.5	22.2	22.9	23.6	24.3	25	25.7	

♃: 1 ♍ 10.7R · 6 10.3 · 11 9.9 · 16 9.5 · 21 9.3 · 26 9.1
♄: 1 ♍ 19.9R · 6 19.6 · 11 19.3 · 16 19 · 21 18.7 · 26 18.5
♅: 1 ♓ 7.6 · 11 8.1 · 21 8.5
♆: 1 ♌ 11.1R · 11 11 · 21 11
♇: 1 ♋ 6.8 · 11 6.9 · 21 7

V

	1	2	3	4	5	6	7	8	9	10	11	12	13	14	15	16	17	18	19	20	21	22	23	24	25	26	27	28	29	30	31
☉	♉ 10.1	11	12	13	14	14.9	15.9	16.9	17.8	18.8	19.8	20.7	21.7	22.7	23.6	24.6	25.5	26.5	27.5	28.4	29.4	♊ 0.4	1.3	2.3	3.2	4.2	5.2	6.1	7.1	8	9
☽	♒ 19.1	♓ 1.1	13.3	25.7	♈ 8.4	21.4	♉ 4.8	18.4	♊ 2.4	16.6	♋ 1	15.4	29.8	♌ 14.1	28.3	♍ 12.3	26.1	♎ 9.8	23.2	♏ 6.4	19.4	♐ 2.2	14.8	27.2	♑ 9.4	21.4	♒ 3.3	15.2	27.1	♓ 9.1	21.2
☿	♈ 29.4	♉ 1.4	3.4	5.5	7.6	9.7	11.8	13.9	16.1	18.2	20.4	22.6	24.8	26.9	29.1	♊ 1.3	3.4	5.5	7.6	9.7	11.7	13.7	15.7	17.6	19.4	21.3	23	24.8	26.5	28.1	29.7
♀	♈ 27.2R	26.7	26.3	25.9	25.5	25.1	24.8	24.6	24.4	24.2	24	23.9	23.9	23.9	23.9D	23.9	24	24.2	24.3	24.5	24.8	25	25.3	25.7	26	26.4	26.9	27.3	27.8	28.3	28.8
♂	♉ 26.4	27.1	27.8	28.5	29.2	29.9	♊ 0.7	1.4	2	2.7	3.4	4.1	4.8	5.5	6.2	6.9	7.6	8.3	9	9.7	10.4	11.1	11.8	12.4	13.1	13.8	14.5	15.2	15.9	16.6	17.2

♃: 1 ♍ 9.0R · 6 8.9 · 11 9.0D · 16 9.1 · 21 9.3 · 26 9.5 · 31 9.9
♄: 1 ♍ 18.3R · 6 18.2 · 11 18.1 · 16 18 · 21 18.0D · 26 18 · 31 18.1
♅: 1 ♓ 8.9 · 11 9.2 · 21 9.4 · 31 9.6
♆: 1 ♌ 11 · 11 11.1 · 21 11.2 · 31 11.4
♇: 1 ♋ 7.1 · 11 7.3 · 21 7.5 · 31 7.7

VI

	1	2	3	4	5	6	7	8	9	10	11	12	13	14	15	16	17	18	19	20	21	22	23	24	25	26	27	28	29	30	31
☉	♊ 10	10.9	11.9	12.8	13.8	14.7	15.7	16.7	17.6	18.6	19.5	20.5	21.4	22.4	23.3	24.3	25.3	26.2	27.2	28.1	29.1	♋ 0	1	1.9	2.9	3.8	4.8	5.7	6.7	7.7	
☽	♈ 3.6	16.3	29.4	♉ 12.9	26.9	♊ 11.2	25.8	♋ 10.6	25.5	♌ 10.2	24.8	♍ 9.1	23	♎ 6.7	20.1	♏ 3.2	16	28.7	♐ 11.2	23.6	♑ 5.8	17.8	29.8	♒ 11.7	23.5	♓ 5.4	17.4	29.5	♈ 11.8	24.5	
☿	♋ 1.2	2.7	4.1	5.5	6.9	8.1	9.4	10.5	11.6	12.7	13.7	14.7	15.5	16.4	17.1	17.8	18.4	19	19.5	19.9	20.2	20.5	20.7	20.8	20.9	20.8R	20.7	20.5	20.3	19.9	
♀	♈ 29.3	29.9	♉ 0.5	1.1	1.7	2.4	3	3.7	4.4	5.1	5.9	6.6	7.4	8.1	8.9	9.7	10.5	11.4	12.2	13	13.9	14.8	15.6	16.5	17.4	18.3	19.2	20.2	21.1	22	
♂	♊ 17.9	18.6	19.3	20	20.7	21.3	22	22.7	23.4	24	24.7	25.4	26.1	26.7	27.4	28.1	28.8	29.4	♋ 0.1	0.8	1.4	2.1	2.8	3.4	4.1	4.8	5.4	6.1	6.8	7.4	

♃: 1 ♍ 9.9 · 6 10.3 · 11 10.8 · 16 11.3 · 21 11.9 · 26 12.6
♄: 1 ♍ 18.1 · 6 18.2 · 11 18.4 · 16 18.6 · 21 18.8 · 26 19.1
♅: 1 ♓ 9.6 · 11 9.6 · 21 9.6R
♆: 1 ♌ 11.4 · 11 11.6 · 21 11.9
♇: 1 ♋ 7.7 · 11 7.9 · 21 8.2

VII

	1	2	3	4	5	6	7	8	9	10	11	12	13	14	15	16	17	18	19	20	21	22	23	24	25	26	27	28	29	30	31
☉	♋ 8.6	9.6	10.5	11.5	12.4	13.4	14.3	15.3	16.2	17.2	18.1	19.1	20	21	22	22.9	23.9	24.8	25.8	26.7	27.7	28.6	29.6	♌ 0.5	1.5	2.5	3.4	4.4	5.3	6.3	7.2
☽	♉ 7.5	21.1	♊ 5.1	19.6	♋ 4.4	19.5	♌ 4.7	19.8	♍ 4.6	19.1	♎ 3.2	16.9	♏ 0.2	13.1	25.8	♐ 8.2	20.5	♑ 2.7	14.7	26.7	♒ 8.6	20.4	♓ 2.3	14.2	26.1	♈ 8.2	20.6	♉ 3.2	16.2	29.6	♊ 13.6
☿	♋ 19.6R	19.1	18.6	18.1	17.5	16.9	16.3	15.6	15	14.4	13.8	13.3	12.8	12.3	11.9	11.6	11.4	11.2	11.2	11.2D	11.3	11.5	11.8	12.2	12.7	13.3	14	14.8	15.7	16.7	17.8
♀	♉ 23	23.9	24.9	25.8	26.8	27.8	28.8	29.8	♊ 0.8	1.8	2.8	3.8	4.8	5.8	6.8	7.9	8.9	10	11	12	13.1	14.2	15.2	16.3	17.4	18.4	19.5	20.6	21.7	22.7	23.8
♂	♋ 8.1	8.8	9.4	10.1	10.7	11.4	12.1	12.7	13.4	14	14.7	15.4	16	16.7	17.3	18	18.6	19.3	20	20.6	21.3	21.9	22.6	23.2	23.9	24.5	25.2	25.8	26.5	27.1	27.8

♃: 1 ♍ 13.2 · 6 14 · 11 14.7 · 16 15.6 · 21 16.4 · 26 17.3 · 31 18.2
♄: 1 ♍ 19.4 · 6 19.7 · 11 20.1 · 16 20.5 · 21 20.9 · 26 21.4 · 31 21.9
♅: 1 ♓ 9.5R · 11 9.4 · 21 9.1 · 31 8.8
♆: 1 ♌ 12.2 · 11 12.5 · 21 12.9 · 31 13.2
♇: 1 ♋ 8.4 · 11 8.7 · 21 8.9 · 31 9.2

VIII

	1	2	3	4	5	6	7	8	9	10	11	12	13	14	15	16	17	18	19	20	21	22	23	24	25	26	27	28	29	30	31
☉	♌ 8.2	9.1	10.1	11.1	12	13	13.9	14.9	15.9	16.8	17.8	18.7	19.7	20.7	21.6	22.6	23.5	24.5	25.5	26.4	27.4	28.4	29.3	♍ 0.3	1.2	2.2	3.2	4.1	5.1	6.1	7
☽	♊ 28	♋ 12.8	28	♌ 13.3	28.5	♍ 13.6	28.3	♎ 12.5	26.3	♏ 9.7	22.6	♐ 5.2	17.6	29.7	♑ 11.8	23.7	♒ 5.6	17.5	29.3	♓ 11.2	23.2	♈ 5.3	17.5	29.9	♉ 12.6	25.6	♊ 9	22.8	♋ 7	21.6	♌ 6.6
☿	♋ 19	20.2	21.6	23	24.5	26.1	27.7	29.4	♌ 1.2	3	4.9	6.8	8.8	10.8	12.7	14.8	16.8	18.8	20.8	22.9	24.9	26.9	28.9	♍ 0.8	2.8	4.8	6.7	8.6	10.5	12.3	14.2
♀	♊ 24.9	26	27.1	28.2	29.3	♋ 0.4	1.5	2.7	3.8	4.9	6	7.1	8.3	9.4	10.5	11.7	12.8	13.9	15.1	16.2	17.4	18.5	19.7	20.8	22	23.1	24.3	25.4	26.6	27.8	28.9
♂	♋ 28.4	29.1	29.7	♌ 0.4	1	1.6	2.3	2.9	3.6	4.2	4.9	5.5	6.2	6.8	7.4	8.1	8.7	9.4	10	10.6	11.3	11.9	12.6	13.2	13.8	14.5	15.1	15.8	16.4	17	17.7

♃: 1 ♍ 18.4 · 6 19.4 · 11 20.3 · 16 21.3 · 21 22.3 · 26 23.4 · 31 24.4
♄: 1 ♍ 22 · 6 22.5 · 11 23.1 · 16 23.6 · 21 24.2 · 26 24.8 · 31 25.4
♅: 1 ♓ 8.8R · 11 8.4 · 21 8.1 · 31 7.7
♆: 1 ♌ 13.3 · 11 13.7 · 21 14 · 31 14.4
♇: 1 ♋ 9.2 · 11 9.4 · 21 9.6 · 31 9.7

IX

	1	2	3	4	5	6	7	8	9	10	11	12	13	14	15	16	17	18	19	20	21	22	23	24	25	26	27	28	29	30	31
☉	♍ 8	9	9.9	10.9	11.9	12.9	13.8	14.8	15.8	16.7	17.7	18.7	19.7	20.6	21.6	22.6	23.6	24.5	25.5	26.5	27.5	28.4	29.4	♎ 0.4	1.4	2.4	3.3	4.3	5.3	6.3	
☽	♌ 21.7	♍ 6.9	21.9	♎ 6.7	21	♏ 4.9	18.4	♐ 1.4	14.1	26.5	♑ 8.6	20.6	♒ 2.5	14.3	26.2	♓ 8.1	20.2	♈ 2.3	14.6	27	♉ 9.7	22.5	♊ 5.7	19.1	♋ 2.8	16.9	♌ 1.2	15.8	♍ 0.6	15.4	
☿	♍ 16	17.8	19.6	21.3	23.1	24.8	26.5	28.2	29.8	♎ 1.5	3.1	4.7	6.3	7.9	9.4	10.9	12.4	13.9	15.4	16.9	18.3	19.8	21.2	22.5	23.9	25.3	26.6	27.9	29.2	♏ 0.4	
♀	♌ 0.1	1.3	2.4	3.6	4.8	5.9	7.1	8.3	9.5	10.7	11.9	13	14.2	15.4	16.6	17.8	19	20.2	21.4	22.6	23.8	25	26.2	27.4	28.6	29.8	♍ 1	2.2	3.4	4.6	
♂	♌ 18.3	18.9	19.6	20.2	20.8	21.5	22.1	22.7	23.4	24	24.6	25.3	25.9	26.5	27.2	27.8	28.4	29.1	29.7	♍ 0.3	1	1.6	2.2	2.8	3.5	4.1	4.7	5.4	6	6.6	

♃: 1 ♍ 24.6 · 6 25.7 · 11 26.8 · 16 27.9 · 21 28.9 · 26 ♎ 0
♄: 1 ♍ 25.5 · 6 26.1 · 11 26.7 · 16 27.3 · 21 27.9 · 26 28.6
♅: 1 ♓ 7.6R · 11 7.2 · 21 6.9
♆: 1 ♌ 14.4 · 11 14.8 · 21 15.1
♇: 1 ♋ 9.8 · 11 9.9 · 21 10

X

	1	2	3	4	5	6	7	8	9	10	11	12	13	14	15	16	17	18	19	20	21	22	23	24	25	26	27	28	29	30	31
☉	♎ 7.3	8.3	9.2	10.2	11.2	12.2	13.2	14.2	15.2	16.1	17.1	18.1	19.1	20.1	21.1	22.1	23.1	24.1	25.1	26.1	27.1	28.1	29	♏ 0	1	2	3	4	5	6	7
☽	♎ 0.2	14.8	29.1	♏ 13	26.5	♐ 9.6	22.3	♑ 4.7	16.9	28.9	♒ 10.8	22.6	♓ 4.5	16.5	28.7	♈ 11	23.6	♉ 6.3	19.3	♊ 2.6	16	29.7	♋ 13.5	27.6	♌ 11.7	26	♍ 10.4	24.7	♎ 9	23.2	♏ 7.2
☿	♏ 1.7	2.9	4	5.2	6.3	7.4	8.4	9.4	10.4	11.3	12.1	12.9	13.6	14.3	14.9	15.4	15.8	16	16.2	16.3R	16.2	16	15.7	15.2	14.5	13.7	12.8	11.7	10.6	9.3	8
♀	♍ 5.9	7.1	8.3	9.5	10.7	11.9	13.2	14.4	15.6	16.8	18	19.3	20.5	21.7	23	24.2	25.4	26.6	27.9	29.1	♎ 0.3	1.6	2.8	4	5.3	6.5	7.8	9	10.2	11.5	12.7
♂	♍ 7.2	7.9	8.5	9.1	9.7	10.4	11	11.6	12.2	12.9	13.5	14.1	14.7	15.4	16	16.6	17.2	17.8	18.5	19.1	19.7	20.3	20.9	21.6	22.2	22.8	23.4	24	24.7	25.3	25.9

♃: 1 ♎ 1.1 · 6 2.2 · 11 3.2 · 16 4.3 · 21 5.4 · 26 6.4 · 31 7.4
♄: 1 ♍ 29.2 · 6 29.8 · 11 ♎ 0.4 · 16 1 · 21 1.6 · 26 2.2 · 31 2.7
♅: 1 ♓ 6.5R · 11 6.2 · 21 6 · 31 5.8
♆: 1 ♌ 15.3 · 11 15.6 · 21 15.7 · 31 15.9
♇: 1 ♋ 10 · 11 10.1R · 21 10 · 31 10

XI

	1	2	3	4	5	6	7	8	9	10	11	12	13	14	15	16	17	18	19	20	21	22	23	24	25	26	27	28	29	30	31
☉	♏ 8	9	10	11	12	13	14	15.1	16.1	17.1	18.1	19.1	20.1	21.1	22.1	23.1	24.1	25.1	26.1	27.1	28.1	29.2	♐ 0.2	1.2	2.2	3.2	4.2	5.2	6.2	7.3	
☽	♏ 20.9	♐ 4.4	17.4	♑ 0.2	12.6	24.8	♒ 6.8	18.7	♓ 0.6	12.5	24.5	♈ 6.7	19.2	♉ 2	15.1	28.5	♊ 12.2	26.1	♋ 10.2	24.4	♌ 8.6	22.8	♍ 6.9	20.9	♎ 4.9	18.8	♏ 2.5	16	29.4	♐ 12.6	
☿	♏ 6.7R	5.5	4.3	3.2	2.3	1.6	1	0.6	0.4	0.4D	0.6	1	1.5	2.1	2.9	3.8	4.8	5.9	7	8.3	9.5	10.8	12.2	13.6	15	16.4	17.9	19.4	20.9	22.4	
♀	♎ 14	15.2	16.4	17.7	18.9	20.2	21.4	22.7	23.9	25.2	26.4	27.7	28.9	♏ 0.2	1.4	2.7	3.9	5.2	6.4	7.7	8.9	10.2	11.4	12.7	13.9	15.2	16.4	17.7	18.9	20.2	
♂	♍ 26.5	27.1	27.7	28.4	29	29.6	♎ 0.2	0.8	1.4	2	2.7	3.3	3.9	4.5	5.1	5.7	6.3	6.9	7.5	8.2	8.8	9.4	10	10.6	11.2	11.8	12.4	13	13.6	14.2	

♃: 1 ♎ 7.6 · 6 8.6 · 11 9.6 · 16 10.5 · 21 11.4 · 26 12.3
♄: 1 ♎ 2.8 · 6 3.4 · 11 3.9 · 16 4.4 · 21 4.8 · 26 5.3
♅: 1 ♓ 5.8R · 11 5.7 · 21 5.7D
♆: 1 ♌ 15.9 · 11 16 · 21 16.0R
♇: 1 ♋ 10.0R · 11 9.9 · 21 9.7

XII

	1	2	3	4	5	6	7	8	9	10	11	12	13	14	15	16	17	18	19	20	21	22	23	24	25	26	27	28	29	30	31
☉	♐ 8.3	9.3	10.3	11.3	12.3	13.3	14.4	15.4	16.4	17.4	18.4	19.4	20.5	21.5	22.5	23.5	24.5	25.5	26.6	27.6	28.6	29.6	♑ 0.6	1.7	2.7	3.7	4.7	5.7	6.7	7.8	8.8
☽	♐ 25.5	♑ 8.1	20.5	♒ 2.7	14.7	26.5	♓ 8.3	20.2	♈ 2.2	14.4	26.9	♉ 9.8	23.1	♊ 6.8	20.9	♋ 5.3	19.9	♌ 4.5	19.1	♍ 3.6	17.8	♎ 1.8	15.6	29.1	♏ 12.5	25.6	♐ 8.6	21.4	♑ 4	16.5	28.7
☿	♏ 23.9	25.4	26.9	28.4	30	♐ 1.5	3.1	4.6	6.1	7.7	9.2	10.8	12.3	13.9	15.5	17	18.6	20.1	21.7	23.3	24.8	26.4	28	29.6	♑ 1.2	2.7	4.3	5.9	7.5	9.1	10.7
♀	♏ 21.4	22.7	24	25.2	26.5	27.7	29	♐ 0.2	1.5	2.7	4	5.3	6.5	7.8	9	10.3	11.5	12.8	14.1	15.3	16.6	17.8	19.1	20.3	21.6	22.9	24.1	25.4	26.6	27.9	29.1
♂	♎ 14.8	15.4	16	16.6	17.2	17.8	18.4	19	19.6	20.2	20.8	21.4	22	22.6	23.2	23.8	24.4	25	25.6	26.2	26.8	27.4	27.9	28.5	29.1	29.7	♏ 0.3	0.9	1.5	2.1	2.6

♃: 1 ♎ 13.1 · 6 13.9 · 11 14.7 · 16 15.4 · 21 16 · 26 16.6 · 31 17.1
♄: 1 ♎ 5.7 · 6 6 · 11 6.4 · 16 6.7 · 21 6.9 · 26 7.2 · 31 7.3
♅: 1 ♓ 5.8 · 11 6 · 21 6.2 · 31 6.6
♆: 1 ♌ 15.9R · 11 15.8 · 21 15.7 · 31 15.5
♇: 1 ♋ 9.6R · 11 9.4 · 21 9.2 · 31 9

I

	1	2	3	4	5	6	7	8	9	10	11	12	13	14	15	16	17	18	19	20	21	22	23	24	25	26	27	28	29	30	31
☉	♑ 9.8	10.8	11.8	12.9	13.9	14.9	15.9	16.9	18	19	20	21	22	23.1	24.1	25.1	26.1	27.1	28.1	29.2	♒ 0.2	1.2	2.2	3.2	4.3	5.3	6.3	7.3	8.3	9.3	10.
☽	♒ 10.8	22.7	♓ 4.6	16.3	28.2	♈ 10.1	22.3	♉ 4.7	17.6	♊ 0.9	14.7	28.9	♋ 13.6	28.5	♌ 13.6	28.6	♍ 13.5	28	♎ 12.2	26	♏ 9.5	22.7	♐ 5.6	18.3	♑ 0.8	13.1	25.3	♒ 7.4	19.3	♓ 1.2	13
☿	♑ 12.4	14	15.6	17.2	18.9	20.5	22.2	23.8	25.5	27.2	28.8	♒ 0.5	2.2	3.8	5.5	7.2	8.8	10.5	12.1	13.8	15.4	17	18.5	20	21.5	22.9	24.2	25.5	26.7	27.7	28.
♀	♑ 0.4	1.7	2.9	4.2	5.4	6.7	7.9	9.2	10.5	11.7	13	14.2	15.5	16.8	18	19.3	20.5	21.8	23	24.3	25.5	26.8	28.1	29.3	♒ 0.6	1.8	3.1	4.3	5.6	6.9	8.1
♂	♏ 3.2	3.8	4.4	5	5.5	6.1	6.7	7.3	7.8	8.4	9	9.6	10.1	10.7	11.3	11.8	12.4	13	13.5	14.1	14.6	15.2	15.8	16.3	16.9	17.4	18	18.5	19.1	19.6	20.

♃: 1 ♎ 17.2 · 6 17.7 · 11 18.1 · 16 18.4 · 21 18.6 · 26 18.8 · 31 18.9
♄: 1 ♎ 7.4 · 6 7.5 · 11 7.6 · 16 7.6 · 21 7.6R · 26 7.5 · 31 7.4
♅: 1 ♓ 6.6 · 11 7 · 21 7.5 · 31 8
♆: 1 ♌ 15.5R · 11 15.2 · 21 15 · 31 14.7
♇: 1 ♋ 9.0R · 11 8.8 · 21 8.6 · 31 8.4

II

	1	2	3	4	5	6	7	8	9	10	11	12	13	14	15	16	17	18	19	20	21	22	23	24	25	26	27	28	29	30	31
☉	♒ 11.4	12.4	13.4	14.4	15.4	16.4	17.4	18.5	19.5	20.5	21.5	22.5	23.5	24.5	25.5	26.5	27.6	28.6	29.6	♓ 0.6	1.6	2.6	3.6	4.6	5.6	6.6	7.6	8.6			
☽	♓ 24.8	♈ 6.6	18.5	♉ 0.7	13.1	25.8	♊ 9	22.7	♋ 6.9	21.5	♌ 6.5	21.7	♍ 7	22.2	♎ 7	21.5	♏ 5.6	19.2	♐ 2.4	15.3	27.9	♑ 10.2	22.4	♒ 4.4	16.3	28.1	♓ 10	21.8			
☿	♒ 29.5	♓ 0.2	0.7	1	1.2	1.2R	1	0.7	0.1	♒ 29.4	28.6	27.6	26.5	25.4	24.3	23.1	22	20.9	19.9	19	18.3	17.6	17	16.6	16.3	16.1	16	16.1D			
♀	♒ 9.4	10.6	11.9	13.1	14.4	15.6	16.9	18.2	19.4	20.7	21.9	23.2	24.4	25.7	26.9	28.2	29.4	♓ 0.7	1.9	3.2	4.4	5.7	6.9	8.2	9.4	10.7	11.9	13.2			
♂	♏ 20.7	21.2	21.8	22.3	22.9	23.4	23.9	24.5	25	25.5	26	26.6	27.1	27.6	28.1	28.6	29.1	29.7	♐ 0.2	0.7	1.2	1.7	2.2	2.7	3.2	3.6	4.1	4.6			

♃: 1 ♎ 18.9 · 6 18.9R · 11 18.8 · 16 18.6 · 21 18.4 · 26 18.1
♄: 1 ♎ 7.4R · 6 7.3 · 11 7.1 · 16 6.8 · 21 6.6 · 26 6.3
♅: 1 ♓ 8 · 11 8.6 · 21 9.1
♆: 1 ♌ 14.7R · 11 14.4 · 21 14.1
♇: 1 ♋ 8.4R · 11 8.2 · 21 8.1

III

	1	2	3	4	5	6	7	8	9	10	11	12	13	14	15	16	17	18	19	20	21	22	23	24	25	26	27	28	29	30	31
☉	♓ 9.6	10.6	11.6	12.6	13.6	14.6	15.6	16.6	17.6	18.6	49.6	20.6	21.6	22.6	23.6	24.6	25.6	26.6	27.6	28.6	29.6	♈ 0.6	1.6	2.6	3.6	4.6	5.6	6.5	7.5	8.5	9.5
☽	♈ 3.6	15.5	27.5	♉ 9.7	22.2	♊ 4.9	18	♋ 1.5	15.5	29.9	♌ 14.7	29.8	♍ 15	♎ 0.2	15.2	29.9	♏ 14.2	28	♐ 11.4	24.3	♑ 7	19.3	♒ 1.4	13.3	25.1	♓ 6.9	18.7	♈ 0.6	12.5	24.6	♉ 6.8
☿	♒ 16.2	16.5	16.8	17.2	17.7	18.3	19	19.7	20.5	21.3	22.2	23.1	24.1	25.2	26.2	27.3	28.5	29.7	♓ 0.9	2.2	3.4	4.7	6.1	7.5	8.8	10.3	11.7	13.2	14.7	16.2	17.
♀	♓ 14.4	15.7	16.9	18.2	19.4	20.7	21.9	23.2	24.4	25.7	26.9	28.2	29.4	♈ 0.7	1.9	3.2	4.4	5.6	6.9	8.1	9.4	10.6	11.9	13.1	14.3	15.6	16.8	18.1	19.3	20.5	21.
♂	♐ 5.1	5.6	6	6.5	7	7.5	7.9	8.4	8.8	9.3	9.7	10.2	10.6	11	11.5	11.9	12.3	12.7	13.2	13.6	14	14.4	14.8	15.2	15.6	15.9	16.3	16.7	17	17.4	17.

♃: 1 ♎ 17.8R · 6 17.4 · 11 16.9 · 16 16.4 · 21 15.8 · 26 15.2 · 31 14.6
♄: 1 ♎ 6.1R · 6 5.7 · 11 5.4 · 16 5 · 21 4.6 · 26 4.2 · 31 3.8
♅: 1 ♓ 9.6 · 11 10.2 · 21 10.7 · 31 11.3
♆: 1 ♌ 13.9R · 11 13.7 · 21 13.5 · 31 13.3
♇: 1 ♋ 8.0R · 11 8 · 21 7.9 · 31 8.0D

IV

	1	2	3	4	5	6	7	8	9	10	11	12	13	14	15	16	17	18	19	20	21	22	23	24	25	26	27	28	29	30	31
☉	♈ 10.5	11.5	12.5	13.4	14.4	15.4	16.4	17.4	18.4	19.3	20.3	21.3	22.3	23.3	24.2	25.2	26.2	27.2	28.2	29.1	♉ 0.1	1.1	2.1	3	4	5	6	6.9	7.9	8.9	
☽	♉ 19.2	♊ 1.9	14.7	27.9	♋ 11.4	25.2	♌ 9.3	23.8	♍ 8.5	23.4	♎ 8.3	23.2	♏ 7.8	22.2	♐ 6.1	19.6	♑ 2.7	15.4	27.7	♒ 9.8	21.8	♓ 3.6	15.4	27.2	♈ 9.2	21.3	♉ 3.5	16	28.8	♊ 11.7	
☿	♓ 19.3	20.9	22.5	24.2	25.9	27.5	29.3	♈ 1	2.8	4.6	6.4	8.2	10.1	12	13.9	15.8	17.8	19.8	21.8	23.8	25.9	28	♉ 0.1	2.2	4.3	6.5	8.6	10.8	12.9	15	
♀	♈ 23	24.3	25.5	26.7	28	29.2	♉ 0.4	1.7	2.9	4.1	5.4	6.6	7.8	9.1	10.3	11.5	12.8	14	15.2	16.5	17.7	18.9	20.1	21.4	22.6	23.8	25	26.3	27.5	28.7	
♂	♐ 18.1	18.4	18.8	19.1	19.4	19.7	20.1	20.4	20.7	20.9	21.2	21.5	21.8	22	22.3	22.5	22.7	22.9	23.2	23.4	23.6	23.7	23.9	24.1	24.2	24.4	24.5	24.6	24.8	24.9	

♃: 1 ♎ 14.5R · 6 13.8 · 11 13.2 · 16 12.6 · 21 11.9 · 26 11.4
♄: 1 ♎ 3.8R · 6 3.4 · 11 3 · 16 2.7 · 21 2.3 · 26 2
♅: 1 ♓ 11.3 · 11 11.8 · 21 12.3
♆: 1 ♌ 13.3R · 11 13.2 · 21 13.2
♇: 1 ♋ 8 · 11 8 · 21 8.1

V

	1	2	3	4	5	6	7	8	9	10	11	12	13	14	15	16	17	18	19	20	21	22	23	24	25	26	27	28	29	30	31
☉	♉ 9.8	10.8	11.8	12.8	13.7	14.7	15.7	16.6	17.6	18.6	19.5	20.5	21.5	22.4	23.4	24.3	25.3	26.3	27.2	28.2	29.2	♊ 0.1	1.1	2	3	4	4.9	5.9	6.8	7.8	8.8
☽	♊ 24.9	♋ 8.3	21.9	♌ 5.7	19.8	♍ 4	18.3	♎ 2.8	17.3	♏ 1.8	16.1	♐ 0.3	14.1	27.6	♑ 10.7	23.4	♒ 5.8	17.9	29.8	♓ 11.7	23.5	♈ 5.4	17.4	29.6	♉ 12.1	24.9	♊ 7.9	21.3	♋ 4.9	18.6	♌ 2.6
☿	♉ 17.2	19.3	21.4	23.4	25.5	27.5	29.4	♊ 1.4	3.2	5.1	6.8	8.6	10.2	11.8	13.4	14.9	16.3	17.7	19	20.2	21.4	22.5	23.6	24.6	25.5	26.3	27.1	27.8	28.5	29	29.5
♀	♉ 29.9	♊ 1.2	2.4	3.6	4.8	6.1	7.3	8.5	9.7	10.9	12.2	13.4	14.6	15.8	17	18.2	19.5	20.7	21.9	23.1	24.3	25.5	26.7	27.9	29.2	♋ 0.4	1.6	2.8	4	5.2	6.4
♂	♐ 25	25	25.1	25.2	25.2	25.2	25.3	25.3	25.3R	25.2	25.2	25.2	25.1	25.1	25	24.9	24.8	24.7	24.5	24.4	24.2	24.1	23.9	23.7	23.5	23.3	23.1	22.8	22.6	22.4	22.

♃: 1 ♎ 10.9R · 6 10.4 · 11 10 · 16 9.6 · 21 9.4 · 26 9.2 · 31 9
♄: 1 ♎ 1.7R · 6 1.5 · 11 1.3 · 16 1.1 · 21 1 · 26 0.9 · 31 0.8
♅: 1 ♓ 12.7 · 11 13 · 21 13.3 · 31 13.5
♆: 1 ♌ 13.2 · 11 13.2 · 21 13.4 · 31 13.5
♇: 1 ♋ 8.2 · 11 8.4 · 21 8.6 · 31 8.8

VI

	1	2	3	4	5	6	7	8	9	10	11	12	13	14	15	16	17	18	19	20	21	22	23	24	25	26	27	28	29	30	31
☉	♊ 9.7	10.7	11.6	12.6	13.6	14.5	15.5	16.4	17.4	18.3	19.3	20.2	21.2	22.2	23.1	24.1	25	26	26.9	27.9	28.8	29.8	♋ 0.7	1.7	2.7	3.6	4.6	5.5	6.5	7.4	
☽	♌ 16.6	♍ 0.7	14.8	29	♎ 13.1	27.2	♏ 11.3	25.2	♐ 9	22.5	♑ 5.8	18.7	♒ 1.3	13.7	25.8	♓ 7.7	19.6	♈ 1.4	13.3	25.3	♉ 7.7	20.3	♊ 3.3	16.6	♋ 0.3	14.3	28.5	♌ 12.9	27.2	♍ 11.6	
☿	♊ 30	♋ 0.3	0.6	0.7	0.9	0.9R	0.9	0.7	0.6	0.3	♊ 30	29.6	29.2	28.7	28.2	27.7	27.1	26.5	26	25.4	24.9	24.3	23.9	23.4	23.1	22.7	22.5	22.3	22.2	22.1D	
♀	♋ 7.6	8.8	10	11.2	12.4	13.6	14.8	16	17.2	18.4	19.6	20.8	22	23.2	24.4	25.6	26.8	28	29.2	♌ 0.4	1.6	2.8	4	5.1	6.3	7.5	8.7	9.9	11.1	12.2	
♂	♐ 21.8R	21.5	21.2	21	20.7	20.3	20	19.7	19.4	19.1	18.7	18.4	18.1	17.8	17.4	17.1	16.8	16.5	16.1	15.8	15.5	15.2	14.9	14.6	14.4	14.1	13.8	13.6	13.3	13.1	

♃: 1 ♎ 9.0R · 6 9 · 11 9.0D · 16 9.1 · 21 9.3 · 26 9.5
♄: 1 ♎ 0.8R · 6 0.8D · 11 0.9 · 16 1 · 21 1.1 · 26 1.2
♅: 1 ♓ 13.5 · 11 13.6 · 21 13.6R
♆: 1 ♌ 13.6 · 11 13.8 · 21 14
♇: 1 ♋ 8.8 · 11 9.1 · 21 9.3

VII

	1	2	3	4	5	6	7	8	9	10	11	12	13	14	15	16	17	18	19	20	21	22	23	24	25	26	27	28	29	30	31
☉	♋ 8.4	9.3	10.3	11.2	12.2	13.1	14.1	15.1	16	17	17.9	18.9	19.8	20.8	21.7	22.7	23.6	24.6	25.5	26.5	27.5	28.4	29.4	♌ 0.3	1.3	2.2	3.2	4.1	5.1	6	7
☽	♍ 25.8	♎ 9.9	23.9	♏ 7.8	21.5	♐ 5	18.4	♑ 1.5	14.5	27.1	♒ 9.6	21.8	♓ 3.9	15.7	27.5	♈ 9.4	21.2	♉ 3.3	15.6	28.3	♊ 11.4	24.9	♋ 8.8	23.1	♌ 7.7	22.4	♍ 7.2	21.8	♎ 6.4	20.6	♏ 4.7
☿	♊ 22.2	22.3	22.5	22.8	23.2	23.6	24.2	24.8	25.5	26.3	27.1	28.1	29.1	♋ 0.2	1.4	2.6	4	5.3	6.8	8.4	10	11.6	13.4	15.1	17	18.9	20.8	22.8	24.8	26.8	28.9
♀	♌ 13.4	14.6	15.8	17	18.1	19.3	20.5	21.7	22.8	24	25.2	26.4	27.5	28.7	29.8	♍ 1	2.2	3.3	4.5	5.7	6.8	8	9.1	10.3	11.4	12.6	13.7	14.9	16	17.1	18.3
♂	♐ 12.9R	12.7	12.5	12.3	12.1	12	11.8	11.7	11.6	11.4	11.4	11.3	11.2	11.2	11.1	11.1	11.1	11.1D	11.1	11.2	11.2	11.3	11.3	11.4	11.5	11.7	11.8	11.9	12.1	12.2	12.4

♃: 1 ♎ 9.9 · 6 10.3 · 11 10.7 · 16 11.2 · 21 11.8 · 26 12.4 · 31 13.1
♄: 1 ♎ 1.5 · 6 1.7 · 11 2 · 16 2.3 · 21 2.6 · 26 3 · 31 3.4
♅: 1 ♓ 13.5R · 11 13.4 · 21 13.2 · 31 12.9
♆: 1 ♌ 14.3 · 11 14.7 · 21 15 · 31 15.4
♇: 1 ♋ 9.5 · 11 9.8 · 21 10 · 31 10.3

VIII

	1	2	3	4	5	6	7	8	9	10	11	12	13	14	15	16	17	18	19	20	21	22	23	24	25	26	27	28	29	30	31
☉	♌ 8	8.9	9.9	10.8	11.8	12.7	13.7	14.7	15.6	16.6	17.5	18.5	19.5	20.4	21.4	22.3	23.3	24.3	25.2	26.2	27.2	28.1	29.1	♍ 0	1	2	2.9	3.9	4.9	5.8	6.8
☽	♏ 18.4	♐ 1.9	15.2	28.2	♑ 11	23.6	♒ 6	18.2	♓ 0.3	12.2	24.1	♈ 5.8	17.6	29.5	♉ 11.6	23.9	♊ 6.5	19.6	♋ 3	17	♌ 1.4	16.1	♍ 1.1	16.2	♎ 1.2	16	♏ 0.6	14.8	28.6	♐ 12.1	25.2
☿	♌ 0.9	3	5.1	7.2	9.3	11.4	13.4	15.5	17.5	19.5	21.5	23.5	25.5	27.4	29.3	♍ 1.2	3.1	4.9	6.7	8.5	10.3	12	13.7	15.4	17.1	18.8	20.4	22	23.6	25.2	26.7
♀	♍ 19.4	20.6	21.7	22.8	23.9	25.1	26.2	27.3	28.4	29.6	♎ 0.7	1.8	2.9	4	5.1	6.2	7.3	8.4	9.5	10.6	11.7	12.8	13.9	15	16	17.1	18.2	19.2	20.3	21.4	22.4
♂	♐ 12.6	12.8	13	13.3	13.5	13.7	14	14.3	14.6	14.9	15.2	15.5	15.8	16.1	16.5	16.8	17.2	17.5	17.9	18.3	18.7	19.1	19.5	19.9	20.4	20.8	21.2	21.7	22.1	22.6	23.1

♃: 1 ♎ 13.2 · 6 13.9 · 11 14.7 · 16 15.5 · 21 16.4 · 26 17.3 · 31 18.2
♄: 1 ♎ 3.5 · 6 4 · 11 4.4 · 16 4.9 · 21 5.5 · 26 6 · 31 6.5
♅: 1 ♓ 12.9R · 11 12.6 · 21 12.2 · 31 11.8
♆: 1 ♌ 15.4 · 11 15.8 · 21 16.1 · 31 16.5
♇: 1 ♋ 10.3 · 11 10.5 · 21 10.7 · 31 10.9

IX

	1	2	3	4	5	6	7	8	9	10	11	12	13	14	15	16	17	18	19	20	21	22	23	24	25	26	27	28	29	30	31
☉	♍ 7.8	8.7	9.7	10.7	11.6	12.6	13.6	14.6	15.5	16.5	17.5	18.4	19.4	20.4	21.4	22.3	23.3	24.3	25.3	26.2	27.2	28.2	29.2	♎ 0.2	1.1	2.1	3.1	4.1	5.1	6	
☽	♑ 8	20.6	♒ 3	15.1	27.2	♓ 9.1	20.9	♈ 2.7	14.5	26.3	♉ 8.3	20.4	♊ 2.7	15.3	28.2	♋ 11.6	25.4	♌ 9.7	24.3	♍ 9.3	24.5	♎ 9.7	24.7	♏ 9.6	24	♐ 8	21.6	♑ 4.7	17.5	30	
☿	♍ 28.2	29.7	♎ 1.2	2.7	4.1	5.5	6.9	8.3	9.6	11	12.2	13.5	14.8	16	17.2	18.3	19.4	20.5	21.6	22.6	23.5	24.4	25.3	26.1	26.9	27.6	28.2	28.8	29.2	29.6	
♀	♎ 23.5	24.5	25.6	26.6	27.6	28.7	29.7	♏ 0.7	1.7	2.7	3.7	4.7	5.7	6.7	7.7	8.7	9.6	10.6	11.6	12.5	13.4	14.4	15.3	16.2	17.1	18	18.9	19.8	20.6	21.5	
♂	♐ 23.5	24	24.5	25	25.5	26	26.5	27	27.6	28.1	28.6	29.2	29.7	♑ 0.3	0.8	1.4	1.9	2.5	3.1	3.7	4.2	4.8	5.4	6	6.6	7.2	7.8	8.4	9	9.7	

♃: 1 ♎ 18.4 · 6 19.3 · 11 20.3 · 16 21.3 · 21 22.3 · 26 23.4
♄: 1 ♎ 6.7 · 6 7.2 · 11 7.8 · 16 8.4 · 21 9 · 26 9.6
♅: 1 ♓ 11.8R · 11 11.4 · 21 11
♆: 1 ♌ 16.5 · 11 16.9 · 21 17.2
♇: 1 ♋ 10.9 · 11 11 · 21 11.1

X

	1	2	3	4	5	6	7	8	9	10	11	12	13	14	15	16	17	18	19	20	21	22	23	24	25	26	27	28	29	30	31
☉	♎ 7	8	9	10	11	12	12.9	13.9	14.9	15.9	16.9	17.9	18.9	19.9	20.9	21.8	22.8	23.8	24.8	25.8	26.8	27.8	28.8	29.8	♏ 0.8	1.8	2.8	3.8	4.8	5.8	6.8
☽	♒ 12.2	24.2	♓ 6.1	17.9	29.7	♈ 11.5	23.4	♉ 5.3	17.4	29.6	♊ 12	24.7	♋ 7.7	20.9	♌ 4.6	18.6	♍ 3	17.7	♎ 2.7	17.8	♏ 2.9	17.8	♐ 2.3	16.5	♑ 0.3	13.5	26.3	♒ 8.8	21	♓ 2.9	14.7
☿	♎ 29.9	♏ 0.1	0.2	0.2R	0	♎ 29.7	29.3	28.8	28.1	27.3	26.4	25.3	24.2	23	21.8	20.6	19.4	18.3	17.3	16.5	15.7	15.2	14.8	14.7	14.7D	14.9	15.3	15.8	16.5	17.3	18.3
♀	♏ 22.3	23.2	24	24.8	25.6	26.4	27.1	27.9	28.6	29.3	♐ 0	0.7	1.4	2	2.7	3.3	3.9	4.4	5	5.5	6	6.5	6.9	7.3	7.7	8.1	8.4	8.7	9	9.2	9.4
♂	♑ 10.3	10.9	11.5	12.2	12.8	13.4	14.1	14.7	15.4	16	16.7	17.3	18	18.6	19.3	19.9	20.6	21.3	22	22.6	23.3	24	24.7	25.3	26	26.7	27.4	28.1	28.8	29.5	♒ 0.2

♃: 1 ♎ 24.4 · 6 25.5 · 11 26.6 · 16 27.7 · 21 28.7 · 26 29.8 · 31 ♏ 0.9
♄: 1 ♎ 10.2 · 6 10.8 · 11 11.5 · 16 12.1 · 21 12.7 · 26 13.3 · 31 13.9
♅: 1 ♓ 10.6R · 11 10.3 · 21 10 · 31 9.8
♆: 1 ♌ 17.5 · 11 17.7 · 21 17.9 · 31 18.1
♇: 1 ♋ 11.2 · 11 11.2 · 21 11.2R · 31 11.2

XI

	1	2	3	4	5	6	7	8	9	10	11	12	13	14	15	16	17	18	19	20	21	22	23	24	25	26	27	28	29	30	31
☉	♏ 7.8	8.8	9.8	10.8	11.8	12.8	13.8	14.8	15.8	16.8	17.8	18.8	19.8	20.8	21.8	22.9	23.9	24.9	25.9	26.9	27.9	28.9	29.9	♐ 0.9	1.9	3	4	5	6	7	
☽	♓ 26.5	♈ 8.3	20.2	♉ 2.2	14.3	26.6	♊ 9.1	21.8	♋ 4.6	17.7	♌ 1.1	14.6	28.5	♍ 12.6	27	♎ 11.6	26.3	♏ 11.1	25.8	♐ 10.3	24.5	♑ 8.2	21.6	♒ 4.5	17	29.2	♓ 11.1	23	♈ 4.7	16.6	
☿	♎ 19.3	20.5	21.7	23	24.3	25.7	27.1	28.6	♏ 0.1	1.6	3.2	4.7	6.3	7.9	9.4	11	12.6	14.2	15.8	17.4	19	20.6	22.2	23.7	25.3	26.9	28.5	♐ 0.1	1.6	3.2	
♀	♐ 9.6	9.7	9.8	9.8	9.8R	9.8	9.7	9.6	9.4	9.2	9	8.7	8.4	8.1	7.7	7.3	6.8	6.3	5.8	5.3	4.7	4.1	3.5	2.9	2.3	1.7	1.1	0.5	♏ 29.9	29.4	
♂	♒ 0.9	1.6	2.3	3	3.7	4.4	5.1	5.8	6.5	7.2	7.9	8.6	9.3	10	10.7	11.5	12.2	12.9	13.6	14.3	15.1	15.8	16.5	17.2	17.9	18.7	19.4	20.1	20.8	21.6	

♃: 1 ♏ 1.1 · 6 2.2 · 11 3.3 · 16 4.4 · 21 5.4 · 26 6.5
♄: 1 ♎ 14 · 6 14.6 · 11 15.1 · 16 15.7 · 21 16.2 · 26 16.7
♅: 1 ♓ 9.8R · 11 9.7 · 21 9.7D
♆: 1 ♌ 18.1 · 11 18.2 · 21 18.2R
♇: 1 ♋ 11.1R · 11 11.1 · 21 10.9

XII

	1	2	3	4	5	6	7	8	9	10	11	12	13	14	15	16	17	18	19	20	21	22	23	24	25	26	27	28	29	30	31
☉	♐ 8	9	10	11.1	12.1	13.1	14.1	15.1	16.1	17.2	18.2	19.2	20.2	21.2	22.2	23.3	24.3	25.3	26.3	27.3	28.3	29.4	♑ 0.4	1.4	2.4	3.4	4.5	5.5	6.5	7.5	8.5
☽	♈ 28.5	♉ 10.6	22.9	♊ 5.5	18.3	♋ 1.3	14.6	28	♌ 11.6	25.3	♍ 9.2	23.2	♎ 7.3	21.5	♏ 5.8	20.2	♐ 4.5	18.6	♑ 2.5	16.1	29.4	♒ 12.2	24.8	♓ 7	19	♈ 0.8	12.6	24.4	♉ 6.4	18.6	♊ 1
☿	♐ 4.8	6.4	7.9	9.5	11.1	12.7	14.2	15.8	17.4	18.9	20.5	22.1	23.7	25.2	26.8	28.4	30	♑ 1.6	3.2	4.7	6.3	7.9	9.5	11.1	12.7	14.3	15.9	17.5	19.1	20.7	22.3
♀	♏ 28.8R	28.3	27.8	27.3	26.8	26.4	26.1	25.7	25.4	25.2	25	24.8	24.6	24.6	24.5	24.5D	24.5	24.6	24.7	24.9	25	25.3	25.5	25.8	26.1	26.5	26.9	27.3	27.8	28.2	28.7
♂	♒ 22.3	23	23.8	24.5	25.2	26	26.7	27.4	28.1	28.9	29.6	♓ 0.3	1.1	1.8	2.5	3.3	4	4.7	5.5	6.2	7	7.7	8.4	9.2	9.9	10.6	11.4	12.1	12.8	13.6	14.3

♃: 1 ♏ 7.5 · 6 8.5 · 11 9.5 · 16 10.4 · 21 11.3 · 26 12.2 · 31 13.1
♄: 1 ♎ 17.1 · 6 17.6 · 11 18 · 16 18.4 · 21 18.7 · 26 19.1 · 31 19.3
♅: 1 ♓ 9.7 · 11 9.9 · 21 10.1 · 31 10.4
♆: 1 ♌ 18.2R · 11 18.1 · 21 17.9 · 31 17.8
♇: 1 ♋ 10.8R · 11 10.6 · 21 10.4 · 31 10.2

I

	1	2	3	4	5	6	7	8	9	10	11	12	13	14	15	16	17	18	19	20	21	22	23	24	25	26	27	28	29	30	31
☉	♑ 9.6	10.6	11.6	12.6	13.6	14.7	15.7	16.7	17.7	18.7	19.8	20.8	21.8	22.8	23.8	24.8	25.9	26.9	27.9	28.9	29.9	♒ 1	2	3	4	5	6	7.1	8.1	9.1	10.1
☽	♊ 13.8	26.9	♋ 10.3	23.9	♌ 7.8	21.8	♍ 5.9	20	♎ 4.1	18.2	♏ 2.3	16.3	♐ 0.2	14.1	27.8	♑ 11.3	24.5	♒ 7.5	20.2	♓ 2.6	14.8	26.7	♈ 8.6	20.4	♉ 2.2	14.2	26.3	♊ 8.8	21.6	♋ 4.8	18.4
☿	♑ 23.9	25.4	27	28.5	♒ 0	1.5	3	4.4	5.8	7.1	8.4	9.6	10.7	11.7	12.6	13.4	14	14.5	14.9	15	14.9R	14.7	14.3	13.6	12.8	11.9	10.8	9.7	8.4	7.2	5.9
♀	♏ 29.3	29.8	♐ 0.4	1	1.6	2.3	2.9	3.6	4.3	5.1	5.8	6.5	7.3	8.1	8.9	9.7	10.6	11.4	12.3	13.1	14	14.9	15.8	16.7	17.6	18.6	19.5	20.5	21.4	22.4	23.4
♂	♓ 15	15.8	16.5	17.2	18	18.7	19.4	20.2	20.9	21.6	22.4	23.1	23.8	24.6	25.3	26	26.8	27.5	28.2	29	29.7	♈ 0.4	1.2	1.9	2.6	3.4	4.1	4.8	5.5	6.3	7

	1	6	11	16	21	26	31
♃	♏ 13.2	14	14.8	15.5	16.1	16.7	17.2
♄	♎ 19.4	19.6	19.8	19.9	20	20.1	20.1R

	1	11	21	31
♅	♓ 10.4	10.8	11.2	11.7
♆	♌ 17.7R	17.5	17.3	17
♇	♋ 10.2R	10	9.8	9.6

	1	2	3	4	5	6	7	8	9	10	11	12	13	14	15	16	17	18	19	20	21	22	23	24	25	26	27	28	29	30	31
☉	♑ 9.3	10.3	11.3	12.4	13.4	14.4	15.4	16.4	17.5	18.5	19.5	20.5	21.5	22.6	23.6	24.6	25.6	26.6	27.7	28.7	29.7	♒ 0.7	1.7	2.7	3.8	4.8	5.8	6.8	7.8	8.8	9.9
☽	♎ 23.8	♏ 8.2	22.7	♐ 7.5	22.4	♑ 7.1	21.7	♒ 5.9	19.8	♓ 3.2	16.2	28.8	♈ 11.1	23.1	♉ 5.1	16.9	28.8	♊ 10.7	22.8	♋ 5.1	17.6	♌ 0.2	13.1	26.2	♍ 9.5	23	♎ 6.7	20.6	♏ 4.6	18.8	♐ 3
☿	♑ 28.1	28.5	28.8	29	28.9R	28.6	28.2	27.5	26.7	25.6	24.5	23.3	22	20.6	19.3	18.1	16.9	15.9	15	14.3	13.7	13.2	13	12.8	12.8D	13	13.2	13.6	14	14.6	15.2
♀	♒ 7	8.3	9.5	10.8	12	13.2	14.5	15.7	17	18.2	19.4	20.7	21.9	23.1	24.4	25.6	26.8	28.1	29.3	♓ 0.5	1.8	3	4.2	5.5	6.7	7.9	9.1	10.4	11.6	12.8	14
♂	♏ 17.9	18.6	19.2	19.9	20.5	21.1	21.8	22.4	23.1	23.7	24.4	25	25.6	26.3	26.9	27.6	28.2	28.9	29.5	♐ 0.1	0.8	1.4	2.1	2.7	3.3	4	4.6	5.3	5.9	6.6	7.2

	1	6	11	16	21	26	31
♃	♐ 8.1	9.1	10.1	11.1	12	12.9	13.8
♄	♏ 0.9	1.2	1.5	1.7	2	2.1	2.2

	1	11	21	31
♅	♓ 14.2	14.6	15	15.5
♆	♌ 20.0R	19.8	19.5	19.3
♇	♋ 11.4R	11.2	11	10.8

II

	1	2	3	4	5	6	7	8	9	10	11	12	13	14	15	16	17	18	19	20	21	22	23	24	25	26	27	28	29	30	31
☉	♒ 11.1	12.1	13.1	14.2	15.2	16.2	17.2	18.2	19.2	20.2	21.3	22.3	23.3	24.3	25.3	26.3	27.3	28.3	29.3	♓ 0.3	1.3	2.4	3.4	4.4	5.4	6.4	7.4	8.4			
☽	♌ 2.4	16.6	♍ 1.1	15.6	♎ 0.2	14.7	29	♏ 13.2	27.1	♐ 10.9	24.4	♑ 7.6	20.7	♒ 3.6	16.2	28.6	♓ 10.8	22.9	♈ 4.8	16.6	28.4	♉ 10.2	22.2	♊ 4.3	16.7	29.5	♋ 12.6	26.2			
☿	♒ 4.7R	3.6	2.6	1.7	1	0.3	♑ 29.8	29.5	29.3	29.2	29.2D	29.4	29.6	♒ 0	0.5	1	1.6	2.3	3.1	3.9	4.8	5.7	6.7	7.7	8.7	9.8	11	12.1			
♀	♐ 24.4	25.4	26.4	27.4	28.4	29.4	♑ 0.4	1.4	2.5	3.5	4.6	5.6	6.7	7.7	8.8	9.9	10.9	12	13.1	14.2	15.3	16.4	17.5	18.6	19.7	20.8	21.9	23			
♂	♈ 7.7	8.4	9.2	9.9	10.6	11.3	12.1	12.8	13.5	14.2	15	15.7	16.4	17.1	17.8	18.6	19.3	20	20.7	21.4	22.1	22.9	23.6	24.3	25	25.7	26.4	27.1			

	1	6	11	16	21	26	31
♃	♏ 17.3	17.8	18.1	18.5	18.7	18.8	
♄	♎ 20.1R	20.1	20	19.9	19.7	19.5	

	1	11	21	31
♅	♓ 11.8	12.3	12.9	
♆	♌ 17.0R	16.7	16.4	
♇	♋ 9.6R	9.4	9.3	

	1	2	3	4	5	6	7	8	9	10	11	12	13	14	15	16	17	18	19	20	21	22	23	24	25	26	27	28	29	30	31
☉	♒ 10.9	11.9	12.9	13.9	14.9	15.9	17	18	19	20	21	22	23	24	25	26.1	27.1	28.1	29.1	♓ 0.1	1.1	2.1	3.1	4.1	5.1	6.1	7.1	8.1	9.1		
☽	♐ 17.4	♑ 1.8	16	♒ 0.2	14.1	27.7	♓ 10.9	23.9	♈ 6.5	18.8	♉ 0.9	12.9	24.8	♊ 6.7	18.6	♋ 0.7	13.1	25.7	♌ 8.5	21.7	♍ 5.2	19	♎ 3	17.1	♏ 1.3	15.6	29.8	♐ 14	28.1		
☿	♑ 16	16.7	17.6	18.5	19.5	20.5	21.5	22.6	23.7	24.9	26.1	27.3	28.6	29.8	♒ 1.1	2.5	3.8	5.2	6.6	8	9.4	10.8	12.3	13.8	15.3	16.8	18.4	19.9	21.5		
♀	♓ 15.2	16.5	17.7	18.9	20.1	21.3	22.5	23.8	25	26.2	27.4	28.6	29.8	♈ 1	2.2	3.4	4.6	5.8	7	8.2	9.4	10.6	11.8	13	14.2	15.3	16.5	17.7	18.9		
♂	♐ 7.8	8.5	9.1	9.8	10.4	11	11.7	12.3	13	13.6	14.2	14.9	15.5	16.2	16.8	17.4	18.1	18.7	19.3	20	20.6	21.3	21.9	22.5	23.2	23.8	24.4	25.1	25.7		

	1	6	11	16	21	26	31
♃	♐ 14	14.8	15.5	16.2	16.9	17.5	
♄	♏ 2.3	2.3	2.3R	2.3	2.3	2.1	

	1	11	21	31
♅	♓ 15.5	16	16.6	
♆	♌ 19.2R	19	18.7	
♇	♋ 10.7R	10.6	10.4	

III

	1	2	3	4	5	6	7	8	9	10	11	12	13	14	15	16	17	18	19	20	21	22	23	24	25	26	27	28	29	30	31
☉	♓ 9.4	10.4	11.4	12.4	13.4	14.4	15.4	16.4	17.4	18.4	19.4	20.4	21.4	22.4	23.4	24.4	25.4	26.4	27.4	28.4	29.4	♈ 0.4	1.3	2.3	3.3	4.3	5.3	6.3	7.3	8.3	9.3
☽	♌ 10.3	24.7	♍ 9.4	24.4	♎ 9.4	24.3	♏ 9	23.4	♐ 7.5	21.3	♑ 4.7	17.7	♒ 0.5	13	25.4	♓ 7.5	19.5	♈ 1.4	13.3	25.1	♉ 6.9	18.8	♊ 0.7	12.9	25.2	♋ 7.9	20.9	♌ 4.4	18.3	♍ 2.7	17.4
☿	♒ 13.4	14.6	15.8	17.1	18.5	19.8	21.2	22.6	24	25.4	26.9	28.3	29.8	♓ 1.4	2.9	4.5	6.1	7.7	9.3	10.9	12.6	14.3	16	17.7	19.5	21.3	23.1	24.9	26.7	28.6	♈ 0.5
♀	♑ 24.1	25.2	26.4	27.5	28.6	29.7	♒ 0.9	2	3.1	4.3	5.4	6.6	7.7	8.9	10	11.2	12.3	13.5	14.6	15.8	16.9	18.1	19.2	20.4	21.6	22.7	23.9	25.1	26.2	27.4	28.6
♂	♈ 27.9	28.6	29.3	30	♉ 0.7	1.4	2.1	2.8	3.5	4.2	4.9	5.6	6.3	7.1	7.8	8.5	9.2	9.9	10.6	11.3	12	12.7	13.4	14.1	14.8	15.4	16.1	16.8	17.5	18.2	18.9

	1	6	11	16	21	26	31
♃	♏ 18.9	18.9R	18.9	18.8	18.6	18.3	18
♄	♎ 19.3R	19.1	18.8	18.5	18.1	17.7	17.4

	1	11	21	31
♅	♓ 13.3	13.9	14.5	15
♆	♌ 16.2R	16	15.7	15.6
♇	♋ 9.2R	9.1	9.1	9.1D

	1	2	3	4	5	6	7	8	9	10	11	12	13	14	15	16	17	18	19	20	21	22	23	24	25	26	27	28	29	30	31
☉	♓ 10.2	11.2	12.2	13.2	14.2	15.2	16.2	17.2	18.2	19.2	20.2	21.2	22.2	23.2	24.1	25.1	26.1	27.1	28.1	29.1	♈ 0.1	1.1	2.1	3.1	4.1	5.1	6.1	7	8	9	10
☽	♑ 12.1	25.9	♒ 9.5	23	♓ 6.2	19.1	♈ 1.9	14.4	26.7	♉ 8.8	20.7	♊ 2.6	14.5	26.4	♋ 8.5	20.8	♌ 3.4	16.4	29.7	♍ 13.5	27.6	♎ 12	26.7	♏ 11.4	26	♐ 10.6	24.9	♑ 9	22.8	♒ 6.3	19.5
☿	♒ 23.1	24.7	26.3	27.9	29.6	♓ 1.3	3	4.7	6.4	8.2	9.9	11.7	13.5	15.4	17.2	19.1	21	22.9	24.8	26.8	28.7	♈ 0.7	2.7	4.7	6.7	8.8	10.8	12.8	14.9	16.9	19
♀	♈ 20.1	21.3	22.4	23.6	24.8	25.9	27.1	28.3	29.4	♉ 0.6	1.7	2.9	4.1	5.2	6.3	7.5	8.6	9.8	10.9	12	13.2	14.3	15.4	16.5	17.7	18.8	19.9	21	22.1	23.2	24.3
♂	♐ 26.3	27	27.6	28.2	28.9	29.5	♑ 0.1	0.8	1.4	2	2.7	3.3	3.9	4.5	5.2	5.8	6.4	7.1	7.7	8.3	8.9	9.5	10.2	10.8	11.4	12	12.7	13.3	13.9	14.5	15.1

	1	6	11	16	21	26	31
♃	♐ 17.9	18.4	18.9	19.2	19.5	19.7	19.9
♄	♏ 2.0R	1.9	1.6	1.4	1.1	0.8	0.5

	1	11	21	31
♅	♓ 17.1	17.7	18.2	18.8
♆	♌ 18.4R	18.2	18	17.8
♇	♋ 10.4R	10.3	10.2	10.3D

IV

	1	2	3	4	5	6	7	8	9	10	11	12	13	14	15	16	17	18	19	20	21	22	23	24	25	26	27	28	29	30	31
☉	♈ 10.3	11.2	12.2	13.2	14.2	15.2	16.2	17.1	18.1	19.1	20.1	21.1	22.1	23	24	25	26	26.9	27.9	28.9	29.9	♉ 0.9	1.8	2.8	3.8	4.7	5.7	6.7	7.7	8.6	
☽	♎ 2.5	17.7	♏ 2.9	17.9	♐ 2.7	17	♑ 1	14.4	27.4	♒ 10.1	22.5	♓ 4.6	16.6	28.5	♈ 10.3	22.1	♉ 3.9	15.8	27.7	♊ 9.8	22	♋ 4.4	17.1	♌ 0.1	13.4	27.1	♍ 11.3	25.8	♎ 10.7	25.8	
☿	♈ 2.4	4.3	6.3	8.2	10.2	12.3	14.3	16.3	18.4	20.5	22.6	24.7	26.8	28.9	♉ 1	3.1	5.1	7.2	9.2	11.2	13.2	15.1	16.9	18.7	20.5	22.2	23.8	25.4	26.9	28.4	
♀	♒ 29.8	♓ 0.9	2.1	3.3	4.5	5.6	6.8	8	9.2	10.3	11.5	12.7	13.9	15.1	16.3	17.4	18.6	19.8	21	22.2	23.4	24.6	25.8	27	28.1	29.3	♈ 0.5	1.7	2.9	4.1	
♂	♉ 19.6	20.3	21	21.7	22.4	23.1	23.8	24.4	25.1	25.8	26.5	27.2	27.9	28.6	29.2	29.9	♊ 0.6	1.3	2	2.7	3.3	4	4.7	5.4	6	6.7	7.4	8.1	8.7	9.4	

	1	6	11	16	21	26	31
♃	♏ 17.9R	17.5	17	16.5	15.9	15.3	
♄	♎ 17.3R	16.9	16.5	16.1	15.8	15.4	

	1	11	21	31
♅	♓ 15.1	15.6	16	
♆	♌ 15.6R	15.5	15.4	
♇	♋ 9.1	9.2	9.2	

	1	2	3	4	5	6	7	8	9	10	11	12	13	14	15	16	17	18	19	20	21	22	23	24	25	26	27	28	29	30	31
☉	♈ 11	12	13	14	14.9	15.9	16.9	17.9	18.9	19.9	20.8	21.8	22.8	23.8	24.8	25.7	26.7	27.7	28.7	29.6	♉ 0.6	1.6	2.6	3.5	4.5	5.5	6.5	7.4	8.4	9.4	
☽	♓ 2.6	15.4	28	♈ 10.5	22.8	♉ 5	17	28.9	♊ 10.8	22.6	♋ 4.5	16.6	28.8	♌ 11.4	24.3	♍ 7.6	21.5	♎ 5.7	20.4	♏ 5.4	20.5	♐ 5.6	20.5	♑ 5.1	19.3	♒ 3.1	16.6	29.7	♓ 12.4	25	
☿	♈ 21	23	24.9	26.9	28.7	♉ 0.6	2.4	4.1	5.8	7.4	8.9	10.4	11.8	13.1	14.3	15.4	16.4	17.3	18.2	18.9	19.6	20.1	20.6	20.9	21.2	21.3	21.4	21.3R	21.2	21	
♀	♉ 25.4	26.5	27.5	28.6	29.7	♊ 0.8	1.8	2.9	4	5	6.1	7.1	8.1	9.2	10.2	11.2	12.2	13.2	14.2	15.2	16.2	17.2	18.1	19.1	20	21	21.9	22.9	23.8	24.7	
♂	♑ 15.7	16.4	17	17.6	18.2	18.8	19.4	20	20.6	21.2	21.9	22.5	23.1	23.7	24.3	24.9	25.5	26.1	26.7	27.2	27.8	28.4	29	29.6	♒ 0.2	0.8	1.4	1.9	2.5	3.1	

	1	6	11	16	21	26	31
♃	♐ 19.9	19.9	19.9R	19.8	19.6	19.3	
♄	♏ 0.4R	0	♎ 29.7	29.3	28.9	28.5	

	1	11	21	31
♅	♓ 18.8	19.4	19.8	
♆	♌ 17.8R	17.7	17.6	
♇	♋ 10.3	10.3	10.4	

V

	1	2	3	4	5	6	7	8	9	10	11	12	13	14	15	16	17	18	19	20	21	22	23	24	25	26	27	28	29	30	31
☉	♉ 9.6	10.6	11.5	12.5	13.5	14.5	15.4	16.4	17.4	18.3	19.3	20.3	21.2	22.2	23.2	24.1	25.1	26	27	28	28.9	29.9	♊ 0.9	1.8	2.8	3.7	4.7	5.7	6.6	7.6	8.5
☽	♏ 11.1	26.2	♐ 11.2	25.7	♑ 9.8	23.3	♒ 6.4	19.1	♓ 1.5	13.6	25.5	♈ 7.3	19.1	♉ 0.9	12.8	24.7	♊ 6.9	19.1	♋ 1.5	14.1	26.9	♌ 10	23.3	♍ 6.9	20.8	♎ 5.1	19.8	♏ 4.6	19.6	♐ 4.6	19.4
☿	♉ 29.7	♊ 1	2.2	3.4	4.4	5.4	6.3	7.2	7.9	8.6	9.1	9.6	10.1	10.4	10.6	10.8	10.9	10.9R	10.8	10.7	10.4	10.1	9.8	9.4	8.9	8.4	7.9	7.3	6.8	6.2	5.7
♀	♈ 5.3	6.5	7.7	8.9	10.1	11.3	12.5	13.7	14.9	16.1	17.3	18.5	19.7	20.9	22.1	23.3	24.5	25.7	26.9	28.1	29.3	♉ 0.5	1.7	2.9	4.1	5.3	6.5	7.7	8.9	10.1	11.3
♂	♊ 10.1	10.8	11.4	12.1	12.8	13.5	14.1	14.8	15.5	16.1	16.8	17.5	18.1	18.8	19.5	20.1	20.8	21.5	22.1	22.8	23.5	24.1	24.8	25.5	26.1	26.8	27.4	28.1	28.8	29.4	♋ 0.1

	1	6	11	16	21	26	31
♃	♏ 14.7R	14	13.4	12.8	12.2	11.6	11.1
♄	♎ 15.1R	14.7	14.4	14.2	14	13.8	13.6

	1	11	21	31
♅	♓ 16.5	16.8	17.1	17.3
♆	♌ 15.4	15.4	15.5	15.7
♇	♋ 9.4	9.5	9.7	9.9

	1	2	3	4	5	6	7	8	9	10	11	12	13	14	15	16	17	18	19	20	21	22	23	24	25	26	27	28	29	30	31
☉	♉ 10.3	11.3	12.3	13.3	14.2	15.2	16.2	17.1	18.1	19.1	20	21	22	22.9	23.9	24.8	25.8	26.8	27.7	28.7	29.7	♊ 0.6	1.6	2.5	3.5	4.5	5.4	6.4	7.3	8.3	9.3
☽	♈ 7.4	19.6	♉ 1.7	13.7	25.6	♊ 7.5	19.4	♋ 1.2	13.1	25.2	♌ 7.4	19.9	♍ 2.7	16	29.7	♎ 13.9	28.6	♏ 13.7	29	♐ 14.3	29.5	♑ 14.3	28.8	♒ 12.7	26.2	♓ 9.3	22.1	♈ 4.5	16.7	28.8	♉ 10.8
☿	♉ 20.8R	20.4	20	19.5	19	18.4	17.8	17.2	16.6	16	15.4	14.8	14.3	13.8	13.4	13	12.7	12.4	12.2	12.1	12.1	12.1D	12.2	12.4	12.7	13	13.4	13.9	14.4	15.1	15.7
♀	♊ 25.6	26.5	27.4	28.2	29.1	29.9	♋ 0.8	1.6	2.4	3.2	4	4.8	5.5	6.2	7	7.7	8.4	9	9.7	10.3	10.9	11.5	12.1	12.6	13.2	13.7	14.1	14.6	15	15.4	15.8
♂	♒ 3.7	4.3	4.8	5.4	6	6.5	7.1	7.7	8.2	8.8	9.3	9.9	10.4	11	11.5	12	12.6	13.1	13.6	14.2	14.7	15.2	15.7	16.3	16.8	17.3	17.8	18.3	18.8	19.3	19.7

	1	6	11	16	21	26	31
♃	♐ 19.0R	18.6	18.1	17.6	17	16.4	15.8
♄	♎ 28.1R	27.8	27.4	27.1	26.8	26.5	26.3

	1	11	21	31
♅	♓ 20.3	20.7	21	21.2
♆	♌ 17.6	17.6	17.7	17.9
♇	♋ 10.5	10.7	10.9	11.1

VI

	1	2	3	4	5	6	7	8	9	10	11	12	13	14	15	16	17	18	19	20	21	22	23	24	25	26	27	28	29	30	31
☉	♊ 9.5	10.4	11.4	12.4	13.3	14.3	15.2	16.2	17.1	18.1	19.1	20	21	21.9	22.9	23.8	24.8	25.7	26.7	27.7	28.6	29.6	♋ 0.5	1.5	2.4	3.4	4.3	5.3	6.2	7.2	
☽	♑ 3.9	18	♒ 1.6	14.8	27.5	♓ 9.9	22	♈ 3.9	15.8	27.6	♉ 9.4	21.4	♊ 3.5	15.8	28.3	♋ 11	23.9	♌ 7	20.3	♍ 3.7	17.4	♎ 1.3	15.4	29.8	♏ 14.3	28.9	♐ 13.5	28	♑ 12.2	26.2	
☿	♊ 5.1R	4.6	4.1	3.7	3.3	3	2.7	2.5	2.4	2.3	2.3D	2.4	2.6	2.8	3.1	3.5	3.9	4.5	5.1	5.8	6.5	7.3	8.2	9.2	10.2	11.3	12.4	13.6	14.9	16.2	
♀	♉ 12.5	13.7	14.9	16.1	17.3	18.5	19.7	21	22.2	23.4	24.6	25.8	27	28.2	29.4	♊ 0.6	1.8	3	4.3	5.5	6.7	7.9	9.1	10.3	11.5	12.7	14	15.2	16.4	17.6	
♂	♋ 0.7	1.4	2.1	2.7	3.4	4	4.7	5.3	6	6.6	7.3	8	8.6	9.3	9.9	10.6	11.2	11.9	12.5	13.2	13.8	14.5	15.1	15.8	16.4	17.1	17.7	18.4	19	19.7	

	1	6	11	16	21	26	31
♃	♏ 11.0R	10.5	10.1	9.7	9.5	9.3	
♄	♎ 13.6R	13.5	13.4	13.4	13.4D	13.4	

	1	11	21	31
♅	♓ 17.4	17.5	17.6	
♆	♌ 15.7	15.9	16.2	
♇	♋ 9.9	10.2	10.4	

	1	2	3	4	5	6	7	8	9	10	11	12	13	14	15	16	17	18	19	20	21	22	23	24	25	26	27	28	29	30	31
☉	♊ 10.2	11.2	12.1	13.1	14	15	16	16.9	17.9	18.8	19.8	20.7	21.7	22.7	23.6	24.6	25.5	26.5	27.4	28.4	29.3	♋ 0.3	1.2	2.2	3.1	4.1	5.1	6	7	7.9	
☽	♉ 22.7	♊ 4.6	16.4	28.3	♋ 10.2	22.2	♌ 4.3	16.6	29.1	♍ 11.9	25.1	♎ 8.7	22.8	♏ 7.3	22.3	♐ 7.4	22.7	♑ 7.9	22.8	♒ 7.4	21.5	♓ 5.1	18.3	♈ 1.1	13.5	25.7	♉ 7.8	19.7	♊ 1.6	13.4	
☿	♉ 16.5	17.3	18.2	19.1	20.1	21.1	22.2	23.4	24.6	25.8	27.1	28.5	29.9	♊ 1.4	2.9	4.4	6	7.7	9.4	11.2	13	14.8	16.7	18.6	20.6	22.6	24.7	26.7	28.8	♋ 1	
♀	♋ 16.1	16.4	16.7	16.9	17.1	17.3	17.4	17.5	17.6	17.6	17.6R	17.5	17.4	17.3	17.1	16.9	16.6	16.3	16	15.6	15.2	14.7	14.3	13.8	13.2	12.7	12.1	11.5	10.9	10.3	
♂	♒ 20.2	20.7	21.2	21.6	22.1	22.6	23	23.5	23.9	24.3	24.8	25.2	25.6	26	26.4	26.8	27.2	27.6	28	28.4	28.7	29.1	29.4	29.8	♓ 0.1	0.4	0.7	1	1.3	1.6	

	1	6	11	16	21	26	31
♃	♐ 15.7R	15	14.4	13.8	13.2	12.6	
♄	♎ 26.3R	26.1	25.9	25.8	25.7	25.6	

	1	11	21	31
♅	♓ 21.3	21.4	21.5	
♆	♌ 17.9	18.1	18.3	
♇	♋ 11.1	11.3	11.6	

VII

	1	2	3	4	5	6	7	8	9	10	11	12	13	14	15	16	17	18	19	20	21	22	23	24	25	26	27	28	29	30	31
☉	♋ 8.1	9.1	10.1	11	12	12.9	13.9	14.8	15.8	16.7	17.7	18.6	19.6	20.5	21.5	22.4	23.4	24.4	25.3	26.3	27.2	28.2	29.1	♌ 0.1	1	2	2.9	3.9	4.9	5.8	6.8
☽	♒ 9.7	22.8	♓ 5.5	17.9	♈ 0.1	12	23.9	♉ 5.7	17.6	29.7	♊ 11.9	24.4	♋ 7.2	20.2	♌ 3.4	16.8	♍ 0.5	14.3	28.2	♎ 12.2	26.4	♏ 10.6	24.8	♐ 9.1	23.2	♑ 7.3	21.1	♒ 4.7	17.9	♓ 0.9	13.5
☿	♊ 17.6	19.1	20.6	22.2	23.8	25.5	27.2	29	♋ 0.9	2.8	4.7	6.7	8.7	10.8	12.8	14.9	17	19.2	21.3	23.4	25.6	27.7	29.8	♌ 1.9	4	6.1	8.1	10.2	12.2	14.2	16.1
♀	♊ 18.8	20	21.3	22.5	23.7	24.9	26.1	27.3	28.6	29.8	♋ 1	2.2	3.4	4.7	5.9	7.1	8.3	9.5	10.8	12	13.2	14.4	15.7	16.9	18.1	19.3	20.6	21.8	23	24.2	25.5
♂	♋ 20.3	20.9	21.6	22.2	22.9	23.5	24.2	24.8	25.5	26.1	26.8	27.4	28	28.7	29.3	30	♌ 0.6	1.3	1.9	2.5	3.2	3.8	4.5	5.1	5.7	6.4	7	7.7	8.3	8.9	9.6

	1	6	11	16	21	26	31
♃	♏ 9.1R	9.1	9.1D	9.2	9.3	9.6	9.9
♄	♎ 13.5	13.7	13.8	14.1	14.3	14.6	14.9

	1	11	21	31
♅	♓ 17.5R	17.4	17.3	17
♆	♌ 16.5	16.8	17.1	17.5
♇	♋ 10.7	10.9	11.2	11.4

	1	2	3	4	5	6	7	8	9	10	11	12	13	14	15	16	17	18	19	20	21	22	23	24	25	26	27	28	29	30	31
☉	♋ 8.9	9.8	10.8	11.7	12.7	13.6	14.6	15.5	16.5	17.5	18.4	19.4	20.3	21.3	22.2	23.2	24.1	25.1	26	27	27.9	28.9	29.9	♌ 0.8	1.8	2.7	3.7	4.6	5.6	6.5	7.5
☽	♊ 25.3	♋ 7.2	19.3	♌ 1.4	13.7	26.2	♍ 8.9	21.8	♎ 5	18.6	♏ 2.6	16.9	♐ 1.5	16.4	♑ 1.4	16.3	♒ 1.1	15.6	29.7	♓ 13.4	26.6	♈ 9.5	22	♉ 4.3	16.3	28.2	♊ 10.1	22	♋ 3.9	15.9	28.1
☿	♋ 3.1	5.3	7.4	9.6	11.8	14	16.1	18.3	20.4	22.5	24.6	26.7	28.7	♌ 0.7	2.7	4.7	6.6	8.5	10.4	12.2	14	15.8	17.5	19.3	20.9	22.6	24.2	25.8	27.4	29	♍ 0.5
♀	♋ 9.7R	9	8.4	7.8	7.2	6.6	6	5.5	4.9	4.4	3.9	3.5	3.1	2.7	2.4	2.1	1.8	1.6	1.4	1.3	1.1	1.1	1.1	1.1D	1.1	1.2	1.3	1.5	1.7	1.9	2.2
♂	♓ 1.9	2.2	2.4	2.7	2.9	3.2	3.4	3.6	3.8	4	4.1	4.3	4.5	4.6	4.7	4.8	4.9	5	5.1	5.2	5.2	5.3	5.3	5.3	5.3R	5.3	5.3	5.2	5.2	5.1	5

	1	6	11	16	21	26	31
♃	♐ 12.1R	11.6	11.2	10.8	10.5	10.3	10.1
♄	♎ 25.6	25.7	25.7	25.9	26	26.2	26.5

	1	11	21	31
♅	♓ 21.5R	21.4	21.3	21.1
♆	♌ 18.6	18.9	19.3	19.6
♇	♋ 11.8	12.1	12.3	12.6

VIII

	1	2	3	4	5	6	7	8	9	10	11	12	13	14	15	16	17	18	19	20	21	22	23	24	25	26	27	28	29	30	31
☉	♌ 7.7	8.7	9.6	10.6	11.6	12.5	13.5	14.4	15.4	16.4	17.3	18.3	19.2	20.2	21.2	22.1	23.1	24	25	26	26.9	27.9	28.8	29.8	♍ 0.8	1.7	2.7	3.7	4.6	5.6	6.6
☽	♓ 25.8	♈ 8	19.9	♉ 1.8	13.7	25.6	♊ 7.7	20	♋ 2.6	15.5	28.7	♌ 12.2	26.1	♍ 10.1	24.4	♎ 8.7	23	♏ 7.4	21.6	♐ 5.7	19.7	♑ 3.5	17.1	♒ 0.5	13.7	26.6	♓ 9.3	21.7	♈ 3.9	16	27.9
☿	♌ 18	19.9	21.8	23.7	25.5	27.3	29	♍ 0.8	2.5	4.2	5.8	7.5	9.1	10.7	12.2	13.8	15.3	16.8	18.2	19.6	21	22.4	23.8	25.1	26.4	27.7	28.9	♎ 0.1	1.3	2.4	3.5
♀	♋ 26.7	27.9	29.2	♌ 0.4	1.6	2.8	4.1	5.3	6.5	7.8	9	10.2	11.5	12.7	13.9	15.2	16.4	17.6	18.9	20.1	21.4	22.6	23.8	25.1	26.3	27.5	28.8	♍ 0	1.3	2.5	3.7
♂	♌ 10.2	10.9	11.5	12.1	12.8	13.4	14.1	14.7	15.3	16	16.6	17.2	17.9	18.5	19.2	19.8	20.4	21.1	21.7	22.3	23	23.6	24.3	24.9	25.5	26.2	26.8	27.4	28.1	28.7	29.3

	1	6	11	16	21	26	31
♃	♏ 10	10.3	10.8	11.3	11.9	12.5	13.2
♄	♎ 15	15.4	15.8	16.2	16.6	17.1	17.6

	1	11	21	31
♅	♓ 17.0R	16.7	16.3	15.9
♆	♌ 17.5	17.9	18.3	18.6
♇	♋ 11.4	11.7	11.9	12

	1	2	3	4	5	6	7	8	9	10	11	12	13	14	15	16	17	18	19	20	21	22	23	24	25	26	27	28	29	30	31
☉	♌ 8.5	9.4	10.4	11.3	12.3	13.2	14.2	15.2	16.1	17.1	18	19	20	20.9	21.9	22.8	23.8	24.8	25.7	26.7	27.7	28.6	29.6	♍ 0.5	1.5	2.5	3.4	4.4	5.4	6.3	7.3
☽	♌ 10.5	23.1	♍ 5.8	18.8	♎ 2	15.5	29.2	♏ 13.1	27.3	♐ 11.7	26.2	♑ 10.7	25.3	♒ 9.7	23.9	♓ 7.8	21.4	♈ 4.6	17.5	♉ 0	12.3	24.4	♊ 6.3	18.2	♋ 0.1	12.1	24.2	♌ 6.5	19.1	♍ 2	15.1
☿	♍ 1.9	3.4	4.8	6.2	7.6	8.9	10.2	11.5	12.7	13.9	15	16.1	17.2	18.3	19.3	20.2	21.1	21.9	22.7	23.5	24.1	24.8	25.3	25.8	26.2	26.5	26.7	26.9	26.9	26.9R	26.8
♀	♋ 2.5	2.8	3.2	3.5	4	4.4	4.9	5.4	5.9	6.4	7	7.5	8.2	8.8	9.4	10.1	10.8	11.5	12.2	12.9	13.6	14.4	15.2	16	16.8	17.6	18.4	19.2	20.1	20.9	21.8
♂	♓ 4.9R	4.8	4.7	4.6	4.4	4.3	4.1	3.9	3.8	3.6	3.4	3.2	2.9	2.7	2.5	2.2	2	1.7	1.5	1.2	1	0.7	0.4	0.2	♒ 29.9	29.6	29.4	29.1	28.9	28.6	28.4

	1	6	11	16	21	26	31
♃	♐ 10.1R	10.1	10.1D	10.2	10.4	10.6	10.9
♄	♎ 26.5	26.8	27.1	27.5	27.8	28.2	28.7

	1	11	21	31
♅	♓ 21.0R	20.7	20.4	20
♆	♌ 19.7	20	20.4	20.8
♇	♋ 12.6	12.8	13	13.2

IX

	1	2	3	4	5	6	7	8	9	10	11	12	13	14	15	16	17	18	19	20	21	22	23	24	25	26	27	28	29	30	31
☉	♍ 7.5	8.5	9.5	10.4	11.4	12.4	13.4	14.3	15.3	16.3	17.2	18.2	19.2	20.2	21.1	22.1	23.1	24.1	25	26	27	28	28.9	29.9	♎ 0.9	1.9	2.9	3.8	4.8	5.8	
☽	♉ 9.8	21.6	♊ 3.6	15.6	27.9	♋ 10.5	23.4	♌ 6.8	20.5	♍ 4.6	19	♎ 3.6	18.4	♏ 3.2	17.9	♐ 2.3	16.5	♑ 0.4	14	27.3	♒ 10.4	23.1	♓ 5.7	18.1	♈ 0.3	12.4	24.4	♉ 6.2	18.1	29.9	
☿	♎ 4.5	5.6	6.5	7.5	8.4	9.2	10	10.7	11.3	11.9	12.4	12.9	13.3	13.5	13.7	13.8	13.8R	13.6	13.4	13	12.5	11.9	11.2	10.4	9.5	8.5	7.4	6.3	5.2	4.1	
♀	♍ 5	6.2	7.5	8.7	9.9	11.2	12.4	13.7	14.9	16.2	17.4	18.6	19.9	21.1	22.4	23.6	24.9	26.1	27.3	28.6	29.8	♎ 1.1	2.3	3.6	4.8	6.1	7.3	8.6	9.8	11.1	
♂	♌ 30	♍ 0.6	1.3	1.9	2.5	3.2	3.8	4.4	5.1	5.7	6.3	7	7.6	8.3	8.9	9.5	10.2	10.8	11.4	12.1	12.7	13.3	14	14.6	15.2	15.9	16.5	17.2	17.8	18.4	

	1	6	11	16	21	26	31
♃	♏ 13.3	14.1	14.9	15.7	16.6	17.5	
♄	♎ 17.7	18.2	18.8	19.3	19.9	20.5	

	1	11	21	31
♅	♓ 15.9R	15.5	15.1	
♆	♌ 18.7	19	19.3	
♇	♋ 12	12.2	12.3	

	1	2	3	4	5	6	7	8	9	10	11	12	13	14	15	16	17	18	19	20	21	22	23	24	25	26	27	28	29	30	31
☉	♍ 8.3	9.2	10.2	11.2	12.1	13.1	14.1	15.1	16	17	18	18.9	19.9	20.9	21.9	22.8	23.8	24.8	25.8	26.8	27.7	28.7	29.7	♎ 0.7	1.6	2.6	3.6	4.6	5.6	6.6	
☽	♍ 28.5	♎ 12.1	26	♏ 10	24.1	♐ 8.3	22.5	♑ 6.7	20.9	♒ 4.9	18.9	♓ 2.7	16.3	29.6	♈ 12.7	25.5	♉ 8	20.2	♊ 2.3	14.2	26.1	♋ 8	19.9	♌ 2.1	14.5	27.2	♍ 10.3	23.8	♎ 7.6	21.7	
☿	♍ 26.5R	26.2	25.7	25.1	24.5	23.7	22.9	22	21.1	20.1	19	18	17	16.1	15.3	14.5	13.9	13.3	13	12.8	12.7D	12.8	13.1	13.6	14.2	14.9	15.8	16.8	17.9	19.1	
♀	♋ 22.7	23.6	24.5	25.4	26.3	27.3	28.2	29.1	♌ 0.1	1.1	2	3	4	5	6	7	8	9	10	11.1	12.1	13.2	14.2	15.3	16.3	17.4	18.4	19.5	20.6	21.7	
♂	♒ 28.1R	27.9	27.7	27.4	27.2	27	26.8	26.7	26.5	26.3	26.2	26	25.9	25.8	25.7	25.6	25.5	25.5	25.4	25.4	25.3	25.3	25.3D	25.3	25.4	25.4	25.5	25.5	25.6	25.7	

	1	6	11	16	21	26	31
♃	♐ 11	11.4	11.9	12.4	13	13.7	
♄	♎ 28.8	29.2	29.7	♏ 0.2	0.8	1.3	

	1	11	21	31
♅	♓ 20.0R	19.6	19.2	
♆	♌ 20.8	21.2	21.5	
♇	♋ 13.2	13.4	13.5	

X

	1	2	3	4	5	6	7	8	9	10	11	12	13	14	15	16	17	18	19	20	21	22	23	24	25	26	27	28	29	30	31
☉	♎ 6.8	7.8	8.8	9.7	10.7	11.7	12.7	13.7	14.7	15.7	16.7	17.6	18.6	19.6	20.6	21.6	22.6	23.6	24.6	25.6	26.6	27.6	28.6	29.6	♏ 0.6	1.6	2.6	3.5	4.5	5.5	6.5
☽	♊ 11.9	23.9	♋ 6.1	18.6	♌ 1.5	14.7	28.4	♍ 12.6	27.2	♎ 12.1	27.2	♏ 12.4	27.4	♐ 12.2	26.6	♑ 10.6	24.2	♒ 7.4	20.2	♓ 2.7	15.1	27.2	♈ 9.2	21.2	♉ 3.1	14.9	26.8	♊ 8.7	20.6	♋ 2.7	14.9
☿	♎ 3.0R	2	1.1	0.3	♍ 29.7	29.2	28.9	28.8	28.9D	29.1	29.5	♎ 0	0.8	1.6	2.6	3.7	4.9	6.1	7.5	8.9	10.4	11.9	13.4	15	16.6	18.2	19.9	21.5	23.2	24.8	26.5
♀	♎ 12.3	13.5	14.8	16	17.3	18.5	19.8	21	22.3	23.5	24.8	26	27.3	28.5	29.8	♏ 1	2.3	3.5	4.8	6	7.3	8.5	9.8	11	12.3	13.5	14.8	16	17.3	18.5	19.7
♂	♍ 19.1	19.7	20.3	21	21.6	22.3	22.9	23.5	24.2	24.8	25.4	26.1	26.7	27.3	28	28.6	29.3	29.9	♎ 0.5	1.2	1.8	2.4	3.1	3.7	4.4	5	5.6	6.3	6.9	7.6	8.2

	1	6	11	16	21	26	31
♃	♏ 18.4	19.4	20.4	21.4	22.4	23.5	24.6
♄	♎ 21.1	21.7	22.3	22.9	23.5	24.1	24.7

	1	11	21	31
♅	♓ 14.7R	14.4	14.1	13.9
♆	♌ 19.6	19.9	20.1	20.2
♇	♋ 12.4	12.4	12.4R	12.3

	1	2	3	4	5	6	7	8	9	10	11	12	13	14	15	16	17	18	19	20	21	22	23	24	25	26	27	28	29	30	31
☉	♎ 7.5	8.5	9.5	10.5	11.5	12.5	13.5	14.4	15.4	16.4	17.4	18.4	19.4	20.4	21.4	22.4	23.4	24.3	25.3	26.3	27.3	28.3	29.3	♏ 0.3	1.3	2.3	3.3	4.3	5.3	6.3	7.3
☽	♏ 6	20.4	♐ 4.9	19.3	♑ 3.5	17.6	♒ 1.5	15.3	28.8	♓ 12.2	25.4	♈ 8.4	21.2	♉ 3.7	16.1	28.3	♊ 10.3	22.2	♋ 4	15.9	27.8	♌ 9.9	22.3	♍ 5.1	18.2	♎ 1.8	15.9	♏ 0.3	15.1	30	♐ 14.9
☿	♍ 20.5	21.9	23.3	24.9	26.4	28.1	29.7	♎ 1.4	3.1	4.8	6.6	8.3	10	11.8	13.5	15.3	17	18.7	20.4	22.1	23.9	25.5	27.2	28.9	♏ 0.6	2.2	3.9	5.5	7.2	8.8	10.4
♀	♌ 22.8	23.8	24.9	26	27.1	28.2	29.4	♍ 0.5	1.6	2.7	3.8	5	6.1	7.2	8.4	9.5	10.6	11.8	12.9	14.1	15.2	16.4	17.6	18.7	19.9	21.1	22.2	23.4	24.6	25.7	26.9
♂	♒ 25.8	25.9	26.1	26.2	26.4	26.6	26.7	26.9	27.1	27.3	27.6	27.8	28.1	28.3	28.6	28.9	29.2	29.5	29.8	♓ 0.1	0.4	0.7	1.1	1.4	1.8	2.2	2.5	2.9	3.3	3.7	4.1

	1	6	11	16	21	26	31
♃	♐ 14.4	15.1	15.9	16.8	17.7	18.6	19.5
♄	♏ 1.9	2.4	3	3.6	4.2	4.8	5.4

	1	11	21	31
♅	♓ 18.8R	18.5	18.1	17.9
♆	♌ 21.8	22	22.3	22.4
♇	♋ 13.5	13.6	13.6R	13.5

XI

	1	2	3	4	5	6	7	8	9	10	11	12	13	14	15	16	17	18	19	20	21	22	23	24	25	26	27	28	29	30	31
☉	♏ 7.5	8.5	9.5	10.6	11.6	12.6	13.6	14.6	15.6	16.6	17.6	18.6	19.6	20.6	21.6	22.6	23.6	24.6	25.6	26.6	27.7	28.7	29.7	♐ 0.7	1.7	2.7	3.7	4.7	5.7	6.8	
☽	♋ 27.4	♌ 10.1	23.2	♍ 6.8	20.8	♎ 5.2	20.1	♏ 5.3	20.7	♐ 5.9	21	♑ 5.7	19.9	♒ 3.6	16.8	29.6	♓ 12.1	24.3	♈ 6.3	18.2	♉ 0.1	11.9	23.8	♊ 5.7	17.7	29.8	♋ 12	24.3	♌ 6.8	19.5	
☿	♎ 28.2	29.8	♏ 1.5	3.1	4.8	6.4	8.1	9.7	11.3	13	14.6	16.2	17.8	19.4	21	22.6	24.2	25.8	27.4	28.9	♐ 0.5	2.1	3.6	5.2	6.8	8.3	9.9	11.4	13	14.6	
♀	♏ 21	22.2	23.5	24.7	26	27.2	28.5	29.7	♐ 1	2.2	3.5	4.7	6	7.2	8.5	9.7	11	12.2	13.5	14.7	16	17.2	18.5	19.7	21	22.2	23.5	24.7	26	27.2	
♂	♎ 8.8	9.5	10.1	10.7	11.4	12	12.7	13.3	13.9	14.6	15.2	15.9	16.5	17.1	17.8	18.4	19.1	19.7	20.3	21	21.6	22.3	22.9	23.5	24.2	24.8	25.5	26.1	26.7	27.4	

	1	6	11	16	21	26	31
♃	♏ 24.8	25.9	27	28.1	29.2	♐ 0.3	
♄	♎ 24.8	25.4	26	26.6	27.1	27.7	

	1	11	21	31
♅	♓ 13.9R	13.7	13.6	
♆	♌ 20.3	20.4	20.4	
♇	♋ 12.3R	12.2	12.1	

	1	2	3	4	5	6	7	8	9	10	11	12	13	14	15	16	17	18	19	20	21	22	23	24	25	26	27	28	29	30	31
☉	♏ 8.3	9.3	10.3	11.3	12.3	13.3	14.3	15.3	16.3	17.3	18.3	19.3	20.4	21.4	22.4	23.4	24.4	25.4	26.4	27.4	28.4	29.4	♐ 0.4	1.5	2.5	3.5	4.5	5.5	6.5	7.5	
☽	♐ 29.6	♑ 14.1	28.3	♒ 12.2	25.8	♓ 9.1	22.1	♈ 5	17.6	♉ 0.1	12.5	24.7	♊ 6.7	18.7	♋ 0.5	12.3	24.1	♌ 6	18.1	♍ 0.4	13.1	26.2	♎ 9.7	23.8	♏ 8.4	23.3	♐ 8.5	23.7	♑ 8.8	23.7	
☿	♏ 12	13.6	15.2	16.8	18.4	19.9	21.5	23.1	24.6	26.2	27.7	29.2	♐ 0.8	2.3	3.8	5.3	6.9	8.4	9.9	11.4	12.9	14.3	15.8	17.3	18.8	20.2	21.7	23.1	24.5	25.9	
♀	♍ 28.1	29.3	♎ 0.5	1.7	2.8	4	5.2	6.4	7.6	8.8	10	11.2	12.4	13.6	14.8	16	17.3	18.5	19.7	20.9	22.1	23.3	24.5	25.8	27	28.2	29.4	♏ 0.6	1.9	3.1	
♂	♓ 4.5	4.9	5.4	5.8	6.2	6.7	7.1	7.6	8	8.5	9	9.5	9.9	10.4	10.9	11.4	11.9	12.4	12.9	13.4	14	14.5	15	15.5	16.1	16.6	17.1	17.7	18.2	18.8	

	1	6	11	16	21	26	31
♃	♐ 19.7	20.7	21.8	22.8	23.9	25	
♄	♏ 5.5	6.1	6.7	7.3	7.9	8.5	

	1	11	21	31
♅	♓ 17.9R	17.7	17.6	
♆	♌ 22.4	22.5	22.6	
♇	♋ 13.5R	13.4	13.3	

XII

	1	2	3	4	5	6	7	8	9	10	11	12	13	14	15	16	17	18	19	20	21	22	23	24	25	26	27	28	29	30	31
☉	♐ 7.8	8.8	9.8	10.8	11.8	12.8	13.9	14.9	15.9	16.9	17.9	18.9	20	21	22	23	24	25	26.1	27.1	28.1	29.1	♑ 0.1	1.2	2.2	3.2	4.2	5.2	6.3	7.3	8.3
☽	♍ 2.6	16	29.8	♎ 14	28.6	♏ 13.6	28.8	♐ 14	29	♑ 13.8	28.1	♒ 12	25.3	♓ 8.2	20.7	♈ 3	15	26.9	♉ 8.7	20.6	♊ 2.5	14.5	26.6	♋ 8.9	21.3	♌ 3.9	16.6	29.5	♍ 12.7	26.1	♎ 9.8
☿	♐ 16.1	17.7	19.2	20.7	22.3	23.8	25.4	26.9	28.5	30	♑ 1.5	3.1	4.6	6.1	7.6	9.1	10.6	12	13.5	14.9	16.3	17.7	19	20.3	21.6	22.8	23.9	24.9	25.9	26.8	27.5
♀	♐ 28.5	29.7	♑ 0.9	2.2	3.4	4.7	5.9	7.2	8.4	9.7	10.9	12.2	13.4	14.7	15.9	17.2	18.4	19.6	20.9	22.1	23.4	24.6	25.9	27.1	28.4	29.6	♒ 0.8	2.1	3.3	4.6	5.8
♂	♎ 28	28.7	29.3	30	♏ 0.6	1.2	1.9	2.5	3.2	3.8	4.4	5.1	5.7	6.4	7	7.7	8.3	8.9	9.6	10.2	10.9	11.5	12.1	12.8	13.4	14.1	14.7	15.4	16	16.6	17.3

	1	6	11	16	21	26	31
♃	♐ 1.4	2.5	3.6	4.7	5.8	6.9	7.9
♄	♎ 28.2	28.7	29.2	29.7	♏ 0.1	0.5	0.8

	1	11	21	31
♅	♓ 13.7	13.8	14	14.2
♆	♌ 20.4R	20.3	20.2	20
♇	♋ 12.0R	11.8	11.6	11.4

	1	2	3	4	5	6	7	8	9	10	11	12	13	14	15	16	17	18	19	20	21	22	23	24	25	26	27	28	29	30	31
☉	♐ 8.5	9.6	10.6	11.6	12.6	13.6	14.6	15.6	16.7	17.7	18.7	19.7	20.7	21.7	22.8	23.8	24.8	25.8	26.8	27.9	28.9	29.9	♑ 0.9	1.9	2.9	4	5	6	7	8	9.1
☽	♒ 8.1	22.2	♓ 5.8	19.1	♈ 2	14.7	27.1	♉ 9.4	21.5	♊ 3.6	15.5	27.4	♋ 9.2	21	♌ 2.9	14.8	26.9	♍ 9.2	21.8	♎ 4.8	18.2	♏ 2.1	16.5	♐ 1.3	16.4	♑ 1.7	17	♒ 2.1	16.8	♓ 1.1	15
☿	♐ 27.3	28.7	♑ 0	1.3	2.6	3.9	5.1	6.3	7.4	8.4	9.4	10.3	11	11.7	12.3	12.7	13	13	13.0R	12.7	12.2	11.6	10.7	9.7	8.5	7.2	5.9	4.5	3.2	1.9	0.7
♀	♏ 4.3	5.5	6.8	8	9.2	10.5	11.7	12.9	14.1	15.4	16.6	17.8	19.1	20.3	21.6	22.8	24	25.3	26.5	27.7	29	♐ 0.2	1.5	2.7	3.9	5.2	6.4	7.7	8.9	10.2	11.4
♂	♓ 19.3	19.9	20.5	21	21.6	22.1	22.7	23.3	23.9	24.4	25	25.6	26.2	26.8	27.4	28	28.5	29.1	29.7	♈ 0.3	0.9	1.5	2.1	2.7	3.3	4	4.6	5.2	5.8	6.4	7

	1	6	11	16	21	26	31
♃	♐ 26.1	27.2	28.4	29.5	♑ 0.6	1.8	2.9
♄	♏ 9.1	9.6	10.1	10.6	11.1	11.6	12

	1	11	21	31
♅	♓ 17.6	17.7	17.8	18.1
♆	♌ 22.6R	22.5	22.4	22.2
♇	♋ 13.1R	13	12.8	12.6

I

	1	2	3	4	5	6	7	8	9	10	11	12	13	14	15	16	17	18	19	20	21	22	23	24	25	26	27	28	29	30	31
☉	♑ 10.1	11.1	12.1	13.1	14.2	15.2	16.2	17.2	18.2	19.3	20.3	21.3	22.3	23.3	24.4	25.4	26.4	27.4	28.4	29.4	♒ 0.5	1.5	2.5	3.5	4.5	5.5	6.6	7.6	8.6	9.6	10.6
☽	♓ 28.4	♈ 11.4	24	♉ 6.4	18.6	♊ 0.6	12.5	24.3	♋ 6.1	18	29.9	♌ 11.9	23.9	♍ 6.2	18.6	♎ 1.3	14.3	27.6	♏ 11.3	25.5	♐ 10	24.8	♑ 9.8	24.9	♒ 9.9	24.7	♓ 9.1	23.2	♈ 6.7	19.9	♉ 2.6
☿	♐ 29.7R	28.8	28	27.5	27.1	26.8	26.8D	26.8	27	27.4	27.8	28.4	29	29.8	♑ 0.6	1.4	2.4	3.4	4.4	5.5	6.6	7.8	9	10.2	11.4	12.7	14	15.3	16.7	18	19.4
♀	♐ 12.7	13.9	15.1	16.4	17.6	18.9	20.1	21.4	22.6	23.9	25.1	26.4	27.6	28.8	♑ 0.1	1.3	2.6	3.8	5.1	6.3	7.6	8.8	10.1	11.3	12.6	13.8	15.1	16.3	17.6	18.8	20.1
♂	♈ 7.6	8.3	8.9	9.5	10.1	10.7	11.4	12	12.6	13.2	13.9	14.5	15.1	15.7	16.4	17	17.6	18.3	18.9	19.5	20.2	20.8	21.4	22.1	22.7	23.3	24	24.6	25.3	25.9	26.5

♃ — 1: ♑ 3.2 · 6: 4.3 · 11: 5.4 · 16: 6.6 · 21: 7.7 · 26: 8.8 · 31: 9.8
♄ — 1: ♏ 12.1 · 6: 12.5 · 11: 12.8 · 16: 13.1 · 21: 13.4 · 26: 13.7 · 31: 13.9
♅ — 1: ♓ 18.1 · 11: 18.4 · 21: 18.8 · 31: 19.3
♆ — 1: ♌ 22.2R · 11: 22 · 21: 21.8 · 31: 21.5
♇ — 1: ♋ 12.5R · 11: 12.3 · 21: 12.1 · 31: 11.9

	1	2	3	4	5	6	7	8	9	10	11	12	13	14	15	16	17	18	19	20	21	22	23	24	25	26	27	28	29	30	31
☉	♑ 9.8	10.9	11.9	12.9	13.9	14.9	16	17	18	19	20	21	22.1	23.1	24.1	25.1	26.1	27.2	28.2	29.2	♒ 0.2	1.2	2.2	3.3	4.3	5.3	6.3	7.3	8.3	9.4	10…
☽	♌ 0.8	12.6	24.4	♍ 6.2	18.1	♎ 0.1	12.4	25	♏ 8	21.4	♐ 5.2	19.5	♑ 4.2	19.2	♒ 4.3	19.5	♓ 4.5	19.2	♈ 3.5	17.4	♉ 1	14.1	26.9	♊ 9.4	21.7	♋ 3.8	15.7	27.6	♌ 9.4	21.2	♍ 3…
☿	♐ 17.3	18.4	19.5	20.7	21.8	23.1	24.3	25.6	26.9	28.2	29.6	♑ 1	2.3	3.7	5.1	6.6	8	9.5	10.9	12.4	13.9	15.4	16.9	18.4	19.9	21.5	23	24.6	26.2	27.7	29…
♀	♒ 20.9	21.5	22	22.5	23	23.4	23.8	24.2	24.5	24.9	25.1	25.4	25.6	25.8	25.9	26	26.1	26.1R	26	26	25.9	25.7	25.5	25.3	25	24.7	24.3	24	23.5	23.1	22…
♂	♐ 2.7	3.4	4.1	4.8	5.5	6.2	6.9	7.6	8.3	9	9.6	10.3	11	11.7	12.4	13.1	13.8	14.5	15.2	15.9	16.6	17.3	18	18.7	19.4	20.1	20.8	21.5	22.2	22.9	23…

♃ — 1: ♑ 28.8 · 6: ♒ 0 · 11: 1.2 · 16: 2.3 · 21: 3.5 · 26: 4.7 · 31: 5.9
♄ — 1: ♏ 22.8 · 6: 23.3 · 11: 23.7 · 16: 24.1 · 21: 24.5 · 26: 24.8 · 31: 25.1
♅ — 1: ♓ 22 · 11: 22.3 · 21: 22.6 · 31: 23
♆ — 1: ♌ 24.5R · 11: 24.3 · 21: 24 · 31: 23.8
♇ — 1: ♋ 13.8R · 11: 13.5 · 21: 13.3 · 31: 13.1

II

	1	2	3	4	5	6	7	8	9	10	11	12	13	14	15	16	17	18	19	20	21	22	23	24	25	26	27	28	29	30	31
☉	♒ 11.6	12.7	13.7	14.7	15.7	16.7	17.7	18.7	19.7	20.8	21.8	22.8	23.8	24.8	25.8	26.8	27.8	28.8	29.8	♓ 0.9	1.9	2.9	3.9	4.9	5.9	6.9	7.9	8.9			
☽	♉ 15.1	27.2	♊ 9.2	21.1	♋ 2.9	14.7	26.6	♌ 8.6	20.8	♍ 3.1	15.6	28.3	♎ 11.3	24.5	♏ 7.9	21.6	♐ 5.6	19.8	♑ 4.2	18.8	♒ 3.5	18.1	♓ 2.6	17	♈ 0.9	14.6	27.8	♉ 10.6			
☿	♑ 20.8	22.2	23.6	25.1	26.5	28	29.5	♒ 1	2.5	4	5.6	7.2	8.7	10.3	11.9	13.5	15.2	16.8	18.5	20.1	21.8	23.5	25.3	27	28.8	♓ 0.5	2.3	4.1			
♀	♑ 21.3	22.6	23.8	25.1	26.3	27.6	28.8	♒ 0.1	1.3	2.5	3.8	5	6.3	7.5	8.8	10	11.3	12.5	13.8	15	16.3	17.5	18.8	20	21.3	22.5	23.8	25			
♂	♈ 27.2	27.8	28.5	29.1	29.7	♉ 0.4	1	1.7	2.3	2.9	3.6	4.2	4.9	5.5	6.2	6.8	7.4	8.1	8.7	9.4	10	10.7	11.3	12	12.6	13.2	13.9	14.5			

♃ — 1: ♑ 10.1 · 6: 11.1 · 11: 12.1 · 16: 13.1 · 21: 14.1 · 26: 15
♄ — 1: ♏ 13.9 · 6: 14.1 · 11: 14.2 · 16: 14.3 · 21: 14.3 · 26: 14.3R
♅ — 1: ♓ 19.3 · 11: 19.8 · 21: 20.4
♆ — 1: ♌ 21.5R · 11: 21.2 · 21: 20.9
♇ — 1: ♋ 11.9R · 11: 11.8 · 21: 11.6

	1	2	3	4	5	6	7	8	9	10	11	12	13	14	15	16	17	18	19	20	21	22	23	24	25	26	27	28	29	30	31
☉	♒ 11.4	12.4	13.4	14.4	15.4	16.5	17.5	18.5	19.5	20.5	21.5	22.5	23.5	24.6	25.6	26.6	27.6	28.6	29.6	♓ 0.6	1.6	2.6	3.6	4.6	5.6	6.7	7.7	8.7			
☽	♍ 14.9	26.9	♎ 9	21.3	♏ 3.9	16.7	30	♐ 13.6	27.7	♑ 12.2	27.1	♒ 12.2	27.5	♓ 12.7	27.7	♈ 12.3	26.4	♉ 10.1	23.4	♊ 6.2	18.6	♋ 0.8	12.7	24.6	♌ 6.4	18.2	♍ 0	11.9			
☿	♒ 1	2.6	4.2	5.8	7.5	9.2	10.8	12.5	14.2	16	17.7	19.4	21.2	23	24.8	26.6	28.4	♓ 0.2	2	3.9	5.8	7.6	9.5	11.4	13.3	15.2	17.1	19			
♀	♒ 22.0R	21.5	20.9	20.3	19.7	19.1	18.5	17.9	17.3	16.6	16	15.5	14.9	14.3	13.8	13.3	12.9	12.4	12.1	11.7	11.4	11.1	10.9	10.7	10.5	10.4	10.4	10.3			
♂	♐ 24.3	25	25.7	26.4	27.1	27.8	28.5	29.2	29.9	♑ 0.6	1.3	2	2.7	3.4	4.2	4.9	5.6	6.3	7	7.7	8.4	9.1	9.8	10.5	11.3	12	12.7	13.4			

♃ — 1: ♒ 6.1 · 6: 7.3 · 11: 8.5 · 16: 9.6 · 21: 10.8 · 26: 11.9
♄ — 1: ♏ 25.2 · 6: 25.4 · 11: 25.6 · 16: 25.8 · 21: 25.9 · 26: 26
♅ — 1: ♓ 23.1 · 11: 23.6 · 21: 24.1
♆ — 1: ♌ 23.7R · 11: 23.5 · 21: 23.2
♇ — 1: ♋ 13.1R · 11: 13 · 21: 12.8

III

	1	2	3	4	5	6	7	8	9	10	11	12	13	14	15	16	17	18	19	20	21	22	23	24	25	26	27	28	29	30	31
☉	♓ 9.9	10.9	11.9	12.9	13.9	14.9	15.9	16.9	17.9	18.9	19.9	20.9	21.9	22.9	23.9	24.9	25.9	26.9	27.9	28.9	29.9	♈ 0.9	1.9	2.8	3.8	4.8	5.8	6.8	7.8	8.8	9.8
☽	♉ 23.1	♊ 5.3	17.3	29.2	♋ 11	22.9	♌ 4.8	16.9	29.3	♍ 11.9	24.7	♎ 7.8	21.2	♏ 4.8	18.5	♐ 2.4	16.4	♑ 0.5	14.7	28.9	♒ 13.1	27.3	♓ 11.4	25.4	♈ 9.1	22.5	♉ 5.7	18.5	♊ 1	13.2	25.2
☿	♓ 6	7.8	9.7	11.5	13.4	15.3	17.2	19.2	21.1	23.1	25	27	29	♈ 1	2.9	4.9	6.8	8.7	10.6	12.5	14.3	16.1	17.8	19.4	21	22.5	23.9	25.2	26.4	27.6	28.6
♀	♒ 26.3	27.5	28.7	30	♓ 1.2	2.5	3.7	5	6.2	7.5	8.7	10	11.2	12.4	13.7	14.9	16.2	17.4	18.7	19.9	21.2	22.4	23.6	24.9	26.1	27.4	28.6	29.9	♈ 1.1	2.3	3.6
♂	♉ 15.2	15.8	16.5	17.1	17.8	18.4	19	19.7	20.3	21	21.6	22.3	22.9	23.6	24.2	24.8	25.5	26.1	26.8	27.4	28.1	28.7	29.4	30	♊ 0.6	1.3	1.9	2.6	3.2	3.9	4.5

♃ — 1: ♑ 15.6 · 6: 16.4 · 11: 17.3 · 16: 18 · 21: 18.8 · 26: 19.4 · 31: 20.1
♄ — 1: ♏ 14.3R · 6: 14.2 · 11: 14.1 · 16: 13.9 · 21: 13.7 · 26: 13.5 · 31: 13.2
♅ — 1: ♓ 20.8 · 11: 21.4 · 21: 22 · 31: 22.5
♆ — 1: ♌ 20.7R · 11: 20.5 · 21: 20.2 · 31: 20.1
♇ — 1: ♋ 11.5R · 11: 11.5 · 21: 11.4 · 31: 11.4D

	1	2	3	4	5	6	7	8	9	10	11	12	13	14	15	16	17	18	19	20	21	22	23	24	25	26	27	28	29	30	31
☉	♓ 9.7	10.7	11.7	12.7	13.7	14.7	15.7	16.7	17.7	18.7	19.7	20.7	21.7	22.7	23.7	24.7	25.7	26.7	27.6	28.6	29.6	♈ 0.6	1.6	2.6	3.6	4.6	5.6	6.6	7.6	8.5	9.5
☽	♍ 23.9	♎ 6.1	18.3	♏ 0.8	13.5	26.4	♐ 9.5	23	♑ 6.9	21.1	♒ 5.7	20.6	♓ 5.6	20.7	♈ 5.7	20.4	♉ 4.6	18.5	♊ 1.8	14.7	27.2	♋ 9.4	21.3	♌ 3.1	14.9	26.7	♍ 8.6	20.6	♎ 2.8	15.2	27…
☿	♓ 20.8	22.7	24.5	26.3	28.1	29.8	♈ 1.5	3.1	4.6	6.1	7.4	8.7	9.9	10.9	11.9	12.7	13.4	13.9	14.3	14.6	14.7	14.7R	14.6	14.4	14	13.5	12.9	12.3	11.6	10.8	10
♀	♒ 10.4D	10.4	10.5	10.6	10.8	11	11.2	11.5	11.8	12.1	12.5	12.9	13.3	13.8	14.3	14.8	15.3	15.9	16.4	17	17.7	18.3	19	19.6	20.3	21.1	21.8	22.5	23.3	24.1	24.9
♂	♑ 14.1	14.8	15.5	16.2	17	17.7	18.4	19.1	19.8	20.5	21.3	22	22.7	23.4	24.1	24.8	25.6	26.3	27	27.7	28.4	29.2	29.9	♒ 0.6	1.3	2	2.8	3.5	4.2	4.9	5.6

♃ — 1: ♒ 12.6 · 6: 13.7 · 11: 14.8 · 16: 15.9 · 21: 16.9 · 26: 17.9 · 31: 18.9
♄ — 1: ♏ 26.1 · 6: 26.1 · 11: 26.1R · 16: 26 · 21: 25.9 · 26: 25.8 · 31: 25.6
♅ — 1: ♓ 24.5 · 11: 25.1 · 21: 25.7 · 31: 26.2
♆ — 1: ♌ 23.0R · 11: 22.7 · 21: 22.5 · 31: 22.3
♇ — 1: ♋ 12.7R · 11: 12.6 · 21: 12.6 · 31: 12.6D

IV

	1	2	3	4	5	6	7	8	9	10	11	12	13	14	15	16	17	18	19	20	21	22	23	24	25	26	27	28	29	30	31
☉	♈ 10.8	11.7	12.7	13.7	14.7	15.7	16.7	17.7	18.6	19.6	20.6	21.6	22.6	23.5	24.5	25.5	26.5	27.5	28.4	29.4	♉ 0.4	1.4	2.3	3.3	4.3	5.3	6.2	7.2	8.2	9.1	
☽	♋ 7.1	18.9	♌ 0.7	12.7	24.9	♍ 7.3	20.1	♎ 3.3	16.8	♏ 0.5	14.6	28.8	♐ 13	27.3	♑ 11.5	25.7	♒ 9.7	23.6	♓ 7.4	21.1	♈ 4.6	18	♉ 1.1	14	26.6	♊ 9	21.1	♋ 3.1	14.9	26.7	
☿	♈ 29.5	♉ 0.3	1	1.5	2	2.3	2.5	2.7	2.6R	2.5	2.3	2	1.6	1.1	0.6	♈ 30	29.3	28.6	27.9	27.2	26.5	25.8	25.2	24.6	24	23.5	23.1	22.7	22.4	22.2	
♀	♈ 4.8	6.1	7.3	8.5	9.8	11	12.3	13.5	14.7	16	17.2	18.5	19.7	20.9	22.2	23.4	24.6	25.9	27.1	28.4	29.6	♉ 0.8	2.1	3.3	4.5	5.8	7	8.2	9.5	10.7	
♂	♊ 5.1	5.8	6.4	7.1	7.7	8.3	9	9.6	10.3	10.9	11.5	12.2	12.8	13.5	14.1	14.7	15.4	16	16.7	17.3	17.9	18.6	19.2	19.9	20.5	21.1	21.8	22.4	23	23.7	

♃ — 1: ♑ 20.2 · 6: 20.7 · 11: 21.2 · 16: 21.6 · 21: 21.9 · 26: 22.2
♄ — 1: ♏ 13.2R · 6: 12.9 · 11: 12.5 · 16: 12.2 · 21: 11.8 · 26: 11.5
♅ — 1: ♓ 22.6 · 11: 23.1 · 21: 23.6
♆ — 1: ♌ 20.0R · 11: 19.9 · 21: 19.8
♇ — 1: ♋ 11.4 · 11: 11.5 · 21: 11.5

	1	2	3	4	5	6	7	8	9	10	11	12	13	14	15	16	17	18	19	20	21	22	23	24	25	26	27	28	29	30	31
☉	♈ 10.5	11.5	12.5	13.5	14.5	15.4	16.4	17.4	18.4	19.4	20.4	21.3	22.3	23.3	24.3	25.3	26.2	27.2	28.2	29.2	♉ 0.1	1.1	2.1	3.1	4	5	6	7	7.9	8.9	
☽	♏ 10.5	23.4	♐ 6.5	19.8	♑ 3.4	17.1	♒ 1.2	15.4	30	♓ 14.6	29.4	♈ 14	28.5	♉ 12.7	26.4	♊ 9.8	22.7	♋ 5.2	17.4	29.4	♌ 11.3	23.1	♍ 5	16.9	29	♎ 11.4	24	♏ 6.8	19.9	♐ 3.2	
☿	♈ 9.2R	8.3	7.5	6.7	6	5.3	4.7	4.1	3.6	3.2	2.9	2.7	2.6	2.6D	2.6	2.8	3	3.3	3.7	4.1	4.6	5.2	5.9	6.6	7.4	8.2	9.1	10	11	12.1	
♀	♒ 25.7	26.5	27.3	28.1	29	29.9	♓ 0.7	1.6	2.5	3.4	4.3	5.3	6.2	7.1	8.1	9	10	11	11.9	12.9	13.9	14.9	15.9	16.9	17.9	18.9	19.9	21	22	23	
♂	♒ 6.4	7.1	7.8	8.5	9.3	10	10.7	11.4	12.1	12.9	13.6	14.3	15	15.8	16.5	17.2	17.9	18.7	19.4	20.1	20.8	21.6	22.3	23	23.7	24.4	25.2	25.9	26.6	27.3	

♃ — 1: ♒ 19.1 · 6: 20 · 11: 20.9 · 16: 21.7 · 21: 22.5 · 26: 23.3
♄ — 1: ♏ 25.5R · 6: 25.3 · 11: 25 · 16: 24.8 · 21: 24.5 · 26: 24.1
♅ — 1: ♓ 26.3 · 11: 26.8 · 21: 27.4
♆ — 1: ♌ 22.3R · 11: 22.1 · 21: 22
♇ — 1: ♋ 12.6 · 11: 12.6 · 21: 12.7

V

	1	2	3	4	5	6	7	8	9	10	11	12	13	14	15	16	17	18	19	20	21	22	23	24	25	26	27	28	29	30	31
☉	♉ 10.1	11.1	12	13	14	15	15.9	16.9	17.9	18.8	19.8	20.8	21.7	22.7	23.6	24.6	25.6	26.5	27.5	28.5	29.4	♊ 0.4	1.3	2.3	3.3	4.2	5.2	6.2	7.1	8.1	9
☽	♌ 8.6	20.6	♍ 2.8	15.2	28.1	♎ 11.4	25.1	♏ 9.2	23.6	♐ 8.3	23	♑ 7.6	22.1	♒ 6.4	20.5	♓ 4.4	18	♈ 1.3	14.5	27.5	♉ 10.3	22.8	♊ 5.2	17.4	29.4	♋ 11.3	23.1	♌ 4.9	16.7	28.7	♍ 10.9
☿	♈ 22.1R	22	22.0D	22.1	22.3	22.6	22.9	23.3	23.8	24.4	25	25.7	26.4	27.2	28.1	29	29.9	♉ 1	2	3.1	4.3	5.5	6.8	8.1	9.4	10.8	12.2	13.7	15.2	16.8	18.4
♀	♉ 11.9	13.2	14.4	15.6	16.9	18.1	19.3	20.6	21.8	23	24.3	25.5	26.7	28	29.2	♊ 0.4	1.7	2.9	4.1	5.3	6.6	7.8	9	10.3	11.5	12.7	14	15.2	16.4	17.6	18.9
♂	♊ 24.3	25	25.6	26.2	26.9	27.5	28.1	28.8	29.4	♋ 0	0.7	1.3	2	2.6	3.2	3.9	4.5	5.1	5.8	6.4	7	7.7	8.3	8.9	9.6	10.2	10.8	11.5	12.1	12.7	13.4

♃ — 1: ♑ 22.4 · 6: 22.5 · 11: 22.5R · 16: 22.5 · 21: 22.4 · 26: 22.2 · 31: 21.9
♄ — 1: ♏ 11.1R · 6: 10.7 · 11: 10.3 · 16: 10 · 21: 9.6 · 26: 9.3 · 31: 9
♅ — 1: ♓ 24.1 · 11: 24.5 · 21: 24.8 · 31: 25.1
♆ — 1: ♌ 19.8D · 11: 19.8 · 21: 19.9 · 31: 20
♇ — 1: ♋ 11.7 · 11: 11.8 · 21: 12 · 31: 12.2

	1	2	3	4	5	6	7	8	9	10	11	12	13	14	15	16	17	18	19	20	21	22	23	24	25	26	27	28	29	30	31
☉	♉ 9.9	10.8	11.8	12.8	13.8	14.7	15.7	16.7	17.6	18.6	19.6	20.5	21.5	22.5	23.4	24.4	25.3	26.3	27.3	28.2	29.2	♊ 0.2	1.1	2.1	3	4	5	5.9	6.9	7.8	8.8
☽	♐ 16.6	♑ 0.3	14	27.9	♒ 12	26.1	♓ 10.4	24.7	♈ 9	23.2	♉ 7.3	21.1	♊ 4.6	17.8	♋ 0.6	13.1	25.3	♌ 7.3	19.2	♍ 1	12.9	24.9	♎ 7.1	19.6	♏ 2.3	15.4	28.7	♐ 12.4	26.3	♑ 10.3	24.5
☿	♈ 13.1	14.3	15.4	16.7	17.9	19.2	20.5	21.9	23.3	24.8	26.2	27.7	29.3	♉ 0.9	2.5	4.2	5.8	7.6	9.3	11.1	13	14.8	16.7	18.7	20.6	22.6	24.7	26.7	28.8	♊ 0.9	3.1
♀	♓ 24.1	25.1	26.2	27.2	28.3	29.3	♈ 0.4	1.5	2.5	3.6	4.7	5.8	6.9	7.9	9	10.1	11.2	12.3	13.4	14.5	15.6	16.7	17.8	19	20.1	21.2	22.3	23.4	24.6	25.7	26.8
♂	♒ 28.1	28.8	29.5	♓ 0.2	0.9	1.7	2.4	3.1	3.8	4.5	5.3	6	6.7	7.4	8.1	8.9	9.6	10.3	11	11.7	12.4	13.1	13.9	14.6	15.3	16	16.7	17.4	18.1	18.8	19.5

♃ — 1: ♒ 23.9 · 6: 24.6 · 11: 25.1 · 16: 25.6 · 21: 26.1 · 26: 26.5 · 31: 26.8
♄ — 1: ♏ 23.8R · 6: 23.4 · 11: 23 · 16: 22.7 · 21: 22.3 · 26: 21.9 · 31: 21.6
♅ — 1: ♓ 27.8 · 11: 28.3 · 21: 28.6 · 31: 29
♆ — 1: ♌ 22.0R · 11: 22.0D · 21: 22.1 · 31: 22.2
♇ — 1: ♋ 12.8 · 11: 13 · 21: 13.2 · 31: 13.4

VI

	1	2	3	4	5	6	7	8	9	10	11	12	13	14	15	16	17	18	19	20	21	22	23	24	25	26	27	28	29	30	31
☉	♊ 10	10.9	11.9	12.9	13.8	14.8	15.7	16.7	17.6	18.6	19.6	20.5	21.5	22.4	23.4	24.3	25.3	26.2	27.2	28.1	29.1	♋ 0.1	1	2	2.9	3.9	4.8	5.8	6.7	7.7	
☽	♍ 23.3	♎ 6.2	19.5	♏ 3.3	17.5	♐ 2.1	17	♑ 2	17	♒ 1.9	16.5	♓ 0.8	14.7	28.3	♈ 11.6	24.5	♉ 7.3	19.8	♊ 2.1	14.2	26.2	♋ 8.1	19.9	♌ 1.7	13.5	25.3	♍ 7.3	19.5	♎ 2	14.8	
☿	♉ 20	21.7	23.4	25.2	27	28.8	♊ 0.7	2.6	4.6	6.6	8.6	10.7	12.7	14.9	17	19.2	21.3	23.5	25.7	27.9	♋ 0.1	2.3	4.5	6.6	8.8	10.9	13	15	17.1	19.1	
♀	♊ 20.1	21.3	22.5	23.8	25	26.2	27.5	28.7	29.9	♋ 1.1	2.4	3.6	4.8	6	7.3	8.5	9.7	10.9	12.2	13.4	14.6	15.8	17.1	18.3	19.5	20.7	21.9	23.2	24.4	25.6	
♂	♋ 14	14.6	15.3	15.9	16.5	17.1	17.8	18.4	19	19.7	20.3	20.9	21.6	22.2	22.8	23.5	24.1	24.7	25.4	26	26.6	27.2	27.9	28.5	29.1	29.8	♌ 0.4	1	1.7	2.3	

♃ — 1: ♑ 21.8R · 6: 21.5 · 11: 21 · 16: 20.5 · 21: 20 · 26: 19.4
♄ — 1: ♏ 8.9R · 6: 8.6 · 11: 8.4 · 16: 8.2 · 21: 8 · 26: 7.8
♅ — 1: ♓ 25.1 · 11: 25.3 · 21: 25.4
♆ — 1: ♌ 20.1 · 11: 20.2 · 21: 20.5
♇ — 1: ♋ 12.2 · 11: 12.5 · 21: 12.7

	1	2	3	4	5	6	7	8	9	10	11	12	13	14	15	16	17	18	19	20	21	22	23	24	25	26	27	28	29	30	31
☉	♊ 9.8	10.7	11.7	12.6	13.6	14.5	15.5	16.5	17.4	18.4	19.3	20.3	21.2	22.2	23.1	24.1	25.1	26	27	27.9	28.9	29.8	♋ 0.8	1.7	2.7	3.6	4.6	5.5	6.5	7.5	
☽	♒ 8.7	22.9	♓ 7.2	21.3	♈ 5.4	19.4	♉ 3.2	16.8	♊ 0.2	13.3	26.2	♋ 8.8	21.1	♌ 3.3	15.3	27.1	♍ 9	20.9	♎ 2.9	15.1	27.5	♏ 10.3	23.5	♐ 7.1	21	♑ 5.2	19.7	♒ 4.3	18.9	♓ 3.5	
☿	♊ 5.2	7.4	9.6	11.8	14	16.2	18.4	20.6	22.7	24.9	27	29.1	♋ 1.2	3.3	5.3	7.3	9.2	11.1	13	14.9	16.7	18.4	20.2	21.8	23.5	25.1	26.7	28.2	29.7	♌ 1.2	
♀	♈ 27.9	29.1	♉ 0.2	1.3	2.5	3.6	4.7	5.9	7	8.2	9.3	10.5	11.6	12.8	13.9	15.1	16.2	17.4	18.5	19.7	20.8	22	23.2	24.3	25.5	26.7	27.8	29	♊ 0.2	1.3	
♂	♓ 20.2	20.9	21.6	22.3	23	23.7	24.4	25.1	25.8	26.5	27.2	27.9	28.6	29.3	30	♈ 0.7	1.4	2	2.7	3.4	4.1	4.8	5.4	6.1	6.8	7.5	8.1	8.8	9.5	10.1	

♃ — 1: ♒ 26.8 · 6: 27 · 11: 27.1 · 16: 27.2 · 21: 27.1R · 26: 27
♄ — 1: ♏ 21.5R · 6: 21.2 · 11: 20.8 · 16: 20.6 · 21: 20.3 · 26: 20.1
♅ — 1: ♓ 29 · 11: 29.2 · 21: 29.4
♆ — 1: ♌ 22.2 · 11: 22.4 · 21: 22.6
♇ — 1: ♋ 13.4 · 11: 13.6 · 21: 13.9

VII

	1	2	3	4	5	6	7	8	9	10	11	12	13	14	15	16	17	18	19	20	21	22	23	24	25	26	27	28	29	30	31
☉	♋ 8.6	9.6	10.5	11.5	12.5	13.4	14.4	15.3	16.3	17.2	18.2	19.1	20.1	21	22	22.9	23.9	24.8	25.8	26.8	27.7	28.7	29.6	♌ 0.6	1.5	2.5	3.4	4.4	5.4	6.3	7.3
☽	♎ 28	♏ 11.7	25.8	♐ 10.4	25.3	♑ 10.5	25.7	♒ 10.8	25.7	♓ 10.2	24.3	♈ 8	21.3	♉ 4.2	16.8	29.2	♊ 11.3	23.3	♋ 5.2	17	28.8	♌ 10.6	22.4	♍ 4.3	16.4	28.7	♎ 11.2	24	♏ 7.2	20.8	♐ 4.7
☿	♋ 21.1	23	24.9	26.8	28.7	♌ 0.5	2.3	4	5.7	7.4	9	10.7	12.2	13.8	15.3	16.8	18.2	19.6	21	22.3	23.6	24.9	26.1	27.3	28.4	29.5	♍ 0.5	1.5	2.5	3.4	4.3
♀	♋ 26.8	28.1	29.3	♌ 0.5	1.7	2.9	4.2	5.4	6.6	7.8	9	10.3	11.5	12.7	13.9	15.1	16.4	17.6	18.8	20	21.2	22.4	23.7	24.9	26.1	27.3	28.5	29.7	♍ 1	2.2	3.4
♂	♌ 2.9	3.6	4.2	4.8	5.4	6.1	6.7	7.3	8	8.6	9.2	9.9	10.5	11.1	11.8	12.4	13	13.6	14.3	14.9	15.5	16.2	16.8	17.4	18.1	18.7	19.3	20	20.6	21.2	21.9

♃ — 1: ♑ 18.8R · 6: 18.2 · 11: 17.5 · 16: 16.9 · 21: 16.3 · 26: 15.7 · 31: 15.1
♄ — 1: ♏ 7.7R · 6: 7.7 · 11: 7.6 · 16: 7.6D · 21: 7.7 · 26: 7.8 · 31: 7.9
♅ — 1: ♓ 25.5R · 11: 25.4 · 21: 25.3 · 31: 25.1
♆ — 1: ♌ 20.8 · 11: 21.1 · 21: 21.4 · 31: 21.8
♇ — 1: ♋ 13 · 11: 13.2 · 21: 13.5 · 31: 13.7

	1	2	3	4	5	6	7	8	9	10	11	12	13	14	15	16	17	18	19	20	21	22	23	24	25	26	27	28	29	30	31
☉	♋ 8.4	9.4	10.3	11.3	12.2	13.2	14.1	15.1	16	17	17.9	18.9	19.8	20.8	21.8	22.7	23.7	24.6	25.6	26.5	27.5	28.4	29.4	♌ 0.3	1.3	2.3	3.2	4.2	5.1	6.1	7
☽	♓ 18	♈ 2.2	16.2	♉ 0	13.5	26.8	♊ 9.8	22.5	♋ 5.1	17.4	29.6	♌ 11.6	23.5	♍ 5.4	17.2	29.1	♎ 11.1	23.2	♏ 5.7	18.4	♐ 1.6	15.1	29.1	♑ 13.5	28.3	♒ 13.2	28.3	♓ 13.2	28	♈ 12.5	26…
☿	♌ 2.6	3.9	5.3	6.6	7.8	9	10.2	11.3	12.3	13.3	14.3	15.2	16.1	16.9	17.6	18.3	18.9	19.5	19.9	20.3	20.7	20.9	21.1	21.2	21.2R	21.2	21	20.8	20.5	20.1	19.6
♀	♊ 2.5	3.7	4.8	6	7.2	8.4	9.5	10.7	11.9	13.1	14.3	15.4	16.6	17.8	19	20.2	21.4	22.5	23.7	24.9	26.1	27.3	28.5	29.7	♋ 0.9	2.1	3.3	4.5	5.7	6.9	8.1
♂	♈ 10.8	11.4	12.1	12.7	13.4	14	14.7	15.3	16	16.6	17.2	17.9	18.5	19.1	19.7	20.4	21	21.6	22.2	22.8	23.4	24	24.6	25.2	25.8	26.4	27	27.5	28.1	28.7	29.2

♃ — 1: ♒ 26.8R · 6: 26.6 · 11: 26.2 · 16: 25.8 · 21: 25.3 · 26: 24.8 · 31: 24.2
♄ — 1: ♏ 19.9R · 6: 19.7 · 11: 19.6 · 16: 19.5 · 21: 19.4 · 26: 19.4D · 31: 19.5
♅ — 1: ♓ 29.4 · 11: 29.4R · 21: 29.3 · 31: 29.2
♆ — 1: ♌ 22.9 · 11: 23.2 · 21: 23.5 · 31: 23.9
♇ — 1: ♋ 14.1 · 11: 14.4 · 21: 14.6 · 31: 14.9

VIII

	1	2	3	4	5	6	7	8	9	10	11	12	13	14	15	16	17	18	19	20	21	22	23	24	25	26	27	28	29	30	31
☉	♌ 8.2	9.2	10.1	11.1	12.1	13	14	14.9	15.9	16.8	17.8	18.8	19.7	20.7	21.6	22.6	23.6	24.5	25.5	26.5	27.4	28.4	29.3	♍ 0.3	1.3	2.2	3.2	4.2	5.1	6.1	7.1
☽	♐ 19.1	♑ 3.8	18.8	♒ 4	19.1	♓ 4.1	18.8	♈ 3.1	16.9	♉ 0.3	13.3	25.9	♊ 8.2	20.2	♋ 2.1	14	25.7	♌ 7.5	19.4	♍ 1.4	13.5	25.8	♎ 8.3	21	♏ 3.9	17.2	♐ 0.7	14.5	28.6	♑ 13	27.7
☿	♍ 5.1	5.8	6.5	7.1	7.7	8.2	8.6	8.9	9.2	9.4	9.5	9.5R	9.4	9.2	8.9	8.6	8.1	7.6	6.9	6.2	5.5	4.7	3.8	2.9	2	1.1	0.2	♌ 29.4	28.7	28	27.4
♀	♍ 4.6	5.8	7	8.2	9.5	10.7	11.9	13.1	14.3	15.5	16.7	17.9	19.1	20.3	21.6	22.8	24	25.2	26.4	27.6	28.8	30	♎ 1.2	2.4	3.6	4.8	6	7.2	8.4	9.6	10.8
♂	♌ 22.5	23.1	23.8	24.4	25	25.7	26.3	26.9	27.6	28.2	28.8	29.5	♍ 0.1	0.7	1.4	2	2.6	3.3	3.9	4.5	5.2	5.8	6.4	7.1	7.7	8.3	9	9.6	10.3	10.9	11.5

♃ — 1: ♑ 15.0R · 6: 14.5 · 11: 14 · 16: 13.6 · 21: 13.3 · 26: 13 · 31: 12.8
♄ — 1: ♏ 8 · 6: 8.1 · 11: 8.4 · 16: 8.6 · 21: 8.9 · 26: 9.2 · 31: 9.6
♅ — 1: ♓ 25.1R · 11: 24.8 · 21: 24.5 · 31: 24.2
♆ — 1: ♌ 21.8 · 11: 22.2 · 21: 22.5 · 31: 22.9
♇ — 1: ♋ 13.7 · 11: 14 · 21: 14.2 · 31: 14.4

	1	2	3	4	5	6	7	8	9	10	11	12	13	14	15	16	17	18	19	20	21	22	23	24	25	26	27	28	29	30	31
☉	♌ 8	9	9.9	10.9	11.8	12.8	13.7	14.7	15.7	16.6	17.6	18.5	19.5	20.5	21.4	22.4	23.3	24.3	25.3	26.2	27.2	28.1	29.1	♍ 0.1	1	2	3	3.9	4.9	5.9	6.8
☽	♉ 10.4	23.8	♊ 6.8	19.5	♋ 2	14.3	26.4	♌ 8.4	20.3	♍ 2.1	14	25.8	♎ 7.7	19.7	♏ 1.9	14.3	27	♐ 10	23.5	♑ 7.4	21.7	♒ 6.5	21.6	♓ 6.9	22.1	♈ 7.2	21.9	♉ 6.3	20.1	♊ 3.5	16.5
☿	♌ 19.1R	18.4	17.8	17.1	16.3	15.5	14.7	14	13.2	12.5	11.8	11.2	10.6	10.2	9.8	9.5	9.4	9.4D	9.5	9.7	10.1	10.5	11.1	11.9	12.7	13.7	14.8	16	17.2	18.6	20…
♀	♋ 9.3	10.5	11.7	12.9	14.1	15.3	16.5	17.7	18.9	20.1	21.3	22.5	23.7	24.9	26.1	27.4	28.6	29.8	♌ 1	2.2	3.4	4.6	5.9	7.1	8.3	9.5	10.7	12	13.2	14.4	15.6
♂	♈ 29.8	♉ 0.3	0.9	1.4	2	2.5	3	3.6	4.1	4.6	5.1	5.6	6.1	6.6	7.1	7.6	8	8.5	8.9	9.4	9.8	10.3	10.7	11.1	11.5	11.9	12.3	12.7	13.1	13.5	13.8

♃ — 1: ♒ 24.1R · 6: 23.5 · 11: 22.9 · 16: 22.2 · 21: 21.5 · 26: 20.9 · 31: 20.3
♄ — 1: ♏ 19.5 · 6: 19.6 · 11: 19.7 · 16: 19.8 · 21: 20 · 26: 20.3 · 31: 20.5
♅ — 1: ♓ 29.2R · 11: 28.9 · 21: 28.6 · 31: 28.3
♆ — 1: ♌ 23.9 · 11: 24.3 · 21: 24.6 · 31: 25
♇ — 1: ♋ 14.9 · 11: 15.1 · 21: 15.3 · 31: 15.5

IX

	1	2	3	4	5	6	7	8	9	10	11	12	13	14	15	16	17	18	19	20	21	22	23	24	25	26	27	28	29	30	31
☉	♍ 8	9	10	10.9	11.9	12.9	13.9	14.8	15.8	16.8	17.7	18.7	19.7	20.7	21.6	22.6	23.6	24.6	25.5	26.5	27.5	28.5	29.5	♎ 0.4	1.4	2.4	3.4	4.4	5.3	6.3	
☽	♒ 12.6	27.5	♓ 12.3	27	♈ 11.3	25.2	♉ 8.7	21.7	♊ 4.4	16.7	28.7	♋ 10.6	22.4	♌ 4.2	16	28	♍ 10.2	22.5	♎ 5.1	17.9	♏ 0.9	14.2	27.6	♐ 11.2	25	♑ 9	23.2	♒ 7.5	21.9	♓ 6.5	
☿	♌ 26.9R	26.6	26.4	26.3	26.4D	26.6	26.9	27.5	28.1	28.9	29.8	♍ 0.8	2	3.3	4.6	6	7.6	9.1	10.8	12.5	14.2	16	17.7	19.5	21.4	23.2	25	26.8	28.6	♎ 0.5	
♀	♎ 12	13.2	14.4	15.6	16.8	18	19.2	20.4	21.6	22.8	24	25.2	26.3	27.5	28.7	29.9	♏ 1.1	2.3	3.5	4.7	5.8	7	8.2	9.4	10.6	11.8	12.9	14.1	15.3	16.5	
♂	♍ 12.2	12.8	13.4	14.1	14.7	15.4	16	16.6	17.3	17.9	18.6	19.2	19.8	20.5	21.1	21.8	22.4	23.1	23.7	24.3	25	25.6	26.3	26.9	27.6	28.2	28.9	29.5	♎ 0.1	0.8	

♃ — 1: ♑ 12.8R · 6: 12.7 · 11: 12.7D · 16: 12.8 · 21: 12.9 · 26: 13.1
♄ — 1: ♏ 9.7 · 6: 10.1 · 11: 10.5 · 16: 10.9 · 21: 11.4 · 26: 11.9
♅ — 1: ♓ 24.1R · 11: 23.7 · 21: 23.3
♆ — 1: ♌ 22.9 · 11: 23.3 · 21: 23.6
♇ — 1: ♋ 14.4 · 11: 14.5 · 21: 14.6

	1	2	3	4	5	6	7	8	9	10	11	12	13	14	15	16	17	18	19	20	21	22	23	24	25	26	27	28	29	30	31
☉	♍ 7.8	8.8	9.7	10.7	11.7	12.6	13.6	14.6	15.6	16.5	17.5	18.5	19.5	20.4	21.4	22.4	23.4	24.3	25.3	26.3	27.3	28.2	29.2	♎ 0.2	1.2	2.2	3.1	4.1	5.1	6.1	
☽	♊ 29.1	♋ 11.4	23.5	♌ 5.5	17.3	29.2	♍ 11	22.9	♎ 4.8	16.8	28.9	♏ 11.1	23.5	♐ 6.2	19.1	♑ 2.5	16.2	♒ 0.4	15	29.9	♓ 15.1	♈ 0.4	15.6	♉ 0.5	15	29	♊ 12.4	25.4	♋ 8.1	20.4	
☿	♌ 21.6	23.3	24.9	26.7	28.5	♍ 0.3	2.1	4	5.9	7.8	9.7	11.6	13.5	15.4	17.3	19.2	21.1	22.9	24.8	26.6	28.4	♎ 0.2	2	3.8	5.6	7.3	9	10.7	12.4	14.1	
♀	♌ 16.9	18.1	19.3	20.5	21.8	23	24.2	25.5	26.7	27.9	29.2	♍ 0.4	1.6	2.9	4.1	5.3	6.6	7.8	9	10.3	11.5	12.8	14	15.2	16.5	17.7	19	20.2	21.4	22.7	
♂	♉ 14.2	14.5	14.9	15.2	15.5	15.8	16.1	16.4	16.6	16.9	17.2	17.4	17.6	17.8	18	18.2	18.4	18.6	18.7	18.9	19	19.1	19.2	19.3	19.3	19.4	19.4	19.5	19.5	19.5R	

♃ — 1: ♒ 20.2R · 6: 19.6 · 11: 19.1 · 16: 18.6 · 21: 18.2 · 26: 17.9
♄ — 1: ♏ 20.6 · 6: 20.9 · 11: 21.3 · 16: 21.6 · 21: 22.1 · 26: 22.5
♅ — 1: ♓ 28.2R · 11: 27.9 · 21: 27.5
♆ — 1: ♌ 25 · 11: 25.4 · 21: 25.7
♇ — 1: ♋ 15.5 · 11: 15.7 · 21: 15.8

X

	1	2	3	4	5	6	7	8	9	10	11	12	13	14	15	16	17	18	19	20	21	22	23	24	25	26	27	28	29	30	31
☉	♎ 7.3	8.3	9.3	10.3	11.2	12.2	13.2	14.2	15.2	16.2	17.2	18.2	19.1	20.1	21.1	22.1	23.1	24.1	25.1	26.1	27.1	28.1	29.1	♏ 0.1	1.1	2.1	3.1	4.1	5.1	6.1	7.1
☽	♓ 20.9	♈ 5.3	19.4	♉ 3.2	16.7	29.7	♊ 12.3	24.7	♋ 6.7	18.6	♌ 0.4	12.2	24.1	♍ 6.2	18.5	♎ 1.1	13.9	27.1	♏ 10.5	24.2	♐ 8	21.9	♑ 5.9	19.9	♒ 4	18.1	♓ 2.2	16.3	♈ 0.3	14.3	28
☿	♎ 2.3	4.1	5.9	7.7	9.4	11.2	12.9	14.7	16.4	18.1	19.8	21.5	23.2	24.8	26.5	28.1	29.8	♏ 1.4	3	4.6	6.2	7.7	9.3	10.9	12.4	14	15.5	17	18.5	20	21.5
♀	♏ 17.6	18.8	20	21.2	22.3	23.5	24.7	25.8	27	28.2	29.3	♐ 0.5	1.7	2.8	4	5.1	6.3	7.4	8.6	9.7	10.9	12	13.2	14.3	15.5	16.6	17.7	18.9	20	21.1	22.3
♂	♎ 1.4	2.1	2.7	3.4	4	4.7	5.3	6	6.6	7.3	7.9	8.6	9.2	9.9	10.5	11.2	11.8	12.5	13.1	13.8	14.5	15.1	15.8	16.4	17.1	17.7	18.4	19	19.7	20.4	21

♃ — 1: ♑ 13.4 · 6: 13.8 · 11: 14.3 · 16: 14.8 · 21: 15.4 · 26: 16 · 31: 16.7
♄ — 1: ♏ 12.4 · 6: 13 · 11: 13.5 · 16: 14.1 · 21: 14.7 · 26: 15.2 · 31: 15.8
♅ — 1: ♓ 22.9R · 11: 22.6 · 21: 22.2 · 31: 22
♆ — 1: ♌ 23.9 · 11: 24.2 · 21: 24.4 · 31: 24.6
♇ — 1: ♋ 14.7 · 11: 14.7 · 21: 14.7R · 31: 14.7

	1	2	3	4	5	6	7	8	9	10	11	12	13	14	15	16	17	18	19	20	21	22	23	24	25	26	27	28	29	30	31
☉	♎ 7.1	8	9	10	11	12	13	14	14.9	15.9	16.9	17.9	18.9	19.9	20.9	21.9	22.9	23.9	24.9	25.9	26.8	27.8	28.8	29.8	♏ 0.8	1.8	2.8	3.8	4.8	5.8	6.8
☽	♌ 2.4	14.3	26.2	♍ 8	19.8	♎ 1.8	13.8	25.9	♏ 8.2	20.6	♐ 3.2	16	29	♑ 12.3	25.9	♒ 9.9	24.2	♓ 8.9	23.8	♈ 8.8	23.8	♉ 8.6	23	♊ 7.1	20.6	♋ 3.7	16.4	28.7	♌ 10.8	22.7	♍ 4.6
☿	♎ 15.8	17.4	19.1	20.7	22.3	23.9	25.5	27	28.6	♏ 0.1	1.7	3.2	4.7	6.2	7.7	9.2	10.6	12.1	13.5	14.9	16.3	17.7	19.1	20.5	21.8	23.1	24.4	25.7	27	28.2	29.5
♀	♍ 23.9	25.2	26.4	27.7	28.9	♎ 0.2	1.4	2.7	3.9	5.2	6.4	7.7	8.9	10.2	11.4	12.7	13.9	15.2	16.4	17.7	18.9	20.2	21.4	22.7	23.9	25.2	26.4	27.7	28.9	♏ 0.2	1.4
♂	♉ 19.4R	19.4	19.4	19.3	19.2	19.1	19	18.9	18.7	18.6	18.4	18.2	18.1	17.8	17.6	17.4	17.1	16.9	16.6	16.3	16.1	15.8	15.4	15.1	14.8	14.5	14.1	13.8	13.5	13.1	12.8

♃ — 1: ♒ 17.6R · 6: 17.4 · 11: 17.3 · 16: 17.3D · 21: 17.4 · 26: 17.5 · 31: 17.8
♄ — 1: ♏ 22.9 · 6: 23.4 · 11: 23.9 · 16: 24.5 · 21: 25 · 26: 25.6 · 31: 26.1
♅ — 1: ♓ 27.1R · 11: 26.7 · 21: 26.3 · 31: 26
♆ — 1: ♌ 26 · 11: 26.3 · 21: 26.6 · 31: 26.7
♇ — 1: ♋ 15.9 · 11: 15.9 · 21: 16.0R · 31: 15.9

XI

	1	2	3	4	5	6	7	8	9	10	11	12	13	14	15	16	17	18	19	20	21	22	23	24	25	26	27	28	29	30	31
☉	♏ 8.1	9.1	10.1	11.1	12.1	13.1	14.1	15.1	16.1	17.1	18.1	19.1	20.1	21.1	22.1	23.1	24.1	25.1	26.2	27.2	28.2	29.2	♐ 0.2	1.2	2.2	3.2	4.2	5.3	6.3	7.3	
☽	♉ 11.5	24.7	♊ 7.6	20.2	♋ 2.5	14.5	26.4	♌ 8.2	20	♍ 1.9	14	26.4	♎ 9.1	22.2	♏ 5.6	19.4	♐ 3.4	17.7	♑ 2	16.4	♒ 0.7	14.9	29	♓ 13	26.8	♈ 10.5	24	♉ 7.3	20.4	♊ 3.3	
☿	♏ 23	24.5	26	27.4	28.9	♐ 0.3	1.8	3.2	4.6	6	7.4	8.7	10.1	11.4	12.7	14	15.3	16.5	17.7	18.9	20	21.1	22.1	23.1	23.9	24.7	25.5	26.1	26.6	26.9	
♀	♐ 23.4	24.5	25.6	26.7	27.9	29	♑ 0.1	1.2	2.3	3.4	4.5	5.6	6.7	7.8	8.8	9.9	11	12.1	13.1	14.2	15.2	16.3	17.3	18.4	19.4	20.4	21.5	22.5	23.5	24.5	
♂	♎ 21.7	22.3	23	23.7	24.3	25	25.6	26.3	27	27.6	28.3	29	29.6	♏ 0.3	1	1.6	2.3	3	3.6	4.3	5	5.6	6.3	7	7.6	8.3	9	9.6	10.3	11	

♃ — 1: ♑ 16.8 · 6: 17.6 · 11: 18.4 · 16: 19.3 · 21: 20.2 · 26: 21.1
♄ — 1: ♏ 16 · 6: 16.6 · 11: 17.2 · 16: 17.8 · 21: 18.3 · 26: 18.9
♅ — 1: ♓ 21.9R · 11: 21.7 · 21: 21.6
♆ — 1: ♌ 24.6 · 11: 24.7 · 21: 24.8
♇ — 1: ♋ 14.7R · 11: 14.6 · 21: 14.5

	1	2	3	4	5	6	7	8	9	10	11	12	13	14	15	16	17	18	19	20	21	22	23	24	25	26	27	28	29	30	31
☉	♏ 7.8	8.8	9.8	10.8	11.8	12.8	13.8	14.8	15.8	16.8	17.9	18.9	19.9	20.9	21.9	22.9	23.9	24.9	25.9	26.9	27.9	28.9	30	♐ 1	2	3	4	5	6	7	
☽	♍ 16.4	28.3	♎ 10.3	22.5	♏ 4.8	17.4	♐ 0.1	13	26	♑ 9.3	22.8	♒ 6.5	20.4	♓ 4.5	18.9	♈ 3.3	17.9	♉ 2.5	16.9	♊ 1.1	14.9	28.4	♋ 11.5	24.2	♌ 6.6	18.7	♍ 0.7	12.6	24.4	♎ 6.4	
☿	♐ 0.7	1.8	2.9	4	5	6	7	7.8	8.6	9.3	10	10.5	10.9	11.2	11.4	11.4R	11.3	11	10.5	9.8	9	8	6.9	5.6	4.3	2.9	1.6	0.3	♏ 29.1	28	
♀	♏ 2.7	3.9	5.2	6.5	7.7	9	10.2	11.5	12.7	14	15.2	16.5	17.8	19	20.3	21.5	22.8	24	25.3	26.6	27.8	29.1	♐ 0.3	1.6	2.8	4.1	5.4	6.6	7.9	9.1	
♂	♉ 12.4R	12.1	11.7	11.4	11	10.7	10.3	10	9.6	9.3	9	8.7	8.4	8.1	7.8	7.5	7.2	7	6.7	6.5	6.3	6.1	5.9	5.7	5.5	5.4	5.2	5.1	5	4.9	

♃ — 1: ♒ 17.8 · 6: 18.2 · 11: 18.6 · 16: 19.1 · 21: 19.6 · 26: 20.2
♄ — 1: ♏ 26.2 · 6: 26.8 · 11: 27.4 · 16: 28 · 21: 28.6 · 26: 29.2
♅ — 1: ♓ 26.0R · 11: 25.8 · 21: 25.6
♆ — 1: ♌ 26.8 · 11: 26.9 · 21: 27
♇ — 1: ♋ 15.9R · 11: 15.8 · 21: 15.7

XII

	1	2	3	4	5	6	7	8	9	10	11	12	13	14	15	16	17	18	19	20	21	22	23	24	25	26	27	28	29	30	31
☉	♐ 8.3	9.3	10.3	11.3	12.4	13.4	14.4	15.4	16.4	17.4	18.5	19.5	20.5	21.5	22.5	23.5	24.6	25.6	26.6	27.6	28.6	29.6	♑ 0.7	1.7	2.7	3.7	4.7	5.8	6.8	7.8	8.8
☽	♊ 15.9	28.3	♋ 10.5	22.5	♌ 4.3	16.1	27.9	♍ 9.8	21.9	♎ 4.2	16.9	30	♏ 13.5	27.4	♐ 11.7	26.3	♑ 11.1	25.9	♒ 10.7	25.3	♓ 9.6	23.7	♈ 7.4	20.9	♉ 4.1	17.1	29.8	♊ 12.4	24.7	♋ 6.8	18.9
☿	♐ 27.1	27.2R	27.1	26.8	26.4	25.7	24.9	23.8	22.7	21.4	20.1	18.7	17.3	16	14.8	13.7	12.8	12.1	11.5	11.1	11	10.9D	11.1	11.3	11.7	12.3	12.9	13.6	14.5	15.3	16.3
♀	♑ 25.5	26.5	27.5	28.4	29.4	♒ 0.4	1.3	2.3	3.2	4.1	5	5.9	6.8	7.7	8.6	9.4	10.3	11.1	11.9	12.7	13.5	14.3	15	15.7	16.5	17.2	17.8	18.5	19.1	19.8	20.4
♂	♏ 11.7	12.3	13	13.7	14.4	15	15.7	16.4	17.1	17.7	18.4	19.1	19.8	20.4	21.1	21.8	22.5	23.2	23.8	24.5	25.2	25.9	26.6	27.3	27.9	28.6	29.3	30	♐ 0.7	1.4	2.1

♃ — 1: ♑ 22.1 · 6: 23.1 · 11: 24.2 · 16: 25.3 · 21: 26.4 · 26: 27.5 · 31: 28.6
♄ — 1: ♏ 19.5 · 6: 20.1 · 11: 20.7 · 16: 21.2 · 21: 21.7 · 26: 22.2 · 31: 22.7
♅ — 1: ♓ 21.6R · 11: 21.6D · 21: 21.7 · 31: 21.9
♆ — 1: ♌ 24.8R · 11: 24.7 · 21: 24.6 · 31: 24.5
♇ — 1: ♋ 14.3R · 11: 14.2 · 21: 14 · 31: 13.8

	1	2	3	4	5	6	7	8	9	10	11	12	13	14	15	16	17	18	19	20	21	22	23	24	25	26	27	28	29	30	31
☉	♐ 8.1	9.1	10.1	11.1	12.1	13.1	14.1	15.2	16.2	17.2	18.2	19.2	20.2	21.3	22.3	23.3	24.3	25.3	26.3	27.4	28.4	29.4	♑ 0.4	1.4	2.5	3.5	4.5	5.5	6.5	7.5	8.6
☽	♎ 18.4	♏ 0.7	13.2	25.9	♐ 9	22.2	♑ 5.7	19.4	♒ 3.3	17.3	♓ 1.3	15.5	29.7	♈ 13.9	28	♉ 12.1	26	♊ 9.7	23.2	♋ 6.4	19.3	♌ 1.9	14.3	26.5	♍ 8.5	20.3	♎ 2.2	14.1	26.2	♏ 8.5	21
☿	♏ 27.1R	26.3	25.7	25.4	25.2	25.2D	25.4	25.7	26.2	26.8	27.5	28.3	29.2	♐ 0.2	1.2	2.3	3.4	4.6	5.9	7.1	8.4	9.8	11.1	12.5	13.9	15.3	16.7	18.1	19.5	21	22.5
♀	♐ 10.4	11.6	12.9	14.2	15.4	16.7	17.9	19.2	20.4	21.7	23	24.2	25.5	26.7	28	29.2	♑ 0.5	1.8	3	4.3	5.5	6.8	8	9.3	10.6	11.8	13.1	14.3	15.6	16.8	18.1
♂	♉ 4.8R	4.7	4.6	4.6	4.6	4.5	4.5	4.5D	4.6	4.6	4.6	4.7	4.8	4.8	4.9	5	5.2	5.3	5.4	5.6	5.7	5.9	6.1	6.3	6.5	6.7	6.9	7.2	7.4	7.7	7.9

♃ — 1: ♒ 20.9 · 6: 21.7 · 11: 22.4 · 16: 23.3 · 21: 24.2 · 26: 25.1 · 31: 26.1
♄ — 1: ♏ 29.8 · 6: ♐ 0.4 · 11: 1 · 16: 1.5 · 21: 2.1 · 26: 2.6 · 31: 3.2
♅ — 1: ♓ 25.5R · 11: 25.5D · 21: 25.6 · 31: 25.8
♆ — 1: ♌ 27.0R · 11: 27 · 21: 26.9 · 31: 26.7
♇ — 1: ♋ 15.6R · 11: 15.4 · 21: 15.2 · 31: 15

I

	1	2	3	4	5	6	7	8	9	10	11	12	13	14	15	16	17	18	19	20	21	22	23	24	25	26	27	28	29	30	31
☉	♑ 9.6	10.6	11.6	12.6	13.7	14.7	15.7	16.7	17.7	18.8	19.8	20.8	21.8	22.8	23.9	24.9	25.9	26.9	27.9	28.9	30	♒ 1	2	3	4	5.1	6.1	7.1	8.1	9.1	10.1
☽	♐ 3.9	17.1	♑ 0.6	14.5	28.7	♒ 13.1	27.5	♓ 12	26.4	♈ 10.7	24.8	♉ 8.7	22.4	♊ 5.9	19.1	♋ 2.2	15	27.6	♌ 10.1	22.3	♍ 4.4	16.4	28.3	♎ 10.2	22.1	♏ 4.1	16.3	28.8	♐ 11.6	24.8	♑ 8.5
☿	♐ 23.9	25.4	26.9	28.4	29.9	♑ 1.4	2.9	4.5	6	7.5	9.1	10.6	12.2	13.8	15.3	16.9	18.5	20.1	21.7	23.4	25	26.6	28.3	29.9	♒ 1.6	3.3	5	6.7	8.4	10.1	11.9
♀	♑ 19.4	20.6	21.9	23.1	24.4	25.6	26.9	28.1	29.4	♒ 0.7	1.9	3.2	4.4	5.7	6.9	8.2	9.4	10.7	11.9	13.2	14.5	15.7	17	18.2	19.5	20.7	22	23.2	24.5	25.7	27
♂	♉ 8.2	8.5	8.8	9	9.3	9.7	10	10.3	10.6	11	11.3	11.7	12	12.4	12.7	13.1	13.5	13.9	14.3	14.7	15.1	15.5	15.9	16.3	16.7	17.1	17.6	18	18.4	18.9	19.3

♃ 1: ♒ 26.3 · 6: 27.3 · 11: 28.4 · 16: 29.5 · 21: ♓ 0.6 · 26: 1.7 · 31: 2.9
♄ 1: ♐ 3.3 · 6: 3.8 · 11: 4.3 · 16: 4.7 · 21: 5.2 · 26: 5.6 · 31: 5.9
♅ 1: ♓ 25.8 · 11: 26.1 · 21: 26.4 · 31: 26.8
♆ 1: ♌ 26.7R · 11: 26.5 · 21: 26.3 · 31: 26
♇ 1: ♋ 15.0R · 11: 14.8 · 21: 14.6 · 31: 14.4

	1	2	3	4	5	6	7	8	9	10	11	12	13	14	15	16	17	18	19	20	21	22	23	24	25	26	27	28	29	30	31
☉	♑ 9.3	10.4	11.4	12.4	13.4	14.4	15.5	16.5	17.5	18.5	19.5	20.6	21.6	22.6	23.6	24.6	25.6	26.7	27.7	28.7	29.7	♒ 0.7	1.8	2.8	3.8	4.8	5.8	6.8	7.9	8.9	9.9
☽	♈ 16.2	♉ 0.4	14.8	29.2	♊ 13.6	27.9	♋ 12.1	26.1	♌ 9.7	23	♍ 5.9	18.6	♎ 0.9	12.9	24.8	♏ 6.7	18.5	♐ 0.4	12.5	24.9	♑ 7.5	20.4	♒ 3.6	17.2	♓ 0.9	14.9	28.9	♈ 13.1	27.2	♉ 11.4	25.4
☿	♑ 4.6	6.2	7.8	9.4	11	12.6	14.2	15.8	17.5	19.1	20.7	22.4	24	25.7	27.4	29.1	♒ 0.8	2.4	4.1	5.9	7.6	9.3	11	12.7	14.4	16.2	17.9	19.6	21.3	22.9	24.6
♀	♏ 26.5	27.7	28.8	♐ 0	1.2	2.4	3.6	4.7	5.9	7.1	8.3	9.5	10.7	11.9	13.1	14.3	15.5	16.7	17.9	19.1	20.3	21.5	22.7	23.9	25.1	26.3	27.5	28.7	30	♑ 1.2	2.4
♂	♐ 16.8	17.6	18.3	19	19.7	20.5	21.2	21.9	22.6	23.4	24.1	24.8	25.6	26.3	27	27.7	28.5	29.2	30	♑ 0.7	1.4	2.2	2.9	3.6	4.4	5.1	5.8	6.6	7.3	8.1	8.8

♃ 1: ♓ 26.5 · 6: 27.2 · 11: 28 · 16: 28.8 · 21: 29.6 · 26: ♈ 0.5 · 31: 1.5
♄ 1: ♐ 13.5 · 6: 14.1 · 11: 14.6 · 16: 15.1 · 21: 15.6 · 26: 16.1 · 31: 16.5
♅ 1: ♓ 29.7 · 11: 29.9 · 21: ♈ 0.2 · 31: 0.6
♆ 1: ♌ 29.0R · 11: 28.8 · 21: 28.5 · 31: 28.3
♇ 1: ♋ 16.2R · 11: 16 · 21: 15.8 · 31: 15.6

II

	1	2	3	4	5	6	7	8	9	10	11	12	13	14	15	16	17	18	19	20	21	22	23	24	25	26	27	28	29	30	31
☉	♒ 11.1	12.2	13.2	14.2	15.2	16.2	17.2	18.2	19.3	20.3	21.3	22.3	23.3	24.3	25.3	26.3	27.3	28.4	29.4	♓ 0.4	1.4	2.4	3.4	4.4	5.4	6.4	7.4	8.4			
☽	♑ 22.6	♒ 7.1	21.8	♓ 6.8	21.7	♈ 6.6	21.1	♉ 5.4	19.3	♊ 2.8	16.1	29	♋ 11.7	24.2	♌ 6.6	18.8	♍ 0.9	12.9	24.8	♎ 6.7	18.5	♏ 0.4	12.4	24.6	♐ 7	19.7	♑ 2.8	16.4			
☿	♒ 13.6	15.4	17.1	18.9	20.7	22.5	24.3	26.1	27.9	29.7	♓ 1.5	3.3	5.1	6.9	8.6	10.3	12	13.7	15.3	16.9	18.4	19.8	21.1	22.3	23.5	24.5	25.3	26.1			
♀	♒ 28.2	29.5	♓ 0.7	2	3.2	4.5	5.7	7	8.2	9.5	10.7	11.9	13.2	14.4	15.7	16.9	18.2	19.4	20.7	21.9	23.1	24.4	25.6	26.9	28.1	29.3	♈ 0.6	1.8			
♂	♉ 19.8	20.2	20.7	21.2	21.6	22.1	22.6	23	23.5	24	24.5	25	25.5	26	26.5	27	27.5	28	28.5	29	29.5	30	♊ 0.5	1	1.5	2.1	2.6	3.1			

♃ 1: ♓ 3.1 · 6: 4.3 · 11: 5.4 · 16: 6.6 · 21: 7.8 · 26: 9
♄ 1: ♐ 6 · 6: 6.4 · 11: 6.7 · 16: 6.9 · 21: 7.1 · 26: 7.3
♅ 1: ♓ 26.9 · 11: 27.3 · 21: 27.8
♆ 1: ♌ 26.0R · 11: 25.7 · 21: 25.5
♇ 1: ♋ 14.3R · 11: 14.2 · 21: 14

	1	2	3	4	5	6	7	8	9	10	11	12	13	14	15	16	17	18	19	20	21	22	23	24	25	26	27	28	29	30	31
☉	♒ 10.9	11.9	12.9	13.9	15	16	17	18	19	20	21	22	23.1	24.1	25.1	26.1	27.1	28.1	29.1	♓ 0.1	1.1	2.1	3.1	4.2	5.2	6.2	7.2	8.2	9.2		
☽	♊ 9.5	23.4	♋ 7.3	21	♌ 4.6	17.9	♍ 1	13.8	26.4	♎ 8.6	20.7	♏ 2.6	14.4	26.3	♐ 8.2	20.3	♑ 2.7	15.4	28.5	♒ 11.9	25.8	♓ 10	24.5	♈ 9	23.5	♉ 8	22.3	♊ 6.4	20.2		
☿	♒ 26.2	27.8	29.4	♓ 0.9	2.3	3.7	4.9	6.1	7.2	8.2	9	9.7	10.2	10.6	10.8	10.8R	10.6	10.3	9.8	9.2	8.4	7.5	6.5	5.5	4.4	3.3	2.2	1.2	0.2		
♀	♑ 3.6	4.8	6	7.2	8.4	9.7	10.9	12.1	13.3	14.5	15.8	17	18.2	19.4	20.6	21.9	23.1	24.3	25.5	26.7	28	29.2	♒ 0.4	1.6	2.9	4.1	5.3	6.5	7.8		
♂	♑ 9.6	10.3	11	11.8	12.5	13.3	14	14.8	15.5	16.3	17	17.8	18.5	19.3	20	20.8	21.5	22.3	23	23.8	24.5	25.3	26	26.8	27.5	28.3	29.1	29.8	♒ 0.6		

♃ 1: ♈ 1.7 · 6: 2.7 · 11: 3.7 · 16: 4.8 · 21: 5.8 · 26: 7
♄ 1: ♐ 16.6 · 6: 17 · 11: 17.4 · 16: 17.7 · 21: 18 · 26: 18.3
♅ 1: ♈ 0.7 · 11: 1.1 · 21: 1.6
♆ 1: ♌ 28.3R · 11: 28 · 21: 27.7
♇ 1: ♋ 15.6R · 11: 15.4 · 21: 15.3

III

	1	2	3	4	5	6	7	8	9	10	11	12	13	14	15	16	17	18	19	20	21	22	23	24	25	26	27	28	29	30	31
☉	♓ 9.4	10.4	11.4	12.4	13.4	14.4	15.4	16.4	17.4	18.4	19.4	20.4	21.4	22.4	23.4	24.4	25.4	26.4	27.4	28.4	29.4	♈ 0.4	1.4	2.4	3.4	4.4	5.3	6.3	7.3	8.3	9.3
☽	♒ 0.5	15	29.9	♓ 15.1	♈ 0.4	15.6	♉ 0.5	15.1	29.1	♊ 12.8	26	♋ 8.8	21.3	♌ 3.6	15.8	27.8	♍ 9.8	21.7	♎ 3.6	15.4	27.3	♏ 9.3	21.3	♐ 3.5	15.9	28.6	♑ 11.6	25	♒ 8.9	23.3	♓ 8.1
☿	♓ 26.7	27.1	27.4	27.5	27.5R	27.3	27	26.5	25.9	25.2	24.4	23.5	22.6	21.7	20.7	19.7	18.8	17.9	17.1	16.4	15.8	15.2	14.7	14.4	14.1	14	13.9	14.0D	14.1	14.3	14.6
♀	♈ 3	4.3	5.5	6.8	8	9.2	10.5	11.7	12.9	14.1	15.4	16.6	17.8	19.1	20.3	21.5	22.7	24	25.2	26.4	27.6	28.9	♉ 0.1	1.3	2.5	3.7	4.9	6.2	7.4	8.6	9.8
♂	♊ 3.6	4.2	4.7	5.2	5.8	6.3	6.9	7.4	7.9	8.5	9	9.6	10.1	10.7	11.2	11.8	12.3	12.9	13.4	14	14.5	15.1	15.7	16.2	16.8	17.4	17.9	18.5	19	19.6	20.2

♃ 1: ♓ 9.8 · 6: 11 · 11: 12.2 · 16: 13.4 · 21: 14.6 · 26: 15.8 · 31: 16.9
♄ 1: ♐ 7.4 · 6: 7.5 · 11: 7.6 · 16: 7.7 · 21: 7.7R · 26: 7.6 · 31: 7.5
♅ 1: ♓ 28.3 · 11: 28.8 · 21: 29.4 · 31: 30
♆ 1: ♌ 25.2R · 11: 25 · 21: 24.7 · 31: 24.5
♇ 1: ♋ 13.9R · 11: 13.8 · 21: 13.8 · 31: 13.8D

	1	2	3	4	5	6	7	8	9	10	11	12	13	14	15	16	17	18	19	20	21	22	23	24	25	26	27	28	29	30	31
☉	♓ 10.2	11.2	12.2	13.2	14.2	15.2	16.2	17.2	18.2	19.2	20.2	21.2	22.2	23.2	24.2	25.2	26.2	27.2	28.2	29.2	♈ 0.1	1.1	2.1	3.1	4.1	5.1	6.1	7.1	8.1	9.1	10
☽	♋ 3.9	17.4	♌ 0.7	13.9	26.9	♍ 9.6	22.2	♎ 4.6	16.7	28.7	♏ 10.6	22.4	♐ 4.2	16.1	28.2	♑ 10.5	23.2	♒ 6.3	19.9	♓ 3.9	18.4	♈ 3.2	18.1	♉ 3	17.9	♊ 2.5	16.8	♋ 0.7	14.4	27.8	♌ 10.8
☿	♒ 29.3R	28.5	27.9	27.3	26.8	26.5	26.2	26.1	26.1D	26.2	26.3	26.6	27	27.4	27.9	28.5	29.2	29.9	♓ 0.7	1.6	2.4	3.4	4.4	5.4	6.5	7.6	8.8	10	11.2	12.5	13.8
♀	♒ 9	10.2	11.4	12.7	13.9	15.1	16.3	17.6	18.8	20	21.2	22.5	23.7	24.9	26.2	27.4	28.6	29.8	♓ 1.1	2.3	3.5	4.8	6	7.2	8.4	9.7	10.9	12.1	13.4	14.6	15.8
♂	♒ 1.3	2.1	2.8	3.6	4.4	5.1	5.9	6.6	7.4	8.2	8.9	9.7	10.4	11.2	12	12.7	13.5	14.3	15	15.8	16.5	17.3	18.1	18.8	19.6	20.4	21.1	21.9	22.7	23.4	24.2

♃ 1: ♈ 7.9 · 6: 9 · 11: 10.2 · 16: 11.4 · 21: 12.6 · 26: 13.8 · 31: 15
♄ 1: ♐ 18.5 · 6: 18.7 · 11: 18.9 · 16: 19 · 21: 19.1 · 26: 19.1 · 31: 19.1R
♅ 1: ♈ 2.1 · 11: 2.6 · 21: 3.2 · 31: 3.8
♆ 1: ♌ 27.5R · 11: 27.2 · 21: 27 · 31: 26.8
♇ 1: ♋ 15.1R · 11: 15.1 · 21: 15 · 31: 15.0D

IV

	1	2	3	4	5	6	7	8	9	10	11	12	13	14	15	16	17	18	19	20	21	22	23	24	25	26	27	28	29	30	31
☉	♈ 10.3	11.3	12.3	13.2	14.2	15.2	16.2	17.2	18.2	19.1	20.1	21.1	22.1	23.1	24	25	26	27	28	28.9	29.9	♉ 0.9	1.9	2.8	3.8	4.8	5.8	6.7	7.7	8.7	
☽	♓ 23.3	♈ 8.6	23.9	♉ 9	23.7	♊ 8	21.8	♋ 5.1	18	♌ 0.5	12.8	24.9	♍ 6.8	18.7	♎ 0.5	12.4	24.3	♏ 6.3	18.4	♐ 0.6	12.9	25.5	♑ 8.2	21.3	♒ 4.7	18.4	♓ 2.6	17.2	♈ 2	17.1	
☿	♓ 15	15.5	16	16.6	17.3	18	18.8	19.6	20.5	21.5	22.5	23.5	24.6	25.7	26.9	28.1	29.4	♈ 0.6	2	3.3	4.7	6.1	7.5	9	10.5	12.1	13.6	15.2	16.9	18.5	
♀	♉ 11	12.2	13.4	14.6	15.8	17	18.3	19.5	20.7	21.9	23.1	24.3	25.5	26.7	27.9	29	♊ 0.2	1.4	2.6	3.8	5	6.2	7.4	8.6	9.7	10.9	12.1	13.3	14.5	15.6	
♂	♊ 20.8	21.3	21.9	22.5	23	23.6	24.2	24.8	25.3	25.9	26.5	27.1	27.7	28.2	28.8	29.4	30	♋ 0.6	1.1	1.7	2.3	2.9	3.5	4.1	4.7	5.2	5.8	6.4	7	7.6	

♃ 1: ♓ 17.2 · 6: 18.3 · 11: 19.4 · 16: 20.5 · 21: 21.6 · 26: 22.7
♄ 1: ♐ 7.5R · 6: 7.4 · 11: 7.2 · 16: 7 · 21: 6.8 · 26: 6.5
♅ 1: ♈ 0 · 11: 0.6 · 21: 1.1
♆ 1: ♌ 24.5R · 11: 24.4 · 21: 24.3
♇ 1: ♋ 13.8 · 11: 13.8 · 21: 13.9

	1	2	3	4	5	6	7	8	9	10	11	12	13	14	15	16	17	18	19	20	21	22	23	24	25	26	27	28	29	30	31
☉	♈ 11	12	13	14	15	16	16.9	17.9	18.9	19.9	20.9	21.8	22.8	23.8	24.8	25.8	26.7	27.7	28.7	29.7	♉ 0.6	1.6	2.6	3.6	4.5	5.5	6.5	7.5	8.4	9.4	
☽	♌ 23.7	♍ 6.4	18.8	♎ 1.1	13.3	25.3	♏ 7.2	19	♐ 0.8	12.6	24.5	♑ 6.6	18.9	♒ 1.5	14.6	28.1	♓ 12.1	26.5	♈ 11.4	26.5	♉ 11.7	26.8	♊ 11.7	26.3	♋ 10.5	24.3	♌ 7.7	20.7	♍ 3.4	15.9	
☿	♓ 15.1	16.4	17.8	19.2	20.7	22.1	23.6	25.2	26.7	28.3	29.9	♈ 1.5	3.2	4.8	6.6	8.3	10	11.8	13.6	15.5	17.4	19.2	21.2	23.1	25.1	27.1	29.1	♉ 1.2	3.2	5.3	
♀	♓ 17	18.3	19.5	20.7	22	23.2	24.4	25.6	26.9	28.1	29.3	♈ 0.5	1.8	3	4.2	5.5	6.7	7.9	9.1	10.4	11.6	12.8	14.1	15.3	16.5	17.7	19	20.2	21.4	22.7	
♂	♒ 25	25.7	26.5	27.3	28	28.8	29.6	♓ 0.3	1.1	1.9	2.6	3.4	4.2	4.9	5.7	6.5	7.2	8	8.8	9.5	10.3	11	11.8	12.6	13.3	14.1	14.9	15.6	16.4	17.2	

♃ 1: ♈ 15.2 · 6: 16.4 · 11: 17.6 · 16: 18.8 · 21: 20 · 26: 21.2
♄ 1: ♐ 19.1R · 6: 19.1 · 11: 19 · 16: 18.9 · 21: 18.7 · 26: 18.5
♅ 1: ♈ 3.8 · 11: 4.4 · 21: 4.9
♆ 1: ♌ 26.7R · 11: 26.6 · 21: 26.5
♇ 1: ♋ 15 · 11: 15 · 21: 15.1

V

	1	2	3	4	5	6	7	8	9	10	11	12	13	14	15	16	17	18	19	20	21	22	23	24	25	26	27	28	29	30	31
☉	♉ 9.6	10.6	11.6	12.5	13.5	14.5	15.5	16.4	17.4	18.4	19.3	20.3	21.3	22.2	23.2	24.1	25.1	26.1	27	28	29	29.9	♊ 0.9	1.8	2.8	3.8	4.7	5.7	6.6	7.6	8.6
☽	♉ 2.2	17.2	♊ 1.9	16.2	♋ 0.1	13.5	26.5	♌ 9.1	21.4	♍ 3.5	15.4	27.3	♎ 9.2	21.1	♏ 3.1	15.2	27.4	♐ 9.9	22.5	♑ 5.3	18.3	♒ 1.5	15	28.8	♓ 12.9	27.2	♈ 11.7	26.4	♉ 11.1	25.7	♊ 10.2
☿	♈ 20.2	21.9	23.7	25.5	27.3	29.1	♉ 1	2.9	4.8	6.8	8.8	10.8	12.9	14.9	17	19.2	21.3	23.5	25.6	27.8	♊ 0	2.2	4.4	6.6	8.8	10.9	13	15.2	17.2	19.3	21.3
♀	♊ 16.8	18	19.1	20.3	21.5	22.6	23.8	25	26.1	27.3	28.4	29.6	♋ 0.7	1.9	3	4.2	5.3	6.5	7.6	8.8	9.9	11	12.2	13.3	14.4	15.5	16.7	17.8	18.9	20	21.1
♂	♋ 8.2	8.8	9.4	10	10.6	11.1	11.7	12.3	12.9	13.5	14.1	14.7	15.3	15.9	16.5	17.1	17.7	18.3	18.9	19.5	20.1	20.7	21.3	21.9	22.5	23.1	23.7	24.3	24.9	25.5	26.1

♃ 1: ♓ 23.7 · 6: 24.7 · 11: 25.7 · 16: 26.6 · 21: 27.5 · 26: 28.3 · 31: 29.1
♄ 1: ♐ 6.2R · 6: 5.9 · 11: 5.5 · 16: 5.2 · 21: 4.8 · 26: 4.4 · 31: 4.1
♅ 1: ♈ 1.6 · 11: 2.1 · 21: 2.5 · 31: 2.8
♆ 1: ♌ 24.2R · 11: 24.2D · 21: 24.3 · 31: 24.4
♇ 1: ♋ 14 · 11: 14.2 · 21: 14.3 · 31: 14.5

	1	2	3	4	5	6	7	8	9	10	11	12	13	14	15	16	17	18	19	20	21	22	23	24	25	26	27	28	29	30	31
☉	♉ 10.4	11.3	12.3	13.3	14.3	15.2	16.2	17.2	18.1	19.1	20.1	21	22	22.9	23.9	24.9	25.8	26.8	27.8	28.7	29.7	♊ 0.7	1.6	2.6	3.5	4.5	5.5	6.4	7.4	8.3	9.3
☽	♍ 28.2	♎ 10.3	22.2	♏ 4.1	16	27.8	♐ 9.6	21.5	♑ 3.4	15.6	27.9	♒ 10.6	23.6	♓ 7	20.8	♈ 5.1	19.8	♉ 4.7	19.9	♊ 5.1	20.1	♋ 4.9	19.3	♌ 3.3	16.8	29.9	♍ 12.7	25.1	♎ 7.3	19.3	♏ 1.1
☿	♉ 7.4	9.6	11.7	13.9	16.1	18.2	20.4	22.6	24.7	26.8	29	♊ 1.1	3.1	5.1	7.1	9.1	11	12.9	14.7	16.5	18.2	19.9	21.5	23	24.6	26	27.4	28.8	♋ 0.1	1.3	2.5
♀	♈ 23.9	25.1	26.3	27.6	28.8	♉ 0	1.2	2.5	3.7	4.9	6.1	7.4	8.6	9.8	11.1	12.3	13.5	14.7	16	17.2	18.4	19.6	20.9	22.1	23.3	24.5	25.8	27	28.2	29.5	♊ 0.7
♂	♓ 17.9	18.7	19.5	20.2	21	21.7	22.5	23.3	24	24.8	25.5	26.3	27.1	27.8	28.6	29.3	♈ 0.1	0.9	1.6	2.4	3.1	3.9	4.6	5.4	6.1	6.9	7.6	8.4	9.1	9.9	10.6

♃ 1: ♈ 22.4 · 6: 23.6 · 11: 24.7 · 16: 25.9 · 21: 27 · 26: 28.1 · 31: 29.1
♄ 1: ♐ 18.3R · 6: 18 · 11: 17.7 · 16: 17.4 · 21: 17.1 · 26: 16.7 · 31: 16.3
♅ 1: ♈ 5.4 · 11: 5.9 · 21: 6.3 · 31: 6.7
♆ 1: ♌ 26.4R · 11: 26.4D · 21: 26.4 · 31: 26.5
♇ 1: ♋ 15.2 · 11: 15.4 · 21: 15.5 · 31: 15.7

VI

	1	2	3	4	5	6	7	8	9	10	11	12	13	14	15	16	17	18	19	20	21	22	23	24	25	26	27	28	29	30	31
☉	♊ 9.5	10.5	11.4	12.4	13.4	14.3	15.3	16.2	17.2	18.1	19.1	20	21	22	22.9	23.9	24.8	25.8	26.7	27.7	28.6	29.6	♋ 0.5	1.5	2.5	3.4	4.4	5.3	6.3	7.2	
☽	♊ 24.3	♋ 8.1	21.5	♌ 4.5	17.2	29.5	♍ 11.7	23.6	♎ 5.5	17.4	29.4	♏ 11.4	23.7	♐ 6.1	18.8	♑ 1.7	14.9	28.3	♒ 11.9	25.7	♓ 9.7	23.8	♈ 8	22.3	♉ 6.6	20.9	♊ 5	19	♋ 2.8	16.3	
☿	♊ 23.3	25.2	27.1	29	♋ 0.8	2.6	4.3	6	7.6	9.2	10.8	12.3	13.7	15.1	16.5	17.8	19.1	20.3	21.5	22.6	23.7	24.7	25.6	26.5	27.4	28.1	28.9	29.5	♌ 0.1	0.6	
♀	♋ 22.2	23.3	24.4	25.5	26.6	27.7	28.8	29.9	♌ 1	2	3.1	4.2	5.2	6.3	7.4	8.4	9.5	10.5	11.5	12.6	13.6	14.6	15.7	16.7	17.7	18.7	19.7	20.7	21.7	22.6	
♂	♋ 26.7	27.3	27.9	28.5	29.1	29.7	♌ 0.3	0.9	1.5	2.1	2.7	3.4	4	4.6	5.2	5.8	6.4	7	7.6	8.2	8.8	9.4	10.1	10.7	11.3	11.9	12.5	13.1	13.7	14.3	

♃ 1: ♓ 29.2 · 6: 30 · 11: ♈ 0.6 · 16: 1.2 · 21: 1.8 · 26: 2.2
♄ 1: ♐ 4.0R · 6: 3.6 · 11: 3.3 · 16: 2.9 · 21: 2.6 · 26: 2.3
♅ 1: ♈ 2.8 · 11: 3.1 · 21: 3.3
♆ 1: ♌ 24.4 · 11: 24.5 · 21: 24.8
♇ 1: ♋ 14.6 · 11: 14.8 · 21: 15

	1	2	3	4	5	6	7	8	9	10	11	12	13	14	15	16	17	18	19	20	21	22	23	24	25	26	27	28	29	30	31
☉	♊ 10.2	11.2	12.2	13.1	14.1	15	16	16.9	17.9	18.9	19.8	20.8	21.7	22.7	23.6	24.6	25.5	26.5	27.5	28.4	29.4	♋ 0.3	1.3	2.2	3.2	4.1	5.1	6	7	7.9	
☽	♏ 13	24.8	♐ 6.6	18.5	♑ 0.5	12.7	25	♒ 7.5	20.3	♓ 3.3	16.7	♈ 0.4	14.5	28.9	♉ 13.6	28.5	♊ 13.5	28.4	♋ 13.2	27.6	♌ 11.7	25.3	♍ 8.5	21.3	♎ 3.7	15.9	27.9	♏ 9.7	21.5	♐ 3.3	
☿	♋ 3.6	4.6	5.6	6.6	7.5	8.3	9	9.7	10.3	10.8	11.3	11.7	12	12.2	12.4	12.5	12.5R	12.4	12.3	12.1	11.8	11.5	11.1	10.6	10.1	9.6	9	8.4	7.8	7.2	
♀	♊ 1.9	3.1	4.4	5.6	6.8	8	9.3	10.5	11.7	12.9	14.2	15.4	16.6	17.9	19.1	20.3	21.5	22.8	24	25.2	26.4	27.7	28.9	♋ 0.1	1.4	2.6	3.8	5	6.3	7.5	
♂	♈ 11.4	12.1	12.9	13.6	14.4	15.1	15.8	16.6	17.3	18.1	18.8	19.5	20.3	21	21.7	22.5	23.2	23.9	24.7	25.4	26.1	26.9	27.6	28.3	29	29.7	♉ 0.5	1.2	1.9	2.6	

♃ 1: ♈ 29.3 · 6: ♉ 0.4 · 11: 1.4 · 16: 2.3 · 21: 3.3 · 26: 4.2
♄ 1: ♐ 16.3R · 6: 15.9 · 11: 15.5 · 16: 15.2 · 21: 14.8 · 26: 14.5
♅ 1: ♈ 6.7 · 11: 7 · 21: 7.2
♆ 1: ♌ 26.6 · 11: 26.7 · 21: 26.9
♇ 1: ♋ 15.8 · 11: 16 · 21: 16.2

VII

	1	2	3	4	5	6	7	8	9	10	11	12	13	14	15	16	17	18	19	20	21	22	23	24	25	26	27	28	29	30	31
☉	♋ 8.2	9.1	10.1	11	12	12.9	13.9	14.9	15.8	16.8	17.7	18.7	19.6	20.6	21.5	22.5	23.4	24.4	25.3	26.3	27.3	28.2	29.2	♌ 0.1	1.1	2	3	3.9	4.9	5.8	6.8
☽	♋ 29.6	♌ 12.5	25.1	♍ 7.5	19.6	♎ 1.6	13.5	25.4	♏ 7.3	19.4	♐ 1.8	14.3	27.2	♑ 10.4	24	♒ 7.8	21.9	♓ 6.1	20.4	♈ 4.8	19.1	♉ 3.3	17.4	♊ 1.3	15	28.6	♋ 12	25.1	♌ 8.1	20.8	♍ 3.3
☿	♌ 1.1	1.5	1.8	2	2.1	2.2	2.2R	2.1	2	1.7	1.4	1	0.6	0.1	♋ 29.5	28.9	28.3	27.6	26.9	26.3	25.6	24.9	24.3	23.8	23.2	22.8	22.4	22.1	21.9	21.8	21.8D
♀	♌ 23.6	24.6	25.5	26.5	27.4	28.3	29.3	♍ 0.2	1.1	2	2.9	3.8	4.6	5.5	6.4	7.2	8	8.8	9.6	10.4	11.2	12	12.7	13.5	14.2	14.9	15.6	16.2	16.9	17.5	18.1
♂	♌ 15	15.6	16.2	16.8	17.4	18	18.7	19.3	19.9	20.5	21.1	21.7	22.4	23	23.6	24.2	24.8	25.5	26.1	26.7	27.3	27.9	28.6	29.2	29.8	♍ 0.4	1.1	1.7	2.3	2.9	3.6

♃ 1: ♈ 2.6 · 6: 3 · 11: 3.2 · 16: 3.4 · 21: 3.5 · 26: 3.5R · 31: 3.5
♄ 1: ♐ 2.0R · 6: 1.8 · 11: 1.6 · 16: 1.4 · 21: 1.2 · 26: 1.1 · 31: 1.1
♅ 1: ♈ 3.4 · 11: 3.4R · 21: 3.4 · 31: 3.2
♆ 1: ♌ 25 · 11: 25.3 · 21: 25.6 · 31: 26
♇ 1: ♋ 15.3 · 11: 15.5 · 21: 15.8 · 31: 16

	1	2	3	4	5	6	7	8	9	10	11	12	13	14	15	16	17	18	19	20	21	22	23	24	25	26	27	28	29	30	31
☉	♋ 8.9	9.9	10.8	11.8	12.7	13.7	14.6	15.6	16.5	17.5	18.4	19.4	20.3	21.3	22.3	23.2	24.2	25.1	26.1	27	28	28.9	29.9	♌ 0.8	1.8	2.8	3.7	4.7	5.6	6.6	7.5
☽	♐ 15.2	27.3	♑ 9.5	21.9	♒ 4.5	17.3	♓ 0.3	13.6	27.1	♈ 10.9	24.8	♉ 9	23.4	♊ 7.9	22.5	♋ 7.1	21.6	♌ 5.9	19.8	♍ 3.4	16.6	29.5	♎ 11.9	24.1	♏ 6.1	17.9	29.7	♐ 11.6	23.5	♑ 5.7	18.1
☿	♋ 6.7R	6.1	5.5	5	4.6	4.2	3.9	3.6	3.4	3.3	3.3D	3.3	3.5	3.7	4.1	4.5	5	5.6	6.3	7.1	7.9	8.9	9.9	11.1	12.3	13.6	14.9	16.4	17.9	19.5	21.2
♀	♋ 8.7	10	11.2	12.4	13.7	14.9	16.1	17.3	18.6	19.8	21	22.3	23.5	24.7	26	27.2	28.4	29.6	♌ 0.9	2.1	3.3	4.6	5.8	7	8.3	9.5	10.7	12	13.2	14.4	15.7
♂	♉ 3.3	4	4.8	5.5	6.2	6.9	7.6	8.3	9	9.7	10.4	11.1	11.8	12.5	13.2	13.9	14.6	15.3	15.9	16.6	17.3	18	18.7	19.4	20	20.7	21.4	22	22.7	23.4	24

♃ 1: ♉ 5 · 6: 5.8 · 11: 6.5 · 16: 7.2 · 21: 7.9 · 26: 8.4 · 31: 8.9
♄ 1: ♐ 14.1R · 6: 13.8 · 11: 13.6 · 16: 13.3 · 21: 13.1 · 26: 12.9 · 31: 12.7
♅ 1: ♈ 7.3 · 11: 7.4 · 21: 7.4R · 31: 7.3
♆ 1: ♌ 27.2 · 11: 27.5 · 21: 27.8 · 31: 28.1
♇ 1: ♋ 16.5 · 11: 16.7 · 21: 17 · 31: 17.2

VIII

	1	2	3	4	5	6	7	8	9	10	11	12	13	14	15	16	17	18	19	20	21	22	23	24	25	26	27	28	29	30	31
☉	♌ 7.8	8.7	9.7	10.6	11.6	12.5	13.5	14.5	15.4	16.4	17.3	18.3	19.3	20.2	21.2	22.1	23.1	24.1	25	26	27	27.9	28.9	29.8	♍ 0.8	1.8	2.7	3.7	4.7	5.6	6.6
☽	♍ 15.5	27.6	♎ 9.6	21.5	♏ 3.3	15.3	27.3	♐ 9.6	22.3	♑ 5.2	18.6	♒ 2.5	16.7	♓ 1.2	15.9	♈ 0.6	15.3	29.9	♉ 14.2	28.2	♊ 11.9	25.4	♋ 8.6	21.6	♌ 4.4	17.1	29.5	♍ 11.8	24	♎ 6	17.9
☿	♋ 21.9	22	22.3	22.8	23.3	23.9	24.6	25.5	26.4	27.4	28.6	29.8	♌ 1.1	2.5	4	5.6	7.3	9	10.7	12.6	14.4	16.3	18.2	20.2	22.2	24.1	26.1	28.1	♍ 0.1	2.1	4
♀	♍ 18.7	19.3	19.9	20.4	20.9	21.4	21.8	22.2	22.6	23	23.4	23.7	24	24.2	24.4	24.6	24.8	24.9	24.9	25	25.0R	24.9	24.9	24.7	24.6	24.4	24.2	23.9	23.6	23.2	22.8
♂	♍ 4.2	4.8	5.4	6.1	6.7	7.3	8	8.6	9.2	9.8	10.5	11.1	11.7	12.4	13	13.6	14.3	14.9	15.5	16.2	16.8	17.4	18.1	18.7	19.4	20	20.6	21.3	21.9	22.5	23.2

♃ 1: ♈ 3.4R · 6: 3.3 · 11: 3 · 16: 2.7 · 21: 2.3 · 26: 1.9 · 31: 1.3
♄ 1: ♐ 1.0R · 6: 1.0D · 11: 1.1 · 16: 1.1 · 21: 1.2 · 26: 1.4 · 31: 1.5
♅ 1: ♈ 3.2R · 11: 3 · 21: 2.7 · 31: 2.4
♆ 1: ♌ 26 · 11: 26.4 · 21: 26.7 · 31: 27.1
♇ 1: ♋ 16.1 · 11: 16.3 · 21: 16.5 · 31: 16.7

	1	2	3	4	5	6	7	8	9	10	11	12	13	14	15	16	17	18	19	20	21	22	23	24	25	26	27	28	29	30	31
☉	♌ 8.5	9.4	10.4	11.4	12.3	13.3	14.2	15.2	16.2	17.1	18.1	19	20	20.9	21.9	22.9	23.8	24.8	25.8	26.7	27.7	28.6	29.6	♍ 0.6	1.5	2.5	3.5	4.4	5.4	6.4	7.3
☽	♒ 0.8	13.7	26.9	♓ 10.3	24	♈ 7.7	21.6	♉ 5.7	19.8	♊ 3.9	18.1	♋ 2.3	16.5	♌ 0.6	14.5	28.2	♍ 11.6	24.7	♎ 7.5	19.9	♏ 2	14	25.8	♐ 7.6	19.5	♑ 1.5	13.8	26.3	♒ 9.2	22.4	♓ 6
☿	♋ 22.9	24.7	26.5	28.4	♌ 0.3	2.3	4.3	6.3	8.3	10.4	12.4	14.5	16.6	18.6	20.6	22.7	24.7	26.7	28.6	♍ 0.6	2.5	4.4	6.3	8.2	10	11.9	13.7	15.4	17.2	18.9	20.7
♀	♌ 16.9	18.1	19.4	20.6	21.8	23.1	24.3	25.5	26.8	28	29.2	♍ 0.5	1.7	2.9	4.2	5.4	6.6	7.9	9.1	10.3	11.6	12.8	14	15.3	16.5	17.7	19	20.2	21.4	22.7	23.9
♂	♉ 24.7	25.4	26	26.7	27.3	28	28.6	29.3	29.9	♊ 0.5	1.2	1.8	2.4	3.1	3.7	4.3	5	5.6	6.2	6.8	7.4	8	8.6	9.2	9.8	10.4	11	11.6	12.2	12.8	13.3

♃ 1: ♉ 9 · 6: 9.5 · 11: 9.8 · 16: 10.1 · 21: 10.3 · 26: 10.4 · 31: 10.4R
♄ 1: ♐ 12.7R · 6: 12.6 · 11: 12.5 · 16: 12.5 · 21: 12.5D · 26: 12.6 · 31: 12.7
♅ 1: ♈ 7.3R · 11: 7.1 · 21: 6.8 · 31: 6.5
♆ 1: ♌ 28.2 · 11: 28.5 · 21: 28.9 · 31: 29.2
♇ 1: ♋ 17.3 · 11: 17.5 · 21: 17.7 · 31: 17.9

IX

	1	2	3	4	5	6	7	8	9	10	11	12	13	14	15	16	17	18	19	20	21	22	23	24	25	26	27	28	29	30	31
☉	♍ 7.6	8.5	9.5	10.5	11.4	12.4	13.4	14.4	15.3	16.3	17.3	18.2	19.2	20.2	21.2	22.1	23.1	24.1	25.1	26	27	28	29	30	♎ 0.9	1.9	2.9	3.9	4.9	5.8	
☽	♎ 29.7	♏ 11.5	23.4	♐ 5.5	17.7	♑ 0.3	13.2	26.7	♒ 10.6	25	♓ 9.7	24.8	♈ 9.9	25	♉ 9.8	24.4	♊ 8.5	22.3	♋ 5.6	18.7	♌ 1.5	14	26.4	♍ 8.6	20.7	♎ 2.7	14.7	26.5	♏ 8.3	20.1	
☿	♍ 6	7.9	9.9	11.8	13.7	15.6	17.4	19.3	21.1	22.9	24.7	26.4	28.2	29.9	♎ 1.6	3.3	5	6.6	8.3	9.9	11.5	13.1	14.7	16.2	17.8	19.3	20.8	22.3	23.8	25.2	
♀	♍ 22.4R	21.9	21.5	21	20.4	19.9	19.3	18.7	18.1	17.5	16.8	16.2	15.6	15	14.4	13.8	13.3	12.7	12.2	11.7	11.3	10.9	10.5	10.2	9.9	9.6	9.4	9.2	9	8.9	
♂	♍ 23.8	24.5	25.1	25.8	26.4	27	27.7	28.3	29	29.6	♎ 0.3	0.9	1.6	2.2	2.9	3.5	4.2	4.8	5.5	6.1	6.8	7.4	8.1	8.7	9.4	10	10.7	11.4	12	12.7	

♃ 1: ♈ 1.2R · 6: 0.6 · 11: 0 · 16: ♓ 29.4 · 21: 28.7 · 26: 28
♄ 1: ♐ 1.6 · 6: 1.8 · 11: 2.1 · 16: 2.4 · 21: 2.7 · 26: 3.1
♅ 1: ♈ 2.4R · 11: 2 · 21: 1.6
♆ 1: ♌ 27.1 · 11: 27.5 · 21: 27.8
♇ 1: ♋ 16.7 · 11: 16.9 · 21: 17

	1	2	3	4	5	6	7	8	9	10	11	12	13	14	15	16	17	18	19	20	21	22	23	24	25	26	27	28	29	30	31
☉	♍ 8.3	9.3	10.2	11.2	12.2	13.2	14.1	15.1	16.1	17	18	19	20	20.9	21.9	22.9	23.9	24.8	25.8	26.8	27.8	28.7	29.7	♎ 0.7	1.7	2.7	3.6	4.6	5.6	6.6	
☽	♓ 19.8	♈ 3.9	18.1	♉ 2.3	16.6	♊ 0.8	14.9	28.9	♋ 12.8	26.7	♌ 10.3	23.9	♍ 7.2	20.2	♎ 3.1	15.6	27.9	♏ 10	21.9	♐ 3.7	15.5	27.4	♑ 9.4	21.6	♒ 4.2	17.2	♓ 0.5	14.3	28.5	♈ 12.9	
☿	♍ 22.4	24	25.7	27.3	28.9	♎ 0.5	2.1	3.7	5.2	6.7	8.2	9.7	11.1	12.6	14	15.4	16.8	18.1	19.4	20.8	22	23.3	24.5	25.7	26.9	28.1	29.2	♏ 0.3	1.3	2.3	
♀	♍ 25.1	26.4	27.6	28.8	♎ 0.1	1.3	2.5	3.8	5	6.2	7.5	8.7	9.9	11.2	12.4	13.6	14.9	16.1	17.3	18.6	19.8	21	22.3	23.5	24.7	26	27.2	28.4	29.6	♏ 0.9	
♂	♊ 13.9	14.5	15	15.6	16.2	16.7	17.3	17.8	18.4	18.9	19.4	20	20.5	21	21.5	22	22.6	23.1	23.6	24.1	24.5	25	25.5	26	26.4	26.9	27.3	27.8	28.2	28.7	

♃ 1: ♉ 10.4R · 6: 10.4 · 11: 10.2 · 16: 10 · 21: 9.7 · 26: 9.3
♄ 1: ♐ 12.7 · 6: 12.8 · 11: 13 · 16: 13.2 · 21: 13.5 · 26: 13.8
♅ 1: ♈ 6.5R · 11: 6.1 · 21: 5.7
♆ 1: ♌ 29.3 · 11: 29.6 · 21: 30
♇ 1: ♋ 17.9 · 11: 18.1 · 21: 18.2

X

	1	2	3	4	5	6	7	8	9	10	11	12	13	14	15	16	17	18	19	20	21	22	23	24	25	26	27	28	29	30	31
☉	♎ 6.8	7.8	8.8	9.8	10.8	11.7	12.7	13.7	14.7	15.7	16.7	17.7	18.7	19.7	20.6	21.6	22.6	23.6	24.6	25.6	26.6	27.6	28.6	29.6	♏ 0.6	1.6	2.6	3.6	4.6	5.6	6.6
☽	♐ 2	14.1	26.3	♑ 8.8	21.7	♒ 5	18.8	♓ 3.1	17.9	♈ 3	18.3	♉ 3.6	18.7	♊ 3.5	17.9	♋ 1.8	15.3	28.3	♌ 11	23.5	♍ 5.7	17.8	29.8	♎ 11.7	23.5	♏ 5.4	17.2	29.1	♐ 11.1	23.2	♑ 5.5
☿	♎ 26.7	28.1	29.5	♏ 0.9	2.3	3.6	5	6.3	7.6	8.9	10.1	11.4	12.6	13.8	14.9	16	17.1	18.1	19.1	20.1	21	21.8	22.6	23.3	23.9	24.5	24.9	25.2	25.5	25.5	25.5R
♀	♍ 8.9R	8.8	8.9D	8.9	9	9.1	9.3	9.5	9.7	10	10.3	10.7	11	11.4	11.9	12.3	12.8	13.3	13.8	14.4	15	15.6	16.2	16.9	17.5	18.2	18.9	19.6	20.4	21.1	21.9
♂	♎ 13.3	14	14.6	15.3	16	16.6	17.3	18	18.6	19.3	19.9	20.6	21.3	21.9	22.6	23.3	24	24.6	25.3	26	26.6	27.3	28	28.7	29.3	♏ 0	0.7	1.4	2	2.7	3.4

♃ 1: ♓ 27.4R · 6: 26.7 · 11: 26.1 · 16: 25.6 · 21: 25.1 · 26: 24.6 · 31: 24.3
♄ 1: ♐ 3.5 · 6: 3.9 · 11: 4.3 · 16: 4.8 · 21: 5.3 · 26: 5.8 · 31: 6.3
♅ 1: ♈ 1.2R · 11: 0.8 · 21: 0.5 · 31: 0.1
♆ 1: ♌ 28.2 · 11: 28.5 · 21: 28.7 · 31: 28.9
♇ 1: ♋ 17.1 · 11: 17.2 · 21: 17.2R · 31: 17.1

	1	2	3	4	5	6	7	8	9	10	11	12	13	14	15	16	17	18	19	20	21	22	23	24	25	26	27	28	29	30	31
☉	♎ 7.6	8.6	9.5	10.5	11.5	12.5	13.5	14.5	15.5	16.4	17.4	18.4	19.4	20.4	21.4	22.4	23.4	24.4	25.4	26.4	27.4	28.4	29.3	♏ 0.3	1.3	2.3	3.3	4.3	5.3	6.3	7.3
☽	♈ 27.6	♉ 12.2	26.9	♊ 11.4	25.7	♋ 9.7	23.6	♌ 7.2	20.5	♍ 3.7	16.6	29.3	♎ 11.9	24.2	♏ 6.3	18.3	♐ 0.1	11.9	23.7	♑ 5.5	17.5	29.7	♒ 12.2	25.1	♓ 8.5	22.3	♈ 6.5	21.2	♉ 6.1	21.1	♊ 6.1
☿	♏ 3.3	4.2	5	5.8	6.6	7.3	7.9	8.4	8.8	9.2	9.4	9.6	9.6R	9.4	9.2	8.8	8.3	7.6	6.8	5.8	4.8	3.6	2.4	1.1	♎ 29.9	28.7	27.5	26.5	25.6	24.9	24.3
♀	♏ 2.1	3.3	4.6	5.8	7	8.3	9.5	10.7	11.9	13.2	14.4	15.6	16.9	18.1	19.3	20.5	21.8	23	24.2	25.5	26.7	27.9	29.1	♐ 0.4	1.6	2.8	4	5.3	6.5	7.7	8.9
♂	♊ 29.1	29.5	29.9	♋ 0.4	0.8	1.2	1.5	1.9	2.3	2.7	3	3.4	3.7	4.1	4.4	4.7	5	5.3	5.6	5.9	6.2	6.4	6.7	6.9	7.1	7.4	7.6	7.8	8	8.1	8.3

♃ 1: ♉ 8.8R · 6: 8.3 · 11: 7.7 · 16: 7.1 · 21: 6.4 · 26: 5.8 · 31: 5.1
♄ 1: ♐ 14.1 · 6: 14.5 · 11: 14.8 · 16: 15.3 · 21: 15.7 · 26: 16.2 · 31: 16.7
♅ 1: ♈ 5.3R · 11: 4.9 · 21: 4.5 · 31: 4.2
♆ 1: ♍ 0.3 · 11: 0.6 · 21: 0.9 · 31: 1.1
♇ 1: ♋ 18.3 · 11: 18.4 · 21: 18.4R · 31: 18.4

XI

	1	2	3	4	5	6	7	8	9	10	11	12	13	14	15	16	17	18	19	20	21	22	23	24	25	26	27	28	29	30	31
☉	♏ 7.6	8.6	9.6	10.6	11.6	12.6	13.6	14.6	15.6	16.6	17.6	18.6	19.6	20.6	21.6	22.6	23.7	24.7	25.7	26.7	27.7	28.7	29.7	♐ 0.7	1.7	2.7	3.8	4.8	5.8	6.8	
☽	♑ 18	♒ 0.8	14.1	27.7	♓ 11.8	26.4	♈ 11.3	26.4	♉ 11.7	26.8	♊ 11.7	26.3	♋ 10.4	24	♌ 7.2	20	♍ 2.5	14.7	26.7	♎ 8.6	20.4	♏ 2.3	14.1	26.1	♐ 8.1	20.3	♑ 2.6	15.1	27.8	♒ 10.8	
☿	♏ 25.3R	25	24.5	23.8	23	22.1	21	19.8	18.5	17.1	15.8	14.5	13.3	12.3	11.4	10.6	10.1	9.7	9.5	9.5D	9.7	10.1	10.6	11.3	12	12.9	13.9	14.9	16	17.2	
♀	♍ 22.7	23.5	24.3	25.2	26	26.9	27.7	28.6	29.5	♎ 0.4	1.3	2.3	3.2	4.1	5.1	6.1	7	8	9	10	11	12	13	14.1	15.1	16.1	17.2	18.2	19.3	20.3	
♂	♏ 4.1	4.7	5.4	6.1	6.8	7.5	8.2	8.8	9.5	10.2	10.9	11.6	12.3	13	13.6	14.3	15	15.7	16.4	17.1	17.8	18.5	19.2	19.9	20.6	21.3	22	22.7	23.4	24.1	

♃ 1: ♓ 24.2R · 6: 23.9 · 11: 23.7 · 16: 23.6 · 21: 23.6D · 26: 23.7
♄ 1: ♐ 6.5 · 6: 7 · 11: 7.6 · 16: 8.1 · 21: 8.7 · 26: 9.3
♅ 1: ♈ 0.1R · 11: ♓ 29.8 · 21: 29.6
♆ 1: ♌ 28.9 · 11: 29.1 · 21: 29.2
♇ 1: ♋ 17.1R · 11: 17.1 · 21: 16.9

	1	2	3	4	5	6	7	8	9	10	11	12	13	14	15	16	17	18	19	20	21	22	23	24	25	26	27	28	29	30	31
☉	♏ 8.3	9.3	10.3	11.3	12.3	13.3	14.4	15.4	16.4	17.4	18.4	19.4	20.4	21.4	22.4	23.4	24.4	25.4	26.4	27.4	28.5	29.5	♐ 0.5	1.5	2.5	3.5	4.5	5.5	6.5	7.6	
☽	♊ 21	♋ 5.6	19.9	♌ 3.9	17.5	♍ 0.7	13.6	26.3	♎ 8.7	21	♏ 3.1	15	26.9	♐ 8.7	20.5	♑ 2.3	14.1	26.1	♒ 8.3	20.8	♓ 3.6	16.8	♈ 0.4	14.5	29.1	♉ 14	29.1	♊ 14.4	29.5	♋ 14.5	
☿	♎ 24.0R	23.8	23.9D	24.1	24.5	25	25.7	26.5	27.4	28.5	29.6	♏ 0.8	2	3.3	4.7	6.1	7.5	8.9	10.4	11.9	13.4	15	16.5	18	19.6	21.1	22.7	24.2	25.8	27.4	
♀	♐ 10.2	11.4	12.6	13.8	15.1	16.3	17.5	18.7	19.9	21.2	22.4	23.6	24.8	26	27.3	28.5	29.7	♑ 0.9	2.1	3.4	4.6	5.8	7	8.2	9.4	10.6	11.9	13.1	14.3	15.5	
♂	♋ 8.5	8.6	8.7	8.8	8.9	9	9.1	9.2	9.2	9.3	9.3	9.3	9.3R	9.3	9.2	9.2	9.1	9.1	9	8.9	8.7	8.6	8.5	8.3	8.1	7.9	7.7	7.5	7.3	7	

♃ 1: ♉ 5.0R · 6: 4.3 · 11: 3.6 · 16: 3 · 21: 2.5 · 26: 1.9
♄ 1: ♐ 16.8 · 6: 17.3 · 11: 17.8 · 16: 18.4 · 21: 18.9 · 26: 19.5
♅ 1: ♈ 4.2R · 11: 3.9 · 21: 3.7
♆ 1: ♍ 1.1 · 11: 1.2 · 21: 1.3
♇ 1: ♋ 18.4R · 11: 18.3 · 21: 18.2

XII

	1	2	3	4	5	6	7	8	9	10	11	12	13	14	15	16	17	18	19	20	21	22	23	24	25	26	27	28	29	30	31
☉	♐ 7.8	8.8	9.8	10.8	11.9	12.9	13.9	14.9	15.9	16.9	18	19	20	21	22	23	24.1	25.1	26.1	27.1	28.1	29.2	♑ 0.2	1.2	2.2	3.2	4.2	5.3	6.3	7.3	8.3
☽	♒ 24	♓ 7.6	21.5	♈ 5.8	20.3	♉ 5.1	20	♊ 4.8	19.6	♋ 4.1	18.2	♌ 2	15.3	28.2	♍ 10.7	23	♎ 5	16.9	28.8	♏ 10.6	22.5	♐ 4.5	16.7	29.1	♑ 11.8	24.6	♒ 7.7	21	♓ 4.5	18.2	♈ 2.1
☿	♏ 18.4	19.7	21	22.4	23.7	25.1	26.6	28	29.4	♐ 0.9	2.4	3.9	5.4	6.9	8.4	9.9	11.4	12.9	14.4	16	17.5	19	20.6	22.1	23.7	25.2	26.8	28.3	29.9	♑ 1.5	3
♀	♎ 21.4	22.5	23.6	24.6	25.7	26.8	27.9	29	♏ 0.1	1.2	2.4	3.5	4.6	5.7	6.8	8	9.1	10.3	11.4	12.5	13.7	14.8	16	17.1	18.3	19.5	20.6	21.8	23	24.1	25.3
♂	♏ 24.8	25.5	26.2	26.9	27.6	28.3	29	29.7	♐ 0.4	1.1	1.8	2.5	3.2	3.9	4.6	5.4	6.1	6.8	7.5	8.2	8.9	9.6	10.4	11.1	11.8	12.5	13.2	13.9	14.7	15.4	16.1

♃ 1: ♓ 23.8 · 6: 24.1 · 11: 24.4 · 16: 24.8 · 21: 25.3 · 26: 25.8 · 31: 26.4
♄ 1: ♐ 9.9 · 6: 10.5 · 11: 11.1 · 16: 11.7 · 21: 12.3 · 26: 12.8 · 31: 13.4
♅ 1: ♓ 29.5R · 11: 29.5D · 21: 29.6 · 31: 29.7
♆ 1: ♌ 29.2 · 11: 29.2R · 21: 29.1 · 31: 29
♇ 1: ♋ 16.8R · 11: 16.6 · 21: 16.4 · 31: 16.2

	1	2	3	4	5	6	7	8	9	10	11	12	13	14	15	16	17	18	19	20	21	22	23	24	25	26	27	28	29	30	31
☉	♐ 8.6	9.6	10.6	11.6	12.6	13.6	14.7	15.7	16.7	17.7	18.7	19.7	20.8	21.8	22.8	23.8	24.8	25.8	26.9	27.9	28.9	29.9	♑ 0.9	2	3	4	5	6	7.1	8.1	9.1
☽	♋ 29.1	♌ 13.3	27	♍ 10.3	23.2	♎ 5.8	18.1	♏ 0.1	12	23.9	♐ 5.7	17.4	29.3	♑ 11.2	23.1	♒ 5.3	17.6	♓ 0.1	12.9	26	♈ 9.4	23.3	♉ 7.5	22.1	♊ 7.1	22.2	♋ 7.4	22.5	♌ 7.3	21.7	♍ 5.6
☿	♏ 28.9	♐ 0.5	2	3.6	5.2	6.7	8.3	9.9	11.4	13	14.6	16.1	17.7	19.3	20.8	22.4	24	25.6	27.1	28.7	♑ 0.3	1.9	3.5	5.1	6.7	8.3	9.9	11.5	13.1	14.8	16.4
♀	♑ 16.7	17.9	19.1	20.3	21.5	22.7	23.9	25.1	26.3	27.5	28.7	29.9	♒ 1.1	2.3	3.5	4.7	5.9	7.1	8.3	9.5	10.7	11.9	13.1	14.2	15.4	16.6	17.8	18.9	20.1	21.3	22.5
♂	♋ 6.8R	6.5	6.2	5.9	5.6	5.3	5	4.6	4.3	3.9	3.6	3.2	2.8	2.5	2.1	1.7	1.3	0.9	0.5	0.1	♊ 29.7	29.3	28.9	28.5	28.1	27.8	27.4	27	26.7	26.3	26

♃ 1: ♉ 1.5R · 6: 1.1 · 11: 0.8 · 16: 0.6 · 21: 0.5 · 26: 0.4D · 31: 0.5
♄ 1: ♐ 20.1 · 6: 20.7 · 11: 21.2 · 16: 21.8 · 21: 22.4 · 26: 23 · 31: 23.6
♅ 1: ♈ 3.5R · 11: 3.5 · 21: 3.5D · 31: 3.6
♆ 1: ♍ 1.4 · 11: 1.4R · 21: 1.3 · 31: 1.2
♇ 1: ♋ 18.0R · 11: 17.9 · 21: 17.7 · 31: 17.5

I

	1	2	3	4	5	6	7	8	9	10	11	12	13	14	15	16	17	18	19	20	21	22	23	24	25	26	27	28	29	30	31
☉	♑ 10.1	11.1	12.2	13.2	14.2	15.2	16.2	17.2	18.3	19.3	20.3	21.3	22.3	23.4	24.4	25.4	26.4	27.4	28.5	29.5	♒ 0.5	1.5	2.5	3.5	4.6	5.6	6.6	7.6	8.6	9.6	10.7
☽	♍ 19.1	♎ 2.1	14.6	26.9	♏ 8.9	20.8	♐ 2.5	14.3	26.1	♑ 8	20.1	♒ 2.3	14.6	27.2	♓ 9.9	22.8	♈ 6	19.4	♉ 3.1	17.1	♊ 1.4	15.9	♋ 0.7	15.6	♌ 0.4	15.1	29.5	♍ 13.5	27.1	♎ 10.1	22.8
☿	♑ 18	19.6	21.3	22.9	24.6	26.2	27.8	29.5	♒ 1.1	2.7	4.3	5.9	7.5	9.1	10.6	12.1	13.6	15	16.4	17.7	18.9	20.1	21.1	22	22.8	23.5	23.9	24.3	24.4	24.3R	24.1
♀	♒ 23.6	24.8	26	27.1	28.3	29.4	♓ 0.6	1.7	2.9	4	5.2	6.3	7.5	8.6	9.7	10.8	12	13.1	14.2	15.3	16.4	17.5	18.6	19.7	20.8	21.9	23	24.1	25.1	26.2	27.3
♂	♊ 25.6R	25.3	25	24.7	24.4	24.1	23.8	23.5	23.3	23	22.8	22.6	22.4	22.2	22	21.9	21.7	21.6	21.5	21.4	21.3	21.2	21.1	21.1	21	21	21	21.0D	21	21	21.1

♃	1: ♉ 0.5	6: 0.7	11: 0.9	16: 1.2	21: 1.6	26: 2.1	31: 2.6
♄	1: ♐ 23.7	6: 24.3	11: 24.8	16: 25.4	21: 25.9	26: 26.4	31: 26.9
♅	1: ♈ 3.6	11: 3.8	21: 4.1	31: 4.5			
♆	1: ♍ 1.2R	11: 1	21: 0.8	31: 0.5			
♇	1: ♋ 17.5R	11: 17.2	21: 17	31: 16.8			

II

	1	2	3	4	5	6	7	8	9	10	11	12	13	14	15	16	17	18	19	20	21	22	23	24	25	26	27	28	29	30	31
☉	♒ 11.7	12.7	13.7	14.7	15.7	16.7	17.8	18.8	19.8	20.8	21.8	22.8	23.8	24.8	25.8	26.9	27.9	28.9	29.9	♓ 0.9	1.9	2.9	3.9	4.9	5.9	6.9	7.9	8.9			
☽	♏ 5.1	17.2	29	♐ 10.8	22.6	♑ 4.5	16.5	28.7	♒ 11.1	23.7	♓ 6.6	19.7	♈ 3	16.4	30	♉ 13.7	27.6	♊ 11.7	26	♋ 10.3	24.8	♌ 9.2	23.5	♍ 7.6	21.4	♎ 4.9	17.9	♏ 0.6			
☿	♒ 23.7R	23.1	22.3	21.4	20.4	19.3	18.1	16.9	15.7	14.6	13.5	12.5	11.6	10.8	10.2	9.7	9.3	9	8.9	8.9D	9	9.2	9.5	9.9	10.4	11	11.6	12.3			
♀	♓ 28.3	29.4	♈ 0.4	1.5	2.5	3.5	4.5	5.6	6.6	7.6	8.5	9.5	10.5	11.5	12.4	13.4	14.3	15.2	16.2	17.1	18	18.9	19.7	20.6	21.4	22.3	23.1	23.9			
♂	♊ 21.1	21.2	21.3	21.3	21.4	21.5	21.7	21.8	21.9	22.1	22.2	22.4	22.6	22.8	23	23.2	23.4	23.6	23.9	24.1	24.3	24.6	24.9	25.1	25.4	25.7	26	26.3			

♃	1: ♉ 2.7	6: 3.3	11: 4	16: 4.8	21: 5.6	26: 6.4
♄	1: ♐ 27	6: 27.5	11: 27.9	16: 28.3	21: 28.7	26: 29.1
♅	1: ♈ 4.5	11: 4.9	21: 5.4			
♆	1: ♍ 0.5R	11: 0.2	21: ♌ 30			
♇	1: ♋ 16.8R	11: 16.6	21: 16.5			

III

	1	2	3	4	5	6	7	8	9	10	11	12	13	14	15	16	17	18	19	20	21	22	23	24	25	26	27	28	29	30	31
☉	♓ 9.9	10.9	11.9	12.9	13.9	14.9	16	17	18	18.9	19.9	20.9	21.9	22.9	23.9	24.9	25.9	26.9	27.9	28.9	29.9	♈ 0.9	1.9	2.9	3.9	4.9	5.9	6.8	7.8	8.8	9.8
☽	♏ 12.9	25	♐ 6.9	18.7	♑ 0.5	12.4	24.5	♒ 6.8	19.4	♓ 2.3	15.5	28.9	♈ 12.6	26.5	♉ 10.4	24.5	♊ 8.6	22.7	♋ 6.8	20.9	♌ 5	19	♍ 2.8	16.5	29.9	♎ 13	25.9	♏ 8.4	20.7	♐ 2.8	14.7
☿	♒ 13.1	13.9	14.8	15.7	16.7	17.7	18.8	19.9	21.1	22.2	23.4	24.7	26	27.3	28.6	29.9	♓ 1.3	2.7	4.2	5.6	7.1	8.6	10.1	11.7	13.3	14.8	16.5	18.1	19.8	21.4	23.2
♀	♈ 24.7	25.5	26.2	27	27.7	28.4	29.1	29.8	♉ 0.5	1.1	1.7	2.3	2.9	3.4	3.9	4.4	4.9	5.3	5.7	6.1	6.5	6.8	7.1	7.3	7.5	7.7	7.9	8	8	8	8.0R
♂	♊ 26.6	26.9	27.2	27.6	27.9	28.2	28.6	28.9	29.3	29.7	♋ 0	0.4	0.8	1.2	1.5	1.9	2.3	2.7	3.1	3.5	4	4.4	4.8	5.2	5.6	6.1	6.5	7	7.4	7.8	8.3

♃	1: ♉ 6.9	6: 7.8	11: 8.8	16: 9.8	21: 10.8	26: 11.9	31: 12.9
♄	1: ♐ 29.3	6: 29.5	11: 29.8	16: ♑ 0	21: 0.2	26: 0.3	31: 0.4
♅	1: ♈ 5.8	11: 6.4	21: 6.9	31: 7.5			
♆	1: ♌ 29.7R	11: 29.5	21: 29.2	31: 29			
♇	1: ♋ 16.4R	11: 16.3	21: 16.2	31: 16.2D			

IV

	1	2	3	4	5	6	7	8	9	10	11	12	13	14	15	16	17	18	19	20	21	22	23	24	25	26	27	28	29	30	31
☉	♈ 10.8	11.8	12.8	13.7	14.7	15.7	16.7	17.7	18.7	19.6	20.6	21.6	22.6	23.6	24.5	25.5	26.5	27.5	28.5	29.4	♉ 0.4	1.4	2.4	3.3	4.3	5.3	6.3	7.2	8.2	9.2	
☽	♐ 26.5	♑ 8.4	20.3	♒ 2.4	14.7	27.4	♓ 10.4	23.8	♈ 7.5	21.5	♉ 5.8	20.2	♊ 4.7	19.2	♋ 3.5	17.8	♌ 1.8	15.7	29.4	♍ 12.8	26.1	♎ 9.1	21.8	♏ 4.4	16.7	28.9	♐ 10.9	22.7	♑ 4.6	16.4	
☿	♓ 24.9	26.6	28.4	♈ 0.2	2	3.9	5.8	7.7	9.6	11.5	13.5	15.5	17.5	19.5	21.6	23.7	25.8	27.9	30	♉ 2.1	4.2	6.4	8.5	10.6	12.7	14.8	16.9	18.9	20.9	22.8	
♀	♉ 8.0R	7.9	7.7	7.6	7.3	7.1	6.8	6.4	6.1	5.7	5.2	4.7	4.2	3.7	3.1	2.5	1.9	1.3	0.7	0.1	♈ 29.4	28.8	28.2	27.6	27	26.4	25.8	25.3	24.8	24.3	
♂	♋ 8.7	9.2	9.7	10.1	10.6	11.1	11.5	12	12.5	13	13.4	13.9	14.4	14.9	15.4	15.9	16.4	16.9	17.4	17.9	18.4	18.9	19.4	19.9	20.4	20.9	21.5	22	22.5	23	

♃	1: ♉ 13.2	6: 14.3	11: 15.4	16: 16.5	21: 17.7	26: 18.9
♄	1: ♑ 0.5	6: 0.5	11: 0.5R	16: 0.5	21: 0.4	26: 0.3
♅	1: ♈ 7.6	11: 8.1	21: 8.7			
♆	1: ♌ 29.0R	11: 28.8	21: 28.7			
♇	1: ♋ 16.2	11: 16.2	21: 16.3			

V

	1	2	3	4	5	6	7	8	9	10	11	12	13	14	15	16	17	18	19	20	21	22	23	24	25	26	27	28	29	30	31
☉	♉ 10.1	11.1	12.1	13	14	15	16	16.9	17.9	18.9	19.8	20.8	21.8	22.7	23.7	24.6	25.6	26.6	27.5	28.5	29.5	♊ 0.4	1.4	2.3	3.3	4.3	5.2	6.2	7.1	8.1	9.1
☽	♑ 28.3	♒ 10.4	22.8	♓ 5.4	18.4	♈ 1.8	15.6	29.8	♉ 14.4	29.1	♊ 14	28.9	♋ 13.7	28.2	♌ 12.4	26.3	♍ 9.8	23	♎ 6	18.6	♏ 1.1	13.3	25.5	♐ 7.4	19.4	♑ 1.2	13	24.9	♒ 6.8	18.9	♓ 1.2
☿	♉ 24.8	26.6	28.4	♊ 0.2	1.9	3.5	5.1	6.7	8.1	9.5	10.8	12.1	13.3	14.4	15.5	16.5	17.4	18.2	19	19.7	20.3	20.9	21.3	21.7	22	22.2	22.4	22.4	22.4R	22.4	22.2
♀	♈ 23.9R	23.5	23.1	22.8	22.5	22.3	22.1	21.9	21.8	21.7	21.7	21.7D	21.7	21.8	21.9	22	22.2	22.4	22.7	22.9	23.3	23.6	24	24.4	24.8	25.3	25.7	26.2	26.8	27.3	27.9
♂	♋ 23.5	24.1	24.6	25.1	25.7	26.2	26.7	27.3	27.8	28.3	28.9	29.4	30	♌ 0.5	1	1.6	2.1	2.7	3.2	3.8	4.3	4.9	5.5	6	6.6	7.1	7.7	8.3	8.8	9.4	9.9

♃	1: ♉ 20	6: 21.2	11: 22.4	16: 23.6	21: 24.8	26: 25.9	31: 27.1
♄	1: ♑ 0.2R	6: ♐ 30	11: 29.7	16: 29.5	21: 29.2	26: 28.9	31: 28.6
♅	1: ♈ 9.2	11: 9.7	21: 10.1	31: 10.5			
♆	1: ♌ 28.6R	11: 28.6D	21: 28.6	31: 28.7			
♇	1: ♋ 16.4	11: 16.5	21: 16.7	31: 16.9			

VI

	1	2	3	4	5	6	7	8	9	10	11	12	13	14	15	16	17	18	19	20	21	22	23	24	25	26	27	28	29	30	31
☉	♊ 10	11	11.9	12.9	13.8	14.8	15.8	16.7	17.7	18.6	19.6	20.5	21.5	22.5	23.4	24.4	25.3	26.3	27.2	28.2	29.1	♋ 0.1	1	2	3	3.9	4.9	5.8	6.8	7.7	
☽	♓ 13.8	26.7	♈ 10	23.8	♉ 8	22.6	♊ 7.5	22.7	♋ 7.8	22.9	♌ 7.7	22.2	♍ 6.2	19.7	♎ 2.9	15.7	28.2	♏ 10.4	22.5	♐ 4.4	16.3	28.2	♑ 10	21.9	♒ 3.8	15.8	28	♓ 10.3	22.9	♈ 5.7	
☿	♊ 22.0R	21.7	21.3	20.9	20.5	20	19.5	18.9	18.4	17.8	17.3	16.7	16.2	15.7	15.3	14.9	14.6	14.3	14.1	13.9	13.9	13.9D	14	14.1	14.4	14.7	15.1	15.6	16.2	16.8	
♀	♈ 28.5	29.1	29.7	♉ 0.4	1.1	1.8	2.5	3.2	3.9	4.7	5.4	6.2	7	7.8	8.6	9.5	10.3	11.1	12	12.9	13.8	14.6	15.5	16.4	17.4	18.3	19.2	20.2	21.1	22.1	
♂	♌ 10.5	11.1	11.7	12.2	12.8	13.4	13.9	14.5	15.1	15.7	16.2	16.8	17.4	18	18.6	19.1	19.7	20.3	20.9	21.5	22.1	22.6	23.2	23.8	24.4	25	25.6	26.2	26.8	27.4	

♃	1: ♉ 27.4	6: 28.5	11: 29.7	16: ♊ 0.8	21: 1.9	26: 3
♄	1: ♐ 28.5R	6: 28.2	11: 27.8	16: 27.4	21: 27.1	26: 26.7
♅	1: ♈ 10.5	11: 10.9	21: 11.1			
♆	1: ♌ 28.7	11: 28.9	21: 29.1			
♇	1: ♋ 16.9	11: 17.2	21: 17.4			

VII

	1	2	3	4	5	6	7	8	9	10	11	12	13	14	15	16	17	18	19	20	21	22	23	24	25	26	27	28	29	30	31
☉	♋ 8.7	9.6	10.6	11.5	12.5	13.4	14.4	15.3	16.3	17.3	18.2	19.2	20.1	21.1	22	23	23.9	24.9	25.8	26.8	27.7	28.7	29.7	♌ 0.6	1.6	2.5	3.5	4.4	5.4	6.3	7.3
☽	♈ 19	♉ 2.6	16.6	♊ 1.1	15.9	♋ 1	16.3	♌ 1.5	16.5	♍ 1.1	15.3	28.9	♎ 12.1	24.9	♏ 7.3	19.5	♐ 1.5	13.4	25.2	♑ 7	18.9	♒ 0.8	12.9	25.1	♓ 7.4	19.9	♈ 2.5	15.5	28.7	♉ 12.2	26
☿	♊ 17.5	18.3	19.2	20.1	21.1	22.2	23.4	24.6	25.9	27.3	28.7	♋ 0.2	1.8	3.4	5.1	6.8	8.6	10.4	12.3	14.3	16.3	18.3	20.3	22.4	24.5	26.6	28.7	♌ 0.8	2.9	5	7.1
♀	♉ 23	24	25	25.9	26.9	27.9	28.9	29.9	♊ 0.9	1.9	3	4	5	6.1	7.1	8.1	9.2	10.2	11.3	12.3	13.4	14.5	15.5	16.6	17.7	18.8	19.9	20.9	22	23.1	24.2
♂	♌ 28	28.6	29.2	29.8	♍ 0.4	1	1.6	2.2	2.8	3.4	4	4.6	5.2	5.8	6.4	7	7.6	8.2	8.8	9.4	10.1	10.7	11.3	11.9	12.5	13.1	13.7	14.4	15	15.6	16.2

♃	1: ♊ 4.1	6: 5.2	11: 6.2	16: 7.2	21: 8.2	26: 9.1	31: 10
♄	1: ♐ 26.3R	6: 26	11: 25.7	16: 25.3	21: 25.1	26: 24.8	31: 24.6
♅	1: ♈ 11.3	11: 11.4	21: 11.4R	31: 11.3			
♆	1: ♌ 29.3	11: 29.6	21: 29.9	31: ♍ 0.2			
♇	1: ♋ 17.7	11: 17.9	21: 18.2	31: 18.4			

VIII

	1	2	3	4	5	6	7	8	9	10	11	12	13	14	15	16	17	18	19	20	21	22	23	24	25	26	27	28	29	30	31
☉	♌ 8.3	9.2	10.2	11.1	12.1	13	14	15	15.9	16.9	17.8	18.8	19.8	20.7	21.7	22.6	23.6	24.6	25.5	26.5	27.5	28.4	29.4	♍ 0.3	1.3	2.3	3.2	4.2	5.2	6.1	7.1
☽	♊ 10.3	24.9	♋ 9.8	24.8	♌ 9.9	24.8	♍ 9.5	23.7	♎ 7.4	20.7	♏ 3.5	16	28.1	♐ 10.1	21.9	♑ 3.8	15.6	27.6	♒ 9.6	21.9	♓ 4.3	16.8	29.6	♈ 12.5	25.6	♉ 8.9	22.5	♊ 6.3	20.4	♋ 4.8	19.3
☿	♌ 9.2	11.3	13.3	15.3	17.3	19.3	21.3	23.2	25.1	27	28.9	♍ 0.7	2.5	4.3	6.1	7.8	9.5	11.2	12.9	14.5	16.1	17.7	19.3	20.9	22.4	23.9	25.4	26.8	28.3	29.7	♎ 1
♀	♊ 25.3	26.4	27.5	28.6	29.7	♋ 0.9	2	3.1	4.2	5.3	6.5	7.6	8.7	9.9	11	12.1	13.3	14.4	15.6	16.7	17.9	19	20.2	21.3	22.5	23.6	24.8	26	27.1	28.3	29.5
♂	♍ 16.8	17.5	18.1	18.7	19.3	20	20.6	21.2	21.8	22.5	23.1	23.7	24.4	25	25.6	26.3	26.9	27.5	28.2	28.8	29.4	♎ 0.1	0.7	1.3	2	2.6	3.3	3.9	4.6	5.2	5.8

♃	1: ♊ 10.1	6: 11	11: 11.8	16: 12.5	21: 13.2	26: 13.8	31: 14.4
♄	1: ♐ 24.5R	6: 24.3	11: 24.2	16: 24	21: 24	26: 23.9	31: 23.9D
♅	1: ♈ 11.3R	11: 11.1	21: 10.9	31: 10.6			
♆	1: ♍ 0.3	11: 0.6	21: 1	31: 1.4			
♇	1: ♋ 18.5	11: 18.7	21: 18.9	31: 19.1			

IX

	1	2	3	4	5	6	7	8	9	10	11	12	13	14	15	16	17	18	19	20	21	22	23	24	25	26	27	28	29	30	31
☉	♍ 8.1	9	10	11	11.9	12.9	13.9	14.9	15.8	16.8	17.8	18.7	19.7	20.7	21.7	22.6	23.6	24.6	25.6	26.5	27.5	28.5	29.5	♎ 0.5	1.4	2.4	3.4	4.4	5.4	6.4	
☽	♌ 4	18.7	♍ 3.4	17.8	♎ 1.8	15.5	28.7	♏ 11.6	24	♐ 6.2	18.2	♑ 0.1	12	23.9	♒ 5.9	18.1	♓ 0.5	13.1	25.9	♈ 9	22.3	♉ 5.8	19.4	♊ 3.2	17.2	♋ 1.3	15.4	29.7	♌ 14	28.3	
☿	♎ 2.4	3.7	5	6.3	7.6	8.8	10	11.1	12.3	13.4	14.4	15.4	16.4	17.3	18.2	19	19.8	20.5	21.1	21.7	22.2	22.6	23	23.2	23.3	23.4R	23.3	23.1	22.7	22.3	
♀	♌ 0.6	1.8	3	4.1	5.3	6.5	7.7	8.9	10.1	11.2	12.4	13.6	14.8	16	17.2	18.4	19.6	20.8	22	23.2	24.4	25.6	26.8	28	29.2	♍ 0.4	1.6	2.8	4	5.3	
♂	♎ 6.5	7.1	7.8	8.4	9.1	9.7	10.4	11	11.7	12.4	13	13.7	14.3	15	15.6	16.3	17	17.6	18.3	18.9	19.6	20.3	20.9	21.6	22.3	22.9	23.6	24.3	24.9	25.6	

♃	1: ♊ 14.5	6: 15	11: 15.4	16: 15.8	21: 16.1	26: 16.3
♄	1: ♐ 23.9	6: 24	11: 24	16: 24.2	21: 24.3	26: 24.5
♅	1: ♈ 10.6R	11: 10.3	21: 9.9			
♆	1: ♍ 1.4	11: 1.8	21: 2.1			
♇	1: ♋ 19.2	11: 19.3	21: 19.5			

X

	1	2	3	4	5	6	7	8	9	10	11	12	13	14	15	16	17	18	19	20	21	22	23	24	25	26	27	28	29	30	31
☉	♎ 7.3	8.3	9.3	10.3	11.3	12.3	13.2	14.2	15.2	16.2	17.2	18.2	19.2	20.2	21.2	22.2	23.1	24.1	25.1	26.1	27.1	28.1	29.1	♏ 0.1	1.1	2.1	3.1	4.1	5.1	6.1	7.1
☽	♍ 12.5	26.4	♎ 10.2	23.6	♏ 6.7	19.4	♐ 1.9	14.1	26.1	♑ 8	19.9	♒ 1.8	13.8	26	♓ 8.5	21.3	♈ 4.4	17.8	♉ 1.4	15.4	29.5	♊ 13.7	28	♋ 12.3	26.5	♌ 10.6	24.7	♍ 8.6	22.3	♎ 5.8	19.1
☿	♎ 21.7R	21	20.2	19.3	18.2	17.1	16	14.8	13.6	12.5	11.4	10.5	9.7	9	8.5	8.2	8	8.1D	8.3	8.7	9.3	10	10.9	11.8	12.9	14.1	15.3	16.7	18	19.5	20.9
♀	♍ 6.5	7.7	8.9	10.1	11.3	12.6	13.8	15	16.2	17.4	18.7	19.9	21.1	22.4	23.6	24.8	26	27.3	28.5	29.7	♎ 1	2.2	3.5	4.7	5.9	7.2	8.4	9.6	10.9	12.1	13.4
♂	♎ 26.3	27	27.6	28.3	29	29.7	♏ 0.3	1	1.7	2.4	3.1	3.7	4.4	5.1	5.8	6.5	7.2	7.8	8.5	9.2	9.9	10.6	11.3	12	12.7	13.4	14.1	14.8	15.5	16.2	16.9

♃	1: ♊ 16.4	6: 16.4R	11: 16.4	16: 16.2	21: 16	26: 15.7	31: 15.3
♄	1: ♐ 24.8	6: 25.1	11: 25.4	16: 25.7	21: 26.1	26: 26.5	31: 26.9
♅	1: ♈ 9.5R	11: 9.1	21: 8.7	31: 8.3			
♆	1: ♍ 2.4	11: 2.7	21: 3	31: 3.2			
♇	1: ♋ 19.6	11: 19.6	21: 19.6R	31: 19.6			

XI

	1	2	3	4	5	6	7	8	9	10	11	12	13	14	15	16	17	18	19	20	21	22	23	24	25	26	27	28	29	30	31
☉	♏ 8.1	9.1	10.1	11.1	12.1	13.1	14.1	15.1	16.1	17.1	18.1	19.1	20.1	21.1	22.2	23.2	24.2	25.2	26.2	27.2	28.2	29.2	♐ 0.2	1.2	2.3	3.3	4.3	5.3	6.3	7.3	
☽	♏ 2.1	15	27.5	♐ 9.9	22	♑ 4	15.9	27.7	♒ 9.6	21.6	♓ 3.8	16.3	29.1	♈ 12.2	25.8	♉ 9.7	24	♊ 8.6	23.3	♋ 8.1	22.7	♌ 7.2	21.5	♍ 5.5	19.2	♎ 2.6	15.7	28.6	♏ 11.3	23.7	
☿	♎ 22.5	24	25.5	27.1	28.7	♏ 0.3	1.9	3.5	5.2	6.8	8.4	10	11.6	13.2	14.9	16.5	18.1	19.7	21.3	22.9	24.5	26	27.6	29.2	♐ 0.8	2.4	4	5.5	7.1	8.7	
♀	♎ 14.6	15.9	17.1	18.3	19.6	20.8	22.1	23.3	24.6	25.8	27.1	28.3	29.6	♏ 0.8	2.1	3.3	4.6	5.8	7.1	8.3	9.6	10.8	12.1	13.3	14.6	15.8	17.1	18.3	19.6	20.9	
♂	♏ 17.6	18.3	19	19.7	20.4	21.1	21.8	22.5	23.2	23.9	24.6	25.3	26	26.7	27.5	28.2	28.9	29.6	♐ 0.3	1	1.8	2.5	3.2	3.9	4.6	5.4	6.1	6.8	7.5	8.3	

♃	1: ♊ 15.2R	6: 14.8	11: 14.3	16: 13.7	21: 13.1	26: 12.4
♄	1: ♐ 27	6: 27.5	11: 28	16: 28.5	21: 29	26: 29.5
♅	1: ♈ 8.3R	11: 8	21: 7.7			
♆	1: ♍ 3.2	11: 3.4	21: 3.5			
♇	1: ♋ 19.6R	11: 19.5	21: 19.4			

XII

	1	2	3	4	5	6	7	8	9	10	11	12	13	14	15	16	17	18	19	20	21	22	23	24	25	26	27	28	29	30	31
☉	♐ 8.3	9.3	10.4	11.4	12.4	13.4	14.4	15.4	16.4	17.5	18.5	19.5	20.5	21.5	22.5	23.6	24.6	25.6	26.6	27.6	28.7	29.7	♑ 0.7	1.7	2.7	3.7	4.8	5.8	6.8	7.8	8.8
☽	♐ 6.1	18.2	♑ 0.3	12.2	24.1	♒ 5.9	17.8	29.8	♓ 11.9	24.3	♈ 6.9	20	♉ 3.5	17.5	♊ 1.9	16.8	♋ 1.8	17	♌ 2.1	17	♍ 1.6	15.7	29.4	♎ 12.7	25.6	♏ 8.3	20.7	♐ 2.9	15	27	♑ 9
☿	♐ 10.2	11.8	13.4	14.9	16.5	18.1	19.6	21.2	22.8	24.3	25.9	27.5	29.1	♑ 0.6	2.2	3.8	5.3	6.9	8.5	10	11.6	13.2	14.7	16.3	17.8	19.3	20.9	22.4	23.8	25.3	26.7
♀	♏ 22.1	23.4	24.6	25.9	27.1	28.4	29.6	♐ 0.9	2.2	3.4	4.7	5.9	7.2	8.4	9.7	11	12.2	13.5	14.7	16	17.2	18.5	19.8	21	22.3	23.5	24.8	26	27.3	28.6	29.8
♂	♐ 9	9.7	10.4	11.2	11.9	12.6	13.4	14.1	14.8	15.6	16.3	17	17.8	18.5	19.2	20	20.7	21.5	22.2	23	23.7	24.4	25.2	25.9	26.7	27.4	28.2	28.9	29.7	♑ 0.4	1.2

♃	1: ♊ 11.7R	6: 11	11: 10.4	16: 9.7	21: 9.1	26: 8.5	31: 8
♄	1: ♑ 0.1	6: 0.7	11: 1.3	16: 1.8	21: 2.4	26: 3	31: 3.6
♅	1: ♈ 7.6R	11: 7.5	21: 7.5D	31: 7.5			
♆	1: ♍ 3.6	11: 3.6R	21: 3.5	31: 3.4			
♇	1: ♋ 19.3R	11: 19.1	21: 18.9	31: 18.7			

I

	1	2	3	4	5	6	7	8	9	10	11	12	13	14	15	16	17	18	19	20	21	22	23	24	25	26	27	28	29	30	31
☉	♑ 9.9	10.9	11.9	12.9	13.9	15	16	17	18	19	20.1	21.1	22.1	23.1	24.1	25.2	26.2	27.2	28.2	29.2	♒ 0.2	1.3	2.3	3.3	4.3	5.3	6.3	7.4	8.4	9.4	10.4
☽	♑ 20.9	♒ 2.7	14.6	26.5	♓ 8.4	20.6	♈ 2.9	15.4	28.4	♉ 11.7	25.5	♊ 9.8	24.6	♋ 9.8	25.1	♌ 10.5	25.7	♍ 10.5	24.9	♎ 8.8	22.2	♏ 5.1	17.7	♐ 0	12.1	24.1	♑ 6	17.8	29.7	♒ 11.6	23.5
☿	♑ 28.1	29.4	♒ 0.7	2	3.1	4.2	5.2	6	6.8	7.4	7.9	8.1	8.3	8.2R	7.9	7.4	6.8	5.9	4.9	3.8	2.6	1.3	0	♑ 28.8	27.6	26.4	25.4	24.6	23.8	23.2	22.8
♀	♑ 1.1	2.3	3.6	4.9	6.1	7.4	8.6	9.9	11.1	12.4	13.7	14.9	16.2	17.4	18.7	19.9	21.2	22.5	23.7	25	26.2	27.5	28.7	30	♒ 1.3	2.5	3.8	5	6.3	7.5	8.8
♂	♑ 1.9	2.7	3.4	4.2	4.9	5.7	6.4	7.2	8	8.7	9.5	10.2	11	11.8	12.5	13.3	14	14.8	15.6	16.3	17.1	17.9	18.6	19.4	20.2	20.9	21.7	22.5	23.2	24	24.8

♃	1: ♊ 7.9R	6: 7.4	11: 7.1	16: 6.8	21: 6.5	26: 6.4	31: 6.4
♄	1: ♑ 3.7	6: 4.3	11: 4.9	16: 5.5	21: 6	26: 6.6	31: 7.1
♅	1: ♈ 7.6	11: 7.7	21: 8	31: 8.3			
♆	1: ♍ 3.4R	11: 3.2	21: 3	31: 2.8			
♇	1: ♋ 18.7R	11: 18.5	21: 18.3	31: 18.1			

II

	1	2	3	4	5	6	7	8	9	10	11	12	13	14	15	16	17	18	19	20	21	22	23	24	25	26	27	28	29	30	31
☉	♒ 11.4	12.4	13.5	14.5	15.5	16.5	17.5	18.5	19.5	20.5	21.6	22.6	23.6	24.6	25.6	26.6	27.6	28.6	29.6	♓ 0.6	1.7	2.7	3.7	4.7	5.7	6.7	7.7	8.7			
☽	♓ 5.5	17.6	29.8	♈ 12.2	24.8	♉ 7.6	20.9	♊ 4.5	18.6	♋ 3.1	18	♌ 3.2	18.4	♍ 3.6	18.6	♎ 3.1	17.1	♏ 0.7	13.8	26.5	♐ 8.8	20.9	♑ 2.9	14.7	26.6	♒ 8.4	20.4	♓ 2.4			
☿	♑ 22.5R	22.3	22.3D	22.4	22.6	22.9	23.3	23.8	24.4	25.1	25.8	26.6	27.5	28.4	29.4	♒ 0.4	1.4	2.5	3.7	4.8	6	7.3	8.5	9.8	11.1	12.4	13.8	15.2			
♀	♒ 10	11.3	12.6	13.8	15.1	16.3	17.6	18.8	20.1	21.3	22.6	23.8	25.1	26.4	27.6	28.9	♓ 0.1	1.4	2.6	3.9	5.1	6.4	7.6	8.9	10.1	11.4	12.6	13.9			
♂	♑ 25.5	26.3	27.1	27.9	28.6	29.4	♒ 0.2	1	1.7	2.5	3.3	4.1	4.8	5.6	6.4	7.2	7.9	8.7	9.5	10.3	11.1	11.8	12.6	13.4	14.2	15	15.7	16.5			

♃	1: ♊ 6.4D	6: 6.4	11: 6.5	16: 6.8	21: 7.1	26: 7.4
♄	1: ♑ 7.2	6: 7.7	11: 8.2	16: 8.7	21: 9.1	26: 9.6
♅	1: ♈ 8.3	11: 8.7	21: 9.2			
♆	1: ♍ 2.8R	11: 2.5	21: 2.2			
♇	1: ♋ 18.1R	11: 17.9	21: 17.7			

III

	1	2	3	4	5	6	7	8	9	10	11	12	13	14	15	16	17	18	19	20	21	22	23	24	25	26	27	28	29	30	31
☉	♓ 9.7	10.7	11.7	12.7	13.7	14.7	15.7	16.7	17.7	18.7	19.7	20.7	21.7	22.7	23.7	24.7	25.7	26.7	27.7	28.7	29.7	♈ 0.7	1.6	2.6	3.6	4.6	5.6	6.6	7.6	8.6	9.6
☽	♓ 14.5	26.8	♈ 9.3	21.9	♉ 4.7	17.7	♊ 1	14.6	28.5	♋ 12.7	27.3	♌ 12.1	27	♍ 11.8	26.5	♎ 10.9	25	♏ 8.6	21.8	♐ 4.5	17	29.2	♑ 11.2	23	♒ 4.9	16.8	28.8	♓ 10.9	23.2	♈ 5.8	18.5
☿	♒ 16.6	18	19.4	20.9	22.4	23.9	25.4	27	28.5	♓ 0.1	1.7	3.3	5	6.6	8.3	10	11.7	13.5	15.2	17	18.8	20.6	22.5	24.3	26.2	28.1	♈ 0.1	2	4	6	8
♀	♓ 15.1	16.4	17.6	18.9	20.1	21.4	22.6	23.9	25.1	26.4	27.6	28.8	♈ 0.1	1.3	2.6	3.8	5.1	6.3	7.6	8.8	10	11.3	12.5	13.8	15	16.3	17.5	18.7	20	21.2	22.4
♂	♒ 17.3	18.1	18.9	19.6	20.4	21.2	22	22.8	23.6	24.3	25.1	25.9	26.7	27.5	28.2	29	29.8	♓ 0.6	1.4	2.2	2.9	3.7	4.5	5.3	6.1	6.9	7.6	8.4	9.2	10	10.8

♃	1: ♊ 7.7	6: 8.2	11: 8.8	16: 9.4	21: 10	26: 10.8	31: 11.6
♄	1: ♑ 9.8	6: 10.2	11: 10.5	16: 10.8	21: 11.1	26: 11.3	31: 11.5
♅	1: ♈ 9.6	11: 10.1	21: 10.7	31: 11.2			
♆	1: ♍ 2.0R	11: 1.7	21: 1.5	31: 1.3			
♇	1: ♋ 17.6R	11: 17.5	21: 17.5	31: 17.4			

IV

	1	2	3	4	5	6	7	8	9	10	11	12	13	14	15	16	17	18	19	20	21	22	23	24	25	26	27	28	29	30	31
☉	♈ 10.6	11.5	12.5	13.5	14.5	15.5	16.5	17.4	18.4	19.4	20.4	21.4	22.4	23.3	24.3	25.3	26.3	27.2	28.2	29.2	♉ 0.2	1.2	2.1	3.1	4.1	5	6	7	8	8.9	
☽	♉ 1.4	14.6	27.9	♊ 11.5	25.3	♋ 9.2	23.4	♌ 7.7	22.1	♍ 6.5	20.9	♎ 5.2	19.2	♏ 3	16.4	29.6	♐ 12.3	24.8	♑ 7	19.1	♒ 1	12.9	24.8	♓ 6.8	19	♈ 1.5	14.2	27.2	♉ 10.5	24	
☿	♈ 10	12	14.1	16.1	18.2	20.3	22.4	24.5	26.5	28.6	♉ 0.6	2.6	4.6	6.5	8.4	10.3	12.1	13.8	15.5	17.1	18.7	20.2	21.6	22.9	24.1	25.3	26.4	27.4	28.3	29.1	
♀	♈ 23.7	24.9	26.2	27.4	28.6	29.9	♉ 1.1	2.3	3.6	4.8	6	7.3	8.5	9.7	11	12.2	13.4	14.7	15.9	17.1	18.3	19.6	20.8	22	23.3	24.5	25.7	26.9	28.2	29.4	
♂	♓ 11.5	12.3	13.1	13.9	14.7	15.4	16.2	17	17.8	18.6	19.3	20.1	20.9	21.7	22.5	23.2	24	24.8	25.6	26.3	27.1	27.9	28.7	29.4	♈ 0.2	1	1.8	2.5	3.3	4.1	

♃	1: ♊ 11.7	6: 12.6	11: 13.4	16: 14.4	21: 15.3	26: 16.3
♄	1: ♑ 11.5	6: 11.7	11: 11.8	16: 11.9	21: 11.9	26: 11.9R
♅	1: ♈ 11.3	11: 11.9	21: 12.4			
♆	1: ♍ 1.2R	11: 1.1	21: 0.9			
♇	1: ♋ 17.4D	11: 17.5	21: 17.5			

V

	1	2	3	4	5	6	7	8	9	10	11	12	13	14	15	16	17	18	19	20	21	22	23	24	25	26	27	28	29	30	31
☉	♉ 9.9	10.9	11.8	12.8	13.8	14.8	15.7	16.7	17.7	18.6	19.6	20.6	21.5	22.5	23.4	24.4	25.4	26.3	27.3	28.3	29.2	♊ 0.2	1.1	2.1	3.1	4	5	6	6.9	7.9	8.8
☽	♊ 7.8	21.8	♋ 6	20.2	♌ 4.4	18.7	♍ 2.8	16.9	♎ 0.9	14.7	28.3	♏ 11.6	24.8	♐ 7.7	20.3	♑ 2.7	14.9	27	♒ 8.9	20.8	♓ 2.7	14.7	26.9	♈ 9.4	22.2	♉ 5.4	18.9	♊ 2.9	17.1	♋ 1.6	16.1
☿	♉ 29.9	♊ 0.5	1.1	1.6	1.9	2.2	2.4	2.6	2.6R	2.6	2.4	2.2	2	1.6	1.2	0.8	0.3	♉ 29.7	29.2	28.6	28	27.4	26.9	26.3	25.8	25.4	25	24.6	24.3	24.1	23.9
♀	♊ 0.6	1.8	3	4.3	5.5	6.7	7.9	9.1	10.4	11.6	12.8	14	15.2	16.5	17.7	18.9	20.1	21.3	22.5	23.7	24.9	26.2	27.4	28.6	29.8	♋ 1	2.2	3.4	4.6	5.8	7
♂	♈ 4.8	5.6	6.4	7.2	7.9	8.7	9.5	10.2	11	11.8	12.5	13.3	14.1	14.8	15.6	16.3	17.1	17.9	18.6	19.4	20.1	20.9	21.6	22.4	23.2	23.9	24.7	25.4	26.2	26.9	27.7

♃	1: ♊ 17.3	6: 18.4	11: 19.4	16: 20.5	21: 21.6	26: 22.7	31: 23.9
♄	1: ♑ 11.8R	6: 11.7	11: 11.6	16: 11.4	21: 11.2	26: 11	31: 10.7
♅	1: ♈ 13	11: 13.5	21: 13.9	31: 14.3			
♆	1: ♍ 0.8R	11: 0.8	21: 0.8D	31: 0.9			
♇	1: ♋ 17.6	11: 17.8	21: 17.9	31: 18.1			

VI

	1	2	3	4	5	6	7	8	9	10	11	12	13	14	15	16	17	18	19	20	21	22	23	24	25	26	27	28	29	30	31
☉	♊ 9.8	10.7	11.7	12.7	13.6	14.6	15.5	16.5	17.4	18.4	19.4	20.3	21.3	22.2	23.2	24.1	25.1	26	27	27.9	28.9	29.9	♋ 0.8	1.8	2.7	3.7	4.6	5.6	6.5	7.5	
☽	♌ 0.8	15.3	29.6	♍ 13.8	27.7	♎ 11.3	24.7	♏ 7.9	20.9	♐ 3.7	16.4	28.8	♑ 11.1	23.2	♒ 5.2	17	28.9	♓ 10.8	22.8	♈ 5	17.4	♉ 0.2	13.4	27.1	♊ 11.2	25.7	♋ 10.6	25.6	♌ 10.6	25.4	
☿	♉ 23.8R	23.8D	23.9	24	24.2	24.5	24.8	25.2	25.7	26.3	26.9	27.7	28.4	29.3	♊ 0.2	1.1	2.2	3.2	4.4	5.6	6.8	8.2	9.5	11	12.5	14	15.6	17.2	18.9	20.7	
♀	♋ 8.2	9.4	10.6	11.8	13	14.2	15.4	16.6	17.8	19	20.2	21.4	22.6	23.8	25	26.2	27.4	28.6	29.8	♌ 1	2.2	3.4	4.5	5.7	6.9	8.1	9.3	10.5	11.6	12.8	
♂	♈ 28.4	29.2	29.9	♉ 0.7	1.4	2.1	2.9	3.6	4.4	5.1	5.8	6.6	7.3	8.1	8.8	9.5	10.3	11	11.7	12.5	13.2	13.9	14.6	15.4	16.1	16.8	17.5	18.3	19	19.7	

♃	1: ♊ 24.1	6: 25.2	11: 26.4	16: 27.5	21: 28.6	26: 29.8
♄	1: ♑ 10.6R	6: 10.3	11: 10	16: 9.7	21: 9.3	26: 9
♅	1: ♈ 14.4	11: 14.7	21: 15			
♆	1: ♍ 0.9	11: 1	21: 1.2			
♇	1: ♋ 18.2	11: 18.4	21: 18.6			

VII

	1	2	3	4	5	6	7	8	9	10	11	12	13	14	15	16	17	18	19	20	21	22	23	24	25	26	27	28	29	30	31
☉	♋ 8.4	9.4	10.3	11.3	12.3	13.2	14.2	15.1	16.1	17	18	18.9	19.9	20.8	21.8	22.7	23.7	24.7	25.6	26.6	27.5	28.5	29.4	♌ 0.4	1.3	2.3	3.2	4.2	5.2	6.1	7.1
☽	♍ 10	24.3	♎ 8.2	21.7	♏ 5	17.9	♐ 0.6	13.1	25.5	♑ 7.7	19.8	♒ 1.8	13.7	25.6	♓ 7.4	19.3	♈ 1.3	13.4	25.8	♉ 8.6	21.7	♊ 5.4	19.5	♋ 4.1	19	♌ 4.3	19.5	♍ 4.7	19.5	♎ 4	18
☿	♊ 22.5	24.3	26.2	28.2	♋ 0.2	2.2	4.2	6.3	8.4	10.6	12.7	14.8	17	19.1	21.3	23.4	25.6	27.7	29.8	♌ 1.9	3.9	5.9	7.9	9.9	11.9	13.8	15.7	17.5	19.4	21.2	23
♀	♌ 14	15.2	16.3	17.5	18.7	19.9	21	22.2	23.4	24.6	25.7	26.9	28	29.2	♍ 0.4	1.5	2.7	3.8	5	6.2	7.3	8.5	9.6	10.8	11.9	13	14.2	15.3	16.5	17.6	18.7
♂	♉ 20.4	21.1	21.8	22.6	23.3	24	24.7	25.4	26.1	26.8	27.5	28.2	28.9	29.6	♊ 0.3	1	1.7	2.4	3.1	3.8	4.5	5.2	5.9	6.6	7.3	8	8.6	9.3	10	10.7	11.4

♃	1: ♋ 0.9	6: 2.1	11: 3.2	16: 4.3	21: 5.4	26: 6.5	31: 7.6
♄	1: ♑ 8.6R	6: 8.2	11: 7.9	16: 7.5	21: 7.2	26: 6.8	31: 6.5
♅	1: ♈ 15.2	11: 15.3	21: 15.4	31: 15.3R			
♆	1: ♍ 1.4	11: 1.7	21: 2	31: 2.3			
♇	1: ♋ 18.9	11: 19.1	21: 19.4	31: 19.7			

VIII

	1	2	3	4	5	6	7	8	9	10	11	12	13	14	15	16	17	18	19	20	21	22	23	24	25	26	27	28	29	30	31
☉	♌ 8	9	9.9	10.9	11.9	12.8	13.8	14.7	15.7	16.6	17.6	18.6	19.5	20.5	21.4	22.4	23.4	24.3	25.3	26.3	27.2	28.2	29.1	♍ 0.1	1.1	2	3	4	4.9	5.9	6.9
☽	♏ 1.6	14.8	27.7	♐ 10.2	22.6	♑ 4.8	16.8	28.8	♒ 10.7	22.6	♓ 4.4	16.3	28.2	♈ 10.3	22.5	♉ 4.9	17.6	♊ 0.7	14.2	28.2	♋ 12.7	27.5	♌ 12.7	27.9	♍ 13.2	28.2	♎ 12.8	27	♏ 10.7	24	♐ 6.9
☿	♌ 24.7	26.5	28.2	29.8	♍ 1.5	3.1	4.7	6.2	7.8	9.3	10.8	12.2	13.6	15	16.4	17.7	19.1	20.3	21.6	22.8	24	25.1	26.2	27.3	28.3	29.3	♎ 0.2	1.1	2	2.8	3.5
♀	♍ 19.9	21	22.1	23.3	24.4	25.5	26.6	27.7	28.9	30	♎ 1.1	2.2	3.3	4.4	5.5	6.6	7.7	8.8	9.9	10.9	12	13.1	14.2	15.3	16.3	17.4	18.4	19.5	20.6	21.6	22.6
♂	♊ 12	12.7	13.4	14.1	14.7	15.4	16.1	16.7	17.4	18.1	18.7	19.4	20	20.7	21.4	22	22.7	23.3	24	24.6	25.2	25.9	26.5	27.2	27.8	28.4	29.1	29.7	♋ 0.3	1	1.6

♃	1: ♋ 7.8	6: 8.9	11: 9.9	16: 10.9	21: 11.8	26: 12.8	31: 13.7
♄	1: ♑ 6.5R	6: 6.2	11: 6	16: 5.8	21: 5.6	26: 5.4	31: 5.3
♅	1: ♈ 15.3R	11: 15.2	21: 15	31: 14.8			
♆	1: ♍ 2.4	11: 2.7	21: 3.1	31: 3.5			
♇	1: ♋ 19.7	11: 19.9	21: 20.2	31: 20.4			

IX

	1	2	3	4	5	6	7	8	9	10	11	12	13	14	15	16	17	18	19	20	21	22	23	24	25	26	27	28	29	30	31
☉	♍ 7.8	8.8	9.8	10.7	11.7	12.7	13.7	14.6	15.6	16.6	17.5	18.5	19.5	20.5	21.4	22.4	23.4	24.4	25.3	26.3	27.3	28.3	29.2	♎ 0.2	1.2	2.2	3.2	4.1	5.1	6.1	
☽	♐ 19.4	♑ 1.7	13.8	25.8	♒ 7.7	19.6	♓ 1.4	13.3	25.3	♈ 7.4	19.6	♉ 1.9	14.5	27.3	♊ 10.4	23.9	♋ 7.7	22	♌ 6.5	21.4	♍ 6.4	21.5	♎ 6.3	21	♏ 5.2	19	♐ 2.4	15.4	28	♑ 10.3	
☿	♎ 4.1	4.8	5.3	5.8	6.1	6.4	6.6	6.8	6.8R	6.7	6.5	6.2	5.8	5.3	4.6	3.9	3.1	2.1	1.1	0.1	♍ 29	27.9	26.9	25.9	24.9	24.1	23.4	22.8	22.4	22.2	
♀	♎ 23.7	24.7	25.8	26.8	27.8	28.8	29.8	♏ 0.8	1.8	2.8	3.8	4.8	5.8	6.7	7.7	8.7	9.6	10.6	11.5	12.4	13.3	14.2	15.1	16	16.9	17.8	18.6	19.5	20.3	21.1	
♂	♋ 2.2	2.8	3.5	4.1	4.7	5.3	5.9	6.5	7.1	7.7	8.3	8.9	9.5	10.1	10.7	11.3	11.9	12.5	13.1	13.7	14.2	14.8	15.4	16	16.5	17.1	17.7	18.2	18.8	19.3	

♃	1: ♋ 13.9	6: 14.7	11: 15.5	16: 16.3	21: 17	26: 17.6
♄	1: ♑ 5.3R	6: 5.3	11: 5.3D	16: 5.3	21: 5.4	26: 5.5
♅	1: ♈ 14.7R	11: 14.4	21: 14			
♆	1: ♍ 3.5	11: 3.9	21: 4.2			
♇	1: ♋ 20.4	11: 20.6	21: 20.7			

X

	1	2	3	4	5	6	7	8	9	10	11	12	13	14	15	16	17	18	19	20	21	22	23	24	25	26	27	28	29	30	31
☉	♎ 7.1	8.1	9.1	10	11	12	13	14	15	16	17	17.9	18.9	19.9	20.9	21.9	22.9	23.9	24.9	25.9	26.9	27.9	28.9	29.9	♏ 0.9	1.9	2.9	3.9	4.9	5.9	6.9
☽	♑ 22.4	♒ 4.4	16.3	28.1	♓ 10	22	♈ 4.1	16.4	28.8	♉ 11.5	24.3	♊ 7.4	20.7	♋ 4.3	18.1	♌ 2.2	16.5	♍ 0.9	15.5	♎ 0.2	14.7	29.1	♏ 13.2	27	♐ 10.4	23.4	♑ 6.1	18.4	♒ 0.6	12.5	24.4
☿	♍ 22.1D	22.2	22.5	22.9	23.5	24.2	25.1	26.1	27.2	28.4	29.7	♎ 1.1	2.6	4.1	5.6	7.2	8.8	10.5	12.1	13.8	15.5	17.2	18.9	20.6	22.3	23.9	25.6	27.3	29	♏ 0.7	2.3
♀	♏ 22	22.8	23.5	24.3	25.1	25.8	26.5	27.3	27.9	28.6	29.3	29.9	♐ 0.5	1.1	1.7	2.3	2.8	3.3	3.8	4.3	4.7	5.1	5.5	5.8	6.1	6.4	6.7	6.9	7	7.2	7.3
♂	♋ 19.9	20.4	21	21.5	22.1	22.6	23.1	23.7	24.2	24.7	25.2	25.7	26.2	26.7	27.3	27.8	28.2	28.7	29.2	29.7	♌ 0.2	0.7	1.1	1.6	2.1	2.5	3	3.4	3.9	4.3	4.7

♃	1: ♋ 18.2	6: 18.8	11: 19.2	16: 19.7	21: 20	26: 20.2	31: 20.4
♄	1: ♑ 5.6	6: 5.8	11: 6	16: 6.3	21: 6.6	26: 6.9	31: 7.3
♅	1: ♈ 13.6R	11: 13.2	21: 12.8	31: 12.5			
♆	1: ♍ 4.6	11: 4.9	21: 5.1	31: 5.4			
♇	1: ♋ 20.8	11: 20.9	21: 20.9	31: 20.9R			

XI

	1	2	3	4	5	6	7	8	9	10	11	12	13	14	15	16	17	18	19	20	21	22	23	24	25	26	27	28	29	30	31
☉	♏ 7.9	8.9	9.9	10.9	11.9	12.9	13.9	14.9	15.9	16.9	17.9	18.9	19.9	20.9	21.9	22.9	23.9	24.9	25.9	27	28	29	30	♐ 1	2	3	4	5	6.1	7.1	
☽	♓ 6.2	18.2	♈ 0.2	12.5	24.9	♉ 7.7	20.6	♊ 3.9	17.4	♋ 1.1	15	29	♌ 13.1	27.2	♍ 11.4	25.6	♎ 9.7	23.8	♏ 7.8	21.5	♐ 5	18.3	♑ 1.2	13.9	26.2	♒ 8.4	20.3	♓ 2.2	14	25.9	
☿	♏ 4	5.6	7.3	8.9	10.6	12.2	13.8	15.4	17	18.6	20.2	21.8	23.4	25	26.5	28.1	29.7	♐ 1.2	2.8	4.3	5.9	7.4	9	10.5	12	13.6	15.1	16.6	18.2	19.7	
♀	♐ 7.3	7.4	7.4R	7.3	7.2	7.1	6.9	6.7	6.4	6.1	5.8	5.4	5	4.6	4.1	3.6	3.1	2.5	2	1.4	0.8	0.2	♏ 29.6	29	28.4	27.8	27.2	26.6	26.1	25.6	
♂	♌ 5.2	5.6	6	6.4	6.8	7.2	7.6	8	8.4	8.8	9.1	9.5	9.9	10.2	10.5	10.9	11.2	11.5	11.8	12.1	12.4	12.7	13	13.3	13.6	13.8	14.1	14.3	14.5	14.7	

♃	1: ♋ 20.4	6: 20.5	11: 20.5R	16: 20.4	21: 20.2	26: 20
♄	1: ♑ 7.4	6: 7.8	11: 8.2	16: 8.7	21: 9.2	26: 9.7
♅	1: ♈ 12.4R	11: 12.1	21: 11.8			
♆	1: ♍ 5.4	11: 5.6	21: 5.7			
♇	1: ♋ 20.9R	11: 20.8	21: 20.7			

XII

	1	2	3	4	5	6	7	8	9	10	11	12	13	14	15	16	17	18	19	20	21	22	23	24	25	26	27	28	29	30	31
☉	♐ 8.1	9.1	10.1	11.1	12.1	13.2	14.2	15.2	16.2	17.2	18.2	19.2	20.3	21.3	22.3	23.3	24.3	25.4	26.4	27.4	28.4	29.4	♑ 0.4	1.5	2.5	3.5	4.5	5.5	6.6	7.6	8.6
☽	♈ 8	20.3	♉ 2.9	15.8	29.1	♊ 12.8	26.7	♋ 10.9	25.3	♌ 9.7	24	♍ 8.3	22.4	♎ 6.3	20.1	♏ 3.8	17.3	♐ 0.6	13.7	26.7	♑ 9.4	21.9	♒ 4.2	16.3	28.2	♓ 10.1	21.9	♈ 3.7	15.7	28	♉ 10.6
☿	♐ 21.2	22.7	24.2	25.7	27.2	28.7	♑ 0.2	1.7	3.1	4.6	6	7.4	8.8	10.2	11.5	12.8	14.1	15.3	16.4	17.5	18.5	19.4	20.2	20.9	21.5	21.9	22.2	22.3R	22.2	21.9	21.4
♀	♏ 25.1R	24.6	24.2	23.8	23.4	23.1	22.8	22.6	22.4	22.2	22.1	22.1	22	22.0D	22.1	22.2	22.3	22.5	22.7	22.9	23.2	23.5	23.8	24.2	24.6	25	25.5	26	26.5	27.1	27.6
♂	♌ 14.9	15.1	15.3	15.5	15.7	15.8	16	16.1	16.2	16.4	16.5	16.5	16.6	16.7	16.7	16.8	16.8	16.8	16.8R	16.8	16.8	16.7	16.7	16.6	16.5	16.4	16.3	16.2	16.1	15.9	15.8

♃	1: ♋ 19.6R	6: 19.2	11: 18.8	16: 18.2	21: 17.6	26: 17	31: 16.4
♄	1: ♑ 10.2	6: 10.7	11: 11.3	16: 11.9	21: 12.4	26: 13	31: 13.6
♅	1: ♈ 11.6R	11: 11.5	21: 11.4	31: 11.5D			
♆	1: ♍ 5.8	11: 5.8R	21: 5.7	31: 5.6			
♇	1: ♋ 20.6R	11: 20.4	21: 20.2	31: 20			

	1	2	3	4	5	6	7	8	9	10	11	12	13	14	15	16	17	18	19	20	21	22	23	24	25	26	27	28	29	30	31
☉	♑ 9.6	10.6	11.7	12.7	13.7	14.7	15.7	16.8	17.8	18.8	19.8	20.8	21.8	22.9	23.9	24.9	25.9	26.9	28	29	30	♒ 1	2	3	4.1	5.1	6.1	7.1	8.1	9.1	10.2
☽	♉ 23.6	♊ 7	20.9	♋ 5.2	19.8	♌ 4.6	19.5	♍ 4.2	18.8	♎ 3.1	17.1	♏ 0.7	14.2	27.4	♐ 10.3	23.1	♑ 5.7	18.2	♒ 0.5	12.6	24.6	♓ 6.5	18.3	♈ 0	11.9	23.9	♉ 6	18.6	♊ 1.5	14.8	28.7
☿	♑ 20.7R	19.8	18.8	17.6	16.4	15	13.7	12.4	11.1	10	8.9	8.1	7.3	6.8	6.4	6.1	6.1	6.1D	6.3	6.6	7	7.5	8.1	8.8	9.6	10.4	11.3	12.2	13.2	14.3	15.4
♀	♏ 28.2	28.8	29.5	♐ 0.1	0.8	1.5	2.2	2.9	3.7	4.4	5.2	6	6.8	7.7	8.5	9.3	10.2	11.1	12	12.9	13.8	14.7	15.6	16.6	17.5	18.5	19.4	20.4	21.4	22.4	23.4
♂	♌ 15.6R	15.4	15.2	15	14.8	14.5	14.3	14	13.7	13.4	13.1	12.8	12.5	12.2	11.8	11.5	11.1	10.7	10.4	10	9.6	9.2	8.8	8.4	8	7.6	7.2	6.8	6.4	6	5.6

♃ — 1 ♋ 16.2R; 6 15.6; 11 14.9; 16 14.2; 21 13.6; 26 13; 31 12.4
♄ — 1 ♑ 13.7; 6 14.3; 11 14.9; 16 15.5; 21 16.1; 26 16.7; 31 17.2
♅ — 1 ♈ 11.5; 11 11.6; 21 11.8; 31 12.1
♆ — 1 ♍ 5.6R; 11 5.5; 21 5.3; 31 5.1
♇ — 1 ♋ 20.0R; 11 19.8; 21 19.6; 31 19.4

	1	2	3	4	5	6	7	8	9	10	11	12	13	14	15	16	17	18	19	20	21	22	23	24	25	26	27	28	29	30	31
☉	♒ 11.2	12.2	13.2	14.2	15.2	16.2	17.3	18.3	19.3	20.3	21.3	22.3	23.3	24.3	25.4	26.4	27.4	28.4	29.4	♓ 0.4	1.4	2.4	3.4	4.4	5.4	6.4	7.4	8.4			
☽	♋ 13.1	27.9	♌ 12.9	28.1	♍ 13.3	28.2	♎ 12.8	27	♏ 10.9	24.3	♐ 7.4	20.2	♑ 2.8	15.1	27.3	♒ 9.4	21.4	♓ 3.3	15.1	26.9	♈ 8.7	20.6	♉ 2.6	14.8	27.2	♊ 10.1	23.3	♋ 7			
☿	♑ 16.5	17.7	18.8	20.1	21.3	22.6	23.9	25.2	26.5	27.9	29.3	♒ 0.7	2.1	3.5	5	6.5	8	9.5	11	12.5	14.1	15.6	17.2	18.8	20.4	22.1	23.7	25.4			
♀	♐ 24.4	25.4	26.4	27.4	28.4	29.5	♑ 0.5	1.6	2.6	3.7	4.7	5.8	6.9	7.9	9	10.1	11.2	12.3	13.4	14.5	15.6	16.7	17.8	18.9	20	21.1	22.2	23.3			
♂	♌ 5.2R	4.8	4.5	4.1	3.7	3.3	3	2.6	2.3	2	1.6	1.3	1	0.7	0.4	0.2	♋ 29.9	29.7	29.4	29.2	29	28.8	28.6	28.4	28.3	28.1	28	27.9			

♃ — 1 ♋ 12.3R; 6 11.8; 11 11.4; 16 11.1; 21 10.8; 26 10.6
♄ — 1 ♑ 17.3; 6 17.9; 11 18.4; 16 18.9; 21 19.4; 26 19.9
♅ — 1 ♈ 12.2; 11 12.5; 21 13
♆ — 1 ♍ 5.0R; 11 4.8; 21 4.5
♇ — 1 ♋ 19.4R; 11 19.2; 21 19

	1	2	3	4	5	6	7	8	9	10	11	12	13	14	15	16	17	18	19	20	21	22	23	24	25	26	27	28	29	30	31
☉	♓ 9.5	10.5	11.5	12.5	13.5	14.5	15.5	16.5	17.5	18.5	19.5	20.5	21.5	22.5	23.5	24.5	25.4	26.4	27.4	28.4	29.4	♈ 0.4	1.4	2.4	3.4	4.4	5.4	6.4	7.3	8.3	9.3
☽	♋ 21.2	♌ 5.9	20.9	♍ 6.1	21.4	♎ 6.6	21.5	♏ 6	20	♐ 3.6	16.8	29.7	♑ 12.2	24.4	♒ 6.5	18.4	♓ 0.3	12.1	23.9	♈ 5.7	17.6	29.6	♉ 11.8	24.1	♊ 6.7	19.5	♋ 2.7	16.3	♌ 0.3	14.7	29.4
☿	♒ 27.1	28.8	♓ 0.5	2.2	4	5.7	7.5	9.3	11.2	13	14.9	16.8	18.7	20.6	22.5	24.5	26.4	28.4	♈ 0.4	2.4	4.4	6.4	8.4	10.4	12.4	14.4	16.4	18.3	20.2	22.1	24
♀	♑ 24.5	25.6	26.7	27.8	29	♒ 0.1	1.3	2.4	3.5	4.7	5.8	7	8.1	9.3	10.4	11.6	12.7	13.9	15.1	16.2	17.4	18.5	19.7	20.9	22	23.2	24.4	25.6	26.7	27.9	29.1
♂	♋ 27.8R	27.7	27.6	27.6	27.5	27.5	27.4	27.4	27.4D	27.4	27.5	27.5	27.6	27.6	27.7	27.8	27.9	28	28.1	28.2	28.3	28.5	28.6	28.8	29	29.2	29.3	29.5	29.8	30	♌ 0.2

♃ — 1 ♋ 10.5R; 6 10.5; 11 10.5D; 16 10.6; 21 10.8; 26 11; 31 11.3
♄ — 1 ♑ 20.2; 6 20.6; 11 21; 16 21.4; 21 21.8; 26 22.1; 31 22.4
♅ — 1 ♈ 13.4; 11 13.9; 21 14.4; 31 15
♆ — 1 ♍ 4.3R; 11 4; 21 3.7; 31 3.5
♇ — 1 ♋ 18.9R; 11 18.8; 21 18.7; 31 18.7

	1	2	3	4	5	6	7	8	9	10	11	12	13	14	15	16	17	18	19	20	21	22	23	24	25	26	27	28	29	30	31
☉	♈ 10.3	11.3	12.3	13.3	14.3	15.2	16.2	17.2	18.2	19.2	20.2	21.1	22.1	23.1	24.1	25.1	26	27	28	29	29.9	♉ 0.9	1.9	2.9	3.8	4.8	5.8	6.8	7.7	8.7	
☽	♍ 14.4	29.5	♎ 14.6	29.5	♏ 14.1	28.3	♐ 12.1	25.5	♑ 8.4	20.9	♒ 3.2	15.2	27.1	♓ 8.9	20.7	♈ 2.6	14.5	26.5	♉ 8.7	21.1	♊ 3.7	16.5	29.6	♋ 12.9	26.5	♌ 10.4	24.5	♍ 8.9	23.5	♎ 8.2	
☿	♈ 25.7	27.4	29.1	♉ 0.7	2.2	3.6	5	6.2	7.4	8.4	9.4	10.3	11	11.7	12.2	12.7	13	13.2	13.4	13.4R	13.3	13.2	12.9	12.6	12.2	11.7	11.2	10.6	10	9.4	
♀	♓ 0.3	1.4	2.6	3.8	5	6.1	7.3	8.5	9.7	10.9	12.1	13.2	14.4	15.6	16.8	18	19.2	20.4	21.6	22.7	23.9	25.1	26.3	27.5	28.7	29.9	♈ 1.1	2.3	3.5	4.7	
♂	♌ 0.4	0.7	0.9	1.2	1.4	1.7	2	2.3	2.6	2.9	3.2	3.5	3.8	4.1	4.5	4.8	5.2	5.5	5.9	6.2	6.6	7	7.3	7.7	8.1	8.5	8.9	9.3	9.7	10.1	

♃ — 1 ♋ 11.4; 6 11.8; 11 12.3; 16 12.9; 21 13.5; 26 14.1
♄ — 1 ♑ 22.4; 6 22.7; 11 22.9; 16 23; 21 23.2; 26 23.2
♅ — 1 ♈ 15; 11 15.6; 21 16.2
♆ — 1 ♍ 3.5R; 11 3.3; 21 3.1
♇ — 1 ♋ 18.7R; 11 18.7D; 21 18.8

	1	2	3	4	5	6	7	8	9	10	11	12	13	14	15	16	17	18	19	20	21	22	23	24	25	26	27	28	29	30	31
☉	♉ 9.7	10.6	11.6	12.6	13.5	14.5	15.5	16.5	17.4	18.4	19.4	20.3	21.3	22.2	23.2	24.2	25.1	26.1	27.1	28	29	30	♊ 0.9	1.9	2.8	3.8	4.8	5.7	6.7	7.6	8.6
☽	♎ 23	♏ 7.7	22.1	♐ 6.3	20.1	♑ 3.5	16.5	29.2	♒ 11.5	23.5	♓ 5.4	17.2	29	♈ 10.9	22.9	♉ 5.2	17.6	♊ 0.3	13.2	26.4	♋ 9.8	23.4	♌ 7.2	21.2	♍ 5.2	19.4	♎ 3.7	18	♏ 2.3	16.6	♐ 0.7
☿	♉ 8.7R	8.1	7.4	6.8	6.2	5.7	5.2	4.8	4.4	4.1	3.8	3.7	3.6	3.6D	3.7	3.8	4	4.3	4.7	5.1	5.6	6.2	6.9	7.6	8.3	9.2	10.1	11	12	13	14.2
♀	♈ 5.9	7.1	8.3	9.5	10.7	11.9	13.1	14.3	15.5	16.7	17.9	19.1	20.3	21.5	22.7	23.9	25.1	26.3	27.5	28.7	29.9	♉ 1.1	2.3	3.5	4.7	5.9	7.1	8.3	9.5	10.7	11.9
♂	♌ 10.5	10.9	11.3	11.8	12.2	12.6	13.1	13.5	13.9	14.4	14.8	15.3	15.8	16.2	16.7	17.1	17.6	18.1	18.6	19	19.5	20	20.5	21	21.5	22	22.5	23	23.5	24	24.5

♃ — 1 ♋ 14.8; 6 15.6; 11 16.4; 16 17.3; 21 18.1; 26 19.1; 31 20
♄ — 1 ♑ 23.3; 6 23.3R; 11 23.2; 16 23.2; 21 23; 26 22.9; 31 22.7
♅ — 1 ♈ 16.7; 11 17.3; 21 17.7; 31 18.2
♆ — 1 ♍ 3.0R; 11 3; 21 3.0D; 31 3.1
♇ — 1 ♋ 18.9; 11 19; 21 19.2; 31 19.4

	1	2	3	4	5	6	7	8	9	10	11	12	13	14	15	16	17	18	19	20	21	22	23	24	25	26	27	28	29	30	31
☉	♊ 9.6	10.5	11.5	12.4	13.4	14.3	15.3	16.3	17.2	18.2	19.1	20.1	21	22	22.9	23.9	24.9	25.8	26.8	27.7	28.7	29.6	♋ 0.6	1.5	2.5	3.4	4.4	5.4	6.3	7.3	
☽	♐ 14.6	28.2	♑ 11.5	24.5	♒ 7.1	19.4	♓ 1.5	13.4	25.2	♈ 7	19	♉ 1.1	13.4	26.1	♊ 9	22.3	♋ 5.9	19.7	♌ 3.7	17.9	♍ 2	16.2	♎ 0.4	14.5	28.5	♏ 12.5	26.3	♐ 10	23.5	♑ 6.8	
☿	♉ 15.3	16.5	17.8	19.1	20.4	21.8	23.3	24.8	26.3	27.9	29.5	♊ 1.2	2.9	4.7	6.5	8.3	10.2	12.1	14.1	16.1	18.1	20.2	22.3	24.5	26.6	28.8	♋ 0.9	3.1	5.3	7.5	
♀	♉ 13.1	14.3	15.5	16.8	18	19.2	20.4	21.6	22.8	24	25.2	26.4	27.6	28.8	♊ 0.1	1.3	2.5	3.7	4.9	6.1	7.3	8.5	9.8	11	12.2	13.4	14.6	15.8	17	18.3	
♂	♌ 25	25.5	26	26.5	27.1	27.6	28.1	28.6	29.2	29.7	♍ 0.2	0.7	1.3	1.8	2.4	2.9	3.4	4	4.5	5.1	5.6	6.2	6.7	7.3	7.9	8.4	9	9.5	10.1	10.7	

♃ — 1 ♋ 20.2; 6 21.2; 11 22.2; 16 23.2; 21 24.3; 26 25.3
♄ — 1 ♑ 22.6R; 6 22.4; 11 22.1; 16 21.9; 21 21.5; 26 21.2
♅ — 1 ♈ 18.2; 11 18.6; 21 18.9
♆ — 1 ♍ 3.1; 11 3.2; 21 3.4
♇ — 1 ♋ 19.4; 11 19.6; 21 19.8

	1	2	3	4	5	6	7	8	9	10	11	12	13	14	15	16	17	18	19	20	21	22	23	24	25	26	27	28	29	30	31
☉	♋ 8.2	9.2	10.1	11.1	12	13	13.9	14.9	15.8	16.8	17.7	18.7	19.7	20.6	21.6	22.5	23.5	24.4	25.4	26.3	27.3	28.2	29.2	♌ 0.1	1.1	2.1	3	4	4.9	5.9	6.8
☽	♑ 19.9	♒ 2.7	15.2	27.4	♓ 9.4	21.3	♈ 3.1	14.9	26.9	♉ 9	21.4	♊ 4.2	17.3	♋ 0.9	14.8	29	♌ 13.4	28	♍ 12.5	26.9	♎ 11.2	25.4	♏ 9.3	23	♐ 6.6	19.9	♑ 3.1	16	28.7	♒ 11.2	23.5
☿	♋ 9.7	11.8	14	16.1	18.2	20.3	22.4	24.4	26.4	28.4	♌ 0.3	2.3	4.1	6	7.8	9.6	11.4	13.1	14.8	16.5	18.1	19.7	21.3	22.8	24.3	25.8	27.2	28.7	♍ 0	1.4	2.7
♀	♊ 19.5	20.7	21.9	23.1	24.3	25.6	26.8	28	29.2	♋ 0.4	1.7	2.9	4.1	5.3	6.5	7.8	9	10.2	11.4	12.7	13.9	15.1	16.3	17.6	18.8	20	21.2	22.5	23.7	24.9	26.1
♂	♍ 11.2	11.8	12.4	13	13.5	14.1	14.7	15.3	15.8	16.4	17	17.6	18.2	18.8	19.4	19.9	20.5	21.1	21.7	22.3	22.9	23.5	24.1	24.7	25.3	25.9	26.5	27.1	27.8	28.4	29

♃ — 1 ♋ 26.4; 6 27.5; 11 28.6; 16 29.7; 21 ♌ 0.8; 26 1.9; 31 3
♄ — 1 ♑ 20.9R; 6 20.5; 11 20.1; 16 19.8; 21 19.4; 26 19; 31 18.7
♅ — 1 ♈ 19.1; 11 19.3; 21 19.4; 31 19.4R
♆ — 1 ♍ 3.6; 11 3.8; 21 4.1; 31 4.5
♇ — 1 ♋ 20.1; 11 20.4; 21 20.6; 31 20.9

	1	2	3	4	5	6	7	8	9	10	11	12	13	14	15	16	17	18	19	20	21	22	23	24	25	26	27	28	29	30	31
☉	♌ 7.8	8.8	9.7	10.7	11.6	12.6	13.5	14.5	15.5	16.4	17.4	18.3	19.3	20.3	21.2	22.2	23.1	24.1	25.1	26	27	27.9	28.9	29.9	♍ 0.8	1.8	2.8	3.7	4.7	5.7	6.6
☽	♓ 5.6	17.6	29.4	♈ 11.2	23	♉ 4.9	17.1	29.5	♊ 12.2	25.4	♋ 9	23.1	♌ 7.6	22.3	♍ 7.2	22.1	♎ 6.9	21.5	♏ 5.8	19.8	♐ 3.5	16.9	♑ 0	12.9	25.5	♒ 7.9	20.2	♓ 2.3	14.2	26.1	♈ 7.9
☿	♍ 4	5.2	6.4	7.6	8.7	9.8	10.8	11.8	12.8	13.7	14.6	15.4	16.1	16.8	17.4	18	18.4	18.8	19.2	19.4	19.6	19.7	19.7R	19.6	19.4	19	18.6	18.1	17.5	16.9	16.1
♀	♋ 27.4	28.6	29.8	♌ 1.1	2.3	3.5	4.8	6	7.2	8.5	9.7	10.9	12.2	13.4	14.6	15.9	17.1	18.3	19.6	20.8	22	23.3	24.5	25.7	27	28.2	29.5	♍ 0.7	1.9	3.2	4.4
♂	♍ 29.6	♎ 0.2	0.8	1.4	2.1	2.7	3.3	3.9	4.5	5.2	5.8	6.4	7	7.7	8.3	8.9	9.6	10.2	10.8	11.5	12.1	12.7	13.4	14	14.7	15.3	16	16.6	17.2	17.9	18.5

♃ — 1 ♌ 3.3; 6 4.4; 11 5.5; 16 6.6; 21 7.7; 26 8.7; 31 9.8
♄ — 1 ♑ 18.6R; 6 18.3; 11 18; 16 17.7; 21 17.4; 26 17.2; 31 17
♅ — 1 ♈ 19.4R; 11 19.3; 21 19.1; 31 18.9
♆ — 1 ♍ 4.5; 11 4.8; 21 5.2; 31 5.6
♇ — 1 ♋ 20.9; 11 21.2; 21 21.4; 31 21.6

	1	2	3	4	5	6	7	8	9	10	11	12	13	14	15	16	17	18	19	20	21	22	23	24	25	26	27	28	29	30	31
☉	♍ 7.6	8.6	9.5	10.5	11.5	12.4	13.4	14.4	15.4	16.3	17.3	18.3	19.2	20.2	21.2	22.2	23.1	24.1	25.1	26.1	27.1	28	29	30	♎ 1	1.9	2.9	3.9	4.9	5.9	
☽	♈ 19.7	♉ 1.5	13.4	25.5	♊ 7.9	20.6	♋ 3.7	17.3	♌ 1.3	15.8	♍ 0.6	15.6	♎ 0.8	15.9	♏ 0.8	15.4	29.6	♐ 13.4	26.8	♑ 9.8	22.6	♒ 5	17.2	29.3	♓ 11.2	23	♈ 4.8	16.6	28.5	♉ 10.4	
☿	♍ 15.2R	14.4	13.4	12.4	11.5	10.5	9.6	8.8	8	7.3	6.8	6.3	6	5.9	5.9D	6.1	6.4	6.9	7.5	8.3	9.2	10.2	11.4	12.6	14	15.4	16.9	18.5	20.1	21.7	
♀	♍ 5.7	6.9	8.1	9.4	10.6	11.9	13.1	14.3	15.6	16.8	18.1	19.3	20.6	21.8	23.1	24.3	25.5	26.8	28	29.3	♎ 0.5	1.8	3	4.3	5.5	6.7	8	9.2	10.5	11.7	
♂	♎ 19.2	19.9	20.5	21.2	21.8	22.5	23.1	23.8	24.4	25.1	25.8	26.4	27.1	27.8	28.4	29.1	29.8	♏ 0.4	1.1	1.8	2.5	3.1	3.8	4.5	5.2	5.9	6.5	7.2	7.9	8.6	

♃ — 1 ♌ 10; 6 11; 11 12; 16 13; 21 14; 26 14.9
♄ — 1 ♑ 17.0R; 6 16.9; 11 16.7; 16 16.7; 21 16.6; 26 16.7D
♅ — 1 ♈ 18.8R; 11 18.5; 21 18.2
♆ — 1 ♍ 5.6; 11 6; 21 6.3
♇ — 1 ♋ 21.6; 11 21.8; 21 21.9

	1	2	3	4	5	6	7	8	9	10	11	12	13	14	15	16	17	18	19	20	21	22	23	24	25	26	27	28	29	30	31
☉	♎ 6.9	7.8	8.8	9.8	10.8	11.8	12.8	13.8	14.7	15.7	16.7	17.7	18.7	19.7	20.7	21.7	22.7	23.7	24.6	25.6	26.6	27.6	28.6	29.6	♏ 0.6	1.6	2.6	3.6	4.6	5.6	6.6
☽	♉ 22.4	♊ 4.6	17	29.7	♋ 12.7	26.1	♌ 9.9	24.2	♍ 8.8	23.8	♎ 9	24.1	♏ 9.2	24	♐ 8.5	22.4	♑ 6	19.1	♒ 1.7	14.1	26.2	♓ 8.2	20	♈ 1.8	13.6	25.4	♉ 7.4	19.4	♊ 1.6	14	26.6
☿	♍ 23.4	25.2	26.9	28.7	♎ 0.4	2.2	4	5.8	7.5	9.3	11.1	12.8	14.6	16.3	18	19.8	21.5	23.2	24.9	26.5	28.2	29.9	♏ 1.5	3.2	4.8	6.4	8	9.6	11.2	12.8	14.4
♀	♎ 13	14.2	15.5	16.7	18	19.2	20.5	21.7	23	24.2	25.5	26.7	27.9	29.2	♏ 0.4	1.7	2.9	4.2	5.4	6.7	7.9	9.2	10.4	11.7	12.9	14.2	15.4	16.7	17.9	19.2	20.4
♂	♏ 9.3	10	10.6	11.3	12	12.7	13.4	14.1	14.8	15.5	16.2	16.9	17.6	18.3	19	19.7	20.4	21.1	21.8	22.5	23.2	23.9	24.6	25.3	26.1	26.8	27.5	28.2	28.9	29.6	♐ 0.4

♃ — 1 ♌ 15.8; 6 16.6; 11 17.4; 16 18.2; 21 18.9; 26 19.6; 31 20.2
♄ — 1 ♑ 16.7; 6 16.8; 11 17; 16 17.1; 21 17.3; 26 17.6; 31 17.9
♅ — 1 ♈ 17.8R; 11 17.4; 21 17; 31 16.6
♆ — 1 ♍ 6.7; 11 7; 21 7.3; 31 7.5
♇ — 1 ♋ 22.1; 11 22.1; 21 22.2; 31 22.2R

	1	2	3	4	5	6	7	8	9	10	11	12	13	14	15	16	17	18	19	20	21	22	23	24	25	26	27	28	29	30	31
☉	♏ 7.6	8.6	9.6	10.6	11.6	12.6	13.6	14.6	15.6	16.6	17.6	18.6	19.7	20.7	21.7	22.7	23.7	24.7	25.7	26.7	27.7	28.7	29.7	♐ 0.7	1.8	2.8	3.8	4.8	5.8	6.8	
☽	♋ 9.4	22.4	♌ 5.8	19.5	♍ 3.5	17.8	♎ 2.4	17.3	♏ 2.3	17.2	♐ 2	16.5	♑ 0.7	14.3	27.5	♒ 10.2	22.6	♓ 4.7	16.7	28.5	♈ 10.2	22.1	♉ 4	16.1	28.4	♊ 10.8	23.5	♋ 6.4	19.5	♌ 2.7	
☿	♏ 15.9	17.5	19	20.6	22.1	23.7	25.2	26.7	28.2	29.7	♐ 1.2	2.7	4.2	5.7	7.2	8.6	10.1	11.5	13	14.4	15.8	17.2	18.6	20	21.4	22.7	24	25.3	26.5	27.7	
♀	♏ 21.7	22.9	24.2	25.4	26.7	27.9	29.2	♐ 0.4	1.7	2.9	4.2	5.4	6.6	7.9	9.1	10.4	11.6	12.9	14.1	15.4	16.6	17.9	19.1	20.4	21.6	22.9	24.1	25.4	26.6	27.9	
♂	♐ 1.1	1.8	2.5	3.2	4	4.7	5.4	6.1	6.9	7.6	8.3	9.1	9.8	10.5	11.3	12	12.7	13.5	14.2	14.9	15.7	16.4	17.2	17.9	18.7	19.4	20.1	20.9	21.6	22.4	

♃ — 1 ♌ 20.3; 6 20.9; 11 21.3; 16 21.7; 21 22.1; 26 22.3
♄ — 1 ♑ 18; 6 18.3; 11 18.6; 16 19; 21 19.5; 26 19.9
♅ — 1 ♈ 16.6R; 11 16.2; 21 15.9
♆ — 1 ♍ 7.5; 11 7.7; 21 7.9
♇ — 1 ♋ 22.2R; 11 22.1; 21 22

	1	2	3	4	5	6	7	8	9	10	11	12	13	14	15	16	17	18	19	20	21	22	23	24	25	26	27	28	29	30	31
☉	♐ 7.8	8.8	9.9	10.9	11.9	12.9	13.9	14.9	16	17	18	19	20	21	22.1	23.1	24.1	25.1	26.1	27.1	28.2	29.2	♑ 0.2	1.2	2.2	3.3	4.3	5.3	6.3	7.3	8.4
☽	♌ 16.2	29.8	♍ 13.7	27.8	♎ 12.1	26.5	♏ 11.1	25.7	♐ 10.2	24.5	♑ 8.5	22.2	♒ 5.4	18.2	♓ 0.6	12.7	24.7	♈ 6.5	18.3	♉ 0.1	12.1	24.3	♊ 6.8	19.5	♋ 2.5	15.8	29.3	♌ 12.9	26.7	♍ 10.6	24.6
☿	♐ 28.9	♑ 0	1.1	2.1	3	3.8	4.6	5.2	5.7	6.1	6.3	6.4R	6.3	6	5.5	4.8	3.9	2.9	1.7	0.4	♐ 29.1	27.7	26.3	25.1	23.9	22.8	21.9	21.2	20.7	20.3	20.1
♀	♐ 29.1	♑ 0.4	1.6	2.9	4.1	5.3	6.6	7.8	9.1	10.3	11.6	12.8	14.1	15.3	16.6	17.8	19	20.3	21.5	22.8	24	25.3	26.5	27.8	29	♒ 0.2	1.5	2.7	4	5.2	6.4
♂	♐ 23.1	23.9	24.6	25.4	26.1	26.9	27.6	28.4	29.2	29.9	♑ 0.7	1.4	2.2	3	3.7	4.5	5.2	6	6.8	7.5	8.3	9.1	9.8	10.6	11.4	12.1	12.9	13.7	14.4	15.2	16

♃ — 1 ♌ 22.5; 6 22.6; 11 22.6R; 16 22.6; 21 22.4; 26 22.2; 31 21.9
♄ — 1 ♑ 20.4; 6 20.9; 11 21.4; 16 22; 21 22.5; 26 23.1; 31 23.6
♅ — 1 ♈ 15.7R; 11 15.5; 21 15.4; 31 15.5D
♆ — 1 ♍ 8; 11 8.0R; 21 8; 31 7.9
♇ — 1 ♋ 21.9R; 11 21.7; 21 21.5; 31 21.3

I

	1	2	3	4	5	6	7	8	9	10	11	12	13	14	15	16	17	18	19	20	21	22	23	24	25	26	27	28	29	30	31
☉	♑ 9.4	10.4	11.4	12.4	13.4	14.5	15.5	16.5	17.5	18.5	19.6	20.6	21.6	22.6	23.6	24.7	25.7	26.7	27.7	28.7	29.7	♒ 0.8	1.8	2.8	3.8	4.8	5.8	6.9	7.9	8.9	9.9
☽	♎ 8.6	22.7	♏ 6.8	21	♐ 5.1	19.2	♑ 3.1	16.8	♒ 0.1	13.2	25.9	♓ 8.3	20.5	♈ 2.4	14.2	26	♉ 7.9	19.9	♊ 2.2	14.7	27.6	♋ 10.9	24.4	♌ 8.3	22.4	♍ 6.7	21	♎ 5.3	19.5	♏ 3.7	17.7
☿	♐ 20.1D	20.2	20.5	20.9	21.4	22	22.7	23.4	24.3	25.2	26.2	27.2	28.3	29.4	♑ 0.6	1.7	3	4.2	5.5	6.8	8.1	9.4	10.8	12.2	13.6	15	16.4	17.9	19.3	20.8	22.3
♀	♒ 7.7	8.9	10.2	11.4	12.6	13.9	15.1	16.3	17.6	18.8	20.1	21.3	22.5	23.8	25	26.2	27.5	28.7	29.9	♓ 1.1	2.4	3.6	4.8	6.1	7.3	8.5	9.7	10.9	12.2	13.4	14.6
♂	♑ 16.8	17.5	18.3	19.1	19.9	20.6	21.4	22.2	23	23.7	24.5	25.3	26.1	26.9	27.6	28.4	29.2	30	♒ 0.8	1.6	2.3	3.1	3.9	4.7	5.5	6.3	7	7.8	8.6	9.4	10.2

♃ — 1 ♌ 21.8R; 6 21.4; 11 21; 16 20.5; 21 19.9; 26 19.3; 31 18.6
♄ — 1 ♑ 23.8; 6 24.3; 11 24.9; 16 25.5; 21 26.1; 26 26.7; 31 27.3
♅ — 1 ♈ 15.5; 11 15.6; 21 15.7; 31 16
♆ — 1 ♍ 7.9R; 11 7.7; 21 7.5; 31 7.3
♇ — 1 ♋ 21.3R; 11 21.1; 21 20.9; 31 20.7

II

	1	2	3	4	5	6	7	8	9	10	11	12	13	14	15	16	17	18	19	20	21	22	23	24	25	26	27	28	29	30	31
☉	♒ 10.9	11.9	13	14	15	16	17	18	19	20.1	21.1	22.1	23.1	24.1	25.1	26.1	27.1	28.1	29.1	♓ 0.2	1.2	2.2	3.2	4.2	5.2	6.2	7.2	8.2	9.2		
☽	♐ 1.7	15.4	29.1	♑ 12.5	25.7	♒ 8.7	21.5	♓ 4	16.3	28.4	♈ 10.3	22.1	♉ 3.9	15.7	27.7	♊ 10	22.5	♋ 5.4	18.7	♌ 2.4	16.5	♍ 1	15.6	♎ 0.4	15.1	29.8	♏ 14.2	28.4	♐ 12.4		
☿	♑ 23.7	25.3	26.8	28.3	29.8	♒ 1.4	3	4.6	6.1	7.8	9.4	11	12.7	14.3	16	17.7	19.4	21.1	22.9	24.6	26.4	28.2	30	♓ 1.8	3.6	5.4	7.3	9.2	11.1		
♀	♓ 15.8	17	18.3	19.5	20.7	21.9	23.1	24.3	25.5	26.7	28	29.2	♈ 0.4	1.6	2.8	4	5.2	6.4	7.6	8.7	9.9	11.1	12.3	13.5	14.7	15.9	17.1	18.2	19.4		
♂	♒ 11	11.8	12.6	13.3	14.1	14.9	15.7	16.5	17.3	18.1	18.9	19.7	20.4	21.2	22	22.8	23.6	24.4	25.2	26	26.8	27.6	28.3	29.1	29.9	♓ 0.7	1.5	2.3	3.1		

♃ — 1 ♌ 18.5R; 6 17.9; 11 17.2; 16 16.5; 21 15.9; 26 15.3
♄ — 1 ♑ 27.4; 6 28; 11 28.6; 16 29.1; 21 29.7; 26 ♒ 0.2
♅ — 1 ♈ 16; 11 16.4; 21 16.8
♆ — 1 ♍ 7.3R; 11 7; 21 6.8
♇ — 1 ♋ 20.7R; 11 20.5; 21 20.3

III

	1	2	3	4	5	6	7	8	9	10	11	12	13	14	15	16	17	18	19	20	21	22	23	24	25	26	27	28	29	30	31
☉	♓ 10.2	11.2	12.2	13.2	14.2	15.2	16.2	17.2	18.2	19.2	20.2	21.2	22.2	23.2	24.2	25.2	26.2	27.2	28.2	29.2	♈ 0.2	1.2	2.2	3.2	4.1	5.1	6.1	7.1	8.1	9.1	10.1
☽	♐ 26	♑ 9.4	22.5	♒ 5.3	18	♓ 0.4	12.6	24.7	♈ 6.7	18.5	♉ 0.3	12.1	24	♊ 6	18.2	♋ 0.6	13.5	26.7	♌ 10.3	24.4	♍ 8.9	23.8	♎ 8.8	24	♏ 9	23.8	♐ 8.3	22.4	♑ 6.1	19.5	♒ 2.4
☿	♓ 13	14.9	16.8	18.7	20.7	22.6	24.5	26.5	28.4	♈ 0.3	2.2	4.1	5.9	7.7	9.4	11.1	12.7	14.3	15.7	17.1	18.4	19.6	20.7	21.7	22.5	23.2	23.8	24.3	24.7	24.9	25
♀	♈ 20.6	21.8	22.9	24.1	25.3	26.4	27.6	28.7	29.9	♉ 1.1	2.2	3.4	4.5	5.7	6.8	7.9	9.1	10.2	11.3	12.5	13.6	14.7	15.8	16.9	18	19.1	20.3	21.4	22.4	23.5	24.6
♂	♓ 3.9	4.7	5.4	6.2	7	7.8	8.6	9.4	10.2	11	11.8	12.5	13.3	14.1	14.9	15.7	16.5	17.3	18	18.8	19.6	20.4	21.2	22	22.7	23.5	24.3	25.1	25.9	26.7	27.4

♃ — 1 ♌ 14.8R; 6 14.3; 11 13.9; 16 13.5; 21 13.1; 26 12.9; 31 12.7
♄ — 1 ♒ 0.6; 6 1.1; 11 1.6; 16 2; 21 2.4; 26 2.8; 31 3.2
♅ — 1 ♈ 17.2; 11 17.7; 21 18.2; 31 18.8
♆ — 1 ♍ 6.5R; 11 6.2; 21 6; 31 5.7
♇ — 1 ♋ 20.2R; 11 20.1; 21 20; 31 20

IV

	1	2	3	4	5	6	7	8	9	10	11	12	13	14	15	16	17	18	19	20	21	22	23	24	25	26	27	28	29	30	31
☉	♈ 11.1	12	13	14	15	16	17	18	18.9	19.9	20.9	21.9	22.9	23.8	24.8	25.8	26.8	27.7	28.7	29.7	♉ 0.7	1.7	2.6	3.6	4.6	5.5	6.5	7.5	8.5	9.4	
☽	♒ 15	27.4	♓ 9.6	21.6	♈ 3.5	15.4	27.2	♉ 9	20.8	♊ 2.8	14.8	27	♋ 9.5	22.2	♌ 5.3	18.8	♍ 2.7	17.1	♎ 1.9	16.9	♏ 2.2	17.4	♐ 2.5	17.3	♑ 1.6	15.5	28.9	♒ 11.8	24.4	♓ 6.7	
☿	♈ 25.0R	24.9	24.7	24.3	23.9	23.4	22.8	22.1	21.4	20.7	19.9	19.2	18.4	17.7	17	16.4	15.8	15.2	14.8	14.4	14.1	13.9	13.8	13.7	13.8D	13.9	14.1	14.4	14.7	15.2	
♀	♉ 25.7	26.8	27.9	28.9	30	♊ 1.1	2.1	3.2	4.2	5.2	6.3	7.3	8.3	9.3	10.4	11.4	12.4	13.3	14.3	15.3	16.3	17.2	18.2	19.1	20.1	21	21.9	22.8	23.7	24.6	
♂	♓ 28.2	29	29.8	♈ 0.6	1.3	2.1	2.9	3.7	4.4	5.2	6	6.8	7.5	8.3	9.1	9.8	10.6	11.4	12.2	12.9	13.7	14.5	15.2	16	16.8	17.5	18.3	19.1	19.8	20.6	

♃ — 1 ♌ 12.7R; 6 12.6; 11 12.6D; 16 12.7; 21 12.8; 26 13.1
♄ — 1 ♒ 3.2; 6 3.6; 11 3.8; 16 4.1; 21 4.3; 26 4.5
♅ — 1 ♈ 18.9; 11 19.4; 21 20
♆ — 1 ♍ 5.7R; 11 5.5; 21 5.4
♇ — 1 ♋ 20.0R; 11 20.0D; 21 20

V

	1	2	3	4	5	6	7	8	9	10	11	12	13	14	15	16	17	18	19	20	21	22	23	24	25	26	27	28	29	30	31
☉	♉ 10.4	11.4	12.3	13.3	14.3	15.3	16.2	17.2	18.2	19.1	20.1	21.1	22	23	23.9	24.9	25.9	26.8	27.8	28.8	29.7	♊ 0.7	1.6	2.6	3.6	4.5	5.5	6.4	7.4	8.4	9.3
☽	♓ 18.7	♈ 0.6	12.4	24.2	♉ 6	17.9	29.8	♊ 11.9	24.1	♋ 6.4	19	♌ 1.7	14.8	28.2	♍ 11.9	26.1	♎ 10.6	25.5	♏ 10.5	25.7	♐ 10.8	25.6	♑ 10.1	24	♒ 7.5	20.5	♓ 3.1	15.4	27.4	♈ 9.3	21.1
☿	♈ 15.7	16.2	16.9	17.6	18.3	19.1	20	20.9	21.9	22.9	24	25.1	26.3	27.5	28.8	♉ 0.1	1.4	2.8	4.2	5.7	7.2	8.7	10.3	11.9	13.5	15.2	17	18.7	20.5	22.4	24.2
♀	♊ 25.5	26.3	27.2	28	28.9	29.7	♋ 0.5	1.3	2.1	2.8	3.6	4.3	5	5.7	6.4	7.1	7.7	8.4	9	9.6	10.1	10.7	11.2	11.7	12.1	12.6	13	13.4	13.7	14	14.3
♂	♈ 21.3	22.1	22.9	23.6	24.4	25.1	25.9	26.6	27.4	28.2	28.9	29.7	♉ 0.4	1.2	1.9	2.7	3.4	4.2	4.9	5.6	6.4	7.1	7.9	8.6	9.4	10.1	10.8	11.6	12.3	13	13.8

♃ — 1 ♌ 13.4; 6 13.7; 11 14.2; 16 14.7; 21 15.2; 26 15.8; 31 16.5
♄ — 1 ♒ 4.6; 6 4.7; 11 4.7; 16 4.8R; 21 4.7; 26 4.7; 31 4.5
♅ — 1 ♈ 20.6; 11 21.1; 21 21.6; 31 22
♆ — 1 ♍ 5.3R; 11 5.2; 21 5.2D; 31 5.3
♇ — 1 ♋ 20.1; 11 20.3; 21 20.4; 31 20.6

VI

	1	2	3	4	5	6	7	8	9	10	11	12	13	14	15	16	17	18	19	20	21	22	23	24	25	26	27	28	29	30	31
☉	♊ 10.3	11.2	12.2	13.2	14.1	15.1	16	17	17.9	18.9	19.8	20.8	21.8	22.7	23.7	24.6	25.6	26.5	27.5	28.4	29.4	♋ 0.4	1.3	2.3	3.2	4.2	5.1	6.1	7	8	
☽	♉ 2.9	14.8	26.7	♊ 8.8	21	♋ 3.5	16	28.8	♌ 11.8	24.9	♍ 8.4	22.1	♎ 6	20.3	♏ 4.9	19.6	♐ 4.5	19.3	♑ 3.9	18.2	♒ 2.2	15.7	28.7	♓ 11.3	23.7	♈ 5.7	17.6	29.4	♉ 11.3	23.2	
☿	♉ 26.2	28.1	♊ 0.1	2.1	4.2	6.2	8.4	10.5	12.6	14.8	17	19.2	21.4	23.6	25.8	28	♋ 0.2	2.3	4.4	6.6	8.6	10.7	12.7	14.7	16.7	18.6	20.5	22.4	24.2	26	
♀	♋ 14.6	14.8	15	15.2	15.3	15.4	15.4	15.4R	15.4	15.3	15.2	15.1	14.9	14.6	14.4	14.1	13.7	13.3	12.9	12.5	12	11.5	10.9	10.4	9.8	9.2	8.6	7.9	7.3	6.7	
♂	♉ 14.5	15.3	16	16.7	17.4	18.2	18.9	19.6	20.4	21.1	21.8	22.5	23.3	24	24.7	25.4	26.1	26.9	27.6	28.3	29	29.7	♊ 0.4	1.1	1.9	2.6	3.3	4	4.7	5.4	

♃ — 1 ♌ 16.7; 6 17.4; 11 18.1; 16 19; 21 19.8; 26 20.7
♄ — 1 ♒ 4.5R; 6 4.4; 11 4.2; 16 3.9; 21 3.7; 26 3.4
♅ — 1 ♈ 22.1; 11 22.5; 21 22.8
♆ — 1 ♍ 5.3; 11 5.4; 21 5.5
♇ — 1 ♋ 20.6; 11 20.9; 21 21.1

VII

	1	2	3	4	5	6	7	8	9	10	11	12	13	14	15	16	17	18	19	20	21	22	23	24	25	26	27	28	29	30	31
☉	♋ 8.9	9.9	10.8	11.8	12.7	13.7	14.7	15.6	16.6	17.5	18.5	19.4	20.4	21.3	22.3	23.2	24.2	25.1	26.1	27.1	28	29	29.9	♌ 0.9	1.8	2.8	3.7	4.7	5.7	6.6	7.6
☽	♊ 5.3	17.5	29.9	♋ 12.6	25.5	♌ 8.6	21.9	♍ 5.3	19	♎ 2.8	16.8	♏ 0.9	15.2	29.6	♐ 14.1	28.4	♑ 12.7	26.7	♒ 10.4	23.7	♓ 6.7	19.3	♈ 1.6	13.7	25.6	♉ 7.5	19.3	♊ 1.3	13.4	25.8	♋ 8.4
☿	♋ 27.7	29.4	♌ 1.1	2.8	4.4	5.9	7.5	9	10.4	11.9	13.3	14.6	15.9	17.2	18.4	19.6	20.8	21.9	22.9	23.9	24.9	25.8	26.7	27.5	28.2	28.9	29.5	♍ 0.1	0.6	1	1.3
♀	♋ 6.1R	5.5	4.9	4.3	3.7	3.1	2.6	2.1	1.7	1.2	0.8	0.5	0.1	♊ 29.8	29.6	29.4	29.2	29.1	29	28.9	28.9D	28.9	29	29.1	29.2	29.4	29.6	29.9	♋ 0.1	0.4	0.8
♂	♊ 6.1	6.8	7.5	8.2	8.9	9.6	10.3	11	11.7	12.4	13.1	13.8	14.5	15.2	15.9	16.6	17.2	17.9	18.6	19.3	20	20.7	21.3	22	22.7	23.4	24.1	24.7	25.4	26.1	26.8

♃ — 1 ♌ 21.6; 6 22.5; 11 23.5; 16 24.5; 21 25.5; 26 26.5; 31 27.6
♄ — 1 ♒ 3.1R; 6 2.8; 11 2.4; 16 2.1; 21 1.7; 26 1.3; 31 0.9
♅ — 1 ♈ 23.1; 11 23.3; 21 23.4; 31 23.4R
♆ — 1 ♍ 5.7; 11 6; 21 6.3; 31 6.6
♇ — 1 ♋ 21.4; 11 21.6; 21 21.9; 31 22.1

VIII

	1	2	3	4	5	6	7	8	9	10	11	12	13	14	15	16	17	18	19	20	21	22	23	24	25	26	27	28	29	30	31
☉	♌ 8.5	9.5	10.4	11.4	12.3	13.3	14.3	15.2	16.2	17.1	18.1	19.1	20	21	21.9	22.9	23.9	24.8	25.8	26.8	27.7	28.7	29.6	♍ 0.6	1.6	2.5	3.5	4.5	5.4	6.4	7.4
☽	♋ 21.3	♌ 4.5	17.9	♍ 1.6	15.4	29.4	♎ 13.6	27.7	♏ 11.9	26.1	♐ 10.3	24.4	♑ 8.3	22.1	♒ 5.7	19	♓ 2	14.8	27.3	♈ 9.5	21.6	♉ 3.5	15.4	27.2	♊ 9.2	21.3	♋ 3.7	16.4	29.4	♌ 12.8	26.5
☿	♍ 1.6	1.8	1.9	1.9R	1.8	1.7	1.4	1.1	0.7	0.2	♌ 29.6	28.9	28.2	27.4	26.6	25.8	24.9	24.1	23.3	22.5	21.7	21.1	20.5	20	19.7	19.4	19.3	19.3D	19.4	19.7	20.1
♀	♋ 1.1	1.5	2	2.4	2.9	3.4	3.9	4.4	5	5.6	6.2	6.8	7.5	8.1	8.8	9.5	10.2	11	11.7	12.5	13.3	14.1	14.9	15.7	16.5	17.4	18.2	19.1	19.9	20.8	21.7
♂	♊ 27.4	28.1	28.8	29.4	♋ 0.1	0.8	1.4	2.1	2.8	3.4	4.1	4.8	5.4	6.1	6.7	7.4	8	8.7	9.3	10	10.6	11.3	11.9	12.6	13.2	13.9	14.5	15.1	15.8	16.4	17.1

♃ — 1 ♌ 27.8; 6 28.9; 11 29.9; 16 ♍ 1; 21 2.1; 26 3.2; 31 4.3
♄ — 1 ♒ 0.9R; 6 0.5; 11 0.2; 16 ♑ 29.8; 21 29.5; 26 29.2; 31 29
♅ — 1 ♈ 23.4R; 11 23.3; 21 23.2; 31 23
♆ — 1 ♍ 6.6; 11 7; 21 7.3; 31 7.7
♇ — 1 ♋ 22.2; 11 22.4; 21 22.7; 31 22.9

IX

	1	2	3	4	5	6	7	8	9	10	11	12	13	14	15	16	17	18	19	20	21	22	23	24	25	26	27	28	29	30	31
☉	♍ 8.3	9.3	10.3	11.2	12.2	13.2	14.2	15.1	16.1	17.1	18	19	20	21	21.9	22.9	23.9	24.9	25.8	26.8	27.8	28.8	29.8	♎ 0.7	1.7	2.7	3.7	4.7	5.6	6.6	
☽	♍ 10.6	24.9	♎ 9.3	23.9	♏ 8.4	22.8	♐ 7.1	21.2	♑ 5.1	18.7	♒ 2.1	15.2	28.1	♓ 10.8	23.3	♈ 5.6	17.7	29.7	♉ 11.6	23.5	♊ 5.3	17.3	29.4	♋ 11.7	24.3	♌ 7.3	20.8	♍ 4.6	18.8	♎ 3.4	
☿	♌ 20.7	21.4	22.2	23.2	24.2	25.4	26.7	28.1	29.5	♍ 1.1	2.7	4.4	6.1	7.8	9.6	11.4	13.3	15.1	17	18.8	20.7	22.6	24.4	26.3	28.1	29.9	♎ 1.7	3.5	5.3	7.1	
♀	♋ 22.6	23.5	24.5	25.4	26.3	27.3	28.2	29.2	♌ 0.2	1.2	2.1	3.1	4.1	5.1	6.2	7.2	8.2	9.2	10.3	11.3	12.4	13.4	14.5	15.5	16.6	17.7	18.7	19.8	20.9	22	
♂	♋ 17.7	18.3	19	19.6	20.2	20.8	21.5	22.1	22.7	23.3	24	24.6	25.2	25.8	26.4	27.1	27.7	28.3	28.9	29.5	♌ 0.1	0.7	1.3	1.9	2.5	3.1	3.7	4.3	4.9	5.5	

♃ — 1 ♍ 4.5; 6 5.6; 11 6.7; 16 7.7; 21 8.8; 26 9.8
♄ — 1 ♑ 28.9R; 6 28.7; 11 28.5; 16 28.3; 21 28.2; 26 28.1
♅ — 1 ♈ 22.9R; 11 22.7; 21 22.3
♆ — 1 ♍ 7.8; 11 8.1; 21 8.5
♇ — 1 ♋ 22.9; 11 23.1; 21 23.2

X

	1	2	3	4	5	6	7	8	9	10	11	12	13	14	15	16	17	18	19	20	21	22	23	24	25	26	27	28	29	30	31
☉	♎ 7.6	8.6	9.6	10.6	11.5	12.5	13.5	14.5	15.5	16.5	17.5	18.5	19.4	20.4	21.4	22.4	23.4	24.4	25.4	26.4	27.4	28.4	29.4	♏ 0.4	1.4	2.4	3.4	4.4	5.4	6.4	7.4
☽	♎ 18.3	♏ 3.3	18.2	♐ 3	17.6	♑ 1.8	15.6	29	♒ 12.2	25	♓ 7.6	20	♈ 2.2	14.3	26.3	♉ 8.2	20.1	♊ 2	13.8	25.8	♋ 7.8	20.1	♌ 2.7	15.5	28.8	♍ 12.6	26.8	♎ 11.5	26.5	♏ 11.7	27
☿	♎ 8.9	10.6	12.4	14.1	15.8	17.5	19.2	20.8	22.5	24.1	25.7	27.4	29	♏ 0.6	2.1	3.7	5.3	6.8	8.4	9.9	11.4	12.9	14.4	15.9	17.4	18.9	20.3	21.8	23.2	24.6	26
♀	♌ 23.1	24.2	25.3	26.4	27.5	28.6	29.7	♍ 0.9	2	3.1	4.2	5.4	6.5	7.6	8.8	9.9	11.1	12.2	13.4	14.5	15.7	16.9	18	19.2	20.4	21.5	22.7	23.9	25.1	26.3	27.4
♂	♌ 6.1	6.7	7.3	7.9	8.4	9	9.6	10.2	10.8	11.3	11.9	12.5	13.1	13.6	14.2	14.7	15.3	15.9	16.4	17	17.5	18.1	18.6	19.2	19.7	20.3	20.8	21.3	21.9	22.4	22.9

♃ — 1 ♍ 10.9; 6 11.9; 11 12.9; 16 13.9; 21 14.8; 26 15.7; 31 16.6
♄ — 1 ♑ 28.1R; 6 28.1D; 11 28.2; 16 28.3; 21 28.4; 26 28.6; 31 28.8
♅ — 1 ♈ 21.9R; 11 21.5; 21 21.1; 31 20.7
♆ — 1 ♍ 8.8; 11 9.1; 21 9.4; 31 9.7
♇ — 1 ♋ 23.3; 11 23.4; 21 23.5; 31 23.5R

XI

	1	2	3	4	5	6	7	8	9	10	11	12	13	14	15	16	17	18	19	20	21	22	23	24	25	26	27	28	29	30	31
☉	♏ 8.4	9.4	10.4	11.4	12.4	13.4	14.4	15.4	16.4	17.4	18.4	19.4	20.4	21.4	22.4	23.4	24.4	25.5	26.5	27.5	28.5	29.5	♐ 0.5	1.5	2.5	3.5	4.5	5.6	6.6	7.6	
☽	♐ 12.2	27	♑ 11.4	25.4	♒ 8.9	22	♓ 4.7	17.1	29.3	♈ 11.3	23.3	♉ 5.2	17	28.9	♊ 10.8	22.7	♋ 4.8	16.9	29.2	♌ 11.7	24.5	♍ 7.6	21.2	♎ 5.2	19.7	♏ 4.6	19.8	♐ 5.1	20.4	♑ 5.4	
☿	♏ 27.4	28.8	♐ 0.2	1.6	2.9	4.2	5.5	6.8	8.1	9.3	10.5	11.7	12.8	13.9	14.9	15.9	16.8	17.6	18.4	19	19.6	20	20.4	20.6	20.6R	20.4	20.1	19.6	19	18.1	
♀	♍ 28.6	29.8	♎ 1	2.2	3.4	4.6	5.8	7	8.2	9.4	10.6	11.8	13	14.2	15.4	16.6	17.8	19	20.2	21.5	22.7	23.9	25.1	26.3	27.6	28.8	♏ 0	1.2	2.5	3.7	
♂	♌ 23.5	24	24.5	25	25.5	26.1	26.6	27.1	27.6	28.1	28.6	29.1	29.6	♍ 0.1	0.5	1	1.5	2	2.4	2.9	3.4	3.8	4.3	4.7	5.2	5.6	6.1	6.5	6.9	7.4	

♃ — 1 ♍ 16.8; 6 17.6; 11 18.4; 16 19.1; 21 19.8; 26 20.5
♄ — 1 ♑ 28.8; 6 29.1; 11 29.4; 16 29.7; 21 ♒ 0.1; 26 0.5
♅ — 1 ♈ 20.7R; 11 20.3; 21 20
♆ — 1 ♍ 9.7; 11 9.9; 21 10.1
♇ — 1 ♋ 23.4R; 11 23.4; 21 23.3

XII

	1	2	3	4	5	6	7	8	9	10	11	12	13	14	15	16	17	18	19	20	21	22	23	24	25	26	27	28	29	30	31
☉	♐ 8.6	9.6	10.6	11.6	12.7	13.7	14.7	15.7	16.7	17.7	18.8	19.8	20.8	21.8	22.8	23.8	24.9	25.9	26.9	27.9	28.9	30	♑ 1	2	3	4	5	6.1	7.1	8.1	9.1
☽	♑ 20.1	♒ 4.2	17.9	♓ 1	13.7	26.1	♈ 8.3	20.3	♉ 2.1	14	25.8	♊ 7.7	19.7	♋ 1.8	14	26.3	♌ 8.7	21.4	♍ 4.2	17.4	♎ 0.8	14.7	28.9	♏ 13.4	28.3	♐ 13.4	28.4	♑ 13.3	28	♒ 12.2	25.9
☿	♐ 17.1R	15.9	14.7	13.3	11.9	10.6	9.3	8.1	7	6.1	5.4	4.8	4.5	4.3	4.3D	4.5	4.8	5.3	5.8	6.5	7.3	8.2	9.1	10.1	11.1	12.3	13.4	14.6	15.8	17.1	18.4
♀	♏ 4.9	6.1	7.4	8.6	9.8	11.1	12.3	13.5	14.8	16	17.2	18.5	19.7	20.9	22.2	23.4	24.7	25.9	27.1	28.4	29.6	♐ 0.9	2.1	3.3	4.6	5.8	7.1	8.3	9.6	10.8	12
♂	♍ 7.8	8.2	8.6	9	9.4	9.8	10.2	10.6	11	11.4	11.7	12.1	12.5	12.8	13.2	13.5	13.8	14.2	14.5	14.8	15.1	15.4	15.7	16	16.3	16.5	16.8	17.1	17.3	17.5	17.8

♃ — 1 ♍ 21.1; 6 21.6; 11 22; 16 22.4; 21 22.7; 26 23; 31 23.2
♄ — 1 ♒ 0.9; 6 1.3; 11 1.8; 16 2.3; 21 2.8; 26 3.4; 31 3.9
♅ — 1 ♈ 19.8R; 11 19.6; 21 19.5; 31 19.4D
♆ — 1 ♍ 10.1; 11 10.2; 21 10.2R; 31 10.1
♇ — 1 ♋ 23.2R; 11 23; 21 22.8; 31 22.6

I

	1	2	3	4	5	6	7	8	9	10	11	12	13	14	15	16	17	18	19	20	21	22	23	24	25	26	27	28	29	30	31
☉	♑ 10.1	11.2	12.2	13.2	14.2	15.2	16.3	17.3	18.3	19.3	20.3	21.4	22.4	23.4	24.4	25.4	26.4	27.5	28.5	29.5	♒ 0.5	1.5	2.6	3.6	4.6	5.6	6.6	7.6	8.7	9.7	10.7
☽	♓ 9.2	22	♈ 4.5	16.7	28.7	♉ 10.6	22.4	♊ 4.3	16.3	28.3	♋ 10.6	23	♌ 5.6	18.3	♍ 1.2	14.4	27.7	♎ 11.3	25.1	♏ 9.2	23.4	♐ 7.9	22.5	♑ 7.1	21.6	♒ 6	20	♓ 3.7	16.9	29.8	♈ 12.4
☿	♐ 19.7	21	22.4	23.7	25.1	26.5	28	29.4	♑ 0.8	2.3	3.7	5.2	6.7	8.2	9.7	11.2	12.7	14.3	15.8	17.4	18.9	20.5	22.1	23.6	25.2	26.9	28.5	♒ 0.1	1.7	3.4	5.1
♀	♐ 13.3	14.5	15.8	17	18.3	19.5	20.8	22	23.3	24.5	25.7	27	28.2	29.5	♑ 0.7	2	3.2	4.5	5.7	7	8.2	9.5	10.7	12	13.2	14.5	15.7	17	18.2	19.5	20.7
♂	♍ 18	18.2	18.4	18.6	18.8	19	19.1	19.3	19.4	19.5	19.7	19.8	19.9	20	20.1	20.1	20.2	20.2	20.2	20.3	20.3	20.3R	20.2	20.2	20.2	20.1	20	20	19.9	19.8	19.6

♃	1: ♍ 23.2	6: 23.3	11: 23.2R	16: 23.2	21: 23	26: 22.7	31: 22.4
♄	1: ♒ 4	6: 4.6	11: 5.2	16: 5.8	21: 6.4	26: 7	31: 7.6
♅	1: ♈ 19.4	11: 19.5	21: 19.7	31: 19.9			
♆	1: ♍ 10.1R	11: 9.9	21: 9.8	31: 9.5			
♇	1: ♋ 22.6R	11: 22.4	21: 22.2	31: 22			

II

	1	2	3	4	5	6	7	8	9	10	11	12	13	14	15	16	17	18	19	20	21	22	23	24	25	26	27	28	29	30	31
☉	♒ 11.7	12.7	13.7	14.7	15.8	16.8	17.8	18.8	19.8	20.8	21.8	22.8	23.9	24.9	25.9	26.9	27.9	28.9	29.9	♓ 0.9	1.9	2.9	3.9	4.9	6	7	8	9			
☽	♈ 24.6	♉ 6.7	18.6	♊ 0.5	12.3	24.3	♋ 6.5	18.8	♌ 1.4	14.3	27.4	♍ 10.7	24.3	♎ 8	22	♏ 6	20.1	♐ 4.3	18.5	♑ 2.7	16.9	♒ 0.9	14.7	28.4	♓ 11.7	24.8	♈ 7.6	20.1			
☿	♒ 6.7	8.4	10.1	11.8	13.6	15.3	17	18.8	20.6	22.4	24.2	26	27.8	29.6	♓ 1.5	3.3	5.2	7	8.9	10.7	12.6	14.4	16.2	18	19.8	21.5	23.2	24.9			
♀	♑ 22	23.2	24.5	25.7	27	28.2	29.5	♒ 0.7	2	3.2	4.5	5.7	7	8.2	9.5	10.7	11.9	13.2	14.4	15.7	16.9	18.2	19.4	20.7	21.9	23.2	24.4	25.7			
♂	♍ 19.5R	19.3	19.2	19	18.8	18.6	18.4	18.2	17.9	17.7	17.4	17.1	16.9	16.6	16.3	15.9	15.6	15.3	14.9	14.6	14.2	13.9	13.5	13.1	12.7	12.3	11.9	11.5			

♃	1: ♍ 22.4R	6: 22	11: 21.5	16: 21	21: 20.4	26: 19.8	
♄	1: ♒ 7.7	6: 8.3	11: 8.9	16: 9.5	21: 10	26: 10.6	
♅	1: ♈ 19.9	11: 20.3	21: 20.7				
♆	1: ♍ 9.5R	11: 9.3	21: 9				
♇	1: ♋ 21.9R	11: 21.8	21: 21.6				

III

	1	2	3	4	5	6	7	8	9	10	11	12	13	14	15	16	17	18	19	20	21	22	23	24	25	26	27	28	29	30	31
☉	♓ 10	11	12	13	14	15	16	17	18	19	20	21	22	23	24	25	26	27	27.9	28.9	29.9	♈ 0.9	1.9	2.9	3.9	4.9	5.9	6.9	7.9	8.8	9.8
☽	♉ 2.4	14.4	26.4	♊ 8.3	20.2	♋ 2.1	14.3	26.7	♌ 9.4	22.4	♍ 5.8	19.5	♎ 3.5	17.7	♏ 2.1	16.6	♐ 1	15.3	29.5	♑ 13.5	27.3	♒ 10.9	24.3	♓ 7.5	20.5	♈ 3.3	15.8	28.2	♉ 10.4	22.4	♊ 4.4
☿	♓ 26.4	28	29.4	♈ 0.7	2	3.1	4.1	5	5.8	6.4	6.9	7.2	7.4	7.4R	7.4	7.1	6.8	6.3	5.7	5	4.2	3.4	2.6	1.7	0.8	♓ 29.9	29.1	28.3	27.5	26.9	26.3
♀	♒ 26.9	28.2	29.4	♓ 0.7	1.9	3.2	4.4	5.6	6.9	8.1	9.4	10.6	11.9	13.1	14.4	15.6	16.9	18.1	19.3	20.6	21.8	23.1	24.3	25.6	26.8	28	29.3	♈ 0.5	1.8	3	4.3
♂	♍ 11.2R	10.8	10.4	10	9.6	9.2	8.8	8.4	8	7.6	7.3	6.9	6.5	6.2	5.8	5.5	5.2	4.9	4.6	4.3	4	3.7	3.4	3.2	3	2.7	2.5	2.3	2.1	1.9	1.8

♃	1: ♍ 19.4R	6: 18.8	11: 18.1	16: 17.5	21: 16.8	26: 16.2	31: 15.7
♄	1: ♒ 10.9	6: 11.5	11: 12	16: 12.5	21: 13	26: 13.4	31: 13.9
♅	1: ♈ 21	11: 21.5	21: 22	31: 22.6			
♆	1: ♍ 8.8R	11: 8.5	21: 8.2	31: 8			
♇	1: ♋ 21.5R	11: 21.4	21: 21.3	31: 21.2			

IV

	1	2	3	4	5	6	7	8	9	10	11	12	13	14	15	16	17	18	19	20	21	22	23	24	25	26	27	28	29	30	31
☉	♈ 10.8	11.8	12.8	13.8	14.8	15.7	16.7	17.7	18.7	19.7	20.7	21.6	22.6	23.6	24.6	25.6	26.5	27.5	28.5	29.5	♉ 0.4	1.4	2.4	3.4	4.3	5.3	6.3	7.3	8.2	9.2	
☽	♊ 16.2	28.1	♋ 10.1	22.2	♌ 4.5	17.2	♍ 0.2	13.7	27.6	♎ 11.9	26.6	♏ 11.4	26.4	♐ 11.2	25.8	♑ 10.2	24.2	♒ 7.9	21.3	♓ 4.4	17.2	29.9	♈ 12.3	24.6	♉ 6.8	18.9	♊ 0.8	12.7	24.6	♋ 6.4	
☿	♓ 25.8R	25.4	25	24.8	24.7	24.6D	24.7	24.8	25	25.3	25.7	26.2	26.7	27.3	28	28.7	29.5	♈ 0.3	1.2	2.1	3.1	4.2	5.3	6.4	7.6	8.8	10	11.3	12.6	14	
♀	♈ 5.5	6.7	8	9.2	10.5	11.7	12.9	14.2	15.4	16.7	17.9	19.1	20.4	21.6	22.8	24.1	25.3	26.6	27.8	29	♉ 0.3	1.5	2.7	4	5.2	6.4	7.7	8.9	10.2	11.4	
♂	♍ 1.6R	1.5	1.4	1.3	1.2	1.1	1	1	0.9	0.9	0.9	0.9	0.9D	0.9	0.9	0.9	1	1.1	1.1	1.2	1.3	1.4	1.5	1.7	1.8	2	2.1	2.3	2.5	2.7	

♃	1: ♍ 15.6R	6: 15	11: 14.6	16: 14.2	21: 13.9	26: 13.6	
♄	1: ♒ 13.9	6: 14.3	11: 14.7	16: 15	21: 15.3	26: 15.6	
♅	1: ♈ 22.6	11: 23.2	21: 23.8				
♆	1: ♍ 8.0R	11: 7.8	21: 7.6				
♇	1: ♋ 21.2R	11: 21.2D	21: 21.3				

V

	1	2	3	4	5	6	7	8	9	10	11	12	13	14	15	16	17	18	19	20	21	22	23	24	25	26	27	28	29	30	31
☉	♉ 10.2	11.1	12.1	13.1	14	15	16	17	17.9	18.9	19.9	20.8	21.8	22.7	23.7	24.7	25.6	26.6	27.6	28.5	29.5	♊ 0.5	1.4	2.4	3.3	4.3	5.3	6.2	7.2	8.1	9.1
☽	♋ 18.4	♌ 0.5	12.8	25.4	♍ 8.3	21.8	♎ 5.7	20.1	♏ 4.9	20	♐ 5.3	20.4	♑ 5.4	20	♒ 4.2	18	♓ 1.3	14.3	27	♈ 9.4	21.7	♉ 3.8	15.8	27.8	♊ 9.6	21.5	♋ 3.4	15.2	27.2	♌ 9.3	21.6
☿	♈ 15.4	16.8	18.3	19.8	21.3	22.9	24.5	26.1	27.8	29.5	♉ 1.2	3	4.7	6.6	8.4	10.3	12.2	14.2	16.2	18.2	20.3	22.3	24.4	26.6	28.7	♊ 0.9	3.1	5.3	7.5	9.7	11.9
♀	♉ 12.6	13.9	15.1	16.3	17.6	18.8	20	21.3	22.5	23.7	24.9	26.2	27.4	28.6	29.9	♊ 1.1	2.3	3.6	4.8	6	7.3	8.5	9.7	10.9	12.2	13.4	14.6	15.9	17.1	18.3	19.5
♂	♍ 2.9	3.1	3.3	3.5	3.8	4	4.2	4.5	4.8	5	5.3	5.6	5.9	6.2	6.5	6.8	7.2	7.5	7.8	8.2	8.5	8.9	9.2	9.6	10	10.3	10.7	11.1	11.5	11.9	12.3

♃	1: ♍ 13.4R	6: 13.3	11: 13.3D	16: 13.3	21: 13.5	26: 13.7	31: 13.9
♄	1: ♒ 15.8	6: 16	11: 16.2	16: 16.3	21: 16.3	26: 16.4	31: 16.4R
♅	1: ♈ 24.3	11: 24.9	21: 25.4	31: 25.9			
♆	1: ♍ 7.5R	11: 7.4	21: 7.4D	31: 7.4			
♇	1: ♋ 21.4	11: 21.5	21: 21.7	31: 21.9			

VI

	1	2	3	4	5	6	7	8	9	10	11	12	13	14	15	16	17	18	19	20	21	22	23	24	25	26	27	28	29	30	31
☉	♊ 10	11	12	12.9	13.9	14.8	15.8	16.7	17.7	18.7	19.6	20.6	21.5	22.5	23.4	24.4	25.3	26.3	27.3	28.2	29.2	♋ 0.1	1.1	2	3	3.9	4.9	5.8	6.8	7.7	
☽	♍ 4.2	17.1	♎ 0.4	14.2	28.5	♏ 13.3	28.4	♐ 13.7	29	♑ 14.2	29	♒ 13.4	27.3	♓ 10.7	23.7	♈ 6.4	18.7	♉ 0.9	12.9	24.8	♊ 6.7	18.6	♋ 0.4	12.4	24.3	♌ 6.4	18.6	♍ 1	13.7	26.6	
☿	♊ 14	16.2	18.4	20.5	22.6	24.7	26.8	28.8	♋ 0.8	2.8	4.7	6.6	8.4	10.2	12	13.7	15.4	17.1	18.7	20.2	21.7	23.2	24.7	26	27.4	28.7	29.9	♌ 1.2	2.3	3.4	
♀	♊ 20.8	22	23.2	24.4	25.7	26.9	28.1	29.4	♋ 0.6	1.8	3	4.3	5.5	6.7	7.9	9.2	10.4	11.6	12.8	14	15.3	16.5	17.7	18.9	20.2	21.4	22.6	23.8	25.1	26.3	
♂	♍ 12.7	13.1	13.5	14	14.4	14.8	15.3	15.7	16.1	16.6	17	17.5	18	18.4	18.9	19.4	19.8	20.3	20.8	21.3	21.8	22.3	22.8	23.3	23.8	24.3	24.8	25.3	25.8	26.3	

♃	1: ♍ 14	6: 14.3	11: 14.7	16: 15.2	21: 15.8	26: 16.3	
♄	1: ♒ 16.4R	6: 16.3	11: 16.2	16: 16.1	21: 15.9	26: 15.7	
♅	1: ♈ 25.9	11: 26.3	21: 26.7				
♆	1: ♍ 7.4	11: 7.5	21: 7.7				
♇	1: ♋ 21.9	11: 22.1	21: 22.3				

VII

	1	2	3	4	5	6	7	8	9	10	11	12	13	14	15	16	17	18	19	20	21	22	23	24	25	26	27	28	29	30	31
☉	♋ 8.7	9.7	10.6	11.6	12.5	13.5	14.4	15.4	16.3	17.3	18.2	19.2	20.1	21.1	22.1	23	24	24.9	25.9	26.8	27.8	28.7	29.7	♌ 0.6	1.6	2.6	3.5	4.5	5.4	6.4	7.3
☽	♎ 9.9	23.6	♏ 7.7	22.3	♐ 7.1	22.2	♑ 7.4	22.5	♒ 7.3	21.8	♓ 5.8	19.3	♈ 2.4	15.1	27.5	♉ 9.7	21.7	♊ 3.6	15.4	27.3	♋ 9.2	21.3	♌ 3.4	15.7	28.1	♍ 10.8	23.6	♎ 6.7	20.1	♏ 3.8	17.8
☿	♌ 4.5	5.5	6.5	7.4	8.2	9	9.8	10.4	11.1	11.6	12.1	12.5	12.8	13.1	13.2	13.3	13.3R	13.3	13.1	12.9	12.6	12.2	11.8	11.2	10.7	10	9.3	8.6	7.9	7.2	6.4
♀	♋ 27.5	28.7	29.9	♌ 1.2	2.4	3.6	4.8	6	7.3	8.5	9.7	10.9	12.1	13.4	14.6	15.8	17	18.2	19.4	20.7	21.9	23.1	24.3	25.5	26.7	28	29.2	♍ 0.4	1.6	2.8	4
♂	♍ 26.9	27.4	27.9	28.4	29	29.5	♎ 0	0.6	1.1	1.7	2.2	2.8	3.3	3.9	4.4	5	5.6	6.1	6.7	7.3	7.8	8.4	9	9.6	10.2	10.7	11.3	11.9	12.5	13.1	13.7

♃	1: ♍ 17	6: 17.7	11: 18.4	16: 19.2	21: 20	26: 20.9	31: 21.8
♄	1: ♒ 15.4R	6: 15.2	11: 14.9	16: 14.5	21: 14.2	26: 13.8	31: 13.5
♅	1: ♈ 27	11: 27.2	21: 27.3	31: 27.4			
♆	1: ♍ 7.9	11: 8.1	21: 8.4	31: 8.7			
♇	1: ♋ 22.6	11: 22.9	21: 23.1	31: 23.4			

VIII

	1	2	3	4	5	6	7	8	9	10	11	12	13	14	15	16	17	18	19	20	21	22	23	24	25	26	27	28	29	30	31
☉	♌ 8.3	9.2	10.2	11.2	12.1	13.1	14	15	16	16.9	17.9	18.8	19.8	20.7	21.7	22.7	23.6	24.6	25.6	26.5	27.5	28.4	29.4	♍ 0.4	1.3	2.3	3.3	4.2	5.2	6.2	7.1
☽	♐ 2.1	16.7	♑ 1.4	16.2	♒ 1	15.6	29.9	♓ 13.8	27.4	♈ 10.6	23.3	♉ 5.8	18	♊ 0	11.9	23.8	♋ 5.7	17.7	29.8	♌ 12.1	24.6	♍ 7.4	20.4	♎ 3.6	17	♏ 0.7	14.6	28.6	♐ 12.8	27.1	♑ 11.4
☿	♌ 5.7R	5	4.4	3.8	3.3	2.9	2.5	2.3	2.1	2.1D	2.2	2.4	2.7	3.1	3.6	4.3	5.1	6	7	8.1	9.3	10.7	12.1	13.6	15.1	16.8	18.5	20.2	22	23.9	25.7
♀	♍ 5.2	6.4	7.7	8.9	10.1	11.3	12.5	13.7	14.9	16.1	17.3	18.5	19.7	21	22.2	23.4	24.6	25.8	27	28.2	29.4	♎ 0.6	1.8	3	4.2	5.4	6.6	7.8	9	10.2	11.4
♂	♎ 14.3	14.9	15.5	16.1	16.7	17.3	17.9	18.5	19.1	19.8	20.4	21	21.6	22.2	22.9	23.5	24.1	24.7	25.4	26	26.6	27.3	27.9	28.5	29.2	29.8	♏ 0.5	1.1	1.8	2.4	3.1

♃	1: ♍ 21.9	6: 22.9	11: 23.8	16: 24.8	21: 25.8	26: 26.8	31: 27.8
♄	1: ♒ 13.4R	6: 13	11: 12.6	16: 12.3	21: 11.9	26: 11.6	31: 11.2
♅	1: ♈ 27.4	11: 27.4R	21: 27.3	31: 27.1			
♆	1: ♍ 8.8	11: 9.1	21: 9.5	31: 9.8			
♇	1: ♋ 23.4	11: 23.7	21: 23.9	31: 24.1			

IX

	1	2	3	4	5	6	7	8	9	10	11	12	13	14	15	16	17	18	19	20	21	22	23	24	25	26	27	28	29	30	31
☉	♍ 8.1	9.1	10	11	12	12.9	13.9	14.9	15.9	16.8	17.8	18.8	19.8	20.7	21.7	22.7	23.6	24.6	25.6	26.6	27.6	28.5	29.5	♎ 0.5	1.5	2.5	3.4	4.4	5.4	6.4	
☽	♑ 25.8	♒ 10.1	24.3	♓ 8.3	22	♈ 5.4	18.5	♉ 1.3	13.7	26	♊ 8	19.9	♋ 1.8	13.7	25.7	♌ 7.9	20.4	♍ 3.1	16.1	29.5	♎ 13.2	27.1	♏ 11.2	25.4	♐ 9.6	23.8	♑ 8	22.1	♒ 6.1	20	
☿	♌ 27.6	29.6	♍ 1.5	3.4	5.4	7.3	9.2	11.2	13.1	15	16.9	18.8	20.7	22.5	24.3	26.2	28	29.7	♎ 1.5	3.2	5	6.7	8.4	10.1	11.7	13.4	15	16.6	18.2	19.8	
♀	♎ 12.6	13.8	15	16.2	17.4	18.6	19.8	20.9	22.1	23.3	24.5	25.7	26.9	28.1	29.3	♏ 0.5	1.6	2.8	4	5.2	6.4	7.6	8.7	9.9	11.1	12.3	13.4	14.6	15.8	17	
♂	♏ 3.7	4.4	5	5.7	6.4	7	7.7	8.3	9	9.7	10.3	11	11.7	12.4	13	13.7	14.4	15.1	15.7	16.4	17.1	17.8	18.5	19.2	19.9	20.6	21.2	21.9	22.6	23.3	

♃	1: ♍ 28.1	6: 29.1	11: ♎ 0.2	16: 1.2	21: 2.3	26: 3.4	
♄	1: ♒ 11.2R	6: 10.9	11: 10.6	16: 10.4	21: 10.2	26: 10	
♅	1: ♈ 27.1R	11: 26.8	21: 26.5				
♆	1: ♍ 9.9	11: 10.2	21: 10.6				
♇	1: ♋ 24.2	11: 24.4	21: 24.5				

X

	1	2	3	4	5	6	7	8	9	10	11	12	13	14	15	16	17	18	19	20	21	22	23	24	25	26	27	28	29	30	31
☉	♎ 7.4	8.3	9.3	10.3	11.3	12.3	13.3	14.3	15.3	16.2	17.2	18.2	19.2	20.2	21.2	22.2	23.2	24.2	25.2	26.2	27.1	28.1	29.1	♏ 0.1	1.1	2.1	3.1	4.1	5.1	6.1	7.1
☽	♓ 3.7	17.3	♈ 0.6	13.8	26.7	♉ 9.3	21.7	♊ 3.9	15.9	27.8	♋ 9.6	21.5	♌ 3.5	15.7	28.2	♍ 11	24.3	♎ 7.9	22	♏ 6.3	20.9	♐ 5.6	20.2	♑ 4.7	19	♒ 3	16.8	♓ 0.4	13.8	26.9	♈ 9.9
☿	♎ 21.4	23	24.5	26	27.6	29.1	♏ 0.6	2	3.5	5	6.4	7.8	9.2	10.6	12	13.4	14.7	16	17.3	18.6	19.9	21.1	22.3	23.5	24.7	25.8	26.9	27.9	28.9	29.8	♐ 0.7
♀	♏ 18.1	19.3	20.5	21.6	22.8	24	25.1	26.3	27.5	28.6	29.8	♐ 0.9	2.1	3.3	4.4	5.6	6.7	7.9	9	10.1	11.3	12.4	13.6	14.7	15.8	17	18.1	19.2	20.4	21.5	22.6
♂	♏ 24	24.7	25.4	26.1	26.8	27.5	28.3	29	29.7	♐ 0.4	1.1	1.8	2.5	3.2	3.9	4.7	5.4	6.1	6.8	7.6	8.3	9	9.7	10.5	11.2	11.9	12.6	13.4	14.1	14.9	15.6

♃	1: ♎ 4.5	6: 5.6	11: 6.6	16: 7.7	21: 8.8	26: 9.8	31: 10.8
♄	1: ♒ 9.9R	6: 9.8	11: 9.7	16: 9.7D	21: 9.7	26: 9.8	31: 9.9
♅	1: ♈ 26.1R	11: 25.7	21: 25.3	31: 24.9			
♆	1: ♍ 10.9	11: 11.3	21: 11.6	31: 11.8			
♇	1: ♋ 24.6	11: 24.7	21: 24.8	31: 24.8R			

XI

	1	2	3	4	5	6	7	8	9	10	11	12	13	14	15	16	17	18	19	20	21	22	23	24	25	26	27	28	29	30	31
☉	♏ 8.1	9.1	10.1	11.1	12.1	13.1	14.1	15.1	16.1	17.2	18.2	19.2	20.2	21.2	22.2	23.2	24.2	25.2	26.2	27.2	28.2	29.2	♐ 0.3	1.3	2.3	3.3	4.3	5.3	6.3	7.3	
☽	♈ 22.7	♉ 5.3	17.7	30	♊ 12.1	24	♋ 5.9	17.7	29.5	♌ 11.5	23.6	♍ 6.1	18.9	♎ 2.1	15.9	♏ 0.1	14.7	29.6	♐ 14.7	29.7	♑ 14.6	29.2	♒ 13.4	27.3	♓ 10.8	23.9	♈ 6.8	19.5	♉ 2	14.4	
☿	♐ 1.5	2.3	3	3.5	4	4.4	4.6	4.8	4.7R	4.6	4.2	3.7	3.1	2.2	1.2	0.1	♏ 28.9	27.5	26.2	24.8	23.5	22.3	21.3	20.4	19.7	19.1	18.8	18.6	18.7D	18.9	
♀	♐ 23.7	24.8	25.9	27.1	28.2	29.3	♑ 0.4	1.5	2.6	3.6	4.7	5.8	6.9	8	9	10.1	11.2	12.2	13.3	14.3	15.4	16.4	17.4	18.5	19.5	20.5	21.5	22.5	23.5	24.5	
♂	♐ 16.3	17.1	17.8	18.5	19.3	20	20.8	21.5	22.3	23	23.8	24.5	25.3	26	26.8	27.5	28.3	29	29.8	♑ 0.5	1.3	2.1	2.8	3.6	4.3	5.1	5.9	6.6	7.4	8.2	

♃	1: ♎ 11.1	6: 12.1	11: 13	16: 14	21: 14.9	26: 15.8	
♄	1: ♒ 10	6: 10.1	11: 10.3	16: 10.6	21: 10.9	26: 11.2	
♅	1: ♈ 24.9R	11: 24.5	21: 24.2				
♆	1: ♍ 11.8	11: 12.1	21: 12.2				
♇	1: ♋ 24.8R	11: 24.7	21: 24.6				

XII

	1	2	3	4	5	6	7	8	9	10	11	12	13	14	15	16	17	18	19	20	21	22	23	24	25	26	27	28	29	30	31
☉	♐ 8.4	9.4	10.4	11.4	12.4	13.4	14.4	15.5	16.5	17.5	18.5	19.5	20.5	21.6	22.6	23.6	24.6	25.6	26.6	27.7	28.7	29.7	♑ 0.7	1.7	2.8	3.8	4.8	5.8	6.8	7.9	8.9
☽	♉ 26.6	♊ 8.7	20.6	♋ 2.5	14.4	26.2	♌ 8	19.9	♍ 2	14.4	27.1	♎ 10.3	23.9	♏ 8	22.7	♐ 7.7	22.9	♑ 8.2	23.4	♒ 8.3	22.8	♓ 6.8	20.5	♈ 3.7	16.5	29.1	♉ 11.4	23.6	♊ 5.6	17.6	29.4
☿	♏ 19.2	19.7	20.4	21.1	22	22.9	23.9	25	26.1	27.3	28.5	29.8	♐ 1.1	2.4	3.8	5.2	6.6	8	9.4	10.9	12.3	13.8	15.2	16.7	18.2	19.7	21.2	22.7	24.2	25.8	27.3
♀	♑ 25.5	26.4	27.4	28.3	29.3	♒ 0.2	1.2	2.1	3	3.9	4.8	5.6	6.5	7.3	8.2	9	9.8	10.6	11.4	12.1	12.9	13.6	14.3	15	15.7	16.3	17	17.6	18.2	18.7	19.3
♂	♑ 8.9	9.7	10.5	11.2	12	12.8	13.5	14.3	15.1	15.9	16.6	17.4	18.2	19	19.7	20.5	21.3	22.1	22.9	23.6	24.4	25.2	26	26.8	27.5	28.3	29.1	29.9	♒ 0.7	1.5	2.2

♃	1: ♎ 16.7	6: 17.5	11: 18.3	16: 19.1	21: 19.8	26: 20.4	31: 21
♄	1: ♒ 11.5	6: 11.9	11: 12.4	16: 12,8	21: 13.3	26: 13.8	31: 14.3
♅	1: ♈ 23.9R	11: 23.7	21: 23.5	31: 23.5			
♆	1: ♍ 12.3	11: 12.4	21: 12.4R	31: 12.3			
♇	1: ♋ 24.5R	11: 24.3	21: 24.2	31: 24			

I

	1	2	3	4	5	6	7	8	9	10	11	12	13	14	15	16	17	18	19	20	21	22	23	24	25	26	27	28	29	30	31
☉	♑ 9.9	10.9	11.9	13	14	15	16	17	18	19.1	20.1	21.1	22.1	23.1	24.2	25.2	26.2	27.2	28.2	29.3	♒ 0.3	1.3	2.3	3.3	4.3	5.4	6.4	7.4	8.4	9.4	10.4
☽	♋ 11.3	23.1	♌ 5	16.9	28.9	♍ 11.1	23.5	♎ 6.2	19.3	♏ 2.7	16.7	♐ 1	15.8	♑ 0.9	16.1	♒ 1.3	16.3	♓ 1	15.3	29.2	♈ 12.6	25.5	♉ 8.1	20.5	♊ 2.6	14.5	26.4	♋ 8.2	20	♌ 1.9	13.9
☿	♐ 28.8	♑ 0.4	1.9	3.4	5	6.6	8.1	9.7	11.3	12.9	14.5	16.1	17.7	19.3	20.9	22.6	24.2	25.9	27.5	29.2	♒ 0.9	2.6	4.3	6	7.7	9.4	11.1	12.9	14.6	16.4	18.2
♀	♒ 19.8	20.3	20.7	21.1	21.5	21.9	22.2	22.5	22.8	23	23.2	23.4	23.5	23.6	23.6	23.6R	23.6	23.5	23.4	23.2	23	22.7	22.4	22.1	21.7	21.3	20.9	20.4	19.9	19.4	18.8
♂	♒ 3	3.8	4.6	5.4	6.2	7	7.8	8.5	9.3	10.1	10.9	11.7	12.5	13.3	14.1	14.9	15.6	16.4	17.2	18	18.8	19.6	20.4	21.2	22	22.8	23.5	24.3	25.1	25.9	26.7

♃	1: ♎ 21.1	6: 21.6	11: 22	16: 22.4	21: 22.7	26: 23	31: 23.1
♄	1: ♒ 14.4	6: 14.9	11: 15.5	16: 16.1	21: 16.6	26: 17.2	31: 17.8
♅	1: ♈ 23.5R	11: 23.5D	21: 23.6	31: 23.8			
♆	1: ♍ 12.3R	11: 12.2	21: 12	31: 11.8			
♇	1: ♋ 23.9R	11: 23.7	21: 23.5	31: 23.3			

II

	1	2	3	4	5	6	7	8	9	10	11	12	13	14	15	16	17	18	19	20	21	22	23	24	25	26	27	28	29	30	31
☉	♒ 11.5	12.5	13.5	14.5	15.5	16.5	17.5	18.5	19.6	20.6	21.6	22.6	23.6	24.6	25.6	26.6	27.6	28.7	29.7	♓ 0.7	1.7	2.7	3.7	4.7	5.7	6.7	7.7	8.7			
☽	♌ 25.9	♍ 8.2	20.6	♎ 3.2	16	29.2	♏ 12.6	26.4	♐ 10.5	24.9	♑ 9.6	24.4	♒ 9.4	24.2	♓ 8.8	23.2	♈ 7.1	20.6	♉ 3.7	16.5	28.8	♊ 11	22.9	♋ 4.7	16.5	28.4	♌ 10.4	22.5			
☿	♒ 19.9	21.7	23.5	25.2	27	28.7	♓ 0.5	2.2	3.9	5.6	7.2	8.8	10.3	11.8	13.2	14.5	15.7	16.7	17.7	18.5	19.2	19.8	20.2	20.4	20.4R	20.3	20.1	19.6			
♀	♒ 18.2R	17.6	17	16.4	15.8	15.2	14.6	14	13.4	12.8	12.2	11.7	11.2	10.7	10.3	9.9	9.5	9.1	8.9	8.6	8.4	8.2	8.1	8	7.9	7.9D	8	8			
♂	♒ 27.5	28.3	29.1	29.9	♓ 0.7	1.5	2.2	3	3.8	4.6	5.4	6.2	7	7.8	8.6	9.3	10.1	10.9	11.7	12.5	13.3	14.1	14.9	15.6	16.4	17.2	18	18.8			

♃	1: ♎ 23.1	6: 23.2	11: 23.2R	16: 23.1	21: 22.9	26: 22.6	
♄	1: ♒ 17.9	6: 18.5	11: 19.1	16: 19.7	21: 20.3	26: 20.9	
♅	1: ♈ 23.8	11: 24.1	21: 24.5				
♆	1: ♍ 11.8R	11: 11.5	21: 11.3				
♇	1: ♋ 23.3R	11: 23.1	21: 22.9				

III

	1	2	3	4	5	6	7	8	9	10	11	12	13	14	15	16	17	18	19	20	21	22	23	24	25	26	27	28	29	30	31
☉	♓ 9.7	10.7	11.7	12.7	13.7	14.7	15.7	16.7	17.7	18.7	19.7	20.7	21.7	22.7	23.7	24.7	25.7	26.7	27.7	28.7	29.7	♈ 0.7	1.7	2.7	3.7	4.7	5.6	6.6	7.6	8.6	9.6
☽	♍ 4.7	17.3	30	♎ 12.9	26.1	♏ 9.5	23.1	♐ 6.9	20.9	♑ 5.1	19.4	♒ 3.8	18.3	♓ 2.7	17.1	♈ 1.2	15	28.5	♉ 11.6	24.3	♊ 6.8	18.9	♋ 0.9	12.7	24.5	♌ 6.4	18.4	♍ 0.6	13.1	25.9	♎ 9
☿	♓ 19.1R	18.4	17.6	16.7	15.7	14.8	13.7	12.7	11.7	10.8	9.9	9.1	8.4	7.8	7.3	6.9	6.6	6.4	6.3	6.3D	6.5	6.7	7	7.3	7.8	8.3	8.9	9.6	10.3	11.1	11.9
♀	♒ 8.1	8.3	8.5	8.7	9	9.2	9.6	9.9	10.3	10.7	11.1	11.6	12.1	12.6	13.2	13.7	14.3	14.9	15.6	16.2	16.9	17.6	18.3	19	19.7	20.5	21.3	22	22.8	23.7	24.5
♂	♓ 19.6	20.4	21.1	21.9	22.7	23.5	24.3	25	25.8	26.6	27.4	28.2	28.9	29.7	♈ 0.5	1.3	2	2.8	3.6	4.4	5.1	5.9	6.7	7.5	8.2	9	9.8	10.5	11.3	12.1	12.8

♃	1: ♎ 22.4R	6: 22.1	11: 21.6	16: 21.2	21: 20.6	26: 20	31: 19.4
♄	1: ♒ 21.3	6: 21.9	11: 22.4	16: 23	21: 23.5	26: 24	31: 24.5
♅	1: ♈ 24.8	11: 25.3	21: 25.8	31: 26.4			
♆	1: ♍ 11.0R	11: 10.8	21: 10.5	31: 10.2			
♇	1: ♋ 22.8R	11: 22.7	21: 22.6	31: 22.5			

IV

	1	2	3	4	5	6	7	8	9	10	11	12	13	14	15	16	17	18	19	20	21	22	23	24	25	26	27	28	29	30	31
☉	♈ 10.6	11.6	12.6	13.5	14.5	15.5	16.5	17.5	18.5	19.4	20.4	21.4	22.4	23.4	24.3	25.3	26.3	27.3	28.3	29.2	♉ 0.2	1.2	2.2	3.1	4.1	5.1	6.1	7	8	9	
☽	♎ 22.3	♏ 5.9	19.8	♐ 3.7	17.8	♑ 1.9	16	♒ 0.2	14.3	28.3	♓ 12.3	26.2	♈ 9.9	23.4	♉ 6.6	19.6	♊ 2.3	14.6	26.8	♋ 8.7	20.6	♌ 2.4	14.3	26.3	♍ 8.5	21.1	♎ 4.1	17.4	♏ 1.1	15.1	
☿	♓ 12.8	13.8	14.8	15.8	16.9	18	19.2	20.4	21.6	22.9	24.2	25.6	26.9	28.3	29.8	♈ 1.2	2.7	4.2	5.8	7.3	9	10.6	12.2	13.9	15.7	17.4	19.2	21	22.8	24.7	
♀	♒ 25.3	26.2	27	27.9	28.8	29.7	♓ 0.6	1.5	2.4	3.3	4.2	5.2	6.1	7.1	8.1	9	10	11	12	13	14	15	16	17	18.1	19.1	20.1	21.2	22.2	23.2	
♂	♈ 13.6	14.4	15.1	15.9	16.7	17.4	18.2	18.9	19.7	20.5	21.2	22	22.7	23.5	24.3	25	25.8	26.5	27.3	28	28.8	29.5	♉ 0.3	1	1.8	2.5	3.3	4	4.7	5.5	

♃	1: ♎ 19.3R	6: 18.7	11: 18	16: 17.4	21: 16.8	26: 16.2	
♄	1: ♒ 24.6	6: 25.1	11: 25.5	16: 25.9	21: 26.3	26: 26.7	
♅	1: ♈ 26.4	11: 27	21: 27.5				
♆	1: ♍ 10.2R	11: 10	21: 9.8				
♇	1: ♋ 22.5R	11: 22.5D	21: 22.6				

V

	1	2	3	4	5	6	7	8	9	10	11	12	13	14	15	16	17	18	19	20	21	22	23	24	25	26	27	28	29	30	31
☉	♉ 9.9	10.9	11.9	12.8	13.8	14.8	15.8	16.7	17.7	18.7	19.6	20.6	21.5	22.5	23.5	24.4	25.4	26.4	27.3	28.3	29.3	♊ 0.2	1.2	2.1	3.1	4.1	5	6	6.9	7.9	8.9
☽	♏ 29.4	♐ 13.8	28.3	♑ 12.7	27	♒ 11.1	25.1	♓ 8.9	22.6	♈ 6.1	19.4	♉ 2.5	15.4	28.1	♊ 10.6	22.8	♋ 4.9	16.8	28.6	♌ 10.4	22.2	♍ 4.2	16.5	29.1	♎ 12.1	25.5	♏ 9.4	23.7	♐ 8.3	23.1	♑ 7.9
☿	♈ 26.6	28.5	♉ 0.4	2.4	4.4	6.5	8.5	10.6	12.7	14.8	17	19.1	21.3	23.5	25.7	27.9	♊ 0	2.2	4.4	6.5	8.6	10.7	12.7	14.8	16.8	18.7	20.6	22.5	24.3	26	27.8
♀	♓ 24.3	25.4	26.4	27.5	28.5	29.6	♈ 0.7	1.8	2.8	3.9	5	6.1	7.2	8.3	9.4	10.5	11.6	12.7	13.8	14.9	16	17.1	18.3	19.4	20.5	21.6	22.7	23.9	25	26.1	27.3
♂	♉ 6.2	7	7.7	8.5	9.2	9.9	10.7	11.4	12.1	12.9	13.6	14.3	15.1	15.8	16.5	17.3	18	18.7	19.4	20.2	20.9	21.6	22.3	23.1	23.8	24.5	25.2	25.9	26.7	27.4	28.1

♃	1: ♎ 15.6R	6: 15.1	11: 14.6	16: 14.2	21: 13.9	26: 13.6	31: 13.4
♄	1: ♒ 27	6: 27.3	11: 27.5	16: 27.7	21: 27.9	26: 28	31: 28.1
♅	1: ♈ 28.1	11: 28.7	21: 29.2	31: 29.7			
♆	1: ♍ 9.7R	11: 9.6	21: 9.6	31: 9.6D			
♇	1: ♋ 22.7	11: 22.8	21: 22.9	31: 23.1			

VI

	1	2	3	4	5	6	7	8	9	10	11	12	13	14	15	16	17	18	19	20	21	22	23	24	25	26	27	28	29	30	31
☉	♊ 9.8	10.8	11.7	12.7	13.6	14.6	15.6	16.5	17.5	18.4	19.4	20.3	21.3	22.3	23.2	24.2	25.1	26.1	27	28	28.9	29.9	♋ 0.8	1.8	2.8	3.7	4.7	5.6	6.6	7.5	
☽	♑ 22.7	♒ 7.3	21.7	♓ 5.8	19.5	♈ 3.1	16.3	29.3	♉ 12.1	24.7	♊ 7.1	19.3	♋ 1.4	13.3	25.1	♌ 6.9	18.7	♍ 0.6	12.6	24.8	♎ 7.4	20.3	♏ 3.7	17.6	♐ 1.9	16.6	♑ 1.6	16.8	♒ 1.9	16.8	
☿	♊ 29.4	♋ 1.1	2.6	4.2	5.7	7.1	8.5	9.8	11.1	12.3	13.5	14.6	15.7	16.7	17.6	18.5	19.3	20.1	20.8	21.5	22	22.5	23	23.3	23.6	23.8	23.9	24	24.0R	23.9	
♀	♈ 28.4	29.5	♉ 0.7	1.8	2.9	4.1	5.2	6.4	7.5	8.7	9.8	11	12.1	13.3	14.4	15.6	16.7	17.9	19.1	20.2	21.4	22.5	23.7	24.9	26	27.2	28.4	29.5	♊ 0.7	1.9	
♂	♉ 28.8	29.5	♊ 0.2	0.9	1.7	2.4	3.1	3.8	4.5	5.2	5.9	6.6	7.3	8	8.7	9.4	10.1	10.8	11.5	12.2	12.9	13.6	14.3	15	15.7	16.4	17.1	17.8	18.5	19.2	

♃	1: ♎ 13.4R	6: 13.3	11: 13.3D	16: 13.3	21: 13.4	26: 13.6	
♄	1: ♒ 28.1	6: 28.2	11: 28.2R	16: 28.1	21: 28.1	26: 27.9	
♅	1: ♈ 29.7	11: ♉ 0.2	21: 0.6				
♆	1: ♍ 9.6	11: 9.7	21: 9.8				
♇	1: ♋ 23.1	11: 23.4	21: 23.6				

VII

	1	2	3	4	5	6	7	8	9	10	11	12	13	14	15	16	17	18	19	20	21	22	23	24	25	26	27	28	29	30	31
☉	♋ 8.5	9.4	10.4	11.3	12.3	13.2	14.2	15.1	16.1	17.1	18	19	19.9	20.9	21.8	22.8	23.7	24.7	25.6	26.6	27.5	28.5	29.5	♌ 0.4	1.4	2.3	3.3	4.2	5.2	6.1	7.1
☽	♓ 1.4	15.7	29.6	♈ 13.2	26.3	♉ 9.2	21.8	♊ 4.1	16.3	28.3	♋ 10.2	22.1	♌ 3.9	15.6	27.5	♍ 9.4	21.4	♎ 3.7	16.3	29.2	♏ 12.5	26.2	♐ 10.4	25	♑ 10	25.1	♒ 10.3	25.4	♓ 10.3	24.8	♈ 8.9
☿	♋ 23.7R	23.5	23.1	22.8	22.3	21.8	21.3	20.7	20.1	19.5	18.8	18.2	17.5	16.9	16.4	15.8	15.4	15	14.6	14.4	14.2	14.1	14.1D	14.2	14.4	14.7	15.1	15.6	16.2	16.9	17.7
♀	♊ 3.1	4.2	5.4	6.6	7.8	8.9	10.1	11.3	12.5	13.7	14.8	16	17.2	18.4	19.6	20.8	21.9	23.1	24.3	25.5	26.7	27.9	29.1	♋ 0.3	1.5	2.7	3.9	5.1	6.3	7.5	8.7
♂	♊ 19.8	20.5	21.2	21.9	22.6	23.3	24	24.6	25.3	26	26.7	27.4	28	28.7	29.4	♋ 0.1	0.7	1.4	2.1	2.8	3.4	4.1	4.8	5.4	6.1	6.8	7.4	8.1	8.8	9.4	10.1

♃	1: ♎ 13.9	6: 14.2	11: 14.6	16: 15.1	21: 15.6	26: 16.2	31: 16.8
♄	1: ♒ 27.8R	6: 27.6	11: 27.4	16: 27.1	21: 26.8	26: 26.5	31: 26.2
♅	1: ♉ 0.9	11: 1.2	21: 1.3	31: 1.4			
♆	1: ♍ 10	11: 10.3	21: 10.5	31: 10.8			
♇	1: ♋ 23.9	11: 24.1	21: 24.4	31: 24.7			

VIII

	1	2	3	4	5	6	7	8	9	10	11	12	13	14	15	16	17	18	19	20	21	22	23	24	25	26	27	28	29	30	31
☉	♌ 8.1	9	10	10.9	11.9	12.8	13.8	14.8	15.7	16.7	17.6	18.6	19.6	20.5	21.5	22.4	23.4	24.4	25.3	26.3	27.2	28.2	29.2	♍ 0.1	1.1	2.1	3	4	5	5.9	6.9
☽	♈ 22.6	♉ 5.8	18.6	♊ 1.1	13.4	25.4	♋ 7.3	19.1	♌ 0.9	12.7	24.6	♍ 6.5	18.5	♎ 0.7	13.1	25.8	♏ 8.7	22	♐ 5.6	19.6	♑ 4	18.6	♒ 3.6	18.6	♓ 3.7	18.6	♈ 3.2	17.4	♉ 1.2	14.5	27.4
☿	♋ 18.6	19.6	20.7	21.9	23.2	24.5	26	27.5	29.1	♌ 0.7	2.4	4.2	6.1	7.9	9.9	11.8	13.8	15.8	17.8	19.8	21.8	23.8	25.8	27.8	29.8	♍ 1.8	3.8	5.7	7.6	9.5	11.4
♀	♋ 9.9	11.1	12.3	13.5	14.7	15.9	17.1	18.3	19.5	20.7	21.9	23.1	24.4	25.6	26.8	28	29.2	♌ 0.4	1.6	2.9	4.1	5.3	6.5	7.7	9	10.2	11.4	12.6	13.8	15.1	16.3
♂	♋ 10.8	11.4	12.1	12.8	13.4	14.1	14.7	15.4	16	16.7	17.4	18	18.7	19.3	20	20.6	21.3	21.9	22.6	23.2	23.9	24.5	25.1	25.8	26.4	27.1	27.7	28.4	29	29.6	♌ 0.3

♃	1: ♎ 16.9	6: 17.6	11: 18.4	16: 19.1	21: 20	26: 20.8	31: 21.7
♄	1: ♒ 26.1R	6: 25.7	11: 25.4	16: 25	21: 24.6	26: 24.2	31: 23.9
♅	1: ♉ 1.4	11: 1.4R	21: 1.4	31: 1.2			
♆	1: ♍ 10.9	11: 11.2	21: 11.6	31: 11.9			
♇	1: ♋ 24.7	11: 25	21: 25.2	31: 25.4			

IX

	1	2	3	4	5	6	7	8	9	10	11	12	13	14	15	16	17	18	19	20	21	22	23	24	25	26	27	28	29	30	31
☉	♍ 7.9	8.8	9.8	10.8	11.7	12.7	13.7	14.7	15.6	16.6	17.6	18.5	19.5	20.5	21.5	22.4	23.4	24.4	25.4	26.3	27.3	28.3	29.3	♎ 0.3	1.2	2.2	3.2	4.2	5.2	6.1	
☽	♊ 9.9	22.1	♋ 4.1	16	27.8	♌ 9.6	21.4	♍ 3.4	15.5	27.7	♎ 10.2	22.9	♏ 5.7	18.9	♐ 2.2	15.8	29.6	♑ 13.8	28.1	♒ 12.7	27.4	♓ 12.2	26.8	♈ 11.3	25.5	♉ 9.3	22.6	♊ 5.6	18.1	♋ 0.4	
☿	♍ 13.3	15.1	17	18.8	20.6	22.3	24.1	25.8	27.5	29.2	♎ 0.9	2.5	4.2	5.8	7.4	9	10.5	12.1	13.6	15.1	16.6	18.1	19.5	21	22.4	23.8	25.2	26.5	27.9	29.2	
♀	♌ 17.5	18.8	20	21.2	22.4	23.7	24.9	26.1	27.4	28.6	29.8	♍ 1.1	2.3	3.5	4.8	6	7.2	8.5	9.7	11	12.2	13.4	14.7	15.9	17.2	18.4	19.6	20.9	22.1	23.4	
♂	♌ 0.9	1.5	2.2	2.8	3.4	4.1	4.7	5.3	6	6.6	7.2	7.9	8.5	9.1	9.7	10.4	11	11.6	12.2	12.9	13.5	14.1	14.7	15.3	16	16.6	17.2	17.8	18.4	19	

♃	1: ♎ 21.9	6: 22.8	11: 23.8	16: 24.8	21: 25.8	26: 26.8	
♄	1: ♒ 23.8R	6: 23.5	11: 23.1	16: 22.8	21: 22.5	26: 22.3	
♅	1: ♉ 1.2R	11: 1	21: 0.7				
♆	1: ♍ 12	11: 12.3	21: 12.7				
♇	1: ♋ 25.4	11: 25.6	21: 25.8				

X

	1	2	3	4	5	6	7	8	9	10	11	12	13	14	15	16	17	18	19	20	21	22	23	24	25	26	27	28	29	30	31
☉	♎ 7.1	8.1	9.1	10.1	11.1	12.1	13	14	15	16	17	18	19	20	20.9	21.9	22.9	23.9	24.9	25.9	26.9	27.9	28.9	29.9	♏ 0.9	1.9	2.9	3.9	4.9	5.9	6.9
☽	♋ 12.4	24.2	♌ 6	17.8	29.7	♍ 11.8	24.1	♎ 6.6	19.4	♏ 2.4	15.7	29.1	♐ 12.7	26.5	♑ 10.4	24.4	♒ 8.5	22.8	♓ 7.1	21.4	♈ 5.7	19.8	♉ 3.7	17.3	♊ 0.6	13.5	26	♋ 8.2	20.3	♌ 2.1	13.9
☿	♏ 0.5	1.8	3	4.3	5.5	6.7	7.8	8.9	10	11	12	13	13.9	14.8	15.5	16.3	16.9	17.5	18	18.4	18.7	18.8	18.9R	18.8	18.6	18.2	17.7	17	16.1	15.2	14.1
♀	♍ 24.6	25.9	27.1	28.4	29.6	♎ 0.8	2.1	3.3	4.6	5.8	7.1	8.3	9.6	10.8	12.1	13.3	14.6	15.8	17.1	18.3	19.6	20.8	22.1	23.3	24.6	25.9	27.1	28.4	29.6	♏ 0.9	2.1
♂	♌ 19.6	20.2	20.9	21.5	22.1	22.7	23.3	23.9	24.5	25.1	25.7	26.3	26.9	27.5	28.1	28.7	29.3	29.9	♍ 0.5	1.1	1.6	2.2	2.8	3.4	4	4.6	5.2	5.7	6.3	6.9	7.5

♃	1: ♎ 27.8	6: 28.9	11: 30	16: ♏ 1	21: 2.1	26: 3.2	31: 4.3
♄	1: ♒ 22.0R	6: 21.8	11: 21.7	16: 21.6	21: 21.5	26: 21.5	31: 21.5D
♅	1: ♉ 0.3R	11: ♈ 30	21: 29.5	31: 29.1			
♆	1: ♍ 13.1	11: 13.4	21: 13.7	31: 14			
♇	1: ♋ 25.9	11: 26	21: 26.1	31: 26.1R			

XI

	1	2	3	4	5	6	7	8	9	10	11	12	13	14	15	16	17	18	19	20	21	22	23	24	25	26	27	28	29	30	31
☉	♏ 7.9	8.9	9.9	10.9	11.9	12.9	13.9	14.9	15.9	16.9	17.9	18.9	19.9	20.9	21.9	22.9	24	25	26	27	28	29	♐ 0	1	2	3	4.1	5.1	6.1	7.1	
☽	♌ 25.7	♍ 7.7	19.8	♎ 2.3	15	28	♏ 11.4	25.1	♐ 9	23	♑ 7.1	21.2	♒ 5.4	19.5	♓ 3.5	17.5	♈ 1.5	15.3	29	♉ 12.5	25.8	♊ 8.7	21.5	♋ 3.9	16.1	28.1	♌ 9.9	21.7	♍ 3.5	15.5	
☿	♏ 12.9R	11.6	10.3	9	7.8	6.6	5.6	4.7	4	3.4	3.1	2.9	3.0D	3.2	3.6	4.2	4.8	5.6	6.5	7.5	8.6	9.8	11	12.3	13.6	14.9	16.3	17.7	19.2	20.6	
♀	♏ 3.4	4.6	5.9	7.1	8.4	9.6	10.9	12.2	13.4	14.7	15.9	17.2	18.4	19.7	21	22.2	23.5	24.7	26	27.2	28.5	29.7	♐ 1	2.3	3.5	4.8	6	7.3	8.5	9.8	
♂	♍ 8.1	8.6	9.2	9.8	10.4	10.9	11.5	12.1	12.6	13.2	13.8	14.3	14.9	15.4	16	16.5	17.1	17.6	18.2	18.7	19.3	19.8	20.4	20.9	21.5	22	22.5	23.1	23.6	24.1	

♃	1: ♏ 4.5	6: 5.6	11: 6.7	16: 7.8	21: 8.9	26: 9.9	
♄	1: ♒ 21.5	6: 21.6	11: 21.7	16: 21.8	21: 22	26: 22.3	
♅	1: ♈ 29.1R	11: 28.7	21: 28.3				
♆	1: ♍ 14	11: 14.2	21: 14.4				
♇	1: ♋ 26.1R	11: 26	21: 26				

XII

	1	2	3	4	5	6	7	8	9	10	11	12	13	14	15	16	17	18	19	20	21	22	23	24	25	26	27	28	29	30	31
☉	♐ 8.1	9.1	10.1	11.2	12.2	13.2	14.2	15.2	16.2	17.2	18.3	19.3	20.3	21.3	22.3	23.3	24.4	25.4	26.4	27.4	28.4	29.5	♑ 0.5	1.5	2.5	3.5	4.6	5.6	6.6	7.6	8.6
☽	♍ 27.6	♎ 10.1	22.8	♏ 6	19.6	♐ 3.6	17.9	♑ 2.3	16.9	♒ 1.5	16	♓ 0.3	14.4	28.4	♈ 12.1	25.6	♉ 8.9	21.9	♊ 4.8	17.5	29.9	♋ 12.1	24.2	♌ 6.1	17.9	29.7	♍ 11.5	23.5	♎ 5.6	18	♏ 0.7
☿	♏ 22.1	23.6	25.1	26.6	28.1	29.6	♐ 1.1	2.6	4.2	5.7	7.2	8.8	10.3	11.9	13.4	15	16.5	18.1	19.6	21.2	22.7	24.3	25.9	27.4	29	♑ 0.6	2.2	3.8	5.4	7	8.6
♀	♐ 11.1	12.3	13.6	14.8	16.1	17.4	18.6	19.9	21.1	22.4	23.6	24.9	26.2	27.4	28.7	29.9	♑ 1.2	2.4	3.7	5	6.2	7.5	8.7	10	11.2	12.5	13.8	15	16.3	17.5	18.8
♂	♍ 24.6	25.2	25.7	26.2	26.7	27.2	27.8	28.3	28.8	29.3	29.8	♎ 0.3	0.8	1.3	1.8	2.3	2.8	3.2	3.7	4.2	4.7	5.2	5.6	6.1	6.5	7	7.5	7.9	8.4	8.8	9.3

♃	1: ♏ 10.9	6: 12	11: 13	16: 13.9	21: 14.9	26: 15.8	31: 16.7
♄	1: ♒ 22.5	6: 22.9	11: 23.2	16: 23.6	21: 24	26: 24.4	31: 24.9
♅	1: ♈ 28.0R	11: 27.8	21: 27.6	31: 27.5			
♆	1: ♍ 14.5	11: 14.6	21: 14.6R	31: 14.5			
♇	1: ♋ 25.8R	11: 25.7	21: 25.5	31: 25.3			

I

	1	2	3	4	5	6	7	8	9	10	11	12	13	14	15	16	17	18	19	20	21	22	23	24	25	26	27	28	29	30	31
☉	9.6	10.7	11.7	12.7	13.7	14.7	15.8	16.8	17.8	18.8	19.8	20.9	21.9	22.9	23.9	24.9	26	27	28	29	0	1	2.1	3.1	4.1	5.1	6.1	7.1	8.2	9.2	10.2
☽	13.8	27.4	11.5	25.9	10.6	25.6	10.6	25.5	10.2	24.6	8.7	22.5	5.9	18.9	1.7	14.3	26.6	8.8	20.8	2.7	14.6	26.4	8.2	20.1	2	14.1	26.5	9.1	22.1	5.5	19.4
☿	10.2	11.8	13.4	15	16.7	18.3	19.9	21.6	23.2	24.9	26.6	28.2	29.9	1.6	3.3	5	6.6	8.3	10	11.7	13.3	15	16.6	18.3	19.8	21.4	22.9	24.4	25.8	27.1	28.3
♀	20	21.3	22.5	23.8	25.1	26.3	27.6	28.8	0.1	1.3	2.6	3.8	5.1	6.4	7.6	8.9	10.1	11.4	12.6	13.9	15.1	16.4	17.6	18.9	20.1	21.4	22.6	23.9	25.1	26.4	27.6
♂	9.7	10.1	10.6	11	11.4	11.8	12.2	12.6	13	13.4	13.8	14.2	14.6	15	15.4	15.7	16.1	16.5	16.8	17.2	17.5	17.8	18.2	18.5	18.8	19.1	19.4	19.7	20	20.3	20.6

♃ (1 6 11 16 21 26 31) ♏ 16.8 17.7 18.5 19.2 19.9 20.5 21.1 — ♄ (1 6 11 16 21 26 31) ♒ 25 25.5 26 26.5 27.1 27.7 28.3 — ♅ (1 11 21 31) ♈ 27.5R 27.5D 27.6 27.8 — ♆ (1 11 21 31) ♍ 14.5R 14.4 14.3 14.1 — ♇ (1 11 21 31) ♋ 25.3R 25.1 24.9 24.6

	1	2	3	4	5	6	7	8	9	10	11	12	13	14	15	16	17	18	19	20	21	22	23	24	25	26	27	28	29	30	31
☉	9.4	10.4	11.4	12.5	13.5	14.5	15.5	16.5	17.6	18.6	19.6	20.6	21.6	22.6	23.7	24.7	25.7	26.7	27.7	28.8	29.8	0.8	1.8	2.8	3.8	4.9	5.9	6.9	7.9	8.9	9.9
☽	1	15.2	29.3	13.3	27.1	10.7	24.2	7.4	20.4	3.1	15.6	27.9	10	22	3.9	15.7	27.7	9.8	22.1	4.7	17.6	1	14.7	28.8	13.2	27.8	12.5	27.2	11.7	26.1	10.2
☿	21.8	23.4	25	26.6	28.2	29.8	1.3	2.8	4.3	5.8	7.2	8.6	10	11.2	12.4	13.5	14.5	15.4	16.2	16.8	17.2	17.5	17.6	17.5R	17.2	16.8	16.1	15.3	14.3	13.2	12.1
♀	26.9	28.1	29.3	0.5	1.7	2.9	4	5.2	6.4	7.6	8.8	10	11.2	12.4	13.6	14.8	16	17.2	18.4	19.6	20.8	22	23.2	24.4	25.7	26.9	28.1	29.3	0.5	1.7	2.9
♂	19.4	20.1	20.9	21.7	22.5	23.3	24.1	24.8	25.6	26.4	27.2	28	28.8	29.5	0.3	1.1	1.9	2.7	3.5	4.2	5	5.8	6.6	7.4	8.2	8.9	9.7	10.5	11.3	12.1	12.8

♃ (1 6 11 16 21 26 31) ♐ 11.7 12.7 13.7 14.7 15.7 16.6 17.5 — ♄ (1 6 11 16 21 26 31) ♓ 5.9 6.4 6.8 7.3 7.8 8.4 8.9 — ♅ (1 11 21 31) ♉ 1.6R 1.5D 1.6 1.7 — ♆ (1 11 21 31) ♍ 16.7R 16.6 16.5 16.3 — ♇ (1 11 21 31) ♋ 26.7R 26.4 26.2 26

II

	1	2	3	4	5	6	7	8	9	10	11	12	13	14	15	16	17	18	19	20	21	22	23	24	25	26	27	28	29	30	31
☉	11.2	12.2	13.2	14.2	15.3	16.3	17.3	18.3	19.3	20.3	21.3	22.4	23.4	24.4	25.4	26.4	27.4	28.4	29.4	0.4	1.4	2.4	3.5	4.5	5.5	6.5	7.5	8.5			
☽	3.7	18.5	3.5	18.7	3.9	19	3.8	18.1	2.1	15.6	28.6	11.3	23.7	5.8	17.8	29.7	11.5	23.3	5.1	17	29	11	23.3	5.7	18.3	1.3	14.5	28.2			
☿	29.5	0.5	1.5	2.3	2.9	3.4	3.7	3.9	3.8R	3.6	3.2	2.7	1.9	1.1	0.1	29.1	28	26.8	25.7	24.6	23.5	22.6	21.7	20.9	20.3	19.7	19.3	19			
♀	28.9	0.1	1.4	2.6	3.9	5.1	6.4	7.6	8.9	10.1	11.4	12.6	13.9	15.1	16.3	17.6	18.8	20.1	21.3	22.6	23.8	25	26.3	27.5	28.7	30	1.2	2.5			
♂	20.8	21.1	21.3	21.6	21.8	22	22.3	22.5	22.7	22.9	23.1	23.2	23.4	23.5	23.7	23.8	24	24.1	24.2	24.3	24.3	24.4	24.5	24.5	24.6	24.6	24.6	24.6R			

♃ (1 6 11 16 21 26) ♏ 21.2 21.7 22.2 22.5 22.8 23.1 — ♄ (1 6 11 16 21 26) ♒ 28.4 29 29.6 ♓ 0.2 0.8 1.4 — ♅ (1 11 21) ♈ 27.8 28 28.4 — ♆ (1 11 21) ♍ 14.0R 13.8 13.5 — ♇ (1 11 21) ♋ 24.6R 24.4 24.2

	1	2	3	4	5	6	7	8	9	10	11	12	13	14	15	16	17	18	19	20	21	22	23	24	25	26	27	28	29	30	31
☉	11	12	13	14	15	16	17	18.1	19.1	20.1	21.1	22.1	23.1	24.1	25.1	26.1	27.2	28.2	29.2	0.2	1.2	2.2	3.2	4.2	5.2	6.2	7.2	8.2	9.2		
☽	24	7.5	20.8	3.8	16.6	29.2	11.7	24	6.2	18.2	0.1	12	23.8	5.8	17.8	0	12.5	25.4	8.7	22.5	6.7	21.4	6.3	21.4	6.5	21.5	6.1	20.4	4.3		
☿	10.8R	9.6	8.4	7.2	6.1	5.1	4.3	3.5	2.9	2.5	2.1	1.9	1.9	1.9D	2.1	2.4	2.7	3.2	3.7	4.3	5	5.8	6.6	7.5	8.4	9.4	10.4	11.4	12.5		
♀	4.1	5.4	6.6	7.8	9	10.2	11.5	12.7	13.9	15.1	16.3	17.6	18.8	20	21.2	22.4	23.7	24.9	26.1	27.3	28.6	29.8	1	2.2	3.5	4.7	5.9	7.1	8.4		
♂	13.6	14.4	15.2	15.9	16.7	17.5	18.3	19.1	19.8	20.6	21.4	22.2	22.9	23.7	24.5	25.3	26	26.8	27.6	28.3	29.1	29.9	0.6	1.4	2.2	2.9	3.7	4.5	5.2		

♃ (1 6 11 16 21 26) ♐ 17.7 18.5 19.3 20.1 20.8 21.5 — ♄ (1 6 11 16 21 26) ♓ 9 9.6 10.2 10.8 11.4 12 — ♅ (1 11 21) ♉ 1.7 2 2.3 — ♆ (1 11 21) ♍ 16.3R 16 15.8 — ♇ (1 11 21) ♋ 26.0R 25.8 25.6

III

	1	2	3	4	5	6	7	8	9	10	11	12	13	14	15	16	17	18	19	20	21	22	23	24	25	26	27	28	29	30	31
☉	9.5	10.5	11.5	12.5	13.5	14.5	15.5	16.5	17.5	18.5	19.5	20.5	21.5	22.5	23.5	24.5	25.5	26.5	27.5	28.5	29.5	0.4	1.4	2.4	3.4	4.4	5.4	6.4	7.4	8.4	9.4
☽	12.3	26.8	11.6	26.7	11.9	27.1	12	26.6	10.7	24.4	7.5	20.2	2.6	14.7	26.6	8.5	20.2	2	13.9	25.9	8	20.3	2.7	15.4	28.2	11.2	24.5	8.1	21.9	6.1	20.6
☿	18.8R	18.8	18.8D	19	19.2	19.6	20	20.5	21.1	21.7	22.5	23.2	24.1	25	25.9	26.9	27.9	29	0.1	1.3	2.4	3.7	4.9	6.2	7.5	8.8	10.2	11.6	13	14.5	16
♀	3.7	4.9	6.2	7.4	8.6	9.9	11.1	12.3	13.6	14.8	16	17.2	18.5	19.7	20.9	22.1	23.4	24.6	25.8	27	28.3	29.5	0.7	1.9	3.1	4.3	5.6	6.8	8	9.2	10.4
♂	24.6R	24.6	24.5	24.5	24.4	24.3	24.2	24.1	24	23.9	23.8	23.6	23.4	23.3	23.1	22.9	22.6	22.4	22.2	21.9	21.7	21.4	21.1	20.8	20.5	20.2	19.9	19.5	19.2	18.8	18.5

♃ (1 6 11 16 21 26 31) ♏ 23.2 23.3 23.3R 23.2 23.1 22.9 22.6 — ♄ (1 6 11 16 21 26 31) ♓ 1.7 2.3 2.9 3.5 4.1 4.7 5.2 — ♅ (1 11 21 31) ♈ 28.7 29.1 29.6 ♉ 0.2 — ♆ (1 11 21 31) ♍ 13.3R 13 12.8 12.5 — ♇ (1 11 21 31) ♋ 24.1R 24 23.9 23.8

	1	2	3	4	5	6	7	8	9	10	11	12	13	14	15	16	17	18	19	20	21	22	23	24	25	26	27	28	29	30	31
☉	10.2	11.2	12.2	13.2	14.3	15.3	16.3	17.3	18.3	19.3	20.3	21.2	22.2	23.2	24.2	25.2	26.2	27.2	28.2	29.2	0.2	1.2	2.2	3.2	4.2	5.2	6.2	7.1	8.1	9.1	10.1
☽	17.7	0.8	13.6	26.2	8.6	20.8	2.9	14.9	26.8	8.7	20.6	2.4	14.4	26.4	8.6	21.1	3.8	17	0.6	14.8	29.4	14.4	29.7	15	0.2	15.2	29.7	13.7	27.3	10.4	23.2
☿	13.7	14.9	16.1	17.3	18.6	19.8	21.2	22.5	23.9	25.3	26.7	28.1	29.6	1.1	2.6	4.1	5.7	7.2	8.8	10.4	12.1	13.7	15.4	17.1	18.8	20.6	22.3	24.1	25.9	27.7	29.6
♀	9.6	10.8	12	13.3	14.5	15.7	17	18.2	19.4	20.6	21.9	23.1	24.3	25.6	26.8	28	29.2	0.5	1.7	2.9	4.2	5.4	6.6	7.8	9.1	10.3	11.5	12.8	14	15.2	16.5
♂	6	6.8	7.5	8.3	9.1	9.8	10.6	11.3	12.1	12.9	13.6	14.4	15.1	15.9	16.6	17.4	18.1	18.9	19.6	20.4	21.1	21.9	22.6	23.4	24.1	24.9	25.6	26.4	27.1	27.9	28.6

♃ (1 6 11 16 21 26 31) ♐ 22 22.5 23 23.4 23.8 24 24.2 — ♄ (1 6 11 16 21 26 31) ♓ 12.5 13.1 13.7 14.3 14.9 15.5 16.1 — ♅ (1 11 21 31) ♉ 2.6 3 3.5 4 — ♆ (1 11 21 31) ♍ 15.5R 15.3 15 14.7 — ♇ (1 11 21 31) ♋ 25.4R 25.3 25.2 25.2

IV

	1	2	3	4	5	6	7	8	9	10	11	12	13	14	15	16	17	18	19	20	21	22	23	24	25	26	27	28	29	30	31
☉	10.3	11.3	12.3	13.3	14.3	15.3	16.3	17.2	18.2	19.2	20.2	21.2	22.1	23.1	24.1	25.1	26.1	27	28	29	30	0.9	1.9	2.9	3.9	4.8	5.8	6.8	7.8	8.7	
☽	5.4	20.3	5.3	20.1	4.6	18.8	2.5	15.7	28.5	10.9	23.1	5	16.8	28.6	10.5	22.4	4.6	16.9	29.4	12.1	25	8.2	21.5	4.9	18.6	2.5	16.5	0.8	15.2	29.7	
☿	17.5	19	20.6	22.1	23.7	25.4	27	28.7	0.4	2.1	3.9	5.6	7.4	9.3	11.1	13	14.9	16.8	18.8	20.8	22.8	24.8	26.9	28.9	1	3.1	5.3	7.4	9.5	11.7	
♀	11.6	12.8	14	15.2	16.4	17.6	18.9	20.1	21.3	22.5	23.7	24.9	26	27.2	28.4	29.6	0.8	2	3.2	4.4	5.6	6.8	7.9	9.1	10.3	11.5	12.6	13.8	15	16.2	
♂	18.1R	17.7	17.4	17	16.6	16.2	15.9	15.5	15.1	14.7	14.3	13.9	13.6	13.2	12.8	12.4	12.1	11.7	11.4	11	10.7	10.4	10.1	9.8	9.5	9.2	8.9	8.6	8.4	8.1	

♃ (1 6 11 16 21 26) ♏ 22.6R 22.2 21.8 21.3 20.7 20.2 — ♄ (1 6 11 16 21 26) ♓ 5.3 5.8 6.3 6.8 7.3 7.7 — ♅ (1 11 21) ♉ 0.2 0.8 1.3 — ♆ (1 11 21) ♍ 12.5R 12.3 12.1 — ♇ (1 11 21) ♋ 23.8R 23.8D 23.9

	1	2	3	4	5	6	7	8	9	10	11	12	13	14	15	16	17	18	19	20	21	22	23	24	25	26	27	28	29	30	31
☉	11.1	12.1	13.1	14	15	16	17	18	19	19.9	20.9	21.9	22.9	23.9	24.8	25.8	26.8	27.8	28.8	29.7	0.7	1.7	2.7	3.6	4.6	5.6	6.6	7.5	8.5	9.5	
☽	5.6	17.9	29.9	11.9	23.8	5.7	17.6	29.5	11.4	23.4	5.6	17.8	0.3	13.1	26.2	9.7	23.7	8.1	22.9	8	23.2	8.5	23.5	8.1	22.3	6	19.2	2.1	14.6	26.8	
☿	1.5	3.4	5.3	7.3	9.2	11.2	13.2	15.2	17.3	19.4	21.4	23.5	25.6	27.7	29.9	2	4.1	6.2	8.2	10.3	12.3	14.3	16.2	18.1	20	21.8	23.5	25.2	26.9	28.4	
♀	17.7	18.9	20.1	21.4	22.6	23.8	25.1	26.3	27.5	28.7	30	1.2	2.4	3.7	4.9	6.1	7.3	8.6	9.8	11	12.3	13.5	14.7	15.9	17.2	18.4	19.6	20.9	22.1	23.3	
♂	29.3	0.1	0.8	1.6	2.3	3	3.8	4.5	5.2	6	6.7	7.4	8.2	8.9	9.6	10.4	11.1	11.8	12.5	13.3	14	14.7	15.4	16.2	16.9	17.6	18.3	19	19.8	20.5	

♃ (1 6 11 16 21 26) ♐ 24.3 24.4 24.4R 24.4 24.3 24.1 — ♄ (1 6 11 16 21 26) ♓ 16.2 16.8 17.4 17.9 18.4 18.9 — ♅ (1 11 21) ♉ 4.1 4.6 5.2 — ♆ (1 11 21) ♍ 14.7R 14.5 14.3 — ♇ (1 11 21) ♋ 25.2R 25.2D 25.2

V

	1	2	3	4	5	6	7	8	9	10	11	12	13	14	15	16	17	18	19	20	21	22	23	24	25	26	27	28	29	30	31
☉	9.7	10.7	11.6	12.6	13.6	14.5	15.5	16.5	17.5	18.4	19.4	20.4	21.3	22.3	23.2	24.2	25.2	26.1	27.1	28.1	29	30	0.9	1.9	2.9	3.8	4.8	5.8	6.7	7.7	8.6
☽	14.3	28.7	12.9	26.9	10.5	23.6	6.4	18.9	1	13	24.9	6.7	18.6	0.6	12.8	25.3	8	21.1	4.3	17.8	1.5	15.4	29.3	13.4	27.5	11.7	25.9	10	24.2	8.1	22
☿	13.9	16	18.1	20.3	22.4	24.5	26.5	28.6	0.6	2.5	4.4	6.3	8.1	9.9	11.6	13.2	14.8	16.4	17.8	19.3	20.6	21.9	23.2	24.4	25.5	26.6	27.6	28.5	29.4	0.1	0.9
♀	17.3	18.5	19.7	20.8	22	23.2	24.3	25.5	26.6	27.8	28.9	0.1	1.2	2.4	3.5	4.7	5.8	7	8.1	9.2	10.4	11.5	12.6	13.7	14.8	16	17.1	18.2	19.3	20.4	21.5
♂	7.9R	7.7	7.5	7.3	7.1	7	6.8	6.7	6.5	6.4	6.3	6.3	6.2	6.1	6.1	6.1	6	6.0D	6	6.1	6.1	6.1	6.2	6.3	6.3	6.4	6.5	6.7	6.8	6.9	7.1

♃ (1 6 11 16 21 26 31) ♏ 19.6R 18.9 18.3 17.7 17 16.4 15.9 — ♄ (1 6 11 16 21 26 31) ♓ 8.1 8.5 8.8 9.1 9.4 9.6 9.8 — ♅ (1 11 21 31) ♉ 1.9 2.5 3 3.5 — ♆ (1 11 21 31) ♍ 11.9R 11.8 11.8 11.8D — ♇ (1 11 21 31) ♋ 24 24.1 24.2 24.4

	1	2	3	4	5	6	7	8	9	10	11	12	13	14	15	16	17	18	19	20	21	22	23	24	25	26	27	28	29	30	31
☉	10.4	11.4	12.4	13.3	14.3	15.3	16.3	17.2	18.2	19.2	20.1	21.1	22	23	24	24.9	25.9	26.9	27.8	28.8	29.8	0.7	1.7	2.6	3.6	4.6	5.5	6.5	7.4	8.4	9.4
☽	8.8	20.7	2.6	14.5	26.4	8.3	20.4	2.6	14.9	27.4	10.1	23	6.2	19.7	3.6	17.8	2.3	17.1	2	16.9	1.7	16.2	0.4	14.1	27.4	10.4	22.9	5.2	17.3	29.2	11.1
☿	29.9	1.3	2.7	4	5.2	6.3	7.4	8.4	9.3	10.1	10.9	11.6	12.2	12.7	13.1	13.5	13.7	13.9	14	14.1R	14	13.9	13.7	13.4	13.1	12.7	12.2	11.8	11.2	10.7	10.1
♀	24.5	25.8	27	28.2	29.4	0.7	1.9	3.1	4.4	5.6	6.8	8	9.3	10.5	11.7	12.9	14.2	15.4	16.6	17.9	19.1	20.3	21.5	22.8	24	25.2	26.4	27.7	28.9	0.1	1.4
♂	21.2	21.9	22.6	23.3	24.1	24.8	25.5	26.2	26.9	27.6	28.3	29	29.7	0.4	1.1	1.9	2.6	3.3	4	4.7	5.4	6.1	6.8	7.5	8.2	8.8	9.5	10.2	10.9	11.6	12.3

♃ (1 6 11 16 21 26 31) ♐ 23.8R 23.4 23 22.6 22.1 21.5 20.9 — ♄ (1 6 11 16 21 26 31) ♓ 19.4 19.8 20.2 20.6 21 21.3 21.6 — ♅ (1 11 21 31) ♉ 5.8 6.4 6.9 7.4 — ♆ (1 11 21 31) ♍ 14.1R 14 14 14.0D — ♇ (1 11 21 31) ♋ 25.3 25.4 25.5 25.7

VI

	1	2	3	4	5	6	7	8	9	10	11	12	13	14	15	16	17	18	19	20	21	22	23	24	25	26	27	28	29	30	31
☉	9.6	10.5	11.5	12.5	13.4	14.4	15.3	16.3	17.2	18.2	19.2	20.1	21.1	22	23	23.9	24.9	25.8	26.8	27.8	28.7	29.7	0.6	1.6	2.5	3.5	4.4	5.4	6.3	7.3	
☽	5.5	18.8	1.7	14.4	26.8	8.9	20.9	2.8	14.6	26.5	8.6	20.8	3.4	16.3	29.5	13	26.9	11	25.2	9.6	24	8.4	22.7	6.8	20.8	4.6	18.2	1.6	14.7	27.6	
☿	1.5	2.1	2.6	3.1	3.4	3.7	3.9	4	4.1	4.1R	4	3.8	3.6	3.3	2.9	2.5	2	1.5	1	0.4	29.9	29.3	28.7	28.1	27.6	27.1	26.7	26.3	25.9	25.6	
♀	22.6	23.7	24.8	25.9	27	28.1	29.1	0.2	1.3	2.4	3.4	4.5	5.5	6.6	7.6	8.7	9.7	10.7	11.8	12.8	13.8	14.8	15.8	16.8	17.8	18.8	19.8	20.8	21.7	22.7	
♂	7.2	7.4	7.6	7.8	8	8.2	8.4	8.6	8.9	9.1	9.4	9.7	9.9	10.2	10.5	10.8	11.1	11.4	11.8	12.1	12.4	12.8	13.1	13.5	13.9	14.2	14.6	15	15.4	15.8	

♃ (1 6 11 16 21 26) ♏ 15.8R 15.3 14.8 14.4 14.1 13.8 — ♄ (1 6 11 16 21 26) ♓ 9.9 10 10.1 10.2 10.2 10.2R — ♅ (1 11 21) ♉ 3.6 4 4.5 — ♆ (1 11 21) ♍ 11.8 11.9 12 — ♇ (1 11 21) ♋ 24.4 24.6 24.9

	1	2	3	4	5	6	7	8	9	10	11	12	13	14	15	16	17	18	19	20	21	22	23	24	25	26	27	28	29	30	31
☉	10.3	11.3	12.2	13.2	14.1	15.1	16.1	17	18	18.9	19.9	20.8	21.8	22.7	23.7	24.7	25.6	26.6	27.5	28.5	29.4	0.4	1.3	2.3	3.2	4.2	5.2	6.1	7.1	8	
☽	22.9	4.9	17	29.2	11.6	24.1	6.9	19.9	3.2	16.6	0.3	14.2	28.4	12.7	27.1	11.6	26.1	10.5	24.7	8.6	22.2	5.4	18.3	0.9	13.2	25.3	7.3	19.2	1.1	13	
☿	9.6R	9	8.5	8	7.5	7	6.6	6.3	6	5.8	5.6	5.5	5.5D	5.6	5.7	5.9	6.2	6.6	7	7.5	8.1	8.8	9.5	10.3	11.2	12.1	13.1	14.2	15.4	16.6	
♀	2.6	3.8	5	6.3	7.5	8.7	9.9	11.2	12.4	13.6	14.9	16.1	17.3	18.5	19.8	21	22.2	23.4	24.7	25.9	27.1	28.4	29.6	0.8	2	3.3	4.5	5.7	7	8.2	
♂	13	13.7	14.4	15.1	15.8	16.5	17.1	17.8	18.5	19.2	19.9	20.6	21.3	21.9	22.6	23.3	24	24.7	25.3	26	26.7	27.4	28	28.7	29.4	0.1	0.7	1.4	2.1	2.8	

♃ (1 6 11 16 21 26) ♐ 20.8R 20.1 19.5 18.9 18.2 17.6 — ♄ (1 6 11 16 21 26) ♓ 21.6 21.9 22.1 22.3 22.4 22.5 — ♅ (1 11 21) ♉ 7.5 8 8.4 — ♆ (1 11 21) ♍ 14 14.1 14.2 — ♇ (1 11 21) ♋ 25.7 26 26.2

VII

	1	2	3	4	5	6	7	8	9	10	11	12	13	14	15	16	17	18	19	20	21	22	23	24	25	26	27	28	29	30	31
☉	8.2	9.2	10.1	11.1	12.1	13	14	14.9	15.9	16.8	17.8	18.7	19.7	20.6	21.6	22.5	23.5	24.5	25.4	26.4	27.3	28.3	29.2	0.2	1.1	2.1	3	4	5	5.9	6.9
☽	10.3	22.7	5	17	28.9	10.8	22.6	4.5	16.6	28.8	11.4	24.3	7.5	21.2	5.3	19.7	4.4	19.2	4	18.7	3.3	17.6	1.5	15.2	28.5	11.6	24.4	6.9	19.3	1.5	13.5
☿	25.4R	25.3	25.2	25.2D	25.3	25.5	25.8	26.2	26.6	27.1	27.7	28.4	29.2	0.1	1	2	3.1	4.3	5.6	6.9	8.3	9.8	11.3	12.9	14.6	16.4	18.2	20	21.9	23.8	25.8
♀	23.7	24.6	25.6	26.5	27.4	28.3	29.2	0.1	1	1.9	2.8	3.6	4.5	5.3	6.1	6.9	7.7	8.5	9.3	10	10.8	11.5	12.2	12.9	13.6	14.3	14.9	15.5	16.1	16.7	17.3
♂	16.2	16.6	17	17.4	17.9	18.3	18.7	19.2	19.6	20.1	20.5	21	21.5	22	22.4	22.9	23.4	23.9	24.4	24.9	25.4	25.9	26.4	26.9	27.5	28	28.5	29.1	29.6	0.1	0.7

♃ (1 6 11 16 21 26 31) ♏ 13.6R 13.5 13.4 13.4D 13.5 13.7 14 — ♄ (1 6 11 16 21 26 31) ♓ 10.1R 10 9.9 9.7 9.5 9.3 9 — ♅ (1 11 21 31) ♉ 4.8 5.1 5.3 5.5 — ♆ (1 11 21 31) ♍ 12.2 12.4 12.7 13 — ♇ (1 11 21 31) ♋ 25.1 25.4 25.7 25.9

	1	2	3	4	5	6	7	8	9	10	11	12	13	14	15	16	17	18	19	20	21	22	23	24	25	26	27	28	29	30	31
☉	9	9.9	10.9	11.8	12.8	13.7	14.7	15.6	16.6	17.5	18.5	19.5	20.4	21.4	22.3	23.3	24.2	25.2	26.1	27.1	28	29	29.9	0.9	1.9	2.8	3.8	4.7	5.7	6.6	7.6
☽	25.2	7.5	20.1	2.9	16.1	29.5	13.1	27	11	25.2	9.4	23.6	7.8	22	6.1	20	3.7	17.3	0.6	13.6	26.4	8.9	21.2	3.3	15.2	27.1	9	20.9	3.1	15.5	28.2
☿	17.9	19.2	20.6	22.1	23.6	25.2	26.8	28.5	0.2	2.1	3.9	5.8	7.8	9.7	11.8	13.8	15.9	18	20.1	22.2	24.4	26.5	28.6	0.7	2.9	4.9	7	9.1	11.1	13.1	15.1
♀	9.4	10.6	11.9	13.1	14.3	15.6	16.8	18	19.3	20.5	21.7	22.9	24.2	25.4	26.6	27.9	29.1	0.3	1.6	2.8	4	5.3	6.5	7.7	8.9	10.2	11.4	12.6	13.9	15.1	16.3
♂	3.4	4.1	4.8	5.4	6.1	6.8	7.4	8.1	8.8	9.4	10.1	10.8	11.4	12.1	12.7	13.4	14.1	14.7	15.4	16	16.7	17.4	18	18.7	19.3	20	20.6	21.3	21.9	22.6	23.2

♃ (1 6 11 16 21 26 31) ♐ 17.1R 16.5 16.1 15.6 15.3 15 14.8 — ♄ (1 6 11 16 21 26 31) ♓ 22.5 22.5R 22.5 22.4 22.3 22.1 21.9 — ♅ (1 11 21 31) ♉ 8.8 9.1 9.3 9.5 — ♆ (1 11 21 31) ♍ 14.3 14.6 14.8 15.1 — ♇ (1 11 21 31) ♋ 26.5 26.7 27 27.3

VIII

	1	2	3	4	5	6	7	8	9	10	11	12	13	14	15	16	17	18	19	20	21	22	23	24	25	26	27	28	29	30	31
☉	7.8	8.8	9.7	10.7	11.7	12.6	13.6	14.5	15.5	16.4	17.4	18.4	19.3	20.3	21.2	22.2	23.2	24.1	25.1	26.1	27	28	28.9	29.9	0.9	1.8	2.8	3.8	4.7	5.7	6.7
☽	25.5	7.4	19.2	1	12.9	25	7.2	19.7	2.5	15.7	29.3	13.4	27.9	12.8	27.9	13.1	28.2	13	27.5	11.6	25.3	8.6	21.4	4	16.3	28.5	10.5	22.4	4.3	16.1	28
☿	27.8	29.9	1.9	4	6.1	8.1	10.2	12.3	14.4	16.4	18.4	20.5	22.5	24.5	26.4	28.4	0.3	2.2	4	5.9	7.7	9.5	11.3	13.1	14.8	16.5	18.2	19.9	21.5	23.1	24.7
♀	17.8	18.4	18.8	19.3	19.8	20.2	20.6	20.9	21.3	21.6	21.8	22.1	22.3	22.4	22.6	22.7	22.7	22.8	22.7R	22.7	22.6	22.5	22.3	22.1	21.8	21.5	21.2	20.8	20.4	20	19.5
♂	1.2	1.8	2.3	2.9	3.5	4	4.6	5.2	5.7	6.3	6.9	7.5	8.1	8.7	9.3	9.9	10.5	11.1	11.7	12.3	12.9	13.5	14.1	14.7	15.4	16	16.6	17.2	17.9	18.5	19.1

♃ (1 6 11 16 21 26 31) ♏ 14 14.4 14.8 15.2 15.8 16.3 17 — ♄ (1 6 11 16 21 26 31) ♓ 8.9R 8.6 8.3 8 7.6 7.2 6.8 — ♅ (1 11 21 31) ♉ 5.5 5.5 5.5R 5.4 — ♆ (1 11 21 31) ♍ 13 13.3 13.7 14 — ♇ (1 11 21 31) ♋ 26 26.2 26.5 26.7

	1	2	3	4	5	6	7	8	9	10	11	12	13	14	15	16	17	18	19	20	21	22	23	24	25	26	27	28	29	30	31
☉	8.6	9.5	10.5	11.4	12.4	13.3	14.3	15.3	16.2	17.2	18.1	19.1	20.1	21	22	22.9	23.9	24.9	25.8	26.8	27.7	28.7	29.7	0.6	1.6	2.6	3.5	4.5	5.5	6.4	7.4
☽	11.2	24.6	8.4	22.5	6.8	21.3	5.8	20.3	4.6	18.8	2.8	16.5	0.1	13.4	26.6	9.5	22.3	4.8	17.2	29.4	11.4	23.3	5.1	17	28.9	11	23.4	6.1	19.2	2.7	16.7
☿	17.1	19	20.9	22.8	24.7	26.5	28.3	0.1	1.8	3.6	5.3	6.9	8.6	10.2	11.8	13.4	15	16.5	18	19.5	20.9	22.3	23.7	25.1	26.5	27.8	29.1	0.3	1.6	2.8	3.9
♀	17.6	18.8	20	21.3	22.5	23.7	25	26.2	27.4	28.7	29.9	1.1	2.4	3.6	4.8	6.1	7.3	8.5	9.8	11	12.2	13.5	14.7	15.9	17.2	18.4	19.6	20.9	22.1	23.3	24.6
♂	23.9	24.6	25.2	25.9	26.5	27.2	27.8	28.4	29.1	29.7	0.4	1	1.7	2.3	3	3.6	4.3	4.9	5.5	6.2	6.8	7.5	8.1	8.8	9.4	10	10.7	11.3	11.9	12.6	13.2

♃ (1 6 11 16 21 26 31) ♐ 14.8R 14.6 14.6 14.6D 14.7 14.9 15.2 — ♄ (1 6 11 16 21 26 31) ♓ 21.9R 21.6 21.4 21.1 20.7 20.4 20 — ♅ (1 11 21 31) ♉ 9.5 9.6 9.6R 9.5 — ♆ (1 11 21 31) ♍ 15.1 15.5 15.8 16.2 — ♇ (1 11 21 31) ♋ 27.3 27.6 27.8 28

IX

	1	2	3	4	5	6	7	8	9	10	11	12	13	14	15	16	17	18	19	20	21	22	23	24	25	26	27	28	29	30	31
☉	7.6	8.6	9.6	10.5	11.5	12.5	13.4	14.4	15.4	16.4	17.3	18.3	19.3	20.3	21.2	22.2	23.2	24.2	25.1	26.1	27.1	28.1	29	0	1	2	3	3.9	4.9	5.9	
☽	9.8	21.8	3.8	16.1	28.5	11.3	24.4	7.9	21.8	6.2	21	6.2	21.5	6.8	21.9	6.6	20.9	4.7	18	0.8	13.3	25.5	7.6	19.5	1.3	13.2	25	6.9	18.9	1	
☿	26.3	27.9	29.4	0.9	2.4	3.9	5.3	6.8	8.2	9.6	10.9	12.3	13.6	14.9	16.2	17.4	18.6	19.8	20.9	22.1	23.2	24.2	25.2	26.2	27.1	28	28.8	29.5	0.2	0.9	
♀	19.0R	18.5	18	17.4	16.8	16.2	15.6	15	14.4	13.7	13.1	12.5	11.9	11.4	10.8	10.3	9.8	9.3	8.9	8.5	8.1	7.8	7.5	7.3	7	6.9	6.7	6.6	6.6	6.6D	
♂	19.8	20.4	21.1	21.7	22.4	23	23.7	24.3	25	25.6	26.3	27	27.6	28.3	29	29.6	0.3	1	1.7	2.3	3	3.7	4.4	5.1	5.8	6.5	7.1	7.8	8.5	9.2	

♃ (1 6 11 16 21 26) ♏ 17.1 17.8 18.6 19.4 20.2 21.1 — ♄ (1 6 11 16 21 26) ♓ 6.8R 6.4 6 5.6 5.3 5 — ♅ (1 11 21) ♉ 5.3R 5.1 4.9 — ♆ (1 11 21) ♍ 14.1 14.4 14.8 — ♇ (1 11 21) ♋ 26.7 26.9 27.1

	1	2	3	4	5	6	7	8	9	10	11	12	13	14	15	16	17	18	19	20	21	22	23	24	25	26	27	28	29	30	31
☉	8.4	9.3	10.3	11.3	12.2	13.2	14.2	15.2	16.1	17.1	18.1	19	20	21	22	22.9	23.9	24.9	25.9	26.8	27.8	28.8	29.8	0.8	1.7	2.7	3.7	4.7	5.7	6.7	
☽	1.2	15.9	0.8	15.7	0.6	15.2	29.5	13.4	27.1	10.4	23.4	6.3	18.9	1.4	13.7	25.9	7.9	19.9	1.7	13.5	25.3	7.3	19.3	1.6	14.2	27.3	10.8	24.8	9.3	24.2	
☿	5.1	6.2	7.2	8.2	9.2	10.1	11	11.9	12.6	13.4	14	14.6	15.1	15.6	15.9	16.2	16.4	16.5	16.4R	16.3	16	15.7	15.2	14.5	13.8	13	12	11	9.9	8.8	
♀	25.8	27	28.3	29.5	0.7	2	3.2	4.4	5.7	6.9	8.1	9.4	10.6	11.8	13.1	14.3	15.5	16.7	18	19.2	20.4	21.7	22.9	24.1	25.4	26.6	27.8	29.1	0.3	1.5	
♂	13.9	14.5	15.1	15.8	16.4	17	17.7	18.3	18.9	19.6	20.2	20.8	21.5	22.1	22.7	23.3	24	24.6	25.2	25.9	26.5	27.1	27.7	28.4	29	29.6	0.2	0.9	1.5	2.1	

♃ (1 6 11 16 21 26) ♐ 15.2 15.6 16 16.5 17 17.6 — ♄ (1 6 11 16 21 26) ♓ 20.0R 19.6 19.2 18.8 18.4 18.1 — ♅ (1 11 21) ♉ 9.5R 9.3 9 — ♆ (1 11 21) ♍ 16.2 16.6 16.9 — ♇ (1 11 21) ♋ 28.1 28.3 28.4

X

	1	2	3	4	5	6	7	8	9	10	11	12	13	14	15	16	17	18	19	20	21	22	23	24	25	26	27	28	29	30	31
☉	6.9	7.9	8.9	9.8	10.8	11.8	12.8	13.8	14.8	15.8	16.7	17.7	18.7	19.7	20.7	21.7	22.7	23.7	24.7	25.7	26.7	27.7	28.7	29.7	0.6	1.6	2.6	3.6	4.6	5.6	6.6
☽	13.1	25.5	8	20.8	3.8	17.2	1	15.1	29.7	14.6	29.8	15	0.1	14.9	29.2	13.1	26.5	9.5	22	4.3	16.3	28.2	10	21.8	3.7	15.7	27.8	10.1	22.5	5.1	17.9
☿	1.4	1.9	2.3	2.6	2.7	2.8	2.8R	2.6	2.3	1.9	1.3	0.6	29.8	28.8	27.8	26.6	25.4	24.2	23	21.8	20.7	19.7	18.9	18.2	17.7	17.3	17.2	17.3D	17.5	17.9	18.5
♀	6.6	6.7	6.8	6.9	7.1	7.3	7.6	7.9	8.2	8.5	8.9	9.3	9.8	10.2	10.7	11.2	11.8	12.3	12.9	13.5	14.2	14.8	15.5	16.2	16.9	17.6	18.4	19.1	19.9	20.7	21.5
♂	9.9	10.6	11.3	12	12.8	13.5	14.2	14.9	15.6	16.3	17	17.7	18.5	19.2	19.9	20.6	21.4	22.1	22.8	23.5	24.3	25	25.7	26.5	27.2	28	28.7	29.4	0.2	0.9	1.7

♃ (1 6 11 16 21 26 31) ♏ 22 22.9 23.9 24.9 25.9 27 28 — ♄ (1 6 11 16 21 26 31) ♓ 4.7R 4.4 4.2 3.9 3.8 3.6 3.6 — ♅ (1 11 21 31) ♉ 4.5R 4.2 3.8 3.4 — ♆ (1 11 21 31) ♍ 15.2 15.5 15.8 16.1 — ♇ (1 11 21 31) ♋ 27.2 27.3 27.4 27.4R

	1	2	3	4	5	6	7	8	9	10	11	12	13	14	15	16	17	18	19	20	21	22	23	24	25	26	27	28	29	30	31
☉	7.6	8.6	9.6	10.6	11.6	12.6	13.5	14.5	15.5	16.5	17.5	18.5	19.5	20.5	21.5	22.5	23.4	24.4	25.4	26.4	27.4	28.4	29.4	0.4	1.4	2.4	3.4	4.4	5.4	6.4	7.4
☽	9.4	24.7	9.8	24.7	9.3	23.4	7.1	20.4	3.3	16	28.4	10.7	22.8	4.8	16.8	28.6	10.5	22.3	4.1	16.1	28.2	10.5	23	6	19.4	3.2	17.6	2.4	17.5	2.8	18.1
☿	7.7R	6.5	5.5	4.5	3.6	2.8	2.2	1.7	1.5	1.4	1.5D	1.7	2.2	2.8	3.5	4.4	5.4	6.5	7.7	9	10.3	11.7	13.2	14.7	16.3	17.8	19.4	21.1	22.7	24.3	26
♀	2.7	4	5.2	6.4	7.7	8.9	10.1	11.4	12.6	13.8	15	16.3	17.5	18.7	19.9	21.2	22.4	23.6	24.9	26.1	27.3	28.5	29.8	1	2.2	3.4	4.7	5.9	7.1	8.3	9.5
♂	2.7	3.4	4	4.6	5.2	5.8	6.5	7.1	7.7	8.3	8.9	9.6	10.2	10.8	11.4	12	12.6	13.2	13.9	14.5	15.1	15.7	16.3	16.9	17.5	18.1	18.8	19.4	20	20.6	21.2

♃ (1 6 11 16 21 26 31) ♐ 18.3 19 19.7 20.6 21.4 22.3 23.2 — ♄ (1 6 11 16 21 26 31) ♓ 17.7R 17.4 17 16.8 16.5 16.3 16.1 — ♅ (1 11 21 31) ♉ 8.7R 8.4 8 7.6 — ♆ (1 11 21 31) ♍ 17.3 17.6 18 18.2 — ♇ (1 11 21 31) ♋ 28.6 28.7 28.7 28.8R

XI

	1	2	3	4	5	6	7	8	9	10	11	12	13	14	15	16	17	18	19	20	21	22	23	24	25	26	27	28	29	30	31
☉	7.6	8.6	9.6	10.6	11.6	12.6	13.7	14.7	15.7	16.7	17.7	18.7	19.7	20.7	21.7	22.7	23.7	24.7	25.7	26.7	27.7	28.8	29.8	0.8	1.8	2.8	3.8	4.8	5.8	6.9	
☽	0.8	14	27.4	11.1	25.1	9.4	23.9	8.7	23.5	8.3	22.9	7.2	21	4.5	17.5	0.1	12.4	24.4	6.4	18.2	0.1	12	24.1	6.4	18.8	1.5	14.4	27.5	10.8	24.3	
☿	19.2	20.1	21	22.1	23.2	24.5	25.8	27.1	28.5	29.9	1.4	2.9	4.4	5.9	7.5	9	10.6	12.2	13.7	15.3	16.9	18.5	20.1	21.6	23.2	24.8	26.4	28	29.5	1.1	
♀	22.3	23.2	24	24.9	25.8	26.6	27.5	28.4	29.4	0.3	1.2	2.2	3.1	4.1	5.1	6.1	7.1	8	9.1	10.1	11.1	12.1	13.2	14.2	15.2	16.3	17.4	18.4	19.5	20.6	
♂	2.4	3.1	3.9	4.6	5.4	6.1	6.9	7.6	8.4	9.2	9.9	10.7	11.4	12.2	12.9	13.7	14.5	15.2	16	16.8	17.5	18.3	19.1	19.8	20.6	21.4	22.1	22.9	23.7	24.4	

♃ (1 6 11 16 21 26) ♏ 28.2 29.3 ♐ 0.4 1.5 2.6 3.7 — ♄ (1 6 11 16 21 26) ♓ 3.5R 3.5 3.5D 3.6 3.7 3.8 — ♅ (1 11 21) ♉ 3.3R 2.9 2.5 — ♆ (1 11 21) ♍ 16.1 16.4 16.5 — ♇ (1 11 21) ♋ 27.4R 27.4 27.3

	1	2	3	4	5	6	7	8	9	10	11	12	13	14	15	16	17	18	19	20	21	22	23	24	25	26	27	28	29	30	31
☉	8.4	9.4	10.4	11.4	12.4	13.4	14.4	15.4	16.4	17.4	18.4	19.4	20.4	21.5	22.5	23.5	24.5	25.5	26.5	27.5	28.5	29.5	0.5	1.5	2.6	3.6	4.6	5.6	6.6	7.6	
☽	3.2	18	2.4	16.2	29.7	12.7	25.3	7.7	19.9	1.9	13.8	25.6	7.5	19.3	1.2	13.2	25.3	7.5	19.9	2.6	15.5	28.8	12.5	26.6	11.1	26	11	26.1	11.1	25.9	
☿	27.6	29.3	0.9	2.6	4.2	5.8	7.5	9.1	10.8	12.4	14	15.6	17.2	18.8	20.4	22	23.6	25.2	26.8	28.4	30	1.5	3.1	4.7	6.2	7.8	9.4	10.9	12.5	14.1	
♀	10.8	12	13.2	14.4	15.7	16.9	18.1	19.3	20.5	21.8	23	24.2	25.4	26.6	27.8	29.1	0.3	1.5	2.7	3.9	5.1	6.4	7.6	8.8	10	11.2	12.4	13.6	14.8	16	
♂	21.8	22.4	23	23.6	24.2	24.8	25.4	26	26.6	27.2	27.8	28.4	29	29.6	0.2	0.8	1.4	2	2.6	3.2	3.8	4.4	5	5.6	6.2	6.8	7.3	7.9	8.5	9.1	

♃ (1 6 11 16 21 26) ♐ 23.4 24.4 25.4 26.5 27.5 28.6 — ♄ (1 6 11 16 21 26) ♓ 16.1R 15.9 15.8 15.8 15.8D 15.8 — ♅ (1 11 21) ♉ 7.5R 7.1 6.7 — ♆ (1 11 21) ♍ 18.3 18.5 18.7 — ♇ (1 11 21) ♋ 28.8R 28.7 28.7

XII

	1	2	3	4	5	6	7	8	9	10	11	12	13	14	15	16	17	18	19	20	21	22	23	24	25	26	27	28	29	30	31
☉	7.9	8.9	9.9	10.9	11.9	12.9	14	15	16	17	18	19	20	21.1	22.1	23.1	24.1	25.1	26.2	27.2	28.2	29.2	0.2	1.2	2.3	3.3	4.3	5.3	6.3	7.4	8.4
☽	8	21.8	5.8	20	4.2	18.6	2.9	17.2	1.4	15.3	28.9	12.2	25.2	7.8	20.1	2.2	14.2	26.1	7.9	19.9	2	14.3	26.9	9.8	23	6.5	20.3	4.2	18.3	2.5	16.8
☿	2.7	4.3	5.8	7.4	9	10.6	12.1	13.7	15.3	16.8	18.4	20	21.6	23.1	24.7	26.3	27.9	29.4	1	2.6	4.2	5.8	7.4	9	10.6	12.2	13.8	15.4	17	18.6	20.2
♀	21.6	22.7	23.8	24.9	26	27.1	28.2	29.3	0.4	1.6	2.7	3.8	4.9	6.1	7.2	8.3	9.5	10.6	11.8	12.9	14.1	15.2	16.4	17.6	18.7	19.9	21.1	22.2	23.4	24.6	25.8
♂	25.2	26	26.8	27.5	28.3	29.1	29.9	0.6	1.4	2.2	3	3.7	4.5	5.3	6.1	6.9	7.6	8.4	9.2	10	10.8	11.5	12.3	13.1	13.9	14.7	15.4	16.2	17	17.8	18.6

♃ (1 6 11 16 21 26 31) ♐ 4.9 6 7.1 8.2 9.3 10.4 11.4 — ♄ (1 6 11 16 21 26 31) ♓ 4 4.2 4.4 4.7 5.1 5.4 5.9 — ♅ (1 11 21 31) ♉ 2.2R 1.9 1.7 1.6 — ♆ (1 11 21 31) ♍ 16.7 16.8 16.8R 16.7 — ♇ (1 11 21 31) ♋ 27.2R 27 26.9 26.7

	1	2	3	4	5	6	7	8	9	10	11	12	13	14	15	16	17	18	19	20	21	22	23	24	25	26	27	28	29	30	31
☉	8.6	9.6	10.7	11.7	12.7	13.7	14.7	15.7	16.8	17.8	18.8	19.8	20.8	21.8	22.9	23.9	24.9	25.9	26.9	27.9	29	30	1	2	3	4.1	5.1	6.1	7.1	8.1	9.2
☽	10.4	24.4	8	21.2	3.9	16.4	28.5	10.5	22.4	4.2	16	27.9	10	22.1	4.4	16.9	29.6	12.5	25.7	9.1	22.8	6.7	20.9	5.4	20	4.6	19.3	3.9	18.2	2.2	15.8
☿	15.6	17.2	18.7	20.3	21.8	23.4	24.9	26.5	28	29.6	1.1	2.7	4.2	5.7	7.3	8.8	10.3	11.8	13.3	14.8	16.2	17.7	19.1	20.5	21.8	23.1	24.4	25.6	26.7	27.7	28.7
♀	17.2	18.5	19.7	20.9	22.1	23.3	24.5	25.7	26.9	28.1	29.3	0.5	1.7	2.8	4	5.2	6.4	7.6	8.8	10	11.2	12.3	13.5	14.7	15.9	17.1	18.2	19.4	20.6	21.7	22.9
♂	9.7	10.3	10.9	11.4	12	12.6	13.2	13.8	14.3	14.9	15.5	16.1	16.7	17.2	17.8	18.4	18.9	19.5	20.1	20.6	21.2	21.8	22.3	22.9	23.5	24	24.6	25.1	25.7	26.2	26.8

♃ (1 6 11 16 21 26 31) ♐ 29.7 ♑ 0.8 1.9 3.1 4.2 5.4 6.5 — ♄ (1 6 11 16 21 26 31) ♓ 15.9 16 16.2 16.4 16.7 17 17.3 — ♅ (1 11 21 31) ♉ 6.4R 6.1 5.9 5.7 — ♆ (1 11 21 31) ♍ 18.8 18.9 19 18.9R — ♇ (1 11 21 31) ♋ 28.5R 28.4 28.2 28

I

	1	2	3	4	5	6	7	8	9	10	11	12	13	14	15	16	17	18	19	20	21	22	23	24	25	26	27	28	29	30	31
☉	♑ 10.2	11.2	12.2	13.2	14.2	15.3	16.3	17.3	18.3	19.3	20.4	21.4	22.4	23.4	24.4	25.5	26.5	27.5	28.5	29.5	♒ 0.5	1.6	2.6	3.6	4.6	5.6	6.6	7.7	8.7	9.7	10.7
☽	♌ 29	♍ 11.9	24.4	♎ 6.6	18.6	♏ 0.5	12.3	24.2	♐ 6.1	18.2	♑ 0.6	13.1	26	♒ 9.1	22.4	♓ 6	19.7	♈ 3.6	17.6	♉ 1.7	15.9	♊ 0.1	14.3	28.4	♋ 12.5	26.5	♌ 10.2	23.7	♍ 6.8	19.6	♎ 2.2
☿	♑ 29.5	♒ 0.2	0.8	1.2	1.5	1.5R	1.4	1.1	0.6	♑ 29.9	29	28	26.8	25.6	24.3	23	21.7	20.5	19.3	18.3	17.5	16.8	16.2	15.8	15.6	15.4	15.5D	15.6	15.9	16.2	16.7
♀	♒ 24.1	25.2	26.4	27.5	28.7	29.8	♓ 1	2.1	3.3	4.4	5.6	6.7	7.8	8.9	10.1	11.2	12.3	13.4	14.5	15.6	16.7	17.8	18.9	20	21.1	22.2	23.2	24.3	25.4	26.4	27.5
♂	♎ 27.3	27.9	28.4	29	29.5	♏ 0.1	0.6	1.2	1.7	2.2	2.8	3.3	3.8	4.4	4.9	5.4	5.9	6.4	7	7.5	8	8.5	9	9.5	10	10.5	11	11.5	12	12.5	13

	1	6	11	16	21	26	31
♃	♑ 6.8	7.9	9.1	10.2	11.3	12.4	13.5
♄	♓ 17.3	17.7	18.1	18.6	19	19.5	20

	1	11	21	31
♅	♉ 5.7R	5.6	5.6D	5.7
♆	♍ 18.9R	18.8	18.7	18.5
♇	♋ 28.0R	27.8	27.6	27.4

II

	1	2	3	4	5	6	7	8	9	10	11	12	13	14	15	16	17	18	19	20	21	22	23	24	25	26	27	28	29	30	31
☉	♒ 11.7	12.7	13.8	14.8	15.8	16.8	17.8	18.8	19.8	20.8	21.9	22.9	23.9	24.9	25.9	26.9	27.9	28.9	29.9	♓ 0.9	2	3	4	5	6	7	8	9			
☽	♎ 14.4	26.4	♏ 8.3	20.1	♐ 2	14	26.1	♑ 8.5	21.3	♒ 4.4	17.9	♓ 1.6	15.7	29.9	♈ 14.2	28.5	♉ 12.7	26.8	♊ 10.9	24.8	♋ 8.5	22.2	♌ 5.7	19	♍ 2.1	15	27.7	♎ 10.1			
☿	♑ 17.3	17.9	18.6	19.4	20.3	21.2	22.1	23.1	24.2	25.3	26.4	27.6	28.8	30	♒ 1.2	2.5	3.8	5.1	6.5	7.8	9.2	10.7	12.1	13.5	15	16.5	18	19.5			
♀	♓ 28.5	29.5	♈ 0.6	1.6	2.6	3.6	4.6	5.6	6.6	7.6	8.6	9.5	10.5	11.4	12.4	13.3	14.2	15.1	16	16.9	17.8	18.6	19.5	20.3	21.1	21.9	22.7	23.5			
♂	♏ 13.5	14	14.5	14.9	15.4	15.9	16.4	16.8	17.3	17.8	18.2	18.7	19.1	19.6	20	20.4	20.9	21.3	21.7	22.2	22.6	23	23.4	23.8	24.2	24.6	25	25.4			

	1	6	11	16	21	26
♃	♑ 13.8	14.8	15.9	16.9	17.9	18.9
♄	♓ 20.1	20.7	21.2	21.8	22.4	23

	1	11	21
♅	♉ 5.8	6	6.2
♆	♍ 18.5R	18.3	18
♇	♋ 27.3R	27.1	26.9

III

	1	2	3	4	5	6	7	8	9	10	11	12	13	14	15	16	17	18	19	20	21	22	23	24	25	26	27	28	29	30	31
☉	♓ 10	11	12	13	14	15	16	17	18	19	20	21	22	23	24	25	26	27	28	29	30	♈ 1	1.9	2.9	3.9	4.9	5.9	6.9	7.9	8.9	9.9
☽	♎ 22.3	♏ 4.3	16.2	28	♐ 9.8	21.7	♑ 3.9	16.3	29.1	♒ 12.4	26	♓ 10.1	24.5	♈ 9.2	23.9	♉ 8.6	23.2	♊ 7.6	21.7	♋ 5.5	19.1	♌ 2.4	15.6	28.5	♍ 11.3	23.9	♎ 6.3	18.5	♏ 0.6	12.5	24.3
☿	♒ 21.1	22.6	24.2	25.8	27.4	29	♓ 0.7	2.4	4	5.7	7.5	9.2	11	12.8	14.6	16.4	18.2	20.1	22	23.9	25.8	27.7	29.7	♈ 1.7	3.7	5.7	7.7	9.7	11.8	13.8	15.9
♀	♈ 24.2	25	25.7	26.4	27.1	27.8	28.4	29.1	29.7	♉ 0.3	0.8	1.3	1.9	2.3	2.8	3.2	3.6	4	4.3	4.6	4.9	5.2	5.4	5.5	5.7	5.8	5.8	5.8R	5.8	5.7	5.6
♂	♏ 25.8	26.2	26.5	26.9	27.3	27.6	28	28.3	28.7	29	29.3	29.6	29.9	♐ 0.2	0.5	0.8	1.1	1.4	1.7	1.9	2.2	2.4	2.7	2.9	3.1	3.3	3.6	3.7	3.9	4.1	4.3

	1	6	11	16	21	26	31
♃	♑ 19.4	20.4	21.2	22	22.8	23.5	24.2
♄	♓ 23.4	24	24.6	25.2	25.8	26.4	27.1

	1	11	21	31
♅	♉ 6.5	6.9	7.4	7.9
♆	♍ 17.8R	17.5	17.2	17
♇	♋ 26.8R	26.7	26.6	26.5

IV

	1	2	3	4	5	6	7	8	9	10	11	12	13	14	15	16	17	18	19	20	21	22	23	24	25	26	27	28	29	30	31
☉	♈ 10.9	11.8	12.8	13.8	14.8	15.8	16.8	17.7	18.7	19.7	20.7	21.7	22.7	23.6	24.6	25.6	26.6	27.5	28.5	29.5	♉ 0.5	1.4	2.4	3.4	4.4	5.3	6.3	7.3	8.3	9.2	
☽	♐ 6.1	17.9	29.9	♑ 12	24.4	♒ 7.2	20.4	♓ 4	18.2	♈ 2.8	17.7	♉ 2.7	17.8	♊ 2.7	17.4	♋ 1.7	15.7	29.3	♌ 12.6	25.6	♍ 8.3	20.8	♎ 3.1	15.3	27.3	♏ 9.3	21.1	♐ 2.9	14.7	26.6	
☿	♈ 17.9	20	22	24	26	28	29.9	♉ 1.8	3.6	5.4	7.2	8.8	10.4	11.9	13.4	14.7	16	17.2	18.3	19.4	20.3	21.1	21.9	22.5	23.1	23.5	23.9	24.2	24.3	24.4	
♀	♉ 5.5R	5.3	5	4.8	4.4	4.1	3.7	3.3	2.8	2.3	1.8	1.2	0.7	0.1	♈ 29.5	28.9	28.2	27.6	27	26.3	25.7	25.1	24.5	24	23.4	22.9	22.4	22	21.5	21.1	
♂	♐ 4.4	4.6	4.7	4.8	5	5.1	5.2	5.2	5.3	5.4	5.4	5.5	5.5	5.5	5.5R	5.5	5.5	5.4	5.4	5.3	5.3	5.2	5.1	5	4.8	4.7	4.6	4.4	4.2	4	

	1	6	11	16	21	26
♃	♑ 24.3	25	25.5	26	26.4	26.7
♄	♓ 27.2	27.8	28.4	29	29.5	♈ 0.1

	1	11	21
♅	♉ 7.9	8.5	9
♆	♍ 17.0R	16.7	16.5
♇	♋ 26.5R	26.5D	26.5

V

	1	2	3	4	5	6	7	8	9	10	11	12	13	14	15	16	17	18	19	20	21	22	23	24	25	26	27	28	29	30	31
☉	♉ 10.2	11.2	12.1	13.1	14.1	15	16	17	18	18.9	19.9	20.8	21.8	22.8	23.7	24.7	25.7	26.6	27.6	28.6	29.5	♊ 0.5	1.4	2.4	3.4	4.3	5.3	6.2	7.2	8.2	9.1
☽	♑ 8.5	20.7	♒ 3.1	15.8	28.9	♓ 12.5	26.5	♈ 11	25.9	♉ 11	26.2	♊ 11.4	26.3	♋ 10.9	25.1	♌ 8.9	22.2	♍ 5.2	17.8	♎ 0.2	12.4	24.4	♏ 6.3	18.1	29.9	♐ 11.7	23.6	♑ 5.5	17.6	29.9	♒ 12.4
☿	♉ 24.4R	24.3	24.2	23.9	23.6	23.2	22.7	22.2	21.7	21.1	20.5	19.9	19.3	18.7	18.2	17.6	17.1	16.7	16.3	15.9	15.7	15.5	15.3	15.3	15.3D	15.4	15.6	15.8	16.1	16.5	17
♀	♈ 20.8R	20.5	20.2	20	19.8	19.6	19.5	19.5	19.4	19.4D	19.5	19.6	19.7	19.9	20	20.3	20.5	20.8	21.2	21.5	21.9	22.3	22.8	23.2	23.7	24.2	24.8	25.3	25.9	26.5	27.1
♂	♐ 3.8R	3.6	3.4	3.2	2.9	2.7	2.4	2.1	1.8	1.5	1.2	0.9	0.6	0.3	♏ 30	29.6	29.3	28.9	28.6	28.2	27.9	27.5	27.2	26.8	26.5	26.1	25.8	25.4	25.1	24.8	24.4

	1	6	11	16	21	26	31
♃	♑ 27	27.2	27.3	27.3R	27.3	27.1	26.9
♄	♈ 0.6	1.1	1.6	2.1	2.5	2.9	3.3

	1	11	21	31
♅	♉ 9.6	10.2	10.8	11.3
♆	♍ 16.4R	16.2	16.2	16.2D
♇	♋ 26.6	26.7	26.9	27

VI

	1	2	3	4	5	6	7	8	9	10	11	12	13	14	15	16	17	18	19	20	21	22	23	24	25	26	27	28	29	30	31
☉	♊ 10.1	11	12	13	13.9	14.9	15.8	16.8	17.7	18.7	19.6	20.6	21.6	22.5	23.5	24.4	25.4	26.3	27.3	28.2	29.2	♋ 0.2	1.1	2.1	3	4	4.9	5.9	6.8	7.8	
☽	♒ 25.1	♓ 8.3	21.7	♈ 5.6	19.9	♉ 4.5	19.5	♊ 4.6	19.7	♋ 4.6	19.4	♌ 3.7	17.6	♍ 1.1	14.1	26.8	♎ 9.2	21.3	♏ 3.2	15	26.8	♐ 8.7	20.5	♑ 2.5	14.7	26.9	♒ 9.4	22.1	♓ 5.1	18.3	
☿	♉ 17.5	18.1	18.8	19.5	20.3	21.2	22.1	23.1	24.1	25.2	26.3	27.5	28.8	♊ 0.1	1.4	2.9	4.3	5.8	7.4	9	10.7	12.4	14.2	16	17.8	19.7	21.7	23.7	25.7	27.7	
♀	♈ 27.8	28.4	29.1	29.8	♉ 0.5	1.2	2	2.7	3.5	4.3	5.1	5.9	6.7	7.6	8.4	9.3	10.1	11	11.9	12.8	13.7	14.6	15.5	16.4	17.4	18.3	19.3	20.2	21.2	22.1	
♂	♏ 24.1R	23.8	23.5	23.2	22.9	22.6	22.3	22.1	21.8	21.6	21.4	21.1	20.9	20.7	20.6	20.4	20.3	20.1	20	19.9	19.8	19.7	19.6	19.6	19.5	19.5	19.5	19.5D	19.5	19.5	

	1	6	11	16	21	26
♃	♑ 26.9R	26.6	26.2	25.8	25.3	24.8
♄	♈ 3.4	3.7	4	4.3	4.6	4.8

	1	11	21
♅	♉ 11.3	11.8	12.3
♆	♍ 16.2	16.2	16.3
♇	♋ 27.1	27.3	27.5

VII

	1	2	3	4	5	6	7	8	9	10	11	12	13	14	15	16	17	18	19	20	21	22	23	24	25	26	27	28	29	30	31
☉	♋ 8.7	9.7	10.6	11.6	12.5	13.5	14.5	15.4	16.4	17.3	18.3	19.2	20.2	21.1	22.1	23	24	24.9	25.9	26.9	27.8	28.8	29.7	♌ 0.7	1.6	2.6	3.5	4.5	5.5	6.4	7.4
☽	♈ 1.8	15.6	29.7	♉ 14	28.6	♊ 13.4	28.2	♋ 13	27.6	♌ 11.9	25.9	♍ 9.4	22.5	♎ 5.2	17.6	29.7	♏ 11.6	23.4	♐ 5.2	17.1	29.1	♑ 11.2	23.6	♒ 6.1	19	♓ 2	15.3	28.7	♈ 12.4	26.2	♉ 10.2
☿	♊ 29.8	♋ 1.9	4	6.2	8.4	10.5	12.7	14.9	17	19.2	21.3	23.4	25.5	27.6	29.7	♌ 1.7	3.7	5.7	7.6	9.5	11.4	13.2	15.1	16.9	18.6	20.4	22.1	23.8	25.4	27	28.6
♀	♉ 23.1	24.1	25.1	26.1	27.1	28.1	29.1	♊ 0.1	1.1	2.2	3.2	4.2	5.3	6.3	7.4	8.4	9.5	10.5	11.6	12.7	13.7	14.8	15.9	17	18.1	19.1	20.2	21.3	22.4	23.5	24.6
♂	♏ 19.6	19.6	19.7	19.8	19.9	20	20.1	20.3	20.4	20.6	20.7	20.9	21.1	21.3	21.5	21.7	22	22.2	22.5	22.8	23	23.3	23.6	23.9	24.3	24.6	24.9	25.3	25.6	26	26.3

	1	6	11	16	21	26	31
♃	♑ 24.2R	23.6	23	22.3	21.7	21	20.4
♄	♈ 4.9	5	5.1	5.1	5.1R	5.1	5

	1	11	21	31
♅	♉ 12.7	13.1	13.3	13.5
♆	♍ 16.5	16.7	16.9	17.2
♇	♋ 27.8	28	28.3	28.6

VIII

	1	2	3	4	5	6	7	8	9	10	11	12	13	14	15	16	17	18	19	20	21	22	23	24	25	26	27	28	29	30	31
☉	♌ 8.3	9.3	10.2	11.2	12.1	13.1	14.1	15	16	16.9	17.9	18.9	19.8	20.8	21.7	22.7	23.7	24.6	25.6	26.6	27.5	28.5	29.4	♍ 0.4	1.4	2.3	3.3	4.3	5.2	6.2	7.2
☽	♉ 24.4	♊ 8.7	23	♋ 7.5	21.9	♌ 6.2	20.2	♍ 4	17.5	♎ 0.6	13.3	25.6	♏ 7.7	19.7	♐ 1.5	13.3	25.2	♑ 7.2	19.5	♒ 2.1	14.9	28.1	♓ 11.5	25.2	♈ 9	23	♉ 7.1	21.2	♊ 5.3	19.4	♋ 3.5
☿	♍ 0.2	1.7	3.2	4.7	6.2	7.6	9	10.3	11.6	12.9	14.2	15.4	16.6	17.8	18.9	20	21	22	22.9	23.8	24.7	25.5	26.2	26.9	27.5	28.1	28.5	28.9	29.3	29.5	29.6
♀	♊ 25.7	26.8	27.9	29.1	♋ 0.2	1.3	2.4	3.5	4.7	5.8	6.9	8.1	9.2	10.3	11.5	12.6	13.8	14.9	16.1	17.2	18.4	19.5	20.7	21.8	23	24.2	25.3	26.5	27.7	28.8	♌ 0
♂	♏ 26.7	27.1	27.5	27.9	28.3	28.7	29.1	29.6	♐ 0	0.5	0.9	1.4	1.8	2.3	2.8	3.3	3.8	4.2	4.7	5.3	5.8	6.3	6.8	7.3	7.9	8.4	8.9	9.5	10	10.6	11.2

	1	6	11	16	21	26	31
♃	♑ 20.3R	19.8	19.2	18.8	18.4	18	17.8
♄	♈ 4.9R	4.8	4.6	4.4	4.1	3.9	3.5

	1	11	21	31
♅	♉ 13.5	13.7	13.7R	13.6
♆	♍ 17.2	17.6	17.9	18.3
♇	♋ 28.6	28.9	29.1	29.4

IX

	1	2	3	4	5	6	7	8	9	10	11	12	13	14	15	16	17	18	19	20	21	22	23	24	25	26	27	28	29	30	31
☉	♍ 8.1	9.1	10.1	11	12	13	13.9	14.9	15.9	16.9	17.8	18.8	19.8	20.8	21.7	22.7	23.7	24.7	25.6	26.6	27.6	28.6	29.5	♎ 0.5	1.5	2.5	3.5	4.4	5.4	6.4	
☽	♋ 17.5	♌ 1.5	15.4	29.1	♍ 12.6	25.8	♎ 8.7	21.3	♏ 3.6	15.6	27.5	♐ 9.4	21.2	♑ 3.1	15.1	27.5	♒ 10.1	23.2	♓ 6.6	20.3	♈ 4.4	18.7	♉ 3.1	17.5	♊ 1.9	16.2	♋ 0.3	14.3	28.1	♌ 11.8	
☿	♍ 29.7	29.6R	29.5	29.2	28.9	28.4	27.9	27.2	26.4	25.6	24.7	23.7	22.7	21.6	20.6	19.6	18.7	17.8	17	16.4	15.9	15.6	15.4	15.3D	15.5	15.8	16.3	16.9	17.7	18.6	
♀	♌ 1.2	2.3	3.5	4.7	5.9	7.1	8.2	9.4	10.6	11.8	13	14.2	15.4	16.6	17.8	19	20.2	21.4	22.6	23.8	25	26.2	27.4	28.6	29.8	♍ 1	2.2	3.4	4.7	5.9	
♂	♐ 11.7	12.3	12.9	13.4	14	14.6	15.2	15.8	16.4	17	17.6	18.2	18.8	19.4	20.1	20.7	21.3	21.9	22.6	23.2	23.9	24.5	25.1	25.8	26.4	27.1	27.7	28.4	29.1	29.7	

	1	6	11	16	21	26
♃	♑ 17.7R	17.6	17.5	17.5D	17.5	17.7
♄	♈ 3.5R	3.1	2.8	2.4	2	1.6

	1	11	21
♅	♉ 13.6R	13.5	13.3
♆	♍ 18.3	18.7	19
♇	♋ 29.4	29.6	29.8

X

	1	2	3	4	5	6	7	8	9	10	11	12	13	14	15	16	17	18	19	20	21	22	23	24	25	26	27	28	29	30	31
☉	♎ 7.4	8.4	9.4	10.3	11.3	12.3	13.3	14.3	15.3	16.3	17.3	18.2	19.2	20.2	21.2	22.2	23.2	24.2	25.2	26.2	27.2	28.2	29.2	♏ 0.2	1.2	2.2	3.2	4.2	5.2	6.2	7.2
☽	♌ 25.3	♍ 8.6	21.7	♎ 4.5	17.1	29.5	♏ 11.7	23.7	♐ 5.6	17.3	29.1	♑ 11	23	♒ 5.4	18	♓ 1.1	14.6	28.5	♈ 12.8	27.4	♉ 12.2	27.1	♊ 11.9	26.5	♋ 10.9	25	♌ 8.7	22.2	♍ 5.5	18.4	♎ 1.2
☿	♍ 19.6	20.7	22	23.3	24.7	26.2	27.7	29.3	♎ 0.9	2.6	4.3	6	7.7	9.4	11.1	12.9	14.6	16.3	18	19.8	21.5	23.2	24.9	26.6	28.3	29.9	♏ 1.6	3.2	4.9	6.5	8.2
♀	♍ 7.1	8.3	9.5	10.7	12	13.2	14.4	15.6	16.9	18.1	19.3	20.5	21.8	23	24.2	25.5	26.7	27.9	29.2	♎ 0.4	1.6	2.9	4.1	5.3	6.6	7.8	9.1	10.3	11.5	12.8	14
♂	♑ 0.4	1.1	1.7	2.4	3.1	3.8	4.5	5.1	5.8	6.5	7.2	7.9	8.6	9.3	10	10.7	11.4	12.1	12.8	13.5	14.2	14.9	15.6	16.3	17.1	17.8	18.5	19.2	19.9	20.7	21.4

	1	6	11	16	21	26	31
♃	♑ 17.9	18.2	18.6	19.1	19.6	20.2	20.8
♄	♈ 1.2R	0.9	0.5	0.1	♓ 29.8	29.5	29.2

	1	11	21	31
♅	♉ 13.0R	12.6	12.3	11.9
♆	♍ 19.4	19.7	20.1	20.4
♇	♋ 29.9	♌ 0	0.1	0.1

XI

	1	2	3	4	5	6	7	8	9	10	11	12	13	14	15	16	17	18	19	20	21	22	23	24	25	26	27	28	29	30	31
☉	♏ 8.2	9.2	10.2	11.2	12.2	13.2	14.2	15.2	16.2	17.2	18.2	19.2	20.2	21.2	22.2	23.2	24.2	25.2	26.2	27.3	28.3	29.3	♐ 0.3	1.3	2.3	3.3	4.3	5.3	6.4	7.4	
☽	♎ 13.7	26	♏ 8.2	20.2	♐ 2.1	13.9	25.7	♑ 7.5	19.3	♒ 1.4	13.6	26.2	♓ 9.2	22.6	♈ 6.4	20.7	♉ 5.4	20.4	♊ 5.6	20.7	♋ 5.7	20.4	♌ 4.8	18.7	♍ 2.3	15.4	28.2	♎ 10.7	23	♏ 5.1	
☿	♏ 9.8	11.4	13	14.6	16.2	17.8	19.4	21	22.5	24.1	25.7	27.2	28.8	♐ 0.3	1.8	3.4	4.9	6.4	8	9.5	11	12.5	14	15.5	17	18.5	19.9	21.4	22.9	24.3	
♀	♎ 15.3	16.5	17.8	19	20.2	21.5	22.7	24	25.2	26.5	27.7	29	♏ 0.2	1.5	2.7	4	5.2	6.5	7.7	9	10.2	11.5	12.7	14	15.3	16.5	17.8	19	20.3	21.5	
♂	♑ 22.1	22.8	23.6	24.3	25	25.7	26.5	27.2	27.9	28.7	29.4	♒ 0.2	0.9	1.6	2.4	3.1	3.9	4.6	5.3	6.1	6.8	7.6	8.3	9.1	9.8	10.6	11.3	12.1	12.8	13.6	

	1	6	11	16	21	26
♃	♑ 21	21.7	22.5	23.3	24.2	25.1
♄	♓ 29.2R	28.9	28.7	28.6	28.5	28.4

	1	11	21
♅	♉ 11.8R	11.4	11
♆	♍ 20.4	20.6	20.8
♇	♌ 0.1R	0.1	0

XII

	1	2	3	4	5	6	7	8	9	10	11	12	13	14	15	16	17	18	19	20	21	22	23	24	25	26	27	28	29	30	31
☉	♐ 8.4	9.4	10.4	11.4	12.4	13.5	14.5	15.5	16.5	17.5	18.5	19.6	20.6	21.6	22.6	23.6	24.6	25.7	26.7	27.7	28.7	29.7	♑ 0.8	1.8	2.8	3.8	4.8	5.8	6.9	7.9	8.9
☽	♏ 17.1	29	♐ 10.8	22.6	♑ 4.4	16.2	28.2	♒ 10.2	22.5	♓ 5.1	17.9	♈ 1.2	14.8	28.9	♉ 13.4	28.3	♊ 13.4	28.7	♋ 13.9	28.9	♌ 13.5	27.7	♍ 11.4	24.7	♎ 7.5	20	♏ 2.1	14.1	26	♐ 7.8	19.5
☿	♐ 25.8	27.2	28.6	♑ 0	1.4	2.7	4.1	5.4	6.6	7.8	9	10.1	11.1	12.1	13	13.7	14.4	14.9	15.3	15.6	15.6R	15.5	15.2	14.7	13.9	13.1	12	10.8	9.5	8.2	6.8
♀	♏ 22.8	24	25.3	26.5	27.8	29.1	♐ 0.3	1.6	2.8	4.1	5.3	6.6	7.9	9.1	10.4	11.6	12.9	14.1	15.4	16.7	17.9	19.2	20.4	21.7	22.9	24.2	25.5	26.7	28	29.2	♑ 0.5
♂	♒ 14.3	15.1	15.8	16.6	17.3	18.1	18.8	19.6	20.4	21.1	21.9	22.6	23.4	24.1	24.9	25.6	26.4	27.2	27.9	28.7	29.4	♓ 0.2	0.9	1.7	2.5	3.2	4	4.7	5.5	6.2	7

	1	6	11	16	21	26	31
♃	♑ 26	27	28	29.1	♒ 0.2	1.3	2.4
♄	♓ 28.3R	28.4D	28.4	28.5	28.7	28.9	29.1

	1	11	21	31
♅	♉ 10.6R	10.3	10	9.8
♆	♍ 21	21.1	21.1	21.1R
♇	♋ 29.9R	29.8	29.6	29.4

I

	1	2	3	4	5	6	7	8	9	10	11	12	13	14	15	16	17	18	19	20	21	22	23	24	25	26	27	28	29	30	31
☉	♑ 9.9	10.9	12	13	14	15	16	17.1	18.1	19.1	20.1	21.1	22.2	23.2	24.2	25.2	26.2	27.2	28.3	29.3	♒ 0.3	1.3	2.3	3.4	4.4	5.4	6.4	7.4	8.4	9.5	10.5
☽	♑ 1.3	13.2	25.2	♒ 7.3	19.6	♓ 2	14.7	27.6	♈ 10.7	24.2	♉ 8.1	22.3	♊ 6.8	21.6	♋ 6.7	21.8	♌ 6.7	21.5	♍ 5.8	19.7	♎ 3	16	28.5	♏ 10.7	22.7	♐ 4.5	16.3	28	♑ 9.9	21.9	♒ 4.1
☿	♑ 5.5R	4.2	3.1	2	1.2	0.5	♐ 29.9	29.6	29.4	29.3D	29.4	29.7	♑ 0	0.5	1	1.7	2.4	3.2	4.1	5.1	6	7.1	8.2	9.3	10.4	11.6	12.8	14.1	15.4	16.7	18
♀	♑ 1.8	3	4.3	5.5	6.8	8	9.3	10.6	11.8	13.1	14.3	15.6	16.8	18.1	19.4	20.6	21.9	23.1	24.4	25.6	26.9	28.2	29.4	♒ 0.7	1.9	3.2	4.4	5.7	7	8.2	9.5
♂	♓ 7.8	8.5	9.3	10	10.8	11.5	12.3	13.1	13.8	14.6	15.3	16.1	16.8	17.6	18.3	19.1	19.8	20.6	21.3	22.1	22.9	23.6	24.4	25.1	25.9	26.6	27.4	28.1	28.9	29.6	♈ 0.3

	1	6	11	16	21	26	31
♃	♒ 2.6	3.8	4.9	6.1	7.3	8.5	9.7
♄	♓ 29.2	29.4	29.8	♈ 0.1	0.5	0.9	1.4

	1	11	21	31
♅	♉ 9.8R	9.7	9.7D	9.8
♆	♍ 21.1R	21.1	20.9	20.7
♇	♋ 29.4R	29.2	29	28.7

II

	1	2	3	4	5	6	7	8	9	10	11	12	13	14	15	16	17	18	19	20	21	22	23	24	25	26	27	28	29	30	31
☉	♒ 11.5	12.5	13.5	14.5	15.5	16.6	17.6	18.6	19.6	20.6	21.6	22.6	23.6	24.6	25.7	26.7	27.7	28.7	29.7	♓ 0.7	1.7	2.7	3.7	4.7	5.7	6.7	7.7	8.8			
☽	♒ 16.4	29	♓ 11.7	24.6	♈ 7.7	21	♉ 4.5	18.3	♊ 2.3	16.5	♋ 0.9	15.6	♌ 0.3	14.9	29.4	♍ 13.6	27.5	♎ 10.9	23.9	♏ 6.4	18.7	♐ 0.7	12.6	24.4	♑ 6.2	18.1	♒ 0.2	12.5			
☿	♑ 19.3	20.7	22	23.4	24.9	26.3	27.7	29.2	♒ 0.7	2.2	3.7	5.2	6.7	8.3	9.8	11.4	13	14.6	16.2	17.9	19.5	21.2	22.9	24.6	26.3	28	29.8	♓ 1.6			
♀	♒ 10.7	12	13.2	14.5	15.7	17	18.3	19.5	20.8	22	23.3	24.5	25.8	27	28.3	29.5	♓ 0.8	2	3.3	4.5	5.8	7.1	8.3	9.6	10.8	12.1	13.3	14.6			
♂	♈ 1.1	1.8	2.6	3.3	4.1	4.8	5.6	6.3	7	7.8	8.5	9.3	10	10.8	11.5	12.2	13	13.7	14.4	15.2	15.9	16.7	17.4	18.1	18.9	19.6	20.3	21			

	1	6	11	16	21	26
♃	♒ 9.9	11.1	12.3	13.4	14.6	15.8
♄	♈ 1.5	2	2.5	3	3.6	4.1

	1	11	21
♅	♉ 9.8	10	10.2
♆	♍ 20.7R	20.5	20.3
♇	♋ 28.7R	28.5	28.3

III

	1	2	3	4	5	6	7	8	9	10	11	12	13	14	15	16	17	18	19	20	21	22	23	24	25	26	27	28	29	30	31
☉	♓ 9.8	10.8	11.8	12.8	13.8	14.8	15.8	16.8	17.8	18.8	19.8	20.8	21.8	22.8	23.8	24.8	25.7	26.7	27.7	28.7	29.7	♈ 0.7	1.7	2.7	3.7	4.7	5.7	6.7	7.7	8.6	9.6
☽	♒ 25.1	♓ 7.9	21	♈ 4.3	17.8	♉ 1.4	15.2	29.1	♊ 13.1	27.2	♋ 11.4	25.6	♌ 9.9	24.1	♍ 8.1	22	♎ 5.5	18.8	♏ 1.6	14.2	26.5	♐ 8.5	20.4	♑ 2.2	14	26	♒ 8.2	20.6	♓ 3.3	16.3	29.7
☿	♓ 3.3	5.1	7	8.8	10.7	12.5	14.4	16.3	18.2	20.2	22.1	24.1	26	28	♈ 0	2	4	5.9	7.9	9.8	11.8	13.7	15.5	17.3	19.1	20.8	22.4	24	25.5	26.8	28.2
♀	♓ 15.8	17.1	18.3	19.5	20.8	22	23.3	24.5	25.8	27	28.3	29.5	♈ 0.8	2	3.3	4.5	5.7	7	8.2	9.5	10.7	12	13.2	14.4	15.7	16.9	18.2	19.4	20.6	21.9	23.1
♂	♈ 21.8	22.5	23.2	24	24.7	25.4	26.1	26.9	27.6	28.3	29	29.8	♉ 0.5	1.2	1.9	2.6	3.4	4.1	4.8	5.5	6.2	7	7.7	8.4	9.1	9.8	10.5	11.2	11.9	12.6	13.4

	1	6	11	16	21	26	31
♃	♒ 16.5	17.6	18.7	19.8	20.9	21.9	22.9
♄	♈ 4.5	5.1	5.7	6.3	6.9	7.6	8.2

	1	11	21	31
♅	♉ 10.5	10.8	11.3	11.8
♆	♍ 20.0R	19.8	19.5	19.2
♇	♋ 28.2R	28	27.9	27.9

IV

	1	2	3	4	5	6	7	8	9	10	11	12	13	14	15	16	17	18	19	20	21	22	23	24	25	26	27	28	29	30	31
☉	♈ 10.6	11.6	12.6	13.6	14.6	15.5	16.5	17.5	18.5	19.5	20.5	21.4	22.4	23.4	24.4	25.4	26.3	27.3	28.3	29.3	♉ 0.2	1.2	2.2	3.2	4.1	5.1	6.1	7.1	8	9	
☽	♈ 13.3	27.2	♉ 11.3	25.5	♊ 9.8	24	♋ 8.2	22.3	♌ 6.4	20.3	♍ 4.1	17.7	♎ 1.1	14.2	27.2	♏ 9.8	22.2	♐ 4.4	16.4	28.3	♑ 10.1	22	♒ 3.9	16.1	28.5	♓ 11.2	24.3	♈ 7.8	21.7	♉ 5.9	
☿	♈ 29.4	♉ 0.5	1.5	2.4	3.2	3.9	4.4	4.9	5.2	5.5	5.6	5.6R	5.5	5.3	5	4.6	4.2	3.7	3.1	2.4	1.8	1.1	0.4	♈ 29.7	29	28.4	27.8	27.2	26.7	26.3	
♀	♈ 24.4	25.6	26.8	28.1	29.3	♉ 0.5	1.8	3	4.2	5.5	6.7	7.9	9.2	10.4	11.6	12.9	14.1	15.3	16.5	17.8	19	20.2	21.5	22.7	23.9	25.1	26.4	27.6	28.8	♊ 0	
♂	♉ 14.1	14.8	15.5	16.2	16.9	17.6	18.3	19	19.7	20.4	21.1	21.8	22.5	23.2	23.9	24.6	25.3	26	26.7	27.4	28.1	28.8	29.5	♊ 0.2	0.8	1.5	2.2	2.9	3.6	4.3	

	1	6	11	16	21	26
♃	♒ 23.1	24.1	25	25.9	26.7	27.5
♄	♈ 8.3	8.9	9.5	10.2	10.8	11.4

	1	11	21
♅	♉ 11.8	12.3	12.9
♆	♍ 19.2R	19	18.8
♇	♋ 27.9R	27.8D	27.9

V

	1	2	3	4	5	6	7	8	9	10	11	12	13	14	15	16	17	18	19	20	21	22	23	24	25	26	27	28	29	30	31
☉	♉ 10	10.9	11.9	12.9	13.8	14.8	15.8	16.8	17.7	18.7	19.7	20.6	21.6	22.5	23.5	24.5	25.4	26.4	27.4	28.3	29.3	♊ 0.3	1.2	2.2	3.1	4.1	5.1	6	7	7.9	8.9
☽	♉ 20.4	♊ 5	19.7	♋ 4.3	18.8	♌ 3.1	17.2	♍ 1	14.5	27.8	♎ 10.8	23.6	♏ 6.1	18.5	♐ 0.7	12.7	24.6	♑ 6.5	18.3	♒ 0.2	12.1	24.3	♓ 6.7	19.4	♈ 2.4	15.9	29.8	♉ 14.2	28.8	♊ 13.8	28.8
☿	♈ 25.9R	25.6	25.4	25.2	25.2	25.2D	25.3	25.5	25.7	26	26.4	26.9	27.4	28	28.7	29.4	♉ 0.2	1.1	2	2.9	3.9	5	6.1	7.3	8.5	9.7	11	12.4	13.7	15.2	16.7
♀	♊ 1.3	2.5	3.7	4.9	6.1	7.4	8.6	9.8	11	12.2	13.4	14.7	15.9	17.1	18.3	19.5	20.7	21.9	23.2	24.4	25.6	26.8	28	29.2	♋ 0.4	1.6	2.8	4	5.2	6.4	7.6
♂	♊ 5	5.7	6.4	7	7.7	8.4	9.1	9.8	10.5	11.1	11.8	12.5	13.2	13.9	14.5	15.2	15.9	16.6	17.2	17.9	18.6	19.3	19.9	20.6	21.3	22	22.6	23.3	24	24.6	25.3

	1	6	11	16	21	26	31
♃	♒ 28.3	29	29.6	♓ 0.2	0.7	1.1	1.5
♄	♈ 12	12.5	13.1	13.6	14.1	14.6	15.1

	1	11	21	31
♅	♉ 13.5	14	14.6	15.2
♆	♍ 18.6R	18.5	18.4	18.4D
♇	♋ 27.9	28	28.2	28.4

VI

	1	2	3	4	5	6	7	8	9	10	11	12	13	14	15	16	17	18	19	20	21	22	23	24	25	26	27	28	29	30	31
☉	♊ 9.8	10.8	11.8	12.7	13.7	14.6	15.6	16.6	17.5	18.5	19.4	20.4	21.3	22.3	23.2	24.2	25.2	26.1	27.1	28	29	29.9	♋ 0.9	1.8	2.8	3.7	4.7	5.6	6.6	7.6	
☽	♋ 13.8	28.7	♌ 13.2	27.5	♍ 11.3	24.7	♎ 7.8	20.6	♏ 3.1	15.4	27.5	♐ 9.5	21.4	♑ 3.3	15.1	27	♒ 8.9	20.9	♓ 3	15.4	28	♈ 11	24.4	♉ 8.2	22.5	♊ 7.1	22.1	♋ 7.3	22.6	♌ 7.7	
☿	♉ 18.2	19.7	21.3	23	24.7	26.4	28.2	30	♊ 1.8	3.7	5.6	7.6	9.6	11.6	13.7	15.8	17.9	20.1	22.3	24.4	26.6	28.8	♋ 1	3.2	5.4	7.5	9.7	11.8	13.9	16	
♀	♋ 8.9	10.1	11.3	12.5	13.7	14.9	16.1	17.3	18.5	19.6	20.8	22	23.2	24.4	25.6	26.8	28	29.2	♌ 0.4	1.6	2.7	3.9	5.1	6.3	7.5	8.7	9.8	11	12.2	13.4	
♂	♊ 26	26.6	27.3	28	28.6	29.3	30	♋ 0.6	1.3	2	2.6	3.3	3.9	4.6	5.3	5.9	6.6	7.2	7.9	8.6	9.2	9.9	10.5	11.2	11.8	12.5	13.2	13.8	14.5	15.1	

	1	6	11	16	21	26
♃	♓ 1.6	1.9	2.1	2.2	2.2	2.2R
♄	♈ 15.2	15.6	16	16.4	16.7	17

	1	11	21
♅	♉ 15.2	15.7	16.2
♆	♍ 18.4	18.4	18.5
♇	♋ 28.4	28.6	28.8

VII

	1	2	3	4	5	6	7	8	9	10	11	12	13	14	15	16	17	18	19	20	21	22	23	24	25	26	27	28	29	30	31
☉	♋ 8.5	9.5	10.4	11.4	12.3	13.3	14.2	15.2	16.1	17.1	18	19	19.9	20.9	21.9	22.8	23.8	24.7	25.7	26.6	27.6	28.5	29.5	♌ 0.4	1.4	2.4	3.3	4.3	5.2	6.2	7.1
☽	♌ 22.5	♍ 6.9	20.9	♎ 4.4	17.4	♏ 0.1	12.5	24.6	♐ 6.6	18.5	♑ 0.3	12.1	24	♒ 5.9	17.9	♓ 0	12.3	24.7	♈ 7.4	20.3	♉ 3.6	17.3	♊ 1.4	15.8	♋ 0.7	15.8	♌ 1	16.1	♍ 1.1	15.6	29.7
☿	♋ 18.1	20.1	22.1	24	26	27.9	29.8	♌ 1.6	3.4	5.2	6.9	8.6	10.3	11.9	13.5	15.1	16.6	18.1	19.6	21	22.4	23.8	25.1	26.4	27.7	28.9	♍ 0.1	1.2	2.3	3.3	4.3
♀	♌ 14.6	15.7	16.9	18.1	19.2	20.4	21.6	22.8	23.9	25.1	26.2	27.4	28.6	29.7	♍ 0.9	2	3.2	4.3	5.5	6.6	7.8	8.9	10.1	11.2	12.4	13.5	14.6	15.8	16.9	18	19.2
♂	♋ 15.8	16.4	17.1	17.7	18.4	19	19.7	20.3	21	21.6	22.3	22.9	23.6	24.2	24.9	25.5	26.2	26.8	27.5	28.1	28.8	29.4	♌ 0	0.7	1.3	2	2.6	3.3	3.9	4.6	5.2

	1	6	11	16	21	26	31
♃	♓ 2.1R	1.9	1.6	1.3	0.9	0.4	♒ 29.9
♄	♈ 17.3	17.5	17.7	17.9	18	18	18.0R

	1	11	21	31
♅	♉ 16.7	17	17.3	17.6
♆	♍ 18.6	18.8	19	19.3
♇	♋ 29.1	29.3	29.6	29.9

VIII

	1	2	3	4	5	6	7	8	9	10	11	12	13	14	15	16	17	18	19	20	21	22	23	24	25	26	27	28	29	30	31
☉	♌ 8.1	9	10	11	11.9	12.9	13.8	14.8	15.8	16.7	17.7	18.6	19.6	20.5	21.5	22.5	23.4	24.4	25.4	26.3	27.3	28.2	29.2	♍ 0.2	1.1	2.1	3.1	4	5	6	6.9
☽	♎ 13.2	26.4	♏ 9	21.4	♐ 3.5	15.4	27.3	♑ 9.1	20.9	♒ 2.9	14.9	27.1	♓ 9.4	21.8	♈ 4.5	17.3	♉ 0.3	13.6	27.2	♊ 11.1	25.4	♋ 9.9	24.7	♌ 9.7	24.6	♍ 9.4	23.8	♎ 7.9	21.5	♏ 4.6	17.4
☿	♍ 5.3	6.2	7.1	7.9	8.6	9.3	9.9	10.5	11	11.4	11.8	12	12.2	12.3	12.3R	12.2	12	11.8	11.4	10.9	10.4	9.8	9.1	8.3	7.4	6.6	5.6	4.7	3.8	2.9	2.1
♀	♍ 20.3	21.4	22.6	23.7	24.8	25.9	27	28.1	29.2	♎ 0.3	1.5	2.6	3.6	4.7	5.8	6.9	8	9.1	10.2	11.3	12.3	13.4	14.5	15.5	16.6	17.6	18.7	19.7	20.8	21.8	22.8
♂	♌ 5.8	6.5	7.1	7.8	8.4	9.1	9.7	10.3	11	11.6	12.3	12.9	13.5	14.2	14.8	15.5	16.1	16.7	17.4	18	18.6	19.3	19.9	20.6	21.2	21.8	22.5	23.1	23.7	24.4	25

	1	6	11	16	21	26	31
♃	♒ 29.8R	29.2	28.6	27.9	27.3	26.6	26
♄	♈ 18.0R	18	17.9	17.8	17.7	17.5	17.2

	1	11	21	31
♅	♉ 17.6	17.7	17.8	17.8R
♆	♍ 19.4	19.7	20	20.4
♇	♋ 29.9	♌ 0.2	0.5	0.7

IX

	1	2	3	4	5	6	7	8	9	10	11	12	13	14	15	16	17	18	19	20	21	22	23	24	25	26	27	28	29	30	31
☉	♍ 7.9	8.9	9.8	10.8	11.8	12.7	13.7	14.7	15.7	16.6	17.6	18.6	19.5	20.5	21.5	22.5	23.4	24.4	25.4	26.4	27.4	28.3	29.3	♎ 0.3	1.3	2.2	3.2	4.2	5.2	6.2	
☽	♏ 29.8	♐ 11.9	23.8	♑ 5.7	17.5	29.4	♒ 11.4	23.6	♓ 6	18.5	♈ 1.2	14.2	27.3	♉ 10.6	24.1	♊ 7.8	21.7	♋ 5.8	20.1	♌ 4.6	19.1	♍ 3.6	18	♎ 2.2	16	29.5	♏ 12.6	25.3	♐ 7.7	19.8	
☿	♍ 1.3R	0.6	0.1	♌ 29.6	29.2	29	29.0D	29.1	29.3	29.7	♍ 0.2	0.9	1.7	2.6	3.7	4.8	6.1	7.5	8.9	10.5	12.1	13.7	15.4	17.1	18.9	20.6	22.4	24.2	26.1	27.9	
♀	♎ 23.9	24.9	25.9	26.9	27.9	28.9	29.9	♏ 0.9	1.9	2.9	3.9	4.8	5.8	6.7	7.7	8.6	9.5	10.5	11.4	12.3	13.2	14	14.9	15.8	16.6	17.5	18.3	19.1	19.9	20.7	
♂	♌ 25.7	26.3	26.9	27.6	28.2	28.8	29.5	♍ 0.1	0.7	1.4	2	2.6	3.3	3.9	4.5	5.2	5.8	6.4	7.1	7.7	8.3	9	9.6	10.2	10.9	11.5	12.1	12.8	13.4	14	

	1	6	11	16	21	26
♃	♒ 25.9R	25.2	24.7	24.1	23.7	23.3
♄	♈ 17.2R	16.9	16.6	16.3	15.9	15.6

	1	11	21
♅	♉ 17.8R	17.7	17.5
♆	♍ 20.4	20.8	21.1
♇	♌ 0.7	0.9	1.1

X

	1	2	3	4	5	6	7	8	9	10	11	12	13	14	15	16	17	18	19	20	21	22	23	24	25	26	27	28	29	30	31
☉	♎ 7.2	8.1	9.1	10.1	11.1	12.1	13.1	14.1	15	16	17	18	19	20	21	22	23	24	24.9	25.9	26.9	27.9	28.9	29.9	♏ 0.9	1.9	2.9	3.9	4.9	5.9	6.9
☽	♑ 1.8	13.7	25.6	♒ 7.5	19.6	♓ 1.8	14.3	27.1	♈ 10.1	23.4	♉ 6.9	20.7	♊ 4.5	18.5	♋ 2.6	16.8	♌ 1	15.2	29.3	♍ 13.4	27.3	♎ 11	24.5	♏ 7.7	20.6	♐ 3.2	15.5	27.7	♑ 9.6	21.5	♒ 3.4
☿	♍ 29.7	♎ 1.5	3.3	5.1	6.9	8.7	10.4	12.2	13.9	15.7	17.4	19.1	20.8	22.5	24.2	25.8	27.5	29.1	♏ 0.8	2.4	4	5.6	7.2	8.8	10.4	11.9	13.5	15	16.6	18.1	19.6
♀	♏ 21.5	22.3	23	23.8	24.5	25.2	25.9	26.5	27.2	27.8	28.4	29	29.6	♐ 0.1	0.6	1.1	1.6	2	2.5	2.8	3.2	3.5	3.8	4.1	4.3	4.5	4.7	4.8	4.9	4.9	4.9R
♂	♍ 14.7	15.3	15.9	16.6	17.2	17.8	18.5	19.1	19.7	20.4	21	21.6	22.3	22.9	23.5	24.2	24.8	25.4	26.1	26.7	27.3	27.9	28.6	29.2	29.8	♎ 0.5	1.1	1.7	2.4	3	3.6

	1	6	11	16	21	26	31
♃	♒ 22.9R	22.7	22.5	22.4	22.4D	22.5	22.6
♄	♈ 15.2R	14.8	14.4	14	13.6	13.3	12.9

	1	11	21	31
♅	♉ 17.2R	16.9	16.6	16.2
♆	♍ 21.5	21.9	22.2	22.5
♇	♌ 1.3	1.4	1.5	1.5

XI

	1	2	3	4	5	6	7	8	9	10	11	12	13	14	15	16	17	18	19	20	21	22	23	24	25	26	27	28	29	30	31
☉	♏ 7.9	8.9	9.9	10.9	11.9	12.9	13.9	14.9	15.9	16.9	17.9	18.9	20	21	22	23	24	25	26	27	28	29	♐ 0	1.1	2.1	3.1	4.1	5.1	6.1	7.1	
☽	♒ 15.3	27.4	♓ 9.7	22.2	♈ 5.1	18.3	♉ 1.9	15.8	30	♊ 14.3	28.8	♋ 13.3	27.7	♌ 12	26.1	♍ 10	23.8	♎ 7.2	20.5	♏ 3.5	16.4	29	♐ 11.4	23.6	♑ 5.7	17.6	29.5	♒ 11.4	23.3	♓ 5.3	
☿	♏ 21.1	22.6	24.1	25.6	27.1	28.6	♐ 0	1.5	2.9	4.4	5.8	7.2	8.6	10	11.4	12.7	14.1	15.4	16.7	18	19.2	20.4	21.6	22.7	23.8	24.8	25.8	26.6	27.4	28.1	
♀	♐ 4.9R	4.8	4.7	4.5	4.4	4.1	3.8	3.5	3.2	2.8	2.4	1.9	1.4	0.9	0.4	♏ 29.8	29.2	28.6	28	27.4	26.8	26.2	25.6	25	24.5	23.9	23.4	22.9	22.4	22	
♂	♎ 4.3	4.9	5.5	6.1	6.8	7.4	8	8.7	9.3	9.9	10.6	11.2	11.8	12.4	13.1	13.7	14.3	15	15.6	16.2	16.8	17.5	18.1	18.7	19.4	20	20.6	21.2	21.9	22.5	

	1	6	11	16	21	26
♃	♒ 22.7	22.9	23.2	23.7	24.1	24.7
♄	♈ 12.8R	12.5	12.2	12	11.7	11.5

	1	11	21
♅	♉ 16.1R	15.7	15.3
♆	♍ 22.5	22.8	23
♇	♌ 1.5	1.5R	1.4

XII

	1	2	3	4	5	6	7	8	9	10	11	12	13	14	15	16	17	18	19	20	21	22	23	24	25	26	27	28	29	30	31
☉	♐ 8.1	9.2	10.2	11.2	12.2	13.2	14.2	15.2	16.3	17.3	18.3	19.3	20.3	21.3	22.4	23.4	24.4	25.4	26.4	27.4	28.5	29.5	♑ 0.5	1.5	2.5	3.6	4.6	5.6	6.6	7.6	8.7
☽	♓ 17.5	30	♈ 12.8	26	♉ 9.7	23.8	♊ 8.3	23.1	♋ 8	23	♌ 7.8	22.4	♍ 6.7	20.7	♎ 4.2	17.5	♏ 0.4	13.1	25.6	♐ 7.9	20.1	♑ 2.2	14.2	26.1	♒ 7.9	19.8	♓ 1.6	13.6	25.8	♈ 8.2	20.9
☿	♐ 28.7	29.2	29.5	29.7	29.8R	29.6	29.3	28.8	28.1	27.2	26.2	25	23.7	22.3	20.9	19.6	18.3	17.1	16.1	15.2	14.5	14	13.6	13.5	13.5D	13.6	13.9	14.4	14.9	15.6	16.3
♀	♏ 21.5R	21.2	20.8	20.5	20.3	20	19.9	19.7	19.6	19.6	19.6D	19.6	19.7	19.8	19.9	20.1	20.3	20.6	20.9	21.2	21.5	21.9	22.3	22.8	23.3	23.8	24.3	24.8	25.4	26	26.7
♂	♎ 23.1	23.8	24.4	25	25.6	26.3	26.9	27.5	28.1	28.8	29.4	♏ 0	0.6	1.3	1.9	2.5	3.1	3.8	4.4	5	5.6	6.3	6.9	7.5	8.1	8.8	9.4	10	10.6	11.2	11.9

	1	6	11	16	21	26	31
♃	♒ 25.3	26	26.7	27.5	28.4	29.3	♓ 0.2
♄	♈ 11.4R	11.3	11.2	11.2D	11.3	11.3	11.5

	1	11	21	31
♅	♉ 14.9R	14.6	14.3	14
♆	♍ 23.2	23.3	23.3	23.3R
♇	♌ 1.3R	1.2	1	0.8

I

	1	2	3	4	5	6	7	8	9	10	11	12	13	14	15	16	17	18	19	20	21	22	23	24	25	26	27	28	29	30	31
☉	♑ 9.7	10.7	11.7	12.7	13.8	14.8	15.8	16.8	17.8	18.9	19.9	20.9	21.9	22.9	23.9	25	26	27	28	29	♒ 0.1	1.1	2.1	3.1	4.1	5.1	6.2	7.2	8.2	9.2	10.2
☽	♉ 4	17.5	♊ 1.6	16.1	♋ 1	16.3	♌ 1.6	16.8	♍ 1.8	16.3	♎ 0.5	14.1	27.3	♏ 10.2	22.7	♐ 5	17.1	29.1	♑ 11.1	22.9	♒ 4.8	16.7	28.6	♓ 10.5	22.6	♈ 4.7	17.1	29.7	♉ 12.7	26.1	♊ 9.9
☿	♐ 17.1	18	19	20	21.1	22.2	23.3	24.5	25.7	27	28.3	29.6	♑ 0.9	2.2	3.6	5	6.4	7.8	9.2	10.6	12.1	13.6	15	16.5	18	19.5	21.1	22.6	24.1	25.7	27.2
♀	♏ 27.3	28	28.6	29.3	♐ 0.1	0.8	1.6	2.3	3.1	3.9	4.7	5.6	6.4	7.3	8.2	9	9.9	10.8	11.7	12.7	13.6	14.5	15.5	16.5	17.4	18.4	19.4	20.4	21.4	22.4	23.4
♂	♏ 12.5	13.1	13.7	14.4	15	15.6	16.2	16.8	17.5	18.1	18.7	19.3	19.9	20.5	21.2	21.8	22.4	23	23.6	24.2	24.9	25.5	26.1	26.7	27.3	27.9	28.5	29.1	29.7	♐ 0.4	1

♃ 1: ♓ 0.4 · 6: 1.4 · 11: 2.4 · 16: 3.5 · 21: 4.6 · 26: 5.7 · 31: 6.8 — ♄ 1: ♈ 11.5 · 6: 11.7 · 11: 11.9 · 16: 12.2 · 21: 12.5 · 26: 12.8 · 31: 13.2 — ♅ 1: ♉ 14.0R · 11: 13.9 · 21: 13.8 · 31: 13.9D — ♆ 1: ♍ 23.3R · 11: 23.3 · 21: 23.1 · 31: 23 — ♇ 1: ♌ 0.8R · 11: 0.6 · 21: 0.4 · 31: 0.2

II

	1	2	3	4	5	6	7	8	9	10	11	12	13	14	15	16	17	18	19	20	21	22	23	24	25	26	27	28	29	30	31
☉	♒ 11.2	12.2	13.3	14.3	15.3	16.3	17.3	18.3	19.3	20.4	21.4	22.4	23.4	24.4	25.4	26.4	27.4	28.4	29.4	♓ 0.5	1.5	2.5	3.5	4.5	5.5	6.5	7.5	8.5			
☽	♊ 24.3	♋ 9.1	24.2	♌ 9.5	24.9	♍ 10	24.9	♎ 9.2	23.1	♏ 6.4	19.3	♐ 1.9	14.1	26.2	♑ 8.1	19.9	♒ 1.8	13.7	25.6	♓ 7.6	19.6	♈ 1.8	14.2	26.7	♉ 9.4	22.4	♊ 5.7	19.4			
☿	♑ 28.8	♒ 0.4	2	3.6	5.2	6.9	8.5	10.2	11.9	13.6	15.3	17	18.7	20.5	22.2	24	25.8	27.6	29.4	♓ 1.2	3.1	4.9	6.8	8.7	10.6	12.4	14.3	16.3			
♀	♐ 24.4	25.4	26.5	27.5	28.6	29.6	♑ 0.7	1.7	2.8	3.8	4.9	6	7.1	8.2	9.2	10.3	11.4	12.5	13.6	14.7	15.8	17	18.1	19.2	20.3	21.4	22.6	23.7			
♂	♐ 1.6	2.2	2.8	3.4	4	4.6	5.2	5.8	6.4	7	7.6	8.2	8.8	9.4	10	10.6	11.2	11.8	12.4	13	13.6	14.2	14.8	15.4	16	16.6	17.2	17.8			

♃ 1: ♓ 7.1 · 6: 8.2 · 11: 9.4 · 16: 10.6 · 21: 11.8 · 26: 13 — ♄ 1: ♈ 13.3 · 6: 13.7 · 11: 14.1 · 16: 14.6 · 21: 15.1 · 26: 15.6 — ♅ 1: ♉ 13.9 · 11: 14 · 21: 14.2 — ♆ 1: ♍ 23.0R · 11: 22.8 · 21: 22.5 — ♇ 1: ♌ 0.1R · 11: ♋ 29.9 · 21: 29.7

III

	1	2	3	4	5	6	7	8	9	10	11	12	13	14	15	16	17	18	19	20	21	22	23	24	25	26	27	28	29	30	31
☉	♓ 9.5	10.5	11.5	12.5	13.5	14.5	15.5	16.5	17.5	18.5	19.5	20.5	21.5	22.5	23.5	24.5	25.5	26.5	27.5	28.5	29.5	♈ 0.5	1.5	2.5	3.5	4.4	5.4	6.4	7.4	8.4	9.4
☽	♋ 3.5	18	♌ 2.8	17.8	♍ 3	18	♎ 2.8	17.2	♏ 1.1	14.6	27.7	♐ 10.3	22.6	♑ 4.7	16.7	28.5	♒ 10.4	22.3	♓ 4.2	16.4	28.6	♈ 11	23.6	♉ 6.4	19.4	♊ 2.6	16.1	29.8	♋ 13.8	28.1	♌ 12.5
☿	♓ 18.2	20.1	21.9	23.8	25.7	27.5	29.3	♈ 1.1	2.8	4.5	6.1	7.6	9	10.4	11.6	12.8	13.8	14.7	15.5	16.2	16.7	17.2	17.4	17.6	17.6R	17.4	17.2	16.8	16.4	15.8	15.2
♀	♑ 24.8	26	27.1	28.2	29.4	♒ 0.5	1.7	2.8	3.9	5.1	6.2	7.4	8.6	9.7	10.9	12	13.2	14.4	15.5	16.7	17.9	19	20.2	21.4	22.5	23.7	24.9	26.1	27.2	28.4	29.6
♂	♐ 18.3	18.9	19.5	20.1	20.7	21.3	21.8	22.4	23	23.6	24.1	24.7	25.3	25.9	26.4	27	27.6	28.1	28.7	29.3	29.8	♑ 0.4	0.9	1.5	2.1	2.6	3.2	3.7	4.2	4.8	5.3

♃ 1: ♓ 13.7 · 6: 14.9 · 11: 16.1 · 16: 17.3 · 21: 18.5 · 26: 19.7 · 31: 20.9 — ♄ 1: ♈ 16 · 6: 16.5 · 11: 17.1 · 16: 17.7 · 21: 18.3 · 26: 18.9 · 31: 19.5 — ♅ 1: ♉ 14.4 · 11: 14.8 · 21: 15.2 · 31: 15.7 — ♆ 1: ♍ 22.3R · 11: 22 · 21: 21.7 · 31: 21.5 — ♇ 1: ♋ 29.6R · 11: 29.4 · 21: 29.3 · 31: 29.3

IV

	1	2	3	4	5	6	7	8	9	10	11	12	13	14	15	16	17	18	19	20	21	22	23	24	25	26	27	28	29	30	31
☉	♈ 10.4	11.4	12.3	13.3	14.3	15.3	16.3	17.3	18.3	19.2	20.2	21.2	22.2	23.2	24.1	25.1	26.1	27.1	28	29	♉ 0	1	2	2.9	3.9	4.9	5.8	6.8	7.8	8.8	
☽	♌ 27.2	♍ 11.8	26.5	♎ 10.9	25.1	♏ 9	22.4	♐ 5.5	18.2	♑ 0.6	12.8	24.8	♒ 6.7	18.5	♓ 0.5	12.5	24.7	♈ 7.2	19.8	♉ 2.7	15.9	29.3	♊ 12.9	26.7	♋ 10.6	24.7	♌ 8.9	23.2	♍ 7.5	21.7	
☿	♈ 14.5R	13.7	12.9	12.1	11.3	10.5	9.7	9	8.3	7.7	7.2	6.7	6.3	6	5.8	5.7	5.6D	5.7	5.8	6	6.3	6.7	7.1	7.6	8.2	8.8	9.6	10.3	11.1	12	
♀	♓ 0.8	1.9	3.1	4.3	5.5	6.7	7.9	9	10.2	11.4	12.6	13.8	15	16.2	17.4	18.5	19.7	20.9	22.1	23.3	24.5	25.7	26.9	28.1	29.3	♈ 0.5	1.7	2.9	4.1	5.3	
♂	♑ 5.9	6.4	7	7.5	8	8.5	9.1	9.6	10.1	10.6	11.2	11.7	12.2	12.7	13.2	13.7	14.2	14.7	15.2	15.7	16.2	16.7	17.1	17.6	18.1	18.6	19	19.5	19.9	20.4	

♃ 1: ♓ 21.1 · 6: 22.3 · 11: 23.5 · 16: 24.6 · 21: 25.7 · 26: 26.8 — ♄ 1: ♈ 19.7 · 6: 20.3 · 11: 20.9 · 16: 21.5 · 21: 22.2 · 26: 22.8 — ♅ 1: ♉ 15.7 · 11: 16.2 · 21: 16.8 — ♆ 1: ♍ 21.5R · 11: 21.2 · 21: 21 — ♇ 1: ♋ 29.2R · 11: 29.2 · 21: 29.2D

V

	1	2	3	4	5	6	7	8	9	10	11	12	13	14	15	16	17	18	19	20	21	22	23	24	25	26	27	28	29	30	31
☉	♉ 9.7	10.7	11.7	12.6	13.6	14.6	15.5	16.5	17.5	18.5	19.4	20.4	21.3	22.3	23.3	24.2	25.2	26.2	27.1	28.1	29.1	♊ 0	1	1.9	2.9	3.9	4.8	5.8	6.7	7.7	8.7
☽	♎ 5.9	19.9	♏ 3.7	17.2	♐ 0.4	13.4	26.1	♑ 8.5	20.6	♒ 2.7	14.6	26.4	♓ 8.4	20.5	♈ 2.7	15.3	28.1	♉ 11.3	24.8	♊ 8.6	22.7	♋ 6.9	21.3	♌ 5.7	20	♍ 4.2	18.3	♎ 2.3	16	29.6	♏ 12.9
☿	♈ 13	13.9	15	16.1	17.2	18.4	19.6	20.8	22.1	23.4	24.8	26.2	27.7	29.1	♉ 0.7	2.2	3.8	5.4	7.1	8.8	10.5	12.3	14.1	15.9	17.8	19.7	21.7	23.6	25.7	27.7	29.8
♀	♈ 6.5	7.7	8.9	10.1	11.3	12.5	13.7	14.9	16.1	17.3	18.5	19.7	20.9	22.1	23.3	24.5	25.7	26.9	28.1	29.3	♉ 0.5	1.7	2.9	4.1	5.3	6.5	7.7	8.9	10.1	11.3	12.6
♂	♑ 20.8	21.3	21.7	22.2	22.6	23	23.4	23.8	24.3	24.7	25.1	25.5	25.8	26.2	26.6	27	27.3	27.7	28	28.4	28.7	29.1	29.4	29.7	30	♒ 0.3	0.6	0.9	1.1	1.4	1.7

♃ 1: ♓ 27.9 · 6: 28.9 · 11: 29.9 · 16: ♈ 0.9 · 21: 1.8 · 26: 2.7 · 31: 3.5 — ♄ 1: ♈ 23.4 · 6: 24 · 11: 24.6 · 16: 25.2 · 21: 25.8 · 26: 26.3 · 31: 26.9 — ♅ 1: ♉ 17.3 · 11: 17.9 · 21: 18.5 · 31: 19.1 — ♆ 1: ♍ 20.8R · 11: 20.7 · 21: 20.6 · 31: 20.5 — ♇ 1: ♋ 29.3 · 11: 29.4 · 21: 29.5 · 31: 29.7

VI

	1	2	3	4	5	6	7	8	9	10	11	12	13	14	15	16	17	18	19	20	21	22	23	24	25	26	27	28	29	30	31
☉	♊ 9.6	10.6	11.5	12.5	13.4	14.4	15.4	16.3	17.3	18.2	19.2	20.1	21.1	22.1	23	24	24.9	25.9	26.8	27.8	28.7	29.7	♋ 0.6	1.6	2.6	3.5	4.5	5.4	6.4	7.3	
☽	♏ 26.1	♐ 9	21.7	♑ 4.2	16.5	28.7	♒ 10.6	22.5	♓ 4.4	16.3	28.4	♈ 10.7	23.2	♉ 6.1	19.4	♊ 3.2	17.3	♋ 1.8	16.5	♌ 1.3	16	♍ 0.6	15	29.1	♎ 12.9	26.4	♏ 9.7	22.7	♐ 5.5	18.1	
☿	♊ 1.9	4	6.1	8.3	10.5	12.7	14.9	17.1	19.3	21.5	23.7	25.8	28	♋ 0.1	2.2	4.3	6.3	8.3	10.3	12.2	14.1	16	17.8	19.6	21.4	23.1	24.8	26.4	28	29.6	
♀	♉ 13.8	15	16.2	17.4	18.6	19.8	21	22.2	23.4	24.6	25.9	27.1	28.3	29.5	♊ 0.7	1.9	3.1	4.3	5.6	6.8	8	9.2	10.4	11.6	12.8	14.1	15.3	16.5	17.7	18.9	
♂	♒ 1.9	2.2	2.4	2.6	2.8	3	3.2	3.4	3.6	3.7	3.9	4	4.1	4.2	4.3	4.4	4.5	4.6	4.6	4.7	4.7	4.7	4.7R	4.7	4.7	4.7	4.6	4.5	4.5	4.4	

♃ 1: ♈ 3.7 · 6: 4.4 · 11: 5.2 · 16: 5.8 · 21: 6.4 · 26: 7 — ♄ 1: ♈ 27 · 6: 27.5 · 11: 28 · 16: 28.4 · 21: 28.9 · 26: 29.3 — ♅ 1: ♉ 19.1 · 11: 19.7 · 21: 20.2 — ♆ 1: ♍ 20.5R · 11: 20.6D · 21: 20.6 — ♇ 1: ♋ 29.7 · 11: 29.9 · 21: ♌ 0.2

VII

	1	2	3	4	5	6	7	8	9	10	11	12	13	14	15	16	17	18	19	20	21	22	23	24	25	26	27	28	29	30	31
☉	♋ 8.3	9.2	10.2	11.1	12.1	13	14	14.9	15.9	16.9	17.8	18.8	19.7	20.7	21.6	22.6	23.5	24.5	25.4	26.4	27.3	28.3	29.3	♌ 0.2	1.2	2.1	3.1	4	5	5.9	6.9
☽	♑ 0.6	12.9	25	♒ 7.1	19	♓ 0.8	12.7	24.6	♈ 6.6	18.8	♉ 1.3	14.2	27.5	♊ 11.3	25.6	♋ 10.3	25.3	♌ 10.4	25.5	♍ 10.5	25.1	♎ 9.4	23.2	♏ 6.6	19.7	♐ 2.6	15.1	27.5	♑ 9.7	21.9	♒ 3.9
☿	♌ 1.1	2.6	4	5.4	6.8	8.1	9.4	10.7	11.9	13	14.1	15.2	16.2	17.2	18.1	19	19.8	20.5	21.2	21.8	22.4	22.9	23.3	23.6	23.9	24.1	24.2	24.2R	24.2	24	23.8
♀	♊ 20.1	21.4	22.6	23.8	25	26.2	27.4	28.7	29.9	♋ 1.1	2.3	3.5	4.8	6	7.2	8.4	9.7	10.9	12.1	13.3	14.6	15.8	17	18.2	19.5	20.7	21.9	23.1	24.4	25.6	26.8
♂	♒ 4.3R	4.2	4.1	3.9	3.8	3.6	3.5	3.3	3.1	2.9	2.7	2.5	2.3	2	1.8	1.5	1.3	1	0.8	0.5	0.2	♑ 30	29.7	29.4	29.1	28.9	28.6	28.3	28	27.8	27.5

♃ 1: ♈ 7.5 · 6: 7.9 · 11: 8.2 · 16: 8.5 · 21: 8.7 · 26: 8.8 · 31: 8.8R — ♄ 1: ♈ 29.6 · 6: 30 · 11: ♉ 0.3 · 16: 0.5 · 21: 0.8 · 26: 1 · 31: 1.1 — ♅ 1: ♉ 20.6 · 11: 21 · 21: 21.4 · 31: 21.6 — ♆ 1: ♍ 20.8 · 11: 20.9 · 21: 21.2 · 31: 21.4 — ♇ 1: ♌ 0.4 · 11: 0.7 · 21: 1 · 31: 1.2

VIII

	1	2	3	4	5	6	7	8	9	10	11	12	13	14	15	16	17	18	19	20	21	22	23	24	25	26	27	28	29	30	31
☉	♌ 7.9	8.8	9.8	10.7	11.7	12.6	13.6	14.6	15.5	16.5	17.4	18.4	19.4	20.3	21.3	22.2	23.2	24.2	25.1	26.1	27	28	29	29.9	♍ 0.9	1.9	2.8	3.8	4.8	5.7	6.7
☽	♒ 15.8	27.7	♓ 9.5	21.4	♈ 3.3	15.3	27.5	♉ 10	22.8	♊ 6.1	19.8	♋ 4	18.7	♌ 3.7	18.9	♍ 4.2	19.4	♎ 4.3	18.7	♏ 2.7	16.2	29.3	♐ 12.1	24.6	♑ 6.8	18.9	♒ 0.9	12.8	24.7	♓ 6.6	18.4
☿	♌ 23.5R	23.1	22.6	22	21.4	20.7	20	19.3	18.5	17.7	16.9	16.1	15.3	14.6	14	13.4	13	12.6	12.3	12.2	12.1D	12.2	12.5	12.8	13.3	13.9	14.7	15.5	16.5	17.6	18.8
♀	♋ 28.1	29.3	♌ 0.5	1.7	3	4.2	5.4	6.7	7.9	9.1	10.4	11.6	12.8	14.1	15.3	16.5	17.8	19	20.2	21.5	22.7	24	25.2	26.4	27.7	28.9	♍ 0.1	1.4	2.6	3.9	5.1
♂	♑ 27.2R	27	26.7	26.5	26.3	26	25.8	25.6	25.4	25.2	25.1	24.9	24.8	24.6	24.5	24.4	24.3	24.2	24.1	24	24	24	23.9	23.9	23.9D	24	24	24	24.1	24.2	24.3

♃ 1: ♈ 8.8R · 6: 8.7 · 11: 8.5 · 16: 8.3 · 21: 8 · 26: 7.6 · 31: 7.1 — ♄ 1: ♉ 1.1 · 6: 1.2 · 11: 1.3 · 16: 1.3R · 21: 1.2 · 26: 1.1 · 31: 1 — ♅ 1: ♉ 21.6 · 11: 21.8 · 21: 21.9 · 31: 22.0R — ♆ 1: ♍ 21.5 · 11: 21.8 · 21: 22.1 · 31: 22.5 — ♇ 1: ♌ 1.3 · 11: 1.5 · 21: 1.8 · 31: 2.1

IX

	1	2	3	4	5	6	7	8	9	10	11	12	13	14	15	16	17	18	19	20	21	22	23	24	25	26	27	28	29	30	31
☉	♍ 7.7	8.6	9.6	10.6	11.5	12.5	13.5	14.5	15.4	16.4	17.4	18.3	19.3	20.3	21.3	22.2	23.2	24.2	25.2	26.1	27.1	28.1	29.1	♎ 0.1	1	2	3	4	5	5.9	
☽	♈ 0.4	12.4	24.5	♉ 6.8	19.3	♊ 2.1	15.3	28.9	♋ 13	27.4	♌ 12.3	27.4	♍ 12.6	27.7	♎ 12.6	27.2	♏ 11.3	25	♐ 8.2	21	♑ 3.5	15.8	27.8	♒ 9.7	21.6	♓ 3.5	15.3	27.3	♈ 9.4	21.5	
☿	♌ 20.1	21.5	23	24.6	26.2	27.9	29.6	♍ 1.4	3.2	5.1	7	8.8	10.7	12.6	14.5	16.4	18.3	20.2	22.1	23.9	25.8	27.6	29.4	♎ 1.2	3	4.8	6.6	8.3	10	11.7	
♀	♍ 6.3	7.6	8.8	10.1	11.3	12.5	13.8	15	16.3	17.5	18.8	20	21.2	22.5	23.7	25	26.2	27.5	28.7	30	♎ 1.2	2.4	3.7	4.9	6.2	7.4	8.7	9.9	11.2	12.4	
♂	♑ 24.4	24.5	24.6	24.7	24.9	25.1	25.2	25.4	25.6	25.8	26.1	26.3	26.6	26.8	27.1	27.4	27.7	28	28.3	28.6	28.9	29.3	29.6	30	♒ 0.4	0.7	1.1	1.5	1.9	2.3	

♃ 1: ♈ 7.0R · 6: 6.5 · 11: -5.9 · 16: 5.3 · 21: 4.7 · 26: 4 — ♄ 1: ♉ 1.0R · 6: 0.8 · 11: 0.6 · 16: 0.3 · 21: 0.1 · 26: ♈ 29.8 — ♅ 1: ♉ 22.0R · 11: 21.9 · 21: 21.7 — ♆ 1: ♍ 22.5 · 11: 22.9 · 21: 23.2 — ♇ 1: ♌ 2.1 · 11: 2.3 · 21: 2.5

X

	1	2	3	4	5	6	7	8	9	10	11	12	13	14	15	16	17	18	19	20	21	22	23	24	25	26	27	28	29	30	31
☉	♎ 6.9	7.9	8.9	9.9	10.9	11.8	12.8	13.8	14.8	15.8	16.8	17.8	18.8	19.7	20.7	21.7	22.7	23.7	24.7	25.7	26.7	27.7	28.7	29.7	♏ 0.7	1.7	2.7	3.7	4.7	5.7	6.7
☽	♉ 3.9	16.4	29.1	♊ 12.1	25.4	♋ 8.9	22.8	♌ 7.1	21.6	♍ 6.3	21.2	♎ 6	20.7	♏ 5.2	19.3	♐ 3	16.4	29.3	♑ 11.8	24.1	♒ 6.2	18.1	30	♓ 11.8	23.8	♈ 5.8	18	♉ 0.4	13.1	25.9	♊ 9
☿	♎ 13.4	15.1	16.8	18.4	20.1	21.7	23.3	24.9	26.5	28.1	29.7	♏ 1.2	2.8	4.3	5.8	7.3	8.8	10.3	11.8	13.2	14.7	16.1	17.5	18.9	20.3	21.7	23.1	24.4	25.8	27.1	28.4
♀	♎ 13.7	14.9	16.2	17.4	18.6	19.9	21.1	22.4	23.6	24.9	26.1	27.4	28.6	29.9	♏ 1.1	2.4	3.6	4.9	6.1	7.4	8.6	9.9	11.1	12.4	13.6	14.8	16.1	17.3	18.6	19.8	21.1
♂	♒ 2.7	3.2	3.6	4	4.5	4.9	5.4	5.9	6.3	6.8	7.3	7.8	8.3	8.8	9.3	9.8	10.3	10.8	11.4	11.9	12.4	13	13.5	14.1	14.6	15.2	15.8	16.3	16.9	17.5	18

♃ 1: ♈ 3.3R · 6: 2.7 · 11: 2 · 16: 1.4 · 21: 0.9 · 26: 0.4 · 31: ♓ 29.9 — ♄ 1: ♈ 29.4R · 6: 29.1 · 11: 28.7 · 16: 28.3 · 21: 27.9 · 26: 27.5 · 31: 27.1 — ♅ 1: ♉ 21.5R · 11: 21.2 · 21: 20.9 · 31: 20.5 — ♆ 1: ♍ 23.6 · 11: 23.9 · 21: 24.3 · 31: 24.6 — ♇ 1: ♌ 2.7 · 11: 2.8 · 21: 2.9 · 31: 2.9

XI

	1	2	3	4	5	6	7	8	9	10	11	12	13	14	15	16	17	18	19	20	21	22	23	24	25	26	27	28	29	30	31
☉	♏ 7.7	8.7	9.7	10.7	11.7	12.7	13.7	14.7	15.7	16.7	17.7	18.7	19.7	20.7	21.7	22.7	23.7	24.7	25.8	26.8	27.8	28.8	29.8	♐ 0.8	1.8	2.8	3.8	4.9	5.9	6.9	
☽	♊ 22.3	♋ 5.8	19.6	♌ 3.5	17.6	♍ 1.8	16.2	♎ 0.6	15	29.3	♏ 13.4	27.3	♐ 10.9	24.2	♑ 7.1	19.7	♒ 2	14.1	26	♓ 7.9	19.8	♈ 1.7	13.8	26.2	♉ 8.8	21.7	♊ 4.9	18.4	♋ 2.2	16.2	
☿	♏ 29.6	♐ 0.9	2.1	3.3	4.5	5.6	6.7	7.7	8.7	9.6	10.5	11.3	12	12.6	13.1	13.5	13.8	13.9	13.9R	13.8	13.4	12.9	12.2	11.4	10.3	9.2	7.9	6.6	5.2	3.8	
♀	♏ 22.3	23.6	24.8	26.1	27.3	28.6	29.8	♐ 1.1	2.3	3.6	4.8	6.1	7.3	8.6	9.8	11.1	12.3	13.6	14.8	16	17.3	18.5	19.8	21	22.3	23.5	24.8	26	27.3	28.5	
♂	♒ 18.6	19.2	19.8	20.4	21	21.6	22.2	22.8	23.4	24	24.6	25.2	25.8	26.5	27.1	27.7	28.3	29	29.6	♓ 0.2	0.8	1.5	2.1	2.8	3.4	4	4.7	5.3	6	6.6	

♃ 1: ♓ 29.8R · 6: 29.5 · 11: 29.2 · 16: 29 · 21: 28.9 · 26: 28.9D — ♄ 1: ♈ 27.0R · 6: 26.6 · 11: 26.3 · 16: 25.9 · 21: 25.6 · 26: 25.3 — ♅ 1: ♉ 20.4R · 11: 20 · 21: 19.6 — ♆ 1: ♍ 24.6 · 11: 24.9 · 21: 25.1 — ♇ 1: ♌ 2.9 · 11: 2.9R · 21: 2.9

XII

	1	2	3	4	5	6	7	8	9	10	11	12	13	14	15	16	17	18	19	20	21	22	23	24	25	26	27	28	29	30	31
☉	♐ 7.9	8.9	9.9	10.9	12	13	14	15	16	17	18	19.1	20.1	21.1	22.1	23.1	24.1	25.2	26.2	27.2	28.2	29.2	♑ 0.3	1.3	2.3	3.3	4.3	5.4	6.4	7.4	8.4
☽	♌ 0.3	14.4	28.6	♍ 12.7	26.8	♎ 10.9	24.8	♏ 8.7	22.3	♐ 5.9	19.2	♑ 2.2	15	27.6	♒ 9.9	21.9	♓ 3.8	15.7	27.5	♈ 9.4	21.5	♉ 3.9	16.6	29.7	♊ 13.1	27	♋ 11.2	25.7	♌ 10.3	24.9	♍ 9.3
☿	♐ 2.5R	1.3	0.3	♏ 29.4	28.7	28.2	27.9	27.7	27.8D	28	28.3	28.8	29.4	♐ 0.2	1	1.9	2.8	3.9	5	6.1	7.3	8.6	9.8	11.1	12.4	13.8	15.1	16.5	17.9	19.3	20.7
♀	♐ 29.8	♑ 1	2.3	3.5	4.7	6	7.2	8.5	9.7	11	12.2	13.5	14.7	16	17.2	18.4	19.7	20.9	22.2	23.4	24.7	25.9	27.1	28.4	29.6	♒ 0.9	2.1	3.4	4.6	5.8	7.1
♂	♓ 7.3	7.9	8.6	9.2	9.9	10.6	11.2	11.9	12.5	13.2	13.9	14.5	15.2	15.9	16.5	17.2	17.9	18.5	19.2	19.9	20.5	21.2	21.9	22.6	23.2	23.9	24.6	25.3	25.9	26.6	27.3

♃ 1: ♓ 28.9 · 6: 29.1 · 11: 29.3 · 16: 29.6 · 21: ♈ 0 · 26: 0.5 · 31: 1 — ♄ 1: ♈ 25.1R · 6: 24.8 · 11: 24.7 · 16: 24.5 · 21: 24.5 · 26: 24.4 · 31: 24.4D — ♅ 1: ♉ 19.2R · 11: 18.9 · 21: 18.5 · 31: 18.3 — ♆ 1: ♍ 25.3 · 11: 25.4 · 21: 25.5 · 31: 25.5R — ♇ 1: ♌ 2.8R · 11: 2.6 · 21: 2.5 · 31: 2.3

I

	1	2	3	4	5	6	7	8	9	10	11	12	13	14	15	16	17	18	19	20	21	22	23	24	25	26	27	28	29	30	31
☉	♑ 9.4	10.4	11.5	12.5	13.5	14.5	15.5	16.6	17.6	18.6	19.6	20.6	21.7	22.7	23.7	24.7	25.7	26.8	27.8	28.8	29.8	♒ 0.8	1.8	2.9	3.9	4.9	5.9	6.9	7.9	9	10
☽	♍ 23.7	♎ 7.8	21.7	♏ 5.3	18.8	♐ 2.1	15.2	28.1	♑ 10.9	23.4	♒ 5.8	18	30	♓ 11.8	23.6	♈ 5.4	17.3	29.4	♉ 11.7	24.3	♊ 7.4	20.9	♋ 5	19.4	♌ 4.2	19.2	♍ 4.2	19.1	♎ 3.8	18.1	♏ 2.1
☿	♐ 22.2	23.6	25.1	26.6	28	29.5	♑ 1	2.5	4	5.5	7.1	8.6	10.1	11.7	13.3	14.8	16.4	18	19.6	21.2	22.8	24.4	26	27.7	29.3	♒ 1	2.6	4.3	6	7.7	9.4
♀	♒ 8.3	9.5	10.8	12	13.3	14.5	15.7	17	18.2	19.4	20.7	21.9	23.1	24.4	25.6	26.8	28.1	29.3	♓ 0.5	1.7	3	4.2	5.4	6.7	7.9	9.1	10.3	11.5	12.8	14	15.2
♂	♓ 28	28.6	29.3	30	♈ 0.7	1.4	2	2.7	3.4	4.1	4.8	5.4	6.1	6.8	7.5	8.2	8.8	9.5	10.2	10.9	11.6	12.2	12.9	13.6	14.3	15	15.7	16.3	17	17.7	18.4

♃ 1: ♈ 1.1 · 6: 1.8 · 11: 2.5 · 16: 3.2 · 21: 4 · 26: 4.9 · 31: 5.8 — ♄ 1: ♈ 24.4 · 6: 24.5 · 11: 24.6 · 16: 24.7 · 21: 24.9 · 26: 25.2 · 31: 25.5 — ♅ 1: ♉ 18.3R · 11: 18.1 · 21: 18 · 31: 18.0D — ♆ 1: ♍ 25.5R · 11: 25.5 · 21: 25.4 · 31: 25.2 — ♇ 1: ♌ 2.3R · 11: 2 · 21: 1.8 · 31: 1.6

II

	1	2	3	4	5	6	7	8	9	10	11	12	13	14	15	16	17	18	19	20	21	22	23	24	25	26	27	28	29	30	31
☉	♒ 11	12	13	14	15	16.1	17.1	18.1	19.1	20.1	21.1	22.1	23.1	24.2	25.2	26.2	27.2	28.2	29.2	♓ 0.2	1.2	2.2	3.2	4.2	5.2	6.3	7.3	8.3	9.3		
☽	♏ 15.8	29.1	♐ 12.2	25	♑ 7.6	20.1	♒ 2.4	14.5	26.5	♓ 8.4	20.3	♈ 2	13.8	25.7	♉ 7.7	20	♊ 2.6	15.5	29	♋ 12.9	27.4	♌ 12.2	27.3	♍ 12.6	27.8	♎ 12.8	27.5	♏ 11.7	25.5		
☿	♒ 11.1	12.9	14.6	16.4	18.2	19.9	21.7	23.5	25.3	27.1	29	♓ 0.8	2.6	4.4	6.2	8	9.8	11.6	13.3	15	16.7	18.3	19.8	21.3	22.7	24	25.2	26.3	27.3		
♀	♓ 16.4	17.6	18.8	20.1	21.3	22.5	23.7	24.9	26.1	27.3	28.5	29.7	♈ 0.9	2.1	3.3	4.5	5.7	6.9	8.1	9.3	10.5	11.7	12.8	14	15.2	16.4	17.6	18.7	19.9		
♂	♈ 19.1	19.7	20.4	21.1	21.8	22.5	23.2	23.8	24.5	25.2	25.9	26.6	27.2	27.9	28.6	29.3	29.9	♉ 0.6	1.3	2	2.7	3.3	4	4.7	5.4	6	6.7	7.4	8.1		

♃ 1: ♈ 6 · 6: 6.9 · 11: 7.9 · 16: 8.9 · 21: 10 · 26: 11.1 — ♄ 1: ♈ 25.5 · 6: 25.8 · 11: 26.2 · 16: 26.6 · 21: 27 · 26: 27.5 — ♅ 1: ♉ 18 · 11: 18.1 · 21: 18.3 — ♆ 1: ♍ 25.2R · 11: 25 · 21: 24.8 — ♇ 1: ♌ 1.6R · 11: 1.4 · 21: 1.2

III

	1	2	3	4	5	6	7	8	9	10	11	12	13	14	15	16	17	18	19	20	21	22	23	24	25	26	27	28	29	30	31
☉	♓ 10.3	11.3	12.3	13.3	14.3	15.3	16.3	17.3	18.3	19.3	20.3	21.3	22.3	23.3	24.3	25.3	26.3	27.3	28.2	29.2	♈ 0.2	1.2	2.2	3.2	4.2	5.2	6.2	7.2	8.2	9.1	10.1
☽	♐ 8.9	22	♑ 4.7	17.2	29.4	♒ 11.5	23.5	♓ 5.4	17.2	29	♈ 10.8	22.7	♉ 4.6	16.7	29	♊ 11.6	24.5	♋ 7.8	21.6	♌ 5.8	20.5	♍ 5.4	20.6	♎ 5.8	21	♏ 5.8	20.3	♐ 4.3	17.9	♑ 1.1	13.9
☿	♓ 28.2	28.9	29.5	29.9	♈ 0.1	0.2	0.2R	0	♓ 29.7	29.2	28.6	27.9	27.1	26.3	25.4	24.4	23.5	22.6	21.7	20.8	20	19.3	18.7	18.1	17.7	17.3	17.1	16.9	16.8	16.9D	17
♀	♈ 21.1	22.3	23.4	24.6	25.7	26.9	28.1	29.2	♉ 0.4	1.5	2.7	3.8	5	6.1	7.2	8.4	9.5	10.6	11.7	12.9	14	15.1	16.2	17.3	18.4	19.5	20.6	21.7	22.8	23.9	24.9
♂	♉ 8.7	9.4	10.1	10.8	11.4	12.1	12.8	13.5	14.1	14.8	15.5	16.1	16.8	17.5	18.2	18.8	19.5	20.2	20.8	21.5	22.2	22.8	23.5	24.2	24.8	25.5	26.2	26.8	27.5	28.2	28.8

♃ 1: ♈ 12 · 6: 13.1 · 11: 14.2 · 16: 15.4 · 21: 16.6 · 26: 17.8 · 31: 19 — ♄ 1: ♈ 27.9 · 6: 28.4 · 11: 28.9 · 16: 29.5 · 21: ♉ 0.1 · 26: 0.7 · 31: 1.3 — ♅ 1: ♉ 18.5 · 11: 18.8 · 21: 19.2 · 31: 19.7 — ♆ 1: ♍ 24.5R · 11: 24.2 · 21: 24 · 31: 23.7 — ♇ 1: ♌ 1.0R · 11: 0.8 · 21: 0.7 · 31: 0.6

IV

	1	2	3	4	5	6	7	8	9	10	11	12	13	14	15	16	17	18	19	20	21	22	23	24	25	26	27	28	29	30	31
☉	♈ 11.1	12.1	13.1	14.1	15.1	16	17	18	19	20	21	21.9	22.9	23.9	24.9	25.9	26.8	27.8	28.8	29.8	♉ 0.7	1.7	2.7	3.7	4.6	5.6	6.6	7.6	8.5	9.5	
☽	♑ 26.3	♒ 8.5	20.5	♓ 2.4	14.2	26	♈ 7.8	19.7	♉ 1.7	13.8	26.1	♊ 8.6	21.3	♋ 4.3	17.6	♌ 1.3	15.3	29.6	♍ 14.3	29.1	♎ 14.1	29	♏ 13.8	28.3	♐ 12.5	26.2	♑ 9.5	22.3	♒ 4.8	17	
☿	♓ 17.2	17.5	17.9	18.4	18.9	19.5	20.2	20.9	21.7	22.5	23.4	24.3	25.3	26.4	27.5	28.6	29.8	♈ 1	2.2	3.5	4.8	6.2	7.5	9	10.4	11.9	13.4	14.9	16.5	18.1	
♀	♉ 26	27.1	28.1	29.2	♊ 0.3	1.3	2.4	3.4	4.4	5.5	6.5	7.5	8.5	9.5	10.5	11.5	12.5	13.4	14.4	15.4	16.3	17.3	18.2	19.1	20	20.9	21.8	22.7	23.6	24.5	
♂	♉ 29.5	♊ 0.1	0.8	1.5	2.1	2.8	3.5	4.1	4.8	5.4	6.1	6.8	7.4	8.1	8.7	9.4	10.1	10.7	11.4	12	12.7	13.3	14	14.6	15.3	16	16.6	17.3	17.9	18.6	

♃ 1: ♈ 19.2 · 6: 20.4 · 11: 21.6 · 16: 22.8 · 21: 24 · 26: 25.2 — ♄ 1: ♉ 1.4 · 6: 2 · 11: 2.6 · 16: 3.3 · 21: 3.9 · 26: 4.5 — ♅ 1: ♉ 19.7 · 11: 20.2 · 21: 20.7 — ♆ 1: ♍ 23.7R · 11: 23.4 · 21: 23.2 — ♇ 1: ♌ 0.6R · 11: 0.6 · 21: 0.6D

V

	1	2	3	4	5	6	7	8	9	10	11	12	13	14	15	16	17	18	19	20	21	22	23	24	25	26	27	28	29	30	31
☉	♉ 10.5	11.4	12.4	13.4	14.3	15.3	16.3	17.2	18.2	19.2	20.1	21.1	22.1	23	24	25	25.9	26.9	27.9	28.8	29.8	♊ 0.7	1.7	2.7	3.6	4.6	5.5	6.5	7.5	8.4	9.4
☽	♒ 29	♓ 10.9	22.7	♈ 4.5	16.4	28.4	♉ 10.6	22.9	♊ 5.5	18.3	♋ 1.3	14.6	28.1	♌ 11.8	25.7	♍ 9.9	24.2	♎ 8.6	23.2	♏ 7.8	22.2	♐ 6.5	20.5	♑ 4.2	17.5	♒ 0.4	12.9	25.1	♓ 7.2	19	♈ 0.8
☿	♈ 19.8	21.4	23.1	24.8	26.6	28.4	♉ 0.2	2.1	4	5.9	7.8	9.8	11.8	13.8	15.9	18	20.1	22.2	24.4	26.6	28.7	♊ 0.9	3.1	5.3	7.5	9.7	11.9	14	16.1	18.2	20.3
♀	♊ 25.3	26.2	27	27.8	28.6	29.4	♋ 0.2	0.9	1.7	2.4	3.1	3.8	4.5	5.1	5.8	6.4	7	7.6	8.1	8.7	9.2	9.7	10.1	10.6	11	11.3	11.7	12	12.3	12.5	12.7
♂	♊ 19.2	19.9	20.5	21.2	21.8	22.5	23.1	23.8	24.4	25.1	25.7	26.4	27	27.7	28.3	29	29.6	♋ 0.3	0.9	1.5	2.2	2.8	3.5	4.1	4.8	5.4	6.1	6.7	7.3	8	8.6

♃ 1: ♈ 26.1 · 6: 27.6 · 11: 28.8 · 16: 29.9 · 21: ♉ 1.1 · 26: 2.2 · 31: 3.3 — ♄ 1: ♉ 5.2 · 6: 5.8 · 11: 6.4 · 16: 7.1 · 21: 7.7 · 26: 8.3 · 31: 8.9 — ♅ 1: ♉ 21.3 · 11: 21.9 · 21: 22.5 · 31: 23 — ♆ 1: ♍ 23.0R · 11: 22.9 · 21: 22.8 · 31: 22.7 — ♇ 1: ♌ 0.7 · 11: 0.8 · 21: 0.9 · 31: 1.1

VI

	1	2	3	4	5	6	7	8	9	10	11	12	13	14	15	16	17	18	19	20	21	22	23	24	25	26	27	28	29	30	31
☉	♊ 10.3	11.3	12.3	13.2	14.2	15.1	16.1	17	18	19	19.9	20.9	21.8	22.8	23.7	24.7	25.6	26.6	27.6	28.5	29.5	♋ 0.4	1.4	2.3	3.3	4.2	5.2	6.1	7.1	8	
☽	♈ 12.7	24.6	♉ 6.7	19.1	♊ 1.7	14.6	27.8	♋ 11.2	24.8	♌ 8.6	22.6	♍ 6.6	20.7	♎ 4.9	19.1	♏ 3.2	17.4	♐ 1.4	15.3	29	♑ 12.4	25.6	♒ 8.4	20.9	♓ 3.1	15.1	26.9	♈ 8.7	20.6	♉ 2.6	
☿	♊ 22.3	24.3	26.3	28.2	♋ 0.1	2	3.8	5.5	7.3	8.9	10.6	12.2	13.7	15.2	16.7	18.1	19.4	20.8	22	23.2	24.4	25.5	26.6	27.6	28.6	29.5	♌ 0.3	1.1	1.8	2.5	
♀	♋ 12.9	13.1	13.2	13.3	13.3	13.3R	13.2	13.2	13	12.9	12.7	12.4	12.1	11.8	11.5	11.1	10.6	10.2	9.7	9.2	8.6	8	7.4	6.8	6.2	5.6	5	4.4	3.7	3.1	
♂	♋ 9.3	9.9	10.6	11.2	11.8	12.5	13.1	13.8	14.4	15	15.7	16.3	17	17.6	18.2	18.9	19.5	20.2	20.8	21.4	22.1	22.7	23.4	24	24.6	25.3	25.9	26.5	27.2	27.8	

♃ 1: ♉ 3.5 · 6: 4.6 · 11: 5.6 · 16: 6.6 · 21: 7.6 · 26: 8.5 — ♄ 1: ♉ 9 · 6: 9.6 · 11: 10.1 · 16: 10.6 · 21: 11.1 · 26: 11.6 — ♅ 1: ♉ 23.1 · 11: 23.6 · 21: 24.2 — ♆ 1: ♍ 22.7R · 11: 22.7D · 21: 22.8 — ♇ 1: ♌ 1.1 · 11: 1.3 · 21: 1.5

VII

	1	2	3	4	5	6	7	8	9	10	11	12	13	14	15	16	17	18	19	20	21	22	23	24	25	26	27	28	29	30	31
☉	♋ 9	10	10.9	11.9	12.8	13.8	14.7	15.7	16.6	17.6	18.5	19.5	20.4	21.4	22.3	23.3	24.3	25.2	26.2	27.1	28.1	29	30	♌ 0.9	1.9	2.8	3.8	4.8	5.7	6.7	7.6
☽	♉ 14.8	27.2	♊ 10	23.2	♋ 6.7	20.5	♌ 4.6	18.8	♍ 3.1	17.4	♎ 1.7	15.9	29.9	♏ 13.9	27.7	♐ 11.3	24.8	♑ 8.1	21.2	♒ 4.1	16.6	29	♓ 11.1	23.1	♈ 4.9	16.7	28.5	♉ 10.5	22.7	♊ 5.2	18.1
☿	♌ 3.1	3.6	4.1	4.5	4.8	5	5.2	5.3	5.3R	5.2	5.1	4.8	4.5	4.2	3.7	3.2	2.7	2.1	1.4	0.7	0	♋ 29.3	28.7	28	27.4	26.8	26.2	25.7	25.3	25	24.8
♀	♋ 2.5R	1.9	1.4	0.8	0.3	♊ 29.8	29.4	28.9	28.6	28.2	27.9	27.6	27.4	27.2	27	26.9	26.8	26.8	26.8D	26.8	26.9	27	27.2	27.3	27.6	27.8	28.1	28.4	28.7	29.1	29.5
♂	♋ 28.5	29.1	29.7	♌ 0.4	1	1.6	2.3	2.9	3.5	4.2	4.8	5.5	6.1	6.7	7.4	8	8.6	9.3	9.9	10.5	11.2	11.8	12.4	13.1	13.7	14.3	15	15.6	16.3	16.9	17.5

♃ 1: ♉ 9.4 · 6: 10.2 · 11: 11 · 16: 11.8 · 21: 12.5 · 26: 13.1 · 31: 13.7 — ♄ 1: ♉ 12.1 · 6: 12.5 · 11: 12.9 · 16: 13.3 · 21: 13.6 · 26: 13.9 · 31: 14.1 — ♅ 1: ♉ 24.6 · 11: 25.1 · 21: 25.4 · 31: 25.7 — ♆ 1: ♍ 22.9 · 11: 23.1 · 21: 23.3 · 31: 23.6 — ♇ 1: ♌ 1.8 · 11: 2.1 · 21: 2.4 · 31: 2.6

VIII

	1	2	3	4	5	6	7	8	9	10	11	12	13	14	15	16	17	18	19	20	21	22	23	24	25	26	27	28	29	30	31
☉	♌ 8.6	9.5	10.5	11.5	12.4	13.4	14.3	15.3	16.2	17.2	18.2	19.1	20.1	21	22	23	23.9	24.9	25.9	26.8	27.8	28.7	29.7	♍ 0.7	1.6	2.6	3.6	4.5	5.5	6.5	7.4
☽	♋ 1.4	15.1	29.2	♌ 13.6	28.3	♍ 13	27.7	♎ 12.2	26.6	♏ 10.7	24.6	♐ 8.2	21.6	♑ 4.8	17.7	♒ 0.5	13	25.3	♓ 7.5	19.5	♈ 1.4	13.2	24.9	♉ 6.8	18.7	♊ 0.9	13.4	26.2	♋ 9.5	23.2	♌ 7.4
☿	♋ 24.7R	24.6D	24.7	24.9	25.2	25.6	26.1	26.7	27.5	28.3	29.3	♌ 0.3	1.5	2.7	4.1	5.5	7	8.6	10.2	12	13.7	15.6	17.4	19.3	21.2	23.2	25.1	27.1	29.1	♍ 1.1	3
♀	♊ 30	♋ 0.4	0.9	1.4	1.9	2.5	3	3.6	4.3	4.9	5.5	6.2	6.9	7.6	8.3	9.1	9.8	10.6	11.4	12.2	13	13.8	14.6	15.5	16.3	17.2	18.1	19	19.9	20.8	21.7
♂	♌ 18.2	18.8	19.4	20.1	20.7	21.3	22	22.6	23.2	23.9	24.5	25.1	25.8	26.4	27	27.7	28.3	29	29.6	♍ 0.2	0.9	1.5	2.1	2.8	3.4	4	4.7	5.3	5.9	6.6	7.2

♃ 1: ♉ 13.8 · 6: 14.3 · 11: 14.7 · 16: 15.1 · 21: 15.3 · 26: 15.5 · 31: 15.6 — ♄ 1: ♉ 14.2 · 6: 14.4 · 11: 14.5 · 16: 14.7 · 21: 14.7 · 26: 14.8 · 31: 14.8R — ♅ 1: ♉ 25.7 · 11: 26 · 21: 26.1 · 31: 26.1 — ♆ 1: ♍ 23.6 · 11: 23.9 · 21: 24.2 · 31: 24.6 — ♇ 1: ♌ 2.7 · 11: 2.9 · 21: 3.2 · 31: 3.5

IX

	1	2	3	4	5	6	7	8	9	10	11	12	13	14	15	16	17	18	19	20	21	22	23	24	25	26	27	28	29	30	31
☉	♍ 8.4	9.4	10.3	11.3	12.3	13.2	14.2	15.2	16.2	17.1	18.1	19.1	20	21	22	23	23.9	24.9	25.9	26.9	27.9	28.8	29.8	♎ 0.8	1.8	2.8	3.7	4.7	5.7	6.7	
☽	♌ 22	♍ 6.9	21.9	♎ 6.9	21.9	♏ 6.5	20.9	♐ 4.9	18.5	♑ 1.8	14.7	27.5	♒ 9.9	22.2	♓ 4.3	16.3	28.2	♈ 10	21.8	♉ 3.6	15.4	27.4	♊ 9.6	22.1	♋ 4.9	18	♌ 1.6	15.7	♍ 0.2	15	
☿	♍ 5	7	8.9	10.8	12.7	14.6	16.5	18.4	20.2	22.1	23.9	25.7	27.4	29.2	♎ 0.9	2.6	4.3	6	7.7	9.3	10.9	12.6	14.2	15.7	17.3	18.9	20.4	21.9	23.4	24.9	
♀	♋ 22.6	23.5	24.5	25.4	26.4	27.4	28.3	29.3	♌ 0.3	1.3	2.3	3.3	4.3	5.3	6.4	7.4	8.4	9.5	10.5	11.6	12.6	13.7	14.8	15.8	16.9	18	19.1	20.2	21.3	22.3	
♂	♍ 7.9	8.5	9.1	9.8	10.4	11	11.7	12.3	13	13.6	14.2	14.9	15.5	16.2	16.8	17.4	18.1	18.7	19.4	20	20.6	21.3	21.9	22.6	23.2	23.8	24.5	25.1	25.8	26.4	

♃ 1: ♉ 15.7 · 6: 15.7R · 11: 15.6 · 16: 15.5 · 21: 15.2 · 26: 14.9 — ♄ 1: ♉ 14.8R · 6: 14.7 · 11: 14.6 · 16: 14.4 · 21: 14.2 · 26: 14 — ♅ 1: ♉ 26.1R · 11: 26.1 · 21: 26 — ♆ 1: ♍ 24.6 · 11: 25 · 21: 25.4 — ♇ 1: ♌ 3.5 · 11: 3.7 · 21: 3.9

X

	1	2	3	4	5	6	7	8	9	10	11	12	13	14	15	16	17	18	19	20	21	22	23	24	25	26	27	28	29	30	31
☉	♎ 7.7	8.6	9.6	10.6	11.6	12.6	13.6	14.6	15.6	16.5	17.5	18.5	19.5	20.5	21.5	22.5	23.5	24.5	25.5	26.5	27.5	28.4	29.4	♏ 0.4	1.4	2.4	3.4	4.4	5.4	6.4	7.4
☽	♎ 0.1	15.3	♏ 0.5	15.4	♐ 0.1	14.3	28	♑ 11.4	24.3	♒ 6.9	19.2	♓ 1.4	13.3	25.2	♈ 7	18.8	♉ 0.6	12.5	24.5	♊ 6.6	18.9	♋ 1.4	14.2	27.3	♌ 10.8	24.6	♍ 8.8	23.4	♎ 8.3	23.4	♏ 8.6
☿	♎ 26.4	27.8	29.3	♏ 0.7	2.1	3.5	4.9	6.3	7.6	8.9	10.2	11.5	12.8	14	15.2	16.4	17.5	18.7	19.7	20.8	21.8	22.7	23.6	24.5	25.2	25.9	26.6	27.1	27.5	27.8	28
♀	♌ 23.5	24.6	25.7	26.8	27.9	29	♍ 0.1	1.3	2.4	3.5	4.7	5.8	6.9	8.1	9.2	10.4	11.5	12.7	13.9	15	16.2	17.4	18.5	19.7	20.9	22	23.2	24.4	25.6	26.8	28
♂	♍ 27.1	27.7	28.3	29	29.6	♎ 0.3	0.9	1.6	2.2	2.8	3.5	4.1	4.8	5.4	6.1	6.7	7.4	8	8.7	9.3	10	10.6	11.3	11.9	12.6	13.2	13.9	14.5	15.2	15.8	16.5

♃ 1: ♉ 14.5R · 6: 14.1 · 11: 13.5 · 16: 13 · 21: 12.4 · 26: 11.7 · 31: 11 — ♄ 1: ♉ 13.8R · 6: 13.5 · 11: 13.1 · 16: 12.8 · 21: 12.4 · 26: 12 · 31: 11.6 — ♅ 1: ♉ 25.8R · 11: 25.5 · 21: 25.2 · 31: 24.8 — ♆ 1: ♍ 25.7 · 11: 26.1 · 21: 26.4 · 31: 26.7 — ♇ 1: ♌ 4.1 · 11: 4.2 · 21: 4.3 · 31: 4.3

XI

	1	2	3	4	5	6	7	8	9	10	11	12	13	14	15	16	17	18	19	20	21	22	23	24	25	26	27	28	29	30	31
☉	♏ 8.4	9.4	10.4	11.4	12.4	13.4	14.4	15.4	16.5	17.5	18.5	19.5	20.5	21.5	22.5	23.5	24.5	25.5	26.5	27.5	28.5	29.6	♐ 0.6	1.6	2.6	3.6	4.6	5.6	6.6	7.6	
☽	♏ 23.6	♐ 8.4	22.8	♑ 6.7	20.2	♒ 3.2	15.8	28.1	♓ 10.1	22	♈ 3.8	15.6	27.4	♉ 9.3	21.4	♊ 3.6	15.9	28.5	♋ 11.2	24.2	♌ 7.4	20.8	♍ 4.5	18.5	♎ 2.7	17.3	♏ 2	16.8	♐ 1.7	16.3	
☿	♏ 28.1	28.1R	27.8	27.5	26.9	26.3	25.4	24.4	23.3	22	20.7	19.4	18.1	16.8	15.6	14.6	13.7	13	12.5	12.2	12.1	12.1D	12.3	12.7	13.3	13.9	14.7	15.6	16.6	17.6	
♀	♍ 29.1	♎ 0.3	1.5	2.7	3.9	5.1	6.3	7.5	8.7	9.9	11.1	12.3	13.5	14.8	16	17.2	18.4	19.6	20.8	22	23.3	24.5	25.7	26.9	28.1	29.4	♏ 0.6	1.8	3.1	4.3	
♂	♎ 17.1	17.8	18.4	19.1	19.7	20.4	21	21.7	22.3	23	23.6	24.3	24.9	25.6	26.3	26.9	27.6	28.2	28.9	29.5	♏ 0.2	0.9	1.5	2.2	2.8	3.5	4.1	4.8	5.5	6.1	

♃ 1: ♉ 10.9R · 6: 10.2 · 11: 9.5 · 16: 8.9 · 21: 8.3 · 26: 7.7 — ♄ 1: ♉ 11.5R · 6: 11.1 · 11: 10.7 · 16: 10.3 · 21: 10 · 26: 9.6 — ♅ 1: ♉ 24.8R · 11: 24.4 · 21: 23.9 — ♆ 1: ♍ 26.8 · 11: 27 · 21: 27.3 — ♇ 1: ♌ 4.3 · 11: 4.3R · 21: 4.3

XII

	1	2	3	4	5	6	7	8	9	10	11	12	13	14	15	16	17	18	19	20	21	22	23	24	25	26	27	28	29	30	31
☉	♐ 8.7	9.7	10.7	11.7	12.7	13.7	14.8	15.8	16.8	17.8	18.8	19.8	20.8	21.9	22.9	23.9	24.9	25.9	27	28	29	♑ 0	1	2	3.1	4.1	5.1	6.1	7.1	8.2	9.2
☽	♑ 0.7	14.7	28.2	♒ 11.3	24	♓ 6.3	18.4	♈ 0.3	12.1	23.9	♉ 5.7	17.7	29.9	♊ 12.4	25	♋ 7.9	21	♌ 4.3	17.8	♍ 1.4	15.1	29.1	♎ 13.1	27.3	♏ 11.6	26	♐ 10.4	24.7	♑ 8.8	22.6	♒ 6
☿	♏ 18.8	19.9	21.2	22.4	23.7	25.1	26.4	27.8	29.3	♐ 0.7	2.1	3.6	5	6.5	8	9.5	11	12.5	14	15.5	17.1	18.6	20.1	21.7	23.2	24.7	26.3	27.8	29.4	♑ 0.9	2.5
♀	♏ 5.5	6.7	8	9.2	10.4	11.7	12.9	14.1	15.4	16.6	17.8	19.1	20.3	21.6	22.8	24	25.3	26.5	27.8	29	♐ 0.2	1.5	2.7	4	5.2	6.5	7.7	8.9	10.2	11.4	12.7
♂	♏ 6.8	7.4	8.1	8.8	9.4	10.1	10.8	11.4	12.1	12.8	13.4	14.1	14.7	15.4	16.1	16.7	17.4	18.1	18.7	19.4	20.1	20.7	21.4	22.1	22.7	23.4	24.1	24.8	25.4	26.1	26.8

♃ 1: ♉ 7.2R · 6: 6.7 · 11: 6.4 · 16: 6.1 · 21: 5.8 · 26: 5.7 · 31: 5.7 — ♄ 1: ♉ 9.3R · 6: 9 · 11: 8.7 · 16: 8.4 · 21: 8.2 · 26: 8.1 · 31: 8 — ♅ 1: ♉ 23.5R · 11: 23.2 · 21: 22.8 · 31: 22.5 — ♆ 1: ♍ 27.5 · 11: 27.6 · 21: 27.7 · 31: 27.7R — ♇ 1: ♌ 4.2R · 11: 4.1 · 21: 3.9 · 31: 3.7

I

	1	2	3	4	5	6	7	8	9	10	11	12	13	14	15	16	17	18	19	20	21	22	23	24	25	26	27	28	29	30	31
☉	♑ 10.2	11.2	12.2	13.3	14.3	15.3	16.3	17.3	18.4	19.4	20.4	21.4	22.4	23.4	24.5	25.5	26.5	27.5	28.5	29.6	♒ 0.6	1.6	2.6	3.6	4.6	5.7	6.7	7.7	8.7	9.7	10.7
☽	♒ 19.1	♓ 1.8	14.1	26.2	♈ 8.1	19.9	♉ 1.7	13.6	25.7	♊ 8	20.6	♋ 3.5	16.7	♌ 0.2	13.9	27.8	♍ 11.8	25.9	♎ 10	24.1	♏ 8.2	22.2	♐ 6.2	20.2	♑ 4	17.6	♒ 1.1	14.2	27.1	♓ 9.6	21.9
☿	♑ 4.1	5.7	7.2	8.8	10.4	12	13.6	15.2	16.9	18.5	20.1	21.8	23.4	25.1	26.8	28.4	♒ 0.1	1.8	3.5	5.2	6.9	8.6	10.4	12.1	13.8	15.6	17.3	19	20.7	22.5	24.2
♀	♐ 13.9	15.2	16.4	17.7	18.9	20.2	21.4	22.7	23.9	25.1	26.4	27.6	28.9	♑ 0.1	1.4	2.6	3.9	5.1	6.4	7.6	8.9	10.1	11.4	12.6	13.9	15.1	16.4	17.6	18.9	20.1	21.4
♂	♏ 27.4	28.1	28.8	29.5	♐ 0.1	0.8	1.5	2.1	2.8	3.5	4.2	4.8	5.5	6.2	6.9	7.5	8.2	8.9	9.6	10.3	10.9	11.6	12.3	13	13.6	14.3	15	15.7	16.4	17	17.7

♃ 1: ♉ 5.7D · 6: 5.7 · 11: 5.9 · 16: 6.1 · 21: 6.4 · 26: 6.8 · 31: 7.3 — ♄ 1: ♉ 8.0R · 6: 7.9 · 11: 7.9D · 16: 7.9 · 21: 8 · 26: 8.1 · 31: 8.3 — ♅ 1: ♉ 22.5R · 11: 22.3 · 21: 22.2 · 31: 22.1D — ♆ 1: ♍ 27.7R · 11: 27.7 · 21: 27.6 · 31: 27.4 — ♇ 1: ♌ 3.7R · 11: 3.5 · 21: 3.3 · 31: 3

	1	2	3	4	5	6	7	8	9	10	11	12	13	14	15	16	17	18	19	20	21	22	23	24	25	26	27	28	29	30	31
☉	♑ 10	11	12	13	14	15.1	16.1	17.1	18.1	19.1	20.1	21.2	22.2	23.2	24.2	25.2	26.3	27.3	28.3	29.3	♒ 0.3	1.3	2.4	3.4	4.4	5.4	6.4	7.4	8.5	9.5	10.5
☽	♊ 21.6	♋ 3.7	15.9	28.2	♌ 10.6	23.2	♍ 6	19.1	♎ 2.3	15.9	29.8	♏ 14	28.5	♐ 13.2	28.1	♑ 12.9	27.6	♒ 12.1	26.1	♓ 9.8	23	♈ 5.7	18.2	♉ 0.3	12.3	24.2	♊ 6.1	18	30	♋ 12.1	24.5
☿	♑ 15.8	17.4	19.1	20.7	22.4	24	25.7	27.3	29	♒ 0.6	2.3	3.9	5.5	7.2	8.8	10.4	11.9	13.5	15	16.5	17.9	19.3	20.6	21.8	22.9	23.9	24.8	25.6	26.2	26.6	26.9
♀	♒ 18.5	18.9	19.3	19.6	19.9	20.2	20.5	20.7	20.9	21	21.1	21.2	21.2	21.2R	21.1	21	20.9	20.7	20.4	20.2	19.9	19.5	19.1	18.7	18.2	17.8	17.2	16.7	16.1	15.5	14.9
♂	♈ 24.9	25.3	25.8	26.2	26.7	27.2	27.6	28.1	28.6	29.1	29.6	♉ 0.1	0.5	1	1.5	2	2.6	3.1	3.6	4.1	4.6	5.1	5.7	6.2	6.7	7.2	7.8	8.3	8.8	9.4	9.9

♃ 1: ♊ 13.4R · 6: 12.9 · 11: 12.5 · 16: 12.1 · 21: 11.8 · 26: 11.6 · 31: 11.4 — ♄ 1: ♉ 22.1R · 6: 21.9 · 11: 21.8 · 16: 21.7 · 21: 21.6 · 26: 21.6D · 31: 21.7 — ♅ 1: ♉ 26.8R · 11: 26.6 · 21: 26.4 · 31: 26.4 — ♆ 1: ♍ 29.9 · 11: 29.9R · 21: 29.8 · 31: 29.6 — ♇ 1: ♌ 5.2R · 11: 5 · 21: 4.7 · 31: 4.5

II

	1	2	3	4	5	6	7	8	9	10	11	12	13	14	15	16	17	18	19	20	21	22	23	24	25	26	27	28	29	30	31
☉	♒ 11.8	12.8	13.8	14.8	15.8	16.8	17.8	18.9	19.9	20.9	21.9	22.9	23.9	24.9	25.9	26.9	28	29	30	♓ 1	2	3	4	5	6	7	8	9			
☽	♈ 4	15.9	27.7	♉ 9.5	21.4	♊ 3.5	15.8	28.4	♋ 11.4	24.8	♌ 8.6	22.6	♍ 7	21.4	♎ 6	20.5	♏ 4.9	19.1	♐ 3.1	17	♑ 0.6	14	27.3	♒ 10.2	23	♓ 5.6	17.9	♈ 0			
☿	♒ 25.8	27.5	29.1	♓ 0.7	2.3	3.8	5.2	6.6	7.8	9	10	11	11.8	12.4	12.9	13.3	13.4	13.4R	13.2	12.9	12.4	11.7	11	10.1	9.1	8.1	7	5.9			
♀	♑ 22.6	23.9	25.1	26.4	27.6	28.9	♒ 0.1	1.4	2.6	3.9	5.1	6.4	7.6	8.9	10.1	11.4	12.6	13.9	15.1	16.4	17.6	18.9	20.1	21.4	22.6	23.8	25.1	26.3			
♂	♐ 18.4	19.1	19.8	20.4	21.1	21.8	22.5	23.2	23.9	24.5	25.2	25.9	26.6	27.3	28	28.6	29.3	♑ 0	0.7	1.4	2.1	2.8	3.4	4.1	4.8	5.5	6.2	6.9			

♃ 1: ♉ 7.4 · 6: 7.9 · 11: 8.5 · 16: 9.2 · 21: 10 · 26: 10.8 — ♄ 1: ♉ 8.4 · 6: 8.6 · 11: 8.9 · 16: 9.2 · 21: 9.5 · 26: 9.9 — ♅ 1: ♉ 22.1 · 11: 22.2 · 21: 22.4 — ♆ 1: ♍ 27.4R · 11: 27.2 · 21: 27 — ♇ 1: ♌ 3.0R · 11: 2.8 · 21: 2.6

	1	2	3	4	5	6	7	8	9	10	11	12	13	14	15	16	17	18	19	20	21	22	23	24	25	26	27	28	29	30	31
☉	♒ 11.5	12.5	13.5	14.6	15.6	16.6	17.6	18.6	19.6	20.6	21.6	22.7	23.7	24.7	25.7	26.7	27.7	28.7	29.7	♓ 0.7	1.7	2.7	3.8	4.8	5.8	6.8	7.8	8.8			
☽	♌ 7	19.8	♍ 2.7	15.9	29.3	♎ 12.8	26.6	♏ 10.5	24.6	♐ 8.8	23.2	♑ 7.6	22	♒ 6.2	20.3	♓ 4.1	17.5	♈ 0.7	13.4	25.9	♉ 8.1	20.2	♊ 2.1	14	25.9	♋ 7.9	20.1	♌ 2.6			
☿	♒ 27	26.9R	26.7	26.2	25.6	24.8	23.9	22.8	21.7	20.6	19.4	18.2	17.1	16	15.1	14.2	13.5	12.8	12.4	12	11.7	11.6	11.6D	11.7	12	12.3	12.7	13.2			
♀	♒ 14.3R	13.7	13.1	12.5	11.9	11.3	10.7	10.1	9.6	9	8.5	8.1	7.7	7.3	6.9	6.6	6.3	6.1	5.9	5.7	5.6	5.5	5.5	5.5D	5.6	5.7	5.8	6			
♂	♉ 10.5	11	11.6	12.1	12.7	13.2	13.8	14.3	14.9	15.4	16	16.6	17.1	17.7	18.3	18.8	19.4	20	20.5	21.1	21.7	22.3	22.8	23.4	24	24.6	25.1	25.7			

♃ 1: ♊ 11.4R · 6: 11.4D · 11: 11.4 · 16: 11.6 · 21: 11.8 · 26: 12.1 — ♄ 1: ♉ 21.7 · 6: 21.8 · 11: 22 · 16: 22.2 · 21: 22.4 · 26: 22.7 — ♅ 1: ♉ 26.4R · 11: 26.4D · 21: 26.5 — ♆ 1: ♍ 29.6R · 11: 29.4 · 21: 29.2 — ♇ 1: ♌ 4.5R · 11: 4.3 · 21: 4.1

III

	1	2	3	4	5	6	7	8	9	10	11	12	13	14	15	16	17	18	19	20	21	22	23	24	25	26	27	28	29	30	31
☉	♓ 10	11	12	13	14	15	16	17	18	19	20	21	22	23	24	25	26	27	28	29	30	♈ 1	2	3	4	5	5.9	6.9	7.9	8.9	9.9
☽	♈ 12	23.9	♉ 5.7	17.5	29.4	♊ 11.4	23.7	♋ 6.3	19.3	♌ 2.6	16.5	♍ 0.7	15.3	♎ 0.1	15	30	♏ 14.8	29.3	♐ 13.6	27.5	♑ 11	24.3	♒ 7.2	19.9	♓ 2.3	14.6	26.7	♈ 8.6	20.5	♉ 2.3	14.2
☿	♓ 4.9R	3.9	2.9	2.1	1.3	0.6	0	♒ 29.6	29.3	29	28.9	28.9D	29	29.2	29.4	29.8	♓ 0.2	0.8	1.3	2	2.7	3.5	4.4	5.2	6.2	7.2	8.2	9.3	10.4	11.6	12.8
♀	♒ 27.6	28.8	♓ 0.1	1.3	2.6	3.8	5.1	6.3	7.6	8.8	10.1	11.3	12.5	13.8	15	16.3	17.5	18.8	20	21.3	22.5	23.7	25	26.2	27.5	28.7	30	♈ 1.2	2.4	3.7	4.9
♂	♑ 7.6	8.3	8.9	9.6	10.3	11	11.7	12.4	13.1	13.8	14.5	15.1	15.8	16.5	17.2	17.9	18.6	19.3	20	20.7	21.4	22.1	22.7	23.4	24.1	24.8	25.5	26.2	26.9	27.6	28.3

♃ 1: ♉ 11.2 · 6: 12.1 · 11: 13 · 16: 14 · 21: 15 · 26: 16 · 31: 17 — ♄ 1: ♉ 10.2 · 6: 10.6 · 11: 11.1 · 16: 11.6 · 21: 12.1 · 26: 12.6 · 31: 13.2 — ♅ 1: ♉ 22.5 · 11: 22.8 · 21: 23.2 · 31: 23.6 — ♆ 1: ♍ 26.8R · 11: 26.5 · 21: 26.2 · 31: 25.9 — ♇ 1: ♌ 2.4R · 11: 2.3 · 21: 2.2 · 31: 2.1

	1	2	3	4	5	6	7	8	9	10	11	12	13	14	15	16	17	18	19	20	21	22	23	24	25	26	27	28	29	30	31
☉	♓ 9.8	10.8	11.8	12.8	13.8	14.8	15.8	16.8	17.8	18.8	19.8	20.8	21.8	22.8	23.8	24.8	25.8	26.8	27.8	28.8	29.8	♈ 0.7	1.7	2.7	3.7	4.7	5.7	6.7	7.7	8.7	9.7
☽	♌ 15.3	28.3	♍ 11.6	25.2	♎ 9	23	♏ 7.2	21.4	♐ 5.7	19.9	♑ 4	18.1	♒ 2	15.8	29.4	♓ 12.7	25.8	♈ 8.7	21.4	♉ 3.8	16	28	♊ 9.9	21.8	♋ 3.7	15.7	27.9	♌ 10.4	23.1	♍ 6.3	19.8
☿	♒ 13.7	14.4	15.1	15.8	16.7	17.5	18.5	19.5	20.5	21.5	22.7	23.8	25	26.2	27.4	28.7	♓ 0	1.3	2.7	4.1	5.5	6.9	8.4	9.9	11.4	12.9	14.5	16	17.6	19.3	20.9
♀	♒ 6.2	6.4	6.7	7	7.3	7.7	8.1	8.5	9	9.4	9.9	10.5	11	11.6	12.2	12.8	13.5	14.1	14.8	15.5	16.2	16.9	17.7	18.5	19.2	20	20.8	21.6	22.5	23.3	24.2
♂	♉ 26.3	26.9	27.5	28.1	28.6	29.2	29.8	♊ 0.4	1	1.6	2.2	2.8	3.4	3.9	4.5	5.1	5.7	6.3	6.9	7.5	8.1	8.7	9.3	9.9	10.5	11.1	11.7	12.3	12.9	13.5	14.1

♃ 1: ♊ 12.3 · 6: 12.7 · 11: 13.2 · 16: 13.8 · 21: 14.4 · 26: 15.1 · 31: 15.8 — ♄ 1: ♉ 22.9 · 6: 23.2 · 11: 23.6 · 16: 24 · 21: 24.5 · 26: 24.9 · 31: 25.4 — ♅ 1: ♉ 26.6 · 11: 26.9 · 21: 27.2 · 31: 27.6 — ♆ 1: ♍ 29.0R · 11: 28.7 · 21: 28.5 · 31: 28.2 — ♇ 1: ♌ 3.9R · 11: 3.7 · 21: 3.6 · 31: 3.5

IV

	1	2	3	4	5	6	7	8	9	10	11	12	13	14	15	16	17	18	19	20	21	22	23	24	25	26	27	28	29	30	31
☉	♈ 10.9	11.9	12.9	13.8	14.8	15.8	16.8	17.8	18.8	19.7	20.7	21.7	22.7	23.7	24.6	25.6	26.6	27.6	28.6	29.5	♉ 0.5	1.5	2.5	3.4	4.4	5.4	6.3	7.3	8.3	9.3	
☽	♉ 26	♊ 7.9	19.9	♋ 2.2	14.7	27.6	♌ 10.8	24.5	♍ 8.7	23.3	♎ 8.2	23.3	♏ 8.5	23.7	♐ 8.6	23.1	♑ 7.2	20.9	♒ 4.1	16.9	29.4	♓ 11.7	23.7	♈ 5.7	17.5	29.3	♉ 11.1	23	♊ 4.9	16.9	
☿	♓ 14	15.3	16.5	17.9	19.2	20.6	22	23.5	25	26.5	28	29.5	♈ 1.1	2.7	4.4	6	7.7	9.4	11.2	12.9	14.7	16.6	18.4	20.3	22.2	24.1	26.1	28.1	♉ 0.1	2.1	
♀	♈ 6.2	7.4	8.7	9.9	11.1	12.4	13.6	14.9	16.1	17.3	18.6	19.8	21.1	22.3	23.5	24.8	26	27.2	28.5	29.7	♉ 0.9	2.2	3.4	4.7	5.9	7.1	8.4	9.6	10.8	12.1	
♂	♑ 29	29.7	♒ 0.4	1	1.7	2.4	3.1	3.8	4.5	5.2	5.9	6.6	7.3	8	8.6	9.3	10	10.7	11.4	12.1	12.8	13.5	14.2	14.8	15.5	16.2	16.9	17.6	18.3	19	

♃ 1: ♉ 17.2 · 6: 18.3 · 11: 19.4 · 16: 20.5 · 21: 21.7 · 26: 22.8 — ♄ 1: ♉ 13.3 · 6: 13.9 · 11: 14.5 · 16: 15.1 · 21: 15.7 · 26: 16.4 — ♅ 1: ♉ 23.7 · 11: 24.2 · 21: 24.7 — ♆ 1: ♍ 25.9R · 11: 25.7 · 21: 25.4 — ♇ 1: ♌ 2.1R · 11: 2 · 21: 2.0D

	1	2	3	4	5	6	7	8	9	10	11	12	13	14	15	16	17	18	19	20	21	22	23	24	25	26	27	28	29	30	31
☉	♈ 10.6	11.6	12.6	13.6	14.6	15.6	16.6	17.5	18.5	19.5	20.5	21.5	22.4	23.4	24.4	25.4	26.4	27.3	28.3	29.3	♉ 0.3	1.2	2.2	3.2	4.2	5.1	6.1	7.1	8.1	9	
☽	♎ 3.7	18	♏ 2.5	17.1	♐ 1.8	16.4	♑ 0.8	15	28.9	♒ 12.5	26	♓ 9.1	22.1	♈ 4.9	17.4	29.8	♉ 12.1	24.2	♊ 6.2	18.1	29.9	♋ 11.8	23.8	♌ 5.9	18.3	♍ 1.1	14.2	27.8	♎ 11.8	26.3	
☿	♓ 22.6	24.3	26	27.7	29.5	♈ 1.3	3.1	4.9	6.8	8.7	10.6	12.5	14.5	16.5	18.5	20.5	22.6	24.6	26.7	28.8	♉ 0.9	3.1	5.2	7.3	9.5	11.6	13.7	15.8	17.9	19.9	
♀	♒ 25	25.9	26.8	27.7	28.6	29.5	♓ 0.4	1.4	2.3	3.2	4.2	5.2	6.1	7.1	8.1	9.1	10.1	11.1	12.1	13.1	14.1	15.1	16.2	17.2	18.2	19.3	20.3	21.4	22.4	23.5	
♂	♊ 14.7	15.3	15.9	16.5	17.1	17.7	18.3	18.9	19.5	20.1	20.7	21.3	22	22.6	23.2	23.8	24.4	25	25.6	26.2	26.8	27.4	28	28.6	29.2	29.9	♋ 0.5	1.1	1.7	2.3	

♃ 1: ♊ 15.9 · 6: 16.7 · 11: 17.6 · 16: 18.4 · 21: 19.3 · 26: 20.3 — ♄ 1: ♉ 25.5 · 6: 26.1 · 11: 26.6 · 16: 27.2 · 21: 27.8 · 26: 28.4 — ♅ 1: ♉ 27.7 · 11: 28.1 · 21: 28.7 — ♆ 1: ♍ 28.2R · 11: 27.9 · 21: 27.7 — ♇ 1: ♌ 3.5R · 11: 3.5 · 21: 3.5D

V

	1	2	3	4	5	6	7	8	9	10	11	12	13	14	15	16	17	18	19	20	21	22	23	24	25	26	27	28	29	30	31
☉	♉ 10.2	11.2	12.2	13.1	14.1	15.1	16	17	18	18.9	19.9	20.9	21.8	22.8	23.8	24.7	25.7	26.7	27.6	28.6	29.6	♊ 0.5	1.5	2.4	3.4	4.4	5.3	6.3	7.2	8.2	9.2
☽	♊ 29	♋ 11.3	23.9	♌ 6.7	19.8	♍ 3.4	17.3	♎ 1.7	16.5	♏ 1.5	16.8	♐ 2	17.1	♑ 1.8	16.1	29.9	♒ 13.2	26	♓ 8.5	20.7	♈ 2.7	14.6	26.3	♉ 8.1	20	♊ 1.9	13.9	26.1	♋ 8.4	20.9	♌ 3.6
☿	♉ 4.2	6.3	8.4	10.5	12.7	14.8	17	19.1	21.3	23.5	25.7	27.8	29.9	♊ 2.1	4.1	6.2	8.2	10.2	12.1	14	15.9	17.7	19.5	21.2	22.8	24.5	26	27.5	29	♋ 0.4	1.7
♀	♉ 13.3	14.5	15.8	17	18.2	19.5	20.7	21.9	23.2	24.4	25.6	26.9	28.1	29.3	♊ 0.5	1.8	3	4.2	5.5	6.7	7.9	9.2	10.4	11.6	12.8	14.1	15.3	16.5	17.8	19	20.2
♂	♒ 19.7	20.3	21	21.7	22.4	23.1	23.8	24.4	25.1	25.8	26.5	27.2	27.8	28.5	29.2	29.9	♓ 0.5	1.2	1.9	2.6	3.2	3.9	4.6	5.2	5.9	6.6	7.2	7.9	8.5	9.2	9.9

♃ 1: ♉ 24 · 6: 25.2 · 11: 26.3 · 16: 27.5 · 21: 28.7 · 26: 29.9 · 31: ♊ 1.1 — ♄ 1: ♉ 17 · 6: 17.6 · 11: 18.3 · 16: 18.9 · 21: 19.6 · 26: 20.2 · 31: 20.8 — ♅ 1: ♉ 25.2 · 11: 25.8 · 21: 26.4 · 31: 27 — ♆ 1: ♍ 25.2R · 11: 25.1 · 21: 25 · 31: 24.9 — ♇ 1: ♌ 2.1 · 11: 2.2 · 21: 2.3 · 31: 2.5

	1	2	3	4	5	6	7	8	9	10	11	12	13	14	15	16	17	18	19	20	21	22	23	24	25	26	27	28	29	30	31
☉	♉ 10	11	11.9	12.9	13.9	14.8	15.8	16.8	17.7	18.7	19.7	20.6	21.6	22.6	23.5	24.5	25.5	26.4	27.4	28.4	29.3	♊ 0.3	1.2	2.2	3.2	4.1	5.1	6	7	8	8.9
☽	♏ 11.2	26.2	♐ 11.3	26.2	♑ 11	25.3	♒ 9.3	22.9	♓ 6.2	19.1	♈ 1.8	14.3	26.6	♉ 8.8	20.9	♊ 2.9	14.8	26.6	♋ 8.5	20.4	♌ 2.3	14.4	26.8	♍ 9.5	22.5	♎ 6	20.1	♏ 4.6	19.5	♐ 4.7	20
☿	♉ 22	24	25.9	27.8	29.7	♊ 1.5	3.2	4.9	6.6	8.1	9.6	11.1	12.5	13.8	15.1	16.3	17.4	18.5	19.5	20.4	21.2	22	22.7	23.4	23.9	24.4	24.8	25.1	25.4	25.5	25.6
♀	♓ 24.5	25.6	26.7	27.8	28.8	29.9	♈ 1	2.1	3.2	4.3	5.3	6.4	7.5	8.6	9.8	10.9	12	13.1	14.2	15.3	16.4	17.5	18.7	19.8	20.9	22	23.2	24.3	25.4	26.6	27.7
♂	♋ 2.9	3.5	4.1	4.7	5.3	6	6.6	7.2	7.8	8.4	9	9.6	10.2	10.8	11.5	12.1	12.7	13.3	13.9	14.5	15.1	15.8	16.4	17	17.6	18.2	18.8	19.4	20.1	20.7	21.3

♃ 1: ♊ 21.3 · 6: 22.3 · 11: 23.3 · 16: 24.4 · 21: 25.5 · 26: 26.6 · 31: 27.7 — ♄ 1: ♉ 29 · 6: 29.7 · 11: ♊ 0.3 · 16: 0.9 · 21: 1.6 · 26: 2.2 · 31: 2.9 — ♅ 1: ♉ 29.2 · 11: 29.8 · 21: ♊ 0.3 · 31: 0.9 — ♆ 1: ♍ 27.5R · 11: 27.3 · 21: 27.2 · 31: 27.1 — ♇ 1: ♌ 3.5 · 11: 3.6 · 21: 3.7 · 31: 3.9

VI

	1	2	3	4	5	6	7	8	9	10	11	12	13	14	15	16	17	18	19	20	21	22	23	24	25	26	27	28	29	30	31
☉	♊ 10.1	11.1	12	13	13.9	14.9	15.9	16.8	17.8	18.7	19.7	20.6	21.6	22.5	23.5	24.5	25.4	26.4	27.3	28.3	29.2	♋ 0.2	1.1	2.1	3	4	5	5.9	6.9	7.8	
☽	♌ 16.5	29.6	♍ 13.1	26.9	♎ 11.1	25.6	♏ 10.4	25.4	♐ 10.4	25.4	♑ 10	24.3	♒ 8.2	21.6	♓ 4.5	17	29.2	♈ 11.2	23.1	♉ 4.9	16.7	28.6	♊ 10.7	22.9	♋ 5.3	17.8	♌ 0.6	13.5	26.7	♍ 10	
☿	♋ 3	4.3	5.4	6.6	7.6	8.6	9.6	10.5	11.3	12	12.7	13.3	13.9	14.4	14.8	15.1	15.4	15.5	15.6	15.7R	15.6	15.5	15.3	15.1	14.7	14.3	13.9	13.4	12.9	12.3	
♀	♊ 21.4	22.7	23.9	25.1	26.3	27.6	28.8	♋ 0	1.2	2.5	3.7	4.9	6.1	7.4	8.6	9.8	11	12.3	13.5	14.7	15.9	17.2	18.4	19.6	20.8	22	23.3	24.5	25.7	26.9	
♂	♓ 10.5	11.2	11.8	12.5	13.1	13.8	14.4	15.1	15.7	16.4	17	17.6	18.3	18.9	19.5	20.2	20.8	21.4	22	22.7	23.3	23.9	24.5	25.1	25.7	26.3	26.9	27.5	28.1	28.7	

♃ 1: ♊ 1.3 · 6: 2.5 · 11: 3.6 · 16: 4.8 · 21: 5.9 · 26: 7 — ♄ 1: ♉ 21 · 6: 21.6 · 11: 22.2 · 16: 22.8 · 21: 23.3 · 26: 23.9 — ♅ 1: ♉ 27 · 11: 27.6 · 21: 28.1 — ♆ 1: ♍ 24.9R · 11: 24.9D · 21: 25 — ♇ 1: ♌ 2.5 · 11: 2.7 · 21: 2.9

	1	2	3	4	5	6	7	8	9	10	11	12	13	14	15	16	17	18	19	20	21	22	23	24	25	26	27	28	29	30	31
☉	♊ 9.9	10.8	11.8	12.8	13.7	14.7	15.6	16.6	17.5	18.5	19.5	20.4	21.4	22.3	23.3	24.2	25.2	26.1	27.1	28	29	30	♋ 0.9	1.9	2.8	3.8	4.7	5.7	6.6	7.6	
☽	♑ 5.2	20.2	♒ 4.8	19	♓ 2.7	15.9	28.8	♈ 11.4	23.8	♉ 5.9	18	29.9	♊ 11.8	23.7	♋ 5.5	17.4	29.3	♌ 11.4	23.5	♍ 5.9	18.6	♎ 1.6	15	28.9	♏ 13.3	28	♐ 13.1	28.4	♑ 13.7	28.7	
☿	♊ 25.6R	25.6	25.4	25.2	25	24.6	24.2	23.8	23.3	22.8	22.3	21.7	21.2	20.6	20	19.5	19	18.6	18.2	17.8	17.5	17.3	17.1	17	17.0D	17.1	17.2	17.5	17.8	18.2	
♀	♈ 28.9	30	♉ 1.1	2.3	3.4	4.6	5.7	6.9	8	9.2	10.3	11.5	12.6	13.8	14.9	16.1	17.3	18.4	19.6	20.7	21.9	23.1	24.2	25.4	26.6	27.8	28.9	♊ 0.1	1.3	2.4	
♂	♋ 21.9	22.5	23.1	23.7	24.4	25	25.6	26.2	26.8	27.4	28.1	28.7	29.3	29.9	♌ 0.5	1.1	1.8	2.4	3	3.6	4.2	4.9	5.5	6.1	6.7	7.3	8	8.6	9.2	9.8	

♃ 1: ♊ 27.9 · 6: 29 · 11: ♋ 0.1 · 16: 1.3 · 21: 2.4 · 26: 3.6 — ♄ 1: ♊ 3 · 6: 3.6 · 11: 4.3 · 16: 4.9 · 21: 5.5 · 26: 6.1 — ♅ 1: ♊ 1 · 11: 1.6 · 21: 2.1 — ♆ 1: ♍ 27.1R · 11: 27.1D · 21: 27.1 — ♇ 1: ♌ 3.9 · 11: 4.1 · 21: 4.3

VII

	1	2	3	4	5	6	7	8	9	10	11	12	13	14	15	16	17	18	19	20	21	22	23	24	25	26	27	28	29	30	31
☉	♋ 8.8	9.7	10.7	11.6	12.6	13.5	14.5	15.4	16.4	17.3	18.3	19.3	20.2	21.2	22.1	23.1	24	25	25.9	26.9	27.8	28.8	29.8	♌ 0.7	1.7	2.6	3.6	4.5	5.5	6.4	7.4
☽	♍ 23.5	♎ 7.3	21.4	♏ 5.6	20.1	♐ 4.7	19.4	♑ 4	18.4	♒ 2.6	16.3	29.6	♓ 12.5	25.1	♈ 7.3	19.3	♉ 1.2	13.1	24.9	♊ 6.9	19.1	♋ 1.4	14	26.9	♌ 9.9	23.2	♍ 6.7	20.4	♎ 4.2	18.2	♏ 2.3
☿	♋ 11.7R	11.1	10.5	9.9	9.3	8.7	8.2	7.7	7.3	7	6.7	6.5	6.3	6.3	6.3D	6.5	6.7	7	7.4	7.9	8.5	9.2	10	10.8	11.8	12.8	14	15.2	16.5	17.9	19.3
♀	♋ 28.2	29.4	♌ 0.6	1.8	3	4.3	5.5	6.7	7.9	9.1	10.3	11.6	12.8	14	15.2	16.4	17.7	18.9	20.1	21.3	22.5	23.7	24.9	26.2	27.4	28.6	29.8	♍ 1	2.2	3.4	4.6
♂	♓ 29.3	29.9	♈ 0.5	1	1.6	2.2	2.7	3.3	3.9	4.4	5	5.5	6	6.6	7.1	7.6	8.1	8.7	9.2	9.7	10.2	10.6	11.1	11.6	12.1	12.5	13	13.5	13.9	14.3	14.8

♃ 1: ♊ 8.1 · 6: 9.2 · 11: 10.2 · 16: 11.3 · 21: 12.3 · 26: 13.2 · 31: 14.1 — ♄ 1: ♉ 24.4 · 6: 24.9 · 11: 25.4 · 16: 25.9 · 21: 26.3 · 26: 26.7 · 31: 27.1 — ♅ 1: ♉ 28.6 · 11: 29.1 · 21: 29.5 · 31: 29.8 — ♆ 1: ♍ 25.1 · 11: 25.2 · 21: 25.4 · 31: 25.7 — ♇ 1: ♌ 3.2 · 11: 3.5 · 21: 3.7 · 31: 4

	1	2	3	4	5	6	7	8	9	10	11	12	13	14	15	16	17	18	19	20	21	22	23	24	25	26	27	28	29	30	31
☉	♋ 8.5	9.5	10.4	11.4	12.4	13.3	14.3	15.2	16.2	17.1	18.1	19	20	20.9	21.9	22.8	23.8	24.7	25.7	26.7	27.6	28.6	29.5	♌ 0.5	1.4	2.4	3.3	4.3	5.3	6.2	7.2
☽	♒ 13.5	27.8	♓ 11.6	25	♈ 7.9	20.5	♉ 2.9	15	26.9	♊ 8.8	20.7	♋ 2.5	14.4	26.4	♌ 8.5	20.7	♍ 3	15.6	28.4	♎ 11.4	24.9	♏ 8.6	22.8	♐ 7.3	22.1	♑ 7.1	22.1	♒ 7	21.7	♓ 6	19.9
☿	♊ 18.6	19.2	19.8	20.5	21.3	22.1	23.1	24.1	25.2	26.3	27.5	28.8	♋ 0.2	1.7	3.2	4.7	6.4	8.1	9.8	11.6	13.5	15.4	17.3	19.3	21.3	23.4	25.4	27.5	29.6	♌ 1.7	3.8
♀	♊ 3.6	4.8	6	7.1	8.3	9.5	10.7	11.9	13.1	14.2	15.4	16.6	17.8	19	20.2	21.4	22.5	23.7	24.9	26.1	27.3	28.5	29.7	♋ 0.9	2.1	3.3	4.5	5.7	6.9	8.1	9.3
♂	♌ 10.4	11.1	11.7	12.3	12.9	13.5	14.2	14.8	15.4	16	16.7	17.3	17.9	18.5	19.1	19.8	20.4	21	21.6	22.3	22.9	23.5	24.1	24.8	25.4	26	26.7	27.3	27.9	28.5	29.2

♃ 1: ♋ 4.7 · 6: 5.8 · 11: 7 · 16: 8.1 · 21: 9.2 · 26: 10.3 · 31: 11.4 — ♄ 1: ♊ 6.7 · 6: 7.3 · 11: 7.9 · 16: 8.4 · 21: 8.9 · 26: 9.4 · 31: 9.9 — ♅ 1: ♊ 2.6 · 11: 3.1 · 21: 3.5 · 31: 3.9 — ♆ 1: ♍ 27.2 · 11: 27.4 · 21: 27.6 · 31: 27.8 — ♇ 1: ♌ 4.6 · 11: 4.9 · 21: 5.1 · 31: 5.4

VIII

	1	2	3	4	5	6	7	8	9	10	11	12	13	14	15	16	17	18	19	20	21	22	23	24	25	26	27	28	29	30	31
☉	♌ 8.4	9.3	10.3	11.2	12.2	13.1	14.1	15.1	16	17	17.9	18.9	19.9	20.8	21.8	22.7	23.7	24.7	25.6	26.6	27.5	28.5	29.5	♍ 0.4	1.4	2.4	3.3	4.3	5.3	6.2	7.2
☽	♏ 16.4	♐ 0.7	15	29.2	♑ 13.4	27.4	♒ 11.1	24.6	♓ 7.7	20.5	♈ 3	15.2	27.2	♉ 9.1	21	♊ 2.9	14.9	27.1	♋ 9.5	22.3	♌ 5.3	18.7	♍ 2.4	16.3	♎ 0.4	14.6	28.9	♏ 13.2	27.5	♐ 11.7	25.7
☿	♋ 20.9	22.5	24.2	25.9	27.7	29.5	♌ 1.4	3.4	5.3	7.3	9.3	11.4	13.4	15.5	17.5	19.5	21.6	23.6	25.6	27.6	29.6	♍ 1.5	3.5	5.4	7.3	9.2	11	12.9	14.7	16.5	18.2
♀	♍ 5.9	7.1	8.3	9.5	10.7	11.9	13.1	14.3	15.5	16.7	17.9	19.2	20.4	21.6	22.8	24	25.2	26.4	27.6	28.8	30	♎ 1.2	2.4	3.6	4.8	6	7.2	8.4	9.6	10.8	12
♂	♈ 15.2	15.6	16	16.4	16.8	17.2	17.6	17.9	18.3	18.6	19	19.3	19.6	19.9	20.2	20.5	20.8	21.1	21.3	21.6	21.8	22	22.2	22.4	22.6	22.8	22.9	23.1	23.2	23.3	23.4

♃ 1: ♊ 14.3 · 6: 15.2 · 11: 16 · 16: 16.8 · 21: 17.6 · 26: 18.3 · 31: 18.9 — ♄ 1: ♉ 27.1 · 6: 27.4 · 11: 27.7 · 16: 28 · 21: 28.2 · 26: 28.3 · 31: 28.5 — ♅ 1: ♉ 29.8 · 11: ♊ 0.1 · 21: 0.2 · 31: 0.3 — ♆ 1: ♍ 25.7 · 11: 26 · 21: 26.3 · 31: 26.7 — ♇ 1: ♌ 4 · 11: 4.3 · 21: 4.6 · 31: 4.9

	1	2	3	4	5	6	7	8	9	10	11	12	13	14	15	16	17	18	19	20	21	22	23	24	25	26	27	28	29	30	31
☉	♌ 8.1	9.1	10	11	11.9	12.9	13.9	14.8	15.8	16.7	17.7	18.7	19.6	20.6	21.5	22.5	23.5	24.4	25.4	26.4	27.3	28.3	29.2	♍ 0.2	1.2	2.1	3.1	4.1	5	6	7
☽	♈ 3.4	16.4	29.1	♉ 11.4	23.6	♊ 5.5	17.4	29.3	♋ 11.1	23.1	♌ 5.2	17.5	29.9	♍ 12.5	25.4	♎ 8.4	21.8	♏ 5.3	19.1	♐ 3.2	17.5	♑ 1.9	16.5	♒ 1.1	15.7	♓ 0	14.2	27.9	♈ 11.4	24.4	♉ 7.1
☿	♌ 5.9	8	10.1	12.2	14.2	16.3	18.3	20.3	22.2	24.2	26.1	28	29.9	♍ 1.7	3.5	5.3	7.1	8.9	10.6	12.3	14	15.6	17.3	18.9	20.5	22	23.6	25.1	26.6	28.1	29.5
♀	♋ 10.5	11.7	12.9	14.1	15.3	16.5	17.7	18.9	20.1	21.4	22.6	23.8	25	26.2	27.4	28.6	29.9	♌ 1.1	2.3	3.5	4.7	5.9	7.2	8.4	9.6	10.8	12.1	13.3	14.5	15.7	17
♂	♌ 29.8	♍ 0.4	1.1	1.7	2.3	2.9	3.6	4.2	4.8	5.5	6.1	6.7	7.4	8	8.6	9.3	9.9	10.5	11.2	11.8	12.4	13.1	13.7	14.3	15	15.6	16.3	16.9	17.5	18.2	18.8

♃ 1: ♋ 11.6 · 6: 12.7 · 11: 13.7 · 16: 14.7 · 21: 15.7 · 26: 16.7 · 31: 17.6 — ♄ 1: ♊ 9.9 · 6: 10.4 · 11: 10.8 · 16: 11.1 · 21: 11.4 · 26: 11.7 · 31: 12 — ♅ 1: ♊ 3.9 · 11: 4.2 · 21: 4.4 · 31: 4.5 — ♆ 1: ♍ 27.8 · 11: 28.1 · 21: 28.4 · 31: 28.8 — ♇ 1: ♌ 5.5 · 11: 5.7 · 21: 6 · 31: 6.3

IX

	1	2	3	4	5	6	7	8	9	10	11	12	13	14	15	16	17	18	19	20	21	22	23	24	25	26	27	28	29	30	31
☉	♍ 8.2	9.1	10.1	11.1	12	13	14	15	15.9	16.9	17.9	18.8	19.8	20.8	21.8	22.7	23.7	24.7	25.7	26.6	27.6	28.6	29.6	♎ 0.6	1.5	2.5	3.5	4.5	5.5	6.4	
☽	♑ 9.7	23.4	♒ 6.9	20.2	♓ 3.3	16.1	28.7	♈ 11.1	23.2	♉ 5.2	17.1	29	♊ 10.8	22.8	♋ 5	17.5	♌ 0.2	13.3	26.9	♍ 10.8	25	♎ 9.5	24.2	♏ 9	23.7	♐ 8.2	22.5	♑ 6.5	20.3	♒ 3.7	
☿	♍ 20	21.7	23.4	25.1	26.7	28.4	♎ 0	1.6	3.2	4.8	6.3	7.8	9.4	10.9	12.3	13.8	15.2	16.6	18	19.4	20.7	22.1	23.4	24.7	25.9	27.2	28.4	29.6	♏ 0.7	1.8	
♀	♎ 13.2	14.4	15.6	16.7	17.9	19.1	20.3	21.5	22.7	23.9	25.1	26.3	27.4	28.6	29.8	♏ 1	2.2	3.4	4.5	5.7	6.9	8.1	9.3	10.4	11.6	12.8	13.9	15.1	16.3	17.5	
♂	♈ 23.5	23.6	23.6	23.7	23.7	23.7	23.7R	23.7	23.7	23.7	23.6	23.5	23.5	23.4	23.2	23.1	23	22.8	22.7	22.5	22.3	22.1	21.9	21.6	21.4	21.2	20.9	20.6	20.4	20.1	

♃ 1: ♊ 19 · 6: 19.6 · 11: 20.1 · 16: 20.5 · 21: 20.8 · 26: 21.1 — ♄ 1: ♉ 28.5 · 6: 28.5 · 11: 28.6R · 16: 28.5 · 21: 28.5 · 26: 28.3 — ♅ 1: ♊ 0.3 · 11: 0.3R · 21: 0.3 — ♆ 1: ♍ 26.7 · 11: 27.1 · 21: 27.4 — ♇ 1: ♌ 4.9 · 11: 5.1 · 21: 5.3

	1	2	3	4	5	6	7	8	9	10	11	12	13	14	15	16	17	18	19	20	21	22	23	24	25	26	27	28	29	30	31
☉	♍ 7.9	8.9	9.9	10.8	11.8	12.8	13.7	14.7	15.7	16.7	17.6	18.6	19.6	20.6	21.5	22.5	23.5	24.5	25.4	26.4	27.4	28.4	29.3	♎ 0.3	1.3	2.3	3.3	4.2	5.2	6.2	
☽	♉ 19.5	♊ 1.7	13.7	25.5	♋ 7.4	19.3	♌ 1.4	13.6	26.1	♍ 8.7	21.7	♎ 4.9	18.4	♏ 2.1	16	♐ 0	14.1	28.3	♑ 12.6	26.8	♒ 10.9	25	♓ 8.9	22.7	♈ 6.2	19.4	♉ 2.4	15	27.4	♊ 9.6	
☿	♎ 0.9	2.3	3.7	5.1	6.4	7.7	9	10.2	11.4	12.6	13.8	14.9	16	17.1	18.1	19.1	20	20.9	21.7	22.5	23.2	23.8	24.4	24.9	25.3	25.6	25.8	26	26.0R	25.9	
♀	♌ 18.2	19.4	20.6	21.9	23.1	24.3	25.6	26.8	28	29.3	♍ 0.5	1.7	3	4.2	5.4	6.7	7.9	9.1	10.4	11.6	12.9	14.1	15.3	16.6	17.8	19.1	20.3	21.6	22.8	24	
♂	♍ 19.4	20.1	20.7	21.4	22	22.7	23.3	23.9	24.6	25.2	25.9	26.5	27.2	27.8	28.4	29.1	29.7	♎ 0.4	1	1.7	2.3	3	3.6	4.3	4.9	5.6	6.2	6.9	7.5	8.2	

♃ 1: ♋ 17.8 · 6: 18.7 · 11: 19.5 · 16: 20.3 · 21: 21.1 · 26: 21.8 — ♄ 1: ♊ 12 · 6: 12.2 · 11: 12.3 · 16: 12.5 · 21: 12.5 · 26: 12.5R — ♅ 1: ♊ 4.6 · 11: 4.6R · 21: 4.5 — ♆ 1: ♍ 28.8 · 11: 29.2 · 21: 29.5 — ♇ 1: ♌ 6.3 · 11: 6.5 · 21: 6.8

X

	1	2	3	4	5	6	7	8	9	10	11	12	13	14	15	16	17	18	19	20	21	22	23	24	25	26	27	28	29	30	31
☉	♎ 7.4	8.4	9.4	10.4	11.4	12.4	13.3	14.3	15.3	16.3	17.3	18.3	19.3	20.3	21.3	22.2	23.2	24.2	25.2	26.2	27.2	28.2	29.2	♏ 0.2	1.2	2.2	3.2	4.2	5.2	6.2	7.2
☽	♒ 16.9	29.8	♓ 12.5	25	♈ 7.4	19.5	♉ 1.6	13.5	25.4	♊ 7.2	19.1	♋ 1.1	13.2	25.6	♌ 8.2	21.3	♍ 4.8	18.7	♎ 3.1	17.8	♏ 2.9	18	♐ 3.1	18	♑ 2.6	16.8	♒ 0.5	13.9	26.9	♓ 9.6	22
☿	♏ 2.9	3.9	5	5.9	6.8	7.7	8.5	9.2	9.9	10.5	11	11.5	11.8	12	12.2	12.2R	12	11.7	11.3	10.8	10.1	9.2	8.3	7.2	6	4.7	3.5	2.2	1	♎ 29.8	28.8
♀	♏ 18.6	19.8	21	22.1	23.3	24.4	25.6	26.8	27.9	29.1	♐ 0.2	1.4	2.5	3.7	4.8	6	7.1	8.3	9.4	10.5	11.7	12.8	13.9	15.1	16.2	17.3	18.5	19.6	20.7	21.8	22.9
♂	♈ 19.8R	19.5	19.2	18.9	18.6	18.3	17.9	17.6	17.3	17	16.7	16.4	16.1	15.8	15.5	15.2	14.9	14.6	14.3	14.1	13.8	13.6	13.3	13.1	12.9	12.7	12.5	12.3	12.1	12	11.8

♃ 1: ♊ 21.3 · 6: 21.4 · 11: 21.4R · 16: 21.4 · 21: 21.3 · 26: 21 · 31: 20.7 — ♄ 1: ♉ 28.2R · 6: 28 · 11: 27.8 · 16: 27.5 · 21: 27.2 · 26: 26.8 · 31: 26.5 — ♅ 1: ♊ 0.1R · 11: ♉ 29.8 · 21: 29.5 · 31: 29.2 — ♆ 1: ♍ 27.8 · 11: 28.2 · 21: 28.5 · 31: 28.8 — ♇ 1: ♌ 5.5 · 11: 5.6 · 21: 5.7 · 31: 5.8

	1	2	3	4	5	6	7	8	9	10	11	12	13	14	15	16	17	18	19	20	21	22	23	24	25	26	27	28	29	30	31
☉	♎ 7.2	8.2	9.2	10.1	11.1	12.1	13.1	14.1	15.1	16.1	17	18	19	20	21	22	23	24	25	26	27	28	29	30	♏ 1	1.9	2.9	3.9	4.9	5.9	6.9
☽	♊ 21.5	♋ 3.4	15.3	27.2	♌ 9.3	21.5	♍ 4.1	17	♎ 0.3	13.9	27.8	♏ 12	26.3	♐ 10.7	25.1	♑ 9.4	23.5	♒ 7.5	21.4	♓ 5.1	18.5	♈ 1.9	15	27.9	♉ 10.7	23.2	♊ 5.5	17.6	29.5	♋ 11.4	23.2
☿	♎ 25.7R	25.3	24.9	24.3	23.5	22.7	21.7	20.7	19.5	18.4	17.2	16	14.9	13.8	12.9	12.1	11.4	11	10.7	10.6	10.7D	11	11.4	12	12.7	13.6	14.6	15.7	16.9	18.1	19.5
♀	♍ 25.3	26.5	27.8	29	♎ 0.3	1.5	2.8	4	5.3	6.5	7.8	9	10.3	11.5	12.8	14	15.3	16.5	17.8	19	20.3	21.5	22.8	24	25.3	26.5	27.8	29	♏ 0.3	1.5	2.8
♂	♎ 8.9	9.5	10.2	10.8	11.5	12.1	12.8	13.4	14.1	14.8	15.4	16.1	16.7	17.4	18.1	18.7	19.4	20	20.7	21.4	22	22.7	23.4	24	24.7	25.4	26	26.7	27.4	28	28.7

♃ 1: ♋ 22.4 · 6: 23 · 11: 23.6 · 16: 24 · 21: 24.4 · 26: 24.7 · 31: 25 — ♄ 1: ♊ 12.5R · 6: 12.4 · 11: 12.3 · 16: 12.1 · 21: 11.9 · 26: 11.7 · 31: 11.4 — ♅ 1: ♊ 4.4R · 11: 4.2 · 21: 3.9 · 31: 3.6 — ♆ 1: ♍ 29.9 · 11: ♎ 0.3 · 21: 0.6 · 31: 1 — ♇ 1: ♌ 6.9 · 11: 7.1 · 21: 7.2 · 31: 7.2

XI

	1	2	3	4	5	6	7	8	9	10	11	12	13	14	15	16	17	18	19	20	21	22	23	24	25	26	27	28	29	30	31
☉	♏ 8.2	9.2	10.2	11.2	12.2	13.2	14.2	15.2	16.2	17.2	18.2	19.2	20.2	21.2	22.2	23.3	24.3	25.3	26.3	27.3	28.3	29.3	♐ 0.3	1.3	2.3	3.4	4.4	5.4	6.4	7.4	
☽	♈ 4.2	16.3	28.3	♉ 10.3	22.2	♊ 4	15.9	27.8	♋ 9.8	21.9	♌ 4.2	16.8	29.7	♍ 13.1	26.8	♎ 11.1	25.8	♏ 10.9	26.2	♐ 11.6	26.7	♑ 11.6	26	♒ 9.9	23.4	♓ 6.4	19	♈ 1.3	13.4	25.4	
☿	♎ 28.0R	27.3	26.8	26.5	26.4	26.4D	26.7	27.1	27.7	28.4	29.2	♏ 0.2	1.2	2.3	3.5	4.8	6.1	7.4	8.8	10.2	11.7	13.2	14.6	16.1	17.7	19.2	20.7	22.3	23.8	25.3	
♀	♐ 24	25.1	26.2	27.3	28.4	29.5	♑ 0.6	1.7	2.8	3.9	5	6	7.1	8.2	9.2	10.3	11.3	12.4	13.4	14.4	15.5	16.5	17.5	18.5	19.5	20.5	21.5	22.5	23.5	24.4	
♂	♈ 11.7R	11.6	11.5	11.4	11.3	11.2	11.2	11.1	11.1	11.1	11.1D	11.1	11.1	11.2	11.2	11.3	11.4	11.5	11.6	11.7	11.8	12	12.1	12.3	12.5	12.6	12.8	13	13.3	13.5	

♃ 1: ♊ 20.7R · 6: 20.3 · 11: 19.8 · 16: 19.3 · 21: 18.7 · 26: 18.1 — ♄ 1: ♉ 26.4R · 6: 26 · 11: 25.6 · 16: 25.2 · 21: 24.8 · 26: 24.4 — ♅ 1: ♉ 29.1R · 11: 28.7 · 21: 28.3 — ♆ 1: ♍ 28.9 · 11: 29.2 · 21: 29.4 — ♇ 1: ♌ 5.8 · 11: 5.8R · 21: 5.7

	1	2	3	4	5	6	7	8	9	10	11	12	13	14	15	16	17	18	19	20	21	22	23	24	25	26	27	28	29	30	31
☉	♏ 7.9	8.9	9.9	10.9	11.9	13	14	15	16	17	18	19	20	21	22	23	24	25	26	27	28.1	29.1	♐ 0.1	1.1	2.1	3.1	4.1	5.1	6.1	7.2	
☽	♌ 5.1	17.1	29.3	♍ 11.9	24.8	♎ 8.2	22.1	♏ 6.3	20.9	♐ 5.7	20.6	♑ 5.3	19.9	♒ 4.3	18.3	♓ 2	15.4	28.6	♈ 11.6	24.4	♉ 7	19.5	♊ 1.7	13.9	25.9	♋ 7.8	19.6	♌ 1.4	13.2	25.2	
☿	♎ 20.8	22.3	23.7	25.3	26.8	28.3	29.9	♏ 1.5	3.1	4.7	6.3	7.9	9.5	11.1	12.7	14.3	15.9	17.5	19.1	20.7	22.3	23.9	25.5	27.1	28.7	♐ 0.3	1.8	3.4	5	6.6	
♀	♏ 4.1	5.3	6.6	7.8	9.1	10.3	11.6	12.8	14.1	15.4	16.6	17.9	19.1	20.4	21.6	22.9	24.1	25.4	26.7	27.9	29.2	♐ 0.4	1.7	2.9	4.2	5.5	6.7	8	9.2	10.5	
♂	♎ 29.4	♏ 0.1	0.7	1.4	2.1	2.8	3.4	4.1	4.8	5.5	6.1	6.8	7.5	8.2	8.8	9.5	10.2	10.9	11.6	12.3	12.9	13.6	14.3	15	15.7	16.4	17.1	17.7	18.4	19.1	

♃ 1: ♋ 25 · 6: 25.2 · 11: 25.2 · 16: 25.2R · 21: 25.1 · 26: 24.9 — ♄ 1: ♊ 11.3R · 6: 11 · 11: 10.7 · 16: 10.3 · 21: 9.9 · 26: 9.5 — ♅ 1: ♊ 3.5R · 11: 3.2 · 21: 2.8 — ♆ 1: ♎ 1 · 11: 1.3 · 21: 1.5 — ♇ 1: ♌ 7.2 · 11: 7.3R · 21: 7.2

XII

	1	2	3	4	5	6	7	8	9	10	11	12	13	14	15	16	17	18	19	20	21	22	23	24	25	26	27	28	29	30	31
☉	♐ 8.4	9.4	10.4	11.5	12.5	13.5	14.5	15.5	16.5	17.6	18.6	19.6	20.6	21.6	22.6	23.7	24.7	25.7	26.7	27.7	28.7	29.8	♑ 0.8	1.8	2.8	3.8	4.9	5.9	6.9	7.9	8.9
☽	♉ 7.3	19.1	♊ 1	12.9	24.8	♋ 6.8	18.9	♌ 1.2	13.6	26.2	♍ 9	22.2	♎ 5.8	19.9	♏ 4.3	19.2	♐ 4.3	19.6	♑ 4.8	19.7	♒ 4.3	18.3	♓ 1.9	15	27.7	♈ 10.1	22.2	♉ 4.1	16	27.8	♊ 9.7
☿	♏ 26.9	28.4	♐ 0	1.6	3.1	4.7	6.2	7.8	9.3	10.9	12.5	14	15.6	17.2	18.7	20.3	21.9	23.4	25	26.6	28.2	29.8	♑ 1.3	2.9	4.5	6.1	7.7	9.3	11	12.6	14.2
♀	♑ 25.4	26.3	27.3	28.2	29.1	♒ 0	0.9	1.8	2.7	3.6	4.4	5.3	6.1	6.9	7.7	8.5	9.3	10	10.8	11.5	12.2	12.9	13.5	14.2	14.8	15.4	16	16.5	17.1	17.6	18
♂	♈ 13.7	14	14.2	14.5	14.8	15	15.3	15.6	15.9	16.3	16.6	16.9	17.2	17.6	17.9	18.3	18.7	19	19.4	19.8	20.2	20.6	21	21.4	21.8	22.2	22.7	23.1	23.5	24	24.4

♃ 1: ♊ 17.4R · 6: 16.7 · 11: 16.1 · 16: 15.4 · 21: 14.7 · 26: 14.1 · 31: 13.5 — ♄ 1: ♉ 24.0R · 6: 23.6 · 11: 23.3 · 16: 22.9 · 21: 22.6 · 26: 22.4 · 31: 22.1 — ♅ 1: ♉ 27.9R · 11: 27.5 · 21: 27.2 · 31: 26.8 — ♆ 1: ♍ 29.6 · 11: 29.8 · 21: 29.8 · 31: 29.9 — ♇ 1: ♌ 5.7R · 11: 5.5 · 21: 5.4 · 31: 5.2

	1	2	3	4	5	6	7	8	9	10	11	12	13	14	15	16	17	18	19	20	21	22	23	24	25	26	27	28	29	30	31
☉	♐ 8.2	9.2	10.2	11.2	12.2	13.2	14.3	15.3	16.3	17.3	18.3	19.3	20.4	21.4	22.4	23.4	24.4	25.4	26.5	27.5	28.5	29.5	♑ 0.5	1.6	2.6	3.6	4.6	5.6	6.6	7.7	8.7
☽	♍ 7.4	19.9	♎ 2.8	16.1	29.9	♏ 14.3	29	♐ 14.1	29.3	♑ 14.4	29.4	♒ 14	28.3	♓ 12.1	25.6	♈ 8.7	21.5	♉ 4	16.4	28.6	♊ 10.7	22.7	♋ 4.6	16.4	28.2	♌ 10.1	21.9	♍ 3.9	16.1	28.6	♎ 11.3
☿	♐ 8.1	9.7	11.3	12.8	14.4	16	17.5	19.1	20.7	22.3	23.8	25.4	27	28.5	♑ 0.1	1.7	3.3	4.9	6.4	8	9.6	11.2	12.8	14.3	15.9	17.5	19	20.6	22.1	23.6	25.1
♀	♐ 11.7	13	14.3	15.5	16.8	18	19.3	20.5	21.8	23.1	24.3	25.6	26.8	28.1	29.3	♑ 0.6	1.9	3.1	4.4	5.6	6.9	8.1	9.4	10.7	11.9	13.2	14.4	15.7	16.9	18.2	19.5
♂	♏ 19.8	20.5	21.2	21.9	22.6	23.3	24	24.7	25.3	26	26.7	27.4	28.1	28.8	29.5	♐ 0.2	0.9	1.6	2.3	3	3.7	4.4	5.1	5.8	6.6	7.3	8	8.7	9.4	10.1	10.8

♃ 1: ♋ 24.7R · 6: 24.3 · 11: 23.9 · 16: 23.5 · 21: 22.9 · 26: 22.3 · 31: 21.7 — ♄ 1: ♊ 9.1R · 6: 8.7 · 11: 8.3 · 16: 7.9 · 21: 7.5 · 26: 7.2 · 31: 6.8 — ♅ 1: ♊ 2.3R · 11: 1.9 · 21: 1.5 · 31: 1.2 — ♆ 1: ♎ 1.7 · 11: 1.9 · 21: 2 · 31: 2.1 — ♇ 1: ♌ 7.1R · 11: 7 · 21: 6.9 · 31: 6.7

I

	1	2	3	4	5	6	7	8	9	10	11	12	13	14	15	16	17	18	19	20	21	22	23	24	25	26	27	28	29	30	31
☉	♑ 9.7	10.7	11.7	12.8	13.8	14.8	15.8	16.8	17.9	18.9	19.9	20.9	21.9	23	24	25	26	27	28	29.1	♒ 0.1	1.1	2.1	3.1	4.2	5.2	6.2	7.2	8.2	9.2	10.2
☽	♎ 24.5	♏ 8.2	22.4	♐ 7	22	♑ 7.3	22.6	♒ 7.7	22.7	♓ 7.2	21.2	♈ 4.9	18	♉ 0.9	13.4	25.6	♊ 7.7	19.7	♋ 1.5	13.4	25.2	♌ 7.1	19	♍ 1	13.1	25.4	♎ 8	20.8	♏ 4	17.5	♐ 1.4
☿	♑ 26.6	28.1	29.5	♒ 0.9	2.3	3.5	4.8	5.9	7	7.9	8.8	9.5	10.1	10.5	10.8	10.8R	10.7	10.4	9.9	9.2	8.3	7.3	6.2	5	3.7	2.4	1.2	♑ 30	28.9	27.9	27.1
♀	♑ 20.7	22	23.2	24.5	25.7	27	28.2	29.5	♒ 0.7	2	3.3	4.5	5.8	7	8.3	9.5	10.8	12	13.3	14.5	15.8	17	18.3	19.5	20.8	22.1	23.3	24.6	25.8	27.1	28.3
♂	♐ 11.5	12.2	12.9	13.6	14.3	15.1	15.8	16.5	17.2	17.9	18.6	19.3	20.1	20.8	21.5	22.2	22.9	23.7	24.4	25.1	25.8	26.5	27.3	28	28.7	29.4	♑ 0.2	0.9	1.6	2.3	3.1

♃ 1: ♋ 21.6R · 6: 20.9 · 11: 20.2 · 16: 19.6 · 21: 18.9 · 26: 18.3 · 31: 17.7 — ♄ 1: ♊ 6.8R · 6: 6.5 · 11: 6.2 · 16: 6 · 21: 5.8 · 26: 5.7 · 31: 5.6 — ♅ 1: ♊ 1.2R · 11: 0.9 · 21: 0.7 · 31: 0.6 — ♆ 1: ♎ 2.1 · 11: 2.0R · 21: 2 · 31: 1.9 — ♇ 1: ♌ 6.7R · 11: 6.5 · 21: 6.2 · 31: 6

	1	2	3	4	5	6	7	8	9	10	11	12	13	14	15	16	17	18	19	20	21	22	23	24	25	26	27	28	29	30	31
☉	♑ 9.5	10.5	11.5	12.5	13.5	14.6	15.6	16.6	17.6	18.6	19.7	20.7	21.7	22.7	23.7	24.7	25.8	26.8	27.8	28.8	29.8	♒ 0.9	1.9	2.9	3.9	4.9	5.9	7	8	9	10
☽	♓ 15.5	29.7	♈ 13.6	27.2	♉ 10.6	23.7	♊ 6.5	19.2	♋ 1.6	13.9	26	♌ 8	19.8	♍ 1.6	13.4	25.3	♎ 7.3	19.4	♏ 1.9	14.6	27.8	♐ 11.5	25.5	♑ 10	24.9	♒ 10	25.1	♓ 10.1	25	♈ 9.5	23.6
☿	♑ 24.7R	24.4	23.8	23.1	22.2	21.1	19.9	18.7	17.3	16	14.7	13.5	12.3	11.4	10.5	9.8	9.3	8.9	8.7	8.7D	8.7	8.9	9.2	9.7	10.2	10.8	11.5	12.3	13.1	14	14.9
♀	♏ 27.4	28.6	29.8	♐ 1	2.2	3.3	4.5	5.7	6.9	8.1	9.3	10.5	11.7	12.9	14.1	15.3	16.5	17.7	18.9	20.2	21.4	22.6	23.8	25	26.2	27.4	28.6	29.9	♑ 1.1	2.3	3.5
♂	♊ 5.4R	5.3	5.2	5.1	5	5	4.9	4.9	4.9	4.9	4.9D	4.9	4.9	4.9	5	5.1	5.1	5.2	5.3	5.5	5.6	5.7	5.9	6	6.2	6.4	6.5	6.7	6.9	7.2	7.4

♃ 1: ♌ 26.5R · 6: 26.2 · 11: 25.8 · 16: 25.3 · 21: 24.8 · 26: 24.2 · 31: 23.6 — ♄ 1: ♊ 21.9R · 6: 21.5 · 11: 21.1 · 16: 20.8 · 21: 20.5 · 26: 20.3 · 31: 20.1 — ♅ 1: ♊ 5.6R · 11: 5.3 · 21: 5 · 31: 4.9 — ♆ 1: ♎ 4.2 · 11: 4.2R · 21: 4.2 · 31: 4.1 — ♇ 1: ♌ 8.2R · 11: 8 · 21: 7.8 · 31: 7.5

II

	1	2	3	4	5	6	7	8	9	10	11	12	13	14	15	16	17	18	19	20	21	22	23	24	25	26	27	28	29	30	31
☉	♒ 11.3	12.3	13.3	14.3	15.3	16.3	17.3	18.4	19.4	20.4	21.4	22.4	23.4	24.4	25.4	26.5	27.5	28.5	29.5	♓ 0.5	1.5	2.5	3.5	4.5	5.5	6.5	7.5	8.5			
☽	♐ 15.8	♑ 0.5	15.4	♒ 0.5	15.6	♓ 0.5	15.2	29.4	♈ 13.2	26.6	♉ 9.5	22.1	♊ 4.4	16.4	28.3	♋ 10.1	22	♌ 3.8	15.7	27.8	♍ 10	22.4	♎ 5	17.8	♏ 0.9	14.2	27.7	♐ 11.5			
☿	♑ 26.4R	25.8	25.4	25.1	24.9	24.9D	25	25.3	25.6	26	26.5	27.1	27.8	28.5	29.3	♒ 0.2	1.1	2.1	3.1	4.1	5.2	6.4	7.5	8.7	10	11.2	12.5	13.8			
♀	♒ 29.6	♓ 0.8	2	3.3	4.5	5.8	7	8.3	9.5	10.8	12	13.3	14.5	15.8	17	18.2	19.5	20.7	22	23.2	24.4	25.7	26.9	28.2	29.4	♈ 0.6	1.9	3.1			
♂	♑ 3.8	4.5	5.3	6	6.7	7.5	8.2	8.9	9.6	10.4	11.1	11.8	12.6	13.3	14.1	14.8	15.5	16.3	17	17.7	18.5	19.2	20	20.7	21.4	22.2	22.9	23.7			

♃ 1: ♋ 17.6R · 6: 17 · 11: 16.5 · 16: 16.1 · 21: 15.8 · 26: 15.5 — ♄ 1: ♊ 5.6R · 6: 5.6 · 11: 5.6D · 16: 5.7 · 21: 5.8 · 26: 6 — ♅ 1: ♊ 0.6R · 11: 0.6D · 21: 0.7 — ♆ 1: ♎ 1.8R · 11: 1.7 · 21: 1.5 — ♇ 1: ♌ 6.0R · 11: 5.8 · 21: 5.5

	1	2	3	4	5	6	7	8	9	10	11	12	13	14	15	16	17	18	19	20	21	22	23	24	25	26	27	28	29	30	31
☉	♒ 11	12	13	14.1	15.1	16.1	17.1	18.1	19.1	20.1	21.2	22.2	23.2	24.2	25.2	26.2	27.2	28.2	29.2	♓ 0.2	1.3	2.3	3.3	4.3	5.3	6.3	7.3	8.3	9.3		
☽	♉ 7.3	20.6	♊ 3.6	16.2	28.6	♋ 10.8	22.9	♌ 4.8	16.6	28.5	♍ 10.3	22.1	♎ 4	16.1	28.3	♏ 10.7	23.4	♐ 6.4	19.9	♑ 3.8	18.1	♒ 2.8	17.9	♓ 3.1	18.3	♈ 3.4	18.2	♉ 2.6	16.5		
☿	♑ 15.9	17	18	19.2	20.3	21.5	22.7	24	25.2	26.5	27.9	29.2	♒ 0.6	2	3.4	4.8	6.2	7.7	9.1	10.6	12.1	13.7	15.2	16.8	18.3	19.9	21.5	23.2	24.8		
♀	♑ 4.7	5.9	7.2	8.4	9.6	10.8	12	13.3	14.5	15.7	16.9	18.1	19.4	20.6	21.8	23	24.3	25.5	26.7	27.9	29.2	♒ 0.4	1.6	2.8	4.1	5.3	6.5	7.8	9		
♂	♊ 7.6	7.8	8.1	8.4	8.6	8.9	9.2	9.5	9.8	10.1	10.4	10.7	11	11.3	11.7	12	12.4	12.7	13.1	13.4	13.8	14.2	14.6	14.9	15.3	15.7	16.1	16.5	16.9		

♃ 1: ♌ 23.5R · 6: 22.9 · 11: 22.2 · 16: 21.5 · 21: 20.9 · 26: 20.3 — ♄ 1: ♊ 20.0R · 6: 19.9 · 11: 19.8 · 16: 19.7 · 21: 19.7D · 26: 19.7 — ♅ 1: ♊ 4.9R · 11: 4.8 · 21: 4.9D — ♆ 1: ♎ 4.1R · 11: 3.9 · 21: 3.7 — ♇ 1: ♌ 7.5R · 11: 7.3 · 21: 7.1

III

	1	2	3	4	5	6	7	8	9	10	11	12	13	14	15	16	17	18	19	20	21	22	23	24	25	26	27	28	29	30	31
☉	♓ 9.5	10.5	11.5	12.6	13.6	14.6	15.6	16.6	17.6	18.6	19.6	20.6	21.6	22.5	23.5	24.5	25.5	26.5	27.5	28.5	29.5	♈ 0.5	1.5	2.5	3.5	4.5	5.5	6.5	7.4	8.4	9.4
☽	♐ 25.6	♑ 10	24.5	♒ 9.2	23.9	♓ 8.6	23.1	♈ 7.2	21.1	♉ 4.5	17.5	♊ 0.2	12.5	24.6	♋ 6.5	18.3	♌ 0.2	12	24.1	♍ 6.3	18.7	♎ 1.4	14.4	27.6	♏ 11	24.6	♐ 8.4	22.4	♑ 6.4	20.5	♒ 4.8
☿	♒ 15.1	16.5	17.9	19.3	20.7	22.1	23.6	25.1	26.6	28.1	29.7	♓ 1.3	2.8	4.5	6.1	7.7	9.4	11.1	12.8	14.5	16.3	18	19.8	21.6	23.5	25.3	27.2	29.1	♈ 1	3	4.9
♀	♈ 4.3	5.6	6.8	8	9.3	10.5	11.7	13	14.2	15.4	16.6	17.9	19.1	20.3	21.6	22.8	24	25.2	26.4	27.7	28.9	♉ 0.1	1.3	2.5	3.7	5	6.2	7.4	8.6	9.8	11
♂	♑ 24.4	25.2	25.9	26.6	27.4	28.1	28.9	29.6	♒ 0.4	1.1	1.9	2.6	3.4	4.1	4.9	5.6	6.3	7.1	7.8	8.6	9.3	10.1	10.8	11.6	12.4	13.1	13.9	14.6	15.4	16.1	16.9

♃ 1: ♋ 15.4R · 6: 15.2 · 11: 15.2 · 16: 15.2D · 21: 15.3 · 26: 15.5 · 31: 15.7 — ♄ 1: ♊ 6.1 · 6: 6.3 · 11: 6.6 · 16: 6.9 · 21: 7.2 · 26: 7.6 · 31: 8.1 — ♅ 1: ♊ 0.8 · 11: 1 · 21: 1.3 · 31: 1.7 — ♆ 1: ♎ 1.3R · 11: 1 · 21: 0.7 · 31: 0.5 — ♇ 1: ♌ 5.4R · 11: 5.2 · 21: 5.1 · 31: 5

	1	2	3	4	5	6	7	8	9	10	11	12	13	14	15	16	17	18	19	20	21	22	23	24	25	26	27	28	29	30	31
☉	♓ 10.3	11.3	12.3	13.3	14.3	15.3	16.3	17.3	18.3	19.3	20.3	21.3	22.3	23.3	24.3	25.3	26.3	27.3	28.3	29.3	♈ 0.3	1.3	2.3	3.2	4.2	5.2	6.2	7.2	8.2	9.2	10.2
☽	♉ 29.9	♊ 12.9	25.5	♋ 7.8	19.9	♌ 1.8	13.6	25.4	♍ 7.2	19.1	♎ 1	13.1	25.3	♏ 7.6	20.2	♐ 2.9	16	29.3	♑ 13	27.1	♒ 11.5	26.3	♓ 11.3	26.4	♈ 11.5	26.3	♉ 10.8	24.9	♊ 8.4	21.5	♋ 4.2
☿	♒ 26.5	28.1	29.8	♓ 1.5	3.3	5	6.8	8.5	10.4	12.2	14	15.9	17.7	19.6	21.6	23.5	25.4	27.4	29.4	♈ 1.4	3.4	5.4	7.4	9.4	11.5	13.5	15.5	17.5	19.4	21.4	23.3
♀	♒ 10.2	11.4	12.7	13.9	15.1	16.3	17.6	18.8	20	21.3	22.5	23.7	25	26.2	27.4	28.6	29.9	♓ 1.1	2.3	3.6	4.8	6	7.3	8.5	9.7	10.9	12.2	13.4	14.6	15.9	17.1
♂	♊ 17.3	17.8	18.2	18.6	19	19.5	19.9	20.3	20.8	21.2	21.7	22.1	22.6	23.1	23.5	24	24.5	24.9	25.4	25.9	26.4	26.9	27.3	27.8	28.3	28.8	29.3	29.8	♋ 0.3	0.8	1.3

♃ 1: ♌ 19.8R · 6: 19.2 · 11: 18.7 · 16: 18.3 · 21: 17.9 · 26: 17.6 · 31: 17.3 — ♄ 1: ♊ 19.8 · 6: 19.9 · 11: 20 · 16: 20.2 · 21: 20.5 · 26: 20.8 · 31: 21.1 — ♅ 1: ♊ 5 · 11: 5.2 · 21: 5.4 · 31: 5.8 — ♆ 1: ♎ 3.5R · 11: 3.2 · 21: 3 · 31: 2.7 — ♇ 1: ♌ 6.9R · 11: 6.7 · 21: 6.6 · 31: 6.5

IV

	1	2	3	4	5	6	7	8	9	10	11	12	13	14	15	16	17	18	19	20	21	22	23	24	25	26	27	28	29	30	31
☉	♈ 10.4	11.4	12.4	13.4	14.3	15.3	16.3	17.3	18.3	19.3	20.2	21.2	22.2	23.2	24.2	25.1	26.1	27.1	28.1	29.1	♉ 0	1	2	3	3.9	4.9	5.9	6.8	7.8	8.8	
☽	♒ 19	♓ 3.3	17.5	♈ 1.6	15.5	29.1	♉ 12.4	25.4	♊ 8	20.4	♋ 2.5	14.4	26.2	♌ 8.1	20	♍ 2	14.3	27	♎ 9.9	23.2	♏ 6.8	20.7	♐ 4.7	18.9	♑ 3.2	17.4	♒ 1.6	15.6	29.7	♓ 13.6	
☿	♈ 6.9	8.9	11	13	15	17.1	19.2	21.3	23.4	25.4	27.5	29.6	♉ 1.6	3.7	5.7	7.7	9.6	11.5	13.3	15.1	16.9	18.5	20.1	21.7	23.1	24.5	25.9	27.1	28.3	29.3	
♀	♉ 12.2	13.4	14.6	15.8	17	18.2	19.4	20.6	21.8	23	24.2	25.4	26.6	27.8	29	♊ 0.2	1.4	2.6	3.8	4.9	6.1	7.3	8.5	9.7	10.8	12	13.2	14.4	15.5	16.7	
♂	♒ 17.6	18.4	19.1	19.9	20.6	21.4	22.1	22.9	23.6	24.4	25.2	25.9	26.7	27.4	28.2	28.9	29.7	♓ 0.4	1.2	1.9	2.7	3.5	4.2	5	5.7	6.5	7.2	8	8.7	9.5	

♃ 1: ♋ 15.8 · 6: 16.2 · 11: 16.6 · 16: 17.1 · 21: 17.6 · 26: 18.2 — ♄ 1: ♊ 8.1 · 6: 8.6 · 11: 9.1 · 16: 9.6 · 21: 10.1 · 26: 10.7 — ♅ 1: ♊ 1.7 · 11: 2.2 · 21: 2.7 — ♆ 1: ♎ 0.4R · 11: 0.2 · 21: ♍ 29.9 — ♇ 1: ♌ 5.0R · 11: 4.9 · 21: 4.9D

	1	2	3	4	5	6	7	8	9	10	11	12	13	14	15	16	17	18	19	20	21	22	23	24	25	26	27	28	29	30	31
☉	♈ 11.2	12.1	13.1	14.1	15.1	16.1	17.1	18	19	20	21	22	23	23.9	24.9	25.9	26.9	27.8	28.8	29.8	♉ 0.8	1.7	2.7	3.7	4.7	5.6	6.6	7.6	8.6	9.5	
☽	♋ 16.5	28.6	♌ 10.4	22.2	♍ 4	15.9	27.8	♎ 9.9	22.1	♏ 4.6	17.2	30	♐ 13	26.1	♑ 9.6	23.2	♒ 7.1	21.3	♓ 5.8	20.4	♈ 5.2	19.9	♉ 4.6	18.9	♊ 2.9	16.4	29.6	♋ 12.3	24.6	♌ 6.7	
☿	♈ 25.2	27	28.8	♉ 0.5	2.1	3.7	5.2	6.6	7.9	9.2	10.3	11.4	12.3	13.2	14	14.6	15.2	15.6	16	16.2	16.4	16.4	16.4R	16.2	16	15.7	15.3	14.9	14.4	13.8	
♀	♓ 18.3	19.6	20.8	22	23.2	24.5	25.7	26.9	28.2	29.4	♈ 0.6	1.9	3.1	4.3	5.5	6.8	8	9.2	10.5	11.7	12.9	14.1	15.4	16.6	17.8	19.1	20.3	21.5	22.7	24	
♂	♋ 1.8	2.3	2.8	3.4	3.9	4.4	4.9	5.4	5.9	6.5	7	7.5	8	8.6	9.1	9.6	10.2	10.7	11.3	11.8	12.3	12.9	13.4	14	14.5	15.1	15.6	16.2	16.7	17.3	

♃ 1: ♌ 17.3R · 6: 17.1 · 11: 17 · 16: 17.1D · 21: 17.1 · 26: 17.3 — ♄ 1: ♊ 21.2 · 6: 21.5 · 11: 21.9 · 16: 22.4 · 21: 22.9 · 26: 23.3 — ♅ 1: ♊ 5.8 · 11: 6.3 · 21: 6.7 — ♆ 1: ♎ 2.6R · 11: 2.4 · 21: 2.1 — ♇ 1: ♌ 6.5R · 11: 6.4 · 21: 6.4D

V

	1	2	3	4	5	6	7	8	9	10	11	12	13	14	15	16	17	18	19	20	21	22	23	24	25	26	27	28	29	30	31
☉	♉ 9.8	10.7	11.7	12.7	13.6	14.6	15.6	16.5	17.5	18.5	19.4	20.4	21.4	22.3	23.3	24.3	25.2	26.2	27.2	28.1	29.1	♊ 0	1	2	2.9	3.9	4.9	5.8	6.8	7.7	8.7
☽	♓ 27.3	♈ 11	24.5	♉ 7.7	20.8	♊ 3.6	16.1	28.3	♋ 10.4	22.3	♌ 4.1	15.9	27.8	♍ 9.9	22.2	♎ 4.9	18	♏ 1.5	15.4	29.7	♐ 14.2	28.8	♑ 13.4	28	♒ 12.3	26.5	♓ 10.5	24.2	♈ 7.7	21	♉ 4.1
☿	♊ 0.3	1.3	2.1	2.8	3.5	4.1	4.6	5	5.3	5.5	5.7	5.7	5.7R	5.6	5.4	5.2	4.9	4.5	4	3.6	3	2.5	1.9	1.4	0.8	0.2	♉ 29.7	29.2	28.7	28.3	27.9
♀	♊ 17.9	19	20.2	21.4	22.5	23.7	24.8	26	27.1	28.3	29.4	♋ 0.6	1.7	2.9	4	5.1	6.3	7.4	8.5	9.7	10.8	11.9	13	14.2	15.3	16.4	17.5	18.6	19.7	20.8	21.9
♂	♓ 10.2	11	11.7	12.5	13.3	14	14.8	15.5	16.3	17	17.8	18.5	19.3	20	20.8	21.5	22.3	23	23.8	24.5	25.2	26	26.7	27.5	28.2	29	29.7	♈ 0.5	1.2	1.9	2.7

♃ 1: ♋ 18.9 · 6: 19.6 · 11: 20.3 · 16: 21.1 · 21: 22 · 26: 22.9 · 31: 23.8 — ♄ 1: ♊ 11.3 · 6: 11.9 · 11: 12.5 · 16: 13.1 · 21: 13.7 · 26: 14.4 · 31: 15 — ♅ 1: ♊ 3.2 · 11: 3.7 · 21: 4.3 · 31: 4.9 — ♆ 1: ♍ 29.7R · 11: 29.5 · 21: 29.4 · 31: 29.3 — ♇ 1: ♌ 5 · 11: 5 · 21: 5.2 · 31: 5.3

	1	2	3	4	5	6	7	8	9	10	11	12	13	14	15	16	17	18	19	20	21	22	23	24	25	26	27	28	29	30	31
☉	♉ 10.5	11.5	12.4	13.4	14.4	15.3	16.3	17.3	18.2	19.2	20.2	21.1	22.1	23.1	24	25	26	26.9	27.9	28.9	29.8	♊ 0.8	1.7	2.7	3.7	4.6	5.6	6.5	7.5	8.5	9.4
☽	♌ 18.6	♍ 0.5	12.3	24.2	♎ 6.2	18.4	♏ 0.9	13.6	26.5	♐ 9.6	23	♑ 6.5	20.1	♒ 3.9	17.9	♓ 2	16.2	♈ 0.6	14.9	29.2	♉ 13.4	27.4	♊ 11.1	24.5	♋ 7.5	20.2	♌ 2.5	14.6	26.6	♍ 8.4	20.3
☿	♉ 13.2R	12.6	12	11.3	10.7	10.1	9.5	9	8.5	8	7.6	7.3	7.1	6.9	6.8	6.8D	6.8	7	7.2	7.4	7.8	8.2	8.7	9.3	9.9	10.6	11.4	12.2	13.1	14	15
♀	♈ 25.2	26.4	27.7	28.9	♉ 0.1	1.3	2.6	3.8	5	6.3	7.5	8.7	9.9	11.2	12.4	13.6	14.8	16.1	17.3	18.5	19.8	21	22.2	23.4	24.7	25.9	27.1	28.3	29.6	♊ 0.8	2
♂	♋ 17.8	18.4	18.9	19.5	20	20.6	21.2	21.7	22.3	22.8	23.4	24	24.5	25.1	25.7	26.2	26.8	27.4	28	28.5	29.1	29.7	♌ 0.2	0.8	1.4	2	2.6	3.1	3.7	4.3	4.9

♃ 1: ♌ 17.5 · 6: 17.8 · 11: 18.2 · 16: 18.7 · 21: 19.2 · 26: 19.7 · 31: 20.3 — ♄ 1: ♊ 23.9 · 6: 24.4 · 11: 25 · 16: 25.6 · 21: 26.2 · 26: 26.8 · 31: 27.4 — ♅ 1: ♊ 7.3 · 11: 7.8 · 21: 8.4 · 31: 9 — ♆ 1: ♎ 1.9R · 11: 1.7 · 21: 1.6 · 31: 1.5 — ♇ 1: ♌ 6.4 · 11: 6.5 · 21: 6.6 · 31: 6.8

VI

	1	2	3	4	5	6	7	8	9	10	11	12	13	14	15	16	17	18	19	20	21	22	23	24	25	26	27	28	29	30	31
☉	♊ 9.6	10.6	11.6	12.5	13.5	14.4	15.4	16.4	17.3	18.3	19.2	20.2	21.1	22.1	23	24	25	25.9	26.9	27.8	28.8	29.7	♋ 0.7	1.6	2.6	3.5	4.5	5.4	6.4	7.4	
☽	♉ 17	29.7	♊ 12.2	24.5	♋ 6.7	18.6	♌ 0.5	12.3	24	♍ 5.9	18	♎ 0.3	13	26.1	♏ 9.7	23.7	♐ 8.1	22.9	♑ 7.8	22.8	♒ 7.7	22.4	♓ 6.8	20.9	♈ 4.6	18	♉ 1.2	14	26.6	♊ 9.1	
☿	♉ 27.6R	27.4	27.2	27.1	27	27.1D	27.2	27.3	27.6	27.9	28.3	28.8	29.4	30	♊ 0.7	1.4	2.3	3.1	4.1	5.1	6.2	7.3	8.5	9.8	11.1	12.5	13.9	15.4	17	18.6	
♀	♋ 23	24.1	25.2	26.2	27.3	28.4	29.5	♌ 0.5	1.6	2.7	3.7	4.8	5.8	6.8	7.9	8.9	9.9	11	12	13	14	15	16	17	18	18.9	19.9	20.9	21.8	22.7	
♂	♈ 3.4	4.2	4.9	5.6	6.4	7.1	7.8	8.6	9.3	10	10.8	11.5	12.2	12.9	13.7	14.4	15.1	15.8	16.6	17.3	18	18.7	19.4	20.2	20.9	21.6	22.3	23	23.7	24.4	

♃ 1: ♋ 24 · 6: 24.9 · 11: 25.9 · 16: 26.9 · 21: 27.9 · 26: 29 — ♄ 1: ♊ 15.2 · 6: 15.8 · 11: 16.4 · 16: 17.1 · 21: 17.7 · 26: 18.4 — ♅ 1: ♊ 5 · 11: 5.5 · 21: 6.1 — ♆ 1: ♍ 29.3R · 11: 29.3D · 21: 29.3 — ♇ 1: ♌ 5.3 · 11: 5.5 · 21: 5.8

	1	2	3	4	5	6	7	8	9	10	11	12	13	14	15	16	17	18	19	20	21	22	23	24	25	26	27	28	29	30	31
☉	♊ 10.4	11.3	12.3	13.2	14.2	15.2	16.1	17.1	18	19	19.9	20.9	21.9	22.8	23.8	24.7	25.7	26.6	27.6	28.5	29.5	♋ 0.4	1.4	2.4	3.3	4.3	5.2	6.2	7.1	8.1	
☽	♎ 2.2	14.3	26.6	♏ 9.2	22.1	♐ 5.3	18.8	♑ 2.5	16.4	♒ 0.5	14.6	28.8	♓ 13	27.2	♈ 11.4	25.4	♉ 9.3	23.1	♊ 6.6	19.9	♋ 3	15.7	28.2	♌ 10.5	22.6	♍ 4.5	16.3	28.2	♎ 10.1	22.2	
☿	♉ 16	17.1	18.3	19.5	20.7	22	23.4	24.8	26.2	27.7	29.2	♊ 0.8	2.5	4.1	5.9	7.6	9.5	11.3	13.2	15.2	17.1	19.2	21.2	23.3	25.4	27.5	29.7	♋ 1.9	4	6.2	
♀	♊ 3.3	4.5	5.7	6.9	8.2	9.4	10.6	11.8	13.1	14.3	15.5	16.8	18	19.2	20.4	21.7	22.9	24.1	25.4	26.6	27.8	29	♋ 0.3	1.5	2.7	4	5.2	6.4	7.6	8.9	
♂	♌ 5.5	6	6.6	7.2	7.8	8.4	9	9.6	10.1	10.7	11.3	11.9	12.5	13.1	13.7	14.3	14.9	15.5	16.1	16.7	17.3	17.9	18.5	19.1	19.7	20.3	20.9	21.5	22.1	22.7	

♃ 1: ♌ 20.5 · 6: 21.1 · 11: 21.9 · 16: 22.6 · 21: 23.4 · 26: 24.3 — ♄ 1: ♊ 27.5 · 6: 28.2 · 11: 28.8 · 16: 29.5 · 21: ♋ 0.1 · 26: 0.8 — ♅ 1: ♊ 9 · 11: 9.6 · 21: 10.2 — ♆ 1: ♎ 1.5R · 11: 1.5 · 21: 1.5D — ♇ 1: ♌ 6.8 · 11: 7 · 21: 7.2

VII

	1	2	3	4	5	6	7	8	9	10	11	12	13	14	15	16	17	18	19	20	21	22	23	24	25	26	27	28	29	30	31
☉	♋ 8.3	9.3	10.2	11.2	12.1	13.1	14	15	15.9	16.9	17.8	18.8	19.7	20.7	21.7	22.6	23.6	24.5	25.5	26.4	27.4	28.3	29.3	♌ 0.2	1.2	2.2	3.1	4.1	5	6	6.9
☽	♊ 21.3	♋ 3.4	15.4	27.2	♌ 9	20.8	♍ 2.6	14.5	26.6	♎ 8.9	21.5	♏ 4.6	18	♐ 2	16.4	♑ 1.2	16.2	♒ 1.4	16.6	♓ 1.5	16.2	♈ 0.5	14.4	27.9	♉ 10.9	23.7	♊ 6.2	18.4	♋ 0.5	12.4	24.2
☿	♊ 20.2	21.9	23.7	25.5	27.4	29.3	♋ 1.2	3.2	5.2	7.3	9.4	11.5	13.6	15.8	17.9	20.1	22.2	24.4	26.5	28.6	♌ 0.7	2.8	4.8	6.9	8.9	10.9	12.8	14.8	16.7	18.6	20.4
♀	♌ 23.7	24.6	25.5	26.4	27.4	28.2	29.1	♍ 0	0.9	1.7	2.6	3.4	4.2	5	5.8	6.6	7.4	8.1	8.9	9.6	10.3	11	11.6	12.3	12.9	13.6	14.2	14.7	15.3	15.8	16.3
♂	♈ 25.1	25.8	26.5	27.2	27.9	28.6	29.3	♉ 0	0.7	1.4	2.1	2.8	3.5	4.2	4.8	5.5	6.2	6.9	7.5	8.2	8.9	9.5	10.2	10.9	11.5	12.2	12.8	13.5	14.1	14.8	15.4

♃ 1: ♌ 0 · 6: 1.1 · 11: 2.2 · 16: 3.3 · 21: 4.4 · 26: 5.5 · 31: 6.6 — ♄ 1: ♊ 19 · 6: 19.6 · 11: 20.2 · 16: 20.8 · 21: 21.4 · 26: 22 · 31: 22.5 — ♅ 1: ♊ 6.6 · 11: 7.1 · 21: 7.6 · 31: 8 — ♆ 1: ♍ 29.4 · 11: 29.5 · 21: 29.7 · 31: 29.9 — ♇ 1: ♌ 6 · 11: 6.3 · 21: 6.6 · 31: 6.9

	1	2	3	4	5	6	7	8	9	10	11	12	13	14	15	16	17	18	19	20	21	22	23	24	25	26	27	28	29	30	31
☉	♋ 9	10	10.9	11.9	12.8	13.8	14.7	15.7	16.7	17.6	18.6	19.5	20.5	21.4	22.4	23.3	24.3	25.2	26.2	27.1	28.1	29.1	♌ 0	1	1.9	2.9	3.8	4.8	5.7	6.7	7.7
☽	♏ 4.6	17.2	♐ 0.2	13.6	27.3	♑ 11.3	25.6	♒ 10.1	24.7	♓ 9.3	23.8	♈ 8.1	22.3	♉ 6.2	19.8	♊ 3.2	16.4	29.3	♋ 12	24.4	♌ 6.7	18.8	♍ 0.8	12.7	24.5	♎ 6.4	18.3	♏ 0.4	12.7	25.3	♐ 8.2
☿	♋ 8.4	10.6	12.7	14.9	17	19.2	21.3	23.3	25.4	27.4	29.4	♌ 1.4	3.3	5.2	7.1	8.9	10.7	12.5	14.2	16	17.6	19.3	20.9	22.5	24.1	25.6	27.1	28.6	♍ 0	1.4	2.8
♀	♋ 10.1	11.3	12.6	13.8	15	16.2	17.5	18.7	19.9	21.2	22.4	23.6	24.9	26.1	27.3	28.5	29.8	♌ 1	2.2	3.5	4.7	5.9	7.2	8.4	9.6	10.9	12.1	13.3	14.6	15.8	17
♂	♌ 23.3	23.9	24.5	25.1	25.7	26.3	26.9	27.5	28.1	28.7	29.3	29.9	♍ 0.6	1.2	1.8	2.4	3	3.6	4.2	4.8	5.5	6.1	6.7	7.3	7.9	8.6	9.2	9.8	10.4	11	11.7

♃ 1: ♌ 25.2 · 6: 26.1 · 11: 27 · 16: 28 · 21: 29 · 26: ♍ 0 · 31: 1 — ♄ 1: ♋ 1.4 · 6: 2 · 11: 2.7 · 16: 3.3 · 21: 3.9 · 26: 4.5 · 31: 5.1 — ♅ 1: ♊ 10.7 · 11: 11.2 · 21: 11.7 · 31: 12.1 — ♆ 1: ♎ 1.6 · 11: 1.7 · 21: 1.9 · 31: 2.1 — ♇ 1: ♌ 7.5 · 11: 7.8 · 21: 8 · 31: 8.3

VIII

	1	2	3	4	5	6	7	8	9	10	11	12	13	14	15	16	17	18	19	20	21	22	23	24	25	26	27	28	29	30	31
☉	♌ 7.9	8.8	9.8	10.8	11.7	12.7	13.6	14.6	15.6	16.5	17.5	18.4	19.4	20.3	21.3	22.3	23.2	24.2	25.2	26.1	27.1	28	29	30	♍ 0.9	1.9	2.9	3.8	4.8	5.8	6.7
☽	♌ 6	17.8	29.6	♍ 11.5	23.5	♎ 5.7	18	♏ 0.7	13.7	27.1	♐ 10.9	25.1	♑ 9.7	24.6	♒ 9.7	24.9	♓ 10	24.8	♈ 9.3	23.3	♉ 6.9	20.1	♊ 2.9	15.3	27.4	♋ 9.4	21.2	♌ 3	14.8	26.6	♍ 8.6
☿	♌ 22.2	24	25.8	27.6	29.3	♍ 1	2.6	4.2	5.9	7.4	9	10.5	12	13.5	14.9	16.4	17.8	19.1	20.5	21.8	23	24.3	25.5	26.7	27.8	28.9	30	♎ 1	2	2.9	3.8
♀	♍ 16.8	17.3	17.7	18.1	18.5	18.8	19.2	19.5	19.7	19.9	20.1	20.3	20.4	20.5	20.5	20.5R	20.5	20.4	20.3	20.2	20	19.8	19.5	19.2	18.8	18.5	18	17.6	17.1	16.6	16.1
♂	♉ 16.1	16.7	17.4	18	18.6	19.3	19.9	20.5	21.1	21.7	22.3	23	23.6	24.2	24.8	25.4	26	26.5	27.1	27.7	28.3	28.9	29.4	30	♊ 0.6	1.1	1.7	2.2	2.8	3.3	3.8

♃ 1: ♌ 6.8 · 6: 7.9 · 11: 9 · 16: 10.1 · 21: 11.2 · 26: 12.3 · 31: 13.4 — ♄ 1: ♊ 22.6 · 6: 23.1 · 11: 23.6 · 16: 24.1 · 21: 24.5 · 26: 24.9 · 31: 25.2 — ♅ 1: ♊ 8 · 11: 8.3 · 21: 8.6 · 31: 8.8 — ♆ 1: ♍ 30 · 11: ♎ 0.2 · 21: 0.5 · 31: 0.9 — ♇ 1: ♌ 6.9 · 11: 7.2 · 21: 7.4 · 31: 7.7

	1	2	3	4	5	6	7	8	9	10	11	12	13	14	15	16	17	18	19	20	21	22	23	24	25	26	27	28	29	30	31
☉	♌ 8.6	9.6	10.5	11.5	12.4	13.4	14.4	15.3	16.3	17.2	18.2	19.2	20.1	21.1	22	23	24	24.9	25.9	26.8	27.8	28.8	29.7	♍ 0.7	1.7	2.6	3.6	4.6	5.5	6.5	7.5
☽	♐ 21.6	♑ 5.4	19.6	♒ 4.2	19	♓ 4	19	♈ 3.9	18.5	♉ 2.7	16.7	♊ 0.2	13.4	26.3	♋ 8.9	21.3	♌ 3.5	15.5	27.5	♍ 9.4	21.2	♎ 3.1	14.9	26.9	♏ 9	21.2	♐ 3.8	16.6	29.9	♑ 13.6	27.7
☿	♍ 4.2	5.5	6.7	8	9.2	10.3	11.5	12.6	13.6	14.6	15.6	16.5	17.3	18.1	18.9	19.6	20.2	20.7	21.2	21.6	22	22.2	22.4	22.5	22.5R	22.3	22.1	21.8	21.4	20.9	20.3
♀	♌ 18.2	19.5	20.7	21.9	23.2	24.4	25.6	26.9	28.1	29.3	♍ 0.6	1.8	3	4.3	5.5	6.7	8	9.2	10.4	11.7	12.9	14.1	15.4	16.6	17.8	19.1	20.3	21.5	22.8	24	25.2
♂	♍ 12.3	12.9	13.5	14.2	14.8	15.4	16	16.7	17.3	17.9	18.6	19.2	19.8	20.4	21.1	21.7	22.3	23	23.6	24.3	24.9	25.5	26.2	26.8	27.4	28.1	28.7	29.4	♎ 0	0.6	1.3

♃ 1: ♍ 1.2 · 6: 2.3 · 11: 3.4 · 16: 4.4 · 21: 5.5 · 26: 6.6 · 31: 7.7 — ♄ 1: ♋ 5.2 · 6: 5.8 · 11: 6.4 · 16: 6.9 · 21: 7.4 · 26: 7.9 · 31: 8.3 — ♅ 1: ♊ 12.2 · 11: 12.5 · 21: 12.8 · 31: 13 — ♆ 1: ♎ 2.1 · 11: 2.4 · 21: 2.7 · 31: 3 — ♇ 1: ♌ 8.4 · 11: 8.6 · 21: 8.9 · 31: 9.2

IX

	1	2	3	4	5	6	7	8	9	10	11	12	13	14	15	16	17	18	19	20	21	22	23	24	25	26	27	28	29	30	31
☉	♍ 7.7	8.7	9.6	10.6	11.6	12.5	13.5	14.5	15.5	16.4	17.4	18.4	19.3	20.3	21.3	22.3	23.2	24.2	25.2	26.2	27.1	28.1	29.1	♎ 0.1	1.1	2	3	4	5	6	
☽	♍ 20.6	♎ 2.8	15.1	27.7	♏ 10.5	23.6	♐ 6.9	20.6	♑ 4.6	18.9	♒ 3.5	18.3	♓ 3.3	18.2	♈ 3	17.5	♉ 1.6	15.3	28.5	♊ 11.4	23.8	♋ 6	17.9	29.7	♌ 11.5	23.3	♍ 5.2	17.3	29.5	♎ 12	
☿	♎ 4.7	5.5	6.2	6.9	7.5	8	8.5	8.8	9.1	9.4	9.5	9.5R	9.4	9.2	8.9	8.5	7.9	7.3	6.5	5.6	4.7	3.7	2.6	1.5	0.4	♍ 29.4	28.4	27.4	26.6	25.9	
♀	♍ 15.5R	14.9	14.4	13.7	13.1	12.5	11.9	11.3	10.7	10.1	9.5	8.9	8.4	7.9	7.4	6.9	6.5	6.1	5.8	5.4	5.2	4.9	4.7	4.6	4.5	4.4	4.3	4.3D	4.4	4.5	
♂	♊ 4.4	4.9	5.4	5.9	6.4	6.9	7.4	7.9	8.4	8.9	9.4	9.8	10.3	10.8	11.2	11.7	12.1	12.5	13	13.4	13.8	14.2	14.6	15	15.4	15.7	16.1	16.5	16.8	17.1	

♃ 1: ♌ 13.6 · 6: 14.6 · 11: 15.6 · 16: 16.6 · 21: 17.6 · 26: 18.6 — ♄ 1: ♊ 25.3 · 6: 25.6 · 11: 25.9 · 16: 26.1 · 21: 26.3 · 26: 26.5 — ♅ 1: ♊ 8.8 · 11: 8.8 · 21: 8.8R — ♆ 1: ♎ 0.9 · 11: 1.3 · 21: 1.6 — ♇ 1: ♌ 7.7 · 11: 8 · 21: 8.2

	1	2	3	4	5	6	7	8	9	10	11	12	13	14	15	16	17	18	19	20	21	22	23	24	25	26	27	28	29	30	31
☉	♍ 8.4	9.4	10.4	11.3	12.3	13.3	14.2	15.2	16.2	17.2	18.1	19.1	20.1	21.1	22	23	24	25	25.9	26.9	27.9	28.9	29.8	♎ 0.8	1.8	2.8	3.8	4.7	5.7	6.7	
☽	♒ 12.4	27.3	♓ 12.5	27.8	♈ 13	27.9	♉ 12.4	26.4	♊ 10	23.2	♋ 5.9	18.4	♌ 0.6	12.6	24.6	♍ 6.4	18.3	♎ 0.1	12	23.9	♏ 5.9	18.1	♐ 0.4	12.9	25.7	♑ 8.8	22.4	♒ 6.4	20.8	♓ 5.6	
☿	♍ 19.6R	18.8	18	17	16.1	15.1	14.1	13.2	12.2	11.4	10.6	9.9	9.3	8.9	8.7	8.5	8.6D	8.8	9.1	9.6	10.3	11.1	12	13.1	14.2	15.5	16.9	18.3	19.8	21.4	
♀	♍ 26.5	27.7	28.9	♎ 0.2	1.4	2.6	3.9	5.1	6.3	7.6	8.8	10	11.2	12.5	13.7	14.9	16.2	17.4	18.6	19.9	21.1	22.3	23.6	24.8	26	27.2	28.5	29.7	♏ 0.9	2.2	
♂	♎ 1.9	2.6	3.2	3.9	4.5	5.2	5.8	6.5	7.1	7.8	8.4	9.1	9.7	10.4	11	11.7	12.3	13	13.7	14.3	15	15.6	16.3	17	17.6	18.3	19	19.6	20.3	20.9	

♃ 1: ♍ 7.9 · 6: 9 · 11: 10.1 · 16: 11.1 · 21: 12.2 · 26: 13.3 — ♄ 1: ♋ 8.4 · 6: 8.8 · 11: 9.2 · 16: 9.5 · 21: 9.9 · 26: 10.1 — ♅ 1: ♊ 13 · 11: 13.1 · 21: 13.1R — ♆ 1: ♎ 3 · 11: 3.4 · 21: 3.8 — ♇ 1: ♌ 9.2 · 11: 9.5 · 21: 9.7

X

	1	2	3	4	5	6	7	8	9	10	11	12	13	14	15	16	17	18	19	20	21	22	23	24	25	26	27	28	29	30	31
☉	♎ 7	7.9	8.9	9.9	10.9	11.9	12.9	13.8	14.8	15.8	16.8	17.8	18.8	19.8	20.8	21.8	22.8	23.7	24.7	25.7	26.7	27.7	28.7	29.7	♏ 0.7	1.7	2.7	3.7	4.7	5.7	6.7
☽	♎ 24.6	♏ 7.5	20.6	♐ 3.9	17.3	♑ 1	14.9	29	♒ 13.3	27.7	♓ 12.3	26.8	♈ 11.3	25.6	♉ 9.6	23.3	♊ 6.5	19.3	♋ 1.8	14	25.9	♌ 7.8	19.6	♍ 1.4	13.4	25.6	♎ 8	20.7	♏ 3.7	16.9	♐ 0.4
☿	♍ 25.4R	25	24.7	24.7D	24.8	25.1	25.6	26.2	27	27.9	28.9	♎ 0	1.3	2.6	4	5.4	6.9	8.5	10.1	11.7	13.3	15	16.6	18.3	20	21.6	23.3	25	26.7	28.4	♏ 0
♀	♍ 4.6	4.7	4.9	5.2	5.4	5.7	6.1	6.4	6.8	7.2	7.7	8.1	8.6	9.2	9.7	10.3	10.9	11.5	12.1	12.8	13.5	14.2	14.9	15.6	16.4	17.1	17.9	18.7	19.5	20.4	21.2
♂	♊ 17.5	17.8	18.1	18.4	18.7	19	19.2	19.5	19.8	20	20.2	20.4	20.6	20.8	21	21.2	21.4	21.5	21.6	21.8	21.9	22	22	22.1	22.2	22.2	22.2	22.2	22.2R	22.2	22.2

♃ 1: ♌ 19.5 · 6: 20.4 · 11: 21.2 · 16: 22 · 21: 22.8 · 26: 23.5 · 31: 24.1 — ♄ 1: ♊ 26.6 · 6: 26.6 · 11: 26.6R · 16: 26.6 · 21: 26.5 · 26: 26.4 · 31: 26.2 — ♅ 1: ♊ 8.7R · 11: 8.6 · 21: 8.3 · 31: 8 — ♆ 1: ♎ 2 · 11: 2.4 · 21: 2.7 · 31: 3.1 — ♇ 1: ♌ 8.4 · 11: 8.6 · 21: 8.7 · 31: 8.7

	1	2	3	4	5	6	7	8	9	10	11	12	13	14	15	16	17	18	19	20	21	22	23	24	25	26	27	28	29	30	31
☉	♎ 7.7	8.7	9.7	10.6	11.6	12.6	13.6	14.6	15.6	16.6	17.6	18.5	19.5	20.5	21.5	22.5	23.5	24.5	25.5	26.5	27.5	28.5	29.5	♏ 0.5	1.5	2.5	3.5	4.5	5.5	6.5	7.5
☽	♓ 20.8	♈ 6.1	21.3	♉ 6.4	21.1	♊ 5.3	19	♋ 2.2	15	27.4	♌ 9.6	21.6	♍ 3.4	15.2	27.1	♎ 9	20.9	♏ 3	15.2	27.5	♐ 10	22.6	♑ 5.5	18.6	♒ 2.1	15.9	♓ 0.1	14.6	29.4	♈ 14.5	29.5
☿	♍ 23	24.6	26.3	28	29.8	♎ 1.5	3.3	5	6.8	8.6	10.3	12.1	13.8	15.6	17.3	19.1	20.8	22.5	24.2	25.9	27.5	29.2	♏ 0.9	2.5	4.2	5.8	7.4	9	10.6	12.2	13.8
♀	♏ 3.4	4.6	5.8	7.1	8.3	9.5	10.8	12	13.2	14.4	15.7	16.9	18.1	19.3	20.6	21.8	23	24.2	25.5	26.7	27.9	29.1	♐ 0.4	1.6	2.8	4	5.3	6.5	7.7	8.9	10.1
♂	♎ 21.6	22.3	22.9	23.6	24.3	25	25.6	26.3	27	27.7	28.3	29	29.7	♏ 0.4	1	1.7	2.4	3.1	3.8	4.4	5.1	5.8	6.5	7.2	7.9	8.5	9.2	9.9	10.6	11.3	12

♃ 1: ♍ 14.3 · 6: 15.3 · 11: 16.3 · 16: 17.3 · 21: 18.3 · 26: 19.2 · 31: 20.1 — ♄ 1: ♋ 10.3 · 6: 10.5 · 11: 10.7 · 16: 10.7 · 21: 10.8 · 26: 10.8R · 31: 10.7 — ♅ 1: ♊ 13.1R · 11: 12.9 · 21: 12.7 · 31: 12.4 — ♆ 1: ♎ 4.1 · 11: 4.5 · 21: 4.9 · 31: 5.2 — ♇ 1: ♌ 9.9 · 11: 10.1 · 21: 10.2 · 31: 10.2

XI

	1	2	3	4	5	6	7	8	9	10	11	12	13	14	15	16	17	18	19	20	21	22	23	24	25	26	27	28	29	30	31
☉	♏ 7.7	8.7	9.7	10.7	11.7	12.7	13.7	14.7	15.7	16.7	17.7	18.7	19.7	20.7	21.8	22.8	23.8	24.8	25.8	26.8	27.8	28.8	29.8	♐ 0.8	1.8	2.9	3.9	4.9	5.9	6.9	
☽	♐ 14.1	27.9	♑ 11.8	25.8	♒ 9.9	24	♓ 8.1	22.2	♈ 6.4	20.4	♉ 4.3	18	♊ 1.4	14.4	27.2	♋ 9.6	21.8	♌ 3.7	15.6	27.4	♍ 9.2	21.2	♎ 3.4	16	28.8	♏ 12.1	25.6	♐ 9.5	23.6	♑ 7.9	
☿	♏ 1.7	3.4	5	6.7	8.3	10	11.6	13.2	14.8	16.4	18	19.6	21.2	22.8	24.4	26	27.6	29.1	♐ 0.7	2.3	3.8	5.4	6.9	8.5	10	11.6	13.1	14.7	16.2	17.7	
♀	♍ 22	22.9	23.8	24.7	25.6	26.5	27.4	28.3	29.3	♎ 0.2	1.2	2.2	3.1	4.1	5.1	6.1	7.1	8.1	9.2	10.2	11.2	12.3	13.3	14.4	15.4	16.5	17.6	18.6	19.7	20.8	
♂	♊ 22.1R	22.1	22	21.9	21.8	21.7	21.5	21.4	21.2	21	20.8	20.6	20.4	20.2	19.9	19.7	19.4	19.1	18.8	18.5	18.2	17.9	17.5	17.2	16.8	16.5	16.1	15.7	15.4	15	

♃ 1: ♌ 24.3 · 6: 24.9 · 11: 25.4 · 16: 25.8 · 21: 26.2 · 26: 26.6 — ♄ 1: ♊ 26.2R · 6: 26 · 11: 25.7 · 16: 25.4 · 21: 25.1 · 26: 24.7 — ♅ 1: ♊ 8.0R · 11: 7.6 · 21: 7.2 — ♆ 1: ♎ 3.1 · 11: 3.4 · 21: 3.7 — ♇ 1: ♌ 8.7 · 11: 8.8R · 21: 8.7

	1	2	3	4	5	6	7	8	9	10	11	12	13	14	15	16	17	18	19	20	21	22	23	24	25	26	27	28	29	30	31
☉	♏ 8.5	9.5	10.5	11.5	12.5	13.5	14.5	15.5	16.5	17.5	18.5	19.5	20.5	21.5	22.5	23.5	24.5	25.5	26.6	27.6	28.6	29.6	♐ 0.6	1.6	2.6	3.6	4.6	5.7	6.7	7.7	
☽	♉ 14.5	29.1	♊ 13.4	27.1	♋ 10.5	23.3	♌ 5.8	18	♍ 0	11.9	23.7	♎ 5.6	17.5	29.6	♏ 11.8	24.2	♐ 6.8	19.6	♑ 2.5	15.7	29	♒ 12.5	26.3	♓ 10.4	24.6	♈ 9.1	23.7	♉ 8.3	22.8	♊ 7.2	
☿	♏ 15.4	17	18.5	20.1	21.6	23.2	24.7	26.3	27.8	29.3	♐ 0.8	2.3	3.8	5.3	6.8	8.3	9.8	11.3	12.7	14.2	15.6	17.1	18.5	19.9	21.3	22.7	24	25.4	26.7	28	
♀	♐ 11.4	12.6	13.8	15	16.3	17.5	18.7	19.9	21.1	22.3	23.6	24.8	26	27.2	28.4	29.6	♑ 0.9	2.1	3.3	4.5	5.7	6.9	8.1	9.3	10.5	11.8	13	14.2	15.4	16.6	
♂	♏ 12.7	13.4	14.1	14.8	15.5	16.2	16.9	17.6	18.3	19	19.7	20.4	21.1	21.8	22.5	23.2	23.9	24.6	25.3	26	26.7	27.4	28.1	28.8	29.5	♐ 0.3	1	1.7	2.4	3.1	

♃ 1: ♍ 20.3 · 6: 21.2 · 11: 22 · 16: 22.8 · 21: 23.5 · 26: 24.2 — ♄ 1: ♋ 10.7R · 6: 10.6 · 11: 10.5 · 16: 10.3 · 21: 10 · 26: 9.8 — ♅ 1: ♊ 12.4R · 11: 12 · 21: 11.6 — ♆ 1: ♎ 5.2 · 11: 5.5 · 21: 5.8 — ♇ 1: ♌ 10.2 · 11: 10.3R · 21: 10.2

XII

	1	2	3	4	5	6	7	8	9	10	11	12	13	14	15	16	17	18	19	20	21	22	23	24	25	26	27	28	29	30	31
☉	♐ 7.9	8.9	10	11	12	13	14	15	16	17.1	18.1	19.1	20.1	21.1	22.1	23.2	24.2	25.2	26.2	27.2	28.3	29.3	♑ 0.3	1.3	2.3	3.3	4.4	5.4	6.4	7.4	8.4
☽	♑ 22.2	♒ 6.5	20.8	♓ 4.9	19	♈ 2.9	16.7	♉ 0.3	13.7	27	♊ 10	22.8	♋ 5.3	17.6	29.7	♌ 11.6	23.4	♍ 5.2	17.1	29	♎ 11.2	23.7	♏ 6.6	19.9	♐ 3.6	17.7	♑ 2.2	16.8	♒ 1.6	16.4	♓ 1
☿	♐ 19.3	20.8	22.3	23.8	25.4	26.9	28.4	29.9	♑ 1.4	2.9	4.4	5.8	7.3	8.7	10.2	11.6	12.9	14.3	15.6	16.8	18	19.2	20.3	21.3	22.2	23	23.6	24.2	24.6	24.8	24.8R
♀	♎ 21.9	23	24.1	25.2	26.3	27.4	28.5	29.6	♏ 0.8	1.9	3	4.2	5.3	6.4	7.6	8.7	9.9	11	12.2	13.3	14.5	15.7	16.8	18	19.2	20.3	21.5	22.7	23.9	25	26.2
♂	♊ 14.6R	14.2	13.8	13.4	13.1	12.7	12.3	11.9	11.5	11.2	10.8	10.4	10.1	9.7	9.4	9.1	8.8	8.5	8.2	7.9	7.6	7.3	7.1	6.9	6.6	6.4	6.2	6	5.9	5.7	5.6

♃ 1: ♌ 26.8 · 6: 27 · 11: 27.1 · 16: 27.1R · 21: 27 · 26: 26.8 · 31: 26.6 — ♄ 1: ♊ 24.4R · 6: 24 · 11: 23.6 · 16: 23.1 · 21: 22.7 · 26: 22.3 · 31: 21.9 — ♅ 1: ♊ 6.8R · 11: 6.4 · 21: 6 · 31: 5.6 — ♆ 1: ♎ 3.9 · 11: 4.1 · 21: 4.2 · 31: 4.2 — ♇ 1: ♌ 8.7R · 11: 8.5 · 21: 8.4 · 31: 8.2

	1	2	3	4	5	6	7	8	9	10	11	12	13	14	15	16	17	18	19	20	21	22	23	24	25	26	27	28	29	30	31
☉	♐ 8.7	9.7	10.7	11.7	12.7	13.8	14.8	15.8	16.8	17.8	18.8	19.9	20.9	21.9	22.9	23.9	24.9	26	27	28	29	♑ 0	1.1	2.1	3.1	4.1	5.1	6.2	7.2	8.2	9.2
☽	♊ 21.2	♋ 4.9	18.2	♌ 1.1	13.7	25.9	♍ 8	19.9	♎ 1.7	13.6	25.6	♏ 7.8	20.1	♐ 2.7	15.6	28.7	♑ 12	25.6	♒ 9.3	23.2	♓ 7.2	21.3	♈ 5.5	19.7	♉ 3.9	18	♊ 2.1	15.9	29.6	♋ 13	26.1
☿	♐ 29.2	♑ 0.4	1.6	2.7	3.8	4.8	5.7	6.5	7.3	7.9	8.4	8.7	8.9	9.0R	8.8	8.5	7.9	7.2	6.3	5.2	4	2.7	1.3	♐ 30	28.6	27.4	26.2	25.2	24.4	23.7	23.2
♀	♑ 17.8	19	20.2	21.4	22.6	23.8	25	26.2	27.4	28.6	29.8	♒ 1	2.2	3.4	4.5	5.7	6.9	8.1	9.3	10.5	11.6	12.8	14	15.2	16.3	17.5	18.7	19.8	21	22.2	23.3
♂	♐ 3.8	4.5	5.3	6	6.7	7.4	8.1	8.9	9.6	10.3	11	11.8	12.5	13.2	14	14.7	15.4	16.1	16.9	17.6	18.3	19.1	19.8	20.5	21.3	22	22.8	23.5	24.2	25	25.7

♃ 1: ♍ 24.8 · 6: 25.4 · 11: 25.9 · 16: 26.4 · 21: 26.7 · 26: 27 · 31: 27.3 — ♄ 1: ♋ 9.5R · 6: 9.1 · 11: 8.8 · 16: 8.4 · 21: 8 · 26: 7.6 · 31: 7.2 — ♅ 1: ♊ 11.2R · 11: 10.8 · 21: 10.4 · 31: 10 — ♆ 1: ♎ 6 · 11: 6.2 · 21: 6.3 · 31: 6.4 — ♇ 1: ♌ 10.2R · 11: 10.1 · 21: 9.9 · 31: 9.7

1945

I

	1	2	3	4	5	6	7	8	9	10	11	12	13	14	15	16	17	18	19	20	21	22	23	24	25	26	27	28	29	30	31
☉	♑ 10.2	11.2	12.3	13.3	14.3	15.3	16.3	17.4	18.4	19.4	20.4	21.4	22.5	23.5	24.5	25.5	26.5	27.6	28.6	29.6	♒ 0.6	1.6	2.6	3.7	4.7	5.7	6.7	7.7	8.7	9.8	10.8
☽	♌ 8.9	21.4	♍ 3.6	15.7	27.7	♎ 9.5	21.4	♏ 3.4	15.6	27.9	♐ 10.6	23.7	♑ 7	20.7	♒ 4.7	18.9	♓ 3.3	17.8	♈ 2.2	16.5	♉ 0.7	14.7	28.5	♊ 12.1	25.5	♋ 8.7	21.7	♌ 4.5	17	29.4	♍ 11.6
☿	♐ 22.8R	22.7	22.7D	22.8	23.1	23.5	24	24.6	25.3	26.1	27	27.9	28.8	29.9	♑ 0.9	2.1	3.2	4.4	5.6	6.9	8.1	9.4	10.8	12.1	13.5	14.8	16.2	17.6	19.1	20.5	21.9
♀	♒ 24.5	25.6	26.8	27.9	29.1	♓ 0.2	1.4	2.5	3.6	4.8	5.9	7	8.2	9.3	10.4	11.5	12.6	13.7	14.8	15.9	17	18.1	19.2	20.2	21.3	22.4	23.4	24.5	25.5	26.6	27.6
♂	♐ 26.4	27.2	27.9	28.7	29.4	♑ 0.2	0.9	1.7	2.4	3.2	3.9	4.6	5.4	6.1	6.9	7.7	8.4	9.2	9.9	10.7	11.4	12.2	12.9	13.7	14.4	15.2	16	16.7	17.5	18.2	19

♃ 1: ♍ 27.3 · 6: 27.4 · 11: 27.5 · 16: 27.5R · 21: 27.4 · 26: 27.2 · 31: 26.9
♄ 1: ♋ 7.1R · 6: 6.7 · 11: 6.3 · 16: 5.9 · 21: 5.5 · 26: 5.2 · 31: 4.9
♅ 1: ♊ 10.0R · 11: 9.7 · 21: 9.4 · 31: 9.2
♆ 1: ♎ 6.4 · 11: 6.4R · 21: 6.4 · 31: 6.3
♇ 1: ♌ 9.7R · 11: 9.5 · 21: 9.3 · 31: 9.1

II

	1	2	3	4	5	6	7	8	9	10	11	12	13	14	15	16	17	18	19	20	21	22	23	24	25	26	27	28	29	30	31
☉	♒ 11.8	12.8	13.8	14.8	15.8	16.9	17.9	18.9	19.9	20.9	21.9	22.9	23.9	25	26	27	28	29	30	♓ 1	2	3	4	5	6	7	8	9.1			
☽	♍ 23.6	♎ 5.6	17.4	29.3	♏ 11.3	23.4	♐ 5.7	18.4	♑ 1.4	14.8	28.7	♒ 13	27.6	♓ 12.5	27.4	♈ 12.2	26.9	♉ 11.3	25.4	♊ 9.1	22.5	♋ 5.6	18.4	♌ 1.1	13.5	25.8	♍ 8	20			
☿	♑ 23.4	24.9	26.4	27.9	29.4	♒ 1	2.5	4.1	5.6	7.2	8.8	10.4	12.1	13.7	15.4	17	18.7	20.4	22.1	23.9	25.6	27.4	29.2	♓ 1	2.8	4.6	6.4	8.3			
♀	♓ 28.6	29.7	♈ 0.7	1.7	2.7	3.7	4.7	5.7	6.6	7.6	8.5	9.5	10.4	11.3	12.3	13.2	14	14.9	15.8	16.6	17.5	18.3	19.1	19.9	20.7	21.5	22.2	23			
♂	♑ 19.8	20.5	21.3	22	22.8	23.6	24.3	25.1	25.9	26.6	27.4	28.2	28.9	29.7	♒ 0.5	1.2	2	2.8	3.6	4.3	5.1	5.9	6.6	7.4	8.2	9	9.7	10.5			

♃ 1: ♍ 26.9R · 6: 26.5 · 11: 26.1 · 16: 25.6 · 21: 25.1 · 26: 24.5
♄ 1: ♋ 4.8R · 6: 4.5 · 11: 4.3 · 16: 4.1 · 21: 4 · 26: 3.9
♅ 1: ♊ 9.2R · 11: 9.1 · 21: 9.1D
♆ 1: ♎ 6.3R · 11: 6.1 · 21: 5.9
♇ 1: ♌ 9.0R · 11: 8.8 · 21: 8.6

III

	1	2	3	4	5	6	7	8	9	10	11	12	13	14	15	16	17	18	19	20	21	22	23	24	25	26	27	28	29	30	31
☉	♓ 10.1	11.1	12.1	13.1	14.1	15.1	16.1	17.1	18.1	19.1	20.1	21.1	22.1	23.1	24.1	25.1	26	27	28	29	♈ 0	1	2	3	4	5	6	7	8	8.9	9.9
☽	♎ 2	13.9	25.8	♏ 7.6	19.6	♐ 1.6	13.9	26.5	♑ 9.4	22.7	♒ 6.6	20.9	♓ 5.7	20.8	♈ 6	21.2	♉ 6.3	21	♊ 5.2	19.1	♋ 2.5	15.5	28.2	♌ 10.6	22.8	♍ 4.9	16.9	28.9	♎ 10.8	22.7	♏ 4.5
☿	♓ 10.2	12.1	14	15.9	17.8	19.7	21.7	23.6	25.6	27.5	29.5	♈ 1.4	3.3	5.2	7.1	8.9	10.7	12.4	14.1	15.7	17.3	18.7	20.1	21.4	22.5	23.6	24.6	25.4	26.1	26.7	27.2
♀	♈ 23.7	24.4	25.1	25.8	26.4	27	27.6	28.2	28.8	29.3	29.8	♉ 0.3	0.7	1.1	1.5	1.9	2.2	2.5	2.8	3	3.2	3.3	3.5	3.5	3.6	3.6R	3.5	3.5	3.3	3.2	3
♂	♒ 11.3	12	12.8	13.6	14.4	15.1	15.9	16.7	17.5	18.2	19	19.8	20.6	21.4	22.1	22.9	23.7	24.5	25.2	26	26.8	27.6	28.3	29.1	29.9	♓ 0.7	1.5	2.2	3	3.8	4.6

♃ 1: ♍ 24.2R · 6: 23.5 · 11: 22.9 · 16: 22.3 · 21: 21.6 · 26: 21 · 31: 20.4
♄ 1: ♋ 3.9R · 6: 3.8D · 11: 3.9 · 16: 3.9 · 21: 4 · 26: 4.2 · 31: 4.4
♅ 1: ♊ 9.2 · 11: 9.3 · 21: 9.6 · 31: 9.9
♆ 1: ♎ 5.7R · 11: 5.5 · 21: 5.2 · 31: 4.9
♇ 1: ♌ 8.4R · 11: 8.3 · 21: 8.1 · 31: 8

IV

	1	2	3	4	5	6	7	8	9	10	11	12	13	14	15	16	17	18	19	20	21	22	23	24	25	26	27	28	29	30	31
☉	♈ 10.9	11.9	12.9	13.9	14.9	15.8	16.8	17.8	18.8	19.8	20.8	21.7	22.7	23.7	24.7	25.7	26.6	27.6	28.6	29.6	♉ 0.5	1.5	2.5	3.5	4.4	5.4	6.4	7.4	8.3	9.3	
☽	♏ 16.4	28.4	♐ 10.5	22.8	♑ 5.3	18.2	♒ 1.4	15.1	29.3	♓ 13.9	29	♈ 14.2	29.6	♉ 14.8	29.7	♊ 14.2	28.2	♋ 11.7	24.7	♌ 7.4	19.8	♍ 2	14	25.9	♎ 7.8	19.7	♏ 1.5	13.5	25.5	♐ 7.6	
☿	♈ 27.6	27.8	27.9	27.9R	27.8	27.6	27.3	26.8	26.3	25.8	25.1	24.5	23.7	23	22.3	21.5	20.8	20.1	19.5	18.9	18.4	17.9	17.6	17.3	17.1	16.9	16.9	16.9D	17	17.2	
♀	♉ 2.7R	2.4	2.1	1.7	1.3	0.9	0.4	♈ 29.9	29.4	28.8	28.2	27.6	27	26.4	25.8	25.2	24.5	23.9	23.3	22.7	22.1	21.5	21	20.5	20	19.6	19.2	18.8	18.5	18.2	
♂	♓ 5.3	6.1	6.9	7.7	8.5	9.2	10	10.8	11.6	12.3	13.1	13.9	14.7	15.4	16.2	17	17.8	18.6	19.3	20.1	20.9	21.6	22.4	23.2	24	24.7	25.5	26.3	27.1	27.8	

♃ 1: ♍ 20.3R · 6: 19.7 · 11: 19.2 · 16: 18.8 · 21: 18.4 · 26: 18.1
♄ 1: ♋ 4.5 · 6: 4.7 · 11: 5 · 16: 5.4 · 21: 5.7 · 26: 6.1
♅ 1: ♊ 9.9 · 11: 10.3 · 21: 10.8
♆ 1: ♎ 4.9R · 11: 4.6 · 21: 4.4
♇ 1: ♌ 8.0R · 11: 7.9 · 21: 7.9D

V

	1	2	3	4	5	6	7	8	9	10	11	12	13	14	15	16	17	18	19	20	21	22	23	24	25	26	27	28	29	30	31
☉	♉ 10.3	11.2	12.2	13.2	14.1	15.1	16.1	17	18	19	19.9	20.9	21.9	22.8	23.8	24.8	25.7	26.7	27.7	28.6	29.6	♊ 0.5	1.5	2.5	3.4	4.4	5.3	6.3	7.3	8.2	9.2
☽	♐ 19.8	♑ 2.3	14.9	27.8	♒ 11	24.6	♓ 8.6	23	♈ 7.8	22.8	♉ 7.9	23	♊ 7.9	22.4	♋ 6.5	20.1	♌ 3.3	16.1	28.5	♍ 10.7	22.7	♎ 4.6	16.5	28.3	♏ 10.3	22.3	♐ 4.5	16.8	29.3	♑ 11.9	24.8
☿	♈ 17.5	17.8	18.2	18.7	19.3	19.9	20.6	21.3	22.1	23	23.9	24.9	25.9	27	28.1	29.2	♉ 0.5	1.7	3	4.3	5.7	7.1	8.6	10.1	11.6	13.2	14.8	16.5	18.2	19.9	21.7
♀	♈ 17.9R	17.7	17.5	17.4	17.3	17.2	17.2D	17.2	17.3	17.4	17.5	17.7	17.9	18.1	18.4	18.7	19.1	19.4	19.8	20.2	20.7	21.2	21.7	22.2	22.7	23.3	23.9	24.5	25.1	25.8	26.5
♂	♓ 28.6	29.4	♈ 0.1	0.9	1.7	2.4	3.2	4	4.7	5.5	6.3	7	7.8	8.6	9.3	10.1	10.9	11.6	12.4	13.1	13.9	14.7	15.4	16.2	16.9	17.7	18.4	19.2	19.9	20.7	21.4

♃ 1: ♍ 17.8R · 6: 17.6 · 11: 17.6 · 16: 17.5D · 21: 17.6 · 26: 17.7 · 31: 17.9
♄ 1: ♋ 6.6 · 6: 7 · 11: 7.5 · 16: 8.1 · 21: 8.6 · 26: 9.2 · 31: 9.7
♅ 1: ♊ 11.3 · 11: 11.8 · 21: 12.4 · 31: 13
♆ 1: ♎ 4.2R · 11: 4 · 21: 3.8 · 31: 3.7
♇ 1: ♌ 7.9 · 11: 8 · 21: 8.1 · 31: 8.3

VI

	1	2	3	4	5	6	7	8	9	10	11	12	13	14	15	16	17	18	19	20	21	22	23	24	25	26	27	28	29	30	31
☉	♊ 10.1	11.1	12.1	13	14	14.9	15.9	16.8	17.8	18.8	19.7	20.7	21.6	22.6	23.5	24.5	25.4	26.4	27.4	28.3	29.3	♋ 0.2	1.2	2.1	3.1	4	5	5.9	6.9	7.8	
☽	♒ 7.9	21.3	♓ 4.9	18.8	♈ 3.1	17.5	♉ 2.2	17	♊ 1.7	16.2	♋ 0.6	14.5	28.1	♌ 11.3	24.2	♍ 6.7	18.9	♎ 0.9	12.9	24.7	♏ 6.6	18.6	♐ 0.8	13.1	25.6	♑ 8.4	21.4	♒ 4.6	18.1	♓ 1.8	
☿	♉ 23.5	25.4	27.2	29.2	♊ 1.1	3.1	5.2	7.2	9.3	11.4	13.6	15.7	17.9	20.1	22.3	24.5	26.7	28.9	♋ 1.1	3.2	5.4	7.5	9.6	11.7	13.7	15.7	17.7	19.7	21.6	23.4	
♀	♈ 27.1	27.8	28.6	29.3	♉ 0	0.8	1.6	2.4	3.2	4	4.8	5.7	6.5	7.4	8.2	9.1	10	10.9	11.8	12.7	13.6	14.6	15.5	16.4	17.4	18.4	19.3	20.3	21.3	22.3	
♂	♈ 22.2	22.9	23.7	24.4	25.2	25.9	26.7	27.4	28.2	28.9	29.7	♉ 0.4	1.1	1.9	2.6	3.3	4.1	4.8	5.5	6.3	7	7.7	8.5	9.2	9.9	10.6	11.4	12.1	12.8	13.5	

♃ 1: ♍ 18 · 6: 18.3 · 11: 18.6 · 16: 19 · 21: 19.5 · 26: 20.1
♄ 1: ♋ 9.9 · 6: 10.5 · 11: 11.1 · 16: 11.7 · 21: 12.3 · 26: 13
♅ 1: ♊ 13.1 · 11: 13.6 · 21: 14.2
♆ 1: ♎ 3.7R · 11: 3.7 · 21: 3.7D
♇ 1: ♌ 8.3 · 11: 8.5 · 21: 8.7

VII

	1	2	3	4	5	6	7	8	9	10	11	12	13	14	15	16	17	18	19	20	21	22	23	24	25	26	27	28	29	30	31
☉	♋ 8.8	9.8	10.7	11.7	12.6	13.6	14.5	15.5	16.4	17.4	18.3	19.3	20.2	21.2	22.1	23.1	24.1	25	26	26.9	27.9	28.8	29.8	♌ 0.7	1.7	2.6	3.6	4.6	5.5	6.5	7.4
☽	♓ 15.7	29.7	♈ 13.9	28.2	♉ 12.5	26.8	♊ 11.1	25.2	♋ 9.2	22.9	♌ 6.3	19.3	♍ 2.1	14.6	26.9	♎ 8.9	20.8	♏ 2.7	14.6	26.7	♐ 8.9	21.3	♑ 4	17.1	♒ 0.4	14.1	28	♓ 12.1	26.3	♈ 10.7	25
☿	♋ 25.3	27.1	28.9	♌ 0.6	2.3	4	5.6	7.2	8.8	10.3	11.8	13.3	14.7	16.1	17.4	18.7	20	21.2	22.4	23.6	24.7	25.7	26.8	27.7	28.6	29.5	♍ 0.3	1.1	1.8	2.4	2.9
♀	♉ 23.3	24.3	25.3	26.3	27.3	28.3	29.3	♊ 0.3	1.4	2.4	3.5	4.5	5.5	6.6	7.7	8.7	9.8	10.9	11.9	13	14.1	15.2	16.2	17.3	18.4	19.5	20.6	21.7	22.8	23.9	25
♂	♉ 14.3	15	15.7	16.4	17.1	17.8	18.5	19.3	20	20.7	21.4	22.1	22.8	23.5	24.2	24.9	25.6	26.3	27	27.7	28.4	29.1	29.8	♊ 0.4	1.1	1.8	2.5	3.2	3.9	4.5	5.2

♃ 1: ♍ 20.7 · 6: 21.3 · 11: 22 · 16: 22.8 · 21: 23.5 · 26: 24.4 · 31: 25.2
♄ 1: ♋ 13.6 · 6: 14.3 · 11: 14.9 · 16: 15.6 · 21: 16.2 · 26: 16.9 · 31: 17.5
♅ 1: ♊ 14.8 · 11: 15.3 · 21: 15.8 · 31: 16.3
♆ 1: ♎ 3.7 · 11: 3.8 · 21: 4 · 31: 4.2
♇ 1: ♌ 9 · 11: 9.2 · 21: 9.5 · 31: 9.8

VIII

	1	2	3	4	5	6	7	8	9	10	11	12	13	14	15	16	17	18	19	20	21	22	23	24	25	26	27	28	29	30	31
☉	♌ 8.4	9.3	10.3	11.3	12.2	13.2	14.1	15.1	16	17	18	18.9	19.9	20.8	21.8	22.8	23.7	24.7	25.7	26.6	27.6	28.5	29.5	♍ 0.5	1.4	2.4	3.4	4.3	5.3	6.3	7.2
☽	♉ 9.2	23.3	♊ 7.3	21.2	♋ 4.9	18.4	♌ 1.7	14.8	27.7	♍ 10.3	22.7	♎ 4.9	16.9	28.8	♏ 10.7	22.6	♐ 4.5	16.7	29.2	♑ 12	25.2	♒ 8.8	22.8	♓ 7.2	21.7	♈ 6.4	21.1	♉ 5.7	20.1	♊ 4.2	18.1
☿	♍ 3.4	3.9	4.2	4.5	4.7	4.8	4.8R	4.7	4.6	4.3	4	3.6	3.1	2.5	1.8	1.1	0.3	♌ 29.5	28.6	27.7	26.9	26	25.2	24.5	23.8	23.2	22.7	22.4	22.1	22	22.0D
♀	♊ 26.2	27.3	28.4	29.5	♋ 0.6	1.7	2.9	4	5.1	6.3	7.4	8.5	9.7	10.8	12	13.1	14.3	15.4	16.6	17.7	18.9	20	21.2	22.4	23.5	24.7	25.9	27	28.2	29.4	♌ 0.6
♂	♊ 5.9	6.6	7.2	7.9	8.6	9.2	9.9	10.6	11.2	11.9	12.5	13.2	13.8	14.5	15.1	15.8	16.4	17.1	17.7	18.4	19	19.6	20.3	20.9	21.5	22.2	22.8	23.4	24	24.6	25.3

♃ 1: ♍ 25.4 · 6: 26.3 · 11: 27.2 · 16: 28.2 · 21: 29.2 · 26: ♎ 0.2 · 31: 1.2
♄ 1: ♋ 17.6 · 6: 18.2 · 11: 18.8 · 16: 19.4 · 21: 20 · 26: 20.5 · 31: 21.1
♅ 1: ♊ 16.3 · 11: 16.7 · 21: 17 · 31: 17.2
♆ 1: ♎ 4.2 · 11: 4.5 · 21: 4.8 · 31: 5.1
♇ 1: ♌ 9.8 · 11: 10.1 · 21: 10.4 · 31: 10.7

IX

	1	2	3	4	5	6	7	8	9	10	11	12	13	14	15	16	17	18	19	20	21	22	23	24	25	26	27	28	29	30	31
☉	♍ 8.2	9.2	10.1	11.1	12.1	13	14	15	16	16.9	17.9	18.9	19.8	20.8	21.8	22.8	23.7	24.7	25.7	26.7	27.7	28.6	29.6	♎ 0.6	1.6	2.5	3.5	4.5	5.5	6.5	
☽	♋ 1.7	15.1	28.2	♌ 11.1	23.9	♍ 6.5	18.9	♎ 1.1	13.2	25.1	♏ 7	18.8	♐ 0.7	12.6	24.8	♑ 7.2	20	♒ 3.2	16.8	♓ 1	15.6	♈ 0.5	15.6	♉ 0.7	15.6	♊ 0.3	14.6	28.5	♋ 12	25.2	
☿	♌ 22.2	22.5	22.9	23.5	24.2	25	26	27.1	28.3	29.6	♍ 1	2.5	4	5.6	7.3	9	10.8	12.6	14.4	16.2	18	19.9	21.7	23.6	25.4	27.3	29.1	♎ 0.9	2.7	4.5	
♀	♌ 1.7	2.9	4.1	5.3	6.4	7.6	8.8	10	11.2	12.4	13.6	14.8	16	17.2	18.4	19.6	20.8	22	23.2	24.4	25.6	26.8	28	29.2	♍ 0.4	1.6	2.8	4.1	5.3	6.5	
♂	♊ 25.9	26.5	27.1	27.7	28.3	28.9	29.5	♋ 0.1	0.7	1.3	1.8	2.4	3	3.6	4.2	4.7	5.3	5.9	6.4	7	7.5	8.1	8.6	9.2	9.7	10.3	10.8	11.3	11.9	12.4	

♃ 1: ♎ 1.4 · 6: 2.4 · 11: 3.5 · 16: 4.5 · 21: 5.6 · 26: 6.7
♄ 1: ♋ 21.2 · 6: 21.7 · 11: 22.1 · 16: 22.6 · 21: 23 · 26: 23.4
♅ 1: ♊ 17.2 · 11: 17.4 · 21: 17.5
♆ 1: ♎ 5.1 · 11: 5.5 · 21: 5.9
♇ 1: ♌ 10.7 · 11: 11 · 21: 11.2

X

	1	2	3	4	5	6	7	8	9	10	11	12	13	14	15	16	17	18	19	20	21	22	23	24	25	26	27	28	29	30	31
☉	♎ 7.5	8.4	9.4	10.4	11.4	12.4	13.4	14.4	15.3	16.3	17.3	18.3	19.3	20.3	21.3	22.3	23.3	24.3	25.3	26.2	27.2	28.2	29.2	♏ 0.2	1.2	2.2	3.2	4.2	5.2	6.2	7.2
☽	♌ 8.2	20.8	♍ 3.3	15.7	27.8	♎ 9.9	21.9	♏ 3.8	15.6	27.4	♐ 9.2	21.2	♑ 3.3	15.6	28.3	♒ 11.4	25	♓ 9.1	23.7	♈ 8.7	23.9	♉ 9.2	24.5	♊ 9.4	24	♋ 8.1	21.7	♌ 5	17.8	♍ 0.4	12.8
☿	♎ 6.3	8.1	9.9	11.6	13.3	15.1	16.8	18.5	20.2	21.8	23.5	25.1	26.8	28.4	30	♏ 1.6	3.2	4.8	6.3	7.9	9.4	11	12.5	14	15.5	17	18.5	20	21.5	22.9	24.4
♀	♍ 7.7	8.9	10.1	11.4	12.6	13.8	15	16.3	17.5	18.7	19.9	21.2	22.4	23.6	24.9	26.1	27.3	28.6	29.8	♎ 1	2.3	3.5	4.7	6	7.2	8.5	9.7	11	12.2	13.4	14.7
♂	♋ 12.9	13.4	13.9	14.4	14.9	15.4	15.9	16.4	16.9	17.4	17.9	18.4	18.8	19.3	19.7	20.2	20.6	21.1	21.5	22	22.4	22.8	23.2	23.6	24	24.4	24.8	25.2	25.6	25.9	26.3

♃ 1: ♎ 7.8 · 6: 8.9 · 11: 9.9 · 16: 11 · 21: 12.1 · 26: 13.1 · 31: 14.2
♄ 1: ♋ 23.7 · 6: 24 · 11: 24.3 · 16: 24.5 · 21: 24.7 · 26: 24.8 · 31: 24.9
♅ 1: ♊ 17.4R · 11: 17.3 · 21: 17.1 · 31: 16.9
♆ 1: ♎ 6.2 · 11: 6.6 · 21: 7 · 31: 7.3
♇ 1: ♌ 11.4 · 11: 11.6 · 21: 11.7 · 31: 11.8

XI

	1	2	3	4	5	6	7	8	9	10	11	12	13	14	15	16	17	18	19	20	21	22	23	24	25	26	27	28	29	30	31
☉	♏ 8.2	9.2	10.2	11.2	12.2	13.2	14.2	15.2	16.2	17.2	18.2	19.3	20.3	21.3	22.3	23.3	24.3	25.3	26.3	27.3	28.3	29.3	♐ 0.3	1.4	2.4	3.4	4.4	5.4	6.4	7.4	
☽	♍ 24.9	♎ 6.9	18.9	♏ 0.7	12.6	24.4	♐ 6.3	18.2	♑ 0.2	12.4	24.8	♒ 7.4	20.5	♓ 3.9	17.8	♈ 2.2	16.9	♉ 2	17.3	♊ 2.5	17.6	♋ 2.3	16.6	♌ 0.5	13.8	26.8	♍ 9.4	21.8	♎ 3.9	15.8	
☿	♏ 25.8	27.2	28.7	♐ 0.1	1.5	2.8	4.2	5.5	6.9	8.2	9.5	10.7	12	13.2	14.3	15.5	16.5	17.6	18.5	19.4	20.3	21	21.7	22.2	22.7	23	23.1	23.1R	23	22.6	
♀	♎ 15.9	17.2	18.4	19.7	20.9	22.2	23.4	24.6	25.9	27.1	28.4	29.6	♏ 0.9	2.1	3.4	4.6	5.9	7.1	8.4	9.7	10.9	12.2	13.4	14.7	15.9	17.2	18.4	19.7	20.9	22.2	
♂	♋ 26.6	27	27.3	27.7	28	28.3	28.6	28.9	29.2	29.5	29.8	♌ 0	0.3	0.5	0.8	1	1.2	1.4	1.6	1.8	2	2.2	2.3	2.5	2.6	2.7	2.8	2.9	3	3.1	

♃ 1: ♎ 14.4 · 6: 15.4 · 11: 16.4 · 16: 17.4 · 21: 18.4 · 26: 19.3
♄ 1: ♋ 24.9 · 6: 24.9 · 11: 24.9R · 16: 24.8 · 21: 24.7 · 26: 24.6
♅ 1: ♊ 16.8R · 11: 16.5 · 21: 16.1
♆ 1: ♎ 7.3 · 11: 7.7 · 21: 7.9
♇ 1: ♌ 11.8 · 11: 11.8 · 21: 11.8R

XII

	1	2	3	4	5	6	7	8	9	10	11	12	13	14	15	16	17	18	19	20	21	22	23	24	25	26	27	28	29	30	31
☉	♐ 8.4	9.5	10.5	11.5	12.5	13.5	14.5	15.5	16.6	17.6	18.6	19.6	20.6	21.6	22.7	23.7	24.7	25.7	26.7	27.8	28.8	29.8	♑ 0.8	1.8	2.8	3.9	4.9	5.9	6.9	7.9	9
☽	♎ 27.7	♏ 9.5	21.3	♐ 3.2	15.2	27.3	♑ 9.5	21.9	♒ 4.4	17.3	♓ 0.4	13.8	27.5	♈ 11.6	26	♉ 10.7	25.6	♊ 10.6	25.4	♋ 10.1	24.4	♌ 8.4	21.9	♍ 5	17.7	♎ 0.1	12.3	24.2	♏ 6.1	17.9	29.7
☿	♐ 22.1R	21.4	20.5	19.4	18.2	16.9	15.5	14.2	12.8	11.5	10.4	9.3	8.5	7.8	7.3	7	6.9	6.9D	7.1	7.4	7.9	8.5	9.2	10	10.8	11.8	12.8	13.8	14.9	16.1	17.3
♀	♏ 23.5	24.7	26	27.2	28.5	29.7	♐ 1	2.2	3.5	4.8	6	7.3	8.5	9.8	11	12.3	13.6	14.8	16.1	17.3	18.6	19.8	21.1	22.4	23.6	24.9	26.1	27.4	28.7	29.9	♑ 1.2
♂	♌ 3.1	3.2	3.2	3.2	3.2R	3.2	3.2	3.2	3.1	3.1	3	2.9	2.8	2.7	2.5	2.4	2.2	2	1.9	1.7	1.4	1.2	1	0.7	0.5	0.2	♋ 29.9	29.6	29.3	28.9	28.6

♃ 1: ♎ 20.2 · 6: 21.1 · 11: 21.9 · 16: 22.7 · 21: 23.4 · 26: 24.1 · 31: 24.7
♄ 1: ♋ 24.4R · 6: 24.1 · 11: 23.8 · 16: 23.5 · 21: 23.2 · 26: 22.8 · 31: 22.4
♅ 1: ♊ 15.7R · 11: 15.3 · 21: 14.9 · 31: 14.5
♆ 1: ♎ 8.2 · 11: 8.4 · 21: 8.5 · 31: 8.6
♇ 1: ♌ 11.7R · 11: 11.6 · 21: 11.5 · 31: 11.3

1946

I

	1	2	3	4	5	6	7	8	9	10	11	12	13	14	15	16	17	18	19	20	21	22	23	24	25	26	27	28	29	30	31
☉	♑ 10	11	12	13	14.1	15.1	16.1	17.1	18.1	19.2	20.2	21.2	22.2	23.2	24.3	25.3	26.3	27.3	28.3	29.3	♒ 0.4	1.4	2.4	3.4	4.4	5.4	6.5	7.5	8.5	9.5	10.5
☽	♐ 11.7	23.8	♑ 6.1	18.6	♒ 1.3	14.2	27.3	♓ 10.7	24.3	♈ 8.1	22.1	♉ 6.3	20.6	♊ 5	19.4	♋ 3.9	18.2	♌ 2.3	16.1	29.6	♍ 12.8	25.5	♎ 8	20.2	♏ 2.1	14	25.8	♐ 7.7	19.7	♑ 1.9	14.3
☿	♐ 18.5	19.8	21	22.3	23.7	25	26.4	27.8	29.2	♑ 0.6	2	3.5	4.9	6.4	7.8	9.3	10.8	12.3	13.8	15.4	16.9	18.4	20	21.6	23.1	24.7	26.3	27.9	29.5	♒ 1.1	2.8
♀	♑ 2.4	3.7	4.9	6.2	7.5	8.7	10	11.2	12.5	13.8	15	16.3	17.5	18.8	20	21.3	22.6	23.8	25.1	26.3	27.6	28.8	♒ 0.1	1.4	2.6	3.9	5.1	6.4	7.6	8.9	10.1
♂	♋ 28.3R	27.9	27.6	27.2	26.8	26.4	26.1	25.7	25.3	24.9	24.5	24.1	23.7	23.3	22.9	22.5	22.1	21.7	21.3	20.9	20.5	20.2	19.8	19.4	19.1	18.8	18.4	18.1	17.8	17.5	17.2

♃ 1: ♎ 24.8 · 6: 25.4 · 11: 25.9 · 16: 26.3 · 21: 26.7 · 26: 26.9 · 31: 27.2
♄ 1: ♋ 22.4R · 6: 21.9 · 11: 21.5 · 16: 21.1 · 21: 20.7 · 26: 20.3 · 31: 19.9
♅ 1: ♊ 14.4R · 11: 14.1 · 21: 13.8 · 31: 13.6
♆ 1: ♎ 8.6 · 11: 8.6R · 21: 8.6 · 31: 8.5
♇ 1: ♌ 11.3R · 11: 11.1 · 21: 10.9 · 31: 10.6

II

	1	2	3	4	5	6	7	8	9	10	11	12	13	14	15	16	17	18	19	20	21	22	23	24	25	26	27	28	29	30	31
☉	♒ 11.5	12.6	13.6	14.6	15.6	16.6	17.6	18.6	19.6	20.7	21.7	22.7	23.7	24.7	25.7	26.7	27.7	28.7	29.8	♓ 0.8	1.8	2.8	3.8	4.8	5.8	6.8	7.8	8.8			
☽	♑ 27.1	♒ 10.1	23.5	♓ 7.1	20.9	♈ 4.9	19	♉ 3.1	17.2	♊ 1.3	15.4	29.4	♋ 13.4	27.2	♌ 10.9	24.4	♍ 7.7	20.7	♎ 3.4	15.8	27.9	♏ 9.9	21.8	♐ 3.6	15.5	27.5	♑ 9.7	22.2			
☿	♒ 4.4	6.1	7.8	9.4	11.1	12.9	14.6	16.3	18.1	19.8	21.6	23.4	25.2	27	28.8	♓ 0.7	2.5	4.4	6.2	8.1	9.9	11.8	13.7	15.5	17.4	19.2	21	22.8			
♀	♒ 11.4	12.7	13.9	15.2	16.4	17.7	18.9	20.2	21.4	22.7	24	25.2	26.5	27.7	29	♓ 0.2	1.5	2.7	4	5.2	6.5	7.7	9	10.2	11.5	12.7	14	15.2			
♂	♋ 16.9R	16.7	16.4	16.2	16	15.7	15.5	15.3	15.2	15	14.9	14.7	14.6	14.5	14.4	14.3	14.3	14.2	14.2	14.1	14.1	14.1D	14.1	14.1	14.2	14.2	14.3	14.3			

♃ 1: ♎ 27.2 · 6: 27.3 · 11: 27.4 · 16: 27.3R · 21: 27.2 · 26: 27
♄ 1: ♋ 19.9R · 6: 19.5 · 11: 19.2 · 16: 18.9 · 21: 18.6 · 26: 18.4
♅ 1: ♊ 13.6R · 11: 13.5 · 21: 13.4D
♆ 1: ♎ 8.5R · 11: 8.3 · 21: 8.2
♇ 1: ♌ 10.6R · 11: 10.4 · 21: 10.2

III

	1	2	3	4	5	6	7	8	9	10	11	12	13	14	15	16	17	18	19	20	21	22	23	24	25	26	27	28	29	30	31
☉	♓ 9.8	10.8	11.8	12.8	13.8	14.8	15.8	16.8	17.8	18.8	19.8	20.8	21.8	22.8	23.8	24.8	25.8	26.8	27.8	28.8	29.8	♈ 0.8	1.8	2.8	3.8	4.7	5.7	6.7	7.7	8.7	9.7
☽	♒ 5.1	18.4	♓ 2.1	16.1	♈ 0.4	14.8	29.3	♉ 13.8	28.1	♊ 12.3	26.3	♋ 10.1	23.7	♌ 7.1	20.4	♍ 3.5	16.4	29.1	♎ 11.6	23.9	♏ 6	17.9	29.7	♐ 11.5	23.4	♑ 5.4	17.6	♒ 0.1	13	26.3	♓ 10.1
☿	♓ 24.5	26.2	27.8	29.4	♈ 0.9	2.3	3.7	4.9	6	7	7.9	8.6	9.2	9.7	10	10.2	10.2R	10.1	9.9	9.5	9.1	8.5	7.8	7.1	6.3	5.4	4.6	3.7	2.9	2	1.2
♀	♓ 16.5	17.7	19	20.2	21.5	22.7	24	25.2	26.5	27.7	29	♈ 0.2	1.4	2.7	3.9	5.2	6.4	7.7	8.9	10.2	11.4	12.6	13.9	15.1	16.4	17.6	18.8	20.1	21.3	22.6	23.8
♂	♋ 14.4	14.5	14.6	14.7	14.8	15	15.1	15.3	15.4	15.6	15.8	16	16.2	16.4	16.6	16.8	17.1	17.3	17.5	17.8	18.1	18.3	18.6	18.9	19.2	19.5	19.8	20.1	20.4	20.8	21.1

♃ 1: ♎ 26.9R · 6: 26.6 · 11: 26.2 · 16: 25.7 · 21: 25.3 · 26: 24.7 · 31: 24.1
♄ 1: ♋ 18.3R · 6: 18.1 · 11: 18 · 16: 18 · 21: 18.0D · 26: 18 · 31: 18.1
♅ 1: ♊ 13.4 · 11: 13.6 · 21: 13.8 · 31: 14.1
♆ 1: ♎ 8.0R · 11: 7.7 · 21: 7.5 · 31: 7.2
♇ 1: ♌ 10.0R · 11: 9.8 · 21: 9.7 · 31: 9.5

IV

	1	2	3	4	5	6	7	8	9	10	11	12	13	14	15	16	17	18	19	20	21	22	23	24	25	26	27	28	29	30	31
☉	♈ 10.7	11.7	12.6	13.6	14.6	15.6	16.6	17.6	18.6	19.5	20.5	21.5	22.5	23.5	24.4	25.4	26.4	27.4	28.3	29.3	♉ 0.3	1.3	2.2	3.2	4.2	5.2	6.1	7.1	8.1	9.1	
☽	♓ 24.4	♈ 9	23.8	♉ 8.7	23.6	♊ 8.3	22.7	♋ 6.8	20.6	♌ 4.1	17.4	♍ 0.4	13.1	25.7	♎ 8.1	20.4	♏ 2.5	14.4	26.3	♐ 8.1	19.9	♑ 1.7	13.7	25.9	♒ 8.4	21.2	♓ 4.5	18.3	♈ 2.5	17.2	
☿	♈ 0.5R	♓ 29.9	29.3	28.8	28.4	28	27.8	27.7	27.6	27.7D	27.8	28	28.3	28.7	29.1	29.7	♈ 0.2	0.9	1.6	2.4	3.2	4.1	5.1	6	7.1	8.2	9.3	10.5	11.7	12.9	
♀	♈ 25	26.3	27.5	28.7	30	♉ 1.2	2.4	3.7	4.9	6.1	7.4	8.6	9.8	11.1	12.3	13.5	14.8	16	17.2	18.4	19.7	20.9	22.1	23.3	24.6	25.8	27	28.2	29.5	♊ 0.7	
♂	♋ 21.4	21.8	22.1	22.5	22.8	23.2	23.6	23.9	24.3	24.7	25.1	25.5	25.9	26.3	26.7	27.1	27.5	27.9	28.4	28.8	29.2	29.6	♌ 0.1	0.5	1	1.4	1.9	2.3	2.8	3.2	

♃ 1: ♎ 24.0R · 6: 23.4 · 11: 22.7 · 16: 22.1 · 21: 21.5 · 26: 20.9
♄ 1: ♋ 18.1 · 6: 18.2 · 11: 18.4 · 16: 18.6 · 21: 18.9 · 26: 19.2
♅ 1: ♊ 14.1 · 11: 14.5 · 21: 14.9
♆ 1: ♎ 7.2R · 11: 6.9 · 21: 6.6
♇ 1: ♌ 9.5R · 11: 9.5 · 21: 9.4

V

	1	2	3	4	5	6	7	8	9	10	11	12	13	14	15	16	17	18	19	20	21	22	23	24	25	26	27	28	29	30	31
☉	♉ 10	11	12	12.9	13.9	14.9	15.8	16.8	17.8	18.7	19.7	20.7	21.6	22.6	23.6	24.5	25.5	26.5	27.4	28.4	29.4	♊ 0.3	1.3	2.2	3.2	4.2	5.1	6.1	7	8	9
☽	♉ 2.2	17.3	♊ 2.5	17.5	♋ 2.2	16.6	♌ 0.5	14.1	27.3	♍ 10.2	22.8	♎ 5.2	17.4	29.4	♏ 11.4	23.2	♐ 5	16.8	28.7	♑ 10.6	22.6	♒ 4.9	17.4	♓ 0.2	13.4	27	♈ 11.1	25.7	♉ 10.5	25.6	♊ 10.8
☿	♈ 14.2	15.5	16.9	18.3	19.7	21.2	22.7	24.2	25.8	27.4	29	♉ 0.7	2.4	4.1	5.9	7.7	9.5	11.4	13.3	15.2	17.2	19.2	21.2	23.3	25.4	27.5	29.6	♊ 1.8	4	6.2	8.4
♀	♊ 1.9	3.1	4.3	5.6	6.8	8	9.2	10.4	11.7	12.9	14.1	15.3	16.5	17.7	18.9	20.2	21.4	22.6	23.8	25	26.2	27.4	28.6	29.8	♋ 1	2.2	3.5	4.7	5.9	7.1	8.3
♂	♌ 3.7	4.2	4.6	5.1	5.6	6.1	6.6	7	7.5	8	8.5	9	9.5	10	10.5	11	11.5	12	12.5	13	13.5	14.1	14.6	15.1	15.6	16.1	16.7	17.2	17.7	18.3	18.8

♃ 1: ♎ 20.3R · 6: 19.7 · 11: 19.2 · 16: 18.8 · 21: 18.4 · 26: 18 · 31: 17.8
♄ 1: ♋ 19.5 · 6: 19.9 · 11: 20.3 · 16: 20.7 · 21: 21.2 · 26: 21.7 · 31: 22.2
♅ 1: ♊ 15.4 · 11: 15.9 · 21: 16.5 · 31: 17
♆ 1: ♎ 6.4R · 11: 6.2 · 21: 6 · 31: 5.9
♇ 1: ♌ 9.5 · 11: 9.5 · 21: 9.6 · 31: 9.8

VI

	1	2	3	4	5	6	7	8	9	10	11	12	13	14	15	16	17	18	19	20	21	22	23	24	25	26	27	28	29	30	31
☉	♊ 9.9	10.9	11.8	12.8	13.7	14.7	15.7	16.6	17.6	18.5	19.5	20.4	21.4	22.3	23.3	24.3	25.2	26.2	27.1	28.1	29	30	♋ 0.9	1.9	2.8	3.8	4.8	5.7	6.7	7.6	
☽	♊ 25.9	♋ 10.9	25.4	♌ 9.6	23.3	♍ 6.6	19.5	♎ 2.1	14.4	26.5	♏ 8.4	20.2	♐ 2	13.8	25.7	♑ 7.6	19.7	♒ 1.9	14.3	26.9	♓ 9.9	23.1	♈ 6.6	20.6	♉ 4.8	19.4	♊ 4.3	19.3	♋ 4.3	19.1	
☿	♊ 10.6	12.8	15	17.1	19.3	21.5	23.6	25.7	27.8	29.9	♋ 1.9	3.9	5.8	7.7	9.6	11.4	13.2	15	16.7	18.4	20	21.6	23.1	24.7	26.1	27.6	28.9	♌ 0.3	1.6	2.8	
♀	♋ 9.5	10.7	11.9	13.1	14.3	15.5	16.7	17.9	19.1	20.2	21.4	22.6	23.8	25	26.2	27.4	28.6	29.8	♌ 1	2.1	3.3	4.5	5.7	6.9	8.1	9.2	10.4	11.6	12.8	13.9	
♂	♌ 19.3	19.9	20.4	20.9	21.5	22	22.6	23.1	23.7	24.2	24.8	25.3	25.9	26.4	27	27.6	28.1	28.7	29.2	29.8	♍ 0.4	0.9	1.5	2.1	2.7	3.2	3.8	4.4	5	5.5	

♃ 1: ♎ 17.7R · 6: 17.6 · 11: 17.5 · 16: 17.5D · 21: 17.5 · 26: 17.6
♄ 1: ♋ 22.3 · 6: 22.8 · 11: 23.4 · 16: 24 · 21: 24.6 · 26: 25.2
♅ 1: ♊ 17.1 · 11: 17.7 · 21: 18.3
♆ 1: ♎ 5.9R · 11: 5.9 · 21: 5.8D
♇ 1: ♌ 9.8 · 11: 10 · 21: 10.2

VII

	1	2	3	4	5	6	7	8	9	10	11	12	13	14	15	16	17	18	19	20	21	22	23	24	25	26	27	28	29	30	31
☉	♋ 8.6	9.5	10.5	11.4	12.4	13.3	14.3	15.2	16.2	17.1	18.1	19.1	20	21	21.9	22.9	23.8	24.8	25.7	26.7	27.6	28.6	29.6	♌ 0.5	1.5	2.4	3.4	4.3	5.3	6.2	7.2
☽	♌ 3.7	18	♍ 1.8	15.2	28.2	♎ 10.8	23.1	♏ 5.1	17	28.8	♐ 10.6	22.5	♑ 4.4	16.5	28.8	♒ 11.3	24	♓ 6.9	20	♈ 3.4	17	♉ 0.8	14.9	29.2	♊ 13.7	28.3	♋ 13	27.6	♌ 12	26.2	♍ 10
☿	♌ 4.1	5.2	6.3	7.4	8.4	9.4	10.3	11.2	12	12.7	13.4	14	14.6	15	15.5	15.8	16.1	16.2	16.3	16.4R	16.3	16.2	15.9	15.6	15.3	14.8	14.3	13.7	13.1	12.4	11.6
♀	♌ 15.1	16.3	17.4	18.6	19.8	21	22.1	23.3	24.4	25.6	26.8	27.9	29.1	♍ 0.2	1.4	2.5	3.7	4.8	6	7.1	8.3	9.4	10.6	11.7	12.8	14	15.1	16.2	17.4	18.5	19.6
♂	♍ 6.1	6.7	7.3	7.9	8.5	9	9.6	10.2	10.8	11.4	12	12.6	13.2	13.8	14.4	15	15.6	16.2	16.8	17.4	18	18.6	19.2	19.8	20.4	21	21.6	22.2	22.8	23.5	24.1

♃ 1: ♎ 17.8 · 6: 18.1 · 11: 18.5 · 16: 18.9 · 21: 19.3 · 26: 19.9 · 31: 20.5
♄ 1: ♋ 25.8 · 6: 26.5 · 11: 27.1 · 16: 27.7 · 21: 28.4 · 26: 29 · 31: 29.7
♅ 1: ♊ 18.9 · 11: 19.4 · 21: 19.9 · 31: 20.4
♆ 1: ♎ 5.9 · 11: 6 · 21: 6.1 · 31: 6.3
♇ 1: ♌ 10.4 · 11: 10.7 · 21: 11 · 31: 11.3

VIII

	1	2	3	4	5	6	7	8	9	10	11	12	13	14	15	16	17	18	19	20	21	22	23	24	25	26	27	28	29	30	31
☉	♌ 8.2	9.1	10.1	11	12	12.9	13.9	14.9	15.8	16.8	17.7	18.7	19.7	20.6	21.6	22.5	23.5	24.5	25.4	26.4	27.3	28.3	29.3	♍ 0.2	1.2	2.2	3.1	4.1	5.1	6	7
☽	♍ 23.4	♎ 6.4	19	♏ 1.3	13.4	25.3	♐ 7.1	18.9	♑ 0.8	12.9	25.1	♒ 7.6	20.4	♓ 3.5	16.7	♈ 0.2	13.9	27.7	♉ 11.6	25.7	♊ 9.8	24	♋ 8.3	22.5	♌ 6.7	20.8	♍ 4.6	18.2	♎ 1.5	14.4	27
☿	♌ 10.9R	10.1	9.4	8.7	8	7.3	6.7	6.2	5.7	5.3	5.1	4.9	4.9D	5	5.2	5.5	5.9	6.5	7.1	7.9	8.8	9.9	11	12.2	13.6	15	16.5	18.1	19.7	21.4	23.2
♀	♍ 20.7	21.8	23	24.1	25.2	26.3	27.4	28.5	29.6	♎ 0.7	1.8	2.9	4	5.1	6.2	7.2	8.3	9.4	10.5	11.5	12.6	13.7	14.7	15.8	16.8	17.9	18.9	19.9	21	22	23
♂	♍ 24.7	25.3	25.9	26.6	27.2	27.8	28.4	29	29.7	♎ 0.3	0.9	1.5	2.2	2.8	3.4	4.1	4.7	5.3	6	6.6	7.2	7.9	8.5	9.2	9.8	10.4	11.1	11.7	12.4	13	13.7

♃ 1: ♎ 20.6 · 6: 21.2 · 11: 21.9 · 16: 22.7 · 21: 23.5 · 26: 24.3 · 31: 25.1
♄ 1: ♋ 29.8 · 6: ♌ 0.4 · 11: 1.1 · 16: 1.7 · 21: 2.3 · 26: 2.9 · 31: 3.5
♅ 1: ♊ 20.4 · 11: 20.9 · 21: 21.2 · 31: 21.5
♆ 1: ♎ 6.4 · 11: 6.6 · 21: 6.9 · 31: 7.2
♇ 1: ♌ 11.3 · 11: 11.6 · 21: 11.9 · 31: 12.2

IX

	1	2	3	4	5	6	7	8	9	10	11	12	13	14	15	16	17	18	19	20	21	22	23	24	25	26	27	28	29	30	31
☉	♍ 8	8.9	9.9	10.9	11.8	12.8	13.8	14.7	15.7	16.7	17.7	18.6	19.6	20.6	21.6	22.5	23.5	24.5	25.5	26.4	27.4	28.4	29.4	♎ 0.4	1.3	2.3	3.3	4.3	5.3	6.2	
☽	♏ 9.3	21.3	♐ 3.2	15	26.8	♑ 8.8	20.9	♒ 3.3	16	29	♓ 12.4	26.1	♈ 10	24.1	♉ 8.2	22.4	♊ 6.6	20.8	♋ 4.9	18.9	♌ 2.8	16.6	♍ 0.2	13.7	26.9	♎ 9.9	22.6	♏ 5	17.2	29.2	
☿	♌ 25	26.8	28.7	♍ 0.6	2.5	4.4	6.4	8.3	10.2	12.2	14.1	16	17.9	19.8	21.6	23.5	25.3	27.1	28.9	♎ 0.7	2.5	4.2	6	7.7	9.4	11.1	12.8	14.4	16	17.7	
♀	♎ 24	25	26	27	28	29	30	♏ 1	1.9	2.9	3.8	4.8	5.7	6.7	7.6	8.5	9.4	10.3	11.2	12.1	12.9	13.8	14.6	15.5	16.3	17.1	17.9	18.7	19.5	20.2	
♂	♎ 14.3	15	15.6	16.3	16.9	17.6	18.2	18.9	19.6	20.2	20.9	21.5	22.2	22.9	23.5	24.2	24.9	25.5	26.2	26.9	27.5	28.2	28.9	29.5	♏ 0.2	0.9	1.6	2.2	2.9	3.6	

♃ 1: ♎ 25.3 · 6: 26.2 · 11: 27.2 · 16: 28.1 · 21: 29.1 · 26: ♏ 0.1
♄ 1: ♌ 3.6 · 6: 4.2 · 11: 4.7 · 16: 5.2 · 21: 5.7 · 26: 6.2
♅ 1: ♊ 21.5 · 11: 21.7 · 21: 21.8
♆ 1: ♎ 7.3 · 11: 7.6 · 21: 8
♇ 1: ♌ 12.2 · 11: 12.5 · 21: 12.7

X

	1	2	3	4	5	6	7	8	9	10	11	12	13	14	15	16	17	18	19	20	21	22	23	24	25	26	27	28	29	30	31
☉	♎ 7.2	8.2	9.2	10.2	11.2	12.1	13.1	14.1	15.1	16.1	17.1	18.1	19.1	20.1	21	22	23	24	25	26	27	28	29	30	♏ 1	2	3	4	5	6	7
☽	♐ 11.1	22.9	♑ 4.7	16.6	28.7	♒ 11.2	23.9	♓ 7.1	20.7	♈ 4.6	18.9	♉ 3.4	18	♊ 2.7	17.2	♋ 1.6	15.7	29.7	♌ 13.4	26.9	♍ 10.2	23.2	♎ 6.1	18.8	♏ 1.2	13.4	25.5	♐ 7.4	19.2	♑ 1	12.8
☿	♎ 19.3	20.9	22.5	24	25.6	27.1	28.7	♏ 0.2	1.7	3.2	4.7	6.1	7.6	9	10.4	11.8	13.2	14.6	16	17.3	18.6	19.9	21.2	22.5	23.7	25	26.1	27.3	28.4	29.5	♐ 0.5
♀	♏ 21	21.7	22.4	23.1	23.8	24.4	25.1	25.7	26.3	26.9	27.4	27.9	28.4	28.9	29.4	29.8	♐ 0.2	0.6	0.9	1.2	1.5	1.8	2	2.2	2.3	2.4	2.5	2.5	2.5R	2.4	2.3
♂	♏ 4.3	5	5.7	6.3	7	7.7	8.4	9.1	9.8	10.5	11.1	11.8	12.5	13.2	13.9	14.6	15.3	16	16.7	17.4	18.1	18.8	19.5	20.2	20.9	21.6	22.3	23	23.8	24.5	25.2

♃ 1: ♏ 1.2 · 6: 2.2 · 11: 3.3 · 16: 4.3 · 21: 5.4 · 26: 6.5 · 31: 7.6
♄ 1: ♌ 6.6 · 6: 7 · 11: 7.4 · 16: 7.7 · 21: 8 · 26: 8.3 · 31: 8.5
♅ 1: ♊ 21.8R · 11: 21.7 · 21: 21.6 · 31: 21.3
♆ 1: ♎ 8.3 · 11: 8.7 · 21: 9.1 · 31: 9.4
♇ 1: ♌ 12.9 · 11: 13.1 · 21: 13.2 · 31: 13.3

XI

	1	2	3	4	5	6	7	8	9	10	11	12	13	14	15	16	17	18	19	20	21	22	23	24	25	26	27	28	29	30	31
☉	♏ 8	9	10	11	12	13	14	15	16	17	18	19	20	21	22	23	24	25.1	26.1	27.1	28.1	29.1	♐ 0.1	1.1	2.1	3.1	4.1	5.2	6.2	7.2	
☽	♑ 24.7	♒ 6.8	19.1	♓ 1.9	15	28.6	♈ 12.6	27	♉ 11.8	26.8	♊ 11.8	26.7	♋ 11.5	25.9	♌ 10	23.8	♍ 7.2	20.3	♎ 3.1	15.6	28	♏ 10.2	22.2	♐ 4.1	15.9	27.7	♑ 9.5	21.3	♒ 3.2	15.3	
☿	♐ 1.5	2.5	3.4	4.2	4.9	5.6	6.2	6.6	7	7.2	7.3	7.3R	7.1	6.7	6.2	5.5	4.6	3.6	2.4	1.1	♏ 29.8	28.4	27.1	25.8	24.6	23.6	22.7	22.1	21.6	21.3	
♀	♐ 2.2R	2	1.8	1.5	1.3	0.9	0.5	0.1	♏ 29.7	29.2	28.7	28.2	27.7	27.1	26.5	25.9	25.3	24.7	24.1	23.5	22.9	22.3	21.7	21.2	20.7	20.2	19.7	19.3	18.9	18.5	
♂	♏ 25.9	26.6	27.3	28	28.7	29.5	♐ 0.2	0.9	1.6	2.3	3.1	3.8	4.5	5.2	6	6.7	7.4	8.1	8.9	9.6	10.3	11.1	11.8	12.5	13.3	14	14.7	15.5	16.2	17	

♃ 1: ♏ 7.8 · 6: 8.9 · 11: 10 · 16: 11.1 · 21: 12.2 · 26: 13.3
♄ 1: ♌ 8.5 · 6: 8.7 · 11: 8.8 · 16: 8.9 · 21: 8.9R · 26: 8.9
♅ 1: ♊ 21.3R · 11: 21 · 21: 20.6
♆ 1: ♎ 9.4 · 11: 9.8 · 21: 10.1
♇ 1: ♌ 13.3 · 11: 13.4 · 21: 13.4R

XII

	1	2	3	4	5	6	7	8	9	10	11	12	13	14	15	16	17	18	19	20	21	22	23	24	25	26	27	28	29	30	31
☉	♐ 8.2	9.2	10.2	11.2	12.3	13.3	14.3	15.3	16.3	17.3	18.4	19.4	20.4	21.4	22.4	23.4	24.5	25.5	26.5	27.5	28.5	29.5	♑ 0.6	1.6	2.6	3.6	4.6	5.7	6.7	7.7	8.7
☽	♒ 27.7	♓ 10.3	23.3	♈ 6.7	20.6	♉ 4.9	19.7	♊ 4.7	19.9	♋ 5.2	20.2	♌ 5	19.4	♍ 3.4	16.9	29.9	♎ 12.6	25	♏ 7.2	19.2	♐ 1.1	12.9	24.7	♑ 6.5	18.3	♒ 0.2	12.3	24.5	♓ 6.9	19.5	♈ 2.4
☿	♏ 21.2R	21.2D	21.5	21.9	22.4	23	23.8	24.6	25.6	26.6	27.7	28.8	♐ 0	1.2	2.5	3.8	5.1	6.5	7.9	9.2	10.7	12.1	13.5	15	16.4	17.9	19.4	20.8	22.3	23.8	25.3
♀	♏ 18.2R	17.9	17.7	17.5	17.3	17.2	17.1	17.1	17.1D	17.2	17.2	17.4	17.5	17.7	18	18.2	18.5	18.9	19.3	19.7	20.1	20.5	21	21.5	22.1	22.7	23.2	23.9	24.5	25.1	25.8
♂	♐ 17.7	18.4	19.2	19.9	20.7	21.4	22.2	22.9	23.7	24.4	25.2	25.9	26.7	27.4	28.2	28.9	29.7	♑ 0.4	1.2	1.9	2.7	3.5	4.2	5	5.7	6.5	7.3	8	8.8	9.5	10.3

♃ 1: ♏ 14.3 · 6: 15.3 · 11: 16.4 · 16: 17.4 · 21: 18.3 · 26: 19.3 · 31: 20.2
♄ 1: ♌ 8.8R · 6: 8.7 · 11: 8.5 · 16: 8.3 · 21: 8.1 · 26: 7.8 · 31: 7.5
♅ 1: ♊ 20.2R · 11: 19.8 · 21: 19.4 · 31: 19
♆ 1: ♎ 10.3 · 11: 10.5 · 21: 10.7 · 31: 10.8
♇ 1: ♌ 13.3R · 11: 13.2 · 21: 13.1 · 31: 12.9

I

	1	2	3	4	5	6	7	8	9	10	11	12	13	14	15	16	17	18	19	20	21	22	23	24	25	26	27	28	29	30	31
☉	♑ 9.7	10.8	11.8	12.8	13.8	14.8	15.9	16.9	17.9	18.9	19.9	20.9	22	23	24	25	26	27.1	28.1	29.1	♒ 0.1	1.1	2.1	3.2	4.2	5.2	6.2	7.2	8.2	9.3	10.3
☽	♈ 15.7	29.4	♉ 13.4	27.9	♊ 12.7	27.8	♋ 13	28.2	♌ 13.1	27.8	♍ 11.9	25.6	♎ 8.8	21.6	♏ 4	16.1	28	♐ 9.8	21.6	♑ 3.4	15.2	27.2	♒ 9.3	21.5	♓ 4	16.6	29.4	♈ 12.4	25.6	♉ 9.2	23
☿	♐ 26.9	28.4	29.9	♑ 1.4	3	4.5	6.1	7.6	9.2	10.8	12.3	13.9	15.5	17.1	18.7	20.3	22	23.6	25.2	26.9	28.5	♒ 0.2	1.9	3.6	5.3	7	8.7	10.4	12.2	13.9	15.7
♀	♏ 26.5	27.2	27.9	28.7	29.5	♐ 0.2	1	1.8	2.7	3.5	4.4	5.2	6.1	7	7.9	8.8	9.7	10.6	11.6	12.5	13.5	14.4	15.4	16.4	17.4	18.4	19.4	20.4	21.4	22.4	23.5
♂	♑ 11.1	11.8	12.6	13.4	14.1	14.9	15.7	16.5	17.2	18	18.8	19.5	20.3	21.1	21.9	22.6	23.4	24.2	25	25.7	26.5	27.3	28.1	28.9	29.6	♒ 0.4	1.2	2	2.8	3.5	4.3

	1	6	11	16	21	26	31
♃	♏ 20.4	21.2	22.1	22.8	23.6	24.3	24.9
♄	♌ 7.4R	7	6.7	6.3	5.9	5.5	5.1

	1	11	21	31
♅	♊ 19.0R	18.6	18.3	18
♆	♎ 10.8	10.8	10.8R	10.7
♇	♌ 12.9R	12.7	12.5	12.2

	1	2	3	4	5	6	7	8	9	10	11	12	13	14	15	16	17	18	19	20	21	22	23	24	25	26	27	28	29	30	31
☉	♑ 9.5	10.5	11.5	12.5	13.6	14.6	15.6	16.6	17.6	18.7	19.7	20.7	21.7	22.7	23.8	24.8	25.8	26.8	27.8	28.8	29.9	♒ 0.9	1.9	2.9	3.9	5	6	7	8	9	10
☽	♍ 7.4	21.7	♎ 5.6	19.1	♏ 2.2	15	27.6	♐ 9.9	22.1	♑ 4.2	16.1	28.1	♒ 9.9	21.8	♓ 3.7	15.6	27.6	♈ 9.8	22.2	♉ 5	18.1	♊ 1.7	15.8	♋ 0.4	15.4	♌ 0.6	16	♍ 1.3	16.3	♎ 0.9	15
☿	♑ 8	9.6	11.2	12.8	14.4	16.1	17.7	19.3	21	22.6	24.3	26	27.6	29.3	♒ 1	2.7	4.4	6.1	7.8	9.5	11.2	12.8	14.5	16.2	17.9	19.5	21.1	22.7	24.3	25.8	27.3
♀	♒ 8.9	10.2	11.4	12.6	13.9	15.1	16.4	17.6	18.8	20.1	21.3	22.5	23.8	25	26.2	27.4	28.7	29.9	♓ 1.1	2.4	3.6	4.8	6	7.2	8.5	9.7	10.9	12.1	13.3	14.6	15.8
♂	♍ 7.3	7.3	7.4	7.5	7.5	7.6	7.6	7.6	7.6R	7.6	7.6	7.5	7.5	7.4	7.3	7.2	7.1	7	6.9	6.8	6.6	6.4	6.2	6	5.8	5.6	5.4	5.1	4.9	4.6	4.3

	1	6	11	16	21	26	31
♃	♐ 15.1	16.2	17.3	18.3	19.3	20.2	21.2
♄	♌ 22.0R	21.7	21.4	21.1	20.8	20.4	20

	1	11	21	31
♅	♊ 23.5R	23.1	22.8	22.5
♆	♎ 12.9	13	13.0R	12.9
♇	♌ 14.5R	14.3	14.1	13.9

II

	1	2	3	4	5	6	7	8	9	10	11	12	13	14	15	16	17	18	19	20	21	22	23	24	25	26	27	28	29	30	31
☉	♒ 11.3	12.3	13.3	14.3	15.4	16.4	17.4	18.4	19.4	20.4	21.4	22.4	23.5	24.5	25.5	26.5	27.5	28.5	29.5	♓ 0.5	1.5	2.5	3.5	4.5	5.6	6.6	7.6	8.6			
☽	♊ 7.2	21.7	♋ 6.4	21.3	♌ 6.2	21	♍ 5.6	19.8	♎ 3.6	16.9	29.7	♏ 12.2	24.4	♐ 6.3	18.1	29.9	♑ 11.7	23.6	♒ 5.7	18	♓ 0.5	13.3	26.2	♈ 9.3	22.6	♉ 6.1	19.8	♊ 3.6			
☿	♒ 17.5	19.2	21	22.8	24.6	26.3	28.1	29.9	♓ 1.7	3.4	5.1	6.8	8.5	10.1	11.7	13.2	14.7	16.1	17.4	18.5	19.6	20.6	21.4	22	22.5	22.9	23.1	23.1R			
♀	♐ 24.5	25.5	26.6	27.6	28.7	29.8	♑ 0.8	1.9	3	4	5.1	6.2	7.3	8.4	9.5	10.6	11.7	12.8	13.9	15	16.2	17.3	18.4	19.5	20.7	21.8	22.9	24.1			
♂	♒ 5.1	5.9	6.7	7.5	8.2	9	9.8	10.6	11.4	12.2	12.9	13.7	14.5	15.3	16.1	16.9	17.7	18.4	19.2	20	20.8	21.6	22.4	23.2	24	24.7	25.5	26.3			

	1	6	11	16	21	26
♃	♏ 25	25.6	26.1	26.5	26.9	27.1
♄	♌ 5.0R	4.6	4.2	3.8	3.5	3.1

	1	11	21
♅	♊ 18.0R	17.8	17.8
♆	♎ 10.7R	10.6	10.4
♇	♌ 12.2R	12	11.8

	1	2	3	4	5	6	7	8	9	10	11	12	13	14	15	16	17	18	19	20	21	22	23	24	25	26	27	28	29	30	31
☉	♒ 11	12.1	13.1	14.1	15.1	16.1	17.1	18.1	19.2	20.2	21.2	22.2	23.2	24.2	25.2	26.2	27.2	28.3	29.3	♓ 0.3	1.3	2.3	3.3	4.3	5.3	6.3	7.3	8.3	9.3		
☽	♎ 28.6	♏ 11.8	24.6	♐ 7	19.2	♑ 1.2	13.2	25.1	♒ 6.9	18.8	♓ 0.7	12.6	24.6	♈ 6.8	19	♉ 1.5	14.2	27.3	♊ 10.7	24.6	♋ 8.9	23.7	♌ 8.8	24	♍ 9.3	24.4	♎ 9.1	23.4	♏ 7.2		
☿	♒ 28.6	30	♓ 1.2	2.3	3.4	4.3	5	5.7	6.1	6.4	6.5	6.5R	6.2	5.8	5.2	4.5	3.6	2.7	1.6	0.5	♒ 29.4	28.3	27.2	26.2	25.2	24.4	23.6	23	22.5		
♀	♓ 17	18.2	19.4	20.6	21.8	23	24.3	25.5	26.7	27.9	29.1	♈ 0.3	1.5	2.7	3.9	5.1	6.2	7.4	8.6	9.8	11	12.2	13.4	14.5	15.7	16.9	18.1	19.2	20.4		
♂	♍ 4.0R	3.7	3.4	3.1	2.7	2.4	2	1.7	1.3	0.9	0.6	0.2	♌ 29.8	29.4	29	28.6	28.2	27.8	27.4	27	26.6	26.2	25.8	25.4	25.1	24.7	24.3	23.9	23.6		

	1	6	11	16	21	26
♃	♐ 21.4	22.2	23.1	23.9	24.7	25.4
♄	♌ 19.9R	19.5	19.1	18.7	18.3	17.9

	1	11	21
♅	♊ 22.5R	22.3	22.1
♆	♎ 12.9R	12.8	12.6
♇	♌ 13.8R	13.6	13.4

III

	1	2	3	4	5	6	7	8	9	10	11	12	13	14	15	16	17	18	19	20	21	22	23	24	25	26	27	28	29	30	31
☉	♓ 9.6	10.6	11.6	12.6	13.6	14.6	15.6	16.6	17.6	18.6	19.6	20.6	21.6	22.6	23.6	24.6	25.6	26.6	27.6	28.6	29.5	♈ 0.5	1.5	2.5	3.5	4.5	5.5	6.5	7.5	8.5	9.4
☽	♊ 17.6	♋ 1.8	16.1	♌ 0.6	15.1	29.5	♍ 13.8	27.8	♎ 11.4	24.7	♏ 7.5	20	♐ 2.2	14.2	26.1	♑ 7.9	19.7	♒ 1.7	13.9	26.3	♓ 9.1	22.1	♈ 5.4	18.9	♉ 2.6	16.5	♊ 0.4	14.5	28.6	♋ 12.7	26.8
☿	♓ 23.0R	22.7	22.3	21.7	21.1	20.3	19.4	18.4	17.5	16.5	15.5	14.5	13.6	12.7	11.9	11.3	10.7	10.2	9.8	9.5	9.3	9.2	9.2D	9.3	9.5	9.8	10.2	10.7	11.2	11.8	12.4
♀	♑ 25.2	26.3	27.5	28.6	29.8	♒ 0.9	2.1	3.2	4.4	5.5	6.7	7.8	9	10.2	11.3	12.5	13.7	14.8	16	17.2	18.3	19.5	20.7	21.8	23	24.2	25.4	26.6	27.7	28.9	♓ 0.1
♂	♒ 27.1	27.9	28.7	29.5	♓ 0.3	1	1.8	2.6	3.4	4.2	5	5.8	6.6	7.3	8.1	8.9	9.7	10.5	11.3	12.1	12.8	13.6	14.4	15.2	16	16.8	17.6	18.3	19.1	19.9	20.7

	1	6	11	16	21	26	31
♃	♏ 27.3	27.5	27.5	27.6R	27.5	27.4	27.1
♄	♌ 3.0R	2.7	2.5	2.3	2.1	2	2

	1	11	21	31
♅	♊ 17.8	17.8	18	18.3
♆	♎ 10.2R	10	9.7	9.4
♇	♌ 11.6R	11.4	11.2	11.1

	1	2	3	4	5	6	7	8	9	10	11	12	13	14	15	16	17	18	19	20	21	22	23	24	25	26	27	28	29	30	31
☉	♓ 10.3	11.3	12.3	13.3	14.3	15.3	16.3	17.3	18.3	19.3	20.3	21.3	22.3	23.3	24.3	25.3	26.3	27.3	28.3	29.3	♈ 0.3	1.3	2.3	3.3	4.3	5.3	6.2	7.2	8.2	9.2	10.2
☽	♏ 20.5	♐ 3.3	15.8	28.1	♑ 10.1	22	♒ 3.8	15.7	27.6	♓ 9.5	21.6	♈ 3.8	16.1	28.6	♉ 11.3	24.1	♊ 7.3	20.7	♋ 4.5	18.6	♌ 3.1	17.8	♍ 2.7	17.6	♎ 2.4	17	♏ 1.3	15.1	28.5	♐ 11.4	24
☿	♒ 22.1R	21.8	21.6	21.6	21.6D	21.8	22	22.4	22.8	23.3	23.9	24.5	25.2	26	26.8	27.7	28.7	29.7	♓ 0.7	1.8	2.9	4	5.2	6.4	7.7	9	10.3	11.6	13	14.4	15.8
♀	♈ 21.6	22.7	23.9	25.1	26.2	27.4	28.5	29.7	♉ 0.8	2	3.1	4.2	5.4	6.5	7.6	8.8	9.9	11	12.1	13.2	14.4	15.5	16.6	17.7	18.8	19.8	20.9	22	23.1	24.2	25.2
♂	♌ 23.2R	22.9	22.6	22.2	21.9	21.6	21.3	21.1	20.8	20.5	20.3	20.1	19.8	19.6	19.4	19.3	19.1	18.9	18.8	18.7	18.6	18.5	18.4	18.3	18.2	18.2	18.1	18.1	18.1	18.1D	18.1

	1	6	11	16	21	26	31
♃	♐ 25.9	26.5	27.1	27.5	28	28.3	28.6
♄	♌ 17.6R	17.3	16.9	16.7	16.4	16.2	16

	1	11	21	31
♅	♊ 22.1D	22.2	22.3	22.5
♆	♎ 12.4R	12.2	11.9	11.7
♇	♌ 13.2R	13	12.8	12.7

IV

	1	2	3	4	5	6	7	8	9	10	11	12	13	14	15	16	17	18	19	20	21	22	23	24	25	26	27	28	29	30	31
☉	♈ 10.4	11.4	12.4	13.4	14.4	15.4	16.3	17.3	18.3	19.3	20.3	21.3	22.2	23.2	24.2	25.2	26.2	27.1	28.1	29.1	♉ 0.1	1	2	3	4	4.9	5.9	6.9	7.9	8.8	
☽	♌ 11	25	♍ 9	22.8	♎ 6.4	19.7	♏ 2.7	15.4	27.8	♐ 10	22	♑ 3.9	15.7	27.6	♒ 9.6	21.8	♓ 4.3	17.1	♈ 0.3	13.9	27.7	♉ 11.8	26.1	♊ 10.5	25	♋ 9.4	23.6	♌ 7.8	21.8	♍ 5.6	
☿	♓ 13.2	14	14.8	15.7	16.6	17.6	18.7	19.7	20.9	22	23.2	24.5	25.7	27	28.4	29.7	♈ 1.2	2.6	4.1	5.5	7.1	8.6	10.2	11.8	13.5	15.1	16.8	18.6	20.3	22.1	
♀	♓ 1.3	2.5	3.6	4.8	6	7.2	8.4	9.6	10.8	12	13.1	14.3	15.5	16.7	17.9	19.1	20.3	21.5	22.7	23.9	25.1	26.3	27.5	28.7	29.9	♈ 1.1	2.3	3.5	4.7	5.9	
♂	♓ 21.5	22.3	23	23.8	24.6	25.4	26.2	26.9	27.7	28.5	29.3	♈ 0.1	0.8	1.6	2.4	3.2	3.9	4.7	5.5	6.3	7	7.8	8.6	9.3	10.1	10.9	11.7	12.4	13.2	14	

	1	6	11	16	21	26
♃	♏ 27.1R	26.8	26.4	26	25.5	24.9
♄	♌ 2.0R	2.0D	2	2.1	2.2	2.4

	1	11	21
♅	♊ 18.3	18.6	19
♆	♎ 9.4R	9.1	8.9
♇	♌ 11.1R	11	11

	1	2	3	4	5	6	7	8	9	10	11	12	13	14	15	16	17	18	19	20	21	22	23	24	25	26	27	28	29	30	31
☉	♈ 11.2	12.2	13.2	14.1	15.1	16.1	17.1	18.1	19.1	20	21	22	23	24	24.9	25.9	26.9	27.9	28.9	29.8	♉ 0.8	1.8	2.8	3.7	4.7	5.7	6.6	7.6	8.6	9.6	
☽	♑ 6.3	18.4	♒ 0.3	12.2	24.1	♓ 6	18.1	♈ 0.3	12.7	25.2	♉ 8	21	♊ 4.2	17.7	♋ 1.3	15.2	29.2	♌ 13.5	27.9	♍ 12.4	26.8	♎ 11.2	25.4	♏ 9.4	23	♐ 6.3	19.3	♑ 1.9	14.2	26.4	
☿	♓ 17.3	18.8	20.3	21.8	23.4	24.9	26.5	28.2	29.8	♈ 1.5	3.2	5	6.7	8.5	10.3	12.2	14	15.9	17.8	19.8	21.8	23.7	25.8	27.8	29.9	♉ 2	4.1	6.2	8.3	10.5	
♀	♉ 26.3	27.4	28.4	29.5	♊ 0.5	1.5	2.6	3.6	4.6	5.6	6.6	7.6	8.6	9.6	10.6	11.6	12.5	13.5	14.4	15.4	16.3	17.2	18.2	19.1	20	20.8	21.7	22.6	23.4	24.3	
♂	♌ 18.1	18.2	18.2	18.3	18.4	18.4	18.5	18.6	18.7	18.9	19	19.2	19.3	19.5	19.6	19.8	20	20.2	20.4	20.7	20.9	21.1	21.4	21.6	21.9	22.1	22.4	22.7	23	23.3	

	1	6	11	16	21	26
♃	♐ 28.6	28.8	28.9	28.9R	28.9	28.8
♄	♌ 16.0R	15.9	15.8	15.8	15.8D	15.8

	1	11	21
♅	♊ 22.6	22.9	23.2
♆	♎ 11.6R	11.4	11.1
♇	♌ 12.7R	12.6	12.6

V

	1	2	3	4	5	6	7	8	9	10	11	12	13	14	15	16	17	18	19	20	21	22	23	24	25	26	27	28	29	30	31
☉	♉ 9.8	10.8	11.7	12.7	13.7	14.6	15.6	16.6	17.5	18.5	19.5	20.4	21.4	22.4	23.3	24.3	25.3	26.2	27.2	28.2	29.1	♊ 0.1	1	2	3	3.9	4.9	5.8	6.8	7.8	8.7
☽	♍ 19.2	♎ 2.5	15.7	28.6	♏ 11.3	23.8	♐ 6	18.1	♑ 0	11.9	23.7	♒ 5.6	17.6	29.8	♓ 12.3	25.1	♈ 8.3	21.9	♉ 6	20.3	♊ 5	19.8	♋ 4.7	19.4	♌ 4	18.4	♍ 2.4	16.1	29.5	♎ 12.6	25.4
☿	♈ 23.9	25.8	27.6	29.5	♉ 1.5	3.4	5.4	7.4	9.5	11.6	13.6	15.8	17.9	20.1	22.2	24.4	26.6	28.8	♊ 1	3.1	5.3	7.5	9.6	11.7	13.8	15.8	17.8	19.8	21.7	23.6	25.5
♀	♈ 7.1	8.3	9.5	10.7	11.9	13.1	14.3	15.5	16.7	17.9	19.1	20.3	21.5	22.7	23.9	25.1	26.3	27.5	28.7	29.9	♉ 1.1	2.3	3.5	4.7	5.9	7.1	8.4	9.6	10.8	12	13.2
♂	♈ 14.7	15.5	16.3	17	17.8	18.6	19.3	20.1	20.8	21.6	22.4	23.1	23.9	24.6	25.4	26.1	26.9	27.7	28.4	29.2	29.9	♉ 0.7	1.4	2.2	2.9	3.7	4.4	5.1	5.9	6.6	7.4

	1	6	11	16	21	26	31
♃	♏ 24.4R	23.8	23.1	22.5	21.9	21.2	20.6
♄	♌ 2.6	2.9	3.2	3.5	3.9	4.3	4.7

	1	11	21	31
♅	♊ 19.5	20	20.5	21.1
♆	♎ 8.6R	8.4	8.3	8.1
♇	♌ 11	11.1	11.2	11.3

	1	2	3	4	5	6	7	8	9	10	11	12	13	14	15	16	17	18	19	20	21	22	23	24	25	26	27	28	29	30	31
☉	♉ 10.5	11.5	12.5	13.4	14.4	15.4	16.3	17.3	18.3	19.2	20.2	21.2	22.1	23.1	24.1	25	26	27	27.9	28.9	29.8	♊ 0.8	1.8	2.7	3.7	4.7	5.6	6.6	7.5	8.5	9.4
☽	♒ 8.3	20.2	♓ 2.1	14.1	26.2	♈ 8.5	21.1	♉ 3.9	17	♊ 0.4	14	27.9	♋ 11.9	26.1	♌ 10.3	24.5	♍ 8.7	22.9	♎ 6.9	20.9	♏ 4.6	18.1	♐ 1.4	14.5	27.3	♑ 9.8	22.2	♒ 4.3	16.2	28.1	♓ 10
☿	♉ 12.6	14.8	17	19.1	21.2	23.4	25.5	27.6	29.6	♊ 1.6	3.6	5.6	7.5	9.3	11.1	12.9	14.6	16.2	17.8	19.3	20.8	22.2	23.6	24.9	26.2	27.4	28.5	29.5	♋ 0.6	1.5	2.4
♀	♊ 25.1	25.9	26.7	27.5	28.3	29	29.7	♋ 0.5	1.2	1.9	2.5	3.2	3.8	4.4	5	5.6	6.2	6.7	7.2	7.7	8.1	8.5	8.9	9.3	9.6	9.9	10.2	10.5	10.7	10.8	11
♂	♌ 23.6	23.9	24.2	24.5	24.9	25.2	25.5	25.9	26.2	26.6	27	27.3	27.7	28.1	28.5	28.9	29.3	29.7	♍ 0.1	0.5	0.9	1.3	1.7	2.1	2.6	3	3.4	3.9	4.3	4.8	5.2

	1	6	11	16	21	26	31
♃	♐ 28.6R	28.3	27.9	27.5	27.1	26.5	26
♄	♌ 15.9	16.1	16.3	16.5	16.8	17.1	17.4

	1	11	21	31
♅	♊ 23.7	24.2	24.7	25.3
♆	♎ 10.9R	10.6	10.5	10.3
♇	♌ 12.6	12.6	12.7	12.9

VI

	1	2	3	4	5	6	7	8	9	10	11	12	13	14	15	16	17	18	19	20	21	22	23	24	25	26	27	28	29	30	31
☉	♊ 9.7	10.6	11.6	12.6	13.5	14.5	15.4	16.4	17.3	18.3	19.3	20.2	21.2	22.1	23.1	24	25	25.9	26.9	27.8	28.8	29.8	♋ 0.7	1.7	2.6	3.6	4.5	5.5	6.4	7.4	
☽	♏ 8	20.4	♐ 2.6	14.6	26.6	♑ 8.5	20.3	♒ 2.2	14.1	26.1	♓ 8.3	20.7	♈ 3.5	16.6	♉ 0.1	14.1	28.6	♊ 13.3	28.4	♋ 13.6	28.7	♌ 13.6	28.2	♍ 12.4	26.1	♎ 9.5	22.4	♏ 5.1	17.4	29.6	
☿	♊ 27.3	29	♋ 0.7	2.4	4	5.6	7.1	8.6	10	11.4	12.7	14	15.3	16.4	17.6	18.6	19.6	20.6	21.5	22.3	23.1	23.8	24.5	25.1	25.6	26	26.4	26.7	26.9	27.1	
♀	♉ 14.4	15.6	16.8	18	19.2	20.4	21.7	22.9	24.1	25.3	26.5	27.7	28.9	♊ 0.1	1.3	2.6	3.8	5	6.2	7.4	8.6	9.8	11.1	12.3	13.5	14.7	15.9	17.1	18.4	19.6	
♂	♉ 8.1	8.9	9.6	10.3	11.1	11.8	12.5	13.3	14	14.7	15.5	16.2	16.9	17.7	18.4	19.1	19.9	20.6	21.3	22	22.7	23.5	24.2	24.9	25.6	26.3	27.1	27.8	28.5	29.2	

	1	6	11	16	21	26
♃	♏ 20.5R	20	19.5	19	18.6	18.3
♄	♌ 4.8	5.3	5.8	6.3	6.8	7.4

	1	11	21
♅	♊ 21.2	21.8	22.4
♆	♎ 8.1R	8.1	8.0D
♇	♌ 11.3	11.5	11.7

	1	2	3	4	5	6	7	8	9	10	11	12	13	14	15	16	17	18	19	20	21	22	23	24	25	26	27	28	29	30	31
☉	♊ 10.4	11.4	12.3	13.3	14.2	15.2	16.2	17.1	18.1	19	20	20.9	21.9	22.8	23.8	24.8	25.7	26.7	27.6	28.6	29.5	♋ 0.5	1.4	2.4	3.3	4.3	5.2	6.2	7.2	8.1	
☽	♓ 22	♈ 4.1	16.4	29.1	♉ 12.1	25.4	♊ 9.1	23.2	♋ 7.5	22	♌ 6.6	21.1	♍ 5.5	19.7	♎ 3.7	17.5	♏ 1.1	14.4	27.6	♐ 10.5	23.3	♑ 5.8	18.2	♒ 0.4	12.4	24.4	♓ 6.2	18.1	♈ 0	12.1	
☿	♋ 3.2	3.9	4.6	5.2	5.7	6.1	6.5	6.8	7	7.2	7.3	7.3R	7.2	7	6.8	6.5	6.2	5.8	5.3	4.8	4.3	3.7	3.2	2.6	2	1.4	0.9	0.4	♊ 29.9	29.5	
♀	♋ 11.1	11.1	11.2	11.1R	11.1	11	10.8	10.7	10.5	10.2	9.9	9.6	9.2	8.8	8.4	7.9	7.4	6.8	6.3	5.7	5.1	4.5	3.9	3.3	2.6	2	1.4	0.8	0.2	♊ 29.6	
♂	♍ 5.7	6.2	6.6	7.1	7.6	8	8.5	9	9.5	10	10.5	11	11.5	12	12.5	13	13.5	14	14.5	15	15.5	16.1	16.6	17.1	17.6	18.2	18.7	19.2	19.8	20.3	

	1	6	11	16	21	26
♃	♐ 25.8R	25.2	24.6	24	23.3	22.7
♄	♌ 17.5	17.9	18.3	18.7	19.2	19.7

	1	11	21
♅	♊ 25.3	25.9	26.5
♆	♎ 10.3R	10.2	10.2
♇	♌ 12.9	13	13.3

VII

	1	2	3	4	5	6	7	8	9	10	11	12	13	14	15	16	17	18	19	20	21	22	23	24	25	26	27	28	29	30	31
☉	♋ 8.3	9.3	10.2	11.2	12.2	13.1	14.1	15	16	16.9	17.9	18.8	19.8	20.7	21.7	22.6	23.6	24.5	25.5	26.5	27.4	28.4	29.3	♌ 0.3	1.2	2.2	3.1	4.1	5.1	6	7
☽	♐ 11.6	23.5	♑ 5.4	17.2	29.1	♒ 11	22.9	♓ 5	17.3	29.7	♈ 12.4	25.5	♉ 8.9	22.7	♊ 7	21.7	♋ 6.8	22	♌ 7.3	22.4	♍ 7.1	21.5	♎ 5.4	18.8	♏ 1.8	14.3	26.6	♐ 8.7	20.6	♑ 2.4	14.3
☿	♋ 27.1	27.1R	27	26.9	26.6	26.3	25.9	25.5	25	24.5	23.9	23.3	22.6	22	21.3	20.7	20.1	19.5	18.9	18.4	18	17.6	17.4	17.2	17.1	17.1D	17.1	17.3	17.6	18	18.5
♀	♊ 20.8	22	23.2	24.5	25.7	26.9	28.1	29.3	♋ 0.5	1.8	3	4.2	5.4	6.7	7.9	9.1	10.3	11.6	12.8	14	15.2	16.5	17.7	18.9	20.1	21.4	22.6	23.8	25	26.3	27.5
♂	♉ 29.9	♊ 0.6	1.3	2	2.7	3.5	4.2	4.9	5.6	6.3	7	7.7	8.4	9.1	9.8	10.5	11.1	11.8	12.5	13.2	13.9	14.6	15.3	16	16.7	17.3	18	18.7	19.4	20.1	20.7

	1	6	11	16	21	26	31
♃	♏ 18.0R	17.8	17.7	17.7D	17.7	17.9	18
♄	♌ 8	8.6	9.2	9.8	10.4	11.1	11.7

	1	11	21	31
♅	♊ 22.9	23.5	24	24.5
♆	♎ 8.1	8.2	8.3	8.5
♇	♌ 12	12.2	12.5	12.8

	1	2	3	4	5	6	7	8	9	10	11	12	13	14	15	16	17	18	19	20	21	22	23	24	25	26	27	28	29	30	31
☉	♋ 9.1	10	11	11.9	12.9	13.8	14.8	15.7	16.7	17.6	18.6	19.5	20.5	21.5	22.4	23.4	24.3	25.3	26.2	27.2	28.1	29.1	♌ 0	1	2	2.9	3.9	4.8	5.8	6.7	7.7
☽	♈ 24.4	♉ 7.1	20.1	♊ 3.5	17.4	♋ 1.7	16.4	♌ 1.3	16.3	♍ 1.2	15.9	♎ 0.3	14.3	28	♏ 11.4	24.5	♐ 7.4	20	♑ 2.5	14.8	27	♒ 9	21	♓ 2.9	14.7	26.6	♈ 8.5	20.5	♉ 2.8	15.4	28.3
☿	♊ 29.1R	28.8	28.6	28.4	28.3	28.3D	28.4	28.6	28.8	29.1	29.6	♋ 0.1	0.7	1.4	2.1	3	3.9	4.9	6	7.2	8.5	9.8	11.2	12.7	14.3	15.9	17.6	19.4	21.2	23	24.9
♀	♊ 29.1R	28.5	28	27.5	27.1	26.7	26.3	26	25.7	25.4	25.2	25	24.8	24.7	24.7	24.6	24.6D	24.7	24.8	24.9	25.1	25.3	25.5	25.8	26	26.4	26.7	27.1	27.5	28	28.4
♂	♍ 20.9	21.4	22	22.5	23.1	23.6	24.2	24.7	25.3	25.9	26.4	27	27.6	28.1	28.7	29.3	29.9	♎ 0.5	1	1.6	2.2	2.8	3.4	4	4.6	5.2	5.8	6.4	7	7.6	8.2

	1	6	11	16	21	26	31
♃	♐ 22.1R	21.5	21	20.5	20.1	19.8	19.5
♄	♌ 20.2	20.8	21.3	21.9	22.5	23.1	23.7

	1	11	21	31
♅	♊ 27.1	27.7	28.2	28.8
♆	♎ 10.2	10.3	10.5	10.6
♇	♌ 13.5	13.8	14.1	14.4

VIII

	1	2	3	4	5	6	7	8	9	10	11	12	13	14	15	16	17	18	19	20	21	22	23	24	25	26	27	28	29	30	31
☉	♌ 7.9	8.9	9.8	10.8	11.8	12.7	13.7	14.6	15.6	16.5	17.5	18.5	19.4	20.4	21.3	22.3	23.3	24.2	25.2	26.1	27.1	28.1	29	♍ 0	1	1.9	2.9	3.9	4.8	5.8	6.8
☽	♑ 26.1	♒ 8	20	♓ 2.1	14.3	26.7	♈ 9.3	22	♉ 5.1	18.4	♊ 2.1	16.2	♋ 0.7	15.5	♌ 0.6	15.7	♍ 0.7	15.5	30	♎ 13.9	27.4	♏ 10.4	23	♐ 5.3	17.3	29.3	♑ 11.1	22.9	♒ 4.8	16.8	28.9
☿	♋ 19.1	19.8	20.6	21.5	22.5	23.6	24.8	26.1	27.4	28.9	♌ 0.4	2	3.7	5.4	7.2	9.1	10.9	12.9	14.8	16.8	18.8	20.8	22.8	24.8	26.8	28.8	♍ 0.8	2.8	4.7	6.7	8.6
♀	♋ 28.7	30	♌ 1.2	2.4	3.7	4.9	6.1	7.3	8.6	9.8	11	12.3	13.5	14.7	16	17.2	18.5	19.7	20.9	22.2	23.4	24.6	25.9	27.1	28.4	29.6	♍ 0.8	2.1	3.3	4.5	5.8
♂	♊ 21.4	22.1	22.8	23.4	24.1	24.8	25.4	26.1	26.8	27.4	28.1	28.8	29.4	♋ 0.1	0.7	1.4	2.1	2.7	3.4	4	4.7	5.3	6	6.6	7.2	7.9	8.5	9.2	9.8	10.4	11.1

	1	6	11	16	21	26	31
♃	♏ 18.1	18.4	18.7	19.1	19.6	20.1	20.7
♄	♌ 11.8	12.5	13.1	13.8	14.4	15	15.6

	1	11	21	31
♅	♊ 24.6	25	25.4	25.7
♆	♎ 8.5	8.7	9	9.3
♇	♌ 12.8	13.1	13.4	13.7

	1	2	3	4	5	6	7	8	9	10	11	12	13	14	15	16	17	18	19	20	21	22	23	24	25	26	27	28	29	30	31
☉	♌ 8.6	9.6	10.6	11.5	12.5	13.4	14.4	15.4	16.3	17.3	18.2	19.2	20.1	21.1	22.1	23	24	25	25.9	26.9	27.8	28.8	29.8	♍ 0.7	1.7	2.7	3.6	4.6	5.6	6.5	7.5
☽	♊ 11.7	25.6	♋ 10	24.8	♌ 10	25.2	♍ 10.4	25.4	♎ 10	24.2	♏ 8	21.4	♐ 4.4	17.1	29.6	♑ 11.8	24	♒ 6	17.9	29.8	♓ 11.7	23.5	♈ 5.4	17.4	29.5	♉ 11.8	24.3	♊ 7.2	20.5	♋ 4.3	18.6
☿	♋ 26.9	28.9	♌ 0.9	2.9	5	7	9.1	11.2	13.2	15.3	17.3	19.4	21.4	23.4	25.4	27.4	29.3	♍ 1.2	3.1	5	6.9	8.7	10.5	12.3	14.1	15.8	17.5	19.2	20.9	22.6	24.2
♀	♊ 28.9	29.4	30	♋ 0.5	1.1	1.7	2.3	3	3.6	4.3	5	5.7	6.4	7.2	7.9	8.7	9.5	10.3	11.1	11.9	12.7	13.6	14.4	15.3	16.2	17.1	18	18.9	19.8	20.7	21.7
♂	♎ 8.8	9.4	10	10.6	11.2	11.8	12.4	13	13.7	14.3	14.9	15.5	16.2	16.8	17.4	18	18.7	19.3	19.9	20.6	21.2	21.8	22.5	23.1	23.8	24.4	25.1	25.7	26.4	27	27.7

	1	6	11	16	21	26	31
♃	♐ 19.5R	19.3	19.1	19.1	19.1D	19.3	19.5
♄	♌ 23.8	24.5	25.1	25.7	26.4	27	27.7

	1	11	21	31
♅	♊ 28.8	29.3	29.7	♋ 0
♆	♎ 10.7	10.9	11.2	11.5
♇	♌ 14.4	14.7	15	15.3

IX

	1	2	3	4	5	6	7	8	9	10	11	12	13	14	15	16	17	18	19	20	21	22	23	24	25	26	27	28	29	30	31
☉	♍ 7.7	8.7	9.7	10.6	11.6	12.6	13.5	14.5	15.5	16.5	17.4	18.4	19.4	20.3	21.3	22.3	23.3	24.2	25.2	26.2	27.2	28.2	29.1	♎ 0.1	1.1	2.1	3.1	4	5	6	
☽	♓ 11.2	23.7	♈ 6.3	19.1	♉ 2.1	15.3	28.7	♊ 12.4	26.3	♋ 10.6	25.1	♌ 9.8	24.6	♍ 9.3	23.8	♎ 8.1	22	♏ 5.5	18.5	♐ 1.1	13.5	25.5	♑ 7.5	19.3	♒ 1.2	13.1	25.2	♓ 7.5	20	♈ 2.7	
☿	♍ 10.5	12.4	14.3	16.1	18	19.8	21.6	23.3	25.1	26.8	28.5	♎ 0.2	1.9	3.6	5.2	6.8	8.4	10	11.6	13.2	14.7	16.2	17.7	19.2	20.7	22.1	23.6	25	26.4	27.8	
♀	♍ 7	8.3	9.5	10.7	12	13.2	14.5	15.7	17	18.2	19.4	20.7	21.9	23.2	24.4	25.7	26.9	28.2	29.4	♎ 0.6	1.9	3.1	4.4	5.6	6.9	8.1	9.4	10.6	11.8	13.1	
♂	♋ 11.7	12.3	13	13.6	14.2	14.9	15.5	16.1	16.7	17.3	18	18.6	19.2	19.8	20.4	21	21.6	22.2	22.8	23.4	24.1	24.6	25.2	25.8	26.4	27	27.6	28.2	28.8	29.4	

	1	6	11	16	21	26
♃	♏ 20.8	21.5	22.2	23	23.8	24.6
♄	♌ 15.8	16.4	17	17.5	18.1	18.6

	1	11	21
♅	♊ 25.8	26	26.1
♆	♎ 9.4	9.7	10.1
♇	♌ 13.7	14	14.3

	1	2	3	4	5	6	7	8	9	10	11	12	13	14	15	16	17	18	19	20	21	22	23	24	25	26	27	28	29	30	31
☉	♍ 8.5	9.4	10.4	11.4	12.3	13.3	14.3	15.2	16.2	17.2	18.2	19.1	20.1	21.1	22.1	23	24	25	26	26.9	27.9	28.9	29.9	♎ 0.9	1.8	2.8	3.8	4.8	5.8	6.7	
☽	♌ 3.3	18.3	♍ 3.6	18.9	♎ 4	18.8	♏ 3.2	17.2	♐ 0.6	13.7	26.4	♑ 8.8	21	♒ 3	14.9	26.8	♓ 8.7	20.5	♈ 2.5	14.5	26.6	♉ 8.8	21.2	♊ 3.9	16.8	♋ 0.1	13.8	27.9	♌ 12.3	27.1	
☿	♍ 25.8	27.4	29	♎ 0.5	2.1	3.6	5.1	6.5	8	9.4	10.8	12.2	13.6	14.9	16.2	17.5	18.8	20	21.3	22.4	23.6	24.7	25.8	26.8	27.9	28.8	29.7	♏ 0.6	1.4	2.2	
♀	♋ 22.6	23.6	24.5	25.5	26.5	27.5	28.4	29.4	♌ 0.4	1.4	2.5	3.5	4.5	5.5	6.6	7.6	8.7	9.7	10.8	11.8	12.9	14	15.1	16.1	17.2	18.3	19.4	20.5	21.6	22.7	
♂	♎ 28.3	29	29.6	♏ 0.3	0.9	1.6	2.3	2.9	3.6	4.3	4.9	5.6	6.3	6.9	7.6	8.3	9	9.6	10.3	11	11.7	12.4	13	13.7	14.4	15.1	15.8	16.5	17.2	17.9	

	1	6	11	16	21	26
♃	♐ 19.5	19.8	20.1	20.6	21	21.6
♄	♌ 27.8	28.4	29	29.6	♍ 0.2	0.8

	1	11	21
♅	♋ 0	0.3	0.5
♆	♎ 11.5	11.8	12.2
♇	♌ 15.3	15.6	15.8

X

	1	2	3	4	5	6	7	8	9	10	11	12	13	14	15	16	17	18	19	20	21	22	23	24	25	26	27	28	29	30	31
☉	♎ 7	8	8.9	9.9	10.9	11.9	12.9	13.9	14.9	15.9	16.8	17.8	18.8	19.8	20.8	21.8	22.8	23.8	24.8	25.8	26.8	27.8	28.7	29.7	♏ 0.7	1.7	2.7	3.7	4.7	5.7	6.7
☽	♈ 15.6	28.8	♉ 12.1	25.6	♊ 9.3	23.1	♋ 7.1	21.3	♌ 5.5	19.9	♍ 4.2	18.5	♎ 2.6	16.5	♏ 0.1	13.4	26.3	♐ 9	21.3	♑ 3.4	15.3	27.2	♒ 9.1	21	♓ 3.2	15.5	28.1	♈ 11	24.2	♉ 7.8	21.5
☿	♎ 29.1	♏ 0.5	1.8	3.1	4.4	5.7	6.9	8.1	9.3	10.4	11.6	12.6	13.7	14.7	15.6	16.5	17.4	18.2	18.9	19.6	20.1	20.6	21	21.3	21.4	21.4R	21.3	21.1	20.7	20.1	19.4
♀	♎ 14.3	15.6	16.8	18.1	19.3	20.6	21.8	23.1	24.3	25.6	26.8	28.1	29.3	♏ 0.6	1.8	3	4.3	5.5	6.8	8	9.3	10.5	11.8	13	14.3	15.5	16.8	18	19.3	20.5	21.8
♂	♋ 30	♌ 0.5	1.1	1.7	2.3	2.8	3.4	4	4.5	5.1	5.6	6.2	6.8	7.3	7.9	8.4	8.9	9.5	10	10.6	11.1	11.6	12.2	12.7	13.2	13.7	14.2	14.7	15.3	15.8	16.3

	1	6	11	16	21	26	31
♃	♏ 25.5	26.4	27.4	28.4	29.4	♐ 0.4	1.5
♄	♌ 19.2	19.6	20.1	20.5	20.9	21.3	21.6

	1	11	21	31
♅	♊ 26.2	26.1R	26	25.8
♆	♎ 10.4	10.8	11.2	11.5
♇	♌ 14.5	14.7	14.8	14.9

	1	2	3	4	5	6	7	8	9	10	11	12	13	14	15	16	17	18	19	20	21	22	23	24	25	26	27	28	29	30	31
☉	♎ 7.7	8.7	9.7	10.7	11.7	12.7	13.6	14.6	15.6	16.6	17.6	18.6	19.6	20.6	21.6	22.5	23.5	24.5	25.5	26.5	27.5	28.5	29.5	♏ 0.5	1.5	2.5	3.5	4.5	5.5	6.5	7.5
☽	♍ 12.1	27.2	♎ 12.2	27	♏ 11.4	25.5	♐ 9.1	22.2	♑ 5	17.5	29.6	♒ 11.7	23.6	♓ 5.4	17.3	29.2	♈ 11.2	23.4	♉ 5.7	18.2	♊ 0.9	13.9	27	♋ 10.4	24.1	♌ 8.1	22.3	♍ 6.7	21.3	♎ 5.9	20.6
☿	♏ 2.9	3.5	4.1	4.5	4.9	5.2	5.4	5.4	5.4R	5.2	4.9	4.4	3.8	3.1	2.2	1.3	0.2	♎ 29	27.8	26.5	25.3	24.1	23	22.1	21.3	20.6	20.1	19.9	19.8D	19.9	20.1
♀	♌ 23.8	24.9	26.1	27.2	28.3	29.4	♍ 0.6	1.7	2.8	4	5.1	6.3	7.4	8.6	9.7	10.9	12	13.2	14.3	15.5	16.7	17.9	19	20.2	21.4	22.6	23.7	24.9	26.1	27.3	28.5
♂	♏ 18.6	19.3	20	20.7	21.4	22.1	22.8	23.5	24.2	24.9	25.6	26.3	27	27.7	28.4	29.1	29.8	♐ 0.6	1.3	2	2.7	3.4	4.1	4.9	5.6	6.3	7	7.8	8.5	9.2	10

	1	6	11	16	21	26	31
♃	♐ 22.2	22.9	23.6	24.4	25.2	26.1	27
♄	♍ 1.4	1.9	2.4	2.9	3.4	3.9	4.3

	1	11	21	31
♅	♋ 0.6	0.6R	0.5	0.3
♆	♎ 12.6	12.9	13.3	13.6
♇	♌ 16.1	16.2	16.4	16.5

XI

	1	2	3	4	5	6	7	8	9	10	11	12	13	14	15	16	17	18	19	20	21	22	23	24	25	26	27	28	29	30	31
☉	♏ 7.7	8.7	9.7	10.7	11.7	12.7	13.7	14.7	15.7	16.8	17.8	18.8	19.8	20.8	21.8	22.8	23.8	24.8	25.8	26.8	27.8	28.8	29.9	♐ 0.9	1.9	2.9	3.9	4.9	5.9	6.9	
☽	♊ 5.5	19.6	♋ 3.8	18.1	♌ 2.3	16.5	♍ 0.6	14.6	28.4	♎ 12.1	25.5	♏ 8.8	21.7	♐ 4.4	16.9	29.2	♑ 11.3	23.2	♒ 5.1	16.9	28.9	♓ 10.9	23.3	♈ 5.9	18.8	♉ 2.2	15.9	♊ 0	14.4	29.1	
☿	♏ 18.6R	17.6	16.4	15.2	13.9	12.6	11.3	10.1	8.9	7.9	7	6.4	5.9	5.6	5.5	5.6D	5.8	6.3	6.8	7.5	8.3	9.3	10.3	11.4	12.5	13.7	15	16.3	17.7	19	
♀	♏ 23	24.3	25.5	26.7	28	29.2	♐ 0.5	1.7	3	4.2	5.5	6.7	8	9.2	10.5	11.7	13	14.2	15.5	16.7	18	19.2	20.4	21.7	22.9	24.2	25.4	26.7	27.9	29.2	
♂	♌ 16.8	17.3	17.7	18.2	18.7	19.2	19.7	20.2	20.6	21.1	21.6	22	22.5	22.9	23.4	23.8	24.2	24.7	25.1	25.5	25.9	26.4	26.8	27.2	27.6	28	28.3	28.7	29.1	29.5	

	1	6	11	16	21	26
♃	♐ 1.7	2.7	3.8	4.9	6	7.2
♄	♌ 21.7	21.9	22.2	22.4	22.5	22.6

	1	11	21
♅	♊ 25.8R	25.5	25.2
♆	♎ 11.5	11.9	12.2
♇	♌ 14.9	15	15.0R

	1	2	3	4	5	6	7	8	9	10	11	12	13	14	15	16	17	18	19	20	21	22	23	24	25	26	27	28	29	30	31
☉	♏ 8.5	9.5	10.5	11.5	12.5	13.5	14.5	15.5	16.5	17.5	18.5	19.5	20.5	21.5	22.5	23.6	24.6	25.6	26.6	27.6	28.6	29.6	♐ 0.6	1.6	2.6	3.7	4.7	5.7	6.7	7.7	
☽	♏ 5.1	19.4	♐ 3.4	17	♑ 0.2	13	25.5	♒ 7.8	19.8	♓ 1.7	13.5	25.4	♈ 7.4	19.5	♉ 1.9	14.4	27.3	♊ 10.4	23.7	♋ 7.3	21	♌ 4.9	18.9	♍ 3.1	17.2	♎ 1.4	15.7	29.8	♏ 13.9	27.8	
☿	♎ 20.6	21.2	21.9	22.8	23.8	24.9	26	27.2	28.5	29.9	♏ 1.3	2.7	4.2	5.6	7.1	8.7	10.2	11.8	13.3	14.9	16.4	18	19.6	21.1	22.7	24.3	25.9	27.4	29	♐ 0.6	
♀	♍ 29.7	♎ 0.9	2.1	3.3	4.5	5.7	6.9	8.1	9.3	10.5	11.7	12.9	14.1	15.3	16.5	17.8	19	20.2	21.4	22.6	23.8	25.1	26.3	27.5	28.7	30	♏ 1.2	2.4	3.7	4.9	
♂	♐ 10.7	11.4	12.2	12.9	13.6	14.4	15.1	15.8	16.6	17.3	18.1	18.8	19.6	20.3	21	21.8	22.5	23.3	24	24.8	25.5	26.3	27	27.8	28.6	29.3	♑ 0.1	0.8	1.6	2.4	

	1	6	11	16	21	26
♃	♐ 27.2	28.1	29.1	♑ 0.1	1.2	2.2
♄	♍ 4.3	4.7	5	5.3	5.6	5.8

	1	11	21
♅	♋ 0.3R	0	♊ 29.7
♆	♎ 13.7	14	14.3
♇	♌ 16.5	16.6	16.6R

XII

	1	2	3	4	5	6	7	8	9	10	11	12	13	14	15	16	17	18	19	20	21	22	23	24	25	26	27	28	29	30	31
☉	♐ 8	9	10	11	12	13	14	15.1	16.1	17.1	18.1	19.1	20.1	21.2	22.2	23.2	24.2	25.2	26.2	27.3	28.3	29.3	♑ 0.3	1.3	2.4	3.4	4.4	5.4	6.4	7.4	8.5
☽	♋ 13.8	28.5	♌ 13	27.4	♍ 11.5	25.3	♎ 8.9	22.1	♏ 5.2	18	♐ 0.6	13	25.3	♑ 7.4	19.4	♒ 1.4	13.2	25.1	♓ 7	19	♈ 1.2	13.7	26.6	♉ 9.9	23.7	♊ 7.9	22.5	♋ 7.5	22.6	♌ 7.7	22.7
☿	♏ 20.4	21.9	23.3	24.8	26.3	27.7	29.2	♐ 0.7	2.2	3.8	5.3	6.8	8.3	9.9	11.4	12.9	14.5	16	17.6	19.1	20.7	22.2	23.8	25.4	26.9	28.5	♑ 0.1	1.6	3.2	4.8	6.4
♀	♑ 0.4	1.7	2.9	4.2	5.4	6.6	7.9	9.1	10.4	11.6	12.9	14.1	15.4	16.6	17.8	19.1	20.3	21.6	22.8	24.1	25.3	26.5	27.8	29	♒ 0.3	1.5	2.7	4	5.2	6.5	7.7
♂	♌ 29.8	♍ 0.2	0.5	0.9	1.2	1.5	1.9	2.2	2.5	2.8	3.1	3.4	3.7	3.9	4.2	4.5	4.7	4.9	5.2	5.4	5.6	5.8	6	6.2	6.3	6.5	6.7	6.8	6.9	7	7.2

	1	6	11	16	21	26	31
♃	♐ 8.3	9.4	10.5	11.6	12.7	13.8	14.9
♄	♌ 22.7	22.7R	22.6	22.6	22.4	22.3	22

	1	11	21	31
♅	♊ 24.8R	24.4	24	23.5
♆	♎ 12.4	12.7	12.8	12.9
♇	♌ 14.9R	14.8	14.7	14.5

	1	2	3	4	5	6	7	8	9	10	11	12	13	14	15	16	17	18	19	20	21	22	23	24	25	26	27	28	29	30	31
☉	♐ 8.7	9.7	10.8	11.8	12.8	13.8	14.8	15.8	16.8	17.9	18.9	19.9	20.9	21.9	22.9	24	25	26	27	28	29.1	♑ 0.1	1.1	2.1	3.1	4.1	5.2	6.2	7.2	8.2	9.2
☽	♐ 11.5	24.9	♑ 8	20.8	♒ 3.3	15.6	27.6	♓ 9.5	21.4	♈ 3.2	15.2	27.4	♉ 9.8	22.5	♊ 5.6	19.1	♋ 2.9	16.9	♌ 1.2	15.5	29.8	♍ 14.1	28.2	♎ 12.3	26.2	♏ 9.9	23.5	♐ 7	20.3	♑ 3.4	16.2
☿	♐ 2.2	3.7	5.3	6.9	8.4	10	11.6	13.2	14.7	16.3	17.9	19.4	21	22.6	24.2	25.7	27.3	28.9	♑ 0.5	2.1	3.7	5.3	6.9	8.5	10.1	11.7	13.3	14.9	16.5	18.1	19.8
♀	♏ 6.1	7.3	8.6	9.8	11	12.3	13.5	14.7	16	17.2	18.5	19.7	20.9	22.2	23.4	24.7	25.9	27.1	28.4	29.6	♐ 0.9	2.1	3.4	4.6	5.8	7.1	8.3	9.6	10.8	12.1	13.3
♂	♑ 3.1	3.9	4.6	5.4	6.2	6.9	7.7	8.5	9.2	10	10.8	11.5	12.3	13.1	13.9	14.6	15.4	16.2	16.9	17.7	18.5	19.3	20.1	20.8	21.6	22.4	23.2	23.9	24.7	25.5	26.3

	1	6	11	16	21	26	31
♃	♑ 3.3	4.4	5.6	6.7	7.8	9	10.1
♄	♍ 6	6.1	6.2	6.2	6.2R	6.1	6

	1	11	21	31
♅	♊ 29.4R	28.9	28.5	28.1
♆	♎ 14.6	14.8	15	15.1
♇	♌ 16.5R	16.4	16.3	16.1

1949

I

	1	2	3	4	5	6	7	8	9	10	11	12	13	14	15	16	17	18	19	20	21	22	23	24	25	26	27	28	29	30	31
☉	10.3	11.3	12.3	13.3	14.3	15.4	16.4	17.4	18.4	19.4	20.5	21.5	22.5	23.5	24.5	25.5	26.6	27.6	28.6	29.6	0.6	1.7	2.7	3.7	4.7	5.7	6.7	7.8	8.8	9.8	10.8
☽	28.9	11.3	23.5	5.5	17.4	29.2	11	22.9	5.1	17.5	0.3	13.5	27.1	11.2	25.7	10.3	25.1	9.9	24.5	8.9	23	6.9	20.5	3.8	16.9	29.8	12.5	25.1	7.5	19.7	1.8
☿	21.4	23	24.6	26.2	27.8	29.4	1	2.6	4.1	5.7	7.2	8.7	10.1	11.5	12.8	14.1	15.2	16.3	17.3	18.2	18.9	19.5	19.9	20.1	20.2	20.1	19.8	19.3	18.6	17.7	16.8
♀	14.6	15.8	17.1	18.3	19.6	20.8	22.1	23.3	24.5	25.8	27	28.3	29.5	0.8	2	3.3	4.5	5.8	7	8.3	9.5	10.8	12	13.3	14.5	15.8	17	18.3	19.5	20.8	22
♂	27.1	27.9	28.6	29.4	0.2	1	1.8	2.6	3.3	4.1	4.9	5.7	6.5	7.3	8.1	8.9	9.6	10.4	11.2	12	12.8	13.6	14.4	15.2	16	16.8	17.5	18.3	19.1	19.9	20.7

♃ 1: 10.4 · 6: 11.5 · 11: 12.7 · 16: 13.8 · 21: 15 · 26: 16.1 · 31: 17.2 — ♄ 1: 6.0R · 6: 5.8 · 11: 5.6 · 16: 5.4 · 21: 5.1 · 26: 4.8 · 31: 4.5 — ♅ 1: 28.1R · 11: 27.7 · 21: 27.3 · 31: 27 — ♆ 1: 15.1 · 11: 15.2 · 21: 15.2R · 31: 15.1 — ♇ 1: 16.1R · 11: 15.9 · 21: 15.7 · 31: 15.5

II

	1	2	3	4	5	6	7	8	9	10	11	12	13	14	15	16	17	18	19	20	21	22	23	24	25	26	27	28
☉	11.8	12.8	13.8	14.9	15.9	16.9	17.9	18.9	19.9	20.9	21.9	23	24	25	26	27	28	29	0	1	2	3.1	4.1	5.1	6.1	7.1	8.1	9.1
☽	13.7	25.5	7.3	19.1	1	13.1	25.4	8.2	21.3	5	19.1	3.7	18.6	3.7	18.9	3.9	18.6	3	17	0.7	13.9	26.9	9.6	22.1	4.4	16.5	28.6	10.5
☿	15.7	14.5	13.3	12.1	10.9	9.7	8.6	7.7	6.8	6.1	5.6	5.1	4.8	4.6	4.6	4.6	4.8	5.1	5.4	5.9	6.4	7.1	7.7	8.5	9.3	10.2	11.1	12.1
♀	23.3	24.5	25.8	27	28.3	29.5	0.8	2	3.3	4.5	5.8	7	8.3	9.5	10.8	12	13.3	14.5	15.8	17	18.3	19.5	20.8	22	23.3	24.5	25.8	27
♂	21.5	22.3	23.1	23.9	24.7	25.5	26.2	27	27.8	28.6	29.4	0.2	1	1.8	2.6	3.4	4.2	4.9	5.7	6.5	7.3	8.1	8.9	9.7	10.5	11.3	12	12.8

♃ 1: 17.5 · 6: 18.6 · 11: 19.6 · 16: 20.7 · 21: 21.7 · 26: 22.7 — ♄ 1: 4.4R · 6: 4 · 11: 3.7 · 16: 3.3 · 21: 2.9 · 26: 2.5 — ♅ 1: 27.0R · 11: 26.7 · 21: 26.6 — ♆ 1: 15.1R · 11: 15 · 21: 14.8 — ♇ 1: 15.5R · 11: 15.2 · 21: 15

III

	1	2	3	4	5	6	7	8	9	10	11	12	13	14	15	16	17	18	19	20	21	22	23	24	25	26	27	28	29	30	31
☉	10.1	11.1	12.1	13.1	14.1	15.1	16.1	17.1	18.1	19.1	20.1	21.1	22.1	23.1	24.1	25.1	26.1	27.1	28.1	29.1	0.1	1	2	3	4	5	6	7	8	9	10
☽	22.3	4.1	15.9	27.7	9.7	21.8	4.1	16.7	29.8	13.3	27.3	11.7	26.6	11.8	27	12.3	27.3	11.9	26.2	10	23.4	6.4	19.1	1.4	13.6	25.6	7.5	19.3	1.1	12.9	24.8
☿	13.1	14.2	15.3	16.4	17.6	18.8	20	21.3	22.6	23.9	25.2	26.6	28	29.4	0.9	2.3	3.8	5.3	6.9	8.4	10	11.6	13.2	14.9	16.5	18.2	19.9	21.6	23.4	25.2	27
♀	28.3	29.5	0.8	2	3.3	4.5	5.7	7	8.2	9.5	10.7	12	13.2	14.5	15.7	17	18.2	19.4	20.7	21.9	23.2	24.4	25.7	26.9	28.2	29.4	0.6	1.9	3.1	4.4	5.6
♂	13.6	14.4	15.2	16	16.8	17.6	18.3	19.1	19.9	20.7	21.5	22.3	23	23.8	24.6	25.4	26.2	27	27.7	28.5	29.3	0.1	0.9	1.6	2.4	3.2	4	4.7	5.5	6.3	7.1

♃ 1: 23.3 · 6: 24.3 · 11: 25.2 · 16: 26.1 · 21: 26.9 · 26: 27.7 · 31: 28.4 — ♄ 1: 2.2R · 6: 1.8 · 11: 1.4 · 16: 1.1 · 21: 0.7 · 26: 0.4 · 31: 0.2 — ♅ 1: 26.5R · 11: 26.5D · 21: 26.6 · 31: 26.8 — ♆ 1: 14.7R · 11: 14.4 · 21: 14.2 · 31: 13.9 — ♇ 1: 14.8R · 11: 14.6 · 21: 14.4 · 31: 14.3

IV

	1	2	3	4	5	6	7	8	9	10	11	12	13	14	15	16	17	18	19	20	21	22	23	24	25	26	27	28	29	30
☉	10.9	11.9	12.9	13.9	14.9	15.9	16.9	17.8	18.8	19.8	20.8	21.8	22.7	23.7	24.7	25.7	26.7	27.6	28.6	29.6	0.6	1.5	2.5	3.5	4.5	5.4	6.4	7.4	8.4	9.3
☽	6.7	18.8	1	13.4	26.1	9.2	22.6	6.4	20.6	5.2	20.1	5.2	20.3	5.3	20.1	4.5	18.5	2.1	15.2	27.9	10.3	22.4	4.4	16.2	28	9.8	21.7	3.7	15.8	28
☿	28.8	0.6	2.5	4.4	6.3	8.2	10.2	12.2	14.2	16.2	18.3	20.3	22.4	24.5	26.6	28.7	0.8	2.9	5	7.2	9.2	11.3	13.4	15.4	17.4	19.3	21.2	23	24.8	26.6
♀	6.8	8.1	9.3	10.6	11.8	13.1	14.3	15.5	16.8	18	19.3	20.5	21.7	23	24.2	25.4	26.7	27.9	29.2	0.4	1.6	2.9	4.1	5.3	6.6	7.8	9	10.3	11.5	12.7
♂	7.8	8.6	9.4	10.1	10.9	11.7	12.5	13.2	14	14.8	15.5	16.3	17.1	17.8	18.6	19.3	20.1	20.9	21.6	22.4	23.1	23.9	24.7	25.4	26.2	26.9	27.7	28.4	29.2	29.9

♃ 1: 28.5 · 6: 29.2 · 11: 29.8 · 16: 0.3 · 21: 0.8 · 26: 1.2 — ♄ 1: 0.1R · 6: 29.9 · 11: 29.7 · 16: 29.5 · 21: 29.4 · 26: 29.3 — ♅ 1: 26.8 · 11: 27.1 · 21: 27.5 — ♆ 1: 13.9R · 11: 13.6 · 21: 13.3 — ♇ 1: 14.3R · 11: 14.2 · 21: 14.2

V

	1	2	3	4	5	6	7	8	9	10	11	12	13	14	15	16	17	18	19	20	21	22	23	24	25	26	27	28	29	30	31
☉	10.3	11.3	12.2	13.2	14.2	15.1	16.1	17.1	18	19	20	20.9	21.9	22.9	23.8	24.8	25.8	26.7	27.7	28.7	29.6	0.6	1.5	2.5	3.5	4.4	5.4	6.3	7.3	8.3	9.2
☽	10.5	23.2	6.1	19.3	2.7	16.4	0.5	14.8	29.3	14	28.8	13.6	28.2	12.6	26.6	10.2	23.4	6.2	18.6	0.8	12.7	24.6	6.4	18.2	0.2	12.3	24.6	7.1	19.9	2.9	16.2
☿	28.2	29.9	1.4	2.9	4.3	5.7	7	8.2	9.3	10.4	11.4	12.3	13.1	13.9	14.6	15.2	15.7	16.2	16.6	16.8	17.1	17.2	17.2	17.2	17.1	16.9	16.7	16.3	16	15.6	15.1
♀	14	15.2	16.4	17.7	18.9	20.1	21.4	22.6	23.8	25.1	26.3	27.5	28.8	30	1.2	2.5	3.7	4.9	6.1	7.4	8.6	9.8	11.1	12.3	13.5	14.7	16	17.2	18.4	19.7	20.9
♂	0.7	1.4	2.2	2.9	3.7	4.4	5.2	5.9	6.7	7.4	8.1	8.9	9.6	10.4	11.1	11.8	12.6	13.3	14	14.8	15.5	16.2	17	17.7	18.4	19.2	19.9	20.6	21.3	22.1	22.8

♃ 1: 1.6 · 6: 1.8 · 11: 2 · 16: 2.1 · 21: 2.2R · 26: 2.1 · 31: 2 — ♄ 1: 29.3R · 6: 29.3D · 11: 29.4 · 16: 29.5 · 21: 29.7 · 26: 29.8 · 31: 0.1 — ♅ 1: 27.9 · 11: 28.3 · 21: 28.9 · 31: 29.4 — ♆ 1: 13.1R · 11: 12.9 · 21: 12.7 · 31: 12.5 — ♇ 1: 14.2 · 11: 14.2 · 21: 14.3 · 31: 14.4

VI

	1	2	3	4	5	6	7	8	9	10	11	12	13	14	15	16	17	18	19	20	21	22	23	24	25	26	27	28	29	30
☉	10.2	11.1	12.1	13	14	15	15.9	16.9	17.8	18.8	19.7	20.7	21.7	22.6	23.6	24.5	25.5	26.4	27.4	28.3	29.3	0.2	1.2	2.2	3.1	4.1	5	6	6.9	7.9
☽	29.7	13.3	27.2	11.1	25.3	9.5	23.9	8.3	22.6	6.9	20.9	4.8	18.2	1.4	14.2	26.6	8.8	20.7	2.6	14.4	26.3	8.3	20.5	3	15.8	28.9	12.3	26	9.8	23.9
☿	14.6	14.1	13.5	12.9	12.4	11.8	11.3	10.8	10.3	9.9	9.6	9.3	9	8.8	8.7	8.7	8.7	8.8	9	9.3	9.6	10.1	10.6	11.1	11.8	12.5	13.3	14.2	15.1	16.1
♀	22.1	23.3	24.6	25.8	27	28.2	29.5	0.7	1.9	3.1	4.4	5.6	6.8	8	9.3	10.5	11.7	12.9	14.2	15.4	16.6	17.8	19	20.3	21.5	22.7	23.9	25.2	26.4	27.6
♂	23.5	24.2	25	25.7	26.4	27.1	27.8	28.6	29.3	30	0.7	1.4	2.1	2.8	3.5	4.3	5	5.7	6.4	7.1	7.8	8.5	9.2	9.9	10.6	11.3	12	12.7	13.4	14.1

♃ 1: 2.0R · 6: 1.7 · 11: 1.5 · 16: 1.1 · 21: 0.7 · 26: 0.2 — ♄ 1: 0.1 · 6: 0.4 · 11: 0.7 · 16: 1.1 · 21: 1.5 · 26: 1.9 — ♅ 1: 29.5 · 11: 0.1 · 21: 0.7 — ♆ 1: 12.5R · 11: 12.4 · 21: 12.4 — ♇ 1: 14.4 · 11: 14.6 · 21: 14.8

VII

	1	2	3	4	5	6	7	8	9	10	11	12	13	14	15	16	17	18	19	20	21	22	23	24	25	26	27	28	29	30	31
☉	8.8	9.8	10.7	11.7	12.6	13.6	14.6	15.5	16.5	17.4	18.4	19.3	20.3	21.2	22.2	23.1	24.1	25	26	27	27.9	28.9	29.8	0.8	1.7	2.7	3.6	4.6	5.5	6.5	7.5
☽	8	22.1	6.3	20.4	4.5	18.5	2.5	16.3	30	13.4	26.7	9.6	22.2	4.6	16.7	28.7	10.5	22.3	4.2	16.2	28.5	11.1	24	7.3	21.1	5.1	19.4	3.9	18.4	2.8	17.1
☿	17.2	18.3	19.5	20.8	22.1	23.5	25	26.5	28.1	29.8	1.5	3.3	5.1	6.9	8.8	10.8	12.8	14.8	16.9	19	21.1	23.2	25.3	27.4	29.5	1.7	3.8	5.9	7.9	10	12.1
♀	28.8	0	1.3	2.5	3.7	4.9	6.1	7.3	8.6	9.8	11	12.2	13.4	14.6	15.9	17.1	18.3	19.5	20.7	21.9	23.2	24.4	25.6	26.8	28	29.2	0.4	1.6	2.9	4.1	5.3
♂	14.8	15.5	16.2	16.9	17.6	18.2	18.9	19.6	20.3	21	21.7	22.4	23.1	23.7	24.4	25.1	25.8	26.5	27.1	27.8	28.5	29.2	29.8	0.5	1.2	1.9	2.5	3.2	3.9	4.5	5.2

♃ 1: 29.6R · 6: 29.1 · 11: 28.5 · 16: 27.8 · 21: 27.2 · 26: 26.5 · 31: 25.9 — ♄ 1: 2.3 · 6: 2.8 · 11: 3.3 · 16: 3.8 · 21: 4.3 · 26: 4.9 · 31: 5.5 — ♅ 1: 1.3 · 11: 1.8 · 21: 2.4 · 31: 2.9 — ♆ 1: 12.4 · 11: 12.5 · 21: 12.6 · 31: 12.8 — ♇ 1: 15.1 · 11: 15.3 · 21: 15.6 · 31: 15.9

VIII

	1	2	3	4	5	6	7	8	9	10	11	12	13	14	15	16	17	18	19	20	21	22	23	24	25	26	27	28	29	30	31
☉	8.4	9.4	10.3	11.3	12.2	13.2	14.2	15.1	16.1	17	18	19	19.9	20.9	21.8	22.8	23.8	24.7	25.7	26.6	27.6	28.6	29.5	0.5	1.5	2.4	3.4	4.4	5.3	6.3	7.3
☽	1.3	15.3	29.2	12.8	26.3	9.6	22.7	5.6	18.2	0.6	12.8	24.9	6.8	18.6	0.3	12.2	24.2	6.5	19.1	2.1	15.5	29.3	13.6	28.2	13	27.9	12.7	27.4	11.8	25.9	9.8
☿	14.1	16.1	18	20	21.9	23.8	25.7	27.5	29.3	1.1	2.9	4.6	6.4	8	9.7	11.4	13	14.6	16.1	17.7	19.2	20.7	22.2	23.6	25	26.4	27.8	29.1	0.5	1.7	3
♀	6.5	7.7	8.9	10.1	11.3	12.5	13.7	14.9	16.1	17.4	18.6	19.8	21	22.2	23.4	24.6	25.8	27	28.2	29.4	0.6	1.8	3	4.2	5.4	6.6	7.8	9	10.2	11.4	12.5
♂	5.9	6.5	7.2	7.9	8.5	9.2	9.9	10.5	11.2	11.8	12.5	13.2	13.8	14.5	15.1	15.8	16.4	17.1	17.7	18.4	19	19.7	20.3	21	21.6	22.2	22.9	23.5	24.2	24.8	25.4

♃ 1: 25.8R · 6: 25.2 · 11: 24.6 · 16: 24.1 · 21: 23.6 · 26: 23.2 · 31: 22.9 — ♄ 1: 5.6 · 6: 6.2 · 11: 6.8 · 16: 7.4 · 21: 8 · 26: 8.6 · 31: 9.3 — ♅ 1: 3 · 11: 3.5 · 21: 3.9 · 31: 4.3 — ♆ 1: 12.8 · 11: 13 · 21: 13.3 · 31: 13.6 — ♇ 1: 15.9 · 11: 16.2 · 21: 16.6 · 31: 16.8

IX

	1	2	3	4	5	6	7	8	9	10	11	12	13	14	15	16	17	18	19	20	21	22	23	24	25	26	27	28	29	30
☉	8.2	9.2	10.2	11.1	12.1	13.1	14	15	16	17	17.9	18.9	19.9	20.9	21.8	22.8	23.8	24.8	25.7	26.7	27.7	28.7	29.6	0.6	1.6	2.6	3.6	4.5	5.5	6.5
☽	23.3	6.5	19.5	2.3	14.9	27.2	9.4	21.4	3.4	15.2	27	8.7	20.6	2.6	14.9	27.4	10.3	23.7	7.5	21.8	6.4	21.4	6.5	21.6	6.6	21.4	5.7	19.7	3.3	16.5
☿	4.2	5.4	6.6	7.7	8.8	9.9	10.9	11.9	12.8	13.7	14.5	15.3	16	16.7	17.3	17.8	18.3	18.6	18.9	19.1	19.1R	19	18.8	18.3	17.8	17.1	16.4	15.5	14.5	13.5
♀	13.7	14.9	16.1	17.3	18.5	19.7	20.9	22.1	23.2	24.4	25.6	26.8	28	29.2	0.3	1.5	2.7	3.9	5.1	6.2	7.4	8.6	9.8	10.9	12.1	13.3	14.4	15.6	16.8	17.9
♂	26.1	26.7	27.4	28	28.6	29.3	29.9	0.5	1.1	1.8	2.4	3	3.7	4.3	4.9	5.5	6.1	6.8	7.4	8	8.6	9.2	9.8	10.5	11.1	11.7	12.3	12.9	13.5	14.1

♃ 1: 22.8R · 6: 22.6 · 11: 22.4 · 16: 22.3 · 21: 22.3D · 26: 22.4 — ♄ 1: 9.4 · 6: 10 · 11: 10.7 · 16: 11.3 · 21: 11.9 · 26: 12.5 — ♅ 1: 4.3 · 11: 4.6 · 21: 4.8 — ♆ 1: 13.6 · 11: 13.9 · 21: 14.3 — ♇ 1: 16.9 · 11: 17.2 · 21: 17.4

X

	1	2	3	4	5	6	7	8	9	10	11	12	13	14	15	16	17	18	19	20	21	22	23	24	25	26	27	28	29	30	31
☉	7.5	8.5	9.5	10.4	11.4	12.4	13.4	14.4	15.4	16.4	17.4	18.3	19.3	20.3	21.3	22.3	23.3	24.3	25.3	26.3	27.3	28.3	29.3	0.3	1.3	2.3	3.2	4.2	5.2	6.2	7.2
☽	29.3	11.9	24.2	6.4	18.4	0.3	12.1	23.9	5.7	17.5	29.5	11.6	23.8	6.4	19.2	2.5	16.1	0.2	14.7	29.5	14.6	29.8	15	29.9	14.5	28.7	12.5	25.8	8.6	21.1	3.4
☿	13.5	12.4	11.2	10.1	9	7.9	6.9	6	5.3	4.7	4.3	4	4.0D	4.1	4.4	4.8	5.5	6.2	7.1	8.2	9.3	10.5	11.8	13.2	14.6	16	17.6	19.1	20.7	22.2	23.8
♀	19.1	20.3	21.4	22.6	23.7	24.9	26.1	27.2	28.4	29.5	0.7	1.8	3	4.1	5.2	6.4	7.5	8.7	9.8	10.9	12.1	13.2	14.3	15.4	16.6	17.7	18.8	19.9	21	22.1	23.2
♂	14.7	15.3	15.9	16.5	17.1	17.7	18.3	18.9	19.5	20.1	20.7	21.3	21.9	22.5	23.1	23.6	24.2	24.8	25.4	26	26.5	27.1	27.7	28.3	28.8	29.4	30	0.6	1.1	1.7	2.2

♃ 1: 22.6 · 6: 22.8 · 11: 23.1 · 16: 23.5 · 21: 24 · 26: 24.5 · 31: 25.1 — ♄ 1: 13.1 · 6: 13.7 · 11: 14.3 · 16: 14.8 · 21: 15.4 · 26: 15.9 · 31: 16.4 — ♅ 1: 5 · 11: 5 · 21: 5.0R · 31: 4.8 — ♆ 1: 14.6 · 11: 15 · 21: 15.4 · 31: 15.7 — ♇ 1: 17.6 · 11: 17.8 · 21: 18 · 31: 18.1

XI

	1	2	3	4	5	6	7	8	9	10	11	12	13	14	15	16	17	18	19	20	21	22	23	24	25	26	27	28	29	30
☉	8.2	9.2	10.2	11.2	12.3	13.3	14.3	15.3	16.3	17.3	18.3	19.3	20.3	21.3	22.3	23.3	24.3	25.3	26.3	27.3	28.4	29.4	0.4	1.4	2.4	3.4	4.4	5.4	6.4	7.5
☽	15.4	27.3	9.1	20.8	2.7	14.5	26.5	8.6	20.9	3.3	16	28.9	12.1	25.6	9.4	23.6	8.1	22.9	7.9	23	7.9	22.6	6.9	20.8	4.2	17.1	29.7	11.9	23.9	5.8
☿	25.5	27.1	28.7	0.4	2	3.6	5.3	6.9	8.5	10.2	11.8	13.4	15	16.7	18.3	19.9	21.5	23.1	24.7	26.3	27.8	29.4	1	2.6	4.1	5.7	7.3	8.8	10.4	12
♀	24.3	25.4	26.5	27.6	28.7	29.8	0.9	1.9	3	4.1	5.2	6.2	7.3	8.3	9.4	10.4	11.4	12.5	13.5	14.5	15.5	16.5	17.5	18.5	19.5	20.5	21.5	22.4	23.4	24.3
♂	2.8	3.4	3.9	4.5	5	5.6	6.1	6.7	7.2	7.8	8.3	8.9	9.4	9.9	10.5	11	11.5	12	12.6	13.1	13.6	14.1	14.6	15.2	15.7	16.2	16.7	17.2	17.7	18.2

♃ 1: 25.2 · 6: 25.9 · 11: 26.6 · 16: 27.4 · 21: 28.2 · 26: 29 — ♄ 1: 16.5 · 6: 16.9 · 11: 17.3 · 16: 17.7 · 21: 18.1 · 26: 18.4 — ♅ 1: 4.8R · 11: 4.6 · 21: 4.3 — ♆ 1: 15.8 · 11: 16.1 · 21: 16.4 — ♇ 1: 18.1 · 11: 18.2 · 21: 18.2R

XII

	1	2	3	4	5	6	7	8	9	10	11	12	13	14	15	16	17	18	19	20	21	22	23	24	25	26	27	28	29	30	31
☉	8.5	9.5	10.5	11.5	12.5	13.5	14.6	15.6	16.6	17.6	18.6	19.6	20.7	21.7	22.7	23.7	24.7	25.7	26.8	27.8	28.8	29.8	0.8	1.9	2.9	3.9	4.9	5.9	7	8	9
☽	17.5	29.3	11.2	23.2	5.4	17.7	0.3	13	25.9	9.1	22.4	5.9	19.7	3.7	17.9	2.3	16.8	1.5	16.1	0.6	14.8	28.6	12.1	25.1	7.7	19.9	1.9	13.8	25.6	7.4	19.3
☿	13.5	15.1	16.7	18.2	19.8	21.3	22.9	24.5	26	27.6	29.1	0.7	2.2	3.8	5.3	6.9	8.4	10	11.5	13	14.6	16.1	17.6	19	20.5	21.9	23.3	24.6	25.9	27.2	28.3
♀	25.2	26.2	27.1	28	28.9	29.8	0.7	1.5	2.4	3.2	4	4.8	5.6	6.4	7.2	7.9	8.6	9.4	10.1	10.7	11.4	12	12.6	13.2	13.8	14.3	14.8	15.3	15.8	16.2	16.6
♂	18.7	19.2	19.7	20.1	20.6	21.1	21.6	22	22.5	23	23.4	23.9	24.4	24.8	25.3	25.7	26.1	26.6	27	27.4	27.9	28.3	28.7	29.1	29.5	29.9	0.3	0.7	1.1	1.5	1.8

♃ 1: 0 · 6: 1 · 11: 2 · 16: 3 · 21: 4.1 · 26: 5.2 · 31: 6.3 — ♄ 1: 18.7 · 6: 18.9 · 11: 19.1 · 16: 19.3 · 21: 19.4 · 26: 19.4 · 31: 19.4R — ♅ 1: 4.0R · 11: 3.6 · 21: 3.2 · 31: 2.7 — ♆ 1: 16.7 · 11: 16.9 · 21: 17.1 · 31: 17.3 — ♇ 1: 18.2R · 11: 18.1 · 21: 18 · 31: 17.8

1950

I

	1	2	3	4	5	6	7	8	9	10	11	12	13	14	15	16	17	18	19	20	21	22	23	24	25	26	27	28	29	30	31
☉	10	11	12.1	13.1	14.1	15.1	16.1	17.1	18.2	19.2	20.2	21.2	22.2	23.3	24.3	25.3	26.3	27.3	28.4	29.4	0.4	1.4	2.4	3.4	4.5	5.5	6.5	7.5	8.5	9.5	10.6
☽	1.4	13.7	26.3	9.2	22.3	5.6	19.1	2.8	16.6	0.5	14.5	28.5	12.7	26.9	11.1	25.2	9.3	23.1	6.7	19.9	2.8	15.4	27.7	9.7	21.6	3.4	15.2	27.1	9.3	21.6	4.4
☿	29.5	0.5	1.4	2.2	2.9	3.5	3.9	4.1	4.1R	4	3.6	3.1	2.3	1.4	0.4	29.2	27.9	26.6	25.3	24.1	22.9	21.8	20.8	20	19.3	18.8	18.4	18.2	18.1	18.1	18.3
♀	17	17.3	17.6	17.9	18.1	18.3	18.5	18.6	18.7	18.7	18.7R	18.7	18.6	18.5	18.3	18.1	17.9	17.6	17.3	16.9	16.5	16.1	15.6	15.1	14.6	14	13.4	12.8	12.2	11.6	11
♂	2.2	2.6	2.9	3.3	3.6	4	4.3	4.6	5	5.3	5.6	5.9	6.2	6.5	6.8	7	7.3	7.6	7.8	8.1	8.3	8.5	8.7	9	9.2	9.3	9.5	9.7	9.9	10	10.2

♃ 1: 6.5 · 6: 7.6 · 11: 8.8 · 16: 10 · 21: 11.1 · 26: 12.3 · 31: 13.5 — ♄ 1: 19.4R · 6: 19.4 · 11: 19.3 · 16: 19.2 · 21: 19 · 26: 18.8 · 31: 18.6 — ♅ 1: 2.7R · 11: 2.3 · 21: 1.9 · 31: 1.5 — ♆ 1: 17.3 · 11: 17.3 · 21: 17.4R · 31: 17.3 — ♇ 1: 17.8R · 11: 17.6 · 21: 17.4 · 31: 17.1

II

	1	2	3	4	5	6	7	8	9	10	11	12	13	14	15	16	17	18	19	20	21	22	23	24	25	26	27	28
☉	11.6	12.6	13.6	14.6	15.6	16.6	17.7	18.7	19.7	20.7	21.7	22.7	23.7	24.7	25.7	26.8	27.8	28.8	29.8	0.8	1.8	2.8	3.8	4.8	5.8	6.8	7.8	8.8
☽	17.4	0.8	14.5	28.5	12.6	26.8	11.1	25.4	9.5	23.6	7.6	21.5	5.3	18.9	2.2	15.4	28.3	11	23.4	5.5	17.5	29.4	11.2	23	5	17.1	29.4	12.2
☿	18.5	18.9	19.4	20	20.6	21.3	22.1	23	23.9	24.8	25.8	26.9	28	29.1	0.2	1.4	2.7	3.9	5.2	6.5	7.8	9.2	10.5	11.9	13.3	14.8	16.2	17.7
♀	10.4	9.8	9.2	8.6	8	7.4	6.9	6.4	5.9	5.5	5	4.7	4.3	4	3.8	3.6	3.4	3.3	3.2	3.1	3.1D	3.1	3.2	3.3	3.5	3.6	3.9	4.1
♂	10.3	10.4	10.5	10.6	10.7	10.8	10.9	10.9	11	11	11	11.0R	11	11	10.9	10.9	10.8	10.7	10.6	10.5	10.4	10.3	10.1	10	9.8	9.6	9.4	

♃ 1: 13.8 · 6: 15 · 11: 16.1 · 16: 17.3 · 21: 18.5 · 26: 19.7 — ♄ 1: 18.5R · 6: 18.2 · 11: 17.9 · 16: 17.5 · 21: 17.2 · 26: 16.8 — ♅ 1: 1.5R · 11: 1.3 · 21: 1.1 — ♆ 1: 17.3R · 11: 17.2 · 21: 17.1 — ♇ 1: 17.1R · 11: 16.9 · 21: 16.7

III

	1	2	3	4	5	6	7	8	9	10	11	12	13	14	15	16	17	18	19	20	21	22	23	24	25	26	27	28	29	30	31
☉	9.8	10.8	11.9	12.9	13.9	14.9	15.9	16.9	17.9	18.9	19.9	20.9	21.9	22.8	23.8	24.8	25.8	26.8	27.8	28.8	29.8	0.8	1.8	2.8	3.8	4.8	5.8	6.8	7.7	8.7	9.7
☽	25.3	8.8	22.7	6.9	21.4	6.1	20.9	5.5	20.1	4.4	18.4	2.2	15.7	29	12	24.7	7.3	19.7	1.8	13.9	25.8	7.6	19.4	1.3	13.2	25.3	7.6	20.2	3.2	16.7	0.6
☿	19.2	20.7	22.2	23.8	25.3	26.9	28.5	0.1	1.8	3.4	5.1	6.8	8.5	10.3	12	13.8	15.6	17.4	19.2	21.1	23	24.9	26.8	28.7	0.7	2.7	4.6	6.7	8.7	10.7	12.8
♀	4.4	4.7	5.1	5.4	5.9	6.3	6.8	7.3	7.8	8.3	8.9	9.5	10.1	10.7	11.4	12	12.7	13.4	14.2	14.9	15.6	16.4	17.2	18	18.8	19.6	20.5	21.3	22.2	23	23.9
♂	9.2R	9	8.8	8.5	8.3	8	7.7	7.4	7.1	6.8	6.5	6.2	5.8	5.5	5.1	4.8	4.4	4	3.7	3.3	2.9	2.5	2.1	1.7	1.3	0.9	0.6	0.2	29.8	29.4	29

♃ 1: 20.4 · 6: 21.5 · 11: 22.7 · 16: 23.8 · 21: 24.9 · 26: 26 · 31: 27 — ♄ 1: 16.5R · 6: 16.1 · 11: 15.7 · 16: 15.4 · 21: 15 · 26: 14.6 · 31: 14.2 — ♅ 1: 1.0R · 11: 0.9D · 21: 1 · 31: 1.1 — ♆ 1: 16.9R · 11: 16.7 · 21: 16.4 · 31: 16.2 — ♇ 1: 16.5R · 11: 16.3 · 21: 16.1 · 31: 15.9

IV

	1	2	3	4	5	6	7	8	9	10	11	12	13	14	15	16	17	18	19	20	21	22	23	24	25	26	27	28	29	30
☉	10.7	11.7	12.7	13.7	14.6	15.6	16.6	17.6	18.6	19.6	20.5	21.5	22.5	23.5	24.5	25.4	26.4	27.4	28.4	29.4	0.3	1.3	2.3	3.3	4.2	5.2	6.2	7.1	8.1	9.1
☽	14.9	29.6	14.5	29.6	14.7	29.6	14.2	28.5	12.4	25.9	9	21.8	4.3	16.6	28.7	10.7	22.6	4.4	16.2	28.1	9.9	21.9	4	16.4	29	11.9	25.2	8.9	23.1	7.7
☿	14.8	16.9	18.9	21	23.1	25.1	27.1	29.1	1.1	3	4.9	6.7	8.5	10.2	11.8	13.4	14.9	16.4	17.7	19	20.2	21.3	22.3	23.2	24	24.8	25.5	26.1	26.5	26.9
♀	24.8	25.7	26.6	27.5	28.5	29.4	0.4	1.3	2.3	3.2	4.2	5.2	6.2	7.2	8.2	9.2	10.2	11.2	12.2	13.2	14.3	15.3	16.3	17.4	18.4	19.5	20.5	21.6	22.7	23.7
♂	28.7	28.3	27.9	27.6	27.2	26.9	26.6	26.2	25.9	25.6	25.3	25	24.8	24.5	24.3	24	23.8	23.6	23.4	23.2	23	22.9	22.7	22.6	22.5	22.4	22.3	22.2	22.1	22.1

♃ 1: 27.2 · 6: 28.2 · 11: 29.2 · 16: 0.1 · 21: 1 · 26: 1.9 — ♄ 1: 14.2R · 6: 13.9 · 11: 13.6 · 16: 13.3 · 21: 13.1 · 26: 12.9 — ♅ 1: 1.2 · 11: 1.4 · 21: 1.7 — ♆ 1: 16.1R · 11: 15.9 · 21: 15.6 — ♇ 1: 15.9R · 11: 15.8 · 21: 15.8

V

	1	2	3	4	5	6	7	8	9	10	11	12	13	14	15	16	17	18	19	20	21	22	23	24	25	26	27	28	29	30	31
☉	10.1	11	12	13	13.9	14.9	15.9	16.8	17.8	18.8	19.7	20.7	21.7	22.6	23.6	24.6	25.5	26.5	27.5	28.4	29.4	0.3	1.3	2.3	3.2	4.2	5.1	6.1	7.1	8	9
☽	22.7	7.9	23.1	8.3	23.2	8.3	22.9	7.4	21.8	5.4	18.5	1.3	13.7	25.8	7.8	19.7	1.5	13.3	25.1	7	19	1.1	13.3	25.8	8.4	21.3	4.5	18.1	2.1	16.5	1.4
☿	27.2	27.4	27.5	27.5R	27.4	27.3	27.1	26.8	26.4	26	25.5	25	24.4	23.8	23.2	22.6	22	21.5	20.9	20.4	20	19.6	19.2	19	18.7	18.6	18.5	18.5D	18.6	18.7	19
♀	24.8	25.9	27	28	29.1	0.2	1.3	2.4	3.5	4.6	5.7	6.8	7.9	9	10.1	11.2	12.4	13.5	14.6	15.7	16.8	18	19.1	20.2	21.4	22.5	23.6	24.8	25.9	27	28.2
♂	22.0R	22	22	22.0D	22	22	22.1	22.2	22.2	22.2	22.3	22.4	22.5	22.6	22.8	22.9	23.1	23.2	23.4	23.6	23.8	24	24.2	24.4	24.6	24.8	25.1	25.3	25.6	25.9	26.1

♃ 1: 2.7 · 6: 3.4 · 11: 4.1 · 16: 4.8 · 21: 5.3 · 26: 5.9 · 31: 6.3 — ♄ 1: 12.8R · 6: 12.7 · 11: 12.6 · 16: 12.6D · 21: 12.6 · 26: 12.7 · 31: 12.8 — ♅ 1: 2.1 · 11: 2.6 · 21: 3.1 · 31: 3.6 — ♆ 1: 15.3R · 11: 15.1 · 21: 14.9 · 31: 14.8 — ♇ 1: 15.8 · 11: 15.8 · 21: 15.9 · 31: 16

VI

	1	2	3	4	5	6	7	8	9	10	11	12	13	14	15	16	17	18	19	20	21	22	23	24	25	26	27	28	29	30
☉	9.9	10.9	11.9	12.8	13.8	14.7	15.7	16.6	17.6	18.6	19.5	20.5	21.4	22.4	23.3	24.3	25.2	26.2	27.2	28.1	29.1	0	1	1.9	2.9	3.8	4.8	5.7	6.7	7.6
☽	16.6	1.6	16.2	0.4	14.1	27.3	10.1	22.5	4.7	16.6	28.4	10.2	22	3.9	15.9	28.1	10.4	22.8	5.5	18.3	1.3	14.6	28.2	12	26.2	10.7	25.4	10.3	25.2	9.9
☿	19.3	19.6	20.1	20.6	21.2	21.8	22.5	23.3	24.2	25.1	26	27.1	28.1	29.3	0.5	1.7	3	4.4	5.8	7.3	8.8	10.4	12	13.7	15.4	17.2	19	20.8	22.8	24.7
♀	29.3	0.5	1.6	2.8	3.9	5.1	6.2	7.4	8.5	9.7	10.8	12	13.1	14.3	15.5	16.6	17.8	19	20.1	21.3	22.5	23.6	24.8	26	27.1	28.3	29.5	0.7	1.8	3
♂	26.4	26.7	27	27.3	27.6	27.9	28.3	28.6	29	29.3	29.7	0.1	0.4	0.8	1.2	1.6	2	2.4	2.8	3.2	3.6	4	4.4	4.9	5.3	5.7	6.2	6.6	7.1	7.6

♃ 1: 6.4 · 6: 6.8 · 11: 7 · 16: 7.3 · 21: 7.4 · 26: 7.4 — ♄ 1: 12.8 · 6: 13 · 11: 13.2 · 16: 13.4 · 21: 13.7 · 26: 14 — ♅ 1: 3.6 · 11: 4.2 · 21: 4.8 — ♆ 1: 14.7R · 11: 14.6 · 21: 14.6 — ♇ 1: 16 · 11: 16.2 · 21: 16.4

VII

	1	2	3	4	5	6	7	8	9	10	11	12	13	14	15	16	17	18	19	20	21	22	23	24	25	26	27	28	29	30	31
☉	8.6	9.6	10.5	11.5	12.4	13.4	14.3	15.3	16.2	17.2	18.1	19.1	20	21	21.9	22.9	23.9	24.8	25.8	26.7	27.7	28.6	29.6	0.5	1.5	2.4	3.4	4.4	5.3	6.3	7.2
☽	24.5	8.6	22.3	5.5	18.4	0.8	13	24.9	6.8	18.6	0.5	12.5	24.6	6.9	19.5	2.2	15.1	28.3	11.6	25.1	8.8	22.7	6.8	21.1	5.5	19.9	4.4	18.8	3	16.9	0.4
☿	26.7	28.7	0.8	2.9	5	7.1	9.3	11.4	13.5	15.8	17.9	20.1	22.2	24.3	26.5	28.5	0.6	2.6	4.6	6.6	8.6	10.5	12.4	14.3	16.1	17.9	19.7	21.5	23.1	24.8	26.4
♀	4.2	5.4	6.5	7.7	8.9	10.1	11.3	12.5	13.6	14.8	16	17.2	18.4	19.6	20.8	22	23.1	24.3	25.5	26.7	27.9	29.1	0.3	1.5	2.7	3.9	5.1	6.3	7.5	8.7	9.9
♂	8	8.5	9	9.4	9.9	10.4	10.9	11.4	11.9	12.4	12.9	13.4	13.9	14.4	15	15.5	16	16.5	17.1	17.6	18.1	18.7	19.2	19.8	20.3	20.9	21.5	22	22.6	23.2	23.7

♃ 1: 7.4R · 6: 7.3 · 11: 7.1 · 16: 6.9 · 21: 6.5 · 26: 6.1 · 31: 5.7 — ♄ 1: 14.4 · 6: 14.8 · 11: 15.2 · 16: 15.6 · 21: 16.1 · 26: 16.6 · 31: 17.1 — ♅ 1: 5.4 · 11: 6 · 21: 6.6 · 31: 7.1 — ♆ 1: 14.6 · 11: 14.6 · 21: 14.7 · 31: 14.9 — ♇ 1: 16.6 · 11: 16.9 · 21: 17.2 · 31: 17.5

VIII

	1	2	3	4	5	6	7	8	9	10	11	12	13	14	15	16	17	18	19	20	21	22	23	24	25	26	27	28	29	30	31
☉	8.2	9.1	10.1	11.1	12	13	13.9	14.9	15.8	16.8	17.8	18.7	19.7	20.6	21.6	22.6	23.5	24.5	25.5	26.4	27.4	28.3	29.3	0.3	1.2	2.2	3.2	4.1	5.1	6.1	7
☽	13.5	26.3	8.8	20.9	2.9	14.8	26.7	8.6	20.6	2.8	15.3	28.1	11.1	24.4	7.9	21.6	5.5	19.5	3.6	17.8	2	16.2	0.4	14.4	28.3	12.1	25.5	8.8	21.7	4.3	16.7
☿	28.2	29.8	1.4	3	4.5	6	7.5	8.9	10.3	11.7	13.1	14.4	15.7	16.9	18.1	19.3	20.5	21.6	22.7	23.7	24.7	25.7	26.6	27.4	28.2	28.9	29.6	0.2	0.8	1.3	1.7
♀	11	12.3	13.5	14.7	15.9	17.2	18.4	19.6	20.8	22	23.2	24.4	25.6	26.9	28.1	29.3	0.5	1.7	2.9	4.2	5.4	6.6	7.8	9	10.3	11.5	12.7	13.9	15.2	16.4	17.6
♂	24.3	24.9	25.5	26	26.6	27.2	27.8	28.4	29	29.6	0.2	0.8	1.4	2	2.6	3.2	3.8	4.5	5.1	5.7	6.3	6.9	7.6	8.2	8.8	9.5	10.1	10.7	11.4	12	12.7

♃ 1: 5.6R · 6: 5 · 11: 4.4 · 16: 3.8 · 21: 3.2 · 26: 2.5 · 31: 1.9 — ♄ 1: 17.2 · 6: 17.8 · 11: 18.3 · 16: 18.9 · 21: 19.5 · 26: 20.1 · 31: 20.7 — ♅ 1: 7.2 · 11: 7.7 · 21: 8.2 · 31: 8.6 — ♆ 1: 14.9 · 11: 15.1 · 21: 15.4 · 31: 15.7 — ♇ 1: 17.5 · 11: 17.8 · 21: 18.1 · 31: 18.4

IX

	1	2	3	4	5	6	7	8	9	10	11	12	13	14	15	16	17	18	19	20	21	22	23	24	25	26	27	28	29	30
☉	8	9	9.9	10.9	11.9	12.8	13.8	14.8	15.8	16.7	17.7	18.7	19.6	20.6	21.6	22.6	23.5	24.5	25.5	26.5	27.4	28.4	29.4	0.4	1.4	2.3	3.3	4.3	5.3	6.3
☽	28.8	10.8	22.7	4.6	16.5	28.5	10.8	23.3	6.2	19.4	2.9	16.8	0.9	15.3	29.7	14.2	28.7	13	27.2	11.1	24.9	8.4	21.7	4.8	17.6	0.2	12.7	24.9	7	18.9
☿	2	2.2	2.4	2.4	2.4R	2.2	2	1.6	1.1	0.5	29.9	29.1	28.2	27.3	26.3	25.2	24.2	23.2	22.1	21.2	20.3	19.6	18.9	18.5	18.1	18	18.0D	18.1	18.5	19
♀	18.8	20.1	21.3	22.5	23.8	25	26.2	27.5	28.7	29.9	1.2	2.4	3.6	4.9	6.1	7.3	8.6	9.8	11	12.3	13.5	14.8	16	17.3	18.5	19.7	21	22.2	23.5	24.7
♂	13.3	14	14.6	15.3	15.9	16.6	17.3	17.9	18.6	19.2	19.9	20.6	21.2	21.9	22.6	23.3	23.9	24.6	25.3	26	26.7	27.4	28.1	28.7	29.4	0.1	0.8	1.5	2.2	2.9

♃ 1: 1.7R · 6: 1.1 · 11: 0.5 · 16: 29.9 · 21: 29.4 · 26: 28.9 — ♄ 1: 20.8 · 6: 21.4 · 11: 22.1 · 16: 22.7 · 21: 23.3 · 26: 23.9 — ♅ 1: 8.6 · 11: 9 · 21: 9.2 — ♆ 1: 15.7 · 11: 16 · 21: 16.4 — ♇ 1: 18.5 · 11: 18.8 · 21: 19

X

	1	2	3	4	5	6	7	8	9	10	11	12	13	14	15	16	17	18	19	20	21	22	23	24	25	26	27	28	29	30	31
☉	7.3	8.2	9.2	10.2	11.2	12.2	13.2	14.1	15.1	16.1	17.1	18.1	19.1	20.1	21.1	22.1	23.1	24	25	26	27	28	29	0	1	2	3	4	5	6	7
☽	0.8	12.6	24.5	6.5	18.7	1.2	14	27.3	10.9	24.9	9.4	24.1	9	24	8.8	23.4	7.8	21.8	5.4	18.7	1.7	14.4	26.9	9.2	21.4	3.5	15.5	27.3	9.2	21.1	3
☿	19.6	20.4	21.4	22.4	23.6	24.8	26.2	27.6	29.1	0.6	2.2	3.8	5.5	7.1	8.8	10.5	12.2	13.9	15.7	17.4	19.1	20.8	22.5	24.2	25.9	27.6	29.3	0.9	2.6	4.3	5.9
♀	26	27.2	28.5	29.7	1	2.2	3.5	4.7	5.9	7.2	8.4	9.7	10.9	12.2	13.4	14.7	15.9	17.2	18.4	19.7	21	22.2	23.5	24.7	26	27.2	28.5	29.7	1	2.2	3.5
♂	3.6	4.3	5	5.7	6.4	7.1	7.9	8.6	9.3	10	10.7	11.4	12.2	12.9	13.6	14.3	15.1	15.8	16.5	17.2	18	18.7	19.4	20.2	20.9	21.6	22.4	23.1	23.8	24.6	25.3

♃ 1: 28.5R · 6: 28.1 · 11: 27.9 · 16: 27.7 · 21: 27.6 · 26: 27.6D · 31: 27.7 — ♄ 1: 24.5 · 6: 25.2 · 11: 25.8 · 16: 26.3 · 21: 26.9 · 26: 27.5 · 31: 28 — ♅ 1: 9.4 · 11: 9.5 · 21: 9.5R · 31: 9.4 — ♆ 1: 16.7 · 11: 17.1 · 21: 17.5 · 31: 17.8 — ♇ 1: 19.3 · 11: 19.5 · 21: 19.6 · 31: 19.8

XI

	1	2	3	4	5	6	7	8	9	10	11	12	13	14	15	16	17	18	19	20	21	22	23	24	25	26	27	28	29	30
☉	8	9	10	11	12	13	14	15	16	17	18	19	20	21.1	22.1	23.1	24.1	25.1	26.1	27.1	28.1	29.1	0.1	1.1	2.2	3.2	4.2	5.2	6.2	7.2
☽	14.9	27.1	9.5	22.2	5.3	18.8	2.9	17.3	2.2	17.4	2.6	17.8	2.8	17.4	1.6	15.3	28.6	11.4	24	6.3	18.4	0.4	12.4	24.2	6.1	18	29.9	11.9	23.9	6.1
☿	7.6	9.2	10.8	12.4	14	15.6	17.2	18.8	20.3	21.9	23.4	25	26.5	28	29.5	1	2.5	4	5.5	6.9	8.4	9.8	11.2	12.6	13.9	15.2	16.6	17.8	19.1	20.2
♀	4.7	6	7.2	8.5	9.8	11	12.3	13.5	14.8	16	17.3	18.5	19.8	21	22.3	23.6	24.8	26.1	27.3	28.6	29.9	1.1	2.4	3.6	4.9	6.1	7.4	8.7	9.9	11.2
♂	26.1	26.8	27.6	28.3	29.1	29.8	0.6	1.3	2.1	2.8	3.6	4.3	5.1	5.8	6.6	7.4	8.1	8.9	9.6	10.4	11.2	11.9	12.7	13.5	14.2	15	15.8	16.5	17.3	18.1

♃ 1: 27.7 · 6: 27.9 · 11: 28.1 · 16: 28.4 · 21: 28.9 · 26: 29.3 — ♄ 1: 28.1 · 6: 28.6 · 11: 29.1 · 16: 29.6 · 21: 0 · 26: 0.4 — ♅ 1: 9.4R · 11: 9.2 · 21: 8.9 — ♆ 1: 17.9 · 11: 18.2 · 21: 18.5 — ♇ 1: 19.8 · 11: 19.8 · 21: 19.9

XII

	1	2	3	4	5	6	7	8	9	10	11	12	13	14	15	16	17	18	19	20	21	22	23	24	25	26	27	28	29	30	31
☉	8.2	9.2	10.3	11.3	12.3	13.3	14.3	15.3	16.4	17.4	18.4	19.4	20.4	21.4	22.4	23.5	24.5	25.5	26.5	27.5	28.6	29.6	0.6	1.6	2.6	3.7	4.7	5.7	6.7	7.7	8.7
☽	18.5	1.1	14.1	27.4	11.3	25.5	10.3	25.4	10.7	26	11.2	26	10.4	24.3	7.6	20.6	3.1	15.4	27.4	9.3	21.2	3	14.9	26.9	8.9	21	3.2	15.5	28.1	10.8	23.8
☿	21.4	24.1	25.6	27	28.5	29.9	1.3	2.7	4.1	5.5	6.8	8.1	9.4	10.6	11.7	12.8	13.9	14.8	15.7	16.4	17.1	17.6	17.9	18.1	18.2R	18	17.6	17.1	16.3	15.4	14.3
♀	12.4	13.7	14.9	16.2	17.5	18.7	20	21.2	22.5	23.7	25	26.3	27.5	28.8	0	1.3	2.5	3.8	5	6.3	7.6	8.8	10.1	11.3	12.6	13.8	15.1	16.4	17.6	18.9	20.1
♂	18.8	19.6	20.4	21.1	21.9	22.7	23.5	24.3	25	25.8	26.6	27.4	28.2	29	29.7	0.5	1.3	2.1	2.9	3.7	4.5	5.3	6	6.8	7.6	8.3	9.1	9.9	10.7	11.5	12.3

♃ 1: 29.9 · 6: 0.5 · 11: 1.2 · 16: 2 · 21: 2.8 · 26: 3.6 · 31: 4.5 — ♄ 1: 0.8 · 6: 1.2 · 11: 1.5 · 16: 1.7 · 21: 1.9 · 26: 2.1 · 31: 2.2 — ♅ 1: 8.6R · 11: 8.2 · 21: 7.8 · 31: 7.4 — ♆ 1: 18.8 · 11: 19.1 · 21: 19.3 · 31: 19.4 — ♇ 1: 19.8R · 11: 19.8 · 21: 19.7 · 31: 19.5

I

	1	2	3	4	5	6	7	8	9	10	11	12	13	14	15	16	17	18	19	20	21	22	23	24	25	26	27	28	29	30	31
☉	9.8	10.8	11.8	12.8	13.8	14.9	15.9	16.9	17.9	18.9	20	21	22	23	24	25.1	26.1	27.1	28.1	29.1	0.1	1.2	2.2	3.2	4.2	5.2	6.2	7.3	8.3	9.3	10.3
☽	7	20.7	4.7	19.2	3.9	19	4.1	19.1	3.9	18.4	2.3	15.8	28.9	11.5	23.8	5.9	17.9	29.7	11.6	23.5	5.5	17.6	29.9	12.4	25	7.8	20.8	4	17.4	1.1	15
☿	11.8R	10.4	9.1	7.8	6.5	5.4	4.4	3.6	2.9	2.5	2.1	1.9	1.9D	2	2.3	2.7	3.1	3.7	4.4	5.1	5.9	6.8	7.7	8.7	9.7	10.8	11.9	13.1	14.3	15.5	16.7
♀	21.4	22.6	23.9	25.1	26.4	27.7	28.9	0.2	1.4	2.7	3.9	5.2	6.4	7.7	8.9	10.2	11.5	12.7	14	15.2	16.5	17.7	19	20.2	21.5	22.7	24	25.2	26.5	27.7	29
♂	13	13.8	14.6	15.4	16.2	17	17.8	18.6	19.3	20.1	20.9	21.7	22.5	23.3	24.1	24.9	25.6	26.4	27.2	28	28.8	29.6	0.4	1.2	1.9	2.7	3.5	4.3	5.1	5.9	6.7

	1	6	11	16	21	26	31
♃	4.7	5.6	6.6	7.7	8.7	9.8	10.9
♄	2.3	2.3	2.4	2.4R	2.3	2.2	2

	1	11	21	31
♅	7.3R	6.9	6.5	6.2
♆	19.4	19.5	19.5R	19.5
♇	19.5R	19.3	19.1	18.8

	1	2	3	4	5	6	7	8	9	10	11	12	13	14	15	16	17	18	19	20	21	22	23	24	25	26	27	28	29	30	31
☉	9.5	10.5	11.6	12.6	13.6	14.6	15.6	16.7	17.7	18.7	19.7	20.7	21.7	22.8	23.8	24.8	25.8	26.8	27.9	28.9	29.9	0.9	1.9	2.9	4	5	6	7	8	9	10.1
☽	28.7	13	26.8	10.2	23.2	5.9	18.4	0.7	12.8	24.7	6.7	18.5	0.3	12.2	24	6	18.1	0.3	12.9	25.8	9	22.7	6.9	21.5	6.5	21.7	6.9	22	6.9	21.4	5.5
☿	17.6	18.2	19	19.8	20.7	21.7	22.7	23.7	24.8	26	27.2	28.4	29.7	0.9	2.2	3.5	4.9	6.2	7.6	9	10.4	11.8	13.3	14.7	16.2	17.7	19.2	20.7	22.2	23.7	25.2
♀	27.9	29.1	0.3	1.5	2.7	3.8	5	6.2	7.4	8.6	9.8	11	12.2	13.5	14.7	15.9	17.1	18.3	19.5	20.7	21.9	23.1	24.3	25.6	26.8	28	29.2	0.4	1.6	2.9	4.1
♂	20.7	21.2	21.7	22.2	22.7	23.2	23.7	24.2	24.7	25.2	25.7	26.2	26.6	27.1	27.6	28.1	28.6	29	29.5	30	0.4	0.9	1.3	1.8	2.2	2.7	3.1	3.6	4	4.4	4.8

	1	6	11	16	21	26	31
♃	5.9	6.5	7.1	7.8	8.5	9.3	10.2
♄	14.5	14.7	14.8	14.9	15	15.0R	14.9

	1	11	21	31
♅	12.1R	11.6	11.2	10.8
♆	21.6	21.7	21.7	21.7R
♇	21.2R	21	20.8	20.6

II

	1	2	3	4	5	6	7	8	9	10	11	12	13	14	15	16	17	18	19	20	21	22	23	24	25	26	27	28
☉	11.3	12.3	13.4	14.4	15.4	16.4	17.4	18.4	19.4	20.4	21.5	22.5	23.5	24.5	25.5	26.5	27.5	28.5	29.5	0.5	1.6	2.6	3.6	4.6	5.6	6.6	7.6	8.6
☽	29.2	13.6	28.2	12.9	27.5	12	26.2	10.1	23.6	6.6	19.4	1.8	13.9	25.9	7.8	19.6	1.6	13.6	25.9	8.3	21	4	17.1	0.5	14.2	28	11.9	26
☿	18	19.3	20.6	22	23.3	24.7	26.1	27.5	28.9	0.4	1.8	3.3	4.8	6.3	7.9	9.4	10.9	12.5	14.1	15.7	17.3	18.9	20.6	22.3	23.9	25.6	27.3	29.1
♀	0.2	1.5	2.7	4	5.2	6.5	7.7	8.9	10.2	11.4	12.7	13.9	15.2	16.4	17.6	18.9	20.1	21.4	22.6	23.9	25.1	26.3	27.6	28.8	0	1.3	2.5	3.7
♂	7.4	8.2	9	9.8	10.6	11.4	12.2	12.9	13.7	14.5	15.3	16.1	16.9	17.6	18.4	19.2	20	20.8	21.5	22.3	23.1	23.9	24.6	25.4	26.2	27	27.7	28.5

	1	6	11	16	21	26
♃	11.2	12.3	13.5	14.6	15.8	17
♄	2.0R	1.8	1.6	1.3	1	0.7

	1	11	21
♅	6.1R	5.8	5.6
♆	19.5R	19.4	19.3
♇	18.8R	18.6	18.3

	1	2	3	4	5	6	7	8	9	10	11	12	13	14	15	16	17	18	19	20	21	22	23	24	25	26	27	28	29
☉	11.1	12.1	13.1	14.1	15.1	16.1	17.2	18.2	19.2	20.2	21.2	22.2	23.2	24.2	25.3	26.3	27.3	28.3	29.3	0.3	1.3	2.3	3.3	4.3	5.3	6.3	7.3	8.4	9.4
☽	19.1	2.2	15	27.5	9.7	21.7	3.6	15.4	27.2	9.1	21	3	15.1	27.4	9.9	22.6	5.6	18.8	2.5	16.4	0.7	15.3	0.1	15.1	30	14.8	29.3	13.4	27.2
☿	26.8	28.3	29.9	1.5	3.1	4.7	6.3	7.9	9.6	11.2	12.9	14.6	16.3	18	19.7	21.5	23.2	25	26.8	28.6	0.4	2.2	4.1	5.9	7.8	9.7	11.6	13.5	15.4
♀	5.3	6.5	7.7	8.9	10.2	11.4	12.6	13.8	15.1	16.3	17.5	18.7	20	21.2	22.4	23.6	24.9	26.1	27.3	28.5	29.8	1	2.2	3.5	4.7	5.9	7.1	8.4	9.6
♂	5.3	5.7	6.1	6.5	6.9	7.3	7.7	8.1	8.5	8.8	9.2	9.6	10	10.3	10.7	11	11.4	11.7	12	12.3	12.7	13	13.3	13.6	13.9	14.1	14.4	14.7	14.9

	1	6	11	16	21	26
♃	10.4	11.3	12.2	13.2	14.2	15.3
♄	14.9R	14.8	14.7	14.5	14.3	14.1

	1	11	21
♅	10.8R	10.5	10.2
♆	21.7R	21.6	21.5
♇	20.6R	20.3	20.1

III

	1	2	3	4	5	6	7	8	9	10	11	12	13	14	15	16	17	18	19	20	21	22	23	24	25	26	27	28	29	30	31
☉	9.6	10.6	11.6	12.6	13.6	14.6	15.6	16.6	17.6	18.6	19.6	20.6	21.6	22.6	23.6	24.6	25.6	26.6	27.6	28.6	29.6	0.6	1.6	2.6	3.5	4.5	5.5	6.5	7.5	8.5	9.5
☽	10.1	24.4	8.6	22.8	6.9	20.9	4.7	18.2	1.5	14.4	27.1	9.5	21.7	3.7	15.6	27.5	9.4	21.5	3.7	16.3	29.1	12.3	25.8	9.6	23.7	8	22.4	6.8	21.2	5.4	19.5
☿	0.8	2.6	4.4	6.2	8	9.8	11.7	13.5	15.4	17.3	19.2	21.2	23.1	25.1	27	29	1	3	5	7	9	10.9	12.9	14.8	16.7	18.5	20.4	22.1	23.8	25.4	27
♀	5	6.2	7.4	8.7	9.9	11.1	12.4	13.6	14.8	16.1	17.3	18.5	19.7	21	22.2	23.4	24.6	25.8	27.1	28.3	29.5	0.7	1.9	3.1	4.4	5.6	6.8	8	9.2	10.4	11.6
♂	29.3	0.1	0.8	1.6	2.4	3.2	3.9	4.7	5.5	6.2	7	7.8	8.5	9.3	10.1	10.8	11.6	12.4	13.1	13.9	14.6	15.4	16.2	16.9	17.7	18.4	19.2	20	20.7	21.5	22.2

	1	6	11	16	21	26	31
♃	17.7	19	20.2	21.4	22.6	23.8	25
♄	0.5R	0.1	29.7	29.3	28.9	28.6	28.2

	1	11	21	31
♅	5.5R	5.4	5.4D	5.5
♆	19.1R	18.9	18.7	18.4
♇	18.2R	18	17.8	17.6

	1	2	3	4	5	6	7	8	9	10	11	12	13	14	15	16	17	18	19	20	21	22	23	24	25	26	27	28	29	30	31
☉	10.4	11.4	12.4	13.4	14.4	15.4	16.4	17.4	18.4	19.4	20.4	21.4	22.4	23.4	24.4	25.4	26.4	27.3	28.3	29.3	0.3	1.3	2.3	3.3	4.3	5.3	6.3	7.3	8.3	9.2	10.2
☽	10.5	23.4	5.9	18.1	0.2	12	23.8	5.7	17.6	29.6	11.7	24.1	6.7	19.5	2.5	15.8	29.3	13	26.9	11	25.3	9.7	24.2	8.7	23.1	7.4	21.4	5	18.3	1.3	13.9
☿	17.3	19.2	21.1	23	24.9	26.8	28.7	0.5	2.3	4.1	5.8	7.5	9	10.6	12	13.3	14.6	15.7	16.7	17.6	18.4	19.1	19.6	20	20.3	20.4	20.4R	20.3	20.1	19.7	19.3
♀	10.8	12.1	13.3	14.5	15.7	17	18.2	19.4	20.7	21.9	23.1	24.4	25.6	26.8	28	29.3	0.5	1.7	3	4.2	5.4	6.7	7.9	9.1	10.4	11.6	12.8	14	15.3	16.5	17.7
♂	15.2	15.4	15.7	15.9	16.1	16.3	16.5	16.7	16.9	17.1	17.2	17.4	17.5	17.7	17.8	17.9	18	18.1	18.2	18.3	18.3	18.4	18.4	18.4	18.4	18.4R	18.4	18.4	18.4	18.3	18.3

	1	6	11	16	21	26	31
♃	16.2	17.3	18.4	19.5	20.7	21.9	23.1
♄	13.9R	13.6	13.2	12.9	12.5	12.1	11.7

	1	11	21	31
♅	10.0R	9.9	9.9D	10
♆	21.3R	21.1	20.9	20.6
♇	19.9R	19.6	19.5	19.3

IV

	1	2	3	4	5	6	7	8	9	10	11	12	13	14	15	16	17	18	19	20	21	22	23	24	25	26	27	28	29	30
☉	10.5	11.5	12.4	13.4	14.4	15.4	16.4	17.4	18.3	19.3	20.3	21.3	22.3	23.2	24.2	25.2	26.2	27.2	28.1	29.1	0.1	1.1	2	3	4	5	5.9	6.9	7.9	8.9
☽	3.4	17.2	0.7	14	27.1	10.1	22.8	5.2	17.5	29.7	11.6	23.5	5.4	17.3	29.3	11.6	24.1	6.9	20.2	3.9	18	2.5	17.2	2.1	16.9	1.6	16.1	0.3	14.1	27.7
☿	28.4	29.8	1.1	2.3	3.4	4.4	5.3	6.1	6.8	7.3	7.8	8.2	8.4	8.5	8.5R	8.5	8.3	8	7.7	7.2	6.7	6.2	5.6	4.9	4.3	3.6	2.9	2.2	1.6	1
♀	12.8	14	15.2	16.4	17.6	18.8	20	21.2	22.4	23.6	24.8	26	27.2	28.4	29.6	0.8	2	3.1	4.3	5.5	6.7	7.9	9	10.2	11.4	12.6	13.7	14.9	16.1	17.2
♂	23	23.7	24.5	25.2	26	26.7	27.5	28.2	29	29.7	0.5	1.2	1.9	2.7	3.4	4.2	4.9	5.6	6.4	7.1	7.9	8.6	9.3	10.1	10.8	11.5	12.3	13	13.7	14.4

	1	6	11	16	21	26
♃	25.2	26.4	27.6	28.7	29.9	1
♄	28.1R	27.7	27.4	27	26.7	26.4

	1	11	21
♅	5.5	5.7	6
♆	18.4R	18.1	17.8
♇	17.6R	17.5	17.4

	1	2	3	4	5	6	7	8	9	10	11	12	13	14	15	16	17	18	19	20	21	22	23	24	25	26	27	28	29	30
☉	11.2	12.2	13.2	14.2	15.2	16.1	17.1	18.1	19.1	20.1	21.1	22	23	24	25	25.9	26.9	27.9	28.9	29.9	0.8	1.8	2.8	3.8	4.7	5.7	6.7	7.6	8.6	9.6
☽	26.1	8.2	20.1	1.9	13.7	25.7	7.8	20.1	2.7	15.6	28.8	12.2	25.9	9.8	23.7	7.8	21.9	6.1	20.2	4.3	18.4	2.4	16.2	29.9	13.3	26.4	9.2	21.8	4	16
☿	18.7R	18.1	17.4	16.7	15.9	15.1	14.3	13.6	12.8	12.1	11.4	10.8	10.2	9.8	9.4	9.1	8.9	8.7	8.7	8.7D	8.8	9	9.3	9.7	10.1	10.6	11.2	11.8	12.5	13.3
♀	19	20.2	21.4	22.7	23.9	25.1	26.4	27.6	28.8	0	1.3	2.5	3.7	5	6.2	7.4	8.7	9.9	11.1	12.3	13.6	14.8	16	17.3	18.5	19.7	21	22.2	23.4	24.6
♂	18.2R	18.1	18	17.9	17.8	17.6	17.5	17.3	17.1	16.9	16.7	16.5	16.3	16	15.8	15.5	15.3	15	14.7	14.4	14.1	13.8	13.4	13.1	12.8	12.4	12.1	11.7	11.3	11

	1	6	11	16	21	26
♃	23.3	24.5	25.7	26.9	28.1	29.3
♄	11.7R	11.3	10.9	10.5	10.2	9.8

	1	11	21
♅	10	10.2	10.4
♆	20.6R	20.3	20
♇	19.3R	19.2	19.1

V

	1	2	3	4	5	6	7	8	9	10	11	12	13	14	15	16	17	18	19	20	21	22	23	24	25	26	27	28	29	30	31
☉	9.8	10.8	11.8	12.7	13.7	14.7	15.6	16.6	17.6	18.5	19.5	20.5	21.4	22.4	23.4	24.3	25.3	26.3	27.2	28.2	29.2	0.1	1.1	2	3	4	4.9	5.9	6.8	7.8	8.8
☽	10.9	23.9	6.7	19.2	1.7	13.9	26.1	8.1	20	1.9	13.7	25.6	7.6	19.8	2.2	15	28.3	12	26.1	10.8	25.8	10.9	26.1	11.2	25.9	10.3	24.3	7.8	20.9	3.8	16.3
☿	0.5R	29.9	29.5	29.1	28.8	28.6	28.4	28.4	28.4D	28.4	28.6	28.8	29.1	29.5	30	0.5	1.1	1.7	2.4	3.2	4.1	5	5.9	6.9	8	9.1	10.2	11.4	12.7	14	15.3
♀	18.4	19.6	20.7	21.9	23	24.2	25.3	26.5	27.6	28.8	29.9	1.1	2.2	3.3	4.5	5.6	6.7	7.9	9	10.1	11.2	12.3	13.5	14.6	15.7	16.8	17.9	19	20.1	21.2	22.3
♂	15.2	15.9	16.6	17.3	18.1	18.8	19.5	20.2	21	21.7	22.4	23.1	23.8	24.6	25.3	26	26.7	27.4	28.1	28.8	29.5	0.3	1	1.7	2.4	3.1	3.8	4.5	5.2	5.9	6.6

	1	6	11	16	21	26	31
♃	2.1	3.1	4.2	5.2	6.1	7.1	8
♄	26.2R	26	25.8	25.7	25.6	25.5	25.5D

	1	11	21	31
♅	6.4	6.8	7.3	7.8
♆	17.6R	17.3	17.1	17
♇	17.4D	17.4	17.5	17.6

	1	2	3	4	5	6	7	8	9	10	11	12	13	14	15	16	17	18	19	20	21	22	23	24	25	26	27	28	29	30	31
☉	10.6	11.5	12.5	13.5	14.4	15.4	16.4	17.3	18.3	19.3	20.2	21.2	22.2	23.1	24.1	25.1	26	27	28	28.9	29.9	0.8	1.8	2.8	3.7	4.7	5.6	6.6	7.6	8.5	9.5
☽	27.9	9.7	21.6	3.5	15.7	28.1	10.8	24	7.5	21.3	5.4	19.7	4.1	18.5	2.8	17	1.1	15	28.8	12.4	25.8	9.1	22.2	5	17.6	29.9	12.1	24.1	5.9	17.7	29.5
☿	14.1	15	15.9	16.9	17.9	19	20.1	21.3	22.5	23.7	25	26.3	27.7	29.1	0.6	2.1	3.6	5.1	6.7	8.4	10	11.7	13.5	15.2	17.1	18.9	20.8	22.7	24.7	26.7	28.7
♀	25.9	27.1	28.3	29.6	0.8	2	3.2	4.5	5.7	6.9	8.2	9.4	10.6	11.8	13.1	14.3	15.5	16.7	18	19.2	20.4	21.7	22.9	24.1	25.3	26.6	27.8	29	0.2	1.5	2.7
♂	10.6R	10.2	9.9	9.5	9.1	8.8	8.4	8	7.7	7.3	7	6.6	6.3	5.9	5.6	5.3	5	4.7	4.4	4.1	3.9	3.6	3.3	3.1	2.9	2.7	2.5	2.3	2.1	2	1.8

	1	6	11	16	21	26	31
♃	0.5	1.7	2.9	4	5.2	6.3	7.5
♄	9.5R	9.2	8.9	8.7	8.5	8.4	8.3

	1	11	21	31
♅	10.7	11.1	11.6	12.1
♆	19.8R	19.5	19.3	19.2
♇	19.1D	19.1	19.2	19.3

VI

	1	2	3	4	5	6	7	8	9	10	11	12	13	14	15	16	17	18	19	20	21	22	23	24	25	26	27	28	29	30
☉	9.7	10.7	11.6	12.6	13.5	14.5	15.5	16.4	17.4	18.3	19.3	20.2	21.2	22.2	23.1	24.1	25	26	26.9	27.9	28.8	29.8	0.7	1.7	2.6	3.6	4.6	5.5	6.5	7.4
☽	28.7	10.9	23	5	16.9	28.8	10.6	22.5	4.4	16.4	28.6	11	23.7	6.9	20.5	4.6	19.2	4.1	19.4	4.7	19.9	4.9	19.5	3.6	17.2	0.4	13.2	25.7	8	20.1
☿	16.7	18.1	19.6	21.1	22.7	24.3	25.9	27.6	29.4	1.1	3	4.8	6.7	8.7	10.6	12.7	14.7	16.8	18.9	21	23.2	25.4	27.5	29.7	1.9	4.1	6.3	8.5	10.6	12.7
♀	23.3	24.4	25.5	26.6	27.6	28.7	29.8	0.8	1.9	2.9	4	5	6.1	7.1	8.1	9.1	10.1	11.2	12.2	13.2	14.1	15.1	16.1	17.1	18	19	19.9	20.9	21.8	22.7
♂	7.3	8	8.7	9.4	10.1	10.8	11.5	12.2	12.9	13.6	14.3	15	15.7	16.4	17	17.7	18.4	19.1	19.8	20.5	21.2	21.9	22.5	23.2	23.9	24.6	25.3	25.9	26.6	27.3

	1	6	11	16	21	26
♃	8.1	9	9.7	10.5	11.2	11.8
♄	25.5	25.6	25.7	25.8	26	26.2

	1	11	21
♅	7.9	8.4	9
♆	17.0R	16.8	16.8
♇	17.6	17.8	18

	1	2	3	4	5	6	7	8	9	10	11	12	13	14	15	16	17	18	19	20	21	22	23	24	25	26	27	28	29	30
☉	10.4	11.4	12.4	13.3	14.3	15.2	16.2	17.1	18.1	19.1	20	21	21.9	22.9	23.8	24.8	25.7	26.7	27.6	28.6	29.6	0.5	1.5	2.4	3.4	4.3	5.3	6.2	7.2	8.1
☽	11.5	23.6	6	18.8	2	15.7	29.8	14.2	28.9	13.7	28.5	13.2	27.6	11.8	25.7	9.4	22.7	5.9	18.8	1.5	14.1	26.4	8.6	20.6	2.4	14.2	26	7.8	19.8	1.9
☿	0.7	2.8	4.9	7.1	9.2	11.4	13.6	15.8	18	20.2	22.4	24.6	26.8	28.9	1	3.2	5.2	7.3	9.3	11.3	13.3	15.2	17.1	19	20.8	22.6	24.3	26	27.7	29.3
♀	3.9	5.2	6.4	7.6	8.8	10.1	11.3	12.5	13.8	15	16.2	17.4	18.7	19.9	21.1	22.3	23.6	24.8	26	27.3	28.5	29.7	0.9	2.2	3.4	4.6	5.9	7.1	8.3	9.5
♂	1.7R	1.6	1.5	1.4	1.3	1.2	1.2	1.2	1.1	1.1	1.1D	1.2	1.2	1.2	1.3	1.4	1.4	1.5	1.6	1.8	1.9	2	2.2	2.4	2.5	2.7	2.9	3.1	3.4	3.6

	1	6	11	16	21	26
♃	7.7	8.8	9.8	10.9	11.9	12.8
♄	8.3R	8.2	8.2D	8.2	8.3	8.4

	1	11	21
♅	12.2	12.7	13.3
♆	19.1R	19	19
♇	19.3	19.5	19.7

VII

	1	2	3	4	5	6	7	8	9	10	11	12	13	14	15	16	17	18	19	20	21	22	23	24	25	26	27	28	29	30	31
☉	8.4	9.3	10.3	11.2	12.2	13.1	14.1	15	16	17	17.9	18.9	19.8	20.8	21.7	22.7	23.6	24.6	25.5	26.5	27.4	28.4	29.4	0.3	1.3	2.2	3.2	4.1	5.1	6	7
☽	2.1	14	25.8	7.7	19.6	1.5	13.5	25.6	7.9	20.4	3.2	16.3	29.8	13.8	28.1	12.9	28	13.1	28.3	13.3	27.9	12.1	25.9	9.2	22.1	4.6	16.9	28.9	10.9	22.7	4.6
☿	14.9	17	19	21.1	23.1	25.1	27	28.9	0.8	2.7	4.5	6.3	8	9.8	11.5	13.1	14.7	16.3	17.9	19.4	20.9	22.4	23.8	25.2	26.6	27.9	29.2	0.5	1.7	2.8	4
♀	23.7	24.6	25.5	26.4	27.2	28.1	29	29.8	0.7	1.5	2.3	3.1	3.9	4.7	5.4	6.2	6.9	7.6	8.3	9	9.7	10.3	11	11.6	12.2	12.7	13.3	13.8	14.3	14.8	15.2
♂	28	28.7	29.3	0	0.7	1.4	2	2.7	3.4	4.1	4.7	5.4	6.1	6.7	7.4	8.1	8.7	9.4	10.1	10.7	11.4	12.1	12.7	13.4	14	14.7	15.4	16	16.7	17.3	18

	1	6	11	16	21	26	31
♃	12.3	12.8	13.2	13.6	13.8	14	14.1
♄	26.4	26.7	27.1	27.4	27.8	28.2	28.7

	1	11	21	31
♅	9.6	10.2	10.8	11.4
♆	16.8	16.8	16.9	17
♇	18.2	18.5	18.8	19.1

	1	2	3	4	5	6	7	8	9	10	11	12	13	14	15	16	17	18	19	20	21	22	23	24	25	26	27	28	29	30	31
☉	9.1	10	11	12	12.9	13.9	14.8	15.8	16.7	17.7	18.6	19.6	20.5	21.5	22.4	23.4	24.4	25.3	26.3	27.2	28.2	29.1	0.1	1	2	2.9	3.9	4.9	5.8	6.8	7.7
☽	14.3	27.1	10.2	23.9	8	22.6	7.4	22.5	7.6	22.6	7.3	21.8	5.9	19.5	2.9	15.9	28.6	11.1	23.4	5.5	17.5	29.3	11.1	22.9	4.7	16.6	28.5	10.7	23.1	5.8	19
☿	0.9	2.5	4	5.5	6.9	8.3	9.7	11	12.3	13.5	14.7	15.9	17	18.1	19.1	20.1	21	21.8	22.6	23.4	24.1	24.7	25.3	25.8	26.2	26.6	26.8	27	27.1	27.2R	27.1
♀	10.8	12	13.2	14.5	15.7	16.9	18.2	19.4	20.6	21.8	23.1	24.3	25.5	26.8	28	29.2	0.5	1.7	2.9	4.1	5.4	6.6	7.8	9.1	10.3	11.5	12.8	14	15.2	16.5	17.7
♂	3.8	4.1	4.3	4.6	4.9	5.2	5.5	5.8	6.1	6.4	6.8	7.1	7.5	7.8	8.2	8.6	8.9	9.3	9.7	10.1	10.5	10.9	11.4	11.8	12.2	12.7	13.1	13.6	14	14.5	15

	1	6	11	16	21	26	31
♃	13.8	14.6	15.5	16.3	17	17.7	18.4
♄	8.5	8.7	9	9.2	9.5	9.9	10.2

	1	11	21	31
♅	13.9	14.5	15.1	15.7
♆	18.9D	19	19	19.2
♇	19.9	20.2	20.5	20.8

VIII

	1	2	3	4	5	6	7	8	9	10	11	12	13	14	15	16	17	18	19	20	21	22	23	24	25	26	27	28	29	30	31
☉	8	8.9	9.9	10.8	11.8	12.7	13.7	14.7	15.6	16.6	17.5	18.5	19.5	20.4	21.4	22.3	23.3	24.3	25.2	26.2	27.1	28.1	29.1	0	1	2	2.9	3.9	4.9	5.8	6.8
☽	16.5	28.4	10.5	22.7	5	17.5	0.2	13.2	26.4	10	23.8	8	22.5	7.2	22	6.9	21.6	6.1	20.2	4	17.3	0.3	12.9	25.2	7.3	19.2	1.1	13	24.9	7	19.2
☿	5.1	6.1	7.1	8.1	9	9.9	10.7	11.4	12.1	12.8	13.3	13.8	14.2	14.6	14.9	15	15.1	15.1R	15.1	14.9	14.6	14.2	13.8	13.2	12.6	11.8	11	10.2	9.3	8.4	7.4
♀	15.6	16	16.4	16.8	17.1	17.3	17.6	17.8	18	18.1	18.2	18.3	18.3	18.3R	18.3	18.2	18.1	17.9	17.7	17.4	17.2	16.8	16.5	16.1	15.7	15.2	14.7	14.2	13.6	13.1	12.5
♂	18.7	19.3	20	20.6	21.3	21.9	22.6	23.2	23.9	24.5	25.2	25.8	26.5	27.1	27.8	28.4	29.1	29.7	0.4	1	1.6	2.3	2.9	3.6	4.2	4.9	5.5	6.1	6.8	7.4	8.1

	1	6	11	16	21	26	31
♃	14.2	14.2R	14.1	13.9	13.7	13.4	13
♄	28.8	29.2	29.7	0.2	0.8	1.3	1.9

	1	11	21	31
♅	11.4	12	12.5	12.9
♆	17	17.2	17.5	17.8
♇	19.1	19.4	19.7	20.1

	1	2	3	4	5	6	7	8	9	10	11	12	13	14	15	16	17	18	19	20	21	22	23	24	25	26	27	28	29	30	31
☉	8.7	9.6	10.6	11.6	12.5	13.5	14.4	15.4	16.3	17.3	18.3	19.2	20.2	21.1	22.1	23.1	24	25	25.9	26.9	27.9	28.8	29.8	0.8	1.7	2.7	3.7	4.6	5.6	6.6	7.5
☽	2.5	16.5	0.9	15.7	0.8	16	1.2	16.2	0.9	15.2	29	12.4	25.4	8.1	20.4	2.6	14.5	26.4	8.2	20	1.8	13.7	25.6	7.7	20	2.5	15.3	28.4	11.8	25.7	9.9
☿	27.0R	26.7	26.4	26	25.5	25	24.4	23.7	22.9	22.2	21.4	20.5	19.7	18.9	18.2	17.4	16.8	16.2	15.7	15.3	15.1	14.9	14.9D	15	15.2	15.6	16.1	16.7	17.5	18.4	19.4
♀	18.9	20.2	21.4	22.6	23.9	25.1	26.3	27.6	28.8	0	1.2	2.5	3.7	4.9	6.2	7.4	8.6	9.9	11.1	12.3	13.6	14.8	16	17.3	18.5	19.7	21	22.2	23.4	24.7	25.9
♂	15.4	15.9	16.4	16.9	17.4	17.9	18.4	18.9	19.4	20	20.5	21	21.6	22.1	22.7	23.2	23.8	24.3	24.9	25.4	26	26.6	27.2	27.7	28.3	28.9	29.5	0.1	0.7	1.3	1.9

	1	6	11	16	21	26	31
♃	18.5	19.1	19.6	20	20.3	20.6	20.8
♄	10.3	10.7	11.1	11.6	12.1	12.6	13.1

	1	11	21	31
♅	15.7	16.3	16.8	17.3
♆	19.2	19.4	19.6	19.9
♇	20.8	21.1	21.4	21.7

IX

	1	2	3	4	5	6	7	8	9	10	11	12	13	14	15	16	17	18	19	20	21	22	23	24	25	26	27	28	29	30
☉	7.8	8.7	9.7	10.7	11.6	12.6	13.6	14.5	15.5	16.5	17.5	18.4	19.4	20.4	21.4	22.3	23.3	24.3	25.3	26.2	27.2	28.2	29.2	0.1	1.1	2.1	3.1	4.1	5	6
☽	1.6	14.2	27	10.1	23.4	6.9	20.6	4.5	18.7	2.9	17.3	1.7	16.1	0.4	14.5	28.4	12	25.3	8.2	20.8	3.2	15.3	27.2	9.1	21	2.9	15	27.4	9.9	22.8
☿	6.5R	5.6	4.8	4	3.3	2.7	2.2	1.9	1.7	1.6D	1.7	2	2.4	2.9	3.6	4.5	5.4	6.5	7.7	9	10.4	11.9	13.4	15	16.6	18.3	20	21.8	23.6	25.3
♀	11.9R	11.3	10.7	10.1	9.4	8.8	8.2	7.6	7.1	6.5	6	5.5	5	4.5	4.1	3.7	3.4	3.1	2.8	2.6	2.4	2.3	2.2	2.1	2.1	2.1D	2.2	2.3	2.4	2.6
♂	8.7	9.3	10	10.6	11.2	11.9	12.5	13.1	13.8	14.4	15	15.7	16.3	16.9	17.5	18.2	18.8	19.4	20.1	20.7	21.3	21.9	22.6	23.2	23.8	24.4	25	25.7	26.3	26.9

	1	6	11	16	21	26
♃	12.9R	12.5	11.9	11.4	10.7	10.1
♄	2	2.6	3.2	3.8	4.4	5.1

	1	11	21
♅	12.9	13.3	13.6
♆	17.8	18.1	18.5
♇	20.1	20.4	20.6

	1	2	3	4	5	6	7	8	9	10	11	12	13	14	15	16	17	18	19	20	21	22	23	24	25	26	27	28	29	30
☉	8.5	9.5	10.4	11.4	12.4	13.3	14.3	15.3	16.3	17.2	18.2	19.2	20.1	21.1	22.1	23.1	24	25	26	27	28	28.9	29.9	0.9	1.9	2.8	3.8	4.8	5.8	6.8
☽	24.4	9.3	24.3	9.4	24.4	9.2	23.6	7.6	21.2	4.3	16.9	29.3	11.4	23.3	5.1	16.9	28.7	10.6	22.6	4.7	17.1	29.6	12.4	25.3	8.5	22	5.7	19.7	3.9	18.5
☿	20.5	21.7	23	24.5	26	27.5	29.2	0.9	2.6	4.4	6.2	8	9.9	11.8	13.7	15.5	17.4	19.3	21.2	23.1	24.9	26.8	28.6	0.4	2.2	4	5.8	7.5	9.3	11
♀	27.1	28.4	29.6	0.8	2.1	3.3	4.5	5.7	7	8.2	9.4	10.7	11.9	13.1	14.4	15.6	16.8	18	19.3	20.5	21.7	23	24.2	25.4	26.7	27.9	29.1	0.3	1.6	2.8
♂	2.5	3.1	3.8	4.4	5	5.6	6.3	6.9	7.5	8.2	8.8	9.4	10.1	10.7	11.4	12	12.7	13.4	14	14.7	15.4	16	16.7	17.4	18	18.7	19.4	20.1	20.8	21.5

	1	6	11	16	21	26
♃	20.9	21	21.0R	20.9	20.8	20.5
♄	13.2	13.8	14.3	14.9	15.5	16.1

	1	11	21
♅	17.3	17.7	18
♆	19.9	20.2	20.6
♇	21.8	22	22.3

X

	1	2	3	4	5	6	7	8	9	10	11	12	13	14	15	16	17	18	19	20	21	22	23	24	25	26	27	28	29	30	31
☉	7	8	9	10	10.9	11.9	12.9	13.9	14.9	15.9	16.9	17.9	18.9	19.8	20.8	21.8	22.8	23.8	24.8	25.8	26.8	27.8	28.8	29.8	0.8	1.8	2.8	3.8	4.8	5.8	6.8
☽	6	19.5	3.2	17.2	1.3	15.5	29.7	13.9	28	12.1	26.1	9.9	23.6	7.1	20.4	3.4	16.2	28.8	11.1	23.2	5.1	17	28.8	10.7	22.8	5.2	17.8	0.9	14.3	28.1	12.3
☿	27.1	28.9	0.7	2.5	4.3	6.1	7.9	9.7	11.4	13.2	15	16.7	18.4	20.1	21.8	23.5	25.2	26.9	28.5	0.2	1.8	3.4	5	6.6	8.2	9.8	11.4	13	14.5	16.1	17.6
♀	2.8	3	3.3	3.6	3.9	4.3	4.7	5.1	5.6	6.1	6.6	7.1	7.7	8.2	8.8	9.5	10.1	10.8	11.5	12.2	12.9	13.6	14.4	15.1	15.9	16.7	17.5	18.4	19.2	20.1	20.9
♂	27.5	28.1	28.8	29.4	30	0.6	1.2	1.8	2.5	3.1	3.7	4.3	4.9	5.5	6.1	6.7	7.3	8	8.6	9.2	9.8	10.4	11	11.6	12.2	12.8	13.4	14	14.6	15.2	15.8

	1	6	11	16	21	26	31
♃	9.4R	8.8	8.1	7.5	6.8	6.3	5.8
♄	5.7	6.3	6.9	7.5	8.1	8.7	9.3

	1	11	21	31
♅	13.8	14	14.0R	13.9
♆	18.8	19.2	19.6	19.9
♇	20.9	21.1	21.3	21.4

	1	2	3	4	5	6	7	8	9	10	11	12	13	14	15	16	17	18	19	20	21	22	23	24	25	26	27	28	29	30	31
☉	7.8	8.7	9.7	10.7	11.7	12.7	13.7	14.7	15.6	16.6	17.6	18.6	19.6	20.6	21.6	22.6	23.6	24.6	25.6	26.5	27.5	28.5	29.5	0.5	1.5	2.5	3.5	4.5	5.5	6.5	7.5
☽	3.1	17.9	2.7	17.4	1.7	15.7	29.3	12.4	25.2	7.6	19.7	1.6	13.4	25.1	7	19	1.2	13.5	26.2	9	22.1	5.5	18.9	2.6	16.4	0.3	14.4	28.6	12.9	27.3	11.6
☿	12.7	14.4	16.1	17.8	19.5	21.1	22.7	24.4	26	27.6	29.2	0.7	2.3	3.8	5.4	6.9	8.4	9.9	11.4	12.9	14.4	15.8	17.3	18.7	20.1	21.5	22.9	24.3	25.7	27	28.4
♀	4	5.3	6.5	7.7	8.9	10.2	11.4	12.6	13.8	15.1	16.3	17.5	18.7	20	21.2	22.4	23.6	24.9	26.1	27.3	28.5	29.8	1	2.2	3.4	4.6	5.9	7.1	8.3	9.5	10.7
♂	22.1	22.8	23.5	24.2	24.9	25.6	26.3	27	27.7	28.4	29.1	29.9	0.6	1.3	2	2.7	3.4	4.1	4.9	5.6	6.3	7	7.8	8.5	9.2	10	10.7	11.4	12.2	12.9	13.6

	1	6	11	16	21	26	31
♃	20.2R	19.9	19.4	18.9	18.3	17.7	17
♄	16.7	17.3	17.9	18.5	19.1	19.7	20.3

	1	11	21	31
♅	18.3	18.4	18.5	18.5R
♆	20.9	21.3	21.7	22
♇	22.6	22.8	23	23.1

XI

	1	2	3	4	5	6	7	8	9	10	11	12	13	14	15	16	17	18	19	20	21	22	23	24	25	26	27	28	29	30
☉	7.8	8.8	9.8	10.8	11.8	12.8	13.8	14.8	15.8	16.8	17.8	18.8	19.8	20.8	21.8	22.8	23.8	24.8	25.8	26.9	27.9	28.9	29.9	0.9	1.9	2.9	3.9	4.9	6	7
☽	26.8	11.3	26	10.5	24.8	9	22.9	6.6	20.1	3.4	16.5	29.4	12.1	24.7	7.1	19.2	1.3	13.2	25	6.8	18.7	0.7	13	25.6	8.7	22.2	6.2	20.6	5.4	20.4
☿	19.2	20.7	22.2	23.7	25.2	26.7	28.2	29.7	1.2	2.6	4.1	5.6	7	8.4	9.9	11.3	12.7	14	15.4	16.7	18.1	19.4	20.6	21.9	23.1	24.3	25.4	26.5	27.5	28.4
♀	21.8	22.7	23.6	24.5	25.5	26.4	27.3	28.3	29.2	0.2	1.2	2.2	3.2	4.2	5.2	6.2	7.2	8.3	9.3	10.3	11.4	12.4	13.5	14.6	15.6	16.7	17.8	18.9	20	21.1
♂	16.4	17	17.6	18.2	18.8	19.4	19.9	20.5	21.1	21.7	22.3	22.9	23.5	24.1	24.6	25.2	25.8	26.4	27	27.5	28.1	28.7	29.3	29.9	0.4	1	1.6	2.1	2.7	3.3

	1	6	11	16	21	26
♃	5.7R	5.2	4.9	4.6	4.4	4.3
♄	9.4	10	10.5	11	11.5	12

	1	11	21
♅	13.9R	13.8	13.6
♆	20	20.3	20.6
♇	21.4	21.5	21.5

	1	2	3	4	5	6	7	8	9	10	11	12	13	14	15	16	17	18	19	20	21	22	23	24	25	26	27	28	29	30
☉	8.5	9.5	10.5	11.5	12.5	13.5	14.5	15.5	16.5	17.5	18.6	19.6	20.6	21.6	22.6	23.6	24.6	25.6	26.6	27.6	28.6	29.6	0.7	1.7	2.7	3.7	4.7	5.7	6.7	7.7
☽	25.9	10	23.8	7.2	20.3	3	15.4	27.5	9.4	21.3	3.1	14.9	27	9.3	21.8	4.7	17.9	1.4	15.1	29	13.1	27.1	11.2	25.3	9.4	23.5	7.5	21.4	5.2	18.9
☿	29.7	1	2.3	3.5	4.8	6	7.1	8.2	9.3	10.4	11.4	12.3	13.1	13.9	14.6	15.2	15.7	16.1	16.4	16.5	16.5R	16.3	15.9	15.3	14.6	13.7	12.6	11.4	10.1	8.8
♀	12	13.2	14.4	15.6	16.8	18.1	19.3	20.5	21.7	22.9	24.1	25.4	26.6	27.8	29	0.2	1.4	2.6	3.8	5.1	6.3	7.5	8.7	9.9	11.1	12.3	13.5	14.7	15.9	17.1
♂	14.4	15.1	15.9	16.6	17.3	18.1	18.8	19.6	20.3	21.1	21.8	22.6	23.3	24.1	24.8	25.6	26.3	27.1	27.9	28.6	29.4	0.1	0.9	1.7	2.4	3.2	3.9	4.7	5.5	6.2

	1	6	11	16	21	26
♃	16.9R	16.2	15.5	14.9	14.2	13.6
♄	20.5	21	21.6	22.2	22.7	23.3

	1	11	21
♅	18.5R	18.4	18.2
♆	22.1	22.4	22.8
♇	23.1	23.2	23.3

XII

	1	2	3	4	5	6	7	8	9	10	11	12	13	14	15	16	17	18	19	20	21	22	23	24	25	26	27	28	29	30	31
☉	8	9	10	11	12	13.1	14.1	15.1	16.1	17.1	18.1	19.2	20.2	21.2	22.2	23.2	24.2	25.3	26.3	27.3	28.3	29.3	0.3	1.4	2.4	3.4	4.4	5.4	6.5	7.5	8.5
☽	5.4	20.3	5	19.4	3.4	17	0.4	13.4	26.3	8.9	21.3	3.6	15.8	27.8	9.7	21.6	3.4	15.2	27.1	9.1	21.3	3.9	16.8	0.2	14.1	28.5	13.3	28.5	13.7	29	14
☿	29.3	0.1	0.8	1.4	1.8	2.1	2.3	2.3R	2.1	1.8	1.2	0.5	29.5	28.5	27.2	25.9	24.5	23.2	21.8	20.6	19.4	18.4	17.6	16.9	16.5	16.2	16	16.1D	16.2	16.6	17
♀	22.2	23.3	24.4	25.5	26.6	27.7	28.9	30	1.1	2.3	3.4	4.5	5.7	6.8	8	9.1	10.3	11.4	12.6	13.8	14.9	16.1	17.3	18.4	19.6	20.8	22	23.2	24.3	25.5	26.7
♂	3.8	4.4	5	5.5	6.1	6.7	7.2	7.8	8.3	8.9	9.4	10	10.5	11.1	11.6	12.2	12.7	13.3	13.8	14.3	14.9	15.4	15.9	16.5	17	17.5	18.1	18.6	19.1	19.6	20.1

	1	6	11	16	21	26	31
♃	4.2D	4.3	4.4	4.7	5	5.4	5.8
♄	12.5	12.9	13.3	13.6	13.9	14.2	14.4

	1	11	21	31
♅	13.3R	12.9	12.5	12.1
♆	20.9	21.2	21.4	21.6
♇	21.5R	21.5	21.4	21.2

	1	2	3	4	5	6	7	8	9	10	11	12	13	14	15	16	17	18	19	20	21	22	23	24	25	26	27	28	29	30	31
☉	8.8	9.8	10.8	11.8	12.8	13.8	14.8	15.9	16.9	17.9	18.9	19.9	20.9	22	23	24	25	26	27	28.1	29.1	0.1	1.1	2.1	3.2	4.2	5.2	6.2	7.2	8.3	9.3
☽	2.3	15.5	28.3	10.9	23.2	5.3	17.2	29	10.8	22.7	4.7	17	29.7	12.6	26	9.8	23.9	8.2	22.7	7.2	21.7	6.1	20.3	4.4	18.2	1.8	15.2	28.5	11.5	24.3	6.8
☿	7.4R	6.1	4.8	3.6	2.6	1.8	1.1	0.7	0.4	0.3	0.3D	0.6	1	1.5	2.1	2.8	3.7	4.6	5.5	6.6	7.7	8.8	10	11.2	12.5	13.8	15.1	16.4	17.8	19.2	20.6
♀	18.3	19.5	20.7	21.9	23.1	24.3	25.5	26.7	27.9	29.1	0.3	1.5	2.7	3.8	5	6.2	7.4	8.6	9.8	10.9	12.1	13.3	14.4	15.6	16.8	18	19.1	20.3	21.4	22.6	23.7
♂	7	7.8	8.5	9.3	10.1	10.8	11.6	12.4	13.1	13.9	14.7	15.4	16.2	17	17.7	18.5	19.3	20.1	20.8	21.6	22.4	23.1	23.9	24.7	25.5	26.2	27	27.8	28.5	29.3	0.1

	1	6	11	16	21	26	31
♃	13.0R	12.5	12.1	11.7	11.4	11.2	11
♄	23.8	24.2	24.7	25.1	25.5	25.9	26.2

	1	11	21	31
♅	17.9R	17.6	17.2	16.8
♆	23.1	23.3	23.5	23.7
♇	23.3R	23.2	23.1	23

I

	1	2	3	4	5	6	7	8	9	10	11	12	13	14	15	16	17	18	19	20	21	22	23	24	25	26	27	28	29	30	31
☉	♑ 10.3	11.3	12.3	13.3	14.4	15.4	16.4	17.4	18.4	19.5	20.5	21.5	22.5	23.5	24.6	25.6	26.6	27.6	28.6	29.6	♒ 0.7	1.7	2.7	3.7	4.7	5.8	6.8	7.8	8.8	9.8	10.8
☽	♋ 19.2	♌ 1.4	13.4	25.2	♍ 7	18.8	♎ 0.7	12.7	24.9	♏ 7.5	20.4	♐ 3.8	17.6	♑ 1.8	16.4	♒ 1.3	16.2	♓ 1.2	16	♈ 0.5	14.8	28.7	♉ 12.2	25.5	♊ 8.4	21.1	♋ 3.6	15.8	27.9	♌ 9.9	21.8
☿	♐ 22	23.4	24.8	26.3	27.7	29.2	♑ 0.7	2.1	3.6	5.1	6.7	8.2	9.7	11.2	12.8	14.3	15.9	17.5	19	20.6	22.2	23.8	25.4	27.1	28.7	♒ 0.3	2	3.7	5.3	7	8.7
♀	♒ 24.9	26	27.2	28.3	29.5	♓ 0.6	1.7	2.9	4	5.1	6.2	7.4	8.5	9.6	10.7	11.8	12.9	14	15.1	16.2	17.2	18.3	19.4	20.4	21.5	22.6	23.6	24.6	25.7	26.7	27.7
♂	♓ 0.9	1.6	2.4	3.2	3.9	4.7	5.5	6.2	7	7.8	8.6	9.3	10.1	10.9	11.6	12.4	13.2	13.9	14.7	15.5	16.2	17	17.8	18.5	19.3	20.1	20.8	21.6	22.4	23.1	23.9

♃	1	6	11	16	21	26	31
	♉ 11.0R	11.0D	11	11.2	11.4	11.7	12.1
♄	1	6	11	16	21	26	31
	♎ 26.2	26.5	26.7	26.9	27.1	27.2	27.3
♅	1	11	21	31			
	♋ 16.7R	16.3	15.9	15.5			
♆	1	11	21	31			
	♎ 23.7	23.8	23.9	23.9R			
♇	1	11	21	31			
	♌ 22.9R	22.8	22.5	22.3			

II

	1	2	3	4	5	6	7	8	9	10	11	12	13	14	15	16	17	18	19	20	21	22	23	24	25	26	27	28	29	30	31
☉	♒ 11.8	12.9	13.9	14.9	15.9	16.9	17.9	18.9	20	21	22	23	24	25	26	27	28	29	♓ 0.1	1.1	2.1	3.1	4.1	5.1	6.1	7.1	8.1	9.1			
☽	♍ 3.6	15.4	27.3	♎ 9.2	21.2	♏ 3.4	15.9	28.7	♐ 11.9	25.6	♑ 9.7	24.3	♒ 9.2	24.3	♓ 9.5	24.7	♈ 9.6	24.1	♉ 8.3	22	♊ 5.2	18.1	♋ 0.6	12.9	25	♌ 6.9	18.7	♍ 0.6			
☿	♒ 10.4	12.2	13.9	15.7	17.4	19.2	21	22.8	24.6	26.4	28.2	♓ 0	1.8	3.7	5.5	7.3	9.2	11	12.8	14.5	16.3	18	19.6	21.2	22.8	24.3	25.7	26.9			
♀	♓ 28.7	29.8	♈ 0.8	1.7	2.7	3.7	4.7	5.6	6.6	7.5	8.5	9.4	10.3	11.2	12.1	13	13.8	14.7	15.5	16.3	17.1	17.9	18.7	19.5	20.2	21	21.7	22.4			
♂	♓ 24.7	25.4	26.2	26.9	27.7	28.5	29.2	30	♈ 0.7	1.5	2.2	3	3.8	4.5	5.3	6	6.8	7.5	8.3	9	9.8	10.5	11.3	12	12.8	13.5	14.3	15			

♃	1	6	11	16	21	26
	♉ 12.2	12.6	13.2	13.8	14.5	15.2
♄	1	6	11	16	21	26
	♎ 27.3	27.3R	27.3	27.2	27.1	26.9
♅	1	11	21			
	♋ 15.5R	15.1	14.8			
♆	1	11	21			
	♎ 23.9R	23.8	23.7			
♇	1	11	21			
	♌ 22.3R	22	21.8			

III

	1	2	3	4	5	6	7	8	9	10	11	12	13	14	15	16	17	18	19	20	21	22	23	24	25	26	27	28	29	30	31
☉	♓ 10.1	11.1	12.1	13.1	14.1	15.1	16.1	17.1	18.1	19.1	20.1	21.1	22.1	23.1	24.1	25.1	26.1	27.1	28.1	29.1	♈ 0.1	1.1	2.1	3.1	4.1	5	6	7	8	9	10
☽	♍ 12.4	24.2	♎ 6.1	18.1	♏ 0.2	12.5	25.1	♐ 7.8	21	♑ 4.4	18.3	♒ 2.6	17.3	♓ 2.3	17.5	♈ 2.8	17.8	♉ 2.6	16.9	♊ 0.8	14.2	27.1	♋ 9.6	21.9	♌ 3.9	15.7	27.5	♍ 9.3	21.1	♎ 3.1	15.1
☿	♓ 28.1	29.2	♈ 0.2	1	1.7	2.2	2.6	2.9	3	2.9R	2.7	2.4	1.9	1.4	0.7	♓ 29.9	29.1	28.2	27.3	26.3	25.4	24.5	23.7	22.9	22.2	21.6	21.1	20.6	20.3	20	19.8
♀	♈ 23.1	23.7	24.4	25	25.6	26.1	26.7	27.2	27.7	28.2	28.6	29	29.4	29.7	♉ 0.1	0.4	0.6	0.8	1	1.1	1.2	1.3	1.3	1.3R	1.3	1.2	1	0.9	0.6	0.4	0.1
♂	♈ 15.8	16.5	17.3	18	18.7	19.5	20.2	21	21.7	22.4	23.2	23.9	24.7	25.4	26.1	26.9	27.6	28.3	29.1	29.8	♉ 0.5	1.3	2	2.7	3.4	4.2	4.9	5.6	6.4	7.1	7.8

♃	1	6	11	16	21	26	31
	♉ 15.7	16.5	17.3	18.3	19.2	20.2	21.2
♄	1	6	11	16	21	26	31
	♎ 26.8R	26.6	26.3	26	25.7	25.4	25
♅	1	11	21	31			
	♋ 14.6R	14.5	14.4	14.5D			
♆	1	11	21	31			
	♎ 23.6R	23.4	23.1	22.9			
♇	1	11	21	31			
	♌ 21.6R	21.4	21.2	21			

IV

	1	2	3	4	5	6	7	8	9	10	11	12	13	14	15	16	17	18	19	20	21	22	23	24	25	26	27	28	29	30	31
☉	♈ 11	12	12.9	13.9	14.9	15.9	16.9	17.9	18.9	19.8	20.8	21.8	22.8	23.8	24.7	25.7	26.7	27.7	28.6	29.6	♉ 0.6	1.6	2.5	3.5	4.5	5.5	6.4	7.4	8.4	9.4	
☽	♎ 27.3	♏ 9.6	22.1	♐ 4.8	17.7	♑ 0.8	14.3	28	♒ 12	26.4	♓ 11.1	26	♈ 11	26	♉ 10.7	25	♊ 9	22.4	♋ 5.4	18	♌ 0.3	12.3	24.2	♍ 6	17.8	29.7	♎ 11.7	23.9	♏ 6.3	18.9	
☿	♓ 19.8R	19.8D	19.9	20.2	20.4	20.8	21.3	21.8	22.4	23.1	23.8	24.6	25.4	26.3	27.2	28.2	29.3	♈ 0.3	1.5	2.6	3.8	5.1	6.3	7.7	9	10.4	11.8	13.3	14.8	16.3	
♀	♈ 29.7R	29.3	28.9	28.5	28	27.5	26.9	26.4	25.8	25.2	24.6	24	23.3	22.7	22.1	21.4	20.8	20.2	19.7	19.1	18.6	18.1	17.6	17.2	16.8	16.4	16.1	15.8	15.6	15.4	
♂	♉ 8.5	9.2	10	10.7	11.4	12.1	12.8	13.6	14.3	15	15.7	16.4	17.1	17.8	18.6	19.3	20	20.7	21.4	22.1	22.8	23.5	24.2	24.9	25.6	26.3	27	27.7	28.4	29.1	

♃	1	6	11	16	21	26
	♉ 21.4	22.4	23.5	24.6	25.7	26.9
♄	1	6	11	16	21	26
	♎ 25.0R	24.6	24.2	23.8	23.4	23.1
♅	1	11	21			
	♋ 14.5	14.6	14.8			
♆	1	11	21			
	♎ 22.8R	22.6	22.3			
♇	1	11	21			
	♌ 21.0R	20.9	20.8			

V

	1	2	3	4	5	6	7	8	9	10	11	12	13	14	15	16	17	18	19	20	21	22	23	24	25	26	27	28	29	30	31
☉	♉ 10.3	11.3	12.3	13.2	14.2	15.2	16.1	17.1	18.1	19	20	21	21.9	22.9	23.9	24.8	25.8	26.8	27.7	28.7	29.6	♊ 0.6	1.6	2.5	3.5	4.5	5.4	6.4	7.3	8.3	9.2
☽	♐ 1.7	14.7	27.8	♑ 11.2	24.7	♒ 8.5	22.5	♓ 6.7	21	♈ 5.6	20.2	♉ 4.7	19.1	♊ 3.2	17	♋ 0.4	13.4	26	♌ 8.3	20.3	♍ 2.2	14	25.9	♎ 7.8	20	♏ 2.3	14.9	27.8	♐ 10.9	24.2	♑ 7.8
☿	♈ 17.8	19.4	21	22.6	24.3	26	27.8	29.5	♉ 1.3	3.2	5	6.9	8.9	10.8	12.8	14.8	16.9	18.9	21	23.2	25.3	27.5	29.7	♊ 1.8	4	6.2	8.4	10.6	12.8	15	17.1
♀	♈ 15.2R	15.1	15	15	15.0D	15	15.1	15.2	15.4	15.5	15.8	16	16.3	16.6	17	17.3	17.8	18.2	18.6	19.1	19.6	20.2	20.7	21.3	21.9	22.5	23.2	23.8	24.5	25.2	25.9
♂	♉ 29.8	♊ 0.5	1.2	1.9	2.6	3.3	4	4.7	5.4	6.1	6.8	7.5	8.2	8.9	9.5	10.2	10.9	11.6	12.3	13	13.7	14.3	15	15.7	16.4	17.1	17.8	18.4	19.1	19.8	20.5

♃	1	6	11	16	21	26	31
	♉ 28	29.2	♊ 0.3	1.5	2.7	3.8	5
♄	1	6	11	16	21	26	31
	♎ 22.7R	22.4	22	21.7	21.5	21.2	21
♅	1	11	21	31			
	♋ 15.1	15.5	15.9	16.4			
♆	1	11	21	31			
	♎ 22.0R	21.8	21.6	21.4			
♇	1	11	21	31			
	♌ 20.8R	20.8D	20.9	21			

VI

	1	2	3	4	5	6	7	8	9	10	11	12	13	14	15	16	17	18	19	20	21	22	23	24	25	26	27	28	29	30	31
☉	♊ 10.2	11.2	12.1	13.1	14	15	16	16.9	17.9	18.8	19.8	20.7	21.7	22.6	23.6	24.6	25.5	26.5	27.4	28.4	29.3	♋ 0.3	1.2	2.2	3.1	4.1	5	6	7	7.9	
☽	♑ 21.5	♒ 5.3	19.3	♓ 3.4	17.6	♈ 1.8	16	♉ 0.2	14.3	28.2	♊ 12	25.4	♋ 8.6	21.4	♌ 3.9	16.2	28.2	♍ 10.1	22	♎ 3.8	15.8	28	♏ 10.4	23.1	♐ 6.1	19.5	♑ 3.2	17.1	♒ 1.3	15.6	
☿	♊ 19.2	21.3	23.4	25.4	27.4	29.3	♋ 1.3	3.1	5	6.8	8.5	10.2	11.9	13.5	15.1	16.6	18.1	19.6	21	22.4	23.7	24.9	26.2	27.3	28.5	29.5	♌ 0.5	1.5	2.4	3.3	
♀	♈ 26.6	27.4	28.1	28.9	29.7	♉ 0.5	1.3	2.1	2.9	3.8	4.6	5.5	6.3	7.2	8.1	9	9.9	10.8	11.8	12.7	13.6	14.6	15.5	16.5	17.5	18.5	19.4	20.4	21.4	22.4	
♂	♊ 21.2	21.8	22.5	23.2	23.9	24.5	25.2	25.9	26.5	27.2	27.9	28.6	29.2	29.9	♋ 0.6	1.2	1.9	2.6	3.2	3.9	4.6	5.2	5.9	6.6	7.2	7.9	8.6	9.2	9.9	10.5	

♃	1	6	11	16	21	26
	♊ 5.2	6.4	7.6	8.7	9.9	11
♄	1	6	11	16	21	26
	♎ 21.0R	20.8	20.7	20.6	20.6	20.5D
♅	1	11	21			
	♋ 16.4	17	17.5			
♆	1	11	21			
	♎ 21.4R	21.2	21.1			
♇	1	11	21			
	♌ 21	21.1	21.3			

VII

	1	2	3	4	5	6	7	8	9	10	11	12	13	14	15	16	17	18	19	20	21	22	23	24	25	26	27	28	29	30	31
☉	♋ 8.9	9.8	10.8	11.7	12.7	13.6	14.6	15.5	16.5	17.4	18.4	19.4	20.3	21.3	22.2	23.2	24.1	25.1	26	27	27.9	28.9	29.8	♌ 0.8	1.8	2.7	3.7	4.6	5.6	6.5	7.5
☽	♒ 29.9	♓ 14.3	28.6	♈ 12.8	26.9	♉ 10.8	24.5	♊ 8	21.3	♋ 4.4	17.2	29.8	♌ 12.1	24.2	♍ 6.2	18.1	30	♎ 11.8	23.8	♏ 6	18.4	♐ 1.1	14.2	27.6	♑ 11.5	25.8	♒ 10.3	25	♓ 9.8	24.5	♈ 9.1
☿	♌ 4.1	4.8	5.5	6.1	6.6	7.1	7.5	7.8	8.1	8.3	8.4	8.4R	8.3	8.2	7.9	7.6	7.3	6.8	6.3	5.8	5.2	4.5	3.8	3.1	2.4	1.7	1	0.4	♋ 29.7	29.2	28.7
♀	♉ 23.4	24.4	25.4	26.5	27.5	28.5	29.6	♊ 0.6	1.6	2.7	3.7	4.8	5.8	6.9	8	9	10.1	11.2	12.3	13.4	14.4	15.5	16.6	17.7	18.8	19.9	21	22.1	23.2	24.4	25.5
♂	♋ 11.2	11.9	12.5	13.2	13.8	14.5	15.1	15.8	16.5	17.1	17.8	18.4	19.1	19.7	20.4	21	21.7	22.3	23	23.6	24.3	24.9	25.6	26.2	26.9	27.5	28.2	28.8	29.5	♌ 0.1	0.8

♃	1	6	11	16	21	26	31
	♊ 12.1	13.2	14.3	15.3	16.3	17.3	18.3
♄	1	6	11	16	21	26	31
	♎ 20.6	20.7	20.8	21	21.2	21.4	21.7
♅	1	11	21	31			
	♋ 18.1	18.7	19.4	20			
♆	1	11	21	31			
	♎ 21.1R	21.1D	21.2	21.3			
♇	1	11	21	31			
	♌ 21.6	21.8	22.1	22.4			

VIII

	1	2	3	4	5	6	7	8	9	10	11	12	13	14	15	16	17	18	19	20	21	22	23	24	25	26	27	28	29	30	31
☉	♌ 8.4	9.4	10.4	11.3	12.3	13.2	14.2	15.2	16.1	17.1	18	19	19.9	20.9	21.9	22.8	23.8	24.8	25.7	26.7	27.6	28.6	29.6	♍ 0.5	1.5	2.5	3.4	4.4	5.4	6.3	7.3
☽	♈ 23.5	♉ 7.6	21.4	♊ 4.9	18.1	♋ 1.1	13.8	26.3	♌ 8.6	20.7	♍ 2.7	14.6	26.5	♎ 8.3	20.2	♏ 2.1	14.3	26.6	♐ 9.3	22.3	♑ 5.7	19.6	♒ 3.9	18.6	♓ 3.6	18.8	♈ 3.9	18.9	♉ 3.5	17.8	♊ 1.6
☿	♋ 28.3R	27.9	27.7	27.5	27.5D	27.6	27.7	28	28.4	28.9	29.6	♌ 0.3	1.2	2.1	3.2	4.4	5.6	7	8.4	9.9	11.5	13.2	14.9	16.7	18.5	20.4	22.3	24.2	26.2	28.1	♍ 0.1
♀	♊ 26.6	27.7	28.8	30	♋ 1.1	2.2	3.3	4.5	5.6	6.7	7.9	9	10.2	11.3	12.5	13.6	14.8	15.9	17.1	18.2	19.4	20.6	21.7	22.9	24.1	25.2	26.4	27.6	28.8	29.9	♌ 1.1
♂	♌ 1.4	2.1	2.7	3.4	4	4.7	5.3	5.9	6.6	7.2	7.9	8.5	9.2	9.8	10.4	11.1	11.7	12.4	13	13.6	14.3	14.9	15.6	16.2	16.8	17.5	18.1	18.7	19.4	20	20.7

♃	1	6	11	16	21	26	31
	♊ 18.5	19.4	20.3	21.1	21.9	22.6	23.3
♄	1	6	11	16	21	26	31
	♎ 21.7	22	22.4	22.8	23.2	23.6	24.1
♅	1	11	21	31			
	♋ 20	20.6	21.1	21.6			
♆	1	11	21	31			
	♎ 21.3	21.5	21.7	22			
♇	1	11	21	31			
	♌ 22.4	22.8	23.1	23.4			

IX

	1	2	3	4	5	6	7	8	9	10	11	12	13	14	15	16	17	18	19	20	21	22	23	24	25	26	27	28	29	30	31
☉	♍ 8.3	9.2	10.2	11.2	12.1	13.1	14.1	15	16	17	18	18.9	19.9	20.9	21.9	22.8	23.8	24.8	25.8	26.7	27.7	28.7	29.7	♎ 0.6	1.6	2.6	3.6	4.6	5.6	6.5	
☽	♊ 15.1	28.1	♋ 10.8	23.3	♌ 5.5	17.6	29.6	♍ 11.5	23.4	♎ 5.2	17.1	29	♏ 10.9	23.1	♐ 5.4	18	♑ 0.9	14.2	28	♒ 12.2	26.8	♓ 11.9	27.1	♈ 12.4	27.6	♉ 12.5	27	♊ 11	24.5	♋ 7.6	
☿	♍ 2.1	4	6	7.9	9.9	11.8	13.7	15.6	17.5	19.4	21.2	23	24.8	26.6	28.4	♎ 0.2	1.9	3.6	5.3	7	8.7	10.3	12	13.6	15.2	16.8	18.4	19.9	21.5	23	
♀	♌ 2.3	3.5	4.7	5.8	7	8.2	9.4	10.6	11.8	13	14.2	15.4	16.6	17.8	19	20.2	21.4	22.6	23.8	25	26.2	27.4	28.6	29.8	♍ 1	2.2	3.5	4.7	5.9	7.1	
♂	♌ 21.3	21.9	22.6	23.2	23.8	24.5	25.1	25.7	26.4	27	27.6	28.3	28.9	29.5	♍ 0.2	0.8	1.4	2.1	2.7	3.3	4	4.6	5.2	5.8	6.5	7.1	7.7	8.4	9	9.6	

♃	1	6	11	16	21	26
	♊ 23.5	24.1	24.6	25.1	25.5	25.9
♄	1	6	11	16	21	26
	♎ 24.2	24.7	25.2	25.7	26.3	26.8
♅	1	11	21			
	♋ 21.7	22.1	22.5			
♆	1	11	21			
	♎ 22	22.3	22.7			
♇	1	11	21			
	♌ 23.4	23.7	24			

X

	1	2	3	4	5	6	7	8	9	10	11	12	13	14	15	16	17	18	19	20	21	22	23	24	25	26	27	28	29	30	31
☉	♎ 7.5	8.5	9.5	10.5	11.5	12.4	13.4	14.4	15.4	16.4	17.4	18.4	19.4	20.4	21.3	22.3	23.3	24.3	25.3	26.3	27.3	28.3	29.3	♏ 0.3	1.3	2.3	3.3	4.3	5.3	6.3	7.3
☽	♋ 20.3	♌ 2.6	14.7	26.7	♍ 8.6	20.4	♎ 2.2	14.1	26	♏ 8	20.2	♐ 2.4	14.8	27.4	♑ 10.3	23.5	♒ 7.1	21.1	♓ 5.5	20.3	♈ 5.4	20.6	♉ 5.8	20.8	♊ 5.4	19.5	♋ 3.1	16.3	29	♌ 11.4	23.5
☿	♎ 24.5	26	27.5	29	♏ 0.4	1.9	3.3	4.7	6.1	7.5	8.9	10.2	11.5	12.8	14.1	15.4	16.6	17.8	19	20.2	21.3	22.4	23.4	24.4	25.4	26.3	27.1	27.9	28.6	29.2	29.7
♀	♍ 8.3	9.5	10.8	12	13.2	14.4	15.7	16.9	18.1	19.4	20.6	21.8	23	24.3	25.5	26.7	28	29.2	♎ 0.4	1.7	2.9	4.2	5.4	6.6	7.9	9.1	10.4	11.6	12.8	14.1	15.3
♂	♍ 10.3	10.9	11.5	12.1	12.8	13.4	14	14.7	15.3	15.9	16.5	17.2	17.8	18.4	19	19.7	20.3	20.9	21.5	22.2	22.8	23.4	24	24.7	25.3	25.9	26.5	27.2	27.8	28.4	29

♃	1	6	11	16	21	26	31
	♊ 26.1	26.3	26.4	26.5R	26.4	26.3	26.1
♄	1	6	11	16	21	26	31
	♎ 27.4	28	28.6	29.2	29.8	♏ 0.4	1
♅	1	11	21	31			
	♋ 22.7	22.9	23.1	23.1R			
♆	1	11	21	31			
	♎ 23	23.4	23.8	24.1			
♇	1	11	21	31			
	♌ 24.3	24.5	24.7	24.8			

XI

	1	2	3	4	5	6	7	8	9	10	11	12	13	14	15	16	17	18	19	20	21	22	23	24	25	26	27	28	29	30	31
☉	♏ 8.3	9.3	10.3	11.3	12.3	13.3	14.3	15.3	16.3	17.3	18.3	19.3	20.3	21.3	22.3	23.3	24.3	25.4	26.4	27.4	28.4	29.4	♐ 0.4	1.4	2.4	3.4	4.5	5.5	6.5	7.5	
☽	♍ 5.4	17.3	29.1	♎ 10.9	22.9	♏ 4.9	17.1	29.4	♐ 11.9	24.5	♑ 7.3	20.3	♒ 3.6	17.1	♓ 1	15.2	29.6	♈ 14.4	29.2	♉ 14.1	28.8	♊ 13.3	27.4	♋ 11	24.3	♌ 7.1	19.5	♍ 1.7	13.6	25.5	
☿	♐ 0.1	0.4	0.6	0.7R	0.6	0.4	♏ 30	29.4	28.7	27.8	26.7	25.6	24.3	23	21.7	20.3	19.1	17.9	16.9	16.1	15.4	14.9	14.7	14.6D	14.7	15	15.4	15.9	16.6	17.4	
♀	♎ 16.6	17.8	19.1	20.3	21.6	22.8	24.1	25.3	26.6	27.8	29.1	♏ 0.3	1.6	2.8	4.1	5.3	6.6	7.8	9.1	10.3	11.6	12.8	14.1	15.3	16.6	17.8	19.1	20.4	21.6	22.9	
♂	♍ 29.6	♎ 0.3	0.9	1.5	2.1	2.7	3.4	4	4.6	5.2	5.8	6.5	7.1	7.7	8.3	8.9	9.6	10.2	10.8	11.4	12	12.6	13.2	13.9	14.5	15.1	15.7	16.3	16.9	17.5	

♃	1	6	11	16	21	26
	♊ 26.0R	25.7	25.3	24.8	24.3	23.7
♄	1	6	11	16	21	26
	♏ 1.1	1.7	2.3	2.9	3.5	4.1
♅	1	11	21			
	♋ 23.1R	23	22.9			
♆	1	11	21			
	♎ 24.2	24.5	24.9			
♇	1	11	21			
	♌ 24.9	25	25			

XII

	1	2	3	4	5	6	7	8	9	10	11	12	13	14	15	16	17	18	19	20	21	22	23	24	25	26	27	28	29	30	31
☉	♐ 8.5	9.5	10.5	11.5	12.6	13.6	14.6	15.6	16.6	17.6	18.7	19.7	20.7	21.7	22.7	23.7	24.8	25.8	26.8	27.8	28.8	29.9	♑ 0.9	1.9	2.9	3.9	4.9	6	7	8	9
☽	♎ 7.4	19.2	♏ 1.3	13.4	25.8	♐ 8.3	21.1	♑ 4	17.2	♒ 0.6	14.1	27.8	♓ 11.7	25.8	♈ 10	24.4	♉ 8.8	23.2	♊ 7.4	21.5	♋ 5.3	18.8	♌ 2	14.7	27.2	♍ 9.4	21.5	♎ 3.4	15.2	27.1	♏ 9.2
☿	♏ 18.3	19.3	20.4	21.5	22.7	23.9	25.1	26.5	27.8	29.2	♐ 0.5	1.9	3.4	4.8	6.2	7.7	9.2	10.7	12.1	13.6	15.1	16.7	18.2	19.7	21.2	22.7	24.3	25.8	27.3	28.9	♑ 0.4
♀	♏ 24.1	25.4	26.6	27.9	29.1	♐ 0.4	1.7	2.9	4.2	5.4	6.7	7.9	9.2	10.5	11.7	13	14.2	15.5	16.8	18	19.3	20.5	21.8	23	24.3	25.6	26.8	28.1	29.3	♑ 0.6	1.8
♂	♎ 18.2	18.8	19.4	20	20.6	21.2	21.8	22.4	23	23.7	24.3	24.9	25.5	26.1	26.7	27.3	27.9	28.5	29.1	29.7	♏ 0.3	0.9	1.5	2.1	2.7	3.3	3.9	4.5	5.1	5.7	6.3

♃	1	6	11	16	21	26	31
	♊ 23.1R	22.4	21.8	21.1	20.4	19.8	19.1
♄	1	6	11	16	21	26	31
	♏ 4.6	5.1	5.6	6.1	6.6	7	7.4
♅	1	11	21	31			
	♋ 22.6R	22.3	22	21.6			
♆	1	11	21	31			
	♎ 25.2	25.4	25.7	25.8			
♇	1	11	21	31			
	♌ 25.0R	25	24.9	24.7			

	1	2	3	4	5	6	7	8	9	10	11	12	13	14	15	16	17	18	19	20	21	22	23	24	25	26	27	28	29	30	31
☉	♑ 10	11.1	12.1	13.1	14.1	15.1	16.2	17.2	18.2	19.2	20.2	21.3	22.3	23.3	24.3	25.3	26.3	27.4	28.4	29.4	♒ 0.4	1.4	2.5	3.5	4.5	5.5	6.5	7.5	8.6	9.6	10.6
☽	♏ 21.4	♐ 3.8	16.6	29.6	♑ 12.9	26.5	♒ 10.3	24.3	♓ 8.4	22.6	♈ 6.8	21	♉ 5.2	19.2	♊ 3.2	17	♋ 0.5	13.9	27.1	♌ 10	22.6	♍ 5	17.2	29.2	♎ 11.2	23	♏ 4.9	16.9	29.1	♐ 11.6	24.3
☿	♑ 2	3.6	5.1	6.7	8.3	9.9	11.5	13.1	14.7	16.3	17.9	19.5	21.2	22.8	24.5	26.1	27.8	29.5	♒ 1.2	2.8	4.5	6.3	8	9.7	11.4	13.2	14.9	16.7	18.4	20.1	21.9
♀	♑ 3.1	4.4	5.6	6.9	8.1	9.4	10.7	11.9	13.2	14.4	15.7	16.9	18.2	19.5	20.7	22	23.2	24.5	25.7	27	28.3	29.5	♒ 0.8	2	3.3	4.5	5.8	7.1	8.3	9.6	10.8
♂	♏ 6.9	7.5	8.1	8.7	9.3	9.9	10.5	11.1	11.7	12.3	12.9	13.5	14	14.6	15.2	15.8	16.4	17	17.6	18.1	18.7	19.3	19.9	20.5	21	21.6	22.2	22.8	23.3	23.9	24.5

♃	1	6	11	16	21	26	31
	♊ 19.0R	18.4	17.9	17.5	17.1	16.8	16.6
♄	1	6	11	16	21	26	31
	♏ 7.5	7.8	8.2	8.5	8.7	8.9	9.1
♅	1	11	21	31			
	♋ 21.5R	21.1	20.7	20.2			
♆	1	11	21	31			
	♎ 25.9	26	26	26.1R			
♇	1	11	21	31			
	♌ 24.7R	24.5	24.3	24.1			

	1	2	3	4	5	6	7	8	9	10	11	12	13	14	15	16	17	18	19	20	21	22	23	24	25	26	27	28	29	30	31
☉	♒ 11.6	12.6	13.6	14.6	15.7	16.7	17.7	18.7	19.7	20.7	21.7	22.7	23.8	24.8	25.8	26.8	27.8	28.8	29.8	♓ 0.8	1.8	2.8	3.8	4.8	5.9	6.9	7.9	8.9			
☽	♑ 7.5	21	♒ 4.9	19.1	♓ 3.6	18.2	♈ 2.9	17.5	♉ 1.9	16.1	♊ 0	13.7	27.1	♋ 10.3	23.3	♌ 6	18.6	♍ 1	13.3	25.4	♎ 7.4	19.3	♏ 1.1	13	25	♐ 7.1	19.5	♑ 2.2			
☿	♒ 23.6	25.4	27.1	28.8	♓ 0.4	2.1	3.6	5.2	6.7	8.1	9.4	10.7	11.9	12.9	13.8	14.6	15.2	15.7	16	16.1	16.1R	15.9	15.5	15	14.4	13.6	12.7	11.7			
♀	♒ 12.1	13.3	14.6	15.8	17.1	18.4	19.6	20.9	22.1	23.4	24.6	25.9	27.1	28.4	29.6	♓ 0.9	2.1	3.4	4.7	5.9	7.2	8.4	9.7	10.9	12.2	13.4	14.7	15.9			
♂	♏ 25	25.6	26.2	26.7	27.3	27.9	28.4	29	29.6	♐ 0.1	0.7	1.2	1.8	2.3	2.9	3.4	4	4.5	5.1	5.6	6.1	6.7	7.2	7.8	8.3	8.8	9.3	9.9			

♃	1	6	11	16	21	26
	♊ 16.6R	16.4	16.4D	16.5	16.6	16.8
♄	1	6	11	16	21	26
	♏ 9.1	9.2	9.3	9.3	9.3R	9.3
♅	1	11	21			
	♋ 20.2R	19.8	19.5			
♆	1	11	21			
	♎ 26.1R	26	25.9			
♇	1	11	21			
	♌ 24.1R	23.8	23.6			

	1	2	3	4	5	6	7	8	9	10	11	12	13	14	15	16	17	18	19	20	21	22	23	24	25	26	27	28	29	30	31
☉	♓ 9.9	10.9	11.9	12.9	13.9	14.9	15.9	16.9	17.9	18.9	19.9	20.9	21.9	22.9	23.9	24.9	25.9	26.9	27.9	28.9	29.8	♈ 0.8	1.8	2.8	3.8	4.8	5.8	6.8	7.8	8.8	9.7
☽	♑ 15.2	28.8	♒ 12.8	27.2	♓ 12	27.1	♈ 12.2	27.2	♉ 11.9	26.4	♊ 10.4	24.1	♋ 7.4	20.3	♌ 3	15.5	27.8	♍ 9.9	22	♎ 4	15.9	27.8	♏ 9.7	21.6	♐ 3.5	15.6	28	♑ 10.6	23.5	♒ 7	20.9
☿	♓ 10.7R	9.7	8.6	7.6	6.6	5.7	4.8	4.1	3.4	2.8	2.4	2.1	1.8	1.7	1.7D	1.8	2	2.3	2.6	3.1	3.6	4.2	4.8	5.5	6.3	7.2	8.1	9	10	11	12.1
♀	♓ 17.2	18.4	19.7	20.9	22.2	23.4	24.6	25.9	27.1	28.4	29.6	♈ 0.9	2.1	3.4	4.6	5.9	7.1	8.3	9.6	10.8	12.1	13.3	14.5	15.8	17	18.3	19.5	20.7	22	23.2	24.5
♂	♐ 10.4	10.9	11.4	12	12.5	13	13.5	14	14.5	15	15.5	16	16.5	17	17.5	18	18.5	18.9	19.4	19.9	20.4	20.8	21.3	21.8	22.2	22.7	23.1	23.6	24	24.5	24.9

♃	1	6	11	16	21	26	31
	♊ 17	17.3	17.7	18.2	18.8	19.4	20.1
♄	1	6	11	16	21	26	31
	♏ 9.2R	9.1	8.9	8.7	8.5	8.2	7.9
♅	1	11	21	31			
	♋ 19.3R	19.1	19	19.0D			
♆	1	11	21	31			
	♎ 25.8R	25.6	25.4	25.1			
♇	1	11	21	31			
	♌ 23.4R	23.2	23	22.8			

	1	2	3	4	5	6	7	8	9	10	11	12	13	14	15	16	17	18	19	20	21	22	23	24	25	26	27	28	29	30	31
☉	♈ 10.7	11.7	12.7	13.7	14.7	15.7	16.6	17.6	18.6	19.6	20.6	21.6	22.5	23.5	24.5	25.5	26.5	27.4	28.4	29.4	♉ 0.4	1.3	2.3	3.3	4.3	5.2	6.2	7.2	8.2	9.1	
☽	♓ 5.3	20.1	♈ 5.3	20.6	♉ 5.9	21	♊ 5.7	19.9	♋ 3.7	17	29.9	♌ 12.5	24.9	♍ 7	19.1	♎ 1	12.9	24.8	♏ 6.7	18.6	♐ 0.5	12.6	24.8	♑ 7.1	19.8	♒ 2.7	16	29.8	♓ 14	28.7	
☿	♓ 13.2	14.4	15.6	16.8	18.1	19.4	20.7	22	23.4	24.8	26.3	27.8	29.3	♈ 0.8	2.4	4	5.6	7.2	8.9	10.6	12.3	14.1	15.8	17.6	19.5	21.3	23.2	25.1	27.1	29.1	
♀	♈ 25.7	26.9	28.2	29.4	♉ 0.6	1.9	3.1	4.3	5.6	6.8	8	9.3	10.5	11.7	13	14.2	15.4	16.6	17.9	19.1	20.3	21.5	22.8	24	25.2	26.4	27.7	28.9	♊ 0.1	1.3	
♂	♐ 25.3	25.7	26.2	26.6	27	27.4	27.8	28.2	28.6	29	29.4	29.7	♑ 0.1	0.5	0.8	1.2	1.5	1.9	2.2	2.5	2.9	3.2	3.5	3.8	4.1	4.3	4.6	4.9	5.2	5.4	

♃	1	6	11	16	21	26
	♊ 20.2	20.9	21.7	22.5	23.4	24.3
♄	1	6	11	16	21	26
	♏ 7.9R	7.6	7.2	6.8	6.5	6.1
♅	1	11	21			
	♋ 19	19.1	19.3			
♆	1	11	21			
	♎ 25.1R	24.8	24.5			
♇	1	11	21			
	♌ 22.8R	22.7	22.6			

	1	2	3	4	5	6	7	8	9	10	11	12	13	14	15	16	17	18	19	20	21	22	23	24	25	26	27	28	29	30	31
☉	♉ 10.1	11.1	12	13	14	14.9	15.9	16.9	17.8	18.8	19.8	20.7	21.7	22.7	23.6	24.6	25.6	26.5	27.5	28.5	29.4	♊ 0.4	1.3	2.3	3.3	4.2	5.2	6.1	7.1	8.1	9
☽	♈ 13.7	28.9	♉ 14.2	29.3	♊ 14.1	28.5	♋ 12.4	25.9	♌ 8.9	21.5	♍ 3.9	16	28	♎ 9.9	21.7	♏ 3.6	15.5	27.5	♐ 9.6	21.9	♑ 4.2	16.8	29.6	♒ 12.6	26	♓ 9.7	23.7	♈ 8.1	22.8	♉ 7.7	22.7
☿	♉ 1.1	3.1	5.1	7.2	9.3	11.4	13.6	15.7	17.9	20.1	22.3	24.4	26.6	28.8	♊ 0.9	3	5.1	7.2	9.3	11.3	13.3	15.2	17.1	18.9	20.7	22.5	24.2	25.8	27.4	29	♋ 0.5
♀	♊ 2.6	3.8	5	6.2	7.4	8.7	9.9	11.1	12.3	13.5	14.7	15.9	17.2	18.4	19.6	20.8	22	23.2	24.4	25.6	26.8	28	29.3	♋ 0.5	1.7	2.9	4.1	5.3	6.5	7.7	8.9
♂	♑ 5.6	5.9	6.1	6.3	6.5	6.7	6.9	7.1	7.3	7.4	7.6	7.7	7.8	8	8.1	8.2	8.2	8.3	8.4	8.4	8.5	8.5	8.5	8.5R	8.5	8.5	8.4	8.4	8.3	8.2	8.1

♃	1	6	11	16	21	26	31
	♊ 25.3	26.2	27.2	28.3	29.3	♋ 0.4	1.5
♄	1	6	11	16	21	26	31
	♏ 5.7R	5.3	5	4.6	4.3	4	3.7
♅	1	11	21	31			
	♋ 19.5	19.8	20.3	20.7			
♆	1	11	21	31			
	♎ 24.3R	24	23.8	23.6			
♇	1	11	21	31			
	♌ 22.5R	22.5D	22.6	22.7			

	1	2	3	4	5	6	7	8	9	10	11	12	13	14	15	16	17	18	19	20	21	22	23	24	25	26	27	28	29	30	31
☉	♊ 10	10.9	11.9	12.8	13.8	14.8	15.7	16.7	17.6	18.6	19.5	20.5	21.5	22.4	23.4	24.3	25.3	26.2	27.2	28.1	29.1	♋ 0	1	2	2.9	3.9	4.8	5.8	6.7	7.7	
☽	♊ 7.6	22.3	♋ 6.7	20.6	♌ 4.1	17.2	29.9	♍ 12.3	24.5	♎ 6.5	18.4	♏ 0.2	12.2	24.1	♐ 6.3	18.5	♑ 1	13.7	26.5	♒ 9.6	22.9	♓ 6.5	20.2	♈ 4.3	18.5	♉ 2.9	17.4	♊ 2	16.5	♋ 0.8	
☿	♋ 1.9	3.3	4.7	6	7.2	8.4	9.5	10.6	11.6	12.6	13.5	14.3	15	15.7	16.4	16.9	17.4	17.9	18.2	18.5	18.7	18.8	18.8	18.8R	18.7	18.5	18.3	18	17.6	17.1	
♀	♋ 10.1	11.3	12.5	13.7	14.9	16.1	17.3	18.5	19.7	20.8	22	23.2	24.4	25.6	26.8	28	29.2	♌ 0.3	1.5	2.7	3.9	5.1	6.3	7.4	8.6	9.8	11	12.1	13.3	14.5	
♂	♑ 8.0R	7.9	7.8	7.7	7.5	7.3	7.2	7	6.8	6.6	6.4	6.1	5.9	5.7	5.4	5.1	4.9	4.6	4.3	4	3.7	3.4	3.1	2.8	2.5	2.2	1.9	1.6	1.3	1	

♃	1	6	11	16	21	26
	♋ 1.7	2.8	3.9	5	6.2	7.3
♄	1	6	11	16	21	26
	♏ 3.6R	3.4	3.2	3	2.8	2.7
♅	1	11	21			
	♋ 20.8	21.3	21.8			
♆	1	11	21			
	♎ 23.6R	23.4	23.3			
♇	1	11	21			
	♌ 22.7	22.8	23			

	1	2	3	4	5	6	7	8	9	10	11	12	13	14	15	16	17	18	19	20	21	22	23	24	25	26	27	28	29	30	31
☉	♋ 8.6	9.6	10.5	11.5	12.4	13.4	14.4	15.3	16.3	17.2	18.2	19.1	20.1	21	22	22.9	23.9	24.8	25.8	26.8	27.7	28.7	29.6	♌ 0.6	1.5	2.5	3.4	4.4	5.3	6.3	7.3
☽	♋ 14.9	28.7	♌ 12.1	25.2	♍ 8	20.4	♎ 2.6	14.6	26.5	♏ 8.4	20.3	♐ 2.4	14.6	27	♑ 9.7	22.7	♒ 5.9	19.4	♓ 3.1	17	♈ 1.1	15.3	29.5	♉ 13.7	27.9	♊ 12.1	26.1	♋ 10	23.7	♌ 7.2	20.4
☿	♋ 16.6R	16.1	15.5	14.9	14.3	13.7	13.1	12.5	11.9	11.4	10.9	10.4	10.1	9.7	9.5	9.4	9.3	9.3D	9.4	9.6	9.9	10.3	10.8	11.4	12.1	12.9	13.7	14.7	15.7	16.9	18.1
♀	♌ 15.7	16.8	18	19.2	20.3	21.5	22.6	23.8	25	26.1	27.3	28.4	29.6	♍ 0.7	1.9	3	4.2	5.3	6.5	7.6	8.7	9.9	11	12.2	13.3	14.4	15.5	16.7	17.8	18.9	20
♂	♑ 0.6R	0.3	0	♐ 29.7	29.5	29.2	28.9	28.6	28.4	28.1	27.9	27.6	27.4	27.2	27	26.8	26.6	26.5	26.3	26.2	26.1	25.9	25.9	25.8	25.7	25.6	25.6	25.6	25.5	25.5D	25.6

♃	1	6	11	16	21	26	31
	♋ 8.4	9.6	10.7	11.8	13	14.1	15.2
♄	1	6	11	16	21	26	31
	♏ 2.7R	2.6	2.7D	2.7	2.8	2.9	3.1
♅	1	11	21	31			
	♋ 22.4	23	23.6	24.2			
♆	1	11	21	31			
	♎ 23.3R	23.3D	23.3	23.5			
♇	1	11	21	31			
	♌ 23.3	23.5	23.8	24.1			

	1	2	3	4	5	6	7	8	9	10	11	12	13	14	15	16	17	18	19	20	21	22	23	24	25	26	27	28	29	30	31
☉	♌ 8.2	9.2	10.1	11.1	12	13	14	14.9	15.9	16.8	17.8	18.8	19.7	20.7	21.6	22.6	23.6	24.5	25.5	26.4	27.4	28.4	29.3	♍ 0.3	1.3	2.2	3.2	4.2	5.1	6.1	7.1
☽	♍ 3.3	15.9	28.3	♎ 10.5	22.5	♏ 4.4	16.3	28.2	♐ 10.3	22.5	♑ 5.1	17.9	♒ 1.2	14.7	28.7	♓ 12.8	27.2	♈ 11.7	26.1	♉ 10.5	24.7	♊ 8.8	22.7	♋ 6.3	19.8	♌ 3.1	16.2	29.1	♍ 11.8	24.2	♎ 6.5
☿	♋ 19.4	20.8	22.3	23.8	25.5	27.2	28.9	♌ 0.7	2.6	4.5	6.4	8.4	10.4	12.4	14.4	16.4	18.5	20.5	22.5	24.5	26.6	28.6	♍ 0.5	2.5	4.4	6.4	8.3	10.1	12	13.8	15.7
♀	♍ 21.1	22.3	23.4	24.5	25.6	26.7	27.8	28.9	30	♎ 1.1	2.2	3.2	4.3	5.4	6.5	7.5	8.6	9.7	10.7	11.8	12.9	13.9	14.9	16	17	18.1	19.1	20.1	21.1	22.1	23.1
♂	♐ 25.6	25.6	25.7	25.8	25.8	25.9	26	26.2	26.3	26.4	26.6	26.8	27	27.2	27.4	27.6	27.8	28.1	28.3	28.6	28.9	29.2	29.5	29.8	♑ 0.1	0.4	0.8	1.1	1.5	1.9	2.2

♃	1	6	11	16	21	26	31
	♋ 15.4	16.4	17.5	18.5	19.6	20.5	21.5
♄	1	6	11	16	21	26	31
	♏ 3.2	3.4	3.6	3.9	4.3	4.6	5
♅	1	11	21	31			
	♋ 24.3	24.9	25.4	26			
♆	1	11	21	31			
	♎ 23.5	23.6	23.9	24.1			
♇	1	11	21	31			
	♌ 24.1	24.4	24.8	25.1			

	1	2	3	4	5	6	7	8	9	10	11	12	13	14	15	16	17	18	19	20	21	22	23	24	25	26	27	28	29	30	31
☉	♍ 8	9	10	10.9	11.9	12.9	13.8	14.8	15.8	16.8	17.7	18.7	19.7	20.6	21.6	22.6	23.6	24.5	25.5	26.5	27.5	28.5	29.4	♎ 0.4	1.4	2.4	3.4	4.3	5.3	6.3	
☽	♎ 18.6	♏ 0.6	12.5	24.3	♐ 6.2	18.2	♑ 0.4	13	25.9	♒ 9.2	23	♓ 7.2	21.8	♈ 6.6	21.5	♉ 6.3	21	♊ 5.4	19.5	♋ 3.3	16.8	30	♌ 12.9	25.7	♍ 8.3	20.7	♎ 3	15.1	27.1	♏ 9	
☿	♍ 17.5	19.2	21	22.7	24.4	26.1	27.8	29.5	♎ 1.1	2.7	4.3	5.9	7.4	9	10.5	12	13.5	15	16.4	17.8	19.3	20.6	22	23.4	24.7	26	27.3	28.6	29.8	♏ 1	
♀	♎ 24.1	25.1	26.1	27.1	28.1	29.1	♏ 0	1	1.9	2.9	3.8	4.7	5.6	6.6	7.5	8.3	9.2	10.1	11	11.8	12.6	13.5	14.3	15.1	15.9	16.7	17.4	18.2	18.9	19.6	
♂	♑ 2.6	3	3.4	3.8	4.2	4.7	5.1	5.5	6	6.4	6.9	7.4	7.9	8.3	8.8	9.3	9.8	10.3	10.8	11.4	11.9	12.4	12.9	13.5	14	14.6	15.1	15.7	16.3	16.8	

♃	1	6	11	16	21	26
	♋ 21.7	22.6	23.5	24.3	25.1	25.9
♄	1	6	11	16	21	26
	♏ 5.1	5.5	6	6.5	7	7.5
♅	1	11	21			
	♋ 26	26.5	26.9			
♆	1	11	21			
	♎ 24.1	24.4	24.8			
♇	1	11	21			
	♌ 25.1	25.4	25.7			

	1	2	3	4	5	6	7	8	9	10	11	12	13	14	15	16	17	18	19	20	21	22	23	24	25	26	27	28	29	30	31
☉	♎ 7.3	8.3	9.2	10.2	11.2	12.2	13.2	14.2	15.2	16.2	17.1	18.1	19.1	20.1	21.1	22.1	23.1	24.1	25.1	26.1	27.1	28.1	29.1	♏ 0	1	2	3	4	5	6	7
☽	♏ 20.8	♐ 2.6	14.5	26.4	♑ 8.6	21.1	♒ 3.9	17.2	♓ 1	15.3	♈ 0	15.1	♉ 0.3	15.5	♊ 0.5	15.2	29.5	♋ 13.4	26.9	♌ 10	22.8	♍ 5.3	17.7	29.9	♎ 12	24	♏ 5.9	17.7	29.5	♐ 11.3	23.2
☿	♏ 2.2	3.3	4.5	5.5	6.6	7.6	8.6	9.5	10.3	11.1	11.9	12.6	13.2	13.7	14.1	14.4	14.6	14.8	14.7R	14.6	14.3	13.8	13.3	12.5	11.6	10.6	9.5	8.3	7	5.8	4.5
♀	♏ 20.3	21	21.7	22.3	22.9	23.6	24.1	24.7	25.2	25.8	26.3	26.7	27.2	27.6	28	28.3	28.7	29	29.2	29.4	29.6	29.8	29.9	30	♐ 0	0.1R	0	♏ 29.9	29.8	29.7	29.5
♂	♑ 17.4	18	18.6	19.2	19.7	20.3	20.9	21.5	22.1	22.7	23.4	24	24.6	25.2	25.8	26.5	27.1	27.7	28.4	29	29.7	♒ 0.3	0.9	1.6	2.2	2.9	3.6	4.2	4.9	5.5	6.2

♃	1	6	11	16	21	26	31
	♋ 26.6	27.2	27.8	28.3	28.8	29.2	29.5
♄	1	6	11	16	21	26	31
	♏ 8	8.6	9.1	9.7	10.3	10.9	11.5
♅	1	11	21	31			
	♋ 27.2	27.5	27.6	27.7			
♆	1	11	21	31			
	♎ 25.1	25.5	25.8	26.2			
♇	1	11	21	31			
	♌ 26	26.2	26.4	26.6			

	1	2	3	4	5	6	7	8	9	10	11	12	13	14	15	16	17	18	19	20	21	22	23	24	25	26	27	28	29	30	31
☉	♏ 8	9	10	11	12	13	14	15	16.1	17.1	18.1	19.1	20.1	21.1	22.1	23.1	24.1	25.1	26.1	27.1	28.1	29.2	♐ 0.2	1.2	2.2	3.2	4.2	5.2	6.2	7.2	
☽	♑ 5.2	17.4	29.8	♒ 12.6	25.7	♓ 9.4	23.5	♈ 8.1	23.1	♉ 8.4	23.7	♊ 8.9	23.9	♋ 8.4	22.5	♌ 6.2	19.4	♍ 2.2	14.7	26.9	♎ 9	21	♏ 2.9	14.7	26.5	♐ 8.4	20.3	♑ 2.3	14.4	26.7	
☿	♏ 3.3R	2.2	1.2	0.4	♎ 29.7	29.2	29	28.9D	29	29.3	29.8	♏ 0.4	1.1	1.9	2.9	4	5.1	6.3	7.5	8.8	10.2	11.6	13	14.4	15.9	17.4	18.9	20.4	21.9	23.4	
♀	♏ 29.2R	29	28.7	28.3	27.9	27.5	27	26.6	26	25.5	24.9	24.4	23.8	23.2	22.6	22	21.4	20.8	20.2	19.6	19	18.5	18	17.5	17.1	16.7	16.3	15.9	15.6	15.4	
♂	♒ 6.9	7.5	8.2	8.9	9.6	10.2	10.9	11.6	12.3	13	13.7	14.3	15	15.7	16.4	17.1	17.8	18.5	19.2	19.9	20.6	21.3	22	22.7	23.4	24.1	24.8	25.5	26.2	26.9	

♃	1	6	11	16	21	26
	♋ 29.5	29.7	29.9	29.9	29.9R	29.8
♄	1	6	11	16	21	26
	♏ 11.6	12.2	12.8	13.4	14	14.6
♅	1	11	21			
	♋ 27.7	27.7R	27.6			
♆	1	11	21			
	♎ 26.3	26.6	27			
♇	1	11	21			
	♌ 26.6	26.7	26.8			

	1	2	3	4	5	6	7	8	9	10	11	12	13	14	15	16	17	18	19	20	21	22	23	24	25	26	27	28	29	30	31
☉	♐ 8.3	9.3	10.3	11.3	12.3	13.3	14.3	15.4	16.4	17.4	18.4	19.4	20.4	21.5	22.5	23.5	24.5	25.5	26.5	27.6	28.6	29.6	♑ 0.6	1.6	2.7	3.7	4.7	5.7	6.7	7.8	8.8
☽	♒ 9.2	22	♓ 5.2	18.7	♈ 2.6	16.9	♉ 1.6	16.6	♊ 1.7	16.8	♋ 1.8	16.4	♌ 0.7	14.5	27.9	♍ 10.8	23.4	♎ 5.7	17.7	29.6	♏ 11.5	23.3	♐ 5.2	17.1	29.2	♑ 11.4	23.7	♒ 6.3	19.1	♓ 2.1	15.4
☿	♏ 24.9	26.5	28	29.6	♐ 1.1	2.6	4.2	5.7	7.3	8.9	10.4	12	13.5	15.1	16.6	18.2	19.8	21.3	22.9	24.5	26.1	27.6	29.2	♑ 0.8	2.4	4	5.6	7.2	8.8	10.4	12
♀	♏ 15.2R	15	14.8	14.7	14.7	14.7D	14.7	14.7	14.8	15	15.2	15.4	15.6	15.9	16.2	16.6	17	17.4	17.8	18.3	18.8	19.3	19.9	20.5	21.1	21.7	22.3	23	23.7	24.4	25.1
♂	♒ 27.6	28.3	29	29.8	♓ 0.5	1.2	1.9	2.6	3.3	4	4.7	5.5	6.2	6.9	7.6	8.3	9	9.7	10.5	11.2	11.9	12.6	13.3	14	14.8	15.5	16.2	16.9	17.6	18.4	19.1

♃	1	6	11	16	21	26	31
	♋ 29.6R	29.3	29	28.6	28.1	27.6	27
♄	1	6	11	16	21	26	31
	♏ 15.2	15.7	16.3	16.8	17.3	17.8	18.3
♅	1	11	21	31			
	♋ 27.4R	27.1	26.8	26.4			
♆	1	11	21	31			
	♎ 27.3	27.6	27.8	28			
♇	1	11	21	31			
	♌ 26.8R	26.8	26.7	26.5			

I

	1	2	3	4	5	6	7	8	9	10	11	12	13	14	15	16	17	18	19	20	21	22	23	24	25	26	27	28	29	30	31
☉	♑ 9.8	10.8	11.8	12.9	13.9	14.9	15.9	16.9	17.9	19	20	21	22	23	24.1	25.1	26.1	27.1	28.1	29.2	♒ 0.2	1.2	2.2	3.2	4.2	5.3	6.3	7.3	8.3	9.3	10.3
☽	♓ 28.9	♈ 12.7	26.8	♉ 11.1	25.7	♊ 10.4	25.1	♋ 9.8	24.2	♌ 8.4	22.3	♍ 5.7	18.8	♎ 1.4	13.8	25.9	♏ 7.8	19.6	♐ 1.5	13.4	25.4	♑ 7.6	20	♒ 2.7	15.6	28.8	♓ 12.2	25.8	♈ 9.6	23.5	♉ 7.6
☿	♑ 13.6	15.2	16.9	18.5	20.1	21.8	23.4	25.1	26.8	28.4	♒ 0.1	1.7	3.4	5.1	6.7	8.4	10	11.6	13.2	14.8	16.4	17.9	19.3	20.8	22.1	23.4	24.6	25.7	26.7	27.6	28.3
♀	♏ 25.8	26.6	27.4	28.1	28.9	29.8	♐ 0.6	1.4	2.3	3.2	4	4.9	5.8	6.8	7.7	8.6	9.6	10.5	11.5	12.4	13.4	14.4	15.4	16.4	17.4	18.4	19.4	20.5	21.5	22.5	23.6
♂	♓ 19.8	20.5	21.2	21.9	22.7	23.4	24.1	24.8	25.5	26.3	27	27.7	28.4	29.1	29.8	♈ 0.6	1.3	2	2.7	3.4	4.1	4.9	5.6	6.3	7	7.7	8.4	9.2	9.9	10.6	11.3

♃ 1, 6, 11, 16, 21, 26, 31: ♋ 26.8R 26.2 25.5 24.9 24.2 23.6 22.9 — ♄ 1, 6, 11, 16, 21, 26, 31: ♏ 18.3 18.8 19.2 19.5 19.9 20.2 20.4 — ♅ 1, 11, 21, 31: ♋ 26.3R 25.9 25.5 25 — ♆ 1, 11, 21, 31: ♎ 28 28.1 28.2 28.2R — ♇ 1, 11, 21, 31: ♌ 26.5R 26.4 26.2 25.9

	1	2	3	4	5	6	7	8	9	10	11	12	13	14	15	16	17	18	19	20	21	22	23	24	25	26	27	28	29	30	31
☉	♑ 9.5	10.6	11.6	12.6	13.6	14.6	15.7	16.7	17.7	18.7	19.7	20.8	21.8	22.8	23.8	24.8	25.9	26.9	27.9	28.9	29.9	♒ 0.9	2	3	4	5	6	7	8.1	9.1	10.1
☽	♌ 19.4	♍ 3.8	17.8	♎ 1.2	14.3	26.9	♏ 9.2	21.3	♐ 3.2	15	26.8	♑ 8.6	20.4	♒ 2.3	14.4	26.5	♓ 8.9	21.4	♈ 4.1	17.1	♉ 0.4	14.1	28.2	♊ 12.6	27.3	♋ 12.3	27.4	♌ 12.5	27.4	♍ 11.9	26
☿	♑ 24.9	26.4	27.9	29.4	♒ 0.9	2.3	3.7	5.1	6.4	7.6	8.7	9.8	10.7	11.6	12.2	12.8	13.2	13.4	13.4R	13.3	12.9	12.4	11.6	10.7	9.7	8.6	7.3	6.1	4.8	3.6	2.4
♀	♒ 9.6	10.8	12	13.3	14.5	15.7	17	18.2	19.4	20.7	21.9	23.1	24.4	25.6	26.8	28	29.3	♓ 0.5	1.7	2.9	4.2	5.4	6.6	7.8	9.1	10.3	11.5	12.7	13.9	15.1	16.4
♂	♏ 21.4	22.1	22.8	23.4	24.1	24.7	25.4	26	26.7	27.3	28	28.6	29.3	29.9	♐ 0.6	1.3	1.9	2.6	3.2	3.9	4.5	5.2	5.8	6.5	7.2	7.8	8.5	9.1	9.8	10.4	11.1

♃ 1, 6, 11, 16, 21, 26, 31: ♍ 1.2R 0.9 0.6 0.2 ♌ 29.7 29.2 28.6 — ♄ 1, 6, 11, 16, 21, 26, 31: ♏ 28.9 29.4 29.8 ♐ 0.3 0.7 1.1 1.4 — ♅ 1, 11, 21, 31: ♌ 1.1R 0.7 0.3 ♋ 29.9 — ♆ 1, 11, 21, 31: ♏ 0.1 0.3 0.4 0.4 — ♇ 1, 11, 21, 31: ♌ 28.4R 28.2 28 27.8

II

	1	2	3	4	5	6	7	8	9	10	11	12	13	14	15	16	17	18	19	20	21	22	23	24	25	26	27	28	29	30	31
☉	♒ 11.4	12.4	13.4	14.4	15.4	16.4	17.4	18.5	19.5	20.5	21.5	22.5	23.5	24.5	25.5	26.5	27.6	28.6	29.6	♓ 0.6	1.6	2.6	3.6	4.6	5.6	6.6	7.6	8.6			
☽	♉ 21.7	♊ 5.9	20.1	♋ 4.4	18.6	♌ 2.6	16.5	♍ 0.2	13.5	26.5	♎ 9.2	21.6	♏ 3.7	15.6	27.5	♐ 9.3	21.2	♑ 3.2	15.5	28.1	♒ 11	24.3	♓ 7.9	21.7	♈ 5.8	20	♉ 4.3	18.5			
☿	♒ 28.9	29.3	29.6	29.6R	29.5	29.2	28.7	28.1	27.3	26.4	25.3	24.2	23.1	21.9	20.7	19.6	18.6	17.7	16.8	16.1	15.5	15	14.7	14.5	14.4	14.4D	14.5	14.7			
♀	♐ 24.6	25.7	26.7	27.8	28.9	29.9	♑ 1	2.1	3.2	4.3	5.4	6.5	7.6	8.7	9.8	10.9	12	13.1	14.2	15.4	16.5	17.6	18.8	19.9	21	22.2	23.3	24.4			
♂	♈ 12	12.7	13.4	14.1	14.9	15.6	16.3	17	17.7	18.4	19.1	19.8	20.5	21.2	21.9	22.7	23.4	24.1	24.8	25.5	26.2	26.9	27.6	28.3	29	29.7	♉ 0.4	1.1			

♃ 1, 6, 11, 16, 21, 26: ♋ 22.8R 22.2 21.7 21.2 20.8 20.5 — ♄ 1, 6, 11, 16, 21, 26: ♏ 20.5 20.7 20.9 21 21.1 21.2 — ♅ 1, 11, 21: ♋ 25.0R 24.6 24.3 — ♆ 1, 11, 21: ♎ 28.2R 28.2 28.1 — ♇ 1, 11, 21: ♌ 25.9R 25.7 25.4

	1	2	3	4	5	6	7	8	9	10	11	12	13	14	15	16	17	18	19	20	21	22	23	24	25	26	27	28	29	30	31
☉	♒ 11.1	12.1	13.1	14.2	15.2	16.2	17.2	18.2	19.2	20.2	21.2	22.3	23.3	24.3	25.3	26.3	27.3	28.3	29.3	♓ 0.3	1.3	2.3	3.4	4.4	5.4	6.4	7.4	8.4	9.4		
☽	♎ 9.6	22.8	♏ 5.5	17.8	29.9	♐ 11.8	23.6	♑ 5.3	17.1	29.1	♒ 11.1	23.4	♓ 5.8	18.4	♈ 1.2	14.2	27.3	♉ 10.7	24.3	♊ 8.2	22.3	♋ 6.7	21.3	♌ 6	20.8	♍ 5.4	19.8	♎ 3.9	17.5		
☿	♒ 1.4R	0.4	♑ 29.6	28.9	28.4	28	27.7	27.6	27.6D	27.7	27.9	28.3	28.7	29.2	29.8	♒ 0.5	1.2	2	2.9	3.8	4.8	5.8	6.8	7.9	9.1	10.2	11.4	12.6	13.9		
♀	♓ 17.6	18.8	20	21.2	22.4	23.6	24.8	26	27.2	28.4	29.6	♈ 0.8	2	3.2	4.4	5.6	6.8	8	9.1	10.3	11.5	12.7	13.9	15	16.2	17.4	18.6	19.7	20.9		
♂	♐ 11.7	12.4	13.1	13.7	14.4	15	15.7	16.3	17	17.7	18.3	19	19.6	20.3	20.9	21.6	22.3	22.9	23.6	24.2	24.9	25.5	26.2	26.8	27.5	28.2	28.8	29.5	♑ 0.1		

♃ 1, 6, 11, 16, 21, 26: ♌ 28.5R 27.9 27.2 26.6 25.9 25.3 — ♄ 1, 6, 11, 16, 21, 26: ♐ 1.5 1.8 2.1 2.3 2.5 2.6 — ♅ 1, 11, 21: ♋ 29.8R 29.4 29 — ♆ 1, 11, 21: ♏ 0.4 0.4R 0.3 — ♇ 1, 11, 21: ♌ 27.8R 27.5 27.3

III

	1	2	3	4	5	6	7	8	9	10	11	12	13	14	15	16	17	18	19	20	21	22	23	24	25	26	27	28	29	30	31
☉	♓ 9.6	10.6	11.6	12.6	13.6	14.6	15.6	16.6	17.6	18.6	19.6	20.6	21.6	22.6	23.6	24.6	25.6	26.6	27.6	28.6	29.6	♈ 0.6	1.6	2.6	3.6	4.6	5.6	6.5	7.5	8.5	9.5
☽	♊ 2.7	16.8	♋ 0.8	14.6	28.4	♌ 12	25.5	♍ 8.7	21.8	♎ 4.6	17.1	29.5	♏ 11.5	23.5	♐ 5.3	17.1	29	♑ 11	23.3	♒ 5.9	19	♓ 2.4	16.3	♈ 0.5	15	29.7	♉ 14.4	29	♊ 13.4	27.6	♋ 11.6
☿	♒ 15	15.4	15.9	16.5	17.1	17.8	18.6	19.4	20.3	21.2	22.2	23.2	24.3	25.4	26.5	27.7	28.9	♓ 0.2	1.4	2.7	4.1	5.4	6.8	8.2	9.7	11.1	12.6	14.1	15.7	17.2	18.8
♀	♑ 25.6	26.7	27.9	29	♒ 0.2	1.3	2.5	3.6	4.8	6	7.1	8.3	9.5	10.6	11.8	13	14.1	15.3	16.5	17.6	18.8	20	21.2	22.3	23.5	24.7	25.9	27.1	28.3	29.4	♓ 0.6
♂	♉ 1.8	2.5	3.2	3.9	4.6	5.3	6	6.7	7.4	8.1	8.8	9.5	10.1	10.8	11.5	12.2	12.9	13.6	14.3	15	15.7	16.4	17.1	17.7	18.4	19.1	19.8	20.5	21.2	21.9	22.5

♃ 1, 6, 11, 16, 21, 26, 31: ♋ 20.3R 20.1 19.9 19.9 19.9D 20 20.2 — ♄ 1, 6, 11, 16, 21, 26, 31: ♏ 21.2 21.2R 21.1 21 20.8 20.7 20.4 — ♅ 1, 11, 21, 31: ♋ 24.0R 23.8 23.6 23.6 — ♆ 1, 11, 21, 31: ♎ 28.0R 27.8 27.6 27.3 — ♇ 1, 11, 21, 31: ♌ 25.2R 25 24.8 24.6

	1	2	3	4	5	6	7	8	9	10	11	12	13	14	15	16	17	18	19	20	21	22	23	24	25	26	27	28	29	30	31
☉	♓ 10.4	11.4	12.4	13.4	14.4	15.4	16.4	17.4	18.4	19.4	20.4	21.4	22.4	23.4	24.4	25.4	26.4	27.4	28.4	29.4	♈ 0.4	1.3	2.3	3.3	4.3	5.3	6.3	7.3	8.3	9.3	10.3
☽	♏ 0.7	13.4	25.8	♐ 8	19.9	♑ 1.7	13.5	25.4	♒ 7.4	19.6	♓ 2	14.7	27.6	♈ 10.7	24.1	♉ 7.6	21.3	♊ 5.1	19	♋ 3.1	17.2	♌ 1.5	15.8	♍ 0.1	14.3	28.3	♎ 12	25.4	♏ 8.5	21.2	♐ 3.6
☿	♒ 15.2	16.5	17.8	19.2	20.6	22	23.4	24.9	26.3	27.8	29.3	♓ 0.9	2.4	4	5.6	7.2	8.8	10.5	12.2	13.9	15.6	17.3	19.1	20.9	22.7	24.5	26.4	28.2	♈ 0.1	2	4
♀	♈ 22.1	23.2	24.4	25.5	26.7	27.8	29	♉ 0.1	1.3	2.4	3.5	4.7	5.8	6.9	8	9.2	10.3	11.4	12.5	13.6	14.7	15.8	16.9	18	19.1	20.2	21.2	22.3	23.4	24.4	25.5
♂	♑ 0.8	1.4	2.1	2.7	3.4	4.1	4.7	5.4	6	6.7	7.3	8	8.6	9.3	9.9	10.6	11.3	11.9	12.6	13.2	13.9	14.5	15.2	15.8	16.5	17.1	17.8	18.4	19.1	19.7	20.4

♃ 1, 6, 11, 16, 21, 26, 31: ♌ 24.8R 24.2 23.6 23.1 22.7 22.3 22 — ♄ 1, 6, 11, 16, 21, 26, 31: ♐ 2.7 2.8 2.8 2.8R 2.7 2.6 2.5 — ♅ 1, 11, 21, 31: ♋ 28.8R 28.5 28.3 28.2 — ♆ 1, 11, 21, 31: ♏ 0.2R 0 ♎ 29.8 29.6 — ♇ 1, 11, 21, 31: ♌ 27.0R 26.8 26.6 26.4

IV

	1	2	3	4	5	6	7	8	9	10	11	12	13	14	15	16	17	18	19	20	21	22	23	24	25	26	27	28	29	30	31
☉	♈ 10.5	11.5	12.5	13.5	14.4	15.4	16.4	17.4	18.4	19.4	20.3	21.3	22.3	23.3	24.3	25.2	26.2	27.2	28.2	29.1	♉ 0.1	1.1	2.1	3	4	5	6	6.9	7.9	8.9	
☽	♋ 25.3	♌ 8.8	22.1	♍ 5.1	18	♎ 0.8	13.3	25.6	♏ 7.8	19.8	♐ 1.6	13.4	25.2	♑ 7.1	19.1	♒ 1.4	14	27	♓ 10.4	24.4	♈ 8.7	23.5	♉ 8.4	23.5	♊ 8.5	23.2	♋ 7.7	21.8	♌ 5.6	19.1	
☿	♓ 20.4	22.1	23.7	25.4	27.1	28.8	♈ 0.6	2.4	4.2	6	7.8	9.7	11.6	13.5	15.5	17.4	19.4	21.5	23.5	25.6	27.7	29.8	♉ 1.9	4	6.1	8.3	10.4	12.6	14.7	16.8	
♀	♓ 1.8	3	4.2	5.4	6.6	7.7	8.9	10.1	11.3	12.5	13.7	14.9	16.1	17.3	18.5	19.7	20.9	22.1	23.3	24.5	25.6	26.8	28	29.2	♈ 0.4	1.6	2.8	4	5.2	6.4	
♂	♉ 23.2	23.9	24.6	25.3	25.9	26.6	27.3	28	28.7	29.3	♊ 0	0.7	1.4	2.1	2.7	3.4	4.1	4.7	5.4	6.1	6.8	7.4	8.1	8.8	9.5	10.1	10.8	11.5	12.1	12.8	

♃ 1, 6, 11, 16, 21, 26: ♋ 20.2 20.5 20.9 21.3 21.8 22.3 — ♄ 1, 6, 11, 16, 21, 26: ♏ 20.4R 20.1 19.9 19.5 19.2 18.9 — ♅ 1, 11, 21: ♋ 23.6R 23.6D 23.8 — ♆ 1, 11, 21: ♎ 27.3R 27 26.8 — ♇ 1, 11, 21: ♌ 24.6R 24.4 24.3

	1	2	3	4	5	6	7	8	9	10	11	12	13	14	15	16	17	18	19	20	21	22	23	24	25	26	27	28	29	30	31
☉	♈ 11.2	12.2	13.2	14.2	15.2	16.2	17.2	18.1	19.1	20.1	21.1	22.1	23	24	25	26	27	27.9	28.9	29.9	♉ 0.9	1.8	2.8	3.8	4.8	5.7	6.7	7.7	8.7	9.6	
☽	♐ 15.8	27.7	♑ 9.6	21.4	♒ 3.3	15.3	27.6	♓ 10.2	23	♈ 6.2	19.7	♉ 3.4	17.4	♊ 1.5	15.6	29.8	♋ 14.1	28.2	♌ 12.3	26.3	♍ 10.2	24	♎ 7.5	20.9	♏ 3.9	16.7	29.3	♐ 11.6	23.6	♑ 5.6	
☿	♈ 5.9	7.9	9.9	11.9	14	16	18.1	20.1	22.2	24.3	26.4	28.5	♉ 0.6	2.7	4.7	6.8	8.8	10.7	12.7	14.6	16.4	18.2	19.9	21.6	23.1	24.7	26.1	27.5	28.8	♊ 0.1	
♀	♉ 26.6	27.6	28.6	29.7	♊ 0.7	1.7	2.8	3.8	4.8	5.8	6.8	7.8	8.7	9.7	10.7	11.6	12.6	13.5	14.4	15.4	16.3	17.2	18.1	18.9	19.8	20.7	21.5	22.4	23.2	24	
♂	♑ 21	21.7	22.3	23	23.6	24.2	24.9	25.5	26.2	26.8	27.5	28.1	28.7	29.4	♒ 0	0.7	1.3	1.9	2.6	3.2	3.9	4.5	5.1	5.8	6.4	7	7.6	8.3	8.9	9.5	

♃ 1, 6, 11, 16, 21, 26: ♌ 21.9R 21.7 21.6 21.5 21.5D 21.6 — ♄ 1, 6, 11, 16, 21, 26: ♐ 2.5R 2.3 2.1 1.8 1.6 1.3 — ♅ 1, 11, 21: ♋ 28.2R 28.2D 28.3 — ♆ 1, 11, 21: ♎ 29.5R 29.3 29 — ♇ 1, 11, 21: ♌ 26.4R 26.3 26.2

V

	1	2	3	4	5	6	7	8	9	10	11	12	13	14	15	16	17	18	19	20	21	22	23	24	25	26	27	28	29	30	31
☉	♉ 9.9	10.8	11.8	12.8	13.7	14.7	15.7	16.6	17.6	18.6	19.5	20.5	21.5	22.4	23.4	24.4	25.3	26.3	27.3	28.2	29.2	♊ 0.1	1.1	2.1	3	4	4.9	5.9	6.9	7.8	8.8
☽	♍ 2.2	15.1	27.7	♎ 10.1	22.4	♏ 4.5	16.5	28.4	♐ 10.2	22	♑ 3.8	15.7	27.7	♒ 10	22.6	♓ 5.5	18.9	♈ 2.7	17	♉ 1.7	16.8	♊ 1.9	17.1	♋ 2.1	16.9	♌ 1.2	15.2	28.7	♍ 11.9	24.7	♎ 7.2
☿	♉ 18.9	21	23	25.1	27	29	♊ 0.9	2.7	4.5	6.2	7.9	9.6	11.1	12.6	14.1	15.5	16.8	18.1	19.3	20.4	21.5	22.5	23.4	24.2	25	25.8	26.4	27	27.5	27.9	28.2
♀	♈ 7.6	8.8	10	11.3	12.5	13.7	14.9	16.1	17.3	18.5	19.7	20.9	22.1	23.3	24.5	25.7	26.9	28.1	29.3	♉ 0.5	1.7	2.9	4.2	5.4	6.6	7.8	9	10.2	11.4	12.6	13.8
♂	♊ 13.5	14.1	14.8	15.5	16.1	16.8	17.5	18.1	18.8	19.4	20.1	20.8	21.4	22.1	22.7	23.4	24.1	24.7	25.4	26	26.7	27.4	28	28.7	29.3	30	♋ 0.6	1.3	1.9	2.6	3.3

♃ 1, 6, 11, 16, 21, 26, 31: ♋ 22.9 23.6 24.3 25 25.9 26.7 27.6 — ♄ 1, 6, 11, 16, 21, 26, 31: ♏ 18.5R 18.1 17.7 17.4 17 16.6 16.3 — ♅ 1, 11, 21, 31: ♋ 24 24.3 24.6 25.1 — ♆ 1, 11, 21, 31: ♎ 26.5R 26.3 26 25.8 — ♇ 1, 11, 21, 31: ♌ 24.3R 24.3D 24.3 24.4

	1	2	3	4	5	6	7	8	9	10	11	12	13	14	15	16	17	18	19	20	21	22	23	24	25	26	27	28	29	30	31
☉	♉ 10.6	11.6	12.5	13.5	14.5	15.4	16.4	17.4	18.3	19.3	20.3	21.2	22.2	23.2	24.1	25.1	26.1	27	28	28.9	29.9	♊ 0.9	1.8	2.8	3.8	4.7	5.7	6.6	7.6	8.6	9.5
☽	♑ 17.4	29.3	♒ 11.2	23.2	♓ 5.5	18.1	♈ 1	14.3	28	♉ 12.1	26.4	♊ 10.9	25.5	♋ 10.1	24.7	♌ 9	23.2	♍ 7.1	20.8	♎ 4.2	17.4	♏ 0.3	13	25.5	♐ 7.8	19.9	♑ 1.9	13.8	25.6	♒ 7.5	19.4
☿	♊ 1.2	2.3	3.3	4.2	5.1	5.8	6.5	7.1	7.6	8	8.4	8.6	8.8	8.9	8.9R	8.8	8.6	8.4	8.1	7.7	7.3	6.9	6.4	5.8	5.3	4.7	4.2	3.6	3.1	2.5	2.1
♀	♊ 24.8	25.6	26.3	27.1	27.8	28.5	29.2	29.9	♋ 0.6	1.3	1.9	2.5	3.1	3.6	4.2	4.7	5.2	5.7	6.1	6.5	6.9	7.3	7.6	7.9	8.2	8.4	8.6	8.7	8.9	9	9
♂	♒ 10.2	10.8	11.4	12	12.6	13.3	13.9	14.5	15.1	15.7	16.3	16.9	17.5	18.2	18.8	19.4	20	20.6	21.2	21.8	22.3	22.9	23.5	24.1	24.7	25.3	25.9	26.4	27	27.6	28.1

♃ 1, 6, 11, 16, 21, 26, 31: ♌ 21.8 22 22.3 22.7 23.1 23.6 24.2 — ♄ 1, 6, 11, 16, 21, 26, 31: ♐ 0.9R 0.6 0.2 ♏ 29.9 29.5 29.1 28.7 — ♅ 1, 11, 21, 31: ♋ 28.5 28.8 29.1 29.5 — ♆ 1, 11, 21, 31: ♎ 28.7R 28.5 28.2 28 — ♇ 1, 11, 21, 31: ♌ 26.1R 26.1D 26.1 26.2

VI

	1	2	3	4	5	6	7	8	9	10	11	12	13	14	15	16	17	18	19	20	21	22	23	24	25	26	27	28	29	30	31
☉	♊ 9.7	10.7	11.7	12.6	13.6	14.5	15.5	16.4	17.4	18.4	19.3	20.3	21.2	22.2	23.1	24.1	25	26	27	27.9	28.9	29.8	♋ 0.8	1.7	2.7	3.6	4.6	5.5	6.5	7.4	
☽	♎ 19.5	♏ 1.6	13.5	25.4	♐ 7.2	19	♑ 0.8	12.7	24.7	♒ 6.9	19.2	♓ 1.8	14.8	28.1	♈ 11.8	25.9	♉ 10.4	25.2	♊ 10.3	25.4	♋ 10.5	25.4	♌ 9.9	24	♍ 7.7	20.9	♎ 3.7	16.2	28.4	♏ 10.5	
☿	♊ 28.5	28.7	28.8	28.8R	28.8	28.7	28.5	28.2	27.9	27.6	27.1	26.7	26.2	25.6	25.1	24.5	23.9	23.4	22.8	22.3	21.9	21.4	21	20.7	20.5	20.3	20.2	20.1D	20.2	20.3	
♀	♉ 15	16.2	17.5	18.7	19.9	21.1	22.3	23.5	24.7	25.9	27.1	28.4	29.6	♊ 0.8	2	3.2	4.4	5.6	6.9	8.1	9.3	10.5	11.7	12.9	14.1	15.4	16.6	17.8	19	20.2	
♂	♋ 3.9	4.6	5.2	5.9	6.5	7.2	7.8	8.5	9.1	9.8	10.4	11.1	11.7	12.4	13	13.7	14.3	14.9	15.6	16.2	16.9	17.5	18.2	18.8	19.5	20.1	20.8	21.4	22	22.7	

♃ 1, 6, 11, 16, 21, 26: ♋ 27.7 28.7 29.6 ♌ 0.6 1.6 2.6 — ♄ 1, 6, 11, 16, 21, 26: ♏ 16.2R 15.9 15.6 15.4 15.1 14.9 — ♅ 1, 11, 21: ♋ 25.1 25.6 26.2 — ♆ 1, 11, 21: ♎ 25.8R 25.6 25.5 — ♇ 1, 11, 21: ♌ 24.4 24.6 24.8

	1	2	3	4	5	6	7	8	9	10	11	12	13	14	15	16	17	18	19	20	21	22	23	24	25	26	27	28	29	30	31
☉	♊ 10.5	11.4	12.4	13.3	14.3	15.3	16.2	17.2	18.1	19.1	20	21	22	22.9	23.9	24.8	25.8	26.7	27.7	28.6	29.6	♋ 0.5	1.5	2.5	3.4	4.4	5.3	6.3	7.2	8.2	
☽	♓ 1.4	13.7	26.2	♈ 9.1	22.4	♉ 6.1	20.3	♊ 4.8	19.6	♋ 4.6	19.6	♌ 4.5	19.2	♍ 3.5	17.5	♎ 1.1	14.4	27.3	♏ 10	22.4	♐ 4.6	16.7	28.6	♑ 10.5	22.4	♒ 4.2	16.1	28	♓ 10.1	22.4	
☿	♊ 1.6R	1.2	0.9	0.6	0.4	0.3	0.2	0.2D	0.3	0.5	0.7	1	1.4	1.9	2.4	3	3.7	4.4	5.3	6.1	7.1	8.1	9.2	10.3	11.5	12.7	14.1	15.4	16.9	18.4	
♀	♋ 9.0R	9	8.9	8.8	8.7	8.5	8.2	8	7.7	7.3	6.9	6.5	6.1	5.6	5.1	4.5	4	3.4	2.8	2.2	1.6	0.9	0.3	♊ 29.7	29.1	28.5	27.9	27.3	26.7	26.2	
♂	♒ 28.7	29.3	29.8	♓ 0.4	0.9	1.5	2	2.6	3.1	3.7	4.2	4.7	5.2	5.8	6.3	6.8	7.3	7.8	8.3	8.8	9.3	9.8	10.2	10.7	11.2	11.6	12.1	12.6	13	13.4	

♃ 1, 6, 11, 16, 21, 26: ♌ 24.3 25 25.6 26.4 27.1 27.9 — ♄ 1, 6, 11, 16, 21, 26: ♏ 28.7R 28.3 28 27.7 27.4 27.1 — ♅ 1, 11, 21: ♋ 29.6 ♌ 0 0.6 — ♆ 1, 11, 21: ♎ 28.0R 27.8 27.7 — ♇ 1, 11, 21: ♌ 26.2 26.4 26.5

VII

	1	2	3	4	5	6	7	8	9	10	11	12	13	14	15	16	17	18	19	20	21	22	23	24	25	26	27	28	29	30	31
☉	♋ 8.4	9.4	10.3	11.3	12.2	13.2	14.1	15.1	16	17	17.9	18.9	19.8	20.8	21.8	22.7	23.7	24.6	25.6	26.5	27.5	28.4	29.4	♌ 0.3	1.3	2.3	3.2	4.2	5.1	6.1	7
☽	♏ 22.3	♐ 4.1	15.9	27.8	♑ 9.7	21.7	♒ 3.9	16.3	28.9	♓ 11.7	24.7	♈ 8.1	21.7	♉ 5.6	19.9	♊ 4.4	19.2	♋ 4	18.9	♌ 3.6	18.1	♍ 2.3	16	29.3	♎ 12.2	24.7	♏ 6.9	18.9	♐ 0.8	12.6	24.4
☿	♊ 20.5	20.8	21.2	21.6	22.2	22.8	23.5	24.2	25.1	26	27	28.1	29.3	♋ 0.5	1.8	3.2	4.6	6.1	7.7	9.3	11	12.8	14.6	16.5	18.4	20.4	22.4	24.4	26.4	28.5	♌ 0.6
♀	♊ 21.5	22.7	23.9	25.1	26.3	27.6	28.8	30	♋ 1.2	2.4	3.7	4.9	6.1	7.3	8.6	9.8	11	12.2	13.4	14.7	15.9	17.1	18.4	19.6	20.8	22	23.3	24.5	25.7	26.9	28.2
♂	♋ 23.3	24	24.6	25.3	25.9	26.5	27.2	27.8	28.5	29.1	29.8	♌ 0.4	1	1.7	2.3	3	3.6	4.2	4.9	5.5	6.2	6.8	7.4	8.1	8.7	9.3	10	10.6	11.3	11.9	12.5

♃ 1, 6, 11, 16, 21, 26, 31: ♌ 3.7 4.7 5.8 6.9 8 9 10.1 — ♄ 1, 6, 11, 16, 21, 26, 31: ♏ 14.8R 14.6 14.5 14.5 14.5D 14.5 14.6 — ♅ 1, 11, 21, 31: ♋ 26.7 27.3 27.9 28.6 — ♆ 1, 11, 21, 31: ♎ 25.5R 25.5D 25.5 25.6 — ♇ 1, 11, 21, 31: ♌ 25 25.2 25.5 25.8

	1	2	3	4	5	6	7	8	9	10	11	12	13	14	15	16	17	18	19	20	21	22	23	24	25	26	27	28	29	30	31
☉	♋ 9.1	10.1	11	12	12.9	13.9	14.8	15.8	16.8	17.7	18.7	19.6	20.6	21.5	22.5	23.4	24.4	25.3	26.3	27.2	28.2	29.2	♌ 0.1	1.1	2	3	3.9	4.9	5.8	6.8	7.8
☽	♈ 4.9	17.7	♉ 0.9	14.5	28.5	♊ 13	27.9	♋ 13	28.3	♌ 13.5	28.4	♍ 13	27.2	♎ 10.9	24.1	♏ 6.9	19.4	♐ 1.7	13.8	25.7	♑ 7.6	19.4	♒ 1.2	13.1	25.1	♓ 7.1	19.3	♈ 1.6	14.1	26.9	♉ 10
☿	♊ 19.9	21.5	23.2	24.9	26.7	28.5	♋ 0.4	2.3	4.3	6.3	8.3	10.4	12.5	14.6	16.7	18.8	21	23.1	25.3	27.4	29.5	♌ 1.6	3.7	5.8	7.8	9.9	11.8	13.8	15.8	17.7	19.6
♀	♊ 25.7R	25.2	24.8	24.4	24	23.7	23.4	23.2	23	22.8	22.7	22.6	22.5	22.5D	22.5	22.6	22.7	22.8	23	23.2	23.4	23.7	24	24.3	24.7	25.1	25.5	26	26.4	26.9	27.4
♂	♓ 13.9	14.3	14.7	15.1	15.5	15.9	16.3	16.7	17.1	17.4	17.8	18.1	18.5	18.8	19.1	19.4	19.8	20	20.3	20.6	20.9	21.1	21.4	21.6	21.8	22	22.2	22.4	22.6	22.7	22.9

♃ 1, 6, 11, 16, 21, 26, 31: ♌ 28.8 29.7 ♍ 0.6 1.5 2.5 3.5 4.5 — ♄ 1, 6, 11, 16, 21, 26, 31: ♏ 26.8R 26.6 26.5 26.3 26.2 26.2 26.2D — ♅ 1, 11, 21, 31: ♌ 1.1 1.7 2.3 3 — ♆ 1, 11, 21, 31: ♎ 27.7R 27.6D 27.7 27.8 — ♇ 1, 11, 21, 31: ♌ 26.8 27 27.3 27.6

VIII

	1	2	3	4	5	6	7	8	9	10	11	12	13	14	15	16	17	18	19	20	21	22	23	24	25	26	27	28	29	30	31
☉	♌ 8	8.9	9.9	10.9	11.8	12.8	13.7	14.7	15.6	16.6	17.6	18.5	19.5	20.4	21.4	22.4	23.3	24.3	25.3	26.2	27.2	28.1	29.1	♍ 0.1	1	2	3	3.9	4.9	5.9	6.8
☽	♑ 6.3	18.4	♒ 0.6	13	25.7	♓ 8.6	21.7	♈ 5	18.5	♉ 2.3	16.2	♊ 0.3	14.5	28.9	♋ 13.4	27.8	♌ 12.3	26.5	♍ 10.5	24.1	♎ 7.4	20.3	♏ 2.8	15	27	♐ 8.9	20.7	♑ 2.5	14.5	26.6	♒ 9
☿	♌ 2.7	4.8	6.9	9	11	13.1	15.2	17.2	19.2	21.2	23.2	25.1	27.1	29	♍ 0.9	2.7	4.6	6.4	8.1	9.9	11.6	13.4	15.1	16.7	18.4	20	21.6	23.2	24.7	26.3	27.8
♀	♋ 29.4	♌ 0.6	1.9	3.1	4.3	5.6	6.8	8	9.3	10.5	11.7	13	14.2	15.4	16.7	17.9	19.1	20.4	21.6	22.8	24.1	25.3	26.6	27.8	29	♍ 0.3	1.5	2.8	4	5.2	6.5
♂	♌ 13.2	13.8	14.5	15.1	15.7	16.4	17	17.6	18.3	18.9	19.6	20.2	20.8	21.5	22.1	22.7	23.4	24	24.6	25.3	25.9	26.6	27.2	27.8	28.5	29.1	29.7	♍ 0.4	1	1.6	2.3

♃ 1, 6, 11, 16, 21, 26, 31: ♌ 10.4 11.5 12.6 13.7 14.8 15.8 16.9 — ♄ 1, 6, 11, 16, 21, 26, 31: ♏ 14.6 14.7 14.9 15.1 15.4 15.6 15.9 — ♅ 1, 11, 21, 31: ♋ 28.6 29.2 29.8 ♌ 0.3 — ♆ 1, 11, 21, 31: ♎ 25.6 25.8 26 26.2 — ♇ 1, 11, 21, 31: ♌ 25.9 26.2 26.5 26.8

	1	2	3	4	5	6	7	8	9	10	11	12	13	14	15	16	17	18	19	20	21	22	23	24	25	26	27	28	29	30	31
☉	♌ 8.7	9.7	10.6	11.6	12.5	13.5	14.5	15.4	16.4	17.3	18.3	19.3	20.2	21.2	22.1	23.1	24.1	25	26	26.9	27.9	28.9	29.8	♍ 0.8	1.8	2.7	3.7	4.7	5.6	6.6	7.6
☽	♉ 23.5	♊ 7.4	21.7	♋ 6.5	21.5	♌ 6.7	21.9	♍ 7	21.7	♎ 6	19.8	♏ 3.1	16	28.5	♐ 10.7	22.7	♑ 4.5	16.4	28.2	♒ 10.1	22.1	♓ 4.1	16.4	28.7	♈ 11.2	23.9	♉ 6.8	19.9	♊ 3.4	17.2	♋ 1.3
☿	♌ 21.4	23.3	25.1	26.9	28.6	♍ 0.4	2.1	3.7	5.4	7	8.6	10.2	11.7	13.3	14.8	16.2	17.7	19.1	20.5	21.8	23.2	24.5	25.7	27	28.2	29.4	♎ 0.5	1.6	2.7	3.7	4.7
♀	♊ 28	28.6	29.1	29.7	♋ 0.4	1	1.7	2.4	3.1	3.8	4.5	5.3	6	6.8	7.6	8.4	9.2	10	10.9	11.7	12.6	13.4	14.3	15.2	16.1	17	18	18.9	19.8	20.8	21.7
♂	♓ 23	23.2	23.3	23.4	23.4	23.5	23.6	23.6	23.6	23.7	23.7R	23.7	23.6	23.6	23.5	23.5	23.4	23.3	23.2	23.1	23	22.8	22.7	22.5	22.3	22.1	21.9	21.7	21.5	21.3	21

♃ 1, 6, 11, 16, 21, 26, 31: ♍ 4.7 5.7 6.8 7.9 8.9 10 11.1 — ♄ 1, 6, 11, 16, 21, 26, 31: ♏ 26.2 26.2 26.3 26.4 26.5 26.7 26.9 — ♅ 1, 11, 21, 31: ♌ 3 3.6 4.2 4.8 — ♆ 1, 11, 21, 31: ♎ 27.8 27.9 28.1 28.4 — ♇ 1, 11, 21, 31: ♌ 27.6 28 28.3 28.6

IX

	1	2	3	4	5	6	7	8	9	10	11	12	13	14	15	16	17	18	19	20	21	22	23	24	25	26	27	28	29	30	31
☉	♍ 7.8	8.8	9.7	10.7	11.7	12.6	13.6	14.6	15.5	16.5	17.5	18.5	19.4	20.4	21.4	22.4	23.3	24.3	25.3	26.3	27.2	28.2	29.2	♎ 0.2	1.2	2.1	3.1	4.1	5.1	6.1	
☽	♒ 21.7	♓ 4.7	18	♈ 1.5	15.2	29.1	♉ 13	27.1	♊ 11.2	25.3	♋ 9.4	23.5	♌ 7.6	21.6	♍ 5.4	19.1	♎ 2.4	15.5	28.3	♏ 10.7	22.9	♐ 4.9	16.7	28.5	♑ 10.4	22.3	♒ 4.5	17	29.9	♓ 13.1	
☿	♍ 29.3	♎ 0.7	2.2	3.6	5	6.4	7.7	9.1	10.4	11.6	12.9	14.1	15.3	16.4	17.6	18.7	19.7	20.7	21.7	22.6	23.5	24.3	25.1	25.8	26.5	27	27.5	27.9	28.3	28.5	
♀	♍ 7.7	9	10.2	11.4	12.7	13.9	15.2	16.4	17.6	18.9	20.1	21.4	22.6	23.9	25.1	26.3	27.6	28.8	♎ 0.1	1.3	2.6	3.8	5.1	6.3	7.5	8.8	10	11.3	12.5	13.8	
♂	♍ 2.9	3.6	4.2	4.8	5.5	6.1	6.7	7.4	8	8.6	9.3	9.9	10.6	11.2	11.8	12.5	13.1	13.7	14.4	15	15.7	16.3	16.9	17.6	18.2	18.8	19.5	20.1	20.8	21.4	

♃ 1, 6, 11, 16, 21, 26: ♌ 17.1 18.2 19.2 20.2 21.2 22.2 — ♄ 1, 6, 11, 16, 21, 26: ♏ 16 16.3 16.7 17.1 17.6 18 — ♅ 1, 11, 21: ♌ 0.4 0.9 1.3 — ♆ 1, 11, 21: ♎ 26.2 26.5 26.9 — ♇ 1, 11, 21: ♌ 26.8 27.2 27.5

	1	2	3	4	5	6	7	8	9	10	11	12	13	14	15	16	17	18	19	20	21	22	23	24	25	26	27	28	29	30	31
☉	♍ 8.5	9.5	10.5	11.4	12.4	13.4	14.3	15.3	16.3	17.3	18.2	19.2	20.2	21.1	22.1	23.1	24.1	25	26	27	28	29	29.9	♎ 0.9	1.9	2.9	3.9	4.8	5.8	6.8	
☽	♋ 15.7	♌ 0.5	15.4	♍ 0.4	15.3	30	♎ 14.2	28.1	♏ 11.4	24.3	♐ 6.9	19.1	♑ 1.1	13	24.8	♒ 6.7	18.6	♓ 0.7	13	25.4	♈ 8	20.8	♉ 3.8	17	♊ 0.3	13.9	27.7	♋ 11.7	25.9	♌ 10.3	
☿	♎ 5.6	6.5	7.4	8.2	8.9	9.6	10.2	10.7	11.2	11.5	11.8	12.1	12.2	12.2R	12.1	11.9	11.5	11.1	10.5	9.9	9.1	8.2	7.3	6.2	5.1	4	2.9	1.8	0.8	♍ 29.9	
♀	♋ 22.7	23.6	24.6	25.6	26.6	27.6	28.6	29.6	♌ 0.6	1.6	2.7	3.7	4.7	5.8	6.8	7.9	8.9	10	11.1	12.1	13.2	14.3	15.4	16.5	17.6	18.7	19.8	20.9	22	23.1	
♂	♓ 20.8R	20.6	20.3	20	19.8	19.5	19.2	19	18.7	18.4	18.1	17.9	17.6	17.3	17	16.8	16.5	16.3	16	15.8	15.5	15.3	15.1	14.9	14.7	14.5	14.3	14.2	14	13.9	

♃ 1, 6, 11, 16, 21, 26: ♍ 11.3 12.4 13.5 14.5 15.6 16.7 — ♄ 1, 6, 11, 16, 21, 26: ♏ 27 27.3 27.6 27.9 28.3 28.7 — ♅ 1, 11, 21: ♌ 4.8 5.3 5.8 — ♆ 1, 11, 21: ♎ 28.4 28.7 29 — ♇ 1, 11, 21: ♌ 28.6 29 29.3

X

	1	2	3	4	5	6	7	8	9	10	11	12	13	14	15	16	17	18	19	20	21	22	23	24	25	26	27	28	29	30	31
☉	♎ 7	8	9	10	11	12	13	13.9	14.9	15.9	16.9	17.9	18.9	19.9	20.9	21.9	22.8	23.8	24.8	25.8	26.8	27.8	28.8	29.8	♏ 0.8	1.8	2.8	3.8	4.8	5.8	6.8
☽	♓ 26.7	♈ 10.6	24.7	♉ 9	23.4	♊ 7.8	22.1	♋ 6.3	20.3	♌ 4.2	18	♍ 1.6	15	28.2	♎ 11.2	24	♏ 6.6	18.8	♐ 0.9	12.9	24.7	♑ 6.4	18.3	♒ 0.2	12.4	24.9	♓ 7.7	21	♈ 4.7	18.9	♉ 3.3
☿	♎ 28.6	28.6R	28.5	28.3	27.9	27.4	26.8	26	25.2	24.2	23.1	22	20.8	19.6	18.4	17.2	16.2	15.3	14.5	13.9	13.5	13.2	13.2D	13.3	13.6	14.1	14.7	15.5	16.4	17.4	18.5
♀	♎ 15	16.3	17.5	18.8	20	21.3	22.5	23.7	25	26.2	27.5	28.7	30	♏ 1.2	2.5	3.7	5	6.2	7.5	8.7	10	11.2	12.4	13.7	14.9	16.2	17.4	18.7	19.9	21.2	22.4
♂	♍ 22	22.7	23.3	24	24.6	25.2	25.9	26.5	27.1	27.8	28.4	29.1	29.7	♎ 0.3	1	1.6	2.3	2.9	3.6	4.2	4.8	5.5	6.1	6.8	7.4	8	8.7	9.3	10	10.6	11.3

♃ 1, 6, 11, 16, 21, 26, 31: ♌ 23.2 24.1 24.9 25.8 26.6 27.3 28 — ♄ 1, 6, 11, 16, 21, 26, 31: ♏ 18.5 19 19.6 20.1 20.6 21.2 21.8 — ♅ 1, 11, 21, 31: ♌ 1.7 2 2.2 2.3 — ♆ 1, 11, 21, 31: ♎ 27.2 27.6 27.9 28.3 — ♇ 1, 11, 21, 31: ♌ 27.7 28 28.2 28.4

	1	2	3	4	5	6	7	8	9	10	11	12	13	14	15	16	17	18	19	20	21	22	23	24	25	26	27	28	29	30	31
☉	♎ 7.8	8.8	9.8	10.7	11.7	12.7	13.7	14.7	15.7	16.7	17.7	18.6	19.6	20.6	21.6	22.6	23.6	24.6	25.6	26.6	27.6	28.6	29.6	♏ 0.6	1.6	2.6	3.6	4.5	5.5	6.5	7.5
☽	♌ 24.9	♍ 9.5	24	♎ 8.3	22.4	♏ 6	19.3	♐ 2.2	14.8	27.1	♑ 9.1	21	♒ 2.9	14.8	26.8	♓ 8.9	21.3	♈ 3.9	16.8	29.9	♉ 13.3	26.9	♊ 10.6	24.5	♋ 8.5	22.6	♌ 6.8	21	♍ 5.2	19.4	♎ 3.4
☿	♍ 29.1R	28.4	27.9	27.5	27.3	27.3D	27.4	27.8	28.3	28.9	29.7	♎ 0.7	1.7	2.9	4.1	5.4	6.8	8.3	9.8	11.3	12.9	14.5	16.1	17.8	19.4	21.1	22.8	24.4	26.1	27.8	29.4
♀	♌ 24.2	25.3	26.5	27.6	28.7	29.9	♍ 1	2.1	3.3	4.4	5.6	6.7	7.9	9	10.2	11.3	12.5	13.7	14.8	16	17.2	18.4	19.5	20.7	21.9	23.1	24.3	25.5	26.6	27.8	29
♂	♓ 13.8R	13.6	13.5	13.4	13.4	13.3	13.2	13.2	13.2	13.2	13.2D	13.2	13.2	13.2	13.3	13.4	13.4	13.5	13.6	13.8	13.9	14	14.2	14.3	14.5	14.7	14.9	15.1	15.3	15.6	15.8

♃ 1, 6, 11, 16, 21, 26, 31: ♍ 17.7 18.8 19.8 20.8 21.8 22.8 23.7 — ♄ 1, 6, 11, 16, 21, 26, 31: ♏ 29.1 29.6 ♐ 0 0.5 1.1 1.6 2.1 — ♅ 1, 11, 21, 31: ♌ 6.2 6.5 6.8 6.9 — ♆ 1, 11, 21, 31: ♎ 29.3 29.7 ♏ 0.1 0.4 — ♇ 1, 11, 21, 31: ♌ 29.5 29.8 ♍ 0 0.2

XI

	1	2	3	4	5	6	7	8	9	10	11	12	13	14	15	16	17	18	19	20	21	22	23	24	25	26	27	28	29	30	31
☉	♏ 7.8	8.8	9.8	10.8	11.8	12.8	13.8	14.8	15.8	16.8	17.8	18.8	19.8	20.8	21.8	22.9	23.9	24.9	25.9	26.9	27.9	28.9	29.9	♐ 0.9	1.9	3	4	5	6	7	
☽	♉ 18	♊ 2.8	17.6	♋ 2.3	16.8	♌ 1	14.9	28.5	♍ 11.9	25	♎ 7.9	20.5	♏ 3	15.3	27.4	♐ 9.3	21.2	♑ 2.9	14.7	26.5	♒ 8.5	20.6	♓ 3	15.8	29	♈ 12.6	26.7	♉ 11.3	26.1	♊ 11.2	
☿	♎ 19.7	20.9	22.3	23.7	25.1	26.5	28	29.6	♏ 1.1	2.7	4.2	5.8	7.4	9	10.6	12.2	13.8	15.4	17	18.6	20.2	21.8	23.4	25	26.5	28.1	29.7	♐ 1.3	2.9	4.4	
♀	♏ 23.7	24.9	26.2	27.4	28.7	29.9	♐ 1.2	2.4	3.6	4.9	6.1	7.4	8.6	9.9	11.1	12.4	13.6	14.9	16.1	17.4	18.6	19.9	21.1	22.3	23.6	24.8	26.1	27.3	28.6	29.8	
♂	♎ 11.9	12.5	13.2	13.8	14.5	15.1	15.8	16.4	17	17.7	18.3	19	19.6	20.3	20.9	21.6	22.2	22.9	23.5	24.1	24.8	25.4	26.1	26.7	27.4	28	28.7	29.3	30	♏ 0.6	

♃ 1, 6, 11, 16, 21, 26: ♌ 28.2 28.8 29.4 29.9 ♍ 0.3 0.7 — ♄ 1, 6, 11, 16, 21, 26: ♏ 21.9 22.5 23.1 23.7 24.3 24.9 — ♅ 1, 11, 21: ♌ 2.3 2.3R 2.3 — ♆ 1, 11, 21: ♎ 28.3 28.7 29.1 — ♇ 1, 11, 21: ♌ 28.4 28.5 28.6

	1	2	3	4	5	6	7	8	9	10	11	12	13	14	15	16	17	18	19	20	21	22	23	24	25	26	27	28	29	30	31
☉	♏ 8.5	9.5	10.6	11.6	12.6	13.6	14.6	15.6	16.6	17.6	18.6	19.6	20.6	21.6	22.6	23.6	24.6	25.6	26.6	27.7	28.7	29.7	♐ 0.7	1.7	2.7	3.7	4.7	5.7	6.8	7.8	
☽	♎ 17.3	♏ 0.9	14.3	27.3	♐ 10.1	22.6	♑ 4.9	16.9	28.8	♒ 10.7	22.6	♓ 4.6	16.7	29.2	♈ 11.9	24.9	♉ 8.3	22	♊ 6	20.2	♋ 4.6	19.1	♌ 3.5	17.8	♍ 2	16.1	29.9	♎ 13.5	26.9	♏ 10.1	
☿	♏ 1.1	2.8	4.4	6.1	7.7	9.3	11	12.6	14.2	15.8	17.5	19.1	20.7	22.3	23.8	25.4	27	28.6	♐ 0.2	1.7	3.3	4.9	6.4	8	9.5	11.1	12.6	14.2	15.7	17.3	
♀	♎ 0.2	1.4	2.6	3.8	5	6.2	7.4	8.6	9.8	11.1	12.3	13.5	14.7	15.9	17.1	18.3	19.6	20.8	22	23.2	24.4	25.7	26.9	28.1	29.3	♏ 0.6	1.8	3	4.3	5.5	
♂	♓ 16.1	16.3	16.6	16.9	17.2	17.5	17.8	18.1	18.4	18.8	19.1	19.4	19.8	20.2	20.5	20.9	21.3	21.7	22.1	22.5	22.9	23.3	23.8	24.2	24.6	25.1	25.5	26	26.4	26.9	

♃ 1, 6, 11, 16, 21, 26: ♍ 23.9 24.8 25.6 26.4 27.2 27.9 — ♄ 1, 6, 11, 16, 21, 26: ♐ 2.3 2.8 3.4 4 4.6 5.2 — ♅ 1, 11, 21: ♌ 6.9 7 7.0R — ♆ 1, 11, 21: ♏ 0.5 0.8 1.2 — ♇ 1, 11, 21: ♍ 0.2 0.3 0.4

XII

	1	2	3	4	5	6	7	8	9	10	11	12	13	14	15	16	17	18	19	20	21	22	23	24	25	26	27	28	29	30	31
☉	♐ 8	9	10	11.1	12.1	13.1	14.1	15.1	16.1	17.1	18.2	19.2	20.2	21.2	22.2	23.2	24.3	25.3	26.3	27.3	28.3	29.4	♑ 0.4	1.4	2.4	3.4	4.5	5.5	6.5	7.5	8.5
☽	♊ 26.3	♋ 11.4	26.3	♌ 10.8	24.9	♍ 8.6	22	♎ 4.9	17.6	♏ 0	12.2	24.2	♐ 6.2	18	29.8	♑ 11.6	23.4	♒ 5.3	17.3	29.5	♓ 11.9	24.6	♈ 7.6	21	♉ 4.9	19.3	♊ 4	19	♋ 4.3	19.5	♌ 4.6
☿	♐ 6	7.6	9.2	10.7	12.3	13.9	15.4	17	18.6	20.2	21.7	23.3	24.9	26.5	28	29.6	♑ 1.2	2.8	4.4	5.9	7.5	9.1	10.7	12.3	13.9	15.5	17.1	18.6	20.2	21.8	23.3
♀	♑ 1.1	2.3	3.6	4.8	6	7.3	8.5	9.8	11	12.3	13.5	14.8	16	17.2	18.5	19.7	21	22.2	23.4	24.7	25.9	27.2	28.4	29.7	♒ 0.9	2.1	3.4	4.6	5.8	7.1	8.3
♂	♏ 1.3	1.9	2.6	3.2	3.9	4.5	5.2	5.8	6.5	7.1	7.8	8.4	9.1	9.7	10.4	11	11.7	12.3	13	13.6	14.3	14.9	15.6	16.2	16.9	17.5	18.2	18.8	19.5	20.1	20.8

♃ 1, 6, 11, 16, 21, 26, 31: ♍ 1 1.3 1.4 1.5 1.5R 1.4 1.2 — ♄ 1, 6, 11, 16, 21, 26, 31: ♏ 25.5 26.1 26.6 27.2 27.7 28.3 28.8 — ♅ 1, 11, 21, 31: ♌ 2.1R 1.9 1.6 1.2 — ♆ 1, 11, 21, 31: ♎ 29.4 29.7 29.9 ♏ 0.1 — ♇ 1, 11, 21, 31: ♌ 28.6R 28.6 28.5 28.4

	1	2	3	4	5	6	7	8	9	10	11	12	13	14	15	16	17	18	19	20	21	22	23	24	25	26	27	28	29	30	31
☉	♐ 8.8	9.8	10.8	11.8	12.8	13.9	14.9	15.9	16.9	17.9	18.9	20	21	22	23	24	25	26.1	27.1	28.1	29.1	♑ 0.1	1.1	2.2	3.2	4.2	5.2	6.2	7.3	8.3	9.3
☽	♏ 23.1	♐ 5.8	18.4	♑ 0.7	12.9	24.9	♒ 6.8	18.7	♓ 0.5	12.5	24.6	♈ 6.9	19.6	♉ 2.6	16.1	29.9	♊ 14.2	28.8	♋ 13.7	28.6	♌ 13.5	28.2	♍ 12.6	26.7	♎ 10.5	23.9	♏ 7	19.8	♐ 2.4	14.9	27.1
☿	♐ 18.8	20.4	21.9	23.4	25	26.5	28	29.5	♑ 1.1	2.6	4.1	5.6	7.1	8.6	10	11.5	12.9	14.3	15.7	17	18.3	19.6	20.8	21.9	23	24	24.9	25.7	26.3	26.8	27.2
♀	♏ 6.7	8	9.2	10.4	11.7	12.9	14.1	15.4	16.6	17.8	19.1	20.3	21.6	22.8	24	25.3	26.5	27.8	29	♐ 0.3	1.5	2.7	4	5.2	6.5	7.7	9	10.2	11.5	12.7	14
♂	♓ 27.4	27.8	28.3	28.8	29.3	29.8	♈ 0.3	0.8	1.3	1.8	2.3	2.8	3.3	3.8	4.3	4.9	5.4	5.9	6.5	7	7.6	8.1	8.6	9.2	9.7	10.3	10.9	11.4	12	12.5	13.1

♃ 1, 6, 11, 16, 21, 26, 31: ♍ 28.6 29.2 29.8 ♎ 0.3 0.7 1.1 1.4 — ♄ 1, 6, 11, 16, 21, 26, 31: ♐ 5.8 6.3 6.9 7.5 8.1 8.6 9.2 — ♅ 1, 11, 21, 31: ♌ 6.8R 6.6 6.3 6 — ♆ 1, 11, 21, 31: ♏ 1.5 1.8 2.1 2.3 — ♇ 1, 11, 21, 31: ♍ 0.4 0.4R 0.4 0.2

I

	1	2	3	4	5	6	7	8	9	10	11	12	13	14	15	16	17	18	19	20	21	22	23	24	25	26	27	28	29	30	31
☉	10.3	11.3	12.4	13.4	14.4	15.4	16.4	17.5	18.5	19.5	20.5	21.5	22.5	23.6	24.6	25.6	26.6	27.6	28.7	29.7	0.7	1.7	2.7	3.7	4.8	5.8	6.8	7.8	8.8	9.8	10.9
☽	9.3	21.3	3.3	15.1	27	8.9	20.8	2.8	15.1	27.6	10.5	23.9	7.7	22	6.7	21.8	7.1	22.4	7.5	22.2	6.6	20.4	3.8	16.9	29.5	12	24.2	6.3	18.2	0.1	12
☿	27.4	27.4	27.2	26.8	26.3	25.5	24.6	23.5	22.3	21	19.6	18.3	17	15.8	14.7	13.8	13	12.3	11.8	11.5	11.3	11.3	11.3	11.6	11.9	12.3	12.8	13.5	14.2	14.9	15.8
♀	15.2	16.5	17.7	19	20.2	21.5	22.7	23.9	25.2	26.4	27.7	28.9	0.2	1.4	2.7	3.9	5.2	6.4	7.7	8.9	10.2	11.4	12.7	13.9	15.2	16.4	17.7	18.9	20.2	21.4	22.7
♂	13.7	14.2	14.8	15.4	16	16.5	17.1	17.7	18.3	18.9	19.5	20.1	20.6	21.2	21.8	22.4	23	23.6	24.2	24.8	25.4	26	26.6	27.2	27.8	28.4	29	29.6	0.2	0.8	1.5

♃ (1 6 11 16 21 26 31): 1.4 1.6 1.8 1.8 1.8R 1.6 1.5 — ♄ (1 6 11 16 21 26 31): 9.3 9.8 10.3 10.8 11.3 11.7 12.1 — ♅ (1 11 21 31): 5.9R 5.5 5.1 4.7 — ♆ (1 11 21 31): 2.3 2.4 2.5 2.6 — ♇ (1 11 21 31): 0.2R 0.1 29.9 29.6

	1	2	3	4	5	6	7	8	9	10	11	12	13	14	15	16	17	18	19	20	21	22	23	24	25	26	27	28	29	30	31
☉	10.1	11.1	12.1	13.1	14.1	15.2	16.2	17.2	18.2	19.2	20.3	21.3	22.3	23.3	24.3	25.4	26.4	27.4	28.4	29.4	0.4	1.5	2.5	3.5	4.5	5.5	6.5	7.6	8.6	9.6	10.6
☽	10.9	23.4	6.3	19.6	3.2	17.3	1.6	16.1	0.6	15.1	29.5	13.7	27.7	11.4	25	8.5	21.7	4.8	17.6	0.3	12.8	25.1	7.2	19.1	1	12.7	24.6	6.5	18.7	1.2	14
☿	26.8R	26.1	25.7	25.4	25.2	25.3D	25.4	25.7	26.1	26.7	27.3	28	28.8	29.6	0.5	1.5	2.5	3.6	4.7	5.9	7.1	8.3	9.5	10.8	12.1	13.4	14.7	16.1	17.5	18.9	20.3
♀	15.3	15.5	15.8	15.9	16.1	16.2	16.3	16.3	16.3R	16.2	16.1	16	15.8	15.6	15.3	15	14.7	14.3	13.9	13.4	12.9	12.4	11.9	11.3	10.7	10.1	9.5	8.9	8.3	7.7	7
♂	6.2	6.9	7.6	8.3	9	9.7	10.4	11.1	11.8	12.5	13.2	13.9	14.6	15.3	16	16.7	17.4	18.1	18.8	19.5	20.2	20.9	21.6	22.3	23.1	23.8	24.5	25.2	25.9	26.6	27.3

♃: 28.6 29.2 29.7 0.2 0.7 1 1.3 — ♄: 19.4 20 20.5 21.1 21.6 22.1 22.6 — ♅: 10.8R 10.4 10 9.6 — ♆: 4.4 4.6 4.7 4.8 — ♇: 2.1R 2 1.8 1.6

II

	1	2	3	4	5	6	7	8	9	10	11	12	13	14	15	16	17	18	19	20	21	22	23	24	25	26	27	28
☉	11.9	12.9	13.9	14.9	15.9	16.9	18	19	20	21	22	23	24	25	26.1	27.1	28.1	29.1	0.1	1.1	2.1	3.1	4.1	5.1	6.1	7.1	8.1	9.1
☽	23.9	5.8	17.7	29.6	11.7	24	6.5	19.3	2.5	16.1	0.2	14.8	29.8	15.1	0.5	15.7	0.7	15.3	29.4	12.9	26	8.8	21.1	3.3	15.3	27.2	9	20.9
☿	16.7	17.6	18.6	19.6	20.7	21.8	23	24.2	25.4	26.6	27.9	29.2	0.5	1.9	3.2	4.6	6	7.4	8.9	10.3	11.8	13.3	14.8	16.4	17.9	19.5	21	22.6
♀	23.9	25.2	26.4	27.7	28.9	0.2	1.4	2.7	4	5.2	6.5	7.7	9	10.2	11.4	12.7	13.9	15.2	16.4	17.7	18.9	20.2	21.4	22.7	23.9	25.2	26.4	27.7
♂	2.1	2.7	3.3	3.9	4.5	5.1	5.7	6.4	7	7.6	8.2	8.8	9.4	10.1	10.7	11.3	11.9	12.5	13.2	13.8	14.4	15	15.7	16.3	16.9	17.5	18.2	18.8

♃ (1 6 11 16 21 26): 1.4R 1.1 0.8 0.3 29.9 29.3 — ♄: 12.2 12.6 12.9 13.2 13.5 13.7 — ♅ (1 11 21): 4.6R 4.2 3.8 — ♆: 2.6 2.6R 2.5 — ♇: 29.6R 29.4 29.1

	1	2	3	4	5	6	7	8	9	10	11	12	13	14	15	16	17	18	19	20	21	22	23	24	25	26	27	28
☉	11.6	12.6	13.7	14.7	15.7	16.7	17.7	18.7	19.7	20.8	21.8	22.8	23.8	24.8	25.8	26.8	27.8	28.8	29.8	0.9	1.9	2.9	3.9	4.9	5.9	6.9	7.9	8.9
☽	27.3	11.1	25.4	10	24.9	9.9	24.8	9.6	24	8.2	22	5.5	18.7	1.6	14.4	27	9.4	21.6	3.7	15.7	27.5	9.3	21.1	2.9	14.9	27	9.4	22.2
☿	21.7	23.1	24.6	26.1	27.5	29	0.6	2.1	3.6	5.2	6.7	8.3	9.9	11.5	13.1	14.8	16.4	18.1	19.8	21.5	23.2	24.9	26.6	28.4	0.2	2	3.8	5.6
♀	6.4R	5.9	5.3	4.7	4.2	3.7	3.3	2.8	2.4	2.1	1.8	1.5	1.2	1.1	0.9	0.8	0.7	0.7	0.7D	0.7	0.8	0.9	1.1	1.3	1.5	1.8	2.1	2.5
♂	28	28.7	29.4	0.2	0.9	1.6	2.3	3	3.7	4.5	5.2	5.9	6.6	7.3	8	8.8	9.5	10.2	10.9	11.6	12.4	13.1	13.8	14.5	15.3	16	16.7	17.4

♃: 1.3 1.5 1.6 1.7R 1.6 1.5 — ♄: 22.6 23.1 23.5 23.9 24.2 24.5 — ♅: 9.5R 9.1 8.7 — ♆: 4.8 4.8R 4.7 — ♇: 1.5R 1.3 1

III

	1	2	3	4	5	6	7	8	9	10	11	12	13	14	15	16	17	18	19	20	21	22	23	24	25	26	27	28	29	30	31
☉	10.1	11.2	12.2	13.2	14.2	15.2	16.2	17.2	18.2	19.2	20.2	21.2	22.2	23.2	24.1	25.1	26.1	27.1	28.1	29.1	0.1	1.1	2.1	3.1	4.1	5.1	6.1	7.1	8	9	10
☽	2.8	14.7	26.7	8.8	21.1	3.5	16	28.9	12	25.5	9.5	23.8	8.5	23.5	8.6	23.8	8.7	23.3	7.5	21.2	4.4	17.2	29.7	11.9	23.9	5.8	17.6	29.5	11.4	23.5	5.6
☿	24.3	25.9	27.5	29.2	0.9	2.6	4.3	6	7.8	9.6	11.4	13.2	15	16.9	18.7	20.6	22.5	24.5	26.4	28.4	0.4	2.4	4.4	6.4	8.4	10.4	12.5	14.5	16.5	18.5	20.5
♀	28.9	0.2	1.4	2.7	3.9	5.2	6.4	7.7	8.9	10.2	11.4	12.7	13.9	15.1	16.4	17.6	18.9	20.1	21.4	22.6	23.9	25.1	26.3	27.6	28.8	0.1	1.3	2.6	3.8	5	6.3
♂	19.4	20	20.7	21.3	21.9	22.5	23.2	23.8	24.4	25	25.7	26.3	26.9	27.5	28.2	28.8	29.4	0.1	0.7	1.3	1.9	2.6	3.2	3.8	4.5	5.1	5.7	6.3	7	7.6	8.2

♃: 29.0R 28.4 27.8 27.1 26.5 25.8 25.2 — ♄: 13.9 14 14.2 14.3 14.3 14.3R 14.3 — ♅: 3.5R 3.3 3 2.9 — ♆: 2.4R 2.2 2 1.8 — ♇: 28.9R 28.7 28.5 28.3

	1	2	3	4	5	6	7	8	9	10	11	12	13	14	15	16	17	18	19	20	21	22	23	24	25	26	27	28	29	30	31
☉	9.9	10.9	11.9	12.9	13.9	14.9	15.9	16.9	17.9	18.9	19.9	20.9	21.9	22.9	23.9	24.9	25.9	26.9	27.9	28.9	29.9	0.9	1.9	2.9	3.8	4.8	5.8	6.8	7.8	8.8	9.8
☽	5.4	19.1	3.3	18	3	18.2	3.4	18.5	3.3	17.7	1.8	15.4	28.6	11.5	24.1	6.4	18.6	0.7	12.6	24.4	6.3	18	29.9	11.8	23.8	6	18.4	1.1	14.3	27.8	11.8
☿	7.4	9.3	11.2	13.1	15	16.9	18.8	20.8	22.7	24.7	26.6	28.6	0.5	2.5	4.4	6.4	8.2	10.1	11.9	13.7	15.5	17.1	18.7	20.2	21.7	23	24.3	25.5	26.5	27.5	28.3
♀	2.8	3.2	3.6	4.1	4.6	5.1	5.6	6.2	6.7	7.3	8	8.6	9.3	9.9	10.6	11.4	12.1	12.8	13.6	14.4	15.2	16	16.8	17.6	18.5	19.3	20.2	21.1	21.9	22.8	23.7
♂	18.1	18.9	19.6	20.3	21.1	21.8	22.5	23.2	24	24.7	25.4	26.1	26.9	27.6	28.3	29.1	29.8	0.5	1.3	2	2.7	3.5	4.2	4.9	5.7	6.4	7.1	7.9	8.6	9.3	10.1

♃: 1.4R 1.1 0.8 0.4 30 29.5 28.9 — ♄: 24.7 25 25.2 25.4 25.5 25.6 25.7 — ♅: 8.4R 8.1 7.8 7.6 — ♆: 4.6R 4.5 4.3 4 — ♇: 0.8R 0.6 0.4 0.2

IV

	1	2	3	4	5	6	7	8	9	10	11	12	13	14	15	16	17	18	19	20	21	22	23	24	25	26	27	28	29	30
☉	11	12	13	14	14.9	15.9	16.9	17.9	18.9	19.9	20.8	21.8	22.8	23.8	24.8	25.7	26.7	27.7	28.7	29.7	0.6	1.6	2.6	3.6	4.5	5.5	6.5	7.4	8.4	9.4
☽	17.9	0.4	13.1	25.9	9	22.3	5.9	19.8	3.9	18.3	2.9	17.6	2.4	17	1.3	15.4	29	12.3	25.2	7.7	20	2.1	14	25.9	7.7	19.7	1.8	14.2	26.7	9.4
☿	22.5	24.5	26.4	28.2	0	1.8	3.5	5.1	6.7	8.2	9.6	10.9	12.1	13.3	14.3	15.3	16.1	16.9	17.6	18.1	18.6	18.9	19.2	19.4	19.4R	19.3	19.1	18.8	18.4	18
♀	7.5	8.8	10	11.3	12.5	13.7	15	16.2	17.5	18.7	19.9	21.2	22.4	23.6	24.9	26.1	27.4	28.6	29.8	1.1	2.3	3.5	4.8	6	7.2	8.5	9.7	11	12.2	13.4
♂	8.9	9.5	10.1	10.7	11.4	12	12.6	13.3	13.9	14.5	15.1	15.8	16.4	17	17.7	18.3	18.9	19.5	20.2	20.8	21.4	22.1	22.7	23.3	23.9	24.6	25.2	25.8	26.5	27.1

♃ (1 6 11 16 21 26): 25.1R 24.5 23.9 23.4 23 22.6 — ♄: 14.3R 14.2 14 13.9 13.7 13.4 — ♅ (1 11 21): 2.9R 2.9D 2.9 — ♆: 1.8R 1.5 1.2 — ♇: 28.3R 28.1 28

	1	2	3	4	5	6	7	8	9	10	11	12	13	14	15	16	17	18	19	20	21	22	23	24	25	26	27	28	29	30
☉	10.8	11.8	12.7	13.7	14.7	15.7	16.7	17.7	18.6	19.6	20.6	21.6	22.6	23.5	24.5	25.5	26.5	27.5	28.4	29.4	0.4	1.4	2.3	3.3	4.3	5.3	6.2	7.2	8.2	9.2
☽	26.3	11.1	26.3	11.5	26.7	11.7	26.3	10.5	24.3	7.7	20.7	3.3	15.6	27.7	9.6	21.5	3.2	15	26.9	8.8	20.8	3	15.4	28	10.8	24	7.5	21.3	5.6	20.1
☿	29	29.6	0.1	0.4	0.7	0.8	0.8R	0.7	0.5	0.2	29.8	29.3	28.8	28.2	27.5	26.8	26.1	25.4	24.7	24	23.3	22.7	22.1	21.6	21.1	20.7	20.4	20.2	20.1	20
♀	24.7	25.6	26.5	27.5	28.4	29.4	0.3	1.3	2.3	3.3	4.3	5.2	6.3	7.3	8.3	9.3	10.3	11.3	12.4	13.4	14.5	15.5	16.6	17.6	18.7	19.7	20.8	21.9	22.9	24
♂	10.8	11.5	12.3	13	13.7	14.5	15.2	15.9	16.7	17.4	18.2	18.9	19.6	20.4	21.1	21.8	22.6	23.3	24	24.8	25.5	26.3	27	27.7	28.5	29.2	29.9	0.7	1.4	2.2

♃: 28.8R 28.2 27.6 27 26.3 25.7 — ♄: 25.7 25.7R 25.7 25.6 25.5 25.3 — ♅: 7.6R 7.5 7.5D — ♆: 4.0R 3.8 3.5 — ♇: 0.2R 30 29.9

V

	1	2	3	4	5	6	7	8	9	10	11	12	13	14	15	16	17	18	19	20	21	22	23	24	25	26	27	28	29	30	31
☉	10.4	11.3	12.3	13.3	14.2	15.2	16.2	17.1	18.1	19.1	20	21	22	22.9	23.9	24.9	25.8	26.8	27.8	28.7	29.7	0.6	1.6	2.6	3.5	4.5	5.4	6.4	7.4	8.3	9.3
☽	22.4	5.7	19.1	2.8	16.6	0.6	14.8	29	13.3	27.6	11.9	26	10	23.7	7.1	20.2	3.1	15.6	27.9	10	21.9	3.8	15.7	27.7	9.9	22.3	4.9	17.9	1.2	14.9	28.8
☿	18.0R	17.6	17	16.5	15.9	15.2	14.6	14	13.4	12.8	12.3	11.8	11.3	10.9	10.6	10.3	10.1	10	10.0D	10.1	10.3	10.6	10.9	11.3	11.8	12.4	13	13.6	14.4	15.2	
♀	14.7	15.9	17.1	18.4	19.6	20.8	22.1	23.3	24.5	25.7	27	28.2	29.4	0.7	1.9	3.1	4.4	5.6	6.8	8	9.3	10.5	11.7	13	14.2	15.4	16.6	17.9	19.1	20.3	21.6
♂	27.7	28.3	29	29.6	0.2	0.9	1.5	2.1	2.7	3.4	4	4.6	5.2	5.9	6.5	7.1	7.8	8.4	9	9.6	10.3	10.9	11.5	12.1	12.8	13.4	14	14.6	15.3	15.9	16.5

♃: 22.3R 22.1 21.9 21.9 21.8D 21.9 22.1 — ♄: 13.2R 12.9 12.6 12.2 11.9 11.5 11.1 — ♅: 3.1 3.3 3.6 4 — ♆: 1.0R 0.7 0.5 0.3 — ♇: 27.9R 27.9D 27.9 28

	1	2	3	4	5	6	7	8	9	10	11	12	13	14	15	16	17	18	19	20	21	22	23	24	25	26	27	28	29	30	31
☉	10.1	11.1	12.1	13	14	15	15.9	16.9	17.9	18.8	19.8	20.8	21.7	22.7	23.7	24.6	25.6	26.6	27.5	28.5	29.4	0.4	1.4	2.3	3.3	4.3	5.2	6.2	7.1	8.1	9
☽	4.9	19.8	4.8	19.7	4.4	18.7	2.7	16.1	29.2	11.9	24.2	6.3	18.2	0	11.8	23.6	5.6	17.6	29.9	12.3	25	7.9	21	4.3	17.9	1.7	15.8	0	14.5	29	13.7
☿	20.0D	20.1	20.3	20.5	20.9	21.3	21.8	22.3	22.9	23.6	24.3	25.1	26	26.9	27.8	28.9	29.9	1	2.2	3.4	4.6	5.9	7.3	8.6	10.1	11.5	13	14.6	16.1	17.8	19.4
♀	25.1	26.2	27.3	28.4	29.5	0.6	1.7	2.8	3.9	5	6.1	7.2	8.3	9.4	10.5	11.7	12.8	13.9	15	16.1	17.3	18.4	19.5	20.7	21.8	23	24.1	25.2	26.4	27.5	28.7
♂	2.9	3.6	4.4	5.1	5.8	6.6	7.3	8	8.8	9.5	10.2	11	11.7	12.4	13.2	13.9	14.6	15.4	16.1	16.8	17.6	18.3	19	19.7	20.5	21.2	21.9	22.6	23.4	24.1	24.8

♃: 25.1R 24.5 23.9 23.4 23 22.6 22.3 — ♄: 25.2R 24.9 24.7 24.4 24.1 23.8 23.4 — ♅: 7.6 7.8 8.1 8.4 — ♆: 3.2R 3 2.7 2.5 — ♇: 29.8R 29.8 29.8D 29.9

VI

	1	2	3	4	5	6	7	8	9	10	11	12	13	14	15	16	17	18	19	20	21	22	23	24	25	26	27	28	29	30
☉	10.2	11.2	12.2	13.1	14.1	15	16	16.9	17.9	18.9	19.8	20.8	21.7	22.7	23.6	24.6	25.5	26.5	27.4	28.4	29.4	0.3	1.3	2.2	3.2	4.1	5.1	6	7	7.9
☽	12.9	27.2	11.5	25.8	10.1	24.3	8.3	22.2	5.9	19.4	2.7	15.7	28.6	11.2	23.7	5.9	17.9	29.9	11.8	23.6	5.6	17.8	0.2	12.9	26	9.6	23.5	7.8	22.3	7.1
☿	16.1	17	18	19	20.1	21.2	22.4	23.7	25	26.3	27.7	29.2	0.7	2.2	3.8	5.4	7.1	8.9	10.6	12.5	14.3	16.2	18.2	20.2	22.2	24.3	26.4	28.5	0.6	2.8
♀	22.8	24	25.2	26.5	27.7	28.9	0.1	1.4	2.6	3.8	5	6.3	7.5	8.7	9.9	11.2	12.4	13.6	14.8	16	17.3	18.5	19.7	20.9	22.1	23.4	24.6	25.8	27	28.2
♂	17.2	17.8	18.4	19	19.7	20.3	20.9	21.5	22.2	22.8	23.4	24	24.7	25.3	25.9	26.5	27.2	27.8	28.4	29.1	29.7	0.3	0.9	1.6	2.2	2.8	3.4	4.1	4.7	5.3

♃ (1 6 11 16 21 26): 22.1 22.3 22.6 23 23.4 23.9 — ♄: 11.1R 10.7 10.3 10 9.6 9.3 — ♅ (1 11 21): 4 4.5 5 — ♆: 0.2R 0.1 29.9 — ♇: 28 28.2 28.3

	1	2	3	4	5	6	7	8	9	10	11	12	13	14	15	16	17	18	19	20	21	22	23	24	25	26	27	28	29	30
☉	10	11	11.9	12.9	13.8	14.8	15.8	16.7	17.7	18.6	19.6	20.5	21.5	22.4	23.4	24.3	25.3	26.3	27.2	28.2	29.1	0.1	1	2	2.9	3.9	4.9	5.8	6.8	7.7
☽	28.2	12.7	26.9	10.7	24.2	7.3	20	2.3	14.5	26.4	8.2	20	1.9	13.9	26.1	8.6	21.3	4.3	17.8	1.1	14.8	28.6	12.6	26.6	10.8	25	9.2	23.4	7.5	21.6
☿	21.1	22.9	24.7	26.5	28.4	0.3	2.2	4.2	6.2	8.2	10.3	12.4	14.5	16.7	18.8	21	23.2	25.4	27.6	29.8	2	4.2	6.3	8.4	10.6	12.6	14.7	16.7	18.7	20.7
♀	29.8	1	2.1	3.3	4.4	5.6	6.7	7.9	9	10.2	11.4	12.5	13.7	14.8	16	17.2	18.3	19.5	20.7	21.8	23	24.2	25.4	26.5	27.7	28.9	0	1.2	2.4	3.6
♂	25.5	26.2	27	27.7	28.4	29.1	29.8	0.6	1.3	2	2.7	3.4	4.1	4.8	5.5	6.2	6.9	7.6	8.3	9	9.7	10.4	11.1	11.8	12.5	13.2	13.9	14.6	15.3	16

♃: 22.2R 22 21.9 21.8 21.8D 21.8 — ♄: 23.4R 23 22.6 22.3 21.9 21.5 — ♅: 8.5 8.9 9.4 — ♆: 2.5R 2.3 2.1 — ♇: 29.9 30 0.2

VII

	1	2	3	4	5	6	7	8	9	10	11	12	13	14	15	16	17	18	19	20	21	22	23	24	25	26	27	28	29	30	31
☉	8.9	9.8	10.8	11.8	12.7	13.7	14.6	15.6	16.5	17.5	18.4	19.4	20.3	21.3	22.2	23.2	24.2	25.1	26.1	27	28	28.9	29.9	0.8	1.8	2.7	3.7	4.7	5.6	6.6	7.5
☽	21.8	6.5	20.9	5.1	19.1	2.7	16.1	29.3	12.2	25	7.5	19.9	2.2	14.3	26.3	8.1	20	1.9	13.8	25.9	8.3	21	4.1	17.7	1.7	16.2	1.1	16.1	1.3	16.3	1
☿	5	7.1	9.3	11.5	13.6	15.8	18	20.1	22.2	24.3	26.3	28.4	0.4	2.4	4.3	6.2	8.1	10	11.8	13.6	15.4	17.1	18.8	20.5	22.1	23.7	25.3	26.9	28.4	29.9	1.4
♀	29.5	0.7	1.9	3.1	4.3	5.6	6.8	8	9.2	10.4	11.6	12.9	14.1	15.3	16.5	17.7	18.9	20.2	21.4	22.6	23.8	25	26.2	27.4	28.6	29.9	1.1	2.3	3.5	4.7	5.9
♂	5.9	6.6	7.2	7.8	8.5	9.1	9.7	10.3	11	11.6	12.2	12.9	13.5	14.1	14.7	15.4	16	16.6	17.3	17.9	18.5	19.1	19.8	20.4	21	21.7	22.3	22.9	23.5	24.2	24.8

♃: 24.4 25 25.7 26.4 27.2 27.9 28.8 — ♄: 9.0R 8.7 8.5 8.2 8.1 7.9 7.8 — ♅: 5.5 6.1 6.7 7.3 — ♆: 29.9R 29.8 29.8D 29.8 — ♇: 28.6 28.8 29.1 29.4

	1	2	3	4	5	6	7	8	9	10	11	12	13	14	15	16	17	18	19	20	21	22	23	24	25	26	27	28	29	30	31
☉	8.7	9.6	10.6	11.5	12.5	13.4	14.4	15.3	16.3	17.2	18.2	19.2	20.1	21.1	22	23	23.9	24.9	25.8	26.8	27.7	28.7	29.6	0.6	1.6	2.5	3.5	4.4	5.4	6.3	7.3
☽	5.4	19	2.3	15.3	27.9	10.3	22.4	4.3	16.1	27.9	9.9	21.9	4.3	16.9	29.9	13.2	26.8	10.7	24.8	9.1	23.3	7.6	21.8	5.9	19.9	3.8	17.6	1.2	14.6	27.9	10.9
☿	22.6	24.5	26.4	28.2	0	1.8	3.5	5.2	6.9	8.5	10.1	11.7	13.2	14.7	16.1	17.5	18.9	20.3	21.6	22.8	24.1	25.3	26.4	27.5	28.6	29.6	0.6	1.5	2.3	3.1	3.9
♀	4.8	5.9	7.1	8.3	9.5	10.7	11.9	13	14.2	15.4	16.6	17.8	19	20.2	21.4	22.6	23.8	24.9	26.1	27.3	28.5	29.7	0.9	2.1	3.3	4.5	5.7	6.9	8.1	9.3	10.5
♂	16.6	17.3	18	18.7	19.4	20	20.7	21.4	22	22.7	23.4	24	24.7	25.3	26	26.6	27.3	27.9	28.6	29.2	29.8	0.5	1.1	1.7	2.4	3	3.6	4.2	4.8	5.4	6

♃: 22 22.2 22.5 22.8 23.2 23.7 24.2 — ♄: 21.2R 20.8 20.5 20.2 20 19.7 19.5 — ♅: 9.9 10.5 11.1 11.7 — ♆: 2.0R 2 2.0D 2.1 — ♇: 0.4 0.6 0.9 1.2

VIII

	1	2	3	4	5	6	7	8	9	10	11	12	13	14	15	16	17	18	19	20	21	22	23	24	25	26	27	28	29	30	31
☉	8.5	9.4	10.4	11.4	12.3	13.3	14.2	15.2	16.1	17.1	18.1	19	20	20.9	21.9	22.9	23.8	24.8	25.7	26.7	27.7	28.6	29.6	0.6	1.5	2.5	3.5	4.4	5.4	6.4	7.3
☽	15.4	29.4	13	26.3	9.3	22	4.5	16.8	29	11	23	4.9	16.8	28.6	10.5	22.5	4.6	16.9	29.5	12.6	26.1	10.1	24.5	9.4	24.6	9.9	25.2	10.2	24.8	9	22.7
☿	2.8	4.2	5.6	6.9	8.2	9.5	10.7	11.9	13.1	14.2	15.3	16.4	17.4	18.3	19.2	20.1	20.8	21.5	22.2	22.9	23.5	24	24.4	24.7	25	25.2	25.2R	25.1	24.9	24.6	
♀	7.1	8.3	9.5	10.7	11.9	13.1	14.4	15.6	16.8	18	19.2	20.4	21.6	22.8	24	25.2	26.4	27.6	28.8	30	1.2	2.4	3.6	4.8	6	7.1	8.3	9.5	10.7	11.9	13.1
♂	25.4	26.1	26.7	27.3	28	28.6	29.2	29.9	0.5	1.1	1.8	2.4	3	3.7	4.3	4.9	5.6	6.2	6.8	7.5	8.1	8.7	9.4	10	10.6	11.3	11.9	12.6	13.2	13.8	14.5

♃: 28.9 29.8 0.7 1.6 2.6 3.6 4.6 — ♄: 7.8R 7.7 7.7 7.7D 7.7 7.8 8 — ♅: 7.4 8 8.6 9.2 — ♆: 29.9 0.1 0.3 0.5 — ♇: 29.4 29.7 0.1 0.4

	1	2	3	4	5	6	7	8	9	10	11	12	13	14	15	16	17	18	19	20	21	22	23	24	25	26	27	28	29	30	31
☉	8.2	9.2	10.2	11.1	12.1	13	14	15	15.9	16.9	17.8	18.8	19.7	20.7	21.7	22.6	23.6	24.6	25.5	26.5	27.4	28.4	29.4	0.3	1.3	2.3	3.2	4.2	5.2	6.1	7.1
☽	23.6	6.1	18.3	0.4	12.3	24.1	5.9	17.8	29.9	12.2	24.8	7.7	21.5	5.4	19.7	4.2	18.8	3.5	18.1	2.5	16.7	0.7	14.4	28	11.3	24.4	7.2	19.9	2.4	14.6	26.7
☿	4.6	5.2	5.8	6.3	6.7	7.1	7.4	7.6	7.7	7.7R	7.6	7.5	7.2	6.9	6.5	5.9	5.3	4.7	4	3.2	2.5	1.7	1	0.4	29.9	29.6	28.8	28	27.2	25.9	25.4
♀	11.8	13	14.2	15.4	16.6	17.8	19	20.2	21.4	22.6	23.9	25.1	26.3	27.5	28.7	29.9	1.1	2.4	3.6	4.8	6	7.3	8.5	9.7	10.9	12.1	13.4	14.6	15.8	17.1	18.3
♂	6.6	7.2	7.8	8.4	9	9.6	10.1	10.7	11.3	11.9	12.4	13	13.5	14.1	14.6	15.1	15.7	16.2	16.7	17.2	17.7	18.2	18.7	19.2	19.7	20.2	20.7	21.1	21.6	22.1	22.5

♃: 24.4 25 25.6 26.3 27.1 27.9 28.7 — ♄: 19.5R 19.3 19.2 19.1 19.1 19.1D 19.1 — ♅: 11.7 12.4 13 13.6 — ♆: 2.1 2.2 2.4 2.6 — ♇: 1.2 1.5 1.9 2.2

IX

	1	2	3	4	5	6	7	8	9	10	11	12	13	14	15	16	17	18	19	20	21	22	23	24	25	26	27	28	29	30
☉	8.3	9.3	10.2	11.2	12.2	13.1	14.1	15.1	16	17	18	19	19.9	20.9	21.9	22.9	23.8	24.8	25.8	26.8	27.7	28.7	29.7	0.7	1.7	2.6	3.6	4.6	5.6	6.6
☽	6	18.9	1.5	13.9	26.1	8.1	20	1.9	13.8	25.7	7.6	19.5	1.5	13.7	26.1	8.8	21.8	5.2	19	3.3	18	3	18.2	3.4	18.5	3.2	17.6	1.5	14.9	27.9
☿	24.2	23.6	23	22.3	21.5	20.6	19.7	18.7	17.7	16.7	15.7	14.8	13.9	13.2	12.5	11.9	11.5	11.3	11.2	11.2	11.4	11.8	12.3	13	13.9	14.8	15.9	17.1	18.4	19.7
♀	14.3	15.5	16.7	17.9	19.1	20.2	21.4	22.6	23.8	25	26.2	27.3	28.5	29.7	0.9	2.1	3.2	4.4	5.6	6.7	7.9	9.1	10.3	11.4	12.6	13.8	14.9	16.1	17.3	18.4
♂	15.1	15.7	16.4	17	17.7	18.3	18.9	19.6	20.2	20.9	21.5	22.2	22.8	23.5	24.1	24.7	25.4	26	26.7	27.3	28	28.6	29.2	29.9	0.5	1.2	1.8	2.5	3.1	3.8

♃ (1 6 11 16 21 26): 4.8 5.8 6.9 7.9 9 10.1 — ♄: 8 8.2 8.4 8.7 8.9 9.3 — ♅ (1 11 21): 9.2 9.8 10.2 — ♆: 0.5 0.8 1.1 — ♇: 0.4 0.7 1.1

	1	2	3	4	5	6	7	8	9	10	11	12	13	14	15	16	17	18	19	20	21	22	23	24	25	26	27	28	29	30
☉	8.1	9	10	11	11.9	12.9	13.9	14.8	15.8	16.8	17.8	18.7	19.7	20.7	21.7	22.6	23.6	24.6	25.6	26.5	27.5	28.5	29.5	0.4	1.4	2.4	3.4	4.4	5.3	6.3
☽	8.6	20.5	2.3	14.1	25.9	8	20.3	3	16.1	29.6	13.6	28	12.7	27.7	12.7	27.6	12.4	26.9	11	24.8	8.2	21.4	4.2	16.8	29.2	11.4	23.5	5.4	17.2	29
☿	24.8	24.7	24.7	24.9	25.2	25.6	26.2	27	27.8	28.8	29.9	1.2	2.5	3.9	5.4	6.9	8.6	10.2	12	13.7	15.5	17.3	19.1	20.9	22.8	24.6	26.4	28.3	0.1	1.9
♀	19.5	20.7	22	23.2	24.4	25.7	26.9	28.1	29.4	0.6	1.8	3.1	4.3	5.5	6.8	8	9.3	10.5	11.7	13	14.2	15.5	16.7	17.9	19.2	20.4	21.7	22.9	24.2	25.4
♂	22.9	23.4	23.8	24.2	24.6	25	25.4	25.8	26.2	26.5	26.9	27.2	27.5	27.9	28.2	28.5	28.7	29	29.3	29.5	29.7	30	0.2	0.3	0.5	0.7	0.9	1	1.1	1.2

♃: 28.9 29.8 0.7 1.6 2.6 3.6 — ♄: 19.1 19.2 19.3 19.5 19.7 20 — ♅: 13.6 14.2 14.7 — ♆: 2.6 2.9 3.2 — ♇: 2.2 2.6 2.9

X

	1	2	3	4	5	6	7	8	9	10	11	12	13	14	15	16	17	18	19	20	21	22	23	24	25	26	27	28	29	30	31
☉	7.6	8.5	9.5	10.5	11.5	12.5	13.5	14.4	15.4	16.4	17.4	18.4	19.4	20.4	21.4	22.4	23.4	24.3	25.3	26.3	27.3	28.3	29.3	0.3	1.3	2.3	3.3	4.3	5.3	6.3	7.3
☽	10.5	22.9	5	17	28.9	10.7	22.6	4.5	16.5	28.8	11.4	24.3	7.6	21.3	5.8	18.6	1.7	15.1	29.8	12.9	27.3	12	26.9	11.8	26.6	11.2	25.6	9.5	23	6.1	18.9
☿	21.2	22.7	24.3	25.9	27.5	29.2	0.8	2.5	4.1	5.8	7.4	9	10.7	12.3	13.9	15.5	17	18.6	20.1	21.6	23.1	24.6	26.1	27.5	29	0.4	1.8	3.2	4.5	5.8	7.1
♀	19.6	20.7	21.9	23	24.2	25.3	26.5	27.6	28.8	29.9	1.1	2.2	3.4	4.5	5.6	6.8	7.9	9	10.2	11.3	12.4	13.5	14.7	15.8	16.9	18	19.1	20.2	21.3	22.4	23.5
♂	4.4	5.1	5.7	6.4	7	7.7	8.3	9	9.6	10.3	10.9	11.6	12.2	12.9	13.5	14.2	14.9	15.5	16.2	16.8	17.5	18.1	18.8	19.5	20.1	20.8	21.5	22.1	22.8	23.4	24.1

♃: 11.1 12.2 13.3 14.4 15.5 16.5 17.6 — ♄: 9.6 10 10.4 10.9 11.3 11.8 12.3 — ♅: 10.7 11 11.3 11.5 — ♆: 1.4 1.8 2.2 2.5 — ♇: 1.3 1.6 1.8 2

	1	2	3	4	5	6	7	8	9	10	11	12	13	14	15	16	17	18	19	20	21	22	23	24	25	26	27	28	29	30	31
☉	7.3	8.3	9.3	10.3	11.3	12.3	13.2	14.2	15.2	16.2	17.2	18.2	19.2	20.1	21.1	22.1	23.1	24.1	25.1	26.1	27.1	28.1	29.1	0.1	1.1	2.1	3.1	4.1	5.1	6.1	7.1
☽	10.8	22.6	4.6	16.6	29	11.6	24.6	8	21.8	6.1	20.8	5.8	21	6.2	21.2	6	20.4	4.4	17.9	1	13.8	26.2	8.5	20.5	2.5	14.4	26.3	8.3	20.3		
☿	3.7	5.5	7.3	9.1	10.9	12.6	14.4	16.1	17.8	19.5	21.2	22.8	24.5	26.1	27.8	29.4	1	2.6	4.2	5.8	7.4	8.9	10.5	12	13.6	15.1	16.6	18.1	19.6	21.1	22.5
♀	26.6	27.9	29.1	0.4	1.6	2.9	4.1	5.4	6.6	7.9	9.1	10.4	11.6	12.9	14.1	15.4	16.6	17.9	19.1	20.4	21.6	22.9	24.1	25.4	26.6	27.9	29.2	0.4	1.7	2.9	4.2
♂	1.9	2.1	2.2	2.3	2.3	2.4	2.5	2.5	2.5	2.6	2.6R	2.5	2.5	2.4	2.3	2.2	2.1	2	1.9	1.7	1.6	1.4	1.2	1.1	0.8	0.5	0.3	0	29.8	29.5	29.3

♃: 4.6 5.6 6.7 7.8 8.8 9.9 11 — ♄: 20.2 20.5 20.9 21.3 21.7 22.1 22.6 — ♅: 15.2 15.6 15.9 16.1 — ♆: 3.5 3.9 4.2 4.6 — ♇: 3.2 3.4 3.7 3.9

XI

	1	2	3	4	5	6	7	8	9	10	11	12	13	14	15	16	17	18	19	20	21	22	23	24	25	26	27	28	29	30
☉	8.3	9.3	10.3	11.3	12.3	13.3	14.3	15.3	16.3	17.3	18.3	19.3	20.3	21.4	22.4	23.4	24.4	25.4	26.4	27.4	28.4	29.4	0.4	1.4	2.5	3.5	4.5	5.5	6.5	7.5
☽	25.4	7.3	19.1	1	13	25.1	7.4	19.9	2.6	15.5	28.7	12	25.6	9.4	23.4	7.6	21.9	6.4	20.8	5.2	19.5	3.6	17.4	0.8	13.9	26.7	9.2	21.4	4	15.8
☿	13.3	14.8	16.4	18	19.6	21.1	22.7	24.2	25.8	27.3	28.9	0.4	1.9	3.4	4.9	6.5	8	9.4	10.9	12.4	13.9	15.4	16.8	18.3	19.7	21.2	22.6	24	25.4	26.7
♀	24.6	25.7	26.8	27.9	28.9	0	1.1	2.1	3.2	4.3	5.3	6.4	7.4	8.4	9.5	10.5	11.5	12.5	13.5	14.5	15.5	16.5	17.5	18.5	19.4	20.4	21.4	22.3	23.2	24.1
♂	24.8	25.4	26.1	26.8	27.4	28.1	28.8	29.4	0.1	0.8	1.4	2.1	2.8	3.4	4.1	4.8	5.4	6.1	6.8	7.5	8.1	8.8	9.5	10.2	10.8	11.5	12.2	12.9	13.5	14.2

♃ (1 6 11 16 21 26): 17.8 18.8 19.9 20.9 21.8 22.8 — ♄: 12.4 13 13.5 14.1 14.6 15.2 — ♅ (1 11 21): 11.5 11.6 11.7R — ♆: 2.6 2.9 3.3 — ♇: 2 2.2 2.3

	1	2	3	4	5	6	7	8	9	10	11	12	13	14	15	16	17	18	19	20	21	22	23	24	25	26	27	28	29	30
☉	8.1	9.1	10.1	11.1	12.1	13.1	14.1	15.1	16.1	17.1	18.1	19.1	20.1	21.1	22.1	23.1	24.1	25.1	26.2	27.2	28.2	29.2	0.2	1.2	2.2	3.2	4.2	5.3	6.3	7.3
☽	25.8	8.2	20.8	3.8	17.1	0.7	14.8	29.2	14	29.1	14.2	29.3	14.3	28.9	13	26.7	9.9	22.7	5.2	17.3	29.3	11.1	22.9	4.7	16.5	28.5	10.6	22.8	5.3	17.9
☿	24	25.5	27	28.4	29.9	1.3	2.7	4.1	5.5	6.8	8.2	9.5	10.8	12.1	13.4	14.6	15.8	17	18.1	19.2	20.2	21.2	22.1	23	23.7	24.4	25	25.3	25.6	25.7
♀	5.4	6.7	7.9	9.2	10.4	11.7	12.9	14.2	15.4	16.7	17.9	19.2	20.5	21.7	23	24.2	25.5	26.7	28	29.3	0.5	1.8	3	4.3	5.6	6.8	8	9.3	10.5	11.8
♂	29.2	28.9	28.6	28.3	27.9	27.6	27.3	26.9	26.5	26.2	25.8	25.5	25.1	24.7	24.4	24	23.7	23.4	23	22.6	22.3	21.9	21.5	21.2	20.9	20.6	20.3	20	19.7	19.4

♃: 11.2 12.3 13.4 14.5 15.6 16.7 — ♄: 22.7 23.1 23.6 24.2 24.7 25.3 — ♅: 16.2 16.3 16.4 — ♆: 4.7 5 5.4 — ♇: 3.9 4.1 4.2

XII

	1	2	3	4	5	6	7	8	9	10	11	12	13	14	15	16	17	18	19	20	21	22	23	24	25	26	27	28	29	30	31
☉	8.5	9.5	10.6	11.6	12.6	13.6	14.6	15.6	16.7	17.7	18.7	19.7	20.7	21.7	22.8	23.8	24.8	25.8	26.8	27.8	28.9	29.9	0.9	1.9	2.9	4	5	6	7	8	9.1
☽	27.1	9	21	3.2	15.6	28.4	11.4	24.8	8.4	22.2	6.2	20.3	4.4	18.6	2.7	16.8	0.8	14.7	28.3	11.6	24.6	7.4	19.8	2	13.9	25.8	7.6	19.6	1.8	14.4	27.6
☿	28.1	29.4	0.7	1.9	3.2	4.3	5.4	6.5	7.5	8.4	9.2	9.9	10.5	11	11.3	11.5	11.4R	11.3	10.9	10.3	9.6	8.7	7.5	6.3	5	3.6	2.2	0.9	29.7	28.6	27.6
♀	25.1	26	26.8	27.7	28.6	29.5	0.3	1.1	1.9	2.7	3.5	4.3	5.1	5.8	6.5	7.2	7.9	8.6	9.2	9.8	10.4	11	11.6	12.1	12.6	13.1	13.5	13.9	14.3	14.7	15
♂	14.9	15.6	16.3	16.9	17.6	18.3	19	19.7	20.3	21	21.7	22.4	23.1	23.8	24.5	25.1	25.8	26.5	27.2	27.9	28.6	29.3	30	0.7	1.3	2	2.7	3.4	4.1	4.8	5.5

♃: 23.7 24.6 25.5 26.3 27.1 27.8 28.5 — ♄: 15.8 16.4 17 17.6 18.2 18.8 19.3 — ♅: 11.6R 11.4 11.2 10.8 — ♆: 3.6 3.9 4.2 4.4 — ♇: 2.3 2.3R 2.3 2.1

	1	2	3	4	5	6	7	8	9	10	11	12	13	14	15	16	17	18	19	20	21	22	23	24	25	26	27	28	29	30	31
☉	8.3	9.3	10.3	11.3	12.3	13.4	14.4	15.4	16.4	17.4	18.4	19.5	20.5	21.5	22.5	23.5	24.5	25.6	26.6	27.6	28.6	29.6	0.7	1.7	2.7	3.7	4.7	5.7	6.8	7.8	8.8
☽	0.7	13.7	27	10.6	24.4	8.6	23	7.7	22.5	7.4	22.2	6.8	21	4.8	18.1	0.9	13.4	25.6	7.6	19.4	1.2	13	24.9	7	19.3	1.8	14.6	27.5	10.7	24.4	7.9
☿	25.7	25.5	24.5	23.7	22.8	21.7	20.5	19.2	17.8	16.4	15.1	13.8	12.7	11.7	10.9	10.2	9.8	9.5	9.4D	9.5	9.8	10.3	10.8	11.6	12.6	13.5	14.5	15.5	16.6		
♀	13.1	14.4	15.6	16.9	18.1	19.4	20.6	21.9	23.2	24.4	25.7	26.9	28.2	29.4	0.7	2	3.2	4.5	5.7	7	8.2	9.5	10.7	12	13.3	14.5	15.8	17	18.3	19.5	20.8
♂	19.1	18.9	18.6	18.4	18.2	18	17.8	17.7	17.6	17.5	17.5	17.4	17.2	17.1	17	16.9	16.8	16.7	16.7	16.6	16.6	16.6	16.6D	16.6	16.7	16.7	16.8	16.9	17	17.1	17.3

♃: 17.8 18.8 19.9 20.9 21.9 22.9 23.8 — ♄: 25.8 26.4 27 27.6 28.2 28.8 29.4 — ♅: 16.3R 16.2 16 15.7 — ♆: 5.7 6 6.3 6.5 — ♇: 4.2 4.2R 4.2 4.1

1959

I

	1	2	3	4	5	6	7	8	9	10	11	12	13	14	15	16	17	18	19	20	21	22	23	24	25	26	27	28	29	30	31
☉	♑ 9.8	10.8	11.9	12.9	13.9	14.9	15.9	17	18	19	20	21	22.1	23.1	24.1	25.1	26.1	27.1	28.2	29.2	♒ 0.2	1.2	2.2	3.3	4.3	5.3	6.3	7.3	8.3	9.4	10.4
☽	♍ 21.2	♎ 5	19	♏ 3.1	17.4	♐ 1.8	16.3	♑ 0.7	14.9	28.9	♒ 12.6	25.8	♓ 8.7	21.2	♈ 3.4	15.4	27.3	♉ 9.1	20.9	♊ 2.9	15.1	27.5	♋ 10.2	23.2	♌ 6.6	20.1	♍ 3.9	17.8	♎ 1.8	15.9	29.9
☿	♐ 17.6	18.8	20	21.2	22.4	23.7	25	26.3	27.7	29	♑ 0.4	1.8	3.2	4.7	6.1	7.5	9	10.5	12	13.5	15	16.5	18	19.5	21.1	22.6	24.2	25.8	27.4	29	♒ 0.6
♀	♑ 22.1	23.3	24.6	25.8	27.1	28.3	29.6	♒ 0.8	2.1	3.3	4.6	5.9	7.1	8.4	9.6	10.9	12.1	13.4	14.6	15.9	17.1	18.4	19.6	20.9	22.1	23.4	24.6	25.9	27.1	28.4	29.6
♂	♉ 17.5	17.6	17.8	17.9	18.1	18.3	18.5	18.7	18.9	19.1	19.4	19.6	19.9	20.1	20.4	20.7	21	21.3	21.6	21.9	22.2	22.5	22.8	23.2	23.5	23.9	24.2	24.6	25	25.3	25.7

♃ 1: ♏ 24 · 6: 24.9 · 11: 25.7 · 16: 26.6 · 21: 27.3 · 26: 28.1 · 31: 28.8 — ♄ 1: ♐ 29.5 · 6: ♑ 0.1 · 11: 0.6 · 16: 1.2 · 21: 1.7 · 26: 2.3 · 31: 2.8 — ♅ 1: ♌ 15.7R · 11: 15.3 · 21: 14.9 · 31: 14.5 — ♆ 1: ♏ 6.6 · 11: 6.7 · 21: 6.9 · 31: 6.9 — ♇ 1: ♍ 4.1R · 11: 3.9 · 21: 3.7 · 31: 3.5

II

	1	2	3	4	5	6	7	8	9	10	11	12	13	14	15	16	17	18	19	20	21	22	23	24	25	26	27	28	29	30	31
☉	♒ 11.4	12.4	13.4	14.4	15.4	16.5	17.5	18.5	19.5	20.5	21.5	22.5	23.5	24.6	25.6	26.6	27.6	28.6	29.6	♓ 0.6	1.6	2.6	3.6	4.6	5.6	6.6	7.7	8.7			
☽	♏ 14	28.1	♐ 12.2	26.2	♑ 10.1	23.9	♒ 7.5	20.8	♓ 3.9	16.6	29	♈ 11.2	23.2	♉ 5	16.8	28.7	♊ 10.7	22.8	♋ 5.3	18.1	♌ 1.3	14.9	28.8	♍ 12.9	27.3	♎ 11.8	26.2	♏ 10.6			
☿	♒ 2.2	3.8	5.5	7.1	8.8	10.5	12.2	13.9	15.6	17.3	19.1	20.8	22.6	24.4	26.2	28	29.8	♓ 1.7	3.5	5.4	7.3	9.1	11	12.9	14.8	16.6	18.5	20.4			
♀	♓ 0.9	2.1	3.4	4.6	5.9	7.1	8.4	9.6	10.8	12.1	13.3	14.6	15.8	17.1	18.3	19.5	20.8	22	23.3	24.5	25.7	27	28.2	29.5	♈ 0.7	1.9	3.2	4.4			
♂	♉ 26.1	26.5	26.9	27.3	27.7	28.1	28.5	28.9	29.3	29.8	♊ 0.2	0.6	1.1	1.5	2	2.4	2.9	3.3	3.8	4.2	4.7	5.2	5.6	6.1	6.6	7.1	7.6	8.1			

♃ 1: ♏ 28.9 · 6: 29.5 · 11: ♐ 0 · 16: 0.5 · 21: 1 · 26: 1.3 — ♄ 1: ♑ 2.9 · 6: 3.4 · 11: 3.9 · 16: 4.3 · 21: 4.7 · 26: 5.1 — ♅ 1: ♌ 14.4R · 11: 14 · 21: 13.6 — ♆ 1: ♏ 6.9 · 11: 7.0R · 21: 6.9 — ♇ 1: ♍ 3.5R · 11: 3.3 · 21: 3

III

	1	2	3	4	5	6	7	8	9	10	11	12	13	14	15	16	17	18	19	20	21	22	23	24	25	26	27	28	29	30	31
☉	♓ 9.7	10.7	11.7	12.7	13.7	14.7	15.7	16.7	17.7	18.7	19.7	20.7	21.7	22.7	23.7	24.7	25.7	26.7	27.6	28.6	29.6	♈ 0.6	1.6	2.6	3.6	4.6	5.6	6.6	7.6	8.6	9.5
☽	♏ 24.9	♐ 9.1	23	♑ 6.8	20.4	♒ 3.7	16.9	29.8	♓ 12.5	24.9	♈ 7.2	19.3	♉ 1.2	13	24.8	♊ 6.7	18.6	♋ 0.8	13.2	26	♌ 9.2	22.8	♍ 6.8	21.2	♎ 5.9	20.7	♏ 5.6	20.5	♐ 5.1	19.5	♑ 3.6
☿	♓ 22.2	24	25.8	27.5	29.2	♈ 0.8	2.4	3.9	5.3	6.6	7.8	8.9	9.9	10.7	11.5	12	12.5	12.8	13	13.0R	12.9	12.7	12.3	11.9	11.3	10.7	9.9	9.2	8.3	7.5	6.6
♀	♈ 5.6	6.9	8.1	9.3	10.5	11.8	13	14.2	15.5	16.7	17.9	19.1	20.4	21.6	22.8	24	25.2	26.5	27.7	28.9	♉ 0.1	1.3	2.5	3.8	5	6.2	7.4	8.6	9.8	11	12.2
♂	♊ 8.5	9	9.5	10	10.5	11	11.5	12	12.6	13.1	13.6	14.1	14.6	15.1	15.7	16.2	16.7	17.2	17.8	18.3	18.8	19.4	19.9	20.4	21	21.5	22.1	22.6	23.1	23.7	24.2

♃ 1: ♐ 1.5 · 6: 1.7 · 11: 1.9 · 16: 2 · 21: 2.0R · 26: 1.9 · 31: 1.8 — ♄ 1: ♑ 5.3 · 6: 5.7 · 11: 6 · 16: 6.3 · 21: 6.5 · 26: 6.7 · 31: 6.8 — ♅ 1: ♌ 13.3R · 11: 12.9 · 21: 12.6 · 31: 12.4 — ♆ 1: ♏ 6.8R · 11: 6.7 · 21: 6.5 · 31: 6.3 — ♇ 1: ♍ 2.8R · 11: 2.5 · 21: 2.3 · 31: 2.1

IV

	1	2	3	4	5	6	7	8	9	10	11	12	13	14	15	16	17	18	19	20	21	22	23	24	25	26	27	28	29	30	31
☉	♈ 10.5	11.5	12.5	13.5	14.5	15.5	16.4	17.4	18.4	19.4	20.4	21.4	22.3	23.3	24.3	25.3	26.2	27.2	28.2	29.2	♉ 0.2	1.1	2.1	3.1	4.1	5	6	7	7.9	8.9	
☽	♑ 17.3	♒ 0.7	13.8	26.6	♓ 9.2	21.6	♈ 3.8	15.8	27.8	♉ 9.6	21.4	♊ 3.2	15.1	27.1	♋ 9.2	21.6	♌ 4.3	17.4	♍ 0.9	14.8	29.2	♎ 14	29	♏ 14.2	29.4	♐ 14.4	29.1	♑ 13.3	27.2	♒ 10.6	
☿	♈ 5.8R	5	4.2	3.5	2.9	2.3	1.8	1.4	1.1	0.8	0.7	0.6	0.7D	0.8	1	1.3	1.7	2.1	2.6	3.2	3.8	4.6	5.3	6.2	7	8	9	10	11.1	12.2	
♀	♉ 13.4	14.6	15.8	17	18.2	19.4	20.6	21.8	23	24.2	25.4	26.6	27.8	29	♊ 0.1	1.3	2.5	3.7	4.9	6.1	7.2	8.4	9.6	10.8	11.9	13.1	14.3	15.4	16.6	17.8	
♂	♊ 24.8	25.3	25.9	26.4	27	27.5	28.1	28.7	29.2	29.8	♋ 0.3	0.9	1.5	2	2.6	3.2	3.7	4.3	4.9	5.4	6	6.6	7.1	7.7	8.3	8.9	9.4	10	10.6	11.2	

♃ 1: ♐ 1.7R · 6: 1.5 · 11: 1.2 · 16: 0.8 · 21: 0.3 · 26: ♏ 29.8 — ♄ 1: ♑ 6.9 · 6: 7 · 11: 7 · 16: 7.1 · 21: 7.0R · 26: 7 — ♅ 1: ♌ 12.4R · 11: 12.3 · 21: 12.2D — ♆ 1: ♏ 6.3R · 11: 6 · 21: 5.7 — ♇ 1: ♍ 2.1R · 11: 1.9 · 21: 1.8

V

	1	2	3	4	5	6	7	8	9	10	11	12	13	14	15	16	17	18	19	20	21	22	23	24	25	26	27	28	29	30	31
☉	♉ 9.9	10.9	11.8	12.8	13.8	14.7	15.7	16.7	17.6	18.6	19.6	20.5	21.5	22.5	23.4	24.4	25.4	26.3	27.3	28.3	29.2	♊ 0.2	1.1	2.1	3.1	4	5	5.9	6.9	7.9	8.8
☽	♒ 23.6	♓ 6.3	18.7	♈ 0.8	12.8	24.7	♉ 6.6	18.4	♊ 0.2	12.1	24	♋ 6.1	18.3	♌ 0.7	13.4	26.3	♍ 9.7	23.5	♎ 7.7	22.3	♏ 7.3	22.5	♐ 7.7	22.9	♑ 7.8	22.2	♒ 6.3	19.8	♓ 2.8	15.5	27.8
☿	♈ 13.3	14.6	15.8	17.1	18.4	19.8	21.2	22.6	24.1	25.6	27.1	28.7	♉ 0.3	1.9	3.6	5.3	7.1	8.8	10.7	12.5	14.4	16.3	18.2	20.2	22.2	24.3	26.4	28.5	♊ 0.6	2.7	4.9
♀	♊ 18.9	20.1	21.2	22.4	23.5	24.7	25.8	27	28.1	29.3	♋ 0.4	1.5	2.7	3.8	4.9	6.1	7.2	8.3	9.4	10.5	11.6	12.8	13.9	15	16.1	17.2	18.3	19.4	20.4	21.5	22.6
♂	♋ 11.7	12.3	12.9	13.5	14	14.6	15.2	15.8	16.4	17	17.5	18.1	18.7	19.3	19.9	20.5	21.1	21.6	22.2	22.8	23.4	24	24.6	25.2	25.8	26.4	27	27.6	28.2	28.8	29.3

♃ 1: ♏ 29.3R · 6: 28.7 · 11: 28.1 · 16: 27.5 · 21: 26.8 · 26: 26.2 · 31: 25.6 — ♄ 1: ♑ 6.9R · 6: 6.8 · 11: 6.6 · 16: 6.4 · 21: 6.1 · 26: 5.9 · 31: 5.6 — ♅ 1: ♌ 12.3 · 11: 12.4 · 21: 12.6 · 31: 13 — ♆ 1: ♏ 5.5R · 11: 5.2 · 21: 4.9 · 31: 4.7 — ♇ 1: ♍ 1.7R · 11: 1.7 · 21: 1.7D · 31: 1.7

VI

	1	2	3	4	5	6	7	8	9	10	11	12	13	14	15	16	17	18	19	20	21	22	23	24	25	26	27	28	29	30	31
☉	♊ 9.8	10.7	11.7	12.7	13.6	14.6	15.5	16.5	17.4	18.4	19.3	20.3	21.3	22.2	23.2	24.1	25.1	26	27	27.9	28.9	29.9	♋ 0.8	1.8	2.7	3.7	4.6	5.6	6.5	7.5	
☽	♈ 9.9	21.8	♉ 3.6	15.4	27.2	♊ 9.1	21.1	♋ 3.2	15.4	27.8	♌ 10.3	23.1	♍ 6.1	19.4	♎ 3	17	♏ 1.4	16.1	♐ 1.1	16.2	♑ 1.2	16.1	♒ 0.6	14.7	28.2	♓ 11.4	24.1	♈ 6.4	18.5	♉ 0.4	
☿	♊ 7.1	9.3	11.5	13.7	15.9	18.1	20.2	22.4	24.6	26.7	28.8	♋ 0.9	2.9	4.9	6.9	8.8	10.7	12.6	14.4	16.2	17.9	19.6	21.3	22.9	24.5	26	27.6	29	♌ 0.4	1.8	
♀	♋ 23.7	24.8	25.8	26.9	28	29	♌ 0.1	1.1	2.2	3.2	4.2	5.3	6.3	7.3	8.3	9.3	10.3	11.3	12.3	13.3	14.3	15.2	16.2	17.1	18.1	19	20	20.9	21.8	22.7	
♂	♋ 29.9	♌ 0.5	1.1	1.7	2.3	2.9	3.5	4.1	4.7	5.3	5.9	6.5	7.1	7.7	8.3	8.9	9.5	10.1	10.8	11.4	12	12.6	13.2	13.8	14.4	15	15.6	16.2	16.8	17.4	

♃ 1: ♏ 25.5R · 6: 24.9 · 11: 24.3 · 16: 23.8 · 21: 23.4 · 26: 23 — ♄ 1: ♑ 5.5R · 6: 5.2 · 11: 4.9 · 16: 4.5 · 21: 4.1 · 26: 3.8 — ♅ 1: ♌ 13 · 11: 13.4 · 21: 13.8 — ♆ 1: ♏ 4.7R · 11: 4.5 · 21: 4.4 — ♇ 1: ♍ 1.7 · 11: 1.9 · 21: 2

VII

	1	2	3	4	5	6	7	8	9	10	11	12	13	14	15	16	17	18	19	20	21	22	23	24	25	26	27	28	29	30	31
☉	♋ 8.4	9.4	10.3	11.3	12.2	13.2	14.2	15.1	16.1	17	18	18.9	19.9	20.8	21.8	22.7	23.7	24.6	25.6	26.6	27.5	28.5	29.4	♌ 0.4	1.3	2.3	3.2	4.2	5.1	6.1	7.1
☽	♉ 12.2	24	♊ 5.9	17.9	30	♋ 12.2	24.7	♌ 7.3	20.1	♍ 3.1	16.3	29.7	♎ 13.4	27.3	♏ 11.5	25.9	♐ 10.6	25.3	♑ 10	24.5	♒ 8.8	22.8	♓ 6.3	19.4	♈ 2.1	14.5	26.6	♉ 8.6	20.4	♊ 2.3	14.2
☿	♌ 3.2	4.5	5.7	6.9	8.1	9.2	10.3	11.3	12.3	13.2	14.1	14.9	15.6	16.3	16.9	17.5	18	18.4	18.8	19	19.2	19.3	19.4R	19.3	19.2	19	18.7	18.3	17.8	17.3	16.7
♀	♌ 23.6	24.5	25.4	26.2	27.1	27.9	28.8	29.6	♍ 0.4	1.2	2	2.8	3.5	4.2	5	5.7	6.4	7.1	7.7	8.4	9	9.6	10.2	10.7	11.3	11.8	12.3	12.7	13.2	13.6	14
♂	♌ 18	18.7	19.3	19.9	20.5	21.1	21.7	22.3	22.9	23.6	24.2	24.8	25.4	26	26.6	27.2	27.9	28.5	29.1	29.7	♍ 0.3	1	1.6	2.2	2.8	3.4	4.1	4.7	5.3	5.9	6.6

♃ 1: ♏ 22.7R · 6: 22.4 · 11: 22.3 · 16: 22.2 · 21: 22.1D · 26: 22.2 · 31: 22.3 — ♄ 1: ♑ 3.4R · 6: 3 · 11: 2.7 · 16: 2.3 · 21: 2 · 26: 1.7 · 31: 1.4 — ♅ 1: ♌ 14.3 · 11: 14.9 · 21: 15.5 · 31: 16.1 — ♆ 1: ♏ 4.2R · 11: 4.2 · 21: 4.2D · 31: 4.2 — ♇ 1: ♍ 2.2 · 11: 2.5 · 21: 2.7 · 31: 3

VIII

	1	2	3	4	5	6	7	8	9	10	11	12	13	14	15	16	17	18	19	20	21	22	23	24	25	26	27	28	29	30	31
☉	♌ 8	9	9.9	10.9	11.8	12.8	13.8	14.7	15.7	16.6	17.6	18.6	19.5	20.5	21.4	22.4	23.4	24.3	25.3	26.2	27.2	28.2	29.1	♍ 0.1	1.1	2	3	4	4.9	5.9	6.9
☽	♊ 26.2	♋ 8.5	20.9	♌ 3.6	16.6	29.7	♍ 13.1	26.6	♎ 10.3	24.2	♏ 8.2	22.3	♐ 6.5	20.9	♑ 5.2	19.4	♒ 3.6	17.5	♓ 1.1	14.4	27.4	♈ 10.1	22.4	♉ 4.5	16.5	28.4	♊ 10.2	22.2	♋ 4.3	16.6	29.2
☿	♌ 16.1R	15.4	14.6	13.9	13.1	12.3	11.6	10.9	10.2	9.6	9	8.5	8.2	7.9	7.7	7.7D	7.7	7.9	8.3	8.7	9.3	10	10.8	11.7	12.7	13.9	15.1	16.5	17.9	19.4	21
♀	♍ 14.3	14.7	15	15.2	15.5	15.7	15.8	15.9	16	16.1	16.1R	16.1	16	15.9	15.8	15.6	15.4	15.1	14.8	14.5	14.1	13.7	13.3	12.8	12.3	11.8	11.2	10.7	10.1	9.5	8.8
♂	♍ 7.2	7.8	8.4	9.1	9.7	10.3	10.9	11.6	12.2	12.8	13.5	14.1	14.7	15.4	16	16.6	17.3	17.9	18.5	19.2	19.8	20.4	21.1	21.7	22.3	23	23.6	24.3	24.9	25.5	26.2

♃ 1: ♏ 22.3 · 6: 22.5 · 11: 22.8 · 16: 23.2 · 21: 23.6 · 26: 24.1 · 31: 24.6 — ♄ 1: ♑ 1.4R · 6: 1.2 · 11: 0.9 · 16: 0.8 · 21: 0.6 · 26: 0.5 · 31: 0.5 — ♅ 1: ♌ 16.1 · 11: 16.8 · 21: 17.4 · 31: 18 — ♆ 1: ♏ 4.2 · 11: 4.4 · 21: 4.5 · 31: 4.7 — ♇ 1: ♍ 3.1 · 11: 3.4 · 21: 3.7 · 31: 4

IX

	1	2	3	4	5	6	7	8	9	10	11	12	13	14	15	16	17	18	19	20	21	22	23	24	25	26	27	28	29	30	31
☉	♍ 7.8	8.8	9.8	10.7	11.7	12.7	13.6	14.6	15.6	16.6	17.5	18.5	19.5	20.4	21.4	22.4	23.4	24.3	25.3	26.3	27.3	28.2	29.2	♎ 0.2	1.2	2.2	3.1	4.1	5.1	6.1	
☽	♌ 12.1	25.2	♍ 8.7	22.5	♎ 6.5	20.6	♏ 4.8	19.1	♐ 3.4	17.6	♑ 1.7	15.7	29.6	♒ 13.3	26.7	♓ 10	22.9	♈ 5.7	18.1	♉ 0.4	12.5	24.4	♊ 6.3	18.2	♋ 0.1	12.2	24.5	♌ 7.1	20	♍ 3.3	
☿	♌ 22.7	24.4	26.2	28	29.8	♍ 1.7	3.6	5.5	7.4	9.3	11.2	13.2	15.1	17	18.9	20.7	22.6	24.5	26.3	28.1	29.9	♎ 1.7	3.5	5.2	7	8.7	10.4	12.1	13.8	15.4	
♀	♍ 8.2R	7.6	7	6.4	5.8	5.2	4.6	4.1	3.5	3.1	2.6	2.1	1.7	1.4	1.1	0.8	0.5	0.3	0.1	0	♌ 29.9	29.9	29.9D	29.9	30	♍ 0.1	0.2	0.4	0.6	0.9	
♂	♍ 26.8	27.5	28.1	28.7	29.4	♎ 0	0.7	1.3	2	2.6	3.3	3.9	4.6	5.2	5.9	6.5	7.2	7.8	8.5	9.1	9.8	10.4	11.1	11.8	12.4	13.1	13.7	14.4	15	15.7	

♃ 1: ♏ 24.7 · 6: 25.4 · 11: 26 · 16: 26.7 · 21: 27.5 · 26: 28.3 — ♄ 1: ♑ 0.5R · 6: 0.4D · 11: 0.5 · 16: 0.5 · 21: 0.7 · 26: 0.8 — ♅ 1: ♌ 18 · 11: 18.6 · 21: 19.2 — ♆ 1: ♏ 4.7 · 11: 5 · 21: 5.3 — ♇ 1: ♍ 4.1 · 11: 4.4 · 21: 4.7

X

	1	2	3	4	5	6	7	8	9	10	11	12	13	14	15	16	17	18	19	20	21	22	23	24	25	26	27	28	29	30	31
☉	♎ 7.1	8.1	9	10	11	12	13	14	15	15.9	16.9	17.9	18.9	19.9	20.9	21.9	22.9	23.9	24.9	25.9	26.8	27.8	28.8	29.8	♏ 0.8	1.8	2.8	3.8	4.8	5.8	6.8
☽	♍ 17	♎ 1.1	15.5	♏ 0.1	14.8	29.4	♐ 14	28.4	♑ 12.6	26.4	♒ 10	23.4	♓ 6.4	19.3	♈ 1.9	14.4	26.6	♉ 8.7	20.7	♊ 2.6	14.5	26.3	♋ 8.3	20.3	♌ 2.5	15.1	27.9	♍ 11.2	24.9	♎ 9.1	23.7
☿	♎ 17.1	18.7	20.3	21.9	23.5	25.1	26.7	28.2	29.8	♏ 1.3	2.8	4.3	5.8	7.3	8.7	10.2	11.6	13	14.4	15.8	17.2	18.6	19.9	21.3	22.6	23.9	25.1	26.4	27.6	28.8	29.9
♀	♍ 1.2	1.5	1.8	2.2	2.6	3	3.5	4	4.5	5	5.6	6.2	6.8	7.4	8.1	8.8	9.4	10.2	10.9	11.6	12.4	13.2	14	14.8	15.6	16.4	17.3	18.1	19	19.9	20.8
♂	♎ 16.4	17	17.7	18.4	19	19.7	20.3	21	21.7	22.3	23	23.7	24.4	25	25.7	26.4	27	27.7	28.4	29.1	29.7	♏ 0.4	1.1	1.8	2.4	3.1	3.8	4.5	5.2	5.8	6.5

♃ 1: ♏ 29.2 · 6: ♐ 0.1 · 11: 1 · 16: 2 · 21: 3 · 26: 4 · 31: 5 — ♄ 1: ♑ 1 · 6: 1.2 · 11: 1.5 · 16: 1.8 · 21: 2.1 · 26: 2.5 · 31: 2.9 — ♅ 1: ♌ 19.6 · 11: 20.1 · 21: 20.4 · 31: 20.7 — ♆ 1: ♏ 5.6 · 11: 6 · 21: 6.3 · 31: 6.7 — ♇ 1: ♍ 5 · 11: 5.3 · 21: 5.6 · 31: 5.8

XI

	1	2	3	4	5	6	7	8	9	10	11	12	13	14	15	16	17	18	19	20	21	22	23	24	25	26	27	28	29	30	31
☉	♏ 7.8	8.8	9.8	10.8	11.8	12.8	13.8	14.8	15.8	16.8	17.8	18.9	19.9	20.9	21.9	22.9	23.9	24.9	25.9	26.9	27.9	28.9	29.9	♐ 1	2	3	4	5	6	7	
☽	♏ 8.6	23.7	♐ 8.8	23.8	♑ 8.5	22.8	♒ 6.8	20.3	♓ 3.5	16.3	28.9	♈ 11.2	23.4	♉ 5.5	17.5	29.4	♊ 11.2	23.1	♋ 5	16.9	29	♌ 11.2	23.6	♍ 6.3	19.5	♎ 3	17.1	♏ 1.6	16.6	♐ 1.8	
☿	♐ 1.1	2.2	3.2	4.2	5.1	6	6.8	7.6	8.2	8.8	9.3	9.6	9.8	9.9	9.8R	9.6	9.2	8.6	7.9	6.9	5.9	4.7	3.4	2	0.7	♏ 29.3	28.1	26.9	25.9	25.1	
♀	♍ 21.7	22.6	23.5	24.4	25.4	26.3	27.3	28.3	29.3	♎ 0.2	1.2	2.2	3.3	4.3	5.3	6.3	7.4	8.4	9.5	10.5	11.6	12.7	13.7	14.8	15.9	17	18.1	19.2	20.3	21.4	
♂	♏ 7.2	7.9	8.6	9.3	10	10.6	11.3	12	12.7	13.4	14.1	14.8	15.5	16.2	16.9	17.5	18.2	18.9	19.6	20.3	21	21.7	22.4	23.1	23.8	24.5	25.2	25.9	26.6	27.4	

♃ 1: ♐ 5.2 · 6: 6.3 · 11: 7.4 · 16: 8.5 · 21: 9.6 · 26: 10.7 — ♄ 1: ♑ 3 · 6: 3.4 · 11: 3.9 · 16: 4.3 · 21: 4.8 · 26: 5.4 — ♅ 1: ♌ 20.8 · 11: 21 · 21: 21.1 — ♆ 1: ♏ 6.7 · 11: 7.1 · 21: 7.5 — ♇ 1: ♍ 5.8 · 11: 6 · 21: 6.1

XII

	1	2	3	4	5	6	7	8	9	10	11	12	13	14	15	16	17	18	19	20	21	22	23	24	25	26	27	28	29	30	31
☉	♐ 8	9.1	10.1	11.1	12.1	13.1	14.1	15.1	16.2	17.2	18.2	19.2	20.2	21.2	22.3	23.3	24.3	25.3	26.3	27.4	28.4	29.4	♑ 0.4	1.4	2.4	3.5	4.5	5.5	6.5	7.5	8.6
☽	♐ 17.1	♑ 2.4	17.4	♒ 2.1	16.2	29.8	♓ 13	25.8	♈ 8.3	20.5	♉ 2.5	14.5	26.3	♊ 8.2	20.1	♋ 2	13.9	26	♌ 8.1	20.4	♍ 2.9	15.6	28.6	♎ 12	25.9	♏ 10.1	24.9	♐ 9.9	25.1	♑ 10.4	25.5
☿	♏ 24.5R	24	23.8	23.7D	23.8	24.1	24.5	25	25.7	26.5	27.3	28.3	29.3	♐ 0.4	1.5	2.7	3.9	5.2	6.5	7.8	9.2	10.5	11.9	13.3	14.7	16.2	17.6	19.1	20.5	22	23.5
♀	♎ 22.5	23.6	24.7	25.8	27	28.1	29.2	♏ 0.4	1.5	2.6	3.8	4.9	6.1	7.2	8.4	9.5	10.7	11.9	13	14.2	15.4	16.5	17.7	18.9	20.1	21.3	22.4	23.6	24.8	26	27.2
♂	♏ 28.1	28.8	29.5	♐ 0.2	0.9	1.6	2.3	3	3.7	4.4	5.2	5.9	6.6	7.3	8	8.7	9.5	10.2	10.9	11.6	12.3	13.1	13.8	14.5	15.2	15.9	16.7	17.4	18.1	18.9	19.6

♃ 1: ♐ 11.8 · 6: 12.9 · 11: 14.1 · 16: 15.2 · 21: 16.3 · 26: 17.4 · 31: 18.5 — ♄ 1: ♑ 5.9 · 6: 6.4 · 11: 7 · 16: 7.6 · 21: 8.2 · 26: 8.7 · 31: 9.3 — ♅ 1: ♌ 21.1R · 11: 21 · 21: 20.8 · 31: 20.6 — ♆ 1: ♏ 7.8 · 11: 8.1 · 21: 8.4 · 31: 8.7 — ♇ 1: ♍ 6.1 · 11: 6.2R · 21: 6.1 · 31: 6

1960

I

	1	2	3	4	5	6	7	8	9	10	11	12	13	14	15	16	17	18	19	20	21	22	23	24	25	26	27	28	29	30	31
☉	♑ 9.6	10.6	11.6	12.6	13.7	14.7	15.7	16.7	17.7	18.7	19.8	20.8	21.8	22.8	23.8	24.9	25.9	26.9	27.9	28.9	30	♒ 1	2	3	4	5	6.1	7.1	8.1	9.1	10.1
☽	♒ 10.3	24.6	♓ 8.4	21.7	♈ 4.6	17.1	29.3	♉ 11.3	23.2	♊ 5.1	16.9	28.8	♋ 10.8	22.9	♌ 5.1	17.5	30	♍ 12.6	25.5	♎ 8.6	22	♏ 5.8	19.8	♐ 4.2	18.9	♑ 3.7	18.7	♒ 3.5	18.1	♓ 2.4	16.2
☿	♐ 25	26.5	28	29.5	♑ 1	2.5	4.1	5.6	7.1	8.7	10.2	11.8	13.4	15	16.6	18.2	19.8	21.4	23	24.6	26.3	27.9	29.6	♒ 1.2	2.9	4.6	6.3	8	9.8	11.5	13.2
♀	♏ 28.4	29.6	♐ 0.8	2	3.2	4.4	5.6	6.8	8	9.2	10.4	11.6	12.8	14	15.2	16.4	17.6	18.8	20	21.3	22.5	23.7	24.9	26.1	27.3	28.5	29.8	♑ 1	2.2	3.4	4.6
♂	♐ 20.3	21	21.8	22.5	23.2	24	24.7	25.4	26.2	26.9	27.6	28.4	29.1	29.9	♑ 0.6	1.3	2.1	2.8	3.6	4.3	5	5.8	6.5	7.3	8	8.8	9.5	10.3	11	11.7	12.5

♃ 1: ♐ 18.7 · 6: 19.8 · 11: 20.9 · 16: 21.9 · 21: 23 · 26: 24 · 31: 24.9 — ♄ 1: ♑ 9.5 · 6: 10 · 11: 10.6 · 16: 11.2 · 21: 11.8 · 26: 12.4 · 31: 12.9 — ♅ 1: ♌ 20.5R · 11: 20.2 · 21: 19.8 · 31: 19.4 — ♆ 1: ♏ 8.7 · 11: 8.9 · 21: 9 · 31: 9.1 — ♇ 1: ♍ 6.0R · 11: 5.9 · 21: 5.7 · 31: 5.5

II

	1	2	3	4	5	6	7	8	9	10	11	12	13	14	15	16	17	18	19	20	21	22	23	24	25	26	27	28	29	30	31
☉	♒ 11.1	12.2	13.2	14.2	15.2	16.2	17.2	18.2	19.2	20.3	21.3	22.3	23.3	24.3	25.3	26.3	27.3	28.3	29.4	♓ 0.4	1.4	2.4	3.4	4.4	5.4	6.4	7.4	8.4	9.4		
☽	♓ 29.6	♈ 12.6	25.2	♉ 7.5	19.6	♊ 1.5	13.4	25.2	♋ 7.2	19.2	♌ 1.5	13.9	26.5	♍ 9.3	22.3	♎ 5.6	19	♏ 2.6	16.5	♐ 0.5	14.7	29	♑ 13.4	27.9	♒ 12.2	26.4	♓ 10.4	24.1	♈ 7.4		
☿	♒ 15	16.7	18.5	20.3	22.1	23.9	25.7	27.4	29.2	♓ 1	2.8	4.6	6.3	8.1	9.8	11.5	13.1	14.7	16.2	17.6	19	20.3	21.4	22.5	23.4	24.2	24.8	25.3	25.7		
♀	♑ 5.9	7.1	8.3	9.5	10.8	12	13.2	14.4	15.7	16.9	18.1	19.3	20.6	21.8	23	24.2	25.5	26.7	27.9	29.1	♒ 0.4	1.6	2.8	4.1	5.3	6.5	7.8	9	10.2		
♂	♑ 13.2	14	14.7	15.5	16.3	17	17.8	18.5	19.3	20	20.8	21.5	22.3	23	23.8	24.6	25.3	26.1	26.8	27.6	28.4	29.1	29.9	♒ 0.6	1.4	2.2	2.9	3.7	4.4		

♃ 1: ♐ 25.1 · 6: 26 · 11: 26.9 · 16: 27.8 · 21: 28.6 · 26: 29.4 — ♄ 1: ♑ 13 · 6: 13.6 · 11: 14.1 · 16: 14.6 · 21: 15.1 · 26: 15.5 — ♅ 1: ♌ 19.4R · 11: 18.9 · 21: 18.5 — ♆ 1: ♏ 9.1 · 11: 9.1R · 21: 9.1 — ♇ 1: ♍ 5.5R · 11: 5.2 · 21: 5

III

	1	2	3	4	5	6	7	8	9	10	11	12	13	14	15	16	17	18	19	20	21	22	23	24	25	26	27	28	29	30	31
☉	♓ 10.4	11.4	12.4	13.4	14.4	15.4	16.4	17.4	18.4	19.4	20.4	21.4	22.4	23.4	24.4	25.4	26.4	27.4	28.4	29.4	♈ 0.4	1.4	2.4	3.4	4.4	5.3	6.3	7.3	8.3	9.3	10.3
☽	♈ 20.3	♉ 3	15.3	27.4	♊ 9.4	21.3	♋ 3.2	15.1	27.2	♌ 9.6	22.1	♍ 5	18.1	♎ 1.5	15.2	29.1	♏ 13.1	27.3	♐ 11.5	25.7	♑ 9.9	24	♒ 8.1	22	♓ 5.7	19.2	♈ 2.5	15.5	28.3	♉ 10.8	23.2
☿	♓ 25.8	25.9R	25.7	25.4	25	24.4	23.7	23	22.1	21.2	20.2	19.2	18.2	17.3	16.4	15.6	14.8	14.1	13.5	13	12.6	12.4	12.2	12.1	12.1D	12.2	12.4	12.7	13.1	13.5	14.1
♀	♒ 11.4	12.7	13.9	15.1	16.4	17.6	18.8	20.1	21.3	22.5	23.8	25	26.2	27.4	28.7	29.9	♓ 1.1	2.4	3.6	4.8	6.1	7.3	8.5	9.8	11	12.2	13.5	14.7	15.9	17.2	18.4
♂	♒ 5.2	6	6.7	7.5	8.3	9	9.8	10.6	11.3	12.1	12.9	13.6	14.4	15.2	15.9	16.7	17.5	18.2	19	19.8	20.6	21.3	22.1	22.9	23.6	24.4	25.2	25.9	26.7	27.5	28.3

♃ 1: ♐ 29.9 · 6: ♑ 0.6 · 11: 1.2 · 16: 1.7 · 21: 2.2 · 26: 2.6 · 31: 3 — ♄ 1: ♑ 15.9 · 6: 16.3 · 11: 16.6 · 16: 17 · 21: 17.3 · 26: 17.6 · 31: 17.8 — ♅ 1: ♌ 18.1R · 11: 17.8 · 21: 17.4 · 31: 17.2 — ♆ 1: ♏ 9.0R · 11: 8.9 · 21: 8.7 · 31: 8.5 — ♇ 1: ♍ 4.8R · 11: 4.5 · 21: 4.3 · 31: 4.1

IV

	1	2	3	4	5	6	7	8	9	10	11	12	13	14	15	16	17	18	19	20	21	22	23	24	25	26	27	28	29	30	31
☉	♈ 11.3	12.3	13.2	14.2	15.2	16.2	17.2	18.2	19.1	20.1	21.1	22.1	23.1	24.1	25	26	27	28	28.9	29.9	♉ 0.9	1.9	2.8	3.8	4.8	5.8	6.7	7.7	8.7	9.7	
☽	♊ 5.3	17.2	29.1	♋ 11	23	♌ 5.1	17.4	30	♍ 12.9	26.3	♎ 10	24	♏ 8.4	22.9	♐ 7.5	22.1	♑ 6.6	20.9	♒ 4.9	18.7	♓ 2.3	15.6	28.7	♈ 11.6	24.3	♉ 6.8	19.2	♊ 1.4	13.4	25.4	
☿	♓ 14.6	15.3	16	16.8	17.6	18.5	19.5	20.5	21.5	22.6	23.7	24.9	26.1	27.3	28.6	29.9	♈ 1.2	2.6	4	5.4	6.9	8.4	9.9	11.5	13.1	14.7	16.3	18	19.7	21.5	
♀	♓ 19.6	20.9	22.1	23.3	24.5	25.8	27	28.2	29.5	♈ 0.7	1.9	3.2	4.4	5.6	6.9	8.1	9.3	10.5	11.8	13	14.2	15.5	16.7	17.9	19.2	20.4	21.6	22.8	24.1	25.3	
♂	♒ 29	29.8	♓ 0.6	1.3	2.1	2.9	3.7	4.4	5.2	6	6.7	7.5	8.3	9.1	9.8	10.6	11.4	12.1	12.9	13.7	14.4	15.2	16	16.8	17.5	18.3	19.1	19.8	20.6	21.4	

♃ 1: ♑ 3 · 6: 3.3 · 11: 3.5 · 16: 3.6 · 21: 3.6R · 26: 3.6 — ♄ 1: ♑ 17.9 · 6: 18 · 11: 18.2 · 16: 18.3 · 21: 18.4 · 26: 18.4 — ♅ 1: ♌ 17.2R · 11: 17 · 21: 16.9 — ♆ 1: ♏ 8.5R · 11: 8.2 · 21: 8 — ♇ 1: ♍ 4.0R · 11: 3.9 · 21: 3.7

V

	1	2	3	4	5	6	7	8	9	10	11	12	13	14	15	16	17	18	19	20	21	22	23	24	25	26	27	28	29	30	31
☉	♉ 10.6	11.6	12.6	13.5	14.5	15.5	16.4	17.4	18.4	19.3	20.3	21.3	22.2	23.2	24.2	25.1	26.1	27.1	28	29	29.9	♊ 0.9	1.9	2.8	3.8	4.7	5.7	6.7	7.6	8.6	9.5
☽	♋ 7.2	19.1	♌ 1	13.1	25.3	♍ 7.9	20.8	♎ 4.2	18.1	♏ 2.3	17	♐ 1.9	17	♑ 2	16.8	♒ 1.3	15.4	29.2	♓ 12.6	25.7	♈ 8.6	21.2	♉ 3.6	15.9	28	♊ 10.1	22	♋ 3.9	15.7	27.6	♌ 9.5
☿	♈ 23.2	25	26.8	28.7	♉ 0.6	2.5	4.4	6.4	8.4	10.5	12.5	14.6	16.7	18.8	21	23.1	25.3	27.5	29.7	♊ 1.9	4.1	6.3	8.4	10.6	12.7	14.8	16.8	18.9	20.9	22.8	24.8
♀	♈ 26.5	27.8	29	♉ 0.2	1.4	2.7	3.9	5.1	6.4	7.6	8.8	10	11.3	12.5	13.7	15	16.2	17.4	18.6	19.9	21.1	22.3	23.6	24.8	26	27.2	28.5	29.7	♊ 0.9	2.2	3.4
♂	♓ 22.1	22.9	23.7	24.4	25.2	26	26.7	27.5	28.3	29	29.8	♈ 0.5	1.3	2.1	2.8	3.6	4.3	5.1	5.9	6.6	7.4	8.1	8.9	9.6	10.4	11.2	11.9	12.7	13.4	14.2	14.9

♃ 1: ♑ 3.4R · 6: 3.2 · 11: 2.9 · 16: 2.6 · 21: 2.2 · 26: 1.7 · 31: 1.2 — ♄ 1: ♑ 18.4R · 6: 18.4 · 11: 18.3 · 16: 18.2 · 21: 18 · 26: 17.8 · 31: 17.6 — ♅ 1: ♌ 17 · 11: 17.1 · 21: 17.3 · 31: 17.5 — ♆ 1: ♏ 7.7R · 11: 7.4 · 21: 7.2 · 31: 6.9 — ♇ 1: ♍ 3.6R · 11: 3.6 · 21: 3.6D · 31: 3.6

VI

	1	2	3	4	5	6	7	8	9	10	11	12	13	14	15	16	17	18	19	20	21	22	23	24	25	26	27	28	29	30	31
☉	♊ 10.5	11.5	12.4	13.4	14.3	15.3	16.2	17.2	18.2	19.1	20.1	21	22	22.9	23.9	24.8	25.8	26.8	27.7	28.7	29.6	♋ 0.6	1.5	2.5	3.4	4.4	5.3	6.3	7.3	8.2	
☽	♌ 21.5	♍ 3.8	16.3	29.2	♎ 12.5	26.3	♏ 10.6	25.3	♐ 10.4	25.7	♑ 10.9	26	♒ 10.8	25.1	♓ 9	22.5	♈ 5.6	18.3	♉ 0.7	13	25.1	♊ 7.1	19	♋ 0.9	12.8	24.6	♌ 6.5	18.5	♍ 0.6	12.8	
☿	♊ 26.6	28.5	♋ 0.3	2	3.7	5.4	7	8.6	10.1	11.6	13	14.4	15.7	17	18.2	19.4	20.5	21.6	22.6	23.6	24.5	25.3	26.1	26.8	27.5	28.1	28.6	29.1	29.4	29.8	
♀	♊ 4.6	5.8	7.1	8.3	9.5	10.7	12	13.2	14.4	15.7	16.9	18.1	19.3	20.6	21.8	23	24.3	25.5	26.7	27.9	29.2	♋ 0.4	1.6	2.9	4.1	5.3	6.5	7.8	9	10.2	
♂	♈ 15.7	16.4	17.2	17.9	18.7	19.4	20.1	20.9	21.6	22.4	23.1	23.9	24.6	25.3	26.1	26.8	27.5	28.3	29	29.7	♉ 0.5	1.2	1.9	2.7	3.4	4.1	4.8	5.5	6.3	7	

♃ 1: ♑ 1.1R · 6: 0.5 · 11: ♐ 29.9 · 16: 29.3 · 21: 28.6 · 26: 28 — ♄ 1: ♑ 17.5R · 6: 17.2 · 11: 16.9 · 16: 16.6 · 21: 16.3 · 26: 15.9 — ♅ 1: ♌ 17.6 · 11: 17.9 · 21: 18.3 — ♆ 1: ♏ 6.9R · 11: 6.7 · 21: 6.6 — ♇ 1: ♍ 3.7 · 11: 3.8 · 21: 3.9

VII

	1	2	3	4	5	6	7	8	9	10	11	12	13	14	15	16	17	18	19	20	21	22	23	24	25	26	27	28	29	30	31
☉	♋ 9.2	10.1	11.1	12	13	13.9	14.9	15.8	16.8	17.7	18.7	19.6	20.6	21.6	22.5	23.5	24.4	25.4	26.3	27.3	28.2	29.2	♌ 0.1	1.1	2.1	3	4	4.9	5.9	6.8	7.8
☽	♍ 25.3	♎ 8.2	21.4	♏ 5.1	19.3	♐ 3.9	18.9	♑ 4.1	19.4	♒ 4.6	19.5	♓ 4	18	♈ 1.6	14.7	27.5	♉ 9.9	22.1	♊ 4.2	16.1	27.9	♋ 9.8	21.7	♌ 3.6	15.6	27.7	♍ 9.9	22.4	♎ 5	17.9	♏ 1.2
☿	♋ 30	♌ 0.1	0.2	0.2R	0.2	0	♋ 29.8	29.5	29.1	28.7	28.2	27.6	27.1	26.4	25.8	25.1	24.4	23.8	23.1	22.5	22	21.5	21	20.6	20.3	20.1	20	20.0D	20	20.2	20.5
♀	♋ 11.5	12.7	13.9	15.1	16.4	17.6	18.8	20.1	21.3	22.5	23.8	25	26.2	27.4	28.7	29.9	♌ 1.1	2.4	3.6	4.8	6.1	7.3	8.5	9.8	11	12.2	13.4	14.7	15.9	17.1	18.4
♂	♉ 7.7	8.4	9.1	9.9	10.6	11.3	12	12.7	13.4	14.1	14.8	15.5	16.2	16.9	17.6	18.3	19	19.7	20.4	21.1	21.8	22.5	23.1	23.8	24.5	25.2	25.9	26.5	27.2	27.9	28.6

♃ 1: ♐ 27.4R · 6: 26.8 · 11: 26.2 · 16: 25.7 · 21: 25.2 · 26: 24.8 · 31: 24.4 — ♄ 1: ♑ 15.6R · 6: 15.2 · 11: 14.8 · 16: 14.5 · 21: 14.1 · 26: 13.8 · 31: 13.4 — ♅ 1: ♌ 18.8 · 11: 19.4 · 21: 19.9 · 31: 20.5 — ♆ 1: ♏ 6.4R · 11: 6.4 · 21: 6.4D · 31: 6.4 — ♇ 1: ♍ 4.1 · 11: 4.4 · 21: 4.6 · 31: 4.9

VIII

	1	2	3	4	5	6	7	8	9	10	11	12	13	14	15	16	17	18	19	20	21	22	23	24	25	26	27	28	29	30	31
☉	♌ 8.7	9.7	10.7	11.6	12.6	13.5	14.5	15.4	16.4	17.4	18.3	19.3	20.2	21.2	22.2	23.1	24.1	25	26	27	27.9	28.9	29.9	♍ 0.8	1.8	2.8	3.7	4.7	5.7	6.6	7.6
☽	♏ 14.8	28.8	♐ 13.2	27.9	♑ 12.8	27.9	♒ 12.9	27.7	♓ 12.2	26.3	♈ 10	23.2	♉ 6	18.5	♊ 0.8	12.8	24.7	♋ 6.6	18.4	♌ 0.3	12.4	24.5	♍ 6.8	19.3	♎ 2	15	28.1	♏ 11.5	25.2	♐ 9.1	23.3
☿	♋ 20.9	21.4	22	22.7	23.5	24.4	25.4	26.5	27.7	29	♌ 0.4	1.8	3.4	5	6.7	8.4	10.2	12.1	14	15.9	17.8	19.8	21.8	23.8	25.8	27.8	29.8	♍ 1.7	3.7	5.7	7.6
♀	♌ 19.6	20.8	22.1	23.3	24.5	25.8	27	28.2	29.5	♍ 0.7	1.9	3.2	4.4	5.6	6.8	8.1	9.3	10.5	11.8	13	14.2	15.5	16.7	17.9	19.2	20.4	21.6	22.9	24.1	25.3	26.6
♂	♉ 29.2	29.9	♊ 0.6	1.2	1.9	2.5	3.2	3.8	4.5	5.1	5.8	6.4	7.1	7.7	8.4	9	9.6	10.3	10.9	11.5	12.1	12.8	13.4	14	14.6	15.2	15.8	16.4	17	17.6	18.2

♃ 1: ♐ 24.4R · 6: 24.1 · 11: 23.9 · 16: 23.8 · 21: 23.8D · 26: 23.8 · 31: 23.9 — ♄ 1: ♑ 13.4R · 6: 13.1 · 11: 12.8 · 16: 12.6 · 21: 12.3 · 26: 12.2 · 31: 12 — ♅ 1: ♌ 20.6 · 11: 21.2 · 21: 21.8 · 31: 22.5 — ♆ 1: ♏ 6.4 · 11: 6.5 · 21: 6.7 · 31: 6.9 — ♇ 1: ♍ 5 · 11: 5.3 · 21: 5.6 · 31: 5.9

IX

	1	2	3	4	5	6	7	8	9	10	11	12	13	14	15	16	17	18	19	20	21	22	23	24	25	26	27	28	29	30	31
☉	♍ 8.6	9.5	10.5	11.5	12.4	13.4	14.4	15.3	16.3	17.3	18.3	19.2	20.2	21.2	22.2	23.1	24.1	25.1	26.1	27	28	29	30	♎ 0.9	1.9	2.9	3.9	4.9	5.9	6.8	
☽	♑ 7.7	22.3	♒ 7	21.6	♓ 6.1	20.4	♈ 4.4	18	♉ 1.2	14.1	26.6	♊ 8.9	21	♋ 2.9	14.7	26.6	♌ 8.6	20.7	♍ 3	15.6	28.4	♎ 11.5	24.8	♏ 8.3	22.1	♐ 6	20	♑ 4.2	18.4	♒ 2.6	
☿	♍ 9.5	11.5	13.4	15.2	17.1	18.9	20.7	22.5	24.3	26.1	27.8	29.6	♎ 1.3	2.9	4.6	6.3	7.9	9.5	11.1	12.7	14.3	15.8	17.3	18.9	20.4	21.8	23.3	24.8	26.2	27.6	
♀	♍ 27.8	29	♎ 0.2	1.5	2.7	3.9	5.2	6.4	7.6	8.9	10.1	11.3	12.5	13.8	15	16.2	17.5	18.7	19.9	21.2	22.4	23.6	24.8	26.1	27.3	28.5	29.7	♏ 1	2.2	3.4	
♂	♊ 18.8	19.4	20	20.6	21.1	21.7	22.3	22.9	23.4	24	24.6	25.1	25.7	26.2	26.7	27.3	27.8	28.4	28.9	29.4	29.9	♋ 0.4	1	1.5	2	2.5	2.9	3.4	3.9	4.4	

♃ 1: ♐ 24 · 6: 24.2 · 11: 24.5 · 16: 24.8 · 21: 25.3 · 26: 25.8 — ♄ 1: ♑ 12.0R · 6: 11.9 · 11: 11.8 · 16: 11.8D · 21: 11.8 · 26: 11.9 — ♅ 1: ♌ 22.5 · 11: 23.1 · 21: 23.7 — ♆ 1: ♏ 6.9 · 11: 7.1 · 21: 7.4 — ♇ 1: ♍ 6 · 11: 6.3 · 21: 6.6

X

	1	2	3	4	5	6	7	8	9	10	11	12	13	14	15	16	17	18	19	20	21	22	23	24	25	26	27	28	29	30	31
☉	♎ 7.8	8.8	9.8	10.8	11.8	12.7	13.7	14.7	15.7	16.7	17.7	18.7	19.7	20.7	21.6	22.6	23.6	24.6	25.6	26.6	27.6	28.6	29.6	♏ 0.6	1.6	2.6	3.6	4.6	5.6	6.6	7.6
☽	♒ 16.9	♓ 1	15.1	29	♈ 12.7	26.1	♉ 9.2	22	♊ 4.5	16.8	28.8	♋ 10.8	22.6	♌ 4.5	16.5	28.6	♍ 11	23.8	♎ 6.8	20.2	♏ 4	18	♐ 2.2	16.6	♑ 0.9	15.2	29.4	♒ 13.5	27.4	♓ 11.2	24.8
☿	♎ 29	♏ 0.4	1.8	3.1	4.4	5.7	7	8.3	9.5	10.7	11.9	13.1	14.2	15.3	16.3	17.3	18.3	19.2	20	20.8	21.6	22.2	22.8	23.2	23.6	23.9	24	24.0R	23.9	23.6	23.2
♀	♏ 4.7	5.9	7.1	8.3	9.6	10.8	12	13.2	14.5	15.7	16.9	18.1	19.4	20.6	21.8	23	24.3	25.5	26.7	27.9	29.1	♐ 0.4	1.6	2.8	4	5.2	6.5	7.7	8.9	10.1	11.3
♂	♋ 4.9	5.3	5.8	6.2	6.7	7.1	7.6	8	8.4	8.8	9.3	9.7	10.1	10.5	10.8	11.2	11.6	12	12.3	12.7	13	13.3	13.7	14	14.3	14.6	14.9	15.2	15.4	15.7	16

♃ 1: ♐ 26.3 · 6: 27 · 11: 27.6 · 16: 28.4 · 21: 29.2 · 26: 30 · 31: ♑ 0.9 — ♄ 1: ♑ 12 · 6: 12.1 · 11: 12.3 · 16: 12.6 · 21: 12.8 · 26: 13.1 · 31: 13.4 — ♅ 1: ♌ 24.2 · 11: 24.6 · 21: 25 · 31: 25.4 — ♆ 1: ♏ 7.8 · 11: 8.1 · 21: 8.5 · 31: 8.8 — ♇ 1: ♍ 7 · 11: 7.2 · 21: 7.5 · 31: 7.7

XI

	1	2	3	4	5	6	7	8	9	10	11	12	13	14	15	16	17	18	19	20	21	22	23	24	25	26	27	28	29	30	31
☉	♏ 8.6	9.6	10.6	11.6	12.6	13.6	14.6	15.6	16.6	17.6	18.6	19.6	20.6	21.6	22.6	23.6	24.7	25.7	26.7	27.7	28.7	29.7	♐ 0.7	1.7	2.7	3.7	4.8	5.8	6.8	7.8	
☽	♈ 8.3	21.6	♉ 4.6	17.5	♊ 0.1	12.6	24.8	♋ 6.8	18.7	♌ 0.5	12.3	24.3	♍ 6.4	18.8	♎ 1.5	14.7	28.3	♏ 12.4	26.8	♐ 11.5	26.3	♑ 11.1	25.7	♒ 10.1	24.3	♓ 8.1	21.7	♈ 5	18.2	♉ 1.1	
☿	♏ 22.6R	21.8	20.9	19.9	18.8	17.5	16.2	14.9	13.6	12.3	11.2	10.2	9.4	8.8	8.3	8.1	8.0D	8.1	8.4	8.9	9.5	10.2	11	12	13	14.1	15.3	16.5	17.7	19.1	
♀	♐ 12.6	13.8	15	16.2	17.4	18.6	19.9	21.1	22.3	23.5	24.7	25.9	27.1	28.4	29.6	♑ 0.8	2	3.2	4.4	5.6	6.8	8	9.2	10.4	11.6	12.8	14	15.2	16.4	17.6	
♂	♋ 16.2	16.4	16.6	16.9	17.1	17.3	17.4	17.6	17.8	17.9	18	18.2	18.3	18.4	18.4	18.5	18.6	18.6	18.6	18.7	18.7R	18.7	18.6	18.6	18.5	18.5	18.4	18.3	18.2	18.1	

♃ 1: ♑ 1 · 6: 2 · 11: 2.9 · 16: 3.9 · 21: 4.9 · 26: 6 — ♄ 1: ♑ 13.5 · 6: 13.9 · 11: 14.3 · 16: 14.7 · 21: 15.2 · 26: 15.6 — ♅ 1: ♌ 25.4 · 11: 25.6 · 21: 25.8 — ♆ 1: ♏ 8.9 · 11: 9.2 · 21: 9.6 — ♇ 1: ♍ 7.7 · 11: 7.9 · 21: 8

XII

	1	2	3	4	5	6	7	8	9	10	11	12	13	14	15	16	17	18	19	20	21	22	23	24	25	26	27	28	29	30	31
☉	♐ 8.8	9.8	10.8	11.9	12.9	13.9	14.9	15.9	16.9	17.9	19	20	21	22	23	24	25.1	26.1	27.1	28.1	29.1	♑ 0.2	1.2	2.2	3.2	4.2	5.3	6.3	7.3	8.3	9.3
☽	♉ 13.8	26.4	♊ 8.8	21	♋ 3.1	15	26.9	♌ 8.7	20.5	♍ 2.4	14.4	26.8	♎ 9.5	22.6	♏ 6.2	20.3	♐ 4.8	19.7	♑ 4.9	20.1	♒ 5.1	19.9	♓ 4.3	18.3	♈ 1.9	15.2	28.1	♉ 10.8	23.3	♊ 5.6	17.8
☿	♏ 20.4	21.8	23.2	24.6	26	27.5	28.9	♐ 0.4	1.9	3.4	4.9	6.4	7.9	9.4	11	12.5	14	15.6	17.1	18.6	20.2	21.7	23.3	24.8	26.4	28	29.5	♑ 1.1	2.7	4.3	5.8
♀	♑ 18.8	20	21.2	22.4	23.6	24.8	26	27.2	28.4	29.6	♒ 0.8	2	3.1	4.3	5.5	6.7	7.9	9	10.2	11.4	12.6	13.7	14.9	16.1	17.2	18.4	19.5	20.7	21.8	23	24.1
♂	♋ 17.9R	17.8	17.6	17.4	17.2	17	16.8	16.6	16.3	16.1	15.8	15.5	15.2	14.9	14.6	14.2	13.9	13.5	13.2	12.8	12.5	12.1	11.7	11.3	10.9	10.5	10.1	9.7	9.3	8.9	8.5

♃ 1: ♑ 7.1 · 6: 8.2 · 11: 9.3 · 16: 10.4 · 21: 11.6 · 26: 12.7 · 31: 13.9 — ♄ 1: ♑ 16.1 · 6: 16.7 · 11: 17.2 · 16: 17.7 · 21: 18.3 · 26: 18.9 · 31: 19.5 — ♅ 1: ♌ 25.8 · 11: 25.8R · 21: 25.6 · 31: 25.4 — ♆ 1: ♏ 10 · 11: 10.3 · 21: 10.6 · 31: 10.8 — ♇ 1: ♍ 8.1 · 11: 8.1R · 21: 8.1 · 31: 8

I

	1	2	3	4	5	6	7	8	9	10	11	12	13	14	15	16	17	18	19	20	21	22	23	24	25	26	27	28	29	30	31
☉	♑ 10.3	11.4	12.4	13.4	14.4	15.4	16.5	17.5	18.5	19.5	20.5	21.6	22.6	23.6	24.6	25.6	26.7	27.7	28.7	29.7	♒ 0.7	1.7	2.8	3.8	4.8	5.8	6.8	7.8	8.9	9.9	10.9
☽	♊ 29.8	♋ 11.8	23.6	♌ 5.5	17.3	29.1	♍ 11	23.1	♎ 5.4	18	♏ 1	14.5	28.4	♐ 12.8	27.7	♑ 12.8	28.1	♒ 13.4	28.4	♓ 13.1	27.4	♈ 11.2	24.6	♉ 7.6	20.3	♊ 2.6	14.8	26.8	♋ 8.7	20.6	♌ 2.4
☿	♑ 7.4	9	10.6	12.2	13.9	15.5	17.1	18.7	20.4	22	23.7	25.3	27	28.7	♒ 0.4	2.1	3.8	5.5	7.2	8.9	10.6	12.3	14	15.7	17.4	19.1	20.7	22.4	24	25.6	27.2
♀	♒ 25.3	26.4	27.6	28.7	29.8	♓ 1	2.1	3.2	4.3	5.5	6.6	7.7	8.8	9.9	11	12.1	13.2	14.2	15.3	16.4	17.5	18.5	19.6	20.6	21.7	22.7	23.7	24.8	25.8	26.8	27.8
♂	♋ 8.1R	7.8	7.4	7	6.6	6.2	5.9	5.5	5.1	4.8	4.5	4.1	3.8	3.5	3.2	2.9	2.7	2.4	2.2	1.9	1.7	1.5	1.3	1.1	1	0.8	0.7	0.5	0.4	0.3	0.2

	1	6	11	16	21	26	31
♃	♑ 14.1	15.3	16.4	17.6	18.7	19.9	21
♄	♑ 19.6	20.2	20.8	21.4	22	22.5	23.1

	1	11	21	31
♅	♌ 25.4R	25.1	24.7	24.3
♆	♏ 10.8	11	11.2	11.3
♇	♍ 8.0R	7.9	7.7	7.5

II

	1	2	3	4	5	6	7	8	9	10	11	12	13	14	15	16	17	18	19	20	21	22	23	24	25	26	27	28	29	30	31
☉	♒ 11.9	12.9	13.9	14.9	16	17	18	19	20	21	22	23	24.1	25.1	26.1	27.1	28.1	29.1	♓ 0.1	1.1	2.1	3.1	4.1	5.2	6.2	7.2	8.2	9.2			
☽	♌ 14.2	26.1	♍ 8.1	20.1	♎ 2.3	14.7	27.4	♏ 10.4	23.7	♐ 7.5	21.6	♑ 6.2	21.1	♒ 6.1	21.3	♓ 6.3	21.1	♈ 5.6	19.6	♉ 3.1	16.3	29	♊ 11.4	23.6	♋ 5.6	17.4	29.2	♌ 11			
☿	♒ 28.7	♓ 0.1	1.5	2.8	4.1	5.2	6.2	7.1	7.8	8.4	8.8	9.1	9.2R	9.1	8.8	8.4	7.8	7	6.2	5.2	4.2	3.1	2	0.9	♒ 29.8	28.8	27.9	27.1			
♀	♓ 28.8	29.8	♈ 0.8	1.8	2.7	3.7	4.6	5.6	6.5	7.4	8.3	9.2	10.1	11	11.8	12.7	13.5	14.3	15.2	15.9	16.7	17.5	18.2	19	19.7	20.4	21	21.7			
♂	♋ 0.2R	0.1	0.1	0	0	0	0.0D	0	0.1	0.1	0.2	0.2	0.3	0.4	0.5	0.6	0.7	0.8	1	1.1	1.3	1.5	1.7	1.8	2	2.3	2.5	2.7			

	1	6	11	16	21	26
♃	♑ 21.3	22.4	23.5	24.6	25.6	26.7
♄	♑ 23.2	23.8	24.3	24.9	25.4	25.9

	1	11	21
♅	♌ 24.3R	23.8	23.4
♆	♏ 11.3	11.3	11.3R
♇	♍ 7.5R	7.2	7

III

	1	2	3	4	5	6	7	8	9	10	11	12	13	14	15	16	17	18	19	20	21	22	23	24	25	26	27	28	29	30	31
☉	♓ 10.2	11.2	12.2	13.2	14.2	15.2	16.2	17.2	18.2	19.2	20.2	21.2	22.2	23.2	24.2	25.2	26.2	27.2	28.2	29.2	♈ 0.1	1.1	2.1	3.1	4.1	5.1	6.1	7.1	8.1	9.1	10
☽	♌ 22.9	♍ 4.9	17	29.3	♎ 11.8	24.4	♏ 7.3	20.5	♐ 3.9	17.6	♑ 1.6	15.8	♒ 0.3	15	29.7	♓ 14.5	29.1	♈ 13.4	27.5	♉ 11.1	24.3	♊ 7.2	19.6	♋ 1.8	13.8	25.7	♌ 7.5	19.3	♍ 1.3	13.4	25.7
☿	♒ 26.3R	25.7	25.2	24.8	24.5	24.4	24.3D	24.4	24.6	24.8	25.1	25.6	26.1	26.7	27.3	28	28.8	29.6	♓ 0.5	1.5	2.4	3.5	4.5	5.6	6.8	8	9.2	10.5	11.7	13.1	14.4
♀	♈ 22.3	22.9	23.5	24.1	24.6	25.1	25.6	26.1	26.5	26.9	27.3	27.6	27.9	28.2	28.4	28.6	28.8	28.9	29	29.1	29.1R	29.1	29	28.9	28.7	28.5	28.3	28	27.7	27.4	27
♂	♋ 2.9	3.2	3.4	3.7	3.9	4.2	4.5	4.8	5.1	5.4	5.7	6	6.3	6.7	7	7.3	7.7	8	8.4	8.7	9.1	9.5	9.8	10.2	10.6	11	11.4	11.8	12.2	12.6	13

	1	6	11	16	21	26	31
♃	♑ 27.3	28.3	29.2	♒ 0.1	1	1.8	2.6
♄	♑ 26.2	26.7	27.1	27.5	27.9	28.3	28.6

	1	11	21	31
♅	♌ 23.1R	22.7	22.3	22
♆	♏ 11.2R	11.1	10.9	10.7
♇	♍ 6.8R	6.5	6.3	6.1

IV

	1	2	3	4	5	6	7	8	9	10	11	12	13	14	15	16	17	18	19	20	21	22	23	24	25	26	27	28	29	30	31
☉	♈ 11	12	13	14	15	16	16.9	17.9	18.9	19.9	20.9	21.9	22.8	23.8	24.8	25.8	26.8	27.7	28.7	29.7	♉ 0.7	1.6	2.6	3.6	4.6	5.5	6.5	7.5	8.4	9.4	
☽	♎ 8.2	21	♏ 4	17.3	♐ 0.8	14.5	28.3	♑ 12.3	26.4	♒ 10.6	24.9	♓ 9.2	23.5	♈ 7.7	21.8	♉ 5.6	19.1	♊ 2.2	15	27.5	♋ 9.7	21.7	♌ 3.6	15.4	27.3	♍ 9.2	21.4	♎ 3.9	16.6	29.7	
☿	♓ 15.8	17.2	18.6	20.1	21.6	23.1	24.6	26.2	27.8	29.4	♈ 1	2.7	4.4	6.1	7.8	9.6	11.4	13.2	15.1	17	18.9	20.8	22.7	24.7	26.7	28.8	♉ 0.8	2.9	5	7.1	
♀	♈ 26.5R	26.1	25.6	25.1	24.5	23.9	23.3	22.7	22.1	21.5	20.9	20.2	19.6	19	18.4	17.8	17.2	16.7	16.2	15.7	15.2	14.8	14.4	14.1	13.8	13.5	13.3	13.1	12.9	12.8	
♂	♋ 13.4	13.9	14.3	14.7	15.1	15.6	16	16.5	16.9	17.4	17.8	18.3	18.7	19.2	19.6	20.1	20.6	21.1	21.5	22	22.5	23	23.5	23.9	24.4	24.9	25.4	25.9	26.4	26.9	

	1	6	11	16	21	26
♃	♒ 2.8	3.5	4.1	4.8	5.3	5.8
♄	♑ 28.7	28.9	29.2	29.4	29.6	29.7

	1	11	21
♅	♌ 22.0R	21.8	21.7
♆	♏ 10.7R	10.5	10.2
♇	♍ 6.0R	5.8	5.7

V

	1	2	3	4	5	6	7	8	9	10	11	12	13	14	15	16	17	18	19	20	21	22	23	24	25	26	27	28	29	30	31
☉	♉ 10.4	11.4	12.3	13.3	14.3	15.2	16.2	17.2	18.1	19.1	20.1	21	22	23	23.9	24.9	25.9	26.8	27.8	28.7	29.7	♊ 0.7	1.6	2.6	3.6	4.5	5.5	6.4	7.4	8.4	9.3
☽	♏ 13.2	26.9	♐ 10.8	24.9	♑ 9.1	23.3	♒ 7.4	21.6	♓ 5.6	19.6	♈ 3.5	17.3	♉ 0.9	14.3	27.5	♊ 10.4	23.1	♋ 5.5	17.7	29.6	♌ 11.5	23.3	♍ 5.1	17.1	29.3	♎ 11.9	24.7	♏ 8	21.7	♐ 5.8	20.1
☿	♉ 9.3	11.4	13.6	15.7	17.9	20.1	22.2	24.4	26.5	28.6	♊ 0.7	2.7	4.7	6.7	8.6	10.5	12.3	14.1	15.9	17.6	19.2	20.8	22.3	23.8	25.2	26.6	27.9	29.1	♋ 0.3	1.5	2.5
♀	♈ 12.8R	12.7	12.8D	12.8	12.9	13	13.2	13.4	13.6	13.9	14.2	14.5	14.9	15.3	15.7	16.1	16.6	17.1	17.6	18.1	18.7	19.3	19.9	20.5	21.2	21.8	22.5	23.2	23.9	24.7	25.4
♂	♋ 27.4	27.9	28.4	29	29.5	30	♌ 0.5	1	1.5	2.1	2.6	3.1	3.6	4.2	4.7	5.2	5.8	6.3	6.8	7.4	7.9	8.5	9	9.5	10.1	10.6	11.2	11.7	12.3	12.8	13.4

	1	6	11	16	21	26	31
♃	♒ 6.2	6.5	6.8	7	7.1	7.1R	7.1
♄	♑ 29.8	29.8	29.9R	29.8	29.8	29.6	29.5

	1	11	21	31
♅	♌ 21.7	21.7	21.9	22.1
♆	♏ 9.9R	9.7	9.4	9.2
♇	♍ 5.6R	5.5	5.5D	5.6

VI

	1	2	3	4	5	6	7	8	9	10	11	12	13	14	15	16	17	18	19	20	21	22	23	24	25	26	27	28	29	30	31
☉	♊ 10.3	11.2	12.2	13.1	14.1	15.1	16	17	17.9	18.9	19.8	20.8	21.8	22.7	23.7	24.6	25.6	26.5	27.5	28.4	29.4	♋ 0.3	1.3	2.3	3.2	4.2	5.1	6.1	7	8	
☽	♑ 4.6	19.2	♒ 3.8	18.2	♓ 2.4	16.5	♈ 0.3	14	27.4	♉ 10.7	23.7	♊ 6.6	19.2	♋ 1.6	13.8	25.9	♌ 7.8	19.6	♍ 1.4	13.2	25.2	♎ 7.4	19.9	♏ 2.8	16.1	29.9	♐ 14.2	28.8	♑ 13.6	28.6	
☿	♋ 3.5	4.5	5.4	6.2	6.9	7.6	8.2	8.8	9.2	9.6	9.9	10.2	10.3	10.4	10.5R	10.4	10.3	10.1	9.8	9.5	9.1	8.6	8.1	7.6	7	6.5	5.9	5.3	4.7	4.1	
♀	♈ 26.2	26.9	27.7	28.5	29.3	♉ 0.2	1	1.8	2.7	3.6	4.4	5.3	6.2	7.1	8	9	9.9	10.8	11.8	12.7	13.7	14.7	15.6	16.6	17.6	18.6	19.6	20.6	21.6	22.6	
♂	♌ 14	14.5	15.1	15.6	16.2	16.8	17.3	17.9	18.5	19	19.6	20.2	20.7	21.3	21.9	22.4	23	23.6	24.2	24.8	25.3	25.9	26.5	27.1	27.7	28.3	28.8	29.4	♍ 0	0.6	

	1	6	11	16	21	26
♃	♒ 7.1R	6.9	6.7	6.4	6.1	5.7
♄	♑ 29.5R	29.3	29	28.8	28.5	28.2

	1	11	21
♅	♌ 22.1	22.5	22.8
♆	♏ 9.1R	8.9	8.8
♇	♍ 5.6	5.7	5.8

VII

	1	2	3	4	5	6	7	8	9	10	11	12	13	14	15	16	17	18	19	20	21	22	23	24	25	26	27	28	29	30	31
☉	♋ 8.9	9.9	10.8	11.8	12.7	13.7	14.6	15.6	16.6	17.5	18.5	19.4	20.4	21.3	22.3	23.2	24.2	25.1	26.1	27	28	29	29.9	♌ 0.9	1.8	2.8	3.7	4.7	5.6	6.6	7.6
☽	♒ 13.5	28.2	♓ 12.7	27	♈ 10.8	24.4	♉ 7.7	20.7	♊ 3.5	16	28.4	♋ 10.5	22.6	♌ 4.5	16.3	28.1	♍ 9.9	21.7	♎ 3.7	15.9	28.4	♏ 11.2	24.5	♐ 8.2	22.4	♑ 7.1	22	♒ 7.1	22.3	♓ 7.4	22.2
☿	♋ 3.6R	3.1	2.7	2.3	1.9	1.7	1.5	1.4	1.4D	1.4	1.6	1.8	2.1	2.5	3	3.6	4.3	5	5.9	6.8	7.9	9	10.2	11.4	12.8	14.2	15.7	17.3	18.9	20.6	22.4
♀	♉ 23.6	24.6	25.7	26.7	27.7	28.8	29.8	♊ 0.9	1.9	3	4	5.1	6.2	7.2	8.3	9.4	10.5	11.6	12.6	13.7	14.8	15.9	17	18.1	19.2	20.3	21.4	22.6	23.7	24.8	25.9
♂	♍ 1.2	1.8	2.4	3	3.6	4.2	4.8	5.3	5.9	6.5	7.1	7.7	8.3	9	9.6	10.2	10.8	11.4	12	12.6	13.2	13.8	14.4	15	15.6	16.3	16.9	17.5	18.1	18.7	19.3

	1	6	11	16	21	26	31
♃	♒ 5.2R	4.6	4.1	3.4	2.8	2.2	1.5
♄	♑ 27.9R	27.5	27.2	26.8	26.4	26.1	25.7

	1	11	21	31
♅	♌ 23.3	23.8	24.4	25
♆	♏ 8.6R	8.6	8.5D	8.6
♇	♍ 6	6.3	6.5	6.8

VIII

	1	2	3	4	5	6	7	8	9	10	11	12	13	14	15	16	17	18	19	20	21	22	23	24	25	26	27	28	29	30	31
☉	♌ 8.5	9.5	10.4	11.4	12.3	13.3	14.3	15.2	16.2	17.1	18.1	19.1	20	21	21.9	22.9	23.9	24.8	25.8	26.7	27.7	28.7	29.6	♍ 0.6	1.6	2.5	3.5	4.5	5.4	6.4	7.4
☽	♈ 6.6	20.7	♉ 4.3	17.6	♊ 0.5	13.1	25.4	♋ 7.6	19.6	♌ 1.5	13.3	25.1	♍ 6.9	18.7	♎ 0.6	12.7	25	♏ 7.5	20.3	♐ 3.5	17.1	♑ 1.1	15.6	♒ 0.4	15.4	♓ 0.6	15.8	♈ 0.7	15.4	29.6	♉ 13.4
☿	♋ 24.2	26.1	28	29.9	♌ 1.9	3.9	5.9	8	10	12.1	14.2	16.2	18.3	20.3	22.3	24.4	26.3	28.3	♍ 0.3	2.2	4.1	6	7.9	9.7	11.5	13.3	15.1	16.8	18.6	20.3	22
♀	♊ 27	28.2	29.3	♋ 0.4	1.5	2.7	3.8	5	6.1	7.2	8.4	9.5	10.7	11.8	13	14.1	15.3	16.5	17.6	18.8	19.9	21.1	22.3	23.4	24.6	25.8	27	28.1	29.3	♌ 0.5	1.7
♂	♍ 20	20.6	21.2	21.8	22.4	23.1	23.7	24.3	24.9	25.6	26.2	26.8	27.5	28.1	28.7	29.4	30	♎ 0.6	1.3	1.9	2.5	3.2	3.8	4.4	5.1	5.7	6.4	7	7.7	8.3	9

	1	6	11	16	21	26	31
♃	♒ 1.4R	0.8	0.2	♑ 29.6	29.1	28.6	28.2
♄	♑ 25.6R	25.3	24.9	24.6	24.3	24.1	23.8

	1	11	21	31
♅	♌ 25	25.6	26.3	26.9
♆	♏ 8.6	8.7	8.8	9
♇	♍ 6.9	7.2	7.5	7.8

IX

	1	2	3	4	5	6	7	8	9	10	11	12	13	14	15	16	17	18	19	20	21	22	23	24	25	26	27	28	29	30	31
☉	♍ 8.3	9.3	10.3	11.2	12.2	13.2	14.1	15.1	16.1	17.1	18	19	20	20.9	21.9	22.9	23.9	24.8	25.8	26.8	27.8	28.8	29.7	♎ 0.7	1.7	2.7	3.7	4.6	5.6	6.6	
☽	♉ 26.8	♊ 9.7	22.3	♋ 4.6	16.6	28.5	♌ 10.3	22.1	♍ 3.9	15.8	27.7	♎ 9.8	22	♏ 4.5	17.1	♐ 0	13.2	26.7	♑ 10.6	24.8	♒ 9.3	24	♓ 9	24	♈ 8.9	23.6	♉ 7.9	21.8	♊ 5.3	18.3	
☿	♍ 23.6	25.3	26.9	28.5	♎ 0.1	1.7	3.2	4.7	6.3	7.7	9.2	10.6	12.1	13.5	14.9	16.2	17.6	18.9	20.2	21.4	22.7	23.9	25.1	26.2	27.3	28.4	29.5	♏ 0.5	1.5	2.4	
♀	♌ 2.9	4	5.2	6.4	7.6	8.8	10	11.2	12.4	13.6	14.8	16	17.2	18.4	19.6	20.8	22	23.2	24.4	25.6	26.8	28	29.2	♍ 0.4	1.6	2.9	4.1	5.3	6.5	7.7	
♂	♎ 9.6	10.3	10.9	11.5	12.2	12.9	13.5	14.2	14.8	15.5	16.1	16.8	17.4	18.1	18.8	19.4	20.1	20.7	21.4	22.1	22.7	23.4	24.1	24.7	25.4	26.1	26.8	27.4	28.1	28.8	

	1	6	11	16	21	26
♃	♑ 28.1R	27.8	27.6	27.4	27.3	27.3D
♄	♑ 23.8R	23.6	23.5	23.3	23.3	23.2

	1	11	21
♅	♌ 26.9	27.5	28.1
♆	♏ 9	9.3	9.5
♇	♍ 7.9	8.2	8.6

X

	1	2	3	4	5	6	7	8	9	10	11	12	13	14	15	16	17	18	19	20	21	22	23	24	25	26	27	28	29	30	31
☉	♎ 7.6	8.6	9.5	10.5	11.5	12.5	13.5	14.5	15.5	16.5	17.4	18.4	19.4	20.4	21.4	22.4	23.4	24.4	25.4	26.4	27.4	28.4	29.4	♏ 0.3	1.3	2.3	3.3	4.3	5.3	6.3	7.3
☽	♋ 0.9	13.1	25.2	♌ 7	18.8	♍ 0.6	12.5	24.4	♎ 6.6	18.9	♏ 1.4	14.1	27.1	♐ 10.2	23.6	♑ 7.1	20.9	♒ 4.9	19.1	♓ 3.5	18.1	♈ 2.7	17.3	♉ 1.7	15.9	29.8	♊ 13.2	26.2	♋ 8.9	21.2	♌ 3.2
☿	♏ 3.3	4.1	4.8	5.5	6.2	6.7	7.2	7.5	7.8	8	8.0R	8	7.8	7.4	6.9	6.3	5.6	4.7	3.7	2.6	1.4	0.1	♎ 28.9	27.6	26.5	25.4	24.4	23.7	23	22.6	22.4
♀	♍ 9	10.2	11.4	12.6	13.9	15.1	16.3	17.5	18.8	20	21.2	22.5	23.7	24.9	26.2	27.4	28.6	29.9	♎ 1.1	2.3	3.6	4.8	6.1	7.3	8.5	9.8	11	12.3	13.5	14.8	16
♂	♎ 29.4	♏ 0.1	0.8	1.5	2.2	2.8	3.5	4.2	4.9	5.6	6.2	6.9	7.6	8.3	9	9.7	10.4	11.1	11.8	12.4	13.1	13.8	14.5	15.2	15.9	16.6	17.3	18	18.7	19.4	20.1

	1	6	11	16	21	26	31
♃	♑ 27.4	27.6	27.8	28.1	28.5	29	29.5
♄	♑ 23.2	23.3	23.4	23.5	23.7	23.9	24.1

	1	11	21	31
♅	♌ 28.7	29.2	29.6	30
♆	♏ 9.8	10.2	10.5	10.9
♇	♍ 8.9	9.2	9.4	9.7

XI

	1	2	3	4	5	6	7	8	9	10	11	12	13	14	15	16	17	18	19	20	21	22	23	24	25	26	27	28	29	30	31
☉	♏ 8.3	9.3	10.3	11.3	12.3	13.3	14.3	15.4	16.4	17.4	18.4	19.4	20.4	21.4	22.4	23.4	24.4	25.4	26.4	27.4	28.4	29.5	♐ 0.5	1.5	2.5	3.5	4.5	5.5	6.5	7.6	
☽	♌ 15.1	26.9	♍ 8.7	20.6	♎ 2.7	15	27.5	♏ 10.3	23.4	♐ 6.8	20.3	♑ 4	17.8	♒ 1.7	15.7	29.8	♓ 13.9	28.1	♈ 12.3	26.4	♉ 10.5	24.3	♊ 7.9	21.2	♋ 4.1	16.7	29	♌ 11	22.9	♍ 4.7	
☿	♎ 22.3D	22.5	22.8	23.3	23.9	24.6	25.5	26.5	27.6	28.8	♏ 0	1.3	2.7	4	5.5	6.9	8.4	9.9	11.4	12.9	14.5	16	17.6	19.1	20.7	22.3	23.8	25.4	27	28.5	
♀	♎ 17.2	18.5	19.7	21	22.2	23.5	24.7	26	27.2	28.5	29.7	♏ 1	2.2	3.5	4.7	6	7.2	8.5	9.7	11	12.2	13.5	14.8	16	17.3	18.5	19.8	21	22.3	23.5	
♂	♏ 20.8	21.5	22.2	23	23.7	24.4	25.1	25.8	26.5	27.2	27.9	28.6	29.4	♐ 0.1	0.8	1.5	2.2	3	3.7	4.4	5.1	5.8	6.6	7.3	8	8.7	9.5	10.2	10.9	11.7	

	1	6	11	16	21	26
♃	♑ 29.6	♒ 0.2	0.9	1.6	2.4	3.3
♄	♑ 24.2	24.5	24.8	25.2	25.6	26

	1	11	21
♅	♌ 30	♍ 0.3	0.4
♆	♏ 11	11.3	11.7
♇	♍ 9.7	9.9	10

XII

	1	2	3	4	5	6	7	8	9	10	11	12	13	14	15	16	17	18	19	20	21	22	23	24	25	26	27	28	29	30	31
☉	♐ 8.6	9.6	10.6	11.6	12.6	13.6	14.7	15.7	16.7	17.7	18.7	19.7	20.8	21.8	22.8	23.8	24.8	25.8	26.9	27.9	28.9	29.9	♑ 0.9	1.9	3	4	5	6	7	8.1	9.1
☽	♍ 16.5	28.4	♎ 10.5	22.9	♏ 5.6	18.6	♐ 2	15.7	29.7	♑ 13.8	28.1	♒ 12.4	26.6	♓ 10.8	24.9	♈ 8.9	22.7	♉ 6.5	20	♊ 3.4	16.6	29.6	♋ 12.2	24.7	♌ 6.9	18.9	♍ 0.7	12.5	24.3	♎ 6.2	18.3
☿	♐ 0.1	1.7	3.2	4.8	6.4	7.9	9.5	11.1	12.6	14.2	15.8	17.3	18.9	20.5	22	23.6	25.2	26.8	28.4	29.9	♑ 1.5	3.1	4.7	6.3	7.9	9.5	11.1	12.7	14.4	16	17.6
♀	♏ 24.8	26.1	27.3	28.6	29.8	♐ 1.1	2.3	3.6	4.9	6.1	7.4	8.6	9.9	11.1	12.4	13.7	14.9	16.2	17.4	18.7	19.9	21.2	22.5	23.7	25	26.2	27.5	28.8	♑ 0	1.3	2.5
♂	♐ 12.4	13.1	13.9	14.6	15.3	16.1	16.8	17.5	18.3	19	19.8	20.5	21.2	22	22.7	23.5	24.2	25	25.7	26.5	27.2	28	28.7	29.5	♑ 0.2	1	1.7	2.5	3.2	4	4.7

	1	6	11	16	21	26	31
♃	♒ 4.2	5.1	6	7	8.1	9.2	10.2
♄	♑ 26.4	26.9	27.4	27.9	28.5	29	29.6

	1	11	21	31
♅	♍ 0.5	0.5R	0.4	0.3
♆	♏ 12.1	12.4	12.7	12.9
♇	♍ 10.1	10.1	10.1R	10

I

	1	2	3	4	5	6	7	8	9	10	11	12	13	14	15	16	17	18	19	20	21	22	23	24	25	26	27	28	29	30	31
☉	♑ 10.1	11.1	12.1	13.2	14.2	15.2	16.2	17.2	18.3	19.3	20.3	21.3	22.3	23.3	24.4	25.4	26.4	27.4	28.4	29.5	♒ 0.5	1.5	2.5	3.5	4.5	5.6	6.6	7.6	8.6	9.6	10.6
☽	♏ 0.7	13.4	26.4	♐ 9.9	23.9	♑ 8.1	22.7	♒ 7.4	22.1	♓ 6.8	21.3	♈ 5.6	19.6	♉ 3.4	16.9	♊ 0.2	13.2	26	♋ 8.5	20.9	♌ 3.1	15.2	27.1	♍ 8.9	20.7	♎ 2.5	14.4	26.5	♏ 8.8	21.4	♐ 4.4
☿	♑ 19.2	20.9	22.5	24.1	25.7	27.4	29	♒ 0.6	2.2	3.8	5.4	7	8.5	10	11.5	12.9	14.3	15.6	16.9	18.1	19.1	20.1	20.9	21.6	22.2	22.6	22.8	22.8R	22.7	22.3	21.8
♀	♑ 3.8	5	6.3	7.6	8.8	10.1	11.3	12.6	13.9	15.1	16.4	17.6	18.9	20.1	21.4	22.7	23.9	25.2	26.4	27.7	28.9	♒ 0.2	1.5	2.7	4	5.2	6.5	7.7	9	10.3	11.5
♂	♑ 5.5	6.2	7	7.8	8.5	9.3	10	10.8	11.6	12.3	13.1	13.9	14.6	15.4	16.2	16.9	17.7	18.5	19.2	20	20.8	21.5	22.3	23.1	23.8	24.6	25.4	26.2	26.9	27.7	28.5

	1	6	11	16	21	26	31
♃	♒ 10.5	11.6	12.7	13.9	15.1	16.2	17.4
♄	♑ 29.7	♒ 0.3	0.8	1.4	2	2.6	3.2

	1	11	21	31
♅	♍ 0.2R	♌ 30	29.6	29.3
♆	♏ 13	13.2	13.3	13.4
♇	♍ 10.0R	9.9	9.7	9.5

II

	1	2	3	4	5	6	7	8	9	10	11	12	13	14	15	16	17	18	19	20	21	22	23	24	25	26	27	28	29	30	31
☉	♒ 11.7	12.7	13.7	14.7	15.7	16.7	17.7	18.8	19.8	20.8	21.8	22.8	23.8	24.8	25.8	26.8	27.9	28.9	29.9	♓ 0.9	1.9	2.9	3.9	4.9	5.9	6.9	7.9	8.9			
☽	♐ 17.8	♑ 1.7	16	♒ 0.6	15.6	♓ 0.7	15.8	♈ 0.7	15.4	29.7	♉ 13.6	27.1	♊ 10.2	23	♋ 5.5	17.8	30	♌ 12	23.9	♍ 5.7	17.5	29.3	♎ 11.2	23.2	♏ 5.3	17.6	♐ 0.1	13			
☿	♒ 21.1R	20.2	19.2	18.1	16.9	15.7	14.5	13.3	12.2	11.2	10.3	9.4	8.7	8.2	7.8	7.5	7.3	7.3D	7.3	7.5	7.8	8.2	8.6	9.2	9.8	10.5	11.2	12			
♀	♒ 12.8	14	15.3	16.5	17.8	19	20.3	21.5	22.8	24.1	25.3	26.6	27.8	29.1	♓ 0.3	1.6	2.8	4.1	5.3	6.6	7.8	9.1	10.3	11.6	12.8	14.1	15.3	16.6			
♂	♑ 29.3	♒ 0	0.8	1.6	2.4	3.1	3.9	4.7	5.5	6.3	7	7.8	8.6	9.4	10.2	10.9	11.7	12.5	13.3	14.1	14.9	15.6	16.4	17.2	18	18.8	19.6	20.3			

	1	6	11	16	21	26
♃	♒ 17.7	18.9	20.1	21.3	22.4	23.6
♄	♒ 3.3	3.9	4.5	5.1	5.6	6.2

	1	11	21
♅	♌ 29.2R	28.8	28.4
♆	♏ 13.4	13.5	13.5R
♇	♍ 9.5R	9.3	9

III

	1	2	3	4	5	6	7	8	9	10	11	12	13	14	15	16	17	18	19	20	21	22	23	24	25	26	27	28	29	30	31
☉	♓ 9.9	10.9	11.9	12.9	13.9	14.9	15.9	16.9	17.9	18.9	19.9	20.9	21.9	22.9	23.9	24.9	25.9	26.9	27.9	28.9	29.9	♈ 0.9	1.9	2.9	3.9	4.9	5.9	6.8	7.8	8.8	9.8
☽	♐ 26.3	♑ 9.9	24.1	♒ 8.6	23.5	♓ 8.7	23.9	♈ 9.1	24.1	♉ 8.6	22.8	♊ 6.4	19.6	♋ 2.4	14.8	27	♌ 9	20.9	♍ 2.7	14.5	26.3	♎ 8.2	20.2	♏ 2.3	14.5	27	♐ 9.6	22.5	♑ 5.7	19.2	♒ 3.1
☿	♒ 12.9	13.8	14.8	15.8	16.9	18	19.1	20.3	21.5	22.7	24	25.3	26.6	28	29.3	♓ 0.7	2.2	3.6	5.1	6.6	8.1	9.6	11.2	12.8	14.4	16	17.6	19.3	21	22.7	24.5
♀	♓ 17.8	19.1	20.3	21.6	22.8	24.1	25.3	26.6	27.8	29.1	♈ 0.3	1.5	2.8	4	5.3	6.5	7.8	9	10.3	11.5	12.7	14	15.2	16.5	17.7	18.9	20.2	21.4	22.7	23.9	25.1
♂	♒ 21.1	21.9	22.7	23.5	24.3	25	25.8	26.6	27.4	28.2	29	29.7	♓ 0.5	1.3	2.1	2.9	3.7	4.5	5.2	6	6.8	7.6	8.4	9.2	9.9	10.7	11.5	12.3	13.1	13.9	14.6

	1	6	11	16	21	26	31
♃	♒ 24.3	25.5	26.7	27.8	28.9	♓ 0	1.1
♄	♒ 6.5	7	7.5	8	8.5	8.9	9.3

	1	11	21	31
♅	♌ 28.0R	27.6	27.2	26.9
♆	♏ 13.4R	13.3	13.2	13
♇	♍ 8.8R	8.6	8.3	8.1

IV

	1	2	3	4	5	6	7	8	9	10	11	12	13	14	15	16	17	18	19	20	21	22	23	24	25	26	27	28	29	30	31
☉	♈ 10.8	11.8	12.8	13.8	14.7	15.7	16.7	17.7	18.7	19.7	20.6	21.6	22.6	23.6	24.6	25.5	26.5	27.5	28.5	29.4	♉ 0.4	1.4	2.4	3.3	4.3	5.3	6.3	7.2	8.2	9.2	
☽	♒ 17.4	♓ 2	17	♈ 2.1	17.2	♉ 2.2	16.9	♊ 1.2	15	28.3	♋ 11.1	23.6	♌ 5.7	17.7	29.5	♍ 11.3	23.1	♎ 5	17	29.2	♏ 11.5	24	♐ 6.6	19.5	♑ 2.6	15.8	29.3	♒ 13.1	27.2	♓ 11.6	
☿	♓ 26.2	28	29.8	♈ 1.7	3.5	5.4	7.3	9.2	11.2	13.2	15.1	17.2	19.2	21.3	23.3	25.4	27.5	29.7	♉ 1.8	3.9	6	8.1	10.2	12.3	14.4	16.4	18.5	20.4	22.4	24.2	
♀	♈ 26.4	27.6	28.8	♉ 0.1	1.3	2.5	3.8	5	6.2	7.5	8.7	9.9	11.2	12.4	13.6	14.8	16.1	17.3	18.5	19.8	21	22.2	23.4	24.7	25.9	27.1	28.3	29.5	♊ 0.8	2	
♂	♓ 15.4	16.2	17	17.8	18.6	19.3	20.1	20.9	21.7	22.5	23.2	24	24.8	25.6	26.4	27.1	27.9	28.7	29.5	♈ 0.2	1	1.8	2.6	3.3	4.1	4.9	5.7	6.4	7.2	8	

	1	6	11	16	21	26
♃	♓ 1.3	2.3	3.4	4.3	5.3	6.2
♄	♒ 9.4	9.7	10.1	10.4	10.6	10.9

	1	11	21
♅	♌ 26.9R	26.6	26.5
♆	♏ 12.9R	12.7	12.4
♇	♍ 8.1R	7.9	7.7

V

	1	2	3	4	5	6	7	8	9	10	11	12	13	14	15	16	17	18	19	20	21	22	23	24	25	26	27	28	29	30	31
☉	♉ 10.2	11.1	12.1	13.1	14	15	16	16.9	17.9	18.9	19.8	20.8	21.8	22.7	23.7	24.7	25.6	26.6	27.6	28.5	29.5	♊ 0.4	1.4	2.4	3.3	4.3	5.2	6.2	7.2	8.1	9.1
☽	♓ 26.2	♈ 11	25.8	♉ 10.5	25.1	♊ 9.2	23	♋ 6.3	19.2	♌ 1.8	14	25.9	♍ 7.8	19.6	♎ 1.5	13.4	25.5	♏ 7.9	20.4	♐ 3.2	16.2	29.4	♑ 12.7	26.3	♒ 10	23.9	♓ 7.9	22.1	♈ 6.4	20.8	♉ 5.2
☿	♉ 26.1	27.9	29.6	♊ 1.3	2.9	4.4	5.9	7.3	8.7	9.9	11.2	12.3	13.4	14.4	15.3	16.1	16.9	17.6	18.2	18.8	19.3	19.6	20	20.2	20.3	20.4	20.4R	20.3	20.1	19.9	19.6
♀	♊ 3.2	4.4	5.6	6.9	8.1	9.3	10.5	11.7	12.9	14.2	15.4	16.6	17.8	19	20.2	21.4	22.6	23.8	25.1	26.3	27.5	28.7	29.9	♋ 1.1	2.3	3.5	4.7	5.9	7.1	8.3	9.5
♂	♈ 8.7	9.5	10.3	11	11.8	12.6	13.3	14.1	14.9	15.6	16.4	17.2	17.9	18.7	19.4	20.2	21	21.7	22.5	23.2	24	24.8	25.5	26.3	27	27.8	28.5	29.3	♉ 0	0.8	1.5

	1	6	11	16	21	26	31
♃	♓ 7	7.8	8.6	9.3	9.9	10.5	11.1
♄	♒ 11	11.2	11.3	11.4	11.4	11.4R	11.3

	1	11	21	31
♅	♌ 26.4R	26.4D	26.5	26.7
♆	♏ 12.2R	11.9	11.6	11.4
♇	♍ 7.6R	7.5	7.5D	7.6

VI

	1	2	3	4	5	6	7	8	9	10	11	12	13	14	15	16	17	18	19	20	21	22	23	24	25	26	27	28	29	30	31
☉	♊ 10	11	12	12.9	13.9	14.8	15.8	16.7	17.7	18.7	19.6	20.6	21.5	22.5	23.4	24.4	25.3	26.3	27.3	28.2	29.2	♋ 0.1	1.1	2	3	3.9	4.9	5.8	6.8	7.7	
☽	♉ 19.5	♊ 3.7	17.6	♋ 1.1	14.3	27.2	♌ 9.7	21.9	♍ 3.9	15.8	27.6	♎ 9.5	21.5	♏ 3.7	16.2	28.9	♐ 11.9	25.2	♑ 8.8	22.6	♒ 6.5	20.6	♓ 4.7	18.9	♈ 3.1	17.3	♉ 1.4	15.4	29.3	♊ 13	
☿	♊ 19.3R	18.9	18.4	17.9	17.4	16.9	16.3	15.7	15.2	14.7	14.1	13.7	13.2	12.8	12.5	12.2	12	11.9	11.9	11.9D	12	12.1	12.4	12.7	13.1	13.6	14.1	14.8	15.5	16.3	
♀	♋ 10.7	11.9	13.1	14.3	15.5	16.7	17.9	19.1	20.2	21.4	22.6	23.8	25	26.2	27.4	28.6	29.7	♌ 0.9	2.1	3.3	4.5	5.6	6.8	8	9.2	10.3	11.5	12.7	13.9	15	
♂	♉ 2.3	3	3.7	4.5	5.2	6	6.7	7.5	8.2	8.9	9.7	10.4	11.1	11.9	12.6	13.3	14.1	14.8	15.5	16.3	17	17.7	18.4	19.2	19.9	20.6	21.3	22.1	22.8	23.5	

	1	6	11	16	21	26
♃	♓ 11.1	11.6	12	12.3	12.5	12.6
♄	♒ 11.3R	11.2	11.1	10.9	10.7	10.4

	1	11	21
♅	♌ 26.7	27	27.4
♆	♏ 11.4R	11.2	11
♇	♍ 7.6	7.7	7.8

VII

	1	2	3	4	5	6	7	8	9	10	11	12	13	14	15	16	17	18	19	20	21	22	23	24	25	26	27	28	29	30	31
☉	♋ 8.7	9.7	10.6	11.6	12.5	13.5	14.4	15.4	16.3	17.3	18.2	19.2	20.1	21.1	22	23	24	24.9	25.9	26.8	27.8	28.7	29.7	♌ 0.6	1.6	2.5	3.5	4.5	5.4	6.4	7.3
☽	♊ 26.5	♋ 9.7	22.6	♌ 5.3	17.7	29.8	♍ 11.8	23.7	♎ 5.5	17.4	29.4	♏ 11.7	24.2	♐ 7	20.1	♑ 3.7	17.5	♒ 1.7	16.1	♓ 0.6	15.1	29.7	♈ 14	28.3	♉ 12.3	26.1	♊ 9.6	22.9	♋ 6	18.8	♌ 1.4
☿	♊ 17.1	18.1	19.1	20.1	21.3	22.5	23.7	25.1	26.5	28	29.5	♋ 1.1	2.8	4.5	6.3	8.1	10	11.9	13.9	15.9	17.9	19.9	22	24.1	26.2	28.4	♌ 0.5	2.6	4.7	6.8	8.9
♀	♌ 16.2	17.4	18.5	19.7	20.8	22	23.2	24.3	25.5	26.6	27.8	28.9	♍ 0.1	1.2	2.4	3.5	4.7	5.8	6.9	8.1	9.2	10.3	11.5	12.6	13.7	14.8	16	17.1	18.2	19.3	20.4
♂	♉ 24.2	24.9	25.6	26.3	27.1	27.8	28.5	29.2	29.9	♊ 0.6	1.3	2	2.7	3.4	4.1	4.8	5.5	6.2	6.9	7.6	8.3	9	9.7	10.4	11	11.7	12.4	13.1	13.8	14.5	15.1

	1	6	11	16	21	26	31
♃	♓ 12.7	12.7R	12.6	12.4	12.1	11.8	11.4
♄	♒ 10.2R	9.9	9.6	9.2	8.9	8.5	8.1

	1	11	21	31
♅	♌ 27.8	28.3	28.8	29.4
♆	♏ 10.8R	10.8	10.7	10.7D
♇	♍ 8	8.2	8.5	8.7

VIII

	1	2	3	4	5	6	7	8	9	10	11	12	13	14	15	16	17	18	19	20	21	22	23	24	25	26	27	28	29	30	31
☉	♌ 8.3	9.2	10.2	11.2	12.1	13.1	14	15	15.9	16.9	17.9	18.8	19.8	20.7	21.7	22.7	23.6	24.6	25.5	26.5	27.5	28.4	29.4	♍ 0.4	1.3	2.3	3.3	4.2	5.2	6.2	7.1
☽	♌ 13.8	26	♍ 8	20	♎ 1.8	13.7	25.5	♏ 7.5	19.7	♐ 2.2	15	28.2	♑ 11.7	25.8	♒ 10.2	24.9	♓ 9.8	24.8	♈ 9.7	24.4	♉ 8.8	22.8	♊ 6.5	19.9	♋ 2.9	15.7	28.2	♌ 10.5	22.7	♍ 4.7	16.6
☿	♌ 10.9	13	15	17	19	21	22.9	24.8	26.7	28.5	♍ 0.4	2.2	3.9	5.7	7.4	9.1	10.8	12.5	14.1	15.7	17.3	18.9	20.4	21.9	23.4	24.9	26.3	27.7	29.1	♎ 0.5	1.8
♀	♍ 21.5	22.6	23.7	24.8	25.9	27	28.1	29.2	♎ 0.3	1.4	2.5	3.6	4.6	5.7	6.8	7.8	8.9	9.9	11	12	13.1	14.1	15.1	16.2	17.2	18.2	19.2	20.2	21.2	22.2	23.2
♂	♊ 15.8	16.5	17.2	17.8	18.5	19.2	19.8	20.5	21.2	21.8	22.5	23.2	23.8	24.5	25.1	25.8	26.5	27.1	27.8	28.4	29.1	29.7	♋ 0.3	1	1.6	2.3	2.9	3.5	4.2	4.8	5.4

	1	6	11	16	21	26	31
♃	♓ 11.3R	10.8	10.3	9.7	9.1	8.4	7.8
♄	♒ 8.0R	7.7	7.3	7	6.6	6.3	6

	1	11	21	31
♅	♌ 29.5	♍ 0.1	0.7	1.3
♆	♏ 10.7	10.8	10.9	11.1
♇	♍ 8.8	9.1	9.4	9.8

IX

	1	2	3	4	5	6	7	8	9	10	11	12	13	14	15	16	17	18	19	20	21	22	23	24	25	26	27	28	29	30	31
☉	♍ 8.1	9.1	10	11	12	12.9	13.9	14.9	15.8	16.8	17.8	18.8	19.7	20.7	21.7	22.7	23.6	24.6	25.6	26.6	27.5	28.5	29.5	♎ 0.5	1.5	2.4	3.4	4.4	5.4	6.4	
☽	♍ 28.5	♎ 10.3	22.2	♏ 4.1	16.1	28.2	♐ 10.6	23.3	♑ 6.4	19.9	♒ 3.9	18.3	♓ 3.1	18.2	♈ 3.5	18.7	♉ 3.7	18.4	♊ 2.6	16.4	29.8	♋ 12.7	25.3	♌ 7.6	19.7	♍ 1.7	13.6	25.5	♎ 7.3	19.2	
☿	♎ 3.1	4.4	5.7	6.9	8.1	9.3	10.4	11.5	12.6	13.6	14.6	15.5	16.4	17.2	18	18.7	19.4	20	20.5	20.9	21.3	21.6	21.7	21.8	21.7R	21.6	21.3	20.9	20.3	19.7	
♀	♎ 24.2	25.2	26.2	27.1	28.1	29	30	♏ 0.9	1.9	2.8	3.7	4.6	5.5	6.4	7.3	8.1	9	9.8	10.7	11.5	12.3	13.1	13.9	14.6	15.4	16.1	16.9	17.6	18.3	18.9	
♂	♋ 6.1	6.7	7.3	7.9	8.6	9.2	9.8	10.4	11	11.6	12.2	12.9	13.5	14.1	14.7	15.3	15.9	16.5	17.1	17.6	18.2	18.8	19.4	20	20.6	21.1	21.7	22.3	22.9	23.4	

	1	6	11	16	21	26
♃	♓ 7.7R	7	6.4	5.7	5.2	4.6
♄	♒ 5.9R	5.7	5.4	5.2	5	4.9

	1	11	21
♅	♍ 1.4	2	2.6
♆	♏ 11.1	11.4	11.6
♇	♍ 9.8	10.2	10.5

X

	1	2	3	4	5	6	7	8	9	10	11	12	13	14	15	16	17	18	19	20	21	22	23	24	25	26	27	28	29	30	31
☉	♎ 7.3	8.3	9.3	10.3	11.3	12.3	13.3	14.2	15.2	16.2	17.2	18.2	19.2	20.2	21.2	22.2	23.1	24.1	25.1	26.1	27.1	28.1	29.1	♏ 0.1	1.1	2.1	3.1	4.1	5.1	6.1	7.1
☽	♏ 1.1	13	25.1	♐ 7.3	19.7	♑ 2.3	15.3	28.7	♒ 12.4	26.7	♓ 11.4	26.4	♈ 11.7	27	♉ 12.2	27	♊ 11.5	25.4	♋ 8.9	21.8	♌ 4.4	16.7	28.7	♍ 10.7	22.5	♎ 4.3	16.2	28.1	♏ 10.1	22.2	♐ 4.4
☿	♎ 18.9R	18	17	16	14.8	13.7	12.5	11.4	10.3	9.3	8.4	7.7	7.2	6.8	6.6	6.5D	6.7	7	7.5	8.2	9	9.9	10.9	12.1	13.3	14.6	16	17.4	18.9	20.4	21.9
♀	♏ 19.6	20.2	20.8	21.4	22	22.6	23.1	23.6	24.1	24.5	25	25.4	25.7	26.1	26.4	26.7	26.9	27.1	27.3	27.4	27.5	27.6	27.6	27.6R	27.6	27.5	27.3	27.2	26.9	26.7	26.4
♂	♋ 24	24.5	25.1	25.7	26.2	26.8	27.3	27.9	28.4	28.9	29.5	♌ 0	0.5	1.1	1.6	2.1	2.6	3.1	3.7	4.2	4.7	5.2	5.7	6.1	6.6	7.1	7.6	8.1	8.5	9	9.5

	1	6	11	16	21	26	31
♃	♓ 4.1R	3.7	3.4	3.1	2.9	2.8	2.8D
♄	♒ 4.8R	4.8	4.8D	4.8	4.9	5	5.1

	1	11	21	31
♅	♍ 3.2	3.7	4.1	4.5
♆	♏ 11.9	12.3	12.6	13
♇	♍ 10.8	11.1	11.4	11.6

XI

	1	2	3	4	5	6	7	8	9	10	11	12	13	14	15	16	17	18	19	20	21	22	23	24	25	26	27	28	29	30	31
☉	♏ 8.1	9.1	10.1	11.1	12.1	13.1	14.1	15.1	16.1	17.1	18.1	19.1	20.1	21.1	22.1	23.2	24.2	25.2	26.2	27.2	28.2	29.2	♐ 0.2	1.2	2.2	3.3	4.3	5.3	6.3	7.3	
☽	♐ 16.8	29.3	♑ 12	25	♒ 8.3	21.9	♓ 6	20.4	♈ 5.1	20.1	♉ 5.2	20.2	♊ 5.1	19.5	♋ 3.6	17.1	♌ 0.2	12.8	25.2	♍ 7.2	19.2	♎ 1	12.8	24.7	♏ 6.7	18.9	♐ 1.2	13.6	26.3	♑ 9.1	
☿	♎ 23.5	25	26.6	28.2	29.9	♏ 1.5	3.1	4.7	6.4	8	9.6	11.2	12.9	14.5	16.1	17.7	19.3	20.9	22.5	24.1	25.7	27.3	28.9	♐ 0.4	2	3.6	5.2	6.7	8.3	9.9	
♀	♏ 26.1R	25.7	25.3	24.9	24.4	23.9	23.4	22.8	22.2	21.7	21.1	20.5	19.9	19.2	18.6	18	17.5	16.9	16.4	15.8	15.3	14.9	14.4	14	13.7	13.4	13.1	12.8	12.6	12.5	
♂	♌ 9.9	10.4	10.8	11.3	11.7	12.2	12.6	13	13.4	13.9	14.3	14.7	15.1	15.5	15.8	16.2	16.6	17	17.3	17.7	18	18.4	18.7	19	19.4	19.7	20	20.3	20.6	20.9	

	1	6	11	16	21	26
♃	♓ 2.8	2.9	3.1	3.3	3.7	4.1
♄	♒ 5.2	5.4	5.6	5.9	6.2	6.6

	1	11	21
♅	♍ 4.6	4.9	5.1
♆	♏ 13	13.4	13.8
♇	♍ 11.7	11.9	12

XII

	1	2	3	4	5	6	7	8	9	10	11	12	13	14	15	16	17	18	19	20	21	22	23	24	25	26	27	28	29	30	31
☉	♐ 8.3	9.3	10.3	11.4	12.4	13.4	14.4	15.4	16.4	17.5	18.5	19.5	20.5	21.5	22.5	23.6	24.6	25.6	26.6	27.6	28.6	29.7	♑ 0.7	1.7	2.7	3.7	4.8	5.8	6.8	7.8	8.8
☽	♑ 22.1	♒ 5.3	18.7	♓ 2.3	16.3	♈ 0.4	14.8	29.4	♉ 14.1	28.7	♊ 13.2	27.4	♋ 11.3	24.9	♌ 8	20.7	♍ 3.1	15.2	27.2	♎ 9.1	20.9	♏ 2.8	14.9	27.1	♐ 9.6	22.3	♑ 5.3	18.4	♒ 1.8	15.4	29.2
☿	♐ 11.5	13	14.6	16.1	17.7	19.3	20.8	22.4	24	25.5	27.1	28.7	♑ 0.2	1.8	3.4	4.9	6.5	8	9.6	11.2	12.7	14.2	15.8	17.3	18.8	20.3	21.8	23.2	24.7	26.1	27.4
♀	♏ 12.3R	12.3	12.2	12.2D	12.3	12.3	12.5	12.6	12.8	13	13.3	13.6	13.9	14.3	14.7	15.1	15.6	16.1	16.6	17.1	17.7	18.3	18.9	19.5	20.2	20.8	21.5	22.2	23	23.7	24.5
♂	♌ 21.1	21.4	21.7	21.9	22.1	22.4	22.6	22.8	23	23.2	23.4	23.6	23.7	23.9	24	24.1	24.3	24.4	24.5	24.6	24.6	24.7	24.7	24.8	24.8	24.8	24.8R	24.8	24.8	24.7	24.7

	1	6	11	16	21	26	31
♃	♓ 4.6	5.1	5.7	6.4	7.2	8	8.8
♄	♒ 7	7.4	7.8	8.3	8.8	9.3	9.8

	1	11	21	31
♅	♍ 5.3	5.3	5.3R	5.1
♆	♏ 14.1	14.5	14.8	15.1
♇	♍ 12.1	12.2	12.2R	12.1

I

	1	2	3	4	5	6	7	8	9	10	11	12	13	14	15	16	17	18	19	20	21	22	23	24	25	26	27	28	29	30	31
☉	♑ 9.9	10.9	11.9	12.9	13.9	14.9	16	17	18	19	20	21.1	22.1	23.1	24.1	25.1	26.2	27.2	28.2	29.2	♒ 0.2	1.2	2.3	3.3	4.3	5.3	6.3	7.3	8.4	9.4	10.4
☽	♓ 13.1	27.2	♈ 11.3	25.5	♉ 9.7	23.9	♊ 8.1	22.1	♋ 5.9	19.5	♌ 2.7	15.7	28.4	♍ 10.8	22.9	♎ 4.9	16.8	28.7	♏ 10.6	22.7	♐ 5	17.5	♑ 0.3	13.5	27	♒ 10.8	24.9	♓ 9.2	23.6	♈ 8	22.3
☿	♑ 28.7	30	♒ 1.1	2.2	3.3	4.2	5	5.6	6.1	6.5	6.7	6.7R	6.5	6.1	5.5	4.7	3.8	2.7	1.5	0.3	♑ 29	27.7	26.5	25.3	24.2	23.3	22.5	21.8	21.3	21	20.8
♀	♏ 25.3	26.1	26.9	27.7	28.5	29.4	♐ 0.2	1.1	2	2.9	3.8	4.7	5.7	6.6	7.5	8.5	9.5	10.4	11.4	12.4	13.4	14.4	15.4	16.4	17.5	18.5	19.5	20.6	21.6	22.7	23.7
♂	♌ 24.6R	24.5	24.4	24.3	24.2	24	23.9	23.7	23.5	23.3	23.1	22.9	22.7	22.4	22.2	21.9	21.6	21.4	21	20.7	20.4	20.1	19.7	19.4	19	18.7	18.3	17.9	17.5	17.1	16.7

	1	6	11	16	21	26	31
♃	♓ 9	9.9	10.9	11.9	12.9	14	15
♄	♒ 9.9	10.5	11.1	11.6	12.2	12.8	13.4

	1	11	21	31
♅	♍ 5.1R	4.9	4.6	4.2
♆	♏ 15.1	15.3	15.5	15.6
♇	♍ 12.1R	12	11.8	11.6

	1	2	3	4	5	6	7	8	9	10	11	12	13	14	15	16	17	18	19	20	21	22	23	24	25	26	27	28	29	30	31
☉	♑ 9.6	10.6	11.6	12.7	13.7	14.7	15.7	16.7	17.8	18.8	19.8	20.8	21.8	22.9	23.9	24.9	25.9	26.9	27.9	29	30	♒ 1	2	3	4.1	5.1	6.1	7.1	8.1	9.1	10.1
☽	♌ 0.5	14.7	28.4	♍ 11.7	24.6	♎ 7.2	19.4	♏ 1.5	13.3	25.2	♐ 7	18.9	♑ 0.9	13.1	25.4	♒ 8	20.8	♓ 3.8	17	♈ 0.5	14.1	28	♉ 12.1	26.4	♊ 10.8	25.2	♋ 9.7	24.2	♌ 8.4	22.5	♍ 6.1
☿	♑ 17.7R	16.6	15.4	14.1	12.7	11.4	10.1	8.9	7.8	6.8	6.1	5.4	5	4.7	4.5	4.5D	4.7	4.9	5.3	5.8	6.4	7	7.8	8.6	9.5	10.4	11.4	12.4	13.5	14.6	15.8
♀	♒ 10.2	11.4	12.6	13.9	15.1	16.4	17.6	18.8	20	21.3	22.5	23.7	25	26.2	27.4	28.6	29.9	♓ 1.1	2.3	3.5	4.8	6	7.2	8.4	9.6	10.9	12.1	13.3	14.5	15.7	16.9
♂	♑ 20.5	21.2	22	22.8	23.6	24.3	25.1	25.9	26.7	27.5	28.2	29	29.8	♒ 0.6	1.4	2.2	2.9	3.7	4.5	5.3	6.1	6.9	7.7	8.4	9.2	10	10.8	11.6	12.4	13.2	14

	1	6	11	16	21	26	31
♃	♈ 10.7	11.2	11.8	12.4	13.1	13.8	14.6
♄	♒ 20.4	20.9	21.5	22	22.6	23.2	23.8

	1	11	21	31
♅	♍ 10.0R	9.8	9.5	9.2
♆	♏ 17.2	17.4	17.6	17.7
♇	♍ 14.2R	14.1	13.9	13.7

II

	1	2	3	4	5	6	7	8	9	10	11	12	13	14	15	16	17	18	19	20	21	22	23	24	25	26	27	28	29	30	31
☉	♒ 11.4	12.4	13.4	14.5	15.5	16.5	17.5	18.5	19.5	20.5	21.5	22.6	23.6	24.6	25.6	26.6	27.6	28.6	29.6	♓ 0.6	1.6	2.7	3.7	4.7	5.7	6.7	7.7	8.7			
☽	♉ 6.6	20.7	♊ 4.6	18.3	♋ 1.9	15.2	28.3	♌ 11.2	23.9	♍ 6.4	18.7	♎ 0.9	12.8	24.7	♏ 6.6	18.5	♐ 0.5	12.7	25.2	♑ 8.1	21.3	♒ 4.9	19	♓ 3.5	18.2	♈ 3	17.9	♉ 2.7			
☿	♑ 20.7R	20.7D	20.9	21.2	21.6	22.1	22.6	23.3	24	24.8	25.7	26.6	27.5	28.5	29.6	♒ 0.6	1.8	2.9	4.1	5.3	6.6	7.9	9.2	10.5	11.8	13.2	14.6	16			
♀	♐ 24.8	25.9	26.9	28	29.1	♑ 0.2	1.3	2.3	3.4	4.5	5.6	6.8	7.9	9	10.1	11.2	12.3	13.5	14.6	15.7	16.8	18	19.1	20.3	21.4	22.5	23.7	24.8			
♂	♌ 16.3R	16	15.6	15.2	14.8	14.4	14	13.6	13.2	12.8	12.4	12	11.6	11.3	10.9	10.6	10.2	9.9	9.6	9.2	8.9	8.6	8.4	8.1	7.8	7.6	7.3	7.1			

	1	6	11	16	21	26
♃	♓ 15.3	16.4	17.5	18.7	19.9	21.1
♄	♒ 13.5	14.1	14.7	15.3	15.9	16.5

	1	11	21
♅	♍ 4.2R	3.8	3.3
♆	♏ 15.6	15.7	15.7R
♇	♍ 11.6R	11.4	11.1

	1	2	3	4	5	6	7	8	9	10	11	12	13	14	15	16	17	18	19	20	21	22	23	24	25	26	27	28	29	30	31
☉	♒ 11.2	12.2	13.2	14.2	15.2	16.2	17.3	18.3	19.3	20.3	21.3	22.3	23.3	24.3	25.3	26.4	27.4	28.4	29.4	♓ 0.4	1.4	2.4	3.4	4.4	5.4	6.4	7.4	8.4	9.4		
☽	♍ 19.5	♎ 2.4	15.1	27.4	♏ 9.4	21.3	♐ 3.2	15	26.9	♑ 9	21.3	♒ 3.9	16.7	29.9	♓ 13.4	27	♈ 10.9	24.9	♉ 8.9	23	♊ 7.2	21.3	♋ 5.4	19.4	♌ 3.4	17.2	♍ 0.8	14.3	27.4		
☿	♑ 16.9	18.2	19.4	20.7	22	23.3	24.6	26	27.4	28.8	♒ 0.2	1.6	3	4.5	6	7.5	9	10.5	12.1	13.6	15.2	16.8	18.4	20	21.7	23.3	25	26.7	28.4		
♀	♓ 18.1	19.3	20.5	21.8	23	24.2	25.4	26.6	27.8	29	♈ 0.2	1.4	2.5	3.7	4.9	6.1	7.3	8.5	9.7	10.8	12	13.2	14.4	15.5	16.7	17.9	19	20.2	21.4		
♂	♒ 14.8	15.5	16.3	17.1	17.9	18.7	19.5	20.3	21.1	21.9	22.7	23.4	24.2	25	25.8	26.6	27.4	28.2	29	29.8	♓ 0.6	1.3	2.1	2.9	3.7	4.5	5.3	6.1	6.9		

	1	6	11	16	21	26
♃	♈ 14.8	15.6	16.5	17.5	18.5	19.5
♄	♒ 23.9	24.5	25.1	25.7	26.3	26.9

	1	11	21
♅	♍ 9.1R	8.7	8.3
♆	♏ 17.8	17.8	17.8R
♇	♍ 13.7R	13.5	13.2

III

	1	2	3	4	5	6	7	8	9	10	11	12	13	14	15	16	17	18	19	20	21	22	23	24	25	26	27	28	29	30	31
☉	♓ 9.7	10.7	11.7	12.7	13.7	14.7	15.7	16.7	17.7	18.7	19.7	20.7	21.7	22.7	23.7	24.7	25.7	26.7	27.7	28.7	29.7	♈ 0.7	1.7	2.6	3.6	4.6	5.6	6.6	7.6	8.6	9.6
☽	♉ 17.2	♊ 1.4	15.3	28.8	♋ 12.1	25.1	♌ 7.8	20.4	♍ 2.8	15.1	27.2	♎ 9.2	21.2	♏ 3	14.9	26.8	♐ 8.8	20.9	♑ 3.3	16.1	29.2	♒ 12.8	27	♓ 11.5	26.5	♈ 11.6	26.9	♉ 12	26.8	♊ 11.3	25.3
☿	♒ 17.5	18.9	20.4	21.9	23.4	24.9	26.5	28.1	29.7	♓ 1.3	2.9	4.5	6.2	7.9	9.6	11.3	13.1	14.8	16.6	18.4	20.3	22.1	24	25.9	27.8	29.7	♈ 1.7	3.6	5.6	7.6	9.6
♀	♑ 26	27.1	28.3	29.4	♒ 0.6	1.8	2.9	4.1	5.3	6.4	7.6	8.8	9.9	11.1	12.3	13.4	14.6	15.8	17	18.1	19.3	20.5	21.7	22.9	24	25.2	26.4	27.6	28.8	30	♓ 1.2
♂	♌ 6.9R	6.7	6.5	6.4	6.2	6.1	5.9	5.8	5.7	5.6	5.5	5.5	5.4	5.4	5.4	5.3	5.3D	5.3	5.4	5.4	5.4	5.5	5.6	5.7	5.7	5.8	6	6.1	6.2	6.4	6.5

	1	6	11	16	21	26	31
♃	♓ 21.8	23	24.2	25.4	26.6	27.8	29
♄	♒ 16.8	17.4	17.9	18.5	19	19.5	20

	1	11	21	31
♅	♍ 3.0R	2.6	2.2	1.8
♆	♏ 15.6R	15.5	15.4	15.2
♇	♍ 10.9R	10.6	10.4	10.2

	1	2	3	4	5	6	7	8	9	10	11	12	13	14	15	16	17	18	19	20	21	22	23	24	25	26	27	28	29	30	31
☉	♓ 10.5	11.5	12.5	13.5	14.5	15.5	16.5	17.5	18.5	19.5	20.5	21.5	22.5	23.5	24.5	25.4	26.4	27.4	28.4	29.4	♈ 0.4	1.4	2.4	3.4	4.4	5.4	6.4	7.4	8.3	9.3	10.3
☽	♎ 10.3	22.8	♏ 5.1	17.2	29.1	♐ 10.9	22.8	♑ 4.7	16.8	29.2	♒ 11.9	24.9	♓ 8.4	22.2	♈ 6.3	20.7	♉ 5.1	19.5	♊ 3.9	18.1	♋ 2.2	16.1	29.9	♌ 13.4	26.8	♍ 10.1	23.1	♎ 6	18.6	♏ 1	13.2
☿	♓ 0.1	1.8	3.6	5.4	7.2	9	10.8	12.7	14.5	16.4	18.3	20.2	22.2	24.1	26.1	28	♈ 0	2	4	6	8	10	12	14	15.9	17.9	19.7	21.6	23.4	25.1	26.8
♀	♈ 22.5	23.7	24.8	26	27.1	28.3	29.4	♉ 0.6	1.7	2.8	4	5.1	6.2	7.3	8.4	9.5	10.7	11.8	12.9	14	15.1	16.1	17.2	18.3	19.4	20.5	21.5	22.6	23.6	24.7	25.7
♂	♓ 7.7	8.5	9.2	10	10.8	11.6	12.4	13.2	14	14.8	15.5	16.3	17.1	17.9	18.7	19.5	20.3	21	21.8	22.6	23.4	24.2	25	25.7	26.5	27.3	28.1	28.9	29.6	♈ 0.4	1.2

	1	6	11	16	21	26	31
♃	♈ 20.3	21.4	22.5	23.6	24.8	25.9	27.1
♄	♒ 27.4	28	28.5	29.1	29.7	♓ 0.2	0.7

	1	11	21	31
♅	♍ 7.9R	7.5	7.1	6.7
♆	♏ 17.8R	17.7	17.6	17.4
♇	♍ 13.0R	12.7	12.5	12.2

IV

	1	2	3	4	5	6	7	8	9	10	11	12	13	14	15	16	17	18	19	20	21	22	23	24	25	26	27	28	29	30	31
☉	♈ 10.6	11.5	12.5	13.5	14.5	15.5	16.5	17.5	18.4	19.4	20.4	21.4	22.4	23.3	24.3	25.3	26.3	27.3	28.2	29.2	♉ 0.2	1.2	2.1	3.1	4.1	5.1	6	7	8	8.9	
☽	♋ 8.9	22.1	♌ 4.9	17.5	29.8	♍ 12	24.1	♎ 6.1	18	29.9	♏ 11.8	23.6	♐ 5.6	17.6	29.8	♑ 12.2	24.8	♒ 7.9	21.4	♓ 5.3	19.8	♈ 4.7	19.9	♉ 5.2	20.5	♊ 5.5	20.2	♋ 4.4	18.1	♌ 1.4	
☿	♈ 11.7	13.7	15.8	17.9	19.9	22	24.1	26.1	28.2	♉ 0.2	2.2	4.1	6	7.9	9.7	11.5	13.2	14.8	16.4	17.9	19.3	20.7	22	23.2	24.3	25.3	26.2	27.1	27.8	28.5	
♀	♓ 2.3	3.5	4.7	5.9	7.1	8.3	9.5	10.7	11.9	13.1	14.3	15.5	16.6	17.8	19	20.2	21.4	22.6	23.8	25	26.2	27.4	28.6	29.8	♈ 1	2.2	3.4	4.6	5.8	7	
♂	♌ 6.7	6.8	7	7.2	7.4	7.6	7.8	8.1	8.3	8.5	8.8	9	9.3	9.6	9.9	10.1	10.4	10.7	11	11.4	11.7	12	12.3	12.7	13	13.4	13.7	14.1	14.4	14.8	

	1	6	11	16	21	26
♃	♓ 29.3	♈ 0.5	1.6	2.8	4	5.1
♄	♒ 20	20.5	20.9	21.3	21.6	21.9

	1	11	21
♅	♍ 1.8R	1.5	1.3
♆	♏ 15.2R	14.9	14.7
♇	♍ 10.1R	9.9	9.8

	1	2	3	4	5	6	7	8	9	10	11	12	13	14	15	16	17	18	19	20	21	22	23	24	25	26	27	28	29	30	31
☉	♈ 11.3	12.3	13.3	14.3	15.2	16.2	17.2	18.2	19.2	20.2	21.1	22.1	23.1	24.1	25.1	26	27	28	29	30	♉ 0.9	1.9	2.9	3.9	4.8	5.8	6.8	7.7	8.7	9.7	
☽	♏ 25.2	♐ 7.1	18.9	♑ 0.7	12.6	24.7	♒ 7	19.8	♓ 2.9	16.5	♈ 0.5	14.9	29.6	♉ 14.5	29.3	♊ 14	28.6	♋ 12.8	26.7	♌ 10.4	23.8	♍ 6.9	19.8	♎ 2.6	15.1	27.4	♏ 9.6	21.7	♐ 3.6	15.4	
☿	♈ 28.4	30	♉ 1.4	2.8	4.1	5.3	6.3	7.3	8.2	9	9.7	10.3	10.7	11.1	11.3	11.5	11.5R	11.5	11.3	11.1	10.7	10.3	9.8	9.3	8.7	8.1	7.5	6.8	6.1	5.5	
♀	♉ 26.8	27.8	28.9	29.9	♊ 0.9	1.9	2.9	3.9	4.9	5.9	6.9	7.8	8.8	9.8	10.7	11.6	12.6	13.5	14.4	15.3	16.2	17.1	17.9	18.8	19.6	20.5	21.3	22.1	22.9	23.7	
♂	♈ 2	2.8	3.5	4.3	5.1	5.9	6.6	7.4	8.2	9	9.7	10.5	11.3	12	12.8	13.6	14.4	15.1	15.9	16.7	17.4	18.2	18.9	19.7	20.5	21.2	22	22.8	23.5	24.3	

	1	6	11	16	21	26
♃	♈ 27.3	28.5	29.7	♉ 0.9	2.1	3.3
♄	♓ 0.8	1.3	1.8	2.2	2.7	3.1

	1	11	21
♅	♍ 6.7R	6.4	6.1
♆	♏ 17.4R	17.1	16.9
♇	♍ 12.2R	12	11.8

V

	1	2	3	4	5	6	7	8	9	10	11	12	13	14	15	16	17	18	19	20	21	22	23	24	25	26	27	28	29	30	31
☉	♉ 9.9	10.9	11.9	12.8	13.8	14.8	15.7	16.7	17.7	18.6	19.6	20.6	21.5	22.5	23.5	24.4	25.4	26.4	27.3	28.3	29.2	♊ 0.2	1.2	2.1	3.1	4.1	5	6	6.9	7.9	8.8
☽	♌ 14.3	26.8	♍ 9.1	21.2	♎ 3.1	15	26.9	♏ 8.8	20.7	♐ 2.6	14.7	26.8	♑ 9.1	21.6	♒ 4.4	17.4	♓ 0.8	14.7	28.9	♈ 13.6	28.5	♉ 13.6	28.8	♊ 13.8	28.5	♋ 12.8	26.6	♌ 10	22.9	♍ 5.5	17.8
☿	♉ 29.1	29.5	29.9	♊ 0.2	0.5	0.6	0.6R	0.6	0.4	0.2	♉ 30	29.6	29.2	28.7	28.2	27.7	27.1	26.6	26	25.4	24.8	24.3	23.8	23.3	22.9	22.5	22.2	22	21.8	21.7	21.7D
♀	♈ 8.2	9.4	10.7	11.9	13.1	14.3	15.5	16.7	17.9	19.1	20.3	21.5	22.7	23.9	25.1	26.3	27.5	28.7	29.9	♉ 1.2	2.4	3.6	4.8	6	7.2	8.4	9.6	10.8	12	13.2	14.5
♂	♌ 15.2	15.6	16	16.3	16.7	17.1	17.5	18	18.4	18.8	19.2	19.6	20.1	20.5	20.9	21.4	21.8	22.3	22.7	23.2	23.6	24.1	24.6	25	25.5	26	26.4	26.9	27.4	27.9	28.4

	1	6	11	16	21	26	31
♃	♈ 6.2	7.3	8.4	9.4	10.4	11.4	12.3
♄	♒ 22.2	22.5	22.7	22.8	23	23.1	23.1

	1	11	21	31
♅	♍ 1.2R	1.2D	1.2	1.4
♆	♏ 14.4R	14.1	13.9	13.6
♇	♍ 9.6R	9.6	9.5	9.6D

	1	2	3	4	5	6	7	8	9	10	11	12	13	14	15	16	17	18	19	20	21	22	23	24	25	26	27	28	29	30	31
☉	♉ 10.7	11.6	12.6	13.6	14.5	15.5	16.5	17.4	18.4	19.4	20.3	21.3	22.3	23.2	24.2	25.2	26.1	27.1	28.1	29	30	♊ 0.9	1.9	2.9	3.8	4.8	5.7	6.7	7.7	8.6	9.6
☽	♐ 27.2	♑ 9	20.9	♒ 3	15.3	28	♓ 11.1	24.6	♈ 8.7	23.1	♉ 8	23	♊ 8.2	23.2	♋ 8.1	22.6	♌ 6.7	20.5	♍ 3.8	16.9	29.6	♎ 12.1	24.4	♏ 6.6	18.6	♐ 0.5	12.3	24.1	♑ 5.9	17.8	29.7
☿	♉ 4.9R	4.3	3.7	3.2	2.7	2.4	2	1.8	1.6	1.5	1.5D	1.6	1.7	2	2.2	2.6	3	3.6	4.1	4.8	5.5	6.2	7.1	7.9	8.9	9.9	10.9	12	13.2	14.4	15.6
♀	♊ 24.4	25.2	25.9	26.6	27.3	28	28.7	29.3	29.9	♋ 0.5	1.1	1.7	2.2	2.7	3.2	3.7	4.1	4.5	4.9	5.2	5.5	5.8	6.1	6.3	6.5	6.6	6.8	6.8	6.9	6.9R	6.8
♂	♈ 25	25.8	26.5	27.3	28.1	28.8	29.6	♉ 0.3	1.1	1.8	2.6	3.3	4.1	4.8	5.6	6.3	7	7.8	8.5	9.3	10	10.8	11.5	12.2	13	13.7	14.4	15.2	15.9	16.6	17.4

	1	6	11	16	21	26	31
♃	♉ 4.5	5.7	6.9	8.1	9.2	10.4	11.5
♄	♓ 3.4	3.7	4	4.3	4.5	4.7	4.9

	1	11	21	31
♅	♍ 6.0R	5.9	5.9D	6.1
♆	♏ 16.6R	16.4	16.1	15.8
♇	♍ 11.7R	11.6	11.6	11.6D

VI

	1	2	3	4	5	6	7	8	9	10	11	12	13	14	15	16	17	18	19	20	21	22	23	24	25	26	27	28	29	30	31
☉	♊ 9.8	10.8	11.7	12.7	13.6	14.6	15.6	16.5	17.5	18.4	19.4	20.3	21.3	22.2	23.2	24.2	25.1	26.1	27	28	28.9	29.9	♋ 0.8	1.8	2.7	3.7	4.7	5.6	6.6	7.5	
☽	♍ 29.9	♎ 11.9	23.7	♏ 5.6	17.5	29.5	♐ 11.6	23.8	♑ 6.1	18.7	♒ 1.4	14.4	27.6	♓ 11.1	24.9	♈ 9	23.4	♉ 8	22.8	♊ 7.5	22.2	♋ 6.7	20.9	♌ 4.7	18.1	♍ 1.1	13.7	26.1	♎ 8.2	20.2	
☿	♉ 21.8	21.9	22.1	22.4	22.7	23.2	23.7	24.2	24.9	25.6	26.3	27.2	28.1	29	♊ 0	1.1	2.2	3.4	4.7	6	7.4	8.8	10.2	11.8	13.3	15	16.7	18.4	20.2	22	
♀	♉ 15.7	16.9	18.1	19.3	20.5	21.7	22.9	24.2	25.4	26.6	27.8	29	♊ 0.2	1.4	2.6	3.9	5.1	6.3	7.5	8.7	9.9	11.2	12.4	13.6	14.8	16	17.2	18.5	19.7	20.9	
♂	♌ 28.9	29.4	29.9	♍ 0.4	0.9	1.4	1.9	2.4	2.9	3.4	3.9	4.5	5	5.5	6	6.6	7.1	7.6	8.2	8.7	9.2	9.8	10.3	10.9	11.4	12	12.5	13.1	13.6	14.2	

	1	6	11	16	21	26
♃	♈ 12.5	13.4	14.2	15	15.7	16.4
♄	♒ 23.1	23.1R	23.1	23	22.9	22.7

	1	11	21
♅	♍ 1.4	1.6	1.9
♆	♏ 13.6R	13.4	13.2
♇	♍ 9.6	9.6	9.8

	1	2	3	4	5	6	7	8	9	10	11	12	13	14	15	16	17	18	19	20	21	22	23	24	25	26	27	28	29	30	31
☉	♊ 10.5	11.5	12.5	13.4	14.4	15.3	16.3	17.2	18.2	19.1	20.1	21.1	22	23	23.9	24.9	25.8	26.8	27.7	28.7	29.7	♋ 0.6	1.6	2.5	3.5	4.4	5.4	6.3	7.3	8.2	
☽	♒ 11.9	24.2	♓ 6.9	19.9	♈ 3.4	17.3	♉ 1.6	16.3	♊ 1.4	16.5	♋ 1.7	16.7	♌ 1.5	15.8	29.7	♍ 13.2	26.3	♎ 9	21.4	♏ 3.6	15.6	27.5	♐ 9.3	21.1	♑ 2.9	14.8	26.8	♒ 8.9	21.2	♓ 3.7	
☿	♉ 16.9	18.2	19.6	21.1	22.5	24.1	25.6	27.2	28.9	♊ 0.6	2.3	4.1	6	7.8	9.7	11.7	13.7	15.7	17.8	19.9	22	24.1	26.3	28.4	♋ 0.6	2.8	5	7.2	9.4	11.5	
♀	♋ 6.7R	6.6	6.5	6.3	6	5.7	5.4	5.1	4.7	4.2	3.8	3.3	2.8	2.2	1.6	1.1	0.5	♊ 29.8	29.2	28.6	28	27.3	26.7	26.1	25.5	25	24.4	23.9	23.4	23	
♂	♉ 18.1	18.8	19.6	20.3	21	21.7	22.5	23.2	23.9	24.6	25.4	26.1	26.8	27.5	28.2	29	29.7	♊ 0.4	1.1	1.8	2.5	3.2	3.9	4.6	5.4	6.1	6.8	7.5	8.2	8.9	

	1	6	11	16	21	26
♃	♉ 11.7	12.8	13.9	15	16	17
♄	♓ 4.9	5	5	5.0R	5	4.9

	1	11	21
♅	♍ 6.1	6.3	6.6
♆	♏ 15.8R	15.6	15.4
♇	♍ 11.6	11.7	11.8

VII

	1	2	3	4	5	6	7	8	9	10	11	12	13	14	15	16	17	18	19	20	21	22	23	24	25	26	27	28	29	30	31
☉	♋ 8.5	9.4	10.4	11.3	12.3	13.2	14.2	15.1	16.1	17	18	19	19.9	20.9	21.8	22.8	23.7	24.7	25.6	26.6	27.5	28.5	29.4	♌ 0.4	1.4	2.3	3.3	4.2	5.2	6.1	7.1
☽	♏ 2.1	14	25.9	♐ 8	20.2	♑ 2.6	15.2	28	♒ 11.1	24.4	♓ 8	21.7	♈ 5.7	19.8	♉ 4	18.3	♊ 2.7	17.1	♋ 1.3	15.4	29.3	♌ 12.9	26.1	♍ 9.1	21.7	♎ 4.1	16.2	28.2	♏ 10.1	22	♐ 3.9
☿	♊ 23.9	25.8	27.8	29.8	♋ 1.8	3.9	6	8.1	10.2	12.4	14.5	16.7	18.8	21	23.1	25.3	27.4	29.5	♌ 1.5	3.6	5.6	7.6	9.6	11.5	13.4	15.3	17.2	19	20.8	22.6	24.3
♀	♊ 22.1	23.3	24.6	25.8	27	28.2	29.4	♋ 0.7	1.9	3.1	4.3	5.6	6.8	8	9.2	10.4	11.7	12.9	14.1	15.3	16.6	17.8	19	20.3	21.5	22.7	23.9	25.2	26.4	27.6	28.9
♂	♍ 14.8	15.3	15.9	16.4	17	17.6	18.1	18.7	19.3	19.9	20.4	21	21.6	22.2	22.8	23.4	23.9	24.5	25.1	25.7	26.3	26.9	27.5	28.1	28.7	29.3	29.9	♎ 0.5	1.1	1.7	2.3

	1	6	11	16	21	26	31
♃	♈ 17	17.6	18.1	18.5	18.9	19.1	19.3
♄	♒ 22.5R	22.3	22	21.7	21.4	21.1	20.7

	1	11	21	31
♅	♍ 2.3	2.8	3.3	3.9
♆	♏ 13.1R	12.9	12.9	12.9D
♇	♍ 9.9	10.2	10.4	10.7

	1	2	3	4	5	6	7	8	9	10	11	12	13	14	15	16	17	18	19	20	21	22	23	24	25	26	27	28	29	30	31
☉	♋ 9.2	10.1	11.1	12	13	14	14.9	15.9	16.8	17.8	18.7	19.7	20.6	21.6	22.5	23.5	24.4	25.4	26.4	27.3	28.3	29.2	♌ 0.2	1.1	2.1	3	4	5	5.9	6.9	7.8
☽	♓ 16.5	29.5	♈ 12.9	26.7	♉ 10.8	25.3	♊ 10	25	♋ 10.1	25	♌ 9.8	24.2	♍ 8.3	21.9	♎ 5.1	17.8	♏ 0.2	12.4	24.3	♐ 6.2	18	29.8	♑ 11.7	23.7	♒ 5.8	18.2	♓ 0.7	13.5	26.5	♈ 9.7	23.2
☿	♋ 13.7	15.8	17.9	20	22	24.1	26.1	28	30	♌ 1.9	3.7	5.6	7.4	9.2	10.9	12.6	14.3	16	17.6	19.2	20.7	22.2	23.7	25.2	26.6	28	29.4	♍ 0.7	2	3.2	4.4
♀	♊ 22.5R	22.1	21.8	21.5	21.2	21	20.8	20.6	20.5	20.4	20.4	20.4D	20.4	20.5	20.6	20.7	20.9	21.1	21.4	21.7	22	22.3	22.7	23.1	23.5	24	24.4	24.9	25.5	26	26.6
♂	♊ 9.6	10.3	11	11.7	12.4	13.1	13.8	14.5	15.2	15.9	16.5	17.2	17.9	18.6	19.3	20	20.7	21.4	22	22.7	23.4	24.1	24.8	25.4	26.1	26.8	27.5	28.2	28.8	29.5	♋ 0.2

	1	6	11	16	21	26	31
♃	♉ 18	18.9	19.8	20.6	21.4	22.2	22.9
♄	♓ 4.8R	4.7	4.5	4.3	4	3.7	3.4

	1	11	21	31
♅	♍ 6.9	7.4	7.9	8.4
♆	♏ 15.2R	15.1	15.1	15.1D
♇	♍ 12	12.2	12.4	12.7

VIII

	1	2	3	4	5	6	7	8	9	10	11	12	13	14	15	16	17	18	19	20	21	22	23	24	25	26	27	28	29	30	31
☉	♌ 8	9	10	10.9	11.9	12.8	13.8	14.8	15.7	16.7	17.6	18.6	19.5	20.5	21.5	22.4	23.4	24.4	25.3	26.3	27.2	28.2	29.2	♍ 0.1	1.1	2.1	3	4	5	5.9	6.9
☽	♐ 16	28.3	♑ 10.9	23.8	♒ 6.9	20.4	♓ 4.2	18.1	♈ 2.3	16.5	♉ 0.8	15.1	29.2	♊ 13.3	27.3	♋ 11.1	24.8	♌ 8.2	21.5	♍ 4.5	17.2	29.8	♎ 12.1	24.2	♏ 6.1	18	29.9	♐ 11.8	23.9	♑ 6.2	18.8
☿	♌ 26	27.7	29.4	♍ 1	2.6	4.2	5.7	7.3	8.7	10.2	11.6	13.1	14.4	15.8	17.1	18.4	19.6	20.9	22.1	23.2	24.3	25.4	26.4	27.4	28.4	29.3	♎ 0.1	0.9	1.7	2.3	3
♀	♌ 0.1	1.3	2.5	3.8	5	6.2	7.5	8.7	9.9	11.2	12.4	13.6	14.9	16.1	17.3	18.6	19.8	21.1	22.3	23.5	24.8	26	27.2	28.5	29.7	♍ 1	2.2	3.4	4.7	5.9	7.2
♂	♎ 2.9	3.5	4.2	4.8	5.4	6	6.6	7.2	7.9	8.5	9.1	9.7	10.4	11	11.6	12.2	12.9	13.5	14.1	14.8	15.4	16.1	16.7	17.3	18	18.6	19.3	19.9	20.6	21.2	21.9

	1	6	11	16	21	26	31
♃	♈ 19.4	19.5	19.5R	19.4	19.3	19	18.7
♄	♒ 20.7R	20.3	19.9	19.5	19.2	18.8	18.5

	1	11	21	31
♅	♍ 3.9	4.5	5.1	5.8
♆	♏ 12.9	13	13.1	13.2
♇	♍ 10.7	11.1	11.4	11.7

	1	2	3	4	5	6	7	8	9	10	11	12	13	14	15	16	17	18	19	20	21	22	23	24	25	26	27	28	29	30	31
☉	♌ 8.8	9.7	10.7	11.6	12.6	13.6	14.5	15.5	16.4	17.4	18.4	19.3	20.3	21.2	22.2	23.2	24.1	25.1	26	27	28	28.9	29.9	♍ 0.9	1.8	2.8	3.8	4.7	5.7	6.7	7.6
☽	♉ 6.9	20.9	♊ 5.1	19.5	♋ 4.1	18.8	♌ 3.5	18.1	♍ 2.5	16.5	♎ 0.1	13.3	26.1	♏ 8.5	20.7	♐ 2.6	14.4	26.2	♑ 8.1	20.1	♒ 2.2	14.6	27.2	♓ 10.1	23.2	♈ 6.5	20.1	♉ 3.8	17.6	♊ 1.6	15.7
☿	♍ 5.6	6.8	7.9	8.9	9.9	10.9	11.8	12.7	13.5	14.2	14.9	15.6	16.1	16.6	17	17.4	17.7	17.9	18	18.0R	17.9	17.7	17.4	17	16.6	16	15.3	14.6	13.8	12.9	12
♀	♊ 27.2	27.8	28.4	29.1	29.8	♋ 0.4	1.1	1.9	2.6	3.4	4.1	4.9	5.7	6.5	7.3	8.1	9	9.8	10.7	11.6	12.5	13.4	14.3	15.2	16.1	17	18	18.9	19.9	20.8	21.8
♂	♋ 0.8	1.5	2.2	2.8	3.5	4.2	4.8	5.5	6.2	6.8	7.5	8.1	8.8	9.5	10.1	10.8	11.4	12.1	12.7	13.4	14	14.7	15.3	16	16.6	17.3	17.9	18.5	19.2	19.8	20.5

	1	6	11	16	21	26	31
♃	♉ 23	23.6	24.2	24.7	25.1	25.5	25.8
♄	♓ 3.4R	3	2.7	2.3	1.9	1.6	1.2

	1	11	21	31
♅	♍ 8.5	9	9.6	10.3
♆	♏ 15.1	15.1	15.2	15.4
♇	♍ 12.8	13.1	13.4	13.8

IX

	1	2	3	4	5	6	7	8	9	10	11	12	13	14	15	16	17	18	19	20	21	22	23	24	25	26	27	28	29	30	31
☉	♍ 7.9	8.8	9.8	10.8	11.7	12.7	13.7	14.6	15.6	16.6	17.6	18.5	19.5	20.5	21.4	22.4	23.4	24.4	25.3	26.3	27.3	28.3	29.3	♎ 0.2	1.2	2.2	3.2	4.2	5.1	6.1	
☽	♒ 1.8	15.2	29	♓ 13.2	27.6	♈ 12.3	26.9	♉ 11.5	26	♊ 10.2	24.2	♋ 7.9	21.4	♌ 4.7	17.8	♍ 0.6	13.3	25.9	♎ 8.2	20.4	♏ 2.4	14.3	26.1	♐ 8	19.9	♑ 1.9	14.2	26.8	♒ 9.8	23.2	
☿	♎ 3.5	4	4.4	4.7	5	5.1	5.1R	5.1	4.9	4.7	4.3	3.8	3.2	2.5	1.7	0.8	♍ 29.9	28.8	27.8	26.7	25.7	24.7	23.7	22.8	22.1	21.5	21	20.7	20.6	20.6D	
♀	♍ 8.4	9.6	10.9	12.1	13.4	14.6	15.8	17.1	18.3	19.6	20.8	22.1	23.3	24.5	25.8	27	28.3	29.5	♎ 0.8	2	3.2	4.5	5.7	7	8.2	9.5	10.7	12	13.2	14.5	
♂	♎ 22.5	23.2	23.8	24.5	25.1	25.8	26.4	27.1	27.8	28.4	29.1	29.8	♏ 0.4	1.1	1.8	2.4	3.1	3.8	4.4	5.1	5.8	6.5	7.1	7.8	8.5	9.2	9.9	10.6	11.2	11.9	

	1	6	11	16	21	26
♃	♈ 18.7R	18.3	17.8	17.3	16.7	16.1
♄	♒ 18.4R	18.1	17.7	17.5	17.2	17

	1	11	21
♅	♍ 5.8	6.4	7.1
♆	♏ 13.3	13.5	13.7
♇	♍ 11.8	12.1	12.5

	1	2	3	4	5	6	7	8	9	10	11	12	13	14	15	16	17	18	19	20	21	22	23	24	25	26	27	28	29	30	31
☉	♍ 8.6	9.6	10.5	11.5	12.5	13.4	14.4	15.4	16.3	17.3	18.3	19.3	20.2	21.2	22.2	23.2	24.1	25.1	26.1	27.1	28	29	♎ 0	1	2	2.9	3.9	4.9	5.9	6.9	
☽	♊ 29.9	♋ 14.1	28.4	♌ 12.7	26.9	♍ 11	24.7	♎ 8.2	21.3	♏ 4	16.5	28.6	♐ 10.5	22.4	♑ 4.2	16.1	28.1	♒ 10.3	22.9	♓ 5.7	18.9	♈ 2.4	16.2	♉ 0.1	14.2	28.4	♊ 12.5	26.7	♋ 10.8	24.8	
☿	♍ 11.1R	10.1	9.2	8.3	7.4	6.6	5.9	5.3	4.9	4.5	4.3	4.3D	4.4	4.7	5.1	5.7	6.4	7.3	8.2	9.4	10.6	11.9	13.3	14.8	16.3	17.9	19.5	21.2	22.9	24.7	
♀	♋ 22.8	23.8	24.8	25.7	26.8	27.8	28.8	29.8	♌ 0.8	1.9	2.9	3.9	5	6	7.1	8.2	9.2	10.3	11.4	12.5	13.6	14.6	15.7	16.8	17.9	19	20.2	21.3	22.4	23.5	
♂	♋ 21.1	21.7	22.4	23	23.6	24.3	24.9	25.5	26.1	26.8	27.4	28	28.6	29.3	29.9	♌ 0.5	1.1	1.7	2.3	3	3.6	4.2	4.8	5.4	6	6.6	7.2	7.8	8.4	9	

	1	6	11	16	21	26
♃	♉ 25.8	26	26.1	26.1R	26.1	25.9
♄	♓ 1.1R	0.7	0.4	0.1	♒ 29.7	29.4

	1	11	21
♅	♍ 10.3	11	11.6
♆	♏ 15.4	15.6	15.9
♇	♍ 13.8	14.1	14.5

X

	1	2	3	4	5	6	7	8	9	10	11	12	13	14	15	16	17	18	19	20	21	22	23	24	25	26	27	28	29	30	31
☉	♎ 7.1	8.1	9.1	10.1	11	12	13	14	15	16	17	18	18.9	19.9	20.9	21.9	22.9	23.9	24.9	25.9	26.9	27.9	28.9	29.9	♏ 0.9	1.9	2.9	3.9	4.9	5.9	6.9
☽	♓ 7.2	21.5	♈ 6.3	21.3	♉ 6.4	21.4	♊ 6.1	20.6	♋ 4.6	18.3	♌ 1.7	14.8	27.6	♍ 10.2	22.6	♎ 4.9	17	29.1	♏ 11	22.8	♐ 4.7	16.5	28.3	♑ 10.3	22.6	♒ 5.1	18	♓ 1.4	15.2	29.6	♈ 14.4
☿	♍ 20.8	21.2	21.7	22.4	23.2	24.1	25.2	26.4	27.7	29	♎ 0.5	1.9	3.5	5.1	6.7	8.3	10	11.7	13.3	15	16.7	18.5	20.2	21.9	23.6	25.3	26.9	28.6	♏ 0.3	2	3.6
♀	♎ 15.7	16.9	18.2	19.4	20.7	21.9	23.2	24.4	25.7	26.9	28.2	29.4	♏ 0.7	1.9	3.1	4.4	5.6	6.9	8.1	9.4	10.6	11.9	13.1	14.4	15.6	16.9	18.1	19.4	20.6	21.8	23.1
♂	♏ 12.6	13.3	14	14.7	15.4	16.1	16.8	17.5	18.2	18.9	19.6	20.3	21	21.7	22.4	23.1	23.8	24.5	25.2	25.9	26.6	27.3	28.1	28.8	29.5	♐ 0.2	0.9	1.6	2.4	3.1	3.8

	1	6	11	16	21	26	31
♃	♈ 15.4R	14.8	14.1	13.4	12.8	12.2	11.6
♄	♒ 16.8R	16.7	16.5	16.5	16.4	16.5D	16.5

	1	11	21	31
♅	♍ 7.6	8.2	8.7	9.1
♆	♏ 14	14.4	14.7	15.1
♇	♍ 12.8	13.1	13.4	13.7

	1	2	3	4	5	6	7	8	9	10	11	12	13	14	15	16	17	18	19	20	21	22	23	24	25	26	27	28	29	30	31
☉	♎ 7.9	8.8	9.8	10.8	11.8	12.8	13.8	14.7	15.7	16.7	17.7	18.7	19.7	20.7	21.7	22.7	23.7	24.7	25.6	26.6	27.6	28.6	29.6	♏ 0.6	1.6	2.6	3.6	4.6	5.6	6.6	7.6
☽	♌ 8.8	22.7	♍ 6.5	20.1	♎ 3.5	16.6	29.5	♏ 12.1	24.4	♐ 6.5	18.4	♑ 0.2	12	23.9	♒ 5.9	18.2	♓ 0.8	13.7	27.1	♈ 10.9	25	♉ 9.4	23.9	♊ 8.5	23	♋ 7.4	21.6	♌ 5.7	19.5	♍ 3.1	16.6
☿	♍ 26.4	28.2	♎ 0	1.8	3.6	5.4	7.2	8.9	10.7	12.5	14.2	16	17.7	19.4	21.1	22.8	24.5	26.2	27.9	29.5	♏ 1.2	2.8	4.4	6.1	7.7	9.3	10.8	12.4	14	15.6	17.1
♀	♌ 24.6	25.8	26.9	28	29.2	♍ 0.3	1.4	2.6	3.7	4.9	6	7.2	8.3	9.5	10.7	11.8	13	14.2	15.3	16.5	17.7	18.9	20.1	21.2	22.4	23.6	24.8	26	27.2	28.4	29.6
♂	♌ 9.6	10.2	10.8	11.4	12	12.6	13.1	13.7	14.3	14.9	15.5	16.1	16.6	17.2	17.8	18.4	18.9	19.5	20.1	20.6	21.2	21.8	22.3	22.9	23.4	24	24.5	25.1	25.6	26.2	26.7

	1	6	11	16	21	26	31
♃	♉ 25.7R	25.4	25	24.6	24	23.5	22.8
♄	♒ 29.2R	28.9	28.7	28.6	28.5	28.4	28.3

	1	11	21	31
♅	♍ 12.2	12.7	13.3	13.7
♆	♏ 16.2	16.5	16.8	17.2
♇	♍ 14.8	15.2	15.5	15.7

XI

	1	2	3	4	5	6	7	8	9	10	11	12	13	14	15	16	17	18	19	20	21	22	23	24	25	26	27	28	29	30	31
☉	♏ 7.9	8.9	9.9	10.9	11.9	12.9	13.9	14.9	15.9	16.9	17.9	18.9	19.9	20.9	21.9	22.9	23.9	24.9	25.9	26.9	28	29	30	♐ 1	2	3	4	5	6	7.1	
☽	♈ 29.5	♉ 14.8	♊ 0.1	15.2	29.9	♋ 14.2	28.1	♌ 11.5	24.5	♍ 7.3	19.7	♎ 2	14.1	26.1	♏ 8	19.8	♐ 1.6	13.5	25.3	♑ 7.3	19.4	♒ 1.6	14.1	27	♓ 10.2	23.9	♈ 8.1	22.7	♉ 7.6	22.8	
☿	♏ 5.3	6.9	8.6	10.2	11.8	13.5	15.1	16.7	18.3	19.9	21.4	23	24.6	26.2	27.7	29.3	♐ 0.9	2.4	4	5.5	7	8.6	10.1	11.6	13.2	14.7	16.2	17.7	19.3	20.8	
♀	♏ 24.3	25.6	26.8	28.1	29.3	♐ 0.6	1.8	3.1	4.3	5.6	6.8	8	9.3	10.5	11.8	13	14.3	15.5	16.8	18	19.3	20.5	21.8	23	24.2	25.5	26.7	28	29.2	♑ 0.5	
♂	♐ 4.5	5.3	6	6.7	7.4	8.2	8.9	9.6	10.4	11.1	11.8	12.6	13.3	14	14.8	15.5	16.2	17	17.7	18.5	19.2	20	20.7	21.5	22.2	22.9	23.7	24.4	25.2	26	

	1	6	11	16	21	26
♃	♈ 11.5R	11	10.6	10.2	9.9	9.7
♄	♒ 16.5	16.6	16.8	17	17.2	17.5

	1	11	21
♅	♍ 9.2	9.5	9.8
♆	♏ 15.1	15.5	15.9
♇	♍ 13.7	13.9	14

	1	2	3	4	5	6	7	8	9	10	11	12	13	14	15	16	17	18	19	20	21	22	23	24	25	26	27	28	29	30	31
☉	♏ 8.6	9.6	10.6	11.6	12.6	13.6	14.6	15.6	16.6	17.6	18.6	19.6	20.7	21.7	22.7	23.7	24.7	25.7	26.7	27.7	28.7	29.7	♐ 0.7	1.8	2.8	3.8	4.8	5.8	6.8	7.8	
☽	♍ 29.8	♎ 12.8	25.6	♏ 8.1	20.5	♐ 2.7	14.6	26.5	♑ 8.3	20.1	♒ 1.9	13.9	26.1	♓ 8.7	21.6	♈ 5	18.8	♉ 3	17.6	♊ 2.5	17.5	♋ 2.4	17.2	♌ 1.8	16.1	30	♍ 13.5	26.8	♎ 9.7	22.4	
☿	♏ 18.7	20.2	21.8	23.3	24.8	26.3	27.8	29.3	♐ 0.8	2.3	3.8	5.3	6.7	8.2	9.6	11.1	12.5	13.9	15.3	16.7	18.1	19.4	20.7	22.1	23.3	24.6	25.8	27	28.1	29.2	
♀	♎ 0.8	2	3.2	4.4	5.6	6.8	8	9.2	10.4	11.6	12.8	14.1	15.3	16.5	17.7	18.9	20.1	21.4	22.6	23.8	25	26.3	27.5	28.7	29.9	♏ 1.2	2.4	3.6	4.9	6.1	
♂	♌ 27.3	27.8	28.3	28.9	29.4	29.9	♍ 0.5	1	1.5	2	2.5	3.1	3.6	4.1	4.6	5.1	5.6	6.1	6.6	7.1	7.6	8	8.5	9	9.5	9.9	10.4	10.9	11.3	11.8	

	1	6	11	16	21	26
♃	♉ 22.7R	22.1	21.4	20.7	20	19.4
♄	♒ 28.3R	28.4D	28.4	28.5	28.7	28.8

	1	11	21
♅	♍ 13.8	14.1	14.5
♆	♏ 17.2	17.6	18
♇	♍ 15.7	16	16.1

XII

	1	2	3	4	5	6	7	8	9	10	11	12	13	14	15	16	17	18	19	20	21	22	23	24	25	26	27	28	29	30	31
☉	♐ 8.1	9.1	10.1	11.1	12.1	13.1	14.2	15.2	16.2	17.2	18.2	19.2	20.3	21.3	22.3	23.3	24.3	25.3	26.4	27.4	28.4	29.4	♑ 0.4	1.5	2.5	3.5	4.5	5.5	6.5	7.6	8.6
☽	♊ 8.1	23.3	♋ 8.2	22.7	♌ 6.8	20.4	♍ 3.6	16.3	28.8	♎ 11	23	♏ 4.9	16.7	28.6	♐ 10.4	22.3	♑ 4.3	16.4	28.7	♒ 11.2	23.8	♓ 6.8	20	♈ 3.6	17.5	♉ 1.8	16.4	♊ 1.3	16.2	♋ 1.2	16
☿	♐ 22.3	23.8	25.3	26.7	28.2	29.7	♑ 1.2	2.6	4	5.4	6.8	8.2	9.5	10.8	12.1	13.3	14.5	15.6	16.6	17.6	18.4	19.1	19.8	20.2	20.6	20.7	20.7R	20.5	20.1	19.5	18.7
♀	♑ 1.7	3	4.2	5.4	6.7	7.9	9.2	10.4	11.7	12.9	14.1	15.4	16.6	17.9	19.1	20.4	21.6	22.8	24.1	25.3	26.6	27.8	29	♒ 0.3	1.5	2.8	4	5.2	6.5	7.7	8.9
♂	♐ 26.7	27.5	28.2	29	29.7	♑ 0.5	1.2	2	2.8	3.5	4.3	5	5.8	6.6	7.3	8.1	8.9	9.6	10.4	11.2	11.9	12.7	13.5	14.3	15	15.8	16.6	17.3	18.1	18.9	19.7

	1	6	11	16	21	26	31
♃	♈ 9.6R	9.5D	9.6	9.7	10	10.3	10.7
♄	♒ 17.8	18.1	18.5	18.9	19.4	19.8	20.3

	1	11	21	31
♅	♍ 10	10.1	10.1R	10
♆	♏ 16.2	16.6	16.9	17.2
♇	♍ 14.2	14.2	14.2R	14.2

	1	2	3	4	5	6	7	8	9	10	11	12	13	14	15	16	17	18	19	20	21	22	23	24	25	26	27	28	29	30	31
☉	♐ 8.8	9.9	10.9	11.9	12.9	13.9	14.9	15.9	17	18	19	20	21	22	23.1	24.1	25.1	26.1	27.1	28.2	29.2	♑ 0.2	1.2	2.2	3.2	4.3	5.3	6.3	7.3	8.3	9.4
☽	♏ 4.9	17.2	29.3	♐ 11.3	23.2	♑ 5	16.7	28.5	♒ 10.4	22.4	♓ 4.6	17.1	29.9	♈ 13.1	26.8	♉ 10.9	25.5	♊ 10.4	25.5	♋ 10.8	25.9	♌ 10.8	25.4	♍ 9.6	23.3	♎ 6.5	19.4	♏ 2	14.3	26.3	♐ 8.3
☿	♑ 0.2	1.1	2	2.8	3.5	4	4.5	4.7	4.9	4.8R	4.6	4.2	3.6	2.8	1.9	0.7	♐ 29.5	28.2	26.8	25.4	24.1	22.9	21.7	20.8	20	19.4	18.9	18.7	18.6	18.6D	18.9
♀	♏ 7.3	8.6	9.8	11	12.3	13.5	14.8	16	17.2	18.5	19.7	21	22.2	23.4	24.7	25.9	27.2	28.4	29.7	♐ 0.9	2.1	3.4	4.6	5.9	7.1	8.4	9.6	10.9	12.1	13.4	14.6
♂	♍ 12.2	12.7	13.1	13.6	14	14.4	14.9	15.3	15.7	16.1	16.5	16.9	17.3	17.7	18.1	18.5	18.9	19.2	19.6	20	20.3	20.7	21	21.4	21.7	22	22.3	22.6	23	23.3	23.5

	1	6	11	16	21	26	31
♃	♉ 18.8R	18.2	17.7	17.2	16.8	16.5	16.3
♄	♒ 29.1	29.3	29.6	30	♓ 0.4	0.8	1.2

	1	11	21	31
♅	♍ 14.7	14.8	14.9R	14.8
♆	♏ 18.4	18.7	19	19.3
♇	♍ 16.2	16.3	16.3R	16.3

I

	1	2	3	4	5	6	7	8	9	10	11	12	13	14	15	16	17	18	19	20	21	22	23	24	25	26	27	28	29	30	31
☉	♑10.4	11.4	12.4	13.4	14.5	15.5	16.5	17.5	18.5	19.6	20.6	21.6	22.6	23.6	24.6	25.7	26.7	27.7	28.7	29.7	♒0.8	1.8	2.8	3.8	4.8	5.8	6.9	7.9	8.9	9.9	10.9
☽	♐20.1	♑1.9	13.7	25.5	♒7.4	19.4	♓1.5	13.7	26.2	♈9	22.1	♉5.6	19.4	♊3.7	18.4	♋3.4	18.6	♌3.8	18.9	♍3.7	18.1	♎2	15.4	28.4	♏11	23.2	♐5.2	17.1	28.8	♑10.6	22.4
☿	♐19.2	19.6	20.2	20.9	21.6	22.5	23.4	24.3	25.3	26.4	27.5	28.7	29.8	♑1.1	2.3	3.6	4.9	6.2	7.5	8.9	10.3	11.7	13.1	14.5	15.9	17.4	18.8	20.3	21.8	23.3	24.8
♀	♐15.9	17.1	18.4	19.6	20.8	22.1	23.3	24.6	25.8	27.1	28.3	29.6	♑0.8	2.1	3.3	4.6	5.8	7.1	8.3	9.6	10.9	12.1	13.4	14.6	15.9	17.1	18.4	19.6	20.9	22.1	23.4
♂	♍23.8	24.1	24.4	24.6	24.9	25.1	25.4	25.6	25.8	26	26.2	26.4	26.6	26.8	26.9	27.1	27.2	27.3	27.5	27.6	27.7	27.8	27.8	27.9	28	28	28	28	28.1R	28	28

♃ (1, 6, 11, 16, 21, 26, 31): ♉16.3R 16.1 16.1D 16.2 16.3 16.5 16.8 — ♄ (1, 6, 11, 16, 21, 26, 31): ♓1.3 1.8 2.3 2.8 3.3 3.9 4.4 — ♅ (1, 11, 21, 31): ♍14.8R 14.6 14.4 14.1 — ♆ (1, 11, 21, 31): ♏19.3 19.6 19.8 19.9 — ♇ (1, 11, 21, 31): ♍16.3R 16.2 16 15.9

II

	1	2	3	4	5	6	7	8	9	10	11	12	13	14	15	16	17	18	19	20	21	22	23	24	25	26	27	28	29	30	31
☉	♒11.9	12.9	14	15	16	17	18	19	20	21.1	22.1	23.1	24.1	25.1	26.1	27.1	28.1	29.1	♓0.1	1.2	2.2	3.2	4.2	5.2	6.2	7.2	8.2	9.2			
☽	♒4.3	16.3	28.5	♓10.8	23.3	♈6	18.9	♉2	15.4	29.1	♊13.1	27.4	♋12.1	26.9	♌11.9	26.9	♍11.6	26	♎10	23.5	♏6.6	19.2	♐1.5	13.6	25.4	♑7.2	19	♒0.9			
☿	♑26.3	27.9	29.4	♒1	2.6	4.2	5.8	7.4	9	10.6	12.3	13.9	15.6	17.3	19	20.8	22.5	24.2	26	27.8	29.6	♓1.4	3.2	5.1	6.9	8.8	10.7	12.6			
♀	♑24.6	25.9	27.1	28.4	29.6	♒0.9	2.1	3.4	4.6	5.9	7.1	8.4	9.6	10.9	12.1	13.4	14.6	15.9	17.1	18.4	19.6	20.9	22.1	23.4	24.6	25.9	27.1	28.4			
♂	♍28.0R	27.9	27.9	27.8	27.7	27.6	27.5	27.4	27.3	27.1	27	26.8	26.6	26.4	26.2	25.9	25.7	25.5	25.2	24.9	24.6	24.3	24	23.7	23.4	23.1	22.7	22.4			

♃ (1, 6, 11, 16, 21, 26): ♉16.9 17.3 17.8 18.3 18.9 19.6 — ♄ (1, 6, 11, 16, 21, 26): ♓4.6 5.1 5.7 6.3 6.9 7.5 — ♅ (1, 11, 21): ♍14.1R 13.7 13.3 — ♆ (1, 11, 21): ♏19.9 20 20.0R — ♇ (1, 11, 21): ♍15.8R 15.6 15.4

III

	1	2	3	4	5	6	7	8	9	10	11	12	13	14	15	16	17	18	19	20	21	22	23	24	25	26	27	28	29	30	31
☉	♓10.2	11.2	12.2	13.2	14.2	15.2	16.2	17.2	18.2	19.2	20.2	21.2	22.2	23.2	24.2	25.2	26.2	27.2	28.2	29.2	♈0.2	1.2	2.2	3.2	4.1	5.1	6.1	7.1	8.1	9.1	10.1
☽	♒12.9	25	♓7.4	20	♈2.8	15.8	29	♉12.3	25.9	♊9.6	23.5	♋7.6	21.9	♌6.4	20.9	♍5.5	19.9	♎4.1	17.9	♏1.4	14.4	27.1	♐9.4	21.5	♑3.4	15.2	27	♒9	21	♓3.3	15.9
☿	♓14.5	16.4	18.3	20.3	22.2	24.1	26	27.9	29.8	♈1.7	3.5	5.3	7.1	8.8	10.5	12	13.5	14.9	16.3	17.5	18.6	19.6	20.5	21.3	21.9	22.4	22.8	23.1	23.2	23.3R	23.2
♀	♒29.6	♓0.9	2.1	3.3	4.6	5.8	7.1	8.3	9.6	10.8	12.1	13.3	14.6	15.8	17.1	18.3	19.6	20.8	22	23.3	24.5	25.8	27	28.3	29.5	♈0.8	2	3.2	4.5	5.7	7
♂	♍22.0R	21.6	21.3	20.9	20.5	20.1	19.7	19.3	18.9	18.5	18.2	17.8	17.4	17	16.6	16.2	15.8	15.4	15.1	14.7	14.4	14	13.7	13.3	13	12.7	12.4	12.1	11.8	11.5	11.3

♃ (1, 6, 11, 16, 21, 26, 31): ♉20 20.8 21.6 22.4 23.3 24.3 25.3 — ♄ (1, 6, 11, 16, 21, 26, 31): ♓7.9 8.5 9.1 9.7 10.3 10.9 11.5 — ♅ (1, 11, 21, 31): ♍12.9R 12.5 12.1 11.7 — ♆ (1, 11, 21, 31): ♏20.0R 19.9 19.8 19.6 — ♇ (1, 11, 21, 31): ♍15.2R 14.9 14.6 14.4

IV

	1	2	3	4	5	6	7	8	9	10	11	12	13	14	15	16	17	18	19	20	21	22	23	24	25	26	27	28	29	30	31
☉	♈11.1	12.1	13	14	15	16	17	18	18.9	19.9	20.9	21.9	22.9	23.8	24.8	25.8	26.8	27.8	28.7	29.7	♉0.7	1.7	2.6	3.6	4.6	5.6	6.5	7.5	8.5	9.5	
☽	♓28.7	♈11.9	25.2	♉8.8	22.5	♊6.4	20.4	♋4.4	18.6	♌2.7	16.9	♍1	15.1	29	♎12.8	26.3	♏9.5	22.4	♐4.9	17.2	29.3	♑11.2	23.1	♒4.9	16.8	29	♓11.3	24	♈7	20.3	
☿	♈22.9R	22.6	22.2	21.7	21.1	20.4	19.7	18.9	18.2	17.4	16.6	15.9	15.2	14.5	13.9	13.4	12.9	12.5	12.2	12	11.8	11.8	11.8D	11.9	12.1	12.4	12.7	13.1	13.6	14.2	
♀	♈8.2	9.4	10.7	11.9	13.2	14.4	15.6	16.9	18.1	19.4	20.6	21.8	23.1	24.3	25.6	26.8	28	29.3	♉0.5	1.7	3	4.2	5.5	6.7	7.9	9.2	10.4	11.6	12.9	14.1	
♂	♍11.0R	10.8	10.6	10.4	10.2	10	9.8	9.6	9.5	9.4	9.2	9.1	9	8.9	8.9	8.8	8.8	8.7	8.7	8.7D	8.7	8.8	8.8	8.8	8.9	9	9	9.1	9.2	9.3	

♃ (1, 6, 11, 16, 21, 26): ♉25.5 26.5 27.5 28.6 29.7 ♊0.8 — ♄ (1, 6, 11, 16, 21, 26): ♓11.6 12.1 12.7 13.2 13.7 14.1 — ♅ (1, 11, 21): ♍11.6R 11.3 11 — ♆ (1, 11, 21): ♏19.6R 19.4 19.1 — ♇ (1, 11, 21): ♍14.4R 14.1 14

V

	1	2	3	4	5	6	7	8	9	10	11	12	13	14	15	16	17	18	19	20	21	22	23	24	25	26	27	28	29	30	31
☉	♉10.4	11.4	12.4	13.3	14.3	15.3	16.2	17.2	18.2	19.1	20.1	21.1	22	23	24	24.9	25.9	26.9	27.8	28.8	29.7	♊0.7	1.7	2.6	3.6	4.5	5.5	6.5	7.4	8.4	9.3
☽	♉4	17.9	♊2.1	16.4	♋0.8	15.2	29.5	♌13.7	27.8	♍11.7	25.4	♎8.9	22.3	♏5.3	18.2	♐0.8	13.1	25.3	♑7.3	19.2	♒1.1	12.9	24.9	♓7	19.3	♈2	15	28.4	♉12.2	26.4	♊10.9
☿	♈14.8	15.5	16.3	17.1	17.9	18.9	19.8	20.9	21.9	23	24.2	25.4	26.6	27.9	29.3	♉0.6	2	3.5	5	6.5	8.1	9.7	11.3	13	14.7	16.4	18.2	20	21.9	23.8	25.7
♀	♉15.3	16.6	17.8	19	20.3	21.5	22.7	24	25.2	26.4	27.7	28.9	♊0.1	1.3	2.6	3.8	5	6.3	7.5	8.7	10	11.2	12.4	13.6	14.9	16.1	17.3	18.5	19.8	21	22.2
♂	♍9.5	9.6	9.7	9.9	10	10.2	10.4	10.6	10.8	11	11.2	11.5	11.7	11.9	12.2	12.5	12.7	13	13.3	13.6	13.9	14.2	14.5	14.8	15.1	15.5	15.8	16.2	16.5	16.9	17.2

♃ (1, 6, 11, 16, 21, 26, 31): ♊1.9 3 4.2 5.3 6.5 7.7 8.8 — ♄ (1, 6, 11, 16, 21, 26, 31): ♓14.6 15 15.4 15.7 16 16.3 16.6 — ♅ (1, 11, 21, 31): ♍10.8R 10.7 10.7D 10.8 — ♆ (1, 11, 21, 31): ♏18.9R 18.6 18.3 18.1 — ♇ (1, 11, 21, 31): ♍13.8R 13.7 13.7 13.7D

VI

	1	2	3	4	5	6	7	8	9	10	11	12	13	14	15	16	17	18	19	20	21	22	23	24	25	26	27	28	29	30	31
☉	♊10.3	11.3	12.2	13.2	14.1	15.1	16	17	18	18.9	19.9	20.8	21.8	22.7	23.7	24.6	25.6	26.6	27.5	28.5	29.4	♋0.4	1.3	2.3	3.2	4.2	5.1	6.1	7.1	8	
☽	♊25.6	♋10.4	25.2	♌9.9	24.3	♍8.5	22.3	♎5.9	19.1	♏2.1	14.8	27.3	♐9.6	21.8	♑3.8	15.7	27.6	♒9.4	21.3	♓3.3	15.4	27.7	♈10.3	23.2	♉6.6	20.4	♊4.6	19.2	♋4.2	19.3	
☿	♉27.7	29.7	♊1.7	3.8	5.9	8	10.2	12.3	14.5	16.7	18.9	21.1	23.3	25.5	27.7	29.8	♋2	4.1	6.2	8.3	10.3	12.3	14.3	16.3	18.2	20.1	21.9	23.7	25.5	27.2	
♀	♊23.5	24.7	25.9	27.1	28.4	29.6	♋0.8	2	3.3	4.5	5.7	6.9	8.1	9.4	10.6	11.8	13	14.3	15.5	16.7	17.9	19.1	20.4	21.6	22.8	24	25.2	26.5	27.7	28.9	
♂	♍17.6	18	18.4	18.8	19.2	19.6	20	20.4	20.8	21.2	21.6	22.1	22.5	22.9	23.4	23.8	24.3	24.7	25.2	25.6	26.1	26.6	27.1	27.5	28	28.5	29	29.5	30	♎0.5	

♃ (1, 6, 11, 16, 21, 26): ♊9.1 10.2 11.4 12.6 13.7 14.8 — ♄ (1, 6, 11, 16, 21, 26): ♓16.6 16.8 17 17.1 17.2 17.2 — ♅ (1, 11, 21): ♍10.8 10.9 11.2 — ♆ (1, 11, 21): ♏18.0R 17.8 17.6 — ♇ (1, 11, 21): ♍13.7 13.8 13.9

VII

	1	2	3	4	5	6	7	8	9	10	11	12	13	14	15	16	17	18	19	20	21	22	23	24	25	26	27	28	29	30	31
☉	♋9	9.9	10.9	11.8	12.8	13.7	14.7	15.6	16.6	17.5	18.5	19.4	20.4	21.4	22.3	23.3	24.2	25.2	26.1	27.1	28	29	29.9	♌0.9	1.9	2.8	3.8	4.7	5.7	6.6	7.6
☽	♌4.4	19.4	♍4.1	18.5	♎2.5	16	29.1	♏11.9	24.4	♐6.7	18.8	♑0.7	12.6	24.5	♒6.3	18.2	♓0.1	12.1	24.3	♈6.6	19.2	♉2	15.3	28.9	♊13.1	27.6	♋12.5	27.7	♌13	28.2	♍13.1
☿	♋28.9	♌0.6	2.2	3.8	5.3	6.8	8.3	9.8	11.2	12.5	13.9	15.1	16.4	17.6	18.7	19.9	20.9	21.9	22.9	23.8	24.7	25.5	26.3	27	27.6	28.2	28.7	29.1	29.5	29.7	29.9
♀	♌0.1	1.3	2.6	3.8	5	6.2	7.4	8.6	9.9	11.1	12.3	13.5	14.7	15.9	17.2	18.4	19.6	20.8	22	23.2	24.4	25.6	26.8	28.1	29.3	♍0.5	1.7	2.9	4.1	5.3	6.5
♂	♎1	1.5	2	2.5	3	3.6	4.1	4.6	5.1	5.7	6.2	6.7	7.3	7.8	8.4	8.9	9.5	10	10.6	11.2	11.7	12.3	12.9	13.4	14	14.6	15.1	15.7	16.3	16.9	17.5

♃ (1, 6, 11, 16, 21, 26, 31): ♊16 17.1 18.2 19.2 20.3 21.3 22.3 — ♄ (1, 6, 11, 16, 21, 26, 31): ♓17.2R 17.2 17.1 17 16.8 16.6 16.4 — ♅ (1, 11, 21, 31): ♍11.5 11.9 12.4 12.9 — ♆ (1, 11, 21, 31): ♏17.4R 17.3 17.3 17.2D — ♇ (1, 11, 21, 31): ♍14 14.2 14.5 14.8

VIII

	1	2	3	4	5	6	7	8	9	10	11	12	13	14	15	16	17	18	19	20	21	22	23	24	25	26	27	28	29	30	31
☉	♌8.5	9.5	10.5	11.4	12.4	13.3	14.3	15.2	16.2	17.2	18.1	19.1	20	21	22	22.9	23.9	24.8	25.8	26.8	27.7	28.7	29.7	♍0.6	1.6	2.6	3.5	4.5	5.5	6.4	7.4
☽	♍27.7	♎11.8	25.4	♏8.5	21.3	♐3.7	15.8	27.8	♑9.7	21.5	♒3.4	15.2	27.2	♓9.2	21.3	♈3.6	16.1	28.7	♉11.6	24.8	♊8.3	22.2	♋6.6	21.3	♌6.3	21.4	♍6.5	21.5	♎6.1	20.3	♏4
☿	♍0.1	0.1R	0	♌29.9	29.7	29.4	29	28.5	27.9	27.3	26.6	25.8	25.1	24.2	23.4	22.6	21.7	21	20.2	19.6	19	18.5	18.1	17.8	17.7	17.6D	17.7	18	18.4	18.9	19.5
♀	♍7.7	8.9	10.1	11.3	12.6	13.8	15	16.2	17.4	18.6	19.8	21	22.2	23.4	24.6	25.8	27	28.2	29.4	♎0.6	1.8	3	4.1	5.3	6.5	7.7	8.9	10.1	11.3	12.5	13.7
♂	♎18.1	18.7	19.3	19.9	20.5	21.1	21.7	22.3	22.9	23.5	24.1	24.7	25.3	25.9	26.6	27.2	27.8	28.4	29.1	29.7	♏0.3	0.9	1.6	2.2	2.9	3.5	4.1	4.8	5.4	6.1	6.7

♃ (1, 6, 11, 16, 21, 26, 31): ♊22.5 23.4 24.3 25.2 26 26.8 27.5 — ♄ (1, 6, 11, 16, 21, 26, 31): ♓16.3R 16 15.7 15.4 15.1 14.7 14.3 — ♅ (1, 11, 21, 31): ♍13 13.5 14.1 14.7 — ♆ (1, 11, 21, 31): ♏17.2 17.3 17.4 17.5 — ♇ (1, 11, 21, 31): ♍14.8 15.1 15.4 15.8

IX

	1	2	3	4	5	6	7	8	9	10	11	12	13	14	15	16	17	18	19	20	21	22	23	24	25	26	27	28	29	30	31
☉	♍8.4	9.3	10.3	11.3	12.2	13.2	14.2	15.1	16.1	17.1	18.1	19	20	21	22	22.9	23.9	24.9	25.9	26.8	27.8	28.8	29.8	♎0.7	1.7	2.7	3.7	4.7	5.6	6.6	
☽	♏17.2	30	♐12.4	24.6	♑6.5	18.4	♒0.2	12.1	24	♓6.1	18.3	♈0.6	13.1	25.8	♉8.6	21.7	♊4.9	18.5	♋2.3	16.4	♌0.9	15.5	♍0.3	15.1	29.8	♎14.3	28.4	♏12.1	25.3	♐8.1	
☿	♌20.3	21.2	22.2	23.4	24.6	25.9	27.4	28.9	♍0.5	2.1	3.8	5.6	7.3	9.2	11	12.8	14.7	16.6	18.5	20.3	22.2	24.1	25.9	27.7	29.6	♎1.4	3.2	5	6.8	8.5	
♀	♎14.9	16	17.2	18.4	19.6	20.8	22	23.1	24.3	25.5	26.7	27.9	29	♏0.2	1.4	2.6	3.7	4.9	6.1	7.2	8.4	9.6	10.8	11.9	13.1	14.2	15.4	16.6	17.7	18.9	
♂	♏7.4	8	8.7	9.3	10	10.7	11.3	12	12.7	13.3	14	14.7	15.3	16	16.7	17.4	18	18.7	19.4	20.1	20.8	21.5	22.1	22.8	23.5	24.2	24.9	25.6	26.3	27	

♃ (1, 6, 11, 16, 21, 26): ♊27.7 28.4 29 29.5 30 ♋0.4 — ♄ (1, 6, 11, 16, 21, 26): ♓14.2R 13.9 13.5 13.1 12.7 12.4 — ♅ (1, 11, 21): ♍14.8 15.4 16.1 — ♆ (1, 11, 21): ♏17.5 17.7 18 — ♇ (1, 11, 21): ♍15.8 16.2 16.5

X

	1	2	3	4	5	6	7	8	9	10	11	12	13	14	15	16	17	18	19	20	21	22	23	24	25	26	27	28	29	30	31
☉	♎7.6	8.6	9.6	10.6	11.6	12.5	13.5	14.5	15.5	16.5	17.5	18.5	19.5	20.4	21.4	22.4	23.4	24.4	25.4	26.4	27.4	28.4	29.4	♏0.4	1.4	2.4	3.4	4.4	5.4	6.4	7.4
☽	♐20.6	♑2.8	14.8	26.6	♒8.5	20.4	♓2.4	14.6	26.9	♈9.5	22.3	♉5.3	18.5	♊1.9	15.4	29.2	♋13.1	27.1	♌11.3	25.7	♍10.1	24.4	♎8.7	22.8	♏6.6	20	♐3.2	15.9	28.4	♑10.6	22.6
☿	♎10.3	12	13.7	15.4	17.1	18.8	20.5	22.1	23.8	25.4	27	28.6	♏0.2	1.8	3.3	4.9	6.4	8	9.5	11	12.5	14	15.5	17	18.4	19.9	21.3	22.7	24.2	25.6	26.9
♀	♏20	21.2	22.3	23.5	24.6	25.8	26.9	28.1	29.2	♐0.4	1.5	2.6	3.8	4.9	6	7.2	8.3	9.4	10.5	11.6	12.8	13.9	15	16.1	17.2	18.3	19.4	20.5	21.6	22.7	23.8
♂	♏27.7	28.4	29.1	29.8	♐0.5	1.2	1.9	2.6	3.3	4.1	4.8	5.5	6.2	6.9	7.6	8.4	9.1	9.8	10.5	11.3	12	12.7	13.4	14.2	14.9	15.6	16.4	17.1	17.8	18.6	19.3

♃ (1, 6, 11, 16, 21, 26, 31): ♋0.7 1 1.2 1.3 1.3R 1.3 1.1 — ♄ (1, 6, 11, 16, 21, 26, 31): ♓12.0R 11.7 11.5 11.2 11 10.8 10.7 — ♅ (1, 11, 21, 31): ♍16.7 17.2 17.8 18.3 — ♆ (1, 11, 21, 31): ♏18.3 18.6 18.9 19.3 — ♇ (1, 11, 21, 31): ♍16.9 17.2 17.5 17.8

XI

	1	2	3	4	5	6	7	8	9	10	11	12	13	14	15	16	17	18	19	20	21	22	23	24	25	26	27	28	29	30	31
☉	♏8.4	9.4	10.4	11.4	12.4	13.4	14.4	15.4	16.4	17.4	18.4	19.4	20.4	21.4	22.4	23.4	24.4	25.4	26.5	27.5	28.5	29.5	♐0.5	1.5	2.5	3.5	4.5	5.6	6.6	7.6	
☽	♒4.5	16.4	28.3	♓10.3	22.6	♈5	17.8	♉0.8	14.2	27.8	♊11.6	25.6	♋9.7	23.9	♌8.2	22.4	♍6.5	20.6	♎4.5	18.3	♏1.9	15.3	28.4	♐11.3	23.9	♑6.3	18.5	♒0.5	12.4	24.2	
☿	♏28.3	29.7	♐1	2.3	3.6	4.9	6.2	7.4	8.6	9.8	10.9	12	13	14	14.9	15.8	16.6	17.3	17.9	18.4	18.7	19	19.1	19.0R	18.8	18.4	17.8	17	16	14.9	
♀	♐24.8	25.9	27	28.1	29.1	♑0.2	1.3	2.3	3.4	4.4	5.4	6.5	7.5	8.5	9.5	10.6	11.6	12.6	13.5	14.5	15.5	16.5	17.4	18.4	19.3	20.3	21.2	22.1	23	23.9	
♂	♐20.1	20.8	21.5	22.3	23	23.8	24.5	25.3	26	26.8	27.5	28.3	29	29.8	♑0.5	1.3	2	2.8	3.6	4.3	5.1	5.8	6.6	7.4	8.1	8.9	9.7	10.4	11.2	12	

♃ (1, 6, 11, 16, 21, 26): ♋1.1R 0.8 0.5 0.1 ♊29.6 29.1 — ♄ (1, 6, 11, 16, 21, 26): ♓10.6R 10.5 10.5 10.5D 10.5 10.6 — ♅ (1, 11, 21): ♍18.3 18.7 19.1 — ♆ (1, 11, 21): ♏19.3 19.7 20.1 — ♇ (1, 11, 21): ♍17.8 18 18.2

XII

	1	2	3	4	5	6	7	8	9	10	11	12	13	14	15	16	17	18	19	20	21	22	23	24	25	26	27	28	29	30	31
☉	♐8.6	9.6	10.6	11.6	12.7	13.7	14.7	15.7	16.7	17.7	18.7	19.8	20.8	21.8	22.8	23.8	24.8	25.9	26.9	27.9	28.9	29.9	♑1	2	3	4	5	6.1	7.1	8.1	9.1
☽	♓6.1	18.1	♈0.3	12.8	25.6	♉8.7	22.2	♊6.1	20.4	♋4.9	19.5	♌4.2	18.8	♍3.2	17.4	♎1.4	15.1	28.5	♏11.7	24.7	♐7.4	20	♑2.3	14.6	26.6	♒8.6	20.5	♓2.3	14.2	26.1	♈8.3
☿	♐13.7R	12.4	11	9.6	8.3	7.1	5.9	5	4.2	3.5	3.1	2.9	2.8D	2.9	3.2	3.6	4.1	4.8	5.5	6.3	7.2	8.2	9.3	10.4	11.5	12.7	13.9	15.2	16.5	17.8	19.1
♀	♑24.8	25.7	26.5	27.4	28.2	29	29.8	♒0.6	1.4	2.2	2.9	3.7	4.4	5.1	5.7	6.4	7	7.6	8.2	8.8	9.3	9.9	10.4	10.8	11.2	11.7	12	12.4	12.7	12.9	13.2
♂	♑12.7	13.5	14.3	15	15.8	16.6	17.4	18.1	18.9	19.7	20.5	21.2	22	22.8	23.6	24.3	25.1	25.9	26.7	27.5	28.3	29	29.8	♒0.6	1.4	2.2	3	3.7	4.5	5.3	6.1

♃ (1, 6, 11, 16, 21, 26, 31): ♊28.5R 27.9 27.2 26.6 25.9 25.2 24.6 — ♄ (1, 6, 11, 16, 21, 26, 31): ♓10.7 10.9 11.1 11.4 11.7 12 12.4 — ♅ (1, 11, 21, 31): ♍19.4 19.5 19.6 19.6R — ♆ (1, 11, 21, 31): ♏20.4 20.8 21.1 21.4 — ♇ (1, 11, 21, 31): ♍18.4 18.4 18.5R 18.4

	1	2	3	4	5	6	7	8	9	10	11	12	13	14	15	16	17	18	19	20	21	22	23	24	25	26	27	28	29	30	31
☉	♑10.1	11.1	12.2	13.2	14.2	15.2	16.2	17.3	18.3	19.3	20.3	21.3	22.4	23.4	24.4	25.4	26.4	27.5	28.5	29.5	♒0.5	1.5	2.5	3.6	4.6	5.6	6.6	7.6	8.6	9.7	10.7
☽	♈20.6	♉3.3	16.4	29.9	♊13.9	28.4	♋13.2	28.2	♌13.3	28.4	♍13.2	27.7	♎11.8	25.4	♏8.7	21.7	♐4.4	16.8	29.1	♑11.3	23.3	♒5.3	17.2	29	♓10.9	22.8	♈4.7	16.8	29.1	♉11.7	24.6
☿	♐20.5	21.8	23.2	24.6	26	27.5	28.9	♑0.4	1.8	3.3	4.8	6.3	7.8	9.3	10.8	12.3	13.9	15.4	17	18.5	20.1	21.7	23.3	24.9	26.5	28.1	29.7	♒1.4	3	4.7	6.4
♀	♒13.4	13.6	13.7	13.8	13.8	13.8R	13.8	13.7	13.6	13.4	13.2	13	12.7	12.4	12	11.6	11.2	10.7	10.2	9.7	9.2	8.6	8	7.4	6.8	6.2	5.5	4.9	4.3	3.7	3.2
♂	♒6.9	7.7	8.5	9.2	10	10.8	11.6	12.4	13.2	14	14.8	15.6	16.3	17.1	17.9	18.7	19.5	20.3	21.1	21.9	22.7	23.5	24.2	25	25.8	26.6	27.4	28.2	29	29.8	♓0.6

♃ (1, 6, 11, 16, 21, 26, 31): ♊24.4R 23.8 23.3 22.8 22.3 21.9 21.6 — ♄ (1, 6, 11, 16, 21, 26, 31): ♓12.4 12.8 13.3 13.7 14.2 14.7 15.3 — ♅ (1, 11, 21, 31): ♍19.6R 19.5 19.3 19 — ♆ (1, 11, 21, 31): ♏21.4 21.7 21.9 22 — ♇ (1, 11, 21, 31): ♍18.4R 18.4 18.2 18

	1	2	3	4	5	6	7	8	9	10	11	12	13	14	15	16	17	18	19	20	21	22	23	24	25	26	27	28	29	30	31
☉	♒11.7	12.7	13.7	14.7	15.7	16.8	17.8	18.8	19.8	20.8	21.8	22.8	23.8	24.9	25.9	26.9	27.9	28.9	29.9	♓0.9	1.9	2.9	3.9	4.9	5.9	7	8	9			
☽	♊8	21.9	♋6.2	21	♌6.2	21.5	♍6.9	22	♎6.8	21.1	♏5	18.4	♐1.3	13.9	26.2	♑8.4	20.3	♒2.3	14.1	26	♓7.9	19.8	♈1.7	13.8	26	♉8.3	20.9	♊3.8			
☿	♒8.1	9.8	11.5	13.2	14.9	16.7	18.4	20.2	22	23.8	25.6	27.4	29.2	♓1.1	2.9	4.8	6.6	8.4	10.3	12.1	13.9	15.7	17.5	19.2	21	22.6	24.2	25.7			
♀	♒2.6R	2.1	1.6	1.1	0.6	0.2	♑29.8	29.5	29.2	28.9	28.7	28.5	28.4	28.3	28.3	28.2D	28.3	28.3	28.4	28.6	28.8	29	29.2	29.5	29.8	♒0.2	0.6	1			
♂	♓1.4	2.1	2.9	3.7	4.5	5.3	6.1	6.9	7.7	8.4	9.2	10	10.8	11.6	12.4	13.2	14	14.7	15.5	16.3	17.1	17.9	18.7	19.4	20.2	21	21.8	22.6			

♃ (1, 6, 11, 16, 21, 26): ♊21.6R 21.4 21.3 21.3D 21.3 21.4 — ♄ (1, 6, 11, 16, 21, 26): ♓15.4 15.9 16.5 17.1 17.7 18.3 — ♅ (1, 11, 21): ♍19.0R 18.7 18.3 — ♆ (1, 11, 21): ♏22.1 22.1 22.2 — ♇ (1, 11, 21): ♍18.0R 17.8 17.6

	1	2	3	4	5	6	7	8	9	10	11	12	13	14	15	16	17	18	19	20	21	22	23	24	25	26	27	28	29	30	31
☉	♓10	11	12	13	14	15	16	17	18	19	20	21	22	23	24	25	26	27	27.9	28.9	29.9	♈0.9	1.9	2.9	3.9	4.9	5.9	6.9	7.9	8.9	9.8
☽	♊17	♋0.7	14.8	29.4	♌14.4	29.6	♍14.9	♎0.1	15	29.5	♏13.5	27.1	♐10.1	22.8	♑5.1	17.3	29.2	♒11.1	22.9	♓4.8	16.7	28.7	♈10.8	23	♉5.4	17.9	♊0.7	13.7	27	♋10.6	24.5
☿	♓27.2	28.6	29.9	♈1	2.1	3	3.8	4.5	5	5.4	5.7	5.8	5.7R	5.5	5.2	4.7	4.1	3.5	2.7	1.9	1	0.1	♓29.2	28.3	27.4	26.6	25.9	25.2	24.5	24	23.6
♀	♒1.4	1.9	2.4	2.9	3.4	4	4.6	5.2	5.8	6.5	7.2	7.9	8.6	9.3	10	10.8	11.6	12.3	13.1	13.9	14.8	15.6	16.5	17.3	18.2	19.1	20	20.9	21.8	22.7	23.6
♂	♓23.4	24.1	24.9	25.7	26.5	27.3	28	28.8	29.6	♈0.4	1.1	1.9	2.7	3.5	4.2	5	5.8	6.6	7.3	8.1	8.9	9.6	10.4	11.2	11.9	12.7	13.5	14.2	15	15.8	16.5

♃ (1, 6, 11, 16, 21, 26, 31): ♊21.6 21.8 22.2 22.6 23.1 23.6 24.2 — ♄ (1, 6, 11, 16, 21, 26, 31): ♓18.7 19.3 19.9 20.5 21.1 21.7 22.3 — ♅ (1, 11, 21, 31): ♍17.9R 17.5 17.1 16.6 — ♆ (1, 11, 21, 31): ♏22.2R 22.1 22 21.8 — ♇ (1, 11, 21, 31): ♍17.3R 17.1 16.8 16.6

	1	2	3	4	5	6	7	8	9	10	11	12	13	14	15	16	17	18	19	20	21	22	23	24	25	26	27	28	29	30	31
☉	♈10.8	11.8	12.8	13.8	14.8	15.8	16.7	17.7	18.7	19.7	20.7	21.6	22.6	23.6	24.6	25.6	26.5	27.5	28.5	29.5	♉0.5	1.4	2.4	3.4	4.4	5.3	6.3	7.3	8.2	9.2	
☽	♌8.9	23.5	♍8.4	23.3	♎8.3	23	♏7.5	21.5	♐5.1	18.3	♑1	13.5	25.6	♒7.6	19.5	♓1.4	13.3	25.2	♈7.4	19.6	♉2.1	14.7	27.6	♊10.7	23.9	♋7.5	21.2	♌5.2	19.3	♍3.7	
☿	♓23.2R	23	22.8	22.7	22.8D	22.9	23.1	23.4	23.8	24.2	24.7	25.3	26	26.7	27.5	28.3	29.2	♈0.1	1.1	2.1	3.2	4.3	5.5	6.7	7.9	9.2	10.5	11.9	13.3	14.7	
♀	♒24.6	25.5	26.5	27.4	28.4	29.4	♓0.3	1.3	2.3	3.3	4.3	5.3	6.4	7.4	8.4	9.4	10.5	11.5	12.6	13.6	14.7	15.7	16.8	17.9	18.9	20	21.1	22.2	23.2	24.3	
♂	♈17.3	18	18.8	19.6	20.3	21.1	21.8	22.6	23.4	24.1	24.9	25.6	26.4	27.1	27.9	28.6	29.4	♉0.1	0.9	1.6	2.4	3.1	3.8	4.6	5.3	6.1	6.8	7.6	8.3	9	

♃ (1, 6, 11, 16, 21, 26): ♊24.4 25 25.8 26.5 27.4 28.2 — ♄ (1, 6, 11, 16, 21, 26): ♓22.5 23 23.6 24.2 24.7 25.3 — ♅ (1, 11, 21): ♍16.6R 16.2 15.9 — ♆ (1, 11, 21): ♏21.8R 21.6 21.4 — ♇ (1, 11, 21): ♍16.5R 16.3 16.1

	1	2	3	4	5	6	7	8	9	10	11	12	13	14	15	16	17	18	19	20	21	22	23	24	25	26	27	28	29	30	31
☉	♉10.2	11.2	12.1	13.1	14.1	15	16	17	17.9	18.9	19.9	20.8	21.8	22.8	23.7	24.7	25.7	26.6	27.6	28.5	29.5	♊0.5	1.4	2.4	3.4	4.3	5.3	6.2	7.2	8.2	9.1
☽	♍18.2	♎2.7	17.2	♏1.5	15.7	29.5	♐13	26.1	♑8.9	21.4	♒3.6	15.6	27.6	♓9.4	21.4	♈3.4	15.6	28	♉10.7	23.6	♊6.8	20.3	♋4	17.9	♌2	16.1	♍0.4	14.6	28.8	♎13	27
☿	♈16.1	17.6	19.1	20.7	22.3	23.9	25.6	27.2	28.9	♉0.7	2.5	4.3	6.1	8	9.9	11.8	13.8	15.8	17.8	19.9	22	24.1	26.2	28.4	♊0.6	2.8	4.9	7.1	9.3	11.5	13.7
♀	♓25.4	26.5	27.6	28.7	29.8	♈0.9	2	3.1	4.2	5.3	6.5	7.6	8.7	9.8	10.9	12.1	13.2	14.3	15.5	16.6	17.7	18.9	20	21.1	22.3	23.4	24.6	25.7	26.9	28	29.2
♂	♉9.8	10.5	11.2	12	12.7	13.4	14.2	14.9	15.6	16.4	17.1	17.8	18.6	19.3	20	20.7	21.5	22.2	22.9	23.6	24.3	25.1	25.8	26.5	27.2	27.9	28.6	29.4	♊0.1	0.8	1.5

♃ (1, 6, 11, 16, 21, 26, 31): ♊29.1 ♋0.1 1.1 2.1 3.1 4.1 5.2 — ♄ (1, 6, 11, 16, 21, 26, 31): ♓25.8 26.3 26.7 27.2 27.6 27.9 28.3 — ♅ (1, 11, 21, 31): ♍15.7R 15.6 15.5 15.5D — ♆ (1, 11, 21, 31): ♏21.1R 20.8 20.6 20.3 — ♇ (1, 11, 21, 31): ♍16.0R 15.9 15.8 15.8D

	1	2	3	4	5	6	7	8	9	10	11	12	13	14	15	16	17	18	19	20	21	22	23	24	25	26	27	28	29	30	31
☉	♊10.1	11	12	12.9	13.9	14.9	15.8	16.8	17.7	18.7	19.6	20.6	21.6	22.5	23.5	24.4	25.4	26.3	27.3	28.2	29.2	♋0.1	1.1	2.1	3	4	4.9	5.9	6.8	7.8	
☽	♏10.9	24.6	♐8	21.2	♑4.2	16.9	29.3	♒11.5	23.6	♓5.5	17.4	29.3	♈11.3	23.5	♉6	18.8	♊2	15.5	29.4	♋13.5	27.9	♌12.4	26.9	♍11.3	25.6	♎9.7	23.7	♏7.4	20.8	♐4.1	
☿	♊15.9	18	20.2	22.3	24.4	26.4	28.4	♋0.4	2.4	4.3	6.1	8	9.7	11.5	13.2	14.8	16.5	18	19.6	21.1	22.5	23.9	25.3	26.6	27.8	29.1	♌0.2	1.4	2.4	3.5	
♀	♉0.3	1.5	2.6	3.8	4.9	6.1	7.2	8.4	9.6	10.7	11.9	13	14.2	15.4	16.5	17.7	18.9	20	21.2	22.4	23.6	24.7	25.9	27.1	28.3	29.4	♊0.6	1.8	3	4.2	
♂	♊2.2	2.9	3.6	4.3	5	5.7	6.4	7.2	7.9	8.6	9.3	10	10.7	11.4	12.1	12.8	13.5	14.1	14.8	15.5	16.2	16.9	17.6	18.3	19	19.7	20.4	21.1	21.7	22.4	

♃ (1, 6, 11, 16, 21, 26): ♋5.4 6.5 7.6 8.7 9.8 10.9 — ♄ (1, 6, 11, 16, 21, 26): ♓28.4 28.7 28.9 29.1 29.3 29.5 — ♅ (1, 11, 21): ♍15.5 15.6 15.8 — ♆ (1, 11, 21): ♏20.3R 20 19.8 — ♇ (1, 11, 21): ♍15.8 15.9 16

	1	2	3	4	5	6	7	8	9	10	11	12	13	14	15	16	17	18	19	20	21	22	23	24	25	26	27	28	29	30	31
☉	♋8.7	9.7	10.6	11.6	12.5	13.5	14.4	15.4	16.4	17.3	18.3	19.2	20.2	21.1	22.1	23	24	24.9	25.9	26.8	27.8	28.8	29.7	♌0.7	1.6	2.6	3.5	4.5	5.4	6.4	7.4
☽	♐17.2	♑0.1	12.8	25.2	♒7.5	19.7	♓1.7	13.6	25.4	♈7.3	19.3	♉1.5	14	26.8	♊10	23.7	♋7.9	22.4	♌7.1	22.1	♍7	21.7	♎6.2	20.4	♏4.3	17.8	♐1	14	26.8	♑9.4	21.8
☿	♌4.4	5.4	6.2	7	7.8	8.4	9.1	9.6	10.1	10.5	10.8	11.1	11.3	11.4	11.4R	11.4	11.2	11	10.7	10.4	9.9	9.4	8.9	8.2	7.6	6.9	6.2	5.4	4.7	4	3.3
♀	♊5.3	6.5	7.7	8.9	10.1	11.3	12.5	13.6	14.8	16	17.2	18.4	19.6	20.8	22	23.2	24.4	25.6	26.8	28	29.2	♋0.4	1.6	2.8	4	5.2	6.4	7.6	8.8	10	11.2
♂	♊23.1	23.8	24.5	25.2	25.8	26.5	27.2	27.9	28.6	29.2	29.9	♋0.6	1.3	1.9	2.6	3.3	4	4.6	5.3	6	6.6	7.3	8	8.7	9.3	10	10.6	11.3	12	12.6	13.3

♃ (1, 6, 11, 16, 21, 26, 31): ♋12.1 13.2 14.3 15.5 16.6 17.7 18.8 — ♄ (1, 6, 11, 16, 21, 26, 31): ♓29.6 29.7 29.7 29.7R 29.6 29.5 29.4 — ♅ (1, 11, 21, 31): ♍16.1 16.5 16.9 17.4 — ♆ (1, 11, 21, 31): ♏19.7R 19.5 19.4 19.4 — ♇ (1, 11, 21, 31): ♍16.1 16.3 16.5 16.8

	1	2	3	4	5	6	7	8	9	10	11	12	13	14	15	16	17	18	19	20	21	22	23	24	25	26	27	28	29	30	31
☉	♌8.3	9.3	10.2	11.2	12.1	13.1	14.1	15	16	16.9	17.9	18.9	19.8	20.8	21.7	22.7	23.7	24.6	25.6	26.5	27.5	28.5	29.4	♍0.4	1.4	2.3	3.3	4.3	5.2	6.2	7.2
☽	♒4.1	16.2	28.2	♓10.1	22	♈3.8	15.7	27.7	♉9.8	22.3	♊5	18.2	♋1.9	16.1	♌0.7	15.7	♍0.9	16.1	♎1.2	16	♏0.4	14.3	27.9	♐11	23.9	♑6.5	18.8	♒1	13.1	25.1	♓7
☿	♌2.7R	2.1	1.6	1.2	0.8	0.6	0.4	0.3D	0.4	0.6	0.9	1.3	1.8	2.4	3.2	4	5	6.1	7.2	8.5	9.9	11.4	12.9	14.5	16.2	17.9	19.7	21.5	23.4	25.3	27.2
♀	♋12.4	13.6	14.8	16	17.2	18.4	19.6	20.9	22.1	23.3	24.5	25.7	26.9	28.1	29.4	♌0.6	1.8	3	4.2	5.5	6.7	7.9	9.1	10.4	11.6	12.8	14	15.3	16.5	17.7	18.9
♂	♋14	14.6	15.3	15.9	16.6	17.2	17.9	18.6	19.2	19.9	20.5	21.2	21.8	22.5	23.1	23.8	24.4	25.1	25.7	26.4	27	27.7	28.3	28.9	29.6	♌0.2	0.9	1.5	2.2	2.8	3.4

♃ (1, 6, 11, 16, 21, 26, 31): ♋19 20.1 21.2 22.2 23.2 24.3 25.2 — ♄ (1, 6, 11, 16, 21, 26, 31): ♓29.3R 29.2 28.9 28.7 28.4 28.1 27.7 — ♅ (1, 11, 21, 31): ♍17.5 18 18.6 19.2 — ♆ (1, 11, 21, 31): ♏19.4R 19.4D 19.5 19.6 — ♇ (1, 11, 21, 31): ♍16.9 17.2 17.5 17.8

	1	2	3	4	5	6	7	8	9	10	11	12	13	14	15	16	17	18	19	20	21	22	23	24	25	26	27	28	29	30	31
☉	♍8.1	9.1	10.1	11	12	13	13.9	14.9	15.9	16.8	17.8	18.8	19.8	20.7	21.7	22.7	23.7	24.6	25.6	26.6	27.6	28.5	29.5	♎0.5	1.5	2.5	3.4	4.4	5.4	6.4	
☽	♓18.9	♈0.8	12.6	24.5	♉6.5	18.7	♊1.1	13.8	27	♋10.5	24.6	♌9.1	24	♍9.2	24.6	♎9.8	24.7	♏9.3	23.5	♐7.2	20.4	♑3.2	15.8	28.1	♒10.2	22.2	♓4.1	15.9	27.8	♈9.7	
☿	♌29.2	♍1.1	3.1	5	7	8.9	10.8	12.8	14.7	16.6	18.5	20.3	22.2	24	25.8	27.6	29.4	♎1.2	2.9	4.6	6.3	8	9.7	11.4	13	14.7	16.3	17.9	19.4	21	
♀	♌20.2	21.4	22.6	23.9	25.1	26.3	27.6	28.8	♍0	1.3	2.5	3.7	5	6.2	7.5	8.7	9.9	11.2	12.4	13.6	14.9	16.1	17.4	18.6	19.9	21.1	22.3	23.6	24.8	26.1	
♂	♌4.1	4.7	5.3	6	6.6	7.2	7.9	8.5	9.1	9.8	10.4	11	11.7	12.3	12.9	13.5	14.2	14.8	15.4	16	16.7	17.3	17.9	18.5	19.1	19.8	20.4	21	21.6	22.2	

♃ (1, 6, 11, 16, 21, 26): ♋25.4 26.4 27.3 28.2 29 29.8 — ♄ (1, 6, 11, 16, 21, 26): ♓27.7R 27.3 26.9 26.5 26.2 25.8 — ♅ (1, 11, 21): ♍19.3 19.9 20.5 — ♆ (1, 11, 21): ♏19.7 19.9 20.1 — ♇ (1, 11, 21): ♍17.9 18.2 18.6

	1	2	3	4	5	6	7	8	9	10	11	12	13	14	15	16	17	18	19	20	21	22	23	24	25	26	27	28	29	30	31
☉	♎7.4	8.4	9.3	10.3	11.3	12.3	13.3	14.3	15.3	16.2	17.2	18.2	19.2	20.2	21.2	22.2	23.2	24.2	25.2	26.2	27.2	28.1	29.1	♏0.1	1.1	2.1	3.1	4.1	5.1	6.1	7.1
☽	♈21.6	♉3.6	15.8	28.1	♊10.6	23.4	♋6.5	20	♌3.8	18.1	♍2.8	17.7	♎2.8	17.9	♏2.9	17.5	♐1.8	15.6	28.9	♑11.9	24.5	♒6.8	18.9	♓0.8	12.7	24.5	♈6.4	18.4	♉0.5	12.7	25.1
☿	♎22.6	24.1	25.6	27.2	28.7	♏0.1	1.6	3.1	4.5	5.9	7.3	8.7	10.1	11.5	12.8	14.2	15.5	16.7	18	19.3	20.5	21.7	22.8	23.9	25	26.1	27.1	28	28.9	29.8	♐0.5
♀	♍27.3	28.6	29.8	♎1.1	2.3	3.6	4.8	6.1	7.3	8.6	9.8	11.1	12.3	13.6	14.8	16.1	17.3	18.6	19.8	21.1	22.3	23.6	24.8	26.1	27.3	28.6	29.8	♏1.1	2.3	3.6	4.9
♂	♌22.8	23.5	24.1	24.7	25.3	25.9	26.5	27.1	27.7	28.3	28.9	29.5	♍0.1	0.7	1.4	2	2.6	3.2	3.8	4.3	4.9	5.5	6.1	6.7	7.3	7.9	8.5	9.1	9.7	10.3	10.9

♃ (1, 6, 11, 16, 21, 26, 31): ♌0.5 1.2 1.8 2.4 2.9 3.4 3.7 — ♄ (1, 6, 11, 16, 21, 26, 31): ♓25.4R 25 24.7 24.3 24 23.8 23.5 — ♅ (1, 11, 21, 31): ♍21.1 21.7 22.3 22.8 — ♆ (1, 11, 21, 31): ♏20.4 20.7 21 21.4 — ♇ (1, 11, 21, 31): ♍19 19.3 19.6 19.9

	1	2	3	4	5	6	7	8	9	10	11	12	13	14	15	16	17	18	19	20	21	22	23	24	25	26	27	28	29	30	31
☉	♏8.1	9.1	10.1	11.1	12.1	13.1	14.1	15.1	16.1	17.1	18.2	19.2	20.2	21.2	22.2	23.2	24.2	25.2	26.2	27.2	28.2	29.2	♐0.3	1.3	2.3	3.3	4.3	5.3	6.3	7.3	
☽	♊7.6	20.4	♋3.4	16.7	♌0.2	14	28.1	♍12.5	27	♎11.7	26.4	♏11	25.5	♐9.6	23.4	♑6.9	19.9	♒2.6	14.9	27.1	♓9	20.9	♈2.7	14.6	26.7	♉8.9	21.3	♊4	16.9	♋0.1	
☿	♐1.2	1.8	2.3	2.7	3	3.2	3.2R	3.1	2.9	2.4	1.8	1.1	0.1	♏29.1	27.9	26.6	25.3	23.9	22.6	21.4	20.2	19.3	18.4	17.8	17.4	17.2	17.1D	17.3	17.6	18	
♀	♏6.1	7.4	8.6	9.9	11.1	12.4	13.6	14.9	16.1	17.4	18.7	19.9	21.2	22.4	23.7	24.9	26.2	27.4	28.7	30	♐1.2	2.5	3.7	5	6.2	7.5	8.8	10	11.3	12.5	
♂	♍11.4	12	12.6	13.2	13.8	14.3	14.9	15.5	16.1	16.6	17.2	17.8	18.4	18.9	19.5	20.1	20.6	21.2	21.8	22.3	22.9	23.4	24	24.5	25.1	25.6	26.2	26.7	27.3	27.8	

♃ (1, 6, 11, 16, 21, 26): ♌3.8 4.1 4.3 4.4 4.5 4.5R — ♄ (1, 6, 11, 16, 21, 26): ♓23.5R 23.3 23.1 23 22.9 22.9 — ♅ (1, 11, 21): ♍22.9 23.3 23.7 — ♆ (1, 11, 21): ♏21.4 21.8 22.1 — ♇ (1, 11, 21): ♍19.9 20.2 20.4

	1	2	3	4	5	6	7	8	9	10	11	12	13	14	15	16	17	18	19	20	21	22	23	24	25	26	27	28	29	30	31
☉	♐8.3	9.4	10.4	11.4	12.4	13.4	14.4	15.5	16.5	17.5	18.5	19.5	20.5	21.6	22.6	23.6	24.6	25.6	26.6	27.7	28.7	29.7	♑0.7	1.7	2.7	3.8	4.8	5.8	6.8	7.8	8.9
☽	♋13.5	27.1	♌10.9	24.9	♍8.9	23.1	♎7.3	21.5	♏5.7	19.9	♐3.9	17.8	♑1.4	14.7	27.7	♒10.4	22.7	♓4.9	16.8	28.7	♈10.5	22.4	♉4.5	16.8	29.3	♊12.3	25.5	♋9.1	23	♌7.1	21.3
☿	♏18.6	19.3	20.1	21	22	23.1	24.2	25.4	26.6	27.9	29.2	♐0.5	1.8	3.2	4.6	6	7.5	8.9	10.4	11.8	13.3	14.8	16.3	17.8	19.3	20.8	22.3	23.8	25.4	26.9	28.4
♀	♐13.8	15	16.3	17.6	18.8	20.1	21.3	22.6	23.8	25.1	26.3	27.6	28.9	♑0.1	1.4	2.6	3.9	5.1	6.4	7.7	8.9	10.2	11.4	12.7	13.9	15.2	16.4	17.7	19	20.2	21.5
♂	♍28.4	28.9	29.5	30	♎0.5	1.1	1.6	2.1	2.6	3.2	3.7	4.2	4.7	5.3	5.8	6.3	6.8	7.3	7.8	8.3	8.8	9.3	9.8	10.3	10.8	11.3	11.8	12.2	12.7	13.2	13.7

♃ (1, 6, 11, 16, 21, 26, 31): ♌4.3R 4.1 3.9 3.5 3.1 2.6 2 — ♄ (1, 6, 11, 16, 21, 26, 31): ♓22.9 23 23.1 23.3 23.4 23.7 24 — ♅ (1, 11, 21, 31): ♍24 24.3 24.4 24.4R — ♆ (1, 11, 21, 31): ♏22.5 22.9 23.2 23.5 — ♇ (1, 11, 21, 31): ♍20.5 20.6 20.6 20.6R

1967

I

	1	2	3	4	5	6	7	8	9	10	11	12	13	14	15	16	17	18	19	20	21	22	23	24	25	26	27	28	29	30	31
☉	9.9	10.9	11.9	12.9	14	15	16	17	18	19.1	20.1	21.1	22.1	23.1	24.2	25.2	26.2	27.2	28.2	29.2	0.3	1.3	2.3	3.3	4.3	5.3	6.4	7.4	8.4	9.4	10.4
☽	5.6	19.9	4.1	18.2	2.2	16	29.7	13.3	26.7	10	23	5.8	18.3	0.6	12.7	24.7	6.5	18.3	0.2	12.2	24.5	7.1	20	3.5	17.3	1.6	16.1	0.9	15.6	0.3	14.7
☿	30	1.5	3.1	4.6	6.2	7.8	9.3	10.9	12.5	14.1	15.7	17.3	18.9	20.6	22.2	23.8	25.5	27.2	28.8	0.5	2.2	3.9	5.6	7.3	9	10.8	12.5	14.2	16	17.7	19.5
♀	22.7	24	25.2	26.5	27.7	29	0.3	1.5	2.8	4	5.3	6.5	7.8	9	10.3	11.5	12.8	14	15.3	16.5	17.8	19	20.3	21.5	22.8	24	25.3	26.5	27.8	29	0.3
♂	14.1	14.6	15.1	15.5	16	16.4	16.9	17.3	17.8	18.2	18.6	19.1	19.5	19.9	20.3	20.7	21.1	21.6	22	22.3	22.7	23.1	23.5	23.9	24.3	24.6	25	25.3	25.7	26	26.4

♃ 1: 1.9 · 6: 1.3 · 11: 0.7 · 16: 0 · 21: 29.3 · 26: 28.7 · 31: 28 — ♄ 1: 24 · 6: 24.3 · 11: 24.7 · 16: 25.1 · 21: 25.5 · 26: 26 · 31: 26.4 — ♅ 1: 24.4 · 11: 24.4 · 21: 24.2 · 31: 24 — ♆ 1: 23.5 · 11: 23.8 · 21: 24 · 31: 24.2 — ♇ 1: 20.6 · 11: 20.6 · 21: 20.4 · 31: 20.3

II

	1	2	3	4	5	6	7	8	9	10	11	12	13	14	15	16	17	18	19	20	21	22	23	24	25	26	27	28
☉	11.4	12.5	13.5	14.5	15.5	16.5	17.5	18.5	19.6	20.6	21.6	22.6	23.6	24.6	25.6	26.6	27.6	28.6	29.7	0.7	1.7	2.7	3.7	4.7	5.7	6.7	7.7	8.7
☽	29	12.9	26.6	10.1	23.4	6.4	19.3	1.9	14.5	26.8	8.9	20.9	2.8	14.6	26.4	8.2	20.2	2.4	15	27.9	11.3	25.2	9.6	24.3	9.4	24.5	9.5	24.4
☿	21.3	23	24.8	26.5	28.3	30	1.7	3.3	5	6.6	8.1	9.6	11	12.3	13.6	14.7	15.7	16.6	17.4	18	18.4	18.7	18.8	18.8	18.5	18.2	17.6	17
♀	1.5	2.8	4	5.3	6.5	7.8	9	10.3	11.5	12.7	14	15.2	16.5	17.7	19	20.2	21.4	22.7	23.9	25.1	26.4	27.6	28.9	0.1	1.3	2.6	3.8	5
♂	26.7	27	27.3	27.6	27.9	28.2	28.5	28.8	29.1	29.4	29.6	29.9	0.1	0.4	0.6	0.8	1	1.2	1.4	1.6	1.8	2	2.1	2.3	2.4	2.5	2.6	2.8

♃ 1: 27.9 · 6: 27.3 · 11: 26.7 · 16: 26.2 · 21: 25.7 · 26: 25.3 — ♄ 1: 26.5 · 6: 27.1 · 11: 27.6 · 16: 28.1 · 21: 28.7 · 26: 29.3 — ♅ 1: 23.9 · 11: 23.6 · 21: 23.3 — ♆ 1: 24.2 · 11: 24.3 · 21: 24.3 — ♇ 1: 20.2 · 11: 20 · 21: 19.8

III

	1	2	3	4	5	6	7	8	9	10	11	12	13	14	15	16	17	18	19	20	21	22	23	24	25	26	27	28	29	30	31
☉	9.7	10.7	11.7	12.7	13.7	14.7	15.7	16.7	17.7	18.7	19.7	20.7	21.7	22.7	23.7	24.7	25.7	26.7	27.7	28.7	29.7	0.7	1.7	2.7	3.7	4.7	5.6	6.6	7.6	8.6	9.6
☽	8.9	23.1	6.9	20.4	3.5	16.3	28.9	11.3	23.6	5.7	17.7	29.6	11.4	23.2	5	16.8	28.8	11	23.5	6.4	19.7	3.4	17.7	2.4	17.4	2.6	17.9	3	17.8	2.3	16.3
☿	16.2	15.4	14.4	13.4	12.3	11.3	10.3	9.3	8.4	7.6	6.8	6.2	5.7	5.2	4.9	4.7	4.6	4.6	4.6	4.8	5.1	5.5	5.9	6.4	7	7.7	8.4	9.2	10	10.9	11.8
♀	6.3	7.5	8.7	10	11.2	12.4	13.6	14.9	16.1	17.3	18.5	19.8	21	22.2	23.4	24.6	25.9	27.1	28.3	29.5	0.7	1.9	3.2	4.4	5.6	6.8	8	9.2	10.4	11.6	12.8
♂	2.8	2.9	3	3.1	3.1	3.2	3.2	3.2	3.2	3.2	3.2	3.1	3.1	3	3	2.9	2.8	2.7	2.5	2.4	2.3	2.1	1.9	1.7	1.5	1.3	1.1	0.9	0.6	0.4	0.1

♃ 1: 25.1 · 6: 24.8 · 11: 24.6 · 16: 24.5 · 21: 24.4 · 26: 24.5 · 31: 24.6 — ♄ 1: 29.7 · 6: 0.3 · 11: 0.9 · 16: 1.5 · 21: 2.1 · 26: 2.7 · 31: 3.4 — ♅ 1: 22.9 · 11: 22.5 · 21: 22.1 · 31: 21.6 — ♆ 1: 24.3 · 11: 24.3 · 21: 24.2 · 31: 24 — ♇ 1: 19.6 · 11: 19.3 · 21: 19 · 31: 18.8

IV

	1	2	3	4	5	6	7	8	9	10	11	12	13	14	15	16	17	18	19	20	21	22	23	24	25	26	27	28	29	30
☉	10.6	11.6	12.6	13.5	14.5	15.5	16.5	17.5	18.5	19.4	20.4	21.4	22.4	23.4	24.4	25.3	26.3	27.3	28.3	29.2	0.2	1.2	2.2	3.1	4.1	5.1	6.1	7	8	9
☽	29.9	13.1	25.9	8.4	20.7	2.8	14.7	26.6	8.4	20.2	2	13.9	25.9	8	20.3	2.8	15.7	28.9	12.6	26.6	11	25.8	10.9	26	11	26	10.6	24.8	8.6	21.9
☿	12.8	13.8	14.9	16	17.2	18.4	19.6	20.9	22.2	23.5	24.9	26.2	27.7	29.1	0.6	2.1	3.6	5.2	6.8	8.4	10.1	11.7	13.5	15.2	16.9	18.7	20.6	22.4	24.3	26.2
♀	14	15.2	16.4	17.6	18.8	20	21.2	22.4	23.6	24.8	26	27.2	28.3	29.5	0.7	1.9	3.1	4.2	5.4	6.6	7.8	8.9	10.1	11.3	12.5	13.6	14.8	15.9	17.1	18.3
♂	29.8	29.5	29.2	28.9	28.6	28.2	27.9	27.6	27.2	26.9	26.5	26.1	25.8	25.4	25	24.6	24.2	23.9	23.5	23.1	22.7	22.4	22	21.6	21.3	20.9	20.5	20.2	19.9	19.5

♃ 1: 24.6 · 6: 24.8 · 11: 25.1 · 16: 25.4 · 21: 25.9 · 26: 26.4 — ♄ 1: 3.5 · 6: 4.1 · 11: 4.7 · 16: 5.3 · 21: 5.9 · 26: 6.5 — ♅ 1: 21.6 · 11: 21.2 · 21: 20.9 — ♆ 1: 24.0 · 11: 23.8 · 21: 23.6 — ♇ 1: 18.8 · 11: 18.5 · 21: 18.3

V

	1	2	3	4	5	6	7	8	9	10	11	12	13	14	15	16	17	18	19	20	21	22	23	24	25	26	27	28	29	30	31
☉	10	10.9	11.9	12.9	13.8	14.8	15.8	16.7	17.7	18.7	19.6	20.6	21.6	22.5	23.5	24.5	25.4	26.4	27.4	28.3	29.3	0.2	1.2	2.2	3.1	4.1	5	6	7	7.9	8.9
☽	4.8	17.4	29.6	11.6	23.5	5.3	17.1	28.9	10.8	22.9	5	17.4	29.9	12.7	25.7	9	22.6	6.5	20.7	5.1	19.8	4.6	19.5	4.2	18.7	2.9	16.8	0.1	13.1	25.7	8
☿	28.1	0.1	2.1	4.1	6.1	8.2	10.3	12.4	14.5	16.7	18.8	21	23.2	25.4	27.5	29.7	1.9	4	6.1	8.2	10.3	12.3	14.3	16.3	18.2	20.1	21.9	23.7	25.5	27.2	28.8
♀	19.4	20.6	21.7	22.9	24	25.2	26.3	27.5	28.6	29.7	0.9	2	3.1	4.2	5.4	6.5	7.6	8.7	9.8	10.9	12.1	13.2	14.3	15.4	16.4	17.5	18.6	19.7	20.8	21.9	22.9
♂	19.2	18.9	18.6	18.3	18	17.8	17.5	17.2	17	16.8	16.6	16.4	16.2	16	15.9	15.7	15.6	15.5	15.4	15.3	15.2	15.1	15.1	15	15	15	15.0	15	15	15.1	15.1

♃ 1: 26.9 · 6: 27.5 · 11: 28.2 · 16: 28.9 · 21: 29.6 · 26: 0.4 · 31: 1.3 — ♄ 1: 7.1 · 6: 7.6 · 11: 8.1 · 16: 8.6 · 21: 9.1 · 26: 9.6 · 31: 10 — ♅ 1: 20.6 · 11: 20.4 · 21: 20.3 · 31: 20.3 — ♆ 1: 23.3 · 11: 23.1 · 21: 22.8 · 31: 22.5 — ♇ 1: 18.2 · 11: 18.1 · 21: 18 · 31: 18.0

VI

	1	2	3	4	5	6	7	8	9	10	11	12	13	14	15	16	17	18	19	20	21	22	23	24	25	26	27	28	29	30
☉	9.8	10.8	11.8	12.7	13.7	14.7	15.6	16.6	17.5	18.5	19.4	20.4	21.3	22.3	23.2	24.2	25.1	26.1	27.1	28	29	29.9	0.9	1.8	2.8	3.7	4.7	5.6	6.6	7.5
☽	20	1.9	13.7	25.5	7.4	19.4	1.6	14	26.6	9.5	22.6	6	19.5	3.2	17.1	1.2	15.4	29.7	14.2	28.6	13	27.2	11.2	24.9	8.2	21.1	3.7	16	28.1	10
☿	0.4	2	3.5	4.9	6.3	7.6	8.9	10.2	11.4	12.5	13.6	14.6	15.5	16.4	17.3	18.1	18.8	19.4	20	20.5	20.9	21.3	21.6	21.8	21.9	22	22.0	21.9	21.7	21.5
♀	24	25.1	26.1	27.2	28.2	29.3	0.3	1.4	2.4	3.4	4.4	5.5	6.5	7.5	8.5	9.5	10.5	11.4	12.4	13.4	14.3	15.3	16.2	17.2	18.1	19	19.9	20.8	21.7	22.6
♂	15.2	15.3	15.4	15.5	15.6	15.7	15.8	16	16.1	16.3	16.5	16.7	16.9	17.1	17.3	17.5	17.8	18	18.3	18.6	18.8	19.1	19.4	19.7	20	20.3	20.7	21	21.3	21.7

♃ 1: 1.4 · 6: 2.3 · 11: 3.3 · 16: 4.2 · 21: 5.2 · 26: 6.2 — ♄ 1: 10.1 · 6: 10.5 · 11: 10.9 · 16: 11.2 · 21: 11.5 · 26: 11.8 — ♅ 1: 20.3 · 11: 20.4 · 21: 20.5 — ♆ 1: 22.5 · 11: 22.3 · 21: 22.1 — ♇ 1: 18 · 11: 18 · 21: 18.1

VII

	1	2	3	4	5	6	7	8	9	10	11	12	13	14	15	16	17	18	19	20	21	22	23	24	25	26	27	28	29	30	31
☉	8.5	9.5	10.4	11.4	12.3	13.3	14.2	15.2	16.1	17.1	18	19	19.9	20.9	21.8	22.8	23.8	24.7	25.7	26.6	27.6	28.5	29.5	0.4	1.4	2.3	3.3	4.3	5.2	6.2	7.1
☽	21.8	3.6	15.5	27.6	10	22.6	5.5	18.8	2.3	16	29.9	13.9	28	12.2	26.3	10.4	24.5	8.5	22.5	6.3	19.9	3.3	16.4	29.2	11.7	24	6	17.9	29.7	11.5	23.4
☿	21.2	20.8	20.4	19.9	19.3	18.8	18.2	17.5	16.9	16.3	15.7	15.1	14.5	14	13.5	13.1	12.8	12.5	12.4	12.3	12.3	12.4	12.6	12.8	13.2	13.7	14.3	15	15.7	16.6	17.6
♀	23.5	24.3	25.2	26	26.9	27.7	28.5	29.3	0.1	0.8	1.6	2.3	3	3.7	4.4	5.1	5.8	6.4	7	7.6	8.2	8.7	9.3	9.8	10.2	10.7	11.1	11.5	11.9	12.3	12.6
♂	22	22.4	22.8	23.2	23.5	23.9	24.3	24.7	25.1	25.6	26	26.4	26.8	27.3	27.7	28.2	28.6	29.1	29.6	0	0.5	1	1.5	2	2.5	3	3.5	4	4.5	5	5.5

♃ 1: 7.2 · 6: 8.2 · 11: 9.3 · 16: 10.3 · 21: 11.4 · 26: 12.5 · 31: 13.6 — ♄ 1: 12 · 6: 12.2 · 11: 12.3 · 16: 12.4 · 21: 12.5 · 26: 12.5 · 31: 12.4 — ♅ 1: 20.8 · 11: 21.1 · 21: 21.5 · 31: 21.9 — ♆ 1: 21.9 · 11: 21.7 · 21: 21.6 · 31: 21.6 — ♇ 1: 18.2 · 11: 18.4 · 21: 18.7 · 31: 18.9

VIII

	1	2	3	4	5	6	7	8	9	10	11	12	13	14	15	16	17	18	19	20	21	22	23	24	25	26	27	28	29	30	31
☉	8.1	9	10	11	11.9	12.9	13.8	14.8	15.7	16.7	17.7	18.6	19.6	20.5	21.5	22.5	23.4	24.4	25.3	26.3	27.3	28.2	29.2	0.2	1.1	2.1	3.1	4	5	6	6.9
☽	5.6	18	0.8	13.9	27.5	11.3	25.5	9.8	24.2	8.7	23	7.3	21.3	5.3	19	2.6	16.1	29.3	12.3	25.1	7.7	20	2.1	14.1	25.9	7.7	19.5	1.4	13.6	26	8.8
☿	18.6	19.8	21	22.4	23.8	25.3	26.8	28.4	0.1	1.9	3.7	5.6	7.5	9.4	11.4	13.4	15.4	17.4	19.4	21.5	23.5	25.5	27.5	29.5	1.5	3.4	5.4	7.3	9.2	11.1	13
♀	12.9	13.1	13.3	13.5	13.7	13.8	13.9	13.9	13.9	13.9	13.8	13.7	13.5	13.3	13.1	12.8	12.5	12.2	11.8	11.3	10.9	10.4	9.9	9.4	8.8	8.2	7.6	7	6.4	5.8	5.2
♂	6.1	6.6	7.1	7.7	8.2	8.8	9.3	9.9	10.4	11	11.6	12.1	12.7	13.3	13.9	14.4	15	15.6	16.2	16.8	17.4	18	18.6	19.2	19.8	20.4	21.1	21.7	22.3	22.9	23.5

♃ 1: 13.8 · 6: 14.9 · 11: 16 · 16: 17.1 · 21: 18.2 · 26: 19.3 · 31: 20.4 — ♄ 1: 12.4 · 6: 12.3 · 11: 12.2 · 16: 12.1 · 21: 11.9 · 26: 11.6 · 31: 11.4 — ♅ 1: 22 · 11: 22.5 · 21: 23.1 · 31: 23.7 — ♆ 1: 21.6 · 11: 21.6 · 21: 21.7 · 31: 21.8 — ♇ 1: 19 · 11: 19.3 · 21: 19.6 · 31: 19.9

IX

	1	2	3	4	5	6	7	8	9	10	11	12	13	14	15	16	17	18	19	20	21	22	23	24	25	26	27	28	29	30
☉	7.9	8.9	9.8	10.8	11.8	12.7	13.7	14.7	15.6	16.6	17.6	18.6	19.5	20.5	21.5	22.5	23.4	24.4	25.4	26.4	27.3	28.3	29.3	0.3	1.2	2.2	3.2	4.2	5.2	6.2
☽	22	5.7	19.7	4.2	18.9	3.7	18.5	3.2	17.7	2	15.9	29.6	13	26.1	9	21.7	4.2	16.5	28.6	10.6	22.5	4.2	16	27.8	9.8	21.9	4.3	17	0.2	13.8
☿	14.8	16.6	18.4	20.2	22	23.7	25.5	27.2	28.8	0.5	2.1	3.8	5.4	7	8.5	10.1	11.6	13.2	14.7	16.1	17.6	19	20.5	21.9	23.3	24.6	26	27.3	28.6	29.9
♀	4.5	3.9	3.3	2.8	2.2	1.7	1.1	0.7	0.2	29.8	29.4	29	28.7	28.4	28.2	28	27.9	27.7	27.7	27.6	27.6	27.7	27.8	27.9	28	28.2	28.5	28.7	29	29.4
♂	24.2	24.8	25.4	26.1	26.7	27.4	28	28.7	29.3	30	0.6	1.3	1.9	2.6	3.3	3.9	4.6	5.3	5.9	6.6	7.3	8	8.7	9.3	10	10.7	11.4	12.1	12.8	13.5

♃ 1: 20.6 · 6: 21.7 · 11: 22.7 · 16: 23.7 · 21: 24.8 · 26: 25.8 — ♄ 1: 11.3 · 6: 11 · 11: 10.7 · 16: 10.3 · 21: 9.9 · 26: 9.6 — ♅ 1: 23.7 · 11: 24.4 · 21: 25 — ♆ 1: 21.8 · 11: 22 · 21: 22.2 — ♇ 1: 20 · 11: 20.3 · 21: 20.7

X

	1	2	3	4	5	6	7	8	9	10	11	12	13	14	15	16	17	18	19	20	21	22	23	24	25	26	27	28	29	30	31
☉	7.1	8.1	9.1	10.1	11.1	12.1	13	14	15	16	17	18	19	20	21	21.9	22.9	23.9	24.9	25.9	26.9	27.9	28.9	29.9	0.9	1.9	2.9	3.9	4.9	5.9	6.9
☽	27.8	12.3	27.1	12.2	27.3	12.4	27.2	11.8	25.9	9.7	23	6.1	18.8	1.2	13.5	25.5	7.5	19.3	1.1	12.9	24.7	6.6	18.6	0.8	13.2	25.9	8.9	22.4	6.2	20.5	5.2
☿	1.2	2.4	3.6	4.8	6	7.1	8.2	9.2	10.2	11.2	12.1	13	13.8	14.5	15.2	15.8	16.3	16.7	17	17.3	17.3	17.3	17.1	16.8	16.3	15.7	15	14.1	13	11.9	10.6
♀	29.7	0.1	0.5	1	1.4	1.9	2.5	3	3.6	4.2	4.8	5.4	6.1	6.8	7.4	8.2	8.9	9.6	10.4	11.2	12	12.8	13.6	14.4	15.3	16.2	17	17.9	18.8	19.7	20.6
♂	14.2	14.9	15.6	16.3	17	17.7	18.4	19.1	19.8	20.5	21.3	22	22.7	23.4	24.1	24.8	25.6	26.3	27	27.8	28.5	29.2	29.9	0.7	1.4	2.1	2.9	3.6	4.4	5.1	5.8

♃ 1: 26.7 · 6: 27.7 · 11: 28.6 · 16: 29.4 · 21: 0.3 · 26: 1 · 31: 1.8 — ♄ 1: 9.2 · 6: 8.8 · 11: 8.4 · 16: 8 · 21: 7.6 · 26: 7.3 · 31: 7 — ♅ 1: 25.6 · 11: 26.2 · 21: 26.8 · 31: 27.4 — ♆ 1: 22.5 · 11: 22.8 · 21: 23.1 · 31: 23.5 — ♇ 1: 21.1 · 11: 21.4 · 21: 21.7 · 31: 22

XI

	1	2	3	4	5	6	7	8	9	10	11	12	13	14	15	16	17	18	19	20	21	22	23	24	25	26	27	28	29	30
☉	7.9	8.9	9.9	10.9	11.9	12.9	13.9	14.9	15.9	16.9	17.9	18.9	19.9	20.9	21.9	22.9	24	25	26	27	28	29	0	1	2	3	4.1	5.1	6.1	7.1
☽	20.2	5.4	20.6	5.7	20.5	4.9	18.9	2.3	15.4	28.1	10.4	22.5	4.5	16.3	28.1	9.9	21.7	3.7	15.7	27.8	10.2	22.7	5.5	18.5	1.8	15.5	29.5	13.9	28.6	13.6
☿	9.4	8.1	6.8	5.6	4.5	3.5	2.7	2.1	1.7	1.5	1.5	1.6	1.9	2.4	3	3.8	4.7	5.6	6.7	7.8	9	10.3	11.6	12.9	14.3	15.7	17.2	18.6	20.1	21.6
♀	21.6	22.5	23.4	24.4	25.4	26.3	27.3	28.3	29.3	0.3	1.3	2.4	3.4	4.4	5.5	6.5	7.5	8.6	9.7	10.7	11.8	12.9	14	15.1	16.2	17.3	18.4	19.5	20.6	21.7
♂	6.6	7.3	8.1	8.8	9.6	10.3	11.1	11.8	12.6	13.3	14.1	14.8	15.6	16.4	17.1	17.9	18.6	19.4	20.2	20.9	21.7	22.4	23.2	24	24.7	25.5	26.3	27	27.8	28.6

♃ 1: 1.9 · 6: 2.6 · 11: 3.2 · 16: 3.8 · 21: 4.3 · 26: 4.7 — ♄ 1: 6.9 · 6: 6.6 · 11: 6.4 · 16: 6.1 · 21: 6 · 26: 5.8 — ♅ 1: 27.4 · 11: 27.9 · 21: 28.3 — ♆ 1: 23.5 · 11: 23.9 · 21: 24.2 — ♇ 1: 22.1 · 11: 22.3 · 21: 22.5

XII

	1	2	3	4	5	6	7	8	9	10	11	12	13	14	15	16	17	18	19	20	21	22	23	24	25	26	27	28	29	30	31
☉	8.1	9.1	10.1	11.1	12.2	13.2	14.2	15.2	16.2	17.2	18.3	19.3	20.3	21.3	22.3	23.3	24.4	25.4	26.4	27.4	28.4	29.4	0.5	1.5	2.5	3.5	4.5	5.6	6.6	7.6	8.6
☽	28.6	13.7	28.5	13	27.1	10.8	23.9	6.7	19	1.1	13	24.8	6.6	18.4	0.3	12.4	24.6	7.1	19.7	2.5	15.5	28.7	12.1	25.7	9.6	23.7	8	22.6	7.2	21.9	6.6
☿	23.1	24.6	26.1	27.6	29.1	0.7	2.2	3.7	5.3	6.8	8.4	9.9	11.5	13	14.6	16.1	17.7	19.3	20.8	22.4	23.9	25.5	27	28.6	0.1	1.8	3.4	5	6.5	8	9.5
♀	22.8	23.9	25.1	26.2	27.3	28.5	29.6	0.7	1.9	3	4.2	5.3	6.5	7.6	8.8	10	11.2	12.3	13.5	14.7	15.8	17	18.2	19.4	20.6	21.7	22.9	24.1	25.3	26.5	27.7
♂	29.4	0.1	0.9	1.7	2.4	3.2	4	4.8	5.5	6.3	7.1	7.9	8.6	9.4	10.2	11	11.8	12.5	13.3	14.1	14.9	15.6	16.4	17.2	18	18.8	19.5	20.3	21.1	21.9	22.7

♃ 1: 5.1 · 6: 5.4 · 11: 5.6 · 16: 5.8 · 21: 5.8 · 26: 5.8 · 31: 5.7 — ♄ 1: 5.7 · 6: 5.7 · 11: 5.7 · 16: 5.7 · 21: 5.8 · 26: 5.9 · 31: 6.1 — ♅ 1: 28.7 · 11: 28.9 · 21: 29.1 · 31: 29.2 — ♆ 1: 24.6 · 11: 25 · 21: 25.3 · 31: 25.6 — ♇ 1: 22.7 · 11: 22.8 · 21: 22.8 · 31: 22.8

1968

I

	1	2	3	4	5	6	7	8	9	10	11	12	13	14	15	16	17	18	19	20	21	22	23	24	25	26	27	28	29	30	31
☉	9.6	10.7	11.7	12.7	13.7	14.7	15.8	16.8	17.8	18.8	19.8	20.8	21.9	22.9	23.9	24.9	25.9	27	28	29	0	1	2	3.1	4.1	5.1	6.1	7.1	8.1	9.2	10.2
☽	20.9	5	18.6	1.8	14.6	27.1	9.2	21.1	2.9	14.7	26.6	8.6	20.7	3.2	15.9	28.8	12	25.4	9	22.6	6.5	20.4	4.4	18.5	2.7	17	1.2	15.4	29.4	13.1	26.5
☿	11.4	13	14.7	16.3	17.9	19.6	21.2	22.9	24.5	26.2	27.8	29.5	1.2	2.8	4.5	6.2	7.9	9.5	11.2	12.8	14.5	16.1	17.7	19.2	20.7	22.2	23.6	25	26.3	27.5	28.6
♀	28.9	0.1	1.3	2.5	3.7	4.9	6.1	7.3	8.5	9.7	10.9	12.1	13.3	14.5	15.7	17	18.2	19.4	20.6	21.8	23	24.2	25.5	26.7	27.9	29.1	0.3	1.6	2.8	4	5.2
♂	23.4	24.2	25	25.8	26.6	27.3	28.1	28.9	29.7	0.5	1.2	2	2.8	3.6	4.4	5.1	5.9	6.7	7.5	8.3	9	9.8	10.6	11.4	12.1	12.9	13.7	14.5	15.2	16	16.8

♃ 1: 5.7 · 6: 5.5 · 11: 5.2 · 16: 4.9 · 21: 4.5 · 26: 4 · 31: 3.4 — ♄ 1: 6.1 · 6: 6.3 · 11: 6.6 · 16: 6.9 · 21: 7.2 · 26: 7.6 · 31: 8 — ♅ 1: 29.2 · 11: 29.2 · 21: 29.1 · 31: 28.9 — ♆ 1: 25.6 · 11: 25.9 · 21: 26.1 · 31: 26.3 — ♇ 1: 22.8 · 11: 22.8 · 21: 22.7 · 31: 22.5

II

	1	2	3	4	5	6	7	8	9	10	11	12	13	14	15	16	17	18	19	20	21	22	23	24	25	26	27	28	29
☉	11.2	12.2	13.2	14.2	15.3	16.3	17.3	18.3	19.3	20.3	21.3	22.3	23.4	24.4	25.4	26.4	27.4	28.4	29.4	0.4	1.4	2.4	3.4	4.5	5.5	6.5	7.5	8.5	9.5
☽	9.6	22.4	4.8	16.9	28.9	10.7	22.5	4.4	16.4	28.7	11.2	24.1	7.3	20.8	4.6	18.6	2.7	17	1.2	15.4	29.5	13.6	27.6	11.4	25.1	8.6	22	5	17.8
☿	29.5	0.4	1.1	1.6	2	2.2	2.3	2.1	1.8	1.3	0.6	29.8	28.9	27.8	26.7	25.6	24.4	23.3	22.2	21.2	20.3	19.5	18.8	18.2	17.7	17.4	17.2	17.1	17.1
♀	6.4	7.7	8.9	10.1	11.3	12.6	13.8	15	16.2	17.5	18.7	19.9	21.2	22.4	23.6	24.8	26.1	27.3	28.5	29.8	1	2.2	3.5	4.7	5.9	7.1	8.4	9.6	10.8
♂	17.6	18.3	19.1	19.9	20.7	21.4	22.2	23	23.7	24.5	25.3	26.1	26.8	27.6	28.4	29.1	29.9	0.7	1.4	2.2	3	3.7	4.5	5.2	6	6.8	7.5	8.3	9

♃ 1: 3.3 · 6: 2.7 · 11: 2.1 · 16: 1.5 · 21: 0.8 · 26: 0.1 — ♄ 1: 8.1 · 6: 8.6 · 11: 9.1 · 16: 9.6 · 21: 10.1 · 26: 10.6 — ♅ 1: 28.9 · 11: 28.6 · 21: 28.2 — ♆ 1: 26.3 · 11: 26.5 · 21: 26.5 — ♇ 1: 22.5 · 11: 22.3 · 21: 22.1

III

	1	2	3	4	5	6	7	8	9	10	11	12	13	14	15	16	17	18	19	20	21	22	23	24	25	26	27	28	29	30	31
☉	10.5	11.5	12.5	13.5	14.5	15.5	16.5	17.5	18.5	19.5	20.5	21.5	22.5	23.5	24.5	25.5	26.5	27.5	28.5	29.5	0.4	1.4	2.4	3.4	4.4	5.4	6.4	7.4	8.4	9.4	10.3
☽	0.4	12.7	24.8	6.7	18.5	0.4	12.2	24.2	6.5	19	1.9	15.2	28.9	13	27.3	11.9	26.6	11.3	25.8	10.2	24.4	8.3	22	5.4	18.6	1.5	14.2	26.6	8.9	21	3
☿	17.2	17.5	17.8	18.2	18.7	19.2	19.9	20.6	21.3	22.2	23	24	25	26	27	28.1	29.3	0.5	1.7	2.9	4.2	5.5	6.8	8.2	9.6	11	12.4	13.9	15.4	16.9	18.5
♀	12.1	13.3	14.5	15.8	17	18.2	19.5	20.7	21.9	23.2	24.4	25.6	26.9	28.1	29.3	0.6	1.8	3	4.2	5.5	6.7	7.9	9.2	10.4	11.6	12.9	14.1	15.3	16.6	17.8	19
♂	9.8	10.6	11.3	12.1	12.8	13.6	14.3	15.1	15.8	16.6	17.4	18.1	18.9	19.6	20.3	21.1	21.8	22.6	23.3	24.1	24.8	25.6	26.3	27.1	27.8	28.5	29.3	0	0.7	1.5	2.2

♃ 1: 29.6 · 6: 29 · 11: 28.4 · 16: 27.9 · 21: 27.4 · 26: 26.9 · 31: 26.6 — ♄ 1: 11.1 · 6: 11.7 · 11: 12.3 · 16: 12.9 · 21: 13.5 · 26: 14.1 · 31: 14.7 — ♅ 1: 27.9 · 11: 27.5 · 21: 27 · 31: 26.6 — ♆ 1: 26.5 · 11: 26.5 · 21: 26.4 · 31: 26.2 — ♇ 1: 21.8 · 11: 21.6 · 21: 21.3 · 31: 21

IV

	1	2	3	4	5	6	7	8	9	10	11	12	13	14	15	16	17	18	19	20	21	22	23	24	25	26	27	28	29	30
☉	11.3	12.3	13.3	14.3	15.2	16.2	17.2	18.2	19.2	20.2	21.2	22.1	23.1	24.1	25.1	26.1	27.1	28	29	30	1	1.9	2.9	3.9	4.9	5.8	6.8	7.8	8.7	9.7
☽	14.9	26.7	8.5	20.4	2.4	14.6	27.1	9.9	23.2	6.8	21	5.5	20.3	5.3	20.4	5.3	20.1	4.5	18.6	2.3	15.6	28.5	11.2	23.6	5.8	17.9	29.8	11.7	23.5	5.3
☿	20	21.6	23.2	24.9	26.5	28.2	29.9	1.7	3.4	5.2	7	8.9	10.7	12.6	14.6	16.5	18.4	20.4	22.4	24.5	26.5	28.6	0.7	2.8	4.9	7.1	9.2	11.4	13.5	15.7
♀	20.3	21.5	22.7	24	25.2	26.4	27.7	28.9	0.1	1.4	2.6	3.8	5	6.3	7.5	8.7	10	11.2	12.4	13.7	14.9	16.1	17.4	18.6	19.8	21	22.3	23.5	24.7	26
♂	3	3.7	4.4	5.2	5.9	6.6	7.3	8.1	8.8	9.5	10.3	11	11.7	12.4	13.2	13.9	14.6	15.3	16	16.8	17.5	18.2	18.9	19.6	20.4	21.1	21.8	22.5	23.2	23.9

♃ 1: 26.5 · 6: 26.2 · 11: 26 · 16: 25.9 · 21: 25.8 · 26: 25.9 — ♄ 1: 14.9 · 6: 15.5 · 11: 16.1 · 16: 16.7 · 21: 17.4 · 26: 18 — ♅ 1: 26.6 · 11: 26.2 · 21: 25.8 — ♆ 1: 26.2 · 11: 26 · 21: 25.8 — ♇ 1: 21.0 · 11: 20.8 · 21: 20.6

V

	1	2	3	4	5	6	7	8	9	10	11	12	13	14	15	16	17	18	19	20	21	22	23	24	25	26	27	28	29	30	31
☉	10.7	11.7	12.6	13.6	14.6	15.5	16.5	17.5	18.4	19.4	20.4	21.3	22.3	23.3	24.2	25.2	26.2	27.1	28.1	29	0	1	1.9	2.9	3.9	4.8	5.8	6.7	7.7	8.6	9.6
☽	17.2	29.1	11.1	23.3	5.8	18.6	1.7	15.2	29.2	13.6	28.4	13.5	28.8	14	29.1	13.8	28	11.8	25.2	8.1	20.6	2.9	15	26.9	8.7	20.5	2.4	14.2	26.1	8.2	20.3
☿	17.8	19.9	22	24.1	26.1	28.1	0.1	2	3.9	5.7	7.5	9.3	10.9	12.6	14.1	15.6	17.1	18.5	19.8	21	22.2	23.4	24.4	25.4	26.4	27.3	28.1	28.8	29.4	0	0.5
♀	27.2	28.4	29.7	0.9	2.1	3.3	4.6	5.8	7	8.3	9.5	10.7	11.9	13.2	14.4	15.6	16.9	18.1	19.3	20.5	21.8	23	24.2	25.5	26.7	27.9	29.1	0.4	1.6	2.8	4.1
♂	24.6	25.3	26	26.8	27.5	28.2	28.9	29.6	0.3	1	1.7	2.4	3.1	3.8	4.5	5.2	5.9	6.6	7.3	8	8.7	9.4	10.1	10.8	11.5	12.1	12.8	13.5	14.2	14.9	15.6

♃ 1: 26 · 6: 26.1 · 11: 26.4 · 16: 26.7 · 21: 27.1 · 26: 27.5 · 31: 28 — ♄ 1: 18.6 · 6: 19.2 · 11: 19.8 · 16: 20.3 · 21: 20.9 · 26: 21.4 · 31: 21.9 — ♅ 1: 25.5 · 11: 25.3 · 21: 25.1 · 31: 25.1 — ♆ 1: 25.6 · 11: 25.3 · 21: 25 · 31: 24.8 — ♇ 1: 20.4 · 11: 20.3 · 21: 20.2 · 31: 20.2

VI

	1	2	3	4	5	6	7	8	9	10	11	12	13	14	15	16	17	18	19	20	21	22	23	24	25	26	27	28	29	30
☉	10.6	11.5	12.5	13.4	14.4	15.4	16.3	17.3	18.2	19.2	20.1	21.1	22	23	24	24.9	25.9	26.8	27.8	28.7	29.7	0.6	1.6	2.5	3.5	4.5	5.4	6.4	7.3	8.3
☽	2.6	15.1	27.9	11	24.4	8.2	22.4	7	22	7.1	22.4	7.5	22.3	6.7	20.6	4	17	29.6	11.8	23.8	5.7	17.5	29.3	11.2	23.3	5.2	17.4	29.7	12.2	24.9
☿	1	1.3	1.6	1.8	2	2	2.0	1.9	1.7	1.5	1.2	0.9	0.4	30	29.5	28.9	28.4	27.8	27.3	26.7	26.1	25.6	25.1	24.7	24.3	23.9	23.7	23.5	23.3	23.3
♀	5.3	6.5	7.7	9	10.2	11.4	12.7	13.9	15.1	16.3	17.6	18.8	20	21.2	22.5	23.7	24.9	26.2	27.4	28.6	29.8	1.1	2.3	3.5	4.8	6	7.2	8.4	9.7	10.9
♂	16.3	17	17.6	18.3	19	19.7	20.4	21.1	21.7	22.4	23.1	23.8	24.5	25.1	25.8	26.5	27.2	27.8	28.5	29.2	29.9	0.5	1.2	1.9	2.5	3.2	3.9	4.6	5.2	5.9

♃ 1: 28.2 · 6: 28.7 · 11: 29.4 · 16: 0.1 · 21: 0.8 · 26: 1.6 — ♄ 1: 22 · 6: 22.5 · 11: 22.9 · 16: 23.3 · 21: 23.7 · 26: 24.1 — ♅ 1: 25.1 · 11: 25.1 · 21: 25.2 — ♆ 1: 24.7 · 11: 24.5 · 21: 24.3 — ♇ 1: 20.2 · 11: 20.2 · 21: 20.3

VII

	1	2	3	4	5	6	7	8	9	10	11	12	13	14	15	16	17	18	19	20	21	22	23	24	25	26	27	28	29	30	31
☉	9.2	10.2	11.1	12.1	13	14	14.9	15.9	16.8	17.8	18.8	19.7	20.7	21.6	22.6	23.5	24.5	25.4	26.4	27.3	28.3	29.3	0.2	1.2	2.1	3.1	4	5	5.9	6.9	7.9
☽	7.8	21	4.4	18.1	2.2	16.5	1.2	16	1	15.9	0.6	14.9	28.8	12.3	25.3	7.9	20.2	2.2	14.1	26	7.8	19.7	1.8	14	26.4	9	21.8	4.8	18	1.4	14.9
☿	23.3	23.4	23.6	23.8	24.2	24.6	25.1	25.7	26.4	27.2	28	28.9	29.9	1	2.2	3.4	4.7	6.1	7.6	9.1	10.7	12.3	14	15.8	17.6	19.5	21.4	23.4	25.4	27.4	29.5
♀	12.1	13.4	14.6	15.8	17.1	18.3	19.5	20.7	22	23.2	24.4	25.7	26.9	28.1	29.4	0.6	1.8	3	4.3	5.5	6.7	8	9.2	10.4	11.7	12.9	14.1	15.4	16.6	17.8	19.1
♂	6.6	7.2	7.9	8.6	9.2	9.9	10.5	11.2	11.9	12.5	13.2	13.9	14.5	15.2	15.8	16.5	17.1	17.8	18.5	19.1	19.8	20.4	21.1	21.7	22.4	23	23.7	24.3	25	25.7	26.3

♃ 1: 2.4 · 6: 3.2 · 11: 4.1 · 16: 5 · 21: 6 · 26: 6.9 · 31: 7.9 — ♄ 1: 24.4 · 6: 24.7 · 11: 24.9 · 16: 25.1 · 21: 25.3 · 26: 25.4 · 31: 25.5 — ♅ 1: 25.4 · 11: 25.7 · 21: 26.1 · 31: 26.5 — ♆ 1: 24.1 · 11: 23.9 · 21: 23.8 · 31: 23.8 — ♇ 1: 20.4 · 11: 20.6 · 21: 20.8 · 31: 21.1

VIII

	1	2	3	4	5	6	7	8	9	10	11	12	13	14	15	16	17	18	19	20	21	22	23	24	25	26	27	28	29	30	31
☉	8.8	9.8	10.7	11.7	12.6	13.6	14.6	15.5	16.5	17.4	18.4	19.3	20.3	21.3	22.2	23.2	24.2	25.1	26.1	27	28	29	29.9	0.9	1.8	2.8	3.8	4.8	5.7	6.7	7.7
☽	28.7	12.7	26.9	11.3	25.8	10.3	24.8	9.1	23.2	7	20.3	3.3	15.9	28.2	10.2	22.2	4	15.9	27.9	10	22.3	4.9	17.8	0.9	14.3	27.9	11.6	25.5	9.6	23.7	7.9
☿	1.6	3.6	5.7	7.8	9.9	12	14	16.1	18.1	20.2	22.2	24.1	26.1	28	29.9	1.8	3.7	5.5	7.4	9.2	10.9	12.7	14.4	16.1	17.8	19.5	21.1	22.7	24.3	25.9	27.4
♀	20.3	21.5	22.7	24	25.2	26.4	27.7	28.9	0.1	1.4	2.6	3.8	5.1	6.3	7.5	8.7	10	11.2	12.4	13.7	14.9	16.1	17.4	18.6	19.8	21.1	22.3	23.5	24.8	26	27.2
♂	27	27.6	28.2	28.9	29.5	0.2	0.8	1.5	2.1	2.8	3.4	4.1	4.7	5.4	6	6.6	7.3	7.9	8.6	9.2	9.9	10.5	11.1	11.8	12.4	13	13.7	14.3	15	15.6	16.2

♃ 1: 8.1 · 6: 9.2 · 11: 10.2 · 16: 11.2 · 21: 12.3 · 26: 13.4 · 31: 14.4 — ♄ 1: 25.5 · 6: 25.6 · 11: 25.5 · 16: 25.5 · 21: 25.4 · 26: 25.2 · 31: 25.1 — ♅ 1: 26.6 · 11: 27.1 · 21: 27.6 · 31: 28.2 — ♆ 1: 23.8 · 11: 23.8 · 21: 23.8 · 31: 23.9 — ♇ 1: 21.1 · 11: 21.4 · 21: 21.8 · 31: 22.1

IX

	1	2	3	4	5	6	7	8	9	10	11	12	13	14	15	16	17	18	19	20	21	22	23	24	25	26	27	28	29	30
☉	8.6	9.6	10.6	11.5	12.5	13.5	14.4	15.4	16.4	17.4	18.3	19.3	20.3	21.2	22.2	23.2	24.2	25.1	26.1	27.1	28.1	29.1	0	1	2	3	4	4.9	5.9	6.9
☽	22.1	6.3	20.4	4.5	18.3	2	15.4	28.5	11.3	23.8	6	18.1	0	11.9	23.8	5.8	17.9	0.3	13	26	9.3	23	7	21.2	5.6	20.1	4.5	18.9	3.1	17.2
☿	28.9	0.5	1.9	3.4	4.8	6.3	7.7	9	10.4	11.7	13	14.3	15.5	16.7	17.9	19.1	20.2	21.3	22.3	23.4	24.4	25.3	26.2	27	27.8	28.5	29.1	29.7	0.2	0.6
♀	28.4	29.7	0.9	2.1	3.4	4.6	5.8	7.1	8.3	9.5	10.7	12	13.2	14.4	15.7	16.9	18.1	19.3	20.6	21.8	23	24.3	25.5	26.7	27.9	29.2	0.4	1.6	2.8	4.1
♂	16.9	17.5	18.1	18.8	19.4	20	20.7	21.3	21.9	22.5	23.2	23.8	24.5	25.1	25.7	26.4	27	27.6	28.3	28.9	29.5	0.1	0.8	1.4	2	2.7	3.3	3.9	4.5	5.2

♃ 1: 14.7 · 6: 15.7 · 11: 16.8 · 16: 17.9 · 21: 19 · 26: 20.1 — ♄ 1: 25.0 · 6: 24.8 · 11: 24.5 · 16: 24.2 · 21: 23.9 · 26: 23.6 — ♅ 1: 28.3 · 11: 28.9 · 21: 29.5 — ♆ 1: 24 · 11: 24.1 · 21: 24.3 — ♇ 1: 22.1 · 11: 22.5 · 21: 22.9

X

	1	2	3	4	5	6	7	8	9	10	11	12	13	14	15	16	17	18	19	20	21	22	23	24	25	26	27	28	29	30	31
☉	7.9	8.9	9.8	10.8	11.8	12.8	13.8	14.8	15.8	16.7	17.7	18.7	19.7	20.7	21.7	22.7	23.7	24.7	25.7	26.7	27.7	28.7	29.7	0.7	1.6	2.5	3.6	4.6	5.6	6.6	7.6
☽	1	14.7	28.1	11.4	24.3	7.1	19.6	2	14.1	26.2	8	19.9	1.8	13.7	25.8	8.2	20.8	3.8	17.3	1	15.4	29.9	14.7	29.7	14.5	29.2	13.7	27.8	11.6	25.1	8.2
☿	0.9	1.1	1.2	1.2	1.1	0.9	0.5	30	29.3	28.5	27.6	26.6	25.5	24.4	23.1	21.9	20.7	19.6	18.6	17.7	16.9	16.3	16	15.7	15.7	15.9	16.2	16.7	17.4	18.2	19.1
♀	5.3	6.5	7.7	9	10.2	11.4	12.6	13.9	15.1	16.3	17.5	18.8	20	21.2	22.4	23.6	24.9	26.1	27.3	28.5	29.7	1	2.2	3.4	4.6	5.8	7.1	8.3	9.5	10.7	11.9
♂	5.8	6.4	7	7.7	8.3	8.9	9.5	10.2	10.8	11.4	12	12.6	13.3	13.9	14.5	15.1	15.7	16.4	17	17.6	18.2	18.8	19.4	20.1	20.7	21.3	21.9	22.5	23.1	23.7	24.4

♃ 1: 21.1 · 6: 22.2 · 11: 23.2 · 16: 24.2 · 21: 25.2 · 26: 26.2 · 31: 27.2 — ♄ 1: 23.2 · 6: 22.8 · 11: 22.4 · 16: 22 · 21: 21.6 · 26: 21.2 · 31: 20.9 — ♅ 1: 0.2 · 11: 0.8 · 21: 1.4 · 31: 1.9 — ♆ 1: 24.6 · 11: 24.9 · 21: 25.2 · 31: 25.6 — ♇ 1: 23.2 · 11: 23.6 · 21: 23.9 · 31: 24.2

XI

	1	2	3	4	5	6	7	8	9	10	11	12	13	14	15	16	17	18	19	20	21	22	23	24	25	26	27	28	29	30
☉	8.6	9.6	10.6	11.6	12.6	13.6	14.7	15.7	16.7	17.7	18.7	19.7	20.7	21.7	22.7	23.7	24.7	25.7	26.7	27.7	28.8	29.8	0.8	1.8	2.8	3.8	4.8	5.8	6.8	7.9
☽	21.1	3.7	16.2	28.5	10.6	22.6	4.6	16.4	28.3	10.2	22.1	4.2	16.4	29	11.9	25.2	9	23.2	7.9	23	8.2	23.5	8.6	23.3	7.7	21.6	5.1	18.1	0.8	13.2
☿	20.1	21.3	22.5	23.7	25.1	26.4	27.9	29.3	0.8	2.3	3.9	5.4	7	8.6	10.1	11.7	13.3	14.9	16.5	18.1	19.7	21.2	22.8	24.4	26	27.6	29.2	0.8	2.3	3.9
♀	13.1	14.4	15.6	16.8	18	19.2	20.4	21.6	22.9	24.1	25.3	26.5	27.7	28.9	0.1	1.3	2.5	3.7	5	6.2	7.4	8.6	9.8	11	12.2	13.4	14.6	15.8	17	18.2
♂	25	25.6	26.2	26.8	27.4	28	28.6	29.2	29.9	0.5	1.1	1.7	2.3	2.9	3.5	4.1	4.7	5.3	5.9	6.5	7.1	7.7	8.3	8.9	9.5	10.1	10.7	11.3	11.9	12.5

♃ 1: 27.4 · 6: 28.3 · 11: 29.2 · 16: 0 · 21: 0.8 · 26: 1.6 — ♄ 1: 20.8 · 6: 20.4 · 11: 20.1 · 16: 19.8 · 21: 19.5 · 26: 19.3 — ♅ 1: 2 · 11: 2.5 · 21: 3 — ♆ 1: 25.6 · 11: 26 · 21: 26.4 — ♇ 1: 24.2 · 11: 24.5 · 21: 24.7

XII

	1	2	3	4	5	6	7	8	9	10	11	12	13	14	15	16	17	18	19	20	21	22	23	24	25	26	27	28	29	30	31
☉	8.9	9.9	10.9	11.9	12.9	13.9	15	16	17	18	19	20	21.1	22.1	23.1	24.1	25.1	26.1	27.2	28.2	29.2	0.2	1.2	2.3	3.3	4.3	5.3	6.3	7.3	8.4	9.4
☽	25.5	7.5	19.5	1.4	13.3	25.2	7.1	19	1	13.1	25.3	7.8	20.6	3.8	17.4	1.5	16	1	16.2	1.6	16.8	1.9	16.5	0.6	14.2	27.3	10	22.4	4.6	16.5	28.4
☿	5.5	7.1	8.6	10.2	11.8	13.3	14.9	16.5	18	19.6	21.2	22.8	24.3	25.9	27.5	29.1	0.7	2.2	3.8	5.4	7	8.6	10.2	11.8	13.4	15	16.6	18.2	19.8	21.4	23
♀	19.4	20.6	21.8	22.9	24.1	25.3	26.5	27.7	28.9	0.1	1.3	2.4	3.6	4.8	6	7.1	8.3	9.5	10.7	11.8	13	14.2	15.3	16.5	17.6	18.8	19.9	21.1	22.2	23.4	24.5
♂	13.1	13.7	14.3	14.9	15.5	16.1	16.7	17.3	17.8	18.4	19	19.6	20.2	20.8	21.4	22	22.5	23.1	23.7	24.3	24.9	25.5	26	26.6	27.2	27.8	28.3	28.9	29.5	0	0.6

♃ 1: 2.3 · 6: 3 · 11: 3.6 · 16: 4.1 · 21: 4.6 · 26: 5 · 31: 5.4 — ♄ 1: 19.1 · 6: 18.9 · 11: 18.8 · 16: 18.7 · 21: 18.7 · 26: 18.7 · 31: 18.8 — ♅ 1: 3.3 · 11: 3.6 · 21: 3.9 · 31: 4 — ♆ 1: 26.7 · 11: 27.1 · 21: 27.4 · 31: 27.7 — ♇ 1: 24.9 · 11: 25 · 21: 25.1 · 31: 25.1

I

	1	2	3	4	5	6	7	8	9	10	11	12	13	14	15	16	17	18	19	20	21	22	23	24	25	26	27	28	29	30	31
☉	♑10.4	11.4	12.4	13.5	14.5	15.5	16.5	17.5	18.6	19.6	20.6	21.6	22.6	23.7	24.7	25.7	26.7	27.7	28.7	29.8	♒0.8	1.8	2.8	3.8	4.9	5.9	6.9	7.9	8.9	9.9	10.9
☽	♊10.3	22.1	♋4	16	28	♌10.2	22.4	♍4.8	17.4	♎0.2	13.4	26.8	♏10.7	25	♐9.6	24.6	♑9.7	24.8	♒9.8	24.4	♓8.6	22.4	♈5.6	18.4	♉0.9	13.1	25.1	♊7	18.8	♋0.7	12.6
☿	♑24.6	26.1	27.7	29.2	♒0.8	2.3	3.7	5.2	6.6	7.9	9.2	10.4	11.5	12.6	13.5	14.3	15	15.5	15.8	16	16.0R	15.8	15.4	14.8	14.1	13.2	12.1	11	9.7	8.5	7.2
♀	♒25.7	26.8	27.9	29.1	♓0.2	1.3	2.4	3.5	4.7	5.8	6.9	8	9.1	10.2	11.2	12.3	13.4	14.5	15.5	16.6	17.6	18.7	19.7	20.8	21.8	22.8	23.9	24.9	25.9	26.9	27.9
♂	♏1.2	1.8	2.3	2.9	3.5	4	4.6	5.1	5.7	6.3	6.8	7.4	7.9	8.5	9	9.6	10.1	10.7	11.2	11.8	12.3	12.8	13.4	13.9	14.4	15	15.5	16	16.6	17.1	17.6

	1	6	11	16	21	26	31
♃	♎5.5	5.7	5.9	6	6.1R	6	5.9
♄	♈18.8	18.9	19.1	19.3	19.5	19.8	20.2

	1	11	21	31
♅	♎4	4.0R	3.9	3.8
♆	♏27.8	28.1	28.3	28.5
♇	♍25.1R	25	24.9	24.8

II

	1	2	3	4	5	6	7	8	9	10	11	12	13	14	15	16	17	18	19	20	21	22	23	24	25	26	27	28	29	30	31
☉	♒12	13	14	15	16	17	18	19.1	20.1	21.1	22.1	23.1	24.1	25.1	26.1	27.1	28.2	29.2	♓0.2	1.2	2.2	3.2	4.2	5.2	6.2	7.2	8.2	9.2			
☽	♋24.7	♌6.9	19.2	♍1.7	14.4	27.3	♎10.4	23.6	♏7.2	21	♐5.1	19.4	♑4	18.6	♒3.4	18	♓2.3	16.4	♈0.1	13.4	26.3	♉8.8	21.1	♊3.2	15.1	26.9	♋8.8	20.8			
☿	♒6.0R	4.9	3.9	3	2.2	1.5	1	0.6	0.4	0.3	0.3D	0.4	0.6	1	1.4	1.9	2.5	3.2	3.9	4.7	5.6	6.5	7.5	8.5	9.5	10.6	11.8	12.9			
♀	♓28.8	29.8	♈0.8	1.7	2.7	3.6	4.5	5.5	6.4	7.2	8.1	9	9.9	10.7	11.5	12.4	13.2	13.9	14.7	15.5	16.2	16.9	17.6	18.3	19	19.6	20.3	20.9			
♂	♏18.1	18.6	19.2	19.7	20.2	20.7	21.2	21.7	22.2	22.7	23.2	23.7	24.2	24.7	25.2	25.7	26.1	26.6	27.1	27.6	28	28.5	29	29.4	29.9	♐0.3	0.8	1.2			

	1	6	11	16	21	26
♃	♎5.8R	5.6	5.3	5	4.5	4
♄	♈20.2	20.6	21	21.5	21.9	22.4

	1	11	21
♅	♎3.8R	3.5	3.2
♆	♏28.5	28.6	28.7
♇	♍24.8R	24.6	24.3

III

	1	2	3	4	5	6	7	8	9	10	11	12	13	14	15	16	17	18	19	20	21	22	23	24	25	26	27	28	29	30	31
☉	♓10.2	11.2	12.2	13.2	14.2	15.2	16.3	17.3	18.3	19.3	20.2	21.2	22.2	23.2	24.2	25.2	26.2	27.2	28.2	29.2	♈0.2	1.2	2.2	3.2	4.2	5.2	6.2	7.1	8.1	9.1	10.1
☽	♌2.9	15.3	27.8	♍10.6	23.6	♎6.9	20.4	♏4	17.9	♐1.9	16	♑0.2	14.4	28.7	♒12.9	27	♓11	24.7	♈8.1	21.2	♉4.1	16.6	28.9	♊11	22.9	♋4.8	16.7	28.7	♌10.8	23.2	♍5.9
☿	♒14.1	15.4	16.6	17.9	19.2	20.5	21.9	23.3	24.7	26.1	27.6	29.1	♓0.6	2.1	3.6	5.2	6.8	8.4	10	11.6	13.3	15	16.7	18.4	20.2	21.9	23.7	25.5	27.4	29.2	♈1.1
♀	♈21.4	22	22.5	23	23.5	24	24.4	24.8	25.1	25.5	25.8	26	26.2	26.4	26.6	26.7	26.8	26.8	26.8R	26.8	26.7	26.6	26.4	26.2	26	25.7	25.3	25	24.6	24.1	23.6
♂	♐1.7	2.1	2.5	3	3.4	3.8	4.2	4.6	5.1	5.5	5.9	6.3	6.6	7	7.4	7.8	8.1	8.5	8.9	9.2	9.6	9.9	10.2	10.6	10.9	11.2	11.5	11.8	12.1	12.4	12.7

	1	6	11	16	21	26	31
♃	♎3.7R	3.1	2.5	1.9	1.3	0.6	♍30
♄	♈22.7	23.3	23.8	24.4	25	25.6	26.2

	1	11	21	31
♅	♎2.9R	2.5	2	1.6
♆	♏28.7R	28.7	28.6	28.5
♇	♍24.1R	23.9	23.6	23.3

IV

	1	2	3	4	5	6	7	8	9	10	11	12	13	14	15	16	17	18	19	20	21	22	23	24	25	26	27	28	29	30	31
☉	♈11.1	12.1	13.1	14.1	15	16	17	18	19	20	20.9	21.9	22.9	23.9	24.9	25.8	26.8	27.8	28.8	29.7	♉0.7	1.7	2.7	3.6	4.6	5.6	6.6	7.5	8.5	9.5	
☽	♍18.9	♎2.2	15.8	29.8	♏13.9	28.2	♐12.6	27	♑11.3	25.4	♒9.5	23.3	♓7	20.5	♈3.7	16.8	29.6	♉12.2	24.6	♊6.9	18.9	♋0.9	12.7	24.6	♌6.6	18.7	♍1.1	13.8	26.8	♎10.3	
☿	♈3	4.9	6.9	8.9	10.9	12.9	14.9	17	19	21.1	23.2	25.3	27.4	29.5	♉1.6	3.7	5.8	7.8	9.8	11.8	13.8	15.7	17.6	19.4	21.2	22.9	24.6	26.2	27.7	29.1	
♀	♈23.1R	22.6	22	21.5	20.9	20.3	19.6	19	18.4	17.7	17.1	16.5	15.9	15.3	14.8	14.2	13.7	13.3	12.8	12.4	12	11.7	11.4	11.2	11	10.8	10.6	10.6	10.5	10.5D	
♂	♐12.9	13.2	13.5	13.7	13.9	14.2	14.4	14.6	14.8	15	15.2	15.4	15.5	15.7	15.8	16	16.1	16.2	16.3	16.4	16.5	16.6	16.6	16.7	16.7	16.7	16.8	16.8R	16.7	16.7	

	1	6	11	16	21	26
♃	♍29.9R	29.2	28.7	28.1	27.6	27.2
♄	♈26.3	27	27.6	28.2	28.9	29.5

	1	11	21
♅	♎1.6R	1.2	0.8
♆	♏28.4R	28.3	28
♇	♍23.3R	23.1	22.8

V

	1	2	3	4	5	6	7	8	9	10	11	12	13	14	15	16	17	18	19	20	21	22	23	24	25	26	27	28	29	30	31
☉	♉10.5	11.4	12.4	13.4	14.3	15.3	16.3	17.2	18.2	19.2	20.1	21.1	22.1	23	24	25	25.9	26.9	27.8	28.8	29.8	♊0.7	1.7	2.7	3.6	4.6	5.5	6.5	7.5	8.4	9.4
☽	♎24.2	♏8.5	23	♐7.8	22.6	♑7.4	21.9	♒6.2	20.2	♓3.9	17.3	♈0.5	13.4	26.1	♉8.6	21	♊3.2	15.3	27.3	♋9.2	21	♌2.9	14.8	26.9	♍9.2	21.8	♎4.9	18.3	♏2.3	16.7	♐1.6
☿	♊0.5	1.8	3	4.2	5.3	6.3	7.2	8.1	8.8	9.5	10.1	10.6	11.1	11.4	11.7	11.9	12	12.0R	12	11.8	11.6	11.4	11	10.6	10.2	9.7	9.2	8.6	8.1	7.5	7
♀	♈10.5	10.6	10.7	10.8	11	11.2	11.5	11.8	12.1	12.4	12.8	13.2	13.6	14.1	14.5	15	15.6	16.1	16.7	17.3	17.9	18.5	19.2	19.9	20.6	21.3	22	22.7	23.5	24.2	25
♂	♐16.7R	16.6	16.6	16.5	16.4	16.3	16.2	16.1	15.9	15.8	15.6	15.4	15.2	15	14.8	14.6	14.4	14.1	13.9	13.6	13.3	13.1	12.8	12.5	12.2	11.9	11.5	11.2	10.9	10.6	10.2

	1	6	11	16	21	26	31
♃	♍26.8R	26.6	26.3	26.2	26.1	26.1D	26.2
♄	♉0.1	0.8	1.4	2	2.6	3.2	3.7

	1	11	21	31
♅	♎0.4R	0.2	♍30	29.9
♆	♏27.8R	27.5	27.3	27
♇	♍22.7R	22.5	22.4	22.4

VI

	1	2	3	4	5	6	7	8	9	10	11	12	13	14	15	16	17	18	19	20	21	22	23	24	25	26	27	28	29	30	31
☉	♊10.3	11.3	12.3	13.2	14.2	15.1	16.1	17	18	18.9	19.9	20.9	21.8	22.8	23.7	24.7	25.6	26.6	27.5	28.5	29.5	♋0.4	1.4	2.3	3.3	4.2	5.2	6.1	7.1	8	
☽	♐16.6	♑1.8	16.9	♒1.8	16.3	♓0.4	14.2	27.5	♈10.5	23.2	♉5.6	17.9	♊0.1	12.1	24.1	♋6	17.9	29.7	♌11.6	23.5	♍5.6	17.9	♎0.5	13.5	26.8	♏10.7	25.1	♐9.9	25.1	♑10.4	
☿	♊6.4R	5.9	5.4	5	4.6	4.2	3.9	3.7	3.5	3.4	3.4D	3.5	3.6	3.9	4.1	4.5	4.9	5.5	6	6.7	7.4	8.2	9.1	10	11	12.1	13.2	14.4	15.7	17	
♀	♈25.8	26.6	27.4	28.3	29.1	29.9	♉0.8	1.7	2.6	3.5	4.3	5.3	6.2	7.1	8	9	9.9	10.9	11.8	12.8	13.8	14.8	15.7	16.7	17.7	18.7	19.7	20.8	21.8	22.8	
♂	♐9.9R	9.5	9.2	8.9	8.5	8.2	7.8	7.5	7.2	6.8	6.5	6.2	5.9	5.6	5.3	5	4.7	4.5	4.2	4	3.7	3.5	3.3	3.1	2.9	2.7	2.6	2.4	2.3	2.2	

	1	6	11	16	21	26
♃	♍26.2	26.4	26.6	26.9	27.3	27.7
♄	♉3.9	4.4	4.9	5.4	5.9	6.3

	1	11	21
♅	♍29.9R	29.9D	30
♆	♏27.0R	26.7	26.5
♇	♍22.4R	22.4D	22.5

VII

	1	2	3	4	5	6	7	8	9	10	11	12	13	14	15	16	17	18	19	20	21	22	23	24	25	26	27	28	29	30	31
☉	♋9	9.9	10.9	11.9	12.8	13.8	14.7	15.7	16.6	17.6	18.5	19.5	20.4	21.4	22.3	23.3	24.2	25.2	26.2	27.1	28.1	29	30	♌0.9	1.9	2.8	3.8	4.8	5.7	6.7	7.6
☽	♑25.7	♒10.8	25.5	♓9.8	23.7	♈7	20	♉2.7	15	27.2	♊9.3	21.2	♋3.1	14.9	26.8	♌8.7	20.6	♍2.7	14.8	27.2	♎9.8	22.8	♏6.1	19.9	♐4.1	18.7	♑3.7	18.8	♒4.1	19.2	♓4
☿	♊18.4	19.8	21.3	22.9	24.5	26.2	27.9	29.7	♋1.5	3.4	5.4	7.3	9.3	11.4	13.4	15.5	17.7	19.8	21.9	24.1	26.2	28.3	♌0.4	2.5	4.6	6.7	8.8	10.8	12.8	14.8	16.7
♀	♉23.8	24.9	25.9	26.9	28	29	♊0.1	1.2	2.2	3.3	4.4	5.4	6.5	7.6	8.7	9.7	10.8	11.9	13	14.1	15.2	16.3	17.4	18.5	19.6	20.8	21.9	23	24.1	25.2	26.4
♂	♐2.1R	2	1.9	1.8	1.8	1.7	1.7	1.7	1.7D	1.7	1.8	1.8	1.9	1.9	2	2.1	2.2	2.4	2.5	2.6	2.8	3	3.2	3.4	3.6	3.8	4	4.3	4.5	4.8	5.1

	1	6	11	16	21	26	31
♃	♍28.2	28.8	29.4	♎0.1	0.8	1.5	2.3
♄	♉6.8	7.2	7.5	7.8	8.1	8.4	8.6

	1	11	21	31
♅	♎0.1	0.4	0.7	1.1
♆	♏26.3R	26.1	26	26
♇	♍22.6	22.8	23	23.3

VIII

	1	2	3	4	5	6	7	8	9	10	11	12	13	14	15	16	17	18	19	20	21	22	23	24	25	26	27	28	29	30	31
☉	♌8.6	9.5	10.5	11.4	12.4	13.4	14.3	15.3	16.2	17.2	18.2	19.1	20.1	21	22	23	23.9	24.9	25.8	26.8	27.8	28.7	29.7	♍0.7	1.6	2.6	3.6	4.5	5.5	6.5	7.4
☽	♓18.4	♈2.3	15.8	28.9	♉11.6	24	♊6.1	18.1	♋0	11.9	23.7	♌5.6	17.6	29.7	♍11.9	24.3	♎6.9	19.7	♏2.8	16.2	29.9	♐13.9	28.3	♑12.9	27.8	♒12.7	27.5	♓12.1	26.5	♈10.5	24
☿	♌18.7	20.6	22.5	24.3	26.1	27.9	29.7	♍1.4	3.2	4.9	6.5	8.2	9.8	11.4	12.9	14.5	16	17.5	18.9	20.4	21.8	23.2	24.5	25.8	27.1	28.4	29.7	♎0.9	2	3.2	4.3
♀	♊27.5	28.6	29.8	♋0.9	2	3.2	4.3	5.4	6.6	7.7	8.9	10	11.2	12.3	13.5	14.7	15.8	17	18.1	19.3	20.5	21.6	22.8	24	25.2	26.3	27.5	28.7	29.9	♌1.1	2.2
♂	♐5.4	5.7	6	6.3	6.6	6.9	7.3	7.6	8	8.4	8.7	9.1	9.5	9.9	10.3	10.8	11.2	11.6	12.1	12.5	13	13.4	13.9	14.4	14.9	15.3	15.8	16.3	16.8	17.4	17.9

	1	6	11	16	21	26	31
♃	♎2.5	3.3	4.2	5.1	6	7	8
♄	♉8.6	8.7	8.9	8.9	8.9	8.9R	8.9

	1	11	21	31
♅	♎1.1	1.6	2.1	2.7
♆	♏25.9R	25.9D	26	26.1
♇	♍23.3	23.6	23.9	24.3

IX

	1	2	3	4	5	6	7	8	9	10	11	12	13	14	15	16	17	18	19	20	21	22	23	24	25	26	27	28	29	30	31
☉	♍8.4	9.4	10.3	11.3	12.3	13.2	14.2	15.2	16.1	17.1	18.1	19.1	20	21	22	23	23.9	24.9	25.9	26.9	27.8	28.8	29.8	♎0.8	1.8	2.7	3.7	4.7	5.7	6.7	
☽	♉7.2	19.9	♊2.4	14.5	26.5	♋8.4	20.3	♌2.2	14.2	26.3	♍8.5	21	♎3.7	16.6	29.8	♏13.1	26.7	♐10.5	24.6	♑8.7	23.1	♒7.5	22	♓6.4	20.6	♈4.7	18.5	♉1.9	15.1	27.8	
☿	♎5.4	6.4	7.4	8.3	9.2	10.1	10.8	11.6	12.3	12.9	13.4	13.9	14.2	14.5	14.7	14.8	14.8R	14.7	14.5	14.2	13.7	13.2	12.5	11.7	10.8	9.8	8.7	7.6	6.5	5.4	
♀	♌3.4	4.6	5.8	7	8.2	9.4	10.6	11.8	13	14.2	15.4	16.6	17.8	19	20.2	21.4	22.6	23.8	25	26.2	27.4	28.6	29.8	♍1.1	2.3	3.5	4.7	5.9	7.1	8.4	
♂	♐18.4	18.9	19.5	20	20.5	21.1	21.6	22.2	22.8	23.3	23.9	24.5	25.1	25.6	26.2	26.8	27.4	28	28.6	29.2	29.8	♑0.5	1.1	1.7	2.3	3	3.6	4.2	4.9	5.5	

	1	6	11	16	21	26
♃	♎8.2	9.2	10.2	11.3	12.3	13.4
♄	♉8.8R	8.7	8.6	8.4	8.1	7.9

	1	11	21
♅	♎2.8	3.4	4
♆	♏26.1	26.3	26.5
♇	♍24.3	24.7	25

X

	1	2	3	4	5	6	7	8	9	10	11	12	13	14	15	16	17	18	19	20	21	22	23	24	25	26	27	28	29	30	31
☉	♎7.6	8.6	9.6	10.6	11.6	12.6	13.6	14.5	15.5	16.5	17.5	18.5	19.5	20.5	21.5	22.5	23.4	24.4	25.4	26.4	27.4	28.4	29.4	♏0.4	1.4	2.4	3.4	4.4	5.4	6.4	7.4
☽	♊10.3	22.5	♋4.6	16.4	28.3	♌10.2	22.2	♍4.4	16.8	29.6	♎12.6	25.9	♏9.5	23.3	♐7.3	21.4	♑5.6	19.7	♒3.9	18	♓2.1	16	29.8	♈13.5	26.9	♉10.1	23.1	♊5.8	18.2	♋0.4	12.4
☿	♎4.3R	3.3	2.4	1.5	0.9	0.4	0	♍29.9	29.9D	♎0.1	0.4	1	1.7	2.5	3.4	4.5	5.7	6.9	8.3	9.7	11.1	12.6	14.2	15.7	17.3	18.9	20.6	22.2	23.9	25.5	27.2
♀	♍9.6	10.8	12	13.3	14.5	15.7	16.9	18.2	19.4	20.6	21.9	23.1	24.3	25.6	26.8	28	29.3	♎0.5	1.7	3	4.2	5.5	6.7	7.9	9.2	10.4	11.7	12.9	14.2	15.4	16.7
♂	♑6.1	6.8	7.4	8.1	8.8	9.4	10.1	10.7	11.4	12.1	12.7	13.4	14.1	14.8	15.4	16.1	16.8	17.5	18.2	18.9	19.6	20.3	21	21.7	22.4	23.1	23.8	24.5	25.2	25.9	26.6

	1	6	11	16	21	26	31
♃	♎14.5	15.6	16.7	17.7	18.8	19.9	21
♄	♉7.6R	7.2	6.9	6.5	6.1	5.7	5.3

	1	11	21	31
♅	♎4.6	5.2	5.9	6.4
♆	♏26.7	27	27.3	27.7
♇	♍25.4	25.8	26.1	26.4

XI

	1	2	3	4	5	6	7	8	9	10	11	12	13	14	15	16	17	18	19	20	21	22	23	24	25	26	27	28	29	30	31
☉	♏8.4	9.4	10.4	11.4	12.4	13.4	14.4	15.4	16.4	17.4	18.4	19.4	20.4	21.4	22.5	23.5	24.5	25.5	26.5	27.5	28.5	29.5	♐0.5	1.5	2.5	3.6	4.6	5.6	6.6	7.6	
☽	♋24.3	♌6.1	18	30	♍12.2	24.7	♎7.5	20.8	♏4.4	18.4	♐2.7	17.2	♑1.7	16.3	♒0.7	14.9	28.9	♓12.7	26.3	♈9.7	23	♉6	18.9	♊1.6	14.1	26.4	♋8.5	20.4	♌2.3	14.1	
☿	♎28.8	♏0.5	2.2	3.8	5.5	7.1	8.7	10.4	12	13.6	15.3	16.9	18.5	20.1	21.7	23.3	24.9	26.5	28	29.6	♐1.2	2.8	4.3	5.9	7.5	9	10.6	12.1	13.7	15.2	
♀	♎17.9	19.1	20.4	21.6	22.9	24.1	25.4	26.6	27.9	29.1	♏0.4	1.6	2.9	4.1	5.4	6.7	7.9	9.2	10.4	11.7	12.9	14.2	15.4	16.7	17.9	19.2	20.4	21.7	23	24.2	
♂	♑27.3	28	28.7	29.4	♒0.2	0.9	1.6	2.3	3	3.8	4.5	5.2	5.9	6.7	7.4	8.1	8.9	9.6	10.3	11.1	11.8	12.5	13.3	14	14.7	15.5	16.2	16.9	17.7	18.4	

	1	6	11	16	21	26
♃	♎21.2	22.2	23.3	24.3	25.3	26.3
♄	♉5.2R	4.8	4.4	4.1	3.7	3.4

	1	11	21
♅	♎6.5	7	7.5
♆	♏27.7	28.1	28.4
♇	♍26.4	26.7	27

XII

	1	2	3	4	5	6	7	8	9	10	11	12	13	14	15	16	17	18	19	20	21	22	23	24	25	26	27	28	29	30	31
☉	♐8.6	9.6	10.7	11.7	12.7	13.7	14.7	15.7	16.7	17.8	18.8	19.8	20.8	21.8	22.8	23.9	24.9	25.9	26.9	27.9	29	30	♑1	2	3	4	5.1	6.1	7.1	8.1	9.1
☽	♌25.9	♍7.9	20	♎2.5	15.3	28.6	♏12.3	26.5	♐11.2	26	♑11	26	♒10.8	25.3	♓9.4	23.3	♈6.7	19.9	♉2.9	15.6	28.2	♊10.6	22.8	♋5	16.9	28.8	♌10.7	22.4	♍4.3	16.2	28.3
☿	♐16.8	18.3	19.9	21.4	23	24.5	26.1	27.6	29.2	♑0.7	2.2	3.8	5.3	6.8	8.3	9.8	11.3	12.8	14.2	15.7	17.1	18.5	19.8	21.1	22.4	23.6	24.7	25.8	26.8	27.6	28.4
♀	♏25.5	26.7	28	29.2	♐0.5	1.8	3	4.3	5.5	6.8	8	9.3	10.6	11.8	13.1	14.3	15.6	16.8	18.1	19.4	20.6	21.9	23.1	24.4	25.7	26.9	28.2	29.4	♑0.7	1.9	3.2
♂	♒19.2	19.9	20.6	21.4	22.1	22.9	23.6	24.4	25.1	25.8	26.6	27.3	28.1	28.8	29.6	♓0.3	1.1	1.8	2.5	3.3	4	4.8	5.5	6.3	7	7.8	8.5	9.3	10	10.8	11.5

	1	6	11	16	21	26	31
♃	♎27.2	28.2	29	29.9	♏0.7	1.5	2.2
♄	♉3.1R	2.8	2.6	2.4	2.2	2.1	2.1

	1	11	21	31
♅	♎7.9	8.3	8.5	8.7
♆	♏28.8	29.2	29.5	29.9
♇	♍27.1	27.3	27.4	27.4R

I

	1	2	3	4	5	6	7	8	9	10	11	12	13	14	15	16	17	18	19	20	21	22	23	24	25	26	27	28	29	30	31
☉	♑10.2	11.2	12.2	13.2	14.2	15.3	16.3	17.3	18.3	19.3	20.4	21.4	22.4	23.4	24.4	25.4	26.5	27.5	28.5	29.5	♒0.5	1.6	2.6	3.6	4.6	5.6	6.6	7.7	8.7	9.7	10.7
☽	♎10.7	23.4	♏6.6	20.3	♐4.4	19.1	♑4.1	19.3	♒4.6	19.7	♓4.5	19	♈3	16.6	29.8	♉12.7	25.3	♊7.6	19.8	♋1.9	13.8	25.7	♌7.6	19.4	♍1.2	13.1	25.1	♎7.3	19.7	♏2.4	15.4
☿	♑29	29.5	29.8	30	30.0R	29.7	29.3	28.7	27.9	26.9	25.8	24.6	23.3	22	20.6	19.4	18.2	17.2	16.2	15.5	14.8	14.4	14.1	13.9	13.9D	14	14.2	14.5	15	15.5	16.1
♀	♑4.5	5.7	7	8.2	9.5	10.8	12	13.3	14.5	15.8	17	18.3	19.6	20.8	22.1	23.3	24.6	25.9	27.1	28.4	29.6	♒0.9	2.1	3.4	4.6	5.9	7.2	8.4	9.7	10.9	12.2
♂	♓12.2	13	13.7	14.5	15.2	16	16.7	17.5	18.2	19	19.7	20.4	21.2	21.9	22.7	23.4	24.2	24.9	25.6	26.4	27.1	27.9	28.6	29.3	♈0.1	0.8	1.6	2.3	3	3.8	4.5

	1	6	11	16	21	26	31
♃	♏2.3	3	3.6	4.1	4.6	5	5.4
♄	♉2.1R	2.1D	2.1	2.2	2.3	2.5	2.7

	1	11	21	31
♅	♎8.7	8.8	8.8R	8.6
♆	♏29.9	♐0.2	0.4	0.6
♇	♍27.4R	27.3	27.3	27.1

II

	1	2	3	4	5	6	7	8	9	10	11	12	13	14	15	16	17	18	19	20	21	22	23	24	25	26	27	28	29	30	31
☉	♒11.7	12.7	13.7	14.8	15.8	16.8	17.8	18.8	19.8	20.8	21.9	22.9	23.9	24.9	25.9	26.9	27.9	28.9	29.9	♓0.9	1.9	3	4	5	6	7	8	9			
☽	♏28.9	♐12.9	27.3	♑12.1	27.3	♒12.5	27.7	♓12.7	27.4	♈11.7	25.5	♉8.9	21.8	♊4.4	16.8	28.9	♋10.8	22.7	♌4.5	16.3	28.2	♍10.1	22.1	♎4.3	16.7	29.3	♏12.1	25.2			
☿	♑16.8	17.6	18.4	19.3	20.3	21.3	22.3	23.4	24.5	25.7	26.9	28.1	29.3	♒0.6	1.9	3.2	4.5	5.9	7.3	8.7	10.1	11.6	13	14.5	16	17.5	19.1	20.6			
♀	♒13.4	14.7	16	17.2	18.5	19.7	21	22.2	23.5	24.7	26	27.2	28.5	29.7	♓1	2.3	3.5	4.8	6	7.3	8.5	9.8	11	12.3	13.5	14.8	16	17.3			
♂	♈5.2	6	6.7	7.5	8.2	8.9	9.7	10.4	11.1	11.9	12.6	13.3	14	14.8	15.5	16.2	17	17.7	18.4	19.1	19.9	20.6	21.3	22	22.8	23.5	24.2	24.9			

	1	6	11	16	21	26
♃	♏5.4	5.7	5.8	5.9	6.0R	5.9
♄	♉2.8	3.1	3.4	3.7	4.1	4.5

	1	11	21
♅	♎8.6R	8.4	8.1
♆	♐0.6	0.8	0.9
♇	♍27.1R	26.9	26.7

III

	1	2	3	4	5	6	7	8	9	10	11	12	13	14	15	16	17	18	19	20	21	22	23	24	25	26	27	28	29	30	31
☉	♓10	11	12	13	14	15	16	17	18	19	20	21	22	23	24	25	26	27	28	29	30	♈1	2	2.9	3.9	4.9	5.9	6.9	7.9	8.9	9.9
☽	♐8.6	22.4	♑6.6	21.1	♒5.8	20.7	♓5.7	20.6	♈5.3	19.7	♉3.6	17.1	♊0.2	12.9	25.3	♋7.4	19.3	♌1.1	12.9	24.8	♍6.7	18.8	♎1.1	13.5	26.2	♏9.1	22.2	♐5.5	19.1	♑2.9	16.9
☿	♒22.2	23.8	25.4	27	28.6	♓0.3	2	3.6	5.4	7.1	8.8	10.6	12.4	14.2	16	17.9	19.7	21.6	23.5	25.5	27.4	29.4	♈1.3	3.3	5.3	7.4	9.4	11.4	13.5	15.5	17.6
♀	♓18.5	19.8	21	22.3	23.5	24.7	26	27.2	28.5	29.7	♈1	2.2	3.5	4.7	6	7.2	8.4	9.7	10.9	12.2	13.4	14.6	15.9	17.1	18.4	19.6	20.8	22.1	23.3	24.6	25.8
♂	♈25.7	26.4	27.1	27.8	28.5	29.2	30	♉0.7	1.4	2.1	2.8	3.5	4.2	5	5.7	6.4	7.1	7.8	8.5	9.2	9.9	10.6	11.3	12	12.7	13.5	14.2	14.9	15.6	16.3	17

	1	6	11	16	21	26	31
♃	♏5.8R	5.7	5.4	5.1	4.7	4.2	3.7
♄	♉4.8	5.3	5.8	6.3	6.9	7.4	8

	1	11	21	31
♅	♎7.9R	7.5	7	6.6
♆	♐0.9	0.9R	0.8	0.7
♇	♍26.5R	26.2	25.9	25.7

IV

	1	2	3	4	5	6	7	8	9	10	11	12	13	14	15	16	17	18	19	20	21	22	23	24	25	26	27	28	29	30	31
☉	♈10.9	11.8	12.8	13.8	14.8	15.8	16.8	17.8	18.7	19.7	20.7	21.7	22.7	23.6	24.6	25.6	26.6	27.6	28.5	29.5	♉0.5	1.5	2.4	3.4	4.4	5.4	6.3	7.3	8.3	9.2	
☽	♒1.1	15.5	30	♓14.5	29.1	♈13.5	27.6	♉11.5	25	♊8.1	20.9	♋3.3	15.4	27.4	♌9.2	21	♍2.9	14.9	27.1	♎9.6	22.3	♏5.3	18.6	♐2.1	15.9	29.7	♑13.7	27.8	♒11.9	26.1	
☿	♈19.6	21.6	23.6	25.6	27.5	29.4	♉1.3	3.1	4.8	6.5	8.1	9.7	11.2	12.6	13.9	15.1	16.2	17.3	18.2	19.1	19.8	20.5	21.1	21.6	21.9	22.2	22.4	22.5	22.5R	22.4	
♀	♈27	28.3	29.5	♉0.7	2	3.2	4.4	5.7	6.9	8.1	9.4	10.6	11.8	13	14.3	15.5	16.7	18	19.2	20.4	21.6	22.9	24.1	25.3	26.5	27.7	29	♊0.2	1.4	2.6	
♂	♉17.7	18.4	19.1	19.8	20.5	21.2	21.8	22.5	23.2	23.9	24.6	25.3	26	26.7	27.4	28.1	28.8	29.5	♊0.1	0.8	1.5	2.2	2.9	3.6	4.3	4.9	5.6	6.3	7	7.7	

	1	6	11	16	21	26
♃	♏3.6R	3	2.4	1.8	1.2	0.5
♄	♉8.1	8.7	9.3	10	10.6	11.2

	1	11	21
♅	♎6.6R	6.1	5.7
♆	♐0.7R	0.5	0.3
♇	♍25.6R	25.4	25.2

V

	1	2	3	4	5	6	7	8	9	10	11	12	13	14	15	16	17	18	19	20	21	22	23	24	25	26	27	28	29	30	31
☉	♉10.2	11.2	12.2	13.1	14.1	15.1	16	17	18	18.9	19.9	20.9	21.8	22.8	23.8	24.7	25.7	26.7	27.6	28.6	29.5	♊0.5	1.5	2.4	3.4	4.3	5.3	6.3	7.2	8.2	9.1
☽	♓10.2	24.4	♈8.5	22.4	♉6.2	19.8	♊3.1	16.1	28.8	♋11.2	23.3	♌5.3	17.1	28.9	♍10.8	22.8	♎5.1	17.7	♏0.6	13.9	27.6	♐11.5	25.7	♑10	24.4	♒8.7	22.9	♓7.1	21.1	♈4.9	18.6
☿	♉22.2R	22	21.6	21.2	20.8	20.2	19.7	19.1	18.5	17.9	17.3	16.7	16.1	15.6	15.1	14.6	14.2	13.9	13.6	13.4	13.3	13.2	13.2D	13.3	13.5	13.7	14	14.4	14.9	15.4	16
♀	♊3.8	5.1	6.3	7.5	8.7	9.9	11.1	12.4	13.6	14.8	16	17.2	18.4	19.6	20.8	22.1	23.3	24.5	25.7	26.9	28.1	29.3	♋0.5	1.7	2.9	4.1	5.3	6.5	7.7	8.9	10.1
♂	♊8.4	9	9.7	10.4	11.1	11.7	12.4	13.1	13.8	14.4	15.1	15.8	16.5	17.1	17.8	18.5	19.2	19.8	20.5	21.2	21.8	22.5	23.2	23.8	24.5	25.2	25.8	26.5	27.2	27.8	28.5

	1	6	11	16	21	26	31
♃	♎29.9R	29.3	28.7	28.2	27.7	27.2	26.9
♄	♉11.9	12.5	13.2	13.8	14.4	15.1	15.7

	1	11	21	31
♅	♎5.4R	5.1	4.9	4.7
♆	♐0.0R	♏29.8	29.5	29.2
♇	♍25.0R	24.8	24.7	24.7

VI

	1	2	3	4	5	6	7	8	9	10	11	12	13	14	15	16	17	18	19	20	21	22	23	24	25	26	27	28	29	30	31
☉	♊10.1	11.1	12	13	13.9	14.9	15.8	16.8	17.8	18.7	19.7	20.6	21.6	22.5	23.5	24.5	25.4	26.4	27.3	28.3	29.2	♋0.2	1.1	2.1	3	4	4.9	5.9	6.9	7.8	
☽	♉2.2	15.6	28.8	♊11.8	24.5	♋7	19.3	♌1.4	13.3	25.1	♍6.9	18.7	♎0.8	13.1	25.7	♏8.7	22.2	♐6	20.3	♑4.8	19.5	♒4.3	19	♓3.5	17.8	♈1.8	15.6	29.1	♉12.4	25.5	
☿	♉16.7	17.4	18.2	19.1	20	20.9	22	23.1	24.2	25.4	26.6	27.9	29.3	♊0.7	2.1	3.6	5.2	6.8	8.4	10.1	11.9	13.6	15.5	17.4	19.3	21.2	23.2	25.3	27.4	29.5	
♀	♋11.3	12.5	13.7	14.9	16.1	17.3	18.5	19.6	20.8	22	23.2	24.4	25.6	26.8	27.9	29.1	♌0.3	1.5	2.7	3.8	5	6.2	7.4	8.5	9.7	10.9	12.1	13.2	14.4	15.6	
♂	♊29.2	29.8	♋0.5	1.1	1.8	2.5	3.1	3.8	4.4	5.1	5.8	6.4	7.1	7.7	8.4	9	9.7	10.3	11	11.7	12.3	13	13.6	14.3	14.9	15.6	16.2	16.9	17.5	18.2	

	1	6	11	16	21	26
♃	♎26.8R	26.5	26.3	26.1	26.1	26.1D
♄	♉15.8	16.4	17	17.5	18.1	18.6

	1	11	21
♅	♎4.7R	4.7	4.7D
♆	♏29.2R	29	28.7
♇	♍24.7R	24.7D	24.7

VII

	1	2	3	4	5	6	7	8	9	10	11	12	13	14	15	16	17	18	19	20	21	22	23	24	25	26	27	28	29	30	31
☉	♋8.8	9.7	10.7	11.6	12.6	13.5	14.5	15.4	16.4	17.3	18.3	19.2	20.2	21.2	22.1	23.1	24	25	25.9	26.9	27.8	28.8	29.7	♌0.7	1.7	2.6	3.6	4.5	5.5	6.4	7.4
☽	♊8.3	21	♋3.4	15.7	27.8	♌9.7	21.6	♍3.3	15.1	27	♎9	21.3	♏3.9	16.9	♐0.3	14.2	28.6	♑13.3	28.3	♒13.3	28.4	♓13.2	27.8	♈12	25.8	♉9.3	22.5	♊5.4	18	♋0.4	12.6
☿	♋1.6	3.7	5.9	8	10.2	12.4	14.6	16.7	18.9	21	23.1	25.2	27.3	29.3	♌1.3	3.3	5.3	7.2	9.1	11	12.9	14.7	16.5	18.2	19.9	21.6	23.3	24.9	26.5	28.1	29.7
♀	♌16.7	17.9	19	20.2	21.4	22.5	23.7	24.8	26	27.1	28.3	29.4	♍0.6	1.7	2.8	4	5.1	6.3	7.4	8.5	9.7	10.8	11.9	13	14.1	15.3	16.4	17.5	18.6	19.7	20.8
♂	♋18.8	19.5	20.1	20.8	21.4	22.1	22.7	23.4	24	24.7	25.3	26	26.6	27.2	27.9	28.5	29.2	29.8	♌0.5	1.1	1.8	2.4	3	3.7	4.3	5	5.6	6.3	6.9	7.5	8.2

	1	6	11	16	21	26	31
♃	♎26.2	26.3	26.5	26.8	27.2	27.6	28.1
♄	♉19.1	19.6	20	20.5	20.8	21.2	21.5

	1	11	21	31
♅	♎4.8	5	5.3	5.7
♆	♏28.5R	28.3	28.2	28.1
♇	♍24.8	25	25.2	25.5

VIII

	1	2	3	4	5	6	7	8	9	10	11	12	13	14	15	16	17	18	19	20	21	22	23	24	25	26	27	28	29	30	31
☉	♌8.3	9.3	10.3	11.2	12.2	13.1	14.1	15	16	17	17.9	18.9	19.8	20.8	21.8	22.7	23.7	24.6	25.6	26.6	27.5	28.5	29.5	♍0.4	1.4	2.4	3.3	4.3	5.3	6.2	7.2
☽	♋24.6	♌6.6	18.4	♍0.2	12	23.8	♎5.7	17.7	♏0	12.6	25.5	♐8.9	22.7	♑6.9	21.6	♒6.6	21.7	♓6.9	22	♈6.8	21.3	♉5.3	18.9	♊2.1	14.9	27.4	♋9.7	21.7	♌3.6	15.5	27.2
☿	♍1.2	2.7	4.1	5.6	7	8.3	9.7	11	12.2	13.5	14.7	15.8	17	18	19.1	20.1	21.1	22	22.8	23.6	24.4	25.1	25.7	26.3	26.7	27.2	27.5	27.8	27.9	28	28.0R
♀	♍21.9	23	24.1	25.2	26.3	27.4	28.5	29.6	♎0.6	1.7	2.8	3.8	4.9	6	7	8.1	9.1	10.2	11.2	12.2	13.3	14.3	15.3	16.3	17.3	18.4	19.4	20.3	21.3	22.3	23.3
♂	♌8.8	9.5	10.1	10.7	11.4	12	12.7	13.3	13.9	14.6	15.2	15.9	16.5	17.1	17.8	18.4	19	19.7	20.3	21	21.6	22.2	22.9	23.5	24.1	24.8	25.4	26.1	26.7	27.3	28

	1	6	11	16	21	26	31
♃	♎28.2	28.8	29.4	♏0	0.7	1.5	2.3
♄	♉21.6	21.9	22.1	22.3	22.4	22.5	22.6

	1	11	21	31
♅	♎5.7	6.1	6.6	7.2
♆	♏28.1R	28.1D	28.1	28.2
♇	♍25.5	25.8	26.1	26.5

IX

	1	2	3	4	5	6	7	8	9	10	11	12	13	14	15	16	17	18	19	20	21	22	23	24	25	26	27	28	29	30	31
☉	♍8.2	9.1	10.1	11.1	12	13	14	14.9	15.9	16.9	17.9	18.8	19.8	20.8	21.7	22.7	23.7	24.7	25.6	26.6	27.6	28.6	29.6	♎0.5	1.5	2.5	3.5	4.5	5.4	6.4	
☽	♍9	20.9	♎2.8	14.8	27	♏9.3	22	♐4.9	18.2	♑1.8	15.8	♒0.3	15	♓0	15.2	♈0.3	15.2	29.8	♉14	27.7	♊11	23.9	♋6.4	18.6	♌0.5	12.4	24.2	♍5.9	17.8	29.7	
☿	♍27.9R	27.6	27.3	26.9	26.4	25.7	25	24.2	23.3	22.3	21.4	20.3	19.3	18.3	17.4	16.5	15.7	15	14.5	14.1	13.9	13.8	13.9D	14.1	14.5	15.1	15.8	16.6	17.6	18.7	
♀	♎24.3	25.2	26.2	27.1	28.1	29	29.9	♏0.8	1.8	2.6	3.5	4.4	5.3	6.1	7	7.8	8.7	9.5	10.3	11.1	11.8	12.6	13.3	14.1	14.8	15.5	16.2	16.8	17.5	18.1	
♂	♌28.6	29.2	29.9	♍0.5	1.1	1.8	2.4	3.1	3.7	4.3	5	5.6	6.2	6.9	7.5	8.1	8.8	9.4	10	10.7	11.3	11.9	12.6	13.2	13.8	14.5	15.1	15.8	16.4	17	

	1	6	11	16	21	26
♃	♏2.5	3.3	4.2	5.1	6.1	7.1
♄	♉22.6	22.6R	22.6	22.5	22.4	22.2

	1	11	21
♅	♎7.2	7.8	8.4
♆	♏28.2	28.4	28.6
♇	♍26.5	26.9	27.2

X

	1	2	3	4	5	6	7	8	9	10	11	12	13	14	15	16	17	18	19	20	21	22	23	24	25	26	27	28	29	30	31
☉	♎7.4	8.4	9.4	10.4	11.3	12.3	13.3	14.3	15.3	16.3	17.3	18.3	19.2	20.2	21.2	22.2	23.2	24.2	25.2	26.2	27.2	28.2	29.2	♏0.2	1.2	2.2	3.2	4.2	5.2	6.2	7.2
☽	♎11.8	24	♏6.4	19	♐1.9	14.9	28.2	♑11.8	25.6	♒9.8	24.2	♓8.9	23.7	♈8.5	23.3	♉7.8	22.1	♊5.9	19.2	♋2.1	14.7	26.9	♌8.9	20.7	♍2.5	14.3	26.2	♎8.3	20.5	♏3	15.7
☿	♍19.9	21.2	22.6	24.1	25.6	27.2	28.8	♎0.4	2.1	3.8	5.5	7.2	9	10.7	12.5	14.2	15.9	17.7	19.4	21.1	22.8	24.5	26.2	27.9	29.6	♏1.2	2.9	4.6	6.2	7.8	9.5
♀	♏18.7	19.3	19.9	20.4	20.9	21.4	21.9	22.3	22.7	23.1	23.5	23.8	24.1	24.4	24.6	24.8	24.9	25.1	25.2	25.2	25.2R	25.2	25.1	25	24.8	24.6	24.4	24.1	23.8	23.5	23.1
♂	♍17.7	18.3	18.9	19.6	20.2	20.8	21.5	22.1	22.7	23.4	24	24.6	25.3	25.9	26.5	27.2	27.8	28.4	29.1	29.7	♎0.4	1	1.6	2.3	2.9	3.5	4.2	4.8	5.4	6.1	6.7

	1	6	11	16	21	26	31
♃	♏8.1	9.1	10.1	11.2	12.3	13.3	14.4
♄	♉22.0R	21.8	21.5	21.2	20.8	20.5	20.1

	1	11	21	31
♅	♎9.1	9.7	10.3	10.9
♆	♏28.8	29.1	29.4	29.8
♇	♍27.6	28	28.3	28.6

XI

	1	2	3	4	5	6	7	8	9	10	11	12	13	14	15	16	17	18	19	20	21	22	23	24	25	26	27	28	29	30	31
☉	♏8.2	9.2	10.2	11.2	12.2	13.2	14.2	15.2	16.2	17.2	18.2	19.2	20.2	21.2	22.2	23.2	24.2	25.2	26.2	27.3	28.3	29.3	♐0.3	1.3	2.3	3.3	4.3	5.3	6.4	7.4	
☽	♏28.7	♐11.8	25.2	♑8.7	22.4	♒6.2	20.2	♓4.4	18.7	♈3.1	17.5	♉1.9	16.1	♊0.1	13.8	27.1	♋10	22.5	♌4.8	16.8	28.6	♍10.4	22.2	♎4.2	16.3	28.7	♏11.4	24.5	♐7.8	21.4	
☿	♏11.1	12.7	14.3	15.9	17.5	19	20.6	22.2	23.7	25.3	26.8	28.4	29.9	♐1.5	3	4.5	6	7.6	9.1	10.6	12.1	13.6	15	16.5	18	19.5	20.9	22.4	23.8	25.2	
♀	♏22.7R	22.2	21.7	21.2	20.7	20.1	19.5	19	18.4	17.7	17.1	16.5	15.9	15.3	14.8	14.2	13.7	13.2	12.7	12.2	11.8	11.4	11.1	10.8	10.5	10.3	10.1	10	9.8	9.8	
♂	♎7.3	8	8.6	9.2	9.9	10.5	11.1	11.8	12.4	13	13.7	14.3	15	15.6	16.2	16.9	17.5	18.1	18.8	19.4	20	20.7	21.3	21.9	22.6	23.2	23.8	24.5	25.1	25.8	

	1	6	11	16	21	26
♃	♏14.7	15.8	16.9	18	19.1	20.1
♄	♉20.0R	19.6	19.2	18.8	18.4	18

	1	11	21
♅	♎11	11.5	12.1
♆	♏29.8	♐0.2	0.5
♇	♍28.7	29	29.2

XII

	1	2	3	4	5	6	7	8	9	10	11	12	13	14	15	16	17	18	19	20	21	22	23	24	25	26	27	28	29	30	31
☉	♐8.4	9.4	10.4	11.4	12.4	13.5	14.5	15.5	16.5	17.5	18.5	19.5	20.6	21.6	22.6	23.6	24.6	25.6	26.7	27.7	28.7	29.7	♑0.7	1.8	2.8	3.8	4.8	5.8	6.9	7.9	8.9
☽	♑5.1	19.1	♒3.1	17.1	♓1.2	15.3	29.4	♈13.4	27.4	♉11.3	25.1	♊8.7	22.1	♋5.1	17.9	♌0.3	12.5	24.5	♍6.4	18.2	30	♎11.9	24.1	♏6.5	19.3	♐2.5	16.1	30	♑14.2	28.6	♒13
☿	♐26.7	28.1	29.4	♑0.8	2.1	3.4	4.7	5.9	7.1	8.2	9.2	10.2	11.1	11.9	12.6	13.2	13.7	14	14.1	14.0R	13.8	13.4	12.8	11.9	10.9	9.8	8.6	7.2	5.9	4.5	3.2
♀	♏9.8R	9.8D	9.8	9.9	10.1	10.3	10.5	10.7	11	11.3	11.7	12	12.5	12.9	13.4	13.9	14.4	14.9	15.5	16.1	16.7	17.4	18	18.7	19.4	20.1	20.9	21.6	22.4	23.2	24
♂	♎26.4	27	27.7	28.3	28.9	29.6	♏0.2	0.8	1.5	2.1	2.7	3.4	4	4.6	5.3	5.9	6.5	7.2	7.8	8.5	9.1	9.7	10.4	11	11.6	12.3	12.9	13.5	14.2	14.8	15.4

	1	6	11	16	21	26	31
♃	♏21.2	22.3	23.4	24.4	25.4	26.4	27.4
♄	♉17.6R	17.3	16.9	16.6	16.4	16.2	16

	1	11	21	31
♅	♎12.5	12.9	13.2	13.4
♆	♐0.9	1.3	1.6	2
♇	♍29.4	29.6	29.7	29.7

	1	2	3	4	5	6	7	8	9	10	11	12	13	14	15	16	17	18	19	20	21	22	23	24	25	26	27	28	29	30	31
☉	♑ 9.9	10.9	12	13	14	15	16	17	18.1	19.1	20.1	21.1	22.1	23.2	24.2	25.2	26.2	27.2	28.3	29.3	♒ 0.3	1.3	2.3	3.3	4.4	5.4	6.4	7.4	8.4	9.4	10.5
☽	♒ 27.5	♓ 11.9	26.2	♈ 10.3	24.2	♉ 8	21.5	♊ 4.9	18	♋ 1	13.7	26.2	♌ 8.5	20.6	♍ 2.5	14.3	26.1	♎ 7.9	19.9	♏ 2	14.4	27.1	♐ 10.3	23.9	♑ 7.9	22.3	♒ 7	21.9	♓ 6.8	21.7	♈ 6.3
☿	♑ 2.0R	0.9	♐ 30	29.2	28.6	28.2	27.9	27.8	27.9D	28	28.3	28.8	29.3	29.9	♑ 0.6	1.4	2.3	3.2	4.2	5.2	6.3	7.4	8.5	9.7	10.9	12.2	13.5	14.7	16.1	17.4	18.7
♀	♏ 24.8	25.6	26.5	27.3	28.2	29.1	30	♐ 0.9	1.8	2.7	3.6	4.6	5.5	6.5	7.5	8.4	9.4	10.4	11.4	12.4	13.4	14.5	15.5	16.5	17.6	18.6	19.7	20.7	21.8	22.8	23.9
♂	♏ 16.1	16.7	17.3	18	18.6	19.2	19.9	20.5	21.1	21.8	22.4	23	23.7	24.3	24.9	25.5	26.2	26.8	27.4	28.1	28.7	29.3	30	♐ 0.6	1.2	1.8	2.5	3.1	3.7	4.4	5

♃ 1: ♏ 27.6 · 6: 28.5 · 11: 29.4 · 16: ♐ 0.3 · 21: 1.1 · 26: 1.9 · 31: 2.6
♄ 1: ♉ 15.9R · 6: 15.8 · 11: 15.7 · 16: 15.7 · 21: 15.7D · 26: 15.8 · 31: 15.9
♅ 1: ♎ 13.4 · 11: 13.5 · 21: 13.6R · 31: 13.5
♆ 1: ♐ 2 · 11: 2.3 · 21: 2.5 · 31: 2.8
♇ 1: ♍ 29.7 · 11: 29.7R · 21: 29.6 · 31: 29.5

	1	2	3	4	5	6	7	8	9	10	11	12	13	14	15	16	17	18	19	20	21	22	23	24	25	26	27	28	29	30	31
☉	♒ 11.5	12.5	13.5	14.5	15.5	16.5	17.6	18.6	19.6	20.6	21.6	22.6	23.6	24.6	25.6	26.7	27.7	28.7	29.7	♓ 0.7	1.7	2.7	3.7	4.7	5.7	6.7	7.7	8.7			
☽	♈ 20.7	♉ 4.8	18.5	♊ 1.9	15	27.8	♋ 10.4	22.8	♌ 5	17.1	29	♍ 10.9	22.7	♎ 4.5	16.4	28.3	♏ 10.4	22.8	♐ 5.4	18.5	♑ 1.9	15.8	♒ 0.2	14.9	29.9	♓ 15.1	♈ 0.3	15.3			
☿	♑ 20.1	21.5	22.9	24.3	25.8	27.2	28.7	♒ 0.2	1.7	3.2	4.7	6.3	7.8	9.4	11	12.6	14.2	15.8	17.5	19.1	20.8	22.5	24.2	25.9	27.7	29.4	♓ 1.2	3			
♀	♐ 25	26.1	27.1	28.2	29.3	♑ 0.4	1.5	2.6	3.7	4.8	5.9	7.1	8.2	9.3	10.4	11.5	12.7	13.8	14.9	16.1	17.2	18.4	19.5	20.7	21.8	22.9	24.1	25.3			
♂	♐ 5.6	6.2	6.9	7.5	8.1	8.7	9.4	10	10.6	11.2	11.9	12.5	13.1	13.7	14.4	15	15.6	16.2	16.8	17.5	18.1	18.7	19.3	19.9	20.6	21.2	21.8	22.4			

♃ 1: ♐ 2.7 · 6: 3.4 · 11: 4 · 16: 4.6 · 21: 5 · 26: 5.5
♄ 1: ♉ 15.9 · 6: 16 · 11: 16.3 · 16: 16.5 · 21: 16.8 · 26: 17.1
♅ 1: ♎ 13.5R · 11: 13.3 · 21: 13.1
♆ 1: ♐ 2.8 · 11: 2.9 · 21: 3
♇ 1: ♍ 29.4R · 11: 29.3 · 21: 29

	1	2	3	4	5	6	7	8	9	10	11	12	13	14	15	16	17	18	19	20	21	22	23	24	25	26	27	28	29	30	31
☉	♓ 9.8	10.8	11.8	12.8	13.8	14.8	15.8	16.8	17.8	18.8	19.8	20.8	21.8	22.8	23.8	24.8	25.7	26.7	27.7	28.7	29.7	♈ 0.7	1.7	2.7	3.7	4.7	5.7	6.7	7.7	8.6	9.6
☽	♉ 0	14.4	23.3	♊ 11.7	24.8	♋ 7.5	19.9	♌ 2	14.1	26	♍ 7.8	19.6	♎ 1.4	13.3	25.2	♏ 7.3	19.5	♐ 1.9	14.5	27.5	♑ 10.8	24.5	♒ 8.6	23.1	♓ 8	23.2	♈ 8.4	23.6	♉ 8.5	23	♊ 7.1
☿	♓ 4.8	6.6	8.4	10.3	12.2	14.1	16	17.9	19.8	21.8	23.7	25.7	27.6	29.6	♈ 1.6	3.6	5.5	7.5	9.4	11.3	13.1	15	16.7	18.5	20.1	21.7	23.2	24.7	26	27.2	28.4
♀	♑ 26.4	27.6	28.7	29.9	♒ 1	2.2	3.4	4.5	5.7	6.9	8.1	9.2	10.4	11.6	12.7	13.9	15.1	16.3	17.5	18.6	19.8	21	22.2	23.4	24.6	25.7	26.9	28.1	29.3	♓ 0.5	1.7
♂	♐ 23	23.6	24.2	24.9	25.5	26.1	26.7	27.3	27.9	28.5	29.1	29.7	♑ 0.3	1	1.6	2.2	2.8	3.4	4	4.6	5.2	5.8	6.4	7	7.6	8.1	8.7	9.3	9.9	10.5	11.1

♃ 1: ♐ 5.7 · 6: 6 · 11: 6.2 · 16: 6.4 · 21: 6.4 · 26: 6.4R · 31: 6.4
♄ 1: ♉ 17.3 · 6: 17.7 · 11: 18.1 · 16: 18.6 · 21: 19.1 · 26: 19.6 · 31: 20.1
♅ 1: ♎ 12.8R · 11: 12.4 · 21: 12 · 31: 11.6
♆ 1: ♐ 3.1 · 11: 3.1R · 21: 3 · 31: 2.9
♇ 1: ♍ 28.9R · 11: 28.6 · 21: 28.3 · 31: 28

	1	2	3	4	5	6	7	8	9	10	11	12	13	14	15	16	17	18	19	20	21	22	23	24	25	26	27	28	29	30	31
☉	♈ 10.6	11.6	12.6	13.6	14.6	15.5	16.5	17.5	18.5	19.5	20.5	21.4	22.4	23.4	24.4	25.4	26.3	27.3	28.3	29.3	♉ 0.2	1.2	2.2	3.2	4.1	5.1	6.1	7.1	8	9	
☽	♊ 20.7	♋ 3.9	16.6	28.9	♌ 11	23	♍ 4.8	16.6	28.4	♎ 10.2	22.2	♏ 4.3	16.5	28.9	♐ 11.5	24.3	♑ 7.3	20.5	♒ 4.1	18	♓ 2.3	16.9	♈ 1.8	16.8	♉ 1.8	16.6	♊ 1.2	15.4	29	♋ 12.2	
☿	♈ 29.4	♉ 0.4	1.2	1.9	2.5	3	3.3	3.6	3.7	3.8R	3.7	3.5	3.2	2.8	2.4	1.8	1.2	0.6	♈ 29.9	29.2	28.5	27.8	27.1	26.5	25.8	25.3	24.8	24.3	23.9	23.6	
♀	♓ 2.9	4.1	5.3	6.5	7.6	8.8	10	11.2	12.4	13.6	14.8	16	17.2	18.4	19.6	20.8	22	23.2	24.4	25.6	26.8	28	29.2	♈ 0.4	1.6	2.8	4	5.2	6.4	7.6	
♂	♑ 11.7	12.3	12.9	13.4	14	14.6	15.2	15.8	16.3	16.9	17.5	18	18.6	19.2	19.7	20.3	20.9	21.4	22	22.5	23.1	23.6	24.2	24.7	25.3	25.8	26.4	26.9	27.4	28	

♃ 1: ♐ 6.3R · 6: 6.2 · 11: 5.9 · 16: 5.6 · 21: 5.2 · 26: 4.8
♄ 1: ♉ 20.2 · 6: 20.8 · 11: 21.4 · 16: 22 · 21: 22.6 · 26: 23.2
♅ 1: ♎ 11.6R · 11: 11.1 · 21: 10.7
♆ 1: ♐ 2.9R · 11: 2.7 · 21: 2.5
♇ 1: ♍ 28.0R · 11: 27.8 · 21: 27.5

	1	2	3	4	5	6	7	8	9	10	11	12	13	14	15	16	17	18	19	20	21	22	23	24	25	26	27	28	29	30	31
☉	♉ 10	11	11.9	12.9	13.9	14.8	15.8	16.8	17.7	18.7	19.7	20.6	21.6	22.6	23.5	24.5	25.5	26.4	27.4	28.3	29.3	♊ 0.3	1.2	2.2	3.2	4.1	5.1	6	7	8	8.9
☽	♋ 25	♌ 7.4	19.5	♍ 1.5	13.3	25.1	♎ 6.9	18.9	♏ 1	13.3	25.7	♐ 8.4	21.2	♑ 4.3	17.5	♒ 0.9	14.6	28.4	♓ 12.5	26.9	♈ 11.4	26	♉ 10.6	25.2	♊ 9.5	23.5	♋ 7.1	20.2	♌ 3	15.4	27.6
☿	♈ 23.4R	23.2	23.1	23.2D	23.2	23.4	23.6	24	24.4	24.8	25.3	25.9	26.6	27.3	28.1	29	29.9	♉ 0.8	1.8	2.9	4	5.1	6.3	7.6	8.9	10.2	11.6	13	14.5	16	17.5
♀	♈ 8.8	10	11.3	12.5	13.7	14.9	16.1	17.3	18.5	19.7	20.9	22.1	23.3	24.5	25.7	26.9	28.2	29.4	♉ 0.6	1.8	3	4.2	5.4	6.6	7.8	9	10.3	11.5	12.7	13.9	15.1
♂	♑ 28.5	29	29.5	♒ 0.1	0.6	1.1	1.6	2.1	2.6	3.1	3.6	4.1	4.6	5.1	5.6	6	6.5	7	7.5	7.9	8.4	8.8	9.3	9.7	10.1	10.6	11	11.4	11.8	12.2	12.7

♃ 1: ♐ 4.3R · 6: 3.7 · 11: 3.1 · 16: 2.5 · 21: 1.9 · 26: 1.2 · 31: 0.6
♄ 1: ♉ 23.8 · 6: 24.5 · 11: 25.1 · 16: 25.7 · 21: 26.4 · 26: 27 · 31: 27.7
♅ 1: ♎ 10.3R · 11: 10 · 21: 9.8 · 31: 9.6
♆ 1: ♐ 2.3R · 11: 2 · 21: 1.8 · 31: 1.5
♇ 1: ♍ 27.3R · 11: 27.2 · 21: 27.1 · 31: 27

	1	2	3	4	5	6	7	8	9	10	11	12	13	14	15	16	17	18	19	20	21	22	23	24	25	26	27	28	29	30	31
☉	♊ 9.9	10.8	11.8	12.7	13.7	14.7	15.6	16.6	17.5	18.5	19.4	20.4	21.4	22.3	23.3	24.2	25.2	26.1	27.1	28	29	29.9	♋ 0.9	1.9	2.8	3.8	4.7	5.7	6.6	7.6	
☽	♍ 9.6	21.4	♎ 3.2	15.1	27.2	♏ 9.4	21.8	♐ 4.5	17.5	♑ 0.7	14.1	27.7	♒ 11.4	25.3	♓ 9.3	23.4	♈ 7.6	21.9	♉ 6.1	20.3	♊ 4.4	18.3	♋ 2	15.3	28.3	♌ 11	23.3	♍ 5.5	17.5	29.3	
☿	♉ 19.1	20.7	22.4	24.1	25.9	27.7	29.5	♊ 1.4	3.3	5.2	7.2	9.2	11.3	13.4	15.5	17.6	19.8	21.9	24.1	26.3	28.5	♋ 0.7	2.9	5.1	7.2	9.4	11.5	13.6	15.7	17.7	
♀	♉ 16.3	17.5	18.7	19.9	21.2	22.4	23.6	24.8	26	27.2	28.4	29.7	♊ 0.9	2.1	3.3	4.5	5.7	6.9	8.2	9.4	10.6	11.8	13	14.2	15.5	16.7	17.9	19.1	20.3	21.6	
♂	♒ 13.1	13.4	13.8	14.2	14.6	14.9	15.3	15.7	16	16.3	16.7	17	17.3	17.6	17.9	18.2	18.5	18.7	19	19.2	19.5	19.7	19.9	20.1	20.3	20.5	20.7	20.9	21	21.2	

♃ 1: ♐ 0.5R · 6: ♏ 29.9 · 11: 29.3 · 16: 28.8 · 21: 28.3 · 26: 27.8
♄ 1: ♉ 27.8 · 6: 28.4 · 11: 29.1 · 16: 29.7 · 21: ♊ 0.3 · 26: 0.9
♅ 1: ♎ 9.5R · 11: 9.4 · 21: 9.4D
♆ 1: ♐ 1.5R · 11: 1.2 · 21: 1
♇ 1: ♍ 27.0R · 11: 27.0D · 21: 27

	1	2	3	4	5	6	7	8	9	10	11	12	13	14	15	16	17	18	19	20	21	22	23	24	25	26	27	28	29	30	31
☉	♋ 8.5	9.5	10.4	11.4	12.3	13.3	14.3	15.2	16.2	17.1	18.1	19	20	20.9	21.9	22.8	23.8	24.7	25.7	26.6	27.6	28.6	29.5	♌ 0.5	1.4	2.4	3.3	4.3	5.2	6.2	7.2
☽	♎ 11.2	23.[illegible]	♏ 5.2	17.4	♐ 0	12.9	26.1	♑ 9.6	23.3	♒ 7.3	21.5	♓ 5.8	20.1	♈ 4.4	18.7	♉ 2.8	16.8	♊ 0.7	14.4	27.8	♋ 11	24	♌ 6.7	19.2	♍ 1.4	13.5	25.4	♎ 7.3	19.2	♏ 1.1	13.1
☿	♋ 19.7	21.7	23.7	25.6	27.5	29.3	♌ 1.1	2.9	4.7	6.4	8.1	9.7	11.4	12.9	14.5	16	17.5	18.9	20.4	21.7	23.1	24.4	25.6	26.9	28.1	29.2	♍ 0.3	1.4	2.4	3.4	4.3
♀	♊ 22.8	24	25.2	26.4	27.7	28.9	♋ 0.1	1.3	2.6	3.8	5	6.2	7.4	8.7	9.9	11.1	12.3	13.6	14.8	16	17.2	18.5	19.7	20.9	22.2	23.4	24.6	25.8	27.1	28.3	29.5
♂	♒ 21.3	21.4	21.5	21.6	21.7	21.8	21.8	21.9	21.9	21.9	22	21.9R	21.9	21.9	21.9	21.8	21.7	21.7	21.6	21.5	21.3	21.2	21.1	20.9	20.8	20.6	20.4	20.2	20	19.8	19.6

♃ 1: ♏ 27.4R · 6: 27.1 · 11: 26.9 · 16: 26.7 · 21: 26.6 · 26: 26.6D · 31: 26.7
♄ 1: ♊ 1.4 · 6: 2 · 11: 2.5 · 16: 3 · 21: 3.5 · 26: 4 · 31: 4.4
♅ 1: ♎ 9.5 · 11: 9.7 · 21: 9.9 · 31: 10.2
♆ 1: ♐ 0.7R · 11: 0.6 · 21: 0.4 · 31: 0.3
♇ 1: ♍ 27.1 · 11: 27.3 · 21: 27.5 · 31: 27.7

	1	2	3	4	5	6	7	8	9	10	11	12	13	14	15	16	17	18	19	20	21	22	23	24	25	26	27	28	29	30	31
☉	♌ 8.1	9.[illegible]	10	11	11.9	12.9	13.9	14.8	15.8	16.7	17.7	18.7	19.6	20.6	21.5	22.5	23.5	24.4	25.4	26.3	27.3	28.3	29.2	♍ 0.2	1.2	2.1	3.1	4.1	5	6	7
☽	♏ 25.4	♐ 8	20.9	♑ 4.2	17.9	♒ 1.9	16.3	♓ 0.9	15.6	♈ 0.3	15	29.4	♉ 13.7	27.6	♊ 11.2	24.6	♋ 7.7	20.5	♌ 3.2	15.6	27.8	♍ 9.9	21.9	♎ 3.8	15.6	27.4	♏ 9.4	21.4	♐ 3.6	16.1	29
☿	♍ 5.2	6	6.7	7.4	8.1	8.6	9.1	9.6	9.9	10.2	10.4	10.5	10.6R	10.5	10.3	10.1	9.7	9.3	8.8	8.2	7.5	6.7	5.9	5.1	4.2	3.3	2.4	1.5	0.7	♌ 29.9	29.2
♀	♌ 0.8	2	3.2	4.5	5.7	6.9	8.2	9.4	10.6	11.9	13.1	14.3	15.6	16.8	18	19.3	20.5	21.7	23	24.2	25.4	26.7	27.9	29.2	♍ 0.4	1.6	2.9	4.1	5.4	6.6	7.8
♂	♒ 19.3R	19.1	18.9	18.6	18.4	18.1	17.9	17.6	17.3	17.1	16.8	16.5	16.3	16	15.8	15.5	15.2	15	14.8	14.5	14.3	14.1	13.8	13.6	13.4	13.3	13.1	12.9	12.8	12.6	12.5

♃ 1: ♏ 26.7 · 6: 26.8 · 11: 27 · 16: 27.3 · 21: 27.7 · 26: 28.1 · 31: 28.6
♄ 1: ♊ 4.5 · 6: 4.8 · 11: 5.2 · 16: 5.5 · 21: 5.8 · 26: 6 · 31: 6.2
♅ 1: ♎ 10.3 · 11: 10.7 · 21: 11.2 · 31: 11.7
♆ 1: ♐ 0.3R · 11: 0.3 · 21: 0.3D · 31: 0.4
♇ 1: ♍ 27.7 · 11: 28 · 21: 28.3 · 31: 28.7

	1	2	3	4	5	6	7	8	9	10	11	12	13	14	15	16	17	18	19	20	21	22	23	24	25	26	27	28	29	30	31
☉	♍ 7.9	8.9	9.9	10.8	11.8	12.8	13.7	14.7	15.7	16.6	17.6	18.6	19.6	20.5	21.5	22.5	23.5	24.4	25.4	26.4	27.4	28.3	29.3	♎ 0.3	1.3	2.3	3.2	4.2	5.2	6.2	
☽	♑ 12.2	25.9	♒ 10	24.5	♓ 9.4	24.5	♈ 9.6	24.6	♉ 9.4	23.9	♊ 7.9	21.5	♋ 4.7	17.6	♌ 0.2	12.5	24.7	♍ 6.8	18.7	♎ 0.6	12.4	24.3	♏ 6.2	18.1	♐ 0.1	12.3	24.8	♑ 7.5	20.7	♒ 4.2	
☿	♌ 28.6R	28.1	27.7	27.5	27.4	27.4D	27.6	27.9	28.4	29	29.8	♍ 0.7	1.7	2.8	4	5.4	6.8	8.3	9.9	11.5	13.2	14.9	16.6	18.4	20.2	22	23.8	25.7	27.5	29.3	
♀	♍ 9.1	10.3	11.6	12.8	14	15.3	16.5	17.8	19	20.3	21.5	22.7	24	25.2	26.5	27.7	29	♎ 0.2	1.4	2.7	3.9	5.2	6.4	7.7	8.9	10.2	11.4	12.6	13.9	15.1	
♂	♒ 12.4R	12.3	12.2	12.1	12	12	11.9	11.9	11.9	11.9D	11.9	11.9	12	12	12.1	12.2	12.3	12.4	12.5	12.6	12.8	12.9	13.1	13.3	13.5	13.7	13.9	14.1	14.3	14.6	

♃ 1: ♏ 28.7 · 6: 29.3 · 11: 29.9 · 16: ♐ 0.6 · 21: 1.3 · 26: 2.1
♄ 1: ♊ 6.2 · 6: 6.4 · 11: 6.5 · 16: 6.5 · 21: 6.5R · 26: 6.5
♅ 1: ♎ 11.7 · 11: 12.3 · 21: 12.9
♆ 1: ♐ 0.4 · 11: 0.5 · 21: 0.7
♇ 1: ♍ 28.7 · 11: 29.1 · 21: 29.5

	1	2	3	4	5	6	7	8	9	10	11	12	13	14	15	16	17	18	19	20	21	22	23	24	25	26	27	28	29	30	31
☉	♎ 7.2	8.2	9.1	10.1	11.1	12.1	13.1	14.1	15.1	16	17	18	19	20	21	22	23	24	25	25.9	26.9	27.9	28.9	29.9	♏ 0.9	1.9	2.9	3.9	4.9	5.9	6.9
☽	♒ 18.2	♓ 2.7	17.6	♈ 2.7	18.1	♉ 3.3	18.4	♊ 3.1	17.3	♋ 1	14.3	27.1	♌ 9.6	21.8	♍ 3.9	15.8	27.6	♎ 9.5	21.3	♏ 3.2	15.2	27.2	♐ 9.4	21.7	♑ 4.1	16.9	29.9	♒ 13.3	27.1	♓ 11.3	26
☿	♎ 1.1	2.9	4.7	6.5	8.3	10.1	11.9	13.6	15.3	17.1	18.8	20.5	22.2	23.8	25.5	27.2	28.8	♏ 0.4	2.1	3.7	5.3	6.8	8.4	10	11.6	13.1	14.6	16.2	17.7	19.2	20.7
♀	♎ 16.4	17.6	18.9	20.1	21.4	22.6	23.9	25.1	26.3	27.6	28.8	♏ 0.1	1.3	2.6	3.8	5.1	6.3	7.6	8.8	10.1	11.3	12.5	13.8	15	16.3	17.5	18.8	20	21.3	22.5	23.8
♂	♒ 14.9	15.1	15.4	15.7	16	16.3	16.6	17	17.3	17.6	18	18.4	18.7	19.1	19.5	19.9	20.3	20.7	21.1	21.6	22	22.4	22.9	23.3	23.8	24.3	24.7	25.2	25.7	26.2	26.7

♃ 1: ♐ 2.9 · 6: 3.8 · 11: 4.7 · 16: 5.6 · 21: 6.6 · 26: 7.6 · 31: 8.6
♄ 1: ♊ 6.4R · 6: 6.3 · 11: 6.1 · 16: 5.9 · 21: 5.6 · 26: 5.3 · 31: 5
♅ 1: ♎ 13.5 · 11: 14.2 · 21: 14.8 · 31: 15.4
♆ 1: ♐ 0.9 · 11: 1.2 · 21: 1.5 · 31: 1.9
♇ 1: ♍ 29.8 · 11: ♎ 0.2 · 21: 0.6 · 31: 0.9

	1	2	3	4	5	6	7	8	9	10	11	12	13	14	15	16	17	18	19	20	21	22	23	24	25	26	27	28	29	30	31
☉	♏ 7.9	8.9	9.9	10.9	11.9	12.9	13.9	14.9	15.9	16.9	17.9	18.9	20	21	22	23	24	25	26	27	28	29	♐ 0	1	2.1	3.1	4.1	5.1	6.1	7.1	
☽	♈ 11	26.2	♉ 11.5	26.6	♊ 11.4	25.8	♋ 9.6	23	♌ 5.9	18.4	♍ 0.6	12.6	24.5	♎ 6.4	18.2	♏ 0.1	12.1	24.2	♐ 6.4	18.7	♑ 1.3	13.9	26.8	♒ 9.9	23.3	♓ 7	21	♈ 5.4	20	♉ 4.9	
☿	♏ 22.2	23.7	25.2	26.7	28.1	29.6	♐ 1	2.5	3.9	5.3	6.7	8.1	9.5	10.8	12.2	13.5	14.8	16.1	17.3	18.5	19.7	20.8	21.9	22.9	23.9	24.8	25.6	26.4	27	27.5	
♀	♏ 25	26.2	27.5	28.7	30	♐ 1.2	2.5	3.7	5	6.2	7.5	8.7	10	11.2	12.4	13.7	14.9	16.2	17.4	18.7	19.9	21.2	22.4	23.6	24.9	26.1	27.4	28.6	29.9	♑ 1.1	
♂	♒ 27.2	27.7	28.2	28.7	29.2	29.7	♓ 0.3	0.8	1.3	1.9	2.4	2.9	3.5	4	4.6	5.2	5.7	6.3	6.9	7.4	8	8.6	9.2	9.8	10.3	10.9	11.5	12.1	12.7	13.3	

♃ 1: ♐ 8.8 · 6: 9.9 · 11: 10.9 · 16: 12 · 21: 13.1 · 26: 14.2
♄ 1: ♊ 4.9R · 6: 4.6 · 11: 4.2 · 16: 3.8 · 21: 3.4 · 26: 3
♅ 1: ♎ 15.5 · 11: 16 · 21: 16.6
♆ 1: ♐ 1.9 · 11: 2.3 · 21: 2.6
♇ 1: ♎ 0.9 · 11: 1.2 · 21: 1.5

	1	2	3	4	5	6	7	8	9	10	11	12	13	14	15	16	17	18	19	20	21	22	23	24	25	26	27	28	29	30	31
☉	♐ 8.1	9.1	10.2	11.2	12.2	13.2	14.2	15.2	16.3	17.3	18.3	19.3	20.3	21.3	22.4	23.4	24.4	25.4	26.4	27.4	28.5	29.5	♑ 0.5	1.5	2.5	3.6	4.6	5.6	6.6	7.6	8.6
☽	♉ 19.8	♊ 4.7	19.3	♋ 3.6	17.5	♌ 0.9	13.9	26.5	♍ 8.8	20.9	♎ 2.8	14.7	26.5	♏ 8.5	20.5	♐ 2.8	15.2	27.8	♑ 10.6	23.7	♒ 6.9	20.3	♓ 3.9	17.7	♈ 1.7	15.8	♉ 0.1	14.6	29	♊ 13.4	27.6
☿	♐ 27.9	28.2	28.3	28.2R	27.9	27.5	26.9	26.1	25.1	24	22.7	21.4	20	18.6	17.3	16.1	15	14	13.3	12.7	12.3	12	12.0D	12.1	12.3	12.7	13.2	13.8	14.5	15.3	16.2
♀	♑ 2.4	3.6	4.8	6.1	7.3	8.6	9.8	11.1	12.3	13.5	14.8	16	17.3	18.5	19.8	21	22.2	23.5	24.7	26	27.2	28.4	29.7	♒ 0.9	2.1	3.4	4.6	5.9	7.1	8.3	9.6
♂	♓ 13.9	14.5	15.1	15.7	16.3	17	17.6	18.2	18.8	19.4	20	20.7	21.3	21.9	22.5	23.2	23.8	24.4	25.1	25.7	26.3	27	27.6	28.2	28.9	29.5	♈ 0.2	0.8	1.5	2.1	2.7

♃ 1: ♐ 15.4 · 6: 16.5 · 11: 17.6 · 16: 18.8 · 21: 19.9 · 26: 21 · 31: 22.1
♄ 1: ♊ 2.6R · 6: 2.2 · 11: 1.8 · 16: 1.4 · 21: 1.1 · 26: 0.8 · 31: 0.5
♅ 1: ♎ 17 · 11: 17.5 · 21: 17.8 · 31: 18.1
♆ 1: ♐ 3 · 11: 3.4 · 21: 3.7 · 31: 4.1
♇ 1: ♎ 1.7 · 11: 1.9 · 21: 2 · 31: 2

I

	1	2	3	4	5	6	7	8	9	10	11	12	13	14	15	16	17	18	19	20	21	22	23	24	25	26	27	28	29	30	31
☉	♑ 9.7	10.7	11.7	12.7	13.7	14.8	15.8	16.8	17.8	18.8	19.9	20.9	21.9	22.9	23.9	25	26	27	28	29	♒ 0	1.1	2.1	3.1	4.1	5.1	6.1	7.2	8.2	9.2	10.2
☽	♋ 11.6	25.3	♌ 8.6	21.6	♍ 4.3	16.6	28.7	♎ 10.7	22.6	♏ 4.4	16.4	28.5	♐ 10.8	23.4	♑ 6.2	19.4	♒ 2.8	16.4	♓ 0.3	14.3	28.5	♈ 12.7	26.9	♉ 11	25.2	♊ 9.2	23.1	♋ 6.8	20.3	♌ 3.7	16.7
☿	♐ 17.1	18.1	19.2	20.3	21.4	22.6	23.8	25.1	26.4	27.7	29	♑ 0.3	1.7	3.1	4.5	5.9	7.3	8.7	10.2	11.6	13.1	14.6	16.1	17.6	19.1	20.6	22.2	23.7	25.3	26.8	28.4
♀	♒ 10.8	12	13.3	14.5	15.7	17	18.2	19.4	20.7	21.9	23.1	24.3	25.6	26.8	28	29.2	♓ 0.5	1.7	2.9	4.1	5.3	6.6	7.8	9	10.2	11.4	12.6	13.9	15.1	16.3	17.5
♂	♈ 3.4	4	4.7	5.3	6	6.6	7.3	7.9	8.6	9.2	9.9	10.5	11.2	11.8	12.5	13.2	13.8	14.5	15.1	15.8	16.4	17.1	17.8	18.4	19.1	19.7	20.4	21	21.7	22.4	23

♃ 1: ♐ 22.4 · 6: 23.5 · 11: 24.5 · 16: 25.6 · 21: 26.7 · 26: 27.7 · 31: 28.7
♄ 1: ♊ 0.4R · 6: 0.2 · 11: ♉ 30 · 16: 29.8 · 21: 29.7 · 26: 29.6 · 31: 29.6
♅ 1: ♎ 18.1 · 11: 18.2 · 21: 18.3 · 31: 18.3R
♆ 1: ♐ 4.1 · 11: 4.4 · 21: 4.7 · 31: 4.9
♇ 1: ♎ 2 · 11: 2.0R · 21: 2 · 31: 1.8

II

	1	2	3	4	5	6	7	8	9	10	11	12	13	14	15	16	17	18	19	20	21	22	23	24	25	26	27	28	29	30	31
☉	♒ 11.2	12.2	13.3	14.3	15.3	16.3	17.3	18.3	19.3	20.3	21.4	22.4	23.4	24.4	25.4	26.4	27.4	28.4	29.4	♓ 0.5	1.5	2.5	3.5	4.5	5.5	6.5	7.5	8.5	9.5		
☽	♌ 29.5	♍ 12.1	24.4	♎ 6.5	18.5	♏ 0.3	12.2	24.2	♐ 6.2	18.6	♑ 1.1	14.1	27.4	♒ 11.1	25.1	♓ 9.5	24	♈ 8.6	23.2	♉ 7.7	22	♊ 6.1	19.9	♋ 3.4	16.8	29.9	♌ 12.8	25.5	♍ 8		
☿	♒ 0	1.6	3.2	4.9	6.5	8.2	9.8	11.5	13.2	14.9	16.6	18.3	20.1	21.9	23.6	25.4	27.2	29	♓ 0.9	2.7	4.5	6.4	8.3	10.2	12.1	13.9	15.8	17.7	19.6		
♀	♓ 18.7	19.9	21.1	22.3	23.5	24.7	25.9	27.1	28.3	29.5	♈ 0.7	1.9	3.1	4.3	5.4	6.6	7.8	9	10.2	11.3	12.5	13.7	14.9	16	17.2	18.4	19.5	20.7	21.8		
♂	♈ 23.7	24.3	25	25.7	26.3	27	27.6	28.3	29	29.6	♉ 0.3	0.9	1.6	2.3	2.9	3.6	4.2	4.9	5.6	6.2	6.9	7.5	8.2	8.9	9.5	10.2	10.8	11.5	12.2		

♃ 1: ♐ 28.9 · 6: 29.8 · 11: ♑ 0.8 · 16: 1.7 · 21: 2.5 · 26: 3.3
♄ 1: ♉ 29.6D · 6: 29.6 · 11: 29.7 · 16: 29.8 · 21: 30 · 26: ♊ 0.2
♅ 1: ♎ 18.3R · 11: 18.2 · 21: 17.9
♆ 1: ♐ 4.9 · 11: 5.1 · 21: 5.2
♇ 1: ♎ 1.8R · 11: 1.7 · 21: 1.5

III

	1	2	3	4	5	6	7	8	9	10	11	12	13	14	15	16	17	18	19	20	21	22	23	24	25	26	27	28	29	30	31
☉	♓ 10.5	11.5	12.5	13.5	14.5	15.5	16.5	17.5	18.5	19.5	20.5	21.5	22.5	23.5	24.5	25.5	26.5	27.5	28.5	29.5	♈ 0.5	1.5	2.5	3.5	4.4	5.4	6.4	7.4	8.4	9.4	10.4
☽	♍ 20.3	♎ 2.5	14.6	26.5	♏ 8.4	20.3	♐ 2.2	14.2	26.5	♑ 9	21.9	♒ 5.2	19	♓ 3.2	17.8	♈ 2.7	17.8	♉ 2.8	17.7	♊ 2.3	16.5	♋ 0.3	13.8	26.9	♌ 9.7	22.3	♍ 4.7	17	29.1	♎ 11.2	23.1
☿	♓ 21.5	23.4	25.2	27	28.8	♈ 0.5	2.2	3.8	5.4	6.8	8.2	9.5	10.7	11.8	12.7	13.6	14.3	14.9	15.3	15.6	15.8	15.8R	15.7	15.5	15.2	14.7	14.2	13.5	12.8	12.1	11.3
♀	♈ 23	24.1	25.3	26.4	27.6	28.7	29.8	♉ 1	2.1	3.2	4.3	5.5	6.6	7.7	8.8	9.9	11	12.1	13.2	14.3	15.4	16.5	17.5	18.6	19.7	20.7	21.8	22.8	23.9	24.9	26
♂	♉ 12.8	13.5	14.1	14.8	15.5	16.1	16.8	17.4	18.1	18.7	19.4	20.1	20.7	21.4	22	22.7	23.3	24	24.6	25.3	26	26.6	27.3	27.9	28.6	29.2	29.9	♊ 0.5	1.2	1.8	2.5

♃ 1: ♑ 3.9 · 6: 4.6 · 11: 5.3 · 16: 5.9 · 21: 6.5 · 26: 6.9 · 31: 7.4
♄ 1: ♊ 0.4 · 6: 0.7 · 11: 1 · 16: 1.4 · 21: 1.8 · 26: 2.2 · 31: 2.7
♅ 1: ♎ 17.7R · 11: 17.3 · 21: 17 · 31: 16.5
♆ 1: ♐ 5.2 · 11: 5.2R · 21: 5.2 · 31: 5.1
♇ 1: ♎ 1.2R · 11: 1 · 21: 0.7 · 31: 0.4

IV

	1	2	3	4	5	6	7	8	9	10	11	12	13	14	15	16	17	18	19	20	21	22	23	24	25	26	27	28	29	30	31
☉	♈ 11.4	12.4	13.3	14.3	15.3	16.3	17.3	18.3	19.2	20.2	21.2	22.2	23.2	24.1	25.1	26.1	27.1	28.1	29	♉ 0	1	2	2.9	3.9	4.9	5.9	6.8	7.8	8.8	9.7	
☽	♏ 5	16.9	28.8	♐ 10.7	22.7	♑ 4.9	17.4	♒ 0.2	13.4	27.1	♓ 11.3	25.9	♈ 11	26.2	♉ 11.5	26.7	♊ 11.6	26	♋ 10	23.5	♌ 6.6	19.4	♍ 1.8	14.1	26.2	♎ 8.2	20.1	♏ 2	13.9	25.8	
☿	♈ 10.4R	9.6	8.8	8	7.2	6.5	5.9	5.3	4.8	4.4	4.1	3.9	3.7	3.7	3.7D	3.8	4	4.3	4.7	5.1	5.6	6.2	6.8	7.5	8.3	9.1	10	10.9	11.9	12.9	
♀	♉ 27	28	29	♊ 0	1.1	2	3	4	5	6	6.9	7.9	8.8	9.8	10.7	11.6	12.5	13.4	14.3	15.2	16	16.9	17.7	18.6	19.4	20.2	21	21.7	22.5	23.2	
♂	♊ 3.1	3.8	4.4	5.1	5.8	6.4	7.1	7.7	8.4	9	9.7	10.3	10.9	11.6	12.2	12.9	13.5	14.2	14.8	15.5	16.1	16.8	17.4	18.1	18.7	19.4	20	20.7	21.3	21.9	

♃ 1: ♑ 7.4 · 6: 7.8 · 11: 8 · 16: 8.2 · 21: 8.3 · 26: 8.3R
♄ 1: ♊ 2.8 · 6: 3.3 · 11: 3.8 · 16: 4.3 · 21: 4.9 · 26: 5.5
♅ 1: ♎ 16.5R · 11: 16.1 · 21: 15.6
♆ 1: ♐ 5.1R · 11: 4.9 · 21: 4.7
♇ 1: ♎ 0.4R · 11: 0.1 · 21: ♍ 29.9

V

	1	2	3	4	5	6	7	8	9	10	11	12	13	14	15	16	17	18	19	20	21	22	23	24	25	26	27	28	29	30	31
☉	♉ 10.7	11.7	12.7	13.6	14.6	15.6	16.5	17.5	18.5	19.4	20.4	21.4	22.3	23.3	24.3	25.2	26.2	27.2	28.1	29.1	♊ 0	1	2	2.9	3.9	4.8	5.8	6.8	7.7	8.7	9.6
☽	♐ 7.7	19.7	♑ 1.8	14	26.5	♒ 9.3	22.4	♓ 6	20	♈ 4.5	19.4	♉ 4.6	19.9	♊ 5.1	20	♋ 4.6	18.8	♌ 2.4	15.6	28.5	♍ 10.9	23.2	♎ 5.2	17.1	29	♏ 10.9	22.8	♐ 4.7	16.7	28.9	♑ 11.1
☿	♈ 14	15.1	16.3	17.5	18.7	20	21.3	22.7	24.1	25.5	27	28.5	♉ 0	1.6	3.2	4.9	6.5	8.3	10	11.8	13.6	15.5	17.4	19.3	21.3	23.3	25.3	27.3	29.4	♊ 1.5	3.7
♀	♊ 24	24.7	25.4	26	26.7	27.3	28	28.6	29.1	29.7	♋ 0.2	0.7	1.2	1.7	2.1	2.5	2.8	3.2	3.5	3.8	4	4.2	4.4	4.5	4.6	4.7	4.7	4.7R	4.7	4.6	4.4
♂	♊ 22.6	23.2	23.9	24.5	25.2	25.8	26.4	27.1	27.7	28.4	29	29.7	♋ 0.3	0.9	1.6	2.2	2.9	3.5	4.1	4.8	5.4	6.1	6.7	7.3	8	8.6	9.2	9.9	10.5	11.2	11.8

♃ 1: ♑ 8.3R · 6: 8.1 · 11: 7.9 · 16: 7.6 · 21: 7.3 · 26: 6.9 · 31: 6.4
♄ 1: ♊ 6.1 · 6: 6.7 · 11: 7.3 · 16: 8 · 21: 8.6 · 26: 9.3 · 31: 9.9
♅ 1: ♎ 15.3R · 11: 14.9 · 21: 14.6 · 31: 14.4
♆ 1: ♐ 4.5R · 11: 4.3 · 21: 4 · 31: 3.7
♇ 1: ♍ 29.7R · 11: 29.5 · 21: 29.4 · 31: 29.3

VI

	1	2	3	4	5	6	7	8	9	10	11	12	13	14	15	16	17	18	19	20	21	22	23	24	25	26	27	28	29	30	31
☉	♊ 10.6	11.6	12.5	13.5	14.4	15.4	16.3	17.3	18.3	19.2	20.2	21.1	22.1	23	24	24.9	25.9	26.9	27.8	28.8	29.7	♋ 0.7	1.6	2.6	3.5	4.5	5.4	6.4	7.3	8.3	
☽	♑ 23.6	♒ 6.2	19.1	♓ 2.3	15.8	29.7	♈ 14	28.6	♉ 13.5	28.5	♊ 13.5	28.3	♋ 12.9	27	♌ 10.7	24	♍ 6.9	19.4	♎ 1.7	13.8	25.7	♏ 7.6	19.4	♐ 1.4	13.4	25.6	♑ 7.9	20.5	♒ 3.2	16.1	
☿	♊ 5.8	8	10.2	12.4	14.6	16.8	19	21.2	23.3	25.5	27.6	29.8	♋ 1.8	3.9	5.9	7.9	9.9	11.8	13.7	15.5	17.3	19.1	20.9	22.5	24.2	25.8	27.4	28.9	♌ 0.4	1.9	
♀	♋ 4.3R	4	3.8	3.5	3.2	2.8	2.4	2	1.5	1	0.4	♊ 29.9	29.3	28.7	28.1	27.5	26.9	26.2	25.6	25	24.4	23.8	23.2	22.7	22.1	21.6	21.1	20.7	20.3	19.9	
♂	♋ 12.4	13.1	13.7	14.3	15	15.6	16.3	16.9	17.5	18.2	18.8	19.4	20.1	20.7	21.3	22	22.6	23.2	23.9	24.5	25.1	25.8	26.4	27	27.7	28.3	28.9	29.6	♌ 0.2	0.8	

♃ 1: ♑ 6.3R · 6: 5.7 · 11: 5.2 · 16: 4.6 · 21: 3.9 · 26: 3.3
♄ 1: ♊ 10 · 6: 10.7 · 11: 11.3 · 16: 12 · 21: 12.6 · 26: 13.2
♅ 1: ♎ 14.4R · 11: 14.2 · 21: 14.2
♆ 1: ♐ 3.7R · 11: 3.4 · 21: 3.2
♇ 1: ♍ 29.3R · 11: 29.3D · 21: 29.3

VII

	1	2	3	4	5	6	7	8	9	10	11	12	13	14	15	16	17	18	19	20	21	22	23	24	25	26	27	28	29	30	31
☉	♋ 9.3	10.2	11.2	12.1	13.1	14	15	15.9	16.9	17.8	18.8	19.7	20.7	21.6	22.6	23.6	24.5	25.5	26.4	27.4	28.3	29.3	♌ 0.2	1.2	2.1	3.1	4.1	5	6	6.9	7.9
☽	♒ 29.3	♓ 12.7	26.3	♈ 10.2	24.4	♉ 8.7	23.3	♊ 7.9	22.4	♋ 6.9	21.2	♌ 5.1	18.8	♍ 2	14.9	27.5	♎ 9.8	21.9	♏ 3.8	15.7	27.6	♐ 9.6	21.7	♑ 4	16.6	29.4	♒ 12.5	25.8	♓ 9.4	23.1	♈ 7.1
☿	♌ 3.3	4.7	6.1	7.3	8.6	9.8	11	12.1	13.2	14.2	15.2	16.1	17	17.8	18.5	19.2	19.9	20.4	20.9	21.4	21.7	22	22.2	22.3	22.4R	22.3	22.2	22	21.7	21.3	20.8
♀	♊ 19.5R	19.2	19	18.7	18.6	18.4	18.3	18.2	18.2	18.2D	18.3	18.4	18.5	18.6	18.8	19.1	19.3	19.6	19.9	20.3	20.7	21.1	21.5	22	22.5	23	23.5	24.1	24.6	25.2	25.9
♂	♌ 1.5	2.1	2.7	3.4	4	4.6	5.3	5.9	6.5	7.2	7.8	8.4	9.1	9.7	10.3	11	11.6	12.2	12.9	13.5	14.1	14.8	15.4	16	16.7	17.3	17.9	18.6	19.2	19.8	20.5

♃ 1: ♑ 2.7R · 6: 2 · 11: 1.4 · 16: 0.9 · 21: 0.3 · 26: ♐ 29.9 · 31: 29.5
♄ 1: ♊ 13.9 · 6: 14.5 · 11: 15 · 16: 15.6 · 21: 16.2 · 26: 16.7 · 31: 17.2
♅ 1: ♎ 14.2 · 11: 14.4 · 21: 14.6 · 31: 14.9
♆ 1: ♐ 3.0R · 11: 2.8 · 21: 2.6 · 31: 2.5
♇ 1: ♍ 29.4 · 11: 29.6 · 21: 29.8 · 31: ♎ 0

VIII

	1	2	3	4	5	6	7	8	9	10	11	12	13	14	15	16	17	18	19	20	21	22	23	24	25	26	27	28	29	30	31
☉	♌ 8.8	9.8	10.8	11.7	12.7	13.6	14.6	15.5	16.5	17.5	18.4	19.4	20.3	21.3	22.3	23.2	24.2	25.1	26.1	27.1	28	29	30	♍ 0.9	1.9	2.9	3.8	4.8	5.8	6.7	7.7
☽	♈ 21.2	♉ 5.3	19.6	♊ 3.8	18	♋ 2.2	16.2	♌ 0	13.7	27	♍ 10.1	22.9	♎ 5.5	17.8	29.8	♏ 11.8	23.7	♐ 5.5	17.5	29.7	♑ 12.1	24.8	♒ 7.8	21.2	♓ 4.9	18.9	♈ 3.2	17.5	♉ 2	16.3	♊ 0.6
☿	♌ 20.3R	19.7	19.1	18.3	17.6	16.8	16	15.2	14.5	13.7	13	12.4	11.8	11.3	11	10.7	10.5	10.5D	10.5	10.7	11	11.5	12.1	12.8	13.6	14.5	15.6	16.8	18	19.4	20.8
♀	♊ 26.5	27.2	27.8	28.5	29.2	30	♋ 0.7	1.4	2.2	3	3.8	4.6	5.4	6.3	7.1	8	8.8	9.7	10.6	11.5	12.4	13.3	14.2	15.2	16.1	17.1	18	19	20	20.9	21.9
♂	♌ 21.1	21.7	22.4	23	23.6	24.3	24.9	25.5	26.2	26.8	27.4	28.1	28.7	29.3	30	♍ 0.6	1.2	1.9	2.5	3.2	3.8	4.4	5.1	5.7	6.3	7	7.6	8.2	8.9	9.5	10.2

♃ 1: ♐ 29.4R · 6: 29.1 · 11: 28.8 · 16: 28.6 · 21: 28.5 · 26: 28.5D · 31: 28.5
♄ 1: ♊ 17.3 · 6: 17.8 · 11: 18.2 · 16: 18.6 · 21: 19 · 26: 19.3 · 31: 19.6
♅ 1: ♎ 14.9 · 11: 15.3 · 21: 15.7 · 31: 16.2
♆ 1: ♐ 2.5R · 11: 2.5 · 21: 2.5D · 31: 2.6
♇ 1: ♎ 0 · 11: 0.3 · 21: 0.6 · 31: 1

IX

	1	2	3	4	5	6	7	8	9	10	11	12	13	14	15	16	17	18	19	20	21	22	23	24	25	26	27	28	29	30	31
☉	♍ 8.7	9.6	10.6	11.6	12.5	13.5	14.5	15.4	16.4	17.4	18.4	19.3	20.3	21.3	22.2	23.2	24.2	25.2	26.2	27.1	28.1	29.1	♎ 0.1	1	2	3	4	5	5.9	6.9	
☽	♊ 14.8	28.7	♋ 12.5	26.1	♌ 9.5	22.8	♍ 5.8	18.6	♎ 1.2	13.6	25.8	♏ 7.9	19.8	♐ 1.6	13.5	25.4	♑ 7.5	19.9	♒ 2.6	15.8	29.3	♓ 13.3	27.7	♈ 12.4	27.2	♉ 12.1	26.8	♊ 11.3	25.5	♋ 9.4	
☿	♌ 22.4	24	25.6	27.4	29.1	♍ 0.9	2.8	4.7	6.5	8.4	10.3	12.3	14.2	16.1	18	19.8	21.7	23.6	25.4	27.3	29.1	♎ 0.9	2.7	4.5	6.2	8	9.7	11.4	13.1	14.8	
♀	♋ 22.9	23.9	24.9	25.9	26.9	28	29	♌ 0	1.1	2.1	3.2	4.2	5.3	6.3	7.4	8.5	9.6	10.6	11.7	12.8	13.9	15	16.1	17.2	18.3	19.4	20.6	21.7	22.8	23.9	
♂	♍ 10.8	11.4	12.1	12.7	13.3	14	14.6	15.3	15.9	16.5	17.2	17.8	18.5	19.1	19.7	20.4	21	21.7	22.3	22.9	23.6	24.2	24.9	25.5	26.2	26.8	27.4	28.1	28.7	29.4	

♃ 1: ♐ 28.6 · 6: 28.7 · 11: 28.9 · 16: 29.2 · 21: 29.6 · 26: ♑ 0
♄ 1: ♊ 19.7 · 6: 19.9 · 11: 20.2 · 16: 20.3 · 21: 20.5 · 26: 20.5
♅ 1: ♎ 16.3 · 11: 16.8 · 21: 17.4
♆ 1: ♐ 2.6 · 11: 2.7 · 21: 2.9
♇ 1: ♎ 1 · 11: 1.4 · 21: 1.8

X

	1	2	3	4	5	6	7	8	9	10	11	12	13	14	15	16	17	18	19	20	21	22	23	24	25	26	27	28	29	30	31
☉	♎ 7.9	8.9	9.9	10.9	11.9	12.8	13.8	14.8	15.8	16.8	17.8	18.8	19.8	20.7	21.7	22.7	23.7	24.7	25.7	26.7	27.7	28.7	29.7	♏ 0.7	1.7	2.7	3.7	4.7	5.7	6.7	7.7
☽	♋ 23.1	♌ 6.4	19.5	♍ 2.4	15.1	27.6	♎ 10	22.2	♏ 4.3	16.2	28.1	♐ 9.9	21.7	♑ 3.6	15.7	28	♒ 10.6	23.7	♓ 7.3	21.3	♈ 5.9	20.8	♉ 5.9	21.1	♊ 6.2	21.1	♋ 5.5	19.6	♌ 3.2	16.5	29.5
☿	♎ 16.4	18.1	19.7	21.4	23	24.6	26.2	27.7	29.3	♏ 0.8	2.4	3.9	5.4	6.9	8.4	9.9	11.3	12.8	14.2	15.6	17	18.4	19.8	21.2	22.5	23.9	25.2	26.5	27.8	29	♐ 0.2
♀	♌ 25	26.2	27.3	28.5	29.6	♍ 0.7	1.9	3	4.2	5.3	6.5	7.7	8.8	10	11.2	12.3	13.5	14.7	15.9	17	18.2	19.4	20.6	21.8	23	24.1	25.3	26.5	27.7	28.9	♎ 0.1
♂	♎ 0	0.7	1.3	2	2.6	3.3	3.9	4.5	5.2	5.8	6.5	7.1	7.8	8.4	9.1	9.7	10.4	11	11.7	12.3	13	13.6	14.3	14.9	15.6	16.3	16.9	17.6	18.2	18.9	19.5

♃ 1: ♑ 0.5 · 6: 1.1 · 11: 1.7 · 16: 2.4 · 21: 3.2 · 26: 3.9 · 31: 4.8
♄ 1: ♊ 20.6 · 6: 20.6R · 11: 20.5 · 16: 20.4 · 21: 20.3 · 26: 20.1 · 31: 19.9
♅ 1: ♎ 18 · 11: 18.6 · 21: 19.3 · 31: 19.9
♆ 1: ♐ 3.1 · 11: 3.4 · 21: 3.7 · 31: 4
♇ 1: ♎ 2.1 · 11: 2.5 · 21: 2.9 · 31: 3.2

XI

	1	2	3	4	5	6	7	8	9	10	11	12	13	14	15	16	17	18	19	20	21	22	23	24	25	26	27	28	29	30	31
☉	♏ 8.7	9.7	10.7	11.7	12.7	13.7	14.7	15.7	16.7	17.7	18.7	19.7	20.7	21.7	22.7	23.7	24.7	25.8	26.8	27.8	28.8	29.8	♐ 0.8	1.8	2.8	3.8	4.8	5.9	6.9	7.9	
☽	♍ 12.2	24.6	♎ 6.9	19.1	♏ 1.1	13.1	24.9	♐ 6.8	18.6	♑ 0.4	12.3	24.4	♒ 6.7	19.3	♓ 2.2	15.6	29.6	♈ 14	28.8	♉ 14	29.3	♊ 14.6	29.7	♋ 14.4	28.7	♌ 12.6	25.9	♍ 8.9	21.6	♎ 4	
☿	♐ 1.4	2.6	3.7	4.8	5.9	6.9	7.8	8.7	9.5	10.2	10.9	11.4	11.9	12.2	12.4	12.4R	12.3	12.1	11.6	11	10.2	9.3	8.2	6.9	5.6	4.3	2.9	1.6	0.3	♏ 29.2	
♀	♎ 1.3	2.5	3.7	4.9	6.1	7.4	8.6	9.8	11	12.2	13.4	14.6	15.9	17.1	18.3	19.5	20.7	22	23.2	24.4	25.6	26.9	28.1	29.3	♏ 0.6	1.8	3	4.2	5.5	6.7	
♂	♎ 20.2	20.8	21.5	22.1	22.8	23.5	24.1	24.8	25.4	26.1	26.8	27.4	28.1	28.7	29.4	♏ 0.1	0.7	1.4	2	2.7	3.4	4	4.7	5.4	6	6.7	7.4	8	8.7	9.4	

♃ 1: ♑ 5 · 6: 5.9 · 11: 6.8 · 16: 7.7 · 21: 8.8 · 26: 9.8
♄ 1: ♊ 19.8R · 6: 19.5 · 11: 19.2 · 16: 18.9 · 21: 18.5 · 26: 18.1
♅ 1: ♎ 20 · 11: 20.5 · 21: 21.1
♆ 1: ♐ 4 · 11: 4.4 · 21: 4.8
♇ 1: ♎ 3.2 · 11: 3.5 · 21: 3.8

XII

	1	2	3	4	5	6	7	8	9	10	11	12	13	14	15	16	17	18	19	20	21	22	23	24	25	26	27	28	29	30	31
☉	♐ 8.9	9.9	10.9	11.9	13	14	15	16	17	18	19.1	20.1	21.1	22.1	23.1	24.1	25.2	26.2	27.2	28.2	29.2	♑ 0.2	1.3	2.3	3.3	4.3	5.3	6.4	7.4	8.4	9.4
☽	♎ 16.1	28.2	♏ 10.1	21.9	♐ 3.8	15.6	27.5	♑ 9.4	21.4	♒ 3.6	16	28.6	♓ 11.6	24.9	♈ 8.6	22.8	♉ 7.3	22.2	♊ 7.3	22.5	♋ 7.5	22.4	♌ 6.8	20.9	♍ 4.4	17.6	♎ 0.3	12.7	24.9	♏ 6.9	18.7
☿	♏ 28.3R	27.5	26.9	26.5	26.3	26.2D	26.4	26.7	27.1	27.7	28.4	29.2	♐ 0	1	2	3.1	4.2	5.4	6.6	7.9	9.2	10.5	11.8	13.2	14.6	16	17.4	18.8	20.3	21.7	23.2
♀	♏ 8	9.2	10.4	11.7	12.9	14.1	15.4	16.6	17.9	19.1	20.3	21.6	22.8	24.1	25.3	26.6	27.8	29	♐ 0.3	1.5	2.8	4	5.3	6.5	7.8	9	10.3	11.5	12.8	14	15.3
♂	♏ 10	10.7	11.4	12	12.7	13.4	14	14.7	15.4	16	16.7	17.4	18.1	18.7	19.4	20.1	20.8	21.4	22.1	22.8	23.5	24.1	24.8	25.5	26.2	26.8	27.5	28.2	28.9	29.5	♐ 0.2

♃ 1: ♑ 10.8 · 6: 11.9 · 11: 13 · 16: 14.1 · 21: 15.3 · 26: 16.4 · 31: 17.6
♄ 1: ♊ 17.7R · 6: 17.3 · 11: 16.9 · 16: 16.5 · 21: 16.1 · 26: 15.7 · 31: 15.4
♅ 1: ♎ 21.6 · 11: 22 · 21: 22.4 · 31: 22.7
♆ 1: ♐ 5.1 · 11: 5.5 · 21: 5.9 · 31: 6.2
♇ 1: ♎ 4 · 11: 4.2 · 21: 4.3 · 31: 4.4

I

	1	2	3	4	5	6	7	8	9	10	11	12	13	14	15	16	17	18	19	20	21	22	23	24	25	26	27	28	29	30	31
☉	♑ 10.4	11.5	12.5	13.5	14.5	15.5	16.6	17.6	18.6	19.6	20.6	21.6	22.7	23.7	24.7	25.7	26.7	27.8	28.8	29.8	♒ 0.8	1.8	2.8	3.9	4.9	5.9	6.9	7.9	8.9	10	11
☽	♐ 0.6	12.4	24.3	♑ 6.2	18.4	♒ 0.6	13.1	25.7	♓ 8.6	21.7	♈ 5.1	18.7	♉ 2.7	16.9	♊ 1.4	16.1	♋ 0.8	15.6	♌ 0.2	14.6	28.6	♍ 12.3	25.5	♎ 8.4	20.9	♏ 3.1	15.1	27	♐ 8.8	20.6	♑ 2.5
☿	♐ 24.6	26.1	27.6	29.1	♑ 0.6	2.1	3.6	5.1	6.7	8.2	9.8	11.3	12.9	14.4	16	17.6	19.2	20.8	22.4	24	25.7	27.3	28.9	♒ 0.6	2.3	4	5.6	7.3	9.1	10.8	12.5
♀	♐ 16.5	17.8	19	20.3	21.5	22.7	24	25.2	26.5	27.8	29	♑ 0.3	1.5	2.8	4	5.3	6.5	7.8	9	10.3	11.5	12.8	14	15.3	16.5	17.8	19	20.3	21.5	22.8	24
♂	♐ 0.9	1.6	2.3	3	3.6	4.3	5	5.7	6.4	7	7.7	8.4	9.1	9.8	10.5	11.2	11.8	12.5	13.2	13.9	14.6	15.3	16	16.7	17.4	18	18.7	19.4	20.1	20.8	21.5

♃ 1: ♑ 17.8 · 6: 19 · 11: 20.2 · 16: 21.3 · 21: 22.5 · 26: 23.6 · 31: 24.8
♄ 1: ♊ 15.3R · 6: 15 · 11: 14.6 · 16: 14.4 · 21: 14.1 · 26: 13.9 · 31: 13.8
♅ 1: ♎ 22.7 · 11: 22.9 · 21: 23 · 31: 23.0R
♆ 1: ♐ 6.2 · 11: 6.5 · 21: 6.8 · 31: 7
♇ 1: ♎ 4.4 · 11: 4.4R · 21: 4.4 · 31: 4.2

	1	2	3	4	5	6	7	8	9	10	11	12	13	14	15	16	17	18	19	20	21	22	23	24	25	26	27	28	29	30	31
☉	♑ 10.2	11.2	12.2	13.2	14.3	15.3	16.3	17.3	18.3	19.4	20.4	21.4	22.4	23.4	24.5	25.5	26.5	27.5	28.5	29.5	♒ 0.6	1.6	2.6	3.6	4.6	5.7	6.7	7.7	8.7	9.7	10.7
☽	♈ 1.3	14.1	27.4	♉ 11.1	25.2	♊ 9.7	24.7	♋ 9.8	25.1	♌ 10.3	25.3	♍ 9.9	24	♎ 7.7	20.9	♏ 3.7	16.2	28.4	♐ 10.4	22.2	♑ 4	15.8	27.6	♒ 9.5	21.4	♓ 3.5	15.8	28.2	♈ 10.8	23.6	♉ 6.8
☿	♑ 5.3	6.9	8.5	10.1	11.7	13.3	14.9	16.5	18.1	19.8	21.4	23.1	24.7	26.4	28.1	29.7	♒ 1.4	3.1	4.8	6.5	8.2	10	11.7	13.4	15.1	16.8	18.6	20.3	22	23.6	25.3
♀	♒ 11.3	11.3	11.4	11.4R	11.3	11.2	11.1	10.9	10.7	10.4	10.1	9.8	9.4	9	8.5	8.1	7.5	7	6.4	5.9	5.3	4.7	4	3.4	2.8	2.2	1.6	1	0.4	♑ 29.9	29.4
♂	♉ 2.5	2.9	3.3	3.7	4	4.4	4.8	5.2	5.6	6	6.4	6.8	7.3	7.7	8.1	8.6	9	9.5	9.9	10.4	10.8	11.3	11.7	12.2	12.7	13.2	13.6	14.1	14.6	15.1	15.6

♃ 1: ♒ 14.4 · 6: 15.5 · 11: 16.6 · 16: 17.8 · 21: 18.9 · 26: 20.1 · 31: 21.3
♄ 1: ♋ 0.5R · 6: 0.1 · 11: ♊ 29.8 · 16: 29.4 · 21: 29.1 · 26: 28.8 · 31: 28.5
♅ 1: ♎ 27.3 · 11: 27.6 · 21: 27.7 · 31: 27.8
♆ 1: ♐ 8.3 · 11: 8.7 · 21: 8.9 · 31: 9.2
♇ 1: ♎ 6.8 · 11: 6.8R · 21: 6.8 · 31: 6.7

II

	1	2	3	4	5	6	7	8	9	10	11	12	13	14	15	16	17	18	19	20	21	22	23	24	25	26	27	28	29	30	31
☉	♒ 12	13	14	15	16.1	17.1	18.1	19.1	20.1	21.1	22.1	23.1	24.1	25.2	26.2	27.2	28.2	29.2	♓ 0.2	1.2	2.2	3.2	4.2	5.2	6.2	7.3	8.3	9.3			
☽	♑ 14.6	26.9	♒ 9.5	22.2	♓ 5.2	18.5	♈ 2	15.6	29.5	♉ 13.4	27.5	♊ 11.7	26	♋ 10.3	24.5	♌ 8.7	22.8	♍ 6.6	20.1	♎ 3.3	16.1	28.7	♏ 10.9	22.9	♐ 4.8	16.6	28.5	♑ 10.4			
☿	♒ 14.3	16	17.8	19.6	21.3	23.1	24.9	26.7	28.5	♓ 0.3	2.2	4	5.7	7.5	9.3	11	12.7	14.4	16	17.6	19.1	20.6	21.9	23.2	24.3	25.3	26.2	27			
♀	♑ 25.3	26.5	27.8	29	♒ 0.3	1.5	2.8	4	5.3	6.5	7.8	9	10.3	11.5	12.8	14	15.3	16.5	17.8	19	20.3	21.5	22.8	24	25.3	26.5	27.8	29			
♂	♐ 22.2	22.9	23.6	24.3	25	25.7	26.4	27.1	27.7	28.4	29.1	29.8	♑ 0.5	1.2	1.9	2.6	3.3	4	4.7	5.4	6.1	6.8	7.5	8.2	8.9	9.6	10.3	11			

♃ 1: ♑ 25 · 6: 26.2 · 11: 27.3 · 16: 28.4 · 21: 29.5 · 26: ♒ 0.6
♄ 1: ♊ 13.8R · 6: 13.7 · 11: 13.6 · 16: 13.6D · 21: 13.7 · 26: 13.8
♅ 1: ♎ 23.0R · 11: 23 · 21: 22.8
♆ 1: ♐ 7.1 · 11: 7.2 · 21: 7.4
♇ 1: ♎ 4.2R · 11: 4.1 · 21: 3.9

	1	2	3	4	5	6	7	8	9	10	11	12	13	14	15	16	17	18	19	20	21	22	23	24	25	26	27	28	29	30	31
☉	♒ 11.7	12.8	13.8	14.8	15.8	16.8	17.8	18.8	19.9	20.9	21.9	22.9	23.9	24.9	25.9	26.9	27.9	29	30	♓ 1	2	3	4	5	6	7	8	9			
☽	♉ 20.3	♊ 4.1	18.4	♋ 3	17.9	♌ 3	18.2	♍ 3.2	17.9	♎ 2.3	16.1	29.5	♏ 12.4	24.9	♐ 7.1	19	♑ 0.8	12.6	24.4	♒ 6.3	18.2	♓ 0.4	12.7	25.2	♈ 7.8	20.7	♉ 3.7	17			
☿	♒ 26.9	28.5	♓ 0.1	1.6	3	4.4	5.7	6.9	8	9	9.9	10.6	11.2	11.6	11.8	11.8R	11.7	11.4	11	10.4	9.6	8.8	7.8	6.8	5.7	4.6	3.5	2.5			
♀	♑ 28.9R	28.4	28	27.6	27.2	26.9	26.6	26.4	26.2	26	25.9	25.8	25.8	25.8D	25.9	26	26.1	26.2	26.4	26.7	26.9	27.2	27.6	27.9	28.3	28.8	29.2	29.7			
♂	♉ 16.1	16.6	17.1	17.6	18.1	18.6	19.1	19.6	20.1	20.7	21.2	21.7	22.2	22.7	23.3	23.8	24.3	24.9	25.4	26	26.5	27	27.6	28.1	28.7	29.2	29.8	♊ 0.3			

♃ 1: ♒ 21.5 · 6: 22.7 · 11: 23.9 · 16: 25.1 · 21: 26.3 · 26: 27.5
♄ 1: ♊ 28.4R · 6: 28.2 · 11: 28 · 16: 27.9 · 21: 27.8 · 26: 27.8
♅ 1: ♎ 27.8R · 11: 27.7 · 21: 27.6
♆ 1: ♐ 9.2 · 11: 9.4 · 21: 9.5
♇ 1: ♎ 6.7R · 11: 6.5 · 21: 6.3

III

	1	2	3	4	5	6	7	8	9	10	11	12	13	14	15	16	17	18	19	20	21	22	23	24	25	26	27	28	29	30	31
☉	♓ 10.3	11.3	12.3	13.3	14.3	15.3	16.3	17.3	18.3	19.3	20.3	21.3	22.3	23.3	24.3	25.3	26.3	27.3	28.3	29.2	♈ 0.2	1.2	2.2	3.2	4.2	5.2	6.2	7.2	8.2	9.2	10.1
☽	♑ 22.6	♒ 5	17.7	♓ 0.8	14.2	27.9	♈ 11.8	25.9	♉ 10.1	24.4	♊ 8.5	22.7	♋ 6.7	20.7	♌ 4.5	18.3	♍ 1.9	15.3	28.5	♎ 11.4	24.1	♏ 6.6	18.8	♐ 0.8	12.6	24.4	♑ 6.3	18.2	♒ 0.4	12.9	25.7
☿	♓ 27.6	28.1	28.4	28.6	28.6R	28.4	28.1	27.7	27.1	26.4	25.7	24.8	23.9	23	22	21	20.1	19.2	18.4	17.7	17	16.4	15.9	15.6	15.3	15.1	15	15.0D	15.1	15.3	15.6
♀	♓ 0.3	1.5	2.8	4	5.3	6.5	7.8	9	10.3	11.5	12.8	14	15.2	16.5	17.7	19	20.2	21.5	22.7	24	25.2	26.5	27.7	28.9	♈ 0.2	1.4	2.7	3.9	5.2	6.4	7.6
♂	♑ 11.7	12.4	13.1	13.8	14.5	15.3	16	16.7	17.4	18.1	18.8	19.5	20.2	20.9	21.6	22.3	23	23.7	24.4	25.1	25.8	26.6	27.3	28	28.7	29.4	♒ 0.1	0.8	1.5	2.2	2.9

♃ 1: ♒ 1.2 · 6: 2.2 · 11: 3.2 · 16: 4.1 · 21: 5.1 · 26: 5.9 · 31: 6.8
♄ 1: ♊ 13.9 · 6: 14 · 11: 14.2 · 16: 14.5 · 21: 14.8 · 26: 15.1 · 31: 15.5
♅ 1: ♎ 22.6R · 11: 22.3 · 21: 21.9 · 31: 21.5
♆ 1: ♐ 7.4 · 11: 7.4R · 21: 7.4 · 31: 7.3
♇ 1: ♎ 3.7R · 11: 3.4 · 21: 3.1 · 31: 2.9

	1	2	3	4	5	6	7	8	9	10	11	12	13	14	15	16	17	18	19	20	21	22	23	24	25	26	27	28	29	30	31
☉	♓ 10	11	12	13	14	15	16	17	18	19	20	21	22	23	24	25	26	27	28	29	30	♈ 1	2	3	4	5	5.9	6.9	7.9	8.9	9.9
☽	♊ 0.5	14.2	28.2	♋ 12.5	27	♌ 11.8	26.6	♍ 11.3	25.9	♎ 10.1	24	♏ 7.4	20.4	♐ 2.9	15.2	27.2	♑ 9	20.8	♒ 2.6	14.6	26.7	♓ 9	21.5	♈ 4.3	17.3	♉ 0.5	13.8	27.4	♊ 11.1	25	♋ 8.9
☿	♓ 1.5R	0.6	♒ 29.8	29.1	28.5	28	27.6	27.3	27.2	27.1D	27.2	27.4	27.6	28	28.4	28.9	29.5	♓ 0.1	0.8	1.6	2.4	3.3	4.2	5.2	6.2	7.3	8.4	9.6	10.8	12	13.2
♀	♒ 0.2	0.7	1.3	1.9	2.5	3.1	3.7	4.4	5.1	5.8	6.5	7.2	8	8.7	9.5	10.3	11.1	11.9	12.8	13.6	14.5	15.3	16.2	17.1	18	18.9	19.8	20.7	21.7	22.6	23.6
♂	♊ 0.9	1.4	2	2.5	3.1	3.7	4.2	4.8	5.4	5.9	6.5	7	7.6	8.2	8.8	9.3	9.9	10.5	11	11.6	12.2	12.8	13.4	13.9	14.5	15.1	15.7	16.3	16.8	17.4	18

♃ 1: ♒ 28.2 · 6: 29.4 · 11: ♓ 0.6 · 16: 1.8 · 21: 2.9 · 26: 4 · 31: 5.1
♄ 1: ♊ 27.8 · 6: 27.8 · 11: 27.9 · 16: 28 · 21: 28.2 · 26: 28.4 · 31: 28.7
♅ 1: ♎ 27.4R · 11: 27.1 · 21: 26.8 · 31: 26.4
♆ 1: ♐ 9.6 · 11: 9.6 · 21: 9.6R · 31: 9.5
♇ 1: ♎ 6.1R · 11: 5.9 · 21: 5.6 · 31: 5.3

IV

	1	2	3	4	5	6	7	8	9	10	11	12	13	14	15	16	17	18	19	20	21	22	23	24	25	26	27	28	29	30	31
☉	♈ 11.1	12.1	13.1	14.1	15.1	16.1	17	18	19	20	21	21.9	22.9	23.9	24.9	25.9	26.8	27.8	28.8	29.8	♉ 0.8	1.7	2.7	3.7	4.7	5.6	6.6	7.6	8.5	9.5	
☽	♓ 8.9	22.6	♈ 6.6	20.9	♉ 5.5	20.1	♊ 4.7	19.2	♋ 3.5	17.6	♌ 1.4	15	28.5	♍ 11.7	24.7	♎ 7.6	20.2	♏ 2.7	14.9	27	♐ 8.9	20.8	♑ 2.5	14.4	26.3	♒ 8.4	20.9	♓ 3.7	16.9	♈ 0.6	
☿	♓ 16	16.4	16.9	17.5	18.2	18.9	19.7	20.5	21.4	22.3	23.3	24.4	25.4	26.5	27.7	28.9	♈ 0.1	1.4	2.7	4.1	5.4	6.8	8.3	9.8	11.3	12.8	14.3	15.9	17.6	19.2	
♀	♈ 8.9	10.1	11.4	12.6	13.8	15.1	16.3	17.6	18.8	20	21.3	22.5	23.8	25	26.2	27.5	28.7	30	♉ 1.2	2.4	3.7	4.9	6.1	7.4	8.6	9.8	11.1	12.3	13.5	14.8	
♂	♒ 3.6	4.4	5.1	5.8	6.5	7.2	7.9	8.6	9.3	10	10.7	11.5	12.2	12.9	13.6	14.3	15	15.7	16.4	17.1	17.8	18.6	19.3	20	20.7	21.4	22.1	22.8	23.5	24.2	

♃ 1: ♒ 6.9 · 6: 7.7 · 11: 8.4 · 16: 9.1 · 21: 9.7 · 26: 10.3
♄ 1: ♊ 15.6 · 6: 16 · 11: 16.4 · 16: 16.9 · 21: 17.4 · 26: 17.9
♅ 1: ♎ 21.5R · 11: 21 · 21: 20.6
♆ 1: ♐ 7.3R · 11: 7.1 · 21: 7
♇ 1: ♎ 2.8R · 11: 2.6 · 21: 2.3

	1	2	3	4	5	6	7	8	9	10	11	12	13	14	15	16	17	18	19	20	21	22	23	24	25	26	27	28	29	30	31
☉	♈ 10.9	11.9	12.9	13.8	14.8	15.8	16.8	17.8	18.8	19.7	20.7	21.7	22.7	23.7	24.7	25.6	26.6	27.6	28.6	29.5	♉ 0.5	1.5	2.5	3.4	4.4	5.4	6.4	7.3	8.3	9.3	
☽	♋ 23.1	♌ 7.3	21.6	♍ 6	20.3	♎ 4.5	18.4	♏ 2	15.3	28.2	♐ 10.7	23	♑ 5	16.9	28.7	♒ 10.6	22.6	♓ 4.7	17.1	29.8	♈ 12.8	26.1	♉ 9.7	23.5	♊ 7.5	21.6	♋ 5.7	19.9	♌ 4.1	18.2	
☿	♓ 14.5	15.8	17.2	18.6	20	21.4	22.9	24.4	25.9	27.4	29	♈ 0.6	2.2	3.9	5.5	7.2	9	10.7	12.5	14.3	16.1	18	19.9	21.8	23.8	25.7	27.7	29.7	♉ 1.8	3.9	
♀	♒ 24.5	25.5	26.5	27.4	28.4	29.4	♓ 0.4	1.4	2.4	3.4	4.5	5.5	6.5	7.5	8.6	9.6	10.7	11.7	12.8	13.9	14.9	16	17.1	18.1	19.2	20.3	21.4	22.5	23.6	24.7	
♂	♊ 18.6	19.2	19.8	20.3	20.9	21.5	22.1	22.7	23.3	23.9	24.5	25.1	25.6	26.2	26.8	27.4	28	28.6	29.2	29.8	♋ 0.4	1	1.6	2.2	2.8	3.4	4	4.6	5.2	5.8	

♃ 1: ♓ 5.3 · 6: 6.4 · 11: 7.5 · 16: 8.5 · 21: 9.4 · 26: 10.4
♄ 1: ♊ 28.7 · 6: 29 · 11: 29.4 · 16: 29.8 · 21: ♋ 0.2 · 26: 0.6
♅ 1: ♎ 26.4R · 11: 26 · 21: 25.5
♆ 1: ♐ 9.5R · 11: 9.4 · 21: 9.2
♇ 1: ♎ 5.3R · 11: 5 · 21: 4.8

V

	1	2	3	4	5	6	7	8	9	10	11	12	13	14	15	16	17	18	19	20	21	22	23	24	25	26	27	28	29	30	31
☉	♉ 10.5	11.5	12.4	13.4	14.4	15.3	16.3	17.3	18.2	19.2	20.2	21.1	22.1	23.1	24	25	26	26.9	27.9	28.8	29.8	♊ 0.8	1.7	2.7	3.7	4.6	5.6	6.5	7.5	8.4	9.4
☽	♈ 14.8	29.4	♉ 14.2	29.2	♊ 14.2	29	♋ 13.6	27.9	♌ 11.8	25.4	♍ 8.7	21.7	♎ 4.5	17	29.4	♏ 11.6	23.7	♐ 5.6	17.5	29.3	♑ 11.1	22.9	♒ 4.9	17	29.4	♓ 12.2	25.4	♈ 9	23.1	♉ 7.6	22.5
☿	♈ 20.9	22.6	24.4	26.1	27.9	29.8	♉ 1.6	3.5	5.5	7.4	9.4	11.4	13.5	15.6	17.6	19.8	21.9	24.1	26.2	28.4	♊ 0.6	2.8	5	7.2	9.4	11.5	13.7	15.8	17.9	19.9	21.9
♀	♉ 16	17.2	18.5	19.7	20.9	22.2	23.4	24.6	25.9	27.1	28.3	29.6	♊ 0.8	2	3.3	4.5	5.7	6.9	8.2	9.4	10.6	11.9	13.1	14.3	15.5	16.8	18	19.2	20.4	21.7	22.9
♂	♒ 24.9	25.6	26.3	27.1	27.8	28.5	29.2	29.9	♓ 0.6	1.3	2	2.7	3.4	4.1	4.8	5.5	6.2	6.9	7.6	8.3	9	9.7	10.4	11.1	11.8	12.5	13.2	13.9	14.6	15.2	15.9

♃ 1: ♒ 10.7 · 6: 11.2 · 11: 11.5 · 16: 11.8 · 21: 12 · 26: 12.1 · 31: 12.1R
♄ 1: ♊ 18.5 · 6: 19 · 11: 19.6 · 16: 20.2 · 21: 20.9 · 26: 21.5 · 31: 22.1
♅ 1: ♎ 20.2R · 11: 19.8 · 21: 19.5 · 31: 19.2
♆ 1: ♐ 6.7R · 11: 6.5 · 21: 6.2 · 31: 6
♇ 1: ♎ 2.1R · 11: 1.9 · 21: 1.8 · 31: 1.7

	1	2	3	4	5	6	7	8	9	10	11	12	13	14	15	16	17	18	19	20	21	22	23	24	25	26	27	28	29	30	31
☉	♉ 10.2	11.2	12.2	13.2	14.1	15.1	16.1	17	18	19	19.9	20.9	21.9	22.8	23.8	24.8	25.7	26.7	27.6	28.6	29.6	♊ 0.5	1.5	2.5	3.4	4.4	5.3	6.3	7.3	8.2	9.2
☽	♍ 2.3	16.3	♎ 0.2	13.9	27.4	♏ 10.6	23.6	♐ 6.3	18.7	♑ 0.9	12.9	24.8	♒ 6.6	18.5	♓ 0.5	12.6	25.1	♈ 7.8	21	♉ 4.4	18.3	♊ 2.4	16.8	♋ 1.3	15.9	♌ 0.5	14.9	29.2	♍ 13.2	27	♎ 10.6
☿	♉ 5.9	8.1	10.2	12.3	14.5	16.7	18.8	21	23.2	25.3	27.5	29.6	♊ 1.7	3.7	5.8	7.8	9.7	11.7	13.5	15.4	17.2	18.9	20.6	22.2	23.8	25.3	26.8	28.2	29.6	♋ 0.9	2.1
♀	♓ 25.8	26.9	28	29.1	♈ 0.2	1.3	2.4	3.5	4.6	5.7	6.9	8	9.1	10.2	11.4	12.5	13.6	14.8	15.9	17	18.2	19.3	20.5	21.6	22.8	23.9	25	26.2	27.3	28.5	29.7
♂	♋ 6.4	7	7.6	8.2	8.8	9.4	10	10.6	11.2	11.8	12.4	13	13.6	14.2	14.8	15.4	16	16.6	17.2	17.8	18.4	19	19.6	20.2	20.8	21.5	22.1	22.7	23.3	23.9	24.5

♃ 1: ♓ 11.3 · 6: 12.1 · 11: 13 · 16: 13.7 · 21: 14.4 · 26: 15.1 · 31: 15.7
♄ 1: ♋ 1.1 · 6: 1.6 · 11: 2.1 · 16: 2.7 · 21: 3.2 · 26: 3.8 · 31: 4.4
♅ 1: ♎ 25.1R · 11: 24.7 · 21: 24.4 · 31: 24.1
♆ 1: ♐ 9.0R · 11: 8.7 · 21: 8.5 · 31: 8.2
♇ 1: ♎ 4.6R · 11: 4.4 · 21: 4.2 · 31: 4.1

VI

	1	2	3	4	5	6	7	8	9	10	11	12	13	14	15	16	17	18	19	20	21	22	23	24	25	26	27	28	29	30	31
☉	♊ 10.4	11.3	12.3	13.2	14.2	15.2	16.1	17.1	18	19	19.9	20.9	21.8	22.8	23.8	24.7	25.7	26.6	27.6	28.5	29.5	♋ 0.4	1.4	2.3	3.3	4.3	5.2	6.2	7.1	8.1	
☽	♊ 7.6	22.8	♋ 7.9	22.8	♌ 7.3	21.5	♍ 5.2	18.5	♎ 1.5	14.1	26.5	♏ 8.7	20.7	♐ 2.6	14.4	26.3	♑ 8.1	19.9	♒ 1.8	13.9	26.1	♓ 8.6	21.4	♈ 4.5	18	♉ 2	16.3	♊ 1	16	♋ 1.2	
☿	♊ 23.9	25.9	27.8	29.6	♋ 1.5	3.3	5	6.7	8.3	9.9	11.5	13	14.5	15.9	17.3	18.6	19.9	21.1	22.3	23.4	24.5	25.5	26.5	27.4	28.3	29.1	29.8	♌ 0.5	1.1	1.6	
♀	♊ 24.1	25.3	26.6	27.8	29	♋ 0.2	1.5	2.7	3.9	5.1	6.4	7.6	8.8	10	11.3	12.5	13.7	14.9	16.1	17.4	18.6	19.8	21	22.2	23.5	24.7	25.9	27.1	28.3	29.6	
♂	♓ 16.6	17.3	18	18.7	19.4	20	20.7	21.4	22.1	22.8	23.4	24.1	24.8	25.4	26.1	26.8	27.4	28.1	28.8	29.4	♈ 0.1	0.7	1.4	2	2.7	3.3	4	4.6	5.3	5.9	

♃ 1: ♒ 12.1R · 6: 12.1 · 11: 11.9 · 16: 11.7 · 21: 11.4 · 26: 11.1
♄ 1: ♊ 22.3 · 6: 22.9 · 11: 23.5 · 16: 24.2 · 21: 24.8 · 26: 25.5
♅ 1: ♎ 19.2R · 11: 19 · 21: 18.9
♆ 1: ♐ 5.9R · 11: 5.7 · 21: 5.4
♇ 1: ♎ 1.7R · 11: 1.7 · 21: 1.7D

	1	2	3	4	5	6	7	8	9	10	11	12	13	14	15	16	17	18	19	20	21	22	23	24	25	26	27	28	29	30	31
☉	♊ 10.1	11.1	12.1	13	14	14.9	15.9	16.8	17.8	18.7	19.7	20.7	21.6	22.6	23.5	24.5	25.4	26.4	27.3	28.3	29.3	♋ 0.2	1.2	2.1	3.1	4	5	5.9	6.9	7.8	
☽	♎ 23.9	♏ 7	19.8	♐ 2.4	14.8	27.1	♑ 9.1	21.1	♒ 2.9	14.8	26.7	♓ 8.6	20.8	♈ 3.2	15.9	29	♉ 12.5	26.5	♊ 10.8	25.5	♋ 10.3	25.3	♌ 10.3	25	♍ 9.5	23.7	♎ 7.4	20.9	♏ 4	16.8	
☿	♋ 3.3	4.4	5.5	6.5	7.5	8.4	9.2	10	10.6	11.3	11.8	12.3	12.7	13.1	13.3	13.5	13.6	13.6R	13.6	13.5	13.3	13	12.7	12.3	11.9	11.4	10.9	10.3	9.7	9.1	
♀	♉ 0.8	2	3.1	4.3	5.4	6.6	7.8	8.9	10.1	11.2	12.4	13.6	14.7	15.9	17.1	18.3	19.4	20.6	21.8	22.9	24.1	25.3	26.5	27.7	28.8	♊ 0	1.2	2.4	3.6	4.7	
♂	♋ 25.1	25.7	26.3	26.9	27.5	28.2	28.8	29.4	30	♌ 0.6	1.2	1.8	2.4	3	3.7	4.3	4.9	5.5	6.1	6.7	7.3	7.9	8.6	9.2	9.8	10.4	11	11.6	12.3	12.9	

♃ 1: ♓ 15.8 · 6: 16.3 · 11: 16.7 · 16: 17.1 · 21: 17.4 · 26: 17.6
♄ 1: ♋ 4.6 · 6: 5.2 · 11: 5.8 · 16: 6.4 · 21: 7.1 · 26: 7.7
♅ 1: ♎ 24.1R · 11: 23.8 · 21: 23.7
♆ 1: ♐ 8.2R · 11: 7.9 · 21: 7.7
♇ 1: ♎ 4.1R · 11: 4.1 · 21: 4.1D

VII

	1	2	3	4	5	6	7	8	9	10	11	12	13	14	15	16	17	18	19	20	21	22	23	24	25	26	27	28	29	30	31
☉	♋ 9	10	10.9	11.9	12.8	13.8	14.7	15.7	16.7	17.6	18.6	19.5	20.5	21.4	22.4	23.3	24.3	25.2	26.2	27.1	28.1	29.1	♌ 0	1	1.9	2.9	3.8	4.8	5.7	6.7	7.7
☽	♋ 16.3	♌ 1.3	16	♍ 0.3	14.2	27.6	♎ 10.6	23.2	♏ 5.6	17.7	29.6	♐ 11.4	23.2	♑ 5	16.9	28.9	♒ 11	23.2	♓ 5.7	18.3	♈ 1.2	14.4	27.9	♉ 11.7	25.8	♊ 10.3	24.9	♋ 9.8	24.7	♌ 9.6	24.2
☿	♌ 2.1	2.5	2.8	3.1	3.2	3.3	3.3R	3.3	3.1	2.9	2.6	2.3	1.8	1.3	0.8	0.2	♋ 29.6	28.9	28.2	27.6	26.9	26.2	25.6	25	24.5	24	23.6	23.3	23	22.9	22.9D
♀	♌ 0.8	2	3.2	4.4	5.6	6.9	8.1	9.3	10.5	11.7	12.9	14.1	15.4	16.6	17.8	19	20.2	21.4	22.6	23.8	25.1	26.3	27.5	28.7	29.9	♍ 1.1	2.3	3.5	4.7	5.9	7.1
♂	♈ 6.5	7.2	7.8	8.4	9	9.7	10.3	10.9	11.5	12.1	12.7	13.3	13.9	14.5	15.1	15.7	16.3	16.9	17.4	18	18.6	19.1	19.7	20.2	20.8	21.3	21.9	22.4	22.9	23.5	24

♃ 1: ♒ 10.6R · 6: 10.2 · 11: 9.6 · 16: 9 · 21: 8.4 · 26: 7.8 · 31: 7.1
♄ 1: ♊ 26.1 · 6: 26.8 · 11: 27.4 · 16: 28 · 21: 28.6 · 26: 29.2 · 31: 29.8
♅ 1: ♎ 18.9 · 11: 19 · 21: 19.2 · 31: 19.4
♆ 1: ♐ 5.2R · 11: 5 · 21: 4.8 · 31: 4.7
♇ 1: ♎ 1.8 · 11: 1.9 · 21: 2.1 · 31: 2.3

	1	2	3	4	5	6	7	8	9	10	11	12	13	14	15	16	17	18	19	20	21	22	23	24	25	26	27	28	29	30	31
☉	♋ 8.8	9.7	10.7	11.7	12.6	13.6	14.5	15.5	16.4	17.4	18.3	19.3	20.2	21.2	22.1	23.1	24	25	26	26.9	27.9	28.8	29.8	♌ 0.7	1.7	2.6	3.6	4.6	5.5	6.5	7.4
☽	♏ 29.3	♐ 11.6	23.8	♑ 5.8	17.8	29.7	♒ 11.5	23.4	♓ 5.2	17.2	29.4	♈ 11.8	24.4	♉ 7.4	20.9	♊ 4.7	19	♋ 3.7	18.8	♌ 4	19.2	♍ 4.3	19	♎ 3.4	17.2	♏ 0.7	13.7	26.4	♐ 8.7	20.9	♑ 2.9
☿	♋ 8.5R	7.9	7.4	6.8	6.3	5.8	5.4	5.1	4.8	4.6	4.4	4.4	4.4D	4.5	4.8	5.1	5.5	6	6.5	7.2	8	8.8	9.7	10.8	11.9	13.1	14.4	15.7	17.1	18.7	20.2
♀	♊ 5.9	7.1	8.3	9.5	10.7	11.9	13	14.2	15.4	16.6	17.8	19	20.2	21.4	22.6	23.8	25	26.2	27.4	28.6	29.8	♋ 1	2.2	3.4	4.6	5.8	7	8.2	9.4	10.6	11.8
♂	♌ 13.5	14.1	14.7	15.3	16	16.6	17.2	17.8	18.4	19.1	19.7	20.3	20.9	21.5	22.2	22.8	23.4	24	24.6	25.3	25.9	26.5	27.1	27.8	28.4	29	29.6	♍ 0.3	0.9	1.5	2.1

♃ 1: ♓ 17.8 · 6: 17.9 · 11: 17.8R · 16: 17.7 · 21: 17.6 · 26: 17.3 · 31: 17
♄ 1: ♋ 8.4 · 6: 9 · 11: 9.7 · 16: 10.3 · 21: 11 · 26: 11.6 · 31: 12.2
♅ 1: ♎ 23.7R · 11: 23.7D · 21: 23.8 · 31: 24
♆ 1: ♐ 7.4R · 11: 7.2 · 21: 7.1 · 31: 6.9
♇ 1: ♎ 4.1 · 11: 4.2 · 21: 4.4 · 31: 4.6

VIII

	1	2	3	4	5	6	7	8	9	10	11	12	13	14	15	16	17	18	19	20	21	22	23	24	25	26	27	28	29	30	31
☉	♌ 8.6	9.6	10.5	11.5	12.4	13.4	14.4	15.3	16.3	17.2	18.2	19.1	20.1	21.1	22	23	24	24.9	25.9	26.8	27.8	28.8	29.7	♍ 0.7	1.7	2.6	3.6	4.6	5.5	6.5	7.5
☽	♍ 8.6	22.5	♎ 6	19.1	♏ 1.8	14.1	26.2	♐ 8.1	19.9	♑ 1.7	13.6	25.5	♒ 7.7	20	♓ 2.5	15.2	28.2	♈ 11.4	24.8	♉ 8.4	22.2	♊ 6.2	20.4	♋ 4.7	19.2	♌ 3.7	18.3	♍ 2.6	16.8	♎ 0.6	14.1
☿	♋ 22.9	23.1	23.4	23.7	24.2	24.8	25.5	26.3	27.3	28.3	29.4	♌ 0.6	1.9	3.3	4.8	6.3	8	9.7	11.4	13.2	15.1	17	18.9	20.8	22.8	24.8	26.8	28.7	♍ 0.7	2.7	4.7
♀	♍ 8.3	9.6	10.8	12	13.2	14.4	15.6	16.8	18	19.2	20.4	21.6	22.8	24	25.2	26.4	27.6	28.8	29.9	♎ 1.1	2.3	3.5	4.7	5.9	7.1	8.3	9.5	10.7	11.9	13	14.2
♂	♈ 24.5	25	25.5	26	26.5	27	27.4	27.9	28.4	28.8	29.3	29.7	♉ 0.2	0.6	1	1.4	1.8	2.2	2.6	3	3.4	3.7	4.1	4.4	4.7	5.1	5.4	5.7	6	6.2	6.5

♃ 1: ♒ 7.0R · 6: 6.4 · 11: 5.7 · 16: 5.1 · 21: 4.6 · 26: 4 · 31: 3.6
♄ 1: ♊ 29.9 · 6: ♋ 0.4 · 11: 1 · 16: 1.5 · 21: 1.9 · 26: 2.4 · 31: 2.8
♅ 1: ♎ 19.5 · 11: 19.8 · 21: 20.2 · 31: 20.7
♆ 1: ♐ 4.7R · 11: 4.7 · 21: 4.7D · 31: 4.7
♇ 1: ♎ 2.3 · 11: 2.6 · 21: 2.9 · 31: 3.3

	1	2	3	4	5	6	7	8	9	10	11	12	13	14	15	16	17	18	19	20	21	22	23	24	25	26	27	28	29	30	31
☉	♌ 8.4	9.3	10.3	11.2	12.2	13.2	14.1	15.1	16	17	18	18.9	19.9	20.8	21.8	22.8	23.7	24.7	25.6	26.6	27.6	28.5	29.5	♍ 0.5	1.4	2.4	3.4	4.3	5.3	6.3	7.2
☽	♑ 14.8	26.7	♒ 8.5	20.4	♓ 2.3	14.2	26.3	♈ 8.5	21	♉ 3.6	16.6	29.9	♊ 13.6	27.7	♋ 12.3	27.2	♌ 12.4	27.6	♍ 12.8	27.7	♎ 12.2	26.2	♏ 9.7	22.8	♐ 5.5	17.8	29.9	♑ 11.8	23.7	♒ 5.5	17.3
☿	♋ 21.9	23.6	25.4	27.2	29.1	♌ 1	2.9	4.9	6.9	9	11	13.1	15.1	17.2	19.2	21.3	23.3	25.3	27.3	29.3	♍ 1.2	3.2	5.1	7	8.8	10.7	12.5	14.3	16.1	17.9	19.6
♀	♋ 13	14.2	15.4	16.7	17.9	19.1	20.3	21.5	22.7	23.9	25.1	26.4	27.6	28.8	♌ 0	1.2	2.5	3.7	4.9	6.1	7.3	8.6	9.8	11	12.2	13.5	14.7	15.9	17.1	18.4	19.6
♂	♍ 2.8	3.4	4	4.7	5.3	5.9	6.5	7.2	7.8	8.4	9.1	9.7	10.3	11	11.6	12.2	12.9	13.5	14.1	14.8	15.4	16	16.7	17.3	17.9	18.6	19.2	19.9	20.5	21.1	21.8

♃ 1: ♓ 16.9R · 6: 16.5 · 11: 16 · 16: 15.5 · 21: 14.9 · 26: 14.3 · 31: 13.6
♄ 1: ♋ 12.3 · 6: 12.9 · 11: 13.5 · 16: 14.1 · 21: 14.6 · 26: 15.2 · 31: 15.7
♅ 1: ♎ 24 · 11: 24.3 · 21: 24.7 · 31: 25.2
♆ 1: ♐ 6.9R · 11: 6.9 · 21: 6.8D · 31: 6.9
♇ 1: ♎ 4.7 · 11: 4.9 · 21: 5.2 · 31: 5.6

IX

	1	2	3	4	5	6	7	8	9	10	11	12	13	14	15	16	17	18	19	20	21	22	23	24	25	26	27	28	29	30	31
☉	♍ 8.4	9.4	10.4	11.3	12.3	13.3	14.2	15.2	16.2	17.1	18.1	19.1	20.1	21	22	23	24	24.9	25.9	26.9	27.9	28.8	29.8	♎ 0.8	1.8	2.8	3.7	4.7	5.7	6.7	
☽	♎ 27.2	♏ 9.9	22.2	♐ 4.3	16.2	28	♑ 9.8	21.7	♒ 3.8	16	28.6	♓ 11.4	24.5	♈ 7.9	21.4	♉ 5.2	19.1	♊ 3	17.1	♋ 1.2	15.3	29.4	♌ 13.6	27.7	♍ 11.6	25.4	♎ 9	22.3	♏ 5.2	17.8	
☿	♍ 6.6	8.6	10.5	12.4	14.3	16.2	18.1	19.9	21.7	23.5	25.3	27.1	28.8	♎ 0.6	2.3	4	5.6	7.3	8.9	10.6	12.2	13.8	15.3	16.9	18.4	20	21.5	23	24.5	25.9	
♀	♎ 15.4	16.6	17.8	19	20.1	21.3	22.5	23.7	24.9	26	27.2	28.4	29.6	♏ 0.7	1.9	3.1	4.2	5.4	6.6	7.7	8.9	10.1	11.2	12.4	13.6	14.7	15.9	17	18.2	19.3	
♂	♉ 6.8	7	7.3	7.5	7.7	7.9	8.1	8.2	8.4	8.6	8.7	8.8	8.9	9	9.1	9.2	9.2	9.2	9.3	9.3R	9.3	9.2	9.2	9.1	9.1	9	8.9	8.8	8.7	8.5	

♃ 1: ♒ 3.5R · 6: 3.1 · 11: 2.8 · 16: 2.5 · 21: 2.4 · 26: 2.3
♄ 1: ♋ 2.9 · 6: 3.2 · 11: 3.6 · 16: 3.9 · 21: 4.1 · 26: 4.3
♅ 1: ♎ 20.7 · 11: 21.3 · 21: 21.8
♆ 1: ♐ 4.7 · 11: 4.8 · 21: 5
♇ 1: ♎ 3.3 · 11: 3.7 · 21: 4

	1	2	3	4	5	6	7	8	9	10	11	12	13	14	15	16	17	18	19	20	21	22	23	24	25	26	27	28	29	30	31
☉	♍ 8.2	9.2	10.1	11.1	12.1	13	14	15	15.9	16.9	17.9	18.9	19.8	20.8	21.8	22.8	23.7	24.7	25.7	26.7	27.6	28.6	29.6	♎ 0.6	1.5	2.5	3.5	4.5	5.5	6.5	
☽	♒ 29.3	♓ 11.3	23.4	♈ 5.6	18	♉ 0.6	13.4	26.4	♊ 9.6	23.3	♋ 7.2	21.5	♌ 6.2	21.1	♍ 6.1	21.1	♎ 6	20.4	♏ 4.5	18.1	♐ 1.2	13.9	26.3	♑ 8.4	20.3	♒ 2.1	14	25.9	♓ 7.9	20	
☿	♍ 21.3	23	24.7	26.4	28	29.6	♎ 1.2	2.8	4.3	5.9	7.4	8.9	10.4	11.8	13.3	14.7	16.1	17.5	18.9	20.2	21.5	22.8	24.1	25.3	26.5	27.7	28.9	30	♏ 1.1	2.1	
♀	♌ 20.8	22.1	23.3	24.5	25.8	27	28.2	29.5	♍ 0.7	1.9	3.2	4.4	5.6	6.9	8.1	9.4	10.6	11.8	13.1	14.3	15.6	16.8	18.1	19.3	20.5	21.8	23	24.3	25.5	26.8	
♂	♍ 22.4	23.1	23.7	24.3	25	25.6	26.3	26.9	27.6	28.2	28.8	29.5	♎ 0.1	0.8	1.4	2.1	2.7	3.4	4	4.7	5.3	6	6.6	7.3	7.9	8.6	9.2	9.9	10.5	11.2	

♃ 1: ♓ 13.5R · 6: 12.9 · 11: 12.2 · 16: 11.5 · 21: 10.9 · 26: 10.3
♄ 1: ♋ 15.7 · 6: 16.2 · 11: 16.6 · 16: 17.1 · 21: 17.4 · 26: 17.8
♅ 1: ♎ 25.2 · 11: 25.7 · 21: 26.3
♆ 1: ♐ 6.9 · 11: 7 · 21: 7.1
♇ 1: ♎ 5.6 · 11: 6 · 21: 6.3

X

	1	2	3	4	5	6	7	8	9	10	11	12	13	14	15	16	17	18	19	20	21	22	23	24	25	26	27	28	29	30	31
☉	♎ 7.7	8.7	9.6	10.6	11.6	12.6	13.6	14.6	15.6	16.5	17.5	18.5	19.5	20.5	21.5	22.5	23.5	24.5	25.5	26.5	27.5	28.4	29.4	♏ 0.4	1.4	2.4	3.4	4.4	5.4	6.4	7.4
☽	♐ 0.1	12.2	24.1	♑ 5.9	17.7	29.6	♒ 11.7	24	♓ 6.7	19.7	♈ 3.1	16.8	♉ 0.8	15	29.3	♊ 13.6	27.9	♋ 12.1	26.2	♌ 10.2	24.1	♍ 7.8	21.4	♎ 4.7	17.9	♏ 0.8	13.5	25.9	♐ 8.1	20.1	♑ 2
☿	♎ 27.4	28.8	♏ 0.2	1.6	3	4.4	5.7	7	8.4	9.6	10.9	12.1	13.4	14.5	15.7	16.8	17.9	19	20	20.9	21.8	22.7	23.5	24.2	24.8	25.4	25.9	26.2	26.5	26.6	26.6R
♀	♏ 20.5	21.6	22.8	23.9	25.1	26.2	27.3	28.5	29.6	♐ 0.8	1.9	3	4.1	5.3	6.4	7.5	8.6	9.7	10.9	12	13.1	14.2	15.3	16.4	17.5	18.6	19.7	20.8	21.8	22.9	24
♂	♉ 8.4R	8.2	8	7.8	7.6	7.4	7.2	6.9	6.7	6.4	6.1	5.8	5.5	5.2	4.9	4.6	4.3	4	3.6	3.3	3	2.6	2.3	2	1.6	1.3	1	0.6	0.3	♈ 30	29.7

♃ 1: ♒ 2.3 · 6: 2.4 · 11: 2.5 · 16: 2.8 · 21: 3.1 · 26: 3.5 · 31: 4
♄ 1: ♋ 4.5 · 6: 4.6 · 11: 4.7 · 16: 4.7 · 21: 4.7R · 26: 4.7 · 31: 4.6
♅ 1: ♎ 22.4 · 11: 23.1 · 21: 23.7 · 31: 24.3
♆ 1: ♐ 5.2 · 11: 5.5 · 21: 5.8 · 31: 6.1
♇ 1: ♎ 4.4 · 11: 4.8 · 21: 5.2 · 31: 5.5

	1	2	3	4	5	6	7	8	9	10	11	12	13	14	15	16	17	18	19	20	21	22	23	24	25	26	27	28	29	30	31
☉	♎ 7.4	8.4	9.4	10.4	11.4	12.4	13.3	14.3	15.3	16.3	17.3	18.3	19.3	20.3	21.3	22.2	23.2	24.2	25.2	26.2	27.2	28.2	29.2	♏ 0.2	1.2	2.2	3.2	4.2	5.2	6.2	7.2
☽	♈ 2.4	14.8	27.5	♉ 10.4	23.4	♊ 6.6	20.1	♋ 3.7	17.6	♌ 1.7	16.1	♍ 0.6	15.3	29.9	♎ 14.4	28.6	♏ 12.5	26	♐ 9.1	21.8	♑ 4.2	16.4	28.3	♒ 10.2	22.1	♓ 4	16.1	28.3	♈ 10.8	23.5	♉ 6.5
☿	♏ 3.1	4.1	5	5.9	6.7	7.5	8.2	8.8	9.3	9.8	10.2	10.4	10.6	10.6R	10.5	10.3	10	9.5	8.8	8	7.1	6.1	4.9	3.7	2.5	1.2	♎ 30	28.8	27.7	26.8	26.1
♀	♍ 28	29.3	♎ 0.5	1.7	3	4.2	5.5	6.7	8	9.2	10.5	11.7	13	14.2	15.5	16.7	18	19.2	20.5	21.7	23	24.3	25.5	26.8	28	29.3	♏ 0.5	1.8	3	4.3	5.5
♂	♎ 11.9	12.5	13.2	13.8	14.5	15.2	15.8	16.5	17.1	17.8	18.5	19.1	19.8	20.4	21.1	21.8	22.4	23.1	23.8	24.4	25.1	25.8	26.4	27.1	27.8	28.5	29.1	29.8	♏ 0.5	1.2	1.8

♃ 1: ♓ 9.8R · 6: 9.3 · 11: 8.9 · 16: 8.6 · 21: 8.3 · 26: 8.1 · 31: 8
♄ 1: ♋ 18 · 6: 18.3 · 11: 18.5 · 16: 18.7 · 21: 18.8 · 26: 18.9 · 31: 18.9
♅ 1: ♎ 26.8 · 11: 27.5 · 21: 28.1 · 31: 28.7
♆ 1: ♐ 7.3 · 11: 7.6 · 21: 7.9 · 31: 8.2
♇ 1: ♎ 6.7 · 11: 7.1 · 21: 7.5 · 31: 7.8

XI

	1	2	3	4	5	6	7	8	9	10	11	12	13	14	15	16	17	18	19	20	21	22	23	24	25	26	27	28	29	30	31
☉	♏ 8.4	9.4	10.4	11.4	12.4	13.4	14.4	15.4	16.4	17.5	18.5	19.5	20.5	21.5	22.5	23.5	24.5	25.5	26.5	27.5	28.5	29.5	♐ 0.6	1.6	2.6	3.6	4.6	5.6	6.6	7.6	
☽	♑ 13.8	25.6	♒ 7.5	19.5	♓ 1.8	14.5	27.6	♈ 11.1	25	♉ 9.3	23.9	♊ 8.6	23.4	♋ 8.1	22.6	♌ 6.9	21	♍ 4.7	18.2	♎ 1.5	14.5	27.3	♏ 9.9	22.3	♐ 4.5	16.5	28.4	♑ 10.2	22	♒ 3.8	
☿	♏ 26.4R	26.1	25.7	25	24.3	23.3	22.2	21.1	19.8	18.5	17.1	15.8	14.6	13.5	12.6	11.8	11.2	10.8	10.6	10.6D	10.7	11.1	11.5	12.2	12.9	13.8	14.7	15.7	16.8	18	
♀	♐ 25.1	26.1	27.2	28.3	29.3	♑ 0.4	1.4	2.5	3.5	4.5	5.5	6.6	7.6	8.6	9.6	10.6	11.6	12.5	13.5	14.5	15.4	16.4	17.3	18.2	19.2	20.1	21	21.9	22.7	23.6	
♂	♈ 29.4R	29.1	28.8	28.5	28.2	28	27.7	27.5	27.2	27	26.8	26.6	26.4	26.3	26.1	26	25.9	25.7	25.6	25.5	25.5	25.4	25.4	25.3	25.3	25.3D	25.3	25.3	25.4	25.4	

♃ 1: ♒ 4.1 · 6: 4.6 · 11: 5.2 · 16: 5.9 · 21: 6.7 · 26: 7.4
♄ 1: ♋ 4.5R · 6: 4.4 · 11: 4.2 · 16: 3.9 · 21: 3.7 · 26: 3.3
♅ 1: ♎ 24.4 · 11: 25 · 21: 25.6
♆ 1: ♐ 6.1 · 11: 6.5 · 21: 6.8
♇ 1: ♎ 5.5 · 11: 5.9 · 21: 6.1

	1	2	3	4	5	6	7	8	9	10	11	12	13	14	15	16	17	18	19	20	21	22	23	24	25	26	27	28	29	30	31
☉	♏ 8.2	9.2	10.2	11.2	12.2	13.2	14.2	15.2	16.2	17.2	18.2	19.2	20.2	21.2	22.2	23.2	24.3	25.3	26.3	27.3	28.3	29.3	♐ 0.3	1.3	2.3	3.3	4.4	5.4	6.4	7.4	
☽	♉ 19.7	♊ 3.2	16.8	♋ 0.6	14.5	28.5	♌ 12.7	26.8	♍ 11.1	25.3	♎ 9.4	23.4	♏ 7.2	20.8	♐ 4	17	29.6	♑ 12	24.2	♒ 6.1	18	29.9	♓ 11.8	23.9	♈ 6.2	18.7	♉ 1.6	14.8	28.3	♊ 12.1	
☿	♎ 25.5R	25.1	24.9	24.9D	25.1	25.4	25.9	26.6	27.4	28.3	29.3	♏ 0.4	1.5	2.8	4.1	5.4	6.8	8.2	9.7	11.1	12.6	14.1	15.7	17.2	18.7	20.3	21.8	23.4	24.9	26.5	
♀	♏ 6.8	8	9.3	10.6	11.8	13.1	14.3	15.6	16.8	18.1	19.3	20.6	21.8	23.1	24.4	25.6	26.9	28.1	29.4	♐ 0.6	1.9	3.2	4.4	5.7	6.9	8.2	9.4	10.7	11.9	13.2	
♂	♏ 2.5	3.2	3.9	4.5	5.2	5.9	6.6	7.2	7.9	8.6	9.3	10	10.7	11.3	12	12.7	13.4	14.1	14.8	15.5	16.1	16.8	17.5	18.2	18.9	19.6	20.3	21	21.7	22.4	

♃ 1: ♓ 8.0R · 6: 8.0D · 11: 8.1 · 16: 8.3 · 21: 8.5 · 26: 8.8
♄ 1: ♋ 18.9R · 6: 18.9 · 11: 18.8 · 16: 18.7 · 21: 18.5 · 26: 18.3
♅ 1: ♎ 28.8 · 11: 29.4 · 21: 30
♆ 1: ♐ 8.2 · 11: 8.6 · 21: 8.9
♇ 1: ♎ 7.9 · 11: 8.2 · 21: 8.5

XII

	1	2	3	4	5	6	7	8	9	10	11	12	13	14	15	16	17	18	19	20	21	22	23	24	25	26	27	28	29	30	31
☉	♐ 8.7	9.7	10.7	11.7	12.7	13.7	14.7	15.8	16.8	17.8	18.8	19.8	20.8	21.9	22.9	23.9	24.9	25.9	26.9	28	29	30	♑ 1	2	3.1	4.1	5.1	6.1	7.1	8.2	9.2
☽	♒ 15.7	27.7	♓ 10	22.6	♈ 5.5	19	♉ 2.8	17.2	♊ 1.9	16.8	♋ 2	17.1	♌ 2	16.7	♍ 1	14.9	28.4	♎ 11.5	24.4	♏ 6.9	19.2	♐ 1.3	13.3	25.2	♑ 7	18.8	♒ 0.6	12.5	24.4	♓ 6.5	18.7
☿	♏ 19.2	20.5	21.8	23.1	24.5	25.9	27.3	28.7	♐ 0.2	1.6	3.1	4.6	6.1	7.6	9.1	10.6	12.1	13.6	15.1	16.7	18.2	19.7	21.3	22.8	24.4	25.9	27.5	29	♑ 0.6	2.1	3.7
♀	♑ 24.5	25.3	26.1	27	27.8	28.5	29.3	♒ 0.1	0.8	1.5	2.2	2.9	3.6	4.2	4.9	5.5	6	6.6	7.1	7.6	8.1	8.6	9	9.4	9.7	10	10.3	10.6	10.8	11	11.2
♂	♈ 25.5	25.5	25.6	25.7	25.8	26	26.1	26.2	26.4	26.5	26.7	26.9	27.1	27.3	27.5	27.8	28	28.2	28.5	28.8	29	29.3	29.6	29.9	♉ 0.2	0.5	0.8	1.2	1.5	1.8	2.2

♃ 1: ♒ 8.3 · 6: 9.2 · 11: 10.1 · 16: 11.1 · 21: 12.1 · 26: 13.1 · 31: 14.2
♄ 1: ♋ 3.0R · 6: 2.6 · 11: 2.2 · 16: 1.8 · 21: 1.4 · 26: 1 · 31: 0.6
♅ 1: ♎ 26.1 · 11: 26.6 · 21: 27 · 31: 27.3
♆ 1: ♐ 7.2 · 11: 7.6 · 21: 8 · 31: 8.3
♇ 1: ♎ 6.4 · 11: 6.6 · 21: 6.7 · 31: 6.8

	1	2	3	4	5	6	7	8	9	10	11	12	13	14	15	16	17	18	19	20	21	22	23	24	25	26	27	28	29	30	31
☉	♐ 8.4	9.4	10.4	11.5	12.5	13.5	14.5	15.5	16.5	17.5	18.6	19.6	20.6	21.6	22.6	23.6	24.7	25.7	26.7	27.7	28.7	29.8	♑ 0.8	1.8	2.8	3.8	4.8	5.9	6.9	7.9	8.9
☽	♊ 26.2	♋ 10.5	24.9	♌ 9.3	23.6	♍ 7.9	22	♎ 5.9	19.7	♏ 3.2	16.6	29.7	♐ 12.6	25.3	♑ 7.7	20	♒ 2.1	14.1	25.9	♓ 7.8	19.7	♈ 1.7	13.9	26.4	♉ 9.3	22.5	♊ 6.2	20.2	♋ 4.7	19.4	♌ 4.3
☿	♏ 28	29.6	♐ 1.2	2.7	4.3	5.8	7.4	9	10.5	12.1	13.7	15.2	16.8	18.4	19.9	21.5	23.1	24.7	26.2	27.8	29.4	♑ 1	2.6	4.2	5.8	7.4	9	10.6	12.2	13.8	15.4
♀	♐ 14.5	15.7	17	18.2	19.5	20.7	22	23.3	24.5	25.8	27	28.3	29.5	♑ 0.8	2	3.3	4.6	5.8	7.1	8.3	9.6	10.8	12.1	13.4	14.6	15.9	17.1	18.4	19.6	20.9	22.1
♂	♏ 23.1	23.8	24.5	25.2	25.9	26.6	27.3	28	28.7	29.4	♐ 0.1	0.8	1.5	2.2	2.9	3.6	4.3	5	5.7	6.4	7.1	7.8	8.5	9.3	10	10.7	11.4	12.1	12.8	13.5	14.3

♃ 1: ♓ 9.3 · 6: 9.7 · 11: 10.3 · 16: 10.9 · 21: 11.6 · 26: 12.4 · 31: 13.2
♄ 1: ♋ 18.1R · 6: 17.8 · 11: 17.5 · 16: 17.1 · 21: 16.7 · 26: 16.3 · 31: 15.9
♅ 1: ♏ 0.5 · 11: 1 · 21: 1.5 · 31: 1.8
♆ 1: ♐ 9.3 · 11: 9.7 · 21: 10 · 31: 10.4
♇ 1: ♎ 8.8 · 11: 9 · 21: 9.1 · 31: 9.2

I

	1	2	3	4	5	6	7	8	9	10	11	12	13	14	15	16	17	18	19	20	21	22	23	24	25	26	27	28	29	30	31
☉	♑ 9.9	11	12	13	14	15	16.1	17.1	18.1	19.1	20.1	21.2	22.2	23.2	24.2	25.2	26.2	27.3	28.3	29.3	♒ 0.3	1.3	2.4	3.4	4.4	5.4	6.4	7.4	8.5	9.5	10.5
☽	♌ 19.2	♍ 3.9	18.5	♎ 2.7	16.6	♏ 0.2	13.5	26.4	♐ 9.2	21.7	♑ 4.1	16.4	28.5	♒ 10.5	22.4	♓ 4.2	16.1	28	♈ 10	22.1	♉ 4.5	17.2	♊ 0.3	13.9	28	♋ 12.5	27.5	♌ 12.7	27.9	♍ 13.1	28
☿	♑ 17.1	18.7	20.3	22	23.6	25.2	26.9	28.5	♒ 0.2	1.8	3.4	5	6.6	8.2	9.8	11.4	12.9	14.4	15.8	17.2	18.5	19.7	20.9	21.9	22.9	23.7	24.4	24.9	25.3	25.4	25.4R
♀	♑ 23.4	24.6	25.9	27.2	28.4	29.7	♒ 0.9	2.2	3.4	4.7	5.9	7.2	8.4	9.7	10.9	12.2	13.4	14.7	16	17.2	18.5	19.7	21	22.2	23.5	24.7	26	27.2	28.4	29.7	♓ 0.9
♂	♐ 15	15.7	16.4	17.1	17.8	18.6	19.3	20	20.7	21.4	22.2	22.9	23.6	24.3	25.1	25.8	26.5	27.2	28	28.7	29.4	♑ 0.2	0.9	1.6	2.4	3.1	3.8	4.6	5.3	6	6.8

♃	1: ♓ 13.3	6: 14.2	11: 15.1	16: 16	21: 17	26: 18.1	31: 19.1
♄	1: ♋ 15.9R	6: 15.5	11: 15	16: 14.6	21: 14.2	26: 13.9	31: 13.5
♅	1: ♏ 1.9	11: 2.2	21: 2.3	31: 2.5			
♆	1: ♐ 10.4	11: 10.8	21: 11	31: 11.3			
♇	1: ♎ 9.2	11: 9.2	21: 9.2R	31: 9.1			

	1	2	3	4	5	6	7	8	9	10	11	12	13	14	15	16	17	18	19	20	21	22	23	24	25	26	27	28	29	30	31
☉	♑ 9.7	10.7	11.7	12.8	13.8	14.8	15.8	16.8	17.8	18.9	19.9	20.9	21.9	22.9	24	25	26	27	28	29.1	♒ 0.1	1.1	2.1	3.1	4.1	5.2	6.2	7.2	8.2	9.2	10.2
☽	♑ 2.1	15.5	28.6	♒ 11.5	24	♓ 6.3	18.4	♈ 0.3	12.1	24	♉ 5.9	18	♊ 0.4	13	26.1	♋ 9.6	23.4	♌ 7.5	21.9	♍ 6.4	20.9	♎ 5.3	19.5	♏ 3.6	17.5	♐ 1.2	14.7	28.1	♑ 11.3	24.3	♒ 7.1
☿	♑ 27.5	28.9	♒ 0.2	1.5	2.8	3.9	5	6	6.9	7.7	8.3	8.8	9.1	9.3	9.2R	9	8.6	8	7.2	6.2	5.1	3.9	2.6	1.3	0.1	♑ 28.9	27.7	26.7	25.8	25	24.4
♀	♏ 29.4	♐ 0.6	1.8	3	4.2	5.4	6.6	7.8	9	10.2	11.4	12.7	13.9	15.1	16.3	17.5	18.7	19.9	21.2	22.4	23.6	24.8	26	27.3	28.5	29.7	♑ 0.9	2.1	3.4	4.6	5.8
♂	♊ 17.4R	17.1	16.9	16.6	16.4	16.2	16	15.8	15.7	15.5	15.4	15.3	15.1	15	15	14.9	14.8	14.8	14.8	14.7	14.7D	14.7	14.8	14.8	14.8	14.9	15	15	15.1	15.2	15.4

♃	1: ♈ 15.5	6: 15.9	11: 16.4	16: 17	21: 17.6	26: 18.3	31: 19
♄	1: ♌ 1.0R	6: 0.7	11: 0.3	16: ♋ 29.9	21: 29.5	26: 29.1	31: 28.6
♅	1: ♏ 6.4	11: 6.7	21: 6.9	31: 7.1			
♆	1: ♐ 12.5	11: 12.9	21: 13.2	31: 13.4			
♇	1: ♎ 11.7	11: 11.7	21: 11.7R	31: 11.6			

II

	1	2	3	4	5	6	7	8	9	10	11	12	13	14	15	16	17	18	19	20	21	22	23	24	25	26	27	28	29	30	31
☉	♒ 11.5	12.5	13.5	14.5	15.6	16.6	17.6	18.6	19.6	20.6	21.6	22.6	23.7	24.7	25.7	26.7	27.7	28.7	29.7	♓ 0.7	1.7	2.7	3.7	4.8	5.8	6.8	7.8	8.8			
☽	♎ 12.5	26.6	♏ 10.2	23.4	♐ 6.3	18.8	♑ 1.2	13.3	25.4	♒ 7.3	19.2	♓ 1.1	13	24.8	♈ 6.8	18.8	♉ 0.9	13.3	25.9	♊ 8.9	22.3	♋ 6.2	20.6	♌ 5.5	20.7	♍ 6	21.4	♎ 6.5			
☿	♒ 25.2R	24.8	24.3	23.5	22.7	21.7	20.6	19.4	18.2	17	15.9	14.8	13.7	12.8	12	11.4	10.8	10.4	10.2	10	10.0D	10	10.2	10.5	10.9	11.4	11.9	12.5			
♀	♓ 2.2	3.4	4.7	5.9	7.2	8.4	9.7	10.9	12.2	13.4	14.6	15.9	17.1	18.4	19.6	20.8	22.1	23.3	24.6	25.8	27	28.3	29.5	♈ 0.7	2	3.2	4.4	5.7			
♂	♑ 7.5	8.2	9	9.7	10.5	11.2	11.9	12.7	13.4	14.2	14.9	15.6	16.4	17.1	17.9	18.6	19.4	20.1	20.8	21.6	22.3	23.1	23.8	24.6	25.3	26.1	26.8	27.6			

♃	1: ♓ 19.3	6: 20.4	11: 21.6	16: 22.7	21: 23.9	26: 25
♄	1: ♋ 13.4R	6: 13.1	11: 12.8	16: 12.6	21: 12.4	26: 12.2
♅	1: ♏ 2.5	11: 2.5R	21: 2.4			
♆	1: ♐ 11.3	11: 11.5	21: 11.7			
♇	1: ♎ 9.1R	11: 9	21: 8.8			

	1	2	3	4	5	6	7	8	9	10	11	12	13	14	15	16	17	18	19	20	21	22	23	24	25	26	27	28	29	30	31
☉	♒ 11.3	12.3	13.3	14.3	15.3	16.3	17.3	18.4	19.4	20.4	21.4	22.4	23.4	24.4	25.4	26.4	27.5	28.5	29.5	♓ 0.5	1.5	2.5	3.5	4.5	5.5	6.5	7.5	8.5	9.5		
☽	♒ 19.8	♓ 2.2	14.4	26.4	♈ 8.3	20.1	♉ 1.9	13.7	25.8	♊ 8.1	20.8	♋ 3.9	17.4	♌ 1.4	15.9	♍ 0.6	15.5	♎ 0.5	15.3	29.9	♏ 14.1	28.1	♐ 11.7	25.1	♑ 8.2	21.1	♒ 3.8	16.3	28.6		
☿	♑ 23.9R	23.6	23.4	23.3D	23.4	23.6	23.9	24.3	24.8	25.3	26	26.7	27.5	28.3	29.3	♒ 0.2	1.2	2.3	3.3	4.5	5.6	6.8	8	9.3	10.6	11.9	13.2	14.5	15.9		
♀	♑ 7	8.3	9.5	10.7	11.9	13.2	14.4	15.6	16.8	18.1	19.3	20.5	21.8	23	24.2	25.5	26.7	27.9	29.1	♒ 0.4	1.6	2.8	4.1	5.3	6.5	7.8	9	10.2	11.5		
♂	♊ 15.5	15.6	15.8	15.9	16.1	16.3	16.5	16.7	16.9	17.1	17.3	17.5	17.8	18	18.3	18.5	18.8	19.1	19.4	19.7	20	20.3	20.6	20.9	21.2	21.6	21.9	22.3	22.6		

♃	1: ♈ 19.1	6: 19.9	11: 20.8	16: 21.7	21: 22.6	26: 23.6
♄	1: ♋ 28.6R	6: 28.2	11: 27.8	16: 27.5	21: 27.2	26: 26.9
♅	1: ♏ 7.1	11: 7.1R	21: 7.1			
♆	1: ♐ 13.4	11: 13.6	21: 13.8			
♇	1: ♎ 11.6R	11: 11.5	21: 11.3			

III

	1	2	3	4	5	6	7	8	9	10	11	12	13	14	15	16	17	18	19	20	21	22	23	24	25	26	27	28	29	30	31
☉	♓ 9.8	10.8	11.8	12.8	13.8	14.8	15.8	16.8	17.8	18.8	19.8	20.8	21.8	22.8	23.8	24.8	25.8	26.8	27.8	28.8	29.8	♈ 0.7	1.7	2.7	3.7	4.7	5.7	6.7	7.7	8.7	9.7
☽	♎ 21.3	♏ 5.6	19.4	♐ 2.7	15.6	28.1	♑ 10.4	22.4	♒ 4.4	16.3	28.1	♓ 10	21.9	♈ 3.8	15.9	28	♉ 10.3	22.8	♊ 5.5	18.4	♋ 1.8	15.5	29.7	♌ 14.2	29.1	♍ 14.3	29.5	♎ 14.5	29.3	♏ 13.7	27.6
☿	♒ 13.2	14	14.8	15.7	16.6	17.5	18.6	19.6	20.7	21.9	23	24.2	25.5	26.7	28	29.3	♓ 0.7	2.1	3.5	4.9	6.3	7.8	9.3	10.8	12.4	14	15.5	17.2	18.8	20.4	22.1
♀	♈ 6.9	8.1	9.4	10.6	11.8	13	14.3	15.5	16.7	17.9	19.2	20.4	21.6	22.8	24	25.3	26.5	27.7	28.9	♉ 0.1	1.3	2.5	3.8	5	6.2	7.4	8.6	9.8	11	12.2	13.4
♂	♑ 28.3	29.1	29.8	♒ 0.6	1.3	2.1	2.9	3.6	4.4	5.1	5.9	6.6	7.4	8.1	8.9	9.6	10.4	11.2	11.9	12.7	13.4	14.2	15	15.7	16.5	17.2	18	18.7	19.5	20.3	21

♃	1: ♓ 25.7	6: 26.9	11: 28.1	16: 29.4	21: ♈ 0.6	26: 1.8	31: 3
♄	1: ♋ 12.1R	6: 12	11: 12	16: 11.9D	21: 12	26: 12.1	31: 12.2
♅	1: ♏ 2.2R	11: 2	21: 1.7	31: 1.3			
♆	1: ♐ 11.7	11: 11.8	21: 11.8R	31: 11.7			
♇	1: ♎ 8.6R	11: 8.4	21: 8.1	31: 7.8			

	1	2	3	4	5	6	7	8	9	10	11	12	13	14	15	16	17	18	19	20	21	22	23	24	25	26	27	28	29	30	31
☉	♓ 10.5	11.5	12.5	13.5	14.6	15.6	16.6	17.6	18.6	19.6	20.6	21.5	22.5	23.5	24.5	25.5	26.5	27.5	28.5	29.5	♈ 0.5	1.5	2.5	3.5	4.5	5.5	6.5	7.4	8.4	9.4	10.4
☽	♓ 10.8	22.8	♈ 4.8	16.6	28.4	♉ 10.2	22	♊ 4.1	16.3	28.9	♋ 11.9	25.4	♌ 9.4	23.9	♍ 8.7	23.8	♎ 9	24.2	♏ 9.1	23.7	♐ 7.9	21.7	♑ 5.1	18.1	♒ 0.9	13.4	25.7	♓ 7.8	19.8	♈ 1.7	13.5
☿	♒ 17.3	18.7	20.2	21.6	23.1	24.6	26.1	27.7	29.2	♓ 0.8	2.4	4	5.6	7.3	9	10.7	12.4	14.1	15.9	17.7	19.5	21.3	23.1	25	26.9	28.8	♈ 0.7	2.6	4.6	6.6	8.6
♀	♒ 12.7	13.9	15.2	16.4	17.6	18.9	20.1	21.3	22.6	23.8	25	26.3	27.5	28.7	30	♓ 1.2	2.4	3.7	4.9	6.1	7.4	8.6	9.8	11.1	12.3	13.5	14.8	16	17.2	18.5	19.7
♂	♊ 23	23.3	23.7	24.1	24.4	24.8	25.2	25.6	26	26.4	26.8	27.2	27.6	28.1	28.5	28.9	29.3	29.8	♋ 0.2	0.6	1.1	1.5	2	2.4	2.9	3.4	3.8	4.3	4.8	5.2	5.7

♃	1: ♈ 24.4	6: 25.5	11: 26.6	16: 27.6	21: 28.8	26: 29.9	31: ♉ 1.1
♄	1: ♋ 26.7R	6: 26.5	11: 26.3	16: 26.2	21: 26.1	26: 26	31: 26.0D
♅	1: ♏ 7.0R	11: 6.8	21: 6.5	31: 6.1			
♆	1: ♐ 13.9	11: 14	21: 14.0R	31: 13.9			
♇	1: ♎ 11.1R	11: 10.9	21: 10.6	31: 10.3			

IV

	1	2	3	4	5	6	7	8	9	10	11	12	13	14	15	16	17	18	19	20	21	22	23	24	25	26	27	28	29	30	31
☉	♈ 10.6	11.6	12.6	13.6	14.6	15.6	16.6	17.5	18.5	19.5	20.5	21.5	22.5	23.4	24.4	25.4	26.4	27.3	28.3	29.3	♉ 0.3	1.3	2.2	3.2	4.2	5.2	6.1	7.1	8.1	9	
☽	♐ 11.1	24.1	♑ 6.7	19	♒ 1.1	13.1	24.9	♓ 6.8	18.7	♈ 0.6	12.7	24.9	♉ 7.3	19.8	♊ 2.5	15.5	28.6	♋ 12.1	25.8	♌ 9.8	24.1	♍ 8.7	23.4	♎ 8.2	22.9	♏ 7.4	21.7	♐ 5.5	19	♑ 2.1	
☿	♓ 23.8	25.6	27.3	29.1	♈ 0.9	2.7	4.5	6.4	8.3	10.2	12.2	14.1	16.1	18.1	20.2	22.2	24.3	26.4	28.5	♉ 0.6	2.7	4.9	7	9.1	11.2	13.3	15.4	17.5	19.5	21.5	
♀	♉ 14.6	15.8	17	18.2	19.4	20.6	21.8	23	24.2	25.3	26.5	27.7	28.9	♊ 0.1	1.3	2.4	3.6	4.8	6	7.1	8.3	9.5	10.6	11.8	13	14.1	15.3	16.5	17.6	18.8	
♂	♒ 21.8	22.6	23.3	24.1	24.8	25.6	26.4	27.1	27.9	28.6	29.4	♓ 0.2	0.9	1.7	2.4	3.2	4	4.7	5.5	6.3	7	7.8	8.5	9.3	10.1	10.8	11.6	12.3	13.1	13.9	

♃	1: ♈ 3.2	6: 4.4	11: 5.6	16: 6.8	21: 8	26: 9.1
♄	1: ♋ 12.2	6: 12.4	11: 12.6	16: 12.9	21: 13.2	26: 13.6
♅	1: ♏ 1.3R	11: 0.9	21: 0.4			
♆	1: ♐ 11.7R	11: 11.6	21: 11.4			
♇	1: ♎ 7.8R	11: 7.5	21: 7.3			

	1	2	3	4	5	6	7	8	9	10	11	12	13	14	15	16	17	18	19	20	21	22	23	24	25	26	27	28	29	30	31
☉	♈ 11.4	12.4	13.4	14.4	15.3	16.3	17.3	18.3	19.3	20.3	21.2	22.2	23.2	24.2	25.2	26.1	27.1	28.1	29.1	♉ 0	1	2	3	3.9	4.9	5.9	6.9	7.8	8.8	9.8	
☽	♈ 25.3	♉ 7.1	18.9	♊ 0.9	13	25.3	♋ 7.8	20.8	♌ 4.2	18	♍ 2.2	16.9	♎ 1.9	17.1	♏ 2.4	17.5	♐ 2.3	16.7	♑ 0.7	14.3	27.4	♒ 10.2	22.6	♓ 4.8	16.8	28.7	♈ 10.5	22.3	♉ 4.1	16	
☿	♈ 10.6	12.7	14.7	16.8	18.8	20.9	23	25.1	27.1	29.2	♉ 1.2	3.3	5.2	7.2	9.1	11	12.8	14.5	16.2	17.9	19.4	20.9	22.3	23.7	24.9	26.1	27.2	28.2	29.2	♊ 0	
♀	♓ 20.9	22.2	23.4	24.6	25.9	27.1	28.3	29.5	♈ 0.8	2	3.2	4.5	5.7	6.9	8.2	9.4	10.6	11.9	13.1	14.3	15.6	16.8	18	19.3	20.5	21.7	22.9	24.2	25.4	26.6	
♂	♋ 6.2	6.7	7.1	7.6	8.1	8.6	9.1	9.6	10.1	10.6	11.1	11.6	12.1	12.6	13.1	13.6	14.1	14.7	15.2	15.7	16.2	16.7	17.3	17.8	18.3	18.9	19.4	19.9	20.5	21	

♃	1: ♉ 1.3	6: 2.5	11: 3.6	16: 4.8	21: 6	26: 7.2
♄	1: ♋ 26	6: 26.1	11: 26.2	16: 26.4	21: 26.6	26: 26.8
♅	1: ♏ 6.1R	11: 5.7	21: 5.3			
♆	1: ♐ 13.9R	11: 13.8	21: 13.6			
♇	1: ♎ 10.3R	11: 10	21: 9.8			

V

	1	2	3	4	5	6	7	8	9	10	11	12	13	14	15	16	17	18	19	20	21	22	23	24	25	26	27	28	29	30	31
☉	♉ 10	11	12	12.9	13.9	14.9	15.8	16.8	17.8	18.7	19.7	20.7	21.6	22.6	23.6	24.5	25.5	26.5	27.4	28.4	29.3	♊ 0.3	1.3	2.2	3.2	4.1	5.1	6.1	7	8	8.9
☽	♑ 14.8	27.2	♒ 9.3	21.3	♓ 3.2	15.1	27	♈ 9	21.2	♉ 3.6	16.2	29.1	♊ 12.1	25.4	♋ 9	22.7	♌ 6.6	20.7	♍ 4.9	19.2	♎ 3.5	17.9	♏ 2.1	16.2	♐ 0.1	13.7	27	♑ 10	22.7	♒ 5.1	17.2
☿	♉ 23.5	25.4	27.3	29.1	♊ 0.9	2.6	4.3	5.9	7.4	8.9	10.3	11.6	12.9	14.1	15.3	16.3	17.4	18.3	19.2	19.9	20.7	21.3	21.9	22.3	22.7	23.1	23.3	23.5	23.6	23.6R	23.5
♀	♊ 19.9	21.1	22.2	23.4	24.5	25.6	26.8	27.9	29	♋ 0.2	1.3	2.4	3.6	4.7	5.8	6.9	8	9.1	10.2	11.3	12.4	13.5	14.6	15.7	16.8	17.9	19	20	21.1	22.2	23.2
♂	♓ 14.6	15.4	16.1	16.9	17.7	18.4	19.2	19.9	20.7	21.5	22.2	23	23.7	24.5	25.2	26	26.7	27.5	28.3	29	29.8	♈ 0.5	1.3	2	2.8	3.5	4.3	5	5.8	6.5	7.2

♃	1: ♈ 10.3	6: 11.4	11: 12.5	16: 13.5	21: 14.6	26: 15.6	31: 16.6
♄	1: ♋ 14	6: 14.4	11: 14.8	16: 15.3	21: 15.8	26: 16.3	31: 16.9
♅	1: ♏ 0.0R	11: ♎ 29.6	21: 29.2	31: 28.9			
♆	1: ♐ 11.2R	11: 11	21: 10.7	31: 10.5			
♇	1: ♎ 7.0R	11: 6.8	21: 6.7	31: 6.6			

	1	2	3	4	5	6	7	8	9	10	11	12	13	14	15	16	17	18	19	20	21	22	23	24	25	26	27	28	29	30	31
☉	♉ 10.7	11.7	12.7	13.7	14.6	15.6	16.6	17.5	18.5	19.5	20.4	21.4	22.4	23.3	24.3	25.3	26.2	27.2	28.1	29.1	♊ 0.1	1	2	3	3.9	4.9	5.8	6.8	7.8	8.7	9.7
☽	♉ 27.9	♊ 10	22.3	♋ 4.7	17.5	♌ 0.5	13.8	27.5	♍ 11.5	25.9	♎ 10.7	25.6	♏ 10.6	25.6	♐ 10.4	24.9	♑ 9.1	22.7	♒ 6	18.8	♓ 1.3	13.5	25.5	♈ 7.3	19.1	♉ 0.9	12.8	24.8	♊ 6.9	19.2	♋ 1.8
☿	♊ 0.8	1.5	2.1	2.6	3	3.3	3.5	3.7	3.7	3.7R	3.6	3.4	3.2	2.8	2.5	2	1.5	1	0.5	♉ 29.9	29.3	28.7	28.2	27.6	27.1	26.6	26.2	25.8	25.5	25.3	25.1
♀	♈ 27.9	29.1	♉ 0.3	1.6	2.8	4	5.2	6.5	7.7	8.9	10.2	11.4	12.6	13.8	15.1	16.3	17.5	18.8	20	21.2	22.4	23.7	24.9	26.1	27.4	28.6	29.8	♊ 1	2.3	3.5	4.7
♂	♋ 21.5	22.1	22.6	23.1	23.7	24.2	24.8	25.3	25.9	26.4	27	27.5	28.1	28.6	29.2	29.7	♌ 0.3	0.9	1.4	2	2.5	3.1	3.7	4.2	4.8	5.4	5.9	6.5	7.1	7.7	8.2

♃	1: ♉ 8.4	6: 9.6	11: 10.8	16: 12	21: 13.2	26: 14.3	31: 15.5
♄	1: ♋ 27.1	6: 27.4	11: 27.7	16: 28.1	21: 28.6	26: 29	31: 29.5
♅	1: ♏ 4.9R	11: 4.4	21: 4.1	31: 3.7			
♆	1: ♐ 13.4R	11: 13.2	21: 12.9	31: 12.7			
♇	1: ♎ 9.5R	11: 9.3	21: 9.1	31: 9			

VI

	1	2	3	4	5	6	7	8	9	10	11	12	13	14	15	16	17	18	19	20	21	22	23	24	25	26	27	28	29	30	31
☉	♊ 9.9	10.9	11.8	12.8	13.7	14.7	15.6	16.6	17.6	18.5	19.5	20.4	21.4	22.3	23.3	24.3	25.2	26.2	27.1	28.1	29	30	♋ 0.9	1.9	2.8	3.8	4.7	5.7	6.7	7.6	
☽	♒ 29.2	♓ 11.1	23	♈ 5	17	29.3	♉ 11.8	24.7	♊ 7.8	21.2	♋ 5	18.9	♌ 3.1	17.4	♍ 1.7	16	♎ 0.2	14.3	28.3	♏ 12.1	25.7	♐ 9.2	22.4	♑ 5.4	18.2	♒ 0.7	13.1	25.2	♓ 7.2	19.1	
☿	♊ 23.4R	23.2	22.9	22.6	22.2	21.7	21.3	20.8	20.2	19.7	19.1	18.5	18	17.5	17	16.5	16.1	15.8	15.5	15.3	15.1	15	15.0D	15.1	15.2	15.4	15.8	16.1	16.6	17.1	
♀	♋ 24.3	25.4	26.4	27.5	28.5	29.5	♌ 0.6	1.6	2.6	3.6	4.6	5.6	6.6	7.6	8.6	9.6	10.6	11.5	12.5	13.4	14.4	15.3	16.2	17.1	18.1	19	19.8	20.7	21.6	22.5	
♂	♈ 8	8.7	9.5	10.2	11	11.7	12.4	13.2	13.9	14.7	15.4	16.1	16.9	17.6	18.3	19.1	19.8	20.5	21.3	22	22.7	23.4	24.2	24.9	25.6	26.3	27	27.8	28.5	29.2	

♃	1: ♈ 16.7	6: 17.7	11: 18.5	16: 19.4	21: 20.2	26: 20.9
♄	1: ♋ 17	6: 17.5	11: 18.1	16: 18.7	21: 19.4	26: 20
♅	1: ♎ 28.9R	11: 28.6	21: 28.5			
♆	1: ♐ 10.4R	11: 10.2	21: 9.9			
♇	1: ♎ 6.5R	11: 6.5	21: 6.5D			

	1	2	3	4	5	6	7	8	9	10	11	12	13	14	15	16	17	18	19	20	21	22	23	24	25	26	27	28	29	30	31
☉	♊ 10.6	11.6	12.5	13.5	14.5	15.4	16.4	17.3	18.3	19.2	20.2	21.2	22.1	23.1	24	25	25.9	26.9	27.8	28.8	29.7	♋ 0.7	1.7	2.6	3.6	4.5	5.5	6.4	7.4	8.3	
☽	♋ 14.5	27.5	♌ 10.7	24.1	♍ 7.8	21.8	♎ 5.9	20.3	♏ 4.9	19.5	♐ 4.2	18.8	♑ 3.1	17.2	♒ 0.8	14.1	27	♓ 9.5	21.7	♈ 3.7	15.6	27.4	♉ 9.2	21.1	♊ 3.2	15.6	28.1	♋ 11	24.1	♌ 7.4	
☿	♉ 25.0R	24.9	25.0D	25.1	25.3	25.5	25.9	26.3	26.7	27.3	27.9	28.6	29.3	♊ 0.2	1	2	3	4.1	5.2	6.4	7.6	8.9	10.3	11.7	13.2	14.7	16.3	18	19.6	21.4	
♀	♊ 6	7.2	8.4	9.6	10.9	12.1	13.3	14.6	15.8	17	18.2	19.5	20.7	21.9	23.2	24.4	25.6	26.8	28.1	29.3	♋ 0.5	1.8	3	4.2	5.4	6.7	7.9	9.1	10.4	11.6	
♂	♌ 8.8	9.4	10	10.5	11.1	11.7	12.3	12.8	13.4	14	14.6	15.2	15.8	16.3	16.9	17.5	18.1	18.7	19.3	19.9	20.5	21.1	21.6	22.2	22.8	23.4	24	24.6	25.2	25.8	

♃	1: ♉ 15.7	6: 16.8	11: 17.9	16: 19	21: 20.1	26: 21.1
♄	1: ♋ 29.6	6: ♌ 0.1	11: 0.6	16: 1.2	21: 1.7	26: 2.3
♅	1: ♏ 3.7R	11: 3.4	21: 3.2			
♆	1: ♐ 12.6R	11: 12.4	21: 12.1			
♇	1: ♎ 9.0R	11: 8.9	21: 8.9D			

VII

	1	2	3	4	5	6	7	8	9	10	11	12	13	14	15	16	17	18	19	20	21	22	23	24	25	26	27	28	29	30	31
☉	♋ 8.6	9.5	10.5	11.4	12.4	13.3	14.3	15.2	16.2	17.1	18.1	19.1	20	21	21.9	22.9	23.8	24.8	25.7	26.7	27.6	28.6	29.5	♌ 0.5	1.5	2.4	3.4	4.3	5.3	6.2	7.2
☽	♈ 1	12.9	25	♉ 7.2	19.8	♊ 2.7	16.1	29.8	♋ 13.9	28.3	♌ 12.9	27.6	♍ 12.3	26.8	♎ 11.1	25.1	♏ 8.9	22.5	♐ 5.8	18.8	♑ 1.7	14.4	26.9	♒ 9.3	21.5	♓ 3.5	15.4	27.3	♈ 9.2	21	♉ 3.1
☿	♊ 17.8	18.5	19.2	20.1	21	22	23.1	24.2	25.4	26.7	28	29.5	♋ 0.9	2.5	4.1	5.8	7.5	9.3	11.1	13	14.9	16.9	18.9	20.9	23	25.1	27.2	29.3	♌ 1.4	3.5	5.6
♀	♌ 23.3	24.1	25	25.8	26.6	27.4	28.1	28.9	29.7	♍ 0.4	1.1	1.8	2.5	3.1	3.8	4.4	5	5.6	6.2	6.7	7.2	7.7	8.2	8.7	9.1	9.5	9.8	10.2	10.5	10.7	11
♂	♈ 29.9	♉ 0.6	1.3	2	2.7	3.4	4.1	4.8	5.5	6.2	6.9	7.6	8.3	9	9.7	10.4	11.1	11.8	12.5	13.1	13.8	14.5	15.2	15.9	16.5	17.2	17.9	18.5	19.2	19.9	20.5

♃	1: ♈ 21.6	6: 22.2	11: 22.8	16: 23.3	21: 23.7	26: 24.1	31: 24.3
♄	1: ♋ 20.6	6: 21.3	11: 21.9	16: 22.6	21: 23.2	26: 23.8	31: 24.5
♅	1: ♎ 28.4R	11: 28.4D	21: 28.4	31: 28.6			
♆	1: ♐ 9.7R	11: 9.4	21: 9.3	31: 9.1			
♇	1: ♎ 6.5	11: 6.6	21: 6.8	31: 7			

	1	2	3	4	5	6	7	8	9	10	11	12	13	14	15	16	17	18	19	20	21	22	23	24	25	26	27	28	29	30	31
☉	♋ 9.3	10.2	11.2	12.1	13.1	14.1	15	16	16.9	17.9	18.8	19.8	20.7	21.7	22.6	23.6	24.5	25.5	26.5	27.4	28.4	29.3	♌ 0.3	1.2	2.2	3.1	4.1	5	6	7	7.9
☽	♌ 21	♍ 4.7	18.6	♎ 2.6	16.7	♏ 0.8	15.1	29.3	♐ 13.6	27.7	♑ 11.8	25.5	♒ 9	22.2	♓ 5	17.5	29.7	♈ 11.7	23.5	♉ 5.3	17.2	29.2	♊ 11.3	23.8	♋ 6.6	19.8	♌ 3.2	17	♍ 0.9	15.1	29.3
☿	♊ 23.2	25	26.9	28.8	♋ 0.8	2.8	4.9	6.9	9	11.2	13.3	15.4	17.6	19.8	21.9	24.1	26.2	28.3	♌ 0.4	2.5	4.5	6.6	8.6	10.6	12.5	14.4	16.3	18.2	20	21.9	23.6
♀	♋ 12.8	14	15.3	16.5	17.7	19	20.2	21.4	22.7	23.9	25.1	26.3	27.6	28.8	♌ 0	1.3	2.5	3.7	5	6.2	7.4	8.6	9.9	11.1	12.3	13.6	14.8	16	17.3	18.5	19.7
♂	♌ 26.4	27	27.6	28.2	28.8	29.4	♍ 0	0.6	1.2	1.8	2.4	3	3.7	4.3	4.9	5.5	6.1	6.7	7.3	7.9	8.5	9.2	9.8	10.4	11	11.6	12.2	12.9	13.5	14.1	14.7

♃	1: ♉ 22.1	6: 23.1	11: 24	16: 24.9	21: 25.7	26: 26.5	31: 27.3
♄	1: ♌ 2.9	6: 3.6	11: 4.2	16: 4.8	21: 5.5	26: 6.1	31: 6.7
♅	1: ♏ 3.1R	11: 3	21: 3.1D	31: 3.2			
♆	1: ♐ 11.9R	11: 11.7	21: 11.5	31: 11.3			
♇	1: ♎ 9	11: 9.1	21: 9.2	31: 9.4			

VIII

	1	2	3	4	5	6	7	8	9	10	11	12	13	14	15	16	17	18	19	20	21	22	23	24	25	26	27	28	29	30	31
☉	♌ 8.1	9.1	10.1	11	12	12.9	13.9	14.8	15.8	16.8	17.7	18.7	19.6	20.6	21.6	22.5	23.5	24.4	25.4	26.4	27.3	28.3	29.3	♍ 0.2	1.2	2.2	3.1	4.1	5	6	7
☽	♉ 15.3	27.9	♊ 10.8	24.1	♋ 8	22.2	♌ 6.9	21.9	♍ 7	22	♎ 6.9	21.4	♏ 5.6	19.3	♐ 2.8	15.9	28.7	♑ 11.3	23.8	♒ 6	18.2	♓ 0.2	12.2	24.1	♈ 5.9	17.7	29.6	♉ 11.6	23.9	♊ 6.3	19.2
☿	♌ 7.7	9.8	11.9	13.9	16	18	19.9	21.9	23.9	25.8	27.7	29.5	♍ 1.4	3.2	5	6.7	8.5	10.2	11.9	13.6	15.2	16.8	18.4	20	21.6	23.1	24.6	26.1	27.5	29	♎ 0.4
♀	♍ 11.2	11.4	11.5	11.6	11.7	11.7	11.7R	11.6	11.5	11.4	11.2	11	10.8	10.5	10.2	9.8	9.4	9	8.5	8	7.5	7	6.4	5.8	5.2	4.6	4	3.4	2.7	2.1	1.5
♂	♉ 21.2	21.8	22.5	23.1	23.8	24.4	25.1	25.7	26.3	27	27.6	28.2	28.8	29.5	♊ 0.1	0.7	1.3	1.9	2.5	3.1	3.7	4.3	4.9	5.5	6.1	6.7	7.3	7.9	8.4	9	9.6

♃	1: ♈ 24.4	6: 24.6	11: 24.7	16: 24.7R	21: 24.6	26: 24.5	31: 24.3
♄	1: ♋ 24.6	6: 25.3	11: 25.9	16: 26.5	21: 27.1	26: 27.7	31: 28.2
♅	1: ♎ 28.6	11: 28.9	21: 29.2	31: 29.6			
♆	1: ♐ 9.1R	11: 9	21: 9	31: 9.0D			
♇	1: ♎ 7	11: 7.3	21: 7.6	31: 7.9			

	1	2	3	4	5	6	7	8	9	10	11	12	13	14	15	16	17	18	19	20	21	22	23	24	25	26	27	28	29	30	31
☉	♌ 8.9	9.8	10.8	11.7	12.7	13.7	14.6	15.6	16.5	17.5	18.5	19.4	20.4	21.3	22.3	23.3	24.2	25.2	26.1	27.1	28.1	29	30	♍ 1	1.9	2.9	3.9	4.8	5.8	6.7	7.7
☽	♎ 13.5	27.7	♏ 11.8	25.9	♐ 9.9	23.7	♑ 7.5	21.1	♒ 4.5	17.6	♓ 0.5	13.1	25.5	♈ 7.6	19.6	♉ 1.4	13.2	25.1	♊ 7.1	19.3	♋ 1.8	14.7	28	♌ 11.7	25.8	♍ 10.2	24.7	♎ 9.3	23.9	♏ 8.4	22.6
☿	♌ 25.4	27.1	28.8	♍ 0.5	2.2	3.8	5.4	6.9	8.5	10	11.5	12.9	14.4	15.8	17.2	18.5	19.8	21.1	22.4	23.6	24.8	25.9	27	28.1	29.1	♎ 0.1	1.1	2	2.8	3.6	4.4
♀	♌ 21	22.2	23.4	24.6	25.9	27.1	28.3	29.6	♍ 0.8	2	3.3	4.5	5.7	7	8.2	9.4	10.6	11.9	13.1	14.3	15.6	16.8	18	19.3	20.5	21.7	23	24.2	25.4	26.6	27.9
♂	♍ 15.3	16	16.6	17.2	17.8	18.5	19.1	19.7	20.3	21	21.6	22.2	22.9	23.5	24.1	24.8	25.4	26	26.7	27.3	27.9	28.6	29.2	29.9	♎ 0.5	1.1	1.8	2.4	3.1	3.7	4.3

♃	1: ♉ 27.4	6: 28.1	11: 28.7	16: 29.3	21: 29.8	26: ♊ 0.2	31: 0.6
♄	1: ♌ 6.9	6: 7.5	11: 8.2	16: 8.8	21: 9.4	26: 10	31: 10.6
♅	1: ♏ 3.2	11: 3.4	21: 3.7	31: 4.1			
♆	1: ♐ 11.3R	11: 11.2	21: 11.2	31: 11.2D			
♇	1: ♎ 9.4	11: 9.7	21: 10	31: 10.3			

IX

	1	2	3	4	5	6	7	8	9	10	11	12	13	14	15	16	17	18	19	20	21	22	23	24	25	26	27	28	29	30	31
☉	♍ 8	8.9	9.9	10.9	11.8	12.8	13.8	14.7	15.7	16.7	17.6	18.6	19.6	20.6	21.5	22.5	23.5	24.5	25.4	26.4	27.4	28.4	29.4	♎ 0.3	1.3	2.3	3.3	4.3	5.2	6.2	
☽	♋ 2.5	16.2	♌ 0.5	15.2	♍ 0.3	15.6	♎ 0.9	16	♏ 0.8	15.1	29	♐ 12.5	25.6	♑ 8.4	20.8	♒ 3.1	15.2	27.2	♓ 9.2	21	♈ 2.9	14.8	26.7	♉ 8.6	20.7	♊ 3	15.5	28.3	♋ 11.5	25.1	
☿	♎ 1.8	3.1	4.5	5.8	7.1	8.3	9.6	10.8	11.9	13.1	14.2	15.2	16.2	17.2	18.2	19.1	19.9	20.7	21.4	22.1	22.6	23.2	23.6	24	24.2	24.4	24.4R	24.4	24.2	23.9	
♀	♍ 0.9R	0.3	♌ 29.8	29.3	28.8	28.3	27.8	27.4	27	26.7	26.4	26.1	25.9	25.7	25.6	25.5	25.4	25.4	25.4D	25.5	25.6	25.7	25.9	26.1	26.3	26.6	26.9	27.2	27.6	28	
♂	♊ 10.1	10.7	11.2	11.8	12.3	12.9	13.4	13.9	14.5	15	15.5	16	16.5	17	17.5	18	18.5	19	19.4	19.9	20.4	20.8	21.3	21.7	22.2	22.6	23	23.4	23.9	24.3	

♃	1: ♈ 24.2R	6: 23.9	11: 23.5	16: 23	21: 22.5	26: 21.9
♄	1: ♋ 28.3	6: 28.9	11: 29.4	16: 29.9	21: ♌ 0.3	26: 0.8
♅	1: ♎ 29.7	11: ♏ 0.1	21: 0.7			
♆	1: ♐ 9	11: 9.1	21: 9.3			
♇	1: ♎ 7.9	11: 8.3	21: 8.7			

	1	2	3	4	5	6	7	8	9	10	11	12	13	14	15	16	17	18	19	20	21	22	23	24	25	26	27	28	29	30	31
☉	♍ 8.7	9.7	10.6	11.6	12.6	13.5	14.5	15.5	16.4	17.4	18.4	19.4	20.3	21.3	22.3	23.3	24.2	25.2	26.2	27.2	28.1	29.1	♎ 0.1	1.1	2.1	3	4	5	6	7	
☽	♐ 6.7	20.6	♑ 4.2	17.7	♒ 0.9	13.9	26.7	♓ 9.3	21.7	♈ 3.9	15.9	27.8	♉ 9.6	21.4	♊ 3.2	15.2	27.4	♋ 9.9	22.7	♌ 6.1	19.8	♍ 4	18.6	♎ 3.4	18.4	♏ 3.4	18.2	♐ 2.8	17.1	♑ 1	
☿	♎ 5.1	5.7	6.2	6.7	7.1	7.4	7.7	7.8	7.9R	7.8	7.6	7.4	7	6.5	5.9	5.1	4.3	3.4	2.4	1.4	0.3	♍ 29.2	28.2	27.2	26.2	25.3	24.6	24	23.5	23.3	
♀	♍ 29.1	♎ 0.3	1.6	2.8	4	5.2	6.5	7.7	8.9	10.2	11.4	12.6	13.8	15.1	16.3	17.5	18.8	20	21.2	22.4	23.7	24.9	26.1	27.3	28.6	29.8	♏ 1	2.2	3.5	4.7	
♂	♎ 5	5.6	6.3	6.9	7.6	8.2	8.9	9.5	10.2	10.8	11.5	12.1	12.8	13.5	14.1	14.8	15.4	16.1	16.7	17.4	18.1	18.7	19.4	20.1	20.7	21.4	22	22.7	23.4	24.1	

♃	1: ♊ 0.6	6: 0.9	11: 1.1	16: 1.2	21: 1.2R	26: 1.1
♄	1: ♌ 10.8	6: 11.3	11: 11.9	16: 12.5	21: 13	26: 13.5
♅	1: ♏ 4.2	11: 4.6	21: 5.1			
♆	1: ♐ 11.2	11: 11.3	21: 11.4			
♇	1: ♎ 10.3	11: 10.7	21: 11.1			

X

	1	2	3	4	5	6	7	8	9	10	11	12	13	14	15	16	17	18	19	20	21	22	23	24	25	26	27	28	29	30	31
☉	♎ 7.2	8.2	9.2	10.2	11.1	12.1	13.1	14.1	15.1	16.1	17.1	18	19	20	21	22	23	24	25	26	27	28	29	30	♏ 1	2	2.9	3.9	4.9	5.9	6.9
☽	♌ 9.2	23.8	♍ 8.7	23.9	♎ 9.1	24.3	♏ 9.2	23.7	♐ 7.8	21.4	♑ 4.6	17.4	29.9	♒ 12.1	24.2	♓ 6.1	18	29.8	♈ 11.7	23.6	♉ 5.7	17.8	♊ 0.1	12.5	25.2	♋ 8.1	21.4	♌ 4.9	18.9	♍ 3.1	17.7
☿	♎ 23.5R	22.9	22.2	21.4	20.5	19.5	18.4	17.3	16.1	14.9	13.8	12.7	11.7	10.9	10.2	9.6	9.3	9.1	9.1D	9.3	9.7	10.2	10.9	11.7	12.7	13.7	14.9	16.1	17.4	18.8	20.2
♀	♌ 28.4	28.9	29.4	29.9	♍ 0.4	1	1.5	2.1	2.8	3.4	4.1	4.7	5.4	6.2	6.9	7.7	8.4	9.2	10	10.8	11.6	12.5	13.3	14.2	15.1	16	16.9	17.8	18.7	19.6	20.6
♂	♊ 24.7	25.1	25.4	25.8	26.2	26.5	26.9	27.2	27.6	27.9	28.2	28.5	28.8	29.1	29.4	29.7	29.9	♋ 0.2	0.4	0.6	0.8	1.1	1.2	1.4	1.6	1.8	1.9	2	2.2	2.3	2.4

♃	1: ♈ 21.3R	6: 20.7	11: 20	16: 19.3	21: 18.7	26: 18	31: 17.4
♄	1: ♌ 1.2	6: 1.5	11: 1.9	16: 2.2	21: 2.4	26: 2.6	31: 2.8
♅	1: ♏ 1.2	11: 1.8	21: 2.5	31: 3.1			
♆	1: ♐ 9.5	11: 9.7	21: 10	31: 10.3			
♇	1: ♎ 9.1	11: 9.4	21: 9.8	31: 10.2			

	1	2	3	4	5	6	7	8	9	10	11	12	13	14	15	16	17	18	19	20	21	22	23	24	25	26	27	28	29	30	31
☉	♎ 7.9	8.9	9.9	10.9	11.9	12.9	13.9	14.8	15.8	16.8	17.8	18.8	19.8	20.8	21.8	22.8	23.8	24.7	25.7	26.7	27.7	28.7	29.7	♏ 0.7	1.7	2.7	3.7	4.7	5.7	6.7	7.7
☽	♑ 14.6	27.9	♒ 10.9	23.6	♓ 6.1	18.4	♈ 0.6	12.6	24.5	♉ 6.3	18.1	29.9	♊ 11.7	23.7	♋ 5.9	18.4	♌ 1.2	14.4	28	♍ 12.1	26.6	♎ 11.5	26.6	♏ 11.8	27	♐ 11.9	26.5	♑ 10.6	24.4	♒ 7.7	20.6
☿	♍ 23.1R	23.2D	23.4	23.8	24.4	25.1	26	26.9	28	29.2	♎ 0.5	1.9	3.3	4.8	6.3	7.9	9.5	11.2	12.8	14.5	16.2	17.9	19.5	21.2	22.9	24.6	26.3	28	29.7	♏ 1.3	3
♀	♏ 5.9	7.1	8.4	9.6	10.8	12	13.3	14.5	15.7	16.9	18.1	19.4	20.6	21.8	23	24.3	25.5	26.7	27.9	29.1	♐ 0.3	1.6	2.8	4	5.2	6.4	7.7	8.9	10.1	11.3	12.5
♂	♎ 24.7	25.4	26.1	26.7	27.4	28.1	28.8	29.4	♏ 0.1	0.8	1.5	2.1	2.8	3.5	4.2	4.9	5.5	6.2	6.9	7.6	8.3	9	9.7	10.4	11	11.7	12.4	13.1	13.8	14.5	15.2

♃	1: ♊ 1.0R	6: 0.8	11: 0.5	16: 0.1	21: ♉ 29.6	26: 29.1	31: 28.5
♄	1: ♌ 14	6: 14.4	11: 14.8	16: 15.2	21: 15.6	26: 15.9	31: 16.2
♅	1: ♏ 5.7	11: 6.3	21: 6.9	31: 7.5			
♆	1: ♐ 11.6	11: 11.8	21: 12.1	31: 12.4			
♇	1: ♎ 11.5	11: 11.8	21: 12.2	31: 12.6			

XI

	1	2	3	4	5	6	7	8	9	10	11	12	13	14	15	16	17	18	19	20	21	22	23	24	25	26	27	28	29	30	31
☉	♏ 7.9	8.9	9.9	10.9	11.9	13	14	15	16	17	18	19	20	21	22	23	24	25	26	27	28	29.1	♐ 0.1	1.1	2.1	3.1	4.1	5.1	6.1	7.1	
☽	♎ 2.5	17.5	♏ 2.4	17.2	♐ 1.7	15.8	29.6	♑ 12.9	25.8	♒ 8.3	20.6	♓ 2.6	14.6	26.4	♈ 8.3	20.2	♉ 2.2	14.4	26.8	♊ 9.3	22.1	♋ 5.1	18.3	♌ 1.8	15.5	29.4	♍ 13.5	27.7	♎ 12.1	26.6	
☿	♎ 21.7	23.2	24.7	26.3	27.8	29.4	♏ 1	2.6	4.2	5.8	7.5	9.1	10.7	12.3	13.9	15.5	17.1	18.7	20.3	21.9	23.5	25.1	26.7	28.3	29.9	♐ 1.5	3.1	4.6	6.2	7.8	
♀	♍ 21.5	22.5	23.4	24.4	25.4	26.4	27.4	28.4	29.4	♎ 0.4	1.5	2.5	3.5	4.6	5.6	6.7	7.8	8.8	9.9	11	12.1	13.2	14.2	15.3	16.4	17.6	18.7	19.8	20.9	22	
♂	♋ 2.5	2.5	2.6	2.6	2.7	2.7	2.7R	2.7	2.6	2.6	2.5	2.5	2.4	2.3	2.2	2	1.9	1.7	1.5	1.4	1.2	0.9	0.7	0.5	0.2	♊ 29.9	29.7	29.4	29.1	28.8	

♃	1: ♈ 17.3R	6: 16.7	11: 16.2	16: 15.8	21: 15.4	26: 15.1
♄	1: ♌ 2.8	6: 2.9	11: 3	16: 3.0R	21: 2.9	26: 2.8
♅	1: ♏ 3.1	11: 3.8	21: 4.4			
♆	1: ♐ 10.3	11: 10.7	21: 11			
♇	1: ♎ 10.2	11: 10.6	21: 10.9			

	1	2	3	4	5	6	7	8	9	10	11	12	13	14	15	16	17	18	19	20	21	22	23	24	25	26	27	28	29	30	31
☉	♏ 8.7	9.7	10.7	11.7	12.7	13.7	14.7	15.7	16.7	17.7	18.7	19.7	20.7	21.8	22.8	23.8	24.8	25.8	26.8	27.8	28.8	29.8	♐ 0.8	1.8	2.9	3.9	4.9	5.9	6.9	7.9	
☽	♓ 3.2	15.5	27.6	♈ 9.6	21.4	♉ 3.3	15	26.9	♊ 8.7	20.7	♋ 2.8	15.1	27.6	♌ 10.3	23.4	♍ 6.9	20.8	♎ 5.1	19.7	♏ 4.7	19.8	♐ 5	20.1	♑ 4.8	19.2	♒ 3.1	16.6	29.6	♓ 12.2	24.4	
☿	♏ 4.7	6.3	8	9.6	11.2	12.9	14.5	16.1	17.7	19.3	20.9	22.5	24.1	25.6	27.2	28.8	♐ 0.3	1.9	3.5	5	6.6	8.1	9.6	11.2	12.7	14.3	15.8	17.3	18.9	20.4	
♀	♐ 13.7	14.9	16.2	17.4	18.6	19.8	21	22.2	23.4	24.6	25.8	27.1	28.3	29.5	♑ 0.7	1.9	3.1	4.3	5.5	6.7	7.9	9.1	10.3	11.5	12.7	13.9	15.1	16.3	17.5	18.7	
♂	♏ 15.9	16.6	17.3	18	18.7	19.4	20.1	20.8	21.5	22.2	22.9	23.6	24.3	25	25.7	26.4	27.2	27.9	28.6	29.3	♐ 0	0.7	1.4	2.2	2.9	3.6	4.3	5	5.7	6.5	

♃	1: ♉ 28.4R	6: 27.8	11: 27.1	16: 26.4	21: 25.8	26: 25.1
♄	1: ♌ 16.2	6: 16.4	11: 16.6	16: 16.7	21: 16.8	26: 16.9
♅	1: ♏ 7.6	11: 8.2	21: 8.8			
♆	1: ♐ 12.4	11: 12.8	21: 13.1			
♇	1: ♎ 12.6	11: 13	21: 13.3			

XII

	1	2	3	4	5	6	7	8	9	10	11	12	13	14	15	16	17	18	19	20	21	22	23	24	25	26	27	28	29	30	31
☉	♐ 8.2	9.2	10.2	11.2	12.2	13.2	14.2	15.3	16.3	17.3	18.3	19.3	20.3	21.4	22.4	23.4	24.4	25.4	26.5	27.5	28.5	29.5	♑ 0.5	1.5	2.6	3.6	4.6	5.6	6.6	7.7	8.7
☽	♏ 11.1	25.5	♐ 9.7	23.7	♑ 7.4	20.7	♒ 3.6	16.2	28.5	♓ 10.6	22.5	♈ 4.4	16.2	28.2	♉ 10.3	22.6	♊ 5.2	18	♋ 1.2	14.6	28.3	♌ 12.2	26.2	♍ 10.3	24.4	♎ 8.6	22.7	♏ 6.7	20.8	♐ 4.7	18.5
☿	♐ 9.3	10.9	12.5	14.1	15.6	17.2	18.8	20.3	21.9	23.5	25	26.6	28.2	29.7	♑ 1.3	2.9	4.5	6	7.6	9.2	10.7	12.3	13.9	15.4	17	18.5	20.1	21.6	23.1	24.6	26
♀	♎ 23.2	24.3	25.4	26.6	27.7	28.8	30	♏ 1.1	2.3	3.4	4.6	5.8	6.9	8.1	9.2	10.4	11.6	12.8	13.9	15.1	16.3	17.5	18.7	19.8	21	22.2	23.4	24.6	25.8	27	28.2
♂	♊ 28.4R	28.1	27.8	27.4	27	26.7	26.3	25.9	25.5	25.2	24.8	24.4	24	23.6	23.2	22.8	22.4	22	21.7	21.3	20.9	20.6	20.2	19.8	19.5	19.2	18.8	18.5	18.2	17.9	17.7

♃	1: ♈ 14.9R	6: 14.8	11: 14.7D	16: 14.8	21: 14.9	26: 15.2	31: 15.5
♄	1: ♌ 2.7R	6: 2.6	11: 2.3	16: 2.1	21: 1.8	26: 1.5	31: 1.1
♅	1: ♏ 4.9	11: 5.5	21: 5.9	31: 6.3			
♆	1: ♐ 11.4	11: 11.8	21: 12.1	31: 12.5			
♇	1: ♎ 11.1	11: 11.4	21: 11.5	31: 11.6			

	1	2	3	4	5	6	7	8	9	10	11	12	13	14	15	16	17	18	19	20	21	22	23	24	25	26	27	28	29	30	31
☉	♐ 8.9	9.9	11	12	13	14	15	16	17	18.1	19.1	20.1	21.1	22.1	23.2	24.2	25.2	26.2	27.2	28.2	29.3	♑ 0.3	1.3	2.3	3.3	4.4	5.4	6.4	7.4	8.4	9.4
☽	♈ 6.5	18.4	♉ 0.2	11.9	23.7	♊ 5.6	17.7	29.8	♋ 12.1	24.6	♌ 7.3	20.2	♍ 3.3	16.7	♎ 0.4	14.4	28.8	♏ 13.4	28.2	♐ 13.1	28	♑ 12.7	27.2	♒ 11.2	24.7	♓ 7.8	20.5	♈ 2.8	14.8	26.7	♉ 8.5
☿	♐ 21.9	23.4	24.9	26.4	27.9	29.4	♑ 0.9	2.4	3.9	5.3	6.7	8.2	9.6	10.9	12.3	13.6	14.8	16.1	17.2	18.3	19.3	20.3	21.1	21.8	22.4	22.9	23.2	23.3	23.3R	23	22.6
♀	♑ 19.9	21.1	22.3	23.4	24.6	25.8	27	28.2	29.4	♒ 0.6	1.7	2.9	4.1	5.3	6.4	7.6	8.8	9.9	11.1	12.3	13.4	14.6	15.7	16.9	18	19.2	20.3	21.5	22.6	23.8	24.9
♂	♐ 7.2	7.9	8.6	9.4	10.1	10.8	11.5	12.3	13	13.7	14.5	15.2	15.9	16.7	17.4	18.1	18.9	19.6	20.3	21.1	21.8	22.5	23.3	24	24.8	25.5	26.3	27	27.7	28.5	29.2

♃	1: ♉ 24.4R	6: 23.8	11: 23.2	16: 22.7	21: 22.3	26: 21.9	31: 21.6
♄	1: ♌ 16.9R	6: 16.8	11: 16.7	16: 16.6	21: 16.4	26: 16.1	31: 15.9
♅	1: ♏ 9.4	11: 9.9	21: 10.4	31: 10.8			
♆	1: ♐ 13.5	11: 13.9	21: 14.3	31: 14.6			
♇	1: ♎ 13.6	11: 13.8	21: 14	31: 14.1			

I

(1977)	1	2	3	4	5	6	7	8	9	10	11	12	13	14	15	16	17	18	19	20	21	22	23	24	25	26	27	28	29	30	31
☉	10.5	11.5	12.5	13.5	14.5	15.6	16.6	17.6	18.6	19.6	20.7	21.7	22.7	23.7	24.7	25.8	26.8	27.8	28.8	29.8	0.8	1.9	2.9	3.9	4.9	5.9	6.9	8	9	10	11
☽	20.3	2.1	14.1	26.3	8.7	21.3	4.1	17.1	0.3	13.7	27.3	11	24.9	9	23.2	7.6	22.1	6.6	21	5.2	19	2.5	15.6	28.3	10.6	22.7	4.6	16.4	28.2	10.1	22.2
☿	21.9	21.1	20.1	18.9	17.7	16.4	15	13.7	12.4	11.2	10.2	9.3	8.5	7.9	7.5	7.2	7.1	7.1	7.3	7.6	8	8.4	9	9.7	10.4	11.3	12.1	13.1	14.1	15.1	16.2
♀	26	27.1	28.3	29.4	0.5	1.6	2.7	3.8	4.9	6	7.1	8.2	9.3	10.4	11.5	12.5	13.6	14.7	15.7	16.8	17.8	18.8	19.9	20.9	21.9	22.9	23.9	24.9	25.9	26.9	27.9
♂	30	0.7	1.5	2.2	3	3.7	4.5	5.2	6	6.7	7.5	8.2	9	9.8	10.5	11.3	12	12.8	13.5	14.3	15.1	15.8	16.6	17.3	18.1	18.9	19.6	20.4	21.2	21.9	22.7

♃ (1, 6, 11, 16, 21, 26, 31): 21.5R 21.3 21.2 21.2D 21.2 21.4 21.6 — ♄ (1, 6, 11, 16, 21, 26, 31): 15.8R 15.5 15.2 14.8 14.4 14 13.6 — ♅ (1, 11, 21, 31): 10.9 11.2 11.5 11.7 — ♆ (1, 11, 21, 31): 14.7 15 15.3 15.6 — ♇ (1, 11, 21, 31): 14.1 14.2 14.2R 14.1

(1978)	1	2	3	4	5	6	7	8	9	10	11	12	13	14	15	16	17	18	19	20	21	22	23	24	25	26	27	28	29	30	31
☉	10.2	11.2	12.3	13.3	14.3	15.3	16.3	17.4	18.4	19.4	20.4	21.4	22.4	23.5	24.5	25.5	26.5	27.5	28.6	29.6	0.6	1.6	2.6	3.6	4.7	5.7	6.7	7.7	8.7	9.7	10.8
☽	22.2	5.1	18.3	2	16	0.6	15.5	0.7	16	1.2	16.1	0.7	14.7	28.3	11.4	24	6.4	18.5	0.4	12.3	24.1	6	17.9	30	12.1	24.4	6.8	19.3	2.1	15	28.3
☿	21.1	21.2	21.5	21.8	22.3	22.9	23.5	24.3	25.1	26	27	28	29.1	0.2	1.3	2.5	3.7	5	6.2	7.5	8.8	10.2	11.5	12.9	14.3	15.7	17.1	18.6	20	21.5	23
♀	5.1	6.4	7.7	8.9	10.2	11.4	12.7	14	15.2	16.5	17.7	19	20.2	21.5	22.8	24	25.3	26.5	27.8	29	0.3	1.6	2.8	4.1	5.3	6.6	7.8	9.1	10.4	11.6	12.9
♂	9.1	8.8	8.5	8.2	7.9	7.6	7.3	7	6.6	6.3	5.9	5.5	5.2	4.8	4.4	4	3.6	3.2	2.8	2.4	2	1.6	1.2	0.8	0.4	0	29.7	29.3	28.9	28.5	28.2

♃: 29.9R 29.2 28.6 28.1 27.6 27.1 26.7 — ♄: 0.1R 29.9 29.7 29.4 29.1 28.8 28.4 — ♅: 15.3 15.7 16 16.2 — ♆: 16.7 17.1 17.4 17.7 — ♇: 16.6 16.7 16.7R 16.6

II

(1977)	1	2	3	4	5	6	7	8	9	10	11	12	13	14	15	16	17	18	19	20	21	22	23	24	25	26	27	28
☉	12	13	14.1	15.1	16.1	17.1	18.1	19.1	20.1	21.1	22.2	23.2	24.2	25.2	26.2	27.2	28.2	29.2	0.2	1.2	2.3	3.3	4.3	5.3	6.3	7.3	8.3	9.3
☽	4.5	17	29.9	13	26.4	10.1	23.9	7.8	21.8	5.8	19.9	4	18.1	2.2	16.2	0.1	13.9	27.4	10.6	23.5	6.1	18.4	0.4	12.4	24.2	6	17.9	30
☿	17.3	18.4	19.6	20.8	22.1	23.3	24.6	25.9	27.3	28.6	0	1.4	2.8	4.3	5.7	7.2	8.7	10.2	11.7	13.2	14.8	16.3	17.9	19.5	21.1	22.7	24.4	26.1
♀	28.8	29.8	0.7	1.6	2.6	3.5	4.4	5.3	6.1	7	7.9	8.7	9.5	10.4	11.2	11.9	12.7	13.5	14.2	14.9	15.6	16.3	16.9	17.6	18.2	18.8	19.4	19.9
♂	23.5	24.2	25	25.8	26.5	27.3	28.1	28.8	29.6	0.4	1.2	1.9	2.7	3.5	4.3	5	5.8	6.6	7.3	8.1	8.9	9.7	10.4	11.2	12	12.8	13.6	14.3

♃ (1, 6, 11, 16, 21, 26): 21.6 22 22.4 22.8 23.4 24 — ♄: 13.5R 13.1 12.7 12.3 12 11.6 — ♅ (1, 11, 21): 11.7 11.8 11.8R — ♆: 15.6 15.8 16 — ♇: 14.1R 14 13.8

(1978)	1	2	3	4	5	6	7	8	9	10	11	12	13	14	15	16	17	18	19	20	21	22	23	24	25	26	27	28
☉	11.8	12.8	13.8	14.8	15.8	16.8	17.9	18.9	19.9	20.9	21.9	22.9	23.9	24.9	26	27	28	29	30	1	2	3	4	5	6	7	8	9
☽	11.8	25.7	10	24.6	9.4	24.3	9.3	24	8.5	22.6	6.2	19.4	2.2	14.6	26.8	8.8	20.6	2.5	14.4	26.4	8.5	20.8	3.3	16	28.9	12	25.3	8.8
☿	24.4	25.9	27.5	29	0.5	2.1	3.7	5.2	6.8	8.4	10.1	11.7	13.3	15	16.7	18.4	20.1	21.8	23.5	25.3	27	28.8	0.6	2.4	4.2	6.1	7.9	9.8
♀	14.1	15.4	16.6	17.9	19.1	20.4	21.7	22.9	24.2	25.4	26.7	27.9	29.2	0.4	1.7	2.9	4.2	5.4	6.7	7.9	9.2	10.4	11.7	12.9	14.2	15.4	16.7	17.9
♂	27.8	27.4	27.1	26.8	26.4	26.1	25.8	25.5	25.2	25	24.7	24.5	24.2	24	23.8	23.6	23.4	23.3	23.1	23	22.8	22.7	22.6	22.5	22.5	22.4	22.4	22.3

♃: 26.7R 26.4 26.2 26.1 26.1D 26.1 — ♄: 28.3R 27.9 27.5 27.1 26.7 26.3 — ♅: 16.2 16.4 16.4R — ♆: 17.7 17.9 18.1 — ♇: 16.6R 16.5 16.4

III

(1977)	1	2	3	4	5	6	7	8	9	10	11	12	13	14	15	16	17	18	19	20	21	22	23	24	25	26	27	28	29	30	31
☉	10.3	11.3	12.3	13.3	14.3	15.3	16.3	17.3	18.3	19.3	20.3	21.3	22.3	23.3	24.3	25.3	26.3	27.3	28.3	29.3	0.3	1.3	2.3	3.2	4.2	5.2	6.2	7.2	8.2	9.2	10.2
☽	12.3	24.9	7.9	21.3	5	19	3.2	17.6	2	16.4	0.8	15	29	12.9	26.6	10.1	23.4	6.4	19.3	1.9	14.3	26.4	8.4	20.3	2.1	14	25.9	7.9	20.2	2.8	15.8
☿	27.7	29.4	1.1	2.9	4.6	6.4	8.2	10	11.8	13.7	15.5	17.4	19.3	21.2	23.1	25.1	27	29	1	3	5	7	9.1	11.1	13.1	15.1	17	19	20.9	22.8	24.6
♀	20.4	20.9	21.4	21.8	22.2	22.6	23	23.3	23.6	23.8	24.1	24.2	24.4	24.5	24.5	24.6	24.6	24.5	24.4	24.3	24.1	23.9	23.6	23.3	22.9	22.5	22.1	21.7	21.2	20.7	20.1
♂	15.1	15.9	16.7	17.4	18.2	19	19.8	20.6	21.3	22.1	22.9	23.7	24.5	25.2	26	26.8	27.6	28.4	29.1	29.9	0.7	1.5	2.3	3	3.8	4.6	5.4	6.2	7	7.7	8.5

♃: 24.4 25.1 25.8 26.6 27.5 28.4 29.3 — ♄: 11.4R 11.1 10.8 10.6 10.4 10.2 10.1 — ♅: 11.7R 11.5 11.3 11 — ♆: 16.1 16.1 16.1R 16.1 — ♇: 13.7R 13.4 13.2 12.9

(1978)	1	2	3	4	5	6	7	8	9	10	11	12	13	14	15	16	17	18	19	20	21	22	23	24	25	26	27	28	29	30	31
☉	10.1	11.1	12.1	13.1	14.1	15.1	16.1	17.1	18.1	19.1	20.1	21.1	22.1	23.1	24.1	25.1	26	27	28	29	0	1	2	3	4	5	6	7	8	8.9	9.9
☽	22.5	6.4	20.5	4.8	19.2	3.7	18.2	2.5	16.6	0.5	14	27.1	9.9	22.4	4.7	16.7	28.6	10.5	22.4	4.4	16.6	29	11.7	24.7	7.9	21.4	5.2	19.1	3.2	17.3	1.5
☿	11.7	13.6	15.5	17.4	19.4	21.3	23.2	25.2	27.1	29	1	2.9	4.7	6.6	8.4	10.1	11.8	13.5	15	16.5	17.9	19.2	20.4	21.5	22.5	23.4	24.2	24.8	25.3	25.7	26
♀	19.2	20.4	21.7	22.9	24.2	25.4	26.7	27.9	29.2	0.4	1.7	2.9	4.1	5.4	6.6	7.9	9.1	10.4	11.6	12.8	14.1	15.3	16.6	17.8	19	20.3	21.5	22.7	24	25.2	26.5
♂	22.3	22.3	22.3	22.3	22.3	22.4	22.4	22.5	22.5	22.6	22.7	22.8	22.9	23.1	23.2	23.4	23.5	23.7	23.9	24	24.2	24.4	24.6	24.9	25.1	25.3	25.6	25.8	26.1	26.4	26.6

♃: 26.2 26.4 26.7 27 27.4 27.9 28.5 — ♄: 26.1R 25.7 25.4 25 24.7 24.5 24.2 — ♅: 16.4R 16.2 16 15.7 — ♆: 18.2 18.3 18.3R 18.3 — ♇: 16.2R 16 15.7 15.5

IV

(1977)	1	2	3	4	5	6	7	8	9	10	11	12	13	14	15	16	17	18	19	20	21	22	23	24	25	26	27	28	29	30
☉	11.2	12.1	13.1	14.1	15.1	16.1	17.1	18.1	19	20	21	22	23	23.9	24.9	25.9	26.9	27.9	28.9	29.8	0.8	1.8	2.7	3.7	4.7	5.7	6.6	7.6	8.6	9.5
☽	29.2	13	27.2	11.7	26.5	11.4	26.2	10.9	25.4	9.6	23.5	7.1	20.3	3.3	16	28.5	10.8	23	5	16.9	28.7	10.5	22.4	4.3	16.3	28.6	11.1	24	7.3	21.1
☿	26.4	28.2	29.8	1.4	2.9	4.4	5.8	7	8.2	9.3	10.3	11.2	11.9	12.6	13.2	13.7	14	14.3	14.5	14.5	14.5R	14.3	14.1	13.8	13.4	12.9	12.5	11.9	11.3	10.7
♀	19.6R	19	18.4	17.8	17.2	16.5	15.9	15.3	14.6	14	13.4	12.9	12.3	11.8	11.3	10.8	10.4	10	9.7	9.3	9.1	8.8	8.6	8.5	8.4	8.3	8.3	8.3D	8.3	8.4
♂	9.3	10.1	10.9	11.6	12.4	13.2	14	14.8	15.5	16.3	17.1	17.9	18.6	19.4	20.2	21	21.8	22.5	23.3	24.1	24.9	25.6	26.4	27.2	28	28.7	29.5	0.3	1	1.8

♃: 29.5 0.5 1.5 2.5 3.6 4.7 — ♄: 10.0R 10 10 10.0D 10 10.2 — ♅: 10.9R 10.6 10.1 — ♆: 16.1R 16 15.8 — ♇: 12.9R 12.6 12.3

(1978)	1	2	3	4	5	6	7	8	9	10	11	12	13	14	15	16	17	18	19	20	21	22	23	24	25	26	27	28	29	30
☉	10.9	11.9	12.9	13.9	14.9	15.8	16.8	17.8	18.8	19.8	20.8	21.7	22.7	23.7	24.7	25.6	26.6	27.6	28.6	29.6	0.5	1.5	2.5	3.5	4.5	5.4	6.4	7.4	8.3	9.3
☽	15.8	29.9	14.1	28.1	11.9	25.6	9	22.2	5.2	17.8	0.3	12.5	24.5	6.5	18.3	0.2	12.3	24.5	6.9	19.7	2.8	16.3	0.2	14.4	28.8	13.3	27.9	12.4	26.7	10.9
☿	26.1	26.1R	26	25.8	25.5	25.1	24.6	24	23.4	22.7	22	21.2	20.5	19.7	19	18.3	17.6	17	16.5	16	15.6	15.3	15.1	14.9	14.9	14.9D	15	15.2	15.4	15.8
♀	27.7	28.9	0.2	1.4	2.6	3.9	5.1	6.3	7.6	8.8	10	11.2	12.5	13.7	14.9	16.2	17.4	18.6	19.8	21.1	22.3	23.5	24.7	26	27.2	28.4	29.6	0.8	2.1	3.3
♂	26.9	27.2	27.5	27.8	28.1	28.4	28.7	29.1	29.4	29.7	0.1	0.4	0.8	1.2	1.5	1.9	2.3	2.6	3	3.4	3.8	4.2	4.6	5	5.4	5.9	6.3	6.7	7.1	7.6

♃: 28.6 29.2 29.9 0.6 1.4 2.2 — ♄: 24.2R 24 23.8 23.7 23.7 23.7D — ♅: 15.7R 15.4 15 — ♆: 18.3R 18.2 18.1 — ♇: 15.4R 15.2 14.9

V

(1977)	1	2	3	4	5	6	7	8	9	10	11	12	13	14	15	16	17	18	19	20	21	22	23	24	25	26	27	28	29	30	31
☉	10.5	11.5	12.5	13.4	14.4	15.4	16.3	17.3	18.3	19.2	20.2	21.2	22.1	23.1	24.1	25	26	26.9	27.9	28.9	29.8	0.8	1.8	2.7	3.7	4.6	5.6	6.6	7.5	8.5	9.4
☽	5.2	19.8	4.7	19.9	5.1	20.1	5	19.4	3.5	17.1	0.3	13.1	25.6	7.9	20	1.9	13.8	25.6	7.5	19.3	1.2	13.2	25.3	7.6	20.1	3	16.1	29.7	13.7	28.2	13
☿	10.0R	9.4	8.7	8.1	7.5	7	6.5	6	5.6	5.3	5	4.9	4.7	4.7D	4.8	4.9	5.1	5.4	5.7	6.1	6.6	7.2	7.8	8.5	9.3	10.1	10.9	11.9	12.9	13.9	15
♀	8.5	8.7	8.8	9.1	9.3	9.6	9.9	10.3	10.7	11.1	11.5	12	12.5	13	13.5	14.1	14.7	15.3	15.9	16.5	17.2	17.9	18.6	19.3	20	20.8	21.5	22.3	23.1	23.9	24.7
♂	2.6	3.4	4.1	4.9	5.7	6.4	7.2	8	8.7	9.5	10.3	11	11.8	12.6	13.3	14.1	14.8	15.6	16.4	17.1	17.9	18.6	19.4	20.2	20.9	21.7	22.4	23.2	23.9	24.7	25.4

♃: 5.8 6.9 8 9.2 10.3 11.5 12.6 — ♄: 10.3 10.5 10.7 11 11.3 11.7 12.1 — ♅: 9.7R 9.3 8.9 8.5 — ♆: 15.7R 15.4 15.2 14.9 — ♇: 12.1R 11.8 11.7 11.5

(1978)	1	2	3	4	5	6	7	8	9	10	11	12	13	14	15	16	17	18	19	20	21	22	23	24	25	26	27	28	29	30	31
☉	10.3	11.3	12.2	13.2	14.2	15.1	16.1	17.1	18	19	20	20.9	21.9	22.9	23.8	24.8	25.8	26.7	27.7	28.6	29.6	0.6	1.5	2.5	3.4	4.4	5.4	6.3	7.3	8.2	9.2
☽	24.8	8.5	22	5.2	18.3	1.1	13.8	26.2	8.5	20.7	2.6	14.5	26.4	8.3	20.3	2.4	14.8	27.6	10.8	24.4	8.5	22.9	7.7	22.7	7.7	22.5	7.2	21.4	5.2	18.9	2.2
☿	16.2	16.7	17.2	17.8	18.5	19.3	20.1	20.9	21.8	22.8	23.8	24.9	26	27.1	28.3	29.6	0.9	2.2	3.6	5	6.4	7.9	9.4	11	12.6	14.2	15.9	17.6	19.4	21.2	23
♀	4.5	5.7	6.9	8.1	9.4	10.6	11.8	13	14.2	15.4	16.6	17.8	19.1	20.3	21.5	22.7	23.9	25.1	26.3	27.5	28.7	29.9	1.1	2.3	3.5	4.7	5.9	7.1	8.3	9.5	10.7
♂	8	8.4	8.9	9.3	9.8	10.2	10.7	11.1	11.6	12.1	12.5	13	13.5	14	14.4	14.9	15.4	15.9	16.4	16.9	17.4	17.9	18.4	18.9	19.4	19.9	20.4	20.9	21.4	22	22.5

♃: 3.1 4 4.9 5.9 6.9 7.9 8.9 — ♄: 23.7 23.7 23.9 24 24.2 24.5 24.7 — ♅: 14.6R 14.1 13.7 13.3 — ♆: 17.9R 17.7 17.4 17.2 — ♇: 14.6R 14.4 14.2 14.1

VI

(1977)	1	2	3	4	5	6	7	8	9	10	11	12	13	14	15	16	17	18	19	20	21	22	23	24	25	26	27	28	29	30
☉	10.4	11.4	12.3	13.3	14.2	15.2	16.1	17.1	18.1	19	20	20.9	21.9	22.8	23.8	24.7	25.7	26.7	27.6	28.6	29.5	0.5	1.4	2.4	3.3	4.3	5.2	6.2	7.1	8.1
☽	28.2	13.4	28.7	13.7	28.3	12.6	26.3	9.6	22.4	4.9	17	29	10.9	22.7	4.5	16.3	28.3	10.3	22.4	4.7	17.1	29.7	12.6	25.8	9.2	23.1	7.3	21.9	6.8	21.9
☿	16.1	17.3	18.6	19.9	21.2	22.6	24	25.5	27	28.6	0.2	1.9	3.6	5.3	7.1	9	10.9	12.8	14.7	16.7	18.8	20.8	22.9	25.1	27.2	29.4	1.5	3.7	5.9	8.1
♀	25.5	26.3	27.2	28	28.9	29.8	0.7	1.6	2.5	3.4	4.3	5.2	6.2	7.1	8.1	9	10	11	11.9	12.9	13.9	14.9	15.9	16.9	17.9	18.9	20	21	22	23
♂	26.2	26.9	27.7	28.4	29.2	29.9	0.7	1.4	2.1	2.9	3.6	4.4	5.1	5.8	6.6	7.3	8.1	8.8	9.5	10.3	11	11.7	12.4	13.2	13.9	14.6	15.3	16.1	16.8	17.5

♃: 12.9 14 15.2 16.3 17.5 18.6 — ♄: 12.2 12.6 13 13.5 14 14.5 — ♅: 8.5R 8.2 8 — ♆: 14.9R 14.6 14.4 — ♇: 11.5R 11.4 11.4

(1978)	1	2	3	4	5	6	7	8	9	10	11	12	13	14	15	16	17	18	19	20	21	22	23	24	25	26	27	28	29	30
☉	10.2	11.1	12.1	13	14	15	15.9	16.9	17.8	18.8	19.7	20.7	21.6	22.6	23.6	24.5	25.5	26.4	27.4	28.3	29.3	0.2	1.2	2.1	3.1	4.1	5	6	6.9	7.9
☽	15.2	28	10.5	22.9	5.1	17.2	29.2	11.2	23	4.9	16.7	28.7	10.8	23.2	5.9	19	2.6	16.7	1.2	16.2	1.3	16.6	1.8	16.7	1.2	15.3	28.9	12.2	25.1	7.6
☿	24.9	26.8	28.7	0.7	2.7	4.8	6.9	9	11.1	13.3	15.4	17.6	19.8	22	24.2	26.4	28.6	0.8	2.9	5.1	7.2	9.3	11.3	13.4	15.4	17.3	19.3	21.2	23	24.8
♀	11.9	13.1	14.3	15.5	16.7	17.9	19	20.2	21.4	22.6	23.8	25	26.2	27.3	28.5	29.7	0.9	2.1	3.2	4.4	5.6	6.8	7.9	9.1	10.3	11.4	12.6	13.8	14.9	16.1
♂	23	23.5	24	24.6	25.1	25.6	26.2	26.7	27.2	27.8	28.3	28.9	29.4	30	0.5	1.1	1.6	2.2	2.7	3.3	3.8	4.4	4.9	5.5	6.1	6.6	7.2	7.8	8.3	8.9

♃: 9.1 10.2 11.3 12.4 13.5 14.6 — ♄: 24.8 25.1 25.5 25.9 26.3 26.7 — ♅: 13.3R 13 12.7 — ♆: 17.1R 16.9 16.6 — ♇: 14.0R 13.9 13.9

VII

(1977)	1	2	3	4	5	6	7	8	9	10	11	12	13	14	15	16	17	18	19	20	21	22	23	24	25	26	27	28	29	30	31
☉	9.1	10	11	11.9	12.9	13.8	14.8	15.7	16.7	17.6	18.6	19.5	20.5	21.5	22.4	23.4	24.3	25.3	26.2	27.2	28.1	29.1	0	1	1.9	2.9	3.9	4.8	5.8	6.7	7.7
☽	7	22	6.7	21	4.8	18.1	1	13.5	25.7	7.7	19.5	1.3	13.2	25.1	7.1	19.3	1.6	14.1	26.8	9.7	22.7	6	19.5	3.3	17.4	1.8	16.3	1.1	15.9	0.6	15
☿	10.3	12.4	14.6	16.7	18.8	20.9	23	25	27.1	29	1	2.9	4.8	6.7	8.5	10.3	12.1	13.8	15.5	17.2	18.8	20.4	22	23.5	25.1	26.5	28	29.4	0.8	2.1	3.5
♀	24.1	25.1	26.2	27.2	28.3	29.3	0.4	1.5	2.5	3.6	4.7	5.8	6.9	7.9	9	10.1	11.2	12.3	13.4	14.5	15.6	16.7	17.8	19	20.1	21.2	22.3	23.4	24.6	25.7	26.8
♂	18.2	18.9	19.7	20.4	21.1	21.8	22.5	23.2	23.9	24.6	25.4	26.1	26.8	27.5	28.2	28.9	29.6	0.3	1	1.7	2.3	3	3.7	4.4	5.1	5.8	6.5	7.2	7.8	8.5	9.2

♃: 19.8 20.9 22 23.1 24.1 25.2 26.2 — ♄: 15.1 15.7 16.2 16.8 17.5 18.1 18.7 — ♅: 7.8R 7.7 7.7D 7.8 — ♆: 14.1R 13.9 13.7 13.5 — ♇: 11.4 11.5 11.6 11.8

(1978)	1	2	3	4	5	6	7	8	9	10	11	12	13	14	15	16	17	18	19	20	21	22	23	24	25	26	27	28	29	30	31
☉	8.8	9.8	10.7	11.7	12.6	13.6	14.5	15.5	16.4	17.4	18.4	19.3	20.3	21.2	22.2	23.1	24.1	25	26	26.9	27.9	28.9	29.8	0.8	1.7	2.7	3.6	4.6	5.5	6.5	7.5
☽	20	2.2	14.3	26.2	8.1	20	1.9	13.7	25.6	7.6	19.8	2.2	14.9	27.9	11.4	25.3	9.8	24.6	9.8	25.1	10.3	25.4	10.1	24.3	8.1	21.4	4.3	16.9	29.2	11.3	23.3
☿	26.6	28.4	0.1	1.8	3.5	5.1	6.7	8.2	9.7	11.2	12.6	14	15.4	16.7	18	19.2	20.4	21.6	22.7	23.8	24.8	25.8	26.7	27.6	28.4	29.1	29.8	0.5	1	1.6	2
♀	17.2	18.4	19.6	20.7	21.9	23	24.2	25.3	26.5	27.6	28.8	29.9	1	2.2	3.3	4.4	5.6	6.7	7.8	9	10.1	11.2	12.3	13.4	14.6	15.7	16.8	17.9	19	20.1	21.2
♂	9.5	10.1	10.6	11.2	11.8	12.4	13	13.5	14.1	14.7	15.3	15.9	16.5	17.1	17.7	18.3	18.9	19.4	20	20.6	21.2	21.8	22.5	23.1	23.7	24.3	24.9	25.5	26.1	26.7	27.3

♃: 15.7 16.8 18 19.1 20.2 21.3 22.4 — ♄: 27.2 27.7 28.3 28.8 29.4 29.9 0.5 — ♅: 12.5R 12.4 12.3 12.4D — ♆: 16.3R 16.1 15.9 15.7 — ♇: 13.9 14 14.1 14.3

VIII

(1977)	1	2	3	4	5	6	7	8	9	10	11	12	13	14	15	16	17	18	19	20	21	22	23	24	25	26	27	28	29	30	31
☉	8.6	9.6	10.6	11.5	12.5	13.4	14.4	15.3	16.3	17.3	18.2	19.2	20.1	21.1	22.1	23	24	24.9	25.9	26.9	27.8	28.8	29.8	0.7	1.7	2.7	3.6	4.6	5.5	6.5	7.5
☽	29.2	12.9	26.2	9.1	21.7	3.9	15.9	27.8	9.6	21.5	3.5	15.6	27.9	10.5	23.3	6.3	19.5	2.9	16.5	0.2	14.1	28.2	12.4	26.7	11.1	25.4	9.7	23.8	7.6	21.1	4.2
☿	4.8	6	7.2	8.4	9.5	10.6	11.7	12.7	13.6	14.6	15.4	16.2	17	17.7	18.3	18.9	19.4	19.8	20.2	20.5	20.7	20.8	20.8	20.7	20.5	20.2	19.8	19.3	18.8	18.1	17.4
♀	28	29.1	0.2	1.4	2.5	3.7	4.8	5.9	7.1	8.2	9.4	10.6	11.7	12.9	14	15.2	16.4	17.5	18.7	19.9	21	22.2	23.4	24.5	25.7	26.9	28.1	29.3	0.4	1.6	2.8
♂	9.9	10.6	11.2	11.9	12.6	13.2	13.9	14.6	15.2	15.9	16.6	17.2	17.9	18.5	19.2	19.8	20.5	21.1	21.8	22.4	23.1	23.7	24.3	25	25.6	26.3	26.9	27.5	28.1	28.8	29.4

♃: 26.4 27.4 28.3 29.2 0.1 0.9 1.7 — ♄: 18.8 19.5 20.1 20.7 21.4 22 22.7 — ♅: 7.8 8 8.2 8.6 — ♆: 13.5R 13.4 13.4 13.4D — ♇: 11.8 12.1 12.4 12.7

(1978)	1	2	3	4	5	6	7	8	9	10	11	12	13	14	15	16	17	18	19	20	21	22	23	24	25	26	27	28	29	30	31
☉	8.4	9.4	10.3	11.3	12.2	13.2	14.2	15.1	16.1	17	18	18.9	19.9	20.9	21.8	22.8	23.8	24.7	25.7	26.7	27.6	28.6	29.5	0.5	1.5	2.4	3.4	4.3	5.3	6.3	7.2
☽	5.2	17.1	28.9	10.8	22.7	4.8	16.9	29.2	11.7	24.5	7.6	21	4.8	19	3.6	18.5	3.6	18.7	3.7	18.3	2.7	16.5	29.9	12.9	25.6	7.9	20	2	13.9	25.7	7.6
☿	2.4	2.6	2.8	3	3.0R	3	2.8	2.6	2.3	1.9	1.4	0.8	0.2	29.5	28.8	28.1	27.4	26.7	26.1	25.6	25.2	24.7	24.5	24.4D	24.5	24.8	25.1	25.5	26.1	26.9	27.9
♀	22.3	23.4	24.5	25.6	26.6	27.7	28.8	29.9	0.9	2	3.1	4.1	5.2	6.2	7.3	8.3	9.3	10.4	11.4	12.4	13.4	14.5	15.5	16.5	17.5	18.5	19.4	20.4	21.4	22.4	23.4
♂	27.9	28.5	29.2	29.8	0.4	1	1.6	2.3	2.9	3.5	4.1	4.8	5.4	6	6.7	7.3	7.9	8.6	9.2	9.8	10.5	11.1	11.7	12.4	13	13.7	14.3	15	15.6	16.2	16.9

♃: 22.7 23.7 24.8 25.9 26.9 28 29 — ♄: 0.7 1.3 1.9 2.5 3.1 3.8 4.4 — ♅: 12.4 12.5 12.7 13 — ♆: 15.7R 15.6 15.6 15.5D — ♇: 14.3 14.5 14.8 15.1

IX

(1977)	1	2	3	4	5	6	7	8	9	10	11	12	13	14	15	16	17	18	19	20	21	22	23	24	25	26	27	28	29	30
☉	8.4	9.4	10.4	11.4	12.3	13.3	14.3	15.2	16.2	17.2	18.2	19.1	20.1	21.1	22	23	24	25	25.9	26.9	27.9	28.9	29.9	0.8	1.8	2.8	3.8	4.8	5.7	6.7
☽	17.1	29.5	11.8	23.8	5.7	17.6	29.5	11.5	23.7	6.1	18.9	1.9	15.2	28.8	12.6	26.6	10.7	25	9.2	23.4	7.6	21.7	5.7	19.5	3.1	16.5	29.6	12.5	25.1	7.5
☿	16.5R	15.6	14.7	13.7	12.8	11.8	10.9	10	9.2	8.5	7.9	7.5	7.1	7	7.0D	7.1	7.4	7.8	8.4	9.2	10.1	11.2	12.4	13.4	14.7	16.2	17.6	19.2	20.8	22.4
♀	4	5.2	6.4	7.6	8.8	10	11.2	12.4	13.5	14.7	16	17.2	18.4	19.6	20.8	22	23.2	24.4	25.6	26.8	28	29.2	0.5	1.7	2.9	4.1	5.3	6.6	7.8	9
♂	0	0.6	1.2	1.9	2.5	3.1	3.7	4.3	4.9	5.5	6.1	6.7	7.3	7.9	8.4	9	9.6	10.2	10.8	11.3	11.9	12.5	13	13.6	14.2	14.7	15.3	15.8	16.4	16.9

♃: 1.8 2.6 3.2 3.8 4.4 4.8 — ♄: 22.8 23.4 24 24.6 25.2 25.7 — ♅: 8.6 9 9.5 — ♆: 13.4 13.4 13.6 — ♇: 12.7 13.1 13.4

(1978)	1	2	3	4	5	6	7	8	9	10	11	12	13	14	15	16	17	18	19	20	21	22	23	24	25	26	27	28	29	30
☉	8.2	9.2	10.2	11.1	12.1	13.1	14	15	16	16.9	17.9	18.9	19.9	20.8	21.8	22.8	23.8	24.7	25.7	26.7	27.7	28.6	29.6	0.6	1.6	2.6	3.5	4.5	5.5	6.5
☽	19.6	1.6	13.8	26.2	8.8	21.5	4.5	17.8	1.3	15.1	29.2	13.5	28.1	12.7	27.5	12.1	26.5	10.7	24.5	7.9	21	3.7	16.1	28.2	10.2	22.1	3.9	15.8	27.9	10.1
☿	21.1	21.6	22.3	23.1	24	25.1	26.2	27.5	28.8	0.3	1.8	3.4	5.1	6.8	8.5	10.3	12.1	13.9	15.8	17.6	19.5	21.3	23.2	25.1	26.9	28.7	0.6	2.4	4.2	6
♀	24.3	25.2	26.1	27.1	28	28.9	29.8	0.7	1.6	2.5	3.3	4.2	5	5.9	6.7	7.5	8.3	9.1	9.8	10.6	11.3	12	12.7	13.4	14.1	14.8	15.4	16	16.6	17.2
♂	17.5	18.2	18.8	19.5	20.2	20.8	21.5	22.1	22.8	23.4	24.1	24.8	25.4	26.1	26.8	27.4	28.1	28.8	29.4	0.1	0.8	1.4	2.1	2.8	3.5	4.2	4.8	5.5	6.2	6.9

♃: 29.2 0.1 1.1 2 2.8 3.7 — ♄: 4.5 5.2 5.8 6.4 7 7.6 — ♅: 13.1 13.4 13.9 — ♆: 15.6 15.6 15.7 — ♇: 15.1 15.5 15.9

X

(1977)	1	2	3	4	5	6	7	8	9	10	11	12	13	14	15	16	17	18	19	20	21	22	23	24	25	26	27	28	29	30	31
☉	7.7	8.7	9.7	10.7	11.6	12.6	13.6	14.6	15.6	16.6	17.6	18.6	19.5	20.5	21.5	22.5	23.5	24.5	25.5	26.5	27.5	28.5	29.5	0.5	1.5	2.5	3.5	4.5	5.5	6.5	7.5
☽	19.7	1.7	13.6	25.5	7.4	19.4	1.5	14	26.8	9.9	23.4	7.3	21.5	5.9	20.5	5.2	19.8	4.3	18.5	2.5	16.3	29.7	13	25.9	8.7	21.3	3.6	15.9	27.9	9.9	21.8
☿	24.1	25.8	27.6	29.3	1.1	2.9	4.6	6.4	8.2	10	11.7	13.5	15.2	16.9	18.6	20.2	21.9	23.5	25.2	26.8	28.4	0	1.6	3.1	4.7	6.2	7.7	9.3	10.8	12.3	13.8
♀	10.2	11.4	12.7	13.9	15.1	16.4	17.6	18.8	20	21.3	22.5	23.7	25	26.2	27.4	28.7	29.9	1.1	2.4	3.6	4.9	6.1	7.4	8.6	9.8	11.1	12.3	13.6	14.8	16.1	17.3
♂	17.4	18	18.5	19	19.6	20.1	20.6	21.1	21.6	22.1	22.7	23.2	23.6	24.1	24.6	25.1	25.6	26.1	26.5	27	27.5	27.9	28.4	28.8	29.2	29.7	0.1	0.5	0.9	1.4	1.8

♃: 5.3 5.6 5.9 6 6.1 6.1R 6.1 — ♄: 26.3 26.8 27.3 27.8 28.2 28.6 29 — ♅: 10 10.6 11.2 11.8 — ♆: 13.7 13.9 14.2 14.5 — ♇: 13.8 14.2 14.6 15

(1978)	1	2	3	4	5	6	7	8	9	10	11	12	13	14	15	16	17	18	19	20	21	22	23	24	25	26	27	28	29	30	31
☉	7.5	8.5	9.4	10.4	11.4	12.4	13.4	14.4	15.4	16.3	17.3	18.3	19.3	20.3	21.3	22.3	23.3	24.3	25.3	26.2	27.2	28.2	29.2	0.2	1.2	2.2	3.2	4.2	5.2	6.2	7.2
☽	22.5	5.1	18.1	1.2	14.6	28.2	12	26	10.1	24.2	8.5	22.7	7	21.1	5.2	19	2.6	15.9	28.9	11.6	24	6.1	18.1	30	11.8	23.7	5.8	18.1	0.6	13.5	26.7
☿	7.8	9.5	11.3	13	14.7	16.4	18	19.8	21.5	23.1	24.8	26.4	28	29.6	1.2	2.8	4.4	6	7.5	9.1	10.6	12.1	13.6	15.1	16.6	18.1	19.6	21	22.5	23.9	25.3
♀	17.7	18.3	18.8	19.2	19.7	20.1	20.5	20.9	21.2	21.5	21.8	22.1	22.3	22.5	22.6	22.7	22.8	22.8	22.8	22.7	22.6	22.5	22.3	22.1	21.9	21.6	21.2	20.9	20.5	20	19.6
♂	7.6	8.2	8.9	9.6	10.3	11	11.7	12.4	13.1	13.8	14.4	15.1	15.8	16.5	17.2	17.9	18.6	19.3	20	20.7	21.4	22.1	22.9	23.6	24.3	25	25.7	26.4	27.1	27.8	28.5

♃: 4.5 5.2 5.9 6.5 7.1 7.6 8 — ♄: 8.2 8.8 9.3 9.9 10.4 10.9 11.3 — ♅: 14.4 14.9 15.5 16.1 — ♆: 15.9 16.1 16.3 16.6 — ♇: 16.2 16.6 17 17.4

XI

(1977)	1	2	3	4	5	6	7	8	9	10	11	12	13	14	15	16	17	18	19	20	21	22	23	24	25	26	27	28	29	30
☉	8.5	9.5	10.5	11.5	12.5	13.5	14.5	15.5	16.5	17.5	18.5	19.5	20.5	21.5	22.5	23.5	24.5	25.5	26.5	27.6	28.6	29.6	0.6	1.6	2.6	3.6	4.6	5.6	6.7	7.7
☽	3.6	15.5	27.5	9.6	22	4.6	17.7	1.2	15.2	29.6	14.3	29.3	14.4	29.5	14.3	28.8	12.9	26.6	10	23	5.7	18.1	0.4	12.6	24.6	6.6	18.5	0.3	12.2	24.1
☿	16.6	18.2	19.7	21.3	22.8	24.4	25.9	27.4	28.9	0.4	1.9	3.4	4.9	6.4	7.9	9.3	10.8	12.3	13.7	15.1	16.6	18	19.4	20.7	22.1	23.4	24.7	26	27.3	28.5
♀	18.6	19.8	21.1	22.3	23.6	24.8	26.1	27.3	28.6	29.8	1.1	2.3	3.6	4.8	6.1	7.3	8.6	9.8	11.1	12.3	13.6	14.8	16.1	17.4	18.6	19.9	21.1	22.4	23.6	24.9
♂	2.2	2.6	2.9	3.3	3.7	4.1	4.4	4.8	5.1	5.5	5.8	6.1	6.5	6.8	7.1	7.4	7.7	7.9	8.2	8.5	8.7	9	9.2	9.4	9.6	9.8	10	10.2	10.4	10.5

♃: 6.1R 5.9 5.6 5.3 4.9 4.4 — ♄: 29.1 29.4 29.7 29.9 0.2 0.3 — ♅: 11.9 12.5 13.1 — ♆: 14.5 14.9 15.2 — ♇: 15 15.4 15.7

(1978)	1	2	3	4	5	6	7	8	9	10	11	12	13	14	15	16	17	18	19	20	21	22	23	24	25	26	27	28	29	30
☉	8.2	9.2	10.2	11.2	12.2	13.2	14.2	15.2	16.2	17.2	18.2	19.3	20.3	21.3	22.3	23.3	24.3	25.3	26.3	27.3	28.3	29.3	0.3	1.4	2.4	3.4	4.4	5.4	6.4	7.4
☽	10.3	24.1	8.2	22.4	6.7	21	5.3	19.4	3.4	17.3	1	14.6	28	11.2	24.2	7	19.6	1.9	14	26	7.8	19.6	1.5	13.5	25.8	8.4	21.3	4.7	18.5	2.8
☿	26.8	28.2	29.6	0.9	2.3	3.6	5	6.3	7.6	8.8	10.1	11.3	12.4	13.6	14.7	15.7	16.7	17.6	18.5	19.3	19.9	20.5	21	21.4	21.6	21.6R	21.5	21.3	20.8	20.2
♀	19.1	18.5	18	17.4	16.9	16.3	15.7	15	14.4	13.8	13.2	12.6	12.1	11.5	11	10.5	10	9.6	9.2	8.8	8.5	8.2	8	7.8	7.6	7.5	7.4	7.3	7.3D	7.4
♂	29.3	30	0.7	1.4	2.1	2.9	3.6	4.3	5	5.8	6.5	7.2	7.9	8.7	9.4	10.1	10.9	11.6	12.3	13.1	13.8	14.5	15.3	16	16.7	17.5	18.2	19	19.7	20.5

♃: 8.1 8.4 8.7 8.9 9 9.1R — ♄: 11.4 11.8 12.2 12.6 12.9 13.2 — ♅: 16.2 16.8 17.4 — ♆: 16.6 17 17.3 — ♇: 17.4 17.8 18.2

XII

(1977)	1	2	3	4	5	6	7	8	9	10	11	12	13	14	15	16	17	18	19	20	21	22	23	24	25	26	27	28	29	30	31
☉	8.7	9.7	10.7	11.7	12.7	13.8	14.8	15.8	16.8	17.8	18.8	19.9	20.9	21.9	22.9	23.9	24.9	26	27	28	29	0	1	2.1	3.1	4.1	5.1	6.1	7.2	8.2	9.2
☽	6.1	18.2	0.5	13	26.3	9.3	23.2	7.5	22.2	7.4	22.7	8	23.3	8.2	23	6.2	19.6	2.6	15.2	27.5	9.6	21.6	3.5	15.4	27.3	9.2	21.5	4.1	16.3	29.3	12.7
☿	29.7	0.8	1.9	2.9	3.8	4.7	5.5	6.1	6.7	7.1	7.3	7.4	7.4R	7.1	6.7	6	5.2	4.2	3	1.8	0.4	29	27.7	26.4	25.2	24.2	23.4	22.8	22.4	22.2	22.3
♀	26.1	27.4	28.7	29.9	1.2	2.4	3.7	4.9	6.2	7.5	8.7	10	11.2	12.5	13.8	15	16.3	17.5	18.8	20	21.3	22.6	23.8	25.1	26.3	27.6	28.9	0.1	1.4	2.6	3.9
♂	10.7	10.8	11	11.1	11.2	11.3	11.4	11.4	11.5	11.5	11.6	11.6	11.6	11.6R	11.5	11.5	11.5	11.4	11.3	11.2	11.1	11	10.9	10.7	10.6	10.4	10.2	10	9.8	9.6	9.3

♃: 3.9R 3.3 2.7 2 1.4 0.7 0 — ♄: 0.4 0.5 0.5 0.5R 0.5 0.3 0.2 — ♅: 13.7 14.3 14.8 15.3 — ♆: 15.6 16 16.3 16.7 — ♇: 16 16.2 16.4 16.6

(1978)	1	2	3	4	5	6	7	8	9	10	11	12	13	14	15	16	17	18	19	20	21	22	23	24	25	26	27	28	29	30	31
☉	8.4	9.5	10.5	11.5	12.5	13.5	14.5	15.5	16.6	17.6	18.6	19.6	20.6	21.6	22.7	23.7	24.7	25.7	26.7	27.7	28.8	29.8	0.8	1.8	2.8	3.9	4.9	5.9	6.9	7.9	9
☽	17.3	2	16.8	1.5	16	0.2	14.2	27.9	11.4	24.6	7.7	20.5	3.2	15.7	28	10.2	22.2	4.1	16	27.7	9.6	21.6	3.7	16.3	29.2	12.5	26.4	10.7	25.5	10.5	25.6
☿	19.4R	18.4	17.2	16	14.6	13.3	11.9	10.6	9.3	8.2	7.3	6.6	6	5.6	5.4	5.4D	5.5	5.8	6.2	6.8	7.4	8.2	9	9.9	10.9	12	13	14.2	15.4	16.6	17.8
♀	7.4	7.6	7.7	7.9	8.1	8.4	8.7	9	9.4	9.8	10.2	10.7	11.1	11.7	12.2	12.7	13.3	13.9	14.6	15.2	15.9	16.6	17.3	18.1	18.8	19.5	20.3	21.1	21.9	22.7	23.6
♂	21.2	21.9	22.7	23.4	24.2	24.9	25.7	26.4	27.2	28	28.7	29.5	0.2	1	1.7	2.5	3.2	4	4.8	5.5	6.3	7.1	7.8	8.6	9.3	10.1	10.9	11.6	12.4	13.2	13.9

♃: 9.0R 8.9 8.7 8.4 8 7.6 7.1 — ♄: 13.4 13.6 13.7 13.9 13.9 13.9R 13.9 — ♅: 18 18.6 19.2 19.7 — ♆: 17.7 18.1 18.4 18.8 — ♇: 18.5 18.7 18.9 19.1

1979

I

	1	2	3	4	5	6	7	8	9	10	11	12	13	14	15	16	17	18	19	20	21	22	23	24	25	26	27	28	29	30	31
☉	♑ 10	11	12	13	14	15.1	16.1	17.1	18.1	19.1	20.2	21.2	22.2	23.2	24.2	25.3	26.3	27.3	28.3	29.3	♒ 0.3	1.4	2.4	3.4	4.4	5.4	6.5	7.5	8.5	9.5	10.5
☽	♒ 10.7	25.6	♓ 10.2	24.4	♈ 8.2	21.6	♉ 4.7	17.5	♊ 0.1	12.6	24.8	♋ 6.9	18.9	♌ 0.8	12.7	24.5	♍ 6.3	18.2	♎ 0.2	12.3	24.8	♏ 7.6	20.8	♐ 4.5	18.8	♑ 3.4	18.4	♒ 3.7	19	♓ 4.1	19
☿	♐ 19.1	20.4	21.8	23.1	24.5	25.9	27.3	28.7	♑ 0.1	1.5	3	4.4	5.9	7.4	8.9	10.4	11.9	13.4	15	16.5	18	19.6	21.2	22.7	24.3	25.9	27.5	29.1	♒ 0.8	2.4	4.1
♀	♏ 24.4	25.3	26.1	27	27.9	28.8	29.7	♐ 0.7	1.6	2.6	3.5	4.5	5.5	6.4	7.4	8.4	9.4	10.4	11.5	12.5	13.5	14.6	15.6	16.6	17.7	18.8	19.8	20.9	22	23	24.1
♂	♑ 14.7	15.5	16.3	17	17.8	18.6	19.3	20.1	20.9	21.7	22.4	23.2	24	24.8	25.6	26.3	27.1	27.9	28.7	29.5	♒ 0.2	1	1.8	2.6	3.4	4.1	4.9	5.7	6.5	7.3	8.1

♃ (1, 6, 11, 16, 21, 26, 31): ♌ 7.0R 6.4 5.8 5.2 4.5 3.9 3.2 — ♄ (1, 6, 11, 16, 21, 26, 31): ♍ 13.9R 13.8 13.7 13.5 13.3 13 12.7 — ♅ (1, 11, 21, 31): ♏ 19.7 20.1 20.5 20.7 — ♆ (1, 11, 21, 31): ♐ 18.8 19.2 19.5 19.8 — ♇ (1, 11, 21, 31): ♎ 19.1 19.2 19.2 19.2R

II

	1	2	3	4	5	6	7	8	9	10	11	12	13	14	15	16	17	18	19	20	21	22	23	24	25	26	27	28	29	30	31
☉	♒ 11.5	12.5	13.6	14.6	15.6	16.6	17.6	18.6	19.6	20.7	21.7	22.7	23.7	24.7	25.7	26.7	27.7	28.7	29.7	♓ 0.8	1.8	2.8	3.8	4.8	5.8	6.8	7.8	8.8			
☽	♈ 3.5	17.5	♉ 1.1	14.3	27.1	♊ 9.6	21.9	♋ 4	15.9	27.8	♌ 9.6	21.5	♍ 3.3	15.2	27.2	♎ 9.3	21.6	♏ 4.1	16.9	♐ 0.1	13.6	27.6	♑ 12	26.8	♒ 11.8	26.9	♓ 12	27			
☿	♒ 5.7	7.4	9.1	10.8	12.5	14.2	15.9	17.7	19.5	21.2	23	24.8	26.6	28.4	♓ 0.3	2.1	4	5.8	7.7	9.5	11.4	13.2	15.1	16.9	18.7	20.5	22.2	23.9			
♀	♐ 25.2	26.3	27.4	28.5	29.6	♑ 0.7	1.8	2.9	4	5.1	6.3	7.4	8.5	9.6	10.8	11.9	13	14.2	15.3	16.5	17.6	18.8	19.9	21.1	22.2	23.4	24.5	25.7			
♂	♒ 8.9	9.6	10.4	11.2	12	12.8	13.6	14.4	15.1	15.9	16.7	17.5	18.3	19.1	19.9	20.7	21.4	22.2	23	23.8	24.6	25.4	26.2	27	27.8	28.5	29.3	♓ 0.1			

♃ (1, 6, 11, 16, 21, 26): ♌ 3.1R 2.4 1.8 1.2 0.7 0.3 — ♄ (1, 6, 11, 16, 21, 26): ♍ 12.7R 12.3 12 11.6 11.2 10.8 — ♅ (1, 11, 21): ♏ 20.8 20.9 21 — ♆ (1, 11, 21): ♐ 19.8 20.1 20.2 — ♇ (1, 11, 21): ♎ 19.2R 19.1 19

III

	1	2	3	4	5	6	7	8	9	10	11	12	13	14	15	16	17	18	19	20	21	22	23	24	25	26	27	28	29	30	31
☉	♓ 9.8	10.8	11.8	12.8	13.8	14.8	15.8	16.8	17.8	18.8	19.8	20.8	21.8	22.8	23.8	24.8	25.8	26.8	27.8	28.8	29.8	♈ 0.8	1.8	2.8	3.8	4.7	5.7	6.7	7.7	8.7	9.7
☽	♈ 11.6	25.8	♉ 9.6	23	♊ 5.9	18.4	♋ 0.7	12.8	24.7	♌ 6.5	18.3	♍ 0.1	12.1	24.1	♎ 6.3	18.6	♏ 1.1	13.9	26.9	♐ 10.2	23.7	♑ 7.6	21.7	♒ 6.1	20.7	♓ 5.5	20.3	♈ 5	19.5	♉ 3.7	17.6
☿	♓ 25.6	27.2	28.7	♈ 0.2	1.5	2.8	3.9	5	5.9	6.7	7.3	7.9	8.2	8.4	8.5	8.5R	8.3	7.9	7.5	6.9	6.3	5.5	4.7	3.9	3	2.1	1.2	0.4	♓ 29.6	28.8	28.1
♀	♑ 26.8	28	29.2	♒ 0.3	1.5	2.7	3.8	5	6.2	7.4	8.5	9.7	10.9	12.1	13.2	14.4	15.6	16.8	18	19.2	20.3	21.5	22.7	23.9	25.1	26.3	27.5	28.7	29.8	♓ 1	2.2
♂	♓ 0.9	1.7	2.5	3.3	4.1	4.9	5.6	6.4	7.2	8	8.8	9.6	10.4	11.2	11.9	12.7	13.5	14.3	15.1	15.9	16.7	17.5	18.2	19	19.8	20.6	21.4	22.2	22.9	23.7	24.5

♃ (1, 6, 11, 16, 21, 26, 31): ♌ 0.0R ♋ 29.7 29.4 29.2 29.1 29 29.1D — ♄ (1, 6, 11, 16, 21, 26, 31): ♍ 10.6R 10.2 9.8 9.4 9 8.7 8.4 — ♅ (1, 11, 21, 31): ♏ 21.0R 20.9 20.7 20.5 — ♆ (1, 11, 21, 31): ♐ 20.4 20.5 20.5 20.5R — ♇ (1, 11, 21, 31): ♎ 18.8R 18.6 18.3 18.1

IV

	1	2	3	4	5	6	7	8	9	10	11	12	13	14	15	16	17	18	19	20	21	22	23	24	25	26	27	28	29	30	31
☉	♈ 10.7	11.7	12.7	13.6	14.6	15.6	16.6	17.6	18.6	19.5	20.5	21.5	22.5	23.5	24.4	25.4	26.4	27.4	28.4	29.3	♉ 0.3	1.3	2.3	3.2	4.2	5.2	6.2	7.1	8.1	9.1	
☽	♊ 1	14	26.7	♋ 9	21.1	♌ 3	14.8	26.6	♍ 8.5	20.5	♎ 2.7	15.1	27.7	♏ 10.6	23.7	♐ 7.1	20.6	♑ 4.4	18.3	♒ 2.3	16.5	♓ 0.8	15.1	29.5	♈ 13.8	28	♉ 11.9	25.6	♊ 9	22	
☿	♓ 27.5R	27	26.6	26.2	26	25.8	25.7	25.8D	25.9	26.1	26.4	26.7	27.2	27.7	28.2	28.9	29.6	♈ 0.4	1.2	2.1	3	4	5	6.1	7.2	8.4	9.6	10.8	12.1	13.4	
♀	♓ 3.4	4.6	5.8	7	8.2	9.4	10.6	11.8	13	14.2	15.4	16.6	17.8	19	20.2	21.4	22.6	23.8	25	26.2	27.4	28.6	29.8	♈ 1	2.2	3.4	4.6	5.8	7	8.2	
♂	♓ 25.3	26.1	26.8	27.6	28.4	29.2	30	♈ 0.7	1.5	2.3	3.1	3.9	4.6	5.4	6.2	7	7.7	8.5	9.3	10	10.8	11.6	12.4	13.1	13.9	14.7	15.4	16.2	17	17.7	

♃ (1, 6, 11, 16, 21, 26): ♋ 29.1 29.2 29.4 29.7 ♌ 0.1 0.5 — ♄ (1, 6, 11, 16, 21, 26): ♍ 8.3R 8 7.8 7.6 7.4 7.2 — ♅ (1, 11, 21): ♏ 20.5R 20.1 19.8 — ♆ (1, 11, 21): ♐ 20.5R 20.4 20.3 — ♇ (1, 11, 21): ♎ 18.0R 17.8 17.5

V

	1	2	3	4	5	6	7	8	9	10	11	12	13	14	15	16	17	18	19	20	21	22	23	24	25	26	27	28	29	30	31
☉	♉ 10	11	12	13	13.9	14.9	15.9	16.8	17.8	18.8	19.7	20.7	21.7	22.6	23.6	24.6	25.5	26.5	27.4	28.4	29.4	♊ 0.3	1.3	2.3	3.2	4.2	5.1	6.1	7.1	8	9
☽	♋ 4.6	16.9	29	♌ 10.9	22.8	♍ 4.6	16.5	28.6	♎ 10.9	23.5	♏ 6.4	19.6	♐ 3.2	16.9	♑ 0.9	15	29.1	♒ 13.3	27.5	♓ 11.6	25.6	♈ 9.6	23.5	♉ 7.2	20.8	♊ 4.2	17.3	♋ 0.1	12.6	24.9	♌ 6.9
☿	♈ 14.8	16.1	17.6	19	20.5	22	23.6	25.2	26.8	28.5	♉ 0.2	1.9	3.6	5.4	7.2	9.1	11	12.9	14.8	16.8	18.8	20.9	23	25.1	27.2	29.3	♊ 1.5	3.7	5.9	8.1	10.3
♀	♈ 9.4	10.7	11.9	13.1	14.3	15.5	16.7	17.9	19.1	20.3	21.5	22.7	23.9	25.2	26.4	27.6	28.8	30	♉ 1.2	2.4	3.6	4.8	6	7.3	8.5	9.7	10.9	12.1	13.3	14.5	15.7
♂	♈ 18.5	19.3	20	20.8	21.5	22.3	23.1	23.8	24.6	25.3	26.1	26.8	27.6	28.4	29.1	29.9	♉ 0.6	1.4	2.1	2.9	3.6	4.4	5.1	5.9	6.6	7.3	8.1	8.8	9.6	10.3	11.1

♃ (1, 6, 11, 16, 21, 26, 31): ♌ 1 1.5 2.1 2.8 3.5 4.3 5.1 — ♄ (1, 6, 11, 16, 21, 26, 31): ♍ 7.1R 7.1 7.1D 7.1 7.2 7.3 7.5 — ♅ (1, 11, 21, 31): ♏ 19.4R 18.9 18.5 18.1 — ♆ (1, 11, 21, 31): ♐ 20.1R 19.9 19.7 19.4 — ♇ (1, 11, 21, 31): ♎ 17.2R 17 16.8 16.6

VI

	1	2	3	4	5	6	7	8	9	10	11	12	13	14	15	16	17	18	19	20	21	22	23	24	25	26	27	28	29	30	31
☉	♊ 9.9	10.9	11.9	12.8	13.8	14.7	15.7	16.6	17.6	18.6	19.5	20.5	21.4	22.4	23.3	24.3	25.2	26.2	27.1	28.1	29.1	♋ 0	1	1.9	2.9	3.8	4.8	5.7	6.7	7.6	
☽	♌ 18.8	♍ 0.6	12.5	24.4	♎ 6.5	18.9	♏ 1.6	14.7	28.1	♐ 12	26.2	♑ 10.6	25.1	♒ 9.6	24	♓ 8.4	22.5	♈ 6.4	20.2	♉ 3.8	17.1	♊ 0.3	13.3	26.1	♋ 8.6	21	♌ 3.1	15.1	26.9	♍ 8.7	
☿	♊ 12.5	14.6	16.8	19	21.1	23.3	25.4	27.4	29.5	♋ 1.5	3.4	5.4	7.3	9.1	10.9	12.7	14.4	16.1	17.8	19.4	21	22.5	24	25.4	26.8	28.2	29.5	♌ 0.8	2	3.1	
♀	♉ 17	18.2	19.4	20.6	21.8	23	24.2	25.4	26.7	27.9	29.1	♊ 0.3	1.5	2.7	4	5.2	6.4	7.6	8.8	10	11.3	12.5	13.7	14.9	16.1	17.3	18.6	19.8	21	22.2	
♂	♉ 11.8	12.5	13.3	14	14.7	15.5	16.2	16.9	17.7	18.4	19.1	19.9	20.6	21.3	22	22.8	23.5	24.2	24.9	25.6	26.4	27.1	27.8	28.5	29.2	29.9	♊ 0.7	1.4	2.1	2.8	

♃ (1, 6, 11, 16, 21, 26): ♌ 5.2 6.1 7 7.9 8.8 9.8 — ♄ (1, 6, 11, 16, 21, 26): ♍ 7.5 7.7 8 8.3 8.6 8.9 — ♅ (1, 11, 21): ♏ 18.1R 17.7 17.4 — ♆ (1, 11, 21): ♐ 19.4R 19.1 18.8 — ♇ (1, 11, 21): ♎ 16.6R 16.5 16.4

VII

	1	2	3	4	5	6	7	8	9	10	11	12	13	14	15	16	17	18	19	20	21	22	23	24	25	26	27	28	29	30	31
☉	♋ 8.6	9.5	10.5	11.5	12.4	13.4	14.3	15.3	16.2	17.2	18.1	19.1	20	21	21.9	22.9	23.9	24.8	25.8	26.7	27.7	28.6	29.6	♌ 0.5	1.5	2.4	3.4	4.4	5.3	6.3	7.2
☽	♍ 20.5	♎ 2.4	14.5	26.9	♏ 9.6	22.7	♐ 6.3	20.3	♑ 4.8	19.5	♒ 4.4	19.3	♓ 4.1	18.7	♈ 3	17	♉ 0.7	14.1	27.3	♊ 10.2	22.9	♋ 5.3	17.6	29.7	♌ 11.7	23.6	♍ 5.4	17.2	29	♎ 10.9	22.9
☿	♌ 4.3	5.4	6.4	7.4	8.3	9.1	10	10.7	11.4	12	12.6	13.1	13.5	13.8	14.1	14.3	14.4	14.5R	14.4	14.3	14.1	13.8	13.4	13	12.5	11.9	11.3	10.6	9.9	9.2	8.4
♀	♊ 23.4	24.7	25.9	27.1	28.3	29.6	♋ 0.8	2	3.2	4.4	5.7	6.9	8.1	9.3	10.6	11.8	13	14.2	15.5	16.7	17.9	19.1	20.4	21.6	22.8	24.1	25.3	26.5	27.8	29	♌ 0.2
♂	♊ 3.5	4.2	4.9	5.6	6.3	7	7.7	8.4	9.1	9.8	10.5	11.2	11.9	12.6	13.3	14	14.7	15.4	16.1	16.8	17.5	18.1	18.8	19.5	20.2	20.9	21.6	22.2	22.9	23.6	24.3

♃ (1, 6, 11, 16, 21, 26, 31): ♌ 10.8 11.8 12.8 13.9 15 16 17.1 — ♄ (1, 6, 11, 16, 21, 26, 31): ♍ 9.3 9.8 10.2 10.7 11.2 11.7 12.2 — ♅ (1, 11, 21, 31): ♏ 17.2R 17 16.9 16.9D — ♆ (1, 11, 21, 31): ♐ 18.6R 18.3 18.1 18 — ♇ (1, 11, 21, 31): ♎ 16.4 16.5 16.6 16.7

VIII

	1	2	3	4	5	6	7	8	9	10	11	12	13	14	15	16	17	18	19	20	21	22	23	24	25	26	27	28	29	30	31
☉	♌ 8.2	9.1	10.1	11	12	13	13.9	14.9	15.8	16.8	17.8	18.7	19.7	20.6	21.6	22.6	23.5	24.5	25.4	26.4	27.4	28.3	29.3	♍ 0.3	1.2	2.2	3.2	4.1	5.1	6	7
☽	♏ 5.3	18	♐ 1.1	14.6	28.6	♑ 13	27.8	♒ 12.9	28	♓ 13.1	28	♈ 12.6	26.9	♉ 10.7	24.1	♊ 7.2	19.9	♋ 2.4	14.7	26.8	♌ 8.7	20.6	♍ 2.4	14.1	25.9	♎ 7.8	19.8	♏ 1.9	14.3	27	♐ 10
☿	♌ 7.7R	7	6.3	5.6	5	4.5	4	3.7	3.4	3.2	3.2	3.2D	3.4	3.7	4.1	4.6	5.2	6	6.9	7.9	8.9	10.1	11.4	12.8	14.3	15.8	17.5	19.2	20.9	22.7	24.5
♀	♌ 1.4	2.7	3.9	5.1	6.4	7.6	8.8	10.1	11.3	12.5	13.8	15	16.2	17.5	18.7	19.9	21.2	22.4	23.7	24.9	26.1	27.4	28.6	29.8	♍ 1.1	2.3	3.6	4.8	6	7.3	8.5
♂	♊ 24.9	25.6	26.3	27	27.6	28.3	29	29.6	♋ 0.3	1	1.6	2.3	2.9	3.6	4.3	4.9	5.6	6.2	6.9	7.5	8.2	8.8	9.5	10.1	10.8	11.4	12.1	12.7	13.3	14	14.6

♃ (1, 6, 11, 16, 21, 26, 31): ♌ 17.3 18.4 19.5 20.6 21.7 22.8 23.9 — ♄ (1, 6, 11, 16, 21, 26, 31): ♍ 12.4 12.9 13.5 14.1 14.7 15.3 15.9 — ♅ (1, 11, 21, 31): ♏ 16.9 17 17.2 17.5 — ♆ (1, 11, 21, 31): ♐ 17.9R 17.8 17.7 17.7D — ♇ (1, 11, 21, 31): ♎ 16.8 17 17.2 17.5

IX

	1	2	3	4	5	6	7	8	9	10	11	12	13	14	15	16	17	18	19	20	21	22	23	24	25	26	27	28	29	30	31
☉	♍ 8	8.9	9.9	10.9	11.9	12.8	13.8	14.8	15.7	16.7	17.7	18.7	19.6	20.6	21.6	22.5	23.5	24.5	25.5	26.5	27.4	28.4	29.4	♎ 0.4	1.3	2.3	3.3	4.3	5.3	6.2	
☽	♐ 23.4	♑ 7.2	21.5	♒ 6.2	21.1	♓ 6.3	21.5	♈ 6.6	21.4	♉ 5.8	19.8	♊ 3.4	16.5	29.2	♋ 11.6	23.8	♌ 5.7	17.6	29.4	♍ 11.2	23	♎ 4.9	16.9	29	♏ 11.3	23.9	♐ 6.6	19.6	♑ 3	16.7	
☿	♌ 26.4	28.3	♍ 0.2	2.1	4.1	6	8	9.9	11.8	13.7	15.7	17.5	19.4	21.3	23.1	25	26.8	28.6	♎ 0.4	2.2	3.9	5.6	7.4	9.1	10.7	12.4	14.1	15.7	17.3	18.9	
♀	♍ 9.8	11	12.2	13.5	14.7	16	17.2	18.5	19.7	20.9	22.2	23.4	24.7	25.9	27.1	28.4	29.6	♎ 0.9	2.1	3.4	4.6	5.9	7.1	8.3	9.6	10.8	12.1	13.3	14.6	15.8	
♂	♋ 15.3	15.9	16.5	17.2	17.8	18.4	19	19.7	20.3	20.9	21.5	22.2	22.8	23.4	24	24.6	25.2	25.8	26.5	27.1	27.7	28.3	28.9	29.5	♌ 0.1	0.7	1.3	1.9	2.5	3	

♃ (1, 6, 11, 16, 21, 26): ♌ 24.1 25.2 26.2 27.3 28.3 29.3 — ♄ (1, 6, 11, 16, 21, 26): ♍ 16.1 16.7 17.3 17.9 18.6 19.2 — ♅ (1, 11, 21): ♏ 17.5 17.8 18.3 — ♆ (1, 11, 21): ♐ 17.7 17.8 17.9 — ♇ (1, 11, 21): ♎ 17.6 17.9 18.3

X

	1	2	3	4	5	6	7	8	9	10	11	12	13	14	15	16	17	18	19	20	21	22	23	24	25	26	27	28	29	30	31
☉	♎ 7.2	8.2	9.2	10.2	11.2	12.2	13.1	14.1	15.1	16.1	17.1	18.1	19.1	20.1	21	22	23	24	25	26	27	28	29	30	♏ 1	2	3	4	5	6	7
☽	♒ 0.7	15.1	29.8	♓ 14.7	29.7	♈ 14.7	29.5	♉ 14.1	28.2	♊ 11.9	25.1	♋ 7.9	20.3	♌ 2.4	14.3	26.1	♍ 7.9	19.7	♎ 1.6	13.7	25.9	♏ 8.3	20.9	♐ 3.7	16.7	29.9	♑ 13.3	27	♒ 10.8	24.9	♓ 9.3
☿	♎ 20.5	22.1	23.7	25.2	26.7	28.3	29.8	♏ 1.3	2.7	4.2	5.7	7.1	8.5	9.9	11.3	12.7	14.1	15.4	16.8	18.1	19.4	20.6	21.9	23.1	24.3	25.4	26.6	27.7	28.7	29.7	♐ 0.7
♀	♎ 17.1	18.3	19.5	20.8	22	23.3	24.5	25.8	27	28.3	29.5	♏ 0.8	2	3.2	4.5	5.7	7	8.2	9.5	10.7	12	13.2	14.5	15.7	16.9	18.2	19.4	20.7	21.9	23.2	24.4
♂	♌ 3.6	4.2	4.8	5.4	6	6.5	7.1	7.7	8.3	8.8	9.4	10	10.5	11.1	11.7	12.2	12.8	13.3	13.9	14.4	15	15.5	16.1	16.6	17.1	17.7	18.2	18.7	19.3	19.8	20.3

♃ (1, 6, 11, 16, 21, 26, 31): ♍ 0.3 1.3 2.2 3.1 4 4.8 5.6 — ♄ (1, 6, 11, 16, 21, 26, 31): ♍ 19.8 20.4 21 21.6 22.1 22.7 23.2 — ♅ (1, 11, 21, 31): ♏ 18.7 19.3 19.8 20.4 — ♆ (1, 11, 21, 31): ♐ 18 18.2 18.4 18.7 — ♇ (1, 11, 21, 31): ♎ 18.7 19.1 19.5 19.8

XI

	1	2	3	4	5	6	7	8	9	10	11	12	13	14	15	16	17	18	19	20	21	22	23	24	25	26	27	28	29	30	31
☉	♏ 8	9	10	11	12	13	14	15	16	17	18	19	20	21	22	23	24	25	26.1	27.1	28.1	29.1	♐ 0.1	1.1	2.1	3.1	4.1	5.2	6.2	7.2	
☽	♓ 23.8	♈ 8.5	23.1	♉ 7.7	22.1	♊ 6.1	19.8	♋ 3.1	15.9	28.3	♌ 10.5	22.4	♍ 4.3	16	27.9	♎ 9.8	22	♏ 4.4	17.1	♐ 0	13.2	26.6	♑ 10.2	23.9	♒ 7.7	21.7	♓ 5.7	19.8	♈ 4	18.2	
☿	♐ 1.6	2.4	3.2	3.9	4.5	5	5.4	5.6	5.8	5.8R	5.7	5.4	4.9	4.3	3.5	2.5	1.4	0.2	♏ 28.9	27.5	26.2	24.8	23.6	22.5	21.6	20.8	20.3	19.9	19.7	19.7D	
♀	♏ 25.7	26.9	28.2	29.4	♐ 0.6	1.9	3.1	4.4	5.6	6.9	8.1	9.4	10.6	11.9	13.1	14.3	15.6	16.8	18.1	19.3	20.6	21.8	23.1	24.3	25.5	26.8	28	29.3	♑ 0.5	1.8	
♂	♌ 20.8	21.3	21.9	22.4	22.9	23.4	23.9	24.4	24.9	25.4	25.8	26.3	26.8	27.3	27.7	28.2	28.7	29.1	29.6	♍ 0.1	0.5	0.9	1.4	1.8	2.2	2.7	3.1	3.5	3.9	4.3	

♃ (1, 6, 11, 16, 21, 26): ♍ 5.7 6.5 7.1 7.7 8.3 8.8 — ♄ (1, 6, 11, 16, 21, 26): ♍ 23.3 23.8 24.2 24.7 25.1 25.5 — ♅ (1, 11, 21): ♏ 20.5 21.1 21.7 — ♆ (1, 11, 21): ♐ 18.7 19.1 19.4 — ♇ (1, 11, 21): ♎ 19.9 20.3 20.6

XII

	1	2	3	4	5	6	7	8	9	10	11	12	13	14	15	16	17	18	19	20	21	22	23	24	25	26	27	28	29	30	31
☉	♐ 8.2	9.2	10.2	11.2	12.2	13.3	14.3	15.3	16.3	17.3	18.3	19.4	20.4	21.4	22.4	23.4	24.4	25.5	26.5	27.5	28.5	29.5	♑ 0.6	1.6	2.6	3.6	4.6	5.6	6.7	7.7	8.7
☽	♉ 2.4	16.6	♊ 0.5	14.3	27.8	♋ 10.9	23.7	♌ 6.1	18.3	♍ 0.2	12	23.8	♎ 5.7	17.7	29.9	♏ 12.4	25.3	♐ 8.5	22	♑ 5.8	19.8	♒ 4	18.2	♓ 2.5	16.6	♈ 0.8	14.8	28.8	♉ 12.6	26.3	♊ 9.8
☿	♏ 19.9	20.2	20.7	21.3	22	22.8	23.7	24.7	25.8	26.9	28.1	29.3	♐ 0.6	1.9	3.2	4.5	5.9	7.3	8.7	10.1	11.6	13	14.5	16	17.4	18.9	20.4	21.9	23.4	24.9	26.4
♀	♑ 3	4.2	5.5	6.7	8	9.2	10.5	11.7	12.9	14.2	15.4	16.7	17.9	19.1	20.4	21.6	22.9	24.1	25.3	26.6	27.8	29.1	♒ 0.3	1.5	2.8	4	5.2	6.5	7.7	8.9	10.2
♂	♍ 4.7	5.1	5.5	5.9	6.3	6.7	7	7.4	7.8	8.1	8.4	8.8	9.1	9.4	9.8	10.1	10.4	10.7	11	11.2	11.5	11.8	12	12.3	12.5	12.8	13	13.2	13.4	13.6	13.8

♃ (1, 6, 11, 16, 21, 26, 31): ♍ 9.2 9.6 9.9 10.1 10.2 10.3 10.2R — ♄ (1, 6, 11, 16, 21, 26, 31): ♍ 25.8 26.1 26.4 26.6 26.7 26.9 27 — ♅ (1, 11, 21, 31): ♏ 22.3 22.9 23.5 24 — ♆ (1, 11, 21, 31): ♐ 19.8 20.1 20.5 20.9 — ♇ (1, 11, 21, 31): ♎ 20.9 21.2 21.4 21.6

1980

I

	1	2	3	4	5	6	7	8	9	10	11	12	13	14	15	16	17	18	19	20	21	22	23	24	25	26	27	28	29	30	31
☉	♑ 9.7	10.7	11.8	12.8	13.8	14.8	15.8	16.9	17.9	18.9	19.9	20.9	22	23	24	25	26	27	28.1	29.1	♒ 0.1	1.1	2.1	3.2	4.2	5.2	6.2	7.2	8.2	9.3	10.3
☽	♊ 23.1	♋ 6.2	19.1	♌ 1.7	14	26.1	♍ 8	19.9	♎ 1.6	13.5	25.5	♏ 7.7	20.2	♐ 3.1	16.4	♑ 0.1	14.1	28.5	♒ 13.1	27.8	♓ 12.5	27.1	♈ 11.4	25.6	♉ 9.5	23.2	♊ 6.6	19.7	♋ 2.6	15.4	27.9
☿	♐ 28	29.5	♑ 1	2.6	4.1	5.7	7.2	8.8	10.4	12	13.5	15.1	16.7	18.4	20	21.6	23.2	24.9	26.5	28.2	29.9	♒ 1.5	3.2	4.9	6.6	8.3	10.1	11.8	13.6	15.3	17.1
♀	♒ 11.4	12.6	13.9	15.1	16.3	17.6	18.8	20	21.3	22.5	23.7	24.9	26.2	27.4	28.6	29.8	♓ 1.1	2.3	3.5	4.7	5.9	7.1	8.4	9.6	10.8	12	13.2	14.4	15.6	16.8	18
♂	♍ 14	14.1	14.3	14.5	14.6	14.7	14.8	14.9	15	15.1	15.2	15.2	15.3	15.3	15.3	15.3	15.3R	15.3	15.3	15.3	15.2	15.1	15.1	15	14.9	14.7	14.6	14.5	14.3	14.1	13.9

♃ (1, 6, 11, 16, 21, 26, 31): ♍ 10.2R 10.1 9.9 9.6 9.2 8.8 8.3 — ♄ (1, 6, 11, 16, 21, 26, 31): ♍ 27 27 27.0R 26.9 26.8 26.7 26.5 — ♅ (1, 11, 21, 31): ♏ 24.1 24.5 24.9 25.2 — ♆ (1, 11, 21, 31): ♐ 20.9 21.3 21.6 21.9 — ♇ (1, 11, 21, 31): ♎ 21.6 21.7 21.8 21.8R

II

	1	2	3	4	5	6	7	8	9	10	11	12	13	14	15	16	17	18	19	20	21	22	23	24	25	26	27	28	29	30	31
☉	♒ 11.3	12.3	13.3	14.3	15.3	16.4	17.4	18.4	19.4	20.4	21.4	22.4	23.4	24.5	25.5	26.5	27.5	28.5	29.5	♓ 0.5	1.5	2.5	3.5	4.5	5.5	6.6	7.6	8.6	9.6		
☽	♌ 10.2	22.3	♍ 4.3	16.2	28	♎ 9.8	21.6	♏ 3.6	15.8	28.2	♐ 11	24.2	♑ 7.9	22	♒ 6.5	21.3	♓ 6.3	21.4	♈ 6.4	21.2	♉ 5.6	19.7	♊ 3.4	16.7	29.7	♋ 12.4	24.8	♌ 7	19.1		
☿	♒ 18.8	20.6	22.4	24.1	25.9	27.7	29.4	♓ 1.2	2.9	4.6	6.3	7.9	9.5	11	12.5	13.9	15.2	16.5	17.6	18.6	19.4	20.2	20.7	21.2	21.4	21.5	21.4R	21.2	20.8		
♀	♓ 19.3	20.5	21.7	22.9	24.1	25.3	26.5	27.6	28.8	♈ 0	1.2	2.4	3.6	4.8	6	7.1	8.3	9.5	10.7	11.8	13	14.2	15.3	16.5	17.7	18.8	20	21.1	22.3		
♂	♍ 13.7R	13.5	13.3	13.1	12.8	12.5	12.3	12	11.7	11.4	11.1	10.7	10.4	10.1	9.7	9.3	9	8.6	8.2	7.8	7.5	7.1	6.7	6.3	5.9	5.5	5.1	4.7	4.3		

♃ (1, 6, 11, 16, 21, 26): ♍ 8.2R 7.7 7.1 6.4 5.8 5.1 — ♄ (1, 6, 11, 16, 21, 26): ♍ 26.4R 26.2 25.9 25.6 25.3 25 — ♅ (1, 11, 21): ♏ 25.2 25.4 25.5 — ♆ (1, 11, 21): ♐ 21.9 22.2 22.4 — ♇ (1, 11, 21): ♎ 21.8R 21.7 21.6

III

	1	2	3	4	5	6	7	8	9	10	11	12	13	14	15	16	17	18	19	20	21	22	23	24	25	26	27	28	29	30	31
☉	♓ 10.6	11.6	12.6	13.6	14.6	15.6	16.6	17.6	18.6	19.6	20.6	21.6	22.6	23.6	24.6	25.6	26.6	27.6	28.6	29.5	♈ 0.5	1.5	2.5	3.5	4.5	5.5	6.5	7.5	8.5	9.5	10.4
☽	♍ 1	12.9	24.7	♎ 6.6	18.4	♏ 0.3	12.3	24.5	♐ 6.9	19.7	♑ 2.7	16.2	♒ 0.1	14.5	29.3	♓ 14.3	29.6	♈ 14.8	29.9	♉ 14.6	28.9	♊ 12.8	26.2	♋ 9.2	21.8	♌ 4.1	16.2	28.1	♍ 9.9	21.7	♎ 3.5
☿	♓ 20.3R	19.6	18.8	18	17	16	15	14	13	12.1	11.2	10.4	9.7	9	8.5	8.1	7.8	7.5	7.4	7.4D	7.5	7.7	8	8.3	8.8	9.3	9.9	10.5	11.2	12	12.8
♀	♈ 23.4	24.6	25.7	26.9	28	29.1	♉ 0.2	1.4	2.5	3.6	4.7	5.8	7	8.1	9.2	10.3	11.4	12.4	13.5	14.6	15.7	16.8	17.8	18.9	19.9	21	22	23.1	24.1	25.1	26.2
♂	♍ 3.9R	3.5	3.1	2.7	2.4	2	1.6	1.3	0.9	0.6	0.3	♌ 30	29.6	29.4	29.1	28.8	28.5	28.3	28	27.8	27.6	27.4	27.2	27	26.8	26.7	26.5	26.4	26.3	26.2	26.1

♃ (1, 6, 11, 16, 21, 26, 31): ♍ 4.6R 4 3.3 2.8 2.2 1.7 1.3 — ♄ (1, 6, 11, 16, 21, 26, 31): ♍ 24.7R 24.3 23.9 23.5 23.1 22.7 22.3 — ♅ (1, 11, 21, 31): ♏ 25.6R 25.5 25.4 25.2 — ♆ (1, 11, 21, 31): ♐ 22.5 22.6 22.7 22.7R — ♇ (1, 11, 21, 31): ♎ 21.4R 21.2 20.9 20.7

IV

	1	2	3	4	5	6	7	8	9	10	11	12	13	14	15	16	17	18	19	20	21	22	23	24	25	26	27	28	29	30	31
☉	♈ 11.4	12.4	13.4	14.4	15.4	16.4	17.3	18.3	19.3	20.3	21.3	22.2	23.2	24.2	25.2	26.2	27.1	28.1	29.1	♉ 0.1	1	2	3	4	4.9	5.9	6.9	7.9	8.8	9.8	
☽	♎ 15.4	27.3	♏ 9.3	21.5	♐ 3.8	16.3	29.1	♑ 12.1	25.5	♒ 9.2	23.3	♓ 7.8	22.7	♈ 7.8	22.9	♉ 8	22.9	♊ 7.4	21.4	♋ 4.9	17.9	♌ 0.6	12.9	24.9	♍ 6.8	18.6	♎ 0.4	12.3	24.2	♏ 6.3	
☿	♓ 13.7	14.6	15.6	16.7	17.7	18.8	20	21.2	22.4	23.7	25	26.3	27.7	29.1	♈ 0.5	1.9	3.4	4.9	6.5	8.1	9.7	11.3	12.9	14.6	16.3	18.1	19.8	21.6	23.5	25.3	
♀	♉ 27.2	28.2	29.2	♊ 0.2	1.2	2.2	3.1	4.1	5.1	6	6.9	7.9	8.8	9.7	10.6	11.5	12.4	13.3	14.1	15	15.8	16.6	17.5	18.3	19	19.8	20.6	21.3	22	22.7	
♂	♌ 26.1R	26	25.9	25.9	25.9	25.9	25.9D	25.9	25.9	26	26	26.1	26.1	26.2	26.3	26.4	26.5	26.7	26.8	27	27.1	27.3	27.5	27.6	27.8	28	28.3	28.5	28.7	28.9	

♃ (1, 6, 11, 16, 21, 26): ♍ 1.2R 0.9 0.6 0.4 0.3 0.3 — ♄ (1, 6, 11, 16, 21, 26): ♍ 22.3R 21.9 21.6 21.3 21 20.8 — ♅ (1, 11, 21): ♏ 25.1R 24.8 24.5 — ♆ (1, 11, 21): ♐ 22.7R 22.6 22.5 — ♇ (1, 11, 21): ♎ 20.6R 20.4 20.1

V

	1	2	3	4	5	6	7	8	9	10	11	12	13	14	15	16	17	18	19	20	21	22	23	24	25	26	27	28	29	30	31
☉	♉ 10.8	11.8	12.7	13.7	14.7	15.6	16.6	17.6	18.5	19.5	20.5	21.4	22.4	23.4	24.3	25.3	26.3	27.2	28.2	29.1	♊ 0.1	1.1	2	3	3.9	4.9	5.9	6.8	7.8	8.7	9.7
☽	♏ 18.5	♐ 0.8	13.4	26.1	♑ 9	22.2	♒ 5.6	19.2	♓ 3.2	17.4	♈ 2	16.7	♉ 1.6	16.4	♊ 1.1	15.5	29.5	♋ 13	26.1	♌ 8.8	21.1	♍ 3.2	15.1	27	♎ 8.8	20.7	♏ 2.7	14.9	27.3	♐ 10	22.8
☿	♈ 27.2	29.1	♉ 1.1	3.1	5.1	7.1	9.1	11.2	13.3	15.4	17.6	19.7	21.9	24.1	26.3	28.5	♊ 0.6	2.8	5	7.1	9.2	11.3	13.4	15.4	17.4	19.4	21.3	23.1	25	26.7	28.5
♀	♊ 23.4	24.1	24.8	25.4	26	26.6	27.2	27.7	28.2	28.7	29.2	29.6	♋ 0.1	0.5	0.8	1.1	1.4	1.7	1.9	2.1	2.3	2.4	2.5	2.6	2.6R	2.6	2.5	2.4	2.2	2.1	1.8
♂	♌ 29.2	29.4	29.7	30	♍ 0.3	0.5	0.8	1.1	1.4	1.7	2.1	2.4	2.7	3.1	3.4	3.8	4.1	4.5	4.8	5.2	5.6	6	6.4	6.8	7.2	7.6	8	8.4	8.8	9.2	9.7

♃ (1, 6, 11, 16, 21, 26, 31): ♍ 0.3 0.4 0.6 0.8 1.2 1.6 2 — ♄ (1, 6, 11, 16, 21, 26, 31): ♍ 20.6R 20.4 20.3 20.2 20.2 20.2D 20.3 — ♅ (1, 11, 21, 31): ♏ 24.1R 23.7 23.3 22.9 — ♆ (1, 11, 21, 31): ♐ 22.3R 22.1 21.9 21.6 — ♇ (1, 11, 21, 31): ♎ 19.8R 19.6 19.4 19.2

VI

	1	2	3	4	5	6	7	8	9	10	11	12	13	14	15	16	17	18	19	20	21	22	23	24	25	26	27	28	29	30	31
☉	♊ 10.7	11.6	12.6	13.5	14.5	15.4	16.4	17.4	18.3	19.3	20.2	21.2	22.1	23.1	24.1	25	26	26.9	27.9	28.8	29.8	♋ 0.7	1.7	2.6	3.6	4.6	5.5	6.5	7.4	8.4	
☽	♑ 5.9	19.1	♒ 2.5	16.1	29.9	♓ 13.8	28	♈ 12.3	26.7	♉ 11.1	25.6	♊ 9.9	23.9	♋ 7.7	21.1	♌ 4.1	16.7	29.1	♍ 11.2	23.1	♎ 5	16.8	28.8	♏ 10.9	23.2	♐ 5.8	18.6	♑ 1.8	15.2	28.8	
☿	♋ 0.1	1.8	3.4	4.9	6.4	7.9	9.2	10.6	11.9	13.1	14.3	15.4	16.5	17.5	18.5	19.4	20.3	21.1	21.8	22.4	23	23.5	24	24.4	24.7	24.9	25	25.1	25.1R	25	
♀	♋ 1.6R	1.3	0.9	0.5	0.1	♊ 29.7	29.2	28.7	28.1	27.6	27	26.4	25.8	25.2	24.5	23.9	23.3	22.7	22.1	21.5	20.9	20.3	19.8	19.3	18.8	18.4	18	17.6	17.3	17	
♂	♍ 10.1	10.5	11	11.4	11.9	12.3	12.8	13.2	13.7	14.1	14.6	15.1	15.6	16	16.5	17	17.5	18	18.5	19	19.5	20	20.5	21	21.5	22.1	22.6	23.1	23.6	24.2	

♃ (1, 6, 11, 16, 21, 26): ♍ 2.1 2.6 3.2 3.9 4.5 5.3 — ♄ (1, 6, 11, 16, 21, 26): ♍ 20.3 20.4 20.5 20.7 20.9 21.2 — ♅ (1, 11, 21): ♏ 22.8R 22.5 22.1 — ♆ (1, 11, 21): ♐ 21.6R 21.3 21.1 — ♇ (1, 11, 21): ♎ 19.2R 19.1 19

VII

	1	2	3	4	5	6	7	8	9	10	11	12	13	14	15	16	17	18	19	20	21	22	23	24	25	26	27	28	29	30	31
☉	♋ 9.3	10.3	11.2	12.2	13.1	14.1	15	16	16.9	17.9	18.9	19.8	20.8	21.7	22.7	23.6	24.6	25.5	26.5	27.4	28.4	29.3	♌ 0.3	1.3	2.2	3.2	4.1	5.1	6	7	7.9
☽	♒ 12.6	26.6	♓ 10.7	24.8	♈ 9	23.2	♉ 7.4	21.5	♊ 5.5	19.3	♋ 3	16.3	29.4	♌ 12.2	24.8	♍ 7	19.1	♎ 1	12.9	24.8	♏ 6.7	18.8	♐ 1.2	13.8	26.8	♑ 10.2	23.9	♒ 7.9	22.1	♓ 6.5	21
☿	♋ 24.9R	24.7	24.4	24	23.6	23.1	22.6	22	21.4	20.7	20.1	19.5	18.8	18.2	17.6	17.1	16.6	16.2	15.8	15.5	15.3	15.2	15.2D	15.3	15.5	15.7	16.1	16.6	17.2	17.8	18.6
♀	♊ 16.8R	16.5	16.4	16.2	16.1	16.1	16.1D	16.1	16.1	16.2	16.4	16.6	16.8	17	17.3	17.6	17.9	18.3	18.6	19.1	19.5	20	20.5	21	21.5	22.1	22.7	23.3	23.9	24.6	25.2
♂	♍ 24.7	25.2	25.8	26.3	26.8	27.4	27.9	28.5	29	29.6	♎ 0.2	0.7	1.3	1.8	2.4	3	3.5	4.1	4.7	5.3	5.8	6.4	7	7.6	8.2	8.8	9.4	9.9	10.5	11.1	11.7

♃ (1, 6, 11, 16, 21, 26, 31): ♍ 6.1 6.9 7.7 8.6 9.5 10.5 11.5 — ♄ (1, 6, 11, 16, 21, 26, 31): ♍ 21.5 21.8 22.2 22.6 23 23.5 24 — ♅ (1, 11, 21, 31): ♏ 21.9R 21.7 21.5 21.5D — ♆ (1, 11, 21, 31): ♐ 20.8R 20.6 20.3 20.2 — ♇ (1, 11, 21, 31): ♎ 19 19 19.1 19.3

VIII

	1	2	3	4	5	6	7	8	9	10	11	12	13	14	15	16	17	18	19	20	21	22	23	24	25	26	27	28	29	30	31
☉	♌ 8.9	9.9	10.8	11.8	12.7	13.7	14.6	15.6	16.6	17.5	18.5	19.4	20.4	21.4	22.3	23.3	24.2	25.2	26.2	27.1	28.1	29.1	♍ 0	1	2	2.9	3.9	4.8	5.8	6.8	7.7
☽	♈ 5.5	19.9	♉ 4.2	18.3	♊ 2.2	15.9	29.3	♋ 12.5	25.5	♌ 8.3	20.8	♍ 3.1	15.2	27.2	♎ 9.1	21	♏ 2.8	14.8	26.9	♐ 9.2	21.8	♑ 4.8	18.2	♒ 2	16.2	♓ 0.8	15.6	♈ 0.5	15.4	♉ 0.2	14.7
☿	♋ 19.5	20.5	21.5	22.7	23.9	25.3	26.7	28.2	29.8	♌ 1.4	3.1	4.9	6.7	8.6	10.5	12.4	14.4	16.4	18.4	20.4	22.4	24.4	26.5	28.5	♍ 0.5	2.4	4.4	6.3	8.3	10.2	12.1
♀	♊ 25.9	26.6	27.3	28	28.8	29.5	♋ 0.3	1.1	1.9	2.7	3.5	4.4	5.2	6.1	7	7.8	8.7	9.6	10.5	11.5	12.4	13.3	14.3	15.2	16.2	17.1	18.1	19.1	20.1	21.1	22.1
♂	♎ 12.3	12.9	13.5	14.1	14.8	15.4	16	16.6	17.2	17.8	18.4	19.1	19.7	20.3	20.9	21.6	22.2	22.8	23.4	24.1	24.7	25.4	26	26.6	27.3	27.9	28.6	29.2	29.9	♏ 0.5	1.2

♃ (1, 6, 11, 16, 21, 26, 31): ♍ 11.6 12.6 13.7 14.7 15.7 16.8 17.9 — ♄ (1, 6, 11, 16, 21, 26, 31): ♍ 24.1 24.6 25.1 25.6 26.2 26.8 27.4 — ♅ (1, 11, 21, 31): ♏ 21.5 21.6 21.7 21.9 — ♆ (1, 11, 21, 31): ♐ 20.2R 20 19.9 19.9 — ♇ (1, 11, 21, 31): ♎ 19.3 19.5 19.7 20

IX

	1	2	3	4	5	6	7	8	9	10	11	12	13	14	15	16	17	18	19	20	21	22	23	24	25	26	27	28	29	30	31
☉	♍ 8.7	9.7	10.7	11.6	12.6	13.6	14.5	15.5	16.5	17.4	18.4	19.4	20.4	21.3	22.3	23.3	24.3	25.2	26.2	27.2	28.2	29.1	♎ 0.1	1.1	2.1	3.1	4	5	6	7	
☽	♉ 28.9	♊ 12.8	26.3	♋ 9.5	22.4	♌ 5	17.5	29.7	♍ 11.8	23.8	♎ 5.8	17.6	29.5	♏ 11.3	23.2	♐ 5.3	17.6	♑ 0.1	13	26.3	♒ 10.1	24.3	♓ 8.9	23.9	♈ 9.1	24.4	♉ 9.5	24.3	♊ 8.8	22.7	
☿	♍ 13.9	15.8	17.6	19.4	21.2	23	24.7	26.5	28.2	29.9	♎ 1.5	3.2	4.8	6.5	8.1	9.6	11.2	12.8	14.3	15.8	17.3	18.8	20.2	21.7	23.1	24.5	25.9	27.3	28.6	29.9	
♀	♋ 23.1	24.1	25.1	26.1	27.2	28.2	29.2	♌ 0.3	1.3	2.4	3.4	4.5	5.6	6.6	7.7	8.8	9.9	11	12.1	13.2	14.3	15.4	16.5	17.6	18.7	19.8	21	22.1	23.2	24.4	
♂	♏ 1.8	2.5	3.1	3.8	4.4	5.1	5.8	6.4	7.1	7.8	8.4	9.1	9.8	10.4	11.1	11.8	12.5	13.1	13.8	14.5	15.2	15.9	16.6	17.2	17.9	18.6	19.3	20	20.7	21.4	

♃ (1, 6, 11, 16, 21, 26): ♍ 18.1 19.2 20.3 21.3 22.4 23.5 — ♄ (1, 6, 11, 16, 21, 26): ♍ 27.5 28.1 28.7 29.3 29.9 ♎ 0.6 — ♅ (1, 11, 21): ♏ 22 22.3 22.7 — ♆ (1, 11, 21): ♐ 19.9D 19.9 20 — ♇ (1, 11, 21): ♎ 20.1 20.4 20.8

X

	1	2	3	4	5	6	7	8	9	10	11	12	13	14	15	16	17	18	19	20	21	22	23	24	25	26	27	28	29	30	31
☉	♎ 8	9	9.9	10.9	11.9	12.9	13.9	14.9	15.9	16.8	17.8	18.8	19.8	20.8	21.8	22.8	23.8	24.8	25.8	26.8	27.8	28.8	29.7	♏ 0.7	1.7	2.7	3.7	4.7	5.7	6.7	7.7
☽	♋ 6.3	19.4	♌ 2.1	14.6	26.8	♍ 8.9	20.8	♎ 2.7	14.6	26.4	♏ 8.3	20.2	♐ 2.2	14.3	26.6	♑ 9.1	21.9	♒ 5	18.6	♓ 2.6	17.1	♈ 2.1	17.3	♉ 2.6	17.9	♊ 2.9	17.6	♋ 1.7	15.4	28.6	♌ 11.3
☿	♏ 1.3	2.5	3.8	5	6.3	7.4	8.6	9.7	10.8	11.9	12.9	13.8	14.8	15.6	16.4	17.2	17.8	18.4	18.9	19.3	19.7	19.8	19.9	19.9R	19.7	19.3	18.8	18.2	17.4	16.4	15.4
♀	♌ 25.5	26.6	27.8	28.9	♍ 0.1	1.2	2.4	3.5	4.7	5.8	7	8.2	9.3	10.5	11.7	12.8	14	15.2	16.4	17.6	18.7	19.9	21.1	22.3	23.5	24.7	25.9	27.1	28.3	29.5	♎ 0.7
♂	♏ 22.1	22.8	23.5	24.2	24.9	25.6	26.3	27	27.7	28.4	29.1	29.8	♐ 0.5	1.3	2	2.7	3.4	4.1	4.8	5.6	6.3	7	7.7	8.5	9.2	9.9	10.6	11.4	12.1	12.8	13.6

♃ (1, 6, 11, 16, 21, 26, 31): ♍ 24.6 25.6 26.7 27.7 28.7 29.7 ♎ 0.7 — ♄ (1, 6, 11, 16, 21, 26, 31): ♎ 1.2 1.8 2.4 3 3.6 4.2 4.7 — ♅ (1, 11, 21, 31): ♏ 23.1 23.6 24.2 24.8 — ♆ (1, 11, 21, 31): ♐ 20.2 20.3 20.6 20.9 — ♇ (1, 11, 21, 31): ♎ 21.2 21.5 21.9 22.3

XI

	1	2	3	4	5	6	7	8	9	10	11	12	13	14	15	16	17	18	19	20	21	22	23	24	25	26	27	28	29	30	31
☉	♏ 8.7	9.7	10.7	11.7	12.7	13.7	14.7	15.7	16.8	17.8	18.8	19.8	20.8	21.8	22.8	23.8	24.8	25.8	26.8	27.8	28.8	29.9	♐ 0.9	1.9	2.9	3.9	4.9	5.9	6.9	7.9	
☽	♌ 23.7	♍ 5.9	17.9	29.7	♎ 11.6	23.4	♏ 5.3	17.2	29.3	♐ 11.4	23.7	♑ 6.1	18.7	♒ 1.5	14.6	28.1	♓ 11.9	26.2	♈ 10.8	25.7	♉ 10.8	25.9	♊ 10.9	25.6	♋ 9.9	23.6	♌ 6.9	19.8	♍ 2.2	14.4	
☿	♏ 14.2R	12.9	11.6	10.3	9.1	7.9	6.8	5.9	5.1	4.6	4.2	4	4.0D	4.2	4.6	5.1	5.7	6.5	7.4	8.4	9.4	10.6	11.8	13	14.3	15.7	17.1	18.5	19.9	21.3	
♀	♎ 1.9	3.1	4.3	5.5	6.7	7.9	9.1	10.4	11.6	12.8	14	15.2	16.4	17.7	18.9	20.1	21.3	22.6	23.8	25	26.2	27.5	28.7	29.9	♏ 1.2	2.4	3.6	4.9	6.1	7.3	
♂	♐ 14.3	15	15.8	16.5	17.2	18	18.7	19.5	20.2	21	21.7	22.4	23.2	23.9	24.7	25.4	26.2	26.9	27.7	28.5	29.2	30	♑ 0.7	1.5	2.2	3	3.8	4.5	5.3	6.1	

♃ (1, 6, 11, 16, 21, 26): ♎ 0.9 1.8 2.8 3.6 4.5 5.3 — ♄ (1, 6, 11, 16, 21, 26): ♎ 4.9 5.4 5.9 6.4 6.9 7.3 — ♅ (1, 11, 21): ♏ 24.8 25.4 26.1 — ♆ (1, 11, 21): ♐ 20.9 21.2 21.5 — ♇ (1, 11, 21): ♎ 22.4 22.8 23.1

XII

	1	2	3	4	5	6	7	8	9	10	11	12	13	14	15	16	17	18	19	20	21	22	23	24	25	26	27	28	29	30	31
☉	♐ 9	10	11	12	13	14	15	16.1	17.1	18.1	19.1	20.1	21.1	22.2	23.2	24.2	25.2	26.2	27.3	28.3	29.3	♑ 0.3	1.3	2.3	3.4	4.4	5.4	6.4	7.4	8.5	9.5
☽	♍ 26.4	♎ 8.3	20.1	♏ 2	13.9	26	♐ 8.2	20.5	♑ 3	15.7	28.6	♒ 11.6	24.9	♓ 8.4	22.2	♈ 6.3	20.6	♉ 5.1	19.8	♊ 4.5	19.1	♋ 3.5	17.6	♌ 1.4	14.7	27.6	♍ 10.1	22.4	♎ 4.5	16.4	28.2
☿	♏ 22.8	24.3	25.8	27.3	28.8	♐ 0.3	1.8	3.3	4.9	6.4	7.9	9.5	11	12.5	14.1	15.6	17.2	18.7	20.3	21.9	23.4	25	26.6	28.1	29.7	♑ 1.3	2.9	4.4	6	7.6	9.2
♀	♏ 8.6	9.8	11	12.3	13.5	14.8	16	17.2	18.5	19.7	21	22.2	23.5	24.7	25.9	27.2	28.4	29.7	♐ 0.9	2.2	3.4	4.7	5.9	7.2	8.4	9.7	10.9	12.2	13.4	14.7	15.9
♂	♑ 6.8	7.6	8.3	9.1	9.9	10.6	11.4	12.2	13	13.7	14.5	15.3	16	16.8	17.6	18.4	19.1	19.9	20.7	21.5	22.3	23	23.8	24.6	25.4	26.2	26.9	27.7	28.5	29.3	♒ 0.1

♃ (1, 6, 11, 16, 21, 26, 31): ♎ 6 6.8 7.4 8 8.6 9 9.4 — ♄ (1, 6, 11, 16, 21, 26, 31): ♎ 7.7 8.1 8.5 8.8 9 9.3 9.5 — ♅ (1, 11, 21, 31): ♏ 26.7 27.3 27.8 28.4 — ♆ (1, 11, 21, 31): ♐ 21.9 22.3 22.7 23 — ♇ (1, 11, 21, 31): ♎ 23.4 23.7 24 24.1

I

	1	2	3	4	5	6	7	8	9	10	11	12	13	14	15	16	17	18	19	20	21	22	23	24	25	26	27	28	29	30	31
☉	♑ 10.5	11.5	12.5	13.6	14.6	15.6	16.6	17.6	18.6	19.7	20.7	21.7	22.7	23.7	24.8	25.8	26.8	27.8	28.8	29.9	♒ 0.9	1.9	2.9	3.9	4.9	6	7	8	9	10	11
☽	♏ 10.1	22.1	♐ 4.2	16.5	29.1	♑ 11.9	24.9	♒ 8.2	21.6	♓ 5.3	19.1	♈ 3.1	17.1	♉ 1.3	15.6	29.8	♊ 14	28.2	♋ 12.1	25.8	♌ 9.3	22.4	♍ 5.3	17.8	♎ 0.1	12.2	24.1	♏ 6	17.9	29.9	♐ 12
☿	♑ 10.8	12.5	14.1	15.7	17.3	19	20.6	22.3	23.9	25.6	27.2	28.9	♒ 0.6	2.3	4	5.6	7.3	9	10.7	12.4	14	15.7	17.3	19	20.6	22.1	23.6	25.1	26.5	27.9	29.1
♀	♐ 17.2	18.4	19.7	20.9	22.2	23.4	24.7	25.9	27.2	28.4	29.7	♑ 0.9	2.2	3.4	4.7	5.9	7.2	8.4	9.7	10.9	12.2	13.4	14.7	15.9	17.2	18.4	19.7	20.9	22.2	23.4	24.7
♂	♒ 0.9	1.6	2.4	3.2	4	4.8	5.6	6.4	7.1	7.9	8.7	9.5	10.3	11.1	11.9	12.7	13.5	14.2	15	15.8	16.6	17.4	18.2	19	19.8	20.6	21.4	22.2	22.9	23.7	24.5

♃ ♎ 1: 9.5 · 6: 9.8 · 11: 10.1 · 16: 10.3 · 21: 10.4 · 26: 10.4R · 31: 10.3
♄ ♎ 1: 9.5 · 6: 9.6 · 11: 9.7 · 16: 9.8 · 21: 9.8R · 26: 9.7 · 31: 9.6
♅ ♏ 1: 28.4 · 11: 28.9 · 21: 29.3 · 31: 29.6
♆ ♐ 1: 23.1 · 11: 23.4 · 21: 23.7 · 31: 24
♇ ♎ 1: 24.2 · 11: 24.3 · 21: 24.3 · 31: 24.3R

	1	2	3	4	5	6	7	8	9	10	11	12	13	14	15	16	17	18	19	20	21	22	23	24	25	26	27	28	29	30	31
☉	♑ 10.2	11.3	12.3	13.3	14.3	15.3	16.4	17.4	18.4	19.4	20.4	21.5	22.5	23.5	24.5	25.5	26.6	27.6	28.6	29.6	♒ 0.6	1.6	2.7	3.7	4.7	5.7	6.7	7.7	8.8	9.8	10.8
☽	♓ 13.3	26.4	♈ 9.8	23.5	♉ 7.7	22.1	♊ 6.9	21.9	♋ 6.9	21.8	♌ 6.5	20.9	♍ 4.8	18.4	♎ 1.5	14.2	26.6	♏ 8.7	20.6	♐ 2.5	14.3	26.1	♑ 8	20.1	♒ 2.3	14.8	27.4	♓ 10.3	23.4	♈ 6.7	20.2
☿	♑ 22.5	24.1	25.7	27.3	28.9	♒ 0.5	2	3.6	5.1	6.6	8	9.4	10.7	12	13.2	14.3	15.4	16.3	17.1	17.7	18.2	18.5	18.6	18.6R	18.4	17.9	17.3	16.5	15.6	14.5	13.4
♀	♒ 8.9R	8.9	8.8	8.7	8.5	8.3	8.1	7.8	7.5	7.1	6.7	6.3	5.9	5.4	4.8	4.3	3.7	3.1	2.5	1.9	1.3	0.7	0.1	♑ 29.5	28.9	28.3	27.7	27.2	26.7	26.2	25.8
♂	♎ 7.1	7.5	7.9	8.3	8.7	9	9.4	9.8	10.2	10.5	10.9	11.3	11.6	12	12.3	12.6	12.9	13.3	13.6	13.9	14.2	14.5	14.8	15	15.3	15.6	15.8	16.1	16.3	16.5	16.8

♃ ♏ 1: 6.1 · 6: 6.8 · 11: 7.4 · 16: 8 · 21: 8.6 · 26: 9 · 31: 9.4
♄ ♎ 1: 21.5 · 6: 21.7 · 11: 21.9 · 16: 22 · 21: 22.2 · 26: 22.2 · 31: 22.2
♅ ♐ 1: 2.7 · 11: 3.2 · 21: 3.6 · 31: 4
♆ ♐ 1: 25.2 · 11: 25.5 · 21: 25.9 · 31: 26.2
♇ ♎ 1: 26.7 · 11: 26.8 · 21: 26.9 · 31: 26.9R

II

	1	2	3	4	5	6	7	8	9	10	11	12	13	14	15	16	17	18	19	20	21	22	23	24	25	26	27	28	29	30	31
☉	♒ 12.1	13.1	14.1	15.1	16.1	17.1	18.1	19.1	20.2	21.2	22.2	23.2	24.2	25.2	26.2	27.2	28.2	29.3	♓ 0.3	1.3	2.3	3.3	4.3	5.3	6.3	7.3	8.3	9.3			
☽	♐ 24.4	♑ 7.1	20.1	♒ 3.4	17	♓ 0.9	15.1	29.4	♈ 13.7	28.1	♉ 12.4	26.6	♊ 10.6	24.4	♋ 8.1	21.6	♌ 4.9	17.9	♍ 0.8	13.4	25.8	♎ 8	20.1	♏ 2	13.9	25.8	♐ 7.7	19.8			
☿	♓ 0.3	1.4	2.3	3.2	3.8	4.4	4.7	4.9	4.9R	4.7	4.4	3.8	3.2	2.3	1.4	0.4	♒ 29.3	28.1	27	25.9	24.8	23.8	23	22.2	21.5	20.9	20.5	20.1			
♀	♑ 25.9	27.2	28.4	29.7	♒ 0.9	2.2	3.4	4.7	6	7.2	8.5	9.7	11	12.2	13.5	14.7	16	17.2	18.5	19.7	21	22.2	23.5	24.7	26	27.2	28.5	29.7			
♂	♒ 25.3	26.1	26.9	27.7	28.5	29.3	♓ 0.1	0.9	1.6	2.4	3.2	4	4.8	5.6	6.4	7.2	8	8.8	9.5	10.3	11.1	11.9	12.7	13.5	14.3	15.1	15.8	16.6			

♃ ♎ 1: 10.3R · 6: 10.2 · 11: 9.9 · 16: 9.6 · 21: 9.2 · 26: 8.8
♄ ♎ 1: 9.6R · 6: 9.5 · 11: 9.3 · 16: 9.1 · 21: 8.8 · 26: 8.5
♅ ♏ 1: 29.7 · 11: 29.9 · ♐ 21: 0
♆ ♐ 1: 24.1 · 11: 24.3 · 21: 24.5
♇ ♎ 1: 24.3R · 11: 24.3 · 21: 24.2

	1	2	3	4	5	6	7	8	9	10	11	12	13	14	15	16	17	18	19	20	21	22	23	24	25	26	27	28	29	30	31
☉	♒ 11.8	12.8	13.8	14.8	15.9	16.9	17.9	18.9	19.9	20.9	21.9	23	24	25	26	27	28	29	♓ 0	1	2	3	4.1	5.1	6.1	7.1	8.1	9.1			
☽	♉ 4	18	♊ 2.2	16.5	♋ 1	15.6	♌ 0.1	14.5	28.7	♍ 12.6	26.1	♎ 9.3	22	♏ 4.5	16.7	28.6	♐ 10.5	22.3	♑ 4.2	16.1	28.3	♒ 10.8	23.5	♓ 6.4	19.7	♈ 3.2	17	♉ 0.8			
☿	♒ 12.2R	10.9	9.7	8.5	7.4	6.4	5.5	4.7	4.1	3.6	3.3	3	2.9	3.0D	3.1	3.3	3.7	4.1	4.6	5.2	5.9	6.7	7.5	8.3	9.2	10.2	11.2	12.3			
♀	♑ 25.3R	25	24.6	24.3	24.1	23.8	23.7	23.5	23.4	23.4	23.4D	23.4	23.5	23.6	23.7	23.9	24.1	24.4	24.6	25	25.3	25.7	26.1	26.5	27	27.5	28	28.6			
♂	♎ 17	17.2	17.4	17.6	17.7	17.9	18.1	18.2	18.4	18.5	18.6	18.7	18.8	18.9	19	19	19.1	19.1	19.2	19.2	19.2R	19.2	19.1	19.1	19.1	19	18.9	18.8			

♃ ♏ 1: 9.5 · 6: 9.8 · 11: 10.1 · 16: 10.2 · 21: 10.3 · 26: 10.3R
♄ ♎ 1: 22.2R · 6: 22.2 · 11: 22.1 · 16: 22 · 21: 21.9 · 26: 21.7
♅ ♐ 1: 4 · 11: 4.3 · 21: 4.5
♆ ♐ 1: 26.2 · 11: 26.5 · 21: 26.7
♇ ♎ 1: 26.9R · 11: 26.9 · 21: 26.8

III

	1	2	3	4	5	6	7	8	9	10	11	12	13	14	15	16	17	18	19	20	21	22	23	24	25	26	27	28	29	30	31
☉	♓ 10.3	11.3	12.3	13.3	14.3	15.3	16.3	17.3	18.3	19.3	20.3	21.3	22.3	23.3	24.3	25.3	26.3	27.3	28.3	29.3	♈ 0.3	1.3	2.3	3.3	4.3	5.3	6.2	7.2	8.2	9.2	10.2
☽	♑ 2.2	14.8	27.9	♒ 11.3	25.2	♓ 9.4	24	♈ 8.7	23.6	♉ 8.4	23	♊ 7.3	21.3	♋ 5	18.5	♌ 1.6	14.5	27.2	♍ 9.7	22.1	♎ 4.3	16.4	28.4	♏ 10.3	22.2	♐ 4	16	28	♑ 10.3	22.9	♒ 5.8
☿	♒ 19.9R	19.9	19.9D	20	20.2	20.6	21	21.4	22	22.6	23.4	24.1	24.9	25.8	26.7	27.7	28.7	29.8	♓ 0.9	2	3.2	4.4	5.7	7	8.3	9.6	11	12.4	13.8	15.2	16.7
♀	♓ 1	2.2	3.4	4.7	5.9	7.2	8.4	9.7	10.9	12.2	13.4	14.7	15.9	17.2	18.4	19.7	20.9	22.2	23.4	24.6	25.9	27.1	28.4	29.6	♈ 0.9	2.1	3.3	4.6	5.8	7.1	8.3
♂	♓ 17.4	18.2	19	19.8	20.6	21.3	22.1	22.9	23.7	24.5	25.3	26	26.8	27.6	28.4	29.2	29.9	♈ 0.7	1.5	2.3	3	3.8	4.6	5.4	6.1	6.9	7.7	8.5	9.2	10	10.8

♃ ♎ 1: 8.5R · 6: 8 · 11: 7.4 · 16: 6.8 · 21: 6.2 · 26: 5.5 · 31: 4.9
♄ ♎ 1: 8.4R · 6: 8 · 11: 7.7 · 16: 7.3 · 21: 6.9 · 26: 6.5 · 31: 6.1
♅ ♐ 1: 0.1 · 11: 0.1R · 21: 0 · ♏ 31: 29.8
♆ ♐ 1: 24.7 · 11: 24.8 · 21: 24.8 · 31: 24.9R
♇ ♎ 1: 24.0R · 11: 23.8 · 21: 23.6 · 31: 23.3

	1	2	3	4	5	6	7	8	9	10	11	12	13	14	15	16	17	18	19	20	21	22	23	24	25	26	27	28	29	30	31
☉	♓ 10.1	11.1	12.1	13.1	14.1	15.1	16.1	17.1	18.1	19.1	20.1	21.1	22.1	23.1	24.1	25.1	26.1	27.1	28.1	29.1	♈ 0.1	1.1	2	3	4	5	6	7	8	9	10
☽	♉ 14.8	28.9	♊ 13	27.2	♋ 11.3	25.4	♌ 9.4	23.4	♍ 7.2	20.8	♎ 4.1	17.1	29.9	♏ 12.3	24.5	♐ 6.4	18.3	♑ 0.1	12	24	♒ 6.2	18.7	♓ 1.6	14.9	28.5	♈ 12.4	26.6	♉ 11	25.4	♊ 9.7	24
☿	♒ 13.3	14.5	15.6	16.8	18.1	19.3	20.6	21.9	23.3	24.6	26	27.4	28.9	♓ 0.3	1.8	3.3	4.8	6.4	7.9	9.5	11.1	12.8	14.4	16.1	17.8	19.5	21.2	23	24.8	26.6	28.4
♀	♑ 29.1	29.7	♒ 0.3	1	1.6	2.3	3	3.7	4.4	5.1	5.9	6.7	7.5	8.3	9.1	9.9	10.7	11.6	12.4	13.3	14.2	15.1	16	16.9	17.8	18.8	19.7	20.7	21.6	22.6	23.5
♂	♎ 18.7R	18.6	18.5	18.4	18.2	18.1	17.9	17.7	17.5	17.3	17.1	16.8	16.6	16.3	16	15.8	15.5	15.2	14.8	14.5	14.2	13.9	13.5	13.1	12.8	12.4	12	11.7	11.3	10.9	10.5

♃ ♏ 1: 10.3R · 6: 10.2 · 11: 10 · 16: 9.7 · 21: 9.4 · 26: 9 · 31: 8.5
♄ ♎ 1: 21.5R · 6: 21.3 · 11: 21 · 16: 20.7 · 21: 20.3 · 26: 20 · 31: 19.6
♅ ♐ 1: 4.6 · 11: 4.6R · 21: 4.6 · 31: 4.4
♆ ♐ 1: 26.8 · 11: 27 · 21: 27 · 31: 27.0R
♇ ♎ 1: 26.7R · 11: 26.5 · 21: 26.2 · 31: 26

IV

	1	2	3	4	5	6	7	8	9	10	11	12	13	14	15	16	17	18	19	20	21	22	23	24	25	26	27	28	29	30	31
☉	♈ 11.2	12.2	13.2	14.1	15.1	16.1	17.1	18.1	19.1	20	21	22	23	24	24.9	25.9	26.9	27.9	28.9	29.8	♉ 0.8	1.8	2.8	3.7	4.7	5.7	6.7	7.6	8.6	9.6	
☽	♒ 19.2	♓ 3.1	17.5	♈ 2.2	17.3	♉ 2.5	17.6	♊ 2.6	17.2	♋ 1.4	15.2	28.6	♌ 11.6	24.3	♍ 6.8	19	♎ 1.2	13.2	25.2	♏ 7.1	19	♐ 0.9	12.8	24.7	♑ 6.8	19.1	♒ 1.6	14.5	27.8	♓ 11.5	
☿	♓ 18.2	19.7	21.3	22.8	24.4	26.1	27.7	29.4	♈ 1.1	2.8	4.5	6.3	8.1	9.9	11.8	13.6	15.5	17.5	19.4	21.4	23.4	25.4	27.5	29.5	♉ 1.6	3.7	5.9	8	10.2	12.3	
♀	♈ 9.6	10.8	12	13.3	14.5	15.8	17	18.2	19.5	20.7	22	23.2	24.4	25.7	26.9	28.2	29.4	♉ 0.6	1.9	3.1	4.3	5.6	6.8	8	9.3	10.5	11.8	13	14.2	15.5	
♂	♈ 11.5	12.3	13.1	13.8	14.6	15.4	16.1	16.9	17.7	18.4	19.2	20	20.7	21.5	22.2	23	23.8	24.5	25.3	26	26.8	27.5	28.3	29	29.8	♉ 0.5	1.3	2	2.8	3.5	

♃ ♎ 1: 4.8R · 6: 4.1 · 11: 3.5 · 16: 2.9 · 21: 2.4 · 26: 1.9
♄ ♎ 1: 6.1R · 6: 5.7 · 11: 5.3 · 16: 4.9 · 21: 4.6 · 26: 4.3
♅ ♏ 1: 29.8R · 11: 29.5 · 21: 29.2
♆ ♐ 1: 24.9R · 11: 24.8 · 21: 24.7
♇ ♎ 1: 23.3R · 11: 23 · 21: 22.7

	1	2	3	4	5	6	7	8	9	10	11	12	13	14	15	16	17	18	19	20	21	22	23	24	25	26	27	28	29	30	31
☉	♈ 10.9	11.9	12.9	13.9	14.9	15.9	16.9	17.8	18.8	19.8	20.8	21.8	22.8	23.7	24.7	25.7	26.7	27.6	28.6	29.6	♉ 0.6	1.6	2.5	3.5	4.5	5.5	6.4	7.4	8.4	9.3	
☽	♋ 8.1	22.1	♌ 6	19.7	♍ 3.2	16.6	29.7	♎ 12.7	25.5	♏ 8	20.3	♐ 2.4	14.4	26.2	♑ 8	19.9	♒ 1.9	14.1	26.6	♓ 9.6	22.9	♈ 6.7	20.9	♉ 5.5	20.2	♊ 5	19.8	♋ 4.4	18.7	♌ 2.8	
☿	♈ 0.3	2.1	4	5.9	7.9	9.8	11.8	13.8	15.9	17.9	20	22.1	24.1	26.3	28.4	♉ 0.5	2.6	4.7	6.8	8.9	10.9	12.9	14.9	16.9	18.8	20.7	22.5	24.2	25.9	27.6	
♀	♒ 24.5	25.5	26.5	27.5	28.5	29.5	♓ 0.5	1.5	2.5	3.6	4.6	5.7	6.7	7.7	8.8	9.8	10.9	12	13	14.1	15.2	16.3	17.3	18.4	19.5	20.6	21.7	22.8	23.9	25	
♂	♎ 10.1R	9.8	9.4	9	8.6	8.2	7.8	7.4	7.1	6.7	6.3	6	5.6	5.3	5	4.6	4.3	4	3.7	3.5	3.2	2.9	2.7	2.4	2.2	2	1.8	1.6	1.4	1.3	

♃ ♏ 1: 8.4R · 6: 7.9 · 11: 7.3 · 16: 6.7 · 21: 6.1 · 26: 5.5
♄ ♎ 1: 19.5R · 6: 19.2 · 11: 18.8 · 16: 18.4 · 21: 18 · 26: 17.6
♅ ♐ 1: 4.4R · 11: 4.2 · 21: 3.9
♆ ♐ 1: 27.0R · 11: 27 · 21: 26.9
♇ ♎ 1: 26.0R · 11: 25.7 · 21: 25.4

V

	1	2	3	4	5	6	7	8	9	10	11	12	13	14	15	16	17	18	19	20	21	22	23	24	25	26	27	28	29	30	31
☉	♉ 10.5	11.5	12.5	13.5	14.4	15.4	16.4	17.3	18.3	19.3	20.2	21.2	22.2	23.1	24.1	25.1	26	27	27.9	28.9	29.9	♊ 0.8	1.8	2.8	3.7	4.7	5.6	6.6	7.6	8.5	9.5
☽	♓ 25.8	♈ 10.5	25.6	♉ 10.8	26.2	♊ 11.3	26.2	♋ 10.6	24.5	♌ 8	21	♍ 3.7	16.1	28.3	♎ 10.3	22.3	♏ 4.1	16	27.9	♐ 9.8	21.8	♑ 3.9	16.1	28.4	♒ 11	23.9	♓ 7.2	20.8	♈ 4.9	19.4	♉ 4.2
☿	♉ 14.5	16.6	18.8	20.9	23	25.1	27.2	29.2	♊ 1.2	3.2	5.1	7	8.8	10.6	12.3	13.9	15.6	17.1	18.6	20	21.4	22.7	24	25.2	26.4	27.4	28.4	29.4	♋ 0.3	1.1	1.8
♀	♉ 16.7	17.9	19.2	20.4	21.6	22.9	24.1	25.3	26.5	27.8	29	♊ 0.2	1.5	2.7	3.9	5.2	6.4	7.6	8.8	10.1	11.3	12.5	13.8	15	16.2	17.4	18.7	19.9	21.1	22.3	23.6
♂	♉ 4.3	5	5.8	6.5	7.3	8	8.7	9.5	10.2	11	11.7	12.4	13.2	13.9	14.6	15.4	16.1	16.8	17.6	18.3	19	19.8	20.5	21.2	21.9	22.7	23.4	24.1	24.8	25.5	26.3

♃ ♎ 1: 1.5R · 6: 1.2 · 11: 0.9 · 16: 0.7 · 21: 0.5 · 26: 0.5 · 31: 0.5D
♄ ♎ 1: 4.0R · 6: 3.7 · 11: 3.5 · 16: 3.3 · 21: 3.2 · 26: 3.1 · 31: 3
♅ ♏ 1: 28.8R · 11: 28.4 · 21: 28 · 31: 27.6
♆ ♐ 1: 24.5R · 11: 24.3 · 21: 24.1 · 31: 23.9
♇ ♎ 1: 22.5R · 11: 22.2 · 21: 22 · 31: 21.8

	1	2	3	4	5	6	7	8	9	10	11	12	13	14	15	16	17	18	19	20	21	22	23	24	25	26	27	28	29	30	31
☉	♉ 10.3	11.3	12.3	13.2	14.2	15.2	16.1	17.1	18.1	19	20	21	21.9	22.9	23.9	24.8	25.8	26.7	27.7	28.7	29.6	♊ 0.6	1.6	2.5	3.5	4.4	5.4	6.4	7.3	8.3	9.2
☽	♌ 16.6	♍ 0.1	13.4	26.5	♎ 9.3	22	♏ 4.4	16.7	28.9	♐ 10.8	22.7	♑ 4.5	16.3	28.1	♒ 10.1	22.3	♓ 4.8	17.7	♈ 1.1	14.9	29.2	♉ 13.8	28.8	♊ 13.9	29	♋ 13.9	28.5	♌ 12.8	26.7	♍ 10.3	23.5
☿	♉ 29.2	♊ 0.7	2.1	3.5	4.8	6	7.2	8.3	9.3	10.2	11.1	11.8	12.5	13.2	13.7	14.1	14.5	14.8	15	15.1	15.2	15.2R	15	14.9	14.6	14.3	13.9	13.5	13	12.5	12
♀	♓ 26.1	27.2	28.3	29.4	♈ 0.6	1.7	2.8	3.9	5	6.2	7.3	8.4	9.5	10.7	11.8	12.9	14.1	15.2	16.4	17.5	18.6	19.8	20.9	22.1	23.2	24.4	25.5	26.7	27.8	29	♉ 0.2
♂	♎ 1.1R	1	0.9	0.8	0.7	0.6	0.5	0.5	0.4	0.4	0.4	0.4D	0.4	0.4	0.4	0.5	0.5	0.6	0.7	0.8	0.9	1	1.1	1.3	1.4	1.6	1.8	1.9	2.1	2.3	2.5

♃ ♏ 1: 4.8R · 6: 4.2 · 11: 3.6 · 16: 3 · 21: 2.5 · 26: 2 · 31: 1.6
♄ ♎ 1: 17.3R · 6: 17 · 11: 16.7 · 16: 16.4 · 21: 16.2 · 26: 16 · 31: 15.8
♅ ♐ 1: 3.5R · 11: 3.2 · 21: 2.8 · 31: 2.3
♆ ♐ 1: 26.8R · 11: 26.6 · 21: 26.4 · 31: 26.1
♇ ♎ 1: 25.1R · 11: 24.9 · 21: 24.6 · 31: 24.4

VI

	1	2	3	4	5	6	7	8	9	10	11	12	13	14	15	16	17	18	19	20	21	22	23	24	25	26	27	28	29	30	31
☉	♊ 10.4	11.4	12.3	13.3	14.3	15.2	16.2	17.1	18.1	19	20	21	21.9	22.9	23.8	24.8	25.7	26.7	27.6	28.6	29.5	♋ 0.5	1.5	2.4	3.4	4.3	5.3	6.2	7.2	8.1	
☽	♉ 19.3	♊ 4.5	19.6	♋ 4.5	19	♌ 3	16.6	29.8	♍ 12.5	24.9	♎ 7.1	19.1	♏ 1	12.9	24.8	♐ 6.7	18.7	♑ 0.8	13.1	25.5	♒ 8.1	20.9	♓ 4	17.3	♈ 1	14.9	29.2	♉ 13.8	28.5	♊ 13.4	
☿	♋ 2.5	3.1	3.6	4.1	4.5	4.8	5	5.1	5.2	5.2R	5.1	5	4.8	4.5	4.1	3.7	3.3	2.8	2.3	1.7	1.1	0.6	♊ 30	29.4	28.9	28.4	27.9	27.5	27.1	26.8	
♀	♊ 24.8	26	27.2	28.5	29.7	♋ 0.9	2.1	3.4	4.6	5.8	7	8.3	9.5	10.7	11.9	13.1	14.4	15.6	16.8	18	19.2	20.5	21.7	22.9	24.1	25.3	26.6	27.8	29	♌ 0.2	
♂	♉ 27	27.7	28.4	29.1	29.9	♊ 0.6	1.3	2	2.7	3.4	4.1	4.8	5.5	6.2	7	7.7	8.4	9.1	9.8	10.5	11.2	11.9	12.6	13.3	14	14.7	15.4	16.1	16.7	17.4	

♃ ♎ 1: 0.5 · 6: 0.6 · 11: 0.8 · 16: 1 · 21: 1.3 · 26: 1.7
♄ ♎ 1: 3.0R · 6: 3.0D · 11: 3 · 16: 3.1 · 21: 3.2 · 26: 3.4
♅ ♏ 1: 27.6R · 11: 27.2 · 21: 26.8
♆ ♐ 1: 23.8R · 11: 23.6 · 21: 23.3
♇ ♎ 1: 21.8R · 11: 21.7 · 21: 21.6

	1	2	3	4	5	6	7	8	9	10	11	12	13	14	15	16	17	18	19	20	21	22	23	24	25	26	27	28	29	30	31
☉	♊ 10.2	11.2	12.1	13.1	14	15	15.9	16.9	17.9	18.8	19.8	20.7	21.7	22.6	23.6	24.5	25.5	26.5	27.4	28.4	29.3	♋ 0.3	1.2	2.2	3.1	4.1	5	6	7	7.9	
☽	♎ 6.4	19	♏ 1.4	13.7	25.7	♐ 7.7	19.6	♑ 1.4	13.2	25	♒ 6.9	18.9	♓ 1.2	13.7	26.5	♈ 9.8	23.5	♉ 7.6	22.2	♊ 7.1	22.3	♋ 7.5	22.6	♌ 7.4	21.9	♍ 6.1	19.7	♎ 3	15.9	28.4	
☿	♊ 11.4R	10.9	10.3	9.8	9.2	8.7	8.3	7.9	7.5	7.2	6.9	6.8	6.7	6.6D	6.7	6.8	7	7.2	7.6	8	8.5	9.1	9.7	10.4	11.2	12.1	13	14	15.1	16.2	
♀	♉ 1.3	2.5	3.6	4.8	6	7.1	8.3	9.5	10.6	11.8	13	14.1	15.3	16.5	17.6	18.8	20	21.2	22.3	23.5	24.7	25.9	27.1	28.2	29.4	♊ 0.6	1.8	3	4.1	5.3	
♂	♎ 2.8	3	3.2	3.5	3.7	4	4.3	4.5	4.8	5.1	5.4	5.8	6.1	6.4	6.7	7.1	7.4	7.8	8.1	8.5	8.9	9.3	9.7	10	10.4	10.9	11.3	11.7	12.1	12.5	

♃ ♏ 1: 1.5R · 6: 1.1 · 11: 0.9 · 16: 0.7 · 21: 0.5 · 26: 0.4
♄ ♎ 1: 15.8R · 6: 15.6 · 11: 15.6 · 16: 15.5 · 21: 15.5D · 26: 15.6
♅ ♐ 1: 2.3R · 11: 1.9 · 21: 1.5
♆ ♐ 1: 26.1R · 11: 25.8 · 21: 25.6
♇ ♎ 1: 24.4R · 11: 24.3 · 21: 24.2

VII

	1	2	3	4	5	6	7	8	9	10	11	12	13	14	15	16	17	18	19	20	21	22	23	24	25	26	27	28	29	30	31
☉	♋ 9.1	10	11	11.9	12.9	13.9	14.8	15.8	16.7	17.7	18.6	19.6	20.5	21.5	22.4	23.4	24.3	25.3	26.3	27.2	28.2	29.1	♌ 0.1	1	2	2.9	3.9	4.8	5.8	6.8	7.7
☽	♊ 28.2	♋ 12.8	27.2	♌ 11.2	24.8	♍ 7.9	20.8	♎ 3.2	15.5	27.5	♏ 9.4	21.3	♐ 3.2	15.2	27.3	♑ 9.6	22.1	♒ 4.8	17.7	♓ 0.9	14.2	27.9	♈ 11.7	25.7	♉ 9.9	24.2	♊ 8.6	23	♋ 7.3	21.6	♌ 5.6
☿	♊ 26.6R	26.4	26.4	26.4D	26.4	26.6	26.8	27.2	27.6	28.1	28.7	29.4	♋ 0.1	0.9	1.9	2.9	4	5.1	6.4	7.7	9.1	10.5	12.1	13.7	15.3	17	18.8	20.7	22.6	24.5	26.5
♀	♌ 1.4	2.6	3.9	5.1	6.3	7.5	8.7	9.9	11.1	12.4	13.6	14.8	16	17.2	18.4	19.6	20.8	22.1	23.3	24.5	25.7	26.9	28.1	29.3	♍ 0.5	1.7	2.9	4.1	5.3	6.5	7.8
♂	♊ 18.1	18.8	19.5	20.2	20.9	21.6	22.3	23	23.6	24.3	25	25.7	26.4	27	27.7	28.4	29.1	29.8	♋ 0.4	1.1	1.8	2.5	3.1	3.8	4.5	5.1	5.8	6.5	7.1	7.8	8.5

♃ ♎ 1: 2.1 · 6: 2.7 · 11: 3.2 · 16: 3.8 · 21: 4.5 · 26: 5.2 · 31: 6
♄ ♎ 1: 3.6 · 6: 3.8 · 11: 4.1 · 16: 4.4 · 21: 4.7 · 26: 5.1 · 31: 5.5
♅ ♏ 1: 26.5R · 11: 26.3 · 21: 26.1 · 31: 26.1
♆ ♐ 1: 23.0R · 11: 22.8 · 21: 22.6 · 31: 22.4
♇ ♎ 1: 21.5R · 11: 21.6D · 21: 21.6 · 31: 21.8

	1	2	3	4	5	6	7	8	9	10	11	12	13	14	15	16	17	18	19	20	21	22	23	24	25	26	27	28	29	30	31
☉	♋ 8.9	9.8	10.8	11.7	12.7	13.6	14.6	15.5	16.5	17.4	18.4	19.3	20.3	21.3	22.2	23.2	24.1	25.1	26	27	27.9	28.9	29.8	♌ 0.8	1.8	2.7	3.7	4.6	5.6	6.5	7.5
☽	♏ 10.7	22.8	♐ 4.7	16.6	28.4	♑ 10.2	22	♒ 4	16	28.2	♓ 10.5	23.1	♈ 6	19.3	♉ 2.9	16.8	♊ 1.2	15.8	♋ 0.8	15.8	♌ 0.9	15.8	♍ 0.4	14.6	28.4	♎ 11.8	24.7	♏ 7.3	19.6	♐ 1.6	13.5
☿	♊ 17.4	18.6	20	21.4	22.8	24.3	25.9	27.5	29.2	♋ 0.9	2.7	4.6	6.5	8.4	10.4	12.4	14.4	16.5	18.6	20.7	22.9	25	27.1	29.2	♌ 1.4	3.5	5.6	7.6	9.7	11.7	13.8
♀	♊ 6.5	7.7	8.9	10.1	11.3	12.5	13.6	14.8	16	17.2	18.4	19.6	20.8	22	23.2	24.4	25.6	26.8	28	29.2	♋ 0.4	1.6	2.8	4	5.2	6.4	7.6	8.8	10	11.2	12.5
♂	♎ 13	13.4	13.8	14.3	14.8	15.2	15.7	16.1	16.6	17.1	17.6	18.1	18.5	19	19.5	20	20.5	21.1	21.6	22.1	22.6	23.1	23.7	24.2	24.7	25.3	25.8	26.4	26.9	27.5	28

♃ ♏ 1: 0.5 · 6: 0.5 · 11: 0.7 · 16: 0.9 · 21: 1.2 · 26: 1.6 · 31: 2
♄ ♎ 1: 15.6 · 6: 15.8 · 11: 15.9 · 16: 16.1 · 21: 16.4 · 26: 16.7 · 31: 17
♅ ♐ 1: 1.2R · 11: 0.9 · 21: 0.7 · 31: 0.6
♆ ♐ 1: 25.3R · 11: 25 · 21: 24.8 · 31: 24.6
♇ ♎ 1: 24.1R · 11: 24.1D · 21: 24.2 · 31: 24.3

VIII

	1	2	3	4	5	6	7	8	9	10	11	12	13	14	15	16	17	18	19	20	21	22	23	24	25	26	27	28	29	30	31
☉	♌ 8.7	9.6	10.6	11.5	12.5	13.5	14.4	15.4	16.3	17.3	18.3	19.2	20.2	21.1	22.1	23.1	24	25	25.9	26.9	27.9	28.8	29.8	♍ 0.8	1.7	2.7	3.6	4.6	5.6	6.5	7.5
☽	♌ 19.4	♍ 2.8	15.9	28.7	♎ 11.2	23.5	♏ 5.5	17.4	29.3	♐ 11.2	23.2	♑ 5.4	17.9	♒ 0.6	13.6	26.9	♓ 10.4	24.3	♈ 8.3	22.4	♉ 6.7	20.9	♊ 5.1	19.3	♋ 3.3	17.3	♌ 1	14.6	28	♍ 11.2	24.1
☿	♋ 28.5	♌ 0.5	2.5	4.6	6.7	8.8	10.8	12.9	15	17	19.1	21.1	23.1	25.1	27.1	29	♍ 0.9	2.8	4.7	6.5	8.4	10.2	12	13.7	15.5	17.2	18.9	20.5	22.2	23.8	25.4
♀	♍ 9	10.2	11.4	12.6	13.8	15	16.2	17.4	18.6	19.8	21	22.2	23.4	24.6	25.8	26.9	28.1	29.3	♎ 0.5	1.7	2.9	4.1	5.3	6.5	7.7	8.9	10	11.2	12.4	13.6	14.8
♂	♋ 9.1	9.8	10.5	11.1	11.8	12.5	13.1	13.8	14.4	15.1	15.7	16.4	17.1	17.7	18.4	19	19.7	20.3	21	21.6	22.3	22.9	23.5	24.2	24.8	25.5	26.1	26.8	27.4	28	28.7

♃ ♎ 1: 6.1 · 6: 6.9 · 11: 7.8 · 16: 8.7 · 21: 9.6 · 26: 10.5 · 31: 11.5
♄ ♎ 1: 5.6 · 6: 6 · 11: 6.5 · 16: 7 · 21: 7.5 · 26: 8 · 31: 8.5
♅ ♏ 1: 26.1R · 11: 26.1D · 21: 26.2 · 31: 26.4
♆ ♐ 1: 22.4R · 11: 22.2 · 21: 22.1 · 31: 22.1
♇ ♎ 1: 21.8 · 11: 22 · 21: 22.2 · 31: 22.5

	1	2	3	4	5	6	7	8	9	10	11	12	13	14	15	16	17	18	19	20	21	22	23	24	25	26	27	28	29	30	31
☉	♌ 8.4	9.4	10.4	11.3	12.3	13.2	14.2	15.1	16.1	17.1	18	19	19.9	20.9	21.9	22.8	23.8	24.7	25.7	26.7	27.6	28.6	29.6	♍ 0.5	1.5	2.5	3.4	4.4	5.3	6.3	7.3
☽	♐ 25.3	♑ 7.1	18.9	♒ 0.9	12.9	25.2	♓ 7.6	20.2	♈ 3	16.1	29.4	♉ 13	26.9	♊ 11	25.3	♋ 9.9	24.7	♌ 9.4	24.1	♍ 8.6	22.8	♎ 6.6	20	♏ 3	15.6	27.9	♐ 9.9	21.8	♑ 3.6	15.4	27.3
☿	♌ 15.7	17.7	19.7	21.6	23.5	25.3	27.2	29	♍ 0.7	2.5	4.2	5.9	7.6	9.3	10.9	12.5	14.1	15.7	17.2	18.7	20.2	21.6	23.1	24.5	25.9	27.2	28.5	29.8	♎ 1.1	2.3	3.5
♀	♋ 13.7	14.9	16.1	17.3	18.5	19.7	20.9	22.1	23.4	24.6	25.8	27	28.2	29.4	♌ 0.7	1.9	3.1	4.3	5.6	6.8	8	9.2	10.4	11.7	12.9	14.1	15.4	16.6	17.8	19	20.3
♂	♎ 28.6	29.2	29.7	♏ 0.3	0.9	1.4	2	2.6	3.2	3.8	4.4	5	5.6	6.2	6.8	7.4	8	8.6	9.2	9.8	10.4	11	11.7	12.3	12.9	13.5	14.2	14.8	15.4	16.1	16.7

♃ ♏ 1: 2.1 · 6: 2.6 · 11: 3.2 · 16: 3.8 · 21: 4.5 · 26: 5.2 · 31: 6
♄ ♎ 1: 17 · 6: 17.4 · 11: 17.8 · 16: 18.2 · 21: 18.6 · 26: 19.1 · 31: 19.6
♅ ♐ 1: 0.6R · 11: 0.6D · 21: 0.6 · 31: 0.8
♆ ♐ 1: 24.6R · 11: 24.5 · 21: 24.3 · 31: 24.3
♇ ♎ 1: 24.3 · 11: 24.5 · 21: 24.7 · 31: 25

IX

	1	2	3	4	5	6	7	8	9	10	11	12	13	14	15	16	17	18	19	20	21	22	23	24	25	26	27	28	29	30	31
☉	♍ 8.5	9.4	10.4	11.4	12.4	13.3	14.3	15.3	16.2	17.2	18.2	19.2	20.1	21.1	22.1	23.1	24	25	26	27	27.9	28.9	29.9	♎ 0.9	1.8	2.8	3.8	4.8	5.8	6.8	
☽	♎ 6.8	19.2	♏ 1.4	13.4	25.4	♐ 7.2	19.1	♑ 1.1	13.3	25.8	♒ 8.6	21.8	♓ 5.4	19.3	♈ 3.6	18.1	♉ 2.7	17.3	♊ 1.8	16.1	♋ 0.2	14	27.7	♌ 11.1	24.3	♍ 7.3	20.1	♎ 2.8	15.2	27.5	
☿	♍ 27	28.6	♎ 0.1	1.6	3.1	4.6	6.1	7.5	8.9	10.3	11.7	13	14.3	15.6	16.9	18.2	19.4	20.6	21.7	22.9	24	25	26	27	27.9	28.8	29.6	♏ 0.4	1.1	1.8	
♀	♎ 16	17.1	18.3	19.5	20.7	21.9	23	24.2	25.4	26.6	27.7	28.9	♏ 0.1	1.2	2.4	3.6	4.7	5.9	7.1	8.2	9.4	10.5	11.7	12.9	14	15.2	16.3	17.5	18.6	19.8	
♂	♋ 29.3	30	♌ 0.6	1.2	1.9	2.5	3.1	3.8	4.4	5	5.6	6.3	6.9	7.5	8.2	8.8	9.4	10	10.6	11.3	11.9	12.5	13.1	13.7	14.3	15	15.6	16.2	16.8	17.4	

♃ ♎ 1: 11.7 · 6: 12.7 · 11: 13.7 · 16: 14.7 · 21: 15.8 · 26: 16.8
♄ ♎ 1: 8.7 · 6: 9.2 · 11: 9.8 · 16: 10.4 · 21: 11 · 26: 11.6
♅ ♏ 1: 26.4 · 11: 26.7 · 21: 27
♆ ♐ 1: 22.1R · 11: 22.1D · 21: 22.2
♇ ♎ 1: 22.6 · 11: 22.9 · 21: 23.2

	1	2	3	4	5	6	7	8	9	10	11	12	13	14	15	16	17	18	19	20	21	22	23	24	25	26	27	28	29	30	31
☉	♍ 8.2	9.2	10.2	11.2	12.1	13.1	14.1	15	16	17	17.9	18.9	19.9	20.9	21.8	22.8	23.8	24.8	25.7	26.7	27.7	28.7	29.7	♎ 0.6	1.6	2.6	3.6	4.6	5.5	6.5	
☽	♒ 9.4	21.6	♓ 4.1	16.8	29.8	♈ 13	26.4	♉ 9.9	23.7	♊ 7.5	21.6	♋ 5.7	20	♌ 4.3	18.7	♍ 3	17.2	♎ 1.1	14.8	28.1	♏ 11	23.6	♐ 5.8	17.9	29.7	♑ 11.5	23.4	♒ 5.3	17.4	29.8	
☿	♎ 4.7	5.9	7	8	9.1	10.1	11	11.9	12.7	13.5	14.3	14.9	15.5	16.1	16.5	16.9	17.2	17.4	17.5	17.5R	17.4	17.2	16.8	16.3	15.8	15	14.2	13.3	12.3	11.2	
♀	♌ 21.5	22.7	24	25.2	26.4	27.7	28.9	♍ 0.1	1.4	2.6	3.8	5.1	6.3	7.6	8.8	10	11.3	12.5	13.8	15	16.2	17.5	18.7	20	21.2	22.5	23.7	25	26.2	27.4	
♂	♏ 17.4	18	18.7	19.3	20	20.6	21.3	21.9	22.6	23.2	23.9	24.6	25.2	25.9	26.6	27.3	27.9	28.6	29.3	30	♐ 0.7	1.3	2	2.7	3.4	4.1	4.8	5.5	6.2	6.9	

♃ ♏ 1: 6.1 · 6: 7 · 11: 7.8 · 16: 8.7 · 21: 9.6 · 26: 10.6
♄ ♎ 1: 19.7 · 6: 20.2 · 11: 20.7 · 16: 21.3 · 21: 21.9 · 26: 22.4
♅ ♐ 1: 0.8 · 11: 1 · 21: 1.3
♆ ♐ 1: 24.3R · 11: 24.3D · 21: 24.3
♇ ♎ 1: 25 · 11: 25.4 · 21: 25.7

X

	1	2	3	4	5	6	7	8	9	10	11	12	13	14	15	16	17	18	19	20	21	22	23	24	25	26	27	28	29	30	31
☉	♎ 7.7	8.7	9.7	10.7	11.7	12.7	13.6	14.6	15.6	16.6	17.6	18.6	19.6	20.6	21.6	22.5	23.5	24.5	25.5	26.5	27.5	28.5	29.5	♏ 0.5	1.5	2.5	3.5	4.5	5.5	6.5	7.5
☽	♏ 9.6	21.6	♐ 3.5	15.3	27.1	♑ 9.1	21.2	♒ 3.7	16.5	29.7	♓ 13.4	27.6	♈ 12.2	27	♉ 12.1	27.1	♊ 11.9	26.5	♋ 10.7	24.6	♌ 8.1	21.3	♍ 4.2	17	29.5	♎ 11.9	24.1	♏ 6.2	18.2	♐ 0.1	11.9
☿	♏ 2.3	2.8	3.2	3.5	3.8	3.9	3.8R	3.7	3.4	3	2.5	1.8	1	0.1	♎ 29.1	27.9	26.7	25.5	24.3	23.1	22	20.9	20.1	19.3	18.8	18.4	18.3	18.3D	18.5	18.9	19.4
♀	♏ 20.9	22.1	23.2	24.3	25.5	26.6	27.7	28.9	♐ 0	1.1	2.3	3.4	4.5	5.6	6.7	7.9	9	10.1	11.2	12.3	13.4	14.5	15.6	16.7	17.8	18.8	19.9	21	22.1	23.1	24.2
♂	♌ 18	18.6	19.2	19.8	20.4	21	21.6	22.2	22.8	23.4	24	24.6	25.2	25.8	26.4	27	27.6	28.2	28.8	29.4	30	♍ 0.5	1.1	1.7	2.3	2.9	3.4	4	4.6	5.2	5.7

♃ ♎ 1: 17.9 · 6: 19 · 11: 20.1 · 16: 21.2 · 21: 22.2 · 26: 23.3 · 31: 24.4
♄ ♎ 1: 12.2 · 6: 12.8 · 11: 13.4 · 16: 14 · 21: 14.7 · 26: 15.3 · 31: 15.8
♅ ♏ 1: 27.4 · 11: 27.9 · 21: 28.4 · 31: 29
♆ ♐ 1: 22.3 · 11: 22.5 · 21: 22.7 · 31: 23
♇ ♎ 1: 23.6 · 11: 24 · 21: 24.4 · 31: 24.8

	1	2	3	4	5	6	7	8	9	10	11	12	13	14	15	16	17	18	19	20	21	22	23	24	25	26	27	28	29	30	31
☉	♎ 7.5	8.5	9.5	10.5	11.4	12.4	13.4	14.4	15.4	16.4	17.4	18.3	19.3	20.3	21.3	22.3	23.3	24.3	25.3	26.3	27.3	28.3	29.3	♏ 0.3	1.3	2.3	3.3	4.2	5.2	6.2	7.2
☽	♓ 12.5	25.5	♈ 8.9	22.4	♉ 6.3	20.2	♊ 4.3	18.4	♋ 2.5	16.6	♌ 0.7	14.8	28.7	♍ 12.6	26.4	♎ 9.9	23.2	♏ 6.3	19.1	♐ 1.5	13.7	25.7	♑ 7.6	19.4	♒ 1.2	13.1	25.3	♓ 7.7	20.5	♈ 3.6	17.2
☿	♎ 10.1R	9	7.8	6.7	5.7	4.8	4	3.4	2.9	2.6	2.4	2.5D	2.7	3.1	3.7	4.4	5.2	6.2	7.3	8.5	9.7	11.1	12.5	13.9	15.4	17	18.6	20.1	21.8	23.4	25
♀	♍ 28.7	29.9	♎ 1.2	2.4	3.7	4.9	6.2	7.4	8.7	9.9	11.2	12.4	13.7	14.9	16.2	17.4	18.7	19.9	21.2	22.4	23.7	24.9	26.2	27.4	28.7	29.9	♏ 1.2	2.5	3.7	5	6.2
♂	♐ 7.6	8.3	9	9.7	10.4	11.1	11.8	12.5	13.2	14	14.7	15.4	16.1	16.8	17.6	18.3	19	19.7	20.5	21.2	21.9	22.7	23.4	24.1	24.9	25.6	26.3	27.1	27.8	28.6	29.3

♃ ♏ 1: 11.6 · 6: 12.6 · 11: 13.6 · 16: 14.7 · 21: 15.7 · 26: 16.8 · 31: 17.9
♄ ♎ 1: 23 · 6: 23.6 · 11: 24.2 · 16: 24.8 · 21: 25.4 · 26: 26 · 31: 26.6
♅ ♐ 1: 1.7 · 11: 2.2 · 21: 2.7 · 31: 3.2
♆ ♐ 1: 24.5 · 11: 24.6 · 21: 24.8 · 31: 25.1
♇ ♎ 1: 26.1 · 11: 26.5 · 21: 26.9 · 31: 27.3

XI

	1	2	3	4	5	6	7	8	9	10	11	12	13	14	15	16	17	18	19	20	21	22	23	24	25	26	27	28	29	30	31
☉	♏ 8.5	9.5	10.5	11.5	12.5	13.5	14.5	15.5	16.5	17.5	18.5	19.5	20.5	21.5	22.5	23.6	24.6	25.6	26.6	27.6	28.6	29.6	♐ 0.6	1.6	2.6	3.7	4.7	5.7	6.7	7.7	
☽	♐ 23.7	♑ 5.5	17.5	29.6	♒ 11.9	24.6	♓ 7.8	21.4	♈ 5.6	20.2	♉ 5.2	20.4	♊ 5.7	20.9	♋ 5.8	20.3	♌ 4.3	17.9	♍ 1.1	14	26.6	♎ 9	21.1	♏ 3.2	15.1	27	♐ 8.9	20.7	♑ 2.5	14.4	
☿	♎ 20.1	20.9	21.9	22.9	24	25.2	26.5	27.9	29.2	♏ 0.7	2.1	3.6	5.1	6.6	8.2	9.7	11.3	12.9	14.4	16	17.6	19.2	20.7	22.3	23.9	25.5	27.1	28.6	♐ 0.2	1.8	
♀	♐ 25.3	26.3	27.4	28.4	29.5	♑ 0.5	1.5	2.6	3.6	4.6	5.6	6.6	7.6	8.6	9.6	10.5	11.5	12.5	13.4	14.4	15.3	16.2	17.1	18	18.9	19.8	20.7	21.5	22.4	23.2	
♂	♍ 6.3	6.9	7.4	8	8.6	9.1	9.7	10.3	10.8	11.4	11.9	12.5	13	13.6	14.1	14.7	15.2	15.8	16.3	16.8	17.4	17.9	18.4	19	19.5	20	20.5	21.1	21.6	22.1	

♃ ♎ 1: 24.6 · 6: 25.7 · 11: 26.7 · 16: 27.8 · 21: 28.8 · 26: 29.8
♄ ♎ 1: 16 · 6: 16.5 · 11: 17.1 · 16: 17.6 · 21: 18.2 · 26: 18.7
♅ ♏ 1: 29.1 · 11: 29.7 · ♐ 21: 0.3
♆ ♐ 1: 23 · 11: 23.3 · 21: 23.6
♇ ♎ 1: 24.8 · 11: 25.2 · 21: 25.6

	1	2	3	4	5	6	7	8	9	10	11	12	13	14	15	16	17	18	19	20	21	22	23	24	25	26	27	28	29	30	31
☉	♏ 8.2	9.2	10.2	11.2	12.3	13.3	14.3	15.3	16.3	17.3	18.3	19.3	20.3	21.3	22.3	23.3	24.3	25.3	26.3	27.3	28.4	29.4	♐ 0.4	1.4	2.4	3.4	4.4	5.4	6.4	7.5	
☽	♉ 1.1	15.3	29.8	♊ 14.3	28.8	♋ 13.2	27.5	♌ 11.6	25.6	♍ 9.3	22.9	♎ 6.2	19.4	♏ 2.3	15	27.5	♐ 9.8	21.9	♑ 3.8	15.6	27.4	♒ 9.2	21.1	♓ 3.2	15.6	28.3	♈ 11.5	25.1	♉ 9.1	23.5	
☿	♎ 26.6	28.3	29.9	♏ 1.6	3.2	4.9	6.5	8.2	9.8	11.4	13.1	14.7	16.3	17.9	19.5	21.1	22.7	24.3	25.9	27.5	29.1	♐ 0.6	2.2	3.8	5.4	6.9	8.5	10.1	11.6	13.2	
♀	♏ 7.5	8.7	10	11.2	12.5	13.7	15	16.3	17.5	18.8	20	21.3	22.5	23.8	25	26.3	27.6	28.8	♐ 0.1	1.3	2.6	3.8	5.1	6.3	7.6	8.9	10.1	11.4	12.6	13.9	
♂	♑ 0	0.8	1.5	2.3	3	3.8	4.5	5.3	6	6.8	7.5	8.3	9.1	9.8	10.6	11.3	12.1	12.9	13.6	14.4	15.1	15.9	16.7	17.4	18.2	19	19.8	20.5	21.3	22.1	

♃ ♏ 1: 18.1 · 6: 19.2 · 11: 20.3 · 16: 21.4 · 21: 22.5 · 26: 23.6
♄ ♎ 1: 26.8 · 6: 27.4 · 11: 28 · 16: 28.5 · 21: 29.1 · 26: 29.6
♅ ♐ 1: 3.3 · 11: 3.9 · 21: 4.5
♆ ♐ 1: 25.1 · 11: 25.4 · 21: 25.7
♇ ♎ 1: 27.3 · 11: 27.7 · 21: 28.1

XII

	1	2	3	4	5	6	7	8	9	10	11	12	13	14	15	16	17	18	19	20	21	22	23	24	25	26	27	28	29	30	31
☉	♐ 8.7	9.7	10.7	11.8	12.8	13.8	14.8	15.8	16.8	17.8	18.9	19.9	20.9	21.9	22.9	24	25	26	27	28	29	♑ 0.1	1.1	2.1	3.1	4.1	5.2	6.2	7.2	8.2	9.2
☽	♑ 26.4	♒ 8.5	20.9	♓ 3.6	16.6	♈ 0.1	14	28.5	♉ 13.3	28.4	♊ 13.7	28.9	♋ 14	28.7	♌ 13	26.8	♍ 10.2	23.1	♎ 5.7	18.1	♏ 0.2	12.1	24	♐ 5.8	17.6	29.5	♑ 11.4	23.5	♒ 5.6	18	♓ 0.5
☿	♐ 3.4	4.9	6.5	8.1	9.7	11.2	12.8	14.4	15.9	17.5	19.1	20.7	22.2	23.8	25.4	27	28.5	♑ 0.1	1.7	3.3	4.9	6.5	8.1	9.7	11.3	12.9	14.5	16.1	17.7	19.3	20.9
♀	♑ 24.1	24.9	25.7	26.4	27.2	27.9	28.7	29.4	♒ 0.1	0.8	1.4	2.1	2.7	3.3	3.8	4.4	4.9	5.4	5.8	6.3	6.7	7.1	7.4	7.7	8	8.2	8.4	8.6	8.7	8.8	8.9
♂	♍ 22.6	23.1	23.6	24.1	24.6	25.1	25.6	26.1	26.6	27.1	27.6	28.1	28.6	29.1	29.5	30	♎ 0.5	0.9	1.4	1.9	2.3	2.8	3.2	3.6	4.1	4.5	5	5.4	5.8	6.2	6.6

♃ ♏ 1: 0.8 · 6: 1.7 · 11: 2.6 · 16: 3.5 · 21: 4.4 · 26: 5.2 · 31: 5.9
♄ ♎ 1: 19.2 · 6: 19.6 · 11: 20 · 16: 20.4 · 21: 20.8 · 26: 21.1 · 31: 21.4
♅ ♐ 1: 0.9 · 11: 1.5 · 21: 2.1 · 31: 2.6
♆ ♐ 1: 24 · 11: 24.4 · 21: 24.7 · 31: 25.1
♇ ♎ 1: 25.9 · 11: 26.2 · 21: 26.5 · 31: 26.7

	1	2	3	4	5	6	7	8	9	10	11	12	13	14	15	16	17	18	19	20	21	22	23	24	25	26	27	28	29	30	31
☉	♐ 8.5	9.5	10.5	11.5	12.5	13.5	14.6	15.6	16.6	17.6	18.6	19.6	20.7	21.7	22.7	23.7	24.7	25.7	26.8	27.8	28.8	29.8	♑ 0.8	1.8	2.9	3.9	4.9	5.9	6.9	8	9
☽	♊ 8.2	23.2	♋ 8.1	23	♌ 7.6	22	♍ 6.1	19.8	♎ 3.2	16.3	29.2	♏ 11.8	24.2	♐ 6.4	18.4	♑ 0.4	12.2	24	♒ 5.8	17.6	29.5	♓ 11.6	23.9	♈ 6.6	19.6	♉ 3.1	17	♊ 1.3	16.1	♋ 1.1	16.3
☿	♐ 14.7	16.3	17.8	19.4	21	22.5	24.1	25.6	27.2	28.7	♑ 0.3	1.8	3.4	4.9	6.4	8	9.5	11	12.5	14	15.5	17	18.4	19.8	21.2	22.6	23.9	25.2	26.4	27.5	28.5
♀	♐ 15.1	16.4	17.7	18.9	20.2	21.4	22.7	23.9	25.2	26.4	27.7	29	♑ 0.2	1.5	2.7	4	5.2	6.5	7.7	9	10.3	11.5	12.8	14	15.3	16.5	17.8	19	20.3	21.6	22.8
♂	♑ 22.8	23.6	24.4	25.2	25.9	26.7	27.5	28.3	29	29.8	♒ 0.6	1.4	2.1	2.9	3.7	4.5	5.3	6.1	6.8	7.6	8.4	9.2	10	10.7	11.5	12.3	13.1	13.9	14.7	15.5	16.2

♃ ♏ 1: 24.7 · 6: 25.8 · 11: 26.9 · 16: 27.9 · 21: 29 · 26: 30 · ♐ 31: 1
♄ ♏ 1: 0.2 · 6: 0.7 · 11: 1.2 · 16: 1.6 · 21: 2.1 · 26: 2.5 · 31: 2.8
♅ ♐ 1: 5.1 · 11: 5.7 · 21: 6.3 · 31: 6.9
♆ ♐ 1: 26.1 · 11: 26.5 · 21: 26.8 · 31: 27.2
♇ ♎ 1: 28.4 · 11: 28.7 · 21: 29 · 31: 29.2

	1	2	3	4	5	6	7	8	9	10	11	12	13	14	15	16	17	18	19	20	21	22	23	24	25	26	27	28	29	30	31
☉	♑ 10	11	12	13.1	14.1	15.1	16.1	17.1	18.2	19.2	20.2	21.2	22.2	23.2	24.3	25.3	26.3	27.3	28.3	29.4	♒ 0.4	1.4	2.4	3.4	4.4	5.5	6.5	7.5	8.5	9.5	10.5
☽	♌ 1.5	16.6	♍ 1.3	15.7	29.6	♎ 13	26.1	♏ 8.8	21.2	♐ 3.4	15.4	27.3	♑ 9.1	20.9	♒ 2.7	14.6	26.5	♓ 8.5	20.7	♈ 3	15.7	28.6	♉ 11.8	25.5	♊ 9.6	24.2	♋ 9	24.2	♌ 9.4	24.6	♍ 9.6
☿	♑ 29.5	♒ 0.4	1.1	1.7	2.2	2.5	2.6	2.5R	2.2	1.8	1.1	0.3	♑ 29.3	28.1	26.9	25.6	24.3	23	21.8	20.6	19.6	18.7	18	17.4	16.9	16.6	16.5	16.5D	16.6	16.9	17.2
♀	♑ 24.1	25.3	26.6	27.8	29.1	♒ 0.3	1.6	2.8	4.1	5.3	6.6	7.9	9.1	10.4	11.6	12.9	14.1	15.4	16.6	17.9	19.1	20.4	21.6	22.9	24.1	25.4	26.6	27.9	29.1	♓ 0.4	1.6
♂	♒ 17	17.8	18.6	19.4	20.2	20.9	21.7	22.5	23.3	24.1	24.9	25.7	26.4	27.2	28	28.8	29.6	♓ 0.4	1.2	1.9	2.7	3.5	4.3	5.1	5.9	6.7	7.4	8.2	9	9.8	10.6

♃ 1: ♐ 1.2 · 6: 2.2 · 11: 3.1 · 16: 4 · 21: 4.8 · 26: 5.7 · 31: 6.4 — ♄ 1: ♏ 2.9 · 6: 3.2 · 11: 3.5 · 16: 3.8 · 21: 4 · 26: 4.2 · 31: 4.3 — ♅ 1: ♐ 6.9 · 11: 7.5 · 21: 7.9 · 31: 8.3 — ♆ 1: ♐ 27.3 · 11: 27.6 · 21: 28 · 31: 28.3 — ♇ 1: ♎ 29.2 · 11: 29.4 · 21: 29.5 · 31: 29.5

	1	2	3	4	5	6	7	8	9	10	11	12	13	14	15	16	17	18	19	20	21	22	23	24	25	26	27	28	29	30	31
☉	♒ 11.6	12.6	13.6	14.6	15.6	16.6	17.6	18.7	19.7	20.7	21.7	22.7	23.7	24.7	25.7	26.7	27.8	28.8	29.8	♓ 0.8	1.8	2.8	3.8	4.8	5.8	6.8	7.8	8.8			
☽	♍ 24.2	♎ 8.3	22	♏ 5.1	17.9	♐ 0.3	12.4	24.3	♑ 6.1	17.9	29.7	♒ 11.5	23.5	♓ 5.5	17.7	♈ 0.1	12.7	25.4	♉ 8.4	21.6	♊ 5.2	19	♋ 3.3	17.8	♌ 2.6	17.6	♍ 2.6	17.5			
☿	♑ 17.7	18.2	18.8	19.5	20.3	21.1	22	23	24	25	26.1	27.2	28.3	29.5	♒ 0.7	2	3.3	4.6	5.9	7.2	8.6	10	11.4	12.8	14.2	15.7	17.2	18.7			
♀	♓ 2.8	4.1	5.3	6.6	7.8	9.1	10.3	11.6	12.8	14	15.3	16.5	17.8	19	20.2	21.5	22.7	24	25.2	26.4	27.7	28.9	♈ 0.1	1.4	2.6	3.8	5.1	6.3			
♂	♓ 11.4	12.1	12.9	13.7	14.5	15.3	16	16.8	17.6	18.4	19.2	19.9	20.7	21.5	22.3	23	23.8	24.6	25.4	26.1	26.9	27.7	28.5	29.2	♈ 0	0.8	1.6	2.3			

♃ 1: ♐ 6.6 · 6: 7.3 · 11: 7.9 · 16: 8.5 · 21: 9.1 · 26: 9.6 — ♄ 1: ♏ 4.3 · 6: 4.4 · 11: 4.4 · 16: 4.4R · 21: 4.4 · 26: 4.3 — ♅ 1: ♐ 8.4 · 11: 8.7 · 21: 8.9 — ♆ 1: ♐ 28.3 · 11: 28.6 · 21: 28.8 — ♇ 1: ♎ 29.5R · 11: 29.5 · 21: 29.4

	1	2	3	4	5	6	7	8	9	10	11	12	13	14	15	16	17	18	19	20	21	22	23	24	25	26	27	28	29	30	31
☉	♓ 9.8	10.8	11.8	12.9	13.9	14.9	15.9	16.9	17.9	18.9	19.9	20.9	21.9	22.8	23.8	24.8	25.8	26.8	27.8	28.8	29.8	♈ 0.8	1.8	2.8	3.8	4.8	5.8	6.8	7.7	8.7	9.7
☽	♎ 2.1	16.3	♏ 0.1	13.4	26.2	♐ 8.6	20.8	♑ 2.7	14.5	26.3	♒ 8.1	20	♓ 2.1	14.4	26.8	♈ 9.5	22.4	♉ 5.4	18.6	♊ 2.1	15.7	29.5	♋ 13.5	27.8	♌ 12.2	26.8	♍ 11.4	25.9	♎ 10.2	24.3	♏ 8
☿	♒ 20.2	21.8	23.3	24.9	26.5	28.1	29.7	♓ 1.4	3	4.7	6.4	8.1	9.9	11.6	13.4	15.2	17	18.9	20.7	22.6	24.5	26.4	28.4	♈ 0.3	2.3	4.3	6.3	8.3	10.4	12.4	14.5
♀	♈ 7.5	8.8	10	11.2	12.4	13.7	14.9	16.1	17.3	18.6	19.8	21	22.2	23.4	24.7	25.9	27.1	28.3	29.5	♉ 0.7	1.9	3.1	4.4	5.6	6.8	8	9.2	10.4	11.6	12.8	14
♂	♈ 3.1	3.9	4.6	5.4	6.2	6.9	7.7	8.5	9.2	10	10.8	11.5	12.3	13	13.8	14.6	15.3	16.1	16.8	17.6	18.3	19.1	19.9	20.6	21.4	22.1	22.9	23.6	24.4	25.1	25.9

♃ 1: ♐ 9.8 · 6: 10.2 · 11: 10.5 · 16: 10.7 · 21: 10.9 · 26: 10.9 · 31: 10.9R — ♄ 1: ♏ 4.2R · 6: 4 · 11: 3.8 · 16: 3.6 · 21: 3.3 · 26: 3 · 31: 2.7 — ♅ 1: ♐ 9 · 11: 9.1 · 21: 9.1R · 31: 9 — ♆ 1: ♐ 29 · 11: 29.1 · 21: 29.2 · 31: 29.2 — ♇ 1: ♎ 29.3R · 11: 29.1 · 21: 28.9 · 31: 28.7

	1	2	3	4	5	6	7	8	9	10	11	12	13	14	15	16	17	18	19	20	21	22	23	24	25	26	27	28	29	30	31
☉	♈ 10.7	11.7	12.7	13.7	14.7	15.6	16.6	17.6	18.6	19.6	20.6	21.5	22.5	23.5	24.5	25.5	26.4	27.4	28.4	29.4	♉ 0.3	1.3	2.3	3.3	4.2	5.2	6.2	7.2	8.1	9.1	
☽	♏ 21.2	♐ 4.1	16.5	28.7	♑ 10.7	22.6	♒ 4.4	16.2	28.2	♓ 10.4	22.8	♈ 5.5	18.5	♉ 1.7	15.1	28.7	♊ 12.5	26.4	♋ 10.4	24.4	♌ 8.6	22.8	♍ 7	21.1	♎ 5.2	19.1	♏ 2.8	16.1	29.2	♐ 11.9	
☿	♈ 16.5	18.5	20.6	22.7	24.7	26.7	28.6	♉ 0.6	2.5	4.3	6.1	7.9	9.5	11.1	12.7	14.1	15.5	16.8	18	19.2	20.2	21.2	22	22.8	23.5	24.1	24.5	24.9	25.2	25.4	
♀	♉ 15.2	16.4	17.6	18.8	20	21.2	22.3	23.5	24.7	25.9	27.1	28.3	29.5	♊ 0.6	1.8	3	4.2	5.3	6.5	7.7	8.8	10	11.2	12.3	13.5	14.6	15.8	17	18.1	19.3	
♂	♈ 26.6	27.4	28.1	28.8	29.6	♉ 0.3	1.1	1.8	2.6	3.3	4	4.8	5.5	6.2	7	7.7	8.5	9.2	9.9	10.7	11.4	12.1	12.8	13.6	14.3	15	15.7	16.5	17.2	17.9	

♃ 1: ♐ 10.9R · 6: 10.8 · 11: 10.6 · 16: 10.4 · 21: 10.1 · 26: 9.7 — ♄ 1: ♏ 2.7R · 6: 2.3 · 11: 1.9 · 16: 1.6 · 21: 1.2 · 26: 0.8 — ♅ 1: ♐ 9.0R · 11: 8.8 · 21: 8.5 — ♆ 1: ♐ 29.2R · 11: 29.2 · 21: 29.1 — ♇ 1: ♎ 28.6R · 11: 28.4 · 21: 28.1

	1	2	3	4	5	6	7	8	9	10	11	12	13	14	15	16	17	18	19	20	21	22	23	24	25	26	27	28	29	30	31
☉	♉ 10.1	11	12	13	14	14.9	15.9	16.9	17.8	18.8	19.8	20.7	21.7	22.7	23.6	24.6	25.6	26.5	27.5	28.4	29.4	♊ 0.4	1.3	2.3	3.2	4.2	5.2	6.1	7.1	8	9
☽	♐ 24.4	♑ 6.6	18.5	♒ 0.4	12.3	24.1	♓ 6.2	18.4	♈ 0.9	13.7	26.9	♉ 10.4	24.1	♊ 8.2	22.4	♋ 6.7	21	♌ 5.3	19.6	♍ 3.7	17.8	♎ 1.6	15.3	28.7	♏ 12	24.9	♐ 7.7	20.2	♑ 2.5	14.6	26.5
☿	♉ 25.5	25.6R	25.5	25.3	25.1	24.8	24.4	24	23.5	23	22.4	21.8	21.2	20.6	20	19.4	18.9	18.4	17.9	17.5	17.2	16.9	16.7	16.5	16.4	16.4D	16.5	16.7	16.9	17.2	17.5
♀	♊ 20.4	21.5	22.7	23.8	25	26.1	27.2	28.4	29.5	♋ 0.6	1.7	2.9	4	5.1	6.2	7.3	8.4	9.5	10.6	11.7	12.8	13.9	15	16.1	17.1	18.2	19.3	20.4	21.4	22.5	23.5
♂	♉ 18.6	19.4	20.1	20.8	21.5	22.2	23	23.7	24.4	25.1	25.8	26.5	27.2	28	28.7	29.4	♊ 0.1	0.8	1.5	2.2	2.9	3.6	4.3	5	5.7	6.4	7.1	7.8	8.5	9.2	9.9

♃ 1: ♐ 9.2R · 6: 8.7 · 11: 8.1 · 16: 7.6 · 21: 6.9 · 26: 6.3 · 31: 5.7 — ♄ 1: ♏ 0.4R · 6: 0.1 · 11: ♎ 29.7 · 16: 29.4 · 21: 29.1 · 26: 28.8 · 31: 28.5 — ♅ 1: ♐ 8.2R · 11: 7.8 · 21: 7.4 · 31: 7 — ♆ 1: ♐ 29.0R · 11: 28.8 · 21: 28.6 · 31: 28.4 — ♇ 1: ♎ 27.8R · 11: 27.5 · 21: 27.3 · 31: 27.1

	1	2	3	4	5	6	7	8	9	10	11	12	13	14	15	16	17	18	19	20	21	22	23	24	25	26	27	28	29	30	31
☉	♊ 10	10.9	11.9	12.8	13.8	14.8	15.7	16.7	17.6	18.6	19.5	20.5	21.4	22.4	23.4	24.3	25.3	26.2	27.2	28.1	29.1	♋ 0	1	2	2.9	3.9	4.8	5.8	6.7	7.7	
☽	♒ 8.4	20.2	♓ 2.1	14.2	26.4	♈ 8.9	21.7	♉ 5	18.6	♊ 2.6	16.9	♋ 1.5	16.2	♌ 1	15.7	♍ 0.2	14.5	28.5	♎ 12.2	25.6	♏ 8.7	21.6	♐ 4.2	16.7	28.9	♑ 11	23	♒ 4.9	16.7	28.6	
☿	♉ 18	18.5	19.1	19.7	20.4	21.2	22.1	23	23.9	24.9	26	27.2	28.3	29.6	♊ 0.9	2.2	3.6	5.1	6.6	8.1	9.7	11.4	13.1	14.8	16.6	18.5	20.4	22.3	24.3	26.3	
♀	♋ 24.6	25.6	26.7	27.7	28.7	29.8	♌ 0.8	1.8	2.8	3.8	4.8	5.8	6.8	7.7	8.7	9.7	10.6	11.6	12.5	13.4	14.4	15.3	16.2	17.1	18	18.8	19.7	20.6	21.4	22.2	
♂	♊ 10.6	11.3	12	12.7	13.4	14.1	14.8	15.5	16.2	16.9	17.5	18.2	18.9	19.6	20.3	21	21.7	22.4	23	23.7	24.4	25.1	25.8	26.4	27.1	27.8	28.5	29.1	29.8	♋ 0.5	

♃ 1: ♐ 5.5R · 6: 4.9 · 11: 4.3 · 16: 3.7 · 21: 3.2 · 26: 2.7 — ♄ 1: ♎ 28.5R · 6: 28.3 · 11: 28.1 · 16: 27.9 · 21: 27.8 · 26: 27.8 — ♅ 1: ♐ 7.0R · 11: 6.6 · 21: 6.2 — ♆ 1: ♐ 28.4R · 11: 28.1 · 21: 27.8 — ♇ 1: ♎ 27.1R · 11: 26.9 · 21: 26.8

	1	2	3	4	5	6	7	8	9	10	11	12	13	14	15	16	17	18	19	20	21	22	23	24	25	26	27	28	29	30	31
☉	♋ 8.6	9.6	10.5	11.5	12.4	13.4	14.3	15.3	16.3	17.2	18.2	19.1	20.1	21	22	22.9	23.9	24.8	25.8	26.7	27.7	28.7	29.6	♌ 0.6	1.5	2.5	3.4	4.4	5.3	6.3	7.3
☽	♓ 10.5	22.5	♈ 4.7	17.2	29.9	♉ 13.1	26.7	♊ 10.7	25.2	♋ 10	25	♌ 10.1	25.2	♍ 10	24.5	♎ 8.7	22.4	♏ 5.7	18.6	♐ 1.3	13.7	25.9	♑ 7.9	19.9	♒ 1.8	13.6	25.5	♓ 7.3	19.3	♈ 1.3	13.6
☿	♊ 28.4	♋ 0.4	2.5	4.7	6.8	9	11.1	13.3	15.5	17.6	19.8	21.9	24	26.1	28.2	♌ 0.3	2.3	4.3	6.3	8.2	10.2	12	13.9	15.7	17.5	19.3	21.1	22.8	24.5	26.1	27.7
♀	♌ 23.1	23.9	24.7	25.5	26.2	27	27.7	28.5	29.2	29.9	♍ 0.5	1.2	1.8	2.4	3	3.6	4.2	4.7	5.2	5.7	6.2	6.6	7	7.4	7.8	8.1	8.4	8.6	8.9	9.1	9.2
♂	♋ 1.2	1.8	2.5	3.2	3.9	4.5	5.2	5.9	6.5	7.2	7.9	8.5	9.2	9.9	10.5	11.2	11.9	12.5	13.2	13.9	14.5	15.2	15.8	16.5	17.2	17.8	18.5	19.1	19.8	20.4	21.1

♃ 1: ♐ 2.3R · 6: 1.9 · 11: 1.6 · 16: 1.3 · 21: 1.2 · 26: 1.1 · 31: 1.1D — ♄ 1: ♎ 27.7R · 6: 27.7D · 11: 27.8 · 16: 27.9 · 21: 28 · 26: 28.2 · 31: 28.4 — ♅ 1: ♐ 5.8R · 11: 5.5 · 21: 5.3 · 31: 5.2 — ♆ 1: ♐ 27.6R · 11: 27.3 · 21: 27.1 · 31: 26.9 — ♇ 1: ♎ 26.7R · 11: 26.7D · 21: 26.8 · 31: 26.9

	1	2	3	4	5	6	7	8	9	10	11	12	13	14	15	16	17	18	19	20	21	22	23	24	25	26	27	28	29	30	31
☉	♌ 8.2	9.2	10.1	11.1	12	13	14	14.9	15.9	16.8	17.8	18.7	19.7	20.7	21.6	22.6	23.6	24.5	25.5	26.4	27.4	28.4	29.3	♍ 0.3	1.3	2.2	3.2	4.1	5.1	6.1	7
☽	♈ 26	♉ 8.7	21.8	♊ 5.3	19.2	♋ 3.5	18.3	♌ 3.4	18.7	♍ 3.9	19	♎ 3.7	18	♏ 1.9	15.2	28.1	♐ 10.7	22.9	♑ 5	16.9	28.8	♒ 10.6	22.5	♓ 4.4	16.4	28.4	♈ 10.6	22.9	♉ 5.4	18.2	♊ 1.2
☿	♌ 29.3	♍ 0.9	2.4	4	5.4	6.9	8.3	9.7	11.1	12.4	13.7	15	16.2	17.4	18.6	19.7	20.8	21.8	22.8	23.8	24.7	25.6	26.4	27.1	27.8	28.4	29	29.5	29.9	♎ 0.3	0.5
♀	♍ 9.4	9.4	9.5	9.5R	9.5	9.4	9.3	9.2	9	8.8	8.5	8.2	7.8	7.5	7.1	6.6	6.1	5.6	5.1	4.6	4	3.4	2.8	2.2	1.5	0.9	0.3	♌ 29.7	29.1	28.5	27.9
♂	♋ 21.7	22.4	23.1	23.7	24.4	25	25.7	26.3	27	27.6	28.3	28.9	29.6	♌ 0.2	0.9	1.5	2.1	2.8	3.4	4.1	4.7	5.4	6	6.6	7.3	7.9	8.6	9.2	9.8	10.5	11.1

♃ 1: ♐ 1.1 · 6: 1.2 · 11: 1.3 · 16: 1.6 · 21: 1.9 · 26: 2.2 · 31: 2.7 — ♄ 1: ♎ 28.5 · 6: 28.7 · 11: 29 · 16: 29.4 · 21: 29.7 · 26: ♏ 0.1 · 31: 0.6 — ♅ 1: ♐ 5.1R · 11: 5.1 · 21: 5.1D · 31: 5.2 — ♆ 1: ♐ 26.8R · 11: 26.7 · 21: 26.6 · 31: 26.5 — ♇ 1: ♎ 26.9 · 11: 27.1 · 21: 27.3 · 31: 27.5

	1	2	3	4	5	6	7	8	9	10	11	12	13	14	15	16	17	18	19	20	21	22	23	24	25	26	27	28	29	30	31
☉	♍ 8	9	9.9	10.9	11.9	12.9	13.8	14.8	15.8	16.7	17.7	18.7	19.7	20.6	21.6	22.6	23.6	24.5	25.5	26.5	27.5	28.4	29.4	♎ 0.4	1.4	2.4	3.3	4.3	5.3	6.3	
☽	♊ 14.6	28.3	♋ 12.5	27	♌ 11.9	27.1	♍ 12.3	27.4	♎ 12.2	26.6	♏ 10.5	23.9	♐ 6.9	19.5	♑ 1.7	13.8	25.7	♒ 7.5	19.3	♓ 1.2	13.2	25.3	♈ 7.6	20	♉ 2.5	15.2	28.1	♊ 11.3	24.7	♋ 8.3	
☿	♎ 0.7	0.8	0.7R	0.6	0.4	0.1	♍ 29.6	29.1	28.4	27.7	26.8	25.9	25	24	22.9	21.9	20.9	19.9	19	18.3	17.6	17.1	16.7	16.5	16.4D	16.5	16.8	17.2	17.8	18.5	
♀	♌ 27.4R	26.9	26.4	25.9	25.5	25.1	24.7	24.4	24.1	23.8	23.6	23.5	23.3	23.3	23.2	23.2D	23.2	23.3	23.4	23.6	23.7	24	24.2	24.5	24.8	25.1	25.5	25.9	26.4	26.8	
♂	♌ 11.8	12.4	13	13.7	14.3	14.9	15.6	16.2	16.8	17.5	18.1	18.7	19.4	20	20.6	21.3	21.9	22.5	23.1	23.8	24.4	25	25.6	26.3	26.9	27.5	28.1	28.8	29.4	♍ 0	

♃ 1: ♐ 2.8 · 6: 3.3 · 11: 3.8 · 16: 4.5 · 21: 5.2 · 26: 5.9 — ♄ 1: ♏ 0.6 · 6: 1.1 · 11: 1.6 · 16: 2.1 · 21: 2.6 · 26: 3.1 — ♅ 1: ♐ 5.2 · 11: 5.4 · 21: 5.7 — ♆ 1: ♐ 26.5R · 11: 26.5D · 21: 26.5 — ♇ 1: ♎ 27.6 · 11: 27.9 · 21: 28.2

	1	2	3	4	5	6	7	8	9	10	11	12	13	14	15	16	17	18	19	20	21	22	23	24	25	26	27	28	29	30	31
☉	♎ 7.3	8.2	9.2	10.2	11.2	12.2	13.2	14.2	15.1	16.1	17.1	18.1	19.1	20.1	21.1	22.1	23.1	24.1	25	26	27	28	29	♏ 0	1	2	3	4	5	6	7
☽	♋ 22.3	♌ 6.6	21.2	♍ 6	20.9	♎ 5.7	20.4	♏ 4.7	18.6	♐ 2	15	27.7	♑ 10	22	♒ 4	15.8	27.7	♓ 9.6	21.7	♈ 3.9	16.4	29	♉ 11.9	25	♊ 8.2	21.6	♋ 5.2	19	♌ 3	17.2	♍ 1.5
☿	♍ 19.4	20.4	21.5	22.8	24.1	25.5	26.9	28.5	♎ 0	1.6	3.3	5	6.7	8.4	10.1	11.8	13.5	15.3	17	18.7	20.4	22.1	23.8	25.5	27.2	28.9	♏ 0.6	2.3	3.9	5.6	7.2
♀	♌ 27.3	27.8	28.4	28.9	29.5	♍ 0.1	0.7	1.4	2.1	2.8	3.5	4.2	4.9	5.7	6.4	7.2	8	8.9	9.7	10.5	11.4	12.2	13.1	14	14.9	15.8	16.8	17.7	18.6	19.6	20.5
♂	♍ 0.6	1.2	1.9	2.5	3.1	3.7	4.3	5	5.6	6.2	6.8	7.4	8	8.7	9.3	9.9	10.5	11.1	11.7	12.3	12.9	13.6	14.2	14.8	15.4	16	16.6	17.2	17.8	18.4	19

♃ 1: ♐ 6.7 · 6: 7.5 · 11: 8.4 · 16: 9.3 · 21: 10.2 · 26: 11.2 · 31: 12.2 — ♄ 1: ♏ 3.7 · 6: 4.3 · 11: 4.8 · 16: 5.4 · 21: 6 · 26: 6.6 · 31: 7.2 — ♅ 1: ♐ 6 · 11: 6.4 · 21: 6.9 · 31: 7.5 — ♆ 1: ♐ 26.6 · 11: 26.8 · 21: 27 · 31: 27.2 — ♇ 1: ♎ 28.6 · 11: 29 · 21: 29.4 · 31: 29.8

	1	2	3	4	5	6	7	8	9	10	11	12	13	14	15	16	17	18	19	20	21	22	23	24	25	26	27	28	29	30	31
☉	♏ 8	9	10	11	12	13	14	15	16	17	18	19	20	21	22.1	23.1	24.1	25.1	26.1	27.1	28.1	29.1	♐ 0.1	1.1	2.1	3.2	4.2	5.2	6.2	7.2	
☽	♍ 15.9	♎ 0.3	14.7	28.9	♏ 12.9	26.5	♐ 9.9	22.8	♑ 5.5	17.8	29.9	♒ 11.9	23.7	♓ 5.6	17.6	29.7	♈ 12	24.6	♉ 7.5	20.6	♊ 4.1	17.8	♋ 1.6	15.7	29.8	♌ 14	28.2	♍ 12.4	26.5	♎ 10.5	
☿	♏ 8.8	10.5	12.1	13.7	15.3	16.9	18.5	20.1	21.6	23.2	24.8	26.3	27.9	29.4	♐ 1	2.5	4.1	5.6	7.1	8.6	10.2	11.7	13.2	14.7	16.2	17.7	19.2	20.7	22.1	23.6	
♀	♍ 21.5	22.5	23.5	24.5	25.5	26.5	27.5	28.5	29.5	♎ 0.6	1.6	2.7	3.7	4.8	5.8	6.9	8	9.1	10.2	11.2	12.3	13.4	14.5	15.7	16.8	17.9	19	20.1	21.3	22.4	
♂	♍ 19.6	20.2	20.8	21.4	22	22.6	23.2	23.8	24.4	25	25.6	26.2	26.8	27.4	28	28.6	29.2	29.8	♎ 0.3	0.9	1.5	2.1	2.7	3.3	3.9	4.4	5	5.6	6.2	6.8	

♃ 1: ♐ 12.4 · 6: 13.5 · 11: 14.5 · 16: 15.6 · 21: 16.7 · 26: 17.8 — ♄ 1: ♏ 7.3 · 6: 7.9 · 11: 8.5 · 16: 9.1 · 21: 9.7 · 26: 10.3 — ♅ 1: ♐ 7.5 · 11: 8.1 · 21: 8.7 — ♆ 1: ♐ 27.2 · 11: 27.5 · 21: 27.8 — ♇ 1: ♎ 29.8 · 11: ♏ 0.2 · 21: 0.6

	1	2	3	4	5	6	7	8	9	10	11	12	13	14	15	16	17	18	19	20	21	22	23	24	25	26	27	28	29	30	31
☉	♐ 8.2	9.2	10.2	11.3	12.3	13.3	14.3	15.3	16.3	17.4	18.4	19.4	20.4	21.4	22.4	23.5	24.5	25.5	26.5	27.5	28.5	29.6	♑ 0.6	1.6	2.6	3.6	4.7	5.7	6.7	7.7	8.7
☽	♎ 24.4	♏ 8.2	21.7	♐ 5	18	♑ 0.8	13.3	25.6	♒ 7.7	19.7	♓ 1.5	13.4	25.3	♈ 7.4	19.8	♉ 2.4	15.3	28.6	♊ 12.3	26.4	♋ 10.7	25.3	♌ 9.9	24.5	♍ 9	23.3	♎ 7.4	21.2	♏ 4.8	18.1	♐ 1.2
☿	♐ 25.1	26.5	27.9	29.3	♑ 0.7	2.1	3.5	4.8	6.1	7.4	8.6	9.8	10.9	12	12.9	13.8	14.6	15.3	15.9	16.3	16.6	16.7	16.6R	16.3	15.8	15.1	14.3	13.3	12.1	10.8	9.5
♀	♎ 23.5	24.7	25.8	26.9	28.1	29.2	♏ 0.4	1.5	2.7	3.9	5	6.2	7.4	8.5	9.7	10.9	12	13.2	14.4	15.6	16.8	18	19.1	20.3	21.5	22.7	23.9	25.1	26.3	27.5	28.7
♂	♎ 7.3	7.9	8.5	9.1	9.6	10.2	10.8	11.4	11.9	12.5	13.1	13.6	14.2	14.8	15.3	15.9	16.4	17	17.6	18.1	18.7	19.2	19.8	20.3	20.9	21.4	22	22.5	23	23.6	24.1

♃ 1: ♐ 18.9 · 6: 20 · 11: 21.2 · 16: 22.3 · 21: 23.4 · 26: 24.6 · 31: 25.7 — ♄ 1: ♏ 10.9 · 6: 11.4 · 11: 11.9 · 16: 12.5 · 21: 13 · 26: 13.4 · 31: 13.9 — ♅ 1: ♐ 9.3 · 11: 9.9 · 21: 10.5 · 31: 11.1 — ♆ 1: ♐ 28.2 · 11: 28.6 · 21: 28.9 · 31: 29.3 — ♇ 1: ♏ 0.9 · 11: 1.3 · 21: 1.5 · 31: 1.8

I

	1	2	3	4	5	6	7	8	9	10	11	12	13	14	15	16	17	18	19	20	21	22	23	24	25	26	27	28	29	30	31
☉	♑ 9.8	10.8	11.8	12.8	13.8	14.8	15.9	16.9	17.9	18.9	19.9	21	22	23	24	25	26.1	27.1	28.1	29.1	♒ 0.1	1.1	2.2	3.2	4.2	5.2	6.2	7.2	8.3	9.3	10.3
☽	♐ 14.1	26.8	♑ 9.3	21.6	♒ 3.8	15.8	27.7	♓ 9.6	21.4	♈ 3.3	15.4	27.6	♉ 10.1	23	♊ 6.3	20.1	♋ 4.3	18.9	♌ 3.8	18.9	♍ 4	18.9	♎ 3.5	17.8	♏ 1.7	15.1	28.3	♐ 11.1	23.7	♑ 6.1	18.3
☿	♑ 8.1R	6.8	5.5	4.3	3.3	2.4	1.7	1.1	0.7	0.5	0.4	0.5D	0.7	1	1.4	2	2.6	3.3	4.1	5	5.9	6.9	7.9	9	10.1	11.2	12.4	13.6	14.8	16.1	17.4
♀	♏ 29.9	♐ 1.1	2.3	3.5	4.7	5.9	7.1	8.4	9.6	10.8	12	13.2	14.4	15.6	16.9	18.1	19.3	20.5	21.7	22.9	24.2	25.4	26.6	27.8	29.1	♑ 0.3	1.5	2.7	3.9	5.2	6.4
♂	♎ 24.7	25.2	25.7	26.3	26.8	27.3	27.8	28.4	28.9	29.4	29.9	♏ 0.4	1	1.5	2	2.5	3	3.5	4	4.5	5	5.5	6	6.4	6.9	7.4	7.9	8.4	8.8	9.3	9.8

♃ 1: ♐ 25.9 · 6: 27 · 11: 28.1 · 16: 29.2 · 21: ♑ 0.3 · 26: 1.4 · 31: 2.4 — ♄ 1: ♏ 13.9 · 6: 14.4 · 11: 14.7 · 16: 15.1 · 21: 15.4 · 26: 15.6 · 31: 15.9 — ♅ 1: ♐ 11.1 · 11: 11.7 · 21: 12.2 · 31: 12.6 — ♆ 1: ♐ 29.4 · 11: 29.7 · 21: ♑ 0.1 · 31: 0.4 — ♇ 1: ♏ 1.8 · 11: 2 · 21: 2.1 · 31: 2.1

II

	1	2	3	4	5	6	7	8	9	10	11	12	13	14	15	16	17	18	19	20	21	22	23	24	25	26	27	28	29	30	31
☉	♒ 11.3	12.3	13.3	14.4	15.4	16.4	17.4	18.4	19.4	20.4	21.4	22.5	23.5	24.5	25.5	26.5	27.5	28.5	29.5	♓ 0.5	1.5	2.6	3.6	4.6	5.6	6.6	7.6	8.6	9.6		
☽	♒ 0.4	12.4	24.4	♓ 6.2	18.1	30	♈ 11.9	23.9	♉ 6.1	18.5	♊ 1.3	14.4	28.1	♋ 12.2	26.8	♌ 11.8	27.1	♍ 12.4	27.7	♎ 12.6	27.2	♏ 11.2	24.8	♐ 8	20.7	♑ 3.2	15.4	27.5	♒ 9.4		
☿	♑ 18.7	20	21.4	22.8	24.2	25.6	27	28.4	29.9	♒ 1.4	2.9	4.4	5.9	7.4	9	10.5	12.1	13.7	15.3	16.9	18.5	20.2	21.9	23.6	25.2	27	28.7	♓ 0.4	2.2		
♀	♑ 7.6	8.9	10.1	11.3	12.5	13.8	15	16.2	17.5	18.7	19.9	21.1	22.4	23.6	24.8	26.1	27.3	28.5	29.8	♒ 1	2.2	3.5	4.7	5.9	7.2	8.4	9.6	10.9	12.1		
♂	♏ 10.2	10.7	11.1	11.6	12	12.5	12.9	13.4	13.8	14.2	14.7	15.1	15.5	15.9	16.3	16.7	17.1	17.5	17.9	18.3	18.7	19.1	19.4	19.8	20.2	20.5	20.9	21.2	21.5		

♃ 1: ♑ 2.6 · 6: 3.6 · 11: 4.5 · 16: 5.5 · 21: 6.4 · 26: 7.2 — ♄ 1: ♏ 15.9 · 6: 16.1 · 11: 16.2 · 16: 16.3 · 21: 16.4 · 26: 16.4R — ♅ 1: ♐ 12.6 · 11: 13 · 21: 13.3 — ♆ 1: ♑ 0.4 · 11: 0.7 · 21: 1 — ♇ 1: ♏ 2.1 · 11: 2.1R · 21: 2.1

III

	1	2	3	4	5	6	7	8	9	10	11	12	13	14	15	16	17	18	19	20	21	22	23	24	25	26	27	28	29	30	31
☉	♓ 10.6	11.6	12.6	13.6	14.6	15.6	16.6	17.6	18.6	19.6	20.6	21.6	22.6	23.6	24.6	25.6	26.6	27.6	28.6	29.6	♈ 0.6	1.6	2.6	3.5	4.5	5.5	6.5	7.5	8.5	9.5	10.5
☽	♒ 21.3	♓ 3.2	15.1	27	♈ 8.9	20.9	♉ 3	15.2	27.6	♊ 10.4	23.4	♋ 6.9	20.8	♌ 5.2	20.1	♍ 5.2	20.5	♎ 5.8	20.9	♏ 5.6	19.8	♐ 3.6	16.8	29.7	♑ 12.2	24.4	♒ 6.4	18.3	♓ 0.2	12	23.9
☿	♓ 4	5.8	7.6	9.4	11.3	13.2	15.1	17	18.9	20.8	22.8	24.7	26.7	28.7	♈ 0.6	2.6	4.6	6.6	8.5	10.5	12.4	14.3	16.2	18	19.8	21.5	23.1	24.7	26.2	27.6	29
♀	♒ 13.3	14.6	15.8	17	18.3	19.5	20.7	22	23.2	24.4	25.7	26.9	28.1	29.4	♓ 0.6	1.8	3.1	4.3	5.5	6.8	8	9.2	10.5	11.7	12.9	14.2	15.4	16.6	17.9	19.1	20.3
♂	♏ 21.9	22.2	22.5	22.8	23.1	23.4	23.7	24	24.3	24.5	24.8	25.1	25.3	25.5	25.8	26	26.2	26.4	26.6	26.8	27	27.1	27.3	27.4	27.6	27.7	27.8	27.9	28	28.1	28.2

♃ 1: ♑ 7.9 · 6: 8.6 · 11: 9.3 · 16: 10 · 21: 10.6 · 26: 11.1 · 31: 11.6 — ♄ 1: ♏ 16.4R · 6: 16.3 · 11: 16.2 · 16: 16 · 21: 15.8 · 26: 15.6 · 31: 15.4 — ♅ 1: ♐ 13.4 · 11: 13.5 · 21: 13.6R · 31: 13.5 — ♆ 1: ♑ 1.1 · 11: 1.3 · 21: 1.4 · 31: 1.4 — ♇ 1: ♏ 1.9R · 11: 1.8 · 21: 1.6 · 31: 1.3

IV

	1	2	3	4	5	6	7	8	9	10	11	12	13	14	15	16	17	18	19	20	21	22	23	24	25	26	27	28	29	30	31
☉	♈ 11.5	12.4	13.4	14.4	15.4	16.4	17.4	18.4	19.3	20.3	21.3	22.3	23.3	24.2	25.2	26.2	27.2	28.2	29.1	♉ 0.1	1.1	2.1	3	4	5	6	6.9	7.9	8.9	9.8	
☽	♈ 5.9	17.9	♉ 0	12.3	24.7	♊ 7.3	20.2	♋ 3.3	16.8	♌ 0.6	14.7	29.3	♍ 14.1	29.1	♎ 14.1	29	♏ 13.6	27.8	♐ 11.6	25	♑ 7.9	20.5	♒ 2.8	14.9	26.8	♓ 8.7	20.5	♈ 2.5	14.5	26.7	
☿	♉ 0.2	1.3	2.4	3.3	4.1	4.8	5.4	5.9	6.3	6.5	6.7	6.7R	6.6	6.5	6.2	5.8	5.4	4.9	4.3	3.7	3.1	2.4	1.7	1	0.3	♈ 29.7	29.1	28.5	28	27.5	
♀	♓ 21.6	22.8	24	25.3	26.5	27.7	29	♈ 0.2	1.4	2.7	3.9	5.1	6.4	7.6	8.8	10.1	11.3	12.5	13.8	15	16.2	17.5	18.7	19.9	21.1	22.4	23.6	24.8	26.1	27.3	
♂	♏ 28.2	28.3	28.3	28.3	28.3	28.3R	28.3	28.3	28.3	28.2	28.2	28.1	28	27.9	27.8	27.7	27.5	27.4	27.2	27	26.8	26.6	26.4	26.2	26	25.7	25.5	25.2	24.9	24.6	

♃ 1: ♑ 11.7 · 6: 12.1 · 11: 12.4 · 16: 12.7 · 21: 12.9 · 26: 13 — ♄ 1: ♏ 15.3R · 6: 15 · 11: 14.7 · 16: 14.4 · 21: 14 · 26: 13.6 — ♅ 1: ♐ 13.5R · 11: 13.3 · 21: 13.1 — ♆ 1: ♑ 1.4 · 11: 1.4R · 21: 1.3 — ♇ 1: ♏ 1.3R · 11: 1 · 21: 0.7

V

	1	2	3	4	5	6	7	8	9	10	11	12	13	14	15	16	17	18	19	20	21	22	23	24	25	26	27	28	29	30	31
☉	♉ 10.8	11.8	12.8	13.7	14.7	15.7	16.6	17.6	18.6	19.5	20.5	21.5	22.4	23.4	24.4	25.3	26.3	27.2	28.2	29.2	♊ 0.1	1.1	2.1	3	4	4.9	5.9	6.9	7.8	8.8	9.7
☽	♉ 9	21.5	♊ 4.2	17.2	♋ 0.3	13.7	27.3	♌ 11.1	25.2	♍ 9.5	24	♎ 8.5	23.1	♏ 7.6	21.9	♐ 5.9	19.6	♑ 2.9	15.9	28.5	♒ 10.8	22.9	♓ 4.9	16.8	28.7	♈ 10.6	22.7	♉ 5	17.6	♊ 0.3	13.4
☿	♈ 27.1R	26.8	26.6	26.4	26.3	26.3D	26.4	26.5	26.8	27.1	27.4	27.9	28.4	29	29.6	♉ 0.4	1.1	2	2.8	3.8	4.8	5.8	6.9	8.1	9.3	10.5	11.8	13.1	14.5	15.9	17.4
♀	♈ 28.5	29.8	♉ 1	2.2	3.5	4.7	5.9	7.1	8.4	9.6	10.8	12.1	13.3	14.5	15.7	17	18.2	19.4	20.7	21.9	23.1	24.4	25.6	26.8	28	29.3	♊ 0.5	1.7	3	4.2	5.4
♂	♏ 24.3R	24	23.7	23.4	23	22.7	22.4	22	21.7	21.3	21	20.6	20.2	19.9	19.5	19.2	18.8	18.4	18.1	17.7	17.4	17	16.7	16.4	16.1	15.7	15.4	15.2	14.9	14.6	14.3

♃ 1: ♑ 13.0R · 6: 12.9 · 11: 12.8 · 16: 12.6 · 21: 12.3 · 26: 11.9 · 31: 11.5 — ♄ 1: ♏ 13.3R · 6: 12.9 · 11: 12.5 · 16: 12.1 · 21: 11.8 · 26: 11.4 · 31: 11.1 — ♅ 1: ♐ 12.8R · 11: 12.4 · 21: 12.1 · 31: 11.6 — ♆ 1: ♑ 1.2R · 11: 1 · 21: 0.8 · 31: 0.6 — ♇ 1: ♏ 0.5R · 11: 0.2 · 21: ♎ 29.9 · 31: 29.7

VI

	1	2	3	4	5	6	7	8	9	10	11	12	13	14	15	16	17	18	19	20	21	22	23	24	25	26	27	28	29	30	31
☉	♊ 10.7	11.7	12.6	13.6	14.5	15.5	16.4	17.4	18.4	19.3	20.3	21.2	22.2	23.1	24.1	25	26	26.9	27.9	28.9	29.8	♋ 0.8	1.7	2.7	3.6	4.6	5.5	6.5	7.4	8.4	
☽	♊ 26.7	♋ 10.2	24	♌ 8	22	♍ 6.2	20.5	♎ 4.7	18.9	♏ 3	17	♐ 0.9	14.5	27.9	♑ 11	23.8	♒ 6.4	18.7	♓ 0.9	12.8	24.7	♈ 6.6	18.6	♉ 0.7	13	25.7	♊ 8.6	22	♋ 5.6	19.6	
☿	♉ 18.9	20.5	22	23.7	25.4	27.1	28.8	♊ 0.6	2.5	4.4	6.3	8.2	10.2	12.3	14.3	16.4	18.6	20.7	22.9	25	27.2	29.4	♋ 1.6	3.8	6	8.1	10.3	12.4	14.5	16.6	
♀	♊ 6.6	7.9	9.1	10.3	11.6	12.8	14	15.2	16.5	17.7	18.9	20.1	21.4	22.6	23.8	25.1	26.3	27.5	28.7	30	♋ 1.2	2.4	3.7	4.9	6.1	7.4	8.6	9.8	11	12.3	
♂	♏ 14.1R	13.8	13.6	13.4	13.2	13	12.8	12.6	12.5	12.3	12.2	12.1	12	11.9	11.8	11.8	11.7	11.7	11.7	11.7D	11.7	11.7	11.8	11.8	11.9	11.9	12	12.1	12.3	12.4	

♃ 1: ♑ 11.4R · 6: 10.9 · 11: 10.4 · 16: 9.8 · 21: 9.2 · 26: 8.6 — ♄ 1: ♏ 11.1R · 6: 10.8 · 11: 10.5 · 16: 10.3 · 21: 10.1 · 26: 9.9 — ♅ 1: ♐ 11.6R · 11: 11.2 · 21: 10.8 — ♆ 1: ♑ 0.6R · 11: 0.3 · 21: 0.1 — ♇ 1: ♎ 29.7R · 11: 29.5 · 21: 29.4

VII

	1	2	3	4	5	6	7	8	9	10	11	12	13	14	15	16	17	18	19	20	21	22	23	24	25	26	27	28	29	30	31
☉	♋ 9.3	10.3	11.3	12.2	13.2	14.1	15.1	16	17	17.9	18.9	19.8	20.8	21.7	22.7	23.7	24.6	25.6	26.5	27.5	28.4	29.4	♌ 0.3	1.3	2.2	3.2	4.2	5.1	6.1	7	8
☽	♌ 3.9	18.3	♍ 2.7	17.2	♎ 1.5	15.7	29.7	♏ 13.5	27.2	♐ 10.6	23.8	♑ 6.8	19.6	♒ 2.2	14.7	26.9	♓ 8.9	20.9	♈ 2.7	14.6	26.5	♉ 8.6	21	♊ 3.6	16.7	♋ 0.1	14.1	28.4	♌ 13	27.8	♍ 12.7
☿	♋ 18.7	20.7	22.7	24.7	26.6	28.5	♌ 0.4	2.3	4.1	5.8	7.6	9.3	11	12.6	14.2	15.8	17.3	18.8	20.3	21.8	23.2	24.5	25.9	27.2	28.4	29.7	♍ 0.9	2	3.1	4.2	5.2
♀	♋ 13.5	14.7	16	17.2	18.4	19.6	20.9	22.1	23.3	24.6	25.8	27	28.3	29.5	♌ 0.7	1.9	3.2	4.4	5.6	6.9	8.1	9.3	10.6	11.8	13	14.2	15.5	16.7	17.9	19.2	20.4
♂	♏ 12.5	12.7	12.8	13	13.2	13.4	13.6	13.8	14.1	14.3	14.5	14.8	15.1	15.4	15.6	15.9	16.3	16.6	16.9	17.2	17.6	17.9	18.3	18.7	19	19.4	19.8	20.2	20.6	21	21.5

♃ 1: ♑ 7.9R · 6: 7.3 · 11: 6.6 · 16: 6 · 21: 5.5 · 26: 5 · 31: 4.5 — ♄ 1: ♏ 9.8R · 6: 9.7 · 11: 9.7 · 16: 9.7D · 21: 9.8 · 26: 9.8 · 31: 10 — ♅ 1: ♐ 10.4R · 11: 10.1 · 21: 9.9 · 31: 9.7 — ♆ 1: ♐ 29.8R · 11: 29.5 · 21: 29.3 · 31: 29.1 — ♇ 1: ♎ 29.3R · 11: 29.3D · 21: 29.4 · 31: 29.5

VIII

	1	2	3	4	5	6	7	8	9	10	11	12	13	14	15	16	17	18	19	20	21	22	23	24	25	26	27	28	29	30	31
☉	♌ 8.9	9.9	10.8	11.8	12.8	13.7	14.7	15.6	16.6	17.6	18.5	19.5	20.4	21.4	22.4	23.3	24.3	25.2	26.2	27.2	28.1	29.1	♍ 0.1	1	2	2.9	3.9	4.9	5.8	6.8	7.8
☽	♍ 27.5	♎ 12.1	26.4	♏ 10.4	24.1	♐ 7.5	20.6	♑ 3.5	16.2	28.7	♒ 11.1	23.3	♓ 5.4	17.4	29.3	♈ 11.1	22.9	♉ 4.9	16.9	29.2	♊ 11.8	24.8	♋ 8.3	22.2	♌ 6.7	21.5	♍ 6.6	21.8	♎ 6.9	21.8	♏ 6.4
☿	♍ 6.2	7.1	8	8.8	9.5	10.2	10.9	11.5	12	12.4	12.8	13.1	13.3	13.4	13.4R	13.3	13.2	12.9	12.6	12.2	11.6	11	10.3	9.5	8.7	7.8	6.9	6	5.1	4.2	3.4
♀	♌ 21.6	22.9	24.1	25.3	26.5	27.8	29	♍ 0.2	1.5	2.7	3.9	5.2	6.4	7.6	8.9	10.1	11.3	12.5	13.8	15	16.2	17.5	18.7	19.9	21.2	22.4	23.6	24.8	26.1	27.3	28.5
♂	♏ 21.9	22.3	22.8	23.2	23.7	24.1	24.6	25.1	25.5	26	26.5	27	27.5	28	28.5	29	29.6	♐ 0.1	0.6	1.2	1.7	2.2	2.8	3.3	3.9	4.5	5	5.6	6.2	6.8	7.3

♃ 1: ♑ 4.4R · 6: 4 · 11: 3.7 · 16: 3.4 · 21: 3.3 · 26: 3.2 · 31: 3.1D — ♄ 1: ♏ 10 · 6: 10.2 · 11: 10.4 · 16: 10.6 · 21: 10.9 · 26: 11.2 · 31: 11.6 — ♅ 1: ♐ 9.7R · 11: 9.6 · 21: 9.5D · 31: 9.6 — ♆ 1: ♐ 29.1R · 11: 28.9 · 21: 28.8 · 31: 28.7 — ♇ 1: ♎ 29.5 · 11: 29.6 · 21: 29.8 · 31: ♏ 0.1

IX

	1	2	3	4	5	6	7	8	9	10	11	12	13	14	15	16	17	18	19	20	21	22	23	24	25	26	27	28	29	30	31
☉	♍ 8.7	9.7	10.7	11.7	12.6	13.6	14.6	15.5	16.5	17.5	18.4	19.4	20.4	21.4	22.3	23.3	24.3	25.3	26.2	27.2	28.2	29.2	♎ 0.2	1.1	2.1	3.1	4.1	5.1	6	7	
☽	♏ 20.5	♐ 4.2	17.6	♑ 0.6	13.3	25.8	♒ 8.1	20.2	♓ 2.3	14.3	26.2	♈ 8	19.8	♉ 1.7	13.6	25.7	♊ 8	20.6	♋ 3.5	16.8	♌ 0.7	15	29.8	♍ 14.9	♎ 0.2	15.5	♏ 0.6	15.3	29.7	♐ 13.6	
☿	♍ 2.6R	1.9	1.2	0.7	0.4	0.1	0	0.1D	0.3	0.6	1.1	1.8	2.6	3.5	4.5	5.7	6.9	8.3	9.7	11.2	12.8	14.4	16.1	17.8	19.6	21.3	23.1	24.9	26.7	28.5	
♀	♍ 29.8	♎ 1	2.2	3.4	4.7	5.9	7.1	8.4	9.6	10.8	12	13.3	14.5	15.7	16.9	18.2	19.4	20.6	21.8	23.1	24.3	25.5	26.8	28	29.2	♏ 0.4	1.6	2.9	4.1	5.3	
♂	♐ 7.9	8.5	9.1	9.7	10.3	10.9	11.5	12.2	12.8	13.4	14	14.6	15.3	15.9	16.5	17.2	17.8	18.5	19.1	19.8	20.4	21.1	21.7	22.4	23.1	23.7	24.4	25.1	25.7	26.4	

♃ 1: ♑ 3.1 · 6: 3.2 · 11: 3.4 · 16: 3.6 · 21: 3.9 · 26: 4.3 — ♄ 1: ♏ 11.6 · 6: 12 · 11: 12.4 · 16: 12.9 · 21: 13.4 · 26: 13.8 — ♅ 1: ♐ 9.6 · 11: 9.8 · 21: 10 — ♆ 1: ♐ 28.7R · 11: 28.7D · 21: 28.7 — ♇ 1: ♏ 0.1 · 11: 0.4 · 21: 0.8

X

	1	2	3	4	5	6	7	8	9	10	11	12	13	14	15	16	17	18	19	20	21	22	23	24	25	26	27	28	29	30	31
☉	♎ 8	9	10	11	11.9	12.9	13.9	14.9	15.9	16.9	17.9	18.9	19.8	20.8	21.8	22.8	23.8	24.8	25.8	26.8	27.8	28.8	29.8	♏ 0.8	1.8	2.8	3.8	4.8	5.8	6.8	7.8
☽	♐ 27	♑ 10	22.7	♒ 5.1	17.3	29.3	♓ 11.3	23.2	♈ 5	16.9	28.8	♉ 10.7	22.8	♊ 5	17.4	30	♋ 12.9	26.2	♌ 9.9	24	♍ 8.5	23.4	♎ 8.5	23.6	♏ 8.7	23.5	♐ 7.9	22	♑ 5.6	18.7	♒ 1.5
☿	♎ 0.3	2.2	4	5.8	7.5	9.3	11.1	12.9	14.6	16.3	18.1	19.8	21.5	23.2	24.9	26.5	28.2	29.8	♏ 1.4	3.1	4.7	6.3	7.9	9.5	11	12.6	14.2	15.7	17.2	18.8	20.3
♀	♏ 6.5	7.8	9	10.2	11.4	12.7	13.9	15.1	16.3	17.5	18.8	20	21.2	22.4	23.6	24.9	26.1	27.3	28.5	29.7	♐ 0.9	2.2	3.4	4.6	5.8	7	8.2	9.5	10.7	11.9	13.1
♂	♐ 27.1	27.8	28.5	29.1	29.8	♑ 0.5	1.2	1.9	2.6	3.3	4	4.7	5.4	6.1	6.8	7.5	8.2	8.9	9.6	10.4	11.1	11.8	12.5	13.2	14	14.7	15.4	16.1	16.9	17.6	18.3

♃ 1: ♑ 4.7 · 6: 5.2 · 11: 5.8 · 16: 6.4 · 21: 7.1 · 26: 7.9 · 31: 8.7 — ♄ 1: ♏ 14.4 · 6: 14.9 · 11: 15.4 · 16: 16 · 21: 16.6 · 26: 17.1 · 31: 17.7 — ♅ 1: ♐ 10.3 · 11: 10.7 · 21: 11.2 · 31: 11.7 — ♆ 1: ♐ 28.8 · 11: 28.9 · 21: 29.1 · 31: 29.4 — ♇ 1: ♏ 1.1 · 11: 1.5 · 21: 1.9 · 31: 2.3

XI

	1	2	3	4	5	6	7	8	9	10	11	12	13	14	15	16	17	18	19	20	21	22	23	24	25	26	27	28	29	30	31
☉	♏ 8.8	9.8	10.8	11.8	12.8	13.8	14.8	15.8	16.8	17.8	18.8	19.8	20.8	21.8	22.8	23.8	24.8	25.8	26.9	27.9	28.9	29.9	♐ 0.9	1.9	2.9	3.9	4.9	6	7	8	
☽	♒ 13.9	26.1	♓ 8.1	20	♈ 1.8	13.7	25.6	♉ 7.6	19.7	♊ 2	14.4	27.1	♋ 9.9	23	♌ 6.4	20.1	♍ 4	18.2	♎ 2.7	17.4	♏ 2.1	16.9	♐ 1.5	15.8	29.8	♑ 13.5	26.7	♒ 9.5	22	♓ 4.3	
☿	♏ 21.8	23.3	24.8	26.3	27.8	29.3	♐ 0.7	2.2	3.7	5.1	6.5	7.9	9.3	10.7	12.1	13.5	14.8	16.2	17.5	18.7	20	21.2	22.4	23.5	24.6	25.6	26.6	27.5	28.3	29	
♀	♐ 14.3	15.5	16.7	17.9	19.2	20.4	21.6	22.8	24	25.2	26.4	27.6	28.8	♑ 0	1.2	2.4	3.6	4.8	6	7.2	8.4	9.6	10.8	12	13.2	14.4	15.6	16.8	18	19.2	
♂	♑ 19.1	19.8	20.5	21.3	22	22.7	23.5	24.2	25	25.7	26.5	27.2	27.9	28.7	29.4	♒ 0.2	0.9	1.7	2.4	3.2	3.9	4.7	5.4	6.2	7	7.7	8.5	9.2	10	10.7	

♃ 1: ♑ 8.8 · 6: 9.7 · 11: 10.6 · 16: 11.5 · 21: 12.5 · 26: 13.5 — ♄ 1: ♏ 17.9 · 6: 18.4 · 11: 19 · 16: 19.6 · 21: 20.2 · 26: 20.8 — ♅ 1: ♐ 11.8 · 11: 12.3 · 21: 12.9 — ♆ 1: ♐ 29.4 · 11: 29.7 · 21: 30 — ♇ 1: ♏ 2.4 · 11: 2.8 · 21: 3.1

XII

	1	2	3	4	5	6	7	8	9	10	11	12	13	14	15	16	17	18	19	20	21	22	23	24	25	26	27	28	29	30	31
☉	♐ 9	10	11	12	13	14.1	15.1	16.1	17.1	18.1	19.1	20.2	21.2	22.2	23.2	24.2	25.2	26.3	27.3	28.3	29.3	♑ 0.3	1.4	2.4	3.4	4.4	5.4	6.4	7.5	8.5	9.5
☽	♓ 16.3	28.2	♈ 10	21.9	♉ 3.8	15.9	28.2	♊ 10.8	23.5	♋ 6.6	19.8	♌ 3.3	17	♍ 0.8	14.8	28.9	♎ 13.1	27.3	♏ 11.6	25.9	♐ 10	24	♑ 7.8	21.3	♒ 4.5	17.3	29.8	♓ 12.1	24.1	♈ 6	17.8
☿	♐ 29.6	♑ 0.2	0.5	0.7	0.8R	0.7	0.4	♐ 30	29.3	28.4	27.4	26.3	25	23.6	22.2	20.9	19.6	18.4	17.3	16.4	15.7	15.1	14.7	14.5	14.5D	14.6	14.9	15.3	15.8	16.5	17.2
♀	♑ 20.4	21.6	22.8	23.9	25.1	26.3	27.5	28.7	29.8	♒ 1	2.2	3.4	4.5	5.7	6.9	8	9.2	10.4	11.5	12.7	13.8	15	16.1	17.3	18.4	19.6	20.7	21.8	23	24.1	25.2
♂	♒ 11.5	12.3	13	13.8	14.5	15.3	16.1	16.8	17.6	18.3	19.1	19.9	20.6	21.4	22.2	22.9	23.7	24.4	25.2	26	26.7	27.5	28.3	29	29.8	♓ 0.6	1.3	2.1	2.8	3.6	4.4

♃ 1: ♑ 14.6 · 6: 15.6 · 11: 16.7 · 16: 17.8 · 21: 18.9 · 26: 20.1 · 31: 21.2 — ♄ 1: ♏ 21.4 · 6: 22 · 11: 22.6 · 16: 23.1 · 21: 23.6 · 26: 24.1 · 31: 24.6 — ♅ 1: ♐ 13.5 · 11: 14.1 · 21: 14.7 · 31: 15.3 — ♆ 1: ♑ 0.3 · 11: 0.7 · 21: 1.1 · 31: 1.5 — ♇ 1: ♏ 3.5 · 11: 3.8 · 21: 4.1 · 31: 4.3

I

	1	2	3	4	5	6	7	8	9	10	11	12	13	14	15	16	17	18	19	20	21	22	23	24	25	26	27	28	29	30	31
☉	10.5	11.5	12.6	13.6	14.6	15.6	16.6	17.7	18.7	19.7	20.7	21.7	22.8	23.8	24.8	25.8	26.8	27.8	28.9	29.9	0.9	1.9	2.9	4	5	6	7	8	9	10.1	11.1
☽	29.7	11.7	23.8	6.2	19	2	15.4	29.1	13.1	27.2	11.5	25.7	9.9	24.1	8.1	22	5.8	19.5	3.1	16.5	29.6	12.6	25.3	7.7	19.9	1.9	13.8	25.6	7.4	19.4	1.5
☿	18	18.9	19.8	20.8	21.9	23	24.1	25.3	26.5	27.8	29	0.3	1.6	3	4.3	5.7	7.1	8.5	9.9	11.4	12.8	14.3	15.7	17.2	18.7	20.2	21.7	23.3	24.8	26.4	27.9
♀	26.4	27.5	28.6	29.7	0.8	1.9	3	4.1	5.2	6.3	7.4	8.5	9.5	10.6	11.7	12.7	13.8	14.8	15.9	16.9	17.9	19	20	21	22	23	24	24.9	25.9	26.9	27.8
♂	5.1	5.9	6.7	7.4	8.2	9	9.7	10.5	11.2	12	12.8	13.5	14.3	15.1	15.8	16.6	17.3	18.1	18.9	19.6	20.4	21.1	21.9	22.7	23.4	24.2	24.9	25.7	26.4	27.2	28

♃ 1 / 6 / 11 / 16 / 21 / 26 / 31: 21.5 22.6 23.8 25 26.1 27.3 28.5 — ♄ 1 / 6 / 11 / 16 / 21 / 26 / 31: 24.7 25.2 25.6 26 26.4 26.8 27.1 — ♅ 1 / 11 / 21 / 31: 15.4 15.9 16.4 16.9 — ♆ 1 / 11 / 21 / 31: 1.5 1.9 2.2 2.5 — ♇ 1 / 11 / 21 / 31: 4.4 4.6 4.7 4.7

	1	2	3	4	5	6	7	8	9	10	11	12	13	14	15	16	17	18	19	20	21	22	23	24	25	26	27	28	29	30	31
☉	10.3	11.3	12.3	13.3	14.4	15.4	16.4	17.4	18.4	19.5	20.5	21.5	22.5	23.5	24.5	25.6	26.6	27.6	28.6	29.6	0.7	1.7	2.7	3.7	4.7	5.7	6.8	7.8	8.8	9.8	10.8
☽	5.1	18.3	1.8	15.6	29.6	13.8	28.3	13	27.7	12.4	27	11.2	25.1	8.5	21.5	4.1	16.4	28.4	10.2	22	3.8	15.8	27.8	10.1	22.7	5.5	18.5	1.7	15.2	28.8	12.5
☿	22.9	24.3	25.8	27.3	28.7	0.2	1.7	3.2	4.7	6.2	7.8	9.3	10.8	12.4	13.9	15.5	17.1	18.7	20.2	21.8	23.5	25.1	26.7	28.3	30	1.6	3.3	5	6.7	8.4	10.1
♀	5.8	7.1	8.3	9.6	10.9	12.1	13.4	14.6	15.9	17.1	18.4	19.7	20.9	22.2	23.4	24.7	26	27.2	28.5	29.7	1	2.2	3.5	4.8	6	7.3	8.5	9.8	11	12.3	13.5
♂	10.6	11.2	11.8	12.4	13	13.6	14.2	14.8	15.5	16.1	16.7	17.3	17.9	18.5	19.1	19.7	20.3	20.9	21.5	22.1	22.7	23.3	23.9	24.5	25.1	25.7	26.3	26.9	27.5	28.1	28.7

♃ 1 / 6 / 11 / 16 / 21 / 26 / 31: 18.3 19.3 20.4 21.6 22.7 23.9 25.1 — ♄ 1 / 6 / 11 / 16 / 21 / 26 / 31: 5.2 5.7 6.2 6.6 7.1 7.5 7.9 — ♅ 1 / 11 / 21 / 31: 19.5 20.1 20.6 21.1 — ♆ 1 / 11 / 21 / 31: 3.6 4 4.3 4.7 — ♇ 1 / 11 / 21 / 31: 6.9 7.1 7.3 7.3

II

	1	2	3	4	5	6	7	8	9	10	11	12	13	14	15	16	17	18	19	20	21	22	23	24	25	26	27	28	29	30	31
☉	12.1	13.1	14.1	15.1	16.1	17.2	18.2	19.2	20.2	21.2	22.2	23.2	24.2	25.2	26.3	27.3	28.3	29.3	0.3	1.3	2.3	3.3	4.3	5.3	6.3	7.3	8.3	9.4			
☽	14	26.7	9.9	23.6	7.6	22	6.6	21.3	6	20.5	4.8	18.9	2.8	16.4	29.7	12.9	25.9	8.7	21.4	3.8	16.1	28.1	10.1	21.9	3.7	15.5	27.4	9.5			
☿	29.5	1.1	2.7	4.3	5.9	7.6	9.2	10.9	12.5	14.2	15.9	17.6	19.4	21.1	22.9	24.6	26.4	28.2	0	1.9	3.7	5.6	7.4	9.3	11.2	13.1	15	16.9			
♀	28.7	29.7	0.6	1.5	2.4	3.3	4.2	5	5.9	6.7	7.5	8.3	9.1	9.9	10.7	11.4	12.2	12.9	13.6	14.2	14.9	15.5	16.1	16.7	17.3	17.8	18.3	18.8			
♂	28.7	29.5	0.2	1	1.7	2.5	3.2	4	4.7	5.5	6.2	7	7.7	8.5	9.2	10	10.7	11.5	12.2	12.9	13.7	14.4	15.2	15.9	16.6	17.4	18.1	18.9			

♃ 1 / 6 / 11 / 16 / 21 / 26: 28.7 29.9 1 2.1 3.2 4.3 — ♄ 1 / 6 / 11 / 16 / 21 / 26: 27.1 27.4 27.6 27.8 27.9 28 — ♅ 1 / 11 / 21: 16.9 17.3 17.6 — ♆ 1 / 11 / 21: 2.6 2.9 3.1 — ♇ 1 / 11 / 21: 4.7 4.7R 4.7

	1	2	3	4	5	6	7	8	9	10	11	12	13	14	15	16	17	18	19	20	21	22	23	24	25	26	27	28	29	30	31
☉	11.8	12.9	13.9	14.9	15.9	16.9	17.9	18.9	19.9	21	22	23	24	25	26	27	28	29	0.1	1.1	2.1	3.1	4.1	5.1	6.1	7.1	8.1	9.1			
☽	26.3	10.3	24.4	8.6	22.8	7.1	21.4	5.5	19.4	3.1	16.4	29.3	11.9	24.1	6.2	18	29.9	11.7	23.6	5.8	18.1	0.8	13.9	27.2	10.8	24.7	8.7	22.8			
☿	11.8	13.5	15.3	17	18.8	20.6	22.4	24.2	26	27.8	29.6	1.4	3.3	5.1	6.9	8.7	10.5	12.2	14	15.7	17.4	19	20.6	22.1	23.5	24.8	26.1	27.2			
♀	14.8	16.1	17.3	18.6	19.8	21.1	22.3	23.6	24.8	26.1	27.3	28.6	29.9	1.1	2.4	3.6	4.9	6.1	7.4	8.6	9.9	11.1	12.4	13.6	14.9	16.1	17.4	18.6			
♂	29.3	29.8	0.4	1	1.6	2.2	2.8	3.4	4	4.5	5.1	5.7	6.3	6.9	7.5	8	8.6	9.2	9.8	10.3	10.9	11.5	12	12.6	13.2	13.7	14.3	14.9			

♃ 1 / 6 / 11 / 16 / 21 / 26: 25.3 26.5 27.7 28.9 0.1 1.3 — ♄ 1 / 6 / 11 / 16 / 21 / 26: 8 8.3 8.6 8.9 9.1 9.3 — ♅ 1 / 11 / 21: 21.1 21.5 21.9 — ♆ 1 / 11 / 21: 4.7 5 5.3 — ♇ 1 / 11 / 21: 7.4 7.4R 7.3

III

	1	2	3	4	5	6	7	8	9	10	11	12	13	14	15	16	17	18	19	20	21	22	23	24	25	26	27	28	29	30	31
☉	10.4	11.4	12.4	13.4	14.4	15.4	16.4	17.4	18.4	19.4	20.4	21.4	22.4	23.4	24.4	25.4	26.4	27.3	28.3	29.3	0.3	1.3	2.3	3.3	4.3	5.3	6.3	7.3	8.3	9.2	10.2
☽	21.9	4.6	17.8	1.5	15.6	0.2	15.1	0.1	15.2	0.1	14.8	29.1	13.1	26.7	10	23	5.7	18.2	0.6	12.8	24.8	6.8	18.6	0.4	12.2	24	6	18.1	0.4	13.1	26.2
☿	18.8	20.7	22.6	24.5	26.4	28.2	0	1.8	3.5	5.2	6.8	8.3	9.8	11.2	12.4	13.6	14.7	15.6	16.5	17.1	17.7	18.2	18.5	18.6	18.7R	18.6	18.4	18	17.6	17.1	16.4
♀	19.3	19.7	20.1	20.5	20.8	21.1	21.4	21.6	21.8	22	22.1	22.2	22.3	22.3R	22.3	22.2	22.1	21.9	21.7	21.5	21.2	20.9	20.5	20.1	19.7	19.3	18.8	18.2	17.7	17.1	16.5
♂	19.6	20.3	21.1	21.8	22.5	23.3	24	24.7	25.5	26.2	26.9	27.7	28.4	29.1	29.9	0.6	1.3	2	2.8	3.5	4.2	4.9	5.7	6.4	7.1	7.8	8.5	9.3	10	10.7	11.4

♃ 1 / 6 / 11 / 16 / 21 / 26 / 31: 5 6 7 8 9 9.9 10.8 — ♄ 1 / 6 / 11 / 16 / 21 / 26 / 31: 28.1 28.1 28.1R 28.1 28 27.8 27.7 — ♅ 1 / 11 / 21 / 31: 17.8 17.9 18 18.0R — ♆ 1 / 11 / 21 / 31: 3.3 3.4 3.6 3.6 — ♇ 1 / 11 / 21 / 31: 4.6R 4.4 4.2 4

	1	2	3	4	5	6	7	8	9	10	11	12	13	14	15	16	17	18	19	20	21	22	23	24	25	26	27	28	29	30	31
☉	10.1	11.1	12.1	13.1	14.1	15.1	16.1	17.1	18.1	19.1	20.1	21.1	22.1	23.1	24.1	25.1	26.1	27.1	28.1	29.1	0.1	1.1	2.1	3.1	4.1	5	6	7	8	9	10
☽	7	21.2	5.4	19.5	3.5	17.5	1.3	15	28.4	11.7	24.6	7.3	19.8	2	14	25.9	7.7	19.5	1.5	13.6	26	8.7	21.8	5.3	19.1	3.3	17.8	2.4	17	1.6	16.1
☿	28.2	29.1	29.8	0.4	0.9	1.2	1.3	1.3R	1.1	0.8	0.4	29.8	29.2	28.4	27.6	26.7	25.7	24.8	23.9	23	22.1	21.3	20.6	19.9	19.3	18.9	18.5	18.2	18	17.9	18.0D
♀	19.9	21.1	22.4	23.6	24.9	26.1	27.3	28.6	29.8	1.1	2.3	3.6	4.8	6.1	7.3	8.5	9.8	11	12.3	13.5	14.7	16	17.2	18.5	19.7	20.9	22.2	23.4	24.7	25.9	27.1
♂	15.4	16	16.6	17.1	17.7	18.2	18.8	19.3	19.9	20.4	21	21.5	22.1	22.6	23.1	23.7	24.2	24.7	25.3	25.8	26.3	26.8	27.4	27.9	28.4	28.9	29.4	29.9	0.4	0.9	1.4

♃ 1 / 6 / 11 / 16 / 21 / 26 / 31: 2 3.2 4.4 5.6 6.7 7.9 9 — ♄ 1 / 6 / 11 / 16 / 21 / 26 / 31: 9.4 9.6 9.6 9.7 9.7R 9.7 9.6 — ♅ 1 / 11 / 21 / 31: 22.1 22.3 22.4 22.4R — ♆ 1 / 11 / 21 / 31: 5.4 5.6 5.7 5.8 — ♇ 1 / 11 / 21 / 31: 7.2R 7.1 6.9 6.7

IV

	1	2	3	4	5	6	7	8	9	10	11	12	13	14	15	16	17	18	19	20	21	22	23	24	25	26	27	28	29	30	31
☉	11.2	12.2	13.2	14.2	15.2	16.1	17.1	18.1	19.1	20.1	21.1	22	23	24	25	26	26.9	27.9	28.9	29.9	0.8	1.8	2.8	3.8	4.7	5.7	6.7	7.7	8.6	9.6	
☽	9.7	23.8	8.3	23.1	8.3	23.5	8.7	23.7	8.3	22.5	6.3	19.6	2.6	15.3	27.7	9.9	21.9	3.8	15.6	27.4	9.2	21.1	3	15	27.2	9.6	22.3	5.4	18.8	2.7	
☿	15.8R	15	14.2	13.4	12.6	11.8	11	10.3	9.6	9	8.4	7.9	7.5	7.2	6.9	6.8	6.7	6.8D	6.9	7.1	7.3	7.7	8.1	8.6	9.2	9.8	10.5	11.2	12	12.9	
♀	15.9R	15.3	14.7	14	13.4	12.8	12.2	11.6	11	10.4	9.9	9.4	8.9	8.4	8	7.6	7.3	7	6.7	6.5	6.3	6.2	6.1	6	6	6.0D	6.1	6.2	6.3	6.5	
♂	12.1	12.8	13.5	14.3	15	15.7	16.4	17.1	17.8	18.5	19.2	19.9	20.6	21.3	22	22.8	23.5	24.2	24.9	25.6	26.3	27	27.7	28.4	29.1	29.7	0.4	1.1	1.8	2.5	

♃ 1 / 6 / 11 / 16 / 21 / 26: 11 11.8 12.6 13.3 13.9 14.6 — ♄ 1 / 6 / 11 / 16 / 21 / 26: 27.6R 27.4 27.2 26.9 26.6 26.3 — ♅ 1 / 11 / 21: 18.0R 17.8 17.6 — ♆ 1 / 11 / 21: 3.6 3.6R 3.6 — ♇ 1 / 11 / 21: 4.0R 3.7 3.4

	1	2	3	4	5	6	7	8	9	10	11	12	13	14	15	16	17	18	19	20	21	22	23	24	25	26	27	28	29	30	31
☉	11	12	13	13.9	14.9	15.9	16.9	17.9	18.9	19.8	20.8	21.8	22.8	23.8	24.7	25.7	26.7	27.7	28.7	29.6	0.6	1.6	2.6	3.5	4.5	5.5	6.5	7.4	8.4	9.4	
☽	0.3	14.4	28.2	11.7	25	8.1	20.9	3.5	16	28.2	10.2	22.2	4	15.8	27.7	9.6	21.7	4.1	16.7	29.8	13.2	27.1	11.5	26.1	11	26.1	11.1	25.9	10.5	24.7	
☿	18.1	18.3	18.5	18.9	19.3	19.8	20.4	21.1	21.8	22.6	23.4	24.3	25.2	26.2	27.2	28.3	29.4	0.6	1.8	3	4.3	5.6	6.9	8.3	9.7	11.1	12.6	14.1	15.7	17.2	
♀	28.4	29.6	0.8	2.1	3.3	4.5	5.8	7	8.2	9.4	10.7	11.9	13.1	14.4	15.6	16.8	18	19.3	20.5	21.7	22.9	24.2	25.4	26.6	27.8	29	0.3	1.5	2.7	3.9	
♂	1.9	2.4	2.9	3.4	3.9	4.4	4.8	5.3	5.8	6.3	6.7	7.2	7.6	8.1	8.5	9	9.4	9.9	10.3	10.7	11.1	11.6	12	12.4	12.8	13.2	13.6	14	14.3	14.7	

♃ 1 / 6 / 11 / 16 / 21 / 26: 9.2 10.3 11.4 12.4 13.4 14.4 — ♄ 1 / 6 / 11 / 16 / 21 / 26: 9.6R 9.4 9.3 9.1 8.8 8.6 — ♅ 1 / 11 / 21: 22.4R 22.3 22.1 — ♆ 1 / 11 / 21: 5.8 5.8R 5.8 — ♇ 1 / 11 / 21: 6.7R 6.4 6.1

V

	1	2	3	4	5	6	7	8	9	10	11	12	13	14	15	16	17	18	19	20	21	22	23	24	25	26	27	28	29	30	31
☉	10.6	11.5	12.5	13.5	14.5	15.4	16.4	17.4	18.3	19.3	20.3	21.2	22.2	23.2	24.1	25.1	26	27	28	28.9	29.9	0.9	1.8	2.8	3.7	4.7	5.7	6.6	7.6	8.5	9.5
☽	17	1.6	16.6	1.7	16.9	1.9	16.7	1.1	15	28.5	11.6	24.3	6.7	18.8	0.8	12.6	24.4	6.2	18	30	12.1	24.3	6.7	19.3	2.2	15.4	28.8	12.5	26.6	11	25.6
☿	13.8	14.8	15.8	16.9	18	19.2	20.4	21.6	22.9	24.2	25.6	27	28.4	29.9	1.4	2.9	4.5	6.1	7.8	9.5	11.2	13	14.8	16.6	18.5	20.4	22.3	24.3	26.3	28.3	0.4
♀	6.7	6.9	7.2	7.5	7.8	8.2	8.6	9	9.5	9.9	10.4	11	11.5	12.1	12.7	13.3	13.9	14.6	15.2	15.9	16.6	17.3	18.1	18.8	19.6	20.4	21.1	21.9	22.8	23.6	24.4
♂	3.2	3.9	4.6	5.3	6	6.7	7.4	8	8.7	9.4	10.1	10.8	11.5	12.2	12.8	13.5	14.2	14.9	15.6	16.3	16.9	17.6	18.3	19	19.6	20.3	21	21.7	22.3	23	23.7

♃ 1 / 6 / 11 / 16 / 21 / 26 / 31: 15.1 15.6 16 16.4 16.6 16.8 16.9 — ♄ 1 / 6 / 11 / 16 / 21 / 26 / 31: 25.9R 25.6 25.2 24.8 24.4 24.1 23.7 — ♅ 1 / 11 / 21 / 31: 17.4R 17 16.7 16.3 — ♆ 1 / 11 / 21 / 31: 3.4R 3.3 3.1 2.9 — ♇ 1 / 11 / 21 / 31: 3.2R 2.9 2.6 2.4

	1	2	3	4	5	6	7	8	9	10	11	12	13	14	15	16	17	18	19	20	21	22	23	24	25	26	27	28	29	30	31
☉	10.3	11.3	12.3	13.3	14.2	15.2	16.2	17.1	18.1	19.1	20	21	22	22.9	23.9	24.9	25.8	26.8	27.7	28.7	29.7	0.6	1.6	2.6	3.5	4.5	5.4	6.4	7.4	8.3	9.3
☽	8.5	22	5.1	18	0.5	12.8	25	7	18.9	0.8	12.6	24.4	6.3	18.3	0.4	12.7	25.3	8.3	21.6	5.4	19.6	4.3	19.3	4.5	19.7	4.8	19.7	4.2	18.2	1.7	14.8
☿	18.8	20.5	22.1	23.8	25.5	27.3	29.1	0.9	2.7	4.6	6.5	8.5	10.4	12.4	14.5	16.5	18.6	20.7	22.8	25	27.2	29.3	1.5	3.7	5.9	8.1	10.3	12.5	14.6	16.7	18.9
♀	5.1	6.3	7.6	8.8	10	11.2	12.4	13.6	14.8	16.1	17.3	18.5	19.7	20.9	22.1	23.3	24.5	25.7	26.9	28.1	29.3	0.5	1.7	2.9	4.1	5.3	6.5	7.7	8.9	10.1	11.3
♂	15.1	15.5	15.8	16.2	16.5	16.8	17.2	17.5	17.8	18.1	18.4	18.7	19	19.3	19.6	19.8	20.1	20.3	20.6	20.8	21	21.2	21.4	21.6	21.8	21.9	22.1	22.2	22.4	22.5	22.6

♃ 1 / 6 / 11 / 16 / 21 / 26 / 31: 15.4 16.3 17.1 17.9 18.7 19.4 20.1 — ♄ 1 / 6 / 11 / 16 / 21 / 26 / 31: 8.3R 8 7.6 7.3 6.9 6.6 6.2 — ♅ 1 / 11 / 21 / 31: 21.9R 21.6 21.2 20.8 — ♆ 1 / 11 / 21 / 31: 5.7R 5.5 5.3 5.1 — ♇ 1 / 11 / 21 / 31: 5.8R 5.6 5.3 5.1

VI

	1	2	3	4	5	6	7	8	9	10	11	12	13	14	15	16	17	18	19	20	21	22	23	24	25	26	27	28	29	30	31
☉	10.5	11.4	12.4	13.3	14.3	15.2	16.2	17.2	18.1	19.1	20	21	21.9	22.9	23.9	24.8	25.8	26.7	27.7	28.6	29.6	0.5	1.5	2.4	3.4	4.4	5.3	6.3	7.2	8.2	
☽	10.4	25.3	10.1	24.8	9.2	23.2	6.8	20	2.7	15.2	27.3	9.2	21.1	2.8	14.7	26.6	8.7	21	3.5	16.2	29.2	12.3	25.7	9.3	23.1	7.1	21.3	5.6	20	4.5	
☿	2.5	4.6	6.7	8.9	11.1	13.3	15.5	17.7	19.9	22.1	24.3	26.4	28.6	0.7	2.8	4.9	6.9	8.9	10.9	12.9	14.8	16.7	18.5	20.3	22.1	23.8	25.5	27.1	28.7	0.3	
♀	25.3	26.1	27	27.9	28.8	29.7	0.6	1.5	2.4	3.4	4.3	5.2	6.2	7.2	8.1	9.1	10.1	11.1	12.1	13.1	14.1	15.1	16.1	17.1	18.1	19.1	20.2	21.2	22.3	23.3	
♂	24.4	25	25.7	26.4	27	27.7	28.4	29.1	29.7	0.4	1.1	1.7	2.4	3.1	3.7	4.4	5	5.7	6.4	7	7.7	8.4	9	9.7	10.3	11	11.6	12.3	13	13.6	

♃ 1 / 6 / 11 / 16 / 21 / 26: 16.9 17.0R 16.9 16.8 16.6 16.3 — ♄ 1 / 6 / 11 / 16 / 21 / 26: 23.6R 23.3 23 22.7 22.4 22.2 — ♅ 1 / 11 / 21: 16.2R 15.8 15.4 — ♆ 1 / 11 / 21: 2.8R 2.6 2.3 — ♇ 1 / 11 / 21: 2.4R 2.2 2.1

	1	2	3	4	5	6	7	8	9	10	11	12	13	14	15	16	17	18	19	20	21	22	23	24	25	26	27	28	29	30	31
☉	10.2	11.2	12.1	13.1	14.1	15	16	16.9	17.9	18.8	19.8	20.8	21.7	22.7	23.6	24.6	25.5	26.5	27.4	28.4	29.4	0.3	1.3	2.2	3.2	4.1	5.1	6	7	7.9	
☽	27.5	9.9	22.1	4.1	16	27.8	9.6	21.5	3.3	15.3	27.4	9.6	22	4.6	17.5	0.8	14.4	28.4	12.9	27.7	12.8	28.1	13.3	28.2	12.8	27	10.6	23.8	6.5	18.9	
☿	20.9	23	25	27	28.9	0.8	2.6	4.5	6.2	8	9.7	11.3	12.9	14.4	16	17.4	18.8	20.2	21.5	22.8	24.1	25.2	26.4	27.5	28.5	29.5	0.4	1.2	2	2.8	
♀	12.5	13.7	14.9	16.1	17.3	18.4	19.6	20.8	22	23.2	24.4	25.5	26.7	27.9	29.1	0.3	1.4	2.6	3.8	5	6.1	7.3	8.5	9.6	10.8	12	13.1	14.3	15.4	16.6	
♂	22.7	22.8	22.9	23	23	23.1	23.1	23.1	23.1	23.1R	23.1	23.1	23	23	22.9	22.8	22.7	22.6	22.5	22.4	22.2	22.1	21.9	21.7	21.5	21.3	21.1	20.9	20.7	20.4	

♃ 1 / 6 / 11 / 16 / 21 / 26: 20.2 20.8 21.3 21.7 22.1 22.4 — ♄ 1 / 6 / 11 / 16 / 21 / 26: 6.1R 5.7 5.4 5 4.7 4.4 — ♅ 1 / 11 / 21: 20.8R 20.4 20 — ♆ 1 / 11 / 21: 5.1R 4.8 4.6 — ♇ 1 / 11 / 21: 5.1R 4.9 4.7

VII

	1	2	3	4	5	6	7	8	9	10	11	12	13	14	15	16	17	18	19	20	21	22	23	24	25	26	27	28	29	30	31
☉	9.1	10.1	11	12	12.9	13.9	14.8	15.8	16.7	17.7	18.7	19.6	20.6	21.5	22.5	23.4	24.4	25.3	26.3	27.2	28.2	29.1	0.1	1.1	2	3	3.9	4.9	5.8	6.8	7.7
☽	19	3.3	17.5	1.4	14.9	28	10.8	23.2	5.4	17.3	29.1	10.9	22.8	4.8	17	29.5	12.3	25.3	8.7	22.3	6	20	4	18.1	2.2	16.3	0.5	14.6	28.6	12.6	26.3
☿	1.8	3.3	4.8	6.2	7.6	8.9	10.2	11.5	12.7	13.9	15	16.1	17.1	18.1	19	19.9	20.7	21.4	22.1	22.8	23.3	23.9	24.3	24.7	24.9	25.1	25.3	25.3	25.3R	25.2	24.9
♀	24.4	25.4	26.5	27.5	28.6	29.7	0.7	1.8	2.9	4	5	6.1	7.2	8.3	9.4	10.5	11.6	12.7	13.8	14.9	16	17.2	18.3	19.4	20.5	21.6	22.8	23.9	25	26.2	27.3
♂	14.3	14.9	15.6	16.2	16.9	17.6	18.2	18.9	19.5	20.2	20.8	21.5	22.1	22.8	23.4	24.1	24.7	25.4	26	26.7	27.3	28	28.6	29.3	29.9	0.6	1.2	1.8	2.5	3.1	3.8

♃ 1 / 6 / 11 / 16 / 21 / 26 / 31: 15.9R 15.5 15 14.5 13.9 13.3 12.6 — ♄ 1 / 6 / 11 / 16 / 21 / 26 / 31: 22.0R 21.8 21.6 21.5 21.5 21.5D 21.5 — ♅ 1 / 11 / 21 / 31: 15.0R 14.7 14.4 14.2 — ♆ 1 / 11 / 21 / 31: 2.0R 1.8 1.5 1.3 — ♇ 1 / 11 / 21 / 31: 2.0R 1.9 2.0D 2

	1	2	3	4	5	6	7	8	9	10	11	12	13	14	15	16	17	18	19	20	21	22	23	24	25	26	27	28	29	30	31
☉	8.9	9.8	10.8	11.7	12.7	13.7	14.6	15.6	16.5	17.5	18.4	19.4	20.3	21.3	22.2	23.2	24.1	25.1	26.1	27	28	28.9	29.9	0.8	1.8	2.7	3.7	4.6	5.6	6.6	7.5
☽	1	13	24.8	6.6	18.4	0.3	12.3	24.4	6.7	19.1	1.7	14.4	27.4	10.7	24.3	8.2	22.4	7	21.8	6.8	21.7	6.6	21.1	5.3	18.9	2.1	14.9	27.3	9.5	21.4	3.3
☿	3.5	4.1	4.6	5.1	5.5	5.8	6.1	6.3	6.4	6.4R	6.4	6.2	6	5.7	5.4	5	4.5	3.9	3.3	2.7	2	1.3	0.6	29.9	29.3	28.6	28	27.4	27	26.5	26.2
♀	17.8	18.9	20.1	21.2	22.4	23.5	24.7	25.8	27	28.1	29.2	0.4	1.5	2.6	3.8	4.9	6	7.1	8.3	9.4	10.5	11.6	12.7	13.8	15	16.1	17.2	18.3	19.4	20.5	21.5
♂	20.2R	20	19.7	19.4	19.2	18.9	18.6	18.3	18	17.7	17.5	17.2	16.9	16.6	16.3	16	15.7	15.4	15.2	14.9	14.6	14.4	14.1	13.9	13.7	13.4	13.2	13	12.8	12.6	12.5

♃ 1 / 6 / 11 / 16 / 21 / 26 / 31: 22.6 22.8 22.9 22.8R 22.7 22.6 22.3 — ♄ 1 / 6 / 11 / 16 / 21 / 26 / 31: 4.1R 3.9 3.6 3.5 3.3 3.2 3.1 — ♅ 1 / 11 / 21 / 31: 19.6R 19.2 18.9 18.7 — ♆ 1 / 11 / 21 / 31: 4.3R 4 3.8 3.6 — ♇ 1 / 11 / 21 / 31: 4.6R 4.5 4.6D 4.6

VIII

	1	2	3	4	5	6	7	8	9	10	11	12	13	14	15	16	17	18	19	20	21	22	23	24	25	26	27	28	29	30	31
☉	8.7	9.7	10.6	11.6	12.5	13.5	14.4	15.4	16.4	17.3	18.3	19.2	20.2	21.2	22.1	23.1	24	25	26	26.9	27.9	28.9	29.8	0.8	1.8	2.7	3.7	4.6	5.6	6.6	7.5
☽	9.9	23.2	6.1	18.8	1.2	13.3	25.2	7	18.8	0.7	12.8	25.1	7.7	20.6	3.9	17.6	1.6	15.8	0.2	14.5	28.9	13.1	27.3	11.3	25.2	8.9	22.4	5.8	19	1.9	14.6
☿	24.6R	24.3	23.8	23.3	22.7	22	21.3	20.5	19.8	18.9	18.1	17.4	16.6	15.9	15.2	14.6	14.1	13.7	13.4	13.3	13.2D	13.3	13.5	13.8	14.3	14.9	15.6	16.4	17.4	18.5	19.6
♀	28.4	29.6	0.7	1.9	3	4.2	5.3	6.5	7.6	8.8	9.9	11.1	12.2	13.4	14.6	15.7	16.9	18.1	19.2	20.4	21.6	22.8	23.9	25.1	26.3	27.5	28.6	29.8	1	2.2	3.4
♂	4.4	5.1	5.7	6.4	7	7.6	8.3	8.9	9.6	10.2	10.8	11.5	12.1	12.8	13.4	14.1	14.7	15.3	16	16.6	17.2	17.9	18.5	19.2	19.8	20.4	21.1	21.7	22.3	23	23.6

♃ 1 / 6 / 11 / 16 / 21 / 26 / 31: 12.5R 11.8 11.2 10.6 10 9.4 8.9 — ♄ 1 / 6 / 11 / 16 / 21 / 26 / 31: 21.5 21.6 21.7 21.8 22 22.3 22.5 — ♅ 1 / 11 / 21 / 31: 14.2R 14 14 14.0D — ♆ 1 / 11 / 21 / 31: 1.3R 1.1 1 0.9 — ♇ 1 / 11 / 21 / 31: 2 2.2 2.4 2.6

	1	2	3	4	5	6	7	8	9	10	11	12	13	14	15	16	17	18	19	20	21	22	23	24	25	26	27	28	29	30	31
☉	8.5	9.4	10.4	11.3	12.3	13.3	14.2	15.2	16.1	17.1	18.1	19	20	20.9	21.9	22.9	23.8	24.8	25.7	26.7	27.7	28.6	29.6	0.6	1.5	2.5	3.4	4.4	5.4	6.3	7.3
☽	15.1	27	9	21.1	3.4	15.9	28.5	11.4	24.4	7.7	21.1	4.8	18.7	2.8	17.1	1.6	16.2	0.8	15.2	29.5	13.4	27	10.1	22.9	5.3	17.5	29.5	11.4	23.2	5.1	17.2
☿	25.9R	25.8	25.7	25.8D	25.9	26.2	26.6	27.1	27.7	28.4	29.2	0.1	1.1	2.3	3.5	4.8	6.2	7.7	9.3	10.9	12.6	14.4	16.2	18.1	20	21.9	23.8	25.8	27.8	29.7	1.7
♀	22.6	23.7	24.8	25.9	26.9	28	29.1	0.1	1.2	2.3	3.3	4.4	5.4	6.4	7.5	8.5	9.5	10.6	11.6	12.6	13.6	14.6	15.6	16.6	17.5	18.5	19.5	20.4	21.4	22.3	23.3
♂	12.3R	12.2	12	11.9	11.8	11.7	11.6	11.6	11.5	11.5	11.4	11.4	11.4D	11.4	11.5	11.5	11.6	11.6	11.7	11.8	11.9	12.1	12.2	12.4	12.5	12.7	12.9	13.1	13.3	13.5	13.8

♃ 1 / 6 / 11 / 16 / 21 / 26 / 31: 22.3R 21.9 21.5 21 20.5 19.9 19.3 — ♄ 1 / 6 / 11 / 16 / 21 / 26 / 31: 3.1R 3.1 3.1D 3.1 3.2 3.4 3.5 — ♅ 1 / 11 / 21 / 31: 18.6R 18.5 18.4 18.4D — ♆ 1 / 11 / 21 / 31: 3.5R 3.4 3.2 3.1 — ♇ 1 / 11 / 21 / 31: 4.6 4.7 4.9 5.2

IX

	1	2	3	4	5	6	7	8	9	10	11	12	13	14	15	16	17	18	19	20	21	22	23	24	25	26	27	28	29	30	31
☉	8.5	9.5	10.4	11.4	12.4	13.4	14.3	15.3	16.3	17.2	18.2	19.2	20.2	21.1	22.1	23.1	24.1	25	26	27	28	28.9	29.9	0.9	1.9	2.9	3.8	4.8	5.8	6.8	
☽	27.1	9.3	21.3	3.2	15	26.8	8.7	20.7	3	15.6	28.6	12.1	25.9	10.2	24.7	9.5	24.3	9	23.6	7.9	22	5.8	19.3	2.6	15.7	28.5	11.1	23.5	5.7	17.8	
☿	20.9	22.3	23.8	25.3	26.9	28.6	0.3	2.1	3.9	5.8	7.6	9.5	11.4	13.3	15.2	17.1	19	20.8	22.7	24.6	26.4	28.3	0.1	1.9	3.7	5.4	7.2	9	10.7	12.4	
♀	4.6	5.8	7	8.2	9.4	10.6	11.8	12.9	14.1	15.4	16.6	17.8	19	20.2	21.4	22.6	23.8	25	26.2	27.4	28.7	29.9	1.1	2.3	3.5	4.7	6	7.2	8.4	9.6	
♂	24.3	24.9	25.5	26.2	26.8	27.4	28.1	28.7	29.3	30	0.6	1.2	1.9	2.5	3.1	3.8	4.4	5	5.7	6.3	6.9	7.6	8.2	8.8	9.5	10.1	10.7	11.4	12	12.6	

♃ 1 / 6 / 11 / 16 / 21 / 26: 8.8R 8.3 7.9 7.6 7.4 7.2 — ♄ 1 / 6 / 11 / 16 / 21 / 26: 22.6 22.9 23.2 23.6 24 24.4 — ♅ 1 / 11 / 21: 14 14.1 14.3 — ♆ 1 / 11 / 21: 0.9R 0.9 0.9D — ♇ 1 / 11 / 21: 2.6 2.9 3.3

	1	2	3	4	5	6	7	8	9	10	11	12	13	14	15	16	17	18	19	20	21	22	23	24	25	26	27	28	29	30	31
☉	8.3	9.2	10.2	11.2	12.2	13.1	14.1	15.1	16	17	18	19	19.9	20.9	21.9	22.8	23.8	24.8	25.8	26.7	27.7	28.7	29.7	0.7	1.6	2.6	3.6	4.6	5.6	6.5	
☽	29.4	11.9	24.6	7.5	20.7	4.2	17.8	1.6	15.5	29.6	13.7	27.9	12.2	26.4	10.5	24.5	8.3	21.9	5.2	18.1	0.8	13.2	25.4	7.4	19.2	1.1	13	25.1	7.3	19.9	
☿	3.7	5.6	7.6	9.5	11.5	13.4	15.3	17.2	19	20.9	22.7	24.5	26.3	28.1	29.8	1.6	3.3	5	6.7	8.3	10	11.6	13.2	14.8	16.4	18	19.5	21.1	22.6	24.1	
♀	24.2	25.1	26.1	27	27.9	28.8	29.6	0.5	1.4	2.2	3	3.9	4.7	5.5	6.3	7	7.8	8.5	9.3	10	10.7	11.4	12	12.7	13.3	13.9	14.5	15.1	15.6	16.1	
♂	14	14.3	14.5	14.8	15.1	15.4	15.7	16	16.4	16.7	17.1	17.4	17.8	18.2	18.6	19	19.4	19.8	20.2	20.6	21.1	21.5	21.9	22.4	22.9	23.3	23.8	24.3	24.8	25.3	

♃ 1 / 6 / 11 / 16 / 21 / 26: 19.2R 18.5 17.8 17.2 16.5 15.9 — ♄ 1 / 6 / 11 / 16 / 21 / 26: 3.6 3.8 4 4.3 4.6 5 — ♅ 1 / 11 / 21: 18.4 18.4 18.6 — ♆ 1 / 11 / 21: 3.1R 3 3.1D — ♇ 1 / 11 / 21: 5.2 5.5 5.8

X

	1	2	3	4	5	6	7	8	9	10	11	12	13	14	15	16	17	18	19	20	21	22	23	24	25	26	27	28	29	30	31
☉	7.8	8.8	9.7	10.7	11.7	12.7	13.7	14.7	15.7	16.6	17.6	18.6	19.6	20.6	21.6	22.6	23.6	24.6	25.6	26.6	27.5	28.5	29.5	0.5	1.5	2.5	3.5	4.5	5.5	6.5	7.5
☽	29.7	11.5	23.3	5.1	17	29	11.2	23.8	6.8	20.1	4	18.3	2.9	17.9	3	18.1	3	17.7	2	15.9	29.5	12.7	25.5	8.1	20.5	2.6	14.6	26.5	8.4	20.2	2
☿	14.1	15.8	17.5	19.1	20.8	22.4	24	25.6	27.2	28.8	0.4	1.9	3.4	5	6.5	8	9.5	11	12.5	13.9	15.4	16.8	18.2	19.7	21.1	22.4	23.8	25.2	26.5	27.8	29.1
♀	10.9	12.1	13.3	14.5	15.8	17	18.2	19.5	20.7	21.9	23.2	24.4	25.6	26.9	28.1	29.3	0.6	1.8	3.1	4.3	5.5	6.8	8	9.3	10.5	11.8	13	14.2	15.5	16.7	18
♂	13.3	13.9	14.5	15.1	15.8	16.4	17	17.7	18.3	18.9	19.6	20.2	20.8	21.4	22.1	22.7	23.3	24	24.6	25.2	25.8	26.5	27.1	27.7	28.4	29	29.6	0.2	0.9	1.5	2.1

♃ 1 / 6 / 11 / 16 / 21 / 26 / 31: 7.1R 7.1D 7.2 7.4 7.6 8 8.4 — ♄ 1 / 6 / 11 / 16 / 21 / 26 / 31: 24.9 25.3 25.8 26.4 26.9 27.4 28 — ♅ 1 / 11 / 21 / 31: 14.6 15 15.4 15.9 — ♆ 1 / 11 / 21 / 31: 0.9 1.1 1.3 1.5 — ♇ 1 / 11 / 21 / 31: 3.6 4 4.4 4.8

	1	2	3	4	5	6	7	8	9	10	11	12	13	14	15	16	17	18	19	20	21	22	23	24	25	26	27	28	29	30	31
☉	7.5	8.5	9.5	10.5	11.5	12.5	13.4	14.4	15.4	16.4	17.4	18.4	19.4	20.4	21.3	22.3	23.3	24.3	25.3	26.3	27.3	28.3	29.3	0.3	1.3	2.3	3.3	4.3	5.3	6.3	7.3
☽	2.7	15.9	29.4	13.2	27.3	11.5	25.9	10.3	24.7	9	23.1	7.1	20.9	4.5	17.8	1	13.9	26.6	9	21.3	3.4	15.3	27.2	9.1	21	3	15.2	27.7	10.5	23.8	7.4
☿	25.6	27.1	28.5	30	1.4	2.8	4.2	5.6	7	8.3	9.7	11	12.3	13.5	14.8	16	17.2	18.3	19.5	20.5	21.6	22.6	23.6	24.5	25.3	26.1	26.8	27.5	28	28.5	28.8
♀	16.6	17.1	17.5	17.9	18.3	18.7	19	19.3	19.5	19.8	20	20.1	20.2	20.3	20.4	20.4R	20.4	20.3	20.2	20	19.8	19.6	19.3	19	18.7	18.3	17.9	17.4	16.9	16.4	15.9
♂	25.8	26.3	26.8	27.3	27.8	28.4	28.9	29.4	30	0.5	1.1	1.6	2.2	2.8	3.3	3.9	4.5	5.1	5.7	6.2	6.8	7.4	8	8.6	9.2	9.9	10.5	11.1	11.7	12.3	12.9

♃ 1 / 6 / 11 / 16 / 21 / 26 / 31: 15.3R 14.8 14.3 13.9 13.5 13.3 13.1 — ♄ 1 / 6 / 11 / 16 / 21 / 26 / 31: 5.4 5.8 6.2 6.7 7.2 7.7 8.2 — ♅ 1 / 11 / 21 / 31: 18.9 19.2 19.6 20 — ♆ 1 / 11 / 21 / 31: 3.1 3.2 3.4 3.6 — ♇ 1 / 11 / 21 / 31: 6.1 6.5 6.9 7.3

XI

	1	2	3	4	5	6	7	8	9	10	11	12	13	14	15	16	17	18	19	20	21	22	23	24	25	26	27	28	29	30	31
☉	8.5	9.5	10.5	11.5	12.5	13.5	14.5	15.5	16.5	17.5	18.5	19.6	20.6	21.6	22.6	23.6	24.6	25.6	26.6	27.6	28.6	29.6	0.6	1.7	2.7	3.7	4.7	5.7	6.7	7.7	
☽	13.8	25.7	7.8	20.1	2.6	15.5	28.7	12.4	26.5	11	25.9	11	26.3	11.4	26.4	11	25.1	8.8	22.1	4.9	17.4	29.6	11.7	23.5	5.3	17.1	28.9	10.8	22.8	4.9	
☿	0.4	1.7	2.9	4.1	5.2	6.4	7.5	8.5	9.5	10.5	11.3	12.1	12.9	13.5	14.1	14.5	14.8	15	15.0R	14.9	14.6	14.1	13.4	12.6	11.6	10.5	9.2	7.9	6.5	5.1	
♀	19.2	20.5	21.7	23	24.2	25.5	26.7	28	29.2	0.5	1.7	3	4.2	5.5	6.7	8	9.2	10.5	11.8	13	14.3	15.5	16.8	18	19.3	20.5	21.8	23.1	24.3	25.6	
♂	2.7	3.4	4	4.6	5.3	5.9	6.5	7.1	7.8	8.4	9	9.6	10.3	10.9	11.5	12.1	12.8	13.4	14	14.6	15.2	15.9	16.5	17.1	17.7	18.4	19	19.6	20.2	20.8	

♃ 1 / 6 / 11 / 16 / 21 / 26: 8.4 8.9 9.5 10.1 10.8 11.5 — ♄ 1 / 6 / 11 / 16 / 21 / 26: 28.1 28.7 29.3 29.9 0.5 1.1 — ♅ 1 / 11 / 21: 15.9 16.5 17 — ♆ 1 / 11 / 21: 1.5 1.8 2.1 — ♇ 1 / 11 / 21: 4.8 5.3 5.6

	1	2	3	4	5	6	7	8	9	10	11	12	13	14	15	16	17	18	19	20	21	22	23	24	25	26	27	28	29	30	31
☉	8.3	9.3	10.3	11.3	12.3	13.3	14.3	15.3	16.3	17.3	18.3	19.3	20.3	21.3	22.3	23.3	24.3	25.4	26.4	27.4	28.4	29.4	0.4	1.4	2.4	3.4	4.4	5.5	6.5	7.5	
☽	21.4	5.8	20.5	5.4	20.2	5	19.6	3.8	17.8	1.4	14.7	27.7	10.5	23.1	5.4	17.7	29.8	11.8	23.7	5.5	17.4	29.3	11.3	23.4	5.8	18.6	1.7	15.2	29.3	13.8	
☿	29.1	29.2	29.1R	29	28.6	28.1	27.5	26.6	25.7	24.6	23.4	22.1	20.7	19.4	18.1	16.9	15.8	14.9	14.2	13.6	13.3	13.1	13.1D	13.3	13.7	14.2	14.8	15.6	16.5	17.4	
♀	15.3R	14.8	14.2	13.6	13	12.3	11.7	11.1	10.5	10	9.4	8.9	8.4	7.9	7.4	7	6.6	6.3	5.9	5.7	5.4	5.2	5.1	5	4.9	4.9	4.9D	5	5.1	5.2	
♂	13.6	14.2	14.8	15.5	16.1	16.7	17.4	18	18.7	19.3	20	20.6	21.3	21.9	22.6	23.3	23.9	24.6	25.2	25.9	26.6	27.2	27.9	28.6	29.3	29.9	0.6	1.3	2	2.6	

♃ 1 / 6 / 11 / 16 / 21 / 26: 13.1R 13 13.0D 13.1 13.2 13.5 — ♄ 1 / 6 / 11 / 16 / 21 / 26: 8.3 8.9 9.4 10 10.6 11.2 — ♅ 1 / 11 / 21: 20.1 20.6 21.1 — ♆ 1 / 11 / 21: 3.6 3.9 4.2 — ♇ 1 / 11 / 21: 7.3 7.7 8.1

XII

	1	2	3	4	5	6	7	8	9	10	11	12	13	14	15	16	17	18	19	20	21	22	23	24	25	26	27	28	29	30	31
☉	8.7	9.8	10.8	11.8	12.8	13.8	14.8	15.8	16.9	17.9	18.9	19.9	20.9	21.9	23	24	25	26	27	28.1	29.1	0.1	1.1	2.1	3.1	4.2	5.2	6.2	7.2	8.2	9.3
☽	17.1	29.5	12.1	25	8.1	21.6	5.5	19.7	4.3	19.2	4.3	19.4	4.3	19.1	3.4	17.2	0.6	13.6	26.1	8.3	20.3	2.1	13.9	25.7	7.5	19.5	1.7	14	26.5	9.1	22
☿	3.8R	2.6	1.5	0.6	29.9	29.3	29	28.8	28.8D	29	29.3	29.8	0.3	1	1.8	2.7	3.7	4.7	5.8	6.9	8.1	9.3	10.6	11.9	13.2	14.5	15.9	17.2	18.6	20	21.5
♀	26.8	28.1	29.3	0.6	1.8	3.1	4.4	5.6	6.9	8.1	9.4	10.7	11.9	13.2	14.4	15.7	16.9	18.2	19.5	20.7	22	23.2	24.5	25.8	27	28.3	29.5	0.8	2	3.3	4.6
♂	21.5	22.1	22.7	23.3	23.9	24.6	25.2	25.8	26.4	27	27.7	28.3	28.9	29.5	0.1	0.8	1.4	2	2.6	3.2	3.8	4.4	5.1	5.7	6.3	6.9	7.5	8.1	8.7	9.4	10

♃ 1 / 6 / 11 / 16 / 21 / 26 / 31: 12.3 13.2 14.1 15 16 17 18.1 — ♄ 1 / 6 / 11 / 16 / 21 / 26 / 31: 1.7 2.3 2.8 3.4 4 4.5 5.1 — ♅ 1 / 11 / 21 / 31: 17.6 18.2 18.9 19.4 — ♆ 1 / 11 / 21 / 31: 2.4 2.8 3.2 3.6 — ♇ 1 / 11 / 21 / 31: 6 6.3 6.6 6.9

	1	2	3	4	5	6	7	8	9	10	11	12	13	14	15	16	17	18	19	20	21	22	23	24	25	26	27	28	29	30	31
☉	8.5	9.5	10.5	11.5	12.6	13.6	14.6	15.6	16.6	17.6	18.6	19.7	20.7	21.7	22.7	23.7	24.8	25.8	26.8	27.8	28.8	29.8	0.9	1.9	2.9	3.9	4.9	6	7	8	9
☽	28.6	13.8	29.1	14.2	29.1	13.7	27.8	11.5	24.7	7.6	20.1	2.5	14.6	26.7	8.6	20.5	2.4	14.3	26.2	8.1	20.1	2.3	14.6	27.3	10.2	23.6	7.5	21.8	6.6	21.8	7.1
☿	18.4	19.6	20.7	21.9	23.2	24.5	25.8	27.2	28.6	30	1.4	2.8	4.3	5.8	7.2	8.7	10.2	11.7	13.2	14.7	16.2	17.8	19.3	20.8	22.3	23.9	25.4	27	28.5	0.1	1.6
♀	5.4	5.6	5.8	6.1	6.4	6.8	7.1	7.5	8	8.4	8.9	9.5	10	10.6	11.2	11.8	12.4	13.1	13.7	14.4	15.2	15.9	16.7	17.4	18.2	19	19.8	20.6	21.5	22.3	23.2
♂	3.3	4	4.7	5.4	6	6.7	7.4	8.1	8.8	9.5	10.2	10.9	11.5	12.2	12.9	13.6	14.3	15	15.7	16.4	17.1	17.8	18.5	19.2	19.9	20.6	21.3	22	22.7	23.4	24.1

♃ 1 / 6 / 11 / 16 / 21 / 26 / 31: 13.8 14.2 14.7 15.3 15.9 16.6 17.4 — ♄ 1 / 6 / 11 / 16 / 21 / 26 / 31: 11.8 12.4 13 13.6 14.1 14.7 15.3 — ♅ 1 / 11 / 21 / 31: 21.7 22.3 22.9 23.5 — ♆ 1 / 11 / 21 / 31: 4.6 4.9 5.3 5.7 — ♇ 1 / 11 / 21 / 31: 8.5 8.9 9.2 9.4

I

	1	2	3	4	5	6	7	8	9	10	11	12	13	14	15	16	17	18	19	20	21	22	23	24	25	26	27	28	29	30	31
☉	10	11	12.1	13.1	14.1	15.1	16.1	17.2	18.2	19.2	20.2	21.2	22.3	23.3	24.3	25.3	26.3	27.4	28.4	29.4	0.4	1.4	2.4	3.5	4.5	5.5	6.5	7.5	8.5	9.6	10.6
☽	22.4	7.6	22.4	6.7	20.6	3.9	16.8	29.4	11.6	23.7	5.6	17.5	29.3	11.2	23.1	5.1	17.2	29.4	11.7	24.1	6.8	19.8	3.1	16.7	0.8	15.3	0.2	15.3	0.4	15.5	0.4
☿	3.2	4.8	6.3	7.9	9.5	11.1	12.7	14.3	15.9	17.5	19.2	20.8	22.4	24.1	25.8	27.4	29.1	0.8	2.5	4.2	5.9	7.6	9.3	11	12.8	14.5	16.2	18	19.7	21.4	23.1
♀	24.1	25	25.9	26.8	27.7	28.7	29.6	0.6	1.5	2.5	3.5	4.4	5.4	6.4	7.4	8.5	9.5	10.5	11.5	12.6	13.6	14.7	15.7	16.8	17.9	18.9	20	21.1	22.2	23.3	24.4
♂	24.8	25.4	26.1	26.8	27.5	28.2	28.9	29.6	0.3	1	1.7	2.4	3.1	3.8	4.5	5.2	5.9	6.6	7.3	8	8.7	9.4	10.1	10.8	11.5	12.2	12.9	13.6	14.3	15	15.7

♃ 1 6 11 16 21 26 31: 17.5 18.3 19.2 20.1 21.1 22.1 23.1 — ♄ 1 6 11 16 21 26 31: 15.4 15.9 16.5 17 17.5 18 18.4 — ♅ 1 11 21 31: 23.6 24.2 24.7 25.2 — ♆ 1 11 21 31: 5.7 6.1 6.4 6.8 — ♇ 1 11 21 31: 9.5 9.7 9.8 9.9

	1	2	3	4	5	6	7	8	9	10	11	12	13	14	15	16	17	18	19	20	21	22	23	24	25	26	27	28	29	30	31
☉	9.8	10.8	11.8	12.8	13.9	14.9	15.9	16.9	17.9	19	20	21	22	23	24.1	25.1	26.1	27.1	28.1	29.1	0.2	1.2	2.2	3.2	4.2	5.2	6.3	7.3	8.3	9.3	10.3
☽	5	17.5	29.9	12.1	24.1	6.1	17.9	29.7	11.5	23.4	5.4	17.6	0.2	13.1	26.6	10.5	24.9	9.8	24.9	10.1	25.3	10.3	24.9	9.1	22.9	6.3	19.3	2.1	14.6	26.8	9
☿	14.9	16.5	18.1	19.8	21.4	23	24.7	26.3	28	29.6	1.3	2.9	4.6	6.2	7.9	9.5	11.1	12.7	14.2	15.7	17.2	18.7	20	21.3	22.6	23.7	24.8	25.7	26.5	27.1	27.6
♀	12	13.3	14.5	15.7	16.9	18.2	19.4	20.6	21.9	23.1	24.3	25.5	26.8	28	29.2	0.4	1.6	2.9	4.1	5.3	6.5	7.7	8.9	10.1	11.4	12.6	13.8	15	16.2	17.4	18.6
♂	24.9	25.6	26.3	26.9	27.6	28.3	28.9	29.6	0.2	0.9	1.6	2.2	2.9	3.6	4.2	4.9	5.6	6.2	6.9	7.6	8.2	8.9	9.6	10.2	10.9	11.6	12.3	12.9	13.6	14.3	14.9

♃ 1 6 11 16 21 26 31: 20.2 20.6 21 21.4 22 22.6 23.3 — ♄ 1 6 11 16 21 26 31: 25.5 26 26.6 27.2 27.7 28.2 28.7 — ♅ 1 11 21 31: 27.7 28.3 28.8 29.3 — ♆ 1 11 21 31: 7.8 8.2 8.5 8.9 — ♇ 1 11 21 31: 12 12.2 12.4 12.5

II

	1	2	3	4	5	6	7	8	9	10	11	12	13	14	15	16	17	18	19	20	21	22	23	24	25	26	27	28	29
☉	11.6	12.6	13.6	14.6	15.6	16.7	17.7	18.7	19.7	20.7	21.7	22.7	23.7	24.8	25.8	26.8	27.8	28.8	29.8	0.8	1.8	2.8	3.8	4.8	5.9	6.9	7.9	8.9	
☽	14.8	28.8	12.2	25.3	7.9	20.2	2.3	14.2	26.1	7.9	19.8	1.8	13.9	26.2	8.6	21.1	3.9	16.8	30	13.3	27	11	25.2	9.7	24.4	9.1	23.8	8.4	
☿	24.8	26.5	28.2	29.8	1.4	3	4.5	6	7.3	8.6	9.8	10.9	11.9	12.7	13.4	13.9	14.3	14.5	14.5	14.4	14	13.6	13	12.2	11.3	10.4	9.4	8.3	
♀	25.4	26.5	27.7	28.8	29.9	1	2.1	3.2	4.3	5.5	6.6	7.7	8.9	10	11.1	12.3	13.4	14.6	15.7	16.9	18	19.2	20.3	21.5	22.6	23.8	25	26.1	
♂	16.4	17.1	17.8	18.5	19.2	19.9	20.6	21.3	22	22.7	23.3	24	24.7	25.4	26.1	26.8	27.5	28.2	28.9	29.6	0.3	1	1.6	2.3	3	3.7	4.4	5.1	

♃ 1 6 11 16 21 26: 23.3 24.4 25.5 26.6 27.7 28.9 — ♄ 1 6 11 16 21 26: 18.5 18.9 19.3 19.6 20 20.3 — ♅ 1 11 21: 25.3 25.7 26.1 — ♆ 1 11 21: 6.8 7.1 7.4 — ♇ 1 11 21: 9.9 10 10.0R

	1	2	3	4	5	6	7	8	9	10	11	12	13	14	15	16	17	18	19	20	21	22	23	24	25	26	27	28	29
☉	11.3	12.4	13.4	14.4	15.4	16.4	17.4	18.4	19.5	20.5	21.5	22.5	23.5	24.5	25.5	26.5	27.5	28.6	29.6	0.6	1.6	2.6	3.6	4.6	5.6	6.6	7.6	8.6	9.6
☽	21	2.9	14.8	26.6	8.4	20.3	2.2	14.3	26.5	9.1	22	5.3	19	3.2	17.9	2.9	18.1	3.3	18.5	3.3	17.8	1.8	15.4	28.5	11.3	23.8	6	18	29.9
☿	27.9	28.1	28.0R	27.8	27.4	26.8	26	25.1	24.1	23	21.9	20.7	19.5	18.4	17.3	16.3	15.4	14.7	14	13.5	13.1	12.9	12.7	12.7D	12.8	13	13.3	13.6	14.1
♀	19.8	21	22.2	23.4	24.6	25.8	27	28.2	29.4	0.6	1.7	2.9	4.1	5.3	6.5	7.6	8.8	10	11.2	12.3	13.5	14.6	15.8	17	18.1	19.3	20.4	21.6	22.7
♂	15.6	16.3	16.9	17.6	18.3	19	19.6	20.3	21	21.6	22.3	23	23.7	24.3	25	25.7	26.3	27	27.7	28.4	29	29.7	0.4	1.1	1.7	2.4	3.1	3.8	4.4

♃ 1 6 11 16 21 26: 23.4 24.2 25 25.8 26.7 27.7 — ♄ 1 6 11 16 21 26: 28.8 29.3 29.7 0.2 0.6 0.9 — ♅ 1 11 21: 29.4 29.8 0.2 — ♆ 1 11 21: 8.9 9.2 9.5 — ♇ 1 11 21: 12.5 12.6 12.6R

III

	1	2	3	4	5	6	7	8	9	10	11	12	13	14	15	16	17	18	19	20	21	22	23	24	25	26	27	28	29	30	31
☉	9.9	10.9	11.9	12.9	13.9	14.9	15.9	16.9	17.9	18.9	19.9	20.9	21.9	22.9	23.9	24.9	25.9	26.9	27.9	28.9	29.8	0.8	1.8	2.8	3.8	4.8	5.8	6.8	7.8	8.8	9.8
☽	22.6	6.5	20	3.1	15.8	28.2	10.4	22.4	4.2	16.1	28	10.1	22.3	4.7	17.4	0.2	13.3	26.7	10.2	23.9	7.8	21.9	6	20.3	4.6	18.9	3.1	17.2	1	14.6	27.9
☿	7.2R	6.2	5.2	4.2	3.3	2.5	1.8	1.2	0.8	0.4	0.1	30	30.0D	0	0.2	0.4	0.8	1.2	1.7	2.3	2.9	3.6	4.4	5.2	6.1	7	8	9	10.1	11.2	12.4
♀	27.3	28.5	29.6	0.8	2	3.1	4.3	5.5	6.7	7.8	9	10.2	11.4	12.6	13.7	14.9	16.1	17.3	18.5	19.7	20.9	22	23.2	24.4	25.6	26.8	28	29.2	0.4	1.6	2.8
♂	5.8	6.5	7.1	7.8	8.5	9.2	9.9	10.6	11.3	11.9	12.6	13.3	14	14.7	15.3	16	16.7	17.4	18.1	18.7	19.4	20.1	20.8	21.5	22.1	22.8	23.5	24.2	24.8	25.5	26.2

♃ 1 6 11 16 21 26 31: 29.6 0.8 2 3.2 4.4 5.6 6.8 — ♄ 1 6 11 16 21 26 31: 20.4 20.6 20.8 21 21.1 21.1 21.2 — ♅ 1 11 21 31: 26.3 26.5 26.7 26.7 — ♆ 1 11 21 31: 7.6 7.8 7.9 8 — ♇ 1 11 21 31: 9.9R 9.8 9.6 9.4

	1	2	3	4	5	6	7	8	9	10	11	12	13	14	15	16	17	18	19	20	21	22	23	24	25	26	27	28	29	30	31
☉	10.6	11.6	12.6	13.6	14.6	15.6	16.6	17.6	18.6	19.6	20.6	21.6	22.6	23.6	24.6	25.6	26.6	27.6	28.6	29.6	0.6	1.6	2.6	3.6	4.6	5.6	6.5	7.5	8.5	9.5	10.5
☽	11.7	23.5	5.4	17.3	29.2	11.3	23.6	6	18.7	1.6	14.9	28.5	12.5	26.9	11.5	26.4	11.4	26.4	11.2	25.8	9.9	23.7	6.9	19.8	2.3	14.6	26.6	8.4	20.2	2.1	13.9
☿	14.6	15.3	16	16.7	17.5	18.4	19.3	20.3	21.3	22.4	23.5	24.6	25.8	27	28.2	29.5	0.8	2.1	3.4	4.8	6.2	7.6	9.1	10.6	12.1	13.6	15.2	16.7	18.3	19.9	21.6
♀	23.9	25	26.1	27.3	28.4	29.5	0.6	1.8	2.9	4	5.1	6.2	7.3	8.4	9.5	10.6	11.7	12.7	13.8	14.9	16	17	18.1	19.1	20.2	21.2	22.2	23.3	24.3	25.3	26.3
♂	5.1	5.8	6.5	7.1	7.8	8.5	9.2	9.8	10.5	11.2	11.9	12.5	13.2	13.9	14.6	15.2	15.9	16.6	17.3	17.9	18.6	19.3	20	20.6	21.3	22	22.7	23.3	24	24.7	25.4

♃ 1 6 11 16 21 26 31: 28.5 29.5 0.5 1.6 2.7 3.8 4.9 — ♄ 1 6 11 16 21 26 31: 1.2 1.5 1.8 2 2.2 2.3 2.4 — ♅ 1 11 21 31: 0.5 0.8 1 1 — ♆ 1 11 21 31: 9.7 9.9 10.1 10.2 — ♇ 1 11 21 31: 12.5R 12.4 12.2 12

IV

	1	2	3	4	5	6	7	8	9	10	11	12	13	14	15	16	17	18	19	20	21	22	23	24	25	26	27	28	29	30
☉	10.7	11.7	12.7	13.7	14.7	15.7	16.7	17.6	18.6	19.6	20.6	21.6	22.5	23.5	24.5	25.5	26.5	27.4	28.4	29.4	0.4	1.3	2.3	3.3	4.3	5.2	6.2	7.2	8.2	9.1
☽	10.9	23.6	6	18.2	0.2	12.1	24	5.9	18	0.3	12.8	25.6	8.7	22.2	5.9	19.9	4.1	18.4	2.8	17.1	1.3	15.4	29.4	13.2	26.8	10.2	23.4	6.4	19.2	1.7
☿	13.6	14.8	16	17.3	18.6	20	21.4	22.8	24.2	25.7	27.2	28.7	0.2	1.8	3.4	5.1	6.7	8.4	10.1	11.8	13.6	15.4	17.2	19.1	20.9	22.8	24.8	26.7	28.7	0.7
♀	4	5.2	6.4	7.6	8.8	10	11.2	12.4	13.6	14.8	16	17.2	18.4	19.6	20.8	22	23.2	24.4	25.6	26.8	28	29.2	0.4	1.6	2.8	4	5.2	6.4	7.6	8.9
♂	26.9	27.5	28.2	28.9	29.5	0.2	0.9	1.5	2.2	2.9	3.6	4.2	4.9	5.6	6.2	6.9	7.6	8.2	8.9	9.5	10.2	10.9	11.5	12.2	12.9	13.5	14.2	14.8	15.5	16.2

♃ 1 6 11 16 21 26: 7 8.2 9.4 10.6 11.8 13 — ♄ 1 6 11 16 21 26: 21.2R 21.1 21.1 21 20.8 20.6 — ♅ 1 11 21: 26.7 26.7R 26.6 — ♆ 1 11 21: 8 8.0R 8 — ♇ 1 11 21: 9.3R 9.1 8.8

	1	2	3	4	5	6	7	8	9	10	11	12	13	14	15	16	17	18	19	20	21	22	23	24	25	26	27	28	29	30
☉	11.5	12.5	13.5	14.4	15.4	16.4	17.4	18.4	19.4	20.3	21.3	22.3	23.3	24.3	25.2	26.2	27.2	28.2	29.2	0.1	1.1	2.1	3.1	4	5	6	7	7.9	8.9	9.9
☽	25.9	8.1	20.4	2.9	15.7	28.6	11.8	25.3	8.9	22.9	7	21.3	5.8	20.4	5	19.5	3.8	17.9	1.6	14.9	27.8	10.4	22.7	4.7	16.6	28.4	10.2	22.1	4.2	16.5
☿	23.3	24.9	26.7	28.4	0.2	1.9	3.7	5.6	7.4	9.3	11.2	13.2	15.1	17.1	19.1	21.2	23.2	25.2	27.2	29.4	1.5	3.7	5.8	7.9	10.1	12.2	14.3	16.4	18.5	20.6
♀	27.3	28.3	29.3	0.3	1.3	2.2	3.2	4.1	5.1	6	6.9	7.8	8.7	9.6	10.5	11.4	12.2	13.1	13.9	14.7	15.5	16.3	17.1	17.9	18.6	19.4	20.1	20.8	21.5	22.2
♂	26	26.7	27.4	28	28.7	29.4	0.1	0.7	1.4	2.1	2.8	3.4	4.1	4.8	5.4	6.1	6.8	7.4	8.1	8.8	9.5	10.1	10.8	11.5	12.1	12.8	13.4	14.1	14.8	15.4

♃ 1 6 11 16 21 26: 5.1 6.3 7.5 8.6 9.8 11 — ♄ 1 6 11 16 21 26: 2.5 2.5 2.6R 2.5 2.5 2.4 — ♅ 1 11 21: 1 1.0R 0.9 — ♆ 1 11 21: 10.2 10.2 10.2R — ♇ 1 11 21: 12.0R 11.8 11.5

V

	1	2	3	4	5	6	7	8	9	10	11	12	13	14	15	16	17	18	19	20	21	22	23	24	25	26	27	28	29	30	31
☉	10.1	11.1	12	13	14	15	15.9	16.9	17.9	18.8	19.8	20.8	21.7	22.7	23.7	24.6	25.6	26.5	27.5	28.5	29.4	0.4	1.4	2.3	3.3	4.2	5.2	6.2	7.1	8.1	9
☽	14	26.2	8.2	20.1	1.9	13.8	25.9	8.1	20.7	3.5	16.8	0.5	14.6	29	13.6	28.4	13.1	27.7	12.1	26.3	10.1	23.7	7	20	2.8	15.5	28	10.3	22.5	4.5	16.4
☿	2.7	4.8	6.9	9	11.1	13.3	15.4	17.6	19.8	21.9	24.1	26.3	28.4	0.6	2.7	4.8	6.8	8.9	10.8	12.8	14.7	16.6	18.4	20.2	21.9	23.6	25.2	26.8	28.3	29.7	1.2
♀	10.1	11.3	12.5	13.7	14.9	16.1	17.3	18.5	19.7	20.9	22.1	23.4	24.6	25.8	27	28.2	29.4	0.6	1.8	3	4.3	5.5	6.7	7.9	9.1	10.3	11.5	12.7	14	15.2	16.4
♂	16.8	17.5	18.1	18.8	19.5	20.1	20.8	21.4	22.1	22.7	23.4	24	24.7	25.4	26	26.7	27.3	28	28.6	29.3	29.9	0.6	1.2	1.9	2.5	3.2	3.8	4.5	5.1	5.8	6.4

♃ 1 6 11 16 21 26 31: 14.2 15.3 16.4 17.5 18.6 19.6 20.6 — ♄ 1 6 11 16 21 26 31: 20.4R 20.2 19.9 19.6 19.2 18.9 18.5 — ♅ 1 11 21 31: 26.4R 26.1 25.8 25.4 — ♆ 1 11 21 31: 7.9R 7.8 7.6 7.4 — ♇ 1 11 21 31: 8.5R 8.3 8 7.8

	1	2	3	4	5	6	7	8	9	10	11	12	13	14	15	16	17	18	19	20	21	22	23	24	25	26	27	28	29	30	31
☉	10.8	11.8	12.8	13.8	14.7	15.7	16.7	17.6	18.6	19.6	20.5	21.5	22.5	23.4	24.4	25.3	26.3	27.3	28.2	29.2	0.2	1.1	2.1	3	4	5	5.9	6.9	7.8	8.8	9.8
☽	29.1	12	25.1	8.4	22	5.8	19.7	3.7	17.8	2	16.2	0.3	14.5	28.6	12.6	26.3	9.8	22.9	5.8	18.3	0.6	12.6	24.5	6.3	18.1	0.1	12.2	24.7	7.4	20.5	4
☿	22.6	24.6	26.6	28.5	0.3	2.2	3.9	5.6	7.3	8.9	10.4	11.9	13.3	14.6	15.9	17.1	18.3	19.3	20.3	21.3	22.2	23	23.7	24.3	24.9	25.4	25.8	26.2	26.4	26.6	26.7
♀	22.8	23.4	24	24.6	25.2	25.7	26.2	26.7	27.2	27.6	28	28.4	28.8	29.1	29.4	29.6	29.9	0	0.2	0.3	0.4	0.4	0.4R	0.4	0.3	0.2	0	29.8	29.6	29.3	29
♂	16.1	16.8	17.4	18.1	18.7	19.4	20.1	20.7	21.4	22	22.7	23.3	24	24.6	25.3	25.9	26.6	27.2	27.9	28.5	29.2	29.8	0.4	1.1	1.7	2.3	3	3.6	4.2	4.9	5.5

♃ 1 6 11 16 21 26 31: 12.2 13.4 14.6 15.8 17 18.1 19.3 — ♄ 1 6 11 16 21 26 31: 2.2R 2.1 1.8 1.6 1.3 1 0.7 — ♅ 1 11 21 31: 0.8R 0.5 0.2 29.8 — ♆ 1 11 21 31: 10.1R 10 9.8 9.6 — ♇ 1 11 21 31: 11.2R 10.9 10.7 10.4

VI

	1	2	3	4	5	6	7	8	9	10	11	12	13	14	15	16	17	18	19	20	21	22	23	24	25	26	27	28	29	30
☉	10	11	11.9	12.9	13.8	14.8	15.7	16.7	17.7	18.6	19.6	20.5	21.5	22.4	23.4	24.3	25.3	26.3	27.2	28.2	29.1	0.1	1	2	2.9	3.9	4.8	5.8	6.8	7.7
☽	28.3	10.2	22	4	16.2	28.7	11.6	24.8	8.6	22.8	7.4	22.4	7.5	22.6	7.6	22.3	6.5	20.4	3.9	17.1	29.9	12.5	24.9	7.2	19.3	1.3	13.2	25.1	7	18.8
☿	2.5	3.8	5.1	6.3	7.4	8.5	9.5	10.5	11.4	12.2	13	13.7	14.3	14.9	15.4	15.8	16.2	16.4	16.6	16.8	16.8	16.8R	16.7	16.5	16.3	16	15.6	15.1	14.7	14.1
♀	17.6	18.8	20	21.2	22.5	23.7	24.9	26.1	27.3	28.5	29.7	1	2.2	3.4	4.6	5.8	7	8.3	9.5	10.7	11.9	13.1	14.4	15.6	16.8	18	19.2	20.4	21.7	22.9
♂	7.1	7.7	8.4	9	9.7	10.3	10.9	11.6	12.2	12.9	13.5	14.2	14.8	15.5	16.1	16.7	17.4	18	18.7	19.3	20	20.6	21.2	21.9	22.5	23.2	23.8	24.4	25.1	25.7

♃ 1 6 11 16 21 26: 20.8 21.8 22.7 23.6 24.4 25.2 — ♄ 1 6 11 16 21 26: 18.5R 18.1 17.7 17.4 17 16.7 — ♅ 1 11 21: 25.3R 24.9 24.5 — ♆ 1 11 21: 7.3R 7.1 6.8 — ♇ 1 11 21: 7.7R 7.5 7.4

	1	2	3	4	5	6	7	8	9	10	11	12	13	14	15	16	17	18	19	20	21	22	23	24	25	26	27	28	29	30
☉	10.7	11.7	12.6	13.6	14.6	15.5	16.5	17.4	18.4	19.3	20.3	21.3	22.2	23.2	24.1	25.1	26	27	27.9	28.9	29.8	0.8	1.8	2.7	3.7	4.6	5.6	6.5	7.5	8.4
☽	17.7	1.8	16	0.2	14.5	28.8	13	27	11	24.8	8.5	22	5.4	18.5	1.4	14.1	26.5	8.6	20.6	2.4	14.2	26.1	8	20.2	2.6	15.5	28.7	12.4	26.4	10.8
☿	26.8R	26.7	26.6	26.4	26.2	25.9	25.5	25.1	24.6	24.1	23.6	23	22.4	21.9	21.3	20.8	20.3	19.8	19.4	19	18.7	18.5	18.3	18.2	18.1	18.2	18.3	18.5	18.8	19.2
♀	28.7R	28.3	27.8	27.4	26.9	26.4	25.8	25.2	24.7	24.1	23.4	22.8	22.2	21.6	20.9	20.3	19.7	19.1	18.6	18	17.5	17	16.6	16.1	15.7	15.4	15.1	14.8	14.5	14.3
♂	6.1	6.7	7.4	8	8.6	9.2	9.8	10.4	11	11.6	12.2	12.8	13.4	14	14.6	15.2	15.8	16.4	17	17.5	18.1	18.7	19.2	19.8	20.4	20.9	21.5	22	22.5	23.1

♃ 1 6 11 16 21 26: 19.5 20.7 21.8 22.9 24 25 — ♄ 1 6 11 16 21 26: 0.6R 0.3 29.9 29.6 29.2 28.8 — ♅ 1 11 21: 29.8R 29.4 29 — ♆ 1 11 21: 9.6R 9.3 9.1 — ♇ 1 11 21: 10.4R 10.2 10

VII

	1	2	3	4	5	6	7	8	9	10	11	12	13	14	15	16	17	18	19	20	21	22	23	24	25	26	27	28	29	30	31
☉	8.7	9.6	10.6	11.5	12.5	13.4	14.4	15.3	16.3	17.2	18.2	19.1	20.1	21.1	22	23	23.9	24.9	25.8	26.8	27.7	28.7	29.6	0.6	1.6	2.5	3.5	4.4	5.4	6.3	7.3
☽	0.7	12.7	24.9	7.3	20.1	3.3	17	1.1	15.8	0.8	16.1	1.4	16.6	1.5	16	30	13.6	26.7	9.5	22	4.3	16.4	28.4	10.3	22.2	4	15.9	27.8	9.8	21.8	4.1
☿	13.6R	13	12.4	11.8	11.2	10.6	10	9.5	9	8.5	8.2	7.9	7.6	7.5	7.4	7.4D	7.5	7.7	8	8.4	8.9	9.4	10.1	10.9	11.7	12.6	13.7	14.8	16	17.3	18.6
♀	24.1	25.3	26.6	27.8	29	0.2	1.4	2.7	3.9	5.1	6.3	7.6	8.8	10	11.2	12.5	13.7	14.9	16.1	17.4	18.6	19.8	21.1	22.3	23.5	24.7	26	27.2	28.4	29.7	0.9
♂	26.4	27	27.6	28.3	28.9	29.6	0.2	0.8	1.5	2.1	2.8	3.4	4	4.7	5.3	5.9	6.6	7.2	7.9	8.5	9.1	9.8	10.4	11	11.7	12.3	12.9	13.6	14.2	14.9	15.5

♃ 1 6 11 16 21 26 31: 25.9 26.6 27.2 27.8 28.3 28.7 29.1 — ♄ 1 6 11 16 21 26 31: 16.3R 16 15.7 15.4 15.2 15 14.8 — ♅ 1 11 21 31: 24.1R 23.8 23.4 23.1 — ♆ 1 11 21 31: 6.6R 6.3 6 5.8 — ♇ 1 11 21 31: 7.2R 7.2 7.2D 7.2

	1	2	3	4	5	6	7	8	9	10	11	12	13	14	15	16	17	18	19	20	21	22	23	24	25	26	27	28	29	30	31
☉	9.4	10.3	11.3	12.2	13.2	14.1	15.1	16.1	17	18	18.9	19.9	20.8	21.8	22.7	23.7	24.6	25.6	26.5	27.5	28.5	29.4	0.4	1.3	2.3	3.2	4.2	5.2	6.1	7.1	8
☽	25.4	10.1	24.8	9.3	23.7	7.8	21.7	5.4	18.8	2	15	27.8	10.4	22.8	5	17	28.9	10.7	22.4	4.3	16.2	28.3	10.8	23.6	6.8	20.5	4.7	19.2	4.1	19.1	4.1
☿	19.6	20.1	20.7	21.4	22.2	23	23.9	24.9	26	27.1	28.4	29.6	1	2.4	3.9	5.5	7.1	8.8	10.5	12.3	14.1	16	18	19.9	22	24	26.1	28.2	0.2	2.3	4.5
♀	14.2R	14.1	14	13.9	13.9D	14	14	14.1	14.3	14.5	14.7	14.9	15.2	15.5	15.9	16.2	16.6	17.1	17.5	18	18.5	19	19.6	20.1	20.7	21.3	22	22.6	23.3	24	24.7
♂	23.6	24.1	24.7	25.2	25.7	26.2	26.7	27.2	27.7	28.2	28.7	29.1	29.6	0.1	0.5	1	1.4	1.9	2.3	2.7	3.1	3.6	4	4.3	4.7	5.1	5.5	5.8	6.2	6.5	6.9

♃ 1 6 11 16 21 26 31: 26.1 27.1 28 28.9 29.8 0.7 1.5 — ♄ 1 6 11 16 21 26 31: 28.5R 28.1 27.8 27.5 27.2 26.9 26.6 — ♅ 1 11 21 31: 28.6R 28.2 27.9 27.6 — ♆ 1 11 21 31: 8.8R 8.5 8.3 8 — ♇ 1 11 21 31: 9.9R 9.8 9.8D 9.8

VIII

	1	2	3	4	5	6	7	8	9	10	11	12	13	14	15	16	17	18	19	20	21	22	23	24	25	26	27	28	29	30	31
☉	8.2	9.2	10.2	11.1	12.1	13	14	14.9	15.9	16.9	17.8	18.8	19.7	20.7	21.7	22.6	23.6	24.5	25.5	26.5	27.4	28.4	29.4	0.3	1.3	2.2	3.2	4.2	5.1	6.1	7.1
☽	16.6	29.4	12.5	26.1	10.1	24.6	9.4	24.5	9.8	25	9.9	24.5	8.7	22.4	5.7	18.5	1	13.3	25.4	7.3	19.1	1	12.9	24.8	6.8	19	1.2	13.7	26.3	9.3	22.5
☿	20.1	21.6	23.2	24.9	26.6	28.4	0.2	2.1	4	6	8	10	12	14	16.1	18.1	20.2	22.2	24.2	26.2	28.2	0.2	2.2	4.1	6	7.9	9.8	11.7	13.5	15.3	17.1
♀	2.1	3.4	4.6	5.8	7.1	8.3	9.5	10.8	12	13.2	14.5	15.7	16.9	18.2	19.4	20.6	21.9	23.1	24.3	25.6	26.8	28.1	29.3	0.5	1.8	3	4.2	5.5	6.7	8	9.2
♂	16.1	16.8	17.4	18	18.7	19.3	19.9	20.6	21.2	21.9	22.5	23.1	23.8	24.4	25	25.7	26.3	26.9	27.6	28.2	28.8	29.5	0.1	0.8	1.4	2	2.7	3.3	3.9	4.6	5.2

♃ 1 6 11 16 21 26 31: 29.2 29.4 29.6 29.7 29.7R 29.7 29.5 — ♄ 1 6 11 16 21 26 31: 14.8R 14.7 14.6 14.5 14.5D 14.6 14.6 — ♅ 1 11 21 31: 23.1R 22.9 22.8 22.7 — ♆ 1 11 21 31: 5.8R 5.6 5.4 5.3 — ♇ 1 11 21 31: 7.2 7.3 7.5 7.7

	1	2	3	4	5	6	7	8	9	10	11	12	13	14	15	16	17	18	19	20	21	22	23	24	25	26	27	28	29	30	31
☉	9	9.9	10.9	11.8	12.8	13.8	14.7	15.7	16.6	17.6	18.5	19.5	20.5	21.4	22.4	23.3	24.3	25.3	26.2	27.2	28.2	29.1	0.1	1.1	2	3	3.9	4.9	5.9	6.8	7.8
☽	19	3.7	18.1	2.1	15.7	29.1	12.1	24.8	7.3	19.6	1.8	13.8	25.7	7.5	19.3	1	12.9	24.9	7	19.4	2.2	15.3	28.9	13	27.5	12.3	27.4	12.7	27.8	12.7	27.4
☿	6.6	8.6	10.7	12.8	14.9	16.9	18.9	20.9	22.9	24.8	26.7	28.6	0.5	2.4	4.2	6	7.8	9.5	11.3	13	14.7	16.3	17.9	19.6	21.2	22.7	24.3	25.8	27.3	28.8	0.2
♀	25.4	26.1	26.9	27.6	28.4	29.2	0	0.8	1.7	2.5	3.4	4.2	5.1	6	6.9	7.8	8.7	9.6	10.5	11.5	12.4	13.4	14.3	15.3	16.3	17.2	18.2	19.2	20.2	21.2	22.2
♂	7.2	7.5	7.8	8.1	8.4	8.6	8.9	9.1	9.4	9.6	9.8	10	10.2	10.4	10.6	10.7	10.8	11	11.1	11.2	11.3	11.3	11.4	11.5	11.5	11.5R	11.5	11.5	11.4	11.4	11.4

♃ 1 6 11 16 21 26 31: 1.6 2.4 3 3.7 4.2 4.7 5.1 — ♄ 1 6 11 16 21 26 31: 26.6R 26.4 26.2 26.1 26 25.9 25.9 — ♅ 1 11 21 31: 27.5R 27.3 27.1 27.1 — ♆ 1 11 21 31: 8.0R 7.8 7.6 7.5 — ♇ 1 11 21 31: 9.8 9.9 10.1 10.3

IX

	1	2	3	4	5	6	7	8	9	10	11	12	13	14	15	16	17	18	19	20	21	22	23	24	25	26	27	28	29	30
☉	8	9	10	10.9	11.9	12.9	13.9	14.8	15.8	16.8	17.7	18.7	19.7	20.7	21.6	22.6	23.6	24.6	25.5	26.5	27.5	28.5	29.4	0.4	1.4	2.4	3.4	4.3	5.3	6.3
☽	6	19.9	4.1	18.7	3.5	18.4	3.3	18.1	2.7	16.8	0.6	13.9	26.9	9.4	21.7	3.8	15.7	27.6	9.5	21.4	3.4	15.6	27.9	10.5	23.2	6.2	19.5	2.9	16.6	0.5
☿	18.9	20.6	22.4	24.1	25.8	27.4	29.1	0.7	2.3	3.9	5.5	7	8.5	10	11.5	13	14.5	15.9	17.3	18.7	20.1	21.4	22.8	24.1	25.4	26.7	27.9	29.1	0.3	1.5
♀	10.4	11.7	12.9	14.2	15.4	16.7	17.9	19.1	20.4	21.6	22.9	24.1	25.3	26.6	27.8	29.1	0.3	1.6	2.8	4	5.3	6.5	7.8	9	10.3	11.5	12.8	14	15.2	16.5
♂	5.8	6.5	7.1	7.8	8.4	9	9.7	10.3	10.9	11.6	12.2	12.9	13.5	14.1	14.8	15.4	16	16.7	17.3	18	18.6	19.2	19.9	20.5	21.2	21.8	22.4	23.1	23.7	24.4

♃ 1 6 11 16 21 26: 29.5R 29.2 28.9 28.5 28.1 27.5 — ♄ 1 6 11 16 21 26: 14.7 14.8 15 15.2 15.4 15.7 — ♅ 1 11 21: 22.7R 22.8D 22.9 — ♆ 1 11 21: 5.3R 5.2 5.2D — ♇ 1 11 21: 7.7 8 8.3

	1	2	3	4	5	6	7	8	9	10	11	12	13	14	15	16	17	18	19	20	21	22	23	24	25	26	27	28	29	30
☉	8.8	9.7	10.7	11.7	12.7	13.6	14.6	15.6	16.5	17.5	18.5	19.5	20.4	21.4	22.4	23.3	24.3	25.3	26.3	27.3	28.2	29.2	0.2	1.2	2.1	3.1	4.1	5.1	6.1	7.1
☽	11.6	25.4	8.8	21.7	4.4	16.7	28.9	10.8	22.7	4.5	16.3	28.1	9.9	21.9	4	16.2	28.7	11.5	24.6	8	21.6	6.2	20.8	5.7	20.8	6	21	5.8	20.2	4.2
☿	1.7	3.1	4.4	5.8	7.1	8.5	9.7	11	12.2	13.4	14.6	15.7	16.8	17.9	18.9	19.9	20.8	21.7	22.6	23.3	24.1	24.7	25.3	25.8	26.3	26.6	26.9	27	27.1R	27
♀	23.3	24.3	25.3	26.4	27.4	28.4	29.5	0.5	1.6	2.7	3.7	4.8	5.9	7	8.1	9.2	10.2	11.3	12.4	13.6	14.7	15.8	16.9	18	19.1	20.3	21.4	22.5	23.7	24.8
♂	11.3R	11.2	11.1	11	10.9	10.7	10.6	10.4	10.2	10	9.9	9.6	9.4	9.2	9	8.7	8.4	8.2	7.9	7.6	7.4	7.1	6.8	6.5	6.2	5.9	5.6	5.3	5	4.7

♃ 1 6 11 16 21 26: 5.2 5.6 5.8 6 6.1 6.1R — ♄ 1 6 11 16 21 26: 25.9 26 26 26.2 26.3 26.5 — ♅ 1 11 21: 27.0R 27.1D 27.1 — ♆ 1 11 21: 7.5R 7.4 7.4D — ♇ 1 11 21: 10.3 10.5 10.8

X

	1	2	3	4	5	6	7	8	9	10	11	12	13	14	15	16	17	18	19	20	21	22	23	24	25	26	27	28	29	30	31
☉	7.3	8.3	9.3	10.2	11.2	12.2	13.2	14.2	15.2	16.2	17.1	18.1	19.1	20.1	21.1	22.1	23.1	24.1	25.1	26.1	27.1	28.1	29.1	0	1	2	3	4	5	6	7
☽	14.6	28.9	13.3	27.8	12.3	26.7	10.9	24.9	8.5	21.8	4.8	17.4	29.7	11.8	23.8	5.6	17.5	29.4	11.5	23.8	6.4	19.2	2.4	15.8	29.4	13.3	27.3	11.4	25.6	9.8	23.9
☿	2.6	3.7	4.8	5.8	6.7	7.7	8.5	9.4	10.1	10.8	11.4	12	12.4	12.8	13	13.2	13.2R	13.1	12.9	12.5	12	11.3	10.5	9.5	8.5	7.3	6	4.8	3.5	2.3	1.1
♀	17.7	19	20.2	21.5	22.7	24	25.2	26.4	27.7	28.9	0.2	1.4	2.7	3.9	5.2	6.4	7.7	8.9	10.1	11.4	12.6	13.9	15.1	16.4	17.6	18.9	20.1	21.3	22.6	23.8	25.1
♂	25	25.6	26.3	26.9	27.6	28.2	28.8	29.5	0.1	0.8	1.4	2.1	2.7	3.3	4	4.6	5.3	5.9	6.6	7.2	7.9	8.5	9.1	9.8	10.4	11.1	11.7	12.4	13	13.7	14.3

♃ 1 6 11 16 21 26 31: 27.0R 26.3 25.7 25 24.3 23.7 23 — ♄ 1 6 11 16 21 26 31: 16 16.3 16.7 17.1 17.5 18 18.5 — ♅ 1 11 21 31: 23.1 23.4 23.7 24.2 — ♆ 1 11 21 31: 5.3 5.4 5.5 5.8 — ♇ 1 11 21 31: 8.6 9 9.4 9.8

	1	2	3	4	5	6	7	8	9	10	11	12	13	14	15	16	17	18	19	20	21	22	23	24	25	26	27	28	29	30	31
☉	8	9	10	11	12	13	13.9	14.9	15.9	16.9	17.9	18.9	19.9	20.9	21.9	22.9	23.8	24.8	25.8	26.8	27.8	28.8	29.8	0.8	1.8	2.8	3.8	4.8	5.8	6.8	7.8
☽	17.7	0.7	13.4	25.7	7.8	19.7	1.5	13.2	25	6.9	18.9	1	13.3	25.8	8.5	21.4	4.5	18	1.7	15.7	0	14.6	29.4	14.3	29.1	13.8	28.3	12.3	25.9	9	21.7
☿	26.8R	26.5	26	25.5	24.8	23.9	23	22	20.9	19.7	18.5	17.3	16.2	15.1	14.1	13.3	12.6	12.1	11.8	11.6	11.7D	11.9	12.3	12.9	13.6	14.5	15.4	16.5	17.7	18.9	20.2
♀	25.9	27.1	28.2	29.4	0.5	1.7	2.8	4	5.2	6.3	7.5	8.7	9.8	11	12.2	13.4	14.5	15.7	16.9	18.1	19.3	20.5	21.7	22.8	24	25.2	26.4	27.6	28.8	0	1.2
♂	4.4R	4.1	3.9	3.6	3.3	3	2.8	2.5	2.3	2.1	1.8	1.6	1.4	1.2	1.1	0.9	0.7	0.6	0.5	0.4	0.3	0.2	0.1	0	30	29.9	29.9	29.9	29.9D	29.9	30

♃ 1 6 11 16 21 26 31: 6.1R 5.9 5.7 5.4 5 4.5 4 — ♄ 1 6 11 16 21 26 31: 26.7 27 27.3 27.6 28 28.4 28.8 — ♅ 1 11 21 31: 27.3 27.6 27.9 28.3 — ♆ 1 11 21 31: 7.5 7.6 7.7 7.9 — ♇ 1 11 21 31: 11.2 11.5 11.9 12.3

XI

	1	2	3	4	5	6	7	8	9	10	11	12	13	14	15	16	17	18	19	20	21	22	23	24	25	26	27	28	29	30
☉	8	9	10	11	12	13	14	15	16.1	17.1	18.1	19.1	20.1	21.1	22.1	23.1	24.1	25.1	26.1	27.1	28.1	29.1	0.2	1.2	2.2	3.2	4.2	5.2	6.2	7.2
☽	8	22	6	19.8	3.4	16.7	29.8	12.7	25.3	7.6	19.7	1.6	13.4	25.3	7.2	19.3	1.7	14.3	27.3	10.8	24.6	8.7	23	7.5	22	6.5	20.8	4.9	18.8	2.5
☿	0.1R	29.2	28.5	27.9	27.6	27.4	27.4D	27.7	28.1	28.6	29.3	0.1	1	2	3.1	4.3	5.5	6.8	8.2	9.6	11	12.4	13.9	15.4	16.9	18.4	19.9	21.4	23	24.5
♀	26.3	27.6	28.8	0.1	1.3	2.6	3.8	5	6.3	7.5	8.8	10	11.3	12.5	13.8	15	16.2	17.5	18.7	20	21.2	22.5	23.7	24.9	26.2	27.4	28.7	29.9	1.2	2.4
♂	15	15.6	16.3	16.9	17.6	18.2	18.9	19.5	20.1	20.8	21.4	22.1	22.7	23.4	24.1	24.7	25.4	26	26.7	27.3	28	28.6	29.3	29.9	0.6	1.2	1.9	2.5	3.2	3.8

♃ 1 6 11 16 21 26: 22.9R 22.3 21.7 21.2 20.8 20.4 — ♄ 1 6 11 16 21 26: 18.6 19.1 19.6 20.1 20.7 21.2 — ♅ 1 11 21: 24.2 24.7 25.2 — ♆ 1 11 21: 5.8 6 6.3 — ♇ 1 11 21: 9.8 10.2 10.6

	1	2	3	4	5	6	7	8	9	10	11	12	13	14	15	16	17	18	19	20	21	22	23	24	25	26	27	28	29	30
☉	8.8	9.8	10.8	11.8	12.8	13.8	14.8	15.8	16.8	17.8	18.8	19.8	20.8	21.8	22.8	23.9	24.9	25.9	26.9	27.9	28.9	29.9	0.9	1.9	2.9	4	5	6	7	8
☽	4	16.1	28	9.8	21.6	3.4	15.4	27.6	9.9	22.5	5.3	18.3	1.5	14.9	28.5	12.2	26.2	10.2	24.5	8.9	23.3	7.8	22.2	6.3	20.2	3.7	16.8	29.5	11.9	24
☿	21.6	23	24.5	26	27.5	29	0.6	2.2	3.8	5.4	7	8.6	10.2	11.8	13.4	15	16.6	18.2	19.8	21.4	23	24.6	26.2	27.8	29.3	0.9	2.5	4.1	5.7	7.2
♀	2.5	3.7	4.9	6.1	7.3	8.5	9.7	10.9	12.2	13.4	14.6	15.8	17	18.3	19.5	20.7	21.9	23.1	24.4	25.6	26.9	28.1	29.3	0.5	1.8	3	4.2	5.5	6.7	8
♂	30	0.1	0.1	0.2	0.3	0.4	0.5	0.6	0.8	0.9	1.1	1.3	1.5	1.7	1.9	2.1	2.3	2.6	2.8	3.1	3.4	3.6	3.9	4.2	4.5	4.8	5.1	5.5	5.8	6.2

♃ 1 6 11 16 21 26: 3.9R 3.3 2.7 2 1.3 0.7 — ♄ 1 6 11 16 21 26: 28.9 29.4 29.9 0.4 0.9 1.4 — ♅ 1 11 21: 28.4 28.8 29.3 — ♆ 1 11 21: 7.9 8.2 8.5 — ♇ 1 11 21: 12.4 12.8 13.2

XII

	1	2	3	4	5	6	7	8	9	10	11	12	13	14	15	16	17	18	19	20	21	22	23	24	25	26	27	28	29	30	31
☉	8.3	9.3	10.3	11.3	12.3	13.3	14.3	15.4	16.4	17.4	18.4	19.4	20.4	21.5	22.5	23.5	24.5	25.5	26.5	27.6	28.6	29.6	0.6	1.6	2.6	3.7	4.7	5.7	6.7	7.7	8.8
☽	16	29.4	12.6	25.6	8.4	21	3.4	15.6	27.7	9.6	21.4	3.2	15.1	27.1	9.4	22.1	5.1	18.6	2.6	17	1.8	16.6	1.5	16.5	1.1	15.4	29.4	13	26.4	9.4	22.3
☿	26	27.6	29.1	0.7	2.2	3.8	5.4	6.9	8.5	10	11.6	13.1	14.7	16.3	17.8	19.4	21	22.5	24.1	25.7	27.3	28.8	0.4	2	3.6	5.2	6.8	8.4	10	11.6	13.2
♀	3.6	4.9	6.1	7.4	8.6	9.9	11.1	12.3	13.6	14.8	16.1	17.3	18.5	19.8	21	22.3	23.5	24.7	26	27.2	28.4	29.7	0.9	2.2	3.4	4.6	5.9	7.1	8.3	9.6	10.8
♂	4.5	5.2	5.8	6.5	7.1	7.8	8.4	9.1	9.7	10.4	11.1	11.7	12.4	13	13.7	14.4	15	15.7	16.3	17	17.7	18.3	19	19.6	20.3	21	21.6	22.3	22.9	23.6	24.3

♃ 1 6 11 16 21 26 31: 20.1R 19.9 19.8 19.8D 19.8 20 20.2 — ♄ 1 6 11 16 21 26 31: 21.8 22.4 23 23.6 24.2 24.8 25.4 — ♅ 1 11 21 31: 25.8 26.4 27 27.6 — ♆ 1 11 21 31: 6.7 7 7.4 7.8 — ♇ 1 11 21 31: 11 11.4 11.7 12

	1	2	3	4	5	6	7	8	9	10	11	12	13	14	15	16	17	18	19	20	21	22	23	24	25	26	27	28	29	30	31
☉	9	10	11	12.1	13.1	14.1	15.1	16.1	17.1	18.2	19.2	20.2	21.2	22.2	23.2	24.3	25.3	26.3	27.3	28.3	29.3	0.4	1.4	2.4	3.4	4.4	5.5	6.5	7.5	8.5	9.5
☽	5.9	17.7	29.5	11.4	23.5	5.7	18.3	1.1	14.3	27.7	11.3	25.1	9	23	7.1	21.2	5.2	19.3	3.4	17.4	1.3	15	28.6	11.8	24.7	7.3	19.7	1.8	13.7	25.5	7.3
☿	8.8	10.4	11.9	13.5	15.1	16.7	18.2	19.8	21.4	22.9	24.5	26.1	27.7	29.2	0.8	2.4	4	5.5	7.1	8.7	10.3	11.9	13.4	15	16.6	18.2	19.7	21.3	22.8	24.4	25.9
♀	9.2	10.4	11.7	12.9	14.2	15.4	16.6	17.9	19.1	20.4	21.6	22.9	24.1	25.3	26.6	27.8	29.1	0.3	1.6	2.8	4.1	5.3	6.6	7.8	9.1	10.3	11.6	12.8	14.1	15.3	16.6
♂	6.5	6.9	7.2	7.6	8	8.4	8.8	9.2	9.6	10	10.4	10.8	11.2	11.7	12.1	12.6	13	13.5	13.9	14.4	14.8	15.3	15.8	16.3	16.7	17.2	17.7	18.2	18.7	19.2	19.7

♃ 1 6 11 16 21 26 31: 30.0R 29.3 28.7 28.1 27.6 27.2 26.8 — ♄ 1 6 11 16 21 26 31: 2 2.6 3.1 3.7 4.3 4.9 5.5 — ♅ 1 11 21 31: 29.9 0.5 1.1 1.7 — ♆ 1 11 21 31: 8.8 9.1 9.5 9.9 — ♇ 1 11 21 31: 13.6 13.9 14.3 14.5

1989

I

	1	2	3	4	5	6	7	8	9	10	11	12	13	14	15	16	17	18	19	20	21	22	23	24	25	26	27	28	29	30	31
☉	♑ 10.6	11.6	12.6	13.6	14.6	15.7	16.7	17.7	18.7	19.7	20.7	21.8	22.8	23.8	24.8	25.8	26.9	27.9	28.9	29.9	♒ 0.9	1.9	3	4	5	6	7	8	9.1	10.1	11.1
☽	♎ 19.2	♏ 1.2	13.5	26.1	♐ 9.1	22.5	♑ 6.2	20.2	♒ 4.5	18.8	♓ 3.3	17.7	♈ 2	16.2	♉ 0.2	14.1	27.8	♊ 11.2	24.5	♋ 7.6	20.5	♌ 3.1	15.5	27.7	♍ 9.7	21.6	♎ 3.4	15.2	27.1	♏ 9.1	21.4
☿	♑ 27.4	28.8	♒ 0.3	1.7	3	4.3	5.6	6.7	7.8	8.8	9.7	10.4	11	11.5	11.8	11.9	11.8R	11.5	11.1	10.4	9.6	8.6	7.5	6.3	5	3.7	2.5	1.3	0.2	♑ 29.2	28.3
♀	♐ 17.8	19.1	20.3	21.6	22.8	24.1	25.3	26.6	27.8	29.1	♑ 0.3	1.6	2.8	4.1	5.3	6.6	7.8	9.1	10.3	11.6	12.8	14.1	15.3	16.6	17.8	19.1	20.3	21.6	22.8	24.1	25.4
♂	♈ 20.2	20.7	21.2	21.8	22.3	22.8	23.3	23.9	24.4	24.9	25.5	26	26.5	27.1	27.6	28.2	28.7	29.3	29.8	♉ 0.4	0.9	1.5	2.1	2.6	3.2	3.8	4.3	4.9	5.5	6	6.6

♃ 1: ♉ 26.7R · 6: 26.4 · 11: 26.2 · 16: 26.1 · 21: 26.1D · 26: 26.1 · 31: 26.3
♄ 1: ♑ 5.6 · 6: 6.2 · 11: 6.8 · 16: 7.3 · 21: 7.9 · 26: 8.5 · 31: 9
♅ 1: ♑ 1.8 · 11: 2.3 · 21: 2.9 · 31: 3.4
♆ 1: ♑ 9.9 · 11: 10.3 · 21: 10.7 · 31: 11
♇ 1: ♏ 14.6 · 11: 14.8 · 21: 15 · 31: 15.1

II

	1	2	3	4	5	6	7	8	9	10	11	12	13	14	15	16	17	18	19	20	21	22	23	24	25	26	27	28	29	30	31
☉	♒ 12.1	13.1	14.1	15.2	16.2	17.2	18.2	19.2	20.2	21.2	22.2	23.3	24.3	25.3	26.3	27.3	28.3	29.3	♓ 0.3	1.3	2.3	3.3	4.4	5.4	6.4	7.4	8.4	9.4			
☽	♐ 4	16.9	♑ 0.3	14.1	28.3	♒ 12.8	27.6	♓ 12.5	27.3	♈ 12.1	26.6	♉ 10.8	24.7	♊ 8.2	21.5	♋ 4.5	17.2	29.7	♌ 12	24.2	♍ 6.2	18.1	30	♎ 11.8	23.6	♏ 5.5	17.5	29.7			
☿	♑ 27.6R	27	26.5	26.2	26	26.0D	26.1	26.3	26.6	27	27.5	28	28.7	29.4	♒ 0.2	1	1.9	2.9	3.9	4.9	6	7.2	8.3	9.5	10.7	12	13.2	14.5			
♀	♑ 26.6	27.9	29.1	♒ 0.4	1.6	2.9	4.1	5.4	6.6	7.9	9.1	10.4	11.6	12.9	14.1	15.4	16.6	17.9	19.1	20.4	21.6	22.9	24.1	25.4	26.6	27.9	29.1	♓ 0.4			
♂	♉ 7.2	7.8	8.3	8.9	9.5	10.1	10.7	11.2	11.8	12.4	13	13.6	14.2	14.8	15.4	16	16.6	17.1	17.7	18.3	18.9	19.5	20.1	20.7	21.3	21.9	22.5	23.1			

♃ 1: ♉ 26.3 · 6: 26.6 · 11: 26.9 · 16: 27.3 · 21: 27.8 · 26: 28.3
♄ 1: ♑ 9.1 · 6: 9.6 · 11: 10.1 · 16: 10.6 · 21: 11.1 · 26: 11.5
♅ 1: ♑ 3.5 · 11: 4 · 21: 4.4
♆ 1: ♑ 11.1 · 11: 11.4 · 21: 11.7
♇ 1: ♏ 15.1 · 11: 15.2 · 21: 15.2R

III

	1	2	3	4	5	6	7	8	9	10	11	12	13	14	15	16	17	18	19	20	21	22	23	24	25	26	27	28	29	30	31
☉	♓ 10.4	11.4	12.4	13.4	14.4	15.4	16.4	17.4	18.4	19.4	20.4	21.4	22.4	23.4	24.4	25.4	26.4	27.4	28.4	29.4	♈ 0.4	1.4	2.3	3.3	4.3	5.3	6.3	7.3	8.3	9.3	10.3
☽	♐ 12.2	25.1	♑ 8.3	22	♒ 6.2	20.7	♓ 5.6	20.7	♈ 5.9	21	♉ 5.9	20.4	♊ 4.5	18.1	♋ 1.4	14.2	26.8	♌ 9.1	21.2	♍ 3.1	15	26.8	♎ 8.7	20.5	♏ 2.4	14.4	26.5	♐ 8.8	21.3	♑ 4.1	17.2
☿	♒ 15.9	17.2	18.6	20	21.4	22.9	24.3	25.8	27.3	28.8	♓ 0.4	2	3.5	5.1	6.8	8.4	10.1	11.8	13.5	15.2	16.9	18.7	20.5	22.3	24.1	26	27.9	29.8	♈ 1.7	3.6	5.6
♀	♓ 1.6	2.9	4.1	5.4	6.6	7.9	9.1	10.4	11.6	12.9	14.1	15.4	16.6	17.8	19.1	20.3	21.6	22.8	24.1	25.3	26.6	27.8	29.1	♈ 0.3	1.5	2.8	4	5.3	6.5	7.8	9
♂	♉ 23.7	24.3	24.9	25.5	26.1	26.8	27.4	28	28.6	29.2	29.8	♊ 0.4	1	1.6	2.2	2.8	3.4	4.1	4.7	5.3	5.9	6.5	7.1	7.7	8.3	8.9	9.6	10.2	10.8	11.4	12

♃ 1: ♉ 28.6 · 6: 29.3 · 11: 30 · 16: ♊ 0.7 · 21: 1.5 · 26: 2.4 · 31: 3.3
♄ 1: ♑ 11.7 · 6: 12.1 · 11: 12.5 · 16: 12.8 · 21: 13 · 26: 13.3 · 31: 13.5
♅ 1: ♑ 4.7 · 11: 5 · 21: 5.2 · 31: 5.3
♆ 1: ♑ 11.9 · 11: 12.1 · 21: 12.2 · 31: 12.3
♇ 1: ♏ 15.1R · 11: 15 · 21: 14.9 · 31: 14.7

IV

	1	2	3	4	5	6	7	8	9	10	11	12	13	14	15	16	17	18	19	20	21	22	23	24	25	26	27	28	29	30	31
☉	♈ 11.2	12.2	13.2	14.2	15.2	16.2	17.2	18.1	19.1	20.1	21.1	22.1	23.1	24	25	26	27	27.9	28.9	29.9	♉ 0.9	1.9	2.8	3.8	4.8	5.7	6.7	7.7	8.7	9.6	
☽	♒ 0.7	14.6	29	♓ 13.8	28.8	♈ 14	29.3	♉ 14.3	29.1	♊ 13.4	27.2	♋ 10.5	23.4	♌ 5.9	18.2	♍ 0.2	12	23.8	♎ 5.6	17.5	29.4	♏ 11.4	23.5	♐ 5.8	18.3	♑ 0.9	13.8	26.9	♒ 10.3	24.1	
☿	♈ 7.6	9.6	11.6	13.6	15.7	17.7	19.8	21.9	24	26.1	28.1	♉ 0.2	2.3	4.3	6.3	8.3	10.3	12.2	14	15.8	17.6	19.3	20.9	22.4	23.9	25.3	26.7	27.9	29.1	♊ 0.2	
♀	♈ 10.2	11.5	12.7	14	15.2	16.4	17.7	18.9	20.2	21.4	22.6	23.9	25.1	26.4	27.6	28.8	♉ 0.1	1.3	2.5	3.8	5	6.3	7.5	8.7	10	11.2	12.4	13.7	14.9	16.1	
♂	♊ 12.6	13.2	13.9	14.5	15.1	15.7	16.3	16.9	17.5	18.2	18.8	19.4	20	20.6	21.2	21.9	22.5	23.1	23.7	24.3	24.9	25.6	26.2	26.8	27.4	28	28.7	29.3	29.9	♋ 0.5	

♃ 1: ♊ 3.5 · 6: 4.4 · 11: 5.4 · 16: 6.4 · 21: 7.4 · 26: 8.5
♄ 1: ♑ 13.5 · 6: 13.7 · 11: 13.8 · 16: 13.9 · 21: 13.9 · 26: 13.9R
♅ 1: ♑ 5.3 · 11: 5.3R · 21: 5.3
♆ 1: ♑ 12.3 · 11: 12.4 · 21: 12.4R
♇ 1: ♏ 14.7R · 11: 14.4 · 21: 14.2

V

	1	2	3	4	5	6	7	8	9	10	11	12	13	14	15	16	17	18	19	20	21	22	23	24	25	26	27	28	29	30	31
☉	♉ 10.6	11.6	12.5	13.5	14.5	15.5	16.4	17.4	18.4	19.3	20.3	21.3	22.2	23.2	24.2	25.1	26.1	27	28	29	29.9	♊ 0.9	1.9	2.8	3.8	4.7	5.7	6.7	7.6	8.6	9.5
☽	♓ 8.2	22.7	♈ 7.5	22.5	♉ 7.6	22.5	♊ 7.3	21.6	♋ 5.5	19	♌ 1.9	14.5	26.7	♍ 8.7	20.6	♎ 2.4	14.2	26.1	♏ 8.1	20.3	♐ 2.7	15.2	27.9	♑ 10.8	23.9	♒ 7.2	20.7	♓ 4.5	18.5	♈ 2.7	17.2
☿	♊ 1.2	2.2	3	3.8	4.5	5.1	5.6	6	6.3	6.6	6.8	6.8	6.8R	6.8	6.6	6.4	6.1	5.7	5.3	4.8	4.3	3.8	3.2	2.7	2.1	1.5	1	0.5	♉ 30	29.5	29.2
♀	♉ 17.4	18.6	19.8	21.1	22.3	23.5	24.8	26	27.2	28.5	29.7	♊ 0.9	2.1	3.4	4.6	5.8	7.1	8.3	9.5	10.7	12	13.2	14.4	15.7	16.9	18.1	19.3	20.6	21.8	23	24.2
♂	♋ 1.1	1.7	2.4	3	3.6	4.2	4.8	5.5	6.1	6.7	7.3	7.9	8.6	9.2	9.8	10.4	11	11.6	12.3	12.9	13.5	14.1	14.7	15.4	16	16.6	17.2	17.8	18.5	19.1	19.7

♃ 1: ♊ 9.6 · 6: 10.7 · 11: 11.8 · 16: 12.9 · 21: 14 · 26: 15.2 · 31: 16.3
♄ 1: ♑ 13.9R · 6: 13.8 · 11: 13.7 · 16: 13.5 · 21: 13.3 · 26: 13.1 · 31: 12.8
♅ 1: ♑ 5.1R · 11: 4.9 · 21: 4.6 · 31: 4.3
♆ 1: ♑ 12.3R · 11: 12.2 · 21: 12 · 31: 11.8
♇ 1: ♏ 13.9R · 11: 13.6 · 21: 13.3 · 31: 13.1

VI

	1	2	3	4	5	6	7	8	9	10	11	12	13	14	15	16	17	18	19	20	21	22	23	24	25	26	27	28	29	30	31
☉	♊ 10.5	11.5	12.4	13.4	14.3	15.3	16.2	17.2	18.2	19.1	20.1	21	22	22.9	23.9	24.8	25.8	26.8	27.7	28.7	29.6	♋ 0.6	1.5	2.5	3.4	4.4	5.3	6.3	7.2	8.2	
☽	♉ 1.8	16.5	♊ 1.2	15.6	29.8	♋ 13.6	27	♌ 10	22.6	♍ 4.8	16.9	28.8	♎ 10.6	22.4	♏ 4.4	16.5	28.8	♐ 11.4	24.2	♑ 7.3	20.5	♒ 4	17.6	♓ 1.4	15.3	29.3	♈ 13.5	27.8	♉ 12.1	26.3	
☿	♉ 28.8R	28.6	28.4	28.2	28.2	28.2D	28.3	28.4	28.7	29	29.4	29.8	♊ 0.3	0.9	1.6	2.4	3.2	4	5	6	7	8.2	9.3	10.6	11.9	13.3	14.7	16.2	17.7	19.3	
♀	♊ 25.5	26.7	27.9	29.1	♋ 0.4	1.6	2.8	4	5.2	6.5	7.7	8.9	10.1	11.4	12.6	13.8	15	16.2	17.5	18.7	19.9	21.1	22.3	23.6	24.8	26	27.2	28.4	29.6	♌ 0.9	
♂	♋ 20.3	20.9	21.6	22.2	22.8	23.4	24.1	24.7	25.3	25.9	26.5	27.2	27.8	28.4	29	29.6	♌ 0.3	0.9	1.5	2.1	2.8	3.4	4	4.6	5.2	5.9	6.5	7.1	7.7	8.4	

♃ 1: ♊ 16.6 · 6: 17.7 · 11: 18.9 · 16: 20.1 · 21: 21.2 · 26: 22.4
♄ 1: ♑ 12.8R · 6: 12.5 · 11: 12.1 · 16: 11.8 · 21: 11.5 · 26: 11.1
♅ 1: ♑ 4.3R · 11: 3.9 · 21: 3.5
♆ 1: ♑ 11.8R · 11: 11.6 · 21: 11.3
♇ 1: ♏ 13.1R · 11: 12.8 · 21: 12.6

VII

	1	2	3	4	5	6	7	8	9	10	11	12	13	14	15	16	17	18	19	20	21	22	23	24	25	26	27	28	29	30	31
☉	♋ 9.2	10.1	11.1	12	13	13.9	14.9	15.8	16.8	17.7	18.7	19.6	20.6	21.5	22.5	23.5	24.4	25.4	26.3	27.3	28.2	29.2	♌ 0.1	1.1	2	3	4	4.9	5.9	6.8	7.8
☽	♊ 10.6	24.6	♋ 8.4	21.9	♌ 5.1	17.9	♍ 0.5	12.7	24.8	♎ 6.7	18.5	♏ 0.4	12.4	24.6	♐ 7	19.7	♑ 2.7	16	29.7	♒ 13.5	27.6	♓ 11.7	26	♈ 10.3	24.6	♉ 8.7	22.8	♊ 6.8	20.6	♋ 4.2	17.6
☿	♊ 20.9	22.6	24.4	26.2	28	29.9	♋ 1.9	3.9	5.9	7.9	10	12.1	14.2	16.4	18.5	20.7	22.8	25	27.1	29.2	♌ 1.3	3.4	5.5	7.5	9.5	11.5	13.5	15.4	17.3	19.2	21.1
♀	♌ 2.1	3.3	4.5	5.7	6.9	8.1	9.4	10.6	11.8	13	14.2	15.4	16.6	17.8	19.1	20.3	21.5	22.7	23.9	25.1	26.3	27.5	28.7	29.9	♍ 1.1	2.3	3.6	4.8	6	7.2	8.4
♂	♌ 9	9.6	10.2	10.9	11.5	12.1	12.7	13.3	14	14.6	15.2	15.8	16.5	17.1	17.7	18.4	19	19.6	20.2	20.9	21.5	22.1	22.7	23.4	24	24.6	25.3	25.9	26.5	27.1	27.8

♃ 1: ♊ 23.5 · 6: 24.6 · 11: 25.7 · 16: 26.8 · 21: 27.9 · 26: 29 · 31: ♋ 0
♄ 1: ♑ 10.7R · 6: 10.4 · 11: 10 · 16: 9.6 · 21: 9.3 · 26: 9 · 31: 8.7
♅ 1: ♑ 3.1R · 11: 2.7 · 21: 2.3 · 31: 2
♆ 1: ♑ 11.1R · 11: 10.8 · 21: 10.5 · 31: 10.3
♇ 1: ♏ 12.5R · 11: 12.4 · 21: 12.4 · 31: 12.4D

VIII

	1	2	3	4	5	6	7	8	9	10	11	12	13	14	15	16	17	18	19	20	21	22	23	24	25	26	27	28	29	30	31
☉	♌ 8.7	9.7	10.6	11.6	12.6	13.5	14.5	15.4	16.4	17.4	18.3	19.3	20.2	21.2	22.2	23.1	24.1	25	26	27	27.9	28.9	29.9	♍ 0.8	1.8	2.7	3.7	4.7	5.6	6.6	7.6
☽	♌ 0.7	13.6	26.2	♍ 8.6	20.7	♎ 2.8	14.6	26.5	♏ 8.4	20.4	♐ 2.5	14.9	27.7	♑ 10.8	24.3	♒ 8.1	22.3	♓ 6.8	21.4	♈ 6.1	20.8	♉ 5.3	19.6	♊ 3.7	17.5	♋ 1	14.2	27.2	♌ 10	22.5	♍ 4.9
☿	♌ 22.9	24.7	26.5	28.2	29.9	♍ 1.6	3.3	4.9	6.6	8.1	9.7	11.2	12.7	14.2	15.7	17.1	18.5	19.9	21.2	22.5	23.8	25.1	26.3	27.5	28.6	29.7	♎ 0.8	1.8	2.8	3.8	4.7
♀	♍ 9.6	10.8	12	13.2	14.4	15.6	16.8	18	19.2	20.4	21.6	22.8	23.9	25.1	26.3	27.5	28.7	29.9	♎ 1.1	2.3	3.5	4.7	5.9	7	8.2	9.4	10.6	11.8	13	14.1	15.3
♂	♌ 28.4	29	29.7	♍ 0.3	0.9	1.5	2.2	2.8	3.4	4.1	4.7	5.3	6	6.6	7.2	7.9	8.5	9.1	9.8	10.4	11	11.7	12.3	12.9	13.6	14.2	14.9	15.5	16.1	16.8	17.4

♃ 1: ♋ 0.2 · 6: 1.2 · 11: 2.2 · 16: 3.1 · 21: 4 · 26: 4.9 · 31: 5.7
♄ 1: ♑ 8.6R · 6: 8.3 · 11: 8.1 · 16: 7.8 · 21: 7.7 · 26: 7.5 · 31: 7.4
♅ 1: ♑ 2.0R · 11: 1.7 · 21: 1.5 · 31: 1.4
♆ 1: ♑ 10.3R · 11: 10 · 21: 9.9 · 31: 9.7
♇ 1: ♏ 12.4 · 11: 12.5 · 21: 12.6 · 31: 12.8

IX

	1	2	3	4	5	6	7	8	9	10	11	12	13	14	15	16	17	18	19	20	21	22	23	24	25	26	27	28	29	30	31
☉	♍ 8.5	9.5	10.5	11.4	12.4	13.4	14.4	15.3	16.3	17.3	18.2	19.2	20.2	21.2	22.1	23.1	24.1	25.1	26	27	28	29	30	♎ 0.9	1.9	2.9	3.9	4.9	5.8	6.8	
☽	♍ 17.1	29.1	♎ 11	22.9	♏ 4.7	16.6	28.6	♐ 10.7	23.1	♑ 5.7	18.8	♒ 2.3	16.2	♓ 0.5	15.2	♈ 0.2	15.3	♉ 0.4	15.3	29.8	♊ 14	27.8	♋ 11.2	24.3	♌ 7	19.5	♍ 1.8	13.9	25.9	♎ 7.8	
☿	♎ 5.5	6.3	7.1	7.8	8.4	8.9	9.4	9.8	10.2	10.4	10.5	10.6R	10.5	10.3	10	9.6	9.1	8.5	7.7	6.9	6	5	3.9	2.8	1.7	0.7	♍ 29.6	28.7	27.8	27.1	
♀	♎ 16.5	17.7	18.9	20	21.2	22.4	23.6	24.7	25.9	27.1	28.2	29.4	♏ 0.6	1.7	2.9	4.1	5.2	6.4	7.5	8.7	9.9	11	12.2	13.3	14.5	15.6	16.8	17.9	19	20.2	
♂	♍ 18.1	18.7	19.3	20	20.6	21.3	21.9	22.5	23.2	23.8	24.5	25.1	25.7	26.4	27	27.7	28.3	29	29.6	♎ 0.3	0.9	1.6	2.2	2.9	3.5	4.2	4.8	5.5	6.1	6.8	

♃ 1: ♋ 5.9 · 6: 6.6 · 11: 7.3 · 16: 8 · 21: 8.6 · 26: 9.1
♄ 1: ♑ 7.4R · 6: 7.3 · 11: 7.3 · 16: 7.3D · 21: 7.4 · 26: 7.5
♅ 1: ♑ 1.4R · 11: 1.3D · 21: 1.4
♆ 1: ♑ 9.7R · 11: 9.6 · 21: 9.6
♇ 1: ♏ 12.8 · 11: 13.1 · 21: 13.4

X

	1	2	3	4	5	6	7	8	9	10	11	12	13	14	15	16	17	18	19	20	21	22	23	24	25	26	27	28	29	30	31
☉	♎ 7.8	8.8	9.8	10.8	11.7	12.7	13.7	14.7	15.7	16.7	17.7	18.6	19.6	20.6	21.6	22.6	23.6	24.6	25.6	26.6	27.6	28.6	29.6	♏ 0.6	1.6	2.6	3.6	4.6	5.6	6.5	7.5
☽	♎ 19.7	♏ 1.5	13.4	25.3	♐ 7.2	19.4	♑ 1.7	14.3	27.2	♒ 10.5	24.3	♓ 8.6	23.3	♈ 8.4	23.7	♉ 9	24.2	♊ 9	23.5	♋ 7.4	20.8	♌ 3.9	16.5	28.8	♍ 11	23	♎ 4.9	16.7	28.5	♏ 10.4	22.3
☿	♍ 26.5R	26.1	25.8	25.7D	25.8	26.1	26.5	27.1	27.8	28.7	29.7	♎ 0.8	2.1	3.4	4.7	6.2	7.7	9.2	10.8	12.4	14	15.6	17.3	19	20.6	22.3	24	25.7	27.4	29	♏ 0.7
♀	♏ 21.3	22.5	23.6	24.7	25.9	27	28.1	29.3	♐ 0.4	1.5	2.6	3.7	4.8	6	7.1	8.2	9.3	10.4	11.5	12.6	13.7	14.7	15.8	16.9	18	19.1	20.1	21.2	22.3	23.3	24.4
♂	♎ 7.4	8.1	8.7	9.4	10	10.7	11.3	12	12.6	13.3	14	14.6	15.3	15.9	16.6	17.2	17.9	18.6	19.2	19.9	20.5	21.2	21.9	22.5	23.2	23.9	24.5	25.2	25.9	26.5	27.2

♃ 1: ♋ 9.6 · 6: 10 · 11: 10.3 · 16: 10.6 · 21: 10.8 · 26: 10.9 · 31: 10.9R
♄ 1: ♑ 7.6 · 6: 7.8 · 11: 8 · 16: 8.3 · 21: 8.6 · 26: 8.9 · 31: 9.3
♅ 1: ♑ 1.5 · 11: 1.7 · 21: 2 · 31: 2.4
♆ 1: ♑ 9.6 · 11: 9.7 · 21: 9.9 · 31: 10
♇ 1: ♏ 13.7 · 11: 14 · 21: 14.4 · 31: 14.8

XI

	1	2	3	4	5	6	7	8	9	10	11	12	13	14	15	16	17	18	19	20	21	22	23	24	25	26	27	28	29	30	31
☉	♏ 8.5	9.5	10.6	11.6	12.6	13.6	14.6	15.6	16.6	17.6	18.6	19.6	20.6	21.6	22.6	23.6	24.6	25.6	26.6	27.6	28.7	29.7	♐ 0.7	1.7	2.7	3.7	4.7	5.7	6.7	7.8	
☽	♐ 4.3	16.4	28.6	♑ 10.9	23.5	♒ 6.4	19.6	♓ 3.2	17.3	♈ 1.7	16.6	♉ 1.8	17.1	♊ 2.3	17.3	♋ 1.9	16	29.6	♌ 12.7	25.4	♍ 7.7	19.8	♎ 1.8	13.6	25.4	♏ 7.3	19.2	♐ 1.3	13.4	25.7	
☿	♏ 2.4	4	5.7	7.3	9	10.6	12.3	13.9	15.5	17.1	18.7	20.3	21.9	23.5	25.1	26.7	28.2	29.8	♐ 1.4	2.9	4.5	6.1	7.6	9.2	10.7	12.3	13.8	15.3	16.9	18.4	
♀	♐ 25.4	26.5	27.5	28.5	29.6	♑ 0.6	1.6	2.6	3.6	4.6	5.6	6.6	7.6	8.5	9.5	10.5	11.4	12.3	13.3	14.2	15.1	16	16.9	17.8	18.6	19.5	20.3	21.2	22	22.8	
♂	♎ 27.9	28.5	29.2	29.9	♏ 0.5	1.2	1.9	2.5	3.2	3.9	4.6	5.2	5.9	6.6	7.3	7.9	8.6	9.3	10	10.6	11.3	12	12.7	13.4	14	14.7	15.4	16.1	16.8	17.5	

♃ 1: ♋ 10.9R · 6: 10.8 · 11: 10.6 · 16: 10.3 · 21: 10 · 26: 9.6
♄ 1: ♑ 9.3 · 6: 9.7 · 11: 10.1 · 16: 10.6 · 21: 11.1 · 26: 11.6
♅ 1: ♑ 2.5 · 11: 2.9 · 21: 3.4
♆ 1: ♑ 10.1 · 11: 10.3 · 21: 10.6
♇ 1: ♏ 14.9 · 11: 15.3 · 21: 15.7

XII

	1	2	3	4	5	6	7	8	9	10	11	12	13	14	15	16	17	18	19	20	21	22	23	24	25	26	27	28	29	30	31
☉	♐ 8.8	9.8	10.8	11.8	12.8	13.8	14.9	15.9	16.9	17.9	18.9	19.9	21	22	23	24	25	26	27.1	28.1	29.1	♑ 0.1	1.1	2.2	3.2	4.2	5.2	6.2	7.2	8.3	9.3
☽	♑ 8.1	20.6	♒ 3.4	16.3	29.5	♓ 13.1	26.9	♈ 11.2	25.7	♉ 10.5	25.5	♊ 10.4	25.2	♋ 9.7	23.9	♌ 7.5	20.7	♍ 3.5	15.9	28.1	♎ 10.1	22	♏ 3.8	15.7	27.7	♐ 9.8	22.1	♑ 4.6	17.3	♒ 0.2	13.3
☿	♐ 19.9	21.5	23	24.5	26.1	27.6	29.1	♑ 0.6	2.1	3.6	5.1	6.6	8	9.5	10.9	12.3	13.7	15	16.3	17.6	18.8	20	21.1	22.1	23	23.8	24.5	25.1	25.5	25.8	25.9R
♀	♑ 23.6	24.3	25.1	25.8	26.5	27.2	27.9	28.6	29.2	29.9	♒ 0.5	1.1	1.6	2.1	2.6	3.1	3.6	4	4.4	4.7	5.1	5.4	5.6	5.9	6	6.2	6.3	6.4	6.4	6.4R	6.4
♂	♏ 18.1	18.8	19.5	20.2	20.9	21.6	22.3	22.9	23.6	24.3	25	25.7	26.4	27.1	27.8	28.5	29.2	29.9	♐ 0.6	1.3	2	2.7	3.4	4.1	4.7	5.4	6.1	6.9	7.6	8.3	9

♃ 1: ♋ 9.1R · 6: 8.6 · 11: 8 · 16: 7.4 · 21: 6.7 · 26: 6 · 31: 5.3
♄ 1: ♑ 12.1 · 6: 12.6 · 11: 13.2 · 16: 13.7 · 21: 14.3 · 26: 14.9 · 31: 15.5
♅ 1: ♑ 3.9 · 11: 4.5 · 21: 5.1 · 31: 5.7
♆ 1: ♑ 10.9 · 11: 11.2 · 21: 11.6 · 31: 12
♇ 1: ♏ 16.1 · 11: 16.4 · 21: 16.8 · 31: 17.1

1990

I

	1	2	3	4	5	6	7	8	9	10	11	12	13	14	15	16	17	18	19	20	21	22	23	24	25	26	27	28	29	30	31
☉	♑ 10.3	11.3	12.3	13.4	14.4	15.4	16.4	17.4	18.5	19.5	20.5	21.5	22.5	23.6	24.6	25.6	26.6	27.6	28.6	29.7	♒ 0.7	1.7	2.7	3.7	4.8	5.8	6.8	7.8	8.8	9.8	10.8
☽	♒ 26.5	♓ 10	23.7	♈ 7.6	21.6	♉ 5.9	20.3	♊ 4.8	19.3	♋ 3.6	17.8	♌ 1.7	15.2	28.4	♍ 11.2	23.7	♎ 5.9	18	29.9	♏ 11.7	23.6	♐ 5.7	17.9	♑ 0.3	13	25.9	♒ 9.2	22.7	♓ 6.4	20.3	♈ 4.4
☿	♑ 25.8R	25.5	25	24.3	23.4	22.4	21.2	20	18.7	17.3	16	14.8	13.6	12.6	11.7	11	10.4	10	9.8	9.7	9.7D	9.9	10.2	10.6	11.1	11.7	12.4	13.1	13.9	14.8	15.8
♀	♒ 6.3R	6.1	6	5.8	5.5	5.2	4.9	4.5	4.1	3.6	3.2	2.7	2.1	1.6	1	0.4	♑ 29.8	29.2	28.6	27.9	27.3	26.7	26.1	25.6	25	24.5	24	23.5	23.1	22.7	22.4
♂	♐ 9.7	10.4	11.1	11.8	12.5	13.2	13.9	14.6	15.3	16	16.7	17.4	18.1	18.9	19.6	20.3	21	21.7	22.4	23.1	23.8	24.6	25.3	26	26.7	27.4	28.1	28.9	29.6	♑ 0.3	1

♃ 1: ♋ 5.2R · 6: 4.5 · 11: 3.9 · 16: 3.3 · 21: 2.7 · 26: 2.2 · 31: 1.8
♄ 1: ♑ 15.6 · 6: 16.2 · 11: 16.8 · 16: 17.4 · 21: 18 · 26: 18.5 · 31: 19.1
♅ 1: ♑ 5.8 · 11: 6.4 · 21: 6.9 · 31: 7.5
♆ 1: ♑ 12 · 11: 12.4 · 21: 12.8 · 31: 13.1
♇ 1: ♏ 17.1 · 11: 17.3 · 21: 17.5 · 31: 17.7

II

	1	2	3	4	5	6	7	8	9	10	11	12	13	14	15	16	17	18	19	20	21	22	23	24	25	26	27	28	29	30	31
☉	♒ 11.9	12.9	13.9	14.9	15.9	16.9	17.9	19	20	21	22	23	24	25	26	27.1	28.1	29.1	♓ 0.1	1.1	2.1	3.1	4.1	5.1	6.1	7.1	8.1	9.1			
☽	♈ 18.5	♉ 2.7	16.9	♊ 1	15.1	29.1	♋ 13	26.7	♌ 10.1	23.4	♍ 6.3	19	♎ 1.5	13.7	25.7	♏ 7.7	19.5	♐ 1.4	13.4	25.6	♑ 8.1	20.8	♒ 3.9	17.4	♓ 1.3	15.4	29.8	♈ 14.4			
☿	♑ 16.7	17.8	18.8	20	21.1	22.3	23.5	24.7	26	27.3	28.6	29.9	♒ 1.3	2.7	4.1	5.5	6.9	8.4	9.9	11.3	12.8	14.4	15.9	17.5	19	20.6	22.2	23.8			
♀	♑ 22.0R	21.8	21.5	21.3	21.2	21	21	20.9	20.9D	21	21.1	21.2	21.3	21.5	21.8	22	22.3	22.7	23	23.4	23.9	24.3	24.8	25.3	25.8	26.4	27	27.6			
♂	♑ 1.7	2.5	3.2	3.9	4.6	5.4	6.1	6.8	7.5	8.3	9	9.7	10.4	11.2	11.9	12.6	13.4	14.1	14.8	15.5	16.3	17	17.7	18.5	19.2	19.9	20.7	21.4			

♃ 1: ♋ 1.7R · 6: 1.4 · 11: 1.1 · 16: 0.9 · 21: 0.8 · 26: 0.8D
♄ 1: ♑ 19.2 · 6: 19.8 · 11: 20.3 · 16: 20.8 · 21: 21.4 · 26: 21.8
♅ 1: ♑ 7.5 · 11: 8 · 21: 8.5
♆ 1: ♑ 13.2 · 11: 13.5 · 21: 13.8
♇ 1: ♏ 17.7 · 11: 17.8 · 21: 17.8R

III

	1	2	3	4	5	6	7	8	9	10	11	12	13	14	15	16	17	18	19	20	21	22	23	24	25	26	27	28	29	30	31
☉	♓ 10.1	11.1	12.2	13.2	14.2	15.2	16.2	17.2	18.2	19.2	20.2	21.2	22.2	23.2	24.1	25.1	26.1	27.1	28.1	29.1	♈ 0.1	1.1	2.1	3.1	4.1	5.1	6.1	7.1	8	9	10
☽	♈ 28.9	♉ 13.5	27.8	♊ 12	25.9	♋ 9.6	23.1	♌ 6.4	19.4	♍ 2.2	14.9	27.3	♎ 9.6	21.8	♏ 3.8	15.7	27.6	♐ 9.4	21.4	♑ 3.5	15.9	28.6	♒ 11.7	25.3	♓ 9.3	23.7	♈ 8.5	23.4	♉ 8.5	23.4	♊ 8.1
☿	♒ 25.5	27.1	28.8	♓ 0.5	2.2	3.9	5.7	7.4	9.2	11	12.8	14.7	16.5	18.4	20.3	22.2	24.1	26.1	28	♈ 0	2	4	6	8	10.1	12.1	14.1	16.1	18.1	20.1	22
♀	♑ 28.2	28.8	29.5	♒ 0.2	0.9	1.6	2.3	3.1	3.8	4.6	5.4	6.2	7	7.9	8.7	9.6	10.4	11.3	12.2	13.1	14	14.9	15.9	16.8	17.7	18.7	19.7	20.6	21.6	22.6	23.6
♂	♑ 22.1	22.9	23.6	24.3	25.1	25.8	26.6	27.3	28	28.8	29.5	♒ 0.3	1	1.7	2.5	3.2	4	4.7	5.4	6.2	6.9	7.7	8.4	9.2	9.9	10.6	11.4	12.1	12.9	13.6	14.4

♃ 1: ♋ 0.8 · 6: 1 · 11: 1.1 · 16: 1.4 · 21: 1.8 · 26: 2.2 · 31: 2.7
♄ 1: ♑ 22.1 · 6: 22.6 · 11: 23 · 16: 23.4 · 21: 23.7 · 26: 24.1 · 31: 24.4
♅ 1: ♑ 8.8 · 11: 9.1 · 21: 9.3 · 31: 9.5
♆ 1: ♑ 14 · 11: 14.2 · 21: 14.4 · 31: 14.5
♇ 1: ♏ 17.8R · 11: 17.7 · 21: 17.5 · 31: 17.4

IV

	1	2	3	4	5	6	7	8	9	10	11	12	13	14	15	16	17	18	19	20	21	22	23	24	25	26	27	28	29	30	31
☉	♈ 11	12	13	14	15	15.9	16.9	17.9	18.9	19.9	20.9	21.8	22.8	23.8	24.8	25.8	26.7	27.7	28.7	29.7	♉ 0.6	1.6	2.6	3.6	4.5	5.5	6.5	7.5	8.4	9.4	
☽	♊ 22.5	♋ 6.5	20.1	♌ 3.4	16.4	29.1	♍ 11.6	24	♎ 6.2	18.3	♏ 0.3	12.3	24.2	♐ 6	17.9	29.9	♑ 12	24.3	♒ 6.9	20	♓ 3.4	17.4	♈ 1.8	16.7	♉ 1.9	17.2	♊ 2.4	17.4	♋ 2	16.2	
☿	♈ 24	25.8	27.7	29.5	♉ 1.2	2.8	4.4	5.9	7.4	8.7	10	11.2	12.2	13.2	14.1	14.9	15.6	16.1	16.6	17	17.3	17.5	17.5	17.5R	17.4	17.2	16.9	16.5	16.1	15.6	
♀	♒ 24.6	25.6	26.6	27.6	28.6	29.6	♓ 0.6	1.7	2.7	3.8	4.8	5.8	6.9	8	9	10.1	11.2	12.2	13.3	14.4	15.5	16.6	17.7	18.7	19.8	20.9	22	23.1	24.3	25.4	
♂	♒ 15.1	15.9	16.6	17.4	18.1	18.8	19.6	20.3	21.1	21.8	22.6	23.3	24.1	24.8	25.6	26.3	27.1	27.8	28.6	29.3	♓ 0.1	0.8	1.6	2.3	3	3.8	4.5	5.3	6	6.8	

♃ 1: ♋ 2.8 · 6: 3.3 · 11: 3.9 · 16: 4.6 · 21: 5.4 · 26: 6.1
♄ 1: ♑ 24.4 · 6: 24.7 · 11: 24.9 · 16: 25 · 21: 25.2 · 26: 25.3
♅ 1: ♑ 9.5 · 11: 9.6 · 21: 9.6R
♆ 1: ♑ 14.5 · 11: 14.6 · 21: 14.6R
♇ 1: ♏ 17.3R · 11: 17.1 · 21: 16.8

V

	1	2	3	4	5	6	7	8	9	10	11	12	13	14	15	16	17	18	19	20	21	22	23	24	25	26	27	28	29	30	31
☉	♉ 10.4	11.3	12.3	13.3	14.3	15.2	16.2	17.2	18.1	19.1	20.1	21	22	23	23.9	24.9	25.8	26.8	27.8	28.7	29.7	♊ 0.7	1.6	2.6	3.5	4.5	5.5	6.4	7.4	8.3	9.3
☽	♋ 29.9	♌ 13.2	26.1	♍ 8.7	21.1	♎ 3.3	15.4	27.3	♏ 9.2	21.1	♐ 3	14.9	26.8	♑ 8.8	21	♒ 3.4	16	28.9	♓ 12.3	26.1	♈ 10.4	25.2	♉ 10.3	25.5	♊ 10.8	25.9	♋ 10.7	25	♌ 8.9	22.3	♍ 5.3
☿	♉ 15.1R	14.5	13.9	13.3	12.6	12	11.4	10.8	10.2	9.7	9.3	8.9	8.5	8.3	8.1	8	7.9	8.0D	8.1	8.2	8.5	8.8	9.2	9.7	10.3	10.9	11.5	12.3	13.1	13.9	14.9
♀	♓ 26.5	27.6	28.7	29.8	♈ 0.9	2.1	3.2	4.3	5.4	6.6	7.7	8.8	10	11.1	12.3	13.4	14.5	15.7	16.8	18	19.1	20.3	21.4	22.6	23.7	24.9	26	27.2	28.4	29.5	♉ 0.7
♂	♓ 7.5	8.3	9	9.8	10.5	11.3	12	12.8	13.5	14.2	15	15.7	16.5	17.2	18	18.7	19.4	20.2	20.9	21.7	22.4	23.1	23.9	24.6	25.4	26.1	26.8	27.6	28.3	29	29.8

♃ 1: ♋ 6.9 · 6: 7.8 · 11: 8.7 · 16: 9.6 · 21: 10.6 · 26: 11.6 · 31: 12.6
♄ 1: ♑ 25.3 · 6: 25.3R · 11: 25.3 · 16: 25.2 · 21: 25.1 · 26: 25 · 31: 24.8
♅ 1: ♑ 9.5R · 11: 9.3 · 21: 9 · 31: 8.7
♆ 1: ♑ 14.5R · 11: 14.4 · 21: 14.3 · 31: 14.1
♇ 1: ♏ 16.6R · 11: 16.3 · 21: 16 · 31: 15.8

VI

	1	2	3	4	5	6	7	8	9	10	11	12	13	14	15	16	17	18	19	20	21	22	23	24	25	26	27	28	29	30	31
☉	♊ 10.3	11.2	12.2	13.1	14.1	15.1	16	17	17.9	18.9	19.8	20.8	21.7	22.7	23.7	24.6	25.6	26.5	27.5	28.4	29.4	♋ 0.3	1.3	2.2	3.2	4.2	5.1	6.1	7	8	
☽	♍ 17.9	♎ 0.2	12.4	24.4	♏ 6.3	18.1	30	♐ 11.9	23.9	♑ 5.9	18.1	♒ 0.4	12.9	25.7	♓ 8.7	22.1	♈ 5.8	19.9	♉ 4.4	19.2	♊ 4.2	19.3	♋ 4.2	18.9	♌ 3.3	17.2	♍ 0.7	13.8	26.5	♎ 8.8	
☿	♉ 15.8	16.9	18	19.1	20.3	21.5	22.8	24.1	25.5	27	28.4	30	♊ 1.6	3.2	4.8	6.6	8.3	10.1	12	13.9	15.8	17.8	19.8	21.8	23.9	26	28.2	♋ 0.3	2.5	4.6	
♀	♉ 1.8	3	4.2	5.3	6.5	7.7	8.8	10	11.2	12.3	13.5	14.7	15.8	17	18.2	19.4	20.5	21.7	22.9	24.1	25.3	26.4	27.6	28.8	30	♊ 1.2	2.4	3.5	4.7	5.9	
♂	♈ 0.5	1.2	2	2.7	3.4	4.2	4.9	5.6	6.3	7.1	7.8	8.5	9.2	10	10.7	11.4	12.1	12.8	13.5	14.3	15	15.7	16.4	17.1	17.8	18.5	19.2	19.9	20.6	21.3	

♃ 1: ♋ 12.8 · 6: 13.9 · 11: 14.9 · 16: 16 · 21: 17.1 · 26: 18.2
♄ 1: ♑ 24.8R · 6: 24.5 · 11: 24.3 · 16: 24 · 21: 23.7 · 26: 23.4
♅ 1: ♑ 8.7R · 11: 8.3 · 21: 7.9
♆ 1: ♑ 14.1R · 11: 13.8 · 21: 13.6
♇ 1: ♏ 15.7R · 11: 15.5 · 21: 15.3

VII

	1	2	3	4	5	6	7	8	9	10	11	12	13	14	15	16	17	18	19	20	21	22	23	24	25	26	27	28	29	30	31
☉	♋ 8.9	9.9	10.8	11.8	12.7	13.7	14.6	15.6	16.5	17.5	18.5	19.4	20.4	21.3	22.3	23.2	24.2	25.1	26.1	27	28	28.9	29.9	♌ 0.9	1.8	2.8	3.7	4.7	5.6	6.6	7.5
☽	♎ 21	♏ 3	14.9	26.7	♐ 8.6	20.6	♑ 2.7	14.9	27.3	♒ 9.9	22.7	♓ 5.7	19	♈ 2.5	16.3	♉ 0.3	14.6	29.1	♊ 13.7	28.3	♋ 12.9	27.3	♌ 11.5	25.3	♍ 8.8	21.8	♎ 4.6	17	29.2	♏ 11.2	23.1
☿	♋ 6.8	9	11.2	13.3	15.5	17.6	19.8	21.9	23.9	26	28	♌ 0	2	3.9	5.8	7.7	9.6	11.4	13.2	14.9	16.6	18.3	20	21.6	23.2	24.8	26.3	27.8	29.3	♍ 0.8	2.2
♀	♊ 7.1	8.3	9.5	10.7	11.9	13.1	14.3	15.4	16.6	17.8	19	20.2	21.4	22.6	23.8	25	26.2	27.4	28.6	29.8	♋ 1	2.2	3.4	4.6	5.8	7	8.3	9.5	10.7	11.9	13.1
♂	♈ 22	22.7	23.4	24.1	24.8	25.5	26.2	26.9	27.5	28.2	28.9	29.6	♉ 0.3	0.9	1.6	2.3	2.9	3.6	4.3	4.9	5.6	6.2	6.9	7.5	8.2	8.8	9.5	10.1	10.8	11.4	12

♃ 1: ♋ 19.3 · 6: 20.4 · 11: 21.5 · 16: 22.7 · 21: 23.8 · 26: 24.9 · 31: 26
♄ 1: ♑ 23.0R · 6: 22.7 · 11: 22.3 · 16: 21.9 · 21: 21.5 · 26: 21.2 · 31: 20.8
♅ 1: ♑ 7.5R · 11: 7.1 · 21: 6.8 · 31: 6.4
♆ 1: ♑ 13.3R · 11: 13 · 21: 12.8 · 31: 12.5
♇ 1: ♏ 15.1R · 11: 15 · 21: 15 · 31: 15.0D

VIII

	1	2	3	4	5	6	7	8	9	10	11	12	13	14	15	16	17	18	19	20	21	22	23	24	25	26	27	28	29	30	31
☉	♌ 8.5	9.5	10.4	11.4	12.3	13.3	14.2	15.2	16.2	17.1	18.1	19	20	21	21.9	22.9	23.8	24.8	25.8	26.7	27.7	28.7	29.6	♍ 0.6	1.5	2.5	3.5	4.4	5.4	6.4	7.3
☽	♐ 4.9	16.9	28.9	♑ 11.1	23.5	♒ 6.2	19.1	♓ 2.3	15.7	29.3	♈ 13.1	27.1	♉ 11.2	25.4	♊ 9.7	23.9	♋ 8.2	22.3	♌ 6.3	20.1	♍ 3.6	16.9	29.8	♎ 12.5	24.9	♏ 7.1	19.1	♐ 1	12.9	24.8	♑ 6.9
☿	♍ 3.6	4.9	6.2	7.5	8.8	10	11.1	12.3	13.4	14.4	15.4	16.4	17.3	18.2	19	19.8	20.5	21.1	21.7	22.2	22.6	23	23.3	23.4	23.5	23.5R	23.5	23.3	23	22.6	22.1
♀	♋ 14.3	15.5	16.7	17.9	19.1	20.4	21.6	22.8	24	25.2	26.4	27.7	28.9	♌ 0.1	1.3	2.5	3.8	5	6.2	7.4	8.7	9.9	11.1	12.3	13.6	14.8	16	17.3	18.5	19.7	20.9
♂	♉ 12.6	13.3	13.9	14.5	15.1	15.7	16.3	17	17.6	18.2	18.7	19.3	19.9	20.5	21.1	21.7	22.2	22.8	23.4	23.9	24.5	25	25.6	26.1	26.6	27.2	27.7	28.2	28.7	29.2	29.7

♃ 1: ♋ 26.2 · 6: 27.3 · 11: 28.4 · 16: 29.5 · 21: ♌ 0.6 · 26: 1.6 · 31: 2.6
♄ 1: ♑ 20.8R · 6: 20.4 · 11: 20.1 · 16: 19.8 · 21: 19.6 · 26: 19.3 · 31: 19.1
♅ 1: ♑ 6.4R · 11: 6.1 · 21: 5.8 · 31: 5.7
♆ 1: ♑ 12.5R · 11: 12.3 · 21: 12.1 · 31: 11.9
♇ 1: ♏ 15 · 11: 15.1 · 21: 15.2 · 31: 15.3

IX

	1	2	3	4	5	6	7	8	9	10	11	12	13	14	15	16	17	18	19	20	21	22	23	24	25	26	27	28	29	30	31
☉	♍ 8.3	9.3	10.2	11.2	12.2	13.2	14.1	15.1	16.1	17	18	19	20	20.9	21.9	22.9	23.9	24.8	25.8	26.8	27.8	28.7	29.7	♎ 0.7	1.7	2.7	3.6	4.6	5.6	6.6	
☽	♑ 19.1	♒ 1.7	14.5	27.7	♓ 11.2	25.1	♈ 9.2	23.5	♉ 7.8	22.2	♊ 6.5	20.7	♋ 4.7	18.6	♌ 2.3	15.9	29.3	♍ 12.4	25.4	♎ 8.2	20.7	♏ 3	15.1	27.1	♐ 9	20.8	♑ 2.7	14.7	26.9	♒ 9.5	
☿	♍ 21.5R	20.8	20.1	19.2	18.3	17.4	16.4	15.4	14.4	13.5	12.6	11.8	11.1	10.5	10.1	9.8	9.6	9.6D	9.8	10.1	10.6	11.2	12	12.9	13.9	15	16.3	17.6	19	20.5	
♀	♌ 22.2	23.4	24.6	25.9	27.1	28.3	29.6	♍ 0.8	2	3.3	4.5	5.8	7	8.2	9.5	10.7	12	13.2	14.4	15.7	16.9	18.2	19.4	20.7	21.9	23.1	24.4	25.6	26.9	28.1	
♂	♊ 0.2	0.7	1.2	1.7	2.2	2.7	3.1	3.6	4	4.5	4.9	5.3	5.7	6.2	6.6	7	7.4	7.7	8.1	8.5	8.8	9.2	9.5	9.9	10.2	10.5	10.8	11.1	11.4	11.6	

♃ 1: ♌ 2.8 · 6: 3.8 · 11: 4.8 · 16: 5.7 · 21: 6.6 · 26: 7.5
♄ 1: ♑ 19.1R · 6: 18.9 · 11: 18.8 · 16: 18.7 · 21: 18.7 · 26: 18.7D
♅ 1: ♑ 5.7R · 11: 5.6 · 21: 5.6D
♆ 1: ♑ 11.9R · 11: 11.8 · 21: 11.8
♇ 1: ♏ 15.4 · 11: 15.6 · 21: 15.9

X

	1	2	3	4	5	6	7	8	9	10	11	12	13	14	15	16	17	18	19	20	21	22	23	24	25	26	27	28	29	30	31
☉	♎ 7.6	8.5	9.5	10.5	11.5	12.5	13.5	14.5	15.4	16.4	17.4	18.4	19.4	20.4	21.4	22.4	23.4	24.4	25.3	26.3	27.3	28.3	29.3	♏ 0.3	1.3	2.3	3.3	4.3	5.3	6.3	7.3
☽	♒ 22.4	♓ 5.8	19.6	♈ 3.8	18.3	♉ 3	17.8	♊ 2.6	17.1	♋ 1.5	15.5	29.3	♌ 12.7	26	♍ 9	21.8	♎ 4.5	17	29.3	♏ 11.4	23.5	♐ 5.4	17.2	29	♑ 10.8	22.8	♒ 5	17.5	♓ 0.3	13.7	27.5
☿	♍ 22.1	23.7	25.3	27	28.7	♎ 0.5	2.2	4	5.7	7.5	9.2	11	12.8	14.5	16.3	18	19.7	21.4	23.1	24.8	26.5	28.2	29.9	♏ 1.5	3.2	4.8	6.5	8.1	9.7	11.3	12.9
♀	♍ 29.4	♎ 0.6	1.9	3.1	4.4	5.6	6.9	8.1	9.4	10.6	11.9	13.1	14.4	15.6	16.9	18.1	19.4	20.6	21.9	23.1	24.4	25.6	26.9	28.1	29.4	♏ 0.6	1.9	3.1	4.4	5.6	6.9
♂	♊ 11.9	12.1	12.4	12.6	12.8	13	13.2	13.4	13.6	13.7	13.9	14	14.1	14.2	14.3	14.4	14.4	14.5	14.5	14.5	14.6R	14.5	14.5	14.5	14.4	14.4	14.3	14.2	14.1	13.9	13.8

♃ 1: ♌ 8.3 · 6: 9.1 · 11: 9.8 · 16: 10.5 · 21: 11.1 · 26: 11.7 · 31: 12.1
♄ 1: ♑ 18.8 · 6: 18.8 · 11: 19 · 16: 19.1 · 21: 19.3 · 26: 19.6 · 31: 19.9
♅ 1: ♑ 5.7 · 11: 5.9 · 21: 6.2 · 31: 6.5
♆ 1: ♑ 11.8 · 11: 11.9 · 21: 12 · 31: 12.2
♇ 1: ♏ 16.2 · 11: 16.5 · 21: 16.9 · 31: 17.3

XI

	1	2	3	4	5	6	7	8	9	10	11	12	13	14	15	16	17	18	19	20	21	22	23	24	25	26	27	28	29	30	31
☉	♏ 8.3	9.3	10.3	11.3	12.3	13.3	14.3	15.3	16.3	17.3	18.3	19.3	20.3	21.4	22.4	23.4	24.4	25.4	26.4	27.4	28.4	29.4	♐ 0.4	1.4	2.5	3.5	4.5	5.5	6.5	7.5	
☽	♈ 11.8	26.5	♉ 11.6	26.8	♊ 11.9	26.8	♋ 11.5	25.7	♌ 9.5	23	♍ 6.1	18.9	♎ 1.5	13.9	26.1	♏ 8.2	20.2	♐ 2.2	14	25.8	♑ 7.6	19.5	♒ 1.4	13.6	26	♓ 8.8	22	♈ 5.7	19.9	♉ 4.5	
☿	♏ 14.5	16.1	17.6	19.2	20.8	22.3	23.9	25.4	27	28.5	♐ 0	1.5	3	4.5	6	7.5	9	10.5	12	13.4	14.9	16.3	17.8	19.2	20.6	22	23.4	24.8	26.1	27.4	
♀	♏ 8.2	9.4	10.7	11.9	13.2	14.4	15.7	16.9	18.2	19.4	20.7	22	23.2	24.5	25.7	27	28.2	29.5	♐ 0.7	2	3.3	4.5	5.8	7	8.3	9.5	10.8	12	13.3	14.6	
♂	♊ 13.6R	13.5	13.3	13.1	12.9	12.6	12.4	12.1	11.9	11.6	11.3	11	10.7	10.4	10	9.7	9.4	9	8.7	8.3	7.9	7.5	7.2	6.8	6.4	6	5.7	5.3	4.9	4.5	

♃ 1: ♌ 12.2 · 6: 12.7 · 11: 13 · 16: 13.3 · 21: 13.5 · 26: 13.6
♄ 1: ♑ 19.9 · 6: 20.2 · 11: 20.6 · 16: 21 · 21: 21.4 · 26: 21.9
♅ 1: ♑ 6.5 · 11: 6.9 · 21: 7.4
♆ 1: ♑ 12.2 · 11: 12.4 · 21: 12.7
♇ 1: ♏ 17.3 · 11: 17.7 · 21: 18.1

XII

	1	2	3	4	5	6	7	8	9	10	11	12	13	14	15	16	17	18	19	20	21	22	23	24	25	26	27	28	29	30	31
☉	♐ 8.5	9.5	10.6	11.6	12.6	13.6	14.6	15.6	16.6	17.7	18.7	19.7	20.7	21.7	22.7	23.8	24.8	25.8	26.8	27.8	28.9	29.9	♑ 0.9	1.9	2.9	3.9	5	6	7	8	9
☽	♉ 19.6	♊ 4.8	20.2	♋ 5.4	20.3	♌ 4.8	18.8	♍ 2.4	15.6	28.4	♎ 10.9	23.2	♏ 5.3	17.3	29.1	♐ 11	22.8	♑ 4.6	16.5	28.5	♒ 10.6	22.8	♓ 5.3	18.1	♈ 1.2	14.8	28.7	♉ 13.1	27.9	♊ 12.9	28.1
☿	♐ 28.7	30	♑ 1.2	2.4	3.5	4.6	5.6	6.6	7.4	8.2	8.8	9.3	9.7	9.9	10.0R	9.9	9.6	9.1	8.4	7.5	6.5	5.3	4	2.7	1.3	♐ 29.9	28.7	27.5	26.4	25.6	24.8
♀	♐ 15.8	17.1	18.3	19.6	20.8	22.1	23.4	24.6	25.9	27.1	28.4	29.6	♑ 0.9	2.1	3.4	4.7	5.9	7.2	8.4	9.7	10.9	12.2	13.4	14.7	16	17.2	18.5	19.7	21	22.2	23.5
♂	♊ 4.2R	3.8	3.4	3.1	2.8	2.4	2.1	1.8	1.5	1.2	0.9	0.6	0.3	0.1	♉ 29.8	29.6	29.4	29.2	29	28.8	28.6	28.5	28.4	28.2	28.1	28	28	27.9	27.8	27.8	27.8

♃ 1: ♌ 13.6R · 6: 13.5 · 11: 13.4 · 16: 13.2 · 21: 12.9 · 26: 12.5 · 31: 12.1
♄ 1: ♑ 22.3 · 6: 22.8 · 11: 23.3 · 16: 23.9 · 21: 24.4 · 26: 25 · 31: 25.5
♅ 1: ♑ 7.9 · 11: 8.5 · 21: 9.1 · 31: 9.7
♆ 1: ♑ 13 · 11: 13.4 · 21: 13.7 · 31: 14.1
♇ 1: ♏ 18.5 · 11: 18.9 · 21: 19.3 · 31: 19.6

I

	1	2	3	4	5	6	7	8	9	10	11	12	13	14	15	16	17	18	19	20	21	22	23	24	25	26	27	28	29	30	31
☉	♑10.1	11.1	12.1	13.1	14.1	15.2	16.2	17.2	18.2	19.2	20.3	21.3	22.3	23.3	24.3	25.3	26.4	27.4	28.4	29.4	♒0.4	1.5	2.5	3.5	4.5	5.5	6.5	7.6	8.6	9.6	10.6
☽	♋13.2	28.2	♌12.9	27.1	♍10.9	24.3	♎7.2	19.8	♏2	14.1	26	♐7.8	19.6	♑1.5	13.4	25.4	♒7.6	19.9	♓2.4	15.1	28.1	♈11.3	24.8	♉8.6	22.8	♊7.1	21.8	♋6.5	21.3	♌6.1	20.6
☿	♐24.3R	23.9	23.7	23.7D	23.8	24.1	24.4	24.9	25.5	26.2	27	27.8	28.7	29.7	♑0.7	1.7	2.9	4	5.2	6.4	7.6	8.9	10.2	11.5	12.8	14.2	15.6	16.9	18.3	19.8	21.2
♀	♑24.7	26	27.2	28.5	29.7	♒1	2.3	3.5	4.8	6	7.3	8.5	9.8	11	12.3	13.5	14.8	16	17.3	18.5	19.8	21	22.3	23.5	24.8	26	27.3	28.5	29.8	♓1	2.3
♂	♉27.7R	27.7D	27.8	27.8	27.8	27.9	27.9	28	28.1	28.2	28.3	28.4	28.6	28.7	28.9	29	29.2	29.4	29.6	29.8	30	♊0.2	0.4	0.7	0.9	1.2	1.5	1.7	2	2.3	2.6

♃ 1: ♌12.0R, 6: 11.5, 11: 10.9, 16: 10.3, 21: 9.6, 26: 9, 31: 8.3 — ♄ 1: ♑25.7, 6: 26.2, 11: 26.8, 16: 27.4, 21: 28, 26: 28.6, 31: 29.2 — ♅ 1: ♑9.7, 11: 10.3, 21: 10.9, 31: 11.5 — ♆ 1: ♑14.1, 11: 14.5, 21: 14.9, 31: 15.2 — ♇ 1: ♏19.6, 11: 19.9, 21: 20.1, 31: 20.2

II

	1	2	3	4	5	6	7	8	9	10	11	12	13	14	15	16	17	18	19	20	21	22	23	24	25	26	27	28	29	30	31
☉	♒11.6	12.6	13.6	14.7	15.7	16.7	17.7	18.7	19.7	20.7	21.8	22.8	23.8	24.8	25.8	26.8	27.8	28.8	29.8	♓0.8	1.9	2.9	3.9	4.9	5.9	6.9	7.9	8.9			
☽	♍4.9	18.7	♎2.2	15.2	27.9	♏10.2	22.3	♐4.3	16.1	27.9	♑9.8	21.8	♒3.9	16.3	28.9	♓11.8	24.9	♈8.2	21.8	♉5.5	19.4	♊3.4	17.6	♋1.8	16.1	♌0.5	14.7	28.9			
☿	♑22.7	24.1	25.6	27.1	28.6	♒0.1	1.6	3.2	4.8	6.3	7.9	9.5	11.1	12.7	14.4	16	17.7	19.4	21.1	22.8	24.5	26.3	28	29.8	♓1.6	3.4	5.2	7.1			
♀	♓3.5	4.7	6	7.2	8.5	9.7	11	12.2	13.5	14.7	15.9	17.2	18.4	19.7	20.9	22.1	23.4	24.6	25.8	27.1	28.3	29.5	♈0.8	2	3.2	4.5	5.7	6.9			
♂	♊2.9	3.2	3.5	3.8	4.2	4.5	4.8	5.2	5.6	5.9	6.3	6.7	7	7.4	7.8	8.2	8.6	9	9.4	9.8	10.2	10.6	11.1	11.5	11.9	12.4	12.8	13.2			

♃ 1: ♌8.2R, 6: 7.5, 11: 6.9, 16: 6.3, 21: 5.7, 26: 5.2 — ♄ 1: ♑29.3, 6: 29.9, 11: ♒0.5, 16: 1, 21: 1.6, 26: 2.1 — ♅ 1: ♑11.5, 11: 12, 21: 12.5 — ♆ 1: ♑15.3, 11: 15.6, 21: 15.9 — ♇ 1: ♏20.3, 11: 20.3, 21: 20.4

III

	1	2	3	4	5	6	7	8	9	10	11	12	13	14	15	16	17	18	19	20	21	22	23	24	25	26	27	28	29	30	31
☉	♓9.9	10.9	11.9	12.9	13.9	14.9	15.9	16.9	17.9	18.9	19.9	20.9	21.9	22.9	23.9	24.9	25.9	26.9	27.9	28.9	29.9	♈0.9	1.9	2.9	3.8	4.8	5.8	6.8	7.8	8.8	9.8
☽	♍12.9	26.6	♎10	23	♏5.7	18.1	♐0.2	12.1	24	♑5.8	17.7	29.7	♒12	24.6	♓7.4	20.7	♈4.2	18	♉1.9	16	♊0.2	14.4	28.5	♋12.6	26.7	♌10.6	24.4	♍8.2	21.7	♎5.1	18.2
☿	♓8.9	10.8	12.7	14.6	16.5	18.4	20.4	22.3	24.3	26.2	28.2	♈0.1	2.1	4	5.9	7.8	9.6	11.4	13.1	14.8	16.5	18	19.5	20.9	22.2	23.4	24.4	25.4	26.3	27	27.7
♀	♈8.2	9.4	10.6	11.8	13.1	14.3	15.5	16.7	18	19.2	20.4	21.6	22.8	24.1	25.3	26.5	27.7	28.9	♉0.1	1.3	2.5	3.7	5	6.2	7.4	8.6	9.8	11	12.2	13.4	14.6
♂	♊13.7	14.1	14.6	15	15.5	16	16.4	16.9	17.4	17.9	18.3	18.8	19.3	19.8	20.3	20.8	21.3	21.8	22.3	22.8	23.3	23.8	24.3	24.8	25.3	25.8	26.3	26.8	27.4	27.9	28.4

♃ 1: ♌4.9R, 6: 4.5, 11: 4.2, 16: 3.9, 21: 3.7, 26: 3.6, 31: 3.5D — ♄ 1: ♒2.4, 6: 2.9, 11: 3.4, 16: 3.9, 21: 4.3, 26: 4.7, 31: 5.1 — ♅ 1: ♑12.8, 11: 13.2, 21: 13.5, 31: 13.7 — ♆ 1: ♑16.1, 11: 16.4, 21: 16.5, 31: 16.7 — ♇ 1: ♏20.4R, 11: 20.3, 21: 20.2, 31: 20

IV

	1	2	3	4	5	6	7	8	9	10	11	12	13	14	15	16	17	18	19	20	21	22	23	24	25	26	27	28	29	30	31
☉	♈10.8	11.8	12.7	13.7	14.7	15.7	16.7	17.7	18.7	19.6	20.6	21.6	22.6	23.6	24.5	25.5	26.5	27.5	28.4	29.4	♉0.4	1.4	2.4	3.3	4.3	5.3	6.3	7.2	8.2	9.2	
☽	♏1	13.6	26	♐8	20	♑1.8	13.6	25.5	♒7.6	19.9	♓2.5	15.5	29	♈12.8	26.9	♉11.4	25.9	♊10.5	25	♋9.4	23.5	♌7.5	21.2	♍4.8	18.1	♎1.3	14.3	27.1	♏9.6	22	
☿	♈28.2	28.6	28.8	29	29.0R	28.9	28.7	28.4	28.1	27.6	27	26.4	25.7	25	24.3	23.6	22.8	22.1	21.4	20.8	20.2	19.6	19.2	18.8	18.5	18.2	18.1	18	18.0D	18.1	
♀	♉15.8	17	18.2	19.3	20.5	21.7	22.9	24.1	25.3	26.5	27.6	28.8	30	♊1.2	2.3	3.5	4.7	5.9	7	8.2	9.4	10.5	11.7	12.8	14	15.1	16.3	17.4	18.6	19.7	
♂	♊28.9	29.5	30	♋0.5	1	1.6	2.1	2.6	3.2	3.7	4.3	4.8	5.4	5.9	6.4	7	7.5	8.1	8.6	9.2	9.7	10.3	10.9	11.4	12	12.5	13.1	13.6	14.2	14.8	

♃ 1: ♌3.6, 6: 3.6, 11: 3.8, 16: 4, 21: 4.3, 26: 4.6 — ♄ 1: ♒5.2, 6: 5.5, 11: 5.8, 16: 6.1, 21: 6.3, 26: 6.5 — ♅ 1: ♑13.7, 11: 13.8, 21: 13.8R — ♆ 1: ♑16.7, 11: 16.7, 21: 16.8R — ♇ 1: ♏20.0R, 11: 19.8, 21: 19.5

V

	1	2	3	4	5	6	7	8	9	10	11	12	13	14	15	16	17	18	19	20	21	22	23	24	25	26	27	28	29	30	31
☉	♉10.1	11.1	12.1	13	14	15	16	16.9	17.9	18.9	19.8	20.8	21.8	22.7	23.7	24.7	25.6	26.6	27.5	28.5	29.5	♊0.4	1.4	2.4	3.3	4.3	5.2	6.2	7.2	8.1	9.1
☽	♐4.2	16.2	28.1	♑9.9	21.7	♒3.5	15.6	27.9	♓10.5	23.5	♈7	21	♉5.4	20	♊5	19.9	♋4.8	19.5	♌3.9	17.9	♍1.7	15.1	28.3	♎11.2	23.9	♏6.4	18.7	♐0.8	12.8	24.7	♑6.6
☿	♈18.3	18.5	18.8	19.2	19.7	20.2	20.8	21.5	22.2	23	23.9	24.8	25.7	26.8	27.8	28.9	♉0.1	1.3	2.5	3.8	5.1	6.5	7.9	9.3	10.8	12.4	13.9	15.5	17.2	18.9	20.6
♀	♊20.9	22	23.2	24.3	25.4	26.6	27.7	28.8	29.9	♋1.1	2.2	3.3	4.4	5.5	6.6	7.7	8.8	9.9	11	12.1	13.2	14.3	15.3	16.4	17.5	18.5	19.6	20.7	21.7	22.8	23.8
♂	♋15.3	15.9	16.5	17	17.6	18.2	18.7	19.3	19.9	20.4	21	21.6	22.2	22.7	23.3	23.9	24.5	25.1	25.6	26.2	26.8	27.4	28	28.5	29.1	29.7	♌0.3	0.9	1.5	2	2.6

♃ 1: ♌5.1, 6: 5.5, 11: 6.1, 16: 6.7, 21: 7.4, 26: 8.1, 31: 8.8 — ♄ 1: ♒6.6, 6: 6.7, 11: 6.8, 16: 6.8, 21: 6.8R, 26: 6.8, 31: 6.7 — ♅ 1: ♑13.7R, 11: 13.6, 21: 13.4, 31: 13.1 — ♆ 1: ♑16.7R, 11: 16.6, 21: 16.5, 31: 16.3 — ♇ 1: ♏19.2R, 11: 19, 21: 18.7, 31: 18.4

VI

	1	2	3	4	5	6	7	8	9	10	11	12	13	14	15	16	17	18	19	20	21	22	23	24	25	26	27	28	29	30	31
☉	♊10	11	11.9	12.9	13.9	14.8	15.8	16.7	17.7	18.6	19.6	20.6	21.5	22.5	23.4	24.4	25.3	26.3	27.2	28.2	29.2	♋0.1	1.1	2	3	3.9	4.9	5.8	6.8	7.7	
☽	♑18.3	♒0.1	12	24.1	♓6.4	19	♈2	15.4	29.3	♉13.6	28.4	♊13.4	28.5	♋13.7	28.6	♌13.3	27.6	♍11.5	25	♎8.1	20.9	♏3.5	15.7	27.9	♐9.8	21.7	♑3.5	15.3	27.1	♒9	
☿	♉22.4	24.2	26	27.9	29.8	♊1.8	3.8	5.8	7.8	9.9	12	14.2	16.3	18.5	20.7	22.9	25.1	27.3	29.5	♋1.7	3.8	6	8.1	10.2	12.3	14.3	16.4	18.3	20.3	22.2	
♀	♋24.8	25.9	26.9	27.9	28.9	29.9	♌1	2	2.9	3.9	4.9	5.9	6.9	7.8	8.8	9.7	10.7	11.6	12.5	13.4	14.3	15.2	16.1	17	17.8	18.7	19.5	20.4	21.2	22	
♂	♌3.2	3.8	4.4	5	5.6	6.2	6.8	7.4	7.9	8.5	9.1	9.7	10.3	10.9	11.5	12.1	12.7	13.3	13.9	14.5	15.1	15.7	16.3	16.9	17.5	18.1	18.7	19.3	19.9	20.5	

♃ 1: ♌9, 6: 9.8, 11: 10.7, 16: 11.5, 21: 12.5, 26: 13.4 — ♄ 1: ♒6.7R, 6: 6.5, 11: 6.3, 16: 6.1, 21: 5.9, 26: 5.6 — ♅ 1: ♑13.1R, 11: 12.7, 21: 12.4 — ♆ 1: ♑16.3R, 11: 16.1, 21: 15.8 — ♇ 1: ♏18.4R, 11: 18.2, 21: 18

VII

	1	2	3	4	5	6	7	8	9	10	11	12	13	14	15	16	17	18	19	20	21	22	23	24	25	26	27	28	29	30	31
☉	♋8.7	9.6	10.6	11.6	12.5	13.5	14.4	15.4	16.3	17.3	18.2	19.2	20.1	21.1	22	23	23.9	24.9	25.9	26.8	27.8	28.7	29.7	♌0.6	1.6	2.5	3.5	4.4	5.4	6.4	7.3
☽	♒21	♓3.1	15.5	28.1	♈11	24.4	♉8.1	22.3	♊6.9	21.8	♋6.9	22.1	♌7.1	22	♍6.5	20.5	♎4.2	17.4	♏0.2	12.6	24.8	♐6.8	18.7	♑0.5	12.3	24.1	♒6	18.1	♓0.2	12.5	25.1
☿	♋24.1	26	27.8	29.6	♌1.3	3	4.7	6.3	8	9.5	11.1	12.6	14	15.5	16.9	18.2	19.5	20.8	22	23.2	24.4	25.5	26.6	27.6	28.6	29.5	♍0.4	1.2	2	2.7	3.3
♀	♌22.8	23.5	24.3	25.1	25.8	26.5	27.2	27.9	28.6	29.2	29.9	♍0.5	1.1	1.6	2.2	2.7	3.2	3.7	4.2	4.6	5	5.4	5.7	6	6.3	6.5	6.8	6.9	7.1	7.2	7.3
♂	♌21.1	21.7	22.4	23	23.6	24.2	24.8	25.4	26	26.6	27.2	27.8	28.5	29.1	29.7	♍0.3	0.9	1.5	2.1	2.8	3.4	4	4.6	5.2	5.9	6.5	7.1	7.7	8.3	9	9.6

♃ 1: ♌14.4, 6: 15.4, 11: 16.4, 16: 17.4, 21: 18.5, 26: 19.5, 31: 20.6 — ♄ 1: ♒5.3R, 6: 5, 11: 4.7, 16: 4.3, 21: 3.9, 26: 3.6, 31: 3.2 — ♅ 1: ♑12.0R, 11: 11.5, 21: 11.2, 31: 10.8 — ♆ 1: ♑15.6R, 11: 15.3, 21: 15, 31: 14.8 — ♇ 1: ♏17.8R, 11: 17.7, 21: 17.6, 31: 17.6D

VIII

	1	2	3	4	5	6	7	8	9	10	11	12	13	14	15	16	17	18	19	20	21	22	23	24	25	26	27	28	29	30	31
☉	♌8.3	9.2	10.2	11.1	12.1	13.1	14	15	15.9	16.9	17.9	18.8	19.8	20.7	21.7	22.7	23.6	24.6	25.5	26.5	27.5	28.4	29.4	♍0.4	1.3	2.3	3.2	4.2	5.2	6.1	7.1
☽	♈7.8	20.8	♉4.2	17.8	♊1.8	16.1	♋0.7	15.6	♌0.5	15.5	♍0.2	14.8	28.9	♎12.6	25.9	♏8.8	21.2	♐3.4	15.4	27.3	♑9	20.9	♒2.8	14.8	27	♓9.4	22	♈4.8	17.9	♉1.1	14.6
☿	♍3.9	4.4	4.9	5.2	5.5	5.7	5.9	5.9R	5.9	5.7	5.5	5.2	4.8	4.3	3.7	3.1	2.4	1.6	0.8	♌29.9	29	28.2	27.3	26.5	25.7	25	24.4	23.9	23.5	23.2	23.1
♀	♍7.3	7.3R	7.3	7.2	7.1	6.9	6.7	6.5	6.2	5.9	5.5	5.1	4.7	4.3	3.8	3.3	2.7	2.2	1.6	1	0.4	♌29.7	29.1	28.5	27.9	27.3	26.7	26.1	25.5	25	24.5
♂	♍10.2	10.8	11.5	12.1	12.7	13.3	14	14.6	15.2	15.8	16.5	17.1	17.7	18.4	19	19.6	20.3	20.9	21.5	22.2	22.8	23.4	24.1	24.7	25.3	26	26.6	27.3	27.9	28.5	29.2

♃ 1: ♌20.8, 6: 21.9, 11: 23, 16: 24.1, 21: 25.2, 26: 26.3, 31: 27.4 — ♄ 1: ♒3.1R, 6: 2.8, 11: 2.4, 16: 2.1, 21: 1.7, 26: 1.4, 31: 1.2 — ♅ 1: ♑10.8R, 11: 10.4, 21: 10.2, 31: 10 — ♆ 1: ♑14.7R, 11: 14.5, 21: 14.3, 31: 14.2 — ♇ 1: ♏17.6, 11: 17.6, 21: 17.7, 31: 17.9

IX

	1	2	3	4	5	6	7	8	9	10	11	12	13	14	15	16	17	18	19	20	21	22	23	24	25	26	27	28	29	30	31
☉	♍8.1	9	10	11	12	12.9	13.9	14.9	15.8	16.8	17.8	18.7	19.7	20.7	21.7	22.6	23.6	24.6	25.6	26.5	27.5	28.5	29.5	♎0.5	1.4	2.4	3.4	4.4	5.4	6.3	
☽	♉28.2	♊12.1	26.2	♋10.5	25	♌9.6	24.2	♍8.7	23	♎7	20.7	♏4	16.9	29.4	♐11.6	23.5	♑5.4	17.2	29	♒11	23.1	♓5.5	18.2	♈1.1	14.3	27.7	♉11.4	25.1	♊9	23	
☿	♌23.1D	23.2	23.5	23.9	24.4	25.1	25.9	26.9	27.9	29.1	♍0.4	1.7	3.2	4.7	6.3	8	9.7	11.5	13.2	15	16.9	18.7	20.5	22.4	24.2	26.1	27.9	29.7	♎1.6	3.4	
♀	♌24.0R	23.5	23.1	22.7	22.4	22.1	21.8	21.6	21.4	21.2	21.1	21	21	21.0D	21	21.1	21.2	21.4	21.6	21.8	22.1	22.4	22.7	23.1	23.4	23.9	24.3	24.8	25.3	25.8	
♂	♍29.8	♎0.5	1.1	1.8	2.4	3.1	3.7	4.3	5	5.6	6.3	6.9	7.6	8.2	8.9	9.6	10.2	10.9	11.5	12.2	12.8	13.5	14.1	14.8	15.5	16.1	16.8	17.4	18.1	18.8	

♃ 1: ♌27.6, 6: 28.7, 11: 29.7, 16: ♍0.8, 21: 1.8, 26: 2.9 — ♄ 1: ♒1.1R, 6: 0.9, 11: 0.7, 16: 0.5, 21: 0.4, 26: 0.3 — ♅ 1: ♑10.0R, 11: 9.9, 21: 9.8D — ♆ 1: ♑14.2R, 11: 14.1, 21: 14 — ♇ 1: ♏17.9, 11: 18.1, 21: 18.4

X

	1	2	3	4	5	6	7	8	9	10	11	12	13	14	15	16	17	18	19	20	21	22	23	24	25	26	27	28	29	30	31
☉	♎7.3	8.3	9.3	10.3	11.3	12.2	13.2	14.2	15.2	16.2	17.2	18.2	19.2	20.1	21.1	22.1	23.1	24.1	25.1	26.1	27.1	28.1	29.1	♏0.1	1.1	2.1	3.1	4.1	5.1	6.1	7.1
☽	♋7	21.2	♌5.3	19.5	♍3.7	17.8	♎1.7	15.4	28.9	♏12	24.8	♐7.2	19.4	♑1.4	13.2	25	♒6.9	18.9	♓1.1	13.6	26.4	♈9.6	23.2	♉7	21	♊5.2	19.5	♋3.8	18	♌2.1	16.2
☿	♎5.2	7	8.8	10.5	12.3	14	15.7	17.4	19.1	20.8	22.5	24.2	25.8	27.4	29.1	♏0.7	2.3	3.9	5.4	7	8.6	10.1	11.7	13.2	14.7	16.2	17.7	19.2	20.7	22.2	23.6
♀	♌26.3	26.9	27.5	28.1	28.7	29.4	♍0.1	0.8	1.5	2.2	2.9	3.7	4.5	5.3	6.1	6.9	7.7	8.6	9.4	10.3	11.2	12.1	13	13.9	14.8	15.8	16.7	17.7	18.6	19.6	20.6
♂	♎19.4	20.1	20.8	21.4	22.1	22.8	23.4	24.1	24.8	25.4	26.1	26.8	27.5	28.1	28.8	29.5	♏0.1	0.8	1.5	2.2	2.9	3.5	4.2	4.9	5.6	6.3	6.9	7.6	8.3	9	9.7

♃ 1: ♍3.9, 6: 4.9, 11: 5.8, 16: 6.7, 21: 7.6, 26: 8.5, 31: 9.3 — ♄ 1: ♒0.2R, 6: 0.2D, 11: 0.2, 16: 0.3, 21: 0.4, 26: 0.6, 31: 0.7 — ♅ 1: ♑9.9, 11: 10, 21: 10.3, 31: 10.6 — ♆ 1: ♑14, 11: 14.1, 21: 14.2, 31: 14.3 — ♇ 1: ♏18.7, 11: 19, 21: 19.4, 31: 19.8

XI

	1	2	3	4	5	6	7	8	9	10	11	12	13	14	15	16	17	18	19	20	21	22	23	24	25	26	27	28	29	30	31
☉	♏8.1	9.1	10.1	11.1	12.1	13.1	14.1	15.1	16.1	17.1	18.1	19.1	20.1	21.1	22.1	23.1	24.1	25.1	26.1	27.2	28.2	29.2	♐0.2	1.2	2.2	3.2	4.2	5.2	6.3	7.3	
☽	♍0.1	13.9	27.6	♎11.1	24.4	♏7.5	20.4	♐2.9	15.3	27.4	♑9.3	21.1	♒2.9	14.7	26.7	♓8.9	21.4	♈4.3	17.5	♉1.3	15.3	29.8	♊14.4	29.1	♋13.8	28.4	♌12.8	27	♍10.9	24.5	
☿	♏25.1	26.5	28	29.4	♐0.8	2.2	3.6	4.9	6.3	7.6	8.9	10.2	11.5	12.7	13.9	15.1	16.2	17.3	18.4	19.4	20.3	21.1	21.9	22.6	23.2	23.6	24	24.1	24.2R	24	
♀	♍21.6	22.5	23.6	24.6	25.6	26.6	27.6	28.7	29.7	♎0.8	1.8	2.9	3.9	5	6.1	7.2	8.3	9.3	10.4	11.5	12.6	13.8	14.9	16	17.1	18.2	19.4	20.5	21.6	22.8	
♂	♏10.4	11.1	11.8	12.4	13.1	13.8	14.5	15.2	15.9	16.6	17.3	18	18.7	19.4	20.1	20.8	21.5	22.2	22.9	23.6	24.3	25	25.7	26.4	27.1	27.8	28.5	29.2	29.9	♐0.7	

♃ 1: ♍9.5, 6: 10.2, 11: 10.9, 16: 11.6, 21: 12.2, 26: 12.7 — ♄ 1: ♒0.8, 6: 1, 11: 1.3, 16: 1.6, 21: 2, 26: 2.4 — ♅ 1: ♑10.6, 11: 11, 21: 11.4 — ♆ 1: ♑14.3, 11: 14.6, 21: 14.8 — ♇ 1: ♏19.8, 11: 20.2, 21: 20.6

XII

	1	2	3	4	5	6	7	8	9	10	11	12	13	14	15	16	17	18	19	20	21	22	23	24	25	26	27	28	29	30	31
☉	♐8.3	9.3	10.3	11.3	12.3	13.4	14.4	15.4	16.4	17.4	18.4	19.4	20.5	21.5	22.5	23.5	24.5	25.6	26.6	27.6	28.6	29.6	♑0.6	1.7	2.7	3.7	4.7	5.7	6.8	7.8	8.8
☽	♎7.9	21.1	♏4	16.7	29.2	♐11.5	23.6	♑5.6	17.5	29.3	♒11.1	22.9	♓4.8	17	29.4	♈12.2	25.4	♉9.1	23.2	♊7.7	22.5	♋7.6	22.7	♌7.7	22.5	♍6.9	21	♎4.7	18.1	♏1	13.7
☿	♐23.7R	23.2	22.6	21.7	20.7	19.5	18.2	16.9	15.5	14.1	12.8	11.6	10.6	9.7	9	8.4	8.1	7.9	7.9D	8.1	8.4	8.8	9.4	10.1	10.8	11.7	12.6	13.6	14.6	15.7	16.9
♀	♎23.9	25	26.2	27.3	28.5	29.6	♏0.8	2	3.1	4.3	5.5	6.6	7.8	9	10.2	11.3	12.5	13.7	14.9	16.1	17.3	18.5	19.6	20.8	22	23.2	24.4	25.6	26.8	28	29.2
♂	♐1.4	2.1	2.8	3.5	4.2	4.9	5.7	6.4	7.1	7.8	8.5	9.2	10	10.7	11.4	12.1	12.9	13.6	14.3	15	15.8	16.5	17.2	17.9	18.7	19.4	20.1	20.9	21.6	22.3	23.1

♃ 1: ♍13.2, 6: 13.6, 11: 14, 16: 14.3, 21: 14.5, 26: 14.6, 31: 14.6R — ♄ 1: ♒2.8, 6: 3.2, 11: 3.7, 16: 4.2, 21: 4.7, 26: 5.2, 31: 5.7 — ♅ 1: ♑11.9, 11: 12.5, 21: 13, 31: 13.6 — ♆ 1: ♑15.1, 11: 15.5, 21: 15.8, 31: 16.2 — ♇ 1: ♏21, 11: 21.4, 21: 21.8, 31: 22.1

	1	2	3	4	5	6	7	8	9	10	11	12	13	14	15	16	17	18	19	20	21	22	23	24	25	26	27	28	29	30	31
☉	♑9.8	10.8	11.9	12.9	13.9	14.9	15.9	16.9	18	19	20	21	22	23.1	24.1	25.1	26.1	27.1	28.2	29.2	♒0.2	1.2	2.2	3.2	4.3	5.3	6.3	7.3	8.3	9.3	10.4
☽	♏26.2	♐8.4	20.5	♑2.4	14.3	26.1	♒7.9	19.7	♓1.5	13.5	25.7	♈8.1	20.8	♉3.8	17.3	♊1.2	15.6	♋0.3	15.4	♌0.7	15.9	♍1	15.8	♎0.2	14.1	27.5	♏10.5	23.1	♐5.4	17.5	29.4
☿	♐18.1	19.3	20.5	21.8	23.1	24.4	25.8	27.1	28.5	29.9	♑1.3	2.7	4.2	5.6	7.1	8.5	10	11.5	13	14.5	16.1	17.6	19.1	20.7	22.2	23.8	25.4	27	28.6	♒0.2	1.8
♀	♐0.4	1.6	2.9	4.1	5.3	6.5	7.7	8.9	10.1	11.3	12.5	13.8	15	16.2	17.4	18.6	19.9	21.1	22.3	23.5	24.7	26	27.2	28.4	29.6	♑0.9	2.1	3.3	4.5	5.8	7
♂	♐23.8	24.5	25.3	26	26.8	27.5	28.2	29	29.7	♑0.5	1.2	1.9	2.7	3.4	4.2	4.9	5.7	6.4	7.2	7.9	8.7	9.4	10.2	10.9	11.7	12.4	13.2	13.9	14.7	15.4	16.2

♃ 1: ♍14.6R, 6: 14.6, 11: 14.4, 16: 14.2, 21: 13.9, 26: 13.5, 31: 13.1 — ♄ 1: ♒5.9, 6: 6.4, 11: 7, 16: 7.6, 21: 8.2, 26: 8.8, 31: 9.4 — ♅ 1: ♑13.7, 11: 14.3, 21: 14.9, 31: 15.4 — ♆ 1: ♑16.2, 11: 16.6, 21: 17, 31: 17.3 — ♇ 1: ♏22.1, 11: 22.4, 21: 22.6, 31: 22.8

	1	2	3	4	5	6	7	8	9	10	11	12	13	14	15	16	17	18	19	20	21	22	23	24	25	26	27	28	29	30	31
☉	♒11.4	12.4	13.4	14.4	15.4	16.4	17.5	18.5	19.5	20.5	21.5	22.5	23.5	24.5	25.6	26.6	27.6	28.6	29.6	♓0.6	1.6	2.6	3.6	4.6	5.6	6.6	7.6	8.7	9.7		
☽	♑11.3	23	♒4.8	16.7	28.6	♓10.6	22.7	♈5	17.5	♉0.2	13.2	26.5	♊10.2	24.3	♋8.8	23.6	♌8.6	23.8	♍8.9	23.8	♎8.4	22.5	♏6.1	19.2	♐1.8	14.2	26.2	♑8.1	19.9		
☿	♒3.5	5.1	6.8	8.4	10.1	11.8	13.5	15.2	17	18.7	20.5	22.2	24	25.8	27.6	29.5	♓1.3	3.1	5	6.9	8.7	10.6	12.5	14.3	16.2	18	19.9	21.7	23.5		
♀	♑8.2	9.5	10.7	11.9	13.1	14.4	15.6	16.8	18.1	19.3	20.5	21.8	23	24.2	25.5	26.7	27.9	29.1	♒0.4	1.6	2.8	4.1	5.3	6.6	7.8	9	10.3	11.5	12.7		
♂	♑16.9	17.7	18.5	19.2	20	20.7	21.5	22.2	23	23.8	24.5	25.3	26	26.8	27.6	28.3	29.1	29.9	♒0.6	1.4	2.2	2.9	3.7	4.5	5.2	6	6.8	7.5	8.3		

♃ 1: ♍13.0R, 6: 12.5, 11: 11.9, 16: 11.3, 21: 10.7, 26: 10.1 — ♄ 1: ♒9.5, 6: 10.1, 11: 10.7, 16: 11.3, 21: 11.8, 26: 12.4 — ♅ 1: ♑15.5, 11: 16, 21: 16.5 — ♆ 1: ♑17.4, 11: 17.7, 21: 18 — ♇ 1: ♏22.8, 11: 22.9, 21: 23

	1	2	3	4	5	6	7	8	9	10	11	12	13	14	15	16	17	18	19	20	21	22	23	24	25	26	27	28	29	30	31
☉	♓10.7	11.7	12.7	13.7	14.7	15.7	16.7	17.7	18.7	19.7	20.7	21.7	22.7	23.7	24.7	25.7	26.7	27.6	28.6	29.6	♈0.6	1.6	2.6	3.6	4.6	5.6	6.6	7.6	8.6	9.5	10.5
☽	♒1.7	13.5	25.4	♓7.4	19.6	♈2	14.5	27.3	♉10.2	23.3	♊6.7	20.3	♋4.2	18.3	♌2.8	17.5	♍2.3	17.2	♎1.9	16.3	♏0.4	14	27.2	♐9.9	22.3	♑4.4	16.3	28.2	♒10	21.8	♓3.8
☿	♓25.2	26.9	28.6	♈0.2	1.7	3.1	4.4	5.7	6.8	7.9	8.8	9.5	10.2	10.7	11	11.2	11.3	11.2R	11	10.7	10.3	9.7	9.1	8.3	7.6	6.7	5.9	5	4.1	3.3	2.5
♀	♒14	15.2	16.4	17.7	18.9	20.1	21.4	22.6	23.8	25.1	26.3	27.5	28.8	♓0	1.2	2.5	3.7	4.9	6.2	7.4	8.7	9.9	11.1	12.4	13.6	14.8	16.1	17.3	18.5	19.8	21
♂	♒9.1	9.8	10.6	11.4	12.2	12.9	13.7	14.5	15.2	16	16.8	17.6	18.3	19.1	19.9	20.7	21.4	22.2	23	23.7	24.5	25.3	26.1	26.8	27.6	28.4	29.2	29.9	♓0.7	1.5	2.3

♃ 1: ♍9.5R, 6: 8.9, 11: 8.3, 16: 7.6, 21: 7.1, 26: 6.5, 31: 6.1 — ♄ 1: ♒12.9, 6: 13.4, 11: 13.9, 16: 14.4, 21: 14.9, 26: 15.4, 31: 15.8 — ♅ 1: ♑16.9, 11: 17.3, 21: 17.6, 31: 17.8 — ♆ 1: ♑18.3, 11: 18.5, 21: 18.7, 31: 18.8 — ♇ 1: ♏23.0R, 11: 22.9, 21: 22.8, 31: 22.6

	1	2	3	4	5	6	7	8	9	10	11	12	13	14	15	16	17	18	19	20	21	22	23	24	25	26	27	28	29	30	31
☉	♈11.5	12.5	13.5	14.5	15.5	16.4	17.4	18.4	19.4	20.4	21.4	22.3	23.3	24.3	25.3	26.3	27.2	28.2	29.2	♉0.2	1.1	2.1	3.1	4.1	5	6	7	8	8.9	9.9	
☽	♓16	28.4	♈11	23.9	♉6.9	20.2	♊3.6	17.2	♋1	14.9	28.9	♌13.2	27.5	♍11.9	26.3	♎10.6	24.7	♏8.5	22	♐5	17.8	♑0.2	12.3	24.2	♒6.1	17.9	29.8	♓11.9	24.2	♈6.7	
☿	♈1.8R	1.1	0.5	♓30	29.6	29.2	29	28.8	28.7	28.8D	28.9	29.1	29.3	29.7	♈0.1	0.6	1.2	1.8	2.5	3.3	4.1	5	5.9	6.9	7.9	9	10.1	11.3	12.5	13.7	
♀	♓22.2	23.5	24.7	25.9	27.2	28.4	29.6	♈0.9	2.1	3.3	4.6	5.8	7	8.3	9.5	10.7	12	13.2	14.4	15.7	16.9	18.1	19.4	20.6	21.8	23	24.3	25.5	26.7	28	
♂	♓3	3.8	4.6	5.4	6.1	6.9	7.7	8.5	9.2	10	10.8	11.6	12.3	13.1	13.9	14.7	15.4	16.2	17	17.8	18.5	19.3	20.1	20.8	21.6	22.4	23.2	23.9	24.7	25.5	

♃ 1: ♍6.0R, 6: 5.6, 11: 5.2, 16: 5, 21: 4.8, 26: 4.7 — ♄ 1: ♒15.9, 6: 16.3, 11: 16.7, 16: 17, 21: 17.4, 26: 17.6 — ♅ 1: ♑17.8, 11: 18, 21: 18 — ♆ 1: ♑18.9, 11: 18.9, 21: 19.0R — ♇ 1: ♏22.6R, 11: 22.4, 21: 22.1

	1	2	3	4	5	6	7	8	9	10	11	12	13	14	15	16	17	18	19	20	21	22	23	24	25	26	27	28	29	30	31
☉	♉10.9	11.8	12.8	13.8	14.8	15.7	16.7	17.7	18.6	19.6	20.6	21.5	22.5	23.5	24.4	25.4	26.3	27.3	28.3	29.2	♊0.2	1.2	2.1	3.1	4	5	6	6.9	7.9	8.8	9.8
☽	♈19.5	♉2.7	16.1	29.7	♊13.6	27.5	♋11.6	25.8	♌10	24.1	♍8.3	22.4	♎6.3	20.2	♏3.8	17.2	♐0.3	13.2	25.8	♑8.1	20.2	♒2.1	14	25.8	♓7.7	19.8	♈2.1	14.7	27.7	♉11	24.6
☿	♈15	16.3	17.6	19	20.5	21.9	23.4	24.9	26.5	28.1	29.7	♉1.4	3.1	4.8	6.6	8.4	10.2	12.1	14	15.9	17.9	19.8	21.9	23.9	26	28.1	♊0.3	2.4	4.6	6.8	9
♀	♈29.2	♉0.4	1.7	2.9	4.1	5.4	6.6	7.8	9	10.3	11.5	12.7	14	15.2	16.4	17.7	18.9	20.1	21.3	22.6	23.8	25	26.3	27.5	28.7	29.9	♊1.2	2.4	3.6	4.9	6.1
♂	♓26.2	27	27.8	28.5	29.3	♈0.1	0.9	1.6	2.4	3.1	3.9	4.7	5.4	6.2	7	7.7	8.5	9.3	10	10.8	11.5	12.3	13	13.8	14.6	15.3	16.1	16.8	17.6	18.3	19.1

♃ 1: ♍4.6D, 6: 4.7, 11: 4.8, 16: 5, 21: 5.2, 26: 5.6, 31: 6 — ♄ 1: ♒17.9, 6: 18.1, 11: 18.2, 16: 18.4, 21: 18.4, 26: 18.5, 31: 18.5R — ♅ 1: ♑18.0R, 11: 17.9, 21: 17.7, 31: 17.4 — ♆ 1: ♑18.9R, 11: 18.8, 21: 18.7, 31: 18.5 — ♇ 1: ♏21.9R, 11: 21.6, 21: 21.3, 31: 21.1

	1	2	3	4	5	6	7	8	9	10	11	12	13	14	15	16	17	18	19	20	21	22	23	24	25	26	27	28	29	30	31
☉	♊10.8	11.7	12.7	13.6	14.6	15.5	16.5	17.5	18.4	19.4	20.3	21.3	22.2	23.2	24.1	25.1	26.1	27	28	28.9	29.9	♋0.8	1.8	2.7	3.7	4.6	5.6	6.6	7.5	8.5	
☽	♊8.6	22.8	♋7.2	21.8	♌6.3	20.7	♍5.1	19.2	♎3.1	16.8	♏0.3	13.5	26.5	♐9.3	21.8	♑4.2	16.3	28.3	♒10.3	22.1	♓4	15.9	27.9	♈10.2	22.8	♉5.7	19	♊2.8	16.9	♋1.4	
☿	♊11.2	13.4	15.6	17.7	19.9	22.1	24.2	26.3	28.4	♋0.5	2.5	4.5	6.5	8.4	10.2	12.1	13.9	15.7	17.4	19.1	20.7	22.3	23.9	25.4	26.9	28.3	29.7	♌1.1	2.4	3.6	
♀	♊7.3	8.5	9.8	11	12.2	13.5	14.7	15.9	17.1	18.4	19.6	20.8	22.1	23.3	24.5	25.7	27	28.2	29.4	♋0.7	1.9	3.1	4.3	5.6	6.8	8	9.3	10.5	11.7	12.9	
♂	♈19.8	20.6	21.3	22.1	22.8	23.6	24.3	25.1	25.8	26.6	27.3	28	28.8	29.5	♉0.3	1	1.7	2.5	3.2	3.9	4.7	5.4	6.1	6.8	7.6	8.3	9	9.7	10.5	11.2	

♃ 1: ♍6.1, 6: 6.5, 11: 7.1, 16: 7.7, 21: 8.3, 26: 9 — ♄ 1: ♒18.5R, 6: 18.4, 11: 18.3, 16: 18.2, 21: 18, 26: 17.8 — ♅ 1: ♑17.4R, 11: 17.1, 21: 16.7 — ♆ 1: ♑18.5R, 11: 18.3, 21: 18.1 — ♇ 1: ♏21.0R, 11: 20.8, 21: 20.6

	1	2	3	4	5	6	7	8	9	10	11	12	13	14	15	16	17	18	19	20	21	22	23	24	25	26	27	28	29	30	31
☉	♋9.4	10.4	11.3	12.3	13.2	14.2	15.1	16.1	17	18	18.9	19.9	20.9	21.8	22.8	23.7	24.7	25.6	26.6	27.5	28.5	29.4	♌0.4	1.4	2.3	3.3	4.2	5.2	6.1	7.1	8
☽	♋16.2	♌1.1	16	♍0.8	15.4	29.7	♎13.7	27.3	♏10.5	23.5	♐6.1	18.6	♑0.9	13	25	♒6.9	18.8	♓0.6	12.5	24.4	♈6.5	18.7	♉1.3	14.1	27.3	♊11	25.1	♋9.6	24.5	♌9.7	24.9
☿	♌4.9	6	7.2	8.3	9.3	10.3	11.2	12.1	12.9	13.6	14.3	15	15.5	16	16.5	16.8	17.1	17.3	17.4	17.5	17.4R	17.3	17.1	16.8	16.5	16	15.5	15	14.3	13.6	12.9
♀	♋14.2	15.4	16.6	17.9	19.1	20.3	21.6	22.8	24	25.2	26.5	27.7	28.9	♌0.2	1.4	2.6	3.8	5.1	6.3	7.5	8.8	10	11.2	12.5	13.7	14.9	16.1	17.4	18.6	19.8	21.1
♂	♉11.9	12.6	13.3	14.1	14.8	15.5	16.2	16.9	17.6	18.3	19	19.7	20.4	21.1	21.8	22.5	23.2	23.9	24.6	25.3	26	26.7	27.4	28.1	28.8	29.5	♊0.1	0.8	1.5	2.2	2.8

♃ 1: ♍9.7, 6: 10.5, 11: 11.3, 16: 12.2, 21: 13.1, 26: 14, 31: 14.9 — ♄ 1: ♒17.6R, 6: 17.3, 11: 17, 16: 16.7, 21: 16.4, 26: 16, 31: 15.7 — ♅ 1: ♑16.3R, 11: 15.9, 21: 15.5, 31: 15.1 — ♆ 1: ♑17.8R, 11: 17.5, 21: 17.3, 31: 17 — ♇ 1: ♏20.4R, 11: 20.3, 21: 20.2, 31: 20.2D

	1	2	3	4	5	6	7	8	9	10	11	12	13	14	15	16	17	18	19	20	21	22	23	24	25	26	27	28	29	30	31
☉	♌9	10	10.9	11.9	12.8	13.8	14.7	15.7	16.7	17.6	18.6	19.5	20.5	21.5	22.4	23.4	24.3	25.3	26.3	27.2	28.2	29.2	♍0.1	1.1	2	3	4	4.9	5.9	6.9	7.8
☽	♍10	24.9	♎9.5	23.5	♏7.2	20.4	♐3.2	15.7	28	♑10	22	♒3.9	15.7	27.6	♓9.5	21.4	♈3.4	15.5	27.8	♉10.4	23.1	♊6.3	19.8	♋3.8	18.1	♌2.9	18.1	♍3.3	18.6	♎3.6	18.3
☿	♌12.2R	11.4	10.7	9.9	9.2	8.5	7.9	7.4	6.9	6.5	6.2	6	6	6.0D	6.2	6.5	6.9	7.4	8.1	8.8	9.7	10.7	11.8	13	14.3	15.7	17.2	18.8	20.4	22.1	23.9
♀	♌22.3	23.5	24.8	26	27.2	28.5	29.7	♍0.9	2.1	3.4	4.6	5.8	7.1	8.3	9.5	10.7	12	13.2	14.4	15.7	16.9	18.1	19.4	20.6	21.8	23	24.3	25.5	26.7	28	29.2
♂	♊3.5	4.2	4.9	5.5	6.2	6.9	7.5	8.2	8.8	9.5	10.2	10.8	11.5	12.1	12.7	13.4	14	14.7	15.3	15.9	16.6	17.2	17.8	18.5	19.1	19.7	20.3	20.9	21.6	22.2	22.8

♃ 1: ♍15.1, 6: 16.1, 11: 17.1, 16: 18.1, 21: 19.2, 26: 20.2, 31: 21.3 — ♄ 1: ♒15.6R, 6: 15.2, 11: 14.9, 16: 14.5, 21: 14.1, 26: 13.8, 31: 13.4 — ♅ 1: ♑15.1R, 11: 14.8, 21: 14.5, 31: 14.3 — ♆ 1: ♑17.0R, 11: 16.7, 21: 16.5, 31: 16.4 — ♇ 1: ♏20.2, 11: 20.2, 21: 20.3, 31: 20.4

	1	2	3	4	5	6	7	8	9	10	11	12	13	14	15	16	17	18	19	20	21	22	23	24	25	26	27	28	29	30	31
☉	♍8.8	9.8	10.7	11.7	12.7	13.7	14.6	15.6	16.6	17.5	18.5	19.5	20.5	21.4	22.4	23.4	24.4	25.3	26.3	27.3	28.3	29.2	♎0.2	1.2	2.2	3.2	4.1	5.1	6.1	7.1	
☽	♏2.5	16.3	29.5	♐12.4	24.8	♑7	19	♒0.9	12.7	24.6	♓6.5	18.4	♈0.5	12.6	24.9	♉7.4	20	♊2.9	16	29.4	♋13.2	27.4	♌11.9	26.8	♍11.8	26.9	♎11.9	26.5	♏10.8	24.6	
☿	♌25.7	27.5	29.4	♍1.3	3.2	5.1	7	9	10.9	12.8	14.7	16.6	18.5	20.4	22.3	24.1	26	27.8	29.6	♎1.4	3.1	4.9	6.6	8.4	10.1	11.7	13.4	15.1	16.7	18.4	
♀	♎0.4	1.6	2.9	4.1	5.3	6.5	7.8	9	10.2	11.5	12.7	13.9	15.1	16.4	17.6	18.8	20	21.3	22.5	23.7	24.9	26.2	27.4	28.6	29.8	♏1.1	2.3	3.5	4.7	5.9	
♂	♊23.4	24	24.6	25.2	25.8	26.4	26.9	27.5	28.1	28.7	29.3	29.8	♋0.4	1	1.5	2.1	2.7	3.2	3.8	4.3	4.9	5.4	5.9	6.5	7	7.5	8	8.5	9.1	9.6	

♃ 1: ♍21.5, 6: 22.6, 11: 23.6, 16: 24.7, 21: 25.8, 26: 26.9 — ♄ 1: ♒13.4R, 6: 13.1, 11: 12.8, 16: 12.5, 21: 12.3, 26: 12.1 — ♅ 1: ♑14.2R, 11: 14.1, 21: 14 — ♆ 1: ♑16.4R, 11: 16.3, 21: 16.2 — ♇ 1: ♏20.5, 11: 20.7, 21: 20.9

	1	2	3	4	5	6	7	8	9	10	11	12	13	14	15	16	17	18	19	20	21	22	23	24	25	26	27	28	29	30	31
☉	♎8.1	9.1	10	11	12	13	14	15	16	16.9	17.9	18.9	19.9	20.9	21.9	22.9	23.9	24.9	25.9	26.9	27.8	28.8	29.8	♏0.8	1.8	2.8	3.8	4.8	5.8	6.8	7.8
☽	♐8	20.8	♑3.4	15.6	27.6	♒9.5	21.3	♓3.2	15.1	27.2	♈9.4	21.7	♉4.3	17	29.9	♊13	26.3	♋9.8	23.6	♌7.6	21.9	♍6.4	21	♎5.7	20.3	♏4.7	18.8	♐2.5	15.9	28.8	♑11.3
☿	♎20	21.6	23.2	24.7	26.3	27.8	29.4	♏0.9	2.4	3.9	5.4	6.8	8.3	9.7	11.1	12.6	14	15.3	16.7	18	19.4	20.7	22	23.3	24.5	25.7	26.9	28.1	29.2	♐0.3	1.4
♀	♏7.2	8.4	9.6	10.8	12	13.3	14.5	15.7	16.9	18.1	19.4	20.6	21.8	23	24.2	25.5	26.7	27.9	29.1	♐0.3	1.5	2.8	4	5.2	6.4	7.6	8.8	10	11.2	12.5	13.7
♂	♋10.1	10.6	11.1	11.5	12	12.5	13	13.5	13.9	14.4	14.8	15.3	15.7	16.2	16.6	17	17.4	17.8	18.3	18.7	19.1	19.4	19.8	20.2	20.6	20.9	21.3	21.6	22	22.3	22.6

♃ 1: ♍28, 6: 29, 11: ♎0.1, 16: 1.1, 21: 2.2, 26: 3.2, 31: 4.2 — ♄ 1: ♒12.0R, 6: 11.9, 11: 11.8, 16: 11.8, 21: 11.8D, 26: 11.9, 31: 12 — ♅ 1: ♑14.1, 11: 14.2, 21: 14.4, 31: 14.7 — ♆ 1: ♑16.2, 11: 16.2, 21: 16.3, 31: 16.5 — ♇ 1: ♏21.2, 11: 21.5, 21: 21.9, 31: 22.3

	1	2	3	4	5	6	7	8	9	10	11	12	13	14	15	16	17	18	19	20	21	22	23	24	25	26	27	28	29	30	31
☉	♏8.8	9.8	10.8	11.8	12.8	13.8	14.8	15.8	16.8	17.8	18.9	19.9	20.9	21.9	22.9	23.9	24.9	25.9	26.9	27.9	28.9	29.9	♐1	2	3	4	5	6	7	8	
☽	♑23.6	♒5.6	17.5	29.4	♓11.3	23.3	♈5.4	17.8	♉0.4	13.2	26.2	♊9.5	23	♋6.7	20.5	♌4.4	18.5	♍2.7	16.9	♎1.1	15.4	29.5	♏13.4	27.2	♐10.6	23.7	♑6.6	19.1	♒1.4	13.4	
☿	♐2.4	3.3	4.2	5.1	5.8	6.5	7.1	7.6	8	8.2	8.4	8.4R	8.2	7.8	7.3	6.7	5.8	4.8	3.7	2.4	1.1	♏29.8	28.4	27.1	25.9	24.8	23.9	23.2	22.7	22.4	
♀	♐14.9	16.1	17.3	18.5	19.7	20.9	22.1	23.3	24.5	25.7	27	28.2	29.4	♑0.6	1.8	3	4.2	5.4	6.6	7.8	9	10.2	11.4	12.5	13.7	14.9	16.1	17.3	18.5	19.7	
♂	♋22.9	23.2	23.5	23.8	24.1	24.4	24.6	24.9	25.1	25.3	25.6	25.8	26	26.2	26.3	26.5	26.7	26.8	26.9	27.1	27.2	27.3	27.4	27.4	27.5	27.5	27.6	27.6	27.6R	27.6	

♃ 1: ♎4.4, 6: 5.4, 11: 6.3, 16: 7.2, 21: 8.1, 26: 8.9 — ♄ 1: ♒12, 6: 12.2, 11: 12.4, 16: 12.6, 21: 12.9, 26: 13.2 — ♅ 1: ♑14.7, 11: 15, 21: 15.5 — ♆ 1: ♑16.5, 11: 16.7, 21: 17 — ♇ 1: ♏22.3, 11: 22.7, 21: 23.1

	1	2	3	4	5	6	7	8	9	10	11	12	13	14	15	16	17	18	19	20	21	22	23	24	25	26	27	28	29	30	31
☉	♐9	10.1	11.1	12.1	13.1	14.1	15.1	16.2	17.2	18.2	19.2	20.2	21.2	22.3	23.3	24.3	25.3	26.3	27.3	28.4	29.4	♑0.4	1.4	2.4	3.5	4.5	5.5	6.5	7.5	8.5	9.6
☽	♒25.3	♓7.2	19.1	♈1.1	13.3	25.7	♉8.3	21.4	♊4.7	18.3	♋2.3	16.4	♌0.7	15.1	29.4	♍13.7	27.9	♎11.9	25.8	♏9.5	22.9	♐6.2	19.3	♑2.1	14.7	27.1	♒9.3	21.3	♓3.2	15.1	27
☿	♏22.2R	22.2D	22.4	22.8	23.3	23.9	24.7	25.5	26.4	27.4	28.5	29.6	♐0.8	2	3.3	4.6	5.9	7.2	8.6	10	11.4	12.8	14.2	15.7	17.1	18.6	20.1	21.5	23	24.5	26
♀	♑20.9	22.1	23.2	24.4	25.6	26.8	28	29.1	♒0.3	1.5	2.6	3.8	5	6.1	7.3	8.5	9.6	10.8	11.9	13.1	14.2	15.4	16.5	17.7	18.8	19.9	21.1	22.2	23.3	24.4	25.6
♂	♋27.6R	27.5	27.5	27.4	27.4	27.3	27.2	27	26.9	26.8	26.6	26.4	26.2	26	25.8	25.6	25.3	25.1	24.8	24.5	24.2	23.9	23.6	23.3	23	22.6	22.3	21.9	21.5	21.2	20.8

♃ 1: ♎9.7, 6: 10.5, 11: 11.2, 16: 11.8, 21: 12.4, 26: 12.9, 31: 13.4 — ♄ 1: ♒13.6, 6: 13.9, 11: 14.3, 16: 14.8, 21: 15.2, 26: 15.7, 31: 16.2 — ♅ 1: ♑15.9, 11: 16.5, 21: 17, 31: 17.6 — ♆ 1: ♑17.3, 11: 17.6, 21: 18, 31: 18.3 — ♇ 1: ♏23.5, 11: 23.9, 21: 24.3, 31: 24.6

1993

I

	1	2	3	4	5	6	7	8	9	10	11	12	13	14	15	16	17	18	19	20	21	22	23	24	25	26	27	28	29	30	31
☉	10.6	11.6	12.6	13.6	14.7	15.7	16.7	17.7	18.7	19.8	20.8	21.8	22.8	23.8	24.9	25.9	26.9	27.9	28.9	29.9	1	2	3	4	5	6	7.1	8.1	9.1	10.1	11.1
☽	8.9	21	3.4	16	29.1	12.5	26.4	10.6	25.2	10	24.8	9.6	24.3	8.6	22.7	6.4	19.8	3	15.9	28.5	11	23.4	5.6	17.6	29.6	11.5	23.3	5.2	17.1	29.2	11.4
☿	27.5	29.1	0.6	2.1	3.7	5.2	6.7	8.3	9.9	11.4	13	14.6	16.2	17.8	19.4	21	22.6	24.3	25.9	27.6	29.2	0.9	2.6	4.3	6	7.7	9.4	11.1	12.8	14.6	16.4
♀	26.7	27.8	28.9	0	1.1	2.2	3.3	4.4	5.5	6.5	7.6	8.7	9.7	10.8	11.8	12.9	13.9	15	16	17	18	19	20	21	22	23	23.9	24.9	25.8	26.8	27.7
♂	20.4R	20	19.6	19.2	18.8	18.4	18	17.6	17.2	16.8	16.4	16	15.7	15.3	14.9	14.5	14.2	13.8	13.5	13.1	12.8	12.5	12.2	11.9	11.6	11.3	11.1	10.8	10.6	10.4	10.2

♃ (1 6 11 16 21 26 31): 13.5 13.9 14.2 14.4 14.6 14.7 14.7R — ♄ (1 6 11 16 21 26 31): 16.4 16.9 17.4 18 18.6 19.2 19.8 — ♅ (1 11 21 31): 17.7 18.3 18.9 19.4 — ♆ (1 11 21 31): 18.4 18.7 19.1 19.5 — ♇ (1 11 21 31): 24.6 24.9 25.1 25.3

II

	1	2	3	4	5	6	7	8	9	10	11	12	13	14	15	16	17	18	19	20	21	22	23	24	25	26	27	28
☉	12.1	13.2	14.2	15.2	16.2	17.2	18.2	19.2	20.3	21.3	22.3	23.3	24.3	25.3	26.3	27.3	28.3	29.3	0.4	1.4	2.4	3.4	4.4	5.4	6.4	7.4	8.4	9.4
☽	24	6.9	20.3	4.1	18.4	3.2	18.3	3.5	18.7	3.7	18.4	2.7	16.5	29.9	12.9	25.6	8.1	20.3	2.5	14.5	26.4	8.3	20.2	2	13.9	25.9	8	20.2
☿	18.1	19.8	21.7	23.4	25.2	27	28.8	0.6	2.3	4.1	5.8	7.5	9.2	10.9	12.4	14	15.5	16.8	18.1	19.4	20.4	21.4	22.3	23	23.5	23.9	24.1	24.2R
♀	28.6	29.5	0.4	1.3	2.2	3	3.9	4.7	5.5	6.3	7.1	7.9	8.7	9.4	10.1	10.8	11.5	12.2	12.8	13.5	14.1	14.6	15.2	15.7	16.2	16.7	17.2	17.6
♂	10.0R	9.8	9.6	9.5	9.3	9.2	9.1	9	8.9	8.8	8.8	8.7	8.7	8.7	8.7	8.7D	8.7	8.7	8.7	8.8	8.9	8.9	9	9.1	9.2	9.3	9.5	9.6

♃ (1 6 11 16 21 26): 14.7R 14.6 14.4 14.2 13.9 13.5 — ♄ (1 6 11 16 21 26): 19.9 20.5 21.1 21.7 22.3 22.9 — ♅ (1 11 21): 19.5 20 20.5 — ♆ (1 11 21): 19.5 19.9 20.2 — ♇ (1 11 21): 25.3 25.5 25.5

III

	1	2	3	4	5	6	7	8	9	10	11	12	13	14	15	16	17	18	19	20	21	22	23	24	25	26	27	28	29	30	31
☉	10.4	11.4	12.4	13.4	14.4	15.4	16.4	17.4	18.4	19.4	20.4	21.4	22.4	23.4	24.4	25.4	26.4	27.4	28.4	29.4	0.4	1.4	2.4	3.4	4.4	5.3	6.3	7.3	8.3	9.3	10.3
☽	2.7	15.5	28.7	12.4	26.6	11.2	26.3	11.6	26.9	12.2	27.1	11.6	25.7	9.2	22.3	5	17.4	29.6	11.6	23.5	5.3	17.2	29.1	11	23	5	17.2	29.6	12.1	25	8.1
☿	24.1R	23.9	23.5	22.9	22.3	21.5	20.7	19.7	18.8	17.8	16.8	15.8	14.9	14	13.2	12.5	11.9	11.4	10.9	10.6	10.4	10.3	10.3D	10.4	10.6	10.8	11.2	11.6	12.1	12.7	13.4
♀	18	18.3	18.7	19	19.2	19.4	19.6	19.8	19.9	20	20	20.0R	20	19.9	19.8	19.6	19.4	19.1	18.8	18.5	18.1	17.7	17.3	16.8	16.3	15.8	15.2	14.6	14	13.4	12.8
♂	9.8	9.9	10.1	10.3	10.5	10.6	10.9	11.1	11.3	11.5	11.8	12	12.3	12.5	12.8	13.1	13.4	13.7	14	14.3	14.6	14.9	15.2	15.5	15.9	16.2	16.6	16.9	17.3	17.6	18

♃ (1 6 11 16 21 26 31): 13.2R 12.7 12.2 11.6 11 10.4 9.7 — ♄ (1 6 11 16 21 26 31): 23.2 23.8 24.4 24.9 25.5 26 26.5 — ♅ (1 11 21 31): 20.9 21.3 21.6 21.9 — ♆ (1 11 21 31): 20.4 20.7 20.9 21 — ♇ (1 11 21 31): 25.5R 25.5 25.4 25.2

IV

	1	2	3	4	5	6	7	8	9	10	11	12	13	14	15	16	17	18	19	20	21	22	23	24	25	26	27	28	29	30
☉	11.3	12.3	13.3	14.2	15.2	16.2	17.2	18.2	19.2	20.1	21.1	22.1	23.1	24.1	25	26	27	28	29	29.9	0.9	1.9	2.9	3.8	4.8	5.8	6.8	7.7	8.7	9.7
☽	21.7	5.7	20.1	4.8	19.9	5.1	20.3	5.2	19.8	4	17.6	0.9	13.7	26.1	8.3	20.3	2.2	14	25.9	7.8	19.8	2	14.2	26.6	9.2	22	5	18.3	1.9	15.8
☿	14.1	14.8	15.7	16.6	17.5	18.5	19.5	20.6	21.7	22.8	24	25.2	26.5	27.8	29.1	0.5	1.9	3.3	4.8	6.3	7.8	9.3	10.9	12.5	14.2	15.8	17.5	19.2	21	22.8
♀	12.2R	11.5	10.9	10.3	9.7	9.1	8.5	7.9	7.4	6.9	6.4	6	5.6	5.2	4.9	4.6	4.4	4.2	4	3.9	3.8	3.7	3.7D	3.8	3.8	4	4.1	4.3	4.5	4.8
♂	18.4	18.8	19.1	19.5	19.9	20.3	20.7	21.1	21.5	21.9	22.4	22.8	23.2	23.6	24.1	24.5	25	25.4	25.8	26.3	26.7	27.2	27.7	28.1	28.6	29.1	29.5	0	0.5	1

♃ (1 6 11 16 21 26): 9.6R 9 8.3 7.7 7.2 6.6 — ♄ (1 6 11 16 21 26): 26.6 27.1 27.5 27.9 28.3 28.7 — ♅ (1 11 21): 21.9 22.1 22.2 — ♆ (1 11 21): 21 21.1 21.1 — ♇ (1 11 21): 25.2R 25 24.8

V

	1	2	3	4	5	6	7	8	9	10	11	12	13	14	15	16	17	18	19	20	21	22	23	24	25	26	27	28	29	30	31
☉	10.6	11.6	12.6	13.5	14.5	15.5	16.5	17.4	18.4	19.4	20.3	21.3	22.3	23.2	24.2	25.1	26.1	27.1	28	29	30	0.9	1.9	2.8	3.8	4.8	5.7	6.7	7.6	8.6	9.6
☽	30	14.5	29.2	14	28.8	13.5	27.9	11.9	25.6	8.9	21.7	4.3	16.5	28.6	10.5	22.4	4.3	16.2	28.3	10.6	23.1	5.8	18.7	1.8	15.2	28.8	12.6	26.6	10.7	25	9.6
☿	24.6	26.4	28.3	0.2	2.1	4.1	6	8.1	10.1	12.2	14.3	16.4	18.5	20.7	22.8	25	27.2	29.4	1.6	3.8	5.9	8.1	10.2	12.3	14.4	16.5	18.5	20.4	22.4	24.3	26.1
♀	5	5.4	5.7	6.1	6.5	6.9	7.4	7.9	8.4	8.9	9.5	10	10.6	11.3	11.9	12.6	13.2	13.9	14.6	15.4	16.1	16.9	17.6	18.4	19.2	20	20.8	21.7	22.5	23.4	24.2
♂	1.4	1.9	2.4	2.9	3.4	3.9	4.4	4.9	5.4	5.9	6.4	6.9	7.4	7.9	8.4	9	9.5	10	10.5	11	11.6	12.1	12.6	13.2	13.7	14.2	14.8	15.3	15.8	16.4	16.9

♃ (1 6 11 16 21 26 31): 6.2R 5.8 5.4 5.1 4.9 4.8 4.8 — ♄ (1 6 11 16 21 26 31): 29 29.3 29.6 29.8 30 0.1 0.2 — ♅ (1 11 21 31): 22.2R 22.1 21.9 21.7 — ♆ (1 11 21 31): 21.1R 21.1 20.9 20.8 — ♇ (1 11 21 31): 24.5R 24.3 24 23.7

VI

	1	2	3	4	5	6	7	8	9	10	11	12	13	14	15	16	17	18	19	20	21	22	23	24	25	26	27	28	29	30
☉	10.5	11.5	12.4	13.4	14.4	15.3	16.3	17.2	18.2	19.1	20.1	21.1	22	23	23.9	24.9	25.8	26.8	27.7	28.7	29.6	0.6	1.6	2.5	3.5	4.4	5.4	6.3	7.3	8.2
☽	23.8	8.1	22.3	6.4	20.2	3.6	16.8	29.6	12.2	24.5	6.5	18.5	0.4	12.3	24.3	6.4	18.8	1.5	14.4	27.7	11.3	25.1	9.1	23.3	7.5	21.8	6.1	20.2	4.3	18.2
☿	28	29.7	1.4	3.1	4.8	6.3	7.9	9.4	10.8	12.2	13.5	14.8	16.1	17.3	18.4	19.5	20.5	21.5	22.4	23.2	24	24.8	25.4	26	26.6	27	27.4	27.7	28	28.2
♀	25.1	26	26.9	27.8	28.7	29.6	0.5	1.5	2.4	3.4	4.3	5.3	6.3	7.2	8.2	9.2	10.2	11.2	12.2	13.2	14.2	15.3	16.3	17.3	18.4	19.4	20.4	21.5	22.5	23.6
♂	17.5	18	18.6	19.1	19.7	20.2	20.8	21.3	21.9	22.4	23	23.6	24.1	24.7	25.3	25.8	26.4	27	27.5	28.1	28.7	29.2	29.8	0.4	1	1.5	2.1	2.7	3.3	3.9

♃ (1 6 11 16 21 26): 4.8R 4.8D 4.9 5.1 5.3 5.7 — ♄ (1 6 11 16 21 26): 0.3 0.3 0.3R 0.3 0.2 0.1 — ♅ (1 11 21): 21.7R 21.4 21 — ♆ (1 11 21): 20.8R 20.6 20.3 — ♇ (1 11 21): 23.7R 23.4 23.2

VII

	1	2	3	4	5	6	7	8	9	10	11	12	13	14	15	16	17	18	19	20	21	22	23	24	25	26	27	28	29	30	31
☉	9.2	10.1	11.1	12	13	14	14.9	15.9	16.8	17.8	18.7	19.7	20.6	21.6	22.5	23.5	24.4	25.4	26.3	27.3	28.3	29.2	0.2	1.1	2.1	3	4	4.9	5.9	6.9	7.8
☽	2	15.6	29	12.2	25.1	7.8	20.2	2.4	14.5	26.4	8.3	20.2	2.2	14.4	26.8	9.5	22.6	6.2	20.1	4.3	18.8	3.4	18.1	2.6	17	1.2	15.1	28.7	12.2	25.4	8.4
☿	28.2	28.3R	28.2	28	27.8	27.5	27.2	26.8	26.3	25.7	25.2	24.6	23.9	23.3	22.6	22	21.3	20.7	20.2	19.7	19.2	18.8	18.5	18.3	18.2	18.1D	18.2	18.4	18.6	19	19.5
♀	24.6	25.7	26.8	27.8	28.9	30	1.1	2.2	3.2	4.3	5.4	6.5	7.6	8.7	9.8	10.9	12	13.1	14.3	15.4	16.5	17.6	18.7	19.9	21	22.1	23.2	24.4	25.5	26.6	27.8
♂	4.5	5	5.6	6.2	6.8	7.4	8	8.6	9.2	9.8	10.4	11	11.6	12.2	12.8	13.4	14	14.6	15.2	15.8	16.4	17	17.6	18.2	18.8	19.4	20	20.6	21.3	21.9	22.5

♃ (1 6 11 16 21 26 31): 6.1 6.5 7 7.6 8.2 8.9 9.6 — ♄ (1 6 11 16 21 26 31): 30.0R 29.8 29.6 29.3 29 28.7 28.4 — ♅ (1 11 21 31): 20.7R 20.3 19.9 19.5 — ♆ (1 11 21 31): 20.1R 19.8 19.5 19.3 — ♇ (1 11 21 31): 23.0R 22.9 22.8 22.7

VIII

	1	2	3	4	5	6	7	8	9	10	11	12	13	14	15	16	17	18	19	20	21	22	23	24	25	26	27	28	29	30	31
☉	8.8	9.7	10.7	11.6	12.6	13.6	14.5	15.5	16.4	17.4	18.3	19.3	20.3	21.2	22.2	23.1	24.1	25.1	26	27	28	28.9	29.9	0.8	1.8	2.8	3.7	4.7	5.7	6.6	7.6
☽	21.2	3.9	16.3	28.6	10.7	22.7	4.6	16.5	28.3	10.3	22.4	4.8	17.5	0.7	14.3	28.4	12.9	27.7	12.7	27.8	12.7	27.3	11.6	25.6	9.1	22.4	5.4	18.1	0.7	13	25.3
☿	20	20.7	21.5	22.4	23.4	24.5	25.6	26.9	28.2	29.6	1.2	2.7	4.4	6.1	7.9	9.7	11.6	13.5	15.5	17.4	19.4	21.4	23.4	25.4	27.4	29.4	1.4	3.4	5.3	7.3	9.2
♀	28.9	0.1	1.2	2.4	3.5	4.7	5.8	7	8.1	9.3	10.4	11.6	12.8	13.9	15.1	16.3	17.4	18.6	19.8	21	22.1	23.3	24.5	25.7	26.9	28	29.2	0.4	1.6	2.8	4
♂	23.1	23.7	24.4	25	25.6	26.2	26.8	27.5	28.1	28.7	29.3	30	0.6	1.2	1.9	2.5	3.1	3.8	4.4	5	5.7	6.3	6.9	7.6	8.2	8.9	9.5	10.2	10.8	11.4	12.1

♃ (1 6 11 16 21 26 31): 9.8 10.5 11.3 12.2 13.1 14 14.9 — ♄ (1 6 11 16 21 26 31): 28.3R 28 27.6 27.2 26.9 26.5 26.1 — ♅ (1 11 21 31): 19.4R 19.1 18.8 18.5 — ♆ (1 11 21 31): 19.2R 19 18.8 18.6 — ♇ (1 11 21 31): 22.7R 22.8D 22.8 23

IX

	1	2	3	4	5	6	7	8	9	10	11	12	13	14	15	16	17	18	19	20	21	22	23	24	25	26	27	28	29	30
☉	8.6	9.5	10.5	11.5	12.5	13.4	14.4	15.4	16.3	17.3	18.3	19.2	20.2	21.2	22.2	23.1	24.1	25.1	26.1	27	28	29	30	1	1.9	2.9	3.9	4.9	5.9	6.8
☽	7.4	19.4	1.3	13.2	25	6.8	18.8	0.9	13.2	25.9	9	22.5	6.6	21.1	6	21.2	6.5	21.7	6.6	21.2	5.3	19	2.2	15.1	27.7	10.1	22.3	4.4	16.4	28.3
☿	11.1	13	14.9	16.8	18.6	20.4	22.2	24	25.7	27.5	29.2	0.9	2.6	4.2	5.9	7.5	9.1	10.7	12.3	13.9	15.4	16.9	18.4	19.9	21.4	22.9	24.3	25.7	27.1	28.5
♀	5.2	6.4	7.6	8.8	10	11.2	12.4	13.6	14.8	16	17.2	18.4	19.6	20.8	22	23.2	24.4	25.6	26.8	28.1	29.3	0.5	1.7	2.9	4.2	5.4	6.6	7.8	9	10.3
♂	12.7	13.4	14	14.7	15.3	16	16.7	17.3	18	18.6	19.3	19.9	20.6	21.3	21.9	22.6	23.3	23.9	24.6	25.2	25.9	26.6	27.2	27.9	28.6	29.3	29.9	0.6	1.3	2

♃ (1 6 11 16 21 26): 15.1 16.1 17.1 18.1 19.2 20.2 — ♄ (1 6 11 16 21 26): 26.1R 25.7 25.4 25 24.7 24.5 — ♅ (1 11 21): 18.5R 18.3 18.2 — ♆ (1 11 21): 18.6R 18.5 18.4 — ♇ (1 11 21): 23 23.2 23.4

X

	1	2	3	4	5	6	7	8	9	10	11	12	13	14	15	16	17	18	19	20	21	22	23	24	25	26	27	28	29	30	31
☉	7.8	8.8	9.8	10.8	11.8	12.8	13.7	14.7	15.7	16.7	17.7	18.7	19.7	20.7	21.7	22.6	23.6	24.6	25.6	26.6	27.6	28.6	29.6	0.6	1.6	2.6	3.6	4.6	5.6	6.6	7.6
☽	10.1	22	3.8	15.8	27.8	9.9	22.3	4.9	17.9	1.4	15.3	29.6	14.4	29.5	14.7	30	15	29.8	14.1	27.9	11.3	24.3	6.9	19.2	1.4	13.3	25.2	7.1	18.9	0.8	12.8
☿	29.9	1.2	2.6	3.9	5.2	6.4	7.7	8.9	10	11.2	12.3	13.4	14.5	15.5	16.5	17.4	18.3	19.1	19.8	20.5	21.1	21.6	22	22.3	22.4R	22.5	22.4	22.2	21.8	21.3	20.6
♀	11.5	12.7	14	15.2	16.4	17.6	18.9	20.1	21.3	22.6	23.8	25	26.3	27.5	28.8	30	1.2	2.5	3.7	5	6.2	7.4	8.7	9.9	11.2	12.4	13.7	14.9	16.2	17.4	18.6
♂	2.6	3.3	4	4.7	5.4	6	6.7	7.4	8.1	8.8	9.5	10.2	10.9	11.6	12.2	12.9	13.6	14.3	15	15.7	16.4	17.1	17.8	18.5	19.2	19.9	20.6	21.3	22	22.7	23.4

♃ (1 6 11 16 21 26 31): 21.3 22.4 23.4 24.5 25.6 26.7 27.8 — ♄ (1 6 11 16 21 26 31): 24.2R 24 23.9 23.8 23.7 23.6 23.6D — ♅ (1 11 21 31): 18.2 18.3 18.5 18.7 — ♆ (1 11 21 31): 18.4D 18.4 18.5 18.6 — ♇ (1 11 21 31): 23.7 24 24.4 24.7

XI

	1	2	3	4	5	6	7	8	9	10	11	12	13	14	15	16	17	18	19	20	21	22	23	24	25	26	27	28	29	30
☉	8.6	9.6	10.6	11.6	12.6	13.6	14.6	15.6	16.6	17.6	18.6	19.6	20.6	21.6	22.6	23.6	24.6	25.7	26.7	27.7	28.7	29.7	0.7	1.7	2.7	3.7	4.8	5.8	6.8	7.8
☽	24.8	7	19.3	1.9	14.7	27.7	11.1	24.9	9	23.4	8.2	23.1	8.1	23	7.7	22.1	6	19.5	2.6	15.3	27.7	9.9	21.8	3.7	15.5	27.4	9.4	21.4	3.7	16.1
☿	19.8R	18.8	17.7	16.5	15.2	13.9	12.6	11.4	10.4	9.6	9.1	8.2	7.5	7	6.7	6.5	6.6	6.8	7.2	7.7	8.4	9.2	10.1	11.1	12.2	13.3	14.5	15.8	17.1	18.4 19.8
♀	19.9	21.1	22.4	23.6	24.9	26.1	27.4	28.6	29.9	1.1	2.4	3.7	4.9	6.2	7.4	8.7	9.9	11.2	12.4	13.7	14.9	16.2	17.4	18.7	20	21.2	22.5	23.7	25	26.2
♂	24.1	24.8	25.6	26.3	27	27.7	28.4	29.1	29.8	0.6	1.3	2	2.7	3.4	4.2	4.9	5.6	6.3	7.1	7.8	8.5	9.2	10	10.7	11.4	12.2	12.9	13.6	14.4	15.1

♃ (1 6 11 16 21 26): 28 29.1 0.1 1.2 2.2 3.3 — ♄ (1 6 11 16 21 26): 23.6 23.7 23.8 23.9 24.1 24.3 — ♅ (1 11 21): 18.7 19.1 19.4 — ♆ (1 11 21): 18.7 18.9 19.1 — ♇ (1 11 21): 24.8 25.2 25.6

XII

	1	2	3	4	5	6	7	8	9	10	11	12	13	14	15	16	17	18	19	20	21	22	23	24	25	26	27	28	29	30	31
☉	8.8	9.8	10.8	11.8	12.9	13.9	14.9	15.9	16.9	17.9	19	20	21	22	23	24	25.1	26.1	27.1	28.1	29.1	0.1	1.2	2.2	3.2	4.2	5.2	6.3	7.3	8.3	9.3
☽	28.8	11.6	24.7	8	21.6	5.3	19.3	3.5	17.9	2.4	16.9	1.4	15.8	29.9	13.8	27.3	10.4	23.2	5.7	17.9	29.8	11.7	23.5	5.4	17.4	29.6	12	24.7	7.7	21	4.5
☿	21.2	22.6	24	25.5	27	28.4	29.9	1.4	2.9	4.5	6	7.5	9	10.6	12.1	13.6	15.2	16.7	18.3	19.8	21.4	22.9	24.5	26	27.6	29.2	0.7	2.3	3.9	5.5	7.1
♀	27.5	28.8	0	1.3	2.5	3.8	5	6.3	7.6	8.8	10.1	11.3	12.6	13.8	15.1	16.4	17.6	18.9	20.1	21.4	22.6	23.9	25.2	26.4	27.7	28.9	0.2	1.5	2.7	4	5.2
♂	15.8	16.6	17.3	18	18.8	19.5	20.3	21	21.8	22.5	23.2	24	24.7	25.5	26.2	27	27.7	28.5	29.2	30	0.7	1.5	2.3	3	3.8	4.5	5.3	6	6.8	7.6	8.3

♃ (1 6 11 16 21 26 31): 4.3 5.2 6.2 7.1 8 8.8 9.6 — ♄ (1 6 11 16 21 26 31): 24.6 24.9 25.2 25.6 26 26.4 26.9 — ♅ (1 11 21 31): 19.9 20.4 21 21.5 — ♆ (1 11 21 31): 19.4 19.7 20.1 20.4 — ♇ (1 11 21 31): 26 26.4 26.7 27.1

1994

I

	1	2	3	4	5	6	7	8	9	10	11	12	13	14	15	16	17	18	19	20	21	22	23	24	25	26	27	28	29	30	31
☉	10.3	11.4	12.4	13.4	14.4	15.4	16.5	17.5	18.5	19.5	20.5	21.5	22.6	23.6	24.6	25.6	26.6	27.7	28.7	29.7	0.7	1.7	2.7	3.8	4.8	5.8	6.8	7.8	8.8	9.9	10.9
☽	18.3	2.2	16.2	0.3	14.4	28.5	12.6	26.7	10.7	24.7	8.4	22	5.3	18.3	1	13.4	25.6	7.6	19.5	1.3	13.2	25.2	7.4	19.9	2.7	16	29.6	13.6	27.8	12.2	26.6
☿	8.7	10.3	11.9	13.5	15.1	16.7	18.4	20	21.7	23.3	25	26.6	28.3	30	1.7	3.3	5	6.7	8.4	10.1	11.8	13.5	15.2	16.9	18.6	20.2	21.8	23.4	25	26.5	28
♀	6.5	7.8	9	10.3	11.5	12.8	14.1	15.3	16.6	17.8	19.1	20.3	21.6	22.9	24.1	25.4	26.6	27.9	29.1	0.4	1.7	2.9	4.2	5.4	6.7	7.9	9.2	10.5	11.7	13	14.2
♂	9.1	9.8	10.6	11.4	12.1	12.9	13.7	14.4	15.2	16	16.7	17.5	18.3	19	19.8	20.6	21.4	22.1	22.9	23.7	24.4	25.2	26	26.8	27.5	28.3	29.1	29.9	0.7	1.4	2.2

♃ (1 6 11 16 21 26 31): 9.8 10.5 11.2 11.8 12.4 12.9 13.4 — ♄ (1 6 11 16 21 26 31): 27 27.5 28 28.5 29.1 29.7 0.2 — ♅ (1 11 21 31): 21.6 22.2 22.8 23.3 — ♆ (1 11 21 31): 20.5 20.8 21.2 21.6 — ♇ (1 11 21 31): 27.1 27.4 27.6 27.8

II

	1	2	3	4	5	6	7	8	9	10	11	12	13	14	15	16	17	18	19	20	21	22	23	24	25	26	27	28
☉	11.9	12.9	13.9	14.9	16	17	18	19	20	21	22	23	24.1	25.1	26.1	27.1	28.1	29.1	0.1	1.1	2.1	3.1	4.1	5.1	6.2	7.2	8.2	9.2
☽	11.1	25.4	9.5	23.5	7.3	21	4.5	17.8	0.9	13.9	26.6	9.2	21.5	3.6	15.5	27.4	9.2	21	3	15.1	27.6	10.5	23.8	7.6	21.9	6.4	21.2	6.1
☿	29.4	0.7	2	3.2	4.2	5.1	5.9	6.6	7.1	7.4	7.6	7.5R	7.3	7	6.4	5.7	4.9	3.9	2.9	1.8	0.7	29.6	28.5	27.5	26.5	25.6	24.9	24.2
♀	15.5	16.7	18	19.2	20.5	21.8	23	24.3	25.5	26.8	28	29.3	0.5	1.8	3	4.3	5.5	6.8	8	9.3	10.5	11.8	13	14.3	15.5	16.8	18	19.3
♂	3	3.8	4.6	5.3	6.1	6.9	7.7	8.5	9.2	10	10.8	11.6	12.4	13.2	13.9	14.7	15.5	16.3	17.1	17.9	18.6	19.4	20.2	21	21.8	22.6	23.4	24.1

♃ (1 6 11 16 21 26): 13.5 13.9 14.2 14.4 14.6 14.6 — ♄ (1 6 11 16 21 26): 0.4 0.9 1.5 2.2 2.8 3.4 — ♅ (1 11 21): 23.4 24 24.5 — ♆ (1 11 21): 21.6 22 22.3 — ♇ (1 11 21): 27.8 28 28.1

III

	1	2	3	4	5	6	7	8	9	10	11	12	13	14	15	16	17	18	19	20	21	22	23	24	25	26	27	28	29	30	31
☉	10.2	11.2	12.2	13.2	14.2	15.2	16.2	17.2	18.2	19.2	20.2	21.2	22.2	23.2	24.2	25.2	26.2	27.2	28.2	29.2	0.1	1.1	2.1	3.1	4.1	5.1	6.1	7.1	8.1	9.1	10.1
☽	21	5.6	20	4.1	17.9	1.4	14.7	27.7	10.5	23.1	5.6	17.9	0	12	23.9	5.7	17.4	29.3	11.2	23.3	5.8	18.6	1.9	15.6	29.8	14.5	29.5	14.7	29.8	14.8	29.6
☿	23.6R	23.2	22.9	22.7	22.6	22.7	22.8	23	23.3	23.7	24.2	24.8	25.4	26.1	26.9	27.7	28.6	29.5	0.5	1.5	2.6	3.7	4.8	6	7.2	8.4	9.7	11	12.4	13.7	15.1
♀	21.8	23	24.3	25.5	26.8	28	29.3	0.5	1.8	3	4.2	5.5	6.7	8	9.2	10.4	11.7	12.9	14.2	15.4	16.7	17.9	19.1	20.4	21.6	22.8	24.1	25.3	26.5	27.8	
♂	24.9	25.7	26.5	27.3	28.1	28.9	29.7	0.4	1.2	2	2.8	3.6	4.4	5.2	5.9	6.7	7.5	8.3	9.1	9.9	10.7	11.4	12.2	13	13.8	14.6	15.4	16.2	16.9	17.7	18.5

♃ (1 6 11 16 21 26 31): 14.7R 14.6 14.5 14.3 14 13.7 13.2 — ♄ (1 6 11 16 21 26 31): 3.7 4.3 4.9 5.5 6.1 6.7 7.2 — ♅ (1 11 21 31): 24.9 25.3 25.7 25.9 — ♆ (1 11 21 31): 22.5 22.8 23 23.2 — ♇ (1 11 21 31): 28.1R 28.1 28 27.8

IV

	1	2	3	4	5	6	7	8	9	10	11	12	13	14	15	16	17	18	19	20	21	22	23	24	25	26	27	28	29	30
☉	11	12	13	14	15	16	17	17.9	18.9	19.9	20.9	21.9	22.8	23.8	24.8	25.8	26.8	27.7	28.7	29.7	0.7	1.6	2.6	3.6	4.6	5.5	6.5	7.5	8.5	9.4
☽	13.9	27.9	11.5	24.7	7.6	20.2	2.6	14.9	26.9	8.9	20.7	2.6	14.3	26.1	8	20	2.2	14.6	27.4	10.6	24.2	8.3	22.8	7.7	22.8	8.1	23.2	8.2	22.8	7
☿	16.6	18	19.5	21	22.5	24.1	25.6	27.2	28.9	0.5	2.2	3.9	5.6	7.4	9.2	11	12.8	14.7	16.6	18.5	20.4	22.4	24.4	26.4	28.4	0.5	2.6	4.7	6.8	8.9
♀	29	0.3	1.5	2.7	4	5.2	6.4	7.6	8.9	10.1	11.3	12.6	13.8	15	16.2	17.5	18.7	19.9	21.1	22.4	23.6	24.8	26	27.2	28.5	29.7	0.9	2.1	3.3	4.6
♂	19.3	20.1	20.9	21.6	22.4	23.2	24	24.8	25.5	26.3	27.1	27.9	28.7	29.4	0.2	1	1.8	2.5	3.3	4.1	4.9	5.6	6.4	7.2	8	8.7	9.5	10.3	11	11.8

♃ (1 6 11 16 21 26): 13.2R 12.7 12.1 11.6 11 10.3 — ♄ (1 6 11 16 21 26): 7.3 7.9 8.4 8.9 9.3 9.8 — ♅ (1 11 21): 26 26.2 26.3 — ♆ (1 11 21): 23.2 23.3 23.3 — ♇ (1 11 21): 27.8R 27.6 27.4

V

	1	2	3	4	5	6	7	8	9	10	11	12	13	14	15	16	17	18	19	20	21	22	23	24	25	26	27	28	29	30	31
☉	10.4	11.4	12.3	13.3	14.3	15.3	16.2	17.2	18.2	19.1	20.1	21.1	22	23	24	24.9	25.9	26.8	27.8	28.8	29.7	0.7	1.7	2.6	3.6	4.5	5.5	6.5	7.4	8.4	9.3
☽	20.7	4.1	17	29.6	11.9	24	5.9	17.8	29.6	11.4	23.2	5.1	17.1	29.3	11.6	24.2	7	20.2	3.7	17.6	1.8	16.5	1.3	16.4	1.4	16.4	1	15.3	29.2	12.7	25.7
☿	11.1	13.2	15.4	17.6	19.7	21.9	24	26.1	28.2	0.3	2.3	4.3	6.2	8.1	10	11.8	13.6	15.3	16.9	18.5	20.1	21.6	23	24.4	25.7	27	28.2	29.3	0.4	1.4	2.4
♀	5.8	7	8.2	9.4	10.6	11.8	13.1	14.3	15.5	16.7	17.9	19.1	20.3	21.5	22.7	23.9	25.1	26.3	27.5	28.7	29.9	1.1	2.3	3.5	4.7	5.9	7.1	8.3	9.5	10.7	11.9
♂	12.6	13.3	14.1	14.9	15.6	16.4	17.2	17.9	18.7	19.5	20.2	21	21.7	22.5	23.3	24	24.8	25.5	26.3	27	27.8	28.6	29.3	0.1	0.8	1.6	2.3	3.1	3.8	4.5	5.3

♃ (1 6 11 16 21 26 31): 9.7R 9.1 8.4 7.8 7.3 6.7 6.3 — ♄ (1 6 11 16 21 26 31): 10.2 10.6 10.9 11.2 11.5 11.8 12 — ♅ (1 11 21 31): 26.3R 26.3 26.2 26 — ♆ (1 11 21 31): 23.3R 23.3 23.2 23 — ♇ (1 11 21 31): 27.2R 26.9 26.6 26.3

VI

	1	2	3	4	5	6	7	8	9	10	11	12	13	14	15	16	17	18	19	20	21	22	23	24	25	26	27	28	29	30
☉	10.3	11.3	12.2	13.2	14.1	15.1	16	17	18	18.9	19.9	20.8	21.8	22.7	23.7	24.6	25.6	26.6	27.5	28.5	29.4	0.4	1.3	2.3	3.2	4.2	5.1	6.1	7	8
☽	8.3	20.7	2.7	14.6	26.4	8.2	20	2	14	26.2	8.6	21.2	4	17.1	0.4	14	27.8	11.9	26.2	10.7	25.4	10.1	24.8	9.3	23.5	7.4	20.8	3.9	16.6	28.9
☿	3.3	4.1	4.8	5.5	6.1	6.7	7.2	7.6	7.9	8.1	8.3	8.4	8.4R	8.4	8.2	8	7.8	7.4	7	6.6	6.1	5.6	5	4.4	3.9	3.3	2.7	2.2	1.6	1.1
♀	13.1	14.3	15.5	16.7	17.8	19	20.2	21.4	22.6	23.8	24.9	26.1	27.3	28.5	29.6	0.8	2	3.2	4.3	5.5	6.7	7.8	9	10.2	11.3	12.5	13.6	14.8	16	17.1
♂	6	6.8	7.5	8.3	9	9.7	10.5	11.2	12	12.7	13.4	14.2	14.9	15.6	16.4	17.1	17.8	18.5	19.3	20	20.7	21.5	22.2	22.9	23.6	24.3	25.1	25.8	26.5	27.2

♃ (1 6 11 16 21 26): 6.2R 5.8 5.4 5.2 5 4.8 — ♄ (1 6 11 16 21 26): 12 12.2 12.3 12.4 12.4 12.4R — ♅ (1 11 21): 26.0R 25.7 25.4 — ♆ (1 11 21): 23.0R 22.8 22.6 — ♇ (1 11 21): 26.3R 26.1 25.8

VII

	1	2	3	4	5	6	7	8	9	10	11	12	13	14	15	16	17	18	19	20	21	22	23	24	25	26	27	28	29	30	31
☉	9	9.9	10.9	11.8	12.8	13.7	14.7	15.6	16.6	17.5	18.5	19.4	20.4	21.3	22.3	23.3	24.2	25.2	26.1	27.1	28	29	29.9	0.9	1.8	2.8	3.8	4.7	5.7	6.6	7.6
☽	11	22.9	4.7	16.5	28.4	10.4	22.6	5.1	17.7	0.7	13.9	27.3	10.9	24.6	8.6	22.7	6.9	21	5.3	19.6	3.8	18	1.9	15.6	28.9	11.9	24.6	6.9	19	0.9	12.7
☿	0.7	0.3	0	30	29.8	29.6	29.4	29.4	29.5	29.6	29.8	0.2	0.6	1	1.6	2.3	3	3.9	4.8	5.8	6.9	8	9.3	10.6	12	13.4	15	16.6	18.2	20	21.8
♀	18.3	19.4	20.6	21.7	22.9	24	25.1	26.3	27.4	28.6	29.7	0.8	2	3.1	4.2	5.3	6.5	7.6	8.7	9.8	10.9	12	13.1	14.2	15.3	16.4	17.5	18.6	19.7	20.8	21.9
♂	27.9	28.6	29.3	0.1	0.8	1.5	2.2	2.9	3.6	4.3	5	5.7	6.4	7.1	7.8	8.5	9.2	9.9	10.6	11.3	12	12.7	13.3	14	14.7	15.4	16.1	16.8	17.4	18.1	18.8

♃ (1 6 11 16 21 26 31): 4.8R 4.8D 4.9 5.1 5.3 5.6 6 — ♄ (1 6 11 16 21 26 31): 12.3R 12.3 12.1 12 11.8 11.5 11.3 — ♅ (1 11 21 31): 25.0R 24.6 24.2 23.8 — ♆ (1 11 21 31): 22.3R 22.1 21.8 21.5 — ♇ (1 11 21 31): 25.6R 25.5 25.4 25.3

VIII

	1	2	3	4	5	6	7	8	9	10	11	12	13	14	15	16	17	18	19	20	21	22	23	24	25	26	27	28	29	30	31
☉	8.5	9.5	10.5	11.4	12.4	13.3	14.3	15.2	16.2	17.2	18.1	19.1	20	21	22	22.9	23.9	24.8	25.8	26.8	27.7	28.7	29.7	0.6	1.6	2.5	3.5	4.5	5.4	6.4	7.4
☽	24.5	6.4	18.5	0.8	13.5	26.4	9.7	23.3	7.1	21.1	5.2	19.4	3.6	17.7	1.8	15.9	29.8	13.7	27.4	10.9	24.3	7.3	20.1	2.6	14.9	26.9	8.8	20.6	2.4	14.3	26.4
☿	25.6	27.5	29.5	1.5	3.5	5.6	7.6	9.7	11.8	13.8	15.9	18	20	22	24	26	28	29.9	1.8	3.7	5.5	7.3	9.1	10.8	12.5	14.2	15.8	17.3	18.9	20.4	21.8
♀	23	24	25.1	26.2	27.2	28.3	29.4	0.4	1.5	2.5	3.5	4.6	5.6	6.6	7.7	8.7	9.7	10.7	11.7	12.7	13.7	14.7	15.6	16.6	17.6	18.5	19.5	20.4	21.4	22.3	23.2
♂	19.5	20.2	20.8	21.5	22.2	22.8	23.5	24.2	24.9	25.5	26.2	26.8	27.5	28.2	28.8	29.5	0.1	0.8	1.4	2.1	2.7	3.4	4	4.7	5.3	6	6.6	7.2	7.9	8.5	9.2

♃ (1 6 11 16 21 26 31): 6.1 6.5 7 7.6 8.2 8.9 9.7 — ♄ (1 6 11 16 21 26 31): 11.2R 10.9 10.6 10.2 9.9 9.5 9.1 — ♅ (1 11 21 31): 23.8R 23.4 23.1 22.8 — ♆ (1 11 21 31): 21.5R 21.3 21 20.9 — ♇ (1 11 21 31): 25.3R 25.3D 25.4 25.5

IX

	1	2	3	4	5	6	7	8	9	10	11	12	13	14	15	16	17	18	19	20	21	22	23	24	25	26	27	28	29	30
☉	8.3	9.3	10.3	11.2	12.2	13.2	14.2	15.1	16.1	17.1	18	19	20	21	21.9	22.9	23.9	24.9	25.8	26.8	27.8	28.8	29.7	0.7	1.7	2.7	3.7	4.6	5.6	6.6
☽	8.8	21.5	4.6	18.1	2	16.2	0.6	15.2	29.7	14.2	28.6	12.7	26.7	10.4	24	7.4	20.5	3.5	16.2	28.7	11	23.1	5.1	16.9	28.7	10.5	22.4	4.5	16.8	29.5
☿	24.9	26.5	28.1	29.7	1.2	2.8	4.3	5.8	7.3	8.7	10.1	11.6	13	14.3	15.7	17	18.3	19.6	20.8	22	23.2	24.4	25.5	26.6	27.7	28.7	29.7	0.6	1.5	2.3
♀	24.1	25	25.9	26.8	27.7	28.5	29.4	0.2	1.1	1.9	2.7	3.5	4.3	5.1	5.8	6.5	7.2	7.9	8.6	9.2	9.9	10.5	11.1	11.6	12.2	12.7	13.1	13.6	14	14.4
♂	9.8	10.4	11	11.7	12.3	12.9	13.5	14.1	14.7	15.3	15.9	16.5	17.1	17.7	18.3	18.9	19.5	20.1	20.7	21.2	21.8	22.4	23	23.5	24.1	24.7	25.2	25.8	26.3	26.9

♃ (1 6 11 16 21 26): 9.8 10.6 11.4 12.3 13.2 14.1 — ♄ (1 6 11 16 21 26): 9.1R 8.7 8.3 7.9 7.6 7.2 — ♅ (1 11 21): 22.8R 22.6 22.4 — ♆ (1 11 21): 20.8R 20.7 20.6 — ♇ (1 11 21): 25.5 25.7 25.9

X

	1	2	3	4	5	6	7	8	9	10	11	12	13	14	15	16	17	18	19	20	21	22	23	24	25	26	27	28	29	30	31
☉	7.6	8.6	9.6	10.5	11.5	12.5	13.5	14.5	15.5	16.5	17.5	18.5	19.4	20.4	21.4	22.4	23.4	24.4	25.4	26.4	27.4	28.4	29.4	0.4	1.3	2.3	3.3	4.3	5.3	6.3	7.3
☽	12.6	26.2	10.1	24.5	9.3	24.2	9.1	24	8.7	23.1	7.2	20.9	4.3	17.5	0.4	13	25.4	7.7	19.7	1.7	13.6	25.4	7.1	19	0.9	12.9	25.3	7.9	20.9	4.3	18.2
☿	3.1	3.8	4.4	5	5.5	5.9	6.2	6.4	6.5	6.4R	6.3	6	5.6	5	4.3	3.5	2.5	1.5	0.3	29.1	27.9	26.6	25.4	24.3	23.3	22.5	21.8	21.3	20.9	20.8D	20.9
♀	15.7	16.1	16.4	16.7	17	17.3	17.5	17.7	17.8	17.9	18	18	18.0R	17.9	17.8	17.7	17.5	17.3	17	16.7	16.4	16.1	15.7	15.3	14.8	14.3	13.8	13.2	12.7	12.1	11.5
♂	27.9	28.5	29.1	29.6	0.2	0.8	1.3	1.9	2.4	3	3.5	4.1	4.6	5.1	5.7	6.2	6.8	7.3	7.8	8.4	8.9	9.4	9.9	10.4	10.9	11.4	11.9	12.4	12.9	13.4	13.9

♃ (1 6 11 16 21 26 31): 15.1 16.1 17.1 18.1 19.2 20.2 21.3 — ♄ (1 6 11 16 21 26 31): 6.9R 6.7 6.4 6.2 6 5.9 5.8 — ♅ (1 11 21 31): 22.4R 22.4D 22.5 22.7 — ♆ (1 11 21 31): 20.6R 20.6D 20.7 20.8 — ♇ (1 11 21 31): 26.2 26.5 26.8 27.2

XI

	1	2	3	4	5	6	7	8	9	10	11	12	13	14	15	16	17	18	19	20	21	22	23	24	25	26	27	28	29	30
☉	8.3	9.3	10.3	11.3	12.3	13.3	14.3	15.3	16.4	17.4	18.4	19.4	20.4	21.4	22.4	23.4	24.4	25.4	26.4	27.4	28.4	29.5	0.5	1.5	2.5	3.5	4.5	5.5	6.5	7.5
☽	2.5	17.3	2.3	17.5	2.7	17.7	2.4	16.8	0.7	14.2	27.3	10	22.5	4.7	16.7	28.6	10.5	22.3	4.1	15.9	27.8	9.8	22	4.4	17	29.9	13.2	26.9	11	25.5
☿	21.1	21.6	22.3	23.3	24.5	25.8	27.3	28.8	0.4	2	3.4	4.9	6.4	8	9.5	11.1	12.7	14.3	15.9	17.5	19.1	20.7	22.3	23.9	25.5	27.1	28.7	0.3	1.9	3.4
♀	11.5R	10.9	10.3	9.7	9.1	8.5	7.9	7.3	6.7	6.2	5.7	5.2	4.8	4.4	4	3.7	3.4	3.1	2.9	2.8	2.6	2.5	2.5D	2.6	2.7	2.8	3	3.3	3.5	3.8
♂	14.4	14.9	15.4	15.8	16.3	16.8	17.2	17.7	18.1	18.6	19	19.5	19.9	20.3	20.8	21.2	21.6	22	22.4	22.8	23.2	23.6	24	24.3	24.7	25	25.4	25.7	26.1	26.4

♃ (1 6 11 16 21 26): 21.5 22.6 23.7 24.8 25.9 27.1 — ♄ (1 6 11 16 21 26): 5.7R 5.7 5.7D 5.7 5.8 5.9 — ♅ (1 11 21): 22.8 23.1 23.4 — ♆ (1 11 21): 20.8 21 21.2 — ♇ (1 11 21): 27.2 27.6 28

XII

	1	2	3	4	5	6	7	8	9	10	11	12	13	14	15	16	17	18	19	20	21	22	23	24	25	26	27	28	29	30	31
☉	8.6	9.6	10.6	11.6	12.6	13.6	14.6	15.7	16.7	17.7	18.7	19.7	20.7	21.8	22.8	23.8	24.8	25.8	26.8	27.9	28.9	29.9	0.9	1.9	3	4	5	6	7	8.1	9.1
☽	10.3	25.4	10.6	25.8	10.7	25.3	9.5	23.1	6.3	19.1	1.5	13.6	25.6	7.4	19.2	1	12.8	24.8	6.8	19.1	1.4	14	26.8	9.8	23	6.5	20.4	4.6	19.1	3.8	18.8
☿	1.3	2.8	4.4	6	7.6	9.1	10.7	12.3	13.8	15.4	17	18.5	20.1	21.7	23.3	24.8	26.4	28	29.6	1.2	2.8	4.4	5.9	7.5	9.1	10.6	12.2	13.7	15.2	16.7	18.2
♀	3.8	4.1	4.5	4.9	5.3	5.7	6.2	6.7	7.3	7.8	8.4	9	9.6	10.3	10.9	11.6	12.3	13.1	13.8	14.5	15.3	16.1	16.9	17.7	18.5	19.4	20.2	21	22	22.9	
♂	26.8	27.1	27.4	27.7	28	28.3	28.6	28.9	29.1	29.4	29.6	29.9	0.1	0.3	0.6	0.8	1	1.1	1.3	1.5	1.6	1.8	1.9	2	2.2	2.3	2.4	2.4	2.5	2.6	2.6

♃ (1 6 11 16 21 26 31): 28.2 29.3 0.3 1.4 2.5 3.5 4.5 — ♄ (1 6 11 16 21 26 31): 6.1 6.3 6.5 6.8 7.2 7.5 7.9 — ♅ (1 11 21 31): 23.8 24.3 24.9 25.4 — ♆ (1 11 21 31): 21.5 21.8 22.2 22.5 — ♇ (1 11 21 31): 28.4 28.8 29.2 29.5

I

	1	2	3	4	5	6	7	8	9	10	11	12	13	14	15	16	17	18	19	20	21	22	23	24	25	26	27	28	29	30	31
☉	10.1	11.1	12.1	13.1	14.2	15.2	16.2	17.2	18.2	19.3	20.3	21.3	22.3	23.3	24.4	25.4	26.4	27.4	28.4	29.4	0.5	1.5	2.5	3.5	4.5	5.6	6.6	7.6	8.6	9.6	10.6
☽	3.8	18.6	3.2	17.4	1.2	14.5	27.4	9.9	22	4	15.8	27.6	9.4	21.3	3.4	15.6	28.1	10.8	23.7	6.7	20	3.4	17	0.8	14.8	29	13.4	27.9	12.5	27	11.3
☿	20.4	22.1	23.7	25.3	26.9	28.5	0.1	1.7	3.3	4.9	6.4	7.9	9.4	10.8	12.2	13.6	14.8	16	17.1	18.2	19	19.8	20.4	20.9	21.2	21.3	21.2	20.9	20.4	19.8	19
♀	23.9	24.8	25.7	26.6	27.6	28.5	29.5	0.5	1.5	2.5	3.4	4.5	5.5	6.5	7.5	8.5	9.6	10.6	11.7	12.7	13.8	14.8	15.9	17	18.1	19.1	20.2	21.3	22.4	23.5	24.6
♂	2.6	2.6	2.7	2.6	2.6	2.6	2.5	2.5	2.4	2.3	2.2	2.1	2	1.8	1.7	1.5	1.3	1.1	0.9	0.7	0.5	0.2	30	29.7	29.4	29.1	28.8	28.5	28.2	27.9	27.5

♃ 1 / 6 / 11 / 16 / 21 / 26 / 31: 4.7 5.7 6.7 7.6 8.5 9.4 10.2 — ♄ 1 / 6 / 11 / 16 / 21 / 26 / 31: 8 8.4 8.9 9.4 9.9 10.4 11 — ♅ 1 / 11 / 21 / 31: 25.5 26.1 26.7 27.2 — ♆ 1 / 11 / 21 / 31: 22.6 23 23.3 23.7 — ♇ 1 / 11 / 21 / 31: 29.5 29.8 0.1 0.3

	1	2	3	4	5	6	7	8	9	10	11	12	13	14	15	16	17	18	19	20	21	22	23	24	25	26	27	28	29	30	31
☉	9.8	10.9	11.9	12.9	13.9	14.9	16	17	18	19	20	21.1	22.1	23.1	24.1	25.1	26.1	27.2	28.2	29.2	0.2	1.2	2.3	3.3	4.3	5.3	6.3	7.3	8.4	9.4	10.4
☽	16.7	28.7	10.7	22.6	4.5	16.4	28.2	10.2	22.2	4.3	16.5	29	11.7	24.7	8.1	22	6.4	21.1	6.2	21.5	6.8	21.9	6.7	21	4.8	18	0.9	13.4	25.6	7.6	19.5
☿	29.1	0.3	1.3	2.3	3.1	3.8	4.4	4.8	5.1	5.2	5.1	4.7	4.2	3.5	2.7	1.6	0.5	29.2	27.9	26.6	25.4	24.2	23	22.1	21.2	20.5	19.9	19.5	19.2	19.1	19.1
♀	12.6	13.9	15.1	16.3	17.5	18.8	20	21.2	22.4	23.7	24.9	26.1	27.3	28.6	29.8	1	2.2	3.4	4.6	5.9	7.1	8.3	9.5	10.7	11.9	13.1	14.3	15.5	16.7	17.9	19.1
♂	24.2	25	25.7	26.5	27.3	28.1	28.9	29.6	0.4	1.2	2	2.8	3.6	4.3	5.1	5.9	6.7	7.5	8.3	9.1	9.9	10.6	11.4	12.2	13	13.8	14.6	15.4	16.2	17	17.8

♃ 1 / 6 / 11 / 16 / 21 / 26 / 31: 29.5 0.6 1.7 2.8 3.9 5 6.1 — ♄ 1 / 6 / 11 / 16 / 21 / 26 / 31: 19.4 19.8 20.1 20.6 21 21.5 22 — ♅ 1 / 11 / 21 / 31: 29.4 29.9 0.5 1.1 — ♆ 1 / 11 / 21 / 31: 24.7 25.1 25.4 25.8 — ♇ 1 / 11 / 21 / 31: 2 2.3 2.6 2.8

II

	1	2	3	4	5	6	7	8	9	10	11	12	13	14	15	16	17	18	19	20	21	22	23	24	25	26	27	28	29	30	31
☉	11.6	12.7	13.7	14.7	15.7	16.7	17.7	18.7	19.8	20.8	21.8	22.8	23.8	24.8	25.8	26.8	27.8	28.9	29.9	0.9	1.9	2.9	3.9	4.9	5.9	6.9	7.9	8.9			
☽	25.3	9	22.3	5.2	17.7	29.9	11.9	23.7	5.5	17.4	29.4	11.5	23.9	6.6	19.6	2.8	16.3	30	13.8	27.7	11.7	25.8	9.9	24	8.1	22.2	6.3	20.1			
☿	18.0	17	15.8	14.6	13.4	12.2	11	9.9	8.9	8.1	7.3	6.7	6.3	5.9	5.7	5.6	5.7	5.8	6.1	6.4	6.8	7.4	8	8.6	9.4	10.2	11	12			
♀	25.7	26.8	27.9	29.1	0.2	1.3	2.4	3.6	4.7	5.8	6.9	8.1	9.2	10.4	11.5	12.7	13.8	15	16.1	17.3	18.4	19.6	20.7	21.9	23.1	24.2	25.4	26.6			
♂	27.2	26.8	26.4	26.1	25.7	25.3	24.9	24.5	24.1	23.7	23.3	22.9	22.5	22.1	21.7	21.3	20.9	20.6	20.2	19.8	19.4	19.1	18.7	18.4	18	17.7	17.4	17			

♃ 1 / 6 / 11 / 16 / 21 / 26: 10.3 11.1 11.8 12.5 13 13.6 — ♄ 1 / 6 / 11 / 16 / 21 / 26: 11.1 11.6 12.2 12.8 13.4 14 — ♅ 1 / 11 / 21: 27.3 27.9 28.4 — ♆ 1 / 11 / 21: 23.7 24.1 24.4 — ♇ 1 / 11 / 21: 0.3 0.5 0.6

	1	2	3	4	5	6	7	8	9	10	11	12	13	14	15	16	17	18	19	20	21	22	23	24	25	26	27	28	29	30	31
☉	11.4	12.4	13.4	14.4	15.5	16.5	17.5	18.5	19.5	20.5	21.5	22.5	23.6	24.6	25.6	26.6	27.6	28.6	29.6	0.6	1.6	2.6	3.7	4.7	5.7	6.7	7.7	8.7	9.7		
☽	1.4	13.2	25.1	7.1	19.2	1.3	13.6	26.1	8.7	21.5	4.6	18	1.7	15.8	0.3	15	30	15	29.9	14.5	28.8	12.7	26.1	9.1	21.7	3.9	16	27.9	9.8		
☿	19.3	19.5	19.9	20.3	20.9	21.5	22.2	23	23.8	24.7	25.6	26.6	27.7	28.8	29.9	1	2.2	3.4	4.7	5.9	7.2	8.6	9.9	11.3	12.7	14.1	15.5	16.9	18.4		
♀	20.3	21.5	22.7	23.9	25.1	26.3	27.5	28.7	29.9	1.1	2.2	3.4	4.6	5.8	7	8.1	9.3	10.5	11.6	12.8	14	15.1	16.3	17.4	18.6	19.7	20.9	22	23.1		
♂	18.5	19.3	20.1	20.9	21.7	22.5	23.3	24.1	24.9	25.7	26.5	27.2	28	28.8	29.6	0.4	1.2	2	2.8	3.6	4.4	5.1	5.9	6.7	7.5	8.3	9.1	9.9	10.7		

♃ 1 / 6 / 11 / 16 / 21 / 26: 6.3 7.3 8.3 9.2 10.2 11.1 — ♄ 1 / 6 / 11 / 16 / 21 / 26: 22.1 22.6 23.2 23.8 24.3 24.9 — ♅ 1 / 11 / 21: 1.2 1.7 2.3 — ♆ 1 / 11 / 21: 25.9 26.2 26.5 — ♇ 1 / 11 / 21: 2.8 3 3.1

III

	1	2	3	4	5	6	7	8	9	10	11	12	13	14	15	16	17	18	19	20	21	22	23	24	25	26	27	28	29	30	31
☉	9.9	10.9	11.9	12.9	13.9	14.9	15.9	16.9	17.9	18.9	19.9	20.9	21.9	22.9	23.9	24.9	25.9	26.9	27.9	28.9	29.9	0.9	1.9	2.9	3.9	4.9	5.9	6.8	7.8	8.8	9.8
☽	3.8	17.2	0.3	13	25.5	7.7	19.7	1.5	13.3	25.2	7.2	19.4	1.8	14.7	27.8	11.3	25.1	9.2	23.5	7.8	22.2	6.6	20.8	5	18.9	2.8	16.4	29.8	13	26	8.8
☿	12.9	13.9	15	16.1	17.2	18.4	19.6	20.8	22	23.3	24.6	26	27.3	28.7	0.1	1.6	3	4.5	6	7.6	9.1	10.7	12.3	13.9	15.5	17.2	18.9	20.6	22.3	24.1	25.8
♀	27.7	28.9	0.1	1.3	2.4	3.6	4.8	6	7.2	8.3	9.5	10.7	11.9	13.1	14.3	15.4	16.6	17.8	19	20.2	21.4	22.6	23.8	25	26.2	27.4	28.6	29.7	0.9	2.1	3.3
♂	16.7	16.4	16.2	15.9	15.6	15.4	15.2	14.9	14.7	14.5	14.3	14.2	14	13.9	13.7	13.6	13.5	13.4	13.4	13.3	13.2	13.2	13.2	13.2	13.2	13.2	13.2	13.2	13.3	13.3	13.4

♃ 1 / 6 / 11 / 16 / 21 / 26 / 31: 13.9 14.3 14.7 15 15.2 15.3 15.4 — ♄ 1 / 6 / 11 / 16 / 21 / 26 / 31: 14.4 15 15.6 16.2 16.8 17.4 18 — ♅ 1 / 11 / 21 / 31: 28.8 29.2 29.6 30 — ♆ 1 / 11 / 21 / 31: 24.7 24.9 25.2 25.3 — ♇ 1 / 11 / 21 / 31: 0.6 0.6 0.5 0.4

	1	2	3	4	5	6	7	8	9	10	11	12	13	14	15	16	17	18	19	20	21	22	23	24	25	26	27	28	29	30	31
☉	10.7	11.7	12.7	13.7	14.7	15.7	16.7	17.7	18.7	19.7	20.7	21.7	22.7	23.7	24.7	25.7	26.7	27.7	28.7	29.7	0.7	1.7	2.6	3.6	4.6	5.6	6.6	7.6	8.6	9.6	10.6
☽	21.7	3.6	15.6	27.8	10.2	22.8	5.5	18.4	1.6	15	28.5	12.3	26.4	10.6	25	9.5	24	8.5	22.8	6.8	20.5	3.9	16.8	29.5	11.8	24	5.9	17.8	29.7	11.6	23.7
☿	19.9	21.4	22.9	24.5	26	27.6	29.2	0.8	2.5	4.1	5.8	7.5	9.2	10.9	12.7	14.5	16.2	18.1	19.9	21.7	23.6	25.5	27.4	29.4	1.3	3.3	5.3	7.3	9.3	11.3	13.4
♀	24.3	25.4	26.5	27.7	28.8	29.9	1	2.1	3.2	4.3	5.4	6.5	7.6	8.7	9.8	10.9	12	13	14.1	15.2	16.2	17.3	18.3	19.3	20.4	21.4	22.4	23.4	24.4	25.4	26.4
♂	11.5	12.3	13	13.8	14.6	15.4	16.2	17	17.8	18.6	19.3	20.1	20.9	21.7	22.5	23.3	24	24.8	25.6	26.4	27.2	28	28.7	29.5	0.3	1.1	1.8	2.6	3.4	4.2	5

♃ 1 / 6 / 11 / 16 / 21 / 26 / 31: 11.7 12.6 13.3 14 14.7 15.3 15.8 — ♄ 1 / 6 / 11 / 16 / 21 / 26 / 31: 25.4 26 26.6 27.3 27.9 28.5 29.1 — ♅ 1 / 11 / 21 / 31: 2.7 3.2 3.6 4 — ♆ 1 / 11 / 21 / 31: 26.8 27.1 27.3 27.5 — ♇ 1 / 11 / 21 / 31: 3.1 3.1 3.1 3

IV

	1	2	3	4	5	6	7	8	9	10	11	12	13	14	15	16	17	18	19	20	21	22	23	24	25	26	27	28	29	30	31
☉	10.8	11.8	12.8	13.8	14.7	15.7	16.7	17.7	18.7	19.7	20.6	21.6	22.6	23.6	24.6	25.5	26.5	27.5	28.5	29.5	0.4	1.4	2.4	3.4	4.3	5.3	6.3	7.3	8.2	9.2	
☽	21.3	3.6	15.7	27.6	9.5	21.3	3.1	15.1	27.3	9.7	22.5	5.7	19.3	3.3	17.7	2.3	17.1	1.9	16.7	1.3	15.6	29.6	13.3	26.8	9.9	22.8	5.4	17.8	0.1	12.1	
☿	27.6	29.4	1.3	3.1	5	6.9	8.9	10.8	12.8	14.8	16.8	18.9	20.9	23	25.1	27.2	29.3	1.4	3.6	5.7	7.8	9.9	11.9	14	16	18	20	21.9	23.7	25.5	
♀	4.5	5.7	6.9	8.1	9.3	10.5	11.7	12.9	14.1	15.3	16.5	17.7	19	20.2	21.4	22.6	23.8	25	26.2	27.4	28.6	29.8	1	2.2	3.4	4.6	5.8	7	8.3	9.5	
♂	13.5	13.6	13.7	13.8	13.9	14	14.2	14.3	14.5	14.7	14.8	15	15.2	15.4	15.7	15.9	16.1	16.4	16.6	16.9	17.1	17.4	17.7	18	18.3	18.6	18.9	19.2	19.5	19.8	

♃ 1 / 6 / 11 / 16 / 21 / 26: 15.4 15.4 15.2 15.1 14.8 14.5 — ♄ 1 / 6 / 11 / 16 / 21 / 26: 18.2 18.7 19.3 19.8 20.4 20.9 — ♅ 1 / 11 / 21: 30 0.2 0.4 — ♆ 1 / 11 / 21: 25.4 25.5 25.5 — ♇ 1 / 11 / 21: 0.4 0.2 0

	1	2	3	4	5	6	7	8	9	10	11	12	13	14	15	16	17	18	19	20	21	22	23	24	25	26	27	28	29	30	31
☉	11.5	12.5	13.5	14.5	15.5	16.5	17.5	18.4	19.4	20.4	21.4	22.4	23.4	24.3	25.3	26.3	27.3	28.2	29.2	0.2	1.2	2.1	3.1	4.1	5.1	6	7	8	9	9.9	
☽	6	18.6	1.4	14.4	27.8	11.3	25.1	9.1	23.2	7.4	21.6	5.8	20	4.1	18.1	1.9	15.5	28.8	11.9	24.8	7.3	19.7	1.8	13.8	25.7	7.6	19.5	1.6	13.9	26.5	
☿	15.4	17.5	19.6	21.6	23.7	25.7	27.7	29.7	1.7	3.6	5.5	7.4	9.2	10.9	12.6	14.2	15.7	17.1	18.5	19.8	21	22.1	23.2	24.1	25	25.8	26.5	27	27.5	27.9	
♀	27.4	28.4	29.4	0.3	1.3	2.2	3.2	4.1	5	5.9	6.8	7.7	8.6	9.5	10.3	11.2	12	12.8	13.6	14.4	15.2	16	16.7	17.4	18.2	18.9	19.5	20.2	20.8	21.5	
♂	5.7	6.5	7.3	8.1	8.8	9.6	10.4	11.1	11.9	12.7	13.5	14.2	15	15.8	16.5	17.3	18.1	18.8	19.6	20.3	21.1	21.9	22.6	23.4	24.1	24.9	25.7	26.4	27.2	27.9	

♃ 1 / 6 / 11 / 16 / 21 / 26: 15.9 16.4 16.8 17.1 17.4 17.5 — ♄ 1 / 6 / 11 / 16 / 21 / 26: 29.2 29.8 0.4 1 1.6 2.2 — ♅ 1 / 11 / 21: 4 4.3 4.5 — ♆ 1 / 11 / 21: 27.5 27.7 27.7 — ♇ 1 / 11 / 21: 2.9 2.8 2.6

V

	1	2	3	4	5	6	7	8	9	10	11	12	13	14	15	16	17	18	19	20	21	22	23	24	25	26	27	28	29	30	31
☉	10.2	11.1	12.1	13.1	14	15	16	17	17.9	18.9	19.9	20.8	21.8	22.8	23.7	24.7	25.6	26.6	27.6	28.5	29.5	0.5	1.4	2.4	3.3	4.3	5.3	6.2	7.2	8.1	9.1
☽	24.1	6	17.8	29.6	11.5	23.5	5.6	18	0.8	13.9	27.4	11.4	25.8	10.6	25.6	10.7	25.9	10.8	25.4	9.6	23.4	6.8	19.8	2.5	14.9	27.1	9.1	21	2.9	14.7	26.5
☿	27.3	29	0.6	2.2	3.7	5.1	6.5	7.8	9	10.2	11.2	12.3	13.2	14.1	14.8	15.6	16.2	16.7	17.2	17.6	17.9	18.1	18.3	18.4	18.3	18.3	18.1	17.9	17.6	17.2	16.8
♀	10.7	11.9	13.1	14.3	15.5	16.7	17.9	19.1	20.3	21.6	22.8	24	25.2	26.4	27.6	28.8	0	1.3	2.5	3.7	4.9	6.1	7.3	8.5	9.7	11	12.2	13.4	14.6	15.8	17
♂	20.2	20.5	20.9	21.2	21.6	21.9	22.3	22.7	23	23.4	23.8	24.2	24.6	25	25.4	25.8	26.2	26.6	27.1	27.5	27.9	28.4	28.8	29.2	29.7	0.1	0.6	1.1	1.5	2	2.4

♃ 1 / 6 / 11 / 16 / 21 / 26 / 31: 14.1 13.6 13.1 12.5 11.9 11.3 10.7 — ♄ 1 / 6 / 11 / 16 / 21 / 26 / 31: 21.4 21.8 22.2 22.7 23 23.4 23.7 — ♅ 1 / 11 / 21 / 31: 0.5 0.5 0.4 0.2 — ♆ 1 / 11 / 21 / 31: 25.5 25.5 25.4 25.3 — ♇ 1 / 11 / 21 / 31: 29.8 29.5 29.2 29

	1	2	3	4	5	6	7	8	9	10	11	12	13	14	15	16	17	18	19	20	21	22	23	24	25	26	27	28	29	30	31
☉	10.9	11.9	12.8	13.8	14.8	15.8	16.7	17.7	18.7	19.6	20.6	21.6	22.5	23.5	24.4	25.4	26.4	27.3	28.3	29.3	0.2	1.2	2.2	3.1	4.1	5	6	7	7.9	8.9	9.8
☽	9.5	22.8	6.5	20.5	4.7	19.2	3.7	18.2	2.6	16.8	0.9	14.7	28.3	11.7	24.9	7.9	20.6	3.2	15.6	27.8	9.9	21.8	3.7	15.6	27.5	9.6	21.9	4.5	17.4	0.8	14.7
☿	28.3	28.5	28.6	28.6	28.6	28.5	28.3	28	27.6	27.2	26.7	26.2	25.7	25.1	24.5	23.9	23.3	22.8	22.2	21.7	21.2	20.8	20.5	20.2	19.9	19.8	19.7	19.6	19.7	19.8	20
♀	22.1	22.6	23.2	23.7	24.2	24.7	25.2	25.6	26	26.4	26.7	27	27.3	27.6	27.8	28	28.1	28.2	28.3	28.3	28.3	28.2	28.1	28	27.8	27.6	27.4	27.1	26.8	26.4	26
♂	28.7	29.4	0.2	0.9	1.7	2.4	3.2	3.9	4.7	5.4	6.2	6.9	7.7	8.4	9.2	9.9	10.6	11.4	12.1	12.9	13.6	14.3	15.1	15.8	16.5	17.3	18	18.7	19.5	20.2	20.9

♃ 1 / 6 / 11 / 16 / 21 / 26 / 31: 17.6 17.7 17.6 17.4 17.2 16.9 16.6 — ♄ 1 / 6 / 11 / 16 / 21 / 26 / 31: 2.7 3.2 3.7 4.2 4.7 5.1 5.5 — ♅ 1 / 11 / 21 / 31: 4.6 4.6 4.5 4.4 — ♆ 1 / 11 / 21 / 31: 27.8 27.7 27.6 27.5 — ♇ 1 / 11 / 21 / 31: 2.3 2.1 1.8 1.5

VI

	1	2	3	4	5	6	7	8	9	10	11	12	13	14	15	16	17	18	19	20	21	22	23	24	25	26	27	28	29	30	31
☉	10.1	11	12	12.9	13.9	14.9	15.8	16.8	17.7	18.7	19.6	20.6	21.5	22.5	23.5	24.4	25.4	26.3	27.3	28.2	29.2	0.1	1.1	2	3	4	4.9	5.9	6.8	7.8	
☽	8.4	20.3	2.4	14.6	27	9.6	22.7	6.1	19.9	4.2	18.8	3.9	19.1	4.4	19.5	4.4	18.8	2.7	16.2	29.2	11.8	24.1	6.2	18.1	30	11.8	23.6	5.5	17.4	29.5	
☿	16.4	15.9	15.3	14.8	14.2	13.7	13.1	12.6	12.1	11.6	11.2	10.8	10.5	10.2	10	9.9	9.8	9.8	9.9	10.1	10.3	10.7	11.1	11.5	12.1	12.7	13.4	14.2	15.1	16	
♀	18.2	19.5	20.7	21.9	23.1	24.3	25.5	26.7	28	29.2	0.4	1.6	2.8	4	5.3	6.5	7.7	8.9	10.1	11.4	12.6	13.8	15	16.2	17.5	18.7	19.9	21.1	22.3	23.6	
♂	2.9	3.4	3.9	4.4	4.8	5.3	5.8	6.3	6.8	7.3	7.8	8.3	8.8	9.3	9.8	10.4	10.9	11.4	11.9	12.4	13	13.5	14	14.6	15.1	15.6	16.2	16.7	17.3	17.8	

♃ 1 / 6 / 11 / 16 / 21 / 26: 10.6 9.9 9.3 8.7 8.1 7.6 — ♄ 1 / 6 / 11 / 16 / 21 / 26: 23.7 24 24.2 24.4 24.6 24.7 — ♅ 1 / 11 / 21: 0.2 29.9 29.6 — ♆ 1 / 11 / 21: 25.2 25.1 24.8 — ♇ 1 / 11 / 21: 28.9 28.7 28.4

	1	2	3	4	5	6	7	8	9	10	11	12	13	14	15	16	17	18	19	20	21	22	23	24	25	26	27	28	29	30	31
☉	10.8	11.7	12.7	13.7	14.6	15.6	16.5	17.5	18.4	19.4	20.4	21.3	22.3	23.2	24.2	25.1	26.1	27	28	29	29.9	0.9	1.8	2.8	3.7	4.7	5.6	6.6	7.5	8.5	
☽	29	13.6	28.4	13.4	28.3	13	27.4	11.5	25.3	8.7	21.8	4.7	17.4	29.9	12.2	24.4	6.5	18.4	0.3	12.2	24	5.9	17.9	0.2	12.7	25.6	9	22.9	7.2	22	
☿	20.3	20.7	21.1	21.6	22.1	22.8	23.5	24.2	25.1	26	26.9	27.9	29	0.1	1.3	2.5	3.8	5.2	6.6	8	9.5	11.1	12.7	14.4	16.1	17.8	19.7	21.5	23.4	25.4	
♀	25.5	25.1	24.6	24	23.5	22.9	22.3	21.7	21.1	20.5	19.8	19.2	18.6	18	17.4	16.8	16.2	15.7	15.2	14.7	14.3	13.8	13.5	13.1	12.8	12.5	12.3	12.1	12	11.9	
♂	21.6	22.4	23.1	23.8	24.5	25.3	26	26.7	27.4	28.1	28.9	29.6	0.3	1	1.7	2.4	3.1	3.9	4.6	5.3	6	6.7	7.4	8.1	8.8	9.5	10.2	10.9	11.6	12.3	

♃ 1 / 6 / 11 / 16 / 21 / 26: 16.5 16.1 15.6 15 14.4 13.8 — ♄ 1 / 6 / 11 / 16 / 21 / 26: 5.5 5.9 6.2 6.5 6.8 7 — ♅ 1 / 11 / 21: 4.4 4.2 3.9 — ♆ 1 / 11 / 21: 27.5 27.3 27.1 — ♇ 1 / 11 / 21: 1.5 1.2 1

VII

	1	2	3	4	5	6	7	8	9	10	11	12	13	14	15	16	17	18	19	20	21	22	23	24	25	26	27	28	29	30	31
☉	8.7	9.7	10.6	11.6	12.5	13.5	14.4	15.4	16.4	17.3	18.3	19.2	20.2	21.1	22.1	23	24	24.9	25.9	26.8	27.8	28.8	29.7	0.7	1.6	2.6	3.5	4.5	5.4	6.4	7.3
☽	11.6	24	6.5	19.2	2.2	15.5	29.2	13.3	27.8	12.6	27.6	12.8	27.9	12.8	27.3	11.3	24.8	7.9	20.6	2.9	14.9	26.8	8.7	20.5	2.3	14.3	26.4	8.6	21	3.6	16.3
☿	17	18	19.1	20.3	21.6	22.9	24.3	25.8	27.3	28.9	0.5	2.2	3.9	5.7	7.6	9.5	11.5	13.4	15.5	17.5	19.6	21.7	23.8	25.9	28	0.2	2.3	4.4	6.5	8.6	10.6
♀	24.8	26	27.2	28.4	29.7	0.9	2.1	3.3	4.6	5.8	7	8.2	9.5	10.7	11.9	13.1	14.4	15.6	16.8	18	19.3	20.5	21.7	23	24.2	25.4	26.6	27.9	29.1	0.3	1.6
♂	18.4	18.9	19.5	20	20.6	21.1	21.7	22.3	22.8	23.4	24	24.5	25.1	25.7	26.3	26.8	27.4	28	28.6	29.2	29.8	0.4	1	1.5	2.1	2.7	3.3	3.9	4.5	5.1	5.7

♃ 1 / 6 / 11 / 16 / 21 / 26 / 31: 7.1 6.7 6.3 6 5.8 5.6 5.5 — ♄ 1 / 6 / 11 / 16 / 21 / 26 / 31: 24.7 24.8 24.7 24.7 24.6 24.4 24.3 — ♅ 1 / 11 / 21 / 31: 29.3 28.9 28.5 28.1 — ♆ 1 / 11 / 21 / 31: 24.6 24.3 24.1 23.8 — ♇ 1 / 11 / 21 / 31: 28.2 28.1 27.9 27.9

	1	2	3	4	5	6	7	8	9	10	11	12	13	14	15	16	17	18	19	20	21	22	23	24	25	26	27	28	29	30	31
☉	9.4	10.4	11.4	12.3	13.3	14.2	15.2	16.1	17.1	18	19	19.9	20.9	21.8	22.8	23.7	24.7	25.7	26.6	27.6	28.5	29.5	0.4	1.4	2.3	3.3	4.3	5.2	6.2	7.1	8.1
☽	7.1	22.3	7.5	22.5	7.2	21.5	5.3	18.7	1.8	14.5	27	9.3	21.4	3.4	15.4	27.3	9.1	21	2.8	14.8	26.8	9.1	21.6	4.5	17.8	1.5	15.7	0.4	15.5	0.8	16.1
☿	27.3	29.4	1.4	3.5	5.6	7.7	9.9	12.1	14.2	16.4	18.5	20.7	22.8	25	27.1	29.2	1.2	3.3	5.3	7.3	9.2	11.2	13.1	14.9	16.8	18.6	20.4	22.2	23.9	25.6	27.3
♀	11.8	11.8	11.8	11.8	11.9	12	12.2	12.4	12.6	12.9	13.2	13.5	13.8	14.2	14.6	15.1	15.5	16	16.5	17.1	17.6	18.2	18.8	19.4	20	20.7	21.4	22.1	22.8	23.5	24.2
♂	13	13.7	14.4	15.1	15.8	16.5	17.2	17.9	18.6	19.3	19.9	20.6	21.3	22	22.7	23.4	24.1	24.7	25.4	26.1	26.8	27.5	28.1	28.8	29.5	0.2	0.8	1.5	2.2	2.9	3.5

♃ 1 / 6 / 11 / 16 / 21 / 26 / 31: 13.2 12.6 11.9 11.3 10.7 10.1 9.6 — ♄ 1 / 6 / 11 / 16 / 21 / 26 / 31: 7.1 7.3 7.4 7.4 7.4 7.4 7.3 — ♅ 1 / 11 / 21 / 31: 3.5 3.2 2.8 2.4 — ♆ 1 / 11 / 21 / 31: 26.8 26.6 26.3 26 — ♇ 1 / 11 / 21 / 31: 0.8 0.6 0.5 0.4

VIII

	1	2	3	4	5	6	7	8	9	10	11	12	13	14	15	16	17	18	19	20	21	22	23	24	25	26	27	28	29	30	31
☉	8.3	9.3	10.2	11.2	12.1	13.1	14	15	16	16.9	17.9	18.8	19.8	20.8	21.7	22.7	23.6	24.6	25.6	26.5	27.5	28.5	29.4	0.4	1.3	2.3	3.3	4.2	5.2	6.2	7.1
☽	29.2	12.4	25.8	9.4	23.4	7.6	22.1	6.8	21.7	6.5	21.1	5.5	19.4	3	16	28.7	11.1	23.2	5.1	17	28.8	10.7	22.8	5	17.4	0.1	12.9	26	9.3	22.7	6.3
☿	12.7	14.7	16.7	18.7	20.6	22.5	24.4	26.3	28.2	30	1.8	3.6	5.3	7	8.7	10.4	12	13.7	15.3	16.8	18.4	19.9	21.4	22.9	24.3	25.8	27.2	28.5	29.9	1.2	2.5
♀	2.8	4	5.3	6.5	7.7	9	10.2	11.4	12.7	13.9	15.1	16.4	17.6	18.8	20.1	21.3	22.6	23.8	25	26.3	27.5	28.7	30	1.2	2.5	3.7	4.9	6.2	7.4	8.6	9.9
♂	6.3	7	7.6	8.2	8.8	9.4	10	10.6	11.2	11.9	12.5	13.1	13.7	14.4	15	15.6	16.2	16.9	17.5	18.1	18.8	19.4	20.1	20.7	21.3	22	22.6	23.3	23.9	24.6	25.2

♃ 1 / 6 / 11 / 16 / 21 / 26 / 31: 5.5 5.5 5.6 5.8 6 6.3 6.7 — ♄ 1 / 6 / 11 / 16 / 21 / 26 / 31: 24.2 24 23.7 23.5 23.1 22.8 22.4 — ♅ 1 / 11 / 21 / 31: 28.1 27.7 27.4 27.1 — ♆ 1 / 11 / 21 / 31: 23.8 23.5 23.3 23.1 — ♇ 1 / 11 / 21 / 31: 27.8 27.8 27.9 28

	1	2	3	4	5	6	7	8	9	10	11	12	13	14	15	16	17	18	19	20	21	22	23	24	25	26	27	28	29	30	31
☉	9	10	10.9	11.9	12.9	13.8	14.8	15.7	16.7	17.7	18.6	19.6	20.5	21.5	22.5	23.4	24.4	25.3	26.3	27.3	28.2	29.2	0.2	1.1	2.1	3	4	5	5.9	6.9	7.9
☽	1.2	16.1	0.5	14.5	28	11.1	23.8	6.3	18.5	0.5	12.4	24.3	6.2	18	29.9	11.9	24	6.1	18.5	1.1	14	27.3	10.9	25	9.5	24.3	9.3	24.4	9.5	24.4	8.9
☿	28.9	0.5	2.1	3.7	5.2	6.7	8.2	9.6	11.1	12.5	13.8	15.1	16.4	17.7	18.9	20.1	21.3	22.4	23.5	24.5	25.5	26.5	27.4	28.3	29.1	29.8	0.5	1.2	1.7	2.2	2.7
♀	25	25.8	26.5	27.3	28.1	29	29.8	0.6	1.5	2.3	3.2	4.1	5	5.9	6.8	7.7	8.7	9.6	10.6	11.5	12.5	13.4	14.4	15.4	16.4	17.4	18.4	19.4	20.4	21.4	22.5
♂	4.2	4.9	5.5	6.2	6.9	7.5	8.2	8.8	9.5	10.2	10.8	11.5	12.1	12.8	13.4	14.1	14.8	15.4	16.1	16.7	17.4	18	18.7	19.3	19.9	20.6	21.2	21.9	22.5	23.1	23.8

♃ 1 / 6 / 11 / 16 / 21 / 26 / 31: 9.5 9.1 8.7 8.4 8.1 7.9 7.8 — ♄ 1 / 6 / 11 / 16 / 21 / 26 / 31: 7.3 7.1 7 6.8 6.5 6.2 5.9 — ♅ 1 / 11 / 21 / 31: 2.3 1.9 1.6 1.3 — ♆ 1 / 11 / 21 / 31: 26.0 25.8 25.5 25.3 — ♇ 1 / 11 / 21 / 31: 0.4 0.4 0.4 0.5

IX

	1	2	3	4	5	6	7	8	9	10	11	12	13	14	15	16	17	18	19	20	21	22	23	24	25	26	27	28	29	30	31
☉	8.1	9.1	10	11	12	13	13.9	14.9	15.9	16.8	17.8	18.8	19.8	20.7	21.7	22.7	23.6	24.6	25.6	26.6	27.6	28.5	29.5	0.5	1.5	2.4	3.4	4.4	5.4	6.4	
☽	20.1	4.1	18.2	2.5	16.9	1.3	15.7	29.9	13.9	27.6	11	24	6.6	19	1.1	13.1	24.9	6.8	18.7	0.8	13.2	25.7	8.6	21.7	5.2	18.8	2.7	16.7	0.9	15.1	
☿	3.8	5	6.2	7.4	8.5	9.6	10.7	11.7	12.7	13.7	14.6	15.4	16.2	16.9	17.6	18.2	18.8	19.2	19.6	19.9	20.1	20.2	20.2	20	19.8	19.4	18.9	18.3	17.6	16.8	
♀	11.1	12.4	13.6	14.9	16.1	17.3	18.6	19.8	21.1	22.3	23.5	24.8	26	27.3	28.5	29.8	1	2.2	3.5	4.7	6	7.2	8.5	9.7	10.9	12.2	13.4	14.7	15.9	17.2	
♂	25.9	26.5	27.2	27.8	28.5	29.1	29.8	0.5	1.1	1.8	2.5	3.1	3.8	4.5	5.1	5.8	6.5	7.1	7.8	8.5	9.2	9.9	10.5	11.2	11.9	12.6	13.3	14	14.6	15.3	

♃ 1 / 6 / 11 / 16 / 21 / 26: 6.8 7.3 7.8 8.4 9 9.7 — ♄ 1 / 6 / 11 / 16 / 21 / 26: 22.4 22 21.6 21.2 20.8 20.5 — ♅ 1 / 11 / 21: 27.0 26.8 26.6 — ♆ 1 / 11 / 21: 23.1 22.9 22.8 — ♇ 1 / 11 / 21: 28 28.1 28.4

	1	2	3	4	5	6	7	8	9	10	11	12	13	14	15	16	17	18	19	20	21	22	23	24	25	26	27	28	29	30	31
☉	8.8	9.8	10.8	11.7	12.7	13.7	14.7	15.6	16.6	17.6	18.5	19.5	20.5	21.5	22.4	23.4	24.4	25.4	26.3	27.3	28.3	29.3	0.3	1.2	2.2	3.2	4.2	5.2	6.1	7.1	
☽	22.9	6.6	19.8	2.6	15	27.2	9.3	21.2	3	14.9	26.8	8.8	20.9	3.1	15.6	28.2	11.1	24.2	7.5	21.2	5.1	19.4	3.8	18.5	3.2	18	2.6	16.9	0.9	14.6	
☿	3	3.3	3.4	3.5	3.5	3.3	3.1	2.8	2.3	1.8	1.1	0.3	29.5	28.6	27.6	26.5	25.5	24.4	23.4	22.5	21.6	20.8	20.1	19.6	19.2	19	19.0	19.1	19.4	19.9	
♀	23.5	24.5	25.6	26.6	27.7	28.7	29.8	0.8	1.9	3	4.1	5.2	6.2	7.3	8.4	9.5	10.6	11.7	12.8	13.9	15.1	16.2	17.3	18.4	19.6	20.7	21.8	23	24.1	25.2	
♂	24.4	25.1	25.7	26.3	27	27.6	28.2	28.9	29.5	0.1	0.7	1.4	2	2.6	3.2	3.9	4.5	5.1	5.7	6.3	6.9	7.6	8.2	8.8	9.4	10	10.6	11.2	11.8	12.4	

♃ 1 / 6 / 11 / 16 / 21 / 26: 7.8 7.8 7.9 8.1 8.3 8.6 — ♄ 1 / 6 / 11 / 16 / 21 / 26: 5.9 5.5 5.2 4.8 4.4 4 — ♅ 1 / 11 / 21: 1.2 1 0.8 — ♆ 1 / 11 / 21: 25.3 25.2 25 — ♇ 1 / 11 / 21: 0.5 0.6 0.8

X

	1	2	3	4	5	6	7	8	9	10	11	12	13	14	15	16	17	18	19	20	21	22	23	24	25	26	27	28	29	30	31
☉	7.4	8.3	9.3	10.3	11.3	12.3	13.3	14.2	15.2	16.2	17.2	18.2	19.2	20.2	21.2	22.2	23.2	24.1	25.1	26.1	27.1	28.1	29.1	0.1	1.1	2.1	3.1	4.1	5.1	6.1	7.1
☽	29.3	13.5	27.6	11.7	25.6	9.4	22.9	6.2	19.3	2.1	14.6	26.9	9	20.9	2.8	14.7	26.6	8.7	21	3.6	16.5	29.8	13.5	27.6	11.9	26.4	11	25.6	10.1	24.4	8.5
☿	15.8	14.8	13.7	12.6	11.4	10.3	9.2	8.1	7.2	6.5	5.8	5.4	5.1	5	5.1	5.3	5.8	6.4	7.1	8	9	10.1	11.3	12.6	13.9	15.3	16.8	18.3	19.8	21.4	22.9
♀	18.4	19.7	20.9	22.1	23.4	24.6	25.9	27.1	28.4	29.6	0.9	2.1	3.3	4.6	5.8	7.1	8.3	9.6	10.8	12.1	13.3	14.5	15.8	17	18.3	19.5	20.8	22	23.3	24.5	25.7
♂	16	16.7	17.4	18.1	18.8	19.5	20.2	20.9	21.6	22.3	23	23.7	24.4	25.1	25.8	26.5	27.2	28	28.7	29.4	0.1	0.8	1.5	2.2	3	3.7	4.4	5.1	5.8	6.6	7.3

♃ 1 / 6 / 11 / 16 / 21 / 26 / 31: 10.5 11.3 12.1 13 13.9 14.8 15.8 — ♄ 1 / 6 / 11 / 16 / 21 / 26 / 31: 20.1 19.8 19.4 19.1 18.9 18.6 18.4 — ♅ 1 / 11 / 21 / 31: 26.5 26.5 26.6 26.8 — ♆ 1 / 11 / 21 / 31: 22.8 22.8 22.8 23 — ♇ 1 / 11 / 21 / 31: 28.6 28.9 29.2 29.6

	1	2	3	4	5	6	7	8	9	10	11	12	13	14	15	16	17	18	19	20	21	22	23	24	25	26	27	28	29	30	31
☉	8.1	9.1	10.1	11.1	12	13	14	15	16	17	18	18.9	19.9	20.9	21.9	22.9	23.9	24.9	25.9	26.9	27.9	28.9	29.9	0.9	1.9	2.9	3.9	4.9	5.9	6.9	7.9
☽	27.8	10.7	23.2	5.5	17.5	29.4	11.3	23.1	5.1	17.2	29.5	12	24.7	7.7	21	4.4	18.1	1.9	15.9	0.1	14.3	28.6	12.9	27.1	11.3	25.3	9	22.5	5.7	18.5	1.1
☿	20.5	21.3	22.2	23.2	24.4	25.6	26.9	28.3	29.8	1.3	2.9	4.5	6.2	7.8	9.5	11.2	12.9	14.6	16.3	18	19.8	21.5	23.2	24.9	26.6	28.3	29.9	1.6	3.3	4.9	6.6
♀	26.4	27.5	28.7	29.8	1	2.2	3.3	4.5	5.7	6.8	8	9.2	10.3	11.5	12.7	13.9	15.1	16.3	17.4	18.6	19.8	21	22.2	23.4	24.6	25.8	27	28.2	29.4	0.6	1.8
♂	13	13.6	14.2	14.8	15.4	16	16.6	17.2	17.8	18.4	19	19.6	20.1	20.7	21.3	21.9	22.5	23	23.6	24.2	24.8	25.3	25.9	26.5	27	27.6	28.2	28.7	29.3	29.8	0.4

♃ 1 / 6 / 11 / 16 / 21 / 26 / 31: 9 9.4 10 10.5 11.2 11.9 12.6 — ♄ 1 / 6 / 11 / 16 / 21 / 26 / 31: 3.6 3.3 2.9 2.5 2.2 1.9 1.6 — ♅ 1 / 11 / 21 / 31: 0.7 0.6 0.7 0.8 — ♆ 1 / 11 / 21 / 31: 25.0 25.0 25 25.1 — ♇ 1 / 11 / 21 / 31: 1.1 1.4 1.7 2.1

XI

	1	2	3	4	5	6	7	8	9	10	11	12	13	14	15	16	17	18	19	20	21	22	23	24	25	26	27	28	29	30	31
☉	8.1	9.1	10.1	11.1	12.1	13.1	14.1	15.1	16.1	17.1	18.1	19.1	20.1	21.1	22.1	23.2	24.2	25.2	26.2	27.2	28.2	29.2	0.2	1.2	2.2	3.2	4.3	5.3	6.3	7.3	
☽	22.4	6	19.4	2.5	15.4	28.1	10.6	22.9	5.1	17.1	29	10.9	22.7	4.7	16.7	28.9	11.5	24.3	7.6	21.4	5.5	20.1	5	20.1	5.1	20	4.7	19	2.9	16.4	
☿	24.5	26.2	27.8	29.4	1	2.7	4.3	6	7.6	9.2	10.9	12.5	14.1	15.7	17.3	18.9	20.5	22.1	23.7	25.3	26.9	28.5	0.1	1.7	3.2	4.8	6.4	8	9.5	11.1	
♀	27	28.2	29.5	0.7	2	3.2	4.5	5.7	6.9	8.2	9.4	10.7	11.9	13.2	14.4	15.6	16.9	18.1	19.4	20.6	21.9	23.1	24.3	25.6	26.8	28.1	29.3	0.6	1.8	3	
♂	8	8.8	9.5	10.2	10.9	11.7	12.4	13.1	13.9	14.6	15.4	16.1	16.8	17.6	18.3	19.1	19.8	20.5	21.3	22	22.8	23.5	24.3	25	25.8	26.5	27.3	28.1	28.8	29.6	

♃ 1 / 6 / 11 / 16 / 21 / 26: 15 17 18.1 19.1 20.2 21.3 — ♄ 1 / 6 / 11 / 16 / 21 / 26: 18.4 18.2 18.1 18 18 18.0 — ♅ 1 / 11 / 21: 26.8 27.1 27.4 — ♆ 1 / 11 / 21: 23 23.2 23.4 — ♇ 1 / 11 / 21: 29.6 0 0.4

	1	2	3	4	5	6	7	8	9	10	11	12	13	14	15	16	17	18	19	20	21	22	23	24	25	26	27	28	29	30	31
☉	8.9	9.9	10.9	11.9	12.9	13.9	14.9	15.9	16.9	17.9	18.9	19.9	20.9	21.9	22.9	23.9	24.9	25.9	26.9	28	29	30	1	2	3	4	5	6	7.1	8.1	
☽	13.3	25.4	7.3	19.1	1	13	25.1	7.5	20.2	3.3	16.6	0.3	14.2	28.4	12.6	26.9	11.1	25.3	9.4	23.3	7.1	20.8	4.4	17.7	0.9	13.8	26.5	9	21.2	3.2	
☿	8.2	9.9	11.5	13.1	14.7	16.3	17.9	19.5	21.1	22.7	24.2	25.8	27.4	28.9	0.5	2	3.6	5.1	6.7	8.2	9.7	11.3	12.8	14.3	15.8	17.3	18.8	20.3	21.8	23.3	
♀	3	4.2	5.5	6.7	7.9	9.1	10.3	11.5	12.7	14	15.2	16.4	17.6	18.9	20.1	21.3	22.5	23.8	25	26.2	27.5	28.7	29.9	1.2	2.4	3.6	4.9	6.1	7.3	8.6	
♂	0.9	1.5	2	2.6	3.1	3.7	4.2	4.8	5.3	5.8	6.4	6.9	7.4	7.9	8.5	9	9.5	10	10.5	11	11.5	12.1	12.6	13.1	13.6	14	14.5	15	15.5	16	

♃ 1 / 6 / 11 / 16 / 21 / 26: 12.8 13.6 14.5 15.4 16.3 17.3 — ♄ 1 / 6 / 11 / 16 / 21 / 26: 1.5 1.3 1.1 0.9 0.8 0.7 — ♅ 1 / 11 / 21: 0.9 1.1 1.4 — ♆ 1 / 11 / 21: 25.2 25.3 25.5 — ♇ 1 / 11 / 21: 2.1 2.5 2.9

XII

	1	2	3	4	5	6	7	8	9	10	11	12	13	14	15	16	17	18	19	20	21	22	23	24	25	26	27	28	29	30	31
☉	8.3	9.3	10.3	11.4	12.4	13.4	14.4	15.4	16.4	17.4	18.5	19.5	20.5	21.5	22.5	23.5	24.6	25.6	26.6	27.6	28.6	29.7	0.7	1.7	2.7	3.7	4.7	5.8	6.8	7.8	8.8
☽	29.5	12.4	25	7.4	19.6	1.7	13.7	25.7	7.6	19.4	1.3	13.2	25.2	7.4	19.8	2.6	15.7	29.3	13.4	28	13	28.2	13.6	28.8	13.8	28.4	12.4	26.1	9.2	22	4.5
☿	12.7	14.2	15.8	17.3	18.9	20.5	22	23.6	25.1	26.7	28.3	29.8	1.4	2.9	4.5	6	7.6	9.1	10.7	12.2	13.7	15.3	16.8	18.3	19.7	21.2	22.6	24	25.4	26.7	27.9
♀	4.3	5.5	6.8	8	9.2	10.5	11.7	13	14.2	15.4	16.7	17.9	19.2	20.4	21.6	22.9	24.1	25.4	26.6	27.8	29.1	0.3	1.5	2.8	4	5.2	6.5	7.7	8.9	10.2	11.4
♂	0.3	1.1	1.8	2.6	3.4	4.1	4.9	5.6	6.4	7.2	7.9	8.7	9.5	10.2	11	11.8	12.5	13.3	14.1	14.9	15.6	16.4	17.2	18	18.7	19.5	20.3	21.1	21.8	22.6	23.4

♃ 1 / 6 / 11 / 16 / 21 / 26 / 31: 22.4 23.6 24.7 25.8 27 28.1 29.3 — ♄ 1 / 6 / 11 / 16 / 21 / 26 / 31: 18.1 18.2 18.3 18.5 18.8 19 19.3 — ♅ 1 / 11 / 21 / 31: 27.8 28.2 28.8 29.3 — ♆ 1 / 11 / 21 / 31: 23.6 24 24.3 24.6 — ♇ 1 / 11 / 21 / 31: 0.8 1.2 1.6 1.9

	1	2	3	4	5	6	7	8	9	10	11	12	13	14	15	16	17	18	19	20	21	22	23	24	25	26	27	28	29	30	31
☉	9.1	10.1	11.1	12.1	13.1	14.2	15.2	16.2	17.2	18.2	19.2	20.2	21.3	22.3	23.3	24.3	25.3	26.4	27.4	28.4	29.4	0.4	1.4	2.5	3.5	4.5	5.5	6.5	7.6	8.6	9.6
☽	15.1	26.9	8.8	20.7	2.9	15.3	28	11.2	24.8	8.8	23.2	7.8	22.5	7.2	21.7	6.1	20.2	4	17.6	1	14.2	27.2	10	22.6	5	17.3	29.4	11.4	23.2	5	16.8
☿	24.8	26.3	27.7	29.2	0.6	2	3.5	4.8	6.2	7.5	8.9	10.1	11.4	12.5	13.6	14.7	15.7	16.6	17.3	18	18.5	18.9	19.2	19.2	19.1	18.8	18.3	17.5	16.6	15.6	14.4
♀	9.8	11.1	12.3	13.5	14.8	16	17.3	18.5	19.8	21	22.2	23.5	24.7	26	27.2	28.5	29.7	1	2.2	3.5	4.7	6	7.2	8.5	9.7	11	12.2	13.5	14.7	16	17.2
♂	16.5	16.9	17.4	17.9	18.3	18.8	19.3	19.7	20.2	20.6	21	21.5	21.9	22.3	22.8	23.2	23.6	24	24.4	24.8	25.2	25.6	26	26.4	26.8	27.1	27.5	27.9	28.2	28.6	28.9

♃ 1 / 6 / 11 / 16 / 21 / 26 / 31: 18.3 19.4 20.5 21.5 22.7 23.8 24.9 — ♄ 1 / 6 / 11 / 16 / 21 / 26 / 31: 0.6 0.6 0.7 0.8 0.9 1.1 1.3 — ♅ 1 / 11 / 21 / 31: 1.8 2.2 2.7 3.2 — ♆ 1 / 11 / 21 / 31: 25.8 26.1 26.4 26.8 — ♇ 1 / 11 / 21 / 31: 3.3 3.6 4 4.4

I

	1	2	3	4	5	6	7	8	9	10	11	12	13	14	15	16	17	18	19	20	21	22	23	24	25	26	27	28	29	30	31
☉	♑ 10.6	11.6	12.7	13.7	14.7	15.7	16.7	17.7	18.8	19.8	20.8	21.8	22.8	23.9	24.9	25.9	26.9	27.9	29	30	♒ 1	2	3	4	5.1	6.1	7.1	8.1	9.1	10.1	11.2
☽	♍ 28.7	♎ 10.8	23.1	♏ 5.8	19	♐ 2.6	16.7	♑ 1.3	16.2	♒ 1.2	16.4	♓ 1.3	16	♈ 0.4	14.3	27.9	♉ 11.2	24.2	♊ 6.9	19.4	♋ 1.8	14	26.1	♌ 8	19.9	♍ 1.7	13.5	25.4	♎ 7.3	19.3	♏ 1.6
☿	♑ 13.1R	11.8	10.4	9.1	7.8	6.7	5.7	4.8	4.1	3.6	3.2	3	3.0D	3.1	3.3	3.6	4.1	4.6	5.3	6	6.8	7.6	8.6	9.5	10.6	11.6	12.7	13.9	15.1	16.3	17.5
♀	♐ 18.5	19.7	21	22.2	23.5	24.7	26	27.2	28.5	29.7	♑ 1	2.2	3.5	4.7	6	7.2	8.5	9.7	11	12.2	13.5	14.7	16	17.3	18.5	19.8	21	22.3	23.5	24.8	26
♂	♍ 29.2	29.6	29.9	♎ 0.2	0.5	0.8	1.1	1.4	1.7	2	2.2	2.5	2.7	3	3.2	3.4	3.7	3.9	4.1	4.3	4.4	4.6	4.8	4.9	5.1	5.2	5.3	5.4	5.5	5.6	5.7

♃ 1: ♑ 25.2 · 6: 26.3 · 11: 27.5 · 16: 28.7 · 21: 29.9 · 26: ♒ 1 · 31: 2.2
♄ 1: ♈ 1.3 · 6: 1.6 · 11: 1.9 · 16: 2.3 · 21: 2.7 · 26: 3.1 · 31: 3.5
♅ 1: ♒ 3.3 · 11: 3.8 · 21: 4.4 · 31: 5
♆ 1: ♑ 26.8 · 11: 27.2 · 21: 27.6 · 31: 28
♇ 1: ♐ 4.4 · 11: 4.7 · 21: 5 · 31: 5.2

II

	1	2	3	4	5	6	7	8	9	10	11	12	13	14	15	16	17	18	19	20	21	22	23	24	25	26	27	28	29	30	31
☉	♒ 12.2	13.2	14.2	15.2	16.2	17.2	18.3	19.3	20.3	21.3	22.3	23.3	24.3	25.3	26.3	27.4	28.4	29.4	♓ 0.4	1.4	2.4	3.4	4.4	5.4	6.4	7.4	8.4	9.4			
☽	♏ 14.3	27.3	♐ 10.8	24.8	♑ 9.2	24.1	♒ 9.3	24.5	♓ 9.8	24.8	♈ 9.4	23.6	♉ 7.4	20.8	♊ 3.8	16.5	28.9	♋ 11.1	23.1	♌ 5	16.9	28.7	♍ 10.5	22.4	♎ 4.3	16.3	28.5	♏ 10.9			
☿	♑ 18.8	20.1	21.4	22.7	24.1	25.4	26.8	28.2	29.7	♒ 1.1	2.6	4	5.5	7	8.5	10.1	11.6	13.2	14.8	16.4	18	19.6	21.3	22.9	24.6	26.3	28	29.7			
♀	♑ 27.3	28.5	29.8	♒ 1	2.3	3.5	4.8	6	7.3	8.5	9.8	11	12.3	13.5	14.8	16	17.3	18.6	19.8	21.1	22.3	23.6	24.8	26.1	27.3	28.6	29.8	♓ 1.1			
♂	♎ 5.8	5.8	5.9	5.9	5.9	5.9	5.9R	5.9	5.9	5.8	5.8	5.7	5.6	5.5	5.4	5.3	5.1	5	4.8	4.7	4.5	4.3	4.1	3.8	3.6	3.4	3.1	2.8			

♃ 1: ♒ 2.4 · 6: 3.6 · 11: 4.8 · 16: 5.9 · 21: 7 · 26: 8.1
♄ 1: ♈ 3.6 · 6: 4.1 · 11: 4.6 · 16: 5.1 · 21: 5.7 · 26: 6.2
♅ 1: ♒ 5.1 · 11: 5.6 · 21: 6.2
♆ 1: ♑ 28 · 11: 28.4 · 21: 28.7
♇ 1: ♐ 5.3 · 11: 5.4 · 21: 5.6

III

	1	2	3	4	5	6	7	8	9	10	11	12	13	14	15	16	17	18	19	20	21	22	23	24	25	26	27	28	29	30	31
☉	♓ 10.4	11.5	12.5	13.5	14.5	15.5	16.5	17.5	18.5	19.5	20.5	21.5	22.5	23.5	24.5	25.4	26.4	27.4	28.4	29.4	♈ 0.4	1.4	2.4	3.4	4.4	5.4	6.4	7.4	8.3	9.3	10.3
☽	♏ 23.5	♐ 6.5	19.9	♑ 3.7	17.9	♒ 2.5	17.4	♓ 2.5	17.7	♈ 2.8	17.6	♉ 2	16	29.5	♊ 12.7	25.4	♋ 7.8	19.9	♌ 1.9	13.8	25.6	♍ 7.4	19.2	♎ 1.2	13.3	25.5	♏ 7.9	20.6	♐ 3.4	16.5	29.9
☿	♓ 1.5	3.2	5	6.8	8.6	10.4	12.3	14.2	16	17.9	19.9	21.8	23.7	25.7	27.7	29.7	♈ 1.7	3.6	5.6	7.6	9.6	11.6	13.5	15.5	17.4	19.2	21	22.8	24.5	26.1	27.7
♀	♓ 2.3	3.5	4.8	6	7.3	8.5	9.8	11	12.3	13.5	14.8	16	17.3	18.5	19.8	21	22.3	23.5	24.8	26	27.2	28.5	29.7	♈ 1	2.2	3.5	4.7	5.9	7.2	8.4	9.7
♂	♎ 2.5R	2.2	1.9	1.6	1.3	1	0.6	0.3	♍ 29.9	29.6	29.2	28.8	28.4	28.1	27.7	27.3	26.9	26.5	26.1	25.7	25.3	24.9	24.5	24.2	23.8	23.4	23	22.7	22.3	22	21.6

♃ 1: ♒ 8.8 · 6: 9.9 · 11: 10.9 · 16: 12 · 21: 13 · 26: 13.9 · 31: 14.8
♄ 1: ♈ 6.6 · 6: 7.2 · 11: 7.8 · 16: 8.4 · 21: 9 · 26: 9.6 · 31: 10.3
♅ 1: ♒ 6.6 · 11: 7.1 · 21: 7.5 · 31: 7.9
♆ 1: ♑ 29 · 11: 29.2 · 21: 29.5 · 31: 29.7
♇ 1: ♐ 5.6 · 11: 5.6R · 21: 5.6 · 31: 5.5

IV

	1	2	3	4	5	6	7	8	9	10	11	12	13	14	15	16	17	18	19	20	21	22	23	24	25	26	27	28	29	30	31
☉	♈ 11.3	12.3	13.3	14.3	15.3	16.2	17.2	18.2	19.2	20.2	21.2	22.1	23.1	24.1	25.1	26.1	27	28	29	30	♉ 0.9	1.9	2.9	3.9	4.8	5.8	6.8	7.8	8.7	9.7	
☽	♑ 13.6	27.6	♒ 11.9	26.5	♓ 11.2	26.1	♈ 10.9	25.6	♉ 10	24	♊ 7.6	20.8	♋ 3.7	16.1	28.3	♌ 10.3	22.1	♍ 3.9	15.8	27.7	♎ 9.8	22	♏ 4.5	17.3	♐ 0.2	13.4	26.9	♑ 10.5	24.3	♒ 8.3	
☿	♈ 29.2	♉ 0.6	1.9	3.1	4.3	5.3	6.2	7	7.7	8.3	8.8	9.2	9.4	9.6	9.7R	9.6	9.5	9.2	8.9	8.5	8	7.4	6.8	6.2	5.6	4.9	4.2	3.5	2.9	2.3	
♀	♈ 10.9	12.2	13.4	14.6	15.9	17.1	18.4	19.6	20.8	22.1	23.3	24.6	25.8	27	28.3	29.5	♉ 0.7	2	3.2	4.5	5.7	6.9	8.2	9.4	10.6	11.9	13.1	14.3	15.6	16.8	
♂	♍ 21.3R	21	20.7	20.4	20.1	19.8	19.5	19.3	19	18.8	18.5	18.3	18.1	18	17.8	17.6	17.5	17.3	17.2	17.1	17	16.9	16.9	16.8	16.8	16.7	16.7	16.7D	16.7	16.8	

♃ 1: ♒ 15 · 6: 15.9 · 11: 16.7 · 16: 17.5 · 21: 18.2 · 26: 18.9
♄ 1: ♈ 10.4 · 6: 11 · 11: 11.6 · 16: 12.3 · 21: 12.9 · 26: 13.5
♅ 1: ♒ 8 · 11: 8.3 · 21: 8.5
♆ 1: ♑ 29.7 · 11: 29.8 · 21: 29.9
♇ 1: ♐ 5.5R · 11: 5.3 · 21: 5.1

V

	1	2	3	4	5	6	7	8	9	10	11	12	13	14	15	16	17	18	19	20	21	22	23	24	25	26	27	28	29	30	31
☉	♉ 10.7	11.6	12.6	13.6	14.5	15.5	16.5	17.5	18.4	19.4	20.4	21.3	22.3	23.3	24.2	25.2	26.1	27.1	28.1	29	30	♊ 1	1.9	2.9	3.8	4.8	5.8	6.7	7.7	8.6	9.6
☽	♒ 22.4	♓ 6.6	21	♈ 5.4	19.8	♉ 4.1	18.2	♊ 2.1	15.6	28.8	♋ 11.6	24.1	♌ 6.3	18.3	♍ 0.1	11.9	23.8	♎ 5.8	18	♏ 0.4	13.2	26.2	♐ 9.6	23.2	♑ 7	21	♒ 5.1	19.2	♓ 3.3	17.5	♈ 1.6
☿	♉ 1.7R	1.2	0.7	0.3	0	♈ 29.8	29.6	29.5	29.5D	29.5	29.7	29.9	♉ 0.2	0.5	1	1.5	2	2.7	3.4	4.1	5	5.8	6.8	7.8	8.8	9.9	11	12.2	13.5	14.7	16.1
♀	♉ 18	19.3	20.5	21.7	23	24.2	25.4	26.7	27.9	29.1	♊ 0.4	1.6	2.8	4	5.3	6.5	7.7	9	10.2	11.4	12.6	13.9	15.1	16.3	17.5	18.8	20	21.2	22.5	23.7	24.9
♂	♍ 16.8	16.8	16.9	17	17	17.1	17.2	17.4	17.5	17.6	17.8	17.9	18.1	18.3	18.4	18.6	18.8	19.1	19.3	19.5	19.8	20	20.3	20.5	20.8	21.1	21.4	21.7	22	22.3	22.6

♃ 1: ♒ 19.5 · 6: 20.1 · 11: 20.5 · 16: 21 · 21: 21.3 · 26: 21.6 · 31: 21.8
♄ 1: ♈ 14.1 · 6: 14.6 · 11: 15.2 · 16: 15.7 · 21: 16.3 · 26: 16.8 · 31: 17.2
♅ 1: ♒ 8.6 · 11: 8.7 · 21: 8.7R · 31: 8.5
♆ 1: ♑ 30 · 11: 29.9R · 21: 29.9 · 31: 29.7
♇ 1: ♐ 4.9R · 11: 4.6 · 21: 4.4 · 31: 4.1

VI

	1	2	3	4	5	6	7	8	9	10	11	12	13	14	15	16	17	18	19	20	21	22	23	24	25	26	27	28	29	30	31
☉	♊ 10.6	11.5	12.5	13.4	14.4	15.3	16.3	17.3	18.2	19.2	20.1	21.1	22	23	23.9	24.9	25.9	26.8	27.8	28.7	29.7	♋ 0.6	1.6	2.5	3.5	4.4	5.4	6.4	7.3	8.3	
☽	♈ 15.6	29.6	♉ 13.5	27.2	♊ 10.7	24	♋ 7	19.7	♌ 2.1	14.2	26.2	♍ 8	19.8	♎ 1.7	13.7	25.9	♏ 8.5	21.4	♐ 4.7	18.3	♑ 2.3	16.6	♒ 1	15.5	29.9	♓ 14.2	28.4	♈ 12.5	26.3	♉ 10	
☿	♉ 17.5	18.9	20.3	21.9	23.4	25	26.6	28.3	♊ 0.1	1.8	3.6	5.5	7.4	9.3	11.3	13.3	15.3	17.4	19.5	21.6	23.8	26	28.1	♋ 0.3	2.5	4.7	6.9	9.1	11.2	13.4	
♀	♊ 26.1	27.4	28.6	29.8	♋ 1	2.2	3.5	4.7	5.9	7.1	8.4	9.6	10.8	12	13.2	14.5	15.7	16.9	18.1	19.3	20.6	21.8	23	24.2	25.4	26.6	27.9	29.1	♌ 0.3	1.5	
♂	♍ 22.9	23.3	23.6	24	24.3	24.7	25	25.4	25.8	26.2	26.5	26.9	27.3	27.7	28.2	28.6	29	29.4	29.8	♎ 0.3	0.7	1.2	1.6	2.1	2.5	3	3.5	3.9	4.4	4.9	

♃ 1: ♒ 21.8 · 6: 21.9 · 11: 21.9R · 16: 21.9 · 21: 21.7 · 26: 21.5
♄ 1: ♈ 17.3 · 6: 17.8 · 11: 18.2 · 16: 18.6 · 21: 18.9 · 26: 19.2
♅ 1: ♒ 8.5R · 11: 8.3 · 21: 8.1
♆ 1: ♑ 29.7R · 11: 29.6 · 21: 29.3
♇ 1: ♐ 4.1R · 11: 3.8 · 21: 3.6

VII

	1	2	3	4	5	6	7	8	9	10	11	12	13	14	15	16	17	18	19	20	21	22	23	24	25	26	27	28	29	30	31
☉	♋ 9.2	10.2	11.1	12.1	13	14	14.9	15.9	16.8	17.8	18.7	19.7	20.7	21.6	22.6	23.5	24.5	25.4	26.4	27.3	28.3	29.2	♌ 0.2	1.2	2.1	3.1	4	5	5.9	6.9	7.8
☽	♉ 23.5	♊ 6.9	20	♋ 2.9	15.6	28.1	♌ 10.3	22.4	♍ 4.3	16.1	27.9	♎ 9.7	21.7	♏ 3.9	16.5	29.4	♐ 12.8	26.6	♑ 10.8	25.4	♒ 10.2	25	♓ 9.9	24.5	♈ 8.9	23.1	♉ 6.9	20.5	♊ 3.8	16.8	29.7
☿	♋ 15.5	17.6	19.7	21.7	23.7	25.7	27.7	29.6	♌ 1.5	3.3	5.2	7	8.7	10.5	12.2	13.8	15.5	17.1	18.6	20.2	21.7	23.1	24.6	26	27.3	28.7	30	♍ 1.2	2.5	3.6	4.8
♀	♌ 2.7	3.9	5.1	6.4	7.6	8.8	10	11.2	12.4	13.6	14.8	16.1	17.3	18.5	19.7	20.9	22.1	23.3	24.5	25.7	26.9	28.1	29.3	♍ 0.6	1.8	3	4.2	5.4	6.6	7.8	9
♂	♎ 5.4	5.8	6.3	6.8	7.3	7.8	8.3	8.8	9.4	9.9	10.4	10.9	11.4	12	12.5	13	13.6	14.1	14.7	15.2	15.8	16.3	16.9	17.4	18	18.6	19.1	19.7	20.3	20.8	21.4

♃ 1: ♒ 21.2R · 6: 20.9 · 11: 20.5 · 16: 20 · 21: 19.4 · 26: 18.8 · 31: 18.2
♄ 1: ♈ 19.5 · 6: 19.8 · 11: 20 · 16: 20.1 · 21: 20.2 · 26: 20.3 · 31: 20.4
♅ 1: ♒ 7.8R · 11: 7.4 · 21: 7 · 31: 6.6
♆ 1: ♑ 29.1R · 11: 28.8 · 21: 28.6 · 31: 28.3
♇ 1: ♐ 3.3R · 11: 3.1 · 21: 3 · 31: 2.9

VIII

	1	2	3	4	5	6	7	8	9	10	11	12	13	14	15	16	17	18	19	20	21	22	23	24	25	26	27	28	29	30	31
☉	♌ 8.8	9.8	10.7	11.7	12.6	13.6	14.5	15.5	16.5	17.4	18.4	19.3	20.3	21.3	22.2	23.2	24.1	25.1	26.1	27	28	29	29.9	♍ 0.9	1.8	2.8	3.8	4.7	5.7	6.7	7.6
☽	♋ 12.3	24.7	♌ 6.9	18.9	♍ 0.9	12.7	24.5	♎ 6.2	18.1	♏ 0.1	12.3	24.8	♐ 7.7	21	♑ 4.8	19.1	♒ 3.7	18.6	♓ 3.8	18.9	♈ 3.9	18.6	♉ 3	17	♊ 0.6	13.8	26.7	♋ 9.3	21.7	♌ 3.9	15.9
☿	♍ 5.9	7	8	9	9.9	10.8	11.6	12.3	13	13.7	14.3	14.8	15.2	15.6	15.9	16.1	16.2	16.2R	16.2	16	15.8	15.4	15	14.4	13.8	13.1	12.3	11.5	10.6	9.7	8.7
♀	♍ 10.2	11.4	12.6	13.8	15	16.2	17.4	18.6	19.8	20.9	22.1	23.3	24.5	25.7	26.9	28.1	29.3	♎ 0.5	1.7	2.9	4	5.2	6.4	7.6	8.8	10	11.1	12.3	13.5	14.7	15.9
♂	♎ 22	22.6	23.2	23.8	24.4	24.9	25.5	26.1	26.7	27.3	27.9	28.6	29.2	29.8	♏ 0.4	1	1.6	2.2	2.9	3.5	4.1	4.8	5.4	6	6.7	7.3	7.9	8.6	9.2	9.9	10.5

♃ 1: ♒ 18.1R · 6: 17.5 · 11: 16.8 · 16: 16.2 · 21: 15.5 · 26: 14.9 · 31: 14.3
♄ 1: ♈ 20.4 · 6: 20.3R · 11: 20.3 · 16: 20.2 · 21: 20 · 26: 19.9 · 31: 19.6
♅ 1: ♒ 6.6R · 11: 6.2 · 21: 5.8 · 31: 5.5
♆ 1: ♑ 28.3R · 11: 28 · 21: 27.8 · 31: 27.6
♇ 1: ♐ 2.9R · 11: 2.9 · 21: 2.9D · 31: 2.9

IX

	1	2	3	4	5	6	7	8	9	10	11	12	13	14	15	16	17	18	19	20	21	22	23	24	25	26	27	28	29	30	31
☉	♍ 8.6	9.6	10.5	11.5	12.5	13.5	14.4	15.4	16.4	17.3	18.3	19.3	20.3	21.2	22.2	23.2	24.2	25.1	26.1	27.1	28.1	29	♎ 0	1	2	3	3.9	4.9	5.9	6.9	
☽	♌ 27.8	♍ 9.6	21.4	♎ 3.2	15	26.9	♏ 9	21.2	♐ 3.7	16.6	29.8	♑ 13.4	27.5	♒ 12	26.9	♓ 12	27.2	♈ 12.4	27.3	♉ 11.9	26.1	♊ 9.9	23.2	♋ 6.1	18.6	♌ 0.9	12.9	24.8	♍ 6.6	18.4	
☿	♍ 7.8R	6.9	6	5.2	4.5	3.9	3.4	3	2.8	2.7	2.8D	3	3.4	3.9	4.5	5.3	6.3	7.3	8.5	9.8	11.1	12.6	14.1	15.7	17.3	19	20.7	22.5	24.2	26	
♀	♎ 17	18.2	19.4	20.6	21.7	22.9	24.1	25.2	26.4	27.6	28.7	29.9	♏ 1.1	2.2	3.4	4.5	5.7	6.9	8	9.2	10.3	11.5	12.6	13.8	14.9	16	17.2	18.3	19.5	20.6	
♂	♏ 11.2	11.8	12.5	13.1	13.8	14.4	15.1	15.8	16.4	17.1	17.8	18.4	19.1	19.8	20.4	21.1	21.8	22.5	23.2	23.8	24.5	25.2	25.9	26.6	27.3	28	28.7	29.4	♐ 0.1	0.8	

♃ 1: ♒ 14.2R · 6: 13.7 · 11: 13.3 · 16: 12.9 · 21: 12.6 · 26: 12.3
♄ 1: ♈ 19.6R · 6: 19.3 · 11: 19 · 16: 18.7 · 21: 18.4 · 26: 18
♅ 1: ♒ 5.5R · 11: 5.2 · 21: 5
♆ 1: ♑ 27.6R · 11: 27.4 · 21: 27.3
♇ 1: ♐ 2.9 · 11: 3.1 · 21: 3.3

X

	1	2	3	4	5	6	7	8	9	10	11	12	13	14	15	16	17	18	19	20	21	22	23	24	25	26	27	28	29	30	31
☉	♎ 7.9	8.8	9.8	10.8	11.8	12.8	13.8	14.8	15.7	16.7	17.7	18.7	19.7	20.7	21.7	22.7	23.7	24.7	25.6	26.6	27.6	28.6	29.6	♏ 0.6	1.6	2.6	3.6	4.6	5.6	6.6	7.6
☽	♎ 0.2	12.1	24	♏ 6.1	18.3	♐ 0.7	13.3	26.1	♑ 9.3	22.8	♒ 6.7	20.9	♓ 5.5	20.3	♈ 5.4	20.4	♉ 5.4	20.1	♊ 4.5	18.4	♋ 1.8	14.8	27.3	♌ 9.6	21.6	♍ 3.4	15.2	27	♎ 8.8	20.8	♏ 2.9
☿	♍ 27.8	29.6	♎ 1.4	3.2	5	6.8	8.6	10.3	12.1	13.9	15.6	17.3	19.1	20.8	22.5	24.2	25.9	27.5	29.2	♏ 0.8	2.5	4.1	5.7	7.3	8.9	10.5	12.1	13.6	15.2	16.8	18.3
♀	♏ 21.7	22.9	24	25.1	26.3	27.4	28.5	29.6	♐ 0.7	1.8	3	4.1	5.2	6.3	7.4	8.5	9.6	10.7	11.8	12.8	13.9	15	16.1	17.1	18.2	19.3	20.3	21.4	22.4	23.5	24.5
♂	♐ 1.5	2.2	2.9	3.6	4.3	5	5.7	6.4	7.1	7.8	8.5	9.3	10	10.7	11.4	12.1	12.9	13.6	14.3	15	15.8	16.5	17.2	18	18.7	19.4	20.2	20.9	21.6	22.4	23.1

♃ 1: ♒ 12.2R · 6: 12.1 · 11: 12.1D · 16: 12.2 · 21: 12.4 · 26: 12.6 · 31: 12.9
♄ 1: ♈ 17.6R · 6: 17.2 · 11: 16.8 · 16: 16.5 · 21: 16.1 · 26: 15.7 · 31: 15.3
♅ 1: ♒ 4.8R · 11: 4.7 · 21: 4.8D · 31: 4.9
♆ 1: ♑ 27.2R · 11: 27.2D · 21: 27.2 · 31: 27.3
♇ 1: ♐ 3.5 · 11: 3.8 · 21: 4.1 · 31: 4.4

XI

	1	2	3	4	5	6	7	8	9	10	11	12	13	14	15	16	17	18	19	20	21	22	23	24	25	26	27	28	29	30	31
☉	♏ 8.6	9.6	10.6	11.6	12.6	13.6	14.6	15.6	16.6	17.6	18.6	19.6	20.7	21.7	22.7	23.7	24.7	25.7	26.7	27.7	28.7	29.7	♐ 0.7	1.7	2.8	3.8	4.8	5.8	6.8	7.8	
☽	♏ 15.2	27.7	♐ 10.3	23.2	♑ 6.3	19.6	♒ 3.1	16.8	♓ 0.8	15.1	29.5	♈ 14.2	28.9	♉ 13.6	28.1	♊ 12.4	26.3	♋ 9.7	22.8	♌ 5.4	17.7	29.7	♍ 11.6	23.4	♎ 5.2	17.1	29.1	♏ 11.4	23.9	♐ 6.7	
☿	♏ 19.8	21.4	22.9	24.4	25.9	27.4	28.9	♐ 0.4	1.9	3.4	4.8	6.3	7.7	9.1	10.6	12	13.4	14.8	16.1	17.5	18.8	20.1	21.4	22.7	23.9	25.1	26.2	27.3	28.3	29.3	
♀	♐ 25.6	26.6	27.6	28.6	29.6	♑ 0.6	1.6	2.6	3.6	4.6	5.6	6.5	7.5	8.4	9.4	10.3	11.2	12.2	13.1	14	14.8	15.7	16.6	17.4	18.2	19.1	19.9	20.7	21.5	22.2	
♂	♐ 23.9	24.6	25.3	26.1	26.8	27.6	28.3	29.1	29.8	♑ 0.6	1.3	2.1	2.8	3.6	4.4	5.1	5.9	6.6	7.4	8.2	8.9	9.7	10.4	11.2	12	12.7	13.5	14.3	15.1	15.8	

♃ 1: ♒ 13 · 6: 13.4 · 11: 13.9 · 16: 14.5 · 21: 15.1 · 26: 15.8
♄ 1: ♈ 15.3R · 6: 14.9 · 11: 14.6 · 16: 14.4 · 21: 14.1 · 26: 13.9
♅ 1: ♒ 4.9 · 11: 5.1 · 21: 5.3
♆ 1: ♑ 27.3 · 11: 27.5 · 21: 27.7
♇ 1: ♐ 4.5 · 11: 4.8 · 21: 5.2

XII

	1	2	3	4	5	6	7	8	9	10	11	12	13	14	15	16	17	18	19	20	21	22	23	24	25	26	27	28	29	30	31
☉	♐ 8.8	9.8	10.9	11.9	12.9	13.9	14.9	15.9	17	18	19	20	21	22	23.1	24.1	25.1	26.1	27.1	28.1	29.2	♑ 0.2	1.2	2.2	3.2	4.3	5.3	6.3	7.3	8.3	9.3
☽	♐ 19.7	♑ 3	16.4	♒ 0	13.7	27.6	♓ 11.6	25.6	♈ 9.8	24	♉ 8.3	22.6	♊ 6.7	20.6	♋ 4.3	17.6	♌ 0.5	13.2	25.4	♍ 7.5	19.4	♎ 1.2	13	24.9	♏ 7	19.4	♐ 2.1	15.1	28.4	♑ 12	25.9
☿	♑ 0.2	1	1.7	2.3	2.8	3.1	3.3	3.4R	3.2	2.9	2.4	1.7	0.8	♐ 29.7	28.5	27.2	25.9	24.5	23.1	21.9	20.7	19.7	18.8	18.1	17.6	17.2	17.1	17.1D	17.2	17.5	17.9
♀	♑ 23	23.7	24.4	25.1	25.8	26.4	27.1	27.7	28.3	28.8	29.4	29.9	♒ 0.4	0.9	1.3	1.7	2.1	2.4	2.7	3	3.3	3.5	3.6	3.8	3.9	3.9	3.9R	3.9	3.9	3.7	3.6
♂	♑ 16.6	17.4	18.1	18.9	19.7	20.5	21.2	22	22.8	23.6	24.3	25.1	25.9	26.7	27.5	28.2	29	29.8	♒ 0.6	1.4	2.1	2.9	3.7	4.5	5.3	6.1	6.8	7.6	8.4	9.2	10

♃ 1: ♒ 16.5 · 6: 17.4 · 11: 18.2 · 16: 19.1 · 21: 20 · 26: 21 · 31: 22
♄ 1: ♈ 13.8R · 6: 13.6 · 11: 13.6 · 16: 13.5 · 21: 13.6D · 26: 13.6 · 31: 13.7
♅ 1: ♒ 5.7 · 11: 6.1 · 21: 6.6 · 31: 7.1
♆ 1: ♑ 27.9 · 11: 28.2 · 21: 28.6 · 31: 28.9
♇ 1: ♐ 5.6 · 11: 6 · 21: 6.4 · 31: 6.8

I

	1	2	3	4	5	6	7	8	9	10	11	12	13	14	15	16	17	18	19	20	21	22	23	24	25	26	27	28	29	30	31
☉	♑ 10.4	11.4	12.4	13.4	14.4	15.5	16.5	17.5	18.5	19.5	20.6	21.6	22.6	23.6	24.6	25.7	26.7	27.7	28.7	29.7	♒ 0.7	1.8	2.8	3.8	4.8	5.8	6.8	7.9	8.9	9.9	10.9
☽	♒ 10	24.1	♓ 8.3	22.5	♈ 6.6	20.7	♉ 4.7	18.6	♊ 2.4	16.1	29.6	♋ 12.8	25.8	♌ 8.6	21	♍ 3.3	15.3	27.2	♎ 9	20.8	♏ 2.7	14.8	27.2	♐ 9.9	22.9	♑ 6.4	20.3	♒ 4.5	18.9	♓ 3.6	18.2
☿	♐ 18.5	19.1	19.8	20.7	21.5	22.5	23.5	24.5	25.6	26.8	28	29.2	♑ 0.4	1.7	3	4.3	5.6	7	8.4	9.7	11.1	12.6	14	15.4	16.9	18.4	19.9	21.4	22.9	24.4	25.9
♀	♒ 3.4R	3.2	2.9	2.6	2.2	1.8	1.4	0.9	0.5	♑ 29.9	29.4	28.8	28.2	27.6	27	26.4	25.8	25.2	24.6	24	23.4	22.9	22.3	21.8	21.3	20.9	20.5	20.1	19.7	19.4	19.2
♂	♒ 10.8	11.6	12.3	13.1	13.9	14.7	15.5	16.3	17.1	17.9	18.7	19.4	20.2	21	21.8	22.6	23.4	24.2	25	25.8	26.5	27.3	28.1	28.9	29.7	♓ 0.5	1.3	2.1	2.9	3.6	4.4

♃ 1: ♒ 22.3 · 6: 23.3 · 11: 24.4 · 16: 25.5 · 21: 26.6 · 26: 27.8 · 31: 29
♄ 1: ♈ 13.8 · 6: 13.9 · 11: 14.1 · 16: 14.4 · 21: 14.7 · 26: 15 · 31: 15.4
♅ 1: ♒ 7.1 · 11: 7.7 · 21: 8.3 · 31: 8.8
♆ 1: ♑ 29 · 11: 29.3 · 21: 29.7 · 31: ♒ 0.1
♇ 1: ♐ 6.8 · 11: 7.1 · 21: 7.4 · 31: 7.6

II

	1	2	3	4	5	6	7	8	9	10	11	12	13	14	15	16	17	18	19	20	21	22	23	24	25	26	27	28	29	30	31
☉	♒ 11.9	12.9	14	15	16	17	18	19	20	21	22.1	23.1	24.1	25.1	26.1	27.1	28.1	29.1	♓ 0.1	1.1	2.2	3.2	4.2	5.2	6.2	7.2	8.2	9.2			
☽	♈ 2.8	17.3	♉ 1.5	15.5	29.3	♊ 12.9	26.2	♋ 9.2	22.1	♌ 4.7	17.2	29.4	♍ 11.5	23.4	♎ 5.3	17.1	28.9	♏ 10.8	22.9	♐ 5.2	17.8	♑ 0.8	14.2	28.1	♒ 12.4	27.1	♓ 12	27			
☿	♑ 27.5	29	♒ 0.6	2.2	3.8	5.4	7	8.6	10.3	11.9	13.6	15.3	17	18.7	20.4	22.1	23.9	25.7	27.4	29.2	♓ 1	2.9	4.7	6.6	8.4	10.3	12.2	14.1			
♀	♑ 19.0R	18.8	18.6	18.5	18.5	18.5D	18.5	18.6	18.7	18.8	19	19.2	19.5	19.7	20.1	20.4	20.8	21.2	21.6	22.1	22.6	23.1	23.7	24.2	24.8	25.4	26.1	26.7			
♂	♓ 5.2	6	6.8	7.6	8.4	9.2	9.9	10.7	11.5	12.3	13.1	13.9	14.7	15.4	16.2	17	17.8	18.6	19.4	20.1	20.9	21.7	22.5	23.3	24	24.8	25.6	26.4			

♃ 1: ♒ 29.2 · 6: ♓ 0.4 · 11: 1.6 · 16: 2.8 · 21: 4 · 26: 5.2
♄ 1: ♈ 15.4 · 6: 15.9 · 11: 16.3 · 16: 16.8 · 21: 17.3 · 26: 17.8
♅ 1: ♒ 8.9 · 11: 9.5 · 21: 10
♆ 1: ♒ 0.1 · 11: 0.5 · 21: 0.8
♇ 1: ♐ 7.7 · 11: 7.9 · 21: 8

III

	1	2	3	4	5	6	7	8	9	10	11	12	13	14	15	16	17	18	19	20	21	22	23	24	25	26	27	28	29	30	31
☉	♓ 10.2	11.2	12.2	13.2	14.2	15.2	16.2	17.2	18.2	19.2	20.2	21.2	22.2	23.2	24.2	25.2	26.2	27.2	28.2	29.2	♈ 0.2	1.2	2.2	3.2	4.1	5.1	6.1	7.1	8.1	9.1	10.1
☽	♈ 12.1	26.9	♉ 11.5	25.8	♊ 9.6	23.1	♋ 6.3	19.1	♌ 1.7	14	26.2	♍ 8.2	20.1	♎ 2	13.8	25.6	♏ 7.5	19.4	♐ 1.5	13.8	26.4	♑ 9.3	22.6	♒ 6.3	20.5	♓ 5.1	20	♈ 5.2	20.4	♉ 5.6	20.5
☿	♓ 16	17.9	19.9	21.8	23.7	25.6	27.5	29.4	♈ 1.2	3	4.8	6.5	8.2	9.8	11.3	12.8	14.1	15.4	16.5	17.6	18.5	19.3	20	20.6	21	21.3	21.5	21.5R	21.4	21.2	20.9
♀	♑ 27.4	28.1	28.8	29.5	♒ 0.2	1	1.8	2.6	3.4	4.2	5	5.8	6.7	7.6	8.4	9.3	10.2	11.1	12	13	13.9	14.8	15.8	16.7	17.7	18.7	19.6	20.6	21.6	22.6	23.6
♂	♓ 27.1	27.9	28.7	29.5	♈ 0.3	1	1.8	2.6	3.4	4.1	4.9	5.7	6.4	7.2	8	8.7	9.5	10.3	11	11.8	12.6	13.3	14.1	14.9	15.6	16.4	17.2	17.9	18.7	19.4	20.2

♃ 1: ♓ 5.9 · 6: 7.1 · 11: 8.3 · 16: 9.5 · 21: 10.7 · 26: 11.8 · 31: 13
♄ 1: ♈ 18.1 · 6: 18.7 · 11: 19.2 · 16: 19.8 · 21: 20.4 · 26: 21 · 31: 21.7
♅ 1: ♒ 10.5 · 11: 11 · 21: 11.4 · 31: 11.8
♆ 1: ♒ 1.1 · 11: 1.4 · 21: 1.6 · 31: 1.8
♇ 1: ♐ 8.1 · 11: 8.1 · 21: 8.1R · 31: 8

IV

	1	2	3	4	5	6	7	8	9	10	11	12	13	14	15	16	17	18	19	20	21	22	23	24	25	26	27	28	29	30	31
☉	♈ 11.1	12.1	13	14	15	16	17	18	19	19.9	20.9	21.9	22.9	23.9	24.8	25.8	26.8	27.8	28.7	29.7	♉ 0.7	1.7	2.7	3.6	4.6	5.6	6.5	7.5	8.5	9.5	
☽	♊ 5	19.1	♋ 2.7	15.9	28.6	♌ 11.1	23.3	♍ 5.3	17.1	29	♎ 10.8	22.6	♏ 4.5	16.5	28.5	♐ 10.8	23.2	♑ 5.8	18.6	♒ 1.8	15.4	29.3	♓ 13.7	28.4	♈ 13.4	28.6	♉ 13.8	28.8	♊ 13.5	27.7	
☿	♈ 20.5R	20	19.4	18.7	18	17.2	16.4	15.6	14.9	14.1	13.4	12.7	12	11.5	11	10.6	10.3	10	9.9	9.8	9.8D	9.9	10.1	10.4	10.7	11.1	11.6	12.2	12.8	13.5	
♀	♒ 24.6	25.7	26.7	27.7	28.7	29.8	♓ 0.8	1.8	2.9	4	5	6.1	7.1	8.2	9.3	10.4	11.4	12.5	13.6	14.7	15.8	16.9	18	19.1	20.2	21.3	22.4	23.5	24.6	25.7	
♂	♈ 20.9	21.7	22.5	23.2	24	24.7	25.5	26.2	27	27.7	28.5	29.2	30	♉ 0.7	1.5	2.2	3	3.7	4.4	5.2	5.9	6.7	7.4	8.1	8.9	9.6	10.4	11.1	11.8	12.6	

♃ 1: ♓ 13.2 · 6: 14.3 · 11: 15.4 · 16: 16.5 · 21: 17.5 · 26: 18.6
♄ 1: ♈ 21.8 · 6: 22.4 · 11: 23 · 16: 23.7 · 21: 24.3 · 26: 24.9
♅ 1: ♒ 11.9 · 11: 12.2 · 21: 12.5
♆ 1: ♒ 1.9 · 11: 2 · 21: 2.1
♇ 1: ♐ 8.0R · 11: 7.8 · 21: 7.6

V

	1	2	3	4	5	6	7	8	9	10	11	12	13	14	15	16	17	18	19	20	21	22	23	24	25	26	27	28	29	30	31
☉	♉ 10.4	11.4	12.4	13.3	14.3	15.3	16.3	17.2	18.2	19.2	20.1	21.1	22.1	23	24	24.9	25.9	26.9	27.8	28.8	29.8	♊ 0.7	1.7	2.6	3.6	4.6	5.5	6.5	7.4	8.4	9.4
☽	♋ 11.4	24.7	♌ 7.5	20	♍ 2.1	14.1	25.9	♎ 7.7	19.5	♏ 1.4	13.4	25.5	♐ 7.8	20.2	♑ 2.8	15.6	28.6	♒ 11.9	25.4	♓ 9.2	23.3	♈ 7.8	22.5	♉ 7.4	22.3	♊ 7.1	21.7	♋ 5.9	19.6	♌ 2.9	15.8
☿	♈ 14.2	15	15.9	16.8	17.7	18.8	19.8	20.9	22.1	23.3	24.5	25.8	27.1	28.5	29.9	♉ 1.3	2.8	4.3	5.9	7.4	9.1	10.7	12.4	14.2	15.9	17.7	19.6	21.5	23.4	25.3	27.3
♀	♓ 26.9	28	29.1	♈ 0.2	1.4	2.5	3.6	4.7	5.9	7	8.2	9.3	10.4	11.6	12.7	13.9	15	16.2	17.3	18.5	19.6	20.8	21.9	23.1	24.2	25.4	26.5	27.7	28.9	♉ 0	1.2
♂	♉ 13.3	14	14.8	15.5	16.2	16.9	17.7	18.4	19.1	19.8	20.6	21.3	22	22.7	23.5	24.2	24.9	25.6	26.3	27	27.8	28.5	29.2	29.9	♊ 0.6	1.3	2	2.7	3.4	4.2	4.9

♃ 1: ♓ 19.5 · 6: 20.5 · 11: 21.4 · 16: 22.3 · 21: 23.1 · 26: 23.8 · 31: 24.6
♄ 1: ♈ 25.6 · 6: 26.2 · 11: 26.8 · 16: 27.4 · 21: 28 · 26: 28.5 · 31: 29.1
♅ 1: ♒ 12.6 · 11: 12.7 · 21: 12.7R · 31: 12.7
♆ 1: ♒ 2.2 · 11: 2.2R · 21: 2.1 · 31: 2
♇ 1: ♐ 7.4R · 11: 7.2 · 21: 6.9 · 31: 6.6

VI

	1	2	3	4	5	6	7	8	9	10	11	12	13	14	15	16	17	18	19	20	21	22	23	24	25	26	27	28	29	30	31
☉	♊ 10.3	11.3	12.2	13.2	14.2	15.1	16.1	17	18	18.9	19.9	20.9	21.8	22.8	23.7	24.7	25.6	26.6	27.5	28.5	29.4	♋ 0.4	1.4	2.3	3.3	4.2	5.2	6.1	7.1	8	
☽	♌ 28.3	♍ 10.5	22.4	♎ 4.3	16.1	28	♏ 9.9	22	♐ 4.3	16.8	29.5	♑ 12.5	25.6	♒ 8.8	22.3	♓ 6	19.8	♈ 3.9	18.1	♉ 2.5	17	♊ 1.5	16	♋ 0.2	14.1	27.7	♌ 10.9	23.8	♍ 6.2	18.5	
☿	♉ 29.3	♊ 1.4	3.4	5.6	7.7	9.8	12	14.2	16.4	18.6	20.8	23	25.2	27.4	29.5	♋ 1.7	3.8	5.9	7.9	10	12	13.9	15.9	17.8	19.6	21.4	23.2	25	26.7	28.4	
♀	♉ 2.4	3.5	4.7	5.9	7	8.2	9.4	10.5	11.7	12.9	14.1	15.2	16.4	17.6	18.8	19.9	21.1	22.3	23.5	24.7	25.8	27	28.2	29.4	♊ 0.6	1.8	3	4.1	5.3	6.5	
♂	♊ 5.6	6.3	7	7.7	8.4	9.1	9.8	10.5	11.2	11.9	12.6	13.3	14	14.7	15.4	16.1	16.7	17.4	18.1	18.8	19.5	20.2	20.9	21.6	22.3	22.9	23.6	24.3	25	25.7	

♃ 1: ♓ 24.7 · 6: 25.3 · 11: 25.9 · 16: 26.5 · 21: 26.9 · 26: 27.3
♄ 1: ♈ 29.2 · 6: 29.7 · 11: ♉ 0.2 · 16: 0.7 · 21: 1.1 · 26: 1.5
♅ 1: ♒ 12.7R · 11: 12.5 · 21: 12.3
♆ 1: ♒ 2.0R · 11: 1.8 · 21: 1.6
♇ 1: ♐ 6.6R · 11: 6.3 · 21: 6.1

VII

	1	2	3	4	5	6	7	8	9	10	11	12	13	14	15	16	17	18	19	20	21	22	23	24	25	26	27	28	29	30	31
☉	♋ 9	9.9	10.9	11.8	12.8	13.8	14.7	15.7	16.6	17.6	18.5	19.5	20.4	21.4	22.3	23.3	24.2	25.2	26.2	27.1	28.1	29	30	♌ 0.9	1.9	2.8	3.8	4.7	5.7	6.7	7.6
☽	♎ 0.5	12.3	24.2	♏ 6.1	18.1	♐ 0.3	12.7	25.5	♑ 8.4	21.7	♒ 5.1	18.8	♓ 2.7	16.6	♈ 0.7	14.9	29.1	♉ 13.3	27.5	♊ 11.6	25.5	♋ 9.3	22.9	♌ 6.1	19.1	♍ 1.8	14.2	26.4	♎ 8.4	20.2	♏ 2.1
☿	♌ 0	1.6	3.2	4.7	6.2	7.7	9.1	10.4	11.8	13.1	14.3	15.5	16.7	17.8	18.9	19.9	20.9	21.9	22.7	23.6	24.3	25	25.7	26.3	26.8	27.2	27.6	27.9	28.1	28.2	28.3
♀	♊ 7.7	8.9	10.1	11.3	12.5	13.7	14.9	16.1	17.3	18.4	19.6	20.8	22	23.2	24.4	25.6	26.8	28	29.2	♋ 0.4	1.7	2.9	4.1	5.3	6.5	7.7	8.9	10.1	11.3	12.5	13.7
♂	♊ 26.4	27	27.7	28.4	29.1	29.8	♋ 0.4	1.1	1.8	2.5	3.1	3.8	4.5	5.1	5.8	6.5	7.2	7.8	8.5	9.2	9.8	10.5	11.2	11.8	12.5	13.1	13.8	14.5	15.1	15.8	16.5

♃ 1: ♓ 27.6 · 6: 27.8 · 11: 28 · 16: 28.1 · 21: 28.1R · 26: 28 · 31: 27.8
♄ 1: ♉ 1.9 · 6: 2.2 · 11: 2.5 · 16: 2.8 · 21: 3.1 · 26: 3.3 · 31: 3.4
♅ 1: ♒ 12.0R · 11: 11.7 · 21: 11.3 · 31: 10.9
♆ 1: ♒ 1.4R · 11: 1.1 · 21: 0.8 · 31: 0.6
♇ 1: ♐ 5.9R · 11: 5.7 · 21: 5.5 · 31: 5.4

VIII

	1	2	3	4	5	6	7	8	9	10	11	12	13	14	15	16	17	18	19	20	21	22	23	24	25	26	27	28	29	30	31
☉	♌ 8.6	9.5	10.5	11.4	12.4	13.4	14.3	15.3	16.2	17.2	18.1	19.1	20.1	21	22	22.9	23.9	24.9	25.8	26.8	27.8	28.7	29.7	♍ 0.6	1.6	2.6	3.5	4.5	5.5	6.4	7.4
☽	♏ 14	26	♐ 8.3	20.8	♑ 3.6	16.8	♒ 0.3	14.1	28.2	♓ 12.5	26.9	♈ 11.3	25.7	♉ 10.1	24.3	♊ 8.3	22.1	♋ 5.7	19	♌ 2.2	15.1	27.7	♍ 10.2	22.4	♎ 4.5	16.4	28.3	♏ 10.2	22	♐ 4.1	16.3
☿	♌ 28.2R	28.1	27.9	27.6	27.2	26.8	26.2	25.6	25	24.2	23.5	22.6	21.8	21	20.2	19.4	18.7	18	17.4	16.9	16.5	16.2	16	16.0D	16	16.2	16.6	17	17.7	18.4	19.2
♀	♋ 14.9	16.2	17.4	18.6	19.8	21	22.2	23.4	24.7	25.9	27.1	28.3	29.5	♌ 0.8	2	3.2	4.4	5.6	6.9	8.1	9.3	10.5	11.8	13	14.2	15.5	16.7	17.9	19.1	20.4	21.6
♂	♋ 17.1	17.8	18.4	19.1	19.7	20.4	21	21.7	22.4	23	23.7	24.3	25	25.6	26.3	26.9	27.6	28.2	28.8	29.5	♌ 0.1	0.8	1.4	2.1	2.7	3.4	4	4.6	5.3	5.9	6.5

♃ 1: ♓ 27.7R · 6: 27.5 · 11: 27.1 · 16: 26.7 · 21: 26.3 · 26: 25.7 · 31: 25.1
♄ 1: ♉ 3.4 · 6: 3.6 · 11: 3.6 · 16: 3.6R · 21: 3.6 · 26: 3.5 · 31: 3.4
♅ 1: ♒ 10.9R · 11: 10.5 · 21: 10.1 · 31: 9.7
♆ 1: ♒ 0.6R · 11: 0.3 · 21: 0 · 31: ♑ 29.8
♇ 1: ♐ 5.4R · 11: 5.3 · 21: 5.3D · 31: 5.4

IX

	1	2	3	4	5	6	7	8	9	10	11	12	13	14	15	16	17	18	19	20	21	22	23	24	25	26	27	28	29	30	31
☉	♍ 8.4	9.3	10.3	11.3	12.2	13.2	14.2	15.2	16.1	17.1	18.1	19	20	21	22	22.9	23.9	24.9	25.9	26.8	27.8	28.8	29.8	♎ 0.8	1.7	2.7	3.7	4.7	5.7	6.6	
☽	♐ 28.7	♑ 11.5	24.7	♒ 8.3	22.4	♓ 6.7	21.4	♈ 6.3	21.2	♉ 6	20.6	♊ 4.9	18.9	♋ 2.6	16	29	♌ 11.8	24.4	♍ 6.7	18.9	♎ 1	13	24.9	♏ 6.7	18.6	♐ 0.4	12.4	24.6	♑ 7	19.7	
☿	♌ 20.2	21.3	22.5	23.8	25.2	26.7	28.3	29.9	♍ 1.6	3.3	5.1	6.9	8.7	10.6	12.4	14.3	16.2	18.1	20	21.8	23.7	25.6	27.4	29.2	♎ 1.1	2.9	4.7	6.4	8.2	9.9	
♀	♌ 22.8	24.1	25.3	26.5	27.8	29	♍ 0.2	1.5	2.7	4	5.2	6.4	7.7	8.9	10.2	11.4	12.6	13.9	15.1	16.4	17.6	18.8	20.1	21.3	22.6	23.8	25.1	26.3	27.6	28.8	
♂	♌ 7.2	7.8	8.5	9.1	9.7	10.4	11	11.6	12.3	12.9	13.5	14.2	14.8	15.4	16	16.7	17.3	17.9	18.6	19.2	19.8	20.4	21	21.7	22.3	22.9	23.5	24.1	24.8	25.4	

♃ 1: ♓ 25.0R · 6: 24.4 · 11: 23.7 · 16: 23.1 · 21: 22.4 · 26: 21.8
♄ 1: ♉ 3.4R · 6: 3.2 · 11: 3 · 16: 2.8 · 21: 2.5 · 26: 2.2
♅ 1: ♒ 9.7R · 11: 9.4 · 21: 9.1
♆ 1: ♑ 29.8R · 11: 29.6 · 21: 29.5
♇ 1: ♐ 5.4 · 11: 5.5 · 21: 5.7

X

	1	2	3	4	5	6	7	8	9	10	11	12	13	14	15	16	17	18	19	20	21	22	23	24	25	26	27	28	29	30	31
☉	♎ 7.6	8.6	9.6	10.6	11.6	12.5	13.5	14.5	15.5	16.5	17.5	18.5	19.5	20.5	21.4	22.4	23.4	24.4	25.4	26.4	27.4	28.4	29.4	♏ 0.4	1.4	2.4	3.4	4.4	5.4	6.4	7.4
☽	♒ 2.8	16.4	♓ 0.4	14.8	29.7	♈ 14.8	♉ 0	15.2	♊ 0.2	14.8	28.9	♋ 12.7	26	♌ 8.9	21.5	♍ 3.8	16	28	♎ 9.9	21.8	♏ 3.6	15.5	27.4	♐ 9.3	21.3	♑ 3.5	15.9	28.5	♒ 11.5	24.9	♓ 8.7
☿	♎ 11.7	13.4	15.1	16.8	18.5	20.1	21.8	23.4	25	26.7	28.2	29.8	♏ 1.4	3	4.5	6.1	7.6	9.1	10.6	12.1	13.6	15.1	16.5	18	19.4	20.8	22.3	23.7	25.1	26.4	27.8
♀	♎ 0.1	1.3	2.5	3.8	5	6.3	7.5	8.8	10	11.3	12.5	13.8	15	16.3	17.5	18.8	20	21.3	22.5	23.8	25.1	26.3	27.6	28.8	♏ 0.1	1.3	2.6	3.8	5.1	6.3	7.6
♂	♌ 26	26.6	27.2	27.9	28.5	29.1	29.7	♍ 0.3	0.9	1.5	2.1	2.7	3.4	4	4.6	5.2	5.8	6.4	7	7.6	8.2	8.8	9.4	10	10.6	11.2	11.8	12.4	13	13.6	14.2

♃ 1: ♓ 21.1R · 6: 20.5 · 11: 20 · 16: 19.5 · 21: 19.1 · 26: 18.7 · 31: 18.5
♄ 1: ♉ 1.9R · 6: 1.5 · 11: 1.2 · 16: 0.8 · 21: 0.4 · 26: ♈ 30 · 31: 29.6
♅ 1: ♒ 8.9R · 11: 8.8 · 21: 8.8D · 31: 8.9
♆ 1: ♑ 29.4R · 11: 29.4 · 21: 29.4D · 31: 29.5
♇ 1: ♐ 5.9 · 11: 6.2 · 21: 6.5 · 31: 6.8

XI

	1	2	3	4	5	6	7	8	9	10	11	12	13	14	15	16	17	18	19	20	21	22	23	24	25	26	27	28	29	30	31
☉	♏ 8.4	9.4	10.4	11.4	12.4	13.4	14.4	15.4	16.4	17.4	18.4	19.4	20.4	21.4	22.4	23.4	24.4	25.4	26.5	27.5	28.5	29.5	♐ 0.5	1.5	2.5	3.5	4.5	5.5	6.6	7.6	
☽	♓ 23	♈ 7.8	22.9	♉ 8.2	23.5	♊ 8.7	23.5	♋ 7.9	21.8	♌ 5.2	18.1	♍ 0.7	13	25	♎ 7	18.8	♏ 0.6	12.5	24.4	♐ 6.4	18.5	♑ 0.6	12.9	25.4	♒ 8.1	21	♓ 4.3	18	♈ 2	16.5	
☿	♏ 29.1	♐ 0.4	1.8	3	4.3	5.5	6.7	7.9	9	10.1	11.2	12.2	13.1	14	14.8	15.5	16.2	16.7	17.1	17.4	17.5	17.5R	17.4	17	16.5	15.8	15	13.9	12.7	11.5	
♀	♏ 8.8	10.1	11.3	12.6	13.9	15.1	16.4	17.6	18.9	20.1	21.4	22.6	23.9	25.1	26.4	27.7	28.9	♐ 0.2	1.4	2.7	3.9	5.2	6.4	7.7	9	10.2	11.5	12.7	14	15.2	
♂	♍ 14.8	15.3	15.9	16.5	17.1	17.7	18.3	18.9	19.5	20	20.6	21.2	21.8	22.4	22.9	23.5	24.1	24.7	25.2	25.8	26.4	26.9	27.5	28.1	28.6	29.2	29.8	♎ 0.3	0.9	1.4	

♃ 1: ♓ 18.4R · 6: 18.3 · 11: 18.2 · 16: 18.2D · 21: 18.3 · 26: 18.4
♄ 1: ♈ 29.5R · 6: 29.1 · 11: 28.7 · 16: 28.4 · 21: 28.1 · 26: 27.8
♅ 1: ♒ 8.9 · 11: 9 · 21: 9.3
♆ 1: ♑ 29.5 · 11: 29.7 · 21: 29.8
♇ 1: ♐ 6.8 · 11: 7.2 · 21: 7.6

XII

	1	2	3	4	5	6	7	8	9	10	11	12	13	14	15	16	17	18	19	20	21	22	23	24	25	26	27	28	29	30	31
☉	♐ 8.6	9.6	10.6	11.6	12.6	13.7	14.7	15.7	16.7	17.7	18.7	19.8	20.8	21.8	22.8	23.8	24.8	25.9	26.9	27.9	28.9	29.9	♑ 0.9	2	3	4	5	6	7.1	8.1	9.1
☽	♉ 1.3	16.4	♊ 1.6	16.7	♋ 1.5	16	♌ 0	13.6	26.6	♍ 9.2	21.6	♎ 3.6	15.6	27.4	♏ 9.2	21.1	♐ 3.1	15.2	27.5	♑ 9.9	22.4	♒ 5.2	18.1	♓ 1.2	14.6	28.2	♈ 12.1	26.3	♉ 10.8	25.5	♊ 10.2
☿	♐ 10.1R	8.7	7.4	6.1	4.9	3.9	3	2.3	1.8	1.5	1.3	1.4D	1.6	1.9	2.4	3	3.7	4.5	5.4	6.4	7.4	8.5	9.6	10.8	12	13.3	14.5	15.8	17.2	18.5	19.9
♀	♐ 16.5	17.7	19	20.3	21.5	22.8	24	25.3	26.5	27.8	29.1	♑ 0.3	1.6	2.8	4.1	5.3	6.6	7.8	9.1	10.3	11.6	12.9	14.1	15.4	16.6	17.9	19.1	20.4	21.6	22.9	24.1
♂	♎ 2	2.6	3.1	3.7	4.2	4.8	5.3	5.9	6.4	6.9	7.5	8	8.6	9.1	9.6	10.2	10.7	11.2	11.7	12.3	12.8	13.3	13.8	14.3	14.9	15.4	15.9	16.4	16.9	17.4	17.9

♃ 1: ♓ 18.7 · 6: 19 · 11: 19.4 · 16: 19.9 · 21: 20.5 · 26: 21.1 · 31: 21.8
♄ 1: ♈ 27.5R · 6: 27.3 · 11: 27.1 · 16: 26.9 · 21: 26.8 · 26: 26.8 · 31: 26.8D
♅ 1: ♒ 9.6 · 11: 10 · 21: 10.4 · 31: 10.9
♆ 1: ♒ 0.1 · 11: 0.4 · 21: 0.7 · 31: 1
♇ 1: ♐ 8 · 11: 8.4 · 21: 8.7 · 31: 9.1

	1	2	3	4	5	6	7	8	9	10	11	12	13	14	15	16	17	18	19	20	21	22	23	24	25	26	27	28	29	30	31
☉	♑ 10.1	11.1	12.2	13.2	14.2	15.2	16.2	17.3	18.3	19.3	20.3	21.3	22.3	23.4	24.4	25.4	26.4	27.4	28.5	29.5	♒ 0.5	1.5	2.5	3.5	4.6	5.6	6.6	7.6	8.6	9.6	10.7
☽	♊ 25	♋ 9.5	23.8	♌ 7.8	21.3	♍ 4.4	17.1	29.5	♎ 11.7	23.7	♏ 5.5	17.4	29.3	♐ 11.3	23.6	♑ 6	18.6	♒ 1.5	14.6	27.9	♓ 11.5	25.1	♈ 9	23	♉ 7.1	21.4	♊ 5.6	19.9	♋ 4.2	18.2	♌ 2.1
☿	♐ 21.3	22.7	24.1	25.5	27	28.4	29.9	♑ 1.4	2.8	4.3	5.8	7.3	8.9	10.4	11.9	13.5	15	16.6	18.1	19.7	21.3	22.9	24.5	26.1	27.7	29.4	♒ 1	2.7	4.3	6	7.7
♀	♑ 25.4	26.7	27.9	29.2	♒ 0.4	1.7	2.9	4.2	5.4	6.7	7.9	9.2	10.4	11.7	12.9	14.2	15.4	16.7	17.9	19.2	20.4	21.7	22.9	24.2	25.4	26.7	27.9	29.2	♓ 0.4	1.7	2.9
♂	♎ 18.4	18.9	19.4	19.9	20.3	20.8	21.3	21.8	22.3	22.7	23.2	23.7	24.1	24.6	25	25.5	25.9	26.4	26.8	27.3	27.7	28.1	28.5	29	29.4	29.8	♏ 0.2	0.6	1	1.4	1.8

	1	6	11	16	21	26	31
♃	♓ 21.9	22.7	23.5	24.4	25.3	26.3	27.3
♄	♈ 26.8	26.8	26.9	27.1	27.2	27.5	27.7

	1	11	21	31
♅	♒ 11	11.5	12.1	12.7
♆	♒ 1.1	1.4	1.8	2.2
♇	♐ 9.1	9.5	9.8	10

	1	2	3	4	5	6	7	8	9	10	11	12	13	14	15	16	17	18	19	20	21	22	23	24	25	26	27	28	29	30	31
☉	♒ 11.7	12.7	13.7	14.7	15.7	16.7	17.8	18.8	19.8	20.8	21.8	22.8	23.8	24.8	25.9	26.9	27.9	28.9	29.9	♓ 0.9	1.9	2.9	3.9	4.9	5.9	6.9	8	9			
☽	♌ 15.8	29.1	♍ 12.1	24.8	♎ 7.2	19.4	♏ 1.4	13.3	25.2	♐ 7.1	19.2	♑ 1.5	14	26.8	♒ 9.9	23.3	♓ 7.1	21.1	♈ 5.3	19.5	♉ 3.9	18.2	♊ 2.4	16.5	♋ 0.5	14.3	27.9	♌ 11.3			
☿	♒ 9.4	11.1	12.8	14.6	16.3	18.1	19.8	21.6	23.4	25.2	27	28.8	♓ 0.7	2.5	4.3	6.2	8	9.8	11.6	13.4	15.2	17	18.7	20.3	22	23.5	25	26.4			
♀	♓ 4.2	5.4	6.6	7.9	9.1	10.4	11.6	12.9	14.1	15.3	16.6	17.8	19.1	20.3	21.5	22.8	24	25.2	26.5	27.7	28.9	♈ 0.2	1.4	2.6	3.9	5.1	6.3	7.6			
♂	♏ 2.2	2.5	2.9	3.3	3.7	4	4.4	4.7	5.1	5.4	5.7	6	6.4	6.7	7	7.3	7.6	7.8	8.1	8.4	8.6	8.9	9.1	9.4	9.6	9.8	10	10.2			

	1	6	11	16	21	26
♃	♓ 27.5	28.5	29.6	♈ 0.7	1.8	2.9
♄	♈ 27.8	28.1	28.5	28.8	29.3	29.7

	1	11	21
♅	♒ 12.7	13.3	13.9
♆	♒ 2.2	2.6	3
♇	♐ 10	10.2	10.4

	1	2	3	4	5	6	7	8	9	10	11	12	13	14	15	16	17	18	19	20	21	22	23	24	25	26	27	28	29	30	31
☉	♓ 10	11	12	13	14	15	16	17	18	19	20	21	22	23	24	25	26	27	27.9	28.9	29.9	♈ 0.9	1.9	2.9	3.9	4.9	5.9	6.9	7.9	8.9	9.8
☽	♌ 24.5	♍ 7.5	20.3	♎ 2.8	15.1	27.3	♏ 9.3	21.2	♐ 3.1	15	27	♑ 9.2	21.7	♒ 4.6	17.8	♓ 1.4	15.5	29.9	♈ 14.5	29.3	♉ 14.1	28.7	♊ 13.2	27.3	♋ 11.2	24.8	♌ 8.1	21.1	♍ 3.9	16.6	29
☿	♓ 27.7	29	♈ 0.1	1	1.9	2.6	3.2	3.6	3.9	4.1	4.0R	3.9	3.6	3.1	2.6	1.9	1.2	0.3	♓ 29.5	28.6	27.6	26.7	25.8	25	24.2	23.5	22.8	22.3	21.8	21.4	21.2
♀	♈ 8.8	10	11.2	12.5	13.7	14.9	16.1	17.4	18.6	19.8	21	22.2	23.4	24.7	25.9	27.1	28.3	29.5	♉ 0.7	1.9	3.1	4.3	5.5	6.8	8	9.2	10.4	11.6	12.8	13.9	15.1
♂	♏ 10.4	10.6	10.8	11	11.1	11.3	11.4	11.5	11.6	11.7	11.8	11.9	12	12.1	12.1	12.1	12.2	12.2	12.2R	12.2	12.1	12.1	12.1	12	11.9	11.8	11.7	11.6	11.5	11.4	11.2

	1	6	11	16	21	26	31
♃	♈ 3.6	4.8	6	7.2	8.4	9.6	10.8
♄	♉ 0	0.5	1	1.6	2.1	2.7	3.3

	1	11	21	31
♅	♒ 14.3	14.8	15.3	15.7
♆	♒ 3.2	3.5	3.8	4
♇	♐ 10.5	10.5	10.5R	10.4

	1	2	3	4	5	6	7	8	9	10	11	12	13	14	15	16	17	18	19	20	21	22	23	24	25	26	27	28	29	30	31
☉	♈ 10.8	11.8	12.8	13.8	14.8	15.8	16.7	17.7	18.7	19.7	20.7	21.7	22.6	23.6	24.6	25.6	26.6	27.5	28.5	29.5	♉ 0.5	1.4	2.4	3.4	4.4	5.3	6.3	7.3	8.3	9.2	
☽	♎ 11.4	23.5	♏ 5.6	17.6	29.4	♐ 11.3	23.2	♑ 5.2	17.4	29.8	♒ 12.5	25.7	♓ 9.4	23.5	♈ 8.1	23	♉ 8.1	23.3	♊ 8.3	23.1	♋ 7.4	21.4	♌ 5	18.2	♍ 1	13.6	26	♎ 8.2	20.4	♏ 2.4	
☿	♓ 21.0R	20.9	20.9D	21	21.2	21.5	21.8	22.3	22.8	23.3	24	24.7	25.5	26.3	27.2	28.1	29.1	♈ 0.1	1.2	2.3	3.4	4.6	5.9	7.1	8.4	9.8	11.2	12.6	14	15.5	
♀	♉ 16.3	17.5	18.7	19.9	21.1	22.3	23.5	24.6	25.8	27	28.2	29.4	♊ 0.5	1.7	2.9	4	5.2	6.4	7.5	8.7	9.9	11	12.2	13.3	14.5	15.6	16.8	17.9	19.1	20.2	
♂	♏ 11.0R	10.9	10.7	10.5	10.3	10	9.8	9.5	9.3	9	8.7	8.4	8.1	7.8	7.5	7.2	6.8	6.5	6.2	5.8	5.4	5.1	4.7	4.3	4	3.6	3.2	2.8	2.5	2.1	

	1	6	11	16	21	26
♃	♈ 11	12.2	13.4	14.6	15.8	17
♄	♉ 3.4	4.1	4.7	5.3	5.9	6.6

	1	11	21
♅	♒ 15.8	16.1	16.4
♆	♒ 4	4.2	4.3
♇	♐ 10.4R	10.3	10.1

	1	2	3	4	5	6	7	8	9	10	11	12	13	14	15	16	17	18	19	20	21	22	23	24	25	26	27	28	29	30	31
☉	♉ 10.2	11.2	12.1	13.1	14.1	15	16	17	18	18.9	19.9	20.9	21.8	22.8	23.7	24.7	25.7	26.6	27.6	28.6	29.5	♊ 0.5	1.5	2.4	3.4	4.3	5.3	6.3	7.2	8.2	9.1
☽	♏ 14.3	26.2	♐ 8.1	20	♑ 1.9	13.9	26.1	♒ 8.5	21.2	♓ 4.2	17.8	♈ 1.8	16.4	♉ 1.3	16.5	♊ 1.8	17.1	♋ 2	16.6	♌ 0.8	14.5	27.7	♍ 10.5	23.1	♎ 5.3	17.5	29.5	♏ 11.4	23.3	♐ 5.1	17
☿	♈ 17	18.5	20.1	21.7	23.3	25	26.7	28.4	♉ 0.2	2	3.8	5.7	7.6	9.5	11.5	13.4	15.4	17.5	19.6	21.7	23.8	25.9	28.1	♊ 0.3	2.4	4.6	6.8	9	11.2	13.4	15.6
♀	♊ 21.3	22.5	23.6	24.7	25.9	27	28.1	29.2	♋ 0.4	1.5	2.6	3.7	4.8	5.9	7	8.1	9.2	10.3	11.4	12.4	13.5	14.6	15.6	16.7	17.8	18.8	19.9	20.9	22	23	24
♂	♏ 1.7R	1.4	1	0.6	0.3	♎ 29.9	29.6	29.3	28.9	28.6	28.3	28	27.7	27.4	27.2	26.9	26.6	26.4	26.2	26	25.8	25.6	25.4	25.3	25.1	25	24.9	24.8	24.7	24.6	24.5

	1	6	11	16	21	26	31
♃	♈ 18.2	19.3	20.5	21.6	22.7	23.8	24.8
♄	♉ 7.2	7.9	8.5	9.1	9.7	10.3	10.9

	1	11	21	31
♅	♒ 16.6	16.8	16.8	16.8R
♆	♒ 4.4	4.4R	4.3	4.2
♇	♐ 9.9R	9.7	9.4	9.2

	1	2	3	4	5	6	7	8	9	10	11	12	13	14	15	16	17	18	19	20	21	22	23	24	25	26	27	28	29	30	31
☉	♊ 10.1	11.1	12	13	13.9	14.9	15.8	16.8	17.8	18.7	19.7	20.6	21.6	22.5	23.5	24.4	25.4	26.4	27.3	28.3	29.2	♋ 0.2	1.1	2.1	3	4	4.9	5.9	6.8	7.8	
☽	♐ 29	♑ 11	23.1	♒ 5.3	17.8	♓ 0.5	13.6	27.1	♈ 10.9	25.3	♉ 10	25.1	♊ 10.2	25.4	♋ 10.4	25.1	♌ 9.4	23.2	♍ 6.5	19.4	♎ 2	14.3	26.3	♏ 8.3	20.2	♐ 2	13.9	25.9	♑ 7.9	20.1	
☿	♊ 17.7	19.8	21.9	24	26	28	30	♋ 1.9	3.8	5.6	7.4	9.2	10.9	12.6	14.2	15.8	17.4	18.9	20.3	21.8	23.1	24.5	25.7	27	28.2	29.3	♌ 0.4	1.4	2.4	3.3	
♀	♋ 25.1	26.1	27.1	28.1	29.1	♌ 0.1	1.1	2.1	3.1	4	5	6	6.9	7.9	8.8	9.7	10.6	11.5	12.4	13.3	14.2	15.1	15.9	16.8	17.6	18.5	19.3	20.1	20.9	21.6	
♂	♎ 24.5R	24.5	24.4	24.4	24.4D	24.4	24.5	24.5	24.6	24.6	24.7	24.8	24.9	25	25.2	25.3	25.5	25.6	25.8	26	26.2	26.4	26.6	26.8	27.1	27.3	27.6	27.8	28.1	28.4	

	1	6	11	16	21	26
♃	♈ 25	26	27	27.9	28.8	29.6
♄	♉ 11.1	11.6	12.2	12.7	13.3	13.8

	1	11	21
♅	♒ 16.8R	16.6	16.4
♆	♒ 4.2R	4.1	3.9
♇	♐ 9.1R	8.9	8.6

	1	2	3	4	5	6	7	8	9	10	11	12	13	14	15	16	17	18	19	20	21	22	23	24	25	26	27	28	29	30	31
☉	♋ 8.8	9.7	10.7	11.6	12.6	13.5	14.5	15.4	16.4	17.3	18.3	19.2	20.2	21.1	22.1	23.1	24	25	25.9	26.9	27.8	28.8	29.7	♌ 0.7	1.6	2.6	3.6	4.5	5.5	6.4	7.4
☽	♒ 2.4	14.9	27.5	♓ 10.5	23.6	♈ 7.1	21	♉ 5.1	19.6	♊ 4.3	19.2	♋ 4	18.8	♌ 3.3	17.5	♍ 1.3	14.7	27.7	♎ 10.3	22.7	♏ 4.8	16.7	28.6	♐ 10.5	22.4	♑ 4.5	16.6	29	♒ 11.6	24.4	♓ 7.4
☿	♌ 4.2	5	5.7	6.4	7.1	7.6	8.1	8.5	8.9	9.1	9.3	9.5	9.5R	9.5	9.3	9.1	8.9	8.5	8.1	7.6	7	6.4	5.8	5.1	4.4	3.7	3	2.3	1.6	1	0.4
♀	♌ 22.4	23.1	23.9	24.6	25.3	26	26.6	27.3	27.9	28.5	29.1	29.7	♍ 0.2	0.7	1.2	1.7	2.1	2.5	2.9	3.3	3.6	3.9	4.2	4.4	4.6	4.8	4.9	5	5.1	5.1	5.1R
♂	♎ 28.7	29	29.3	29.6	29.9	♏ 0.3	0.6	1	1.3	1.7	2.1	2.4	2.8	3.2	3.6	4	4.4	4.9	5.3	5.7	6.2	6.6	7	7.5	8	8.4	8.9	9.4	9.9	10.4	10.8

	1	6	11	16	21	26	31
♃	♉ 0.4	1.2	1.9	2.5	3	3.5	4
♄	♉ 14.2	14.7	15.1	15.5	15.8	16.1	16.4

	1	11	21	31
♅	♒ 16.2R	15.9	15.5	15.1
♆	♒ 3.6R	3.4	3.1	2.9
♇	♐ 8.4R	8.2	8	7.9

	1	2	3	4	5	6	7	8	9	10	11	12	13	14	15	16	17	18	19	20	21	22	23	24	25	26	27	28	29	30	31
☉	♌ 8.3	9.3	10.3	11.2	12.2	13.1	14.1	15	16	17	17.9	18.9	19.8	20.8	21.8	22.7	23.7	24.6	25.6	26.6	27.5	28.5	29.5	♍ 0.4	1.4	2.3	3.3	4.3	5.2	6.2	7.2
☽	♓ 20.6	♈ 4.1	17.7	♉ 1.7	15.8	♊ 0	14.4	28.9	♋ 13.3	27.7	♌ 11.8	25.8	♍ 9.4	22.7	♎ 5.7	18.3	♏ 0.7	12.8	24.8	♐ 6.7	18.5	♑ 0.5	12.6	24.9	♒ 7.4	20.3	♓ 3.4	16.8	♈ 0.5	14.4	28.4
☿	♋ 29.9R	29.5	29.1	28.8	28.7	28.6	28.6D	28.8	29	29.4	29.9	♌ 0.5	1.2	2	3	4	5.2	6.4	7.7	9.2	10.7	12.3	13.9	15.6	17.4	19.2	21.1	23	24.9	26.8	28.8
♀	♍ 5.1R	5	4.8	4.7	4.4	4.2	3.9	3.6	3.2	2.8	2.4	1.9	1.4	0.9	0.3	♌ 29.8	29.2	28.6	28	27.3	26.7	26.1	25.5	24.9	24.3	23.7	23.1	22.6	22.1	21.6	21.2
♂	♏ 11.3	11.8	12.4	12.9	13.4	13.9	14.4	15	15.5	16	16.6	17.1	17.7	18.2	18.8	19.4	19.9	20.5	21.1	21.7	22.2	22.8	23.4	24	24.6	25.2	25.8	26.4	27	27.6	28.2

	1	6	11	16	21	26	31
♃	♉ 4.1	4.4	4.7	4.9	5	5.0R	4.9
♄	♉ 16.5	16.7	16.9	17	17.1	17.2	17.2R

	1	11	21	31
♅	♒ 15.1R	14.7	14.3	13.9
♆	♒ 2.8R	2.6	2.3	2.1
♇	♐ 7.9R	7.8	7.8D	7.8

	1	2	3	4	5	6	7	8	9	10	11	12	13	14	15	16	17	18	19	20	21	22	23	24	25	26	27	28	29	30	31
☉	♍ 8.1	9.1	10.1	11	12	13	14	14.9	15.9	16.9	17.8	18.8	19.8	20.8	21.7	22.7	23.7	24.7	25.6	26.6	27.6	28.6	29.5	♎ 0.5	1.5	2.5	3.5	4.4	5.4	6.4	
☽	♉ 12.6	26.8	♊ 11	25.2	♋ 9.3	23.3	♌ 7.2	21	♍ 4.5	17.8	♎ 0.9	13.7	26.3	♏ 8.6	20.7	♐ 2.7	14.6	26.4	♑ 8.3	20.4	♒ 2.8	15.4	28.4	♓ 11.8	25.6	♈ 9.7	24	♉ 8.6	23.1	♊ 7.6	
☿	♍ 0.7	2.7	4.7	6.6	8.6	10.5	12.4	14.3	16.2	18.1	20	21.9	23.7	25.5	27.3	29.1	♎ 0.8	2.6	4.3	6	7.7	9.4	11	12.7	14.3	15.9	17.5	19.1	20.6	22.2	
♀	♌ 20.8R	20.4	20.1	19.8	19.5	19.3	19.1	19	18.9	18.8	18.8	18.8D	18.9	19	19.1	19.3	19.5	19.7	20	20.3	20.6	21	21.4	21.8	22.2	22.7	23.2	23.8	24.3	24.9	
♂	♏ 28.9	29.5	♐ 0.1	0.7	1.4	2	2.6	3.3	3.9	4.6	5.2	5.9	6.5	7.2	7.8	8.5	9.1	9.8	10.5	11.1	11.8	12.5	13.2	13.8	14.5	15.2	15.9	16.6	17.3	17.9	

	1	6	11	16	21	26
♃	♉ 4.9R	4.8	4.5	4.2	3.8	3.3
♄	♉ 17.2R	17.1	17.1	16.9	16.8	16.6

	1	11	21
♅	♒ 13.9R	13.6	13.3
♆	♒ 2.1R	1.9	1.7
♇	♐ 7.8	7.9	8.1

	1	2	3	4	5	6	7	8	9	10	11	12	13	14	15	16	17	18	19	20	21	22	23	24	25	26	27	28	29	30	31
☉	♎ 7.4	8.4	9.4	10.3	11.3	12.3	13.3	14.3	15.3	16.3	17.2	18.2	19.2	20.2	21.2	22.2	23.2	24.2	25.2	26.2	27.2	28.2	29.1	♏ 0.1	1.1	2.1	3.1	4.1	5.1	6.1	7.1
☽	♊ 22	♋ 6.1	20.1	♌ 3.8	17.4	♍ 0.7	13.9	26.9	♎ 9.6	22.2	♏ 4.6	16.8	28.8	♐ 10.8	22.6	♑ 4.4	16.3	28.3	♒ 10.6	23.2	♓ 6.3	19.7	♈ 3.7	18.1	♉ 2.8	17.8	♊ 2.8	17.7	♋ 2.3	16.7	♌ 0.7
☿	♎ 23.7	25.2	26.7	28.2	29.7	♏ 1.2	2.6	4	5.5	6.8	8.2	9.6	10.9	12.3	13.6	14.9	16.1	17.4	18.6	19.8	21	22.1	23.2	24.2	25.2	26.2	27.1	28	28.8	29.5	♐ 0.1
♀	♌ 25.5	26.1	26.7	27.4	28.1	28.8	29.5	♍ 0.2	1	1.7	2.5	3.3	4.1	4.9	5.8	6.6	7.5	8.4	9.2	10.1	11.1	12	12.9	13.8	14.8	15.7	16.7	17.7	18.6	19.6	20.6
♂	♐ 18.6	19.3	20	20.7	21.4	22.1	22.8	23.5	24.2	24.9	25.7	26.4	27.1	27.8	28.5	29.2	30	♑ 0.7	1.4	2.1	2.8	3.6	4.3	5	5.8	6.5	7.2	8	8.7	9.4	10.2

	1	6	11	16	21	26	31
♃	♉ 2.8R	2.3	1.6	1	0.3	♈ 29.6	29
♄	♉ 16.3R	16	15.7	15.4	15	14.6	14.2

	1	11	21	31
♅	♒ 13.1R	12.9	12.9	12.9D
♆	♒ 1.6R	1.6	1.6D	1.7
♇	♐ 8.3	8.5	8.8	9.1

	1	2	3	4	5	6	7	8	9	10	11	12	13	14	15	16	17	18	19	20	21	22	23	24	25	26	27	28	29	30	31
☉	♏ 8.1	9.1	10.1	11.1	12.1	13.1	14.1	15.1	16.1	17.1	18.2	19.2	20.2	21.2	22.2	23.2	24.2	25.2	26.2	27.2	28.2	29.2	♐ 0.2	1.3	2.3	3.3	4.3	5.3	6.3	7.3	
☽	♌ 14.4	27.7	♍ 10.8	23.7	♎ 6.3	18.8	♏ 1.1	13.3	25.4	♐ 7.3	19.2	♑ 1	12.8	24.6	♒ 6.6	18.9	♓ 1.4	14.3	27.7	♈ 11.6	26	♉ 10.9	26	♊ 11.3	26.5	♋ 11.5	26.2	♌ 10.4	24.3	♍ 7.7	
☿	♐ 0.7	1.1	1.4	1.6	1.7	1.7R	1.5	1.1	0.6	♏ 29.9	29	28	26.9	25.6	24.3	23	21.7	20.4	19.2	18.2	17.3	16.6	16.1	15.8	15.6	15.7D	15.9	16.3	16.8	17.5	
♀	♍ 21.6	22.6	23.7	24.7	25.7	26.8	27.8	28.9	29.9	♎ 1	2	3.1	4.2	5.3	6.4	7.4	8.5	9.6	10.7	11.9	13	14.1	15.2	16.3	17.5	18.6	19.7	20.9	22	23.1	
♂	♑ 10.9	11.7	12.4	13.2	13.9	14.7	15.4	16.1	16.9	17.6	18.4	19.2	19.9	20.7	21.4	22.2	22.9	23.7	24.5	25.2	26	26.7	27.5	28.3	29	29.8	♒ 0.6	1.3	2.1	2.8	

	1	6	11	16	21	26
♃	♈ 28.8R	28.2	27.6	27	26.5	26.1
♄	♉ 14.2R	13.7	13.3	12.9	12.6	12.2

	1	11	21
♅	♒ 12.9	13	13.2
♆	♒ 1.7	1.8	2
♇	♐ 9.2	9.5	9.9

	1	2	3	4	5	6	7	8	9	10	11	12	13	14	15	16	17	18	19	20	21	22	23	24	25	26	27	28	29	30	31
☉	♐ 8.3	9.4	10.4	11.4	12.4	13.4	14.4	15.4	16.5	17.5	18.5	19.5	20.5	21.5	22.6	23.6	24.6	25.6	26.6	27.6	28.7	29.7	♑ 0.7	1.7	2.7	3.8	4.8	5.8	6.8	7.8	8.9
☽	♍ 20.7	♎ 3.4	15.9	28.2	♏ 10.3	22.3	♐ 4.2	16.1	27.9	♑ 9.7	21.6	♒ 3.5	15.5	27.8	♓ 10.3	23.1	♈ 6.4	20.1	♉ 4.3	19	♊ 4	19.2	♋ 4.5	19.7	♌ 4.6	19.1	♍ 3.1	16.7	29.9	♎ 12.6	25.1
☿	♏ 18.3	19.2	20.1	21.2	22.3	23.4	24.7	25.9	27.2	28.5	29.9	♐ 1.3	2.7	4.1	5.5	7	8.4	9.9	11.4	12.9	14.3	15.8	17.3	18.9	20.4	21.9	23.4	25	26.5	28	29.6
♀	♎ 24.3	25.4	26.6	27.8	28.9	♏ 0.1	1.2	2.4	3.6	4.7	5.9	7.1	8.3	9.5	10.6	11.8	13	14.2	15.4	16.6	17.8	19	20.2	21.3	22.5	23.7	24.9	26.2	27.4	28.6	29.8
♂	♒ 3.6	4.4	5.2	5.9	6.7	7.5	8.2	9	9.8	10.5	11.3	12.1	12.9	13.6	14.4	15.2	16	16.7	17.5	18.3	19.1	19.8	20.6	21.4	22.2	22.9	23.7	24.5	25.3	26	26.8

	1	6	11	16	21	26	31
♃	♈ 25.7R	25.4	25.2	25.1	25.0D	25.1	25.2
♄	♉ 11.8R	11.5	11.2	11	10.7	10.6	10.4

	1	11	21	31
♅	♒ 13.5	13.9	14.3	14.7
♆	♒ 2.2	2.5	2.8	3.2
♇	♐ 10.3	10.7	11.1	11.4

	1	2	3	4	5	6	7	8	9	10	11	12	13	14	15	16	17	18	19	20	21	22	23	24	25	26	27	28	29	30	31
☉	♑ 9.9	10.9	11.9	12.9	13.9	15	16	17	18	19	20.1	21.1	22.1	23.1	24.1	25.2	26.2	27.2	28.2	29.2	♒ 0.2	1.3	2.3	3.3	4.3	5.3	6.4	7.4	8.4	9.4	10.4
☽	♏ 7.3	19.3	♐ 1.2	13.1	24.9	♑ 6.7	18.6	♒ 0.6	12.6	24.9	♓ 7.3	19.9	♈ 2.8	16	29.6	♉ 13.6	27.9	♊ 12.6	27.5	♋ 12.5	27.5	♌ 12.4	26.9	♍ 11.1	24.9	♎ 8.2	21.1	♏ 3.6	15.8	27.9	♐ 9.7
☿	♑ 1.1	2.7	4.2	5.8	7.4	9	10.6	12.1	13.7	15.3	17	18.6	20.2	21.8	23.5	25.1	26.8	28.5	♒ 0.1	1.8	3.5	5.2	6.9	8.6	10.4	12.1	13.8	15.6	17.3	19.1	20.8
♀	♐ 1	2.2	3.4	4.6	5.8	7	8.2	9.5	10.7	11.9	13.1	14.3	15.5	16.8	18	19.2	20.4	21.7	22.9	24.1	25.3	26.5	27.8	29	♑ 0.2	1.5	2.7	3.9	5.1	6.4	7.6
♂	♒ 27.6	28.4	29.1	29.9	♓ 0.7	1.5	2.2	3	3.8	4.6	5.3	6.1	6.9	7.7	8.4	9.2	10	10.8	11.5	12.3	13.1	13.9	14.6	15.4	16.2	16.9	17.7	18.5	19.3	20	20.8

	1	6	11	16	21	26	31
♃	♈ 25.2	25.5	25.8	26.2	26.7	27.2	27.8
♄	♉ 10.4R	10.3	10.3	10.3D	10.4	10.5	10.6

	1	11	21	31
♅	♒ 14.8	15.3	15.9	16.4
♆	♒ 3.2	3.6	3.9	4.3
♇	♐ 11.5	11.8	12.1	12.4

I

	1	2	3	4	5	6	7	8	9	10	11	12	13	14	15	16	17	18	19	20	21	22	23	24	25	26	27	28	29	30	31
☉	♒ 11.4	12.4	13.5	14.5	15.5	16.5	17.5	18.5	19.5	20.6	21.6	22.6	23.6	24.6	25.6	26.6	27.6	28.6	29.7	♓ 0.7	1.7	2.7	3.7	4.7	5.7	6.7	7.7	8.7	9.7		
☽	♐ 21.6	♑ 3.4	15.2	27.2	♒ 9.3	21.7	♓ 4.2	16.9	29.8	♈ 13	26.4	♉ 10	23.9	♊ 8	22.3	♋ 6.8	21.4	♌ 6	20.5	♍ 4.8	18.9	♎ 2.6	16	28.9	♏ 11.6	23.9	♐ 5.9	17.8	29.6		
☿	♒ 22.6	24.3	26	27.7	29.4	♓ 1.1	2.8	4.4	5.9	7.4	8.9	10.2	11.5	12.7	13.7	14.7	15.5	16.1	16.6	17	17.2	17.2R	17	16.7	16.2	15.6	14.8	14	13		
♀	♑ 8.8	10.1	11.3	12.5	13.7	15	16.2	17.4	18.7	19.9	21.1	22.4	23.6	24.8	26.1	27.3	28.5	29.8	♒ 1	2.2	3.5	4.7	5.9	7.2	8.4	9.6	10.9	12.1	13.4		
♂	♓ 21.6	22.3	23.1	23.9	24.6	25.4	26.2	26.9	27.7	28.5	29.2	30	♈ 0.7	1.5	2.3	3	3.8	4.5	5.3	6.1	6.8	7.6	8.3	9.1	9.8	10.6	11.4	12.1	12.9		

	1	6	11	16	21	26
♃	♈ 28	28.6	29.4	♉ 0.2	1	1.9
♄	♉ 10.7	10.9	11.1	11.4	11.7	12.1

	1	11	21
♅	♒ 16.5	17.1	17.7
♆	♒ 4.3	4.7	5.1
♇	♐ 12.4	12.6	12.8

II

	1	2	3	4	5	6	7	8	9	10	11	12	13	14	15	16	17	18	19	20	21	22	23	24	25	26	27	28	29	30	31
☉	♓ 10.7	11.7	12.7	13.7	14.7	15.7	16.7	17.7	18.7	19.7	20.7	21.7	22.7	23.7	24.7	25.7	26.7	27.7	28.7	29.7	♈ 0.7	1.7	2.7	3.7	4.7	5.6	6.6	7.6	8.6	9.6	10.6
☽	♑ 11.4	23.4	♒ 5.4	17.7	♓ 0.3	13.1	26.2	♈ 9.5	23.1	♉ 6.9	20.8	♊ 4.8	18.9	♋ 3	17.2	♌ 1.3	15.5	29.5	♍ 13.4	27.2	♎ 10.7	23.9	♏ 6.8	19.4	♐ 1.7	13.7	25.6	♑ 7.5	19.3	♒ 1.2	13.3
☿	♓ 12.0R	11	9.9	8.9	7.9	6.9	6.1	5.3	4.6	4	3.6	3.2	3	2.8	2.8D	2.8	3	3.3	3.6	4	4.5	5.1	5.7	6.5	7.2	8	8.9	9.9	10.8	11.9	12.9
♀	♒ 14.6	15.8	17.1	18.3	19.5	20.8	22	23.2	24.5	25.7	26.9	28.2	29.4	♓ 0.7	1.9	3.1	4.4	5.6	6.8	8.1	9.3	10.5	11.8	13	14.2	15.5	16.7	17.9	19.2	20.4	21.7
♂	♈ 13.6	14.4	15.1	15.9	16.6	17.4	18.1	18.9	19.6	20.3	21.1	21.8	22.6	23.3	24.1	24.8	25.5	26.3	27	27.8	28.5	29.2	30	♉ 0.7	1.4	2.2	2.9	3.6	4.4	5.1	5.8

	1	6	11	16	21	26	31
♃	♉ 2.7	3.7	4.7	5.7	6.8	7.9	9
♄	♉ 12.4	12.8	13.3	13.8	14.3	14.8	15.4

	1	11	21	31
♅	♒ 18.2	18.7	19.2	19.6
♆	♒ 5.4	5.7	6	6.2
♇	♐ 12.9	12.9	12.9R	12.9

III

	1	2	3	4	5	6	7	8	9	10	11	12	13	14	15	16	17	18	19	20	21	22	23	24	25	26	27	28	29	30	31
☉	♈ 11.6	12.6	13.6	14.5	15.5	16.5	17.5	18.5	19.5	20.4	21.4	22.4	23.4	24.4	25.3	26.3	27.3	28.3	29.3	♉ 0.2	1.2	2.2	3.2	4.1	5.1	6.1	7	8	9	10	
☽	♒ 25.7	♓ 8.4	21.4	♈ 4.9	18.6	♉ 2.6	16.9	♊ 1.2	15.5	29.8	♋ 14	28.1	♌ 12	25.8	♍ 9.5	23	♎ 6.3	19.4	♏ 2.3	15	27.5	♐ 9.7	21.7	♑ 3.6	15.4	27.2	♒ 9.1	21.2	♓ 3.6	16.3	
☿	♓ 14	15.2	16.4	17.6	18.8	20.1	21.4	22.8	24.2	25.6	27	28.5	30	♈ 1.5	3.1	4.7	6.3	7.9	9.6	11.3	13	14.7	16.5	18.3	20.1	22	23.9	25.8	27.7	29.7	
♀	♓ 22.9	24.1	25.4	26.6	27.8	29.1	♈ 0.3	1.5	2.8	4	5.2	6.5	7.7	8.9	10.2	11.4	12.6	13.9	15.1	16.3	17.6	18.8	20	21.3	22.5	23.7	24.9	26.2	27.4	28.6	
♂	♉ 6.6	7.3	8	8.7	9.5	10.2	10.9	11.6	12.4	13.1	13.8	14.5	15.2	16	16.7	17.4	18.1	18.8	19.5	20.2	21	21.7	22.4	23.1	23.8	24.5	25.2	25.9	26.6	27.3	

	1	6	11	16	21	26
♃	♉ 9.2	10.3	11.5	12.6	13.8	15
♄	♉ 15.5	16.1	16.7	17.3	17.9	18.6

	1	11	21
♅	♒ 19.7	20	20.4
♆	♒ 6.2	6.4	6.5
♇	♐ 12.8R	12.7	12.6

IV

	1	2	3	4	5	6	7	8	9	10	11	12	13	14	15	16	17	18	19	20	21	22	23	24	25	26	27	28	29	30	31
☉	♉ 10.9	11.9	12.9	13.8	14.8	15.8	16.8	17.7	18.7	19.7	20.6	21.6	22.6	23.5	24.5	25.4	26.4	27.4	28.3	29.3	♊ 0.3	1.2	2.2	3.1	4.1	5.1	6	7	7.9	8.9	9.9
☽	♓ 29.5	♈ 13.1	27.1	♉ 11.4	26.1	♊ 10.8	25.6	♋ 10.2	24.6	♌ 8.8	22.7	♍ 6.4	19.8	♎ 3	16	28.8	♏ 11.4	23.8	♐ 6	18.1	30	♑ 11.8	23.6	♒ 5.4	17.3	29.4	♓ 11.8	24.5	♈ 7.6	21.2	♉ 5.3
☿	♉ 1.7	3.7	5.8	7.8	9.9	12.1	14.2	16.3	18.5	20.7	22.9	25	27.2	29.4	♊ 1.5	3.7	5.8	7.9	9.9	11.9	13.9	15.8	17.7	19.6	21.4	23.2	24.9	26.6	28.2	29.7	♋ 1.2
♀	♈ 29.9	♉ 1.1	2.3	3.6	4.8	6	7.3	8.5	9.7	10.9	12.2	13.4	14.6	15.9	17.1	18.3	19.6	20.8	22	23.2	24.5	25.7	26.9	28.2	29.4	♊ 0.6	1.8	3.1	4.3	5.5	6.8
♂	♉ 28	28.7	29.5	♊ 0.2	0.9	1.6	2.3	3	3.7	4.4	5	5.7	6.4	7.1	7.8	8.5	9.2	9.9	10.6	11.3	12	12.7	13.4	14	14.7	15.4	16.1	16.8	17.5	18.2	18.8

	1	6	11	16	21	26	31
♃	♉ 16.2	17.4	18.6	19.8	20.9	22.1	23.3
♄	♉ 19.2	19.8	20.5	21.1	21.8	22.4	23

	1	11	21	31
♅	♒ 20.6	20.7	20.8	20.8R
♆	♒ 6.6	6.6R	6.5	6.4
♇	♐ 12.4R	12.1	11.9	11.6

V

	1	2	3	4	5	6	7	8	9	10	11	12	13	14	15	16	17	18	19	20	21	22	23	24	25	26	27	28	29	30	31
☉	♊ 10.8	11.8	12.7	13.7	14.7	15.6	16.6	17.5	18.5	19.4	20.4	21.3	22.3	23.3	24.2	25.2	26.1	27.1	28	29	29.9	♋ 0.9	1.8	2.8	3.8	4.7	5.7	6.6	7.6	8.5	
☽	♉ 19.8	♊ 4.6	19.6	♋ 4.7	19.7	♌ 4.4	18.8	♍ 2.9	16.6	♎ 0	13.1	25.8	♏ 8.4	20.7	♐ 2.9	14.9	26.8	♑ 8.6	20.4	♒ 2.2	14.1	26	♓ 8.2	20.5	♈ 3.2	16.3	29.8	♉ 13.8	28.2	♊ 12.9	
☿	♋ 2.7	4.1	5.5	6.8	8	9.2	10.4	11.5	12.5	13.4	14.4	15.2	16	16.7	17.3	17.9	18.4	18.9	19.2	19.5	19.8	19.9	20	20.0R	19.9	19.7	19.5	19.2	18.8	18.4	
♀	♊ 8	9.2	10.5	11.7	12.9	14.1	15.4	16.6	17.8	19.1	20.3	21.5	22.7	24	25.2	26.4	27.7	28.9	♋ 0.1	1.3	2.6	3.8	5	6.3	7.5	8.7	9.9	11.2	12.4	13.6	
♂	♊ 19.5	20.2	20.9	21.6	22.2	22.9	23.6	24.3	24.9	25.6	26.3	27	27.6	28.3	29	29.7	♋ 0.3	1	1.7	2.3	3	3.7	4.4	5	5.7	6.4	7	7.7	8.3	9	

	1	6	11	16	21	26
♃	♉ 23.5	24.7	25.8	26.9	28	29.1
♄	♉ 23.2	23.8	24.4	25	25.6	26.1

	1	11	21
♅	♒ 20.8R	20.7	20.5
♆	♒ 6.4R	6.3	6.1
♇	♐ 11.6R	11.3	11.1

VI

	1	2	3	4	5	6	7	8	9	10	11	12	13	14	15	16	17	18	19	20	21	22	23	24	25	26	27	28	29	30	31
☉	♋ 9.5	10.4	11.4	12.3	13.3	14.2	15.2	16.2	17.1	18.1	19	20	20.9	21.9	22.8	23.8	24.7	25.7	26.6	27.6	28.6	29.5	♌ 0.5	1.4	2.4	3.3	4.3	5.2	6.2	7.2	8.1
☽	♊ 28	♋ 13.2	28.3	♌ 13.3	28	♍ 12.3	26.1	♎ 9.6	22.6	♏ 5.3	17.8	29.9	♐ 12	23.8	♑ 5.7	17.5	29.3	♒ 11.1	23.1	♓ 5.2	17.4	29.9	♈ 12.7	25.7	♉ 9.1	22.9	♊ 7.1	21.7	♋ 6.5	21.6	♌ 6.7
☿	♋ 17.9R	17.4	16.8	16.2	15.6	15	14.4	13.8	13.2	12.6	12.1	11.7	11.3	10.9	10.7	10.5	10.4	10.4D	10.5	10.7	10.9	11.3	11.8	12.3	13	13.8	14.6	15.5	16.6	17.7	18.9
♀	♋ 14.9	16.1	17.3	18.5	19.8	21	22.2	23.5	24.7	25.9	27.1	28.4	29.6	♌ 0.8	2.1	3.3	4.5	5.8	7	8.2	9.4	10.7	11.9	13.1	14.4	15.6	16.8	18.1	19.3	20.5	21.7
♂	♋ 9.7	10.3	11	11.7	12.3	13	13.6	14.3	15	15.6	16.3	16.9	17.6	18.2	18.9	19.6	20.2	20.9	21.5	22.2	22.8	23.5	24.1	24.8	25.4	26.1	26.7	27.4	28	28.7	29.3

	1	6	11	16	21	26	31
♃	♊ 0.2	1.2	2.2	3.1	4.1	5	5.8
♄	♉ 26.7	27.2	27.7	28.1	28.6	29	29.4

	1	11	21	31
♅	♒ 20.3R	20	19.7	19.3
♆	♒ 5.9R	5.6	5.4	5.1
♇	♐ 10.8R	10.6	10.4	10.3

VII

	1	2	3	4	5	6	7	8	9	10	11	12	13	14	15	16	17	18	19	20	21	22	23	24	25	26	27	28	29	30	31
☉	♌ 9.1	10	11	11.9	12.9	13.8	14.8	15.8	16.7	17.7	18.6	19.6	20.6	21.5	22.5	23.4	24.4	25.4	26.3	27.3	28.3	29.2	♍ 0.2	1.1	2.1	3.1	4	5	6	6.9	7.9
☽	♌ 21.7	♍ 6.4	20.9	♎ 4.9	18.4	♏ 1.6	14.3	26.7	♐ 8.8	20.8	♑ 2.6	14.4	26.2	♒ 8.1	20.1	♓ 2.2	14.5	27	♈ 9.7	22.6	♉ 5.8	19.2	♊ 2.9	16.9	♋ 1.2	15.7	♌ 0.4	15.2	♍ 0	14.7	29.1
☿	♋ 20.2	21.6	23	24.6	26.2	27.9	29.6	♌ 1.4	3.2	5.1	7.1	9	11	13	15	17.1	19.1	21.1	23.2	25.2	27.2	29.2	♍ 1.2	3.1	5.1	7	8.9	10.8	12.6	14.5	16.3
♀	♌ 23	24.2	25.4	26.7	27.9	29.1	♍ 0.3	1.6	2.8	4	5.3	6.5	7.7	9	10.2	11.4	12.6	13.9	15.1	16.3	17.6	18.8	20	21.2	22.5	23.7	24.9	26.2	27.4	28.6	29.8
♂	♋ 30	♌ 0.6	1.3	1.9	2.6	3.2	3.9	4.5	5.1	5.8	6.4	7.1	7.7	8.4	9	9.6	10.3	10.9	11.6	12.2	12.9	13.5	14.1	14.8	15.4	16	16.7	17.3	18	18.6	19.2

	1	6	11	16	21	26	31
♃	♊ 6	6.7	7.5	8.2	8.8	9.3	9.8
♄	♉ 29.4	29.8	♊ 0.1	0.3	0.5	0.7	0.8

	1	11	21	31
♅	♒ 19.3R	18.9	18.5	18.1
♆	♒ 5.1R	4.8	4.6	4.3
♇	♐ 10.3R	10.2	10.2D	10.2

VIII

	1	2	3	4	5	6	7	8	9	10	11	12	13	14	15	16	17	18	19	20	21	22	23	24	25	26	27	28	29	30	31
☉	♍ 8.9	9.8	10.8	11.8	12.7	13.7	14.7	15.7	16.6	17.6	18.6	19.5	20.5	21.5	22.5	23.4	24.4	25.4	26.4	27.3	28.3	29.3	♎ 0.3	1.3	2.2	3.2	4.2	5.2	6.2	7.1	
☽	♎ 13.1	26.7	♏ 9.9	22.6	♐ 5.1	17.2	29.1	♑ 10.9	22.7	♒ 4.6	16.5	28.7	♓ 11	23.6	♈ 6.4	19.5	♉ 2.7	16.2	29.8	♊ 13.6	27.5	♋ 11.6	25.8	♌ 10.2	24.6	♍ 9	23.3	♎ 7.4	21.2	♏ 4.7	
☿	♍ 18.1	19.9	21.6	23.4	25.1	26.8	28.5	♎ 0.1	1.8	3.4	5	6.6	8.1	9.7	11.2	12.7	14.2	15.7	17.1	18.6	20	21.4	22.8	24.1	25.4	26.8	28	29.3	♏ 0.6	1.8	
♀	♎ 1.1	2.3	3.5	4.7	6	7.2	8.4	9.6	10.9	12.1	13.3	14.5	15.8	17	18.2	19.4	20.7	21.9	23.1	24.3	25.6	26.8	28	29.2	♏ 0.5	1.7	2.9	4.1	5.3	6.6	
♂	♌ 19.9	20.5	21.1	21.8	22.4	23	23.7	24.3	25	25.6	26.2	26.9	27.5	28.1	28.7	29.4	♍ 0	0.6	1.3	1.9	2.5	3.2	3.8	4.4	5	5.7	6.3	6.9	7.6	8.2	

	1	6	11	16	21	26
♃	♊ 9.9	10.3	10.7	10.9	11.1	11.2
♄	♊ 0.9	1	1	1.0R	0.9	0.8

	1	11	21
♅	♒ 18.0R	17.7	17.4
♆	♒ 4.3R	4.1	4
♇	♐ 10.2	10.3	10.4

IX

	1	2	3	4	5	6	7	8	9	10	11	12	13	14	15	16	17	18	19	20	21	22	23	24	25	26	27	28	29	30	31
☉	♎ 8.1	9.1	10.1	11.1	12.1	13.1	14	15	16	17	18	19	20	21	22	22.9	23.9	24.9	25.9	26.9	27.9	28.9	29.9	♏ 0.9	1.9	2.9	3.9	4.9	5.9	6.9	7.9
☽	♏ 17.9	♐ 0.6	13	25.1	♑ 7.1	18.9	♒ 0.7	12.6	24.6	♓ 6.9	19.4	♈ 2.2	15.4	28.8	♉ 12.5	26.3	♊ 10.3	24.3	♋ 8.4	22.5	♌ 6.6	20.7	♍ 4.7	18.7	♎ 2.6	16.3	29.8	♏ 13	25.9	♐ 8.5	20.9
☿	♏ 3	4.1	5.2	6.3	7.4	8.4	9.4	10.3	11.2	12	12.8	13.5	14.1	14.6	15.1	15.4	15.7	15.8	15.8R	15.7	15.4	15	14.4	13.7	12.9	11.9	10.8	9.6	8.4	7.1	5.8
♀	♏ 7.8	9	10.2	11.4	12.7	13.9	15.1	16.3	17.5	18.8	20	21.2	22.4	23.6	24.8	26.1	27.3	28.5	29.7	♐ 0.9	2.1	3.3	4.6	5.8	7	8.2	9.4	10.6	11.8	13	14.2
♂	♍ 8.8	9.4	10.1	10.7	11.3	11.9	12.6	13.2	13.8	14.4	15.1	15.7	16.3	16.9	17.6	18.2	18.8	19.4	20.1	20.7	21.3	21.9	22.5	23.2	23.8	24.4	25	25.6	26.3	26.9	27.5

	1	6	11	16	21	26	31
♃	♊ 11.2R	11.2	11	10.8	10.5	10.1	9.6
♄	♊ 0.7R	0.5	0.3	0	♉ 29.7	29.4	29

	1	11	21	31
♅	♒ 17.2R	17	16.9	16.9D
♆	♒ 3.9R	3.8	3.8D	3.9
♇	♐ 10.6	10.9	11.2	11.5

X

	1	2	3	4	5	6	7	8	9	10	11	12	13	14	15	16	17	18	19	20	21	22	23	24	25	26	27	28	29	30	31
☉	♏ 8.9	9.9	10.9	11.9	12.9	13.9	14.9	15.9	16.9	17.9	18.9	19.9	20.9	21.9	22.9	23.9	25	26	27	28	29	♐ 0	1	2	3	4	5.1	6.1	7.1	8.1	
☽	♑ 3	14.9	26.7	♒ 8.5	20.4	♓ 2.4	14.7	27.3	♈ 10.3	23.6	♉ 7.4	21.4	♊ 5.7	20.1	♋ 4.6	19	♌ 3.4	17.6	♍ 1.6	15.4	29.1	♎ 12.6	25.9	♏ 8.9	21.8	♐ 4.4	16.8	29	♑ 11	22.9	
☿	♏ 4.6R	3.4	2.4	1.6	0.9	0.4	0.1	♎ 29.9	♏ 0.0D	0.3	0.7	1.3	2	2.8	3.7	4.8	5.9	7.1	8.3	9.6	10.9	12.3	13.7	15.2	16.6	18.1	19.6	21.1	22.6	24.1	
♀	♐ 15.4	16.7	17.9	19.1	20.3	21.5	22.7	23.9	25.1	26.3	27.5	28.7	29.9	♑ 1.1	2.3	3.5	4.7	5.9	7.1	8.3	9.5	10.7	11.9	13.1	14.2	15.4	16.6	17.8	19	20.2	
♂	♍ 28.1	28.7	29.3	30	♎ 0.6	1.2	1.8	2.4	3	3.7	4.3	4.9	5.5	6.1	6.7	7.3	8	8.6	9.2	9.8	10.4	11	11.6	12.2	12.8	13.4	14	14.7	15.3	15.9	

	1	6	11	16	21	26
♃	♊ 9.5R	9	8.4	7.8	7.1	6.4
♄	♉ 29.0R	28.6	28.2	27.8	27.4	27

	1	11	21
♅	♒ 16.9	17	17.2
♆	♒ 3.9	4	4.2
♇	♐ 11.5	11.9	12.2

XI

	1	2	3	4	5	6	7	8	9	10	11	12	13	14	15	16	17	18	19	20	21	22	23	24	25	26	27	28	29	30	31
☉	♐ 9.1	10.1	11.1	12.2	13.2	14.2	15.2	16.2	17.2	18.2	19.3	20.3	21.3	22.3	23.3	24.3	25.4	26.4	27.4	28.4	29.4	♑ 0.5	1.5	2.5	3.5	4.5	5.5	6.6	7.6	8.6	9.6
☽	♒ 4.7	16.5	28.3	♓ 10.3	22.6	♈ 5.1	18.1	♉ 1.4	15.2	29.5	♊ 14	28.9	♋ 13.8	28.7	♌ 13.4	27.9	♍ 12.1	26	♎ 9.6	22.8	♏ 5.8	18.5	♐ 1.1	13.4	25.5	♑ 7.5	19.4	♒ 1.3	13	24.8	♓ 6.7
☿	♏ 25.6	27.2	28.7	♐ 0.2	1.8	3.3	4.9	6.4	8	9.5	11.1	12.6	14.2	15.8	17.3	18.9	20.4	22	23.6	25.2	26.7	28.3	29.9	♑ 1.5	3.1	4.6	6.2	7.8	9.4	11.1	12.7
♀	♑ 21.4	22.5	23.7	24.9	26.1	27.2	28.4	29.6	♒ 0.7	1.9	3.1	4.2	5.4	6.6	7.7	8.9	10	11.2	12.3	13.5	14.6	15.8	16.9	18	19.2	20.3	21.4	22.5	23.6	24.8	25.9
♂	♎ 16.5	17.1	17.7	18.3	18.9	19.5	20.1	20.7	21.3	21.9	22.5	23.1	23.7	24.3	24.9	25.5	26.1	26.7	27.3	27.9	28.5	29.1	29.7	♏ 0.2	0.8	1.4	2	2.6	3.2	3.8	4.4

	1	6	11	16	21	26	31
♃	♊ 5.8R	5.1	4.4	3.8	3.2	2.7	2.3
♄	♉ 26.6R	26.2	25.8	25.5	25.2	24.9	24.6

	1	11	21	31
♅	♒ 17.4	17.8	18.2	18.6
♆	♒ 4.4	4.7	5	5.3
♇	♐ 12.6	13	13.4	13.8

XII

I

	1	2	3	4	5	6	7	8	9	10	11	12	13	14	15	16	17	18	19	20	21	22	23	24	25	26	27	28	29	30	31
☉	♑ 10.6	11.7	12.7	13.7	14.7	15.7	16.7	17.8	18.8	19.8	20.8	21.8	22.9	23.9	24.9	25.9	26.9	28	29	30	♒ 1.0	2	3	4.1	5.1	6.1	7.1	8.1	9.1	10.2	11.2
☽	♓ 18.7	♈ 0.9	13.4	26.2	♉ 9.4	23.1	♊ 7.3	21.9	♋ 6.8	21.9	♌ 7.1	22.2	♍ 7.1	21.7	♎ 5.8	19.4	♏ 2.7	15.6	28.1	♐ 10.4	22.5	♑ 4.5	16.4	28.2	♒ 10.0	21.8	♓ 3.6	15.6	27.7	♈ 9.9	22.4
☿	♑ 14.3	15.9	17.5	19.2	20.8	22.4	24.1	25.7	27.4	29.1	♒ 0.7	2.4	4.1	5.7	7.4	9	10.7	12.3	13.9	15.5	17.1	18.6	20.1	21.5	22.9	24.2	25.4	26.5	27.6	28.5	29.2
♀	♒ 27.0	28.1	29.2	♓ 0.3	1.4	2.4	3.5	4.6	5.7	6.7	7.8	8.8	9.9	10.9	12	13	14	15	16.1	17.1	18.1	19	20	21	22	22.9	23.9	24.8	25.7	26.6	27.5
♂	♏ 4.9	5.5	6.1	6.7	7.3	7.9	8.4	9	9.6	10.2	10.7	11.3	11.9	12.5	13	13.6	14.2	14.7	15.3	15.9	16.4	17	17.6	18.1	18.7	19.2	19.8	20.4	20.9	21.5	22

	1	6	11	16	21	26	31
♃	♊ 2.2R	1.8	1.5	1.3	1.2	1.2D	1.2
♄	♉ 24.6R	24.4	24.2	24.1	24.1	24.1D	24.1

	1	11	21	31
♅	♒ 18.7	19.2	19.7	20.3
♆	♒ 5.3	5.7	6.1	6.4
♇	♐ 13.8	14.1	14.4	14.7

II

	1	2	3	4	5	6	7	8	9	10	11	12	13	14	15	16	17	18	19	20	21	22	23	24	25	26	27	28	29	30	31
☉	♒ 12.2	13.2	14.2	15.2	16.2	17.3	18.3	19.3	20.3	21.3	22.3	23.3	24.3	25.4	26.4	27.4	28.4	29.4	♓ 0.4	1.4	2.4	3.4	4.4	5.4	6.4	7.5	8.5	9.5			
☽	♉ 5.2	18.3	♊ 1.7	15.6	30	♋ 14.7	29.8	♌ 15.0	♍ 0.3	15.3	♎ 0.1	14.5	28.4	♏ 11.8	24.7	♐ 7.2	19.5	♑ 1.5	13.4	25.1	♒ 6.9	18.7	♓ 0.6	12.6	24.7	♈ 7.0	19.4	♉ 2.1			
☿	♒ 29.8	♓ 0.3	0.6	0.7	0.6R	0.4	♒ 29.9	29.3	28.5	27.6	26.6	25.5	24.4	23.2	22	20.9	19.9	18.9	18.1	17.3	16.7	16.2	15.8	15.6	15.4	15.4D	15.5	15.7			
♀	♓ 28.4	29.3	♈ 0.2	1	1.9	2.7	3.5	4.3	5.1	5.9	6.6	7.4	8.1	8.8	9.4	10.1	10.7	11.4	12	12.5	13.1	13.6	14.1	14.6	15	15.4	15.8	16.2			
♂	♏ 22.6	23.1	23.7	24.2	24.8	25.3	25.8	26.4	26.9	27.4	28	28.5	29	29.6	♐ 0.1	0.6	1.1	1.6	2.2	2.7	3.2	3.7	4.2	4.7	5.2	5.7	6.2	6.7			

	1	6	11	16	21	26
♃	♊ 1.3	1.4	1.7	2	2.4	2.8
♄	♉ 24.1	24.2	24.3	24.5	24.7	25

	1	11	21
♅	♒ 20.3	20.9	21.5
♆	♒ 6.5	6.9	7.2
♇	♐ 14.7	14.9	15.1

III

	1	2	3	4	5	6	7	8	9	10	11	12	13	14	15	16	17	18	19	20	21	22	23	24	25	26	27	28	29	30	31
☉	♓ 10.5	11.5	12.5	13.5	14.5	15.5	16.5	17.5	18.5	19.5	20.5	21.5	22.5	23.5	24.5	25.5	26.5	27.5	28.4	29.4	♈ 0.4	1.4	2.4	3.4	4.4	5.4	6.4	7.4	8.4	9.4	10.3
☽	♉ 14.9	28	♊ 11.4	25.1	♋ 9.2	23.6	♌ 8.3	23.3	♍ 8.3	23.3	♎ 8.1	22.5	♏ 6.5	20	♐ 3.1	15.7	28	♑ 10.0	21.8	♒ 3.6	15.4	27.3	♓ 9.3	21.4	♈ 3.8	16.3	29	♉ 11.9	25	♊ 8.3	21.8
☿	♒ 16.0	16.4	16.8	17.4	18	18.7	19.5	20.3	21.1	22.1	23	24	25.1	26.2	27.3	28.5	29.7	♓ 0.9	2.2	3.5	4.8	6.2	7.5	9	10.4	11.8	13.3	14.8	16.4	17.9	19.5
♀	♈ 16.5	16.8	17	17.2	17.4	17.5	17.6	17.7	17.7	17.7R	17.7	17.5	17.4	17.2	17	16.7	16.4	16.1	15.7	15.3	14.8	14.3	13.8	13.3	12.7	12.1	11.5	10.9	10.3	9.6	9
♂	♐ 7.2	7.7	8.2	8.7	9.1	9.6	10.1	10.6	11	11.5	11.9	12.4	12.9	13.3	13.8	14.2	14.6	15.1	15.5	15.9	16.3	16.8	17.2	17.6	18	18.4	18.8	19.2	19.6	19.9	20.3

	1	6	11	16	21	26	31
♃	♊ 3.1	3.7	4.4	5	5.8	6.6	7.4
♄	♉ 25.2	25.5	25.9	26.3	26.7	27.2	27.7

	1	11	21	31
♅	♒ 21.9	22.5	23	23.4
♆	♒ 7.5	7.8	8.1	8.3
♇	♐ 15.2	15.3	15.3R	15.2

IV

	1	2	3	4	5	6	7	8	9	10	11	12	13	14	15	16	17	18	19	20	21	22	23	24	25	26	27	28	29	30	31
☉	♈ 11.3	12.3	13.3	14.3	15.3	16.3	17.2	18.2	19.2	20.2	21.2	22.1	23.1	24.1	25.1	26.1	27	28	29	30	♉ 1.0	1.9	2.9	3.9	4.9	5.8	6.8	7.8	8.7	9.7	
☽	♋ 5.5	19.4	♌ 3.6	18	♍ 2.6	17.2	♎ 1.8	16.3	♏ 0.6	14.4	27.9	♐ 11.0	23.6	♑ 5.9	18	29.9	♒ 11.7	23.5	♓ 5.5	17.5	29.8	♈ 12.4	25.2	♉ 8.2	21.5	♊ 5.0	18.6	♋ 2.4	16.3	♌ 0.3	
☿	♓ 21.1	22.7	24.4	26.1	27.8	29.5	♈ 1.2	3	4.8	6.6	8.5	10.3	12.2	14.1	16.1	18	20	22.1	24.1	26.2	28.2	♉ 0.3	2.5	4.6	6.7	8.9	11	13.1	15.3	17.4	
♀	♈ 8.4R	7.8	7.2	6.6	6	5.5	4.9	4.4	4	3.6	3.2	2.8	2.5	2.2	2	1.8	1.7	1.6	1.5	1.5	1.5D	1.5	1.6	1.7	1.9	2.1	2.3	2.6	2.9	3.2	
♂	♐ 20.7	21	21.4	21.7	22.1	22.4	22.8	23.1	23.4	23.7	24	24.3	24.6	24.9	25.2	25.4	25.7	25.9	26.2	26.4	26.6	26.9	27.1	27.3	27.5	27.6	27.8	28	28.1	28.2	

	1	6	11	16	21	26
♃	♊ 7.6	8.5	9.4	10.4	11.4	12.4
♄	♉ 27.8	28.3	28.9	29.4	♊ 0.0	0.6

	1	11	21
♅	♒ 23.5	23.9	24.2
♆	♒ 8.3	8.5	8.7
♇	♐ 15.2R	15.1	15

V

	1	2	3	4	5	6	7	8	9	10	11	12	13	14	15	16	17	18	19	20	21	22	23	24	25	26	27	28	29	30	31
☉	♉ 10.7	11.7	12.6	13.6	14.6	15.5	16.5	17.5	18.4	19.4	20.4	21.3	22.3	23.3	24.2	25.2	26.2	27.1	28.1	29	♊ 0.0	1	1.9	2.9	3.9	4.8	5.8	6.7	7.7	8.7	9.6
☽	♌ 14.5	28.6	♍ 12.9	27.1	♎ 11.3	25.3	♏ 9.2	22.7	♐ 6.0	18.9	♑ 1.5	13.8	25.8	♒ 7.8	19.6	♓ 1.5	13.4	25.5	♈ 7.9	20.6	♉ 3.5	16.8	♊ 0.4	14.3	28.4	♋ 12.6	26.9	♌ 11.2	25.5	♍ 9.7	23.8
☿	♉ 19.5	21.6	23.6	25.7	27.7	29.6	♊ 1.5	3.4	5.2	6.9	8.6	10.3	11.8	13.4	14.8	16.2	17.6	18.9	20.1	21.2	22.3	23.3	24.3	25.1	26	26.7	27.4	28	28.5	28.9	29.3
♀	♈ 3.6	4	4.4	4.8	5.3	5.8	6.3	6.9	7.4	8	8.6	9.2	9.9	10.6	11.2	11.9	12.7	13.4	14.1	14.9	15.7	16.5	17.3	18.1	18.9	19.7	20.6	21.4	22.3	23.2	24.1
♂	♐ 28.4	28.5	28.6	28.7	28.8	28.9	28.9	29	29	29	29	29.0R	29	29	29	28.9	28.9	28.8	28.7	28.6	28.5	28.4	28.2	28.1	27.9	27.8	27.6	27.4	27.2	26.9	26.7

	1	6	11	16	21	26	31
♃	♊ 13.5	14.6	15.7	16.8	17.9	19	20.2
♄	♊ 1.2	1.9	2.5	3.1	3.8	4.4	5.1

	1	11	21	31
♅	♒ 24.5	24.7	24.8	24.8R
♆	♒ 8.7	8.8	8.8 R	8.7
♇	♐ 14.8R	14.6	14.3	14

VI

	1	2	3	4	5	6	7	8	9	10	11	12	13	14	15	16	17	18	19	20	21	22	23	24	25	26	27	28	29	30	31
☉	♊ 10.6	11.5	12.5	13.4	14.4	15.4	16.3	17.3	18.2	19.2	20.1	21.1	22.1	23	24	24.9	25.9	26.8	27.8	28.7	29.7	♋ 0.7	1.6	2.6	3.5	4.5	5.4	6.4	7.3	8.3	
☽	♎ 7.7	21.5	♏ 5.1	18.5	♐ 1.6	14.5	27.2	♑ 9.6	21.8	♒ 3.8	15.7	27.6	♓ 9.4	21.4	♈ 3.5	15.9	28.6	♉ 11.6	25	♊ 8.8	23	♋ 7.4	22.1	♌ 6.8	21.5	♍ 6.1	20.4	♎ 4.6	18.4	♏ 2.0	
☿	♊ 29.6	29.8	29.9	30	29.9R	29.8	29.7	29.4	29.1	28.8	28.4	27.9	27.4	26.9	26.3	25.8	25.2	24.6	24.1	23.6	23.1	22.7	22.3	21.9	21.7	21.5	21.3	21.3	21.3D	21.4	
♀	♈ 25.0	25.9	26.8	27.7	28.7	29.6	♉ 0.5	1.5	2.4	3.4	4.4	5.4	6.4	7.3	8.3	9.3	10.4	11.4	12.4	13.4	14.4	15.5	16.5	17.5	18.6	19.6	20.7	21.8	22.8	23.9	
♂	♐ 26.5R	26.2	26	25.7	25.4	25.1	24.9	24.6	24.3	24	23.6	23.3	23	22.7	22.4	22	21.7	21.4	21.1	20.7	20.4	20.1	19.8	19.5	19.2	18.9	18.6	18.3	18.1	17.8	

	1	6	11	16	21	26
♃	♊ 20.4	21.5	22.7	23.9	25	26.2
♄	♊ 5.2	5.8	6.5	7.1	7.7	8.3

	1	11	21
♅	♒ 24.8R	24.8	24.6
♆	♒ 8.7R	8.5	8.4
♇	♐ 14.0R	13.7	13.5

VII

	1	2	3	4	5	6	7	8	9	10	11	12	13	14	15	16	17	18	19	20	21	22	23	24	25	26	27	28	29	30	31
☉	♋ 9.2	10.2	11.1	12.1	13	14	15	15.9	16.9	17.8	18.8	19.7	20.7	21.6	22.6	23.5	24.5	25.4	26.4	27.4	28.3	29.3	♌ 0.2	1.2	2.1	3.1	4	5	6	6.9	7.9
☽	♏ 15.2	28.3	♐ 11.0	23.6	♑ 6.0	18.2	♒ 0.2	12.2	24	♓ 5.9	17.7	29.7	♈ 11.8	24.1	♉ 6.8	19.7	♊ 3.1	17	♋ 1.2	15.9	♌ 0.8	15.9	♍ 0.9	15.9	♎ 0.5	14.8	28.7	♏ 12.2	25.3	♐ 8.1	20.6
☿	♊ 21.6	21.8	22.2	22.6	23.1	23.7	24.4	25.1	26	26.9	27.9	28.9	♋ 0.1	1.3	2.6	3.9	5.3	6.8	8.4	10	11.7	13.5	15.3	17.1	19	21	23	25	27	29.1	♌ 1.2
♀	♉ 24.9	26	27.1	28.2	29.2	♊ 0.3	1.4	2.5	3.6	4.7	5.8	6.9	8	9.1	10.2	11.3	12.4	13.6	14.7	15.8	16.9	18	19.2	20.3	21.4	22.6	23.7	24.8	26	27.1	28.3
♂	♐ 17.5R	17.3	17.1	16.9	16.6	16.5	16.3	16.1	15.9	15.8	15.7	15.6	15.4	15.4	15.3	15.2	15.2	15.1	15.1	15.1D	15.1	15.1	15.2	15.2	15.3	15.4	15.5	15.6	15.7	15.8	16

	1	6	11	16	21	26	31
♃	♊ 27.3	28.4	29.6	♋ 0.7	1.8	2.8	3.9
♄	♊ 8.9	9.5	10.1	10.6	11.2	11.7	12.1

	1	11	21	31
♅	♒ 24.4R	24.2	23.8	23.5
♆	♒ 8.1 R	7.9	7.6	7.4
♇	♐ 13.2R	13	12.8	12.7

VIII

	1	2	3	4	5	6	7	8	9	10	11	12	13	14	15	16	17	18	19	20	21	22	23	24	25	26	27	28	29	30	31
☉	♌ 8.8	9.8	10.7	11.7	12.7	13.6	14.6	15.5	16.5	17.4	18.4	19.4	20.3	21.3	22.2	23.2	24.2	25.1	26.1	27.1	28	29	29.9	♍ 0.9	1.9	2.8	3.8	4.8	5.7	6.7	7.7
☽	♑ 2.9	15	27.1	♒ 9.0	20.9	♓ 2.7	14.6	26.5	♈ 8.5	20.6	♉ 2.9	15.5	28.4	♊ 11.6	25.4	♋ 9.5	24.1	♌ 9.1	24.3	♍ 9.6	24.8	♎ 9.7	24.2	♏ 8.2	21.8	♐ 4.9	17.6	30	♑ 12.1	24.1	♒ 6.0
☿	♌ 3.3	5.4	7.5	9.6	11.6	13.7	15.8	17.8	19.8	21.8	23.8	25.8	27.7	29.6	♍ 1.5	3.3	5.2	7	8.8	10.6	12.3	14	15.7	17.4	19	20.7	22.3	23.8	25.4	26.9	28.5
♀	♊ 29.4	♋ 0.6	1.7	2.9	4	5.2	6.3	7.5	8.6	9.8	11	12.1	13.3	14.5	15.6	16.8	18	19.2	20.3	21.5	22.7	23.9	25.1	26.2	27.4	28.6	29.8	♌ 1.0	2.2	3.4	4.6
♂	♐ 16.1	16.3	16.5	16.7	16.9	17.1	17.3	17.6	17.8	18.1	18.3	18.6	18.9	19.2	19.5	19.9	20.2	20.5	20.9	21.2	21.6	22	22.4	22.8	23.2	23.6	24	24.4	24.9	25.3	25.8

	1	6	11	16	21	26	31
♃	♋ 4.1	5.1	6.1	7.1	8	8.9	9.8
♄	♊ 12.2	12.6	13.1	13.4	13.8	14.1	14.3

	1	11	21	31
♅	♒ 23.4R	23	22.6	22.3
♆	♒ 7.3R	7.1	6.8	6.6
♇	♐ 12.7R	12.6	12.5	12.6D

IX

	1	2	3	4	5	6	7	8	9	10	11	12	13	14	15	16	17	18	19	20	21	22	23	24	25	26	27	28	29	30	31
☉	♍ 8.6	9.6	10.6	11.5	12.5	13.5	14.4	15.4	16.4	17.4	18.3	19.3	20.3	21.2	22.2	23.2	24.2	25.1	26.1	27.1	28.1	29.1	♎ 0.0	1	2	3	4	4.9	5.9	6.9	
☽	♒ 17.9	29.7	♓ 11.6	23.5	♈ 5.5	17.6	29.8	♉ 12.2	24.8	♊ 7.7	20.9	♋ 4.5	18.5	♌ 2.9	17.7	♍ 2.7	18	♎ 3.1	18.1	♏ 2.7	16.9	♐ 0.5	13.7	26.4	♑ 8.8	21	♒ 2.9	14.8	26.6	♓ 8.5	
☿	♍ 30.0	♎ 1.4	2.9	4.3	5.7	7.1	8.5	9.8	11.1	12.4	13.6	14.9	16.1	17.2	18.4	19.5	20.5	21.5	22.5	23.5	24.4	25.2	26	26.7	27.4	28	28.5	28.9	29.3	29.5	
♀	♌ 5.7	6.9	8.1	9.3	10.5	11.7	12.9	14.1	15.3	16.6	17.8	19	20.2	21.4	22.6	23.8	25	26.2	27.5	28.7	29.9	♍ 1.1	2.3	3.5	4.8	6	7.2	8.4	9.7	10.9	
♂	♐ 26.2	26.7	27.2	27.7	28.1	28.6	29.1	29.6	♑ 0.1	0.6	1.2	1.7	2.2	2.8	3.3	3.8	4.4	4.9	5.5	6.1	6.6	7.2	7.8	8.4	9	9.6	10.2	10.8	11.4	12	

	1	6	11	16	21	26
♃	♋ 9.9	10.8	11.5	12.2	12.9	13.5
♄	♊ 14.4	14.6	14.7	14.9	14.9	15

	1	11	21
♅	♒ 22.2R	21.9	21.5
♆	♒ 6.6 R	6.4	6.2
♇	♐ 12.6	12.6	12.8

X

	1	2	3	4	5	6	7	8	9	10	11	12	13	14	15	16	17	18	19	20	21	22	23	24	25	26	27	28	29	30	31
☉	♎ 7.9	8.9	9.8	10.8	11.8	12.8	13.8	14.8	15.8	16.8	17.7	18.7	19.7	20.7	21.7	22.7	23.7	24.7	25.7	26.7	27.7	28.7	29.6	♏ 0.6	1.6	2.6	3.6	4.6	5.6	6.6	7.6
☽	♓ 20.4	♈ 2.4	14.6	26.9	♉ 9.3	21.9	♊ 4.7	17.7	♋ 0.9	14.4	28.3	♌ 12.5	27	♍ 11.7	26.6	♎ 11.5	26.3	♏ 10.8	24.9	♐ 8.6	21.8	♑ 4.6	17.1	29.3	♒ 11.2	23.1	♓ 5.0	16.9	28.9	♈ 11.0	23.3
☿	♎ 29.6	29.7R	29.6	29.4	29.1	28.6	28	27.3	26.4	25.5	24.4	23.3	22.1	20.9	19.7	18.5	17.5	16.5	15.7	15.1	14.6	14.3	14.2	14.3D	14.6	15	15.6	16.3	17.2	18.2	19.3
♀	♍ 12.1	13.3	14.6	15.8	17	18.3	19.5	20.7	22	23.2	24.4	25.7	26.9	28.2	29.4	♎ 0.6	1.9	3.1	4.4	5.6	6.8	8.1	9.3	10.6	11.8	13.1	14.3	15.6	16.8	18.1	19.3
♂	♑ 12.6	13.2	13.8	14.4	15.1	15.7	16.3	17	17.6	18.2	18.9	19.5	20.2	20.8	21.5	22.1	22.8	23.4	24.1	24.8	25.4	26.1	26.8	27.5	28.1	28.8	29.5	♒ 0.2	0.9	1.6	2.3

	1	6	11	16	21	26	31
♃	♋ 14.0	14.5	14.9	15.2	15.4	15.6	15.7
♄	♊ 15.0R	14.9	14.8	14.6	14.5	14.2	14

	1	11	21	31
♅	♒ 21.3R	21.1	21	20.9D
♆	♒ 6.1 R	6	6.0D	6
♇	♐ 12.9	13.2	13.4	13.7

XI

	1	2	3	4	5	6	7	8	9	10	11	12	13	14	15	16	17	18	19	20	21	22	23	24	25	26	27	28	29	30	31
☉	♏ 8.6	9.6	10.6	11.6	12.6	13.6	14.6	15.6	16.6	17.7	18.7	19.7	20.7	21.7	22.7	23.7	24.7	25.7	26.7	27.7	28.7	29.7	♐ 0.8	1.8	2.8	3.8	4.8	5.8	6.8	7.8	
☽	♉ 5.9	18.6	♊ 1.5	14.6	27.9	♋ 11.4	25.1	♌ 8.9	23	♍ 7.2	21.6	♎ 6.1	20.6	♏ 4.9	19.1	♐ 2.9	16.5	29.6	♑ 12.4	24.9	♒ 7.1	19.1	♓ 1.0	12.9	24.8	♈ 6.9	19.1	♉ 1.5	14.2	27.2	
☿	♎ 20.4	21.7	23	24.4	25.8	27.3	28.7	♏ 0.3	1.8	3.4	4.9	6.5	8.1	9.7	11.3	12.9	14.5	16.1	17.7	19.2	20.8	22.4	24	25.6	27.2	28.8	♐ 0.4	1.9	3.5	5.1	
♀	♎ 20.5	21.8	23	24.3	25.5	26.8	28	29.3	♏ 0.5	1.8	3.1	4.3	5.6	6.8	8.1	9.3	10.6	11.8	13.1	14.3	15.6	16.9	18.1	19.4	20.6	21.9	23.1	24.4	25.6	26.9	
♂	♒ 2.9	3.6	4.3	5	5.7	6.4	7.1	7.8	8.5	9.2	9.9	10.6	11.3	12	12.8	13.5	14.2	14.9	15.6	16.3	17	17.8	18.5	19.2	19.9	20.6	21.4	22.1	22.8	23.5	

	1	6	11	16	21	26
♃	♋ 15.7	15.7R	15.6	15.4	15.1	14.8
♄	♊ 13.9R	13.6	13.2	12.9	12.5	12.1

	1	11	21
♅	♒ 20.9	21	21.1
♆	♒ 6.0	6.2	6.3
♇	♐ 13.8	14.1	14.5

XII

	1	2	3	4	5	6	7	8	9	10	11	12	13	14	15	16	17	18	19	20	21	22	23	24	25	26	27	28	29	30	31
☉	♐ 8.9	9.9	10.9	11.9	12.9	13.9	14.9	16	17	18	19	20	21	22.1	23.1	24.1	25.1	26.1	27.1	28.2	29.2	♑ 0.2	1.2	2.2	3.3	4.3	5.3	6.3	7.3	8.3	9.4
☽	♊ 10.5	24	♋ 7.7	21.7	♌ 5.7	19.8	♍ 4.0	18.2	♎ 2.4	16.5	♏ 0.5	14.3	28	♐ 11.5	24.7	♑ 7.6	20.3	♒ 2.7	14.9	26.9	♓ 8.8	20.7	♈ 2.6	14.6	26.8	♉ 9.3	22	♊ 5.2	18.7	♋ 2.5	16.7
☿	♐ 6.7	8.2	9.8	11.4	13	14.5	16.1	17.7	19.2	20.8	22.4	24	25.5	27.1	28.7	♑ 0.3	1.8	3.4	5	6.6	8.2	9.8	11.4	13	14.6	16.1	17.7	19.3	20.9	22.5	24
♀	♏ 28.2	29.4	♐ 0.7	1.9	3.2	4.4	5.7	7	8.2	9.5	10.7	12	13.2	14.5	15.8	17	18.3	19.5	20.8	22.1	23.3	24.6	25.8	27.1	28.4	29.6	♑ 0.9	2.1	3.4	4.6	5.9
♂	♒ 24.3	25	25.7	26.4	27.2	27.9	28.6	29.3	♓ 0.1	0.8	1.5	2.3	3	3.7	4.4	5.2	5.9	6.6	7.4	8.1	8.8	9.6	10.3	11	11.8	12.5	13.2	14	14.7	15.4	16.1

	1	6	11	16	21	26	31
♃	♋ 14.4R	13.9	13.4	12.8	12.1	11.5	10.8
♄	♊ 11.7R	11.3	10.9	10.5	10.1	9.7	9.4

	1	11	21	31
♅	♒ 21.3	21.6	22	22.4
♆	♒ 6.5	6.8	7.1	7.4
♇	♐ 14.9	15.3	15.6	16

I

	1	2	3	4	5	6	7	8	9	10	11	12	13	14	15	16	17	18	19	20	21	22	23	24	25	26	27	28	29	30	31
☉	♑ 10.4	11.4	12.4	13.4	14.5	15.5	16.5	17.5	18.5	19.6	20.6	21.6	22.6	23.6	24.7	25.7	26.7	27.7	28.7	29.7	♒ 0.8	1.8	2.8	3.8	4.8	5.8	6.9	7.9	8.9	9.9	10.9
☽	♌ 1.1	15.7	♍ 0.3	14.8	29.2	♎ 13.3	27.3	♏ 11.0	24.5	♐ 7.7	20.7	♑ 3.5	16.2	28.6	♒ 10.9	23	♓ 5.0	16.9	28.7	♈ 10.6	22.5	♉ 4.7	17	29.7	♊ 12.8	26.4	♋ 10.4	24.8	♌ 9.6	24.5	♍ 9.6
☿	♑ 25.6	27.1	28.6	♒ 0.1	1.6	3.1	4.5	5.8	7.1	8.4	9.5	10.6	11.6	12.4	13.2	13.7	14.2	14.4	14.5R	14.4	14	13.5	12.8	12	11	9.9	8.6	7.4	6.1	4.9	3.7
♀	♑ 7.2	8.4	9.7	10.9	12.2	13.5	14.7	16	17.2	18.5	19.7	21	22.3	23.5	24.8	26	27.3	28.5	29.8	♒ 1.1	2.3	3.6	4.8	6.1	7.3	8.6	9.9	11.1	12.4	13.6	14.9
♂	♓ 16.9	17.6	18.3	19.1	19.8	20.5	21.3	22	22.7	23.5	24.2	24.9	25.7	26.4	27.1	27.8	28.6	29.3	♈ 0.0	0.8	1.5	2.2	2.9	3.7	4.4	5.1	5.9	6.6	7.3	8	8.8

	1	6	11	16	21	26	31
♃	♋ 10.7R	10	9.3	8.7	8.1	7.5	7
♄	♊ 9.3 R	9	8.8	8.5	8.3	8.2	8.1

	1	11	21	31
♅	♒ 22.5	22.9	23.5	24
♆	♒ 7.4	7.8	8.2	8.6
♇	♐ 16.0	16.4	16.7	17

II

	1	2	3	4	5	6	7	8	9	10	11	12	13	14	15	16	17	18	19	20	21	22	23	24	25	26	27	28	29	30	31
☉	♒ 11.9	13	14	15	16	17	18	19	20	21.1	22.1	23.1	24.1	25.1	26.1	27.1	28.1	29.1	♓ 0.2	1.2	2.2	3.2	4.2	5.2	6.2	7.2	8.2	9.2			
☽	♍ 24.6	♎ 9.3	23.8	♏ 7.8	21.4	♐ 4.7	17.7	♑ 0.4	12.9	25.3	♒ 7.5	19.6	♓ 1.5	13.5	25.3	♈ 7.2	19.1	♉ 1.0	13.1	25.4	♊ 8.0	21	♋ 4.4	18.3	♌ 2.7	17.5	♍ 2.7	18			
☿	♒ 2.6R	1.7	0.8	0.1	♑ 29.5	29.1	28.8	28.7	28.6D	28.7	28.9	29.2	29.6	♒ 0.1	0.7	1.4	2.1	2.9	3.7	4.6	5.6	6.6	7.6	8.7	9.8	11	12.2	13.4			
♀	♒ 16.1	17.4	18.6	19.9	21.2	22.4	23.7	24.9	26.2	27.4	28.7	29.9	♓ 1.2	2.4	3.7	4.9	6.2	7.4	8.7	9.9	11.2	12.4	13.7	14.9	16.2	17.4	18.7	19.9			
♂	♈ 9.5	10.2	10.9	11.6	12.4	13.1	13.8	14.5	15.3	16	16.7	17.4	18.1	18.8	19.6	20.3	21	21.7	22.4	23.1	23.9	24.6	25.3	26	26.7	27.4	28.1	28.8			

	1	6	11	16	21	26
♃	♋ 7.0 R	6.5	6.2	5.9	5.7	5.6
♄	♊ 8.1R	8	8.0D	8.1	8.2	8.3

	1	11	21
♅	♒ 24.1	24.7	25.2
♆	♒ 8.6	9	9.3
♇	♐ 17.0	17.2	17.4

III

	1	2	3	4	5	6	7	8	9	10	11	12	13	14	15	16	17	18	19	20	21	22	23	24	25	26	27	28	29	30	31
☉	♓ 10.2	11.2	12.2	13.2	14.2	15.2	16.2	17.2	18.2	19.2	20.2	21.2	22.2	23.2	24.2	25.2	26.2	27.2	28.2	29.2	♈ 0.2	1.2	2.2	3.2	4.2	5.2	6.1	7.1	8.1	9.1	10.1
☽	♎ 3.3	18.4	♏ 3.1	17.4	♐ 1.2	14.5	27.4	♑ 10.1	22.4	♒ 4.6	16.6	28.5	♓ 10.4	22.3	♈ 4.2	16.1	28	♉ 10.0	22.1	♊ 4.5	17	29.9	♋ 13.2	26.9	♌ 11.2	25.8	♍ 10.8	26.1	♎ 11.4	26.6	♏ 11.5
☿	♒ 14.7	15.9	17.2	18.6	19.9	21.3	22.7	24.1	25.6	27	28.5	♓ 0.0	1.6	3.1	4.7	6.3	7.9	9.5	11.2	12.8	14.5	16.2	18	19.7	21.5	23.3	25.1	27	28.8	♈ 0.7	2.6
♀	♓ 21.2	22.4	23.7	24.9	26.2	27.4	28.7	29.9	♈ 1.2	2.4	3.6	4.9	6.1	7.4	8.6	9.9	11.1	12.3	13.6	14.8	16.1	17.3	18.5	19.8	21	22.2	23.5	24.7	26	27.2	28.4
♂	♈ 29.6	♉ 0.3	1	1.7	2.4	3.1	3.8	4.5	5.2	5.9	6.6	7.3	8	8.7	9.4	10.1	10.8	11.5	12.2	12.9	13.6	14.3	15	15.7	16.4	17.1	17.8	18.5	19.2	19.9	20.6

	1	6	11	16	21	26	31
♃	♋ 5.6 R	5.7D	5.8	6	6.2	6.6	7
♄	♊ 8.4	8.7	8.9	9.2	9.6	9.9	10.3

	1	11	21	31
♅	♒ 25.7	26.3	26.8	27.3
♆	♒ 9.6	9.9	10.2	10.5
♇	♐ 17.5	17.6	17.6R	17.6

IV

	1	2	3	4	5	6	7	8	9	10	11	12	13	14	15	16	17	18	19	20	21	22	23	24	25	26	27	28	29	30	31
☉	♈ 11.1	12.1	13.1	14	15	16	17	18	19	19.9	20.9	21.9	22.9	23.9	24.9	25.8	26.8	27.8	28.8	29.7	♉ 0.7	1.7	2.7	3.6	4.6	5.6	6.6	7.5	8.5	9.5	
☽	♏ 26.0	♐ 10.0	23.4	♑ 6.5	19.1	♒ 1.5	13.6	25.5	♓ 7.4	19.3	♈ 1.1	13	25	♉ 7.1	19.3	♊ 1.6	14.1	26.8	♋ 9.7	23	♌ 6.7	20.7	♍ 5.1	19.8	♎ 4.8	19.8	♏ 4.8	19.6	♐ 4.0	18.1	
☿	♈ 4.6	6.5	8.5	10.5	12.5	14.5	16.6	18.7	20.7	22.8	24.9	27	29.1	♉ 1.2	3.3	5.3	7.4	9.4	11.4	13.3	15.2	17	18.8	20.6	22.3	23.9	25.4	26.9	28.3	29.6	
♀	♈ 29.7	♉ 0.9	2.1	3.4	4.6	5.8	7	8.3	9.5	10.7	12	13.2	14.4	15.6	16.9	18.1	19.3	20.5	21.8	23	24.2	25.4	26.6	27.9	29.1	♊ 0.3	1.5	2.7	4	5.2	
♂	♉ 21.3	21.9	22.6	23.3	24	24.7	25.4	26.1	26.8	27.4	28.1	28.8	29.5	♊ 0.2	0.9	1.5	2.2	2.9	3.6	4.3	4.9	5.6	6.3	7	7.7	8.3	9	9.7	10.4	11	

	1	6	11	16	21	26
♃	♋ 7.1	7.6	8.1	8.8	9.4	10.2
♄	♊ 10.4	10.9	11.3	11.9	12.4	12.9

	1	11	21
♅	♒ 27.3	27.7	28.1
♆	♒ 10.5	10.7	10.8
♇	♐ 17.6R	17.5	17.4

V

	1	2	3	4	5	6	7	8	9	10	11	12	13	14	15	16	17	18	19	20	21	22	23	24	25	26	27	28	29	30	31
☉	♉ 10.4	11.4	12.4	13.4	14.3	15.3	16.3	17.2	18.2	19.2	20.1	21.1	22.1	23	24	25	25.9	26.9	27.9	28.8	29.8	♊ 0.7	1.7	2.7	3.6	4.6	5.5	6.5	7.5	8.4	9.4
☽	♑ 1.6	14.8	27.5	♒ 9.9	22.1	♓ 4.1	16	27.8	♈ 9.7	21.7	♉ 3.8	16	28.4	♊ 11.0	23.8	♋ 6.8	20	♌ 3.5	17.2	♍ 1.2	15.4	29.8	♎ 14.4	29	♏ 13.6	28	♐ 12.2	26.1	♑ 9.6	22.7	♒ 5.5
☿	♊ 0.9	2	3.1	4.2	5.1	6	6.8	7.4	8.1	8.6	9	9.4	9.7	9.9	10	10.0R	9.9	9.8	9.6	9.3	9	8.6	8.1	7.6	7.1	6.6	6	5.4	4.9	4.3	3.8
♀	♊ 6.4	7.6	8.8	10	11.2	12.4	13.7	14.9	16.1	17.3	18.5	19.7	20.9	22.1	23.3	24.5	25.7	26.9	28.1	29.3	♋ 0.5	1.7	2.9	4.1	5.3	6.5	7.7	8.9	10.1	11.3	12.5
♂	♊ 11.7	12.4	13	13.7	14.4	15.1	15.7	16.4	17.1	17.7	18.4	19.1	19.7	20.4	21.1	21.7	22.4	23.1	23.7	24.4	25.1	25.7	26.4	27	27.7	28.4	29	29.7	♋ 0.3	1	1.7

	1	6	11	16	21	26	31
♃	♋ 10.9	11.7	12.6	13.5	14.4	15.4	16.4
♄	♊ 13.5	14.1	14.7	15.3	15.9	16.6	17.2

	1	11	21	31
♅	♒ 28.4	28.6	28.8	28.8
♆	♒ 10.9	11	11.0R	10.9
♇	♐ 17.2R	17	16.7	16.5

VI

	1	2	3	4	5	6	7	8	9	10	11	12	13	14	15	16	17	18	19	20	21	22	23	24	25	26	27	28	29	30	31
☉	♊ 10.3	11.3	12.3	13.2	14.2	15.1	16.1	17	18	19	19.9	20.9	21.8	22.8	23.7	24.7	25.6	26.6	27.6	28.5	29.5	♋ 0.4	1.4	2.3	3.3	4.2	5.2	6.1	7.1	8	
☽	♒ 18.0	♓ 0.2	12.2	24.1	♈ 6.0	17.9	29.9	♉ 12.1	24.5	♊ 7.1	20	♋ 3.2	16.6	♌ 0.2	14	28	♍ 12.1	26.3	♎ 10.6	24.8	♏ 9.0	23.2	♐ 7.1	20.9	♑ 4.5	17.7	♒ 0.7	13.5	25.9	♓ 8.1	
☿	♊ 3.3R	2.9	2.5	2.1	1.8	1.6	1.5	1.4	1.4D	1.4	1.6	1.8	2.1	2.4	2.9	3.4	4	4.6	5.4	6.1	7	7.9	8.9	10	11.1	12.3	13.5	14.8	16.2	17.6	
♀	♋ 13.7	14.8	16	17.2	18.4	19.6	20.8	21.9	23.1	24.3	25.5	26.7	27.8	29	♌ 0.2	1.4	2.5	3.7	4.9	6	7.2	8.4	9.5	10.7	11.8	13	14.1	15.3	16.5	17.6	
♂	♋ 2.3	3	3.6	4.3	4.9	5.6	6.2	6.9	7.6	8.2	8.9	9.5	10.2	10.8	11.5	12.1	12.8	13.4	14.1	14.7	15.4	16	16.7	17.3	18	18.6	19.3	19.9	20.6	21.2	

	1	6	11	16	21	26
♃	♋ 16.6	17.6	18.6	19.7	20.8	21.8
♄	♊ 17.4	18	18.7	19.3	19.9	20.6

	1	11	21
♅	♒ 28.8	28.8R	28.7
♆	♒ 10.9R	10.8	10.6
♇	♐ 16.4R	16.2	15.9

VII

	1	2	3	4	5	6	7	8	9	10	11	12	13	14	15	16	17	18	19	20	21	22	23	24	25	26	27	28	29	30	31
☉	♋ 9.0	10	10.9	11.9	12.8	13.8	14.7	15.7	16.6	17.6	18.5	19.5	20.4	21.4	22.4	23.3	24.3	25.2	26.2	27.1	28.1	29	30	♌ 0.9	1.9	2.9	3.8	4.8	5.7	6.7	7.6
☽	♓ 20.1	♈ 2.1	13.9	25.9	♉ 7.9	20.1	♊ 2.6	15.4	28.5	♋ 12.0	25.8	♌ 9.9	24.2	♍ 8.6	23	♎ 7.4	21.6	♏ 5.7	19.6	♐ 3.4	16.9	♑ 0.3	13.5	26.4	♒ 9.2	21.7	♓ 4.0	16.2	28.2	♈ 10.1	21.9
☿	♊ 19.1	20.6	22.2	23.9	25.6	27.4	29.2	♋ 1.0	3	4.9	6.9	8.9	11	13.1	15.2	17.3	19.4	21.6	23.7	25.9	28	♌ 0.1	2.2	4.3	6.4	8.4	10.5	12.5	14.4	16.4	18.3
♀	♌ 18.7	19.9	21	22.2	23.3	24.5	25.6	26.7	27.9	29	♍ 0.1	1.3	2.4	3.5	4.6	5.7	6.9	8	9.1	10.2	11.3	12.4	13.5	14.6	15.7	16.8	17.9	19	20	21.1	22.2
♂	♋ 21.9	22.5	23.1	23.8	24.4	25.1	25.7	26.4	27	27.7	28.3	28.9	29.6	♌ 0.2	0.9	1.5	2.2	2.8	3.4	4.1	4.7	5.4	6	6.6	7.3	7.9	8.6	9.2	9.8	10.5	11.1

	1	6	11	16	21	26	31
♃	♋ 22.9	24	25.2	26.3	27.4	28.5	29.6
♄	♊ 21.2	21.8	22.5	23.1	23.6	24.2	24.8

	1	11	21	31
♅	♒ 28.5R	28.3	28	27.6
♆	♒ 10.4R	10.2	9.9	9.6
♇	♐ 15.7R	15.4	15.2	15.1

VIII

	1	2	3	4	5	6	7	8	9	10	11	12	13	14	15	16	17	18	19	20	21	22	23	24	25	26	27	28	29	30	31
☉	♌ 8.6	9.5	10.5	11.5	12.4	13.4	14.3	15.3	16.3	17.2	18.2	19.1	20.1	21.1	22	23	23.9	24.9	25.9	26.8	27.8	28.7	29.7	♍ 0.7	1.6	2.6	3.6	4.5	5.5	6.5	7.4
☽	♉ 3.8	15.8	28	♊ 10.5	23.4	♋ 6.7	20.4	♌ 4.5	18.9	♍ 3.7	18.5	♎ 3.3	17.9	♏ 2.4	16.5	♐ 0.3	13.9	27.1	♑ 10.1	23	♒ 5.6	18.1	♓ 0.4	12.6	24.6	♈ 6.5	18.4	♉ 0.2	12.1	24.1	♊ 6.2
☿	♌ 20.2	22.1	23.9	25.7	27.5	29.3	♍ 1.0	2.7	4.4	6.1	7.7	9.3	10.9	12.4	14	15.5	16.9	18.4	19.8	21.2	22.6	23.9	25.2	26.5	27.7	29	♎ 0.1	1.3	2.4	3.5	4.5
♀	♍ 23.3	24.3	25.4	26.4	27.5	28.6	29.6	♎ 0.6	1.7	2.7	3.7	4.8	5.8	6.8	7.8	8.8	9.8	10.8	11.8	12.8	13.8	14.7	15.7	16.6	17.6	18.5	19.4	20.4	21.3	22.2	23.1
♂	♌ 11.8	12.4	13	13.7	14.3	15	15.6	16.2	16.9	17.5	18.1	18.8	19.4	20.1	20.7	21.3	22	22.6	23.2	23.9	24.5	25.2	25.8	26.4	27.1	27.7	28.3	29	29.6	♍ 0.2	0.9

	1	6	11	16	21	26	31
♃	♋ 29.8	♌ 0.9	2	3.1	4.2	5.3	6.3
♄	♊ 24.9	25.4	25.9	26.3	26.8	27.2	27.6

	1	11	21	31
♅	♒ 27.6R	27.2	26.8	26.4
♆	♒ 9.6R	9.3	9.1	8.8
♇	♐ 15.1R	15	14.9	4.9 D

IX

	1	2	3	4	5	6	7	8	9	10	11	12	13	14	15	16	17	18	19	20	21	22	23	24	25	26	27	28	29	30	31
☉	♍ 8.4	9.4	10.3	11.3	12.3	13.2	14.2	15.2	16.2	17.1	18.1	19.1	20	21	22	23	23.9	24.9	25.9	26.9	27.8	28.8	29.8	♎ 0.8	1.8	2.7	3.7	4.7	5.7	6.7	
☽	♊ 18.7	♋ 1.5	14.7	28.5	♌ 12.7	27.3	♍ 12.3	27.5	♎ 12.7	27.6	♏ 12.3	26.6	♐ 10.5	24	♑ 7.2	20	♒ 2.6	15.1	27.3	♓ 9.4	21.4	♈ 3.4	15.2	27.1	♉ 8.9	20.8	♊ 2.8	14.9	27.4	♋ 10.1	
☿	♎ 5.5	6.5	7.4	8.2	9	9.8	10.5	11.1	11.6	12.1	12.5	12.8	13.1	13.2	13.2R	13.2	13	12.7	12.3	11.7	11.1	10.3	9.5	8.5	7.5	6.4	5.3	4.2	3.1	2.1	
♀	♎ 24.0	24.9	25.7	26.6	27.4	28.3	29.1	29.9	♏ 0.7	1.5	2.3	3	3.8	4.5	5.2	5.9	6.6	7.2	7.9	8.5	9.1	9.7	10.3	10.8	11.3	11.8	12.3	12.7	13.1	13.5	
♂	♍ 1.5	2.2	2.8	3.4	4.1	4.7	5.3	6	6.6	7.2	7.9	8.5	9.2	9.8	10.4	11.1	11.7	12.3	13	13.6	14.2	14.9	15.5	16.2	16.8	17.4	18.1	18.7	19.3	20	

	1	6	11	16	21	26
♃	♌ 6.5	7.5	8.5	9.5	10.4	11.3
♄	♊ 27.6	28	28.2	28.5	28.7	28.9

	1	11	21
♅	♒ 26.4R	26	25.7
♆	♒ 8.8R	8.6	8.4
♇	♐ 14.9	15	15.1

X

	1	2	3	4	5	6	7	8	9	10	11	12	13	14	15	16	17	18	19	20	21	22	23	24	25	26	27	28	29	30	31
☉	♎ 7.6	8.6	9.6	10.6	11.6	12.6	13.6	14.5	15.5	16.5	17.5	18.5	19.5	20.5	21.5	22.5	23.4	24.4	25.4	26.4	27.4	28.4	29.4	♏ 0.4	1.4	2.4	3.4	4.4	5.4	6.4	7.4
☽	♋ 23.3	♌ 6.9	21	♍ 5.6	20.6	♎ 5.8	21.1	♏ 6.3	21.2	♐ 5.8	19.9	♑ 3.5	16.7	29.5	♒ 12.1	24.4	♓ 6.5	18.5	♈ 0.4	12.2	24.1	♉ 6.0	17.9	29.8	♊ 11.9	24.2	♋ 6.7	19.5	♌ 2.6	16.1	30
☿	♎ 1.1R	0.3	♍ 29.6	29	28.6	28.4	28.3D	28.4	28.7	29.2	29.8	♎ 0.6	1.5	2.5	3.6	4.9	6.2	7.6	9	10.5	12	13.6	15.2	16.8	18.4	20.1	21.8	23.4	25.1	26.8	28.4
♀	♏ 13.9	14.2	14.5	14.8	15	15.2	15.3	15.5	15.5	15.6	15.6R	15.6	15.5	15.4	15.3	15.1	14.8	14.6	14.3	13.9	13.5	13.1	12.7	12.2	11.7	11.1	10.6	10	9.4	8.8	8.2
♂	♍ 20.6	21.2	21.9	22.5	23.2	23.8	24.4	25.1	25.7	26.3	27	27.6	28.3	28.9	29.5	♎ 0.2	0.8	1.4	2.1	2.7	3.4	4	4.6	5.3	5.9	6.6	7.2	7.8	8.5	9.1	9.7

	1	6	11	16	21	26	31
♃	♌ 12.1	12.9	13.7	14.4	15.1	15.7	16.2
♄	♊ 29.0	29.1	29.1	29.1R	29	28.9	28.7

	1	11	21	31
♅	♒ 25.4R	25.1	25	24.9
♆	♒ 8.3 R	8.2	8.2D	8.2
♇	♐ 15.2	15.5	15.7	16

XI

	1	2	3	4	5	6	7	8	9	10	11	12	13	14	15	16	17	18	19	20	21	22	23	24	25	26	27	28	29	30	31
☉	♏ 8.4	9.4	10.4	11.4	12.4	13.4	14.4	15.4	16.4	17.4	18.4	19.4	20.4	21.4	22.4	23.4	24.5	25.5	26.5	27.5	28.5	29.5	♐ 0.5	1.5	2.5	3.5	4.6	5.6	6.6	7.6	
☽	♍ 14.3	29.1	♎ 14.1	29.2	♏ 14.4	29.4	♐ 14.0	28.3	♑ 12.0	25.4	♒ 8.3	20.9	♓ 3.2	15.3	27.2	♈ 9.1	20.9	♉ 2.8	14.7	26.7	♊ 8.9	21.3	♋ 3.8	16.5	29.4	♌ 12.7	26.2	♍ 10.0	24.1	♎ 8.5	
☿	♏ 0.1	1.8	3.4	5.1	6.7	8.4	10	11.6	13.3	14.9	16.5	18.1	19.7	21.3	22.9	24.5	26.1	27.7	29.2	♐ 0.8	2.4	4	5.5	7.1	8.6	10.2	11.7	13.3	14.8	16.4	
♀	♏ 7.6R	7	6.4	5.8	5.2	4.6	4.1	3.6	3.1	2.6	2.2	1.8	1.5	1.2	0.9	0.6	0.4	0.3	0.2	0.1	0.1	0.1D	0.1	0.2	0.3	0.5	0.7	0.9	1.2	1.5	
♂	♎ 10.4	11	11.7	12.3	12.9	13.6	14.2	14.9	15.5	16.1	16.8	17.4	18.1	18.7	19.3	20	20.6	21.3	21.9	22.6	23.2	23.8	24.5	25.1	25.8	26.4	27	27.7	28.3	29	

	1	6	11	16	21	26
♃	♌ 16.3	16.8	17.2	17.6	17.8	18
♄	♊ 28.7R	28.5	28.3	28	27.7	27.3

	1	11	21
♅	♒ 24.9R	24.9D	25
♆	♒ 8.2	8.3	8.5
♇	♐ 16.0	16.4	16.7

XII

	1	2	3	4	5	6	7	8	9	10	11	12	13	14	15	16	17	18	19	20	21	22	23	24	25	26	27	28	29	30	31
☉	♐ 8.6	9.6	10.6	11.6	12.7	13.7	14.7	15.7	16.7	17.7	18.8	19.8	20.8	21.8	22.8	23.8	24.9	25.9	26.9	27.9	28.9	29.9	♑ 1.0	2	3	4	5	6.1	7.1	8.1	9.1
☽	♎ 23.1	♏ 7.8	22.6	♐ 7.4	21.9	♑ 6.1	19.9	♒ 3.4	16.4	29.1	♓ 11.4	23.5	♈ 5.5	17.3	29.1	♉ 11.0	23	♊ 5.2	17.6	♋ 0.3	13.1	26.2	♌ 9.6	23.1	♍ 6.8	20.7	♎ 4.7	18.9	♏ 3.1	17.5	♐ 1.8
☿	♐ 17.9	19.5	21	22.6	24.1	25.6	27.2	28.7	♑ 0.2	1.8	3.3	4.8	6.3	7.8	9.3	10.7	12.2	13.6	15	16.4	17.8	19.1	20.4	21.6	22.7	23.8	24.8	25.7	26.6	27.2	27.8
♀	♏ 1.9	2.2	2.6	3.1	3.5	4	4.5	5.1	5.6	6.2	6.8	7.5	8.1	8.8	9.5	10.2	10.9	11.7	12.5	13.2	14	14.8	15.7	16.5	17.4	18.2	19.1	20	20.9	21.8	22.7
♂	♎ 29.6	♏ 0.3	0.9	1.5	2.2	2.8	3.5	4.1	4.8	5.4	6	6.7	7.3	8	8.6	9.3	9.9	10.5	11.2	11.8	12.5	13.1	13.8	14.4	15.1	15.7	16.3	17	17.6	18.3	18.9

	1	6	11	16	21	26	31
♃	♌ 18.1	18.1R	18	17.9	17.7	17.4	17
♄	♊ 26.9R	26.6	26.2	25.7	25.3	24.9	24.5

	1	11	21	31
♅	♒ 25.2	25.5	25.8	26.2
♆	♒ 8.7	8.9	9.2	9.5
♇	♐ 17.1	17.5	17.9	18.2

	1	2	3	4	5	6	7	8	9	10	11	12	13	14	15	16	17	18	19	20	21	22	23	24	25	26	27	28	29	30	31
☉	10.1	11.2	12.2	13.2	14.2	15.2	16.3	17.3	18.3	19.3	20.3	21.3	22.4	23.4	24.4	25.4	26.4	27.5	28.5	29.5	0.5	1.5	2.5	3.6	4.6	5.6	6.6	7.6	8.6	9.7	10.7
☽	16.0	0.2	14.1	27.8	11.1	24.2	6.9	19.2	1.4	13.3	25.2	7.0	18.9	0.9	13.2	25.8	8.7	21.9	5.4	19.2	3.2	17.3	1.5	15.7	29.9	14.0	28	11.9	25.7	9.4	22.9
☿	28.2	28.4	28.5R	28.3	28	27.4	26.7	25.8	24.7	23.6	22.3	21	19.6	18.3	17.1	16	15	14.2	13.5	13	12.6	12.4	12.3	12.4	12.5	12.8	13.3	13.8	14.4	15	15.8
♀	23.7	24.6	25.6	26.5	27.5	28.5	29.5	0.5	1.5	2.5	3.5	4.5	5.5	6.6	7.6	8.6	9.7	10.7	11.8	12.9	13.9	15	16.1	17.2	18.3	19.4	20.5	21.6	22.7	23.8	24.9
♂	19.6	20.2	20.9	21.5	22.1	22.8	23.4	24.1	24.7	25.4	26	26.7	27.3	27.9	28.6	29.2	29.9	0.5	1.2	1.8	2.5	3.1	3.7	4.4	5	5.7	6.3	7	7.6	8.3	8.9

♃ (1 6 11 16 21 26 31): 16.9R 16.4 15.9 15.3 14.7 14.1 13.4 — ♄ (1 6 11 16 21 26 31): 24.4R 24.1 23.7 23.4 23.1 22.8 22.6 — ♅ (1 11 21 31): 26.3 26.7 27.2 27.8 — ♆ (1 11 21 31): 9.6 9.9 10.3 10.7 — ♇ (1 11 21 31): 18.3 18.6 19 19.2

	1	2	3	4	5	6	7	8	9	10	11	12	13	14	15	16	17	18	19	20	21	22	23	24	25	26	27	28	29	30	31
☉	11.7	12.7	13.7	14.7	15.8	16.8	17.8	18.8	19.8	20.8	21.8	22.8	23.9	24.9	25.9	26.9	27.9	28.9	29.9	0.9	1.9	2.9	3.9	5	6	7	8	9			
☽	6.2	19.3	2.2	14.7	27.1	9.2	21.1	2.9	14.8	26.6	8.7	20.9	3.5	16.5	29.9	13.8	28	12.4	27.1	11.7	26.3	10.7	24.9	8.8	22.5	6.1	19.4	2.5			
☿	16.6	17.5	18.4	19.4	20.4	21.5	22.5	23.8	24.9	26.2	27.4	28.7	29.9	1.3	2.6	4	5.3	6.7	8.1	9.6	11	12.5	14	15.5	17	18.6	20.1	21.7			
♀	26.0	27.1	28.2	29.4	0.5	1.6	2.8	3.9	5	6.2	7.3	8.5	9.6	10.7	11.9	13.1	14.2	15.4	16.5	17.7	18.8	20	21.2	22.3	23.5	24.7	25.9	27			
♂	9.5	10.2	10.8	11.5	12.1	12.8	13.4	14.1	14.7	15.3	16	16.6	17.3	17.9	18.6	19.2	19.8	20.5	21.1	21.8	22.4	23	23.7	24.3	25	25.6	26.2	26.9			

♃ (1 6 11 16 21 26): 13.3R 12.6 12 11.3 10.7 10.2 — ♄ (1 6 11 16 21 26): 22.6R 22.4 22.3 22.2 22.1 22.1D — ♅ (1 11 21): 27.8 28.4 29 — ♆ (1 11 21): 10.7 11.1 11.4 — ♇ (1 11 21): 19.3 19.5 19.7

	1	2	3	4	5	6	7	8	9	10	11	12	13	14	15	16	17	18	19	20	21	22	23	24	25	26	27	28	29	30	31
☉	10.0	11	12	13	14	15	16	17	18	19	20	21	22	23	24	25	26	27	28	29	30	1.0	1.9	2.9	3.9	4.9	5.9	6.9	7.9	8.9	9.9
☽	15.4	28.2	10.7	23.1	5.3	17.3	29.2	11.0	22.8	4.6	16.6	28.9	11.4	24.4	7.8	21.7	6.1	20.8	5.8	20.8	5.8	20.6	5.0	19.2	2.9	16.4	29.5	12.4	25.1	7.5	19.8
☿	23.3	24.9	26.5	28.2	29.9	1.5	3.2	5	6.7	8.4	10.2	12	13.8	15.6	17.5	19.4	21.3	23.2	25.1	27	29	1.0	3	5	7	9	11	13.1	15.1	17.1	19.2
♀	28.2	29.4	0.6	1.7	2.9	4.1	5.3	6.5	7.6	8.8	10	11.2	12.4	13.6	14.8	16	17.1	18.3	19.5	20.7	21.9	23.1	24.3	25.5	26.7	27.9	29.1	0.3	1.5	2.7	3.9
♂	27.5	28.2	28.8	29.4	0.1	0.7	1.3	2	2.6	3.3	3.9	4.5	5.2	5.8	6.4	7.1	7.7	8.3	9	9.6	10.2	10.8	11.5	12.1	12.7	13.4	14	14.6	15.2	15.9	16.5

♃ (1 6 11 16 21 26 31): 9.9R 9.4 9 8.6 8.4 8.2 8.1 — ♄ (1 6 11 16 21 26 31): 22.2 22.3 22.4 22.6 22.8 23.1 23.4 — ♅ (1 11 21 31): 29.4 0.0 0.5 1 — ♆ (1 11 21 31): 11.7 12.1 12.4 12.6 — ♇ (1 11 21 31): 19.8 19.9 19.9 19.9R

	1	2	3	4	5	6	7	8	9	10	11	12	13	14	15	16	17	18	19	20	21	22	23	24	25	26	27	28	29	30	31
☉	10.9	11.8	12.8	13.8	14.8	15.8	16.8	17.8	18.7	19.7	20.7	21.7	22.7	23.6	24.6	25.6	26.6	27.6	28.5	29.5	0.5	1.5	2.4	3.4	4.4	5.4	6.3	7.3	8.3	9.3	
☽	2.0	14	25.9	7.7	19.5	1.3	13.1	25.1	7.4	19.9	2.8	16.1	29.9	14.2	28.9	14.0	29.2	14.4	29.5	14.2	28.6	12.6	26.1	9.3	22.1	4.6	16.9	29	11.0	22.9	
☿	21.2	23.1	25.1	27	28.9	0.7	2.5	4.2	5.8	7.4	8.9	10.3	11.7	12.9	14.1	15.2	16.1	17	17.8	18.5	19.1	19.6	20	20.3	20.4	20.5	20.5R	20.5	20.3	20	
♀	5.1	6.3	7.5	8.7	9.9	11.1	12.3	13.5	14.7	15.9	17.1	18.3	19.5	20.7	21.9	23.1	24.3	25.6	26.8	28	29.2	0.4	1.6	2.8	4	5.2	6.4	7.6	8.9	10.1	
♂	17.1	17.7	18.4	19	19.6	20.2	20.8	21.5	22.1	22.7	23.3	23.9	24.5	25.1	25.8	26.4	27	27.6	28.2	28.8	29.4	0.0	0.6	1.2	1.8	2.4	3	3.6	4.2	4.8	

♃ (1 6 11 16 21 26): 8.1R 8.1D 8.1 8.3 8.5 8.8 — ♄ (1 6 11 16 21 26): 23.4 23.8 24.2 24.6 25 25.5 — ♅ (1 11 21): 1.1 1.5 1.9 — ♆ (1 11 21): 12.6 12.9 13 — ♇ (1 11 21): 19.9R 19.9 19.7

	1	2	3	4	5	6	7	8	9	10	11	12	13	14	15	16	17	18	19	20	21	22	23	24	25	26	27	28	29	30	31
☉	10.2	11.2	12.2	13.1	14.1	15.1	16	17	18	18.9	19.9	20.9	21.8	22.8	23.8	24.7	25.7	26.7	27.6	28.6	29.6	0.5	1.5	2.4	3.4	4.4	5.3	6.3	7.2	8.2	9.2
☽	4.7	16.5	28.3	10.1	22.1	4.2	16.5	29.1	11.9	25.2	8.9	23	7.5	22.3	7.4	22.6	7.7	22.6	7.2	21.4	5.1	18.3	1.2	13.7	26	8.0	19.9	1.7	13.5	25.3	7.2
☿	19.7R	19.3	18.8	18.3	17.7	17.1	16.5	15.9	15.3	14.7	14.1	13.5	13	12.6	12.2	11.8	11.5	11.3	11.2	11.1	11.1D	11.2	11.4	11.6	12	12.3	12.8	13.3	13.9	14.6	15.3
♀	11.3	12.5	13.7	14.9	16.1	17.3	18.5	19.7	21	22.2	23.4	24.6	25.8	27	28.2	29.4	0.7	1.9	3.1	4.3	5.5	6.7	7.9	9.2	10.4	11.6	12.8	14	15.2	16.4	17.7
♂	5.4	6	6.5	7.1	7.7	8.3	8.9	9.4	10	10.6	11.2	11.7	12.3	12.8	13.4	14	14.5	15.1	15.6	16.2	16.7	17.3	17.8	18.3	18.9	19.4	19.9	20.4	21	21.5	22

♃ (1 6 11 16 21 26 31): 9.2 9.6 10.1 10.6 11.3 11.9 12.6 — ♄ (1 6 11 16 21 26 31): 26.0 26.5 27.1 27.7 28.3 28.9 29.5 — ♅ (1 11 21 31): 2.3 2.5 2.7 2.8 — ♆ (1 11 21 31): 13.1 13.2 13.2R 13.1 — ♇ (1 11 21 31): 19.6R 19.4 19.1 18.9

	1	2	3	4	5	6	7	8	9	10	11	12	13	14	15	16	17	18	19	20	21	22	23	24	25	26	27	28	29	30	31
☉	10.1	11.1	12	13	13.9	14.9	15.9	16.8	17.8	18.7	19.7	20.6	21.6	22.6	23.5	24.5	25.4	26.4	27.3	28.3	29.2	0.2	1.1	2.1	3.1	4	5	5.9	6.9	7.8	
☽	19.2	1.3	13.6	26.1	8.8	21.8	5.1	18.7	2.6	16.9	1.4	16.2	1.1	16	0.8	15.4	29.6	13.4	26.7	9.7	22.3	4.5	16.5	28.4	10.2	22	3.9	15.8	28	10.4	
☿	16.1	16.9	17.9	18.8	19.8	20.9	22	23.2	24.5	25.7	27.1	28.5	29.9	1.4	2.9	4.5	6.1	7.8	9.5	11.3	13.1	15	16.9	18.8	20.8	22.8	24.9	27	29.1	1.2	
♀	18.9	20.1	21.3	22.5	23.7	25	26.2	27.4	28.6	29.8	1.0	2.3	3.5	4.7	5.9	7.1	8.3	9.6	10.8	12	13.2	14.4	15.7	16.9	18.1	19.3	20.5	21.8	23	24.2	
♂	22.5	23	23.5	24	24.5	25	25.4	25.9	26.4	26.8	27.3	27.8	28.2	28.7	29.1	29.5	30	0.4	0.8	1.2	1.6	2	2.4	2.8	3.1	3.5	3.9	4.2	4.6	4.9	

♃ (1 6 11 16 21 26): 12.8 13.5 14.4 15.2 16.1 17 — ♄ (1 6 11 16 21 26): 29.6 0.2 0.9 1.5 2.2 2.8 — ♅ (1 11 21): 2.8 2.8R 2.7 — ♆ (1 11 21): 13.1R 13 12.9 — ♇ (1 11 21): 18.8R 18.6 18.3

	1	2	3	4	5	6	7	8	9	10	11	12	13	14	15	16	17	18	19	20	21	22	23	24	25	26	27	28	29	30	31
☉	8.8	9.7	10.7	11.6	12.6	13.5	14.5	15.5	16.4	17.4	18.3	19.3	20.2	21.2	22.1	23.1	24	25	25.9	26.9	27.8	28.8	29.8	0.7	1.7	2.6	3.6	4.5	5.5	6.4	7.4
☽	23.0	5.8	18.8	2.1	15.5	29.2	13.1	27.2	11.5	25.9	10.4	24.9	9.4	23.7	7.8	21.5	4.8	17.8	0.3	12.6	24.6	6.5	18.3	0.1	12.1	24.2	6.5	19.1	2.0	15.2	28.6
☿	3.4	5.5	7.7	9.9	12.1	14.2	16.4	18.5	20.7	22.8	24.9	26.9	29	1.0	3	4.9	6.8	8.7	10.6	12.4	14.2	16	17.8	19.5	21.1	22.8	24.4	26	27.6	29.1	0.6
♀	25.4	26.7	27.9	29.1	0.3	1.5	2.8	4	5.2	6.4	7.7	8.9	10.1	11.3	12.6	13.8	15	16.3	17.5	18.7	19.9	21.2	22.4	23.6	24.9	26.1	27.3	28.5	29.8	1.0	2.2
♂	5.2	5.5	5.9	6.2	6.4	6.7	7	7.3	7.5	7.7	8	8.2	8.4	8.6	8.8	9	9.1	9.3	9.4	9.6	9.7	9.8	9.9	9.9	10	10.1	10.1	10.1	10.1	10.1R	10.1

♃ (1 6 11 16 21 26 31): 17.9 18.9 19.9 20.9 21.9 23 24.1 — ♄ (1 6 11 16 21 26 31): 3.5 4.1 4.8 5.4 6 6.6 7.2 — ♅ (1 11 21 31): 2.6R 2.4 2.1 1.8 — ♆ (1 11 21 31): 12.7R 12.4 12.2 11.9 — ♇ (1 11 21 31): 18.1R 17.8 17.6 17.5

	1	2	3	4	5	6	7	8	9	10	11	12	13	14	15	16	17	18	19	20	21	22	23	24	25	26	27	28	29	30	31
☉	8.4	9.3	10.3	11.2	12.2	13.1	14.1	15.1	16	17	17.9	18.9	19.9	20.8	21.8	22.7	23.7	24.7	25.6	26.6	27.5	28.5	29.5	0.4	1.4	2.4	3.3	4.3	5.3	6.2	7.2
☽	12.2	26.1	10.0	24	8.1	22.2	6.4	20.5	4.7	18.7	2.6	16.4	29.8	13.0	25.8	8.3	20.5	2.5	14.4	26.2	8.0	20	2.2	14.6	27.4	10.5	24	7.8	21.9	6.1	20.4
☿	2.1	3.5	4.9	6.3	7.7	9	10.3	11.5	12.7	13.9	15	16.1	17.2	18.2	19.2	20.1	20.9	21.8	22.5	23.2	23.9	24.4	24.9	25.4	25.7	26	26.2	26.3	26.3R	26.2	26
♀	3.5	4.7	5.9	7.2	8.4	9.6	10.9	12.1	13.3	14.6	15.8	17	18.3	19.5	20.7	22	23.2	24.5	25.7	26.9	28.2	29.4	0.6	1.9	3.1	4.4	5.6	6.8	8.1	9.3	10.6
♂	0.1R	10	10	9.9	9.8	9.7	9.6	9.5	9.4	9.3	9.1	8.9	8.8	8.6	8.4	8.2	8	7.7	7.5	7.3	7	6.8	6.5	6.3	6	5.8	5.5	5.2	5	4.7	4.4

♃ (1 6 11 16 21 26 31): 24.3 25.3 26.4 27.5 28.6 29.7 0.8 — ♄ (1 6 11 16 21 26 31): 7.4 7.9 8.5 9 9.6 10.1 10.5 — ♅ (1 11 21 31): 1.7R 1.4 1 0.6 — ♆ (1 11 21 31): 11.9R 11.6 11.3 11.1 — ♇ (1 11 21 31): 17.4R 17.3 17.3 17.2D

	1	2	3	4	5	6	7	8	9	10	11	12	13	14	15	16	17	18	19	20	21	22	23	24	25	26	27	28	29	30	31
☉	8.2	9.1	10.1	11.1	12	13	14	14.9	15.9	16.9	17.9	18.8	19.8	20.8	21.7	22.7	23.7	24.7	25.6	26.6	27.6	28.6	29.6	0.5	1.5	2.5	3.5	4.5	5.4	6.4	
☽	4.8	19	3.2	17.3	1.2	15	28.7	12.2	25.5	8.6	21.5	4.1	16.4	28.6	10.5	22.4	4.1	16	27.9	10.1	22.5	5.4	18.6	2.3	16.3	0.7	15.3	0.1	14.8	29.4	
☿	25.7R	25.3	24.8	24.2	23.6	22.8	21.9	21	20	19	18	17	16.1	15.2	14.4	13.7	13.1	12.7	12.4	12.2	12.2D	12.4	12.8	13.3	13.9	14.7	15.6	16.7	17.9	19.1	
♀	11.8	13	14.3	15.5	16.8	18	19.2	20.5	21.7	23	24.2	25.4	26.7	27.9	29.2	0.4	1.7	2.9	4.1	5.4	6.6	7.9	9.1	10.4	11.6	12.8	14.1	15.3	16.6	17.8	
♂	4.2R	3.9	3.6	3.4	3.1	2.9	2.7	2.4	2.2	2	1.8	1.6	1.4	1.3	1.1	1	0.8	0.7	0.6	0.5	0.4	0.3	0.2	0.2	0.2	0.1	0.1	0.1D	0.1	0.2	

♃ (1 6 11 16 21 26): 1.0 2.1 3.2 4.2 5.3 6.3 — ♄ (1 6 11 16 21 26): 10.6 11 11.4 11.8 12.1 12.4 — ♅ (1 11 21): 0.5R 0.2 29.8 — ♆ (1 11 21): 11.1R 10.9 10.7 — ♇ (1 11 21): 17.2 17.3 17.4

	1	2	3	4	5	6	7	8	9	10	11	12	13	14	15	16	17	18	19	20	21	22	23	24	25	26	27	28	29	30	31
☉	7.4	8.4	9.4	10.4	11.3	12.3	13.3	14.3	15.3	16.3	17.3	18.3	19.2	20.2	21.2	22.2	23.2	24.2	25.2	26.2	27.2	28.2	29.2	0.2	1.2	2.2	3.2	4.1	5.1	6.1	7.1
☽	13.8	28	12.0	25.6	9.0	22.2	5.2	17.9	0.4	12.8	24.9	6.9	18.8	0.6	12.4	24.2	6.1	18.3	0.7	13.4	26.6	10.2	24.3	8.8	23.7	8.7	23.8	8.8	23.5	8.0	22.1
☿	20.5	21.9	23.4	25	26.6	28.2	29.9	1.6	3.3	5	6.8	8.5	10.3	12	13.8	15.5	17.3	19	20.7	22.4	24.1	25.8	27.5	29.2	0.9	2.5	4.2	5.8	7.5	9.1	10.7
♀	19.1	20.3	21.6	22.8	24	25.3	26.5	27.8	29	0.3	1.5	2.7	4	5.2	6.5	7.7	9	10.2	11.5	12.7	13.9	15.2	16.4	17.7	18.9	20.2	21.4	22.7	23.9	25.1	26.4
♂	0.2	0.3	0.3	0.4	0.5	0.6	0.7	0.9	1	1.2	1.4	1.5	1.7	1.9	2.1	2.4	2.6	2.9	3.1	3.4	3.7	3.9	4.2	4.5	4.9	5.2	5.5	5.9	6.2	6.6	6.9

♃ (1 6 11 16 21 26 31): 7.3 8.3 9.3 10.3 11.2 12.1 12.9 — ♄ (1 6 11 16 21 26 31): 12.7 12.9 13 13.1 13.2 13.2R 13.2 — ♅ (1 11 21 31): 29.5R 29.2 29 28.9 — ♆ (1 11 21 31): 10.5R 10.4 10.4 10.4D — ♇ (1 11 21 31): 17.5 17.7 18 18.3

	1	2	3	4	5	6	7	8	9	10	11	12	13	14	15	16	17	18	19	20	21	22	23	24	25	26	27	28	29	30	31
☉	8.1	9.1	10.1	11.1	12.1	13.2	14.2	15.2	16.2	17.2	18.2	19.2	20.2	21.2	22.2	23.2	24.2	25.2	26.2	27.2	28.2	29.3	0.3	1.3	2.3	3.3	4.3	5.3	6.3	7.3	
☽	5.8	19.2	2.2	14.9	27.4	9.7	21.8	3.7	15.6	27.4	9.2	21	2.9	14.9	27	9.4	22.1	5.1	18.6	2.5	16.9	1.6	16.7	1.9	17.1	2.2	16.9	1.3	15.2	28.7	
☿	12.3	13.9	15.5	17.1	18.7	20.2	21.8	23.4	24.9	26.5	28	29.5	1.1	2.6	4.1	5.6	7.1	8.6	10.1	11.6	13.1	14.6	16.1	17.5	19	20.4	21.9	23.3	24.7	26.1	
♀	27.6	28.9	0.1	1.4	2.6	3.8	5.1	6.3	7.6	8.8	10.1	11.3	12.5	13.8	15	16.3	17.5	18.8	20	21.2	22.5	23.7	25	26.2	27.5	28.7	29.9	1.2	2.4	3.7	
♂	7.3	7.7	8.1	8.5	8.9	9.3	9.7	10.1	10.6	11	11.4	11.9	12.3	12.8	13.3	13.7	14.2	14.7	15.2	15.7	16.1	16.6	17.1	17.6	18.2	18.7	19.2	19.7	20.2	20.8	

♃ (1 6 11 16 21 26): 13.1 13.9 14.6 15.3 16 16.6 — ♄ (1 6 11 16 21 26): 13.2R 13.1 13 12.8 12.6 12.4 — ♅ (1 11 21): 28.9R 28.9D 29 — ♆ (1 11 21): 10.4 10.5 10.6 — ♇ (1 11 21): 18.3 18.6 19

	1	2	3	4	5	6	7	8	9	10	11	12	13	14	15	16	17	18	19	20	21	22	23	24	25	26	27	28	29	30	31
☉	8.4	9.4	10.4	11.4	12.4	13.4	14.4	15.5	16.5	17.5	18.5	19.5	20.5	21.6	22.6	23.6	24.6	25.6	26.6	27.7	28.7	29.7	0.7	1.7	2.8	3.8	4.8	5.8	6.8	7.9	8.9
☽	11.7	24.3	6.7	18.8	0.7	12.6	24.4	6.2	18	29.9	11.9	24	6.3	18.8	1.5	14.5	27.9	11.5	25.6	10.1	24.8	9.9	25	10.1	25	9.5	23.6	7.2	20.3	3.1	15.4
☿	27.5	28.8	0.1	1.4	2.7	3.9	5.1	6.2	7.3	8.3	9.3	10.1	10.8	11.5	12	12.3	12.5	12.6R	12.4	12.1	11.5	10.8	9.9	8.8	7.6	6.3	4.9	3.5	2.2	1	29.8
♀	4.9	6.1	7.4	8.6	9.9	11.1	12.3	13.6	14.8	16.1	17.3	18.5	19.8	21	22.2	23.5	24.7	26	27.2	28.4	29.7	0.9	2.1	3.4	4.6	5.8	7.1	8.3	9.5	10.8	12
♂	21.3	21.8	22.4	22.9	23.5	24	24.6	25.1	25.7	26.3	26.8	27.4	28	28.5	29.1	29.7	0.3	0.8	1.4	2	2.6	3.2	3.8	4.4	5	5.6	6.2	6.8	7.4	8	8.6

♃ (1 6 11 16 21 25 31): 17.1 17.6 18 18.3 18.6 18.8 18.9 — ♄ (1 6 11 16 21 26 31): 12.1R 11.8 11.4 11 10.7 10.2 9.8 — ♅ (1 11 21 31): 29.1 29.3 29.6 0.0 — ♆ (1 11 21 31): 10.8 11.1 11.3 11.7 — ♇ (1 11 21 31): 19.3 19.7 20.1 20.5

I

	1	2	3	4	5	6	7	8	9	10	11	12	13	14	15	16	17	18	19	20	21	22	23	24	25	26	27	28	29	30	31
☉	9.9	10.9	11.9	12.9	14	15	16	17	18	19.1	20.1	21.1	22.1	23.1	24.2	25.2	26.2	27.2	28.2	29.2	0.3	1.3	2.3	3.3	4.3	5.4	6.4	7.4	8.4	9.4	10.4
☽	27.5	9.4	21.2	2.9	14.8	26.7	8.7	20.9	3.3	15.8	28.6	11.5	24.7	8.0	21.6	5.5	19.6	4.0	18.7	3.4	18.2	2.9	17.4	1.5	15.1	28.3	11.1	23.5	5.6	17.5	29.4
☿	28.8R	28	27.3	26.8	26.5	26.3	26.3D	26.4	26.7	27.1	27.6	28.2	28.9	29.6	0.5	1.4	2.3	3.3	4.4	5.5	6.7	7.8	9	10.3	11.5	12.8	14.1	15.5	16.8	18.2	19.6
♀	13.2	14.4	15.7	16.9	18.1	19.4	20.6	21.8	23	24.2	25.5	26.7	27.9	29.1	0.3	1.6	2.8	4	5.2	6.4	7.6	8.8	10	11.3	12.5	13.7	14.9	16.1	17.3	18.5	19.7
♂	9.2	9.8	10.4	11	11.6	12.2	12.8	13.4	14.1	14.7	15.3	15.9	16.5	17.2	17.8	18.4	19	19.6	20.3	20.9	21.5	22.2	22.8	23.4	24	24.7	25.3	25.9	26.6	27.2	27.8

♃ (1 6 11 16 21 26 31): 18.9 18.9R 18.8 18.7 18.4 18.1 17.8 — ♄ (1 6 11 16 21 26 31): 9.8R 9.3 8.9 8.5 8.2 7.8 7.5 — ♅ (1 11 21 31): 0.1 0.5 1 1.5 — ♆ (1 11 21 31): 11.7 12 12.4 12.8 — ♇ (1 11 21 31): 20.5 20.8 21.2 21.5

II

	1	2	3	4	5	6	7	8	9	10	11	12	13	14	15	16	17	18	19	20	21	22	23	24	25	26	27	28	29	30	31
☉	11.5	12.5	13.5	14.5	15.5	16.5	17.5	18.5	19.6	20.6	21.6	22.6	23.6	24.6	25.6	26.6	27.7	28.7	29.7	0.7	1.7	2.7	3.7	4.7	5.7	6.7	7.7	8.7	9.7		
☽	11.1	23	5.0	17.2	29.6	12.2	25.1	8.2	21.5	4.9	18.6	2.3	16.2	0.2	14.4	28.7	13.0	27.3	11.6	25.7	9.5	23	6.1	18.8	1.3	13.4	25.4	7.2	19		
☿	21.0	22.4	23.8	25.3	26.8	28.2	29.7	1.2	2.8	4.3	5.8	7.4	9	10.6	12.2	13.8	15.4	17.1	18.7	20.4	22.1	23.8	25.5	27.3	29	0.8	2.6	4.4	6.2		
♀	20.9	22.1	23.3	24.4	25.6	26.8	28	29.2	0.4	1.6	2.7	3.9	5.1	6.3	7.4	8.6	9.8	10.9	12.1	13.2	14.4	15.5	16.7	17.8	19	20.1	21.3	22.4	23.5		
♂	28.5	29.1	29.7	0.4	1	1.6	2.3	2.9	3.5	4.2	4.8	5.5	6.1	6.7	7.4	8	8.7	9.3	9.9	10.6	11.2	11.9	12.5	13.1	13.8	14.4	15.1	15.7	16.3		

♃ (1 6 11 16 21 26): 17.7R 17.2 16.7 16.1 15.5 14.9 — ♄ (1 6 11 16 21 26): 7.4R 7.1 6.9 6.7 6.5 6.4 — ♅ (1 11 21): 1.6 2.1 2.7 — ♆ (1 11 21): 12.8 13.2 13.6 — ♇ (1 11 21): 21.5 21.7 22

III

	1	2	3	4	5	6	7	8	9	10	11	12	13	14	15	16	17	18	19	20	21	22	23	24	25	26	27	28	29	30	31
☉	10.7	11.7	12.7	13.8	14.8	15.8	16.8	17.8	18.8	19.8	20.8	21.7	22.7	23.7	24.7	25.7	26.7	27.7	28.7	29.7	0.7	1.7	2.7	3.7	4.7	5.7	6.7	7.7	8.6	9.6	10.6
☽	0.9	12.9	25.2	7.7	20.5	3.7	17.1	0.8	14.7	28.8	12.9	27.1	11.2	25.4	9.5	23.5	7.4	21.2	4.8	18.2	1.4	14.2	26.8	9.1	21.2	3.2	15	26.8	8.7	20.8	3.0
☿	8.1	9.9	11.8	13.7	15.6	17.5	19.4	21.4	23.3	25.3	27.2	29.2	1.2	3.1	5.1	7	8.9	10.8	12.6	14.4	16.1	17.8	19.4	21	22.4	23.8	25.1	26.3	27.4	28.3	29.2
♀	24.7	25.8	26.9	28	29.2	0.3	1.4	2.5	3.6	4.7	5.8	6.9	7.9	9	10.1	11.2	12.2	13.3	14.3	15.4	16.4	17.5	18.5	19.5	20.5	21.6	22.6	23.6	24.6	25.5	26.5
♂	17.0	17.6	18.3	18.9	19.5	20.2	20.8	21.5	22.1	22.7	23.4	24	24.7	25.3	26	26.6	27.2	27.9	28.5	29.2	29.8	0.4	1.1	1.7	2.4	3	3.6	4.3	4.9	5.6	6.2

♃ (1 6 11 16 21 26 31): 14.4R 13.7 13.1 12.4 11.8 11.3 10.7 — ♄ (1 6 11 16 21 26 31): 6.3R 6.3 6.3D 6.4 6.5 6.6 6.8 — ♅ (1 11 21 31): 3.2 3.8 4.4 4.9 — ♆ (1 11 21 31): 13.9 14.2 14.5 14.8 — ♇ (1 11 21 31): 22.1 22.2 22.2 22.2R

IV

	1	2	3	4	5	6	7	8	9	10	11	12	13	14	15	16	17	18	19	20	21	22	23	24	25	26	27	28	29	30	31
☉	11.6	12.6	13.6	14.6	15.5	16.5	17.5	18.5	19.5	20.5	21.4	22.4	23.4	24.4	25.4	26.3	27.3	28.3	29.3	0.2	1.2	2.2	3.2	4.2	5.1	6.1	7.1	8	9	10	
☽	15.6	28.5	11.8	25.4	9.4	23.7	8.2	22.8	7.4	21.9	6.2	20.4	4.3	18	1.4	14.7	27.6	10.4	22.9	5.3	17.4	29.4	11.3	23.1	5.0	16.8	28.9	11.1	23.6	6.5	
☿	29.9	0.6	1.1	1.5	1.7	1.9	1.9R	1.9	1.7	1.4	1	0.6	0	29.4	28.8	28.1	27.4	26.7	26	25.3	24.6	23.9	23.3	22.8	22.3	21.9	21.6	21.4	21.2	21.1	
♀	27.5	28.5	29.4	0.4	1.3	2.2	3.1	4	4.9	5.8	6.7	7.6	8.4	9.3	10.1	10.9	11.7	12.5	13.3	14	14.8	15.5	16.2	16.9	17.6	18.2	18.9	19.5	20.1	20.7	
♂	6.8	7.5	8.1	8.8	9.4	10	10.7	11.3	11.9	12.6	13.2	13.9	14.5	15.1	15.8	16.4	17.1	17.7	18.3	19	19.6	20.2	20.9	21.5	22.1	22.8	23.4	24.1	24.7	25.3	

♃ (1 6 11 16 21 26): 10.6R 10.2 9.8 9.5 9.2 9 — ♄ (1 6 11 16 21 26): 6.8 7.1 7.4 7.7 8 8.4 — ♅ (1 11 21): 4.9 5.4 5.8 — ♆ (1 11 21): 14.8 15 15.2 — ♇ (1 11 21): 22.2R 22.2 22

V

	1	2	3	4	5	6	7	8	9	10	11	12	13	14	15	16	17	18	19	20	21	22	23	24	25	26	27	28	29	30	31
☉	11.0	11.9	12.9	13.9	14.8	15.8	16.8	17.7	18.7	19.7	20.6	21.6	22.6	23.5	24.5	25.5	26.4	27.4	28.4	29.3	0.3	1.2	2.2	3.2	4.1	5.1	6	7	8	8.9	9.9
☽	19.7	3.4	17.5	2.0	16.8	1.8	16.8	1.7	16.3	0.7	14.7	28.4	11.7	24.7	7.3	19.8	2.0	14.1	26.1	8.0	19.9	1.7	13.5	25.4	7.5	19.7	2.2	14.9	28.1	11.7	25.7
☿	21.1	21.2	21.4	21.6	21.9	22.3	22.7	23.3	23.9	24.5	25.2	26	26.9	27.8	28.7	29.7	0.8	1.9	3	4.2	5.4	6.7	8	9.4	10.8	12.3	13.8	15.3	16.9	18.5	20.1
♀	21.2	21.7	22.2	22.7	23.2	23.6	24	24.3	24.7	25	25.2	25.5	25.7	25.8	26	26.1	26.1	26.1R	26.1	26.1	26	25.8	25.6	25.4	25.1	24.8	24.5	24.1	23.7	23.3	22.8
♂	26.0	26.6	27.2	27.9	28.5	29.1	29.8	0.4	1	1.7	2.3	2.9	3.6	4.2	4.8	5.5	6.1	6.7	7.4	8	8.6	9.3	9.9	10.5	11.2	11.8	12.4	13.1	13.7	14.3	15

♃ (1 6 11 16 21 26 31): 8.9R 8.9D 9 9.1 9.3 9.6 9.9 — ♄ (1 6 11 16 21 26 31): 8.9 9.3 9.8 10.3 10.8 11.4 12 — ♅ (1 11 21 31): 6.1 6.4 6.6 6.7 — ♆ (1 11 21 31): 15.3 15.4 15.4R 15.3 — ♇ (1 11 21 31): 21.9R 21.7 21.5 21.2

VI

	1	2	3	4	5	6	7	8	9	10	11	12	13	14	15	16	17	18	19	20	21	22	23	24	25	26	27	28	29	30	31
☉	10.8	11.8	12.8	13.7	14.7	15.6	16.6	17.5	18.5	19.5	20.4	21.4	22.3	23.3	24.2	25.2	26.1	27.1	28.1	29	30	0.9	1.9	2.8	3.8	4.7	5.7	6.6	7.6	8.5	
☽	10.2	25.1	10.2	25.4	10.6	25.6	10.2	24.4	8.2	21.5	4.3	16.9	29.2	11.3	23.2	5.1	16.9	28.7	10.6	22.5	4.5	16.6	28.9	11.4	24.1	7.2	20.7	4.5	18.8	3.5	
☿	21.8	23.6	25.3	27.1	29	0.9	2.8	4.8	6.8	8.8	10.9	13	15.1	17.3	19.4	21.6	23.8	26	28.2	0.4	2.6	4.7	6.9	9	11.2	13.2	15.3	17.3	19.3	21.3	
♀	22.3R	21.7	21.2	20.6	20	19.4	18.7	18.1	17.5	16.9	16.2	15.6	15	14.5	13.9	13.4	12.9	12.4	12	11.6	11.2	10.9	10.6	10.3	10.1	9.9	9.8	9.7	9.6	9.6D	
♂	15.6	16.2	16.8	17.5	18.1	18.7	19.4	20	20.6	21.3	21.9	22.5	23.2	23.8	24.4	25	25.7	26.3	26.9	27.6	28.2	28.8	29.5	0.1	0.7	1.3	2	2.6	3.2	3.9	

♃ (1 6 11 16 21 26): 10.0 10.4 10.9 11.4 12 12.7 — ♄ (1 6 11 16 21 26): 12.1 12.7 13.3 13.9 14.5 15.2 — ♅ (1 11 21): 6.8 6.8R 6.8 — ♆ (1 11 21): 15.3R 15.2 15.1 — ♇ (1 11 21): 21.2R 20.9 20.7

VII

	1	2	3	4	5	6	7	8	9	10	11	12	13	14	15	16	17	18	19	20	21	22	23	24	25	26	27	28	29	30	31
☉	9.5	10.5	11.4	12.4	13.3	14.3	15.2	16.2	17.1	18.1	19	20	20.9	21.9	22.8	23.8	24.8	25.7	26.7	27.6	28.6	29.5	0.5	1.4	2.4	3.3	4.3	5.3	6.2	7.2	8.1
☽	18.6	3.8	19	4.1	18.9	3.3	17.1	0.5	13.4	26	8.2	20.2	2.1	13.9	25.7	7.6	19.5	1.5	13.7	26	8.5	21.1	4.0	17.1	0.5	14.2	28.3	12.8	27.5	12.5	27.5
☿	23.3	25.2	27	28.9	0.7	2.5	4.2	5.9	7.6	9.2	10.8	12.4	13.9	15.4	16.8	18.3	19.7	21	22.3	23.6	24.9	26.1	27.2	28.3	29.4	0.4	1.4	2.3	3.2	4	4.8
♀	9.6	9.7	9.8	9.9	10.1	10.3	10.5	10.8	11.1	11.4	11.8	12.2	12.6	13.1	13.5	14	14.5	15.1	15.6	16.2	16.8	17.5	18.1	18.8	19.4	20.1	20.8	21.6	22.3	23.1	23.8
♂	4.5	5.1	5.8	6.4	7	7.6	8.3	8.9	9.5	10.2	10.8	11.4	12	12.7	13.3	13.9	14.6	15.2	15.8	16.5	17.1	17.7	18.4	19	19.6	20.2	20.9	21.5	22.1	22.8	23.4

♃ (1 6 11 16 21 26 31): 13.4 14.1 14.9 15.7 16.6 17.5 18.4 — ♄ (1 6 11 16 21 26 31): 15.8 16.5 17.1 17.8 18.4 19.1 19.7 — ♅ (1 11 21 31): 6.6R 6.4 6.2 5.9 — ♆ (1 11 21 31): 14.9R 14.7 14.4 14.2 — ♇ (1 11 21 31): 20.4R 20.2 20 19.8

VIII

	1	2	3	4	5	6	7	8	9	10	11	12	13	14	15	16	17	18	19	20	21	22	23	24	25	26	27	28	29	30	31
☉	9.1	10	11	12	12.9	13.9	14.8	15.8	16.7	17.7	18.7	19.6	20.6	21.5	22.5	23.5	24.4	25.4	26.4	27.3	28.3	29.2	0.2	1.2	2.1	3.1	4.1	5	6	7	7.9
☽	12.5	27.2	11.6	25.5	8.9	21.9	4.4	16.7	28.7	10.6	22.4	4.3	16.2	28.2	10.4	22.8	5.3	18.1	1.0	14.1	27.4	10.9	24.7	8.7	22.9	7.4	22	6.6	21.2	5.6	19.8
☿	5.5	6.2	6.7	7.3	7.7	8.1	8.4	8.6	8.7	8.8	8.7R	8.6	8.4	8.1	7.7	7.2	6.6	5.9	5.2	4.4	3.6	2.7	1.8	0.9	0.1	29.2	28.4	27.7	27.1	26.6	26.2
♀	24.6	25.4	26.2	27.1	27.9	28.7	29.6	0.5	1.3	2.2	3.1	4	5	5.9	6.8	7.8	8.7	9.7	10.6	11.6	12.6	13.6	14.5	15.5	16.5	17.6	18.6	19.6	20.6	21.6	22.7
♂	24.0	24.7	25.3	25.9	26.6	27.2	27.8	28.5	29.1	29.7	0.4	1	1.6	2.3	2.9	3.5	4.2	4.8	5.4	6.1	6.7	7.3	8	8.6	9.3	9.9	10.5	11.2	11.8	12.4	13.1

♃ (1 6 11 16 21 26 31): 18.6 19.5 20.5 21.5 22.5 23.6 24.6 — ♄ (1 6 11 16 21 26 31): 19.8 20.4 21 21.6 22.2 22.8 23.3 — ♅ (1 11 21 31): 5.8R 5.5 5.1 4.7 — ♆ (1 11 21 31): 14.1R 13.9 13.6 13.3 — ♇ (1 11 21 31): 19.8R 19.6 19.6 9.5D

IX

	1	2	3	4	5	6	7	8	9	10	11	12	13	14	15	16	17	18	19	20	21	22	23	24	25	26	27	28	29	30	31
☉	8.9	9.9	10.8	11.8	12.8	13.7	14.7	15.7	16.6	17.6	18.6	19.6	20.5	21.5	22.5	23.5	24.4	25.4	26.4	27.4	28.3	29.3	0.3	1.3	2.3	3.2	4.2	5.2	6.2	7.2	
☽	3.5	16.9	29.9	12.4	24.7	6.8	18.7	0.6	12.4	24.4	6.5	18.9	1.4	14.2	27.3	10.6	24.1	7.7	21.6	5.5	19.6	3.8	18	2.3	16.5	0.6	14.6	28.3	11.8	24.9	
☿	25.9R	25.8	25.8D	25.9	26.2	26.6	27.2	27.9	28.7	29.7	0.8	1.9	3.2	4.6	6.1	7.6	9.3	10.9	12.6	14.4	16.1	17.9	19.8	21.6	23.4	25.3	27.1	28.9	0.7	2.6	
♀	23.7	24.8	25.8	26.9	27.9	29	0.1	1.2	2.2	3.3	4.4	5.5	6.6	7.7	8.8	9.9	11	12.1	13.2	14.3	15.5	16.6	17.7	18.9	20	21.1	22.3	23.4	24.6	25.7	
♂	13.7	14.3	15	15.6	16.3	16.9	17.5	18.2	18.8	19.5	20.1	20.7	21.4	22	22.7	23.3	24	24.6	25.2	25.9	26.5	27.2	27.8	28.5	29.1	29.8	0.4	1	1.7	2.3	

♃ (1 6 11 16 21 26): 24.8 25.9 26.9 28 29.1 0.2 — ♄ (1 6 11 16 21 26): 23.4 23.9 24.4 24.9 25.3 25.7 — ♅ (1 11 21): 4.6R 4.3 3.9 — ♆ (1 11 21): 13.3R 13.1 12.9 — ♇ (1 11 21): 19.5 19.6 19.7

X

	1	2	3	4	5	6	7	8	9	10	11	12	13	14	15	16	17	18	19	20	21	22	23	24	25	26	27	28	29	30	31
☉	8.2	9.1	10.1	11.1	12.1	13.1	14.1	15	16	17	18	19	20	21	22	23	24	25	25.9	26.9	27.9	28.9	29.9	0.9	1.9	2.9	3.9	4.9	5.9	6.9	7.9
☽	7.8	20.3	2.6	14.6	26.6	8.4	20.3	2.3	14.5	26.8	9.5	22.5	5.8	19.5	3.4	17.5	1.8	16.2	0.5	14.8	29	13.1	27	10.7	24.2	7.5	20.5	3.4	16	28.4	10.6
☿	4.4	6.2	8	9.7	11.5	13.2	15	16.7	18.4	20.1	21.8	23.5	25.2	26.8	28.4	0.1	1.7	3.3	4.9	6.5	8	9.6	11.2	12.7	14.2	15.8	17.3	18.8	20.3	21.8	23.3
♀	26.9	28	29.2	0.3	1.5	2.6	3.8	5	6.2	7.3	8.5	9.7	10.9	12	13.2	14.4	15.6	16.8	18	19.2	20.4	21.6	22.7	23.9	25.1	26.4	27.6	28.8	30	1.2	2.4
♂	3.0	3.6	4.3	4.9	5.6	6.2	6.9	7.5	8.2	8.8	9.5	10.1	10.8	11.4	12.1	12.7	13.4	14	14.7	15.4	16	16.7	17.3	18	18.6	19.3	19.9	20.6	21.3	21.9	22.6

♃ (1 6 11 16 21 26 31): 1.3 2.3 3.4 4.5 5.5 6.5 7.6 — ♄ (1 6 11 16 21 26 31): 26.0 26.3 26.6 26.8 27 27.2 27.3 — ♅ (1 11 21 31): 3.6R 3.3 3.1 2.9 — ♆ (1 11 21 31): 12.8R 12.7 12.6 2.6D — ♇ (1 11 21 31): 19.8 20 20.2 20.5

XI

	1	2	3	4	5	6	7	8	9	10	11	12	13	14	15	16	17	18	19	20	21	22	23	24	25	26	27	28	29	30	31
☉	8.9	9.9	10.9	11.9	12.9	13.9	14.9	15.9	16.9	17.9	18.9	19.9	20.9	22	23	24	25	26	27	28	29	0.0	1	2	3.1	4.1	5.1	6.1	7.1	8.1	
☽	22.6	4.5	16.4	28.2	10.2	22.3	4.7	17.3	0.3	13.8	27.6	11.8	26.4	11.1	25.9	10.7	25.4	9.8	23.9	7.6	21.1	4.2	17.2	29.9	12.4	24.7	6.9	18.9	0.9	12.8	
☿	24.8	26.2	27.7	29.1	0.6	2	3.4	4.8	6.2	7.6	8.9	10.2	11.6	12.9	14.1	15.4	16.6	17.8	18.9	20	21.1	22.1	23	23.8	24.6	25.3	25.8	26.3	26.6	26.7	
♀	3.6	4.8	6	7.2	8.5	9.7	10.9	12.1	13.3	14.6	15.8	17	18.2	19.5	20.7	21.9	23.1	24.4	25.6	26.8	28.1	29.3	0.5	1.8	3	4.2	5.5	6.7	8	9.2	
♂	23.2	23.9	24.6	25.2	25.9	26.5	27.2	27.9	28.5	29.2	29.9	0.5	1.2	1.9	2.5	3.2	3.9	4.5	5.2	5.9	6.5	7.2	7.9	8.5	9.2	9.9	10.5	11.2	11.9	12.6	

♃ (1 6 11 16 21 26): 7.8 8.7 9.7 10.6 11.5 12.4 — ♄ (1 6 11 16 21 26): 27.3 27.3 27.3R 27.3 27.2 27.1 — ♅ (1 11 21): 2.9R 2.9 2.9D — ♆ (1 11 21): 12.6 12.7 12.8 — ♇ (1 11 21): 20.5 20.9 21.2

XII

	1	2	3	4	5	6	7	8	9	10	11	12	13	14	15	16	17	18	19	20	21	22	23	24	25	26	27	28	29	30	31
☉	9.1	10.1	11.2	12.2	13.2	14.2	15.2	16.2	17.3	18.3	19.3	20.3	21.3	22.3	23.4	24.4	25.4	26.4	27.4	28.4	29.5	0.5	1.5	2.5	3.5	4.6	5.6	6.6	7.6	8.6	9.6
☽	24.6	6.5	18.4	0.5	12.8	25.3	8.2	21.6	5.4	19.7	4.4	19.4	4.6	19.8	4.9	19.6	3.9	17.7	1.2	14.2	26.9	9.4	21.6	3.7	15.8	27.7	9.6	21.5	3.3	15.2	27.2
☿	26.7R	26.6	26.2	25.7	24.9	24	23	21.8	20.5	19.1	17.7	16.4	15.1	13.9	12.9	12.1	11.4	10.9	10.6	10.5	10.5D	10.7	11	11.5	12.1	12.7	13.5	14.4	15.3	16.3	17.3
♀	10.4	11.7	12.9	14.2	15.4	16.6	17.9	19.1	20.4	21.6	22.9	24.1	25.4	26.6	27.9	29.1	0.4	1.6	2.9	4.1	5.3	6.6	7.8	9.1	10.3	11.6	12.8	14.1	15.3	16.6	17.8
♂	13.2	13.9	14.6	15.3	15.9	16.6	17.3	18	18.6	19.3	20	20.7	21.4	22	22.7	23.4	24.1	24.8	25.4	26.1	26.8	27.5	28.2	28.9	29.5	0.2	0.9	1.6	2.3	3	3.7

♃ (1 6 11 16 21 26 31): 13.2 14 14.8 15.5 16.1 16.7 17.2 — ♄ (1 6 11 16 21 26 31): 26.9R 26.6 26.4 26.1 25.7 25.4 25 — ♅ (1 11 21 31): 3.0 3.2 3.5 3.9 — ♆ (1 11 21 31): 13.0 13.2 13.5 13.8 — ♇ (1 11 21 31): 21.6 21.9 22.3 22.7

I

	1	2	3	4	5	6	7	8	9	10	11	12	13	14	15	16	17	18	19	20	21	22	23	24	25	26	27	28	29	30	31
☉	♑ 10.7	11.7	12.7	13.7	14.7	15.8	16.8	17.8	18.8	19.8	20.9	21.9	22.9	23.9	24.9	26	27	28	29	♒ 0.0	1	2.1	3.1	4.1	5.1	6.1	7.1	8.2	9.2	10.2	11.2
☽	♍ 9.3	21.5	♎ 4.0	16.8	30	♏ 13.6	27.7	♐ 12.3	27.3	♑ 12.6	28	♒ 13.3	28.2	♓ 12.8	26.9	♈ 10.4	23.5	♉ 6.2	18.6	♊ 0.8	12.8	24.7	♋ 6.6	18.4	♌ 0.3	12.3	24.3	♍ 6.4	18.6	♎ 0.9	13.5
☿	♐ 18.4	19.5	20.7	21.9	23.2	24.4	25.7	27.1	28.4	29.8	♑ 1.1	2.5	3.9	5.4	6.8	8.2	9.7	11.2	12.6	14.1	15.6	17.2	18.7	20.2	21.8	23.3	24.9	26.4	28	29.6	♒ 1.2
♀	♐ 19.1	20.4	21.6	22.9	24.1	25.4	26.6	27.9	29.1	♑ 0.4	1.6	2.9	4.1	5.4	6.6	7.9	9.1	10.4	11.6	12.9	14.1	15.4	16.7	17.9	19.2	20.4	21.7	22.9	24.2	25.4	26.7
♂	♐ 4.3	5	5.7	6.4	7.1	7.8	8.5	9.2	9.9	10.6	11.3	12	12.7	13.3	14	14.7	15.4	16.1	16.8	17.5	18.2	18.9	19.6	20.3	21	21.7	22.4	23.1	23.8	24.5	25.2

♃ 1: ♎ 17.3 · 6: 17.7 · 11: 18.1 · 16: 18.4 · 21: 18.6 · 26: 18.8 · 31: 18.9
♄ 1: ♋ 24.9R · 6: 24.5 · 11: 24.1 · 16: 23.7 · 21: 23.3 · 26: 22.9 · 31: 22.5
♅ 1: ♓ 3.9 · 11: 4.3 · 21: 4.8 · 31: 5.3
♆ 1: ♒ 13.8 · 11: 14.2 · 21: 14.6 · 31: 14.9
♇ 1: ♐ 22.7 · 11: 23.1 · 21: 23.4 · 31: 23.7

II

	1	2	3	4	5	6	7	8	9	10	11	12	13	14	15	16	17	18	19	20	21	22	23	24	25	26	27	28	29	30	31
☉	♒ 12.2	13.2	14.3	15.3	16.3	17.3	18.3	19.3	20.3	21.3	22.4	23.4	24.4	25.4	26.4	27.4	28.4	29.4	♓ 0.4	1.4	2.5	3.5	4.5	5.5	6.5	7.5	8.5	9.5			
☽	♎ 26.3	♏ 9.4	22.9	♐ 6.8	21.1	♑ 5.8	20.9	♒ 6.0	21.2	♓ 6.2	20.8	♈ 5.0	18.8	♉ 2.0	14.8	27.3	♊ 9.5	21.5	♋ 3.3	15.2	27.1	♌ 9.0	21	♍ 3.2	15.5	27.9	♎ 10.5	23.3			
☿	♒ 2.9	4.5	6.1	7.8	9.4	11.1	12.8	14.5	16.2	18	19.7	21.5	23.3	25	26.8	28.6	♓ 0.5	2.3	4.2	6	7.9	9.8	11.6	13.5	15.4	17.3	19.2	21			
♀	♑ 27.9	29.2	♒ 0.4	1.7	2.9	4.2	5.4	6.7	7.9	9.2	10.5	11.7	13	14.2	15.5	16.7	18	19.2	20.5	21.7	23	24.2	25.5	26.7	28	29.2	♓ 0.5	1.7			
♂	♐ 25.9	26.6	27.3	28	28.7	29.5	♑ 0.2	0.9	1.6	2.3	3	3.7	4.4	5.1	5.8	6.5	7.2	8	8.7	9.4	10.1	10.8	11.5	12.2	12.9	13.7	14.4	15.1			

♃ 1: ♎ 18.9 · 6: 18.8R · 11: 18.7 · 16: 18.6 · 21: 18.3 · 26: 18
♄ 1: ♋ 22.4R · 6: 22.1 · 11: 21.7 · 16: 21.4 · 21: 21.2 · 26: 20.9
♅ 1: ♓ 5.4 · 11: 5.9 · 21: 6.5
♆ 1: ♒ 15.0 · 11: 15.3 · 21: 15.7
♇ 1: ♐ 23.7 · 11: 24 · 21: 24.2

III

	1	2	3	4	5	6	7	8	9	10	11	12	13	14	15	16	17	18	19	20	21	22	23	24	25	26	27	28	29	30	31
☉	♓ 10.5	11.5	12.5	13.5	14.5	15.5	16.5	17.5	18.5	19.5	20.5	21.5	22.5	23.5	24.5	25.5	26.5	27.5	28.5	29.5	♈ 0.5	1.5	2.5	3.4	4.4	5.4	6.4	7.4	8.4	9.4	10.4
☽	♏ 6.3	19.6	♐ 3.1	16.9	♑ 1.1	15.5	♒ 0.1	14.9	29.7	♓ 14.3	28.8	♈ 12.9	26.6	♉ 9.9	22.8	♊ 5.3	17.6	29.6	♋ 11.5	23.4	♌ 5.3	17.3	29.4	♍ 11.7	24.2	♎ 6.9	19.9	♏ 3.0	16.4	♐ 0.0	13.8
☿	♓ 22.8	24.7	26.4	28.2	29.9	♈ 1.5	3.1	4.6	6	7.4	8.6	9.7	10.7	11.6	12.4	13	13.5	13.8	14	14.1	14.0R	13.8	13.5	13.1	12.5	11.9	11.2	10.4	9.6	8.8	7.9
♀	♓ 3.0	4.2	5.5	6.7	8	9.2	10.5	11.7	12.9	14.2	15.4	16.7	17.9	19.2	20.4	21.7	22.9	24.2	25.4	26.7	27.9	29.1	♈ 0.4	1.6	2.9	4.1	5.4	6.6	7.9	9.1	10.3
♂	♑ 15.8	16.5	17.2	17.9	18.7	19.4	20.1	20.8	21.5	22.3	23	23.7	24.4	25.1	25.9	26.6	27.3	28	28.7	29.5	♒ 0.2	0.9	1.6	2.3	3.1	3.8	4.5	5.2	6	6.7	7.4

♃ 1: ♎ 17.7R · 6: 17.3 · 11: 16.8 · 16: 16.3 · 21: 15.7 · 26: 15.1 · 31: 14.4
♄ 1: ♋ 20.8R · 6: 20.6 · 11: 20.5 · 16: 20.4 · 21: 20.4 · 26: 20.4D · 31: 20.5
♅ 1: ♓ 7.0 · 11: 7.5 · 21: 8.1 · 31: 8.6
♆ 1: ♒ 16.0 · 11: 16.4 · 21: 16.7 · 31: 16.9
♇ 1: ♐ 24.3 · 11: 24.4 · 21: 24.5 · 31: 24.5R

IV

	1	2	3	4	5	6	7	8	9	10	11	12	13	14	15	16	17	18	19	20	21	22	23	24	25	26	27	28	29	30	31
☉	♈ 11.4	12.3	13.3	14.3	15.3	16.3	17.3	18.3	19.2	20.2	21.2	22.2	23.2	24.1	25.1	26.1	27.1	28.1	29	♉ 0.0	1	2	2.9	3.9	4.9	5.9	6.8	7.8	8.8	9.7	
☽	♐ 27.8	♑ 11.9	26.1	♒ 10.4	24.8	♓ 9.1	23.3	♈ 7.3	21.1	♉ 4.5	17.7	♊ 0.6	13.1	25.4	♋ 7.5	19.4	♌ 1.3	13.2	25.2	♍ 7.4	19.8	♎ 2.4	15.4	28.6	♏ 12.2	26	♐ 10.1	24.3	♑ 8.6	22.9	
☿	♈ 7.1R	6.3	5.5	4.8	4.1	3.5	3	2.6	2.2	2	1.8	1.8	1.8D	1.9	2.1	2.3	2.7	3.1	3.6	4.2	4.8	5.5	6.2	7	7.9	8.8	9.8	10.8	11.9	13	
♀	♈ 11.6	12.8	14.1	15.3	16.5	17.8	19	20.3	21.5	22.7	24	25.2	26.5	27.7	28.9	♉ 0.2	1.4	2.6	3.9	5.1	6.4	7.6	8.8	10.1	11.3	12.5	13.8	15	16.2	17.5	
♂	♒ 8.1	8.9	9.6	10.3	11	11.8	12.5	13.2	13.9	14.7	15.4	16.1	16.8	17.6	18.3	19	19.7	20.5	21.2	21.9	22.7	23.4	24.1	24.8	25.6	26.3	27	27.7	28.5	29.2	

♃ 1: ♎ 14.3R · 6: 13.7 · 11: 13 · 16: 12.4 · 21: 11.8 · 26: 11.3
♄ 1: ♋ 20.5 · 6: 20.6 · 11: 20.8 · 16: 21 · 21: 21.2 · 26: 21.5
♅ 1: ♓ 8.7 · 11: 9.2 · 21: 9.6
♆ 1: ♒ 17.0 · 11: 17.2 · 21: 17.4
♇ 1: ♐ 24.5R · 11: 24.5 · 21: 24.4

V

	1	2	3	4	5	6	7	8	9	10	11	12	13	14	15	16	17	18	19	20	21	22	23	24	25	26	27	28	29	30	31
☉	♉ 10.7	11.7	12.7	13.6	14.6	15.6	16.5	17.5	18.5	19.4	20.4	21.4	22.3	23.3	24.3	25.2	26.2	27.2	28.1	29.1	♊ 0.0	1	2	2.9	3.9	4.9	5.8	6.8	7.7	8.7	9.6
☽	♒ 7.2	21.4	♓ 5.4	19.3	♈ 3.1	16.6	30	♉ 13.1	26	♊ 8.7	21.1	♋ 3.4	15.4	27.4	♌ 9.3	21.1	♍ 3.1	15.3	27.6	♎ 10.3	23.4	♏ 6.9	20.8	♐ 5.0	19.5	♑ 4.2	18.9	♒ 3.5	18	♓ 2.3	16.2
☿	♈ 14.1	15.3	16.6	17.9	19.2	20.5	21.9	23.3	24.8	26.3	27.8	29.4	♉ 1.0	2.6	4.3	6	7.7	9.5	11.3	13.1	15	16.9	18.9	20.8	22.9	24.9	27	29.1	♊ 1.2	3.3	5.5
♀	♉ 18.7	19.9	21.2	22.4	23.6	24.9	26.1	27.3	28.6	29.8	♊ 1.0	2.2	3.5	4.7	5.9	7.2	8.4	9.6	10.8	12.1	13.3	14.5	15.7	17	18.2	19.4	20.7	21.9	23.1	24.3	25.5
♂	♒ 29.9	♓ 0.6	1.4	2.1	2.8	3.5	4.3	5	5.7	6.4	7.1	7.9	8.6	9.3	10	10.8	11.5	12.2	12.9	13.6	14.3	15.1	15.8	16.5	17.2	17.9	18.6	19.3	20.1	20.8	21.5

♃ 1: ♎ 10.7R · 6: 10.3 · 11: 9.9 · 16: 9.5 · 21: 9.3 · 26: 9.1 · 31: 9
♄ 1: ♋ 21.8 · 6: 22.2 · 11: 22.6 · 16: 23 · 21: 23.4 · 26: 23.9 · 31: 24.4
♅ 1: ♓ 10.0 · 11: 10.3 · 21: 10.5 · 31: 10.7
♆ 1: ♒ 17.5 · 11: 17.6 · 21: 17.6R · 31: 17.6
♇ 1: ♐ 24.2R · 11: 24 · 21: 23.8 · 31: 23.5

VI

	1	2	3	4	5	6	7	8	9	10	11	12	13	14	15	16	17	18	19	20	21	22	23	24	25	26	27	28	29	30	31
☉	♊ 10.6	11.6	12.5	13.5	14.4	15.4	16.4	17.3	18.3	19.2	20.2	21.1	22.1	23	24	25	25.9	26.9	27.8	28.8	29.7	♋ 0.7	1.6	2.6	3.5	4.5	5.5	6.4	7.4	8.3	
☽	♓ 29.9	♈ 13.4	26.5	♉ 9.5	22.3	♊ 4.9	17.3	29.6	♋ 11.7	23.7	♌ 5.6	17.5	29.3	♍ 11.3	23.4	♎ 5.7	18.4	♏ 1.4	15	29	♐ 13.4	28.2	♑ 13.2	28.4	♒ 13.4	28.1	♓ 12.6	26.6	♈ 10.3	23.6	
☿	♊ 7.7	9.8	12	14.2	16.4	18.6	20.8	23	25.2	27.3	29.4	♋ 1.5	3.5	5.5	7.5	9.4	11.3	13.2	15	16.8	18.6	20.3	22	23.6	25.2	26.8	28.3	29.8	♌ 1.2	2.6	
♀	♊ 26.8	28	29.2	♋ 0.4	1.7	2.9	4.1	5.3	6.6	7.8	9	10.2	11.4	12.7	13.9	15.1	16.3	17.5	18.8	20	21.2	22.4	23.6	24.8	26.1	27.3	28.5	29.7	♌ 0.9	2.1	
♂	♓ 22.2	22.9	23.6	24.3	25	25.7	26.4	27.1	27.8	28.5	29.2	29.9	♈ 0.6	1.3	2	2.7	3.4	4.1	4.8	5.5	6.1	6.8	7.5	8.2	8.9	9.5	10.2	10.9	11.6	12.2	

♃ 1: ♎ 9.0R · 6: 8.9D · 11: 9 · 16: 9.1 · 21: 9.3 · 26: 9.6
♄ 1: ♋ 24.5 · 6: 25.1 · 11: 25.6 · 16: 26.2 · 21: 26.8 · 26: 27.4
♅ 1: ♓ 10.7 · 11: 10.8 · 21: 10.8R
♆ 1: ♒ 17.6R · 11: 17.5 · 21: 17.3
♇ 1: ♐ 23.5R · 11: 23.3 · 21: 23

VII

	1	2	3	4	5	6	7	8	9	10	11	12	13	14	15	16	17	18	19	20	21	22	23	24	25	26	27	28	29	30	31
☉	♋ 9.3	10.2	11.2	12.1	13.1	14	15	15.9	16.9	17.8	18.8	19.8	20.7	21.7	22.6	23.6	24.5	25.5	26.4	27.4	28.3	29.3	♌ 0.3	1.2	2.2	3.1	4.1	5	6	6.9	7.9
☽	♉ 6.6	19.3	♊ 1.8	14.2	26.4	♋ 8.5	20.5	♌ 2.4	14.2	26.1	♍ 7.9	19.9	♎ 1.9	14.2	26.9	♏ 9.9	23.3	♐ 7.3	21.7	♑ 6.6	21.8	♒ 7.1	22.3	♓ 7.3	22	♈ 6.2	20	♉ 3.3	16.3	28.9	♊ 11.3
☿	♌ 3.9	5.2	6.5	7.7	8.9	10	11.1	12.2	13.2	14.1	15	15.8	16.5	17.3	17.9	18.5	19	19.4	19.8	20.1	20.3	20.4	20.5	20.4R	20.3	20.1	19.8	19.5	19	18.5	18
♀	♌ 3.3	4.6	5.8	7	8.2	9.4	10.6	11.8	13	14.3	15.5	16.7	17.9	19.1	20.3	21.5	22.7	23.9	25.1	26.3	27.5	28.7	29.9	♍ 1.2	2.4	3.6	4.8	6	7.2	8.4	9.6
♂	♈ 12.9	13.6	14.2	14.9	15.5	16.2	16.8	17.5	18.1	18.8	19.4	20.1	20.7	21.3	22	22.6	23.2	23.8	24.5	25.1	25.7	26.3	26.9	27.5	28.1	28.7	29.3	29.9	♉ 0.5	1	1.6

♃ 1: ♎ 9.9 · 6: 10.3 · 11: 10.8 · 16: 11.3 · 21: 11.9 · 26: 12.5 · 31: 13.2
♄ 1: ♋ 28.0 · 6: 28.7 · 11: 29.3 · 16: 29.9 · 21: ♌ 0.6 · 26: 1.2 · 31: 1.9
♅ 1: ♓ 10.7R · 11: 10.5 · 21: 10.3 · 31: 10
♆ 1: ♒ 17.2R · 11: 16.9 · 21: 16.7 · 31: 16.4
♇ 1: ♐ 22.7R · 11: 22.5 · 21: 22.3 · 31: 22.1

VIII

	1	2	3	4	5	6	7	8	9	10	11	12	13	14	15	16	17	18	19	20	21	22	23	24	25	26	27	28	29	30	31
☉	♌ 8.9	9.8	10.8	11.7	12.7	13.6	14.6	15.6	16.5	17.5	18.4	19.4	20.4	21.3	22.3	23.2	24.2	25.2	26.1	27.1	28	29	30	♍ 0.9	1.9	2.9	3.8	4.8	5.8	6.7	7.7
☽	♊ 23.5	♋ 5.6	17.5	29.4	♌ 11.3	23.1	♍ 5.0	16.9	28.9	♎ 11.1	23.4	♏ 6.0	19	♐ 2.4	16.2	♑ 0.5	15.2	♒ 0.2	15.4	♓ 0.7	15.8	♈ 0.6	15	28.9	♉ 12.3	25.4	♊ 8.0	20.4	♋ 2.5	14.5	26.4
☿	♌ 17.3R	16.6	15.9	15.2	14.4	13.6	12.9	12.1	11.4	10.8	10.2	9.7	9.3	9	8.8	8.8	8.8D	9	9.2	9.7	10.2	10.9	11.6	12.5	13.6	14.7	15.9	17.2	18.7	20.2	21.7
♀	♍ 10.8	12	13.2	14.4	15.5	16.7	17.9	19.1	20.3	21.5	22.7	23.9	25.1	26.3	27.5	28.7	29.8	♎ 1.0	2.2	3.4	4.6	5.8	7	8.1	9.3	10.5	11.7	12.8	14	15.2	16.4
♂	♉ 2.2	2.7	3.3	3.9	4.4	5	5.5	6	6.6	7.1	7.6	8.1	8.7	9.2	9.7	10.2	10.6	11.1	11.6	12.1	12.5	13	13.4	13.9	14.3	14.7	15.1	15.6	16	16.4	16.7

♃ 1: ♎ 13.3 · 6: 14 · 11: 14.8 · 16: 15.6 · 21: 16.5 · 26: 17.4 · 31: 18.3
♄ 1: ♌ 2.0 · 6: 2.6 · 11: 3.3 · 16: 3.9 · 21: 4.5 · 26: 5.1 · 31: 5.7
♅ 1: ♓ 9.9R · 11: 9.6 · 21: 9.2 · 31: 8.8
♆ 1: ♒ 16.4R · 11: 16.1 · 21: 15.9 · 31: 15.6
♇ 1: ♐ 22.1R · 11: 22 · 21: 21.9 · 31: 21.8

IX

	1	2	3	4	5	6	7	8	9	10	11	12	13	14	15	16	17	18	19	20	21	22	23	24	25	26	27	28	29	30	31
☉	♍ 8.7	9.6	10.6	11.6	12.5	13.5	14.5	15.4	16.4	17.4	18.4	19.3	20.3	21.3	22.3	23.2	24.2	25.2	26.2	27.1	28.1	29.1	♎ 0.1	1	2	3	4	5	5.9	6.9	
☽	♌ 8.3	20.1	♍ 2.0	14	26	♎ 8.2	20.5	♏ 3.1	15.8	28.9	♐ 12.2	26	♑ 10.0	24.5	♒ 9.2	24.1	♓ 9.1	24	♈ 8.7	23.1	♉ 7.0	20.6	♊ 3.7	16.5	28.9	♋ 11.0	23	♌ 4.9	16.8	28.6	
☿	♌ 23.4	25.1	26.8	28.6	♍ 0.5	2.3	4.2	6.1	8	9.9	11.9	13.8	15.7	17.6	19.5	21.4	23.2	25.1	26.9	28.7	♎ 0.5	2.3	4.1	5.9	7.6	9.3	11	12.7	14.4	16.1	
♀	♎ 17.5	18.7	19.9	21.1	22.2	23.4	24.6	25.7	26.9	28.1	29.2	♏ 0.4	1.5	2.7	3.8	5	6.2	7.3	8.5	9.6	10.7	11.9	13	14.2	15.3	16.5	17.6	18.7	19.9	21	
♂	♉ 17.1	17.5	17.8	18.2	18.5	18.9	19.2	19.5	19.8	20.1	20.4	20.6	20.9	21.1	21.4	21.6	21.8	22	22.2	22.3	22.5	22.7	22.8	22.9	23	23.1	23.2	23.3	23.3	23.3	

♃ 1: ♎ 18.5 · 6: 19.5 · 11: 20.4 · 16: 21.5 · 21: 22.5 · 26: 23.5
♄ 1: ♌ 5.8 · 6: 6.4 · 11: 6.9 · 16: 7.5 · 21: 8 · 26: 8.5
♅ 1: ♓ 8.8R · 11: 8.4 · 21: 8
♆ 1: ♒ 15.6R · 11: 15.4 · 21: 15.2
♇ 1: ♐ 21.8R · 11: 21.8D · 21: 21.9

X

	1	2	3	4	5	6	7	8	9	10	11	12	13	14	15	16	17	18	19	20	21	22	23	24	25	26	27	28	29	30	31
☉	♎ 7.9	8.9	9.9	10.9	11.9	12.8	13.8	14.8	15.8	16.8	17.8	18.8	19.8	20.7	21.7	22.7	23.7	24.7	25.7	26.7	27.7	28.7	29.7	♏ 0.7	1.7	2.7	3.7	4.7	5.7	6.7	7.7
☽	♍ 10.6	22.7	♎ 4.9	17.3	30	♏ 12.8	25.9	♐ 9.2	22.7	♑ 6.5	20.5	♒ 4.7	19.1	♓ 3.6	18.1	♈ 2.6	17	♉ 1.1	15	28.5	♊ 11.6	24.4	♋ 6.9	19.1	♌ 1.1	13	24.8	♍ 6.7	18.7	♎ 0.9	13.3
☿	♎ 17.7	19.4	21	22.6	24.2	25.8	27.3	28.9	♏ 0.4	2	3.5	5	6.5	7.9	9.4	10.9	12.3	13.7	15.1	16.5	17.9	19.3	20.7	22	23.3	24.6	25.9	27.1	28.4	29.6	♐ 0.7
♀	♏ 22.1	23.2	24.4	25.5	26.6	27.7	28.8	30	♐ 1.1	2.2	3.3	4.4	5.5	6.6	7.7	8.8	9.8	10.9	12	13.1	14.1	15.2	16.3	17.3	18.4	19.4	20.5	21.5	22.6	23.6	24.6
♂	♉ 23.4	23.4R	23.4	23.3	23.3	23.2	23.2	23.1	23	22.9	22.8	22.6	22.5	22.3	22.1	21.9	21.7	21.5	21.2	21	20.7	20.5	20.2	19.9	19.6	19.3	18.9	18.6	18.3	17.9	17.6

♃ 1: ♎ 24.6 · 6: 25.6 · 11: 26.7 · 16: 27.8 · 21: 28.9 · 26: 30 · 31: ♏ 1.1
♄ 1: ♌ 8.9 · 6: 9.3 · 11: 9.7 · 16: 10 · 21: 10.4 · 26: 10.6 · 31: 10.8
♅ 1: ♓ 7.7R · 11: 7.4 · 21: 7.1 · 31: 7
♆ 1: ♒ 15.0R · 11: 14.9 · 21: 14.8 · 31: 14.8D
♇ 1: ♐ 22.0 · 11: 22.2 · 21: 22.4 · 31: 22.7

XI

	1	2	3	4	5	6	7	8	9	10	11	12	13	14	15	16	17	18	19	20	21	22	23	24	25	26	27	28	29	30	31
☉	♏ 8.7	9.7	10.7	11.7	12.7	13.7	14.7	15.7	16.7	17.7	18.7	19.7	20.7	21.7	22.7	23.7	24.7	25.7	26.8	27.8	28.8	29.8	♐ 0.8	1.8	2.8	3.8	4.8	5.8	6.9	7.9	
☽	♎ 26.0	♏ 8.9	22.2	♐ 5.7	19.4	♑ 3.3	17.3	♒ 1.5	15.6	29.8	♓ 13.9	28	♈ 12.0	25.9	♉ 9.7	23.2	♊ 6.5	19.5	♋ 2.2	14.7	26.9	♌ 8.9	20.8	♍ 2.6	14.5	26.5	♎ 8.7	21.2	♏ 4.0	17.2	
☿	♐ 1.9	3	4	5	6	6.9	7.7	8.5	9.1	9.7	10.2	10.6	10.8	10.9	10.9R	10.7	10.3	9.8	9.1	8.2	7.2	6	4.7	3.4	2	0.6	♏ 29.4	28.2	27.2	26.3	
♀	♐ 25.6	26.7	27.7	28.7	29.7	♑ 0.7	1.6	2.6	3.6	4.5	5.5	6.4	7.4	8.3	9.2	10.1	11	11.9	12.8	13.6	14.5	15.3	16.2	17	17.8	18.6	19.3	20.1	20.8	21.6	
♂	♉ 17.3R	16.9	16.6	16.2	15.8	15.5	15.1	14.8	14.4	14.1	13.7	13.4	13.1	12.8	12.4	12.1	11.8	11.5	11.3	11	10.7	10.5	10.2	10	9.8	9.6	9.4	9.3	9.1	8.9	

♃ 1: ♏ 1.3 · 6: 2.4 · 11: 3.4 · 16: 4.5 · 21: 5.6 · 26: 6.6
♄ 1: ♌ 10.9 · 6: 11.1 · 11: 11.2 · 16: 11.3 · 21: 11.3 · 26: 11.3R
♅ 1: ♓ 6.9R · 11: 6.9 · 21: 6.9D
♆ 1: ♒ 14.8 · 11: 14.9 · 21: 15
♇ 1: ♐ 22.7 · 11: 23 · 21: 23.4

XII

	1	2	3	4	5	6	7	8	9	10	11	12	13	14	15	16	17	18	19	20	21	22	23	24	25	26	27	28	29	30	31
☉	♐ 8.9	9.9	10.9	11.9	12.9	14	15	16	17	18	19	20.1	21.1	22.1	23.1	24.1	25.1	26.2	27.2	28.2	29.2	♑ 0.2	1.2	2.3	3.3	4.3	5.3	6.3	7.4	8.4	9.4
☽	♐ 0.8	14.8	29	♑ 13.4	27.8	♒ 12.3	26.6	♓ 10.8	24.8	♈ 8.6	22.2	♉ 5.7	19	♊ 2.2	15.1	27.9	♋ 10.4	22.7	♌ 4.9	16.8	28.7	♍ 10.5	22.3	♎ 4.3	16.4	28.9	♏ 11.8	25	♐ 8.8	23	♑ 7.6
☿	♏ 25.6R	25.1	24.8	24.7	24.8D	25	25.4	25.9	26.6	27.3	28.2	29.1	♐ 0.1	1.2	2.3	3.5	4.7	6	7.2	8.6	9.9	11.3	12.6	14	15.4	16.9	18.3	19.8	21.2	22.7	24.2
♀	♑ 22.3	22.9	23.6	24.3	24.9	25.5	26.1	26.6	27.2	27.7	28.1	28.6	29	29.4	29.8	♒ 0.1	0.4	0.7	0.9	1.1	1.2	1.4	1.4	1.5	1.5R	1.4	1.3	1.2	1	0.8	0.6
♂	♉ 8.8R	8.7	8.6	8.5	8.4	8.4	8.3	8.3	8.2	8.2	8.2D	8.3	8.3	8.3	8.4	8.5	8.5	8.6	8.7	8.9	9	9.1	9.3	9.4	9.6	9.8	10	10.2	10.4	10.6	10.8

♃ 1: ♏ 7.6 · 6: 8.6 · 11: 9.6 · 16: 10.5 · 21: 11.4 · 26: 12.3 · 31: 13.1
♄ 1: ♌ 11.2R · 6: 11.1 · 11: 11 · 16: 10.8 · 21: 10.6 · 26: 10.3 · 31: 10
♅ 1: ♓ 6.9 · 11: 7.1 · 21: 7.4 · 31: 7.7
♆ 1: ♒ 15.2 · 11: 15.4 · 21: 15.6 · 31: 15.9
♇ 1: ♐ 23.7 · 11: 24.1 · 21: 24.5 · 31: 24.9

	1	2	3	4	5	6	7	8	9	10	11	12	13	14	15	16	17	18	19	20	21	22	23	24	25	26	27	28	29	30	31
☉	♑ 10.4	11.4	12.5	13.5	14.5	15.5	16.5	17.6	18.6	19.6	20.6	21.6	22.7	23.7	24.7	25.7	26.7	27.7	28.8	29.8	♒ 0.8	1.8	2.8	3.8	4.9	5.9	6.9	7.9	8.9	9.9	11
☽	♑ 22.4	♒ 7.3	22.2	♓ 6.9	21.3	♈ 5.4	19.2	♉ 2.7	15.9	28.9	♊ 11.7	24.3	♋ 6.8	19.1	♌ 1.2	13.3	25.2	♍ 7.0	18.8	♎ 0.6	12.5	24.6	♏ 7.0	19.8	♐ 3.0	16.7	♑ 0.9	15.5	♒ 0.5	15.7	♓ 0.9
☿	♐ 25.7	27.2	28.7	♑ 0.2	1.7	3.2	4.7	6.3	7.8	9.4	10.9	12.5	14.1	15.6	17.2	18.8	20.4	22	23.6	25.3	26.9	28.6	♒ 0.2	1.9	3.6	5.3	7	8.7	10.4	12.1	13.9
♀	♒ 0.3R	♑ 29.9	29.6	29.2	28.7	28.3	27.8	27.2	26.7	26.1	25.5	24.9	24.3	23.7	23.1	22.4	21.8	21.3	20.7	20.1	19.6	19.1	18.6	18.2	17.8	17.5	17.1	16.9	16.6	16.4	16.3
♂	♉ 11.1	11.3	11.6	11.8	12.1	12.4	12.7	13	13.3	13.6	13.9	14.3	14.6	14.9	15.3	15.6	16	16.4	16.7	17.1	17.5	17.9	18.3	18.7	19.1	19.5	19.9	20.3	20.8	21.2	21.6

♃ 1: ♏ 13.3 · 6: 14.1 · 11: 14.8 · 16: 15.5 · 21: 16.1 · 26: 16.7 · 31: 17.2
♄ 1: ♌ 9.9R · 6: 9.6 · 11: 9.2 · 16: 8.8 · 21: 8.4 · 26: 8 · 31: 7.6
♅ 1: ♓ 7.7 · 11: 8.1 · 21: 8.6 · 31: 9.1
♆ 1: ♒ 16.0 · 11: 16.3 · 21: 16.7 · 31: 17
♇ 1: ♐ 24.9 · 11: 25.2 · 21: 25.6 · 31: 25.9

	1	2	3	4	5	6	7	8	9	10	11	12	13	14	15	16	17	18	19	20	21	22	23	24	25	26	27	28	29	30	31
☉	♒ 12.0	13	14	15	16	17.1	18.1	19.1	20.1	21.1	22.1	23.1	24.1	25.1	26.2	27.2	28.2	29.2	♓ 0.2	1.2	2.2	3.2	4.2	5.2	6.2	7.2	8.2	9.3			
☽	♓ 16.0	♈ 0.7	15.1	29.1	♉ 12.7	25.9	♊ 8.8	21.4	♋ 3.8	16	28.1	♌ 10.1	22	♍ 3.8	15.6	27.5	♎ 9.3	21.3	♏ 3.5	15.9	28.6	♐ 11.7	25.2	♑ 9.2	23.7	♒ 8.5	23.7	♓ 8.9			
☿	♒ 15.6	17.4	19.2	20.9	22.7	24.5	26.3	28.1	29.9	♓ 1.7	3.5	5.3	7	8.8	10.5	12.2	13.8	15.4	16.9	18.4	19.8	21	22.2	23.3	24.3	25.1	25.8	26.3			
♀	♑ 16.1R	16.1	16	16.0D	16.1	16.2	16.3	16.4	16.6	16.9	17.1	17.4	17.8	18.1	18.5	18.9	19.4	19.9	20.4	20.9	21.5	22.1	22.7	23.3	23.9	24.6	25.3	26			
♂	♉ 22.1	22.5	22.9	23.4	23.8	24.3	24.8	25.2	25.7	26.2	26.6	27.1	27.6	28.1	28.6	29	29.5	♊ 0.0	0.5	1	1.5	2	2.5	3	3.6	4.1	4.6	5.1			

♃ 1: ♏ 17.3 · 6: 17.8 · 11: 18.1 · 16: 18.4 · 21: 18.6 · 26: 18.8
♄ 1: ♌ 7.5R · 6: 7.1 · 11: 6.7 · 16: 6.4 · 21: 6 · 26: 5.7
♅ 1: ♓ 9.1 · 11: 9.7 · 21: 10.2
♆ 1: ♒ 17.1 · 11: 17.5 · 21: 17.8
♇ 1: ♐ 25.9 · 11: 26.2 · 21: 26.4

	1	2	3	4	5	6	7	8	9	10	11	12	13	14	15	16	17	18	19	20	21	22	23	24	25	26	27	28	29	30	31
☉	♓ 10.3	11.3	12.3	13.3	14.3	15.3	16.3	17.3	18.3	19.3	20.3	21.3	22.3	23.3	24.3	25.3	26.3	27.2	28.2	29.2	♈ 0.2	1.2	2.2	3.2	4.2	5.2	6.2	7.2	8.2	9.1	10.1
☽	♓ 24.1	♈ 9.1	23.8	♉ 8.0	21.8	♊ 5.2	18.1	♋ 0.7	13	25.1	♌ 7.1	19	♍ 0.8	12.6	24.4	♎ 6.3	18.4	♏ 0.5	12.8	25.4	♐ 8.2	21.3	♑ 4.7	18.6	♒ 2.8	17.3	♓ 2.1	17.1	♈ 2.2	17.1	♉ 1.8
☿	♓ 26.7	26.9	26.9R	26.8	26.6	26.2	25.6	25	24.2	23.4	22.5	21.5	20.5	19.5	18.6	17.7	16.8	16	15.3	14.7	14.2	13.8	13.5	13.3	13.2	13.2D	13.3	13.5	13.7	14.1	14.5
♀	♑ 26.7	27.4	28.2	28.9	29.7	♒ 0.5	1.3	2.1	3	3.8	4.7	5.5	6.4	7.3	8.2	9.1	10	11	11.9	12.9	13.8	14.8	15.7	16.7	17.7	18.7	19.7	20.7	21.7	22.7	23.7
♂	♊ 5.6	6.1	6.7	7.2	7.7	8.3	8.8	9.3	9.9	10.4	10.9	11.5	12	12.6	13.1	13.6	14.2	14.7	15.3	15.8	16.4	16.9	17.5	18.1	18.6	19.2	19.7	20.3	20.9	21.4	22

♃ 1: ♏ 18.8 · 6: 18.9R · 11: 18.8 · 16: 18.7 · 21: 18.5 · 26: 18.2 · 31: 17.8
♄ 1: ♌ 5.5R · 6: 5.2 · 11: 5 · 16: 4.8 · 21: 4.6 · 26: 4.5 · 31: 4.4
♅ 1: ♓ 10.7 · 11: 11.3 · 21: 11.8 · 31: 12.4
♆ 1: ♒ 18.1 · 11: 18.5 · 21: 18.8 · 31: 19.1
♇ 1: ♐ 26.5 · 11: 26.7 · 21: 26.7 · 31: 26.8R

	1	2	3	4	5	6	7	8	9	10	11	12	13	14	15	16	17	18	19	20	21	22	23	24	25	26	27	28	29	30	31
☉	♈ 11.1	12.1	13.1	14.1	15.1	16.1	17	18	19	20	21	22	22.9	23.9	24.9	25.9	26.8	27.8	28.8	29.8	♉ 0.8	1.7	2.7	3.7	4.7	5.6	6.6	7.6	8.5	9.5	
☽	♉ 16.2	♊ 0.1	13.6	26.7	♋ 9.3	21.7	♌ 3.8	15.7	27.5	♍ 9.3	21.2	♎ 3.1	15.1	27.4	♏ 9.8	22.4	♐ 5.2	18.2	♑ 1.5	15.1	28.9	♒ 12.9	27.2	♓ 11.6	26.2	♈ 10.9	25.5	♉ 10.0	24.2	♊ 8.1	
☿	♓ 15.0	15.6	16.2	16.9	17.7	18.5	19.4	20.3	21.3	22.3	23.4	24.5	25.7	26.8	28.1	29.3	♈ 0.6	2	3.3	4.7	6.2	7.6	9.1	10.6	12.2	13.8	15.4	17	18.7	20.4	
♀	♒ 24.7	25.8	26.8	27.8	28.9	29.9	♓ 1.0	2	3.1	4.2	5.2	6.3	7.4	8.5	9.5	10.6	11.7	12.8	13.9	15	16.1	17.2	18.3	19.4	20.5	21.7	22.8	23.9	25	26.1	
♂	♊ 22.5	23.1	23.7	24.2	24.8	25.4	26	26.5	27.1	27.7	28.2	28.8	29.4	30	♋ 0.6	1.1	1.7	2.3	2.9	3.4	4	4.6	5.2	5.8	6.4	6.9	7.5	8.1	8.7	9.3	

♃ 1: ♏ 17.7R · 6: 17.3 · 11: 16.8 · 16: 16.3 · 21: 15.7 · 26: 15.1
♄ 1: ♌ 4.4R · 6: 4.4D · 11: 4.4 · 16: 4.5 · 21: 4.6 · 26: 4.8
♅ 1: ♓ 12.4 · 11: 12.9 · 21: 13.4
♆ 1: ♒ 19.1 · 11: 19.4 · 21: 19.5
♇ 1: ♐ 26.8R · 11: 26.7 · 21: 26.6

	1	2	3	4	5	6	7	8	9	10	11	12	13	14	15	16	17	18	19	20	21	22	23	24	25	26	27	28	29	30	31
☉	♉ 10.5	11.5	12.4	13.4	14.4	15.3	16.3	17.3	18.2	19.2	20.2	21.1	22.1	23.1	24	25	26	26.9	27.9	28.9	29.8	♊ 0.8	1.7	2.7	3.7	4.6	5.6	6.5	7.5	8.5	9.4
☽	♊ 21.6	♋ 4.7	17.4	29.8	♌ 12.0	23.9	♍ 5.7	17.5	29.4	♎ 11.4	23.6	♏ 6.0	18.7	♐ 1.7	14.9	28.3	♑ 11.9	25.8	♒ 9.7	23.7	♓ 7.9	22	♈ 6.3	20.5	♉ 4.7	18.8	♊ 2.7	16.3	29.7	♋ 12.7	25.4
☿	♈ 22.1	23.9	25.7	27.5	29.3	♉ 1.2	3.1	5.1	7	9	11.1	13.1	15.2	17.3	19.4	21.6	23.7	25.9	28.1	♊ 0.3	2.5	4.7	6.8	9	11.2	13.3	15.4	17.5	19.5	21.5	23.5
♀	♓ 27.3	28.4	29.5	♈ 0.6	1.8	2.9	4	5.2	6.3	7.5	8.6	9.7	10.9	12	13.2	14.3	15.5	16.6	17.8	18.9	20.1	21.3	22.4	23.6	24.7	25.9	27.1	28.2	29.4	♉ 0.5	1.7
♂	♋ 9.9	10.5	11.1	11.6	12.2	12.8	13.4	14	14.6	15.2	15.8	16.4	17	17.6	18.2	18.7	19.3	19.9	20.5	21.1	21.7	22.3	22.9	23.5	24.1	24.7	25.3	25.9	26.5	27.1	27.7

♃ 1: ♏ 14.5R · 6: 13.8 · 11: 13.2 · 16: 12.6 · 21: 12 · 26: 11.4 · 31: 10.9
♄ 1: ♌ 5.0 · 6: 5.2 · 11: 5.5 · 16: 5.8 · 21: 6.2 · 26: 6.6 · 31: 7
♅ 1: ♓ 13.8 · 11: 14.1 · 21: 14.4 · 31: 14.6
♆ 1: ♒ 19.7 · 11: 19.8 · 21: 19.8 · 31: 19.8R
♇ 1: ♐ 26.5R · 11: 26.3 · 21: 26.1 · 31: 25.9

	1	2	3	4	5	6	7	8	9	10	11	12	13	14	15	16	17	18	19	20	21	22	23	24	25	26	27	28	29	30	31
☉	♊ 10.4	11.3	12.3	13.3	14.2	15.2	16.1	17.1	18	19	20	20.9	21.9	22.8	23.8	24.7	25.7	26.6	27.6	28.6	29.5	♋ 0.5	1.4	2.4	3.3	4.3	5.2	6.2	7.1	8.1	
☽	♌ 7.8	19.9	♍ 1.8	13.7	25.5	♎ 7.4	19.4	♏ 1.7	14.3	27.2	♐ 10.5	24.1	♑ 7.9	22	♒ 6.2	20.4	♓ 4.7	18.9	♈ 3.0	17	♉ 0.9	14.7	28.4	♊ 11.9	25.2	♋ 8.2	21	♌ 3.5	15.8	27.9	
☿	♊ 25.4	27.3	29.1	♋ 0.9	2.7	4.4	6.1	7.7	9.3	10.8	12.3	13.7	15.1	16.5	17.8	19	20.2	21.3	22.4	23.5	24.4	25.4	26.2	27	27.8	28.4	29.1	29.6	♌ 0.1	0.5	
♀	♉ 2.9	4.1	5.2	6.4	7.6	8.7	9.9	11.1	12.3	13.4	14.6	15.8	17	18.1	19.3	20.5	21.7	22.9	24	25.2	26.4	27.6	28.8	30	♊ 1.2	2.3	3.5	4.7	5.9	7.1	
♂	♋ 28.3	28.9	29.5	♌ 0.1	0.7	1.3	1.9	2.5	3.2	3.8	4.4	5	5.6	6.2	6.8	7.4	8	8.6	9.2	9.8	10.4	11	11.7	12.3	12.9	13.5	14.1	14.7	15.3	15.9	

♃ 1: ♏ 10.8R · 6: 10.3 · 11: 9.9 · 16: 9.6 · 21: 9.3 · 26: 9.1
♄ 1: ♌ 7.1 · 6: 7.5 · 11: 8 · 16: 8.5 · 21: 9.1 · 26: 9.6
♅ 1: ♓ 14.6 · 11: 14.7 · 21: 14.7R
♆ 1: ♒ 19.8R · 11: 19.7 · 21: 19.6
♇ 1: ♐ 25.8R · 11: 25.6 · 21: 25.3

	1	2	3	4	5	6	7	8	9	10	11	12	13	14	15	16	17	18	19	20	21	22	23	24	25	26	27	28	29	30	31
☉	♋ 9.0	10	11	11.9	12.9	13.8	14.8	15.7	16.7	17.6	18.6	19.5	20.5	21.4	22.4	23.3	24.3	25.3	26.2	27.2	28.1	29.1	♌ 0.0	1	1.9	2.9	3.8	4.8	5.8	6.7	7.7
☽	♍ 9.8	21.6	♎ 3.4	15.3	27.3	♏ 9.7	22.3	♐ 5.4	18.8	♑ 2.7	16.9	♒ 1.3	16	♓ 0.6	15.2	29.6	♈ 13.8	27.8	♉ 11.6	25.2	♊ 8.5	21.6	♋ 4.6	17.3	29.8	♌ 12.1	24.2	♍ 6.1	18	29.8	♎ 11.6
☿	♌ 0.8	1.1	1.2	1.3	1.4R	1.3	1.2	1	0.7	0.3	♋ 29.9	29.5	28.9	28.3	27.7	27.1	26.4	25.7	25.1	24.4	23.8	23.2	22.7	22.2	21.8	21.5	21.3	21.1	21.1	21.1D	21.3
♀	♊ 8.3	9.5	10.7	11.9	13.1	14.3	15.5	16.7	17.9	19.1	20.3	21.5	22.7	23.9	25.1	26.3	27.5	28.7	29.9	♋ 1.1	2.3	3.5	4.7	5.9	7.1	8.3	9.5	10.7	11.9	13.2	14.4
♂	♌ 16.5	17.2	17.8	18.4	19	19.6	20.2	20.9	21.5	22.1	22.7	23.3	23.9	24.6	25.2	25.8	26.4	27	27.6	28.3	28.9	29.5	♍ 0.1	0.8	1.4	2	2.6	3.2	3.9	4.5	5.1

♃ 1: ♏ 9.0R · 6: 9 · 11: 9.0D · 16: 9.1 · 21: 9.3 · 26: 9.6 · 31: 9.9
♄ 1: ♌ 10.2 · 6: 10.8 · 11: 11.4 · 16: 12 · 21: 12.6 · 26: 13.3 · 31: 13.9
♅ 1: ♓ 14.7R · 11: 14.5 · 21: 14.3 · 31: 14.1
♆ 1: ♒ 19.4R · 11: 19.2 · 21: 19 · 31: 18.7
♇ 1: ♐ 25.1R · 11: 24.8 · 21: 24.6 · 31: 24.4

	1	2	3	4	5	6	7	8	9	10	11	12	13	14	15	16	17	18	19	20	21	22	23	24	25	26	27	28	29	30	31
☉	♌ 8.6	9.6	10.5	11.5	12.5	13.4	14.4	15.3	16.3	17.2	18.2	19.2	20.1	21.1	22	23	24	24.9	25.9	26.9	27.8	28.8	29.7	♍ 0.7	1.7	2.6	3.6	4.6	5.5	6.5	7.5
☽	♎ 23.4	♏ 5.5	17.8	♐ 0.4	13.4	26.9	♑ 10.9	25.2	♒ 10.0	24.9	♓ 9.9	24.8	♈ 9.6	24.1	♉ 8.2	22	♊ 5.5	18.7	♋ 1.6	14.2	26.6	♌ 8.9	21	♍ 2.9	14.8	26.5	♎ 8.3	20.1	♏ 2.0	14.1	26.4
☿	♋ 21.5	21.9	22.3	22.9	23.6	24.4	25.2	26.2	27.3	28.5	29.8	♌ 1.1	2.6	4.1	5.7	7.4	9.1	10.9	12.7	14.6	16.5	18.5	20.4	22.4	24.4	26.4	28.4	♍ 0.4	2.4	4.3	6.3
♀	♋ 15.6	16.8	18	19.2	20.4	21.7	22.9	24.1	25.3	26.5	27.7	29	♌ 0.2	1.4	2.6	3.9	5.1	6.3	7.5	8.8	10	11.2	12.4	13.7	14.9	16.1	17.3	18.6	19.8	21	22.3
♂	♍ 5.7	6.4	7	7.6	8.3	8.9	9.5	10.1	10.8	11.4	12	12.7	13.3	13.9	14.6	15.2	15.8	16.5	17.1	17.7	18.4	19	19.6	20.3	20.9	21.5	22.2	22.8	23.5	24.1	24.7

♃ 1: ♏ 9.9 · 6: 10.3 · 11: 10.8 · 16: 11.3 · 21: 11.9 · 26: 12.6 · 31: 13.3
♄ 1: ♌ 14.0 · 6: 14.7 · 11: 15.3 · 16: 15.9 · 21: 16.6 · 26: 17.2 · 31: 17.8
♅ 1: ♓ 14.0R · 11: 13.7 · 21: 13.4 · 31: 13
♆ 1: ♒ 18.7R · 11: 18.4 · 21: 18.2 · 31: 17.9
♇ 1: ♐ 24.4R · 11: 24.2 · 21: 24.1 · 31: 24.1

	1	2	3	4	5	6	7	8	9	10	11	12	13	14	15	16	17	18	19	20	21	22	23	24	25	26	27	28	29	30	31
☉	♍ 8.4	9.4	10.4	11.3	12.3	13.3	14.2	15.2	16.2	17.2	18.1	19.1	20.1	21	22	23	24	24.9	25.9	26.9	27.9	28.9	29.8	♎ 0.8	1.8	2.8	3.8	4.7	5.7	6.7	
☽	♐ 8.9	21.9	♑ 5.3	19.2	♒ 3.5	18.2	♓ 3.2	18.3	♈ 3.5	18.6	♉ 3.3	17.7	♊ 1.7	15.3	28.4	♋ 11.2	23.7	♌ 6.0	18	29.9	♍ 11.8	23.6	♎ 5.3	17.2	29	♏ 11.0	23.2	♐ 5.5	18.2	♑ 1.1	
☿	♍ 8.2	10.2	12.1	14	15.9	17.7	19.6	21.4	23.2	25	26.7	28.5	♎ 0.2	1.9	3.6	5.3	6.9	8.6	10.2	11.8	13.4	14.9	16.5	18	19.5	21	22.5	24	25.5	26.9	
♀	♌ 23.5	24.7	26	27.2	28.4	29.7	♍ 0.9	2.1	3.4	4.6	5.9	7.1	8.3	9.6	10.8	12.1	13.3	14.5	15.8	17	18.3	19.5	20.8	22	23.2	24.5	25.7	27	28.2	29.5	
♂	♍ 25.4	26	26.7	27.3	28	28.6	29.2	29.9	♎ 0.5	1.2	1.8	2.5	3.1	3.8	4.4	5.1	5.7	6.4	7	7.7	8.3	9	9.6	10.3	10.9	11.6	12.2	12.9	13.6	14.2	

♃ 1: ♏ 13.4 · 6: 14.2 · 11: 14.9 · 16: 15.8 · 21: 16.7 · 26: 17.6
♄ 1: ♌ 18.0 · 6: 18.6 · 11: 19.2 · 16: 19.7 · 21: 20.3 · 26: 20.8
♅ 1: ♓ 12.9R · 11: 12.5 · 21: 12.1
♆ 1: ♒ 17.9R · 11: 17.6 · 21: 17.4
♇ 1: ♐ 24.1R · 11: 24.1D · 21: 24.1

	1	2	3	4	5	6	7	8	9	10	11	12	13	14	15	16	17	18	19	20	21	22	23	24	25	26	27	28	29	30	31
☉	♎ 7.7	8.7	9.6	10.6	11.6	12.6	13.6	14.6	15.6	16.5	17.5	18.5	19.5	20.5	21.5	22.5	23.5	24.5	25.5	26.5	27.5	28.4	29.4	♏ 0.4	1.4	2.4	3.4	4.4	5.4	6.4	7.4
☽	♑ 14.3	28	♒ 12.1	26.6	♓ 11.4	26.5	♈ 11.7	26.8	♉ 11.7	26.3	♊ 10.5	24.2	♋ 7.5	20.3	♌ 2.7	14.9	26.9	♍ 8.7	20.5	♎ 2.3	14.1	26	♏ 8.1	20.3	♐ 2.6	15.2	28	♑ 11.0	24.2	♒ 7.8	21.6
☿	♎ 28.3	29.7	♏ 1.1	2.5	3.8	5.2	6.5	7.8	9	10.3	11.5	12.7	13.8	15	16.1	17.1	18.1	19.1	20	20.9	21.7	22.4	23.1	23.7	24.2	24.6	24.9	25	25.1R	25	24.7
♀	♎ 0.7	2	3.2	4.5	5.7	7	8.2	9.5	10.7	12	13.2	14.5	15.7	17	18.2	19.5	20.7	22	23.2	24.5	25.7	27	28.2	29.5	♏ 0.7	2	3.2	4.5	5.7	7	8.3
♂	♎ 14.9	15.5	16.2	16.9	17.5	18.2	18.8	19.5	20.2	20.8	21.5	22.2	22.8	23.5	24.2	24.8	25.5	26.2	26.8	27.5	28.2	28.9	29.5	♏ 0.2	0.9	1.6	2.2	2.9	3.6	4.3	4.9

♃ 1: ♏ 18.5 · 6: 19.5 · 11: 20.5 · 16: 21.5 · 21: 22.5 · 26: 23.6 · 31: 24.7
♄ 1: ♌ 21.4 · 6: 21.9 · 11: 22.3 · 16: 22.8 · 21: 23.2 · 26: 23.5 · 31: 23.9
♅ 1: ♓ 11.8R · 11: 11.4 · 21: 11.2 · 31: 11
♆ 1: ♒ 17.2R · 11: 17.1 · 21: 17.1 · 31: 17.0D
♇ 1: ♐ 24.3 · 11: 24.4 · 21: 24.6 · 31: 24.9

	1	2	3	4	5	6	7	8	9	10	11	12	13	14	15	16	17	18	19	20	21	22	23	24	25	26	27	28	29	30	31
☉	♏ 8.4	9.4	10.4	11.4	12.4	13.4	14.4	15.4	16.4	17.4	18.4	19.5	20.5	21.5	22.5	23.5	24.5	25.5	26.5	27.5	28.5	29.5	♐ 0.5	1.6	2.6	3.6	4.6	5.6	6.6	7.6	
☽	♓ 5.8	20.3	♈ 5.1	20	♉ 4.9	19.8	♊ 4.4	18.6	♋ 2.4	15.7	28.6	♌ 11.1	23.3	♍ 5.3	17.1	28.9	♎ 10.7	22.6	♏ 4.6	16.9	29.3	♐ 12.0	24.9	♑ 8.0	21.2	♒ 4.7	18.3	♓ 2.1	16.1	♈ 0.3	
☿	♏ 24.3R	23.8	23.1	22.2	21.2	20.1	18.8	17.5	16.2	14.9	13.6	12.5	11.5	10.6	9.9	9.4	9.2	9.1	9.1D	9.4	9.8	10.4	11.1	11.9	12.8	13.8	14.9	16	17.2	18.5	
♀	♏ 9.5	10.8	12	13.3	14.5	15.8	17	18.3	19.5	20.8	22	23.3	24.6	25.8	27.1	28.3	29.6	♐ 0.8	2.1	3.3	4.6	5.9	7.1	8.4	9.6	10.9	12.1	13.4	14.6	15.9	
♂	♏ 5.6	6.3	7	7.7	8.3	9	9.7	10.4	11.1	11.8	12.5	13.1	13.8	14.5	15.2	15.9	16.6	17.3	18	18.7	19.4	20.1	20.8	21.4	22.1	22.8	23.5	24.2	24.9	25.6	

♃ 1: ♏ 24.9 · 6: 26 · 11: 27.1 · 16: 28.2 · 21: 29.3 · 26: ♐ 0.4
♄ 1: ♌ 23.9 · 6: 24.2 · 11: 24.5 · 16: 24.7 · 21: 24.9 · 26: 25
♅ 1: ♓ 11.0R · 11: 10.8 · 21: 10.8D
♆ 1: ♒ 17.0 · 11: 17.1 · 21: 17.2
♇ 1: ♐ 24.9 · 11: 25.2 · 21: 25.5

	1	2	3	4	5	6	7	8	9	10	11	12	13	14	15	16	17	18	19	20	21	22	23	24	25	26	27	28	29	30	31
☉	♐ 8.6	9.7	10.7	11.7	12.7	13.7	14.7	15.7	16.8	17.8	18.8	19.8	20.8	21.8	22.9	23.9	24.9	25.9	26.9	27.9	29	30	♑ 1.0	2	3	4.1	5.1	6.1	7.1	8.1	9.2
☽	♈ 14.6	29.1	♉ 13.7	28.1	♊ 12.5	26.5	♋ 10.2	23.6	♌ 6.5	19	♍ 1.2	13.2	25.1	♎ 6.9	18.7	♏ 0.6	12.8	25.2	♐ 7.9	20.8	♑ 4.1	17.6	♒ 1.2	15.1	29	♓ 13.0	27	♈ 11.1	25.2	♉ 9.3	23.4
☿	♏ 19.8	21.1	22.5	23.9	25.3	26.7	28.2	29.6	♐ 1.1	2.6	4.1	5.6	7.1	8.6	10.1	11.7	13.2	14.7	16.2	17.8	19.3	20.9	22.4	24	25.5	27.1	28.6	♑ 0.2	1.8	3.3	4.9
♀	♐ 17.2	18.4	19.7	20.9	22.2	23.4	24.7	25.9	27.2	28.5	29.7	♑ 1.0	2.2	3.5	4.7	6	7.2	8.5	9.7	11	12.3	13.5	14.8	16	17.3	18.5	19.8	21	22.3	23.5	24.8
♂	♏ 26.3	27	27.7	28.4	29.1	29.9	♐ 0.6	1.3	2	2.7	3.4	4.1	4.8	5.5	6.2	6.9	7.7	8.4	9.1	9.8	10.5	11.2	11.9	12.7	13.4	14.1	14.8	15.5	16.3	17	17.7

♃ 1: ♐ 1.5 · 6: 2.6 · 11: 3.7 · 16: 4.8 · 21: 5.9 · 26: 6.9 · 31: 8
♄ 1: ♌ 25.0 · 6: 25.1 · 11: 25.0R · 16: 25 · 21: 24.9 · 26: 24.7 · 31: 24.5
♅ 1: ♓ 10.9 · 11: 11 · 21: 11.2 · 31: 11.5
♆ 1: ♒ 17.3 · 11: 17.5 · 21: 17.8 · 31: 18.1
♇ 1: ♐ 25.9 · 11: 26.3 · 21: 26.6 · 31: 27

I

	1	2	3	4	5	6	7	8	9	10	11	12	13	14	15	16	17	18	19	20	21	22	23	24	25	26	27	28	29	30	31
☉	♑ 10.2	11.2	12.2	13.2	14.2	15.3	16.3	17.3	18.3	19.3	20.4	21.4	22.4	23.4	24.4	25.5	26.5	27.5	28.5	29.5	♒ 0.6	1.6	2.6	3.6	4.6	5.6	6.7	7.7	8.7	9.7	10.7
☽	♊ 7.4	21.3	♋ 5.0	18.4	♌ 1.5	14.3	26.8	♍ 9.0	21	♎ 2.8	14.6	26.5	♏ 8.4	20.6	♐ 3.0	15.8	29	♑ 12.5	26.3	♒ 10.4	24.7	♓ 9.1	23.5	♈ 7.8	22.1	♉ 6.2	20.1	♊ 3.9	17.5	♋ 1.0	14.2
☿	♑ 6.5	8.1	9.7	11.3	12.9	14.5	16.1	17.8	19.4	21	22.7	24.3	26	27.7	29.3	♒ 1.0	2.7	4.4	6.1	7.8	9.5	11.2	12.9	14.7	16.4	18.1	19.8	21.4	23.1	24.7	26.3
♀	♑ 26.1	27.3	28.6	29.8	♒ 1.1	2.3	3.6	4.8	6.1	7.3	8.6	9.8	11.1	12.3	13.6	14.8	16.1	17.3	18.6	19.8	21.1	22.3	23.6	24.8	26.1	27.3	28.6	29.8	♓ 1.1	2.3	3.6
♂	♐ 18.4	19.2	19.9	20.6	21.3	22.1	22.8	23.5	24.2	25	25.7	26.4	27.2	27.9	28.6	29.4	♑ 0.1	0.8	1.6	2.3	3	3.8	4.5	5.3	6	6.7	7.5	8.2	9	9.7	10.4

	1	6	11	16	21	26	31
♃	♐ 8.2	9.2	10.2	11.2	12.1	13	13.8
♄	♌ 24.5R	24.2	23.9	23.6	23.3	22.9	22.5
	1	11	21	31			
♅	♓ 11.5	11.9	12.3	12.8			
♆	♒ 18.1	18.4	18.8	19.2			
♇	♐ 27.0	27.4	27.7	28			

	1	2	3	4	5	6	7	8	9	10	11	12	13	14	15	16	17	18	19	20	21	22	23	24	25	26	27	28	29	30	31
☉	♑ 9.9	10.9	12	13	14	15	16	17.1	18.1	19.1	20.1	21.1	22.2	23.2	24.2	25.2	26.2	27.3	28.3	29.3	♒ 0.3	1.3	2.3	3.4	4.4	5.4	6.4	7.4	8.4	9.5	10.5
☽	♎ 17.3	29.2	♏ 11.1	22.9	♐ 4.9	16.9	29.1	♑ 11.5	24.1	♒ 6.8	19.8	♓ 2.9	16.2	29.8	♈ 13.5	27.5	♉ 11.7	26.1	♊ 10.6	25.1	♋ 9.6	23.9	♌ 8.0	21.7	♍ 5.1	18.1	♎ 0.7	13.1	25.2	♏ 7.2	19
☿	♑ 18.3	19.9	21.5	23.2	24.8	26.4	28.1	29.7	♒ 1.3	2.9	4.5	6.1	7.7	9.2	10.7	12.2	13.7	15.1	16.4	17.7	18.9	20	21	21.8	22.6	23.1	23.6	23.8	23.9R	23.8	23.4
♀	♐ 1.5	2.7	3.9	5.1	6.4	7.6	8.8	10	11.2	12.5	13.7	14.9	16.1	17.3	18.6	19.8	21	22.2	23.5	24.7	25.9	27.1	28.4	29.6	♑ 0.8	2	3.3	4.5	5.7	7	8.2
♂	♊ 29.9R	29.5	29.2	28.8	28.5	28.2	27.9	27.5	27.3	27	26.7	26.4	26.2	26	25.8	25.5	25.4	25.2	25	24.9	24.7	24.6	24.5	24.4	24.3	24.2	24.2	24.1	24.1	24.1	24.1D

	1	6	11	16	21	26	31
♃	♑ 3.0	4.2	5.3	6.4	7.5	8.6	9.7
♄	♍ 8.4R	8.3	8.1	7.9	7.6	7.3	7
	1	11	21	31			
♅	♓ 15.4	15.7	16.1	16.6			
♆	♒ 20.3	20.6	20.9	21.3			
♇	♐ 29.1	29.5	29.8	♑ 0.1			

II

	1	2	3	4	5	6	7	8	9	10	11	12	13	14	15	16	17	18	19	20	21	22	23	24	25	26	27	28	29	30	31
☉	♒ 11.7	12.7	13.8	14.8	15.8	16.8	17.8	18.8	19.8	20.9	21.9	22.9	23.9	24.9	25.9	26.9	27.9	28.9	30	♓ 1.0	2	3	4	5	6	7	8	9			
☽	♋ 27.2	♌ 10.0	22.5	♍ 4.8	16.9	28.9	♎ 10.7	22.5	♏ 4.4	16.3	28.4	♐ 10.9	23.6	♑ 6.8	20.4	♒ 4.4	18.7	♓ 3.4	18.2	♈ 3.0	17.8	♉ 2.4	16.7	♊ 0.7	14.5	27.9	♋ 11.0	23.9			
☿	♒ 27.9	29.4	♓ 0.9	2.3	3.6	4.9	6	7	8	8.7	9.3	9.8	10.1	10.2	10.2R	9.9	9.5	9	8.3	7.4	6.5	5.5	4.4	3.3	2.2	1.1	0.1	♒ 29.2			
♀	♓ 4.8	6	7.3	8.5	9.8	11	12.3	13.5	14.7	16	17.2	18.4	19.7	20.9	22.2	23.4	24.6	25.9	27.1	28.3	29.6	♈ 0.8	2	3.3	4.5	5.7	7	8.2			
♂	♑ 11.2	11.9	12.7	13.4	14.2	14.9	15.7	16.4	17.2	17.9	18.6	19.4	20.2	20.9	21.7	22.4	23.2	23.9	24.7	25.4	26.2	26.9	27.7	28.4	29.2	30	♒ 0.7	1.5			

	1	6	11	16	21	26
♃	♐ 14.0	14.8	15.6	16.3	16.9	17.5
♄	♌ 22.4R	22	21.6	21.2	20.8	20.4
	1	11	21			
♅	♓ 12.9	13.4	14			
♆	♒ 19.2	19.6	20			
♇	♐ 28.1	28.3	28.6			

	1	2	3	4	5	6	7	8	9	10	11	12	13	14	15	16	17	18	19	20	21	22	23	24	25	26	27	28	29	30	31
☉	♒ 11.5	12.5	13.5	14.5	15.5	16.6	17.6	18.6	19.6	20.6	21.6	22.6	23.7	24.7	25.7	26.7	27.7	28.7	29.7	♓ 0.7	1.7	2.7	3.7	4.7	5.8	6.8	7.8	8.8	9.8		
☽	♐ 0.9	12.9	25	♑ 7.3	19.8	♒ 2.6	15.7	29	♓ 12.6	26.4	♈ 10.3	24.4	♉ 8.5	22.7	♊ 6.9	21.1	♋ 5.1	19.1	♌ 2.9	16.6	29.9	♍ 13.1	25.9	♎ 8.5	20.8	♏ 3.0	14.9	26.8	♐ 8.7		
☿	♒ 22.9R	22.3	21.4	20.5	19.4	18.3	17.1	15.8	14.7	13.5	12.5	11.5	10.7	10	9.4	8.9	8.6	8.4	8.3	8.4D	8.5	8.8	9.1	9.6	10.1	10.7	11.4	12.1	12.9		
♀	♑ 9.4	10.7	11.9	13.1	14.4	15.6	16.8	18	19.3	20.5	21.8	23	24.2	25.5	26.7	27.9	29.2	♒ 0.4	1.6	2.9	4.1	5.3	6.6	7.8	9	10.3	11.5	12.7	14		
♂	♊ 24.1	24.1	24.1	24.2	24.2	24.3	24.4	24.5	24.6	24.7	24.8	25	25.1	25.3	25.4	25.6	25.8	26	26.2	26.4	26.6	26.8	27.1	27.3	27.6	27.8	28.1	28.4	28.7		

	1	6	11	16	21	26
♃	♑ 9.9	11	12	13	14	14.9
♄	♍ 7.0R	6.6	6.2	5.8	5.4	5
	1	11	21			
♅	♓ 16.6	17.1	17.7			
♆	♒ 21.3	21.7	22.1			
♇	♑ 0.2	0.5	0.7			

III

	1	2	3	4	5	6	7	8	9	10	11	12	13	14	15	16	17	18	19	20	21	22	23	24	25	26	27	28	29	30	31
☉	♓ 10.0	11	12	13	14	15	16	17	18	19	20	21	22	23	24	25	26	27	28	29	30	♈ 1.0	2	3	4	5	5.9	6.9	7.9	8.9	9.9
☽	♌ 6.6	19	♍ 1.2	13.3	25.3	♎ 7.2	19	♏ 0.8	12.7	24.7	♐ 6.8	19.1	♑ 1.8	14.9	28.4	♒ 12.3	26.6	♓ 11.4	26.4	♈ 11.6	26.7	♉ 11.7	26.3	♊ 10.6	24.4	♋ 7.9	20.9	♌ 3.6	16	28.3	♍ 10.3
☿	♒ 28.3R	27.6	26.9	26.4	26	25.7	25.5	25.4	25.4D	25.6	25.8	26.1	26.5	27	27.6	28.2	28.9	29.7	♓ 0.5	1.4	2.3	3.3	4.3	5.3	6.4	7.6	8.8	10	11.2	12.5	13.8
♀	♈ 9.4	10.6	11.9	13.1	14.3	15.5	16.7	18	19.2	20.4	21.6	22.8	24	25.3	26.5	27.7	28.9	♉ 0.1	1.3	2.5	3.7	4.9	6.1	7.3	8.5	9.7	10.9	12.1	13.3	14.5	15.7
♂	♒ 2.2	3	3.7	4.5	5.3	6	6.8	7.5	8.3	9.1	9.8	10.6	11.3	12.1	12.9	13.6	14.4	15.2	15.9	16.7	17.5	18.2	19	19.8	20.5	21.3	22.1	22.8	23.6	24.4	25.1

	1	6	11	16	21	26	31
♃	♐ 17.8	18.3	18.7	19.1	19.4	19.6	19.7
♄	♌ 20.2R	19.8	19.5	19.2	18.9	18.7	18.5
	1	11	21	31			
♅	♓ 14.4	15	15.6	16.1			
♆	♒ 20.3	20.6	20.9	21.2			
♇	♐ 28.7	28.8	28.9	29			

	1	2	3	4	5	6	7	8	9	10	11	12	13	14	15	16	17	18	19	20	21	22	23	24	25	26	27	28	29	30	31
☉	♓ 10.8	11.8	12.8	13.8	14.8	15.8	16.8	17.8	18.8	19.8	20.8	21.8	22.8	23.8	24.8	25.8	26.8	27.8	28.8	29.8	♈ 0.8	1.7	2.7	3.7	4.7	5.7	6.7	7.7	8.7	9.7	10.7
☽	♐ 20.7	♑ 2.8	15.1	27.6	♒ 10.6	23.8	♓ 7.5	21.5	♈ 5.7	20.2	♉ 4.7	19.2	♊ 3.6	17.9	♋ 2.0	15.8	29.4	♌ 12.8	26	♍ 8.9	21.7	♎ 4.3	16.7	28.9	♏ 11.0	23	♐ 4.8	16.7	28.6	♑ 10.7	22.9
☿	♒ 13.8	14.7	15.6	16.7	17.7	18.8	19.9	21.1	22.3	23.5	24.8	26	27.4	28.7	♓ 0.1	1.5	2.9	4.3	5.8	7.3	8.8	10.3	11.9	13.5	15.1	16.7	18.3	20	21.7	23.4	25.1
♀	♒ 15.2	16.5	17.7	18.9	20.2	21.4	22.6	23.9	25.1	26.3	27.6	28.8	♓ 0.1	1.3	2.5	3.8	5	6.2	7.5	8.7	9.9	11.2	12.4	13.7	14.9	16.1	17.4	18.6	19.8	21.1	22.3
♂	♊ 29.0	29.3	29.6	29.9	♋ 0.2	0.5	0.8	1.2	1.5	1.9	2.2	2.6	2.9	3.3	3.7	4.1	4.4	4.8	5.2	5.6	6	6.4	6.8	7.3	7.7	8.1	8.5	9	9.4	9.8	10.3

	1	6	11	16	21	26	31
♃	♑ 15.6	16.5	17.3	18	18.8	19.4	20
♄	♍ 4.7R	4.3	3.9	3.6	3.2	2.9	2.6
	1	11	21	31			
♅	♓ 18.2	18.8	19.3	19.9			
♆	♒ 22.4	22.8	23.1	23.4			
♇	♑ 0.9	1	1.1	1.1			

IV

	1	2	3	4	5	6	7	8	9	10	11	12	13	14	15	16	17	18	19	20	21	22	23	24	25	26	27	28	29	30	31
☉	♈ 10.9	11.9	12.9	13.8	14.8	15.8	16.8	17.8	18.8	19.7	20.7	21.7	22.7	23.7	24.7	25.6	26.6	27.6	28.6	29.5	♉ 0.5	1.5	2.5	3.5	4.4	5.4	6.4	7.3	8.3	9.3	
☽	♍ 22.2	♎ 4.1	15.9	27.7	♏ 9.6	21.5	♐ 3.5	15.7	28.1	♑ 10.8	23.7	♒ 7.0	20.8	♓ 5.0	19.6	♈ 4.5	19.7	♉ 5.0	20.1	♊ 5.0	19.5	♋ 3.6	17.1	♌ 0.2	12.9	25.2	♍ 7.3	19.3	♎ 1.1	12.9	
☿	♓ 15.1	16.5	17.9	19.3	20.8	22.3	23.8	25.3	26.9	28.4	♈ 0.1	1.7	3.4	5	6.8	8.5	10.3	12.1	13.9	15.7	17.6	19.5	21.4	23.4	25.3	27.4	29.4	♉ 1.4	3.5	5.6	
♀	♉ 16.9	18.1	19.3	20.5	21.6	22.8	24	25.2	26.4	27.5	28.7	29.9	♊ 1.1	2.2	3.4	4.6	5.7	6.9	8.1	9.2	10.4	11.5	12.7	13.8	15	16.1	17.3	18.4	19.5	20.7	
♂	♒ 25.9	26.6	27.4	28.2	29	29.7	♓ 0.5	1.3	2	2.8	3.6	4.3	5.1	5.9	6.6	7.4	8.2	8.9	9.7	10.5	11.2	12	12.8	13.5	14.3	15.1	15.8	16.6	17.4	18.1	

	1	6	11	16	21	26
♃	♐ 19.7	19.8	19.7R	19.6	19.4	19.2
♄	♌ 18.5R	18.3	18.2	18.2	18.2D	18.2
	1	11	21			
♅	♓ 16.2	16.7	17.1			
♆	♒ 21.3	21.5	21.7			
♇	♐ 29.0R	28.9	28.9			

	1	2	3	4	5	6	7	8	9	10	11	12	13	14	15	16	17	18	19	20	21	22	23	24	25	26	27	28	29	30	31
☉	♈ 11.6	12.6	13.6	14.6	15.6	16.6	17.6	18.5	19.5	20.5	21.5	22.5	23.4	24.4	25.4	26.4	27.4	28.3	29.3	♉ 0.3	1.3	2.2	3.2	4.2	5.2	6.1	7.1	8.1	9.1	10	
☽	♒ 5.5	18.4	♓ 1.7	15.5	29.7	♈ 14.3	29.2	♉ 14.1	29.1	♊ 13.9	28.4	♋ 12.5	26.3	♌ 9.8	22.9	♍ 5.8	18.5	♎ 0.9	13.3	25.4	♏ 7.5	19.5	♐ 1.4	13.3	25.1	♑ 7.1	19.1	♒ 1.3	13.8	26.6	
☿	♓ 26.9	28.7	♈ 0.5	2.3	4.2	6	7.9	9.9	11.8	13.8	15.8	17.8	19.8	21.9	23.9	26	28.1	♉ 0.3	2.4	4.5	6.6	8.7	10.9	12.9	15	17.1	19.1	21.1	23	24.9	
♀	♓ 23.5	24.8	26	27.2	28.5	29.7	♈ 0.9	2.2	3.4	4.6	5.9	7.1	8.4	9.6	10.8	12.1	13.3	14.5	15.7	17	18.2	19.4	20.7	21.9	23.1	24.4	25.6	26.8	28.1	29.3	
♂	♋ 10.7	11.2	11.6	12.1	12.5	13	13.5	13.9	14.4	14.9	15.3	15.8	16.3	16.8	17.3	17.7	18.2	18.7	19.2	19.7	20.2	20.7	21.2	21.7	22.2	22.8	23.3	23.8	24.3	24.8	

	1	6	11	16	21	26
♃	♑ 20.1	20.7	21.1	21.5	21.8	22.1
♄	♍ 2.6R	2.3	2.1	1.9	1.8	1.7
	1	11	21			
♅	♓ 19.9	20.5	21			
♆	♒ 23.4	23.7	23.9			
♇	♑ 1.1	1.1R	1.1			

V

	1	2	3	4	5	6	7	8	9	10	11	12	13	14	15	16	17	18	19	20	21	22	23	24	25	26	27	28	29	30	31
☉	♉ 10.3	11.2	12.2	13.2	14.1	15.1	16.1	17	18	19	19.9	20.9	21.9	22.8	23.8	24.8	25.7	26.7	27.7	28.6	29.6	♊ 0.6	1.5	2.5	3.4	4.4	5.4	6.3	7.3	8.2	9.2
☽	♎ 24.7	♏ 6.6	18.5	♐ 0.6	12.8	25.1	♑ 7.7	20.4	♒ 3.4	16.6	♓ 0.3	14.2	28.6	♈ 13.3	28.2	♉ 13.3	28.4	♊ 13.3	27.8	♋ 11.9	25.6	♌ 8.7	21.5	♍ 3.9	16	27.9	♎ 9.7	21.5	♏ 3.4	15.3	27.4
☿	♉ 7.7	9.9	12	14.2	16.3	18.5	20.6	22.8	25	27.1	29.2	♊ 1.3	3.3	5.3	7.3	9.3	11.2	13	14.8	16.6	18.3	19.9	21.5	23.1	24.6	26	27.4	28.7	30	♋ 1.2	2.3
♀	♊ 21.8	22.9	24.1	25.2	26.3	27.4	28.5	29.7	♋ 0.8	1.9	3	4.1	5.2	6.3	7.4	8.4	9.5	10.6	11.7	12.8	13.8	14.9	15.9	17	18.1	19.1	20.1	21.2	22.2	23.2	24.3
♂	♓ 18.9	19.6	20.4	21.2	21.9	22.7	23.5	24.2	25	25.8	26.5	27.3	28	28.8	29.6	♈ 0.3	1.1	1.8	2.6	3.3	4.1	4.9	5.6	6.4	7.1	7.9	8.6	9.4	10.1	10.9	11.6

	1	6	11	16	21	26	31
♃	♐ 18.8R	18.4	18	17.4	16.9	16.3	15.7
♄	♌ 18.3	18.4	18.6	18.8	19	19.3	19.6
	1	11	21	31			
♅	♓ 17.6	17.9	18.2	18.5			
♆	♒ 21.9	22	22	22.0R			
♇	♐ 28.7R	28.6	28.4	28.1			

	1	2	3	4	5	6	7	8	9	10	11	12	13	14	15	16	17	18	19	20	21	22	23	24	25	26	27	28	29	30	31
☉	♉ 11.0	12	12.9	13.9	14.9	15.8	16.8	17.8	18.7	19.7	20.7	21.6	22.6	23.6	24.5	25.5	26.5	27.4	28.4	29.4	♊ 0.3	1.3	2.2	3.2	4.2	5.1	6.1	7	8	9	9.9
☽	♓ 9.9	23.6	♈ 7.8	22.5	♉ 7.6	22.8	♊ 8.1	23.2	♋ 7.9	22.3	♌ 6.2	19.7	♍ 2.8	15.6	28	♎ 10.3	22.5	♏ 4.5	16.5	28.4	♐ 10.2	22.1	♑ 4.0	16	28	♒ 10.3	22.8	♓ 5.6	18.7	♈ 2.4	16.5
☿	♉ 26.8	28.5	♊ 0.3	2	3.6	5.1	6.6	8.1	9.4	10.7	12	13.1	14.2	15.2	16.2	17.1	17.9	18.6	19.2	19.8	20.3	20.7	21	21.3	21.4	21.5	21.5R	21.5	21.3	21.1	20.9
♀	♉ 0.5	1.8	3	4.2	5.5	6.7	7.9	9.2	10.4	11.6	12.8	14.1	15.3	16.5	17.8	19	20.2	21.5	22.7	23.9	25.1	26.4	27.6	28.8	♊ 0.1	1.3	2.5	3.7	5	6.2	7.4
♂	♋ 25.3	25.8	26.4	26.9	27.4	28	28.5	29	29.5	♌ 0.1	0.6	1.2	1.7	2.2	2.8	3.3	3.9	4.4	5	5.5	6.1	6.6	7.2	7.7	8.3	8.8	9.4	9.9	10.5	11.1	11.6

	1	6	11	16	21	26	31
♃	♑ 22.3	22.3	22.4R	22.3	22.2	21.9	21.7
♄	♍ 1.7R	1.7D	1.7	1.8	2	2.1	2.4
	1	11	21	31			
♅	♓ 21.4	21.8	22.1	22.4			
♆	♒ 24.1	24.2	24.2	24.2R			
♇	♑ 0.9R	0.8	0.6	0.4			

VI

	1	2	3	4	5	6	7	8	9	10	11	12	13	14	15	16	17	18	19	20	21	22	23	24	25	26	27	28	29	30	31
☉	♊ 10.2	11.1	12.1	13	14	14.9	15.9	16.9	17.8	18.8	19.7	20.7	21.6	22.6	23.5	24.5	25.5	26.4	27.4	28.3	29.3	♋ 0.2	1.2	2.1	3.1	4	5	6	6.9	7.9	
☽	♐ 9.6	22.1	♑ 4.7	17.4	♒ 0.4	13.6	26.9	♓ 10.6	24.5	♈ 8.6	23	♉ 7.6	22.4	♊ 7.1	21.7	♋ 6.1	20.1	♌ 3.7	16.8	29.6	♍ 12.0	24.1	♎ 6.1	17.9	29.8	♏ 11.7	23.7	♐ 5.9	18.4	♑ 1.0	
☿	♋ 3.4	4.4	5.4	6.3	7.1	7.9	8.6	9.2	9.8	10.2	10.7	11	11.3	11.4	11.6	11.6R	11.6	11.4	11.3	11	10.7	10.3	9.9	9.4	8.9	8.3	7.8	7.2	6.6	6	
♀	♋ 25.3	26.3	27.3	28.3	29.3	♌ 0.2	1.2	2.2	3.2	4.1	5.1	6	6.9	7.9	8.8	9.7	10.6	11.5	12.3	13.2	14.1	14.9	15.7	16.6	17.4	18.2	19	19.7	20.5	21.2	
♂	♈ 12.4	13.1	13.9	14.6	15.4	16.1	16.9	17.6	18.3	19.1	19.8	20.6	21.3	22	22.8	23.5	24.2	25	25.7	26.4	27.2	27.9	28.6	29.4	♉ 0.1	0.8	1.5	2.2	3	3.7	

	1	6	11	16	21	26
♃	♐ 15.5R	14.9	14.3	13.6	13	12.5
♄	♌ 19.7	20	20.4	20.9	21.3	21.8
	1	11	21			
♅	♓ 18.5	18.6	18.7			
♆	♒ 22.0R	22	21.8			
♇	♐ 28.1R	27.9	27.6			

	1	2	3	4	5	6	7	8	9	10	11	12	13	14	15	16	17	18	19	20	21	22	23	24	25	26	27	28	29	30	31
☉	♊ 10.9	11.8	12.8	13.8	14.7	15.7	16.6	17.6	18.5	19.5	20.5	21.4	22.4	23.3	24.3	25.2	26.2	27.1	28.1	29	30	♋ 1.0	1.9	2.9	3.8	4.8	5.7	6.7	7.6	8.6	
☽	♉ 1.0	16	♊ 1.2	16.5	♋ 1.7	16.6	♌ 1.2	15.3	28.9	♍ 12.0	24.8	♎ 7.3	19.5	♏ 1.6	13.5	25.4	♐ 7.2	19.1	♑ 1.1	13.1	25.1	♒ 7.4	19.7	♓ 2.4	15.2	28.4	♈ 12.0	25.9	♉ 10.3	25	
☿	♊ 20.5R	20.1	19.7	19.2	18.7	18.2	17.6	17	16.5	15.9	15.4	14.9	14.5	14.1	13.7	13.5	13.2	13.1	13	13.0D	13.1	13.2	13.4	13.7	14.1	14.6	15.1	15.7	16.4	17.2	
♀	♊ 8.7	9.9	11.1	12.3	13.6	14.8	16	17.3	18.5	19.7	20.9	22.2	23.4	24.6	25.9	27.1	28.3	29.5	♋ 0.8	2	3.2	4.5	5.7	6.9	8.1	9.4	10.6	11.8	13.1	14.3	
♂	♌ 12.2	12.8	13.3	13.9	14.5	15	15.6	16.2	16.7	17.3	17.9	18.5	19	19.6	20.2	20.8	21.4	21.9	22.5	23.1	23.7	24.3	24.9	25.5	26	26.6	27.2	27.8	28.4	29	

	1	6	11	16	21	26
♃	♑ 21.6R	21.2	20.8	20.3	19.7	19.1
♄	♍ 2.4	2.7	3	3.3	3.7	4.1
	1	11	21			
♅	♓ 22.4	22.6	22.6			
♆	♒ 24.2R	24.2	24.1			
♇	♑ 0.3R	0.1	♐ 29.8			

VII

	1	2	3	4	5	6	7	8	9	10	11	12	13	14	15	16	17	18	19	20	21	22	23	24	25	26	27	28	29	30	31
☉	♋ 8.8	9.8	10.7	11.7	12.6	13.6	14.5	15.5	16.4	17.4	18.3	19.3	20.3	21.2	22.2	23.1	24.1	25	26	26.9	27.9	28.8	29.8	♌ 0.8	1.7	2.7	3.6	4.6	5.5	6.5	7.4
☽	♑ 13.9	27	♒ 10.3	23.8	♓ 7.5	21.3	♈ 5.3	19.4	♉ 3.6	17.9	♊ 2.3	16.6	♋ 0.8	14.8	28.5	♌ 11.8	24.8	♍ 7.5	19.9	♎ 2.1	14	25.9	♏ 7.8	19.7	♐ 1.8	14.1	26.6	♑ 9.5	22.6	♒ 6.1	19.8
☿	♋ 5.4R	4.9	4.4	3.9	3.5	3.1	2.9	2.7	2.5	2.5	2.5D	2.6	2.8	3.1	3.5	4	4.6	5.2	6	6.8	7.7	8.7	9.8	11	12.2	13.5	14.9	16.4	18	19.6	21.3
♀	♌ 21.9	22.7	23.3	24	24.7	25.3	25.9	26.5	27.1	27.7	28.2	28.7	29.2	29.7	♍ 0.1	0.5	0.9	1.2	1.6	1.9	2.1	2.3	2.5	2.7	2.8	2.9	2.9	3.0R	2.9	2.9	2.7
♂	♉ 4.4	5.1	5.8	6.5	7.3	8	8.7	9.4	10.1	10.8	11.5	12.2	12.9	13.6	14.3	15	15.7	16.4	17.1	17.8	18.5	19.1	19.8	20.5	21.2	21.9	22.5	23.2	23.9	24.6	25.2

	1	6	11	16	21	26	31
♃	♐ 11.9R	11.5	11	10.7	10.4	10.2	10
♄	♌ 22.3	22.8	23.4	24	24.6	25.2	25.8
	1	11	21	31			
♅	♓ 18.7R	18.6	18.4	18.2			
♆	♒ 21.7R	21.5	21.3	21			
♇	♐ 27.3R	27.1	26.9	26.7			

	1	2	3	4	5	6	7	8	9	10	11	12	13	14	15	16	17	18	19	20	21	22	23	24	25	26	27	28	29	30	31
☉	♋ 9.5	10.5	11.4	12.4	13.4	14.3	15.3	16.2	17.2	18.1	19.1	20	21	21.9	22.9	23.8	24.8	25.7	26.7	27.7	28.6	29.6	♌ 0.5	1.5	2.4	3.4	4.3	5.3	6.3	7.2	8.2
☽	♊ 10.0	25	♋ 10.1	24.9	♌ 9.5	23.6	♍ 7.3	20.6	♎ 3.4	15.9	28.2	♏ 10.2	22.2	♐ 4.0	15.9	27.8	♑ 9.8	22	♒ 4.3	16.7	29.4	♓ 12.3	25.4	♈ 8.7	22.4	♉ 6.3	20.4	♊ 4.9	19.5	♋ 4.2	18.8
☿	♊ 18.0	18.9	19.9	21	22.1	23.3	24.5	25.9	27.3	28.7	♋ 0.2	1.8	3.5	5.2	6.9	8.8	10.6	12.5	14.5	16.5	18.5	20.6	22.6	24.7	26.8	29	♌ 1.1	3.2	5.3	7.4	9.5
♀	♋ 15.5	16.8	18	19.2	20.4	21.7	22.9	24.1	25.4	26.6	27.8	29	♌ 0.3	1.5	2.7	4	5.2	6.4	7.6	8.9	10.1	11.3	12.6	13.8	15	16.3	17.5	18.7	19.9	21.2	22.4
♂	♌ 29.6	♍ 0.2	0.8	1.4	2	2.6	3.2	3.8	4.4	5	5.6	6.2	6.8	7.4	8	8.6	9.2	9.8	10.4	11	11.7	12.3	12.9	13.5	14.1	14.7	15.3	16	16.6	17.2	17.8

	1	6	11	16	21	26	31
♃	♑ 18.5R	17.9	17.3	16.6	16	15.4	14.8
♄	♍ 4.5	5	5.5	6	6.5	7.1	7.6
	1	11	21	31			
♅	♓ 22.7R	22.6	22.4	22.2			
♆	♒ 23.9R	23.7	23.5	23.3			
♇	♐ 29.6R	29.3	29.1	28.9			

VIII

	1	2	3	4	5	6	7	8	9	10	11	12	13	14	15	16	17	18	19	20	21	22	23	24	25	26	27	28	29	30	31
☉	♌ 8.4	9.4	10.3	11.3	12.2	13.2	14.1	15.1	16.1	17	18	18.9	19.9	20.9	21.8	22.8	23.7	24.7	25.7	26.6	27.6	28.5	29.5	♍ 0.5	1.4	2.4	3.4	4.3	5.3	6.3	7.2
☽	♓ 3.7	17.8	♈ 1.9	16.2	♉ 0.4	14.6	28.8	♊ 12.9	26.8	♋ 10.5	24	♌ 7.3	20.4	♍ 3.1	15.6	27.9	♎ 10.0	22	♏ 3.8	15.7	27.6	♐ 9.7	22	♑ 4.6	17.5	♒ 0.8	14.5	28.5	♓ 12.8	27.3	♈ 11.9
☿	♋ 23.0	24.8	26.7	28.6	♌ 0.5	2.5	4.5	6.6	8.6	10.7	12.7	14.8	16.8	18.9	20.9	23	25	27	28.9	♍ 0.9	2.8	4.7	6.6	8.5	10.3	12.2	14	15.7	17.5	19.2	20.9
♀	♍ 2.6R	2.4	2.2	1.9	1.6	1.3	0.9	0.5		♌ 29.5	29	28.5	28	27.4	26.8	26.2	25.6	24.9	24.3	23.7	23.1	22.5	21.9	21.3	20.8	20.3	19.8	19.3	18.9	18.5	18.1
♂	♉ 25.9	26.5	27.2	27.9	28.5	29.2	29.8	♊ 0.5	1.1	1.8	2.4	3.1	3.7	4.3	5	5.6	6.2	6.9	7.5	8.1	8.7	9.3	9.9	10.6	11.2	11.8	12.4	13	13.5	14.1	14.7

	1	6	11	16	21	26	31
♃	♐ 10.0R	9.9	10.0D	10.1	10.2	10.5	10.8
♄	♌ 25.9	26.5	27.1	27.8	28.4	29	29.7
	1	11	21	31			
♅	♓ 18.1R	17.8	17.5	17.1			
♆	♒ 21.0R	20.7	20.4	20.2			
♇	♐ 26.7R	26.5	26.4	26.3			

	1	2	3	4	5	6	7	8	9	10	11	12	13	14	15	16	17	18	19	20	21	22	23	24	25	26	27	28	29	30	31
☉	♌ 9.1	10.1	11	12	13	13.9	14.9	15.8	16.8	17.7	18.7	19.7	20.6	21.6	22.5	23.5	24.5	25.4	26.4	27.3	28.3	29.3	♍ 0.2	1.2	2.2	3.1	4.1	5.1	6	7	8
☽	♌ 3.4	17.7	♍ 1.7	15.4	28.6	♎ 11.5	24.1	♏ 6.4	18.5	♐ 0.4	12.3	24.2	♑ 6.1	18.2	♒ 0.5	13.1	25.8	♓ 8.8	22.1	♈ 5.5	19.2	♉ 3.1	17.1	♊ 1.3	15.5	29.8	♋ 14.1	28.3	♌ 12.4	26.4	♍ 10.1
☿	♌ 11.5	13.6	15.6	17.6	19.6	21.6	23.5	25.4	27.3	29.2	♍ 1.0	2.8	4.6	6.4	8.1	9.8	11.5	13.1	14.8	16.4	18	19.5	21.1	22.6	24.1	25.6	27	28.4	29.8	♎ 1.2	2.6
♀	♌ 23.6	24.9	26.1	27.3	28.5	29.8	♍ 1.0	2.2	3.5	4.7	5.9	7.2	8.4	9.6	10.8	12.1	13.3	14.5	15.7	17	18.2	19.4	20.7	21.9	23.1	24.3	25.6	26.8	28	29.2	♎ 0.5
♂	♍ 18.4	19	19.7	20.3	20.9	21.5	22.2	22.8	23.4	24	24.7	25.3	25.9	26.6	27.2	27.8	28.5	29.1	29.7	♎ 0.4	1	1.6	2.3	2.9	3.6	4.2	4.8	5.5	6.1	6.8	7.4

	1	6	11	16	21	26	31
♃	♑ 14.7R	14.2	13.8	13.4	13.1	12.8	12.6
♄	♍ 7.7	8.3	8.9	9.5	10.2	10.8	11.4
	1	11	21	31			
♅	♓ 22.2R	21.9	21.6	21.2			
♆	♒ 23.2R	23	22.7	22.4			
♇	♐ 28.9R	28.7	28.6	28.5			

IX

	1	2	3	4	5	6	7	8	9	10	11	12	13	14	15	16	17	18	19	20	21	22	23	24	25	26	27	28	29	30	31
☉	♍ 8.2	9.2	10.1	11.1	12.1	13	14	15	16	16.9	17.9	18.9	19.8	20.8	21.8	22.8	23.7	24.7	25.7	26.7	27.6	28.6	29.6	♎ 0.6	1.6	2.5	3.5	4.5	5.5	6.5	
☽	♈ 26.6	♉ 11.1	25.5	♊ 9.7	23.6	♋ 7.3	20.7	♌ 3.8	16.7	29.4	♍ 11.9	24.1	♎ 6.3	18.3	♏ 0.2	12	23.9	♐ 5.8	17.8	♑ 0.1	12.6	25.4	♒ 8.7	22.4	♓ 6.6	21.1	♈ 6.0	21	♉ 6.1	21	
☿	♍ 22.6	24.3	26	27.6	29.2	♎ 0.8	2.4	3.9	5.4	6.9	8.4	9.9	11.4	12.8	14.2	15.6	16.9	18.3	19.6	20.9	22.2	23.4	24.7	25.8	27	28.1	29.2	♏ 0.3	1.3	2.3	
♀	♌ 17.8R	17.5	17.2	17	16.9	16.7	16.6	16.6	16.6D	16.6	16.7	16.8	16.9	17.1	17.3	17.6	17.9	18.2	18.5	18.9	19.3	19.7	20.2	20.7	21.2	21.7	22.3	22.9	23.5	24.1	
♂	♊ 15.3	15.9	16.5	17	17.6	18.2	18.7	19.3	19.8	20.4	20.9	21.5	22	22.6	23.1	23.6	24.1	24.7	25.2	25.7	26.2	26.7	27.2	27.6	28.1	28.6	29.1	29.5	♋ 0.0	0.5	

	1	6	11	16	21	26
♃	♐ 10.9	11.3	11.7	12.3	12.9	13.5
♄	♌ 29.8	♍ 0.4	1.1	1.7	2.3	2.9
	1	11	21			
♅	♓ 17.1R	16.7	16.3			
♆	♒ 20.1R	19.9	19.7			
♇	♐ 26.3R	26.3D	26.3			

	1	2	3	4	5	6	7	8	9	10	11	12	13	14	15	16	17	18	19	20	21	22	23	24	25	26	27	28	29	30	31
☉	♍ 8.9	9.9	10.9	11.8	12.8	13.8	14.7	15.7	16.7	17.7	18.6	19.6	20.6	21.6	22.5	23.5	24.5	25.4	26.4	27.4	28.4	29.4	♎ 0.3	1.3	2.3	3.3	4.3	5.2	6.2	7.2	
☽	♍ 23.5	♎ 6.7	19.5	♏ 2.0	14.3	26.4	♐ 8.3	20.2	♑ 2.1	14.1	26.2	♒ 8.6	21.3	♓ 4.3	17.7	♈ 1.3	15.3	29.4	♉ 13.7	28	♊ 12.3	26.6	♋ 10.7	24.7	♌ 8.5	22.2	♍ 5.7	19	♎ 2.1	15	
☿	♎ 3.9	5.2	6.4	7.7	8.9	10.1	11.2	12.3	13.4	14.4	15.4	16.3	17.2	18.1	18.9	19.6	20.3	20.9	21.4	21.9	22.3	22.6	22.7	22.8	22.8R	22.7	22.4	22	21.5	20.9	
♀	♎ 1.7	2.9	4.2	5.4	6.6	7.8	9.1	10.3	11.5	12.7	14	15.2	16.4	17.6	18.8	20.1	21.3	22.5	23.7	25	26.2	27.4	28.6	29.8	♏ 1.1	2.3	3.5	4.7	5.9	7.2	
♂	♎ 8.1	8.7	9.4	10	10.7	11.3	12	12.6	13.3	13.9	14.6	15.2	15.9	16.5	17.2	17.9	18.5	19.2	19.8	20.5	21.2	21.8	22.5	23.2	23.8	24.5	25.2	25.8	26.5	27.2	

	1	6	11	16	21	26
♃	♑ 12.6R	12.5	12.5D	12.6	12.8	13
♄	♍ 11.5	12.2	12.8	13.4	14	14.6
	1	11	21			
♅	♓ 21.2R	20.8	20.4			
♆	♒ 22.4R	22.2	21.9			
♇	♐ 28.5R	28.5D	28.5			

X

	1	2	3	4	5	6	7	8	9	10	11	12	13	14	15	16	17	18	19	20	21	22	23	24	25	26	27	28	29	30	31
☉	♎ 7.4	8.4	9.4	10.4	11.4	12.4	13.3	14.3	15.3	16.3	17.3	18.3	19.3	20.3	21.3	22.2	23.2	24.2	25.2	26.2	27.2	28.2	29.2	♏ 0.2	1.2	2.2	3.2	4.2	5.2	6.2	7.2
☽	♊ 5.7	20.1	♋ 4.1	17.6	♌ 0.8	13.7	26.3	♍ 8.7	20.9	♎ 3.0	15	26.9	♏ 8.8	20.6	♐ 2.5	14.4	26.4	♑ 8.6	21.1	♒ 3.8	17	♓ 0.5	14.6	29.1	♈ 14.1	29.3	♉ 14.6	29.9	♊ 14.9	29.5	♋ 13.6
☿	♏ 3.2	4.1	4.9	5.7	6.4	7.1	7.6	8.1	8.5	8.8	9	9.1	9.0R	8.9	8.6	8.1	7.5	6.8	5.9	5	3.9	2.7	1.4	0.2	♎ 28.9	27.8	26.7	25.7	24.9	24.2	23.7
♀	♌ 24.7	25.4	26.1	26.8	27.5	28.3	29	29.8	♍ 0.6	1.4	2.2	3	3.8	4.7	5.6	6.4	7.3	8.2	9.1	10	11	11.9	12.9	13.8	14.8	15.7	16.7	17.7	18.7	19.7	20.7
♂	♋ 0.9	1.3	1.8	2.2	2.6	3.1	3.5	3.9	4.3	4.7	5	5.4	5.8	6.1	6.5	6.8	7.2	7.5	7.8	8.1	8.4	8.7	9	9.3	9.5	9.8	10	10.3	10.5	10.7	10.9

	1	6	11	16	21	26	31
♃	♐ 14.2	15	15.8	16.6	17.5	18.5	19.4
♄	♍ 3.4	4	4.5	5	5.5	6	6.4
	1	11	21	31			
♅	♓ 15.9R	15.5	15.3	15			
♆	♒ 19.5R	19.4	19.3	19.2			
♇	♐ 26.4	26.6	26.8	27			

	1	2	3	4	5	6	7	8	9	10	11	12	13	14	15	16	17	18	19	20	21	22	23	24	25	26	27	28	29	30	31
☉	♎ 8.2	9.2	10.2	11.1	12.1	13.1	14.1	15.1	16.1	17.1	18	19	20	21	22	23	24	25	26	27	28	29	30	♏ 0.9	1.9	2.9	3.9	4.9	5.9	6.9	7.9
☽	♎ 27.7	♏ 10.1	22.3	♐ 4.4	16.3	28.1	♑ 10.0	21.9	♒ 4.0	16.4	29.2	♓ 12.3	25.9	♈ 9.9	24.2	♉ 8.8	23.6	♊ 8.3	22.9	♋ 7.4	21.5	♌ 5.4	19	♍ 2.4	15.5	28.5	♎ 11.3	23.9	♏ 6.3	18.6	♐ 0.7
☿	♎ 20.2R	19.3	18.3	17.3	16.1	15	13.8	12.7	11.6	10.6	9.7	8.9	8.3	7.9	7.6	7.6D	7.7	8	8.5	9.1	9.8	10.7	11.8	12.9	14.1	15.4	16.7	18.1	19.6	21.1	22.6
♀	♏ 8.4	9.6	10.8	12	13.3	14.5	15.7	16.9	18.1	19.3	20.6	21.8	23	24.2	25.4	26.6	27.9	29.1	♐ 0.3	1.5	2.7	3.9	5.1	6.3	7.5	8.8	10	11.2	12.4	13.6	14.8
♂	♎ 27.8	28.5	29.2	29.9	♏ 0.5	1.2	1.9	2.6	3.3	3.9	4.6	5.3	6	6.7	7.4	8	8.7	9.4	10.1	10.8	11.5	12.2	12.9	13.6	14.3	14.9	15.6	16.3	17	17.7	18.4

	1	6	11	16	21	26	31
♃	♑ 13.4	13.7	14.2	14.7	15.3	16	16.7
♄	♍ 15.3	15.8	16.4	17	17.5	18	18.5
	1	11	21	31			
♅	♓ 20.0R	19.6	19.3	19.1			
♆	♒ 21.7R	21.6	21.5	21.5			
♇	♐ 28.6	28.8	29	29.2			

XI

	1	2	3	4	5	6	7	8	9	10	11	12	13	14	15	16	17	18	19	20	21	22	23	24	25	26	27	28	29	30	31
☉	♏ 8.2	9.2	10.2	11.2	12.2	13.2	14.2	15.2	16.2	17.2	18.2	19.2	20.2	21.2	22.2	23.2	24.2	25.3	26.3	27.3	28.3	29.3	♐ 0.3	1.3	2.3	3.3	4.3	5.4	6.4	7.4	
☽	♋ 27.3	♌ 10.5	23.3	♍ 5.8	18	♎ 0.1	12	23.9	♏ 5.8	17.6	29.5	♐ 11.4	23.4	♑ 5.6	17.8	♒ 0.3	13	26	♓ 9.4	23.2	♈ 7.6	22.3	♉ 7.4	22.7	♊ 8.0	23.1	♋ 7.9	22.2	♌ 6.0	19.4	
☿	♎ 23.4R	23.4D	23.5	23.7	24.2	24.8	25.5	26.4	27.4	28.4	29.6	♏ 0.8	2.1	3.4	4.8	6.2	7.6	9.1	10.6	12.1	13.6	15.2	16.7	18.3	19.8	21.4	22.9	24.5	26.1	27.6	
♀	♍ 21.8	22.8	23.8	24.8	25.9	26.9	28	29.1	♎ 0.1	1.2	2.3	3.4	4.4	5.5	6.6	7.7	8.8	10	11.1	12.2	13.3	14.4	15.6	16.7	17.8	19	20.1	21.2	22.4	23.5	
♂	♋ 11.1	11.3	11.4	11.6	11.7	11.9	12	12.1	12.2	12.3	12.3	12.4	12.4	12.4	12.5	12.4R	12.4	12.4	12.4	12.3	12.2	12.1	12	11.9	11.8	11.6	11.5	11.3	11.1	10.9	

	1	6	11	16	21	26
♃	♐ 19.6	20.6	21.6	22.7	23.8	24.8
♄	♍ 6.5	6.9	7.2	7.5	7.8	8.1
	1	11	21			
♅	♓ 15.0R	14.9	14.8			
♆	♒ 19.2	19.3	19.4			
♇	♐ 27.1	27.3	27.7			

	1	2	3	4	5	6	7	8	9	10	11	12	13	14	15	16	17	18	19	20	21	22	23	24	25	26	27	28	29	30	31
☉	♏ 8.9	9.9	10.9	11.9	12.9	13.9	15	16	17	18	19	20	21	22	23	24	25	26	27	28	29	♐ 0.1	1.1	2.1	3.1	4.1	5.1	6.1	7.1	8.1	
☽	♐ 12.6	24.5	♑ 6.3	18.1	30	♒ 12.0	24.4	♓ 7.1	20.2	♈ 3.8	17.8	♉ 2.4	17.3	♊ 2.4	17.5	♋ 2.6	17.3	♌ 1.7	15.7	29.3	♍ 12.6	25.6	♎ 8.3	20.8	♏ 3.1	15.3	27.4	♐ 9.3	21.2	♑ 3.0	
☿	♎ 24.2	25.7	27.3	28.9	♏ 0.5	2.2	3.8	5.4	7	8.7	10.3	11.9	13.5	15.1	16.8	18.4	20	21.6	23.2	24.8	26.4	27.9	29.5	♐ 1.1	2.7	4.3	5.8	7.4	9	10.6	
♀	♐ 16.0	17.2	18.4	19.6	20.8	22	23.2	24.4	25.6	26.8	28	29.2	♑ 0.4	1.6	2.8	4	5.2	6.4	7.6	8.8	10	11.2	12.4	13.5	14.7	15.9	17.1	18.3	19.5	20.6	
♂	♏ 19.1	19.8	20.5	21.2	21.9	22.7	23.4	24.1	24.8	25.5	26.2	26.9	27.6	28.3	29	29.7	♐ 0.5	1.2	1.9	2.6	3.3	4.1	4.8	5.5	6.2	6.9	7.7	8.4	9.1	9.8	

	1	6	11	16	21	26
♃	♑ 16.8	17.6	18.4	19.3	20.2	21.2
♄	♍ 18.6	19.1	19.5	19.9	20.3	20.6
	1	11	21			
♅	♓ 19.0R	18.9	18.8			
♆	♒ 21.5R	21.5D	21.6			
♇	♐ 29.2	29.5	29.8			

XII

	1	2	3	4	5	6	7	8	9	10	11	12	13	14	15	16	17	18	19	20	21	22	23	24	25	26	27	28	29	30	31
☉	♐ 8.4	9.4	10.4	11.4	12.5	13.5	14.5	15.5	16.5	17.5	18.5	19.6	20.6	21.6	22.6	23.6	24.6	25.7	26.7	27.7	28.7	29.7	♑ 0.8	1.8	2.8	3.8	4.8	5.9	6.9	7.9	8.9
☽	♍ 2.2	14.8	27	♎ 9.0	20.9	♏ 2.7	14.5	26.4	♐ 8.4	20.4	♑ 2.6	14.9	27.4	♒ 10.0	22.8	♓ 5.9	19.2	♈ 2.9	17	♉ 1.4	16.2	♊ 1.1	16.1	♋ 1.0	15.7	♌ 0.1	14	27.4	♍ 10.4	23	♎ 5.3
☿	♏ 29.2	♐ 0.8	2.3	3.9	5.5	7	8.6	10.2	11.7	13.3	14.9	16.4	18	19.6	21.1	22.7	24.3	25.9	27.4	29	♑ 0.6	2.2	3.8	5.4	7	8.6	10.2	11.8	13.4	15	16.7
♀	♎ 24.7	25.9	27	28.2	29.3	♏ 0.5	1.7	2.9	4	5.2	6.4	7.6	8.7	9.9	11.1	12.3	13.5	14.7	15.9	17.1	18.3	19.5	20.7	21.9	23.1	24.3	25.5	26.7	27.9	29.1	♐ 0.3
♂	♋ 10.7R	10.5	10.2	10	9.7	9.4	9.1	8.8	8.5	8.2	7.9	7.5	7.2	6.8	6.4	6.1	5.7	5.3	4.9	4.5	4.1	3.7	3.3	2.9	2.5	2.2	1.8	1.4	1	0.6	0.2

	1	6	11	16	21	26	31
♃	♐ 26.0	27.1	28.2	29.3	♑ 0.5	1.6	2.8
♄	♍ 8.2	8.4	8.5	8.6	8.6R	8.5	8.4
	1	11	21	31			
♅	♓ 14.8	14.9	15.1	15.3			
♆	♒ 19.5	19.7	19.9	20.2			
♇	♐ 28.0	28.4	28.7	29.1			

	1	2	3	4	5	6	7	8	9	10	11	12	13	14	15	16	17	18	19	20	21	22	23	24	25	26	27	28	29	30	31
☉	♐ 9.2	10.2	11.2	12.2	13.2	14.2	15.3	16.3	17.3	18.3	19.3	20.3	21.3	22.4	23.4	24.4	25.4	26.4	27.5	28.5	29.5	♑ 0.5	1.5	2.5	3.6	4.6	5.6	6.6	7.6	8.7	9.7
☽	♑ 14.8	26.7	♒ 8.6	20.6	♓ 2.9	15.5	28.5	♈ 11.9	25.9	♉ 10.4	25.2	♊ 10.4	25.7	♋ 11.0	26	♌ 10.7	25	♍ 8.8	22.2	♎ 5.2	17.8	♏ 0.2	12.4	24.4	♐ 6.3	18.2	♑ 0.0	11.8	23.7	♒ 5.6	17.6
☿	♐ 12.1	13.7	15.2	16.8	18.4	19.9	21.5	23.1	24.6	26.2	27.8	29.3	♑ 0.9	2.5	4	5.6	7.2	8.7	10.3	11.8	13.4	14.9	16.5	18	19.5	21	22.5	24	25.4	26.8	28.2
♀	♑ 21.8	23	24.2	25.3	26.5	27.7	28.9	♒ 0.0	1.2	2.3	3.5	4.7	5.8	7	8.1	9.3	10.4	11.6	12.7	13.8	15	16.1	17.2	18.4	19.5	20.6	21.7	22.8	23.9	25	26.2
♂	♐ 10.6	11.3	12	12.8	13.5	14.2	14.9	15.7	16.4	17.1	17.9	18.6	19.4	20.1	20.8	21.6	22.3	23.1	23.8	24.5	25.3	26	26.8	27.5	28.3	29	29.8	♑ 0.5	1.3	2	2.8

	1	6	11	16	21	26	31
♃	♑ 22.2	23.2	24.2	25.3	26.4	27.6	28.7
♄	♍ 20.9	21.2	21.4	21.5	21.7	21.7	21.8
	1	11	21	31			
♅	♓ 18.7	18.8	19	19.2			
♆	♒ 21.7	21.9	22.1	22.4			
♇	♑ 0.1	0.5	0.9	1.2			

2009

I

	1	2	3	4	5	6	7	8	9	10	11	12	13	14	15	16	17	18	19	20	21	22	23	24	25	26	27	28	29	30	31
☉	♑ 10.7	11.7	12.7	13.8	14.8	15.8	16.8	17.8	18.9	19.9	20.9	21.9	22.9	23.9	25	26	27	28	29	♒ 0.1	1.1	2.1	3.1	4.1	5.1	6.2	7.2	8.2	9.2	10.2	11.2
☽	♒ 29.8	♓ 12.1	24.7	♈ 7.7	21	♉ 4.8	19	♊ 3.6	18.5	♋ 3.6	18.8	♌ 3.9	18.8	♍ 3.2	17.3	♎ 0.8	13.9	26.7	♏ 9.1	21.2	♐ 3.2	15.1	26.9	♑ 8.7	20.6	♒ 2.5	14.6	26.8	♓ 9.2	21.8	♈ 4.6
☿	♑ 29.5	♒ 0.7	1.9	3.1	4.1	5	5.9	6.5	7.1	7.5	7.7	7.7R	7.6	7.2	6.7	6	5.1	4	2.8	1.6	0.3	♑ 29.0	27.8	26.6	25.5	24.5	23.7	23	22.5	22.1	21.9
♀	♒ 27.2	28.3	29.4	♓ 0.5	1.6	2.7	3.7	4.8	5.9	6.9	8	9	10	11.1	12.1	13.1	14.1	15.1	16.1	17.1	18.1	19	20	20.9	21.9	22.8	23.7	24.6	25.5	26.4	27.3
♂	♑ 3.5	4.3	5	5.8	6.5	7.3	8	8.8	9.6	10.3	11.1	11.8	12.6	13.4	14.1	14.9	15.6	16.4	17.2	17.9	18.7	19.5	20.2	21	21.8	22.5	23.3	24.1	24.9	25.6	26.4

♃ (1, 6, 11, 16, 21, 26, 31): ♑ 28.9, ♒ 0.1, 1.2, 2.4, 3.6, 4.8, 6
♄ (1, 6, 11, 16, 21, 26, 31): ♍ 21.8R, 21.7, 21.7, 21.6, 21.4, 21.2, 21
♅ (1, 11, 21, 31): ♓ 19.2, 19.6, 19.9, 20.4
♆ (1, 11, 21, 31): ♒ 22.4, 22.8, 23.1, 23.5
♇ (1, 11, 21, 31): ♑ 1.3, 1.6, 2, 2.3

II

	1	2	3	4	5	6	7	8	9	10	11	12	13	14	15	16	17	18	19	20	21	22	23	24	25	26	27	28	29	30	31
☉	♒ 12.3	13.3	14.3	15.3	16.3	17.3	18.3	19.4	20.4	21.4	22.4	23.4	24.4	25.4	26.4	27.4	28.5	29.5	♓ 0.5	1.5	2.5	3.5	4.5	5.5	6.5	7.5	8.5	9.5			
☽	♈ 17.7	♉ 1.0	14.7	28.7	♊ 12.9	27.5	♋ 12.2	27.1	♌ 11.9	26.6	♍ 11.0	25.1	♎ 8.7	22	♏ 4.8	17.3	29.5	♐ 11.5	23.4	♑ 5.2	17	28.9	♒ 11.0	23.3	♓ 5.7	18.5	♈ 1.4	14.6			
☿	♑ 21.8R	21.8D	21.9	22.2	22.6	23	23.6	24.2	24.9	25.7	26.5	27.4	28.3	29.3	♒ 0.4	1.4	2.6	3.7	4.9	6.1	7.3	8.6	9.9	11.2	12.6	13.9	15.3	16.7			
♀	♓ 28.2	29	29.9	♈ 0.7	1.5	2.3	3.1	3.8	4.6	5.3	6	6.7	7.4	8.1	8.7	9.3	9.9	10.4	11	11.5	12	12.4	12.9	13.3	13.6	14	14.3	14.6			
♂	♑ 27.2	27.9	28.7	29.5	♒ 0.3	1	1.8	2.6	3.4	4.1	4.9	5.7	6.5	7.2	8	8.8	9.6	10.4	11.1	11.9	12.7	13.5	14.3	15	15.8	16.6	17.4	18.2			

♃ (1, 6, 11, 16, 21, 26): ♒ 6.2, 7.4, 8.6, 9.7, 10.9, 12
♄ (1, 6, 11, 16, 21, 26): ♍ 20.9R, 20.6, 20.3, 20, 19.6, 19.2
♅ (1, 11, 21): ♓ 20.4, 20.9, 21.5
♆ (1, 11, 21): ♒ 23.5, 23.9, 24.3
♇ (1, 11, 21): ♑ 2.3, 2.6, 2.8

III

	1	2	3	4	5	6	7	8	9	10	11	12	13	14	15	16	17	18	19	20	21	22	23	24	25	26	27	28	29	30	31
☉	♓ 10.5	11.5	12.5	13.5	14.5	15.6	16.6	17.6	18.6	19.6	20.5	21.5	22.5	23.5	24.5	25.5	26.5	27.5	28.5	29.5	♈ 0.5	1.5	2.5	3.5	4.5	5.5	6.5	7.4	8.4	9.4	10.4
☽	♈ 28.0	♉ 11.6	25.4	♊ 9.3	23.4	♋ 7.6	22	♌ 6.3	20.7	♍ 5.0	19.1	♎ 3.0	16.6	29.8	♏ 12.7	25.2	♐ 7.4	19.4	♑ 1.3	13.1	25	♒ 6.9	19.1	♓ 1.5	14.2	♈ 27.2	10.5	24.2	♉ 8.0	22	♊ 6.1
☿	♒ 18.2	19.6	21.1	22.6	24.1	25.6	27.2	28.7	♓ 0.3	1.9	3.6	5.2	6.9	8.6	10.3	12	13.7	15.5	17.3	19.1	20.9	22.7	24.6	26.5	28.4	♈ 0.3	2.3	4.2	6.2	8.2	10.3
♀	♈ 14.8	15	15.2	15.3	15.4	15.4	15.5R	15.4	15.4	15.2	15.1	14.9	14.6	14.4	14	13.7	13.3	12.8	12.4	11.9	11.3	10.8	10.2	9.6	9	8.4	7.8	7.1	6.5	5.9	5.3
♂	♒ 18.9	19.7	20.5	21.3	22.1	22.8	23.6	24.4	25.2	26	26.8	27.5	28.3	29.1	29.9	♓ 0.7	1.5	2.2	3	3.8	4.6	5.4	6.2	6.9	7.7	8.5	9.3	10.1	10.9	11.6	12.4

♃ (1, 6, 11, 16, 21, 26, 31): ♒ 12.7, 13.8, 14.9, 15.9, 17, 17.9, 18.9
♄ (1, 6, 11, 16, 21, 26, 31): ♍ 19.0R, 18.6, 18.2, 17.8, 17.4, 17, 16.7
♅ (1, 11, 21, 31): ♓ 21.9, 22.5, 23.1, 23.6
♆ (1, 11, 21, 31): ♒ 24.6, 24.9, 25.3, 25.6
♇ (1, 11, 21, 31): ♑ 3.0, 3.1, 3.2, 3.3

IV

	1	2	3	4	5	6	7	8	9	10	11	12	13	14	15	16	17	18	19	20	21	22	23	24	25	26	27	28	29	30	31
☉	♈ 11.4	12.4	13.4	14.4	15.3	16.3	17.3	18.3	19.3	20.3	21.2	22.2	23.2	24.2	25.2	26.1	27.1	28.1	29.1	♉ 0.1	1	2	3	4	4.9	5.9	6.9	7.8	8.8	9.8	
☽	♊ 20.3	♋ 4.4	18.5	♌ 2.6	16.6	♍ 0.6	14.4	28.1	♎ 11.6	24.9	♏ 7.9	20.6	♐ 3.1	15.3	27.3	♑ 9.2	21	♒ 2.8	14.8	26.9	♓ 9.4	22.2	♈ 5.5	19.1	♉ 3.1	17.3	♊ 1.8	16.3	♋ 0.8	15.2	
☿	♈ 12.3	14.3	16.4	18.5	20.5	22.6	24.7	26.7	28.8	♉ 0.8	2.8	4.8	6.7	8.6	10.4	12.2	13.9	15.6	17.2	18.7	20.1	21.5	22.8	24	25.1	26.1	27.1	28	28.7	29.4	
♀	♈ 4.7R	4.1	3.5	3	2.5	2	1.6	1.2	0.8	0.4	0.1	♓ 29.9	29.7	29.5	29.4	29.3	29.2	29.2D	29.2	29.3	29.4	29.5	29.7	29.9	♈ 0.2	0.5	0.8	1.1	1.5	1.9	
♂	♓ 13.2	14	14.8	15.5	16.3	17.1	17.9	18.7	19.4	20.2	21	21.8	22.6	23.3	24.1	24.9	25.7	26.5	27.2	28	28.8	29.6	♈ 0.3	1.1	1.9	2.7	3.4	4.2	5	5.7	

♃ (1, 6, 11, 16, 21, 26): ♒ 19.1, 20, 20.9, 21.7, 22.5, 23.2
♄ (1, 6, 11, 16, 21, 26): ♍ 16.6R, 16.3, 16, 15.7, 15.5, 15.3
♅ (1, 11, 21): ♓ 23.7, 24.2, 24.7
♆ (1, 11, 21): ♒ 25.6, 25.9, 26.1
♇ (1, 11, 21): ♑ 3.3, 3.3R, 3.2

V

	1	2	3	4	5	6	7	8	9	10	11	12	13	14	15	16	17	18	19	20	21	22	23	24	25	26	27	28	29	30	31
☉	♉ 10.8	11.7	12.7	13.7	14.6	15.6	16.6	17.5	18.5	19.5	20.4	21.4	22.4	23.3	24.3	25.3	26.2	27.2	28.2	29.1	♊ 0.1	1	2	3	3.9	4.9	5.9	6.8	7.8	8.7	9.7
☽	♋ 29.4	♌ 13.5	27.3	♍ 11.0	24.5	♎ 7.8	20.9	♏ 3.8	16.6	29.1	♐ 11.3	23.4	♑ 5.4	17.2	29	♒ 10.8	22.8	♓ 4.9	17.4	♈ 0.3	13.5	27.3	♉ 11.4	26	♊ 10.8	25.7	♋ 10.5	25.3	♌ 9.8	24	♍ 7.9
☿	♊ 0.0	0.5	1	1.3	1.5	1.7	1.7	1.7R	1.6	1.4	1.2	0.8	0.4	♉ 30.0	29.5	29	28.4	27.8	27.3	26.7	26.1	25.6	25.1	24.6	24.1	23.8	23.5	23.2	23	22.9	22.9
♀	♈ 2.3	2.8	3.2	3.7	4.3	4.8	5.4	6	6.6	7.2	7.9	8.6	9.3	10	10.7	11.4	12.2	13	13.7	14.5	15.3	16.2	17	17.8	18.7	19.5	20.4	21.3	22.2	23.1	24
♂	♈ 6.5	7.3	8.1	8.8	9.6	10.4	11.1	11.9	12.7	13.4	14.2	15	15.7	16.5	17.2	18	18.8	19.5	20.3	21	21.8	22.6	23.3	24.1	24.8	25.6	26.3	27.1	27.8	28.6	29.3

♃ (1, 6, 11, 16, 21, 26, 31): ♒ 23.9, 24.5, 25.1, 25.6, 26, 26.4, 26.6
♄ (1, 6, 11, 16, 21, 26, 31): ♍ 15.1R, 15, 14.9, 14.9, 14.9D, 15, 15.1
♅ (1, 11, 21, 31): ♓ 25.2, 25.6, 25.9, 26.2
♆ (1, 11, 21, 31): ♒ 26.3, 26.4, 26.5, 26.5R
♇ (1, 11, 21, 31): ♑ 3.1R, 3, 2.8, 2.6

VI

	1	2	3	4	5	6	7	8	9	10	11	12	13	14	15	16	17	18	19	20	21	22	23	24	25	26	27	28	29	30	31
☉	♊ 10.7	11.6	12.6	13.5	14.5	15.4	16.4	17.4	18.3	19.3	20.2	21.2	22.1	23.1	24	25	26	26.9	27.9	28.8	29.8	♋ 0.7	1.7	2.6	3.6	4.5	5.5	6.5	7.4	8.4	
☽	♍ 21.5	♎ 4.8	17.8	♏ 0.7	13.3	25.7	♐ 7.9	20	♑ 2.0	13.8	25.6	♒ 7.4	19.3	♓ 1.2	13.4	25.8	♈ 8.6	21.9	♉ 5.6	19.7	♊ 4.3	19.2	♋ 4.3	19.4	♌ 4.5	19.2	♍ 3.7	17.8	♎ 1.4	14.7	
☿	♉ 22.9	23	23.2	23.4	23.8	24.2	24.7	25.2	25.8	26.5	27.3	28.1	28.9	29.9	♊ 0.9	1.9	3.1	4.2	5.5	6.8	8.1	9.5	11	12.5	14.1	15.7	17.3	19.1	20.8	22.7	
♀	♈ 24.9	25.9	26.8	27.7	28.7	29.6	♉ 0.6	1.6	2.5	3.5	4.5	5.5	6.5	7.5	8.5	9.5	10.6	11.6	12.6	13.6	14.7	15.7	16.8	17.8	18.9	19.9	21	22.1	23.1	24.2	
♂	♉ 0.1	0.8	1.6	2.3	3.1	3.8	4.6	5.3	6	6.8	7.5	8.3	9	9.7	10.5	11.2	11.9	12.7	13.4	14.1	14.9	15.6	16.3	17	17.8	18.5	19.2	19.9	20.7	21.4	

♃ (1, 6, 11, 16, 21, 26): ♒ 26.7, 26.9, 27, 27.0R, 27, 26.8
♄ (1, 6, 11, 16, 21, 26): ♍ 15.1, 15.3, 15.4, 15.7, 15.9, 16.2
♅ (1, 11, 21): ♓ 26.3, 26.5, 26.6
♆ (1, 11, 21): ♒ 26.5R, 26.4, 26.3
♇ (1, 11, 21): ♑ 2.5R, 2.3, 2

VII

	1	2	3	4	5	6	7	8	9	10	11	12	13	14	15	16	17	18	19	20	21	22	23	24	25	26	27	28	29	30	31
☉	♋ 9.3	10.3	11.2	12.2	13.1	14.1	15	16	16.9	17.9	18.8	19.8	20.7	21.7	22.7	23.6	24.6	25.5	26.5	27.4	28.4	29.3	♌ 0.3	1.2	2.2	3.2	4.1	5.1	6	7	7.9
☽	♎ 27.7	♏ 10.4	22.8	♐ 5.0	17	28.9	♑ 10.8	22.6	♒ 4.4	16.2	28.1	♓ 10.2	22.4	♈ 4.9	17.7	♉ 0.8	14.4	28.4	♊ 12.8	27.6	♋ 12.6	27.8	♌ 12.9	27.9	♍ 12.6	26.8	♎ 10.6	24	♏ 7.0	19.6	♐ 1.9
☿	♊ 24.5	26.4	28.4	♋ 0.4	2.4	4.5	6.6	8.7	10.8	13	15.1	17.3	19.4	21.6	23.7	25.9	28	♌ 0.1	2.1	4.2	6.2	8.2	10.2	12.1	14.1	16	17.8	19.7	21.5	23.2	25
♀	♉ 25.3	26.4	27.4	28.5	29.6	♊ 0.7	1.8	2.9	4	5.1	6.2	7.3	8.4	9.5	10.6	11.8	12.9	14	15.1	16.3	17.4	18.5	19.7	20.8	21.9	23.1	24.2	25.3	26.5	27.6	28.8
♂	♉ 22.1	22.8	23.5	24.2	25	25.7	26.4	27.1	27.8	28.5	29.2	29.9	♊ 0.6	1.3	2	2.7	3.4	4.1	4.8	5.5	6.2	6.9	7.6	8.3	9	9.6	10.3	11	11.7	12.4	13.1

♃ (1, 6, 11, 16, 21, 26, 31): ♒ 26.6R, 26.3, 26, 25.6, 25.1, 24.5, 23.9
♄ (1, 6, 11, 16, 21, 26, 31): ♍ 16.6, 17, 17.4, 17.8, 18.3, 18.7, 19.2
♅ (1, 11, 21, 31): ♓ 26.6, 26.6R, 26.5, 26.3
♆ (1, 11, 21, 31): ♒ 26.2R, 26, 25.8, 25.6
♇ (1, 11, 21, 31): ♑ 1.8R, 1.5, 1.3, 1.1

VIII

	1	2	3	4	5	6	7	8	9	10	11	12	13	14	15	16	17	18	19	20	21	22	23	24	25	26	27	28	29	30	31
☉	♌ 8.9	9.9	10.8	11.8	12.7	13.7	14.6	15.6	16.6	17.5	18.5	19.4	20.4	21.4	22.3	23.3	24.2	25.2	26.2	27.1	28.1	29	♍ 0.0	1	1.9	2.9	3.9	4.8	5.8	6.8	7.7
☽	♐ 14.0	26	♑ 7.8	19.6	♒ 1.4	13.3	25.2	♓ 7.3	19.5	♈ 1.9	14.5	27.4	♉ 10.5	24	♊ 7.9	22	♋ 6.5	21.3	♌ 6.3	21.3	♍ 6.2	20.9	♎ 5.2	19.1	♏ 2.6	15.7	28.3	♐ 10.6	22.7	♑ 4.6	16.4
☿	♌ 26.7	28.4	♍ 0.1	1.7	3.3	4.9	6.4	8	9.5	10.9	12.4	13.8	15.2	16.5	17.9	19.2	20.4	21.6	22.8	24	25.1	26.2	27.3	28.3	29.2	♎ 0.1	1	1.8	2.6	3.3	3.9
♀	♊ 29.9	♋ 1.1	2.2	3.4	4.5	5.7	6.9	8	9.2	10.4	11.5	12.7	13.9	15	16.2	17.4	18.5	19.7	20.9	22.1	23.3	24.5	25.6	26.8	28	29.2	♌ 0.4	1.6	2.8	4	5.2
♂	♊ 13.7	14.4	15.1	15.8	16.4	17.1	17.8	18.4	19.1	19.8	20.4	21.1	21.8	22.4	23.1	23.7	24.4	25	25.7	26.3	27	27.6	28.3	28.9	29.5	♋ 0.2	0.8	1.4	2.1	2.7	3.3

♃ (1, 6, 11, 16, 21, 26, 31): ♒ 23.8R, 23.2, 22.6, 21.9, 21.3, 20.6, 20
♄ (1, 6, 11, 16, 21, 26, 31): ♍ 19.4, 19.9, 20.4, 21, 21.6, 22.2, 22.8
♅ (1, 11, 21, 31): ♓ 26.3R, 26, 25.7, 25.3
♆ (1, 11, 21, 31): ♒ 25.5R, 25.3, 25, 24.7
♇ (1, 11, 21, 31): ♑ 1.1R, 0.9, 0.8, 0.7

IX

	1	2	3	4	5	6	7	8	9	10	11	12	13	14	15	16	17	18	19	20	21	22	23	24	25	26	27	28	29	30	31
☉	♍ 8.7	9.7	10.6	11.6	12.6	13.5	14.5	15.5	16.5	17.4	18.4	19.4	20.3	21.3	22.3	23.3	24.2	25.2	26.2	27.2	28.2	29.1	♎ 0.1	1.1	2.1	3	4	5	6	7	
☽	♑ 28.2	♒ 10.0	22	♓ 4.1	16.3	28.8	♈ 11.5	24.4	♉ 7.5	20.8	♊ 4.4	18.1	♋ 2.1	16.4	♌ 0.8	15.4	♍ 0.0	14.7	29.1	♎ 13.3	27.2	♏ 10.7	23.8	♐ 6.4	18.8	♑ 0.8	12.7	24.5	♒ 6.3	18.2	
☿	♎ 4.5	5	5.4	5.7	6	6.1	6.2	6.2R	6.1	5.8	5.5	5	4.4	3.7	3	2.1	1.2	0.1	♍ 29.1	28	27	25.9	25	24.1	23.3	22.7	22.2	21.8	21.6	21.6D	
♀	♌ 6.4	7.6	8.7	9.9	11.2	12.4	13.6	14.8	16	17.2	18.4	19.6	20.8	22	23.2	24.4	25.7	26.9	28.1	29.3	♍ 0.5	1.8	3	4.2	5.4	6.6	7.9	9.1	10.3	11.5	
♂	♋ 4.0	4.6	5.2	5.8	6.4	7.1	7.7	8.3	8.9	9.5	10.1	10.7	11.3	11.9	12.5	13.1	13.7	14.3	14.9	15.5	16	16.6	17.2	17.8	18.3	18.9	19.5	20	20.6	21.2	

♃ (1, 6, 11, 16, 21, 26): ♒ 19.9R, 19.3, 18.8, 18.4, 18, 17.7
♄ (1, 6, 11, 16, 21, 26): ♍ 22.9, 23.5, 24.1, 24.8, 25.4, 26
♅ (1, 11, 21): ♓ 25.3R, 24.9, 24.5
♆ (1, 11, 21): ♒ 24.7R, 24.4, 24.2
♇ (1, 11, 21): ♑ 0.7R, 0.7, 0.7D

X

	1	2	3	4	5	6	7	8	9	10	11	12	13	14	15	16	17	18	19	20	21	22	23	24	25	26	27	28	29	30	31
☉	♎ 8.0	8.9	9.9	10.9	11.9	12.9	13.9	14.8	15.8	16.8	17.8	18.8	19.8	20.8	21.8	22.8	23.8	24.7	25.7	26.7	27.7	28.7	29.7	♏ 0.7	1.7	2.7	3.7	4.7	5.7	6.7	7.7
☽	♓ 0.3	12.5	25	♈ 7.8	20.9	♉ 4.1	17.6	♊ 1.3	15	28.9	♋ 12.9	27	♌ 11.2	25.4	♍ 9.6	23.8	♎ 7.9	21.8	♏ 5.4	18.7	♐ 1.7	14.3	26.6	♑ 8.7	20.6	♒ 2.4	14.2	26.1	♓ 8.2	20.6	♈ 3.2
☿	♍ 21.8	22.1	22.6	23.3	24.1	25	26	27.2	28.4	29.8	♎ 1.2	2.7	4.2	5.8	7.4	9	10.7	12.3	14	15.7	17.4	19.1	20.8	22.5	24.2	25.9	27.6	29.3	♏ 1.0	2.6	4.3
♀	♍ 12.8	14	15.2	16.5	17.7	18.9	20.2	21.4	22.6	23.9	25.1	26.3	27.6	28.8	♎ 0.1	1.3	2.5	3.8	5	6.3	7.5	8.8	10	11.2	12.5	13.7	15	16.2	17.5	18.7	20
♂	♋ 21.7	22.3	22.8	23.4	23.9	24.5	25	25.5	26.1	26.6	27.1	27.6	28.1	28.7	29.2	29.7	♌ 0.2	0.7	1.2	1.7	2.1	2.6	3.1	3.6	4.1	4.5	5	5.4	5.9	6.3	6.8

♃ (1, 6, 11, 16, 21, 26, 31): ♒ 17.4R, 17.3, 17.2, 17.2D, 17.3, 17.4, 17.7
♄ (1, 6, 11, 16, 21, 26, 31): ♍ 26.6, 27.2, 27.9, 28.4, 29, 29.6, ♎ 0.1
♅ (1, 11, 21, 31): ♓ 24.1R, 23.7, 23.4, 23.1
♆ (1, 11, 21, 31): ♒ 24.0R, 23.9, 23.8, 23.7
♇ (1, 11, 21, 31): ♑ 0.8, 0.9, 1.1, 1.3

XI

	1	2	3	4	5	6	7	8	9	10	11	12	13	14	15	16	17	18	19	20	21	22	23	24	25	26	27	28	29	30	31
☉	♏ 8.7	9.7	10.7	11.7	12.7	13.7	14.7	15.7	16.7	17.7	18.7	19.7	20.7	21.7	22.8	23.8	24.8	25.8	26.8	27.8	28.8	29.8	♐ 0.8	1.8	2.8	3.9	4.9	5.9	6.9	7.9	
☽	♈ 16.2	29.6	♉ 13.2	27.1	♊ 11.2	25.4	♋ 9.6	23.9	♌ 8.0	22.1	♍ 6.1	20	♎ 3.8	17.4	♏ 0.9	14.1	27.1	♐ 9.9	22.3	♑ 4.5	16.6	28.4	♒ 10.2	22	♓ 3.9	16	28.3	♈ 11.0	24.1	♉ 7.6	
☿	♏ 6.0	7.6	9.2	10.9	12.5	14.1	15.7	17.3	18.9	20.5	22.1	23.7	25.3	26.8	28.4	30	♐ 1.5	3.1	4.6	6.2	7.7	9.3	10.8	12.3	13.9	15.4	16.9	18.4	19.9	21.5	
♀	♎ 21.2	22.5	23.7	25	26.2	27.5	28.7	30	♏ 1.2	2.5	3.7	5	6.2	7.5	8.8	10	11.3	12.5	13.8	15	16.3	17.5	18.8	20	21.3	22.6	23.8	25.1	26.3	27.6	
♂	♌ 7.2	7.6	8.1	8.5	8.9	9.3	9.7	10.1	10.5	10.9	11.3	11.7	12	12.4	12.7	13.1	13.4	13.8	14.1	14.4	14.7	15	15.3	15.6	15.9	16.2	16.4	16.7	16.9	17.2	

♃ (1, 6, 11, 16, 21, 26): ♒ 17.8, 18.1, 18.5, 19, 19.6, 20.2
♄ (1, 6, 11, 16, 21, 26): ♎ 0.2, 0.8, 1.3, 1.7, 2.2, 2.6
♅ (1, 11, 21): ♓ 23.1R, 22.9, 22.8
♆ (1, 11, 21): ♒ 23.7R, 23.7D, 23.8
♇ (1, 11, 21): ♑ 1.3, 1.6, 1.9

XII

	1	2	3	4	5	6	7	8	9	10	11	12	13	14	15	16	17	18	19	20	21	22	23	24	25	26	27	28	29	30	31
☉	♐ 8.9	9.9	10.9	12	13	14	15	16	17	18.1	19.1	20.1	21.1	22.1	23.1	24.2	25.2	26.2	27.2	28.2	29.2	♑ 0.3	1.3	2.3	3.3	4.3	5.4	6.4	7.4	8.4	9.4
☽	♉ 21.5	♊ 5.7	20.2	♋ 4.9	19.6	♌ 4.2	18.6	♍ 2.9	16.9	♎ 0.7	14.2	27.5	♏ 10.6	23.4	♐ 6.1	18.5	♑ 0.7	12.8	24.7	♒ 6.6	18.3	♓ 0.1	12	24.1	♈ 6.3	19	♉ 1.9	15.4	29.3	♊ 13.6	28.3
☿	♐ 23.0	24.5	26	27.4	28.9	♑ 0.4	1.9	3.3	4.7	6.2	7.6	8.9	10.3	11.6	12.9	14.1	15.3	16.4	17.4	18.4	19.3	20	20.7	21.2	21.6	21.8	21.8R	21.6	21.2	20.7	19.9
♀	♏ 28.8	♐ 0.1	1.4	2.6	3.9	5.1	6.4	7.6	8.9	10.2	11.4	12.7	13.9	15.2	16.5	17.7	19	20.2	21.5	22.7	24	25.3	26.5	27.8	29	♑ 0.3	1.6	2.8	4.1	5.3	6.6
♂	♌ 17.4	17.6	17.8	18	18.2	18.4	18.6	18.7	18.9	19	19.1	19.2	19.3	19.4	19.5	19.6	19.6	19.7	19.7	19.7	19.7R	19.7	19.7	19.6	19.6	19.5	19.4	19.3	19.2	19.1	19

♃ (1, 6, 11, 16, 21, 26, 31): ♒ 20.9, 21.7, 22.5, 23.3, 24.2, 25.2, 26.2
♄ (1, 6, 11, 16, 21, 26, 31): ♎ 3.0, 3.3, 3.6, 3.9, 4.1, 4.3, 4.5
♅ (1, 11, 21, 31): ♓ 22.7R, 22.7D, 22.9, 23.1
♆ (1, 11, 21, 31): ♒ 23.9, 24.1, 24.3, 24.6
♇ (1, 11, 21, 31): ♑ 2.2, 2.5, 2.9, 3.3

2010

I

	1	2	3	4	5	6	7	8	9	10	11	12	13	14	15	16	17	18	19	20	21	22	23	24	25	26	27	28	29	30	31
☉	♑ 10.5	11.5	12.5	13.5	14.5	15.5	16.6	17.6	18.6	19.6	20.6	21.7	22.7	23.7	24.7	25.7	26.8	27.8	28.8	29.8	♒ 0.8	1.8	2.9	3.9	4.9	5.9	6.9	7.9	9	10	11
☽	♋ 13.2	28.3	♌ 13.3	28.2	♍ 12.8	27.1	♎ 11.0	24.5	♏ 7.6	20.5	♐ 3.0	15.4	27.5	♑ 9.5	21.5	♒ 3.3	15.1	26.9	♓ 8.7	20.7	♈ 2.7	15	27.5	♉ 10.4	23.7	♊ 7.4	21.5	♋ 6.1	21	♌ 6.2	21.5
☿	♑ 19.0R	17.9	16.7	15.4	14	12.7	11.4	10.2	9.1	8.1	7.3	6.6	6.1	5.8	5.6	5.6D	5.7	5.9	6.3	6.7	7.3	7.9	8.6	9.4	10.3	11.2	12.2	13.2	14.3	15.4	16.5
♀	♑ 7.8	9.1	10.4	11.6	12.9	14.1	15.4	16.7	17.9	19.2	20.4	21.7	22.9	24.2	25.5	26.7	28	29.2	♒ 0.5	1.7	3	4.3	5.5	6.8	8	9.3	10.5	11.8	13.1	14.3	15.6
♂	♌ 18.8R	18.7	18.5	18.3	18.1	17.9	17.6	17.4	17.2	16.9	16.6	16.3	16	15.7	15.4	15.1	14.7	14.4	14	13.6	13.3	12.9	12.5	12.1	11.7	11.3	10.9	10.5	10.1	9.7	9.3

♃ (1, 6, 11, 16, 21, 26, 31): ♒ 26.4, 27.4, 28.4, 29.5, ♓ 0.7, 1.8, 2.9
♄ (1, 6, 11, 16, 21, 26, 31): ♎ 4.5, 4.6, 4.6, 4.6R, 4.6, 4.5, 4.4
♅ (1, 11, 21, 31): ♓ 23.1, 23.4, 23.7, 24.2
♆ (1, 11, 21, 31): ♒ 24.6, 24.9, 25.2, 25.6
♇ (1, 11, 21, 31): ♑ 3.3, 3.7, 4, 4.3

II

	1	2	3	4	5	6	7	8	9	10	11	12	13	14	15	16	17	18	19	20	21	22	23	24	25	26	27	28	29	30	31
☉	♒ 12.0	13	14	15.1	16.1	17.1	18.1	19.1	20.1	21.1	22.1	23.2	24.2	25.2	26.2	27.2	28.2	29.2	♓ 0.2	1.2	2.2	3.3	4.3	5.3	6.3	7.3	8.3	9.3			
☽	♍ 6.7	21.6	♎ 6.2	20.3	♏ 4.0	17.2	30	♐ 12.4	24.6	♑ 6.6	18.5	♒ 0.3	12.1	23.9	♓ 5.7	17.7	29.7	♈ 11.9	24.3	♉ 6.9	19.7	♊ 2.9	16.4	♋ 0.3	14.6	29.3	♌ 14.3	29.4			
☿	♑ 17.7	18.9	20.2	21.4	22.7	24	25.3	26.7	28.1	29.5	♒ 0.9	2.3	3.7	5.2	6.7	8.2	9.7	11.2	12.8	14.3	15.9	17.5	19.1	20.7	22.3	24	25.7	27.3			
♀	♒ 16.8	18.1	19.3	20.6	21.8	23.1	24.3	25.6	26.9	28.1	29.4	♓ 0.6	1.9	3.1	4.4	5.6	6.9	8.1	9.4	10.6	11.9	13.1	14.4	15.6	16.9	18.1	19.4	20.6			
♂	♌ 8.9R	8.5	8.1	7.7	7.4	7	6.6	6.2	5.9	5.5	5.2	4.8	4.5	4.2	3.9	3.6	3.3	3	2.8	2.5	2.3	2.1	1.9	1.7	1.5	1.3	1.2	1			

♃ (1, 6, 11, 16, 21, 26): ♓ 3.2, 4.3, 5.5, 6.7, 7.9, 9.1
♄ (1, 6, 11, 16, 21, 26): ♎ 4.4R, 4.2, 3.9, 3.7, 3.4, 3.1
♅ (1, 11, 21): ♓ 24.2, 24.7, 25.2
♆ (1, 11, 21): ♒ 25.6, 26, 26.4
♇ (1, 11, 21): ♑ 4.4, 4.6, 4.9

III

	1	2	3	4	5	6	7	8	9	10	11	12	13	14	15	16	17	18	19	20	21	22	23	24	25	26	27	28	29	30	31
☉	♓ 10.3	11.3	12.3	13.3	14.3	15.3	16.3	17.3	18.3	19.3	20.3	21.3	22.3	23.3	24.3	25.3	26.3	27.3	28.3	29.3	♈ 0.3	1.3	2.3	3.2	4.2	5.2	6.2	7.2	8.2	9.2	10.2
☽	♍ 14.6	29.7	♎ 14.4	28.7	♏ 12.5	25.9	♐ 8.7	21.2	♑ 3.4	15.4	27.2	♒ 9.0	20.7	♓ 2.6	14.6	26.7	♈ 8.9	21.4	♉ 4.0	16.7	29.7	♊ 13.0	26.4	♋ 10.2	24.3	♌ 8.6	23.2	♍ 8.1	23	♎ 7.8	22.4
☿	♒ 29.0	♓ 0.8	2.5	4.2	6	7.8	9.6	11.4	13.3	15.1	17	18.9	20.8	22.8	24.7	26.7	28.7	♈ 0.6	2.6	4.6	6.7	8.7	10.7	12.6	14.6	16.6	18.5	20.4	22.3	24.1	25.8
♀	♓ 21.9	23.1	24.4	25.6	26.9	28.1	29.3	♈ 0.6	1.8	3.1	4.3	5.6	6.8	8.1	9.3	10.5	11.8	13	14.3	15.5	16.7	18	19.2	20.5	21.7	22.9	24.2	25.4	26.6	27.9	29.1
♂	♌ 0.9R	0.8	0.7	0.6	0.5	0.4	0.4	0.3	0.3	0.3	0.3D	0.3	0.3	0.4	0.4	0.5	0.5	0.6	0.7	0.8	0.9	1	1.2	1.3	1.5	1.6	1.8	2	2.2	2.4	2.6

♃ (1, 6, 11, 16, 21, 26, 31): ♓ 9.9, 11.1, 12.3, 13.5, 14.7, 15.9, 17
♄ (1, 6, 11, 16, 21, 26, 31): ♎ 2.9R, 2.5, 2.1, 1.8, 1.4, 1, 0.6
♅ (1, 11, 21, 31): ♓ 25.6, 26.2, 26.8, 27.4
♆ (1, 11, 21, 31): ♒ 26.7, 27.1, 27.4, 27.7
♇ (1, 11, 21, 31): ♑ 5.1, 5.2, 5.3, 5.4

IV

	1	2	3	4	5	6	7	8	9	10	11	12	13	14	15	16	17	18	19	20	21	22	23	24	25	26	27	28	29	30	31
☉	♈ 11.2	12.1	13.1	14.1	15.1	16.1	17.1	18.1	19	20	21	22	23	23.9	24.9	25.9	26.9	27.9	28.8	29.8	♉ 0.8	1.8	2.7	3.7	4.7	5.7	6.6	7.6	8.6	9.6	
☽	♏ 6.7	20.5	♐ 3.9	16.9	29.4	♑ 11.6	23.6	♒ 5.5	17.3	29.1	♓ 11.0	23.1	♈ 5.4	17.9	♉ 0.6	13.5	26.6	♊ 9.9	23.4	♋ 7.0	20.9	♌ 4.9	19	♍ 3.3	17.8	♎ 2.2	16.6	♏ 0.9	14.9	28.5	
☿	♈ 27.5	29.1	♉ 0.7	2.2	3.6	4.9	6.1	7.2	8.2	9.1	9.9	10.6	11.2	11.7	12.1	12.4	12.6	12.6	12.6R	12.5	12.2	11.9	11.5	11.1	10.6	10	9.4	8.7	8.1	7.4	
♀	♉ 0.3	1.6	2.8	4	5.3	6.5	7.7	8.9	10.2	11.4	12.6	13.9	15.1	16.3	17.5	18.8	20	21.2	22.4	23.6	24.9	26.1	27.3	28.5	29.7	♊ 1.0	2.2	3.4	4.6	5.8	
♂	♌ 2.8	3	3.3	3.5	3.8	4	4.3	4.5	4.8	5.1	5.4	5.7	6	6.3	6.6	7	7.3	7.6	8	8.3	8.7	9	9.4	9.8	10.2	10.5	10.9	11.3	11.7	12.1	

♃ (1, 6, 11, 16, 21, 26): ♓ 17.2, 18.4, 19.5, 20.6, 21.7, 22.8
♄ (1, 6, 11, 16, 21, 26): ♎ 0.5R, 0.1, ♍ 29.8, 29.4, 29.1, 28.8
♅ (1, 11, 21): ♓ 27.4, 28, 28.5
♆ (1, 11, 21): ♒ 27.7, 28, 28.3
♇ (1, 11, 21): ♑ 5.4, 5.4R, 5.4

V

	1	2	3	4	5	6	7	8	9	10	11	12	13	14	15	16	17	18	19	20	21	22	23	24	25	26	27	28	29	30	31
☉	♉ 10.5	11.5	12.5	13.4	14.4	15.4	16.3	17.3	18.3	19.2	20.2	21.2	22.1	23.1	24.1	25	26	27	27.9	28.9	29.9	♊ 0.8	1.8	2.7	3.7	4.7	5.6	6.6	7.5	8.5	9.5
☽	♐ 11.8	24.7	♑ 7.3	19.5	♒ 1.6	13.4	25.3	♓ 7.1	19.1	♈ 1.3	13.7	26.3	♉ 9.3	22.5	♊ 6.0	19.7	♋ 3.6	17.6	♌ 1.7	15.8	♍ 0.0	14.2	28.3	♎ 12.4	26.4	♏ 10.1	23.7	♐ 7.0	20	♑ 2.8	15.2
☿	♉ 6.8R	6.1	5.5	5	4.4	4	3.6	3.3	3	2.8	2.7	2.7D	2.7	2.8	3	3.3	3.6	4.1	4.5	5.1	5.7	6.4	7.2	8	8.8	9.8	10.7	11.8	12.9	14	15.2
♀	♊ 7.0	8.2	9.5	10.7	11.9	13.1	14.3	15.5	16.7	17.9	19.1	20.3	21.5	22.7	23.9	25.1	26.3	27.5	28.7	29.9	♋ 1.1	2.3	3.5	4.7	5.9	7.1	8.3	9.5	10.7	11.9	13.1
♂	♌ 12.5	12.9	13.3	13.7	14.2	14.6	15	15.4	15.9	16.3	16.8	17.2	17.7	18.1	18.6	19	19.5	20	20.4	20.9	21.4	21.8	22.3	22.8	23.3	23.8	24.3	24.8	25.3	25.8	26.3

♃ (1, 6, 11, 16, 21, 26, 31): ♓ 23.8, 24.8, 25.7, 26.6, 27.5, 28.3, 29.1
♄ (1, 6, 11, 16, 21, 26, 31): ♍ 28.6R, 28.3, 28.2, 28, 27.9, 27.9, 27.8D
♅ (1, 11, 21, 31): ♓ 29.0, 29.4, 29.8, ♈ 0.1
♆ (1, 11, 21, 31): ♒ 28.4, 28.6, 28.7, 28.7
♇ (1, 11, 21, 31): ♑ 5.3R, 5.1, 5, 4.7

VI

	1	2	3	4	5	6	7	8	9	10	11	12	13	14	15	16	17	18	19	20	21	22	23	24	25	26	27	28	29	30	31
☉	♊ 10.4	11.4	12.3	13.3	14.2	15.2	16.2	17.1	18.1	19	20	20.9	21.9	22.9	23.8	24.8	25.7	26.7	27.6	28.6	29.5	♋ 0.5	1.5	2.4	3.4	4.3	5.3	6.2	7.2	8.1	
☽	♑ 27.4	♒ 9.4	21.3	♓ 3.2	15.1	27.1	♈ 9.2	21.7	♉ 4.5	17.6	♊ 1.0	14.8	28.9	♋ 13.2	27.6	♌ 12.1	26.6	♍ 10.9	25.2	♎ 9.2	23	♏ 6.6	20	♐ 3.2	16.1	28.8	♑ 11.2	23.5	♒ 5.6	17.5	
☿	♉ 16.4	17.7	19	20.4	21.8	23.3	24.8	26.4	28	29.6	♊ 1.3	3	4.8	6.6	8.5	10.4	12.3	14.3	16.3	18.4	20.5	22.6	24.7	26.9	29	♋ 1.2	3.4	5.6	7.8	10	
♀	♋ 14.2	15.4	16.6	17.8	19	20.2	21.3	22.5	23.7	24.9	26.1	27.2	28.4	29.6	♌ 0.7	1.9	3.1	4.2	5.4	6.6	7.7	8.9	10	11.2	12.4	13.5	14.7	15.8	17	18.1	
♂	♌ 26.8	27.3	27.8	28.3	28.8	29.3	29.9	♍ 0.4	0.9	1.4	2	2.5	3	3.6	4.1	4.6	5.2	5.7	6.3	6.8	7.4	7.9	8.5	9	9.6	10.1	10.7	11.2	11.8	12.4	

♃ (1, 6, 11, 16, 21, 26): ♓ 29.3, 30, ♈ 0.6, 1.2, 1.7, 2.2
♄ (1, 6, 11, 16, 21, 26): ♍ 27.8, 27.9, 27.9, 28.1, 28.2, 28.4
♅ (1, 11, 21): ♈ 0.1, 0.3, 0.5
♆ (1, 11, 21): ♒ 28.7R, 28.7, 28.6
♇ (1, 11, 21): ♑ 4.7R, 4.5, 4.2

VII

	1	2	3	4	5	6	7	8	9	10	11	12	13	14	15	16	17	18	19	20	21	22	23	24	25	26	27	28	29	30	31
☉	♋ 9.1	10	11	11.9	12.9	13.8	14.8	15.8	16.7	17.7	18.6	19.6	20.5	21.5	22.4	23.4	24.3	25.3	26.2	27.2	28.2	29.1	♌ 0.1	1	2	2.9	3.9	4.8	5.8	6.8	7.7
☽	♒ 29.4	♓ 11.3	23.1	♈ 5.1	17.3	29.7	♉ 12.5	25.6	♊ 9.1	23.1	♋ 7.4	22	♌ 6.9	21.8	♍ 6.6	21.3	♎ 5.7	19.8	♏ 3.6	17	♐ 0.1	12.9	25.5	♑ 7.9	20.1	♒ 2.2	14.1	26	♓ 7.9	19.7	♈ 1.6
☿	♋ 12.1	14.3	16.4	18.5	20.6	22.7	24.7	26.7	28.7	♌ 0.6	2.5	4.4	6.2	8.1	9.8	11.6	13.3	15	16.7	18.3	19.9	21.4	23	24.5	25.9	27.4	28.8	♍ 0.1	1.5	2.8	4
♀	♌ 19.2	20.4	21.5	22.7	23.8	24.9	26.1	27.2	28.3	29.5	♍ 0.6	1.7	2.8	3.9	5.1	6.2	7.3	8.4	9.5	10.6	11.7	12.8	13.9	15	16.1	17.1	18.2	19.3	20.4	21.4	22.5
♂	♍ 12.9	13.5	14.1	14.6	15.2	15.8	16.4	16.9	17.5	18.1	18.7	19.3	19.8	20.4	21	21.6	22.2	22.8	23.4	24	24.6	25.2	25.8	26.4	27	27.6	28.2	28.8	29.4	♎ 0.0	0.6

♃ (1, 6, 11, 16, 21, 26, 31): ♈ 2.6, 2.9, 3.1, 3.3, 3.4, 3.4R, 3.3
♄ (1, 6, 11, 16, 21, 26, 31): ♍ 28.6, 28.9, 29.2, 29.6, 30, ♎ 0.4, 0.8
♅ (1, 11, 21, 31): ♈ 0.6, 0.6R, 0.5, 0.3
♆ (1, 11, 21, 31): ♒ 28.5R, 28.3, 28.1, 27.8
♇ (1, 11, 21, 31): ♑ 4.0R, 3.7, 3.5, 3.3

VIII

	1	2	3	4	5	6	7	8	9	10	11	12	13	14	15	16	17	18	19	20	21	22	23	24	25	26	27	28	29	30	31
☉	♌ 8.7	9.6	10.6	11.5	12.5	13.4	14.4	15.4	16.3	17.3	18.2	19.2	20.2	21.1	22.1	23	24	25	25.9	26.9	27.9	28.8	29.8	♍ 0.7	1.7	2.7	3.6	4.6	5.6	6.5	7.5
☽	♈ 13.6	25.8	♉ 8.2	20.8	♊ 3.9	17.4	♋ 1.3	15.6	♌ 0.4	15.4	♍ 0.6	15.8	♎ 0.8	15.5	29.7	♏ 13.6	26.9	♐ 9.9	22.6	♑ 5.0	17.2	29.2	♒ 11.1	23	♓ 4.8	16.7	28.6	♈ 10.5	22.6	♉ 4.8	17.2
☿	♍ 5.2	6.4	7.6	8.7	9.7	10.8	11.7	12.7	13.5	14.4	15.1	15.8	16.5	17.1	17.6	18	18.4	18.7	18.9	19	19.1R	19	18.8	18.6	18.2	17.8	17.2	16.6	15.9	15.1	14.2
♀	♍ 23.6	24.6	25.7	26.7	27.8	28.8	29.8	♎ 0.9	1.9	2.9	3.9	4.9	6	7	8	8.9	9.9	10.9	11.9	12.8	13.8	14.7	15.7	16.6	17.5	18.5	19.4	20.3	21.2	22	22.9
♂	♎ 1.2	1.8	2.5	3.1	3.7	4.3	4.9	5.5	6.2	6.8	7.4	8	8.7	9.3	9.9	10.6	11.2	11.8	12.5	13.1	13.7	14.4	15	15.6	16.3	16.9	17.6	18.2	18.9	19.5	20.2

♃ (1, 6, 11, 16, 21, 26, 31): ♈ 3.3R, 3.1, 2.8, 2.5, 2.1, 1.6, 1.1
♄ (1, 6, 11, 16, 21, 26, 31): ♎ 0.9, 1.3, 1.8, 2.4, 2.9, 3.4, 4
♅ (1, 11, 21, 31): ♈ 0.3R, 0.1, ♓ 29.8, 29.5
♆ (1, 11, 21, 31): ♒ 27.8R, 27.6, 27.3, 27
♇ (1, 11, 21, 31): ♑ 3.3R, 3.1, 2.9, 2.8

IX

	1	2	3	4	5	6	7	8	9	10	11	12	13	14	15	16	17	18	19	20	21	22	23	24	25	26	27	28	29	30	31
☉	♍ 8.5	9.4	10.4	11.4	12.3	13.3	14.3	15.3	16.2	17.2	18.2	19.1	20.1	21.1	22.1	23	24	25	26	26.9	27.9	28.9	29.9	♎ 0.8	1.8	2.8	3.8	4.8	5.7	6.7	
☽	♉ 29.8	♊ 12.8	26.1	♋ 9.9	24.1	♌ 8.7	23.7	♍ 9.0	24.3	♎ 9.4	24.3	♏ 8.8	22.7	♐ 6.2	19.2	♑ 1.8	14.1	26.2	♒ 8.1	20	♓ 1.8	13.7	25.6	♈ 7.6	19.7	♉ 1.9	14.2	26.7	♊ 9.5	22.4	
☿	♍ 13.3R	12.4	11.4	10.5	9.5	8.7	7.9	7.1	6.5	6	5.7	5.4	5.4D	5.4	5.7	6.1	6.6	7.3	8.1	9.1	10.2	11.4	12.6	14	15.5	17	18.6	20.2	21.9	23.6	
♀	♎ 23.8	24.6	25.5	26.3	27.1	27.9	28.7	29.5	♏ 0.3	1	1.8	2.5	3.2	3.9	4.5	5.2	5.8	6.4	7	7.6	8.2	8.7	9.2	9.7	10.1	10.6	10.9	11.3	11.7	12	
♂	♎ 20.8	21.5	22.1	22.8	23.4	24.1	24.7	25.4	26.1	26.7	27.4	28	28.7	29.4	♏ 0.0	0.7	1.4	2	2.7	3.4	4.1	4.7	5.4	6.1	6.8	7.4	8.1	8.8	9.5	10.2	

♃ (1, 6, 11, 16, 21, 26): ♈ 1.0R, 0.4, ♓ 29.8, 29.1, 28.5, 27.8
♄ (1, 6, 11, 16, 21, 26): ♎ 4.1, 4.7, 5.3, 5.9, 6.5, 7.1
♅ (1, 11, 21): ♓ 29.4R, 29, 28.6
♆ (1, 11, 21): ♒ 27.0R, 26.7, 26.5
♇ (1, 11, 21): ♑ 2.8R, 2.8, 2.8D

X

	1	2	3	4	5	6	7	8	9	10	11	12	13	14	15	16	17	18	19	20	21	22	23	24	25	26	27	28	29	30	31
☉	♎ 7.7	8.7	9.7	10.7	11.7	12.6	13.6	14.6	15.6	16.6	17.6	18.6	19.6	20.5	21.5	22.5	23.5	24.5	25.5	26.5	27.5	28.5	29.5	♏ 0.5	1.5	2.5	3.5	4.5	5.5	6.5	7.5
☽	♋ 5.7	19.3	♌ 3.3	17.7	♍ 2.5	17.5	♎ 2.6	17.7	♏ 2.5	17	♐ 1.1	14.6	27.7	♑ 10.4	22.7	♒ 4.8	16.7	28.6	♓ 10.4	22.3	♈ 4.3	16.4	28.7	♉ 11.1	23.7	♊ 6.5	19.5	♋ 2.6	16	29.6	♌ 13.5
☿	♍ 25.4	27.1	28.9	♎ 0.7	2.4	4.2	6	7.8	9.6	11.4	13.1	14.9	16.6	18.3	20.1	21.8	23.5	25.2	26.9	28.5	♏ 0.2	1.8	3.5	5.1	6.7	8.3	9.9	11.5	13.1	14.7	16.2
♀	♏ 12.2	12.5	12.7	12.9	13	13.1	13.2	13.2	13.2R	13.2	13.1	13	12.8	12.6	12.3	12.1	11.7	11.4	11	10.5	10.1	9.6	9	8.5	7.9	7.3	6.8	6.1	5.5	4.9	4.3
♂	♏ 10.9	11.6	12.2	12.9	13.6	14.3	15	15.7	16.4	17.1	17.8	18.5	19.2	19.9	20.6	21.3	22	22.7	23.4	24.1	24.8	25.5	26.2	26.9	27.7	28.4	29.1	29.8	♐ 0.5	1.2	1.9

♃ (1, 6, 11, 16, 21, 26, 31): ♓ 27.1R, 26.5, 25.9, 25.4, 24.9, 24.4, 24.1
♄ (1, 6, 11, 16, 21, 26, 31): ♎ 7.7, 8.4, 9, 9.6, 10.2, 10.8, 11.4
♅ (1, 11, 21, 31): ♓ 28.2R, 27.9, 27.5, 27.2
♆ (1, 11, 21, 31): ♒ 26.3R, 26.1, 26, 25.9
♇ (1, 11, 21, 31): ♑ 2.9, 3, 3.1, 3.3

XI

	1	2	3	4	5	6	7	8	9	10	11	12	13	14	15	16	17	18	19	20	21	22	23	24	25	26	27	28	29	30	31
☉	♏ 8.5	9.5	10.5	11.5	12.5	13.5	14.5	15.5	16.5	17.5	18.5	19.5	20.5	21.5	22.5	23.5	24.5	25.5	26.5	27.5	28.6	29.6	♐ 0.6	1.6	2.6	3.6	4.6	5.6	6.6	7.7	
☽	♌ 27.7	♍ 12.1	26.7	♎ 11.5	26.2	♏ 10.7	25	♐ 9.0	22.5	♑ 5.6	18.3	♒ 0.7	12.9	24.8	♓ 6.7	18.6	♈ 0.5	12.6	24.8	♉ 7.2	19.9	♊ 2.8	16	29.3	♋ 12.8	26.5	♌ 10.4	24.4	♍ 8.5	22.7	
☿	♏ 17.8	19.4	20.9	22.4	24	25.5	27	28.5	♐ 0.0	1.5	3	4.5	6	7.4	8.9	10.3	11.8	13.2	14.6	16	17.4	18.8	20.2	21.5	22.8	24.1	25.4	26.6	27.8	28.9	
♀	♏ 3.7R	3.1	2.6	2	1.5	1	0.5	0.1	♎ 29.6	29.3	28.9	28.6	28.4	28.1	28	27.8	27.7	27.7	27.7D	27.7	27.7	27.9	28	28.2	28.4	28.6	28.9	29.3	29.6	30	
♂	♐ 2.7	3.4	4.1	4.8	5.6	6.3	7	7.7	8.5	9.2	9.9	10.7	11.4	12.1	12.9	13.6	14.3	15.1	15.8	16.5	17.3	18	18.8	19.5	20.3	21	21.7	22.5	23.2	24	

♃ (1, 6, 11, 16, 21, 26): ♓ 24.0R, 23.8, 23.6, 23.5, 23.5D, 23.6
♄ (1, 6, 11, 16, 21, 26): ♎ 11.5, 12, 12.6, 13.1, 13.6, 14.1
♅ (1, 11, 21): ♓ 27.2R, 26.9, 26.8
♆ (1, 11, 21): ♒ 25.9R, 25.9D, 26
♇ (1, 11, 21): ♑ 3.4, 3.6, 3.9

XII

	1	2	3	4	5	6	7	8	9	10	11	12	13	14	15	16	17	18	19	20	21	22	23	24	25	26	27	28	29	30	31
☉	♐ 8.7	9.7	10.7	11.7	12.7	13.7	14.8	15.8	16.8	17.8	18.8	19.8	20.9	21.9	22.9	23.9	24.9	25.9	27	28	29	♑ 0.0	1	2.1	3.1	4.1	5.1	6.1	7.1	8.2	9.2
☽	♎ 7.0	21.3	♏ 5.5	19.6	♐ 3.4	17.1	♑ 0.4	13.4	26.1	♒ 8.5	20.6	♓ 2.6	14.5	26.4	♈ 8.3	20.4	♉ 2.7	15.2	28	♊ 11.2	24.7	♋ 8.4	22.4	♌ 6.6	20.9	♍ 5.2	19.5	♎ 3.8	17.9	♏ 1.8	15.6
☿	♐ 30.0	♑ 1.0	2	2.9	3.7	4.4	5	5.4	5.7	5.9	5.9R	5.7	5.4	4.8	4.1	3.1	2	0.8	♐ 29.5	28.1	26.7	25.4	24.1	23	22	21.2	20.5	20.1	19.8	19.6	19.7D
♀	♏ 0.4	0.9	1.3	1.8	2.4	2.9	3.5	4.1	4.7	5.3	6	6.7	7.4	8.1	8.9	9.6	10.4	11.2	12	12.8	13.6	14.5	15.3	16.2	17.1	18	18.9	19.8	20.7	21.7	22.6
♂	♐ 24.7	25.5	26.2	27	27.7	28.5	29.2	♑ 0.0	0.8	1.5	2.3	3	3.8	4.6	5.3	6.1	6.8	7.6	8.4	9.1	9.9	10.7	11.4	12.2	13	13.7	14.5	15.3	16.1	16.8	17.6

♃ (1, 6, 11, 16, 21, 26, 31): ♓ 23.8, 24, 24.3, 24.7, 25.2, 25.8, 26.4
♄ (1, 6, 11, 16, 21, 26, 31): ♎ 14.6, 15, 15.4, 15.7, 16.1, 16.4, 16.6
♅ (1, 11, 21, 31): ♓ 26.7R, 26.7D, 26.8, 26.9
♆ (1, 11, 21, 31): ♒ 26.1, 26.2, 26.4, 26.7
♇ (1, 11, 21, 31): ♑ 4.2, 4.6, 4.9, 5.3

I

	1	2	3	4	5	6	7	8	9	10	11	12	13	14	15	16	17	18	19	20	21	22	23	24	25	26	27	28	29	30	31
☉	♑ 10.2	11.2	12.2	13.3	14.3	15.3	16.3	17.3	18.4	19.4	20.4	21.4	22.4	23.5	24.5	25.5	26.5	27.5	28.5	29.6	♒ 0.6	1.6	2.6	3.6	4.6	5.7	6.7	7.7	8.7	9.7	10.7
☽	♏ 29.2	♐ 12.6	25.8	♑ 8.8	21.6	♒ 4.1	16.4	28.5	♓ 10.5	22.4	♈ 4.2	16.1	28.2	♉ 10.4	22.9	♊ 5.7	18.9	♋ 2.6	16.6	♌ 1.0	15.7	♍ 0.5	15.3	♎ 0.0	14.5	28.7	♏ 12.6	26.1	♐ 9.4	22.5	♑ 5.3
☿	♐ 19.8	20.1	20.6	21.1	21.8	22.5	23.3	24.2	25.2	26.2	27.2	28.3	29.4	♑ 0.6	1.8	3.1	4.3	5.6	6.9	8.3	9.6	11	12.4	13.8	15.2	16.6	18.1	19.5	21	22.5	24
♀	♏ 23.6	24.5	25.5	26.5	27.5	28.5	29.5	♐ 0.5	1.5	2.5	3.6	4.6	5.6	6.7	7.7	8.8	9.9	10.9	12	13.1	14.2	15.2	16.3	17.4	18.5	19.6	20.7	21.9	23	24.1	25.2
♂	♑ 18.4	19.1	19.9	20.7	21.5	22.2	23	23.8	24.6	25.4	26.1	26.9	27.7	28.5	29.3	♒ 0.0	0.8	1.6	2.4	3.2	4	4.7	5.5	6.3	7.1	7.9	8.7	9.5	10.2	11	11.8

♃ 1: ♓ 26.6; 6: 27.3; 11: 28; 16: 28.8; 21: 29.7; 26: ♈ 0.6; 31: 1.6 — ♄ 1: ♎ 16.7; 6: 16.9; 11: 17; 16: 17.1; 21: 17.2; 26: 17.2; 31: 17.2R — ♅ 1: ♓ 27.0; 11: 27.2; 21: 27.5; 31: 27.9 — ♆ 1: ♒ 26.7; 11: 27; 21: 27.4; 31: 27.7 — ♇ 1: ♑ 5.3; 11: 5.7; 21: 6; 31: 6.4

	1	2	3	4	5	6	7	8	9	10	11	12	13	14	15	16	17	18	19	20	21	22	23	24	25	26	27	28	29	30	31
☉	♑ 10.0	11	12	13	14	15.1	16.1	17.1	18.1	19.1	20.1	21.2	22.2	23.2	24.2	25.2	26.3	27.3	28.3	29.3	♒ 0.3	1.3	2.4	3.4	4.4	5.4	6.4	7.5	8.5	9.5	10.5
☽	♈ 7.1	19	♉ 0.8	12.7	24.6	♊ 6.7	19	♋ 1.5	14.4	27.5	♌ 10.8	24.4	♍ 8.2	22.1	♎ 6.2	20.2	♏ 4.4	18.5	♐ 2.6	16.7	♑ 0.8	14.7	28.4	♒ 11.8	25	♓ 7.9	20.5	♈ 2.8	14.9	26.8	♉ 8.6
☿	♐ 19.8	21.2	22.5	23.9	25.3	26.7	28.2	29.6	♑ 1.1	2.5	4	5.5	7	8.5	10	11.5	13	14.5	16.1	17.6	19.2	20.8	22.3	23.9	25.5	27.1	28.8	♒ 0.4	2	3.7	5.3
♀	♒ 13.8	15	16.3	17.5	18.7	19.9	21.2	22.4	23.6	24.8	26.1	27.3	28.5	29.7	♓ 0.9	2.1	3.3	4.6	5.8	7	8.2	9.4	10.6	11.8	13	14.2	15.4	16.6	17.8	19	20.2
♂	♍ 20.1	20.4	20.6	20.8	21	21.2	21.4	21.6	21.8	21.9	22.1	22.2	22.4	22.5	22.6	22.7	22.8	22.9	22.9	23	23	23.1	23.1	23.1	23.1R	23.1	23	23	22.9	22.9	22.8

♃ 1: ♉ 0.4; 6: 0.6; 11: 0.8; 16: 1.1; 21: 1.5; 26: 2; 31: 2.5 — ♄ 1: ♎ 28.3; 6: 28.6; 11: 28.8; 16: 29.1; 21: 29.2; 26: 29.4; 31: 29.5 — ♅ 1: ♈ 0.8; 11: 1.1; 21: 1.4; 31: 1.7 — ♆ 1: ♒ 28.9; 11: 29.2; 21: 29.5; 31: 29.9 — ♇ 1: ♑ 7.3; 11: 7.7; 21: 8; 31: 8.3

II

	1	2	3	4	5	6	7	8	9	10	11	12	13	14	15	16	17	18	19	20	21	22	23	24	25	26	27	28	29	30	31
☉	♒ 11.8	12.8	13.8	14.8	15.8	16.8	17.8	18.9	19.9	20.9	21.9	22.9	23.9	24.9	25.9	27	28	29	30	♓ 1.0	2	3	4	5	6	7	8	9			
☽	♑ 17.9	♒ 0.3	12.6	24.8	♓ 6.8	18.7	♈ 0.6	12.5	24.3	♉ 6.3	18.5	♊ 0.9	13.6	26.7	♋ 10.3	24.4	♌ 9.0	23.9	♍ 9.1	24.3	♎ 9.4	24.2	♏ 8.7	22.7	♐ 6.3	19.5	♑ 2.4	14.9			
☿	♑ 25.5	27	28.6	♒ 0.1	1.7	3.2	4.8	6.4	8	9.7	11.3	12.9	14.6	16.3	18	19.7	21.4	23.1	24.9	26.7	28.4	♓ 0.2	2	3.9	5.7	7.6	9.4	11.3			
♀	♐ 26.3	27.5	28.6	29.7	♑ 0.9	2	3.1	4.3	5.4	6.6	7.7	8.9	10	11.2	12.3	13.5	14.6	15.8	17	18.1	19.3	20.5	21.6	22.8	24	25.2	26.3	27.5			
♂	♒ 12.6	13.4	14.2	15	15.8	16.5	17.3	18.1	18.9	19.7	20.5	21.3	22.1	22.9	23.6	24.4	25.2	26	26.8	27.6	28.4	29.2	30	♓ 0.8	1.5	2.3	3.1	3.9			

♃ 1: ♈ 1.8; 6: 2.8; 11: 3.8; 16: 4.9; 21: 6; 26: 7.1 — ♄ 1: ♎ 17.2R; 6: 17.1; 11: 17; 16: 16.8; 21: 16.6; 26: 16.4 — ♅ 1: ♓ 28.0; 11: 28.5; 21: 29 — ♆ 1: ♒ 27.8; 11: 28.1; 21: 28.5 — ♇ 1: ♑ 6.4; 11: 6.7; 21: 6.9

	1	2	3	4	5	6	7	8	9	10	11	12	13	14	15	16	17	18	19	20	21	22	23	24	25	26	27	28	29	30	31
☉	♒ 11.5	12.5	13.5	14.6	15.6	16.6	17.6	18.6	19.6	20.6	21.7	22.7	23.7	24.7	25.7	26.7	27.7	28.7	29.7	♓ 0.7	1.8	2.8	3.8	4.8	5.8	6.8	7.8	8.8	9.8		
☽	♉ 20.4	♊ 2.4	14.5	26.8	♋ 9.5	22.5	♌ 6.0	19.7	♍ 3.8	18.1	♎ 2.4	16.8	♏ 1.2	15.4	29.4	♐ 13.4	27.1	♑ 10.7	24.2	♒ 7.5	20.6	♓ 3.4	16.1	28.6	♈ 10.8	22.8	♉ 4.7	16.5	28.3		
☿	♒ 7.0	8.7	10.4	12.1	13.8	15.6	17.3	19.1	20.9	22.6	24.4	26.2	28	29.9	♓ 1.7	3.5	5.4	7.2	9.1	10.9	12.8	14.6	16.4	18.2	19.9	21.6	23.3	24.9	26.5		
♀	♓ 21.4	22.6	23.8	25	26.2	27.3	28.5	29.7	♈ 0.9	2.1	3.2	4.4	5.6	6.7	7.9	9.1	10.2	11.4	12.5	13.7	14.8	16	17.1	18.3	19.4	20.6	21.7	22.8	23.9		
♂	♍ 22.7R	22.6	22.5	22.3	22.2	22	21.8	21.6	21.4	21.2	21	20.8	20.5	20.3	20	19.7	19.4	19.1	18.8	18.4	18.1	17.8	17.4	17.1	16.7	16.3	15.9	15.6	15.2		

♃ 1: ♉ 2.6; 6: 3.3; 11: 3.9; 16: 4.7; 21: 5.5; 26: 6.3 — ♄ 1: ♎ 29.5; 6: 29.5; 11: 29.5R; 16: 29.4; 21: 29.4; 26: 29.2 — ♅ 1: ♈ 1.8; 11: 2.2; 21: 2.7 — ♆ 1: ♒ 29.9; 11: ♓ 0.3; 21: 0.6 — ♇ 1: ♑ 8.4; 11: 8.7; 21: 8.9

III

	1	2	3	4	5	6	7	8	9	10	11	12	13	14	15	16	17	18	19	20	21	22	23	24	25	26	27	28	29	30	31
☉	♓ 10.0	11	12.1	13.1	14.1	15.1	16.1	17.1	18.1	19.1	20.1	21.1	22.1	23.1	24.1	25.1	26	27	28	29	♈ 0.0	1	2	3	4	5	6	7	8	8.9	9.9
☽	♑ 27.3	♒ 9.5	21.6	♓ 3.6	15.5	27.4	♈ 9.3	21.1	♉ 3.0	15	27.2	♊ 9.5	22.2	♋ 5.2	18.7	♌ 2.6	17.1	♍ 1.9	17.2	♎ 2.5	17.8	♏ 2.9	17.6	♐ 1.9	15.6	28.9	♑ 11.8	24.3	♒ 6.6	18.7	♓ 0.7
☿	♓ 13.2	15.1	17	19	20.9	22.8	24.8	26.7	28.6	♈ 0.5	2.4	4.2	6	7.8	9.5	11.2	12.8	14.3	15.7	17.1	18.3	19.5	20.5	21.4	22.2	22.9	23.4	23.8	24.1	24.3	24.4R
♀	♑ 28.7	29.9	♒ 1.0	2.2	3.4	4.6	5.8	7	8.2	9.3	10.5	11.7	12.9	14.1	15.3	16.5	17.7	18.9	20.1	21.3	22.5	23.7	24.9	26.1	27.3	28.5	29.7	♓ 0.9	2.1	3.3	4.5
♂	♓ 4.7	5.5	6.3	7.1	7.9	8.6	9.4	10.2	11	11.8	12.6	13.4	14.2	15	15.7	16.5	17.3	18.1	18.9	19.7	20.5	21.2	22	22.8	23.6	24.4	25.2	25.9	26.7	27.5	28.3

♃ 1: ♈ 7.8; 6: 8.9; 11: 10.1; 16: 11.3; 21: 12.4; 26: 13.6; 31: 14.9 — ♄ 1: ♎ 16.3R; 6: 16; 11: 15.7; 16: 15.3; 21: 15; 26: 14.6; 31: 14.2 — ♅ 1: ♓ 29.4; 11: 29.9; 21: ♈ 0.5; 31: 1.1 — ♆ 1: ♒ 28.8; 11: 29.2; 21: 29.5; 31: 29.9 — ♇ 1: ♑ 7.1; 11: 7.3; 21: 7.4; 31: 7.5

	1	2	3	4	5	6	7	8	9	10	11	12	13	14	15	16	17	18	19	20	21	22	23	24	25	26	27	28	29	30	31
☉	♓ 10.8	11.8	12.8	13.8	14.8	15.8	16.8	17.8	18.8	19.8	20.8	21.8	22.8	23.8	24.8	25.8	26.8	27.8	28.8	29.8	♈ 0.8	1.8	2.8	3.8	4.7	5.7	6.7	7.7	8.7	9.7	10.7
☽	♊ 10.2	22.2	♋ 4.6	17.3	♌ 0.4	13.9	27.9	♍ 12.3	27	♎ 11.8	26.7	♏ 11.4	25.9	♐ 10.1	24	♑ 7.7	21.1	♒ 4.2	17.2	29.9	♓ 12.5	24.9	♈ 7.1	19.2	♉ 1.1	12.9	24.7	♊ 6.5	18.4	♋ 0.4	12.7
☿	♓ 28.0	29.4	♈ 0.7	1.9	2.9	3.9	4.7	5.4	6	6.4	6.7	6.8	6.8R	6.6	6.3	5.9	5.3	4.7	4	3.2	2.3	1.4	0.5	♓ 29.6	28.7	27.9	27.1	26.4	25.8	25.2	24.8
♀	♈ 25.1	26.2	27.3	28.4	29.5	♉ 0.6	1.7	2.8	3.9	5	6.1	7.2	8.2	9.3	10.4	11.4	12.5	13.5	14.6	15.6	16.6	17.7	18.7	19.7	20.7	21.7	22.7	23.7	24.6	25.6	26.6
♂	♍ 14.8R	14.4	14	13.6	13.2	12.8	12.4	12	11.6	11.2	10.9	10.5	10.1	9.7	9.4	9	8.7	8.4	8	7.7	7.4	7.1	6.8	6.5	6.3	6	5.8	5.6	5.3	5.1	5

♃ 1: ♉ 7.0; 6: 8; 11: 8.9; 16: 9.9; 21: 10.9; 26: 12; 31: 13.1 — ♄ 1: ♎ 29.1R; 6: 28.9; 11: 28.6; 16: 28.3; 21: 28; 26: 27.7; 31: 27.4 — ♅ 1: ♈ 3.2; 11: 3.7; 21: 4.3; 31: 4.9 — ♆ 1: ♓ 1.0; 11: 1.4; 21: 1.7; 31: 2 — ♇ 1: ♑ 9.1; 11: 9.3; 21: 9.5; 31: 9.5

IV

	1	2	3	4	5	6	7	8	9	10	11	12	13	14	15	16	17	18	19	20	21	22	23	24	25	26	27	28	29	30	31
☉	♈ 10.9	11.9	12.9	13.9	14.9	15.9	16.8	17.8	18.8	19.8	20.8	21.8	22.7	23.7	24.7	25.7	26.6	27.6	28.6	29.6	♉ 0.6	1.5	2.5	3.5	4.5	5.4	6.4	7.4	8.4	9.3	
☽	♓ 12.6	24.4	♈ 6.3	18.2	♉ 0.1	12.1	24.2	♊ 6.5	18.9	♋ 1.6	14.6	27.9	♌ 11.7	26	♍ 10.6	25.6	♎ 10.8	26	♏ 11.1	25.9	♐ 10.2	24.1	♑ 7.5	20.5	♒ 3.1	15.4	27.5	♓ 9.5	21.3	♈ 3.2	
☿	♈ 24.3R	24.1	23.8	23.4	22.9	22.3	21.7	21	20.2	19.5	18.7	17.9	17.2	16.5	15.8	15.2	14.6	14.1	13.7	13.4	13.1	13	12.9	12.9D	13	13.2	13.4	13.7	14.1	14.6	
♀	♓ 5.7	6.9	8.1	9.3	10.5	11.7	12.9	14.1	15.3	16.5	17.7	18.9	20.1	21.3	22.5	23.7	25	26.2	27.4	28.6	29.8	♈ 1.0	2.2	3.4	4.6	5.8	7.1	8.3	9.5	10.7	
♂	♓ 29.1	29.8	♈ 0.6	1.4	2.2	3	3.7	4.5	5.3	6.1	6.8	7.6	8.4	9.2	9.9	10.7	11.5	12.2	13	13.8	14.6	15.3	16.1	16.9	17.6	18.4	19.2	19.9	20.7	21.4	

♃ 1: ♈ 15.1; 6: 16.3; 11: 17.5; 16: 18.7; 21: 19.9; 26: 21.1 — ♄ 1: ♎ 14.1R; 6: 13.7; 11: 13.3; 16: 13; 21: 12.6; 26: 12.2 — ♅ 1: ♈ 1.1; 11: 1.7; 21: 2.2 — ♆ 1: ♒ 29.9; 11: ♓ 0.2; 21: 0.4 — ♇ 1: ♑ 7.5; 11: 7.5R; 21: 7.5

	1	2	3	4	5	6	7	8	9	10	11	12	13	14	15	16	17	18	19	20	21	22	23	24	25	26	27	28	29	30	31
☉	♈ 11.7	12.7	13.6	14.6	15.6	16.6	17.6	18.6	19.5	20.5	21.5	22.5	23.5	24.4	25.4	26.4	27.4	28.4	29.3	♉ 0.3	1.3	2.3	3.2	4.2	5.2	6.2	7.1	8.1	9.1	10.1	
☽	♋ 25.4	♌ 8.4	21.9	♍ 6.0	20.4	♎ 5.3	20.3	♏ 5.5	20.6	♐ 5.4	19.9	♑ 4.1	17.8	♒ 1.2	14.3	27	♓ 9.6	21.9	♈ 4.0	16.1	28	♉ 9.8	21.6	♊ 3.4	15.2	27.1	♋ 9.2	21.5	♌ 4.1	17.1	
☿	♓ 24.4R	24.1	23.9	23.9	23.9D	24	24.1	24.4	24.8	25.2	25.7	26.3	26.9	27.6	28.4	29.2	♈ 0.0	1	1.9	3	4	5.1	6.3	7.5	8.7	10	11.3	12.6	14	15.4	
♀	♉ 27.5	28.5	29.4	♊ 0.3	1.2	2.2	3	3.9	4.8	5.7	6.5	7.4	8.2	9	9.8	10.6	11.3	12.1	12.8	13.6	14.3	15	15.6	16.3	16.9	17.5	18.1	18.7	19.2	19.7	
♂	♍ 4.8R	4.6	4.5	4.3	4.2	4.1	4	3.9	3.8	3.8	3.7	3.7	3.7	3.7	3.7D	3.7	3.7	3.8	3.8	3.9	4	4	4.1	4.3	4.4	4.5	4.6	4.8	5	5.1	

♃ 1: ♉ 13.3; 6: 14.4; 11: 15.6; 16: 16.7; 21: 17.9; 26: 19 — ♄ 1: ♎ 27.3R; 6: 26.9; 11: 26.5; 16: 26.2; 21: 25.8; 26: 25.4 — ♅ 1: ♈ 4.9; 11: 5.5; 21: 6 — ♆ 1: ♓ 2.1; 11: 2.4; 21: 2.6 — ♇ 1: ♑ 9.5; 11: 9.6R; 21: 9.5

V

	1	2	3	4	5	6	7	8	9	10	11	12	13	14	15	16	17	18	19	20	21	22	23	24	25	26	27	28	29	30	31
☉	♉ 10.3	11.3	12.2	13.2	14.2	15.1	16.1	17.1	18	19	20	21	21.9	22.9	23.8	24.8	25.8	26.7	27.7	28.7	29.6	♊ 0.6	1.5	2.5	3.5	4.4	5.4	6.4	7.3	8.3	9.2
☽	♈ 15.1	27	♉ 9.0	21.2	♊ 3.5	16	28.6	♋ 11.5	24.7	♌ 8.1	21.8	♍ 5.9	20.3	♎ 4.9	19.7	♏ 4.6	19.4	♐ 4.0	18.2	♑ 2.1	15.6	28.6	♒ 11.3	23.7	♓ 5.8	17.8	29.7	♈ 11.6	23.5	♉ 5.5	17.7
☿	♈ 15.2	15.8	16.5	17.2	18	18.8	19.7	20.7	21.7	22.8	23.9	25	26.2	27.4	28.7	♉ 0.0	1.4	2.8	4.2	5.7	7.2	8.8	10.4	12	13.7	15.4	17.1	18.9	20.7	22.6	24.4
♀	♈ 11.9	13.1	14.3	15.5	16.7	18	19.2	20.4	21.6	22.8	24	25.2	26.4	27.7	28.9	♉ 0.1	1.3	2.5	3.7	4.9	6.2	7.4	8.6	9.8	11	12.2	13.5	14.7	15.9	17.1	18.3
♂	♈ 22.2	23	23.7	24.5	25.2	26	26.8	27.5	28.3	29	29.8	♉ 0.5	1.3	2	2.8	3.5	4.3	5	5.8	6.5	7.3	8	8.8	9.5	10.2	11	11.7	12.5	13.2	13.9	14.7

♃ 1: ♈ 22.3; 6: 23.5; 11: 24.6; 16: 25.8; 21: 26.9; 26: 28; 31: 29 — ♄ 1: ♎ 11.9R; 6: 11.6; 11: 11.3; 16: 11.1; 21: 10.9; 26: 10.7; 31: 10.6 — ♅ 1: ♈ 2.7; 11: 3.2; 21: 3.6; 31: 3.9 — ♆ 1: ♓ 0.6; 11: 0.8; 21: 0.9; 31: 0.9 — ♇ 1: ♑ 7.4R; 11: 7.3; 21: 7.1; 31: 6.9

	1	2	3	4	5	6	7	8	9	10	11	12	13	14	15	16	17	18	19	20	21	22	23	24	25	26	27	28	29	30	31
☉	♉ 11.0	12	13	13.9	14.9	15.9	16.8	17.8	18.8	19.7	20.7	21.7	22.6	23.6	24.6	25.5	26.5	27.5	28.4	29.4	♊ 0.3	1.3	2.3	3.2	4.2	5.2	6.1	7.1	8	9	10
☽	♍ 0.5	14.4	28.7	♎ 13.5	28.5	♏ 13.7	28.9	♐ 14.0	28.8	♑ 13.2	27.1	♒ 10.6	23.7	♓ 6.5	18.9	♈ 1.1	13.1	25	♉ 6.9	18.6	♊ 0.4	12.3	24.2	♋ 6.3	18.5	♌ 0.9	13.6	26.6	♍ 10.0	23.7	♎ 7.8
☿	♈ 16.9	18.4	19.9	21.4	23	24.6	26.2	27.9	29.6	♉ 1.4	3.1	4.9	6.8	8.6	10.5	12.5	14.4	16.4	18.5	20.5	22.6	24.7	26.8	29	♊ 1.2	3.3	5.5	7.7	9.9	12.1	14.3
♀	♊ 20.2	20.7	21.1	21.6	21.9	22.3	22.6	22.9	23.2	23.4	23.6	23.7	23.9	23.9	24	24.0R	24	23.9	23.8	23.6	23.4	23.2	22.9	22.6	22.2	21.8	21.4	21	20.5	20	19.4
♂	♍ 5.3	5.5	5.7	5.9	6.1	6.3	6.6	6.8	7.1	7.3	7.6	7.9	8.1	8.4	8.7	9	9.3	9.7	10	10.3	10.6	11	11.3	11.7	12.1	12.4	12.8	13.2	13.6	13.9	14.3

♃ 1: ♉ 20.2; 6: 21.4; 11: 22.6; 16: 23.8; 21: 24.9; 26: 26.1; 31: 27.3 — ♄ 1: ♎ 25.0R; 6: 24.7; 11: 24.3; 16: 24; 21: 23.8; 26: 23.5; 31: 23.3 — ♅ 1: ♈ 6.5; 11: 7; 21: 7.4; 31: 7.8 — ♆ 1: ♓ 2.8; 11: 3; 21: 3.1; 31: 3.1 — ♇ 1: ♑ 9.5R; 11: 9.3; 21: 9.2; 31: 9

VI

	1	2	3	4	5	6	7	8	9	10	11	12	13	14	15	16	17	18	19	20	21	22	23	24	25	26	27	28	29	30	31
☉	♊ 10.2	11.1	12.1	13.1	14	15	15.9	16.9	17.9	18.8	19.8	20.7	21.7	22.6	23.6	24.5	25.5	26.4	27.4	28.4	29.3	♋ 0.3	1.2	2.2	3.1	4.1	5	6	6.9	7.9	
☽	♊ 0.0	12.6	25.4	♋ 8.4	21.6	♌ 5.0	18.7	♍ 2.6	16.6	♎ 0.9	15.2	29.7	♏ 14.1	28.4	♐ 12.6	26.6	♑ 10.2	23.6	♒ 6.6	19.3	♓ 1.7	13.8	25.8	♈ 7.7	19.6	♉ 1.6	13.6	25.9	♊ 8.4	21.2	
☿	♉ 26.4	28.3	♊ 0.3	2.4	4.4	6.5	8.6	10.8	12.9	15.1	17.3	19.5	21.7	23.9	26.1	28.3	♋ 0.4	2.6	4.7	6.8	8.9	11	13	15	16.9	18.8	20.7	22.6	24.4	26.2	
♀	♉ 19.5	20.7	22	23.2	24.4	25.6	26.8	28.1	29.3	♊ 0.5	1.7	2.9	4.1	5.4	6.6	7.8	9	10.2	11.5	12.7	13.9	15.1	16.3	17.6	18.8	20	21.2	22.4	23.7	24.9	
♂	♉ 15.4	16.1	16.9	17.6	18.3	19.1	19.8	20.5	21.3	22	22.7	23.4	24.2	24.9	25.6	26.3	27	27.8	28.5	29.2	29.9	♊ 0.6	1.3	2.1	2.8	3.5	4.2	4.9	5.6	6.3	

♃ 1: ♈ 29.3; 6: ♉ 0.3; 11: 1.3; 16: 2.3; 21: 3.2; 26: 4.1 — ♄ 1: ♎ 10.6R; 6: 10.5; 11: 10.4; 16: 0.5 [; 21: 10.5; 26: 10.6 — ♅ 1: ♈ 4.0; 11: 4.2; 21: 4.4 — ♆ 1: ♓ 0.9; 11: 0.9R; 21: 0.8 — ♇ 1: ♑ 6.9R; 11: 6.6; 21: 6.4

	1	2	3	4	5	6	7	8	9	10	11	12	13	14	15	16	17	18	19	20	21	22	23	24	25	26	27	28	29	30	31
☉	♊ 10.9	11.9	12.8	13.8	14.7	15.7	16.7	17.6	18.6	19.5	20.5	21.4	22.4	23.3	24.3	25.3	26.2	27.2	28.1	29.1	♋ 0.0	1	1.9	2.9	3.9	4.8	5.8	6.7	7.7	8.6	
☽	♎ 22.3	♏ 7.1	22.1	♐ 7.2	22.2	♑ 7.0	21.6	♒ 5.6	19.3	♓ 2.5	15.3	27.8	♈ 9.9	21.9	♉ 3.8	15.5	27.3	♊ 9.2	21.1	♋ 3.3	15.5	28	♌ 10.7	23.6	♍ 6.8	20.2	♎ 3.9	17.8	♏ 2.1	16.5	
☿	♊ 16.5	18.6	20.8	22.9	25	27	29.1	♋ 1.0	3	4.9	6.8	8.6	10.4	12.2	13.9	15.5	17.2	18.8	20.3	21.8	23.3	24.7	26	27.4	28.6	29.9	♌ 1.1	2.2	3.3	4.3	
♀	♊ 18.8R	18.3	17.6	17	16.4	15.8	15.1	14.5	13.9	13.3	12.7	12.1	11.6	11.1	10.6	10.1	9.7	9.3	8.9	8.6	8.4	8.1	7.9	7.7	7.6	7.5	7.5	7.5 [	7.5	7.6	
♂	♍ 14.7	15.1	15.6	16	16.4	16.8	17.2	17.7	18.1	18.5	19	19.4	19.9	20.3	20.8	21.3	21.7	22.2	22.7	23.2	23.7	24.1	24.6	25.1	25.6	26.1	26.6	27.1	27.7	28.2	

♃ 1: ♉ 27.5; 6: 28.7; 11: 29.8; 16: ♊ 1.0; 21: 2.1; 26: 3.2 — ♄ 1: ♎ 23.2R; 6: 23.1; 11: 22.9; 16: 22.8; 21: 22.8; 26: 22.8D — ♅ 1: ♈ 7.8; 11: 8.1; 21: 8.3 — ♆ 1: ♓ 3.1; 11: 3.1R; 21: 3.1 — ♇ 1: ♑ 9.0R; 11: 8.7; 21: 8.5

VII

	1	2	3	4	5	6	7	8	9	10	11	12	13	14	15	16	17	18	19	20	21	22	23	24	25	26	27	28	29	30	31
☉	♋ 8.9	9.8	10.8	11.7	12.7	13.6	14.6	15.5	16.5	17.4	18.4	19.3	20.3	21.2	22.2	23.2	24.1	25.1	26	27	27.9	28.9	29.8	♌ 0.8	1.7	2.7	3.7	4.6	5.6	6.5	7.5
☽	♋ 4.3	17.6	♌ 1.3	15.2	29.3	♍ 13.4	27.7	♎ 11.9	26.1	♏ 10.3	24.3	♐ 8.2	21.9	♑ 5.5	18.8	♒ 1.9	14.7	27.3	♓ 9.6	21.8	♈ 3.8	15.7	27.5	♉ 9.5	21.5	♊ 3.8	16.4	29.3	♋ 12.7	26.4	♌ 10.4
☿	♋ 27.9	29.6	♌ 1.3	2.9	4.5	6.1	7.6	9.1	10.5	11.9	13.3	14.6	15.9	17.2	18.4	19.6	20.7	21.8	22.8	23.8	24.7	25.6	26.4	27.2	27.9	28.6	29.1	29.7	♍ 0.1	0.5	0.8
♀	♊ 26.1	27.3	28.6	29.8	♋ 1.0	2.2	3.5	4.7	5.9	7.1	8.4	9.6	10.8	12	13.3	14.5	15.7	16.9	18.2	19.4	20.6	21.9	23.1	24.3	25.5	26.8	28	29.2	♌ 0.5	1.7	2.9
♂	♊ 7.0	7.7	8.4	9.1	9.8	10.5	11.2	11.9	12.6	13.3	14	14.7	15.4	16.1	16.8	17.5	18.2	18.9	19.6	20.2	20.9	21.6	22.3	23	23.7	24.3	25	25.7	26.4	27	27.7

♃ 1: ♉ 4.9; 6: 5.7; 11: 6.5; 16: 7.2; 21: 7.8; 26: 8.4; 31: 8.9 — ♄ 1: ♎ 10.7; 6: 10.9; 11: 11.1; 16: 11.3; 21: 11.6; 26: 11.9; 31: 12.3 — ♅ 1: ♈ 4.5; 11: 4.6R; 21: 4.5; 31: 4.4 — ♆ 1: ♓ 0.7R; 11: 0.6; 21: 0.4; 31: 0.1 — ♇ 1: ♑ 6.1R; 11: 5.9; 21: 5.6; 31: 5.4

	1	2	3	4	5	6	7	8	9	10	11	12	13	14	15	16	17	18	19	20	21	22	23	24	25	26	27	28	29	30	31
☉	♋ 9.6	10.5	11.5	12.4	13.4	14.3	15.3	16.2	17.2	18.1	19.1	20.1	21	22	22.9	23.9	24.8	25.8	26.7	27.7	28.6	29.6	♌ 0.6	1.5	2.5	3.4	4.4	5.3	6.3	7.2	8.2
☽	♐ 1.2	15.9	♑ 0.7	15.3	29.7	♒ 13.8	27.5	♓ 10.7	23.6	♈ 6.1	18.3	♉ 0.2	12.1	23.9	♊ 5.7	17.6	29.7	♋ 12.0	24.6	♌ 7.4	20.4	♍ 3.7	17.1	♎ 0.8	14.6	28.5	♏ 12.6	26.8	♐ 11.1	25.5	♑ 9.9
☿	♌ 5.3	6.2	7.1	7.9	8.7	9.4	10	10.6	11.1	11.5	11.9	12.2	12.4	12.5	12.5	12.5R	12.4	12.2	11.9	11.6	11.2	10.7	10.1	9.5	8.9	8.2	7.5	6.7	6	5.3	4.6
♀	♊ 7.7	7.8	8	8.2	8.5	8.8	9.1	9.4	9.8	10.2	10.6	11.1	11.5	12	12.6	13.1	13.7	14.3	14.9	15.5	16.2	16.8	17.5	18.2	18.9	19.7	20.4	21.2	22	22.8	23.6
♂	♍ 28.7	29.2	29.7	♎ 0.3	0.8	1.3	1.8	2.4	2.9	3.5	4	4.6	5.1	5.7	6.2	6.8	7.3	7.9	8.5	9	9.6	10.2	10.7	11.3	11.9	12.5	13.1	13.7	14.2	14.8	15.4

♃ 1: ♊ 4.3; 6: 5.3; 11: 6.3; 16: 7.3; 21: 8.3; 26: 9.2; 31: 10.1 — ♄ 1: ♎ 22.8; 6: 22.9; 11: 23; 16: 23.1; 21: 23.3; 26: 23.5; 31: 23.8 — ♅ 1: ♈ 8.5; 11: 8.5; 21: 8.5R; 31: 8.4 — ♆ 1: ♓ 3.0R; 11: 2.8; 21: 2.6; 31: 2.4 — ♇ 1: ♑ 8.2R; 11: 8; 21: 7.7; 31: 7.5

VIII

	1	2	3	4	5	6	7	8	9	10	11	12	13	14	15	16	17	18	19	20	21	22	23	24	25	26	27	28	29	30	31
☉	♌ 8.4	9.4	10.3	11.3	12.3	13.2	14.2	15.1	16.1	17.1	18	19	19.9	20.9	21.9	22.8	23.8	24.7	25.7	26.7	27.6	28.6	29.5	♍ 0.5	1.5	2.4	3.4	4.4	5.3	6.3	7.3
☽	♌ 24.7	♍ 9.3	23.9	♎ 8.4	22.9	♏ 7.1	21.1	♐ 4.9	18.5	♑ 1.9	15	28	♒ 10.7	23.3	♓ 5.7	17.9	30	♈ 11.9	23.8	♉ 5.6	17.5	29.5	♊ 11.8	24.4	♋ 7.3	20.7	♌ 4.6	18.9	♍ 3.5	18.5	♎ 3.5
☿	♍ 1.0	1.1	1.2	1.2R	1.1	0.8	0.6	0.2	♌ 29.7	29.2	28.6	27.9	27.1	26.3	25.5	24.7	23.9	23	22.2	21.5	20.8	20.2	19.7	19.2	18.9	18.8	18.7D	18.8	19	19.3	19.8
♀	♌ 4.2	5.4	6.6	7.9	9.1	10.3	11.6	12.8	14	15.3	16.5	17.7	19	20.2	21.4	22.7	23.9	25.1	26.4	27.6	28.9	♍ 0.1	1.3	2.6	3.8	5	6.3	7.5	8.8	10	11.2
♂	♊ 28.4	29.1	29.7	♋ 0.4	1.1	1.7	2.4	3.1	3.7	4.4	5.1	5.7	6.4	7	7.7	8.4	9	9.7	10.3	11	11.6	12.3	12.9	13.6	14.2	14.9	15.5	16.1	16.8	17.4	18.1

♃ 1: ♉ 9.0; 6: 9.4; 11: 9.7; 16: 10; 21: 10.2; 26: 10.3; 31: 10.4R — ♄ 1: ♎ 12.4; 6: 12.7; 11: 13.2; 16: 13.6; 21: 14.1; 26: 14.6; 31: 15.1 — ♅ 1: ♈ 4.4R; 11: 4.2; 21: 3.9; 31: 3.6 — ♆ 1: ♓ 0.1R; 11: ♒ 29.8; 21: 29.6; 31: 29.3 — ♇ 1: ♑ 5.4R; 11: 5.2; 21: 5.1; 31: 5

	1	2	3	4	5	6	7	8	9	10	11	12	13	14	15	16	17	18	19	20	21	22	23	24	25	26	27	28	29	30	31
☉	♌ 9.2	10.1	11.1	12	13	13.9	14.9	15.9	16.8	17.8	18.7	19.7	20.7	21.6	22.6	23.5	24.5	25.5	26.4	27.4	28.3	29.3	♍ 0.3	1.2	2.2	3.2	4.1	5.1	6.1	7	8
☽	♑ 24.1	♒ 8.2	22.1	♓ 5.6	18.8	♈ 1.6	14.1	26.2	♉ 8.2	20.1	♊ 1.9	13.7	25.7	♋ 7.9	20.4	♌ 3.2	16.3	29.7	♍ 13.3	27.2	♎ 11.2	25.3	♏ 9.5	23.6	♐ 7.7	21.8	♑ 5.8	19.8	♒ 3.6	17.3	♓ 0.8
☿	♌ 4.0R	3.4	2.8	2.4	2	1.7	1.5	1.4	1.5D	1.6	1.9	2.2	2.7	3.3	4.1	4.9	5.8	6.9	8.1	9.3	10.7	12.1	13.6	15.2	16.9	18.6	20.4	22.2	24.1	25.9	27.9
♀	♊ 24.4	25.2	26	26.9	27.7	28.6	29.5	♋ 0.4	1.3	2.2	3.1	4	5	5.9	6.9	7.8	8.8	9.8	10.7	11.7	12.7	13.7	14.7	15.7	16.7	17.8	18.8	19.8	20.9	21.9	23
♂	♎ 16.0	16.6	17.2	17.8	18.4	19	19.6	20.2	20.8	21.5	22.1	22.7	23.3	23.9	24.5	25.2	25.8	26.4	27.1	27.7	28.3	29	29.6	♏ 0.2	0.9	1.5	2.2	2.8	3.4	4.1	4.7

♃ 1: ♊ 10.3; 6: 11.1; 11: 11.9; 16: 12.6; 21: 13.3; 26: 13.9; 31: 14.5 — ♄ 1: ♎ 23.8; 6: 24.2; 11: 24.5; 16: 24.9; 21: 25.3; 26: 25.7; 31: 26.2 — ♅ 1: ♈ 8.4R; 11: 8.2; 21: 8; 31: 7.7 — ♆ 1: ♓ 2.4R; 11: 2.1; 21: 1.8; 31: 1.6 — ♇ 1: ♑ 7.5R; 11: 7.3; 21: 7.1; 31: 7

IX

	1	2	3	4	5	6	7	8	9	10	11	12	13	14	15	16	17	18	19	20	21	22	23	24	25	26	27	28	29	30	31
☉	♍ 8.2	9.2	10.2	11.1	12.1	13.1	14	15	16	17	17.9	18.9	19.9	20.8	21.8	22.8	23.8	24.7	25.7	26.7	27.7	28.7	29.6	♎ 0.6	1.6	2.6	3.5	4.5	5.5	6.5	
☽	♎ 18.4	♏ 3.2	17.6	♐ 1.7	15.4	28.9	♑ 12.0	24.8	♒ 7.5	20	♓ 2.3	14.5	26.6	♈ 8.5	20.4	♉ 2.3	14.1	26	♊ 8.0	20.2	♋ 2.7	15.6	28.9	♌ 12.7	27.1	♍ 11.8	26.9	♎ 12.2	27.4	♏ 12.5	
☿	♌ 20.4	21.2	22.1	23.1	24.2	25.4	26.7	28.1	29.6	♍ 1.2	2.8	4.5	6.2	8	9.8	11.6	13.5	15.4	17.2	19.1	21	22.8	24.7	26.5	28.4	♎ 0.2	2	3.8	5.6	7.4	
♀	♍ 12.5	13.7	15	16.2	17.4	18.7	19.9	21.2	22.4	23.7	24.9	26.1	27.4	28.6	29.9	♎ 1.1	2.3	3.6	4.8	6.1	7.3	8.6	9.8	11	12.3	13.5	14.8	16	17.3	18.5	
♂	♋ 18.7	19.3	20	20.6	21.2	21.9	22.5	23.1	23.8	24.4	25	25.6	26.3	26.9	27.5	28.1	28.7	29.3	30	♌ 0.6	1.2	1.8	2.4	3	3.6	4.2	4.8	5.4	6	6.6	

♃ 1: ♉ 10.4R; 6: 10.3; 11: 10.1; 16: 9.9; 21: 9.6; 26: 9.2 — ♄ 1: ♎ 15.2; 6: 15.7; 11: 16.3; 16: 16.8; 21: 17.4; 26: 18 — ♅ 1: ♈ 3.5R; 11: 3.2; 21: 2.8 — ♆ 1: ♒ 29.3R; 11: 29; 21: 28.8 — ♇ 1: ♑ 5.0R; 11: 4.9; 21: 4.9D

	1	2	3	4	5	6	7	8	9	10	11	12	13	14	15	16	17	18	19	20	21	22	23	24	25	26	27	28	29	30	31
☉	♍ 9.0	9.9	10.9	11.9	12.8	13.8	14.8	15.7	16.7	17.7	18.7	19.6	20.6	21.6	22.6	23.5	24.5	25.5	26.5	27.4	28.4	29.4	♎ 0.4	1.4	2.3	3.3	4.3	5.3	6.3	7.2	
☽	♓ 14.0	27	♈ 9.7	22	♉ 4.2	16.1	27.9	♊ 9.7	21.6	♋ 3.6	15.8	28.4	♌ 11.3	24.6	♍ 8.3	22.3	♎ 6.6	21.1	♏ 5.6	20.1	♐ 4.4	18.7	♑ 2.7	16.6	♒ 0.2	13.7	27	♓ 10.1	23	♈ 5.6	
☿	♌ 29.8	♍ 1.7	3.7	5.6	7.6	9.5	11.5	13.4	15.3	17.2	19.1	21	22.8	24.6	26.5	28.3	♎ 0.0	1.8	3.6	5.3	7	8.7	10.4	12	13.7	15.3	16.9	18.5	20.1	21.7	
♀	♋ 24.0	25.1	26.1	27.2	28.3	29.3	♌ 0.4	1.5	2.6	3.7	4.8	5.9	7	8.1	9.2	10.3	11.4	12.5	13.7	14.8	15.9	17	18.2	19.3	20.4	21.6	22.7	23.9	25	26.2	
♂	♏ 5.4	6.1	6.7	7.4	8	8.7	9.3	10	10.7	11.3	12	12.7	13.3	14	14.7	15.4	16	16.7	17.4	18.1	18.8	19.5	20.1	20.8	21.5	22.2	22.9	23.6	24.3	25	

♃ 1: ♊ 14.6; 6: 15.1; 11: 15.5; 16: 15.8; 21: 16.1; 26: 16.3 — ♄ 1: ♎ 26.2; 6: 26.7; 11: 27.2; 16: 27.8; 21: 28.3; 26: 28.9 — ♅ 1: ♈ 7.6R; 11: 7.3; 21: 6.9 — ♆ 1: ♓ 1.5R; 11: 1.3; 21: 1 — ♇ 1: ♑ 7.0R; 11: 7; 21: 7.0D

X

	1	2	3	4	5	6	7	8	9	10	11	12	13	14	15	16	17	18	19	20	21	22	23	24	25	26	27	28	29	30	31
☉	♎ 7.5	8.5	9.4	10.4	11.4	12.4	13.4	14.4	15.4	16.3	17.3	18.3	19.3	20.3	21.3	22.3	23.3	24.3	25.3	26.2	27.2	28.2	29.2	♏ 0.2	1.2	2.2	3.2	4.2	5.2	6.2	7.2
☽	♏ 27.2	♐ 11.5	25.3	♑ 8.8	21.8	♒ 4.6	17.1	29.4	♓ 11.5	23.5	♈ 5.5	17.4	29.2	♉ 11.1	22.9	♊ 4.9	16.9	29.2	♋ 11.6	24.5	♌ 7.7	21.4	♍ 5.5	20.2	♎ 5.1	20.3	♏ 5.6	20.8	♐ 5.7	20.2	♑ 4.2
☿	♎ 9.2	10.9	12.7	14.4	16.1	17.8	19.5	21.1	22.8	24.4	26.1	27.7	29.3	♏ 0.9	2.4	4	5.6	7.1	8.7	10.2	11.7	13.2	14.7	16.2	17.7	19.1	20.6	22	23.4	24.9	26.3
♀	♎ 19.7	21	22.2	23.5	24.7	26	27.2	28.5	29.7	♏ 0.9	2.2	3.4	4.7	5.9	7.2	8.4	9.6	10.9	12.1	13.4	14.6	15.9	17.1	18.3	19.6	20.8	22.1	23.3	24.6	25.8	27.1
♂	♌ 7.2	7.8	8.4	9	9.6	10.1	10.7	11.3	11.9	12.5	13.1	13.6	14.2	14.8	15.3	15.9	16.5	17	17.6	18.2	18.7	19.3	19.8	20.4	20.9	21.5	22	22.6	23.1	23.7	24.2

♃ 1: ♉ 8.7R; 6: 8.2; 11: 7.6; 16: 7; 21: 6.4; 26: 5.7; 31: 5 — ♄ 1: ♎ 18.6; 6: 19.2; 11: 19.8; 16: 20.4; 21: 21.1; 26: 21.7; 31: 22.3 — ♅ 1: ♈ 2.4R; 11: 2; 21: 1.6; 31: 1.3 — ♆ 1: ♒ 28.6R; 11: 28.4; 21: 28.2; 31: 28.2 — ♇ 1: ♑ 4.9; 11: 5; 21: 5.2; 31: 5.4

	1	2	3	4	5	6	7	8	9	10	11	12	13	14	15	16	17	18	19	20	21	22	23	24	25	26	27	28	29	30	31
☉	♎ 8.2	9.2	10.2	11.2	12.2	13.1	14.1	15.1	16.1	17.1	18.1	19.1	20.1	21	22	23	24	25	26	27	28	29	30	♏ 1.0	2	3	4	5	6	7	8
☽	♈ 18.1	♉ 0.3	12.3	24.2	♊ 6.0	17.8	29.6	♋ 11.6	23.8	♌ 6.3	19.2	♍ 2.6	16.4	♎ 0.6	15.1	29.9	♏ 14.8	29.7	♐ 14.5	29	♑ 13.2	27.1	♒ 10.7	24	♓ 7.0	19.8	♈ 2.3	14.7	26.8	♉ 8.9	20.8
☿	♎ 23.3	24.8	26.3	27.8	29.3	♏ 0.8	2.3	3.8	5.2	6.6	8	9.4	10.8	12.2	13.6	14.9	16.2	17.5	18.8	20	21.2	22.4	23.6	24.7	25.8	26.9	27.9	28.9	29.8	♐ 0.6	1.4
♀	♌ 27.3	28.5	29.7	♍ 0.8	2	3.2	4.3	5.5	6.7	7.8	9	10.2	11.4	12.6	13.8	15	16.1	17.3	18.5	19.7	20.9	22.1	23.3	24.5	25.7	26.9	28.1	29.3	♎ 0.6	1.8	3
♂	♏ 25.7	26.4	27.1	27.8	28.5	29.2	29.9	♐ 0.6	1.3	2	2.7	3.5	4.2	4.9	5.6	6.3	7	7.8	8.5	9.2	9.9	10.7	11.4	12.1	12.8	13.6	14.3	15	15.8	16.5	17.2

♃ 1: ♊ 16.4; 6: 16.4R; 11: 16.3; 16: 16.2; 21: 15.9; 26: 15.6; 31: 15.2 — ♄ 1: ♎ 29.4; 6: ♏ 0.0; 11: 0.6; 16: 1.2; 21: 1.8; 26: 2.4; 31: 3 — ♅ 1: ♈ 6.5R; 11: 6.1; 21: 5.7; 31: 5.4 — ♆ 1: ♓ 0.8R; 11: 0.6; 21: 0.5; 31: 0.4 — ♇ 1: ♑ 7.0; 11: 7.1; 21: 7.2; 31: 7.4

XI

	1	2	3	4	5	6	7	8	9	10	11	12	13	14	15	16	17	18	19	20	21	22	23	24	25	26	27	28	29	30	31
☉	♏ 8.2	9.2	10.2	11.2	12.2	13.2	14.2	15.2	16.2	17.2	18.2	19.2	20.2	21.3	22.3	23.3	24.3	25.3	26.3	27.3	28.3	29.3	♐ 0.3	1.3	2.4	3.4	4.4	5.4	6.4	7.4	
☽	♑ 17.8	♒ 1.0	13.8	26.3	♓ 8.5	20.5	♈ 2.5	14.3	26.2	♉ 8.0	19.9	♊ 1.9	14	26.2	♋ 8.6	21.3	♌ 4.2	17.4	♍ 1.0	14.9	29.2	♎ 13.9	28.8	♏ 13.8	28.8	♐ 13.6	28.2	♑ 12.3	26.1	♒ 9.4	
☿	♏ 27.7	29	♐ 0.4	1.7	3.1	4.4	5.7	6.9	8.2	9.4	10.6	11.7	12.8	13.8	14.8	15.8	16.7	17.5	18.2	18.8	19.3	19.7	20	20.1	20.1R	19.9	19.5	19	18.2	17.3	
♀	♏ 28.3	29.5	♐ 0.8	2	3.3	4.5	5.8	7	8.2	9.5	10.7	12	13.2	14.5	15.7	16.9	18.2	19.4	20.7	21.9	23.1	24.4	25.6	26.9	28.1	29.3	♑ 0.6	1.8	3.1	4.3	
♂	♌ 24.7	25.3	25.8	26.3	26.8	27.4	27.9	28.4	28.9	29.4	29.9	♍ 0.4	0.9	1.4	1.9	2.4	2.9	3.4	3.9	4.3	4.8	5.3	5.7	6.2	6.7	7.1	7.6	8	8.5	8.9	

♃ 1: ♉ 4.9R; 6: 4.2; 11: 3.6; 16: 3; 21: 2.4; 26: 1.9 — ♄ 1: ♎ 22.4; 6: 23; 11: 23.6; 16: 24.1; 21: 24.7; 26: 25.2 — ♅ 1: ♈ 1.3R; 11: 1; 21: 0.8 — ♆ 1: ♒ 28.2R; 11: 28.1D; 21: 28.2 — ♇ 1: ♑ 5.4; 11: 5.7; 21: 5.9

	1	2	3	4	5	6	7	8	9	10	11	12	13	14	15	16	17	18	19	20	21	22	23	24	25	26	27	28	29	30	31
☉	♏ 9.0	10	11	12	13	14	15	16	17	18	19	20	21	22	23	24	25	26.1	27.1	28.1	29.1	♐ 0.1	1.1	2.1	3.1	4.1	5.1	6.2	7.2	8.2	
☽	♊ 2.6	14.4	26.2	♋ 8.0	20	♌ 2.2	14.7	27.5	♍ 10.7	24.4	♎ 8.5	23.1	♏ 8.0	23.1	♐ 8.3	23.4	♑ 8.3	22.8	♒ 6.9	20.6	♓ 3.9	16.8	29.4	♈ 11.7	23.8	♉ 5.8	17.7	29.5	♊ 11.3	23.1	
☿	♐ 2.1	2.7	3.3	3.7	4	4.2	4.3R	4.2	4	3.6	3	2.3	1.4	0.4	♏ 29.2	27.9	26.6	25.2	23.9	22.7	21.5	20.5	19.6	19	18.5	18.3	8.2 [	18.3	18.5	18.9	
♀	♎ 4.2	5.4	6.6	7.8	9.1	10.3	11.5	12.7	13.9	15.2	16.4	17.6	18.8	20.1	21.3	22.5	23.8	25	26.2	27.5	28.7	29.9	♏ 1.2	2.4	3.6	4.9	6.1	7.4	8.6	9.8	
♂	♐ 18.0	18.7	19.4	20.2	20.9	21.7	22.4	23.2	23.9	24.7	25.4	26.2	26.9	27.7	28.4	29.2	29.9	♑ 0.7	1.4	2.2	2.9	3.7	4.5	5.2	6	6.7	7.5	8.3	9	9.8	

♃ 1: ♊ 15.1R; 6: 14.7; 11: 14.1; 16: 13.5; 21: 12.9; 26: 12.3 — ♄ 1: ♏ 3.1; 6: 3.7; 11: 4.3; 16: 4.9; 21: 5.5; 26: 6.1 — ♅ 1: ♈ 5.3R; 11: 5; 21: 4.8 — ♆ 1: ♓ 0.4R; 11: 0.4; 21: 0.4D — ♇ 1: ♑ 7.4; 11: 7.7; 21: 8

XII

	1	2	3	4	5	6	7	8	9	10	11	12	13	14	15	16	17	18	19	20	21	22	23	24	25	26	27	28	29	30	31
☉	♐ 8.4	9.4	10.5	11.5	12.5	13.5	14.5	15.5	16.5	17.6	18.6	19.6	20.6	21.6	22.6	23.7	24.7	25.7	26.7	27.7	28.7	29.8	♑ 0.8	1.8	2.8	3.8	4.9	5.9	6.9	7.9	8.9
☽	♒ 22.2	♓ 4.8	17	29.1	♈ 11.0	22.8	♉ 4.6	16.5	28.5	♊ 10.7	23	♋ 5.5	18.2	♌ 1.2	14.4	27.7	♍ 11.4	25.3	♎ 9.4	23.7	♏ 8.1	22.7	♐ 7.2	21.7	♑ 6.1	20.1	♒ 3.8	17.2	♓ 0.1	12.7	25
☿	♐ 16.2R	15	13.7	12.4	11	9.6	8.4	7.2	6.2	5.4	4.7	4.2	4	3.9	3.9D	4.2	4.5	5	5.6	6.4	7.2	8.1	9	10.1	11.2	12.3	13.5	14.7	15.9	17.2	18.5
♀	♑ 5.5	6.8	8	9.3	10.5	11.7	13	14.2	15.5	16.7	17.9	19.2	20.4	21.6	22.9	24.1	25.3	26.6	27.8	29.1	♒ 0.3	1.5	2.8	4	5.2	6.4	7.7	8.9	10.1	11.4	12.6
♂	♍ 9.3	9.8	10.2	10.6	11	11.4	11.8	12.2	12.6	13	13.4	13.8	14.2	14.6	14.9	15.3	15.6	16	16.3	16.7	17	17.3	17.6	17.9	18.2	18.5	18.8	19.1	19.4	19.6	19.9

♃ 1: ♉ 1.4R; 6: 1; 11: 0.8; 16: 0.5; 21: 0.4; 26: 0.4 [; 31: 0.4 — ♄ 1: ♎ 25.7; 6: 26.2; 11: 26.7; 16: 27.1; 21: 27.5; 26: 27.9; 31: 28.2 — ♅ 1: ♈ 0.7R; 11: 0.6D; 21: 0.7; 31: 0.8 — ♆ 1: ♒ 28.3; 11: 28.4; 21: 28.6; 31: 28.9 — ♇ 1: ♑ 6.2; 11: 6.6; 21: 6.9; 31: 7.3

	1	2	3	4	5	6	7	8	9	10	11	12	13	14	15	16	17	18	19	20	21	22	23	24	25	26	27	28	29	30	31
☉	♐ 9.2	10.2	11.2	12.2	13.3	14.3	15.3	16.3	17.3	18.3	19.3	20.4	21.4	22.4	23.4	24.4	25.5	26.5	27.5	28.5	29.5	♑ 0.5	1.6	2.6	3.6	4.6	5.6	6.7	7.7	8.7	9.7
☽	♋ 5.0	16.9	29	♌ 11.3	23.7	♍ 6.5	19.6	♎ 3.1	17	♏ 1.3	16	♐ 1.0	16.2	♑ 1.4	16.5	♒ 1.3	15.6	29.5	♓ 12.9	25.9	♈ 8.5	20.7	♉ 2.8	14.6	26.4	♊ 8.2	20	♋ 1.9	13.9	26	♌ 8.3
☿	♏ 19.5	20.2	21	21.9	22.8	23.9	25	26.1	27.4	28.6	29.9	♐ 1.2	2.6	4	5.3	6.8	8.2	9.6	11.1	12.5	14	15.5	17	18.5	20	21.5	23	24.5	26	27.6	29.1
♀	♏ 11.1	12.3	13.6	14.8	16	17.3	18.5	19.8	21	22.3	23.5	24.8	26	27.3	28.5	29.8	♐ 1.0	2.3	3.5	4.8	6	7.3	8.5	9.8	11	12.3	13.5	14.8	16	17.3	18.5
♂	♑ 10.6	11.3	12.1	12.9	13.6	14.4	15.2	16	16.7	17.5	18.3	19.1	19.8	20.6	21.4	22.2	22.9	23.7	24.5	25.3	26.1	26.8	27.6	28.4	29.2	30	♒ 0.8	1.5	2.3	3.1	3.9

♃ 1: ♊ 11.6R; 6: 10.9; 11: 10.2; 16: 9.6; 21: 9; 26: 8.4; 31: 7.9 — ♄ 1: ♏ 6.6; 6: 7.2; 11: 7.7; 16: 8.2; 21: 8.6; 26: 9.1; 31: 9.5 — ♅ 1: ♈ 4.7R; 11: 4.6; 21: 4.6D; 31: 4.7 — ♆ 1: ♓ 0.5; 11: 0.6; 21: 0.8; 31: 1 — ♇ 1: ♑ 8.3; 11: 8.6; 21: 8.9; 31: 9.3

TABELLE 1

	I	II	III	IV	V	VI	VII	VIII	IX	X	XI	XII
1	6 37 24	8 39 38	10 33 58	12 36 11	14 34 28	16 36 41	18 34 57	20 37 11	22 39 24	0 37 41	2 39 54	4 38 10
2	6 41 21	8 43 34	10 37 54	12 40 7	14 38 24	16 40 37	18 38 54	20 41 7	22 43 20	0 41 37	2 43 50	4 42 7
3	6 45 17	8 47 31	10 41 51	12 44 4	14 42 21	16 44 34	18 42 51	20 45 4	22 47 17	0 45 34	2 47 47	4 46 4
4	6 49 14	8 51 27	10 45 47	12 48 1	14 46 17	16 48 30	18 46 47	20 49 0	22 51 14	0 49 30	2 51 43	4 50 0
5	6 53 11	8 55 24	10 49 44	12 51 57	14 50 14	16 52 27	18 50 44	20 52 57	22 55 10	0 53 27	2 55 40	4 53 57
6	6 57 7	8 59 20	10 53 40	12 55 54	14 54 10	16 56 24	18 54 40	20 56 53	22 59 7	0 57 23	2 59 37	4 57 53
7	7 1 4	9 3 17	10 57 37	12 59 50	14 58 7	17 0 20	18 58 37	21 0 50	23 3 3	1 1 20	3 3 33	5 1 50
8	7 5 0	9 7 13	11 1 34	13 3 47	15 2 3	17 4 17	19 2 33	21 4 47	23 6 60	1 5 16	3 7 30	5 5 46
9	7 8 57	9 11 10	11 5 30	13 7 43	15 5 60	17 8 13	19 6 30	21 8 43	23 10 56	1 9 13	3 11 26	5 9 43
10	7 12 53	9 15 7	11 9 27	13 11 40	15 9 57	17 12 10	19 10 26	21 12 40	23 14 53	1 13 10	3 15 23	5 13 39
11	7 16 50	9 19 3	11 13 23	13 15 36	15 13 53	17 16 6	19 14 23	21 16 36	23 18 49	1 17 6	3 19 19	5 17 36
12	7 20 46	9 22 60	11 17 20	13 19 33	15 17 50	17 20 3	19 18 20	21 20 33	23 22 46	1 21 3	3 23 16	5 21 33
13	7 24 43	9 26 56	11 21 16	13 23 30	15 21 46	17 23 59	19 22 16	21 24 29	23 26 43	1 24 59	3 27 12	5 25 29
14	7 28 40	9 30 53	11 25 13	13 27 26	15 25 43	17 27 56	19 26 13	21 28 26	23 30 39	1 28 56	3 31 9	5 29 26
15	7 32 36	9 34 49	11 29 9	13 31 23	15 29 39	17 31 53	19 30 9	21 32 22	23 34 36	1 32 52	3 35 6	5 33 22
16	7 36 33	9 38 46	11 33 6	13 35 19	15 33 36	17 35 49	19 34 6	21 36 19	23 38 32	1 36 49	3 39 2	5 37 19
17	7 40 29	9 42 42	11 37 3	13 39 16	15 37 32	17 39 46	19 38 2	21 40 16	23 42 29	1 40 45	3 42 59	5 41 15
18	7 44 26	9 46 39	11 40 59	13 43 12	15 41 29	17 43 42	19 41 59	21 44 12	23 46 25	1 44 42	3 46 55	5 45 12
19	7 48 22	9 50 36	11 44 56	13 47 9	15 45 26	17 47 39	19 45 55	21 48 9	23 50 22	1 48 39	3 50 52	5 49 8
20	7 52 19	9 54 32	11 48 52	13 51 5	15 49 22	17 51 35	19 49 52	21 52 5	23 54 18	1 52 35	3 54 48	5 53 5
21	7 56 15	9 58 29	11 52 49	13 55 2	15 53 19	17 55 32	19 53 49	21 56 2	23 58 15	1 56 32	3 58 45	5 57 1
22	8 0 12	10 2 25	11 56 45	13 58 59	15 57 15	17 59 28	19 57 45	21 59 58	0 2 12	2 0 28	4 2 41	6 0 58
23	8 4 9	10 6 22	12 0 42	14 2 55	16 1 12	18 3 25	20 1 42	22 3 55	0 6 8	2 4 25	4 6 38	6 4 55
24	8 8 5	10 10 18	12 4 38	14 6 52	16 5 8	18 7 22	20 5 38	22 7 51	0 10 5	2 8 21	4 10 35	6 8 51
25	8 12 2	10 14 15	12 8 35	14 10 48	16 9 5	18 11 18	20 9 35	22 11 48	0 14 1	2 12 18	4 14 31	6 12 48
26	8 15 58	10 18 11	12 12 32	14 14 45	16 13 1	18 15 15	20 13 31	22 15 45	0 17 58	2 16 14	4 18 28	6 16 44
27	8 19 55	10 22 8	12 16 28	14 18 41	16 16 58	18 19 11	20 17 28	22 19 41	0 21 54	2 20 11	4 22 24	6 20 41
28	8 23 51	10 26 5	12 20 25	14 22 38	16 20 55	18 23 8	20 21 24	22 23 38	0 25 51	2 24 8	4 26 21	6 24 37
29	8 27 48	10 30 1	12 24 21	14 26 34	16 24 51	18 27 4	20 25 21	22 27 34	0 29 47	2 28 4	4 30 17	6 28 34
30	8 31 44		12 28 18	14 30 31	16 28 48	18 31 1	20 29 18	22 31 31	0 33 44	2 32 1	4 34 14	6 32 30
31	8 35 41		12 32 14		16 32 44		20 33 14	22 35 27		2 35 57		6 36 27

KORREKTURWERTE FÜR DIE EINZELNEN JAHRE

TABELLE 1	+
1920	0 0 0
1924	0 0 7
1928	0 0 15
1932	0 0 22
1936	0 0 30
1940	0 0 37
1944	0 0 44
1948	0 0 52
1952	0 0 59
1956	0 1 6
1960	0 1 14
1964	0 1 21
1968	0 1 29
1972	0 1 36
1976	0 1 43
1980	0 1 51
1984	0 1 58
1988	0 2 6
1992	0 2 13
1996	0 2 20
2000	0 2 28
2004	0 2 35
2008	0 2 42
2012	0 2 50
2016	0 2 57

Die großen Tabellen auf den Seiten 472-475 geben die Sternzeiten an, mit denen Sie die wahre Sternzeit der Geburt ermitteln können. Dazu brauchen Sie aber noch die Korrekturwerte aus den kleineren Tabellen. Dort können Sie auch sehen, welche der größeren Tabellen Sie benutzen müssen.

Wenn es sich z.B. um eine Geburt am 4. Juli 1981 handelt, sehen Sie, dass in der Spalte für 1981 der Hinweis auf Tabelle 2 enthalten ist und dass der Wert, den Sie addieren müssen, 1 Minute und 51 Sekunden beträgt. Der Tabelle 2 (die zweite der großem Sternzeit-Tabellen) entnehmen Sie nun, dass die Sternzeit des fraglichen Tages 18 Stunden, 45 Minuten und 50 Sekunden betrug. Addiert mit dem Korrekturwert ergibt das 18 Stunden, 47 Minuten und 41 Sekunden. Dies ist die korrekte Sternzeit für Mitternacht des betreffenden Datums.

TABELLE 2

	I	II	III	IV	V	VI	VII	VIII	IX	X	XI	XII
1	6 40 24	8 42 37	10 33 0	12 35 14	14 33 30	16 35 43	18 34 0	20 36 13	22 38 27	0 36 43	2 38 56	4 37 13
2	6 44 20	8 46 33	10 36 57	12 39 10	14 37 27	16 39 40	18 37 57	20 40 10	22 42 23	0 40 40	2 42 53	4 41 10
3	6 48 17	8 50 30	10 40 53	12 43 7	14 41 23	16 43 37	18 41 53	20 44 6	22 46 20	0 44 36	2 46 50	4 45 6
4	6 52 13	8 54 26	10 44 50	12 47 3	14 45 20	16 47 33	18 45 50	20 48 3	22 50 16	0 48 33	2 50 46	4 49 3
5	6 56 10	8 58 23	10 48 47	12 50 60	14 49 16	16 51 30	18 49 46	20 51 60	22 54 13	0 52 29	2 54 43	4 52 59
6	7 0 6	9 2 20	10 52 43	12 54 56	14 53 13	16 55 26	18 53 43	20 55 56	22 58 9	0 56 26	2 58 39	4 56 56
7	7 4 3	9 6 16	10 56 40	12 58 53	14 57 10	16 59 23	18 57 39	20 59 53	23 2 6	1 0 23	3 2 36	5 0 52
8	7 7 59	9 10 13	11 0 36	13 2 49	15 1 6	17 3 19	19 1 36	21 3 49	23 6 2	1 4 19	3 6 32	5 4 49
9	7 11 56	9 14 9	11 4 33	13 6 46	15 5 3	17 7 16	19 5 33	21 7 46	23 9 59	1 8 16	3 10 29	5 8 46
10	7 15 53	9 18 6	11 8 29	13 10 43	15 8 59	17 11 12	19 9 29	21 11 42	23 13 56	1 12 12	3 14 25	5 12 42
11	7 19 49	9 22 2	11 12 26	13 14 39	15 12 56	17 15 9	19 13 26	21 15 39	23 17 52	1 16 9	3 18 22	5 16 39
12	7 23 46	9 25 59	11 16 22	13 18 36	15 16 52	17 19 6	19 17 22	21 19 35	23 21 49	1 20 5	3 22 19	5 20 35
13	7 27 42	9 29 55	11 20 19	13 22 32	15 20 49	17 23 2	19 21 19	21 23 32	23 25 45	1 24 2	3 26 15	5 24 32
14	7 31 39	9 33 52	11 24 16	13 26 29	15 24 45	17 26 59	19 25 15	21 27 29	23 29 42	1 27 58	3 30 12	5 28 28
15	7 35 35	9 37 49	11 28 12	13 30 25	15 28 42	17 30 55	19 29 12	21 31 25	23 33 38	1 31 55	3 34 8	5 32 25
16	7 39 32	9 41 45	11 32 9	13 34 22	15 32 39	17 34 52	19 33 8	21 35 22	23 37 35	1 35 52	3 38 5	5 36 21
17	7 43 28	9 45 42	11 36 5	13 38 18	15 36 35	17 38 48	19 37 5	21 39 18	23 41 31	1 39 48	3 42 1	5 40 18
18	7 47 25	9 49 38	11 40 2	13 42 15	15 40 32	17 42 45	19 41 2	21 43 15	23 45 28	1 43 45	3 45 58	5 44 15
19	7 51 22	9 53 35	11 43 58	13 46 12	15 44 28	17 46 41	19 44 58	21 47 11	23 49 25	1 47 41	3 49 54	5 48 11
20	7 55 18	9 57 31	11 47 55	13 50 8	15 48 25	17 50 38	19 48 55	21 51 8	23 53 21	1 51 38	3 53 51	5 52 8
21	7 59 15	10 1 28	11 51 51	13 54 5	15 52 21	17 54 35	19 52 51	21 55 4	23 57 18	1 55 34	3 57 48	5 56 4
22	8 3 11	10 5 24	11 55 48	13 58 1	15 56 18	17 58 31	19 56 48	21 59 1	0 1 14	1 59 31	4 1 44	6 0 1
23	8 7 8	10 9 21	11 59 45	14 1 58	16 0 14	18 2 28	20 0 44	22 2 58	0 5 11	2 3 27	4 5 41	6 3 57
24	8 11 4	10 13 18	12 3 41	14 5 54	16 4 11	18 6 24	20 4 41	22 6 54	0 9 7	2 7 24	4 9 37	6 7 54
25	8 15 1	10 17 14	12 7 38	14 9 51	16 8 8	18 10 21	20 8 37	22 10 51	0 13 4	2 11 21	4 13 34	6 11 50
26	8 18 57	10 21 11	12 11 34	14 13 47	16 12 4	18 14 17	20 12 34	22 14 47	0 17 0	2 15 17	4 17 30	6 15 47
27	8 22 54	10 25 7	12 15 31	14 17 44	16 16 1	18 18 14	20 16 31	22 18 44	0 20 57	2 19 14	4 21 27	6 19 44
28	8 26 51	10 29 4	12 19 27	14 21 41	16 19 57	18 22 10	20 20 27	22 22 40	0 24 54	2 23 10	4 25 23	6 23 40
29	8 30 47		12 23 24	14 25 37	16 23 54	18 26 7	20 24 24	22 26 37	0 28 50	2 27 7	4 29 20	6 27 37
30	8 34 44		12 27 20	14 29 34	16 27 50	18 30 4	20 28 20	22 30 33	0 32 47	2 31 3	4 33 17	6 31 33
31	8 38 40		12 31 17		16 31 47		20 32 17	22 34 30		2 34 60		6 35 30

KORREKTURWERTE FÜR DIE EINZELNEN JAHRE

TABELLE 2	+		
1921	0	0	0
1925	0	0	7
1929	0	0	15
1933	0	0	22
1937	0	0	30
1941	0	0	37
1945	0	0	44
1949	0	0	52
1953	0	0	59
1957	0	1	6
1961	0	1	14
1965	0	1	21
1969	0	1	29
1973	0	1	36
1977	0	1	43
1981	0	1	51
1985	0	1	58
1989	0	2	6
1993	0	2	13
1997	0	2	20
2001	0	2	28
2005	0	2	35
2009	0	2	42
2013	0	2	50
2017	0	2	57

TABELLE 3

	I	II	III	IV	V	VI	VII	VIII	IX	X	XI	XII
1	6 39 26	8 41 40	10 32 3	12 34 16	14 32 33	16 34 46	18 33 3	20 35 16	22 37 29	0 35 46	2 37 59	4 36 16
2	6 43 23	8 45 36	10 35 60	12 38 13	14 36 30	16 38 43	18 36 59	20 39 13	22 41 26	0 39 42	2 41 56	4 40 12
3	6 47 19	8 49 33	10 39 56	12 42 9	14 40 26	16 42 39	18 40 56	20 43 9	22 45 22	0 43 39	2 45 52	4 44 9
4	6 51 16	8 53 29	10 43 53	12 46 6	14 44 23	16 46 36	18 44 52	20 47 6	22 49 19	0 47 36	2 49 49	4 48 5
5	6 55 13	8 57 26	10 47 49	12 50 3	14 48 19	16 50 32	18 48 49	20 51 2	22 53 15	0 51 32	2 53 45	4 52 2
6	6 59 9	9 1 22	10 51 46	12 53 59	14 52 16	16 54 29	18 52 46	20 54 59	22 57 12	0 55 29	2 57 42	4 55 59
7	7 3 6	9 5 19	10 55 42	12 57 56	14 56 12	16 58 25	18 56 42	20 58 55	23 1 9	0 59 25	3 1 38	4 59 55
8	7 7 2	9 9 15	10 59 39	13 1 52	15 0 9	17 2 22	19 0 39	21 2 52	23 5 5	1 3 22	3 5 35	5 3 52
9	7 10 59	9 13 12	11 3 36	13 5 49	15 4 5	17 6 19	19 4 35	21 6 48	23 9 2	1 7 18	3 9 32	5 7 48
10	7 14 55	9 17 9	11 7 32	13 9 45	15 8 2	17 10 15	19 8 32	21 10 45	23 12 58	1 11 15	3 13 28	5 11 45
11	7 18 52	9 21 5	11 11 29	13 13 42	15 11 59	17 14 12	19 12 28	21 14 42	23 16 55	1 15 11	3 17 25	5 15 41
12	7 22 48	9 25 2	11 15 25	13 17 38	15 15 55	17 18 8	19 16 25	21 18 38	23 20 51	1 19 8	3 21 21	5 19 38
13	7 26 45	9 28 58	11 19 22	13 21 35	15 19 52	17 22 5	19 20 21	21 22 35	23 24 48	1 23 5	3 25 18	5 23 34
14	7 30 42	9 32 55	11 23 18	13 25 32	15 23 48	17 26 1	19 24 18	21 26 31	23 28 44	1 27 1	3 29 14	5 27 31
15	7 34 38	9 36 51	11 27 15	13 29 28	15 27 45	17 29 58	19 28 15	21 30 28	23 32 41	1 30 58	3 33 11	5 31 28
16	7 38 35	9 40 48	11 31 11	13 33 25	15 31 41	17 33 54	19 32 11	21 34 24	23 36 38	1 34 54	3 37 7	5 35 24
17	7 42 31	9 44 44	11 35 8	13 37 21	15 35 38	17 37 51	19 36 8	21 38 21	23 40 34	1 38 51	3 41 4	5 39 21
18	7 46 28	9 48 41	11 39 5	13 41 18	15 39 34	17 41 48	19 40 4	21 42 17	23 44 31	1 42 47	3 45 1	5 43 17
19	7 50 24	9 52 38	11 43 1	13 45 14	15 43 31	17 45 44	19 44 1	21 46 14	23 48 27	1 46 44	3 48 57	5 47 14
20	7 54 21	9 56 34	11 46 58	13 49 11	15 47 28	17 49 41	19 47 57	21 50 11	23 52 24	1 50 40	3 52 54	5 51 10
21	7 58 17	10 0 31	11 50 54	13 53 7	15 51 24	17 53 37	19 51 54	21 54 7	23 56 20	1 54 37	3 56 50	5 55 7
22	8 2 14	10 4 27	11 54 51	13 57 4	15 55 21	17 57 34	19 55 50	21 58 4	0 0 17	1 58 34	4 0 47	5 59 3
23	8 6 11	10 8 24	11 58 47	14 1 1	15 59 17	18 1 30	19 59 47	22 2 0	0 4 13	2 2 30	4 4 43	6 3 0
24	8 10 7	10 12 20	12 2 44	14 4 57	16 3 14	18 5 27	20 3 44	22 5 57	0 8 10	2 6 27	4 8 40	6 6 57
25	8 14 4	10 16 17	12 6 40	14 8 54	16 7 10	18 9 23	20 7 40	22 9 53	0 12 7	2 10 23	4 12 36	6 10 53
26	8 18 0	10 20 13	12 10 37	14 12 50	16 11 7	18 13 20	20 11 37	22 13 50	0 16 3	2 14 20	4 16 33	6 14 50
27	8 21 57	10 24 10	12 14 34	14 16 47	16 15 3	18 17 17	20 15 33	22 17 46	0 19 60	2 18 16	4 20 30	6 18 46
28	8 25 53	10 28 7	12 18 30	14 20 43	16 18 60	18 21 13	20 19 30	22 21 43	0 23 56	2 22 13	4 24 26	6 22 43
29	8 29 50		12 22 27	14 24 40	16 22 57	18 25 10	20 23 26	22 25 40	0 27 53	2 26 9	4 28 23	6 26 39
30	8 33 46		12 26 23	14 28 36	16 26 53	18 29 6	20 27 23	22 29 36	0 31 49	2 30 6	4 32 19	6 30 36
31	8 37 43		12 30 20		16 30 50		20 31 19	22 33 33		2 34 3		6 34 32

KORREKTURWERTE FÜR DIE EINZELNEN JAHRE

TABELLE 3	+		
1922	0	0	0
1926	0	0	7
1930	0	0	15
1934	0	0	22
1938	0	0	30
1942	0	0	37
1946	0	0	44
1950	0	0	52
1954	0	0	59
1958	0	1	6
1962	0	1	14
1966	0	1	21
1970	0	1	29
1974	0	1	36
1978	0	1	43
1982	0	1	51
1986	0	1	58
1990	0	2	6
1994	0	2	13
1998	0	2	20
2002	0	2	28
2006	0	2	35
2010	0	2	42
2014	0	2	50
2018	0	2	57

TABELLE 4

	I	II	III	IV	V	VI	VII	VIII	IX	X	XI	XII
1	6 38 29	8 40 42	10 31 6	12 33 19	14 31 36	16 33 49	18 32 6	20 34 19	22 36 32	0 34 49	2 37 2	4 35 18
2	6 42 26	8 44 39	10 35 2	12 37 16	14 35 32	16 37 45	18 36 2	20 38 15	22 40 29	0 38 45	2 40 58	4 39 15
3	6 46 22	8 48 35	10 38 59	12 41 12	14 39 29	16 41 42	18 39 59	20 42 12	22 44 25	0 42 42	2 44 55	4 43 12
4	6 50 19	8 52 32	10 42 55	12 45 9	14 43 25	16 45 39	18 43 55	20 46 8	22 48 22	0 46 38	2 48 52	4 47 8
5	6 54 15	8 56 28	10 46 52	12 49 5	14 47 22	16 49 35	18 47 52	20 50 5	22 52 18	0 50 35	2 52 48	4 51 5
6	6 58 12	9 0 25	10 50 49	12 53 2	14 51 18	16 53 32	18 51 48	20 54 2	22 56 15	0 54 31	2 56 45	4 55 1
7	7 2 8	9 4 22	10 54 45	12 56 58	14 55 15	16 57 28	18 55 45	20 57 58	23 0 11	0 58 28	3 0 41	4 58 58
8	7 6 5	9 8 18	10 58 42	13 0 55	14 59 12	17 1 25	18 59 41	21 1 55	23 4 8	1 2 25	3 4 38	5 2 54
9	7 10 1	9 12 15	11 2 38	13 4 51	15 3 8	17 5 21	19 3 38	21 5 51	23 8 4	1 6 21	3 8 34	5 6 51
10	7 13 58	9 16 11	11 6 35	13 8 48	15 7 5	17 9 18	19 7 35	21 9 48	23 12 1	1 10 18	3 12 31	5 10 47
11	7 17 55	9 20 8	11 10 31	13 12 45	15 11 1	17 13 14	19 11 31	21 13 44	23 15 58	1 14 14	3 16 27	5 14 44
12	7 21 51	9 24 4	11 14 28	13 16 41	15 14 58	17 17 11	19 15 28	21 17 41	23 19 54	1 18 11	3 20 24	5 18 41
13	7 25 48	9 28 1	11 18 24	13 20 38	15 18 54	17 21 8	19 19 24	21 21 37	23 23 51	1 22 7	3 24 21	5 22 37
14	7 29 44	9 31 57	11 22 21	13 24 34	15 22 51	17 25 4	19 23 21	21 25 34	23 27 47	1 26 4	3 28 17	5 26 34
15	7 33 41	9 35 54	11 26 18	13 28 31	15 26 47	17 29 1	19 27 17	21 29 31	23 31 44	1 30 0	3 32 14	5 30 30
16	7 37 37	9 39 51	11 30 14	13 32 27	15 30 44	17 32 57	19 31 14	21 33 27	23 35 40	1 33 57	3 36 10	5 34 27
17	7 41 34	9 43 47	11 34 11	13 36 24	15 34 41	17 36 54	19 35 10	21 37 24	23 39 37	1 37 54	3 40 7	5 38 23
18	7 45 30	9 47 44	11 38 7	13 40 20	15 38 37	17 40 50	19 39 7	21 41 20	23 43 33	1 41 50	3 44 3	5 42 20
19	7 49 27	9 51 40	11 42 4	13 44 17	15 42 34	17 44 47	19 43 4	21 45 17	23 47 30	1 45 47	3 47 60	5 46 16
20	7 53 24	9 55 37	11 46 0	13 48 14	15 46 30	17 48 43	19 47 0	21 49 13	23 51 27	1 49 43	3 51 56	5 50 13
21	7 57 20	9 59 33	11 49 57	13 52 10	15 50 27	17 52 40	19 50 57	21 53 10	23 55 23	1 53 40	3 55 53	5 54 10
22	8 1 17	10 3 30	11 53 53	13 56 7	15 54 23	17 56 37	19 54 53	21 57 6	23 59 20	1 57 36	3 59 50	5 58 6
23	8 5 13	10 7 26	11 57 50	14 0 3	15 58 20	18 0 33	19 58 50	22 1 3	0 3 16	2 1 33	4 3 46	6 2 3
24	8 9 10	10 11 23	12 1 47	14 3 60	16 2 16	18 4 30	20 2 46	22 4 60	0 7 13	2 5 29	4 7 43	6 5 59
25	8 13 6	10 15 20	12 5 43	14 7 56	16 6 13	18 8 26	20 6 43	22 8 56	0 11 9	2 9 26	4 11 39	6 9 56
26	8 17 3	10 19 16	12 9 40	14 11 53	16 10 10	18 12 23	20 10 39	22 12 53	0 15 6	2 13 23	4 15 36	6 13 52
27	8 20 59	10 23 13	12 13 36	14 15 49	16 14 6	18 16 19	20 14 36	22 16 49	0 19 2	2 17 19	4 19 32	6 17 49
28	8 24 56	10 27 9	12 17 33	14 19 46	16 18 3	18 20 16	20 18 33	22 20 46	0 22 59	2 21 16	4 23 29	6 21 45
29	8 28 53		12 21 29	14 23 43	16 21 59	18 24 12	20 22 29	22 24 42	0 26 56	2 25 12	4 27 25	6 25 42
30	8 32 49		12 25 26	14 27 39	16 25 56	18 28 9	20 26 26	22 28 39	0 30 52	2 29 9	4 31 22	6 29 39
31	8 36 46		12 29 22		16 29 52		20 30 22	22 32 35		2 33 5		6 33 35

KORREKTURWERTE FÜR DIE EINZELNEN JAHRE

TABELLE 4	+
1923	0 0 0
1927	0 0 7
1931	0 0 15
1935	0 0 22
1939	0 0 30
1943	0 0 37
1947	0 0 44
1951	0 0 52
1955	0 0 59
1959	0 1 6
1963	0 1 14
1967	0 1 21
1971	0 1 29
1975	0 1 36
1979	0 1 43
1983	0 1 51
1987	0 1 58
1991	0 2 6
1995	0 2 13
1999	0 2 20
2003	0 2 28
2007	0 2 35
2011	0 2 42
2015	0 2 50
2019	0 2 57

ST	MC	2°0'	4°0'	7°0'	11°0'	14°0'	18°0'	21°59'	25°19'	28°40'	30°2'	31°46'	33°20'	35°39'	37°58'	40°43'	41°54'	45°30'	48°50'	50°22'	51°32'	52°57'	54°34'	56°28'	57°29	59°0'	59°56'
		ASZ	ASZ	ASZ	ASZ	ASZ	ASZ	ASZ	ASZ	ASZ	ASZ	ASZ	ASZ	ASZ	ASZ	ASZ	ASZ	ASZ	ASZ	ASZ	ASZ	ASZ	ASZ	ASZ	ASZ	ASZ	ASZ
	°	° '	° '	° '	° '	° '	° '	° '	° '	° '	° '	° '	° '	° '	° '	° '	° '	° '	° '	° '	° '	° '	° '	° '	° '	° '	° '
0 0 0	0 ♈	0 ♋ 48	1 ♋ 36	2 ♋ 48	4 ♋ 25	5 ♋ 40	7 ♋ 22	9 ♋ 8	10 ♋ 40	12 ♋ 16	12 ♋ 57	13 ♋ 50	14 ♋ 40	15 ♋ 56	17 ♋ 15	18 ♋ 54	19 ♋ 39	22 ♋ 3	24 ♋ 28	25 ♋ 40	26 ♋ 36	27 ♋ 48	29 ♋ 13	0 ♌ 59	1 ♌ 58	3 ♌ 31	4 ♌ 30
0 3 40	1	1 38	2 26	3 38	5 16	6 30	8 12	9 57	11 28	13 5	13 45	14 38	15 27	16 42	18 1	19 39	20 24	22 46	25 10	26 21	27 16	28 27	29 51	1 36	2 35	4 6	5 4
0 7 20	2	2 29	3 17	4 29	6 6	7 20	9 1	10 46	12 17	13 53	14 33	15 25	16 14	17 29	18 47	20 24	21 8	23 29	25 51	27 1	27 57	29 6	0 ♌ 30	2 13	3 11	4 41	5 39
0 11 1	3	3 19	4 7	5 19	6 56	8 10	9 51	11 35	13 5	14 41	15 21	16 13	17 1	18 15	19 33	21 9	21 53	24 12	26 33	27 42	28 37	29 46	1 8	2 50	3 47	5 16	6 13
0 14 41	4	4 10	4 57	6 9	7 46	9 0	10 40	12 24	13 54	15 28	16 8	17 0	17 48	19 2	20 18	21 54	22 37	24 55	27 14	28 23	29 17	0 ♌ 25	1 46	3 27	4 23	5 51	6 47
0 18 21	5	5 0	5 48	7 0	8 36	9 49	11 30	13 13	14 42	16 16	16 56	17 47	18 35	19 48	21 4	22 39	23 21	25 38	27 56	29 3	29 57	1 4	2 24	4 3	4 59	6 26	7 21
0 22 2	6	5 51	6 38	7 50	9 26	10 39	12 19	14 2	15 31	17 4	17 43	18 34	19 22	20 34	21 49	23 23	24 5	26 21	28 37	29 44	0 ♌ 37	1 43	3 2	4 40	5 35	7 0	7 55
0 25 42	7	6 42	7 29	8 40	10 16	11 29	13 8	14 50	16 19	17 52	18 31	19 21	20 8	21 20	22 35	24 8	24 50	27 3	29 18	0 ♌ 24	1 16	2 22	3 40	5 17	6 11	7 35	8 29
0 29 23	8	7 32	8 20	9 31	11 6	12 19	13 58	15 39	17 7	18 39	19 18	20 8	20 55	22 6	23 20	24 52	25 34	27 46	29 59	1 5	1 56	3 1	4 18	5 53	6 47	8 10	9 3
0 33 4	9	8 23	9 10	10 21	11 56	13 9	14 47	16 28	17 56	19 27	20 5	20 55	21 41	22 52	24 5	25 37	26 18	28 29	0 ♌ 40	1 45	2 36	3 40	4 56	6 30	7 23	8 45	9 37
0 36 45	10	9 14	10 1	11 12	12 47	13 59	15 37	17 17	18 44	20 15	20 53	21 42	22 28	23 38	24 50	26 21	27 1	29 11	1 21	2 25	3 15	4 18	5 34	7 7	7 59	9 20	10 11
0 40 27	11	10 5	10 52	12 2	13 37	14 49	16 26	18 6	19 32	21 2	21 40	22 29	23 14	24 24	25 36	27 5	27 45	29 54	2 2	3 5	3 55	4 57	6 11	7 43	8 35	9 54	10 45
0 44 8	12	10 56	11 43	12 53	14 27	15 38	17 15	18 55	20 20	21 50	22 27	23 16	24 1	25 9	26 21	27 49	28 29	0 ♌ 36	2 43	3 45	4 34	5 36	6 49	8 20	9 10	10 29	11 19
0 47 50	13	11 47	12 33	13 44	15 17	16 28	18 5	19 43	21 9	22 37	23 14	24 3	24 47	25 55	27 6	28 34	29 13	1 18	3 24	4 26	5 14	6 15	7 27	8 56	9 46	11 4	11 53
0 51 32	14	12 38	13 25	14 34	16 8	17 18	18 54	20 32	21 57	23 25	24 2	24 50	25 34	26 41	27 51	29 18	29 57	2 1	4 5	5 6	5 53	6 53	8 5	9 33	10 22	11 39	12 27
0 55 15	15	13 29	14 16	15 25	16 58	18 9	19 44	21 21	22 45	24 12	24 49	25 36	26 20	27 27	28 36	0 ♌ 2	0 ♌ 40	2 43	4 46	5 46	6 33	7 32	8 42	10 9	10 58	12 13	13 1
0 58 57	16	14 21	15 7	16 16	17 49	18 59	20 33	22 10	23 33	25 0	25 36	26 23	27 7	28 13	29 21	0 46	1 24	3 26	5 27	6 26	7 12	8 11	9 20	10 46	11 34	12 48	13 36
1 2 40	17	15 12	15 58	17 7	18 39	19 49	21 23	22 59	24 22	25 48	26 24	27 10	27 53	28 58	0 ♌ 6	1 30	2 8	4 8	6 8	7 6	7 52	8 49	9 58	11 23	12 10	13 23	14 10
1 6 24	18	16 4	16 50	17 59	19 30	20 39	22 13	23 48	25 10	26 35	27 11	27 57	28 40	29 44	0 51	2 15	2 52	4 50	6 48	7 46	8 31	9 28	10 36	11 59	12 46	13 58	14 44
1 10 7	19	16 56	17 42	18 50	20 21	21 30	23 3	24 37	25 59	27 23	27 58	28 44	29 26	0 ♌ 30	1 37	2 59	3 36	5 33	7 29	8 26	9 11	10 7	11 14	12 36	13 22	14 33	15 18
1 13 52	20	17 48	18 33	19 41	21 12	22 20	23 53	25 26	26 47	28 11	28 46	29 31	0 ♌ 13	1 16	2 22	3 43	4 19	6 15	8 10	9 6	9 50	10 46	11 51	13 12	13 58	15 8	15 52
1 17 36	21	18 40	19 25	20 33	22 3	23 11	24 43	26 16	27 36	28 58	29 33	0 ♌ 18	0 59	2 2	3 7	4 27	5 3	6 57	8 51	9 46	10 30	11 25	12 29	13 49	14 34	15 43	16 27
1 21 21	22	19 32	20 17	21 25	22 54	24 2	25 33	27 5	28 24	29 46	0 ♌ 21	1 5	1 46	2 48	3 52	5 12	5 47	7 40	9 32	10 27	11 10	12 3	13 7	14 26	15 10	16 18	17 1
1 25 7	23	20 25	21 10	22 17	23 46	24 53	26 23	27 54	29 13	0 ♌ 34	1 8	1 52	2 33	3 34	4 37	5 56	6 31	8 22	10 13	11 7	11 49	12 42	13 45	15 3	15 46	16 53	17 36
1 28 52	24	21 18	22 2	23 9	24 37	25 44	27 13	28 44	0 ♌ 2	1 22	1 56	2 39	3 19	4 20	5 23	6 40	7 15	9 5	10 54	11 47	12 29	13 21	14 23	15 40	16 22	17 28	18 10
1 32 39	25	22 11	22 55	24 1	25 29	26 35	28 4	29 34	0 51	2 10	2 44	3 27	4 6	5 6	6 8	7 25	7 59	9 47	11 35	12 28	13 9	14 0	15 1	16 16	16 58	18 3	18 45
1 36 26	26	23 4	23 48	24 54	26 21	27 26	28 54	0 ♌ 23	1 40	2 59	3 32	4 14	4 53	5 52	6 54	8 9	8 43	10 30	12 16	13 8	13 48	14 39	15 39	16 53	17 35	18 39	19 19
1 40 13	27	23 57	24 41	25 46	27 13	28 18	29 45	1 13	2 29	3 47	4 19	5 1	5 40	6 39	7 39	8 54	9 27	11 13	12 58	13 48	14 28	15 18	16 18	17 30	18 11	19 14	19 54
1 44 1	28	24 51	25 34	26 39	28 5	29 9	0 ♌ 36	2 3	3 18	4 35	5 8	5 49	6 27	7 25	8 25	9 39	10 11	11 55	13 39	14 29	15 8	15 57	16 56	18 8	18 48	19 49	20 29
1 47 49	29	25 44	26 28	27 32	28 57	0 ♌ 1	1 27	2 54	4 8	5 24	5 56	6 37	7 14	8 12	9 11	10 23	10 56	12 38	14 20	15 9	15 48	16 37	17 34	18 45	19 24	20 25	21 4
1 51 38	30	26 38	27 22	28 25	29 50	0 53	2 18	3 44	4 57	6 13	6 44	7 24	8 2	8 58	9 56	11 8	11 40	13 21	15 2	15 50	16 28	17 16	18 12	19 22	20 1	21 1	21 39
1 51 38	0 ♉	26 ♋ 38	27 ♋ 22	28 ♋ 25	29 ♋ 50	0 ♌ 53	2 ♌ 18	3 ♌ 44	4 ♌ 57	6 ♌ 13	6 ♌ 44	7 ♌ 24	8 ♌ 2	8 ♌ 58	9 ♌ 56	11 ♌ 8	11 ♌ 40	13 ♌ 21	15 ♌ 2	15 ♌ 50	16 ♌ 28	17 ♌ 16	18 ♌ 12	19 ♌ 22	20 ♌ 1	21 ♌ 1	21 ♌ 39
1 55 28	1	27 33	28 15	29 19	0 ♌ 43	1 45	3 10	4 34	5 47	7 1	7 32	8 12	8 49	9 45	10 42	11 53	12 24	14 4	15 43	16 31	17 8	17 55	18 51	19 59	20 37	21 36	22 14
1 59 18	2	28 27	29 10	0 ♌ 13	1 36	2 38	4 1	5 25	6 37	7 50	8 21	9 0	9 37	10 32	11 28	12 38	13 9	14 47	16 25	17 12	17 49	18 35	19 30	20 37	21 14	22 12	22 49
2 3 9	3	29 22	0 ♌ 4	1 7	2 29	3 30	4 53	6 16	7 26	8 39	9 9	9 48	10 24	11 19	12 14	13 23	13 54	15 31	17 6	17 53	18 29	19 14	20 8	21 14	21 51	22 48	23 24
2 7 0	4	0 ♌ 17	0 59	2 1	3 22	4 23	5 45	7 7	8 17	9 28	9 58	10 37	11 12	12 6	13 1	14 8	14 38	16 14	17 48	18 34	19 9	19 54	20 47	21 52	22 28	23 24	24 0
2 10 52	5	1 13	1 54	2 55	4 16	5 16	6 37	7 58	9 7	10 18	10 47	11 25	12 0	12 53	13 47	14 54	15 23	16 57	18 30	19 15	19 50	20 34	21 26	22 30	23 5	24 0	24 35
2 14 45	6	2 8	2 49	3 50	5 10	6 9	7 29	8 49	9 57	11 7	11 36	12 14	12 48	13 40	14 33	15 39	16 8	17 41	19 12	19 56	20 30	21 14	22 5	23 7	23 42	24 36	25 11
2 18 38	7	3 4	3 45	4 45	6 4	7 3	8 22	9 41	10 48	11 57	12 25	13 2	13 36	14 27	15 20	16 25	16 53	18 24	19 54	20 37	21 11	21 54	22 44	23 45	24 20	25 13	25 46
2 22 32	8	4 0	4 41	5 40	6 58	7 57	9 14	10 32	11 39	12 47	13 15	13 51	14 25	15 15	16 7	17 10	17 39	19 8	20 36	21 19	21 52	22 34	23 23	24 23	24 57	25 49	26 22
2 26 26	9	4 57	5 37	6 36	7 53	8 50	10 7	11 24	12 30	13 37	14 4	14 40	15 13	16 3	16 54	17 56	18 24	19 52	21 18	22 0	22 33	23 14	24 2	25 2	25 35	26 25	26 58
2 30 22	10	5 54	6 33	7 31	8 48	9 45	11 0	12 16	13 21	14 27	14 54	15 29	16 2	16 50	17 41	18 42	19 9	20 36	22 1	22 42	23 14	23 54	24 42	25 40	26 12	27 2	27 34
2 34 17	11	6 51	7 30	8 27	9 43	10 39	11 54	13 8	14 12	15 17	15 44	16 19	16 50	17 38	18 28	19 28	19 55	21 20	22 43	23 24	23 55	24 34	25 21	26 18	26 50	27 39	28 10
2 38 14	12	7 48	8 27	9 24	10 38	11 33	12 47	14 1	15 3	16 7	16 34	17 8	17 39	18 27	19 15	20 15	20 41	22 4	23 26	24 5	24 36	25 15	26 1	26 57	27 28	28 16	28 46
2 42 11	13	8 46	9 24	10 20	11 34	12 28	13 41	14 54	15 55	16 58	17 24	17 58	18 28	19 15	20 2	21 1	21 27	22 48	24 9	24 47	25 18	25 56	26 40	27 35	28 6	28 53	29 23
2 46 9	14	9 44	10 22	11 17	12 30	13 23	14 35	15 46	16 47	17 49	18 15	18 48	19 18	20 3	20 50	21 47	22 13	23 33	24 52	25 30	25 59	26 36	27 20	28 14	28 44	29 30	29 59
2 50 8	15	10 43	11 20	12 14	13 26	14 19	15 29	16 40	17 39	18 40	19 5	19 38	20 7	20 52	21 38	22 34	22 59	24 17	25 35	26 12	26 41	27 17	28 0	28 53	29 22	0 ♍ 7	0 ♍ 36
2 54 8	16	11 42	12 18	13 12	14 22	15 14	16 24	17 33	18 31	19 31	19 56	20 28	20 57	21 41	22 26	23 21	23 45	25 2	26 18	26 54	27 23	27 58	28 40	29 32	0 ♍ 0	0 44	1 13
2 58 8	17	12 41	13 17	14 10	15 19	16 10	17 18	18 26	19 24	20 23	20 47	21 18	21 47	22 30	23 14	24 8	24 32	25 47	27 1	27 37	28 5	28 39	29 21	0 ♍ 11	0 39	1 22	1 49
3 2 9	18	13 40	14 16	15 8	16 16	17 6	18 13	19 20	20 17	21 14	21 38	22 9	22 37	23 19	24 2	24 55	25 18	26 32	27 45	28 19	28 47	29 21	0 ♍ 1	0 50	1 17	2 0	2 26
3 6 10	19	14 40	15 15	16 6	17 13	18 3	19 9	20 14	21 10	22 6	22 29	22 59	23 27	24 8	24 50	25 42	26 5	27 17	28 28	29 2	29 29	0 ♍ 2	0 41	1 30	1 56	2 37	3 3
3 10 13	20	15 40	16 14	17 5	18 11	19 0	20 4	21 8	22 3	22 58	23 21	23 50	24 17	24 57	25 39	26 30	26 52	28 3	29 12	29 45	0 ♍ 11	0 44	1 22	2 9	2 35	3 15	3 41
3 14 16	21	16 41	17 14	18 4	19 9	19 57	21 0	22 3	22 56	23 50	24 13	24 41	25 8	25 47	26 30	27 17	27 39	28 48	29 56	0 ♍ 28	0 54	1 25	2 3	2 49	3 14	3 53	4 18
3 18 20	22	17 42	18 15	19 3	20 7	20 54	21 56	22 58	23 50	24 43	25 4	25 33	25 58	26 37	27 17	28 5	28 26	29 34	0 ♍ 40	1 11	1 36	2 7	2 44	3 28	3 53	4 31	4 56
3 22 24	23	18 43	19 15	20 3	21 5	21 51	22 52	23 52	24 43	25 35	25 57	26 24	26 49	27 27	28 6	28 53	29 14	0 ♍ 19	1 24	1 55	2 19	2 49	3 25	4 8	4 32	5 10	5 33
3 26 30	24	19 44	20 16	21 3	22 4	22 49	23 48	24 48	25 37	26 28	26 49	27 16	27 40	28 17	28 55	29 41	0 ♍ 1	1 5	2 8	2 38	3 2	3 31	4 6	4 48	5 12	5 48	6 11
3 30 36	25	20 46	21 18	22 3	23 3	23 47	24 45	25 43	26 32	27 21	27 41	28 8	28 31	29 7	29 44	0 ♍ 29	0 49	1 51	2 52	3 22	3 45	4 13	4 47	5 28	5 51	6 27	6 49
3 34 42	26	21 49	22 19	23 4	24 2	24 45	25 42	26 39	27 26	28 14	28 34	29 0	29 23	29 58	0 ♍ 34	1 18	1 37	2 38	3 37	4 6	4 28	4 56	5 29	6 9	6 31	7 5	7 27
3 38 50	27	22 51	23 21	24 5	25 2	25 44	26 39	27 34	28 21	29 8	29 27	29 52	0 ♍ 14	0 ♍ 49	1 23	2 6	2 25	3 24	4 22	4 50	5 11	5 38	6 10	6 49	7 11	7 44	8 5
3 42 58	28	23 54	24 24	25 6	26 2	26 43	27 37	28 30	29 15	0 ♍ 1	0 ♍ 20	0 ♍ 44	1 6	1 39	2 13	2 55	3 13	4 10	5 7	5 34	5 55	6 21	6 52	7 30	7 51	8 23	8 43
3 47 7	29	24 58	25 26	26 8	27 2	27 42	28 35	29 27	0 ♍ 11	0 55	1 13	1 37	1 58	2 31	3 3	3 44	4 1	4 57	5 52	6 18	6 38	7 4	7 34	8 10	8 31	9 2	9 22
3 51 16	30	26 1	26 29	27 10	28 3	28 41	29 33	0 ♍ 23	1 6	1 49	2 7	2 30	2 50	3 22	3 54	4 33	4 50	5 44	6 37	7 2	7 22	7 47	8 16	8 51	9 11	9 41	10 0
3 51 16	0 ♊	26 ♌ 1	26 ♌ 29	27 ♌ 10	28 ♌ 3	28 ♌ 41	29 ♌ 33	0 ♍ 23	1 ♍ 6	1 ♍ 49	2 ♍ 7	2 ♍ 30	2 ♍ 50	3 ♍ 22	3 ♍ 54	4 ♍ 33	4 ♍ 50	5 ♍ 44	6 ♍ 37	7 ♍ 2	7 ♍ 22	7 ♍ 47	8 ♍ 16	8 ♍ 51	9 ♍ 11	9 ♍ 41	10 ♍ 0
3 55 26	1	27 6	27 33	28 12	29 3	29 41	0 ♍ 31	1 20	2 1	2 43	3 0	3 23	3 43	4 13	4 44	5 22	5 39	6 31	7 22	7 47	8 6	8 30	8 58	9 32	9 51	10 20	10 39
3 59 37	2	28 10	28 36	29 15	0 ♍ 4	0 ♍ 41	1 29	2 17	2 57	3 38	3 54	4 16	4 35	5 5	5 35	6 11	6 27	7 18	8 7	8 31	8 50	9 13	9 40	10 13	10 31	11 0	11 18
4 3 49	3	29 15	29 40	0 ♍ 17	1 6	1 41	2 28	3 14	3 53	4 32	4 48	5 9	5 28	5 56	6 25	7 1	7 16	8 5	8 53	9 16	9 34	9 56	10 22	10 54	11 12	11 39	11 57
4 8 1	4	0 ♍ 20	0 ♍ 44	1 21	2 7	2 42	3 27	4 12	4 49	5 27	5 43	6 3	6 21	6 48	7 16	7 50	8 5	8 53	9 39	10 1	10 18	10 39	11 5	11 36	11 53	12 19	12 36
4 12 14	5	1 25	1 49	2 24	3 9	3 42	4 26	5 9	5 45	6 22	6 37	6 56	7 14	7 40	8 7	8 40	8 55	9 40	10 24	10 46	11 2	11 23	11 47	12 17	12 33	12 59	13 15
4 16 27	6	2 31	2 54	3 28	4 11	4 43	5 25	6 7	6 42	7 17	7 32	7 50	8 7	8 33	8 58	9 30	9 44	10 28	11 10	11 31	11 47	12 7	12 30	12 58	13 14	13 39	13 54
4 20 41	7	3 37	3 59	4 32	5 14	5 45	6 25	7 5	7 38	8 12	8 26	8 44	9 0	9 25	9 50	10 20	10 34	11 15	11 56	12 16	12 31	12 50	13 13	13 40	13 55	14 19	14 33
4 24 56	8	4 43	5 5	5 36	6 16	6 46	7 25	8 3	8 35	9 8	9 21	9 38	9 54	10 17	10 41	11 10	11 23	12 3	12 42	13 1	13 16	13 34	13 56	14 22	14 36	14 59	15 13
4 29 11	9	5 50	6 11	6 41	7 19	7 48	8 25	9 2	9 32	10 4	10 16	10 33	10 48	11 10	11 33	12 1	12 13	12 51	13 29	13 47	14 1	14 18	14 39	15 4	15 18	15 39	15 52
4 33 27	10	6 57	7 17	7 45	8 22	8 50	9 25	10 0	10 30	10 59	11 12	11 27	11 41	12 3	12 25	12 51	13 3	13 39	14 15	14 32	14 46	15 2	15 22	15 46	15 59	16 19	16 32
4 37 43	11	8 4	8 23	8 50	9 26	9 52	10 26	10 59	11 27	11 55	12 7	12 22	12 35	12 56	13 17	13 42	13 53	14 28	15 2	15 18	15 31	15 46	16 5	16 28	16 40	17 0	17 12
4 41 59	12	9 12	9 30	9 56	10 29	10 54	11 26	11 58	12 25	12 51	13 3	13 17	13 30	13 49	14 9	14 33	14 43	15 16	15 48	16 4	16 16	16 31	16 48	17 10	17 22	17 40	17 52
4 46 17	13	10 20	10 37	11 1	11 33	11 56	12 27	12 57	13 22	13 48	13 58	14 12	14 24	14 42	15 1	15 23	15 33	16 4	16 35	16 50	17 1	17 15	17 32	17 52	18 3	18 21	18 32
4 50 34	14	11 28	11 44	12 7	12 37	12 59	13 28	13 56	14 20	14 44	14 54	15 7	15 18	15 35	15 53	16 14	16 24	16 53	17 22	17 36	17 46	18 0	18 15	18 34	18 45	19 1	19 12
4 54 53	15	12 36	12 51	13 13	13 41	14 2	14 29	14 56	15 18	15 41	15 50	16 2	16 13	16 29	16 45	17 5	17 14	17 42	18 9	18 22	18 32	18 44	18 59	19 17	19 27	19 42	19 52
4 59 11	16	13 44	13 59	14 19	14 46	15 5	15 30	15 55	16 16	16 37	16 46	16 57	17 7	17 22	17 38	17 57	18 5	18 31	18 56	19 8	19 17	19 29	19 43	19 59	20 9	20 23	20 32
5 3 30	17	14 53	15 6	15 25	15 50	16 8	16 32	16 55	17 15	17 34	17 42	17 53	18 2	18 16	18 30	18 48	18 56	19 19	19 43	19 54	20 3	20 14	20 26	20 42	20 51	21 4	21 12
5 7 49	18	16 2	16 14	16 32	16 55	17 12	17 34	17 55	18 13	18 31	18 39	18 48	18 57	19 10	19 23	19 39	19 46	20 8	20 30	20 40	20 48	20 58	21 10	21 25	21 33	21 45	21 53
5 12 9	19	17 11	17 22	17 39	18 0	18 15	18 35	18 55	19 12	19 28	19 35	19 44	19 52	20 4	20 16	20 31	20 37	20 57	21 17	21 27	21 34	21 43	21 54	22 7	22 15	22 26	22 33
5 16 29	20	18 21	18 31	18 46	19 5	19 19	19 37	19 55	20 10	20 25	20 32	20 39	20 47	20 58	21 9	21 22	21 28	21 47	22 5	22 13	22 20	22 28	22 38	22 50	22 57	23 7	23 13
5 20 49	21	19 30	19 39	19 53	20 10	20 23	20 39	20 55	21 9	21 23	21 28	21 35	21 42	21 52	22 2	22 14	22 19	22 36	22 52	23 0	23 6	23 13	23 22	23 33	23 39	23 48	23 54
5 25 10	22	20 40	20 48	21 0	21 15	21 26	21 41	21 56	22 8	22 20	22 25	22 31	22 37	22 46	22 55	23 5	23 10	23 25	23 39	23 46	23 52	23 58	24 6	24 16	24 21	24 29	24 34
5 29 31	23	21 49	21 57	22 7	22 21	22 30	22 43	22 56	23 7	23 17	23 22	23 27	23 32	23 40	23 48	23 57	24 1	24 14	24 27	24 33	24 38	24 43	24 50	24 59	25 3	25 11	25 15
5 33 51	24	22 59	23 5	23 14	23 26	23 34	23 46	23 56	24 5	24 15	24 18	24 23	24 28	24 34	24 41	24 49	24 52	25 3	25 14	25 20	25 24	25 29	25 34	25 42	25 46	25 52	25 56
5 38 13	25	24 9	24 14	24 22	24 32	24 39	24 48	24 57	25 4	25 12	25 15	25 19	25 23	25 28	25 34	25 41	25 44	25 53	26 2	26 6	26 10	26 14	26 19	26 25	26 28	26 33	26 36
5 42 34	26	25 19	25 23	25 29	25 37	25 43	25 50	25 57	26 4	26 10	26 12	26 15	26 18	26 23	26 27	26 32	26 35	26 42	26 49	26 53	26 56	26 59	27 3	27 8	27 10	27 14	27 17
5 46 55	27	26 29	26 33	26 37	26 43	26 47	26 53	26 58	27 3	27 7	27 9	27 11	27 14	27 17	27 20	27 24	27 26	27 32	27 37	27 40	27 42	27 44	27 47	27 51	27 53	27 56	27 58
5 51 17	28	27 40	27 42	27 45	27 49	27 51	27 55	27 59	28 2	28 5	28 6	28 8	28 9	28 11	28 13	28 16	28 17	28 21	28 25	28 26	28 28	28 29	28 31	28 34	28 35	28 37	28 38
5 55 38	29	28 50	28 51	28 52	28 54	28 56	28 58	28 59	29 1	29 2	29 3	29 4	29 5	29 6	29 7	29 8	29 9	29 11	29 12	29 13	29 14	29 15	29 16	29 17	29 18	29 19	29 19
6 0 0	30	0 ♎ 0	0 ♎ 0	0 ♎ 0	0 ♎ 0	0 ♎ 0	0 ♎ 0	0 ♎ 0	0 ♎ 0	0 ♎ 0	0 ♎ 0	0 ♎ 0	0 ♎ 0	0 ♎ 0	0 ♎ 0	0 ♎ 0	0 ♎ 0	0 ♎ 0	0 ♎ 0	0 ♎ 0	0 ♎ 0	0 ♎ 0	0 ♎ 0	0 ♎ 0	0 ♎ 0	0 ♎ 0	0 ♎ 0

ST	MC	2°0' ASZ	4°0' ASZ	7°0' ASZ	11°0' ASZ	14°0' ASZ	18°0' ASZ	21°59' ASZ	25°19' ASZ	28°40' ASZ	30°2' ASZ	31°46' ASZ	33°20' ASZ	35°39' ASZ	37°58' ASZ	40°43' ASZ	41°54' ASZ	45°30' ASZ	48°50' ASZ	50°22' ASZ	51°32' ASZ	52°57' ASZ	54°34' ASZ	56°28' ASZ	57°29 ASZ	59°0' ASZ	59°56' ASZ
	°	° '	° '	° '	° '	° '	° '	° '	° '	° '	° '	° '	° '	° '	° '	° '	° '	° '	° '	° '	° '	° '	° '	° '	° '	° '	° '
6 0 0	0 ♋	0 ♎ 0	0 ♎ 0	0 ♎ 0	0 ♎ 0	0 ♎ 0	0 ♎ 0	0 ♎ 0	0 ♎ 0	0 ♎ 0	0 ♎ 0	0 ♎ 0	0 ♎ 0	0 ♎ 0	0 ♎ 0	0 ♎ 0	0 ♎ 0	0 ♎ 0	0 ♎ 0	0 ♎ 0	0 ♎ 0	0 ♎ 0	0 ♎ 0	0 ♎ 0	0 ♎ 0	0 ♎ 0	0 ♎ 0
6 4 22	1	1 10	1 9	1 8	1 6	1 4	1 2	1 1	0 59	0 58	0 57	0 56	0 55	0 54	0 53	0 52	0 51	0 49	0 48	0 47	0 46	0 45	0 44	0 43	0 42	0 41	0 41
6 8 43	2	2 20	2 18	2 15	2 11	2 9	2 5	2 1	1 58	1 55	1 54	1 52	1 51	1 49	1 47	1 44	1 43	1 39	1 35	1 34	1 32	1 31	1 29	1 26	1 25	1 23	1 22
6 13 5	3	3 31	3 27	3 23	3 17	3 13	3 7	3 2	2 57	2 53	2 51	2 49	2 46	2 43	2 40	2 36	2 34	2 28	2 23	2 20	2 18	2 16	2 13	2 9	2 7	2 4	2 2
6 17 26	4	4 41	4 37	4 31	4 23	4 17	4 10	4 3	3 56	3 50	3 48	3 45	3 42	3 37	3 33	3 28	3 25	3 18	3 11	3 7	3 4	3 1	2 57	2 52	2 50	2 46	2 43
6 21 47	5	5 51	5 46	5 38	5 28	5 21	5 12	5 3	4 56	4 48	4 45	4 41	4 37	4 32	4 26	4 19	4 16	4 7	3 58	3 54	3 50	3 46	3 41	3 35	3 32	3 27	3 24
6 26 9	6	7 1	6 55	6 46	6 34	6 26	6 14	6 4	5 55	5 45	5 42	5 37	5 32	5 26	5 19	5 11	5 8	4 57	4 46	4 40	4 36	4 31	4 26	4 18	4 14	4 8	4 4
6 30 29	7	8 11	8 3	7 53	7 39	7 30	7 17	7 4	6 53	6 43	6 38	6 33	6 28	6 20	6 12	6 3	5 59	5 46	5 33	5 27	5 22	5 17	5 10	5 1	4 57	4 49	4 45
6 34 50	8	9 20	9 12	9 0	8 45	8 34	8 19	8 4	7 52	7 40	7 35	7 29	7 23	7 14	7 5	6 55	6 50	6 35	6 21	6 14	6 8	6 2	5 54	5 44	5 39	5 31	5 26
6 39 11	9	10 30	10 21	10 7	9 50	9 37	9 21	9 5	8 51	8 37	8 32	8 25	8 18	8 8	7 58	7 46	7 41	7 24	7 8	7 0	6 54	6 47	6 38	6 27	6 21	6 12	6 6
6 43 31	10	11 39	11 29	11 14	10 55	10 41	10 23	10 5	9 50	9 35	9 28	9 21	9 13	9 2	8 51	8 38	8 32	8 13	7 55	7 47	7 40	7 32	7 22	7 10	7 3	6 53	6 47
6 47 51	11	12 49	12 38	12 21	12 0	11 45	11 25	11 5	10 48	10 32	10 25	10 16	10 8	9 56	9 44	9 29	9 23	9 3	8 43	8 33	8 26	8 17	8 6	7 53	7 45	7 34	7 27
6 52 11	12	13 58	13 46	13 28	13 5	12 48	12 26	12 5	11 47	11 29	11 21	11 12	11 3	10 50	10 37	10 21	10 14	9 52	9 30	9 20	9 12	9 2	8 50	8 35	8 27	8 15	8 7
6 56 30	13	15 7	14 54	14 35	14 10	13 52	13 28	13 5	12 45	12 26	12 18	12 7	11 58	11 44	11 30	11 12	11 5	10 41	10 17	10 6	9 57	9 46	9 34	9 18	9 9	8 56	8 48
7 0 49	14	16 16	16 1	15 41	15 14	14 55	14 30	14 5	13 44	13 23	13 14	13 3	12 53	12 38	12 22	12 3	11 55	11 29	11 4	10 52	10 43	10 31	10 17	10 1	9 51	9 37	9 28
7 5 7	15	17 24	17 9	16 47	16 19	15 58	15 31	15 4	14 42	14 19	14 10	13 58	13 47	13 31	13 15	12 55	12 46	12 18	11 51	11 38	11 28	11 16	11 1	10 43	10 33	10 18	10 8
7 9 26	16	18 32	18 16	17 53	17 23	17 1	16 32	16 4	15 40	15 16	15 6	14 53	14 42	14 25	14 7	13 46	13 36	13 7	12 38	12 24	12 14	12 0	11 45	11 26	11 15	10 59	10 48
7 13 43	17	19 40	19 23	18 59	18 27	18 4	17 33	17 3	16 38	16 12	16 2	15 48	15 36	15 18	14 59	14 37	14 27	13 55	13 25	13 10	12 59	12 45	12 28	12 8	11 57	11 39	11 28
7 18 1	18	20 48	20 30	20 4	19 31	19 6	18 34	18 2	17 35	17 9	16 57	16 43	16 30	16 11	15 51	15 27	15 17	14 44	14 12	13 56	13 44	13 29	13 12	12 50	12 38	12 20	12 8
7 22 17	19	21 56	21 37	21 10	20 34	20 8	19 34	19 1	18 33	18 5	17 53	17 38	17 25	17 4	16 43	16 18	16 7	15 32	14 58	14 42	14 29	14 14	13 55	13 32	13 20	13 0	12 48
7 26 33	20	23 3	22 43	22 15	21 38	21 10	20 35	20 0	19 30	19 1	18 48	18 33	18 19	17 57	17 35	17 9	16 57	16 21	15 45	15 28	15 14	14 58	14 38	14 14	14 1	13 41	13 28
7 30 49	21	24 10	23 49	23 19	22 41	22 12	21 35	20 58	20 28	19 56	19 44	19 27	19 12	18 50	18 27	17 59	17 47	17 9	16 31	16 13	15 59	15 42	15 21	14 56	14 42	14 21	14 8
7 35 4	22	25 17	24 55	24 24	23 44	23 14	22 35	21 57	21 25	20 52	20 39	20 22	20 6	19 43	19 19	18 50	18 37	17 57	17 18	16 59	16 44	16 26	16 4	15 38	15 24	15 1	14 47
7 39 19	23	26 23	26 1	25 28	24 46	24 15	23 35	22 55	22 22	21 48	21 34	21 16	21 0	20 35	20 10	19 40	19 26	18 45	18 4	17 44	17 29	17 10	16 47	16 20	16 5	15 41	15 27
7 43 33	24	27 29	27 6	26 32	25 49	25 17	24 35	23 53	23 18	22 43	22 28	22 10	21 53	21 27	21 2	20 30	20 16	19 32	18 50	18 29	18 13	17 53	17 30	17 2	16 46	16 21	16 6
7 47 46	25	28 35	28 11	27 36	26 51	26 18	25 34	24 51	24 15	23 38	23 23	23 4	22 46	22 20	21 53	21 20	21 5	20 20	19 36	19 14	18 58	18 37	18 13	17 43	17 27	17 1	16 45
7 51 59	26	29 40	29 16	28 39	27 53	27 18	26 33	25 48	25 11	24 33	24 17	23 57	23 39	23 12	22 44	22 10	21 55	21 7	20 21	19 59	19 42	19 21	18 55	18 24	18 7	17 41	17 24
7 56 11	27	0 ♏ 45	0 ♏ 20	29 43	28 54	28 19	27 32	26 46	26 7	25 28	25 12	24 51	24 32	24 4	23 35	22 59	22 44	21 55	21 7	20 44	20 26	20 4	19 38	19 6	18 48	18 21	18 3
8 0 23	28	1 50	1 24	0 ♏ 45	29 56	29 19	28 31	27 43	27 3	26 22	26 6	25 44	25 25	24 55	24 25	23 49	23 33	22 42	21 53	21 29	21 10	20 47	20 20	19 47	19 29	19 0	18 42
8 4 34	29	2 54	2 27	1 48	0 ♏ 57	0 ♏ 19	29 29	28 40	27 59	27 17	27 0	26 37	26 17	25 47	25 16	24 38	24 21	23 29	22 38	22 13	21 54	21 30	21 2	20 28	20 9	19 40	19 21
8 8 44	30	3 59	3 31	2 50	1 57	1 19	0 ♏ 27	29 37	28 54	28 11	27 53	27 30	27 10	26 38	26 6	25 27	25 10	24 16	23 23	22 58	22 38	22 13	21 44	21 9	20 49	20 19	20 0
8 8 44	0 ♌	3 ♏ 59	3 ♏ 31	2 ♏ 50	1 ♏ 57	1 ♏ 19	0 ♏ 27	29 ♎ 37	28 ♎ 54	28 ♎ 11	27 ♎ 53	27 ♎ 30	27 ♎ 10	26 ♎ 38	26 ♎ 6	25 ♎ 27	25 ♎ 10	24 ♎ 16	23 ♎ 23	22 ♎ 58	22 ♎ 38	22 ♎ 13	21 ♎ 44	21 ♎ 9	20 ♎ 49	20 ♎ 19	20 ♎ 0
8 12 53	1	5 2	4 34	3 52	2 58	2 18	1 25	0 ♏ 33	29 49	29 5	28 47	28 23	28 2	27 29	26 57	26 16	25 59	25 3	24 8	23 42	23 22	22 56	22 26	21 50	21 29	20 58	20 38
8 17 2	2	6 6	5 36	4 54	3 58	3 17	2 23	1 30	0 ♏ 45	29 59	29 40	29 16	28 54	28 21	27 47	27 5	26 47	25 50	24 53	24 26	24 5	23 39	23 8	22 30	22 9	21 37	21 17
8 21 10	3	7 9	6 39	5 55	4 58	4 16	3 21	2 26	1 39	0 ♏ 52	0 ♏ 33	0 ♏ 8	29 46	29 11	28 37	27 54	27 35	26 36	25 38	25 10	24 49	24 22	23 50	23 11	22 49	22 16	21 55
8 25 18	4	8 11	7 41	6 56	5 58	5 15	4 18	3 21	2 34	1 46	1 26	1 0	0 ♏ 37	0 ♏ 2	29 26	28 42	28 23	27 22	26 23	25 54	25 32	25 4	24 31	23 51	23 29	22 55	22 33
8 29 24	5	9 14	8 42	7 57	6 57	6 13	5 15	4 17	3 28	2 39	2 19	1 52	1 29	0 53	0 ♏ 16	29 31	29 11	28 9	27 8	26 38	26 15	25 47	25 13	24 32	24 9	23 33	23 11
8 33 30	6	10 16	9 44	8 57	7 56	7 11	6 12	5 12	4 23	3 32	3 11	2 44	2 20	1 43	1 5	0 ♏ 19	29 59	28 55	27 52	27 22	26 58	26 29	25 54	25 12	24 48	24 12	23 49
8 37 36	7	11 17	10 45	9 57	8 55	8 9	7 8	6 8	5 17	4 25	4 3	3 36	3 11	2 33	1 54	1 7	0 ♏ 46	29 41	28 36	28 5	27 41	27 11	26 35	25 52	25 28	24 50	24 27
8 41 40	8	12 18	11 45	10 57	9 53	9 6	8 4	7 2	6 10	5 17	4 56	4 27	4 2	3 23	2 43	1 55	1 34	0 ♏ 26	29 20	28 49	28 24	27 53	27 16	26 32	26 7	25 29	25 4
8 45 44	9	13 19	12 46	11 56	10 51	10 3	9 0	7 57	7 4	6 10	5 47	5 19	4 52	4 13	3 32	2 43	2 21	1 12	0 ♏ 4	29 32	29 6	28 35	27 57	27 11	26 46	26 7	25 42
8 49 47	10	14 20	13 46	12 55	11 49	11 0	9 56	8 52	7 57	7 2	6 39	6 10	5 43	5 3	4 21	3 30	3 8	1 57	0 48	0 ♏ 15	29 49	29 16	28 38	27 51	27 25	26 45	26 19
8 53 50	11	15 20	14 45	13 54	12 47	11 57	10 51	9 46	8 50	7 54	7 31	7 1	6 33	5 52	5 10	4 18	3 55	2 43	1 32	0 58	0 ♏ 31	29 58	29 19	28 30	28 4	27 23	26 57
8 57 51	12	16 20	15 44	14 52	13 44	12 54	11 47	10 40	9 43	8 46	8 22	7 51	7 23	6 41	5 58	5 5	4 42	3 28	2 15	1 41	1 13	0 ♏ 39	29 59	29 10	28 43	28 0	27 34
9 1 52	13	17 19	16 43	15 50	14 41	13 50	12 42	11 34	10 36	9 37	9 13	8 42	8 13	7 30	6 46	5 52	5 28	4 13	2 59	2 23	1 55	1 21	0 ♏ 39	29 49	29 21	28 38	28 11
9 5 52	14	18 18	17 42	16 48	15 38	14 46	13 36	12 27	11 29	10 29	10 4	9 32	9 3	8 19	7 34	6 39	6 15	4 58	3 42	3 6	2 37	2 2	1 20	0 ♏ 28	0 ♏ 0	29 16	28 47
9 9 52	15	19 17	18 40	17 46	16 34	15 41	14 31	13 20	12 21	11 20	10 55	10 22	9 53	9 8	8 22	7 26	7 1	5 43	4 25	3 48	3 19	2 43	2 0	1 7	0 38	29 53	29 24
9 13 51	16	20 16	19 38	18 43	17 30	16 37	15 25	14 14	13 13	12 11	11 45	11 12	10 42	9 57	9 10	8 13	7 47	6 27	5 8	4 30	4 1	3 24	2 40	1 46	1 16	0 ♏ 30	0 ♏ 1
9 17 49	17	21 14	20 36	19 40	18 26	17 32	16 19	15 6	14 5	13 2	12 36	12 2	11 32	10 45	9 58	8 59	8 33	7 12	5 51	5 13	4 42	4 4	3 20	2 25	1 54	1 7	0 37
9 21 46	18	22 12	21 33	20 36	19 22	18 27	17 13	15 59	14 57	13 53	13 26	12 52	12 21	11 33	10 45	9 45	9 19	7 56	6 34	5 55	5 24	4 45	3 59	3 3	2 32	1 44	1 14
9 25 43	19	23 9	22 30	21 33	20 17	19 21	18 6	16 52	15 48	14 43	14 16	13 41	13 10	12 22	11 32	10 32	10 5	8 40	7 17	6 36	6 5	5 26	4 39	3 42	3 10	2 21	1 50
9 29 38	20	24 6	23 27	22 29	21 12	20 15	19 0	17 44	16 39	15 33	15 6	14 31	13 58	13 10	12 19	11 18	10 51	9 24	7 59	7 18	6 46	6 6	5 18	4 20	3 48	2 58	2 26
9 33 34	21	25 3	24 23	23 24	22 7	21 10	19 53	18 36	17 30	16 23	15 56	15 20	14 47	13 57	13 6	12 4	11 36	10 8	8 42	8 0	7 27	6 46	5 58	4 58	4 25	3 35	3 2
9 37 28	22	26 0	25 19	24 20	23 2	22 3	20 46	19 28	18 21	17 13	16 45	16 9	15 35	14 45	13 53	12 50	12 21	10 52	9 24	8 41	8 8	7 26	6 37	5 37	5 3	4 11	3 38
9 41 22	23	26 56	26 15	25 15	23 56	22 57	21 38	20 19	19 12	18 3	17 35	16 58	16 24	15 33	14 40	13 35	13 7	11 36	10 6	9 23	8 49	8 6	7 16	6 15	5 40	4 47	4 14
9 45 15	24	27 52	27 11	26 10	24 50	23 51	22 31	21 11	20 3	18 53	18 24	17 46	17 12	16 20	15 27	14 21	13 52	12 19	10 48	10 4	9 30	8 46	7 55	6 53	6 18	5 24	4 49
9 49 8	25	28 47	28 6	27 5	25 44	24 44	23 23	22 2	20 53	19 42	19 13	18 35	18 0	17 7	16 13	15 6	14 37	13 3	11 30	10 45	10 10	9 26	8 34	7 30	6 55	6 0	5 25
9 53 0	26	29 43	29 1	27 59	26 38	25 37	24 15	22 53	21 43	20 32	20 2	19 23	18 48	17 54	16 59	15 52	15 22	13 46	12 12	11 26	10 51	10 6	9 13	8 8	7 32	6 36	6 0
9 56 51	27	0 ♐ 38	29 56	28 53	27 31	26 30	25 7	23 44	22 34	21 21	20 51	20 12	19 36	18 41	17 46	16 37	16 6	14 29	12 54	12 7	11 31	10 46	9 52	8 46	8 9	7 12	6 36
10 0 42	28	1 33	0 ♐ 50	29 47	28 24	27 22	25 59	24 35	23 23	22 10	21 39	21 0	20 23	19 28	18 32	17 22	16 51	15 13	13 35	12 48	12 11	11 25	10 30	9 23	8 46	7 48	7 11
10 4 32	29	2 27	1 45	0 ♐ 41	29 17	28 15	26 50	25 26	24 13	22 59	22 28	21 48	21 11	20 15	19 18	18 7	17 36	15 56	14 17	13 29	12 52	12 5	11 9	10 1	9 23	8 24	7 46
10 8 22	30	3 22	2 38	1 35	0 ♐ 10	29 7	27 42	26 16	25 3	23 47	23 16	22 36	21 58	21 2	20 4	18 52	18 20	16 39	14 58	14 10	13 32	12 44	11 48	10 38	9 59	8 59	8 21
10 8 22	0 ♍	3 ♐ 22	2 ♐ 38	1 ♐ 35	0 ♐ 10	29 ♏ 7	27 ♏ 42	26 ♏ 16	25 ♏ 3	23 ♏ 47	23 ♏ 16	22 ♏ 36	21 ♏ 58	21 ♏ 2	20 ♏ 4	18 ♏ 52	18 ♏ 20	16 ♏ 39	14 ♏ 58	14 ♏ 10	13 ♏ 32	12 ♏ 44	11 ♏ 48	10 ♏ 38	9 ♏ 59	8 ♏ 59	8 ♏ 21
10 12 11	1	4 16	3 32	2 28	1 3	29 59	28 33	27 6	25 52	24 36	24 4	23 23	22 46	21 48	20 49	19 37	19 4	17 22	15 40	14 51	14 12	13 23	12 26	11 15	10 36	9 35	8 56
10 15 59	2	5 9	4 26	3 21	1 55	0 ♐ 51	29 24	27 57	26 42	25 25	24 52	24 11	23 33	22 35	21 35	20 21	19 49	18 5	16 21	15 31	14 52	14 3	13 4	11 52	11 12	10 11	9 31
10 19 47	3	6 3	5 19	4 14	2 47	1 42	0 ♐ 15	28 47	27 31	26 13	25 41	24 59	24 20	23 21	22 21	21 6	20 33	18 47	17 2	16 12	15 32	14 42	13 42	12 30	11 49	10 46	10 6
10 23 34	4	6 56	6 12	5 6	3 39	2 34	1 6	29 37	28 20	27 1	26 28	25 46	25 7	24 8	23 6	21 51	21 17	19 30	17 44	16 52	16 12	15 21	14 21	13 7	12 25	11 21	10 41
10 27 21	5	7 49	7 5	5 59	4 31	3 25	1 56	0 ♐ 26	29 9	27 50	27 16	26 33	25 54	24 54	23 52	22 35	22 1	20 13	18 25	17 32	16 51	16 0	14 59	13 44	13 2	11 57	11 15
10 31 8	6	8 42	7 58	6 51	5 23	4 16	2 47	1 16	29 58	28 38	28 4	27 21	26 41	25 40	24 37	23 20	22 45	20 55	19 6	18 13	17 31	16 39	15 37	14 20	13 38	12 32	11 50
10 34 53	7	9 35	8 50	7 43	6 14	5 7	3 37	2 6	0 ♐ 47	29 26	28 52	28 8	27 27	26 26	25 23	24 4	23 29	21 38	19 47	18 53	18 11	17 18	16 15	14 57	14 14	13 7	12 24
10 38 39	8	10 28	9 43	8 35	7 6	5 58	4 27	2 55	1 36	0 ♐ 14	29 39	28 55	28 14	27 12	26 8	24 48	24 13	22 20	20 28	19 33	18 50	17 57	16 53	15 34	14 50	13 42	12 59
10 42 24	9	11 20	10 35	9 27	7 57	6 49	5 17	3 44	2 24	1 2	0 ♐ 27	29 42	29 1	27 58	26 53	25 33	24 57	23 3	21 9	20 14	19 30	18 35	17 31	16 11	15 26	14 17	13 33
10 46 8	10	12 12	11 27	10 19	8 48	7 40	6 7	4 34	3 13	1 49	1 14	0 ♐ 29	29 47	28 44	27 38	26 17	25 41	23 45	21 50	20 54	20 10	19 14	18 9	16 48	16 2	14 52	14 8
10 49 53	11	13 4	12 18	11 10	9 39	8 30	6 57	5 23	4 1	2 37	2 2	1 16	0 ♐ 34	29 30	28 23	27 1	26 24	24 27	22 31	21 34	20 49	19 53	18 46	17 24	16 38	15 27	14 42
10 53 36	12	13 56	13 10	12 1	10 30	9 21	7 47	6 12	4 50	3 25	2 49	2 3	1 20	0 ♐ 16	29 9	27 45	27 8	25 10	23 12	22 14	21 29	20 32	19 24	18 1	17 14	16 2	15 16
10 57 20	13	14 48	14 2	12 53	11 21	10 11	8 37	7 1	5 38	4 12	3 36	2 50	2 7	1 2	29 54	28 30	27 52	25 52	23 52	22 54	22 8	21 11	20 2	18 37	17 50	16 37	15 50
11 1 3	14	15 39	14 53	13 44	12 11	11 1	9 27	7 50	6 27	5 0	4 24	3 37	2 53	1 47	0 ♐ 39	29 14	28 36	26 34	24 33	23 34	22 48	21 49	20 40	19 14	18 26	17 12	16 24
11 4 45	15	16 31	15 44	14 35	13 2	11 51	10 16	8 39	7 15	5 48	5 11	4 24	3 40	2 33	1 24	29 58	29 20	27 17	25 14	24 14	23 27	22 28	21 18	19 51	19 2	17 47	16 59
11 8 28	16	17 22	16 35	15 26	13 52	12 42	11 6	9 28	8 3	6 35	5 58	5 10	4 26	3 19	2 9	0 ♐ 42	0 ♐ 3	27 59	25 55	24 54	24 7	23 7	21 55	20 27	19 38	18 21	17 33
11 12 10	17	18 13	17 27	16 16	14 43	13 32	11 55	10 17	8 51	7 23	6 46	5 57	5 13	4 5	2 54	1 26	0 47	28 42	26 36	25 34	24 46	23 45	22 33	21 4	20 14	18 56	18 7
11 15 52	18	19 4	18 17	17 7	15 33	14 22	12 45	11 5	9 40	8 10	7 33	6 44	5 59	4 51	3 39	2 11	1 31	29 24	27 17	26 15	25 26	24 24	23 11	21 40	20 50	19 31	18 41
11 19 33	19	19 55	19 8	17 58	16 23	15 11	13 34	11 54	10 28	8 58	8 20	7 31	6 46	5 36	4 24	2 55	2 15	0 ♐ 6	27 58	26 55	26 5	25 3	23 49	22 17	21 25	20 6	19 15
11 23 15	20	20 46	19 59	18 48	17 13	16 1	14 23	12 43	11 16	9 45	9 7	8 18	7 32	6 22	5 10	3 39	2 59	0 49	28 39	27 35	26 45	25 42	24 26	22 53	22 1	20 40	19 49
11 26 56	21	21 37	20 50	19 39	18 4	16 51	15 13	13 32	12 4	10 33	9 55	9 5	8 19	7 8	5 55	4 23	3 42	1 31	29 20	28 15	27 24	26 20	25 4	23 30	22 37	21 15	20 23
11 30 37	22	22 28	21 40	20 29	18 54	17 41	16 2	14 21	12 53	11 21	10 42	9 52	9 5	7 54	6 40	5 8	4 26	2 14	0 ♐ 1	28 55	28 4	26 59	25 42	24 7	23 13	21 50	20 57
11 34 18	23	23 18	22 31	21 20	19 44	18 31	16 52	15 10	13 41	12 8	11 29	10 39	9 52	8 40	7 25	5 52	5 10	2 57	0 42	29 36	28 44	27 38	26 20	24 43	23 49	22 25	21 31
11 37 58	24	24 9	23 22	22 10	20 34	19 21	17 41	15 58	14 29	12 56	12 17	11 26	10 38	9 26	8 11	6 37	5 55	3 39	1 23	0 ♐ 16	29 23	28 17	26 58	25 20	24 25	23 0	22 5
11 41 39	25	25 0	24 12	23 0	21 24	20 11	18 30	16 47	15 18	13 44	13 4	12 13	11 25	10 12	8 56	7 21	6 39	4 22	2 4	0 57	0 ♐ 3	28 56	27 36	25 57	25 1	23 34	22 39
11 45 19	26	25 50	25 3	23 51	22 14	21 0	19 20	17 36	16 6	14 32	13 52	13 0	12 12	10 58	9 42	8 6	7 23	5 5	2 46	1 37	0 43	29 35	28 14	26 33	25 37	24 9	23 13
11 48 59	27	26 41	25 53	24 41	23 4	21 50	20 9	18 25	16 55	15 19	14 39	13 47	12 59	11 45	10 27	8 51	8 7	5 48	3 27	2 18	1 23	0 ♐ 14	28 52	27 10	26 13	24 44	23 47
11 52 40	28	27 31	26 43	25 31	23 54	22 40	20 59	19 14	17 43	16 7	15 27	14 35	13 46	12 31	11 13	9 36	8 52	6 31	4 9	2 59	2 3	0 54	29 30	27 47	26 49	25 19	24 21
11 56 20	29	28 22	27 34	26 22	24 44	23 30	21 48	20 3	18 32	16 55	16 15	15 22	14 33	13 18	11 59	10 21	9 36	7 14	4 50	3 39	2 44	1 33	0 ♐ 9	28 24	27 25	25 54	24 56
12 0 0	30	29 12	28 24	27 12	25 35	24 20	22 38	20 52	19 20	17 44	17 3	16 10	15 20	14 4	12 45	11 6	10 21	7 57	5 32	4 20	3 24	2 12	0 47	29 1	28 2	26 29	25 30

		2°0'	4°0'	7°0'	11°0'	14°0'	18°0'	21°59'	25°19'	28°40'	30°2'	31°46'	33°20'	35°39'	37°58'	40°43'	41°54'	45°30'	48°50'	50°22'	51°32'	52°57'	54°34'	56°28'	57°29	59°0'	59°56
ST	MC	ASZ	ASZ	ASZ	ASZ	ASZ	ASZ	ASZ	ASZ	ASZ	ASZ	ASZ	ASZ	ASZ	ASZ	ASZ	ASZ	ASZ	ASZ	ASZ	ASZ	ASZ	ASZ	ASZ	ASZ	ASZ	ASZ
	°	° '	° '	° '	° '	° '	° '	° '	° '	° '	° '	° '	° '	° '	° '	° '	° '	° '	° '	° '	° '	° '	° '	° '	° '	° '	° '
12 0 0	0 ♎	29 ♐ 12	28 ♐ 24	27 ♐ 12	25 ♐ 35	24 ♐ 20	22 ♐ 38	20 ♐ 52	19 ♐ 20	17 ♐ 44	17 ♐ 3	16 ♐ 10	15 ♐ 20	14 ♐ 4	12 ♐ 45	11 ♐ 6	10 ♐ 21	7 ♐ 57	5 ♐ 32	4 ♐ 20	3 ♐ 24	2 ♐ 12	0 ♐ 47	29 ♏ 1	28 ♏ 2	26 ♏ 29	25 ♏ 3
12 3 40	1	0 ♑ 3	29 15	28 3	26 25	25 10	23 28	21 42	20 9	18 32	17 51	16 57	16 7	14 51	13 31	11 51	11 6	8 41	6 14	5 2	4 4	2 52	1 26	29 38	28 38	27 4	26
12 7 20	2	0 53	0 ♑ 5	28 53	27 15	26 0	24 18	22 31	20 58	19 20	18 39	17 45	16 55	15 38	14 17	12 36	11 51	9 24	6 56	5 43	4 45	3 32	2 4	0 ♐ 16	29 15	27 40	26
12 11 1	3	1 44	0 56	29 43	28 5	26 50	25 7	23 21	21 47	20 9	19 27	18 33	17 42	16 25	15 4	13 22	12 36	10 8	7 38	6 24	5 26	4 12	2 43	0 53	29 51	28 15	27
12 14 41	4	2 34	1 46	0 ♑ 34	28 56	27 41	25 57	24 10	22 36	20 58	20 16	19 21	18 30	17 12	15 50	14 8	13 22	10 52	8 20	7 6	6 6	4 52	3 22	1 31	0 ♐ 28	28 50	27
12 18 21	5	3 25	2 37	1 25	29 46	28 31	26 47	25 0	23 26	21 46	21 4	20 9	19 18	18 0	16 37	14 54	14 7	11 36	9 3	7 47	6 47	5 32	4 1	2 8	1 5	29 26	28
12 22 2	6	4 16	3 28	2 15	0 ♑ 37	29 21	27 38	25 50	24 15	22 35	21 53	20 58	20 6	18 47	17 24	15 40	14 53	12 21	9 46	8 29	7 29	6 12	4 40	2 46	1 42	0 ♐ 1	28
12 25 42	7	5 6	4 19	3 6	1 28	0 ♑ 12	28 28	26 40	25 5	23 24	22 42	21 46	20 55	19 35	18 11	16 26	15 39	13 5	10 29	9 11	8 10	6 53	5 20	3 24	2 19	0 37	29
12 29 23	8	5 57	5 9	3 57	2 18	1 3	29 19	27 30	25 55	24 14	23 31	22 35	21 43	20 23	18 59	17 13	16 25	13 50	11 12	9 54	8 52	7 33	5 59	4 2	2 56	1 13	0 ♐
12 33 4	9	6 48	6 0	4 48	3 9	1 54	0 ♑ 9	28 20	26 45	25 3	24 20	23 24	22 32	21 11	19 46	17 59	17 11	14 35	11 55	10 36	9 33	8 14	6 39	4 40	3 33	1 49	0
12 36 45	10	7 39	6 51	5 39	4 0	2 45	1 0	29 11	27 35	25 53	25 10	24 13	23 21	22 0	20 34	18 46	17 58	15 20	12 39	11 19	10 15	8 55	7 19	5 18	4 11	2 25	1
12 40 27	11	8 30	7 42	6 30	4 52	3 36	1 51	0 ♑ 2	28 25	26 43	26 0	25 3	24 10	22 48	21 22	19 34	18 45	16 5	13 22	12 2	10 58	9 36	7 59	5 57	4 48	3 1	1
12 44 8	12	9 21	8 34	7 21	5 43	4 27	2 42	0 52	29 16	27 33	26 50	25 53	24 59	23 37	22 10	20 21	19 32	16 51	14 6	12 45	11 40	10 18	8 39	6 36	5 26	3 38	2
12 47 50	13	10 13	9 25	8 13	6 34	5 18	3 33	1 44	0 ♑ 7	28 24	27 40	26 42	25 49	24 26	22 59	21 9	20 19	17 37	14 51	13 28	12 23	11 0	9 20	7 15	6 4	4 14	3
12 51 32	14	11 4	10 17	9 5	7 26	6 10	4 25	2 35	0 58	29 14	28 30	27 33	26 39	25 16	23 48	21 57	21 7	18 23	15 35	14 12	13 6	11 42	10 1	7 54	6 43	4 51	3
12 55 15	15	11 56	11 8	9 56	8 18	7 2	5 17	3 26	1 49	0 ♑ 5	29 21	28 23	27 29	26 5	24 37	22 45	21 55	19 10	16 20	14 56	13 49	12 24	10 42	8 34	7 21	5 28	4
12 58 57	16	12 47	12 0	10 48	9 10	7 54	6 9	4 18	2 40	0 56	0 ♑ 12	29 14	28 19	26 55	25 27	23 34	22 43	19 57	17 6	15 40	14 33	13 7	11 23	9 13	8 0	6 5	4
13 2 40	17	13 39	12 52	11 40	10 2	8 46	7 1	5 10	3 32	1 48	1 3	0 ♑ 5	29 10	27 46	26 16	24 23	23 32	20 44	17 51	16 25	15 16	13 49	12 5	9 53	8 39	6 43	5
13 6 24	18	14 31	13 44	12 33	10 55	9 39	7 53	6 3	4 24	2 40	1 55	0 56	0 ♑ 1	28 36	27 6	25 12	24 21	21 31	18 37	17 10	16 1	14 33	12 46	10 33	9 18	7 20	6
13 10 7	19	15 23	14 37	13 25	11 47	10 31	8 46	6 55	5 17	3 32	2 47	1 48	0 53	29 27	27 57	26 2	25 10	22 19	19 23	17 55	16 45	15 16	13 29	11 14	9 58	7 58	6
13 13 52	20	16 16	15 29	14 18	12 40	11 24	9 39	7 48	6 10	4 24	3 39	2 40	1 45	0 ♑ 19	28 48	26 52	26 0	23 8	20 10	18 41	17 30	16 0	14 11	11 55	10 37	8 36	7
13 17 36	21	17 8	16 22	15 11	13 33	12 18	10 32	8 41	7 3	5 17	4 32	3 32	2 37	1 11	29 39	27 43	26 50	23 56	20 57	19 27	18 15	16 44	14 54	12 36	11 17	9 15	7
13 21 21	22	18 1	17 15	16 4	14 27	13 11	11 26	9 35	7 56	6 10	5 25	4 25	3 29	2 3	0 ♑ 31	28 34	27 40	24 45	21 44	20 14	19 1	17 29	15 37	13 17	11 58	9 53	8
13 25 7	23	18 54	18 8	16 57	15 20	14 5	12 20	10 29	8 50	7 4	6 18	5 18	4 22	2 55	1 23	29 25	28 31	25 35	22 32	21 0	19 47	18 14	16 21	13 59	12 39	10 32	9
13 28 52	24	19 47	19 1	17 51	16 14	14 59	13 14	11 23	9 44	7 57	7 12	6 12	5 16	3 48	2 15	0 ♑ 17	29 23	26 25	23 20	21 48	20 34	18 59	17 5	14 41	13 20	11 12	9
13 32 39	25	20 41	19 55	18 45	17 8	15 53	14 8	12 17	10 38	8 52	8 6	7 6	6 9	4 42	3 8	1 9	0 ♑ 14	27 15	24 9	22 35	21 21	19 45	17 50	15 24	14 1	11 51	10
13 36 26	26	21 34	20 49	19 39	18 3	16 48	15 3	13 12	11 33	9 46	9 0	8 0	7 3	5 35	4 1	2 1	1 7	28 6	24 58	23 24	22 8	20 31	18 34	16 7	14 43	12 31	11
13 40 13	27	22 28	21 43	20 33	18 57	17 43	15 58	14 7	12 28	10 41	9 55	8 55	7 58	6 30	4 55	2 55	1 59	28 58	25 48	24 12	22 56	21 18	19 20	16 50	15 25	13 11	11
13 44 1	28	23 22	22 37	21 28	19 52	18 38	16 54	15 3	13 24	11 37	10 51	9 50	8 53	7 24	5 50	3 48	2 53	29 50	26 38	25 2	23 44	22 6	20 6	17 34	16 8	13 52	12
13 47 49	29	24 16	23 32	22 23	20 48	19 33	17 49	15 59	14 20	12 33	11 47	10 46	9 49	8 20	6 45	4 43	3 47	0 ♑ 42	27 29	25 52	24 33	22 53	20 52	18 18	16 51	14 33	13
13 51 38	30	25 11	24 26	23 18	21 43	20 29	18 46	16 55	15 16	13 29	12 43	11 42	10 45	9 15	7 40	5 37	4 41	1 35	28 20	26 42	25 23	23 42	21 39	19 3	17 34	15 15	13

13 51 38	0 ♏	25 ♑ 11	24 ♑ 26	23 ♑ 18	21 ♑ 43	20 ♑ 29	18 ♑ 46	16 ♑ 55	15 ♑ 16	13 ♑ 29	12 ♑ 43	11 ♑ 42	10 ♑ 45	9 ♑ 15	7 ♑ 40	5 ♑ 37	4 ♑ 41	1 ♑ 35	28 ♐ 20	26 ♐ 42	25 ♐ 23	23 ♐ 42	21 ♐ 39	19 ♐ 3	17 ♐ 34	15 ♐ 15	13 ♐
13 55 28	1	26 6	25 22	24 14	22 39	21 26	19 42	17 52	16 13	14 26	13 40	12 39	11 41	10 12	8 36	6 33	5 36	2 29	29 12	27 33	26 13	24 31	22 26	19 48	18 18	15 56	14
13 59 18	2	27 1	26 17	25 9	23 36	22 22	20 39	18 49	17 10	15 23	14 37	13 36	12 39	11 9	9 32	7 29	6 32	3 23	0 ♑ 5	28 24	27 4	25 20	23 14	20 34	19 3	16 39	15
14 3 9	3	27 57	27 13	26 6	24 32	23 19	21 37	19 47	18 8	16 21	15 35	14 34	13 36	12 6	10 29	8 25	7 28	4 18	0 58	29 17	27 55	26 10	24 3	21 21	19 48	17 22	15
14 7 0	4	28 52	28 9	27 2	25 29	24 17	22 34	20 45	19 6	17 19	16 33	15 32	14 34	13 4	11 27	9 22	8 25	5 14	1 52	0 ♑ 10	28 47	27 1	24 52	22 7	20 34	18 5	16
14 10 52	5	29 48	29 5	27 59	26 27	25 14	23 33	21 43	20 5	18 18	17 32	16 31	15 33	14 3	12 25	10 20	9 22	6 10	2 47	1 3	29 40	27 53	25 42	22 55	21 20	18 49	17
14 14 45	6	0 ♒ 45	0 ♒ 2	28 56	27 25	26 13	24 31	22 43	21 4	19 18	18 31	17 30	16 33	15 2	13 24	11 19	10 20	7 7	3 42	1 57	0 ♑ 33	28 45	26 32	23 43	22 7	19 33	17
14 18 38	7	1 41	0 59	29 54	28 23	27 11	25 30	23 42	22 4	20 18	19 31	18 30	17 33	16 2	14 24	12 18	11 19	8 5	4 38	2 53	1 27	29 38	27 23	24 32	22 54	20 18	18
14 22 32	8	2 38	1 56	0 ♒ 51	29 21	28 10	26 30	24 42	23 4	21 18	20 32	19 31	18 33	17 2	15 24	13 18	12 19	9 4	5 35	3 48	2 22	0 ♑ 31	28 15	25 22	23 42	21 4	19
14 26 26	9	3 36	2 54	1 50	0 ♒ 20	29 10	27 30	25 43	24 5	22 19	21 33	20 32	19 34	18 4	16 25	14 18	13 19	10 3	6 33	4 45	3 18	1 26	29 8	26 12	24 31	21 50	20
14 30 22	10	4 33	3 52	2 48	1 20	0 ♒ 10	28 30	26 44	25 7	23 21	22 35	21 34	20 36	19 5	17 27	15 20	14 21	11 3	7 31	5 43	4 15	2 21	0 ♑ 2	27 3	25 21	22 37	20
14 34 17	11	5 31	4 50	3 47	2 19	1 10	29 31	27 45	26 9	24 23	23 38	22 37	21 39	20 8	18 30	16 22	15 23	12 4	8 31	6 41	5 12	3 18	0 56	27 55	26 11	23 25	21
14 38 14	12	6 30	5 49	4 47	3 20	2 11	0 ♒ 33	28 47	27 11	25 26	24 41	23 40	22 42	21 11	19 33	17 25	16 26	13 6	9 31	7 40	6 11	4 15	1 52	28 48	27 2	24 14	22
14 42 11	13	7 28	6 48	5 47	4 20	3 12	1 35	29 50	28 15	26 30	25 44	24 44	23 46	22 16	20 37	18 29	17 29	14 9	10 32	8 41	7 10	5 13	2 48	29 42	27 54	25 3	23
14 46 9	14	8 27	7 48	6 47	5 21	4 14	2 37	0 ♒ 53	29 18	27 34	26 49	25 49	24 51	23 20	21 42	19 34	18 34	15 13	11 35	9 42	8 11	6 12	3 46	0 ♑ 37	28 48	25 53	23
14 50 8	15	9 27	8 48	7 47	6 23	5 16	3 40	1 57	0 ♒ 23	28 39	27 54	26 54	25 57	24 26	22 48	20 39	19 39	16 17	12 38	10 45	9 12	7 12	4 44	1 32	29 42	26 44	24
14 54 8	16	10 27	9 48	8 48	7 25	6 18	4 44	3 2	1 28	29 45	29 0	28 0	27 3	25 33	23 55	21 46	20 46	17 23	13 43	11 48	10 15	8 14	5 44	2 29	0 ♑ 37	27 36	25
14 58 8	17	11 27	10 49	9 50	8 27	7 22	5 48	4 7	2 34	0 ♒ 51	0 ♒ 7	29 7	28 10	26 40	25 2	22 53	21 53	18 30	14 48	12 53	11 19	9 16	6 44	3 27	1 33	28 29	26
15 2 9	18	12 27	11 50	10 52	9 30	8 25	6 53	5 12	3 40	1 58	1 14	0 ♒ 15	29 18	27 48	26 10	24 2	23 2	19 38	15 55	13 59	12 24	10 20	7 46	4 26	2 30	29 24	27
15 6 10	19	13 28	12 51	11 54	10 33	9 29	7 58	6 18	4 47	3 6	2 22	1 23	0 ♒ 27	28 57	27 20	25 11	24 11	20 47	17 3	15 6	13 30	11 25	8 49	5 27	3 29	0 ♑ 19	28
15 10 13	20	14 30	13 53	12 57	11 37	10 34	9 4	7 25	5 55	4 15	3 31	2 32	1 36	0 ♒ 7	28 30	26 22	25 22	21 57	18 12	16 14	14 38	12 31	9 54	6 28	4 28	1 15	29
15 14 16	21	15 31	14 55	14 0	12 42	11 39	10 10	8 33	7 3	5 24	4 40	3 42	2 47	1 18	29 41	27 34	26 34	23 9	19 23	17 24	15 47	13 39	11 0	7 32	5 30	2 13	0 ♑
15 18 20	22	16 33	15 58	15 3	13 46	12 45	11 17	9 41	8 12	6 34	5 51	4 53	3 58	2 30	0 ♒ 54	28 46	27 46	24 22	20 35	18 35	16 57	14 49	12 7	8 36	6 32	3 12	0
15 22 24	23	17 36	17 1	16 7	14 52	13 51	12 24	10 49	9 22	7 45	7 2	6 5	5 10	3 43	2 7	0 ♒ 0	29 0	25 36	21 48	19 48	18 9	15 59	13 17	9 42	7 36	4 13	1
15 26 30	24	18 39	18 5	17 12	15 57	14 58	13 32	11 59	10 32	8 56	8 14	7 18	6 23	4 57	3 22	1 15	0 ♒ 16	26 51	23 3	21 2	19 23	17 12	14 27	10 50	8 42	5 15	2
15 30 36	25	19 42	19 9	18 17	17 4	16 5	14 41	13 9	11 44	10 9	9 27	8 31	7 37	6 11	4 37	2 31	1 32	28 8	24 19	22 18	20 38	18 26	15 40	12 0	9 50	6 19	3
15 34 42	26	20 46	20 13	19 22	18 10	17 13	15 50	14 19	12 56	11 22	10 41	9 45	8 52	7 27	5 54	3 49	2 50	29 26	25 37	23 36	21 55	19 42	16 54	13 11	10 59	7 24	5
15 38 50	27	21 50	21 18	20 28	19 17	18 21	17 0	15 31	14 8	12 36	11 55	11 1	10 8	8 44	7 11	5 7	4 9	0 ♒ 46	26 57	24 55	23 14	21 0	18 10	14 24	12 11	8 32	6
15 42 58	28	22 54	22 23	21 34	20 25	19 30	18 10	16 43	15 22	13 51	13 11	12 17	11 25	10 2	8 30	6 27	5 29	2 7	28 19	26 16	24 35	22 20	19 28	15 40	13 24	9 41	7
15 47 7	29	23 59	23 28	22 41	21 33	20 39	19 21	17 55	16 36	15 6	14 27	13 34	12 43	11 21	9 50	7 48	6 50	3 30	29 42	27 39	25 57	23 42	20 49	16 58	14 40	10 53	8
15 51 16	30	25 4	24 34	23 48	22 42	21 49	20 33	19 9	17 50	16 23	15 44	14 52	14 1	12 41	11 11	9 11	8 13	4 54	1 ♒ 7	29 4	27 22	25 6	22 12	18 18	15 58	12 7	9

15 51 16	0 ♐	25 ♒ 4	24 ♒ 34	23 ♒ 48	22 ♒ 42	21 ♒ 49	20 ♒ 33	19 ♒ 9	17 ♒ 50	16 ♒ 23	15 ♒ 44	14 ♒ 52	14 ♒ 1	12 ♒ 41	11 ♒ 11	9 ♒ 11	8 ♒ 13	4 ♒ 54	1 ♒ 7	29 ♑ 4	27 ♑ 22	25 ♑ 6	22 ♑ 12	18 ♑ 18	15 ♑ 58	12 ♑ 7	9 ♑
15 55 26	1	26 10	25 41	24 55	23 51	22 59	21 45	20 23	19 6	17 40	17 2	16 11	15 21	14 2	12 33	10 34	9 38	6 20	2 34	0 ♒ 31	28 49	26 32	23 37	19 40	17 18	13 23	10
15 59 37	2	27 16	26 47	26 3	25 1	24 10	22 58	21 37	20 22	18 58	18 21	17 30	16 42	15 24	13 57	11 59	11 3	7 48	4 2	2 0	0 ♒ 18	28 0	25 4	21 5	18 41	14 42	11
16 3 49	3	28 22	27 54	27 12	26 11	25 22	24 11	22 53	21 39	20 17	19 41	18 51	18 4	16 47	15 21	13 26	12 31	9 17	5 33	3 31	1 49	29 32	26 34	22 33	20 7	16 4	13
16 8 1	4	29 29	29 2	28 20	27 21	26 34	25 25	24 8	22 57	21 37	21 1	20 13	19 26	18 11	16 47	14 53	13 59	10 48	7 6	5 5	3 23	1 ♒ 5	28 7	24 4	21 36	17 29	14
16 12 14	5	0 ♓ 36	0 ♓ 10	29 30	28 32	27 46	26 39	25 25	24 16	22 57	22 22	21 35	20 50	19 36	18 14	16 23	15 29	12 21	8 41	6 41	4 59	2 41	29 43	25 38	23 9	18 58	16
16 16 27	6	1 43	1 18	0 ♓ 39	29 44	28 59	27 54	26 42	25 35	24 19	23 45	22 59	22 14	21 3	19 42	17 53	17 1	13 55	10 18	8 19	6 38	4 21	1 ♒ 22	27 16	24 45	20 30	17
16 20 41	7	2 51	2 27	1 49	0 ♓ 56	0 ♓ 12	29 10	28 0	26 55	25 41	25 8	24 23	23 40	22 30	21 12	19 25	18 34	15 32	11 58	9 59	8 19	6 3	3 4	28 57	26 24	22 5	19
16 24 56	8	3 59	3 36	3 0	2 8	1 26	0 ♓ 26	29 18	28 15	27 4	26 32	25 49	25 7	23 59	22 42	20 58	20 8	17 10	13 39	11 43	10 3	7 48	4 50	0 ♒ 42	28 8	23 46	20
16 29 11	9	5 7	4 45	4 10	3 21	2 41	1 42	0 ♓ 37	29 36	28 27	27 56	27 15	26 34	25 28	24 14	22 33	21 44	18 50	15 23	13 28	11 50	9 36	6 39	2 30	29 55	25 30	22
16 33 27	10	6 16	5 55	5 22	4 34	3 55	3 0	1 57	0 ♓ 58	29 52	29 22	28 42	28 2	26 59	25 47	24 9	23 21	20 32	17 10	15 17	13 40	11 27	8 31	4 23	1 ♒ 48	27 20	24
16 37 43	11	7 25	7 5	6 33	5 48	5 11	4 17	3 17	2 21	1 ♓ 17	0 ♓ 48	0 ♓ 10	29 32	28 30	27 21	25 46	25 0	22 16	18 59	17 8	15 33	13 22	10 28	6 21	3 45	29 15	26
16 41 59	12	8 35	8 15	7 45	7 2	6 26	5 35	4 38	3 44	2 43	2 16	1 38	1 ♓ 2	0 ♓ 3	28 56	27 25	26 41	24 1	20 50	19 2	17 28	15 20	12 28	8 23	5 47	1 ♒ 15	28
16 46 17	13	9 44	9 26	8 57	8 16	7 42	6 54	5 59	5 8	4 10	3 43	3 8	2 33	1 37	0 ♓ 33	29 5	28 22	25 49	22 43	20 58	19 27	17 22	14 33	10 30	7 55	3 22	0 ♒
16 50 34	14	10 54	10 37	10 10	9 31	8 59	8 13	7 21	6 32	5 37	5 12	4 38	4 5	3 11	2 10	0 ♓ 46	0 ♓ 6	27 38	24 39	22 57	21 29	19 27	16 41	12 42	10 8	5 35	2
16 54 53	15	12 5	11 48	11 22	10 46	10 16	9 32	8 44	7 57	7 5	6 41	6 9	5 38	4 47	3 49	2 29	1 50	29 29	26 38	24 59	23 34	21 35	18 54	14 59	12 27	7 55	4
16 59 11	16	13 15	13 0	12 36	12 1	11 33	10 52	10 6	9 23	8 34	8 11	7 41	7 11	6 23	5 29	4 13	3 36	1 ♓ 22	28 38	27 4	25 42	23 48	21 12	17 22	14 53	10 23	7
17 3 30	17	14 26	14 11	13 49	13 17	12 51	12 12	11 30	10 49	10 3	9 42	9 14	8 46	8 1	7 9	5 58	5 23	3 17	0 ♓ 41	29 12	27 53	26 4	23 33	19 51	17 25	12 59	9
17 7 49	18	15 37	15 23	15 3	14 33	14 9	13 33	12 53	12 16	11 33	11 13	10 47	10 21	9 39	8 51	7 44	7 12	5 13	2 47	1 ♓ 22	0 ♓ 8	28 23	26 0	22 26	20 4	15 44	12
17 12 9	19	16 48	16 36	16 16	15 49	15 27	14 54	14 17	13 43	13 3	12 45	12 21	11 57	11 18	10 33	9 31	9 1	7 11	4 54	3 35	2 25	0 ♓ 46	28 30	25 6	22 50	18 37	15
17 16 29	20	17 59	17 48	17 31	17 6	16 45	16 15	15 42	15 10	14 34	14 17	13 55	13 33	12 57	12 16	11 20	10 52	9 10	7 3	5 50	4 45	3 13	1 ♓ 5	27 52	25 43	21 40	18
17 20 49	21	19 11	19 1	18 45	18 22	18 4	17 37	17 7	16 38	16 5	15 50	15 30	15 10	14 37	14 0	13 9	12 44	11 11	9 15	8 7	7 8	5 43	3 45	0 ♓ 45	28 43	24 53	21
17 25 10	22	20 23	20 14	19 59	19 39	19 23	18 59	18 32	18 6	17 37	17 23	17 5	16 47	16 18	15 45	14 59	14 36	13 13	11 28	10 27	9 33	8 16	6 28	3 42	1 ♓ 49	28 15	25
17 29 31	23	21 34	21 27	21 14	20 56	20 42	20 21	19 57	19 35	19 9	18 57	18 41	18 25	18 0	17 31	16 50	16 30	15 16	13 43	12 49	12 1	10 52	9 15	6 46	5 3	1 ♓ 46	29
17 33 51	24	22 46	22 40	22 29	22 14	22 1	21 43	21 23	21 3	20 41	20 31	20 17	20 4	19 42	19 17	18 41	18 24	17 20	16 0	15 13	14 31	13 30	12 6	9 54	8 23	5 27	3 ♓
17 38 13	25	23 58	23 53	23 44	23 31	23 21	23 6	22 49	22 32	22 14	22 5	21 54	21 43	21 24	21 3	20 33	20 19	19 25	18 18	17 38	17 2	16 11	15 0	13 7	11 49	9 17	7
17 42 34	26	25 11	25 6	24 59	24 49	24 41	24 28	24 15	24 2	23 47	23 40	23 31	23 22	23 7	22 50	22 26	22 14	21 31	20 37	20 5	19 36	18 55	17 56	16 25	15 21	13 15	11
17 46 55	27	26 23	26 20	26 14	26 7	26 0	25 51	25 41	25 31	25 20	25 15	25 8	25 1	24 50	24 37	24 19	24 10	23 38	22 57	22 32	22 11	21 39	20 55	19 45	18 56	17 20	16
17 51 17	28	27 35	27 33	27 29	27 24	27 20	27 14	27 7	27 1	26 53	26 50	26 45	26 41	26 33	26 25	26 13	26 7	25 45	25 17	25 1	24 47	24 26	23 56	23 9	22 36	21 30	20
17 55 38	29	28 48	28 46	28 45	28 42	28 40	28 37	28 34	28 30	28 27	28 25	28 23	28 20	28 17	28 12	28 6	28 3	27 52	27 39	27 30	27 23	27 13	26 58	26 34	26 17	25 44	25
18 0 0	30	0 ♈ 0	0 ♈ 0	0 ♈ 0	0 ♈ 0	0 ♈ 0	0 ♈ 0	0 ♈ 0	0 ♈ 0	0 ♈ 0	0 ♈ 0	0 ♈ 0	0 ♈ 0	0 ♈ 0	0 ♈ 0	0 ♈ 0	0 ♈ 0	0 ♈ 0	0 ♈ 0	0 ♈ 0	0 ♈ 0	0 ♈ 0	0 ♈ 0	0 ♈ 0	0 ♈ 0	0 ♈ 0	0 ♈

		2°0'		4°0'		7°0'		11°0'		14°0'		18°0'		21°59'		25°19'		28°40'		30°2'		31°46'		33°20'		35°39'		37°58'		40°43'		41°54'		45°30'		48°50'		50°22'		51°32'		52°57'		54°34'		56°28'		57°29		59°0'		59°56'	
ST	MC	ASZ		ASZ		ASZ		ASZ		ASZ		ASZ		ASZ		ASZ		ASZ		ASZ		ASZ		ASZ		ASZ		ASZ		ASZ		ASZ		ASZ		ASZ		ASZ		ASZ		ASZ		ASZ		ASZ		ASZ		ASZ		ASZ	
	°	°	'	°	'	°	'	°	'	°	'	°	'	°	'	°	'	°	'	°	'	°	'	°	'	°	'	°	'	°	'	°	'	°	'	°	'	°	'	°	'	°	'	°	'	°	'	°	'	°	'	°	'
18 0 0	0 ♑	0	0	0	0	0	0	0	0	0	0	0	0	0	0	0	0	0	0	0	0	0	0	0	0	0	0	0	0	0	0	0	0	0	0	0	0	0	0	0	0	0	0	0	0	0	0	0	0	0	0	0	0
18 4 22	1	1	12	1	14	1	15	1	18	1	20	1	23	1	26	1	30	1	33	1	35	1	37	1	40	1	43	1	48	1	54	1	57	2	8	2	21	2	30	2	37	2	47	3	2	3	26	3	43	4	16	4	44
18 8 43	2	2	25	2	27	2	31	2	36	2	40	2	46	2	53	2	59	3	7	3	10	3	15	3	19	3	27	3	35	3	47	3	53	4	15	4	43	4	59	5	13	5	34	6	4	6	51	7	24	8	30	9	25
18 13 5	3	3	37	3	40	3	46	3	53	4	0	4	9	4	19	4	29	4	40	4	45	4	52	4	59	5	10	5	23	5	41	5	50	6	22	7	3	7	28	7	49	8	21	9	5	10	15	11	4	12	40	14	0
18 17 26	4	4	49	4	54	5	1	5	11	5	19	5	32	5	45	5	58	6	13	6	20	6	29	6	38	6	53	7	10	7	34	7	46	8	29	9	23	9	55	10	24	11	5	12	4	13	35	14	39	16	45	18	29
18 21 47	5	6	2	6	7	6	16	6	29	6	39	6	54	7	11	7	28	7	46	7	55	8	6	8	17	8	36	8	57	9	27	9	41	10	35	11	42	12	22	12	58	13	49	15	0	16	53	18	11	20	43	22	47
18 26 9	6	7	14	7	20	7	31	7	46	7	59	8	17	8	37	8	57	9	19	9	29	9	43	9	56	10	18	10	43	11	19	11	36	12	40	14	0	14	47	15	29	16	30	17	54	20	6	21	37	24	33	26	55
18 30 29	7	8	26	8	33	8	46	9	4	9	18	9	39	10	3	10	25	10	51	11	3	11	19	11	35	12	0	12	29	13	10	13	30	14	44	16	17	17	11	17	59	19	8	20	45	23	14	24	57	28	14	0 ♉	52
18 34 50	8	9	37	9	46	10	1	10	21	10	37	11	1	11	28	11	54	12	23	12	37	12	55	13	13	13	42	14	15	15	1	15	24	16	47	18	32	19	33	20	27	21	44	23	32	26	18	28	11	1 ♉	45	4	36
18 39 11	9	10	49	10	59	11	15	11	38	11	56	12	23	12	53	13	22	13	55	14	10	14	30	14	50	15	23	16	0	16	51	17	16	18	49	20	45	21	53	22	52	24	17	26	15	29	15	1 ♉	17	5	7	8	8
18 43 31	10	12	1	12	12	12	29	12	54	13	15	13	45	14	18	14	50	15	26	15	43	16	5	16	27	17	3	17	44	18	40	19	8	20	50	22	57	24	10	25	15	26	47	28	55	2 ♉	8	4	17	8	20	11	28
18 47 51	11	13	12	13	24	13	44	14	11	14	33	15	6	15	43	16	17	16	57	17	15	17	39	18	3	18	42	19	27	20	29	20	59	22	49	25	6	26	25	27	35	29	14	1 ♉	30	4	54	7	10	11	23	14	36
18 52 11	12	14	23	14	37	14	57	15	27	15	51	16	27	17	7	17	44	18	27	18	47	19	13	19	39	20	21	21	9	22	16	22	48	24	47	27	13	28	38	29	52	1 ♉	37	4	0	7	34	9	56	14	16	17	33
18 56 30	13	15	34	15	49	16	11	16	43	17	9	17	48	18	30	19	11	19	57	20	18	20	46	21	14	21	59	22	51	24	2	24	37	26	43	29	19	0 ♉	48	2 ♉	7	3	56	6	27	10	9	12	35	17	1	20	20
19 0 49	14	16	45	17	0	17	24	17	59	18	27	19	8	19	54	20	37	21	26	21	49	22	19	22	49	23	37	24	31	25	47	26	24	28	38	1 ♉	22	2	56	4	18	6	12	8	48	12	38	15	7	19	37	22	57
19 5 7	15	17	55	18	12	18	38	19	14	19	44	20	28	21	16	22	3	22	55	23	19	23	51	24	22	25	13	26	11	27	31	28	10	0 ♉	31	3	22	5	1	6	26	8	25	11	6	15	1	17	33	22	5	25	25
19 9 26	16	19	6	19	23	19	50	20	29	21	1	21	47	22	39	23	28	24	23	24	48	25	22	25	55	26	49	27	50	29	14	29	54	2	22	5	21	7	3	8	31	10	33	13	19	17	18	19	52	24	25	27	44
19 13 43	17	20	16	20	34	21	3	21	44	22	18	23	6	24	1	24	52	25	50	26	17	26	52	27	27	28	23	29	27	0 ♉	55	1 ♉	38	4	11	7	17	9	2	10	33	12	38	15	27	19	30	22	5	26	38	29	56
19 18 1	18	21	25	21	45	22	15	22	58	23	34	24	25	25	22	26	16	27	17	27	44	28	22	28	58	29	57	1 ♉	4	2	35	3	19	5	59	9	10	10	58	12	32	14	40	17	32	21	37	24	13	28	45	2 ♊	0
19 22 17	19	22	35	22	55	23	27	24	12	24	49	25	43	26	43	27	39	28	43	29	12	29	50	0 ♉	28	1 ♉	30	2	39	4	14	5	0	7	44	11	1	12	52	14	27	16	38	19	32	23	39	26	15	0 ♊	45	3	58
19 26 33	20	23	44	24	5	24	38	25	26	26	5	27	0	28	3	29	2	0 ♉	8	0 ♉	38	1 ♉	18	1	58	3	1	4	13	5	51	6	39	9	28	12	50	14	43	16	20	18	33	21	29	25	37	28	12	2	40	5	50
19 30 49	21	24	53	25	15	25	50	26	39	27	19	28	18	29	23	0 ♉	24	1	33	2	4	2	45	3	26	4	32	5	46	7	27	8	16	11	10	14	37	16	32	18	10	20	24	23	21	27	30	0 ♊	5	4	30	7	37
19 35 4	22	26	1	26	24	27	0	27	52	28	34	29	34	0 ♉	42	1	45	2	56	3	28	4	11	4	53	6	1	7	18	9	2	9	52	12	50	16	21	18	17	19	57	22	12	25	10	29	18	1	52	6	14	9	18
19 39 19	23	27	9	27	33	28	11	29	4	29	48	0 ♉	50	2	0	3	5	4	19	4	52	5	37	6	20	7	30	8	48	10	35	11	26	14	28	18	2	20	1	21	41	23	57	26	56	1 ♊	3	3	36	7	55	10	55
19 43 33	24	28	17	28	42	29	21	0 ♉	16	1 ♉	1	2	6	3	18	4	25	5	41	6	15	7	1	7	46	8	57	10	18	12	7	12	59	16	5	19	42	21	41	23	22	25	39	28	38	2	44	5	15	9	30	12	27
19 47 46	25	29	24	29	50	0 ♉	30	1	28	2	14	3	21	4	35	5	44	7	3	7	38	8	25	9	10	10	24	11	46	13	37	14	31	17	39	21	19	23	19	25	1	27	19	0 ♊	17	4	22	6	51	11	2	13	56
19 51 59	26	0 ♉	31	0 ♉	58	1	40	2	39	3	26	4	35	5	52	7	3	8	23	8	59	9	47	10	34	11	49	13	13	15	7	16	1	19	12	22	54	24	55	26	37	28	55	1	53	5	56	8	24	12	31	15	21
19 56 11	27	1	38	2	6	2	48	3	49	4	38	5	49	7	7	8	21	9	43	10	19	11	9	11	56	13	13	14	39	16	34	17	29	20	43	24	27	26	29	28	11	0 ♊	28	3	26	7	27	9	53	13	56	16	42
20 0 23	28	2	44	3	13	3	57	4	59	5	50	7	2	8	23	9	38	11	2	11	39	12	30	13	18	14	36	16	3	18	1	18	57	22	12	25	58	28	0	29	42	2	0	4	56	8	55	11	19	15	18	18	1
20 4 34	29	3	50	4	19	5	5	6	9	7	1	8	15	9	37	10	54	12	20	12	58	13	49	14	39	15	58	17	27	19	26	20	22	23	40	27	26	29	29	1 ♊	11	3	28	6	23	10	20	12	42	16	37	19	17
20 8 44	30	4	56	5	26	6	12	7	18	8	11	9	27	10	51	12	10	13	37	14	16	15	8	15	59	17	19	18	49	20	49	21	47	25	6	28	53	0 ♊	56	2	38	4	54	7	48	11	42	14	2	17	53	20	30
20 8 44	0 ♒	4 ♉	56	5 ♉	26	6 ♉	12	7 ♉	18	8 ♉	11	9 ♉	27	10 ♉	51	12 ♉	10	13 ♉	37	14 ♉	16	15 ♉	8	15 ♉	59	17 ♉	19	18 ♉	49	20 ♉	49	21 ♉	47	25 ♉	6	28 ♉	53	0 ♊	56	2 ♊	38	4 ♊	54	7 ♊	48	11 ♊	42	14 ♊	2	17 ♊	53	20 ♊	30
20 12 53	1	6	1	6	32	7	19	8	27	9	21	10	39	12	5	13	24	14	54	15	33	16	26	17	17	18	39	20	10	22	12	23	10	26	30	0 ♊	18	2	21	4	3	6	18	9	11	13	2	15	20	19	7	21	41
20 17 2	2	7	6	7	37	8	26	9	35	10	30	11	50	13	17	14	38	16	9	16	49	17	43	18	35	19	58	21	30	23	33	24	31	27	53	1	41	3	44	5	25	7	40	10	32	14	20	16	36	20	19	22	49
20 21 10	3	8	10	8	42	9	32	10	43	11	39	13	0	14	29	15	52	17	24	18	5	18	59	19	52	21	16	22	49	24	53	25	51	29	14	3	3	5	5	6	46	9	0	11	50	15	36	17	49	21	28	23	55
20 25 18	4	9	14	9	47	10	38	11	50	12	47	14	10	15	41	17	4	18	38	19	19	20	15	21	8	22	33	24	6	26	11	27	10	0 ♊	34	4	23	6	24	8	5	10	18	13	6	16	49	19	1	22	36	25	0
20 29 24	5	10	18	10	51	11	43	12	56	13	55	15	19	16	51	18	16	19	51	20	33	21	29	22	23	23	49	25	23	27	29	28	28	1	52	5	41	7	42	9	22	11	34	14	20	18	0	20	10	23	41	26	3
20 33 30	6	11	21	11	55	12	48	14	3	15	2	16	28	18	1	19	28	21	4	21	46	22	42	23	37	25	3	26	38	28	45	29	44	3	9	6	57	8	58	10	37	12	48	15	33	19	10	21	18	24	45	27	4
20 37 36	7	12	24	12	59	13	53	15	8	16	9	17	36	19	11	20	38	22	15	22	58	23	55	24	50	26	17	27	53	0 ♊	0	1 ♊	0	4	24	8	12	10	12	11	51	14	1	16	43	20	18	22	24	25	47	28	3
20 41 40	8	13	27	14	2	14	57	16	14	17	15	18	43	20	19	21	48	23	26	24	9	25	7	26	2	27	30	29	6	1	14	2	14	5	38	9	25	11	25	13	3	15	11	17	53	21	24	23	28	26	48	29	1
20 45 44	9	14	29	15	5	16	0	17	18	18	21	19	50	21	27	22	57	24	36	25	20	26	18	27	13	28	42	0 ♊	19	2	26	3	26	6	51	10	37	12	36	14	13	16	21	19	0	22	28	24	30	27	47	29	57
20 49 47	10	15	30	16	7	17	3	18	23	19	26	20	56	22	35	24	5	25	45	26	29	27	28	28	24	29	53	1	30	3	38	4	38	8	3	11	48	13	46	15	22	17	29	20	6	23	32	25	32	28	45	0 ♋	53
20 53 50	11	16	32	17	9	18	6	19	27	20	31	22	2	23	42	25	13	26	54	27	38	28	37	29	33	1 ♊	3	2	40	4	49	5	49	9	13	12	57	14	54	16	30	18	35	21	11	24	33	26	31	29	41	1	47
20 57 51	12	17	33	18	10	19	8	20	30	21	35	23	7	24	48	26	20	28	2	28	46	29	45	0 ♊	42	2	12	3	50	5	58	6	58	10	22	14	5	16	1	17	36	19	40	22	14	25	34	27	30	0 ♋	36	2	40
21 1 52	13	18	33	19	11	20	10	21	33	22	38	24	12	25	53	27	26	29	9	29	53	0 ♊	53	1	50	3	20	4	58	7	7	8	7	11	30	15	12	17	7	18	41	20	44	23	16	26	33	28	27	1	31	3	31
21 5 52	14	19	33	20	12	21	12	22	35	23	42	25	16	26	58	28	32	0 ♊	15	1 ♊	0	2	0	2	57	4	27	6	5	8	14	9	14	12	37	16	17	18	12	19	45	21	46	24	16	27	31	29	23	2	24	4	22
21 9 52	15	20	33	21	12	22	13	23	37	24	44	26	20	28	3	29	37	1	21	2	6	3	6	4	3	5	34	7	12	9	21	10	21	13	43	17	22	19	15	20	48	22	48	25	16	28	28	0 ♋	18	3	16	5	12
21 13 51	16	21	33	22	12	23	13	24	39	25	46	27	23	29	7	0 ♊	42	2	26	3	11	4	11	5	9	6	40	8	18	10	26	11	26	14	47	18	25	20	18	21	49	23	48	26	14	29	23	1	12	4	7	6	1
21 17 49	17	22	32	23	12	24	13	25	40	26	48	28	25	0 ♊	10	1	45	3	30	4	16	5	16	6	14	7	44	9	23	11	31	12	31	15	51	19	28	21	19	22	50	24	47	27	12	0 ♋	18	2	6	4	57	6	49
21 21 46	18	23	30	24	11	25	13	26	40	27	49	29	27	1	13	2	49	4	34	5	19	6	20	7	18	8	49	10	27	12	35	13	34	16	54	20	29	22	20	23	49	25	45	28	8	1	12	2	58	5	46	7	37
21 25 43	19	24	29	25	10	26	13	27	41	28	50	0 ♊	29	2	15	3	51	5	37	6	22	7	23	8	21	9	52	11	30	13	38	14	37	17	56	21	29	23	19	24	48	26	42	29	4	2	5	3	49	6	35	8	23
21 29 38	20	25	27	26	8	27	12	28	40	29	50	1	30	3	16	4	53	6	39	7	25	8	26	9	24	10	55	12	33	14	40	15	39	18	57	22	29	24	17	25	45	27	39	29	58	2	57	4	39	7	23	9	9
21 33 34	21	26	24	27	6	28	10	29	40	0 ♊	50	2	30	4	17	5	55	7	41	8	27	9	28	10	26	11	56	13	35	15	42	16	41	19	57	23	27	25	15	26	42	28	34	0 ♋	52	3	48	5	29	8	10	9	54
21 37 28	22	27	22	28	4	29	9	0 ♊	39	1	50	3	30	5	18	6	56	8	42	9	28	10	29	11	27	12	58	14	36	16	42	17	41	20	56	24	25	26	12	27	38	29	29	1	45	4	38	6	18	8	56	10	39
21 41 22	23	28	19	29	1	0 ♊	6	1	37	2	49	4	30	6	18	7	56	9	42	10	29	11	30	12	27	13	58	15	36	17	42	18	41	21	55	25	22	27	7	28	33	0 ♋	22	2	37	5	28	7	6	9	42	11	23
21 45 15	24	29	15	29	58	1	4	2	35	3	47	5	29	7	17	8	56	10	42	11	29	12	30	13	27	14	58	16	36	18	41	19	40	22	53	26	18	28	3	29	27	1	15	3	28	6	17	7	53	10	27	12	6
21 49 8	25	0 ♊	12	0 ♊	55	2	1	3	33	4	46	6	27	8	17	9	55	11	42	12	28	13	29	14	27	15	57	17	35	19	40	20	38	23	50	27	13	28	57	0 ♋	20	2	7	4	18	7	5	8	40	11	11	12	49
21 53 0	26	1	8	1	51	2	58	4	31	5	43	7	26	9	15	10	54	12	41	13	27	14	28	15	26	16	56	18	33	20	38	21	35	24	46	28	8	29	50	1	13	2	59	5	8	7	53	9	26	11	55	13	32
21 56 51	27	2	3	2	47	3	54	5	28	6	41	8	23	10	13	11	52	13	39	14	25	15	26	16	24	17	54	19	31	21	35	22	32	25	42	29	2	0 ♋	43	2	5	3	50	5	57	8	39	10	12	12	38	14	13
22 0 42	28	2	59	3	43	4	51	6	24	7	38	9	21	11	11	12	50	14	37	15	23	16	24	17	21	18	51	20	28	22	31	23	28	26	37	29	55	1	36	2	56	4	40	6	46	9	26	10	57	13	21	14	55
22 4 32	29	3	54	4	38	5	46	7	21	8	34	10	18	12	8	13	47	15	34	16	20	17	21	18	19	19	48	21	24	23	27	24	24	27	31	0 ♋	48	2	27	3	47	5	29	7	34	10	12	11	42	14	4	15	36
22 8 22	30	4	49	5	34	6	42	8	17	9	31	11	14	13	5	14	44	16	31	17	17	18	18	19	15	20	45	22	20	24	23	25	19	28	25	1	40	3	18	4	37	6	18	8	21	10	57	12	26	14	45	16	16
22 8 22	0 ♓	4 ♊	49	5 ♊	34	6 ♊	42	8 ♊	17	9 ♊	31	11 ♊	14	13 ♊	5	14 ♊	44	16 ♊	31	17 ♊	17	18 ♊	18	19 ♊	15	20 ♊	45	22 ♊	20	24 ♊	23	25 ♊	19	28 ♊	25	1 ♋	40	3 ♋	18	4 ♋	37	6 ♋	18	8 ♋	21	10 ♋	57	12 ♋	26	14 ♋	45	16 ♋	16
22 12 11	1	5	44	6	28	7	37	9	12	10	27	12	11	14	1	15	40	17	27	18	13	19	14	20	11	21	40	23	15	25	17	26	13	29	18	2	31	4	8	5	27	7	7	9	8	11	42	13	9	15	27	16	56
22 15 59	2	6	38	7	23	8	32	10	8	11	22	13	6	14	57	16	36	18	23	19	9	20	10	21	7	22	36	24	10	26	12	27	7	0 ♋	10	3	22	4	58	6	16	7	54	9	54	12	26	13	52	16	8	17	36
22 19 47	3	7	32	8	17	9	27	11	3	12	17	14	2	15	53	17	32	19	19	20	5	21	5	22	2	23	30	25	5	27	5	28	1	1	2	4	12	5	48	7	4	8	42	10	40	13	10	14	35	16	49	18	15
22 23 34	4	8	26	9	11	10	21	11	57	13	12	14	57	16	48	18	27	20	14	21	0	22	0	22	57	24	25	25	59	27	59	28	53	1	54	5	2	6	36	7	52	9	29	11	26	13	53	15	17	17	29	18	54
22 27 21	5	9	19	10	5	11	15	12	52	14	7	15	52	17	43	19	22	21	8	21	54	22	54	23	51	25	18	26	52	28	51	29	46	2	45	5	51	7	25	8	39	10	15	12	10	14	36	15	59	18	9	19	33
22 31 8	6	10	13	10	59	12	9	13	46	15	1	16	46	18	37	20	16	22	3	22	48	23	48	24	44	26	12	27	45	29	43	0 ♋	37	3	35	6	40	8	12	9	26	11	1	12	55	15	19	16	40	18	48	20	11
22 34 53	7	11	6	11	52	13	3	14	40	15	55	17	40	19	31	21	10	22	56	23	42	24	42	25	38	27	5	28	37	0 ♋	35	1	29	4	25	7	28	9	0	10	13	11	46	13	39	16	1	17	21	19	28	20	49
22 38 39	8	11	59	12	45	13	56	15	33	16	49	18	34	20	25	22	4	23	50	24	35	25	35	26	31	27	57	29	29	1	26	2	20	5	15	8	16	9	46	10	59	12	31	14	23	16	43	18	2	20	7	21	27
22 42 24	9	12	52	13	38	14	49	16	27	17	42	19	28	21	19	22	57	24	43	25	28	26	28	27	23	28	49	0 ♋	21	2	17	3	10	6	4	9	3	10	33	11	45	13	16	15	6	17	24	18	43	20	45	22	5
22 46 8	10	13	44	14	31	15	42	17	20	18	36	20	21	22	12	23	50	25	36	26	21	27	20	28	15	29	41	1	12	3	8	4	0	6	52	9	50	11	19	12	30	14	0	15	49	18	5	19	23	21	24	22	42
22 49 53	11	14	37	15	23	16	35	18	13	19	29	21	14	23	5	24	43	26	28	27	13	28	12	29	7	0 ♋	33	2	3	3	58	4	50	7	41	10	37	12	5	13	15	14	44	16	31	18	46	20	2	22	2	23	19
22 53 36	12	15	29	16	16	17	27	19	5	20	21	22	7	23	57	25	36	27	20	28	5	29	4	29	59	1	24	2	54	4	48	5	39	8	29	11	23	12	50	13	59	15	27	17	14	19	27	20	42	22	40	23	56
22 57 20	13	16	21	17	8	18	20	19	58	21	14	22	59	24	50	26	28	28	12	28	57	29	55	0 ♋	50	2	14	3	44	5	37	6	28	9	16	12	9	13	35	14	44	16	11	17	55	20	7	21	21	23	17	24	32
23 1 3	14	17	13	18	0	19	12	20	50	22	6	23	51	25	42	27	20	29	4	29	48	0 ♋	46	1	41	3	5	4	33	6	26	7	17	10	3	12	54	14	20	15	27	16	53	18	37	20	47	22	0	23	55	25	9
23 4 45	15	18	4	18	52	20	4	21	42	22	58	24	43	26	34	28	11	29	55	0 ♋	39	1	37	2	31	3	55	5	23	7	15	8	5	10	50	13	40	15	4	16	11	17	36	19	18	21	26	22	39	24	32	25	45
23 8 28	16	18	56	19	43	20	55	22	34	23	50	25	35	27	25	29	2	0 ♋	46	1	30	2	27	3	21	4	44	6	12	8	3	8	53	11	37	14	25	15	48	16	54	18	18	19	59	22	6	23	17	25	9	26	21
23 12 10	17	19	47	20	35	21	47	23	26	24	42	26	27	28	16	29	53	1	36	2	20	3	18	4	11	5	34	7	1	8	51	9	41	12	23	15	9	16	32	17	37	19	0	20	40	22	45	23	56	25	46	26	57
23 15 52	18	20	39	21	26	22	39	24	17	25	33	27	18	29	8	0 ♋	44	2	27	3	10	4	7	5	1	6	23	7	50	9	39	10	28	13	9	15	54	17	15	18	20	19	42	21	21	23	24	24	34	26	22	27	32
23 19 33	19	21	30	22	18	23	30	25	8	26	24	28	9	29	58	1	35	3	17	4	0	4	57	5	50	7	12	8	38	10	26	11	15	13	55	16	38	17	58	19	2	20	24	22	1	24	3	25	12	26	59	28	8
23 23 15	20	22	21	23	9	24	21	26	0	27	15	29	0	0 ♋	49	2	25	4	7	4	50	5	47	6	39	8	0	9	26	11	14	12	2	14	40	17	21	18	41	19	45	21	5	22	41	24	42	25	49	27	35	28	43
23 26 56	21	23	12	24	0	25	12	26	51	28	6	29	51	1	40	3	15	4	57	5	40	6	36	7	28	8	49	10	14	12	1	12	49	15	25	18	5	19	24	20	27	21	46	23	21	25	20	26	27	28	11	29	18
23 30 37	22	24	3	24	51	26	3	27	42	28	57	0 ♋	41	2	30	4	5	5	46	6	29	7	25	8	17	9	37	11	1	12	47	13	35	16	10	18	48	20	6	21	8	22	27	24	1	25	58	27	4	28	47	29	53
23 34 18	23	24	54	25	41	26	54	28	32	29	48	1	32	3	20	4	55	6	36	7	18	8	14	9	5	10	25	11	49	13	34	14	21	16	55	19	31	20	49	21	50	23	7	24	40	26	36	27	41	29	23	0 ♌	28
23 37 58	24	25	44	26	32	27	45	29	23	0 ♋	39	2	22	4	10	5	45	7	25	8	7	9	2	9	54	11	13	12	36	14	20	15	7	17	39	20	14	21	31	22	31	23	48	25	20	27	14	28	18	29	59	1	3
23 41 39	25	26	35	27	23	28	35	0 ♋	14	1	29	3	13	5	0	6	34	8	14	8	56	9	51	10	42	12	0	13	23	15	6	15	53	18	24	20	57	22	13	23	13	24	28	25	59	27	52	28	55	0 ♌	34	1	38
23 45 19	26	27	26	28	14	29	26	1	4	2	19	4	3	5	50	7	24	9	2	9	44	10	39	11	30	12	48	14	10	15	52	16	38	19	8	21	40	22	54	23	54	25	8	26	38	28	29	29	32	1	10	2	12
23 48 59	27	28	16	29	4	0 ♋	17	1	55	3	10	4	53	6	39	8	13	9	51	10	33	11	27	12	18	13	35	14	56	16	38	17	24	19	52	22	22	23	36	24	34	25	48	27	17	29	7	0 ♌	9	1	45	2	47
23 52 40	28	29	7	29	55	1	7	2	45	4	0	5	42	7	29	9	2	10	40	11	21	12	15	13	5	14	22	15	43	17	24	18	9	20	36	23	4	24	17	25	15	26	28	27	56	29	44	0	45	2	20	3	21
23 56 20	29	29	57	0 ♋	45	1	57	3	35	4	50	6	32	8	18	9	51	11	28	12	9	13	3	13	53	15	9	16	29	18	9	18	54	21	19	23	46	24	58	25	56	27	8	28	34	0 ♌	22	1	22	2	56	3	56
0 0 0	30	0 ♋	48	1	36	2	48	4	25	5	40	7	22	9	8	10	40	12	16	12	57	13	50	14	40	15	56	17	15	18	54	19	39	22	3	24	28	25	40	26	36	27	48	29	13	0	59	1	58	3	31	4	30

2013

	I	II	III	IV	V	VI	VII	VIII	IX	X	XI	XII
♂	♒ 5	29	♓ 21	♈ 15	♉ 8	♊ 0	21	♋ 12	♌ 3	21	♍ 10	26
♃	♊ 8 R	6 D	8	12	17	24	♋ 1	8	14	18	20	20 R
♄	♏ 10	11	11 R	10	8	6	5	5 D	7	10	14	17
♅	♈ 5 D	6	7	9	10	12	12	12 R	12	11	9	9
♆	♓ 1	2	3	4	5	5	5 R	5	4	3	3	3 D
♇	♑ 9	10	11	12	12 R	11	10	10	9	9 D	9	10

2014

	I	II	III	IV	V	VI	VII	VIII	IX	X	XI	XII
♂	♎ 12	23	28	22 R	11	10 D	18	♏ 3	22	♐ 12	♑ 4	27
♃	♋ 16 R	12	10	11 D	15	20	27	♌ 3	10	16	20	23
♄	♏ 20	23	23	23 R	21	18	17	17 D	18	21	24	27
♅	♈ 9 D	9	11	12	14	15	16	16 R	16	15	14	13
♆	♓ 3	4	5	6	7	8	7 R	7	6	5	5	5 D
♇	♑ 11	12	13	14	14 R	13	12	12	11	11 D	11	12

2015

	I	II	III	IV	V	VI	VII	VIII	IX	X	XI	XII
♂	♒ 21	♓ 15	♈ 7	♉ 0	22	♊ 14	♋ 4	25	♌ 15	♍ 4	23	♎ 11
♃	♌ 22 R	18	15	13	13 D	17	22	28	♍ 4	11	17	21
♄	♐ 1	4	5	5 R	3	1	♏ 29	28	29 D	♐ 1	4	8
♅	♈ 13 D	13	14	16	18	19	20	20 R	20	19	18	17
♆	♓ 5	6	7	9	9	10	10 R	9	8	8	7	7 D
♇	♑ 13	14	15	16	16 R	15	14	14	13	13 D	13	14

2016

	I	II	III	IV	V	VI	VII	VIII	IX	X	XI	XII
♂	♎ 29	♏ 15	28	♐ 7	8 R	♏ 28	23 D	29	♐ 14	♑ 2	24	♒ 16
♃	♍ 23	22 R	19	15	13	14 D	17	22	28	♎ 5	11	17
♄	♐ 11	14	16	16 R	15	13	11	10	10 D	12	14	18
♅	♈ 17 D	17	18	20	22	23	24	25 R	24	23	22	21
♆	♓ 8	8	10	11	12	12	12 R	11	11	10	9	9 D
♇	♑ 15	16	17	17	17 R	17	16	16	15	15 D	15	16

2017

	I	II	III	IV	V	VI	VII	VIII	IX	X	XI	XII
♂	♓ 10	♈ 3	23	♉ 16	♊ 7	28	♋ 17	♌ 7	27	♍ 16	♎ 6	25
♃	♎ 21	23	22 R	19	15	13	14 D	17	22	28	♏ 5	11
♄	♐ 21	25	27	28	27 R	26	23	22	21 D	22	25	28
♅	♈ 21 D	21	22	24	25	27	28	29	28 R	27	26	25
♆	♓ 10	11	12	13	14	14	14 R	14	13	12	12	11 D
♇	♑ 17	18	19	19	19 R	19	18	18	17	17 D	17	18

2018

	I	II	III	IV	V	VI	VII	VIII	IX	X	XI	XII
♂	♏ 14	♐ 3	20	♑ 8	23	♒ 5	9 R	3	♑ 29 D	♒ 6	21	♓ 9
♃	♏ 17	21	23	22 R	19	16	13	14 D	17	22	28	♐ 5
♄	♑ 1	5	7	9	9 R	8	6	4	3	3 D	5	8
♅	♈ 25 R	25 D	26	28	29	♉ 1	2	3	2 R	1	0	♈ 29
♆	♓ 12	13	14	15	16	16	16 R	16	15	14	14	14 D
♇	♑ 19	20	21	21	21 R	21	20	20	19	19	19 D	20

2019

	I	II	III	IV	V	VI	VII	VIII	IX	X	XI	XII
♂	♓ 30	♈ 21	♉ 10	♊ 1	20	♋ 10	29	♌ 19	♍ 9	28	♎ 18	♏ 8
♃	♐ 12	18	22	24	24 R	21	17	15	15 D	18	23	30
♄	♑ 11	15	18	20	21 R	20	18	16	14	14 D	15	18
♅	♈ 29 R	29 D	30	♉ 1	3	5	6	7	6 R	6	4	3
♆	♓ 14	15	16	17	18	19	19 R	18	18	17	16	16 D
♇	♑ 21	22	22	23	23 R	23	22	22	21	21	21 D	22

2020

	I	II	III	IV	V	VI	VII	VIII	IX	X	XI	XII
♂	♏ 28	♐ 19	♑ 9	♒ 1	22	♓ 13	♈ 2	18	28	25 R	16	17 D
♃	♑ 7	14	20	24	27	27 R	24	20	18	18 D	21	26
♄	♑ 21	25	28	♒ 1	2	2 R	0	♑ 28	26	25 D	26	28
♅	♉ 3 R	3 D	4	5	7	9	10	11	11 R	10	9	8
♆	♓ 16	17	18	19	20	21	21 R	21	20	19	18	18 D
♇	♑ 22	23	24	25	25 R	25	24	23	23	23	23 D	23

2021

	I	II	III	IV	V	VI	VII	VIII	IX	X	XI	XII
♂	♈ 27	♉ 13	28	♊ 16	♋ 5	24	♌ 12	♍ 1	21	♎ 10	♏ 1	21
♃	♒ 3	10	17	23	28	♓ 2	2 R	♒ 30	26	23	23 D	25
♄	♒ 2	5	8	11	13	13 R	12	10	8	7	7 D	9
♅	♉ 7 R	7 D	8	9	11	12	14	15	15 R	14	13	12
♆	♓ 18	19	20	21	22	23	23 R	23	22	21	21	20
♇	♑ 24	25	26	27	27 R	27	26	25	25	24	24 D	25

2022

	I	II	III	IV	V	VI	VII	VIII	IX	X	XI	XII
♂	♐ 13	♑ 5	26	♒ 19	♓ 12	♈ 5	27	♉ 18	♊ 7	20	26 R	19
♃	♓ 1	7	14	21	28	♈ 4	7	9 R	7	3	♓ 30	29 D
♄	♒ 12	15	19	22	24	25	25 R	23	21	19	19 D	20
♅	♉ 11 R	11 D	12	13	15	16	18	19	19 R	18	17	16
♆	♓ 21	21	22	24	25	25	25 R	25	24	24	23	23
♇	♑ 26	27	28	28	29 R	28	28	27	26	26	26 D	27

2023

	I	II	III	IV	V	VI	VII	VIII	IX	X	XI	XII
♂	♊ 9 R	10 D	19	♋ 3	19	♌ 7	24	♍ 13	♎ 3	23	♏ 14	♐ 5
♃	♈ 1	6	12	19	26	♉ 3	9	14	16	14 R	11	7
♄	♒ 22	26	29	♓ 3	5	7	7 R	6	3	1	1	1 D
♅	♉ 15 R	15 D	16	17	18	20	22	23	23 R	23	22	20
♆	♓ 23	24	25	26	27	27	28 R	27	27	26	25	25
♇	♑ 28	29	29	♒ 0	0	0 R	♑ 30	29	28	28	28 D	29

2024

	I	II	III	IV	V	VI	VII	VIII	IX	X	XI	XII
♂	♐ 27	♑ 21	♒ 13	♓ 7	♈ 0	24	♉ 16	♊ 8	28	♋ 15	29	♌ 6
♃	♉ 6	7	11	17	24	♊ 1	8	14	19	21	20 R	17
♄	♓ 3	6	10	14	17	19	19 R	19	17	14	13	13 D
♅	♉ 19 R	19 D	20	21	22	24	26	27	27	27 R	26	25
♆	♓ 25	26	27	28	29	30	30	30 R	29	28	28	27
♇	♑ 29	♒ 0	1	2	2	2 R	1	1	0	♑ 30	30 D	♒ 0

2025

	I	II	III	IV	V	VI	VII	VIII	IX	X	XI	XII
♂	♌ 2 R	♋ 20	17 D	24	♌ 6	21	♍ 8	26	♎ 16	♏ 6	27	♐ 19
♃	♊ 13 R	11	12 D	16	21	28	♋ 5	12	18	22	25	25 R
♄	♓ 15	17	21	24	28	♈ 0	2	2 R	0	♓ 28	26	25 D
♅	♉ 24 R	23 D	24	25	26	28	30	♊ 1	1	1 R	0	♉ 29
♆	♓ 27	28	29	♈ 0	1	2	2	2 R	1	1	♓ 30	29
♇	♒ 1	2	3	4	4	4 R	3	2	2	1	1 D	2

2026

	I	II	III	IV	V	VI	VII	VIII	IX	X	XI	XII
♂	♑ 13	♒ 7	29	♓ 23	♈ 16	♉ 10	♊ 2	23	♋ 13	♌ 2	19	♍ 2
♃	♋ 21 R	17	15	16 D	19	24	♌ 0	7	14	20	24	27
♄	♓ 26	29	♈ 2	6	9	12	14	15 R	14	12	9	8
♅	♉ 28 R	27	28 D	29	♊ 0	2	4	5	6	6 R	5	3
♆	♓ 30	♈ 0	1	2	3	4	4	4 R	4	3	2	2
♇	♒ 3	4	5	5	6	5 R	5	4	4	3	3 D	4

2027

	I	II	III	IV	V	VI	VII	VIII	IX	X	XI	XII
♂	♍ 10	7 R	♌ 27	21	26 D	♍ 7	22	♎ 10	29	♏ 19	♐ 12	♑ 4
♃	♌ 26 R	23	20	17	17 D	20	25	♍ 1	8	14	20	25
♄	♈ 8	10	13	17	21	24	27	28	27 R	26	23	22
♅	♊ 2 R	2	2 D	3	4	6	8	9	10	10 R	9	8
♆	♈ 2	2	3	4	5	6	7	7 R	6	5	4	4
♇	♒ 4	5	6	7	7	7 R	7	6	5	5	5 D	5

2028

	I	II	III	IV	V	VI	VII	VIII	IX	X	XI	XII
♂	♑ 28	♒ 22	♓ 15	♈ 9	♉ 2	25	♊ 16	♋ 7	28	♌ 16	♍ 5	21
♃	♍ 27	27 R	24	20	18	18 D	21	26	♎ 2	8	15	20
♄	♈ 21	22	25	28	♉ 2	6	9	11	11 R	10	8	6
♅	♊ 7 R	6	6 D	7	8	10	12	13	14	14 R	13	12
♆	♈ 4	4	5	7	8	8	9	9 R	8	7	7	6
♇	♒ 6	7	8	8	9	9 R	8	8	7	6	6 D	7

2029

	I	II	III	IV	V	VI	VII	VIII	IX	X	XI	XII
♂	♎ 4	13	13 R	2	♍ 25	29 D	♎ 10	26	♏ 15	♐ 5	28	♑ 21
♃	♎ 25	27	27 R	24	20	18	18 D	21	26	♏ 1	8	15
♄	♉ 4 R	5 D	7	10	14	18	21	24	25	24 R	23	20
♅	♊ 11 R	10	10 D	11	12	14	16	17	18	19 R	18	17
♆	♈ 6	7	8	9	10	11	11	11 R	11	10	9	8
♇	♒ 8	9	9	10	10	10 R	10	9	9	8	8 D	8

2030

	I	II	III	IV	V	VI	VII	VIII	IX	X	XI	XII
♂	♒ 15	♓ 9	♈ 1	25	♉ 17	♊ 9	30	♋ 20	♌ 10	29	♍ 18	♎ 6
♃	♏ 21	25	27	27 R	24	20	18	18 D	21	26	♐ 2	9
♄	♉ 18 R	18 D	20	22	26	30	♊ 4	7	9	9 R	7	5
♅	♊ 16 R	15	15 D	15	16	18	20	22	23	23 R	22	21
♆	♈ 8	9	10	11	12	13	13	13 R	13	12	11	11
♇	♒ 9	10	11	12	12	12 R	12	11	10	10	10 D	10

2031

	I	II	III	IV	V	VI	VII	VIII	IX	X	XI	XII
♂	♎ 22	♏ 7	17	22 R	15	5	6 D	17	♐ 4	23	♑ 15	♒ 8
♃	♐ 15	22	26	29	29 R	26	22	20	20 D	22	27	♑ 3
♄	♊ 3 R	2	3 D	5	8	12	16	19	22	23	22 R	20
♅	♊ 20 R	19	19 D	19	21	22	24	26	27	27	27 R	26
♆	♈ 11	11	12	13	14	15	16	16 R	15	14	14	13
♇	♒ 11	12	12	13	14	14 R	13	13	12	11	11 D	12

2032

	I	II	III	IV	V	VI	VII	VIII	IX	X	XI	XII
♂	♓ 2	26	♈ 17	♉ 10	♊ 1	23	♋ 13	♌ 3	23	♍ 12	♎ 1	20
♃	♑ 10	17	23	29	♒ 2	2 R	♑ 30	26	23	23 D	25	♒ 0
♄	♊ 18 R	16	16 D	18	21	24	28	♋ 2	5	7	7 R	6
♅	♊ 25 R	24	23	24 D	25	26	28	30	♋ 1	2	1 R	0
♆	♈ 13	13	14	15	16	17	18	18 R	17	17	16	15
♇	♒ 12	13	14	15	15	15 R	15	14	13	13	13 D	13

2033

	I	II	III	IV	V	VI	VII	VIII	IX	X	XI	XII
♂	♏ 9	27	♐ 12	28	♑ 9	12 R	6	♐ 30	♑ 6 D	20	♒ 9	30
♃	♒ 7	14	21	27	♓ 3	6	7 R	5	1	♒ 28	28 D	30
♄	♋ 3 R	1	0	1 D	3	7	11	15	18	20	21	21 R
♅	♊ 29 R	28	28	28 D	29	♋ 1	2	4	5	6	6 R	5
♆	♈ 15	15	16	17	18	19	20	20 R	20	19	18	18
♇	♒ 14	15	16	16	17	17 R	16	16	15	15	14 D	15

ANGABEN FÜR DIE CHIRON-POSITIONEN JEWEILS AM 1. EINES MONATS UM 0 UHR GMT

	I	II	III	IV	V	VI	VII	VIII	IX	X	XI	XII
1921	♈ 6.1	♈ 6.9	♈ 8.2	♈ 9.9	♈ 11.6	♈ 13.1	♈ 13.9	♈ 13.9 R	♈ 13.1	♈ 11.9	♈ 10.5	♈ 9.7
1922	♈ 9.5 D	♈ 10.2	♈ 11.5	♈ 13.2	♈ 15.0	♈ 16.4	♈ 17.3	♈ 17.5 R	♈ 16.8	♈ 15.6	♈ 14.2	♈ 13.2
1923	♈ 13.0 D	♈ 13.6	♈ 14.8	♈ 16.5	♈ 18.3	♈ 19.8	♈ 20.8	♈ 21.0 R	♈ 20.5	♈ 19.3	♈ 17.9	♈ 16.9
1924	♈ 16.5 D	♈ 17.0	♈ 18.2	♈ 19.9	♈ 21.7	♈ 23.3	♈ 24.3	♈ 24.7 R	♈ 24.2	♈ 23	♈ 21.6	♈ 20.5
1925	♈ 20.1 D	♈ 20.6	♈ 21.6	♈ 23.3	♈ 25.1	♈ 26.8	♈ 27.9	♈ 28.4	♈ 28.0 R	♈ 26.9	♈ 25.5	♈ 24.3
1926	♈ 23.8	♈ 24.1 D	♈ 25.1	♈ 26.8	♈ 28.6	♉ 0.4	♉ 1.6	♉ 2.2	♉ 1.9 R	♉ 0.9	♈ 29.4	♈ 28.2
1927	♈ 27.6	♈ 27.8 D	♈ 28.7	♉ 0.4	♉ 2.2	♉ 4.0	♉ 5.4	♉ 6.1	♉ 5.9 R	♉ 5.0	♉ 3.5	♉ 2.2
1928	♉ 1.5	♉ 1.6 D	♉ 2.5	♉ 4.1	♉ 6.0	♉ 7.9	♉ 9.3	♉ 10.1	♉ 10.0 R	♉ 9.2	♉ 7.8	♉ 6.4
1929	♉ 5.5	♉ 5.6 D	♉ 6.4	♉ 8.0	♉ 9.8	♉ 11.8	♉ 13.3	♉ 14.3	♉ 14.4 R	♉ 13.6	♉ 12.2	♉ 10.8
1930	♉ 9.8	♉ 9.7 D	♉ 10.4	♉ 12.0	♉ 13.9	♉ 15.9	♉ 17.5	♉ 18.6	♉ 18.9 R	♉ 18.2	♉ 16.9	♉ 15.4
1931	♉ 14.3	♉ 14.0 D	♉ 14.7	♉ 16.2	♉ 18.1	♉ 20.2	♉ 22.0	♉ 23.2	♉ 23.6 R	♉ 23.1	♉ 21.8	♉ 20.3
1932	♉ 19.0	♉ 18.6 D	♉ 19.2	♉ 20.6	♉ 22.6	♉ 24.8	♉ 26.7	♉ 28.1	♉ 28.7	♉ 28.3 R	♉ 27.0	♉ 25.5
1933	♉ 24.1	♉ 23.6	♉ 24.0 D	♉ 25.4	♉ 27.3	♉ 29.6	♊ 1.6	♊ 3.2	♊ 4.0	♊ 3.8 R	♊ 2.7	♊ 1.1
1934	♉ 29.6	♉ 28.9	♉ 29.2 D	♊ 0.4	♊ 2.4	♊ 4.7	♊ 6.9	♊ 8.8	♊ 9.8	♊ 9.8 R	♊ 8.8	♊ 7.2
1935	♊ 5.6	♊ 4.6	♊ 4.8 D	♊ 5.9	♊ 7.8	♊ 10.2	♊ 12.6	♊ 14.7	♊ 16.0	♊ 16.3 R	♊ 15.5	♊ 13.9
1936	♊ 12.2	♊ 11.0	♊ 10.9 D	♊ 12	♊ 13.9	♊ 16.4	♊ 18.9	♊ 21.2	♊ 22.8	♊ 23.4	♊ 22.8 R	♊ 21.3
1937	♊ 19.4	♊ 18.0	♊ 17.7 D	♊ 18.6	♊ 20.4	♊ 23.0	♊ 25.7	♊ 28.3	♋ 0.2	♋ 1.2	♋ 0.9 R	♊ 29.6
1938	♊ 27.6	♊ 26.0	♊ 25.4	♊ 26.0 D	♊ 27.7	♋ 0.3	♋ 3.2	♋ 6.0	♋ 8.4	♋ 9.8	♋ 10.0 R	♋ 8.9
1939	♋ 6.9	♋ 5.0	♋ 4.1	♋ 4.4 D	♋ 6.0	♋ 8.5	♋ 11.5	♋ 14.7	♋ 17.5	♋ 19.3	♋ 20.1 R	♋ 19.4
1940	♋ 17.6	♋ 15.5	♋ 14.2	♋ 14.1 D	♋ 15.4	♋ 17.9	♋ 21.0	♋ 24.4	♋ 27.6	♌ 0.1	♌ 1.4	♌ 1.2 R
1941	♋ 29.7	♋ 27.5	♋ 25.9	♋ 25.3 D	♋ 26.2	♋ 28.5	♌ 1.6	♌ 5.2	♌ 8.9	♌ 11.9	♌ 14.0	♌ 14.6 R
1942	♌ 13.6	♌ 11.4	♌ 9.5	♌ 8.3	♌ 8.6 D	♌ 10.5	♌ 13.5	♌ 17.3	♌ 21.3	♌ 24.9	♌ 27.7	♌ 29.2
1943	♌ 29.1 R	♌ 27.4	♌ 25.2	♌ 23.4	♌ 23.0 D	♌ 24.3	♌ 26.9	♍ 0.7	♍ 4.9	♍ 8.9	♍ 12.5	♍ 14.9
1944	♍ 15.8 R	♍ 14.9	♍ 12.8	♍ 10.6	♍ 9.4	♍ 9.9 D	♍ 12.0	♍ 15.4	♍ 19.6	♍ 23.9	♍ 28.0	♎ 1.2
1945	♎ 3.1	♎ 3.2 R	♎ 1.8	♍ 29.4	♍ 27.5	♍ 27.0 D	♍ 28.2	♎ 1.0	♎ 4.8	♎ 9.1	♎ 13.6	♎ 17.4
1946	♎ 20.2	♎ 21.3	♎ 20.8 R	♎ 18.8	♎ 16.5	♎ 15.0	♎ 15.2 D	♎ 17.1	♎ 20.3	♎ 24.3	♎ 28.7	♏ 2.8
1947	♏ 6.2	♏ 8.3	♏ 8.6 R	♏ 7.4	♏ 5.2	♏ 3.1	♏ 2.3	♏ 3.1 D	♏ 5.5	♏ 8.9	♏ 13.0	♏ 17.1
1948	♏ 20.9	♏ 23.6	♏ 24.7	♏ 24.2 R	♏ 22.4	♏ 20.2	♏ 18.7	♏ 18.6 D	♏ 20.1	♏ 22.8	♏ 26.4	♐ 0.3
1949	♐ 4.1	♐ 7.1	♐ 8.7	♐ 9.0 R	♐ 7.8	♐ 5.7	♐ 3.8	♐ 2.9	♐ 3.5 D	♐ 5.5	♐ 8.5	♐ 12.1
1950	♐ 15.8	♐ 18.9	♐ 20.9	♐ 21.7	♐ 21.1 R	♐ 19.3	♐ 17.3	♐ 15.9	♐ 15.7 D	♐ 17.0	♐ 19.5	♐ 22.6
1951	♐ 26.1	♐ 29.3	♑ 1.5	♑ 2.7	♑ 2.5 R	♑ 1.1	♐ 29.2	♐ 27.5	♐ 26.8 D	♐ 27.5	♐ 29.4	♑ 2.1
1952	♑ 5.3	♑ 8.4	♑ 10.7	♑ 12.2	♑ 12.4 R	♑ 11.3	♑ 9.6	♑ 7.7	♑ 6.7	♑ 6.9 D	♑ 8.3	♑ 10.7
1953	♑ 13.6	♑ 16.6	♑ 18.9	♑ 20.5	♑ 21.0 R	♑ 20.3	♑ 18.7	♑ 16.9	♑ 15.6	♑ 15.4 D	♑ 16.4	♑ 18.3
1954	♑ 21.0	♑ 23.8	♑ 26.1	♑ 27.9	♑ 28.6	♑ 28.2 R	♑ 26.9	♑ 25.1	♑ 23.6	♑ 23.1 D	♑ 23.7	♑ 25.3
1955	♑ 27.7	♒ 0.4	♒ 2.6	♒ 4.5	♒ 5.4	♒ 5.3 R	♒ 4.1	♒ 2.4	♒ 0.9	♒ 0.1	♒ 0.4 D	♒ 1.7
1956	♒ 3.8	♒ 6.4	♒ 8.6	♒ 10.6	♒ 11.6	♒ 11.6 R	♒ 10.7	♒ 9.1	♒ 7.5	♒ 6.5	♒ 6.6 D	♒ 7.7
1957	♒ 9.6	♒ 11.9	♒ 14.1	♒ 16.0	♒ 17.2	♒ 17.4 R	♒ 16.6	♒ 15.2	♒ 13.6	♒ 12.5	♒ 12.3 D	♒ 13.1
1958	♒ 14.8	♒ 17.1	♒ 19.1	♒ 21.1	♒ 22.3	♒ 22.7 R	♒ 22.1	♒ 20.8	♒ 19.2	♒ 18.0	♒ 17.7 D	♒ 18.3
1959	♒ 19.8	♒ 21.8	♒ 23.8	♒ 25.8	♒ 27.1	♒ 27.7	♒ 27.2 R	♒ 26.0	♒ 24.5	♒ 23.2	♒ 22.7	♒ 23.1 D
1960	♒ 24.4	♒ 26.3	♒ 28.4	♓ 0.3	♓ 1.7	♓ 2.3	♓ 2.0 R	♓ 0.9	♒ 29.4	♒ 28.1	♒ 27.4	♒ 27.7 D
1961	♒ 28.9	♓ 0.7	♓ 2.6	♓ 4.5	♓ 5.9	♓ 6.7	♓ 6.5 R	♓ 5.5	♓ 4.0	♓ 2.7	♓ 1.9	♓ 2.1 D
1962	♓ 3.1	♓ 4.8	♓ 6.6	♓ 8.5	♓ 10.0	♓ 10.8	♓ 10.8 R	♓ 9.9	♓ 8.5	♓ 7.2	♓ 6.3	♓ 6.2 D
1963	♓ 7.1	♓ 8.7	♓ 10.4	♓ 12.4	♓ 13.9	♓ 14.8	♓ 14.8 R	♓ 14.1	♓ 12.8	♓ 11.4	♓ 10.4	♓ 10.3 D
1964	♓ 11.0	♓ 12.5	♓ 14.2	♓ 16.1	♓ 17.6	♓ 18.6	♓ 18.8 R	♓ 18.1	♓ 16.8	♓ 15.5	♓ 14.4	♓ 14.2 D
1965	♓ 14.8	♓ 16.2	♓ 17.8	♓ 19.7	♓ 21.3	♓ 22.3	♓ 22.5 R	♓ 22.0	♓ 20.8	♓ 19.4	♓ 18.3	♓ 18.0 D
1966	♓ 18.5	♓ 19.7	♓ 21.3	♓ 23.2	♓ 24.8	♓ 25.9	♓ 26.2 R	♓ 25.8	♓ 24.6	♓ 23.3	♓ 22.1	♓ 21.7
1967	♓ 22.0 D	♓ 23.2	♓ 24.7	♓ 26.6	♓ 28.2	♓ 29.4	♓ 29.8	♓ 29.5 R	♓ 28.4	♓ 27.1	♓ 25.9	♓ 25.3
1968	♓ 25.6 D	♓ 26.6	♓ 28.2	♓ 30.0	♈ 1.6	♈ 2.8	♈ 3.4	♈ 3.1 R	♈ 2.1	♈ 0.8	♓ 29.5	♓ 28.9
1969	♓ 29.1 D	♈ 0.1	♈ 1.5	♈ 3.3	♈ 4.9	♈ 6.2	♈ 6.8	♈ 6.7 R	♈ 5.8	♈ 4.5	♈ 3.2	♈ 2.4
1970	♈ 2.5 D	♈ 3.4	♈ 4.8	♈ 6.6	♈ 8.2	♈ 9.6	♈ 10.3	♈ 10.2 R	♈ 9.4	♈ 8.1	♈ 6.8	♈ 6.0
1971	♈ 6.0 D	♈ 6.8	♈ 8.1	♈ 9.8	♈ 11.5	♈ 13.0	♈ 13.7	♈ 13.8 R	♈ 13.0	♈ 11.8	♈ 10.4	♈ 9.5
1972	♈ 9.4 D	♈ 10.1	♈ 11.4	♈ 13.2	♈ 14.9	♈ 16.4	♈ 17.2	♈ 17.3 R	♈ 16.6	♈ 15.4	♈ 14.0	♈ 13.1
1973	♈ 12.9 D	♈ 13.5	♈ 14.7	♈ 16.5	♈ 18.2	♈ 19.7	♈ 20.7	♈ 20.9 R	♈ 20.3	♈ 19.1	♈ 17.7	♈ 16.7
1974	♈ 16.4 D	♈ 16.9	♈ 18.1	♈ 19.8	♈ 21.5	♈ 23.1	♈ 24.2	♈ 24.5 R	♈ 24.0	♈ 22.9	♈ 21.5	♈ 20.4
1975	♈ 20.0 D	♈ 20.4	♈ 21.5	♈ 23.2	♈ 24.9	♈ 26.6	♈ 27.7	♈ 28.2	♈ 27.8 R	♈ 26.7	♈ 25.3	♈ 24.1
1956	♈ 23.6	♈ 23.9 D	♈ 25.0	♈ 26.7	♈ 28.5	♉ 0.2	♉ 1.4	♉ 1.9	♉ 1.6 R	♉ 0.6	♈ 29.2	♈ 27.9
1977	♈ 27.3	♈ 27.6 D	♈ 28.6	♉ 0.2	♉ 2.0	♉ 3.8	♉ 5.1	♉ 5.7	♉ 5.5 R	♉ 4.6	♉ 3.2	♉ 1.9
1978	♉ 1.2	♉ 1.3 D	♉ 2.2	♉ 3.8	♉ 5.7	♉ 7.5	♉ 8.9	♉ 9.7	♉ 9.6 R	♉ 8.8	♉ 7.3	♉ 6.0
1979	♉ 5.1	♉ 5.2 D	♉ 6.0	♉ 7.6	♉ 9.4	♉ 11.3	♉ 12.9	♉ 13.8	♉ 13.8 R	♉ 13.1	♉ 11.7	♉ 10.3
1980	♉ 9.3	♉ 9.2 D	♉ 10.0	♉ 11.5	♉ 13.4	♉ 15.4	♉ 17.0	♉ 18.1	♉ 18.2 R	♉ 17.5	♉ 16.2	♉ 14.7
1981	♉ 13.6	♉ 13.4 D	♉ 14.1	♉ 15.6	♉ 17.5	♉ 19.6	♉ 21.3	♉ 22.5	♉ 22.9 R	♉ 22.3	♉ 21.0	♉ 19.5
1982	♉ 18.3	♉ 17.9 D	♉ 18.5	♉ 19.9	♉ 21.8	♉ 23.9	♉ 25.8	♉ 27.2	♉ 27.7	♉ 27.3 R	♉ 26.1	♉ 24.5
1983	♉ 23.2	♉ 22.7 D	♉ 23.1	♉ 24.5	♉ 26.4	♉ 28.6	♊ 0.6	♊ 2.2	♊ 2.9	♊ 2.7 R	♊ 1.5	♉ 29.9
1984	♉ 28.5	♉ 27.8	♉ 28.1 D	♉ 29.4	♊ 1.3	♊ 3.6	♊ 5.8	♊ 7.5	♊ 8.5	♊ 8.4 R	♊ 7.3	♊ 5.7
1985	♊ 4.1	♊ 3.3	♊ 3.5 D	♊ 4.7	♊ 6.6	♊ 9.0	♊ 11.2	♊ 13.2	♊ 14.4	♊ 14.6 R	♊ 13.7	♊ 12.1
1986	♊ 10.4	♊ 9.4	♊ 9.4 D	♊ 10.4	♊ 12.3	♊ 14.7	♊ 17.2	♊ 19.4	♊ 20.9	♊ 21.4 R	♊ 20.7	♊ 19.2
1987	♊ 17.4	♊ 16.1	♊ 15.8 D	♊ 16.7	♊ 18.6	♊ 21.1	♊ 23.7	♊ 26.1	♊ 28	♊ 28.8	♊ 28.4 R	♊ 27.1
1988	♊ 25.2	♊ 23.6	♊ 23.1 D	♊ 23.8	♊ 25.6	♊ 28.1	♋ 0.9	♋ 3.6	♋ 5.8	♋ 7.0	♋ 7.0 R	♋ 5.8
1989	♋ 3.9	♋ 2.1	♋ 1.3	♋ 1.7 D	♋ 3.4	♋ 5.9	♋ 8.8	♋ 11.8	♋ 14.4	♋ 16.1	♋ 16.6 R	♋ 15.7
1990	♋ 13.8	♋ 11.8	♋ 10.7	♋ 10.8 D	♋ 12.2	♋ 14.6	♋ 17.7	♋ 21.0	♋ 24.0	♋ 26.2	♋ 27.3	♋ 26.9 R
1991	♋ 25.3	♋ 23.1	♋ 21.6	♋ 21.2 D	♋ 22.2	♋ 24.6	♋ 27.6	♌ 1.2	♌ 4.7	♌ 7.4	♌ 9.2	♌ 9.5 R
1992	♌ 8.3	♌ 6.2	♌ 4.2	♌ 3.3	♌ 3.9 D	♌ 6.0	♌ 9.0	♌ 12.8	♌ 16.6	♌ 19.9	♌ 22.5	♌ 23.6
1993	♌ 23.0 R	♌ 21.1	♌ 19.0	♌ 17.4	♌ 17.4 D	♌ 18.9	♌ 21.7	♌ 25.5	♌ 29.6	♍ 3.5	♍ 6.8	♍ 8.8
1994	♍ 9.2 R	♍ 7.9	♍ 5.8	♍ 3.7	♍ 2.9	♍ 3.7 D	♍ 6.0	♍ 9.6	♍ 13.8	♍ 18.0	♍ 22.0	♍ 24.9
1995	♍ 26.4	♍ 26.0 R	♍ 24.3	♍ 21.9	♍ 20.3	♍ 20.2 D	♍ 21.7	♍ 24.8	♍ 28.8	♎ 3.1	♎ 7.5	♎ 11.1
1996	♎ 13.6	♎ 14.3 R	♎ 13.4	♎ 11.1	♎ 9.0	♎ 7.9	♎ 8.6 D	♎ 10.8	♎ 14.4	♎ 18.5	♎ 23.0	♎ 27.0
1997	♏ 0.2	♏ 1.9	♏ 1.9 R	♏ 0.3	♎ 28.0	♎ 26.1	♎ 25.7 D	♎ 27.0	♎ 29.8	♏ 3.4	♏ 7.7	♏ 11.9
1998	♏ 15.5	♏ 18.0	♏ 18.8	♏ 18.0 R	♏ 16.0	♏ 13.8	♏ 12.5	♏ 12.8 D	♏ 14.6	♏ 17.6	♏ 21.5	♏ 25.5
1999	♏ 29.3	♐ 2.2	♐ 3.7	♐ 3.7 R	♐ 2.2	♐ 0.0	♏ 28.2	♏ 27.6 D	♏ 28.5	♐ 0.8	♐ 4.1	♐ 7.8
2000	♐ 11.6	♐ 14.7	♐ 16.6	♐ 17.2 R	♐ 16.3	♐ 14.4	♐ 12.4	♐ 11.2	♐ 11.3 D	♐ 12.9	♐ 15.6	♐ 19.0
2001	♐ 22.5	♐ 25.7	♐ 27.8	♐ 28.9	♐ 28.5 R	♐ 26.9	♐ 24.9	♐ 23.3	♐ 22.9 D	♐ 23.8	♐ 25.9	♐ 28.8
2002	♑ 2.2	♑ 5.3	♑ 7.5	♑ 9.0	♑ 9.0 R	♑ 7.8	♑ 6.0	♑ 4.2	♑ 3.3	♑ 3.6 D	♑ 5.2	♑ 7.7
2003	♑ 10.8	♑ 13.8	♑ 16.1	♑ 17.7	♑ 18.1 R	♑ 17.3	♑ 15.6	♑ 13.8	♑ 12.6	♑ 12.5 D	♑ 13.6	♑ 15.7
2004	♑ 18.5	♑ 21.4	♑ 23.7	♑ 25.5	♑ 26.1	♑ 25.6 R	♑ 24.1	♑ 22.3	♑ 20.9	♑ 20.5 D	♑ 21.3	♑ 23.0
2005	♑ 25.5	♑ 28.3	♒ 0.5	♒ 2.4	♒ 3.2	♒ 3.0 R	♒ 1.8	♒ 0.0	♑ 28.5	♑ 27.8	♑ 28.2 D	♑ 29.7
2006	♒ 1.9	♒ 4.5	♒ 6.7	♒ 8.6	♒ 9.6	♒ 9.6 R	♒ 8.6	♒ 7.0	♒ 5.4	♒ 4.5	♒ 4.6 D	♒ 5.8
2007	♒ 7.8	♒ 10.2	♒ 12.4	♒ 14.3	♒ 15.5	♒ 15.6 R	♒ 14.8	♒ 13.3	♒ 11.7	♒ 10.7	♒ 10.5 D	♒ 11.4
2008	♒ 13.2	♒ 15.5	♒ 17.7	♒ 19.6	♒ 20.8	♒ 21.1 R	♒ 20.5	♒ 19.1	♒ 17.5	♒ 16.4	♒ 16.1 D	♒ 16.8
2009	♒ 18.4	♒ 20.5	♒ 22.5	♒ 24.5	♒ 25.8	♒ 26.2 R	♒ 25.7	♒ 24.5	♒ 22.9	♒ 21.7	♒ 21.2 D	♒ 21.7
2010	♒ 23.1	♒ 25.1	♒ 27.1	♒ 29.0	♓ 0.4	♓ 1.0	♓ 0.6 R	♒ 29.5	♒ 28.0	♒ 26.7	♒ 26.1	♒ 26.4 D
2011	♒ 27.6	♒ 29.5	♓ 1.4	♓ 3.3	♓ 4.8	♓ 5.5	♓ 5.2 R	♓ 4.2	♓ 2.8	♓ 1.4	♓ 0.7	♓ 0.8 D
2012	♓ 1.9	♓ 3.6	♓ 5.5	♓ 7.5	♓ 8.9	♓ 9.7	♓ 9.6 R	♓ 8.7	♓ 7.2	♓ 5.9	♓ 5.1	♓ 5.1 D

ZEICHENWECHSEL VON CHIRON

Datum	Zeit	Zeichen	Datum	Zeit	Zeichen	Datum	Zeit	Zeichen	Datum	Zeit	Zeichen
01/01/1921	0	♈	26/07/1943	23	♍	01/04/1968	7	♈	29/12/1996	11	♏
25/05/1926	2	♉	18/11/1944	3	♎	18/10/1968	22	♓	04/04/1997	17	♎
20/10/1926	8	♈	24/03/1945	3	♍	30/01/1969	8	♈	03/09/1997	3	♏
25/03/1927	11	♉	22/07/1945	17	♎	28/05/1976	11	♉	07/01/1999	10	♐
07/06/1933	2	♊	10/11/1946	7	♏	13/10/1976	23	♈	01/06/1999	10	♏
22/12/1933	8	♉	28/11/1948	13	♐	28/03/1977	19	♉	22/09/1999	3	♐
23/03/1934	14	♊	09/02/1951	1	♑	21/06/1983	14	♊	11/12/2001	23	♑
27/08/1937	17	♋	18/06/1951	13	♐	29/11/1983	13	♉	21/02/2005	18	♒
23/11/1937	2	♊	08/11/1951	16	♑	11/04/1984	4	♊	01/08/2005	4	♑
28/05/1938	13	♋	27/01/1955	16	♒	21/06/1988	10	♋	06/12/2005	1	♒
30/09/1940	4	♌	26/03/1960	14	♓	21/07/1991	16	♌	20/04/2010	7	♓
27/12/1940	5	♋	19/08/1960	6	♒	03/09/1993	18	♍	20/07/2010	10	♒
16/06/1941	19	♌	21/01/1961	2	♓	09/09/1995	14	♎	08/02/2011	20	♓

DAS HOROSKOP

Äquales Häuser-system

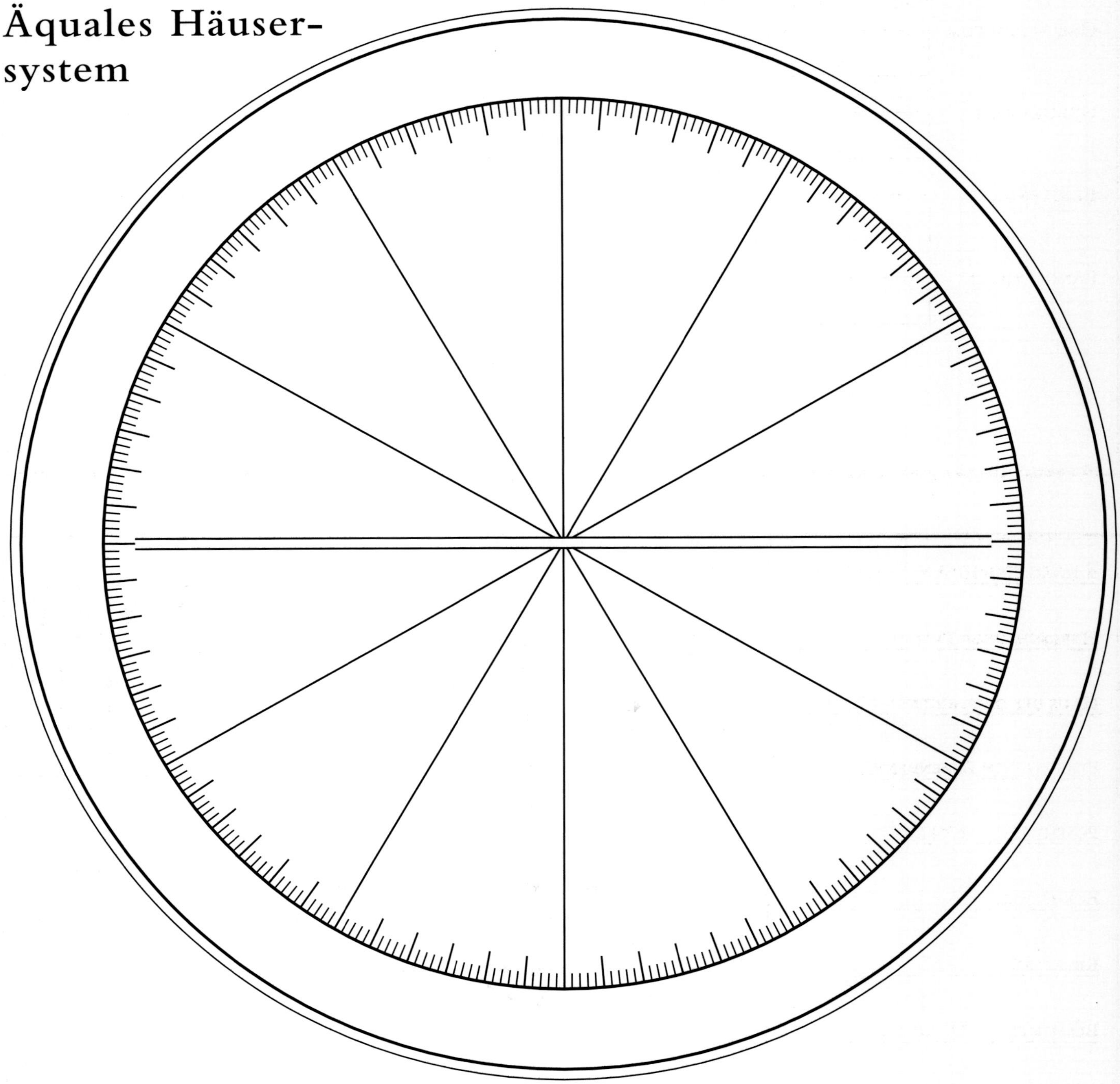

NAME ______________________ REFERENZ-NR. ______________________

______________________ HÄUSER-SYSTEM ______________________

	Tag	Monat	Jahr		Stunden	Minuten
Geburtsdatum				Geburtszeit		
Geburtsort				Zeitunterschied (östlich von Greenwich: subtrahieren; westlich von Greenwich: addieren)		
Breitengrad				Sommerzeit (wenn Sommerzeit gilt, subtrahieren)		
Längengrad				Greenwich Mean Time		
				Südliche Breiten (12 Stunden addieren und die Zeichen umdrehen)		

Traditionelle Faktoren

Herrschender Planet ____

Haus des herrschenden Planeten ____

Planeten am Aszendenten ____

Positiv ____ Negativ ____

Eckhäuser ____

Rezeption ____

Elemente ____ Qualität ____

Feuer ____ Kardinal ____

Erde ____ Fix ____

Luft ____ Veränderlich ____

Wasser ____

Planet		Aspekte									
		☉	☽	☿	♀	♂	♃	♄	♅	♆	♇
SONNE	☉										
MOND	☽										
MERKUR	☿										
VENUS	♀										
MARS	♂										
JUPITER	♃										
SATURN	♄										
URANUS	♅										
NEPTUN	♆										
PLUTO	♇										
Asz.	Asc										
MC	MC										

DAS PROGRESSIONSHOROSKOP

Äquales Häuser-system

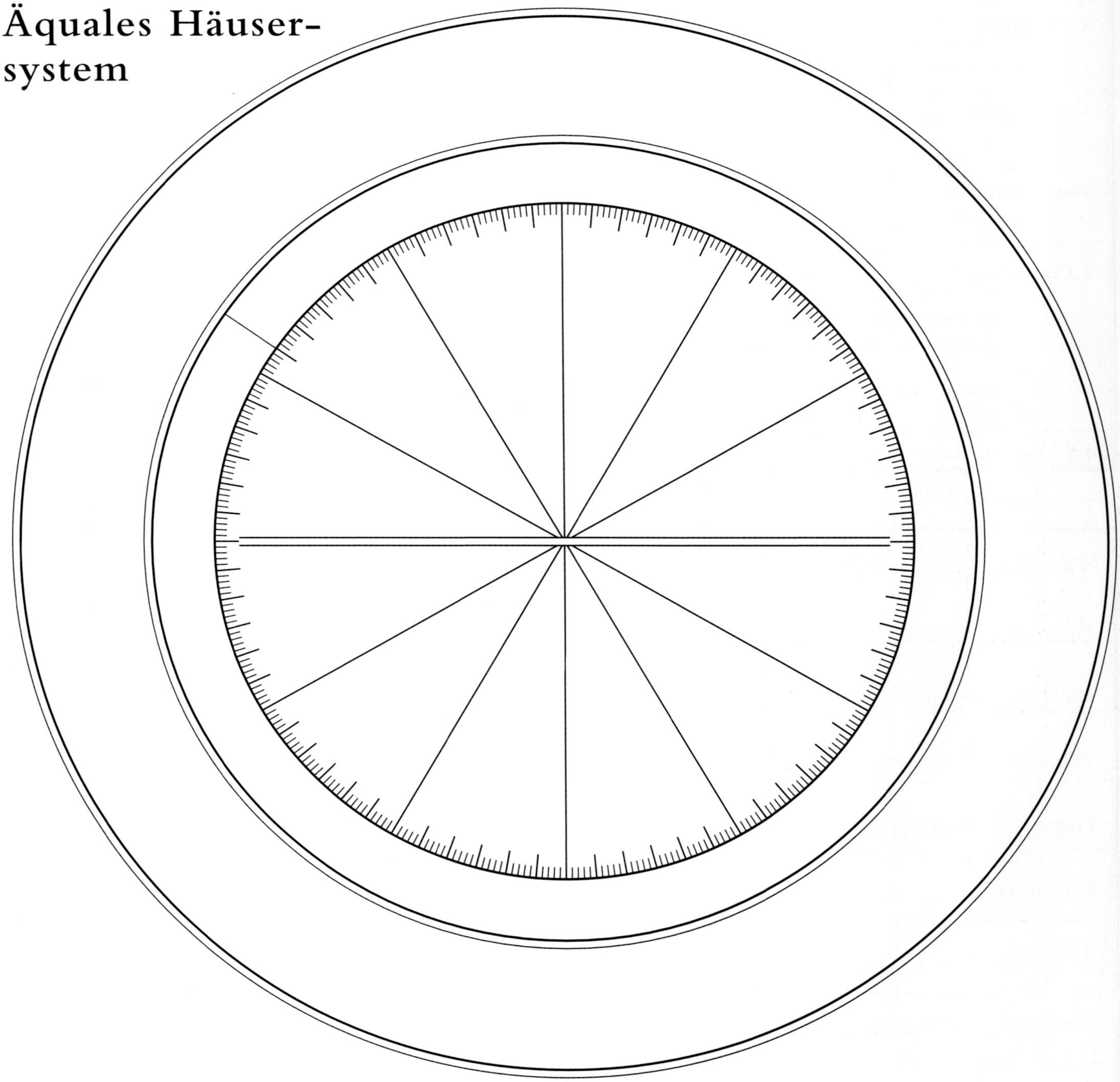

NAME ______________________

____

REFERENZ-NR. ______________________

JAHR ______________________

MITTERNACHTSPOSITIONEN AM ______________________

ENTSPRECHEND DEM ______________________

BERECHNUNG ______________________

PROGRESSIVE ASPEKTE

RADIXPLANETEN IN NUMERISCHER ORDNUNG	SONNE	ANDERE		ASZ. MC

MOND ASPEKTE TRANSITE

	MOND		ASPEKTE		TRANSITE									
JAHR	MONAT	LÄNGE DES MONATS	ZU RADIX	ZU PROGR.	♇	♆	♅	♄	♃	♂	♀	☿	☉	NEU-☽-MOND

HALBSUMMEN UND HARMONICS

Formular für Halbsummen

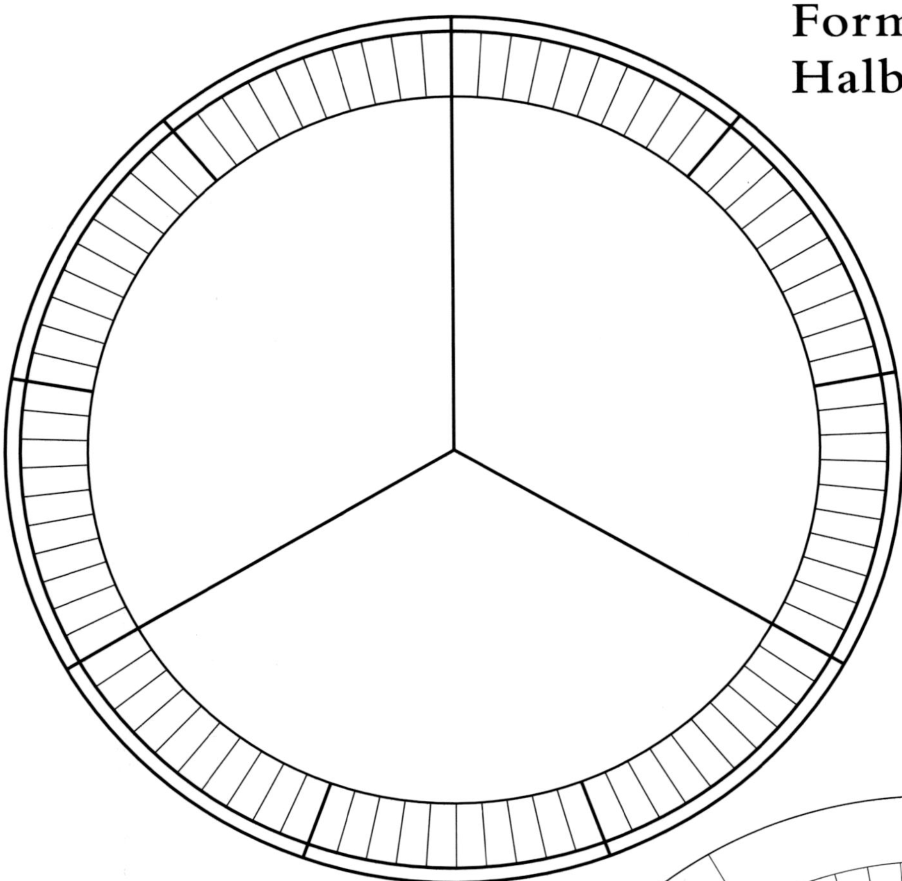

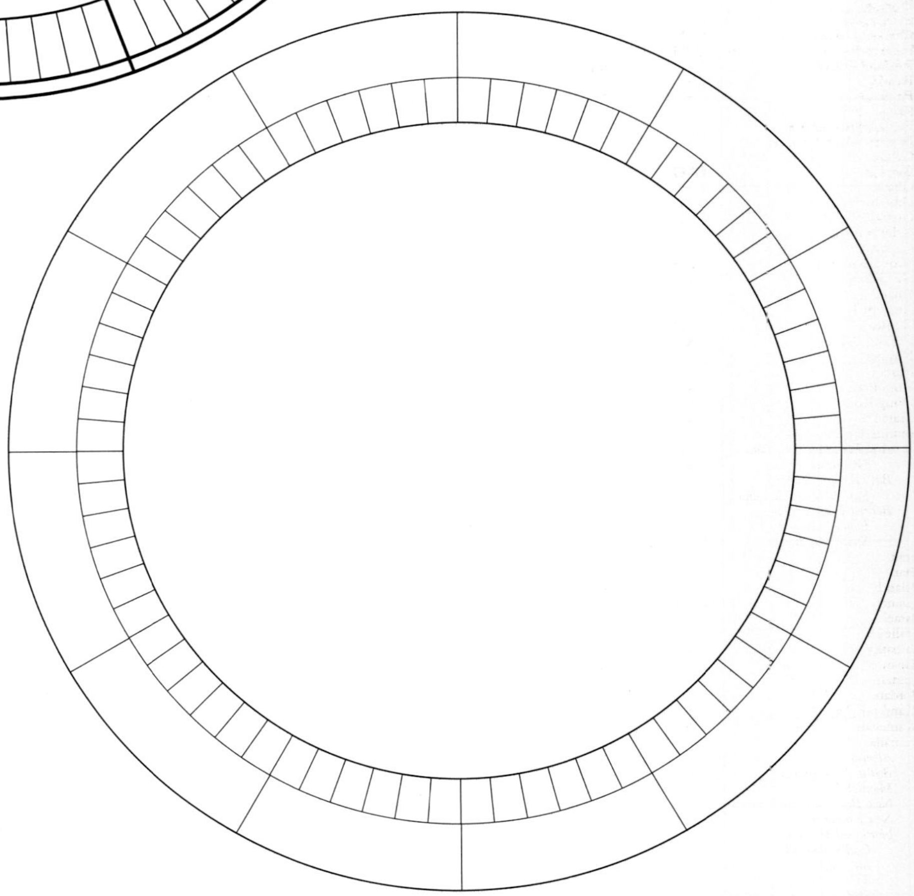

Formular für Harmonics

	GMT/+/-	H	M
Afghanistan	+	04	30
Ägypten	+	02	
Albanien[1]	+	01	
Algerien	+	01	
Andorra	+	01	
Angola	+	01	
Anguilla	-	04	
Antigua und Barbuda	-	04	
Antillen	-	04	
Äquatorialguinea	+	01	
Argentinien	-	03	
Aruba	-	04	
Ascension	GMT	00	
Äthiopien	+	03	
Australien			
Capital Territory	+	10	
New South Wales[7]	+	10	
Northern Territory	+	09	30
Queensland	+	10	
South Australia	+	09	30
Tasmanien[1]	+	10	
Victoria	+	10	
Western Australia	+	08	
Azoren	-	01	
Bahamas[1]	-	05	
Bahrain	+	03	
Bangladesch	+	06	
Barbados	-	04	
Belgien	+	01	
Belize	-	06	
Benin	+	01	
Bermuda	-	04	
Bhutan	+	06	
Bolivien		-04	
Botswana	+	02	
Brasilien[1]			
Bulgarien	+	02	
Burkina Faso	GMT	00	
Burma	+	06	30
Burundi	+	02	
Cayman Islands	-	05	
Chatham Islands[4]	+	12	
Chile[1]	-	04	
China[8]	+	08	
Christmas Island, Indischer Ozean	+	07	
Cocos (Keeling Island)	+	06	
Cook Islands	-10	30	
Costa Rica	-	06	
Dänemark	+	01	
Deutschland	+	01	
Domenika	-	04	
Dominikanische Republik[2]	-	04	
Dschibuti	+	03	
Ehem. Jugoslawien	+	01	
Ekuador	-	05	
El Salvador	-	06	
Elfenbeinküste	GMT	00	
Faeroer-Inseln	GMT	00	
Falkland-Inseln[11]	-	04	
Fidschi	+	12	
Finnland	+	02	
Frankreich[4]	+	01	
Französisch-Guyana	-	03	
Französisch-Polynesien	-	10	
Gabun	+	01	
Gambia	GMT	00	
Ghana	GMT	00	
Gibraltar[4]	+	01	
Grenada[1]	-	04	
Griechenland	+	02	
Grönland	-	03	
Großbritannien	GMT	00	
Guadeloupe	-	04	
Guam	+	10	
Guatemala	-	06	
Guinea	GMT	00	
Guinea-Bissau	GMT	00	
Guyana	-	03	
Haiti	-	05	
Honduras	-	06	
Hong Kong[1]	+	08	
Indien	+	05	30
Indonesien			
Aru, Moluccas, Tanimbar, West Irian	+	09	
Bali, Bangka, Billiton, Java, Madura, Sumatra	+	07	
Borneo, Celebes, Flores, Lombok, Sumba, Sumbawa, Timor	+	08	
Irak	+	03	
Iran	+	03	30
Irland	+	01	
Island	GMT	00	
Israel	+	02	
Italien[1]	+	01	
Jamaika	-	05	
Japan	+	09	
Jemen	+	03	
Jordan	+	02	
Kambodscha	+	07	
Kamerun	+	01	
Kanada			
Alberta	-	07	
British Columbia[1]	-	08	
Manitoba[1]	-	06	
New Brunswick[1]	-	04	
Newfoundland[1]	-	03	30
Northwest Territories[1]			
Östlich von 68°	-	04	
68° - 85°	-	05	
85° - 102°	-	06	
102° - 120°	-	07	
Westlich von 120°	-	08	
Nova Scotia[1]	-	04	
Ontario[1]			
Östlich 90°	-	05	
Westlich 90°	-	06	
Prince Edward Island[1]	-	04	
Quebec[1]			
Östlich 68°	-	04	
Westlich 68°	-	05	
Saskatchewan[1]	-	07	
Yukon[1]	-	09	
Kanalinseln	GMT	00	
Kanarische Inseln[3]	GMT	00	
Kapverde	-	01	
Kenia	+	03	
Kiribati	+	12	
Kolumbien	-	05	
Komoren	+	03	
Kongo	+	01	
Korea	+	09	
Kreta	+	02	
Kuba[1]	-	05	
Kuwait	+	03	
Laos	+	07	
Lesotho	+	02	
Lettland	+	03	
Libanon[1]	+	02	
Liberia	GMT	00	
Libyen	+	01	
Liechtenstein	+	01	
Litauen	+	03	
Luxemburg[4]	+	01	
Macau[1]	+	08	
Madagaskar	+	03	
Madeira	GMT	00	
Malawi	+	02	
Malaysia	+	08	
Malediven	+	05	
Mali	GMT	00	
Malta	+	01	
Marokko[1]	GMT	00	
Marshall-Inseln	+	12	
Martinique	-	04	
Mauritanien	GMT	00	
Mauritius	+	04	
Mexiko[12]	-	06	
Midway Island	-	11	
Mikronesien	+	09	
Monaco[4]	+	01	
Mongolei	+	07	
Montserrat	-	04	
Mozambique	+	02	
Namibia	+	02	
Nauru	+	12	
Nepal	+	05	45
Neukaledonien	+	11	
Neuseeland	+	12	
Nevis	-	04	
Nicaragua	-	06	
Niederlande	+	01	
Niger	+	01	
Nigeria	+	01	
Nive Island	-	11	
Nordirland	GMT	00	
Norfolk Island	+	11	30
North Mariana Islands	+	10	
Norwegen[1]	+	01	
Oman	+	04	
Österreich	+	01	
Östliches[10]	-	03	
Gebiet von Acre	-	05	
Western	-	04	
Brunei	+	08	
Pakistan	+	05	
Palau	+	10	
Panama	-	05	
Papua-Neuguinea	+	10	
Paraguay	-	03	
Peru	-	05	
Philippinen	+	08	
Pitcairn Island	-	08	30
Polen[1] +	01		
Portugal	GMT	00	
Puerto Rico	-	04	
Quatar	+	03	
Réunion	+	04	
Rodriguez Island	+	04	
Ruanda	+	02	
Rumänien	+	02	
Russische Föderation[9]			
Sambia	+	02	
Samoa	-	11	
San Marino	+	01	
Sao Tomé und Principe	GMT	00	
Saudi-Arabien	+	03	
Schweden	+	01	
Schweiz	+	01	
Senegal	GMT	00	
Seychellen	+	04	
Sierra Leone	GMT	00	
Singapur	+	08	
Solomon-Inseln	+	11	
Somalia	+	03	
Spanien[4]		+	01
Sri Lanka	+	05	30
St. Christopher	-	04	
St. Helena	GMT	00	
St. Lucia	-	04	
St. Pierre und Miquelon	-	04	
St.Vincent und Grenadinen	-	04	
Südafrika	+	02	
Sudan	+	02	
Surinam	-	03	
Swaziland	+	02	
Syrien[1]		+	02
Taiwan[1]	+	08	
Tanzania	+	03	
Thailand	+	07	
Tonga	+	13	
Trinidad und Tobago	-	04	
Tristan da Cunha	GMT	00	
Tschad	+	01	
Tschechien	+	01	
Tunesien	+	01	
Türkei[1]	+	03	
Turks and Caicos Islands	-	05	
Tuvalu	+	12	
Uganda	+	03	
Ungarn	+	01	
Uruguay[1]	-	03	
Vanuatu	+	11	
Venezuela	-	04	
Vereinigte Arabische Emirate	+	04	
Vereinigte Staaten von Amerika			
Alabama[5]	-	06	
Alaska[5]			
Östlich 137'	-	08	
137° - 141°	-	09	
141° - 161°	-	10	
161° - 172°30'	-	11	
Arizona	-	07	
Arkansas[5]	-	06	
Colorado[5]	-	07	
Connecticut[5]	-	05	
Delaware[5]	-	05	
Florida[5, 6]	-	05	
Georgia[5]	-	05	
Hawaii	-	10	
Idaho[5, 6]	-	07	
Illinois[5]	-	06	
Indiana[5]	-	06	
Iowa[5]	-	06	
Kalifornien[5]	-	08	
Kansas[5, 6]	-	06	
Kentucky[5, 6]	-	05	
Louisiana[5]	-	06	
Maine[5]	-	05	
Maryland[5]	-	05	
Massachusetts[5]	-	05	
Michigan[5, 6]	-	05	
Minnesota[5]	-	06	
Mississipi[5]	-	06	
Missouri[5]	-	06	
Montana[5]	-	07	
Nebraska[5, 6]	-	06	
Nevada[5]	-	08	
New Hampshire[5]	-	05	
New Jersey[5]	-	05	
New Mexico[5]	-	07	
New York[5]	-	05	
North Carolina[5]	-	05	
North Dakota[5, 6]	-	06	
Ohio[5]	-	05	
Oklahoma[5]	-	06	
Oregon[5, 6]	-	08	
Pennsylvania[5]	-	05	
Rhode Island[5]	-	05	
South Carolina[5]	-	05	
South Dakota[5]			
Östlich	-	06	
Westlich	-	07	
Tennessee[5, 6]	-	06	
Texas[5]	-	06	
Utah[5, 6]	-	07	
Vermont[5]	-	05	
Virginia[5]	-	05	
Washington, D.C.[5]	-	05	
Washington[5]	-	08	
West Virginia[5]	-	05	
Wisconsin[5]	-	06	
Wyoming[5]	-	07	
Vietnam	+	07	
Virgin Islands	-	04	
Wake Island	+	12	
Westlich 40°	+	03	
40° - 52°30'	+	04	
52°30' - 67°30'	+	05	
67°30' - 82°30'	+	06	
82°30' - 97°30'	+	07	
97°30' - 112°30'	+	08	
112°30' - 127°30'	+	09	
127°30' - 142°30'	+	10	
142°30' - 157°30'	+	11	
157°30' - 172°30'	+	12	
Östlich 172°30'	+	13	
Zaire	+	01	
Zentralafrikanische Republik[4]	+	01	
Zimbabwe	+	02	
Zypern	+	02	

[1] In diesen Ländern muss eventuell Sommerzeit berücksichtigt werden.
[2] In diesen Ländern muss eventuell Winterzeit berücksichtigt werden.
[3] GMT gilt das ganze Jahr hindurch, allerdings kann die lokale Ortszeit davon abweichen.
[4] Diese Zeit gilt das ganze Jahr über, allerdings kann die amtliche Zeit davon abweichen.
[5] In diesen Staaten gilt Sommerzeit (die Uhren werden eine Stunde vorgestellt), und zwar vom letzten Sonntag im April bis zum letzten Sonntag im Oktober. Die Umstellung erfolgt um 2 Uhr Ortszeit.
[6] Gilt für den größten Teil des Staates.
[7] Ausgenommen das Gebiet um Broken Hill (09h 30m).
[8] An der Küste; in bestimmten Gebieten gilt Sommerzeit.
[9] Die Grenzen zwischen den Zonen sind nicht eindeutig; die Längengrade geben nur Anhaltspunkte.
[10] Einschließlich der Küste.
[11] In Port Stanley gilt von September bis März Sommerzeit.
[12] Ausgenommen die Staaten Sonora, Sinaloa, Nayarit und der südliche Distrikt (- 7 Stunden) und der nördliche Distrikt von Niederkalifornien (- 8 Stunden).

GLOSSAR

Kursiv gesetzte Begriffe werden an anderer Stelle im Glossar erläutert.

Almanach Ein Buch, in dem astrologische und astronomische Daten vermerkt sind, oft auch Vorhersagen oder Prophezeiungen für Stars oder Politiker.

Äquator Die imaginäre Linie, die die Erde umgibt und sie dabei in zwei gleich große Hälften teilt, eine nördliche und eine südliche. Projiziert man sie auf den Himmel, bekommt man den Himmelsäquator.

Aspekte Ein Planet steht im Aspekt zu einem anderen, wenn ein bestimmter Gradabstand gegeben ist. Bei einer Entfernung von 90° spricht man z. B. von einem Quadrat. Andere Aspekte sind das Trigon (120°), das Sextil (60°), die Opposition (180°), das Halbquadrat (450), das Anderthalbquadrat (135°), das Halbsextil (30°) und das Quinkunx (150°). Planeten befinden sich in Konjunktion zueinander, wenn sie auf dem gleichen Tierkreisgrad stehen bzw. dicht beieinander.

Astrologie Das Studium des Einflusses von anderen Himmelskörpern des Sonnensystems auf das irdische Leben.

Astrologische Zwillinge (Zeitzwillinge) Zwei Menschen, die zur gleichen Zeit am gleichen Ort geboren wurden, haben astrologisch vieles gemeinsam.

Astronomie Die Wissenschaft der Beschaffenheit und der Bewegung der Planeten und Sterne.

Aszendent Der Grad des Tierkreises, der zum Augenblick der Geburt am östlichen Horizont aufstieg. Etwa alle vier Minuten steigt ein neuer Grad auf.

Aszension, lange und kurze Weil Ekliptik und Äquator nicht parallel zueinander sind, steigen einige Zeichen schneller auf als andere. Die schnell aufsteigenden Zeichen – bzw. die Zeichen von kurzer Aszension – sind Wassermann, Fische, Widder, Stier und Zwillinge, die anderen steigen langsam auf. In südlichen Breiten verhält es sich umgekehrt.

Äußere Planeten siehe *innere Planeten*

Bogen Ein Teil des Kreises.

Dekanate (oder Dekade) Jedes Zeichen bildet einen 30°-Abschnitt des Tierkreises; man teilt es noch einmal in drei Segmente – bzw. Dekanate – auf, die jeweils 10° umfassen.

Deklination Die nördliche oder südliche Entfernung eines Planeten vom Himmelsäquator.

Deszendent Der dem Aszendenten entgegengesetzte Punkt im Horoskop – gleichzeitig die Spitze des 7. Hauses.

Eckpunkt Dieses Wort bezieht sich auf die vier Eckpunkte des Horoskops, die ein Kreuz bilden. Diese Punkte sind Aszendent, Deszendent, MC und IC.

Ekliptik Die vermeintliche oder auch scheinbare Bewegung der Sonne um die Erde.

Elemente Die Zeichen werden seit Jahrtausenden mit den Elementen in Verbindung gebracht – Widder, Löwe und Schütze zählen zum Element Feuer; Stier, Jungfrau und Steinbock zu Erde; Zwillinge, Waage und Wassermann zu Luft; und Krebs, Skorpion und Fische zu Wasser.

Elevation Der Planet, der dem MC am nächsten steht, ist eleviert. Astronomisch zeigt die Elevation, wie hoch ein Planet über dem Horizont stand.

Empfängnis Es hat Versuche gegeben, Horoskope für den Augenblick der Empfängnis zu zeichnen; medizinisch gesehen formen sich in den ersten Stunden nach der Befruchtung viele der körperlichen Charakteristiken aus, sodass man möglicherweise auch die astrologischen Einflüsse dieser Phase untersuchen könnte. Es wäre aber nur unter dem Mikroskop genau festzustellen, wann es zur Befruchtung kommt – oft ist dies nämlich erst beträchtliche Zeit nach dem Koitus der Fall. Insofern ist diese Art von Forschung nicht durchführbar.

Ephemeride Die Ephemeride verzeichnet die genaue Stellung der Sonne und Planeten für jeden Tag. Es werden Jahresephemeriden veröffentlicht, aber auch Nachschlagewerke, die die Planetenorte für ein halbes Jahrhundert auflisten. Kein Astrologe kann auf sie verzichten. Man kann sie heutzutage auch selbst mit Computerprogrammen erstellen.

Erdzeichen siehe *Elemente*

Esoterische Astrologie Das Studium der geheimen und symbolischen Bedeutungen der Planeten und Zeichen.

Feminine Zeichen siehe *weibliche Zeichen*

Feuerzeichen siehe *Elemente*

Fixe Zeichen siehe *Qualität*

Fixsterne Immer mehr bekannte Astrologen beziehen die Fixsterne in die Deutung mit ein. Siehe auch *Sterne*.

Freier Wille Der freie Wille ist für den Astrologen von überragender Bedeutung, wie für die meisten anderen Menschen auch. Diejenigen, die meinen, die Astrologie würde den freien Willen verneinen, wissen nicht um die heutige Einstellung dieser Wissenschaft und ihrer Vertreter.

Geburtszeit Die minutengenaue Zeit der Geburt.

Geozentrisch Die Annahme, dass die Erde – und nicht die Sonne – im Zentrum des Sonnensystems steht. Astrologisch geht man der Bequemlichkeit halber davon aus – kein Astrologe glaubt, dass dem tatsächlich so ist. Für ein Baby, das auf dem Mars geboren würde, müsste ein Horoskop gezeichnet werden, in dem dieser Planet das Zentrum des Systems ist. Das wahre Bild des Sonnensystems (die Sonne im Zentrum) wird »heliozentrisch« genannt.

Großes Jahr Die Erdbewegung weist ein gewisses »Taumeln« auf, was zur Folge hat, dass die Pole rückwärts durch den Tierkreis laufen, wobei sie etwa alle 2500 Jahre in ein neues Zeichen kommen. Diese Perioden stellen die Zeitalter – oder genauer noch: die Großen Monate – dar. Der komplette Durchlauf durch alle zwölf Zeichen ist das Große Jahr.

Großes Trigon Ein Dreieck im Horoskop, das aus drei Planeten im Abstand von jeweils 120° voneinander gebildet wird.

Halbsumme Wie der Begriff schon vermuten lässt, der Mittelpunkt zwischen zwei Planeten oder Eckpunkten.

Häuser Das Horoskop wird in zwölf Häuser eingeteilt (diese stimmen aber nicht mit der Einteilung des Horoskops gemäß der Tierkreiszeichen überein). Siehe auch *Häusereinteilung*.

Häusereinteilung Es gibt verschiedene Methoden der Häusereinteilung. In diesem Buch gehen wir von gleichen (Äqualen) Häusern aus. Andere Systeme wurden von Placidus, Regiomontanus, Campanus, Porphyry, Morinus oder Koch entwickelt.

Heliozentrisch siehe *geozentrisch*

Herrschaft Die verschiedenen Zeichen werden von verschiedenen Planeten beherrscht (oder regiert), was ihre Wirkung beeinflusst. Einigen Zeichen wurden die neu entdeckten Planeten zugeordnet, wodurch die traditionelle Zuordnung aufgehoben wurde. Es ist viel über dieses Thema diskutiert worden, es gibt aber auch Astrologen, die es für nebensächlich halten. Auf der anderen Seite sagt man, dass auch Länder und Städte von Zeichen beherrscht werden, England z. B. vom Widder, die USA von Merkur usw.

Himmelsmitte siehe *MC*

Horoskop Die Aufzeichnung der Stellung der Planeten zum Zeitpunkt der Geburt. Die Mutter, die zu diesem Zeitpunkt zum Himmel aufschauen würde, könnte diese Stellungen für das Horoskop ihres Kindes sogleich vermerken (natürlich abgesehen von den unsichtbaren Planeten am Tage bzw. unterhalb des Horizontes).

IC/Imum Coeli Der Punkt, der der Himmelsmitte bzw. dem MC gegenüberliegt.

Innere Planeten Merkur und Venus – die Planeten, die sich zwischen Erde und Sonne befinden – werden innere genannt. Die Planeten, die sich von der Sonne aus gesehen hinter der Erde befinden – Mars, Jupiter, Saturn, Uranus, Neptun, Pluto und Chiron –, werden als äußere bezeichnet.

Kardinale Zeichen siehe *Qualität*

Knoten Der nördliche und der südliche Mondknoten stellen Punkte dar, wo sich Mondbahn und Ekliptik schneiden.

Konstellationen Von den Mustern der Sterne, die das Universum erfüllen, haben zwölf in der Astrologie eine besondere Wichtigkeit bekommen – sie markieren die zwölf Himmelsabschnitte, die den Tierkreis bilden.

Lichter Traditionelle Bezeichnung für Sonne und Mond.

Luftzeichen siehe *Elemente*

Maskuline Zeichen siehe *weibliche Zeichen*

MC/Medium Coeli Der Meridian der Geburt.

Medizinische Astrologie Es gibt seit jeher eine Verbindung zwischen Astrologie und Medizin, welche auf dem Studium von Geburts- und Progressionshoroskopen beruht. Diese lassen Aufschlüsse über die Physis des Menschen zu sowie über die Behandlung von Krankheiten.

Meridian Der Greenwich-Meridian – der Punkt, von dem aus Zeit und Raum gemessen werden – teilt die Erde in eine Ost- und eine Westhälfte; der Meridian der Geburt dagegen hat eine individuelle Bedeutung, die vom Astrologen interpretiert wird.

Mundanastrologie Der Bereich der Astrologie, der sich mit Politik und allgemeinen Geschehnissen befasst.

Negative Zeichen siehe *weibliche Zeichen*

Opposition siehe *Aspekte*

Orbis Eine gewisse Gradabweichung bei den Aspekten ist zu tolerieren – der Orbis. Er hängt von der Art des Aspektes ab. Man spricht also auch von einem Aspekt, wenn die Gradzahl nicht ganz genau ist.

Planeten Der Bequemlichkeit halber bezeichnen Astrologen auch Sonne und Mond als Planeten, obwohl natürlich die Sonne ein Stern ist (der wichtigste Stern, mit dem man in der Astrologie arbeitet) und der Mond nur ein Satellit der Erde. Die anderen astrologischen Planeten sind Merkur, Venus, Mars, Jupiter, Saturn, Chiron, Uranus, Neptun und Pluto. Man geht davon aus, dass hinter Pluto noch weitere Planeten entdeckt werden.

Polarität Polare oder einander gegenüberliegende Zeichen beeinflussen sich; jedes Zeichen hat eine bestimmte Beziehung zu dem, das ihm im Tierkreis gegenüberliegt. Die Polaritäten sind Widder/Waage, Stier/Skorpion, Zwillinge/Schütze, Krebs/Steinbock, Löwe/Wassermann und Jungfrau/Fische.

Positive Zeichen siehe *weibliche Zeichen*

Präzession der Tagundnachtgleichen Dieses Phänomen ist dafür verantwortlich, dass heutzutage die Zeichen des Tierkreises nicht mehr mit den Sternbildern übereinstimmen, wie dies vor 2000 Jahren der Fall gewesen war. Die Astrologen benutzten die Tierkreisnamen, um bestimmte Abschnitte des Tierkreises zu bezeichnen; die Konstellationen als solche spielten dabei keine Rolle. Die Theorie der Astrologie wird dadurch auch nicht (wie von Astronomen oft fälschlich geglaubt) beeinträchtigt.

Progressionshoroskope Das Geburtshoroskop kann auf verschiedene Arten vorgeschoben werden, womit auf zukünftige Trends geschlossen werden kann. Am gebräuchlichsten ist die Methode »Ein Tag für ein Jahr«. Es geht bei den Progressionen nicht um Prophezeiungen, sondern um Möglichkeiten der Zukunft.

Prophezeiungen Die Öffentlichkeit ist zwar der Ansicht, dass es bei der Astrologie um »Prophezeiungen« geht – es kann aber nicht nachdrücklich genug betont werden, dass man mit ihr nicht sehen kann, was die Zukunft bringt.

Quadruplizitäten siehe *Qualität*

Qualität Der Tierkreis wird seit Jahrtausenden in drei Gruppen von vier Zeichen eingeteilt: kardinale, fixe und veränderliche. Kardinale Zeichen sind Widder, Krebs, Waage und Steinbock; fixe Zeichen sind Stier, Löwe, Skorpion und Wassermann; und veränderliche Zeichen Zwillinge, Jungfrau, Schütze und Fische. Die Zeichen einer Gruppe weisen Ähnlichkeiten auf.

Radix Das Geburtshoroskop, auf dem alle astrologische Arbeit basiert.

Rektifizierung Der Versuch, bei einer ungenauen Geburtszeit von der Analyse der Erlebnisse und Eigenschaften des Betreffenden ausgehend eine exakte Zeit abzuleiten.

Rezeption Zwei Planeten stehen in Rezeption zueinander, wenn sie sich in den Zeichen befinden, das jeweils vom anderen regiert wird. Rückläufig: Dem Anschein nach bewegen sich die Planeten manchmal, von der Erde aus gesehen, rückwärts durch den Tierkreis. Dann spricht man von Rückläufigkeit.

Scheinbare Bewegung Die Sonne läuft nicht über den Horizont – die sich um sich selbst drehende Erde ist es, die diesen Eindruck entstehen lässt. Gleichermaßen läuft die Sonne auch nicht durch den Tierkreis, sondern steht still; wieder ist es die Erde, die mit ihrer Umkreisung der Sonne dieses Phänomen erzeugt. Die Bewegung der Sonne ist eine scheinbare, keine reale.

Sonnenhoroskop Ein Horoskop, bei dem die Sonne an die Spitze des 1. Hauses gesetzt wird. Sonnenhoroskope werden verwendet, wenn die Geburtszeit nicht bekannt ist oder wenn Journalisten Zeitungshoroskope erstellen.

Sonnenzeichen-Astrologie In den Kolumnen der Zeitschriften werden von Autoren Prophezeiungen für einen Tag, eine Woche oder ein Jahr gemacht; diese basieren auf dem Sonnenhoroskop, das für alle Menschen mit dem gleichen Sonnenzeichen gilt.

Spitze Die Spitze eines astrologischen Hauses oder Zeichens ist die Linie, die es vom benachbarten trennt. Die Spitze des 1. Hauses wird vom Aszendenten markiert; die anderen folgen im Horoskop nacheinander, entgegen dem Uhrzeigersinn. Gleichermaßen stellt die Spitze des Widders den ersten Grad dieses Zeichens dar.

Stellium Eine Gruppe von Planeten, die in einem Bereich des Tierkreises zusammensteht. Manchmal eine mehrfache Konjunktion.

Sterne Aus irgendwelchen nicht nachvollziehbaren Gründen sind manche Autoren der Ansicht, dass die Sterne etwas mit der Astrologie zu tun hätten; sie schreiben dann über das, was die Sterne ihren Lesern zu sagen haben. Immer mehr Astrologen arbeiten mit den Fixsternen, die sich im Bereich der Ekliptik bzw. des Tierkreises befinden.

Sternzeit Eine Zeit, die auf die Sterne bezogen ist, nicht auf die Sonne.

Stundenastrologie Man erstellt ein Horoskop auf den Moment, in dem die Frage ausgesprochen wurde. Aus der Deutung ergibt sich die Antwort.

Tierkreis Der große Kreis, den die Sonne bei ihrem scheinbaren Lauf um die Erde beschreibt, ist schon vor langer, langer Zeit in Abschnitte eingeteilt worden (wenngleich nicht immer in zwölf). Der Tierkreis mit den mythologischen Erscheinungen und Vorstellungen, wie wir ihn kennen, ist seit vielleicht 5000 Jahren bekannt. Seine Geschichte ist faszinierend und geheimnisvoll.

Tierkreis-Mensch Während der Entwicklung der medizinischen Astrologie wurden die zwölf Zeichen des Tierkreises mit den verschiedenen Teilen des Körpers in Verbindung gebracht, angefangen mit dem Widder und dem Kopf und endend mit den Fischen und den Füßen. Diese nützliche Art von Kurzschrift findet auch in der modernen medizinischen Astrologie noch Anwendung.

Transit Der Lauf eines Planeten durch ein Zeichen oder Haus.

Triplizität siehe *Element*

Übeltäter siehe *Wohltäter*

Veränderliche Zeichen siehe *Qualität*

Verbrannt Ein Planet wird als verbrannt bezeichnet, wenn er im Horoskop sehr dicht bei der Sonne steht. Der Überlieferung nach verliert er durch diese Stellung an Kraft.

Verletzung Ein Planet ist verletzt, wenn er an ungünstigen Aspekten beteiligt ist.

Vorhersagen Einige Astrologen benutzen den Begriff Vorhersage, um ihre Aussagen zu zukünftigen Trends im Leben ihrer Klienten zu klassifizieren. Diese Definition ist zutreffend: Es handelt sich nicht um Prophezeiungen, es werden lediglich Möglichkeiten in Rechnung gezogen – wie bei der Wettervorhersage auch.

Wasserzeichen siehe *Elemente*

Weibliche Zeichen Der Überlieferung nach sind Stier, Krebs, Jungfrau, Skorpion, Steinbock und Fische weibliche Zeichen; die anderen Zeichen werden als männliche bezeichnet.

Wohltäter Ein altertümlicher Ausdruck, der so viel wie »günstig« bedeutet. Die früheren Astrologen bezeichneten beispielsweise Jupiter als »großen« und die Venus als »kleinen« Wohltäter. Das Wort »Übeltäter« diente dagegen zur Bezeichnung von »ungünstigen« Planeten.

Zeichen siehe *Sonnenzeichen-Astrologie*

Zenit Der höchste Punkt am Himmel

Zodiak siehe *Tierkreis*

LITERATUR

Banzhaf, Hajo/Haebler, Anna: *Schlüsselworte zur Astrologie,* München (Heinrich Hugendubel Verlag) 2000

Cozzi, Steve: *Die Astrologie des Standortes und ihre Bedeutung im Geburtshoroskop,* Tübingen (Chiron Verlag) 1998

Delz, Hans-Hermann: *Astronomie für Astrologen. Astronomische Grundlagen - Himmelsmechanik - Astrologische Berechnungen,* Tübingen (Astronova) 2003

Ebertin, Reinhold: *Die Bedeutung der Fixsterne. Die kosmische Entsprechung von 78 Fixsternen und deren Deutung im Geburtshoroskop,* Freiburg (Ebertin Verlag) 1988

Ebertin, Reinhold: *Kombination der Gestirneinflüsse,* Freiburg (Ebertin Verlag) 1996

Elwell, Dennis: *Das kosmische Netzwerk. Astrologie - eine neue Wissenschaft,* Wettswil (Edition Astrodata) o. J. (engl. Original 1987)

Forrest, Steven: *Der äußere Himmel. Die Bedeutung von Transiten und Progressionen,* München (Heinrich Hugendubel Verlag) 1999

Forrest, Steven: *Der innere Himmel. Eine astrologische Reise ins eigene Zentrum,* München (Heinrich Hugendubel Verlag) 1997

Greene, Liz: *Die Botschaft des göttlichen Feuers. Die Sonne im Horoskop und der kreative Weg zu Individualität und Berufung,* Tübingen (Chiron Verlag) 2004

Hamann, Brigitte: *Die zwölf Archetypen. Tierkreis und Persönlichkeitsstruktur,* München (Droemer Knaur Verlag) 1997

Hand, Robert: *Das Buch der Transite,* München (Heinrich Hugendubel Verlag) 2005

Harding, Michael/Harvey, Charles: *Die Feinanalyse des Horoskops. Das Arbeiten mit Harmonics, Schnittpunkten und Astro*Carto*Graphy,* Wettswil (Edition Astrodata) 1992

Jane Ridder-Patrick: *Praktische Astromedizin. Entsprechnungen zwischen Kosmos, Körper und Seele,* Wettswil (Edition Astrodata) 1992

Mertz, Bernd A.: *Das Grundwissen der Astrologie. Persönlichkeit, Lebensplan, Partnerschaft, Zukunft,* Kreuzlingen (Seehamer Verlag) 1999

Niehenke, Peter: *Astrologie. Eine Einführung,* Stuttgart (Reclam Verlag) 1994

Ott, Ernst: *Lebensweg-Analyse. Lehrbuch der astrologischen Progressionen (Sekundärdirektionen),* Tübingen (Chiron Verlag) 2001

Reinhart, Melanie: *Chiron - Heiler und Botschafter des Kosmos,* Wettswil (Edition Astrodata) 2004

Riemann, Claus: *Der tiefe Brunnen. Die zwölf Archetypen der psychologischen Astrologie,* München (Goldmann) 2003

Slooten, Erik van: *Lehrbuch der Stundenastrologie. Fragen und Antworten aus dem Horoskop des Augenblicks,* Tübingen (Chiron Verlag) 2004

Sullivan, Erin: *Angewandte Astro*Carto*Graphy. Planetenlinien und Ortswechsel astrologisch deuten,* Tübingen (Chiron Verlag) 2002

Ephemeriden

The New International Ephemerides 1900-2050. International Edition, Edition Edis 2006

Das Mond-Arbeitsbuch. Mondphasen, Ephemeriden, Finsternisse 1920-2020, München (Ludwig Verlag) 2003

Zeitschriften

astrolog
Fachzeitschrift für astrologische Psychologie
Hg. Louise und Michael Huber, Adliswil.
Erscheint 6-mal im Jahr.

Astrologie heute
Zeitschrift für Astrologie, Psychologie und Zukunftsthemen
Hg. Claude Weiss.
Erscheint 6-mal im Jahr.

Meridian
Fachzeitschrift für Astrologie
Hg. Jehle & Garms oHG
Meridian ist offizielles Organ des Deutschen Astrologen-Verbandes.
Erscheint 6-mal im Jahr.

Organisationen und Verbände im deutschsprachigen Raum

Deutscher Astrologen-Verband (DAV)
Geschäftsstelle
Wilhelmstraße 11
69115 Heidelberg
Tel. 06221/182010
Fax 06221/6501823
E-Mail: davev@t-online.de
www.dav-astrologie.de
In vielen deutschen Städten gibt es Ausbildungs- und Forschungszentren des Deutschen Astrologen-Verbandes.

Astrologische Gesellschaft Frankfurt am Main e.V.
Wilhelm-Busch-Straße 15
60431 Frankfurt a.M.
Tel. 069/558886
E-Mail: info@astrologische-gesellschaft.org
www.astrologische-gesellschaft.org

Astrologische Studiengesellschaft Hamburger Schule e.V.
Johnny Zurmühl
Tel. 040/6512780
E-Mail: all.stars@web.de
www.HamburgerSchule.de

Kosmobiosophische Gesellschaft e.V.
Manfred und Renata Gerling
Tel. 02432/49644

Österreichischer Astrologenverband (oeav)
Riemerschmidgasse 5a/4
A-2344 Maria Enzersdorf
Tel. 0043/676/9304135
E-Mail: office@astrologenverband.at
www.astrologenverband.at

Österreichische Astrologische Gesellschaft (ÖAG)
Mittersteig 3A
A-1040 Wien
Tel. 0043/1/5862932
Fax 0043/1/5854047
E-Mail: info@oeag-astrologie.de
www.oeag-astrologie.at
Die ÖAG ist die älteste astrologische Gesellschaft überhaupt.

Schweizer Astrologen-Bund SAB
Postfach 331
CH-8042 Zürich
Tel. und Fax: 0041/44/9302176
E-Mail: info@astrologenbund.ch
www.astrologenbund.ch

Astroclub Zürich
E-Mail: info@astro-club.ch
www.astro-club.ch

Astrologisch-Psychologisches Institut
Obertilistraße 4
CH-8134 Adliswil/ZH
0041/44/7103776
www.astro-api.ch

Software

Es gibt heute ein großes Angebot an astrologischer Software. Umfangreiche Orte- und Zeitzonendatenbanken sind teils schon eine Selbstverständlichkeit. Es können problemlos farbige Horoskopzeichnungen ausgedruckt werden. Meist gibt es von den Programmen verschiedene Versionen. Diejenigen für Profis bieten eine Vielzahl von astrologischen Berechnungen, Methoden und Funktionen. Bei der im Folgenden genannten Auswahl sind jeweils nur einige der Profi-Funktionen genannt - sie beziehen sich auf Techniken und Methoden, welche in diesem Buch vorgestellt werden.

astroplus
Unter anderem direkte und indirekte Halbsummen, Astro*Carto*Graphy, Harmonics und Fixsterne.
Astrocontact Software
Spaunstraße 59
A-4020 Linz
Tel. und Fax 0043/732/656970
www.astrocontact.at

Astro Star
Unter anderem Astro Geo Map.
AstroGlobe GmbH
Lise-Meitner-Straße 12
79100 Freiburg
Tel. 0761/385770
Fax 0761/3857722
E-Mail: info@astroglobe.de
www.astroglobe.de

galiastro
Unter anderem Halbsummen, Astrolandkarte.
Paessler Software
Lärchenweg 8
91058 Erlangen
Tel. 09131/602987
Fax 09131/601169
info@paessler.de
www.galiastro.de

Hermes für Windows
Unter anderem Astro*Carto*Graphy, Standortastrologie, Relokationsastrologie und Astrogeografie.
Hermes-Software
www.Hermes-Astrologie.com

Vision
Unter anderem Halbsummen, Harmonics, 90-Grad-Kreis.
Astrosoft Happel
Postfach
CH-4534 Flumenthal
Tel. 0041/32/6370169
Fax 0041/32/6372692
E-Mail: kd@astrosoft.info
http://astrosoft.info
Finally, why not visit our regularly updated website at: www.parkeriters.com

ASTROLOGISCHE BEZÜGE

Diese Referenzliste hilft Ihnen dabei, astrologische Hinweise für die verschiedenen Charakterzüge und Persönlichkeitsmerkmale zu erkennen. Sie ist notwendigerweise nur ein grober Anhaltspunkt – und die angeführten Faktoren werden natürlich durch andere modifiziert. Wenn Sie Ihre eigenen Erfahrungen gewonnen haben, werden Sie die Liste ergänzen können.

SCHLÜSSEL

- Bei der Erwähnung eines Zeichens: Sonne, Mond oder Aszendent darin
- Bei der Erwähnung eines Planeten: Sonne, Mond oder Herrscher des Aszendenten
- p. a. = positiv aspektiert
- n. a. = negativ aspektiert
- p. A. z. = positive Aspekte zwischen
- n. A. z. = negative Aspekte zwischen
- Planetensymbol gefolgt von einer Zahl: Der betreffende Planet in diesem Haus; z. B. ☽/12 = Mond im 12. Haus
- Planetensymbol gefolgt von einem Zeichensymbol: Der betreffende Planet in diesem Zeichen, z. B. ☿/♏= Merkur im Skorpion
- h = häufig
- m = manchmal
- F. = Feuerzeichen
- E. = Erdzeichen
- L. = Luftzeichen
- W. = Wasserzeichen

A

Abenteuerlust = ♈, ♐; p. A. z. ♂, ♃
Abgehobenheit = ♊, ♒
Abstinenz = ♍, ♑
Agitation = ♊, ♍, ☿; n.a. ♂
Aggressivität = n.a. z. ☉, ☽, ♃
Allergien = ♍
Alter, hohes = p. A. z. ☉, ☽, ♃
Analytische Wesensart = ♊, ♍ m. ♒
Angst = ♑, m. ♒
Ängstlichkeit = ♋, ♍
Anpassungsfähigkeit = L., ☿, ♊
Arroganz = ♑, m. ♌
Autoritätsanspruch = ☽/♑; ♑, ♄; m. ♌

B

Bärte = ♃, ♆, ♐, ♓
Beeinflussbarkeit = ☽/♎, ♋
Beobachtungsgabe = p. A. z. ☿, ♅
Besessenheit = ♉, ♍, ♏
Besitzergreifendes Wesen = ♉, ♏, ♀
Bewahrend ☽, ♋, p. A. z. ♂, ♄

C·D

Charme = ♉, ♎; ☉ ☌ ♀; p.a. ♀, ☽,m. ♃
Cholerische Wesensart =
♂, ♈; ♂/♈; n. A. Z. ☿, ♂
Depressionen= n. A. Z. ☉ or ☽, ♄; ♑, ♍, ♋
Diktatorische Art = ♌
Diskretion = ♍, ♏
Diplomatie = ♎; p.a.b. ☽, ♀
Distanziertheit = ♑, m. ♌, ♒
Disziplinierend = ♑; n. A. Z. ☉, ♄; ♄/10
Dramatik = ♌; ♃/10; p. + n. A. Z. ☉ & ☽, ♃
Dünkelhaftigkeit = ♌; n.a. ☉; M. n. A. ☽, ♃

E

Edelmut = ☉e, ☿, /♌, ♃/♌; m. ♃/10
Ehrgeiz = p. a. ♄; ♑
Eifersucht = ♏, ♉; m. ♎
Eigensinn = E., ♒; n.A. z. ☉; ♅
Eingebildetsein = ☿ o. ♄/♌, ♊, ♑
Einmischendes Wesen = ☿, ♍
Einsamkeit = ☉, ☽, ♄/12; m. ♄/10
Eitelkeit = ♌, ♃, ♀/♎, ♉
Enthusiasmus = F., ♃, p. A. z. ☉c ♃, ♂/F.
Erotik = ♀☌♂, ♉ ♏, m.p. A. z. ♀, ♇
Extravaganz = ♌, ♃, p. A. z., ☉, ♀, ♃
Exzentrizität = ♒, ♅, ♂/♒ , n. A. Z.
☉ + ☽, ♃, ♅
Exzesse = ♐, o. ♈, ♌; n.a. ♃

F

Falschheit = n. A. z. ☉ o. ☽ o. ☿, ♆; m. ♎, ♍
Fantasie = W.; p. a. ☽; p. a. ♆
Faulheit = ♎, n. a. ♀
Feigheit = ♆; n. A. z. ☿/♆; n. a. ☽; m. n. A. z. ♂, ♆
Flirten = ♀/♊, ♊
Freude = ☉/♌; ♐; p. a. ☉, ☽ o. ♀
Freudlosigkeit = n.a. ♄; n. A. z. o. ☽, ♄, ♑
Freundlichkeit = ♊, ♍, ♒; p.a. ☽, ☿, ♀
Fröhlichkeit = p. A. z. ☉, ♃; h. F.
Forschungen = ♍, ♏, ☿, ♇

Formbewusstsein = ♌, ♑, p. A. z. ☉, ♄
Furcht = ♋, ♍
Führungseigenschaften = ♈, ♌, ☉/10

G·H

Geistesabwesenheit = ☿/♓, n. A. z. ☿, ♆
Geiz = ♏, ♑, h. ♋
Geduld = ☉e in E.; p. A.z. ☉ o. ☽ o. ♀, ♄
Gehässigkeit = n. A. z. ♀, ♄; n. A.z. ☿, ♂
Geheimniskrämerei = ♍, ♓, ♋, ☽
Gelassenheit = ☿, ♆
Geldgier = ♉, ♏
Gemütlichkeit = ♋, ♍, ☽
Gerechtigkeitssinn = ♎, p. A.z ☉, ♄; p. A. ♃
Geschwätzigkeit = ♍, n. A.z ☿, ♂
Gesprächigkeit = ☿, ♊, ♍
Glanz = ♀/ ♒, ♌, ♎
Glück = ♃/2; ♀, ♃/5
Gönnerhaftigkeit = ☽, ♌, ♑

Hartnäckigkeit = F., ♅; p. a. Z. ☉, ♄, ♉, ♂/♉
Heiratsvermittler = ♎, ♀
Hemmungen = ♄/1; n. a. Z. ☉, o. ☽, ♄
Hilfsbereitschaft = ♍, ♓, ♒, o. 12
Hitzigkeit = ♂, ♈, h. ♃, ♐
Humanitarismus = ♒, ♓, 11 o. 12

I·J

Ichbezogenheit = ☉, ♃, ♄/10
Idealismus = p.a. ♆, h. p. a. ☽
Impertinenz = ♊, ☿/♈; ♂/♊
Individualität = ♒
Inflexibilität = E.; n. a. ♅; h. ♒
Jugendlichkeit = ♊, ☿/♊

K·L

Keuschheit = ♀/♍, ☿/♎; n. A. z. ☽, ♀
Kleinlichkeit = ♍, ♑
Kommunikativ = ♊, ♍, ☿; ☉ ☌ ☿;
p. A. Z. ☽, ☿
Kompromisslosigkeit = ♉, ♏, ♐
Konkretheit = E., ♄
Kühle = ♒, ♑; ♀/♒; ☿ Konj. ♀/♒;
n. A. Z. ♀, ♅
Kühnheit = ☉/F., ♂/♈; p. a. ♂

Launenhaftigkeit = ♋, n. A. z. ☽, ♄
Lethargie = n. A. Z. ☽, ♀, ♎
Liebe zum Komfort = ♉, ♎, ♀; h. ♌
Logik = p. a. Z. ☿, ♄, ♅
Loyalität = ♌, ♑, h. ♒ ♀/♑, ♌, ♒ p. a.
zwischen ☉, ♀, ♄
Luxusliebe = ♉, ♌, ♎
Lüsternheit = ♃, ♂; n. A. z. ♀, ♃

M·N

Machtkomplex = ♅/10, ♄/10, ♇/10; m. ☉/10
Magerkeit = ♊, ♑, m. ♈, ♏
Makabre Wesensart = ♏, ♇/12, ☽/8
Materialismus = ♉, ♑
Maßlosigkeit = ♉, ♏, ♃, ♇; ♉, ♐, n. A. z. ☽
o. ♀ o. ♃, ♇
Melancholie = n.a. ♄; ♄/1
Migräne = ♍, m. ♈, m. ♒

Mitgiftjäger = ♉, m. ♑, ♏
Musikalität = ♉, ♑, p. A. Z. ♀, ♄, m. ♎
Mut = F., ♂/♈, h ☉/♈

Narzismus = ♌, ♎
Neid = ♉, ♎ n. A. z. ♀, ♄
Niedertracht = n. A. z. ☿, ♆, ♇

O·P·Q

Opferbereitschaft = ♆, ♊, ♍, m. ☽, ♋
Optimismus = F., ♃; p. A. z. ☉, ♃
Ökonomie = ♍, ♑

Passivität = ♀, ♆
Pessimismus = ♄/♑; n. A. Z. ☉ o. ☽ o. ☿, ♄
Philosophische Wesensart = ♐, ♃
Pioniergeist = ♈, ♂, ♂/♈; p. A. z. ☉ o. ♂
o. ♃; m. ♐
Potenz = ♂, ♂/♈, ♏
Prahlerei = n. A. z. ☉ o. ☽ o. ♀, ♃; ♌
Psyche = W, .m., E.

Qualitätsbewusstsein = ♌, ♑, ♉

R

Rachsucht = ♏, ♇
Ruhm = ☽/♌/10
Rednergabe = ☿, ♊, ♍; ☉ o ☿/10
Reserviertheit = ♋, ☽, ♆, ♓
Rheuma = F. n. A. z. ♂, ♄
Rhythmusgefühl = ♋, ♎, h. ♓
Royalismus = ♑, ♌
Romantik = ☽, ♀/♉; ♎, ♋, ♓, ♆, ♒

S

Sarkasmus = n. A. z. ☿, ♂
Satirische Wesensart = ♐, ♊, p. +
n. A.z. ☿, ♂, ♅
Schamlosigkeit = n. A. z. ☉, ♂ m. n. A. ♂
Schauspielerisches Talent = ♌, ♊, ♋
Schlagfertigkeit = ♊, ☿
Schäbige Erscheinungsweise = ♐, ♊, ♋
Schnelligkeit = ☿, ♂
Schönheit = ♉, ♎, ♀
Schwelgerei = ♉, ♎
Sehnsucht = ♊, p. o. n. A. z. ♀, ♆
Sentimentalität = ☽, ♋, ♎; h. ♓, ♆
Selbstsucht = ♈, ♂ o. ☉/1
Sinnlichkeit = ♉, ♎, ♏ p. A. z, ♀, ♂
Skeptizismus = ♊, ☿
Sorglosigkeit = ☽, ♐
Stabilität = ♉, ♑, p. A. z, ☉, ♄
Spielleidenschaft = ♐, n. A. z ☉, ♃ m. ☽, ♃,
♂/5
Sprunghaftigkeit = ♊, ☿, ☽/♊

T

Taktgefühl = ♀, ♎
Täuschungen = ♆; n. A. z. ☉ oder ☽/♆
Tiefgründigkeit = ♇, ♅ p. A. z. ♂, ♇
Traditionell = ♑, ♉

Trägheit = ♎, m. ♉; n. a. ♀
Toleranz = ♃, ♐, ☿; p. a. ♃
Tyrann = ♉, m. ♈

U·V

Überstürztheit = ♊, ♈, ☿/♈, ♂/♈
Unabhängigkeit = ♒, ♈, ♐; p. a. ♂; p. a. ♅
Unbarmherzigkeit = ♅Konj. ♇, ♇; n. A. z. ♂, ♇
Unbeständigkeit = ♋, ☽, ☿, ♊;
n. A. z. ☽, ☿, ♊, ♋, ☽/♊; ☿/♋, h. ♊
Unentschiedenheit = ♎; n. a. ♀; n.A. z. ☽, ♀
Unergründlichkeit = ☉, ☽/12; ♏, ♒
Unerschütterliche Wesensart = p. A. z. ☉ o. ☽,
♄, ♉
Unfallneigung = ♈; n. a. ♂, ♃
Ungeduld = ♈, ♊, h. ♍; m. ♋, ☽
Ungezwungenheit = ♐, ♈
Unlogik = ♊, n. a. ♓, m. n. a. ☽, ☿
Unordentlichkeit = ♋, ♓
Unterscheidungsvermögen = ♍, ☿, ♍,
Untreue = L., ♊, ♀/♊, h. ♐

Verdauung = ♍; m. ♉, ♏; n. a. ☽
Verführerisches Wesen = ♉, ♏ m., ♎
Vegetarismus = ♍, ♑
Verkaufstalent = ♊, ☿/♊; m. ♍
Verliebtsein = p. A. z. ♀, ♂, ♉, ♏, ♎
Verschrobenheit = ♂/♒, n. A. z. ☉, ♅;
m. n. A. z. ☽, ♅
Verspieltheit = ♀/♊; m. p. A. z. ☿; ♀
Verstellung = ♆, ☿, ♓, m. ♋
Vorurteile = ♋, F.

W

Wagemut = ♂, ♉; p. A. z. ♂, ♃
Wahrnehmungsvermögen = ☿, p. A. z. ♀ o. ♄,
♅; p. a. ♅
Wichtigtuerei = n. A. z. ☉, ♃
Wissbegierde = ♊, ♏
Wohlwollen = ♋, ☽, ♍
Wut = n. A. z. ☿, ♂; h. n. A. z. ♂, ♅

Z

Zappelphilipp = ☿, ♊, ♍
Zynismus = n. A. z. ☿, ♂; h. n. A. z. ♂, ♅